天皇史年表

米田雄介 監修
井筒清次 編著

河出書房新社

序

本年表は、いわゆる「神代」より第百二十五代天皇（明仁上皇）退位までの、天皇を中心とする日本史年表である。

古くは主に「六国史」にしたがって摘記し、それ以降は、記録類・編纂物等により、重要と思われる事項を採用した。

「天皇史年表」であることから、天皇の動向を中心に、皇后・皇子女等皇族についても多く採り上げた。また、天皇を中心とする朝廷あるいは政権の政治的・文化的・宗教的側面も重視した。一方、周辺諸民族・諸国家とのやりとりについてもスペースを割き、各時代の日本の姿が見えるよう努力した。

なお、わが国は「災害列島」とも言われることから、京都を中心とする自然災害・疫病等にも配慮した。

一見無謀な取り組みではあったが、一つ一つの事項がモザイクの一片のような役割を果たし、全体として、日本という国の姿が浮かび上がってきたとしたら幸いである。

それにしても、本書のすべては多くの研究者の学問的営為の所産である。先達の方々に心より謝してお礼を申し上げたい。

井筒　清次

監修の辞

――『天皇史年表』の刊行にあたって

米田 雄介

はじめて編著者の井筒清次さんから、本書の構想を伺ったのは十年以上も前、丁度、井筒さんの『日本宗教史年表』が上梓された二〇〇四年の春頃であったと思う。同年表は本文だけでも六八四ページからなる大著で、各ページには細かい文字で、上中下段に紀元前二〇〇〇年以降、実際には『「魏志」倭人伝』を出典とする事項に始まり、西暦二〇〇〇年に及ぶ期間の宗教に関する事項を可能な限り取り上げるが、ただ事項を項目別に取り上げるのではなく、宗教の持つ文化的役割（文化財・著作物等）に配慮し、それぞれの項目の持つ背景や影響にも簡潔ながら記述している。また、各事項に関係する写真や版本の図版なども配置されている。しかしわが国における宗教的事象について、あらゆるものを網羅することは不可能であるが、同書を見ると、一体、何か欠落しているものがあるのだろうかと思っても不思議ではないほどに、宗教関係事項が溢れている。井筒さんはそのような本作りに、大変な労力と精神力を必要としたはずである。

ところが井筒さんはそれにも懲りず、日本の皇室関係の年表を作るという途方もないことを宣言したのである。当然、私など利用者の立場からいえば、これほど有り難いことはないが、彼の覚悟を聴いたとき、宗教史年表とは違った意味で、難しく、狂気の沙汰ではないかと述べたように思う。しかし彼は、このようなものはいつかは、誰かが作らなくてはならない、それなら自分がまず手掛け、後代の人が追加し、補足・訂正していけば良いと、私の忠告を軽く受け流し、原稿が出来たらお目にかけると言われた。その時の私は、とても成算があるとは思えなかったが、楽しみにしていると述べたものの、心中、呆れていたというのが正直な気持ちであった。

井筒さんは、新人物往来社の歴史読本の別冊『歴史読本事典シリーズ』の編集を行ない、いくつものヒット企画を世に問うているが、中でも私は『日本歴史「古記録」総覧』(上・下)の編集は井筒さんの大ヒットであったと思う。後にこれはハードカバーの『日本歴史「古記録」総覧』古代・中世篇と近世篇の二冊として刊行された。

私などが学生の頃、日記を素材にして研究する人はごく限られた特殊な才能の持ち主といわれていた。たとえば平安時代の日記は、独特の漢文で書かれており、内容は儀式ばかりで無味乾燥なものだとかいわれていた。しかしそれは日記を読まない、読めない人の繰り言である。日記には、その記者が後に歴史的事件といわれる出来事を直接見聞したことがほぼそのまま記されており、その経緯などを追いかけると、事件の原因や背景など、さらには日記記者の見た人物論や制度論などが具体的になってくる。まさに日記はそれぞれの時代の一級史料である。研究者の多くは、その一級史料を横目にしながら、誰かが日記から興味深い問題を指摘してくれると、それをもとに考えるという、いわば日記の二次的利用で済ませていたところがあった。某出版社の企画シリーズに日記を通じて歴史を読むというものがあって、戸田芳実さんや横井清さんの「中右記」や「看聞御記」を通じて歴史を見るという研究が出始めた頃である。漸く日記の面白さが一般読者にも知られるようになり始めたが、このシリーズは完結しなかった。日記の難しさが背景にあるからであったが、どのようにすれば日記に親しめるかに配慮しての企画が井筒さんの前記の書籍であった。

井筒さんは、各時代の日記の各々を、当時、日記を使って研究する人たちが比較的多く勤めていた東京大学史料編纂所や宮内庁書陵部の人たちを中心に、それぞれ専門とする時代の主要な日記について、まず書誌学的な叙述を通して日記研究の導入とすること、ついで日記の中からトピックスになる興味深い事件を取り上げ、当該箇所は出来るだけ原本や古写本の写真を提出すること、次ページに写真掲出箇所の読み下し文を作成、合わせて掲出した理由の説明を行なうことを義務づけられた。私なども井筒氏のオーダーに四苦八苦しながら、何とかまとめたことを思い出すが、氏はその他の執筆者とも協力しながら、一枚の日記断簡の写真から歴史の諸相を浮かび上がらせる工夫を凝らし、日記の重要さ・面白さを伝えてくれた。井筒さんの企画力、編集者としての力量を知ることができる好例の一つである。私なども学恩を蒙った一人で、後に教壇に立ったとき、必ず同書を推薦図書の一つに挙げることにしていた。

最後になったが、『天皇史年表』の監修者として一言述べておきたい。監修者の責務はすべての項目についてチェックすることであろうが、この膨大な著作物のすべてを確認することは不可能に近い。しかし私なりに時間の許す限り、また私の入手できる資料を基にして項目の確認作業に努めた。過誤と思われる箇所はほとんどなく、たまに表現上、分かりにくいものが見つかったり、月日が違っていることがあると、井筒さんには悪いがホッとしていた。過誤らしいことが見当たらなければ、編著者が如何に尽力していたかが分かるが、監修者が何もしていないのに等しいように思われてしまうからである。しかし幸い（?）にも若干の不適切な表現の箇所を見つけると、監修者としてのチェックが徒労ではないと嬉しくなって赤ペンでマークして井筒さんに返却することができた。もとより私自身が見落とした箇所もあるに違いない。その際は井筒さんにお詫びしなくてはならないが、本書の全体から見るとごく微細なものであろう。しかし井筒さんは見落としや瑕疵であっても年表としては許されないと考えておられるようで、出版直前まで、何度も何度も確認し補訂していたようである。もとより井筒さんはすぐれた編集者ではあるが、彼もまた人の子であるから、こと「天皇史年表」の性格上、完璧であるはずはない。従って読者の皆様にお願いしたいのは、後世に残る年表であるから、もし何らかの問題があるようであれば、是非ともご指摘戴きたい。そして、本書が後世、より完璧な「天皇史年表」の礎となることを願ってやまない。編著者に成り代わってお願いする次第である。

天皇史年表◉目次

序 1
監修の辞 米田雄介 2
天皇系図 10
凡例 12

第一部 神代～第二十九代欽明天皇 17

神代（上／下） 18
初代 **神武《じんむ》天皇** 前六六〇―前五八五 20
第二代 **綏靖《すいぜい》天皇** 前五八一―前五四九 21
第三代 **安寧《あんねい》天皇** 前五四九―前五一一 22
第四代 **懿徳《いとく》天皇** 前五一〇―前四七七 22
第五代 **孝昭《こうしょう》天皇** 前四七五―前三九三 22
第六代 **孝安《こうあん》天皇** 前三九二―前二九一 23
第七代 **孝霊《こうれい》天皇** 前二九〇―前二一五 23
第八代 **孝元《こうげん》天皇** 前二一四―前一五八 24
第九代 **開化《かいか》天皇** 前一五八―前九八 24
第十代 **崇神《すじん》天皇** 前九七―前三〇 25
第十一代 **垂仁《すいにん》天皇** 前二九―後七〇 27
第十二代 **景行《けいこう》天皇** 七一―一三〇 29
第十三代 **成務《せいむ》天皇** 一三一―一九〇 32
第十四代 **仲哀《ちゅうあい》天皇** 一九二―二〇〇 32
第十五代 **応神《おうじん》天皇** 二七〇―三一〇 36
第十六代 **仁徳《にんとく》天皇** 三一三―三九九 38
第十七代 **履中《りちゅう》天皇** 四〇〇―四〇五 41
第十八代 **反正《はんぜい》天皇** 四〇六―四一一 42
第十九代 **允恭《いんぎょう》天皇** 四一二―四五三 42
第二十代 **安康《あんこう》天皇** 四五三―四五六 45
第二十一代 **雄略《ゆうりゃく》天皇** 四五六―四七九 45
第二十二代 **清寧《せいねい》天皇** 四八〇―四八四 49
第二十三代 **顕宗《けんぞう》天皇** 四八五―四八七 50
第二十四代 **仁賢《にんけん》天皇** 四八八―四九八 50
第二十五代 **武烈《ぶれつ》天皇** 四九八―五〇六 51
第二十六代 **継体《けいたい》天皇** 五〇七―五三一 52
第二十七代 **安閑《あんかん》天皇** 五三一―五三五 54
第二十八代 **宣化《せんか》天皇** 五三五―五三九 54
第二十九代 **欽明《きんめい》天皇** 五三九―五七一 55

第二部 第三十代敏達天皇～第七十六代近衛天皇 59

第三十代 **敏達《びだつ》天皇** 五七二—五八五 60
第三十一代 **用明《ようめい》天皇** 五八五—五八七 62
第三十二代 **崇峻《すしゅん》天皇** 五八七—五九二 63
第三十三代 **推古《すいこ》天皇** 五九二—六二八 64
第三十四代 **舒明《じょめい》天皇** 六二九—六四一 71
第三十五代 **皇極《こうぎょく》天皇** 六四二—六四五 72
第三十六代 **孝徳《こうとく》天皇** 六四五—六五四 74
第三十七代 **斉明《さいめい》天皇** 六五五—六六一 78
第三十八代 **天智《てんじ》天皇** 六六八—六七一 83
第三十九代 **弘文《こうぶん》天皇** 六七一—六七二 85
第四十代 **天武《てんむ》天皇** 六七三—六八六 87
第四十一代 **持統《じとう》天皇** 六九〇—六九七 98
第四十二代 **文武《もんむ》天皇** 六九七—七〇七 102
第四十三代 **元明《げんめい》天皇** 七〇七—七一五 109
第四十四代 **元正《げんしょう》天皇** 七一五—七二四 113
第四十五代 **聖武《しょうむ》天皇** 七二四—七四九 119
第四十六代 **孝謙《こうけん》天皇** 七四九—七五八 138
第四十七代 **淳仁《じゅんにん》天皇** 七五八—七六四 145
第四十八代 **称徳《しょうとく》天皇** 七六四—七七〇 151
第四十九代 **光仁《こうにん》天皇** 七七〇—七八一 155
第五十代 **桓武《かんむ》天皇** 七八一—八〇六 163
第五十一代 **平城《へいぜい》天皇** 八〇六—八〇九 182
第五十二代 **嵯峨《さが》天皇** 八〇九—八二三 186
第五十三代 **淳和《じゅんな》天皇** 八二三—八三三 197
第五十四代 **仁明《にんみょう》天皇** 八三三—八五〇 206
第五十五代 **文徳《もんとく》天皇** 八五〇—八五八 223
第五十六代 **清和《せいわ》天皇** 八五八—八七六 228
第五十七代 **陽成《ようぜい》天皇** 八七六—八八四 245
第五十八代 **光孝《こうこう》天皇** 八八四—八八七 253
第五十九代 **宇多《うだ》天皇** 八八七—八九七 257
第六十代 **醍醐《だいご》天皇** 八九七—九三〇 265
第六十一代 **朱雀《すざく》天皇** 九三〇—九四六 294
第六十二代 **村上《むらかみ》天皇** 九四六—九六七 307
第六十三代 **冷泉《れいぜい》天皇** 九六七—九六九 326
第六十四代 **円融《えんゆう》天皇** 九六九—九八四 329
第六十五代 **花山《かざん》天皇** 九八四—九八六 341

第六十六代 一条《いちじょう》天皇 九八六—一〇一一 344
第六十七代 三条《さんじょう》天皇 一〇一一—一〇一六 371
第六十八代 後一条《ごいちじょう》天皇 一〇一六—一〇三六 377
第六十九代 後朱雀《ごすざく》天皇 一〇三六—一〇四五 395
第七十代 後冷泉《ごれいぜい》天皇 一〇四五—一〇六八 403
第七十一代 後三条《ごさんじょう》天皇 一〇六八—一〇七二 414
第七十二代 白河《しらかわ》天皇 一〇七二—一〇八六 418
第七十三代 堀河《ほりかわ》天皇 一〇八六—一一〇七 431
第七十四代 鳥羽《とば》天皇 一一〇七—一一二三 464
第七十五代 崇徳《すとく》天皇 一一二三—一一四一 488
第七十六代 近衛《このえ》天皇 一一四一—一一五五 516

第三部 第七十七代後白河天皇〜第百六代正親町天皇 539

第七十七代 後白河《ごしらかわ》天皇 一一五五—一一五八 540
第七十八代 二条《にじょう》天皇 一一五八—一一六五 545
第七十九代 六条《ろくじょう》天皇 一一六五—一一六八 556
第八十代 高倉《たかくら》天皇 一一六八—一一八〇 560
第八十一代 安徳《あんとく》天皇 一一八〇—一一八五 581
第八十二代 後鳥羽《ごとば》天皇 一一八三—一一九八 589
第八十三代 土御門《つちみかど》天皇 一一九八—一二一〇 610
第八十四代 順徳《じゅんとく》天皇 一二一〇—一二二一 634
第八十五代 仲恭《ちゅうきょう》天皇 一二二一 653
第八十六代 後堀河《ごほりかわ》天皇 一二二一—一二三二 654
第八十七代 四条《しじょう》天皇 一二三二—一二四二 665
第八十八代 後嵯峨《ごさが》天皇 一二四二—一二四六 674
第八十九代 後深草《ごふかくさ》天皇 一二四六—一二五九 678
第九十代 亀山《かめやま》天皇 一二五九—一二七四 695
第九十一代 後宇多《ごうだ》天皇 一二七四—一二八七 716
第九十二代 伏見《ふしみ》天皇 一二八七—一二九八 736
第九十三代 後伏見《ごふしみ》天皇 一二九八—一三〇一 754
第九十四代 後二条《ごにじょう》天皇 一三〇一—一三〇八 760
第九十五代 花園《はなぞの》天皇 一三〇八—一三一八 776
第九十六代 後醍醐《ごだいご》天皇 一三一八—一三三九 787
北朝第一代 光厳《こうごん》天皇 一三三一—一三三三 810
北朝第二代 光明《こうみょう》天皇 一三三六—一三四八 822
第九十七代 後村上《ごむらかみ》天皇 一三三九—一三六八 827
北朝第三代 崇光《すこう》天皇 一三四八—一三五一 839
北朝第四代 後光厳《ごこうごん》天皇 一三五二—一三七一 846

第九十八代　長慶《ちょうけい》天皇　一三六八—一三八三　862
北朝第五代　後《ご》円融《えんゆう》天皇　一三七一—一三八二　865
北朝第六代　第百代　後《ご》小《こ》松《まつ》天皇　一三八二—一四一二　876
第九十九代　後《ご》亀山《かめやま》天皇　一三八三—一三九二　878
第百一代　称光《しょうこう》天皇　一四一二—一四二八　895
第百二代　後《ご》花園《はなぞの》天皇　一四二八—一四六四　910
第百三代　後《ご》土《つち》御《み》門《かど》天皇　一四六四—一五〇〇　934
第百四代　後《ご》柏原《かしわばら》天皇　一五〇〇—一五二六　967
第百五代　後《ご》奈良《なら》天皇　一五二六—一五五七　985
第百六代　正親町《おおぎまち》天皇　一五五七—一五八六　1002

第四部　第百七代後陽成天皇～第百二十代仁孝天皇　1021

第百七代　後《ご》陽成《ようぜい》天皇　一五八六—一六一一　1022
第百八代　後《ご》水尾《みずのお》天皇　一六一一—一六二九　1043
第百九代　明正《めいしょう》天皇　一六二九—一六四三　1061
第百十代　後《ご》光明《こうみょう》天皇　一六四三—一六五四　1070
第百十一代　後《ご》西《さい》天皇　一六五四—一六六三　1080
第百十二代　霊元《れいげん》天皇　一六六三—一六八七　1088
第百十三代　東山《ひがしやま》天皇　一六八七—一七〇九　1113
第百十四代　中《なか》御《み》門《かど》天皇　一七〇九—一七三五　1130
第百十五代　桜町《さくらまち》天皇　一七三五—一七四七　1149
第百十六代　桃園《ももぞの》天皇　一七四七—一七六二　1158
第百十七代　後《ご》桜町《さくらまち》天皇　一七六二—一七七〇　1168
第百十八代　後《ご》桃園《ももぞの》天皇　一七七〇—一七七九　1173
第百十九代　光《こう》格《かく》天皇　一七七九—一八一七　1180
第百二十代　仁《にん》孝《こう》天皇　一八一七—一八四六　1202

第五部　第百二十一代孝明天皇～第百二十四代昭和天皇（前期）　1221

第百二十一代　孝《こう》明《めい》天皇　一八四六—一八六六　1222
第百二十二代　明《めい》治《じ》天皇　一八六七—一九一二　1252
第百二十三代　大正《たいしょう》天皇　一九一二—一九二六　1362
第百二十四代　昭和《しょうわ》天皇　一九二六—一九八九（一九二六—一九四七）　1400

第六部　第百二十四代昭和天皇（後期）～第百二十五代天皇（明仁上皇）　1463

第百二十四代　昭和《しょうわ》天皇　一九二六—一九八九（一九四七—一九八九）　1464
第百二十五代　天皇（明仁《あきひと》上皇）　一九八九—二〇一九　1536

基本文献・一般参考文献　1576
編集後記　1580

天皇系図

傍らの数字は在位年、下の数字は代数。記載は原則として皇統譜に基づく（参考・宮内庁ホームページ）。

神武天皇1（前六六〇—五八五）— 綏靖天皇2（前五八一—四九）— 安寧天皇3（前五四九—一一）— 懿徳天皇4（前五一〇—四七七）— 孝昭天皇5（前四七五—三九三）— 孝安天皇6（前三九二—二九一）— 孝霊天皇7（前二九〇—一五）— 孝元天皇8（前二一四—一五八）— 開化天皇9（前一五八—九八）— 崇神天皇10（前九七—三〇）

— 垂仁天皇11（前二九—後七〇）— 景行天皇12（七一—一三〇）
景行天皇12 — 成務天皇13（一三一—九〇）
景行天皇12 — 日本武尊 — 仲哀天皇14（一九二—二〇〇）— 応神天皇15（二七〇—三一〇）
応神天皇15 — 仁徳天皇16（三一三—九九）
応神天皇15 — 稚野毛二派皇子 — 意富富杼王 — 乎非王 — 彦主人王 — 継体天皇26（五〇七—三一）

仁徳天皇16 — 履中天皇17（四〇〇—五）— 磐坂市辺押磐皇子 — 仁賢天皇24（四八八—九八）— 武烈天皇25（四九八—五〇六）
磐坂市辺押磐皇子 — 顕宗天皇23（四八五—七）
仁徳天皇16 — 反正天皇18（四〇六—一一）
仁徳天皇16 — 允恭天皇19（四一二—五三）
允恭天皇19 — 安康天皇20（四五三—六）
允恭天皇19 — 雄略天皇21（四五六—七九）— 清寧天皇22（四八〇—四）

— 安閑天皇27（五三一—五）
— 宣化天皇28（五三五—九）
— 欽明天皇29（五三九—七一）
欽明天皇29 — 敏達天皇30（五七二—八五）— 押坂彦人大兄皇子
欽明天皇29 — 用明天皇31（五八五—七）
欽明天皇29 — 推古天皇33（五九二—六二八）
欽明天皇29 — 崇峻天皇32（五八七—九二）

押坂彦人大兄皇子 — 舒明天皇34（六二九—四一）
押坂彦人大兄皇子 — 茅渟王 — 皇極天皇35（六四二—五）・斉明天皇37（六五五—六一）
茅渟王 — 孝徳天皇36（六四五—五四）

舒明天皇34 ＝ 皇極天皇35 — 天智天皇38（六六八—七一）
天智天皇38 — 持統天皇41（六九〇—七）
天智天皇38 — 弘文天皇39（六七一—二）
天智天皇38 — 元明天皇43（七〇七—一五）
天智天皇38 — 施基親王 — 光仁天皇49（七七〇—八一）
舒明天皇34 ＝ 皇極天皇35 — 天武天皇40（六七三—八六）
天武天皇40 ＝ 持統天皇41 — 草壁皇子
草壁皇子 ＝ 元明天皇43 — 元正天皇44（七一五—二四）
草壁皇子 ＝ 元明天皇43 — 文武天皇42（六九七—七〇七）— 聖武天皇45（七二四—四九）— 孝謙天皇46（七四九—五八）・称徳天皇48（七六四—七〇）
天武天皇40 — 舎人親王 — 淳仁天皇47（七五八—六四）

— 桓武天皇50（七八一—八〇六）
桓武天皇50 — 平城天皇51（八〇六—九）
桓武天皇50 — 嵯峨天皇52（八〇九—二三）— 仁明天皇54（八三三—五〇）
桓武天皇50 — 淳和天皇53（八二三—三三）
仁明天皇54 — 文徳天皇55（八五〇—八）— 清和天皇56（八五八—七六）— 陽成天皇57（八七六—八四）
仁明天皇54 — 光孝天皇58（八八四—七）— 宇多天皇59（八八七—九七）— 醍醐天皇60（八九七—九三〇）
醍醐天皇60 — 朱雀天皇61（九三〇—四六）
醍醐天皇60 — 村上天皇62（九四六—六七）
村上天皇62 — 冷泉天皇63（九六七—九）
冷泉天皇63 — 花山天皇65（九八四—六）
冷泉天皇63 — 三条天皇67（一〇一一—六）
村上天皇62 — 円融天皇64（九六九—八四）— 一条天皇66（九八六—一〇一一）
一条天皇66 — 後一条天皇68（一〇一六—三六）
一条天皇66 — 後朱雀天皇69（一〇三六—四五）

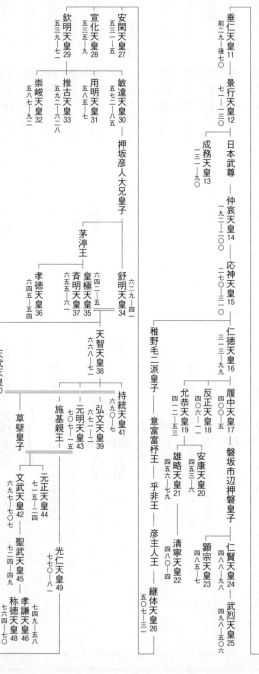

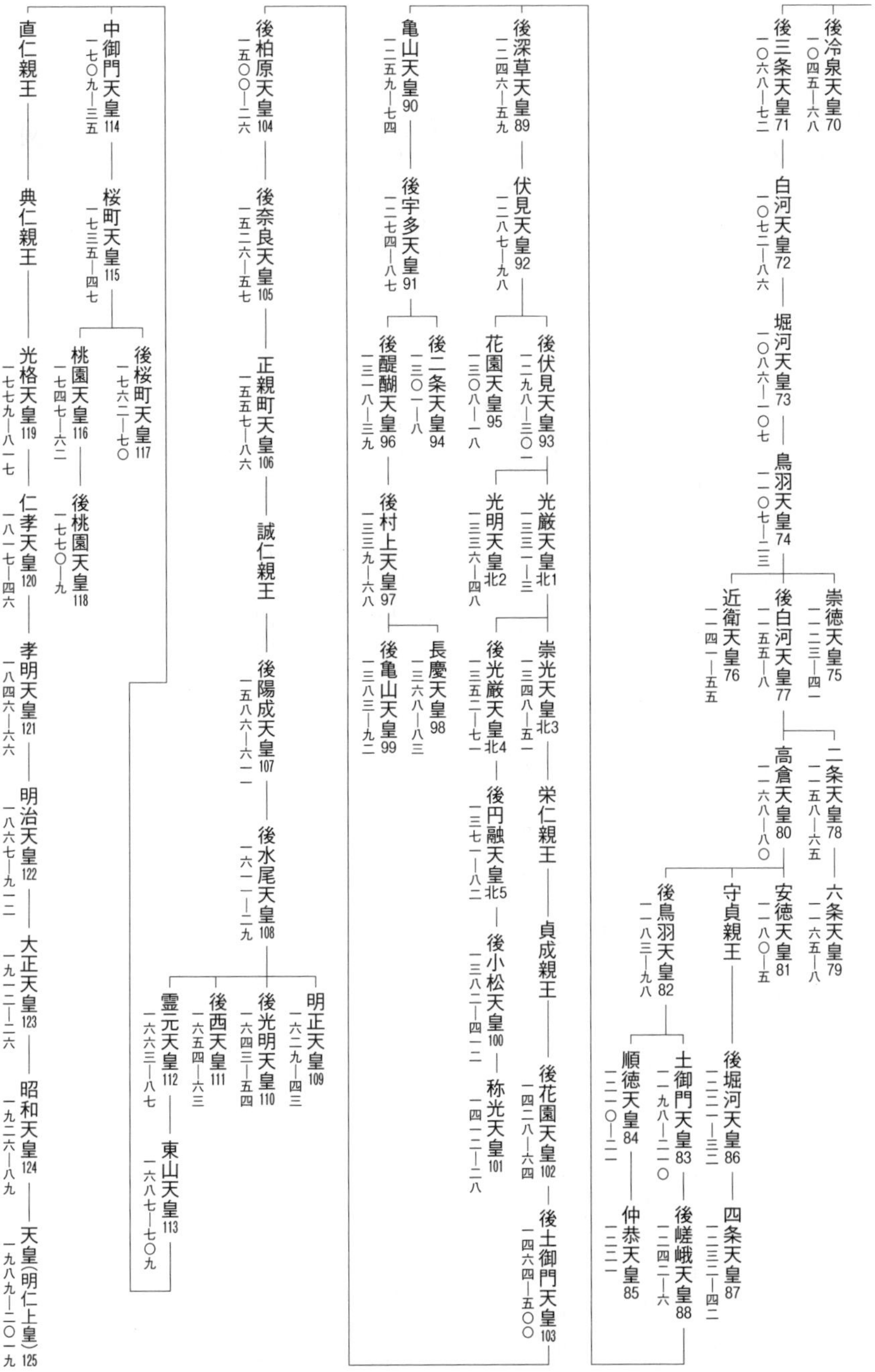
後冷泉天皇70 一〇四五—六八
後三条天皇71 一〇六八—七二
白河天皇72 一〇七二—八六
堀河天皇73 一〇八六—一一〇七
鳥羽天皇74 一一〇七—二三
崇徳天皇75 一一二三—四一
後白河天皇77 一一五五—八
近衛天皇76 一一四一—五五
二条天皇78 一一五八—六五
六条天皇79 一一六五—八
高倉天皇80 一一六八—八〇
安徳天皇81 一一八〇—五
守貞親王
後鳥羽天皇82 一一八三—九八
土御門天皇83 一一九八—一二一〇
順徳天皇84 一二一〇—二一
仲恭天皇85 一二二一
後嵯峨天皇88 一二四二—六
後堀河天皇86 一二二一—三二
四条天皇87 一二三二—四二
後深草天皇89 一二四六—五九
伏見天皇92 一二八七—九八
後伏見天皇93 一二九八—一三〇一
花園天皇95 一三〇八—一八
光厳天皇北1 一三三一—三三
光明天皇北2 一三三六—四八
崇光天皇北3 一三四八—五一
後光厳天皇北4 一三五二—七一
後円融天皇北5 一三七一—八二
後小松天皇100 一三八二—一四一二
称光天皇101 一四一二—二八
栄仁親王
貞成親王
後花園天皇102 一四二八—六四
後土御門天皇103 一四六四—一五〇〇
亀山天皇90 一二五九—七四
後宇多天皇91 一二七四—八七
後二条天皇94 一三〇一—八
後醍醐天皇96 一三一八—三九
後村上天皇97 一三三九—六八
長慶天皇98 一三六八—八三
後亀山天皇99 一三八三—九二
後柏原天皇104 一五〇〇—二六
後奈良天皇105 一五二六—五七
正親町天皇106 一五五七—八六
誠仁親王
後陽成天皇107 一五八六—一六一一
後水尾天皇108 一六一一—二九
明正天皇109 一六二九—四三
後光明天皇110 一六四三—五四
後西天皇111 一六五四—六三
霊元天皇112 一六六三—八七
東山天皇113 一六八七—一七〇九
中御門天皇114 一七〇九—三五
桜町天皇115 一七三五—四七
後桜町天皇117 一七六二—七〇
桃園天皇116 一七四七—六二
後桃園天皇118 一七七〇—九
直仁親王
典仁親王
光格天皇119 一七七九—一八一七
仁孝天皇120 一八一七—四六
孝明天皇121 一八四六—六六
明治天皇122 一八六七—一九一二
大正天皇123 一九一二—二六
昭和天皇124 一九二六—八九
天皇(明仁上皇)125 一九八九—二〇一九

凡例

一、本書の構成は、便宜上六部に分け、第一部（神代～第二十九代欽明天皇）、第二部（第三十代敏達天皇～第七十六代近衛天皇）、第三部（第七十七代後白河天皇～第百六代正親町天皇）、第四部（第百七代後陽成天皇～第百二十代仁孝天皇）、第五部（第百二十一代孝明天皇～第百二十四代昭和天皇〈前期〉）、第六部（第百二十四代昭和天皇〈後期〉～第百二十五代天皇（明仁上皇））とした。

一、七世紀頃まで、「天皇」の呼称はなく、王・大王などと呼ばれていたと考えられ、また、光孝から光格までは「追号＋院」号の呼称であったが、本書ではすべて「天皇」号を用いた。また、天皇・上皇のみ「崩御」を用い、他は原則「没」を用いた。なお、天皇・皇族等の死亡時についてはそれぞれの月・日に記し、その他の重要人物については、□を付してその年の末尾にまとめて記した。

一、年号については、改元の年の一月一日にさかのぼって新年号を使用した。なお南北朝時代の年号は、南朝、北朝の順とした。また、各年の下の（　）内にグレゴリオ暦による西暦年を示した。

一、第二部以降は、各年の初めに当該天皇および上皇（明治以降は皇太子も）の年齢を示した。生年不詳の場合は、即位の年にその旨を記し、以降の年では略した。崩年・没年も含め、第六部を除き、数え年表記とした。

一、各記事の最初の数字は月・日（3・1は三月一日）を示し、閏月の場合は③・1（閏三月一日）のように月の数字を○で囲んだ。

一、記事中のゴシック体の項目については、最下段で注の形で＊を付して解説した。また本文とは関係なく◉

を付して天皇関係事項についてのメモを記した。注は、見開きページ単位で右ページから順に配置し次ページに送る形をとった（第一部では注の分量が多く大幅にページがずれた）。
一、各記事の最後に《　》として出典を示した（明治以降は割愛）。同じ出典による異なる事項は▼を付してつなげた。複数の出典に依拠する事項もあるが、原則一つの出典名のみ記した（本文事項は他の出典で補足したものも多く、出典のあとに「ほか」と記したものもある）。なお、「古事記」は「記」、「日本書紀」は「紀」、「続日本後紀」は「続後紀」、「日本文徳天皇実録」は「文徳実録」、「日本三代実録」は「三代実録」と略した。また、「京都御所東山御文庫記録」は「東山御文庫記録」、「伏見宮記録文書」は「伏見宮記録」等のように適宜省略した。
一、記事については、原則的に常用漢字・新仮名遣いを用いた。振り仮名についても原則新仮名遣いを用いた。なお、難読漢字については極力振り仮名を付したが、他の読み方を排除するものではない。
一、記事中の補足的なもの、および現在地名については（　）内に示した。（　）内の場合は〈　〉内に示した。
一、神宮については、基本的に伊勢神宮とし、皇大（太）神宮は内宮、豊受大神宮は外宮と表記した。
一、平成時代は、公式史料がまとまっていないので、昭和以前とくらべ、事項の選択・内容を若干変えた。
一、なお、年中行事的なものは原則割愛した。
一、本年表作成にあたっては、多くの事典類・叢書類・研究書等を利用させていただいた。主な参考文献は次の通り（個々の研究書・事典等については巻末に列挙させていただいた）。
『天皇皇族実録』（全一三五巻）宮内省編（ゆまに書房より二〇〇五〜二〇一〇年刊）
『明治天皇紀』（全一三巻）宮内省臨時帝室編修局編（吉川弘文館より一九六八〜一九七七年刊）
『大正天皇実録』宮内省編（宮内庁宮内公文書館蔵）
『昭和天皇実録』（全一九冊）宮内庁編（宮内庁宮内公文書館蔵。東京書籍より二〇一五〜二〇一九年刊）
『皇族世表・皇族考證』（全七冊）清水正健編　帝室制度審議会編　一九一七（吉川弘文館より二〇一一年刊）

天皇史年表

天皇史年表

第一部　神代〜第二十九代欽明天皇

（〜西暦５７１）

■神代（上）

●天と地の中間に一つの物が生まれ、国常《くにのとこ》立尊《たちのみこと》という神となる。次いで国狭槌《くにのさつち》尊、次に豊斟渟《とよくむぬ》尊という神が生まれる。

●遅《う》土煑《ひじに》尊と沙《す》土煑《ひじに》尊という神が生まれる。次に大戸《おおと》之《の》道《じ》尊と大苫辺《おおとまべ》尊が生まれる。次に面足《おもだる》尊と惶根《かしこね》尊が生まれる。次に伊《い》奘《ざ》諾《なぎ》尊と伊《い》奘《ざ》冉《なみ》尊が生まれる（以上が「神世七代」）。

●伊奘諾尊と伊奘冉尊、磤馭慮嶋《おのごろしま》に降り、夫婦として洲国《くにつち》を産む。淡路洲《あわじしま》、大日本豊秋津洲《おおやまととよあきづしま》（本州）、伊予二名洲《いよのふたなのしま》（四国）、筑紫洲《つくしのしま》（九州）、億岐洲《おきのしま》（隠岐島）・佐度洲《さどのしま》（佐渡島）、越洲《こしのしま》（北陸道）、大洲《おおしま》（大島。山口県屋代島か）、吉備子洲《きびのこしま》（児島。現在の児島半島で、もとは島だった。以上が**大八洲国**）、対馬嶋・壱岐嶋がそれである。

●伊奘諾尊と伊奘冉尊、海・川・山を生み、木の祖先（句句廼馳《くくのち》）、草の祖先（草野姫《かやのひめ》、別名野槌《のつち》）を生み、次いで日の神（大日孁貴《おおひるめのむち》）を生む。一書に天照大神）を生む。次に月の神（月弓《つくゆみ》尊・月夜見尊・月読尊）、蛭児《ひるこ》、素戔《すさの》嗚《お》尊を生む。

●姉天照大神と弟素戔嗚尊が誓約《うけい》の中で子を生む。天照大神からは田心姫《たこりひめ》・湍津姫《たぎつひめ》・市《いっ》杵嶋姫《きしまひめ》が生まれ、素戔嗚尊からは正哉吾勝《まさかあかつ》勝速日《かちはやひ》天忍穂耳《あまのおしほみみ》尊・天穂日命《あまのほひのみこと》・天津《あまつ》彦根《ひこね》命・活津《いくつ》彦根《ひこね》命・熊野櫲樟日《くまのくすび》命が生まれる。

●天照大神、素戔嗚尊の乱行により、天石窟《あまのいわや》戸《と》にこもる。大神は天鈿女《あまのうずめ》命の踊り等により磐戸より出で、ついで素戔嗚尊は天上から追放される。

●素戔嗚尊、八岐大蛇を退治する（このとき、大蛇の尾を切りさくと草薙剣《くさなぎのつるぎ》〈一書には「天叢雲剣《あまのむらくものつるぎ》」〉が出てくる）。尊、奇稲田《くしいなだ》姫《ひめ》と結婚し、大己貴神《おおあなむちのかみ》をもうける。

■神代（下）

●天照大神の子正哉吾勝勝速日天忍穂耳尊、高皇産霊《たかみむすひ》尊の女栲幡千千姫《たくはたちぢひめ》をめとり、天津《あまつ》彦彦火瓊瓊杵《ひこひこほのににぎ》尊をもうける。高皇産霊尊、この皇孫を葦原中国《あしはらのなかつくに》の主《きみ》にしようとする。

●高皇産霊尊、真床追衾《まとこおうふすま》（真床覆衾）をもって皇孫天津彦彦火瓊瓊杵尊におおいかぶせて、日向の高千穂峯《たかちほのたけ》に天降らせる。

（**一書では**）天照大神、皇孫天津彦彦火瓊瓊杵尊に八坂瓊曲玉《やさかにのまがたま》・八咫鏡《やたのかがみ》・草薙剣《くさなぎのつるぎ》の「三種の宝物」（「三種の神器」という用語は南北朝頃から使われるといわれる）を下賜し、葦原千五百秋瑞穂国《あしはらのちいほあきみつほのくに》に行き、この国を治めよと命じる（**天壌無窮の神勅**）。皇孫、日向の高千穂峯に天降る。

（一書では）高皇産霊尊、経津主神《ふつぬしのかみ》と武甕《たけみか》

＊神代《じんだい》　「日本書紀」の「神代」には、天地開闢・神生み・国生み等の神話・伝承が記載されているが、ここでは主に皇統に直結する記事のみを掲載した。

＊大八洲国《おおやしまのくに》　吉備子洲までをもって「大八洲国」の名が起こり、日本の呼称となる。「おお」は美称、「や」は多数の意で、「多くの島」の意とされる。最初の淡路島は、生みそこないとして含まれず、対馬・壱岐は水の沫が凝り固まってできたものという。なお、「古事記」では、本州・九州・四国・淡路・壱岐・対馬・隠岐・佐渡などの「八つの島」とする。

＊一書では　「紀」には神話について「一書には次のように伝えている」などとして、さまざまな伝承・異説が記されている。

＊天壌無窮の神勅《てんじょうむきゅうのしんちょく》　「宝祚《あまつひつぎ》の隆《さか》えまさむこと、当《まさ》に天壌《あめつち》と窮《きわま》り無《な》けむ」は、「天壌無窮の神勅」として戦前は重視されていたが、この荘重な漢文は、神勅文としては不自然であることなどから、紀編者による修補・潤色と考えられている。

＊可愛山陵《えのみささぎ》　鹿児島県薩摩川内市宮

槌神《づちのかみ》を出雲に遣わし、大己貴神に勅し、地上はわが子孫が治め、幽界の神事は汝がつかさどれと命じ、その住む所（天日隅宮《あまのひすみのみや》＝出雲大社）を作る（柱は高く太く、板は広く厚くし、また御料田を供する）とし、大己貴神の祭祀をつかさどるのは天穂日《あまのほひ》命とした。こうして、経津主神は、国内をめぐって平定する。

●（一書）皇孫、大山祇神《おおやまつみ》の女子吾田鹿葦津《あたかしつ》姫《ひめ》（またの名を木花開耶姫《このはなのさくやびめ》）に出会い交わりを結ぶ。二人の間に火酢芹《ほのすせり》命・火明《ほのあかり》命・彦火火出見《ひこほほでみ》尊が生まれる（皇孫は木花開耶姫を選びその姉磐長姫《いわながひめ》を遠ざけたため、磐長姫は「私をお召しになられたら生まれる御子の命の長さは盤石であったのに妹だけを召したので、その御子は木の花が散るように短い生命に終わるでしょう」と言った）。

●天津彦彦火瓊瓊杵尊が崩じる（日向の**可愛**〈埃《え》〉**山陵**に葬られる）。

●彦火火出見尊、豊玉姫《とよたまびめ》をめとり、彦波瀲武《ひこなぎさたけ》鸕鷀草葺不合尊《うがやふきあえず》をもうける。

●彦火火出見尊が崩じる（日向の**高屋山上陵**に葬られる）。

●彦波瀲武鸕鷀草葺不合尊、姨《おば》の玉依姫《たまよりびめ》を妃とし、彦五瀬《ひこいつせ》命・稲飯《いない》命・三毛入野《みけいりの》命・神《かむ》日本磐余彦《やまといわれびこ》尊（神武天皇）をもうける。

●彦波瀲武鸕鷀草葺不合尊、西の国の宮で崩じる（日向の**吾平山上陵**に葬られる）。

※以上「神代」は「日本書紀」による。

■**神武天皇即位前紀庚午年（前七一一）庚午**

1・1　**神日本磐余彦尊**（神武天皇）、誕生する（父は彦波瀲武《ひこなぎさたけ》鸕鷀草葺不合尊《うがやふきあえず》、母は玉依姫《たまよりびめ》）。《紀》

■**神武天皇即位前紀甲申年（前六九七）甲申**

この年　神日本磐余彦尊、**皇太子**となる。《紀》

■**神武天皇即位前紀甲寅年（前六六七）甲寅**

10・5　神日本磐余彦尊、諸皇子らを率いて日向を発し東征を開始する。筑紫国菟狭《うさ》（宇佐）に至ったとき、菟狭国造《うさのくにのみやつこ》の祖先菟狭津彦と菟狭津媛《ひめ》が一柱騰宮《あしひとつあがりのみや》（「記」では「足一騰宮」）を造り御馳走を奉る。《紀》

11・9　尊、筑紫国岡水門《おかのみなと》に至り、岡田宮に入る。《紀》

12・27　尊、安芸国に到着し、埃宮《えのみや》（「記」では「阿岐国多祁理宮《たけりのみや》」）に入る。《紀》

■**神武天皇即位前紀乙卯年（前六六六）乙卯**

3・6　神日本磐余彦尊、吉備国に至り、高嶋宮を行館《かりみや》（行宮）とし、ここで三年間過ごす（高嶋宮で軍備を整える）。《紀》

■**神武天皇即位前紀戊午年（前六六三）戊午**

2・11　神日本磐余彦尊、高嶋宮を出て東に向かう（難波に至る）。《紀》

内町に所在。小方丘で瓊瓊杵尊を祀る新田八幡社に隣接。所在については、宮崎県西都原古墳群の男《お》狭《さ》穂《ほ》塚、同県東臼杵郡北川町経塚も伝承を持つが、明治七年、現陵に治定される。

＊**高屋山上陵**《たかやのやまのうえのみささぎ》　鹿児島県霧島市溝辺町に所在。円丘で、もとは尊を祀る鷹屋神社があったという。同県肝属郡国見岳の山頂を陵とする説もある。明治七年、現陵に治定される。

＊**吾平山上陵**《あひらのやまのうえのみささぎ》　鹿児島県鹿屋市吾平《あいら》町に所在。始良《あいら》川に面する洞窟を陵と見なす。宮崎県日南市鵜戸神宮速日峯山頂の塚を陵とする説もある。明治七年、現陵に治定。可愛山陵・高屋山上陵・吾平山上陵を「神代《かみよ》三陵」といい、「延喜式」諸陵寮では三陵について「在㆓日向国㆒、無㆓陵戸㆒」とあるのみで所在は定かではないが、文徳天皇田邑陵の南の地に三陵の祭場があったことが記されている。

＊**神日本磐余彦尊**《かむやまといわれびこのみこと》　「記」では「神倭伊波礼毘古命」。「神日本」は神霊性・瑞祥性をもつ美称、「磐余」は地名。「彦」は男子の尊称であり、

3・10 尊、川をさかのぼり、河内国草香《くさか》邑《むら》の白肩津《しらかたのつ》に上陸する。《紀》

4月 尊、河内国より胆駒山《いこまやま》を越えようとするも、孔舎衛坂《くさえのさか》で長髄彦《ながすねびこ》と戦い、兄五瀬《いつせ》命が負傷し敗退する（孔舎衛は孔舎衙の誤りとされる）。《紀》

5・8 尊、茅渟《ちぬ》（和泉国沿岸の古称）の山《やま》城水門《きのみなと》に到着する（五瀬命、傷が悪化して没。遺体は紀伊国の**竈山**に葬られる）。《紀》

6月 尊、熊野に着き、頭八《や》咫烏《たのからす》と日臣《ひのおみ》命（道臣《みちのおみ》命と改称。大伴氏の祖）の先導により、菟田下県《うだのしもつこおり》に到着する。《紀》

8月 尊、菟田県《うだのあがた》首長の兄猾《えうかし》・弟猾《おとうかし》を平定する（兄猾は参朝しないため斬殺。このあと、尊は吉野に巡幸）。《紀》

9・5 尊、菟田の高倉山に登り国中を展望する（尊、天神《あまつかみ》の夢告および弟猾の奏上により、天香山《あまのかぐやま》の社《やしろ》の土《はに》をとりよせ、八十《やそ》平《ひら》瓮《か》・天手抉《あめのたくじり》八十枚・厳瓮《いつへ》を作り、丹生《にう》の川上で天神地祇を祭る）。《紀》

10月 尊、国見丘《くにみのおか》の八十梟帥《やそたける》を撃破する（このとき歌ったのが「神風《かむかぜ》の 伊勢の海の 大石にや い這《は》ひ廻《もとほ》る 細螺《しただみ》の 細螺の 吾子《あご》よ 吾子よ 細螺の い這ひ廻り 撃ちてし止まむ 撃ちてし止まむ」。このあと道臣命に残党を誅伐させる）。《紀》

11・7 尊、兄磯城《えしき》、弟磯城《おとしき》のうち帰順しない兄磯城を斬殺させる。《紀》

12・4 尊、再び長髄彦と交戦。このとき、金色の鵄《とび》が光り輝き、敵は目がくらんで戦うことができなくなる（明治二十三年制定の金鵄勲章の名の由来）。饒速日《にぎはやひ》命、尊が天神の子であることを認め、長髄彦を殺害して帰順する（饒速日命、褒賞され、物部氏の遠祖となる）。《紀》

■神武天皇即位前紀己未年（前六六二）己未

2・20 神日本磐余彦尊、土蜘蛛の新城《にいき》戸《と》畔《べ》・居勢祝《こせのはふり》・猪祝《いのはふり》を誅殺する。《紀》

3・7 尊、「六合《くにのうち》を兼ねて都を開き、八紘《あめのした》を掩《おお》ひて宇《いえ》になさむ」と橿原の地に都を造ることを令する（「八紘一宇」の典拠）。《紀》

■神武天皇即位前紀庚申年（前六六一）庚申

9・24 神日本磐余彦尊、媛蹈韛五十鈴媛命を正妃とする。《紀》

初代

神武《じんむ》天皇

■神武天皇元年（前六六〇）辛酉

1・1 神日本磐余彦尊、橿原《かしはら》宮（奈良県橿原市畝傍町）で即位する（**神武天皇**。「始《はつ》馭天下《くにしらす》之天皇《すめらみこと》」と申し、「神日本磐余《かむやまといわれ》彦火《びこほ》火《ほ》出《で》見天皇《みのすめらみこと》」と名づける）。この年を天《すめら》皇元《みことのはじめのとし》年とし、また、媛蹈韛五十鈴媛命

「尊」も尊称。「神日本磐余彦尊」のような諡号《しごう》（おくりな）を国風諡号、「神武天皇」のような諡号を漢風諡号という。なお、「紀」原本には漢風諡号は記載されていなかった。

＊**皇太子** 当時、皇太子冊立があったわけではなく、天皇になるためには太子であることが要件であるという後世の事実を、史上さかのぼらせて立太子の記事にしたといわれ、実際には「浄御原令」以降に皇太子制ができたといわれる。

＊**甲寅**《こういん》（前六六七） 年紀干支の初出。「紀」では、天皇の即位元年末尾に「太歳《たいさい》甲寅」のように、その年の干支を記す。甲は十干の初めで、寅は十二支の初めであることから、神武天皇東征のこの年を特別の年として扱ったのであろう。

＊**竈山**《かまやま》（墓《のはか》）「延喜式」諸陵寮に「在二紀伊国名草郡一、兆域東西二町、南北一町、守戸三烟」とあり、宮内庁では、和歌山市和田所在の円墳がこれに当たるとする。

＊**媛蹈韛**《ひめたたら》**五十**《い》**鈴**《すず》**媛命**《ひめのみこと》 「記」では「富登多多良伊須須岐比売命《ほとたたらいすすきひめ》」またの名を「比売多多良伊須気余理《ひめたたらいすけより》

を皇后とする。《紀》

■神武天皇二年（前六五九）壬戌
2・2　天皇、論功行賞を行ない、道臣命・大来目《おおくめ》・珍彦《うずひこ》・弟猾・弟磯城・頭八咫烏を褒賞する。《紀》

■神武天皇四年（前六五七）甲子
2・23　天皇、詔して鳥見山《とみのやま》（奈良県桜井市榛原《はいばら》の丘陵）に斎場を設け、皇祖《みおや》の天神《あまつかみ》を祭る（この皇祖天神は、高皇産霊尊を指すといわれる）。《紀》

■神武天皇二十九年（前六三二）己丑
この年　皇子神渟名川耳尊（綏靖天皇）、誕生する（母は皇后媛蹈鞴五十鈴媛命）。《紀》

■神武天皇三十一年（前六三〇）辛卯
4・1　天皇、国見をする（このとき、天皇の言葉から「秋津洲《あきづしま》」の名が生まれる。また、昔、饒速日命がこの国に天降ったとき「虚空《そら》見つ日本《やまと》の国」といったという）。《紀》

■神武天皇四十二年（前六一九）壬寅
1・3　天皇、神渟名川耳尊を皇太子とする。《紀》

■神武天皇七十六年（前五八五）丙子
3・11　神武天皇、橿原宮にて崩御（崩年127。「記」では137。「神武天皇」と追諡）。《紀》

■丁丑年（前五八四）丁丑
9・12　天皇、畝傍山東北陵に葬らる。《紀》

■綏靖天皇即位前紀（前五八二）己卯
11月　神渟名川耳尊、手研耳《たぎしみみ》命を射殺。《紀》

■綏靖天皇元年（前五八一）庚辰

第二代　綏靖《すいぜい》天皇

1・8　神渟名川耳尊、葛城《かずらきの》　高丘《たかおか》宮（奈良県御所市森脇）にて即位する（綏靖天皇）。
▼媛蹈鞴五十鈴媛命を皇太后とする。《紀》

■綏靖天皇二年（前五八〇）辛巳
1月　天皇、五十《い》鈴依《すずより》媛命を皇后とする。《紀》

■綏靖天皇四年（前五七八）癸未
4月　神武天皇皇子神八井耳命没（畝傍山の北に葬送。「命、性、武事に適せず、専ら神事を以て天皇を輔相」とある）。《紀》

■綏靖天皇五年（前五七七）甲申
この年　皇子磯城津《しきつ》彦玉手看《ひこたまてみ》尊（安寧天皇）、誕生する（母は皇后五十鈴依媛命）。《紀》

■綏靖天皇二十五年（前五五七）甲辰
1・7　皇子磯城津彦玉手看尊を皇太子とする。《紀》

■綏靖天皇二十九年（前五五三）戊申
この年　磯城津彦玉手看尊皇子大日本《おおやまと》彦耜友《ひこすきとも》尊（懿徳《いとく》天皇）、誕生する（母は皇后渟名《ぬな》底仲《そこなかつ》媛命）。《紀》

■綏靖天皇三十三年（前五四九）壬子
5・10　天皇、病により崩御（崩年84。「記」

比売《ひめ》」とする。「紀」では事代主《ことしろぬし》神と三嶋溝橛耳神《みしまのみぞくいみみのかみ》女玉櫛媛《たまくしひめ》との間の女子とし、天皇との間に神八井《かむやい》命・神渟名《かむぬな》川耳《かわみみ》尊（綏靖天皇）をもうける。なお「記」では二子のほか第一子として日子八井《ひこやい》命を挙げている。

＊**神武天皇元年**　この年は辛酉年。「讖緯説《しんいせつ》」によれば、一元を六十年、二十一元一二六〇年を一蔀《ぼう》とし、その初めの年を辛酉として天命が革《あらた》まるとした（辛酉革命）。これにより、推古天皇九年辛酉（六〇一）から二十一元さかのぼったこの年を神武即位の年（紀元）としたと考えられている。このため、神功・応神紀以前の天皇の不自然な長寿、数多くの虚構も生じたとされる。また、神武東征開始も、甲寅が干支の初めとすることに基づく、ともいわれる。

＊**神武天皇《じんむてんのう》**（前七一一～前五八五）
神日本磐余彦尊・神日本磐余彦火火出見尊・始馭天下之天皇。彦波瀲武鸕鷀草葺不合尊の第四子。母は玉依姫命（海神の女）。皇后は媛蹈鞴五十鈴媛命、妃は吾平津媛《あひらつひめ》。皇子女に手研耳《たぎしみみ》命・神八井耳命・

では45。なお、次の安寧から開化天皇までの死因は記されていない)。《紀》

第三代 安《あん》寧《ねい》天皇

7・3　磯城津彦玉手看尊、即位する（安寧天皇）。《紀》

■**安寧天皇元年（前五四八）癸丑**

10・11　綏靖天皇を桃花鳥田丘上陵に葬る。

▼皇后五十鈴依媛命を皇太后とする。《紀》

■**安寧天皇二年（前五四七）甲寅**

この年　片塩《かたしお》の浮孔《うきあな》宮（奈良県大和高田市三倉堂）に都を遷す。《紀》

■**安寧天皇三年（前五四六）乙卯**

1・5　事代主神の孫鴨　王《かものきみ》の女渟《ぬ》名《な》底《そこの》仲《なかつ》媛《ひめ》命を皇后とする。《紀》

■**安寧天皇十一年（前五三八）癸亥**

1・1　皇子大日本彦耜友尊（懿徳天皇）を皇太子とする。《紀》

■**安寧天皇三十八年（前五一一）庚寅**

12・6　安寧天皇、崩御（崩年57〈67の誤りか〉。「記」では49)。《紀》

■**懿徳天皇元年（前五一〇）辛卯**

第四代 懿《い》徳《とく》天皇

2・4　大日本彦耜友尊、即位する（懿徳天皇）。《紀》

8・1　安寧天皇を畝傍山西南御陰井上陵に葬る。《紀》

9・14　皇后渟名底仲媛命を皇太后とする。《紀》

■**懿徳天皇二年（前五〇九）壬辰**

1・5　都を軽《かる》の曲峡《まがりお》宮（奈良県橿原市大軽町）に遷す。《紀》

2・11　安寧天皇皇子息石《おきそ》耳《みみ》命女天豊津《あまとよつ》媛《ひめ》命を皇后とする。《紀》

■**懿徳天皇五年（前五〇六）乙未**

この年　懿徳天皇皇子観《み》松彦香《まつひこかえ》殖稲《しね》尊（孝昭天皇）、誕生する（母は皇后天豊津媛命）。《紀》

■**懿徳天皇二十二年（前四八九）壬子**

2・12　皇子観松彦香殖稲尊を皇太子とする。《紀》

■**懿徳天皇三十四年（前四七七）甲子**

9・8　懿徳天皇崩御。立太子年からの換算で崩年77。「記」では45。翌乙丑年十月十三日、畝傍山南繊沙渓上陵に葬られる。《紀》

■**孝昭天皇元年（前四七五）丙寅**

第五代 孝《こう》昭《しょう》天皇

1・9　観松彦香殖稲尊、即位する（孝昭天皇）。《紀》

4・5　皇后天豊津媛命を皇太后とする。《紀》

神渟名川耳尊（綏靖天皇）・岐須美々命。陵は畝傍山東北陵。「神武天皇」とは「神明のような武徳」「人間業以上の武威」を持つ天皇の意とされる。

＊**畝傍山東北《うねびやまのうしとらのすみの》陵《みささぎ》**　奈良県橿原市大久保所在（旧字名「みさんざい」〈「みささぎ」の訛〉)。「記」では「畝火山之北方、白檮尾上《かしのおのえ》」とある。「延喜式」諸陵寮には「在㆓大和国高市郡㆒、兆域東西一町、南北二町、守戸《しゅこ》五烟」とある。中世以後、荒廃して所在を失う。元禄期、松下見林が「神武田《じぶでん》」の小丘を陵所とし、幕府による皇陵探索では四条村の塚根山（現綏靖天皇陵）を陵とし、幕末期、竹口尚重が洞村《ほうらむら》の丸山を陵にしたが、文久三年（一八六三）、勅裁により「神武田」の方を陵とし、体裁をととのえる。

＊**綏靖天皇《すいぜいてんのう》**（前六三二〜前五四九）神渟名川耳尊。父は神武天皇、母は媛蹈鞴五十鈴媛命。皇后は五十鈴依媛命。皇子に磯城津彦玉手看尊（安寧天皇)。一説に、皇后は磯《し》城県主《きのあがたぬし》女川派《かわまた》媛あるいは春日《かすがの》県《あがた》主《ぬし》大日《おおひ》諸《もろ》女糸織《いとり》媛《ひめ》ともいう。陵は桃《つ》花《き》鳥田丘上《だのおかのえ》陵。「綏靖」は「や

7月　天皇、都を掖上《わきのかみ》の池心《いけごころ》宮（奈良県御所市池之内）に遷す。《紀》

■孝昭天皇二十九年（前四四七）甲午

1・3　天皇、世襲足媛《よそたらしひめ》命を皇后とする。《紀》

この年　孝昭天皇皇子日本足彦国押人天皇《やまとたらしひこくにおしひとすめらみこと》（孝安天皇）、誕生する（母は皇后世襲足媛命）。《紀》

■孝昭天皇六十八年（前四〇八）癸酉

1・14　日本足彦国押人尊を皇太子とする。《紀》

■前四〇三年

この年　中国、戦国時代に突入。

■孝昭天皇八十三年（前三九三）戊子

8・5　孝昭天皇崩御（崩年113。「記」では93）《紀》

■孝安天皇元年（前三九二）己丑

第六代　孝安《こうあん》天皇

1・7　日本足彦国押人尊、即位する（孝安天皇）。《紀》

8・1　皇后世襲足媛命を皇太后とする。《紀》

■孝安天皇二年（前三九一）庚寅

10月　天皇、都を葛城の室《むろ》の秋津嶋《あきずしま》宮（奈良県御所市室）に遷す。《紀》

■孝安天皇二十六年（前三六七）甲寅

2・14　天皇、兄天足彦国押人命女押媛《おしひめ》命を皇后とする。《紀》

■孝安天皇三十八年（前三五五）丙寅

8・14　孝昭天皇を掖上博多山上陵に葬る（崩後三十八年。「先代旧事本紀」には崩御翌年に葬るとあり、この年に改葬したとする説あり）。《紀》

■孝安天皇五十一年（前三四二）己卯

この年　孝安天皇皇子大日本根子彦太瓊尊《おおやまとねこひこふとに》（孝霊天皇）、誕生する（母は皇后押媛命）。《紀》

■孝安天皇七十六年（前三一七）甲辰

1・5　皇子大日本根子彦太瓊尊を皇太子とする。《紀》

■孝安天皇百二年（前二九一）庚午

1・9　孝安天皇崩御（立太子年からの換算で崩年137。「記」では123）。《紀》

9・13　孝安天皇、玉手丘上陵に葬られる。《紀》

12・4　皇太子大日本根子彦太瓊尊、都を黒田《くろだ》の廬戸宮《いおとのみや》（奈良県磯城郡田原本町黒田）に遷す。《紀》

■孝霊天皇元年（前二九〇）辛未

第七代　孝霊《こうれい》天皇

1・12　大日本根子彦太瓊尊、即位する（孝霊天皇）。皇后押媛命を皇太后とする。《紀》

■孝霊天皇二年（前二八九）壬申

すめしずめること」で、長兄手研耳命の暴虐をしずめたことに由来するかと考えられている。

＊**安寧天皇**《あんねいてんのう》（前五七七〜前五一一）磯城津彦玉手看尊。父は綏靖天皇、母は五十鈴依媛命。皇后は渟名底仲媛命。皇子女に息石耳命・大日本彦耜友尊（懿徳天皇）・磯城津彦命など。一説に皇后は、磯城県主葉江《はえ》女川津媛《かわつひめ》、あるいは大間宿禰《おおまのすくね》某の女糸井媛《いといひめ》という。陵は畝傍山西南御陰井上陵。「安寧」は「安らかなこと」。治世中、特別なことがなかったことから命名されたか。

＊**桃花鳥田丘上陵**《つきだのおかのえのみささぎ》　奈良県橿原市四条町に所在。「記」では「衝田岡《つきだのおか》」にあると記す。「延喜式」諸陵寮では「在二大和国高市郡一、兆域方一町、守戸五烟」とする。中世以降荒廃。元禄時、慈明寺《じみょうじ》村《むら》のスイセン塚があてられ、現陵は神武天皇陵とされた。しかし幕末に神武天皇陵を「神武田」と勅裁、明治十一年二月、綏靖天皇陵は現陵に治定される。

＊**懿徳天皇**《いとくてんのう》（前五五三〜前四七七）大日本彦耜友尊。安寧天皇第二子。

2・11　天皇、磯城県主《しきのあがたぬし》大目《おおめ》女細媛《くわしひめ》命を皇后とする。《紀》

■**孝霊天皇十八年（前二七三）戊子**

この年　皇子大日本根子《おおやまとねこ》彦国牽尊《ひこくにくるのすめらみこと》（孝元天皇）、誕生する（母は皇后細媛命）。《紀》

■**孝霊天皇三十六年（前二五五）丙午**

1・1　大日本根子彦国牽尊を皇太子とする。《紀》

■**前二二一年**

この年　秦始皇帝、中国を統一。

■**孝霊天皇七十六年（前二一五）丙戌**

2・8　孝霊天皇崩御（立太子年からの換算で崩年128。「記」では106。孝霊天皇と追諡）。《紀》

第八代　孝《こう》元《げん》天皇

■**孝元天皇元年（前二一四）丁亥**

1・14　大日本根子彦国牽尊、即位する（孝元天皇）。▼皇后細媛命を皇太后とする。《紀》

■**孝元天皇四年（前二一一）庚寅**

3・11　天皇、都を軽《かる》の境原《さかいはら》宮（奈良県橿原市大軽町・貝瀬町）に遷す。《紀》

■**孝元天皇六年（前二〇九）壬辰**

9・6　孝霊天皇を片丘馬坂陵に葬る。《紀》

■**孝元天皇七年（前二〇八）癸巳**

2・2　天皇、穂積臣遠祖鬱色雄《うつしこお》命妹鬱色謎《うつしこめ》命を皇后とする。《紀》

この年　皇子稚日本根子《わかやまとねこ》彦大日《ひこおおび》日天皇《びすめらみこと》（開化天皇）、誕生する（母は皇后鬱色謎命）。《紀》

■**前二〇一年**

この年　漢高祖、中国を統一。

■**孝元天皇二十二年（前一九三）戊申**

1・14　稚日本根子彦大日日尊を皇太子とする。《紀》

■**孝元天皇五十七年（前一五八）癸未**

9・2　孝元天皇、崩御（立太子年からの換算で崩年116。「記」では57）。《紀》

第九代　開《かい》化《か》天皇

11・12　稚日本根子彦大日日尊、即位する（開化天皇）。《紀》

■**開化天皇元年（前一五七）甲申**

1・4　皇后鬱色謎命を皇太后とする。《紀》

10・13　天皇、春日《かすが》の率川《いざかわ》宮（奈良市本子守町率川神社付近が有力）に都を遷す。《紀》

■**開化天皇五年（前一五三）戊子**

2・6　孝元天皇を劔池嶋上陵に葬る。《紀》

■**開化天皇六年（前一五二）己丑**

1・14　天皇、物部氏遠祖大綜《おおへ》麻杵《そき》女で父天皇妃であった伊香色謎命を皇后とする。《紀》

■**開化天皇十年（前一四八）癸巳**

母は渟名底仲媛命。皇后は天豊津媛命。皇子女に観松彦香殖稲尊（孝昭天皇）・武石《たけし》彦奇友背《ひこくしともせ》命。一説に皇后は、磯城県主猪手《いて》女泉媛《いずみひめ》、あるいは磯城県主太真《ふとま》稚彦《わかひこ》女飯日《いいひ》媛《ひめ》という。陵は畝傍山南繊沙渓上陵。「懿徳」は「立派な徳」の意で立派な徳を持った天皇を意味した。

＊**御《み》陰《ほと》井上《いのえの》陵《みささぎ》（畝傍山《うねびやまの》西南《ひつじさるの》御陰《みほどの》井上陵《いのえのみささぎ》）**　奈良県橿原市吉田町に所在。「延喜式」諸陵寮には「在二大和国高市郡一、兆域東西三町、南北二町、守戸五烟」とある。後世、所伝を失うも、元治元年（一八六四）現陵を御陵として修補する。

＊**繊沙《まさごの》渓《たに》上《のえの》陵《みささぎ》（畝傍山《うねびやまの》南《みなみの》繊沙《まさごの》渓上陵《たにのえのみささぎ》）**　奈良県橿原市西池尻町に所在。「延喜式」諸陵寮には「在二大和国高市郡一、兆域東西一町、南北一町、守戸五烟」とある。中世、所伝を失うも、元治元年（一八六四）現陵を御陵として修補される。

＊**孝昭天皇《こうしょうてんのう》**（前五〇六〜前三九三）観松彦香殖稲尊。父は懿徳天皇、母は天豊津媛命。皇后は世襲足媛命。皇子女に天足彦国押人《あめたらしひこくにおしひと》命・日本足彦国押人尊（孝安天皇）。

この年　御間城入彦五十瓊殖尊《みまきいりびこいにえのみこと》（崇神天皇）、誕生する（母は皇后伊香色謎命）。《紀》

■**開化天皇二十八年（前一三〇）辛亥**

1・5　御間城入彦五十瓊殖尊を皇太子とする。《紀》

■**前一〇八年**

この年　漢、朝鮮に楽浪郡・真番郡・臨屯郡の三郡を置く（翌年の玄菟郡を含め漢四郡と呼ばれる）。

■**開化天皇六十年（前九八）癸未**

4・9　開化天皇崩御（崩年115と記されるが、立太子年からの換算だと111。「記」では63）。《紀》

10・3　天皇、**春日率川坂本陵**（一説に坂上陵）に葬られる。《紀》

※「日本書紀」巻第五は第十代崇神天皇を記述し、第九代までの帝紀的記事のみに対し、旧辞的内容が多く、記事も詳しくなる。

■**崇神天皇元年（前九七）甲申**

第十代

崇《す》神《じん》天皇

1・13　御間城入彦五十瓊殖尊、即位する（**崇神天皇**）。▼皇后伊香色謎命を皇太后とする。《紀》

2・16　天皇、大彦命女御《み》間《ま》城《き》姫《ひめ》を皇后とする。《紀》

■**崇神天皇三年（前九五）丙戌**

9月　天皇、磯《し》城《き》の瑞籬宮《みつかき》（奈良県桜井市金屋）に都を遷す。《紀》

■**崇神天皇五年（前九三）戊子**

この年　疾疫流行（死者、人口の過半数）。《紀》

■**崇神天皇六年（前九二）己丑**

この年　大殿に天照大神・倭大国魂神《やまとおおくにたま》を祭るが、天照大神を豊鍬入姫命《とよすきいりびめ》（崇神天皇皇女）に託し倭の笠縫邑《かさぬいのむら》に祭り、日本大国魂神を渟《ぬ》名《な》城入姫命《きのいりびめ》に託して祭らしめる（「古語拾遺」は、このとき鏡・剣のレプリカを作り宮中に安置したとする。また「続日本後紀」には、鹿島神に大刀・鉾・鉄弓・鏡以下の神宝を献じると記される）。しかし、渟名城入姫命は髪は抜け、体やせて祭ることができなかったという。《紀》

■**崇神天皇七年（前九一）庚寅**

2・15　天皇、災害あるにより神浅茅原《かむあさじはら》に行幸する（皇女倭迹迹日百襲姫命《やまとととひももそひめ》も従い、大物主神の神託を受ける）。《紀》

11・8　天皇、国がうまく治まらないため、大物主神の夢告により、大田田根子《おおたたねこ》（三輪《みわ》君《きみ》始祖）を大物主神の祭主に、長尾市《ながおち》（倭《やまと》直《あたえ》の祖）を倭大国魂神の祭主とする。また、八十万《やそよろず》の群臣を祭り、天社《あまつやしろ》・国社《くにつやしろ》および神地《かんどころ》・神戸《かんべ》を定める（これにより疫病終息、

一説に皇后は、磯城県主葉江《はえ》女渟《ぬ》名《な》城《き》津《つ》媛《ひめ》、あるいは倭国《やまとのくに》の豊秋《とよあき》狭《さ》太《だ》媛女大井《おおい》媛《ひめ》という。陵は掖上博多山上陵。「孝昭」は中国の皇帝「孝昭帝」と同じで、以下に続く天皇も「孝」字が冠せられている。

＊**孝安天皇《こうあんてんのう》**（前四二七～前二九一）日本足彦国押人尊。父は孝昭天皇、母は世襲足媛。皇后は押媛命。皇子女に大日本根子彦太瓊尊（孝霊天皇）・大吉備諸進命。一説に皇后は、磯城県主葉江女長媛《ながひめ》、あるいは十市《とおち》県主五十《い》坂彦《さかひこ》女五十《い》坂媛《さかひめ》という。陵は玉手丘上陵。「孝安」は、中国の皇帝から採ったものとされる。

＊**掖上博多山上陵《わきのかみのはかたのやまのえのみささぎ》**　奈良県御所市大字三室字博多山に所在。「延喜式」諸陵寮には「在二大和国葛上郡一、兆域東西六町、南北六町、守戸五烟」とある。後世、所伝を失うも、元禄時、当所を陵にあてる。

＊**玉手丘上陵《たまてのおかのえのみささぎ》**　奈良県御所市大字玉手に所在。「延喜式」諸陵寮には「在二大和国葛上郡一、兆域東西六町、南北六町、守戸五烟」とあ

五穀豊穣、国治まり、翌年、大神《おおみわ》神社で祝宴をあげる)。《紀》

■崇神天皇十年(前八八)癸巳

9・9 天皇、大彦《おおびこ》命を北陸、武渟川別《たけぬなかわわけ》を東海、吉備津彦《きびつひこ》を西道、丹波道《たにわのち》主《ぬし》命を丹波に遣わす(四道将軍の派遣)。《紀》

9・27 反により、五十狭芹彦《いさせりびこ》命(吉備津彦)に吾《あ》田《た》媛《ひめ》を、大彦命に武埴安彦《たけはにやすびこ》(孝元天皇皇子)を誅させる。《紀》

10・1 畿外の騒動がおさまらず、詔して四道将軍派遣を命じる(二十二日出発)。《紀》

●その後、皇女倭迹迹日百襲姫命が大物主神の妻となるも、箸が女陰に突きささり死去、大市《おおち》(**大市墓**〈箸墓〉)に葬られる。《紀》

■崇神天皇十一年(前八七)甲午

4・28 四道将軍、戎夷《ひな》平定を奏上する。《紀》

■崇神天皇十二年(前八六)乙未

9・16 人民を調査し、男に弭調《ゆはずのみつき》、女に手《たな》末調《すえのみつき》を課す。これにより天下太平となり、天皇は「御肇国天皇」と讃えられる。《紀》

■崇神天皇十七年(前八一)庚子

10月 詔して、初めて船舶を造らせる。《紀》

■崇神天皇二十九年(前六九)壬子

1・1 皇子活目《いくめ》入彦《いりひこ》五十《い》狭《さ》茅《ち》尊(垂仁天皇)、瑞籬宮《みずかきのみや》にて誕生する(母は皇后御間城《みまき》姫)。《紀》

●この頃、倭が百余国に分立、楽浪郡に遣使する(正史に「倭」が初めて登場)。《「漢書」地理志》

■崇神天皇四十八年(前五〇)辛未

1・10 天皇、夢占いにより後継者を決めることにする。《紀》

4・19 活目《いくめ》入彦五十狭茅尊を皇太子とし、豊城《とよき》命には東国を治めさせる(上毛野君《かみつけののきみ》・下毛野君《しもつけののきみ》の始祖となる)。《紀》

■崇神天皇六十年(前三八)癸未

7・14 天皇、出雲の神宝を献上させるよう詔する(出雲振根《いづものふるね》、留守中に弟飯入根《いいいりね》が神宝を献じたことをとがめ、これを殺す。これを聞いた天皇、吉備津彦《きびつひこ》と武渟河別《たけぬなかわわけ》を遣わし、出雲振根を誅殺する)。《紀》

■崇神天皇六十二年(前三六)乙酉

7・2 天皇、「農は天下の大きなる本なり」と詔する(十月に依網池《よさみのいけ》、十一月に苅坂《かりさかの》池《いけ》・反折池《さかおりのいけ》を造る)。《紀》

■崇神天皇六十五年(前三三)戊子

7月 任那国が蘇那曷叱知を遣わして朝貢する。《紀》

■崇神天皇六十八年(前三〇)辛卯

12・5 崇神天皇崩御(崩年120と記されるが、立太子年から換算すると119。「記」では168)。《紀》

る。後世、所伝を失うも、幕末に当陵をあて、修陵する。

***孝霊天皇《こうれいてんのう》**(前三四二〜前二一五)大日本根子彦太瓊尊。父は孝安天皇、母は押媛命。皇后は細媛命。妃は倭国香《やまとのくにか》媛・絙某弟《はえいろど》・春日之千々速真若比売。皇子女に大日本《おおやまと》根《ね》子《こ》彦国牽《ひこくにくる》尊(孝元天皇)・倭迹《やまとと》迹《と》日《ひ》百襲《ももそ》姫《ひめ》命・彦五十狭芹彦命・倭迹迹稚屋姫命・日子《ひこ》刺肩別《さしかたわけ》命・彦狭《ひこさ》嶋《しま》命・稚武彦《わかたけひこ》命・弟稚武彦命・千《ち》々《ち》速比《はやひ》売《め》命。一説に皇后は春日千乳早山香媛《かすがのちちはややまかひめ》、あるいは十市県主女真舌媛《ましたひめ》という。陵は片岡馬坂陵。「孝霊」は、中国の皇帝名から採ったものとされる。

***孝元天皇《こうげんてんのう》**(前二七三〜前一五八)大日本根子彦国牽尊。父は孝霊天皇、母は細媛命。皇后は欝色謎命、妃は伊香色謎《いかがしこめ》命・埴安媛《はにやすひめ》。皇子女に大彦命・稚日本根子彦大日日尊(開化天皇)・倭迹迹姫命・少彦男《すくなひこお》心《こころ》命・彦太忍信《ひこふつおしのまこと》命・武埴安彦《たけはにやすびこ》命。陵は劔池嶋上陵。「孝元」は中国の皇帝名から採ったものとされる。

***片丘馬坂陵《かたおかのうまさかのみささぎ》** 奈良県北葛城郡王寺町本町に所在。「延喜式」諸陵寮には「在㆓大和国葛下郡㆒、兆

第十一代　垂《すい》仁《にん》天皇

■垂仁天皇元年（前二九）壬辰
1・2　活目入彦五十狭茅尊、即位する（垂仁天皇）。《紀》
8・11　崇神天皇を山辺道上陵に葬る（「紀」巻六では十月十一日）。《紀》
11・2　皇后御間城姫を皇太后とする。《紀》

■垂仁天皇二年（前二八）癸巳
2・9　天皇、狭穂姫《さほびめ》を皇后とする。《紀》
10月　天皇、纏向《まきむく》の珠城《たまき》宮（奈良県桜井市穴師）に都を造る。《紀》
この年　任那人蘇那曷叱智の帰国を聴き、物を賜うも、帰国の途中、新羅人に賜物を奪われる。《紀》

■垂仁天皇三年（前二七）甲午
3月　新羅王子天日槍《あめのひほこ》が来朝し、但馬国に居住する。《紀》

■垂仁天皇四年（前二六）乙未
9・23　皇后狭穂姫の兄狭穂彦王、謀反して妹の皇后に天皇暗殺をそそのかす。《紀》

■垂仁天皇五年（前二五）丙申
10・1　皇后、天皇を弑殺できず、兄狭穂彦の謀反を天皇に打ち明け、兄とともに稲城《いなき》の中で焼け死ぬ。《紀》

■垂仁天皇七年（前二三）戊戌
7・7　野見宿禰《のみのすくね》、当摩《たぎまの》（麻）蹶速《けはや》と相撲をとり、蹶速を踏み殺す。《紀》

■垂仁天皇十五年（前一五）丙午
2・10　天皇、丹波道主命女日葉酢媛《ひばすひめ》はじめ丹波の五人の女を後宮に入れる。《紀》
8・1　天皇、日葉酢媛命を皇后とする（他の三人は妃とし、一人は姿醜きにより丹波に帰らせる）。《紀》

■垂仁天皇十七年（前一三）戊申
この年　皇子大足彦忍代別尊《おおたらしひこおしろわけ》（景行天皇）、誕生する（母は皇后日葉酢媛）。《紀》

■垂仁天皇二十三年（前七）甲寅
11・2　誉津別《ほむつわけ》命（三十歳になるまで口がきけず）、十月に鵠《うぐい》を見て初めて物をいうことができたので、鵠を献じた天湯河板挙《あめのゆかわたな》を賞し、鳥取造《とりのみやつこ》の姓を賜い、鳥取部《ととりべ》・鳥養《とりかい》部《べ》・誉津部《ほむつべ》を定める。《紀》

■垂仁天皇二十五年（前五）丙辰
2・8　武渟川別《たけぬなかわわけ》・彦国葺《ひこくにぶく》・大鹿嶋《おおかしま》・物部十《とお》千根《ちね》・大伴武日《たけひ》の五大夫に詔して、神祇祭祀を重んじさせる。《紀》
3・10　天皇、天照大神を豊耜入姫命から離し、皇女倭姫命《やまとひめのみこと》に託す（倭姫命、天照大神の鎮座地を求め、近江・美濃を経て伊勢に至り、「是の国に居らむと欲《おも》ふ」という大神の託宣により、五十鈴川上に斎宮《いわいのみや》（斎

域東西五町、南北五町、守戸五烟」とある。後世、所伝を失うも、元禄探陵の折、当陵とし、幕末に修補を加える。

＊開化天皇《かいかてんのう》（前二〇八～前九八）稚日本根子彦大日日尊。孝元天皇の第二子。母は欝色謎命。皇后は伊香色謎命。妃は竹野媛・姥津媛・鸇比売《たかひめ》。皇子女に彦湯産隅《ひこゆむすみ》命・御間城入彦五十瓊殖尊（崇神天皇）・御真津比売《みまつひめ》命・彦坐王《ひこいますのみこ》。陵は春日率川坂本（上）陵。「開化」は「文明開化」といわれるように、「世が開けて時代が進んでいくこと」。

◉欠史八代　第二代綏靖天皇から第十代崇神天皇は「紀」巻四に収録され、各天皇の系譜・立太子・先帝崩御・即位・山陵・遷都・皇太后・立后・皇子女・崩御・宝算などが記され、事蹟などの記述がないため「欠史八代」とし、その実在を疑われ、系譜などは後世の創作性が強いといわれる。

＊剱池嶋上陵《つるぎのいけのしまのえのみささぎ》　奈良県橿原市名川町に所在。「記」には「剱池之中岡上」にあると記す。「延喜式」諸陵寮には「在二大和国高市郡一、

王宮）を建てて祭る〈伊勢内宮の起源〉。なお、「倭姫命世記」には、垂仁天皇二十六年、大鹿嶋神を祭官に任じると記される）。《紀》

■**垂仁天皇二十六年（前四）丁巳**

8・3　物部十千根に勅して、出雲国の神宝を検校し、これを掌らしめる。《紀》

■**垂仁天皇二十七年（前三）戊午**

8・7　天皇、祀官に命じ兵器を諸神社に納め、神祇を祀り、神地《かんどころ》・神戸《かんべ》を定める。《紀》

この年　屯倉《みやけ》を来目邑《くめのむら》に設ける（屯倉は大和朝廷の農業経営地・直轄領で、「紀」では、ここが初見。「記」では景行天皇段に初見）。《紀》

■**垂仁天皇二十八年（前二）己未**

10・5　崇神天皇皇子倭彦命《やまとひこ》没（十一月二日、身狭《むさの》桃花鳥《つき》坂《さか》〈奈良県橿原市〉に葬り、近習者を生きながら埋めたところ、死なないで昼夜泣吟するのを天皇が聞き、傷ましいので、以後殉死を止めよと詔する）。《紀》

●紀元前後、小国家（百余国）が分立する。《「漢書」地理志》

■**垂仁天皇三十年（一）辛酉**

1・6　天皇、皇子二人に「ほしいものを申せ」と言ったところ、兄の五十瓊敷入彦命は「弓矢」、弟の大足彦忍代別尊は「皇位《きみのくらい》」を望んだため、「望みのままに」と言い、皇位継承者が決まる。《紀》

■**垂仁天皇三十二年（三）癸亥**

7・6　皇后日葉酢姫命没（天皇、葬儀にあたり、野見宿禰の進言を入れ、殉死にかえて人・馬などの埴輪を陵墓に立てる〈埴輪起源伝承〉。野見宿禰に土部臣《はじのおみ》を賜う）。《紀》

■**垂仁天皇三十四年（五）乙丑**

3・2　天皇、山背国に行幸する。《紀》

■**垂仁天皇三十五年（六）丙寅**

この年　天皇、九月に河内国に高石池《たかしのいけ》・茅渟《ちぬの》池《いけ》、十月に倭国に狭城池《さきのいけ》・迹見池《とみのいけ》を造らせる。また、諸国に池溝を掘らせる。《紀》

■**垂仁天皇三十七年（八）戊辰**

1・1　大足彦忍代別尊（景行天皇）を皇太子とする。《紀》

この年　前漢が滅び、新建国。

■**西暦五七年**

この年　倭の奴国、後漢に朝貢、光武帝から印綬を受ける（福岡県志賀島出土の「漢委奴国王」の金印か）。《「後漢書」東夷伝》

■**垂仁天皇八十七年（五八）戊午**

2・5　物部十千根、石上の神宝を管理する。《紀》

■**垂仁天皇八十八年（五九）己未**

7・10　天日槍の曾孫清彦に但馬国より神宝

兆域東西二町、南北一町、守戸五烟」とある。後世、所伝を失うも、元禄探陵のおり現陵にあて、幕末に修補を加える。

＊**春日《かすが》率川《いざかわの》坂本《さかもとの》陵《みささぎ》**（春日率川坂《さか》上《のえ》陵）　奈良市油阪町に所在。「延喜式」諸陵寮には「在㆓大和国添上郡㆒、兆域東西五段、南北五段、以㆓在京戸十烟㆒、毎年差㆑充守」とある。前方後円墳で、長径一〇五メートル、前方部幅五八メートル、後円部直径五〇メートル。近世、念仏寺の墓地などになるも、幕末、墓地を移転して修陵する（慶応元年〈一八六五〉竣工）。

＊**崇神天皇《すじんてんのう》**（前一四八〜前三〇）　御間城入彦五十瓊殖尊・御肇国天皇。父は開化天皇、母は伊香色謎命。皇后は御間城姫。妃は遠津年《とおつあ》魚眼《ゆめ》眼妙《まくわし》媛・大海《おおしあま》媛。皇子女に活目入彦五十狭茅尊（垂仁天皇）・彦五十狭茅命・伊邪能真若《いざのまわか》命・国《くに》方姫《かたひめ》命・千千衝倭姫《ちちつくやまとひめ》命・倭彦《やまとひこ》命・五十日鶴彦《いかつるひこ》命・豊城入彦《とよきいりびこ》命・豊鍬入姫《とよすきいりひめ》命・大入杵《おおいりき》命・八坂入彦《やさかのいりびこ》命・渟名城入姫《ぬなきのいりびめ》命・十市瓊入姫《とおちにいりびめ》命。陵は山辺道勾岡上陵。「崇神」は「神々を尊崇すること」で、この天皇の

を献上させる。《紀》

■**垂仁天皇九十年（六一）辛酉**

2・1　天皇、田道間守《たじまもり》に命じて常世国《とこよのくに》の「非時香菓《ときじくのかくのみ》」（橘）を求めさせる。《紀》

■**垂仁天皇九十九年（七〇）庚午**

7・1　垂仁天皇、纏向宮《まきむく》にて崩御（「景行天皇即位前紀」には二月のこととある。崩年139。「記」では153。「垂仁天皇」と追諡）。《紀》

12・10　垂仁天皇を菅原伏見陵に葬る。《紀》

■**景行天皇元年（七一）辛未**

3・12　田道間守、常世国の非時香菓を持ち帰るも、崩御を聞き、御陵に赴き自殺する。《紀》

第十二代　景行天皇《けいこう》

7・11　大足彦忍代別尊、即位する（景行天皇）。《紀》

■**景行天皇二年（七二）壬申**

3・3　天皇、稚武彦命女播磨稲日大郎姫《はりまのいなびのおおいらつめ》を皇后とする。《紀》

■**景行天皇三年（七三）癸酉**

2・1　天皇、紀伊国に行幸、神祇を祭ろうとするも占いにより中止。そこで屋《や》主忍男《ぬしおしお》武雄心命《たけおごころ》を遣わして祭らせる（命、祭祀を行ない、ここに住むこと九年、この間、紀《きの》直《あたい》遠祖菟道彦《うじひこ》の女影媛《かげひめ》をめとり武内宿禰を産ませる）。《紀》

■**景行天皇四年（七四）甲戌**

2・11　天皇、美濃に行幸する。このとき、八《や》坂入彦《さかいりびこ》の女弟媛《おとひめ》やその姉の八《や》坂入媛《さかいりびめ》を妃とする。《紀》

11・1　天皇、美濃より還幸する。このとき、纏向日代宮《まきむくのひしろ》（奈良県桜井市穴師）を造る。《紀》

■**景行天皇十二年（八二）壬午**

7月　熊襲《くまそ》がそむき、朝貢せず。《紀》

8・15　天皇、熊襲親征のため筑紫行幸に出発する。《紀》

9・5　天皇、熊襲を征討する。《紀》

10月　天皇、碩田国《おおきたのくに》（豊後国大分郡）に到り、来田見邑《くたみのむら》で土蜘蛛《つちぐも》を征討する。《紀》

12・5　熊襲八十《やそ》梟帥《たける》を討伐する。《紀》

この年　皇后播磨稲日大郎姫、小碓尊《おうすのみこと》（日本武尊）を生む。《紀》

■**景行天皇十三年（八三）癸未**

5月　熊襲を平定する。《紀》諸国の平民に姓を賜う。《扶桑略記》

■**景行天皇十四年（八四）甲申**

この年　皇子稚足彦尊《わかたらしひこ》（成務天皇）、誕生する（母は皇后八《や》坂入姫命《さかいりびめ》）。《紀》

■**景行天皇十七年（八七）丁亥**

事績を表わしたものといわれる。

＊**大市墓《おおいちぼ》（箸墓《はしはか》）**　奈良県桜井市大字箸中に所在。箸墓古墳。天武天皇元年（六七二）七月条は「箸陵」とする。「延喜式」諸陵寮には記載なし。幕末、戸田忠至は、当墓を営築。明治八年、民有地の敷地を買収、また同十九年、拝所と参道用地を買収し、同二十一年に修営。前方後円墳で全長二七五メートル、後円部径一五〇メートル。卑弥呼の墓とする説もある。

＊**御肇国天皇《はつくにしらすすめらみこと》**　神武天皇の「始馭《はつくに》天下《しらす》之天皇《すめらみこと》」と同訓であり、「崇神天皇紀」から帝紀的記事に旧辞的記事が加わり、記述も詳細になることもあって、この天皇が事実上の大和政権最初の大王《おおきみ》（初代天皇）とする説もある。いずれにせよ、初期天皇については、「記紀」編纂者の意識が投影されており、どう読み解くかは、研究者によって様々な論が出されている。

＊**漢書《かんじょ》**　前漢（BC二〇二～AD八）の歴史書。「後漢書」に対し、「前漢書」ともいう。班固が著し、その死後、妹の班昭が完成。その「地理志」に「楽浪海中に倭人あり、

3・12　天皇、子湯県《こゆのあがた》に行幸し、丹裳小野《にものおの》に遊ぶ（このとき、「日《ひ》向《むか》国」と命名）。《紀》

■景行天皇十八年（八八）戊子

3月　天皇、京に還幸するにあたり、筑紫国を巡狩する。《紀》

4・3　天皇、熊県《くまのあがた》に到り、命を奉じない熊津彦兄弟の弟熊《おとくま》を誅させる。《紀》

4・11　天皇、海路より葦北《あしきた》の小嶋《こしま》に泊まる（このとき「水嶋」と命名）。《紀》

5・1　天皇、葦北を発船、火国八代県《ひのくにやつしろのあがた》の豊村《とよむら》に到着する。《紀》

6・3　天皇、高来県《たかくのあがた》より玉杵《たまき》名邑《なのむら》に渡り、土蜘蛛の津《つ》頰《つら》を誅する。《紀》

6・16　天皇、阿蘇国に到る。《紀》

7・4　天皇、筑紫国御《み》木《け》に到り、高田の行宮に在する。《紀》

7・7　天皇、八女県《やめのあがた》に到る。《紀》

■景行天皇十九年（八九）己丑

9・20　天皇、日向国より大和国に還幸する（「記」には九州巡幸記事なし）。《紀》

■景行天皇二十年（九〇）庚寅

2・4　天皇、五《い》百《お》野《の》皇女を遣わして天照大神を祭らせる。《紀》

■景行天皇二十五年（九五）乙未

7・3　武内宿禰、勅を報じ、北陸・東北諸国の状況を巡察する。《紀》

■景行天皇二十七年（九七）丁酉

2・12　武内宿禰、東北諸国の状況を復奏する。《紀》

8月　熊襲がまたそむく。《紀》

10・13　天皇、日本武尊を派遣し、熊襲を撃たせる。《紀》

12月　日本武尊、熊襲国に到着。祝宴のときに童女の姿となり、川上梟帥《かわかみのたける》を刺し殺す（川上梟帥、死に臨み、皇子に対し「日本武《やまとたけるの》皇《み》子《こ》」と名づけ奉る）。▼日本武尊、帰途に吉備・難波にて悪神を誅する。《紀》

■景行天皇二十八年（九八）戊戌

2・1　日本武尊、熊襲平定・西国静謐を奏上する。《紀》

■景行天皇三十六年（一〇六）丙午

8月　天皇、五十《い》琴姫《ごとひめ》命を妃とする。《先代旧事本紀》

■西暦一〇七年

この年　倭国王（倭面土国王）帥升《すいしょう》ら、後漢の安帝に生口《せいこう》百六十人を献じる。《「後漢書」安帝紀・東夷伝》

■景行天皇四十年（一一〇）庚戌

6月　蝦夷がそむく。《紀》

7・16　東国反乱のため、日本武尊に東国を討たせる（孝霊天皇皇孫吉備武彦命、日本武尊に協力、蘆原国《いおはらのくに》を賜わる）。《紀》

分かれて百余国となり、歳時を以て来り献じ」ると記され、日本に関する最古の文献の一つ。

＊**垂仁天皇《すいにんてんのう》**（前六九～後七〇）　活目入彦五十狭茅尊。父は崇神天皇、母は御間城姫。皇后は狭穂姫命・日葉酢媛《ひばすひめ》命。妃は渟葉田瓊入媛《ぬばたにいりびめ》命・真砥野媛《まとのひめ》命・薊瓊入媛《あざみにいりびめ》命・迦具夜《かぐや》比売《ひめ》命・苅幡戸辺《かりはたとべ》・綺戸辺《かにはたとべ》。皇子女に誉津別《ほむつわけ》命・五十《い》瓊《に》敷入彦《しきいりびこ》命・大足彦《おおたらしひこ》尊（景行天皇）・大中《おおなかつ》姫命・倭姫《やまとひめ》命・稚城《わかき》瓊《に》入彦《いりびこ》命・鐸石《ぬでし》別《わけ》命・膽香足姫《いかたらしひめ》命・池速別《いけはやわけ》命・稚《わか》浅津《あさつ》姫《ひめ》命・袁那弁《おなべ》王・祖別《おおじわけ》命・五十《い》日足彦《かたらしひこ》命・膽武別《いたけるわけ》命・磐衝別《いわつくわけ》命・両道《ふたじ》入姫《いりひめ》命など。陵は菅原伏見東陵。「垂仁」は「仁を垂れる」「恵みをほどこす」ことで、殉死の悪習を廃止したことによるものか。

＊**山辺道上陵《やまのへのみちのえのみささぎ》（山辺道勾岡《やまのべのみちのまがりのおかの》上陵《えのみささぎ》）**　奈良県天理市柳本町字向山アンドに所在。考古学関係では「ニサンザイ古墳」。「記」には「山辺道之勾岡上」と記す。「延喜式」諸陵寮には「在㆓大和国城上郡㆒、兆域東西二町、南北二町、守戸一烟」とある。江戸後期、谷森

10・2　天皇の命により、日本武尊、東国征討に出発する。《紀》

10・7　日本武尊、東国への途中、伊勢神宮に参拝する。このとき、叔母の倭姫命から草薙剣を授かる（「一に云わく」このあと、駿河においてこの剣で草を薙いで賊を討ったとして「草薙 剣《くさなぎのつるぎ》」と名づけられる）。▼ついで日本武尊、相模を経て陸奥国《みちのくのくに》に入る（蝦夷の王、その威を恐れ、尊に対して名を聞くと、「吾れは現人神《あらひとかみ》の子《みこ》なり」といったところ、蝦夷王はかしこまって降伏する）。尊はそのあと常陸・甲斐・武蔵・上野を廻り碓日坂《うすひのさか》（碓氷峠）に至る。このとき、相模の海で犠牲になった妃弟橘 姫《おとたちばなひめ》を追慕し、東方を望み「吾嬬《あづま》はや（私の妻はまあ）」と嘆いた（これから東山道諸国を「吾嬬国」という）。尊はさらに信濃・尾張を経て伊勢に至る（胆吹山《いぶきやま》で病をえて、尾張では草薙剣を置いていく。これにより剣は熱田神宮で祀られるようになる）。《紀》

■景行天皇四十三年（一一三）癸丑

この年　日本武尊、東征の帰途、近江に病を得て伊勢国能褒野《のぼの》に到り、吉備武彦命を遣わして東国平定を奏上する。▼皇子**日本武尊**没。天皇、哀惜痛悼、皇子を**能褒野陵**に葬らせる。▼日本武尊はこのあと、白鳥となり倭国をさして飛んでいった。その白鳥がとどまった琴弾原《ことひきのはら》・旧市邑《ふるいちのむら》にも陵を造り、以上三陵を**白鳥陵**といった（日本武尊説話は「記」とは異なるところがある。また「常陸国風土記」に「倭武天皇」、「阿波国風土記」逸文に「倭健天皇命」と天皇号があるも、後世の付会といわれる）。《紀》

■景行天皇五十一年（一二一）辛酉

1・7　群卿を召して 宴《とよのあかり》を開く（「白馬節会」の初見。「紀」編纂時の行事に従って記事にしたものといわれる）。《紀》

8・4　稚足彦尊（成務天皇）を皇太子とする（「成務前紀」では景行天皇四十六年）。《紀》

■景行天皇五十二年（一二二）壬戌

5・4　皇后播磨太郎姫《はりまのおおいらつめ》没（のち日岡 陵《ひのおかのみささぎ》に葬られる）。《紀》

7・7　妃八坂入媛《やさかのいりびめ》命を皇后とする。《紀》

■景行天皇五十三年（一二三）癸亥

8月　天皇、伊勢に行幸する（転じて東海へ行幸）。《紀》

10月　天皇、上総国に至り淡水門《あわのみなと》を渡る。このとき、磐鹿六鴈《いわかむつかり》、白蛤を膾《なます》につくったものを奉る（六鴈、膳 大伴部《かしわでのおおともべ》を賜わる）。《紀》

12月　天皇、伊勢に還り、綺 宮《かにはた》に行在する。《紀》

善臣の「山陵考」での説が認められ、当陵が治定されて修陵される。

＊**日葉《ひば》酢媛命《すひめのみこと》**　垂仁天皇皇后。丹波《たにわの》道主 王《みちぬしのおおきみ》の女。景行天皇生母。葬儀の際の埴輪起源伝承は、「続日本紀」天応元年（七八一）六月壬子条にも見える。「記」では狭木《さき》之《の》寺間陵《てらまのみささぎ》に葬られるとある。「延喜式」諸陵寮には記載なし。奈良市山陵町に所在。元禄探索時から神功皇后陵とされていたが、明治八年、日葉酢媛命陵と考定される。前方後円墳で、長さ二〇八メートル、前方部幅九〇メートル、後円部一三〇メートル、三区分された周濠あり。

＊**菅原《すがわらの》伏見《ふしみの》 陵《みささぎ》（菅原伏見東陵）**
奈良市尼辻西町に所在。「記」は「菅原之御立野中」にあるとする。「続日本紀」霊亀元年（七一五）四月庚申条では「櫛見山陵」とする。「延喜式」諸陵寮では現陵名を挙げ、「在㆓大和国添下郡㆒、兆域東西二町、南北二町、陵戸二烟、守戸二烟」とある。江戸時代は「蓬莱山《ほうらいさん》」と呼ばれ、地元では古来垂仁天皇陵とされる。前方後円墳で、長軸の長さ二二四メートル、前方部幅一

■**景行天皇五十四年（一二四）甲子**
9・19　天皇、伊勢より纏向《まきむく》宮に還幸。《紀》
■**景行天皇五十五年（一二五）乙丑**
2・5　彦狭嶋王《ひこさしまのみこ》を東山道十五国の都督《かみ》とするも、春日の穴咋邑《あなくいのむら》で没する。《紀》
■**景行天皇五十六年（一二六）丙寅**
8月　彦狭嶋王の子御諸別王《みもろわけのみこ》に東国を治めさせる。《紀》
■**景行天皇五十七年（一二七）丁卯**
9月　坂手池《さかてのいけ》（奈良県磯城郡田原本町阪手）を造る。《紀》
10月　諸国に田部《たべ》・屯倉《みやけ》を定めさせる。《紀》
■**景行天皇五十八年（一二八）戊辰**
2・11　天皇、近江国に行幸し、志賀《しが》の高穴《たかあな》穂《ほ》宮（大津市坂本穴太町）を皇居とする（以後、成務・仲哀三天皇の都となる）。《紀》
■**景行天皇六十年（一三〇）庚午**
11・7　景行天皇、高穴穂宮で崩御（崩年106、立太子年から換算すると143。「記」では137）。《紀》

第十三代　成務《せいむ》天皇

■**成務天皇元年（一三一）辛未**
1・5　稚足彦尊、即位する（成務天皇）。志賀の高穴穂宮に御す。《紀》
■**成務天皇二年（一三二）壬申**
11・10　景行天皇、山辺道上陵に葬られる。
▼景行天皇皇后八坂入姫命を皇太后とする。《紀》
■**成務天皇三年（一三三）癸酉**
1・7　天皇、武内宿禰を大臣《おおおみ》とする。《紀》
■**成務天皇五年（一三五）乙亥**
9月　諸国の国郡《くにこおり》に造　長《みやつこおさ》（国　造《くにのみやつこ》）を立て、県　邑《あがたむら》に稲置《いなき》を置く。《紀》
■**西暦一四七〜一八八年**
●後漢の桓帝・霊帝の頃、倭国大いに乱れ、永く盟主なしと記される。《後漢書》倭の諸国、共に卑弥呼を立て王とする（邪馬台国。卑弥呼は鬼道にすぐれ、弟が国政を助けるという）。《「魏志」倭人伝》
■**成務天皇四十八年（一七八）戊午**
3・1　天皇甥の足仲　彦《たらしなかつひこ》尊（日本武尊の子。仲哀天皇）を皇太子とする。《紀》
■**成務天皇六十年（一九〇）庚午**
6・11　成務天皇崩御（崩年107とあるも立太子年から換算すると98。「記」では乙卯年崩御で95）。《紀》
■**辛未年（一九一）辛未**
9・6　成務天皇を狭城盾列陵に葬る。《紀》
■**仲哀天皇元年（一九二）壬申**

第十四代　仲哀《ちゅうあい》天皇

一九メートル、後円部径一一三メートル。周濠あり。

＊**景行天皇**《けいこうてんのう》（前一三〜後一三〇）大足彦忍代別尊。父は垂仁天皇、母は日葉酢媛命。皇后は播磨稲日大郎姫・八坂入媛。妃は影媛・伊那《な》毗《び》能《の》若郎女《わかいらつめ》・弟媛・水歯郎媛《みずはのいらつめ》・五十《い》河《かわ》媛・高田媛・日向髪長大田《ひむかのかみながおおた》根《ね》媛・襲武《そのたけ》媛・御刀《みはかし》媛・五十《い》琴姫《ごとひめ》命。皇子女に櫛角別《くしつぬわけ》王・大碓《おおうす》皇子・小《お》碓《うす》尊（日本武尊）・武内宿禰・稚足　彦《わかたらしひこ》尊（成務天皇）・五百《いお》城《き》入彦《いりびこ》皇子・忍之別《おしのわけ》皇子・稚倭《わかやまと》根《ね》子皇子・大酢別《おおすわけ》皇子・五十《い》狭城《さき》入彦《いりびこ》皇子・吉備兄彦《きびえひこ》皇子・神櫛《かむくし》皇子等八十人もいるといわれ、三皇子以外は諸国に遣わし、それぞれの国の別《わけ》となったという。「記紀」編纂者は、皇室の全国支配をこの天皇の時期に置こうとしたと思われる。陵は山辺道上陵。「景行」は「立派な行ない」を意味し、天皇支配が強固となる「偉大な事業」を成しとげたことを景仰したものか。

＊**武内宿禰**《たけしうちのすくね》「たけうちのすくね」ともいい、「建内宿禰」とも。父は景行天皇。「紀」では景行・成

1・11　足仲彦尊、即位する（**仲哀天皇**。後嗣なきためか一年以上空位）。《紀》

9・1　両道入姫命《ふたじのいりびめ》（垂仁天皇皇女。日本武尊妃）を皇太后とする。《紀》

10月　大伴武持を大連とする。《扶桑略記》

■仲哀天皇二年（一九三）癸酉

1・11　天皇、気長足姫尊《おきながたらしひめ》（**神功皇后**）を皇后とする。《紀》

2・6　天皇・皇后、角鹿《つぬが》（敦賀）に行幸し、笥飯宮《けい》に行在する。《紀》

2月　淡路の屯倉を定める。《紀》

3・15　天皇、紀伊国徳勒津宮《ところつ》に至り、熊襲朝貢せずを知り、海路穴門《あなと》（長門）に向かう。このとき、勅使をやり、皇后を穴門に召す。《紀》

6・10　天皇、豊浦津に泊まる（七月五日、皇后、ここに到る）。《紀》

9月　穴門に行宮を建て、**穴門豊浦宮**と称する。《紀》

■仲哀天皇八年（一九九）己卯

1・4　天皇、穴門豊浦宮より海路筑紫に行幸する。《紀》

1・21　天皇・皇后、儺県《ながあがた》に到り、**橿日宮**に滞在する。《紀》

9・5　皇后に神託あり。天皇、その神託を信ぜず、強引に熊襲を討つも、勝利せずに帰還する。▼神の託宣により皇后の妊娠が告げられる（妊娠期間は一年三ヵ月余、出産は天皇崩御後十ヵ月余）。《紀》

■仲哀天皇九年（二〇〇）庚辰

2・6　天皇、急病により筑紫橿日宮にて崩御（崩年52。神功皇后・武内宿禰、喪を隠し、ひそかに遺骸を穴門豊浦宮に移し、殯《もがり》する。「仲哀天皇」と追諡）。《紀》

3・1　皇后、小山田邑《おやまだのむら》に斎宮を造ってここに入り、自ら神祇を祭り、神教に従い、鴨《かも》別《わけ》（孝霊天皇曾孫）を遣わし、熊襲国を撃ちて服させる。《紀》

3・17　皇后、羽白熊鷲《はじろくまわし》を撃たんと橿日宮より松峡宮《まつお》（福岡県朝倉郡三輪田町栗田）に遷る。《紀》

3・20　皇后、層増岐野《そそきの》に到り、熊鷲を誅する。《紀》

3・25　皇后、山門県《やまとのあがた》で土蜘蛛田油津媛《たぶらつひめ》を誅する。《紀》

10・3　皇后、和珥津《わにつ》より新羅へ出発する（新羅を征討。新羅王、日本の軍船が来航するのを見て「吾聞く、東に神国《かみのくに》有り、日本と謂ふ、亦聖王有り、天皇と謂ふ。必ず其の国の神兵ならむ」といったという。「神国」の初出）。《紀》

12・14　皇后、新羅より帰路につき、この日、

務・仲哀・神功・応神・仁徳各朝にかけて活躍し、三百歳の長寿を保ったことになる。その七子から、葛城・平群・巨勢・蘇我など二十八氏が生まれたという伝承的人物。さまざまな側面をもって語られるが、天皇の忠臣として歴朝に奉仕したことが特筆され、「大臣」の理想像が集約され、その系譜作成には蘇我氏が大きく関与したと考えられている。

＊**日本武尊**《やまとたけるのみこと》（七二～一一三）　三十歳で没とも。小碓命《おうす》。「記」では倭建命、「古語拾遺」では日本武命、「常陸国風土記」では倭武天皇などと記される。父は景行天皇、母は播磨稲日大郎姫。妃に両道入姫《ふたじのいりひめ》皇女（足仲彦天皇〈仲哀天皇〉らをもうける）・吉備穴戸武媛《きびのあなとのたけひめ》・弟橘媛《おとたちばなひめ》・山代之玖玖麻毛理比売《やましろのくくまもりひめ》・布多遅比売《ふたじひめ》。なお、系譜・説話等出典により異同があり、そのまま史実とは考えられず、大和の英雄として創造されたものといわれる。

＊**能褒野陵**《のぼののみささぎ》　三重県亀山市田村町名越に所在。白鳥陵とも。「延喜式」諸陵寮には「在二伊勢国鈴鹿郡一、

筑紫で誉田別尊《ほむたわけ》（応神天皇・胎中天皇）を産む。《紀》

■**神功皇后摂政元年（二〇一）辛巳**

2月　神功皇后、霊柩を奉じて、海路京に向かう（麛坂王《かごさかのみこ》・忍熊王《おしくまのみこ》兄弟が反乱も、皇后これを討ち大和に至る）。《紀》

10・2　群臣、皇后を尊び、皇太后と称する。《紀》

この年　誉田別尊（応神天皇）が幼少のため、神功皇后が摂政となり、「神功皇后摂政元年」とする。《紀》

■**神功皇后摂政二年（二〇二）壬午**

11・8　仲哀天皇、河内国長野陵に葬られる。《紀》

■**神功皇后摂政三年（二〇三）癸未**

1・3　皇太后、誉田別尊（応神天皇）を皇太子とする。また、磐余若桜《いわれのわかさくら》宮（奈良県桜井市池之内）を造り都とする。《紀》

■**神功皇后摂政五年（二〇五）乙酉**

3・7　新羅王、朝貢する。新羅の使者、葛《かずら》城襲《きのそ》津《つ》彦《ひこ》をだまし、人質微叱許智伐旱を奪う。《紀》

■**神功皇后摂政十三年（二一三）癸巳**

2・8　皇太后、皇太子を角鹿《つぬが》の笥《け》飯大神《いのおおかみ》（気比神）に参拝させる。《紀》

■**西暦二二〇年**

この年　後漢が亡び、魏・蜀・呉三国時代に入る。

■**西暦二三八年**

この年　魏、楽浪・帯方郡を領有。

■**神功皇后摂政三十九年（二三九）己未**

この年「魏志」明帝景初三年（二三九）六月の記事を引く。倭の女王（卑弥呼）、大夫難斗米《なしめ》（難升米）らを遣わし帯方郡に詣で、魏帝に朝献することを求める。《紀》

■**西暦二三九年**

6月　倭の女王卑弥呼、大夫難升米らを帯方郡に派遣し、魏の明帝への朝献を求める（このとき女王、男女生口十人、斑布二匹二丈を明帝に献上）。《「魏志」倭人伝》

12月　明帝、詔を下して卑弥呼を「親魏倭王」とし、金印紫綬を授け、銅鏡百枚などを賜う。《「魏志」倭人伝》

■**神功皇后摂政四十年（二四〇）庚申**

この年「魏志」正始元年（二四〇）の記事を引く。魏の使い、詔書・印綬をもって倭国にくる《紀・「魏志」倭人伝》

■**神功皇后摂政四十三年（二四三）癸亥**

この年「魏志」正始四年（二四三）の記事を引く。倭王、使八人を魏に遣わして上献する（以上三条の「魏志」倭人伝の記事を引用したのは、神功皇后を卑弥呼と同一人

兆域東西二町、南北二町、守戸三烟」とある。伝承地はいくつかあり、明治九年一月、教部省は三重県鈴鹿郡高宮村（鈴鹿市上田町）の鵯塚《ひよどりづか》（白鳥塚古墳）を考定したが、同十二年、現在の墓に改定する。長さ八九メートル、前方部幅四三メートル、後円部径五五メートル、陪塚あり。近くに能褒野神社がある。

＊**白鳥陵**《しらとりのみささぎ》　琴弾原白鳥塚は奈良県御所市大字富田に所在。明治九年五月、教部省が考定。権現山、天王山とも呼ばれた所で、南北二八メートル、東西四五メートルの長方丘。御所市柏原所在の掖上鑵子《わきがみかんす》塚《づか》古墳を当陵とする説もある。旧《ふる》市《いち》白鳥陵は羽曳野市軽里に所在。明治八年三月、教部省が伊岐宮（白鳥神社古墳）に考定するも、同十三年十二月、現陵に改定。「河内国陵墓図」に木梨軽太子の軽之墓とある所。前方後円墳で、長さ一九〇メートル、前方部幅一六二メートル、後円部径一〇五メートル。ほかに熱田神宮付属地の熱田白鳥陵もある。

＊**白馬節会**《あおうまのせちえ》　正月七日、天皇が紫宸

物とみなし、紀年の大骨格を定めたからだといわれる)。《紀・「魏志」倭人伝》

■**神功皇后摂政四十六年(二四六)丙寅**
3・1　斯摩宿禰《しまのすくね》を卓淳国《とくじゅんのくに》(慶尚北道大邱の古名)に遣わす。宿禰、卓淳王の言により、使を遣わして百済肖古王《しょうこおう》を慰労する。百済王、歓喜して朝貢の意あるを語る。《紀》

■**神功皇后摂政四十七年(二四七)丁卯**
4月　百済・新羅が使者を派遣し、朝貢する。千《ち》熊長彦《くまながひこ》を新羅に遣わし、百済の献物のすり変えを責める。《紀》

■**西暦二四七年**
この年　倭の女王卑弥呼、使を帯方郡に遣わし、狗奴国男王卑弥弓呼との交戦を告げる。魏の少帝、塞曹《さいそう》の掾史張政らを倭に遣わし、詔書・黄幢を難升米に与え、檄文をもって告諭する。《「魏志」倭人伝》

■**西暦二四八年**
●この頃、卑弥呼没(径百余歩の冢《ちょう》を築き、奴婢百余人を殉葬)。このあと、男王を立てるも国中服さず誅殺し合う。ついで卑弥呼の宗女壱与《いよ》(臺与)を女王に立て国治まる。魏使張政ら、檄をもって壱与を告諭する。壱与、掖邪狗《えきやく》ら二十人を遣わして張成を送り、魏帝に男女生口三十人、白珠五千孔などを献上する。《「魏志」倭人伝》

■**神功皇后摂政四十九年(二四九)己巳**
3月　荒田別《あらたわけ》と鹿我別《かがわけ》を将軍として新羅を討ち、比自炑《ひしほ》・南加羅《ありひしのから》・喙国《とくのくに》・安羅《あら》・多羅《たら》・卓淳《とくじゅん》・加羅《から》の七ヵ国を平定、比利《ひり》・辟中《へちゅう》・布彌支《ほむき》・半古《はんこ》の四つの邑《むら》を降伏させる。《紀》

■**神功皇后摂政五十年(二五〇)庚午**
2月　荒田別ら帰朝する。《紀》
5月　千熊長彦、久氐《くてい》らと帰朝する。《紀》
●この頃、奈良県箸墓古墳をはじめとする定型的前方後円墳が出現する(古墳時代のはじまり)。

■**神功皇后摂政五十一年(二五一)辛未**
3月　百済王、久氐を遣わして朝貢する。《紀》
この年　皇太后、千熊長彦を久氐に付き添わせて百済に派遣する。《紀》

■**神功皇后摂政五十二年(二五二)壬申**
9・10　百済肖古王、久氐を派遣し、七枝《ななつさやの》刀《たち》一口・七子鏡《ななつこのかがみ》一面などを献上する(「泰和四年」〈三六九〉銘のある石上神宮七支刀がこれにあたると考えられている)。《紀》

■**神功皇后摂政五十五年(二五五)乙亥**
この年　百済肖古王、死去する(実際は西暦三七四年の死去。翌年、王子貴須《くいす》が王となる)。《紀》

■**神功皇后摂政五十七年(二五七)丁丑**
この年　応神天皇皇子大鷦鷯《おおさざき》尊(仁徳天皇)、

殿に出御、群臣に賜宴し、白馬を覧る儀式。持統朝には恒例となるも、明治二年廃絶。この日に白馬を見ると年中の邪気を遠去けるとされる。「枕草子」には「白馬見にとて、里人は車清げにしたてて見に行く」とある。平安時代以降、賀茂別雷社・住吉社・鹿島社・宗像社・香椎宮などで行なわれている。

＊**成務《せいむ》天皇《てんのう》**(八四~一九〇)　稚足彦尊。景行天皇第四子。母は八坂入姫命。皇后の記載なく、妃に弟《おと》財郎女《たからいらつめ》・吉備郎姫。皇子女に和《わ》訶《か》奴《ぬ》気《け》王。陵は狭城盾別池後陵。「成務」は「務めを成しとげること」で、天皇の仕事を成しとげたことによるものか。なお、成務天皇の記事は景行天皇に比べ、著しく簡略で抽象的、在位年数・年齢も景行天皇と酷似しているため、景行天皇の分身として歴代に加えられたのではないかといわれる。また「紀」には、その后妃・子女の記載もない(「記」には記載あり)。

＊**山辺道上陵《やまのべのみちのえのみささぎ》**　奈良県天理市渋谷町に所在。「延喜式」諸陵寮には「在二大和国城上郡一、兆域東西

誕生する（母は皇后仲姫命）。《紀》

■神功皇后摂政六十二年（二六二）壬午

この年　新羅が朝貢してこなかったため、葛城襲津彦《かずらきのそつびこ》を派遣して攻撃する。《紀》

■神功皇后摂政六十四年（二六四）甲申

この年　百済肖古王の後を継いだ貴須王が死去（実際の死去は西暦三八四年）し、王子枕流《とむる》が王となる。《紀》

■神功皇后摂政六十五年（二六五）乙酉

この年　百済枕流王が死去（実際の死去は西暦三八五年）。王子阿花《あか》が年少のため、叔父辰斯《しんし》が王位を奪う。《紀》魏が亡び、晋が興る。

■神功皇后摂政六十六年（二六六）丙戌

この年　「晋起居注」武帝泰初（始か）二年の記事を引く（倭の女王、晋に朝貢する）。《紀・「晋書」武帝紀》

■神功皇后摂政六十九年（二六九）己丑

4・17　神功皇后、稚桜《わかさくら》宮で崩御する（崩年100。「記」も同様）。《紀》

10・15　神功皇后、**狭城盾列陵**に葬られる（「気長足 姫尊《おきながたらしひめ》」と追尊）。《紀》

第十五代　応神《おうじん》天皇

■応神天皇元年（二七〇）庚寅

1・1　誉田別尊、即位する（応神天皇。軽島の豊明宮〈奈良県橿原市大軽町〉を都にすると「扶桑略記」にあるも、「紀」に記載なし）。《紀》

この年　都を軽島に遷し、明宮という。《先代旧事本紀》

■応神天皇二年（二七一）辛卯

3・3　天皇、品陀真若《ほむたのまわか》王の女仲 姫《なかつひめ》を皇后とする（「紀」等三月壬子〈三日〉とするも、三月は庚辰朔なので四月の誤りとされる）。《紀》

■応神天皇三年（二七二）壬辰

10・3　蝦夷がことごとく朝貢する。《紀》

11月　各地の海人が命に従わず、大浜宿禰に平定させる。《紀》

この年　紀角宿禰《きのつののすくね》らを遣わし、百済の辰斯王《しんしおう》の非礼を詰責させる。百済、辰斯王を殺して謝罪し阿花王を立てる（実際の辰斯王死去は西暦三九二年）。《紀》

■応神天皇五年（二七四）甲午

8・13　諸国に海人部《あまべ》・山守部《やまもりべ》を定める。《紀》

10月　伊豆国に船を造らせ、枯野《からの》と名付ける。《紀》

■応神天皇六年（二七五）乙未

2月　天皇、近江国に行幸する。《紀》

■応神天皇七年（二七六）丙申

二町、南北二町、陵戸一烟」とある。所伝混乱し、当陵は安政二年（一八五五）に現崇神天皇陵に考定されるが、慶応元年（一八六五）現陵に改定される。前方後円墳で、長さ二九〇メートル、前方部幅一六五メートル、後円部径一七〇メートル、周濠あり。

＊**「魏志《ぎし》」倭人伝《わじんでん》**　晋の陳寿撰「三国志」の一部。「魏志」三〇、東夷伝の倭人条のことを通称「魏志倭人伝」といっている。邪馬台国についての記述で知られ、「記」「紀」等の日本側史料を補う。

＊**狭城盾列《さきのたたなみの》陵《みささぎ》（狭城盾列池後《いけじりの》陵）**　奈良市山陵町御陵前に所在。「続日本後紀」では「楯列南山陵」。「延喜式」諸陵寮には、現陵号で「在大和国添下郡」、兆域東西一町、南北三町、守戸五烟」とある。江戸時代は「石塚山」と呼ばれた。一時、北にある神功皇后陵を成務天皇陵としたことがあったが、承和十年（八四三）現陵とする。前方後円墳で、長軸二一五メートル、前方部幅一〇九メートル、後円部径一三一メートル。文久三年（一八六三）拝所を設け、外堀を築く。

9月　高句麗人・百済人・任那人・新羅人が来朝する（このとき、武内宿禰に諸韓人を率いて池〈韓人池《からひとのいけ》〉を造らせる）。《紀》

■応神天皇八年（二七七）丁酉

3月　百済人、来朝する。《紀》

■応神天皇九年（二七八）戊戌

4月　甘美内宿禰《うましうちのすくね》、兄武内宿禰を廃しようと天皇に讒言《ざんげん》したので、天皇、探湯《くかたち》をさせたところ、武内宿禰が勝つ。《紀》

■応神天皇十一年（二八〇）庚子

10月　剣池・軽池・鹿垣《かのかき》池・厩坂《うまやさか》池を造る。
《紀》呉が亡び、晋が中国を統一。

■応神天皇十三年（二八二）壬寅

9月　天皇、日向国より召した髪長媛《かみながひめ》を大鷦鷯尊（仁徳天皇）の妃とする。《紀》

■応神天皇十四年（二八三）癸卯

2月　百済王、縫衣工女《きぬぬいのおみな》を貢上する。《紀》

この年　弓月君《ゆつきのきみ》、百済から帰化せんとする（秦氏の祖）。▼葛城襲津彦を派遣して弓月の人夫を加羅《から》より召させるも、襲津彦、帰国せず。《紀》

■応神天皇十五年（二八四）甲辰

8・6　百済王、阿直伎《あちき》を遣わし、良馬二匹を貢上する。《紀》

■応神天皇十六年（二八五）乙巳

2月　百済より王仁《わに》が来朝、「論語」「千字文」を献じる（皇太子菟道稚郎子《うじのわきいらつこ》の師となる）。《歴代編年集成》

8月　平群木菟宿禰《へぐりのつくのすくね》らを加羅に遣わし、新羅を討伐、葛城襲津彦を伴って帰国させる。《紀》

この年　百済の阿花王《あかおう》死去（実際の死去は西暦四〇五年）。天皇、直支王《ときおう》を百済に帰して王とし、東韓の地を賜う。《紀》

■応神天皇十九年（二八八）戊申

10・1　天皇、吉野宮に行幸する（このとき、国樔人《くずひと》が来朝）。《紀》

■応神天皇二十年（二八九）己酉

9月　阿知使主《あちのおみ》（倭漢直《やまとのあやのあたい》の祖）ら、十七県の党類を率いて帰化する。《紀》

■応神天皇二十二年（二九一）辛亥

3・5　天皇、難波に行幸し、大隅《おおすみ》宮（大阪市東区あるいは東淀川区）に行在する。《紀》

4月　兄媛《えひめ》を吉備に帰す。《紀》

9・6　天皇、淡路島に狩猟する（ついで吉備に転じ、小豆島に遊ぶ）。《紀》

9・10　天皇、葉田《はだ》の葦守《あしもり》宮（岡山市足守町か）に遷る。《紀》

■応神天皇二十五年（二九四）甲寅

この年　百済の直支王《ときおう》が死去（実際の死去は西暦四二〇年）。子の久爾辛《くにしん》が王となる。《紀》

＊仲哀天皇《ちゅうあいてんのう》（？〜二〇〇）　足仲彦尊。父は日本武尊、母は両道入姫命。皇后は気長足姫尊。妃は大中姫命・弟媛。皇子女に麛坂《かごさか》皇子・忍熊《おしくま》皇子・誉屋別《ほむやわけ》皇子・誉田別命（応神天皇）。陵は恵我長野西陵。「仲哀」の仲は二番目の意。二番目の皇子が若くして亡くなったことから命名されたか。

＊神功皇后《じんぐうこうごう》　名は気長足姫《おきながたらしひめ》。仲哀天皇皇后。父は気長宿禰《おきながのすくね》王、母は葛城《かずらぎの》　高顙媛《たかぬかひめ》。「常陸国風土記」では「息長帯比売天皇」、「古語拾遺」では「磐余稚桜朝」と記され、歴代の一つに取りあげられ、「続日本後紀」承和十年（八四三）条には「大足姫命皇后」と記される。なお、仲哀天皇は、日本武尊と神功皇后の説話を系譜上に位置付けるために歴代に加えられたとも考えられている。また「紀」では、「魏志」倭人伝の卑弥呼に擬されている。陵は狭城盾列池上陵。「神功」は「神のごとき功業」の意で、三韓征討の偉業をたたえたものか。

＊穴門豊浦宮《あなとのとゆらのみや》　穴門は長門の古称。山口県下関市長府宮の内町の忌宮神社に伝豊浦宮趾がある。天皇崩

■**応神天皇二十八年（二九七）丁巳**

9月　高麗王、使を遣わして朝貢。皇子菟道稚郎子、その表《ふみ》（「高麗の王、日本国《やまとのくに》に教ふ」）が無礼であることに怒り、高麗の使を責め、表を破り捨てる。《紀》

この年以前、陳寿「三国志」成る（「魏書東夷伝倭人条」〈「魏志」倭人伝〉に三世紀の日本について記述）。

■**応神天皇三十一年（三〇〇）庚申**

8月　官船枯野を焼いて塩を得、諸国に配布して五百の船を献じさせる。《紀》

●この頃、福岡県沖ノ島で祭祀がはじまる（～一〇世紀）。

■**応神天皇三十七年（三〇六）丙寅**

2月　阿知使主らを呉《くれ》（中国江南地方）に遣わし、縫工女《きぬぬいめ》を求めさせる（呉王、兄媛《えひめ》・弟媛《おとひめ》・呉織《くれはとり》・穴織《あなはとり》を与える。阿知使主、天皇崩後帰国）。《紀》

■**応神天皇三十九年（三〇八）戊辰**

2月　百済の直支王、妹の新斉都媛《しせつひめ》を朝廷に仕えさせる。《紀》

■**応神天皇四十年（三〇九）己巳**

1・8　菟道稚郎子を皇太子とする。▼大山《おおやま》守命《もり》に山川林野を掌らせ、大鷦鷯尊に皇太子の補佐として国事を治めさせる。《紀》

■**応神天皇四十一年（三一〇）庚午**

2・15　天皇、軽島の豊明宮にて崩御（崩年100。「記」では130。「応神天皇」と追諡。**恵我藻伏岡陵**に葬られる）。このとき、皇太子菟道稚郎子、位を弟大鷦鷯尊に譲ろうとするも譲り合いとなる（空位三年）。▼天皇崩後、大山守皇子が反を謀るも皇太子に誅せられる。《紀》

2月　阿知使主ら、呉から筑紫に帰る。このとき胸形大神《むなかたのおおかみ》が工女《ぬいめ》を求めたので兄媛を奉る。津国《つのくに》（摂津国）武庫《むこ》に達したとき、天皇が崩御となり、大鷦鷯尊に三人の工女を献上する。《紀》

第十六代　仁《にん》徳《とく》天皇

■**仁徳天皇元年（三一三）癸酉**

1・3　皇太子菟道稚郎子が自殺したため、この日、大鷦鷯尊が即位し（**仁徳天皇**）、難波《なにわ》の高津《たかつ》宮（大阪市東区）を都とする。

▼応神天皇皇后仲姫命を皇太后とする。また皇太子を菟道山上に葬る。《紀》

■**仁徳天皇二年（三一四）甲戌**

3・8　葛城襲津彦の女磐之《いわの》媛《ひめ》命を皇后とする。《紀》

■**仁徳天皇四年（三一六）丙子**

2・6　天皇、高台に登り、百姓の家から炊煙の上がらないのを見て、その窮乏を知る。

御後、神功皇后は新羅征討ののち穴門豊浦宮に移り、天皇の遺骸を収めて海路大和に戻る。

＊**橿日宮**《かしひのみや》　福岡県東区香椎に所在。「香椎宮編年記」などによると、仲哀天皇崩後、神功皇后みずからこの地に皇霊殿のようなものを建て天皇の御神霊を斎《いつ》き奉り（香椎宮の創建）、また神功皇后崩後、仲哀天皇御神霊の傍に皇霊殿のようなものが建てられ、この二宮を総称して香椎廟とし、崇められるようになる。

＊**長野陵**《ながののみささぎ》（**恵**《え》**我長野西陵**《がのながののにしのみささぎ》）　大阪府藤井寺市に所在。岡古墳ともいう。「延喜式」諸陵寮では現陵号で「在二河内国志紀郡一、兆域東西二町、南北二町、陵戸一烟、守戸四烟」とある。所在不明となり、元禄諸陵探索で河内国錦部郡《にしごりぐん》長野庄上原村の塚山に決定するも、のち異説が出され、幕末修陵の際、現陵に比定される。前方後円墳で、長軸二四〇メートル、前方部幅一七四メートル、後円部径一三八メートル、周濠あり。なお、殯斂地は山口県下関市の日頼寺の後山にある。

《紀》

3・21　天皇、詔して、百姓の課役を三年間免除する（「聖帝《ひじりのみかど》」と讃えられる）。《紀》

■仁徳天皇七年（三一九）己卯

8・9　天皇、大兄去来穂別皇子《おおえのいざほわけのみこ》のために壬《み》生部《ぶべ》を、皇后磐之媛のために葛城部《かずらきべ》を定める。《紀》

■仁徳天皇十年（三二二）壬午

10月　天皇、百姓の富めるを確認し、初めて課役を課し、宮室を復旧する。《紀》

■仁徳天皇十一年（三二三）癸未

10月　難波宮の北に堀江を作り、また茨田《まんたの》堤《つつみ》を築く。《紀》

この年　新羅、朝貢する。《紀》

■仁徳天皇十二年（三二四）甲申

7・3　高句麗国、鉄の盾《たて》と鉄の的《まと》を貢上する。《紀》

8・10　高麗の客を饗応する。《紀》

10月　大溝を山背の栗隈県《くるくまのあがた》に掘る。《紀》

■仁徳天皇十三年（三二五）乙酉

9月　茨田屯倉《まんたのみやけ》を設け、舂米部《つきしねべ》を定める。《紀》

10月　和珥池《わにのいけ》・横野堤《よこののつつみ》を造る。《紀》

■仁徳天皇十四年（三二六）丙戌

11月　猪甘津《いかいのつ》に小橋《おばし》をわたす。《紀》

この年　大道《おおち》を都に造る。また、大溝を感玖《こんく》に掘る。《紀》

■仁徳天皇十七年（三二九）己丑

9月　新羅が貢じないため、砥田宿禰《とだのすくね》等を遣わし、理由を問わしめる。よって新羅が朝貢する。《紀》

■仁徳天皇二十二年（三三四）甲午

1月　天皇、八田《やた》皇女を妃にしようとするも、皇后磐之媛に反対される。《紀》

■仁徳天皇三十年（三四二）壬寅

9・12　これより先、皇后が紀国に遊行中、天皇、八田皇女を妃にする。皇后、これを恨む。この日、天皇、使を遣わし、皇后の還啓をさとさせるも、皇后これをしりぞけ、那羅山《ならやま》を越え、山背に移り、筒城岡《つつきのおか》の南に宮を造り、天皇と別居する。《紀》

10・1　皇后、山背の筒城宮にあり、この日、天皇からの使が来るも還啓せず。《紀》

11・7　天皇、山背に行幸する。翌日、筒城宮に到るも、皇后、面会を拒否したため、空しく還幸する。《紀》

■仁徳天皇三十一年（三四三）癸卯

1・15　大兄去来穂別《いざほわけ》尊（履中天皇）を皇太子とする。《紀》

■西暦三四六年

この年　馬韓諸国を統一し、百済肖古王が即位する。《三国史記》

■仁徳天皇三十五年（三四七）丁未

＊**狭城盾列陵《さきのたたなみのみささぎ》（狭城盾列池上《いけのえの》陵）**　奈良市山陵町に所在。「続日本紀」では「楯列北山陵」、「三代実録」には「楯列山陵」とある。「延喜式」諸陵寮には、現陵名で「在二大和国添下郡一、兆域東西二町、南北二町、守戸五烟」とある。久しく成務天皇陵を神功皇后陵と誤認、また、元禄諸陵探索の折には現日葉酢媛命陵が神功皇后陵とされ、現陵は称徳天皇陵とされた。文久三年（一八六三）ようやく現陵に考察される。前方後円墳で、長軸二七三メートル、前方部幅一六八メートル、後円部径一九六メートル、陪塚五基あり。

＊**応神天皇《おうじんてんのう》**（二〇〇〜三一〇）　誉田別尊・誉田天皇・胎中天皇。仲哀天皇第四子。母は気長足姫尊（神功皇后）。皇后は仲姫命。妃は高《たか》城入姫命《きのいりひめ》・弟姫命《おとひめ》・宮主宅媛《みやぬしやか》など。皇子女は額田大中彦皇子《ぬかたのおおなかつひこ》・大山《おおやま》守《もり》皇子・去来真稚皇子《いざのまわか》・大原《おおはら》皇女・澇来田《こむくた》皇女・荒田《あらた》皇女・大鷦鷯尊（仁徳天皇）・矢田《やた》皇女・菟《う》道稚郎女《じのわきいらつめ》皇女など男女合わせて二十人。陵は恵我藻伏崗陵。「応神」は、「神意に応じる」の意で、神

6月　皇后磐之媛命、筒城宮にて没。《紀》

■仁徳天皇三十七年（三四九）己酉

11・12　皇后磐之媛、乃羅山《ならのやま》（平城坂上陵《ならさかのえのみささぎ》）に葬られる。《紀》

■仁徳天皇三十八年（三五〇）庚戌

1・6　妃八田皇女《やたのひめみこ》（応神天皇皇女）を皇后とする。《紀》

■仁徳天皇四十年（三五二）壬子

2月　天皇、雌鳥皇女《めとりのひめみこ》を妃にしようとするも、仲立ち役の隼別皇子《はやぶさわけのみこ》がひそかに自分でめとり、反意のあることを知り、怒った天皇、二人を殺させる。《紀》

■仁徳天皇四十一年（三五三）癸丑

3月　紀角宿禰《きのつののすくね》を百済に遣わし、国郡の堺を分け、産物を調べさせる。《紀》

■仁徳天皇四十三年（三五五）乙卯

9・1　これより先、百済王の一族酒君《さけのきみ》が鷹を調教して献上する。天皇、百舌鳥野《もずの》に遊猟し、数十の雉《きぎし》をとる（鷹狩の初め）。この月、鷹甘部《たかかいべ》を定める。《紀》

■仁徳天皇五十三年（三六五）乙丑

5月　新羅、朝貢せず。竹葉瀬《たかはせ》を新羅に派遣し、その理由を問わせる（しばらくしてのち、弟の田道《たじ》に新羅を討たせる）。《紀》

■仁徳天皇五十五年（三六七）丁卯

この年　蝦夷がそむいたため、田道を遣わして討たせるも、敗れて死ぬ。《紀》百済・新羅から朝貢あるも、新羅が百済の貢物を奪ったため、職麻那那加比跪《ちくまななかひこ》を遣わして新羅を攻める（神功皇后紀四十七年条では千熊長彦を派遣）。《百済記》

■仁徳天皇五十八年（三七〇）庚午

10月　呉国・高麗国、朝貢する。《紀》

■仁徳天皇六十二年（三七四）甲戌

この年　初めて氷室を発見、天皇に氷を献上する。《紀》

■仁徳天皇六十五年（三七七）丁丑

この年　難波根子武振熊《なにわねこたけふるくま》に飛驒国の怪人宿儺《すくな》を誅殺させる。《紀》

■仁徳天皇六十七年（三七九）己卯

10・5　天皇、河内の石津原《いしつのはら》に行幸し、陵地を定める（十八日、陵を築かせる。寿陵）。《紀》

■西暦三八〇年

この頃、巨大前方後円墳の分布の中心が奈良盆地から大阪平野に移る（古市古墳群・百舌鳥古墳群が五世紀末から六世紀初めまで造営される。これらのことにより、三輪王朝から河内王朝への王朝交替説が生まれる）。

■西暦三八二年

この年　沙至比跪を派遣して新羅を攻める（神功皇后紀六十二年条では葛城襲津彦を派遣）。

が日本と朝鮮半島の支配を命じたということか。「倭の五王」の讃が仁徳天皇とすると、応神朝は四世紀末から五世紀初めとなり、鉄製農工具・武具が普及し、中期古墳時代に入った頃と見られる。なお、応神天皇は後世、八幡宮の祭神の一にされ、広く武人の守護神となり、全国に勧請され祀られた。

＊**恵我藻伏岡陵**《えがのもふしのおかのみささぎ》　大阪府羽曳野市誉田に所在。誉田山陵《こんだのみささぎ》とも。「延喜式」諸陵寮には「在二河内国志紀郡一、兆域東西五町、南北五町、陵戸二烟、守戸三烟」とある。仁徳天皇陵と並ぶ巨大前方後円墳で、長さ四一五メートル、後円部径二六七メートル、前方部端の復原幅三三〇メートル、周濠あり。南に応神天皇を祀る誉田八幡宮が鎮座。

＊**即位**　応神天皇崩後、皇太子菟道稚郎子は、兄大鷦鷯尊に対し位を譲ろうとして「大王」の語を使い、大鷦鷯尊は、先皇が「皇位《きみのくらい》は一日《ひとひ》も空しかるべからず」と言ったとして弟を皇太子に立てたのだと譲り合った。ここで「大王」が初見、この頃から天皇のことを「大王《おおきみ》」と称し始めたことと呼応すると考

《百済記》

■西暦三九一年

この年　倭軍、渡海して百済・新羅を破り、臣民とする。《高句麗広開土王碑文》

■西暦三九二年

この年　百済辰斯《しんし》王《おう》が礼を失したため、紀角《きのつの》らを百済に遣わしこれを責める。辰斯王は殺され、阿花を王とする（応神天皇紀三年条に同様の記事）。《三国史記》

■西暦三九七年

この年　百済阿花王、礼を失したため、王子直支《とき》を派遣して和を請う（応神天皇紀八年条に「百済記」を引く）。《三国史記》

■仁徳天皇八十七年（三九九）己亥

1・16　仁徳天皇崩御（崩年143。「記」では83）。《紀》

1月　住吉《すみのえの》仲《なかつ》皇子《みこ》（履中天皇同母弟）、皇太子大兄去来穂別尊を殺そうとして逆に誅殺される。《紀》

10・7　仁徳天皇、**百舌鳥野陵**に葬られる。《紀》

この年　百済、誓を破って倭と結び、新羅を攻める。新羅、倭人が国境に満ち城を破り奴客をもって民としたことを高句麗王に告げて救援を求める。《高句麗広開土王碑文》

第十七代　履中《りちゅう》天皇

■履中天皇元年（四〇〇）庚子

2・1　去来穂別尊、磐余稚桜宮《いわれのわかさくらのみや》で即位する（**履中天皇**）。《紀》

4・17　住吉仲皇子に加担の阿曇連《あずみのむらじ》浜子《はまこ》の死罪を赦し、顔に入墨の刑に処す。《紀》

7・4　天皇、葦田宿禰《あしたのすくね》の女黒媛《くろひめ》を妃とする。《紀》

この年　高句麗、五万の兵をもって新羅を援け、倭を撃退、追撃して任那・加羅に至り服属させる。《高句麗広開土王碑文》

■履中天皇二年（四〇一）辛丑

1・4　天皇、弟の瑞歯別尊《みつはわけ》（反正天皇）を皇太子とする。《紀》

10月　天皇、磐余の地を都とする。磐余宮で平群木菟宿禰《へぐりのつくのすくね》・蘇賀満智宿禰《そがのまちのすくね》・物部伊莒弗《もののべのいこふ》大連《おおむらじ》・円大使主《つぶらのおおみ》が国事を執る。《紀》

11月　磐余池を作らせる。《紀》

この年　允恭天皇皇子穴穂尊《あなほ》（安康天皇）、誕生する（母は皇后忍坂大中姫命《おしさかのおおなかつひめ》）。《紀》

■履中天皇三年（四〇二）壬寅

11・6　天皇、磐余市磯池《いちしのいけ》に船を浮かべ、皇妃と遊ぶ（このとき桜の花が盞《さかずき》に落ち、その珍しいことを喜び、宮の名を磐余稚桜宮と名づける）。《紀》

えられている。また、空位を避けるのは、以後の皇位継承の原則ともなった。なお、このとき王仁は「難波津に咲くやこの花冬ごもり今は春べと咲くやこの花」と歌い、大鷦鷯尊の即位を促したという。結局、この譲り合いは、菟道稚郎子の自殺によって決着をみた。

＊**仁徳天皇**《にんとくてんのう》（二五七～三九九）大《おお》鷦鷯《さざき》尊。父は応神天皇、母は仲姫命。皇后は磐之媛命・八田皇女。妃は髪長媛・菟道稚郎姫皇女。皇子女に大兄去来穂別尊（履中天皇）・住吉仲皇子・多遅比瑞歯別尊（反正天皇）・雄朝津間稚子宿禰尊（允恭天皇）・大草香皇子・草香幡梭姫皇女（雄略天皇皇后）。なお「紀」に立太子の記載なし。陵は百舌鳥耳原中陵。「仁徳」は、三年にわたり租税を免除するなど「仁」も「徳」も備えたことからきたか。また、名の「大鷦鷯」はミソサザイのこと。

＊**確認**　仁徳天皇の歌として「新古今和歌集」に「高き屋にのぼりて見れば煙たつ民のかまどはにぎはひにけり」が選ばれる。しかしこれは、延喜六年（九〇六）の「日

■**履中天皇四年（四〇三）癸卯**
8・8　初めて諸国に国史《ふみひと》を置き、言事《ことわざ》を記して、国の情勢を届けさせる。《紀》
10月　石上《いそのかみのうなで》溝を掘る。《紀》

■**履中天皇五年（四〇四）甲辰**
9・18　天皇、淡路島で狩猟する。この日、妃黒媛没。《紀》
9・22　天皇、妃黒媛の死により、淡路島から還幸する。《紀》
10・11　天皇、妃黒媛を葬る。《紀》
この年　倭軍、もとの帯方郡の地に出兵し、高麗軍に撃退される。《高句麗広開土王碑文》

■**履中天皇六年（四〇五）乙巳**
1・6　応神天皇皇女草香幡梭皇女《くさかのはたびのひめみこ》を皇后とする。《紀》
1・9　初めて蔵職《くらつかさ》を置き、蔵部《くらひとべ》を定める。《紀》
3・15　天皇、稚桜宮にて崩御（崩年70。「記」では64。「履中天皇」と追諡）。《紀》
10・4　天皇、**百舌鳥耳原陵**に葬られる。《紀》
この年　百済阿花王が死去し、王子直支、倭国から帰国し即位する（応神天皇紀十六年条に同様の記事）。《三国史記》

第十八代　反《はん》正《ぜい》天皇

■**反正天皇元年（四〇六）丙午**
1・2　瑞歯別尊が即位する（**反正天皇**）。《紀》
8・6　津野《つの》媛《ひめ》を皇夫人《きさき》とする（また、その妹弟媛《おとひめ》を妃とする）。《紀》
10月　河内の丹比《たじひ》の柴籬《しばかき》宮（大阪府松原市上田町）を都とする。《紀》

■**反正天皇六年（四一一）辛亥**
1・23　反正天皇、正殿にて崩御（生年不詳も「記」では崩年60。「反正天皇」と追諡）。
▼群卿、議して雄朝津間稚子宿禰尊に即位を請う。《紀》

第十九代　允《いん》恭《ぎょう》天皇

■**允恭天皇元年（四一二）壬子**
12月　雄朝津間稚子宿禰尊（仁徳天皇皇子）、即位する（**允恭天皇**。「紀」には都の記載なし）。《紀》
この年　都を飛鳥に移し、遠飛鳥宮と号する。《記》

■**允恭天皇二年（四一三）癸丑**
2・14　天皇、稚野毛二派皇子の王女忍坂《おしさかの》大中姫《おおなかつひめ》命を皇后とする。この日、皇后のために刑部《おしさかべ》を定める。《紀》
この年　倭国、東晋に朝貢する。《「晋書」安帝紀》

■**允恭天皇三年（四一四）甲寅**

本紀竟宴和歌」で藤原時平が詠んだもので、のち仁徳天皇の歌と信じられるようになり、「新古今和歌集」賀巻巻頭に置かれたもの。

＊**磐之媛命《いわのひめのみこと》**　「記」では「石之比売命」。葛城襲津彦の女で、皇后は皇族出身という慣例を破る。履中・反正・允恭天皇の母。平城《なら》坂《さか》上《のえの》陵《みささぎ》（奈良市佐紀町）に葬られる。「延喜式」諸陵寮には「平城坂上墓」として「在二大和国添上郡一、兆域東西一町、南北一町、守戸無く、令二楯列池上陵戸兼守一」とある。明治八年十一月、教部省が現陵に考定する。ヒシアゲ古墳といわれる前方後円墳で、長さ約二一九メートル、後円部径一二四メートル。周濠あり。

＊**百済記《くだらき》**　近肖古王代から蓋鹵王代の九代（三四六〜四七五）を記した歴史書。現存せず、逸文が「紀」に見える。この西暦三六七年の記事を「紀」では西暦換算二四七年に記され、また肖古王の死が三七五年乙亥年を二五五年乙亥年とするなど、二運（百二十年）上げて記される。

＊**百舌《も》鳥《ず》野陵《ののみささぎ》**（百舌鳥耳原中《みみはらのなかの》陵）

1・1　使を新羅に派遣し、良医を求める。《紀》

8月　新羅の良医来日（いくばくもなく天皇平癒）。《紀》

■**允恭天皇四年（四一五）乙卯**

9・28　詔して味橿丘《うまかしのおか》で盟神探湯《くかたち》を行ない、氏姓を定める。《紀》

■**允恭天皇五年（四一六）丙辰**

7・14　地震あり。▼天皇、葛城襲津彦の孫の玉田宿禰を誅殺する。《紀》

11・11　反正天皇、耳原陵に葬られる。《紀》

■**允恭天皇七年（四一八）戊午**

12・1　新室（新宮造成か）の宴で、天皇が琴をひき、皇后が舞を舞う。このあと、皇后、弟姫（衣通郎姫《そとおしのいらつめ》）を天皇に奉る。《紀》

12・2　衣通郎姫、天皇のもとに入る。天皇歓び、殿舎を藤原に作り、姫をここに居住させる（姫のため藤原部を定める）。《紀》

12月　允恭天皇皇子大泊瀬《おおはつせ》幼武《わかたけ》尊（雄略天皇）、誕生する。皇后御産のとき、天皇、藤原宮の衣通郎姫のもとに幸したため、皇后これをうらみ、産殿を焼き死のうとする（天皇の慰撫によりとどまる）。《紀》

この年　百済、倭国に白綿十匹を贈る。《三国史記》

■**允恭天皇八年（四一九）己未**

2月　天皇、藤原の衣通郎姫のもとに行幸する（ついで皇后の嫉妬を恐れ、宮室を河内茅渟《ちぬ》に造り、姫を居住させる）。《紀》

■**允恭天皇九年（四二〇）庚申**

2月　天皇、茅渟宮に行幸する（八月・十月にも）。《紀》

■**允恭天皇十年（四二一）辛酉**

1月　天皇、茅渟宮に行幸する（行幸しばしばのため、皇后の奏言により百姓の苦を察し、茅渟宮行幸が少なくなる）。《紀》

この年　倭王讃（「倭の五王」の一人）、宋に朝貢し、武帝より叙爵。《「宋書」倭国伝》

■**允恭天皇十一年（四二二）壬戌**

3・4　天皇、茅渟宮に行幸する。《紀》

■**允恭天皇十四年（四二五）乙丑**

9・12　天皇、淡路島で狩猟する。《紀》

この年　倭王讃、司馬曹達《しばそうたつ》を派遣し、宋に朝貢する。《「宋書」倭国伝》

■**西暦四三〇年**

1月　倭国王（讃か）、宋に使を派遣して朝貢する。《「宋書」文帝紀》

■**允恭天皇二十三年（四三四）甲戌**

3・7　木梨軽皇子《きなしのかるのみこ》を皇太子とする。《紀》

■**允恭天皇二十四年（四三五）乙亥**

6月　木梨軽皇子、同母妹の軽大娘皇女《かるのおおいらつめのひめみこ》と相姦、皇女は伊予国に流される。《紀》

大阪府堺市大仙町に所在。「延喜式」諸陵寮には現陵号で「在二和泉国大鳥郡一、兆域東西八町、南北八町、陵戸五烟」とある。「大仙陵《だいせんりょう》」とも「大仙古墳」とも称される。前方後円墳で、主軸の長さ四七五メートル、後円部径二四五メートル、前方部幅三〇〇メートル、三重の周濠、陪塚十余基あり。

＊**履中天皇《りちゅうてんのう》**（?〜四〇五）　大兄去来穂別尊。父は仁徳天皇、母は磐之媛命。皇后は草香幡梭姫皇女。妃は黒媛。嬪に太姫郎姫《ふとひめいらつめ》・高鶴郎姫《たかつるいらつめ》。皇子女に中蒂姫命（安康天皇皇后）・磐坂市辺押磐《いわさかのいちのべのおしは》皇子・御馬《みま》皇子・青海《あおみ》皇女（一説に飯豊皇女という）。陵は百舌鳥耳原南陵。「履中」は「中庸」「中正」を意味する。なお、この天皇は、「倭の五王」の讃と考えられている。

＊**百舌鳥《もず》耳原《みみはらの》南《みなみの》陵《みささぎ》**（百舌鳥耳原陵）　大阪府堺市石津ケ丘に所在。「延喜式」諸陵寮には現陵号で、「在二和泉国大鳥郡一、兆域東西五町、南北五町、陵戸五烟」とある。元治元年（一八六四）に修補し、拝所を設ける。前方後円墳で主軸三六三メートル、前方部幅二三二メー

■西暦四三八年

4月　宋文帝、珍を安東将軍倭国王とする。《「宋書」文帝紀》倭隋《わずい》ら十三人に平西・征《せい》虜《りょ》・冠軍・輔国の各将軍号を賜わるよう求め、これを許される。《「宋書」倭国伝》

この年までに倭王讃が死去し、弟の珍（反正天皇か）が立つ。この年、珍、宋に朝貢し、自ら使持節都督倭・百済・新羅・任那・秦韓・慕韓六国諸軍事安東大将軍倭国王と称し、正式の任命を求める。《「宋書」倭国伝》

■允恭天皇二十九年（四四〇）庚辰

この年　忍海飯豊青尊（飯豊青皇女）、誕生する（母は磐坂市辺押磐皇子妃荑媛《はえ》）。《紀》

■西暦四四三年

この年　倭王済《せい》（允恭天皇か）、使を宋に派遣して朝貢、安東将軍倭国王の称号を与えられる。《「宋書」倭国伝》

■允恭天皇三十三年（四四四）甲申

この年　雄略天皇皇子白髪武広国押稚日本根《しらがたけひろくにおしわかやまとね》子《こ》尊（清寧天皇）、誕生する（母は妃葛城韓媛）。《紀》

■西暦四四五年

この年以前、范曄《はんよう》「後漢書」成る。

■允恭天皇三十八年（四四九）己丑

この年　億計《おけ》王（仁賢天皇。磐坂市辺押磐皇子の子）、誕生する（母は荑媛）。《本朝皇胤紹運録》

■允恭天皇三十九年（四五〇）庚寅

この年　弘計《をけ》王（顕宗天皇。磐坂市辺押磐皇子の子）、誕生する（母は荑媛）。▼男大迹《おおど》王（継体天皇）、近江の三尾で誕生する（母は振媛命）。▼大草香皇子の子眉輪《まよわのおおきみ》王、誕生する（母は中蒂《なかし》姫《ひめ》命）。《紀》

■西暦四五一年

7月　倭王済を安東大将軍に進める。《「宋書」文帝紀》

この年　宋、倭王済を使持節都督倭・新羅・任那・加羅・秦韓・慕韓六国諸軍事安東将軍倭国王とし、また、使二十三人に軍・郡号を与える。《「宋書」倭国伝》

■允恭天皇四十二年（四五三）癸巳

1・14　允恭天皇崩御（生年不詳。「記」では崩年78。「允恭天皇」と追諡）。▼皇后忍坂大中姫命を皇太后とする。《紀》

10・10　允恭天皇、河内の**長野原陵**に葬られる。《紀》

10月　天皇の葬礼が終わると、群臣、皇太子木梨軽皇子に仕えず、穴穂皇子に従う。皇太子、穴穂皇子を襲わんとするも破れて自殺（「記」では伊予国に流される）。《紀》

トル、後円部径二〇四メートル、周濠、陪塚四基あり。

＊**反正天皇**《はんぜいてんのう》（？～四一〇）　多遅比瑞歯別尊。父は仁徳天皇、母は磐之媛命。皇夫人は津野媛・弟媛。皇子女に香火姫皇女・円《つぶら》皇女・財《たから》皇女・高部皇子。生まれつき歯が美しく整っていたため「瑞歯」の文字が使われたという。陵は百舌鳥耳原北陵。「反正」は、「正に反する」というよりも、「正しい道に返す」の意味。なお、この天皇は、「倭の五王」の珍の可能性が高いと考えられている。

＊**允恭天皇**《いんぎょうてんのう》（？～四五三）　雄朝津間稚子宿禰尊。父は仁徳天皇、母は磐之媛命。皇后は忍坂大中姫命。皇子女に木梨軽皇子・名形大娘《なかたのおおいらつめ》皇女・境黒彦《さかいのくろひこ》皇子・穴穂尊（安康天皇）・軽大娘皇女・八釣白彦《やつりのしろひこ》皇子・大泊瀬稚武尊（雄略天皇）・但馬橘大娘《たじまのたちばなのおおいらつめ》皇女・酒見《さかみ》皇女。「紀」に立太子・都の記載なし。陵は恵我長野北陵。「允恭」は、「まことに慎む」の意で、皇位を鄭重に断ったことによるか。なお、この天皇は「倭の五王」の済とも考えられている。

第二十代 安康《あんこう》天皇

12・14　穴穂尊、即位する（**安康天皇**）。都を石上《いそのかみ》に遷し、穴穂《あなほ》宮（奈良県天理市田町）と号する。▼皇后忍坂大中姫命を皇太后とする。▼大泊瀬幼武尊、妃を反正天皇皇女に求めるも、その強暴を忌み、みな辞する。《紀》

■安康天皇元年（四五四）甲午

2・1　天皇、根使主《ねのおみ》の讒言を信じて叔父の大草香皇子《おおくさかのみこ》（仁徳天皇皇子）を殺し、その妃中蒂姫命を奪って妃とする。また、皇子大泊瀬幼武尊、草香幡梭姫皇女《はたびひめのひめみこ》（大草香皇子妹）を妃とする。《紀》

■安康天皇二年（四五五）乙未

1・17　天皇、妃中蒂姫命を皇后とする。《紀》

■安康天皇三年（四五六）丙申

8・9　天皇、中蒂姫の子眉輪《まよわ》王（父は大草香皇子）に殺される（崩年56。三年後、**菅原伏見陵**に葬られる。「安康天皇」と追諡）。このあと、眉輪王と、王をかくまった葛城《かずらきの》円《つぶらのおおきみ》大臣ら、大泊瀬幼武皇子《おおはつせわかたける》（雄略天皇）に殺される。《紀》

10月　大泊瀬幼武尊、安康天皇が皇位を伝えようとした**市辺押磐皇子**を近江国の狩猟に誘い謀殺する（その子、億計《おけ》王・弘計《をけ》王は、丹後国余社《よさ》郡、ついで播磨国赤石郡に潜伏）。この月、市辺押磐皇子の同母弟御馬皇子《みまのみこ》も殺される（大泊瀬幼武皇子、同世代の王位継承候補者をことごとく排除）。《紀》

第二十一代 雄略《ゆうりゃく》天皇

11・13　大泊瀬幼武尊、泊瀬《はつせ》の朝倉宮《あさくらのみや》（奈良県桜井市）で即位する（**雄略天皇**）。このとき、平群臣《へぐりのおみ》真鳥《まとり》を大臣《おおおみ》に、大伴連室《おおとものむらじむろ》屋《や》・物部連目《もののべのむらじめ》を大連《おおむらじ》とする（大臣・大連任命記事の初め）。《紀》

■雄略天皇元年（四五七）丁酉

3・3　天皇、仁徳天皇皇女草香幡梭姫皇女を皇后とする。《紀》

この月　葛城円大臣女韓媛《からひめ》・吉備上道臣《きびのかみつみちのおみ》女稚姫《わかひめ》（一本によれば吉備窪屋臣《きびのくぼやのおみ》女）・春日《かすがの》和珥臣深目《わにのおみふかめ》女童女君《おみなぎみ》を妃とする。《紀》

■雄略天皇二年（四五八）戊戌

7月　天皇、百済の池津媛《いけつひめ》と石川楯《いしかわのたて》を密通の罪で処刑する。《紀》

10・3　天皇、吉野宮に行幸する。《紀》

10・6　天皇、吉野宮より御馬瀬《みませ》に幸し、狩猟を行なう。《紀》

10月　宍人部・史戸《ふみひとべ》・河上舎人部《かわかみのとねりべ》を置く。▼天皇は自らを是とし、他人に相談せず、誤って人を殺すことが多いため、誹謗して、

＊耳原陵《みみはらのみささぎ》（百舌鳥《もず》耳原北陵《みみはらのきたのみささぎ》）　大阪府堺市北三国ヶ丘に所在。「延喜式」諸陵寮には現陵号で、「在二和泉国大鳥郡一、兆域東西三町、南北二町、陵戸五烟」とある。中世、所伝混乱し、元禄探索時に三ヵ所の伝承地から現陵に決定。元治元年（一八六四）修補して拝所を設ける。前方後円墳で、長さ一四八メートル、前方部幅一一二メートル、後円部径七六メートル、周濠、陪塚二基あり。考古学では「田出《たで》井《い》山《やま》古墳」。

＊倭《わ》の五王《ごおう》　五世紀に中国と交渉を持った五人の倭王「讃・珍・済・興・武」のこと。四二一年、讃が宋へ遣使したことに始まる。いずれも安東（大）将軍・倭国王に任命され、倭国全体の王として認められた。讃は応神・仁徳・履中天皇のいずれか、珍は反正天皇、済は允恭天皇、興は安康天皇、武は雄略天皇と考えられているが、確定しているわけではない。ただ、「記紀」の天皇系譜と大体一致しており、応神・仁徳天皇以降の天皇系譜は信用できるというのが通説となっている。

「大悪天皇」といわれる。《紀》

■雄略天皇三年（四五九）己亥

4月　阿閉臣国見《あへのおみくにみ》の讒言により、廬城部連《いおきべのむらじ》武彦《たけひこ》、父の枳莒喩《きこゆ》に殺され、伊勢に仕えていた稚足《わかたらしひめ》 姫皇女（栲幡《たくはた》皇女）も五十鈴川上で神鏡を埋めて自殺する。《紀》

■雄略天皇四年（四六〇）庚子

2月　天皇、葛城山で狩猟する。このとき、自分と容貌がよく似た「一事《ひとこと》（言）主神《ぬしのかみ》」と出会い、共に遊猟する。人民、「有徳の天皇」という。《紀》

8・18　天皇、吉野宮に行幸する。《紀》

8・20　天皇、河上の小野に行幸し、狩猟する。《紀》

12月　倭国王、使を派遣し方物を献じる。《「宋書」孝武帝紀》

この年　倭王済没し、世子興、使を遣わし、朝貢する。《「宋書」武帝紀》

■雄略天皇五年（四六一）辛丑

2月　天皇、葛城山に狩猟する。このとき、天皇を襲わんとする猪を阻止しなかった舎人を殺さんとするも、皇后に諫められる。《紀》

7月　「百済蓋鹵《こうろ》王《おう》、弟の軍君《こにきし》（昆支君）を倭に遣わす」との「百済新撰」の記事を載せる。《紀》

■雄略天皇六年（四六二）壬寅

2・4　天皇、泊瀬の小野に遊幸する。《紀》

3・7　天皇、后妃に蚕を飼うことを勧める。《紀》

3月　これより以前、倭王済が死去。倭王世《せい》子《し》興《こう》（安康天皇か）、宋の孝武帝に貢献。

この月、興を安東将軍倭国王とする。《「宋書」武帝紀》

4月　呉国、使を派遣して貢献する。《紀》

この年　皇后、宮中にて養蚕を行なう。《紀》

■雄略天皇七年（四六三）癸卯

8月　吉備下道臣前津屋《きびのしもつみちのおみさきつや》（或る本では「国《くに》造《のみやつこ》吉備臣山《きびのおみやま》」）の無礼に対し、物部の兵士三十人を遣わし、前津屋とその同族七十人を誅殺させる。《紀》

この年　天皇、吉備上道臣田狭《きびのかみつみちのおみたさ》を任那の国司に任じ、その妻稚媛《わかひめ》を召す。田狭、新羅と結んで反す。《紀》

■雄略天皇八年（四六四）甲辰

2月　身狭村主青《むさのすぐりあお》・檜隈民使博徳《ひのくまのたみのつかいはかとこ》を呉国に遣わす。▼新羅、高句麗に攻められ、任那日本府に援助を求める（当時、「日本」という国号はなかったが）。《紀》

この年　日本府の兵、新羅を助けて高麗を破る。《紀》

■雄略天皇九年（四六五）乙巳

＊**長野原陵《ながののはらのみささぎ》（恵我長野北陵《えがのながののきたのみささぎ》）**　大阪府藤井寺市国府《こふ》に所在。「延喜式」諸陵寮には「在二河内国志紀郡一、兆域東西三町、南北二町、陵戸一烟、守戸四烟」とある。兆域の長短が現陵とは逆なため、陵墓参考地の津堂城山古墳《つどうしろやまこふん》を当陵とする説もある。前方後円墳で、長さ約二二七メートル、前方部幅約一五八メートル、後円部径約一三六メートル、周濠、陪塚三基あり。

＊**安康天皇《あんこうてんのう》**（四〇一～四五六）　穴穂尊。允恭天皇第二子。母は忍坂大中姫命。皇后は中蒂姫命。皇子女なし。「紀」に立太子の記載なし。陵は菅原伏見西陵。「安康」は、「やすらか」「安泰」の意。なお、この天皇は「倭の五王」の興と考えられている。

＊**菅原伏見陵《すがわらのふしみのみささぎ》（菅原伏見西陵）**　奈良市宝来に所在。伏見山陵・菅原伏見野中陵とも記される。「延喜式」諸陵寮には、「在二大和国添下郡一、兆域東西二町、南北三町、守戸三烟」とある。所在不明であったが、文久三年（一八六三）十一月、現陵に考定される。

＊**市辺押磐皇子《いちのべのおしはのおうじ》**　履中天皇皇子。母

2・1　天皇、采女を奸した凡河内直香賜《おおしこうちのあたいかたぶ》を誅殺させる。《紀》

3月　天皇、紀小弓宿禰《きのおゆみのすくね》・蘇我韓子宿禰《そがのからこのすくね》・大《おお》伴談連《とものかたりのむらじ》・小鹿火宿禰《おかひのすくね》らを新羅に遣わし戦わせるも、苦戦して大伴談連らが戦死する。《紀》

5月　天皇、紀大磐宿禰《きのおおいわのすくね》、その父紀小弓《きのおゆみ》の死を聞き、蘇我韓子宿禰を射殺する。▼視葬《はふりの》者《つかさ》を定める（祝《はふり》の初めか）。《紀》

7月　河内国飛鳥戸《あすかべ》郡の田辺史伯孫《たなべのふびとはくそん》という者が、応神天皇陵そばで埴輪馬に出会う（埴輪の初見）。《紀》

■**雄略天皇十年（四六六）丙午**

9・4　身狭村主青、呉国より帰国する。《紀》

この年　継体天皇皇子広国押武金日尊《ひろくにおしたけかなひ》（安閑天皇）が誕生する（母は尾張連草香《おわりのむらじくさか》女目子《めのこ》媛《ひめ》）。《紀》

■**雄略天皇十一年（四六七）丁未**

5月　川瀬舎人《かわせのとねり》を置く。《紀》

7月　百済人貴信《きしん》、帰化する。《紀》

この年　継体天皇皇子武小広国押盾尊《たけおひろくにおしたて》（宣化天皇）、誕生する（母は尾張連草香女目子媛）。《紀》

■**雄略天皇十二年（四六八）戊申**

4・4　身狭村主青・檜隈民使博徳を呉国に派遣する。《紀》

10月　木工《こだくみ》の闘鶏御田《つけのみた》に命じ、初めて楼閣を造らせる。《紀》

■**雄略天皇十三年（四六九）己酉**

3月　歯田根命《はたねのみこと》、采女山辺小嶋子《やまのべのこしまこ》を奸する。《紀》

8月　播磨国の御井隈《みいくま》の人文石小麻呂《あやしおまろ》が横暴なので、春日小野臣大樹《かすがのおののおみおおき》を遣わして斬らせる。《紀》

■**雄略天皇十四年（四七〇）庚戌**

1・13　身狭村主青ら、呉国の使とともに、呉国献上の手末《たなすえ》の才伎《てひと》の漢織《あやはとり》・呉織《くればとり》、衣縫《きぬぬい》の兄媛《えひめ》・弟媛《おとひめ》らを率いて住吉津《すみのえのつ》に帰る。《紀》

3月　呉人を檜隈野に置き、呉原《くれはら》と名付ける。衣縫の兄媛を大三輪神に奉り、弟媛を漢衣《あやのきぬ》縫部《ぬいべ》とする。《紀》

4・1　呉国使を石上高抜原に饗応する。▼根使主《ねのおみ》の旧悪を責めて誅する。その子の小根使主も殺す。《紀》

■**雄略天皇十五年（四七一）辛亥**

7月　埼玉県稲荷山古墳出土鉄剣銘「辛亥年七月」の干支はこの年のことか（五三一年説も）。同銘には「獲加多支鹵大王」と判読される文字が見え、これは雄略天皇とみられている（これらのことから、大和政権の王がこの頃「大王《おおきみ》」と呼ばれていたことがわかる）。

は葦田宿禰（葛城襲津彦の子）女黒媛。顕宗・仁賢両天皇、飯豊青皇女らの父。「播磨国風土記」に「市辺天皇命」とされ、即位説もあるが、追号とされている。大泊瀬幼武皇子（雄略天皇）の策略により近江で殺される。遺体は近江の蚊屋野に葬られる。市辺押磐皇子墓は滋賀県八日市市市辺町に所在。明治八年、古保志塚と呼ばれた円墳が当墓と考定される。

＊**雄略天皇《ゆうりゃくてんのう》**（四一八～四七九）　大泊瀬幼武尊。允恭天皇第五子。母は忍坂大中姫命。皇后は草香幡梭皇女。妃は葛城韓姫・吉備上《かみつ》道《みちの》稚《わか》姫・春日和珥童女君。皇子女に白髪武広国押稚日本根子尊（清寧天皇）・稚足姫皇女・磐城《いわき》皇子・星川稚宮皇子《ほしかわのわかみや》・春日大娘皇女（仁賢天皇皇后）。「紀」に立太子の記載なし。陵は丹比高鷲原陵。「雄略」は「大いなる計画」の意。なお、「倭の五王」の武、稲荷山鉄剣銘の「獲加多支鹵大王《わかたけるのおおきみ》」に相当するといわれる。

＊**「百済新撰《くだらしんせん》」の記事《きじ》**　雄略紀以後はほぼ朝鮮の歴史と符合するので、紀年の延長は允恭紀以前といわれ

この年　諸国に分散していた秦《はだ》の民を集め、秦造《はだのみやつこ》酒公《さけのきみ》に賜い、禹豆麻佐《うつまさ》（太秦）の姓を賜う。《紀》

■雄略天皇十六年（四七二）壬子
7月　国県に桑を植えさせ、秦の民を移して庸・調を献じさせる。《紀》
10月　漢部《あやべ》を集め、その伴造《とものみやつこ》を定め、姓直を賜う。《紀》

■雄略天皇十七年（四七三）癸丑
3・2　土師連《はじのむらじ》等に命じ、御料の器を造る人を奉らしめ、これを贄土師部《にえのはじべ》とする。《紀》

■雄略天皇十八年（四七四）甲寅
8・10　物部菟代宿禰《もののべのうしろのすくね》・物部目連《もののべのめのむらじ》を遣わして伊勢の朝日郎《あさけのいらつこ》を討たせる。《紀》

■雄略天皇十九年（四七五）乙卯
3・13　詔して穴穂部を置く。《紀》
この冬　高麗、百済を攻撃、蓋鹵王《こうろ》戦死し、首都漢城が陥落する（このため、多くの人が日本に渡来）。《三国史記》

■雄略天皇二十一年（四七七）丁巳
3月　百済の汶洲王《もんす》に久麻那利《こむなり》の地を賜い、百済国を復興させる。《紀》
11月　この月より前、倭国王興が死去し、弟の武（雄略天皇か）が立ち、使持節都督倭・百済・新羅・任那・加羅・秦韓・慕韓七国諸軍事安東大将軍倭国王と自称する。《「宋書」倭国伝》またこの月、倭国、宋に使を派遣し朝貢する。《「宋書」順帝紀》

■雄略天皇二十二年（四七八）戊午
1・1　白髪皇子《しらかのみこ》（清寧天皇）を皇太子とする。《紀》
5月　倭王武、宋に使を派遣し、方物を献じて上表する。このとき、高麗の無道を指摘して自ら開府儀同三司《かいふぎどうさんし》と称し、その承認を求める。順帝、武に使持節都督倭・新羅・任那・加羅・秦韓・慕韓六国諸軍事安東大将軍倭国王を授ける。《「宋書」順帝紀・倭国伝》
9月　御饌都神《みけつかみ》として、等由気大神《とゆけのおおかみ》（豊受大神）を丹波国比治の夏奈井原から伊勢山田の地に迎える（伊勢外宮の起源）。《大神宮諸雑事記》

■雄略天皇二十三年（四七九）己未
4月　百済の文斤王《もんこん》が死去。天皇、昆支王《こんき》の第二子末多王《また》に兵器を賜い、筑紫の兵士を付して帰国させ、王とする。《紀》
7・1　天皇病のため、皇太子、万機を摂行する。《紀》
8・7　天皇、大殿にて崩御（崩年62。「記」では112。「雄略天皇」と追諡。その遺詔に「臣連伴臣は毎日朝参、国司・郡司は時に随って朝集せよ」とある）。《紀》

る。しかし、「紀」の紀年の全体を正確な年代に換算することは不可能に近いとされる。

＊上表《じょうひょう》　「昔自《よ》り祖禰《そでい》、躬《みずか》ら甲冑《かっちゅう》を擐《つらぬ》き、寧処《ねいしょ》に遑《いとま》あらず」と記し、父祖の功業を記す。このことから倭王が軍事王の側面を持っていたことがわかる。また「東に毛人を征すること五十五国、西に衆夷を服すること六十六国、海を渡って海北を平すること九十五国」とあり、その勢力範囲がうかがわれる。

＊清寧天皇《せいねいてんのう》（四四四〜四八四）白髪武広国押稚日本根子尊。父は雄略天皇、母は葛城韓媛。妃・皇子女なし。陵は河内坂門原陵。「清寧」は「清らかで安らか」の意。

＊丹比高鷲原陵《たじひのたかわしのはらのみささぎ》　大阪府羽曳野市島泉に所在。「延喜式」諸陵寮に「在二河内国丹比郡一、兆域東西三町、南北三町、陵戸四烟」とある。円墳で径七七メートル、周壕あり。

＊河内坂門原陵《こうちのさかどのはらのみささぎ》　大阪府羽曳野市西浦に所在。「延喜式」諸陵寮には「在二河内国古市郡一、兆域東西二町、南北二町、陵戸四烟」とある。元禄諸陵探索の際に現陵に決定。前方後円墳で、長軸一一一メ

8月　天皇崩御のさい、妃吉備稚媛《きびのわかひめ》、星川皇子《ほしかわのみこ》を皇位につけんとするも失敗し、大連大伴室屋の軍に囲まれ焼死する。《紀》

10・4　皇太子、神器を受ける。《紀》

この年　筑紫の安致臣《あちのおみ》・馬飼臣《うまかいのおみ》らに高麗を討たせる。また、征新羅将軍吉備尾代《きびのおしろ》、軍を率いて新羅を討とうとするも、天皇崩御により騒擾する。《紀》南斉、倭王武を鎮東大将軍とする。《「南斉書」倭国伝》

第二十二代　清寧《せいねい》天皇

■**清寧天皇元年（四八〇）庚申**

1・15　白髪武広国押稚日本根子《しらかのたけひろくにおしわかやまとねこ》尊、磐余の甕栗《みかくり》宮（橿原市あるいは桜井市）に即位する（**清寧天皇**）。大連大伴室屋・大臣平群真鳥を旧の如くする。▼雄略天皇妃葛城韓媛《からひめ》（父は葛城円大臣）を皇太夫人とする。《紀》

10・9　雄略天皇、**丹比高鷲原陵**に葬られる。《紀》

■**清寧天皇二年（四八一）辛酉**

2月　大伴室屋大連を諸国に遣わし白髪部舎人《しらかべのとねり》・白髪部膳夫《かしわで》・白髪部靫負《ゆけい》を置く。《紀》

11月　播磨国司来目部小楯《くめべのおだて》、播磨国赤石郡で億計《おけ》王と弘計《をけ》王を発見、奏上して都に迎える（仁賢即位前紀では元年十一月）。《紀》

■**清寧天皇三年（四八二）壬戌**

1・1　億計王・弘計王を宮中に迎える。《紀》

4・7　億計王を皇太子、弘計王を皇子とする（仁賢即位前紀では二年四月）。《紀》

■**清寧天皇四年（四八三）癸亥**

1・1　海外諸蕃の使者を朝堂に賜宴する。《紀》

8・7　天皇、自ら囚徒を取り調べる。▼蝦夷・隼人とも服属する。《紀》

9月　天皇、射殿《ゆみばどの》に出御し、百官と海外の使者に弓を射させる（射殿の初出）。《紀》

■**清寧天皇五年（四八四）甲子**

1・16　清寧天皇、宮で崩御（「御年若干」。「水鏡」では崩年41。「神皇正統記」では39。「記」には崩年の記載なく、「皇后なし子もなし」とする。「清寧天皇」と追諡）。▼この月、億計・弘計二王子、互いに皇位を譲り合い、空位が続いたので、その姉飯豊《いいどよの》青皇女《あおのひめみこ》が、忍海角刺宮《おしぬみのつのさし》（奈良県葛城市新条町忍海）で朝政を執る。《紀》

11・9　清寧天皇、**河内坂門原陵**に葬られる。《紀》

11月　**飯豊青皇女**没。葛城埴口丘陵《かずらきのはにくちのおかのみささぎ》に葬られる。《紀》

12月　皇太子億計王、皇位を弟弘計王に譲る

ートル、前方部幅一二〇メートル、後円部径四八メートル、周壕・陪塚あり。

＊**飯豊青皇女**《いいどよのあおのひめみこ》　履中天皇皇女。市辺押磐皇子の子とも。母は、「記」で黒媛《くろひめ》、「紀」で荑媛《はえひめ》。清寧天皇五年死去の際、「崩」「陵」の言葉が用いられ、天皇に準じる扱いをうける。「扶桑略記」では「甲子歳春二月生年四十五即位」、「本朝皇胤紹運録」では「自二月令摂天下、十一月崩四十五」とあり、天皇として扱われる。陵の葛城埴口丘陵は、奈良県北葛城郡新庄町所在の前方後円墳。「延喜式」諸陵寮には「在二大和国葛下郡一、兆域東西一町、南北一町、守戸三烟」とある。

（弘計王、固辞するもついに受ける）。《紀》

■**顕宗天皇元年（四八五）乙丑**

第二十三代　顕《けん》宗《ぞう》天皇

1・1　弘計王、近飛鳥八釣宮《ちかつあすかのやつり》（奈良県高市郡明日香村八釣）にて即位する（**顕宗天皇**）。皇太子億計王は旧の如し。《紀》

1月　天皇、難波小野王《なにわのおののみこ》（雄略天皇皇孫丘稚子王王女）を皇后とする。《紀》

2月　天皇、皇太子とともに近江来《く》田《た》綿《わた》の蚊《か》屋野《やの》に幸し、父市辺押磐皇子の骨を求め、これを葬る。《紀》

3・2　天皇、初めて曲水《めぐりみず》の宴を催す（曲水宴の初期例ではあるが、当時、実際に行なわれていたかは疑問視されている）。《紀》

4・11　天皇迎立の功により、前播磨国司来目部小楯に姓山部連を賜う。《紀》

■**顕宗天皇二年（四八六）丙寅**

3・2　天皇、後苑に幸し、曲水の宴を行なう。公卿以下しきりに万歳をとなえる。《紀》

8・1　天皇、父の悲運をなげき、雄略天皇陵に報復せんとするも、皇太子億計王、理をもって諌める。《紀》

■**顕宗天皇三年（四八七）丁卯**

2・1　阿閉臣事代《あへのおみことしろ》を任那に派遣する。《紀》

4・13　福草部《さきくさべ》を置く。《紀》

4・25　顕宗天皇、八釣宮にて崩御（生年不詳。「記」では崩年38）。《紀》

この年　紀生《きのお》磐宿禰《いわのすくね》、三韓の王になろうとして、自ら神《か》聖《み》と称するも、百済に敗れ、任那より帰る。《紀》

■**仁賢天皇元年（四八八）戊辰**

第二十四代　仁《にん》賢《けん》天皇

1・5　億計王、石上《いそのかみ》の広高《ひろたか》宮（奈良県天理市）で即位する。（**仁賢天皇**）。《紀》

2・2　天皇、妃の春日大姫皇女《かすがのおおいらつめのひめみこ》（雄略天皇皇女）を皇后とする。《紀》

10・3　顕宗天皇、**傍丘磐杯丘陵**に葬られる。《紀》

この年　南朝梁の沈約《しんやく》「宋書」成る。

■**仁賢天皇二年（四八九）己巳**

9月　顕宗天皇皇后難波小野王（父は丘稚子王）、礼がなかったことで誅せられることを恐れ自殺する。《紀》

この年　仁賢天皇皇子小《お》泊瀬《はつせ》稚鷦鷯《わかさざき》尊（武烈天皇）、誕生する（母は皇后春日大姫皇女）。《紀》

■**仁賢天皇三年（四九〇）庚午**

2月　石上部舎人《いそのかみべのとねり》を置く。《紀》

■**仁賢天皇五年（四九二）壬申**

2・5　国郡に広く散亡していた佐伯部を求

＊**顕宗天皇**《けんぞうてんのう》（四五〇～四八七）弘《を》計《け》王・来目稚子《くめのわくご》尊・袁祁之石巣別《おけのいわすわけ》尊。父は磐坂市辺押磐皇子、母は荑姫。皇后は難波小野王《なにわのおの》。皇子女なし。「紀」に立太子の記載なし。陵は傍立磐坏丘南陵。「顕宗」は、「宗を顕わすこと」。この場合の「宗」は「正嫡」の意か。

＊**仁賢天皇**《にんけんてんのう》（四四九～四九八）億《お》計《け》王・嶋郎《しまのいらつこ》。父は磐坂市辺押磐皇子、母は荑姫。皇后は春日大娘皇女。妃は和珥《わに》糠君娘《あらきみのいらつめ》。皇子女に高橋大娘皇女・朝嬬《あさづま》皇女・手白《たしら》香皇女《かのひめみこ》（継体天皇皇后）・樟氷《くすび》皇女・橘仲皇女（宣化天皇皇后）・小《お》泊瀬《はつせ》稚鷦鷯《わかさざき》尊（武烈天皇）・真稚皇女・春日山田皇女（安閑天皇皇后）。陵は埴生坂本陵。「仁賢」は文字通り「仁にして賢」の意。

＊**傍丘磐杯丘陵**《かたおかのいわつきのおかのみささぎ》（傍丘磐坏丘南陵）　奈良県香芝市北今市に所在。「延喜式」諸陵寮には現陵号で「在二大和国葛下郡一、兆域東西二町、南北三町、陵戸一烟、守戸三烟」とある。中世以降、所在不明。明治二十二年にようやく現陵に考定され、「杯」を「坏」に改める。形の崩れた前方後円墳で長軸六九メ

める。《紀》

■仁賢天皇六年（四九三）癸酉

9・4　日鷹吉士《ひたかのきし》を高句麗に遣わし、巧手者《てひと》を召す（この年、日鷹吉士、帰国して須流枳《するき》・奴流枳《ぬるき》などを献上）。《紀》

■仁賢天皇七年（四九四）甲戌

1・3　皇子小泊瀬稚鷦鷯尊（武烈天皇）を皇太子とする。《紀》

■仁賢天皇十一年（四九八）戊寅

8・8　仁賢天皇、正寝《おおとの》にて崩御（崩年50。「仁賢天皇」と追諡）。《紀》

8月　天皇崩後、大臣平群真鳥《へぐりのまとり》が国政を専らにしたため、皇太子、大伴金村連に命じ、平群真鳥・鮪《しび》父子を乃楽山《ならやま》に誅殺する。《紀》

10・5　仁賢天皇、**埴生坂本陵**に葬られる。《紀》

第二十五代　武烈《ぶれつ》天皇

12月　小泊瀬稚鷦鷯尊、壇場《たかみくら》を泊瀬《はつせ》の列城《なみき》宮（奈良県桜井市出雲）に設けて即位する（武烈天皇）。▼大伴金村を大連とする。《紀》

■武烈天皇元年（四九九）己卯

3・2　天皇、春日娘子《かすがのいらつめ》（雄略天皇皇女）を皇后とする。《紀》

■武烈天皇二年（五〇〇）庚辰

9月　天皇、妊婦の腹を割いてその胎児を見る。《紀》

■武烈天皇三年（五〇一）辛巳

10月　天皇、人のなま爪を抜いて暑預《いも》を掘らせる。《紀》

■武烈天皇四年（五〇二）壬午

4月　天皇、人の頭髪を抜いて樹に登らせ、その樹を根元から斬り倒して、登っている人を落とし殺すのを楽しみとする。《紀》

梁武帝、倭王武を征東大将軍とする（「倭の五王」による対中交渉の最後か）。《「梁書」武帝紀》

この年　百済の国人、末多王《まったおう》を排除し、嶋王《せまきし》を王とする（武寧王）。《紀》

■武烈天皇六年（五〇四）甲申

9・1　小泊瀬舎人を置く。《紀》

10月　百済、長年朝貢せず。この日、百済使麻那君《まなきし》が来朝。よって、留めて質にする。《紀》

■武烈天皇七年（五〇五）乙酉

4月　百済使、来朝して朝貢する。《紀》

■武烈天皇八年（五〇六）丙戌

3月　天皇、女を裸にして馬と交尾させる。《紀》

12・8　武烈天皇、泊瀬の列城宮にて崩御（崩年18。「武烈天皇」と追諡）。▼天皇に継嗣なく、仲哀天皇五世孫倭彦《やまとひこ》王を迎えに行

ートル、陪塚三基あり。

＊**宋書**《そうじょ》　南宋（四二〇～四七九）の歴史を記し、「倭国伝」において倭の五王の遣使などを載せる。なお、「倭の五王」（讃・珍・済・興・武）は西暦四一三～四七八年に少なくとも九回にわたり朝貢している。

＊**埴生坂本陵**《はにうのさかもとのみささぎ》　大阪府藤井寺市青山（旧大字野中字ボケ山）に所在。「延喜式」諸陵寮には「在㆓河内国丹比郡㆒、兆域東西二町、南北二町、守戸五烟」とある。中世以降、諸伝を失うも、麦飯仙覚峯《ばくはんせんかくほう》が「仁賢天皇山陵考」で現陵を考定し、幕末修陵のとき現陵と定め、元治元年（一八六四）修補。前方後円墳で、長軸一一〇メートル、前方部幅一〇七メートル、後円部径六五メートル、陪塚あり。

＊**武烈天皇**《ぶれつてんのう》（四八九～五〇六）　小泊瀬稚鷦鷯尊。父は仁賢天皇、母は春日大娘皇女。皇后は春日娘子。皇子女なし。陵は傍丘磐坏丘北陵。「武烈」は「武功」などの意があるが、この場合は、「法による苛烈な支配」といわれる。

くも逃亡される。《紀》

■**継体天皇元年（五〇七）丁亥**

1・6　大伴金村大連ら、越前の三国《みくに》より、応神天皇五世孫男大迹王《おおどのおおきみ》（継体天皇）を迎える。《紀》

1・24　男大迹王、河内樟葉宮《くすは》（大阪府枚方市楠葉）に到る。《紀》

第二十六代　継体《けいたい》天皇

2・4　大伴金村大連、男大迹王に天子の璽《み》符《しるし》としての鏡・剣をたてまつり、樟葉宮で即位する（**継体天皇**）。これまで通り、大伴金村・物部麁鹿火を大連に、許勢男人《こせのおひと》を大臣にする。《紀》

3・5　手白香皇女《たしらかのひめみこ》（仁賢天皇皇女）を皇后とする。《紀》

3・9　詔して農・蚕を勧める。天皇自ら耕やし、后妃は蚕を養う。《紀》

3・14　天皇、八人の妃を召す。尾張目子媛《めのこ》（以前からの妃で、広国排武金日尊《ひろくにおしたけかなひ》〈安閑天皇〉、武小広国押盾尊《たけおひろくにおしたて》〈宣化天皇〉をもうける）・稚子媛《わかこ》・広媛（坂田大跨王《さかたのおおまたのおおきみ》女。茨田皇女等をもうける）・麻績娘子《おみのいらつめ》（息長真手王女。荳角皇女《ささげのひめみこ》〈伊勢斎宮〉をもうける）・茨田関媛《まんたのせき》・倭媛《やまと》・和珥荑媛《わにのはえ》・広媛《ひろ》（根王女《ねのおおきみ》）の八人。《紀》

■**継体天皇二年（五〇八）戊子**

10・3　武烈天皇、傍丘磐杯丘陵に葬られる。《紀》

12月　耽羅人《たんらびと》、百済に初めて使者を送る。《紀》

■**継体天皇三年（五〇九）己丑**

2月　百済に使を遣わす。《紀》

この年　皇子天国排開広庭尊《あめくにおしはらきひろにわ》（欽明天皇）、誕生する（母は皇后手白香皇女《たしらか》）。《紀》

■**継体天皇五年（五一一）辛卯**

10月　天皇、山背の筒城宮《つつきのみや》（京都府京田辺市多々羅）に遷都する。《紀》

■**継体天皇六年（五一二）壬辰**

4・6　穂積臣押山《ほづみのおみおしやま》を百済に遣わす。《紀》

12月　百済武寧王の要請に応じ、任那四県を割譲する（勾大兄皇子《まがりのおおえ》〈安閑天皇〉はこれを知り、勅を改めんとするが及ばず）。《紀》

■**継体天皇七年（五一三）癸巳**

6月　百済、五経博士段楊爾《だんようや》を貢する。《紀》

9月　勾大兄皇子、春日皇女（仁賢天皇皇女）を妃とする。《紀》

11・5　百済の将軍を朝廷に引見し、己汶《こもん》・滞沙《たさ》の地を百済国に賜う。《紀》

11月　伴跛国《はへ》、珍宝を献じ己汶の地を請うも許さず。《紀》

12・8　勾大兄皇子を皇太子とする。《紀》

＊**継体天皇**《けいたいてんのう》（四五〇～五三一）　男大迹王・彦太尊。父は彦主人王《ひこうし》、母は振媛命。皇后は手白香皇女（仁賢天皇皇女）。妃は尾張目子媛・稚子媛・広媛（坂田大跨王女）・麻績娘子《おみのいらつめ》・茨田関媛《まんたのせき》・倭媛・和珥荑媛・広媛（根王女）。皇子女に広国押武金日尊（安閑天皇）・武小広国排盾尊（宣化天皇）・天国排開広庭尊（欽明天皇）・大郎皇子《おおいらつこ》・茨田《まんた》皇女など。陵は三嶋藍野陵。応神天皇五世孫といわれ、越前から迎えられ、河内樟葉宮に五年、山背筒城宮に七年、山城弟国宮に八年ののち、即位二十年にして初めて大和（玉穂宮）に入ったとされ、従来の大和勢力との確執が長きにわたって存在したのではないかといわれる。なお、継体天皇以降は、同じ血筋を持つ一族による大王位継承が認められる。「継体」とは、「体を継ぐ」「皇統を継ぐ」の意。

＊**傍丘磐杯丘陵**《かたおかのいわつきのおかのみささぎ》（傍丘磐坏丘北陵）　奈良県香芝市今泉（旧字ダイゴ）に所在。「延喜式」諸陵寮には現陵号で「在二大和国葛下《かずらきのしも》郡《ぐん》一、兆域東西二町、南北三町、守

■継体天皇八年（五一四）甲午

1月　春日皇女に匝《さ》布屯倉《ほのみやけ》を賜う。《紀》

■継体天皇九年（五一五）乙未

2・4　百済使、帰国を請う。勅して物部連を添えて帰らせる。《紀》

4月　伴跛、帯《た》沙江《さのえ》の物部連を攻め、物部連、汶慕《もんも》羅《ら》に逃げる。《紀》

■継体天皇十年（五一六）丙申

5月　百済、物部連を己汶に迎えて慰問する。《紀》

9月　百済、物部連に将軍を従わせて来朝し、己汶の地を賜ったことを謝する。また、五経博士漢高安茂《あやのこうあんも》を段楊爾に代えて奉る。《紀》

■継体天皇十二年（五一八）戊戌

3・9　天皇、山背の弟国《おとくに》宮（京都府長岡京市か向日市か）に遷都する。《紀》

■継体天皇十六年（五二二）壬寅

2月　大唐の司馬《しば》達止《たつと》（達等）が来朝し、大和国高市《たけち》郡坂田原に草堂を結び、本尊を安置して礼拝する。《扶桑略記所引法華験記》

■継体天皇十七年（五二三）癸卯

この年　百済の武《む》寧《ねい》王（斯《し》麻《ま》王）が死去する（「武寧王陵誌石」と記事が一致）。《紀》

■継体天皇十八年（五二四）甲辰

1月　百済の太子明《こにせしむめい》、即位する（聖明王）。《紀》

■継体天皇二十年（五二六）丙午

9・13　天皇、磐余《いわれ》の玉穂《たまほ》宮（奈良県桜井市池之内）に都を遷す（天皇、初めて大和に入る。一本では継体天皇八年）。《紀》

■継体天皇二十一年（五二七）丁未

6・3　任那復興のため、近江《おうみ》の毛《け》野臣《なのおみ》を新羅に派遣する。筑紫国造磐井《いわい》、新羅に通じ、火国《ひのくに》・豊国《とよのくに》に拠り、これをさえぎる（磐井の乱）。《紀》

8・1　物部麁鹿火大連《もののべのあらかひおおむらじ》に詔し、筑紫の磐井を討たせる。《紀》

■継体天皇二十二年（五二八）戊申

11・11　大将軍物部麁鹿火、磐井を斬殺し、平定する（福岡県岩戸山古墳が磐井の墓か）。《紀》

12月　筑紫君葛子《つくしのきみくずこ》、父磐井に連座するのを恐れ、糟屋屯倉《かすやのみやけ》を献上して死罪を免れることを請う。《紀》

■継体天皇二十三年（五二九）己酉

3月　加羅（伽耶）の多《た》沙津《さのつ》を百済王に賜う（これにより、加羅、新羅と結び日本を怨む）。

▼近江の毛野臣を安羅に遣わし、南加羅・喙己《とくこ》呑《とん》の再建を図る。《紀》

4・7　任那王来朝し、新羅の侵攻を受け援助を請う（近江毛野臣、新羅・百済の王を熊川に招集するも、二王は使を遣わし参集せず。新羅、任那四村を占領する。任那復

戸五烟」とある。以後記録なく、幕末修陵時も考定できず、明治二十二年、ようやく現陵に治定、同二十六年勅使参向し、修陵竣工奉告祭を行なう。山形墳で、長さ二五〇メートル。

興に失敗)。《紀》

■**継体天皇二十四年 (五三〇) 庚戌**

10月 調吉子《つきのきし》、任那より到り、近江毛野臣の暴状を奏上する。目頰子《めずらこ》を遣わし、毛野臣を召還する。《紀》

■**継体天皇二十五年 (五三一) 辛亥**

第二十七代 安閑《あんかん》天皇

2・7 継体天皇、勾大兄皇子(**安閑天皇**)を天皇に立て、玉穂宮で**崩御**(崩年82。「紀」所引「百済本記」には、天皇・皇太子・皇子がそろって亡くなると記されている)。

この月、旧の如く、大伴金村・物部麁鹿火を大連とする。《紀》

12・5 継体天皇、**藍野陵**に葬られる。《紀》

この年 欽明天皇、即位する(「紀」では宣化天皇四年〈五三九〉即位)。《上宮聖徳法王帝説》

■**安閑天皇元年 (五三四) 甲寅**

1月 都を勾 金橋 宮《まがりのかなはしのみや》(奈良県橿原市曲川町)に遷す。《紀》

3・6 春日山田皇女《かすがのやまだ》(仁賢天皇皇女)を皇后とする。また、三人の妃(許勢紗手媛《こせのさて》・許勢香香有媛《こせのかかり》・物部宅媛《やか》)を立てる。《紀》

4月 伊甚屯倉《いじみのみやけ》を定める。《紀》

5月 百済使、朝貢する。《紀》

10・15 皇后・妃に屯倉・田部《たべ》を給う。《紀》

⑫・4 天皇、三嶋(大阪府高槻市)に行幸する。《紀》

⑫月 武蔵国造笠原直使主《かさはらのあたいおみ》と小杵《おき》が国造をめぐって同族争い。小杵、上毛野君小熊《かみつけののきみおくま》に支援を求め、使主は上京して訴える。朝廷、使主を国造とし、小杵を殺す。使主、武蔵の四屯倉を献上する。《紀》

■**安閑天皇二年 (五三五) 乙卯**

4・1 勾舎人部《まがりのとねりべ》・勾 靫部《まがりのゆきべ》を置く。《紀》

5・9 諸国に二十六屯倉を置く。《紀》

8・1 諸国に犬養部《いぬかいべ》を置く。《紀》

12・17 安閑天皇、勾金橋宮《まがりのかなはし》で崩御(崩年70)。《紀》

第二十八代 宣化《せんか》天皇

12月 武小広国押盾尊、即位する(**宣化天皇**)。

▼安閑天皇、**旧市高屋丘陵**に葬られ、皇后春日山田皇女・神前皇女《かんさき》(天皇の妹)を合葬する(皇后・皇妹の没年は不明。「延喜式」では、安閑天皇陵と春日山田皇女の墓〈古市高屋墓〉は別)。《紀》

■**宣化天皇元年 (五三六) 丙辰**

1月 都を檜隈 廬入野宮《ひのくまのいおりのの》(奈良県高市郡明日香村檜前)に遷す。《紀》

2・1 従来通り、大伴金村・物部麁鹿火を

＊**安閑天皇《あんかんてんのう》**(四六六～五三五) 勾大兄皇子・広国排武金日尊。継体天皇第一子。母は尾張目子媛。皇后は春日山田皇女。妃は許勢紗手媛《こせのさて》・許勢香香有媛《こせのかかり》・物部《もののべ》宅媛《やか》。皇子女なし。陵は旧市高屋丘陵。「安閑」は、「心が安らかで静かなこと」。

＊**崩御** 「紀」の本文では「百済本記」によって崩年を継体二十五年とする(ある本では継体二十八年崩御)が、次の安閑天皇の即位まで二年の空位ができる。「上宮聖徳法王帝説」では欽明天皇が継体二十五年に即位とあり、欽明朝と安閑・宣化朝が併立したとの説も有力。一般に六世紀前半は種々の内乱があったとされ、「継体・欽明朝の内乱」といわれる。

＊**藍野 陵《あいののみささぎ》**(三島藍野陵) 大阪府茨木市太田に所在。「太田茶臼山古墳」とも。「延喜式」には現陵号で「在㆓摂津国島上郡㆒、兆域東西三町、南北二町、守戸五烟」とある。所在不明であったが、享保の陵改めで現陵に決定。江戸時代は「池ノ山」「茶臼山」と呼ばれた。前方後円墳で、長さ二二六メートル、前方

大連、蘇我稲目を大臣、阿倍大麻呂《あへのおおまろ》を大夫《まえつぎみ》とする。《紀》
3・8 橘仲皇女《たちばなのなかつひめみこ》（仁賢天皇皇女）を皇后とする。《紀》
5・1 筑紫那津《なのつ》に宮家《みやけ》を建て、諸国屯倉の穀を運ぶ。《紀》
□7月 物部麁鹿火《もののべのあらかひ》（大連。生年不詳）

■宣化天皇二年（五三七）丁巳
10・1 新羅が任那に侵入。この日、大伴金村《かなむら》大連、その子磐《いわ》と狭手彦《さでひこ》に任那救援を命じる（磐は筑紫にとどまり三韓に備え、狭手彦は任那を鎮め、百済も救う）。《紀》

■宣化天皇三年（五三八）戊午
10・12 百済聖明《せいめい》王、仏像・経論などを献じる（仏教伝来。「紀」では欽明天皇十三年〈五五二〉）。《元興寺縁起・上宮聖徳法王帝説》
この年 訳語田渟中倉太珠敷《おさだのぬなくらふとたましき》尊（欽明天皇皇子。敏達天皇）、誕生する（母は石姫《いしひめ》皇女）。《紀》

■宣化天皇四年（五三九）己未
2・10 宣化天皇、檜隈廬入野宮にて崩御（崩年73。「欽明天皇前紀」は十月崩御。「宣化天皇」と追諡）。《紀》
10月 春日山田皇女と皇子天国排開広庭（欽明天皇）、皇位を譲り合う。《紀》
11・17 宣化天皇、**身狭桃花鳥坂上陵**に葬られる（皇后橘仲皇女とその幼児を合葬。皇后の没年不明）。《紀》

第二十九代 欽明《きんめい》天皇

12・5 天国排開広庭《あめくにおしはらきひろにわ》尊、即位する（**欽明天皇**。大伴金村・物部尾輿が大連、蘇我稲目が大臣に任じられる）。▼皇后手白香皇女を皇太后とする。《紀》

■欽明天皇元年（五四〇）庚申
1・15 妃**石姫皇女**（宣化天皇皇女）を皇后とする。《紀》
3月 蝦夷と隼人が帰順する。《紀》
7・14 都を磯城郡《しきのこおり》の磯城嶋金刺《しきしまのかなさし》宮（奈良県桜井市金屋）に遷す。《紀》
8月 高麗・百済・新羅・任那、使を遣わして朝貢する。秦《はた》人・漢《あや》人ら渡来人を集めて国郡に配置して戸籍に登録する。《紀》
9・5 天皇、難波《なにわ》の祝津《はふりつ》宮に行幸する。このとき、大伴金村、新羅征討問題（任那四県を百済に割譲）で失脚する。《紀》
この年 欽明天皇皇子橘豊日《たちばなのとよひ》尊（用明天皇）、誕生する（母は蘇我稲目女堅塩《きたし》媛《ひめ》）。《東寺王代記》

■欽明天皇二年（五四一）辛酉
3月 四人の妃を定める。稚綾姫《わかあやひめ》皇女（宣化天皇皇女、皇后妹）・日影《ひかげ》皇女（宣化天皇

部幅一四七メートル、後円部径一三六メートル。周濠あり。しかし、現陵の東北一・五キロにある今城塚古墳（大阪府高槻市）を継体天皇陵とする研究者が多い。

＊**宣化天皇《せんかてんのう》**（四六七〜五三九）檜隈高田皇子・武小広国押盾尊・檜隈天皇。父は継体天皇、母は尾張目子媛。皇后は橘仲皇女。妃は大《おおし》河内稚子《こうちのわくご》媛。皇子女に火焔《ほのお》皇子・石姫皇女（欽明天皇皇后）・小石《おいし》姫《ひめ》皇女（欽明天皇妃）・倉稚綾《くらわかや》姫《ひめ》皇女（欽明天皇妃）・上殖葉《かむえは》皇子・日影《ひかげ》皇女（欽明天皇妃）。陵は身狭桃花鳥坂上陵。「宣化」は、「徳化を宣揚すること」の意。

＊**旧市高屋丘陵《ふるいちのたかやのおかのみささぎ》** 大阪府羽曳野市古市に所在。「延喜式」諸陵寮には「在㆓河内国古市郡㆒、兆域東西一町、南北一町五段、陵戸一烟、守戸二烟」とある。室町時代、畠山氏がここに高屋城を造り、当陵を本丸にあてる。文久年間（一八六一〜六四）に大規模な修陵を行なう。前方後円墳で、長さ一二〇メートル、前方部幅一〇〇メートル。考古学では「高屋築山古墳」と呼ぶ。なお、皇后の「古市高屋

皇女、皇后妹）・蘇我堅塩《きたし》媛《ひめ》（蘇我稲目女）・小姉君《おあねのきみ》（堅塩姫妹）・春日日《かすがのひ》抓臣《つめのおみ》女糠子《あらこ》。また磐隈《いわくま》皇女を伊勢斎宮とする。《紀》

4月　天皇、百済の聖明王に詔し、任那復興を図る。《紀》

7月　百済使、来朝する。《紀》

■**欽明天皇四年（五四三）癸亥**

4月　百済使、帰国する。《紀》

9月　百済の聖明王、使を遣わし財物と奴二人を献じる。《紀》

11・8　津守連《つもりのむらじ》を遣わし、百済聖明王の任那復興遅延を責める。《紀》

■**欽明天皇五年（五四四）甲子**

3月　百済、使を遣わし、日本府官人二人の退去を要請する。《紀》

12月　越国、佐渡島に粛慎人《みしはせひと》漂着を報告。《紀》

■**欽明天皇六年（五四五）乙丑**

3月　膳臣《かしわでのおみ》巴《は》提《す》便《ひ》を百済に遣わす（十一月帰国）。《紀》

5月　百済使、来朝（翌年一月三日帰国）。《紀》

9月　百済、天皇のために丈六の仏像を造る。《紀》

この年　高麗、大いに乱れる。《紀》

■**欽明天皇七年（五四六）丙寅**

6・12　百済、朝貢する。《紀》

この年　高麗、大いに乱れる。《紀》

●この頃、「帝紀」「旧辞」が述作される。

●六世紀前半、今城塚古墳が造られる。

■**欽明天皇八年（五四七）丁卯**

4月　百済、使を遣わし、援軍を要請してくる。《紀》

■**欽明天皇九年（五四八）戊辰**

1・3　天皇、詔して百済使に援軍派遣を約束する。《紀》

4・3　百済、使を遣わし、しばらく援兵を中止することを請う。《紀》

6・2　使を百済に遣わし、詔して任那とともに高麗を防がせる。《紀》

⑦・12　百済使、帰国する。《紀》

10月　百済に三百七十人を遣わし、城を築かせる。《紀》

■**欽明天皇十年（五四九）己巳**

6・7　百済の要請の通り、救援軍派遣を中止する。《紀》

■**欽明天皇十二年（五五一）辛未**

この年　百済の聖明王、百済・新羅・任那の兵を率い、高麗を討ち、旧領を回復する。《紀》

■**欽明天皇十三年（五五二）壬申**

4月　箭田珠勝大兄《やたのたまかつのおおえ》皇子（母は皇后石姫）没。《紀》

5・8　百済等、使を遣わし、高麗・新羅を

墓」は、「延喜式」諸陵寮には「在㆓河内国古市郡㆒、兆域東西二町、南北二町、守戸二烟」とあり、考古学では「高屋八幡山古墳」と呼んでいる。

＊**身狭桃花鳥坂上陵《むさのつきさかのえのみささぎ》**　奈良県橿原市鳥屋町に所在。「延喜式」諸陵寮には「在㆓大和国高市郡㆒、兆域東西二町、南北二町、守戸五烟」とある。中世、所在不明も、元禄諸陵探索で、元禄十二年（一六九九）京都所司代松平信庸《のぶつね》が現陵を決定し老中へ報告。前方後円墳で、長さ一三八メートル、前方部幅七七メートル、後円部径八三メートル。周濠は、寛永年間（一六二四〜四四）に鳥屋池となる。

＊**欽明天皇《きんめいてんのう》**（五〇九〜五七一）天国排開広庭尊・志帰島天皇。父は継体天皇、母は手白香皇女。皇后は石姫皇女。妃は小石姫皇女・稚綾姫皇女・日影皇女・蘇我堅塩媛・蘇我小姉君。皇子女に箭田珠《やたのたま》勝大兄《かつのおおえ》皇子・訳語田渟中倉太珠敷尊（敏達天皇）・笠縫《かさぬい》皇女・石上《いそのかみ》皇子・倉《くら》皇子・橘豊日尊（用明天皇）・豊御食炊屋姫尊（推古天皇）・泥部穴穂部皇女（用明天皇皇后）・

攻め、救兵を請う。《紀》

10月　百済聖明王、仏像・経論等をもたらす。天皇、群臣に仏法を礼拝すべきか否かを問う（群臣論争）。▼蘇我稲目《そがのいなめ》に仏像を授け、奉祀させる。このとき、疫病流行により、物部尾輿《もののべのおこし》・中臣鎌子《なかとみのかまこ》、天皇に奏上して仏像を難波の堀江《ほりえ》に棄て伽藍を焼く（にわかに大殿〈金刺宮〉も火災となる）。《紀》

この年　百済、漢城と平壌を放棄、新羅が漢城に入る。《紀》

■**欽明天皇十四年（五五三）癸酉**

1・12　百済、使を遣わし、軍兵派遣を請う（使、十五日帰国）。《紀》

6月　百済に援軍を与え、医博士《くすしのはかせ》・易博士《やくのはかせ》・暦博士《こよみのはかせ》の交代、また卜書《うらのふみ》・暦本・各種薬物を求める（「暦」の文字の初出）。《紀》

7・4　天皇、樟勾宮《くすのまがりのみや》（所在不詳）に行幸する。《紀》

8・7　百済、使を遣わし、援軍派遣を求める。《紀》

10・20　百済の王子余昌、高麗と戦い撃破する。《紀》

■**欽明天皇十五年（五五四）甲戌**

1・7　皇子渟中倉太珠敷尊《ぬなくらふとたましきのみこと》（敏達天皇）を皇太子とする（「敏達即位前紀」は二十九年）。《紀》

1・9　天皇、百済の使者に、援軍の約束をする。《紀》

2月　百済、救兵を乞う。百済から五経・易・暦・医博士などが、交替派遣される。《紀》

5・3　内臣佐伯連、舟師を率いて百済に向かう。《紀》

12月　日本・百済両軍、新羅と戦う。聖明王が敗死する。《紀》

この年　欽明天皇皇女豊御食炊屋姫尊《とよみけかしきやひめのみこと》（推古天皇）、誕生する（母は堅塩媛）。《紀》

■**欽明天皇十六年（五五五）乙亥**

2月　百済の王子余昌、弟の恵《けい》を遣わし、聖明王の死を報告する。《紀》

7・4　吉備《きび》の五郡に白猪屯倉《しらいのみやけ》を置く。《紀》

■**欽明天皇十七年（五五六）丙子**

1月　百済の王子恵の帰国に際し、阿倍臣・佐伯連・播磨直に筑紫国の舟師を、また、筑紫火君《ひのきみ》に勇士一千人を率いさせ、護衛させる。《紀》

7・6　備前児島郡に屯倉を置き、田令《たつかい》（田地経営の監督者）を任じる。《紀》

10月　倭国（大和）高市郡に韓人・高麗人の屯倉を置き、紀国に海部屯倉《あまのみやけ》を置く。《紀》

■**欽明天皇十八年（五五七）丁丑**

3月　百済の王子余昌、王位を継ぐ（威徳王《いとくおう》）。《紀》

泊瀬部皇子（崇峻天皇）など。陵は檜隈坂合陵。「欽明」は「つつしみ深く道理に明らかなこと」で、即位のとき、「つつしみ深く」若いからと固辞したことによるか、といわれる。なお欽明天皇以降は、現在まで血縁により天皇位が継承される。

＊**石姫皇女**《いしひめのおうじょ》　生没年不詳。「記」では石比売命。欽明天皇皇后。父は宣化天皇、母は仁賢天皇皇女橘仲皇女。磯長原陵《しながのはらのみささぎ》（大阪府南河内郡太子町）に葬られ、のち実子敏達天皇が合葬される。

＊**「帝紀」**《ていき》**「旧辞」**《きゅうじ》　「帝紀」は天皇ごとの即位・宮号・后妃・子女・事績など、「旧辞」は「くじ」とも読み、神話・伝承などと思われるが、全く残っていないので実際についてはわからない。「記」「紀」などの原史料になったもので、名称も「記」では「帝皇日継」「先紀」「本辞」「先代旧辞」、「紀」では「帝王本紀」「上古諸事」とも呼ばれている。

＊**今城塚古墳**《いましろづかこふん》　大阪府高槻市郡家に所在。前方後円墳で、長さ二〇〇メートル。これを継体天皇陵とす

■**欽明天皇二十一年（五六〇）庚辰**
9月 新羅、朝貢する。《紀》
■**欽明天皇二十二年（五六一）辛巳**
この年 新羅、朝貢する。饗遇常に及ばず、使人帰るもまた復貢するが、百済の下に列せられ、怒って帰国する。《紀》
■**欽明天皇二十三年（五六二）壬午**
1月 新羅、任那の官家《みやけ》を滅ぼす（一本には同二十一年任那滅亡とある）。《紀》
6月 天皇、新羅の忘恩暴逆を憤る。《紀》
7・1 新羅、朝貢する。《紀》
7月 新羅征討大将軍紀男麻呂宿禰を遣わして新羅を攻める（敗退）。《紀》
8月 大将軍大伴連狭手彦《さでひこ》を遣わし、高麗を討たせる。《紀》
11月 新羅、朝貢する。《紀》
■**欽明天皇三十年（五六九）己丑**
1・1 胆津《いつ》を派遣し、白猪《しらい》屯倉の田部《たべ》の丁《よほろ》の籍を調査する。《紀》
■**欽明天皇三十一年（五七〇）庚寅**
2月 大兄皇子（用明天皇）、穴穂部皇女を妃とする。《聖徳太子伝暦》
4・2 天皇、泊瀬柴籬《しばがき》宮（奈良県桜井市初瀬）に行幸する（この月に還御）。▼高麗使の越国漂着が奏上される。《紀》
5月 膳臣傾子《かしわでのおみかたぶこ》を越国に遣わし、高麗使を饗応する。《紀》
7月 高麗使、山背国に入る。《紀》
この年 物部尾輿ら、堂舎を焼き、仏像・経典を難波江に流す。《元興寺縁起》
□3・1蘇我稲目《そがのいなめ》（大臣。崇仏派。娘は欽明・用明両天皇の妃。「元興寺縁起」では欽明三十年没。生年不詳）
■**欽明天皇三十二年（五七一）辛卯**
4・15 天皇、病む。皇太子に後事を託し、「新羅を討って任那を建てよ」と遺詔する。
この月、内裏にて崩御（「御年若干」とあり崩年の記載なし。「皇年代略記」では崩年63。「上宮聖徳法皇帝説」は治政四十一年とする。「欽明天皇」と追諡）。《紀》
3・5 坂田耳子郎君《さかたのみみこのいらつきみ》を新羅に遣わし、任那滅亡の理由を問責させる。《紀》
5月 河内古市《ふるいち》に殯《もがり》する。《紀》
8月 新羅、弔使を派遣し、殯に挙哀《こあい》の礼をささげる。《紀》
9月 欽明天皇、檜隈坂合陵に葬られる。《紀》
この年 宇佐の菱形池に神霊が顕れ「われは誉田天皇広幡八幡麻呂《ほんだのすめらみことひろはたのやはたまろ》なり」と告げたので、この地に祀る（宇佐神宮の初め）。《社伝》

る研究者が多い。
＊**檜隈坂合陵**《ひのくまのさかあいのみささぎ》 奈良県高市郡明日香村に所在。檜隈陵とも。「延喜式」諸陵寮には「在㆓大和国高市郡㆒、兆域東西四町、南北四町、陵戸五烟」とある。中世以降、所在不明も、幕末に現陵が考定され、元治元年（一八六四）に修復が行なわれる。前方後円墳で長さ一四〇メートル、前方部幅一一〇メートル、後円部径七五メートル、周濠、陪塚あり。考古学関係では「平田梅山古墳」。「見瀬丸山古墳」（橿原市所在）を欽明天皇陵にあてる説も多い。見瀬丸山古墳は、後期前方後円墳の最大級のもので、長さ三一〇メートル、後円部径一五〇メートル、前方部幅二一〇メートル。

第二部　第三十代敏達天皇〜第七十六代近衛天皇

（西暦572〜1155）

第三十代
敏《び》達《だつ》天皇

■**敏達天皇元年（五七二）壬辰**
敏達天皇　35歳
4・3　渟中倉太珠敷《ぬなくらのふとたましき》尊、即位する（**敏達天皇**）。欽明天皇皇后石姫《いしひめ》を皇太后とする。旧の如く、物部守屋を大連、蘇我馬子を大臣とする。《紀》
4月　**百済大井宮**を造る。《紀》
5・15　高麗使が入京、上表する。王辰爾《おうじんに》が高麗の上表文（烏羽《うば》の表）を読解する（使、七月帰国）。《紀》
7・1　送使吉備海部直難波《きびのあまのあたいなにわ》、高麗の使者二人を海に投げ入れて死なせる。《紀》
8・14　送使難波、嘘の報告をする。《紀》

■**敏達天皇二年（五七三）癸巳**
敏達天皇　36歳
5・3　高麗の使者が越《こし》の海岸に漂着（饗応しないで送り返す）。《紀》

■**敏達天皇三年（五七四）甲午**
敏達天皇　37歳
5・5　高麗使、越の海岸に到着する。《紀》
7・20　高麗使、入京する（使者二人が帰国しない理由を問う。天皇、事を知り難波を刑罰に処する）。《紀》
11月　新羅使、朝貢する。《紀》
この年　用明天皇皇子（聖徳太子）、誕生する（母は皇后穴穂部間人《あなほべのはしひと》皇女）。《**上宮聖徳法王帝説**》

■**敏達天皇四年（五七五）乙未**
敏達天皇　38歳
1・9　息長真手王《おきながのまておう》王女広姫《ひろひめ》を皇后とする。《紀》
1月　春日仲君女老女子夫人《おみなごのおおとじ》・伊勢大鹿小熊女菟名子《うなこ》を夫人とする。《紀》
3・11　百済使、朝貢する。《紀》
4・6　新羅・任那・百済それぞれに使を派遣する。《紀》
6月　新羅が朝貢する。《紀》
11月　皇后広姫没（生年不詳）。《紀》
この年　幸玉《さきたま》宮を訳語田《おさだ》（奈良県桜井市戒重）に造営する。《紀》

■**敏達天皇五年（五七六）丙申**
敏達天皇　39歳
3・10　欽明天皇皇女豊御食炊屋姫《とよみけかしきやひめ》尊（敏達天皇異母妹。推古天皇）を皇后にする。《紀》

■**敏達天皇六年（五七七）丁酉**
敏達天皇　40歳
2・1　**日祀部・私部**を置く。《紀》
5・5　大別王《おおわけのおおきみ》等を百済に派遣する。《紀》
11・1　百済威徳王《いとくおう》、経論と律師・禅師・比丘尼・呪禁師《じゅごんし》・造仏工・造寺工六人を奉る。

＊**敏達天皇《びだつてんのう》**（五三八～五八五）　訳語田渟中倉太珠敷尊・他田天皇。欽明天皇第二子。母は石姫皇女。皇后は広姫・豊御食炊屋姫尊。夫人は春日老女子夫人・伊勢菟名子《うなこ》。皇子女に押坂彦人大兄皇子・難波《なにわ》皇子・春日皇子・糠手姫《あらてひめ》皇女・菟《う》道《じ》貝鮹《かいだこ》皇女・竹田皇女・小墾田《おわりだ》皇女・葛城皇子・田眼皇女（舒明天皇妃）・桜井弓張皇女など。陵は河内磯長中尾陵。事理に聡いことから「敏達」とされたといわれる。
＊**百済大井宮《くだらのおおいのみや》**　その所在地として、大阪府河内長野市太井とする説、奈良県北葛城郡広陵町百済とする説の二説がある。
＊**上宮聖徳法王帝説《じょうぐうしょうとくほうおうていせつ》**　聖徳太子の伝記集。奈良時代より編纂され、平安中期頃に集大成されるも、編著者不詳。聖徳太子の薨日が「日本書紀」と異なるなど、「記紀」とは異なる所伝が含まれ、「記紀」を補う古代史の貴重な史料。なお、欽明天皇から推古天皇までの五天皇の在位年数・崩年・陵名を記した部分もある。
＊**日祀部《ひのまつりべ》・私部《きさいちべ》**　日祀部は日神の祭祀に奉仕する品部《ともべ》といわれ、日奉

これを難波の大別王《おおわけ》の寺に安置させる。《紀》

■敏達天皇七年（五七八）戊戌

敏達天皇　41歳

3・5　菟道皇女《うじのひめみこ》（敏達天皇皇女）を伊勢斎宮とする（のち池辺皇子《いけへのみこ》に奸《おか》され解任）。《紀》

■敏達天皇八年（五七九）己亥

敏達天皇　42歳

この年　六斎日にあたり、殺生禁制の日を定める（放生会の初め）。《扶桑略記・元亨釈書》

10月　新羅、使を遣わし、調と仏像を奉る。《紀》

■敏達天皇九年（五八〇）庚子

敏達天皇　43歳

6月　新羅、使を遣わし調を献じるも、天皇、これを納めず返却する。《紀》

■敏達天皇十年（五八一）辛丑

敏達天皇　44歳

②月　蝦夷数千が反乱。天皇、その首領らを召して忠誠を誓わせる。《紀》

■敏達天皇十一年（五八二）壬寅

敏達天皇　45歳

10月　新羅、使を遣わして調を奉るも、天皇、これを納めず返却する。《紀》

■敏達天皇十二年（五八三）癸卯

敏達天皇　46歳

7・1　任那復興のため、任那に仕える日羅《にちら》を召す（このとき徳爾《とくに》らも奉る）。《紀》

10月　国造紀押勝、百済より帰る。《紀》

この年　日羅、徳爾らに殺される。《紀》

■敏達天皇十三年（五八四）甲辰

敏達天皇　47歳

2・8　難波吉子木蓮子《なにわのきしいたび》を新羅に派遣する（木蓮子、新羅より任那に赴く）。《紀》

9月　百済から仏像二躯が将来する。《紀》

この年　蘇我馬子、仏像二躯を請い、恵便《えべん》を師とする。また、石川の邸宅に仏殿を造る（「仏法、これより起こる」）。司馬達等女嶋《しま》（善信尼）等三人の少女を得度させる（出家の初め。「元興寺縁起」では五八三年）。《紀》

■敏達天皇十四年（五八五）乙巳

敏達天皇　48歳

用明天皇　46歳

2・15　蘇我馬子、塔を大野《おおの》の丘《おか》（奈良県橿原市和田の地か）の北に建て、仏舎利を納める（塔・仏舎利の初見）。《紀》

3・1　物部守屋・中臣勝海、廃仏を奏上する。▼天皇、廃仏の詔を出す。《紀》

3・30　物部守屋、寺塔・仏像・仏殿を焼き、焼け残りの仏像を難波の堀江に棄てさせる。

部とも書く。私部は后妃の地位に付属する部。

◉**天神地祇**《てんじんちぎ》　天つ神と国つ神のこと。天つ神は高天原に住む神で、国つ神は地上の山野・河川などに住む神。

その後、天皇と物部守屋が疱瘡にかかる（国中に疱瘡流行）。《紀》
6月　蘇我馬子、仏法崇拝の許可を求め、天皇の許しを得る。馬子、寺を新しく造る。《紀》
8・15　敏達天皇、病（疱瘡）が重くなり、大殿にて崩御（のち、母の磯長陵に合葬）。殯宮を広瀬（奈良県北葛城郡広陵町付近）に造る。殯宮で蘇我馬子・物部守屋が誄を奏する。このとき互いに争う。穴穂部皇子（欽明天皇皇子）、皇位に即こうとする。《紀》

第三十一代　用明《よう》《めい》天皇

9・5　橘豊日尊《たちばなのとよひ》、即位する（用明天皇）。磐余《いわれ》に宮を造り、池辺双槻宮《いけのへのなみつき》（奈良県桜井市池之内）という。▼旧の如く、蘇我馬子を大臣、物部守屋を大連とする。《紀》
9・19　用明天皇皇女酢香手姫《すかてひめ》を伊勢神宮に遣わし、日神の祭祀に奉仕させる（推古天皇三十年まで。ある本では三十七年間、日神の祭祀に奉仕し、のちみずから引退とある）。《紀》

■用明天皇元年（五八六）丙午
用明天皇　47歳
1・1　異母妹穴穂部間人皇女《あなほべのはしひと》（欽明天皇皇女）を皇后とする（なお「用明天皇紀」冒頭に「天皇仏法を信じたまい、神道を尊びたまう」と記される〈「神道」の語の初見〉）。《紀》
5月　穴穂部皇子、炊屋姫皇后《かしきやひめのきさき》（敏達天皇皇后。推古天皇）を奸《おか》すため殯宮に入ろうとするも、先帝の寵臣三輪君逆《みわのきみさかう》がいれなかったので、物部守屋に三輪君逆を斬殺させる。《紀》
この年　天皇、病気平癒のため、法隆寺建立を発願する。《法隆寺金堂本尊薬師如来像光背銘》

■用明天皇二年（五八七）丁未
用明天皇　48歳
崇峻天皇（生年不詳）
4・2　磐余の河上で新嘗《にいなめ》の儀を行なう。この日、天皇、病気となり、群臣に三宝に帰依することを詔し、群臣らにその是非を議するよう命じる（群臣紛議）。このあと、鞍部《くらつくりの》多須奈《たすな》（司馬達等の子）、出家して丈六の仏像と寺（坂田寺）を造ると奏上する。《紀》
4・9　用明天皇、大殿で崩御（「記」では十五日。崩後、皇嗣争いにより四ヵ月空位）。《紀》
5月　物部守屋、穴穂部皇子即位を謀る（露顕する）。《紀》

＊**誄**《しのびごと》　「るい」とも。死者の霊に対し、生前の徳行などを述べ、哀悼の意を示す詞。誄詞。明治以降は、皇族・功臣に対する天皇の弔辞の意に用いられることが多くなる。「皇室喪儀令」には、先帝・皇太后の葬儀において、追号奉告の儀と葬場殿の儀には天皇が誄を奏すると規定される。
＊**用明天皇**《ようめいてんのう》（五四〇〜五八七）　橘豊日尊・池辺天皇。父は欽明天皇、母は蘇我堅塩媛。皇后は埿部穴穂部皇女。嬪は蘇我石寸名《いしきな》・葛城広子。皇子女に厩戸豊聡耳《とよとみみ》皇子（聖徳太子）・来目《くめ》皇子・殖栗《えくり》皇子・茨田《まんた》皇子・麻呂子《まろこ》皇子・田目《ため》皇子・酢香手姫皇女。陵は河内磯長原陵。なお、用明天皇は「臨朝」しただけで即位せず、皇位をねらう異母弟穴穂部皇子の命により物部守屋に殺されたという説もある。
＊**法隆寺金堂本尊薬師如来像光背銘**　用明天皇が病のとき、のちの推古天皇と聖徳太子を召し、造寺・造仏を発願したものの実現せずに崩じたため、推古十五年（六〇七）に造像したことを記したもの。推古天皇を「小治田大宮治天下大王

6・7　蘇我馬子・敏達天皇皇后ら、穴穂部皇子を誅殺する（翌日、宅部《やかべ》皇子も殺害）。《紀》
7・21　用明天皇、磐余池上陵《いわれのいけのえのみささぎ》（のち**河内磯長陵**に改葬）に葬られる。《紀》
7月　蘇我馬子・厩戸皇子ら、物部守屋の家を襲い討滅させる。このとき、厩戸皇子、四天王寺建立を発願し、守屋の奴の半分と邸宅を同寺の奴・田荘《たどころ》とする。《紀》

第三十二代　崇峻《すしゅん》天皇

8・2　蘇我馬子、炊屋姫尊（推古天皇）や群臣の同意を得て、泊瀬部皇子を擁立、この日、即位する（**崇峻天皇**）。蘇我馬子をこれまで通り大臣とする。《紀》
8月　倉梯《くらはし》（奈良県桜井市倉橋）に宮（倉梯《くらはしの》柴垣宮《しばかき》）を造る。《紀》

■崇峻天皇元年（五八八）戊申
3月　天皇、大伴糠手連《おおとものあらてのむらじ》の女の小手子《こてこ》を妃とする。《紀》
この年　百済、使を遣わし、仏の舎利《しゃり》・僧・寺工《てらたくみ》・鑪盤博士《ろばんのはかせ》（仏塔の相輪部分の鋳造技術者）・瓦博士《かわらのはかせ》・画工《えかき》を献じる。蘇我馬子、百済の僧らに受戒の法をたずね、また、善信尼らを百済に遣わし仏法を学ばせる。さらに法興寺（飛鳥寺）を建て始める（わが国初の本格的伽藍）。《紀》

■崇峻天皇二年（五八九）己酉
7・1　東山道使・東海道使・北陸道使を遣わして国境を視察させる。《紀》

■崇峻天皇三年（五九〇）庚戌
3月　善信尼ら、百済から帰国し、桜井寺（豊浦寺《とゆら》）に住む（尼寺の初め）。《紀》
この年　尼を得度させる。また、鞍部多須奈ら出家する。《紀》

■崇峻天皇四年（五九一）辛亥
4・13　敏達天皇、河内国**磯長陵**に葬られる（母皇后石姫陵に合葬）。《紀》
8・1　天皇、群臣に任那復興について尋ねる。《紀》
11・4　任那復興のため、紀男麻呂宿禰《きのおまろのすくね》らを将軍として、二万余の軍を筑紫に派遣する。また、新羅・任那にそれぞれ使を派遣し、任那のことを問わせる。《紀》

■崇峻天皇五年（五九二）壬子
推古天皇　39歳
10・4　天皇、献上の猪を指さし、この猪の首を斬るように嫌いな男を斬りたいという（蘇我馬子、これを聞いて、天皇を弑《しい》することを謀る）。《紀》
11・3　蘇我馬子、群臣に東国の調を進むと詐り、東漢直駒《やまとのあやのあたいこま》に崇峻天皇を暗殺させ

天皇」、聖徳太子を「東宮聖王」と記すが、在世中の呼称としては不自然で、六〇七年当時の銘か疑問がもたれている。しかし、推古朝から天皇号がよく見られるようになったことは確かといわれる。

＊**河内磯長陵**《こうちのしながのみささぎ》（河内磯長原陵）　「紀」では、用明天皇は推古天皇元年（五九三）河内磯長陵に改葬される。大阪府南河内郡太子町に所在。「延喜式」諸陵寮には現陵号で、「在二河内国石川郡一、兆域東西二町、南北三町、守戸三烟」とある。所在明白で、元治元年（一八六四）修補され、拝所が設けられる。方墳で、東西六四メートル、南北六〇メートル、空濠あり。なお磐余池上陵の所在は不明も、桜井市阿部付近と考えられている。

＊**崇峻天皇**《すしゅんてんのう》（?～五九二）　泊瀬部皇子・倉梯天皇。父は欽明天皇、母は蘇我小姉君。皇后は立てず、妃は大伴小手子《こてこ》、嬪は蘇我河上娘。皇子女に蜂子皇子・錦代《にしきて》皇女。陵は倉梯岡陵。

＊**磯長陵**《しながのみささぎ》（**河内磯長中尾陵**《こうちのしながのなかのおのみささぎ》）　大阪府南河内郡太子町に所在。欽明天皇皇后石姫の磯長原陵と同じ陵。

る（この日、十分な葬礼が行なわれずに**倉梯岡陵**に葬られる。「崇峻天皇」と追諡）。《紀》

11月　東漢直駒、蘇我嬪河上娘《そがのみめかわかみのいらつめ》を奪ったことがわかり、蘇我馬子に殺される。《紀》

第三十三代　推古《すいこ》天皇

12・8　豊御食炊屋姫皇女（額田部皇女《ぬかたべのひめみこ》）、飛鳥豊浦宮《とゆらのみや》（奈良県高市郡明日香村豊浦）で即位する（**推古天皇**）。《紀》

この年　厩戸皇子、元服する。《扶桑略記》

■推古天皇元年（五九三）癸丑

推古天皇　40歳

1・15　仏舎利を法興寺に安置する。《紀》

4・10　厩戸皇子を皇太子に立て、**摂政**とする。《紀》

9月　用明天皇を河内磯長陵《こうちのしながのみささぎ》に改葬する。《紀》

この年　息長足日広額尊《おきながたらしひひろぬか》（舒明天皇）、誕生する（父は彦人大兄皇子《ひこひとおおえ》、母は糠手姫皇女《あらてひめ》）。《紀》

▼四天王寺を難波の荒陵《あらはか》に造り始める。《紀》

■推古天皇二年（五九四）甲寅

推古天皇　41歳

2・1　皇太子と蘇我馬子に対し「**三宝興隆の詔**」が下される。臣・連ら、競って仏舎を造る。《紀》

この年　天豊財重日足姫尊《あめとよたからいかしひたらしひめ》（皇極〈斉明〉天皇）、誕生する（父は茅渟王《ちぬ》、母は吉備姫王《きびつひめ》）。《紀》

■推古天皇三年（五九五）乙卯

推古天皇　42歳

5・10　高麗僧慧慈《えじ》が帰化し、聖徳太子の師となる。《紀》

7月　征新羅将軍紀男麻呂ら、筑紫から帰還する。《紀》

この年　百済僧慧聡《えそう》が来朝し、仏教を広める。《紀》

■推古天皇四年（五九六）丙辰

推古天皇　43歳

10月　聖徳太子、慧慈らと伊予温泉に行き、伊予湯岡碑を建てる。《釈日本紀所引碑文》

11月　法興寺が完成し、蘇我馬子の子善徳《ぜんとこ》を寺司とする（慧慈・慧聡、法興寺に住す）。《紀》

この年　天万豊日尊《あめよろずとよひ》（軽皇子。孝徳天皇）、誕生する（父は茅渟王《ちぬ》、母は吉備姫王《きびつひめ》）。《紀》

■推古天皇五年（五九七）丁巳

推古天皇　44歳

4・1　百済の威徳王、王子阿佐《あさ》を遣わし、朝貢する。《紀》

11・22　難波吉士磐金《なにわのきしいわかね》を新羅に派遣する（翌年四月帰国）。《紀》

ただし合葬ではなく前方部と後円部との別埋葬と考えられている。「延喜式」諸陵寮には現陵号で、「在二河内国石川郡一、兆域東西三町、南北三町、守戸五烟」とある。前方後円墳で、長さ九四メートル、前方部幅七〇メートル、空濠あり。埴輪列のある最後の陵。また以降の陵は方墳ないし円墳となる。元治元年（一八六四）拝所を設け、明治三十二年、御在所を修補する。

＊**倉梯岡陵**《くらはしのおかのみささぎ》　奈良県桜井市大字倉橋に所在。「延喜式」諸陵寮には「在二大和国十市郡一、無二陵地幷陵戸一」とある。陵の所在は長く不明で、元禄諸陵探索でも幕末修陵時も治定されなかったが、明治九年、教部省が倉橋村雀塚に決定したが、同二十二年、現陵に改定する。ただし、考古学上は古墳ではなく土壇の可能性があり、崇峻天皇陵としては赤坂天王山古墳（奈良県桜井市倉橋）が候補に挙げられている。

＊**推古天皇**《すいこてんのう》（五五四〜六二八）額田部皇女・豊御食炊屋姫尊、小治田天皇。父は欽明天皇、母は蘇我堅塩媛。敏達天皇皇后。敏達天皇

■推古天皇六年（五九八）戊午

推古天皇　45歳

3月　聖徳太子、膳太娘（膳太郎女）を妃とする。《聖徳太子伝暦》

4・15　天皇、聖徳太子をして岡本宮で勝鬘経を講じさせ、播磨国揖保郡佐勢の地五十万代を施入して法隆寺領（鵤《いかるが》荘）とする（異説あり）。《上宮聖徳法王帝説・聖徳太子伝暦》

4月　難波吉士《なにわのきし》磐金《いわかね》、帰国して鵲《かささぎ》二羽を献上する。《紀》

8月　新羅、孔雀二羽を献上する。《紀》

■推古天皇七年（五九九）己未

推古天皇　46歳

4・27　地震により家屋ことごとく倒壊する（全国に地震神《ないのかみ》を祭らせる）。《紀》

9・1　百済、駱駝《らくだ》などを貢上する。《紀》

■推古天皇八年（六〇〇）庚申

推古天皇　47歳

2月　新羅と任那が戦う。《紀》

この年　征新羅将軍を派遣し任那を援け、新羅を攻撃させる。新羅、降伏するも、将軍らが帰還後、再び任那を侵す。《紀》隋に使を遣わす（第一回遣隋使）。「隋書」に、倭王の姓は「阿毎《あめ》」、字《あざな》は「多利思比古《たりしひこ》」、号は「阿輩鶏彌《おほきみ》」と記される（この頃はまだ「大王《おおきみ》」の号が使われており、「天皇」の語が正式に用いられるのは大宝元年（七〇一）制定の「大宝律令」からといわれている）。《「隋書」倭国伝》

■推古天皇九年（六〇一）辛酉

推古天皇　48歳

2月　聖徳太子、斑鳩《いかるが》宮（奈良県生駒郡斑鳩町）を造る。《紀》

3・5　高麗・百済にそれぞれ使を送り、任那救援を要請する。《紀》

5月　天皇、耳梨《みみなし》の行宮（耳成山西麓）に滞在する。《紀》

9・8　新羅の間諜迦摩多《かまた》を対馬で捕え、上野に流す。《紀》

11・5　新羅攻撃を議する。《紀》

この年　辛酉年。「紀」編纂者、百済から伝来の暦法を用い、初代神武天皇即位年を、この年を起点に千二百年前に求めると推測されている。

■推古天皇十年（六〇二）壬戌

推古天皇　49歳

2・1　**来目皇子**（用明天皇皇子）を撃新羅将軍とする（軍兵二万五千を授ける）。《紀》

6・3　来目皇子、筑紫で病気となり、新羅征討を中止する。《紀》

10月　百済僧観勒《かんろく》、来朝して暦本・天文地理

との間に菟道貝鮹皇女・竹田皇子・小墾田皇女・葛城皇子・田眼皇女（舒明天皇妃）・鸕鷀《う》守《もり》皇女・尾張皇子・桜井弓張皇女をもうける。陵は磯長山田陵。

＊**摂政《せっしょう》**　厩戸皇子（聖徳太子）が摂政の初めとされる。崇峻天皇暗殺後、皇太子に政務を委ねて蘇我氏に対抗することで皇室を自己防衛するために導入されたといわれる。このときは、太子と大臣蘇我馬子と共同統治のため、のちの摂政とは異なる。

＊**三宝興隆の詔《さんぼうこうりゅうのみことのり》**　推古天皇が仏法を奨励したもので、これが端緒となり、全国的に仏教が飛躍的に発展した。なお、三宝とは仏教を成り立たせる「仏・法・僧」のこと。

＊**聖徳太子伝暦《しょうとくたいしでんりゃく》**　聖徳太子の伝記。太子についての「説話・奇談」を集大成したような性格の伝記」で、のちの太子像は、本書によって流布したといわれる。著者未詳、成立は平安時代中期（諸説あり）。

＊**来目皇子《くめのおうじ》**（?～六〇三）　父は用明天皇、母は穴穂部間人皇女。聖徳太子の弟。推古天皇十年（六〇二）撃新羅将軍となり筑紫に赴く

書・遁甲《とんこう》方術書を献じる（書生三、四人を選び、学習させる）。《紀》

⑩月 高麗僧僧隆《そうりゅう》・雲聡《うんそう》が来朝する。《紀》

■推古天皇十一年（六〇三）癸亥

推古天皇 50歳

2・4 来目皇子、筑紫にて没（のち河内の埴生崗上墓《はにゅうおかのえのはか》に埋葬）。《紀》

4・1 来目皇子の兄の当麻皇子《たぎまのみこ》（用明天皇皇子）を征新羅将軍とする。《紀》

7・6 当麻皇子、播磨に到るも、妻舎人姫《とねりのひめ》王《おおきみ》（欽明天皇皇女）の死により、征討を中止して引き返す（妻を赤石の檜笠岡《ひかさのおか》に葬る）。《紀》

10・4 天皇、豊浦宮より小《お》墾田《わりだ》宮（奈良県高市郡明日香村）に遷都する。《紀》

11・1 聖徳太子、秦河勝《はだのかわかつ》に仏像を授ける。河勝、仏像を祀るため蜂岡《はちのおか》寺を造る（広隆寺の初め）。《紀》

11月 聖徳太子、推古天皇に請い、大楯・靫《ゆき》を作り、旗幟《はた》に絵を描かせる。《紀》

12・5 初めて冠位を定める（**冠位十二階**の制定）。《紀》

■推古天皇十二年（六〇四）甲子

推古天皇 51歳

1・1 冠位十二階を施行し、諸臣に冠位を賜う。《紀》この日、初めて暦日（**元嘉暦**）を用いる。《政事要略》

4・3 聖徳太子、**憲法十七条**を作る。《紀》

9月 朝礼を改正する（宮門を出入りするときは匍匐礼《ほふくれい》、朝庭に入ってからは立礼となる）。《紀》

■推古天皇十三年（六〇五）乙丑

推古天皇 52歳

4・1 天皇、鞍作鳥《くらつくりのとり》に丈六仏像を造らせる。《紀》

⑦・1 聖徳太子、諸王・諸臣に褶《ひらおび》（礼服所用の付属具）を着けさせる。《紀》

10月 聖徳太子、斑鳩《いかるが》宮に移る。《紀》

■推古天皇十四年（六〇六）丙寅

推古天皇 53歳

4・8 鞍作鳥に命じた丈六仏が完成し、元《がん》興《ごう》寺金堂《こんどう》に安置する（「元興寺縁起」では推古十七年）。また、この年以後、四月八日と七月十五日に斎会《さいえ》を始めさせる（灌仏会・盂蘭盆会の初見）。《紀》

5・5 天皇、造像の功により、鞍作鳥に大《だい》仁《にん》の位と水田二十町を賜う。鳥、天皇のために金剛寺（坂田寺）を建立する（用明天皇二年〈五八七〉、鞍作多須奈建立説も）。《紀》

7月 聖徳太子、「勝鬘経《しょうまんぎょう》」を進講する（三日間）。天皇、その賞として橘寺を創立する。

も病となり、当地で死去。その墓（埴生崗上墓《はにゅうのおかのえのはか》）は、明治八年、教部省により考定され、修営される。大阪府羽曳野市はびきのに所在。五七メートル四方の上円下方墳、周濠あり。この墓所については覚峰「埴生崗之古墳図考」があり、明治の治定にあずかって力があった。

＊冠位十二階《かんいじゅうにかい》 冠の種類により位階を明示、朝廷での席次を示した最初の制度。「大徳・小徳・大仁・小仁・大礼・小礼・大信・小信・大義・小義・大智・小智」の十二階で、冠の色は紫・青・赤・黄・白・黒で、大・小の別は色の濃淡による。大化三年（六四七）十三階の冠位が定められる。

＊元嘉暦《げんかれき》 中国から最初に伝わった暦といわれる。推古天皇十年（六〇二）観勒が来日し、玉陳が暦法を学ぶ。元嘉暦は中国の元嘉二十二年（四四五）から約六十五年にわたって行なわれ、わが国では持統天皇四年（六九〇）まで使用される。

＊憲法十七条《けんぽうじゅうしちじょう》 わが国初の成文法。推古天皇十二年、「皇太子、親《みずか》ら

《紀・聖徳太子伝暦》

この年　聖徳太子、岡本宮で「法華経」を進講（法華八講の初め）する。天皇、これを賞し、水田百町を太子に賜う。太子、これを斑鳩《いかるが》寺（法隆寺）に施入する。《紀》

■推古天皇十五年（六〇七）丁卯

推古天皇　54歳

2・1　壬生部《みぶべ》（皇子・皇女の地位に付属する部）を置く。《紀》

2・9　神祇拝礼の詔を下す（これにより、十五日、皇太子と大臣、百寮を従えて神々を祭り礼拝する）。《紀》

7・3　小野妹子《おののいもこ》を隋に遣わす（第二次遣隋使）。《紀》

この年　天皇・聖徳太子、用明天皇発願の斑鳩寺（法隆寺）を建立し、金剛薬師如来像（法隆寺金堂本尊）を造る（一説に法隆寺罹災後に再造）。《法隆寺伽藍縁起幷流記資財帳・法隆寺金堂本尊薬師如来像光背銘》

倭王、隋に遣使し、国書を煬帝《ようだい》に呈す（中に「日出ずる処の天子、書を日没する処の天子に致す、恙無《つつがな》きや」とあり、「蛮夷の書、無礼なる者有り」と煬帝の不興を買う）。《「隋書」倭国伝》倭（大和）・山背・河内に池・溝を作り、国ごとに**屯倉**を置く。《紀》

■推古天皇十六年（六〇八）戊辰

推古天皇　55歳

4月　小野妹子、隋使裴世清《はいせいせい》らとともに帰国する。《紀》

6・15　小野妹子ら難波津《なにわのつ》に到着。このとき、妹子、煬帝の国書紛失を奏上する（八月三日、隋使、入京）。《紀》

9・5　隋使を難波大郡に饗応する。《紀》

9・11　裴世清、帰国の途につく。小野妹子を再び大使として随行させ、高向玄理《たかむこのくろまろ》・僧旻《みん》・南淵請安《みなぶちのしょうあん》らを留学させる（第三回遣隋使。国書に「東の天皇《すめらみこと》、敬みて西の皇帝に白《もう》す」とあり、国際的称号として初めて「天皇」の語が使われる）。《紀》

この年、新羅人多く帰化する。《紀》

■推古天皇十七年（六〇九）己巳

推古天皇　56歳

4・8　聖徳太子、この日から「勝鬘経義疏《しょうまんぎょうぎしょ》」を製する（推古十九年正月二十五日、終了。太子、この年以後、推古二十三年までに「維摩経義疏《ゆいまぎょうぎしょ》」「法華経義疏」を撰述。偽撰説もあり）。《上宮聖徳太子伝補闕記》

鞍作鳥、丈六釈迦像を完成、元興寺（飛鳥寺）に安置する（「紀」では推古十四年）。《元興寺縁起》

9月　小野妹子、隋から帰朝する。《紀》

■推古天皇十八年（六一〇）庚午

肇《はじ》めて憲法《いつくしきのり》十七条作りたまふ」とあり、聖徳太子作と記されるが、疑問視する説も多い。法律というより、支配層への訓示、政治的・思想的・宗教的理念の表明ともいうべきもの。「和を以て貴しとなし」「篤く三宝を敬え。三宝とは仏法僧なり」「詔を承りては必ず謹《つつし》め」「群卿百寮、礼を以て本とせよ」などで、内容的には、仏教・儒教・法家・道家などの古典に由来する用語・観念が含まれ、中国の史書・俗経から暗示を得たとの論もある。

＊屯倉《みやけ》　朝廷の直轄領で、穀物を収納する倉庫や経営のための事務所の名称ともなる。「国ごとに」ということは、大和朝廷の支配が強力になったということが前提にあったと思われる。

推古天皇　57歳

1月　隋に使を遣わす（第四次遣隋使）。《「隋書」倭国伝》

3月　高麗王（嬰陽王）、僧曇徴《どんちょう》と法定《ほうじょう》を奉る。《紀》

7月　新羅使、任那使とともに筑紫に到る。《紀》

10・8　新羅使・任那使、入京する（九日拝朝）。《紀》

10・17　新羅使・任那使を朝廷に饗応する。《紀》

10・27　新羅使・任那使、帰国する。《紀》

■推古天皇十九年（六一一）辛未

推古天皇　58歳

1・25　聖徳太子「勝鬘経義疏」成る。《聖徳太子伝補闕記》

5・5　天皇、菟田野《うだの》で薬猟《くすりがり》を行なう。《紀》

8月　新羅使・任那使、朝貢する。《紀》

■推古天皇二十年（六一二）壬申

推古天皇　59歳

1・7　酒宴を行なう。このとき、蘇我馬子、「やすみしし　我が大君の　隠ります　天の八十陰《やそかげ》　出で立たす　御空《みそら》を見れば　万《よろず》代《よ》に　かくしもがも　千代にも　かくしもがも　畏《かしこ》みて　仕へ奉らむ　拝《おろが》みて　仕へまつらむ　歌献《うたづ》きまつる」と寿歌を歌う。《紀》

2・20　これより先、欽明天皇妃蘇我堅塩媛を檜隈大陵《ひのくまのおおみささぎ》に改葬する（この日、軽《かる》の路上で誄《しのびこと》を行なう）。《紀》

5・5　天皇、羽田《はた》（奈良県高市郡高取町）で薬猟を行なう。《紀》

この年　百済人味摩之《みまし》、呉《くれ》の伎楽舞を伝える。《紀》

■推古天皇二十一年（六一三）癸酉

推古天皇　60歳

9・15　聖徳太子「維摩経義疏」成る（前年成立説も）。《聖徳太子伝補闕記》

11月　掖上池《わきのかみのいけ》・畝傍池《うねびのいけ》・和珥池《わにのいけ》を造り、難波から京（飛鳥）までの大道を設ける。《紀》

12・1　聖徳太子、片岡（奈良県北葛城郡）に遊行し、道のほとりに臥す飢者をあわれむ（二日、その死体を埋葬させる）。《紀》

■推古天皇二十二年（六一四）甲戌

推古天皇　61歳

5・5　天皇、薬猟を行なう。《紀》

6・13　犬上御田鍬《いぬかみのみたすき》（三田耜）らを隋に遣わす（第五次遣隋使。遣隋使の終わり）。《紀》

8月　蘇我馬子の病気平癒のため男女一千人を出家させる。《紀》

■推古天皇二十三年（六一五）乙亥

推古天皇　62歳

＊**蘇《そ》我堅塩《がのきたし》媛《ひめ》**（生没年不詳）　欽明天皇妃。用明・推古両天皇の母。父は蘇我稲目。推古天皇二十年（六一二）に「檜隈大陵」に改葬とあり、これは欽明天皇陵「檜隈坂合陵」と考えられ、改めて合葬されたと見られる。合葬については、推古天皇の生母尊崇と蘇我氏自身の権威を高めることが企図されたと考えられている。

＊**天皇記《てんのうき》・国記《こっき》**　「天皇記」は天皇の系譜・事績等を記したもので、「帝紀」「帝皇日継」と呼ばれるもの。「国記」は、国の歴史や地誌を記したものといわれる。以下の記録も含め、いずれも蘇我氏滅亡のときに焼失し、「国記」のみがとり出されたという。なお「天皇記」は、もと「大王記」などの書名だったものが、後世、改称したものという説もある。

＊**穴穂《あなほ》部間人皇女《べのはしひとのおうじょ》**（？～六二一）　泥部《はしひと》穴穂部皇女とも。父は欽明天皇、母は小姉君（蘇我稲目女）。異母兄用明天皇の皇后となり、聖徳太子・来目皇子・殖栗《えくり》皇子・茨《まん》田《た》皇子をもうける。また天皇崩後、田目皇子（用明天皇皇子）との間

4・15　聖徳太子「法華義疏」（肉筆遺品の最古）成る。《聖徳太子伝補闕記》
9月　犬上御田鍬ら、隋より帰る。《紀》
11・2　百済使を饗応する。《紀》
11・15　高麗僧慧慈、国に帰る。《紀》

■推古天皇二十四年（六一六）丙子
推古天皇　63歳
5・3　天皇病気により、聖徳太子、諸伽藍建立を誓願する。《聖徳太子伝暦》
7月　新羅、仏像を献じる。《紀》この仏像を蜂岡《はちおか》寺に安置する。《聖徳太子伝暦・扶桑略記》

■推古天皇二十六年（六一八）戊寅
推古天皇　65歳
5月　隋が滅亡し、唐が興る。
8・1　高麗、隋の滅亡を知らせ、方物を貢する。《紀》

■推古天皇二十七年（六一九）己卯
推古天皇　66歳
10月　聖徳太子、薬を病人に施す。《聖徳太子伝暦》

■推古天皇二十八年（六二〇）庚辰
推古天皇　67歳
10月　檜隈陵（欽明天皇陵）の上に砂礫を葺き、陵周辺に山を築き、天皇に仕える各氏が大きな柱を並べ建てる。《紀》
この年　聖徳太子・蘇我馬子、**天皇記・国記**、臣連伴造国造百八十部並びに公民等の本記を記録する（伝存せず。歴史書編修の最初の試みか）。《紀》

■推古天皇二十九年（六二一）辛巳
推古天皇　68歳
2・5　聖徳太子、斑鳩宮にて没（実際は翌年）。《紀》
2月　聖徳太子、磯長陵に葬られる。《紀》
12・21　皇后**穴穂部間人皇女**没。《上宮聖徳法王帝説・天寿国曼荼羅繡帳》
この年　新羅、朝貢し、初めて上表文を奉る。
▼伊勢斎宮酢香手姫皇女、自ら葛城に退き没（斎宮にあること三十七年）。《紀》

■推古天皇三十年（六二二）壬午
推古天皇　69歳
2・21　聖徳太子妃膳大娘（膳太郎女）没。《法隆寺金堂本尊釈迦如来像光背銘》
2・22　**聖徳太子**、斑鳩宮で没（「紀」では前年二月五日。この月、磯長陵に葬られる）。《法隆寺金堂本尊釈迦如来像光背銘・天寿国曼荼羅繡帳銘》
この年　聖徳太子妃橘大郎女《おおいらつめ》、太子のために「天寿国曼荼羅繡帳」を造る。《上宮聖徳法王帝説》山背大兄王ら、太子の病平復を祈り、法輪寺三重塔を建立する。《太子伝玉

に佐富《さほ》女王をもうける。皇后が禁中の厩戸に至り、労せずして厩戸皇子（聖徳太子）を産んだという話が伝えられる。墓は「延喜式」諸陵寮に「竜田清水墓、在二大和国平群郡一」とある。

＊**聖徳太子**《しょうとくたいし》（五七四〜六二二）「紀」では六二一年死去。厩戸皇子。上宮太子とも。和風の称号として「豊聡耳命《とよとみみのみこと》」「豊聡八耳命」などがある。父は用明天皇、母は穴穂部間人皇女（父も母も欽明天皇の子）。推古天皇の皇太子・摂政。「冠位十二階」「憲法十七条」制定のほか、「法華義疏」「維摩経義疏」「勝鬘経義疏」を製するなど業績は多い。墓は「磯長墓《しながのはか》」で、大阪府南河内郡太子町の叡福寺境内に所在。円墳で、母穴穂部間人皇女・妃膳大娘との合葬墓といわれる。「延喜式」では「兆域東西三町、南北二町、守戸三烟」とある。

林抄所引延長六年資財雑物録》

■推古天皇三十一年（六二三）癸未

推古天皇　70歳

3月　鞍作鳥、聖徳太子の冥福を祈って太子等身の仏像（法隆寺金堂釈迦三尊像）を造る。《法隆寺金堂本尊釈迦如来像光背銘》

7月　新羅使・任那使、仏像・仏舎利等を献じる。仏像は葛野《かどの》の秦寺《うつまさでら》（蜂岡寺＝広隆寺）に安置させ、仏舎利は四天王寺に奉納する。《紀》

この年　新羅、任那を破る。数万の征新羅軍を派遣して新羅を征討する（新羅、恭順の意を表す）。《紀》

■推古天皇三十二年（六二四）甲申

推古天皇　71歳

4・17　僧が祖父を斧でなぐるという事件があり、僧尼監督のため、この日、観勒《かんろく》を僧正に、鞍部徳積《くらつくりのとくしゃく》を僧都に、阿曇連《あずみのむらじ》を法《ほう》頭《ず》に任命する（僧綱制度の初め）。《紀》

9・3　寺と僧尼を詳細に調査する（寺院数四十六、僧八百十六人、尼五百六十九人）。《紀》

10月　蘇我馬子、葛城県を請うも、天皇、聞き入れず。《紀》

この年　欧陽詢ら、「芸文類聚《げいもんるいじゅう》」を奏上する（「紀」編纂者、これを文飾に利用）。

■推古天皇三十三年（六二五）乙酉

推古天皇　72歳

1・7　高麗王、僧恵灌《えかん》を献上、僧正に任じる（「三論宗」が伝わる）。《紀》

■推古天皇三十四年（六二六）丙戌

推古天皇　73歳

5・20　蘇我馬子《そがのうまこ》没（桃原墓《ももはら》〈奈良県高市郡明日香村島之庄。石舞台古墳か〉に葬る）。《紀》

この年　舒明天皇皇子中大兄皇子（葛城皇子。天智天皇）誕生する（母は皇后宝皇女）。《紀》蘇我蝦夷を大臣とする。《扶桑略記》

●推古朝（五九二〜六二八）の頃から妃の最上位者を「おおきさき」と呼び、「大后」の字をあてるようになる。大宝元年（七〇一）の「大宝律令」に至り、大后を皇后と称する。なお、皇后の住居を「中宮」といった。

■推古天皇三十六年（六二八）戊子

推古天皇　75歳

2・27　天皇、病む。《紀》

3・6　天皇病重く、田村《たむら》皇子（舒明天皇）・山背大兄王《やましろおおえのおう》それぞれに遺詔する。《紀》

3・7　推古天皇崩御（崩年75。この日以前、薄葬を遺詔。のち「推古天皇」と追諡）。南庭に殯宮を設ける。《紀》

9・24　天皇の遺詔により、竹田皇子の陵に

＊遺詔　推古天皇は、死にのぞんで、田村皇子には「天下を治めることは大任である。慎重に物事を見きわめ、怠ることのないように」、山背大兄王には「必ず群臣たちの言葉につつしんで従って行動するように」と言い遺した。なお、推古天皇以降は、薄葬にせよとの遺詔が決まりごとになっていく。

＊竹田皇子の陵（磯長山田陵《しながのやまだのみささぎ》）　大阪府南河内郡太子町に所在。竹田皇子との合葬陵。「記」には、御陵は大野岡上にあり、のち科《し》長《ながの》大陵《おおきみささぎ》に遷すとする。「延喜式」諸陵寮には現陵号で「在二河内国石川郡、兆域東西二町、南北二町、陵戸一烟、守戸四烟」とある。方墳で、東西六〇メートル、南北五五メートル、一部空濠あり。康平三年（一〇六〇）盗掘の記録がある。なお、近年の調査で、橿原市の植山古墳（巨大な横穴式石室二基あり）が最初の合葬墓で、のち磯長山田陵に移されたものとも考えられている。

＊舒明天皇《じょめいてんのう》（五九三〜六四一）息《おき》長足日広額《ながたらしひひろぬか》尊・高市天皇・岡本天皇。父は押坂彦人大兄《おしさかのひこひとのおおえ》皇子（敏

葬る。《紀》

9月　群臣、皇嗣をめぐり対立、蘇我蝦夷、山背大兄王を推す境部摩理勢《さかいべのまりせ》を殺し、田村皇子を擁立する。《紀》

●この頃、石舞台古墳（蘇我馬子の墓か）が造られる。

■舒明天皇元年（六二九）己丑

舒明天皇　37歳

第三十四代　舒明《じょめい》天皇

1・4　田村皇子、即位する（**舒明天皇**）。《紀》

4・1　田部連《たべのむらじ》を掖玖《やく》（屋久島）に遣わす。《紀》

■舒明天皇二年（六三〇）庚寅

舒明天皇　38歳

1・12　敏達天皇皇孫茅渟《ちぬ》王王女宝《たから》皇女（皇極〈斉明〉天皇）を皇后とする。蘇我法提《ほうての》郎媛《いらつめ》・蚊屋采女姉子姫を夫人とする。《紀》

3・1　高麗使・百済使が共に朝貢する。《紀》

8・5　犬上三田耜《いぬかみのみたすき》・薬師恵日《くすしえにち》を大唐に遣わし、方物を献じる。（第一回遣唐使）。《紀》

8・8　高麗使・百済使を朝廷にて饗宴する。《紀》

10・12　天皇、飛鳥《あすか》の岡本宮《おかもとのみや》（奈良県高市郡明日香村）に遷る。《紀》

■舒明天皇三年（六三一）辛卯

舒明天皇　39歳

2・10　掖玖人《やくのひと》が帰化する。《紀》

3・1　百済王義慈《ぎじ》、王子豊璋《ほうしょう》を質として貢上する。《紀》

9・19　天皇、皇后を伴い津国《つのくに》（摂津国）有間温湯《ありまのゆ》（**有馬温泉**）に行幸する（十二月十三日還御）。《紀》

■舒明天皇四年（六三二）壬辰

舒明天皇　40歳

8月　遣唐使犬上三田耜、唐使高表仁《こうひょうじん》とともに対馬に帰還する（このとき、学問僧霊雲《りょううん》らと新羅送使らも随従）。《紀》

10・4　唐使高表仁ら一行、難波津に到着する（天皇、大伴連馬養を遣わし江口で迎える）。《紀》

■舒明天皇五年（六三三）癸巳

舒明天皇　41歳

1・26　唐使高表仁ら帰国する。《紀》

■舒明天皇七年（六三五）乙未

舒明天皇　42歳

6・10　百済使が朝貢する。《紀》

7・7　百済使を朝廷で饗応する。《紀》

■舒明天皇八年（六三六）丙申

舒明天皇　43歳

達天皇皇子）、母は糠手姫《あらてひめ》皇女（田村皇女。敏達天皇皇女で、糠手押坂彦人大兄皇女の異母妹）。皇后は宝皇女（敏達天皇皇孫茅渟《ちぬ》王王女。皇極・斉明天皇）。妃に田眼《ため》皇女、夫人に蘇我法提郎媛《ほうてのいらつめ》・蚊屋《かやの》采女《うねめ》。皇子女に葛城《かずらき》皇子（中大兄皇子。天智天皇）・間人《はしひと》皇女（孝徳天皇皇后）・大海人《おおあま》皇子（天武天皇）・古人大兄《ふるひとおおえ》皇子・蚊屋皇子など。陵は押坂内《おさかのうち》陵。生年不詳ながら、「本朝皇胤紹運録」「一代要記」などに崩年49とある。「舒明」は「舒《の》べ明らかにすること」、「舒」は「のばす」「のんびり」の意。

＊有馬温泉《ありまおんせん》　天皇は、舒明十年にも有馬温泉に行幸。孝徳天皇も大化三年（六四七）に行幸しており、のちには白河法皇や後白河法皇も行幸、古くから湯治場として知られていた。

◉舒明天皇の国見の歌

「大和には群山《むらやま》あれどとりよろふ天の香具山《かぐやま》登り立ち国見をすれば国原は煙立ち立つ海原《うなばら》は鷗《かまめ》立ち立つうまし国そ蜻蛉島《あきづしま》大和の国は」

（「万葉集」巻一―二）

6月　岡本宮が焼け、天皇、田中宮（奈良県橿原市田中町）に遷る。《紀》
この年　大旱のため、天下飢える。《紀》

■**舒明天皇九年（六三七）丁酉**
舒明天皇　44歳
この年　蝦夷がそむく。上毛野形名《かみつけののかたな》を将軍として蝦夷を討たせるが敗れる。ついで軍を整えてこれを破る。《紀》

■**舒明天皇十年（六三八）戊戌**
舒明天皇　45歳
10月　天皇、有間《ありま》温湯《ゆ》宮に行幸する（翌年正月八日還御）。《紀》
この年　百済・新羅・任那使がそれぞれ朝貢する。《紀》福亮、聖徳太子のために弥勒菩薩像を造り、法起寺を創建する。《聖徳太子伝私記所引法起寺塔露盤銘》

■**舒明天皇十一年（六三九）己亥**
舒明天皇　46歳
1・11　天皇、新嘗を行なう（昨秋来、有馬行幸のため、この日になる）。《紀》
7月　「大宮と大寺を造らしむ」と勅し、百済河畔に百済宮・百済大寺（天皇家最初の寺）の造営を開始。《紀・大安寺縁起》
9月　大唐学問僧恵隠《えおん》・恵雲《えうん》が入京する。《紀》
11・1　新羅使を朝廷に饗応する。《紀》
12・14　天皇、伊予温湯《いよのゆ》宮（道後温泉）に行幸する（翌年四月十六日還御）。《紀》
12月　百済川畔に九重塔を建てる。《紀》

■**舒明天皇十二年（六四〇）庚子**
舒明天皇　47歳
4・16　天皇、伊予国から帰り、厩坂《うまやさか》宮（奈良県橿原市大軽町か）に入る。《紀》
5・5　天皇、恵隠に無量寿経を講義させる（宮中初の仏典講経）。《紀》
10・11　入唐の南淵請安・高向玄理、百済・新羅の朝貢使とともに帰国する。《紀》
10月　天皇、百済宮（奈良県北葛城郡広陵町の地か）に遷る。《紀》

■**舒明天皇十三年（六四一）辛丑**
舒明天皇　48歳
10・9　天皇、百済宮で崩御（のち「舒明天皇」と追諡）。《紀》
10・18　百済宮の北に殯《ひんきゅう》する（「百済の大殯《おおもがり》」といい、盛大な殯宮儀礼が行なわれ、中大兄皇子が誄を読む）。《紀》
12・3　官人船王後《ふねのおうご》没。《船氏王後銅板墓誌》

■**皇極天皇元年（六四二）壬寅**
皇極天皇　49歳

第三十五代　皇《こう》極《ぎょく》天皇

1・15　舒明天皇皇后天豊財重日足姫《あめとよたからいかしひたらしひめ》（宝皇女。**皇極天皇**）、即位。▼蘇我蝦夷を大

＊**皇極天皇**《こうぎょくてんのう》（五九四～六六一）　天《あめ》豊財重日《とよたからいかしひ》足姫《たらしひめ》尊・飛鳥天皇・後岡本天皇。敏達天皇曽孫。父は茅渟王、母は吉備姫王（父は桜井皇子）。舒明天皇皇后。皇子女に葛城皇子・間人皇女・大海人皇子。蘇我蝦夷が山背大兄王の即位を望まなかったために皇后が即位したといわれる。重祚して斉明天皇。「帝王編年記」では享年61。陵は越智崗上陵《おちのおかのえのみささぎ》。なお「漢書」には「皇極」は「君主が中正であること」とある。

＊**飛鳥板蓋宮**《あすかのいたぶきのみや》　奈良県高市郡明日香村岡、飛鳥寺南方に所在といわれる。これまで萱葺《かやぶき》の宮殿だったのを檜皮葺《ひわだぶき》にしたので、こうよばれた。

＊**押坂陵**《おしさかのみささぎ》（**押坂内陵**《おさかのうちのみささぎ》）　奈良県桜井市大字忍阪《おつさか》に所在。舒明天皇は初め滑谷岡に葬られるも翌年当陵に改葬される。「延喜式」諸陵寮には現陵号で「兆域東西九町、南北六町、陵戸三烟」とあり、陵内に母田村皇女（糠手姫皇女）の押坂墓、陵域内に大伴皇女押坂内墓・鏡女王押坂墓があると記される。のち所伝を失うも、元禄探陵

臣とする。その子入鹿《いるか》、国政を執り、その勢い、父に勝る。▼百済に遣わした阿曇連《あずみのむらじ》比羅夫《ひらぶ》、百済国内の乱れを報告する。《紀》

2・2　百済の弔使、国内の政変を報告する。《紀》

2・6　高麗使、難波津に来泊する。《紀》

2・22　高麗使・百済使を難波津に饗応（二十五日にも饗応。二十七日帰国）。《紀》

2・24　百済国王弟翹岐《ぎょうき》を阿曇連比羅夫の家に住まわせる。《紀》

3・6　新羅、新帝即位を祝う使者、先帝を弔う使者を派遣する。《紀》

3・15　新羅使、帰国する。《紀》

4・8　百済大使翹岐、天皇に拝する。《紀》

5・18　百済使、朝貢する。《紀》

7・22　百済使を朝廷に饗応する（八月六日帰国）。《紀》

7・27　百済大寺の南庭に僧を請じ、大雲《だいうん》経《きょう》等を読ませる。《紀》

8・1　六月以来大いに旱する。天皇、南淵《みなぶち》の河上で跪き、四方を拝し、天を仰いで祈雨すると、雷鳴して大雨となり、五日間降り続く（四方拝の初見。「至徳の天皇」といわれる）。《紀》

8・16　高麗使、帰国する。《紀》

8・26　百済使・新羅使、帰国する。《紀》

9・19　詔により、**飛鳥板蓋宮**造営のため、遠江国から安芸国までの国々から丁《よほろ》を徴発する。《紀》

9・21　越周辺の蝦夷数千が帰順する。《紀》

10・8　地震があり、雨が降る（翌日も二十四日にも地震。飛鳥で群発地震か）。《紀》

10・12　蝦夷を朝廷に饗応する。《紀》

12・13　舒明天皇を葬る。《紀》

12・21　舒明天皇を滑谷岡《なめはさまのおか》（奈良県高市郡明日香村）に葬る（翌年改葬）。▼天皇、小墾田《おわりだ》宮（奈良県高市郡飛鳥の地。一説に東宮の南庭の権宮《かりみや》）に遷る。《紀》

この年　蘇我蝦夷、葛城に祖廟を立てる。また双墓を今来《いまき》（奈良県御所市）に造る（一つは蝦夷の、一つは入鹿の墓とする）。《紀》

■皇極天皇二年（六四三）癸卯

皇極天皇　50歳

2・20　天皇、初めて桃の花を見る。《紀》

4・21　筑紫大宰、百済国王弟翹岐が調使とともに来朝したことを奏上する（六月二十三日、難波津に来泊）。《紀》

4・28　天皇、権宮から飛鳥板蓋宮に遷る。《紀》

6・13　筑紫大宰、高麗使来朝を奏上する。《紀》

9・6　舒明天皇を**押坂陵**（**押坂内陵**）に改

では段《だん》ノ塚《つか》と呼ばれていた当陵に決定する（段ノ塚古墳）。上円下方墳の三段築成で下方部幅は一〇五メートル、高さは七メートル、上円部は間口・奥行とも四五メートル。上円部の基礎は八角形と推測されており、以降、文武天皇陵まで八角墳が続く。谷森善臣「山陵考」には石室内に石棺二つありと記される。

葬する。《紀》
9・11　皇極・孝徳両天皇生母吉備姫王《きびつひめのおおきみ》（欽明天皇皇孫桜井皇子女）没。《紀》
9・19　吉備姫王、檀弓岡《まゆみのおか》に葬られる（のち檜隈の地に改葬）。《紀》
10・6　蘇我蝦夷、私に紫冠を入鹿に授けて大臣に擬する。《紀》
10・12　蘇我入鹿、舒明天皇皇子古人大兄皇子の天皇擁立を企てる。《紀》
11・1　蘇我入鹿、巨勢徳太《こせのとこだ》らを遣わして山背大兄王らを襲い、斑鳩宮を焼く（山背大兄王ら生駒山に脱出するも、数日後、斑鳩寺で一族とともに自殺、寺も焼亡）。《紀》

■皇極天皇三年（六四四）甲辰

皇極天皇　51歳
1・1　中臣鎌子、神祇伯を任ぜられるも固持し、三島に退去する。また、法興寺の槻の木の蹴鞠で中大兄皇子と接触する。▼中大兄皇子、蘇我《そが》倉山田麻呂《くらやまだのまろ》女遠智姫《おちひめ》を妃とする。《紀》
7月　東国の大生部多《おおうべのおお》、常世《とこよ》の神と称して虫を祭り盛行したため、秦河勝《はだのかわかつ》がこれを討ち、鎮める。《紀》
11月　蘇我蝦夷・入鹿、甘檮岡《うまかしのおか》（奈良県明日香村）に邸宅を並び建てる（上《うえ》の宮門・谷《はさま》の宮門という）。《紀》
●この頃、大王の古墳が八角形墳となる（舒明天皇陵など）。

■大化元年（六四五）乙巳

皇極天皇　52歳
孝徳天皇　50歳？
6・8　中大兄皇子、蘇我入鹿を斬る計画を蘇我倉山田石川麻呂に語る。《紀》
6・12　三韓、調を進める。ために、天皇、飛鳥板蓋宮の**大極殿**に出御する。このとき中大兄皇子・中臣鎌子ら、佐伯子麻呂に蘇我入鹿を暗殺させる。《紀》
6・13　蘇我蝦夷、自邸に火を放って自刃する（誅殺説も。このとき「天皇記」「国記」や珍宝などを焼く。船史《ふねのふびと》恵尺《えさか》、火中から「国記」を取り出して中大兄皇子に献じる。蘇我氏本宗家滅ぶ。乙巳《いっし》の変）。《紀》

第三十六代　孝徳《こうとく》天皇

6・14　皇極天皇、中大兄皇子に皇位を譲ると詔する（生前譲位の初例。これまでは終身制）。中大兄皇子、中臣鎌子の意見により軽皇子《かるのみこ》を推し、軽皇子は古人大兄皇子に譲る。しかし、古人大兄皇子は軽皇子こそふさわしいと自らは法興寺に出家し、吉野に入る（皇位関係者の出家の初め）。結局、軽皇子が即位する（**孝徳天皇**）。中大兄皇

***檜隈《ひのくま》**　奈良県高市郡明日香村平田に所在。「延喜式」諸陵寮に「檜隈墓、吉備姫王、在㆓大和国高市郡檜隈陵域内㆒、無㆓守戸㆒」とある。なお檀弓岡《まゆみのおか》は明日香村高取川西方の丘陵。

***大極殿《だいごくでん》**　朝堂院（八省院）の正殿のことで、太極殿・前殿・大殿とも記す。大化元年（六四五）の記述が「大極殿」の初出。しかし、実際の大極殿は藤原京から始まるとの説が有力とされるが、天武天皇十年（六八一）二月条に飛鳥浄御原の「大極殿」が記されている。古来、出雲大社・東大寺大仏殿に次ぐ「大厦《たいか》」とされたが、治承元年（一一七七）火災後は再興されなかった。

***孝徳天皇《こうとくてんのう》**（五九六～六五四）　天《あめ》万豊日《よろずとよひ》尊。幼名は軽皇子。父は茅渟王（押坂彦人大兄皇子王子）、母は吉備姫王（桜井皇子王女）。皇后は間人皇女。妃は阿倍小足《おたらし》媛・蘇我乳娘《ちのいらつめ》。皇子に有間皇子（母は阿倍小足媛）。陵は大阪磯長陵。

***大化《たいか》**　代始改元か。出典不詳も、「尚書」大誥に「肆予大化誘我友

子を皇太子に、阿倍内麻呂（倉梯麻呂か）を左大臣に、蘇我倉山田石川麻呂を右大臣に、中臣鎌子を内臣《うちつおみ》に、僧旻・高向玄理を国博士とする（初めて左大臣・右大臣・内臣を置く）。譲位した皇極上皇、天皇より「皇祖母尊《すめみおやのみこと》」の尊号を受ける。《紀》

6・19　天皇・皇祖母尊（皇極）・皇太子中大兄皇子、飛鳥寺に群臣を集め、ともに天神地祇に盟《ちかい》を立て、皇極天皇四年を改めて**大化**とする（初めての**年号**）。《紀》

7・2　間人《はしひと》皇女（舒明天皇皇女）を皇后とする。また、左大臣阿倍内麻呂女小足媛《おたらしひめ》・右大臣蘇我倉山田石川麻呂女乳娘《ちのいらつめ》を妃とする。《紀》

7・10　高麗・百済・新羅使が朝貢する（このとき、高麗・百済使、「明神御宇日本天皇《あらみかみとあめのしたしらすやまとのすめらみこと》」の名で詔書を賜わると伝えられ、「日本」「天皇」の用語が使われるも、「日本」の国名は「紀」編纂者の修辞と見られている）。《紀》

7・12　天皇、阿倍倉梯万侶・蘇我石川万侶に、「当に上古の聖王の跡に遵ひて、天下を治むべし。また当に信をたもちて、天下を治むべし」と詔する。《紀》

7・14　蘇我石川麻呂、天皇に「先づもって神祇を祭《いわ》ひ鎮《しず》めて、しこうして後に政事《まつりごと》を議《はか》るべし」との意見を奏し、尾張と美濃に使者を遣わし、供神の幣を課す。《紀》

8・5　東国の国司を任命する。▼朝廷に鐘《かね》と匱《ひつ》を置く詔を出す（**鐘匱の制**）。《紀》

8・8　仏法興隆の詔が下され、僧侶統制のために僧旻ら十人を十師とする。また寺院管理のため寺司・寺主・法頭を任命する。《紀》

9・3　吉野に隠退した古人大兄皇子、謀反を企てる。《紀》

9・12　**古人大兄皇子**、謀反の罪で殺される（一説に十一月三十日）。《紀》

9・19　諸国の人口を調査する。《紀》

12・9　都を飛鳥から難波の長柄豊碕宮《ながらのとよさき》（大阪市中央区法円坂町・馬場町一帯）に遷す。《紀》

この年　鸕野讃良《うののさらら》皇女（天智天皇皇女。持統天皇）、誕生する（母は蘇我遠智娘《おちのいらつめ》）。

■大化二年（六四六）丙午

孝徳天皇　51歳？
皇祖母尊（皇極上皇）　53歳

1・1　天皇、**改新の詔**を下し、公地公民・班田収授法・国郡里制・税制等を定める。《紀》

1月　天皇、子代《こしろ》離宮（摂津国）に行幸する。▼諸国に武器庫を造らせる。▼蝦夷が帰順

邦君」とある。年号の初めとされるが、そのあとしばらく年号はなく連続性がないことから、「紀」に見られる年号は大宝年号を定めたときに追贈されたのではないかといわれ、実質的な年号の初めは「大宝」といわれる。

＊**年号**《ねんごう》　元号ともいう。中国前漢の武帝の建元元年（前一〇四）に始まるといわれ、日本・朝鮮などで採用される。孝徳天皇（大化）から孝明天皇（慶応）まで八十七代約千二百年間に二百四十三（北朝五代を含む）の年号を採用、一代につき約二・八回改元され、一年号平均は五年弱であった。明治天皇以降は一世一元となる。なお、法隆寺金堂本尊釈迦三尊像後背銘などには崇峻天皇四年（五九一）を元年とする年号「法興」があり、また「白鳳」「朱鳥」などもあった。

＊**鐘匱**《しょうき》**の制**　朝廷に鐘と匱を置き、憂訴する人は、その人の伴造や尊長の承認のもと訴えを匱に入れ、政府の処置に怠慢あるいは不公平のあったときはその鐘をつくこと。

＊**古人大兄皇子**《ふるひとのおおえのおうじ》（？〜六四五）舒明天皇皇子。母は蘇我馬子女法提《ほうて》

する。《紀》
2・15 鍾匱の制の反省と続行を詔する。▼高麗・百済・任那・新羅使が朝貢する。《紀》
2・22 天皇、子代離宮より還御する。《紀》
3・2 東国国司等に詔を下す。《紀》
3・19 東国の国司・国造の功過を評定する。《紀》
3・20 中大兄皇子、私有の入部《いりべ》五百二十四口、屯倉《みやけ》百八十一所を天皇に献じる。《紀》
3・22 墳墓葬送の制（大化薄葬令）が定められ、墓の規模、副葬品などを制限し、殉死・殯・誄など旧俗の廃止を命じる。また、奴婢・婚姻・祓除の制を定める。《紀》
8・14 品部の廃止、百官位階の制等を定める。《紀》
9月 高向黒麻呂（玄理）を新羅に派遣する。▼天皇、蝦蟇行宮《かわずのかりみや》（所在不詳）に行幸する。《紀》
この年 伊勢神宮に神宝を進献する。《大神宮諸雑事記》

■大化三年（六四七）丁未

孝徳天皇 52歳？
皇祖母尊 54歳

1・15 高麗・新羅使が朝貢する。《紀》
4・26 天皇、詔して皇子・群臣等に庸調を下賜する（このとき**惟神**が初見）。《紀》
10・11 天皇、有馬温湯に行幸する（十二月二十九日還御。武庫行宮に止まる）。《紀》
この年 天皇、小郡宮《おごおりのみや》を造営し、ここで官吏の**登下時の礼法**を定める。▼七色十三階の冠位を制定する。▼渟足柵《ぬたりのき》（新潟市沼垂）を造り、柵戸《きのへ》を置く。▼新羅、使を遣わし、高向黒麻呂（玄理）等を送ってくる。《紀》

■大化四年（六四八）戊申

孝徳天皇 53歳？
皇祖母尊 55歳

1・1 天皇、難波豊碕宮《なにわのとよさき》に行幸する。《紀》
2・1 高麗・百済・新羅に学問僧を遣わす。《紀》
4・1 七色十三階の冠位を施行する。《紀》
この年 天智天皇長子大友皇子（弘文天皇）誕生する（母は伊賀采女宅子娘《いがのうねめのやかこのいらつめ》）。▼新羅使、朝貢する。▼磐舟柵《いわふねのき》（新潟県村上市岩船）を置き、蝦夷に備える。《紀》

■大化五年（六四九）己酉

孝徳天皇 54歳？
皇祖母尊 56歳

2月 冠位十九階を制定し、僧旻・高向玄理に詔して八省・百官を置く。《紀》
3・17 左大臣阿倍内麻呂没（天皇、朱雀門に幸し挙哀。皇祖母尊・皇太子葛城皇子、哀哭）。《紀》

郎媛《いらつめ》。蘇我入鹿が古人大兄皇子を天皇に立てようとするも実現せず大化改新となる。皇子は出家して吉野の離宮に引退するが、謀反のかどで斬殺される。皇子の死により、蘇我氏系の皇位継承が不可能となる。

＊**改新の詔《かいしんのみことのり》** この詔は「紀」編者が、のちの「令」の条文等によって書き変え、あるいは付け加えたものとされている。

＊**詔《みことのり》** 臣と協調して天下を治めることを示したもので、「夫《そ》れ天地《あめつち》の間に君《きみ》として万民を宰《おさ》むることは、独《ひと》り制《おさ》むべからず。要《かなら》ず臣の翼《たすけ》を須《もち》ゐる。是に由りて、代々《よよ》の我が皇祖《すめみおや》等《たち》、卿《いまし》が祖《み》考《おや》と共に倶《とも》に治めたまひき。朕《われ》も神の護《まもり》の力を蒙《こうぶ》りて、卿等と共に治めむと思《お》欲《も》ふ」と宣言する。

＊**惟神《かんながら》** この詔で「惟神」が使われ、「惟神は、神道に随うを謂う。亦《また》自づからに神道有るを謂う」と注されている。後世「惟神の道」として「神代から伝わる、神慮のままにより人為を加えない日本固有の道」として尊重された。

＊**登下時の礼法** 「官位をもつ者は、

3・24　蘇我日向《そがのひむか》、蘇我石川麻呂が皇太子中大兄皇子を殺そうとしていると讒言する。《紀》

3・25　蘇我石川麻呂、山田寺で自害する。《紀》

3月　蘇我日向を筑紫大宰帥とする。▼皇太子妃蘇我造媛《みやつこひめ》没。《紀》

4・20　巨勢徳陀古臣《こせのとこだのこのおみ》を左大臣、大伴長徳《おおとものながとこ》連《むらじ》を右大臣とする。《紀》

5・1　三輪色夫《みわのしこぶ》等を新羅に派遣する。《紀》

この年　新羅王（真徳王）、入質する。《紀》

□3・17阿倍内麻呂《あべのうちまろ》（左大臣。生年不詳）

■白雉元年（六五〇）庚戌

孝徳天皇　55歳？
皇祖母尊　57歳

1・1　天皇、味経宮《あじふのみや》（所在地未確定）に行幸し、賀正の礼を観る。《紀》

2・9　穴戸（長門）国司、白雉《しろきぎす》を献上する。《紀》

2・15　白雉を祥瑞とし、天下に大赦し、年号を**白雉**と改める（このあと斉明・天智両天皇、年号を立てず）。《紀》

4月　新羅使、朝貢する。《紀》

■白雉二年（六五一）辛亥

孝徳天皇　56歳？
皇祖母尊　58歳

3・14　丈六の繡仏像が完成する。《大安寺縁起》

3・15　上皇、十師を請じて設斎する。《紀》

6月　百済・新羅使、朝貢する。《紀》

12・30　味経宮に二千百人余の僧尼を招き、一切経を読経させる。夕刻、朝廷で二千七百余燈を燃やして経を読ませる（万燈会《まんとうえ》の初め）。▼天皇、大郡《おおごおり》宮から難波の長柄豊碕《ながらのとよさき》宮に遷る。《紀》

この年　天智天皇皇子（建王《たけるのみこ》）、誕生する（母は嬪蘇我遠智姫《おちのいらつめ》）。▼新羅使の唐服着用を責め、筑紫から追い返す。《紀》

●この年以降、宮中仏事が頻繁に行なわれる。

■白雉三年（六五二）壬子

孝徳天皇　57歳？
皇祖母尊　59歳

1・1　天皇、元日の礼ののち大郡宮に行幸する（三月九日、長柄豊碕宮に還幸）。《紀》

1月　班田収授が終わる。田、長さ三十歩を段とし、十段を町とする。《紀》

4・15　恵隠・千僧を請じ、内裏で無量寿経を説かせる（六日間。千僧供養《せんそうくよう》の初め）。《紀》

4月　戸籍を造り、五十戸を里とし、里ごとに長《おさ》一人を置く。▼百済・新羅使、朝貢する。《紀》

8月　新羅・百済、朝貢する。《紀》

毎日寅《とら》の時（午前四時頃）に南門の前に左右に分かれて集まる。そして日の出の開門とともに朝庭に入り、大王に対して再拝したのち、午《うま》の時（正午頃）まで庁《まつりごとどの》（朝堂）にあって執務する」こととする。このとき、時刻を知らせるための鐘を中庭に置き、赤い頭巾をかぶった官人に鐘を打たせる。なお、「大宝令」の宮衛令《くえいりょう》や平安期の「延喜式」に、諸門の開閉時間、退朝時間などが規定されている。

＊白雉《はくち》　わが国初の祥瑞による改元。出典不詳。しかし一般にこの元号は流布せず、「紀」では、孝徳天皇崩御翌年を斉明天皇元年としている。なお、後年、白雉の異称として白鳳が用いられた。

9月　難波の長柄豊碕宮が完成する。《紀》

■白雉四年（六五三）癸丑

孝徳天皇　58歳？
皇祖母尊　60歳

5・12　大使吉士長丹《きしのながに》ら百二十一人を大唐に遣わす（第二次遣唐使。学問僧定恵・道昭ら入唐）。《紀》

5月　孝徳天皇、臥病の僧旻を見舞う。《紀》

6月　百済・新羅使、入貢する。▼僧旻没（天皇、旻のため多くの仏菩薩像を造らせ、川原寺に安置する）。《紀》

7月　遣唐使の一船が沈没する（五人のみ助かる）。《紀》

8月　百済、倭国と通好する。《三国史記》

この年　天皇と中大兄皇子が不和。皇子、難波の長柄豊碕宮から皇祖母尊（皇極）・間人皇后らとともに飛鳥河辺行宮《かわらのかりみや》（飛鳥川原宮と同所か）に移る。天皇、皇位を去ろうと山崎に宮を造る。《紀》忌部氏により御《み》卜《うら》が行なわれる（夏冬二期の**御体御卜**の式の初め）。《古語拾遺》

■白雉五年（六五四）甲寅

孝徳天皇　59歳？
皇祖母尊　61歳

1・5　中臣鎌足に紫冠を授け、食封若干戸を増す。《紀》

2月　遣唐押使高向玄理・大使河辺麻呂《かわへのまろ》らを大唐に遣わす（第三次遣唐使。高向玄理、大唐で没）。《紀》

7・24　前年の遣唐使吉士長丹《きしのながに》ら、百済・新羅の送使とともに唐から帰国する。《紀》

10・1　皇太子中大兄皇子ら、天皇の病を聞き、難波宮に赴く。《紀》

10・10　孝徳天皇、病により難波宮正寝にて崩御（南庭に殯宮を立てる）。《紀》

12・8　天皇、**大坂磯長陵**に葬られる。皇太子中大兄皇子、皇祖母尊を奉じて河辺行宮に移る。《紀》

この年　大海人皇子の子（高市皇子《たけちのみこ》）、誕生する（母は胸形《むなかたの》尼子娘《あまこのいらつめ》）。《扶桑略記》倭国、唐に虎珀《こはく》・瑪瑙《めのう》を献じる。唐、新羅救援を命じる。《新唐書・唐録》高麗・百済・新羅、使を遣わし、弔問する。《紀》

■斉明天皇元年（六五五）乙卯

皇祖母尊＝斉明天皇　62歳

第三十七代　斉明《さいめい》天皇

1・3　皇祖母尊、飛鳥板蓋宮で再び即位する（**斉明天皇**。初の**重祚**。中大兄皇子を皇太子とする）。《紀》

7・11　百済調使に饗宴する。《紀》

8・1　遣唐使河辺麻呂《かわへのまろ》ら、唐から帰国する。

***御体御卜《おおみまのみうら》**　「ぎょたいのみうら」とも。毎年六月・十二月の十日、天皇の身体に対する祟りなどを卜占し奏上する儀式。

***大坂磯長陵《おおさかのしながのみささぎ》（大阪磯長陵）**　大阪府南河内郡太子町に所在。「延喜式」諸陵寮には「在二河内国石川郡一、兆域東西五町、南北五町、守戸三烟」とある。元禄時代、孝徳天皇陵とされるものが古市にあったが、現陵に治定される。円墳で、直径四〇メートル。江戸時代、地元では「北山陵《きたやまのみささぎ》」と呼ばれていたという。

***斉明天皇《さいめいてんのう》**（五九四〜六六一）　第三十五代皇極天皇が重祚。「斉明」は「物忌をして心を正しくすること」。

***重祚《ちょうそ》**　一度退位した天皇が再び皇位につくこと。斉明天皇（皇極天皇）と称徳天皇（孝謙天皇）の二例があり、いずれも女帝であった。

《紀》
10・13　小墾田に瓦覆　宮闕《かわらぶきのおおみや》を造ろうとする（宮殿の用材朽ち爛《ただ》れるもの多しとして中止）。《紀》
この冬　天皇、飛鳥板蓋宮が焼失したため、飛鳥川原宮《あすかのかわらのみや》（奈良県高市郡明日香村川原）に遷る。《紀》
この年　高麗・百済・新羅使、朝貢する。▼蝦夷・隼人が帰順する。▼新羅、入質する。《紀》

■斉明天皇二年（六五六）丙辰
斉明天皇　63歳
8・8　高麗使、朝貢する。《紀》
9月　高麗に膳臣葉積《かしわでのはつみ》らを遣わす。《紀》
この年　高麗・百済・新羅使、朝貢する。▼天皇、川原宮から後飛鳥岡本宮《のちのあすかのおかもと》（奈良県高市郡明日香村小山）に遷る（年内に焼失）。また、両槻宮《ふたつき》（所在地不明も多武峰近辺か）を築造し、狂心渠《たぶれごころのみぞ》を掘り、また、吉野宮も造営する（吉野宮の初見。人々、天皇の数々の造営を非難）。《紀》唐の魏徴・長孫無忌ら「隋書」成る（日本からの遣使などが記録される）。

■斉明天皇三年（六五七）丁巳
斉明天皇　64歳
7・15　覩《と》貨《か》邏《ら》の人、筑紫に漂着する（京に召す）。▼飛鳥寺の西に須弥山《すみのやま》の像を作り、盂蘭盆会《うらぼんえ》を設ける。《紀》
9月　有間皇子、狂人をよそおい、牟婁温泉《むろのゆ》（和歌山県西牟婁郡白浜町）で療養する（帰って天皇にその風光を推奨）。《紀》
この年　大海人皇子、中大兄皇子の王女鸕野讃良皇女を妃とする。▼中大兄皇子の王子（川島皇子）、誕生する（母は忍海色夫古娘《おしぬみのしこぶこのいらつめ》）。《紀》

■斉明天皇四年（六五八）戊午
斉明天皇　65歳
4月　阿倍比羅夫、船師百八十艘を率いて東北の蝦夷を討つ。《紀》
5月　皇孫建王《たけるのみこ》（天智天皇皇子）没（年8。天皇、これを嘆き、自分が死んだら同じ墓に建王も合わせて葬ってほしいと命じる）。《紀》
7・4　渟《ぬ》代《しろ》（能代）・津軽の蝦夷二百余人が入朝する。《紀》
7月　沙門智通《ちつう》・智達《ちだち》、新羅船に乗って入唐する（玄奘《げんじょう》法師に師事）。《紀》
10・15　天皇、孫の建王の死を悲しみ、中大兄皇子らと紀温湯に行幸する（翌年一月三日まで）。《紀》
11・3　留守官蘇我赤兄《そがのあかえ》、有間皇子に天皇の失政を語る。《紀》

11・5　蘇我赤兄、有間皇子を謀叛の廉で捕える。《紀》
11・9　中大兄皇子、紀《きの》温湯《ゆ》に護送された有間皇子を訊問する。《紀》
11・11　**有間皇子**、藤白坂《ふじしろさか》（和歌山県海南市）で絞刑に処せられる。《紀》
この年　阿倍比羅夫、粛慎《みしはせ》を討つ。▼西海使阿曇頰垂《あずみつらたり》、百済より帰る。《紀》

■斉明天皇五年（六五九）己未
斉明天皇　66歳
1・3　天皇、紀温湯から還御する。《紀》
3・1　天皇、吉野に行幸し、宴（豊明節会《とよあかりのせちえ》）を催す。《紀》
3・3　天皇、近江国平浦《ひらのうら》（大津市）に行幸する。《紀》
3・10　観貨羅人、来朝する。《紀》
3・17　甘檮丘東の川上に須弥山を造り、陸奥と越の蝦夷を饗応する。《紀》
3月　阿倍比羅夫、百八十艘を率いて東北の蝦夷を討つ。《紀》
7・3　坂合部石布《さかいべのいわしき》・津守吉祥《つもりのきさ》らを唐に遣わし（第四次遣唐使）、蝦夷の男女二人を献じる（伊吉博徳《いきのはかとこ》、このときの記録を「伊吉博徳書」として残す）。《紀》
7・15　京内の諸寺に盂蘭盆経を講じさせる。《紀》
この年　出雲国造に神宮《かみのみや》を造らせる（熊野大社か。出雲大社説も）。《紀》

■斉明天皇六年（六六〇）庚申
斉明天皇　67歳
1・1　高麗使、筑紫に来泊する。《紀》
3月　阿倍比羅夫、二百艘を率いて粛慎《みしはせ》を討つ。《紀》
5・8　高麗使、難波に到る（七月十六日帰国）。《紀》
5月　天皇、百の高座を設け、百の納袈裟《のうけさ》を造り、**仁王般若会**を修する。▼中大兄皇子、初めて漏刻《ろうこく》（水時計）を造り、人々に時刻を知らせる。▼石上の池辺に須弥山を造り、粛慎人を饗応する。《紀》
7・16　覩貨羅人、本土に帰る。《紀》
7・18　唐・新羅連合軍、百済を滅ぼす。《三国史記》
9・5　百済使、新羅が唐と組んで百済を滅ぼすも、遺臣鬼室福信《きしつふくしん》らが王城を保っていると報告する。《紀》
10月　百済の鬼室福信、唐人捕虜百余人を献じ、救援と人質の王子余豊璋《よほうしょう》を国主に迎えたいと願い出る。《紀》
12・24　天皇、百済救援軍を発するため難波宮に行幸する。《紀》
この年　百済のため、新羅を討たんと駿河国

＊**有間皇子《ありまのおうじ》**（六四〇～六五八）「ありまのみこ」とも。孝徳天皇皇子。母は左大臣阿倍倉梯麻呂《くらはしまろ》女小足媛《おたらし》。孝徳天皇が有馬温泉に療養していたときに生まれたことから名付けられたという。皇子が捕らえられて紀温湯に送られる途中で詠んだ「磐代《いわしろ》の浜松が枝《え》を引き結び真幸《まさき》くあらばまたかへり見む」「家にあれば笥《け》に盛る飯《いい》を草枕旅にしあれば椎《しい》の葉に盛る」（「万葉集」巻二）は有名。
＊**仁王般若会《にんのうはんにゃえ》**　朝鮮半島の軍事情勢に対して行なわれたもの。「仁王般若波羅蜜経」護国品の、国が乱れ賊が国を破ろうとするとき、百の仏・菩薩を勧請して百僧を招き、百高座を設けて百の燈・香・花を供えてこの経を講讃すれば鬼神が国土を護ってくれるという説に基づく。仁王会・百座会などともいう。外敵の進寇から国を守るための法会で、これにより仏教が鎮護国家の役割を果たすようになる。平安時代には「一代一度の仁王会」が行なわれるようになり、天皇がこれを営むことにより初めて天皇の資格を得るとされた。

に船を造らせる。《紀》

■斉明天皇七年（六六一）辛酉

斉明天皇　68歳

中大兄皇子（**称制**）36歳

1・6　天皇・中大兄皇子・大海人皇子、新羅征討のため出帆し、西征する。《紀》

1・8　天皇の船、大伯海《おおくのうみ》に到る。このとき、大海人皇子妃大田皇女、大伯《おおく》皇女を産む。《紀》

1・14　天皇、伊予国熟田津《にきたづ》の**石湯行宮**に到着する。《紀》

3・25　天皇、筑紫娜大津《なのおおつ》（博多港）の磐瀬《いわせ》行宮（福岡市）に到着する（このとき、那大津を長津と改める）。《紀》

4月　百済の鬼室福信、上表して王子糺解《くげ》（余豊璋）を迎えることを要請する。《紀》

5・9　天皇、朝倉橘広庭宮《あさくらのたちばなのひろにわのみや》（福岡県朝倉市須川に比定）に遷る。《紀》

5・23　第四次遣唐使、耽羅《たんら》（済州島）の人を伴い帰国。耽羅王子、初めて朝貢する。

7・24　天皇、「鬼火」（疫病か）にかかり、朝倉橘広庭宮で崩御（百済救援軍派遣中止）。《紀》

▼中大兄皇子、称制する。《紀》

7月　中大兄皇子、長津宮に遷り、百済救援の指揮を執る。《紀》

8・1　中大兄皇子、天皇の遺体を磐瀬《いわせ》宮に移す。《紀》

8月　阿曇《あずみ》比羅夫、阿倍比羅夫らを百済救援に遣わす。《紀》

9月　皇太子中大兄皇子、長津宮で、百済皇子余豊璋に織冠を与え、兵五千余とともに百済に送る。《紀》

10・7　天皇の柩を積んだ御葬船、海路につく。《紀》

10・23　御葬船、難波に到着する。《紀》

11・7　斉明天皇の遺骸が飛鳥に運ばれ、飛鳥川原に殯宮が建てられ葬送される。《紀》

この年　天智天皇皇女阿閇《あべ》（陪）皇女（元明天皇）、誕生する（母は蘇我倉山田石川麻呂女蘇我姪娘《めいのいらつめ》）。

●この頃以降、中大兄皇子、母斉明天皇のため川原宮址に川原寺（弘福《ぐふく》寺）創建か。

●七世紀後半、天皇を天照大御神の後裔とする神統意識が顕著となる。

■天智天皇元年（六六二）壬戌

中大兄皇子（称制）37歳

3・4　余豊璋に布を賜う。《紀》

3月　唐・新羅、高麗を討つ。高麗、救援を請うため将軍を派遣する。《紀》

5月　阿曇比羅夫ら、軍船百七十艘を率い、余豊璋を百済に送り王位に就かせる。《紀》

＊**称制**《しょうせい》　先帝崩後、皇太子あるいは皇后が、即位式を挙げずに政務を執ること。古訓は「まつりごときこしめす」。六六一年の斉明天皇崩後（中大兄皇子〈天智天皇〉）と六八九年の天武天皇崩後（鸕野讃良皇后〈持統天皇〉）の二例がある。

＊**石湯行宮**《いわゆのかりみや》　所在地は、現在の道後温泉。「万葉集」にある「熟田津《にきたづ》に船乗りせむと月待てば潮もかなひぬ今は漕ぎ出でな」は、このときの歌（「万葉集」では額田王の歌としている）。

6・28 百済使、朝貢する。《紀》
12月　百済の余豊璋ら、朴市田来津《えちのたくつ》の進言をきかず、都を州柔《つぬ》から避城《へさし》に遷す。《紀》
この年 百済救援のため、武器を修繕し、船舶を整え、軍兵の食糧を蓄える。▼近江大津宮で大海人皇子と鸕野讃良との間に草壁皇子が生まれる。《紀》

■天智天皇二年（六六三）癸亥
中大兄皇子（称制）38歳
2・2 百済使、朝貢する。▼新羅、百済の南部四州を焼く。余豊璋、州柔《つぬ》に戻る。《紀》
3月　上毛野稚子《かみつけののわかこ》・阿倍比羅夫らに兵二万七千人を付し、新羅を討たせる。《紀》
6月　百済王余豊璋、鬼室福信を謀反の疑いで殺害する。《紀》
8・17 新羅、福信を斬ったことを知り、州柔の王城を包囲する。大唐の将軍、軍船百七十艘を率い、白村江《はくすきのえ》に戦列を整える。《紀》
8・27 この日から翌日にかけて、日本・百済軍、唐・新羅軍と白村江で戦い敗退し、余豊璋は高句麗に逃げる。《紀》
9月　百済の州柔《つぬ》城《さし》、唐に降り、百済滅亡。この月、日本軍、百済遺民とともに帰国する。《紀》
この年 大津《おおつ》皇子（天武天皇皇子）、誕生する（母は天智天皇皇女大田皇女）。

■天智天皇三年（六六四）甲子
中大兄皇子（称制）39歳
2・9 冠位二十六階を制定し、大氏の氏上には大刀、小氏の氏上には小刀を、伴造らの氏上には干楯《たて》・弓矢を賜う。民部《かきべ》・家部《やかべ》を定める。《紀》
3月　百済王善光王《ぜんこうおう》らを難波に居住させる。《紀》
5・17 百済鎮将の使者郭務悰《かくむそう》、表函《ふみひつ》・献物を進上する（入京は許可せず。十二月帰国）。《紀・善隣国宝記所引海外国記》
6月　敏達天皇皇女嶋皇祖母命《しまのすめみおやのみこと》（糠手媛皇女・田村皇女。舒明天皇母。天智・天武両天皇祖母）没（母は采女菟名子）。《紀》
10月　中臣鎌足、沙門智祥《ちじょう》を遣わし、郭務悰に賜物する。《紀》
12月　郭務悰ら帰国。《紀》
この年 唐・新羅の侵攻に備え、対馬・壱岐・筑紫などに防人《さきもり》・烽《すすみ》（とぶひ・のろし）を置き、筑紫に水城《みずき》を設ける。《紀》

■天智天皇四年（六六五）乙丑
中大兄皇子（称制）40歳
2・25 舒明天皇皇女**間人皇女**没。《紀》
2月　百済の百姓四百余人を近江国神前《かんざき》郡に置く（三月、百済人に田を班給）。《紀》
3・1 間人皇太后（孝徳天皇皇后）のため

＊**間人皇女《はしひとのおうじょ》**（?～六六五）舒明天皇皇女。母は皇極（斉明）天皇。母皇極天皇の同母弟軽皇子（孝徳天皇）の皇后。孝徳天皇と中大兄皇子の対立の際は、母とともに飛鳥河辺行宮に行く。皇極天皇と同じ小市岡上陵《おちのおかのえのみささぎ》に合葬される。

＊**小市岡上陵《おちのおかのえのみささぎ》（越智崗上陵《おちのおかのえのみささぎ》）**　奈良県高市郡高取町に所在。「続日本紀」では「越智山陵」。「延喜式」諸陵寮では現陵号で「兆域東西五町、南北五町、陵戸五烟」とする、陵を営むとき、斉明天皇の遺詔により石槨《いわき》の役《えだち》を起こさずに永代《えいだい》の先例とした。中世以降所在不明も幕末に現陵に考定する。円丘で長径は五一メートル。斉明天皇四年（六五八）の建王を天皇陵へ合葬せよとの詔にしたがい、建王墓は当陵に定められている。

＊**天智天皇《てんじてんのう》**（六二六～六七一）天《あめ》命開別《みことひらかすわけ》尊・近江天皇。父は舒明天皇、母は宝皇女（皇極〈斉明〉天皇）。皇后は倭姫王。嬪に蘇我遠智娘《おち》・蘇我姪娘《めい》・阿倍橘娘・蘇我常陸娘《ひたち》。采女に伊賀宅子娘《やかこ》・額田姫王・金姫王ら。皇子女に大田皇女・鸕野讃良皇女（持続天皇）・

三百三十人を得度させる。《紀》
8月　長門と筑紫に城を築かせる。▼耽羅《たんら》使が来朝する。《紀》
9・20　唐使、筑紫に到る（二十二日、表函を進上し入京。十二月帰国）。《紀》
11・13　唐使を饗応する。《紀》
この年　守大石《もりのおおいわ》・坂合部《さかいべの》（境部）石積《いわつみ》らを唐に遣わす（第五次遣唐使）。《紀》天智天皇勅願により、誓願寺が奈良に創建される（開基は恵隠。延暦三年〈七八四〉山城国に移る）。《寺伝》

■天智天皇五年（六六六）丙寅

中大兄皇子（称制）　41歳
1・11　高麗使・耽羅王子、それぞれ朝貢する。《紀》
3月　中大兄皇子、佐伯連子麻呂の病床を訪ねる。《紀》
6・4　高麗使、帰国する。《紀》
7月　大水のため、秋の租調を免除することにする。《紀》
10・26　高麗使、朝貢する。《紀》
この冬　百済の男女二千余人を東国へ移す。《紀》
この年　舎人親王（天武天皇皇子）、誕生する（母は妃新田部皇女）。《紀》

■天智天皇六年（六六七）丁卯

中大兄皇子（称制）　42歳
2・27　斉明天皇・間人皇女を小市岡上陵に合葬する。この日、大海人皇子妃大田皇女を陵の前の墓に葬る。《紀》
3・19　中大兄皇子、都を飛鳥から近江国大津宮（大津市錦織か）に遷す（このとき、天下の百姓、遷都を希望せず）。《紀》
7・11　耽羅《たんら》使、朝貢する。《紀》
8月　中大兄皇子、倭京に赴く。《紀》
11月　倭国高安城《たかやすのき》・讃吉（岐）国屋嶋城《やしまのき》・対馬国金田城《かなたのき》を築く。《紀》

■天智天皇七年（六六八）戊辰

天智天皇　43歳

第三十八代　天智《てんじ》天皇

1・3　中大兄皇子、大津宮にて即位する（**天智天皇**）。《紀》
1・17　天皇、近江に崇福寺《すうふくじ》（志賀寺）を建てる。《扶桑略記》
2・23　古人大兄皇子王女倭姫王《やまとひめのおおきみ》を皇后とする。また四人の嬪を定める（蘇我遠智《おち》娘《いらつめ》・蘇我姪娘《めいのいらつめ》・阿倍橘娘・蘇我常陸娘）。▼舒明天皇皇子大海人皇子を皇太子とする。《紀》
4・6　百済使、朝貢する（十六日帰国）。《紀》
5・5　天皇、蒲生野（近江国蒲生郡）で遊

大友皇子（弘文天皇）・建皇子・御名部内親王・大江皇女・川嶋皇子・阿閇《あへ》（閉）皇女（元明天皇）・飛鳥皇女・新田部皇女・山辺皇女・泉内親王・水主《みぬし》内親王・施基《しき》親王。陵は山科陵。「後撰和歌集」に「秋の田のかりほの庵《いお》の苫《とま》をあらみ我がころも手は露にぬれつつ」（もとは「万葉集」の「読み人知らず」の歌。「百人一首」にも収録）が収録されている。

猟する（皇太子・諸王以下扈従。このとき皇太子と額田姫王が和歌を贈答する）。《紀》
7月　高麗、遣使、進調する。▼近江国に官牧を置く。《紀》
9・12　新羅使、朝貢する。《紀》
10月　大唐大将軍英公《えいこう》、高麗を滅ぼす。《紀》
11・1　新羅王に絹等を賜う。《紀》
11・5　道守麻呂《ちもりのまろ》・吉士小鮪《きしのおしび》を新羅に派遣する。▼新羅使、帰国する。《紀》
この年　大海人皇子を皇太弟とする（「天武即位前紀」）。▼新羅国僧道行《どうぎょう》、熱田宮の神剣（草薙剣）を盗み新羅に持ち帰ろうとするが、風波のため難波に漂着する（これにより、神剣、しばらく皇居にとどめ置かれる）。《紀・古語拾遺》初の令（近江令《おうみりょう》）が定められる。《弘仁格式《きゃくしき》序》唐の倭国征伐の風聞あり。《三国史記・持統紀》

■**天智天皇八年（六六九）己巳**
天智天皇　44歳
3・11　耽羅王子久麻伎《くまき》ら、朝貢する（十八日帰国）。《紀》
5・5　天皇、山科野《やましなのの》で狩猟する（皇太弟・中臣鎌足以下扈従）。《紀》
9・11　新羅使、朝貢する。《紀》
10・10　天皇、病床の中臣鎌足を見舞い、「積善藤家云々」の詔を下す。《紀》
10・15　天皇、皇太弟大海人皇子を中臣鎌足邸に遣わし、大織冠・内大臣の位を授け、藤原姓を下賜する。《紀》
10・16　藤原鎌足没する。天皇、慟哭して廃朝八日とする。《紀》
10・19　天皇、藤原内大臣の家に行幸し、金の香鑪《こうろ》を賜う。《紀》
12月　近江宮大蔵に火災が起こる。《紀》
この冬　斑鳩寺が火災。《紀》
この年　河内鯨《くじら》らを唐に遣わす（第六次遣唐使）。▼百済の人七百余人を近江国蒲生郡に移す。▼唐、郭務悰《かくむそう》ら二千余人を日本に派遣する。《紀》中臣鎌足、山階寺（興福寺）を建立する。《興福寺縁起》
□10・16**藤原鎌足**（大織冠。内大臣。藤原氏の祖。56）

■**天智天皇九年（六七〇）庚午**
天智天皇　45歳
1・7　士大夫に命じて大射をする。《紀》
1・14　朝廷の礼儀と行路相避を定め、誣《たわ》妄《こと》・妖偽《およずれごと》を禁じる。《紀》
2月　戸籍（**庚午年籍**）を造り、盗賊・浮浪を禁じる。▼天皇、蒲生郡の匱迮野《ひさの》に行幸し宮地を観る。また高安城を築く。《紀》
3・9　山御井《やまのみい》（三井寺の泉か）の傍に諸神を祀り、幣帛《みてぐら》を班《あか》つ（班幣の初見）。《紀》

＊**藤原鎌足**《ふじわらのかまたり》（六一四〜六六九）　初め中臣鎌足、臨終のさい大織冠と藤原氏を賜う。父は中臣御食子、母は大伴智仙娘。子に定恵・不比等・氷上娘・五百重娘らがいる。中大兄皇子の側近として乙巳の変の中心的役割を果たす。中大兄皇子即位（天智天皇）後もその腹心として活躍し、のちの藤原氏繁栄の基礎を築く。多武峯に葬られたといわれ、天安二年（八五八）の荷前《のさき》の幣を献じる十陵四墓制の詔では「多武峯墓。在二大和国十市郡一」とある。なお、大阪府茨木市の阿武山古墳発掘の人骨は鎌足との説もある。

＊**庚午年籍**《こうごねんじゃく》　最初の全国的戸籍で、氏姓の根本台帳として永久保存と規定されたが、今日、残存せず。

＊**粟津供御人**《あわづくごにん》　近江国志賀郡粟津御厨の漁師を主体とする禁裏供御人。関税免除の特権を得て、京都で淡水魚等を販売する。

＊**太政大臣**《だいじょうだいじん》　律令制下における太政官の最高の官で、初めは皇族が就任した。藤原氏の台頭により時の権力者が就任したが、摂政・関白や内覧という宣旨を賜わらない

4・30　法隆寺、ことごとく焼亡する。《紀》
9・1　阿曇頬垂《あずみのつらたり》を新羅に派遣する。《紀》
9・6　藤原鎌足を山階精舎に葬る。《家伝》
この年　倭国、唐に遣使し高麗平定を賀す。《新唐書》
●この頃、天智天皇、使を遣わして鹿島神宮を造営する。《常陸国風土記》
●天智天皇代（六六八～六七一）、**粟津供御人**が設置されると伝えられる。

■天智天皇十年（六七一）辛未
天智天皇　46歳
弘文天皇　24歳
1・5　大友皇子を**太政大臣**（初の太政大臣）、蘇我赤兄《あかえ》を左大臣、中臣金《なかとみのかね》を右大臣とする（大友皇子中心の首脳部が成立）。《紀》
1・6　大海人皇子、冠位・法度を施行する（一説に近江令）。《紀》
1・9　高麗使、朝貢する。《紀》
1・13　唐の百済鎮将、使を遣わし上表する。《紀》
2・23　百済使、朝貢する。《紀》
4・25　漏刻を用い、初めて鐘鼓を打って時を知らせる。《紀》
6・15　百済使、朝貢する。《紀》
6月　新羅使、朝貢する。《紀》
9月　天皇、病気となる（一説に八日）。《紀》
10・7　新羅使、朝貢する。《紀》
10・8　天皇病気のため、内裏で百仏開眼供養を行なう（開眼供養の初見）。《紀》
10・17　天皇、大海人皇子を召し皇位を譲ろうとするも、皇子、これを固辞し、宮中の仏殿で剃髪して出家する（皇族出家の初め）。これにより天皇、洪業を皇后倭姫王に付属し、大友皇子（弘文天皇）に諸政を行なわせる。《紀》
10・19　大海人皇子、近江宮より吉野に向かう（二十日到着）。《紀》
10月　太政大臣大友皇子を皇太子とする。《扶桑略記》天皇、財物を法興寺（飛鳥寺）に施入する。《紀》
11・10　対馬国司、唐使来日を告げる。《紀》
11・23　大友皇子以下左右大臣・御史大夫、天皇の前で盟を誓う。《紀》
11・24　近江宮が焼ける。《紀》
11・29　新羅王に絹などを賜う。《紀》
12・3　天智天皇、近江宮で崩御（「天智天皇」と追諡）。《紀》

第三十九代　弘《こう》文《ぶん》天皇

12・5　大友皇子、即位する（**弘文天皇**）。
12・11　天智天皇、新宮に殯する（のち**山科陵**に葬られる）。《紀》

限り実権はなかった。明治の太政官制下の太政大臣は、「だじょうだいじん」という。

＊**弘文天皇**《こうぶんてんのう》（六四八～六七二）　大友皇子。天智天皇長子。母は伊賀采女宅子娘。妃に十市《とおち》皇女（天武天皇皇女。母は額田姫王）。皇子女に葛野《かどの》王（母は十市皇女）・壱《いち》志《し》姫王・与多王。陵は**長等山前陵**。「紀」に即位の記載はないが、平安中期以降のいくつかの史料（「扶桑略記」「水鏡」）に即位を記すものがあり、天智天皇崩後、即位したものの「紀」編者が故意にその事実を記さなかった等の論があり、そのため明治三年七月、明治天皇により、弘文天皇と追諡された。なお「弘文」は「学問を弘めること」で、その学識を讃えたことによるといわれる。

＊**山科陵**《やましなのみささぎ》　京都市山科区御陵上御廟野町に所在。「山階陵」とも。「延喜式」諸陵寮では現陵号で「在二山城国宇治郡一、兆域東西十四町、南北十四町、陵戸六烟」とある。奈良時代以降、天皇の病気・即位、皇太子の廃位、災異・祥瑞や外敵の襲来などに際し、この陵に使が

■**天武天皇元年（六七二）壬申**

弘文天皇　25歳
天武天皇（生年不詳）

3・18　唐使、天皇の喪を聞き、挙哀《こあい》する。《紀》

3・21　唐使、書函と信物を貢上する（五月三十日帰国）。《紀》

5・12　唐使に甲冑・弓矢を賜う。《紀》

5・28　高麗使、朝貢する。《紀》

5月　近江方、美濃・尾張に造山陵人夫を徴発する。また、大海人皇子（天武天皇）の吉野宮への食糧運搬を遮断する。▼大海人皇子、近江朝廷の動きを知り、挙兵を決意する。《紀》

6・22　大海人皇子、村国男依《むらくにのおより》などを美濃に派遣して挙兵を命じる。《紀》

6・24　大海人皇子・鸕野《うの》皇女、草壁皇子・忍壁皇子らを率いて吉野を脱出し、東国に入る。（壬申の乱、始まる）。《紀》

6・25　大海人皇子、伊賀から伊勢に入り、高市皇子が合流する。《紀》

6・26　大海人皇子、伊勢国朝明《あさけ》郡で天照大神を遥拝し、戦勝を祈願する。大津皇子が合流する。桑名の郡家に宿泊する。《紀》

6・27　大海人皇子、不破に入り野上（岐阜県不破郡関ヶ原町野上）に行宮を営む。《紀》

6・28　大海人皇子、和蹔《わざみ》（関ヶ原の地）で軍事を検校する。《紀》

6・29　大海人皇子、和蹔で高市皇子に命じて、軍衆に号令する。▼大伴吹負《おおとものふけい》、飛鳥で挙兵、将軍に任じられる。《紀》

7・2　大海人皇子、美濃から大和・近江に向けて進軍する。《紀》

7・7　村国男依等、近江の将秦友足《はだのともたり》を鳥籠山に討ち、これを斬る。《紀》

7・22　大海人皇子軍、近江瀬田で近江朝廷軍を敗り、大津宮を陥落させる。▼将軍大伴吹負、大和の地を平定する。《紀》

7・23　大友皇子（弘文天皇）、大津宮から敗走し、山前で縊死《いし》する（のち**長等山前陵**に葬る。「壬申の乱」終わる）。《紀・懐風藻》

7・26　大伴吹負、野上の不破宮に向かい、大友皇子の首を営《いおり》の前に献じ、戦勝を報告する（大海人皇子は終止、野上を動かなかったという）。《紀》

7月　高市郡大領《たけちのこおりのこおりのみやつこ》高市県主許梅《たけちのあがたぬしのこめ》に事代主神と生霊神《いくたまのかみ》が神がかり、大海人皇子に、神日本磐余彦天皇陵に「馬及種々兵器」を奉れと命じる（皇子、許梅を神日本磐余彦天皇陵に遣わして奉拝させる）。また、将軍大伴吹負らの奏請により、霊験を示現した大和国の高市《たけち》神・身狭《むさ》神・村屋《むらや》神の神階

派遣された。上円下方墳で、上円部の裾の径は約四二メートル、下方部南辺の長さ約七メートル、高さは約六二メートル。

＊**長等山前　陵**《ながらのやまさきのみささぎ》　大津市御陵町に所在。陵は久しく不明で、明治十年になりようやく当所を陵と定める。園城寺の北五〇〇メートルにある円丘で、径二二メートル。

＊**飛鳥浄御原宮**《あすかきよみはらのみや》　天武天皇が岡本宮の南に造ったもので、現在の奈良県高市郡明日村飛鳥の地と推定される。「万葉集」巻十九に、「大王《おおきみ》は神にし坐せば赤駒の葡匐《はらば》ふ田井を都となしつ」（大伴御行《みゆき》）、「大王は神にし坐せば水鳥の多集《すだ》く水《み》沼《ぬま》を都となしつ」（作者未詳）とあり、いずれも壬申の乱に勝利した天武天皇を讃仰した歌で、大王＝神とまで崇拝した当時の雰囲気が伝わる。このような中で、飛鳥浄御原令で初めて「現御神大八嶋《あきつみかみとおおやしま》国所知天皇《ぐにしろしめすすめらみこと》」との称号が定められた。

＊**天皇**　「すめらみこと」などと訓じられる。雄略天皇の時代には「大王《おおきみ》」と呼ばれていたものが七世紀後半、天武天皇の頃より「天

を上げる（神階の初見。以後、神への叙位がさかんとなる）。▼三輪君高市麻呂・置《お》始連《そめのむらじ》菟《うさぎ》、箸陵にて近江方に大勝する（当時箸墓が存在したことの証左）。《紀》

8・25　大海人皇子、近江方の群臣を処罰。右大臣中臣金を斬罪、左大臣蘇我赤兄・大納言巨勢比等《こせのひと》らを配流する。《紀》

8・27　大海人皇子、有勲者を賞する。《紀》

9・12　大海人皇子、倭京に至り、嶋宮（奈良県高市郡明日香村）に入る。《紀》

9・15　大海人皇子、嶋宮より岡本宮に移る。《紀》

11・24　新羅使を筑紫に饗応する（十二月二十六日帰国）。《紀》

この年　大海人皇子、岡本宮の南に新宮（**飛鳥浄御原宮**）を造り、冬に移る。《紀》

■天武天皇二年（六七三）癸酉

天武天皇（生年不詳により以下略）

第四十代　天武《てんむ》天皇

2・27　大海人皇子、飛鳥浄御原宮で即位する（**天武天皇**）。鸕野讃良《うののさらら》皇女（天智天皇皇女。持統天皇）を皇后とする。また大江皇女・新田部《にいたべ》皇女を妃とし、藤原氷上娘《ひかみのいらつめ》・藤原五百重姫《いおえのいらつめ》らを夫人とする。《紀》

2・29　天皇、有勲功人に爵を賜う。《紀》

3月　天皇、書生を集め、初めて一切経を川原寺で書写させる。《紀》白雉が献上され、**白鳳**と改元する。《扶桑略記》

4・14　天皇、伊勢神宮奉仕のため、大来《おおく》（大伯）皇女を泊瀬斎宮《はつせのいつきのみや》で潔斎させる（**斎宮**の初め。朱雀元年〈六八六〉、任を解かれる。この頃から天照大神を祀る大社として伊勢神宮が重視され、以降、斎宮の派遣が恒例となる）。《紀》

5・1　天皇、人材登用の詔を下す。《紀》

⑥・8　耽羅《たんら》王子久麻伎《くまぎ》（久麻藝）ら、朝貢する。《紀》

⑥・15　新羅使来朝し、即位を祝い、天智天皇の喪を弔う（二十四日、筑紫に饗応後帰国）。《紀》

8・9　伊賀国の紀臣阿閉麻呂《きのおみあへまろ》らに壬申年の労勲の状を詔し、寵賞する。《紀》

8・20　高麗使、朝貢する。《紀》

9・28　新羅使を難波に饗応する（十一月一日帰国）。《紀》

11・16　この日、天皇が**大嘗祭**を行なうと推定されている（十一月下の卯日）。

11・21　高麗・新羅両使を筑紫の大郡に饗応する。《紀》

12・5　大嘗祭奉仕の中臣・忌部および神官、また播磨・丹波両国の郡司などに禄を下賜

皇」の語が正式に使われるようになったと思われる。古い文献には「天子」「皇帝」とも記されるが、「天皇」と同じように、いずれも中国から借りた言葉である。なお、律令には天皇の規定はなく、その上に立つ超越的存在であったことが分かる。

＊**天武天皇**《てんむてんのう》（?～六八六）　天渟中《あまのぬな》原瀛真人《はらおきのまひと》天皇・浄御原天皇。父は舒明天皇、母は皇后宝皇女（皇極〈斉明〉天皇）。皇后は鸕野讃良皇女（持統天皇）。その前に大田《おおだ》皇女と結婚するも、皇位につく前に死去。妃に大江皇女・新田部皇女。夫人に藤原氷上娘・藤原五百重娘。皇子女に十市皇女（弘文天皇妃）・高市皇子（母は胸形尼子娘）・大伯内親王（大来皇女。母は大田皇女）・草壁皇子・大津皇子（母は大田皇女）・忍壁親王（母は宍人臣檝《かじ》媛娘）・穂積親王（母は蘇我大蕤娘《おおぬ》）・長親王・弓削皇子・舎人親王・新田部親王・但馬内親王・紀皇女・田形内親王・磯城皇子・泊瀬部内親王・多紀内親王ら。陵は檜隈大内陵。なお「天武」は、「天が武をつかさどること」の意。

する（天武天皇の大嘗祭があったことの証左か。播磨・但馬は悠紀・主基の国郡か）。《紀》
12・17 高市大寺（のち大官大寺）を造る司を任命。百済大寺を高市に移し、高市大寺と改称し、造営を始める。《紀・大安寺伽藍縁起幷流記資財帳》

■天武天皇三年（六七四）甲戌

2・28 紀臣阿閉麻呂《きのおみあへまろ》没し、天皇、大いに悲しみ、壬申年の労を賞し、大紫位を贈る。《紀》
3・7 対馬国、銀を貢上する（国内産銀の初見）。《紀》
8・3 忍壁《おさかべ》（刑部）皇子を石上神宮に遣わして神宝（兵器）を磨かせ、神庫に貯蔵の諸家の神宝（兵器）を返還させる（石上神宮を朝廷の武器庫とするか）。《紀》
10・9 大来皇女、泊瀬斎宮より伊勢神宮へ向かう。《紀》

■天武天皇四年（六七五）乙亥

1・1 「紀」に「陰陽寮」が初見。《紀》
1・5 天皇、初めて占星台を興す。《紀》
1・17 「公卿大夫、百寮の諸人」らが、西門の庭で弓を射て忠誠を誓う（大射）。《紀》
1・23 諸社に奉幣する。《紀》
2・13 十市《とおち》皇女・阿閉《あへ》（閇）皇女、伊勢神宮に参拝する。《紀》
2・15 天智天皇三年に諸氏に与えた部曲《かきのたみ》を廃し、**親王**・諸王・諸臣・諸寺に与えた山林・池を国家に返上させる。《紀》
2・19 犯罪の処断について詔する。《紀》
2・23 天皇、高安城に行幸する。《紀》
2月 新羅、王子忠元《ちゅうがん》らを遣わして朝貢する（三月十四日、筑紫に饗応する）。《紀》
祈年祭（二月四日に行なわれる豊穣祈願の祭）が始まり、のち「飛鳥浄御原令」に規定される。《年中行事秘抄所引「官史記」》
3月 高麗・新羅使、それぞれ朝貢する。《紀》
4・5 僧尼二千四百人余を集めて設斎する。
4・9 諸国貸税の制を定める。《紀》
4・10 風神を龍田の立野《たつの》に、大忌神《おおいみのかみ》を広瀬の河曲《かわわ》に祭らしめる（龍田神社・広瀬神社の初め）。《紀》
4・17 詔により漁・狩猟方法を制限し、肉食・殺生を禁じる《紀》
4・18 麻續王《おみのおおきみ》とその二人の子を因幡に配流する。《紀》
4月 新羅王子忠元、難波に到る。《紀》
7・7 大使大伴国麻呂らを新羅に遣わす。《紀》
8・1 耽羅《たんら》王子久麻伎《くまき》が筑紫に来る。《紀》
8・25 新羅王子忠元、難波より船で帰国す

***白鳳**《はくほう》 「紀」では何ら白鳳改元について記されておらず、公年号としては存在しなかったとされるが、文化史上の時代区分として、天武天皇の時代（六七二～六八六）を中心とし、その前の飛鳥文化、次の天平文化と対比されている。

***斎宮**《さいぐう》 「いつきのみや」とも。一般には職名の伊勢斎王を指すが、本来はその居所（斎王宮）を指す。斎宮（斎王）の起源は、豊鍬入姫命や倭姫命にさかのぼるとされるが、制度的にはこの大来皇女が初めとされる。未婚の内親王の中から卜定され、宮城外の浄野（平安以降嵯峨野）に造られた野宮で約一年間潔斎してのち伊勢へ群行する。伊勢では天皇に代わって天照大神を奉斎し「大御神の御杖代《みつえしろ》」と称された。斎宮は、後醍醐朝に廃絶される。

***大嘗祭**《おおなめのまつり》 「だいじょうさい」とも。天皇が即位後初めて行なう新穀をもって神祇を祭る儀式。毎年の新嘗祭と区別されるのは天武天皇以降といわれる。即位が七月以前の場合はその年に、八月以降の場合は翌年の十一月下の卯の日から行

る。《紀》
8・28　新羅・高麗の使を筑紫に饗応する。《紀》
9・27　耽羅王姑如《こにょ》、難波に到る。《紀》
10・3　諸国に使者を派遣し、一切経を求めさせる。《紀》
10・16　筑紫からの唐人三十人を遠江国に移す。《紀》
10・20　諸王以下初位以上に武器を備えさせる。《紀》
この年　高市皇子の子（長屋王）、誕生する（母は天智天皇皇女御名部皇女。ただし、誕生年については天武天皇十三年説も有力）。《懐風藻》

■天武天皇五年（六七六）丙子

1・16　天皇、嶋宮に行幸して宴を催す。《紀》
1・25　国司任用の位階を定める。《紀》
2月　大伴国麻呂、新羅より帰朝する。《紀》
4・4　広瀬・龍田祭が行なわれる（七月にも。年に二度が恒例）。《紀》
4・14　畿外の人の進仕の法を定める。《紀》
6月　敏達天皇皇孫栗隈《くるくま》王没（生年不詳）。《紀》
この夏　大旱により幣帛を奉じて諸神に祈り、僧尼に三宝を祈らせる。《紀》
7・8　耽羅使、帰国する。《紀》
8・2　親王以下小錦以上の官人に食封を給う。《紀》
8・16　大祓の用物を国造・郡司に出させる（「国之大祓」が制度化）。《紀》
8・17　詔して「死刑・没官《つかさにおさむるつみ》（もっかん）・三流（遠流・中流・近流）、並びに一等を降」す処置がとられる。▼大祓の際、諸国に詔して放生会《ほうじょうえ》を行なわせる（「放生」の語の初見）。《紀》
9・1　雨のため**告朔**が中止される（告朔の初見）。《紀》
9・10　京畿内の兵器を調査する。《紀》
9・12　筑紫大宰三位屋垣《やかき》王を土佐に配流する。《紀》
9・21　新嘗の国郡を卜する。《紀》
10・3　**相嘗祭**を行なう（相嘗祭の初見）。《紀》
10・10　物部摩呂を大使として新羅に派遣する。《紀》
11・3　新羅使、朝貢する。《紀》
11・20　諸国に使を遣わし、金光明《こんこうみょうぎょう》経と仁《にん》王経《のうぎょう》を講説させる。《紀》
11・23　高麗使、朝貢する。《紀》
11月　粛慎《みしはせ》の人七人、新羅使に従い来朝する。《紀》
この年　新城《にいき》（奈良県大和郡山市新木）に都

なわれる。また大嘗に際して悠紀《ゆき》・主基《すき》の二つの国郡を卜定し、その郡の稲を用いて供御の飯・黒酒《くろき》・白酒《しろき》を造った。卯日に続き辰日・巳日には節会が行なわれ、御神酒が出され、臣下の直会《なおらい》がなされ、次の午日には盛大な饗宴（豊《とよ》明節会《あかりのせちえ》）が行なわれて終了する。なお、大嘗祭は、神と食事を共にすることによって天皇が「天皇霊」を具え、その正当性を天下に示す儀式とも解されている。

＊**親王**《しんのう》　語の初見はこの時のこと。「大宝令」で、皇兄弟姉妹・皇子女を親王とすると規定された（女子の場合は、特に内親王と称した）。平安時代になると宣下が必要となり、ついで二世王以下の皇親も、天皇の養子・猶子となって親王宣下を受けるようになった。明治九年、宣下を不要とし、同二十二年「皇室典範」において皇子より皇玄孫までの男子を親王、女子を内親王と定められた。

＊**告朔**《こうさく》　毎月朔日《ついたち》、天皇に前月、諸司が提出した公文を奏上する儀式。視告朔《こうさく》とも書く。

＊**相嘗祭**《あいなめのまつり》　「あいにえのまつり」と

を造ろうとするも、遂に果たさず。《紀》

■天武天皇六年（六七七）丁丑

2・1　物部摩呂、新羅より帰朝する。《紀》
2月　天皇、山城国に、上賀茂社社殿を造らせる。《社伝》
3・19　新羅使らを京に召す。《紀》
4・11　天皇を非難した杙田史名倉《くいたのふひとなくら》を伊豆に流す。《紀》
5・7　新羅人、血鹿島（五島列島の一）に漂着する。《紀》
5・28　諸国神社の神税を三分し、三分の一を祭祀に、三分の二を神主に給う。《紀》
6月　東漢直《やまとのあやのあたい》らに詔して訓戒する。《紀》
8・27　新羅使、帰国する。《紀》
8・28　耽羅《たんら》使王子都羅《つら》、朝貢する。《紀》
9・7　大市大寺を大官大寺（のち大安寺）と改称する。《大安寺伽藍縁起并流記資材帳》
9・30　浮浪人を本土還付し、従わなければ課役を科すことを詔する。《紀》

■天武天皇七年（六七八）戊寅

1・22　耽羅人、京に向かう。《紀》
この春　諸神を祀るため、全国で大祓をし、倉梯川《くらはしがわ》の河上に斎宮《いつきのみや》を建てる。《紀》
4・1　斎宮に行幸する日を卜する。《紀》
4・7　**十市皇女**、宮中にて突然発病し没（このため斎宮行幸中止）。《紀》
4・14　十市皇女、赤穂に葬られる。天皇、臨幸し発哀する。《紀》
10・26　文武官人の年ごとの優劣を考課し、成績により進階を定めることを詔する。《紀》
この年　新羅の朝貢使、暴風により遭難。《紀》
道光が帰国し、律宗を伝える。《三国仏法伝通縁起》

■天武天皇八年（六七九）己卯

1・7　正月節の諸王、諸臣等の拝礼法を定める。《紀》
2・1　高麗使、朝貢する。《紀》
3・7　天皇、越智に行幸し、後岡本天皇陵（天皇の母の斉明天皇陵）に参拝する。《紀》
4・5　諸寺の食封を加除し、また、諸寺の名を定める。《紀》
5・5　天皇、吉野宮に行幸する。このとき「よき人のよしとよく見てよしと言ひし吉野よく見よよき人よく見」と歌う（五月七日還御）。《紀・万葉集》
5・6　天皇・皇后、吉野にて草壁・大津・高市・河嶋（川島）・忍壁・芝基（施基）諸皇子と、相互の親和と扶助を誓う（吉野会盟。七日還御）。《紀》
5・10　六皇子ら、天皇を大殿の前に拝する。《紀》
7・17　葛城王《かずらき》（系譜未詳）没。《紀》

も。新嘗祭《にいなめさい》（「にいあえのまつり」とも）に先立って新穀を神祇に供える祭。天武天皇五年（六七六）十月丁酉条に「祭二幣帛於相新嘗諸神祇一」とあるのを初見とする。

***十市皇女**《とおちのおうじょ》（?～六七八）天武天皇皇女。母は額田女王。天智天皇皇子大友皇子（弘文天皇）の妃となり、葛野王をもうける。壬申の乱により大友皇子死去後は、天武天皇のもとにあった。生れは六四八年とも、六五三年とも。

***薬師寺**《やくしじ》　法相宗大本山。南都七大寺の一。奈良市西ノ京町に所在。天武天皇の発願により、持統・文武両天皇により造営される。もとは高市郡木殿にあったが、養老二年（七一八）に現在地に移される。何度か災害にみまわれ、昭和四十六年以降、金堂・西塔・回廊・中門が復興される。東塔、僧形八幡・神功皇后・仲津姫命像など国宝多数。

***飛鳥浄御原律令**《あすかきよみはらりつりょう》　天武天皇期に作られた法律。持統天皇三年（六八九）に令二十二巻が施行される。律の巻数・内容は詳しく伝わらないが、のちの大宝律令のもとにな

8・1　諸氏の女人を貢上することを詔する。《紀》
8・11　天皇、泊瀬に行幸し宴する。《紀》
9・16　遣新羅使、帰朝して拝朝する。《紀》
9・23　遣高麗使・遣耽羅使ら帰朝して拝朝する。《紀》
10・2　天皇、治安に関して王卿らに訓戒する。《紀》
10・13　僧尼の威儀・法服の色などを定める。《紀》
10・17　新羅使、朝貢する。《紀》
11・14　地震あり。《紀》
11・23　使を多禰《たね》島に遣わす。《紀》
11月　竜田山と大坂山に初めて関を設け、難波に羅城《らじょう》（京の四周の城壁）を築く。《紀》
この年　定恵《じょうえ》、父藤原鎌足の遺骸を大和国十市郡多武峯に移葬し、十三重塔を建て、これを廟所とする。《社伝》

■天武天皇九年（六八〇）庚辰

3・23　天皇、菟田《うだ》の吾城《あき》に行幸する。《紀》
4・25　新羅使を筑紫に饗応する。《紀》
4月　大寺を除き、諸寺の官治を止め、諸子の食封を三十年に限る。《紀》
5・1　金光明経を初めて宮中・諸寺で説かせる。《紀》
5・13　高麗使、朝貢する。《紀》
6・5　新羅使、帰国する。《紀》
7・5　天皇、県犬養連大伴の病床を訪ねる。《紀》
7・26　舎人《とねり》王（系譜未詳）病没（天皇、驚き、高市皇子・川嶋皇子を遣わし、殯に臨御して哭《みね》す。百寮も発哀）。《紀》
9・9　天皇、朝嬬《あさつま》（奈良県御所市）に行幸する。《紀》
10・4　京内諸寺の貧しい僧尼・人民に賑給する。《紀》
11・7　百官に国利民福の施策を提出させる。《紀》
11・12　天皇、皇后の病平癒のため、**薬師寺**建立を発願し、百人を得度させる。《紀》
11・24　新羅使、朝貢する。《紀》
11・26　天皇、病となり、百人を得度させる（しばらくして癒える）。《紀》
この年　草壁皇子の女（氷高内親王。元正天皇）、誕生する（母は阿閇内親王〈元明天皇〉）。《歴代編年集成》

■天武天皇十年（六八一）辛巳

1・19　畿内・諸国に詔し、天社・地社の社殿を修理させる。《紀》
2・25　天皇、皇后をともなって大極殿に出御し、律令（**飛鳥浄御原律令**）の編纂を命じ、法式を改めることを詔する。▼草壁皇

った。また、この律令により、「天皇」「皇后」の語が正式に採用されたといわれる。

子を皇太子とする。《紀》
2・29　天智天皇の嬪阿倍《あへ》夫人没。《紀》
3・17　天皇、大極殿に、川嶋皇子・忍壁皇子・中臣大嶋《なかとみのおおしま》・平群子首《へぐりのこびと》ら十二人を呼び、帝紀・上古諸事《じょうこのしょじ》（旧辞）を記すよう詔を下す（「日本書紀」編纂の始まりとみられる）。《紀》
3・25　天皇、新宮（未詳も飛鳥浄御原宮か）に居す。《紀》
4・3　禁式九十二条を定め、親王以下の服色を規定する。《紀》
4・17　高麗使を筑紫に饗応する。《紀》
5・11　皇祖の御魂を祭る。《紀》
5・26　高麗使、帰国する。《紀》
6・5　新羅使を筑紫に饗応する。《紀》
7・4　采女竹羅《うねめのちくら》を大使として新羅に派遣する。また、佐伯広足《さえきのひろたり》を大使として高麗に派遣する。《紀》
7・30　皇后、誓願して初めて天下大解除《おおはらえ》（大祓）を行なう《紀》
8・20　新羅使、帰国する。《紀》
9・3　遣高麗・新羅両使、帰国して拝朝する。《紀》
9・8　諸氏に氏上（首領）を定めさせる。《紀》
10・20　新羅使、朝貢する（国王文武王の死を報告）。《紀》
12・10　河辺子首を筑紫に遣わし、新羅使を饗応する。《紀》
この年　天武天皇の御願により、役小角、室生寺を創建（六七〇年創建説も）。《寺伝》

■天武天皇十一年（六八二）壬午

1・11　新羅使を筑紫に饗応する（二月十二日帰国）。《紀》
1・18　天武天皇夫人氷上夫人《ひかみのおおとじ》（藤原鎌足女）没（生年不詳）。《紀》
1・27　氷上夫人を赤穂（奈良市高畑町か）に葬る。《紀》
3・1　新城《にいき》（奈良県大和郡山市新木町）の地形を検分させる（ここに都を造ろうとするも実現せず）。《紀》
3・7　地震あり。《紀》
3・13　境部石積らに命じ、初めて「**新字**」一部四十四巻を作らせる。《紀》
3・16　天皇、新城に行幸する。《紀》
3・28　親王以下諸臣の位冠などの着用を一旦禁止し、食封を一時収公する。《紀》
4・23　男女の髪型などが定められる。《紀》
6・1　高麗使、朝貢する。《紀》
7・3　隼人多数来たり、方物を貢上する。《紀》
7・27　隼人を飛鳥寺の西に饗応する。《紀》

＊**新字**《にいな》　天武天皇の命により作られたもの。わが国漢和辞典の祖といわれ、これにより「記紀」編纂が可能になったと考えられているが、内容は不明。

＊**皇年代略記**《こうねんだいりゃっき》　著者未詳。神代よりはじめ、神武天皇以降の天皇の諱・父母・在位年数・皇居・略歴・元号・重要事件を記す。後小松天皇を「当今」とするもの、後柏原天皇を「今上」とするなど書き継がれてできた年代記。異本に桜町天皇までを収めた「皇年代私記」があり、また「続皇年代私記」は仁孝天皇まで収録している。なお、「皇代略記」は本書をもとに整理・編集したものといわれる。

＊**安居**《あんご》　僧侶が一定の期間、一定の場所に集まって修行すること。のち、夏の雨期に行なわれることにより「夏《げ》安居」「雨《う》安居」とも呼ばれた。

8・22　宮廷の儀式・言語（「礼儀言語の状」）を規定する詔を下す。また、官吏考選の法を定める（族姓を重んじる）。《紀》
8・29　氷高皇女（元正天皇）の病気平癒のため、百四十余人を出家させる。《紀》
9・2　跪礼《ひざまつくいや》（きれい）・匍《は》匐《ふ》礼《いや》（ほふくれい）をやめ、難波朝の立礼を用いる。《紀》
11・16　犯罪者の糺弾を厳にする。《紀》
12・3　諸氏に氏上の選定・上申を催促する。《紀》
この年　草壁皇子第二子（河《か》瑠《る》。文武天皇）、誕生する（実は翌年か。母は妃阿閉《あへ》皇女）。《皇年代略記》行基、出家する。《大僧正舎利瓶記》

■**天武天皇十二年（六八三）癸未**

1・18　この日の詔に「明神《あきつみかみ》御大《おお》八洲倭《やしまやまと》根子天皇《ねこのすめらみこと》の勅命《おおみことのり》」と記される。《紀》
2・1　大津皇子が初めて朝政に参画。《紀》
3・2　僧正・僧都・律師が任命され、僧尼を統領させる（僧正・僧都制の復活。「律師」の初見）。《紀》
4・15　銅銭（富本銭か）を用い、銀銭の使用を禁じる。《紀》
6・6　高坂《たかさか》王（系譜未詳）没。《紀》
この夏　宮中に僧尼を招き安居を行ない、浄行者三十人を出家させる（安居の初見）。《紀》
7・4　天皇、鏡姫王《かがみのおおきみ》の病床を訊ねる。《紀》
7・18　天皇、京内を巡幸する。《紀》
9・23　三十八氏に連姓《むらじ》を賜う。《紀》
10・5　十四氏に連姓を賜う。《紀》
10・13　天皇、倉梯に狩猟する。《紀》
10月　新羅、高麗国を併合する。《三国史記》
11・4　天皇、諸国に陣法《いくさののり》（中国の兵法か）を習わせる。《紀》
11・13　新羅使、朝貢する。《紀》
12・13　天皇、詔して諸国の境界を定めさせる。《紀》
12・17　天皇、詔して文武官人と畿内の有位者は四《し》孟月《もうげつ》（一・四・七・十月）に朝参することを定める（これが官人の上日《じょうじつ》〈出勤日〉年間百二十日以上の基準になったといわれる）。▼飛鳥浄御原宮のほかに陪都《ばいと》として難波京を置く。《紀》
この年　百済大寺を高市郡夜部村に移建し、名を大官大寺と改める。《扶桑略記》草壁皇子の子軽皇子（文武天皇）、誕生する（母は阿閇内親王）。

■**天武天皇十三年（六八四）甲申**

2・24　新羅使を筑紫に饗応する（三月二十三日帰国）。《紀》
2・28　広瀬王・陰陽師らを畿内に遣わし、

都を造るべき地を視察させる（「陰陽師」の初見）。《紀》
3・9　天皇、京内を巡幸し、宮室の地を定める。《紀》
4・20　高向麻呂《たかむくのまろ》を大使とし、新羅に遣わす。《紀》
④・5　天皇、文武百官に対し、各自兵と馬を備え、その錬成に努めよとの詔を出す（「凡《おおよ》そ政《まつりごと》の要《ぬみ》は軍事《いくさのこと》なり」とする）。また、衣服・髪型を規定する。《紀》
5・14　百済から渡来の僧俗男女二十三人を武蔵国に置く。《紀》
5・28　三輪引田難波麻呂《みわのひけたのなにわまろ》を大使とし、高麗に派遣する。《紀》
7・4　天皇、広瀬に行幸する（九日に広瀬・龍田祭）。《紀》
10・1　諸氏の族姓を改め、真人《まひと》・朝臣《あそみ》・宿禰《すくね》・忌寸《いみき》・道師《みちのし》・臣《おみ》・連《むらじ》・稲置《いなぎ》の**八色の姓**を定める。《紀》
10・3　伊勢王らを遣わし、諸国の境界を区分させる。▼県犬養手繦《あがたいぬかいのたすき》を大使とし、耽羅に派遣する。《紀》
10・14　大地震（白鳳南海地震）。「山崩れ、河湧き」、土佐の田畠が海中に没し、伊豆西北に島が生じるなど諸国の被害多数（「寺塔神社」が破壊するとあり、「神社」の語が初見）。《紀》
11・1　大三輪君以下五十二氏に朝臣《あそみ》姓を下賜する。《紀》
12・2　大伴連以下五十氏に宿禰《すくね》姓を下賜する。《紀》
12・6　新羅使、来日する。《紀》
12・13　死刑以外の罪人をすべて赦す。《紀》
この年　天皇不予のとき、皇太子草壁皇子、百官を率いて大官大寺に詣で天皇の延命を祈願する。《大安寺伽藍縁起幷流記資財帳》
●この頃、天皇、稗田阿礼に勅して「帝皇日継」（帝紀）と「先代旧辞」（旧辞）を誦習させる（「古事記」編纂の初めか）。

■天武天皇十四年（六八五）乙酉

1・21　冠位の制を改め、諸王以上を十二階、諸臣は四十八階にふやす。この日、草壁皇子以下に叙位する。《紀》
3・14　新羅使を筑紫に饗応し、帰国させる。《紀》
3・27　「諸国の家（貴族・豪族）ごとに仏舎を造り、仏像・経を置き、礼拝供養せよ」との詔を出す。《紀》
4・14　難波宮が焼ける。《扶桑略記》
4・17　新羅使、帰国する。《紀》
4・25　初めて僧尼を請じて宮中に安居させる。《紀》

＊**八色の姓《やくさのかばね》**　天武天皇十三年（六八四）十月一日に制定され、この日に真人姓を十三氏に賜与。以後、翌年六月にかけ、忌寸まで順次賜与されるも、道師以下は実施されなかった。しかし、皇親を中心とする新たな身分秩序の標識化には成功したといわれる。

＊**式年遷宮《しきねんせんぐう》の制**　伊勢の神宮の正殿・宝殿・外幣殿ほかを二十年ごとに造替する制度。いつからこの制度が定められたかは定まっていないが、天武朝に始まるとされる。

5・5　天皇、飛鳥寺に行幸する。《紀》
5・26　遣新羅使高向麻呂ら、帰朝する（新羅王、馬・犬などを献上）。《紀》
6・20　大倭《やまと》連以下十一氏に忌寸《いみき》姓を下賜する。《紀》
7・26　勅して、明位以下進位以上の朝服の色を定める。《紀》
8・12　天皇、浄土寺（山田寺。山田寺址は奈良県桜井市山田に所在）に行幸する。《紀》
8・13　天皇、川《か》原《わら》寺（飛鳥川西岸に所在）に行幸する。《紀》
8・20　遣耽羅《たんら》大使県犬養手繦、帰朝する。《紀》
9・10　伊勢の**式年遷宮の制**が立てられるか（他年説も）。《大神宮諸雑事記》
9・11　京・畿内の武器を調査する。《紀》
9・15　諸道に使を遣わし、諸国の国司・郡司・人民の様子を視察させる。《紀》
9・18　天皇、大安殿にて博戯《はくぎ》をする。《紀》
9・20　遣高麗大使三輪引田難波麻呂、帰朝する。《紀》
9・24　大官大寺・川原寺・飛鳥寺で、天皇の病気平癒のため読経させる。《紀》
9月　歌男・歌女・笛吹く人は子孫に伝留せよとの詔を下す。《紀》
10・10　信濃に行宮を造らせる（束間《つかまの》温湯《ゆ》〈松本市の浅間温泉か〉行幸のためか）。《紀》
10・12　泊瀬王らを畿内の役に任じる。《紀》
10月　金剛般若経を宮中で説かせる。《紀》
11・4　私家に蔵する、弩《おおゆみ》・抛《いしはじき》の類を郡家に収めさせる。《紀》
11・6　天皇、白錦後苑《しらにしきのみその》に行幸する。《紀》
11・24　天皇の病平癒のため招魂する（鎮魂祭の初見）。《紀》
11・27　新羅使、朝貢する。《紀》
12・10　西から地震が起こる。《紀》
12・19　皇后、王卿に朝服を賜う。《紀》

■朱鳥元年（六八六）丙戌

鸕野讃良皇后（称制）42歳

1・14　難波長柄豊碕宮がことごとく焼失する。《紀》
1月　新羅使を饗応するため、川内王らを筑紫に派遣する。《紀》
4・13　新羅使を饗応するため、川原寺の伎楽を筑紫に運ぶ。《紀》
4・19　筑紫より、新羅の進調が貢上。《紀》
4・27　多紀皇女・山背姫王・石川夫人を伊勢神宮に発遣する（五月九日帰還）。《紀》
5・24　天皇、重病となり、川原寺で薬師経を説かせ、宮中で安居させる。《紀》
5・29　新羅使を筑紫に饗応する（ついで帰国）。《紀》

6・10 卜占により、天皇の病は神剣の祟にあるとされ、草薙剣を皇居から熱田宮に安置する。《紀》
6・16 天皇、伊勢王らを飛鳥寺に遣わし、誓願し珍宝を奉る。《紀》
6月 天皇病み、供養・悔過・造仏・大解除等を行なう。《紀》
7・2 結髪令を解除する。《紀》
7・5 幣帛を紀伊の国懸《くにかかすのかみ》神などに奉る。《紀》
7・8 百僧に宮中で金光明経を読ませる。《紀》
7・15 天皇、勅して「天下の事は大小を問わず、ことごとく皇后及び皇太子に啓《もう》せ」と命じる。《紀》
7・20 大倭国から赤雉が献上され、これを祥瑞として**朱鳥**の年号を立てる。▼宮の名を飛鳥浄御原宮と名付ける。《紀》
7・28 宮中の御窟院《みむろのまち》で斎会を設ける。《紀》
7月 天皇の病気平癒を祈り、観音像を造り、観世音経を大官大寺で講説させる（「観音経」の初見）。《紀》道明ら、天皇のために千仏多宝塔法華説相図銅板（長谷寺蔵）を造る（六九八年説も）。《紀》
8・2 宮中に百の観世音菩薩を安置し、観世音経二百巻を読ませる。《紀》

8・9 天皇の病気平癒のため神祇に祈る。《紀》
9・9 天武天皇、正宮にて**崩御**（「天武天皇」と追諡）。皇后鸕野讃良皇女、称制する。《紀》
9・11 初めて発哀《みね》（慟哭儀礼）が行なわれ、殯宮を南庭に建てる。《紀》
9・24 飛鳥浄御原宮南庭の殯宮で葬送儀礼が営まれる（以後二年以上、発哭・誄《しのびごと》・奏楽・法会が繰り返される）。▼この日、大津皇子、皇太子に謀反を企てる。《紀》
9・27 誄を奉る。《紀》
10・2 **大津皇子**の謀反が発覚し、皇子および加担者三十余人が逮捕される（「紀」に謀反の理由の記載なし）。《紀》
10・3 大津皇子を訳語田《おさだ》の家で自害させる（その妃山辺皇女《やまべのおうじょ》も殉死）。《紀》
11・16 大津皇子の姉大来皇女、斎宮を解かれ、帰京する。《紀》
12・19 天武天皇のため、無遮大会《むしゃだいえ》を大官大寺・飛鳥寺・川原寺・小墾田豊浦寺・坂田寺の五寺に設ける。《紀》
この年 近江国園城寺（三井寺）が創建される。《扶桑略記》

■**持統天皇元年（六八七）丁亥**
鸕野讃良皇后（称制）43歳

***朱鳥**《あかみとり》 「しゅちょう」とも。「紀」では、翌年を持統元年としている。出典不詳も、「扶桑略記」には、大倭国が赤雉を進上したことによるという。

***崩御**《ほうぎょ》 崩御後の葬儀は殯宮を建てて始まり、二年三ヵ月にわたり続けられた。その中心となるのは、亡くなった天皇に官人等が誄を奉って忠誠を誓う儀式であった。このときは、蝦夷や隼人も参加し、天皇亡きあとの人心の動揺を鎮める目的もあったとされる。

***大津皇子**《おおつのおうじ》（六六三〜六八六） 天武天皇第三皇子。母は天智天皇皇女大田皇女。武を愛し、文に秀でて天智天皇に寵愛される。天武天皇崩御後、皇太子草壁皇子に謀反のかどで逮捕され自害。妃山辺皇女（天智天皇皇女）も殉死。墓は二上山《ふたがみやま》墓（奈良県葛城市）。

***国忌**《こき》 「こくき」とも。天皇崩御の日に政務を休み追善供養を行なうこと。天武天皇一周忌を初めとし、その後、皇后など範囲を広げたため、加除を行なうようになった。のち、天皇・皇后は遺言で国忌を置くことを停めた場合が多く、

1・1　皇太子草壁皇子、公卿百寮を率いて殯宮に参り慟哭する（五日・五月二十二日にも）。《紀》
1・19　新羅に使を遣わし、天武天皇の喪を告げる。《紀》
3・15　来朝の高麗人五十六人を常陸国に居住させ、田地を班給する。《紀》
3・20　花縵《はなかずら》を殯宮に奉る。《紀》
3・22　来朝の新羅人十四人を下野国に住まわせる。《紀》
4・10　筑紫大宰、来朝の新羅の僧尼・人民二十二人を献上。これを武蔵国に居住させ、田地を班給する。《紀》
8・28　飛鳥寺に高僧三百人を集め、天武天皇の衣で作った袈裟を奉施する。《紀》
9・9　鸕野讃良皇后、天武天皇一周忌に当たり**国忌**を設けて京の諸寺で追善供養を行なう（「国忌」の初見）。《紀》
9・23　新羅王子金霜林等、国政を奏上し、朝貢する。《紀》
10・22　皇太子草壁皇子、公卿以下を率い、天武天皇**大内陵**の築造を始める。《紀》

■持統天皇二年（六八八）戊子

鸕野讃良皇后（称制）44歳
1・1　皇太子草壁皇子、公卿百寮を率いて殯宮に慟哭する（十一月四日にも）。《紀》
1・23　鸕野讃良皇后、新羅の金霜林等に天武天皇崩御を知らせる。《紀》
2・2　大宰府、新羅使のもたらした仏像などを献上する。《紀》
2・10　新羅使を筑紫館に饗応する。《紀》
2・16　詔により、国忌《こき》の日に斎会を定例とする。《紀》
2・29　新羅の金霜林ら帰国する。《紀》
3・21　花縵を殯宮に進上する。《紀》
7・20　百済の沙門道蔵に雨を祈らせる。《紀》
8・25　耽羅《たんら》使、朝貢する。《紀》
9・23　耽羅使らを筑紫館に饗応する。《紀》
11・11　皇太子草壁皇子、百官を率いて殯宮に詣でる。誄を奉り、天武天皇を大内陵に葬る。《紀》
12・12　蝦夷の男女二百十三人を飛鳥寺で饗応し、冠位を授ける。《紀》

■持統天皇三年（六八九）己丑

鸕野讃良皇后（称制）45歳
1・8　遣新羅使田中法麻呂等が帰朝。《紀》
1・18　鸕野讃良皇后、吉野宮に行幸する（二十一日還幸。鸕野讃良皇后、文武天皇に譲位するまでの十一年間に三十一回、吉野に行幸）。《紀》
2・26　判事を任命する（このとき初めて藤原不比等が文献に登場）。《紀》

寛元二年（一二四四）六月、後嵯峨天皇母源通子（土御門天皇後宮）を国忌に加え、二条天皇母藤原懿《い》子を除いたのを最後に加除は行なわれなくなり、国忌自体も次第に行なわれなくなった。

＊**大内陵《おおうちのみささぎ》（檜隈《ひのくま》大内陵）**　奈良県高市郡明日香村大字野口に所在。のち持統天皇を合葬。「延喜式」諸陵寮には現陵号で「兆域東西五町、南北四町、陵戸五烟」とある。のち所伝を失い、一時当陵は武烈天皇や文武天皇の陵とされるが、当陵盗掘実見記「阿不幾乃《あおきの》山陵《さんりょう》記《き》」発見により、明治十四年、当陵が天武持統合葬陵に改定される。「陵形八角」の名残をとどめる不整円丘で、径は南北四五メートル、東西三六メートル。「野口王墓」とも。

4・8　来朝の新羅人を下毛野に置く。《紀》

4・13　天武天皇皇子**草壁皇子**（岡宮天皇）、嶋宮にて急死する。《紀》

4・20　新羅使来朝し、天武天皇の喪を弔い、金銅阿弥陀三尊像などを献上する。《紀》

5・22　新羅弔使の無礼を責め、献物を還す。《紀》

5・24　新羅弔使を筑紫小郡にて饗応。《紀》

6・29　「飛鳥浄御原令」二十二巻成り、諸国に班賜する。（ここに日本の律令法典が整い、「天皇」「皇后」「皇太子」の称号が法的に確定したとされる）。《紀》

7・1　新羅弔使、帰国する。《紀》

8・4　鸕野讃良皇后、吉野に行幸する。《紀》

⑧・10　諸国司に詔して、戸籍の作成、浮浪の取締り、兵士の武事修得を命じる。《紀》

9・10　筑紫に位記を送る（「浄御原令」により位記が冠の代わりに授与されることになる）。《紀》

10・11　鸕野讃良皇后、高安城《たかやすのき》（高安山の地。奈良県生駒郡平群町・大阪府八尾市）に行幸する。《紀》

12・8　双六を禁じる。《紀》

■持統天皇四年（六九〇）庚寅

持統天皇　46歳

第四十一代　持統《じ》天《とう》皇

1・1　皇后鸕野讃良皇女、**即位**礼を挙げる（**持統天皇**。軽皇子〈文武天皇〉の成長を待つための即位といわれる）。《紀》

1・23　畿内天神地祇に班幣し、神戸・田地を増す。《紀》

2・5　天皇、腋上陂《わきのかみのいけのつつみ》に行幸し、公卿大夫の馬を観る。《紀》

2・11　新羅の僧俗五十人が帰化する。《紀》

2・17　天皇、吉野に行幸する。《紀》

2・25　来朝新羅人十二人を武蔵国に置く。《紀》

4・3　使を遣わし、広瀬大忌神と龍田風神を祭らせる。《紀》

4・14　百官人および畿内有位者の年限を六年、無位者は七年とし、考課法・朝服の色などを定める。《紀》

5・3　天皇、吉野に行幸する。《紀》

5・10　百済の男女二十一人、帰化する。《紀》

5・15　内裏で初めて安居《あんご》講説を行なう。《紀》

6・6　天皇、泊瀬《はつせ》（奈良県桜井市初瀬《はせ》）に行幸する。《紀》

7・5　高市《たけち》皇子を太政大臣、丹比《たじひの》（多治比）嶋真人《しまのまひと》を右大臣とし、八省百寮を遷任する。《紀》

＊**草壁皇子《くさかべおうじ》**（六六二～六八九）　天武天皇第一皇子。母は鸕野讃良皇女（持統天皇）。天武天皇十年（六八一）皇太子となり、朱鳥元年（六八六）天皇の病のときは、皇后とともに天下の事を委ねられる。天武天皇崩御後、大津皇子の皇太子に対する謀反事件があり、変後は皇后が称制、草壁皇子は皇太子のまま死去する。「紀」には葬送について触れられていないが、「万葉集」等から真弓丘陵《まゆみのおかのみささぎ》（奈良県高市郡高取町）に葬られたことが分かる。のち岡宮御宇《おかのみやにあめのしたしろしめしし》天皇《すめらみこと》（岡宮天皇）と尊号が奉られる。妃阿閇皇女（元明天皇）との間に、軽皇子（文武天皇）・氷高内親王（元正天皇）・吉備内親王がいる。

＊**即位《そくい》**　「紀」には、「物部麻呂朝臣《もののべのまろのあそん》、大盾《おおたて》を樹《た》つ。神祇伯中臣大嶋朝臣《なかとみのおおしま》、天神《あまつかみ》の寿詞《よごと》を読む。畢《おわ》りて忌部宿禰《いんべのすくね》色夫知《しこぶち》、神璽の剣・鏡を皇后に奉上《たてまつ》る。皇后、天皇位に即《つ》く。公卿百寮、羅列《つらな》りて匝《あまね》く拝みたてまつりて、手拍つ」と即位儀礼が記されている。なお持統天皇までは践祚《せんそ》と即位の区別がなく、文武天

7・8 「およそ位をもつ者は、今より以後は家の内において朝服を着、いまだ門が開かれない以前に参上せよ」と詔する。《紀》
8・4 天皇・吉野に行幸する。《紀》
8・11 渡来新羅人等を下毛野国に住まわせる。《紀》
9・1 戸籍（庚寅年籍）を造らせる。《紀》
9・13 天皇、紀伊国に行幸する。（二十四日還御）。《紀》
9・23 学問僧智宗ら、唐より筑紫に到着する（十月十日、京に到る）。《紀》
10・5 天皇、吉野に行幸する。《紀》
10・29 高市皇子、官人を従えて藤原宮地を視察する。《紀》
11・11 勅により、元嘉暦《げんか》と儀鳳暦《ぎほう》を併用することを決める。《紀》
12・12 天皇、吉野に行幸する（十九日還御）。《紀》
12・19 天皇、藤原宮地を視察する（公卿百寮扈従）。《紀》
この年 伊勢内宮の式年遷宮が始まる。《大神宮諸雑事記》唐、則天武后が即位、国号を周とする。

■持統天皇五年（六九一）辛卯

持統天皇 47歳
1・16 天皇、吉野に行幸する（二十三日還御）。《紀》
2・1 天皇、天武天皇の世と同様に奉仏に努めよとの詔を出し、公卿らに毎月六斎を行なわせる。《紀》
3・5 天皇、公私の馬を御苑《みその》で観る。《紀》
4・16 天皇、吉野に行幸する（二十二日還御）。《紀》
5・18 陰雨を止めるため、公卿の酒肉を禁じる。《紀》
7・3 天皇、吉野に行幸する（十二日還御）。《紀》
8・13 大三輪・雀部《さざきべ》・藤原・物部ら十八氏に、祖先の墓記の上進を命じる（諸氏伝承の物語を収集）。《紀》
8・23 勅使を遣わし、龍田風神・信濃の須波（諏訪）・水内《みぬち》等の神を祀る（国家安泰・風雨鎮祭の祈願。諏訪神社の初見）。《紀》
9・9 天智天皇皇子**川島皇子**没。《紀》
10・8 天皇、「凡そ先皇の陵戸は五戸以上を置け」とするなど、陵戸の制を定める。《紀》
10・13 天皇、吉野に行幸する（二十日還御）。《紀》
10・27 新益京《しんやくのみやこ》（藤原京）を鎮め祭らせる（地鎮祭の初見）。《紀》
11・1 天皇、大嘗祭を行なう（「紀」では皇は、践祚ののち十数日後、即位の詔が出された。しかし、桓武天皇以後は践祚と即位は別の日に行なわれるようになった。

＊**持統天皇**《じとうてんのう》（六四五～七〇二）天武天皇皇后。鸕野讃良皇女・高天原広野姫・大倭根子天之広野日女尊・藤原宮御宇天皇。父は天智天皇、母は蘇我遠智《おち》娘。子に草壁皇子。陵は檜隈大内陵で、天武天皇陵に合葬。「紀」には「天皇を佐けまつりて天下を定めたまふ。毎《つね》に侍執《つかえまつる》際《あいだ》に、輙《すなわ》ち言《こと》、政事《まつりごと》に及びて、毗《たす》け補ふ所多し」と記される。なお、「持統」は「王統をまもること」。「万葉集」に、天武天皇崩御に対する持統天皇の挽歌「北山にたなびく雲の青雲の星離《さか》り行き月を離《さか》りて」や「春過ぎて夏来るらし白栲《しろたえ》の衣乾したり天の香具山《かぐやま》」が収録されている。

＊**川島皇子**《かわしまのおうじ》（六五七～六九一）天智天皇皇子。母は忍海小竜《おしぬみのおたつ》の女色《しこ》夫古娘《ぶこのいらつめ》。天武天皇皇女泊瀬部《はつせべ》皇女を妃とする。朱鳥元年（六八六）大津皇子の謀逆を密告する。「万葉集」によると越智野（奈良県高市郡高取町）に葬られたという。

戊辰で一日だが、「律令」の規定により「朔辛卯」として二十四日と考定する説が濃厚。

この日、神祇伯中臣大嶋、大嘗祭にて「天《あまつ》神寿詞《かみのよごと》」（中臣寿詞《なかとみのよごと》）を奏する。《紀》

■持統天皇六年（六九二）壬辰

持統天皇　48歳

1・12　天皇、新益京路を観る。《紀》

1・27　天皇、高宮（奈良県御所市）に行幸する（二十八日還御）。《紀》

2・19　三輪高市麻呂《みわのたけちまろ》、天皇の伊勢行幸を農事を妨げるとして中止を諫言する（三月三日、入れられず、官を去る）。《紀》

3・6　天皇、伊勢に行幸する（伊賀・志摩にも。二十日還幸）。《紀》

5・6　天皇、阿胡《あご》行宮（志摩国英虞郡）に御す。《紀》

5・12　天皇、吉野に行幸する（十六日還幸）。《紀》

5・23　難波王らを遣わし、藤原宮の地鎮祭を行なわせる。《紀》

5・26　伊勢・大倭《やまと》・住吉・紀伊の大神に奉幣して新宮のことを奉告する。《紀》

⑤・3　詔して、京・畿内に金光明経を講説させる。《紀》

6・30　天皇、藤原宮地を観る。《紀》

7・9　天皇、吉野に行幸する（二十八日還幸）。《紀》

8・17　天皇、飛鳥皇女の田荘《なりどころ》に行幸する（即日還幸）。《紀》

9・14　神祇官、「神宝書」等を献上する。《紀》

9月　初めて中納言を置く。《公卿補任》

10・12　天皇、吉野に行幸する（十九日還御）。《紀》

11・8　新羅使、朝貢する。《紀》

11・11　新羅使を難波館に饗応する。《紀》

12・24　新羅の調を伊勢以下五社に奉納する。《紀》

12月　伊勢外宮の式年遷宮が始まる。《大神宮諸雑事記》

■持統天皇七年（六九三）癸巳

持統天皇　49歳

1・16　漢人ら踏歌を奉る（踏歌の節会の初見）。《紀》

3・6　天皇、吉野に行幸する（十三日還幸。五月一日にも）。《紀》

5・15　内裏で無遮大会が行なわれる。《紀》

7・7　天皇、吉野に行幸する（十六日還幸）。《紀》

8・1　天皇、藤原宮地に行幸する。《紀》

8・17　天皇、吉野に行幸する（二十一日還幸）。《紀》

9・5　天皇、多武峰に行幸する（六日還幸）。

＊**公卿補任**《くぎょうぶにん》　神武天皇以来明治元年までの公卿の氏名・官歴を年代順に記したもの。一〇世紀半ば頃成立の「公卿伝」を書き継いだものといわれる。

＊**踏歌**《とうか》　「あればしり（阿良礼走）」と訓む。地を踏みならして拍子をとりながら合唱するもの。隋・唐で流行し、渡来人が伝えたもので、のち正月十六日の踏歌節会として宮中年中行事となる。

＊**藤原京**《ふじわらきょう》　奈良県橿原市に所在。持統天皇八年（六九四）から和銅三年（七一〇）まで、持統・文武・元明三代の宮都。これ以前の宮都は一天皇一つであったが、藤原京以降は恒常的なものとなった。東西九二五メートル、南北九〇七メートルで、日本で最初の条坊制をしいた本格的唐風都城。「紀」では「新益京《しんやくのみやこ》」と記される。現在は歴史的風土特別保存地区に指定され、史跡公園となっている。

＊**高市皇子**《たけちのおうじ》　（六五四～六九六）天《あま》武天皇皇子。母は宗形君徳善女尼子娘《このいらつめ》。壬申の乱では全軍の統帥を委任されて活躍。持統天皇四年（六九〇）太政大臣。「延喜式」に

《紀》
9・10 天武天皇のため、内裏で無遮大会が行なわれる。《紀》
10・23 天皇、諸国に仁王経を講じさせる（以後恒例）。《紀》
11・5 天皇、吉野に行幸する（十日還幸）。《紀》
11・7 耽羅王子らに物を賜う。《紀》

■持統天皇八年（六九四）甲午
持統天皇 50歳
1・21 天皇、藤原宮に行幸する（即日還幸）。《紀》
1・24 天皇、吉野に行幸する（四月七日、九月四日にも）。《紀》
5・11 金光明経百部を諸国に送り、毎年正月上弦の日に読経させる。《紀》
7・4 巡察使を諸国に派遣する。《紀》
12・6 天皇、飛鳥浄御原宮から藤原宮（**藤原京**）に遷る。《紀》
この年 天皇、法隆寺に金光明経を納める。《法隆寺伽藍縁起幷流記資材帳》

■持統天皇九年（六九五）乙未
持統天皇 51歳
②・8 天皇、吉野に行幸する（十五日還幸）。《紀》
3・2 新羅使、国政について奏請し朝貢する。《紀》
3・12 天皇、吉野に行幸する（十五日還幸）。《紀》
5・13 大隅隼人を饗応する。《紀》
6・18 天皇、吉野に行幸する（二十六日還幸。八月二十四日にも行幸）。《紀》
9・6 小野毛野らを新羅に遣わす。《紀》
10・11 天皇、菟田《うだ》の吉隠《よなばり》（奈良県桜井市）に行幸する（十二日還幸）。《紀》
12・5 天皇、吉野に行幸する（十三日還幸）。《紀》
●この頃、法隆寺金堂、再建されるか。

■持統天皇十年（六九六）丙申
持統天皇 52歳
1・11 百済王南典《なんでん》に直大肆《じきだいし》を授ける。《紀》
2・3 天皇、吉野に行幸する（十三日還幸）。《紀》
3・3 天皇、二槻宮《ふたつきのみや》（多武峰近くの高殿）に行幸する。《紀》
4・28 天皇、吉野に行幸する（五月四日還幸。六月十八日にも行幸）。《紀》
7・10 天武天皇皇子**高市皇子**没（このあと皇嗣をめぐり紛糾するも、大友皇子の子葛野王が兄弟継承は乱の原因であり、父子継承こそ神代以来の法であるとし、文武天皇即位に向かう）。《紀》

三立岡《みたてのおか》墓として「在二大和国広瀬郡一」とあるが、当墓に擬せられる墓はないとされる。

10・22 仮りに右大臣丹比真人に資人百二十人、阿倍朝臣御主人《みぬし》・大伴宿禰御行《みゆき》に八十人、石上朝臣麻呂・藤原朝臣不比等に五十人を賜う。《紀》

12・1 金光明経を読ませるため、毎年十二月晦日に浄行者十人を「度」《いえで》（出家）させることにする（年分度者制度の初め）。《紀》

■文武天皇元年（六九七）丁酉

持統天皇 53歳

文武天皇 15歳

2・16 可瑠《かる》（軽）皇子を皇太子とする。《王子枝別記》

2・18 当麻真人国見を東宮大傅とする（春宮大夫・亮も任じる）。《紀》

4・7 天皇、吉野に行幸する（十四日還幸）。《紀》

6・26 天皇、病む。諸臣、天皇の病気平癒のために仏像を造る。《紀》

7・29 天皇の病気平癒のため、公卿百寮、薬師寺で薬師仏の開眼供養を行なう。《紀》

第四十二代 文武《もんむ》天皇

8・1 持統天皇、譲位し、**太上天皇**を称する（太上天皇の初め）。軽皇子、藤原宮にて受禅、即位する（**文武天皇**。この日を「紀」では乙丑、「続日本紀」では甲子とする。「紀」は元嘉暦により、「続日本紀」は儀鳳暦によるものとされている）。《紀》旧のごとく多治比嶋を右大臣とする。《公卿補任》

8・17 文武天皇、百官を前に**即位宣命**を述べる。《続日本紀》

8・20 天皇、藤原宮子を**夫人**とし、紀竈門《かまどの》娘《いらつめ》・石川刀《と》子娘《ねのいらつめ》を妃とする。《続日本紀》

8月 「日本書紀」、この月までの記事を収録。

10・19 陸奥の蝦夷、方物を貢上する。《続日本紀》

10・28 新羅使が来朝する。《続日本紀》

この年 飢饉。《紀》

■文武天皇二年（六九八）戊戌

文武天皇 16歳

持統上皇 54歳

1・1 天皇、大極殿に出御し、文武百寮と新羅朝貢使の拝賀を受ける。《続日本紀》

1・3 新羅使、調物を貢献する。《続日本紀》

1・19 新羅調物を大内山陵（天武天皇陵）に献じる（臨時奉幣の初出）。《続日本紀》

2・5 天皇、大倭《やまと》国宇智郡（五条市）に行幸する。《続日本紀》

3・21 賀茂祭の騎射を禁じる。《続日本紀》

3月 新羅孝昭王、日本国使を引見する。《「三国史記」新羅本紀》

4・29 祈雨のため、芳野水分峯神に馬を奉

＊**太上天皇**《だいじょうてんのう》 譲位後の天皇に贈られる称号。略して「上皇」と使われる。出家した太上天皇は太上法皇（略して法皇）と呼ばれた。上皇はまた「院」とも呼ばれ、その御所を仙洞《せんとう》御所ともいわれたことから、上皇のことを「仙洞」ともいった。

＊**文武天皇**《もんむてんのう》（六八三〜七〇七） 倭《やまと》根子《ねこ》豊祖父《とよおおじ》天皇・天之真宗豊祖父《あめのまむねとよおおじ》天皇・後藤原宮御宇天皇。父は草壁皇子、母は阿閇皇女（元明天皇）。夫人に藤原宮子。嬪に紀竈門娘・石川刀子娘。皇子に首《おびと》親王（聖武天皇）。陵は檜隈安古岡上陵。

＊**即位宣命**《そくいのせんみょう》 践祚のあと即位礼を行なったのは文武天皇が初めてで、桓武・平城両天皇以降は常例となる。この宣命は「現御神大八嶋国《あきつみかみおおやしまぐに》知らしめす天皇」に始まる宣命体の詔。この詔が宣命体の詔の初めと言われるが、藤原宮跡から宣命体詔木簡が出土している。

＊**夫人**《ぶにん》 「ふじん」とも。後宮にあって妃に次ぎ、嬪の上にある。天皇の母で夫人の地位にある者を皇太夫人、天皇の祖母で夫人の地位にある者を太皇太夫人という。皇

る。《続日本紀》
5・1　諸国旱《ひでり》のため、諸社に奉幣する。《続日本紀》
6・14　越後国の蝦狄、方物を献上する。《続日本紀》
6・28　祈雨のため、諸社に馬を奉る。《続日本紀》
8・19　天皇、藤原朝臣姓は鎌足の子不比等の家に継承させ、その他は中臣姓に復せしめる詔を出す。《続日本紀》
8・26　朝儀の礼が定められる。《続日本紀》
9・10　天武天皇皇女当耆《たき》（多紀）皇女を伊勢斎宮とする。《続日本紀》
10・3　薬師寺がほぼ完成し、僧を居住させる。《続日本紀》
10・22　陸奥の蝦夷、方物を献上する。《続日本紀》
11・23　天皇、大嘗祭を行なう。《続日本紀》
12・29　伊勢国多気大神宮を度合《わたらい》郡に遷す。《続日本紀》
この年より天平宝字七年（七六三）まで、儀鳳暦が単独で使用されるといわれる。

■文武天皇三年（六九九）己亥

文武天皇　17歳
持統上皇　55歳

1・27　天皇、難波宮へ行幸する（二月二十二日還御）。《続日本紀》
3・27　巡察使を畿内に遣わす。《続日本紀》
4・25　越後の蝦夷に爵を賜う。《続日本紀》
5・24　役小角《えんのおづぬ》を、妖惑により伊豆に配流する。《続日本紀》
6月　天皇、大安寺に行幸する。《扶桑略記》
7・19　多褹《たね》・夜久《やく》・菴美《あまみ》・度感《とかむ》（徳之島）の人が来朝し、方物を献上する。《続日本紀》
7・21　天武天皇皇子弓削皇子《ゆげのおうじ》（母は天智天皇皇女大江皇女）没（生年不詳）。《続日本紀》
8・8　南島の献物を伊勢神宮および諸社に奉納する。《続日本紀》
9・25　天智天皇皇女新田部《にいたべ》皇女（母は阿倍倉梯麻呂女橘姫）没（生年不詳）。《続日本紀》
10・13　斉明天皇越智陵・天智天皇山科陵営造のため恩赦する。《続日本紀》
10・20　越智・山科山陵の官人を任じ、修造させる。《続日本紀》
10・27　巡察使を諸国に遣わす。《続日本紀》
12・3　天智天皇皇女大江《おおえ》皇女（天武天皇妃。母は忍海色夫古娘）没（生年不詳）。《続日本紀》
12・20　初めて鋳銭司《じゅぜんし》を置く。《続日本紀》
●七世紀末までに「**上宮記**」成る。

太夫人の初例は藤原宮子（聖武天皇生母）。

＊**上宮記**《じょうぐうき》　古代の史書で、鎌倉時代後期までは伝存したと言われるが、現在では逸している。皇統譜について「記紀」や「上宮聖徳法王帝説」に見えない独自の所伝をもち、特に継体天皇出自の記載は貴重とされる。なお「聖徳太子平氏伝雑勘文」には聖徳太子作とあるが、仮託とされる。

●七世紀末、「上宮聖徳法王帝説」第一部・第五部成る（第二部・第四部は八世紀半ば、第三部は平安時代前半に成るかと言われる）。

■**文武天皇四年（七〇〇）庚子**

文武天皇　18歳

持統上皇　56歳

2・27　王臣・京畿に武器を備えさせる。《続日本紀》

3・10　僧道昭没し、天皇、これを悼む（わが国**初の火葬**と記される）。《続日本紀》

3・15　天皇、詔して、撰定成った「大宝令」の読習を諸王臣に命じ、「大宝律」の条の撰定を命じる。《続日本紀》

4・4　天智天皇皇女飛鳥（明日香）皇女（母は嬪阿倍橘姫）没（生年不詳）。《続日本紀》

5・13　遣新羅使を任命する。《続日本紀》

6・3　薩摩の隼人が蜂起したため、筑紫惣領に勅して決罰せしめる。《続日本紀》

8・20　僧通徳・恵俊の才を用いるため還俗させる。《続日本紀》

10・19　遣新羅使、新羅より帰国し、孔雀および珍異の物を献上する。《続日本紀》

11・8　新羅使来日し、孝昭王の母の死を告げる。《続日本紀》

11・26　右大臣多治比嶋を左大臣とする。《扶桑略記》

■**大宝元年（七〇一）辛丑**

文武天皇　19歳

持統上皇　57歳

1・1　文武天皇、大極殿で朝を受ける（「蕃夷の使者、左右に陳列す。文物の儀、是に備《そなわ》れり」とあり、拝賀を受ける儀式〈**朝賀の儀**〉が整う。このとき「日像幡」が樹てられ、日章旗の初めとも言われるが、白地に赤丸とはかなり異なるものといわれる）。《続日本紀》

1・23　遣唐の執節使に粟田真人《あわたのまひと》、大使に高橋笠間、少録に山上憶良らを任命する（第七次遣唐使。執節使は天皇から特別の刀を賜わる）。《続日本紀》

2・14　大学寮で**釈奠**が行なわれる（釈奠の初見）。《続日本紀》

2・16　天智天皇皇女泉内親王を伊勢斎宮とする（この日までに当耆皇女退下）。《続日本紀》

2・20　天皇、吉野離宮に行幸する（二十七日、藤原宮に還幸）。《続日本紀》

3・15　使を陸奥に遣わし、金を製錬させる。《続日本紀》

3・21　対馬より金の貢進があり、この日、**大宝**の年号を立てる。▼「大宝令」が施行される。▼大納言阿倍御主人《みうし》を右大臣とする

＊**初の火葬**　公式の記録では、道昭が初とされるが、渡来人を中心に火葬が行なわれていたことは、発掘により知られている。道昭（六二九〜七〇〇）は、入唐して玄奘三蔵に師事し、行基は道昭の弟子。

＊**朝賀《ちょうが》の儀《ぎ》**　元日に天皇が大極殿で群臣の賀を受ける儀式。天皇がまず大極殿に出御し、礼服を着た文武百官が参入・列立し、一人は昨年の祥瑞を奏上し、一人は新年の賀詞を申し上げる。このとき武官は立って旗を振り、万歳を唱え、天皇は後房に還御する。一条天皇の正暦年間（九九〇〜九九五）以降は行なわれなくなり、代わりに略式の小朝拝《こちょうはい》が行なわれるようになる。

＊**釈奠《せきてん》**　「しゃくてん」とも。儒教における孔子など先哲・先師を祀る儀式。「大宝律令」では春秋（二月・八月）の上丁の日に行なうと規定される。中世も応仁の乱ごろまで継続して行なわれた。江戸時代は、徳川政権の儒教重視により、各地の聖堂でも行なわれた。

＊**大宝《たいほう》**　「続日本紀」には「建元」とあり、元号が建てられたとし、

る。▼中納言を廃止する。《続日本紀》
3・26 丹波国に大地震（三日間続く）。《続日本紀》
4・7 下毛野古麻呂らに新令を講説させ、諸王・諸臣に習わせる。《続日本紀》
5・5 群臣五位以上に走馬を出させ、天皇これを観る。《続日本紀》
5・7 遣唐使粟田真人に節刀を授ける。《続日本紀》
6・1 僧尼令（大宝僧尼令）を大安寺で講説させる。《続日本紀》
6・8 新令（大宝令）による施政を宣言し、七道に新印を頒布する（新令施行後、皇子を親王、皇女を内親王と称する）。《続日本紀》
6・29 上皇、吉野離宮に御幸する（七月十日、藤原宮に還宮）。《続日本紀》
7・21 親王以下に官位に準じて食封《じきふ》を賜う。《続日本紀》
7・27 造宮官を造宮職とするなど、太政官処分を行なう。《続日本紀》
8・3 刑部親王・藤原不比等ら、**大宝律令**を撰定、完成する。《続日本紀》
8・4 斎宮司を寮に準じさせる。《続日本紀》
8・8 明法博士《みょうぼうはかせ》を六道（西海道を除く）に派遣し、新令（大宝令）を講説させる。《続日本紀》
8・9 皇親の賜禄を定める。《続日本紀》
8・14 河内・摂津・紀伊に行宮・船を営造させる。《続日本紀》
8・26 高安城を廃する。《続日本紀》
9・18 天皇、紀伊国に行幸する（十九日還宮）。《続日本紀》
10・8 天皇、武漏温泉《むろのゆ》（和歌山県白浜町湯崎温泉）に到着する。《続日本紀》
11・8 初めて造大幣司を任じる（「大幣」は祈年祭の幣帛か。制度としての祈年祭の初めとする説もある）。《続日本紀》
12・27 天武天皇皇女**大伯（大来）皇女**没。《続日本紀》
この年 文武天皇皇子首《おびと》 皇子（聖武天皇）、誕生する（母は夫人藤原宮子）。▼藤原不比等女光明子（のち光明皇后）、誕生する。▼道慈、入唐する。《続日本紀》松尾大社が造立される。《本朝月令所引秦氏本系帳》
□7・21多治比嶋《たじひのしま》（左大臣。宣化天皇四世孫。78）

■大宝二年（七〇二）壬寅

文武天皇 20歳
持統上皇 58歳
1・1 朝賀。親王以下礼服・朝服を着する。《続日本紀》

以後、元号は絶えることなく今日まで連綿と続く。対馬の金が貢進されたことによる。「大宝」が正式な年号の初めとする説もある。
＊**大宝律令**《たいほうりつりょう》 天武天皇制定の飛鳥浄御原律令を拡大整備したもの。天平宝字元年（七五七）の養老律令施行までの基本法。天皇の権限としては、官制の改廃権（官制大権）、官吏任命権、軍事大権（兵士二十名以上の差発は勅裁が必要）、臣下への刑罰権（大赦権も）、そして外交および王位継承に関する権限などがあった。「継嗣令」においては「およそ天皇の兄弟、皇子はみな親王となす。女帝の子もまた同じ。それ以外はいずれも諸王となす。親王より五世は王の名を得ても皇親の限りにあらず」とされた。皇親は天皇の系譜を引く人、皇族は皇親のほかに皇親の配偶者となった人も含む。また、皇后のほか従来の「きさき」に当たるものを妃（定員二人）、夫人（同三人）、嬪（同四人）と区別した。また位階については親王四階、諸王十四階、諸臣四十階が定められ位冠をやめ位記だけとする。なお、大宝

1・25 僧正・大僧都・少僧都・律師がそれぞれ任命される。《続日本紀》
2・1 「大宝律」を天下に頒つ。《続日本紀》
2・13 大幣を頒つ（班幣）ため、諸国国造を入京させる。《続日本紀》
3・8 「大宝令」の度量衡制が実施され、初めて度量を諸国に頒布。《続日本紀》
3・12 大安殿《だいあんでん》で大祓をする。天皇、新宮正殿で斎戒する。諸社に班幣。《続日本紀》
3・17 大倭国に二槻《ふたつき》離宮を修理させる。《続日本紀》
4・3 賀茂祭の騎射を禁じる。《続日本紀》
5・21 大伴安麻呂ら五人を「朝政に参議」させる（参議の初見）。《続日本紀》
6・29 遣唐使（第七回）、筑紫を出発する。《続日本紀》
7・4 親王が乗馬のまま宮門に入ることを禁じる。《続日本紀》
7・8 伊勢神宮の封物を穢さぬよう詔する。《続日本紀》
7・10 内外の文武官に「大宝律」を読習させる。《続日本紀》
7・11 天皇、吉野離宮に行幸する。《続日本紀》
7・30 初めて「大宝律」を講説させる。《続日本紀》

8・1 薩摩・多褹《たね》が不服従のため、兵を遣わして征服、戸籍を造り、吏を置く。《続日本紀》
8・28 伊勢神宮の神衣の料に神戸の調を用いさせる。《続日本紀》
10・10 上皇、参河国に御幸する（尾張・美濃・伊勢・伊賀を巡幸し、十一月二十五日還御）。《続日本紀》
10・14 「大宝律令」を諸国に頒つ。《続日本紀》
10月 遣唐使、唐に到り方物を献じる。《「旧唐書」本紀》
11・13 上皇、尾張国に到着する（十七日美濃国、二十二日伊勢国、二十四日伊賀国到着）。《続日本紀》
12・2 天武・天智両天皇の忌日を国忌とする。《続日本紀》
12・13 上皇病気のため、百人を得度させ、四畿内に金光明経を講じさせる。《続日本紀》
12・22 持統上皇、病により崩御（「素服・挙哀することなかれ」「葬送はつとめて倹約」と遺詔。「持統天皇」と追謚）。《続日本紀》
12・25 上皇崩御のため、四大寺（大安寺・薬師寺・元興寺・弘福寺）に斎会を設ける。《続日本紀》
12・29 西殿に殯宮《もがり》を設ける。《続日本紀》

律令の全文は、平安時代中期にはすでに散逸して、今に伝わっていないが、「令集解」などにより、その条文の一部が知られている。

＊**大伯皇女**《おおくのおうじょ》（六六一～七〇一） 大来皇女とも書く。天武天皇皇女。母は天智天皇皇女大田皇女。天武天皇二年（六七三）に斎宮となり、翌年伊勢に行く。天武天皇崩後、大津皇子謀反事件があり、朱鳥元年（六八六）任を解かれ帰京する。

＊**参議**《さんぎ》 太政官において議政に参与する官職で、令外の官。議政官は太政大臣・左大臣・右大臣・大納言（のち中納言も）のみであったが、大宝二年、五人を「朝政に参議」させたが、正式の官職ではなかった。天平三年（七三一）に藤原宇合ら六人が「参議」となり職封八十戸と定められて、ようやく正官に近づいたとされる。なお、明治維新後にも定められたが、内閣制度発足とともに廃官となる。

＊**知太政官事**《ちだじょうかんじ》 「太政官のことを知る」ことで、令外の官の一つ。天皇の補佐として皇族が任命され、天平十七年（七四五）の鈴鹿王を最後に、知太政官事任命が絶えた。

この年　勅命により気比神宮を修営し、仲哀天皇・神功皇后を合祀する。《社伝》

■**大宝三年（七〇三）癸卯**

文武天皇　21歳

1・1　持統太上天皇諒闇により廃朝し、親王以下百官、殯宮を拝する。《続日本紀》

1・2　七道に巡察使を遣わし、国司の治績を巡視させる。《続日本紀》

1・5　持統上皇のため四大寺に設斎する。《続日本紀》

1・9　新羅使が来朝し、国王（孝昭王）の喪を告げる。《続日本紀》

1・20　刑部親王を**知太政官事**とする（知太政官事の初見）。《続日本紀》

3・24　義淵を僧正とする。《続日本紀》

④・1　新羅使を難波館に饗応する（五月二日、新羅使帰国）。《続日本紀》

7・5　庚午年籍を戸籍の基本とする。《続日本紀》

7月　日本国使、新羅に到る。《三国史記》

9・22　波多広足を遣新羅大使とする。《続日本紀》

10・9　持統上皇の御葬司を任命する（穂積親王の御装長官任命など）。《続日本紀》

12・17　持統上皇、飛鳥岡で火葬に付され（天皇火葬の初め）、諡号「大倭根子《おおやまとねこ》天之《あまの》広野《ひろの》日女《ひめ》尊」を贈られる（「公式令」に定められた諡号の初見）。《続日本紀》

12・26　持統上皇、天武天皇の**檜隈大内陵**に合葬される。《続日本紀》

この年　遣唐使、唐に到り方物を献じる。《「旧唐書」東夷伝》

□④・1阿倍御主人《あべのみうし》（右大臣。壬申の乱の功臣。父は左大臣阿倍内麻呂。69）

■**慶雲元年（七〇四）甲辰**

文武天皇　22歳

1・7　大納言石上麻呂《いそのかみまろ》を右大臣とする。《続日本紀》

1・25　朝廷において、初めて跪《き》伏《ふく》礼を停止する。《続日本紀》

5・10　大極殿西楼上に慶雲が現われ、これを祥瑞として、**慶雲**と**改元**する。《続日本紀》

7・1　遣唐使粟田真人、帰国する（このときの報告に「日本国の使」とあり、この頃には「日本」国号が公的に使用されている）。《続日本紀》

8・3　遣新羅使波多広足、新羅より帰朝する。《続日本紀》

10・9　幡文通《はたのあやのとおる》を遣新羅大使とする。《続日本紀》

11・8　伊勢神宮に奉幣・献物する。《続日本紀》

＊**檜隈大内陵**　九七ページ注参照。

＊**慶雲**《けいうん》　「きょううん」とも。備前国が神馬を献上し、大極殿西楼上に慶雲が現れたことによる改元。出典不詳。

＊**改元**《かいげん》　旧年号に替えて新年号を立てること。その理由として、次の四つが挙げられる。

①代始改元　天皇の代替わりによる改元。平安時代以降、「踰《ゆ》年《ねん》改元」と称され、皇位継承の年に年号を改めることは非礼として翌年に改元された。

②祥瑞改元　天が為政者の治世を評価して出現させる目出たいしるし（祥瑞）による改元。

③災異改元　地震などの天変地異、疫病流行などによる改元。

④革命改元　辛酉年・甲子年に起こるといわれる革命思想による改元。「辛酉革命」「甲子革命」といわれる。

改元は天皇大権に属すとされ、政治権力が武家に移ったときでも天皇による裁可が必要だった。なお、「大化」が元号の初めとされているが、実際には「大宝」が最初の元号であり、「大宝」以降は

11・20　初めて藤原宮地を定める。《続日本紀》

■**慶雲二年（七〇五）乙巳**

文武天皇　23歳

3・4　天皇、倉橋離宮（奈良県桜井市倉橋）に行幸する。《続日本紀》

4・3　**水旱により詔**を発し、五大寺に金光明経を読誦させる。《続日本紀》

4・11　刑部親王に越前国の野を賜う。《続日本紀》

4・17　大納言四人を二人に減らし、新たに中納言三人を置く。《続日本紀》

4・22　天皇、大極殿に出御し、粟田真人・高向麻呂・阿倍宿奈麻呂を中納言とする。

▼大宰府、長門国に駅鈴・伝符を給う。《続日本紀》

5・8　天武天皇皇子**忍壁（刑部）親王**没。《続日本紀》

5・25　幡文通《はたのあやのとおる》、新羅より帰朝する。《続日本紀》

9・5　天武天皇皇子穂積親王を知太政官事とする。《続日本紀》

10・30　新羅使、来朝する。《続日本紀》

12・20　天智天皇皇孫**葛野王**没。《続日本紀》

12・27　新羅使、入京する。《続日本紀》

●前年から翌年、疫病・飢饉・水旱・大風が頻発する。《続日本紀》

●この頃、高松塚古墳が造られるか。

■**慶雲三年（七〇六）丙午**

文武天皇　24歳

1・1　朝賀に新羅使、参列する。《続日本紀》

1・4　新羅使、調を貢献する。《続日本紀》

1・7　新羅使を朝堂に饗応する。《続日本紀》

1・12　新羅使帰国により、その王に勅書を賜う。《続日本紀》

①・13　新羅の調を伊勢神宮・諸社に奉納する。《続日本紀》

①・28　伊勢斎宮泉内親王、伊勢神宮に参拝する（群行か）。《続日本紀》

2・7　知太政官事穂積親王の季禄を右大臣に准じさせる。《続日本紀》

2・16　飢饉により、京畿の人身の調を廃し、戸制の調を設けて優遇し、大宰府管内の庸を免じる。▼五世王を皇親とし、その承嫡者を王とする（皇親の拡大）。《続日本紀》

2・23　天皇、内野（大和国宇智郡の野）に行幸する。《続日本紀》

3・14　王公諸臣の山野の占有を禁じる。《続日本紀》

8・21　美努浄麻呂《みののきよまろ》を遣新羅大使とする。《続日本紀》

8・29　天武天皇皇女田《た》形《かた》内親王を伊勢斎宮にト定する（この日までに泉内親王退下）。

連綿と元号が継続して使われている。なお改元は、「天平宝字」と明治以降を除き、改元した年を新年号とする。

＊**水旱《すいかん》により詔《みことのり》**　「続日本紀」には「朕《われ》菲薄《ひはく》の躬《み》を以て、王公の上に託《つ》けり。徳、上天《しょうてん》を感《うごか》し、仁、黎《れい》庶《しょ》に及ぶこと能《あた》わず。遂に陰陽錯《あや》謬《ま》り、水旱《すいかん》時を失ひ、年穀登《みの》らず、民をして菜色《さいしき》多からしむ。此を念ふ毎に、心に惻《い》怛《た》めり。五大寺をして金光明経を読み、民の苦しみを救ふことを為さしむべし。天下の諸国、今年の挙税《こぜい》の利を収むること勿《なか》れ。并せて庸の半を減せ」と記録されている。

＊**忍壁親王《おさかべしんのう》**（?～七〇五）刑部《おさかべ》親王とも。天武天皇第九皇子。母は宍人臣欙媛《ししひとのおみかじひめ》。六六一年、川島皇子らと「帝紀及び上古の諸事」を撰し、高市皇子死去後は、天武諸皇子の代表的存在となる。大宝元年（七〇一）藤原不比等と「大宝律令」を撰定。持統上皇崩後、初の知太政官事となり、草創期の律令政治に貢献する。

＊**葛野王《かどのおう》**（六六九～七〇五）天智天皇の孫。大友皇子（弘文天皇）

《続日本紀》

9・25　天皇、難波に行幸する（十月十二日還幸）。《続日本紀》

11・3　遣新羅大使に付し、新羅国王に勅書を賜う。《続日本紀》

11月　天皇、病む。《続日本紀》

12・6　多紀内親王、伊勢神宮に参入する。《続日本紀》

この年「天下の諸国に疫疾ありて、百姓《ひゃくせい》多く死ぬ。始めて土牛を作りて大きに儺《おにやらい》す」る（追儺祭の初め）。《続日本紀》法起寺塔が造立される（その露盤銘に「聖徳太子」の名が初めて出てくるので、「聖徳太子」は没後の諡と考えられている）。《聖徳太子伝私記所載露盤銘》

■慶雲四年（七〇七）丁未

文武天皇　25歳
元明天皇　47歳

2・6　疫病により諸国に大祓をさせる。《続日本紀》

2・19　平城京遷都について五位以上の王臣に論議させる。《続日本紀》

3・2　遣唐副使巨勢邑治らが帰国する。《続日本紀》

4・13　草壁皇子（日並知皇子《ひなみしのみこ》）の忌日を国忌に入れる。《続日本紀》

4・29　天下飢疫。詔して賑恤を加える。《続日本紀》

5・28　遣新羅使、帰朝する。《続日本紀》

6・15　文武天皇崩御（田形内親王、伊勢斎宮を退下）。《続日本紀》

6・16　志紀親王らを殯宮に供奉させる。▼文武天皇の初七斎より七七斎を四大寺に設ける（七七斎の初見）。《続日本紀》

6・24　阿閇《あへ》皇女（文武天皇の母）、百官を前に、文武天皇の遺詔により践祚し（元明天皇）、「万機を摂する」ことを詔する（異説あり）。《続日本紀》

第四十三代　元明《げんめい》天皇

7・17　阿閇皇女、大極殿にて即位（**元明天皇**）し、百官を前に**即位の宣命**を述べる。《続日本紀》

10・3　御竈司・造山陵司・御装司を定める。《続日本紀》

11・12　文武天皇、飛鳥岡で火葬される（諡号倭根子豊祖父天皇を贈る。「文武天皇」と追諡）。《続日本紀》

11・20　文武天皇、**檜隈安古山陵**に葬られる。《続日本紀》

12・27　重ねて跪伏の礼を禁じる。《続日本紀》

■和銅元年（七〇八）戊申

の子。高市皇子没後、皇嗣をめぐって紛糾したが、王は子孫相承こそ神代以来の我が国法とし、兄弟相承は乱の因であるとして文武擁立に寄与。詩文・学を愛し、「懐風藻」に詩二首を載せる。

＊**元明天皇《げんめいてんのう》**（六六一～七二一）阿閇（閉）皇女。日本根子《やまとねこ》天津御代《あまつみしろ》豊国成姫《とよくになりひめ》天皇。父は天智天皇、母は嬪の蘇我姪娘《めいのいらつめ》。草壁皇子の妃となり、文武・元正両天皇と吉備内親王をもうける。慶雲四年（七〇七）即位し、霊亀元年（七一五）譲位。遺詔により葬儀を行なわず、大倭国添上郡椎山《ならやま》陵（奈保山東陵）に葬られる。

＊**即位《そくい》の宣命《せんみょう》**　持統天皇が文武天皇に位を譲り、文武天皇とともに天下を治めたのは、天智天皇の定めた「天地と共に長く日月と共に遠く改《かわ》るまじき常の典《のり》」（不改常典）の法に基づくことを述べ、文武の譲位の申し入れを固辞したが、その崩御にのぞんで承諾したことなどを告げる。

＊**檜隈安古山陵《ひのくまあこのみささぎ》（檜隈安《ひのくまのあ》古岡上《このおかのえの》陵《みささぎ》）**　奈良県高市郡明日香村大字栗原字塚穴に所在。「延喜式」諸

元明天皇　48歳

1・11　武蔵国秩父郡から和銅が献上されたことにより、**和銅**と改元する。《続日本紀》

2・11　初めて催鋳銭司《さいじゅぜんし》を置く。《続日本紀》

2・15　**平城京遷都の詔**が出される。《続日本紀》

2月　初めて**季御読経**を行なう。《一代要記》

3・13　右大臣石上麻呂を左大臣、大納言藤原不比等を右大臣とする。また、大伴手拍《たうち》を造宮卿とし、造宮職が造宮省に昇格する（平城京の造営）。《続日本紀》

5・11　和銅銀銭（和同開珎）を発行する。《続日本紀》

5・30　美努《みの》王（弥努王。「みぬおう」とも。栗隈王の子）没（生年不詳）。《続日本紀》

6・25　天武天皇皇女但馬《たじま》内親王（母は藤原鎌足女氷上姫）没（生年不詳）。《続日本紀》

7・15　穂積親王および官人に勅して政務を奨励する。《続日本紀》

8・10　和銅銅銭（和同開珎）を発行する。《続日本紀》

9・14　天皇、菅原（大倭国添下郡）に行幸する。《続日本紀》

9・20　天皇、平城に巡幸し、地形を視察する（二十二日山背国岡田離宮、二十七日春日離宮へ。二十八日藤原宮還御）。《続日本紀》

9・28　越後国に出羽郡を置く（蝦夷に対する本格的な経略が始まる）。《続日本紀》

9・30　造平城宮司を任じる。《続日本紀》

10・2　天皇、宮内卿犬上王を遣わし、伊勢神宮に平城宮造営を奉告する。《続日本紀》

10・17　勅して、毎年一回、大般若経を読ませることにする。《年中行事抄》

11・21　天皇、大嘗祭を行なう（この日は巳の日で違例）。《続日本紀》

11・25　天皇、県犬養三千代の忠誠を褒め、橘宿禰姓を賜う。《続日本紀天平八年十一月丙戌条》

12・5　平城宮地の地鎮祭が行なわれる。《続日本紀》

■和銅二年（七〇九）己酉

元明天皇　49歳

1・25　銀銭の私鋳を禁止し、罰則を定める。《続日本紀》

2・1　詔して、大宰府に筑紫観世音寺を造営させる。《続日本紀》

3・6　陸奥・越後の蝦夷が騒ぎ、七国の兵を発し、巨勢麻呂《こせのまろ》を陸奥鎮東将軍とする。《続日本紀》

5・20　新羅使、方物を貢上する（二十七日賜宴・賜禄。六月二日帰国）。《続日本紀》

陵寮には現陵号で「兆域東西三町、南北三町、陵戸五烟」とある。中世、所在不明。元禄諸陵探索時には現高松塚古墳が治定され、幕末には「野口村皇（王）ノ墓」を当陵としたが、明治十四年二月一日、現陵に再改定した。

＊**和銅**《わどう》　武蔵国秩父郡から銅が献上されたこと、また代始改元。出典不詳。

＊**平城京遷都の詔**　「続日本紀」に、「京師《みやこ》は、百官の府にして、四海の帰《おもむ》く所」、平城の地が「四禽図《しきんと》に叶ひ、三山鎮《しずめ》を作し、亀筮《きぜい》並に従ふ。都邑《とゆう》を建つべし」とし、その地理的環境の良さを述べている。四禽図は「青竜・朱雀・白虎・玄武」の東西南北の四神獣。三山は「東の春日、北の奈良、西の生駒」の山を指す。亀筮は「亀卜と筮占」。

＊**季御読経**《きのみどきょう》　毎年二月・八月の各四日間、僧百人程度を宮中に召し、大般若経を転読させ、国家の安泰と天皇の静安を祈願する行事。四季ごとに行なわれることもあったが、元慶元年（八七七）に春秋二季となり、紫宸殿（時に清涼殿）で行なわれた。

7・1 上毛野安麻呂《かみつけののやすまろ》を陸奥守とし、諸国の兵器を出羽柵《いでわのき》に運ばせる。《続日本紀》
7・13 越前・越中・越後・佐渡の船百艘を征狄所に送らせる。《続日本紀》
8・2 銀銭を廃し、銅銭のみ流通させる。《続日本紀》
8・28 天皇、平城宮に行幸する（九月五日、藤原宮に還幸）。《続日本紀》
9・14 光仁天皇母紀橡姫《きのとちひめ》没（生年不詳）。《**類聚三代格**》
9月 伊勢内宮の遷宮が行なわれる。《二所大神宮例文》
10・11 天皇、造平城宮司に、もし墳丘発掘あらば埋めおさめ、祭って幽魂をなぐさめるよう勅する。《続日本紀》
10・13 施基親王王子（白壁王。光仁天皇）、誕生する（母は紀諸人女橡姫）。《続日本紀》
10・26 薩摩隼人、郡司以下百八十八人が入朝する。《続日本紀》
10・28 遷都をめぐる人民の動揺により当年の調租を免じる。《続日本紀》
12・5 天皇、平城宮に行幸する。《続日本紀》
●この頃までに、柿本人麻呂（生没年不詳）、死去する。

■和銅三年（七一〇）庚戌

元明天皇 50歳

1・1 元明天皇、朝賀の儀を平城宮大極殿にて行なう（隼人・蝦夷が参列）。《続日本紀》
3・10 **平城京に遷都**する。《続日本紀》
3月 藤原不比等、山階寺（厩坂寺《うまやさかでら》）を平城京に移し興福寺と称する。《扶桑略記・興福寺縁起》
9・18 再び銀銭を禁じる。《続日本紀》
この年 大官大寺を平城に移す。《大安寺伽藍縁起幷流記資財帳》

■和銅四年（七一一）辛亥

元明天皇 51歳

3・6 伊勢の礒部祖父《いそべのおおじ》・高志《こし》の二人に渡相《わたらいの》神主《かんぬし》の姓を賜う。《続日本紀》
5・15 穀六升を銭一文とする（穀と銭の交換比率）。《続日本紀》
7・1 詔して諸司に「律令」の励行を命じる。《続日本紀》
9・18 元明天皇の詔により、「古事記」を太安万侶に撰録させる。《古事記「序」》
9月 伊勢外宮の遷宮が行なわれる。《二所大神宮例文》
10・23 蓄銭叙位の法を定め、私鋳銭を禁じる。《続日本紀》
12・6 王臣の山野占有を禁じる。《続日本紀》
この年 藤原宮が焼亡する。《扶桑略記》

＊**一代要記**《いちだいようき》 著者不詳。年代記で、後宇多天皇の時代に成立も、書き継がれて南北朝初期に至る。各天皇ごとに上皇・皇太子・後宮・前后・斎宮・摂関以下公卿・皇子女などが記される。皇室系図として貴重。

＊**類聚三代格**《るいじゅさんだいきゃく》 平安時代に弘仁・貞観・延喜の三代の格を神祇・仏事など事項別に分類して編纂したもの。編者不明。長保四年（一〇〇二）から寛治三年（一〇八九）の間に成立と推定されている。

＊**平城京に遷都** 遷都の理由として、大宝元年（七〇一）の「大宝律令」制定に見合った新たな中央集権国家の都としてふさわしい都城が求められ、従来の藤原京に比し広く（約三倍）、水陸交通の便もよかったことなどが挙げられている。元明天皇も詔で「四禽図に叶ひ、三山鎮を作」す平城の地と述べている。

■**和銅五年（七一二）壬子**
元明天皇　52歳
1・28 太安万侶、「古事記」を撰上する。《序》
3・3 天皇、春日山宮に行幸する。《年中行事抄》
4月 長田王（天武天皇皇孫）を伊勢斎宮に遣わす。《万葉集》
5・17 諸司・諸国に律令の遵守を命じる。
▼巡察使の毎年派遣を命じる。《続日本紀》
6・7 地震あり。《続日本紀》
8・23 天皇、高安城に行幸する。《続日本紀》
9・19 道君首名《みちのきみおびとな》を遣新羅大使とする。《続日本紀》
9・23 越後国出羽郡を割き、出羽国を置く。《続日本紀》
10・1 陸奥国最上・置賜両郡を出羽国に移す。《続日本紀》
10・28 遣新羅使道君首名、辞見する。《続日本紀》
11・15 長屋王、文武天皇の菩提をとむらうため、大般若経六百巻を書写する（「和銅五年十一月十五日長屋王願経」）。《跋語》
12・7 衣服の制および調庸の銭納の換算率を定める。《続日本紀》

■**和銅六年（七一三）癸丑**
元明天皇　53歳
4・3 丹後国・美作国・大隅国を新たに置く（前年の出羽国とこの年の大隅国の設置により、南北の辺境が決定され、当時の日本の範囲が定まったと思われる）。《続日本紀》
5・2 諸国の郡郷名に好字をあてさせ、また「風土記」撰進を命じる。《続日本紀》
6・23 天皇、甕原《みかのはら》離宮（京都府相楽郡加茂町）に行幸する（二十六日還京）。《続日本紀》
7・6 大倭国宇太郡波坂郷の人、銅鐸を発見して献上する（正史における銅鐸の語の初見）。《続日本紀》
7・7 美濃・信濃境に吉蘇《きそ》路（木曾路）を通す。《続日本紀》
8・10 遣新羅使道君首名、帰朝する。《続日本紀》
11・5 文武天皇の嬪の石川刀子娘と紀竈門《きのかまどの》娘《いらつめ》の嬪号を剥奪する（石川刀子娘には広《ひろ》成《なり》・広世《ひろよ》の二皇子あり、藤原不比等による彼らの皇位継承権を奪うための処置といわれる）。《続日本紀》
12・2 陸奥国に丹取《にとり》郡を置く。《続日本紀》
この年　元明天皇勅願により、嵯峨法輪寺（行基開創）が創建される。《寺伝》

■**和銅七年（七一四）甲寅**

＊**古事記《こじき》**　現存最古の歴史書。「ふることぶみ」とも。建国から第三十三代推古天皇まで、神話・伝説・歌謡・系譜などを記す。太安《おおのやす》麻呂《まろ》の「序」によると、天武天皇が正説を後世に伝えんがために稗《ひえ》田阿礼《だのあれ》に勅して「帝皇日継」（帝紀）と「先代旧辞」（本辞）とを誦習させたが実現せず、元明天皇の時代、和銅四年（七一一）に太安万侶に詔して作らせ、翌年献上したという。なお「日本書紀」には「古事記」の引用はなく、「序」のみの偽書説、あるいは「古事記」偽書説がある。

元明天皇　54歳
1・20　氷高内親王（元正天皇）に食封一千戸を加える。《続日本紀》
2・10　紀清人・三宅藤麻呂に国史を編纂させる（「日本書紀」編纂開始か）。《続日本紀》
②・22　天皇、甕原離宮に行幸する。《続日本紀》
3・15　隼人が不馴化、その教導のため豊前国の民二百戸を移住させる。《続日本紀》
6・25　首親王が立太子、この日、元服する。《続日本紀》
6・28　大赦令を出し、諸国の孝子・順孫、義夫・節婦が表彰される。《続日本紀》
10・2　尾張・上野・信濃・越後国の民二百戸を出羽の柵戸《きのへ》に移す。《続日本紀》
11・11　新羅使来日により、儀衛のため騎兵を差発する（十二月二十六日入京）。《続日本紀》
11・26　大伴旅人を左将軍に、石上豊庭《いそのかみのとよにわ》を右将軍とする。《続日本紀》
12・5　奄美・信覚《しがく》（石垣島か）・球美《くみ》（久米島）など南島の人が来着する。《続日本紀》

■霊亀元年（七一五）乙卯
元明天皇　55歳
元正天皇　36歳
1・1　皇太子首皇子、初めて拝朝する。▼蝦夷・南島人、方物を貢上する。《続日本紀》
1・16　新羅使らに賜宴・賜禄する。《続日本紀》
2・25　天皇、勅により吉備内親王の男女を皇孫の列に入れる。《続日本紀》
3・1　天皇、甕原離宮に行幸する。《続日本紀》
3・23　新羅使、帰国する。《続日本紀》
4・9　垂仁（櫛見山陵）・安康（伏見山陵）両天皇の山陵に守陵戸を充てる。《続日本紀》
5・30　相模・上総・常陸・上野・武蔵・下野国の富民一千戸を陸奥に移す。《続日本紀》
5月　遠江国・参河国に大地震。《続日本紀》
6・4　天武天皇皇子長《なが》親王（母は天智天皇女大江皇女）没（生年不詳）。《続日本紀》
7・10　地震あり。▼天皇、甕原離宮に行幸する。《続日本紀》
7・27　天武天皇皇子穂積親王《ほづみしんのう》（母は蘇我大《おお》蕤娘《ぬのいらつめ》）没（生年不詳）。《続日本紀》
8・28　左京の人、霊亀を献上する。《続日本紀》
9・1　服制において、皇親二世は五位、三世以下は六位に準じさせる。《続日本紀》

第四十四代　元《げん》正《しょう》天皇

9・2　元明天皇、（首皇子が幼少につき）

◉殿下《てんが》　「養老令」儀制令において、皇后・皇太子が太皇太后・皇太后に、また庶人が三后・皇太子に対して上啓するときは殿下と称する、とされる。旧「皇室典範」では、皇太子・同妃・皇太孫・同妃・親王・同妃・内親王・王・同妃・女王の敬称、現「皇室典範」では、天皇・皇后・皇太后・太皇太后・皇太后以外の皇族の敬称とされる。現在は「でんか」という。摂政・関白の異称でもあった。

譲位の宣命を出す。氷高内親王受禅（**元正天皇**）、平城宮大極殿にて**即位**する（内親王初の即位）。▼瑞亀あるにより**霊亀**と改元する。▼左大臣石上麻呂、右大臣藤原不比等は元の如し。《続日本紀》
この年 越前国気比神宮寺が建立される（神仏習合の初期例）。《藤氏家伝》

■霊亀二年（七一六）丙辰

元正天皇 37歳
元明上皇 56歳

1・1 雨により朝賀を中止する。《続日本紀》
1・4 地震あり。《続日本紀》
2・10 出雲国造出雲果安《はたやす》、就任の折、朝廷に参向し、**神賀詞**を奏上する（神賀詞の初見）。《続日本紀》
5・15 廃寺の統合、諸寺の財物などを国司などが検校・案記し出納すべきことが令される（「類聚三代格」「政事要略」は五月十七日のこととする）。《続日本紀》
5・16 駿河国など七国の高麗人千七百九十九人を武蔵国に移住させ、高麗郡を置く。▼元興寺（大安寺か）を平城京に移す。《続日本紀》
6月 神今食の制が定められる。《**公事根源**》
8・11 天智天皇皇子**施基皇子**（志貴皇子。春日宮天皇）没。《続日本紀》
8・20 遣唐押使多治比県守《たじひのあがたもり》、大使阿倍安麻呂、副使藤原馬養《うまかい》（宇合）らを遣唐使に任命する。留学生に吉備真備《きびのまきび》・阿倍仲麻呂・僧玄昉《げんぼう》（第八次遣唐使）。《続日本紀》
9・23 陸奥の置賜・最上二郡と信濃・上野・越前・越後の人民各百戸を出羽国に移す。《続日本紀》
11・19 天皇、大嘗祭を行なう。《続日本紀》
この年 藤原不比等女安宿媛《あすかべひめ》（光明皇后）、皇太子首《おびと》皇子（聖武天皇）のもとに入る。《続日本紀》

■養老元年（七一七）丁巳

元正天皇 38歳
元明上皇 57歳

2・11 天皇、難波宮に行幸する（二十日還幸）。《続日本紀》
2・15 天皇、難波宮から和泉宮に到る。《続日本紀》
2・19 天皇、竹原井頓宮《たけはらいのかりみや》に到る（二十日還宮）。《続日本紀》
2・26 信濃・上野・越前・越後の人民各百戸を出羽柵戸に配する。《続日本紀》
3・9 遣唐押使多治比県守に節刀を賜う。《続日本紀》
4・6 伊勢斎宮久勢《くせ》女王（系譜未詳）、伊勢神宮に向かう（卜定された日は未詳）。《続

＊**譲位《じょうい》の宣命《せんみょう》** 年をとったとして「この神器を皇太子（首皇子）に譲らむとすれども、年歯稚くして深宮を離れず」、ために「氷高内親王は、早く祥符《しょうふ》に叶ひ、夙《つと》に徳《とく》音《いん》を彰《あらわ》せり、天の縦《ゆる》せる寛仁《かんじん》、沈静婉孌《えんれん》にして、華夏《かか》載《の》せ佇《とま》り、謳《おう》訟《しょう》帰《おもむ》くところを知る」として譲位する。

＊**元正《げんしょう》天皇《てんのう》**（六八〇～七四八）氷《ひ》高《だか》内親王、日本根子《やまとねこ》高瑞浄足姫《たかみずきよたらしひめ》天皇。父は草壁皇子、母は元明天皇。配偶者なし。陵は奈保山西陵。「万葉集」に橘諸兄讃美の「橘のとをの橘やつ代にも我《あれ》は忘れじこの橘を」などが収録されている。

＊**即位** 「朕《われ》、欽《つつし》みて禅《ゆずり》の命《みこと》を承けて、敢へて推し譲らず。祚《そ》を履《ふ》み極《きょく》に登りて、社稷《しゃしょく》を保たむことを欲《おも》ふ」として、改元して「霊亀」とし、また天下に大赦する。「社稷」は国家・朝廷を指す。

＊**霊亀《れいき》** 瑞亀が献上されたことによる祥瑞改元、また即位改元。出典不詳も「爾雅《じが》」釈魚に「一曰神亀、二曰霊亀」とある。

＊**神賀詞《かんよごと》** 出雲国造が任命後の潔斎ののち都に入り天皇の前で奏上す

日本紀》
4・23　百姓の違法な出家を禁じ、行基とその弟子たちの民間での活動を百姓を妖惑するものとして禁じる詔を出す。《続日本紀》
4・25　天皇、西朝に出御し、隼人の歌舞を観る。《続日本紀》
9・11　天皇、美濃国行幸に出発する（二十八日還宮）。《続日本紀》
9・20　天皇、美濃国当耆《たぎ》郡に行幸し、多度山の美泉を見る。《続日本紀》
10・1　遣唐使（第八次）、唐に朝貢する。《冊府元亀》
10・21　藤原房前を朝政に参議させる。《続日本紀》
11・17　美濃国多度山の美泉が大瑞とされ、**養老**と改元する。《続日本紀》
11・21　天皇、和泉離宮に行幸する。《続日本紀》
この年　聖武天皇皇女（井上内親王）、誕生する（母は夫人県犬養広刀自）。《水鏡》里を郷に改称、郷の下に里を置く（郷里制。七一五年施行説もある）。《平城宮出土木簡》
□3・3石上麻呂《いそのかみのまろ》（左大臣。壬申の乱では大友皇子側につくも赦される。78）

■養老二年（七一八）戊午

元正天皇　39歳
元明上皇　58歳
2・7　天皇、美濃の醴泉《れいせん》に行幸する（三月三日還幸）。《続日本紀》
3・10　長屋王・安倍宿奈麻呂《すくなまろ》を大納言とする。《続日本紀》
3・20　少納言小野馬養を遣新羅大使とする。《続日本紀》
4・11　正五位下の道君首名《みちのきみおびとな》が筑後国守として活躍し亡くなったため、筑後の国人は祠を建ててこれを祀る（人神の初期の例）。《続日本紀》
5・2　能登・安房・石城《いわき》・石背《いわせ》国を置く。《続日本紀》
9・23　法興寺（元興寺）を平城京に移す。《続日本紀》
10・10　僧の徳行学業を奨励し、山に入り、市里に出ることを禁じる。《続日本紀》
11・23　初めて畿内兵士を差遣して宮城を守衛させる。《続日本紀》
12・7　元明上皇の病気平癒のため、大赦・賑恤を行なう。《続日本紀》
12・13　遣唐使が帰朝する（十五日、節刀返還）。《懐風藻・続日本紀》
この年　藤原不比等ら、**養老律令**を撰進する。《続日本紀天平宝字元年十二月壬子条》聖武天皇皇女（阿倍《あべ》内親王。孝謙天皇）、誕

る祝詞。「延喜式」にその内容が収録。霊亀二年（七一六）から天長十年（八三三）までに十五回が確認されている。「かみのよごと」「かむほぎのことば」とも。

＊公事根源《くじこんげん》　室町時代の宮中行事とその根源を記したもの。著者は一条兼良説が有力。正月の四方拝から十二月の追儺《ついな》まで百余項目について記す。四方拝の始めを「宇多天皇宸記」により仁和五年（八八九）としている。

＊施基皇子《しきのおうじ》（?～七一六）　春日宮天皇。芝基・志紀・志貴とも書く。父は天智天皇、母は越道君《こしのみちのきみ》伊羅《いら》都売《つめ》。天武天皇の吉野会盟に参加。光仁天皇の父で、光仁天皇即位後、春日宮天皇と追尊され、田原天皇とも称される。陵は田原西陵《たわらのにしのみささぎ》（奈良市矢田原町。「延喜式」諸陵寮には「兆域東西九町、南北九町、守戸五烟」とある）。

＊養老《ようろう》　美濃国当耆郡多度山の美泉を大瑞として改元。出典不詳も「礼記」王制篇等に「養老」の語あり。

＊養老律令《ようろうりつりょう》　「大宝律令」の不備を補うため、藤原不比等が孫の首皇子（聖武天皇）即位に備えて企図

生する（母は藤原不比等女安宿媛）。《続日本紀宝亀元年八月癸巳条》道慈、唐より帰国する。《続日本紀天平十六年十月辛卯条》薬師寺を高市郡木殿より現在地に移す。《薬師寺縁起》

■養老三年（七一九）己未

元正天皇　40歳
元明上皇　59歳

1・1　大風により朝賀を中止する（二日追行）。《続日本紀》
1・10　入唐使、唐より授かった朝服を着て朝見する。《続日本紀》
2・3　百姓の衣服を右襟（右前）とし、職《しき》事《じ》の主典《さかん》以上に笏を持たせる。《続日本紀》
2・10　遣新羅使、帰朝する。《続日本紀》
2・11　天皇、和泉宮に行幸する（十七日還幸）。《続日本紀》
3・26　地震あり。《続日本紀》
5・7　新羅使、来朝する。《続日本紀》
6・10　皇太子首皇子、初めて朝政を聴《き》く。《続日本紀》
7・9　東海・東山・北陸道の人民二百戸を出羽柵に配する。《続日本紀》
7・13　初めて**按察使**を置き、その任務を定める。《続日本紀》
⑦・7　新羅使、調物等を献上する（十七日帰国）。この日、白猪広成《しらいのひろなり》を遣新羅使とする。《続日本紀》
⑦・11　新羅使に賜宴、新羅国王らに賜禄を行なう。《続日本紀》
8・8　遣新羅使白猪広成、辞見する。《続日本紀》
10・17　舎人親王・新田部親王に皇太子を補佐させる。《続日本紀》
12・5　初めて婦女子の衣服の様式を定める。《続日本紀》

■養老四年（七二〇）庚申

元正天皇　41歳
元明上皇　60歳

1・4　僧尼に初めて公験《くげん》（出家者に与える国家の証明書）を授ける（公験の初見）。《続日本紀》
2・29　大宰府、隼人が反乱し、大隅国司を殺害と奏上する。《続日本紀》
3・4　隼人反乱のため、大伴旅人を征隼人持節大将軍とする。《続日本紀》
5・21　舎人親王、完成の「**日本書紀**」三十巻・系図一巻を奏上する（上表文が残っていないため、その編纂がいつ始まったかは不明）。《続日本紀》
8・3　右大臣藤原不比等没。天皇、廃朝・挙哀。また、特別に三十人の僧侶の得度を

されたものといわれる。「続日本紀」には成立・奏上の記事を載せておらず、天平宝字元年（七五七）孝謙天皇の勅には「去養老年中」成立としており、実際には、養老五、六年まで編修が続けられていたといわれる。天平宝字元年実施後、廃止の記録はなく、形式的には明治維新まで続く基本法典となる（実質的には九世紀末には形骸化）。なお「養老神祇令」践祚条には「凡そ践祚の日には、中臣、天神の寿詞奏せよ。忌部、神璽の鏡劔上《たてまつ》れ」とあり、「三種の神器」とはなっていない。また「養老喪葬令」には「凡そ先皇の陵は、陵戸を置き守らしめよ」とある。

＊**按察使**《あぜち》　地方行政（国司）を監督する令外の官。

＊**日本書紀**《にほんしょき》　神代から持統天皇までを編年体で記した我が国最初の勅撰歴史書。「続日本紀」とあるように古くは「日本紀」と記されることが多い。養老四年（七二〇）舎人親王らにより完成されたのが本書であるといわれ、「系図」一巻は残っていない。辛酉革命説により神武紀元をかなり前に設定し、

許可し、天下に大赦する。《続日本紀》

8・4　舎人親王を知太政官事に、新田部《にいたべ》親王を知五衛《ちごえ》および授刀舎人事《じゅとうしゃにんじ》に任じる。《続日本紀》

8・7　天皇、詔して内印（天皇御璽）の押捺を請う場合、文書二通を作り、一通は内裏に進め、他の一通は施行せよと命じる。《続日本紀》

9・28　陸奥国、蝦夷が反乱し、按察使を殺害したと奏上する。《続日本紀》

9・29　蝦夷の反乱のため、多治比県守を持節征夷将軍、阿倍駿河《するが》を持節鎮狄将軍に任じる（この日のうちに節刀を授ける）。《続日本紀》

9月　宇佐八幡の託宣により、隼人征討に殺生多きゆえ、放生を修する。これにより宇佐神宮勅祭の宇佐放生会が始まる（以後、諸国で放生会が行なわれる）。《扶桑略記》

10・23　藤原不比等に太政大臣・正一位を追贈する。《続日本紀》

この年　宇佐神宮禰宜、隼人の反乱に「神軍」を率いる。《扶桑略記》

□8・3 **藤原不比等**（右大臣。62）

■**養老五年（七二一）辛酉**

元正天皇　42歳

元明上皇　61歳

1・5　長屋王を右大臣に、多治比池守《いけもり》を大納言、藤原武智麻呂を中納言に任じる。《続日本紀》

1・23　天皇、佐為《さい》王・山上憶良・紀清人《きよひと》ら学者・文人を選び、東宮（皇太子）の教導に当たらせる。《続日本紀》

1・24　地震あり（二十五日にも）。《続日本紀》

1・27　連日地震あり。天皇、詔を出し、「若し風雨・雷震の異《い》有らば、各《おのおの》極言・忠正の志を存《たも》つべし」などと述べる。《続日本紀》

2・7　地震あり。《続日本紀》

2・17　災異により、諸司に意見を陳べさせる。《続日本紀》

5・3　元明上皇が病気になり、この日、大赦が行なわれる。《続日本紀》

5・6　天皇、太上天皇の病気に対し、「三宝に帰依して平復せしめんと欲《おも》う」と詔して、百人を得度させる。《続日本紀》

5・12　笠麻呂、元明太上天皇の病気平癒のため出家入道を願い出て、勅許される。《続日本紀》

5・19　県犬養三千代、元明上皇の病気平癒のため入道する。食封・資人辞退を願うが、優詔により許されず。《続日本紀》

6・26　信濃国より諏方国を分立する（天平

紀年の不明瞭な記事をあてはめたため矛盾が生じたとされている（紀年論）。小川清彦によると、允恭天皇までは儀鳳暦、安康天皇以降は元嘉暦を使用したという（内田正男は西暦四五〇年以前は「紀」編纂時に儀鳳暦に基づいて逆算されたとする）。なお、書き出し近くに「至貴日尊、自餘日命」とあり、尊を最も貴いものとしている。

＊**藤原不比等**《ふじわらのふひと》（六五九〜七二〇）　藤原鎌足第二子。母は車持国子女与志古娘といわれる。賀茂比売との間に生まれた宮子《きゅうし》を文武天皇夫人（聖武天皇の母）とし、県犬養三千代との間にもうけた安宿媛《あすかべひめ》（光明子）を聖武天皇皇后とし、皇室と強い姻戚関係を結ぶ。「大宝律令」「養老律令」編纂に尽力。右大臣。贈太政大臣正一位。男子の武智麻呂・房前・宇合・麻呂はそれぞれ藤原南家・北家・式家・京家の祖。墓は、「延喜式」諸陵寮では多武峯墓《とうのみねのはか》（大和国十市郡〔奈良県桜井市談山神社十三重塔婆〕）。

三年〈七三一〉信濃国に復する）。《続日本紀》
8・3　藤原不比等の周忌法要のため、興福寺に北円堂を建立する。《扶桑略記》
9・11　使を遣わして伊勢神宮に幣帛を奉る（**伊勢例幣使**の初見。以後も毎年九月十一日に例幣使を派遣）。▼井上内親王、伊勢斎宮に卜定され、「北池辺新造宮」（初斎院か）に移る。《続日本紀・政事要略》
10・13　元明上皇、右大臣長屋王・参議藤原房前を召し、自らの葬送について指示し、後事を託す（薄葬にすること、山陵は火葬所をそのまま利用すること等）。《続日本紀》
10・16　元明上皇、陵所には常緑樹を植え、陵碑だけを立てよと遺詔する（以後、大規模な山陵は造られなくなる）。《続日本紀》
10・24　元明上皇、詔して藤原房前を内臣とし「帝《みかど》の業《わざ》を輔翼《たす》けて、永く国家を寧《やす》みすべし」と、後事を託す。《続日本紀》
12・6　元明上皇危篤により、大赦・転経する。《続日本紀》
12・7　元明上皇、平城宮中安殿にて崩御（和風諡号は「**日本根子**天津御代豊国成姫天皇」。「元明天皇」と追諡。このとき、愛発《あらち》・不《ふ》破《わ》・鈴鹿《すずか》の三関を閉じ、警固させる〈**固関**の初出〉なお、元明天皇以降、殯は事実上廃止）。《続日本紀》
12・8　御装束・営陵司を定める。《続日本紀》
12・13　元明上皇、火葬に付され、**椎山陵**に葬られる。《続日本紀》
12・29　地震あり。《続日本紀》
12月　新羅貢調使、筑紫に来るも上皇の死により帰国する。《続日本紀》

■養老六年（七二二）壬戌

元正天皇　43歳
1・1　重喪あるにより、天皇、朝賀を受けず。《続日本紀》
1・20　謀反・誣告の多治比三宅麻呂と、天皇非難の穂積老《ほづみのおゆ》を配流する。《続日本紀》
④・25　太政官、良田百万町歩開墾計画を奏する。《続日本紀》
5・10　津主治麻呂を遣新羅使とする（二十九日朝見）。《続日本紀》
7・10　太政官奏で、僧綱の怠慢を戒め、薬師寺常住を命じ、僧尼の戒律護持を強調する。《続日本紀》
11・19　元明上皇一周忌のため写経・造幡などを命じる。《続日本紀》
12・4　天皇、法隆寺に金剛般若経百巻などを施入する。《法隆寺伽藍縁起幷流記資財帳》
12・13　天武・持統両天皇のため、弥勒・釈迦像を造らせる。《続日本紀》

＊**伊勢例幣使**《いせれいへいし》　毎年九月十一日に伊勢神宮の神嘗祭に幣帛を奉納するために発遣された勅使。天皇はこの日、祭服を著し、御幣を拝する。戦国時代の後土御門天皇末年頃、廃絶。後光明天皇の正保四年（一六四七）再興。

＊**日本根子**《やまとねこ》　大宝三年（七〇三）持統天皇の和風諡号に「大倭根子」が、慶雲四年（七〇七）元明天皇の和風諡号に「倭根子」が使われていたのを見ると、養老五年（七二一）の頃には、正式に「日本」が採用されていたとされる。

＊**固関**《こげん》　天皇の譲位・崩御、上皇・皇后の崩御、謀反事件等に際し、愛発（のち相坂）・不破・鈴鹿の三関《さんげん》を管掌する関国に使（固関使）を遣わして関を閉めて警固に当たらせること。延暦八年（七八九）七月の勅により廃止も、形式的には中世まで続く。

＊**椎山陵**《ならやまのみささぎ》（**奈保山東陵**《なほやまのひがしのみささぎ》）　奈良市奈良阪町に所在。「延喜式」諸陵寮には「兆域東西三町、南北五町、守戸五烟」とある。のち所伝を失うも、幕末修陵の際、現陵に治定される。遺詔の「刻字之碑」

12・23　遣新羅使津主治麻呂、帰朝する。《続日本紀》

■**養老七年（七二三）癸亥**

元正天皇　44歳

2・2　僧満誓《まんせい》に筑紫の観世音寺を造らせる。《続日本紀》

3・29　天皇、大安寺に一切経千五百九十七巻を施入する。《大安寺伽藍縁起幷流記資財帳》

4・17　開墾推進のため「三世一身の法」が出される。《続日本紀》

5・9　天皇、芳野宮（吉野宮）に行幸する（十三日還宮）。《続日本紀》

5・17　大隅・薩摩国の隼人等六百二十四人が朝貢する（二十日饗応。六月七日帰郷）。《続日本紀》

8・8　新羅使、朝貢する（九日賜宴、二十五日帰国）。《続日本紀》

10・11　左京の人、白亀を献上する。《続日本紀》

この年　興福寺に施楽院・悲田院を建て、封戸・水田などを施入する。《扶桑略記》

□7・7太安万侶《おおのやすまろ》（文人。「古事記」を撰進し、「日本書紀」編纂にも参加。「墓誌」では七月六日没）

■**神亀元年（七二四）甲子**

元正天皇　45歳

聖武天皇　24歳

1・1　雨により朝賀を中止する。《続日本紀》

1・27　出雲国造出雲広嶋《ひろしま》、神寿詞を奏する。《続日本紀》

第四十五代　聖武《しょうむ》天皇

2・4　元正天皇譲位。首皇太子、大極殿にて即位（**聖武天皇**）。白亀献上により**神亀**と改元する。▼右大臣長屋王を左大臣とする。《続日本紀》

2・6　天皇、夫人藤原宮子に大夫人《だいぶにん》の尊称を奉る勅を発する。《続日本紀》

3・1　天皇、芳（吉）野宮に行幸する（五日還幸）。《続日本紀》

3・22　長屋王、藤原宮子への尊称について意見を奏上（「公式令」に皇太夫人の名が定められているのに照らせば、宮子に大夫人の尊称をたてまつった勅に従えば令制に反するし、令制に従って宮子に皇太夫人の称をたてまつると大夫人の称をたてまつった勅に反するので、どうすればよいか示してほしいと述べる。天皇、勅を回収、文には皇太夫人《こうたいぶにん》とし、語には大御祖《おおみおや》といわせる）。《続日本紀》

3・25　陸奥国、蝦夷反乱を報告する。《続

は、藤貞幹により発見され、陵上に移された。

＊**聖武天皇**《しょうむてんのう》（七〇一〜七五六）首皇子。勝宝感神《しょうほうかんじん》聖武皇帝・天璽《あめしるし》国押開《くにおしひらき》 豊桜《とよさくら》 彦《ひこ》尊。父は文武天皇、母は藤原宮子。皇后は藤原安宿媛《あすかべ》（藤原不比等女）。夫人に県犬養広刀自・藤原氏（武智麻呂女）・藤原氏（房前女）・橘古那可智。皇子女に阿倍内親王（孝謙天皇）・井上内親王（光仁天皇皇后）・安積親王・不破内親王（天武天皇皇孫塩焼王に嫁す）等。陵は佐保山南陵。なお、聖武天皇は史上初めて出家した天皇でもある（出家時期は未確定）。

＊**神亀**《じんき》　養老七年九月七日、左京の人紀家稗が白亀を献じたことによる。出典不詳も「爾雅」釈魚に「一曰、神亀」とある。

日本紀》
4・7　蝦夷が反乱したため、藤原宇合《うまかい》を持節大将軍とする。《続日本紀》
5・5　天皇、猟騎を観る。《続日本紀》
5・24　出羽国の蝦狄鎮圧のため、小野牛養《うしかい》を鎮狄《ちんてき》将軍とする。《続日本紀》
7・13　天武天皇夫人石川大蕤比売《おおぬひめ》没（生年不詳）。《続日本紀》
8・21　土師豊麻呂《はじのとよまろ》を遣新羅大使とする。《続日本紀》
10・5　天皇、紀伊国に行幸する。《続日本紀》
10・7　天皇、紀伊国那賀郡玉垣の勾頓宮《まがりのかりみや》に到る。《続日本紀》
10・8　天皇、海部《あま》郡玉津島の頓宮に到る。《続日本紀》
10・21　天皇、和泉国の所石《とろし》頓宮に到る（二十三日還宮）。《続日本紀》
11・23　天皇、大嘗祭を行なう。《続日本紀》
この年　橿日宮跡に仲哀天皇の山陵が完成し、神功皇后を合祀する（香椎宮〈廟〉の創建）。《八幡宇佐宮御託宣集》聖武天皇の勅願により聖徳太子ら追福のため、叡福寺《えいふく》（上太子《かみのたいし》）が創建される。《寺伝》多賀城が設置される。《碑文》

■**神亀二年（七二五）乙丑**
聖武天皇　25歳
元正上皇　46歳
①・17　除災のため、宮中に僧六百人を招き、大般若経を読誦させる。《続日本紀》
3月　天皇、三香（甕）原離宮へ行幸する。《万葉集》
5・22　遣新羅使土師豊麻呂、帰朝する。《続日本紀》
5月　天皇、芳（吉）野離宮に行幸する。《万葉集》
7・17　寺社の清浄維持を命じ、国家平安のため、諸寺に金光明経または最勝王経を読誦させる（「類聚三代格」では七月二十日）。《続日本紀》
9・22　天皇、詔を発し、天変地異を除くため、三千人を出家させ、諸寺に転経させる（詔の中で「責《せめ》深きことは予《われ》に在り」とする）。《続日本紀》
10・10　天皇、難波宮に行幸する。《続日本紀》

■**神亀三年（七二六）丙寅**
聖武天皇　26歳
元正上皇　47歳
5・24　新羅使、来朝する。《続日本紀》
6・5　新羅使、調を貢上する（六日饗応。七月十三日帰国）。《続日本紀》
6・15　元正上皇、病気となり、天下に放生させる。《続日本紀》

＊**渤海《ぼっかい》**　西暦六九八年以降、今のロシア沿海地方、北朝鮮北部、中国東北部地方に存在した国。唐に対抗するため西暦七二七年より日本に使を派遣し、九二二年まで続いた。反対に遣渤海使も七二八年から八一一年まで派遣された。

6・21　上皇の病のため、三十人を得度する。《続日本紀》
7・18　上皇の病により、詔して大赦、病者への湯薬を下賜する。《続日本紀》
7月　天皇、上皇の病気平癒を祈り、興福寺に東金堂を建立する。《扶桑略記》
8・8　上皇の病気平癒のため、釈迦像を造り、法華経を書写させ、薬師寺で設斎する。《続日本紀》
10・7　天皇、播磨国印南野《いなみの》に行幸する（「万葉集」では九月十五日）。《続日本紀》
10・19　天皇、難波宮に到る（二十九日還幸）。《続日本紀》
10・26　天皇、藤原宇合を知造難波宮事に任じて難波宮再建に着手する。《続日本紀》

■神亀四年（七二七）丁卯

聖武天皇　27歳
元正上皇　48歳

1・1　雨により朝賀を中止する（三日追行）。《続日本紀》
2・9　難波宮を造る。《続日本紀》
2・21　諸国に巡察使を派遣し、国司の治績を巡監させる。《続日本紀》
2・27　勅により、徳道上人、十一面観音像を造立して長谷寺を建立。この日、行基を導師として供養する。《扶桑略記》
5・4　天皇、甕原離宮に行幸する（六日還幸）。《続日本紀》
8・23　斎宮寮官人を百二十一人とする。《続日本紀》
9・3　伊勢斎宮井上内親王、伊勢へ群行する。《続日本紀》
9・21　出羽国に来着した渤海使に使を遣わして労《ねぎら》い、時服を下賜する。《続日本紀》
9月　天皇、大倭国添上郡山村に行幸する。《日本霊異記》
⑨・29　基王（某《ぼう》王か）、藤原不比等邸で誕生する（母は藤原光明子。天皇大いに喜び、十月五日、天下に大赦、同日生まれの全国の子らに布・綿・稲などを下賜）。《本朝皇胤紹運録》
11・2　皇子基（某）王を皇太子とする。《続日本紀》
11・8　南島の人が来朝する。《続日本紀》
12・10　天皇、義淵僧正の徳を称え、一族に岡連《おかのむらじ》の姓を賜う。《続日本紀》
12・20　渤海使、入京する。《続日本紀》
12・29　入京の渤海使に衣服・冠・履を賜う。《続日本紀》
この年　聖武天皇皇子（安積親王）、誕生する（母は夫人県犬養広刀自）。《続日本紀》

■神亀五年（七二八）戊辰

●儀制令《ぎせいりょう》　中国にならって作られた令の篇目の一。朝儀における天皇の規程を中心とした法令。中で、天皇が政務をとらない場合として、日食、天皇の二等以上の親・外祖父母、右大臣以上、散一位以上の喪、国忌日（先帝崩御日）などを定め、庁座の上下の順や公文書には年号を使用するなどが定められている。

聖武天皇　28歳
元正上皇　49歳
1・1　雨により朝賀を中止する（三日追行）。《続日本紀》
1・3　天皇、大極殿に出御し、渤海使等の朝賀を受ける。《続日本紀》
1・17　渤海使、国書・方物を献上し、国交を求める（賜宴）。《続日本紀》
2・16　引田虫麻呂《ひけたのむしまろ》を送渤海使とする。《続日本紀》
3・3　天皇、鳥池の堤に出御し、曲水の宴を催し、文人に詩を作らせる。《続日本紀》
3・5　天武天皇皇女田《た》形《かた》内親王（母は石川大蕤娘）没（生年不詳）。《続日本紀》
4・16　渤海使に賜物、渤海王に璽書を賜う（六月五日辞見）。《続日本紀》
5・15　長屋王、大般若波羅蜜多経書写を発願する（二度目。九月二十三日完成）。《抜語》
8月甲午　初めて内匠寮・中衛府を置く（八月甲午とあるも八月に甲午の日なし）。《続日本紀》
8・21　皇太子病気のため、礼仏転経し、一日行道《ぎょうどう》し（行道の初見）、また大赦する。《続日本紀》
8・23　皇太子病気により、天皇、東宮に御す。また、諸陵に奉幣する。《続日本紀》
9・13　皇太子基王（某王）没（十九日、那《な》富《ほ》山〈奈保山〉に葬られる）。《続日本紀》
12・28　国家平安のため、金光明経を諸国に十巻ずつ頒つ（計六百四十巻）。《続日本紀》
□10・20　義淵《ぎえん》（「ぎいん」とも。法相宗僧。僧正。岡寺開創者。生年不詳）

■天平元年（七二九）己巳

聖武天皇　29歳
元正上皇　50歳
1・14　初めて踏歌あり。《年中行事秘抄》
2・10　長屋王が左道を学び国家を傾けようとしていると密告される。天皇これを信じ藤原宇合《うまかい》らをして長屋王宅を囲ませる（光明子を皇后の座につけるための藤原氏の陰謀といわれる）。三関を固守。《続日本紀》
2・11　舎人親王・新田部親王ら、長屋王宅で王を窮問する。《続日本紀》
2・12　**長屋王**、自尽（その室**吉備内親王**および子の膳夫《かしわで》王・桑田王・葛木王・鉤取《かぎとり》王も自殺）。長屋王の子でも母藤原氏の子山背王らは不死を賜う。《続日本紀》
2・13　長屋王・吉備内親王らの屍を生馬《いこま》山に葬る。《続日本紀》
3・3　天皇、松林苑（平城宮北の庭園）に出御して群臣と宴する（五月五日にも）。《続

＊**長屋王**《ながやおう》（六八四？～七二九）父は高市皇子、母は御名部《みなべ》皇女（天智天皇皇女）。養老四年（七二〇）藤原不比等の死により右大臣となり政権を担当、神亀元年（七二四）聖武天皇即位とともに左大臣。しかし、誣告《ぶこく》により、自尽に追いこまれる。その邸宅跡からは多くの木簡等が出土している。王夫妻の墓は奈良県生駒郡平群《へぐり》町に所在。
＊**吉備内親王**《きびないしんのう》（？～七二九）父は草壁皇子、母は元明天皇。長屋王の室。天平元年（七二九）長屋王自尽のとき、子の膳夫王らとともに自尽する。
＊**天平**《てんぴょう》　背に「天王貴平知百年」の文字のある亀を献じたことを祥瑞として改元。
＊**立后**《りっこう》**の宣命**《せんみょう》　このときの宣命に「天下の政《まつりごと》におきて、独《ひとり》知るべきものに有らず、必ずもしりへの政有るべし」と、皇后が国政上においても重要な役割をもつことを述べる。また、仁徳天皇皇后磐之媛の例を引いて、臣家の女子の立后があることを強調、以後藤原氏出身の女子の立后が相つぐことになる。なお、この頃の天皇の妻妾に

日本紀》
3・4 藤原武智麻呂を大納言とする。《続日本紀》
4・8 年に一度、大般若経を読ませる。《年中行事秘抄》
6・1 仁王経を朝堂・畿内七道諸国で講説させる。《続日本紀》
6・20 左京職、文字のある亀を献上する。《続日本紀》
6・21 薩摩隼人ら、調を貢上する。《続日本紀》
6・24 天皇、大極殿閤門に出御し、隼人等の歌舞を覧る。《続日本紀》
7・20 大隅隼人ら、調を貢上する。《続日本紀》
8・5 背に「天王貴平知百年」の文字がある瑞亀の出現により**天平**と改元する。▼諸陵司を寮に昇格して諸陵寮とする。▼五世王の嫡子以上と天皇の孫との間に生まれた子は皇親とする（皇親の拡大）。《続日本紀》
8・10 藤原夫人《ぶにん》（安宿媛《あすかべ》。光明子）を皇后とする（皇族以外からの立后の初め）。《続日本紀》
8・24 舎人親王、**立后の宣命**を述べる。《続日本紀》
9・28 従四位下小野牛養を皇后宮大夫《だいぶ》（皇后宮職長官）に任じる（皇后宮職の初め）。《続日本紀》
この年 伊勢内宮の遷宮が行なわれる（外宮は天平四年）。《二所大神宮例文》勅により、道慈に大官大寺（大安寺）を唐の西明寺に模して改築させる。《扶桑略記》外宮御饌殿が創設される。《大神宮諸雑事記》聖武天皇の勅願により行基、阿弥陀堂（岩船寺《がんせん》）を建立する。《寺伝》

■天平二年（七三〇）庚午

聖武天皇 30歳
元正上皇 51歳

1・1 雨により朝賀を中止する（二日追行）。《続日本紀》
3・3 天皇、松林苑に出御し、五位以上を宴する。《続日本紀》
3・27 学問奨励のため、大学に得業生を設ける。また、通訳の養成をはかる。《続日本紀》
3・29 薬師寺東塔が建立される。《扶桑略記》
4・17 光明皇后の意志により、皇后宮職に初めて施薬院を置き**救済事業**を行なう（また悲田院も設置）。《続日本紀》
4・28 光明皇后、興福寺五重塔建立を発願する（現在の塔は、応永年間〈一三九四～一四二八〉建立）。《扶桑略記・興福寺縁起》

は、皇后・妃・夫人・嬪の別があり、妃以上は皇族、夫人以下は臣下をあてた。定員は、妃二人、夫人三人、嬪四人。安宿媛の場合は夫人から皇后となる異例のことであった。

＊**救済事業** 「元亨釈書」によると、皇后、仏の啓示によって浴室を建て、千人の垢を摺りとることを誓願。千人目には癩病患者が来たが、皇后は垢を摺り、膿まで吸いとったところ、患者は自ら阿閦仏《あしゅく》の化身であることを明かし忽然と姿を消し、そのため皇后はこの地に伽藍を建て寺（阿閦寺）としたという話が伝えられている。

6・29　雷により、神祇官火災、死者が出る。《続日本紀》
⑥・11　伊勢神宮への奉幣使には五位以上を充てることにする。《続日本紀》
8・29　遣渤海使引田虫麻呂、帰朝する（九月二日、渤海王の信物を献上。二十五日、信物を山陵六所に献じる）。《続日本紀》
9・28　諸国の防人を停止する。《続日本紀》
10・29　渤海からの信物を「諸国名神社」に奉る（名神の初出）。《続日本紀》

■天平三年（七三一）辛未
聖武天皇　31歳
元正上皇　52歳
1・26　庭火御竈《にわひのみかま》祭を恒例とする（毎日天皇の食膳に供する飯を炊く竈を神として祀る）。《続日本紀》
4月　日本国兵船三百艘、新羅の東辺を襲う。《三国史記・新羅本紀》
8・7　行基集団の優婆塞《うばそく》・優婆夷《うばい》の出家を認める等の詔を出す（民間仏教の弾圧の緩和）。《続日本紀》
8・11　諸司の推挙により藤原宇合・多治比県守・藤原麻呂・鈴鹿王・葛城王・大伴道足を参議とする（参議が正官に近づく）。《続日本紀》
9・8　聖武天皇、仏教関係の詩文を集め筆録し終わる（「聖武天皇宸翰雑集」）。《奥書》
11・15　冬至により、天皇、南樹苑に賜宴。《続日本紀》
11・16　天皇、京中を巡幸する。《続日本紀》
11・22　畿内に惣管、諸道に鎮撫使を置く。《続日本紀》
この年　伊勢外宮の遷宮が行なわれる。《二所大神宮例文》「住吉神代記」成ると伝えられる（神功皇后の新羅征討物語や住吉社の沿革を記す）。
□7・25　**大伴旅人**（大納言。歌人。67）

■天平四年（七三二）壬申
聖武天皇　32歳
元正上皇　53歳
1・1　天皇、大極殿に出御し、朝賀を受ける（このとき天皇、初めて冕服《べんぷく》〈中国式の礼服〉を着る）。《続日本紀》
1・20　角家主《つののやかぬし》を遣新羅使とする。《続日本紀》
1・22　新羅使、来朝する。《続日本紀》
2・27　遣新羅使角家主、拝朝する。《続日本紀》
4・22　天皇、法隆寺に仏画像等を施入する。《法隆寺伽藍縁起幷流記資財帳》
5・11　新羅使、入京する（十九日拝朝。二十一日朝堂にて饗応、詔して来朝を三年に一度とする。六月二十六日帰国）。《続日本

＊名神《みょうじん》　諸国神社のうち、とくに霊験のあらたかな神社をいう。「諸国名神社」のようにいわれ、祈雨・止雨などのために朝廷から遣使奉幣があり、「延喜式」臨時祭には「名神祭二百八十五座」（神名帳では三百六座）もあった。

＊大伴旅人《おおとものたびと》（六六五～七三一）　歌人・官人。父は大納言大伴安麻呂。征隼人持節大将軍、大納言。「万葉集」に七十八首、「新古今」以下の勅撰和歌集に十三首入集。「やすみしわご大君の食国《おすくに》は倭も此処も同じとぞ思ふ」は、任地の大宰府で都を思って作られた歌。

＊県犬養橘三千代《あがたいぬかいのたちばなのみちよ》（?～七三三）　初め美努王に嫁し葛城王（橘諸兄）・佐為王・牟漏女王（藤原房前の妻）をもうける。離別して藤原不比等の妻となり、光明皇后をもうける。

紀》

この夏　旱害。雨ごいをしても雨を得ず。《続日本紀》

7・5　詔して、京・畿内等に祈雨の修法を命じ、賑給・大赦する。《続日本紀》

7・15　地震あり。《続日本紀》

8・11　遣新羅使角家主、帰朝する。《続日本紀》

8・17　東海・東山・山陰・西海各道の節度使を任命する。▼多治比広成を遣唐大使に、中臣名代を副使に任命する（第九次遣唐使）。▼諸道節度使を任命する。《続日本紀》

12・22　地震あり。《続日本紀》

この年　諸国飢饉（山上憶良の「貧窮問答歌」はこの頃の作といわれる。疫病（天然痘）の流行もあって、この年、日本の全人口の三割近くが死亡したともいわれる）。

■天平五年（七三三）癸酉

聖武天皇　33歳

元正上皇　54歳

1・11　**県犬養橘三千代没**。《続日本紀》

2・30　「出雲国風土記」成る。《巻末署名》

3月　光明皇后、興福寺維摩会を再興する。《政事要略》

③・26　遣唐大使多治比広成に節刀を授ける。《続日本紀》

4・3　第九次遣唐使船、難波津を出発する（持ち帰った唐の国書に「勅日本国主主明《すめ》楽美御《らみこと》徳」とあり、この頃には、「日本」「天皇」号が確立していたと考えられる）。《続日本紀》

5・26　光明皇后が病気となり、天下に大赦令を下す。《続日本紀》

7・6　初めて大膳職に盂蘭盆の供物を備えさせる。《続日本紀》

8・17　天皇、久しぶりに「朝」（朝堂院）に臨み、庶政を聴く（県犬養橘三千代の死去、皇后の病気のため政務をとらなかったといわれる）。《続日本紀》

12・26　出羽柵を秋田村に移し、雄勝村に郡を建て人々を居住させる。《続日本紀》

この年　舎人親王王子（大炊王。淳仁天皇）、誕生する（母は当麻山背）。《本朝皇胤紹運録》光仁天皇皇女（能登内親王）、誕生する（母は夫人高野新笠《にいがさ》）。▼飢饉・疾疫多し。《続日本紀》

■天平六年（七三四）甲戌

聖武天皇　34歳

元正上皇　55歳

1・11　光明皇后、母県犬養橘三千代一周忌に興福寺西金堂を建立し、釈迦丈六像などを安置する。《扶桑略記》

1・17 大納言藤原武智麻呂を右大臣とする。《続日本紀》

2・1 天皇、朱雀門で歌垣を観覧する。《続日本紀》

2・8 天智天皇皇女泉内親王（母は忍海造小竜女色夫古娘）没（生年不詳）。《続日本紀》

3・10 天皇、難波宮に行幸する（十九日還幸）。《続日本紀》

3・17 天皇、竹原井頓宮に到る。《続日本紀》

4・7 畿内に大地震（「山崩れ、川塞ぎ、地割れ無数」、圧死者多数。七月、九月にも。天皇の詔に、地震があり「民の多く罪に入るは、その責め、予《われ》一人にあり」とある）。《続日本紀》

4・17 諸王・真人・土師宿禰に、地震による山陵八所等の被害を調査させる。《続日本紀》

4・21 諸道節度使を廃止する。《続日本紀》

7・7 天皇、相撲を観る。夕方、南苑に文人を集め七夕の詩を作らせる。《続日本紀》

11・20 遣唐大使多治比広成、玄昉、吉備真備ら、唐から多褹《たね》島に到着する。《続日本紀》

11・21 僧尼得度者の資格を、法華経あるいは最勝王経を暗誦し、浄行三年以上などと厳格にする。《続日本紀》

12・6 大宰府、新羅使来着を報じる。《続日本紀》

この年 天皇、門部王に命じ、一切経を書写させる。《東大寺要録》

■天平七年（七三五）乙亥

聖武天皇 35歳
元正上皇 56歳

2・17 新羅使、入京する。《続日本紀》

2・27 王城国と国号を改めたことにより、新羅使を追い返す。《続日本紀》

3・10 遣唐大使多治比広成、節刀を返上する（吉備真備・玄昉帰国）。《続日本紀》

4・26 吉備真備、唐からの「唐礼」「太衍《たいえん》暦経《れきけい》」「楽書《がくしょ》要録」、楽器・武器等を献上する。《続日本紀》玄昉、経論章疏五千余巻・仏像を献上する（これにより、天皇から紫袈裟を賜わる〈紫衣の初見〉）。《扶桑略記》

5・5 天皇、北松林に出御し、騎射を覧る。《続日本紀》

5・23 天皇、災異に対し、「責は予にあり」と勅し、天下に大赦し、独り暮し・未亡人・高年者に物を下賜する。《続日本紀》

7・26 大隅・薩摩の隼人二百九十六人入朝、調物を貢上する。《続日本紀》

7・27 忌部宿禰を伊勢奉幣使に充てる。《続日本紀》

9・30 天武天皇皇子**新田部親王**没。《続日

＊**新田部親王**《にいたべしんのう》（?～七三五） 天武天皇第七皇子。母は藤原鎌足女五《い》百重娘《おえのいらつめ》。聖武天皇の即位にあたり一品に昇叙し、ついで大将軍の称号を得る。子の道祖王・塩焼王は、ともに皇嗣をめぐる政争のなかで不運な死を迎えた。

＊**舎人親王**《とねりしんのう》（六七六～七三五） 知太政官事。天武天皇第三皇子。母は天智天皇皇女新田部皇女。大炊王（淳仁天皇）などの父。勅命により「日本書紀」編纂を主宰、養老四年（七二〇）奏上。政界に重きをなしたが疫病流行のなかで死去。太政大臣を贈られる。天平宝字三年（七五九）には、淳仁天皇の父たるをもって崇道尽敬《すどうじんきょう》皇帝《こうてい》と追号される。

＊**皇族**《こうぞく》 天平八年に「皇族」の名が見えるが、制度として規定されたのは、明治になってから。すなわち明治二十二年「皇室典範」には、「太皇太后、皇太后、皇后、皇太子、皇太子妃、皇太孫、皇太孫妃、親王、親王妃、内親王、王、王妃、女王」を言うとある。昭和二十二年の「皇室典範」では改められ、親王・内親王は嫡出の皇子および

本紀》

11・14　天武天皇皇子舎人親王没。《続日本紀》

⑪・19　鋳銭司を再置する。《続日本紀》

この年　聖武天皇の勅願により、良弁、観音寺を開創する（承元二年〈一二〇八〉貞慶が再興し、海住山寺《かいじゅうせんじ》と改称）。《寺伝》玄昉、唐から帰国する。《続日本紀天平十八年六月己亥条》

●この年から天平九年にかけて、未曾有の凶作、疫病の流行、死者多数。これが原因で国分二寺建立の詔になったといわれる。

■天平八年（七三六）丙子

聖武天皇　36歳
元正上皇　57歳

2・7　入唐学問僧玄昉らを賞し、封戸等を賜う。《続日本紀》

2・22　法隆寺東院で太子講（聖霊会）が行なわれる（「太子講」の初見。七四八年説も）。二月二十二日は聖徳太子の忌日。《法隆寺伽藍縁起并流記資財帳》

2・28　阿倍継麻呂を遣新羅大使とする。《続日本紀》

3・2　天皇、甕原離宮へ行幸する（五日還宮）。《続日本紀》

4・17　遣新羅大使阿倍継麻呂、拝朝する。《続日本紀》

5・18　天竺僧菩提僊那《ぼだいせんな》・唐僧道璿《どうせん》らが大宰府に来着し、禅・華厳を伝える。《南天竺婆羅門僧正碑并序》

6・27　天皇、芳（吉）野離宮に行幸する（七月十三日還宮）。《続日本紀》

7・14　元正上皇、病気により得度、行道・賑恤・大赦する。《続日本紀》

11・17　敏達天皇玄孫葛城王・佐為王ら、上表して臣籍降下を請い、この日、橘宿禰姓を賜わる（葛城王、橘諸兄と改称。臣籍降下の初期例。この日条に「辞皇族之高名」と皇族の名が見える〈皇族の語の初期例〉）。《続日本紀》

■天平九年（七三七）丁丑

聖武天皇　37歳
元正上皇　58歳

1・26　遣新羅使壬生宇太麻呂《みぶのうだまろ》、帰国して入京する（大使阿倍継麻呂《つぎまろ》は津嶋（対馬）で死去、副使大伴三中《みなか》は病のため入京できず）。《続日本紀》

2・15　遣新羅使、新羅の無礼を報告する。《続日本紀》

3・3　疫病終息のため、国ごとに釈迦三尊像を造らせ、大般若経一部を書写させる。《続日本紀》

3・28　遣新羅使副使大伴三中、拝朝する。

嫡男系嫡出の皇孫に限り、三世以下の嫡男系嫡出の子孫を王・女王とする。

◉聖武天皇御製

「橘は実さへ花さへその葉さへ枝《え》に霜降れどいや常葉《とこは》の樹《き》」（「万葉集」）

は、天平八年、葛城王（橘諸兄）たちが橘姓を賜わり、臣籍降下したときの宴席で詠んだもの。

《続日本紀》

4・1　伊勢神宮・宇佐宮などに新羅無礼を奉告する（国家変事奉告。**宇佐使**の初見）。《続日本紀》

4・8　道慈の努力により、大安寺大般若会が恒例の年中行事となる。《続日本紀》

4・17　参議藤原房前、天然痘により没（藤原四兄弟、疫病により次々と死去）。《続日本紀》

5・1　九州諸国に疫病が蔓延したため、六百人の僧を宮中に請じて大般若経を読ませる。《続日本紀》

5・19　天皇、疫病に対し「朕、不徳を以て実にこの災を致せり」と詔し、賑給《しんごう》・大赦・賜物を行なう。《続日本紀》

6・1　百官官人の病多く、廃朝とする。《続日本紀》

7・25　右大臣藤原武智麻呂を左大臣とする。（この日、武智麻呂没）。《続日本紀》

8・13　詔により、国家のため験ある神で、まだ幣帛にあずからないものをすべて官社とするよう命じる。《続日本紀》

8・15　天下太平国土安寧のため、宮中に僧七百人を請じ、大般若経・最勝王経を転読させる。《続日本紀》

8・20　天智天皇皇女水主内親王《もいとりのひめみこ》（母は栗隈首徳万女黒媛娘《くろひめ》）没（生年不詳）。《続日本紀》

8・26　僧玄昉を僧正とする。《続日本紀》

9・28　鈴鹿王を知太政官事（最後の知太政官事）に、橘諸兄を大納言とする。《続日本紀》

10・19　地震あり。《続日本紀》

10・26　道慈を講師として、金光明最勝王経を大極殿で講じさせる。《続日本紀》

11・3　畿内七道に使を遣わし、諸神社を建造させる。《続日本紀》

12・27　人心一新のため、大倭国《やまと》を大養徳国《やまと》と改める。▼病の皇太夫人藤原宮子、皇后宮にて僧玄昉により治癒される（これにより玄昉、後宮勢力を背景に政治に容喙しはじめる）。《続日本紀》

この年　白壁王の王子（山部親王《やまのべ》。桓武天皇）、誕生する（母は高野新笠）。▼春に筑紫から疫瘡（天然痘）が伝染し、全国に流行する（死者多数）。《続日本紀》

□4・17藤原房前《ふじわらのふささき》（参議。贈左大臣。不比等二男。藤原北家の祖。57）、7・13藤原麻呂《ふじわらのまろ》（参議。不比等四男。藤原京家の祖。43）、7・25藤原武智麻呂《ふじわらのむちまろ》（左大臣。不比等長男。藤原南家の祖。58）、8・5藤原宇合《ふじわらのうまかい》（参議。不比等三男。藤原式家の祖。44）

＊**宇佐使**《うさつかい》　「うさのつかい」とも。天皇即位・国家大事の際に宇佐神宮に幣帛を献じるために派遣された勅使。即位の際は和気氏が派遣された。宇佐神宮は全国八幡宮の総本社であり、宇佐八幡と通称されている。

＊**皇太子**《こうたいし》　中国で皇帝の嫡子をいう。儲君《もうけのきみ》、のちに東宮・春宮ともいう。皇太子は男性を原則とし、女性の皇太子はこの阿倍内親王のみ。当時、県犬養広刀自の子安積親王が十一歳に達していたが、阿倍内親王が藤原氏出自の光明皇后の子であったことによるとされる。

■天平十年（七三八）戊寅

聖武天皇　38歳
元正上皇　59歳

1・13　阿倍内親王を皇太子とする（史上唯一の皇女の立太子）。▼大納言橘諸兄を右大臣とする。《続日本紀》

1・17　天皇、松林苑に行幸し、賜宴・賜禄を行なう。《続日本紀》

1月　大宰府、新羅使来朝を奏する。《続日本紀》

3・9　出挙《すいこ》の制を廃止する。《貞観交替式》

4・17　国家隆平のため、京畿内・七道諸国に三日間、最勝王経を転読させる。《続日本紀》

5・24　遣唐使の平安を祈り、右大臣橘諸兄らを伊勢神宮に派遣、神宝を奉る（公卿勅使の初見）。《続日本紀》

6・24　大宰府にて新羅使を饗応し、帰国させる。《続日本紀》

7・7　天皇、大蔵省に出御し、相撲を観る。▼文人に梅樹の詩を作らせる。《続日本紀》

7・10　長屋王事件の誣告者中臣宮処東人《みやこあずまひと》が大伴宿禰子虫《こむし》に斬殺される（「続日本紀」は、長屋王の変の際の密告は「誣告」と明記）。《続日本紀》

8・26　諸国に国郡図を作成・進上させる。《続日本紀》

9・6　地震あり。《続日本紀》

■天平十一年（七三九）己卯

聖武天皇　39歳
元正上皇　60歳

3・2　天皇、甕原離宮に行幸する（五日還幸）。《続日本紀》

3・23　天皇・上皇、甕原離宮に行幸する。（二十六日還宮）。《続日本紀》

3月　薬師寺東塔が建てられる。《扶桑略記》

4・3　天武天皇皇曾孫高安王らに大原真人姓を賜う。《続日本紀》

7・13　渤海客使が来朝する。《続日本紀》

7・14　五穀豊穣を祈り、諸寺に七日七夜、五穀成熟経《じょうじゅくきょう》の転読と悔過を行なわせる。《続日本紀》

10・27　入唐使・渤海客使が入京する。《続日本紀》

10月　光明皇后、宮中において維摩経を行なう。《万葉集》

11・3　遣唐使、渤海客使に伴われ帰国したことを報告する。《続日本紀》

12・10　渤海使、拝朝して国書・方物を献上する。《続日本紀》

この年　天皇、高円《たかまど》の野に遊猟する。《万葉集》
光明皇后・行信ら、斑鳩寺跡に仏堂を造営

する（法隆寺東院）。《東院縁起資財帳》
この年末から翌年前半頃、郷里制から郡郷制に移行する。
●この頃、聖徳太子等身と伝える観音菩薩像（救世観音）を祀る法隆寺夢殿が創建される。

■天平十二年（七四〇）庚辰

聖武天皇 40歳
元正上皇 61歳

1・1 天皇、大極殿に出御し、朝賀を受ける（渤海使等参列）。《続日本紀》
1・7 渤海使に叙位・賜宴・賜物を行なう。《続日本紀》
1・13 大伴犬養を遣渤海大使とする。《続日本紀》
1・16 南苑に賜宴。渤海客を朝堂に響応する。《続日本紀》
2・2 渤海使、帰国する。《続日本紀》
2・7 聖武天皇、難波宮に行幸する（十九日還幸。このとき、知識寺の盧舎那仏を拝礼して、自分も造ろうと決心したといわれる）。《続日本紀》
3・15 紀必登《きのひと》を遣新羅大使とする（四月二日辞見）。《続日本紀》
4・20 遣渤海大使大伴犬養、辞見する。《続日本紀》
5・1 光明皇后、父藤原不比等・母県犬養三千代のため一切経書写を発願し、奥書を書く（願文の日付から「五月一日経」と名付けられる）。《東大寺要録》
5・10 天皇、右大臣橘諸兄の相楽《さがらか》別業に行幸する（十二日還宮）。《続日本紀》
6・19 国ごとに法華経十部を書写させ、七重塔を建てさせる。《続日本紀》
8・29 大宰少弐藤原広嗣、上表して玄昉と吉備真備の排除を求める。《続日本紀》
9・3 藤原広嗣、上表文が入れられず、西海道諸国に動員をかけて挙兵する。大野《おおの》東人《あずまひと》を大将軍として、広嗣討伐を命じる（藤原広嗣の乱）。《続日本紀》
9・11 天皇、戦勝祈願のため、治部卿三原《みはら》王（天武天皇皇孫）らを派遣し、伊勢神宮に奉幣する。《続日本紀》
9・15 天皇、藤原広嗣の乱平定のため、四畿内・七道諸国に勅して国ごとに高さ七尺の観世音菩薩像一躯の造像と観世音経十巻を書写させる。《続日本紀》
10・5 使渤海大使大伴犬養、帰朝する。《続日本紀》
10・8 天皇の四十賀が行なわれる（算賀の初見）。《東大寺要録》
10・9 天皇、大将軍大野東人に詔して八幡神に祈らせる。《続日本紀》

＊**恭仁宮《くにのみや》** 京都府相楽郡加茂町に所在。天平十二年（七四〇）、聖武天皇は平城京よりここに遷都。翌年十一月には「大養徳《やまと》恭仁大宮《くにのおおみや》」と命名し、同十五年中に宮殿はほぼ完成したものの、天皇が近江の紫香楽で宮殿と大仏造営を進めたため、以後、恭仁宮造営は中止され、同十六年二月には難波に都を遷した。

10・15　遣新羅使紀必登、帰還する。《続日本紀》

10・23　藤原広嗣を捕らえる。《続日本紀》

10・26　天皇、「朕《われ》、意《おも》ふところ有るに縁りて」平城京脱出を意図する（大将軍大野東人に東国行幸を伝える）。《続日本紀》

10・29　天皇、東国へ出発する。この日、大和国山辺郡竹谿《つけ》村堀越《むらほりこし》の頓宮《かりみや》に到る（三十日伊賀国名張郡に到る）。《続日本紀》

11・1　天皇、伊賀郡安保《あほ》頓宮に到る。▼藤原広嗣・綱手兄弟、斬られる。《続日本紀》

11・2　天皇、伊勢国壱志《いちし》郡河口《かわくち》頓宮に到る（滞在十日）。《続日本紀》

11・3　天皇、中臣・忌部を遣わして伊勢神宮に奉幣する。▼この日、大将軍大野東人、藤原広嗣捕獲を報告する。《続日本紀》

11・4　天皇、和遅野《わちの》（三重県津市白山町）に遊猟する。《続日本紀》

11・5　大野東人、藤原広嗣斬殺を報告する。《続日本紀》

11・12　天皇、壱志郡に到り駐泊する（十四日、鈴鹿郡赤坂頓宮に到る）。《続日本紀》

11・23　天皇、赤坂を発し朝明《あさけ》郡に到る（二十五日桑名郡石占《いしうら》頓宮、二十六日美濃国当《た》伎《ぎ》郡に到る）。《続日本紀》

12・1　天皇、美濃国不破郡不破頓宮に到る（二日、宮処《みやこ》寺・曳常泉《ひきつねのいずみ》に行幸、四日、国境を巡視）。《続日本紀》

12・6　天皇、不破を発し、近江国坂田郡横《よ》川《かわ》頓宮に到る。この日、右大臣橘諸兄、遷都のため先発して山背国相楽郡恭仁《くに》郷に向かう。《続日本紀》

12・7　天皇、横川を発し、犬上頓宮に到る（十日野洲《やす》頓宮、十一日志賀郡禾津《あわつ》頓宮に入る）。《続日本紀》

12・13　天皇、近江国志賀の山寺（崇福寺）に行幸し礼仏する（十四日、山城国相楽郡玉井頓宮に到る）。《続日本紀》

12・15　天皇、山背国相楽郡の甕原離宮に入り、ここを恭仁宮として都とすることを告げる（新都造営開始）。《続日本紀》

■天平十三年（七四一）辛巳

聖武天皇　41歳

元正上皇　62歳

1・1　天皇、初めて恭仁宮で群臣の朝賀を受ける（宮垣未完成により帷帳《いちょう》をめぐらす）。《続日本紀》

1・11　天皇、伊勢神宮等に遣使・奉幣し、遷都を奉告する。《続日本紀》

1・15　故藤原不比等家、封戸三千戸を諸国国分寺に施入し、丈六仏造像の料にあてる。《続日本紀》

3・24　諸国に国分寺・国分尼寺を建立させ、その名を金光明四天王護国之寺・法華滅罪之寺とする（国分寺建立の詔。「類聚三代格」等の記事から、実際には二月十四日とされる）。《続日本紀》

3・28　天武天皇皇女長谷部《はつせべ》内親王（川島皇子妃）没（母は宍人臣大麻呂女榖媛娘《かじひめ》）。《続日本紀》

③・15　五位以上の平城京居住を禁じ、恭仁京へ移住させる。《続日本紀》

5・6　天皇、河（木津川）の南に行幸し、校猟を観る。《続日本紀》

7・10　上皇、新宮（恭仁京）に移る。《続日本紀》

7・15　玄昉、千手千眼陀羅尼経を書写させる。《願文》

8・28　平城京の東西市を恭仁京に移す。《続日本紀》

9・30　天皇、宇治・山科に行幸する（五位以上ことごとく扈《こ》従。十月二日恭仁宮に還宮）。《続日本紀》

11・21　新宮を「大養徳恭仁大宮《やまとのくにのおおみや》」と命名する。《続日本紀》

12・10　安房国を上総国に、能登国を越中国に併合する。《続日本紀》

■天平十四年（七四二）壬午

聖武天皇　42歳
元正上皇　63歳

1・1　朝賀あり。大極殿未完成のため、仮に四阿殿《あずまやどの》を造る。石上《いそのかみ》・榎井《えのい》両氏、初めて大楯・槍を立てる。《続日本紀》

1・5　**大宰府**を廃止する。《続日本紀》

1・7　天皇、城北の苑に行幸し、賜宴・賜禄を行なう。《続日本紀》

2・1　天皇、皇后宮に行幸し、賜宴・賜禄を行なう。《続日本紀》

2・3　大宰府、新羅使来日を報告する。《続日本紀》

2・5　新京の宮室が未完成のため、新羅使を大宰府で饗して帰国させる。▼恭仁宮から近江国甲賀郡への道を開く。《続日本紀》

2・14　天皇、「金字金光明最勝王経」（国宝）を写し、諸国の塔ごとに安置させる。《正倉院御物竹帙銘》

3・24　地震あり。《続日本紀》

5・10　越智山陵（斉明天皇陵）が崩壊する。《続日本紀》

5・13　知太政官事鈴鹿王らを遣わし、越智山陵を修復させる。《続日本紀》

5・17　越智山陵に使を遣わし、献物する。《続日本紀》

8・11　天皇、行幸のため紫香楽宮（滋賀県

＊**大宰府**《だざいふ》　天智三年（六六四）、北九州に設けられた対外および西海道（九州）の総管府。天平十二年（七四〇）の藤原広嗣の乱をみて、大宰府に強大な権現を持たせるのは危険として廃止に踏みきった。翌年、鎮西府を置いたものの、同十七年六月には大宰府が復置され、鎮西府は廃止された。

＊**大仏造立の詔**　「菩薩の大願を発《おこ》して、盧舎那仏《るしゃなぶつ》の金銅像一軀を造り奉る。国の銅を尽して象《かたち》を鎔《い》、大山を削りて堂を構へ、広く法界に及して朕《わ》が知識とす。遂に同じく利益を蒙りて共に菩提を致さしめむ」と述べる。またこのとき「天下の富を有つは朕なり。天下の勢を有つは朕なり」と宣言する。

甲賀市信楽町）造営を開始する。《続日本紀》
8・12　天皇、石原宮（京都府相楽郡）に行幸する（紫楽宮への途中）。《続日本紀》
8・27　天皇、紫香楽宮に行幸する（九月一日、刺松原《さすのまつばら》に行幸。四日恭仁京還幸）。《続日本紀》
10・12　塩焼王（天武天皇皇孫）ら、無礼により平城の獄に下す（十七日、伊豆国三島に配流）。《続日本紀》
10月　日本国使、新羅に到る。景徳王、これを納めず。《「三国史記」新羅本紀》
11・3　天皇、橘諸兄を伊勢に遣わし、御願寺東大寺建立を祈る（「仏法に帰依せよ」との天照大神の御託宣が下り、東大寺建立のお墨付きを得たとされる）。《東大寺要録》
11・15　天皇の前に玉女（道教の仙女、あるいは天照大神）が現われ、「当朝は神国なり、もっとも神明を欽仰し奉り給ふべきなり、しかして日輪は大日如来なり、本地は盧舎那仏なり」と宣し、天皇、これにより大仏建立を決意する。《東大寺要録》
12・16　地震あり。《続日本紀》
12・29　天皇、紫香楽宮《しがらきのみや》に行幸する（翌年一月一日還幸）。《続日本紀》

■天平十五年（七四三）癸未
聖武天皇　43歳
元正上皇　64歳
2・11　佐渡国を越後国に併せる。《続日本紀》
3・6　筑前国司、新羅使来日を報告する。《続日本紀》
4・3　天皇、紫香楽宮に行幸する（十六日還幸）。《続日本紀》
4・25　常例を失するにより、新羅使を帰国させる。《続日本紀》
5・5　皇太子阿倍内親王、内裏の宴で「五《ご》節《せち》の舞」を舞う。▼右大臣橘諸兄を左大臣とする。《続日本紀》
5・11　光明皇后、父藤原不比等・母県犬養三千代のために、一切経書写を発願する（日付から「五月十一日経」と呼ばれる。なおこのとき、自らを「藤三女」と記す）。《識語》
5・27　墾田を私財とし、位階に応じて墾田私有を認める（墾田永年私財法）。《続日本紀》
7・3　天皇、石原宮に出御し、隼人を饗応する。《続日本紀》
7・26　天皇、紫香楽宮に行幸する。《続日本紀》
8・1　天皇、鴨川に行幸し、名を宮川と改める。《続日本紀》
10・15　天皇、紫香楽宮で**大仏造立の詔**を出す。《続日本紀》

10・19 大仏を紫香楽宮で造ることにし、甲賀寺を開く。また、行基を大仏造営の勧進に起用する。《続日本紀》

11・2 天皇、恭仁京に還る。《続日本紀》

12・26 初めて筑紫に鎮西府を置く。▼大仏造立・紫香楽宮造営費用の調達のため、恭仁京造営を止める。《続日本紀》

■天平十六年（七四四）甲申

聖武天皇 44歳

元正上皇 65歳

①・1 天皇、恭仁京朝堂に百官を集め、恭仁・難波二京のいずれを都とすべきかを問う（わずかに恭仁京が上回る）。《続日本紀》

①・4 巨勢奈弖麻呂《こせのなでまろ》と藤原仲麻呂を市に遣わし、市人たちにどこを都とすべきか意見を聞かせる（圧倒的に恭仁京を支持）。《続日本紀》

①・11 天皇、難波宮（大阪市中央区）に行幸する。《続日本紀》

①・13 **安積親王**、脚病により恭仁京で急死する（聖武天皇男系の血筋が絶える。藤原仲麻呂暗殺説あり。弟の喪により井上内親王、伊勢を退下する）。《続日本紀》

2・2 恭仁京から駅鈴・内外印などを難波に運ぶ（難波京を皇都と定めるか）。《続日本紀》

2・11 天皇、和泉宮に行幸する（十三日、難波宮に還幸）。《続日本紀》

2・20 恭仁京の高御《たかみ》座《くら》と大楯を難波宮に運ぶ（「高御座」の語の古い例）。また、兵器も水路で難波宮に運ぶ。《続日本紀》

2・22 天皇、安曇江《あずみのえ》（大阪市北区野崎町か）に行幸する（百済王ら百済楽を奏する）。《続日本紀》

2・24 天皇、紫香楽宮に行幸する（上皇・橘諸兄は難波にとどまる）。《続日本紀》

2・27 難波宮を皇都とする勅を出す。《続日本紀》

3・11 石上・榎井二氏、大楯・槍を難波宮の中外門に立てる。《続日本紀》

4・13 紫香楽宮周囲の山に火あり。《続日本紀》

6・17 天皇、大官大寺（大安寺）に墾田を施入する。《大安寺伽藍縁起并流記資財帳》

7・2 上皇、智努《ちぬ》離宮に御幸する（八日、難波宮に還幸）。《続日本紀》

7・23 国ごとに正税四万束を国分寺・国分尼寺に割き、出挙の利息を造寺費用にあてる。《続日本紀》

9・15 畿内七道に巡察使を遣わす。《続日本紀》

9・30 「僧綱《そうごう》の印は大臣のもとに置き、僧

＊**安積親王《あさかしんのう》**（七二八〜七四四）聖武天皇皇子。母は夫人県犬養広刀自。藤原仲麻呂による毒殺説もある。墓は和束《わつか》墓（京都府相楽郡和束町）。

綱の政治も太政官に報告して裁可を待て」との詔が出される。《続日本紀》
10・3　光明皇后、「楽毅論《がつきろん》」を書写。《正倉院宝物「楽毅論」奥書》
10・11　上皇、弥努《ちぬ》と竹原井の離宮に幸する（十三日、難波宮に還幸）。《続日本紀》
11・13　甲賀寺に初めて盧舎那仏の体骨柱を建て、天皇自ら縄を引く。《続日本紀》
11・14　上皇、甲賀宮に行幸する。《続日本紀》
11・17　上皇、難波から紫香楽宮に移る（事実上、紫香楽宮が皇都）。《続日本紀》
□10・2道慈《どうじ》（入唐僧。生年不詳）

■天平十七年（七四五）乙酉

聖武天皇　45歳
元正上皇　66歳

1・1　天皇、紫香楽宮に遷り宮室を造るも「いまだ垣墻《みかき》ならず、めぐらすに帷帳《いちょう》を以てす」る状態だったため廃朝とする。▼大伴牛養・佐伯常人、紫香楽宮に楯・槍を立てる。《続日本紀》
1・21　行基を大僧正とする。《続日本紀》
4・1　紫香楽宮の市の西の山に火あり。《続日本紀》
4・11　紫香楽宮東山の火が消えないため、天皇、大丘野に行幸しようとするも、十三日の雨により火が滅する。《続日本紀》
4・15　塩焼王、配所より徴されて京に還る。《続日本紀》
4・27　美濃国に地震あり。紫香楽宮でも三日三晩揺れる。《続日本紀》
4月　紫香楽宮周辺で山火事が頻発する（一・三・八・十一日の地震・火事等により、平城京還都に傾く）。《続日本紀》
5・1　地震あり（十日まで連日、また十六・十八日にも）。《続日本紀》
5・2　諸司官人に定都を諮問する（皆、平城を都にすることを望む）。《続日本紀》
5・4　四大寺の僧にどこを都とするか諮問する（平城を都にすることを望む）。《続日本紀》
5・6　天皇、恭仁宮に還る。《続日本紀》
5・10　恭仁京の市人、平城京に移る。《続日本紀》
5・11　諸陵に奉幣する。▼天皇、平城宮に行幸、諸司百官も平城に移る（平城還都。このあとも難波宮は副都として機能）。《続日本紀》
5月　地震あり（「往々地裂け、水泉涌出」）。《続日本紀》
6・4　伊勢神宮に奉幣する。《続日本紀》
6・5　大宰府を復活する。《続日本紀》
6・14　平城宮の門に大楯を立てる（正式に

平城還都を表明)。《続日本紀》
7・17 地震あり(十八・二十四・二十九日、九月二日にも)。《続日本紀》
8・15 大安殿に無遮大会を設ける。《続日本紀》
8・23 大養徳《やまと》国国分寺の金光明寺(金鐘寺《こんしゅじ》。東大寺)に大仏造立地を移す(天皇自ら土砂を運び、仏の御座を築きはじめる)。《東大寺要録》
8・28 天皇、難波宮に行幸する。《続日本紀》
9・4 天武天皇皇孫**鈴鹿王**没。《続日本紀》
9・17 天皇の病気のため大赦・賑恤する。《続日本紀》
9・19 天皇病気のため、平城・恭仁二京の留守官に宮中を固守させ、使を遣わして平城宮の鈴印を難波に運ばせる。また、賀茂社・松尾社などの神社に奉幣し、諸国の鷹・鵜を放し、三千八百人を出家させる(この頃、橘奈良麻呂、黄文王《きぶみ》を擁立せんとする)。《続日本紀》
9・26 天皇、平城宮に還る。《続日本紀》
11・2 玄昉を筑紫観世音寺の造営に遣わす。《続日本紀》
12・15 恭仁宮の兵器を平城に運ぶ。《続日本紀》
この年 大官大寺を大安寺と改称する。《大安寺縁起》

■天平十八年(七四六)丙戌

聖武天皇 46歳
元正上皇 67歳

1・14 地震あり(二十九・三十日、閏九月十三日にも)。《続日本紀》
3・16 良弁、東大寺羂索院《けんさくいん》に法華会を創始する。《東大寺要録》
4・5 西海道を除く諸道に鎮撫使を任命する。《続日本紀》
6・5 地震あり。《続日本紀》
8・23 斎宮寮を置く。《続日本紀》
9・3 伊勢斎宮県女王《あがたのおおきみ》(系譜未詳も「二所大神宮例文」では聖武天皇皇女)、伊勢へ発向する。《続日本紀》
9・13 地震あり。《続日本紀》
9・28 長谷寺の堂舎成り、供養する。《長谷寺縁起》
9・29 恭仁京大極殿を山背国分寺に施入する。《続日本紀》
10・6 天皇、自身の病気快癒のため、上皇・皇后を伴い、金鐘寺(東大寺)に行幸し、盧舎那仏を燃燈供養する(東大寺万燈会の初め)。《続日本紀》
10・14 諸寺縁起・資財などの勘録を命じる。《法隆寺伽藍縁起并流記資財帳》

＊**鈴鹿《すずか》王《おう》**(?～七四五) 天武天皇皇子高市皇子の子、長屋王の弟。天平元年(七二九)二月の長屋王の変に坐したが赦免。同三年、参議となり公卿に列する。のち知太政官事となるも、王の死により、知太政官事は廃され、貴族・権臣による政治体制に移行する。

10・19　下道真備《しもつみちのまきび》に吉備朝臣姓を賜う。《続日本紀》
12・10　七道鎮撫使を停止し、京・畿内・諸国の兵士を復活する。《続日本紀》
この年　渤海人・鉄利人一千百余人、来朝、衣粮を与え帰国させる。《続日本紀》
□6・18玄昉《げんぼう》（入唐僧。僧正。生年不詳）

■天平十九年（七四七）丁亥
聖武天皇　47歳
元正上皇　68歳
1・1　天皇、病気により廃朝。囚人大赦・貧困者救済を行なう。《続日本紀》
2・11「元興寺伽藍縁起幷流記資財帳」勘録撰上、「法隆寺伽藍縁起幷流記資財帳」成る（「大安寺伽藍縁起幷流記資財帳」も提出される）。《識語》
3・16　大養徳国を旧称大倭国に戻す。《続日本紀》
3月　光明皇后、聖武天皇の病気平癒を祈り、九間の金堂と七仏薬師像を建立し、新薬師寺を建立する。《東大寺要録》
5・12　地震あり。《続日本紀》
6・15　羅生門にて祈雨する。《続日本紀》
9・17　勅により六所権現の号を賜わる（鵜戸神宮の初め）。《大隅国鵜戸権現社記》
9・29　東大寺大仏の本格的鋳造を始める。《「東大寺要録」大仏殿碑文》
9月　伊勢内宮の遷宮が行なわれる（外宮は天平勝宝元年）。このとき、「二十年に一度の御遷宮を長き例とせよ」との宣旨が出される。《大神宮諸雑事記》
11・7　国分寺・国分尼寺の造営を督促する。《続日本紀》
12・14　元正上皇の病により、天下に大赦する。《続日本紀》
この年　井上内親王、斎宮を退下する。《二所大神宮例文》

■天平二十年（七四八）戊子
聖武天皇　48歳
元正上皇　69歳
4・8　天皇、菩薩戒を受ける。《東大寺要録》
4・21　元正上皇、病により寝殿にて崩御。《続日本紀》
4・22　御装束司・山作司・養役夫司を定め、諸国挙哀を命じる。《続日本紀》
4・27　飛鳥寺に誦経させる（このあと七日ごとに都の寺に誦経）。《続日本紀》
4・28　上皇、佐保山陵《さほやまのみささぎ》にて火葬される。《続日本紀》
5・8　元正上皇のため、諸国に僧尼を請じて読経させる。《続日本紀》
7・18　元正上皇のため、法華経一千部を書

写させる。《続日本紀》

8・21 天皇、葛井《ふじい》広成《ひろなり》宅に行幸し、一泊する。《続日本紀》

12・18 使を遣わし、佐保山陵を鎮祭し、僧尼各一千人を度す。《続日本紀》

●天平年間（七二九〜七四九）、僧行信らにより、斑鳩宮の故地に上宮王院（夢殿を中心とする現在の法隆寺東院）が建立される。

■天平感宝元年・天平勝宝元年（七四九）己丑

聖武天皇 49歳
孝謙天皇 32歳

1・14 天皇、平城中嶋宮にて、行基を導師として菩薩戒を受け、勝満と称する（皇后も受戒）。《扶桑略記・東大寺要録》

2・22 陸奥国、黄金を献上する（国内初の産金）。《続日本紀》

4・1 天皇、皇后・阿倍皇太子とともに東大寺に行幸。盧舎那仏に礼拝し、黄金出土を報告、自らを「三宝の奴」と称する。《続日本紀》

4・14 天皇、東大寺に行幸する。▼大納言藤原豊成を右大臣とする。▼陸奥国の黄金献上により**天平感宝**と改元する。《続日本紀》

⑤・11 伊勢斎宮県女王、両親の喪により退下する（両親の名は不詳）。《続日本紀》

⑤・20 天皇、華厳経など経論の転読・講説の資として、大安寺以下十二寺に墾田・布・稲などを寄進し、諸願成就を祈る（現存最古の寄進状「聖武天皇施入**勅願文**」〈このとき「太上天皇沙弥勝満」を名のる〉。静岡県平田寺蔵・国宝）。《続日本紀》

⑤・23 天皇、薬師寺宮に遷り、御在所とする（出家生活に入る。実質的に譲位か）。《続日本紀》

第四十六代 孝謙《こうけん》天皇

7・2 **聖武天皇譲位**。皇太子阿倍内親王、大極殿にて即位する（**孝謙天皇**。即位後、皇太夫人藤原宮子を太皇太后と称させる）。▼この日、即位により**天平勝宝**と改元する。《続日本紀》

7・24 聖武天皇御願の東大寺大仏成る。《扶桑略記》

8・10 紫微中台長官紫微令に藤原仲麻呂を任じる。《続日本紀》

8・21 大隅・薩摩国の隼人、調を貢上する。《続日本紀》

9・6 三原王王女小宅《おやけ》女王を伊勢斎宮とする。《一代要記》

10・9 天皇、河内国知識寺に行幸する。《続日本紀》

10・14 天皇、石川に行幸する。《続日本紀》

＊**天平感宝《てんぴょうかんぽう》** 陸奥国から初めて黄金が献じられたことによる。この年号よりしばらく則天武后の四字年号に倣う。出典不詳。

＊**勅願文《ちょくがんもん》** 天皇・上皇が願主となって神仏に天下太平・戦勝などを祈願する文書。最も古いものとして「聖武天皇勅書」（天平勝宝元年〈七四九〉閏五月）のものが伝えられている。

＊**聖武天皇譲位** このときの宣命に「万機密《しげ》く多くして御身《みみ》敢《あ》へ賜はず（劇務で我が身が堪えがたく）」として「高御座の業《わざ》」を阿倍内親王に譲ると述べる。なお、男帝の譲位は初めて。聖武天皇は、譲位後、出家する。

＊**孝謙天皇《こうけんてんのう》**（七一六〜七七〇） 阿倍内親王。宝字称徳孝謙皇帝・高野天皇。出家して法均尼。父は聖武天皇、母は藤原安宿媛。配偶者なし。天平宝字六年（七六二）に出家するも、同八年に重祚して称徳天皇となる。

＊**天平勝宝《てんぴょうしょうほう》** 即位により改元。天平勝宝七年のとき、勅により天平勝宝七歳とする。出典不詳。

＊**奈保山陵《なほやまのみささぎ》（奈保山西陵）** 奈良

10・15　天皇、大郡《おおこおり》宮に還る。《続日本紀》

10・24　東大寺盧舎那仏像の鋳造成る。《「東大寺要録」大仏殿碑文》

11・19　宇佐の八幡大神、託宣して京に向かう。《続日本紀》

11・25　天皇、南薬園新宮にて大嘗祭を行なう。《続日本紀》

11・30　天皇、大郡宮に遷る。《続日本紀》

12・18　八幡神が入京、梨原宮を神宮とする（のち大仏殿南東に遷座。手向山《たむけやま》八幡宮の初め）。《続日本紀》

12・27　八幡神の禰宜尼大神社女《おおみわのもりめ》、東大寺を拝する。この日、天皇・聖武上皇・光明皇太后をはじめ百官ことごとく東大寺に集まり、大唐・渤海・呉《くれ》の楽・五節田儛《ごせちのたまい》・久米《くめ》儛《まい》が奏上され、僧五千人が礼拝・読経する。この日、豊前国宇佐郡に坐す八幡大神に一品、比咩《ひめ》神に二品を奉授する（神への品位奉授の初期例）。《続日本紀》

12月　東大寺大仏の螺髪《らほつ》の鋳造を開始する（天平勝宝三年六月成る）。《東大寺要録》

□2・2行基《ぎょうき》（大僧正。東大寺大仏建立に寄与。82）

■天平勝宝二年（七五〇）庚寅

孝謙天皇　33歳

聖武上皇　50歳

1・1　天皇、大安殿に出御し、朝賀を受ける。この日、大郡宮に還御する。《続日本紀》

1・10　吉備真備、筑前守に左遷される（ついで肥前守に）。《続日本紀》

2・4　出雲国造出雲弟山《おとやま》、神賀詞を奏上する。《続日本紀》

2・9　天皇、大郡宮から薬師寺宮へ遷る。《続日本紀》

2・16　天皇、春日酒殿に行幸する。《続日本紀》

2・22　聖武上皇・光明皇太后・天皇、東大寺に幸する。《東大寺要録》

4・4　天皇、薬師経に帰依するにより大赦を命じる。《続日本紀》

9・24　遣唐大使に藤原清河、副使に大伴古麻呂を任命する（第十次遣唐使）。《続日本紀》

10・18　元正上皇を奈保山陵に改葬する。《続日本紀》

この年　光仁天皇皇子（早良親王。崇道天皇）、誕生するか（母は高野新笠）。

■天平勝宝三年（七五一）辛卯

孝謙天皇　34歳

聖武上皇　51歳

1・14　天皇、東大寺に行幸する。《続日本紀》

1・25　天武天皇皇女多紀《たき》（当耆・託基とも）

市奈良阪町に所在。元明天皇の奈保山東陵と並んでいる。「延喜式」諸陵寮では「兆域東西三町、南北五町、守戸五烟」とある。のち所伝を失うが、幕末修陵時に現陵に治定される。

内親王（伊勢斎宮。施基皇子妃。母は宍人檝媛《かじひめ》）没（生年不詳）。《続日本紀》

1・27 天武天皇皇曾孫小倉王ら諸王に真人姓を賜う。《続日本紀》

2・22 出雲国造出雲弟山、神賀詞を奏上する。《続日本紀》

4・4 遣唐使の平安のため、伊勢神宮以下諸社に奉幣する。《続日本紀》

6月 東大寺大仏螺髪《らほつ》九百六十六個の鋳造が終わる（近年の調査では、現存大仏の螺髪は四百九十二個）。《東大寺要録》

10・23 聖武上皇の病気平癒のため、新薬師寺に高僧四十九人を招き、続命法による斎会が行なわれ（七日間）、天下に大赦する。《続日本紀》

11・7 吉備真備を遣唐副使とする。《続日本紀》

11月 「懐風藻」（現存最古の漢詩集）成る。《序》

この年 光仁天皇皇子（薭田親王）、誕生する（母は湯原親王王女尾張女王）。《続日本紀》東大寺大仏殿の建造が終わる。《東大寺要録》

■**天平勝宝四年（七五二）壬辰**

孝謙天皇 35歳

聖武上皇 52歳

1・11 地震あり。▼上皇病気により、僧九百五十人、尼五十人を出家させる。《続日本紀》

1・25 山口人麻呂を遣新羅使とする。《続日本紀》

2・11 良弁弟子実忠《じっちゅう》、草創の東大寺二月堂で本尊十一面悔過を行ない、国家民衆の平安を祈る（修二会〈お水取〉の初め）。《東大寺要録》

3・3 遣唐使らが拝朝する。《続日本紀》

3・14 東大寺大仏の塗金が開始される。《東大寺要録》

③・9 遣唐使に節刀を給う。《続日本紀》

③・22 大宰府、新羅王子ら七百余人の来日を報じる。《続日本紀》

③・28 新羅王子の来朝を大内（天武・持統）・山科（天智）・恵我（応神）・直山（奈保山。元明・元正）等の山陵に奉告する。《続日本紀》

4・9 天皇、百官を率いて東大寺盧舎那大仏開眼供養に臨幸する（聖武上皇・光明皇太后も臨席。僧一千人が参列）。僧正菩提僊那、大仏を開眼し、華厳経を講説するなど盛大な法会が行なわれる。この日、天皇、大納言藤原仲麻呂の田村第に遷り、御在所とする。《続日本紀・東大寺要録》

＊**聖武天皇勅書銅板**《しょうむてんのうちょくしょどうばん》 表裏に銘文があり、代々天皇は東大寺の檀越《だんおつ》となり、東大寺を保護すること、東大寺が復興すれば天下復興し、衰弊すれば天下衰弊するなどの書を銅板に刻んだもの。王法仏法相依思想の典型といわれる。東大寺に伝来し、明治初年、皇室に献上され、正倉院御物となる。聖武天皇の真作といわれてきたが、現在は、天平宝字四年（七六〇）以後に東大寺で造られたものではないかとされる。

5・1　良弁を東大寺別当とする。《東大寺要録》
6・14　新羅王子、拝朝して調を貢上する。《続日本紀》
6・17　朝堂にて新羅使を饗応し、今後、国王みずから来朝、表文をもたらすことを命じる。《続日本紀》
7・10　舎人親王王子三原王没（生年不詳。斎宮小宅女王、父三原王の喪により伊勢を退下）。《続日本紀》
9・22　天武天皇皇孫智努《ちぬ》王らに文室真人の姓を賜う。《続日本紀》
9・24　渤海使が佐渡に来着する。《続日本紀》
この秋　天皇、大納言藤原仲麻呂の家に幸する。《万葉集》
10・1　地震あり（翌日も）。《続日本紀》
11・3　佐渡国を復置する。《続日本紀》
11・18　聖武上皇、左大臣橘諸兄の邸に御幸する。《万葉集》

■天平勝宝五年（七五三）癸巳

孝謙天皇　36歳
聖武上皇　53歳

1・15　天皇、勅書銅板を納める。《正倉院宝物**聖武天皇勅書銅板**》
2・9　小野田守を遣新羅大使とする。《続日本紀》
3・3　東大寺東塔院三重塔成る。《東大寺要録》
3・29　東大寺に百座を設け、仁王会を修する。《続日本紀》
4・15　光明皇太后の病気により大赦する。《続日本紀》
5・25　渤海使、拝朝して信物を貢上する（二十七日、朝堂にて饗応）。《続日本紀》
6・8　渤海使帰国（渤海国王に書を賜い、上表文を持参しないことを責める）。《続日本紀》
8月　遣新羅使、礼無きにより新羅国王に引見を拒否されて帰国する。《「三国史記」新羅本紀》
11・16　聖武上皇、長谷寺に幸する。《長谷寺縁起》
12・26　鑑真、大宰府に到着する。《唐大和上東征伝》
この年後半　東大寺正倉院建立か。

■天平勝宝六年（七五四）甲午

孝謙天皇　37歳
聖武上皇　54歳

1・5　天皇、東大寺に行幸し、燈二万を燃やす。《続日本紀》
1・16　遣唐副使大伴古麻呂、唐僧鑑真・法進らを伴って帰国する。《続日本紀》

1・30 遣唐副使大伴古麻呂、唐朝で朝賀の席次で新羅と争ったことを報告する。《続日本紀》
2・4 鑑真、入京する。《唐大和上東征伝》
3・10 唐の信物を山科（天智）陵に奉る。《続日本紀》
4月 鑑真、東大寺大仏殿前に戒壇を築き、聖武上皇・孝謙天皇・光明皇太后に菩薩戒を、五百余人の僧に具足戒を授け、わが国最初の正式授戒を行なう。《唐大和上東征伝》
5・1 東大寺に戒壇を建立すべき旨の宣旨を下す。《東大寺要録》
7・19 太皇太后**藤原宮子**、中宮にて没。《続日本紀》
7・20 御装束司・造山司を定める。《続日本紀》
8・4 太皇太后藤原宮子を佐保山陵で火葬する。《続日本紀》
10月 東大寺戒壇で初めて授戒を行なう。《東大寺要録》
11・1 畿内・七道の巡察使を任じる。《続日本紀》
11・8 聖武上皇と光明皇太后のために、薬師仏を供養する。《続日本紀》
この年 白壁王王女（光仁天皇皇女。酒人《さかひと》内親王）、誕生する（母は皇后井上内親王）。《東大寺要録》

■天平勝宝七歳（七五五）乙未

孝謙天皇 38歳
聖武上皇 55歳

1・4 天平勝宝七年を同七歳と改める。《続日本紀》
6・24 天武天皇皇曾孫和気王らに岡真人姓を賜う。《続日本紀》
10・13 宣旨により東大寺戒壇院が創建され（九月）、この日、落慶供養を行なう。《東大寺要録》
10・21 聖武上皇の病により大赦し、天智天皇陵等七陵と藤原不比等墓に奉幣祈願する。《続日本紀》
11・2 少納言厚見王を遣わし、伊勢神宮に奉幣する。《続日本紀》

■天平勝宝八歳（七五六）丙申

孝謙天皇 39歳
聖武上皇 56歳

2・2 橘諸兄、左大臣を致仕。《続日本紀》
2・24 天皇、上皇・光明皇太后と難波宮行幸への途次、知識寺南の行宮に到る（翌日、知識寺等六寺に行幸礼仏）。《続日本紀》
2・28 天皇・上皇・皇太后、難波宮に到り、東南新宮に御する。《続日本紀》
3・1 上皇、難波の堀江に御幸する。《続

＊**藤原宮子**《ふじわらのきゅうし》（？〜七五四）「みやこ」とも。文武天皇夫人。父は藤原不比等、母は賀茂比売。光明皇后の異母姉。文武天皇元年（六九七）に夫人となり、大宝元年（七〇一）に首皇子（聖武天皇）をもうける。神亀元年（七二四）聖武天皇が即位して「大夫人」（ついで「皇太夫人」と改める）。佐保山に火葬され、陵は佐保山西陵とされるが所在不明。諡号は、千尋《ちひろの》葛藤高知天宮姫之《かつらふじたかしるあめのみやひめの》尊。

＊**佐保**《さほ》**山陵**《やまのみささぎ》（佐保山南陵）奈良市法蓮町に所在。同地には文武天皇夫人宮子の山陵があったため、後佐保山陵とも記される。「延喜式」諸陵寮には「左保山南陵」として「兆域東四段、西七町、南北七町、守戸五烟」とある。永禄年間（一五五八〜七〇）松永久秀が多聞山城を築き、このとき郭内に入ったものの、所在が失われることなく、元禄の諸陵探索時も当陵を陵所とし、幕末には、眉間寺《みけんじ》を他に移して修陵された。

日本紀》

4・14 上皇の病により大赦・賑恤《しんじゅつ》する。《続日本紀》

4・15 天皇、難波行幸の帰途、知識寺に行幸する（十七日平城宮還幸）。《続日本紀》

5・2 聖武上皇、平城宮寝殿にて崩御（遺詔により道祖王《ふなと》〈父は新田部親王〉が即日皇太子に立てられる。喪のため立太子礼なし。これにより嫡系主義が終わる）。《続日本紀》

5・3 三関を固守し、御装束司・山作司・造方相司・養役夫司を定める。《続日本紀》

5・6 文武百官、素服・挙哀する。《続日本紀》

5・8 聖武上皇初七忌に南都七大寺で誦経・法要が行なわれる（二七忌にも）。《続日本紀》

5・10 大伴古慈斐《こしび》と淡海三船が朝廷を誹謗した罪で逮捕される（十三日、詔により放免）。《続日本紀》

5・19 聖武上皇、**佐保山陵**に土葬され、仏式による葬儀が初めて行なわれる（上皇に諡号を奉らぬことを詔す）。《続日本紀》

5・24 鑑真・良弁を聖武上皇の看病護身の労を賞し、大僧都とする。《続日本紀》

6・10 諸国国分寺の造営を促す。《続日本紀》

6・21 聖武上皇七七忌に当たり、光明皇太后、「先帝玩弄之珍、内司供擬之物」六百数十点を東大寺に献納する（献納品の目録が「国家珍宝帳」）。また、この日、六十種の薬物も献納する（その目録が「種々薬帳」）。《正倉院宝物「東大寺献物帳」》

7・8 聖武上皇の遺品を東大寺・法隆寺など十八寺に奉献する（このときの目録が「法隆寺献物帳」）。《東博蔵「法隆寺献物帳」》

7・26 光明皇太后、屏風や花氈などを東大寺大仏に献納する（この目録が「屏風花氈等帳」）。《正倉院宝物「東大寺献物帳」》

11・17 聖武上皇崩御のため新嘗祭を中止する。《続日本紀》

12・30 皇太子道祖王らを諸寺に遣わし、梵網経の講師を請じる。《続日本紀》

■天平宝字元年（七五七）丁酉

孝謙天皇 40歳

1・1 諒闇により朝賀を中止する。▼故聖武上皇のため八百人を出家させる。《続日本紀》

3・20 天皇寝殿の承塵《しょうじん》（天井）の裏に「天下太平」の字が見つかる（二十二日、勅して親王・群臣に瑞字を見せる）。《続日本紀》

3・29 道祖王、聖武上皇喪中に侍童に通じ機密を洩らすなどで廃太子となる（藤原仲

麻呂の策略といわれ、天武天皇系皇孫を排斥・抹殺)。《続日本紀》
4・4　天皇、皇太子を誰にするか群臣に問う。塩焼王・池田王の名が挙がるが、藤原仲麻呂により大炊《おおい》王（舎人親王王子。淳仁天皇）が皇太子に立てられる（大炊王、仲麻呂の私邸に居住し、仲麻呂に権力が集中する）。▼高麗・百済・新羅からの渡来人に賜姓を許す。《続日本紀》
4・14　法華寺に毎年安居し、法華経を説かせる。《類聚三代格》
5・2　聖武天皇周忌のため、僧千五百人を請じ東大寺で斎会を行なう。《続日本紀》
5・4　天皇、内裏改修のため、藤原仲麻呂の田村第に遷る。《続日本紀》
5・20　右大臣藤原豊成を左大臣とする。藤原仲麻呂を紫微令から紫微内相とする。孝謙天皇勅の形で「養老律令」の施行を命じる。《続日本紀》
5・26　天皇・皇后等の名を姓名とするのを禁じる。《政事要略》
6・19　伊勢神宮奉幣使を中臣朝臣から選ぶことに決まる。《続日本紀》
6・28　山背王、橘奈良麻呂の謀反を告げる（山背王、これにより従三位を授けられ、母姓藤原を賜わる）。《続日本紀》

7・2　橘奈良麻呂ら、藤原仲麻呂の専横に対しその打倒を謀るも発覚し、道祖王宅が囲まれる（橘奈良麻呂の変）。《続日本紀》
7・4　橘奈良麻呂・大伴古麻呂《こまろ》・**道祖王**・黄文《きふみ》王らが処刑される。安宿王とその妻子は佐渡に配流（藤原仲麻呂の専制体制確立）。《続日本紀》
7・9　左大臣藤原豊成に子乙縄《おとなわ》の引き渡しを命じる（十二日、豊成、大宰府員外帥に左降）。《続日本紀》
7・27　詔して塩焼王の罪を免じる。《続日本紀》
8・3　塩焼王、姓氷上真人姓を賜う。《公卿補任》
8・18　蚕の瑞字献上により**天平宝字**に改元する。《続日本紀》
⑧・17　「皇室を傾けて」と、この日の記録に「皇室」の語が使われる。《続日本紀》
⑧・18　天武天皇皇曾孫出雲王・篠原王・尾張王ら豊野真人姓を賜う。《続日本紀》
9・27　大宰府の防人に坂東の兵士を充てるのを中止する。《続日本紀》
11・9　大衍暦経により、暦日を勘造させる。《類聚三代格》
11・23　勅して、鑑真和上に新田部親王の旧宅を施入し、戒院とする（唐招提寺の初め）。

＊**道祖《ふなど》王《おう》**（?～七五七）「続日本紀」では「ふなとのおおきみ」。天武天皇皇孫。新田部親王の子。天平勝宝八歳（七五六）立太子も、翌年、聖武上皇喪中に侍童に通じ機密のことをもらしたとして廃太子。橘奈良麻呂の変で捕らえられ、拷問により死亡。

＊**天平宝字《てんぴょうほうじ》**　三月二十日、「天下大平」の文字が生じたこと、八月十三日、駿河国の金刺《かなさし》舎人麻自《まじ》が、その蚕が「五月八日開下帝釈標知天皇命百年息」の字を作ったのを献じたことによる。

＊**淳仁天皇《じゅんにんてんのう》**（七三三～七六五）　大炊王。父は舎人親王、母は大夫人当麻山背《たいまのやましろ》。粟田諸姉《あわたのもろね》を娶る。聖武上皇崩御後立太子、天平宝字二年（七五八）即位。近江の保良宮に移った頃から道鏡を寵愛する孝謙上皇と対立し、同八年廃されて淡路に幽閉される。陵は淡路陵。なお天皇は「淡路廃帝」と称されていたが、明治になって初めて「淳仁」という漢風諡号が与えられた。独自の元号を持たなかった特異な天皇。

＊**追尊天皇《ついそんてんのう》**　死後、天皇の位号を贈

《東大寺要録》

12・9 「大和宿禰長岡」の名を初出として、「大倭」に代わり「大和」が用いられるようになる（この年六月十六日の「大倭宿禰小東人」以降、「大倭」の用字が消える）。《続日本紀》

□1・6 橘諸兄《たちばなのもろえ》（左大臣。はじめ葛城王。父は美努王。母は県犬養橘三千代。74）

■天平宝字二年（七五八）戊戌

孝謙天皇　41歳

淳仁天皇　26歳

2・20 宴にて闘争多いため、以後、供祭・療患のほか飲酒を禁止する。《続日本紀》

3・10 聖武天皇の忌月が五月のため、今後の端午節会を中止する（光仁天皇のときに復活）。《続日本紀》

6・1 光明皇太后、王羲之・王献之の真跡書を東大寺に献納する（真跡書は現在に伝わらず。正倉院宝物「大小王真蹟帳」）。《正倉院宝物「東大寺献物帳」》

6・11 陸奥国の帰降した夷俘千六百九十余人に種子を給い、王民とする。《続日本紀》

7・4 光明皇太后、病む（勅して殺生を禁断）。《続日本紀》

7・28 各国分寺・尼寺に金剛般若経を書写、安置し、転読させ、国家太平を祈る。《続日本紀》

第四十七代 淳仁《じゅんにん》天皇

8・1 孝謙天皇、天皇位の重任に耐えがたいこと及び母光明子に孝養を尽くしたいとして譲位。皇太子大炊王、大極殿にて即位する（**淳仁天皇**）。天皇、孝謙天皇に「宝字称徳孝謙皇帝」を、光明皇太后に「天平応真仁正皇太后」の尊号を奉る。▼詔して鑑真に「大和上」の号を賜う。《続日本紀》

8・9 聖武天皇に尊号として「勝宝感神《しょうほうかんじん》聖武皇帝」、諡号として「天璽国押開豊《あめしるしくにおしひらきとよ》桜彦尊《さくらひこのみこと》」を追贈する。また、文武・元正両天皇の父として草壁皇子に「岡宮《おかのみや》御宇天皇《あめのしたしらしめししすめらみこと》」（岡宮天皇）を追尊する（**追尊天皇**）。《続日本紀》

8・19 淳仁天皇皇女安陪（倍）内親王を伊勢斎宮に卜定する（「続日本紀」に安陪の名はない）。《斎宮記》即位のことを伊勢神宮に奉告する（即位**由奉幣**の初めか）。《続日本紀》

8・25 天皇、藤原仲麻呂の忠誠を称し、太《たい》保《ほう》（右大臣）とし、恵美押勝《えみのおしかつ》の名を賜い、鋳銭《じゅせん》・挙稲《きょとう》と「恵美家印」を官印として使用許可。▼押勝、官名・省名等を唐風に改称する（太政官を乾政官《げんじょうがん》、太政大臣を大《だい》

られた皇親。不即位・追尊太上天皇を含め、岡宮天皇（草壁皇子）、崇道尽敬皇帝（舎人親王）、春日宮天皇（施基親王）、崇道天皇（早良親王）、後高倉院（守貞親王）、後崇光院（貞成親王）、陽光院（誠仁親王）、慶光天皇（典仁親王）がいる。

＊**由奉幣**《よしのほうべい》　即位・大嘗祭・元服がある由（事由と期日）を伊勢両宮に幣使を発遣して告げ奉ること。「即位由奉幣」の初見は天平宝字二年（七五八）、「大嘗会由奉幣」の初期例は大同三年（八〇八）、「元服由奉幣」の初期例は貞観五年（八六三）とされる。応仁以後は廃絶されるも、慶長以後、次第に旧儀が復興された。

師《し》、左大臣を大傅《だいふ》、右大臣を大保《だいほう》、紫微《しび》中台《ちゅうだい》を坤宮官《こんぐうかん》等。この制は七六四年に廃止)。《続日本紀》
9・18 遣渤海使、渤海使を伴って帰国する。渤海使を越前国に置く。《続日本紀》
10・1 光明皇太后、父藤原不比等の真跡屏風二帖を東大寺盧舎那仏に奉納する(正倉院宝物「藤原公真跡屏風帳」)。《正倉院宝物「東大寺献物帳」》
10・25 国司の任期を四年から六年に改め、三年ごとに巡察使派遣を決める。《続日本紀》
11・23 天皇、乾政官院(太政官院)にて大嘗祭を行なう。《続日本紀》
12・8 陸奥国の桃生城《もものうのき》(旧宮城県桃生郡河北町(現石巻市))・小勝《おかちの》(雄勝)柵《き》(秋田県湯沢市、一説に雄勝郡羽後町)造営に着工する。《続日本紀》
12・10 遣渤海使、安禄山の乱など唐の情勢を報告する。《続日本紀》
12・24 渤海使、入京する。《続日本紀》

■天平宝字三年(七五九)己亥

淳仁天皇 27歳
孝謙上皇 42歳

1・1 朝賀に渤海使が参列する。《続日本紀》
1・3 渤海使、方物を貢し、上表する(十八日、朝堂にて饗応)。《続日本紀》
1・30 高元度を迎入唐大使使《にっとうたいしをむかうるつかい》とする。《続日本紀》
1月 この月以降、「**万葉集**」成る。
2・1 渤海使帰国するにより、渤海国王に勅書・物を賜う。《続日本紀》
2・16 高元度、渤海使の帰国に随行する(渤海経由で入唐。翌々年帰国)。《続日本紀》
5・9 天皇、諸臣に意見の上表を求める。
▼諸国に常平倉《じょうへいそう》を置き、中央に左《さ》右《ゆう》の平《ひょう》準署《じゅんしょ》を設ける。《続日本紀》
6・16 天皇、父舎人親王に「崇道尽敬皇帝」号を、母当麻夫人《たぎまのおおとじ》に「大夫人《おおみおや》」号を追贈する。また、船王・池田王・室《むろ》女王・飛鳥田女王の兄弟姉妹を**親王**とする(親王宣下の初め)。《続日本紀》
6・18 新羅征討のため、大宰府に行軍式を造らせる。《続日本紀》
6・22 勅により、律令格式および『維城典訓《いじょうてんくん》』(則天武后が編纂させた教訓書)を官吏の必読書とする。《続日本紀》
7・5 聖武天皇夫人広岡古那可智《こなかち》没(生年不詳)。《続日本紀》
8・1 鑑真、戒院を設け、唐律招提《とうりつしょうだい》(のち唐招提寺)と名付ける。《唐大和上東征伝》
8・6 新羅を討つべき状を報ずるため、香椎廟に奉幣する(以来、国の大事には香椎

***万葉集《まんようしゅう》** 飛鳥・奈良時代の歌集。四千五百首余りを収録。持統天皇の発意により始められる。巻一の後半部には、持統天皇を「太上天皇」、文武天皇を「大行天皇」と表記しており、元明天皇の時代に編纂されたことがうかがわれる。その後も編纂は続けられ、最終的には大伴家持により、七五六年以後に全二十巻としてまとめられたとされる。

***親王** 大宝令により、天皇の兄弟姉妹・皇子皇女を親王とすることが定められ、皇孫は二世以下は諸王と称された。ところが、淳仁天皇が二世王から践祚したことから、平安時代以降は親王宣下をもって親王とすることになり、皇子女であっても親王宣下を受けない者や、皇孫以下でも、天皇・上皇の養子・猶子とすることで親王宣下を受けることができた。なお、現在は皇子女はすべて親王の称号が与えられている。

***光明《こうみょう》皇太后**(七〇一〜七六〇) 藤原不比等三女。母は県犬養三千代。名は安宿媛《あすかべひめ》、光明子。霊亀二年(七一六)皇太子首皇子(聖武

宮に勅使を差遣）。《続日本紀》
9・19 新羅征討のため北陸道などに命じて船五百艘を三年内に造らせる。《続日本紀》
10・8 「君《きみ》」の姓を「公」に、「伊美吉《いみき》」の姓を「忌寸」に改めさせる。《続日本紀》
10・18 渤海使ら対馬に漂着。渤海、高元度ら十一人のみ唐に赴かせたことを報告する。《続日本紀》
11・9 国分寺・尼寺の伽藍配置図、堂塔の指図を諸国に頒ち、建立を促進する。《続日本紀》
11・11 淳仁天皇妹室内親王（舎人親王女）没（生年不詳）。《続日本紀》
11・16 藤原仲麻呂、保良宮《ほらのみや》（大津市石山寺西方の地か）を造らせる（「北京《ほっきょう》」と称する）。《続日本紀》
12・2 （五衛府補完のため）授刀衛《じゅとうえ》を置く。《続日本紀》
12・24 渤海使、入京する。《続日本紀》
12・26 正倉院蔵陽宝剣・陰宝剣等を出蔵する。《正倉院文書「出蔵帳」》

■天平宝字四年（七六〇）庚子

淳仁天皇 28歳
孝謙上皇 43歳

1・1 朝賀に渤海使が参列する。《続日本紀》
1・2 天皇、大保藤原恵美押勝第に行幸する（賜禄）。《続日本紀》
1・4 天皇、上皇と内安殿に出御し、藤原恵美押勝を大師（太政大臣）とする（人臣初）。《続日本紀》
1・5 渤海使、国書・方物を献上する。▼上皇・天皇、恵美押勝の田村第に行幸する。《続日本紀》
1・7 上皇・天皇、閤門《こうもん》に出御して渤海使に賜宴・賜禄を行なう。《続日本紀》
1・29 聖武天皇夫人《ぶにん》藤原夫人（藤原房前女）没（生年不詳）。《続日本紀》
2・20 渤海使、帰国する。《続日本紀》
2・29 宮中・東大寺で仁王会を催す。《続日本紀》
3・13 光明皇太后、病に臥す。諸国の天神地祇の社で病気平癒を祈禱させる。《続日本紀》
4・28 帰化の新羅人百三十一人を武蔵国に置く。《続日本紀》
④・23 皇太后病気により、宮中に大般若経を転読させる。《続日本紀》
5・18 光明皇太后の病気平癒のため、平城京内六大寺で誦経の法会が開かれる。《続日本紀》
6・7 **光明皇太后**没。《続日本紀》
6・28 光明皇太后を佐保山に葬る（陵名は

天皇）妃となり、即位とともに夫人。天平元年（七二九）臣下として初の皇后となる。東大寺大仏造顕、国分寺創建は皇后の勧めによるといわれる。聖武太上天皇崩後、先帝の遺品を東大寺に施入、これが正倉院宝物の中心となる。天平宝字二年（七五八）中台天平応真仁正皇太后の尊号が贈られる。陵は佐保山東陵。

佐保山東陵）。《続日本紀》
7・26 光明皇太后七七斎を東大寺ほか諸寺に設け、国ごとに阿弥陀浄土画像を作らせ、また称讃浄土経を書写させ、各国分寺で礼拝供養させる。《続日本紀》
8・7 藤原不比等に淡海公を、藤原武智麻呂・同房前に太政大臣を追贈する。▼藤原不比等室県犬養橘三千代を大夫人とする。《続日本紀》
8・18 天皇、小治田宮（奈良県高市郡明日香村大字雷）に行幸する。《続日本紀》
9・16 新羅使来朝するも、礼を失するため、賓待せず帰国させる。《続日本紀》
12・12 勅により、藤原宮子と藤原光明子の墓を山陵と称し、国忌の例に入れることにする。《続日本紀》
□1・21 多治比広足《たじひのひろたり》（左大臣。父は左大臣多治比嶋。80）

■天平宝字五年（七六一）辛丑

淳仁天皇　29歳
孝謙上皇　44歳

1・1 新宮未完成のため、朝賀を中止する。《続日本紀》
1・7 天皇、小治田岡本宮（奈良県明日香村）に遷る。《続日本紀》
1・11 天皇、平城宮へ還り、武部曹司を御在所とする。《続日本紀》
1・16 恵美押勝、子の真先を美濃・飛騨・信濃按察使に、婿の御楯《みたて》を伊賀・近江・若狭按察使に任じる（軍事要地を抑える）。《続日本紀》
1・21 勅により、下野薬師寺・筑紫観世音寺に戒壇を建立、授戒を行なわせる。《東大寺要録》
3・15 百済・高麗・新羅・中国からの渡来人百八十八人に賜姓を行なう。《続日本紀》
3・24 葦原《あしわら》王を殺人により多褹《たね》島に配流する。《続日本紀》
3・29 正倉院蔵薬物のうち桂心・人参・大黄・甘草の各一唐櫃分を双倉の中間（中倉）に移す。《正倉院文書「出用帳」》
6・7 光明皇太后一周忌に阿弥陀浄土院（法華寺内西南の地にあり）にて斎会が行なわれる。また、光明皇太后追善のため、各国分尼寺に丈六阿弥陀三尊像を造らせる。《続日本紀》
8月甲子 上皇・天皇、奈良の薬師寺に行幸。礼仏し、呉楽を奏させる（甲子は十二日だが、実際は甲寅二日か）。《続日本紀》
8・12 迎入唐大使使高元度帰国し、唐の情勢を報告する（この日、唐使、大宰府に到る）。《続日本紀》

＊**佐保《さほ》山東陵《やまのひがしのみささぎ》** 奈良市法蓮町に所在。聖武天皇佐保山南陵の東に位置する。「延喜式」諸陵寮には「兆域東三町、西四段、南北七町、守戸五烟」とある。戦国時代、松永久秀の築いた多聞山城の郭内に入り、所伝を失うも、明治十二年、現陵に治定された。

＊**皇権分離《こうけんぶんり》の宣命《せんみょう》** 「続日本紀」に「政事《まつりごと》は、常《つね》の祀小事《まつりいささけきこと》は今の帝《みかど》行ひ給へ。国家《みかど》の大事賞罰《おおきことしょうばつ》二つの柄《もと》は朕《われ》行はむ」とある。

＊**県犬養広刀自《あがたいぬかいのひろとじ》**（？〜七六二） 聖武天皇夫人。県犬養唐《もろこし》女。母不詳。聖武天皇の皇太子時代に入内、安積親王・井上内親王・不破内親王をもうける。光明皇后を擁する藤原氏のライバル的存在のため、親王たちはいずれも数奇な人生をおくる。

8・29　斎内親王《いつきのひめみこ》（淳仁天皇皇女安陪〈倍〉内親王か）、伊勢に発向する。《続日本紀》

10・1　「法隆寺東院縁起資財帳」成る（ここでは聖徳太子を観音とする）。《奥書》

10・13　上皇・天皇、近江国保良《ほら》宮に行幸する（上皇、病となり、道鏡が看病し、これにより上皇と天皇との不和が表面化する）。《続日本紀》

10・22　遣唐大使（のち中止）・遣高麗使を任命する。《続日本紀》

10・28　天皇、平城宮改作のためしばらく保良宮にとどまることなどを詔する（十六日のことか。翌年五月二十三日還宮）。《続日本紀》

■天平宝字六年（七六二）壬寅

淳仁天皇　30歳
孝謙上皇　45歳

1・1　宮室未完成のため、朝賀を中止する。《続日本紀》

1・6　唐使を大宰府に饗応する。《続日本紀》

2・2　藤原恵美押勝に正一位を授ける。《続日本紀》

3・3　保良宮西南に池亭を造り曲水の宴を催す。《続日本紀》

4・17　遣唐使船一隻破損のため規模を縮小し、改めて中臣鷹主《たかぬし》らを遣唐使に任命する（のち中止）。《続日本紀》

●この頃、孝謙上皇、道鏡の宿曜《すくよう》秘法により病が回復する（上皇、道鏡を寵愛）。

5・23　天皇、孝謙上皇と不和。平城京に帰る。上皇は法華寺に入る。《続日本紀》

6・3　上皇、出家する（道鏡を「朕が太師」と仰ぐ）。また、「**皇権分離の宣命**」を発する（上皇、出家しても「政を行ふに豈障らず」とする）。《続日本紀》

●この頃、孝謙上皇の大権行使を容易にするため、勅旨省が創設される。

8・9　遣唐使、渡海できず、この日、中止される。▼勅して唐使を京に入らせる。《続日本紀》

10・1　遣渤海使帰国、渤海使来日する。《続日本紀》

10・14　聖武天皇夫人**県犬養広刀自**没。《続日本紀》

11・3　新羅征討のため、伊勢神宮に奉幣する。《続日本紀》

11・16　新羅征討のため、藤原巨勢麻呂等を遣わし、香椎廟に奉幣する。《続日本紀》

12・1　恵美押勝の子、訓儒麻呂《くすまろ》・朝獦《あさかり》などが参議となる。《続日本紀》

12・14　正倉院蔵欧陽詢の真蹟屏風を道鏡に貸し出す。《正倉院文書「出用帳」》

⑫・19　渤海使、入京する。《続日本紀》

●この頃、歴代天皇の漢風諡号を淡海三船が撰進する。

■天平宝字七年（七六三）癸卯

淳仁天皇　31歳
孝謙上皇　46歳

1・1　天皇、大極殿に出御し、朝賀を受ける（渤海使が参列）。《続日本紀》

1・3　渤海使、方物を献上する（七日賜宴、十七日饗宴、二月二十日帰国）。《続日本紀》

2・10　新羅使、朝貢する（先約に反する旨を告げ帰国させる）。《続日本紀》

5・28　日照りのため畿内群神に奉幣する。吉野の丹生川上社には幣と黒馬を奉る（以後、旱魃や霖雨のたびに丹生川上社に奉幣使を派遣。霖雨のときは白毛馬を奉献）。《続日本紀》

8・18　**儀鳳暦**を廃し、初めて**大衍暦**を用いることにする。《続日本紀》

9・4　少僧都慈訓を解任して、道鏡を少僧都とする。《続日本紀》

10・4　天皇、山背国に行幸する。《続日本紀》

10・17　長屋王王子藤原弟貞《おとさだ》（山背王。母は藤原不比等女）没（生年不詳）。《続日本紀》

12・29　中臣伊加麻呂《いかまろ》、その子真助《ますけ》、造東大寺判官葛井根道《ふじいねみち》、上皇と道鏡の情事を語っていたことが密告される（伊加麻呂は左遷、あとの二人は配流）。《続日本紀》

この年　旱害・飢饉・疫病。《続日本紀》

□5・6　鑑真《がんじん》（唐の学僧。日本律宗の祖。東大寺戒壇院を設立、唐招提寺を創建。76）

■天平宝字八年（七六四）甲辰

淳仁天皇　32歳
孝謙上皇＝称徳天皇47歳

1・21　用明天皇末孫山村王を少納言とする。《続日本紀》

▼吉備真備を造東大寺長官とする。《続日本紀》

4・16　畿内群神に祈雨奉幣を行なう。《続日本紀》

7・19　新羅使、博多に来着する。《続日本紀》

9・2　孝謙上皇、藤原恵美押勝の申し出により「都督四畿内・三関・近江・丹波・播磨等国兵事使」の官につかせる。《続日本紀》

9・11　恵美押勝が朝廷を傾けんとして兵を備えていることが密奏される。孝謙上皇、少納言山村王を平城宮内に遣り、天皇のもとにある鈴印を回収。押勝、鈴印を奪い返そうとするも失敗。上皇、押勝一族の官職を奪う。三関を固守。押勝、近江国に逃亡し、氷上塩焼（塩焼王）を立てて天皇とする。《続日本紀》恵美押勝の乱に際し、太刀・弓・甲・靫・胡禄を正倉院より出蔵し、内

＊**儀鳳暦《ぎほうれき》・大衍暦《たいえんれき》**　どちらも中国暦の一つ。儀鳳暦（中国での呼び名は麟徳暦）は西暦六七七年に伝えられ、六九〇年より元嘉暦と併用され、文武天皇元年（六九七）から単独で使われるようになった。一方、大衍暦は天平七年（七三五）に吉備真備により伝えられ、天平宝字八年（七六四）から九十八年間用いられた。

＊**称徳天皇《しょうとくてんのう》**（七一八〜七七〇）　尊号は、宝字称徳孝謙皇帝。天平宝字八年（七六四）孝謙上皇は恵美押勝の乱を討滅し、淳仁天皇を廃して自ら重祚して称徳天皇となる（このとき即位礼を挙げず）。これにより、推古から称徳まで十六代のうち八代が女帝ということになる。

＊**天平神護《てんぴょうじんご》**　藤原仲麻呂（恵美押勝）の乱を神霊の護りによって平定したことにより改元。

裏に献じる。《正倉院文書「出用帳」》孝謙上皇、百万塔造立を発願する。《西大寺資財流記帳》

9・14　大宰員外帥藤原豊成を右大臣に復し、帯刀資人を賜う。《続日本紀》

9・18　恵美押勝、追討軍に破れ、近江国高嶋郡で斬られる（一族氷上塩焼ら三十四人も滅ぶ）。《続日本紀》

9・20　孝謙上皇、道鏡に大臣禅師の位を授ける。《続日本紀》

9・22　恵美押勝が改めた唐名の官名を元に戻す。《続日本紀》

9月　孝謙上皇の発願により、西大寺の造営が開始される。《政事要略》

第四十八代　称徳《しょうとく》天皇

10・9　淳仁天皇、孝謙上皇の兵により中宮院を囲まれ、廃位ののち親王とされ、淡路に流される（舎人親王王子の船《ふね》親王と池田《いけだ》親王は王とされ、隠岐・土佐にそれぞれ配流。また当帝廃位により、安倍内親王、伊勢斎宮を退下）。孝謙上皇、重祚して**称徳天皇**となる（「続日本紀」に即位記事なし）。《続日本紀》

10・14　天皇、当分の間皇太子を立てぬ宣命を下す（これが事実上の重祚宣言か）。《続日本紀》

12月　大隅・薩摩国境噴火（桜島出現）。《続日本紀》

この年　旱害・飢饉。《続日本紀》

■天平神護元年（七六五）乙巳

称徳天皇　48歳

淳仁上皇　33歳

1・7　恵美押勝の乱平定により、**天平神護**と改元する。《続日本紀》

2・3　授刀《じゅとう》衛（令外の官）を近衛府とする。《続日本紀》

3・5　寺院を除き、墾田開発を禁じる（道鏡放逐まで）。▼王臣家の武器私有を禁じ、朝廷に没収する（「天平の刀狩り」）。▼詔して、自己の係累の立太子、淡路廃帝復位の策謀を戒める。《続日本紀》

8・1　和気王（舎人親王孫）、天皇を呪詛したとして逮捕され、この日、伊豆への配流の途次絞殺される。《続日本紀》

10・13　天皇、道鏡を伴い紀伊国に行幸し、大和国高市郡小治田宮に到る。《続日本紀》

10・15　天皇、檀山陵《まゆみのみささぎ》（草壁皇子葬送の地）近くを通過するとき陪従の百官を下馬させ、儀衛の者に旗幟《はた》を巻かせる（十六日紀伊国伊都郡、十七日那賀郡鎌垣行宮、十八日玉津嶋、十九日南浜望海楼、二十五日海部郡

●**淳仁天皇御製**

「天地をてらす日月の極みなくあるべきものをなにかおもはむ」（万葉集）

岸村行宮、二十六日和泉国日根郡深日《ふけひ》行宮、二十七日同郡新治《にいはり》行宮、二十八日河内国丹比《たじひ》郡、二十九日弓削《ゆげ》行宮に到る。弓削は道鏡出身地。閏十月八日平城宮還御）。《続日本紀》

10・22 淳仁廃帝、垣をこえて逃亡する。《続日本紀》

10・23 淳仁廃帝、連れ戻されて奇怪な死をとげる（陵は**淡路陵**）。《続日本紀》

⑩・2 天皇、弓削にて道鏡を太政大臣禅師（臣下最高位）とする（百官、道鏡を拝賀。閏十月三日、因幡宮に到る）。《続日本紀》

11・16 天皇、大嘗祭を行なうため、美濃国を由機《ゆき》（悠紀）、越前国を須伎《すき》（主基）とする。《続日本紀》

11・23 天皇、大嘗祭のあとの直会で詔を出し、まず仏教、ついで神祇を崇敬するとする。《続日本紀》

この年 天皇、西大寺を創建する。《扶桑略記》都久夫須神社（竹生島明神）に従五位上の神位、勲八等が叙せられる（神への勲位奉授の嚆矢）。《帝王編年記》各地で飢饉。《続日本紀》

□11・27 藤原豊成《ふじわらのとよなり》（右大臣。父は左大臣藤原武智麻呂。仲麻呂の兄。62）

■天平神護二年（七六六）丙午

称徳天皇 49歳

1・8 大納言藤原永手《ながて》を右大臣、中納言白壁王（光仁天皇）などを大納言とする。《続日本紀》

4・29 聖武天皇の皇子と名のる男子を遠流に処する。《続日本紀》

5・8 上野国の新羅人百九十三人に賜姓を行なう。《続日本紀》

5・17 丹生川上社ほか畿内群神に奉幣して雨を祈る。《続日本紀》

7・23 伊勢大神宮寺に丈六仏像を造らせる（この頃までに伊勢に神宮寺が建てられたことの証左）。《続日本紀》

9・23 五畿内・七道の巡察使を任命する。《続日本紀》

10・20 隅寺《すみでら》（海龍王寺）の毗沙門像から舎利が現れたとして隣の法華寺に移し、法会を行なう。これを奇瑞として、道鏡を法王とする。▼右大臣藤原永手を左大臣、大納言吉備真備を右大臣とする。《続日本紀》

12・12 天皇、西大寺に行幸する。《続日本紀》

この年 伊勢内宮の遷宮が行なわれる。《二所大神宮例文》各地飢饉。《続日本紀》弓削の地に「西京」建設着手か。

■**神護景雲**元年（七六七）丁未

称徳天皇 50歳

＊**淡路陵**《あわじのみささぎ》 兵庫県南あわじ市南淡町に所在。宝亀四年（七七三）墓が山陵とされる。「延喜式」諸陵寮には、「在二淡路国三原郡一、兆域東西六町、南北六町、守戸一烟」とある。のち所伝を失うも、仲野安雄「淡路常磐《ときわ》草」により現陵と考証され、明治七年に治定される。

＊**神護景雲**《じんごけいうん》 六月十六日（平城宮東南角）、同十七日（伊勢度会宮）、七月十五日（陰陽寮西北角）、同二十三日（陰陽寮東南角）、八月八日（三河国）に瑞雲があらわれたことによる。

＊**初例抄**《しょれいしょう》 「釈家《しゃっけ》初例抄」とも。南北朝時代成立。編者未詳。僧位、僧官、僧職の叙任、諸寺の長者・別当・座主および法会などの濫觴・初例を記したもの。

1・8　諸国国分寺で吉祥天悔過の法を行ない、天下太平と五穀豊作を祈念させる（吉祥天悔過会の初め）。《続日本紀》

2・4　天皇、東大寺に行幸する（このとき銀壺を献納）。《続日本紀・正倉院宝物「銀壺甲」外底刻文》

2・7　天皇、大学寮の釈奠に臨席する。《続日本紀》

2・8　天皇、山階寺（興福寺）に行幸する。《続日本紀》

2・14　天皇、東院に行幸する。《続日本紀》

3・2　天皇、元興寺に行幸する。《続日本紀》

3・3　天皇、西大寺法院に行幸し、曲水の宴を催す。《続日本紀》

3・9　天皇、大安寺に行幸する。《続日本紀》

3・14　天皇、薬師寺に行幸する。《続日本紀》

3・20　道鏡のため、初めて法王宮職《ほうおうくうしき》を置く。《続日本紀》

4・14　東院新殿成る。《続日本紀》

4・26　天皇、法隆寺・飽浪宮《あくなみ》（奈良県生駒郡安堵町か）に行幸する（二十八日平城宮に還幸）。《続日本紀》

8・8　参河国から「慶雲見《あらわ》る」との奏上がある。《続日本紀》

8・16　慶雲出現により**神護景雲**と改元する。《続日本紀》

9・2　天皇、西大寺嶋《しま》院に行幸する。《続日本紀》

10・15　陸奥国伊治城《これはりのき》（旧宮城県栗原郡築館町〈現伊達市〉）成る。《続日本紀》

10・24　天皇、大極殿に出御し、六百僧に大般若経を転読させる。《続日本紀》

11・17　参議山村王（用明天皇後裔）没（年46）。《続日本紀》

■神護景雲二年（七六八）戊申

称徳天皇　51歳

1・8　この日から十四日まで、宮中で初めて御斎会《ごさいえ》が行なわれる（最勝会の初め。以後恒例も室町時代に断絶。天平神護二年〈七六六〉に始められたとする説も）。《初例抄》

2・5　出雲国造出雲益方《ますかた》、神賀詞を奏上する。《続日本紀》

2・28　筑前国怡土《いと》城（福岡県糸島市）、完成する。《続日本紀》

7・30　天皇、孔子を尊び、唐にならって孔子の号を文宣王と改める。《続日本紀》

9月　伊勢内宮の遷宮が行なわれる。《大神宮諸雑事記》

10・20　天皇、長谷寺に行幸する（二十二日還幸）。《続日本紀》

11・9　藤原氏の氏神として春日大明神を三笠山の麓に移し、神殿が造営される（春日

大社の初め。実際の創建はもう少し前か）。《興福寺略年代記》

この年　光仁天皇皇子早良親王、出家して東大寺に住す。《続日本紀》

■神護景雲三年（七六九）己酉

称徳天皇　52歳

1・1　雨により朝賀を中止する（二日、大極殿にて追行）。《続日本紀》

1・2　陸奥の蝦夷、拝賀する。《続日本紀》

1・3　道鏡、平城宮西宮前殿において、大臣以下の拝賀を受ける。七日には法王宮に五位以下の官人を集めて宴を開き、物を賜う（天皇と同じ待遇）。《続日本紀》

1・8　初めて宮中で吉祥悔過を行なう。《続日本紀》

1・17　天皇、東院に出御して宴を賜い、文武百官・主典以上・陸奥蝦夷を朝堂にて饗宴する。《続日本紀》

4・23　天皇、西大寺に行幸する。《続日本紀》

5・25　不破内親王、子の氷上志計志麿《ひかみのしけしまろ》を皇位につけようと天皇を厭魅した罪により、京から追放され、志計志麿は土佐に配流される（「誣告」であったとされる）。《続日本紀》

6・15　天皇、西大寺に弥勒浄土を造る。《扶桑略記》

6・19　中臣清麻呂に大中臣朝臣姓を賜う。《続日本紀》

9・25　この日以前、大宰主神習宜阿曾麻呂《すげのあそまろ》、道鏡を皇位に即かせよとの宇佐八幡神の神託を伝える。天皇、和気清麻呂を宇佐に遣わし、清麻呂は皇緒《こうちょ》を立てよとの神託を奏上する。天皇、これを清麻呂の偽託宣とし、この日、道鏡は、清麻呂の官位を剝奪して大隅国に配流する（姉法均尼は還俗ののち備後国配流）。《続日本紀》

10・1　詔して、皇嗣擁立の動きを戒める。《続日本紀》

10・15　天皇、道鏡を伴い飽浪宮・由義宮（大阪府八尾市八尾木）に出発する（十一月九日、平城宮還幸）。《続日本紀》

10・17　天皇、由義宮に到着、弓削《ゆげ》行宮に入る。《続日本紀》

10・30　天皇、道鏡の郷里河内国若江郡弓削郷の由義宮を西京《にしのきょう》とし、河内国を河内職とする。《続日本紀》

11・12　新羅使、来日する。《続日本紀》

12・19　これより先、新羅使、対馬に到着。この日、使を大宰府に遣わし、新羅使入朝の由を問わせる。《続日本紀》

■宝亀元年（七七〇）庚戌

称徳天皇　53歳

＊**後継者**　「水鏡」によると、称徳天皇崩後、皇位継承者として文室《ふんやの》浄三《きよみ》（天武天皇の孫、長親王の子）が挙がるも辞退。その弟の宰相大市《おおち》（文室真人邑珎《ふんやのまひとおおち》）が継承と決まるが、藤原百川らの偽の宣命により、白壁王が継承者に立てられたとする。その「遺宣」には、白壁王立太子の理由として、諸王の中でも年歯がいき、またその祖父天智天皇の功が挙げられる。なお「日本紀略」でも、この「遺宣」は藤原百川らによって偽って作ったものとされる。このような後継者争いにより、二ヵ月の空位になったといわれる。これにより、天武―草壁―文武―聖武と続いてきた天武の皇統は断絶した。

＊**高野山陵《たかののみささぎ》（高野陵）**　奈良市山陵《みささぎ》町に所在。成務天皇陵の南に隣接。「延喜式」諸陵寮には「兆域東西五町、南北三町、守戸五烟」とする。中世所伝を失うも、文久の修陵の際、現陵に治定される。

＊**光仁天皇《こうにんてんのう》**（七〇九～七八一）　白壁王。天宗高紹天皇《あめむねたかつぎすめらみこと》・後田原天皇。父は施基親王（天智天皇皇子）、母は贈皇太后紀橡姫《きのとち》。皇后は井上

光仁天皇　62歳

1・15　宮中で仁王会を催す。《続日本紀》

2・27　天皇、由義宮に出発する（四月六日、平城宮還幸）。《続日本紀》

3・3　天皇、博多川に行幸し、曲水の宴を行なう。《続日本紀》

3・4　新羅使、在唐の藤原河清《かせい》・阿倍仲麻呂らの書をもたらす。大宰府に饗応し帰国させる。《続日本紀》

4・26　天皇発願の三重小塔百万基が完成。東大寺・興福寺など十大寺に十万基ずつ奉納する（露盤下に世界最古の印刷物「無垢浄光陀羅尼経」〔「百万塔陀羅尼経」〕を納める。法隆寺に伝来）。《続日本紀》

6・10　天皇、病により、左右大臣に七衛府の統率を命じる。《続日本紀》

7・15　天皇、病により、この日、疫病・変異を除くため、京内諸寺で大般若経を転読させる。諸国に、辛・肉・酒を断ち読経させる。《続日本紀》

8・1　朝廷から伊勢神宮・若狭彦神社・八幡神宮に神馬を奉る。《続日本紀》

8・4　称徳天皇、**後継者**を定めないまま西宮の寝殿にて病により崩御（藤原永手らにより大納言白壁王〈光仁天皇〉を皇太子とする）。▼三関を固める。《続日本紀》

8・6　挙哀・服《ぶく》を一年とする。《続日本紀》

8・8　東大寺・西大寺で誦経を行なう。《続日本紀》

8・9　鈴鹿王旧宅を称徳天皇陵とするため、王の子豊野真人出雲ら三人に位を授ける。《続日本紀》

8・17　称徳天皇、大和国**高野山陵**に葬られる。《続日本紀》

8・21　皇太子白壁王の令旨という形で、道鏡を下野国薬師寺に別当として左遷する。《続日本紀》

8・26　河内職を河内国に復する。《続日本紀》

9・6　和気清麻呂・広虫を配流先から召還する。《続日本紀》

第四十九代　光《こう》仁《にん》天皇

10・1　白壁王、大極殿にて即位する（**光仁天皇**）。二世王から皇位につく。詔して兄弟姉妹および子女を親王とする。以後、親王宣下が慣例化し、二世王でも宣下により親王となる道が開かれる。白壁王の即位により、以後、皇統が天智天皇の子孫に継承される）。▼肥後国から白亀献上の祥瑞により、**宝亀**と改元する。▼左大臣従一位藤原永手に正一位を授ける。《続日本紀》

11・6　天皇、父施基親王に春日宮天皇（山

内親王（酒人内親王・他戸親王をもうける）。夫人に高野新笠（能登内親王・山部親王〈桓武天皇〉・早良親王をもうける）など。他の皇子女に稗田親王・彌努摩内親王等。陵は広岡山陵、のち田原陵。

＊**宝亀**《ほうき》　即位により、また白亀献上の祥瑞により改元。出典不詳も「爾雅《じが》」釈魚に「四日、宝亀」とある。

陵の地により田原天皇とも）号を追尊し、聖武天皇皇女井上内親王を皇后とする。また、天皇の兄弟姉妹子女をすべて親王とする（兄弟姉妹として春日・湯原・榎井各親王および衣縫・難破《なにわ》・坂合部《さかいべ》各内親王、子女として山部・稗田・早良・他戸各親王および能登《のと》・彌努摩《みぬま》各内親王）。《続日本紀》

11・10 天皇、御鹿原《みかのはら》（甕原）に行幸する。《続日本紀》

■宝亀二年（七七一）辛亥

光仁天皇 63歳

1・23 光仁天皇皇子他戸《おさべ》親王を皇太子とする。《続日本紀》

2・13 天皇、交野《かたの》に行幸する。《続日本紀》 諸国神社の大・中・小社の区別を定める。《類聚神祇本源》

2・14 天皇、難波宮に行幸する。《続日本紀》

2・16 左大臣藤原永手の病のため、大納言大中臣清麻呂に大臣の事を摂行させる。《続日本紀》

2・21 天皇、竹原井行宮に到る。《続日本紀》

2・22 左大臣藤原永手没するにより、太政大臣を贈る。《続日本紀》

3・13 大納言大中臣清麻呂を右大臣、中納言藤原良継を内臣《ないしん》とする（この月、右大臣吉備真備の致仕を許す）。《続日本紀・公卿補任》

3・15 内臣の職掌・官位などは大納言に准じるとする。《続日本紀》

3・29 和気清麻呂の本位を復する。《続日本紀》

5・28 田原天皇（施基皇子）の忌斎を川原寺に設ける。《続日本紀》

6・10 黒毛馬を丹生川上社に奉納し、雨を祈る。《続日本紀》

6・27 渤海使、出羽国に到着する（常陸国に安置。十二月二十一日入京）。《続日本紀》

9・22 左右の平準署《ひょうじゅんしょ》を廃止する。《続日本紀》

11・18 伊勢国に斎宮を造らせる。《続日本紀》

11・21 天皇、太政官院で大嘗祭を行なう。《続日本紀》

12・15 天皇の母紀橡姫《きのとちひめ》（和銅二年没）に皇太后と追尊し、その墓を山陵（吉隠陵《よなばりのみささぎ》〈奈良県宇陀郡榛原町〉）とし、国忌に加える。《続日本紀》

この年 東大寺大仏光背成り、東大寺造営がほぼ終わる。《東大寺要録》

□2・22藤原永手《ふじわらのながて》（左大臣。贈太政大臣。父は参議藤原房前。母は牟漏女王。58）

■宝亀三年（七七二）壬子

光仁天皇 64歳

1・1　天皇、大極殿にて朝賀を受ける（渤海使、陸奥・出羽の蝦夷も拝賀）。《続日本紀》
1・3　渤海使、方物を献じる。《続日本紀》
1・16　渤海使献上の国王上表文を無礼として返却する（十九日、信物を返却。二十五日、使、上表文を改修し、国王に代わって申謝）。《続日本紀》
2・2　渤海使を朝堂にて饗応する。《続日本紀》
2・24　黒毛馬を丹生川上社に奉納し、雨を祈る。《続日本紀》
2・28　天皇、書を渤海王に賜い、その礼失するを戒める（二十九日、渤海使帰国）。《続日本紀》
3・2　皇后井上内親王、巫蠱《ふこ》の罪により廃される（光仁天皇の死、他戸親王の早期即位を目論むとされる。しかし、実際は山部親王立太子のための藤原百川らの陰謀とされている）。《続日本紀》
3・6　持戒・看病にすぐれた禅師十人を優遇する（内供奉十禅師の制を定める）。《続日本紀》
4・6　下野国、道鏡の死を報告する（僧ではなく庶人として葬られる）。《続日本紀》
5・8　施基親王の墓を改め山陵とする。号として田原西陵。《類聚三代格》
5・20　大和国広瀬神を月次幣帛の例に預らせる。《太政官符》
5・27　井上内親王の廃皇后に伴い、皇太子他戸親王も廃される。《続日本紀》
6・15　宮中および都の諸寺・諸国分寺で仁王会を催す。《続日本紀》
6・30　天皇、大蔵省に行幸する。《続日本紀》
7・2　恵美刷雄《よしお》らを藤原朝臣姓に復する。《続日本紀》
7・9　光仁天皇皇女衣縫《きぬぬい》内親王（母不詳）没（生年不詳）。《続日本紀》
8・6　天皇、難破内親王の第に行幸する。《続日本紀》
8・18　三方《みかた》王らを派遣し、淳仁天皇を淡路に改葬する。《続日本紀》
9・25　各道に巡察使を派遣する。《続日本紀》
10・5　菅生《すごう》王、小宅《おやけ》（家）内親王との姦により除名、内親王も属籍を削られる。《続日本紀》
10・14　寺院以外の開墾の禁を解除する。《続日本紀》
11・10　毎年正月、諸国国分寺で吉祥悔過を行なうこととする。《続日本紀》
11・13　光仁天皇皇女酒人内親王を伊勢斎宮に卜定する（春日斎宮に仮居）。《続日本紀》

◉**常御所**《つねのごしょ》　平安時代以降の里内裏や院御所に設けられた天皇・上皇・親王などの日常的な居所をいう。貴族や将軍の邸宅においても使われた。

12・12 不破内親王、厭魅事件は誣告であったとして罪を許され、内親王に復される。《続日本紀》
12・25 天皇、山背国水雄岡《みずのおのおか》（京都市右京区嵯峨水尾）に行幸する。《続日本紀》
□4・6道鏡《どうきょう》（孝謙上皇寵愛の僧。太政大臣禅師。法王。十一月二十日没説も。生年不詳）。

■宝亀四年（七七三）癸丑
光仁天皇 65歳
1・1 天皇、大極殿に出御し、朝賀を受ける（陸奥・出羽の蝦夷拝賀）。▼不破内親王らの本位を復す。《続日本紀》
1・2 （他戸親王にかわり）山部親王（桓武天皇）を皇太子とする（戊寅〈二日〉とあるが庚寅〈十四日〉の誤りといわれる）。《続日本紀》
2・17 地震あり（三十日にも）。《続日本紀》
2・27 楊梅宮《やまもも》（平城宮内の離宮）成り、天皇、移徙《いし》する。《続日本紀》
3・13 黒毛馬を丹生川上社に奉納し、雨を祈る（四月二十二日にも）。《続日本紀》
6・12 能登国、渤海使来着を知らせる。《続日本紀》
6・24 渤海使の表函の違例を責め、能登から放還する（筑紫道からの来日を命令）。《続日本紀》
8・29 地震あり（十月一・四日にも）。《続日本紀》
10・6 **安宿王**（長屋王の子）高階真人姓を賜る。《続日本紀》
10・14 難破内親王（天皇同母姉）没（生年不詳）。《続日本紀》
10・19 井上内親王、厭魅の罪により大和国宇智郡の没官《もっかん》の家に幽閉される（皇子他戸王も）。《続日本紀》
□⑪・24良弁《ろうべん》（華厳宗僧。東大寺別当。閏十一月十六日没とも。85）

■宝亀五年（七七四）甲寅
光仁天皇 66歳
1・16 五位以上を楊梅宮に宴し、出羽蝦夷を朝堂に饗応する。《続日本紀》
3・4 新羅使来着するも、調を信物、朝を修好と称したため、その無礼をとがめて放還する。《続日本紀》
4・11 疫病により、摩訶般若波羅蜜を念誦させる。《続日本紀》
7・25 陸奥国、蝦夷の桃生《ものう》城攻撃を奏上する（陸奥按察使兼守鎮守《かみちんしゅ》将軍大伴駿河《するが》麻呂《まろ》らに蝦夷討伐を命じる）。《続日本紀》
8・2 蝦夷に対し、坂東八国に援兵を差発させる。《続日本紀》

＊**安宿王**《あすかべ》（生没年不詳）父は長屋王、母は藤原不比等の女。橘奈良麻呂の陰謀に連座するも、のち許される。
＊**井上内親王**《いのうえないしんのう》（七一七～七七五）「いがみ」「いのえ」とも。聖武天皇皇女。母は県犬養宿禰広刀自。養老五年（七二一）伊勢斎宮に卜定され、神亀四年（七二七）伊勢神宮に侍する。天平十六年（七四四）弟安積親王の死により退下。のち白壁王（光仁天皇）妃となり、宝亀三年（七七二）巫蠱《ふこ》大逆の罪に坐して廃后、幽閉されて死去（毒殺説も）。陵は宇智陵（奈良県五條市）に比定されている。
＊**他戸親王**《おさべしんのう》（七六一？～七七五）父は白壁王（光仁天皇）、母は井上内親王。宝亀二年（七七一）立太子。母井上内親王の罪に連座して廃太子。幽閉後、母とともに急死（毒殺説も）。他戸親王墓が奈良県五条市にある。
＊**天長節**《てんちょうせつ》 天皇誕生日の異称。天子の長寿を祝う日。明治初年に復活し、同三年に神祇八神殿で、同五年から宮中三殿で天長節祭が行なわれ、皇室祭祀となる。昭

8・15　桓武天皇皇子（安殿《あて》親王。平城天皇）誕生する（母は皇后藤原乙牟漏）。《本朝皇胤紹運録》

8・22　天皇、新城宮《にいき》（楊梅宮か）に行幸する。《続日本紀》

9・3　伊勢斎宮酒人内親王、伊勢に向かう。《続日本紀》

10・4　大伴駿河麻呂、陸奥の蝦夷を攻撃する。《続日本紀》

11・9　天皇、坂合部《さかいべ》内親王の第に行幸する。《続日本紀》

12月　宮中で方広悔過が初めて行なわれる。《政事要略》

■宝亀六年（七七五）乙卯

光仁天皇　67歳

2・7　地震あり（五月四日、十月六日にも）。《続日本紀》

4・19　右大臣神王《みわおう》王女浄庭《きよにわ》女王（生没年不詳）を伊勢斎宮に卜定する（天応元年〈七八一〉退下）。《伊勢斎宮部類》

4・27　元皇后**井上内親王**・元皇太子**他戸親王**、大和国宇智郡の幽閉先で死去（藤原百川らに毒殺されたとの説も。母の喪により酒人内親王、伊勢神宮を退下）。《続日本紀》

6・19　佐伯今毛人《いまえみし》を遣唐大使とし、安芸国に遣唐使船四隻を造らせる。《続日本紀》

6・25　黒毛馬を丹生川上社に奉納し、雨を祈る。《続日本紀》

9・11　「十月十三日は朕が生まれし日なり」とし、この日を天長節とし、諸寺に転経・行道をさせ、殺生を禁じ、百官に宴を賜うことを定める（**天長節**の初見）。《続日本紀》

9・20　丹生川上社に白馬を奉納、また畿内の群神に奉幣して晴を祈る。《続日本紀》

10・13　光仁天皇、その誕生日に天長節の儀を行ない、宴を賜う。《続日本紀》

10・24　風雨・地震により大祓する。《続日本紀》

□10・2　吉備真備《きびのまきび》（入唐留学生。帰朝後、聖武天皇・光明皇后の寵愛を得て昇進。右大臣。81）

■宝亀七年（七七六）丙辰

光仁天皇　68歳

2・6　出羽国の軍士四千人を発し、陸奥国西辺の蝦夷を討たせる。《続日本紀》

4・15　天皇、前殿に出御し、遣唐使（第十四次）に節刀を賜う。《続日本紀》

5・2　出羽国志波村の蝦夷が反乱、下総・下野・常陸国等の騎兵を徴発して防がせる。《続日本紀》

6・18　丹生川上社に黒毛馬を奉納し、雨を祈る。《続日本紀》

和二十三年、「国民の祝日に関する法律」により天長節の名が廃され、天皇誕生日となる。

9・20 天皇、大蔵省に行幸する。《続日本紀》
10・9 地震あり（十一月二日にも）。《続日本紀》
11・15 遣唐大使佐伯今毛人、大宰府から帰京し、節刀を返上する。《続日本紀》
11・26 陸奥国兵士三千人に胆沢の蝦夷を攻撃させる。《続日本紀》
12・22 渤海国、百八十七人を遣し、即位を賀し、彼の国王妃の喪を告げに来るも、来着寸前に漂没する者多く、四十六人が越前国に来着（越前国加賀郡に安置）。《続日本紀》

■宝亀八年（七七七）丁巳

光仁天皇 69歳

1・3 内臣藤原良継を**内大臣**とする。《続日本紀》
2・20 渤海使の入京を許す（四月九日入京）。《続日本紀》
3・16 天皇、大納言藤原魚名《うおな》の曹司《ぞうし》（宮中の宿所か）に行幸する。《続日本紀》
3・19 宮中に妖怪あるにより大祓をする。《続日本紀》
3・21 宮中に僧六百人、沙弥百人を請じ、大般若経を転読させる。《続日本紀》
3月 陸奥国の蝦夷、多く帰降する。《続日本紀》
4・17 遣唐使、辞見する（大使佐伯今毛人、病と称し羅城門に留まる）。《続日本紀》
4・22 渤海使、方物を貢上し、光仁天皇の即位を賀する（五月二十三日帰国）。▼遣唐副使小野石根《いわね》に大使の役を行なわせる。《続日本紀》
5・7 天皇、重閣門《ちょうかくもん》に出御し、射騎を観る（渤海使にも見せる）。《続日本紀》
5・13 霖雨につき、丹生川上神に白馬を奉る（八月八日にも）。《続日本紀》
5・19 恵美押勝の乱後内裏に収めた太政官印を太政官に復する。《続日本紀》
5・23 渤海使帰国により、書を渤海王に賜う。《続日本紀》
6・1 遣唐大使佐伯今毛人《いまえみし》の病により、副使小野石根に節刀を授ける。《続日本紀》
8・11 天皇、藤原曹司《そうし》（曹子とも。永手の女）を夫人《ぶにん》とする。《続日本紀》
11・1 天皇病む。《続日本紀》
12・14 出羽国兵士、志波村の蝦夷に敗れる（鎮守権副将軍を任じ、出羽国を鎮めさせる）。《続日本紀》
12・26 出羽国の蝦夷が反乱。官軍、兵器を失う。《続日本紀》
12・28 井上内親王の改葬を命じ、それを「御《み》墓《はか》」と称することにする。《続日本紀》

＊**内大臣《ないだいじん》** 藤原鎌足以来の任命。宝亀八年（七七七）当時、右大臣に大中臣清麻呂がおり、藤原良継の内大臣は、これに次ぐ地位となる。のち宝亀十年に藤原魚名、昌泰三年（九〇〇）に藤原高藤が任命され、一〇世紀以降、左右大臣に次ぐ官職として常置されるようになる。なお近代にあっては、内閣創設後宮中に設置され、天皇側近として輔弼の任にあたる。昭和二十年十一月廃止。

□9・18藤原《ふじわらの》 良継《よしつぐ》（内大臣。贈太政大臣。父は参議藤原宇合。女乙牟漏は桓武天皇皇后。その所生の子平城天皇即位により外祖父となる。62）

■**宝亀九年（七七八）戊午**

光仁天皇　70歳

1・1　皇太子山部《やまのべ》親王（桓武天皇）の病のため、朝賀を中止する。《続日本紀》

1・20　井上内親王を改葬する。《続日本紀》

3・3　藤原魚名を内臣とする（このあと、内臣を忠臣と改める）。《続日本紀》

3・23　淡路廃帝（淳仁天皇）の墓を「山陵《みささぎ》」、その母当麻山背《たぎまのやましろ》の墓を「御《み》墓《はか》」と称させる。《続日本紀》

3・27　山部親王の病気により大祓をし、伊勢神宮と諸社に奉幣する。《続日本紀》

5・18　正倉院の紫檀琵琶を内裏に貸し出す。《正倉院文書「出入帳」》

5・21　地震あり（二十五日にも）。《続日本紀》

5・27　施基親王王女坂合部《さかいべ》内親王（光仁天皇異母姉）没（生年不詳）。《続日本紀》

10・23　遣唐使第三船が唐客を伴い帰着する（第一船は遭難漂着し、副使小野石根ら溺死）。《続日本紀》

10・25　皇太子山部親王、病気平癒への感謝のため、自ら伊勢神宮に赴き、拝礼する。《続日本紀》

■**宝亀十年（七七九）己未**

光仁天皇　71歳

1・1　天皇、大極殿に出御し、朝賀を受ける（渤海使朝賀）。▼忠臣（准大臣）藤原魚名を内大臣とする。《続日本紀》

1・5　渤海使、方物を献上し、国王の言を奏上する。《続日本紀》

1・7　渤海使等を朝堂に饗応する（十六日にも）。《続日本紀》

2・2　渤海使帰国により、国王に書を賜う。《続日本紀》

2・8　淡海三船、「唐大和上東征伝」を撰する。《奥書》

2・13　下道《しもつみち》 長人《ながひと》を遣新羅使とする。《続日本紀》

3・10　遣唐副使大神末足《おおみわすえたり》ら、唐より帰国する。《続日本紀》

4・30　唐使、入京する。《続日本紀》

5・3　唐使、朝見して国書・信物を貢上する（十七日朝堂にて饗応、二十五日辞見、二十七日帰国）。《続日本紀》

5・26　阿倍仲麻呂、唐で死去する。《続日本紀》

6・13　天武天皇皇曾孫清原王（長田王王子）

を少納言とする。《続日本紀》
6・23 自ら他戸《おさべ》皇子と称する偽皇子を伊豆国に流す。《続日本紀》
7・9 藤原百川没。天皇、詔を下し、従二位を贈る。《続日本紀》
8・5 伊勢神宮、正殿・東西宝殿・外院殿舎等ことごとく焼亡する（七日上奏。十日、勅使を下向させ、のち伊賀国等五ヵ国に増進させる）。《大神宮諸雑事記》
9・14 渤海・鉄利（中国東北部のツングース系部族）三百五十九人、出羽国に来着する（九月二十七日、本年中の滞留を許す）。《続日本紀》
10・17 大宰府滞在中の新羅使・唐使の入京を許可する。《続日本紀》
11・9 渤海使に、表文の無礼、筑紫に来航しなかったことを責める。《続日本紀》
この年 桓武天皇皇女（朝原内親王）、誕生する（母は妃酒人内親王）。《日本紀略》
□7・9 藤原百川《ふじわらのももかわ》（参議。贈太政大臣。父は参議藤原宇合。48）

■宝亀十一年（七八〇）庚申

光仁天皇 72歳
1・1 雨により朝賀を中止する（三日追行。唐使・新羅使拝賀）。《続日本紀》
1・5 新羅使、方物を献上する。唐使・新羅使に賜宴（七日にも賜宴）。《続日本紀》
1・16 唐使・新羅使に射および踏歌を賜う。《続日本紀》
2・11 陸奥国の上言により、長岡侵攻の蝦夷の征討を命じる。《続日本紀》
2・15 新羅使帰国により、書を賜う。《続日本紀》
3・16 神王を参議とする。《続日本紀》
3・22 陸奥国上治郡大領伊治呰麻呂《これはりのあざまろ》が叛し、桉察使紀広純《きのひろずみ》を殺す。《続日本紀》
3・28 中納言藤原継縄《つぐただ》を征東大使、大伴益立《ましたて》・紀古佐美を副使とする。《続日本紀》
3・29 出羽鎮狄将軍などを任命する。《続日本紀》
5・11 出羽国に渡嶋の蝦狄の慰喩を命じる。《続日本紀》
6・5 秋篠寺《あきしのでら》、光仁天皇の勅願により創建され、この日、封百戸が施入される。《続日本紀》
6・28 天皇、勅して「軍を出し賊を討つは国の大事なり」とし、陸奥国持節副将軍大伴益立らに軍況を逐一報告せよと命じる。《続日本紀》
7・22 板東の軍士に、九月五日までに陸奥国多賀城集結を命じる。《続日本紀》
9・23 藤原小黒麻呂《おぐろまろ》を持節征東大使とする。

＊詔 「続日本紀」に「天皇（光仁）、甚だ信任し、委ぬるに腹心を以てしたまふ。内外の機務、関《あつか》り知らぬことなし」と記す。

＊天応《てんおう》 伊勢斎宮に美雲があらわれたことによる改元。出典不詳。

＊践祚《せんそ》 古訓は「あまつひつぎしろしめす」で即位の訓と同じで、持統天皇までは、践祚と即位の区別がなかった。しかし、文武天皇が受禅即位践祚して十数日後、即位の詔が発せられ、践祚と即位が分かれ、桓武天皇以後、践祚の儀と即位の礼が日を隔てて行なわれるのが慣例となった。これにより、践祚は剣《けん》と璽《じ》が新帝に上られること（剣璽渡御）となり、宝鏡は別殿に奉安して動座しないことになった。皇位の連続が原則で、先帝崩御即践祚が常態であるべきだが、日を隔てることもあったため、明治「皇室典範」では、「天皇崩スルトキハ皇嗣即チ践祚シ祖宗ノ神器ヲ承ク」と規定しており、戦後もこれを踏襲している。なお践祚は、古代中国で新天子が宗廟の阼《そ》階《かい》（東の階。阼は祚と同義で天子の位の意）を践《ふ》み登り、祭祀を主《つかさ》

《続日本紀》

12・4　墳墓を破壊してその石を寺院の造営に用いることを禁じる。《続日本紀》

12・14　天皇、左右京に勅し、淫祀・藁人形・符書などを禁じる。《続日本紀》

12・25　「西大寺資財流記帳」が完成。《跋》

この年　遣唐使録事羽栗臣翼《はぐりのおみつばさ》、唐の五紀暦を献上する。《類聚三代格》

●宝亀年間（七七〇〜七八〇）、和新笠、高野朝臣の姓を賜る。

■天応元年（七八一）辛酉

光仁天皇　73歳

桓武天皇　45歳

1・1　伊勢斎宮の上に美しい雲が出現、これを大瑞として天下に大赦し、**天応**と改元する。《続日本紀》

2・17　皇女能登内親王（母は高野新笠）没（年49。天皇その死を悼み、これが譲位のきっかけになったともいわれる）。《続日本紀》

3・6　地震あり。《続日本紀》

3・25　天皇、病により大赦を行なう。《続日本紀》

4・1　天皇病気により固関する（病気による固関は初めてか）。《続日本紀》

第五十代　桓武《かんむ》天皇

4・3　光仁天皇、病と高齢により譲位。皇太子山部親王、平城宮内裏で**践祚**（**桓武天皇**。史上初の践祚を経て即位）。《続日本紀》

4・4　桓武天皇、弟の早良親王を皇太子とする（のち廃太子）。《続日本紀》

4・11　伊勢神宮に即位を奉告する。《続日本紀》

4・15　天皇、大極殿において即位の詔を宣する（践祚の儀と即位礼が分離。以後恒例）。

▼母高野新笠を皇太夫人《おおみおや》（「こうたいぶにん」）とする。《続日本紀》

5・4　地震あり（十三日にも）。《続日本紀》

5・17　高野新笠が皇太夫人となったため、初めて中宮職を置く。《続日本紀》

6・1　征東大使藤原小黒麻呂《おぐろまろ》に勅し、戦果を収めず征夷軍を解散したことを叱責し、副使に軍の状況の報告を命じる。《続日本紀》

6・12　地震あり（二十二日にも）。《続日本紀》

6・23　右大臣大中臣清麻呂、致仕。《続日本紀》

6・27　内大臣藤原魚名を左大臣とする。《続日本紀》

8・12　正倉院の「楽毅論」、王羲之・王献

どったこと、つまり皇嗣が天皇の位を承け継ぐこと。即位と同義であったが、桓武天皇のときから即位とは別の日に行なうようになった。なお、譲位による新帝就任の場合は「受禅」という。因みに、現皇室典範では「即位」のみ規定されている。

＊**桓武《かんむ》天皇《てんのう》**（七三七〜八〇六）山《やま》部《のべ》親王。日本根子皇統弥照尊・延暦帝・柏原帝。父は光仁天皇、母は贈太皇太后高野新笠。皇后は藤原乙牟漏（藤原良継女）。夫人に藤原旅子（藤原百川女）、妃に酒人内親王（光仁天皇皇女）、夫人に藤原吉子・多治比真宗・藤原小屎、女御等多数。皇子女は、安殿親王（平城天皇）・朝原内親王・伊予親王・葛原親王等多数。「日本後紀」には、天皇は「文華を好まず」「宸極に登りてより心を政治に励まし、内に興作を事とし、外に夷狄を攘ふ」と記される。「桓武」は、その武威をほめたたえたもの。陵は柏原陵。

之の真跡書などを内裏に貸し出す。《正倉院文書「出入帳」》
8・25 陸奥按察使藤原小黒麻呂帰還。征夷の功により正三位を授ける。《続日本紀》
10・10 地震あり（十一月三・二十七日、十二月十二・二十四日にも）。《続日本紀》
11・13 天皇、太政官院で大嘗祭を行なう。《続日本紀》
12・17 光仁天皇皇子稗田《ひえだ》親王（母は尾張女王）没（年31）。《続日本紀》
12・20 光仁上皇の病により、大赦する。《続日本紀》
12・23 光仁上皇、崩御する。《続日本紀》
この年 勅して、五紀暦により暦を造らせる。《類聚三代格》
□6・24石上宅嗣《いそのかみのやかつぐ》（大納言。文人。53）
●奈良時代末期、中臣氏の寿詞奏上、忌部氏の鏡剣奏上が大嘗祭の儀に移される（鏡剣奏上はのち廃止）。

■延暦元年（七八二）壬戌

桓武天皇 46歳
1・6 光仁上皇に「天宗高紹天皇《あめむねたかつがすめらみこと》」の諡号を奉る（のち追諡して「光仁天皇」）。《続日本紀》
1・7 光仁上皇を広岡山陵《ひろおかやまのみささぎ》（所在不明）に葬る。《続日本紀》

①・11 氷上川継の謀反が発覚する。三関を固守（「続日本紀」の「甲子」は誤りで「甲午」とすると十一日）。《続日本紀》
①・13 地震あり（十五日、二月十九日、六月十四日、七月二十五日にも）。《続日本紀》
①・14 氷上川継、逃走するも大和で捕らえられ、詔により川継は伊豆国に、その母不破内親王は淡路国（延暦十四年、和泉国に移される。没年不詳）に配流される。《続日本紀》
①・18 氷上川継の与党藤原浜成《はまなり》・山上船主《ふなぬし》・三《み》（御）方《かた》王、勅により処分される。《続日本紀》
①・19 氷上川継の与党大伴家持ら、処分される。《続日本紀》
2・19 地震あり。《続日本紀》
3・26 三方王・山上船主・弓削女王、天皇を厭魅したことが発覚して、この日、遠流に処せられる。《続日本紀》
4・11 造宮省・勅旨省・造法華寺司・鋳銭司を廃止する（官庁の統廃合）。《続日本紀》
5・12 陸奥国に兵乱あり。《続日本紀》
6・9 淳仁天皇妹飛鳥田女王（父は舎人親王、母は不詳）没（生年不詳）。《続日本紀》
6・14 左大臣藤原魚名、事件に連坐して罷免。《続日本紀》

＊延暦《えんりゃく》 勘申者不明。出典不詳も、「群書治要」二六に「民詠徳政、則延期過歴」とある。歴と暦は同義。

6・17　大伴家持を陸奥按察使鎮守将軍とし、陸奥に派遣する。《続日本紀》
6・21　大納言藤原田麻呂を右大臣とする。《続日本紀》
7・27　天皇、勅使宮に移御する。《続日本紀》
8・1　桓武天皇皇女朝原内親王（のち平城天皇妃）を伊勢斎宮に卜定する。《一代要記》
8・9　光仁天皇を改葬するため、土地を行相させる。《続日本紀》
8・19　豊作の祥瑞により、**延暦**と改元する。《続日本紀》
この年から翌年にかけて、現存の形の「万葉集」成る。

■延暦二年（七八三）癸亥

桓武天皇　47歳
1・23　地震あり。《続日本紀》
2・7　藤原良継女藤原乙牟漏《おとむろ》・藤原是公《これきみ》女藤原吉子を夫人とする。《続日本紀》
4・14　小殿《おて》親王（平城天皇）、父天皇の勅により安殿《あて》親王と改名する。《続日本紀》
4・18　夫人藤原乙牟漏を皇后とする。《続日本紀》
5・22　防人を廃する。《類聚三代格》
6・10　京畿の定額寺の数を守らせ、私寺の建立、田宅地の喜捨による寺領拡大を禁じる。《続日本紀》
7・19　大納言藤原是公を右大臣とする。《続日本紀》
7・30　故藤原魚名に左大臣を贈り、免官時の詔勅官符類を焼却させる。《続日本紀》
10・14　天皇、交野に遊猟する（十八日還御。天皇の鷹狩り、延暦二十三年〈八〇四〉まで百三十二回といわれる）。《続日本紀》
□3・19藤原田麻呂《ふじわらのたまろ》（右大臣〈「公卿補任」では左大臣〉。父は参議藤原宇合。62）、7・25藤原魚名《ふじわらのうおな》（左大臣。父は参議藤原房前。63）
●延暦年間初め、「上宮皇太子菩薩伝」（聖徳太子伝記。思託撰）成立。

■延暦三年（七八四）甲子

桓武天皇　48歳
2・21　大伴家持を持節征東将軍とする（一月十七日の誤りか）。《続日本紀》
5・16　天皇、遷都のため山背国乙訓郡長岡村に藤原種継・藤原小黒麻呂らを派遣する。《続日本紀》
6・10　藤原種継らを造長岡宮使とし、都城の経営、宮殿の造営を開始する。《続日本紀》
6・13　天皇、紀朝臣船守を賀茂社に遣わし、長岡京遷都を奉告する。《続日本紀》
11・1　この日、四千六百十七年に一度の甲子朔旦冬至（遷都を急いだ理由の一つとい

われる)。《続日本紀》

11・11　天皇、**長岡宮**に遷る。(長岡京遷都)。《続日本紀》

11・20　遷都のため、賀茂上下社(従二位)、松尾社・乙訓社(ともに従五位下)に叙位する。《続日本紀》

11・24　皇后藤原乙牟漏・中宮高野新笠が長岡京に移る。《続日本紀》

12・13　王臣家・寺家などの山野の占有を禁じる。《続日本紀》

12・18　山背国葛野郡の秦足長《はだのたりなが》、造宮の功により従五位に叙せられる(秦氏の長岡宮建設の功績大と見られる)。《続日本紀》

この年　皇后藤原乙牟漏、長岡遷都に際し、春日社を勧請する(**大原野神社**の初め。嘉祥三年〈八五〇〉、現在地に遷座)。《社伝》

■延暦四年(七八五)乙丑

桓武天皇　49歳

1・1　長岡京の大極殿・内裏が完成。この日、朝賀の儀が行なわれる(石上・榎井二氏、桙《ほこ》・楯を立てる)。《続日本紀》

1・27　天武天皇皇曾孫小倉王(三原王王子)を少納言とする。《続日本紀》

2・18　出雲国造出雲国成、神賀詞を奏上する。《続日本紀》

3・3　節日。天皇、嶋《しま》院に移御し、宴を賜う。《続日本紀》

5・3　天皇の外曾祖父紀諸人に正一位太政大臣を追贈し、外曾祖母道《みち》氏に太皇大夫人《だいぶにん》を追尊する。▼光仁・桓武の諱を改避し、姓白髪部《しらかみべ》を真《ま》髪部《かみべ》、山部《やまべ》を山《やま》とする。《続日本紀》

5・27　地震あり。《続日本紀》

7・20　長岡宮造宮のため、諸国百姓三十一万四千人を雇用する。《続日本紀》

7月　最澄、比叡山に草庵を営む。《叡山大師伝》

8・24　天皇、斎宮朝原内親王出立のため、平城宮に行幸する(九月二十四日還幸)。《続日本紀》

9・3　地震あり。《続日本紀》

9・7　伊勢斎宮朝原内親王、平城より伊勢神宮に向かう(天皇親臨)。《続日本紀》

9・8　天皇、水雄岡《みずのおのおか》に行幸し、遊猟する。《続日本紀》

9・18　伊勢神宮遷宮の儀あり。《大神宮諸雑事記》

9・23　長岡宮造宮使藤原種継、造宮反対派により襲われる(二十四日死去)。《続日本紀》

9・24　天皇、腹臣藤原種継暗殺を聞き長岡京に戻り大伴継人《つぐひと》らを逮捕し、処断する。

＊**長岡宮《ながおかぐう》**　桓武天皇により、延暦三年(七八四)平城京から遷都。京都府向日市、長岡京市、京都市西京区に所在。桂川・宇治川が淀川となる合流点の要地。しかし、造長岡宮使藤原種継暗殺、飢饉・疫病などにより、遷都後十年にして平安京遷都となる。

＊**大原野神社《おおはらのじんじゃ》**　京都市西京区大原野に所在。延暦三年(七八四)奈良の春日社の分霊を勧請して大原野に祀ったもの。嘉祥三年(八五〇)文徳天皇が社殿を現在地に造営。藤原氏に女の子が生まれると、皇后・中宮になれるよう祈願し、それがかなうと当社に参詣するのを例とした。貞観三年(八六一)に皇太后藤原順子が参詣し、以後、清和天皇女御藤原高子・白河天皇中宮藤原賢子・後鳥羽天皇中宮藤原任子など多くの后妃が参詣した。

＊**早良親王《さわらしんのう》**(七五〇〜七八五)　崇道《すどう》天皇と追尊される。父は光仁天皇、母は高野新笠。天応元年(七八一)桓武天皇即位とともに立太子。延暦四年(七八五)藤原種継暗殺事件にまきこまれ廃太子。淡路配流の途次に死去。陵は八嶋《やしま》陵(奈良

《続日本紀》種継射殺の犯人を山崎に斬る。《日本紀略》
9・28 皇太子早良《さわら》親王（崇道天皇）、藤原種継暗殺に関与したとされ廃太子、乙訓《おとくに》寺に幽閉される（親王、飲食を断ち、淡路に移送中の十月に死去とされる）。《日本紀略》
10・8 早良親王廃太子を山科（天智天皇）・田原（光仁天皇）・後佐保山（聖武天皇）の各山陵に告げる。▼淡路配流の途次亡くなった**早良親王**を淡路国多賀に葬る。《続日本紀・日本紀略》
11・10 天皇、交野において**郊祀**を行なう。《続日本紀》
11・25 安殿《あて》親王（平城天皇）を皇太子とする。《続日本紀》
11月 子島寺報恩、桓武天皇の病を加持する（天皇・皇后、子島寺に金堂と十一面観音像および寺領を施入）。《子嶋山寺建立縁起》
この年 伊勢内宮の遷宮が行なわれる。《二所大神宮例文》
□7・17淡海三船《おうみのみふね》（文章博士。大友皇子曾孫。「唐大和上東征伝」著者。64）、8・28**大伴家持**（歌人。「万葉集」編者。生年不詳）、9・24藤原種継《ふじわらのたねつぐ》（中納言。造長岡京使。贈正一位・左大臣。49）

■延暦五年（七八六）丙寅

桓武天皇 50歳
1・17 天皇、藤原百川女旅子を夫人とする。《続日本紀》
1・21 天皇、天智天皇追慕のため、近江国滋賀郡に御願寺梵釈寺を建立する（延暦十四年説も）。《続日本紀》
1・28 地震あり。《続日本紀》
2・9 出雲国造出雲国成、神賀詞を奏上する。《続日本紀》
7・19 長岡京の太政官院成り、百官初めて朝座する。《続日本紀》
8・8 天皇、東海・東山両道に使者を遣わし、蝦夷征討の準備に入る。《続日本紀》
9・7 桓武天皇皇子（神野親王。嵯峨天皇）、長岡宮にて誕生する（母は皇后藤原乙牟漏）。《日本紀略》
9・18 渤海使が出羽に漂着する。《続日本紀》
10・28 天皇、父光仁天皇を**田原陵**に改葬する。《続日本紀》
この年 桓武天皇皇子（大伴親王。淳名天皇）、誕生する（母は贈皇太后藤原旅子）。《歴代編年集成》また同皇子葛原親王、誕生する（母は夫人多治比真宗）。《日本紀略》

■延暦六年（七八七）丁卯

桓武天皇 51歳
1・21 陸奥按察使に、王臣・国司らが蝦夷

市八島町）。死後淡路に葬られるも、安殿親王の病などが早良親王の祟りとされ、「崇道天皇」が追贈され、墓も陵とし、大和に移された。

＊**郊祀**《こうし》 わが国では天神と天皇の霊を祀ること。もとは中国から伝わったもの。桓武・文徳両天皇代で行なわれたが、後世に永く伝えられずに終わる。

＊**大伴家持**《おおとものやかもち》（?～七八五） 大伴旅人の長男。藤原氏と反対派貴族の間にあって不遇をかこつも、歌人として「万葉集」編纂には重要な役割を果たす。長歌四十六、短歌四百三十二等所収され、「万葉集」の一割以上は家持の歌。「海行かば」の歌は大伴氏・佐伯氏の忠誠心をたたえたものとして有名。

＊**田原陵**《たわらのみささぎ》（**田原東陵**） 奈良市日笠町に所在。当陵の西南に父施基皇子の田原西陵がある。「延喜式」諸陵寮には「兆域東西八町、南北九町、守戸五烟」とある。後世所伝を失うも、元禄探索時に当陵に治定される。径五〇メートルの円墳。

と交易することを禁止させる。《類聚三代格》

2・5　天皇、光仁天皇皇子諸勝《もろかつ》に広根《ひろね》朝臣、同皇子岡成《おかなり》に長岡朝臣の姓を賜う（皇子の臣籍降下の初め）。《続日本紀》

2・8　天武天皇皇曾孫石浦王（三原王王子）を少納言とする。《続日本紀》

2・19　渤海使に船と船員を給い、帰国させる。《続日本紀》

6・26　正倉院を開封し、薬物と宝物を曝涼し、点検記録を作成する。《正倉院文書「延暦六年曝涼帳」》

8・24　天皇、高椅津《たかはしのつ》に行幸、帰りに藤原継《つぐ》縄《ただ》の第に寄る。《続日本紀》

9月　伊勢外宮の遷宮が行なわれる。《二所大神宮例文》

10・17　天皇、交野《かたの》に行幸。遊猟し、藤原継縄の別業《べちごう》を行宮《かりみや》とする（二十日、継縄、百済王らを率いて種々の楽を奏する。この日還御）。《続日本紀》

11・5　天皇、天神を交野に祀る（祭文に、父光仁天皇を昊天上帝《こうてんしょうてい》〈天帝〉と並べて祀れとある〈**祭文**の初見〉）。《続日本紀》

■**延暦七年（七八八）戊辰**

桓武天皇　52歳

1・15　安殿《あて》親王、元服する（天皇自ら加冠）。《続日本紀》

2・3　贈太政大臣藤原百川長子緒嗣、殿上にて元服する。《公卿補任》

3・2　軍粮・糒・塩・兵員を多賀城に運び、蝦夷征討に備える。《続日本紀》

4・10　丹生川上神に黒馬を奉納し、雨を祈る。《続日本紀》

4・16　去冬より雨降らず。天皇、沐浴し、庭で祈雨する。《続日本紀》

5・2　降雨なく、伊勢神宮以下諸国名神社に祈雨させる。《続日本紀》

5・4　桓武天皇夫人**藤原旅子**没（妃の称および正一位を贈る）。《続日本紀》

7・4　大宰府、大隅国曾乃峯（霧島山）噴火を報告する。《続日本紀》

7・6　参議紀古佐美《きのこさみ》を**征東大使**とする。《続日本紀》

12・7　征東大将軍紀古佐美、節刀を賜り、出発する（このときの詔は「坂東の安危この一挙にあり」とする）。《続日本紀》桓武天皇皇子（万多親王）、誕生する（母は夫人藤原小屎）。《日本紀略》

この年　最澄、比叡山寺を創建する。《伝教大師行状》

□7・28大中臣清麻呂《おおなかとみのきよまろ》（右大臣。大中臣氏の祖。本姓中臣氏。87）

■**延暦八年（七八九）己巳**

＊**祭文**《さいもん》　神を祭るときに読む文。祝詞も同じであるが、祭文のほうがより私的なものといわれる。また祝詞の和文体に対し漢文体（のち和文体もあるが）なのも特徴的。

＊**藤原旅子**《ふじわらのりよし》（七五九〜七八八）「たびこ」とも。父は藤原百川、母は藤原良継女諸姉《もろあね》。桓武天皇の夫人となり大伴親王（淳和天皇）をもうける。弘仁十四年（八二三）淳和天皇即位に際して皇太后を追贈される。陵は宇波多陵《うわたのみささぎ》（京都市西京区）。

＊**征東大使**《せいとうたいし》　天皇の大権を奉じ、節刀を賜って蝦夷経営にあたった。桓武朝において、東北地方の蝦夷経略は重要問題で、征東大使はのち、征夷使（征夷大将軍）と改称し、征東・征夷は一大国家事業であった。

＊**高野新笠**《たかののにいがさ》（?〜七八九）　光仁天皇夫人、桓武天皇母。父は和（高野）乙継、母は大枝真妹《おおえのまいも》。祖先は百済武寧王の子純陀《じゅんだ》太子といわれる。光仁天皇が白壁王のとき妃となり、山部王（桓武天皇）・早良親王・能登内親王をもうける。宝亀年中（七七〇〜七八〇）に高野

桓武天皇　53歳

1・7　天皇、南院に移御する（饗宴）。《続日本紀》

2・28　天皇、長岡京西宮から新造の東宮に遷御する。《続日本紀》

3・10　征夷のため伊勢神宮に奉幣する。《続日本紀》

3・16　東大寺造営が終わり、造東大寺司を廃止する。《続日本紀》

6・3　征東軍、阿弖流為《あてるい》に破れる（征東大将軍紀古佐美軍、千人の死者を出す大敗）。《続日本紀》

6・9　天皇、征東大将軍紀古佐美の失策を厳しく叱責する。《続日本紀》

7・14　勅により三関（鈴鹿・不破・愛発）を廃する。《続日本紀》

7・17　天皇、蝦夷に勝利との奏状に対し、戦勝報告は賊を平らげた後にと叱責する。《続日本紀》

9・8　征東大将軍紀古佐美、陸奥から帰り、節刀を返還する。《続日本紀》

9・19　征東大将軍の敗戦責任を勘問し、責任者を処罰する。《続日本紀》

12・28　光仁天皇夫人**高野新笠**没。《続日本紀》

この年　桓武天皇皇女（高志内親王）、誕生する（母は皇后藤原乙牟漏）。《続日本紀》

□9・19藤原《ふじわらの》　是公《これきみ》（右大臣、父は藤原乙麻呂。63）、この年、橘《たちばなの》　清友《きよとも》（贈太政大臣。父は参議橘奈良麻呂。嵯峨天皇皇后嘉智子の父で仁明天皇外祖父。32）

■延暦九年（七九〇）庚午

桓武天皇　54歳

1・14　高野新笠の諡号を「天高知日之子姫尊《あめたかしらすひのこひめのみこと》」とし、皇太后を追贈する。《続日本紀》

1・15　高野新笠を大枝山陵《おおえのみささぎ》（京都市西京区大枝沓掛町）に葬る。《続日本紀》

2・27　天皇、百済一族は「朕の外戚」と宣し、爵位を授ける。▼大納言藤原《ふじわらの》　継縄《つぐただ》を右大臣とする。《続日本紀》

③・10　桓武天皇皇后**藤原乙牟漏**没。《続日本紀》

③・11　天皇、近衛府に移御する。《続日本紀》

③・28　皇后藤原乙牟漏に諡号「天之高藤広宗照姫之尊《あめのたかふじひろむねてらすひめのみこと》」を贈り、長岡　山陵《ながおかのみささぎ》（「延喜式」諸陵寮の陵名は高畠陵〈向日市寺田町大牧〉）に葬る。《続日本紀》

③・29　蝦夷征討のため、東国諸国に軍粮などを備えさせる。《続日本紀》

6・13　天皇、諒闇により内裏を避け、神祇官曹司にて神今食を行なう。《続日本紀》

9・3　皇太子安殿親王の病により、京下七

朝臣姓を賜う。桓武天皇即位により皇太夫人。死後、「天高知日之子姫尊《あめたかしらすひのこひめのみこと》」と諡し、大枝陵《おおえのみささぎ》に葬られる。大同元年（八〇六）、太皇太后と追尊される。

＊**藤原《ふじわらの》　乙牟漏《おとむろ》**（七六〇〜七九〇）
桓武天皇皇后となり、安殿親王（平城天皇）・神野親王（嵯峨天皇）をもうける。父は藤原良継、母は阿倍古美奈。大同元年（八〇六）平城天皇即位により皇太后と追尊。陵は高畠陵《たかばたけのみささぎ》。天皇は、藤原旅子・高野新笠・藤原乙牟漏の死により、長岡京から平安京還都を考えたといわれる。

寺に誦経させる。《続日本紀》

9・11 伊勢神宮に相嘗の幣帛を奉る。《続日本紀》

10・2 再び鋳銭司を置く。《続日本紀》

11・15 地震あり。《続日本紀》

12・1 詔して、外祖父高野乙継・外祖母土師真妹《まいも》に正一位を追贈し、土師氏を改め大枝朝臣とする。《続日本紀》

12・13 地震あり。《続日本紀》

この年 秋・冬に京・畿内で天然痘が流行する。《続日本紀》

■延暦十年（七九一）辛未

桓武天皇 55歳

3・6 吉備真備・大和長岡ら刪定《さんてい》の律令二十四条（養老律令の修正）を施行する。《続日本紀》

3・23 数がふえて政務に支障をきたすとして国忌《こき》を整理する。《続日本紀》

4・27 天皇、弾正尹神王《みわおう》の第に行幸し、宴飲する。《続日本紀》

6・25 山背国の公私の地を調べ、王臣家・寺院等の不法な土地占有を禁じる。《続日本紀》

6・26 丹生川上社に黒馬を奉納し、雨を祈る。《続日本紀》

7・13 大伴弟麻呂《おとまろ》を征夷大使に、坂上田《さかのうえのた》村麻呂《むらまろ》ら四人を副使に任じる。《続日本紀》

8・3 夜盗、伊勢大神宮正殿などを焼く（延暦十一年〈七九二〉臨時遷宮）。《続日本紀》

8・13 伊賀・伊勢・美濃・尾張・参河各国に命じ、当年の正税官物をもって、伊勢神宮を再建させる。《大神宮諸雑事記》

8・14 伊勢神宮に奉幣し、炎上を謝する。《続日本紀》

また、使を遣わして殿宇を修造させる。《続日本紀》

9・16 天皇、諸国に命じ、平城宮の諸門を運び、長岡京に移築させる。《続日本紀》

9・22 百済王俊哲を陸奥鎮守将軍とする。《続日本紀》

10・10 天皇、交野に行幸し、遊猟する。藤原継縄の別業を行宮とする（継縄、このとき百済王らを率いて楽を奏する。十三日還御）。《続日本紀》

10・27 皇太子安殿《あて》親王、病気平癒報賽のため伊勢神宮に向かう（十一月十一日還御）。《続日本紀》

●「続日本紀」、この年までを記録する。

■延暦十一年（七九二）壬申

桓武天皇 56歳

1・20 天皇、登勒野《とろの》に遊猟する（二月には水生野・大原野・栗前野に遊猟）。《類聚国史》

2・29　天皇、京中を巡幸し、藤原乙叡《たかとし》の第で宴飲する。《日本紀略》
3・3　天皇、南園に行幸し、喫飲する。《日本紀略》
3・11　天皇、椙谷《すぎたに》に行幸する。《日本紀略》
3・24　失火による伊勢内宮正殿を再建、臨時遷宮を行なう。《類聚国史》
5・16　天皇、葛野川に行幸し、藤原継縄別業を行宮とする。《日本紀略》
6・10　皇太子安殿親王の病、天皇夫人藤原旅子・母高野新笠・皇后藤原乙牟漏が相次いで亡くなるなどの不幸を亀卜したところ、早良親王（崇道天皇）による祟りと出る（天皇、淡路に使を派遣しその霊に鎮謝）。《日本紀略》
6・14　諸国に健児《こんでい》を設置する。《類聚三代格》
6・17　早良親王（崇道天皇）墓に隍《ほり》を設ける。《類聚国史》
7・25　蝦夷が帰順する。《類聚国史》
7・27　京中の葬儀の奢侈を禁じる。《類聚三代格》
8・4　京に近いため、山背国深草山西面での埋葬を禁じる。《日本紀略》
8・11　天皇、紀伊郡赤目崎で、八月九日発生の洪水を観る（翌日、水害の百姓に賑給）。《日本紀略》
9・9　天皇、大原野に行幸し、遊猟する（以後、二十一日栗前野、二十五日登勒野、二十八日交野、十月十三日大原野、閏十一月には二日水生野、九日葛葉野、十六日大原野、十八日石作丘、二十四日登勒野で遊猟）。《類聚国史》
11・3　天皇、七月帰順の爾散南公阿波蘇《にさなのきみあわそ》らを朝堂院に饗応し、叙爵する。《類聚国史》
⑪・20　天皇、明経《みょうぎょう》道学徒に、呉音を廃し漢音を習わせる。《日本紀略》
この年　桓武天皇皇子（仲野親王）、誕生する（母は藤原大継女河子）。《一代要記》安殿親王（平城天皇）王子（阿保親王）、誕生する（母は葛井藤子）。《続後紀》

■延暦十二年（七九三）癸酉

桓武天皇　57歳

1・15　大納言藤原小黒麻呂・紀古佐美らを山背国葛野郡宇太村に派遣し、新京の地を視察させる。《日本紀略》
1・21　天皇、長岡宮の解体のため東院に遷る。《類聚国史》
2・2　使を派遣して賀茂大神に遷都のことを奉告する。《日本紀略》
2・4　天皇、栗前野に行幸し、遊猟する（伊予親王別業を行宮とする）。《類聚国史》
2・17　征東使を改め征夷使（この名称は幕

末まで続く）とする。《日本紀略》

2・21 征夷副使の坂上田村麻呂が出発する。《日本紀略》

3・1 天皇、葛野に行幸し新京を巡覧する。《日本紀略》

3・9 摂津職を廃し、摂津国とする。《日本紀略》

3・10 使を派遣し、伊勢神宮に遷都の由を奉告する。《日本紀略》

3・12 新京宮城の築造を始める。《日本紀略》

3・25 遷都のことを山階（天智天皇）・後田原（光仁天皇）・先田原（施基皇子〈春日宮天皇〉）各山陵に奉告する。《日本紀略》

4・3 天皇、葛野に行幸する（右大臣藤原継縄《つぐただ》別業を行宮とする）。《日本紀略》

4・28 漢音未習の年分度者の得度を禁じる。《日本紀略》

6・11 正倉院を開封して薬物・宝物を曝涼し、点検記録を作成する。《正倉院文書「延暦十二年曝涼帳」》

6・23 諸国に新京の諸門を築造させる。《日本紀略》

7・25 天皇、新京を巡覧する。《日本紀略》

8・26 天皇、京中を巡覧し、右大臣藤原乙《おと》叡《えい》の別業に御す。《類聚国史》

8・28 天皇、葛野に遊猟する。藤原継縄別業に御す）。《類聚国史》

9・2 菅野真道らに新京の宅地を班給する。《日本紀略》

9・10 天皇、現任の大臣・良家の子孫は三世以下の女王をめとることを許し、また藤原氏は特に二世以下の女王をめとることを許す。《日本紀略》

9・22 天皇、栗前野に行幸し、遊猟する（伊予親王の江亭を行宮とする）。《類聚国史》

11・2 天皇、新京平安京を巡覧する。《日本紀略》

11月 光仁天皇夫人藤原曹司没（年36）。《一代要記》

この年 天皇、水生野・大原野・葛野・栗前野・瑞野・交野《かたの》・栗倉野・葛葉《くずは》野《の》・岡屋野などで遊猟する。▼桓武天皇皇子（佐味親王）、誕生する（母は夫人多治比真宗）。同皇子（坂本親王）、誕生する（母は河上真奴）。《日本紀略・類聚国史ほか》また同皇子（大田親王）、誕生する（母は百済教仁）。《一代要記》

■延暦十三年（七九四）甲戌

桓武天皇 58歳

1・1 宮殿解体のため朝賀を中止する。《類聚国史》征夷大将軍大伴弟麻呂《おとまろ》に節刀を賜う。《日本紀略》

＊**藤原帯子**《ふじわらのたいし》（?～七九四） 皇太子安殿親王（平城天皇）妃。父は藤原百川。河上陵《かわかみのみささぎ》に葬られるというが所在は不明。大同元年（八〇六）皇后を追贈される。

＊**平安京**《へいあんきょう》 延暦十三年（七九四）桓武天皇により、まだ造宮中であった長岡京より遷都。以来明治二年の東京奠都《てんと》まで（平清盛による福原遷都を除き）千年以上、日本の都となる。東西四・五キロ、南北五・三キロ。中央の北端に内裏を設け、中央の朱雀大路をはさみ左京・右京を置いた。これまでの都名は地名を反映していたが、「平安」京は、天皇の思いを反映したものという。なお、鎌倉幕府成立までを「平安」時代と呼んでいる。また、江戸幕府が成立してからは、幕末まで、京都が政治の中心をなすことはなかった。

＊**平野神社**《ひらのじんじゃ》 京都市北区平野宮本町に所在。桓武天皇生母高野新笠の祖神として大和国に祀られていたものが、平安京遷都にともない平安宮近くに移祀されたもの。二十二社の一。祭神は今来《いまき》皇大神・久《く》度《ど》大神・古開《ふるあき》大神・比売《ひめ》大神。創

1・16　征夷のことを山階（天智）・後田原（光仁）両山陵に奉告する。《日本紀略》

1・17　参議大中臣諸魚《もろな》を遣わし、伊勢神宮に征夷を奉告する。《日本紀略》

4・27　正倉院の麝香《じゃこう》・犀角・甘草などの薬物を内裏に進上し、大黄を藤原内麻呂と菅野真道に施与する。《正倉院文書「弘仁二年資財勘録帳」》

4・28　天皇、新京（平安京）を巡覧する（この日、藤原継縄の高椅津荘で宴飲）。《日本紀略》

5・28　皇太子安殿親王（平城天皇）妃**藤原帯子**没。《日本紀略》

6・13　正倉院の檳榔子《びんろうじ》を内裏に進上する。《正倉院文書「弘仁二年資財勘録帳」》▼坂上田村麻呂、蝦夷を制圧する。▼地震あり。《日本紀略》

7・1　長岡京の東西市を平安京に移転させる。《日本紀略》

7・10　地震あり。《日本紀略》

8・13　藤原継縄ら、「続日本紀」の一部を撰進、残りの編纂を続ける。《類聚国史》

9・13　正倉院の訶梨勒《かりろく》を内裏に進上する。《正倉院文書「弘仁二年資財勘録帳」》

9・28　遷都・征夷のため、諸国の名神に奉幣する。《日本紀略》

9・29　百僧を請じ、新宮（平安宮）で仁王経を講じさせる。《日本紀略》

10・22　天皇、新京に遷る（平安京遷都。後世、平安神宮の時代祭、この日に行なわれる）。《日本紀略》

10・27　湯原親王王子壱志濃王《いちしのおう》を中納言とする。《公卿補任》

10・28　征夷大将軍大伴弟麻呂、征討軍の勝利を報告する。▼天皇、遷都の詔を出す。《日本紀略》

11・8　山背国を山城国に、近江国古津を大津に改め、新京を**平安京**と号する。《日本紀略》

12月　平安遷都に際し、大和国から平野に今《いま》木《き》神・久度《くど》神・古開《ふるあき》神三神を遷座・勧請する（**平野神社**の創祀）。《一代要記》

この年　天皇、栗前野・瑞野・葛葉野・水生野・大原野・交野・北岡・康楽岡《かぐらおか》（神楽岡）・山階野などで遊猟する。《類聚国史・日本紀略》桓武天皇皇子（賀陽親王）、誕生する（母は夫人多治比真宗）。《歴代編年集成》

■延暦十四年（七九五）乙亥

桓武天皇　59歳

1・1　大極殿が未完成のため、朝賀を中止する。《日本紀略》

1・16　宮中で、遷都を祝う踏歌が行なわれ

建については「一代要記」に延暦十三年とあるが諸説あり。いずれにせよ延暦年間の頃の創建といわれる。皇太子守護の神社でもあり、平安時代、平野祭には、しばしば皇太子自らの奉幣が行なわれた。また、花山天皇が寛和元年（九八五）に桜を手植えしてより、桜の名所として知られる。

る。《類聚国史》
1・29　征夷大将軍大伴弟麻呂、節刀を還す。《日本紀略》
6・15　天皇、離宮近東院（のちの冷泉院の地といわれる）に行幸する。《日本紀略》
6・27　天皇、大堰《おおい》（桂川の堰《せき》の地）に行幸する（閏七月七日、八月三日にも）。《日本紀略》
7・12　天皇、京中を巡幸する（十二月一・十八日にも）。《日本紀略》
7・13　天皇、佐比津《さひつ》（桂川に面した港）に行幸する。《日本紀略》
8・15　天皇、朝堂院の匠作を観閲する（十九日にも）。▼逢坂関廃止。《日本紀略》
8・18　天皇、北野に行幸する。《日本紀略》
9・4　天皇、東院に行幸する。《日本紀略》
10・16　天皇、交野に行幸し、右大臣藤原継縄の邸を行宮とする（二十二日還御）。《日本紀略》
11・3　渤海使、出羽に来着したため、越後に遷置する。《類聚国史》
12・22　不破内親王、配所を淡路国から和泉国に移される。《日本紀略》
この年　天皇、日野・交野・大原野・登勒《とろ》野《の》・紫野・栗栖《くるす》野《の》などで遊猟する。《類聚国史・日本紀略》

■延暦十五年（七九六）丙子

桓武天皇　60歳
1・1　平安宮大極殿が完成し、天皇、百官の朝賀を受ける。《日本紀略》
2・12　天皇、紫野に行幸する。《日本紀略》
2・13　伊勢斎宮朝原内親王、帰京のため大和国に頓宮を造る。《類聚国史》
3・24　天皇、朝堂・諸院を巡覧する（近東院で宴飲）。《日本紀略》
4・10　天皇、京中を巡幸する（八月二十一日、十二月十四日にも）。《日本紀略》
4・27　渤海使、国書・方物を献上する（五月十七日帰国）。《日本紀略》
5・12　大雨洪水。《日本紀略》
6・16　天皇、**葛野川**に行幸する。《日本紀略》
7・28　中納言神王を大納言とする。《公卿補任》
8・21　天皇、京中を巡幸する。▼諸国に地図を作らせる。《日本後紀》
10・2　御長広岳《みながのひろおか》ら、渤海国より帰国する。《日本後紀》
12・14　天皇、京中を巡幸する。《日本後紀》
この年　天皇、芹川野・登勒野・水生野《みなせの》・日野・栗前野・大原野・紫野・北野・栗栖野などで遊猟する。《日本後紀ほか》平安京造営に際し、羅城門の東西に東寺・西寺が

＊**葛野川**《かどのがわ》　京都西部を流れる川。上流を大堰《おおい》（井）川、下流を桂川といい、淀川に合流する。葛野郡を流れることから、大堰川・桂川を合わせて葛野川という。

＊**続日本紀**《しょくにほんぎ》　「日本書紀」に続く勅撰史書。四十巻。文武天皇元年（六九七）から桓武天皇の延暦十年（七九一）まで九十七年間の記事を、おおむね編年体で収める。奈良時代の根本史料。編纂には藤原継縄・菅野真道・秋篠安人・中科巨都雄らが関わる。

＊**勘解由使**《かげゆし》　国司などが交替するとき、後任が前任者に与える不与解《ふよげ》由状《ゆじょう》などの書類を審査する中央官庁で令外官の一。前任者と後任者の交替が円滑さを欠くため、地方政治混乱を防止するために設置された。

創建される。《東宝記》鞍馬寺が創建され、勅願所とする。《扶桑略記》

□7・16藤原《ふじわらの》継縄《つぐただ》（右大臣。父は右大臣藤原豊成。桓武天皇寵臣。「続日本紀」撰修を主宰。70）

■延暦十六年（七九七）丁丑

桓武天皇　61歳

1・14　善珠《ぜんじゅ》を僧正とする（その大般若経読誦が皇太子の病悩に験ありといわれる）。《日本後紀》

1・20　天皇、京中を巡幸する（二月一・二十日、五月七日にも）。《日本紀略》

1・26　天皇、近東院に行幸する。《日本紀略》

2・13　菅野真道ら、「**続日本紀**」を完成、この日、奏上する。《日本後紀》

4・18　桓武天皇皇女布施（勢）内親王（母は中臣豊子）を伊勢斎宮に卜定する。《日本紀略》

4・21　僧正善珠（秋篠寺開山）没（皇太子、その像を秋篠寺に安置）。《日本紀略》

5・19　怪異のため、禁中と東宮で金剛般若経を転読させる。《日本紀略》

5・20　崇道天皇（早良親王）の霊に謝するため、僧二人を淡路に送る。《日本紀略》

6・9　刪定令格《さんていりょうかく》四十五条を下す。《類聚国史》

6・18　諸国の名神に奉幣し、万国の安寧を祈る。《日本紀略》

8・2　天皇、葛野川に行幸する（十二日にも）。《日本紀略》

8・7　天皇、近東院に行幸する。《日本紀略》

8・14　地震・暴風あり。《類聚国史》

8・21　伊勢斎宮布施（勢）内親王、葛野川に禊して野宮に入る。《類聚国史》

9・4　藤原内麻呂を勘解由長官とする（**勘解由使**の設置）。《公卿補任》

11・5　坂上田村麻呂を征夷大将軍とする。《日本紀略》

12・1　空海、「三教指帰《さんごうしいき》」を著す。《序》

この年　天皇、水生野・大原野・北野・登勒野・日野・陶野　栗栖野などで遊猟する《日本紀略ほか》多治比真宗を夫人とする。《一代要記》

□4・4紀古《きのこ》佐美《さみ》（大納言。征夷大将軍。65あるいは66とも）、4・21善珠《ぜんじゅ》（興福寺法相宗学僧。秋篠寺開山。75）

■延暦十七年（七九八）戊寅

桓武天皇　62歳

1・19　天皇、京中を巡幸する（二月八・二十五日、三月一・五日、五月八・十四日にも）。《日本紀略》

1・24　諸国の神宮司・神主等の任期を六年

とする。《類聚三代格》
4・10　地震あり。《日本紀略》
4・15　年分度者の制を定める。《類聚国史》
4・17　大伴親王（淳和天皇）と葛原親王、殿上にて元服する。《日本紀略》
5・12　天皇、近東院に行幸する。《日本紀略》
5・18　天皇、葛野川に行幸する。《日本紀略》
5・19　渤海使帰国により、渤海王に書を賜う。《日本紀略》
⑤・23　詔して、五世王は皇親にあらずとする。《日本紀略》
⑤・25　丹生川上社に雨を祈らせる（六月四日にも）。《日本紀略》
⑤・26　天皇、北野に行幸する。《日本紀略》
7・25　丹生川上社に奉幣して晴を祈らせる。《日本紀略》
7・28　平城旧京の僧尼の乱行を検察する。《類聚国史》
8・10　天皇、前日大風あるにより、この日、京中を巡幸する。《日本紀略》
8・13　天皇、北野に行幸し遊猟する（伊予親王山荘で宴飲する）。《類聚国史》
8・16　大納言神王《みわおう》を右大臣、中納言壱志濃王を大納言とする。《公卿補任》
8・26　天皇、内膳院に行幸する（曲宴）。《類聚国史》
9・7　僻遠の地の神社には国司が新年幣帛を調進し班つことを定める（**国幣社**の初め）。《類聚国史》
10・23　天皇、大堰に行幸する。《日本紀略》
12・17　天皇、北野に行幸する。《日本紀略》
12・27　渤海使、遣渤海使内蔵《くら》賀茂麻呂の帰国に同道して来朝し、国書・方物を献上する。《類聚国史》
この年　天皇、水生野・柏原野・北野・大原野・栗前野・日野などに遊猟する。▼桓武天皇皇子（大徳親王）、誕生する（母は夫人多治比真宗）。《日本紀略ほか》

■延暦十八年（七九九）己卯

桓武天皇　63歳
1・7　豊楽院未完成のため、大極殿前に借殿を構え、宴する（天皇臨御。渤海使も列席）。《日本後紀》
1・16　天皇、大極殿に出御し、渤海使を饗応する。《日本後紀》
2・7　神野親王（嵯峨天皇）、殿上にて元服する。《日本後紀》
2・15　天皇、使を淡路に遣わし、崇道天皇（早良親王）の霊に鎮謝する。《日本後紀》
4・15　渤海使帰国により、国王に書を賜う。また、その朝貢を六年に一度とする。《日本後紀》

＊**国幣社**《こくへいしゃ》　僻遠地のため、国司が幣帛を奉ることにした官社。「延喜式」では国幣の大・小社は二千三百九十五座。明治四年の社格制度では国幣社は地方官所祭とし、大社はなく中社・小社計六十二社であった。大正四年に気多神社が大社となり、第二次世界大戦終戦時には大社六、中社四十七、小社五十、計百三社となったが、昭和二十一年、社格制度は廃止された。

＊**神泉苑**《しんせんえん》　宮城の南に所在。天皇遊覧の地で、大きな池があり、旱の時にも涸れることはなかったという。同池には竜神がいるとされ、炎旱のときはしばしば請雨経法が修された。現在の神泉苑は旧地の一部分。

5・28 伊勢神宮正殿を改作させる。《日本後紀》
5・29 遣新羅使を中止する。《日本後紀》
6・15 大和国司の祭祀怠慢を戒める。《日本後紀》
6・23 天皇、京中に巡幸し、堀川で苦役する囚徒を恩赦する。《日本後紀》
6・27 禁中と東宮・朝堂で大般若経を奉読させる。《日本後紀》
8・7 天皇、京中を巡幸する（十一月十一日、十二月二十四日にも）。《日本後紀》
8・8 天皇、埴川《はにがわ》（高野川）にて禊する。《日本後紀》
8・12 天皇、大堰に行幸する。《日本後紀》
8・18 天皇、北野に行幸する。《日本後紀》
9・3 伊勢斎宮布施（勢）内親王、野宮を出発し、伊勢に向かう。《日本後紀》
11・4 地震あり。《日本後紀》
11・11 正倉院の大黄・甘草・小草等を内裏に進上する。《正倉院文書「弘仁二年資財勘録帳」》
12・8 平安京造営のため、伊賀・伊勢など十一ヵ国の人を徴発する。《日本後紀》
12・29 諸国の氏族に本系帳を提出させる。《日本後紀》
この年 天皇、栗前野・水生野・陶野・交野・西野などに遊猟する。《日本後紀ほか》桓武天皇皇女（紀内親王）、誕生する（母は藤原河子）。《三代実録》

□1・20和気広虫《わけのひろむし》（女官。清麻呂の姉。孝謙上皇に仕え、上皇とともに出家。70）、2・21和気清麻呂《わけのきよまろ》（公卿。桓武天皇の信任を得、平安京造営に功。67）

■延暦十九年（八〇〇）庚辰

桓武天皇 64歳

1・10 天皇、五百井《いおい》女王の別荘に行幸する。《日本後紀》
1・20 天皇、西嶋院《にしじま》に行幸する。《日本紀略》
1・27 天皇、北野に行幸する。《日本紀略》
3・18 天皇、京中を巡幸する（四月十・二十三日にも）。《日本紀略》
6・6 駿河国、三月十四日より四月十八日までの富士山噴火を奏上する。《日本紀略》
7・19 天皇、**神泉苑**に行幸する（神泉苑の初見）。《日本紀略》
7・23 早良親王を桓武天皇皇太子として崇道天皇と追尊する。また、井上内親王を皇后に復する（その墓はともに山陵とする）。《日本紀略・類聚国史》
7・26 崇道天皇陵・井上皇后陵（宇智陵《うちのみささぎ》）に陵戸をあてる。《類聚国史》
7・28 早良親王・井上内親王の追尊・復位

を二陵に奉告する。《類聚国史》
8・13 天皇、神泉苑に行幸する。《日本紀略》
8・14 丹生川上社に白馬を奉納し、晴を祈る。《日本紀略》
8・22 天皇、葛野川に行幸する。《日本紀略》
9・21 天皇、大堰に行幸する。《日本紀略》
10・17 天皇、交野に行幸する（二十五日還御）。《日本紀略》
11・6 坂上田村麻呂に諸国の夷俘を検校させる。《日本紀略》
この年 天皇、栗前野・水生野・大原野・的野などに行幸する。▼天皇皇女（甘南備内親王）、誕生する（母は藤原種継女東子）。《日本紀略ほか》桓武天皇皇子（葛井親王）、誕生する（母は坂上田村麻呂女春子）。《一代要記》

■延暦二十年（八〇一）辛巳

桓武天皇 65歳

①・16 出雲国造、神賀詞を奏上する。《類聚国史》
2・24 天皇、坂上田村麻呂に節刀を賜う（四万の軍勢を率いて東下）。《日本紀略ほか》
2・28 天皇、大堰に行幸する（六月十四日、七月二十四日にも）。《日本紀略》
3・1 天皇、近江国大津に行幸する（四月十一日にも）。《日本紀略》
4・2 天皇、神泉苑に行幸する（六月四日、九月八日にも）。《日本紀略》
4・19 天皇、参議紀勝長の山階第に行幸する。《日本紀略》
5・17 丹生川上社に奉幣して雨を祈る。《日本紀略》
8・10 藤原葛野麻呂を遣唐大使とする（第十六次遣唐使）。《日本紀略》
9・27 坂上田村麻呂から蝦夷征討の報告がある。《日本紀略》
10・28 坂上田村麻呂、帰京して節刀を返還する。《日本紀略》
11・7 天皇、蝦夷征討の功により、坂上田村麻呂に従三位を授ける（三階級の特進）。《日本紀略》
この年 天皇、大原野・栗前野・的野・日野・水生野などに遊猟する。▼桓武天皇皇女（駿河内親王）、誕生する（母は百済貞香《じょうきょう》）。《日本紀略ほか》

■延暦二十一年（八〇二）壬午

桓武天皇 66歳

1・1 雪により朝賀を中止する。《日本紀略》
1・8 富士山が噴火する。《日本紀略》
1・9 坂上田村麻呂に**胆沢城**を築かせる。《日本紀略》
2・1 天皇、神泉苑に行幸する（この月た

＊胆沢城《いさわじょう》 延暦二十一年（八〇二）東北経営のため坂上田村麻呂に築かせた城。岩手県水沢市佐倉河に所在。この築城により、鎮守府が多賀城より移された。このあと、さらに斯波《しわ》城、ついで徳丹城《とくたんじょう》（岩手県紫波郡矢巾町）が築かれた。

＊斯波城《しわじょう》 志波城とも。蝦夷経営のために設けられた城。盛岡市太田に所在。坂上田村麻呂が胆沢城を築いたあと、さらに北進して築かれたもの。水害にあったため、弘仁三年（八一二）ごろ徳丹城が築かれた。

びたび。神泉苑が天皇たちの宴遊の場になる。五月十七日、六月十七・十九日、七月二日、八月一日にも行幸）。《日本紀略》

4・15　坂上田村麻呂、蝦夷首領阿弖流為《あてるい》・母礼《もれ》の降状を報告する。《日本紀略》

6・24　王臣諸家の蝦夷との私的公易を禁止する。《類聚三代格》

7・9　天皇、大堰に行幸する。《日本紀略》

7・10　坂上田村麻呂、阿弖流為・母礼を連れて帰京する。《日本紀略》

8・13　坂上田村麻呂の嘆願むなしく、阿弖流為・母礼、斬首される。《日本紀略》

9・4　天皇、神野親王荘に行幸する。《類聚国史》

12・27　桓武天皇皇子、良岑朝臣姓を賜い、臣籍降下して良岑安世を名のる。《公卿補任》

この年　天皇、水生野・的野・芹川野・北野・大原野などに遊猟する。《日本紀略ほか》

■延暦二十二年（八〇三）癸未

桓武天皇　67歳

1・1　雨により朝賀を中止する（二日追行）。《日本紀略》

2・13　勘解由長官菅野真道ら、「官曹事類」を編纂し、奏上する。《本朝法家文書目録》

2・25　菅野真道らにより、「延喜交替式」が撰定・奏上され、勅により、ただちに施行される。《同書》

3・6　坂上田村麻呂に**斯波城**（志波城）を築かせる。《日本紀略》

3・24　天皇、近江国可楽《から》埼《さき》に行幸する（四月九日にも）。《日本紀略》

3・25　天皇、神泉苑に行幸する。このとき、皇太子安殿《あて》親王、諸親王を率いて、天皇の前で「起舞の礼」を行なう（天皇、四月四・十八日、六月一日、七月一日、九月五日、十月一日にも神泉苑に行幸）。《日本紀略》

4・2　遣唐大使藤原葛野《かどの》麻呂《まろ》に節刀を賜う（十六日、第十六次遣唐使、難波を出航）。《日本紀略》

4・11　天皇、京中を巡幸する。《日本紀略》

5・22　遣唐船、暴風雨で破損し渡航不能。この日、節刀を返還する。《日本紀略》

5月　日本国使、新羅に黄金三百両を献上する。《三国史記》

6・21　丹生川上社に奉幣して晴を祈らせる。《日本紀略》

7・6　遣唐使船、肥前を出発する。《叡山大師伝》

8・12　天皇、梅原宮に行幸する。《日本紀略》

8・19　天皇、伊予親王の愛宕庄に行幸する。《日本紀略》

8・26　天皇、葛野川に行幸する。《日本紀略》

9・9　天皇、西八条院に行幸する。《日本紀略》
10・25　桓武天皇皇子大徳（大野）親王（母は多治比真宗）没（年6）。《日本紀略》
⑩・1　近江国蒲生野に行宮を造る。《日本紀略》
⑩・16　天皇、蒲生野に行幸する（二十七日還御）。《日本紀略》
11・21　正倉院の大黄・甘草・人参等を内裏に進上する。《正倉院文書「弘仁二年資財勘録帳」》
12・27　桓武天皇皇子安世に良岑朝臣姓を賜う。《公卿補任》
この年　天皇、柏野・水生野・北野・的野・交野・大原野などに遊猟する。《日本紀略ほか》

■延暦二十三年（八〇四）甲申

桓武天皇　68歳

1・2　茨田親王を「万多」と改名する。《日本後紀》
1・25　天皇、神泉苑に行幸する（七月一日、九月八日、十月二十一日、十一月十三・十六・十八・二十七日、十二月一・六日にも）。《日本後紀》
1・28　坂上田村麻呂を再び征夷大将軍に任命する。《日本後紀》
2・3　天皇、西八条院・五条院に行幸する。《日本後紀》
2・20　天皇、京中を巡幸し、伊予親王第に行幸する。《日本後紀》
2・24　天皇、近江国志賀郡可楽埼《からさき》に行幸する。《日本後紀》
3・14　神宮禰宜ら、外宮の祭儀・由来などを記した「止由気宮儀式帳《とゆけぐうぎしきちょう》」を進献する。《同書》
3・28　遣唐大使藤原葛野麻呂に節刀を授ける。《日本後紀》
5・11　天皇、伊予親王第に行幸する。《日本後紀》
6・19　天皇、大堰に行幸する（七月四・二十四・二十七日、八月一日、九月四日にも）。《日本後紀》
7・6　遣唐大使藤原葛野麻呂、肥前国松浦を出発する（第十六次遣唐使。最澄・空海・橘逸勢《はやなり》ら同行）。《日本後紀》
7・11　天皇、葛野川に行幸する（八月五・八日にも）。《日本後紀》
7・24　天皇、**与等津**に行幸する。《日本後紀》
8・7　和泉・摂津国の行宮地を定める。《日本後紀》
8・11　地震あり（九月二十七日にも）。《日本後紀》

＊**与等津《よどつ》**　桂川・宇治川・木津川が合流する交通の要所。「淀」地名の初出か。

8・19　天皇、京中を巡幸する。《日本後紀》

8・28　宮司大中臣真継、禰宜荒木田公成《きみしげ》、大内人宇治土公《うじのつちのきみ》磯部小紲《いそべのおなわ》の連署で「皇太神宮儀式帳」を神祇官に上進する（この年三月上進の「止由気宮《とゆけぐう》儀式帳」と合わせ「伊勢大神宮儀式」「延暦儀式帳」「儀式帳」などと呼ぶ）。《跋文》

10・3　天皇、和泉国に行幸し、難波行宮に到る。《日本後紀》

10・4　天皇、四天王寺に行幸する。《日本後紀》

10・6　天皇、日根行宮（和泉国日根郡）に行幸する（ここを拠点に垣田野《かきたの》・日根野《ひねの》・藺生野《いぶの》・熊取野等で遊猟）。《日本後紀》

10・11　天皇、紀伊国玉出嶋に行幸する（十二日、船で遊覧）。《日本後紀》

10・13　天皇、雄山道《おのやまのみち》（大阪方面に向かう道）に行幸し、日根《ひね》行宮に還御する。《日本後紀》

10・15　天皇、難波行宮に到る（十七日還御）。《日本後紀》

12・25　天皇病気のため平城七大寺に読経させる。《日本後紀》

12月　遣唐使、唐に朝貢する。《旧唐書》

この年　天皇、水生野・北野・大原野・栗前野・垣田野・藺生野・日根野・熊取野などに遊猟する。《日本後紀ほか》

■延暦二十四年（八〇五）乙酉

桓武天皇　69歳

1・1　天皇病により、朝賀を中止する。《日本後紀》

1・14　天皇、久しく病により、皇太子安殿親王を召して諸事を指示する。▼崇道天皇のため、淡路に寺院を建立する。《日本後紀》

1・25　地震あり。《日本後紀》

2・15　諸王らに三園真人姓・近江真人姓・清海真人姓・志賀真人姓・浄額真人姓・清岳真人姓・浄原真人姓・室原真人姓・春原真人姓・美海真人姓・岡原真人姓・豊岑真人姓・長谷真人姓・山科真人姓をそれぞれ賜う。《日本後紀》

2・19　天皇の病により、諸国国分寺に薬師悔過を行なわせる。《日本後紀》

3・23　勅使を派遣し、僧玄賓《げんぴん》に伯耆国からの上京を請う（天皇の病気回復を祈願する。翌年、大僧都に任じられるも辞退）。《日本後紀》

3・27　殿上で灌頂法を修する。《日本後紀》

4・5　崇道天皇に「国忌及奉幣之例」に預からせる。《日本後紀》

4・6　天皇、皇太子安殿親王以下参議以上を召して後事を託す。《日本後紀》

4・11　崇道天皇を改葬する司を任命する（淡

路から大和に改葬する。陵名は**八嶋陵**）。《日本後紀》

6・8　遣唐使第一船帰国（十七日第二船帰国。第三船は肥前で遭難）。《日本後紀》

7・1　遣唐使藤原葛野麻呂、節刀を返還する。《日本後紀》

7・17　地震あり。《日本後紀》

7・24　唐物《からもの》を親王たちに賜う。《日本後紀》

7・27　唐物を天智・光仁・崇道各天皇陵に献上する。《日本後紀》

8・9　入唐僧最澄、天皇の病気平癒のため悔過読経を行なう（このとき唐からの仏像を献上）。▼地震あり。《日本後紀》

10・19　坂上田村麻呂、京都清水寺を建立する（勅により境内が決められ、勅願所となる）。《東宝記》

10・25　崇道天皇のため、一切経を写経させる。《日本後紀》

11・23　坂本親王、殿上にて元服する。《日本後紀》

12・7　天皇、藤原緒嗣《おつぐ》・菅野真道《すがのまみち》を召して、「天下の徳政」について議論させる（緒嗣の意見により、十日、征夷ならびに造宮を停止）。《日本後紀》

●桓武天皇代（七八一～八〇六）、天皇は、毎日南殿《なでん》（紫宸殿）にある御帳台《みちょうだい》に御して執務し、終わると衣冠を解いて臥起飲食した。《寛平御遺誡》

■**大同元年（八〇六）丙戌**

桓武天皇　70歳

平城天皇　33歳

1・1　天皇病気のため、朝賀を中止する。《日本後紀》

1・26　年分度者を定め、このとき天台宗が初めて公認される。《日本後紀》

2・17　大伴親王（淳和天皇）王子（恒世《つねよ》親王）、誕生する（母は高志内親王）。《日本後紀》

3・15　天皇、危篤状態になる。《日本後紀》

3・16　五百枝王・氷上川継を復権する（十七日、藤原種継事件関係者が復権）。《日本後紀》

第五十一代　平城《へいぜい》天皇

3・17　桓武天皇、内裏正殿で崩御。ただちに璽・剣を東宮に移奉し（**剣璽渡御の儀**）、安殿親王が践祚（**平城天皇**。践祚の儀が制度化される）。《日本後紀》

3・19　桓武天皇陵が山城国葛野《かどの》郡宇太野《うたの》に定められる。《日本後紀》

3・23　昨日より災異あり。山陵の地が賀茂神に近いための祟となし、天皇自ら祈ると

＊**八嶋陵**《やしまのみささぎ》　奈良市八島町所在。「延喜式」諸陵寮には「兆域東西五町、南北四町、守戸二烟」とある。明治十九年、陵上の祠（崇道天皇社）を移転し、円丘を設ける。

＊**剣璽渡御の儀**《けんじとぎょのぎ》　古来皇位の象徴とされた神剣と神璽を新帝が相承する儀式で、平城天皇が初見。なお践祚の践は「ふむ」、祚は「天子の地位」で、即位と同義。桓武天皇のときから践祚と即位が別の日に行なわれるようになり、践祚は皇位を継ぐこと、即位は万民に広く宣べ示すこととなる。なお、剣璽は天皇の御守りとして常に天皇とともに移動するが、神器は宮中別殿（温明殿《うんめいでん》または内侍所《ないしどころ》）に奉安して動座せず、常に祭祀の対象となる。

＊**平城天皇**《へいぜいてんのう》（七七四～八二四）小《お》殿《て》・安殿《あて》親王、日本根子天推国高《あめおしくにたか》彦《ひこ》尊。桓武天皇第一皇子。母は皇后藤原乙牟漏（良継女）。延暦四年（七八五）立太子、同二十五年践祚、大同元年（八〇六）即位。同四年譲位し、同五年出家。天長元年（八二四）崩御。贈皇后として藤原帯子（百川女）。妃に朝原

火災が滅する。《日本後紀》

3・29　伊勢斎宮布施（勢）内親王入京のため、大和・伊賀両国に行宮を造らせる。《日本後紀》

3月　崇道天皇のため、諸国国分寺僧に春分秋分の各七日間、金剛般若経を読ませる（彼岸会の初見）。《日本後紀》▼伊勢斎宮布施（勢）内親王、退下する。《日本後紀》十五大寺および諸国国分寺で仁王経を講話させ、以後永式とする（**十五大寺**の初見）。《類聚三代格》

4・1　先帝の諡号を「日本根子皇統彌照《やまとねこあまつひつぎいやてらすの》尊《みこと》」とする（のち追諡して「桓武天皇」）。《日本後紀》

4・7　桓武天皇、山城国紀伊郡柏原山陵に葬られる。《日本後紀》

4・24　右大臣神王《みわおう》（桓武天皇従兄弟。田原天皇皇孫。父は榎井親王、母は不詳）没（年70）。《日本紀略》

4・25　十五大寺で毎年、仁王般若経を講じさせる（諸国国分寺もこれに準じさせる）。《類聚三代格》

5・1　桓武天皇皇子大伴親王（淳和天皇）、賜姓（臣籍降下）を申請するも許されず。《日本後紀》

5・6　天皇、民衆救済のため、正税貸与を指示する。《日本後紀》

5・18　平城天皇、大極殿にて即位する。▼代始により**大同**と改元する（このとき、天皇、藤原薬子を尚侍とする。なお、「日本後紀」は、即位同日改元は臣下が一年のうちに二君を戴くことになるため「非礼」と批判）。《日本後紀》

5・19　皇太后高野新笠を太皇太后、皇后藤原乙牟漏を皇太后とする。また、神野《かみの》親王（嵯峨天皇）を皇太弟とする。《日本後紀》大納言藤原内麻呂を右大臣とする。《公卿補任》

5・24　天皇、初めて六道観察使を設置する。《日本後紀》

6・9　母藤原帯子に皇后、外祖父藤原良継《よしつぐ》に正一位太政大臣、外祖母安倍古美奈《こみな》に正一位を追贈する。《日本後紀》

6・10　諸王・五位以上の子孫は十歳以上、大学に入ることとする。《日本後紀》

⑥・16　勘解由使を廃止する。《日本後紀》

7・7　天皇の諱を避け、紀伊国安諦《あで》郡を在田《ありだ》郡（のち有田郡）と改称する。《日本後紀》

7・13　天皇、詔して平城旧宮に遷らんとする。《日本後紀》

8・10　勅命により奉幣使は中臣氏・忌部氏を同数とする。《日本後紀》

8・22　王臣家による私寺経営を禁じ、適正

内親王・大宅内親王。皇子女に阿保親王・高丘（岳）親王・巨勢親王・上毛野内親王・石上内親王・大原内親王・叡努《えぬ》内親王がいる。平城宮に住し、「古里となりにし奈良の都にも色はかはらず花はさきけり」（「古今和歌集」）と詠む。「平城天皇」はゆかりの地名に因んだ追号。

***十五大寺《じゅうごだいじ》**　「延喜式」では東大寺・興福寺・元興寺・大安寺・薬師寺・西大寺・法隆寺・新薬師寺・本元興寺・唐招提寺・西寺・四天王寺・崇福寺・弘福寺・東寺だが、時代によって必ずしも一定したものではなかった。

***大同《だいどう》**　出典等不詳。このときの改元は、「日本後紀」は踰年《ゆねん》改元ではないとして批判。

な諸寺経営を勅する。《日本後紀》空海・橘逸勢ら、唐より帰国する。《扶桑略記》
8月　霖雨止まず。諸国被害多し。《日本後紀》
10・11　桓武天皇を**柏原陵**に改葬する。《類聚国史》
11・13　平城天皇皇女大原内親王を伊勢斎宮に卜定する。《日本紀略》

■大同二年（八〇七）丁亥

平城天皇　34歳

1・17　唐物を山陵に奉納する。《日本紀略》
1・20　勅して漆・桑の催殖を諸道に命じる。《類聚三代格》
2・13　斎部広成《いんべのひろなり》、「**古語拾遺**」を撰述し、天皇に献上する。《同書》
4・1　天皇、初めて前殿《ぜんでん》（紫宸殿）に出御する。《日本紀略》
4・16　参議の号をやめ、観察使を置く（弘仁元年〈八一〇〉、参議を再置）。《日本紀略》
5・3　賀茂両社に正一位を贈る。《日本紀略》
5・13　聖武天皇の国忌を廃止する。《日本紀略》
5・16　諸国の采女貢上を停止する。《日本紀略》
5・26　天皇、神泉苑に行幸する（七月七・十七・二十九日、八月二十八日、九月二十一日にも）。《類聚国史》
8・8　神宝・唐物を伊勢神宮に奉納する。《類聚国史》
8・14　八嶋・河上・柏原等の山陵の兆域を定める。《類聚国史》
8・15　十五条憲法を下す。《日本紀略》
8・24　伊勢斎宮大原内親王、野宮に入る。《類聚国史》
9・9　天皇、神泉苑に行幸し、射礼を見る。《日本紀略》
9・21　天皇、神泉苑に行幸し、菊を見る（皇太弟頌歌し、天皇これに和す。群臣ともに万歳を称す）。《日本紀略》
10・18　天皇、公卿の議奏により、国司交替を六年とする。《日本紀略》
10・28　天皇、大嘗祭のため、葛野川で禊する（大嘗祭に先立つ御禊の初め）。《日本紀略》
10・29　藤原宗成《むねなり》、伊予親王に勧めて謀反せんとするも発覚する（この日、左近中将ら兵五十人、親王第を囲む）。《日本紀略》
11・2　謀反事件により大嘗会を中止する。この日、伊予親王とその母藤原吉子《よしこ》を川原寺に幽閉する。《日本紀略》
11・11　伊予親王を廃する由を柏原（桓武）陵に奉告する。《日本紀略》
11・12　**伊予親王**・母夫人**藤原吉子**、毒薬を

＊**柏原陵**《かしわばらのみささぎ》　京都市伏見区桃山町永井久太郎に所在。大同元年（八〇六）四月に山城国紀伊郡の柏原山陵に葬るも、同年十月にこの地に改葬。「延喜式」諸陵寮に「兆域東八町、西三町、南五町、北六町、加㆓丑寅角㆒岑一谷㆒、守戸五烟」とある。歴代が崇敬し、しばしば使を派遣するも、中世以降所伝を失い、幕末修陵時にも所在地を確定できず、明治十三年、谷森善臣の考証により現陵に定められ修治が加えられた。

＊**古語拾遺**《こごしゅうい》　神代より天平年間（七二九〜七四九）までの一種の史書。斎部広成撰。朝廷での神事祭祀をめぐり中臣氏と対立していた斎（忌）部氏より奏進された愁訴状で、「記紀」に見られない斎部氏の伝承もあり、古代史の貴重史料となっている。

＊**伊予親王**《いよしんのう》（?〜八〇七）　桓武天皇第三皇子。母は藤原是公女吉子。藤原仲成の陰謀により幽閉され、親王を廃された末に自殺。弘仁十年（八一九）親王号が復される。墓は京都市伏見区桃山町の「巨幡《こわたの》墓《はか》」。母吉子は、「大岡墓」に葬ら

仰いで自殺する。《日本紀略》

11・13　伊予親王に謀反を勧めた藤原宗成らを配流する。《日本紀略》

この年　嵯峨天皇皇女（有智子《うちこ》内親王）、誕生する（母は山口王王女交野女王）。《続後紀》

■大同三年（八〇八）戊子

平城天皇　35歳

1・1　風寒強く、朝賀を中止する。《類聚国史》

1・20　内礼司を弾正台に併合するなど、役所の統廃合を行なう。《類聚国史》

2・24　疫病を鎮めるため、天皇、大極殿に出御し、名神に祈る。《日本紀略》

2月　日本国使、新羅に到る。《三国史記》

3・27　桓武天皇皇子大田親王（母は百済教仁）没（年16）。《日本紀略》

4・24　天皇、神泉苑に行幸する（五月七・十三日、七月七日、八月二十二日、九月十九日にも）。《日本後紀》

5・3　勅命により、出雲広貞・安倍真直《まさなお》ら、和方薬集成書「大同類聚方《だいどうるいじゅほう》」を完成し、この日、上奏する。《日本後紀》

5・10　全国的飢饉のため、調を免除、医薬を支給し、左右京で賑給し、国分二寺で大乗を転読させる。《日本後紀》

5・21　丹生川上社に黒馬を奉納し、雨を祈る。《日本後紀》

5・23　雨降る。群臣万歳を称え、終日宴飲。《日本後紀》

6・3　高丘（岳）親王に山城国久世郡の田を賜う。《日本後紀》

7・27　天皇、大堰に行幸する。《日本後紀》

8・26　伊勢斎宮大原内親王、葛野川に禊して野宮に入る。《日本後紀》

9・4　斎宮大原内親王、伊勢へ向かう《日本後紀》

10・7　天皇、北野に遊猟する。《日本後紀》

10・27　天皇、近江国大津に行幸し、大嘗会のために禊をする。《日本後紀》

10・29　大嘗祭の散斎期間を三ヵ月から一ヵ月に短縮する。《日本後紀》

11・11　大嘗会の雑楽伎人らが唐物で飾り立てるのを禁じる。《日本後紀》

11・14　大嘗会につき伊勢神宮に奉幣する（大嘗会由奉幣の初めか）。この夜、天皇、朝堂院にて大嘗祭を行なう。《日本後紀》

この年　去年来疫病流行。《日本後紀》

□6・3藤原乙叡《ふじわらのおとえい》（「たかとし」とも。中納言。父は右大臣藤原継縄。48）

■大同四年（八〇九）己丑

平城天皇　36歳

れるも所在未詳。

＊**藤原吉子《ふじわらのよしこ》**（?～八〇七）「きっし」とも。桓武天皇夫人。父は藤原是公。子の伊予親王に連座し、川原寺に幽閉され自害。祟を怖れたため復位・贈位。のち御霊神社に祀られる。

嵯峨天皇　24歳

1・1　風雨強く、朝賀を中止する。《日本後紀》

1・18　諸国に命じ、名神のために大般若経を書写させ、奉読供養して国分寺に安置させる（国分寺なきときは定額寺に）。《日本後紀》

2・5　勅して「倭漢惣歴帝譜図」を回収する。《日本後紀》

2・26　天皇、病む。《日本後紀》

②・17　清行僧二十人を内裏に召して読経させる。《日本後紀》

第五十二代　嵯峨《さが》天皇

4・1　平城天皇、病のため譲位。神野親王践祚（**嵯峨天皇**）。この日、病気平癒のため宮中で読経、また、京下の諸寺に遣使して読経させる。《日本後紀》

4・3　藤原薬子、出家する。《日本後紀》

4・13　嵯峨天皇、大極殿にて即位する（国政は高官に委ねる）。《日本紀略》

4・14　平城天皇皇子高丘《たかおか》（岳）親王を皇太子とする。《日本紀略》

4・21　天皇、玄賓法師を招請する（上京して平城上皇の病気回復を祈願）。《日本後紀》

4・28　平城上皇の病により、詔して七日間殺生を禁じ、大赦する。《日本紀略》

5・7　桓武天皇皇女**高志内親王**没。《日本紀略》

5・29　この年の大嘗会を停止する。《日本紀略》

6・8　丹生川上社に奉幣して雨を祈る。《日本紀略》

6・10　伊勢斎宮大原内親王の退下・帰京により、摂津国に頓宮を造らせる。《日本紀略》

6・13　桓武天皇皇女高津内親王を妃に、橘清友女嘉智子《かちこ》・多治比氏守女高子を夫人とする。《日本紀略》

7・3　勅して、以後、大原・栗前・水生・日根等の野に遊猟するを禁じる。《日本紀略》

7・10　平城上皇、左兵衛府に還御する。《類聚国史》

8・11　嵯峨天皇皇女仁子《じんし》内親王を伊勢斎宮に卜定する。《日本紀略》

8・30　天皇、平城上皇に朝覲行幸する（終日宴飲）。《日本紀略》

9・2　天皇の諱にふれるため、伊予国神野郡を新居《にい》郡に改める。《類聚国史》

9・9　天皇、神泉苑に行幸し、射礼を観、詩を作らせる。《日本紀略》

10・1　渤海使、国書・方物を献上する。《日本紀略》

＊**嵯峨天皇**《さがてんのう》（七八六～八四二）　神野親王。父は桓武天皇、母は皇后藤原乙牟漏（藤原良継女）。大同元年（八〇六）立太子、同四年践祚・即位。弘仁十四年（八二三）譲位。皇后に橘嘉智子、妃に高津内親王・多治比高子、夫人に藤原産子・藤原緒夏。皇子女に業良親王・正良親王・忠良親王・業子内親王・仁子内親王・有智子内親王・正子内親王・俊子内親王・繁子内親王・秀子内親王・芳子内親王・宗子内親王・純子内親王・斉子内親王・基子内親王など。譲位するとともに冷然（泉）院に遷幸、のち嵯峨院へ遷る。その居所に因み嵯峨院と称される（太上天皇の称号として「院」が初めて使われる）。

＊**高志内親王**《こしないしんのう》（七八九～八〇九）　桓武天皇第三皇子大伴親王（淳和天皇）妃。父は桓武天皇、母は藤原乙牟漏。平城・嵯峨両天皇の同母妹。弘仁十四年（八二三）皇后に追立。延暦二十年（八〇一）異母兄大伴親王と結婚。恒世親王、氏子・有子・貞子各内親王をもうける。陵は石作陵《いしづくりのみささぎ》か（所在は

10・5　平城上皇、東院に遷御する。《日本紀略》
11・5　摂津および平城旧都に太上天皇宮地を占定する。《類聚国史》
11・12　天皇、藤原仲成らを派遣し、平城宮造営を命じる。《日本紀略》
12・4　平城上皇、未完成の平城宮に船で御幸する（内裏と仙洞御所が分離し、「二所朝廷」といわれる）。《日本紀略》
この年　嵯峨天皇皇女（正子内親王）、誕生する（母は皇后橘嘉智子）。《三代実録》
□5・28　大伴弟麻呂《おおとものおとまろ》（「乙麻呂」とも。征夷使。79）

■弘仁元年（八一〇）庚寅

嵯峨天皇　25歳
平城上皇　37歳

1・1　天皇の病により、朝賀を中止する。《日本紀略》
2月　光仁天皇皇女彌努摩《みぬま》内親王（母は県主嶋姫）没（生年不詳）。《一代要記》
3・10　天皇、初めて**蔵人所**を置き、巨勢野《こせの》足《たり》・藤原冬嗣を蔵人頭に任命する。《皇年代略記・公卿補任》
4・1　渤海使を鴻臚《こうろ》館《かん》で饗応する（八月帰国）。《日本紀略》
4・19　平城宮が造られる。《日本紀略》
5・20　丹生川上社に奉幣し、止雨を祈る。《日本紀略》
5・27　渤海使、越前に来着する（越中国に安置）。《日本紀略》
6・2　天皇、神泉苑に行幸し、文人に詩を作らせる（十八日にも行幸）。《日本紀略》
6・28　平城上皇、詔して観察使を停止し、参議を復活する（藤原仲成、参議となり、妹薬子とともに上皇に寵愛される）。《日本紀略》
7・7　天皇、神泉苑に行幸し、相撲を観る。《日本紀略》
7・13　天皇病気のため、川原寺・長岡寺に使を遣わして誦経させる。《日本紀略》
7・18　天皇病気のため、藤原乙牟漏陵（高畠陵）を鎮祭させる。《日本紀略》
7・19　天皇、東宮に遷御する。《日本紀略》
7・27　崇道天皇（早良親王）・伊予親王・藤原吉子追福のため百三十人を得度させる。《日本紀略》
7・30　天皇病気のため、伊勢神宮に奉幣する。《日本紀略》
9・6　上皇、平城遷都を命じる。《日本後紀》
9・10　藤原仲成・薬子、上皇の重祚を計画するも発覚。天皇、三関を固め、仲成を拘禁し、尚侍《ないしのかみ》薬子を解任する（藤原薬子の変。

不明）。
＊**蔵人所**《くろうどどころ》　天皇直属の機関で、腹心の者を任じて重要文書を取り扱わせた。「薬子の変」により天皇側が平城上皇側に機密が洩れるのを防ぐために設けたという令外の官。初めは政治的意味合いが強かったが、のち経済的色彩をおび、藤原北家繁栄のよりどころとなる。

平城太上天皇の変とも）。《日本後紀》
9・11 上皇、東国に向かうも阻止され、藤原仲成は射殺される。《日本後紀》
9・12 上皇、平城宮に引き返して出家する。藤原薬子は自殺。《日本後紀》
9・13 皇太子高丘親王を廃し（このあと出家して真如《しんにょ》と号し、東寺に住す）、大伴《おおとも》親王（淳和天皇）を皇太弟とする。《日本後紀》
9・19 代始により**弘仁**と改元する。▼阿保親王を大宰権帥に左遷する。《日本後紀》
9・29 渤海使、国書・方物を献じる。《日本後紀》
10・27 天皇、大嘗祭のため松崎《まつがさき》川で禊をする。《日本後紀》
11・19 天皇、朝堂院にて大嘗祭を行なう（平城遷都で人身騒動のため、この日に延引）。《日本後紀》
12・13 天皇、芹川野に遊猟する。《日本後紀》
12月 天皇、初めて**賀茂斎院**を置き、皇女有《う》智子《ちこ》内親王を斎王として祭に奉仕させる（賀茂斎院の初め。以後、上賀茂社が伊勢神宮に準じて厚い崇敬を受ける）。《一代要記・賀茂斎院記》
この年 伊勢内宮の遷宮が行なわれる（外宮は弘仁三年）。《二所大神宮例文》嵯峨天皇皇子（正良親王。仁明天皇）、誕生する（母は皇后橘嘉智子）。《続後紀》
□9・11 藤原《ふじわらの》仲成《なかなり》（参議。父は中納言藤原種継。平城天皇寵臣。薬子の兄。47）、9・12 藤原薬子《ふじわらのくすこ》（中納言藤原縄主の妻。平城天皇尚侍。生年不詳）

■弘仁二年（八一一）辛卯

嵯峨天皇 26歳
平城上皇 38歳

1・20 大納言坂上田村麻呂等を遣わし、渤海使を朝集院にて饗応する。《日本後紀》
1・22 渤海使帰国により、書を渤海王に賜う。《日本後紀》
2・5 薬園を施薬院に下賜する。《日本後紀》
2・15 天皇、西宮《さいきゅう》に遷御する。《日本後紀》
2・18 皇太弟大伴親王、東宮に移る。《日本後紀》
4・6 天皇、神泉苑に行幸する（十二・十八・二十七日、五月十二日、七月七・十二日、八月十二日にも）。《日本後紀》
4・17 文室綿麻呂《ふんやのわたまろ》を征夷将軍とする。《日本後紀》
5・16 天皇、玄賓《げんぴん》僧都に親書を送り、法服一具を贈る。《日本後紀》
7・13 勅して平城宮の宿衛の綱紀粛正を図る。《日本後紀》
8・29 伊勢斎宮仁子内親王、葛野川で禊す

＊**弘仁**《こうにん》 出典等不詳も、「芸文類聚」など諸書に「弘」と「仁」の組み合わせあり。

＊**賀茂斎院**《かもさいいん》 賀茂社に斎王として仕える未婚の皇女のこと。伊勢斎宮に対応するもの。これにより賀茂神が皇室や王城鎮護の神となり、賀茂祭（葵祭）も王朝の祭として発展、今日に至っている。

＊**布施内親王**《ふせないしんのう》（？～八一二）「布勢内親王」とも。父は桓武天皇、母は中臣丸大魚女豊子。延暦十六年（七九七）から大同元年（八〇六）まで伊勢斎宮をつとめる。

る。《日本後紀》
9・1　伊勢斎宮仁子内親王が伊勢に入るため、北辰祭での挙哀・改葬等をやめる。《日本後紀》
9・4　伊勢斎宮仁子内親王、伊勢に向かう。《日本後紀》
9・25　正倉院を開封し、宝物・薬物を点検し、点検記録を作成する。《正倉院文書「弘仁二年資財勘録帳」》
10・2　遣渤海使上林東人、帰国する。《日本後紀》
10・13　征夷将軍文室綿麻呂、蝦夷征討のことを奏上する。《日本後紀》
12・15　地震あり。《日本後紀》
この年　天皇、北野・紫野・栗前野・大原野・水生野などで遊猟する。《日本後紀》
□5・23坂上田村麻呂《さかのうえのたむらまろ》（征夷大将軍。大納言。女春子は桓武天皇の後宮に侍し、葛井親王・春日内親王をもうける。54）

■弘仁三年（八一二）壬辰

嵯峨天皇　27歳
平城上皇　39歳
2・12　天皇、神泉苑に行幸し、花を覧る（宮中花宴の初めか）。《日本後紀》
3・15　出雲国造、大極殿にて神賀詞を奏する。《日本後紀》
4・6　天皇、神泉苑に行幸する。（五月十二日、七月七・二十四日、九月九日にも）。《日本後紀》
5・4　翌年以降、伊勢国の正税十三万余束の出挙の利を斎宮費にあてることにする。《日本後紀》
5・16　これより先、桓武天皇皇女朝原内親王、平城天皇妃となるも、この日、妃を辞する。《日本後紀》
5・26　これより先、桓武天皇皇女大宅内親王、平城天皇妃となるも、この日、妃を辞する。《日本後紀》
6・2　初めて「日本紀」を講ぜしむ。《日本後紀》
6・24　天皇、大堰に行幸する。《日本後紀》
7・1　疫旱により、禍を除くため天下名神に奉幣する。《日本後紀》
7・2　天皇、大極殿に出御し、疫旱のため伊勢神宮に奉幣する。《日本後紀》
8・6　桓武天皇皇女**布施（勢）内親王**没。《日本後紀》
9・26　怪異あり、諸国に命じて神宣を検察させ、神験の著しいものを言上させる。《日本後紀》
12・5　大納言藤原園人《そのひと》を右大臣とする。《日本後紀》

この年　天皇、栗前野・水生野・交野・北野・大原野・芹川野等に遊猟する。《日本後紀》

□10・6藤原《ふじわらの》内麻呂《うちまろ》（右大臣。贈太政大臣。父は大納言藤原真楯。藤原房前の孫、冬嗣の父。57）

■弘仁四年（八一三）癸巳

嵯峨天皇　28歳

平城上皇　40歳

1・7　献山陵物使を懈怠する五位以上に節会参列を禁じる（懈怠対策の確実な初例）。《類聚符宣抄》

1・14　天皇、御斎会（最勝王経）の最後に、高学の僧十一名を招き、大極殿にて論義させる。（内論義《うちろんぎ》の初見）。《日本後紀》

1・28　大臣不在のため、中納言に朝座政を行わせる。《類聚符宣抄》

2・3　僧尼の度縁戒牒の制を定める。《日本後紀》

2・16　天皇、交野に遊猟し、山埼（崎）駅を行宮とする。《日本後紀》

2・29　天皇、神泉苑に行幸し、文人に詩を作らせる（七月七日、閏七月六・十二日、九月九日にも行幸）。《日本後紀》

4・22　天皇、皇太弟大伴親王御所の南池《なんち》（淳和院）に行幸する。《日本紀略》

5・30　文室綿麻呂《ふんやのわたまろ》を征夷大将軍とする。《日本後紀》

6・24　天皇、大堰に行幸する。《類聚国史》

7・16　天皇、葛野川に行幸する。《日本後紀》

8・15　天皇、皇太弟大伴親王御所南池に行幸する。《日本紀略》

8・16　天皇、葛野川に行幸する。《日本紀略》

8・20　桓武天皇皇子葛井親王、元服する。《日本紀略》

9・24　天皇、皇太弟大伴親王と清涼殿にて宴をする（清涼殿の初見）。《日本後紀》

9・29　対馬の史生一員を止め、新羅訳語一人を置く（新羅船来着も言語通じず、みだりに殺害するため）。《類聚三代格》

9・30　渤海使、方物を献上する。《日本後紀》

この年　天皇、栗前野・交野・水生野・大原野・北野・芹川野・櫟原野《いちはらの》などで遊猟する。《類聚国史ほか》

■弘仁五年（八一四）甲午

嵯峨天皇　29歳

平城上皇　41歳

2・16　天皇、交野に行幸する（十七日遊猟、山崎離宮に到る。十八日水生野遊猟。二十一日帰京）。《日本紀略》

2・28　天皇、神泉苑に行幸し、文人に詩を作らせる（四月十一日、五月十二日、七月

＊類聚符宣抄《るいじゅふせんしょう》　「左丞抄《さじょうしょう》」とも。天平九年（七三七）より寛治七年（一〇九三）までの太政官符・宣旨・官宣旨・解状などを類別した文書集。「類聚三代格」とともに公家法制に欠かせない重要史料。編者は諸説あり。

＊清涼殿《せいりょうでん》　平安宮内裏紫宸殿の西北にあり、一〇世紀頃より天皇が常住、四方拝・小朝拝・叙位・除目などが行なわれた。中殿・内殿・本殿・御殿等とも。たびたび火災にあい、安貞元年（一二二七）以後、この地には再建されなかった。

＊閑院《かんいん》　二条大路南、西洞院大路西に所在。藤原冬嗣のあと基経・兼家などに伝領され、嘉保二年（一〇九五）白河上皇御所となり、以後は院御所・里内裏として用いられ、焼失・再建を繰り返し、正元元年（一二五九）焼失後は再建されなかった。

＊新撰姓氏録《しんせんしょうじろく》　京および山城・大和・摂津・河内・和泉国の千百八十二氏を「皇別・神別・諸蕃」に分類したもの。万多親王ら編。皇別は神武天皇以降、天皇家から別

七日、閏七月六・十二日、九月九日にも行幸)。《日本紀略ほか》

3・4 右大臣藤原園人の奏言により、九月九日を節会の例に入れないことにする。《日本後紀》

4・28 天皇、藤原冬嗣第の**閑院**に行幸する。《日本紀略》

5・8 皇子女多きにより、皇子・皇女八名（信・弘・常・明・貞姫・潔姫・全姫・善姫）に源朝臣姓を賜う（嵯峨源氏。賜姓源氏の初め）。《類聚三代格》

6・1 この日以前、万多《まんた》親王ら、「**新撰姓氏録**」を撰述する。《日本後紀》

6・14 天皇病気により、神今食祭を神祇官にて行なう。《日本後紀》

6・17 正倉院の犀角坏・犀角などを内裏に売却する。《正倉院文書「雑物出入帳」》

6・19 天皇、神祇官の奏により鴨川にて禊する。《日本紀略》

7・16 天皇、葛野川に行幸する。《日本後紀》

⑦・27 天皇、北野に遊猟し、**嵯峨院**に行幸する（嵯峨天皇別荘嵯峨院の初見）。《日本後紀》

8・11 天皇、皇太弟大伴親王御所の南池に行幸する。《日本後紀》

9・27 天皇、栗前野に遊猟し、明日香親王の宇治別業に到る。《日本後紀》

9・30 渤海使来朝、方物を献上する。《日本後紀》

この年 小野忠岑ら「凌雲集」（最初の勅撰漢詩集）成る。《同書》天皇、栗前野・交野・水生野・北野・栗栖野・芹川野などに遊猟する。《日本後紀ほか》

□6・29 菅野真道《すがののまみち》（参議。「続日本紀」撰者。桓武天皇側近。74）

■弘仁六年（八一五）乙未

嵯峨天皇 30歳
平城上皇 42歳

1・7 渤海使を饗応する。《日本後紀》

1・16 天皇、豊楽院に出御し、渤海客を饗応する。《日本後紀》

1・20 天皇、朝集堂にて渤海使を饗応する。《日本後紀》

1・21 諸国より役夫を動員し、**朝堂院**を修理させる。《日本後紀》

1・22 渤海使帰国により、天皇、国王に書を賜う。《日本後紀》

1・28 御所記録は内記・外記に作らせることにする。《類聚符宣抄》

2・17 天皇、交野に行幸する（二十三日還御）。《日本後紀》

2・28 天皇、神泉苑に行幸し、花宴を催す

れた氏族（三百三十五氏）。神別は神武天皇以前の神代に別れ、生じた氏族（四百四氏）。諸蕃は渡来人系の氏族（三百二十六氏）。どれにも属さない氏族が百十七氏。なお、天皇（家）は臣下に姓を与える立場ゆえ、姓は持たない。

＊**嵯峨院**《さがいん》 嵯峨天皇が設けた後院《ごいん》の一つで、天皇の諡はこれによる。崩後、皇后の橘嘉智子に譲られ、貞観十八年（八七六）淳和天皇皇后正子の令旨により大覚寺となる。

＊**朝堂院**《ちょうどういん》 大極殿・朝堂・朝集堂から成る古代宮城の中枢となる殿舎。即位・朝賀・饗宴などが行なわれた。弘仁九年（八一八）平安宮では八省院と改称された。たびたび火災にあい、治承元年（一一七七）焼失後は再建されなかった。

（四月六・十一日、七月七・二十四日にも行幸）。《日本後紀》
4・22　天皇、近江国滋賀韓崎《からさき》に行幸する（このとき僧永忠《ようちゅう》、茶を煎じて天皇に進上。天皇が茶を飲んだ最初の記録）。《日本後紀》
6・3　天皇、畿内・近江・播磨国等に茶を植え、毎年これを献上させることにする。《日本後紀》
6・24　皇女業子《なりこ》内親王（母は妃高津内親王）没（生年不詳）。《日本後紀》
7・13　橘清友女嘉智子《かちこ》を皇后とする（檀林皇后）。また、多治比高子を妃とし、藤原内麻呂女藤原緒夏《おなつ》を夫人とする。《日本後紀》
8・3　使を遣わし、伊勢神宮・賀茂社に奉幣し、晴を祈る。《日本後紀》
この年　天皇、北野・大原野・栗前野・水生野・芹川野などに遊猟する。▼五月より九月まで霖雨。諸国被害多し。《日本後紀》

■弘仁七年（八一六）丙申

嵯峨天皇　31歳
平城上皇　43歳
1・1　雨により朝賀を中止する。《日本紀略》
2・16　天皇、交野に行幸する。《日本紀略》
2・25　天皇、典侍小野石子《いわこ》の長岡第に行幸する。《日本紀略》
2・27　天皇、嵯峨別館に行幸、文人に詩を作らせる。《日本紀略》
2・28　禁中修造により、天皇、弁官曹司に遷る。《日本紀略》
2月　興世書主《おきよのふみぬし》を左衛門大尉《さえもんのだいじょう》とし、**検非違使**を兼行させる（検非違使の初見）。《文徳実録》
3・21　最澄、「天台霊応図」「本伝集」などを進上する。《日本紀略》
5・2　渤海使に夏衣を賜い、また渤海王に書を賜う。《類聚国史》
6・19　空海、修禅道場建立のため、高野山の下賜を請う。《性霊集》
6・26　天皇、大堰に行幸する。《類聚国史》
7・7　天皇、神泉苑に行幸し、相撲を観る。《日本紀略》
7・8　天皇、空海に高野山を賜う。《弘法大師御手印縁起》
8・24　天皇、冷然《れいぜい》院（のち**冷泉院**）に行幸し、文人に詩を作らせる。（冷泉院の初出）。《日本紀略》
8・27　天皇、嵯峨別館に行幸する。《日本紀略》
8・28　天皇、嵯峨に行幸し、文人に詩を作らせる。《日本紀略》
この年　天皇、栗前野・水生野などで遊猟する。《日本紀略》

＊**検非違使**《けびいし》　京中の治安維持・不法行為の取締りの職で、天皇の直接の指示に従って行動した。貞観十七年（八七五）に「左右検非違使式」が撰定され、法的権限が確立、強大化していき、ほぼ一四世紀末頃まで機能した。

＊**冷泉院**《れいぜいいん》　初め冷然院。嵯峨天皇は、弘仁十四年（八二三）譲位後、ここを後院とし、皇后橘嘉智子は夫の崩後ここに戻り、ここで没した。子の仁明天皇、次の文徳天皇もここに居住したことがある。以後、累代の後院となり、後冷泉天皇の天喜三年（一〇五五）に取り壊されるまで続いた。なお、天暦三年（九四九）焼失後、「然」は「燃」に通じることから、再建時、冷泉院と改称した。

＊**紫宸殿**《ししんでん》　平安宮内裏の中央にある建物。江戸時代からは「ししいでん」とも。即位・朝賀・節会・元服などが行なわれ、前殿・正殿・寝殿・南殿とも記される。建物の前庭は南庭といい、南階下の東に「左近の桜」、西に「右近の橘」が植えられた。たびたび焼失し、安貞元年（一二二七）焼失後は、こ

■弘仁八年（八一七）丁酉

嵯峨天皇　32歳
平城上皇　44歳

2・17　天皇、交野に行幸する（二十日還御）。《日本紀略》

2・21　桓武天皇皇女甘南備《かんなび》内親王（母は藤原東子）没（年18）。《日本紀略》

4・3　天皇、冷然院に行幸する（文人に詩を作らせる）。《日本紀略》

4・25　桓武天皇皇女朝原内親王（伊勢斎宮、のち平城天皇妃。母は酒人内親王）没（年39）。《日本後紀》

④・16　天皇、嵯峨別館に行幸する（文人に詩を作らせる）。《日本紀略》

5・21　参議藤原緒嗣の奏請により、贈皇后藤原旅子を国忌の例から除く。《日本紀略》

6・2　律師修円を室生山に遣わし雨を祈らせる。《日本紀略》

7・5　陸奥夷俘、帰順する。《類聚国史》

7・17　天皇、大堰に行幸する。《日本紀略》

8・17　天皇、北野に遊猟し、嵯峨院に行幸する。《日本紀略》

9・9　天皇、神泉苑に行幸する（文人に詩を作らせる）。《日本紀略》

12・25　伊勢神宮に多気・度会両郡の雑務を委ねる（「類聚国史」では二十六日）。《類聚三代格》

この年　天皇、芹川野・瑞野・北野・大原野・栗前野・水生野などで遊猟する。《日本紀略》大納言藤原冬嗣、勅を奉じ漢詩集「文華秀麗集《ぶんかしゅうれいしゅう》」を撰進する。《同書》

■弘仁九年（八一八）戊戌

嵯峨天皇　33歳
平城上皇　45歳

2・16　天皇、交野に行幸する（十九日還御）。《日本紀略》

2・28　天皇、神泉苑に行幸する（文人に詩を作らせる。九月九日にも）。《日本紀略》

3・23　天皇、「天下の儀式、男女の衣服は皆唐風に依れ」との詔勅を下す。《日本紀略》

この春　疫癘あり、死者多し。天皇、紺紙金泥で般若心経を親写する。《古今著聞集》

4・22　伊勢神宮に奉幣して雨を祈る（畿内諸寺等にも）。《日本紀略》

4・26　柏原（桓武）陵に祈雨奉幣する。《日本紀略》

4・27　平安宮の殿閣・諸門を唐風に改称、空海等に額字を書かせる（このとき「**紫宸殿**」の名が付けられたといわれる）。《日本紀略ほか》

5・5　天皇、武徳殿で騎射を覧る。《日本紀略》

こに再建されることはなかった。以後は閑院内裏、土御門内裏に紫宸殿が設けられた。

5・22 初めて斎院司が置かれる（斎院制の初めか。「類聚三代格」では九日）。《日本紀略》
6・17 玄賓《げんぴん》没。天皇、その死を悼み、七言律詩一首を詠じる。《日本紀略ほか》
7・14 貴布禰社・室生龍穴社等に使を遣わし、雨を祈らせる。《日本紀略》
7月 関東大地震、圧死者多し。《類聚国史》
8・19 天皇、関東の大震災に対し詔を発し、使者を派遣して国司とともに事態に対処させ、免税・緊急給付等を命じる（九月にも詔を発し、諸国の仏寺での祈禱、租税の未納をすべて免除する等命じる。また、「もし咎《とが》を一己に帰さば、人の夭折無くんば、その災いを移さんと欲す」とする）。《類聚国史》
8・28 天皇、北野に遊猟し嵯峨院に行幸する（文人に詩を作らせる）。《日本紀略》
9・9 天皇、神泉苑に行幸する（文人に詩を作らせる）。《類聚国史》
9・11 幣帛を伊勢神宮に奉り、疫癘を除くを祈る。《類聚国史》
11・5 桓武天皇皇子坂本親王（母は河上真《ま》奴《ぬ》）没（年26）。《日本紀略》
この年 天皇、芹川野・栗前野・北野などで遊猟する。▼嵯峨天皇皇子（秀良親王）、誕生する。（母は皇后橘嘉智子）。《日本紀略》
阿保親王王子（在原行平）、誕生する（母は桓武天皇皇女伊都内親王）。《公卿補任》
□6・17 玄賓《げんぴん》（法相宗僧。85か）、11・10藤《ふじ》原葛野《わらのかどの》麻呂《まろ》（中納言。父は大納言藤原小黒麻呂。64）、12・19藤原園人《ふじわらのそのひと》（右大臣。父は参議藤原楓麻呂。63）

■弘仁十年（八一九）己亥

嵯峨天皇 34歳
平城上皇 46歳

1・1 風寒強く、朝賀を中止する。《日本紀略》
2・21 天皇、摂津国水生野に遊猟し、**河陽宮**に行幸する（河陽宮の初見。二十二日還御）。《日本紀略》
2・25 天皇、神泉苑に行幸する（文人に詩を作らせる。五月十七日、九月九日にも行幸）。《日本紀略》
3・15 最澄、比叡山の戒壇設立を請う。《叡山大師伝》
3・21 詔して、伊予親王と藤原吉子等の本位号を復す。《日本紀略》
5・3 空海、金剛峯寺を建立する。《弘法大師行化記》
5・17 天皇、神泉苑に行幸し、雨を祈らせる（貴布禰社にも祈雨）。《日本紀略》

＊河陽宮《かやのみや》 山城国山埼にあった離宮。山崎（埼）離宮とも。摂津・河内への行幸の途次などに使われた。

＊日本後紀《にほんこうき》 嵯峨天皇の勅により、藤原冬嗣・緒嗣・貞嗣、良岑安世に編纂が命じられるも、緒嗣以外の三人が亡くなったため、仁明天皇が新たに清原夏野らを加え、さらに藤原良房を加え、承和七年（八四〇）に成る。延暦十一年（七九二）から天長十年（八三三）までを記載。のち欠失し、「淳和紀」は残っておらず、この間は、「類聚国史」「日本紀略」などにより補なわれている。

6・9　丹生川上・貴布禰両社に白馬を奉納し、止雨を祈る。《日本紀略》
6・24　天皇、葛野川に行幸する。《日本紀略》
7・2　丹生川上社に黒馬を奉納し、雨を祈る。《日本紀略》
7・17　伊勢神宮等に祈雨奉幣する。《日本紀略》
8・23　天皇、嵯峨院に行幸する（文人に詩を作らせる）。《日本紀略》
8・28　貴布禰社に奉幣し、止雨を祈る。《日本紀略》
8・30　丹生川上社に奉幣し、晴を祈る。《日本紀略》
9・9　天皇、神泉苑に行幸する（文人に詩を作らせる）。《日本紀略》
10・10　天皇、冷然院に行幸し、宴を開く。《日本紀略》
10・20　天皇、交野に行幸する（二十四日還幸）。《日本紀略》
11・8　天皇、豊楽殿で宴する。《類聚国史》
11・20　渤海使、方物を献上する。《類聚国史》
この年　藤原冬嗣・藤原貞嗣・良岑安世らに「**日本後紀**」編纂を命じる。《類聚国史》天皇、芹川野・水生野・大原野・栗前野などで遊猟する。▼嵯峨天皇皇子（忠良親王）、誕生する（母は百済貴命）。《日本紀略ほか》

■弘仁十一年（八二〇）庚子

嵯峨天皇　35歳
平城上皇　47歳

1・7　渤海使等を豊楽殿に饗応する。《類聚国史》
1・16　天皇、豊楽殿に出御し、群臣・渤海使等を饗応する。《日本紀略》
1・21　渤海使帰国により、天皇、渤海王に書を賜う。《類聚国史》
2・2　天皇・皇后・皇太子の儀式服を定める。《日本紀略》
2・5　祈年祭のため、釈奠をやめる。《日本紀略》
2・14　遠江・駿河両国の新羅人七百人叛する（これを追討）。《日本紀略》
2・20　天皇、交野に行幸する。《日本紀略》
2・29　最澄、「顕戒論」を進上する。《叡山大師伝》
4・21　藤原冬嗣ら、「弘仁格」「弘仁式」を奏進する（天長七年〈八三〇〉施行）。《類聚三代格》
6・17　天皇、冷然院に行幸する。《類聚国史》
6・20　桓武天皇皇女駿河内親王（母は百済貞《じょうきょう》香）没（年20）。《日本紀略》
7・7　天皇、神泉苑に行幸し、相撲を観る。《日本紀略》

7・12　天皇、葛野川に行幸する。《日本紀略》
8・6　天皇、北野に行幸する（文人に詩を作らせる）。《日本紀略》
8・9　天皇、神泉苑に行幸する。《日本紀略》
8・16　天皇、冷然院に行幸する（文人に詩を作らせる）。《日本紀略》
9・9　天皇、神泉苑に行幸する（文人に詩を作らせる）。《日本紀略》
9・25　天皇、大原野に行幸する。《類聚国史》
9・27　天皇、北野に行幸する。《類聚国史》
この年　天皇、芹川野・水生野・大原野・栗前野などで遊猟する。《日本紀略》

■弘仁十二年（八二一）辛丑

嵯峨天皇　36歳
平城上皇　48歳

1・9　大納言藤原冬嗣を右大臣とする。《日本紀略》
1・30　右大臣藤原冬嗣ら、「**内裏式**」を撰上する。《序》
3・2　対馬の史生一員を止め、博士を置き生徒を教え、「蕃客」に対応させようとする。《類聚三代格》
6・5　貴布禰・丹生両社に奉幣し、晴を祈る。《日本紀略》
8・22　伊勢神宮宮司に神郡の田租検納の権限を与える。《類聚三代格》
9・6　天皇、藤原冬嗣の閑院《かんいん》に行幸する（文人に詩を作らせる）。《日本紀略》
11・13　渤海使来日し、方物を献上する。《類聚国史》
この年　藤原冬嗣、**勧学院**を創立する。《類聚三代格》平城上皇、空海より灌頂を受ける（「元亨釈書」では翌年）。《一代要記》

■弘仁十三年（八二二）壬寅

嵯峨天皇　37歳
平城上皇　49歳

1・16　天皇、豊楽殿に出御し、渤海使等を饗応する。《類聚国史》
1・20　朝集殿にて渤海使等を饗応する。《類聚国史》
1・21　天皇、渤海使帰国により、渤海王に書を賜う。《類聚国史》
2・11　空海に命じ、東大寺に真言院灌頂堂を建立させ、国家鎮護のため、息災増益の法を行なわせる。《類聚三代格》
2・28　天皇、神泉苑に行幸、宴して詩を作らせる（九月九日にも）。《日本後紀》
4・18　天皇、冷然院に行幸する。《日本紀略》
6・11　比叡山の戒壇設立を勅許する（この月の四日に最澄没）。《叡山大師伝》
10・8　天皇、河陽宮に行幸し、交野で遊猟する。《日本紀略》

＊**内裏式**《だいりしき》　わが国最初の勅撰儀式書。嵯峨天皇が右大臣藤原冬嗣ら七名に詔を下して撰定させ、弘仁十二年（八二一）に奏上されたもの。年中行事のほか臨時の諸大小事を含む。なお、ここでは新嘗会と大嘗会を明確に区別している。

＊**勧学院**《かんがくいん》　藤原冬嗣により、弘仁十二年（八二一）に設立された藤原氏の大学別曹。鎌倉時代に消滅といわれる。

＊**日本霊異記**《にほんりょういき》　正しくは「日本国現報善悪霊異記」という最古の仏教説話集（景戒著）。雄略天皇から嵯峨天皇頃までの仏教説話を集めたもので、全百十六話中九話に天皇が登場し、主体的な言動をみせ、人間らしさを表現している。

＊**延暦寺**《えんりゃくじ》　延暦四年（七八五）最澄が比叡山寺を創建、弘仁十四年（八二三）に勅額を賜わり、延暦寺と号した。大津市坂本本町に所在。天台宗総本山。元亀二年（一五七一）織田信長により全山焼討ちにあうも、豊臣秀吉・徳川家康・徳川家光らにより再興された。

＊**淳和天皇**《じゅんなてんのう》（七八六〜八四〇）　大伴親王・日本根子天高譲《あめたかゆずる》弥遠《いやどお》尊。

この年　天皇、北野・芹川野・栗前野・水生野・交野・瑞野などで遊猟する。《日本紀略》
仏教説話集「**日本霊異記**」（景戒著）成るか。
□6・4最澄《さいちょう》（日本天台宗の祖。延暦寺開祖。伝教大師。56）
●嵯峨天皇代（八〇九～八二三）、天皇、内裏の南大殿（紫宸殿）に出御して執務、終えると北大殿（仁寿殿《じじゅうでん》）に帰るのを常とする。《類聚符宣抄》

■**弘仁十四年（八二三）癸卯**
嵯峨天皇　38歳
淳和天皇　38歳
平城上皇　50歳

1・19　天皇、空海を招いて東西両寺の造営と東寺の経営を一任する（東寺を教王護国寺と称する）。《一代要記》
2・26　比叡山寺を改め**延暦寺**の名を賜う。《叡山大師伝》
2・28　天皇、有智子内親王山荘に行幸する（文人に詩を作らせる）。《類聚国史》
2月　疫病流行、死亡する者多し。《類聚国史》
この春　天皇、芹川野・栗前野に遊猟する。《日本紀略》
4・10　天皇、譲位のため、皇后とともに内裏より冷然院に遷る。《日本紀略》

第五十三代 淳和《じゅんな》天皇

4・16　嵯峨天皇譲位。皇太子大伴親王、冷然院にて践祚（**淳和天皇**）。譲位にあたり太上天皇尊号を辞退。新帝、あらためて詔して尊号を奉る。以後、新帝が尊号を奉るのが例となる）。《日本紀略》
4・18　淳和天皇皇子恒世《つねよ》親王が立太子を固辞したため、嵯峨天皇皇子正良《まさら》親王（仁明天皇）を皇太子とする。《日本紀略》
4・21　伊勢神宮に幣帛を奉り、即位を奉告する。《日本紀略》
4・23　先帝に太上天皇尊号を贈り、皇后橘嘉智子を皇太后とする。また、贈皇太后藤原乙牟漏に太皇太后を追贈する。《日本紀略》
4・25　諸山陵に即位のことを奉告する（**告陵使**派遣の初見）。《日本紀略》
4・27　淳和天皇、大極殿にて即位礼を挙げる（このときの記録が「淳和天皇御即位記」）。《日本紀略ほか》
4・28　大伴氏、淳和天皇の諱の大伴を避け、伴《とも》と改める。《日本紀略》
5・1　淳和天皇生母藤原旅子に皇太后を追贈する。▼貴布禰社に奉幣して止雨を祈る（五月三日、丹生川上社にも）。《日本紀略》
5・6　外祖父藤原百川に太政大臣正一位、

桓武天皇第三皇子。母は贈皇太后藤原旅子。嵯峨天皇異母弟。大同五年（八一〇）立太子、弘仁十四年（八二三）践祚・即位、天長十年（八三三）譲位。皇后に正子内親王（嵯峨天皇皇女）・高志内親王（天皇即位前に死去）。妃に緒継女王。皇子女に恒世・恒貞・基貞・恒統・良貞の各親王、氏子・有子・貞子・寛子・崇子・同子・明子の各内親王など。陵は大原野西嶺上陵。譲位後、崩御まで七年間、淳和院で過ごしたことから「淳和天皇」と諡される。

＊**告陵使**《こくりょうし》　即位や立太子・立后などの際、奉告のために山陵に遣わされる使のこと。淳和天皇即位の際の告陵使が初見で、鎌倉時代末まで行なわれる。また、天皇不例・兵乱・外患・天変地異などにも派遣されるようになり、山陵災異のときには、鎮謝の使が派遣された。近陵は、はじめ天皇近親の陵であったが次第にふえ、天智・桓武・嵯峨・仁明・光孝・醍醐・村上の七陵は固定された。

外祖母藤原諸姉《もろあね》（「もろね」とも）に正一位を追贈する。《日本後紀》
6・3　天皇、大極殿後殿に出御し、伊勢奉幣使を発遣する（七月七日、八月八日、九月十一日、十一月三日にも）。《日本紀略》
6・4　貴布禰社ほか三社に幣帛を、吉野・丹生川上社に幣帛・馬を奉り、雨を祈る。《日本紀略》
6・6　高志内親王に皇后号を追贈する。《日本紀略》
6・11　桓武天皇夫人多治比真宗《まむね》没（年55）《日本紀略》
6月　仁子内親王、四月に伊勢斎宮を退下したため、淳和天皇皇女氏子内親王を伊勢斎宮に卜定する。《日本紀略ほか》
7・7　伊勢神宮に奉幣して雨を祈る。《日本紀略》
7・25　故伊予親王・藤原吉子を再度本位に復する。《日本紀略》
8・12　地震あり。《日本紀略》
9・12　嵯峨上皇、嵯峨荘に御幸する。《日本紀略》
10・7　内裏延政門北脇が焼ける。《日本紀略》
10・21　大蔵省十四間長殿より失火あり。《類聚国史》
10・24　天皇、佐比河（京都市右京区にあった川）にて禊する。勅して京中の窮民に賑恤する。《日本紀略》
11・3　天皇、大極殿に出御し、大嘗会のため、伊勢奉幣使を発遣する。《日本紀略》
11・13　右大臣藤原冬嗣・大納言藤原緒嗣の奏言により、大嘗会の簡略化を命じる。《日本紀略》
11・17　天皇、大嘗祭を行なう（二十日条記事よりこの日に推定）。《類聚国史》
11・22　渤海国入覲使の加賀来着が奏上される。《類聚国史》
12・23　大僧都長恵・勤操《ごんぞう》・空海らを清涼殿に請じ、大通方広《だいつうほうこう》の法（仏名会。以後年中行事化）を行なわせる。《日本紀略》
この年　宇佐神宮、応神天皇に加え、神功皇后を併祀する。《社伝》
□4・26文室綿麻呂《ふんやのわたまろ》（中納言。征夷将軍。59）。

■天長元年（八二四）甲辰

淳和天皇　39歳
平城上皇　51歳
嵯峨上皇　39歳
1・5　代始により**天長**と改元する。《日本紀略》
2・3　渤海国使に詔し、天下稔らず、百姓窮弊により、京都に召されず、物を賜い、便風を待って本国に帰らせる。《類聚国史》

＊**天長**《てんちょう》　文章博士都腹赤《みやこのはらか》らの撰申による。出典不詳。

＊**天台座主**《てんだいざす》　天台宗の管主のこと。第三代円仁からは勅旨により補任された。明治四年廃止。同十七年以降は私称として使われている。なお、超昇寺・貞観寺・嘉祥寺・金剛峯寺・醍醐寺・大伝法院などでも座主職が置かれた。

＊**楊梅陵**《やまもものみささぎ》　奈良市佐紀町に所在。「延喜式」諸陵寮には「兆域東西二町、南北四町、守戸五烟」とある。中世以降、所伝を失うも、幕末修陵時は当陵を平城天皇陵として修治が加えられる。

＊**八陵**　山階（天智）・後田原（光仁）・大枝（高野新笠）・柏原（桓武）・長岡（藤原乙牟漏）・後大枝（宇和多陵。藤原旅子〈淳和天皇母〉）・楊梅（平城）・石作（高志内親王〈淳和天皇妃〉）の各山陵。

3・24 これより先、空海、神泉苑にて請雨経法を修する。効あるにより、この日、少僧都に任じる。《一代要記》
4・6 天皇、祟あるにより大極殿後殿に出御し、剣・幣帛を伊勢神宮に奉らしめる。《類聚国史》
4・17 渤海使、信物を京進する。《日本紀略》
4・22 天皇、神泉苑に行幸し、渤海の犬に苑内の鹿を追わせる。《日本紀略》
6・16 空海を造東寺別当とする。《東寺長者次第》
6・17 東寺を真言弘法本所となし、教王護国寺と号する。《帝王編年記》
6・20 渤海使の入朝を十二年に一度とする。《類聚三代格》
6・22 初代**天台座主**に義真《ぎしん》を任じる。《天台座主記》
6・23 天皇、神泉苑に行幸し、左右馬寮の馬を覧る。《日本紀略》
6・27 天皇、京中飢民に賑給する。《類聚国史》
7・7 平城上皇、平城宮において崩御（平城宮に居住していたことにより、諡号を「平城天皇」とされる）。《類聚国史》
7・9 天皇、平城上皇に誄を奉り、諡号を「日本根子天推国高彦尊」とする。《類聚国史》
7・12 平城上皇を**楊梅陵**に埋葬する。《日本紀略》
8・9 嵯峨上皇、勅して「薬子の変」にともなう左遷・流刑等を赦す。《日本紀略》
9・10 伊勢国多気郡斎宮が伊勢神宮から遠いため、度会離宮を斎宮とする。《日本紀略》
9・26 桓武天皇皇女因幡内親王（母は夫人多治比真宗）没（生年不詳）。《日本紀略》
10・11 平城山陵に陵戸五烟をあてる。《類聚国史》
12・16 勅により荷前《のざき》を献ずる使者を、参議以上もしくは三位以上とする近陵**八陵**を挙げる（近陵名が初めて明記される）。《類聚符宣抄》
この年 阿保親王、赦されて帰京する。《続後紀》

■天長二年（八二五）乙巳

淳和天皇 40歳
嵯峨上皇 40歳

1・4 妃正子内親王、冷然院に参覲する（六日還御）。《日本紀略》
1・17 勅して、射礼は国家の大事にして欠くべからず、とする。▼地震あり。《日本紀略》
3・24 葛原《かずらはら》親王、その男女に平姓賜姓を請

うも許されず。《日本紀略》
4・5　右大臣藤原冬嗣を左大臣、大納言藤原緒嗣を右大臣とする。《日本紀略》
4・24　密教の中心道場として、東寺講堂を建て始める。《東宝記》
7・6　葛原親王の上表により、長男高棟《たかむね》王らに平朝臣姓を賜う（**桓武平氏**。賜姓平氏の初め）。《日本紀略》
⑦・4　阿蘇神霊池の異変（四月）により、柏原（桓武）山陵に使を遣わし、鎮謝する。《日本紀略》
⑦・6　桓武天皇皇女菅原内親王（母は橘御《み》井子《いこ》）没（生年不詳）。《日本紀略》
⑦・16　桓武天皇皇子佐味《さみ》親王（母は多治比真宗）没（年33）。《日本紀略》
8・27　五畿内七道の巡察使を任命する。《日本紀略》
10・10　嵯峨上皇、交野に遊猟する（左大臣藤原冬嗣ら陪従）。《類聚国史ほか》
10・26　高志内親王の石作山陵の移転を定める。《日本紀略》
11・28　天皇、嵯峨上皇の「五八之御齢」（四十歳）を祝う（賀儀の初め）。《日本紀略》
12・3　渤海使ら百三人の隠岐来着が奏上される。《類聚国史》
この年　淳和天皇皇子（恒貞親王）、誕生する（母は皇后正子内親王）。▼阿保親王王子（のち在原業平）、誕生する（母は伊都内親王）。《三代実録ほか》斎宮寮が建立される。《**神宮雑例集**》

■天長三年（八二六）丙午

淳和天皇　41歳
嵯峨上皇　41歳

1・5　地震あり（十四・二十三・二十四日、二月二十四日、四月十二日、六月六日、七月八月は連日、十一月二十二日、十二月十三日にも）。《日本紀略》
1・28　天皇、芹川野に遊猟する。《日本紀略》
2・24　高志内親王の石作山陵改葬のための山陵使を任じる。《類聚国史》
3・2　嵯峨天皇妃多治比高子《たじひのたかこ》没（年39）。《日本紀略》
4・5　天皇、南池に行幸する（文人を召し、詩を作らせる）。《日本紀略》
4・10　天皇、神泉苑に行幸する。《日本紀略》
5・1　淳和天皇皇子恒世《つねよ》親王（母は妃高志内親王）没（年22。「天皇悲痛、久しく朝を視ず」と記される。十日、鳥部寺南に葬られる）。《日本紀略》
5・8　渤海使、入京する（鴻臚館に安置）。《類聚国史》
5・15　天皇、渤海王に書を賜う。《類聚国史》

＊**桓武平氏**《かんむへいし》　桓武天皇の子孫で平姓を賜わった一族。ふつう平氏といえば、この桓武平氏を指す。葛原親王流（のち高棟王流と高望王流）・賀陽親王流・万多親王流・仲野親王流がある。公武両系があり、武家の伊勢平氏（高望王流）からは平正盛・忠盛・清盛を輩出した。

＊**神宮雑例集**《じんぐうぞうれいしゅう》　古代より鎌倉時代初期までの伊勢神宮の由緒・経営・行事など重要事項を記したもの。編者不明。編纂時期は建仁二年（一二〇二）から承元四年（一二一〇）の間といわれる。

6・6　内裏に百僧を招き、大般若経を転読し、防疫・豊年を祈らせる。《日本紀略》
6・8　嵯峨天皇皇女俊子内親王（母は皇后橘嘉智子）没（生年不詳。十日、愛宕寺南の山に葬られる）。《日本紀略》
7・16　天皇、豊楽殿で相撲を覧る。《日本紀略》
9・11　天皇、八省院に出御し、伊勢奉幣使を発遣する。《日本紀略》
12・16　天皇、大原野に遊猟する。《日本紀略》
この年　平城天皇皇子阿保親王の子行平・守平・業平らに在原朝臣姓を賜う。《三代実録》
□7・24　藤原冬嗣《ふじわらのふゆつぐ》（左大臣。贈太政大臣。父は右大臣藤原内麻呂。52）

■天長四年（八二七）丁未

淳和天皇　42歳
嵯峨上皇　42歳

1・19　昨年暮れより天皇病む。この日これを占うに稲荷神社の樹を伐ったためとあり、神前に使を遣わして陳謝する。《類聚国史》
2・26　伊勢斎宮氏子内親王、病により退下。この日、勅使を伊勢神宮に発遣し、その還京を奉告する。《類聚国史》
2・28　嵯峨天皇皇女正子内親王を皇后とする。《日本紀略》
4・6　天皇、南池に行幸する。《類聚国史》
4・14　天皇、神泉苑に行幸する（二十二日、六月二十二日、七月六日にも）。《類聚国史》
5・2　延暦寺戒壇院が建立される。《叡岳要記》
5・14　淳和天皇皇子（恒貞《つねさだ》親王）、誕生する（母は皇后正子内親王）。《日本紀略》
5・20　良岑安世ら、漢詩集「経国集《けいこくしゅう》」を撰上する。《日本紀略》
5・21　百僧を大極殿に召し、三日間大般若経を転読させ、雨を祈らせる。《日本紀略》
5・26　少僧都空海に命じ、内裏に仏舎利を迎えて降雨を祈らせる。《日本紀略》
5・28　空海を大僧都に任命する。《一代要記》
6・17　東大寺大仏を修理する。《東大寺要録》
7・12　京都に地震あり（余震が翌年六月まで続く）。《類聚国史ほか》
8・15　東大寺大仏修理を聖武天皇佐保山陵に奉告する。《日本紀略》
8月　仁明天皇皇子（道康親王。文徳天皇）、誕生する（母は女御藤原順子。これにより女御の地位が高まり、女御から皇后に立つ例もふえる）。《三代実録》
11・6　宮中に狐の鳴声あり。柏原（桓武）・大枝（高野新笠）山陵に遣使する。《日本紀略》
12・14　七月以来の地震のため、大極殿にて

大般若経を転読させる。《類聚国史》

■**天長五年（八二八）戊申**

淳和天皇　43歳
嵯峨上皇　43歳

2・12　仲野親王王女宜子女王を伊勢斎宮に卜定する。《類聚国史》

2・25　天皇、小安殿に出御し、伊勢奉幣使を発遣する（斎宮卜定を奉告）。《日本紀略》

毎年七月八日、諸国に文殊会《もんじゅえ》を行なわせることにする。《類聚三代格》

3・8　天皇病む。《日本紀略》

③・4　天皇、神泉苑に行幸し、釣をする（六月十七・二十三日、八月二十二日、九月九日にも神泉苑に行幸）。《日本紀略》

③・12　天皇、南池に行幸し、文人に詩を作らせる。《日本紀略》

③・27　大中臣春継《おおなかとみのはるつぐ》、萩原王を射殺した罪で伊豆国に流される。《日本紀略》

4・29　渤海使に絹綿を賜う。《日本紀略》

5・23　大雨（「川決し山崩れ水潰り、人物多く漂う」）。《日本紀略》

6・25　京都に大地震あり（この年も地震多し）。《日本紀略》

7・29　天皇、詔を発し、地震等頻発する「責は朕の躬にあり」とする。《類聚国史》

8・18　天変地異が続いたため、勅使を発遣し桓武天皇陵に祈請させる。《日本後紀》

9・10　天皇、神泉苑に行幸し、重陽詩を作らせる。《日本紀略》

9・17　天皇、武徳殿にて信濃国の馬を覧る。《日本紀略》

9・26　天皇、北野に行幸し、遊猟する。《類聚国史》

11・25　桓武天皇皇女大宅内親王、出家する。《日本紀略》

12・15　空海、綜芸種智院《しゅげいしゅちいん》を創設する。《性霊集》

この年　嵯峨天皇皇子定《さだむ》、源朝臣を賜わる。

▼仁明天皇皇子（宗康親王）、誕生する（母は女御藤原沢子）。《公卿補任ほか》

■**天長六年（八二九）己酉**

淳和天皇　44歳
嵯峨上皇　44歳

4・5　天皇、南池に行幸し、文人に詩を作らせる（八月三日にも）。《日本紀略》

4・27　天皇、武徳殿で騎射を覧る（この年、しばしば武徳殿にて諸国所進の馬を覧る）。《日本紀略》

5・3　天皇、勅使を伊勢に参向させ神宮に奉幣する。《大神宮諸雑事記》

5・22　嵯峨天皇夫人藤原産子《さんし》（「ただこ」とも。父母未詳）没（生年不詳）。《日本紀略》

＊**泥濘池**《みどろがいけ》　「みぞろがいけ」とも。京都市北区上賀茂に所在。現名は深泥池。古くは美土路池・御菩薩池等に記される。淳和天皇はここで網で猟をしたという。

＊**万多親王**《まんたしんのう》（七八八～八三〇）　桓武天皇第五皇子。母は藤原朝臣鷲取女小屎。初め茨田親王。弘仁五年（八一四）藤原緒嗣らと「新撰姓氏録」を完成、上表。子に正躬王・正行王。死後、一品を贈られる。

＊**良岑安世**《よしみねのやすよ》（七八五～八三〇）　大納言。桓武天皇皇子。母は女嬬百済永継（一説に飛鳥部奈止麿女）。藤原冬嗣の同母弟。延暦二十一年（八〇二）良岑朝臣を賜わり臣籍に降る。漢詩人として名高く、天長四年（八二七）には、勅命を受けて「経国集」を撰進。嵯峨天皇は、その死を悼み、挽歌二首を賦す。

6・19 天皇、神泉苑に行幸する（七月二・十六日、八月十二日、九月十七日にも）。《類聚国史》

7・10 淳和天皇皇子（恒統《つねむね》親王）、誕生する（母は皇后正子内親王）。《日本紀略》

7・19 天皇、勅使を伊勢に参向させ、汚穢の由を祈らせる。《大神宮諸雑事記》

8・20 桓武天皇妃酒人内親王（光仁天皇皇女。母は井上内親王）没（年76）。《日本紀略》

8・27 貴布禰・丹生川上両社に奉幣し、止雨を祈る（丹生社には白馬を奉納）。《日本紀略》

9・22 伊勢内宮の遷宮が行なわれる。《大神宮諸雑事記》

10・10 天皇、**泥濘池**に遊猟し、紫野院に行幸する。《日本紀略》

12・24 天皇、賀茂川に行幸し禊する。《日本紀略》

この年 天皇、栗前野・芹川野などに遊猟する。《日本紀略ほか》

■天長七年（八三〇）庚戌

淳和天皇 45歳
嵯峨上皇 45歳

1・1 天皇、雨のため朝賀を中止する（二日、大極殿にて朝賀を受ける）。《日本紀略》

1・25 天皇、鴨川に行幸し禊する。《日本紀略》

1・28 出羽国、大地震が三日に起こったことを奏上する。《類聚国史》

3・11 摂津国河辺郡に勅旨田を置く。《類聚国史》

4・2 天皇、大極殿にて出雲国造献上の神宝などを覧る。《日本紀略》

4・3 天皇、神泉苑に行幸する。《類聚国史》

4・11 天皇、南池に行幸し、文人に詩を作らせる。《類聚国史》

4・12 天皇、鴨川で禊し、紫野院釣台に行幸する（遊魚御覧）。《日本紀略》

4・21 桓武天皇皇子**万多親王**没。《日本紀略》

4・25 天皇、詔を発し、出羽国秋田城の地震について「朕の寡徳、天下に慙《は》ず」と述べ、実検使を派遣し、緊急援助と免税措置を命じる。《類聚国史》

5・6 地震・疫癘を除くため、大極殿に百僧を集め大般若経転読が行なわれる（七日間）。《日本紀略》

6・1 直世王（清原王王子）を中納言とする。《公卿補任》

7・6 桓武天皇皇子**良岑安世**没。《日本紀略》

7・16 天皇、神泉苑に行幸し、相撲を覧る。《日本紀略》

7・24 天皇病むにより、伊勢神宮に奉幣する。《日本紀略》
8・26 皇后、冷然院に詣で、新造寝殿を賀する。《日本紀略》
8・27 伊勢斎宮宜子内親王、伊勢参向のため賀茂川で禊する。《日本紀略》
9・6 天皇、大極殿に出御し、伊勢神宮に奉幣する（斎宮参入のため）。《日本紀略》
9・14 薬師寺に、毎年最勝王経《さいしょうおうきょう》講会《こうえ》を設けさせる（南京三会の成立）。《日本紀略》
9・21 天皇、清原夏野の新造山荘に行幸し、文人に詩を作らせる。《日本紀略》
10・5 天皇、北野に遊猟し、紫野院に行幸する。《日本紀略》
10・7 藤原三守ら、「弘仁格式」を改めて奏進する。《類聚国史》
10・27 天皇、北野に遊猟し、嵯峨院に行幸する。《日本紀略》
11・17 「弘仁格式」を施行する。《類聚国史》
11・25 天皇、栗前野に行幸する。《類聚国史》
12・16 天皇、芹川野に遊猟する。《日本紀略》
⑫・2 天皇、北野に遊猟し、清原夏野の双岡宅に行幸する。《類聚国史》
⑫・24 内裏に物怪《もののけ》が現われ、僧侶に金剛般若経を読ませ、神祇官官人に御祓いをさせる（物怪は翌年二月にも出現）。《日本紀略》

この年 仁明天皇皇子（時康親王。光孝天皇）、誕生する（母は女御藤原沢子）。《三代実録》
□11・10 藤原真夏《ふじわらのまなつ》（参議。平城天皇近臣。父は右大臣藤原内麻呂。57）

■天長八年（八三一）辛亥

淳和天皇 46歳
嵯峨上皇 46歳

2・16 天皇、後宮にて曲宴、殿前の桜花を賞する。《類聚国史》
2・18 天皇、水成野に遊猟し、河陽宮に行幸する。《日本紀略》
3・20 嵯峨天皇皇女基子《もとこ》内親王（母は百済王貴命）没（生年不詳）。《日本紀略》
4・10 天皇、南池に行幸し、文人に詩を作らせる。《日本紀略》
6・14 嵯峨天皇皇子基良《もとよし》親王（母は女御百済王貴命）没（「一代要記」では十八日。生年不詳）。《日本紀略》
6・20 内裏物怪あり。使を遣わして柏原（桓武）・石作（高志内親王）両山陵に奉告する。《日本紀略》
6・22 天皇、神泉苑に行幸する（八月十・二十二・二十八日にも）。《日本紀略》
6・26 物怪を除くため柏原・石作山陵で読経させる。《日本紀略》
7・5 嵯峨上皇、紫野院に御幸する。《類

＊**梨本院**《なしもとのいん》 平安宮城内で内裏の東北にある建物。文徳天皇の皇居にもなる。

＊**雲林院**《うりんいん》 初めは淳和天皇離宮紫野院（京都市北区紫野）。のち雲林亭（雲林院）と改称され、仁明天皇離宮となり、その皇子常康親王が伝領する。親王は寿永元年（八五一）出家。貞観十一年（八六九）ここを寺とすべく遍照に託し、その五月に没する。遍照は元慶寺別院として勅許される。正中元年（一三二四）寺地の多くは大徳寺に施入される。現在、紫野雲林院町として名を残す。

聚符宣抄》

8・4　天皇、南池に行幸し、文人に詩を作らせる。《日本紀略》

8・13　天皇、大極殿に出御し、伊勢神宮に奉幣させる（風雨の災なきを祈る）。《日本紀略》

9・11　天皇、大極殿に出御し、伊勢奉幣使を発遣する。《日本紀略》

9月　伊勢外宮の遷宮が行なわれる。《大神宮諸雑事記》

10・14　天皇、北野に遊猟し、紫野院に行幸する。《日本紀略》

12・8　賀茂斎院有智子内親王、老齢・病により退下し、正良親王（仁明天皇）王女時子女王を斎院に卜定する。《日本紀略》

12・13　天皇、芹川野に行幸する。《日本紀略》

12・18　天皇、建礼門に出御し、諸山陵に奉幣使を発遣する。《日本紀略》

この年　仁明天皇皇子（人康親王）、誕生する（母は女御藤原沢子）。《一代要記》滋野親王ら「秘府略《ひふりゃく》」（漢籍・漢文の辞典）を編纂する。《文徳実録》

■天長九年（八三二）壬子

淳和天皇　47歳
嵯峨上皇　47歳

1・14　内裏最勝会が終わる。《日本紀略》

1・25　天皇、水成野に遊猟する。《日本紀略》

2・15　淳和天皇の皇子・皇女を臣籍に降す。《類聚三代格》

4・2　天皇、内裏修理のため、**梨本院**に遷る。《日本紀略》

4・11　天皇、紫野院に行幸し、院名を雲林亭（**雲林院**）と改称する。《日本紀略》

4・14　皇后、雲林亭に行幸し、「農業の風」を見る。《日本紀略》

5・17　百僧を八省院に請じて大般若経を読ませ雨を祈る（十九日には八省院庭にて読経）。《日本紀略》

7・22　天皇、八省院庭に出御し、風雨を防ぐため伊勢神宮に奉幣する。《日本紀略》

8・10　天皇、神泉苑に行幸し、博士らに内《ない》論議《ろんぎ》（「うちろんぎ」とも）させる。《日本後紀》

9・26　天皇、北野に遊猟する。《類聚国史》

11・2　右大臣藤原緒嗣を左大臣に、権大納言清原夏野を右大臣とする。《日本紀略》

11・23　天皇、栗前野に遊猟する。《日本紀略》

12・24　桓武天皇皇女春日内親王（母は坂上春子）没（生年不詳）。《日本紀略》

■天長十年（八三三）癸丑

淳和天皇　48歳
仁明天皇　24歳

嵯峨上皇　48歳

1・1　天皇、雨により朝賀を中止する（二日、大極殿にて追行）。《日本紀略》

2・15　右大臣清原夏野・小野篁《たかむら》ら、「**令義解**」を撰進する。《序》

2・19　右大臣清原夏野ら、「内裏式」成る。《同書》

2・24　天皇、譲位のため西院（淳和院）に遷る。《日本紀略》

第五十四代　仁明《にんみょう》天皇

2・28　淳和天皇、**淳和院**にて譲位。正良《まさら》親王受禅（**仁明天皇**。当帝譲位により、四月、斎宮宜子《よしこ》内親王退下）。《続後紀》

2・29　天皇、嵯峨上皇・檀林皇后の冷然院に**朝覲行幸**する。《続後紀》

2・30　淳和上皇皇子恒貞《つねさだ》親王を皇太子とする（宣命で「正嗣」と表現）。《続後紀》

2月　賀茂斎院時子内親王、当帝譲位により退下か。

3・2　先帝に太上天皇尊号を、皇后橘嘉智子に太皇太后、皇后正子内親王に皇太后を贈る。《続後紀》

3・4　天皇、大極殿に出御し、伊勢神宮に即位を奉告する。《続後紀》

3・5　柏原（桓武）・長岡（桓武天皇皇后藤原乙牟漏）両山陵に即位を奉告する。《続後紀》

3・6　天皇、大極殿にて即位する（このときから忌部氏による鏡・剣の奏上は行なわれなくなる）。《続後紀》

3・7　天皇、東宮から松本院に遷御し、固関を解く。《続後紀》

3・20　天皇、大極殿に百僧を召し、大般若経を転読させる。《続後紀》

3・26　伊勢斎宮に仁明天皇皇女久子内親王、賀茂斎院に同高子内親王を卜定する。《続後紀》

3・28　天皇の外祖父橘清友《きよとも》、外祖母田口《たぐち》氏に正一位を追贈する。《続後紀》

4・5　天皇即位に際し、和気真《わけのま》綱《つな》（清麻呂の子）を使として宇佐宮に奉告する（「宇佐和気使」の始まり。以後、即位の際に和気氏を使として奉幣）。《続後紀》

4・21　五月五日節日を四月二十七日より旧に復す。《続後紀》

4・22　天皇、内裏に遷る。《続後紀》

4・25　出雲国造出雲豊持《とよもち》、大極殿にて神賀《かんよ》詞《ごと》を奏する。《続後紀》

5・25　天皇、病む。《続後紀》

5・28　長岡王らに清原真人姓を賜う。《続後紀》

＊**令義解**《りょうのぎげ》　淳和天皇の勅により撰じられた大宝令・養老令の解説書。両令とも現存せず散逸しているので、これにより令の内容をあらかた知ることができる。

＊**淳和院**《じゅんないん》　淳和天皇の後院として建てられた離宮。四条北・西大宮東に所在。もと南池院と呼ばれ、「西院」の異称もある。興趣に富んだ所で、たびたび詩宴がもたれ、淳和上皇はここで崩御。皇后正子内親王も居住し、ここを尼寺とした。戦国頃廃絶。

＊**仁明天皇**《にんみょうてんのう》（八一〇～八五〇）　正良《まさら》親王。嵯峨天皇第一皇子。母は皇后橘嘉智子。弘仁十四年（八二三）立太子、同年元服、天長十年践祚、同年即位。嘉祥三年（八五〇）出家、同年崩御。女御に藤原順子・藤原沢子・藤原貞子・滋野縄子。皇子女に道康（文徳天皇）・宗康・時康（光孝天皇）・人康・本康・国康・常康・成康の各親王、時子・久子・高子・親子・柔子・新子・重子・真子・平子の各内親王など。陵は深草陵。なお、天皇は早くより賢人として知られ、仁と孝の徳を身につけていたことか

6・7　天皇、病む。《続後紀》
6・8　天皇、小康を得る（十日平復）。《続後紀》
6・28　地震あり。《続後紀》
7・8　諸国の姓名・地名などで仁明天皇の諱（正良）に触れるものを改めさせる。《続後紀》
7・16　天皇、神泉苑に行幸し、相撲を覧る。《続後紀》
⑦・28　霖雨止まず。丹生川上・貴布禰社等に奉幣して晴を祈る。《日本紀略》
8・10　天皇、嵯峨上皇・太皇太后橘嘉智子の冷然院に朝覲行幸する。《続後紀》
8・23　伊勢神宮に奉幣する。《続後紀》
8・25　嵯峨上皇、淳和院に出御し、淳和上皇と遊宴を行なう。《続後紀》
9・21　伊都内親王、生母藤原平子《へいし》の遺言により、山階寺（興福寺）の東院西堂に香燈読経料として墾田十六町余ほかを寄進した際の「伊都内親王願文」を遺す。《同願文》
9・25　天皇、栗栖野《くるすの》に遊猟する。《続後紀》
10・19　天皇、大嘗祭のため賀茂川で禊する（以後、大嘗祭の禊は賀茂川（鴨川）に定まる。戦国時代以降は途絶）。《続後紀》
11・15　天皇、八省院にて大嘗祭を行なう。《続後紀》
12・3　唐物を山陵に奉納する（十八日には三日に漏れた長岡山陵にも）。《続後紀》
12・7　豊宗《とよむね》王らに清原真人姓を賜う。《続後紀》
この年　天皇、栗栖山・芹川野などに遊猟する。▼時子内親王、賀茂斎院を辞する。《続後紀》仲野親王王女（班子女王）、誕生する。《西宮記》

●天長年間（八二四〜八三四）、空海、仙遊寺（泉涌寺）を開創する。《寺伝》

■承和元年（八三四）甲寅

仁明天皇　25歳
嵯峨上皇　49歳
淳和上皇　49歳

1・2　天皇、淳和上皇の淳和院に朝覲行幸する（正月の朝覲行幸の初め）。《続後紀》
1・3　代始により**承和**と改元する。▼淳和上皇、冷然院に嵯峨上皇を訪ね、新年を賀す。《続後紀》
1・4　天皇、嵯峨上皇・太皇太后嘉智子の冷然院に朝覲行幸する。▼嵯峨上皇、淳和院に出御し、相互に拝賀する。《続後紀》
1・7　天皇、豊楽殿《ぶらくでん》にて白馬《あおうま》を観る（白馬節会）。《続後紀》
1・8　空海に中務省で初めて**後七日御修法**を行なわせる（以後恒例）。《東寺長者補任》

ら「仁明」の諡号が贈られた。

＊**朝覲行幸**《ちょうきんぎょうこう》　天皇が年初に上皇・皇太后の居所に行幸し、新年のあいさつをすること。正月の朝覲行幸は承和元年（八三四）仁明天皇が淳和院に行ったのを初めとする。

＊**西宮記**《さいきゅうき》　「さいぐうき」「せいきゅうき」とも。醍醐天皇皇子源高明による有職故実・儀式書。一〇世紀宮中儀式の内容を知るための根本史料。

＊**承和**《じょうわ》　出典不詳。

＊**後七日御修法**《ごしちにちのみしほ》　正月八日から十四日の七日間、宮中の真言院で、天皇の安穏、国家国民の安寧、五穀豊穣などを祈念する修法。

1・18　天皇、豊楽殿で賭射《のりゆみ》（賞をつけ、弓を射ること）を覧る。《続後紀》

1・19　遣唐大使に藤原常嗣《つねつぐ》、副使に小野《おのの》篁《たかむら》を任命する（第十七次遣唐使）。《続後紀》

1・27　検非違使別当を初めて置き、文室秋津《ふんやのあきつ》を任命する。《公卿補任》

1月　淳和上皇、摂津国神呪寺《かんのうじ》（兵庫県西宮市）に御幸する。《元亨釈書》

2・2　新羅人、九州の海岸に到着（食料を与えて帰国させる）。《続後紀》

2・8　天皇、芹川野に遊猟する。《続後紀》

2・13　桓武天皇皇子明日香《あすか》親王（母は紀朝臣若子）没（生年不詳）。▼「上始御射場《ごいば》」と記される。《続後紀》

2・14　嵯峨上皇皇子忠良親王、元服する。《続後紀》

4・1　天皇、大極殿に出御し、**視告朔**を行なう。《続後紀》

4・21　嵯峨上皇、清原夏野の山荘に御幸し、水木を愛賞する。《続後紀》

4・26　疫癘により、京都諸寺に大般若経・金剛般若経を転読させる。《続後紀》

5・8　天皇、武徳殿で馬芸・打毬《だきゆう》を行なわせる。《続後紀》

5・22　淳和上皇皇女貞子内親王（母は贈皇后高志内親王）没（生年不詳）。《続後紀》

6・18　地震あり。《続後紀》

6・28　伊勢ほか畿内・七道諸国の名神に奉幣して雨を祈らせる。《続後紀》

6・30　大極殿に百僧を召し、三日間、大般若経を転読、雨ほかを祈る。《続後紀》

8・9　嵯峨上皇、嵯峨院の新造御所に移る（上皇、崩御まで皇后橘嘉智子とここに過ごす）。《続後紀》

8・27　伊勢斎宮久子内親王、賀茂川で禊して、この日、初めて**野宮**に入る。《続後紀》

9・11　天皇、大極殿に出御し、伊勢奉幣使を発遣する。《続後紀》

10・5　淳和上皇、雲林院に御幸し、北郊に遊猟する。《続後紀》

10・7　嵯峨院寝殿が完成する。《続後紀》

10・11　天皇、栗隈野《くりくまの》に遊猟する。《続後紀》

12・5　天長年間作成の「令義解」が施行される。《続後紀》

12・19　空海の上奏により宮中に**真言院**が設けられ、ここで「後七日御修法」がなされる（翌年から恒例）。《続後紀》

■**承和二年（八三五）乙卯**

仁明天皇　26歳
嵯峨上皇　50歳
淳和上皇　50歳

1・3　天皇、嵯峨上皇・太皇太后嘉智子の

＊**上**《うえ》　「じょう」「かみ」とも。天皇を尊敬していう語。「上様」「雲の上」「主上」「皇上」「聖上」「今上」などと使われる。のち、天皇のほかにも将軍・公方・殿様や貴人の妻にも用いられる。

＊**視告朔**《こうさく》　朝儀の一。毎月一日、文武官人が天皇に前月の行事等につき進奏する行事。告朔とも。

＊**野宮**《ののみや》　斎王が潔斎生活をする宮。卜定された斎王は宮廷内の初斎院で潔斎生活を送り、このあと宮城外の浄野に設置された野宮に遷り一定期間潔斎を続けた。伊勢斎宮の場合は一年をここで過ごしたあと伊勢に群行するのを例とした。現在ある野宮神社・西院野宮神社・斎宮神社・斎明神社はこの名残とされる。また賀茂斎院の場合は賀茂川のほとり、のち紫野に設けられた斎院御所（紫野院）を指した。

＊**真言院**《しんごんいん》　空海の奏請により、唐の内道場に準じて設置されたもの。内裏の西南、豊楽院の北にあり，正月八日から十四日まで御七日御修法が行なわれた。長禄年間（一四五七~六〇）より後は次第に廃

嵯峨院に朝覲行幸する。《続後紀》

1・6　高丘《たかおか》（岳）親王に平城旧宮の跡地四十余町を賜う。《続後紀》

1・8　大僧都空海に詔し、宮中真言院にて後七日御修法を修させる。《東寺長者補任》

1・22　空海の上表により、真言宗年分度者三人の設置を勅許する。《続後紀》

1・23　淳和天皇皇女、内親王となる（崇子《たかこ》内親王）。《続後紀》

3・2　地震あり。《続後紀》

3・8　備前国御野郡の空閑地一千町を後院勅旨田とする（**後院**の初見）。《続後紀》

3・21　空海、高野山にて没。《続後紀》

3・25　天皇、空海の死を弔い、淳和上皇は弔書を送る。《続後紀》

4・2　仁明天皇皇子（多・冷・光・效など）に源朝臣姓を下賜する。《続後紀ほか》

4・3　諸国疫癘流行。十五大寺に大般若経を転読させる。《類聚国史》

4・14　平城天皇皇女叡努《えぬ》内親王（母は紀朝臣木津魚《こつお》女魚員《うおかず》）没（生年不詳）。《続後紀》

4・20　高子《たかこ》内親王、賀茂川で禊し、斎院に入る。《続後紀》

4・24　嵯峨上皇、病む。《続後紀》

5・11　天皇、神泉苑に行幸し納涼、酒宴を行なう。《続後紀》

6・28　中務省の仏舎利を内裏に進上する。《続後紀》

7・8　天皇、神泉苑に行幸し、相撲を覧る。《続後紀》

7・14　天皇、紫宸殿に出御し、菅原清公に「後漢書」を進講させる。《続後紀》

8・28　斎宮久子内親王、伊勢斎宮に入るため賀茂川に禊する。《続後紀》

9・5　天皇、大極殿に出御し、斎宮久子内親王を伊勢に発遣する。《続後紀》

10・15　勅により、天台宗を諸国に普及させる。《類聚三代格》

12・9　荷前使を懈怠する侍従・次侍従の一月七日節会参加を禁じる。《類聚符宣抄》

12・22　天皇、神泉苑に行幸し隼を放つ。《続後紀》

この年　天皇、芹川野《せりかわの》・水生瀬野《みなせの》・箕津野《みつの》に遊猟する。《続後紀》

□3・21　空海《くうかい》（真言宗開祖。高野山金剛峯寺開基。弘法大師。三筆の一。60あるいは63）

■承和三年（八三六）丙辰

仁明天皇　27歳
嵯峨上皇　51歳
淳和上皇　51歳

1・3　天皇、嵯峨上皇・太皇太后嘉智子の嵯峨院に朝覲行幸する。《続後紀》

れた。

＊**後院《ごいん》**　天皇譲位後の居所をいう。嵯峨天皇の冷然院が初めてとされるが、「後院」の文献上の初見はこの時となる。

1・8　天皇、大極殿に出御し、最勝王経を聴講する。《続後紀》
1・22　天皇、神泉苑に行幸する（二十八日、二月十三・二十日、五月三日、七月八日、十二月二十二日にも。放隼・避暑・相撲見学などで行幸）。《続後紀》
2・19　嵯峨上皇、交野《かたの》に遊猟する。《続後紀》
3・12　地震あり（五月二十日、六月十三日にも）。《続後紀》
4・29　遣唐大使藤原常嗣に節刀を賜う。《続後紀》
5・9　災異のため、東大寺真言院に灌頂道場を建て、息災増益の法を行なわせ、以後恒例とする。《続後紀》
5・14　遣唐使、出発する。《続後紀》
5・22　山階（天智）・田原（光仁）・柏原（桓武）各山陵および神功皇后陵に奉幣し、遣唐使の無事を祈る。《続後紀》
6・1　太政官が僧綱に牒し、勅により「東西両寺、十三大寺等に最も尊い経典を転読し、甘雨を祈らせるべし」と指示。《続後紀》
9・11　宮中に穢があり、神嘗祭に奉幣できないことを伊勢神宮に奉告する。《続後紀》
9・15　遣唐船遭難により、遣唐大使、大宰府から帰京し節刀を返上する。《続後紀》
11・1　勅して諸国名神社に僧を遣わし、法華経を読誦させ、神道を護持する（勅に「神道を護持するは一乗の力に如かず」とあり）。《続後紀》
12・6　天皇、建礼門から伊勢奉幣使を発遣する。《続後紀》
12月　仁明天皇皇子（成康親王）、誕生する（母は女御藤原貞子《さだこ》）。《続後紀》
●この頃、太皇太后橘嘉智子、唐の禅僧義空を開山として嵯峨荘内に檀林寺を建てる（最初の禅院か）。《続後紀》

■承和四年（八三七）丁巳

仁明天皇　28歳
嵯峨上皇　52歳
淳和上皇　52歳

1・3　天皇、嵯峨上皇・太皇太后橘嘉智子の嵯峨院に朝覲行幸する。《続後紀》
1・8　天皇、大極殿に出御し、最勝王経を聴講する（十四日まで最勝会）。《続後紀》
3・15　遣唐大使藤原常嗣に再び節刀を賜う。《続後紀》
3・22　遣唐使出立により、伊勢神宮に奉幣使を発遣する（天皇、雨により出御せず）。《続後紀》
6・19　地震あり。《続後紀》
6・21　疫病流行により、諸国国分寺に、七月八日から三日間昼は金剛般若経を読み、

夜は薬師悔過を行なわせる。《続後紀》
7・16　地震あり。《続後紀》
7月　嵯峨天皇皇子源鎮《しずむ》、出家する。《続後紀》
8・26　淳和上皇皇孫正道王（仁明天皇養子）、殿上にて元服する。《続後紀》
9・2　地震あり。《続後紀》
9・4　天皇、病む（二十九日平復）。《続後紀》
11・8　天皇、神泉苑に行幸し隼を放つ（二十七日にも）。《続後紀》
12・2　春興殿に盗人入る。《続後紀》
12・5　女盗二人、清涼殿に入る（一人は捕らえられる）。《続後紀》
12・8　聖徳太子御髪を四天王寺に奉納するため木壺等を造る。《続後紀》
12・22　これより先、盗賊が春興殿・清涼殿・大蔵省等に侵入したため、この日、六衛府に京中を探索させる。《続後紀》
□10・7清原夏野《きよはらのなつの》（右大臣。小倉王第五子。56）

■**承和五年（八三八）戊午**
仁明天皇　29歳
嵯峨上皇　53歳
淳和上皇　53歳
1・3　天皇、嵯峨上皇・太皇太后嘉智子の嵯峨院に朝覲行幸する。《続後紀》
1・10　大納言藤原三守《みもり》を右大臣とする。《続後紀》
2・9　この頃、畿内・諸国に群盗横行。《続後紀》
2・12　天皇、水生瀬野に遊猟する。《続後紀》
3・27　筑後国分寺および神宮寺で、遣唐使往還の安泰を祈らせる。《続後紀》
4・28　天皇、避暑のため常寧殿に遷る。《続後紀》
5・28　地震あり（六月二日にも）。《続後紀》
6・13　第十七次遣唐使乗船、潮待ちにて十七日博多津を出発する（円仁ら同行。最後の遣唐使となる）。《入唐求法巡礼行記》
6・26　天皇、清涼殿に出御し、直道広公《なおみちのひろきみ》に「群書治要」を講読させる。《続後紀》
7・11　天皇、葛野川に行幸し、魚を観る。
▼物怪《もののけ》出現により、桓武天皇柏原山陵で読経させる（この頃、年に一、二回、内裏に物怪が出現、桓武天皇の祟りと見られた）。《続後紀》
7・25　怪異により、紫宸殿で仁王経読経が行なわれる。《続後紀》
7・29　天皇、八省院に出御し、伊勢神宮に奉幣し、豊年を祈る。《続後紀》
8・19　貴布禰・丹生川上両社に幣帛・白馬を奉り、止雨を祈らせる（九月八日にも）。

◉**残菊の宴**　陰暦九月九日の重陽の節供には、特に菊が愛でられた。しかし、これ以降にも花開いているものは「残菊」といわれ、しばしば「残菊の宴」が開かれた。桓武天皇の「此ごろの時雨の雨に菊の花ちりぞしぬべきあたら其の香を」は残菊を詠んだもので、菊花を詠んだ初めといわれる。

《続後紀》
8・28 大雨により、賀茂・松尾・乙訓などの名社に奉幣する。《続後紀》
9・9 天皇病むにより、重陽節を中止する。《続後紀》
10・4 勅使を遣わし、伊勢神宮に神宝を奉納する。《続後紀》
10・13 天皇、常寧殿より清涼殿に遷る。《続後紀》
11・5 伊勢離宮院百余宇が焼ける（斎宮を多気郡に移す）。《神宮雑例集》
11・27 皇太子恒貞親王、紫宸殿にて元服する。▼嵯峨上皇皇子源融も元服。このとき天皇、融を養子とする。《続後紀》
11・29 嵯峨上皇、冷然院に御し、ついで神泉苑に御幸して隼を放つ。《続後紀》
12・15 天皇、僧静安《じょうあん》らを導師とし、清涼殿で三日三夜、仏名懺悔の法会を修する（内裏での仏名会の初め）。▼病と称して遣唐船乗船拒否の小野篁を隠岐に配流する。《続後紀》
12・26 嵯峨天皇皇女芳子《よしこ》内親王（母は皇后橘嘉智子）没（生年不詳）。《続後紀》
12月 遣唐使、長安に到り、真珠・絹を進上する。《旧唐書》

■承和六年（八三九）己未

仁明天皇 30歳
嵯峨上皇 54歳
淳和上皇 54歳

1・1 天皇同母妹芳子内親王（生年不詳）死去により、朝賀を中止する。《続後紀》
①・2 天皇、嵯峨上皇の嵯峨院に朝覲行幸する。《続後紀》
①・16 天皇、美都野《みつの》に行幸する。《続後紀》
①・28 天皇、水成瀬野《みなせの》に遊猟する。《続後紀》
2・13 天皇、神泉苑に、次いで北野に遊覧する。《続後紀》
2・15 彗星出現により、東寺・西寺に般若心経を読誦させる。《続後紀》
3・29 貴布禰・丹生川上両社に奉幣して雨を祈る（四月十日にも丹生川上社に奉幣）。《続後紀》
4・7 地震あり。《続後紀》
4・17 天皇病気のため、七大寺に誦経させる。▼炎旱により、松尾・貴布禰・丹生川上等諸社に奉幣、また十五大寺に仁王経を読経させる。《続後紀》
4・21 降雨を祈るため、伊勢神宮に勅使を送る。また、諸国国司に祈雨を行なわせる。《続後紀》
4・27 百僧を八省院に召し、大般若経を転読して祈雨する（夕刻より雨）。《続後紀》

＊**藤原沢子**《ふじわらのたくし》（？〜八三九） 仁明天皇女御。父は贈太政大臣藤原総継。母は藤原数子。天長年間（八二四〜八三四）東宮正良親王（仁明天皇）の室に入り、時康王（光孝天皇）らをもうける。親王の即位とともに女御となり、光孝天皇即位とともに皇太后を追贈される。陵は中尾陵《なかおのみささぎ》（京都市東山区今熊野宝蔵町）。

＊**大元帥法**《たいげんのほう》 「たいげんすいほう」とも。国家を外敵から守り異国調伏するための護国法会で、天皇のみが主宰できるとされる。常寧殿・小御所・陣座《じんのざ》や阿闍梨の住坊理性院《りしょういん》等で実施され、中絶することなく明治維新まで続いた。なお、近代天皇が軍隊を統帥し「大元帥」の称号をもったのは、「大元帥法」に由来する。

6・1　丹生川上・貴布禰両社に使を遣わし、雨を祈る。《続後紀》
6・5　故橘清友（皇后嘉智子の父）に太政大臣を贈る。《続後紀》
6・16　七大寺の僧を東大寺に請じ、三日三夜、龍王如来の名号を称えさせ、雨を祈らせる。《続後紀》
6・30　仁明天皇女御**藤原沢子**没。《続後紀》
7・5　禁中に物怪《もののけ》あり、紫宸殿・常寧殿で大般若経転読を行なう。《続後紀》
7・8　地震あり。《続後紀》
8・1　天皇、嵯峨上皇の病気のため、嵯峨院に朝覲行幸する（四日にも）。《続後紀》
8・7　丹生川上社に奉幣して祈雨する。《続後紀》
9・5　伊予親王・藤原吉子母子に贈位する。《続後紀》
9・16　遣唐大使藤原常嗣、帰京して節刀を返還する（十七日、大唐勅書を奏上）。《続後紀》
9・23　大宰府、入唐僧常暁《じょうぎょう》請来の大元帥《たいげんの》明王《みょうおう》画像を進上する（常暁、のち**大元帥法**を毎年正月八日から七日間、宮中で修することを許される）。《続後紀》
10・13　伊勢神宮に唐物を奉納する。《続後紀》
11・2　天皇、大極殿に出御し、伊勢奉幣使を発遣する。《続後紀》
11・5　伊勢斎宮火災、官舎百余宇を焼失する。《続後紀》
12・2　斎宮の地として度会離宮を卜定する。《続後紀》
12・13　天皇、建礼門に出御し、光仁・崇道・平城・桓武等の山陵へ使を発遣し、唐物を献じる。《続後紀》
12・19　大宰府、入唐僧円行《えんぎょう》請来の経典・仏舎利等を献上する。《雲巌寺和尚請求法門道具等目録》
12・22　長岡山陵（桓武天皇皇后藤原乙牟漏陵。高畠陵）に唐物を献上する。《続後紀》
この年　天皇、水成瀬野などに遊猟する。《続後紀》

■承和七年（八四〇）庚申

仁明天皇　31歳
嵯峨上皇　55歳
淳和上皇　55歳

1・11　天皇病む。《続後紀》
1・13　地震あり。《続後紀》
1・20　天皇の病により内宴を中止する。《続後紀》
2・2　天皇、嵯峨上皇・太皇太后橘嘉智子の嵯峨院に朝覲行幸する。《続後紀》
2・14　流人小野篁を召還する。《続後紀》

4・8 静安により、清涼殿において初めて灌仏会が行なわれる（以後恒例）。▼遣唐使第二船、大隅に漂着する。《続後紀》
4・22 従前の格式の過誤などの補正を行なった「弘仁格式《こうにんきゃくしき》」、この日施行される。《続後紀》
4・25 炎旱により、松尾・賀茂・貴布禰・丹生川上社等に奉幣して甘雨を祈る。《続後紀》
5・5 淳和上皇の病気のため、この日の節会をやめる。▼桓武天皇女御紀乙魚《きのおとうお》没（生年不詳）。《続後紀》
5・6 淳和上皇、皇太子に自身の薄葬・散骨等を下命する。これに対し、藤原吉野、「山陵は猶宗廟のごときなり。縦《も》し宗廟なくんば、臣子何処《いづこ》を仰がんや」と諫言する。《続後紀》
5・8 淳和上皇、出家し、淳和院にて崩御。《続後紀》
5・9 故淳和上皇の諡号を「日本根《やまとね》子天高《こあまのたか》譲彌遠《ゆずるいやとお》尊」と称する（のち追号して「淳和天皇」）。《続後紀》
5・13 山城国物集《もずめ》村に淳和上皇を荼毘し、大原野西山の嶺上（陵名は**大原野西嶺上陵**）で散骨を行なう。《続後紀》
5・22 遺命により、淳和上皇の国忌・**荷前**等をやめる。《続後紀》
6・5 内裏に物怪《もののけ》あり、柏原山陵の祟りと判断し、使を遣わして祈禱する。《続後紀》
6・9 勅して、貴布禰・丹生川上両社に奉幣して雨を祈る。《続後紀》
6・15 伊勢神宮以下諸社に奉幣して恵みを祈願する。《続後紀》
7・5 伊勢神宮に奉幣し、豊作を祈る。《続後紀》
7・21 天皇、紫宸殿に出御し、初めて政務を覧る。《続後紀》
8・8 大納言源常《ときわ》を右大臣とする（「公卿補任」は七日）。《続後紀》
9・9 淳和上皇の死により、重陽節を中止する。《続後紀》
9・21 阿蘇の池が涸れ、伊豆上津島に神宮・石室等が出現したと、大宰府が言上する。《続後紀》
10・12 地震あり。《続後紀》
10・21 天皇病むにより、京都七寺に誦経《じゅきょう》させる。《続後紀》
11・29 桓武天皇女御百済教法《きょうほう》没（生年不詳）。《続後紀》
12・7 天皇、「思うところあり」と、伊勢神宮に詔を宣して祈禱させる（阿蘇神霊池怪異による）。《続後紀》

＊**大原野西嶺上陵**《おおはらののにしのみねのえのみささぎ》 京都市西京区大原野南春日町の大原山山頂に所在。天皇の遺詔により国忌・荷前を停めたためか、「延喜式」諸陵寮に記載なし。元禄探索時は物集村の御廟塚を陵所に擬するも、谷森善臣「山陵考」などにより、幕末修陵時に、散骨の地を山陵として「大原野西嶺上陵」と称した。

＊**荷前**《のざき》 「のさき」とも。起源は不詳。荷前は諸国から上納される調庸の初荷のこと。これを神事・山陵の供献用に前もって抜きとったもの。これを毎年十二月の吉日に近陵・近墓に奉ったもので、奉幣のため派遣された勅使を荷前使といった。「万葉集」にも登場し、平安期を通じて行なわれるも、平安末期より形骸化し、南北朝期の観応元年（一三五〇）以降は廃絶した。

＊**日本後紀**《にほんこうき》 「日本書紀」「続日本紀」に続く「六国史」の一。延暦十一年（七九二）正月から天長十年（八三三）二月まで、桓武・平城・嵯峨・淳和四天皇の時代を編纂した史書。四十巻あったが、十巻を残すのみで、ほかは「類聚国史」「日本紀略」「扶桑略記」「政事要略」

12・27　大宰府、新羅の臣下張宝高が遣使・方物献上をしに来るも、臣下との直接交渉はしないとして放還と報告する。《続後紀》

□4・23藤原常嗣《ふじわらのつねつぐ》（参議。遣唐大使。父は中納言藤原葛野麻呂。45）、7・7藤原三守《ふじわらのみもり》（「ただもり」とも。右大臣。父は藤原真作。56）

■承和八年（八四一）辛酉

仁明天皇　32歳

嵯峨上皇　56歳

1・1　諒闇により、朝賀を中止する。《続後紀》

3・25　嵯峨天皇女御大原浄子《きよこ》没（生年不詳）。《続後紀》

4・17　桓武天皇皇女高津内親王（嵯峨天皇妃。母は坂上刈田麻呂女全子《またこ》）没（生年不詳）。《続後紀》

4・29　雨降らず。勅して松尾・賀茂・貴布禰・丹生川上社等に奉幣して甘雨を祈る。《続後紀》

5・3　神霊池涸渇・伊豆国地震の変により、勅旨を神功皇后陵に遣わし、国家安泰を祈らせる。この日、天智・桓武両天皇陵に宣命使を遣わし、祟りを謝する。《続後紀》

5・12　神功皇后陵に宣命使を送り、昨年から貢物が山陵・香椎廟に供えられなかったことを陳謝し、改めて甘雨を請う。《続後紀》

6・22　天皇、勅使を伊勢神宮に遣わし、神霊池涸渇・伊豆国地震の変あるにより、国家安泰を祈る。《続後紀》

7・15　大極殿東楼に落雷。《続後紀》

7・26　天皇、八省院に出御し、伊勢奉幣使を発遣、豊年を祈願する。《続後紀》

8・30　桓武天皇皇女安濃《あの》内親王（母は多治比真宗《まむね》）没（生年不詳）。▼大雨により丹生川上神に奉幣して止雨を祈る。《続後紀》

9・1　京都洪水。京中の橋梁および山崎橋等ことごとく断絶。《続後紀》

10・4　天皇病気により、京都七寺・平城七大寺に誦経させる（五日平復）。《続後紀》

10・27　天皇、病む。《続後紀》

10・29　天皇の病の原因は柏原山陵伐木の祟りと判断され、使を遣わして陳謝する。《続後紀》

11・19　天皇、中和院（神嘉殿）に行幸し、新嘗の神事を行なう。《続後紀》

12・19　左大臣藤原緒嗣ら、「日本後紀」を撰上する。《続後紀》

12・22　長門国、渤海使ら百五人が長門に来着と言上する。《続後紀》

■承和九年（八四二）壬戌

仁明天皇　33歳

等に逸文が残る。

嵯峨上皇　57歳

1・3　天皇、嵯峨上皇・太皇太后橘嘉智子の嵯峨院に朝覲行幸する。《続後紀》
1・8　天皇、大極殿に出御し、最勝王経を聴講する（最勝会は十四日まで）。《続後紀》
2・3　地震あり（二月二十九日、三月十六日、六月十五日、八月十四日、十一月十四日、十二月十二日にも）。《続後紀》
2・4　伊勢神宮に奉幣し、豊作を祈る。《続後紀》
2・16　皇子道康《みちやす》親王（文徳天皇）、仁寿殿にて元服する。《続後紀》
2・20　渤海使、入京する。《続後紀》
3・15　貴布禰・丹生川上社等諸社に奉幣して甘雨を祈る。《続後紀》
3・16　淳和天皇皇子恒統《つねむね》親王（母は正子内親王）没（年14）。《続後紀》
3・27　渤海使ら入京する（二十八日、鴻臚館にて慰労）。《続後紀》
4・5　天皇、豊楽殿に出御し、渤海使を饗応する。《続後紀》
4・9　渤海使を朝集堂に饗応する。《続後紀》
4・11　天皇、内裏修理のため冷然院《れいぜいいん》に遷る。《続後紀》
4・12　天皇、渤海王に書を賜う。《続後紀》
7・6　貴布禰・丹生川上社等に奉幣して雨を祈る（夕刻、雨降る）。《続後紀》
7・8　上皇病気のため、相撲節会を中止する。《続後紀》
7・15　嵯峨上皇、嵯峨院にて崩御（上皇、薄葬を命じ、墳丘を造らず樹木を植えず、祭祀は断て等と遺詔。追号を「嵯峨天皇」とする）。《続後紀》
7・16　嵯峨上皇を山北幽僻の地を山陵（陵名は**嵯峨山上陵**）に定め、埋葬する。《続後紀》
7・17　伴健岑《とものこわみね》・橘逸勢《たちばなのはやなり》等、皇太子恒貞親王を奉じて東国で兵を挙げるという謀反が発覚する（承和の変。甥の道康親王の立太子を目論む藤原良房の陰謀とされる）。《続後紀》
7・18　橘逸勢・伴健岑らを勘問する。《続後紀》
7・20　旱により、大極殿に百僧を召して大般若経を転読させる。▼橘逸勢・伴健岑等を拷問し、逸勢の近親も捕える。《続後紀》
7・23　皇太子恒貞親王の直曹を包囲して武装解除し、大納言藤原愛発《ちかなり》（「あらち」とも）・中納言藤原吉野《よしの》・参議文室秋津《ふんやのあきつ》らを罰する。《続後紀》
7・24　恒貞親王を廃太子とし、嵯峨山陵に報告する。《続後紀》

＊**嵯峨《さが》山上陵《やまのえのみささぎ》**　京都市右京区北嵯峨朝原山町に所在。天皇は遺詔により薄葬を命じ、永く祭祀を断つべしとした。そのため「延喜式」諸陵寮には記載なし。中世以降、所伝を失うも、「山城志」「山陵志」は当陵を当て、慶応元年（一八六五）に修補が加えられた。

＊**阿保《あぼ》親王《しんのう》**（七九二～八四二）　平城天皇第一皇子。母は葛井藤子。承和九年（八四二）春宮坊帯刀伴健岑に謀反に誘われ、書を太皇太后橘嘉智子に送って密告、承和の変の発端となる。以降出仕せず急死。

7・28　橘逸勢を伊豆に、伴健岑を隠岐に配流する（逸勢は配流途中に死去）。《続後紀》
8・4　道康親王を皇太子とする（藤原良房、外戚の地位を得て政権を握る）。《続後紀》
8・13　廃太子恒貞親王を淳和院に移送する（親王、ここに閉居）。▼廃太子・立太子の件を柏原（桓武天皇）陵に奉告する。《続後紀》
9・11　伊勢奉幣使発遣の勅を下す。《続後紀》
10・22　平城天皇皇子**阿保親王**没。《続後紀》
10月　平城天皇皇女上毛野《かみつけぬ》内親王（母は伊勢継子）没（生年不詳）。《本朝皇胤紹運録》
11・1　天皇、病む。《続後紀》
11・17　天皇、冷然院より内裏に還る。《続後紀》
12・5　太皇太后橘嘉智子、冷然院に移る。▼皇太后正子内親王、出家する。《続後紀》
12・20　神功皇后陵に神宝を献じ、国家安寧を祈願する。《続後紀》
□8・13橘逸勢《たちばなのはやなり》（入唐留学生。三筆の一。生年不詳）、10・17菅原清公《すがわらのきよきみ》（文章博士。73）

■承和十年（八四三）癸亥

仁明天皇　34歳
1・1　諒闇のため、朝賀を中止する。《続後紀》
1・8　皇太子道康親王、大極殿の最勝会に参加する（諒闇により音楽なし。最勝会は十四日まで）。《続後紀》
1・18　左大臣藤原緒嗣の致仕を勅許する。《続後紀》
4・21　神功皇后陵と成務天皇陵を取り違えていたことに気付き、納めた弓や剣を改めて神功皇后陵に奉る。《続後紀》
5・8　内裏の物怪などにより、百人の僧を召し、大般若経転読などを大極殿で行なわせる。《続後紀》
5・13　地震あり。《続後紀》
6・1　菅野高年に内史局で「日本紀」講義を始めさせる（翌年六月十五日終了）。《続後紀》
6・7　右京の人六世長谷王《はせ》らに真春真人《まはるのまひと》姓を賜う。《続後紀》
6・29　左京の人六世孫岑正《みねまさ》王らに高階真人《たかしなのまひと》姓を賜う（丙申の日とあるも六月に丙申はないので、丙戌の誤りとしてこの日とする。あるいは七月丙申〈九日〉の誤りか）。《続後紀》
8・7　天皇、大極殿に出御し、伊勢奉幣使を発遣する。《続後紀》
8・24　物怪をはらうため、百僧を召し、大般若経転読などを行なう。《続後紀》

10・17 梅宮・平野二神を名神とする。《続後紀》
10・18 香椎廟に奉幣し、宝祚無彊・国家太平を祈る。《続後紀》
11・9 地震あり。《続後紀》
12・22 前筑前守文室宮田麻呂（恒貞親王側近）の謀反が発覚する（二十九日、宮田麻呂を伊豆配流）。《続後紀》
□7・23 藤原緒嗣《ふじわらのおつぐ》（左大臣。父は贈太政大臣藤原百川。「新撰姓氏録」「日本後紀」を編纂。70）

■承和十一年（八四四）甲子

仁明天皇 35歳

1・1 大雪により、朝賀を中止する。《続後紀》
1・3 天皇、太皇太后橘嘉智子の冷然院に朝覲行幸する（三月二十六日にも）。《続後紀》
2・9 天皇、水成瀬野《みなせの》に行幸する。《続後紀》
2・25 天皇、交野《かたの》に行幸する。《続後紀》
6・15 「日本紀」講読が終わる。《続後紀》
6・17 豊前国司、「宇佐八幡宮縁起」を進上する。《石清水文書》
7・2 大納言源常《ときわ》を左大臣に、大納言橘氏《うじ》公《きみ》を右大臣とする。《続後紀》
⑦・7 仁寿殿において、天皇の前で初めて林邑《りんゆう》（ベトナム）の楽《がく》が奏される。《続後紀》
⑦・21 伊勢神宮に奉幣して風雨の除災を祈る。《続後紀》
8・5 嵯峨上皇遺戒の薄葬を放棄する。《続後紀》
8・13 天皇、北野に行幸し雲林院に立ち寄る。《続後紀》
10・6 天皇、八省院に出御し、伊勢奉幣使を発遣する。《続後紀》
10・18 天皇、水沼野《みぬまの》・芹河に行幸する。《続後紀》
11・29 天皇、水成瀬野に行幸する。《続後紀》
この年 文徳天皇皇子（惟喬《これたか》親王）、誕生する（母は紀静子）。《文徳実録》

■承和十二年（八四五）乙丑

仁明天皇 36歳

1・1 大雪により朝賀を中止する。《続後紀》
1・8 百十三歳の尾張浜主《はまぬし》、大極殿前にて和風長寿楽を舞う（十日には清涼殿前で）。《続後紀》
2・14 天皇、水成瀬野に行幸する。《続後紀》
2・16 時康《ときやす》親王（光孝天皇）・人康《さねやす》親王、清涼殿にて元服する。《続後紀》
2・25 天皇、河陽宮《かやのみや》に遊猟する。《続後紀》
3・6 物怪により、名僧百人を召し、紫宸殿・清涼殿・常寧殿等に修法を行なわせる。

《続後紀》
3・29 仁寿殿東廂が火事。《続後紀》
5・1 大極殿に百僧を招き、大般若経を転読させ、甘雨を祈る。《続後紀》
5・12 天皇病む（十六日平復）。《続後紀》
6・11 神今食。天皇、発熱により神嘉殿に出御せず。《続後紀》
7・27 勅使を遣わし、伊勢神宮に奉幣して止雨を祈る。《続後紀》
8・4 地震あり。《続後紀》
9・11 天皇、大極殿に出御し、伊勢奉幣使を発遣する。《続後紀》
10・14 天皇、病む。《続後紀》

■承和十三年（八四六）丙寅

仁明天皇 37歳
1・3 天皇、太皇太后橘嘉智子の冷然院に朝覲行幸する。《続後紀》
2・27 地震あり。《続後紀》
2・28 興岑王らに清原真人姓を賜う。《続後紀》
6・25 長田王らに清原真人姓を賜う。《続後紀》
6・30 大宰府、入唐僧恵運請来の経文を上奏する。《恵運禅師請来経目録》
7・2 岑成王らの子息に清原真人姓を賜う。《続後紀》
8・17 この日以前、天皇、延暦寺に定心院《じょうしんいん》を建て、十禅師《じゅうぜんじ》を置くことにする。この日、天皇自らその由来記を撰する。《続後紀》
9・26 平城天皇皇女石上《いそのかみ》内親王（母は伊勢継子）没（生年不詳）。《続後紀》
12・20 左京の人豊縄《とよただ》王らに清原真人姓を賜う。《続後紀》
この年 文徳天皇皇子（惟條《これえだ》親王）、誕生する（母は紀静子）。《一代要記》

■承和十四年（八四七）丁卯

仁明天皇 38歳
1・1 大雪により朝賀を中止する。《続後紀》
1・3 天皇、太皇太后橘嘉智子の冷然院に朝覲行幸する。《続後紀》
2・12 仁明天皇皇女時子《ときこ》内親王（母は女御滋野縄子）没（生年不詳）。《続後紀》
2月庚申 延暦寺定心院に初めて十禅師を置く（二月に庚申なし。庚辰〈十四日〉、あるいは甲申〈十八日〉か）。《続後紀》
3・11 物怪を鎮めるため、僧・沙弥らを清涼殿に召し、大般若経転読などを行なわせる。《続後紀》
3月己卯 天皇、八省院に出御し、伊勢奉幣使を発遣する（乙卯〈二十日〉あるいは閏三月己卯〈十四日〉の誤りか）。《続後紀》
4・6 天皇、神泉苑に行幸する。《続後紀》

◉神祇令《じんぎりょう》 神祇信仰に基づいて作られた国家祭祀の大綱。「大宝令」「養老令」以下で定められ、延長五年（九二七）撰進の「延喜式」により詳細に規程された。祈年祭に始まり大嘗祭・鎮魂祭までの年中儀式のほか、天皇の即位儀礼や祭祀の管理・運営などについても定められる。なお践祚については「中臣奏㆓天神之寿詞㆒、忌部上㆓神璽之鏡剣㆒」などとある。

5・11 天皇、清涼殿にて「荘子竟宴」を行なう。《続後紀》
5・27 天皇、清涼殿にて初めて「漢書」を進講させる（侍読は春澄善縄《はるすみのよしただ》）。《続後紀》
7・21 右京の人六世王賀我《かが》王ら（忍壁親王後裔）に御高真人《みたかのまひと》姓を賜う。《続後紀》
7・23 白馬・幣帛を丹生川上社に奉納し、止雨を祈る。《続後紀》
9・18 円仁、大宰府鴻臚館に到る。《入唐求法巡礼行記》入唐僧恵雲、孔雀・鸚鵡《おうむ》・犬を献上する。《続後紀》
10・2 入唐僧円仁、弟子二人・唐人四十二人を伴って帰国する。《続後紀》
10・5 故橘奈良麻呂（仁明天皇外戚）に太政大臣正一位を追贈する。《続後紀》
10・20 天皇、双丘《ならびがおか》の大池に行幸し、隼を放つ。《続後紀》
10・26 嵯峨天皇皇女有智子内親王没。《一代要記》
11・21 息災のため、清涼殿・真言院で修法を行なう（三日間）。《続後紀》
この年 葛井親王、清水寺三重塔を建立する。《清水寺縁起》円仁「入唐求法巡礼行記」成るか。
□12・19 橘氏公《たちばなのうじきみ》（右大臣。父は橘清友。皇后嘉智子の弟。仁明天皇外祖父。65）

●承和年間（八三四～八四八）、太皇太后橘嘉智子、弟氏公と学館院を創設する。《文徳実録》勅願により、円仁、二尊院を開く。《社伝》遣唐使准判官藤原貞敏、琵琶の秘曲「楊真操」「石上流泉」「啄木」の伝授を受けて帰国（こののち宮廷周辺で琵琶が流行、伝受記録「代々琵琶秘曲伝受記」「琵琶秘曲伝受事」等が記される）。

■嘉祥元年（八四八）戊辰

仁明天皇 39歳

1・10 大納言藤原良房を右大臣とする。《続後紀》
1・20 天皇、神泉苑に行幸し、隼を放つ。《続後紀》
2・10 上総国、俘囚の反乱を上奏する（十二日、俘囚五十七人斬獲と上奏）。《続後紀》
2・22 地震あり（三月八日、四月三日、五月二十二日、六月二十四・二十五日、十月七・二十日、十二月二日にも）。《続後紀》
2・26 天皇、病む。《続後紀》
4・1 春常《はるつね》王らに文室朝臣《ふんやのあそん》姓を賜う。《続後紀》
4・5 天皇、神泉苑・冷然院・北野に行幸する。《続後紀》
4・14 本康親王・源冷《すずし》、清涼殿にて元服（二人とも仁明天皇皇子）。《続後紀》

＊**有智子内親王**《うちこないしんのう》（八〇七～八四七） 嵯峨天皇皇女。母は交野《かたの》女王。弘仁元年（八一〇）初代賀茂斎院となり、天長八年（八三一）まで勤仕。才媛として聞こえ、その作品は「経国集」に多数見える。

＊**嘉祥**《かじょう》 「かじょう」とも。勘申者不詳。出典不詳も、「漢書」匡衡《きょうこう》伝に「百姓安陰陽和、神霊応而嘉祥見」、「文選《もんぜん》」東京賦《とうけいふ》に「総集瑞命、備致嘉祥」とある。

4・17 天皇、冷然院に行幸する。《続後紀》
5・6 淳和天皇皇子良貞親王（母は大中臣安子）、にわかに没（生年不詳）。《続後紀》
5・7 天皇、病む。《続後紀》
5・15 淳和天皇皇女崇子《たかこ》内親王（母は橘船子）没（生年不詳）。《続後紀》
5・22 天皇、避暑のため冷然院に行幸する。《続後紀》
6・2 丹生川上神社に奉幣し、止雨を祈る。《続後紀》
6・13 大宰府から白亀が献上（五月二十四日）され、これを祥瑞として**嘉祥**と改元する。《続後紀》
6・15 入唐僧円仁の上表により、延暦寺で灌頂を修させる。《類聚三代格》
6・24 天皇、熱を出す（二十七日平復）。《続後紀》
6・27 円仁に伝燈大法師位を授ける。《慈覚大師伝》
7・2 松尾・賀茂上下・貴布禰・丹生川上社に奉幣し、甘雨を祈る。《続後紀》
7・6 百僧を八省院に召し、大般若経を転読させ、甘雨を祈る。《続後紀》
8・5 大雨により洪水。人畜流損、河陽・宇治両橋が破損、茨田堤決潰。《続後紀》
8・6 天皇、京中の水害を巡察させ、米塩を賑給する。《続後紀》
10・5 天皇、神泉苑に行幸する。《続後紀》
10・14 天皇、病む。《続後紀》
10・22 天皇、神泉苑に行幸し、ついで北野に遊猟する。《続後紀》
10・26 天皇、双丘に行幸し、池に隼を放つ。《続後紀》
12・4 刑部少輔和気斉之《としゆき》、大不敬により絞死刑のところ、勅により減一等とし、伊豆国に配流とする。《続後紀》
12・30 能登国、渤海使ら百人の来着を上奏する。《続後紀》

■嘉祥二年（八四九）己巳

仁明天皇 40歳

1・1 去年洪水により秋稼《しゅうか》稔らず、朝賀を中止する。《続後紀》
1・7 廃太子恒貞親王、三品を授けられる（ついで出家）。《三代実録》
1・20 天皇、太皇太后橘嘉智子の冷然院に朝覲行幸する。《公事根源》
2・14 桓武天皇皇女大宅《おおやけ》内親王（母は橘島《しま》田麻呂《だまろ》女常子《つねこ》）没（生年不詳）。《続後紀》
3・5 天皇、水生瀬野に行幸する。《続後紀》
3・10 地震あり（四月十三日、七月四・十九日にも）。《続後紀》
3・14 天皇、病む。《続後紀》

3・21　天皇、双丘、ついで冷然院に行幸する。▼存問渤海使ら、渤海使らが十二年の間隔をおくという規定に違反したことを詰問したと奏上する。《続後紀》
3・26　興福寺大法師ら、天皇の四十賀を行ない、仏像四十体、金剛寿命陀羅尼経四十巻書写等を奉る（このとき**長歌**が奉献される）。《続後紀》
4・28　渤海使ら、入京し、鴻臚館に入る（五月二日献物）。《続後紀》
5・3　天皇、豊楽殿に出御し、渤海使らを饗応する（十日にも）。《続後紀》
5・12　渤海使に勅書・太政官牒を賜う。この日、帰国する。《続後紀》
5・25　天皇、神泉苑に行幸する。《続後紀》
6・24　天皇、病む。《続後紀》
8・5　左京の人善淵王らに清原真人姓を賜う。《続後紀》
9・7　式年遷宮あるにより、伊勢神宮に神宝を奉納する（この月遷宮）。《続後紀》
9・11　天皇、八省院に出御し、伊勢奉幣使を発遣する。《続後紀》
10・10　薬師寺僧、天皇四十賀に薬師経四十巻を献上する。《続後紀》
10・23　太皇太后橘嘉智子、天皇の四十賀を行ない、京中飢民に銭を給う。《続後紀》
11・2　左京の人長田王らに清原真人姓を賜う。《続後紀》
11・22　皇太子道康親王、上表して天皇四十賀を行なう。《続後紀》
12・8　基貞《もとさだ》親王、出家する。《続後紀》
⑫・10　天皇、京内を巡幸し、窮民に賑給、罪人を赦免する。《続後紀》
⑫・21　桓武天皇皇女安《あ》勅《て》（「あとき」とも）内親王、出家する。《続後紀》
●仁明朝（八三三～八五〇）、嵯峨天皇、葛野川辺に梅宮神社の地を定め、太皇太后橘嘉智子が創祀する（歴代皇妃の尊崇をうける）。
●平安時代初期、聖徳太子の伝記「上宮聖徳太子伝補《ほ》闕記《けつき》」（「太子伝補闕記」とも。著者未詳）成る。▼鹿島使《かしまづかい》といわれる鹿島社への奉幣使派遣が始まる。

■嘉祥三年（八五〇）庚午

仁明天皇　41歳
文徳天皇　24歳

1・1　先月二十九日とこの日の大雨により朝賀を中止する。《続後紀》
1・3　地震あり（二十三日、二月二十一日、三月五・二十一日、四月十五日、八月二十六日にも）。《続後紀・文徳実録》
1・4　天皇、太皇太后嘉智子の冷然院に朝

＊**長歌《ながうた》**　このとき「御世御世に相承《あいうけ》襲《かさね》て、皇《すめら》ごとに現人神《あらひとがみ》と成り給ひいませば、四《よ》方《も》の国、隣の皇《きみ》は百《もも》嗣《つぎ》に継ぐといふとも、何にてか等しくあらむ」と歌い、「帝の御世は万代」で天皇を「現人神」と称える（「万世一系」思想の初見か）。
＊**文徳天皇《もんとくてんのう》**（八二七～八五八）道康親王。田《た》邑《むら》天皇。仁明天皇第一皇子。母は藤原順子。承和九年（八四二）立太子、嘉祥三年（八五〇）践祚・即位。女御に藤原明子・藤原古子《ふるこ》・東子《とうし》女王・藤原年子・藤原多賀幾子《たかきこ》・藤原是子《これこ》。皇子女に惟喬・惟條・惟彦・惟仁《これひと》（清和天皇）・惟恒各親王、晏子・慧子・述子・珍子《ちんし》・恬子・儀子・礼子・濃子・勝子・掲子各内親王など。「文徳」は武徳と対を成す意味合いをもつ。なお、文徳天皇以降、国風諡号は用いられていない（仁明天皇が最後）。また、文徳天皇は、東宮雅院・東宮中殿・梨下院・冷然院と居所を移し、冷然院で崩御。在位中、一度も内裏に入ることはなかった。陵は田邑陵。
＊**神璽《しんじ》宝剣《ほうけん》**　神璽は八《や》坂瓊勾玉《さかにのまがたま》、宝剣は草薙剣《くさなぎのつるぎ》。

覲行幸する。《続後紀》
1・6　天皇、病む。《続後紀》
1・26　この頃、盗賊横行。《続後紀》
2・1　天皇、病む。《続後紀》
2・2　安勅内親王の出家を勅許する。《続後紀》
2・5　天皇、病重く、皇太子道康親王・諸大臣に遺言を授ける。《続後紀》
2・7　天皇の病状を桓武天皇柏原山陵に奉告し、玉体平安を祈る。《続後紀》
2・15　天台座主円仁と定心院十禅師等に、仁寿殿にて文殊八字《もんじゅはちじ》法《ほう》を修させる。《続後紀》
2・25　嵯峨天皇皇女秀子内親王（母は橘嘉智子）没（生年不詳）。《続後紀》
2・27　天皇、病気のため、京都・平城四十九寺に延命法を修させる（三日間）。《続後紀》
3・14　鈴印《れいいん》の櫃《ひつ》が鳴るなどの異変を伐木による桓武天皇柏原陵の祟りとし、使を遣わして陳謝する。《続後紀》
3・19　天皇、出家する（皇子宗康親王・源多《まさる》も）。《続後紀》

第五十五代　文《もん》徳《とく》天皇

3・21　仁明天皇、清涼殿にて崩御。皇太子道康親王、宣陽殿東庭の倚廬《いろ》にて践祚（**文徳天皇**）。このとき「天子**神璽宝剣**」「符節鈴印等」が皇太子に献じられる。先帝はのち「仁明天皇」と諡される）。《文徳実録》
3・23　橘嘉智子、病により出家する。《続後紀》
3・25　仁明天皇を**深草陵**に埋葬する（遺命により薄葬）。《続後紀》文徳天皇皇子（惟《これ》仁《ひと》。清和天皇）、誕生する（母は太皇太后藤原明子）。《三代実録》
3月　大中臣淵魚を祭主に任じる（**神宮祭主**の初見か）。《日本後紀》
4・2　桓武天皇皇子**葛井親王**没。《文徳実録》
4・11　文徳天皇、東宮雅院より中殿に遷る。《文徳実録》
4・14　深草陵に樹木を植えさせる。《文徳実録》
4・16　即位のことを深草陵に奉告する。《文徳実録》
4・17　文徳天皇、大極殿にて即位する。▼女御藤原順子を皇太夫人とする。《文徳実録》
4・18　固関を解き、当年の宴飲・作楽を禁じる。《文徳実録》
4・22　皇太夫人藤原順子、東五条院に移る。《文徳実録》
5・4　太皇太后**橘嘉智子**没。《文徳実録》
5・5　橘嘉智子を深谷山に埋葬する（遺令

＊**深草陵**《ふかくさのみささぎ》　京都市伏見区深草東伊達町に所在。葬送後、内裏の清涼殿を陵のそばに移して嘉祥寺（陵寺の初め）とし、さらに貞観寺も造営される。「延喜式」諸陵寮では、「兆域東西一町五段、南七段、北二町、守戸五烟」とされる。中世以降所伝を失うも、幕末、嘉祥寺や貞観寺の廃址近くの「東車塚」を考定して修治が加えられた。

＊**神宮祭主**《じんぐうさいしゅ》　伊勢の大神宮司の上にあり、神宮一切の政務を司った職。「倭姫命世記」には垂仁天皇代に、「大神宮諸雑事記」には景行天皇代に祭官があったとされ、「二所大神宮例文」に天武天皇代に祭官を祭主と改めたことが記されるが、「続日本後紀」の嘉祥三年（八五〇）三月条が祭主の初見とされている。代々大中臣氏がなり、後奈良天皇以降はその一門藤波家が嗣いだ。なお明治八年以降は皇族を祭主としている。

＊**葛井親王**《ふじいしんのう》　（八〇〇〜八五〇）　桓武天皇第十二皇子。母は坂上田村麻呂女春子。射芸に秀で、兵部卿・上野太守・常陸太守・大宰帥を歴任する。

により薄葬。陵は嵯峨陵）。《文徳実録》

5・9　清涼殿に新造地蔵像を安置し、百僧を請じて仁明天皇七七日斎会を催す。▼大極殿にて大般若経を転読させ（三日間）、甘雨を祈らせる。《文徳実録》

5月　仁明天皇崩御により、久子内親王は伊勢斎宮を、高子内親王は賀茂斎院を退く。《文徳実録》

6・21　伊勢神宮に即位のことを奉告する。《文徳実録》

7・9　文徳天皇皇女晏子内親王を伊勢斎宮に、慧子内親王を賀茂斎院に卜定する。▼藤原古子（父冬嗣）、東子女王（父母未詳）、藤原年子（父母未詳）、藤原多賀幾子（父良相）、藤原是子（父母未詳）等を女御とする。《文徳実録》

7・17　天皇の外祖父藤原冬嗣に太政大臣、外祖母藤原美都子に正一位を追贈する。《文徳実録》

8・21　公卿、白亀・甘露の祥瑞を慶賀し、もって聖徳を讃え奉るも、天皇、謙してあたらずとしていたが、この日、拒みがたく、これを許す。《文徳実録》

9・8　摂津国淀川口で八十島《やそじま》祭を行なう（八十島祭の初見。天仁元年〈一二二四〉後堀河天皇を最後に断絶）。《文徳実録》

9・15　円仁の奏上により、天皇、宝祚を祈るため延暦寺に総持院を建て、十四禅師を置く。《文徳実録》

9・26　伊勢斎宮晏子内親王、鴨川に禊する。《文徳実録》

10・5　諸陵に白亀・甘露の瑞を奉告する。《文徳実録》

10・16　出羽国に大地震。《文徳実録》

11・25　生後九ヵ月の惟仁親王（清和天皇）を皇太子とする。《文徳実録》

12月　嵯峨天皇皇子源明《あきら》、出家する（法名素然）。《公卿補任》

この年　文徳天皇皇子（惟彦親王）、誕生する（母は滋野奥子）。《三代実録》

□3・3大中臣淵魚《おおなかとみのふちな》（神宮祭主。77）

■仁寿元年（八五一）辛未

文徳天皇　25歳

2・13　天皇、清涼殿を仁明天皇陵のそばに移し本堂とし、嘉祥寺の堂とする。《文徳実録》

2・23　仁明天皇皇子常康《つねやす》親王、父帝を追慕して出家する。《文徳実録》

2・24　仁明天皇女御藤原貞子、出家する。《文徳実録》

4・28　代始および白亀・甘露の祥瑞により、仁寿と改元する。《文徳実録》

＊**橘嘉智子**《たちばなのかちこ》（七八六〜八五〇）　嵯峨天皇皇后。檀林寺を建立したため、檀林皇后と称される。父は内舎人橘清友、母は田口氏。嵯峨天皇が親王のときに妃となり、仁明天皇、正子内親王（淳和天皇皇后）をもうける。弘仁六年（八一五）皇后、同十四年皇太后、仁明天皇即位により太皇太后となる。陵は嵯峨陵（京都市右京区嵯峨鳥居本深谷町）。

＊**清涼殿**《せいりょうでん》　天皇が日常起居した場所。仁明天皇がここで崩御したため、文徳天皇は「これに御するに忍びず、故にすてて仏堂となす」として仁明天皇陵のそばに移して嘉祥寺の堂とした。のち、後一条天皇崩後も、清涼殿は壊され、遺材は醍醐寺に移された。

＊**仁寿**《にんじゅ》　「文徳実録」に「孫氏瑞応図云、甘露降於草木、食之令人寿、其改嘉祥四年、為仁寿元年」とある。

＊**源明**《みなもとのあきら》（八一四〜八五二）　父は嵯峨天皇、母は飯高氏。弘仁五年（八一四）常・信・弘らと源朝臣姓を賜わる（嵯峨源氏）。嘉祥三年（八五〇）兄仁明天皇の崩御

5・9　使を丹生川上社に遣わし、馬を奉納して晴を祈る。《文徳実録》
6・3　伊勢神宮以下諸社に使を遣わし、晴を祈らせる。《文徳実録》
8・26　伊勢斎宮晏子内親王、鴨川で禊し、野宮《ののみや》に入る。《文徳実録》
9・5　嵯峨天皇女御百済貴命《くだらのきみょう》没（生年不詳）。《文徳実録》
9・18　仁明天皇皇女親子内親王（母は女御藤原貞子）没（生年不詳）。《文徳実録》
9・26　弘宗王の男子八人の王号を改め、中原真人姓を賜う。《文徳実録》
9月　伊勢外宮の遷宮が行なわれる。《二所大神宮例文》
10・21　地震あり。《文徳実録》
10・22　大嘗祭を伊勢神宮に奉告する。《文徳実録》
10・26　天皇、大嘗祭のために鴨川に行幸して禊をする。《文徳実録》
11・23　天皇、八省院にて大嘗祭を行なう。《文徳実録》
11・25　天皇、豊楽殿に出御して宴飲。悠紀・主基二国、風俗歌舞を奏する。《文徳実録》
12・9　嵯峨天皇皇女繁子内親王（母は橘嘉智子）没（生年不詳）。《文徳実録》

■仁寿二年（八五二）壬申

文徳天皇　26歳
1・3　天皇、中宮藤原順子の冷然院に朝覲行幸する。《文徳実録》
4・18　地震あり（八月二十九日、閏八月二十二日、九月八日にも）。《文徳実録》
4・19　賀茂斎院慧子内親王、禊して紫野の斎院に入る。《文徳実録》
7・10　使を賀茂社以下名神に遣わし、奉幣して雨を祈る。《文徳実録》
8・1　伊勢神宮に勅使を遣わし、風雨を止めんと請わせる。《文徳実録》
⑧・25　伊勢斎宮晏子内親王、鴨川に禊する。《文徳実録》
⑧・29　賀茂社以下諸社に使を遣わし、奉幣して晴を請わせる。《文徳実録》
9・7　天皇、大極殿に出御し、斎宮を伊勢に発遣する。《文徳実録》
12・20　嵯峨天皇皇子**源明**（素然）没。《文徳実録》
□12・22　小野篁《おののたかむら》（参議。「凌雲集《りょううんしゅう》」撰者。51）

■仁寿三年（八五三）癸酉

文徳天皇　27歳
2・30　天皇、冷然院に行幸、ついで右大臣藤原良房第に行き、桜花を覧る。《文徳実録》
3・22　災疫（疱瘡流行）のため、大極殿に

に、哀慕のあまり仏道に帰依して出家し、素然と称する。

百僧を招き、修法を行なわせる。《文徳実録》

4・18 仁明天皇皇子成康親王（母は女御藤原貞子）没（年18）。《文徳実録》

4・25 疱瘡流行につき賀茂祭を中止する。《文徳実録》

4・28 嵯峨天皇皇子源安《やすし》（母は粟田氏）没（年32）。《文徳実録》

5・16 嵯峨天皇皇女斉子《せいし》（「ただこ」「きよこ」とも）内親王（葛井親王妃。母は文室文子）没（生年不詳）。《文徳実録》

6・4 桓武天皇皇子**葛原親王**没。《文徳実録》

6・11 文徳天皇皇子女の能有《よしあり》ら九人に源朝臣姓を賜う。《文徳実録》

8・13 五世王春常王らに文室朝臣姓を賜う。《文徳実録》

■斉衡元年（八五四）甲戌

文徳天皇 28歳

1・1 天皇、雨後泥深きにより朝賀を中止する。《文徳実録》

1・28 天皇、中宮藤原順子御所に朝覲行幸する。《文徳実録》

3・20 嵯峨天皇皇女宗子内親王（母は高階河子）没（生年不詳）。《文徳実録》

4・3 円仁、太政官符をもって止観・遮那両業に通達しているとして、天台座主に勅任される（以後、天台座主を勅任とする）。《朝野群載》

4・13 天皇、梨下（本）院から冷然院に遷る。《文徳実録》

4・26 皇太后正子内親王を太皇太后、皇大夫人藤原順子を皇太后とする。《文徳実録》

6・13 嵯峨天皇皇子**源常**没。《文徳実録》

6・14 源常に正一位を追贈する。《文徳実録》

6・30 地震あり（八月一日、十一月三・二十二日にも）。《文徳実録》

7・27 暴風雨。使を伊勢神宮に遣わし、風雨を止めんことを請わせる。《文徳実録》

9・5 淳和天皇皇女明子内親王（母は清原春子）没（生年不詳）。《文徳実録》

10・20 春澄善縄《はるずみのよしただ》らに重陽節の詩を評させる。《文徳実録》

11・30 石見国に醴泉湧出のため、**斉衡**と改元する。《文徳実録》

12・3 改元を嵯峨山陵に奉告する。《文徳実録》

この年 光孝天皇皇女（忠子内親王）、誕生する（母は女御班子女王）。《菅家文草》

■斉衡二年（八五五）乙亥

文徳天皇 29歳

1・1 天皇、大極殿に御せず。降雪後の泥深きにつき朝賀を中止する。《文徳実録》

2・17 天皇、藤原良房・伴善男《とものよしお》・春澄善

＊**葛原親王**《かずらはらしんのう》（七八六～八五三） 桓武天皇第三皇子。母は多治比真人長野女の真宗。桓武平氏高望王流・高棟流の祖。歴史に通じ、旧典に詳しいことから重んじられ、勅により輦車を許される。

＊**源常**《みなもとのときわ》（八一二～八五四） 父は嵯峨天皇、母は飯高氏。弘仁五年（八一四）源朝臣姓を賜わる。仁明天皇の寵愛をうけ、のち左大臣に昇る。

＊**斉衡**《さいこう》 改元の詔に「欲使曠代禎符及万邦以共慶、随時徳政逐五帝而斉衡」とある。

縄らに「続日本後紀」編纂を命じる。《文徳実録》

④・23　使を丹生川上社に遣わし、馬を奉納して止雨を祈る。《文徳実録》

5・10　地震あり（十一・二十一・二十五日、十二月十二日にも）。《文徳実録》

5・23　東大寺、地震により大仏の頭が落下したことを奏上する。《文徳実録》

7・2　東大寺大仏大破のことを聖武天皇佐保山陵に奉告する。《文徳実録》

9・17　桓武天皇皇女安勅《あとき》（「あて」とも）内親王（母は藤原河子）没（生年不詳）。《文徳実録》

9・28　真如らの奏により、東大寺大仏修理を命じる。《文徳実録》

10・11　嵯峨天皇夫人藤原緒夏《おなつ》没（生年不詳）。《文徳実録》

■**斉衡三年（八五六）丙子**

文徳天皇　30歳

1・1　陰雨をもって朝賀を中止する。《文徳実録》

3・21　円仁、天皇・貴臣に両部灌頂を授ける。《慈覚大師伝》

3月　地震多し、京の屋舎等倒壊。《文徳実録》

4・22　五世王は非皇親として服色を諸臣の位階に準じる。《文徳実録》

4・26　仁明天皇皇子国康親王、出家する。《文徳実録》

5・9　災疫を除くため、大極殿・冷然院・賀茂社・松尾社で僧二百五十人に大般若経を読ませる。《文徳実録》

6・25　嵯峨天皇皇女源潔姫《きよひめ》（母は当麻氏）没（年47。賀楽岡白川に葬られる）。《文徳実録》正倉院を開封し、宝物・薬物を点検し、点検記録を作成する。《正倉院文書斉衡三年曝涼帳》

8・19　狂人藤原某、内裏に乱入する。《文徳実録》

11・3　天皇、春澄善縄に「晋書」を講じさせる。《文徳実録》

11・22　天皇、この月の二十五日に交野で昊天上帝を祀ることを光仁天皇後田原山陵に奉告する。《文徳実録》

11・25　交野に円丘を造り、郊祀《こうし》（昊天祭《こうてんさい》）を行なう。《文徳実録》

12・10　地震あり。《文徳実録》

12・28　美作国が白鹿を献上、これを神泉苑に放つ。《文徳実録》

この年　右大臣藤原良房を左大臣とする。《公卿補任》神修上人、仙遊寺（泉涌寺の前身）を開創する。《元亨釈書》

□7・3　藤原長良《ふじわらのながら》（権中納言。陽成天皇外祖父。父は左大臣藤原冬嗣。55）

■天安元年（八五七）丁丑

文徳天皇31歳

1・17 開元大衍暦《かいげんだいえんれき》を停め、五紀暦《ごきれき》を採用することにする（実際は、翌年より四年間大衍暦と併用される）。《文徳実録》

2・19 天皇、外祖父右大臣藤原良房を太政大臣に任じ、大納言源信《まこと》を左大臣、大納言藤原良相《よしみ》を右大臣とする。《文徳実録》

2・21 常陸国から木連理、美作国から白鹿が献上され、これを祥瑞として**天安**に改元する。▼諸山陵に改元と嘉瑞を奉告する。▼地震あり（五月十一日、七月八日にも）。《文徳実録・三代実録》

2・28 賀茂斎院慧（恵）子内親王を廃し（母の過失のためか）、文徳天皇皇女述子内親王に改める（述子内親王は翌年八月退下か）。《文徳実録ほか》

4・7 桓武天皇皇女滋野内親王（母は大納言藤原小黒麻呂女上子）没（生年不詳）。《文徳実録》

4・17 初めて大威儀師を置く。《一代要記》

5・20 京中洪水（三十日にも）。《文徳実録》

10・22 故空海に大僧正号を追贈する。《文徳実録》

この年 光孝天皇皇子（是忠親王）、誕生する（母は女御班子女王）。《本朝皇胤紹運録》

■天安二年（八五八）戊寅

文徳天皇 32歳
清和天皇 9歳

1・1 天皇、雪により朝賀を受けず。《文徳実録》

2・21 地震あり（六月十三日、九月二十二日、十一月九日、十二月十三日にも）。《文徳実録・三代実録》

3・13 贈皇太后藤原旅子の国忌を廃する。《文徳実録》

3・15 滋野安成《しげのやすなり》に「老荘」を講読させる。▼皇子源毎有《つねあり》・源時有、殿上にて落髪入道する。《文徳実録》

5・3 侍従殿に初めて漏刻を置く（十一日廃止）。《文徳実録》

5・15 平安京の東西両河が氾濫する。《文徳実録》

5・22 大雨。左右両京流死する者多し。冷然院が、洪水により被害（庭中池の如し）。《文徳実録》

7・12 乙訓・水主・貴布禰諸社に宣命して雨を祈らせる。《文徳実録》

8・23 天皇病む。《文徳実録》

第五十六代 清和《せいわ》天皇

＊**天安**《てんあん》 勘申者、出典不詳。

＊**清和天皇**《せいわてんのう》（八五〇～八八〇） 惟《これ》仁《ひと》親王。文徳天皇第四皇子。母は藤原良房女明子。天安二年（八五八）践祚。貞観十八年（八七六）譲位。元慶三年（八七九）落飾。女御に藤原高子（皇太后）・藤原多美子・嘉子女王・隆子女王・兼子女王・忠子女王（時康親王〈光孝天皇〉女）らがおり更衣多数。皇子女に、貞明（陽成天皇）・貞保・貞辰・貞数・貞平・貞固・貞元・貞純・貞頼・貞真各親王、敦子・包子・識子・孟子各内親王等。この天皇の子孫は多く源姓を賜わり、特に第六皇子貞純親王男子経基王の系統からは源頼朝・足利尊氏等が出ている。陵は水尾山陵。なお追号の「清和」は譲位後の後所名に由来する。

＊**田邑山陵**《たむらのやまのみささぎ》（田邑陵） 京都市右京区太秦三尾町に所在。初め真原山陵と称するも、田邑山陵に改称。「延喜式」諸陵寮には「田邑陵」の名で「兆城東西四町、南北四町、守戸五烟」とある。中世所伝を失うも、谷森善臣「山陵考」で当陵を考定し、幕末、修治が加えられ

8・27　文徳天皇、冷然院新成殿にて（卒然と）崩御。神璽・宝剣・節符・鈴印等を皇太子の直曹《じきそう》に移す。惟仁親王（年9）、冷然院にて践祚（**清和天皇**）。▼伊勢斎宮晏子内親王、退下。《三代実録》

8・29　皇太子（清和天皇）、皇太后藤原順子と東宮に移る。《三代実録》

9・2　文徳天皇山陵の地を山城国葛野郡田邑郷真原岡《まはらのおか》に決める。《三代実録》

9・3　文徳天皇の初七日供養を近陵諸寺で行なう（以後七日ごとに功徳を修せしむ）。《三代実録》

9・4　五畿七道に挙哀を行なわせる。《三代実録》

9・6　文徳天皇を真原山陵（のち**田邑山陵**に改称）に埋葬する。《文徳実録》

9・20　伊勢神宮に使を派遣し、晏子内親王の伊勢斎宮退下を奉告する。《文徳実録》

11・1　伊勢神宮に即位を奉告する。《三代実録》

11・5　山階・柏原・嵯峨・深草・真原（田邑）諸陵等に即位を奉告する。《三代実録》

11・7　清和天皇、大極殿にて即位礼を挙げる（初の**幼帝**。このとき、嘉祥寺西院を御願寺とし、貞観寺と称する）。《三代実録》

藤原良房、事実上の摂政となる（「三代実録」には良房摂政就任の記事なし）。文徳天皇女御藤原明子を尊んで皇太夫人（中宮と称す）とする。《公卿補任》

11・14　文徳天皇女御藤原多賀幾子《たかきこ》没（生年不詳）。《三代実録》

11・25　中宮職を改め、皇太后宮職とする。《三代実録》

12・8　淳和贈皇后高志内親王の国忌を廃する。《三代実録》

12・9　荷前の幣を献上する**十陵四墓**が制定される。《三代実録》

12・10　真原山陵を田邑山陵に改称する。《三代実録》

12・14　田邑山陵に陵戸四烟をあてる。《三代実録》

12・27　入唐僧円珍帰国し、この日入京する。《智証大師伝》

■貞観元年（八五九）己卯

清和天皇　10歳

1・1　諒闇により、朝賀を中止する。《三代実録》

1・8　大極殿にて最勝王講を始める（十四日まで）。《三代実録》

1・10　平高棟、葛野郡の別業を寺とし、平等寺の名を賜わる。《三代実録》

1・16　入唐僧円珍、天皇に拝謁する。《智

る。

＊**幼帝**《ようてい》　時に九歳。これまで幼帝の可能性のあるときは女帝を中継ぎとして成人するのを待ったが、このときは女帝の条件に合致する者がおらず、淳名天皇皇后の正子内親王がいたものの、「承和の変」の関係で候補たりえなかった。また、幼くても「天皇」がつとまるほど朝廷制度が確立したとも捉えられる。

＊**十陵四墓**《じゅうりょうよんぼ》　近陵十ヵ所、近墓四ヵ所のこと。天智天皇山階山陵・施基皇子田原山陵・光仁天皇後田原山陵・贈太皇太后高野新笠大枝山陵・桓武天皇柏原山陵・贈太皇太后藤原乙牟漏長岡山陵・崇道天皇八嶋山陵・平城天皇楊梅山陵・仁明天皇深草山陵・文徳天皇田邑山陵の十陵と藤原鎌足多武峯墓・藤原冬嗣宇治墓・藤原美都子（冬嗣室）宇治墓・源潔姫（良房室）愛宕墓の四墓。のち加除が行なわれるも、室町時代、近陵の制は廃絶される。

証大師伝》

1・22　能登国、渤海使ら百四人が能登珠州郡に来着と報告する。《三代実録》

1・27　全国二百六十七社の神社に叙位（神祇官鎮座の高御産日神《たかみむすびのかみ》・神産日神《かみむすびのかみ》には従一位を叙位。天照大神は無位。これにより、天照大神および伊勢神宮は位から超越した存在となる）。《三代実録》

2・1　伊勢神宮ほか五畿七道の由緒ある神社に使を発遣し、即位を奉告する（**大神宝使**の早期例）。《三代実録》

2・19　伊勢多度社・尾張熱田社等に神位記・財宝を奉納する。《三代実録》

4・15　代始により**貞観**と改元する。《三代実録》

4・18　皇太后藤原順子、東宮より藤原良相の西京三条第に移る。《三代実録》

5・7　仁明天皇皇子人康《さねやす》親王、出家する。《三代実録》

5・10　加賀国司ら、渤海使の啓牒・信物を進上する（このとき長慶宣明暦を献上）。《三代実録》

6・2　秋岡王らに清原真人姓を賜う。《三代実録》

6・23　勅書を渤海国王に賜う。《三代実録》

7・6　渤海使、加賀より帰国する。《三代実録》

7・27　地震あり（八月八日、十月二十九日、十一月十二日にも）。《三代実録》

8・9　五月より霖雨。丹生川上社に幣帛・白馬を奉り、止雨を祈る。《三代実録》

8・21　皇太后藤原順子、双丘寺に六十僧を請じ、文徳天皇周忌御斎会を行なう。《三代実録》

8・28　垂迹の神が国政を護るとの恵亮《えりょう》の表を記録する（本地垂迹説の早期例）。《三代実録》

8月　大安寺僧行教、宇佐八幡大神の「吾れ都近き石清水男山の峯に移座して国家を鎮護せん」との託宣を受ける（九月十九日、勅して宇佐八幡宮に準じて神殿六宇を造営させる。翌年、社殿を造営。石清水八幡宮の初め。以後、八幡神は応神天皇が神となって現われたものとされ、天皇を守護する神として尊崇される）。《朝野群載ほか》

9・5　左京の人高原王に三原朝臣姓を賜う。《三代実録》

9・10　伊勢神宮に奉幣する。《三代実録》

10・5　文徳天皇皇女恬子《てんし》内親王を伊勢斎宮に、儀子《ぎし》内親王を賀茂斎院に卜定する。《三代実録》

10・21　天皇、大嘗祭のため、鴨川で禊する。

＊**大神宝使**《だいじんぽうし》　伊勢神宮以下の由緒ある神社に大神宝・大幣帛を奉り、即位等を奉告する使。多いときは五十余社といわれる。一五世紀中頃に中絶。

＊**貞観**《じょうがん》　出典不詳も、唐の最盛期、太宗李世民の「貞観の治」といわれた時代の元号。これに倣い、立派な政治を目ざすという意味で選択されたと思われる。

＊**御注孝経**《ぎょちゅうこうきょう》　唐の玄宗によって撰述された「孝経」の注釈書。「孝経」は、孔子が曾子に孝道を説き聞かせる形式の書。わが国では、皇太子や幼少の天皇の教科書として採用された。

《三代実録》
11・16　天皇、朝堂院斎殿《さいでん》にて大嘗祭を行なう。《三代実録》
12・25　伊勢斎宮・賀茂斎院、鴨川辺に禊して初斎院に入る。《三代実録》
この年　天皇、内裏で天台座主円仁より菩薩戒を受ける。《三代実録》
●九世紀後半、この頃から朝廷、「陣座《じんのざ》」で政務がとられるようになり、ここで行なわれる評議が「陣定《じんのさだめ》」といわれる。左大臣以下の公卿で話し合われ、ここでの発言記録が天皇に奏聞され、これを参考にして摂関が天皇とともに決定するようになる。

■貞観二年（八六〇）庚辰

清和天皇　11歳

1・1　天皇、雨により朝賀を中止する。《三代実録》
1・8　大極殿にて最勝講を始める（十四日まで）。《三代実録》
1・27　越前国気比神宮寺を定額寺とする。《三代実録》
2・6　荊田安雄、天皇に「毛詩」を講じる。《三代実録》
2・10　大春日雄継、天皇に「孝経」を講じる。《三代実録》
4・22　地震あり（五月五・十八日、六月十七・二十二・二十五日、七月十四・十七・二十四日、九月七日、十月七日、閏十月一・二十三日、十二月四日にも。以後も地震の記事多し）。《三代実録》
4・25　皇太后藤原順子、藤原良相の西京の第より東五条宮に移る。《三代実録》
6・16　天皇、病む。《三代実録》
8・6　皇太后の病気のため、僧二十人を度し、平復を祈る。《三代実録》
8・14　三河国、銅鐸《どうたく》を献上する。《三代実録》
8・25　伊勢斎宮恬子内親王、鴨川で禊して野宮《ののみや》に入る。《三代実録》
9・11　伊勢例幣使を発遣する。《三代実録》
9・15　都城東西両河が洪水。《三代実録》
10・16　「**御注孝経**」を採用する。《三代実録》
⑩・20　淳和天皇皇女同子《どうし》（「ともこ」とも）内親王（母は丹墀《たじひ》池子）没（生年不詳）。《三代実録》
12・8　新たに釈奠式を撰修し、この日以前に諸国に頒つ。《三代実録》
12・20　これより先、大学博士大春日雄継、天皇に「御注孝経」を講じる。この日、竟宴あり。《三代実録》
この年　円仁、勅命を拝して立石寺《りっしゃくじ》（山寺）を開く。《立石寺文書》恒寂（恒貞親王）、神護寺にて真如（高丘親王）より両部灌頂

を受ける。《大覚寺門跡》

■**貞観三年（八六一）辛巳**

清和天皇　12歳

1・1　天皇、雨により朝賀を受けず。《三代実録》

1・8　大極殿にて最勝講を始める（十四日まで）。《三代実録》

1・9　地震あり（四月七日、五月十三・十九・二十日、六月二十三日、八月十七日にも）。《三代実録》

1・20　出雲国、渤海使ら百五人の来着を奏上する。《三代実録》

2・25　皇太后藤原順子、大原野社に参詣する。《三代実録》

2・29　皇太后藤原順子・文徳天皇女御藤原古子《ふるこ》、出家する。《三代実録》

3・14　真如（高丘親王）を検校として東大寺大仏の修理完了。この日、開眼供養会を行なう。《三代実録》

4・12　賀茂斎院儀子内親王、鴨川で禊して紫野の斎院に入る。《三代実録》

4・25　文徳天皇皇子女を親王・内親王とする（惟恒《これつね》親王・礼子《らいし》内親王）。また、皇子行有《ゆきあり》らに源朝臣姓を下賜する。《三代実録》

6・7　山城国河陽離宮を国衙とする。《三代実録》

6・16　長慶宣明暦を採用する（翌年より実施。江戸時代の貞享暦採用まで続く）。《三代実録》

6・17　仁明天皇深草山陵の四至を定める。《三代実録》

8・16　天皇、大学博士大春日雄継に初めて「論語」を講じさせる。《三代実録》

8・24　伊勢斎宮恬子内親王、葛野《かどの》川に禊する。《三代実録》

9・1　天皇、右大臣藤原良相・源全姫を八省院に遣わし、伊勢斎宮恬子内親王を伊勢に発遣する。《三代実録》

9・19　桓武天皇皇女伊都（登）内親王（阿保親王妃。母は藤原乙叡《おとえい》女）没（生年不詳）。《三代実録》

10・4　伊勢神宮に奉幣する。《三代実録》

この年　真如、上表して入唐を奏請する。《扶桑略記》赤痢が流行。《三代実録》

■**貞観四年（八六二）壬午**

清和天皇　13歳

1・1　天皇、雨により朝賀を受けず。《三代実録》

1・11　地震あり（二十五日、二月十七・二十五日、三月十一・二十八日、五月十六日、六月十六日、七月二十一・二十七日、九月十五・二十一・二十四・二十九日、十月

＊**源定**《みなもとのさだむ》（八一五〜八六三）　父は嵯峨天皇、母は尚侍百済慶命。淳和天皇猶子となるも、親王宣下がかなわず、天長五年（八二八）源朝臣姓を賜わる。のち大納言に昇る。

九・二十八日、十一月三日、十二月十六・二十七日にも)。《三代実録》

2・25 淳和天皇皇女有子《ありこ》内親王(母は贈皇后高志内親王)没(生年不詳)。《三代実録》

4・5 大極殿に百僧を請じ、大般若経を三日間転読させる。《三代実録》

4・15 参議以上に時政の是非を討論させる。《三代実録》

4・20 参議正躬《まさみ》王の男子諸王十五人に平朝臣姓を賜う。《三代実録》

5・22 坂井王に清春真人姓を賜う。《三代実録》

7・16 相撲節会を七月上旬に改める。《三代実録》

7・27 嘉祥寺西院が独立し、貞観寺《じょうがんじ》と号する。《類聚三代格》

7月 真如(高丘親王)、僧俗六十人を率い、唐を目ざし、大宰府を出発する(貞観六年、長安到着)。《入唐五家伝》

9・10 天台山総持院が建立される。《一代要記》

9・11 伊勢例幣使を発遣する。《三代実録》

9・17 人家の井戸が涸れたため、神泉苑の水を諸人に汲ませる。《三代実録》

11・11 伊勢神宮に奉幣する。《三代実録》

12・27 天皇、南淵年名・紀今守《いまもり》らに時政に関する意見を出させる。《三代実録》

■貞観五年(八六三)癸未

清和天皇 14歳

1・1 天皇、雨により朝賀を受けず。《三代実録》

1・3 嵯峨天皇皇子源定没。《三代実録》

1・8 大極殿にて最勝講を始める(十四日まで)。《三代実録》

1・19 平城天皇皇女大原《おおはら》内親王(伊勢斎宮。母は伊勢老人《おきな》女継子)没(生年不詳)。《三代実録》

1・21 嵯峨天皇皇女純子《じゅんし》内親王(母は文室久賀麻呂女文子)没(生年不詳)。《三代実録》

2・4 地震あり(四月十四日、六月十七日、閏六月九日、八月八日、九月八日、十一月十三日にも)。《三代実録》

3・9 伊勢神宮に奉幣する。《三代実録》

5・1 桓武天皇皇孫正躬王(父は万多親王)没(年65)。《三代実録》

5・20 疫癘《えきれい》防除のため、神泉苑で初めて朝廷による御霊会が開かれ、御霊として崇道天皇(早良親王)・伊予親王・藤原吉子・藤原仲成・橘逸勢・文室宮田麻呂を祀る(現在、いずれも御霊神社の祭神)。《三代実録》

6・17 越中・越後で大地震あり（圧死者多し）。《三代実録》

7・21 桓武天皇皇女善原《よしはら》内親王（母は藤原大継女《おおつぐ》河子《かわこ》）没（生年不詳）。《三代実録》

8・8 房世《ふさよ》王（父は仲野親王）に平朝臣姓を賜う。《三代実録》

9・6 律師真紹《しんじょう》の請願により、藤原関雄の山荘に大日如来など仏像五体を安置、これを定額寺として**禅林寺**の名を賜う。《三代実録》

9・11 伊勢例幣使を発遣する。《三代実録》

11・14 新嘗祭。天皇、穢により神嘉殿に出御せず。《三代実録》

12・6 伊勢神宮に奉幣する。《三代実録》

■貞観六年（八六四）甲申

清和天皇 15歳

1・1 天皇、元服する（この夕方、藤原良相女多美子入内）。《三代実録》

1・3 天皇、大極殿に出御し、拝賀を受ける。《三代実録》

1・7 皇太后藤原順子を太皇太后に、皇太夫人藤原明子を皇太后とする。《三代実録》

1・27 藤原多美子を女御とする。《三代実録》

2・25 天皇、太政大臣藤原良房の染殿第に行幸し、**観桜**、また耕田の礼を観る。《三代実録》

3・27 空海・最澄に法印大和上位を追贈する。《三代実録》

4月 日本国使、新羅に到る。《三国史記》

5・25 駿河国、富士山噴火を奏上する（このときの噴火により現在の富士五湖ができ、地震が十日以上続く）。《三代実録》

8・3 仁明天皇女御藤原貞子没（深草山陵兆域内に葬る）。《三代実録》

8・5 富士山噴火により、浅間名神に奉幣鎮謝させる。《三代実録》

8・25 平寛子（父母未詳）を女御とする。《三代実録》

9・4 地震あり（二十六日、十月九・十二日にも）。《三代実録》

9・11 伊勢例幣使を発遣する。《三代実録》

12・11 天皇、宮内省にて神今食を行なう。《三代実録》

12・26 大宰府、阿蘇神霊池の怪異を報告する。《三代実録》

□1・14 円仁《えんにん》（第三代天台座主。天台宗山門派祖。71）

■貞観七年（八六五）乙酉

清和天皇 16歳

1・1 天皇、雪のため朝賀を受けず。《三代実録》

1・14 地震あり（二十九日、三月二十二日・

＊**禅林寺**《ぜんりんじ》 京都市左京区南禅寺に所在。浄土宗西山禅林寺派総本山。斉衡二年（八五五）真紹の開基。貞観五年（八六三）定額寺となり禅林寺の号を賜う。元慶元年（八七七）清和上皇の御願堂が建立され、延久五年（一〇七三）には深覚が後三条天皇の仏骨を奉じて来住し、その弟子永観以来念仏道場となった。通称永観堂。

＊**観桜**《かんおう》 平安京での観桜は、九世紀初め、嵯峨天皇が神泉苑で始めたのが花宴の初めといわれる。以後、貴族の間でも広がりをみせ、とりわけ藤原良房の染殿での観桜は盛会で、天皇をはじめ王臣・貴族が招かれ、耕田の礼（農夫たちの田植の様子）を見たり、音楽を催し、詩歌が歌われた。

四月十二日、九月二十四日、十一月一・十四日、十二月二日にも)。《三代実録》

2・14　阿蘇神霊池の変により、宇佐八幡宮に奉幣する(十七日、諸山陵にも)。《三代実録》

5・13　疫災を防ぐため、神泉苑などで般若心経を読ませ、佐比《さひ》寺で疫神祭を修する。《三代実録》

6・10　文徳天皇女御東子《あずまこ》女王(両親不詳)没(生年不詳)。《三代実録》

6・16　三坂王に淡海真人姓を賜う。《三代実録》

7・2　仁明天皇皇女重子《しげこ》内親王(母は藤原少童子《わらわこ》)没(生年不詳)。《三代実録》

8・12　天皇、太政官に遷るため、左右弁官を宮内省に移す。《三代実録》

8・21　天皇、東宮より太政官曹司庁に遷る(十一月内裏に遷御のための方違《かたたがえ》。方違の初見)。《三代実録》

9・11　天皇御在所の穢により、伊勢例幣を中止する。《三代実録》

11・4　天皇、太政官曹司庁より内裏仁寿殿に遷御する。《三代実録》

11・28　桓武天皇皇女大井《おおい》内親王(母は藤原大継女河子《かわこ》)没(生年不詳)。《三代実録》

この年　一月に真如改め遍明(高丘親王)、三人の従者とともに広州から海路天竺(インド)に向かうも、以後は不明。その後、羅越国(マレー半島南端)で死去と推定されている。《三代実録》

■貞観八年(八六六)丙戌

清和天皇　17歳

1・25　地震あり(閏三月五日、六月七・十六日、八月十五日、十月十九日、十一月七日、十二月十日にも)。《三代実録》

3・2　仁明天皇皇子沙弥深寂を還俗させる(貞朝臣登《さだのあそんみのる》)。《三代実録》

3・23　天皇、右大臣藤原良相の西京第に行幸し、桜花を観る(夜還幸)。《三代実録》

③・1　天皇、太政大臣藤原良房の東京染殿第に行幸し、桜花を観る(百官扈従。終日楽飲。日暮れて還幸)。《三代実録》

③・10　平安宮朝堂院二十五門の一つ、応天門が炎上する(応天門の変の契機)。《三代実録》

5・26　伊勢国の疫病により、本年六月の斎宮の参宮を止める。《三代実録》

5・29　円珍に真言・止観二宗を弘伝させる。《三代実録》

6・16　仁明天皇皇女高子《たかこ》内親王(「たかいこ」とも。賀茂斎院。母は百済王氏永慶)没(生年不詳)。《三代実録》

6・18 大極殿に六十八僧を請じ、三日間大般若経を転読させ、雨を祈る。《三代実録》
6・29 楯列山陵等、伐木のため祟りをなすため、使を派遣し奉謝する。《三代実録》
7・3 諸神に班幣。丹生川上社に黒馬を奉納し、雨を祈る。《三代実録》
7・6 勅使を伊勢神宮に発遣し、応天門火災・祈雨などを奉告する（十日にも奉幣）。《三代実録》
7・12 故最澄に伝教大師号を授ける（初の大師号。勅諡号の初め）。《一代要記》
7・14 故円仁に慈覚大師号を授ける。《慈覚大師伝》賀茂・丹生川上・貴布禰社等に奉幣して雨を祈る。《三代実録》
8・3 下級官人大宅首鷹取、応天門に火をつけたのは大納言伴善男《とものよしお》と訴え出る。《三代実録》
8・7 応天門への放火により、伴善男を訊問する。《三代実録》
8・18 諸山陵に勅使を派遣し、応天門の炎上を奉告する。《三代実録》
8・19 太政大臣藤原良房に「天下之政を摂行せよ」との勅を下す（臣下初の**摂政**）。《三代実録》
9・11 伊勢例幣使を発遣する。《三代実録》
9・22 藤原良房、勅を奉じて、応天門炎上の関係者伴善男は伊豆に、その子中庸は隠岐に配流等と決定する（応天門の変）。《三代実録》
10・8 左京の人男《お》藤《ふじ》王らに淡海真人姓を賜う。《三代実録》
10・14 山階・田邑山陵に、陵中の樹木伐採を謝する。《三代実録》
10・15 大枝朝臣姓の枝字を江字とする。《三代実録》
11・17 新羅の来襲に備え、大宰府などに警固を命じ、諸神に班幣させる。《三代実録》
11・18 忠良親王・左大臣源信に飼鷹を許す。《三代実録》
11・20 松尾神に正一位を授ける。《三代実録》
11・29 仲野親王らに飼鷹を許す。《三代実録》
12・22 仁明天皇深草山陵の四至を改める。《三代実録》
12・27 藤原良房養女高子（藤原長良《ながら》女）を女御とする。《三代実録》

■貞観九年（八六七）丁亥

清和天皇　18歳

1・17 桓武天皇皇子**仲野親王**没。《三代実録》
2・3 斎宮寮が火事。《三代実録》
2・17 飢饉により東西京の民に賑恤させる。《三代実録》
3・10 石上《いそのかみ》神に正一位を授ける。《三代実録》

＊**摂政**《せっしょう》 奉勅によって補任される宣旨職。天皇に代わって政務を行なう官で、その権能は天皇に等しいとされる。詔書の御画日や論奏に「可」「聞」を画く、官奏を覧る、叙位・除目を代行する、官奏一切の文書を内覧する、幼主出御儀を扶持・代行する、伊勢奉幣使発遣儀を代行する、礼服御覧を代行するなどなど。応神天皇における神功皇后、推古天皇における聖徳太子の例があるが、人臣摂政は藤原良房が初めて。

＊**仲野**《なかの》**親王**《しんのう》（七九二〜八六七） 桓武天皇第十二皇子。母は藤原大継女河子。幼少の頃から利発で、大宰帥、式部卿、常陸太守、上総太守を歴任。女班子女王は光孝天皇女御となり、所生の宇多天皇践祚により、外祖父として一品太政大臣が追贈される。墓は高畠墓《たかばたけのはか》（京都市右京区太秦垂箕山町）で、「延喜式」諸陵寮は近墓に列する。墓の治定は明治八年。

＊**平**《たいらの》**高棟**《たかむね》（八〇四〜八六七） 桓武天皇第十五皇子葛原親王の長男。天長二年（八二五）平朝臣の姓を賜わり臣下に降り、大納言にまで

4・1 嘉子《よしこ》女王（父母未詳）を女御とする。《三代実録》
5・5 時康親王（仁明天皇皇子。光孝天皇）王子（定省《さだみ》。宇多天皇）、誕生する（母は女御班子女王）。《一代要記》
5・19 桓武天皇皇孫**平高棟**没。《三代実録》
5・26 新羅調伏のため、四天王像を伯耆・出雲など五国に安置して祈らせる。《三代実録》
8・6 大宰府、阿蘇山噴火を報告する。《三代実録》
8・29 文徳天皇皇女源済子《なりこ》を女御とする。《三代実録》
9・11 内裏の穢により、伊勢例幣を中止する（十月八日追行）。《三代実録》
11・29 勅して諸国に金剛般若・摩訶般若を奉読し、七大寺に仁王般若を講演させ、歳稔時和・人平国富を祈らせる。《三代実録》
12・7 源貞子《さだこ》（「ていし」とも。源昇女）を女御とする。《三代実録》
□10・10藤原良相《ふじわらのよしみ》（右大臣。父は左大臣藤原冬嗣。文徳天皇外祖父。55）

■貞観十年（八六八）戊子

清和天皇 19歳
1・11 嵯峨天皇皇子業良《なりよし》親王（母は妃高津内親王）没（生年不詳）。《三代実録》
2・13 応天門の再建を始める。《三代実録》
2・18 田邑山陵の樹木が焼亡する（二月二十五日鎮謝）。《三代実録》
4・3 天皇の病気により、近京十七寺に功徳を修させる。《三代実録》
6・3 円珍を延暦寺第五世座主に勅任する。《三代実録》
6・11 仁明天皇皇子宗康親王（母は女御藤原沢子）没（年41）。《三代実録》
7・8 播磨国に大地震。官舎・堂塔が転倒。京都も大いに揺れる（京都、四月から十二月まで群発地震。七月だけでも九・十二・十三・十六・二十・二十一日に地震）。《三代実録》
8・17 東宮が失火、数家に延焼する。《三代実録》
9・7 式年遷宮により、伊勢神宮に神宝を奉る（この月、内宮式年遷宮）。《三代実録》
9・11 伊勢例幣使を発遣する。《類聚国史》
9・14 文徳天皇皇子惟條《これえだ》親王（母は紀静子）没（年23）。《三代実録》
11・23 桓武天皇皇女池上《いけがみ》内親王（母は橘田村子）没（生年不詳）。《三代実録》
11・28 大宰府が献じた白鹿を神泉苑に放つ。《三代実録》
12・16 清和天皇皇子（貞明《さだあきら》。陽成天皇）、

昇る。桓武平氏高棟流の祖。

染殿院にて誕生する（母は皇太后藤原高子）。《三代実録》

⑫・20 官符により、「貞観交替式」（原題「新定内外交替式」）撰修成り、この日、施行される。《三代実録》

⑫・28 嵯峨天皇皇子**源信**没。《三代実録》

●この頃、惟宗直本、「**令集解**」編纂か。《序》菅原岑嗣、勅を奉じて「金蘭方」（医学全書）を完成。

■貞観十一年（八六九）己丑

清和天皇　20歳

1・1 天皇、左大臣源信の死により、朝賀を受けず。《三代実録》

2・1 貞明親王（生後三ヵ月。陽成天皇）を皇太子とする。《三代実録》

2・11 皇太子、染殿の第より東宮に移る。《三代実録》

2・28 仁明天皇皇女柔子《じゅうし》内親王（母は女御滋野縄子）没（生年不詳）。《三代実録》

2・29 地震あり。《三代実録》

4・13 藤原良相《よしみ》ら撰「貞観格《じょうがんきゃく》」が奉進される（九月施行）。《三代実録》

5・14 淳和天皇皇女寛子内親王（母は大野鷹子）没（生年不詳）。▼仁明天皇皇子**常康親王**没。《一代要記》

5・22 新羅海賊が博多津に来襲し、略奪する（六月十五日、大宰府奏上）。《三代実録》

5・26 陸奥国に大地震・津波、死者多数（「貞観大地震」）。屋舎多数倒壊。津波については「海口は哮吼し」波は「たちまち城下〈多賀城〉に到る。海を去ること数千里」「溺死するもの千ばかり」と記される）。《三代実録》

6・14 悪疫流行に際し、日本六十六ヵ国の数に応じた六十六本の鉾を立てて播磨国広峰神社の牛頭《ごず》天王を祀り、神輿を神泉苑に送って災厄除去を祈る御霊会が修される（祇園会の初めともいわれるが、祇園社の創立は貞観十八年〈八七六〉）。《祇園社記》

6・17 勅使を伊勢神宮に発遣、奉幣して甘雨を祈る。《三代実録》

6・26 旱害により、農民望を失す。天皇、詔書を出し、神仏に祈請しても通じず、「嘉応至り難し。朕が不徳」と記される。《三代実録》

7・14 肥後国で台風・地震・津波。《三代実録》

8・14 藤原良房ら、「**続日本後紀**」を撰上する。《序》

8・27 嵯峨天皇皇子源啓《みなもとのひらく》（母は山田近子）没（年41）。《三代実録》

9・7 新撰「貞観格」を頒行する。《三代

＊**源信**《みなもとのまこと》（八一〇～八六八）父は嵯峨天皇、母は広井氏。弘仁五年（八一四）源朝臣姓を賜わり**臣籍降下**。天安元年（八五七）左大臣となるが、応天門の変に累はまぬがれたものの、以後出仕せず。

＊**臣籍降下**《しんせきこうか》 皇族が天皇から姓を賜わり、臣籍に降ること。賜姓降下ともいう。皇族女子が臣下と結婚して皇族でなくなるときは臣籍降嫁という。

＊**令集解**《りょうのしゅうげ》 惟宗直本《これむねのなおもと》による養老令の注釈書。貞観年間（八五九～八七七）頃成立といわれる。

＊**常康親王**《つねやすしんのう》（?～八六九） 仁明天皇第七皇子。母は更衣紀種子。寵愛を受けた仁明天皇の崩後、仁寿元年（八五一）出家、雲林院宮と称する。

＊**続日本後紀**《しょくにほんこうき》 「日本後紀」に次ぐ勅撰史書。天長十年（八三三）二月から嘉祥三年（八五〇）三月までの仁明天皇一代の記事を収める。編纂は藤原良房・春澄善縄ら。

実録》
9・21　淳和天皇皇子基貞《もとさだ》親王（母は皇后正子内親王）没（年43）。《三代実録》
10・13　陸奥大地震のため、詔を発し、同国の租調を免除する（このとき天皇、「責め深く予《われ》にあり」「努めて矜恤《きんじゆつ》の旨を尽くし、朕親《みずか》ら覿《み》るがごとくにならしめよ」とする）。《三代実録》
10・23　肥後国被害に対し、勅を発し、国庫の稲穀四千石の緊急給付等を命じる。《三代実録》
10・29　神祇大祐忌部《いんべ》高善、忌部を斎部と改める。《三代実録》
12・14　「国家の大禍」により、国内の平安鎮護のため、伊勢神宮等に奉幣する（天皇の告文に「我が日本朝は所謂神明の国なり」として「神国日本」が意識される。このとき、伊勢神宮につづき、石清水八幡宮・宇佐神宮・香椎廟・宗像大神等にも同様の祈願をする）。《三代実録》

■貞観十二年（八七〇）庚寅

清和天皇　21歳
1・8　大極殿にて最勝会を始める（十四日まで）。《三代実録》
1・13　大納言藤原氏宗を右大臣とする。《三代実録》
2・14　時康王（光孝天皇）王子元長《もとなが》王・是忠王（のち親王）・是貞王（のち親王）ら十四人に源朝臣姓を賜う。《三代実録》
2・15　深草（仁明）山陵・田邑（文徳）山陵・楯列（神功皇后）山陵に勅使を発遣し、新羅の賊を防ぐことを奉告する。《三代実録》
2・19　大宰府管内の新羅人を陸奥に移す。《三代実録》
3・7　地震あり。《三代実録》
3・26　忠子《ただこ》女王を女御とする。《三代実録》
5・5　仁明天皇皇女真子《しんし》内親王（母は紀種《たね》子《こ》）没（生年不詳）。《三代実録》
6・10　賀茂・貴布禰社に奉幣し、止雨を祈る（賀茂社には二十二日にも奉幣）。《三代実録》
7・29　山城国綴喜郡、地面隆起して小山となる。《三代実録》
9・8　伊勢神宮に神宝を奉納する（この月、外宮式年遷宮）。《三代実録》
9・11　犬の産の穢により、伊勢例幣使を中止する（十一月八日追行）。《三代実録》
9・13　清和天皇皇子貞保親王、誕生する（母は女御藤原高子）。《一代要記》
9・15　新羅人二十人を上総・陸奥などに置く。《三代実録》
11・13　大宰少弐藤原元利《げんり》麻侶《まろ》ら、新羅国王

と通じて謀反を企てたことが発覚する。《三代実録》
11・17 新羅に通じたとして、藤原元利麻侶らを拘禁し、遣大宰府推問密告使を派遣する。《三代実録》
□2・19 春澄善縄《はるずみのよしただ》（漢詩人・文章博士。淳和・仁明・文徳三天皇の鴻儒。「続日本後紀」編者。74）

■貞観十三年（八七一）辛卯
清和天皇　22歳
1・1 天皇、雨により朝賀を受けず。《三代実録》
2・14 天皇、初めて紫宸殿に出御し、**聴政**を行なう。《三代実録》
3月 京都盗賊横行。《三代実録》
4・10 摂政藤原良房に封戸三千戸と随身兵仗を与え、三宮に準じて年官を与える勅を下す（**准三宮**の初め）。《三代実録》
5・16 出羽国、鳥海山噴火を奏上する。《三代実録》
5・19 使を丹生川上社に遣わし、奉幣して雨を祈る。《日本紀略》
6・15 大極殿にて大般若経を転読し、雨を祈る（初め三日間の予定も、快雨なきにより三日間延長）。《三代実録》
7・28 文徳天皇皇女勝子《かつこ》内親王（母は滋野貞主《さだぬし》女）没（生年不詳）。《三代実録》
8・25 「貞観式」が成り、奏進される（編纂委員は藤原氏宗ら。ここで「神代三陵」が記載される）。《三代実録》
⑧・7 京都大雨により、道橋流損する。《三代実録》
9・9 重陽節をやめ、宜陽殿で侍臣に菊酒を賜う。《三代実録》
9・11 伊勢神宮に**例幣使**を発遣する（毎年九月十一日恒例）。《三代実録》
9・28 太皇太后**藤原順子**没。《三代実録》
10・4 太皇太后の挙哀をやめる。《三代実録》
10・5 太皇太后を山城国宇治郡後山階山陵に埋葬する。《三代実録》
10・8 桓武天皇皇子**賀陽親王**没。《三代実録》
10・21 応天門が再建される。《三代実録》
10・22 「貞観式」を施行する。《三代実録》
12・11 渤海使ら百五人、加賀に来着する。《三代実録》
この年 天皇、右大臣藤原基経・中納言南淵年名・参議大江音人・大外記善淵愛成などに詔して「日本文徳天皇実録」の第一次編纂を行なう（のち中断）。

■貞観十四年（八七二）壬辰
清和天皇　24歳
1・1 天皇、太皇太后の死による心喪いま

＊**聴政**《ちょうせい》　天皇が政務を聴くこと。桓武天皇以降仁明天皇まで、天皇は毎日のように紫宸殿に出御して執務をしていたが、文徳天皇以降は行なわれなくなっていたので、この記事になったものと思われる。
＊**准三宮**《じゅさんぐう》　准后とも。太皇太后・皇太后・皇后の三宮に准じて、年官・年爵・封戸など経済的に優遇するものだが、のちに名目的なもののみとなった。天皇の外祖父・外舅、皇后・女御の父など、天皇の縁戚の者がもらい、江戸時代の九条尚忠まで三十六例。一方、天暦八年（九五四）に醍醐天皇皇女康子内親王を初め、内親王・女王で准三宮となった者は約六十例ある。また、後宮の女御などにも五十例ほどが准后となり、ほかに親王・僧侶・俗人で准三宮になったものもいる。
＊**例幣使**《れいへいし》　朝廷から伊勢神嘗祭に幣帛を奉るための祭使。毎年九月十一日発遣、十四日伊勢離宮院に到着、十五日夕刻から十七日まで、まず外宮、ついで内宮の祭儀を執行し、二十日帰京復命を例とした。養老年間（七一七～七二四）に始

だ癒えぬため、朝賀をうけず。《三代実録》

1・20　左右京に咳病流行（渤海使がもたらしたとの噂）。《三代実録》

1・22　地震あり（六月十六・二十四・二十九日にも）。《三代実録》

2・7　釈奠。善淵永貞、「毛詩」を講じる。天皇、心喪いまだ癒えず、文人・学生を召さず。《三代実録》

3・9　太政大臣藤原良房の咳病により、度者八十人を賜い大赦・賑給を行なう。《三代実録》

5・5　仁明天皇皇子**人康親王**没。《三代実録》

5・15　渤海使入京。鴻臚館に入る（二十三日饗応。二十五日勅書を授け、使が出京）。《三代実録》

5・19　陰陽寮の卜占により、渤海使を引見しないことにする。《三代実録》

7・11　惟喬《これたか》親王、病のため出家する（小野山に隠棲）。《三代実録》

7・18　六十僧を大極殿に召し、三日間大般若経を転読させ、雨を祈る（二十一日雨降る）。《三代実録》

8・25　大納言源融《とおる》を左大臣、大納言藤原基《もと》経《つね》を右大臣とする。《三代実録》

9・2　太政大臣藤原良房没（藤原基経が家督を嗣ぐ）。《三代実録》

9・11　藤原良房没により伊勢例幣使を派遣せず。《三代実録》

12・13　十陵四墓から高野新笠を除き、太皇太后藤原順子（文徳天皇生母）を加え、また、藤原良房の愛宕墓を加え、十陵五墓とする。《三代実録》

12月　この月以降、朝廷の儀式書「貞観儀式」が編纂される。

□2・7藤原氏宗《ふじわらのうじむね》（「公卿補任」は十一日。右大臣。父は中納言藤原葛野麻呂。「貞観格」「貞観式」を撰上。63）、9・2**藤原良房**（太政大臣。摂政。父は左大臣藤原冬嗣。69）

■貞観十五年（八七三）癸巳

清和天皇　24歳

1・1　天皇、雨後のため朝賀を受けず。《三代実録》

1・20　清和天皇女御源貞子没（生年不詳）。《三代実録》

▼地震あり（この年地震多し）。《三代実録》

2・4　伊勢神宮に奉幣使を発遣し、天下および年穀《としのみのり》のために祈らせる。《三代実録》

4・21　親王に定められた以外の一世は王号をやめ、朝臣姓を賜う。この日、五皇子三皇女（貞固・貞元・貞保・貞平・貞純・孟子・包子・敦子）を親王とし、皇子女（長猷・長淵・長鑒・載子）に源朝臣姓を賜う。《三代実録》

まるとされ、応仁年間（一四六七～六九）以降中絶するも、正保四年（一六四七）に復活、明治維新まで続いた。江戸時代の正保三年より日光東照宮へも例幣使が送られるようになり、これと区別するため「伊勢（神宮）例幣使」というようになった。

＊**藤原順子**《ふじわらのじゅんし》（八〇九～八七一）　仁明天皇女御。父は藤原冬嗣、母は藤原真作女尚侍美都子。皇太子正良親王（仁明天皇）に入室し、道康親王（文徳天皇）をもうける。天長十年（八三三）仁明天皇即位とともに女御となる。嘉祥三年（八五〇）文徳天皇即位とともに皇太夫人、斉衡元年（八五四）皇太后となる。貞観三年（八六一）出家し、同六年太皇太后となる。陵は後山階陵《のちのやましなのみささぎ》（京都市山科区御陵沢ノ川町）。

＊**賀陽親王**《かやしんのう》（七九四～八七一）　桓武天皇皇子。母は多治比真人長野女真宗。治部卿・大宰帥を歴任。

＊**人康親王**《さねやすしんのう》（八三一～八七二）　仁明天皇第四皇子。母は藤原総継女の女御沢子で、光孝天皇の同母弟。貞観元年（八五九）、病気を理由

5・20　賀茂・松尾・乙訓・稲荷・貴布禰・丹生川上各社に奉幣して雨を祈らせる。《三代実録》
5・23　十五大寺で経を読み、雨を請わせる。《三代実録》
7・9　賀茂社以下に奉幣し、雨を祈る。《三代実録》
7・19　伊勢勅使を発遣して奉幣、甘雨を祈る。《三代実録》
9・27　右京の人藤山王《ふじやまおう》ら（天武天皇後裔）に文室朝臣姓、左京の人幸身王《ゆきみおう》（桓武天皇曾孫）らに平朝臣姓を賜う。《三代実録》
10・6　賀茂・松尾・平野・大原野社に奉幣し、天皇の平安を祈る。《三代実録》
11・12　善常王《よしつね》らに清原真人姓を賜う。《三代実録》
11・13　太皇太后宮・皇太后宮・春宮坊の封戸、諸王の季禄などを旧に復する。《三代実録》
11・26　藤原佳珠子《かずこ》（藤原基経女）を女御とする。《三代実録》
12・7　兼子《かねこ》（「けんし」とも）女王を女御とする。《三代実録》

■貞観十六年（八七四）甲午

清和天皇　25歳

1・1　天皇、雨後により朝賀を受けず。《三代実録》
2・3　桓武天皇皇女賀楽《から》（「からく」とも）内親王（母は橘御井子《みいこ》）没（生年不詳）。《三代実録》
3・23　天皇、詔して貞観寺に大斎会を設け、新道場成れるを賀す。《三代実録》
4・19　淳和院失火により、太皇太后正子内親王、院西南にある松院に避難する。《三代実録》
4・27　太皇太后正子内親王、本院の洞裏殿《とうりでん》に移る。《三代実録》
④・28　天皇、「群書治要」を読了する。《三代実録》
6・17　大神己井《おおみわみい》・多治安江ら、香薬を購入するため唐に派遣される。《三代実録》
7・2　大宰府、薩摩国開聞岳噴火を報告する。《三代実録》
8・13　勅使を伊勢神宮に奉幣させ、蝗害を祈禳させる。《三代実録》
8・17　丹生川上社に奉幣して止雨を祈る。《日本紀略》
8・20　天皇病気のため、賀茂社に奉幣する。《三代実録》
8・24　暴風雨により、南殿の桜、東宮の紅梅等倒れる。河川氾濫、人畜多数死す。《三代実録》

に出家。

＊藤原良房《ふじわらのよしふさ》（八〇四～八七二）藤原冬嗣次男。母は藤原美都子。嵯峨天皇に愛され、皇女源潔姫を妻とする。嵯峨天皇崩御の際、皇太子恒貞親王を廃し、同母妹順子所生の道康親王（文徳天皇）を皇太子とし、以後、外戚として政権を握り、文徳天皇践祚後は、女明子所生の惟仁親王（清和天皇）を九ヵ月にして皇太子に立てた。以後、太政大臣、人臣初の摂政となる。謚号中仁公。贈正一位。

11・21 茂世王《しげよ》（父は仲野親王）の男子好風《よしかぜ》王・貞文《さだふみ》王に平朝臣姓を賜う。《三代実録》
12・5 穢により延引の伊勢奉幣を行なう。《三代実録》
12・13 天皇、夜、神嘉殿に出御し、自ら神今食を行なう。《三代実録》
この年 皇子（貞辰親王）、誕生する（母は女御藤原佳珠子）。▼皇女（識子内親王）、誕生する（母は更衣藤原良近女）。《三代実録》

■貞観十七年（八七五）乙未

清和天皇 26歳

1・28 冷然院が焼失する（五十四宇に延焼。収蔵書籍・文書・財宝焼失）。《三代実録》
2・12 地震あり（この年、地震多し）。《三代実録》
2・14 天皇、しばらく仁寿殿《じじゅう》より弘徽殿《こき》に遷る。《三代実録》
4・15 天皇、弘徽殿より綾綺殿《りょうき》に遷る。《三代実録》
4・23 皇太子貞明《さだあきら》親王、初めて「千字文」を読む（侍読橘広相）。《三代実録》
4・25 これより先、天皇、「群書治要」を読む。この日竟宴を催す。《三代実録》
4・27 南淵年名ら、「左右検非違使式」を撰進する。《本朝法家文書目録》
4・28 天皇、初めて「史記」を読む。《三代実録》
5・10 下総国俘囚が叛乱する。《三代実録》
6・3 賀茂社以下七社に奉幣して雨を祈る（丹生川上社には黒馬を奉納）。《三代実録》
6・9 伊勢勅使を発遣、奉幣させ、甘雨を祈る。《三代実録》
6・13 十五大寺に大般若経を転読させ、雨を祈る。《三代実録》
6・15 神祇官が不雨祟りの原因を深草山陵における伐木であるとしたため、勅使を深草山陵に発遣して過を謝す。《三代実録》
6・23 数旬にわたり雨降らず。神泉苑で祈雨し、その池水を決出する。《三代実録》
7・2 賀茂社以下八社に使を遣わし、班幣して雨を祈らせる。《三代実録》
7・3 神功皇后楯列山陵に伐木を謝し、甘雨を祈る。《三代実録》
7・5 下野国、賊徒俘囚の鎮圧を奏上する。《三代実録》
9・11 伊勢例幣使を発遣する。《三代実録》
10・15 皇子貞辰《さだたつ》を親王とする。《三代実録》
10・24 橘広相を東大寺別当とする。《東大寺要録》
11・16 出羽国、渡島夷狄の叛乱を奏上する。《三代実録》

この年 仁明天皇皇子源效《いたる》、出家する。《一代要記》皇子（貞数《さだかず》親王）、誕生する（母は更衣在原行平女）。《三代実録》

●清和天皇代（八五八～八七六）、勅により、高津宮《こうづぐう》（高津神社）が創建されると伝えられる（仲哀天皇・神功皇后・応神天皇・仁徳天皇・磐之媛皇后・履中天皇を祀る）。なお、清和朝において、天皇直轄祭祀制の確立、宮廷内神事の優先、仏事停廃、毎朝神拝、大神宝使制の創始、賀茂臨時祭成立など、神事の整備・尊重が強調される。

■貞観十八年（八七六）丙申

清和天皇 27歳
陽成天皇 9歳

1・1 天皇、雨により朝賀を受けず。《三代実録》

1・14 棟貞《むねさだ》王を神祇伯《じんぎはく》（神祇官長官）とする（以後、神祇伯に王氏の任例が多くなる）。《三代実録》

2・20 嵯峨天皇皇子忠良《ただよし》親王（母は女御百済王貴命）没（年58）。《三代実録》

2・25 天皇、太皇太后正子内親王の請により、嵯峨天皇離宮嵯峨院を寺に改め**大覚寺**と号する。《三代実録》

3・13 皇子貞数を親王、皇女識子《しきし》を内親王とし、皇子長頼《ながより》に源朝臣姓を下賜する。《三代実録》

4・10 大極殿・小安殿など焼亡する。《三代実録》

5・3 伊勢神宮に大極殿火災を奉告する。《三代実録》

5・8 桓武天皇柏原山陵に大極殿火災を奉告する。《三代実録》

5・23 賀茂斎院儀子内親王、病により紫野斎院を退き、皇太后の染殿宮に移る。《三代実録》

5・27 嵯峨天皇皇子源寛《ひろし》（母は安倍楊津女）没（年64）。《三代実録》

6・10 釈奠次第を改める。《類聚三代格》

6・18 仁明天皇皇女久子《ひさこ》（「きゅうし」とも）内親王（伊勢斎宮。母は高宗女王）没（生年不詳）。《三代実録》

7・21 大極殿の造営を開始する《三代実録》

8・21 興基王王女源宜子《よしこ》を女御とする。《三代実録》

9・5 嵯峨天皇皇女源端姫《はしひめ》（母は布勢氏）没（生年不詳）。《三代実録》

9・11 内裏穢により、伊勢例幣使を中止する（十月三日追行）。《三代実録》

10・5 病のため、儀子内親王の賀茂斎院を停める。《三代実録》

11・25 この年、清和上皇皇子（貞真《さだざね》親王〈母

＊**大覚寺**《だいかくじ》 京都市右京区嵯峨大沢町に所在。古義真言宗大本山。貞観十八年（八七六）淳和天皇皇后正子内親王の令旨により開創。開山は淳和天皇第二子恒寂入道親王（恒貞親王）。一時衰微したが、元亨元年（一三二一）後宇多上皇が再興し、大覚寺統の端緒となる。

＊**陽成天皇**《ようぜいてんのう》（八六八～九四九） 貞明親王。清和天皇第一皇子。母は藤原高子。貞観十八年（八七六）践祚、翌年正月即位。元慶八年（八八四）譲位。天皇は、その後六十四年間も陽成院で過ごし、そのため「陽成天皇」と諡される。天暦三年（九四九）出家、崩御。藤原遠長女との間に元良親王・元平親王、姣子女王との間に元長親王・元利親王・長子内親王・儼子内親王がいる。陵は神楽岡東陵。

＊**儀式**《ぎしき》 古代宮廷における諸儀式を規定したもの。官撰のもので「貞観儀式」と考定されている。践祚礼・即位礼・大嘗祭などについて詳細。

は更衣藤原諸藤女〉と貞頼《さだより》親王〈母は更衣藤原真宗女〉）、誕生する。この日、二人を親王とする。《三代実録》

11・27　天皇、染殿院に行幸する。《三代実録》

第五十七代　陽成《ようぜい》天皇

11・29　清和天皇、染殿院にて譲位。貞明《さだあきら》親王（**陽成天皇**）、染殿院にて受禅（譲位の宣命で、新帝幼少のため、右大臣藤原基経を摂政とする）。皇太子、天子の神璽・宝剣を受け、鳳輦に御して東宮に還御する。《三代実録》

12・8　先帝に太上天皇尊号を奉る。《三代実録》

12・17　天皇、伊勢神宮に即位由奉幣使を発遣する。《三代実録》

12・20　仏名懺悔を中止する（受禅のあとは、「先ず神事」のため）。《三代実録》

12・29　大江音人・在原業平を田邑山陵（文徳天皇陵）に遣わし、受禅を奉告する。《三代実録》

この年　旱により、京・畿内諸国飢饉。《三代実録》常住寺僧円如、託宣により八坂郷に観慶寺（祇園寺）を建立する（祇園社〈八坂神社〉の初め）。《二十二社註式》

●貞観年間（八五九～八七七）、早良親王を祭神とする崇道《すどう》神社（京都市左京区上高野）が創建される。《社伝》この頃、宮号を称するに勅許が必要となる。▼「儀式」が撰上される。

■元慶元年（八七七）丁酉

陽成天皇　10歳
清和上皇　28歳

1・3　天皇、豊楽殿（大極殿焼亡ゆえ）にて即位礼を挙げる（終わって東宮に還御）。▼女御藤原高子を皇太夫人とする。《三代実録》

1・16　出雲国、前年十二月の渤海使来着を奏上する。《三代実録》

2・10　仁明天皇皇女平子《へいし》内親王（母は女御藤原貞子）没（生年不詳）。《三代実録》

2・17　清和天皇皇女識子《しきし》内親王を伊勢斎宮、同皇女敦子《あつこ》内親王を賀茂斎院に卜定する。《三代実録》

2・21　在原友于《ともゆき》を香椎廟に遣わし、即位を奉告する。《三代実録》

2・23　恬子内親王、天皇譲位により斎宮を退下する。▼実世王・大中臣常道等を伊勢神宮に遣わし、即位・斎宮卜定を奉告する。《三代実録》

2・29　天皇、東宮より仁寿殿に遷る。《三代実録》

②・15　上皇、封戸返納を上奏する。《三代実録》
3・24　上皇、清和院で大斎会を設け、法華経を講じる。《三代実録》
4・8　柏原山陵に翌日の大極殿再建開始を奉告する。《三代実録》
4・16　即位および祥瑞により**元慶**と改元する。《三代実録》
4・24　文徳天皇皇女珍子《ちんし》内親王（母は紀静子）没（生年不詳）。《三代実録》
5・4　上皇、清和院より粟田院（鴨川の東にある藤原基経山荘）に移る。《三代実録》
6・4　黒馬を丹生川上社に奉り（二十三日にも）、貴布禰社に奉幣して甘雨を祈る。《三代実録》
6・25　渤海使の入京を許さず、信物を受けずして出雲より帰還させる。《三代実録》
6・26　神泉苑で金翅《きんじ》鳥王経《ちょうおうきょう》の法を修し、雨を祈る。《三代実録》
7・3　炎旱が神功皇后楯列山陵の祟りによるとし、伐木・解鹿の違反者を罰する（十日、山陵に奉謝）。《三代実録》
7・7　百僧を紫宸殿に請じ、三日間、大般若経を転読させ、甘雨を祈る。《日本紀略》
7・10　旱魃により、神泉苑の水を引いて城《せい》南《なん》の民田に灌漑する。《三代実録》
7・14　地震・雨あり《三代実録》
7・19　伊勢神宮ほか諸神に改元を奉告する。《三代実録》
8・1　天皇、病む。《三代実録》
9・9　天皇の病気により、重陽の節を中止する。《三代実録》
9・11　内裏の穢により伊勢奉幣を中止する（十三日追行）。《三代実録》
9・25　大嘗祭にあたり、五畿七道の天神地祇に幣帛を奉る。《三代実録》
10・24　上皇、大和国に御幸する。《三代実録》
10・29　天皇、大嘗祭のため鴨川で禊をする。《三代実録》
11・18　天皇、豊楽殿にて大嘗祭を行なう。《三代実録》
12・9　陽成天皇即位を機とし、母后藤原高子創建の一寺を定額寺とし、年号をとって**元慶寺**とする。《三代実録》
12・13　新たに荷前《のさきのみてぐら》幣を献じる**五墓**を定める。《三代実録》
12・27　桓武天皇曾孫高平《たかひら》王に平朝臣姓を賜う。《三代実録》
この年　旱により京・畿内諸国飢饉。《三代実録》
□4・8　南淵年名《みなぶちのとしな》（大納言。70とも71とも）、
11・3　大江音人《おおえのおとんど》（「おとひと」とも。参議。

＊**元慶**《がんぎょう》　勘申者・出典不詳も「周《しゅう》易《えき》」象上伝《しょうじょうでん》に「元吉在上、大有慶也」、「文選」弁亡論《べんぼうろん》に「是以其安也、則黎元与之同慶」とある。
＊**元慶寺**《がんぎょうじ》　「がんけいじ」とも。京都市山科区北花山河原町に所在。陽成天皇母藤原高子が僧正遍昭を開基として創建。山号は華頂山。花山法皇の宸影を安置しているため花山寺とも称される。
＊**五墓**《ごぼ》　藤原鎌足・潔姫・藤原良房・藤原長良夫妻の各墓。
＊**日本文徳天皇実録**《にほんもんとくてんのうじつろく》　「六国史」のうち「続日本後紀」に続く五番目の正史。天安二年（八五八）八月までの記録で全十巻。嘉祥三年（八五〇）から編纂が始められたものの譲位などにより中断も、陽成天皇の勅により、第二次編纂がなされた。

文章得業生。清和天皇侍読。「日本文徳天皇実録」撰者。江家始祖。67)

■元慶二年（八七八）戊戌

陽成天皇　11歳

清和上皇　29歳

1・1　天皇、雨雪により朝賀を受けず。《三代実録》

1月　京都盗賊横行。《三代実録》

2・24　大極殿造営のため、神祇大副大中臣有本に大極殿壇上で百神に祈請させる。《三代実録》

2・25　善淵《よしぶちのちかなり》愛成に宜陽殿東《ひがしびさし》廂で「日本紀」講筵を始めさせる。《三代実録》

2・27　盗賊が紫宸殿に侵入する。《三代実録》

3・29　出羽国、夷俘《いふ》が反乱し、秋田城などを焼くと報告する（勅して陸奥に援軍を送る）。《三代実録》

4・28　出羽国、賊徒の優勢を報告する（陸奥国に出兵を催促し、上野・下野国に出兵させる）。《三代実録》

6・3　賀茂両社・貴布禰社・丹生川上社等に奉幣して雨を祈る。《三代実録》

6・7　出羽国、夷俘の秋田城襲撃を報告する。《三代実録》

6・8　小野春風《はるかぜ》を陸奥鎮守府将軍として陸奥に派遣し、出羽国を救援させる。《三代実録》

8・4　出羽国、戦勝を報告する。《三代実録》

8・24　神祇伯棟貞《むねさだ》王らを伊勢奉幣に発遣する。《三代実録》

8・25　雨がやまないため、使を貴布禰・丹生川上両社に遣わし、白馬各一匹を奉り、止雨を祈る。《三代実録》

8・28　伊勢斎宮識子内親王、鴨川に禊して野宮《ののみや》に入る。《三代実録》

9・11　穢により伊勢例幣使を延引する（十一月三日追行）。《三代実録》

9・25　清和上皇、清和院にて法華経講を修する。また母太皇太后藤原明子の五十賀を行なう。《三代実録》

9・28　去る二十六日に紀伊に地震との報あり。《三代実録》

9・29　関東に大地震あり（京都でも体感）。《三代実録》

10・12　出羽夷俘、秋田城に来城して降伏する。《三代実録》

11月　日本国使、新羅に到る。《三国史記》

12・25　桓武天皇皇曾孫潔行《きよゆき》王に平朝臣姓を賜う。《三代実録》

この年　陽成天皇の勅により、藤原基経・都良香・島田良臣・菅原是善が「**日本文徳天皇実録**」の第二次編纂を行なう。

●**陽成天皇御製**

「筑波嶺のみねより落つるみなの川恋ぞつもりて淵となりける」（「後撰和歌集」。「百人一首」には、第五句末尾が「ぬる」として収録）。

■**元慶三年（八七九）己亥**
陽成天皇　12歳
清和上皇　30歳
1・11　出羽国、出羽夷俘、甲冑を返上して降伏、渡島・津軽の夷俘も秋田城に来城と報告する。《三代実録》
2・29　外祖父左大臣藤原長良に太政大臣を追贈する。《三代実録》
3・7　京都に地震あり（三月～四月に六回、三月二十二日は大地震）。《三代実録》
3・23　淳和天皇皇后**正子内親王**没。《三代実録》
3・24　清和上皇、清和院で大斎会を修する。《三代実録》
3・25　太皇太后正子内親王を嵯峨山に埋葬する（遺令により薄葬）。《三代実録》
4・22　天皇、弘徽《こき》殿より清涼殿に遷る。《三代実録》
4・25　光孝天皇皇子源兼善《かねよし》（生母未詳）没（生年不詳）。《三代実録》
4・26　天皇、初めて「御注孝経」を読む。《三代実録》
5・4　上皇、清和院より右大臣藤原基経山荘粟田《あわた》院に移る。《三代実録》
5・7　善淵愛成《よしぶちのちかなり》、宜陽殿東廂にて「日本紀」を講じる。《三代実録》
5・8　上皇、粟田院で落飾入道する。《三代実録》
6・14　広瀬・龍田・住吉社等に神財を奉納する。《三代実録》
6・26　清和上皇女御源厳子《げんし》（右大臣源能有女）没（生年不詳）。《三代実録》
8・12　初めて「論語」を講じさせる。（侍講は大春日雄継）。《三代実録》
9・9　伊勢斎宮識子内親王、葛野川で禊し豊楽院に入る。天皇、豊楽院に出御し、識子内親王を伊勢に発遣する（斎宮群行）。《三代実録》
10・8　大極殿が再建される。《三代実録》
10・20　仁明天皇皇子源覚《さとる》（母は山口氏）没（年31）。《三代実録》
10・24　上皇、大和国に出発し、名寺霊山を巡礼する（畿内巡幸の旅）。《三代実録》
⑩・5　文徳天皇皇女儀子《ぎし》内親王（賀茂斎院。母は女御藤原明子）没（生年不詳）。《三代実録》
11・13　右大臣藤原基経らにより「日本文徳天皇実録」が完成し、奏進される。《序》

■**元慶四年（八八〇）庚子**
陽成天皇　13歳
清和上皇　31歳
1・1　天皇、雨により朝賀を受けず。《三

＊**正子《せいし》内親王《ないしんのう》**（八〇九～八七九）「まさこ」とも。淳和天皇皇后。父は嵯峨天皇、母は皇后橘嘉智子。天長八年（八二七）立后。恒貞親王・恒統親王・基貞親王らをもうける。淳和上皇崩御後は尼となり、嵯峨の離宮を喜捨して大覚寺を開創するなど仏教に帰依。嵯峨山に葬られる。

＊**在原《ありわらの》業平《なりひら》**（八二五～八八〇）平城天皇皇子阿保親王の子。母は桓武天皇皇女伊都内親王。歌人。陽成天皇の実父ともいわれる。「伊勢物語」は業平を主人公とする。

＊**関白《かんぱく》**　国政に「関《かか》わり白《もう》す」権限を持つこと。天皇より先に一切の奏上を一覧し、官奏・叙位・除目等について天皇を補佐する令外官。このときの詔に「万機を皆太政大臣藤原基経に関白して然る後に奏下すること、一に旧時の如くせよ」とある。明治維新の際の廃止まで存続する。

代実録》
1・26　桓武天皇皇曾孫有相《ありすけ》王に平朝臣姓を賜う。《三代実録》
2・3　釈奠ののち、占部月雄、「礼記」を講じる。《三代実録》
2・4　伊勢神宮に大極殿完成を奉告する。《三代実録》
2・5　桓武天皇柏原山陵に大極殿完成を奉告する。《三代実録》
2・8　仁明天皇皇孫興基《おきもと》王（父は人康親王）に源朝臣姓を賜う。《三代実録》
3・19　上皇、大和・摂津を巡幸し、この日、丹波国水尾山寺《みずのおやまでら》に廻御する（この地を隠棲の地とし、苦行の道に入る）。《三代実録》
4・11　賀茂斎院敦子内親王、鴨川で禊して紫野院《むらさきのいん》に入る。《三代実録》
5・16　賀茂両社等に使を遣わし、奉幣して雨を祈る（丹生川上社には黒馬を加える）。《三代実録》
5・22　二十日以来の大雨により苗稼《びょうか》水没。この日、神泉苑で灌頂経法を修し、三日間止雨を祈る（二十四日晴れる）。《三代実録》
5・28　在原業平没。《三代実録》
6・21　仁明天皇皇曾孫忠相《ただすけ》王（父は興基《おきもと》王）らに源朝臣姓を賜う。《三代実録》
6・22　賀茂等十一社に奉幣し、雨を祈らせる（丹生川上社には黒馬を加える）。《三代実録》
6・26　紫宸殿に大般若経を三日間転読させ、雨を請う。《三代実録》
7・17　嵯峨天皇皇女源貞姫《さだひめ》（母は布勢氏）没（年71）。▼地震あり。《三代実録》
8・6　釈奠のあと、「毛詩」を講じさせる。《三代実録》
8・16　武蔵権守弘道王を伊勢神宮に遣わし、奉幣させる。《三代実録》
8・23　上皇、水尾山寺より、左大臣源《みなもとの》融《とおる》の山荘棲霞《せいか》観《かん》に移る。《三代実録》
8・25　紫宸殿に三日間、大般若経を転読させる。《三代実録》
9・4　恒貞親王の奏請により、永く「淳和《じゅんな》院《いん》」の号を残すことにする。《三代実録》
9・11　禁中穢により、伊勢例幣使を発遣せず。《三代実録》
10・14　大地震あり。《三代実録》
10・27　出雲国、十四日に大地震があったことを報告する。《三代実録》
11・8　摂政・右大臣藤原基経を関白とする（人臣関白の初め。関白就任については諸説あり）。《公卿補任》
11・17　新嘗祭。天皇、犬の産の穢により神嘉殿に御せず。《三代実録》

11・25　これより先、上皇、病む。この日、棲霞観より円覚《えんがく》寺（右大臣藤原基経の粟田の山荘）に移る。《三代実録》
12・4　清和上皇、右大臣藤原基経を太政大臣とするなどの指示を出し、円覚寺において金剛陀羅尼を誦し、西面して崩御（遺詔により中野で火葬〈淳和天皇以来の火葬〉し山陵を起こさず）。《三代実録》
12・5　天皇、清涼殿より中宮の居所に近い常寧殿《じょうねいでん》に遷る。▼上皇崩御に宴飲素服挙哀をやめる。《三代実録》
12・6　大地震あり（翌年二月まで余震）。《三代実録》
12・7　伊勢斎宮識子内親王の退下・帰京のため行宮を造る。▼故上皇を愛宕郡上粟田《かみのあわた》山《やま》に埋葬、遺詔により山陵を起こさず、遺骸を水尾山上に奉置する（陵名は**水尾山陵**）。《三代実録》
12・19　天皇、上皇崩後、初めて太政官候《こう》庁《ちょう》で常政を聴く。《三代実録》
12月　賀茂斎院敦子内親王、退下か。
この年　京都に地震多し（三十一回。特に十月に多く、十四日には「地大震」と記される）。《三代実録ほか》
□8・30　菅原是善《すがわらのこれよし》（文人・学儒。参議。文徳天皇侍読。「日本文徳天皇実録」編者の一人。道真の父。69）

■元慶五年（八八一）辛丑
陽成天皇　14歳
1・1　天皇、諒闇により、朝賀を受けず。《三代実録》
1・6　文徳天皇皇女**慧子内親王**没。《三代実録》
2・9　天皇、常寧殿より清涼殿に遷る。《三代実録》
3・13　清和上皇聖跡円覚寺を官寺とする。《三代実録》
5・16　嵯峨天皇皇子源勤《つとむ》（母は大原真人女全子）没（年58）。《三代実録》
9・11　興我《こうが》王・大中臣有本《ありもと》等を、諒闇により神祇官より伊勢神宮に発遣する。《三代実録》
10・13　在唐僧中瓘《ちゅうかん》、入唐した高丘親王が西域に赴き羅越《らえつ》国で没したことを報告する。《三代実録》
11・16　太皇太后明子、清和天皇周忌に、銀製薬師三尊像等を供養する。《菅家文草》

■元慶六年（八八二）壬寅
陽成天皇　15歳
1・1　天皇、烈風・大雪により、朝賀を受けず。《三代実録》
1・2　天皇、紫宸殿にて元服する（太政大

＊**水尾山陵《みずのおやまのみささぎ》**　京都市右京区嵯峨水尾清和の水尾山山腹に所在。薄葬の遺詔により山陵は起こさず、「延喜式」諸陵寮にも記載はないが、所伝は失われず、幕末修陵を迎える。なお火葬塚は京都市左京区黒谷町の金戒光明寺裏山の経塚が大正十五年に治定される。
＊**慧子内親王《けいしないしんのう》**（?〜八八一）「恵子」とも。父は文徳天皇、母は藤原是雄女列子。嘉祥三年（八五〇）賀茂斎院に卜定され、天安元年（八五七）退下。

臣藤原基経加冠）。皇弟貞保親王も元服。《三代実録》

1・7　天皇の元服により、皇太后藤原明子を太皇太后、皇太夫人藤原高子を皇太后とする。《三代実録》

1・10　大納言源多《まさる》を右大臣とする。《三代実録》

1・25　嵯峨天皇皇女源全姫《またひめ》（母は当麻氏）没（年71）。《三代実録》

2・1　太政大臣藤原基経を准三宮とする（三宮に準じて年官・年爵を与え随身兵仗を安堵）。《三代実録》

2・28　天皇、弘徽殿の前で闘鶏を覧る。《三代実録》

3・27　天皇、清涼殿にて皇太后藤原高子の四十賀を行なう（皇弟貞数親王、八歳にして陵王を舞う）。《三代実録》

4・7　文徳天皇皇女掲子《けいし》内親王を伊勢斎宮に卜定する。《三代実録》

4・9　時康親王王女穆子《ぼくし》女王を賀茂斎院に卜定する。《三代実録》

4月　日本国使、新羅に黄金明珠を進上する。《三国史記》

6・25　桓武天皇皇孫実世《さねよ》王の子女に平朝臣姓を賜う。《三代実録》

7・1　仁明天皇皇孫興範王《おきのりおう》（父は人康親王）らに源朝臣姓を賜う。《三代実録》

7・24　穆子女王、鴨川で禊して初《はつ》斎院に入る。《三代実録》

8・5　平城天皇皇子巨勢《こせ》親王（母は伊勢継子《つぎこ》）没（生年不詳）。《三代実録》

8・29　元慶二年（八七八）二月以降の「日本紀講筵」（侍講善淵愛成《よしぶちのちかなり》）が前年六月二十九日に終了。この日、日本紀竟宴を行なう。《三代実録》

9・13　弘道王を伊勢神宮に奉幣させる（十一日に内裏穢あり、この日に延引）。《三代実録》

11・17　天皇、清涼殿より綾綺殿に遷る。《三代実録》

11・27　加賀国、十四日に渤海使ら百五人の加賀来着を報告する。《三代実録》

12・10　神祇官、御体御卜を奏する。《三代実録》

12・21　新たに嵯峨野を禁野とする（嵯峨野が皇族・貴族の遊猟地、風月を楽しむ地となる）。《三代実録》

■元慶七年（八八三）癸卯

陽成天皇　16歳

1・1　天皇、雨により朝賀を受けず。《三代実録》

1・8　大極殿にて最勝講を始める（天皇臨

幸)。《三代実録》

1・26　渤海使入京に備え、官舎・道橋を修理、路傍の死骸を埋葬させ、また使饗応のための酒魚等を加賀国に送る。《三代実録》

1・29　文徳天皇皇子惟彦《これひこ》親王（母は滋野奥子）没（年34）。《三代実録》

2・9　上総国、俘囚の反乱を報告し、兵を請う。《三代実録》

2・18　上総国、夷虜《いりょ》を討平と報告する。《三代実録》

2・25　渤海使等に冬の時服を賜う。《三代実録》

4・28　渤海使、鴻臚館に入る。《三代実録》

5・2　渤海使、国書・信物を献上する（三日豊楽殿、十日朝集堂で賜宴）。《三代実録》

5・12　渤海使帰国、勅書等を賜う。《三代実録》

5・22　賀茂両社以下七社に奉幣して雨を祈る（二十六日大雨。六月霖雨）。《三代実録》

7・13　神祇伯棟貞《むねさだ》王を伊勢神宮に奉幣させ、また賀茂両社以下諸社に幣帛を班ち、晴を祈る（丹生川上社には白馬を奉納）。《三代実録》

8・24　伊勢斎宮掲子内親王、鴨川に禊して野宮に入る。《三代実録》

9・2　賀茂両社以下諸社に奉幣して止雨を祈る。《三代実録》

9・11　伊勢例幣使を発遣する。《三代実録》

11・5　勅して伊勢両宮に、酒立女各二人を置く。《三代実録》

11・10　天皇、清涼殿で乳兄弟源益《すすむ》を格殺する（「禁省事を秘して外人知ること無し」と記される。「玉葉」承安二年（一一七二）十一月二十日条では、天皇「自ら抜刀し殺害」と記される）。《三代実録》

12・25　帰化人秦氏男女十九人に姓惟宗《これむね》朝臣を賜う。《三代実録》

この年　光孝天皇皇子源元長（母は班子女王）没（生年不詳）。《尊卑分脈》

■元慶八年（八八四）甲辰

陽成天皇　17歳
光孝天皇　55歳

1・1　天皇、雪により朝賀を受けず。《三代実録》

1・8　大極殿にて最勝講を始める（十四日まで）。《三代実録》

2・4　摂政藤原基経、天皇廃立を決意。陽成天皇、自ら退位して二条院に移る（基経、仁明天皇皇子時康《ときやす》親王を推戴。親王即日、神璽・宝剣を受ける）。時康親王、常寧殿より二条院に移る。《三代実録》▼先帝に太上天皇尊号を奉る。《三代実録》先帝退位後、淳和天

＊**尊卑分脈**《そんぴぶんみゃく》　「新編纂図本朝尊卑分脈系譜雑類要集」というが、一般には「尊卑分脈」で通っている。南北朝時代、洞院公定《きんさだ》が諸氏の系図を集成したもので、後人の追補・改訂がある。

＊**光孝天皇**《こうこうてんのう》（八三〇〜八八七）　時康親王。小松天皇とも。仁明天皇第三皇子。母は贈皇太后藤原沢子。元慶八年（八八四）践祚・即位。女御に班子女王・藤原佳美子・平等子・藤原元善子。皇子女に是忠・是貞・定省各親王、繁子・穆子・忠子・簡子・綏子・為子各内親王など。陵は後田邑陵。なお、「光」字には「傍流から本流を継ぐ」の意がある。漢風諡号は「光孝」をもって中絶、江戸時代末期に復活する。また「光孝」の諡号は、崩御後約二年を経て献じられた。

皇皇子恒貞親王が皇嗣に推されるも固持。《恒貞親王伝》

第五十八代　光《こう》孝《こう》天皇

2・5　時康親王、受禅（光孝天皇）。《三代実録》
2・13　伊勢斎宮掲子内親王、天皇退位により、野宮を出て本家に帰る。《三代実録》
2・19　天皇、即位由奉幣使興我王を伊勢に発遣する。《三代実録》
2・21　山階・柏原・嵯峨・深草各山陵に即位を奉告する。《三代実録》
2・23　光孝天皇、大極殿にて即位礼を挙げる。▼仁明天皇女御故藤原沢子に皇太后を追贈する。《三代実録・公卿補任》
2・28　天皇、東宮より仁寿殿に遷る。《三代実録》
3・8　桓武天皇皇曾孫遂良《とぐよし》王に平朝臣姓を賜う。《三代実録》
3・13　天皇の外祖父母藤原総継《ふさつぐ》・数子《かずこ》に正一位を贈る。《三代実録》
3・22　光孝天皇皇女の繁子を伊勢斎宮、穆子を賀茂斎院に卜定する。《三代実録》
4・1　班子女王を女御とする。《三代実録》
4・4　天皇、初めて「文選」を読む（侍読は橘広相《ひろみ》）。《三代実録》
4・9　斎王の繁子・穆子を内親王とする。《三代実録》
4・13　光孝天皇即位以前の子女定省《さだみ》（宇多天皇）等に源朝臣姓を賜う。《三代実録》
5・9　諸道博士らに太政大臣の職掌の有無、唐のいずれの官にあたるかを勘奏させる。《三代実録》
6・2　光孝天皇皇女綏子・忠子・簡子（ともに、のち内親王）らに源朝臣姓を賜う。《三代実録》
6・5　天皇、藤原基経に「奏下諮稟」の勅を下す（「奏すべき事、下すべき事は必ずまず太政大臣藤原基経に諮《はか》り稟《う》けよ」として関白の機能が確定。これを実質的な「関白の初め」とする説あり）。《三代実録》
6・10　天皇、紫宸殿に御し、神祇官大中臣有本《ありもと》、御体御卜を読奏する。《三代実録》
6・17　施基親王（田原《たわら》天皇・春日宮天皇）の国忌を廃する。《三代実録》
6・19　故皇太后藤原沢子の国忌を定める。《三代実録》
6・20　藤原佳美子《かみこ》（出自不詳も藤原基経女か）を女御とする。《三代実録》
8・13　伊勢斎宮繁子内親王、鴨川に禊して斎院に入る。《三代実録》
8・29　平等子《ともこ》（「とうし」とも。父は平好風）

を女御とする。《三代実録》
9・10 勅して雲林院を元慶寺別院とする。《三代実録》
9・11 天皇、朝堂院小安殿に出御し、神祇伯棟貞王ら伊勢例幣使を発遣する。《三代実録》
9・16 近江・丹波国に高瀬舟を三艘ずつ造らせ、神泉苑に送らせる。《三代実録》
9・20 淳和天皇皇子**恒貞親王**（恒寂入道親王）没。《三代実録》
10・28 天皇、大嘗祭のため鴨川で禊をする。《三代実録》
11・10 天皇、大嘗祭の由を告げる伊勢奉幣使を発遣する。《三代実録》
11・22 天皇、朝堂院斎殿にて大嘗祭を行なう。《三代実録》
12・20 荷前《のさき》の幣《みてぐら》を奉る**十陵五墓**を改定する。《三代実録》
12・28 天皇、荷前使を発遣する。《三代実録》

■仁和元年（八八五）乙巳

光孝天皇 56歳
陽成上皇 18歳

1・1 天皇、大極殿にて朝賀を行なう。《公卿補任》
1・8 大極殿にて最勝講を始める（天皇臨幸）。《三代実録》
1・18 宇多天皇皇子維城《これざね》（敦仁親王。醍醐天皇）、誕生する（母は女御藤原胤子）。《日本紀略》
2・15 春日親王の子孫十九人に惟原《これはら》朝臣姓を賜う。《三代実録》
2・21 代始により**仁和**と改元する。《三代実録》
2・28 桓武天皇皇曾孫安典《やすのり》王に平朝臣姓を賜う。《三代実録》
3・25 太政大臣藤原基経、天皇に「年中行事御障子文《おんそうじもん》」（宮中の年中行事を列記した衝立）を献じる。《年中行事秘抄》
4・2 淳和天皇皇女氏子《うじこ》内親王（前斎宮。母は高志内親王）没（生年不詳）。《三代実録》
4・14 皇女和子《かずこ》に源朝臣姓を賜う（のち天皇の宮に仕え女御となる）。《三代実録》
4・20 天皇、五ヵ寺で大般若経を転読させる。《公卿補任》
5・14 丹生川上社に白馬を奉り、止雨を祈る。《三代実録》
6・20 大宰府、新羅使ら四十八人が肥後天草に来着と報告する（法に合わないため放還させる）。《三代実録》
6・28 斎院穆子内親王、鴨川に禊して紫野院に入る。《三代実録》

＊**恒貞親王**《つねさだしんのう》（八二五〜八八四） 淳和天皇第二皇子。母は嵯峨天皇皇女の皇后正子内親王。天長十年（八三三）立太子、承和九年（八四二）の変により廃太子。嘉祥二年（八四九）出家して恒寂と称する。大覚寺初祖。元慶八年（八八四）藤原基経から即位の要請を受けるも固辞する。その伝記「恒貞親王伝」が伝わる。

＊**十陵五墓**《じゅうりょうごぼ》 天智・光仁・桓武・藤原乙牟漏・崇道（早良親王）・平城・仁明・文徳・藤原明子（順子の誤記とされる）・藤原沢子の十陵、および藤原鎌足・藤原長良・長良の妻（乙春）・藤原総継（光孝天皇外祖父）・藤原数子（総継室）の五墓。田原天皇山陵および藤原良房・潔姫の両墓を停廃。

＊**仁和**《にんな》 出典不詳も「芸文類聚」帝王部に「聖徳宣仁以和衆」とある。

7・13 丹生川上社に黒馬を奉り、雨を祈る。《三代実録》
8・15 天皇、神泉苑に行幸する。《三代実録》
9・11 穢により、伊勢例幣使を発遣せず。《三代実録》
9・15 天皇外祖父藤原総継《ふさつぐ》に太政大臣を追贈する。《三代実録》
9・18 伊勢斎宮繁子内親王、鴨川に禊して野宮に入る。《三代実録》
10・9 大宰府、薩摩国開聞岳が噴火と報告する（開聞岳は七月十二日、八月十一日に爆発）。《三代実録》
11・20 天皇、大極殿後殿に出御し、伊勢奉幣使を発遣する。《三代実録》
11・21 伊勢神宮の「二十年一度」の改作を命じる。《三代実録》
12・7 天皇、神泉苑に行幸し、鷹・隼を放つ。《三代実録》
12・20 天皇、荷前幣を諸陵に班つ。《三代実録》
この年 皇子（斉中《ときなか》親王）、誕生する（母は女御橘義子）。《日本紀略》

■仁和二年（八八六）丙午

光孝天皇 57歳
陽成上皇 19歳

1・2 太政大臣藤原基経長子時平《ときひら》、仁寿殿にて元服する（天皇加冠）。《三代実録》
1・8 大極殿にて最勝講を始める（天皇臨御）。《三代実録》
1・18 天皇、射殿に御し、日暮れて自ら射る。《三代実録》
3・2 天皇、病む。《三代実録》
4・3 仁明天皇忌日に、毎年法華経講説を行なうことにする。《三代実録》
5・18 赴任しない国守四人を勅断する。《三代実録》
5・24 安房国大地震。《三代実録》
6・21 伊勢斎宮繁子内親王、近江新道を通って伊勢に向かうことを許す（このとき伊勢旧路の頓宮を廃止）。《三代実録》
6・29 桓武天皇皇女紀《きの》内親王（母は藤原河子）没（年88）。《三代実録》
7・4 嵯峨天皇皇子源勝《まさる》（僧由蓮《ゆれん》。母は惟《これ》良《なが》氏）没（生年不詳）。《三代実録》
7・7 光孝天皇皇女源最子《さいし》（母未詳）没（生年不詳）。《三代実録》
7・15 光孝天皇皇孫興我《こが》王（父は是忠親王）の子息に平朝臣姓を賜う。《三代実録》
8・7 霖雨止まず、賀茂両社以下六社に止雨を祈る（丹生川上・貴布禰両社には白馬各一匹を奉納）。《三代実録》
8・15 天皇、神泉苑に行幸する。《三代実録》

◉光孝天皇御製 「古今和歌集」の詞書に「仁和の帝、皇子におはしましける時」として（「仁和の帝」は光孝天皇のこと）、「君がため春の野に出《いで》て若菜つむ我が衣手《ころもで》にゆきはふりつつ」（「百人一首」にも収録）がある。また、「僧正遍昭に七十賀たまひける時」の歌、「かくしつつとにもかくにも長らへて君が八十世《やそよ》にあふよしもがな」も有名。

8・18 天皇、病む。《三代実録》
9・5 神宮神宝使を発遣する。《三代実録》
9・11 穢により伊勢例幣を中止する（十二日発遣するも天皇臨御せず）。《三代実録》
9・25 天皇、大極殿に出御し、伊勢斎宮繁子内親王を伊勢に発遣する。《三代実録》
9月 伊勢内宮の遷宮が行なわれる。《神宮諸雑事記》
10・4 天皇の病気により、近都諸寺に功徳を修させる。《三代実録》
10・11 延暦寺座主円珍、天皇の病気平癒のため、紫宸殿で護摩法を修する。《三代実録》
10・13 光孝天皇皇子清実《きよざね》王に滋水《よしみず》朝臣姓を賜う。《三代実録》
10・29 清和天皇女御藤原多美子《たみこ》（藤原良相女）没（生年不詳）。《三代実録》
12・14 天皇、芹川野《せりかわの》に遊猟する。《三代実録》
12・25 天皇、神泉苑に行幸し、魚を観、隼を放つ。ついで北野に行幸する。《三代実録》
この年 宇多天皇皇子（斉世《ときよ》親王）、誕生する（母は女御橘義子）。《日本紀略》
●光孝天皇代（八八四～八八七）、天皇、内裏に御黒戸を設ける。《大鏡》

■仁和三年（八八七）丁未

光孝天皇 58歳
宇多天皇 21歳
陽成上皇 20歳

1・1 雨により、朝賀を中止する。《三代実録》
1・8 大極殿にて最勝講を始める（十四日まで）。《三代実録》
2・9 皇女袟子《ちつし》に源朝臣姓を賜う。《三代実録》
2・16 更衣藤原元善子（中納言藤原山蔭女）を女御とする。《三代実録》
4・6 天皇、参議源是忠を伊勢奉幣に発遣する（この日、諸社にも奉幣）。《三代実録》
5・28 勅により、乙訓郡大原野を陽成上皇の遊猟地とする。《三代実録》
6・20 文徳天皇皇子源行有《ゆきあり》（母は布勢氏）没（年34）。《三代実録》
7・15 丹生川上社に白馬を奉納し、止雨を祈る。《三代実録》
7・30 京・諸国地震（南海・東海地震。圧死者多数。摂津の津波被害大。余震十一月に至る）。天皇、仁寿殿より紫宸殿南庭幄舎に遷る。《三代実録》
8・20 風雨により、鴨川・葛野川氾濫。《三代実録》
8・22 太政大臣藤原基経ら、上表して皇太子を立てることを請う。《三代実録》
8・25 天皇、藤原基経の推挙により、皇子

＊**御黒戸**《おくろど》 宮中で仏壇のある場所。女房詞で黒戸といえば仏壇をさす。明治維新後は泉涌寺に移される。
＊**宇多天皇**《うだてんのう》（八六七～九三一） 光孝天皇第七皇子。母は女御班子女王（のち皇太后）。元慶八年（八八四）臣籍降下し源姓を名のる（源定省）も、仁和三年（八八七）源姓を削り立太子、ついで践祚・即位（臣籍から皇位に就いた唯一の天皇）。寛平九年（八九七）譲位。昌泰二年（八九九）出家。女御に藤原温子（のち皇太夫人）・藤原胤子（のち皇太后）・橘義子・菅原衍子・橘房子。皇子女に敦仁（醍醐天皇）・斉世・斉邦・敦慶・敦固・敦実・行中・雅明・載明・行明各親王、均子・柔子・君子・孚子・成子・依子・誨子・季子各内親王など。陵は大内山陵。なお、宇多院と追号され、譲位後の御所名によるものとされる。また、基本的に明治に到るまで「〇〇天皇」の諡号は贈られなくなる。
＊**後田邑陵**《のちのたむらのみささぎ》 京都市右京区宇多野馬場町に所在（仁和寺の西南）し、文徳天皇の田邑陵に対し陵号は「後田邑陵」とする。「延喜式」諸

源定《さだみ》省の臣姓を削り、親王とする（定省親王）。《三代実録》

第五十九代　宇《う》多《だ》天皇

8・26　源定《さだみ》省を皇太子とする。光孝天皇、病により仁寿殿にて崩御。定省親王、即日、宣耀殿《せんようでん》にて践祚（**宇多天皇**。臣籍降下した者が即位したのは宇多天皇のみ）。《日本紀略》
8・27　天皇、東宮に遷る。《日本紀略》
8・28　地震あり（九月から閏十一月までしばしば）。《日本紀略》
8月　伊勢斎宮繁子内親王、天皇崩御により退下する。《伊勢斎宮部類》
9・2　天皇、倚廬《いろ》に遷る。▼光孝天皇を山城国葛野郡小松山陵に葬る。《日本紀略》
9・8　参議橘広相を小松山陵に遣わし、その四至を定め、域内八ヵ寺を毀却する。《日本紀略》
9・11　伊勢斎宮繁子内親王、光孝天皇譲位により退下する。《類聚符宣抄》
10・5　先帝五七日《ごしち》につき、宮中に僧百人を請じ、大般若経を転読させる。《日本紀略》
10・22　天皇、倚廬より第三殿に遷る。▼禁中にて御修法あり。《日本紀略》
10・27　小松山陵が昼夜鳴動するため、呼称を**後田邑陵**に変更する。《日本紀略ほか》
11・13　伊勢神宮に即位のことを奉告する。《日本紀略》
11・17　宇多天皇、大極殿にて即位礼を挙げる。▼生母班子女王を尊んで皇太夫人とする。《日本紀略》
11・21　太政大臣藤原基経に万機を関白させる（寛平二年〈八九〇〉十二月十四日まで。関白の初めか）。《**政事要略**》
⑪・15　天皇、外祖父故仲野親王に一品太政大臣、外祖母故当麻氏に正一位を贈る。《日本紀略》
⑪・27　橘広相起草の勅答で藤原基経を再び関白とするも、勅答で用いられた「阿衡《あこう》の任」には職掌がないとして基経は出仕を拒否。政務が滞る（阿衡の紛議）。《日本紀略・政事要略》
12月　近陵の平城陵を停止して後田邑陵を加え、また、仲野親王の高畠墓、当宗氏《まさむね》（仲野親王妃・宇多天皇外祖母）の墓を近墓に加える。《延喜諸陵寮式》
この年　賀茂斎院穆子内親王、退下する。《一代要記》皇子維蕃（敦慶《あつよし》親王）、誕生する。《日本紀略》光孝天皇御願により、高野山に真言堂・多宝塔が建立される。《東寺長者補任》宇多天皇、「**宇多天皇宸記**」を記

陵寮には「陵戸四烟、四至、西限芸原岳岑、南限大道、東限清水寺東、北限大岑」とある。のち所伝を失い幕末時も決定できず、明治二十二年になってようやく天王塚《てんのうづか》の称のある現陵を治定した。

＊**政事要略**《せいじようりやく》　明法博士令宗《よしむね》（惟宗《これむね》）允亮《ただすけ》著。政務に関するあらゆる制度・事例を集めたもので、律令格式の条文や国史・日記などを掲載。本書によって知られる官符・典籍もあり、平安時代の政治を知るための重要史料。

＊**宇多天皇宸記**《うだてんのうしんき》　「寛平御記」とも称し、原本は伝存しないが、仁和三年（八八七）践祚当日から寛平九年（八九七）の譲位当日まで十年間ほどの日記であることがわかっている。なお、仁和四年十月十九日には「わが朝は神国なり、毎朝より四方大中小天神地祇を敬拝す」と記す。醍醐天皇・村上天皇の御記と合わせ、「三代御記」といわれる。

し始める（～寛平九年〈八九七〉）。

■**仁和四年（八八八）戊申**

宇多天皇　22歳

陽成上皇　21歳

1・1　天皇、諒闇により、朝賀を受けず。《日本紀略》

2・19　関白藤原基経を准三宮とする。《公卿補任》

2・25　即位により、伊勢神宮・諸社に奉幣する。《日本紀略》

4・28　大学博士善淵愛成《よしぶちのちかなり》、「阿衡」の語について勘申する。《政事要略》

5・15　関白藤原基経、「阿衡」の語により、久しく官奏を見ず、この日、五ヵ条を奏上する。《宇多天皇宸記》

5・28　昨年の震災・水害により、被害地方の本年の租調を免じる。《類聚三代格》

6・1　参議橘広相・右少弁藤原佐世らに「阿衡」の解釈について議論させる。《政事要略》

6・2　「阿衡」の文は天皇の意に背くとし、前勅を改め、重ねて藤原基経を関白とする。《政事要略》

6・5　橘広相、五ヵ条の愁文を奏上する（阿衡の義を弁疏）。《宇多天皇宸記》

7・1　丹生川上神社に止雨を祈る（二十三日にも）。《日本紀略》

8・17　西山御願寺の金堂を供養、寺号を仁和寺とする。《日本紀略・仁和寺御伝》

9・22　橘広相女義子・藤原高藤女胤子を更衣とする。《日本紀略ほか》

10・6　太政大臣藤原基経女温子、入内する。《日本紀略》

10・7　伊勢神宮・諸社に大嘗祭を奉告する。《日本紀略》

10・9　藤原基経女温子を女御とする（これにより「阿衡の紛議」が決着、関白の地位が確立される）。▼大学博士善淵愛成、「周易」を進講する。《日本紀略》

10・13　橘広相が詔書を誤作した罪を勘申させる。《日本紀略》

10・17　右大臣**源多**没。《公卿補任》

10・19　天皇、四方の天神地祇を拝する（毎朝御拝の最初の記事）。《宇多天皇宸記》

10・27　天皇、大嘗祭のため、鴨川で禊する（『日本紀略』では二十八日）。▼橘広相の罪を免じる。《宇多天皇宸記》

11・9　地震あり。《日本紀略》

11・10　伊勢神宮に大嘗祭を行なう由を奉告する。《**北山抄**》

11・22　天皇、八省院にて大嘗祭を行なう（以後、悠紀は近江国、主基は播磨・丹波・備

＊**源多**《みなもとのまさる》（八三一～八八八）　父は仁明天皇。源朝臣姓を賜わり阿波守となるも、天皇出家にしたがって出家、のち復任して右大臣にまで昇る。

＊**北山抄**《ほくざんしょう》　平安中期成立の有職故実書。藤原公任撰。朝廷の年中行事・儀式・作法などが記され、「西宮記」とならび称される。タイトルは、公任が晩年に北山の長谷《ながたに》に隠棲したことによる。「四条大納言記」「四条記」とも。一部は女婿藤原教通のために書かれたものといわれる。

＊**寛平**《かんぴょう》　「かんぺい」とも。「後漢書」郭躬伝《かくきゅうでん》に「躬家世掌法、務在寛平」、「漢書」王尊伝に「寛大之政行、和平之気通」とあるが、勘申《かんじん》者・出典とも不詳。宇多天皇の親政は、のち「寛平の治」といわれ、高く評価される。

中三国に固定される）。《日本紀略ほか》
12・23　神祇伯雅望《まさもち》王を勅使として、伊勢神宮に発遣する。この日参着。《大神宮諸雑事記》

■**寛平元年（八八九）己酉**
宇多天皇　23歳
陽成上皇　22歳
1・1　天皇、天地四方・属星・山陵を御拝する。《公事根源》
1・16　踏歌節会あり。橘広相、勅を奉じて「踏歌記」を撰する。《年中行事秘抄》
1・24　嵯峨天皇皇女仁子内親王（伊勢斎宮。母は女御大原浄子《きよいこ》〈「じょうし」とも〉）没（生年不詳）。《日本紀略》
2・10　地震あり（三月一日、七月二日、八月二十日にも）。《日本紀略》
2・16　本康親王王女元子女王を伊勢斎宮に卜定する。《日本紀略》
2・27　惟彦親王王女直子女王を賀茂斎院に卜定する。《日本紀略》
3・13　伊勢国飯野郡を一代の間、伊勢神宮に寄進する。《日本紀略》
4・7　光孝天皇皇子是茂王に源朝臣姓を賜う。《日本紀略》
4・22　清和天皇皇女包子《ほうし》内親王（母は在原行平女）没（生年不詳）。《日本紀略》
4・27　即位により寛平と改元する。《日本紀略》
4・29　長雨につき、宮中・諸国にて仁王会を修する。《日本紀略》
5・13　桓武天皇皇曾孫高望王ら五人に平朝臣姓を賜う（桓武平氏）。《日本紀略・源平盛衰記》
5・28　「寛平御記（宇多天皇宸記）」に「国内神祇を憑《たの》み奉り、今に怠りなし」と記される。《宇多天皇宸記》
6月　長雨洪水（翌月まで）。東西京中に餓死者多数。《扶桑略記》
7・14　天皇、光孝天皇のために盂蘭盆具を仁和寺に備える。《扶桑略記》
8・5　先帝に諡号（光孝天皇）を奉り、仁和寺で斎会を修する（これを最後に諡号の制が絶える〈例外あり〉）。《日本紀略》
9・11　穢により伊勢例幣を中止する。《西宮記》
9・20　伊勢斎宮元子女王、鴨川で禊する。《日本紀略》
9・23　賀茂斎院直子女王、鴨川で禊する。《日本紀略》
10・9　伊勢神宮に神宝使を発遣する。《日本紀略ほか》
10・25　陽成上皇、馬に乗り、人家に入る。

《扶桑略記》
10月 伊勢外宮の遷宮が行なわれる。《砂巌》
11・21 藤原時平を勅使として初めて賀茂社臨時祭を行なう（以後十一月下の酉の日を恒例とする）。《日本紀略》
12・2 摂津国安倍山を陽成上皇の禁野とする。《扶桑略記》
12・24 陽成上皇、源融の別業に行幸し、馬を走らせる。《宇多天皇宸記》
12・28 皇子維城《これざね》（敦仁《あつひと》。醍醐天皇）・斉《とき》中《なか》・維蕃（敦慶）・斉世《ときよ》をそれぞれ親王とする。《日本紀略》
●寛平年間初め、皇子敦固《あつかた》親王、誕生する（母は女御藤原胤子）。《日本紀略》

■寛平二年（八九〇）庚戌
宇多天皇 24歳
陽成上皇 23歳
1・1 天皇、四方拝を行なう（元旦四方拝の初めか）。朝賀中止。《江次第抄》
2・13 関白藤原基経男仲平、殿上にて元服する（天皇加冠）。《日本紀略》
2・25 仁明天皇皇子源冷《すずし》（母未詳）没（「公卿補任」では年57。「日本紀略」の年67は誤りとされる）。《日本紀略》
6・1 地震あり。《日本紀略》
6・16 京都に大地震あり。舎屋多数崩壊。《日本紀略》
7・13 立秋。天皇、郊殿に出御し、西方を恭拝する。《小野宮年中行事》
9・5 伊勢斎宮元子内親王、鴨川に禊して野宮に入る。《日本紀略》
9・17 伊勢例幣使を発遣する。《日本紀略》
この秋 天皇の御歯病平癒のため、天台僧相応が加持する。《元亨釈書》
10・15 尾張守藤原村椙、「尾張国熱田大神宮縁起」を進上する。《同書》
12・4 地震あり。《日本紀略》
12・17 維城親王（醍醐天皇）を敦仁に、維蕃親王を敦慶に名を改める。《日本紀略》
この年 上皇皇子（元良親王）、誕生する（母は藤原遠長女）。《歴代編年集成》橘広相、「蔵人式」を撰上する。《西宮記》「宇多天皇宸記」の記述終わる。《同書》
□5・16 橘広相《たちばなのひろみ》（参議。陽成・光孝・宇多各天皇の侍読。54）

■寛平三年（八九一）辛亥
宇多天皇 25歳
陽成上皇 24歳
1・13 太政大臣藤原基経没（天皇、関白を置かず親政に乗り出す。綱紀を粛正し、民政に努め、文運を興隆し、藤原保則・菅原道真を重用。「寛平の治」といわれる）。《日

＊**藤原基経**《ふじわらのもとつね》（八三六～八九一） 藤原長良三男で叔父良房の養嗣子。母は藤原総継女乙春。同母妹に清和天皇女御陽成天皇母の高子がいる。貞観十八年（八七六）譲位の清和天皇の命により摂政。陽成天皇を廃立し、光孝天皇を立て、元慶八年（八八四）関白扱いの詔を受け、宇多天皇からは正式に関白の詔を受ける。「日本文徳天皇実録」を撰進。昭宣公と諡される。

＊**類聚国史**《るいじゅうこくし》 「六国史」の記事を事項別に分類し、年代順に収録したもの。編者は菅原道真。宇多天皇の命により編まれたもので、「菅家御伝記」に「史二百巻、目二巻、帝王系図三巻」とあるが、現存するものは六十二巻。六国史のうち現在に伝わらない部分を含むため、史料として重要。なお、寛平四年（八九二）成立を疑問とする見方もある。

本紀略》

2・14 皇子敦固・斉邦《ときくに》を親王とする。《日本紀略》

2・19 天皇、東宮雅院より清涼殿に遷る（践祚後三年半も東宮におり、藤原基経死去後、初めて内裏に遷る）。《日本紀略》

2・29 菅原道真を蔵人頭とする（道真を侍読とし、ついで禁色を許す）。《職事補任》

3・19 大納言藤原良世《よしよ》を右大臣とする（二十九日、藤氏長者とする）。《日本紀略》

4・9 紀長谷雄、初めて「漢書」を進講する。《日本紀略》

4・15 賀茂斎院直子女王、禊して紫野院に入る。《日本紀略》

6・16 旱魃のため、公卿を諸陵に遣わして祈雨する。《日本紀略》

6・18 祈雨のため、大極殿にて大般若経を転読、神泉苑にて東寺長者益信《やくしん》に請雨経を修させる。▼伊勢神宮・賀茂社・石清水八幡宮に祈雨奉幣する。《日本紀略ほか》

9・4 天皇、大極殿に出御し伊勢斎宮を発遣する（元子女王、野宮を出て葛野川で禊し、この日、伊勢に群行）。▼伊勢例幣使を発遣する。《日本紀略》

10・13 宇多天皇皇子斉中《ときなか》親王（母は橘義子）没（年7）。《日本紀略》

12・16 故藤原基経の墓（次宇治墓《つぎのうじのはか》）を近墓に加え、荷前班幣に列する。《日本紀略》

12・29 光孝天皇の皇子源是忠・源是貞を親王に、皇女源忠子・源簡子・源綏子・源為子を内親王にする。《日本紀略》

□1・13**藤原基経**（摂政。関白。太政大臣。准三宮。56）、10・28円珍《えんちん》（智証大師。天台座主。入唐僧。勅命により御前講師・法眼和尚位・少僧都。78）

■寛平四年（八九二）壬子

宇多天皇 26歳
陽成上皇 25歳

1・8 渤海使、出雲国に来着する。《日本紀略》

2・19 地震あり。《日本紀略》

3・13 天皇、母中宮班子女王の六十賀を常寧殿に行なう。《日本紀略》

3・22 諸国の国分寺・定額寺に読経させ、疫癘を鎮ませる。《東大寺要録》

5・1 勅により、源能有《よしあり》・藤原時平らに命じ、「日本三代実録」を編修させる。《日本紀略》

5・10 菅原道真、勅を奉じて「**類聚国史**」を撰進する（のち増補）。《菅家御伝記》

5・22 勅使を叡山に遣わし、宣制して惟首《ゆいしゅ》を天台座主とする（以後、宣命をもって僧

職を任命)。《日本紀略》
6・24 渤海国に勅書を賜う《日本紀略》
この夏 昌住、漢和辞書「新撰字鏡」を著わす。《序》
7・16 丹生川上社に祈雨する(翌日、雨が降る)。《日本紀略》
8・14 旱魃・怪異により、伊勢神宮以下諸社に奉幣する。《日本紀略》
9・11 天皇、大極殿に出御し、伊勢例幣使を発遣する。《日本紀略》
11・10 地震あり。《日本紀略》
12・1 賀茂斎院直子女王(惟彦親王王女。母不詳)没(生年不詳)。《日本紀略》
12・29 皇女柔子・君子を内親王とする。《日本紀略》
この年 天変頻発・疫病流行。《日本紀略》

■寛平五年(八九三) 癸丑

宇多天皇 27歳
陽成上皇 26歳
1・11 怪異により、諸国神社に奉幣、国分寺・**定額寺**等にて仁王般若経を転読させる。《日本紀略》
1・22 橘広相女義子・藤原高藤女胤子等を女御とする。《日本紀略》
2・16 藤原時平を中納言、菅原道真を参議とする。《公卿補任》
3・1 内裏、失火する。《日本紀略》
3・14 宇多天皇皇女君子内親王を賀茂斎院に卜定する。《日本紀略》
4・2 敦仁《あつぎみ》親王(醍醐天皇)を皇太子とする。《日本紀略》
4・14 天皇、皇太子敦仁親王に壺切の剣を授ける(皇太子に壺切の剣を賜う濫觴)。《西宮記》
4・26 皇太子、初めて東宮に入る。《日本紀略》
5・11 新羅の賊、肥前国松浦郡に侵入する。大宰帥是忠親王、大弐安倍興行等に追討させる。《日本紀略》
⑤・3 大宰府、新羅の賊が肥前国飽田郡に来襲し民家を焼くと奏上する。この日、勅して賊追討を命じる。《日本紀略》
⑤・18 疫病流行により、臨時仁王会を修する。《日本紀略ほか》
6・19 斎院君子内親王、禊して宮内省に入る。《日本紀略》
7・19 阿保親王王子**在原行平**没。《日本紀略》
8・17 陽成上皇・皇太后藤原高子、東三条院に移る。《日本紀略》
9・25 菅原道真、「**新撰万葉集**」を撰進する(序文に「寛平御時后宮歌合」があり、これ以前に班子女王〈宇多天皇母后〉主催

***定額寺**《じょうがくじ》 奈良・平安時代の寺格の一種。定額寺になると官稲などが支給された。天武九年(六八〇)諸寺の食封の点検を行なって寺名を定めたことに由来するといわれ、その後、官寺待遇を出願した寺が多かったため、一定数を限って保護したというが、その定数は定かでない。

***在原行平**《ありわらのゆきひら》(八一八~八九三) 平城天皇皇子阿保親王の子。大宰権帥、中納言。女(更衣在原氏)は清和天皇の後宮に入り、貞数親王・包子内親王をもうける。

***新撰万葉集**《しんせんまんようしゅう》 菅原道真撰といわれる私撰万葉集。上下巻で、上巻には寛平五年(八九三)九月二十五日、下巻には延喜十三年(九一三)八月二十一日の序があり、下巻は別人の撰とされる。「万葉集」と「古今和歌集」の間にある唯一の歌集。

の歌合があったことが分かる。天皇主催との説もあり)。《日本紀略》
10・17 皇子載明《のりあきら》を親王とする。《日本紀略》
11・16 女御橘房子(父母未詳)没(生年不詳)。《日本紀略》
11・27 伊勢外宮の近域に人民の居住を禁じる。《神宮雑例集》
この年 皇子敦実親王、誕生する(母は女御藤原胤子)。《大鏡裏書》

■寛平六年(八九四)甲寅

宇多天皇 28歳
陽成上皇 27歳

1・7 是忠親王王子宗于《むねゆき》王(光孝天皇皇孫)に源朝臣姓を賜う。《中古歌仙伝》
2月 この頃、新羅の賊来襲頻発(大宰府よりしばしば奏上)。《日本紀略》
3・21 狂人、紫宸殿に昇る。《日本紀略》
3・24 地震あり。《日本紀略》
4・19 新羅の海賊を討つため、伊勢神宮に奉幣する(二十日、諸社にも)。《日本紀略》
4・22 山陵に使を発遣し、新羅賊討伐を祈願する。《日本紀略》
5月 渤海使、入朝する。《日本紀略》
8・21 菅原道真を遣唐大使、紀長谷雄を副使に任命する。《日本紀略》
9・3 天皇、大極殿乾角に出御し、伊勢以下諸社に奉幣使を発遣する(「西宮記」では五日)。《日本紀略ほか》
9・11 内裏穢により、伊勢例幣使を中止する。《日本紀略》
9・23 新羅来寇により、山陵に奉幣する。《日本紀略》
9月 菅原道真の進言により、遣唐使を停止(以後、遣唐使を派遣せず)。《日本紀略》
10・6 大宰府、新羅の賊船退去を奏上する。《日本紀略》
11・3 地震あり。《日本紀略》
12・29 渤海使、伯耆国に来着する。《日本紀略》

■寛平七年(八九五)乙卯

宇多天皇 29歳
陽成上皇 28歳

1・1 雨雪により朝賀を中止する(延喜八年〈九〇八〉の先例による)。《日本紀略》
1・19 皇太子敦仁親王、元服する。《扶桑略記》
1・23 嵯峨天皇皇子秀良親王(母は橘嘉智子)没(年79)。《日本紀略》
3・3 天皇、神泉苑に行幸し、曲水の宴あり。「騎射走馬」を観る。《日本紀略》
3・5 天皇、北野に行幸し、遊猟する。《日本紀略》

4・16 賀茂斎院君子内親王、鴨川で禊し、野宮に入る。《日本紀略》
5・7 渤海使、鴻臚館《こうろかん》に来たる。《日本紀略》
5・11 天皇、渤海使を迎え、豊楽院に宴を賜う（十四日は朝集堂、十五日は鴻臚館で賜宴）。《日本紀略》
5・16 渤海使、帰国する。《日本紀略》
5・24 天皇、神泉苑に行幸する。《日本紀略》
7・15 皇子敦実を親王とする。《日本紀略》
8・5 「大安寺縁起」「長谷寺縁起」を撰進する。《序》
8・25 嵯峨天皇皇子**源融**没。《日本紀略》
9・11 伊勢例幣を中止する。《日本紀略》
10・26 菅原道真を中納言とする。《公卿補任》
11・7 宇多天皇皇女孚子《ふし》女王を内親王とする。《日本紀略》
この年 皇女（依子内親王）、誕生する（母は更衣源貞子）。《一代要記》

■寛平八年（八九六）丙辰
宇多天皇 30歳
陽成上皇 29歳

1・13 地震あり。《日本紀略》
①・6 天皇、北野・雲林院・船岡に行幸し、遊覧する（皇太子敦仁親王扈従《こじゅう》。菅原道真、「行幸記」を記す）。《扶桑略記》
①・25 天皇、朱雀院に行幸し、諸工の工事を見る。《日本紀略》
①月 天皇、斎院に行幸する。《中右記》
2・4 地震あり。《日本紀略》
2・23 天皇、神泉苑に行幸し、文人に詩を作らせる。《日本紀略》
5・9 京都洪水。《日本紀略》
6・30 宇多天皇女御**藤原胤子**没。《日本紀略》
7・16 右大臣藤原良世を左大臣、大納言源能有《よしあり》を右大臣とする。《日本紀略》
8・21 長雨により賀茂下社に奉幣する（二十三日には伊勢神宮にも）。《日本紀略》
9・22 密通の皇太后藤原高子を廃し、僧善祐を伊豆に流す。《扶桑略記》
10・13 天皇、朱雀院、ついで尚侍藤原淑子《しゅくし》邸に行幸する。《日本紀略》
10・19 紀長谷雄、「文選」の講義を終える。《日本紀略》
11・26 菅原道真女衍子《えんし》を女御とする。《日本紀略》
12・25 左大臣藤原良世、致仕する（二十八日説あり）。《公卿補任》
この冬 「長谷寺縁起文」成る（菅原道真執筆とするが、伴信友、これを偽書とする）。《序》
●宇多天皇代（八八七〜八九七）、神鏡が内《ない》侍所《しどころ》（**賢所**）に祀られる（神鏡が天照大神

＊**源融**《みなもとのとおる》（八二二〜八九五） 父は嵯峨天皇、母は大原全子。源朝臣姓を賜わり仁明天皇の猶子となり加冠。左大臣に昇るが、藤原基経が太政大臣となると出仕せず、嵯峨の棲霞観に籠る。世に「河原左大臣」といわれる。贈正一位。

＊**藤原胤子**《ふじわらのいんし》（?〜八九六） 宇多天皇女御。父は藤原高藤、母は宮道弥益女列子。源定省（宇多天皇）に嫁し、仁和三年（八八五）敦仁（醍醐天皇）をもうける。宇多天皇即位後、寛平五年（八九三）女御となる。同九年、醍醐天皇即位により、皇太后を追贈される。その生家は、のち勧修寺となる。陵は小野陵《おののみささぎ》（京都市山科区勧修寺北大日町）。

＊**賢所**《かしこどころ》 天照大神の御霊代《みたましろ》としての神鏡を祀る所。「けんしょ」とも。また、神殿に奉仕する内侍がいたことから内侍所とも呼ばれた。室町時代からは春興殿に安置されたことにより、ここを温明殿とも内侍所とも呼んだ。近代以降は、神殿・皇霊殿とともに宮中三殿を成している。

＊**惟喬親王**《これたかしんのう》（八四四〜八九七） 父

の御《み》霊代《たましろ》として重視されるようになり、鏡・剣・璽が皇位の象徴として定着）。

■寛平九年（八九七）丁巳

宇多天皇　31歳
醍醐天皇　13歳
陽成上皇　30歳

2・20　文徳天皇皇子**惟喬親王**没。《日本紀略》

2・29　皇女成子・依子等を内親王とする。《日本紀略》

3・19　臨時仁王会が修される（天皇、大極殿に出御）。《日本紀略》

3月　伊勢斎宮元子女王、退下する。《日本紀略》

5・17　天皇、朱雀院、ついで神泉苑に行幸する。《日本紀略》

6・8　文徳天皇皇子**源能有**没（これにより大臣が一人もいなくなる）。《日本紀略》

6・19　中納言藤原時平を大納言・氏長者とする（大臣なきため筆頭公卿となる）。源光・菅原道真を権大納言とする。《公卿補任》

第六十代　醍醐《だいご》天皇

7・3　皇太子敦仁親王、清涼殿にて元服。宇多天皇、紫宸殿にて譲位（このあと弘徽殿に移る）。敦仁親王、紫宸殿にて即日受禅（**醍醐天皇**。宇多天皇、譲位にあたり藤原時平・菅原道真に、新帝を補佐し、奏請・宣行のことを行なうよう詔を下す〈**内覧**の初め〉。また、新帝に「**寛平御遺誡**」を与える）。この日、光孝天皇皇女為子内親王、入内する。《日本紀略ほか》

7・10　先帝に太上天皇尊号を奉る。《日本紀略》

7・13　醍醐天皇、大極殿にて即位の礼を挙げる。《日本紀略》

7・19　天皇生母故藤原胤子に皇太后を追贈する。《日本紀略》

7・22　地震・怪異により御卜を行なう。《日本紀略ほか》

7・25　天皇、光孝天皇皇女為子内親王を妃とする。《日本紀略》

7・26　天皇、皇太夫人班子女王を尊んで皇太后、女御藤原温子を醍醐天皇養母により皇太夫人とする（藤原温子、内裏より東五条堀川院に移る）。《日本紀略》

8・8　山陵に即位を奉告する。《御即位条々勘例》

8・9　宇多上皇・皇太后班子女王、東三条院に移る。《日本紀略》

8・13　伊勢神宮に即位および斎宮に宇多天皇皇女柔子内親王を卜定したことを奉告する。《日本紀略》

は文徳天皇、母は紀名虎女静子。第一子であったが、藤原良房女明子に惟仁親王が生まれ立太子したことにより皇位継承できず。貞観十四年（八七二）病のため出家、法名素覚を称する。

＊**源能有**《みなもとのよしあり》（八四五～八九七）父は文徳天皇、母は伴氏。仁寿三年（八五三）源朝臣姓を賜わる。のち右大臣。女厳子は清和天皇女御。「日本三代実録」編纂にも関わる。

＊**醍醐天皇**《だいごてんのう》（八八五～九三〇）宇多天皇第一皇子。母は内大臣藤原高藤女胤子《いんし》（以後、天皇の母藤原氏が長く続く）。諱は維城、のち敦仁《あつぎみ》。寛平五年（八九三）立太子、同九年、元服と同時に践祚、七月即位。延長八年（九三〇）譲位。同年九月出家し、崩御。皇后は藤原穏子、妃は宇多上皇同母妹為子内親王。女御に源和子・藤原能子・藤原和香子・藤原桑子。皇子女に克明・保明・代明・重明・常明・式明・有明・兼明・寛明（朱雀天皇）・章明・成明（村上天皇）・盛明の各親王、勧子・宣子・恭子・慶子・勤子・婉子・都子・

8・17 賀茂斎院君子内親王を改めないことを賀茂社に奉告する。《日本紀略》
8・21 天皇、紫宸殿に出御し、政を始める。《日本紀略》
9・10 宇多上皇、詩人を朱雀院に召し、宴を賜う。《日本紀略》
9・11 伊勢例幣使を発遣し、伊勢国飯野郡を伊勢神宮の神郡とし、兵乱平定の事を祈る（度会・多気・飯野の神三郡が成立）。《類聚三代格》
9月 天皇、「**醍醐天皇宸記**」を記し始める（延長七年〈九二九〉まで）。《同書》
10・25 天皇、大嘗祭のため、東河（鴨川）で禊をする。《日本紀略》
11・20 天皇、八省院にて大嘗祭を行なう。《日本紀略》
11・21 天皇、豊楽院にて舞楽風俗を見る。
▼文徳天皇皇女述子内親王（賀茂斎院。母は紀静子）没（生年不詳）。《日本紀略》
11・24 仁明天皇皇女新子内親王（母は藤原沢子）没（生年不詳）。《日本紀略》
12・8 太皇太后藤原順子（仁明天皇女御）の国忌を除き、贈皇太后胤子（宇多天皇女御）の国忌を置く。《中右記》
12・17 外祖母故操子女王に正一位を贈る。《日本紀略》

この年 宇多上皇皇子（行中親王）、誕生する（母不詳）。《日本紀略》斎宮元子女王、伊勢斎宮を退下する。《伊勢斎宮部類》
●寛平年間（八八九〜八九八）、「寛平御時菊合」を催す。《寛平御時后宮歌合》この頃以降、告朔において天皇が出御しなくなる。
□この秋、藤原佐世《ふじわらのすけよ》（「すけつぎ」とも。儒学者。陽成天皇都講。「日本国見在書目録《げんざいしょもくろく》」撰者。51）

■昌泰元年（八九八）戊午

醍醐天皇 14歳
陽成上皇 31歳
宇多上皇 32歳

2・17 宇多上皇、朱雀院に移る。《日本紀略》
2・28 清涼殿にて読書始。天皇、紀長谷雄から「群書治要」の講義を受ける。《日本紀略》
3・15 仁明天皇皇子国康《くにやす》親王（母は藤原賀《か》登子《とこ》）没（生年不詳）。《日本紀略》
3・28 疫癘消除のため、十五大寺に金剛般若経一万巻を転読させる（三日間）。《日本紀略》
4・13 八社に奉幣して疫癘を祈禳する。《日本紀略》
4・25 伊勢斎宮柔子内親王、鴨川で禊して野宮に入る（あるいは八月二十二日か）。《日

修子・敏子・雅子・普子・靖子・韶子・康子・斉子・英子の各内親王、源高明等。陵は後山科陵。

＊**内覧**《ないらん》 宇多天皇が幼少の醍醐天皇に譲位する際、大納言藤原時平・権大納言菅原道真に、新帝を補佐し、奏請・宣行のことを行なうよう詔を下したことに始まる。以来、摂政・関白のないときや病気の際は、特定の大臣または大納言に奏下すべき文書を経由させることがあり、准関白として機能した。一条・三条朝の左大臣藤原道長が特に有名。明治維新のとき、摂政・関白とともに廃止。

＊**寛平御遺誡**《かんぴょうのごゆいかい》 宇多天皇が幼少の醍醐天皇に譲位するにあたり、心得るべきことを書き贈ったもの（全文は伝わっていない）。政務や日常についての注意のほか、藤原時平・菅原道真を重用するよう説いたもの。以後、天皇の金科玉条のものとして尊重された。

＊**醍醐天皇宸記**《だいごてんのうしんき》 寛平九年（八九七）から延長八年（九三〇）まで、即位年から崩御までの日記。もとは二十巻あったが、内裏焼亡のためか伝存せず、逸文としてのみ伝わ

本紀略》
4・26　代始により**昌泰**と改元する。《元亨釈書》
5・1　旱により七社に読経して雨を祈る。《扶桑略記》
5・8　伊勢神宮以下十六社に祈雨奉幣する（**十六社**制の成立）。《日本紀略》
5・15　伊勢神宮に祈雨奉幣する。《日本紀略》
7・3　二十二社奉幣を行ない、雨を祈る。《日本紀略》
7・20　五畿七道諸国名神社に神宝を奉幣する。《日本紀略・西宮記》
7・27　地震あり。《日本紀略》
7・28　光孝天皇女御藤原佳美子《かみこ》（父母不詳）没（生年不詳）。《日本紀略》
8・22　斎宮柔子内親王、鴨川で禊し、野宮に入る。《日本紀略》
8・23　伊勢神宮・宇佐宮・諸国名神に神宝を奉る（宇佐宮には以後三年ごとに勅使を派遣〈宇佐使〉）。《日本紀略》
9・10　宇多上皇、文人を召し、朱雀院にて詩宴を行なう。《日本紀略》
9・18　宇多天皇譲位の詔に奏請・宣行は藤原時平・菅原道真のみとあるため、諸納言政務につかず、道真、宇多上皇に奏請して諸納言を政務に参与させる。《菅家文草《かんけぶんそう》》

この秋　宇多上皇、朱雀院にて「朱雀院女郎花合《すざくいんおみなえしあわせ》」「亭子院女郎花合《ていじいんおみなえしあわせ》」を催す。《古今和歌集ほか》
10・20　宇多上皇、大和・河内・摂津国を巡幸する（閏十月一日帰京）。《日本紀略》
⑩・16　宇多上皇の皇子女に源朝臣姓を賜う。《日本紀略》
この年　宇多上皇、雲林院に御幸する。《菅家文草》たびたび地震・雷・星変あり。《日本紀略》初めて東寺三長者を置く。《東寺長者補任》

■昌泰二年（八九九）己未

醍醐天皇　15歳
陽成上皇　32歳
宇多上皇　33歳

1・1　風雪により朝賀を中止。天皇、南殿に出御し、宴を群臣に賜う。《日本紀略》
1・3　天皇、宇多上皇の朱雀院に朝覲行幸する。《日本紀略》
2・14　大納言藤原時平を左大臣、権大納言菅原道真を右大臣とする。《公卿補任》
2・21　伊勢神宮に臨時奉幣する。《大神宮諸雑事記》
3・3　宇多上皇、朱雀院にて詩宴を行なう。《日本紀略》
3・14　醍醐天皇妃為子内親王（光孝天皇皇

るものの、この時期の史料は少ないため、逸文であっても史料的価値が高い。「延喜御記」とも。村上天皇の宸記と併せ、「延喜天暦御記抄」「二代御記抄」の残闕一巻が残されている。
＊**昌泰**《しょうたい》　勘申者・出典不詳。改元の日として、四月十六日、八月十六日説もある。
＊**十六社**　祈年穀・祈雨・止雨の奉幣対象の神社。伊勢・石清水・賀茂上下・松尾・平野・稲荷・春日・大原野・大神・石上・大和・広瀬・龍田・住吉・丹生・貴布禰の各神社。のち十九社、ついで二十二社奉幣制度の先駆となる。

女。母は皇太后班子女王）没（生年不詳）。▼醍醐天皇皇女（勧子《かんし》内親王）、誕生する（母は為子内親王）。《日本紀略》

5・6　天皇、武徳殿で種々の雑芸《ぞうげい》を観る。《日本紀略》

5・11　天皇、藤原菅根に「史記」を講じさせる。《類聚符宣抄》

5・22　突風により、大極殿高御座が傾く。《日本紀略》

7・9　天皇、瘧病《おこり》にかかる。《扶桑略記》

9・7　地震あり。《日本紀略》

9・8　天皇、八省院に行幸し、伊勢斎宮を発遣する（柔子内親王、葛野川で禊し、伊勢に群行。深夜、五百人を超える行列を組んで出発。十四日離宮院到着）。《西宮記》

9・11　伊勢例幣使を発遣する。《西宮記》

10・7　文徳天皇皇女礼子内親王（母は藤原今子）没（生年不詳）。《一代要記》

10・15　宇多上皇、東寺で灌頂を受ける。《扶桑略記》

10・24　宇多上皇、益信《やくしん》を戒師として仁和寺で出家する（このあと、御室《おむろ》が建てられる。このとき上皇、太上天皇の尊号を再び辞退し、**太上法皇**と称する〈法皇の初め〉。以後、出家した太上天皇を法皇と呼ぶようになる）。《日本紀略》

11・24　法皇、東大寺にて受戒する。《日本紀略》

11・25　宇多法皇に対する太上天皇の尊号を停める。《日本紀略》

12・14　皇女勧子《かんし》を内親王とする。《日本紀略》

この年　法皇、神護寺に赴く。《神護寺略記》東寺「両界曼荼羅」成る。《箱銘》

●八〇七年以降九世紀末までに「**先代旧事本紀**」が撰される。▼九世紀末から一〇世紀初めにかけ「恒貞親王伝」成る。

■昌泰三年（九〇〇）庚申

醍醐天皇　16歳
陽成上皇　33歳
宇多法皇　34歳

1・3　天皇、法皇の朱雀院に朝覲行幸する（このとき法皇、右大臣菅原道真を関白とするも固辞したと伝える）。《扶桑略記》

1・28　大納言藤原高藤《たかふじ》を内大臣とする（三月十二日没）。《公卿補任》

3・14　故内大臣藤原高藤に太政大臣正一位を贈る。《日本紀略》

4・1　皇太后**班子女王**（光孝天皇女御）没。《日本紀略》

4・4　皇太后班子女王を葛野郡頭陀寺辺に葬る。《日本紀略》

5・23　太皇太后**藤原明子**（文徳天皇女御）没。

＊**太上法皇**《だじょうほうおう》　出家した太上天皇のこと。宇多上皇が出家し、太上法皇を称して以来、太上法皇（略して法皇）と称することが通例となる。崩御に際して出家した天皇および聖武天皇を除くと三十五例ある。また、後高倉院（守貞親王）と後崇光院（貞成親王）は、親王のときに出家していたため、尊号宣下後は法皇と称された。

＊**先代旧事本紀**《せんだいくじほんぎ》　天地開闢から推古天皇代までを記す編年体の史書。「記紀」を補う部分があり、古代祭祀を見るうえで重要とされる。成立年・撰者不詳。

＊**班子女王**《はんしじょおう》（八三三～九〇〇）　父は桓武天皇皇子仲野親王、母は当宗氏。時康親王（光孝天皇）の室となり、王子定省《さだみ》（宇多天皇）らをもうける。元慶八年（八八四）時康親王の即位により女御、仁和三年（八八七）宇多天皇即位により皇太夫人、寛平九年（八九七）醍醐天皇即位により皇太后となる。山城国葛野郡頭陀寺辺に葬られる。

＊**藤原明子**《ふじわらのめいし》（八二九～九〇〇）　文徳天皇女御。父は摂政藤原良房、

《日本紀略》

6・13 文章博士三善清行に「史記」を進講させる。《日本紀略》

6・26 藤原良世《よしよ》、「興福寺縁起」を撰進する。《同書》

7・20 文徳天皇皇女晏子《あんし》（「やすこ」とも）内親王（伊勢斎宮。母は藤原列子）没（生年不詳）。《日本紀略》

7月 宇多法皇、金峯山に御幸する。《扶桑略記》

8・16 菅原道真、「菅家集」「菅相公集」「菅家文草」を撰進・進献する。《菅家後集》

10月 法皇、高野山・竹生島等に御幸する。《日本紀略》

11・21 三善清行、「易緯」の正当性を主張し、明年辛酉革命の議を奏上する（「革命勘文」）。翌年、延喜と改元。革命改元の例をひらく）。《革命勘文》

この年 天皇が母后藤原胤子追善のために建てた勧修寺が完成する。《勧修寺縁起》

□3・12藤原高藤《ふじわらのたかふじ》（内大臣。贈太政大臣。宇多天皇女御胤子の父。その墓小野墓は近墓に加列。63）、11・18藤原良世《ふじわらのよしよ》（「つきよ・つぎよ」とも。左大臣。父は左大臣藤原冬嗣。77・78・79とも）

■延喜元年（九〇一）辛酉

醍醐天皇 17歳
陽成上皇 34歳
宇多法皇 35歳

1・1 天皇、日食により南殿に御さず。《日本紀略》

1・25 斉世《ときよ》親王擁立を謀ったとして、菅原道真を大宰権帥に左遷する（実際は流言にすぎないとされる。二十七日、子弟門弟を、二月、道真一族を諸国に左遷）。《日本紀略》▼大納言源光を右大臣とする。《日本紀略》

1・30 法皇、禁中左衛門陣に赴き、道真左遷に抗議するも警固され、止められる。《扶桑略記》

2・2 （菅原道真左遷により）斉世親王、出家する。《東寺長者補任》

2・4 諸社に菅原道真左遷を奉告する（山陵には五日奉告）。《日本紀略》

2・22 三善清行、「革命勘文」を作り、改元を奏請（五月十三日にも）。《革命勘文》

3月 藤原基経女穏子《おんし》を女御とする。《日本紀略》

6・27 清和天皇皇女孟子《もうし》内親王（母は藤原諸葛女）没（生年不詳）。《日本紀略》

7・15 辛酉革命・老人星・逆臣により**延喜**と改元する。《日本紀略》

8・2 藤原時平ら、「**日本三代実録**」を撰

母は嵯峨天皇皇女源潔姫。嘉祥三年（八五〇）、惟仁《これひと》（清和天皇）をもうける。天安二年（八五八）清和天皇即位により皇太夫人、貞観六年（八六四）天皇元服とともに皇太后、元慶六年（八八二）孫陽成天皇元服により太皇太后となる。陵は白河陵とされるが所在不明。

＊**延喜**《えんぎ》 出典不詳も「尚書旋璣《しょうしょせんき》鈐《けん》」に「禹開竜門、導積石、出玄圭、刻日、延喜玉受徳、天錫佩」とある。勘申者は不明。

＊**日本三代実録**《にほんさんだいじつろく》 清和・陽成・光孝天皇三代の記録。「日本文徳天皇実録」に続くもので「六国史」の最後。天安二年（八五八）から仁和三年（八八七）までの二十九年ほどを収録。宇多天皇の勅により編纂が始められ、途中中断も、醍醐天皇の藤原時平らに対する勅により再開され、延喜元年（九〇一）に完成したもの。「六国史」の中では最も詳しい。

上する。《日本紀略》

8・23 光孝天皇国忌により、二十三日から四日間、法皇、仁和寺において法華八講を行なう。《日本紀略》

8月 左大臣藤原時平ら、「延喜格」を撰上する。《日本紀略》

9月 大学北堂で、「史記」竟宴を行なう。《日本紀略》

12・13 法皇、東寺において益信《やくしん》から両部灌頂を受ける。《東寺長者補任》

12・14 仁明天皇皇子本康《もとやす》親王（母は滋野縄子）没（生年不詳）。《日本紀略》

この年 陽成上皇皇子（元長親王）、誕生する（母は好子女王。好字は諸書で姉・妹・姣等に作る）。《歴代編年集成》

■延喜二年（九〇二）壬戌

醍醐天皇 18歳
陽成上皇 35歳
宇多法皇 36歳

2・23 法皇、僧正益信より灌頂印信を受ける。《三代帝王御灌頂記》

3・13 「延喜の荘園整理令」を出す。《類聚三代格》

3・20 **飛香舎**にて藤花宴を催す。《日本紀略》

4・1 法皇、延暦寺仏舎利会に御幸する。《日本紀略》

4・13 「**祈年穀奉幣**」が初見。《日本紀略》

6・10 紫宸殿にて諸神に祈雨する。《**醍醐天皇宸記**》

6・17 祈雨のため、山陵使を定める。また、十社十五大寺および延暦寺に読経させる。《日本紀略》

7・17 禁中で庚申の夜御遊がある。《西宮記》

7・24 地震あり。《扶桑略記》

8・15 法皇、山城国檀林寺で法華経・最勝王経を講じさせる。《日本紀略ほか》

9・29 天皇、禁庭にて元慶寺舞童を召し、舞を見る。《日本紀略》

10・8 宇多天皇皇女君子《くんし》内親王（「きみこ」とも。賀茂斎院。母は橘義子）没（生年不詳）。《日本紀略》

10・11 光孝天皇皇女忠子内親王、出家する。《元亨釈書》

10月 天皇、芹河（野）に行幸する。《**河海抄**》

この年 醍醐天皇皇女宣子《せんし》内親王（母は更衣源封子《ふうし》）、同恭子《きょうし》内親王（母は更衣藤原鮮子）、誕生する。《一代要記》

■延喜三年（九〇三）癸亥

醍醐天皇 19歳
陽成上皇 36歳
宇多法皇 37歳

1・3 天皇、法皇の仁和寺に朝観行幸する。

＊**飛《ひ》香舎《ぎょうしゃ》** 平安京内裏の後宮五舎の一。庭に藤が植えられていたので「藤壺」ともいわれる。藤原彰子（一条天皇中宮）・藤原威子（後一条天皇中宮）などが居住した。現在の京都御所飛香舎は、安政の再建で、平安時代の場所とは異なる。

＊**祈念穀奉幣《きねんこくほうへい》** 伊勢以下賀茂・春日等の畿内の神社に奉幣して豊作を祈る儀式。平安時代に始まり、室町頃までの二月・七月の吉日に行なった。

＊**醍醐天皇宸記《だいごてんのうしんき》** 寛平九年（八九七）の即位の年から延長八年（九三〇）の譲位・崩御の年まで記される。平安末期には摂関・蔵人の必読書とされたが、内裏焼亡のためか現存せず、「延喜天皇御記抄」の写本や逸文が残る。天皇は、政治においては律令格式を、儀式には「内裏式」を手本に、万事先例を重視していたことがうかがわれ、この時代の貴重史料。

＊**河海抄《かかいしょう》** 室町時代の「源氏物語」注釈書。著者は源惟良撰と称するも、実は四辻善成。将軍足利義詮の命により撰進。

《醍醐天皇宸記》
2・13　三合の厄により、伊勢神宮に奉幣する。《西宮記》
2・17　皇女宣子・恭子を内親王とする。《日本紀略》
2・19　恭子内親王を賀茂斎院に卜定する。《日本紀略》
2・25　菅原道真、大宰府で没。《日本紀略》
4・20　故菅原道真を本位に復する。《扶桑略記》
7・25　光孝天皇皇子是貞《これさだ》親王（母は班子女王）没（生年不詳）。《日本紀略》
7・28　来月三日より、蔵人所で文章生藤原諸蔭に「漢書」を講じさせる。《西宮記》
8月　天皇、勧修寺にて皇太后藤原胤子のため、宸筆法華経を供養する。《日本紀略》
9・10　文徳天皇皇女濃子《のうし》内親王（母は滋野奥子）没（生年不詳）。《日本紀略》
9・11　天皇、大極殿に行幸し、伊勢例幣使を発遣する。《日本紀略》
9・13　天皇の臨時御願により、賀茂社以下に神宝・仏舎利を納める。《西宮記》
9月　「陽成院歌合」が行なわれる。《夫木和歌抄》
10月　「内裏菊合」が行なわれる。《夫木和歌抄》
11・19　左兵衛陣の穢により、神祇官で新嘗会が行われる。《日本紀略》
11・30　醍醐天皇皇子（崇象《たかかた》。のち保明《やすあきら》親王）、誕生する（二十日等異説も。母は女御藤原穏子）。《御産部類記》
12・5　光孝天皇皇女**穆子内親王**没。《日本紀略》
12月　大納言藤原定国女藤原和香子を女御とする。《一代要記》
この年　醍醐天皇皇子（克明《かつあきら》親王。母は更衣源封子）、同皇女（慶子《けいし》内親王。母は女御源和子）、誕生する。《一代要記・本朝皇胤紹運録》
□2・25**菅原道真**（右大臣。59）

■**延喜四年（九〇四）甲子**

醍醐天皇　20歳
陽成上皇　37歳
宇多法皇　38歳

1・27　左大臣藤原時平らが上表して、皇太子を立てることを請う。《日本紀略》
2・10　皇子崇象（のち保明）を親王とし、ついで皇太子とする（このとき、**壺切太刀**を授ける。以後、立太子の際は恒例）。《扶桑略記》
3・26　法皇、仁和寺円堂院を建立し、供養する。《扶桑略記》

＊**穆子《ぼくし》内親王《ないしんのう》**（?～九〇三）　父は光孝天皇、母は正如王（あるいは正躬王）王女桂心女王。元慶六年（八八二）賀茂斎院に卜定され、仁和三年（八八七）光孝天皇崩御により斎院を退下。

＊**菅原道真《すがわらのみちざね》**（八四五～九〇三）　是善の子。宇多・醍醐天皇の信任が篤く、学者として名高いばかりでなく、蔵人頭から右大臣にまで昇った。しかし藤原時平の中傷により大宰府に左遷、当地で没する。のち名誉は回復され、天満天神として全国的に信仰の対象となった。編著に「日本三代実録」「類聚国史」「新撰万葉集」、漢詩文集に「菅家文章」「菅家後集」などがある。

＊**壺切太刀《つぼきりのたち》**　「壺切御剣」とも。皇太子が代々相伝する御剣。藤原氏が皇位の印の神剣にならい、自氏出身の皇太子の地位を安定させるために相伝させたものといわれる。「西宮記」は、醍醐天皇が宇多天皇から賜ったものを、皇太子保明親王に賜うとしている。

3月　法皇、仁和寺に仙洞御所（**御室**）を建て、ここに移る。《仁和寺御伝》
③・7　諸国疫癘流行のため、諸社に奉幣して祈禳させる。《日本紀略》
4・8　文徳天皇皇子惟恒《これつね》親王（母は藤原今子）没（生年不詳）。▼皇太子崇象親王、志貴院より東宮に移る。《日本紀略ほか》
5・7　光孝天皇皇女忠子内親王（母は班子女王）没（年51）。《日本紀略》
5・12　清和天皇女御忠子女王（父母未詳）没（生年不詳）。《日本紀略》
7・2　東大寺に佐伯院（香積寺）を移建する（のち東南院）。《東大寺続要録》
7・8　炎旱により五竜祭を行なう。《醍醐天皇宸記》
8・10　左右馬寮の馬を皇太子に賜う。《醍醐天皇宸記》
8・21　藤原春海らに**宜陽殿**で「日本紀」を講じさせる。《日本紀略ほか》
9・11　伊勢例幣使を発遣する。《撰集秘記》
9・24　天皇、僧寛蓮らを召して殿上で囲碁を覧る。《醍醐天皇宸記》
11・12　地震あり。《扶桑略記》
11・17　皇子将順《まさのぶ》（克明《かつあきら》）を親王に、皇女慶子を内親王とする。《日本紀略》
12・19　北野にて雷公祭を行なう。《醍醐天皇宸記》
この年　法皇、延暦寺に御幸し、千光院に御堂を造立する。《扶桑略記》醍醐天皇皇女二人（勤子《きんし》内親王、母は更衣源周子。婉子《えんし》内親王、母は更衣藤原鮮子）、誕生する。《一代要記》また、同皇子（代明《よりあきら》親王）、誕生する（母は藤原鮮子）。《親王御元服部類記》

■延喜五年（九〇五）乙丑

醍醐天皇　21歳
陽成上皇　38歳
宇多法皇　39歳

1・3　天皇、法皇の仁和寺に朝覲行幸する（このとき天皇、御輦を門外に留め、門内は徒歩で進む）。《日本紀略》
1・29　法皇、大覚寺に御幸する（野菜を採る。左大臣藤原時平以下扈従）。《日本紀略》
2・14　天皇、六条院に行幸する。《西宮記》
3・16　斉世《ときよ》親王、仁和寺に出家する（法名真寂）。《日本紀略》
3・21　法皇、薬師寺に御幸し、万灯会を行なう。《醍醐天皇宸記》
4・14　法皇、延暦寺にて天台僧増命《ぞうみょう》より廻心戒を受ける（十五日、初めて胎蔵金剛両部大法を受ける）。《扶桑略記》
4・15　紀貫之《きのつらゆき》・紀友則《きのとものり》・凡河内躬恒《おおしこうちのみつね》・壬生《みぶの》忠岑《ただみね》ら、醍醐天皇の勅により「**古今和歌集**」

＊**御室**《おむろ》　仁和四年（八八八）光孝天皇御願により仁和寺が創建された。延喜元年（九〇一）宇多上皇は、仁和寺において益信から両部灌頂を受け、延喜四年（九〇四）ここに仙洞御所を営み、ここで崩じた。この御所は「御室」と呼ばれたため、「御室」は仁和寺の別称となる。爾来、門跡寺院の最初となり、明治に至るまで、法皇・法親王が住するところとなる。

＊**宜陽殿**《ぎようでん》　紫宸殿東にある殿舎で、儀陽殿とも記される。この東庇では「日本書紀」講読が行なわれ、公卿間がある。母屋には累代の御物などが収蔵され、「納殿《おさめどの》」とも呼ばれた。内裏の火災とともに何度も焼け、寛政（一七八九～一八〇一）造営のとき、紫宸殿東に復興された。

＊**古今和歌集**《こきんわかしゅう》　わが国最初の**勅撰和歌集**。紀貫之「かな序」の「やまと歌は、人の心を種として、よろづの言の葉とぞなれりける」は有名。収められた歌は約一千百首で、「万葉集」の素朴さにくらべ、理知的だといわれる。「賀部」冒頭には「題しらず読み人しらず」と

を撰進する。《序・日本紀略》
4・18　斎院恭子内親王、鴨川に禊して野宮に入る。《西宮記》
5・15　皇太夫人藤原温子、出家する。《日本紀略》
7・11　東大寺内香積寺を権僧正聖宝に付託する（のち東南院）。《平戸記》
7・18　旱災により、伊勢神宮に奉幣する。《日本紀略》
7・21　法皇、封戸を辞する。《日本紀略》
7・28　光孝天皇皇子源是恒《これつね》（母未詳）没（生年不詳）。《醍醐天皇宸記》
8・19　味酒安行《うまさけのやすゆき》、神託により、天満大自在天神の神殿を建立する（大宰府天満宮の初め）。《菅家御伝記》
8月　天皇、藤原時平らに「延喜式」撰定を命じる。《序》
9・5　伊勢神宮遷宮により、神宝使を発遣する。▼高陽院《かやのいん》が焼亡する。《日本紀略》
9・11　伊勢例幣使を発遣する（天皇、八省院行幸をやめ、南殿にて御拝）。《園太暦》
9・16　伊勢内宮の遷宮が行なわれる。《二所大神宮例文》
9・21　勧修寺を定額寺とする。《扶桑略記》
9月　法皇、金峯山寺に御幸する。《日本紀略》
11・28　藤原時平男保忠《やすただ》、東宮院において元服する。《日本紀略ほか》
11月　「延喜格」を施行する。《日本紀略》
12月　大学寮北堂にて漢書竟宴が行なわれる。《日本紀略》
この年　醍醐天皇皇女（都子《とし》内親王）、誕生する（母は更衣源周子）。《本朝皇胤紹運録》

■延喜六年（九〇六）丙寅

醍醐天皇　22歳
陽成上皇　39歳
宇多法皇　40歳

1・3　天皇、法皇の仁和寺に朝覲行幸する。《西宮記》
1・9　天皇、大歌所の琴歌が伝えられないことを懸念、多安邑を召し、その伝習を命じ、その伝を断つことなきようにさせる。《西宮記》
1・22　大雪。法皇、大覚寺に御幸し、大学生を召して詩宴を賜う。《日本紀略》
2・26　天皇、素性《そせい》法師に屏風の和歌を書かせる。《醍醐天皇宸記ほか》
3・1　地震あり。《扶桑略記》
4月　天皇、南殿にて囲碁をする。《西宮記》
5・4　光孝天皇皇女源並子《へいし》没（生年不詳）。《三代実録》
5・16　天皇、藤原菅根《すがね》等を召して、初めて「史記」を読む（左大臣藤原時平以下陪聴）。

して、「わが君は千代に八千代にさゞれ石の巌となりて苔のむすまで」が掲げられている。

＊勅撰和歌集《ちょくせんわかしゅう》　天皇の勅、あるいは上皇（法皇）の院宣により撰ばれた和歌集。「古今和歌集」から「新続古今和歌集」まで二十一集ある。

《日本紀略ほか》
5・28 尚侍藤原淑子《しゅくし》没（「よしこ」とも。年69。三十日、正一位を追贈）。《日本紀略》
6・8 神宮祭主大中臣安則ら、「新撰氏族本系帳（大中臣本系帳）」を撰上する。《大中臣氏系図》
10・13 興福寺の奏請により藤氏長者を興福寺検校に補任する。《醍醐天皇宸記》
10・17 法皇、延暦寺で天台座主増命より蘇《そ》悉地《しつじ》法《ほう》を受ける。《扶桑略記》
10・22 「日本紀」講読が終了。《日本紀略》
10・26 天皇、仁和寺で法華八講を修し、法皇の四十賀を行なう。《日本紀略》
11・7 天皇、朱雀院に行幸し、法皇四十賀を行なう。《日本紀略》
12・28 清和天皇皇女識子《しきし》内親王（伊勢斎宮。母は更衣藤原良近女）没（年33）。《日本紀略》
⑫・17 侍従所にて「日本紀竟宴《きょうえん》」が開かれる（このとき詠まれたのが「日本紀竟宴和歌」）。《日本紀略》
この年 醍醐天皇皇子二人（常明《つねあきら》親王、母は女御源和子。重明親王、母は更衣源昇女）および皇女（敏子内親王、母は更衣源周子〈更衣藤原鮮子とも〉）、誕生する。《一代要記》

□3・7 益信《やくしん》（東寺長者。宇多天皇落飾の戒師。80）

■延喜七年（九〇七）丁卯

醍醐天皇 23歳
陽成上皇 40歳
宇多法皇 41歳

1・1 八省院修理成らざるにより、朝賀を中止する。《日本紀略》
1・3 天皇、法皇の仁和寺に朝覲行幸する。《醍醐天皇宸記》
4・22 唐、滅亡する。
6・8 皇太夫人**藤原温子**、東七条宮にて没。《日本紀略ほか》
9・11 天皇、八省院に行幸し、伊勢例幣使を発遣する。《日本紀略》
9・17 伊勢神宮禰宜荒木田茎貞・同前禰宜荒木田徳雄ら、「伊勢《いせ》天照《あまてらす》皇太神宮《こうたいじんぐう》禰宜《ねぎ》譜《ふ》図《と》帳《ちょう》」（太神宮禰宜譜図帳）を神祇官に注進する。《同書》
9月 天皇、大堰川に御幸する。《日本紀略》
伊勢外宮の遷宮が行なわれる。《二所大神宮例文《れいぶみ》》
10・3 法皇、熊野に御幸する（二十八日帰還）。《日本紀略》
11・15 左大臣藤原時平ら、「延喜格」を撰進する。《類聚三代格》

＊**藤原温子**《ふじわらのおんし》（八七二〜九〇七）宇多天皇女御。醍醐天皇養母。父は関白・太政大臣藤原基経、母は操《そう》子《し》女王（忠良親王王女）。仁和四年（八八八）入内し女御となる。寛平九年（八九七）醍醐天皇即位により、継母として初の皇太夫人となる。延喜五年（九〇五）出家。宇治木幡（宇治陵）に葬られる。

＊**宇治陵**《うじのみささぎ》 藤原温子を初めとする藤原氏出自の皇后などの陵。温子以下、藤原穏子・安子・懐子・媓子・超子・詮子・遵子・娍子・嬉子・妍子・威子・茂子・彰子・歓子・苡子・寛子十七方の陵、三方（敦実親王・敦道親王・藤原生子）の墓を明治十年に治定して「木幡陵」と称するも、明治二十七年六月、「宇治陵」と改称された。

＊**貞信公記**《ていしんこうき》 摂政・関白・太政大臣藤原忠平の日記。延喜七年（九〇七）から天暦二年（九四八）までを記すも、中間を欠き、その実子実頼抄出のもの（「貞信公記抄」）が伝わる。題は忠平の諡「貞信公」から。

＊**醍醐寺**《だいごじ》 京都市伏見区所在の真言宗醍醐派総本山。貞観十八年（八

11・22　敦実親王、宇多院にて元服する〈宸筆の位記を賜う〉。《西宮記》
12・5　天皇、伊勢神宮・諸社に臨時奉幣使を発遣する。《貞信公記》
12・13　遺令により、故藤原温子を国忌・荷前の例に入れないことにする。《類聚符宣抄》
12・21　天皇、建礼門院に出御し、荷前使を発遣する〈このとき、藤原長良の荷前を除き、外祖母宮道列子《みやじのれつし》を加える〉。《西宮記》
綏子《すいし》内親王、陽成上皇四十賀を行なう。《日本紀略》
この年　天皇、**醍醐寺**を御願寺とする。《醍醐寺縁起》醍醐天皇皇子（式明《のりあきら》親王）、誕生する〈母は女御源和子〉。《一代要記》
●一〇世紀初め、政治体制の変容、唐の滅亡などがあり、以後、唐風文化から和風化が進む。
□10・17宮道列子《みやじのれつし》〈宇多天皇女御藤原胤子〈醍醐天皇母〉の母。贈正一位。生年不詳〉

■延喜八年（九〇八）戊辰

醍醐天皇　24歳
陽成上皇　41歳
宇多法皇　42歳

1・1　雨雪により朝賀を中止する。《日本紀略》
1・8　伯耆国、渤海使の入朝を奏上する。《扶桑略記》
4・5　皇子将保・将明を親王、皇女勤子・都子・婉子を内親王とする。《一代要記》
4月　天皇、書を渤海王に賜う。《日本紀略》
5・3　法皇、東寺にて真寂（斉世親王）等に伝法灌頂を授ける。《**東宝記**》
5・10　渤海使、国書・信物を進上する。《貞信公記》
5・11　渤海客を豊楽院にて饗応する。《醍醐天皇宸記》
5・12　法皇、渤海使に書を賜う。《日本紀略》
5・15　天皇、渤海使に勅書を賜う。この日、使を朝集堂に饗応する。《醍醐天皇宸記》
5・28　天皇、神泉苑に行幸し、競馬を覧る。《醍醐天皇宸記》
この夏　炎旱のため、百姓の請を容れ、神泉苑の水関を開く。《醍醐天皇宸記》
7・9　炎旱により、諸国定額寺に大般若経を転読して雨を祈らせる。《日本紀略ほか》
7・16　天皇、**小安殿**に出御し、伊勢奉幣使を発遣する。《日本紀略》
7・19　聖宝、祈雨のため神泉苑で孔雀経法を修する。《東寺長者補任》
7・26　祈雨のため山陵使を発遣する。《日本紀略》
8・2　仁明天皇深草山陵に祈雨奉幣使を発

七六）聖宝が笠取山頂に堂宇を完成したのに始まるとされる。笠取山麓は宮道《みやじ》氏の住居があり、女列子が藤原高藤の妻となり、所生の胤子が醍醐天皇の母となったことから天皇の御願寺となった。貴顕の参詣が多いため、のち笠取山麓に大伽藍が造成され、五重塔・三宝院など今に残る名刹となる。

＊**東宝記**《とうぼうき》　京都教王護国寺（東寺）の寺誌。宝は東寺の三宝物のことで「仏教篇」「法宝篇」「僧宝篇」に分かれ、その由来と内容が記録されている。編者・成立年とも不詳。

＊**小安殿**《こやすみどの》　大内裏殿舎の一。大極殿（大安殿《おおやすみどの》）の後方にあり、天皇が政務を執る場所。「こあどの」「しょうあんでん」とも。

遣する。《貞信公記》
8・17　丹生川上社に奉幣し、晴を祈る。《貞信公記》
この秋　「**亭子院前栽合**」が開かれる。《體源抄》
9・11　天皇、八省院に行幸し、伊勢例幣使を発遣する。《西宮記》
10・4　光孝天皇皇女源緩子《かんし》（母は多治氏）没（生年不詳）。《日本紀略》
10・9　伊勢外宮に神宝使・遷宮使を発遣する。《日本紀略》
12・11　新銭を伊勢神宮以下に奉る。《醍醐天皇宸記》
12・27　宣旨を下し、「延喜格」を諸国に頒布する。《日本紀略》
この年　天皇、住吉社に行幸する。《歴代編年集成》
□10・7（17日とも）菅原《すがわらの》菅根《すがね》（文章博士。参議。醍醐天皇侍読。53）

■**延喜九年（九〇九）己巳**
醍醐天皇　25歳
陽成上皇　42歳
宇多法皇　43歳
1・1　雨により朝賀を中止する。《日本紀略》
1・3　天皇、法皇の仁和寺に朝覲行幸する。《貞信公記》
1・27　宇多法皇皇子行中《ゆきなか》親王（母不詳）没（生年不詳）。《日本紀略》
2・7　地震あり。《扶桑略記》
3・9　法皇、逆修《ぎゃくしゅ》の功徳により、仁和寺で法華八講を修する。《日本紀略》
3・18　光孝天皇皇女源礼子《みなもとのれいし》（母不詳）没（年31）。《一代要記》
この春　疾疫流行。《扶桑略記》
4・4　左大臣藤原時平没（九日、基経男忠平が藤原北家の氏長者となる）。《貞信公記》
4・5　故左大臣藤原時平に太政大臣・正一位を贈る。《日本紀略》法皇、故藤原時平の第に御幸する。《扶桑略記》
4・22　右大臣源光を左大臣とする。《公卿補任》
4月　法皇・上皇、普明寺に御幸し、僧正聖宝を見舞う。《元亨釈書》
5・9　疾疫により、諸社諸寺に仁王経を転読させる。《扶桑略記》
⑧・15　法皇、文人を亭子院に召し、詩を作らせる。《日本紀略》
9・11　伊勢例幣使を発遣する（天皇、雨により大極殿に出御せず）。《貞信公記》
9・12　光孝天皇皇子源国紀《くにのり》（母滋野直子）没（生年不詳）。《一代要記》
10・2　素性に屏風の和歌を書かせる。《醍

＊**亭子院前栽合**《ていじいんせんざいあわせ》　亭子院は平安京左京所在の宇多法皇離宮。延喜三年（九〇三）以前に建立か。法皇はここでしばしば詩宴を開き、同十三年には「亭子院歌合」が行なわれる。長治元年（一一〇四）焼亡し、その後は不詳。前栽合は平安時代の競戯の一つ。人数を二つに分け、それぞれが集めた草木類の優劣を判じ、題にそった歌を出し合って風流を競った。「菊合」などと同種の遊び。
＊**藤原高子**《ふじわらのこうし》（八四二～九一〇）「たかいこ」とも。清和天皇女御。陽成天皇母。父は藤原長良、母は藤原総継女乙春。貞観八年（八六六）女御となり、貞明親王（陽成天皇）・貞保親王をもうける。元慶元年（八七七）陽成天皇即位により皇太夫人、同六年、皇太后となるも、寛平八年（八九六）東光寺僧善祐と密通したとして廃皇太后。天慶六年（九四三）、本位に復される。陵は宇治陵。
＊**本朝高僧伝**《ほんちょうこうそうでん》　卍元師蛮《まんげんしばん》著。元禄十五年（一七〇二）成立。「元亨釈書」の僧伝を補うため、千六百二十六人の僧尼の伝記を収録して

醐天皇宸記》

11・26　清和天皇皇子貞元親王（母は藤原仲統女）没（生年不詳）。《日本紀略》

11・27　大宰府、唐人の貨物・孔雀を献上する。《醍醐天皇宸記》

□4・4藤原《ふじわらの》　時平《ときひら》（左大臣。贈太政大臣。父は摂政・関白・太政大臣藤原基経。母は人康親王女。元服時、光孝天皇が加冠。39）、7・6聖宝《しょうぼう》（天智天皇六世の孫。真言宗僧。醍醐寺開山。78）

■延喜十年（九一〇）庚午

醍醐天皇　26歳
陽成上皇　43歳
宇多法皇　44歳

1・1　旱害・疫災・雨湿により、朝賀を中止する。《日本紀略ほか》

1・3　天皇、法皇の仁和寺に朝覲行幸する。《貞信公記》

2・25　宇多法皇皇女均子《きんし》内親王（母は藤原温子）没（生年不詳）。《日本紀略》

3・24　清和天皇女御**藤原高子**（前皇太后）没。《日本紀略》

4・22　京都大風雨。《日本紀略》

6月　光孝天皇皇女源快子《かいし》（母不詳）没（生年不詳）。《一代要記》諸国旱魃（七月まで）。《日本紀略》

7・18　京都暴風雨。《日本紀略》

7・22　聖武天皇陵・光明皇后陵、火災にあい、この日、祈謝する。《東大寺要録》

8・1　京都大風《日本紀略》

8・26　東寺長者観賢《かんげん》、祈雨のため神泉苑にて孔雀経法を修する。《東寺長者補任》

9・5　大極殿が鳴動し、人魂が出る。《扶桑略記》

9・11　伊勢例幣使を発遣する（天皇、出御せず）。《貞信公記》

9・25　法皇、延暦寺で座主増命《ぞうみょう》より三部大法灌頂位を受ける。《**本朝高僧伝**》

10・29　蔵人所で漢書竟宴が行なわれる。《貞信公記》

11・7　法皇の御賀により、天皇、朱雀院に出御する。《西宮記》

12・16　天皇、建礼門に出御し、荷前使を発遣する。《貞信公記》

この年　醍醐天皇皇子（有明親王、母は女御源和子）・皇女二人（雅子内親王、母は更衣源周子。普子内親王、母は更衣満子女王）、誕生する。《一代要記》

■延喜十一年（九一一）辛未

醍醐天皇　27歳
陽成上皇　44歳
宇多法皇　45歳

いる。

1・2 去年の旱害により、朝賀を中止する。《日本紀略》

1・3 天皇、法皇の仁和寺に朝覲行幸する。《貞信公記》

1・7 天皇に初めて七種の若菜を供する。《公事根源》

1・13 地震・雷鳴あり。《扶桑略記》

2・15 惟喬親王王子兼覧《かねみ》王を神祇伯とする。《古今和歌集目録》

4・12 文徳天皇皇女源淵子《えんし》（母滋野岑子）没（生年不詳）。《一代要記》

5・4 勘解由使に「交替式」を編纂させる。《類聚符宣抄》

6・15 法皇、亭子院にて侍臣に宴を賜う（十六日、紀長谷雄、「亭子院賜飲記」を記す）。《日本紀略》

6月 霖雨、京中洪水。《日本紀略》

9・11 伊勢例幣使を発遣する（天皇、物忌により出御せず）。《貞信公記》

9・21 大極殿の鷺の怪により、豊楽院で熾《し》盛光不《じょうこうふ》断法《だんぼう》を修する。《阿娑縛抄》

10・22 皇太子崇象《たかかた》親王、初めて「御注孝経」を読む。《日本紀略》

11・28 皇太子崇象親王を保明に、将順親王を克明《かつあきら》に、将観親王を代明《よりあきら》に、将保親王を重明《しげあきら》に、将明親王を常明《つねあきら》に改名する。▼皇子式明・有明等を親王、皇女敏子・雅子・普子《ふし》等を内親王とする。《日本紀略》

12・18 大学寮で「晋書竟宴」を行なう。《日本紀略》

■延喜十二年（九一二）壬申

醍醐天皇 28歳
陽成上皇 45歳
宇多法皇 46歳

1・1 雨により朝賀を中止する。南殿にて宴会あり。《日本紀略》

1・3 天皇、仁和寺の法皇に朝覲行幸する。《日本紀略》

1・11 地震あり。《扶桑略記》

2・2 天皇、法皇の仁和寺に朝覲行幸する。《貞信公記》

2月 天皇、藤原忠平らに「延喜式」の編集を促す。《延喜式序》

3・9 天皇、桜花宴を開く。《貞信公記》

3・16 円成寺塔の落慶供養が行なわれる。《日本紀略》

3・21 地震あり。《扶桑略記》

4・30 光孝天皇皇女源周子《しゅうし》（母不詳）没（生年不詳）。《日本紀略》

5・5 疾疫により、名社・十五大寺に仁王経を転読させる。《貞信公記》

7・4 丹生・貴布禰両社に祈雨奉幣使を発

＊**阿娑縛抄**《あさばしょう》 比叡山僧極楽坊承澄撰。先学諸師の学説・口伝等を集録したもの。「阿」「娑」「嚩」は「大日経」に由来し、胎蔵界の仏部・蓮華部・金剛部をそれぞれ示し、胎蔵法のすべてを表わす。建治元年（一二七五）一応完成も、その後も補訂された。

＊**源光**《みなもとのひかる》（八四六～九一三） 父は仁明天皇、母は不詳。源朝臣姓を賜わり臣籍降下、のち大納言。菅原道真左遷の後、右大臣となり、延喜九年（九〇九）藤原時平死去により、廟堂の首班となる。

＊**亭子院歌合**《ていじいんうたあわせ》 このとき宇多法皇は、「春風の吹かぬ世にだにあらませば心のどかに春は見てまし」と詠む（ただし、「続後撰和歌集」では「延喜御製」として醍醐天皇作とする）。ほかに、賀茂斎院君子内親王に菊花に付けて贈った歌、「行きて見ぬ人のためにとおもはずば誰か折らまし庭の白菊」（「続古今和歌集」）などもある。

＊**花鳥余情**《かちょうよせい》 「かちょうよじょう」とも。一条兼良の源氏物語注釈書。文明四年（一四七二）成立。

遣する（七日、伊勢神宮にも）。《西宮記・貞信公記》

9・11 穢により伊勢例幣を延引する（十七日追行）。《日本紀略》

10・1 天皇、管絃・御遊を行なう。《貞信公記》

この年 是忠親王王子清平に源朝臣姓を賜う。《尊卑分脈》醍醐天皇皇子（時明《ときあきら》親王）、誕生する（母は更衣源周子）。《一代要記》

□2・10 紀長谷雄《きのはせお》（中納言。詩人・学者。「紀家集」作者。68）

■延喜十三年（九一三）癸酉

醍醐天皇 29歳
陽成上皇 46歳
宇多法皇 47歳

1・3 天皇、法皇の仁和寺に朝覲行幸する。《貞信公記》

3・6 清和天皇皇子貞平親王（母は藤原良近女）没（生年不詳）。《日本紀略》

3・12 仁明天皇皇子**源光**、狩猟中の落馬により没（十八日、正一位を追贈）。《日本紀略》

3・13 宇多法皇離宮亭子院で、紀貫之らの参加により歌合が開かれる（**亭子院歌合**。法皇勅判）。《亭子院歌合》

5・3 寛蓮、勅により「碁式」を撰進する。《**花鳥余情**》法皇、東寺にて真寂（斉世親王）に両部灌頂三部大法を伝授する。《儼避囉鈔》

5・26 天皇、神泉苑に行幸し、競馬を覧る。《日本紀略》

6・18 文徳天皇皇女恬子《てんし》内親王（母は紀静子）没（六月八日が正しいか。生年不詳）。《日本紀略》

この夏 大いに旱する。《扶桑略記》

8・1 京中大風、樹木・屋舎倒壊。《日本紀略》

8・21 「新撰万葉集」（増補本）成る。《序》

8・29 「延喜儀式」を編修させる。《**別聚符宣抄**》

9・9 陽成上皇主催「陽成院歌合」が催される。《陽成院歌合》

9・11 天皇、八省院に行幸し、伊勢例幣使を発遣する。《日本紀略》

9・25 丹生川上・貴布禰両社に止雨奉幣使を発遣する。《貞信公記》

10・8 更衣藤原能子《のうし》（藤原定方女）を女御とする（能子、醍醐天皇崩後、左大臣藤原実頼に嫁ぐ）。《日本紀略》

10・13 「内裏菊合」が催される。《扶桑略記》

10・15 法皇、亭子院に文人を召して詩を作らせる。《日本紀略》

10・25 醍醐寺を定額寺とする。《醍醐寺要書》

＊**別聚**《べつしゅう》**符宣抄**《ふせんしょう》 延喜二年（九〇二）から天禄二年（九七一）までの詔・勅・官符・宣旨・解状などを内容的に類別・集録したもの。編者・成立時期、また、もともとの書名も不詳。

皇太子保明親王、初めて「御注孝経」を読む。《日本紀略》
11・7 京中大風。左馬寮倒壊する。《日本紀略》
12・15 大学寮にて晋書竟宴が行なわれる。《日本紀略》
この年 醍醐天皇皇子（長明親王）、誕生する（母は更衣藤原淑姫）。《一代要記》

■**延喜十四年（九一四）甲戌**

醍醐天皇 30歳
陽成上皇 47歳
宇多法皇 48歳

1・1 前年凶作により、朝賀を中止する。《日本紀略》
1・3 天皇、法皇の仁和寺に朝覲行幸する。《貞信公記》
1・27 伊勢外宮禰宜度会神主ら、「新撰本系帳」を進上する。《皇字沙汰文》
2・15 公卿らに意見封事を奏上させる。《貞信公記抄》
2・23 文徳天皇皇女掲子《ながこ》（「けいし」とも）内親王（伊勢斎宮。母は藤原今子（紀静子とも））没（生年不詳）。《日本紀略》
4・10 光孝天皇皇女簡子《かんし》内親王（母は班子女王）没（生年不詳）。《日本紀略》
4・28 三善清行、「意見封事十二箇条」を奉る。《扶桑略記》
5・2 左京火災により、**小野宮**・東洞院宮などが焼ける。《日本紀略》
5・15 伊勢以下諸社に祈雨奉幣使を発遣する。《貞信公記》
6・1 美服・禁色の制を強化する。《日本紀略》
8・25 大納言藤原忠平《ただひら》を右大臣とする。《日本紀略》
9・2 丹生・貴布禰両社に奉幣使を発遣し、晴を祈る。《貞信公記》
10・23 北野雷公祭・四堺祭・四角祭を行なう。《西宮記》
11・25 皇子時明《ときあきら》・長明《ながあきら》を親王とする。《日本紀略》
12・9 法皇の仰せにより、紀貫之、勧子内親王の屏風に歌を奉る。《貫之集》
この年 醍醐天皇皇子（兼明親王）、誕生する（母は藤原淑姫）。《公卿補任》法皇、東大寺僧円超らに、諸宗の章疏（「諸宗章疏録」）を録上させる。《同書》

■**延喜十五年（九一五）乙亥**

醍醐天皇 31歳
陽成上皇 48歳
宇多法皇 49歳

1・1 雨湿により朝賀を中止する。《日本

＊**小野宮**《おののみや》 大炊御門大路南、烏丸小路西にあった邸宅。小野宮と呼ばれた惟喬親王の邸があったことによる。のち藤原実頼から実資に伝領された。実頼を家祖とするこの系を小野宮家と呼び、実資・公任ら典礼故実に通じた人材を輩出している。「小野宮年中行事」は実資の著。

＊**亭子院**《ていじのいん》 西洞院西左京七条二坊（京都市下京区油小路通下ル辺り）に所在の宇多法皇御所。官人・文人などを招いて、「亭子院歌合」などの催しが行なわれた。池の中に亭を設けたことにより、亭子院と呼ばれ、宇多法皇を指す呼称ともなった。法皇の崩御後は後院として使われることなく寺院になり、現在、跡地は不動堂明王院となっている。

＊**五竜祭**《ごりゅうさい》 陰陽道における雨乞いの祭。禁中や神泉苑にて陰陽師が奉仕する形で行なわれた。

紀略》
②・25 勅により、紀貫之等、賀茂斎院恭子内親王屏風の和歌を詠進する。《貫之集》
3・8 天皇、法皇の**亭子院**に朝覲行幸する。《扶桑略記》
4・12 十一社に読経して疾疫を祈禳させる。《扶桑略記》
5・4 賀茂斎院恭子内親王、母更衣藤原鮮《せん》子《し》（四月三十日死去）の喪により退下する。《日本紀略》
5・25 神泉苑・延暦寺で祈雨法を修させる。《祈雨日記》
6・20 炎旱・疫癘により、大極殿にて臨時御読経を修させる。《日本紀略》
6・24 神泉苑で東寺長者観賢《かんげん》に請雨経法を修させ、陰陽寮で**五竜祭**を行なわせる。《日本紀略》
7・19 醍醐天皇皇女宣《せん》子《し》内親王を賀茂斎院にト定する。《日本紀略》
7・24 九社に奉幣して雨を祈る。《扶桑略記》
9・11 天皇、八省院に行幸し、伊勢例幣使を発遣する。《西宮記》
9・25 疱瘡・赤痢が流行のため、諸社・諸寺に祈らせる。《扶桑略記》
10・11 天皇、疱瘡にかかる（十六日、疫病退散のため、紫宸殿大庭・建礼門・朱雀門等で大祓・御読経・鬼気祭を行なわせる）。《日本紀略》
11・8 醍醐天皇皇女恭子内親王（賀茂斎院。母は藤原鮮子）没（生年不詳）。《日本紀略》
この年 醍醐天皇皇女（靖子内親王）、誕生する（母は更衣源封子）。《一代要記》

■延喜十六年（九一六）丙子

醍醐天皇 32歳
陽成上皇 49歳
宇多法皇 50歳

1・1 去年の疱瘡流行により、朝賀を中止する。《日本紀略》
1・3 天皇、法皇御所に朝覲行幸する。《北山抄》
3・7 天皇、朱雀院に出御し、法皇五十賀を行なう。《日本紀略》
3・19 天皇、亭子院の法皇に拝謁し、天皇の御手跡を奉る。《醍醐天皇宸記》
4・21 皇太子保明親王、初めて官奏に参加する。《西宮記》
5・7 清和天皇皇子貞純親王（母は棟貞王王女）没（生年不詳）。《日本紀略》
5・19 清和天皇皇子貞数親王（母は在原行平女）没（年42）。《一代要記》
5・26 光孝天皇皇女繁子内親王（母未詳）没（生年不詳）。《日本紀略》

6・29　地震あり。《日本紀略》
7・4　丹生・貴布禰両社に祈雨奉幣する。《醍醐天皇宸記》
7・7　法皇、亭子院にて歌合を行なう。《亭子院有心無心歌合》
7・27　観賢に仁寿殿にて観音像を供養させる（毎月十八日、観音供を修させることにする）。《仁和寺文書》
9・22　凡河内躬恒、法皇の仰せにより屏風障子に歌題を書く。《躬恒集》
9・23　法皇、石山寺に御幸する。《躬恒集》
9・28　天皇、朱雀院に行幸し、競馬を覧る。また、宴席で文人に詩を作らせる。《日本紀略》
10・22　皇太子保明親王、紫宸殿にて元服する（天皇、南殿に出御。右大臣藤原忠平加冠。このときから、加冠の折に祝詞を述べるようになる）。▼皇太子、藤原時平女仁善子を妃とする。《西宮記》
12・21　敦慶親王、金字寿命経を書写し、仁和寺に法会を設け、法皇の五十宝算を賀し奉る。《醍醐天皇宸記・日本紀略》
この年　神宝・仏舎利を諸社に奉る。《西宮記》紀貫之に斎院御屏風料の和歌を詠進させる。《貫之集》敦実親王王子（寛朝）、誕生する（母は藤原時平女）。《仁和寺御伝》

■延喜十七年（九一七）丁丑

醍醐天皇　33歳
陽成上皇　50歳
宇多法皇　51歳

1・1　天皇、紫宸殿に出御する（小朝拝を行なう。雪のため、朝賀は中止）。《勘例・日本紀略》
1・3　天皇、仁和寺に行幸する。《勘例》
1・24　天皇、法皇の亭子院に朝覲行幸する。《日本紀略》
3・6　天皇、常寧殿に出御し、花宴を開く。《醍醐天皇宸記》
3・16　天皇、法皇の六条院に朝覲行幸する（酒宴・管絃の御遊あり）。《醍醐天皇宸記》
4・9　伊勢神宮等に奉幣して雨を祈る。《西宮記》
4・12　室生龍穴社・神泉苑に祈雨読経させる。《貞信公記》
4・16　斎院宣子内親王、鴨川に禊して野宮に入る（「日本紀略」では十九日）。《西宮記》
4・22　伊勢神宮に祈雨奉幣使を発遣する。《西宮記》
6・12　疫癘により、伊勢以下諸社に奉幣する。《扶桑略記》
7・12　室生龍穴社に祈雨奉幣・読経を行なわせる。《扶桑略記》

＊仁寿殿《じじゅうでん》　内裏中央部にある殿舎。清涼殿の東にあるため、東殿とも呼ぶ（後殿・中殿・北殿とも）。平安時代前期には、文徳・淳和・陽成・光孝各天皇が居住した。観音像が安置され、永長元年（一〇九六）までは、毎月十八日、東寺長者によって観音供が修された。

7月以後　炎旱により飢饉。群盗満ちる。《日本紀略》
8・15　光孝天皇皇女源深子《しんし》（母未詳）没（生年不詳）。《日本紀略》
8月　勅により、紀貫之、四季歌を献じる。《貫之集》
9・11　天皇、大極殿に御し、伊勢奉幣使を発遣する。《小野宮年中行事》
9・24　法皇、石山寺に参詣する。《陰陽博士安倍孝重勘進記》
9月　天皇、朱雀院で詩宴を開く。《日本紀略》藤原兼輔、「聖徳太子伝暦」を作る（九九二年説も）。《太子伝傍註》
10・11　天皇、大極殿に出御し、伊勢奉幣使を発遣する。《小野宮年中行事》
⑩・19　天皇、北野に行幸し遊覧する。《日本紀略》
⑩・26　備前国、白鹿を献上、神泉苑に放つ。《日本紀略》
12・1　東大寺講堂等火災（ついで聖武天皇陵に奉告）。《日本紀略・東大寺別当次第》
12・4　法皇、乗馬にて東大寺に御幸し、諷誦を修させる。《日本紀略》
12・19　炎旱により、勅して、人々に冷然院の池水を開放する。《日本紀略》
12・20　冷然院の水が涸れ、神泉苑の泉水を庶人に開放する。《日本紀略》
12・26　京畿の井泉が枯渇したため、神祇官で祈雨する。《日本紀略》

■延喜十八年（九一八）戊寅

醍醐天皇　34歳
陽成上皇　51歳
宇多法皇　52歳

1・1　日食により、朝賀・節会を中止する（二日追行）。《日本紀略》
1・3　天皇、法皇御所への朝覲行幸を中止する。《貞信公記》
2・20　天皇、神泉苑に行幸し、競馬を覧る。《醍醐天皇宸記》
2・26　天皇、法皇の六条院に朝覲行幸する。《醍醐天皇宸記》
3・1　天皇、空海請来の「真言法文三十帖策子（三十帖冊子）」を覧る（勅して永く東寺所蔵とする）。《醍醐天皇宸記》
4・26　紀貫之、皇太子保明親王の屏風に和歌を詠進する。《貫之集》
5・20　天皇、神泉苑に行幸する。《貞信公記》
7・12　天皇、八省院に行幸し、伊勢神宮に祈年穀奉幣使を発遣する。《貞信公記》
7・13　丹生・貴布禰両社に奉幣して止雨を祈る。《貞信公記》
7・14　光孝天皇皇子源近善《ちかよし》（母不詳）没（生

年不詳)。《日本紀略》

8・11　宇多法皇、天皇に上表して空海に諡号を贈ることを要請する。《諡号雑記》

8・15　京中大風、屋舎破損、淀川洪水。《日本紀略》

8・17　法皇、大覚寺にて寛空(のち東寺長者)らに灌頂を授ける。《東寺長者補任》

8・27　光孝天皇陵に宣命使を派遣する。《貞信公記》

9・29　清和天皇皇子源長猷《ながかず》(母は賀茂峯雄女)没(生年不詳)。《日本紀略》

10・8　天皇、朱雀院に行幸する(造作・競馬御覧)。《醍醐天皇宸記》

10・19　天皇、北野に行幸して鷹狩をする(皇太子保明親王以下扈従)。《醍醐天皇宸記》

11・8　法皇、寛照らに灌頂を授ける(二十日か)。《三宝院伝法灌頂私記》

12・9　法皇、病む。《貞信公記》

この年　醍醐天皇皇女(韶子《しようし》内親王)、誕生する(母は女御源和子)。《本朝皇胤紹運録》

□12・7　三善清行《みよしきよゆき》(文章博士。参議。「革命勘文」「意見十二箇条」等を上進。72)

■延喜十九年(九一九)己卯

醍醐天皇　35歳
陽成上皇　52歳
宇多法皇　53歳

1・1　日食により朝賀を中止する。小朝拝を復旧する。《醍醐天皇宸記》

4・22　賀茂斎院宣子内親王、禊をする(二十四日賀茂祭)。《貞信公記抄》

6・22　天皇、大極殿に御し、伊勢神宮に祈雨奉幣使を発遣する(炎旱により、この日前後、諸社に祈雨奉幣)。《貞信公記》

6・28　龍穴社に奉幣して雨を祈り、神泉苑で請雨経法を行なう。《扶桑略記》

6・29　天智天皇山階山陵に奉幣し、伐樹を謝する。《扶桑略記》

6・30　百僧を招き、大極殿で仁王経を転読させ、雨を祈る。《日本紀略ほか》

7・4　十三社に奉幣し、雨を祈る。《西宮記》

7・5　仁寿殿に経巻を置き、天台座主増命に金剛般若経を講じさせる。《扶桑略記》

7・16　交易唐物使当麻有業、唐人が大宰府へ送った孔雀を献上。法皇、この日これを覧る。《扶桑略記》

8・16　法皇、自ら仁和寺北の大内山に登り、陵地を大内山に定める。《貞信公記》

9・11　天皇、八省院に行幸し、伊勢例幣使を発遣する。《貞信公記》

9・13　清涼殿で月宴を催す。《躬恒集》

9・17　権大僧都観賢を醍醐寺座主とする(醍醐寺座主の初め)。《東寺長者補任》

***小朝拝**《こちようはい》　元日、清涼殿東庭にて天皇に拝賀する儀式。百官を集める朝賀に対し、殿上人以上の者を集める小規模なものであることから小朝拝と呼ばれた。延喜五年(九〇五)にいったん廃止されるも同十九年に復興。以後、応仁・文明の乱で中断も、延徳二年(一四九〇)以降、明治維新まで行なわれた。

***朱雀院**《すざくいん》　朱雀大路に東面し、四条から三条にわたる累代の後院。宇多天皇は、退位後、新造朱雀院に移り、朱雀天皇も、譲位とともに生母藤原穏子と移る(天皇の諡号は朱雀院に因む)。のち村上天皇が離宮とするが、その後は後院として使用されることはなかった。

10・20　天皇、朱雀院に行幸する。《貞信公記》
11・1　空海の「三十帖冊子」が天覧に供される。《東宝記》
11・2　「三十帖冊子」を東寺に安置し、門外不出とする。《東宝記》
11・18　若狭国、渤海使の来着を奏上する（十二月二十四日、越前国に安置）。《貞信公記》
11月　文章博士菅原淳茂に「漢書」を進講させる。《扶桑略記》
●この頃、天皇御願により、醍醐寺釈迦堂が建立される。《醍醐寺新要録》

■延喜二十年（九二〇）庚辰

醍醐天皇　36歳
陽成上皇　53歳
宇多法皇　54歳

1・1　日食により廃務（二日に元日節会・小朝拝）。《貞信公記》
1・3　天皇、法皇の仁和寺に朝覲行幸する。《醍醐天皇宸記》
4・13　法皇皇子（雅明《まさあきら》親王）、誕生する（母は藤原時平女褒子《ほうし》）。《一代要記》
5・5　能書により、小野道風の昇殿を許す。《蔵人補任》
5・8　渤海客、鴻臚館に到着する。《日本紀略》
5・11　渤海大使、国書・信物を進上する（十二日豊楽院、十六日朝集堂にて饗宴〈この日、渤海国王に答書を賜う〉。十八日帰国）。《日本紀略》
5・17　法皇、渤海大使に書を賜う。《日本紀略》
6・8　賀茂斎院宣子内親王、病により退出する。《醍醐天皇宸記》
⑥・9　光孝天皇皇子是忠親王、出家する（「貞信公記」では六月十四日）。▼賀茂斎院宣子内親王（醍醐天皇皇女。母は源封子）没（生年不詳）。《日本紀略》
⑥・23　咳病攘除のため、祇園社に奉幣する。《貞信公記》
7・19　天皇、八省院に行幸し、伊勢臨時奉幣使を発遣する。《扶桑略記》
8・22　丹生・貴布禰両社に止雨奉幣使を発遣する。《扶桑略記》
12・17　皇女韶子・康子等を内親王とする。《貞信公記》
12・28　皇子高明・兼明ら七名の皇子女に源朝臣姓を賜う（醍醐源氏）。《類聚符宣抄》
この年　天皇、自ら王昭君の曲を改作する。《體源抄》

■延喜二十一年（九二一）辛巳

醍醐天皇　37歳
陽成上皇　54歳

◉醍醐天皇御製

「春深きみやま桜も散りぬれば世をうぐひすのなかぬ日ぞなき」
（「続古今和歌集」）

宇多法皇　55歳

1・3　天皇、法皇の仁和寺に朝覲行幸する。《御遊抄》

1・25　勘解由使、「内外官交替式」（延喜交替式）を奏進する。《同書》故藤原時平男敦忠《あつただ》、殿上で元服する。《日本紀略》

2・5　醍醐天皇皇子（兼明親王）、同皇女（靖子内親王）等に源朝臣姓を賜う。《類聚符宣抄》

2・7　法皇、春日社に御幸し、参籠する（春日社御幸の初見）。《躬恒集》

2・25　醍醐天皇皇女韶子内親王を賀茂斎院に卜定する。《日本紀略》

5・23　醍醐天皇女御藤原桑子《そうし》没（生年不詳）。《日本紀略ほか》

8・10　伊勢臨時奉幣使を発遣する。《園太暦》

10・4　紫宸殿にて御読経を修させる。《西宮記》

10・27　故空海に弘法大師号を贈る。《日本紀略》

11・9　保明親王王子慶頼《よしより》王（醍醐天皇皇孫）、誕生する（母は藤原仁善子《にぜこ》）。《西宮記》

11・24　重明・常明・式明・有明各親王、清涼殿にて元服する。《日本紀略》

12・9　天皇、北野に行幸する。《日本紀略》

12・17　宇多法皇皇子雅明《まさあきら》を醍醐天皇の子とし、この日、親王とする。《日本紀略ほか》

この年　醍醐天皇皇女（斉子内親王。母は女御源和子）、同皇女（英子内親王。母は更衣藤原淑姫）、誕生する。《一代要記》宮廷内で行なわれる神楽歌が勅定される。《神楽譜》宇多法皇の命により、貞保親王、『新撰横笛譜《おうじょうふ》』を編纂する。

■延喜二十二年（九二二）壬午

醍醐天皇　38歳
陽成上皇　55歳
宇多法皇　56歳

1・1　雨により朝賀を中止する。《扶桑略記》

1・25　天皇、法皇の河原院に朝覲行幸する。《日本紀略》

2・8　清和天皇皇子貞頼《さだより》親王（母は藤原真宗女）没（年47）。《日本紀略》

4・5　伊勢神宮祭主大中臣安則に京中の疾疫を祈らせる。《園太暦観応元年十月四日条》

5・26　天皇、天台座主増命の辞職を勅許する。《華頂要略》

6・21　斎宮柔子内親王、離宮院より二宮に参入する。《大神宮諸雑事記》

7・14　炎旱により、神泉苑で請雨経法を修する。《扶桑略記》

8・5　祈雨のため、山陵使を発遣する。《扶桑略記》

＊**華頂要略**《かちょうようりゃく》　青蓮院寺誌。青蓮院門跡尊真入道親王（伏見宮貞建親王王子・桜町天皇猶子）の命により、坊官進藤為善が編纂。享和三年（一八〇三）完成も、追補が行なわれた。

＊**本朝文粋**《ほんちょうもんずい》　平安時代の漢詩文四百二十七篇を収めたもの。藤原明衡編。成立は不明も康平年間（一〇五八〜六五）といわれる。

＊**保明親王**《やすあきらしんのう》（九〇三〜九二三）　醍醐天皇第二皇子。母は藤原基経女・中宮穏子。延喜四年（九〇四）親王宣下・立太子。同十一年、初名崇象を保明に改名。同十六年元服も早逝。諡号は文献彦太子。法性寺後山に葬られる。

＊**延長**《えんちょう》　醍醐天皇が直接勘申したもの。出典は「文選」東都賦、白雉詩「彰皇徳兮侔周成、永延長兮膺天慶」。

＊**弘徽殿**《こきでん》　「こうきでん」「こぎでん」とも。内裏後宮の一殿。常寧殿の西南にあり、麗景殿と相対する。代々母后の居所とされる。朱雀天皇は内裏改造中、ここを居所とした。

9・2　越前国、渤海使来朝を報告する。《扶桑略記》
10・14　斎宮寮火災により、伊勢神宮に臨時幣帛使を発遣する。《扶桑略記》
11・4　陽成天皇皇女長子内親王（母は好子女王）没（生年不詳）。《日本紀略》
11・22　光孝天皇皇子是忠親王（母は班子女王）没（年66）。《本朝皇胤紹運録》
この冬　文書博士菅原淳茂、「漢書」講筵を終わる。《**本朝文粋**》
●延喜年間（九〇一〜九二三）、味酒安行、筑前に安楽寺を建立する。《最鎮記文》天皇、美濃華厳寺（谷汲寺《たにくみでら》）に勅額を賜う。《元亨釈書》

■延長元年（九二三）癸未

醍醐天皇　39歳
陽成上皇　56歳
宇多法皇　57歳

1・21　伊勢神宮祭主大中臣安則に、京中の咳病を祈禳させる。《日本紀略》
1・27　咳病を除くため、名僧十名に紫宸殿で臨時御読経を修させる。《日本紀略》
1月　伊勢外宮禰宜ら、「本系帳」を注進する。《皇字沙汰文》
2・10　皇女慶子内親王（母は源和子）没（年21）。《日本紀略》
3・7　大学寮北堂にて漢書竟宴が行なわれる。《日本紀略》
3・21　皇太子**保明親王**没。《日本紀略》
4・1　天皇、病む。《西宮記》
4・20　保明親王の死は、菅原道真の霊魂の宿怨によるとの噂が広がり、故菅原道真を右大臣に復し正二位を追贈し、左遷詔書を焼却する。《日本紀略ほか》
4・26　女御藤原穏子を皇后とする（このとき中宮職があてられ、以後立后の際は中宮職を付置）。《日本紀略》
4・29　故保明親王王子慶頼《よしより》王を皇太子とする。《日本紀略》
④・11　旱魃・疫疾により、**延長**と改元する。《日本紀略》
5・18　咳病により、仁王会を修する。《西宮記》
7・24　醍醐天皇皇子（寛明《ゆたあきら》。朱雀天皇）、右大臣藤原忠平の五条第にて誕生する（母は皇后藤原穏子）。《日本紀略》
10・21　皇后藤原穏子、主殿寮より**弘徽殿**に移る。《日本紀略》
11・17　皇子寛明（朱雀天皇）を親王とする。《一代要記》
11・18　皇女斉子を内親王とする。《一代要記》
この年　皇子盛明・為明等に源朝臣姓を賜う。

《西宮記》筑前筥崎宮が造立される。《石清水八幡宮記録》

□9・27 平貞文《たいらのさだふみ》（「さだふん」「定文」とも。官人。歌人。生年不詳）

■**延長二年（九二四）甲申**

醍醐天皇　40歳
陽成上皇　57歳
宇多法皇　58歳

1・3　雨により、朝覲行幸を中止する。《日本紀略》

1・10　法皇、天皇の四十賀のため、十二ヵ寺に諷誦を修させる。《日本紀略》

1・22　右大臣藤原忠平を左大臣、大納言藤原定方《さだかた》を右大臣とする。《公卿補任》

1・25　法皇、天皇の四十賀のため、紫宸殿にて子日《ねのひ》の宴を催す。《醍醐天皇宸記》

1・26　天皇、法皇の六条院に朝覲行幸して拝謝の礼を行なう。《日本紀略ほか》

2・21　天皇、天台座主増命《ぞうみょう》より如意輪観音念誦儀軌を受ける。《扶桑略記》

2・26　光孝天皇皇女源謙子《けんし》（母未詳）没（生年不詳）。《一代要記》

3・7　雨により六条院行幸を延引する。《貞信公記抄》

3・11　天皇、法皇の六条院に朝覲行幸する。《貞信公記》

5・7　京中洪水。《日本紀略》

6・19　清和天皇皇子貞保《さだやす》親王（「管絃の長者」と称される。母は藤原高子）没（年55）。《日本紀略》

7・21　神泉苑にて祈雨を行なう。《東寺長者補任》

8・4　京都大風雨。《扶桑略記》

8・23　皇子寛明親王、弘徽殿にて魚味の儀を挙げる（天皇出御）。《貞信公記》

9・5　伊勢遷宮のため神宝使を発遣する。《貞信公記》

9・13　伊勢例幣使を発遣する（穢によりこの日に延引）。《貞信公記》

9・16　伊勢内宮の遷宮が行なわれる。《二所大神宮例文》

10・15　清涼殿にて臨時御読経が行なわれる。《貞信公記》

10・21　天皇、朱雀院に行幸し、競馬を覧る。《日本紀略》

11・12　天皇、内裏にて唐物を覧る。《貞信公記》

11・15　藤原忠平ら、「延喜式」の撰集、ほぼ終わる。▼地震あり。《貞信公記》

12・14　法皇、比叡山に御幸する。《日本紀略》

12・17　地震あり。《扶桑略記》

12・21　天皇の四十賀が行なわれる。天皇、

●平安中期の主な年中行事

正月元日＝四方拝・朝賀（小朝拝）・元日節会・供御薬、二日＝朝覲行幸・二宮大饗・摂関大臣饗・臨時客、五日＝叙位、七日＝白馬節会、八～十四日＝御斎会、十一～十三日＝県召除目、十六日

清涼殿の曲宴にて和琴を奏する。《貞信公記》

この年　醍醐天皇皇子（章明《ふみあきら》親王）、誕生する。（母は更衣藤原桑子）。《日本紀略》

■延長三年（九二五）乙酉

醍醐天皇　41歳
陽成上皇　58歳
宇多法皇　59歳

1・1　降雪により朝賀を中止する。《日本紀略》

1・3　天皇、法皇の仁和寺に朝覲行幸し、和琴を奏する。《貞信公記》

2・20　法皇、理趣三昧念誦起請を立てる。《日本紀略》

2・24　皇女普子《ふし》内親王、参議源清平に嫁ぐ。《貞信公記》

3・26　左大臣藤原忠平ら、「延喜式」を撰集する。《貞信公記抄》

3月　綏子《すいし》内親王、落髪する。《日本紀略》

4・2　陽成天皇妃綏子内親王（光孝天皇皇女。母は班子女王）没（生年不詳）。《日本紀略》

5・8　橘公統《きんむね》、大学北堂で「史記」を講じる。《日本紀略》

5・18　左大臣藤原忠平、法性寺新堂を落慶供養する。《日本紀略》

5・20　陽成上皇皇子清蔭らに源朝臣姓を賜う。《尊卑分脈》

5・25　伊勢神宮祭主大中臣安則に祈雨させる。《日本紀略》

5月　法皇、天皇に使を遣わし、明年の六十賀を辞退する。《扶桑略記》

6・5　天皇、瘧病にかかる。《貞信公記》

6・7　天皇病気により、天台座主増命に加持させる（この日平癒）。《扶桑略記》

6・13　天皇、疱瘡にかかる。《日本紀略》

6・19　皇太子慶頼《よしより》王没（年5。その死は菅原道真の怨霊によると噂）。《日本紀略ほか》

6・22　慶頼王を神楽岡西に葬る。《貞信公記》

7・13　旱魃により、神泉苑で御修法を修させる（ついで諸寺に祈雨させる）。《扶桑略記》

7・16　天台僧尊意等に雨を延暦寺に祈らせる。《扶桑略記》

7・19　神泉苑の池水を京南の田に流す。《日本紀略》

7・27　東大寺大仏前で祈雨読経が行なわれる。《貞信公記》

8・23　天皇、勧修寺で、母故贈皇太后藤原胤子追福のための法会を行ない、勅繍胎蔵界曼荼羅と宸筆法華経を供養する。《貞信公記》

8・29　寛明《ゆたあきら》親王、弘徽殿にて着袴の儀を

＝踏歌節会、十七日＝射礼、二十一日＝内宴、上の子の日＝子日宴、
二月四日＝祈年祭、十一日＝列見、上の丁の日＝大原野祭、上の申の日＝春日祭（十一月上の申の日にも）
三月三日＝御燈・曲水宴、中の午の日＝石清水臨時祭
四月一日＝更衣、七日＝擬階奏、八日＝灌仏、二十八日＝駒牽、中の酉の日＝賀茂祭
五月五日＝端午節会、吉日＝着鈦政
六月十四日＝祇園御霊会、三十日＝大祓
七月七日＝乞巧奠（七夕）、十五日＝盂蘭盆会、二十七～二十九日＝相撲節会
八月十一日＝定考、十五日＝月宴、十六日＝駒牽
九月七日＝不堪佃田奏《ふかんでんでんのそう》、九日＝重陽宴
十月一日＝更衣
十一月中の丑の日＝五節、中の卯の日＝新嘗会、中の辰の日＝豊明節会、下の酉の日＝賀茂臨時祭
十二月十九～二十一日＝御仏名、三十日＝大祓・追儺

挙げる（天皇、出御）。《貞信公記》
9・11 天皇、八省院に行幸し、伊勢例幣使を発遣する（例幣に神宝を加える）。《貞信公記》
10・8 天皇、宸筆御写経を始める。《貞信公記》
10・21 寛明親王を皇太子とする（紫宸殿にて儀）。《貞信公記》
12・9 法皇皇子（行明）、誕生する（母は藤原褒子）。《貞信公記》
12・10 藤原定国女和香子を女御とする。《貞信公記》
12・14 諸国に「風土記」を勘進させる。《類聚符宣抄》
この年 法隆寺が焼ける。《興福寺略年代記》

■延長四年（九二六）丙戌

醍醐天皇 42歳
陽成上皇 59歳
宇多法皇 60歳

1・1 地震あり。《日本紀略》
2・18 天皇、清涼殿前に文人を召して桜花宴を行なう。《日本紀略》
2・19 皇后藤原穏子・皇太子寛明親王、飛香舎に移る。《貞信公記》
4・11 伊勢外宮の四至を定める。《神宮雑例集》
4・16 皇后・皇太子、**桂芳坊**に戻る。《貞信公記》
4・19 地震あり。《扶桑略記》
5・21 天皇、興福寺僧寛建の「入唐求法」を許す（旅費百両を下賜）。《醍醐天皇宸記》
5・27 神祇官・宮内省に命じ、十年ごとに神社を修理させる。《政事要略》
6・2 醍醐天皇皇子（成明《なりあきら》。村上天皇）、桂芳坊にて誕生する（母は皇后藤原穏子）。《貞信公記》
6・16 内裏にて臨時御読経が行なわれる。《貞信公記》
6・27 天皇、法皇の病平癒のため、延暦寺で大般若経を転読させる。《貞信公記》
7・10 中宮・皇太子、弘徽殿に移る。《貞信公記抄》
7・26 天皇、八省院に行幸し、祈年穀奉幣使を発遣する。《貞信公記》
8・16 天皇、法皇の六条院に朝覲行幸する（天皇、御遊にて和琴を奏する）。《**御遊抄**》
8・20 伊勢以下諸社に止雨奉幣使を発遣する。《貞信公記》
9・5 伊勢神宮に臨時奉幣使を発遣する。《貞信公記》
9・11 伊勢例幣使を発遣する。《貞信公記》
9・15 伊勢外宮の遷宮が行なわれる。《二一

＊**桂芳坊**《けいほうぼう》 「桂芳房」とも。内裏の外郭内北部にあり、主に楽所とした。延長四年（九二六）村上天皇がここで生まれ、天暦四年（九五〇）皇太子憲平親王（冷泉天皇）もここに入っている。

＊**御遊抄**《ぎょゆうしょう》 清暑堂御神楽・内宴・中殿御会・朝覲行幸・御賀などの御遊について、国史・記録類から抄出した楽書。一五世紀成立か。編者不詳も、綾小路中納言入道か。

＊**斉世**《ときよ》**親王**《しんのう》（八八六～九二七） 宇多天皇第三皇子。母は橘広相女義子。右大臣菅原道真が親王を皇位にたてようとし、宇多上皇の承認を得たと、藤原時平が密奏。これにより道真は大宰府に左遷、親王は出家して仁和寺に入り真寂と称した。密教に精通し、益信没後、園城寺に住する。法三宮とも呼ばれる。

所大神宮例文》
10・10 法皇、大堰川に御幸する。《貞信公記》
10・19 天皇・法皇、大堰川に行幸啓する（このとき藤原忠平、「小倉山峰のもみぢ葉心あらばいまひとたびのみゆき待たなむ」と歌う〈拾遺集〉）。《醍醐天皇宸記》
11・6 天皇、北野に行幸する（放鷹の御遊あり）。《日本紀略》
11・21 皇子成明を親王とする。《貞信公記》
12・17 殿上の桜が開花し、花宴を開く。《扶桑略記》
12・19 天皇、法皇の六十賀を行ない、京辺七寺・南都七大寺に御諷誦を修させる。《貞信公記》
12・28 法皇皇子敦固《あつかた》親王（母は藤原胤子）没（生年不詳）。《貞信公記》
この年 法皇皇孫（寛朝）、宇多法皇禅室にて出家する。《仁和寺御伝》法皇皇子（行明《ゆきあきら》親王）、誕生する（母は藤原褒子）。《一代要記》契丹、渤海を滅ぼす。

■延長五年（九二七）丁亥

醍醐天皇 43歳
陽成上皇 60歳
宇多法皇 61歳

1・6 勅して「外記日記」を書写させる。《類聚符宣抄》
2・4 伊勢神宮に臨時奉幣使を発遣する。《貞信公記》
2・14 天皇、法皇の六条院に朝覲行幸する。《扶桑略記》
5・23 祭主大中臣安則に、神祇官で祈雨させる。《貞信公記》
6・3 盗賊侵入（四月二十三日）があったため、伊勢神宮大司大中臣良扶等を解任する。《大神宮諸雑事記》
6・22 八社に幣帛を奉幣して、雨を祈らせる（二十七日にも）。《貞信公記》
7・5 律師観宿に神泉苑で祈雨経法を修させる。《東寺長者補任》
7・6 七大寺・延暦寺ほかに雨を祈らせる。《貞信公記抄》
7・24 法皇病む。《貞信公記》
7・26 法皇の病により、相撲召合を延引する（三十日追行）。《貞信公記》
8・23 法皇皇子行明を醍醐天皇の子とし、この日、親王とする。《一代要記》
9・10 法皇皇子真寂（斉世親王）没。《日本紀略》
9・11 斉世親王没により、伊勢例幣を延引する。《貞信公記》
9・20 醍醐天皇皇子時明《ときあきら》親王（母は源周子）没（年18）。《日本紀略》

9・24 醍醐天皇皇子克明《かつあきら》親王（母は源封子）没（年25）。《日本紀略》
10・12 疾病のため、紫宸殿にて臨時仁王経を転読させる。《貞信公記》
10月 内裏に怪異多く、流言が頻発する。《扶桑略記》
12・15 天皇、八省院に行幸し、伊勢例幣使を発遣する。《貞信公記》
12・26 勅により編集された「延喜式」が成り、奏上される（施行は四十年後の康保四年〈九六七〉）。《同書》
□11・11 増命《ぞうみょう》（天台座主。僧正。宇多法皇戒師。85）

■**延長六年（九二八）戊子**
醍醐天皇 44歳
陽成上皇 61歳
宇多法皇 62歳
1・1 天皇、病む（紫宸殿に出御せず）。《扶桑略記》
1・16 女踏歌あり（天皇病気により出御せず）。《日本紀略》
3・8 地震あり（四月十七日、六月一日にも）。《扶桑略記》
3・29 天皇、**常寧殿**に出御し、三月尽曲宴を催す。《日本紀略》
4・28 天皇、法皇の中六条院に朝覲行幸する。《扶桑略記》
5・22 京中の疫災を除くため、紫宸殿にて臨時御読経を行なう。《扶桑略記》
6・21 小野道風に命じ、賢君明臣の徳行を清涼殿南廂の壁に書かせる。《日本紀略》
8月 天皇、病む。《大神宮諸雑事記》
⑧・17 法皇、石山寺に御幸する。《扶桑略記》
9・4 延暦寺献上の白鹿を神泉苑に放つ。《扶桑略記》
10・21 天皇、朱雀院柏殿に行幸する（鵜飼の魚を覧る）。《扶桑略記》
12・1 神祇官、御体御卜の間、行幸なきを奏する。《権記》
12・5 天皇、大原野に行幸し、遊猟する（上皇も御幸）。《扶桑略記》
12月 天皇、大江朝綱に屏風の詩を作らせ、小野道風にこれを書かせる。《日本紀略》
この年 醍醐天皇皇子（盛明親王）、誕生する（母は更衣源周子）。《一代要記》
□1・24 大中臣安則《おおなかとみのやすのり》（伊勢神宮祭主。神祇伯。82）

■**延長七年（九二九）己丑**
醍醐天皇 45歳
陽成上皇 62歳
宇多法皇 63歳
1・3 天皇、法皇の仁和寺に朝覲行幸する。

＊**延喜式**《えんぎしき》 律令格に対する施行細則を集大成したもの。律令官制に従い、神祇官・太政官八省・それ以外に分かれる。「践祚大嘗祭式」はじめ儀式・年中行事等の種々の規定を収める。「神名式」は「延喜式神名帳」とも呼ばれ、名神社を選定して諸社を格付けしたもの。「諸陵寮」では、七十三陵四十七墓が北域等とともに挙げられている。このとき、新たに「十陵八墓」が制定された（陵＝天智・桓武・藤原乙牟漏・仁明・文徳・藤沢沢子・光孝・藤原胤子・光仁・崇道。墓＝藤原基経・藤原総継・藤原良房・仲野親王・当宗氏・藤原高藤・宮道列子・藤原鎌足）。また「太政官式」では、諸式を太政官に勘申《かんじん》する際に、「まず神事」と規定された。

＊**常寧殿**《じょうねいでん》 内裏十七殿の一。承香殿の北、貞観殿の南に所在。「正寧殿」などともいい、平安後宮の中心となる殿舎。皇后・中宮・女御などの居所であり、時に天皇の御在所となった。平安中期以降は五節所《ごせちどころ》となり、皇后居所は弘徽殿・飛香舎に移る。

《御遊抄》
2・23　法皇、法性寺で藤原忠平五十賀法会を修する。《日本紀略》
2・28　法皇、東一条第で藤原忠平五十賀を行なう。《吏部王記》
3・23　疫癘流行により、天台座主尊意に不動法を修させる。《扶桑略記》
4・21　清和天皇皇子貞辰《さだたつ》親王（母は藤原基経女佳珠子）没（年56）。《日本紀略》
5・17　新羅国使、対馬に来着、朝賀を請う。《扶桑略記》
5・21　官符を大宰府に下し、新羅使に粮を資して放還し、信物はしりぞける。《扶桑略記》
7・8　神泉苑で祈雨御読経が修される。《吏部王記》
7・26　大風あり。鴨川の堤が決壊、山崎橋が断絶する。《扶桑略記》
8・5　五社・延暦寺・七大寺等に止雨を祈らせる。《扶桑略記》
8・15　京都洪水により溺死者多数。《日本紀略》
9・11　天皇、八省院に行幸し、伊勢例幣使を発遣する。《西宮記》
9月　小野道風に紫宸殿賢聖障子の銘を改書させる。《日本紀略》
10・1　天皇、病む（紫宸殿に出御せず）。《貞信公記》
10・23　宇多天皇皇子雅明親王（母は藤原褒子）没（年10）。《日本紀略》
12・24　渤海使、丹後国に来着する。《日本紀略》

■延長八年（九三〇）庚寅

醍醐天皇　46歳
朱雀天皇　8歳
陽成上皇　63歳
宇多法皇　64歳

1・3　丹後国、渤海国使（東丹国使）来着を奏上する。《扶桑略記》
1・13　清和天皇皇女敦子《あつこ》内親王（母は女御藤原高子）没（生年不詳）。《日本紀略》
2・14　疫癘流行。病者路頭に愁苦する。《扶桑略記》
2・17　皇太子寛明親王、凝華舎で初めて「御注孝経」を読む（侍読は藤原元方）。《日本紀略》
2・28　宇多天皇皇子敦慶《あつよし》親王（母は女御藤原胤子）没（年44）。《日本紀略》
3・2　渤海使、怠状を進上する（以後、朝貢絶える）。《日本紀略》
3・9　陽成天皇皇女儼子《げんし》内親王（母は好子女王）没（生年不詳）。《日本紀略》

＊吏部王記《りほうおうき》　「りぶおうき」とも。醍醐天皇皇子重明親王の日記。原文および写本が伝存せず、逸文が「西宮記」「北山抄」「政事要略」等に引かれる。記名は、重明親王の極官が式部卿であることから、その唐名吏部尚書に因む。

5・1　伊勢神宮ほか諸社に奉幣し、疫癘を禳除させる。《扶桑略記》

5・15　清和天皇皇子貞固《さだかた》親王（母は橘休蔭女）没（生年不詳）。《一代要記》

6・20　神宮祭主大中臣奥生《おくなり》に神祇官で雨を祈らせる。《扶桑略記》

6・26　清涼殿に落雷。大納言藤原清貫《きよつら》ら四人が焼死。そのため天皇、恐怖により病む（菅原道真の怨霊によると噂される）。《日本紀略ほか》神泉苑の水を京南鳥羽等の田に流す。《扶桑略記》

6・27　天台座主尊意に勅し、延暦寺で祈雨法を修させる。《華頂要略》

6・29　天皇の病平癒のため、僧貞崇に読経させる。《吏部王記》

7・2　天皇、清涼殿修理のため、常寧殿に遷る。《日本紀略》

7・15　天皇、咳病をわずらう。《日本紀略》

7・21　常寧殿にて五壇法を修する。《日本紀略》

8・9　天皇の病平癒のため、五百人を得度する。《扶桑略記》

8・13　皇后藤原穏子《おんし》・皇太子寛明《ゆたあきら》親王、宣耀殿に移る。《日本紀略》

8・19　天皇の病により、度者千人を賜う。また、信貴山寺僧命蓮に加持させる。《日本紀略・扶桑略記》

9・11　伊勢例幣使を発遣する。《政事要略》

第六十一代　朱《す》雀《ざく》天皇

9・22　醍醐天皇、病が危急となり、麗景殿にて譲位。寛明親王、宣耀殿にて受禅（**朱雀天皇**）。新帝・母后藤原穏子、弘徽殿に遷る。▼左大臣藤原忠平を摂政とする。《**山槐記**》

9・26　醍醐上皇、八歳の天皇に五事の「**延喜御遺誡**」を授ける（口授）。《吏部王記》

9・27　醍醐上皇、病重く、右近衛府大将曹司に移る。《日本紀略》

9・28　法皇、右近衛府の醍醐上皇を慰問する。《吏部王記》

9・29　醍醐上皇、出家し、この日、右近衛府で崩御（崩御に先立ち遺詔三事あり）。▼醍醐天皇皇子章明《しょうめい》を親王に、皇女靖《せい》子《し》・英子《えいし》等を内親王とする。▼この月、賀茂斎院韶子内親王、父帝崩御により退下する（内親王、のち大納言源清蔭に嫁ぐ）。《日本紀略ほか》

10・10　醍醐上皇を山城国宇治郡醍醐寺北（**後山科山陵**）に葬る。《日本紀略》

11・5　法皇の六条院、焼亡する。《日本紀略》

11・14　即位を伊勢神宮に奉告する。《貞信

＊**朱雀天皇**《すざくてんのう》（九二三〜九五二）　寛《ゆた》明《あきら》。醍醐天皇第十一皇子。母は皇后藤原穏子（父は藤原基経）。女御に熙子《きし》女王（「ひろこ」とも。父は保明親王、母は藤原時平女仁善子）。所生の子に昌子内親王（冷泉天皇皇后）・藤原慶子（藤原実頼女）。陵は醍醐陵（京都市伏見区醍醐御陵東裏町）。なお、「朱雀」は、譲位後の御所（朱雀院）の名による。

＊**山槐記**《さんかいき》　中山内大臣藤原忠親の日記。「忠親卿記」なども。山は中山の山、槐は大臣のこと。仁平元年（一一五一）から文治元年（一一八五）まで現存。逸文は建久五年（一一九四）まで及ぶ。平家興亡時代の好史料。

＊**延喜御遺誡**《えんぎのごゆいかい》　醍醐天皇が幼少の朱雀天皇に口授した遺訓。神祇をうやまうこと、祖父宇多法皇によく仕えること、左大臣藤原忠平の教訓を聞くこと、旧人を憐れむべきこと等。

＊**後山科陵**《のちのやましなのみささぎ》　京都市伏見区醍醐古道町に所在。後山科山陵・山科陵・山階新陵とも記される。承平四年（九三四）醍醐寺に宣旨を下

公記》
11・15　皇后藤原穏子、先帝の四十九日斎会を醍醐寺で修する。《吏部王記》
11・18　六陵二墓に山陵使を発遣し、即位を奉告する。《北山抄》
11・21　朱雀天皇、大極殿にて即位礼を挙げる。《日本紀略》
12・9　文徳天皇・太皇太后藤原順子の国忌を除き、醍醐天皇の国忌を置く。《日本紀略》荷前《のさき》の陵墓を改め、**十陵八墓**を定める（光孝天皇外祖母藤原数子墓を廃し、操子《そうし》女王の墓を近墓に加える）。《政事要略》
12月　伊勢斎宮柔子内親王、醍醐天皇譲位により退下する（三十二年間にわたり伊勢で過ごし歴代最長）。《日本紀略》

■承平元年（九三一）辛卯

朱雀天皇　9歳
陽成上皇　64歳
宇多法皇　65歳

1・1　諒闇により、朝賀・小朝拝・節会を中止する。《日本紀略》
1・12　地震あり。《貞信公記抄》
1・13　清和天皇皇女敦子内親王（賀茂斎院。母は女御藤原高子）没（生年不詳）。《吏部王記》
2・8　京都群盗多く、検非違使等に夜警させる。《扶桑略記》
2・13　宮中に落雷。《貞信公記》
3・2　地震あり（閏五月三日にも）。《日本紀略》
3・24　伊勢以下六社に奉幣して、即位を奉告する。《貞信公記》
4・26　代始により、**承平**と改元する。《貞信公記》
5・23　祭主大中臣奥生に止雨を祈らせる。《貞信公記》
6・3　醍醐天皇の遺詔により、醍醐寺に年分度者二人を置く。《醍醐寺要書》
6・12　禳災・祈雨のため、臨時奉幣使を発遣する。《貞信公記》
7・2　法皇、血痢（赤痢）を病む。《貞信公記》
7・5　宇多法皇の病により、七寺において諷誦を修する（ついで度者六十人）。《日本紀略》
7・10　法皇、御室の御物を仁和寺宝蔵に納める。《仁和寺御室御物実録》
7・19　法皇、仁和寺御室にて崩御（追号を「宇多院」とする。遺詔により葬司・国忌・荷前等を停止）。《日本紀略》
8・10　法皇崩御により、大嘗祭延期を決める。《日本紀略》

し、陵戸五烟、徭丁二十五人を置く。以来、江戸時代までその管理は醍醐寺に委ねられる。兆域は「東西八町、南北十町」（「醍醐雑事記」）。現陵号「後山科陵」は、「延喜式」諸陵寮の藤原順子陵と同名だが、こちらは現在、「後山階陵」と称される。

＊**十陵八墓**《じゅうりょうはちぼ》　山階（天智）・後田原（光仁）・柏原（桓武）・長岡（贈太皇太后藤原乙牟漏）・八嶋（崇道）・深草（仁明）・鳥戸（〈中尾陵〉贈皇太后藤原沢子）・後田邑（光孝）・小野（贈皇太后藤原胤子）・後山科（醍醐）の十山陵と多武峯一墓および山城国七墓をいう。

＊**承平**《じょうへい》　大江維時・大江朝綱の撰定による。出典不詳も「漢書」食貨志に「今累世承平」とある。

9・6　宇多法皇、山城国葛野郡大内山にて火葬される（遺詔により山陵を造らず。陵名は**大内山陵**）。《扶桑略記》

9・12　伊勢例幣を追行する。《貞信公記》

11・7　清涼殿を改造する。《吏部王記》

11・28　皇后藤原穏子を皇太后とする。《日本紀略》

12・2　京都群盗横行。《貞信公記抄》

12・25　天皇、初めて紫宸殿に出御し、万機の政を視る。▼醍醐天皇皇女雅子《がし》内親王を伊勢斎宮に、同婉子《えんし》内親王を賀茂斎院にト定する。《日本紀略》

●この頃から荷前使の懈怠が常態化する。《類聚符宣抄》

■承平二年（九三二）壬辰

朱雀天皇　10歳
陽成上皇　65歳

1・25　地震あり（三月二十一日、四月一日、六月二十六日にも）。《日本紀略》

2・23　成明親王、凝華舎にて御読書始。初めて「御注孝経」を読む（承平五年十二月読了）。《貞信公記》

5・15　上皇、東光寺にて一切経を供養する。《日本紀略》

6・10　斎宮雅子内親王、東河に禊して初斎院に入る。《貞信公記》

6・20　皇太后藤原穏子、飛香舎に移る。《日本紀略》

9・11　穢により、伊勢例幣を延引する（ついで追行）。《貞信公記》

9・20　清和天皇皇子貞真《さだざね》親王（母は藤原諸藤女）没（年56）。《日本紀略》

9・22　大嘗祭あるにより、一代一度の大神宝使を伊勢神宮以下諸社に派遣する。《日本紀略》

9・25　斎院婉子内親王、初斎院に入る。《貞信公記》

9・28　斎宮雅子内親王、禊して野宮に入る。《貞信公記》

10・25　天皇、大嘗祭のため、鴨川で禊する（皇太后藤原穏子同輿）。《日本紀略》

11・1　大嘗会あるにより、伊勢神宮以下諸社に奉幣する。《貞信公記》

11・13　天皇、大嘗宮にて大嘗祭を行なう（宇多法皇崩御により、この日に延期）。《貞信公記》小野道風、大嘗会画図の屏風に書を書く。《本朝文粋》

□8・4　藤原定方《ふじわらのさだかた》（右大臣。父は内大臣藤原高藤。60）

■承平三年（九三三）癸巳

朱雀天皇　11歳
陽成上皇　66歳

＊**大内山陵**《おおうちやまのみささぎ》　京都市右京区鳴滝宇多野谷に所在（仁和寺の北）。崩御後、遺骸を仁和寺から大内山の魂殿に移し、九月六日火葬、そのまま土を覆って陵とした。遺詔により荷前に列せず。所伝失うも、文久修陵時、当陵に修治を加えた。

＊**新撰和歌集**《しんせんわかしゅう》　醍醐天皇から勅命を受けた紀貫之が、土佐在任中に撰したが、承平五年（九三五）に帰京するも、すでに天皇崩御により、上進することはかなわなかった。「古今和歌集」から抽出の二百八十首とそのほか八十首から成る。

1・23　群盗横行により、諸衛に夜警させる。《日本紀略》
2・5　醍醐天皇皇女修子内親王（元良親王妃。母は満子女王）没（生年不詳）。《日本紀略》
2・13　大納言藤原仲平を右大臣とする（三月十六日辞職）。《公卿補任》
4・12　斎院婉子内親王、禊して紫野院に入る。《日本紀略》
4・17　この日以前、天皇、弘徽殿から飛香舎に遷る。《日本紀略》
4・27　一代一度の大仁王会が修される。《小右記》
6・3　諸陵寮庁舎が焼亡する。《日本紀略》
9・26　天皇、八省院に行幸し、斎宮雅子内親王を伊勢に発遣する。《日本紀略》
□2・18　藤原兼輔《ふじわらのかねすけ》（中納言。三十六歌仙の一人。紫式部曾祖父。57）

■承平四年（九三四）甲午

朱雀天皇　12歳
陽成上皇　67歳

3・26　皇太后藤原穏子の五十賀を常寧殿にて行なう（天皇出御）。《日本紀略》成明親王（村上天皇）に帯剣を許す。《別聚符宣抄》
5・27　地震あり（二十八・二十九日、六月三日にも）。紫宸殿前に虹が立つ。《扶桑略記》
6・19　光孝天皇後田邑陵・醍醐天皇後山科陵が鳴動したため、山陵使を発遣する。《扶桑略記》
7・13　醍醐陵の陵戸・徭丁を醍醐寺に寄進する（以後、僧侶に陵墓の祭祀をさせるのが通例。明治以降は神式祭祀も行なう）。《醍醐寺雑事記》
10・10　法性寺を定額寺とし、年分度者を置く。《日本紀略》
10・19　地震あり。《日本紀略》
●この頃、紀貫之、土佐守在任中に「**新撰和歌集**」を撰する。

■承平五年（九三五）乙未

朱雀天皇　13歳
陽成上皇　68歳

1・28　地震あり（二月十九・二十日にも）。《扶桑略記》
2月　平将門、常陸で伯父平国香、源護と戦い、国香を殺害する（平将門の乱）。《将門記》
3・6　延暦寺火災により、四十余宇を焼失する。《日本紀略》
3・17　勅により、延暦寺中堂の造営を開始する。《一代要記》
4・15　大地震起こる。《日本紀略》

◉朱雀天皇御製

「時すぎて霜にかれにし花なれどけふはむかしの心地こそすれ」（「新古今和歌集」）
「遠近《おちこち》の風とぞ今はなりなましひなき物は我が身なりけり」（「新続古今和歌集」）
「梅のはな咲けるあたりをゆき過ぎて昔の人の香をばたづねむ」（「続後拾遺和歌集」）

5・4 祈雨のため、大極殿にて大般若経を転読させる。《日本紀略》

6・13 八坂観慶寺（祇園感神院《かんしんいん》）を定額寺とする。《二十二社註式》

6・17 天皇御在所飛香舎にて臨時御読経を行なう。《本朝世紀》

6・28 海賊平定を祈り、伊勢神宮ほか諸社に奉幣する。《本朝世紀》

10・21 平将門、伯父平良正らと戦い、これを破る。《将門記》

11月 文章博士大江維時《これとき》に大学北堂で初めて「文選」を講じさせる。《日本紀略》醍醐天皇女御藤原和香子没（生年不詳）。《一代要記》

12・2 成明親王（村上天皇）、凝華舎で御注孝経竟宴を行なう。《日本紀略》

12・29 平将門ら召喚の官符を下す。《貞信公記》

12月 紀貫之、内裏屏風に歌を詠進する。《貫之集》

この冬 醍醐天皇更衣源周子没。《北山抄》

この年 高麗、新羅を滅ぼす。

■承平六年（九三六）丙申

朱雀天皇 14歳

陽成上皇 69歳

1・1 雨により、朝賀を中止する。《日本紀略》

3・5 海賊平定を祈り、豊楽院にて大元帥《たいげんの》法《ほう》を修する（十二日、治部省でも）。《日本紀略》

3・7 伊勢斎宮雅子内親王が母（源周子）の死により退出することを伊勢神宮に奉告する。《日本紀略》

3月 藤原純友、徒党を組み、伊予に向かう。《吏部王記》

4・14 陽成天皇皇子源清鑒《きよかね》（母は伴氏）没（生年不詳）。《日本紀略》

5・3 伊勢斎宮雅子内親王、帰京する。《吏部王記》

5・11 春卜定（日付不明）の伊勢斎宮斉子《せいし》内親王（醍醐天皇皇女。母は女御源和子）没（年16）。《日本紀略》

6月 海賊、降伏する。《日本紀略》

7・1 宇多天皇皇女依子《いし》内親王（母は源貞子）没（年42）。《日本紀略》

7・13 大宰府、唐客来朝を奏上する。《日本紀略》

7・26 平将門、叔父平良兼を破る。《将門記》

8・2 左大臣藤原忠平、呉越王に書状を送る。呉越からの信物を左右大臣に分ける。《日本紀略ほか》

8・19 左大臣藤原忠平を太政大臣とする（九

＊本朝世紀《ほんちょうせいき》 「六国史」のあと宇多天皇から近衛天皇まで（八八七〜一一五五）の歴史書。著者は藤原通憲（一一〇六〜五九）。通憲は学に秀で、少納言になったのを期に出家、初め円空、のち信西と号した。

＊源《みなもとの》周子《しゅうし》 （?〜九三五）父は右大弁源唱《となう》。醍醐天皇との間に勤子・都子・敏子・雅子各内親王、時明・盛明各親王のほか、源姓を賜わった高明・兼子をもうける。

＊九条殿記《くじょうどのき》 右大臣藤原師輔の日記は伝存せず、大饗・五月節・成選短冊の部類記を「九条殿記」という。また、抄出本（「九暦抄」）のほか「九暦記」、「九暦断簡」、逸文等が残されている。日記の全容は分からないものの、現在伝えられているものは、ほとんど儀式に関するもの。

＊為房卿記《ためふさきょうき》 大蔵卿・参議藤原為房（一〇四九〜一一一五）の日記。「大御記」「大府記」「大記」とも称されるのは大蔵卿の唐名「大府卿」による。官途に就いて日記を書き始めたとして五十年ほど書き続けたと思われるが、大部分は散

月十五日辞任)。《公卿補任》

9・12 重明親王王女徽子《きし》女王を伊勢斎宮に卜定する。《日本紀略》

9・23 清和天皇女御藤原頼子《よりこ》没(生年不詳)。《西宮記》

9月 高麗、朝鮮半島を統一する。

10・17 平将門、召により上洛する。《将門記》

10・26 平将門、伯父下総介平良兼等と下野に戦い、これを破る。《将門記》

11・5 天皇、飛香舎より常寧殿に遷る。《日本紀略》

12・8 文章博士矢田部公望《やたべのきんもち》、宜陽殿東廂で「日本紀」講義を始める(二十四日、日本紀竟宴)。《日本紀略・釈日本紀》

12・10 天皇元服を山陵に告げる(翌十一日には伊勢神宮に奉告)。《江家次第》

12・16 荷前の事あり。天皇、出御せずも、如在の礼によりこれを行なう。《九条殿記》

□7・14 藤原保忠《ふじわらのやすただ》(大納言。父は左大臣藤原時平。母は本康親王王女廉子女王。笙の秘典「荒序」の相伝者。47)

■承平七年(九三七)丁酉

朱雀天皇 15歳
陽成上皇 70歳

1・4 天皇、紫宸殿にて元服する(摂政・太政大臣藤原忠平加冠)。《園太暦》

1・5 天皇、元服により大極殿にて朝賀を受ける。《日本紀略》

1・22 右大臣藤原仲平を左大臣に、大納言藤原恒佐《つねすけ》を右大臣とする。《公卿補任》

2・19 保明親王王女熙子《きし》女王を女御とする。《為房卿記》

3・29 醍醐天皇皇子代明《よりあきら》(「よしあきら」とも)親王(母は藤原鮮子)没(年34)。《日本紀略》

4・7 これより先、平将門、上京して陳状。この日、恩赦により罪を許される(五月十一日帰郷)。《将門記》

7・13 斎宮徽子女王、禊して雅楽寮に入る。《日本紀略》

8・6 平将門、平良兼に襲われ敗走する。《将門記》

8・26 伊勢神宮に幣帛使を発遣する。《本朝世紀》

9・27 斎宮徽子女王、鴨川に禊して、雅楽寮より野宮に入る。《日本紀略》

10・13 大宰府に命じ、今年と翌年の大唐暦を写して進上させる。《日本紀略》

11・5 太政官符を武蔵国等五ヵ国に下し、平将門を逮捕させる。《将門記》

11月 富士山噴火が報告される。《日本紀略》

12・17 陽成上皇皇子元良《もとよし》親王ら、上皇の七

逸も、延久三年(一〇七一)正月から永久二年(一一一四)十一月まで断続的に現存している。平安後期・院政期の政治史、政務処理のあり方などが窺える好史料。

十賀を冷泉院にて行なう。《花鳥余情》

●承平年間（九三一～九三八）、源　順《みなもとのしたごう》、勤子内親王のため、「**和名類聚抄**」を撰述する。

■天慶元年（九三八）戊戌

朱雀天皇　16歳

陽成上皇　71歳

1月　紀貫之、内裏屛風に歌を詠進する。《貫之集》

2・29　平将門、平貞盛を千曲川に追撃して破る。《将門記》

4・15　大地震により、京中の家屋が崩壊する（翌年まで余震あり）。《日本紀略》

4・18　連日地震やまず、二十一寺に読経させる（五月六日にも大地震）。《貞信公記》

5・2　天皇の病により、賀茂社に祈禱させる。《日本紀略ほか》

5・22　厄運・地震・兵革により、**天慶**と改元する。《政事要略》

5・26　大雨洪水、地震あり。《日本紀略》

6・2　地震祈禳のため、十五大寺等に最勝王経を三日間転読させる。《貞信公記》

6・14　天皇、即位後初めて中和院（神嘉殿）に行幸し、神今食を行なう。《貞信公記》

6・16　震災祈禳のため、諸社に奉幣する。《貞信公記》

6・20　地震あり。鴨川が氾濫。家屋・人民、多く漂流する。《日本紀略》

7・8　地震やまぬため、諸社寺に万部仁王会を修させる。《貞信公記》

7・13　**温明殿**・**綾綺殿**の修理のため、賢所・内侍司を後涼殿に移す。《貞信公記》

7・21　大宰府、唐商人献上の羊を貢上する。《本朝世紀》

8・6　大地震起こる。釜殿崩壊。《貞信公記》

8・27　洪水。天皇・皇太后、常寧殿より綾綺殿に遷る。《日本紀略ほか》

9・11　穢により、伊勢例幣を延引する。《貞信公記》

9・15　伊勢斎宮徽子女王、葛野川に禊し、伊勢に群行する（天皇、御物忌により八省院に行幸せず）。《日本紀略》

10・21　御願延暦寺延命院が完成する。《貞信公記》

10月　延暦寺中堂が再建される。《一代要記》

平将門、平貞盛を下野国府に破る。《将門記》

11・3　駿河・伊豆国等四ヵ国に平将門を追捕させる。▼皇太后、**麗景殿**に移る。《本朝世紀》

11・5　醍醐天皇皇女勤子《きんし》内親王（母は更衣源周子）、この年、藤原師輔に嫁ぐも、この日没（年35）。《一代要記》

この年　御願により、醍醐寺三昧堂を造立す

＊**和名類聚抄**《わみょうるいじゅうしょう》　源順著の百科辞書。略して「和名抄」。中国文献を引用し、その日本語読みを万葉仮名で記しているため古訓が知られ、また、古代の郷名がすべて列記されており貴重。

＊**天慶**《てんぎょう》　文章博士大江朝綱《あさつな》・大江維《これ》時《とき》の勘申による。出典は「漢書」の「唯天子、建中和之極、兼総条貫、金声而玉振之、順成天慶、垂万世之基」。

＊**温明殿**《うんめいでん》　「おんめいでん」とも。母屋の神殿には賢所《かしこどころ》（内侍所）があり、神鏡や太刀・節刀・鈴等が定置された。一条天皇の時から内侍所御神楽が行なわれる。

＊**綾綺殿**《りょうきでん》　仁寿殿の東、温明殿の西に位置し、内宴や妓女の舞が行なわれ、時に天皇の御在所ともなった。

＊**麗景殿**《れいけいでん》　綾綺殿の北に位置し、弘徽殿と相対する。皇后・中宮・女御等の御在所にあてられ、時に親王元服の儀に用いられた。

る。《吏部王記》
□5・5藤原恒佐《ふじわらのつねすけ》（右大臣。父は左大臣藤原良世。60）

■天慶二年（九三九）己亥
朱雀天皇　17歳
陽成上皇　72歳
1・11　地震あり（このあとも毎月のように地震）。《貞信公記抄》
2・9　東西兵乱鎮圧のため、伊勢神宮に奉幣する。《大神宮諸雑事記》
2・28　摂政太政大臣藤原忠平を准三宮とする。《公卿補任》
3・3　武蔵介源経基、興世王・平将門らの謀反を奏上する。《貞信公記》
3・11　大宰府に牒して高麗使を帰らせる。《日本紀略》
3・27　敦実親王、仁和寺改造八角堂を建立供養する。《日本紀略》
4・14　賀茂祭（斎院婉子内親王、鴨川洪水により川を渡れず）。《日本紀略》
4・17　出羽国馳駅、俘囚の反乱を奏上する。《日本紀略》
4・26　宜陽殿にて矢田部公望に「日本紀」を講義させる（五月二十二日まで断続的に）。《本朝世紀》
5・6　出羽国馳駅、重ねて俘囚の反乱を奏上する。《日本紀略》
5・15　東西の兵乱により、伊勢以下諸社に奉幣する。《本朝世紀》
5・16　東西の兵乱により、太一式祭（式占の一種）を八省院にて修する。《貞信公記》
6・2　丹生川上・貴布禰両社に祈雨奉幣使を発遣する（十二日には諸社に奉幣）。《本朝世紀》
6・8　綾綺殿上にて御注孝経竟宴が行なわれる。《日本紀略》
6・20　甘雨・年穀・天下平安のため、大極殿にて大般若経を転読させる。《本朝世紀》
6・21　陸奥国、出羽俘囚の反乱の状を奏上する。《本朝世紀》
7・2　祈雨のため、陰陽寮に五竜祭、龍穴社に御読経を行なわせる。《貞信公記》
7・5　石清水・賀茂社等に読経させ、雨を祈る。《本朝世紀》
7・12　祈雨のため、十五大寺・延暦寺等に仁王経を転読させる。《本朝世紀》
7・15　祈雨のため、大極殿にて季御読経を修させる。▼出羽国、重ねて俘囚の反乱を奏上する。《本朝世紀》
7・17　旱魃により神泉苑の水を紀伊郡百姓らに賜う（池水を三日間放出）。《本朝世紀》
8・25　天皇病気により、内御修法が行なわ

れる。《本朝世紀》

9・13 伊勢例幣を追行する。《本朝世紀》

10月 文章博士大江維時《これとき》、北堂で「文選」を講了する。《日本紀略》

11・14 天皇、左中弁藤原在衡等に、初めて「史記」を講じさせる。《日本紀略》

11・21 平将門、常陸国府を占拠する（のち、坂東八ヵ国と伊豆国を手中に収め、坂東諸国司を任命し、王城を建て、文武百官を任命し、国印まで定める）。《将門記》

12・11 平将門、下野国府を襲い、印鎰《いんやく》を奪う。《本朝世紀》

12・15 平将門、上野国庁に入り、「新皇」を称し、除目を行なう（東国の独立を標榜）。《将門記》祭主大中臣頼基に伊勢神宮等十二社に天変を祈禳させる。《本朝世紀》

12・17 伊予国、藤原純友の反乱を申上する。《貞信公記》

12・21 摂津国等七ヵ国に藤原純友を召還させる。《本朝世紀》

12・25 天皇、藤原忠平の六十賀に六ヵ寺にて諷誦を修させる。《日本紀略》

12・27 信濃国、平将門反乱の旨を伝える。《日本紀略》

□6月平良兼《たいらのよしかね》（父は平高望。下総介。生年不詳）、11・23源宗于《みなもとのむねゆき》（光孝天皇孫、是忠親王王子。三十六歌仙の一人。生年不詳）

■天慶三年（九四〇）庚子

朱雀天皇 18歳

陽成上皇 73歳

1・1 東国兵乱により音楽中止。▼東海・東山・山陽道等の追捕使十五人を任じる。《日本紀略》

1・7 東西兵乱鎮定のため、伊勢神宮に奉幣する。《貞信公記》

1・13 十二社に奉幣し、兵乱を祈禳する。《玉葉》

1・14 小野好古を追捕凶賊使に任じる（十六日発向）。《日本紀略ほか》

1・19 兵乱により、山科・柏原山陵等に山陵使を発遣する。《師守記》参議藤原忠文を征東大将軍とする。《公卿補任》

1・21 平将門調伏のため、参議大伴保平を使として伊勢神宮に幣帛使を発遣する。《貞信公記》

2・1 藤原秀郷・平貞盛、平将門の軍を破る。《将門記》

2・8 天皇、紫宸殿に御し、征東大将軍藤原忠文に節刀を賜い、進発させる。《貞信公記》

2・14 平将門、下総国辛（幸）島郡において藤原秀郷・平貞盛に討たれ梟首される。

＊承香殿《しょうきょうでん》 仁寿殿の北にあり、常寧殿に相対する。天皇や女御の御在所となったこともあり、東廂前に東庭があり、花宴が行なわれた。

《将門記》
2・15　醍醐天皇皇子成明《なりあきら》親王（村上天皇）、綾綺殿東廂にて元服する（太政大臣藤原忠平加冠）。《日本紀略ほか》
3・4　追捕南海凶賊使を任じる。《日本紀略》
4・19　成明親王、藤原師輔女藤原安子を妃とする。《日本紀略》
4・25　藤原秀郷、平将門の首を進上する（五月十日、東市にて梟首）。《貞信公記》
5・15　征東大将軍藤原忠文、帰京して節刀を返上する。《日本紀略》
6・21　大宰府、高麗国牒を進上する。《貞信公記抄》
8・27　小野好古を追捕山陽南海両凶賊使とし、宇治・淀・山崎警固使を定める。《日本紀略ほか》
8・29　法琳寺にて初めて大元帥法を修させる。《日本紀略》
9・11　天皇、八省院に行幸し、伊勢例幣使を発遣する。《西宮記》
10・28　伊勢神宮以下十二社に奉幣し、凶賊・怪異を祈禳させる。《師守記》
この年　紀貫之、内裏屏風に歌を詠進する。《貫之集》

■**天慶四年（九四一）辛丑**
朱雀天皇　19歳
陽成上皇　74歳
2・6　伊勢神宮以下十三社に奉幣して、山陽・南海両道の凶賊を祈禳させる（五月十二日にも）。《師守記》
2・22　大納言藤原実頼女慶子が入内する。《吏部王記》
3・15　**承香殿**東庭で花宴を催す。《日本紀略》
3・27　大学寮北堂で文選竟宴が行なわれる。《日本紀略》
3月　紀貫之、内裏屏風に和歌を詠進する。《貫之集》
5・19　追捕使小野好古《おののよしふる》、賊徒の大宰府襲来を報告する。▼参議藤原忠文を征西大将軍とする。《日本紀略》
5・20　小野好古、博多津にて藤原純友を討つ。《本朝世紀》
6・10　光孝天皇皇子源是茂《これしげ》（母は藤原門宗女）没（年57）。《日本紀略》
6・20　橘遠保《とおやす》、藤原純友を討つ。《本朝世紀十一月五日条》
7・7　伊予警固使、藤原純友らの首を進上する。《日本紀略》神祇官にて祈雨させる。《本朝世紀八月十三日条》
7・16　藤原実頼女慶子《けいし》を女御とする。《日本紀略》
8・5　成明親王（村上天皇）、承香殿にて

文選竟宴を催す。《本朝世紀》
8・9 勅して「日本三代実録」を進上させる。《本朝世紀》
8・13 伊勢神宮以下**十六社**に祈年穀臨時奉幣使を発遣する。《本朝世紀》
9・6 石清水・賀茂等諸社に止雨奉幣使を発遣する。《本朝世紀》
9・11 天皇、大極殿に出御、伊勢例幣使を発遣する。《本朝世紀》
10・30 藤原忠平、上表して摂政を辞任。《本朝世紀》
11・8 藤原忠平の摂政をやめ、関白とする（以後、天皇幼少においては摂政、成人後は関白を置くようになる）。《公卿補任》
11・25 関白藤原忠平、官奏を内覧する。《本朝世紀》
11・26 天皇、即位後初めて官奏を覧る。《本朝世紀》
11・29 大宰府、西国平定を言上する。《本朝世紀》
12・5 上皇、累代の宝物を内裏に納める。《本朝世紀》

■天慶五年（九四二）壬寅
朱雀天皇 20歳
陽成上皇 75歳

3・7 地震あり（十六・十七・十八日、閏三月十八日にも）。《本朝世紀》
3・14 詔して意見封事を提出させる。《日本紀略》
3・19 祭主大中臣頼基に、神祇官で天変地震を祈禳させる。《本朝世紀》
③・4 天皇、弓場殿に御し、親射。よく的にあてる。《本朝世紀》
4・14 東西賊徒平定に報い、伊勢以下諸社に臨時奉幣する。《本朝世紀》
4・27 平将門・藤原純友の乱平定御礼として、石清水臨時祭（国家の危難に際し、天皇と国家の安泰を祈る）が始められる（永享四年〈一四三二〉中絶、文化十年〈一八一三〉復興）。《本朝世紀ほか》
4・29 天皇、兵乱平定に謝し、賀茂社に行幸する（賀茂社行幸の初め。天皇初の**神社行幸**）。《日本紀略》
4・30 群盗により京中騒擾。《日本紀略》
6・29 群盗横行、諸衛に夜警させる。《本朝世紀》
7・5 醍醐天皇皇子源允明《すけあきら》（母は源敏相女）没（年24）。《一代要記》
7・12 故菅原道真の霊、託宣して神社造営を求める。《北野天神縁起》
8・11 大風あり。《日本紀略》
9月 紀貫之、内裏屏風に和歌を詠進する。

＊**十六社《じゅうろくしゃ》** 伊勢・石清水・賀茂上下・松尾・平野・稲荷・春日・大原野・大神《おおみわ》・石上《いそのかみ》・大和・広瀬・龍田・住吉・丹生川上・貴布禰の各社。十六社奉幣はこれ以前にもあったが、この年から恒例とする。寛和元年（九八五）まで二十九例を数え、のち二十二社奉幣の先駆となる。

＊**神社行幸《じんじゃぎょうこう》** 基本的に天皇は行幸はしても、直に親拝することはなかったといわれる。これは、天照大神以外の個々の神社への天皇親祭はありえないという根本観念があったからと推定されている。

＊**元良親王《もとよししんのう》**（八九〇〜九四三） 陽成天皇第一皇子。母は藤原遠長女。歌人として優秀とされるが、京極御息所との密事が発覚するなど好色の人としても知られる。

《貫之集》
10・27 承香殿東廂にて菊花宴を催す。《日本紀略》
11・5 天皇、八省院に行幸し、伊勢以下諸社に奉幣する。《日本紀略》
この年 紀貫之、亭子院御屛風の歌を進上する。《夫木和歌集》

■天慶六年（九四三）癸卯

朱雀天皇 21歳
陽成上皇 76歳

3・12 穀倉院、焼亡する。《日本紀略》
4・18 大納言藤原実頼男斉敏、殿上にて元服する。《日本紀略》
4・20 旱魃・疫病流行により、宮中で東寺長者寛空に孔雀経法を修させる。《東寺長者補任》
5・1 地震あり。《日本紀略》
5・17 百僧を招き、大極殿にて祈雨御読経を修させる。《日本紀略》
5・27 廃后藤原高子の本位を復し、皇太后とする。《日本紀略》
5・29 天皇、温明殿にて蹴鞠を覧る。《吏部王記》
7・26 陽成天皇皇子**元良親王**、頓死する。《尊卑分脈》
8・2 天皇、八省院に行幸し、大宰府・四天王寺の怪異により、伊勢神宮に臨時奉幣使を発遣する。《日本紀略》
9・16 穢により伊勢内宮遷宮を延引する（ついで遷宮）。《日本紀略応和二年八月二十二日条》
12・17 山陰道諸国司に命じ、意見封事の進上を促す。《別聚符宣抄》
12・24 宜陽殿にて、日本紀竟宴を行なう。《日本紀略》
□3・7 藤原《ふじわらの》敦忠《あつただ》（権中納言。父は贈太政大臣藤原時平。母は本康親王王女康子〈在原棟梁女とも〉。三十六歌仙の一人。38）

■天慶七年（九四四）甲辰

朱雀天皇 22歳
陽成上皇 77歳

1・1 物忌により四方拝を中止する。《江家次第》
1・28 意見封事を奉らせる。《日本紀略》
4・9 大納言藤原実頼を右大臣とする。《日本紀略》
4・22 天皇、南殿に御し、成明《なりあきら》親王を皇太弟とする。《日本紀略》
5・5 延長六年（九二八）以来停止の五月節会を復活し、天皇、武徳殿で競馬を覧る。《日本紀略ほか》
8・3 重明親王、意見封事を奉る。《吏部

王記》

9・2 暴風雨により、図書寮・弘徽殿等倒壊する。《日本紀略ほか》

9・6 内裏の穢により伊勢例幣の日時を改定する。《園太暦》

9・11 大雨・洪水。《日本紀略》

9・13 康子内親王、母皇太后藤原穏子の六十賀を行なう。《日本紀略》

9月 伊勢神宮ほか諸社・諸寺に晴を祈らせる。《北山抄》

11・9 醍醐天皇皇子**常明親王**没。《日本紀略》

⑫・2 天皇、建礼門に御し、荷前使を発遣する（初めて東宮荷前儀を行なう）。《**九暦**》

この年 伊勢内宮に神宝を奉る。《久志本年代記抜書》

■天慶八年（九四五）乙巳

朱雀天皇 23歳
陽成上皇 78歳

1・4 諸国司進上の意見封事を関白太政大臣菅原忠平に検討させる。《貞信公記抄》

2・27 皇太后藤原穏子、法性寺多宝塔・一切経を供養する。《日本紀略》

3・20 天皇、病む。《日本紀略》

4・17 天台座主義海、神泉苑にて孔雀法を修する。《天台座主記》

5・25 天皇病気により、七ヵ寺にて諷誦させる。《日本紀略》

6・30 天皇、興福寺・東大寺の乱闘等について藤原忠平に勅問する。《貞信公記》

7・5 賀茂・稲荷両社に甘雨を祈らせる。《貞信公記》

7・19 明経得業生十市部以忠《とおちべのもちただ》に**天文道**を習得させる。《本朝世紀》

7・28 摂津国、志多良《したら》神輿の入京を報告する。《本朝世紀》

8・1 志多良神輿、男山石清水八幡宮護国寺に落ち着く（三日、朝廷に移座を言上）。《本朝世紀》

8・13 伊勢斎宮徽子女王、母藤原寛子の喪による退出を伊勢神宮に奉告する。《日本紀略》

9・11 天皇、八省院に行幸し、伊勢例幣使を発遣、外宮遷宮の延引を謝する。《本朝世紀》

11・5 右大臣藤原実頼女述子、皇太弟成明親王（**村上天皇**）のもとに入る。《一代要記》

11・25 左大将藤原実頼を右大臣とする。《公卿補任》

11・26 藤原忠平を藤原氏の戸主とする。《貞信公記》

12・13 伊勢外宮遷宮により、神宝使・御装束使を発遣する（ついで遷宮）。《貞信公記》

＊**常明親王**《つねあきらしんのう》（九〇六〜九四四） 醍醐天皇第五皇子。母は光孝天皇皇女・女御源和子。初名は将明。延喜八年（九〇八）親王宣下。同十一年、名を常明に改め、同十八年、初めて参内する。刑部卿。

＊**九暦**《きゅうれき》 右大臣藤原師輔（九〇八〜九六〇）の日記。全体が散逸し、原形のままでは伝存しないが、逸文は延長八年（九三〇）から天徳四年（九六〇）まで残る。「西宮記」「北山抄」「江家次第」のほか、公家の日記「権記」「小右記」「左経記」等に多く引用され、儀式の先例集として重要視されたことが窺える。

＊**天文道**《てんもんどう》 陰陽五行説に基づく中国の天文学。日本には六世紀に伝わり、中務省陰陽寮に天文博士を置き、日月星辰の運行・位置を観察し、予知し、異変のときは天皇に密奏し吉凶を判断した。一〇世紀、安倍晴明が賀茂保憲から伝えられ、この系統に独占される。

＊**村上天皇**《むらかみてんのう》（九二六〜九六七） 成明・覚貞。醍醐天皇第十四皇子。母は皇后藤原穏子。皇后は藤原安子。女御に藤原述子・徽子女王・

この年「旧唐書《くとうじょ》」完成する（その「東夷伝」に「倭国自ら其の名の雅ならざるを悪《にく》み、改め日本と為す」とある）。

□9・5藤原《ふじわらの》仲平《なかひら》（左大臣。父は関白藤原基経。母は人康親王王女。71）

■天慶九年（九四六）丙午

朱雀天皇　24歳
村上天皇　21歳
陽成上皇　79歳

1・2　流星・地震あり。《貞信公記》

1・8　地震あり。《貞信公記》

4・3　宇多天皇皇孫雅慶、勧修寺長吏となる（この年、勧修寺別当になる）。《諸寺院上申》

4・11　賀茂祭用途不足により、売官料をこれにあてることにする。《貞信公記抄》

4・14　藤原忠平、内裏に馬を進上する。《貞信公記》

4・15　地震・地割れあり。《興福寺年代記》

4・16　譲位のことを山陵に奉告する。《西宮記》

第六十二代　村《むら》上《かみ》天皇

4・20　天皇、綾綺殿にて譲位。皇太弟成明親王、紫宸殿にて受禅（**村上天皇**）。《践祚部類抄》

4・22　天皇、綾綺殿に遷る。▼即位のことを伊勢以下諸社に奉告する。▼斎院を替えないことを賀茂社に奉告する。《貞信公記抄》

4・26　先帝に太上天皇尊号を奉り、皇太后藤原穏子を太皇太后とする。▼即位の由を諸陵墓に奉告する。《日本紀略ほか》

4・28　天皇、八省院にて即位礼を挙げる。《貞信公記抄》

5・15　天皇、八省院に行幸し、伊勢以下諸社に祈雨奉幣する。《貞信公記》

5・20　旧の如く藤原忠平を関白とし、准三宮とする。《貞信公記》

5・27　藤原師輔女安子《あんし》を女御とする。▼醍醐天皇皇女英子《えいし》内親王を伊勢斎宮に卜定する《一代要記》

6・2　斎宮卜定・宮中怪異により伊勢以下諸社に奉幣する。《貞信公記》

6・21　天皇、初めて紫宸殿に御し、政を覧る。《貞信公記》

7・10　朱雀上皇・太皇太后藤原穏子、朱雀院に移り、ここを居所とする（朱雀天皇の由来）。《日本紀略》

8・17　天皇、朱雀上皇・太皇太后藤原穏子の朱雀院に朝覲行幸する。《貞信公記》

8・27　朱雀上皇、朱雀院にて管絃宴を開く。《貞信公記》

荘子女王・藤原芳子。皇子女に広平・憲平（冷泉天皇）・致平・為平・昭平・昌平・守平（円融天皇）・具平・永平各親王、承子・理子・保子・規子・盛子・楽子・輔子・緝子・資子・選子各内親王等。陵は村上陵。「村上」の名は陵号によるとされる。天皇号が贈られた最後の天皇で、以降は「○○院」と院号が贈られ、光格天皇まで天皇号が贈られることはなかった。

9・11　穢により、伊勢例幣使を延引する（十月十三日追行）。《貞信公記》
9・16　伊勢斎宮英子内親王（醍醐天皇皇女。母は藤原淑姫）没（年26）。《貞信公記》
9・17　朱雀上皇・太皇太后藤原穏子、朱雀院柏梁《はくりよう》殿にて御遊あり。《貞信公記》
10・22　天皇、八省院に行幸し、伊勢奉幣使を発遣する。《貞信公記》
10・28　天皇、大嘗祭のため鴨川で禊を行なう（朱雀上皇、これを見物）。《貞信公記》
11・16　天皇、大嘗祭を行なう。《貞信公記》
11・29　藤原実頼女述子、入内する。《貞信公記》
11月　代明親王王子延光王に源朝臣姓を賜う。《公卿補任》
12・3　朱雀上皇、朱雀院より宇治院に御幸し、遊猟する。《日本紀略》
12・25　藤原述子を女御とする。《貞信公記》
□この年か、紀貫之《きのつらゆき》（当代歌壇の第一人者。三十六歌仙の一人。父は紀望行。「土佐日記」作者。「古今和歌集」撰者。醍醐天皇の勅により「新撰和歌集」を撰するも、その崩御のため奏覧に至らず。生年不詳。享年78とも79とも）。

■**天暦元年（九四七）丁未**

村上天皇　22歳
陽成上皇　80歳
朱雀上皇　25歳

1・4　天皇、朱雀上皇・太皇太后藤原穏子の朱雀院に朝覲行幸する（九日、三月九・十五日にも）。《貞信公記》
1・25　朱雀上皇、九条殿に御幸する。《日本紀略》
1・26　朱雀上皇、大原野に御幸する。《日本紀略》
2・25　朱雀上皇、北野に御幸する。《九暦》
2・26　重明親王王女悦子（旅子）女王を伊勢斎宮に卜定する。《貞信公記》
3・1　天皇、天台僧延昌に延暦寺御願堂建立を命じる。《貞信公記》
3・20　朱雀上皇、桂川に禊して栽松院・嵯峨野に御幸する。《日本紀略》
3・26　陽成上皇、延暦寺安楽院で、金光明経を供養する。《日本紀略》
3・28　朱雀上皇、東西兵乱戦没者を供養するため、延暦寺講堂にて千僧供養を修する。《日本紀略ほか》
4・6　地震三度あり。《日本紀略》
4・15　天皇、太皇太后の病気を朱雀院に見舞う。《日本紀略》
4・20　一代一度の大神宝使・大奉幣使を伊勢神宮以下に発遣する。《貞信公記》

＊**天暦**《てんりやく》　村上天皇勅定の年号といわれる（大江朝綱・大江維時勘甲説も）。出典は、「論語」の「天之暦数在爾躬」など。

4・22 代始により、天暦と改元する。《日本紀略》
4・23 朱雀上皇、醍醐寺に御幸する。《日本紀略》
4・25 一代一度の大仁王会を修する。《日本紀略》
4・26 右大臣藤原実頼を左大臣に、大納言藤原師輔を右大臣とする。《日本紀略》
5・18 柔子内親王、母贈皇太后藤原胤子のため、勧修寺に多宝塔を建立する。《勧修寺文書》
6・9 最珍ら、故菅原道真の祠を北野に移す（北野神社の初め）。《北野天神縁起》
6・15 朱雀上皇、二条院に御幸する。《日本紀略》
6・27 朱雀上皇、松崎川で禊し、陽成上皇の五瀬院に御幸し、六月祓を修する。《日本紀略》
6月 疱瘡流行、死者多し。《日本紀略》
7・3 大風により、京中の屋舎が倒壊する。《日本紀略》
7・11 醍醐天皇皇女普子内親王（母は満子女王）没（年38）。《日本紀略》
7・15 朱雀上皇、二条院に御幸する。《日本紀略》
7・21 醍醐天皇女御源和子（光孝天皇皇女）没（閏七月十一日とも。生年不詳）。《日本紀略》
7・23 源清蔭、父陽成上皇の八十賀を行ない、八ヵ寺において功徳を修する。《日本紀略》
⑦・22 朱雀上皇、大堰川に御幸する。《日本紀略》
⑦・23 藤原成国らの違勅の罪を勘問する。《日本紀略》
⑦・27 朱雀上皇、二条院・北野に御幸する。《日本紀略》
8・17 天皇・朱雀上皇、疱瘡にかかる。《日本紀略》
8・18 天皇病気により、仁寿殿にて仁王経御読経を行なう。《日本紀略》
9・7 疱瘡流行により、紫宸・綾綺両殿で仁王経を転読させる。《日本紀略》
9・11 伊勢例幣を延引する（十月三日追行）。《日本紀略》
9・15 神宮祭主大中臣頼基に天変・兵革を祈らせる。《日本紀略》
9・25 斎宮悦子（旅子）女王、東河（鴨川）に禊し、主殿寮に入る。《日本紀略》
10・3 伊勢以下十四社に奉幣し、天皇病気・疫病を祈禳させる。《日本紀略》
10・5 村上天皇女御藤原述子、東三条第に

て没（年15）。《日本紀略》
11・1 倹約を定める（十三日にも）。《日本紀略》
11・3 朱雀上皇、宇治院に御幸し、栗栖野に遊猟する。《日本紀略》
11・28 天皇、朱雀上皇の朱雀院に朝覲行幸する。《日本紀略》
11・30 弓場始あり。天皇、臨御して親射する。《九暦》
12・13 荷前使で懈怠する者を処断する法を定める。《九暦》
12・20 十六日の荷前使を休んだ次侍従六名を解任する。《九暦》
この年 勅願により、東大寺尊勝院を建立する。《東大寺要録》朱雀上皇、二条院・九条院・大原野・北野・桂川・大井河・醍醐寺等に行啓する。《日本紀略ほか》村上天皇、「村上天皇宸記」を記す（康保四年まで）。《同書》

■天暦二年（九四八）戊申

村上天皇　23歳
陽成上皇　81歳
朱雀上皇　26歳

1・1 天皇、雨により小朝拝中止。《日本紀略》
1・3 天皇、朱雀上皇・太皇太后藤原穏子の朱雀院に朝覲行幸する（三月九日にも）。《日本紀略》
2・2 清涼殿の作事始が行なわれる（旧清涼殿の材木は醍醐寺に移す）。《春記》
2・17 朱雀上皇、二条院に御幸する。《日本紀略》
3・29 この頃、群盗横行。この日、四府馬寮に夜警させる。《日本紀略》
4・9 天皇、綾綺殿より新造清涼殿に遷る。《貞信公記》
4・11 皇女（承子内親王）、誕生する（母は女御藤原安子）。《日本紀略》
4・23 朱雀上皇、法性寺に御幸する。《日本紀略》
5・3 天皇、八省院に御幸し、祈雨のため伊勢以下諸社に奉幣する。《日本紀略》
5・9 丹生・貴布禰両社に奉幣し、祈雨する。《類聚符宣抄》
5・11 五陵に祈雨。また、龍穴社に読経せしめる。《日本紀略》
5・13 朱雀上皇、法師を石清水・賀茂等諸社に遣わし、降雨・豊穣を祈らせる。▼この頃、群盗横行。《貞信公記》
5・16 大極殿で臨時御読経。真言院・神泉苑にて請雨経法を修させる。《貞信公記》
5・20 太政大臣藤原忠平を旧の如く関白と

＊春記《しゅんき》　参議藤原資房《すけふさ》（一〇〇七～五七）の日記。「野房記」とも。没するまで春宮権大夫でもあったことから「春記」と呼ばれる。自筆本は伝存せず、一部のみが伝えられている。

する。《日本紀略》
5・27 宇多天皇皇子行明《ゆきあきら》親王（母は藤原褒子）没（年23）。《日本紀略》
6・1 群盗、勧学院に入る。《日本紀略》
6・2 七社に雨を祈らせる。《日本紀略》
6・5 諸社・龍穴社・東大寺等に仁王経を転読させ、雨を祈る。《貞信公記》
6・11 天皇、神嘉殿に行幸し、伊勢に例幣を奉る。《日本紀略》
6・12 十六社に奉幣使を発遣し、雨を祈る。《日本紀略》
6・14 真言僧寛空に神泉苑で請雨経法を修させる。《貞信公記》
6・27 内裏桂芳房《けいほうぼう》を楽所に定める。《貞信公記》
7・20 朱雀上皇、二条院に御幸する。《日本紀略》
7・27 大風雨により、京中の家屋が多数倒壊する。圧死者多数。《日本紀略》
8・13 大雨により河川氾濫。《日本紀略》
8・15 伊勢以下十六社に奉幣使を発遣し、晴を祈る。《日本紀略》
8・17 天皇、朱雀上皇の朱雀院に行幸する。《日本紀略》
8・22 朱雀上皇・太皇太后藤原穏子、朱雀院より二条院に移る。《日本紀略》
8・28 朱雀上皇、九条院に御幸し、芹川野で放鷂する。《日本紀略》
9・11 天皇、八省院に行幸し、伊勢例幣使を発遣する。《貞信公記》
9・22 五十五社に一代一度の仏舎利奉納を行なう。《日本紀略》
9・26 斎宮悦子女王、東河に禊して野宮に入る。《日本紀略》
10・9 天皇、太皇太后藤原穏子を二条院に見舞う。《日本紀略》
11・11 朱雀上皇、宇治院に御幸する。《日本紀略》
12・4 清涼殿に盗人が侵入する。《貞信公記》
12・10 群盗横行。《日本紀略》
12・30 前伊勢斎宮徽子女王、入内する。《吏部王記》
この年 村上天皇皇女（理子内親王）、誕生する（母は更衣源計子）。▼朱雀上皇、法性寺など各処に御幸する。《日本紀略》
□10・29源公忠《みなもとのきんただ》（官人。三十六歌仙の一人。光孝天皇孫。60）

■天暦三年（九四九）己酉

村上天皇 24歳
陽成上皇 82歳
朱雀上皇 27歳
1・2 延暦寺中堂に火災あり。《九暦》

◉村上天皇御製 宮中で観月の宴が開かれるようになったのは村上天皇からだともいわれる。その御製に、
「月ごとに見る月なれどこの月の今宵の月に似る月ぞなき」
があり、これは人口に膾炙している
「月々に月見る月は多けれど月見る月はこの月の月」（作者不詳）の元歌とされている。

1・5 天皇、太皇太后藤原穏子の二条院に朝覲行幸する（三月九日、九月六日にも）。《日本紀略》
1・16 これより先、東大寺僧師、入京して別当寛救を愁訴する。《日本紀略》
1・26 祭主大中臣頼基に、天変・地震・兵革・疫癘等を祈禳させる。《日本紀略》
2・2 朱雀上皇、西河（桂川）に御幸し、禊をする。《日本紀略》
2・9 雷鳴・地震あり。《日本紀略》
2・13 伊勢神宮以下十二社に使を発遣し、天変怪異を祈らせる。《日本紀略》
2・24 朱雀上皇、北野に御幸する。《日本紀略》
2・25 皇女承子女王を内親王とする。《日本紀略》
2・28 朱雀上皇、東山に御幸し、桜花を覧る（ついで右大臣藤原師輔第に御幸）。《日本紀略》
3・9 天皇、朱雀上皇の二条院に御幸する。《日本紀略》
3・11 朱雀上皇、二条院で花宴を開く。《日本紀略》
3・12 仁寿殿にて花宴が開かれる。《西宮記》
3・28 朱雀上皇、宇治院に御幸する。《日本紀略》
3・30 蔵人所にて尚書竟宴を行なう。《日本紀略》
3月 旧清涼殿の材で醍醐寺法華三昧堂を建立する。《貞信公記》
4・7 重明親王王女徽子女王を女御とする（前斎宮であったことにより、「斎宮女御」と呼ばれる。この年、規子内親王を産む）。《日本紀略》
4・12 飛香舎にて藤花の宴あり（天皇出御）。《西宮記》
4・27 朱雀上皇、平将門討伐報賽のため、興福寺に経供養を行なう。《日本紀略》
6・21 旱魃により卜占し、山陵の祟りと出る。《日本紀略》
6・23 旱魃により、祭主大中臣頼基をして伊勢神宮に祈雨させる。《日本紀略》
6・29 朱雀上皇、九条院に御幸する。《日本紀略》
7・5 神泉苑の水を京南田に引くことを許可する。《日本紀略》
7・21 朱雀上皇、桂川に御幸する。《日本紀略》
7・24 年穀・疫癘のため十六社に臨時奉幣使を発遣する。《日本紀略》
8・1 両京の河川氾濫。《日本紀略》
8・14 関白藤原忠平病により、度者三十人

＊**神楽岡東陵**《かぐらがおかのひがしのみささぎ》 京都市左京区浄土寺真如町に所在。円丘で、周囲に八角形の空堀がある。中世以降、所伝を失うも、安政二年（一八五五）京都町奉行浅野《あさの》長祚《ながよし》が真如堂門前の小丘を陵所に擬し、当陵と孝定、幕末時、修陵され、慶応元年（一八六五）竣工する。

を賜い大赦する。この日、忠平、没する（天皇の親政が始まる。天暦の治）。《九暦》左大臣藤原実頼を藤氏長者とする。《本朝世紀》
9・6　天皇、太皇太后藤原穏子病気のため、東二条院に見舞う。《日本紀略》
9・11　伊勢例幣を中止する。《日本紀略》
9・20　陽成上皇、病により出家する。（「一代要記」では十日）。《九暦》
9・23　天皇、八省院に行幸し、伊勢斎宮を発遣する（斎宮悦子（旅子）女王、西河で禊し伊勢に群行）。《九暦》
9・29　陽成法皇、冷然院にて崩御（追号を「陽成院」とする）。《日本紀略》
9月　元慶寺が焼失する。《扶桑略記》
10・3　陽成法皇を神楽岡東に葬る（現陵名は**神楽岡東陵**）。《日本紀略》
10・16　文章博士紀在昌、初めて「史記」を進講する。《日本紀略》
10・25　天皇、朱雀上皇の二条院に行幸する。《九暦》
11・14　冷然院が焼亡する（再建のとき、「冷泉院」と改称する）。《日本紀略》
11・26　朱雀上皇・太皇太后、東二条院より朱雀院に還御する。《日本紀略》
12・24　故太政大臣藤原忠平墓所を荷前の列に加える。《日本紀略》

この年　村上天皇皇女（保子内親王）、誕生する（母は更衣藤原正妃）。▼朱雀上皇、たびたび各処に御幸する。《日本紀略》
□8・14藤原忠平《ふじわらのただひら》（摂政。関白。太政大臣。父は関白藤原基経、母は人康親王王女。70）
●一〇世紀中頃、平安京で寝殿造の邸宅が造られるようになる。▼丹生・貴布禰両社に霊験なきとき、祈雨・止雨のための奉幣対象社を十一社といい、木島・乙訓・水主《みずし》・火雷《ほのいかづち》・恩智・平岡・座摩《いかすり》・生田・広田・長田・垂水《たるみ》の各社を指し、これに室生龍穴社を加えたものを十二社と称した。

■天暦四年（九五〇）庚戌

村上天皇　25歳
朱雀上皇　28歳
1・25　天皇、太皇太后藤原穏子の朱雀院に朝覲行幸する。《御遊抄》
2・3　宇多天皇皇子敦実親王、出家する（仁和寺に住する）。《僧綱補任抄》
3・11　仁寿殿花宴あり。《明星抄》
5・5　朱雀天皇女御熙子《きし》女王（父は保明親王、母は藤原時平女）没。《一代要記》
5・24　村上天皇皇子（憲平《のりひら》。冷泉天皇）、藤原達規の宅にて誕生する（母は女御藤原安子）。《九暦》

6月　東大寺羂索院《けんさくいん》（法華堂）双倉老朽化のため、宝物を正倉院南倉に移す。《東大寺要録》
7・3　陽成天皇皇子源清蔭《きよかげ》（母は紀氏）没（年67）。《公卿補任》
7・15　皇子を親王とし、憲平と命名する。《九暦》
7・23　憲平親王を皇太子とする（生後二ヵ月）。《御産部類記》
8・10　この年誕生の朱雀上皇皇女（昌子）を内親王とする（母は女御熙子女王）。《類聚符宣抄》
9・11　伊勢例幣使を発遣する（天皇、八省院に御せず）。《西宮記》
9・26　醍醐天皇の忌月にあたるため、重陽節を廃し、十月に残菊宴を行なうことにする。《本朝文粋》
10・13　醍醐天皇皇女靖子《せいし》（「やすこ」とも）内親王（参議藤原師氏室。母は源封子）没（年36）。《一代要記》
10・15　朱雀院が火災。《園太暦文和二年二月五日条》
10・20　代明親王王女荘子《そうし》女王を女御とする。《一代要記》
10・22　皇太子憲平親王、桂芳坊に入る。《西宮記》
11・10　寛空ら、「仁和寺御室御物実録」を作成する。《同書》
この年　村上天皇皇子（広平親王）、誕生する（母は更衣藤原祐姫）。《大鏡裏書》良源を東宮護持僧とする。《僧官補任》

■天暦五年（九五一）辛亥

村上天皇　26歳
朱雀上皇　29歳

1・4　天皇、上皇の朱雀院に朝覲行幸する。《近衛家文書》
1・5　天皇、太皇太后藤原穏子の二条院に朝覲行幸する。《御遊抄》
1・13　天皇、上皇・太皇太后藤原穏子の二条院に行幸する。《御遊抄》
2・13　天皇、二条院の紅梅の宴に行幸する。《御遊抄》
3・23　内裏で花宴が開かれる。《體源抄》
7・25　村上天皇皇女承子内親王（母は藤原安子）没（年4）。《一代要記》
10・9　朱雀天皇女御藤原慶子没（生年不詳）。《一代要記》
10・30　勅により梨壺に撰和歌所が置かれる（ここで「後撰和歌集」を編集させる）。《本朝文粋》
10月　朱雀上皇御願の醍醐寺五重塔が完成する。《醍醐寺雑事記》

＊**醍醐陵**《だいごのみささぎ》　京都市伏見区醍醐御陵東裏町に所在。父醍醐天皇陵（後山科陵）近くにあり、父の陵を「上ノ御陵」、朱雀天皇陵を「下ノ後陵」と呼んだ。元禄時に竹垣を施し、元治元年（一八六四）には大幅に修補された。

この年　村上天皇皇子（致平《むねひら》親王）、誕生する（母は更衣藤原正妃）。《本朝皇胤紹運録》

■天暦六年（九五二）壬子

村上天皇　27歳
朱雀上（法）皇　30歳

1・3　天皇、上皇・太皇太后藤原穏子の二条院に朝覲行幸する。《御遊抄》
1・27　上皇、病む。《石清水八幡宮文書》
2・1　上皇、病む。《西宮記》
2・8　上皇、病平癒のため、石清水八幡宮に神馬を奉納する。《石清水八幡宮文書》
3・14　上皇、病により、天台座主延昌を師として出家する。《醍醐寺雑事記》
4・15　朱雀法皇、二条院より仁和寺に移る。《醍醐寺雑事記》
4・29　皇太子憲平親王、藤壺に移る。《小一条記》
6・5　十六社に臨時奉幣使を発遣して雨を祈る。《康富記》
6・19　伊勢以下五社に奉幣して雨を祈る。《康富記》
6・23　大内裏外と京師の四隅で疫神を祀る四角祭、山城国の四境で疫神を祀る四堺祭（併せて四角四堺祭）を行なうため、各地へ使を遣わす。《朝野群載》
8・15　朱雀法皇、崩御（遺詔により、国忌・荷前・挙哀・素服を中止）。《吏部王記》
8・20　法皇を山城国来定寺北野（伏見区深草村付近）に火葬する。《吏部王記》
8・21　法皇を山城国宇治郡醍醐寺の東に葬る（陵名は**醍醐陵**）。《吏部王記》
10・12　天皇、主殿寮に行幸し、太皇太后藤原穏子を見舞う。《権記》
12・2　醍醐寺大伽藍が造営され、この日、五重塔の落慶供養が行なわれる。《醍醐寺雑事記》
12・8　皇太子憲平親王、着袴の儀を行なう。《日本紀略》
12・14　宇多天皇皇女誨子《かいし》内親王（元良親王妃。母は藤原有実女）没（生年不詳）。《九暦》

この年　村上天皇皇子（為平《ためひら》親王）、誕生する（母は女御藤原安子）。《大鏡裏書》村上天皇皇女（楽子《らくし》内親王）、誕生する（母は女御荘子女王）。《日本紀略》朱雀天皇女御熙子《きし》（「ひろこ」とも）女王（保明親王王女）没（生年不詳）。《栄花物語》

■天暦七年（九五三）癸丑

村上天皇　28歳

1・1　太皇太后藤原穏子の病により、小朝拝を中止する。《西宮記》
1・3　天皇、太皇太后の弘徽殿に朝覲行幸

する。《近衛家文書》

①・17　醍醐天皇皇子長明《ながあきら》親王（母は藤原淑姫《よしひめ》）没（年41）。《一代要記》

2・12　京中の火事、神祇官後庁に延焼する。《村上天皇宸記》

2・18　雲林院に御願の宝塔・仏像を造立する。《村上天皇宸記》

9・11　伊勢例幣使を発遣する（天皇、内裏の穢により出御せず）。《西宮記》

この年　村上天皇皇女（輔子《ほし》内親王）、誕生する（母は女御藤原安子）。《日本紀略》延暦寺蓮華院を皇太子憲平親王の御願寺とする。《山門堂舎記》

□3・21藤原元方《ふじわらのもとかた》（大納言。女祐姫《すけひめ》は広平親王母。66）

■天暦八年（九五四）甲寅

村上天皇　29歳

1・4　太皇太后**藤原穏子**、昭陽舎にて没。《村上天皇宸記》

1・10　太皇太后を鳥戸野東山辺に火葬する（ついで宇治木幡に葬る。陵名は宇治陵）。《西宮記》

2・7　天皇、政を始める。《九暦》

2・21　勅により、法性寺塔を落慶供養する。《扶桑略記》

3・11　新造冷然院の名を冷泉院と改称する。《河海抄》

3・18　醍醐天皇皇女康子内親王を准三宮とする（内親王・女王の准三宮宣下の初め）。《西宮記》

4・23　皇太子憲平親王、**凝華舎**に移る。《日本紀略》

4・25　諸社・七大寺等に雨を祈らせる。《祈雨日記》

5・1　炎旱により、丹生・貴布禰両社に奉幣、龍穴社・東大寺大仏殿に読経させ、諸国に祈雨する。《祈雨日記》

5・3　炎旱により、神泉苑の水を山城国紀伊郡に引く。《村上天皇宸記》

5・9　大極殿にて祈雨読経を行なう。《祈雨日記》

7・20　詔して意見封事を進上させる。《類聚符宣抄》

8・1　天皇、故母后藤原穏子のため、金字法華経の書写を始める。《村上天皇宸記》

8・29　醍醐天皇皇女雅子内親王（右大臣藤原師輔室。母は源周子）没（年45）。《村上天皇宸記》

9・11　伊勢例幣使を発遣する。《小右記》

9・14　醍醐天皇皇子重明《しげあきら》親王（母は源昇女）没（年49。伊勢斎宮悦子（旅子）女王、父の喪により退下）。《扶桑略記》

＊**藤原穏子**《ふじわらのおんし》（八八五〜九五四）醍醐天皇中宮。父は関白藤原基経、母は人康親王（仁明天皇皇子）女。延喜元年（九〇一）醍醐天皇女御、延長四年（九二六）中宮となり、皇子寛明（朱雀天皇）・成明（村上天皇）らをもうける。天慶九年（九四六）村上天皇即位により太皇太后となる。鳥戸野東山辺で火葬し、宇治木幡（宇治陵）に葬られる。

＊**凝華舎**《ぎょうかしゃ》「凝花舎」とも。飛香舎の北にある後宮殿舎の一つ。庭に梅の木があったので「梅壺」とも言う。

11・3　私に兵仗を帯びることを禁じる。《法曹至要抄》
12・16　近陵を変更、藤原沢子陵を止め藤原穏子陵を加える。《村上天皇宸記》
12・25　贈皇太后藤原沢子の国忌を除き、太皇太后藤原穏子の国忌を置く。《村上天皇宸記》
この年　村上天皇皇子（昭平《あきひら》親王）、誕生する（母は更衣藤原正妃）。《日本紀略》東大寺尊勝院を御願寺とする。《東大寺要録》

■**天暦九年（九五五）乙卯**
村上天皇　30歳
1・4　天皇、故太皇太后藤原穏子のため、弘徽殿にて宸筆金字法華経を供養し、法華八講を行なう（宮中法華八講の初め。以後、法性寺で恒例）。《扶桑略記》
2・29　内裏歌合が行なわれる。《拾遺抄》
3月　花宴あり。《北山抄》
7・17　村上天皇皇女楽子《らくし》内親王を伊勢斎宮に卜定する。《一代要記》
9・16　醍醐天皇皇女英子《えいし》（「ひでこ」「はなこ」とも）内親王（母は藤原淑姫）没（年26）。《一代要記》
⑨・11　伊勢例幣使を発遣する（天皇、雨のため御せず）。《北山抄》
この年　天変により、仁寿殿にて熾盛光法を修させる。《阿娑縛抄《あさばしょう》》御願により、東大寺別当光智に東大寺尊勝院を創建させる。《東大寺続要録》

■**天暦十年（九五六）丙辰**
村上天皇　31歳
3月　清涼殿にて花宴あり。《北山抄》
4・2　皇太子憲平親王、初めて天皇に謁見する。《親信卿記》
4・19　天変・炎旱により、天皇、小安殿に出御して、伊勢奉幣使を発遣する。《西宮記》皇太子、凝華舎で初めて「御注孝経」を読む。《小一条記》
11・5　致平親王・保子内親王、天皇と対面する。両親王外祖父藤原在衡の昇殿を聴す。《九暦》
この年　村上天皇皇子（昌平親王）、誕生する（母は藤原師尹女芳子）。《日本紀略》

■**天徳元年（九五七）丁巳**
村上天皇　32歳
2・11　神祇官に火事あり。《日本紀略》
2・23　宇多天皇皇女成子内親王、出家する。《日本紀略》
3・8　元慶寺僧房等が焼亡する。《九暦》
3・15　仁和寺で桜花会を開く。《九暦》
3・16　大極殿にて、祈雨のため季御読経を行なう。また、七大寺僧に大仏殿にて祈雨

読経させる。《日本紀略ほか》
3・25 十六社に奉幣し、雨を祈る。《日本紀略》
5・2 清涼殿で御読経を行なわせる。《日本紀略》
6・6 醍醐天皇皇女・准三宮康子内親王（母は皇后藤原穏子）没（年38）。《日本紀略》
6・11 天皇、諸社に幣を班つ。《江次第抄《ごうしだいしょう》》
6・18 紫宸殿・清涼殿にて大般若経を転読させる。《日本紀略》
7・20 呉越国使、書を進上する。《日本紀略》
8・1 丹生・貴布禰両社に黒毛馬を奉り祈雨する。《日本紀略》
9・5 天皇、八省院に行幸し、伊勢斎宮を発遣する（楽子内親王、西河で禊し、伊勢に群行）。《九暦》
10・17 清涼殿にて大般若経を転読させる。《九暦》
10・27 水旱・怪異など「三合の厄」により**天徳**と改元する。《日本紀略ほか》
11・30 盗人、大蔵省長殿に入る。《日本紀略》
12・27 菅原文時、天皇に「意見封事三箇条」（奢侈の禁止、売官の廃止、鴻臚《こうろ》館《かん》の再興）を奉上する。《本朝文粋》
□12・28 大江朝綱《おおえのあさつな》（文章博士。参議。漢詩人。72）

■天徳二年（九五八）戊午

村上天皇 33歳
3・7 皇子為平親王、藤壺（飛香舎《ひぎょうしゃ》）にて天皇に初めて謁見する。《日本紀略》
3・23 花宴あり。《日本紀略》
3・25 延喜通宝を改め、乾元大宝を鋳造する（**皇朝十二銭**の最後）。《日本紀略》
3・30 法性寺の一部が火事。《日本紀略》
4・17 参議源自明《よりあきら》（醍醐天皇皇子。母は藤原淑姫）没（年48）。《公卿補任》
4・28 宇多天皇皇女孚子《ふし》内親王（母は更衣徳姫女王）没（生年不詳）。《日本紀略》
5・17 疾疫流行。諸社寺に仁王経を転読して祈禳させる。《類聚符宣抄》
5・23 陽成天皇皇子元平《もとひら》親王（母は藤原遠長女）没（生年不詳）。《日本紀略》
6・15 二条院が焼亡する。《日本紀略》
6・16 長雨により、伊勢神宮・平野社に奉幣使を発遣する。《園太暦観応元年十月五日条》
7・18 盗人、大蔵省に入る。《日本紀略》
8・15 天皇、清涼殿にて琵琶の秘曲を感得する。《和漢合符》
8月 兼明親王、法華経・観音菩薩への帰依を誓う発願文を書く。《朝野群載》
9・11 天皇、八省院に行幸し、伊勢例幣使

***天徳**《てんとく》 秦具瞻《はたのともみ》の勘申（菅原文時説も）による。出典は「周易」の「飛竜在天、乃位乎天徳」。
***皇朝十二銭**《こうちょうじゅうにせん》 和銅元年（七〇八）の和銅開珎に始まり乾元大宝までの十二種の銅銭。円形で、中央に方形の穴があき、周囲に四文字が記されている。
***池亭記**《ちていき》 兼明親王が身辺の風物と心境を記したもの。後年、慶滋保胤がこれにならって自己の感懐を述べたものに、同名の「池亭記」がある。

を発遣する。《日本紀略》

10・27　女御藤原安子を皇后（中宮）とする。《日本紀略》

10・28　藤原師尹女芳子を女御とする。《日本紀略》

□7・1 源兼忠《みなもとのかねただ》（参議。父は清和天皇皇子貞元親王。58）、この年、大中臣頼基《おおなかとみのよりもと》（神祇官人・神宮祭主。歌人として宇多上皇により厚遇。70歳余）

■天徳三年（九五九）己未

村上天皇　34歳

1・2　宇多天皇皇女柔子《じゅうし》（「やすこ」とも）内親王（前伊勢斎宮。母は藤原胤子）没（年67か）。《日本紀略》

1・12　呉越国持礼使、書状を奉る。《日本紀略》

2・7　天皇、賀茂忠行《ただゆき》の占術を覧る。《朝野群載》

3・2　村上天皇皇子（守平。円融天皇）、藤原伊尹の東一条の宅で誕生する（母は藤原安子《あんし》）。《九暦》

3月　花宴あり。《歴代編年集成》

5・4　天皇、八省院に行幸し、伊勢神宮以下十六社に奉幣使を発遣する。《日本紀略》

5・7　小野道風に藻壁《そうへき》門の額を書かせる。《日本紀略》

5・16　長雨により、洪水が京内に到る。《日本紀略》

6・16　皇后藤原安子、小一条第より藤壺に移る。《日本紀略》

7・5　丹生川上・貴布禰両社に祈雨する（「雷雨、神感なり」と記される）。《日本紀略》

9・11　穢により伊勢例幣を延引する（二十五日追行。天皇、雨により出御せず）。《日本紀略》

10・25　皇子守平を親王とする。《日本紀略》

12・2　兼明《かねあきら》親王の「池亭記」成る。《本朝文粋》

12・7　勅により、南殿（紫宸殿）前庭に、元利親王東三条邸の橘を移植させる（これが「右近の橘」）。《歴代編年集成》

12・20　南殿で御読経が行なわれる。《日本紀略》

この年　兼明親王、六条坊門西に池亭を構える。《池亭記》

■天徳四年（九六〇）庚申

村上天皇　35歳

2・7　釈奠あり。天皇、「毛詩」を聴講する。《本朝文粋》

2・11　皇子昌平《まさひら》を親王とする。《九暦》

3・17　摂津国の天王寺が焼亡する。《日本

紀略》
3・22 伊勢以下十二社に奉幣する。《日本紀略》
3・30 清涼殿で殿上女房**歌合**を催す。《村上天皇宸記》
4・3 疾疫禳除のため、東大寺以下諸寺に大般若経を転読させる。《類聚符宣抄》
4・21 村上天皇皇女理子《りし》内親王（母は源計子）没（年13）。《日本紀略》
4・22 陰陽頭賀茂保を天文博士とする（初の天文博士）。《扶桑略記》
5・5 神祇官で祈雨・疾疫を祈禳し、丹生・貴布禰両社に祈雨奉幣する。《村上天皇宸記》
5・9 七大寺の僧に東大寺大仏殿に読経させ、甘雨を祈る。《村上天皇宸記》
6・14 疾疫祈禳のため、清涼殿にて大般若経を転読させ、仁寿殿にて東寺長者寛空に息災不動法を修させる。《日本紀略》
7・19 龍穴社に読経させ、雨を祈る。《日本紀略》
7・23 旱魃のため、山城国の要請で、三日間、神泉苑の池水を放出する。《日本紀略》
7・26 炎旱のため、天智天皇陵等に山陵使を発遣する。《日本紀略》
8・22 大納言藤原顕忠を右大臣とする。《村上天皇宸記》
8・29 諸社に奉幣、神宝を献じる。《日本紀略》
9・11 伊勢例幣使を発遣する（天皇、御物忌により八省院に行幸せず）。《村上天皇宸記》
9・22 天災禳除のため、清涼殿で大般若経を転読し、仁寿殿に熾盛光法《しじょうこうほう》を修させる。《村上天皇宸記》
9・23 内裏、（平安遷都後初めて）焼亡する（天皇、**職曹司**に遷る。このとき「太刀《たいと》契《けい》」〈百済伝来の宝器〉等が焼失。神鏡も焼けたが、小さな傷ですんだという。また、梅の木も焼け、新造内裏には重明親王邸の桜の木に植え替えられる〈これが「左近の桜」〉）。《日本紀略》
9・24 神鏡・太刀等を捜し、縫殿寮に安置する。《村上天皇宸記》
10・2 平将門の息子が京に入ったとの情報により、源満仲らに探索させる。《扶桑略記》
11・1 天皇、職曹司より八省院に行幸し、伊勢神宮以下諸社に奉幣使を発遣、内裏焼亡を奉告する。《日本紀略》
11・4 天皇・皇太子、職曹司より冷泉院に遷る（以後一年ほどここを皇居とする）。《村上天皇宸記》

＊**歌合**《うたあわせ》 これを「天徳内裏歌合」という（平兼盛「忍ぶれど色にいでにけり我が恋はものや思ふと人の問ふまで」、壬生忠見「恋すてふ我が名はまだきたちにけり人知れずこそ思ひそめしか」は、このときの歌。因みにこの歌合は後世の歌合の模範になったといわれる）。

＊**職曹司**《しきのぞうし》 中宮職の庁舎。職院・職御曹司とも。内裏の東北に所在。内裏の火災のとき、天皇はしばしばここに避難した。

＊**藤原**《ふじわらの》**師輔**《もろすけ》（九〇八〜九六〇） 贈太政大臣。父は藤原忠平、母は源能有女。天暦元年（九四七）右大臣となる。同四年、女安子の産んだ憲平親王（冷泉天皇）が立太子し、外戚の地位を固める。子に伊尹・兼通・兼家などがおり、いずれも高位についた。日記に「九暦」、著作に「九条年中行事」「九条殿遺誡」があり、九条流の祖とされる。

＊**応和**《おうわ》 菅原文時の勘申。出典は不詳も「晋書」律歴志に「鳥獣万物、莫不応和」とある。

11・7　内侍所を縫殿寮より冷泉院に遷す。《年中行事秘抄》
11・23　内裏焼亡を天智・桓武・醍醐各天皇陵に奉告する。《日本紀略》
11・28　内裏の造営を開始する。《日本紀略》
12・12　節刀を作る。《中右記》
12・15　皇后藤原安子、東院に移る。《日本紀略》
12・25　村上天皇皇子昭平に源朝臣姓を賜う。《日本紀略》
□5・4**藤原師輔**（右大臣。53）

■応和元年（九六一）辛酉

村上天皇　36歳
1・8　天皇厄年により、僧喜慶に尊勝法を、僧正延昌に不動法を修させる。《村上天皇宸記》
1・28　小野道風・藤原佐理に昇殿を聴す。《扶桑略記》
2・16　皇居火災・辛酉革命により、**応和**と改元する。《日本紀略》
2・25　東大寺尊勝院を寺とする。《扶桑略記》
3・5　天皇、釣殿にて桜花宴を開く。《日本紀略》
3・28　小野道風に内裏殿舎諸門等の額を書かせる。《扶桑略記》
③・1　右大臣藤原顕忠に官奏を見させる。《西宮記》
③・11　釣殿にて藤花宴あり。《日本紀略》
③・13　天皇、八省院に行幸し、伊勢臨時奉幣使を発遣する。《日本紀略》
③・27　醍醐天皇皇子有明親王（母は源和子）没（年52）。《日本紀略》
5・18　天皇、石清水八幡宮に金泥写経を供養する。《扶桑略記》
6・3　皇后藤原安子、東院より冷泉院に移る。《日本紀略》
6・11　伊勢神宮に祈雨奉幣する。《村上天皇宸記》
6・15　清和天皇孫経基《つねもと》王（六孫王）に源朝臣姓を賜う（この八世孫が源頼朝）。《尊卑分脈》
6・19　七大寺僧に東大寺大仏殿で大般若経を読ませ、雨を祈る。《村上天皇宸記》
6・25　大極殿にて祈雨読経を修させる。《日本紀略》
6・26　醍醐天皇皇子源為明（母は藤原伊衡女）没（生年不詳）。《日本紀略》
6・29　大雨あり。《村上天皇宸記》
7・13　降雨連日、丹生・貴布禰両社に止雨奉幣する（十八日にも）。《村上天皇宸記》
7・26　伊勢以下十六社に奉幣使を発遣し、止雨を祈る。《日本紀略》

8・16 村上天皇皇子守平親王（円融天皇）、着袴の儀を行なう（父天皇臨御）。《日本紀略》
8・23 皇子昌平親王（母は藤原芳子）没（年6）。《日本紀略》
8・24 長雨により天智陵に遣使する。《日本紀略》
9・11 左近衛府の穢により、伊勢例幣を延引する。《北山抄》
9・19 新造内裏綾綺殿にて仁王経等を転読させる。《日本紀略》
9・23 天皇、小安殿に行幸し、伊勢例幣使を発遣する。《日本紀略》
10・14 天皇、小安殿に行幸し、伊勢神宮奉幣使を発遣、新造内裏への遷御を奉告する。《日本紀略》
11・20 天皇、冷泉院より新造内裏に遷る（二十二日、政を始める）。《日本紀略》
12・17 皇后藤原安子・皇太子憲平親王、新造内裏に移る。《村上天皇宸記》
□11・4 **源経基**（官人。生年不詳）

■応和二年（九六二）壬戌

村上天皇 37歳
2・27 天皇、八省院に行幸し、伊勢神宮に奉幣し、新内裏造営の報賽として伊勢国三重郡を神郡として寄進する。《日本紀略》
4・17 僧正延昌の奏請により、補多楽寺を御願寺とする。《門葉記》
5・29 京中洪水、鴨川堤が決壊する。《日本紀略》
6・11 止雨のため、伊勢神宮等十六社に奉幣する。《日本紀略》
6・17 長雨の祟りにより、文徳天皇陵に遣使する。《日本紀略》
6・18 物怪により、清涼殿にて仁王経を転読させる。▼東寺長者寛空に仁寿殿の新観音像を開眼供養させる（以後、毎月十八日に天皇の五体安穏を祈って観音供が修される）。《村上天皇宸記》
9・7 伊勢神宮遷宮により、神宝使を発遣する（内裏穢により、神祇官より出発）。《日本紀略》
9・17 伊勢内宮の遷宮が行なわれる（内裏穢により、この日に延引）。《神宮先規録》
9・21 皇后藤原安子の病のため、常寧殿にて御修法を行なう。《村上天皇宸記》
10・20 皇后、弘徽殿から職曹司に移る。《日本紀略》
11・25 伊勢神宮・石清水八幡宮に奉幣する。《日本紀略》
12・13 天変により、清涼殿にて仁王経を転読させる。《村上天皇宸記》

＊**源経基**《みなもとのつねもと》（?～九六一） 父は清和天皇皇子貞純親王。賜姓源氏。母は右大臣源能有女。平将門追討の征東副将軍、藤原純友の乱の追捕次官などをつとめる。清和天皇第六皇子の子ということから「六孫王」と呼ばれ、六孫王神社（京都市南区）に経基の墓といわれるものがある。

＊**新儀式**《しんぎしき》 朝廷の儀式次第を編纂したもの。天皇の作法について詳細に記される。この時代、村上天皇自ら作った儀式書「清涼記」（散逸）もある。

12・22 賀茂保憲、「革令勘文」を奉る（応和四年は「甲子革令」の年）。《応和四年革令勘文》
この年 内裏各殿舎の庭に桧・梅等を植える。《禁秘抄》

■**応和三年（九六三）癸亥**
村上天皇 38歳
1・1 天皇、雨により朝賀を受けず。《日本紀略》
1・2 皇后藤原安子、職曹司より藤原兼通の堀川第に移る。《日本紀略》
2・23 皇后、堀川第より内裏に入る。《日本紀略》
2・28 皇太子憲平親王、紫宸殿にて元服する（天皇出御。左大臣藤原実頼加冠）。▼朱雀天皇皇女昌子内親王を皇太子妃とする。《日本紀略》
3・19 天皇、雲林院多宝塔供養に臨御する。《日本紀略》
3・23 東寺長者寛空、仁寿殿にて孔雀経法を修する。《村上天皇宸記》
5・21 伊勢神宮以下諸社に奉幣、神宝使を発遣する（天皇、御物忌により、小安殿に臨幸せず）。《日本紀略》
6・22 大極殿にて祈雨御読経を行なう（三日間）。▼息災のため、東寺長者寛空に仁寿殿で孔雀経法を、内供奉十禅師尋真に神泉苑で北斗供を修させる。《村上天皇宸記》
6・25 三日間、神泉苑の水を山城国紀伊郡に引く。《日本紀略》
7・1 丹生・貴布禰両社に祈雨奉幣する。《村上天皇宸記》
7・9 七代寺僧に東大寺大仏殿で仁王経を転読させ、救世（東寺長者）に神泉苑で請雨経法を修させる。《日本紀略》
7・15 天皇、祈雨のため、八省院に行幸し、伊勢以下二十八社に幣帛使を発遣する。《村上天皇宸記》
7・28 旱魃・天変・地震等により、清涼殿で臨時仁王会を行なう。《村上天皇宸記》
8・21 清涼殿に法華八講を修する。また南都北嶺の学匠の間で論義させる（天皇聴聞。応和の宗論。八月二十五日まで）。《日本紀略》
9・11 穢により、伊勢例幣を延引する（二十六日追行）。《村上天皇宸記》
11・17 伊勢神宮以下七社等に奉幣する。《日本紀略》
この年 伊勢外宮の仮殿遷宮が行なわれる。《中右記》
この年以降、村上天皇代に「**新儀式**」が作られる。

□6・7大江維時《おおえのこれとき》（文章博士。中納言。醍醐・朱雀・村上三天皇の侍読。76）

■康保元年（九六四）甲子

村上天皇　39歳

1・1　元日節会あり。天皇、御忌月により出御せず。《村上天皇宸記》

2・25　天皇、橘仲遠に「日本紀」を講じさせることを勅定する。《日本紀略》

2・28　伊勢以下七社に奉幣する。《日本紀略》

3月　天皇、多武峯法華堂を建てる。《多武峯略記》

4・11　醍醐天皇女御藤原能子《のうし》（「よしこ」とも）没（生年不詳）。《日本紀略》

4・24　村上天皇皇女（選子内親王）、誕生する（母は皇后藤原安子）。《日本紀略》

4・29　村上天皇皇后**藤原安子**、主殿寮にて没。《日本紀略》

5・8　故皇后藤原安子を山城国愛宕郡巽方野に火葬し、ついで宇治木幡に葬る。《左経記》

6・17　陽成天皇皇子元利《もととし》親王（母は好子女王）没（生年不詳）。《日本紀略》

6・18　賀茂保憲らに、革令の当否を論じさせる。《村上天皇宸記》

6・19　村上天皇皇子（具平《ともひら》親王）、源保光の坊城宅にて誕生する（母は女御荘子女王）。《日本紀略》

6・23　天文博士賀茂保憲《やすのり》に八省院で属星祭、四十僧に宜陽殿で読経、四十僧に清涼殿で仁王経転読、延暦寺に延命供を修させる。《村上天皇宸記》

6・28　伊勢以下十六社に奉幣する。《日本紀略》

7・9　皇太子憲平親王、左近衛府より凝華舎に還る。《日本紀略》

7・10　旱魃・甲子革令により**康保**と改元する（「甲子改元」の初め。大江維時《これとき》勘申）。《村上天皇宸記》

8・21　皇女選子を内親王とする。《日本紀略》

9・7　伊勢外宮の遷宮により、神宝使を発遣する。《村上天皇宸記》

9・11　伊勢例幣使を発遣する（内裏の穢により宣命を奉ぜず）。《日本紀略》

9・15　伊勢外宮の遷宮が行なわれる。《二所大神宮例文》

10・16　天変災難により、内供奉十禅師良源に、仁寿殿において熾盛光法を修させる。《村上天皇宸記》

10・19　皇太子憲平《のりひら》親王王女（宗子）、藤原伊尹の一条第にて誕生する（母は更衣藤原懐子）。《日本紀略ほか》

11月　紫宸殿（南殿）前に桜を植える（左近

＊**藤原安子**《ふじわらのあんし》（九二七〜九六四）村上天皇中宮。父は右大臣藤原師輔、母は藤原盛子。冷泉・円融両天皇の母。天慶三年（九四〇）成明親王（村上天皇）のもとに入り、同九年女御、天徳二年（九五八）立后して中宮となる。陵は宇治陵。康保四年（九六七）皇太后、安和二年（九六九）太皇太后を追贈される。

＊**康保**《こうほう》「こうほう」とも。村上天皇勘定。勘申者は大江維時説など。出典は、「尚書」康誥の「別求聞由古先哲王、用康保民弘于天」。

の桜）。《禁秘抄》

12・4　藤原安子の山陵を山城国宇治郡小栗栖郷木幡村に定め、陵戸五烟を置く。《政事要略》

12・22　荷前から藤原乙牟漏長岡陵を除き、藤原安子中宇治陵を加える。《日本紀略ほか》

この年　村上天皇皇子（永平親王）、誕生する（母は女御藤原芳子）。《扶桑略記》柏殿（朱雀院栢梁殿）が再建される。《村上天皇宸記康保二年十月二十三日条》

□1・15延昌《えんしょう》（天台座主。僧正。85）

■康保二年（九六五）乙丑

村上天皇　40歳

1・10　贈太皇太后藤原乙牟漏の国忌を除く（村上天皇皇后藤原安子の国忌を置く）。《村上天皇宸記》

1・27　紫宸殿前に橘を植え、桜を改栽する。《村上天皇宸記》

2月　天皇、病む。《叡岳要記》

3・5　天皇、紫宸殿前に新たに移植した桜を見ながら花宴を開く。《日本紀略ほか》

3・16　紛失の「延喜御記」のため、遍斅《へんこう》に延暦寺で聖天供を修させる。《村上天皇宸記》

3・26　天皇、八省院に行幸し、伊勢以下五社に奉幣する。《日本紀略》

7・23　天皇、八省院に行幸し、伊勢以下十六社に奉幣する。《日本紀略》

8・2　天皇、清涼殿前で猿楽を見る。《日本紀略》

8・13　皇子具平を親王とする。▼橘仲遠、宜陽殿東廂で初めて「日本紀」を講じる。《日本紀略》

9・11　伊勢例幣使を発遣する。《日本紀略》

9・15　一代一度の神宝使を宇佐神宮に発遣する。《村上天皇宸記》

9・21　地震あり（このあとも余震あり）。《日本紀略》

10・19　南殿にて御読経を修させる（二十一日まで）。《日本紀略》

12月　天皇の四十賀に、群臣、和歌を詠じる。《日本紀略》

□4・24藤原顕忠《ふじわらのあきただ》（右大臣。父は贈太政大臣藤原時平。68）

■康保三年（九六六）丙寅

村上天皇　41歳

1・1　小朝拝・元日節会あり。天皇、御忌月により出御せず。《日本紀略》

1・16　大納言源高明《たかあきら》を右大臣とする（「公卿補任」は十七日）。《日本紀略》

3・11　桜花の宴を催す（天皇、庇の椅子に御す）。《北山抄》

4・19　皇子永平を親王とする。《日本紀略》

5・3　天変により、延暦寺で金剛般若経一万巻を転読させ、天台僧賀静《がしょう》に熒惑《けいごく》星供を修させる。《村上天皇宸記》
この夏　源延光・藤原後生《のちおう》に「論語」を講じさせる。《扶桑集》
7・7　疾疫流行により、諸国定額寺に般若経を転読させる。《日本紀略》
8・15　清涼殿にて前栽合を行なう。《扶桑略記》
8・19　天変により大極殿にて御修法を行ない、良源に仁寿殿で不動法を修させる。《日本紀略》
8・20　守平親王、弘徽殿にて読書始、「御注孝経」を読む。《日本紀略》
8・25　長雨により、丹生・貴布禰両社に止雨奉幣する。《日本紀略》
8・27　良源を天台座主とする。《日本紀略》
⑧・15　内裏前栽合を催す。《日本紀略》
⑧・19　京中洪水。《日本紀略》
⑧・21　伊勢神宮以下十六社に奉幣して止雨を祈る。《日本紀略》
9・9　洪水により、京中の窮民を賑給する。《日本紀略》
9・11　伊勢例幣使を発遣する（天皇、南殿に御す）。《日本紀略》
11・25　為平親王、源高明女と結婚する。《村上天皇宸記》
12・17　醍醐天皇皇子式明《のりあきら》親王（母は源和子）没（年60）。《日本紀略》
この年　冷泉天皇皇女（尊子内親王）、誕生する（母は更衣藤原懐子）。《栄花物語》
□12・2 藤原朝忠《ふじわらのあさただ》（中納言。三十六歌仙の一人。57）、12・27 小野道風《おののみちかぜ》（官人。書家。三蹟の一人。71、73とも）

■康保四年（九六七）丁卯

村上天皇　42歳
冷泉天皇　18歳

2・17　皇太子憲平親王、病む（四月まで）。《日本紀略》
2・26　清涼殿にて花宴あり。《日本紀略》
3・2　宇多天皇皇子覚真（**敦実親王**）没。《日本紀略》
3・18　凝華舎にて両壇法を修する。《村上天皇宸記》
4・26　伊勢神宮に奉幣する。《日本紀略》
5・2　物怪・地震により、天台僧寛静に仁寿殿で孔雀経法を修させる。《村上天皇宸記》
5・14　天皇、病む。《日本紀略》
5・20　天皇病気により、二十六ヵ国に卒塔婆を建てさせる。《日本紀略》

第六十三代　冷泉《れいぜい》天皇

＊**敦実親王**《あつみしんのう》（八九三〜九六七）　宇多天皇皇子。母は藤原高藤女胤子。醍醐天皇同母弟。左大臣源雅信の父で、宇多源氏の祖ともいわれる。寛平七年（八九五）親王宣下。管絃の道に長じる。天暦四年（九五〇）出家。陵は宇治陵。

＊**冷泉天皇**《れいぜいてんのう》（九五〇〜一〇一一）　憲平《のりひら》。村上天皇第二皇子。母は皇后藤原安子。皇后は昌子内親王（朱雀天皇皇女）。女御に藤原懐子・藤原超子・藤原忯《ふし》子。皇子女に師貞親王（花山天皇）・居貞親王（三条天皇）・敦道親王、宗子内親王・尊子内親王・光子内親王。陵は桜本陵。藤原元方女祐姫の子広平親王が即位のはずだったが、元方は悲憤のうちに死去。この元方の怨霊により、冷泉天皇は、「狂乱の君」となったといわれる。「冷泉」は、譲位後の御所（冷泉院）の名による。なお、冷泉天皇からは「冷泉院」と、百十九代光格天皇まで院名で呼ばれた。

＊**村上陵**《むらかみのみささぎ》　京都市右京区鳴滝宇多野谷に所在。中世以降所在不明も、明治二十二年、現陵に治定される。

＊**藤原芳子**《ふじわらのほうし》（？〜九六七）　村上天

5・25　村上天皇、清涼殿にて崩御（村上天皇以後、殯《もがり》儀礼行なわれず）。皇太子憲平《のりひら》親王、凝華舎（襲芳舎か）にて践祚（**冷泉天皇**）。《日本紀略》
5・28　父帝崩御により、賀茂斎院婉子内親王、退下する。《一代要記》
6・4　村上天皇を山城国葛野郡田邑郷に葬むる（土葬。**村上陵**）。《日本紀略》
6・9　村上天皇陵に植樹し、陵戸五烟を充てる。《日本紀略》
6・10　息災・調伏のため弘徽殿にて御修法が行なわれる。《日本紀略》
6・16　宇多天皇皇孫寛朝、仁和寺別当となる。《仁和寺御伝》
6・22　醍醐天皇皇子源盛明を親王とする。
▼左大臣藤原実頼《さねより》を関白とする（以後、摂政・関白をほぼ常置）。《日本紀略》
7・9　初めて「延喜式」を頒布（施行）する。《日本紀略》
7・15　村上天皇女御荘子《そうし》女王・同更衣藤原祐姫《すけひめ》が出家する。《日本紀略》
7・29　村上天皇女御**藤原芳子**没《日本紀略》
8・4　皇女宗子を内親王とする。《日本紀略》
8・11　天皇病気により、内裏で五壇法を修する。《阿娑縛抄》
8・19　天皇の病気の間、関白藤原実頼に官奏を見させる。《類聚符宣抄》
9・1　守平《もりひら》親王（円融天皇）を皇太弟とする。《日本紀略》
9・4　昌子内親王を皇后（中宮）、更衣藤原懐子を女御、皇女尊子を内親王とする。《日本紀略》
9・11　穢により、伊勢例幣を延引する（十九日追行）。《日本紀略》
9・19　伊勢神宮に十月十一日即位のことを奉告する。《日本紀略》
10・5　諸陵墓に即位を奉告する。《日本紀略》
10・11　冷泉天皇、紫宸殿にて即位礼を挙げる（病気により大極殿には出御せず）。《日本紀略》
10・24　天皇、外祖母藤原盛子に正一位を贈る。《日本紀略》
11・29　村上天皇皇后藤原安子に皇太后を贈る。《本朝世紀》
11月　伊勢斎宮楽子内親王、退下する。《日本紀略》
12・1　皇后昌子内親王、参内する。《日本紀略》
12・13　左大臣藤原実頼を太政大臣、右大臣源高明を左大臣、大納言藤原師尹《もろただ》を右大臣とする。《公卿補任》
12・26　天皇、襲芳舎より麗景殿《れいけいでん》に遷る。《日

皇女御。父は左大臣藤原師尹、母は右大臣藤原定方女。天徳二年（九五八）女御となり、昌平・永平両親王をもうける。

本紀略》

■安和元年（九六八）戊辰

冷泉天皇　19歳

1・1　諒闇により節会を中止する。《日本紀略》

1・28　御願により延暦寺楞厳三昧院《りょうごんざんまいいん》に十禅師・年分度者を置き、法華三昧・常行三昧を修させる。《門葉記》

2・5　天皇、初めて官奏を覧る。《日本紀略》

5・20　雨により洪水（二十六日に河川氾濫）。《日本紀略》

6・5　天皇の病により、太政大臣藤原実頼に官奏を見させる。《日本紀略》

7・1　村上天皇皇女輔子《ほし》内親王を伊勢斎宮、冷泉天皇皇女尊子《そんし》内親王を賀茂斎院に卜定する。《日本紀略》

8・15　代始により安和と改元する（十三日改元か）。《日本紀略》

8・22　詔して、村上天皇忌月により、五月五日節を中止し、一月十六日踏歌・一月十七日射礼《じゃらい》・九月九日節を旧に復する。《日本紀略》

9・1　内裏に盗賊が入る。《日本紀略》

10・5　清涼殿にて御読経を修させる。《日本紀略》

10・8　清涼殿の改修が終わり、天皇、麗景殿より清涼殿に遷る。《日本紀略》

10・14　藤原兼家女超子《ちょうし》が入内する。《日本紀略》

10・20　天皇、大極殿に出御し、一代一度の神宝使を伊勢神宮等諸社に発遣する。《日本紀略ほか》

10・26　天皇、大嘗祭のため東河で禊を行なう。▼皇子師貞（花山天皇）、藤原伊尹《これただ》の一条第で誕生する（母は女御藤原懐子《かいし》）。《日本紀略ほか》

11・21　天皇、大嘗祭挙行により、八省院に行幸し、伊勢奉幣使を発遣する。《日本紀略》

11・24　天皇、八省院にて大嘗祭を行なう。《日本紀略》

12・7　藤原師輔女忯子《ふし》・藤原兼家女超子を女御とする。《日本紀略》

12・22　皇子師貞（花山天皇）を親王とする。《日本紀略》

12・25　斎宮輔子内親王、禊して右近衛府に入る。《日本紀略》

12・27　斎院尊子内親王、禊して左近衛府に入る。《日本紀略》

□2・14　小野好古《おののよしふる》（篁《たかむら》の孫、道風の兄。追捕凶賊使。大宰大弐。歌人。85）

■安和二年（九六九）己巳

冷泉天皇　20歳

＊**安和**《あんな》　文章博士藤原後生《のちおう》の勘申。出典は不詳も「漢書」杜延年伝《とえんねんでん》に「延年為人安和、備于諸事」、「漢書」礼楽志《れいがくし》に「四時舞者、孝文所作、以明示天下之安和也」とある。

＊**昭陽舎**《しょうようしゃ》　平安宮内裏五舎の一。庭に梨の木があることから「梨壺」とも呼ばれる。女官の候所であったが、東宮御所にもなった。ここの和歌所において「後撰和歌集」が撰進されたため、その撰者を「梨壺五人」と呼んだ。

＊**襲芳舎**《しゅうほうしゃ》　平安宮内裏五舎の一。元来は女官の部屋、また東宮の居所。

＊**円融天皇**《えんゆうてんのう》（九五九〜九九一）　守平・覚如。村上天皇第五皇子。母は皇后藤原安子。皇后は藤原媓子・藤原遵子。女御に藤原詮子。皇子に懐仁親王（一条天皇）。陵は村上天皇陵近くの後村上陵。なお「円融」はゆかりの寺院名（円融寺）による。

円融天皇　11歳

1・23　醍醐寺東院を御願寺とする。《醍醐寺要書》

2・19　**昭陽舎**が放火される。《日本紀略》

3・11　皇太弟守平親王、昭陽舎より凝華舎に移る。《日本紀略》

3・15　一代一度の大仁王会が行なわれる。《日本紀略》

3・25　源（多田）満仲らの密告により、源連《つらね》らを逮捕・勘問する（源高明が為平親王の擁立を謀ったとされるが、藤原師尹・伊尹・兼家らの策謀といわれる）。《日本紀略》

3・26　左大臣源高明を謀反のかどで大宰員《だざいいん》外帥《がいのそち》に左遷し（高明は出家しようとするが許されず）、右大臣藤原師尹を左大臣、大納言藤原在衡を右大臣とする（安和の変。これにより藤原北家が摂政・関白を独占、律令体制から摂関政治へ移行）。《日本紀略》

4・1　源高明の西宮第が焼亡する（以後、西京〈右京〉は廃れる）。《日本紀略》

4・17　謀反により、山陵使を発遣する。《日本紀略》

5・2　大極殿にて臨時御読経を行なう。《日本紀略》

6・5　丹生・貴布禰両社に祈雨する。《日本紀略》

6・7　勅を奉じて、長さ二丈ばかりの矛六十六本を立てて祇園会を行なう（祇園会山鉾の初め）。《社伝》

6・24　神泉苑で東寺長者寛静《かんじょう》に請雨経法を、北山で陰陽博士道光に五竜祭を修させる。《日本紀略》

6・25　大極殿にて祈雨御読経を修させる。《日本紀略》

7・23　大風により、庁・曹司・門等が倒壊する。《日本紀略》

8・7　天皇の病気により、左大臣藤原師尹が（関白太政大臣藤原実頼をさしおいて）官奏を見る。《西宮記》

第六十四代　円融《えんゆう》天皇

8・13　冷泉天皇、内裏にて譲位。皇太弟守《もり》平《ひら》親王、**襲芳舎**にて受禅（**円融天皇**。譲位宣命に子の師貞《もろさだ》親王〈花山天皇〉の立太子を記す）。▼師貞親王を皇太子、関白太政大臣藤原実頼《さねより》を摂政とする。▼冷泉上皇は弘徽殿、皇后昌子内親王は東三条院に移る。《日本紀略》

8・16　冷泉上皇、冷泉院に移る。《日本紀略》

8・25　先帝に太政天皇尊号を、贈皇太后藤原安子に太皇太后を贈る。《日本紀略》

9・6　摂政太政大臣藤原実頼に内覧宣旨を

下す。《日本紀略》
9・7 前斎院婉子内親王、出家する。《日本紀略》
9・11 醍醐天皇皇女婉子《えんし》内親王（母は藤原鮮子）没（年66）。内親王の死により伊勢例幣を延引。《日本紀略》
9・20 天皇、襲芳舎より清涼殿に移る。▼天皇、八省院に行幸し、伊勢奉幣使を発遣し、即位を奉告する（去る十一日の例幣を付す）。《日本紀略》
9・22 即位・立太子を山陵に奉告する。《日本紀略》
9・23 円融天皇、大極殿にて即位礼を挙げる。《日本紀略》
11・4 冷泉天皇退位により、伊勢斎宮輔子内親王、群行せずして左近衛府より修理職へ退出する。《日本紀略》
11・16 章明親王王女隆子女王を伊勢斎宮に卜定する。《日本紀略》
11・23 皇太弟師貞親王、凝華舎に入る。《日本紀略》
この年 一代一度の仁王会を修する。《日本紀略三月十五日・五月二十八日条》
□10・15藤原師尹《ふじわらのもろただ》（「もろまさ」とも。左大臣。父は摂政・関白・太政大臣藤原忠平。50）

■天禄元年（九七〇）庚午

円融天皇 12歳
冷泉上皇 21歳

1・27 右大臣藤原在衡《ありひら》を左大臣、大納言藤原伊尹《これただ》を右大臣とする。《日本紀略》
2・29 賀茂社に斎院を改めないことを奉告する。《日本紀略》
3・20 一代一度の大奉幣使を伊勢以下諸社に発遣する。《日本紀略ほか》
3・25 代始により天禄と改元する。《小右記》
4・2 上皇御所冷泉院が焼亡し、上皇、朱雀院に移る。《日本紀略》
4・12 斎院尊子内親王、東河に禊して紫野院に入る。《日本紀略》
5・9 清涼殿にて臨時御読経を行なう。《日本紀略》
5・20 右大臣藤原伊尹を摂政とする。《日本紀略》
6・14 祇園御霊会が初めて官祭として行なわれる。《二十二社註式》
8・18 村上天皇皇女緝子《しゅうし》内親王（母は藤原祐姫）没（生年不詳）。《日本紀略》
9・8 伊勢斎宮隆子女王、東河に禊して主《しゅ》水司《すいし》（「もいとりのつかさ」とも）に入る。《園太暦》
9・30 伊勢斎宮隆子女王、東河に禊して主

＊**天禄**《てんろく》 勘申者は文章博士藤原後生《のちおう》か。出典不詳も「尚書」大禹謨に「四海困窮天禄永終」とある。

＊**藤原実頼**《ふじわらのさねより》（九〇〇〜九七〇） 関白・太政大臣藤原忠平長男。母は宇多天皇皇女源順子。女子に朱雀天皇女御慶子・村上天皇女御述子。右大臣、左大臣と昇り、父忠平没後は政務の中心となる。康保四年（九六七）冷泉天皇受禅後に関白、ついで太政大臣。安和二年（九六九）円融天皇受禅により摂政。日記「水心記」を残す。

水司より野宮に入る。《日本紀略》

10・26 天皇、大嘗祭のため、東河で禊をする。《日本紀略》

11・11 諸国に大神宝使を発遣する。《日本紀略》

11・17 天皇、八省院に行幸し、大嘗祭を行なう。《日本紀略》

12・13 皇太子師貞親王、着袴の儀を挙げる。《日本紀略》

12・27 源為憲《ためのり》、「口遊《くちずさみ》」を撰する（中に「雲太、和二、京三」とあり、大屋の順として出雲の神殿、大和東大寺大仏殿、京の大極殿が挙げられる）。《序》

□5・18**藤原実頼**（摂政。関白。太政大臣。71）、10・10藤原在衡《ふじわらのありひら》（左大臣。父は如無。藤原有頼養子。79）

■天禄二年（九七一）辛未

円融天皇　13歳

冷泉上皇　22歳

3・8 石清水八幡宮臨時祭が初めて行なわれる（以後、毎年三月午の日を恒例とする）。《日本紀略》

5・15 天皇、大極殿にて一代一度の大仁王会を修させる。《日本紀略》

6・21 十六社に奉幣して雨を祈らせる。《日本紀略》

7・1 大極殿にてこの日より三日間御誦経させる。《日本紀略》

9・10 村上天皇皇子広平《ひろひら》親王（母は藤原祐姫）没（年22）。《日本紀略》

9・11 内裏の穢により、伊勢例幣を延引する（十七日追行）。《日本紀略》

9・23 天皇、大極殿に行幸し、伊勢斎宮を発遣する（隆子内親王、葛野川に禊し、大極殿に参じ、伊勢に群行）。《日本紀略》

10・29 大宰権帥源高明を召還する。《日本紀略》

11・2 右大臣藤原伊尹を太政大臣、大納言源兼明（醍醐天皇皇子）を左大臣、権大納言藤原頼忠を右大臣とする。《日本紀略》

12・11 明年の天皇元服を伊勢神宮に奉告する。《日本紀略》

12・25 天皇の明年元服を天智・宇多・醍醐・村上各天皇陵に奉告する。《日本紀略》

■天禄三年（九七二）壬申

円融天皇　14歳

冷泉上皇　23歳

1・3 天皇、紫宸殿にて元服する（太政大臣藤原伊尹加冠）。《日本紀略》

②・14 大地震あり。《日本紀略》

3・4 宜陽殿西廂の怪異により、御卜を行なう。《日本紀略》

3・25　資子内親王、昭陽舎にて藤花の宴を催す（天皇臨御）。《日本紀略》
4・20　大宰権帥源高明、京に帰る。《日本紀略》
6・20　真言僧元杲《げんごう》、神泉苑で請雨経法を修する。《日本紀略》
8・24　東寺長者寛忠に清涼殿にて不動法を修させる。《親信卿記》
9・11　穢により伊勢例幣を延引する（十三日追行）。《日本紀略》
9・23　高麗国南原府使、対馬に来着する（十月二十日、大宰府に高麗への返符を送らせる）。《日本紀略》
10・23　摂政・太政大臣藤原伊尹、病により致仕する（摂政・太政大臣を止める）。《日本紀略》
10・27　右大臣藤原頼忠に官奏を覧させる。《親信卿記》
11・1　太政大臣藤原伊尹没（正一位を追贈。頼忠が氏長者となり、摂政はしばらく置かれず）。《日本紀略》
11・26　天皇、初めて官奏を覧る。《親信卿記》
11・17　右大臣藤原頼忠を氏長者とする。《公卿補任》
11・27　権中納言藤原兼通《かねみち》を関白・内大臣とする。《日本紀略》
12・16　村上天皇皇女資子《しし》内親王を准三宮とする。《日本紀略ほか》
この年　祇園社を日吉末社とする。《二十二社註式》
□9・11空也《くうや》（民間浄土教の始祖。醍醐天皇あるいは常康親王の子とも。70）、11・1藤原《ふじわらの》伊尹《これただ》（「これまさ」とも。摂政。太政大臣。父は右大臣藤原師輔。子の冷泉上皇女御懐子は花山天皇母。49）

■天延元年（九七三）癸酉

円融天皇　15歳
冷泉上皇　24歳

2・23　仁寿殿前の桜樹を伐らせる。《親長卿記》
2・29　内大臣藤原兼通女媓子、入内する。《日本紀略》
4・7　藤原媓子を女御とする。《親信卿記》
5・17　暴風雨により、宮中の建物が倒れる。《日本紀略》
5・23　天皇、八省院に行幸し、伊勢以下諸社に奉幣使を発遣する。《日本紀略》
6・9　殿上に盗人が入る。《親長卿記》
7・1　皇后昌子内親王を皇太后、女御藤原媓子を皇后とする。《日本紀略》
7・16　清涼殿にて御読経あり。《日本紀略》
7・20　皇后藤原媓子、堀河院より内裏に移

＊**親信卿記**《ちかのぶきょうき》　参議平親信（九四六〜一〇一七）の日記。天禄三年（九七二）から天延二年（九七四）まで、親信が蔵人・検非違使在任中の日記。
＊**天延**《てんえん》　勘申者・出典不詳も「芸文類聚」帝王部に「天禄永延」とある。

る。《日本紀略》
9・5　十五社に止雨奉幣使を発遣する。《日本紀略》
9・11　天皇、八省院に行幸し、伊勢例幣使を発遣する。また、伊勢神宮に伊勢国安濃郡を寄進する。《日本紀略》
10・22　仁和寺に村上天皇陵を守護させる。《仁和寺文書》
12・20　代始・天変・地震により、**天延**と改元する。《日本紀略》
この年　冷泉天皇皇女（光子内親王）、誕生する（母は女御藤原超子）。《本朝皇胤紹運録》

■天延二年（九七四）甲戌

円融天皇　16歳
冷泉上皇　25歳
1・19　地震あり。《日本紀略》
2・8　右大臣藤原頼忠に替え、内大臣藤原兼通《かねみち》を藤氏長者とする。《公卿補任》
2・28　内大臣藤原兼通を太政大臣とする。《公卿補任》
3・9　冷泉天皇皇女光子《みつこ》を内親王とする。《日本紀略》
3・18　清涼殿にて花宴あり。《日本紀略》
3・26　太政大臣藤原兼通を関白とする。《日本紀略》
5・7　祇園社（観慶寺感神院《かんしん》）を延暦寺別院とする。《日本紀略》
5・21　伊勢以下諸社に臨時奉幣する。《日本紀略》
6・14　初めて祇園御霊会（のちの祇園祭）が行なわれる。《社家条々記録》
8・28　疱瘡流行により、紫宸殿前庭などで大祓を行なう。《日本紀略》
9・8　伊勢等十六社に奉幣し、疱瘡を祓い豊穣を祈る。《日本紀略》丹生川上社に赤毛馬を奉納し、止雨を祈る。《親信卿記》
9・11　天皇、八省院に行幸し、伊勢例幣使を発遣する。《日本紀略》
9・27　天皇、疱瘡を患う。《親信卿記》
⑩・17　章明親王王女隆子《たかこ》女王（伊勢斎宮）、疱瘡により斎宮にて没（「天延二年記」では十六日。生年不詳）。《日本紀略》
12・7　皇太子師貞親王、清涼殿に初めて朝観する。《日本紀略》
12・15　清涼殿で仁王経を転読させ、また、天台座主良源に仁寿殿で熾盛光法を修させる。《親信卿記》
12・22　勅して良源を大僧都とする。《僧綱補任》
□9・16　藤原義孝《ふじわらのよしたか》（公卿。歌人。父は摂政・太政大臣藤原伊尹。母は代明親王女恵子女王。21）
円融天皇　17歳
冷泉上皇　26歳
2・22　仁和寺で桜会を催す。《日本紀略》
2・27　村上天皇皇女規子内親王（母は元斎宮徽子女王）を伊勢斎宮に卜定する。《日本紀略》
2・28　武徳殿、焼亡する。《日本紀略》
4・3　冷泉上皇女御藤原懐子没（年31。母懐子の死により、賀茂斎院尊子内親王、退下）。《日本紀略》
4・8　皇太子師貞親王、左近衛府大将曹司に移る。《日本紀略》
5・6　清涼殿にて御読経を修する（七日間）。《日本紀略》
5・23　天皇、八省院に行幸し、伊勢以下十六社に奉幣使を発遣する。《日本紀略》
6・4　天皇、八省院に行幸し、止雨のため伊勢奉幣使を発遣する。《日本紀略》
6・15　天皇の疱瘡治癒のため、初めて祇園社に馬・勅楽等を奉幣する。《百練抄》
6・25　村上天皇皇女選子内親王を賀茂斎院に卜定する。《日本紀略》
6・26　冷泉天皇皇女光子内親王（母は藤原超子）没（年3）。《日本紀略》
7・12　日食・天変により、仁王会を修する。《日本紀略》
7・13　皇太子師貞親王、左近衛府より凝華舎に入る。《日本紀略》
7・16　醍醐・村上両天皇陵に山陵使を発遣する。《日本紀略》
8・10　公卿以下に意見封事を奉らせる。《日本紀略》
9・12　伊勢例幣使を発遣する（天皇、雨により行幸せず）。《日本紀略》
9・14　清涼殿にて御読経を修する（三日間）。《日本紀略》
11・5　皇太子、左近衛府より太政官朝所《あいたんどころ》に移る。《日本紀略》
11・6　皇太子、左近衛府に帰る。《日本紀略》

■**貞元元年（九七六）丙子**
円融天皇　18歳
冷泉上皇　27歳
1・1　天皇、病気により新年宴会に出御せず。《日本紀略》
1・3　冷泉天皇皇子（居貞《おきさだ》。三条天皇）、誕生する（母は女御藤原超子《ちょうし》）。《皇年代略記》
2・12　大風雨により、内蔵寮雑舎倒れ、死者が出る。《日本紀略》
3・16　皇太子師貞親王、左近衛府より内裏

＊**貞元**《じょうげん》　勘申者・出典不詳も「文選」思玄賦に「乃貞吉之元符」とある。
＊**堀河院**《ほりかわいん》（**堀川院**）　円融・白河・堀河各天皇の里内裏。二条南・堀川東にある摂関家の邸宅。円融天皇が里内裏としてからは「今内裏」（「栄花物語」）とも称された。その名の堀河天皇は、この邸で践祚し、崩御。嘉保元年（一〇九四）焼失、十年後に再建するも、保安元年（一一二〇）再び焼失した。
＊**里内裏**《さとだいり》　内裏が焼失したときなどに一時的に使われた皇居のこと。摂関家や外戚公卿の邸宅があてられたので「里内裏」といわれる。このあと一条院・枇杷殿・東三条院・閑院・土御門第・二条院・高陽院などが里内裏となった。なお、安貞元年（一二二七）の内裏焼失後は再建されず里内裏を転々とし、元弘元年（一三三一）光厳天皇が東洞院土御門殿で践祚してから、以後、ここを皇居とし、京都御所となる。

に移る。《日本紀略》
5・11 仁寿殿から火が出て、内裏が焼亡する。天皇、職曹司《しきのぞうし》に遷る（皇后藤原媓子《こうし》は縫殿寮に、皇太子は左近衛府に移る）。《日本紀略》
5・19 大極殿にて御読経が行なわれる。《日本紀略》
6・1 天皇、八省院に行幸し、伊勢奉幣使を発遣する（石清水以下諸社にも）。《日本紀略》
6・18 大地震により、八省院・舞楽院等、京中・京外の屋が倒れる（天皇、難を南庭に避ける）。《日本紀略》
6・20 五月の内裏焼亡を天智・村上両天皇陵に奉告する。《日本紀略》
6月 この月から九月まで、たびたび地震起こる。《日本紀略》
7・13 内裏火事・地震等により、**貞元**と改元する。▼大地震により、大極殿にて臨時御読経を行なう。《日本紀略》
7・17 皇后藤原媓子、職曹司より権中納言藤原朝光の三条第に移る。《日本紀略》
7・26 天皇、職曹司より太政大臣藤原兼通の**堀河院**に遷る（**里内裏**の初めといわれる）。《日本紀略》
8・4 内侍所を縫殿寮より堀河院に遷す。《日本紀略》
8・13 皇后藤原媓子、三条第より堀河院に移る。《日本紀略》
9・10 陽成上皇皇子元長親王没（年76）。《尊卑分脈》
9・11 伊勢例幣使を発遣する。《日本紀略》
9・21 伊勢斎宮規子内親王、東河に禊して野宮に入る。《日本紀略》
9・22 斎院選子内親王、大膳職に入る。《日本紀略》
11・20 皇太子師貞親王、左近衛府より閑院東対に移る。《日本紀略》
12・22 右大臣藤原頼忠に一上宣旨を下す。《公卿補任》
□6・17 源《みなもとの》延光《のぶみつ》（権大納言。代明《よりあきら》親王王子。50）

■**貞元二年（九七七）丁丑**

円融天皇 19歳
冷泉上皇 28歳

2・15 伊勢以下七社に奉幣する。《日本紀略》
2・22 陰陽家賀茂保憲《やすのり》没（死にあたり、暦道を子の光栄《みつよし》に、天文道を安倍晴明《あべのせいめい》に伝授）。《尊卑分脈》
3・26 天皇、太政大臣藤原兼通の閑院第に行幸する（花宴あり）。《百練抄》
3・28 皇太子師貞親王、読書始を行なう。

《日本紀略》
4・2 宇多天皇皇孫寛忠《かんちゅう》（東寺長者）没。《僧綱補任》
4・16 賀茂斎院選子内親王、大膳職より東河に禊し、紫野院に入る。《日本紀略》
4・21 醍醐天皇皇子左大臣源兼明と村上天皇皇子源昭平をそれぞれ親王とする。《日本紀略》
4・24 右大臣藤原頼忠を左大臣、大納言源雅信を右大臣とする。《日本紀略》
7・6 新造内裏に遷るため、諸社に奉幣使を発遣する。《日本紀略》
7・8 藤原佐理筆の殿舎・門等の額を掲げ、天皇に奏覧する。《日本紀略》
7・24 村上・桓武両天皇陵に使を発遣する。《日本紀略》
7・29 天皇は堀河院より、皇太子師貞親王・皇后藤原媓子は閑院より、新造内裏に遷る。《日本紀略》
⑦・23 止雨のため、伊勢以下十六社に奉幣使を送る。《日本紀略》
9・11 伊勢例幣使を発遣する。《日本紀略》
9・16 天皇、伊勢斎宮を発遣する（規子内親王、野宮より西河で禊し、伊勢に群行。母徽子女王、円融天皇の制止を振り切って同行〈前例なし〉）。《日本紀略ほか》
9・28 皇后、内裏より堀河院に移る。《日本紀略》
10・11 藤原兼通、病により関白をとめ、左大臣藤原頼忠を関白・氏長者とする。《日本紀略》
11・4 太政大臣藤原兼通を准三宮とする。《日本紀略》
11・8 太政大臣藤原兼通没（二十日、正一位を追贈）。《日本紀略》
12・24 宇多天皇皇孫寛朝、東寺別当となる。《東寺長者補任》
この年 冷泉天皇皇子（為尊《ためたか》親王）、誕生する（母は女御藤原超子）。《権記》
□2・22 賀茂保憲《かものやすのり》（陰陽家。61）、4・2 寛忠《かんちゅう》（宇多法皇皇孫、敦固親王王子。真言宗僧・東寺長者。72）、11・8 **藤原兼通**（関白。太政大臣。53）

■天元元年（九七八） 戊寅

円融天皇 20歳
冷泉上皇 29歳
4・10 藤原頼忠女藤原遵子《じゅんし》、入内する（女御に准じる）。《日本紀略》
5・1 皇太后昌子内親王、三条院から朱雀院に移る。《日本紀略》
5・19 天皇、病により、藤原兼家の勅勘を許す。《公卿補任》

＊**藤原兼通**《ふじわらのかねみち》（九二五〜九七七） 関白。太政大臣。父は右大臣藤原師輔、母は藤原盛子。同母妹に村上天皇中宮安子（冷泉・円融両天皇母）。男子に左大臣顕光（母は元平親王女）・大納言朝光（母は有明親王王女能子女王）、女子に円融天皇中宮媓子（母は能子女王）ら。天延二年（九七四）円融天皇の関白に就任、貞元五年（九七六）内裏焼亡後は、兼通第堀河院を里内裏とする。

＊**天元**《てんげん》 勘申者・出典不詳も「後漢書」郭陳列伝に「明主厳天元之尊」とある。

＊**小右記**《しょうゆうき》 右大臣藤原実資《さねすけ》（九五七〜一〇四六）の日記。天元五年（九八二）から長元五年（一〇三二）まで残るも、「小右記目録」や逸文により天元元年から長久元年（一〇四〇）まで記されたと推定されている。タイトルは称号「小野宮」と「右大臣」による。藤原氏全盛時代の政治・社会・文化を知るうえの一級史料。実資には「小野宮年中行事」の著述があり儀式に精通、また藤原道長への批判記事もあって興味深い。

5・22　藤原遵子を女御とする。《日本紀略》
7・9　天変・怪異により、伊勢等十六社に奉幣する。《日本紀略》
8・17　藤原兼家女詮子《あきこ》（「せんし」とも）、入内する。《日本紀略》
9・11　天皇、八省院に行幸し、伊勢例幣使を発遣する。《日本紀略》
10・2　左大臣藤原頼忠を太政大臣、右大臣源雅信を左大臣、大納言藤原兼家を右大臣とする。《公卿補任》
10・28　皇太后昌子内親王、朱雀院より三条院に還御する。《日本紀略》
11・4　藤原詮子を女御とする。《日本紀略》
11・20　地震あり。▼冷泉上皇皇子（居貞《おきさだ》。三条天皇）を親王とする。《日本紀略》
11・29　災変および明年陽五の御慎により**天元**と改元する（「百練抄」では四月十五日改元。ほかに四月十三・十五・十九日、五月七日改元説も）。《日本紀略ほか》
12月　宇多天皇皇女成子内親王（母不詳）没（生年不詳）。《日本紀略》
この年　天台座主良源、比叡山根本中堂を建立する。《天台座主記》

■天元二年（九七九）己卯

円融天皇　21歳
冷泉上皇　30歳

2・16　宇多天皇皇女季子《きし》内親王（母は藤原有実女）没（生年不詳）。《日本紀略》
2・20　村上天皇皇子永平親王、小一条院にて元服する（左大臣源雅信加冠）。**《小右記》**
3・27　天皇、初めて石清水八幡宮臨時祭に行幸する（二十八日還幸。以後、明治十年まで二百四十余度行幸）。《日本紀略》
5・6　宋、北漢を滅ぼし、中国を統一。
5・13　内裏に盗賊が入る。《小右記目録》
6・3　円融天皇皇后**藤原媓子**没（八日葬送）。《小右記目録》
6・11　天皇、病む。《小右記目録》
10・21　源順《したごう》、「弘仁源氏本系帳」を撰する。《河海抄》
12・20　居貞親王（三条天皇）、着袴の儀を行なう。《日本紀略》

■天元三年（九八〇）庚辰

円融天皇　22歳
冷泉上皇　31歳

1・18　醍醐天皇皇女韶子内親王（母は女御源和子）没（年63）。《日本紀略》
2・25　関白藤原頼忠男公任、清涼殿にて元服する（天皇出御）。《日本紀略》
2・26　伊勢以下十六社に奉幣する（天皇、往亡日により八省院に行幸せず）。《日本紀略》

＊**藤原媓子**《ふじわらのこうし》（九四七〜九七九）　円融天皇皇后。父は太政大臣藤原兼通、母は能子女王。天延元年（九七三）入内して女御、ついで皇后となる。陵は木幡の宇治陵。

5・9 清涼殿にて御読経を行なう（五日間）。《日本紀略》

6・1 円融天皇皇子（懐仁《やすひと》。一条天皇）、外祖父右大臣藤原兼家の東三条第にて誕生する（母は女御藤原詮子）。《日本紀略》

7・9 暴風雨により、宮中の樹木・諸門等が倒れる。《日本紀略》

7・15 大雨により、京中の河川が氾濫。《日本紀略》

8・1 皇子（懐仁。一条天皇）を親王とする。《日本紀略》

9・3 天台座主良源、延暦寺根本中堂等を供養する。《日本紀略》

9・11 天皇、八省院に行幸し、伊勢例幣使を発遣する。《日本紀略》

9・28 醍醐天皇皇孫**源博雅**没《日本紀略》

10・10 天皇、賀茂社に行幸する。《日本紀略》

10・20 前斎院冷泉天皇皇女尊子内親王、麗景殿に入内する。《日本紀略》

11・22 天皇、賀茂臨時祭に行幸。この間に内裏が焼亡し、天皇は職曹子に遷る。《日本紀略》

11・26 神鏡を神嘉殿より縫殿に遷す。《小右記目録》

12・7 懐仁親王（一条天皇）、着袴の儀を行なう。《皇年代略記》

12・13 内裏焼亡により、伊勢以下諸社に奉幣使を発遣する。《小右記目録》

12・21 天皇、職曹司より太政官庁に遷る。《日本紀略》

12・26 神鏡を朝所に遷す。《小右記目録》

■天元四年（九八一）辛巳

円融天皇 23歳
冷泉上皇 32歳

1・1 天皇、太政官庁にいるため小朝拝を中止する。《小右記天元五年正月一日条》

2・14 伊勢以下諸社に奉幣使を発遣する。《日本紀略》

2・16 伊勢以下五社に奉幣使を発遣する。《日本紀略》

2・20 天皇、初めて平野社に行幸する（このあと病に臥せる）。《日本紀略》

3・25 天皇病気により、御卜・御祈・服薬が行なわれる。《小右記目録》

5・11 清涼殿で不断御読経を修させる。▼致平親王、出家し、園城寺に住する。《日本紀略》

6・25 神宮祭主大中臣能宣を召して雨を祈らせる。《小右記目録》

7・7 天皇、太政官庁より藤原頼忠の四条院（四条宮）に遷る（以後、ここを後院《ごいん》とする）。《日本紀略》

＊**源 博雅**《みなもとのひろまさ》（九一八〜九八〇）父は醍醐天皇第一皇子克明親王、母は藤原時平女。母の兄藤原敦忠に和琴、源雅信に横笛、醍醐天皇に箏、源脩（一説に源修）に琵琶を学ぶなど、雅楽に長じ、「博雅笛譜」（「新撰楽譜」「長竹譜」とも）を撰する。

7・11　神鏡等を四条院に遷す。《小右記目録》
7・29　天皇、瘧病をわずらい、この日、服薬する。《小右記目録》
8・3　伊勢以下諸社に奉幣する。《小右記目録》
8・8　天皇の病のため、山陵使を発遣する。《小右記目録》
8・10　天皇の病のため、天台座主・僧正良源等に五壇法を修させる（この日、天皇回復）。《小右記目録》
8・26　天皇、病む。良源に念誦させる。たちまち平癒。《元亨釈書》
8・30　良源を大僧正、宇多天皇皇孫寛朝を僧正とする。《僧綱補任》
9・9　伊勢内宮遷宮により、神宝使を発遣する。《小右記目録》
9・11　伊勢例幣使を発遣する。《小右記目録》
9・13　天皇、四条院より職曹司に遷る。《日本紀略》
9・17　伊勢内宮の遷宮が行なわれる。《大神宮諸雑事記》
10・6　天皇、病む。《小右記目録》
10・21　醍醐天皇皇女都子《とし》内親王（母は源周子）没（年77）。《日本紀略》
10・27　天皇、職曹司より新造内裏に遷る。《日本紀略》

この年　冷泉天皇皇子（敦道親王）、誕生する（母は女御藤原超子）。《権記》良源、延暦寺東塔常行三昧堂を建てる。《天台座主記》
□9・8菅原文時《すがわらのふみとき》（文章博士。道真の孫。83）

■天元五年（九八二）壬午

円融天皇　24歳
冷泉上皇　33歳

1・22　僧正寛朝に仁寿殿で御修法を修させる。《小右記》
1・28　冷泉天皇女御藤原超子没（生年不詳）。《小右記》
2・4　天皇の足疾により、御卜・御祈が行なわれる。《小右記》
2・19　皇太子師貞親王、南殿にて元服する（天皇出御。左大臣源雅信加冠）。《日本紀略》
2・28　この頃、京中群盗横行。《小右記》
3・11　女御藤原遵子を皇后とし、中宮と称する。《小右記》
4・8　尊子内親王、自ら髪を切る。《小右記》
4・21　賀茂斎院選子内親王、禊をする（このとき、一人の公卿も参加せず、天皇が孤立化）。《小右記》
5・3　天変怪異・年穀のため、伊勢以下十六社に奉幣する（天皇、南殿に出御し遙拝）。《小右記》
5・7　中宮藤原遵子、四条第より内裏に参

入する。《日本紀略》
5・16 天台僧余慶に、内裏で不動調伏法を修させる。《小右記》
5・20 興福寺僧真喜に、内裏で仁王経不断御読経を修させる。《小右記》
6・11 伊勢神宮に神宝等を奉納する。《日本紀略》
6・21 天皇、病む。《日本紀略》
7・2 懐仁《やすひと》親王（一条天皇）、参観する。《日本紀略》
7・8 天皇、八省院に行幸し、伊勢以下諸社に祈雨奉幣使を発遣する。《小右記目録・日本紀略》
7・17 丹生・貴布禰両社に祈雨奉幣する。《小右記目録》
7・18 真言僧元杲《げんごう》に、神泉苑で請雨経法を修させる（七日間）。《日本紀略》
8・3 天皇、病む（八月十二日にも）。《小右記目録》
8・24 紫宸殿にて仁王経読経を始める（二十七日まで）。《日本紀略》
9・11 伊勢例幣使を発遣する。《小右記目録》
9・17 斎宮規子内親王、近江国唐崎で禊する。《小右記目録》
10月 慶滋保胤「池亭記」成る。《扶桑略記》
11・17 内裏、焼亡する。天皇・中宮、職曹司に遷る。皇太子師貞親王、内教坊に入る。この日、神鏡を縫殿寮に遷す。《小右記目録・日本紀略》
11月 僧奝然《ちょうねん》、宋に赴く。《百練抄》
12・7 大刀《だいと》契《けい》等を職曹司に移す。《日本紀略》
12・8 内裏焼亡により、伊勢以下五社に奉幣する。《日本紀略》
12・14 内裏焼亡により、桓武・村上両天皇陵に使を発遣する。《日本紀略》
12・16 醍醐天皇皇子源高明没。《日本紀略》
12・25 天皇、職曹司より堀河院に遷り（中宮も）、後院とする。《日本紀略》

■永観元年（九八三）癸未

円融天皇 25歳
冷泉上皇 34歳

3・22 御願円融寺（四円寺の一つ）の落慶供養を行なう（御物忌により行幸せず）。《日本紀略》
4・15 旱魃・内裏焼亡等により、永観と改元する。《日本紀略》
6・12 祈雨のため伊勢以下十六社に奉幣する。《日本紀略》
8・1 奝然、渡宋する。《奝然入宋記》
8・16 居貞・為尊両親王、藤原兼家の東三条第で読書始を行なう（「御注孝経」を読む）。《日本紀略》

＊源高明《みなもとのたかあきら》（九一四～九八二） 父は醍醐天皇、母は右大弁源唱女周子。延喜二十年（九二〇）源姓を賜って臣籍降下。のち左大臣に昇るも安和の変に連坐し、大宰権帥に左降。天禄三年（九七二）召還。文安五年（一四四八）従一位を追贈される。儀式書「西宮記」を撰する。

＊四円寺《しえんじ》 円融天皇御願の円融寺、一条天皇御願の円教寺、後朱雀天皇御願の円乗寺、後三条天皇御願の円宗寺（初め円明寺）をいう。いずれも仁和寺近くに建てられ、現在は廃絶。

＊永観《えいかん》 文章博士藤原資忠《すけただ》の勘申による。出典は不詳も「尚書」洛誥《らくこう》に「正伻殷乃承叙万年、其永観朕子、懐徳」、「毛詩」周頌《しゅうしょう》、有瞽《ゆうこ》篇に「我客戻止、永観厥成」とある。

＊源順《みなもとのしたごう》（九一一～九八三） 嵯峨天皇曾孫。母が仕えていた勤子内親王の命により「和名類聚抄」を撰進。詩歌に長じ、「梨壺五人」の一人として、「万葉集」読解、「後撰和歌集」撰に携わる。

＊花山天皇《かざんてんのう》（九六八～一〇〇八） 師貞。冷泉天皇第一皇子。母は贈

9・10　伊勢外宮の式年遷宮により、神宝使を発遣する（この月、遷宮）。《日本紀略》

9・11　伊勢例幣使を発遣する。《日本紀略》

12・21　奝然、中国皇帝太宗に謁見し、紫衣を賜わる（奝然、皇帝の諮問に、日本の王朝は「国王一姓、相伝六十四世」と答えたという）。《奝然入宋記》

□この年、**源順**（歌人。73）

■**永観二年（九八四）甲申**

円融天皇　26歳

花山天皇　17歳

冷泉上皇　35歳

2・23　宇多天皇皇孫寛朝を東大寺別当とする。《東大寺別当次第》

5・28　年穀実らず、また三合厄により、伊勢以下十四社に奉幣する。《日本紀略》

8・18　賊が抜刀して禁中に乱入する。《小右記目録》

8・23　伊勢斎宮規子内親王、退下する。《日本紀略》

第六十五代　花《か》山《ざん》天皇

8・27　円融天皇、堀河院にて譲位。皇太子師貞《もろさだ》親王、閑院より堀河院に移り受禅（**花山天皇**）。新帝、この日のうちに新造内裏に遷る。太政大臣藤原頼忠を旧の如く関白とし、円融天皇皇子懐仁《やすひと》親王を皇太子とする（皇太子、凝華舎に入る）。▼斎宮規子内親王、天皇譲位により退下する（翌年四月三日帰京）。《日本紀略》

9・5　天皇、建礼門に行幸し、伊勢神宮に即位を奉告する。また、賀茂社に斎院を改めないことを奉告する。《日本紀略》

9・9　先帝に太上天皇尊号を奉る。《日本紀略》皇太子懐仁親王に壺切御剣《つぼきりのみはかし》を授ける。《御脱屣記《ごだつしき》所引野右記《やうき》（小右記）》

9・11　伊勢例幣使を発遣する。《日本紀略》

9・22　天皇、政を始める。《日本紀略》

10・4　山陵に即位を奉告する。《日本紀略》

▼天皇、歯病。《小右記》

10・5　円融上皇、朱雀院に御幸し、馬に乗り諸殿を覧る。《小右記十月九日条》

10・10　天皇、大極殿にて即位礼を挙げる。《小右記》

10・18　大納言藤原為光女忯子《しし》、入内する（「小右記」は二十八日）。《日本紀略》

10・27　円融上皇、村上天皇陵に御幸する（途中、円融寺に立ち寄る）。《小右記》

11・4　醍醐天皇皇子章明親王王女済子女王を伊勢斎宮に卜定する。《日本紀略》

11・7　藤原忯子《しし》を女御とする。《小右記》

11・13　天変怪異により、伊勢以下十一社に

皇太后藤原懐子。女御に藤原忯子・藤原姚子・藤原諟子・婉子女王。皇子女に清仁親王・昭登親王ら。陵は紙屋上陵。なお、天皇は花山寺で出家したため、大正時代になって「花山天皇」とされた。和歌をよく詠み、「拾遺和歌集」を撰する。「世の中の憂きもつらきも慰めて花のさかりはうれしかりけり」（「玉葉和歌集」）は有名。

奉幣する。《日本紀略》
11・28 針博士丹波康頼、「医《い》心方《しんぽう》」を撰進する。《一代要記》
12・1 花山天皇外祖母恵子女王（藤原伊尹室）を准三宮とする。《日本紀略》
12・5 大納言藤原朝光女姫（姚）子、入内する。《日本紀略》
12・15 関白藤原頼忠女諟子、入内する。《小右記》
12・16 円融上皇、堀河院西対に移る。《小右記》
12・17 花山天皇生母藤原懐子に皇太后を追贈し、国忌山陵に加える。《中右記》
12・25 藤原諟子と姫（姚）子を女御とする。《小右記・日本紀略》
この年 昭平親王、出家し、園城寺に住する。《本朝皇胤紹運録》

■寛和元年（九八五）乙酉

花山天皇 18歳
冷泉上皇 36歳
円融上皇 27歳
1・13 円融上皇、円融寺で諷誦を修する。《小右記》
2・13 円融上皇、紫野で子日の御遊びをする。《小右記》
2・17 天皇、八省院に行幸し、伊勢奉幣使を発遣する（祈年穀奉幣）。《日本紀略》
2・22 皇太后昌子内親王の御願により、大雲寺内に観音院を創建。この日、落慶供養に行啓する（十二月にも行啓）。《小右記》
3・7 円融上皇、東山に御幸し、桜花を覧る（十三日にも）。《小右記》
3・16 円融上皇、西山に御幸し、桜花を覧る（円融寺にて和歌等の御遊あり）。《小右記》
4・2 贈皇太后藤原胤子の国忌を除く。《日本紀略》
4・3 斎宮規子内親王、河陽館に入る。《小右記》
4・14 円融上皇の病により、御占・御禊を行なわせる。《小右記》
4・19 前賀茂斎院尊子内親王、出家する。《本朝文粋》
4・27 水鳥が宜秋門前の桜の木に集まり、これが火事・疾病等の予兆と占われ、また代始により寛和と改元する。《小右記》
4月 御願により、延暦寺東塔西谷静慮院を、建立・供養する。《山門堂舎記》源信、「往生要集」を撰する。《同書》
5・1 冷泉天皇皇女尊子内親王（母は藤原懐子）没（年20。「小右記」では五月二日）。《日本紀略》

＊**子日《ねのひ》の御遊《おあそ》び** 年の初めの子の日に貴族たちが、若菜摘みなど野山に出て楽しんだ遊び。
＊**寛和《かんな》** 勘申者不明。出典不詳も「漢書」成帝紀に「崇寛大、長和睦」、「書経」君陳《くんちん》篇に「寛而有制、従容以和」とある。
＊**藤原《ふじわらの》忯《し》子《し》**（九六九~九八五） 花山天皇女御。父は大納言藤原為光、母は藤原敦敏女。永観二年（九八四）入内し、女御となる。鍾愛深く、天皇はその死を悲しみ、出家・退位につながるといわれる。
＊**内裏歌合** このときの花山天皇の御製。
「秋の夜の月に心はあくがれて雲居に物を思ふころかな」

「荻の葉における白露珠かとて袖につゝめどとまらざりけり」

「秋来れば虫もやものを思ふらむ声も惜しまず音をも鳴くかな」（以上「栄花物語」）

なお「千載和歌集」にも、女御をしのんだ
「なべて世の人より物を思へばや雁の涙の袖につゆけき」

が収載されている。
＊**徽子《きし》女王《じょおう》**（九二九~九八五） 村

5・17 円融上皇、円融寺に御幸する（十九日、仁和寺にて競馬を覧る。二十日還御）。《小右記》
6・28 真言僧元杲に神泉苑で請雨経法を修させる（七日間。東大寺・龍穴社等でも読経）。《小右記》
7・6 大極殿にて御読経を修し、雨を祈る。《日本紀略》
7・13 十六社に奉幣し、雨を祈る。《日本紀略》
7・18 花山天皇女御**藤原忯子**没。《日本紀略》
8・10 **内裏歌合**あり、天皇、女御忯子をしのぶ歌を詠じる。《栄花物語》
8・27 円融上皇、病む（堀河院西対に還御）。《小右記》伊勢以下諸社に祈雨奉幣使を発遣する。《日本紀略》
8・29 円融上皇、病により出家する。《日本紀略》
9・1 円融法皇、書写山の僧性空を召す（不参）。《百練抄》
9・2 斎宮済子女王、東河に禊して左兵衛府に入る。《日本紀略》
9・11 天皇、八省院に行幸し、伊勢例幣使を発遣する。《日本紀略》
9・19 円融法皇、堀河院より円融寺（院）に移る。《日本紀略》
9・26 斎宮済子女王、左兵衛府より鴨川に禊して野宮に入る。《日本紀略》
10・1 円融法皇、石山寺に御幸する（二日、還御の途次、崇福寺に臨幸）。《石山寺縁起》
10・7 延暦寺首楞厳院《しゅりょうごんいん》真言堂を御願寺とする。《叡岳要記》
10・25 天皇、大嘗祭のため鴨川で禊する。《日本紀略ほか》
11・15 一代一度の大神宝使を発遣する。《日本紀略》
11・20 天皇、大極殿（豊楽院破壊による）にて大嘗祭を行なう。《日本紀略》
11・29 贈皇太后藤原胤子（宇多天皇女御）の国忌を除く。《日本紀略》
12・5 為平親王女婉子《えんし》女王、入内、女御とする（天皇譲位のあと、右大臣藤原実資に嫁す）。《日本紀略》
12月 近陵から藤原胤子陵を除き、藤原懐子陵を置く。《西宮記》
この年 村上天皇女御**徽子女王**没。《大鏡》
天皇、平野社に桜の木を手植えする（以後、桜の名所となる）。《社伝》
□1・3 良源《りょうげん》（天台座主。比叡山中興の祖。俗称元三大師・角大師。74）

■**寛和二年（九八六）丙戌**
花山天皇 19歳

上天皇女御。父は醍醐天皇皇子重明親王、母は藤原忠平女寛子。承平六年（九三六）伊勢斎宮となり、天慶八年（九四五）退下。天暦二年（九四八）入内し、翌年、村上天皇女御となり規子内親王をもうける。三十六歌仙の一人で、承香殿女御・斎宮女御といわれる。

◉**花山天皇御製**
「梅が枝にふりかさなれる白雪を八重咲く花とおもひけるかな」
（「続古今和歌集」）
「うつつとも夢ともえこそ分きはてねいづれの時をいづれとかせむ」
（「千載和歌集」）

一条天皇 7歳
冷泉上皇 37歳
円融法皇 28歳

1・13 資子内親王、落飾する。《日本紀略》
1・19 枇杷殿が焼亡する。《小右記目録》
3・19 法皇、東大寺に行くため、円融院より仁和寺観音院に移る。《太上天皇御受戒記》
3・21 法皇、仁和寺より東大寺に参詣する（翌日、東大寺別当寛朝より受戒。二十三日、円融院に還御）。《日本紀略》
3・22 武徳殿が上棟する。《日本紀略》
3・23 伊勢以下十二社に臨時奉幣使を発遣する。《日本紀略》
3・27 地震あり。《日本紀略》
4・28 醍醐天皇皇子盛明親王、出家する。《日本紀略》
5・8 醍醐天皇皇子**盛明親王**没。《一代要記》
5・15 村上天皇皇女規子内親王（伊勢斎宮。母は徽子女王）没（年38）。《日本紀略》
5・18 一代一度の大仁王会を修する。《日本紀略》
5・26 天皇、新造武徳殿に行幸する。《日本紀略》
6・6 法皇、仁和寺で競馬・打毬を覧る。《日本紀略》

第六十六代 一《いち》条《じょう》天皇

6・23 早暁、天皇、密かに内裏を脱出し花山院（花山寺）に向かう。藤原兼家、内裏に参入し、禁門を固める（兼家らによる体のいい退位）。《扶桑略記》花山天皇、花山寺（元慶寺《がんぎょうじ》）にて出家する（譲位。藤原兼家ら、天皇を在位中であるかのようにして〈如在の儀〉、宣命を作成）。皇太子懐仁親王、凝華舎にて受禅（**一条天皇**）。藤原頼忠の関白を止める。▼伊勢斎宮済子女王、密通の風聞により、群行に至らずして野宮を退出する《日本紀略》
6・24 新帝外祖父藤原兼家を摂政・氏長者とする。《公卿補任》
6・28 花山法皇に太上天皇尊号を奉る（法皇固辞）。《日本紀略》
7・2 伊勢神宮・石清水八幡宮・賀茂社に即位由奉幣使を発遣する。《日本紀略》
7・5 皇太后昌子内親王を太皇太后、円融天皇女御藤原詮子を皇太后とする。《日本紀略》
7・6 地震あり。《日本紀略》
7・16 冷泉天皇皇子居貞《おきさだ》親王、藤原兼家の東三条殿で元服し、皇太子となる（天皇より皇太子が年長のため「逆さまの儲《もう》けの皇《き》

＊**盛明親王**《もりあきらしんのう》（九二八〜九八六） 醍醐天皇第十五皇子。母は源唱女更衣周子。源朝臣姓を下賜されるが、康保四年（九六七）皇籍に復して親王となる。寛和二年（九八六）中務卿を辞して出家する。

＊**一条天皇**《いちじょうてんのう》（九八〇〜一〇一一） 名は懐仁《やすひと》。円融天皇第一皇子。母は藤原兼家女の皇太后藤原詮子（東三条院）。皇后は藤原定子・藤原彰子。女御に藤原義子・藤原元子・藤原尊子。皇子女に敦康親王・敦成親王（後一条天皇）・敦良親王（後朱雀天皇）、脩子内親王・媄子内親王。陵は円融寺北陵。なお、「一条」は、在位中の御所（一条院）の名による。

子《み》」といわれる)。《立坊部類記所引小右記・愚管抄》この日、摂政・右大臣藤原兼家女綏子《すいし》(「やすこ」とも)、皇太子のもとに入る。《大鏡》

7・20 摂政・右大臣藤原兼家、右大臣を辞し、大納言藤原為光を右大臣とする(以後、摂政は大臣兼職の地位ではなくなり、律令官職を超越した最高の地位となる)。《日本紀略》

7・21 冷泉天皇皇女宗子内親王(母は藤原懐子)没(年23)。《日本紀略》

7・22 一条天皇、大極殿で即位礼を挙げる(これまで最年少の七歳での即位)。▼花山法皇、播磨国書写山に御幸する(二十八日、性空と結縁)。《日本紀略》

7・25 天皇、服御・常膳等を減ずる詔を出す(日常生活の倹約)。《日本紀略》

8・8 為平親王王女恭子女王(村上天皇皇孫)を伊勢斎宮に卜定する(賀茂斎院選子内親王は改めず)。《日本紀略》

8・27 二十五日に藤原兼家を准三宮とし、ついで十月、「摂政」を三公の上に列せしむるという「一座の宣旨」を下す(これにより太政大臣の地位が摂関と分離し、名誉職的地位となる。以来、兼家、子息を昇進させるなど専権を振るう)。《公卿補任・葉黄記寛元四年十月十七日条》

9・16 花山法皇、延暦寺戒壇院にて廻心戒を受ける。《百練抄》

9・29 円融法皇、石山寺に参籠する。《百練抄》

10・3 円融法皇、船に乗り崇福寺に参詣する。《百練抄》

10・10 円融法皇、大堰川に遊ぶ(摂政藤原兼家以下扈従)。《日本紀略》

10・21 摂政藤原兼家養子道信、淑景舎にて元服する。《日本紀略》

10・23 天皇、大嘗祭のため、東河で禊する。《日本紀略》

10月 法皇、延暦寺で受戒する。《日本紀略》

11・1 伊勢・石清水・賀茂三社に奉幣使を発遣する。《日本紀略》

11・15 天皇、大嘗祭を行なう。《帝王編年記》

12・8 天皇、読書始で「御注孝経」を読む。《江家次第》

12・20 天皇、円融法皇の円融寺(院)に朝覲行幸する(皇太后藤原詮子同輿)。《日本紀略ほか》

12・25 東大寺別当寛朝(宇多天皇皇孫)を大僧正とする。《東寺長者補任》

この年 花山法皇、熊野に参詣する。《栄花物語》

●この頃、法皇、書写山性空らに霊場巡拝の功徳を聞くといわれる（西国三十三ヵ所観音霊場の発端か）。

●寛和年間、権律師雅慶（宇多天皇皇孫）、仁和寺別当となる。《諸寺院上申》

■**永延元年（九八七）丁亥**

一条天皇　8歳
冷泉上皇　38歳
円融法皇　29歳
花山上皇　20歳

1・2　天皇、皇太后藤原詮子の東三条院に朝覲行幸する（法皇のもとには行かず）。《栄花物語》

2・11　奝然《ちょうねん》、入京して仏像等を請来する。《日本紀略》

2・16　天皇、凝華舎より清涼殿に遷る。《日本紀略》

3・4　「新制十三箇条」を定める。《日本紀略》

3・6　延暦寺檀那院を御願寺とする。《山門堂舎記》

4・5　即位により**永延**と改元する。《日本紀略》

4・29　法皇、藤原安子のため法華御八講を修する。《日本紀略》

5・5　「新制五箇条」を定める。《日本紀略》

5・21　丹生・貴布禰両社に祈雨奉幣使を発遣する。《日本紀略》

5・24　大極殿で祈雨御読経、神泉苑で請雨経法を修する（ついで東大寺大仏に祈雨）。《日本紀略ほか》

5・26　法皇、書写山円教寺を御願寺とする。《書写山円教寺旧記》

5・28　東大寺大仏殿で七大寺僧に雨を祈らせる。《東大寺別当次第》

6・1　炎旱により、十八社に奉幣して雨を祈る。《小右記》神泉苑の池水を放出する。《日本紀略》

6・13　大神宝使を宇佐ほか諸社に発遣する。《小右記》

8・5　菅原道真に「天満大自在天神」の勅号を賜い、初めて勅祭北野祭が行なわれる。《菅家御伝記所引外記日記》

8・21　村上天皇皇女保子内親王（母は藤原正妃）没（年39）。▼伊勢神宮以下十八社に奉幣使を発遣する。《日本紀略》

9・11　伊勢例幣使を発遣する。《日本紀略》

9・13　伊勢斎宮恭子女王、東河で禊して野宮に入る。《日本紀略》

9・22　一代一度の大仁王会を修する。《日本紀略》

9・26　醍醐天皇皇子**兼明親王**没。《日本紀略》

＊**永延**《えいえん》　勘申者・出典不詳も「後漢書」馬《ば》融伝《ゆうでん》に「豊千億之子孫、歴万載而永延」、「隋書」音楽志に「周庭有列、湯孫永延」とある。

＊**兼明親王**《かねあきらしんのう》（九一四〜九八七）　醍醐天皇皇子。母は藤原菅根女の更衣淑姫。延喜二十年（九二〇）源朝臣姓を賜わって臣籍降下。大納言、左大臣を経て、貞元二年（九七七）親王宣下、のち嵯峨に隠退して文雅の生活を送る。天資豪邁・博学多才といわれる。

＊**法住寺**《ほうじゅうじ》　京都市東山区法住寺三十三間堂廻り町に所在。藤原為光により創建。後白河法皇は、ここに院の御所（法住寺殿）を営み、陵もここに造られた。長寛元年（一一六三）には、平清盛により南殿の北側に蓮華王院（三十三間堂）が寄進された。

9月　藤原兼家女綏子《すいし》、居貞親王のもとに入る。《一代要記》
10・2　法皇、愛太子・水尾寺に御幸する。《百練抄》
10・14　天皇、摂政藤原兼家の東三条第に行幸する（詩宴あり）。《日本紀略》
10・26　法皇、南都諸寺を巡礼する。《日本紀略》
11・8　天皇、皇太后藤原詮子と同輿で石清水八幡宮に行幸する。《日本紀略》
11・17　兵庫寮倉庫が焼亡する（「神代より伝うる戎具ことごとく灰燼に帰す」）。《百練抄》
11・25　吉田祭を公祭とする。《二十二社註式》
12・15　天皇、皇太后藤原詮子と同輿して賀茂社に行幸する。《日本紀略》
12・16　藤原道長、源雅信女倫子《りんし》と結婚する。《台記別記》

■永延二年（九八八）戊子

一条天皇　9歳
冷泉上皇　39歳
円融法皇　30歳
花山上皇　21歳

1・3　天皇、法皇御所円融院に朝覲行幸する。《栄花物語》
2・21　参議源忠清（醍醐天皇皇孫。有明親王王子）没（年56。「一代要記」では58）。《日本紀略》
3・20　法皇、円融寺五重塔を落慶供養する。《日本紀略》
3・26　藤原為光、忯子《しし》の死後、その邸宅を寺とし、この日、法皇以下参列のもと、**法住寺**を供養する（法皇臨幸）。《扶桑略記》
⑤・9　大極殿の上に水鳥が集まったため、「水鳥の怪」として占いが行なわれる。《小右記》
⑤・26　玉璽の筥の上に鼠矢《そし》（ネズミの糞）が見つかり、天皇の病と火事の怖れが占われる。《小右記》
8・3　法皇、円融院にて大僧正寛朝より金剛界法を受ける。《東宝記》
8・21　法皇、大僧正寛朝の広沢遍照寺に御幸する。《小右記》
8・28　法皇、広沢遍照寺にて大僧正寛朝から胎蔵界法を受ける。《東宝記》
9・20　伊勢斎宮を発遣する（恭子女王、西河に禊して伊勢に群行）。《日本紀略》
10・13　村上天皇皇子永平親王（母は藤原芳子）没（年24）。《日本紀略》
10・29　法皇、延暦寺戒壇院にて座主尋禅より廻心戒を受ける。《小右記》

■永祚元年（九八九）己丑

◉冷泉天皇御製　実子の花山天皇からの
「世の中に経るかひもなき竹の子はわが経む年をたてまつるなり」

の返歌として、

「年へぬる竹の齢《よわい》をかへしてもこのよをながくなさんとぞ思ふ」

（「詞花和歌集」）

花山天皇が父冷泉院に長生きしてもらうために自分の歳を差し上げると「竹の子」を自分にたとえると、院は、歳をとった自分の年齢を与えて、我が子の長寿を願ったもの。

一条天皇　10歳
冷泉上皇　40歳
円融法皇　31歳
花山上皇　22歳

1・6　天皇、年頭から病気。この日、陰陽師安倍晴明が御卜を行なう。《小右記》
1・8　内裏で不動息災法を修する。《小右記》
1・11　法皇、天皇病気のため、藤原実資《さねすけ》を遣わし石清水八幡宮に祈らせる。《小右記》
1・21　法皇、石清水八幡宮に御幸する。《小右記》
1・25　天台座主尋禅、禁中で熾盛光法を修する。《小右記》
2・11　法皇、天皇のため、天台座主尋禅に尊勝法、安倍晴明に泰山府君祭を行なわせる。《小右記》
2・16　天皇、法皇の円融寺に朝覲行幸する。《小右記》
2・23　権大納言藤原道隆を内大臣とする。《公卿補任》
2・30　法皇、西河に御して河臨御禊を行なう。《小右記》
3・9　法皇、東寺灌頂院にて大僧正寛朝より両部伝法灌頂職位を伝受する。《東宝記》
3・22　天皇、皇太后藤原詮子とともに葱花《そうか》輦《れん》に乗って**春日社**に**行幸**する（二十三日還御。天皇初の春日社行幸）。《小右記》
4・22　法皇、天皇のため、藤原実資を遣わして賀茂社に祈らせる。《小右記》
5・26　法皇、天皇のため、藤原実資を遣わして石清水八幡宮に祈らせる。《小右記》
5・29　女御藤原姚（姫）子没（年19）。《小右記》
6・7　伊勢以下十一社に奉幣する。《小右記》
6月　疾疫により、大極殿で仁王経を転読させる。《小右記》
8・8　ハレー彗星出現など天変・災異により、**永祚**と改元する。《日本紀略》
8・13　京畿大風により、洪水・高潮。内裏諸司雑舎・寺社等多く倒壊。《日本紀略》
8・17　天変地異により、伊勢神宮以下諸社に奉幣使を発遣する（九月七日にも）。《日本紀略》
9・11　伊勢例幣使を発遣する。《日本紀略》
9月　冷泉天皇女御藤原怤子《ふし》、出家する。《一代要記》
11・7　法皇、「御夢想」により、石清水八幡宮に参詣し、天皇のために祈る。《小右記》
11・21　冷泉天皇皇子為尊《ためたか》親王、摂政藤原兼家二条第にて元服する。《日本紀略》
12・9　藤原兼家女綏子、居貞親王のもとに参入する。《小右記》

***春日社行幸**　春日社は平城京にある藤原氏の氏神。一条天皇の母皇太后詮子の父は藤原兼家であることから、外祖父兼家の権勢誇示による行幸といわれる。なお、天皇が山城国を出たのは、弘仁六年（八一五）嵯峨天皇の近江行幸以来のこと。

***永祚**《えいそ》　故中納言大江維時《これとき》が先年に勘文したものといわれる。出典不詳も、「晋書」楽志《がくし》に「保茲永祚、与天比崇」、「旧唐書《くとうじょ》」王方慶伝《おうほうけいでん》に「当思荅極施之洪慈保無疆之永祚」とみえる。

12・20　摂政藤原兼家を太政大臣とする。《日本紀略》

●この頃から、法皇、猟色に走り、またその従者による違法行為が目立つようになる。

□6・26藤原頼忠《ふじわらのよりただ》（関白。太政大臣。父は摂政・関白・太政大臣藤原実頼。女子に円融天皇皇后遵子〈母は代明親王王女厳子女王〉・花山天皇女御諟子〈母は厳子女王〉。66）、11・1藤原惟成《ふじわらのこれしげ》（花山天皇乳母子。花山天皇の親政を主導。天皇の出家とともに即日出家。37とも47とも）

■正暦元年（九九〇）庚寅

一条天皇　11歳
冷泉上皇　41歳
円融法皇　32歳
花山上皇　23歳

1・5　天皇、紫宸殿にて元服する（摂政・太政大臣藤原兼家が加冠）。《日本紀略ほか》

1・7　天皇、元服後宴にて笛を吹く。《日本紀略・御遊抄》

1・11　天皇、法皇の円融寺に朝覲行幸する（天皇、御遊《ぎょゆう》にて笛を所作）。《百練抄》

1・25　内大臣藤原道隆女定子《ていし》、入内する。《日本紀略》

2・2　西寺、塔を除く大部分が焼亡する（ほどなく再建）。《日本紀略ほか》

2・11　藤原定子を女御とする。《日本紀略》

2・14　延暦寺妙香院を御願寺とする。《日本紀略》

3・20　法皇、円融寺五重塔を落慶供養する。《扶桑略記》

5・5　藤原兼家、摂政・太政大臣を辞し、関白となる。《百練抄》

5・8　関白藤原兼家、病により出家し、その子内大臣藤原道隆を関白とする。《日本紀略》

5・10　藤原兼家、二条京極第を仏寺とし、積善寺《しゃくぜんじ》（法興院）と号する。《日本紀略》

5・13　藤原道隆を氏長者とする。《公卿補任》

5・26　天皇、関白・内大臣藤原道隆の関白を摂政に改める。《日本紀略》

6・28　天皇、病む（八月一日にも。六日平癒。十六日また病む）。《日本紀略》

7・2　藤原兼家没（道隆が後を嗣ぐ）。《日本紀略》

8・22　天変地異・天皇御悩等により、伊勢以下諸社に奉幣使を派遣する。《日本紀略》

9・7　法皇、藤原実資を遣わして春日社に奉幣し、天皇の平安を祈らせる。《小右記》

9・11　伊勢例幣使を発遣する。《日本紀略》

9・17　丹生・貴布禰両社に止雨を祈る。《日本紀略》

9・22 醍醐天皇皇子章明《しょうめい》親王（母は藤原桑子）没（年67）。《日本紀略》
10・5 円融法皇中宮藤原遵子を皇后、一条天皇女御藤原定子《ていし》を中宮とする（皇后・中宮が並立。また、昌子《しょうし》内親王が太皇太后、藤原詮子が皇太后なので四后並立といわれる）。《小右記》
10・25 地震あり。《日本紀略》
11・7 大風・地震など天変により、**正暦**と改元する。《日本紀略》
11・18 災異により、伊勢以下諸社に奉幣する。《小右記》
12・17 清涼殿にて四十日間、御読経を修させる。《小右記》
12・26 法皇の病により、春日社で仁王経を転読させる。《小右記》
□6月清原元輔《きよはらのもとすけ》（歌人。三十六歌仙の一人。深養父は祖父。83）、7・2**藤原兼家**（摂政。関白。太政大臣。准三宮。62）、12月 平《たいらの》兼盛《かねもり》（父は光孝天皇曾孫篤行王。三十六歌仙の一人。駿河守。80歳余か）

■正暦二年（九九一）辛卯

一条天皇 12歳
冷泉上皇 42歳
円融法皇 33歳
花山上皇 24歳

1・26 円融法皇の病により、天皇、円融寺に行幸する（二十七日にも）。《小右記目録》
2・5 法皇の病により、山陵使を発遣する。《小右記目録》
2・8 法皇、危篤となる。《小右記目録》
2・12 円融法皇、円融寺にて崩御（追号「円融院」）。《小右記目録・玉葉》
2・19 法皇を円融寺北原に火葬する（遺骨は村上山陵の傍〈陵名は**後村上陵**〉に置かれる）。《日本紀略》
2・29 具平《ともひら》親王、仏教書「弘決外典抄《ぐけつげてんしょう》」を撰述する（天台僧増賀に贈る）。《序》
4・2 太皇太后昌子内親王の三条第が焼亡し、内親王、職曹司に移る。《日本紀略》
4・8 大神宮使を発遣する。《日本紀略》
4・9 太皇太后昌子内親王、修理職に移る。《日本紀略》
4・25 丹生・貴布禰両社に祈雨させる（六月十三日にも）。《日本紀略》
6・3 旱魃により十四日間、神泉苑にて請雨経法を修させる。《日本紀略》
6・13 丹生・貴布禰両社に祈雨奉幣を行なう。▼七大寺僧に東大寺で大般若経を転読、祈雨させる。《日本紀略》
6・22 旱魃により、神泉苑の水を紀伊・葛野両郡の田に灌漑する。《日本紀略》

＊**正暦**《しょうりゃく》 勘申者・出典とも不詳も「史記」暦書に「頗言正暦服色事」とある。

＊**藤原兼家**《ふじわらのかねいえ》（九二九〜九九〇） 父は右大臣藤原師輔、母は藤原経邦女盛子。伊尹・兼通の弟。道隆・道兼・道長・超子（三条天皇母）・詮子（一条天皇母）・道綱の父。花山天皇が即位すると懐仁親王を皇太子に立て、花山天皇を退位させる。懐仁親王即位により、外戚の地位を得て摂政、ついで関白となる。号は法興院。

＊**後村上陵**《のちのむらかみのみささぎ》 京都市右京区宇多野福王子町に所在。「村上天皇陵の傍」に御骨を納めると記録にはあるものの、後世、所伝を失ったため、明治二十二年六月になって、現陵に定める。

＊**女院**《にょういん》 「にょいん」とも。太皇太后以下の三后・准母・女御・内親王で、院号を宣賜された人の総称で、上皇なみの待遇を受ける。藤原詮子は、東三条院に長く居住したため、「東三条院」の院号が与えられた。以来、女院となった女性は百七名百八例。

6・24 伊勢以下十九社に祈雨奉幣を行なう。《日本紀略》
6・27 祈雨のため山陵使を発遣する。また、大極殿にて大般若経を転読させる。《日本紀略》
7・23 摂政・内大臣藤原道隆、内大臣を辞任。《日本紀略》
7・27 皇太后藤原詮子、東三条院より内裏に移る。《日本紀略》
9・1 皇太后、病により、内裏より職曹司に移る。《日本紀略》
9・7 右大臣藤原為光を太政大臣、大納言源重信《しげのぶ》を右大臣、権大納言藤原道兼を内大臣とする。《日本紀略》
9・11 伊勢例幣使を発遣する。《日本紀略》
9・16 天皇、皇太后藤原詮子を職曹司に見舞う。この日、詮子、出家。院号宣下を受け、東三条院と号する（女院号の初め）。《日本紀略》
10・15 東三条院、長谷寺に参詣する。《扶桑略記》
11・3 東三条院、職曹司より土御門第に移る。《院号定部類記》
11月 大納言藤原済時女娍子、皇太子居貞親王妃となる（「小右記」では正暦四年〈九九三〉四月二十二日）。《日本紀略》
12・9 天皇、淑景舎に移る。《日本紀略》
この冬 法皇、粉河寺に参詣する。《粉河寺縁起》
この年 修学院を御願寺とする。《寺門高僧記》
□8・18 大中臣《おおなかとみの》能宣《よしのぶ》（伊勢神宮祭主。三十六歌仙の一人。71）
●正暦年間（九九〇～九九五）、花山法皇、那智山に入り庵（円成寺）を造り参籠、満願の折に観音霊場三十三ヵ所の旅に出発する（西国三十三所霊場巡礼の初めか）。《参考源平盛衰記》

■正暦三年（九九二）壬辰

一条天皇 13歳
冷泉上皇 43歳
花山上皇 25歳

1・1 諒闇により、節会・小朝拝を中止する。《日本紀略》
2・29 東三条院藤原詮子、石山寺に参詣する。《日本紀略》
3・3 村上天皇皇女輔子《ほし》内親王（前斎宮。母は藤原安子）没（年40）。《日本紀略》
4・27 天皇、東三条院の土御門第に朝覲行幸する。《日本紀略》
5・26 京都洪水（六月一・二日にも）。《日本紀略》
6・16 太政大臣藤原為光没（七月十五日正

◉円融天皇御製 藤原実方からの「八重ながら色もかはらぬ山吹のなど九重に咲かずなりにし」への返歌、「九重にあらで八重さく山吹のいはぬ色をば知る人もなし」（「新古今和歌集」）がある。

一位を追贈)。《日本紀略》
9・11 伊勢例幣使を発遣する。《日本紀略》
この秋 一条天皇勅願により、**真如堂**が創建される。《真如堂縁起》
10・26 天皇、清涼殿にて臨時楽を覧る。《日本紀略》
12・14 天皇、平野社に行幸する。《日本紀略》
□6・16 藤原為光《ふじわらのためみつ》(太政大臣。父は右大臣藤原師輔。母は醍醐天皇皇女雅子内親王。51)

■正暦四年(九九三)癸巳

一条天皇 14歳
冷泉上皇 44歳
花山上皇 26歳

1・1 朝賀を復興する(四十七年ぶり)。《**権記**》
1・3 天皇、東三条院藤原詮子の土御門殿に朝覲行幸する(天皇、御遊にて笛を所作)。《小右記》
1・11 禅林寺、焼失する。《日本紀略》
2・3 天皇、病む。安倍晴明が御禊を奉仕、効験あるため、加階される。《小右記》
3・27 摂政藤原道隆女原子《げんし》、入内する。《小右記》
4・22 藤原道隆の摂政を停め、関白とする。《日本紀略》
4・28 天皇、初めて官奏を覧る。《小右記》
5・7 臨時御祈により、伊勢以下諸社に奉幣する。《日本紀略》
6・20 疫病流行により、清涼殿にて大般若経を転読させる。《小右記・日本紀略》
6・25 託宣により、故右大臣贈正二位菅原道真に左大臣正一位を贈る。《小右記》
7・8 初めて天皇の御前で除目を行なう。《権記》
7・29 宇多天皇皇孫**源雅信**没。《権記》
8・8 天皇、疱瘡にかかる。《小右記目録》
8・14 円仁・円珍門徒が相争う。《三十五文集》
8・21 天変、疱瘡流行等により、紫宸殿等で大祓を行なう。《日本紀略》
9・11 伊勢例幣使を発遣する。《西宮記》
⑩・20 藤原道兼の夢想により、菅原道真に正一位太政大臣を追贈し、勅使を大宰府安楽寺に遣わす。《小右記》
11・27 天皇、**大原野社**に行幸する(天皇としては初の大原野行幸)。《日本紀略》
12・4 大原野社行幸不参加により、藤原公任の出仕を止める。《本朝世紀》
12・13 天皇、荷前使を発遣する。《本朝世紀》
この年 清少納言、中宮藤原定子の女房となる。《枕草子》

***真如堂**《しんにょどう》 一条天皇勅願により、神楽岡に開創されたという。たびたび火災に遭い、転々とするも、元禄六年(一六九三)東山天皇の勅願により旧地西南の現在地(左京区浄土寺真如町)に復帰した。正式名称は真正極楽寺《しんしょうごくらくじ》。

***権記**《ごんき》 権大納言藤原行成(九七二～一〇二七)の日記。「行成卿記」「権大納言記」とも。記録期間は決定できないが、正暦二年(九九一)より薨去直前まで書き続けられたと考えられている。行成は一条天皇の蔵人頭を勤め、また三蹟の一人であったことから、摂関政治最盛時の政治・社会のほか学芸・文化についての重要史料となっている。

***源　雅信**《みなもとのまさのぶ》(九二〇～九九三) 父は宇多天皇皇子敦実親王、母は左大臣藤原時平女。源朝臣姓を賜り臣籍降下。右大臣に昇り、花山・一条・三条三帝の皇太子傅をつとめる。天元元年(九七八)左大臣となる。女倫子は、藤原道長に嫁し、頼通・教通・上東門院らをもうける。

***大原野社**《おおはらの》(**大原野神社**) 京都市

■**正暦五年（九九四）甲午**
一条天皇　15歳
冷泉上皇　45歳
花山上皇　27歳

1・3　天皇、東三条院藤原詮子の土御門殿に朝覲行幸する。《権記》
2・10　内裏後涼殿、放火される（中関白家《なかのかんぱくけ》へのいやがらせといわれる）。《本朝世紀》
2・17　天皇、祈年穀により八省院に行幸し、伊勢神宮以下諸社に奉幣使を発遣する（三月二十五日にも）。▼関白藤原道隆の奏請により、法興院内に移した積善寺を御願寺とする（中宮・東三条院、行啓）。▼弘徽殿・飛香舎が放火される。《日本紀略》
3・2　内裏放火により、伊勢以下十七社に奉幣使を発遣する。《日本紀略》
3・25　内裏放火・疾疫流行により、伊勢以下諸社に奉幣する。《日本紀略》
4・20　疾疫により、東大寺に大般若経を転読させる。《類聚符宣抄》
4・24　疫癘により京中死者多く、路頭に充満する。《本朝世紀》
4・27　天皇、八省院に行幸し、疫病鎮護等のため、伊勢以下諸社に奉幣使を発遣する（五月二十日にも）。《日本紀略》
4・28　疾疫により、清涼殿にて臨時御読経を始める（五月七日まで）。《日本紀略ほか》
5・3　疾疫により、山陵使を発遣する。《日本紀略》
5・9　皇太子居貞親王王子（敦明《あつあきら》親王）、誕生する（母は女御藤原娍子）。《日本紀略》
5・20　疫癘により、伊勢以下諸社に奉幣使を発遣する。《本朝世紀》
6・13　丹生・貴布禰両社に祈雨奉幣使を発遣する。《日本紀略》
6・27　疫神を北野船岡山に祀り、御霊会を修する（今宮神社の初め）。《日本紀略》
7・21　疾疫祈禳のため、三百僧を大極殿に請じ、五日間読経させる。《左経記》
8・10　疾疫により、大極殿に二百僧を請じて大般若経を転読させる。《日本紀略》
8・28　右大臣源重信を左大臣、内大臣藤原道兼を右大臣、権大納言藤原伊周《これちか》を内大臣とする。《日本紀略》
9・11　伊勢例幣使を発遣する。《日本紀略》
10・16　疾疫により、山陵使を発遣する。《日本紀略》
10・24　大地震あり。《日本紀略》
12・17　天皇、八省院に行幸し、伊勢以下諸社に奉幣使を発遣する。《日本紀略》
この年　鎮西より全国に**疱瘡**が大流行。《日本紀略》伊勢洪水により、外宮が浸水する。

西京区大原野南春日町に所在。桓武天皇皇后藤原乙牟漏が藤原氏の氏神春日社を勧請して大原野に祀ったもの。

＊**疱瘡**《ほうそう》　今でいう天然痘。天平七年（七三五）がわが国文献での初出で、以後たびたび流行する。正暦五年（九九四）にも大流行し、「正月より十二月に到るまで、天下の疫癘《えきれい》最も盛んなり。鎮西より起こり、遍《あまね》く七道に満つ」（「日本紀略」）と記される。

《春記》

□3・10か?藤原高光《ふじわらのたかみつ》（官人。歌人。父は右大臣藤原師輔、母は醍醐天皇皇女雅子内親王。生年不詳）、7・11藤原道信《ふじわらのみちのぶ》（官人。歌人。父は太政大臣藤原為光。23）

■**長徳元年（九九五）乙未**

一条天皇 16歳
冷泉上皇 46歳
花山法皇 28歳

1・2 天皇、東三条院藤原詮子の土御門殿に朝覲行幸する。《日本紀略》

1・9 冷泉上皇御所の鴨院が焼亡。上皇、東三条第に移る。《日本紀略》

1・19 関白藤原道隆女原子《げんし》を皇太子居貞親王の女御とする。《小右記》

1月 疾疫流行。《栄花物語》

2・22 疫病・天変により、**長徳**と改元する。《日本紀略》

2・25 諸社に臨時奉幣する（この日、祇園社を加え、二十一社とする）。《二十二社註式》

2・28 東三条院藤原詮子、石山寺に参詣する。《日本紀略》

3・9 関白藤原道隆の病のため、内大臣藤原伊周《これちか》に文書を内覧させる（このとき、「関白の病の替」という文言に差し換えようとする「勅令改竄事件」が起こる〈未遂〉）。《小右記》

4・3 藤原道隆、病により関白を辞任する。《公卿補任》

4・6 藤原道隆、出家する。中宮定子・東宮居貞親王、道隆を南院の第に見舞う。《日本紀略》

4・11 関白藤原道隆没（弟道兼が後を嗣ぐ）。《日本紀略》

4・21 花山法皇、賀茂祭を見物する。《日本紀略》

4・27 右大臣藤原道兼を関白とする（五月八日死去により「七日関白」といわれる。正一位太政大臣を追贈）。《日本紀略》

5・5 藤原伊周の内覧を停める。《公卿補任》

5・8 関白藤原道兼および左大臣源重信没。《日本紀略》

5・11 権大納言藤原道長に内覧宣旨を賜う。《小右記》

6・19 藤原道長を右大臣・氏長者とする。《公卿補任》中宮藤原定子、入内する。《日本紀略》

7・28 右大臣藤原道長を蔵人所別当とする。**《御堂関白記》**

8・19 宿曜師仁宗《にんそう》、造暦の宣旨をこうむり、符天暦をもって暦算を行なう。《天文秘書》

＊**長徳**《ちょうとく》 中納言大江維時の勘申による。出典は「揚雄文」の「唐虞長徳、而四海永懐」。

＊**御堂関白記**《みどうかんぱくき》 藤原道長の日記。長徳四年（九九八）から治安元年（一〇二一）まで。具注暦に記されたもので、自筆本のほか写本も多く残っている。国宝。ユネスコ記憶遺産。平安時代を代表する記録で、権勢を振るった道長ならではの当時の政局、子女の動向等が詳しく描かれている。

＊**後涼殿**《こうりょうでん》 「こうろうでん」「ごりょうでん」とも。平安京内裏十七殿の一で、清涼殿の西隣にある。

＊**藤原道隆**《ふじわらのみちたか》（九五三〜九九五） 関白藤原兼家長男。母は藤原中正女時姫。道兼・道長・超子・詮子（東三条院）は同母弟妹。子に道頼・伊周・隆家・定子（中宮）。定子を一条天皇に入内させ、兼家の後に関白となる。次女原子を皇太子居貞親王（三条天皇）に入内させる。関白を辞し、子伊周に譲ろうとするも許されなかった。

＊**源重信**《みなもとのしげのぶ》（九二二〜九九五） 父は宇多天皇皇子敦実親王、母は藤原時平女。源朝臣姓を賜わり臣籍

9・5　皇太子、藤原道長の京極第に移る。《為房卿記》
9・11　天皇、八省院に行幸し、伊勢例幣使を発遣する。《日本紀略》
9・15　六波羅蜜寺の僧覚信が焼身、花山法皇、臨幸してこれを拝む。《日本紀略》
10・21　天皇、石清水八幡宮に行幸する（二十二日還幸）。《日本紀略》
10月　陽成天皇皇子源清遠《きよとお》、出家する。《尊卑分脈》
11・16　盗人が**後涼殿**に入る。《小右記目録》
12・1　貢馬を藤原道長に頒つ。《御堂関白記》
□4・11**藤原道隆**（摂政。関白。内大臣。43）、4・19**丹波康頼**《たんばのやすより》（「医心方」撰者。84）、5・2**藤原道綱母**《ふじわらのみちつなのはは》（歌人。「蜻蛉日記」作者。生年不詳）、5・8**源重信**（左大臣。74）、5・8**藤原道兼**（関白。右大臣。35）

■長徳二年（九九六）丙申

一条天皇　17歳
冷泉上皇　47歳
花山法皇　29歳

1・5　天皇、東三条院藤原詮子御所に朝覲行幸する。《日本紀略》
1・16　内大臣藤原伊周・権中納言藤原隆家の従者、花山法皇従者と闘乱、法皇を射る（矢は袖を通すも負傷せず。長徳の変）。《小右記》
1・17　陽成天皇皇子源清遠（母は佐伯氏）没（年85）。《尊卑分脈》
2・11　明法博士に内大臣藤原伊周・権中納言藤原隆家の罪名を勘申させる。《日本紀略》
2・25　天皇、八省院に行幸し、伊勢以下二十二社に臨時奉幣する。《日本紀略》
3・28　東三条院、病気により院号・年官年爵を辞する。《小右記》
4・2　地震あり。《日本紀略》
4・24　天皇御前で除目が行なわれる。「花山法皇を射る事、東三条院を咒咀する事、私に大元帥法を行なう事」等により、内大臣藤原伊周を大宰権帥、権中納言藤原隆家を出雲権守とする。《小右記》
5・1　中宮藤原定子御所二条北宮を捜査し、隆家を捕らえ配所に送る。中宮定子、騒ぎに堪えられず自ら髪を切り尼となる。《小右記》
5・4　藤原伊周、母高階貴子とともに出家する。《小右記》
5・27　南殿・清涼殿にて臨時御読経を始める（三十日まで）。《日本紀略》
6・8　中宮定子の東三条院が焼亡する。中宮、高階明順の第に移る。《日本紀略》
6・26　地震あり。《日本紀略》

降下。天徳四年（九六〇）参議。「安和の変」で頓挫するも許され、正暦二年（九九一）右大臣となる。同五年左大臣、ついで皇太子傅となる。

＊**藤原道兼**《ふじわらのみちかね》（九六一～九九五）　関白藤原兼家三男。母は藤原中正女時姫で、道隆・道長・超子・詮子（東三条院）は同母の兄弟姉妹。子に兼隆・尊子（一条天皇女御）。関白道隆没後、関白・氏長者となるもすぐに没し、「七日関白」と評された。

7・20 右大臣藤原道長を左大臣、大納言藤原顕光を右大臣とする。▼大納言藤原公季女義子《ぎし》、入内する。《日本紀略》
⑦・9 天皇、八省院に行幸し、伊勢以下諸社に祈年穀奉幣を行なう。《日本紀略》
⑦・10 鴨川が洪水、京中に流入する。《日本紀略》
⑦・21 大風により、諸司・大小舎屋が破損・転倒。《日本紀略》
8・9 太政大臣藤原公季女藤原義子を女御とする。《日本紀略》
9・30 東三条院、石山寺より戻る。《小右記》
10・10 播磨より秘かに上京していた藤原伊周を大宰府に護送する。《小右記》
11・14 右大臣藤原顕光女元子《がんし》、入内する。《日本紀略》
12・2 藤原元子を女御とする。《日本紀略》
12・16 一条天皇皇女（脩子《しゅうし》内親王）、誕生する（母は中宮藤原定子）。《栄花物語》
この年 清閑寺を御願寺とする。《伊呂波字類抄》翌年にかけ、藤原公任撰「拾遺集」成る（所収の歌は、ほぼすべて「拾遺和歌集」に収録）。
●この頃、清少納言「枕草子」を著す。

■長徳三年（九九七）丁酉

一条天皇 18歳
冷泉上皇 48歳
花山法皇 30歳

1・2 天皇、東三条院藤原詮子御所に朝覲行幸する。《日本紀略》
3・18 東三条院、清水寺に参詣する。《小右記》
3・19 皇后藤原遵子、落飾する（后位は停めず）。《日本紀略》
4・5 非常赦により、藤原伊周・隆家の罪科を赦し、召還する。《小右記》
4・16 賀茂祭。花山法皇の院司ら、藤原公任《きんとう》・斉信《なりのぶ》らの乗る車を襲う。《小右記》
4・17 法皇、賀茂祭を見物する。▼検非違使に花山院を囲ませ、昨日乱行の下手人を追補させる。《小右記》
4・22 伊勢神宮以下諸社に奉幣使を発遣する。《日本紀略》
5・19 皇太子居貞親王王子（敦儀《あつのり》親王）、誕生する（母は藤原娍子）。《日本紀略》
5・22 地震あり。《日本紀略》
6・13 高麗からの牒状に日本国を辱める文言があったとし、返書しないことにする。《小右記》
6・22 天皇、病気の東三条院を見舞う。《小右記》
6・23 丹生・貴布禰両社に祈雨奉幣を行な

＊**枕草子**《まくらのそうし》 清少納言の随筆。著者が一条天皇中宮藤原定子に仕えていたことから、この頃の後宮の事情がよくうかがえる。

＊**寛朝**《かんじょう》（九一六〜九九八） 大僧正。宇多天皇皇子敦実親王の子。母は左大臣藤原時平女。延長四年（九二六）出家。寛和二年（九八六）十二月二十五日、大僧正となり、東寺大僧正の初例となる。

＊**伏見宮記録**《ふしみのみやきろく》 伏見宮家に伝来の記録・文書を明治初年に書写したもの。ここでは伏見宮記録としたが、正確には「伏見宮御記録」という。歴代天皇の宸翰・宸筆のものも含まれ、質量とも記録文書類のものとしては最高の価値があるとされる。

う。《日本紀略》
7・5　大納言藤原公季《きんすえ》を内大臣とする。《日本紀略》
7・19　天皇、八省院に行幸し、伊勢神宮以下二十一社に臨時祈年穀奉幣使を発遣する。《権記》
7・21　清涼殿にて臨時御読経を始める（二十六日まで）。《権記》
8・8　東三条院、石山寺に参詣する。《日本紀略》
9・11　天皇、八省院に行幸し、伊勢例幣使を発遣する。《日本紀略》
10・21　丹生・貴布禰両社に止雨奉幣を行なう。《権記》
11・8　夜、内裏にて作文あり。《小右記》
12・13　一条天皇皇女（脩子）を内親王とする。《日本紀略》
□この年、源満仲《みなもとのみつなか》（武将。86とも88とも）

■**長徳四年（九九八）戊戌**

一条天皇　19歳
冷泉上皇　49歳
花山法皇　31歳

1・22　天皇、御願の円教寺（四円寺の一）落慶供養に行幸する。《日本紀略》
2・11　贈太政大臣藤原道兼女尊子《そんし》（「たかこ」とも）、入内する。《日本紀略》東三条院藤原詮子、石山寺に参詣する。《権記》
3・12　藤原道長の病により、その内覧・随身を停める（内覧はまもなく復活といわれる）。《権記》
3・28　京都に火事。神祇官北庁屋等が焼亡する。《日本紀略》
5・4　天皇、八省院に行幸し、伊勢神宮以下諸社に奉幣使を発遣する。《日本紀略》
6・3　天皇御座の怪異により、御卜を行なう。《日本紀略》
6・12　大僧正**寛朝**（宇多天皇皇孫）没。《日本紀略》
6月　東三条院・為平親王・資子内親王・女御藤原元子が病気になる（京中に疱瘡が大流行）。《小右記目録ほか》
7・4　花山法皇、病気となる。《伏見宮記録》
7・5　中宮藤原定子も病気となる。この日、疫癘により大赦を行ない、仁王経を転読させ、諸国をして疫神を祭り、大般若経を転読させる。《伏見宮記録》
7・18　天皇、疱瘡にかかる。《小右記目録》
7・20　村上天皇皇女盛子《せいし》内親王（「もりこ」とも。藤原顕光室）没（天暦年間生まれ〈九四七〜九五七〉とされる）。《一代要記》
7・21　伊勢以下諸社に臨時奉幣する。《御堂関白記》

7月　疱瘡が流行する（冬まで死者多数）。《日本紀略》
8・20　大風により、武徳殿・御書所等が転倒する。《日本紀略》
9・1　霖雨により鴨川が氾濫。《権記》
9・11　上卿不参により伊勢例幣を延引する。《日本紀略》
9・16　村上天皇皇女楽子《らくし》内親王（前斎宮。母は荘子女王）没（十七日没か。年47）。《日本紀略》
9月　花山天皇女御婉子《えんし》女王（のち藤原実資室）没（年27）。《日本紀略》
10・1　日食・地震により廃務とする。《日本紀略ほか》
10・3　地震あり。《日本紀略》
11・9　天皇、八省院に行幸し、伊勢例幣使を発遣する（九月から延引）。《日本紀略》
12・2　強盗、皇太子居貞親王女御藤原娍子の宣耀殿に入る。《権記》
12月　天皇、職曹司《しきのぞうし》の庭に雪山を作らせ、これを覧る。《枕草子》
この年　花山天皇皇子（昭登《あきなり》親王）、誕生する（母は平平子）。《尊卑分脈》藤原道長、**具注暦**に「御堂関白記」を記す。
□7・25源　扶義《みなもとのすけよし》（近江源氏の祖。一条天皇名臣。48）、7月藤原　佐理《ふじわらのすけまさ》（「さり」とも。参議。書家〈三蹟の一人〉。55）

■**長保元年（九九九）己亥**
一条天皇　20歳
冷泉上皇　50歳
花山法皇　32歳
1・13　疫癘・水旱災により、**長保**と改元する。《日本紀略》
2・20　天皇、八省院に行幸し、伊勢以下諸社に奉幣使を発遣する（祈年穀奉幣）。《日本紀略》
3・7　駿河国が富士山噴火を報じたため、この日、何の祟りかを神祇官・陰陽寮に占わせる。《本朝世紀》
3・16　天皇、一条院に行幸し、東三条院藤原詮子を見舞う。《本朝世紀》
③・17　天皇、八省院に行幸し、伊勢以下諸社に奉幣する。《日本紀略》
6・9　庚申。作文・管絃の御遊あり。《御堂関白記》
6・14　修理職より出火、内裏ことごとく焼亡する。天皇、大極殿、小安殿、ついで太政官庁に遷る（皇太子も太政官庁へ）。《日本紀略》
6・15　御印・鈴鎰《やく》を外記局に納める。《本朝世紀》
6・16　天皇、太政官庁より東三条院御所一

＊**具注暦**《ぐちゅうれき》　暦の下にその日の吉凶・禍福・季節の変動等を詳しく記したもの。公家はじめ、その日の行動を占うためによく用いられ、余白に日記を書いたものも多く、「御堂関白記」は、その代表。
＊**長保**《ちょうほ》　「ちょうほう」とも。文章博士大江匡衡《まさひら》の勘申による。出典は、「国語」の「本固而功成、施偏而民阜、及可長保民矣」。
＊**一条院**《いちじょういん》　一条・後一条・後朱雀・後冷泉各天皇の里内裏。一条南・大宮東に所在。一条大宮院、単に大宮院ともいう。長保元年（九九九）内裏焼失により修造して皇居とする。寛弘六年（一〇〇九）焼失も翌年再建される。後一条天皇のとき、新たに造作して里内裏とした。長久四年（一〇四三）焼失。後冷泉天皇のときは、冷泉院の建物を壊し、その材で再建するも康平二年（一〇五九）焼失した。
＊**昌子内親王**《しょうしないしんのう》（九五〇～九九九）　冷泉天皇皇后。朱雀天皇第一皇女。母は熙子女王。陵は岩倉陵《いわくらのみささぎ》（京都市左京区岩倉上蔵町）。

条院に遷り（皇太子は修理職に移る）、ここを里内裏とする（一条天皇の名の由来）。《日本紀略》

6・27　内裏焼亡により御卜を行なわせる（二十八日、伊勢以下九社に奉幣）。《日本紀略》

7・8　天皇、内裏北対に遷る。皇后、修理職より東三条院に移る。《日本紀略》皇太子、東三条院に移る。《小右記》

7・9　花山法皇、右近衛少将藤原成房第に御幸する。《権記》

7・16　天皇病気により、土御門殿競馬を中止する。《権記》

7・24　桓武・円融両天皇陵に、内裏焼亡を奉告する。《小右記》

7・25　天皇、「新制十一箇条」を下す。《権記》

7月　中納言藤原実資、花山法皇の相談役となる（この頃から法皇の猟色がおさまる）。《小右記》

8・1　藤原実資、花山法皇に牛を献じる。《小右記》

8・9　権少僧都雅慶（宇多天皇皇孫）を東大寺別当とする。《東寺長者補任》

8・10　祈年穀により、二十二社に臨時奉幣する。《小右記》

8・20　東三条院、慈徳寺に参詣する（二十一日、同寺を供養）。《小右記》

9・11　内裏穢により、伊勢例幣使を延引する（十月十一日追行）。《日本紀略》

9・19　天皇、内裏で飼っていた猫が子を産んだため、子猫を昇殿させるため五位に叙爵する（「時の人、之を咲《わら》う」と記される）。《小右記》

10・23　天皇、東対に渡御する。《権記》

10・25　天変により、七大寺・延暦寺で金剛般若経一万巻を転読させる。《権記》

11・1　藤原道長女彰子《しょうし》、入内する。《御堂関白記》

11・6　一条天皇皇子（敦康親王）、誕生する（母は中宮藤原定子）。《日本紀略》

11・7　藤原彰子を女御とする。《御堂関白記》

11・15　天皇、藤原道長の意見により花山法皇の熊野参詣を蔵人頭藤原行成に諫止させる（拒否されるも、藤原実資に説得させる）。《小右記ほか》

12・1　太皇太后昌子内親王没（二日、遺骸を石蔵観音院に移す）。《小右記》

12・5　太皇太后昌子内親王を石蔵観音院に葬る。《小右記》

12・8　天皇、眼病をわずらう。《権記》

12・9　天皇の眼病、占いにより霊厳寺妙見堂の祟りと出たため、十日、荒廃していた

妙見堂を修理させる。《権記》

この年　居貞《おきさだ》親王（三条天皇）皇子（敦平親王）、誕生する（母は藤原娍子）。《本朝皇胤紹運録》

●平安時代中期、「上宮聖徳法王帝説」成る。

▼行幸に対し、「御幸」「行啓」の語が使われるようになる。

■長保二年（一〇〇〇）庚子

一条天皇　21歳
冷泉上皇　51歳
花山法皇　33歳

1・1　諒闇により、節会を中止する。《日本紀略》

1・9　東三条院西対、放火にあう。《権記》

1・28　藤原行成、「我が朝神国なり、神事を以て先となすべし」と記す。《権記》

2・12　中宮藤原定子、皇子敦康らとともに入内する。《権記》

2・25　皇后藤原遵子を皇太后、中宮藤原定子を皇后、女御藤原彰子を中宮とする（二后並立の初例。定子には清少納言など四十人、彰子には紫式部など四十人近い女房がそれぞれおり、文学的サロンを形成）。《御堂関白記》

2・27　二十一社奉幣使を発遣する。《権記》

3・13　東宮の令旨により、蔵人頭藤原行成、その書四巻を奉る。《権記》

3・16　勅により、藤原行成、その書を奉る。《権記》

3・20　東三条院、石清水八幡宮・住吉社・四天王寺行啓に出発する。《権記》

3・23　内裏造営により、伊勢以下諸社に奉幣使を発遣する。《日本紀略》

4・7　雷が豊楽院に落ち、招俊堂が焼失する。《日本紀略ほか》

4・18　一条天皇皇子敦康を親王とする。《権記》

5・4　丹生・貴布禰両社に祈雨奉幣を行なう（六月二十二日にも）。《権記》

5・6　招俊堂雷火により、二十一社に奉幣使を発遣する。《日本紀略》

6・5　「雑事三箇条」を下す。《政事要略》

6・22　丹生・貴布禰両社に祈雨使を発遣する。《権記》

6・28　藤原行成、天皇について「寛仁の君にして、天暦以後、好文の賢皇なり」と記す（天暦は村上天皇治世）。《権記》

6月　疾疫流行。《権記》

7・9　賀茂光栄に賀茂光国への暦道伝習を命じる。《権記》

7・16　藤原行成に殿舎等の額を書かせる。《権記》

＊**藤原《ふじわらの》定子《ていし》**（九七六～一〇〇〇）　一条天皇皇后。父は関白藤原道隆、母は高階成忠女貴子。「さだこ」とも。正暦元年（九九〇）入内し、女御、ついで中宮となる。長徳二年（九九六）落飾、同三年、天皇の希望により再び入内。長保二年（一〇〇〇）藤原道長女彰子が立后したため皇后となる。敦康親王・脩子内親王・媄子内親王をもうける。鳥辺野陵に土葬される。

＊**鳥辺《とりべ》野陵《ののみささぎ》**　京都市東山区今熊野泉山町に所在。泉涌寺北方の丘陵にある。中世所伝を失うも、明治十二年、現陵に治定される。陵域内には、醍醐天皇皇后穏子・円融天皇女御皇太后詮子・後朱雀天皇皇后禎子内親王・後冷泉天皇皇后歓子・白河天皇皇后賢子・堀河天皇女御贈皇太后苡子の火葬塚がある。

7・28　天皇、藤原寧親《やすちか》郎等二人が殺害（七月二十四日）されたことに対し、「犯罪は殺害より重きはなし。よりて下手の者を奉るべし」と勅答する。《権記》

8・16　大雨により、鴨川堤が決壊する。▼丹生・貴布禰両社に止雨奉幣使を発遣する。《権記》

8・20　藤原道兼女尊子を女御とする。《日本紀略》

8・23　丹生・貴布禰両社に晴を祈らせる。《権記》

9・7　伊勢神宝使を発遣する。《権記》

9・8　東三条院、石山寺に参詣する（十七日還御）。《権記》

9・11　伊勢例幣使を発遣する（天皇、八省院に御せず）。《日本紀略》

9・16　伊勢内宮の遷宮が行なわれる。《権記九月五日条》

9・24　内裏で作文が行なわれる。《権記》

10・1　遷宮あるにより、仁王会を修する。《日本紀略》

10・11　天皇、一条院より新造内裏に遷る（中宮藤原彰子も）。《日本紀略》

10・25　東三条院、法興院に参詣する。《権記》

10・27　伊勢以下七社に奉幣使を発遣する。《権記》

11・14　女御藤原元子、内裏に入る。《一代要記》

11・21　天皇、疫疾流行により、八省院に行幸し、伊勢臨時奉幣使を発遣する（諸社にも奉幣）。《日本紀略》

12・2　敦明親王、東三条第で読書始を行なう。《日本紀略》

12・15　一条天皇皇女（媄《び》子内親王）、誕生する（母は皇后藤原定子）。《日本紀略》

12・16　一条天皇皇后**藤原定子**、出産直後に没。《日本紀略》

12・27　皇后藤原定子の柩を鳥辺野に移し土葬する（陵名は**鳥辺野陵**）。《栄花物語》

この冬　京都にまで疫病流行（翌年夏まで）。《日本紀略》

□この年、源《みなもとの》重之《しげゆき》（歌人。三十六歌仙の一人。生年不詳）

■長保三年（一〇〇一）辛丑

一条天皇　22歳
冷泉上皇　52歳
花山法皇　34歳

1・1　諒闇により、節会を中止する。《日本紀略》

2・28　旱魃により、丹生・貴布禰両社に祈雨奉幣する。《日本紀略》

2・29　藤原行成、世尊寺を落慶供養する（ゆ

えに、行成の書風を世尊寺流という)。《権記》

3・10 疫病流行により、大極殿にて仁王会を行ない、内裏五ヵ所で不動法を修する(天皇、八省院に行幸)。▼世尊寺を御願寺とする。《権記》

3・18 疾疫により、僧綱等、大極殿にて仁王経を講じる。▼崇道天皇の大和大安寺御在所・淡路御在所を修復する。《権記》

3・28 疾疫流行により、千僧を請じ、大極殿にて金剛寿命経一千巻を書写させ、これを転読させる。《日本紀略ほか》

4・12 疾災により、紫宸殿・建礼門・朱雀門で大祓を行なう。《日本紀略》

5・2 右大臣藤原顕光、辞職。《権記》

5・9 疫病流行により、京の諸人、紫野今宮に神殿三宇を造営し、この日、御霊会を行なう(**今宮神社**の初め)。《日本紀略》

5・29 疾疫により、内裏十二門にて大般若経を転読させる。《日本紀略》

6・5 これより先、一条天皇皇女(媄子《びし》)を内親王とする。《**魚魯愚抄**》

9・11 天皇、八省院に行幸し、伊勢例幣使を発遣する。《日本紀略》

10・9 天皇、土御門第に行幸し、東三条院藤原詮子の四十賀を行なう。《権記》

10・27 東三条院、石山寺に参詣する。《権記》

11・18 内裏、焼亡する。天皇、職曹司に遷る(中宮彰子は上東門第、東宮は縫殿寮に移る)。《日本紀略》

11・22 天皇、職曹司より一条院に遷る(中宮も。ここを里内裏とする。東宮は東三条院に移る)。《日本紀略》

11・25 公卿・女房らの美服を禁じる。《百練抄》

12・14 東三条院藤原詮子、法興院常行堂に参籠する。《権記》

12・27 伊勢以下六社に臨時奉幣使を発遣する。《権記》

⑫・7 「雑事五箇条」を下す。《日本紀略》

⑫・16 天皇、病気の東三条院を見舞う。▼東三条院、落飾する。《日本紀略》

⑫・22 **東三条院**、院別当藤原行成第にて没。《日本紀略》

⑫・24 東三条院を鳥部野に火葬する(国忌・山陵を置かず。二十五日、遺骨を宇治山に納める)。《日本紀略》

この年 居貞《おきさだ》親王王女(当子《とうし》内親王)、誕生する(母は藤原娍子)。《本朝皇胤紹運録》

□12・30 源《みなもとの》時中《ときなか》(大納言。父は左大臣源雅信。59)

■長保四年(一〇〇二)壬寅

*今宮神社《いまみやじんじゃ》 京都市北区紫野に所在。長保三年(一〇〇一)疫病流行により、朝廷は疫神を祀り御霊会を行ない、この地を今宮神社とした。その後も疫病の流行するごとに「紫野御霊会」が営まれ、「今宮祭」として定着した。四月第二日曜日に行なわれる「やすらい祭り」は有名。

*魚魯《ぎょろ》愚抄《ぐしょう》 除目《じもく》(任官)についての諸記録。「清涼記」「西宮記」などを集大成した有職書。洞院公賢《きんかた》編。延文五年(一三六〇)以前の成立。

*東三条院《ひがしさんじょういん》(九六二〜一〇〇一) 円融天皇女御藤原詮子。父は太政大臣藤原兼家、母は藤原中正女時姫。藤原道長の姉。天元元年(九七八)入内して女御、同三年、懐仁親王(一条天皇)をもうける。寛和二年(九八六)一条天皇が践祚し、皇太后となる。正暦二年(九九一)出家し、太上天皇に准じて院号宣下を受け東三条院を称する。陵は宇治陵。

*最勝講《さいしょうこう》 清涼殿上で、護国経典の金光明最勝王経十巻を講賛し、天皇・国家の平安などを祈願する

一条天皇　23歳
冷泉上皇　53歳
花山法皇　35歳

1・1　諒闇により、節会を中止する。《日本紀略》
1・12　法皇、病む。《権記》
3・5　法皇、播磨国書写山（円教寺）に御幸する（自ら性空の行状を録す。十日帰京）。《朝野群載》
3・11　雷電大風、氷雨降る。《日本紀略》
4・3　天皇、病む。《権記》
4・29　花山法皇、石蔵観音院に御幸する（五月六日還御）。《権記》
5・7　天皇臨御のもと、初めて宮中で**最勝講**が行なわれる（十一日まで）。《権記》
6・7　二十一社に祈雨奉幣使を発遣する。《日本紀略》
6・13　冷泉天皇皇子為尊《ためたか》親王（母は藤原超子）没（十六日、遺骸を雲居寺《うんごじ》に移す。年26）。《権記》
6・18　大和**室生龍穴社**に雨を祈らせる。《西宮記》
7・26　権大僧都雅慶（宇多天皇皇孫）を僧正とする。《日本紀略》
8・1　丹生・貴布禰両社に晴を祈らせる。《日本紀略》
8・3　皇太子居貞親王女御藤原原子《げんし》没（年23？）。《日本紀略》
8・23　東宮妃御匣殿《みくしげどの》、内裏に入る。《本朝世紀》
8月　花山法皇、巨勢広貴《こせのひろたか》に書写山の僧性《しょう》空《くう》の画像を写させる。《権記》
9・7　式年遷宮により、伊勢外宮神宝使を発遣する。《権記》
9・15　伊勢外宮の遷宮が行なわれる。《扶桑略記》
9・17　東三条院御願の解脱寺常行三昧堂の落慶供養が行なわれる。《権記》
9・26　二十一社奉幣を行なう。《日本紀略》
10・6　大極殿にて仁王会が行なわれる。《日本紀略》
10・23　天皇の寝所近くが放火される。《権記》
11・5　「**政事要略**」部類が終わる（寛弘五年〈一〇〇八〉頃、ほぼ現在の形になる）。《小右記部類》
12・29　神霊を慰めるため、初めて内侍所神楽が行なわれる（以後恒例）。《一代要記》
●この頃、「**源氏物語**」の一部が成る。
□10・21　慶滋保胤《よししげのやすたね》（文人。「池亭記」「日本往生極楽記」作者。70歳弱）

■長保五年（一〇〇三）癸卯

一条天皇　24歳

法会。毎年五月吉日を選び、五日間（一日朝夕二巻を論義）行なわれた。寛弘二年（一〇〇五）頃以降恒例化する。

***室生《むろう》龍穴社《りゅうけつしゃ》**　奈良県宇陀市の室生寺の奥に所在。水を司る龍神を祀り、古来、雨乞いの儀式が行なわれた。現名は室生龍穴神社。

***政事要略《せいじようりゃく》**　明法博士惟宗《これむねの》（令宗《よしむね》）允亮《ただすけ》著。政務に関するあらゆる制度事例を挙げたもので、律令格式の引用等にすぐれ、本書によってのみ知りうる官符・典籍も多い。全百三十巻あるも、現存は二十五巻。

***源氏物語《げんじものがたり》**　紫式部著。帝四代七十年余にわたる物語。全五十四巻。第三十三巻までが第一部、第四十一巻までが第二部、第五十四巻までを第三部とするのが通説。寛弘二年（一〇〇五）紫式部は藤原道長にその文才を認められ、一条天皇中宮藤原彰子のもとに出仕、文芸サロンを作る。

冷泉上皇　54歳
花山法皇　36歳

3・4 天皇、石清水八幡宮に行幸する（五日還御）。《日本紀略》

3・7 御願により、伊勢神宮に臨時奉幣する。《日本紀略》

3・26 天皇、賀茂社に行幸する。《日本紀略》

5・4 祈年穀のため、伊勢神宮以下諸社に奉幣使を発遣する。《日本紀略ほか》

5・9 皇太子居貞親王御所（大炊御門第）が放火される。《小右記目録》

5・19 京中洪水。《日本紀略》

7・3 藤原行成に紫宸殿・承明《しょうめい》門の額を書かせる。《権記》

9・11 伊勢例幣使を発遣する。《日本紀略》

10・8 天皇、一条院より新造内裏に遷る（中宮藤原彰子・居貞親王も）。《日本紀略》

10・14 大風により破損の伊勢内外宮を修理させる。《類聚符宣抄》

12・12 天皇、宇佐・石清水両社の怪異により、伊勢以下二十一社に奉幣使を発遣する。《日本紀略ほか》

12・18 敦道親王、和泉式部を自邸に迎える。《和泉式部日記》

この年 居貞《おきさだ》親王（三条天皇）王女（禔子内親王）、誕生する（母は藤原娍子）。《本朝皇胤紹運録》

■**寛弘元年（一〇〇四）甲辰**

一条天皇　25歳
冷泉上皇　55歳
花山法皇　37歳

1月 この月以降、「和泉式部日記」成る。

3・2 藤原行成、天皇に「村上天皇御記抄」を奏覧する。《権記》

3・28 法皇、左大臣藤原道長の**白河院**に御幸し、桜花を見る。《御堂関白記》

5・4 冷泉上皇の皇子昭登《あきなり》・清仁《きよひと》を親王とする。《日本紀略》

5・21 法皇、藤原道長に山臥の具、銀製のものを下賜する。《御堂関白記》

5・27 法皇、藤原道長の上東門第に行幸し、競馬を覧る。《日本紀略》

6・2 霖雨により鴨川新堤が決壊する。《御堂関白記》

7・8 室生龍穴社に仁王経を転読させ、雨を祈る（三日間）。《西宮記》

7・10 天皇自ら清涼殿の庭で雨を祈る。《御堂関白記》

7・12 十一社・七大寺に仁王経を転読させ、雨を祈る。《西宮記》

7・20 天変・地震により、**寛弘**と改元する。

▼この日より七大寺・大極殿・東大寺にて

＊**白河院**《しらかわいん》 白河殿・白河第なども。藤原良房の別業。以下基経・忠平・道長・頼通などに伝領され、関白藤原師実が白河天皇に献上、御所となる。桜の名所として知られ、花山法皇・後一条天皇・後冷泉天皇等が観桜を楽しんだ。

＊**寛弘**《かんこう》 大江匡衡《まさひら》の勘申による。出典不詳も「漢書」元帝紀に「寛弘尽下、出於恭倹」、「後漢書」第五倫伝に「体晏晏之姿、以寛弘臨下」とある。

＊**松尾社**（**松尾大社**《まつのおたいしゃ》） 京都市西京区嵐山宮町に所在。大宝元年（七〇一）創建。一条天皇以後、後一条・後朱雀・後三条・堀河・崇徳・近衛・後鳥羽・順徳各天皇も行幸し、皇都鎮護の神として尊崇される。昭和二十五年、現在名に改称。

＊**羹次**《あつものついで》 野菜や魚を煮た料理を肴にした宴会。この頃、たびたび開かれる。

＊**拾遺和歌集**《しゅういわかしゅう》 三番目の勅撰集。撰者は花山法皇が有力とされる。「古今和歌集」「後撰和歌集」にもれたもの、藤原公任撰「拾遺抄」のすべてをおさめる。約一千三百五

仁王経を転読させ、雨を祈る。《日本紀略》
8・4　丹生・貴布禰両社に祈雨奉幣する。《日本紀略》
8・6　祈雨のため、大極殿にて仁王経を転読させる。《日本紀略》
8・16　天皇、八省院に行幸し、祈雨のため伊勢以下七社に奉幣使を発遣する。《日本紀略》
8・20　左大臣藤原道長、天皇に「群書治要」を献じる。《御堂関白記》
9・11　天皇、八省院に行幸し、伊勢例幣使を発遣する。《御堂関白記》
9・19　天台僧覚運に、清涼殿で「四教義」を読ませる。《御堂関白記》
9・26　藤原行成、清涼殿障子の色紙を書く。《権記》
⑨・26　御製の詩を道長に賜う。《御堂関白記》
10・14　一条天皇、初めて**松尾社**に行幸する。《日本紀略》
10・21　天皇、平野・北野両社に行幸する（北野社には初めて）。《日本紀略》
11・3　天皇、藤壺《ふじつぼ》に渡御。藤原道長奉仕の**羹次**があり、天皇、笛を数曲吹く。《御堂関白記》
11・6　内裏後涼殿に火あり。《御堂関白記》
11・16　西京内裏付近に火事。《御堂関白記》
11・27　藤原道長女妍子を尚侍とする。《御堂関白記》
12・15　大極殿にて仁王会を修する。《権記》
12・30　法皇、道長に馬を賜う。《御堂関白記》

■**寛弘二年（一〇〇五）乙巳**
一条天皇　26歳
冷泉上皇　56歳
花山法皇　38歳

2・8　野火が大歌所大蔵省西倉に及び焼亡する。《日本紀略》
2・9　権大納言藤原実資、村上天皇筆削の「年中行事」三巻を書写、献上する。《小右記・日本紀略》
2・15　祈年穀により、伊勢神宮以下諸社に奉幣使を発遣する。《日本紀略》
3・8　中宮藤原彰子、大原野社に行啓する。《日本紀略》
4・28　敦道親王、石清水八幡宮・春日社等に詣でる。《小右記》
5・20　冷泉上皇、病む。《小右記》
5・26　天皇、八省院に行幸し、祈年穀奉幣使を伊勢以下二十一社に発遣する。《日本紀略》
6・19　この日以降、寛弘四年一月二十八日までの間「**拾遺和歌集**」が成立か。
7・17　地震あり。《小右記》

十首収録。

8・1 皇太子居貞親王王子（師明《もろあきら》親王、のち性信入道親王）、誕生する（母は藤原娍子）。《仁和寺御伝》
8・5 法皇、歌合を行なう。《小右記》
8・8 丹生・貴布禰両社に止雨奉幣使を発遣する。《日本紀略》
8・21 大極殿にて臨時仁王会を修する。《日本紀略》
8・28 天皇、天台僧覚運より「法華経疏」の伝授を受ける（覚運、この功により権大僧都に任じられる）。《権記》
9・11 天皇、八省院に行幸し、伊勢例幣使を発遣する。《日本紀略》
11・13 敦康親王、読書始を行なう（天皇、ひそかに飛香舎に渡御）。▼藤原伊周を朝政に参加させる。《小右記》
11・15 内裏が焼亡する（賢所も焼け、神鏡が焼損）。天皇、中院、そして職曹司、ついで太政官**朝所**に遷る。《小右記》
11・16 神鏡を探索し、灰中に見つけ松本曹司に安置する。《御堂関白記》
11・18 神鏡改鋳の可否を議する。《日本紀略》
11・27 天皇、太政官朝所より藤原道長の**東三条殿**に遷る（中宮藤原彰子も。皇太子は南院に移る）。《小右記》
12・9 内裏炎上により、七社に奉幣する。《日本紀略》神鏡を東三条殿に奉遷する。《小右記》
12・10 神鏡破損奉告のため、藤原行成を公卿勅使として伊勢神宮に派遣し、宸筆宣命を奉る（宸筆宣命の初め）。《小右記》
□この年、安倍晴明《あべのせいめい》（陰陽家。九月二十六日とも）、3・14平惟仲《たいらのこれなか》（中納言。父は平珍材。平生昌の兄。62）

■寛弘三年（一〇〇六）丙午

一条天皇 27歳
冷泉上皇 57歳
花山法皇 39歳

1・4 法皇、鴨院に御幸する。《権記》
2・2 地震あり。《日本紀略》
2・20 藤原妍子、皇太子居貞親王のもとに入る。《日本紀略》
2・25 女御藤原元子、内裏に入る。《日本紀略》
2・27 祈年穀により二十一社に奉幣する。《権記》
3・4 天皇、藤原道長の東三条殿にて花宴を行ない、修造一条院に遷る（中宮藤原彰子も）。《御堂関白記》
3・5 上皇、三条院に移る。《権記》
3・14 上皇、三条院より南院に移る。《日本紀略》

＊**朝所**《あいたんどころ》 太政官庁の東北隅にある殿舎。朝政所・朝食所・朝膳所。「あしたどころ」の転じたもので、「あいたどころ」「あいだんどころ」とも。参議以上が会食し、政務を行なう所で、内裏焼亡などのとき天皇の仮御所ともなる。

＊**東三条殿**《ひがしさんじょうどの》 一条・三条・後朱雀・近衛・後白河・二条各天皇の里内裏。二条南・西洞院東に所在。安和二年（九六九）藤原兼家が新造、以後、藤原道隆・道長以下に伝領され、東三条院詮子・居貞親王・冷泉上皇・中宮妍子などの御所となる。たびたび火災にあうもその都度再建されるが、仁安元年（一一六六）焼亡後は再建されなかった。

＊**貞観政要**《じょうがんせいよう》 中国の政治規範の書。「貞観故事」とも。唐の呉競の書。唐の太宗《たいそう》（李世民。五九八～六四九）と侍臣との間でかわされた政治上の議論を集めたもの。わが国でも帝王学の教科書となり、徳川家康も愛読したことで知られる。

3月　法皇、闘鶏を見る。《栄花物語》
5・2　大極殿にて仁王会を修する。《日本紀略》
6・13　諸道博士に神鏡改鋳の可否を勘申させる。《日本紀略》
7・3　焼損の神鏡改鋳について諸道博士の勘文が奏上され、その可否を決める御前定《ごぜんさだめ》が開かれる（意見一致せず）。《御堂関白記》
7・13　興福寺僧徒二千余人、八省院に集結して愁訴も、天皇、宣旨を下して僧たちを追却する。《御堂関白記》
7・15　天皇、藤原道長の意見通り陰陽寮の御卜《みうら》により、神鏡をそのまま奉斎することにする。《権記》
7・29　尚侍藤原妍子、内裏に入る。《御堂関白記》
8・6　藤原道長、「白氏文集抄」「扶桑集」を献上する。《御堂関白記》
9・3　藤原道長、藤原斉信・同公任・同行成に「行幸式」を作らせる。《権記》
9・4　丹生・貴布禰両社に止雨奉幣使を発遣する。《日本紀略》
9・11　伊勢例幣使を発遣する。《日本紀略》
9・22　天皇、藤原道長の土御門殿に行幸し、競馬を覧る（皇太子居貞親王陪席）。《御堂関白記》
10・5　藤原道長の南院が焼失、ここを御所としていた冷泉上皇、東三条殿に移る。《御堂関白記》
10・21　上皇、成方（姓不明）の第に移る。《御堂関白記》
11・1　法皇、病む。《小右記目録》
11・5　皇太子居貞親王第一王子敦明、藤原道長の枇杷殿で元服する。《日本紀略》
12・3　脩子内親王、広隆寺に詣でる。《御堂関白記》
12・26　藤原道長、法性寺五大堂を供養する。《御堂関白記》
この年　大江匡衡《まさひら》、「貞観政要」を天皇に進講する。

■寛弘四年（一〇〇七）丁未

一条天皇　28歳
冷泉上皇　58歳
花山法皇　40歳

1・1　御物忌により小朝拝を中止する。《日本紀略》
1・20　脩子内親王を准三宮とする。《御堂関白記》
1・28　この日までに「拾遺和歌集」成る。《同書》
2・17　祈年穀により、二十一社に奉幣使を発遣する。《日本紀略》

3・6　大極殿にて仁王会を行なう。《日本紀略》

4・6　天皇、病む。《御堂関白記》

6・21　流星により二十一社奉幣を行なう。《日本紀略》

6・26　丹生・貴布禰両社に祈雨奉幣する（七月三日にも）。《日本紀略》天皇、参議藤原行成に「准南子」を賜う。行成、自ら抄する「漢書伝」を献上する。《権記》

7・3　丹生・貴布禰両社に祈雨使を発遣する。《権記》

7・28　法皇、病む。《権記》

8・1　四天王寺から聖徳太子作といわれる「御朱印縁起」が同寺金堂金塔内で発見される。《四天王寺縁起》

8・11　藤原道長、金峯山に自筆写経等を埋納する。《御堂関白記》

8・19　法皇、病む。《権記》▼丹生・貴布禰両社に止雨奉幣使を発遣する。《日本紀略》

9・11　伊勢例幣使を発遣する。《日本紀略》

10・2　冷泉天皇皇子敦道《あつみち》親王（母は藤原超子）没（年27）。《日本紀略》

12・21　地震あり。《日本紀略》

この年　天皇、安倍晴明邸跡に晴明神社を創建する。

●この頃、紫式部「源氏物語」の一部が流布する。《**紫式部日記**》

□3・10性空《しょうくう》（僧・円教寺開山。花山法皇の参詣を受ける。98）

■**寛弘五年（一〇〇八）戊申**

一条天皇　29歳
冷泉上皇　59歳
花山法皇　41歳

1・16　藤原伊周を大臣に準じる。《日本紀略》▼媄子《びし》内親王、清水寺に参詣する。《権記》

2・5　法皇、病む。《権記》

2・7　天皇、花山院に行幸し、法皇を見舞う。《権記》

2・8　法皇、花山院にて崩御（追号「花山院」）。《日本紀略》

2・17　花山法皇を法音寺の北に葬る（**紙屋上陵**）。《日本紀略》

4・7　天皇、病む。《御堂関白記》

4・13　中宮藤原彰子、懐妊により、一条院から土御門殿に退出する。《日本紀略》

4・26　伊勢以下諸社に奉幣する。《日本紀略》

5・25　一条天皇皇女媄子内親王（母は藤原定子）没（年9）。《日本紀略》

7・10　算博士三善茂明、天皇に厄年算法を勘申する。《山槐記》

7・16　村上天皇女御荘子女王（父は醍醐天皇皇子代明親王）没（年79）。《日本紀略》

＊**紫式部日記**《むらさきしきぶにっき》　寛弘五年（一〇〇八）から同七年にわたる日記。主に中宮藤原彰子の宮廷内の出来事が記される。この日記をもとに絵画化したものが「紫式部日記絵巻」。

＊**紙屋上陵**《かみやのほとりのみささぎ》　京都市北区衣笠北高橋町に所在。円丘。中世、所在不明も、幕末、法音寺跡北の菩提塚を陵所として修理、慶応元年（一八六五）竣工。法音寺北陵ともいったが、明治二十八年、現陵号に統一。

＊**外記日記**《げきにっき》　太政官の外記が記録した公務日記。「日本紀略」の宇多天皇期以降、「本朝世紀」などの編纂史料として使われたことが知られる。なお、蔵人の記した公務日記は「殿上日記」という。

＊**具平親王**《ともひらしんのう》（九六四〜一〇〇九）村上天皇第七皇子。母は代明親王王女・女御荘子女王。後中書王・六条宮・千種殿ともいう。学問・詩文に秀で、正暦二年（九九一）「弘決外典抄」を撰述。

8・4　丹生・貴布禰両社に止雨奉幣使を発遣（九月七日にも）。《御堂関白記・権記》
8・12　祈年穀により、二十一社に奉幣使を発遣する。《御堂関白記・日本紀略》
9・11　一条天皇皇子（後一条天皇）、藤原道長の土御門第にて誕生（母は中宮藤原彰子）。▼伊勢例幣使を発遣する。《日本紀略》
10・16　天皇、中宮御所藤原道長の土御門殿に行幸し、第二皇子に対面する。この日、皇子を親王とし、名を敦成《あつひら》と賜う。《御堂関白記・日本紀略》
11・13　藤原行成、「延喜御記抄目録」を天皇に返却する。《権記》
11・17　中宮藤原彰子・敦成親王、参内する。《御堂関白記》
12・5　上皇、新造冷泉南院に還御する。《日本紀略》
12・30　盗人、宮中に入る。《紫式部日記》
□7・8観修《かんしゅ》（天台僧。大僧正。64）、7・17藤原《ふじわらの》義懐《よしちか》（権中納言。花山天皇外祖父。父は摂政・太政大臣藤原伊尹。母は恵子女王。52）

■寛弘六年（一〇〇九）己酉

一条天皇　30歳
冷泉上皇　60歳

1・3　皇子（敦成親王。後一条天皇）、戴餅の儀を行なう。《紫式部日記》
1・30　中宮藤原彰子・敦成親王への呪詛が発覚する。《日本紀略》
2・5　天皇、中宮を呪詛した人々の罪名を勘申させる。《日本紀略》
2・14　祈年穀により、二十二社に奉幣使を発遣する。《権記》
2・18　天皇、病む。《権記》
2・20　天皇、中宮・親王呪詛につき、藤原伊周《これちか》の朝参を止める。《権記》
4・6　天皇、病気により、殿上の作文を延引する。《権記》
4月　和泉式部、中宮のもとに出仕か。《和泉式部集》
5・8　皇太子居貞親王御所枇杷殿北辺が焼亡する。《権記》
この夏　村上天皇皇子具平親王王女隆姫女王、関白藤原頼通に嫁す。《**外記日記**》
6・13　藤原伊周の朝参を許す。《日本紀略》
6・19　中宮藤原彰子、懐妊により土御門殿に移る。《御堂関白記》
7・28　村上天皇皇子**具平親王**没。《御堂関白記》
8・18　丹生・貴布禰両社に止雨奉幣使を発遣する。《御堂関白記》
9・4　上皇、病む（痢病）。《御堂関白記》

●花山法皇辞世
「われ死ぬるものならば、まずこの女官達をなん、忌のうちに皆とり持て行くべき」（「栄花物語」）と伝えられている。

●一条天皇御製
「くらき夜の雨にたぐひて散る花を春のみぞれとおもひけるかな」（「続古今和歌集」）

9・11　伊勢例幣使を発遣する。《権記》
10・5　一条院内裏が焼亡する（このとき「延喜御記」「天暦御記」等焼失）。天皇、織部司に遷る。《権記》
10・19　天皇、織部司より藤原道長の**枇杷殿**に遷る（賢所も遷る）。《日本紀略》
11・25　一条天皇第三皇子（後朱雀天皇）、左大臣藤原道長の土御門第にて誕生する（母は中宮藤原彰子。十二月十四日、大江匡衡、敦良《あつなが》の名を撰上）。《御堂関白記》
12・12　雷鳴により、二十一社に臨時奉幣使を発遣する。《御堂関白記》
12・26　中宮藤原彰子・敦成《あつひら》親王、枇杷殿皇居に参内する。《御堂関白記》

■寛弘七年（一〇一〇）庚戌

一条天皇　31歳
冷泉上皇　61歳

1・1　皇子（敦成・敦良）の「御戴餅《おいただきもちい》の儀」が行なわれる（藤原頼通が二皇子を抱き、道長が餅を取り次ぎ、天皇が皇子の頭の上に餅を戴かせた）。《紫式部日記》
1・16　第三皇子を親王とし、敦良と命名する。《日本紀略》
2・20　藤原道長女妍子、皇太子居貞親王のもとに入る。《日本紀略》
2・29　内裏および所々にて**五壇法**を行ない、天台座主覚慶に延暦寺で薬師法を修させる。《御堂関白記》
②・8　権中納言藤原行成、「村上天皇御記」を書写し、献上する（ついで「後撰集」等も）。《権記》
②・9　祈年穀により、二十一社に奉幣使を発遣する。▼天皇御慎により、伊勢以下十一社に神宝・東遊を奉納する。《日本紀略》
②・23　八省院にて臨時仁王会を行なう。《日本紀略》
3・11　天皇、御祈のため、藤原行成を石山寺に遣わす。《権記》
3・18　南殿（紫宸殿）に百余僧を請じ、千部法華経・釈迦三尊図・新造七薬師像を供養する。《御堂関白記》
6・4　藤原行成、皇太子の令旨により、手本を書いて献上する。《権記》
7・6　大雨・洪水。《日本紀略》
7・17　敦康《あつやす》親王、元服する（加冠役に藤原道長）。《日本紀略ほか》
8・6　丹生・貴布禰両社に止雨を祈る。《日本紀略》
8・13　天皇、藤原道長に国史編修を命じる（「六国史」以後のものだが、実現せず）。《権記》
9・7　南都七大寺に止雨を祈らせる。《御

＊**枇杷殿**《びわどの》　枇杷第とも。一条・三条両天皇の里内裏。近衛北・東洞院西に所在。藤原基経・仲平・道長と受けつがれ、東宮居貞親王（三条天皇）御所となる。寛弘六年（一〇〇九）一条院内裏焼亡後、一条天皇の皇居となる。長和三年（一〇一四）内裏焼亡後、三条天皇・中宮妍子がここに移った。三条天皇は譲位後、ここを仙洞御所とするも長和五年焼失。再建されて承徳元年（一〇九七）皇太后寛子（後冷泉天皇皇后）は新造枇杷殿に移った。

＊**五壇法**《ごだんほう》　五壇の御修法。五大明王を勧請して行なう密教の修法。天皇や国家の大事になされた。

＊**為平親王**《ためひらしんのう》（九五二〜一〇一〇）　村上天皇第四皇子。母は藤原師輔女皇后安子。源高明女を妃としたため藤原氏に忌避され、立太子はかなわず、弟守平親王（円融天皇）が東宮となる。

＊**三条天皇**《さんじょうてんのう》（九七六〜一〇一七）　居貞親王。冷泉天皇第二皇子。母は藤原兼家女超子《ちょうし》。天元元年（九七八）親王宣下、寛和二年（九八六）元服・立太子。寛弘八年（一

堂関白記》
9・11 伊勢例幣使を発遣する。《日本紀略》
9・21 地震あり。《御堂関白記》
10・10 村上天皇皇子為平親王、出家する。▼霖雨により二十一社奉幣を行なう。《日本紀略》
10・22 敦成親王、著袴の儀を行なう（天皇、袴腰を結ぶ）。《権記》
11・7 村上天皇皇子**為平親王**没。《日本紀略》
11・28 天皇、枇杷殿より新造一条院に遷る（中宮藤原彰子も）。《御堂関白記》
□1・28 **藤原《ふじわらの》伊周《これちか》**（内大臣。父は摂政・関白藤原道隆。37）

■**寛弘八年（一〇一一）辛亥**
一条天皇　32歳
三条天皇　36歳
冷泉上皇　62歳

1・28 藤原道長に除目参仕を促す。《御堂関白記》
2・23 祈年穀により二十一社に奉幣する。《日本紀略》
4・27 僧正雅慶（宇多天皇皇孫）を大僧正とする。《日本紀略》
5・9 紫宸殿にて御読経あり（七日間）。《日本紀略》
5・21 紫宸殿にて一切経供養あり。《日本紀略》
5・22 天皇、藤原彰子御所に渡御ののち風病にかかる。《日本紀略ほか》
5・25 伊勢斎宮恭子女王、帰京する。《日本紀略》
5・26 天皇、譲位の意向を藤原道長に示す。《権記》
5・27 天皇、藤原行成に敦成親王立太子について下問する。《権記》
6・2 天皇、皇太子居貞《おきさだ》親王を召し、「龍顔厳」しく譲位のことを告げる。▼敦康親王を准三宮とする（俗親王の准三宮宣下唯一の例）。《日本紀略》
6・9 天皇病のため、御願により丈六五大尊像を造らせる。《権記》
6・11 伊勢神宮に金銀御幣神宝等を奉じる。《日本紀略》

第六十七代 三《さん》条《じょう》天皇

6・13 一条天皇、一条院にて譲位。皇太子居貞親王、一条院にて受禅（**三条天皇**）ののち、道長の東三条殿に遷る。敦成親王を皇太子とする。《権記》
6・18 先帝に太上天皇尊号を奉る。《本朝皇胤紹運録》
6・19 一条上皇、病危急により出家する。

〇一一）受禅、即位。長和五年（一〇一六）譲位、太上天皇宣下。寛仁元年（一〇一七）出家。北山陵に葬られる。皇后は藤原妍子（道長女。所生に禎子《ていし》内親王〈後朱雀天皇皇后〉）・藤原娍子（済時女。所生に敦明《あつあきら》親王〈小一条院〉・敦《あつ》儀《のり》親王・敦平《あつひら》親王・師明《もろあきら》親王・当子《とうし》内親王・禔子《しし》内親王）。

《御堂関白記》

6・22 一条法皇、**辞世**を遺し、一条院にて崩御（追号を「一条院」とする）。《権記》

7・8 一条法皇を北山長坂野に葬する。《日本紀略ほか》

7・9 一条法皇遺骨を円成寺《えんじょうじ》に仮安置する（天皇陵の方角が大将軍であったため。九年後の寛仁四年〈一〇二〇〉六月に円融寺北方〈**円融寺北陵**〉に移される）。《権記》

8・1 冷泉上皇、病む。《小右記》

8・3 紫宸殿および清涼殿にて仁王経読経を修する。《小右記》

8・11 天皇、東三条殿より新造内裏に遷る。▼道長、二条第を敦康親王に献上する。《小右記》

8・23 天皇、藤原道長に太政官文書内覧の宣旨を下す（天皇、関白を望むも断わられる）。▼尚侍藤原妍子《けんし》・同娍子《せいし》を女御とする。《御堂関白記》

8・27 天皇、即位奉告のため伊勢奉幣使を発遣する。《日本紀略》

9・11 伊勢例幣使を発遣する。《日本紀略》

10・5 皇子敦明・敦儀《あつのり》・敦平・師明《もろあきら》を親王、皇女当子《とうし》・禔子《しし》を内親王とする。《日本紀略》▼女御妍子が参内する。《権記》

10・9 上皇、病む。《権記》

10・10 天皇、壺切御剣を敦成親王に授ける。《御堂関白記》

10・16 三条天皇、大極殿にて即位礼を挙げる。▼皇太子敦成親王は一条院より凝華舎に、中宮藤原彰子は枇杷殿に移る。《日本紀略》

10・22 諸山陵に即位を奉告する。《日本紀略》

10・24 冷泉上皇崩御（追号を「冷泉院」とする）。《権記》

11・4 内裏東方が大火、七百余家焼亡。《権記》

11・16 冷泉上皇を桜本寺《さくらもとでら》前野に火葬、山傍に遺骨を埋葬する（陵名は**桜本陵**）。《日本紀略》

11・22 上皇崩御により、大嘗会を延引する。《日本紀略》

11・29 清涼殿で小火。《御堂関白記》

12・27 天皇生母藤原超子に皇太后を贈り、国忌・山陵に列する（藤原懐子を近陵より除く）。《日本紀略》

12・28 敦良《あつなが》親王（後朱雀天皇）、着袴の儀を行なう。《御堂関白記》

この年 一条天皇、大僧正雅慶の奏請により、勧修寺に宝満院を建立する。《諸寺院上申》

□7・11 藤原有国《ふじわらのありくに》（参議。室橘徳子は一条天皇乳母。69）

辞世 一条天皇の辞世は、「露の身の草の宿りに君を置きて塵を出でぬることをこそ思へ」（御堂関白記）、「露の身の風の宿りに君を置きて塵を出でぬる事ぞ悲しき」（権記）が伝えられている。

円融寺北陵《えんゆうじのきたのみささぎ》 京都市右京区龍安寺朱山に所在し、堀河天皇陵と同域。円丘状。中世、所在不明も、幕末、現陵に治定される。**朱山七陵**の一。

朱山七陵《しゅやまのしちりょう》 京都龍安寺うしろにある陵墓の総称。円融寺北陵（一条天皇）、円乗寺陵（後朱雀天皇）、円教寺陵（後冷泉天皇）、円宗寺陵（後三条天皇）、後円教寺陵（堀河天皇）、円融天皇火葬塚、円乗寺東陵（後朱雀天皇皇后禎子内親王）。

桜本陵《さくらもとのみささぎ》 京都市左京区鹿ヶ谷法然院町に所在。中世以降、所在不明となるが、明治二十二年、現在地に治定される。

藤原娍子《ふじわらのせいし》立后《りっこう》 娍子は藤原済時女。藤原道長女妍子を中宮としているため、娍子立后の日に参列する公卿がいなかったので、「小右記」

■長和元年（一〇一二）壬子

三条天皇　37歳

1・1　諒闇により、節会を中止する。《日本紀略》

2・2　中宮藤原彰子御所の枇杷殿大炊屋が火事となる。《御堂関白記》

2・8　設楽神《しだらがみ》が鎮西より上洛、この日、紫野に祀る。《百練抄》天皇、歯を抜く。《御堂関白記》

2・14　皇太后藤原遵子を太皇太后、中宮藤原彰子を皇太后、女御藤原妍子を皇后（中宮）とする。《御堂関白記・日本紀略》

4・18　天皇、病む（二十日平癒）。《御堂関白記》

4・24　賀茂祭。賀茂斎院選子内親王を交替しないことを賀茂社に奉告する。《小右記》

4・27　女御**藤原娍子立后**（二后並立）。この日、中宮妍子、参内し、飛香舎に入る。《御堂関白記》藤原道長男子教通、藤原公任女と結婚する（このとき、公任、「和漢朗詠集」を撰し、引出物とする）。《小右記》

5・3　天皇、中宮御所飛香舎に渡御する。《御堂関白記》

6・4　藤原道長、病のため内覧・左大臣辞意を上表する（八日にも）。《小右記》

6・15　道長の病中、右大臣藤原顕光をして一上《いちのかみ》のことを執行させる。《小右記》

7・4　丹生・貴布禰両社に祈雨奉幣使を発遣する。《日本紀略》

7・13　天皇、病む（二十六日平癒）。《小右記》

8・7　天皇、病む（十三日にも）。《小右記》

8・21　藤原道長女威子を尚侍とする。《小右記》

8・27　地震あり。《日本紀略》

8月　賀茂斎院選子内親王、「発心《ほっしん》和歌集」を撰する。《序》

9・11　伊勢例幣使を発遣する。《日本紀略》

10・25　大僧正雅慶（宇多天皇皇孫）没（年89）。《歴代皇紀》

⑩・11　一条天皇女御藤原元子、出家する。《小右記目録》

⑩・17　法興院積善寺、焼亡する。《日本紀略》

⑩・27　天皇、大嘗祭のため東河で禊する。《日本紀略》

11・5　天皇、鷹を覧る。《御堂関白記》

11・22　天皇、八省院（**朝堂院**）にて大嘗祭を行なう（冷泉上皇崩御により、この日に延引）。《日本紀略》

12・4　三条天皇皇女当子内親王を伊勢斎宮に卜定する。《御堂関白記》

12・19　大神宝使を伊勢以下五十一社に発遣

に「主道弱く臣威強し」と記録される。また、同書には、この頃、三条天皇は「自分のからだの具合がよいと左大臣（藤原道長）のきげんが悪くなる」と嘆いたと記録されている。

＊**朝堂院**《ちょうどういん》　古代、政務・儀式・饗宴などが行なわれた宮城の中枢部。弘仁九年（八一八）八省院《はっしょういん》と改称。平安宮では、東西五百六十尺・南北千三百四十尺の広さで、大極殿はじめ多くの建築物があった。貞観八年（八六六）、同十八年、康平元年（一〇五八）に火災に遭い再建されるも、治承元年（一一七七）焼失後は再建されることはなかった。

する。《日本紀略》
12・25 代始《だいはじめ》により**長和**と改元する。《日本紀略》
□7・16大江匡衡《おおえのまさひら》（文章博士・東宮学士・侍従。一条・三条両天皇侍講。61）

■**長和二年（一〇一三）癸丑**
三条天皇 38歳
1・10 皇太子敦成親王、枇杷殿の皇太后藤原彰子に朝覲行啓する。▼中宮藤原妍子、懐妊により道長の東三条第に退出する。《日本紀略》
1・16 東三条第が焼亡する。中宮藤原妍子、権大納言藤原斉信の郁芳門第に移る。《日本紀略》
2・4 天皇、唐物を覧、これを皇太后等に頒つ。《御堂関白記》
3・20 皇后藤原娍子、参内して承香殿に入る。《日本紀略》
3・23 藤原娍子所生の敦儀・敦平両親王、清涼殿にて元服する。《日本紀略》
4・8 地震あり。《御堂関白記》
4・13 中宮藤原妍子、藤原道長の**土御門殿**に移る。《小右記》
6・23 小除目を行なう。このとき、天皇、藤原道長と軋轢を生じる。《御堂関白記》
6・28 村上天皇皇子昭平《あきひら》親王、岩倉にて没（年60）。《日本紀略》
7・6 三条天皇皇女（禎子内親王）、左大臣藤原道長の土御門殿にて誕生する（母は中宮藤原妍子）。《御堂関白記》
8・5 丹生・貴布禰両社に止雨奉幣使を発遣する。《小右記》
8・8 地震あり（十二日などにも）。《日本紀略》
8・19 一代一度の仁王会を行なう。《小右記》
8・21 伊勢斎宮当子内親王、東河《とうが》（鴨川）で禊し、宮内省に入る。《日本紀略》
9・11 伊勢例幣使を発遣する（天皇、雨により出御せず）。《日本紀略》
9・16 天皇、藤原道長の土御門殿に行幸し、競馬を覧、皇女禎子と初めて対面する。《御堂関白記》
9・27 伊勢斎宮当子内親王、東河で禊し、野宮に入る。《日本紀略》
10・22 皇女禎子を内親王とする。《女院記》
11・28 天皇、石清水八幡宮に行幸する（二十九日還御）。《御堂関白記》
12・9 盗人、内裏に入る。《御堂関白記》
12・15 天皇、風雪の中、賀茂社に行幸する。《御堂関白記》
□5月藤原高遠《ふじわらのたかとお》（六月十一日・六月十七日没説あり。公卿。文人。一条天皇の笛の師。

＊**長和**《ちょうわ》 文章博士菅原宣義《のりよし》・大江通直《みちなお》の勘申による。出典は、「礼記《らいき》」の「君臣正、父子親、長幼和而後礼義立」。
＊**土御門殿**《つちみかどどの》**（上東門第**《じょうとうもんだい》**・京極院**《きょうごくいん》**）** 土御門第とも。後一条・後朱雀・後冷泉各天皇の里内裏。もともとは土御門南・京極西にあった藤原道長の邸。平安宮東側北端外郭門の一を上東門（土御門《つちみかど》）と称し、土御門（上東門）大路沿いに有力貴族の邸が並んでいた。道長女彰子は、内裏のほかはここにいることが多かったため、院号「上東門院」が贈られた。
＊**登華殿**《とうかでん》 平安京内裏十七殿の一。主に女御らの曹司で、皇后・中宮がいたこともある。登花殿とも。

68）

■長和三年（一〇一四）甲寅

三条天皇　39歳

1・7　天皇、抜歯する。《小右記》

2・9　登華殿より出火。内裏殿舎の多くが焼亡。天皇、太政官朝所に遷る（中宮も朝所へ、東宮は弁曹司へ。これにより春日行幸延引）。《日本紀略》

2・20　天皇、中宮藤原妍子と、太政官朝所より松本（下）曹司に遷る（東宮も）。《小右記》

2月下旬　天皇、眼病を発症する（やがて眼が見えなくなり、耳も聴こえなくなる）。《小右記》

3・12　内蔵寮《くら》・掃部《かもん》寮等が焼失する（代々の宝物・貴薬等が焼失）。《日本紀略》

3・14　神鏡を松本（下）曹司に遷す（ついで太政官細殿に遷す）。《日本紀略》

3・24　大極殿にて仁王会を修する。《小右記》

3・25　藤原道長、天皇に退位をすすめる。《小右記》

4・9　天皇、中宮藤原妍子と松本（下）曹司より藤原道長の枇杷殿に遷る。《日本紀略》

5・16　天皇、藤原道長の土御門殿に行幸し、競馬・騎射を覧る。《小右記》

7・16　太政大臣藤原頼忠室厳子《げんし》女王（醍醐天皇皇孫。代明《よりあきら》親王王女）没（生年不詳）。《小右記目録》

8・7　二十二社に臨時奉幣する。《日本紀略》

8・20　天皇、枇杷殿遷御ののち初めて南殿に出御する。《小右記目録》

8・21　京中大風。諸司・舎屋等が転倒する。《日本紀略》

9・11　伊勢例幣使を発遣する。《日本紀略》

9・20　斎宮当子内親王、伊勢に群行する。《日本紀略》

10・6　敦明親王王子（敦貞親王）、誕生する（母は左大臣藤原顕光女延子）。《小右記》

10・25　一条天皇皇子敦康親王、藤原道長の宇治第に遊ぶ。《小右記》

11・17　皇太子敦成親王、参内して初めて天皇に朝覲する。《日本紀略》

11・28　皇太子、読書始を行なう（「御注孝経」を読む）。《小右記》

12・4　天皇、眼病。脚病も発症する。《小右記》

12・21　皇后藤原娍子、天皇のため北斗供を修する。《小右記》

■長和四年（一〇一五）乙卯

三条天皇　40歳

2・19　天皇、病気のため服薬する。《御堂関白記》

2・25 真言僧仁海《にんがい》、天皇の眼病を占う。《小右記目録》
3・23 天皇病悩のため、首に水をそそぐ治療が行なわれる。《小右記目録》
3・27 天皇、眼病により、春日社行幸を延期する。《日本紀略ほか》
3月 疫病流行（秋まで死者多数）。《小右記》
4・13 天皇の眼病により官奏を中止する。《御堂関白記》
4・26 村上天皇皇女資子《しし》内親王（母は藤原安子）没（年61）。《日本紀略》
4・30 天皇、紅雪《こうせつ》（「平安期の貴薬」といわれる）を服する。《小右記》
5・1 天皇、眼を病むにより、七仏薬師法等が行なわれる。《小右記》
5・6 天皇に賀静《がじょう》と藤原元方《もとかた》の霊が出現する。▼藤原実資、「須《すべか》らく、奏聞を経るの文を以て、内覧を経べし」と記す。《小右記》
5・15 天皇の病気平癒のため、不断調伏法（二十一日間）・観音不断御読経（三十日間）が行なわれる。《小右記》
5・25 新造内裏仁寿殿にて安鎮国家法、清涼殿にて御読経を行なう。《小右記》
5・28 地震あり。《小右記》
6・17 大極殿にて仁王経を転読させる。《小右記》
6・19 天皇、瘧病《おこり》を発症、故賀静の怨霊を恐れて僧正法印大和尚位を贈る。《小右記》
6・20 京の民、花園今宮を建て、疫神を祀る。《百練抄》
6・23 天皇、水を首にそそぐ治療をする。《小右記》
⑥・1 冷泉天皇の霊が現われたため、冷泉天皇陵に三昧堂を建立させる。《小右記》
⑥・4 伊勢神宮に使を遣わして、天皇の眼病平癒を祈らせる。《小右記》
⑥・17 眼病により、大極殿にて仁王経を転読する。《小右記》
7・8 暦博士賀茂守道、僧仁統とともに造暦を申請する（許可される）。《小右記》
7・11 天皇の眼病のため、天台座主慶円に御修法を行なわせる。《小右記》
8・1 藤原道長に、天皇の病の間の内覧を命じる（道長、これを拒否）。《小右記》
8・27 藤原道長、天皇の後院として三条院を献上する。《小右記》
8月 天皇、眼病重く、藤原道長、たびたび譲位を促す（しかし拒否）。《小右記》
9・8 伊勢公卿勅使に王氏を添えることの可否を審議させる。《小右記》
9・11 伊勢例幣使を発遣する。《小右記》
9・14 天皇の眼病平癒のため、伊勢以下六

＊**譲位** 「心にもあらでうき世に長らへば恋しかるべき夜半の月かな」（「後拾遺和歌集」。「百人一首」にも採用）は、絶大な権力を誇っていた藤原道長にしばしば退位を迫られ、しぶしぶ譲位を決意したときに詠まれたものとされる。
＊**後一条天皇**《ごいちじょうてんのう》（一〇〇八～三六）敦成《あつひら》親王。一条天皇第二皇子。母は藤原道長女彰子《しょうし》。寛弘五年（一〇〇八）親王宣下、同八年立太子。寛仁二年（一〇一八）元服。皇后は藤原威子《いし》（道長女。所生の子に章子内親王〈後冷泉天皇皇后〉・馨子内親王〈後三条天皇皇后〉）。なお、追号に「後」をつける加後号は後一条天皇が最初。

社に奉幣使を発遣する。《小右記》
9・20　天皇、左大臣藤原道長の枇杷殿より新造内裏に遷る。《小右記》
10・2　天皇、藤原道長が一条天皇皇子敦良親王の立太子を望むため、譲位を拒否する。眼疾御祈使を伊勢神宮に発遣する。《小右記》
10・3　天皇、病気のため、天台座主慶円等に、仁寿殿で御修法を行なわせる。▼参議藤原通任《みちとう》、故一条天皇女御藤原尊子と結婚する。《小右記》
10・15　天皇、禔子内親王の藤原頼通への降嫁を提案する。《小右記》
10・27　藤原道長を摂政に准じ、除目・官奏等を行なわせる。《御堂関白記》
11・5　天皇、道長に明春の譲位をもらす。《小右記》
11・17　主殿寮から出火、内裏が焼亡する。天皇、桂芳坊、ついで太政官松本曹司に遷る。《日本紀略》
11・18　道長、退位を促す。《小右記》
11・19　天皇、太政官庁より道長の枇杷殿に遷る。《日本紀略》
11・28　道長、初めて摂政に准じて官奏を覧る。《御堂関白記》
11月　天皇、眼病により道長に譲位を促され、皇后藤原姸子に「心にもあらでうき世に長らへば恋しかるべき夜半の月かな」を贈る。《栄花物語》
12・4　敦良親王、読書始の儀を行なう。《御堂関白記》
12・8　天皇、重篤となる。《御堂関白記》
12・10　左大臣藤原道長を摂政に准じ、一上の儀を行なわせる。《小右記》
12・12　藤原道長、頼通への禔子内親王降嫁を停める。《御堂関白記》敦明親王王女（栄子内親王）、誕生する（母は藤原延子）。《小右記》
12・15　天皇、藤原道長に明年正月の譲位を申し出る。《小右記》
12・27　禎子内親王を准三宮とする。《日本紀略》藤原道長、譲位日時を勘申させる。《御堂関白記》
□6・7　賀茂光栄《かものみつよし》（陰陽家〈暦道〉）。77

■長和五年（一〇一六）丙辰

三条天皇　41歳
後一条天皇9歳
1・11　天皇、腹痛をおこす。《小右記》

第六十八代　後《ご》一《いち》条《じょう》天皇

1・29　三条天皇、枇杷殿にて**譲位**。皇太子敦成《あつひら》親王、藤原道長の上東門第にて受禅（**後一条天皇**）。敦明《あつあきら》親王を皇太子、左大臣藤

◉三条天皇御製
「あしひきの山のあなたに住む人は待たでや秋の月を見るらむ」（「新古今和歌集」）
天皇は、勅撰和歌集に八首収録されており、そのうち半分は月を詠んだもの。

原道長を摂政とする（琵琶等重器を後一条天皇に移すも、道長、「壺切の剣」を東宮に渡さず）。《小右記》▼伊勢斎宮当子内親王、退下する。《小右記》
2・1 伊勢神宮に即位奉告の奉幣使を発遣する。《日本紀略》
2・7 後一条天皇、大極殿にて即位礼を挙げる。《小右記》
2・13 先帝に太上天皇尊号を奉る。《日本紀略》
2・19 具平親王王女嫥子《せんし》女王（村上天皇皇孫）を伊勢斎宮に卜定する。《小右記》
2・25 斎宮卜定を伊勢神宮に、斎院を替えないことを賀茂社に奉告する。《御堂関白記》
3・23 三条上皇、枇杷殿北対から寝殿に移る。《御堂関白記》
3・26 右大臣・内大臣が高齢のため、一上《いちのかみ》のことを大納言以上に行なわせる。《御堂関白記》
4・7 三条上皇、朱雀院を返上する。《御堂関白記》
5・1 三条上皇、眼病により、延暦寺に参籠する（五月八日下山）。《日本紀略》
5・17 山陵使を発遣し、即位を奉告する。《日本紀略》
5・28 天皇、病む。《小右記》
5・29 諸国旱魃により、丹生・貴布禰両社に祈雨奉幣を行なう（七月五日にも）。《日本紀略》
6・2 天皇、土御門殿より新造一条院に遷る（皇太后藤原彰子・敦良親王も）。《日本紀略》
6・6 神宮祭主大中臣輔親に神祇官で雨を祈らせる。《御堂関白記》
6・9 深覚《じんかく》（東寺長者）、神泉苑で祈雨する（この日大雨）。《小右記》
6・10 神鏡等を土御門殿より一条院に遷す。▼摂政藤原道長・室源倫子を准三后とし、随身等を給う（「母后令旨」による）。《御堂関白記》
7・19 敦康親王王女（嫄子女王）、誕生する（母は具平親王王女）。《御堂関白記》
7・20 左京が火事。土御門殿・法興院等五百余家が焼亡する。《日本紀略》
8・17 父天皇譲位により、斎宮当子内親王、退出する（九月五日帰京）。《一代要記》
8・27 三条上皇、病む。《御堂関白記》
9・6 天皇、病む（十六日平癒）。《御堂関白記》
9・11 伊勢例幣使を発遣する。《日本紀略》
9・14 天皇の病により、御修法等を行なわせる。《御堂関白記》

＊**寛仁**《かんにん》 式部大輔藤原広業《ひろなり》の勘文に「会稽記云、寛仁祐云々」と見える。

＊**北山陵**《きたやまのみささぎ》 京都市北区衣笠西尊上院町に所在。円丘。中世、所在不明。幕末探陵にても不明。明治二十二年六月、現陵を治定して修理。

＊**藤原遵子**《ふじわらのじゅんし》（九五七〜一〇一七） 円融天皇皇后。父は太政大臣藤原頼忠、母は厳子女王（醍醐天皇皇孫、代明親王王女）。天元元年（九七八）入内して女御。同五年、皇后（中宮）となる。長徳三年（九九七）出家。長保二年（一〇〇〇）皇太后、長和元年（一〇一二）太皇太后。子はなし。般若寺に葬られるも、のち宇治陵に改葬される。

9・15 斎宮嫥子《せんし》女王、東河に禊し、伊勢に群行する（天皇臨幸）。《日本紀略ほか》
9・24 三条上皇御所枇杷殿が焼亡する。上皇・中宮藤原妍子、摂政藤原道長の高倉第に移る（一ヵ月ほど居所とする）。《御堂関白記》
9・28 内裏一条院、放火される。《御堂関白記》
10・9 内裏放火により、天台座主慶円《きょうえん》に聖天供を行なわせる。《御堂関白記》
10・20 三条上皇、高倉第より新造三条院に移る。《御堂関白記》
10・23 天皇、大嘗祭のため、東河で禊を行なう。《御堂関白記》
11・15 天皇、大嘗祭を行なう。《十三代要略》
12・3 三条上皇、眼病により、広隆寺に参籠する（十二日還御）。《日本紀略》
12・7 摂政・左大臣藤原道長、上表して左大臣を辞任。《御堂関白記》
□3・16 奝然《ちょうねん》（東大寺僧。79）、この頃、紫式部（「源氏物語」作者。生年不詳）

■寛仁元年（一〇一七）丁巳

後一条天皇10歳
三条上皇　42歳

1・22 内裏一条院に盗人が入る。《日本紀略》
2・19 上皇、七瀬御祓を行なう。《御堂関白記》
3・4 右大臣藤原顕光を左大臣、内大臣藤原公季を右大臣、権大納言藤原頼通を内大臣とする。《御堂関白記》
3・8 天皇、石清水八幡宮に行幸する（九日還御）。《御堂関白記》
3・16 摂政藤原道長、辞任。内大臣藤原頼通を摂政・氏長者とする。《御堂関白記》
3・22 摂政藤原頼通に一座宣旨を下す。《日本紀略》
4・10 左近衛中将藤原道雅、前斎宮当子内親王と密通。三条上皇皇后藤原娍子、当子内親王を御所に迎え取る。《御堂関白記》
4・21 上皇、重態となる。《御堂関白記》
4・23 代始により**寛仁**と改元する。《権記》
4・29 上皇の病重くなり、出家する。《日本紀略》
5・7 疫癘祈禳のため、紫宸殿にて御読経を行なう。《御堂関白記》
5・9 三条法皇、三条院にて崩御。《日本紀略》
5・12 三条法皇を船岡山西石陰《いわかげ》にて火葬し、遺骨を北山の小寺中に納める（**北山陵**。遺詔により素服・挙哀を停止）。《御堂関白記》
6・1 円融天皇皇后**藤原遵子**没。《御堂関白記》

6・5　藤原遵子を般若寺艮《うしとら》に葬る。《日本紀略》
6・14　疫癘祈禳のため、内裏一条院にて仁王経を転読する（九日間）。《日本紀略》
6・22　興福寺衆徒、神木を奉じて入京、大極殿に到る。《古今最要抄》
6・23　疫癘祈禳のため、大極殿にて寿命経を供養・転読させる。《御堂関白記》
7・5　丹生・貴布禰両社に止雨奉幣使を発遣する。《小右記》
7・19　故藤原遵子の遺骨を木幡《こわた》に移す。《小右記》
8・9　敦明親王、皇太子をやめる（藤原道長の圧力による）。一条天皇皇子・天皇同母弟敦良《あつなが》親王（後朱雀天皇）を皇太子とする（村上天皇崩後、冷泉・円融両統迭立も、正統が円融天皇系に定まる）。《御堂関白記》
8・18　地震あり。《日本紀略》
8・21　東宮敦良親王、初めて天皇に拝観する。《日本紀略》
8・23　東宮に「壺切御剣」を賜う。《御堂関白記》
8・25　前東宮敦明親王に小一条院の院号を賜う（太上天皇に准じる待遇とする）。《御堂関白記》
8・27　天皇、皇太后藤原彰子御所に朝覲行幸する。《左経記》
9・11　伊勢例幣使を発遣する。《御堂関白記》
9・21　伊勢斎宮嫥子《せんし》女王、東河に禊し野宮に入る。《御堂関白記》
10・2　大神宝使を発遣する。《御堂関白記》
10・8　一代一度の大仁王会を修する。《御堂関白記》
11・9　御願により、伊勢国朝明郡を伊勢神宮に寄進する。《小右記》
11・22　小一条院敦明親王、藤原道長女寛子を妃とする。《御堂関白記》
11・25　天皇、賀茂社に行幸する（生母皇太后藤原彰子と葱花輦《そうかれん》に同輿。摂政藤原道長供奉）。《小右記》
11・30　前伊勢斎宮当子内親王、出家する。《小右記》
12・4　藤原道長を太政大臣とする（「母后令旨」による）。《御堂関白記》
□6・10源信《げんしん》（恵心僧都。天台宗僧。「往生要集」作者。76）

■寛仁二年（一〇一八）戊午

後一条天皇11歳
1・3　天皇、一条院南殿で元服する（太政大臣藤原道長が加冠、摂政藤原頼通が理髪）。《御堂関白記》
1・7　皇太后藤原彰子を太皇太后とする。

***左経記《さけいき》**　参議源経頼《つねより》（九八五～一〇三九）の日記。寛弘六年（一〇〇九）から長暦三年（一〇三九）まで記され、長和五年（一〇一六）以降が現存も欠失あり。現存最古の源家の日記であり、実務官僚として儀式やその手続き等が詳細に記され、この時代の基本史料となっている。

《御堂関白記》
1・17 この頃、小一条院敦明親王、病む。《御堂関白記》
2・9 藤原道長、太政大臣を辞任。《御堂関白記》
3・4 大極殿にて臨時仁王会を行なう。《小右記》
3・7 藤原道長女尚侍威子、入内する。《御堂関白記》
3・9 新造内裏にて仁王経を転読し、安鎮国家法を修する。《左経記》
4・20 天皇、病む。《御堂関白記》
4・28 天皇、太皇太后藤原彰子と同輿し、一条院より新造内裏凝華舎に遷る（皇太子敦良親王も）。▼尚侍藤原威子を女御とする。《御堂関白記》
④・11 天皇、太皇太后御所弘徽殿に渡御する。《左経記》
④・12 一条天皇御願円教寺、焼亡する。《小右記》
5・5 小一条院、禎子内親王に薬玉を贈る。《栄花物語》
5・24 祈雨のため、丹生・貴布禰両社に奉幣使を発遣し（三十日にも）、七大寺・延暦寺に御読経を修させる。《日本紀略・小右記》

6・3 炎旱により、大極殿にて仁王経を転読させる。《小右記》
6・4 真言僧仁海《にんがい》、勅により神泉苑にて請雨経法・五竜祭を行なう（仁海、以後、降雨を祈ること九回、そのたびに効験あり、「雨僧正」と呼ばれる）。《小右記》
6・14 伊勢以下二十一社に祈雨奉幣を行なう。《小右記》
6・20 藤原道長の土御門殿が再建される。《小右記》
6・27 旱魃・天変により、大極殿にて仁王会を行なう。《小右記》
7・19 故太皇太后藤原遵子を山城木幡に改葬する（陵名は宇治陵）。▼丹生・貴布禰両社に止雨奉幣を行なう。《小右記目録》
8・13 清涼殿にて御読経を修する。《小右記目録》
8・29 皇太子敦良親王の病気により、不断御読経・加持を行なう。《御堂関白記》三条天皇皇子師明親王、仁和寺喜多院にて出家する（性信入道親王）。《小右記目録》
9・8 天皇、斎宮を発遣する。嫥子《せんし》女王、伊勢に群行（伊勢例幣をこれに付す）。《日本紀略》
9・16 小一条院、公卿を従え大井川に遊び、藤原道長の桂の山荘に到る。《御堂関白記》

10・5 小一条院、法性寺五大堂に参籠する。《御堂関白記》
10・16 中宮藤原姸子を皇太后、女御藤原威子を皇后（中宮）とする（太皇太后藤原彰子を含め藤原道長家から三后が並び立つことになり、道長、「此世をは我世とそ思ふ望月の欠けたることもなしと思へハ」と詠む）。《御堂関白記》
10・22 天皇・三后、藤原道長の新造土御門殿に行幸啓する（皇太子敦良親王も）。《御堂関白記》
11・15 藤原道長女嬉子を尚侍とする。《小右記》
12・9 敦明親王王女（儇子《けんし》内親王）、誕生する（母は藤原寛子）。《小右記》
12・17 一条天皇皇子敦康親王、出家し没。《小右記》

■**寛仁三年（一〇一九）己未**
後一条天皇12歳
1・3 天皇、太皇太后藤原彰子御所に朝覲行幸する。《御堂関白記》
2・24 天皇、耳をわずらう。《御堂関白記》
3・5 小一条院敦明親王王子敦貞・王女儇子を三条天皇の子として親王・内親王とする（親王・内親王宣下が皇孫・皇曾孫に拡大）。《小右記》
3・21 藤原道長、出家する。《日本紀略》
3・25 皇后藤原娍子、出家する。《小右記》
3・28 刀伊《とい》の賊船五十余艘、対馬を襲うの解状あり（その後、壱岐・筑前国・肥前国にも）。《朝野群載》
4・5 京中盗賊・放火頻繁、検非違使に夜警させる。《小右記》
4・10 小一条院女御藤原延子没（生年不詳）。《小右記》
4・13 肥前国松浦郡に来襲の刀伊賊徒を撃破する。《朝野群載》
4・18 刀伊来襲により、諸道に警固、諸社寺に祈禱を命じる。《小右記》
4・21 刀伊来襲により、伊勢神宮以下十社に奉幣する。《小右記》
5・8 入道藤原道長に、従来通り、准三后の年官年爵等を賜う。《小右記》
5・9 皇后藤原娍子、病気により出家する。《小右記五月二十五日条》
5・16 二十一社に祈年穀および祈雨奉幣を行なう。《小右記》
5・24 丹生・貴布禰両社に祈雨奉幣使を発遣する。《小右記》
5・26 旱魃・刀伊来寇により、臨時仁王会を修する。《日本紀略》
7・2 大納言藤原実資、随身を勘当する（摂

＊**敦康親王**《あつやすしんのう》（九九九〜一〇一八）一条天皇第一皇子。母は藤原道隆女定子。長保二年（一〇〇〇）親王宣下。定子死去のため道隆四女御匣殿《みくしげどの》が後見となるも、御匣殿も死去し、中宮彰子と道長が後見。道長の外孫敦成親王立太子により、准三宮となる。後一条天皇即位のさいも敦明親王が立太子のため、東宮とならず、弱冠二十にて死去。

政藤原頼通の救解で宥す)。《小右記》
8・6　大極殿にて仁王経を転読させる。《小右記》
8・28　皇太子敦良親王、元服する(天皇、南殿に出御。このときの記録が「皇太子敦良親王元服記」)。《御堂関白記・小右記》
9・5　伊勢内宮遷宮神宝使を発遣する。《小右記》
9・11　伊勢例幣使を発遣する(天皇、摂政藤原頼通不参により八省院行幸を中止)。《御堂関白記》
9・17　伊勢内宮の遷宮が行なわれる。《大神宮諸雑事記》
9・23　吉日なきにより、春日社行幸を停める。《小右記》
9・29　藤原道長、東大寺にて受戒する(三十日、道長、東大寺勅封倉を解き宝物を見る)。《小右記》
10・20　有明親王王子明救(醍醐天皇皇孫)、僧正となり、天台座主に補せられる。《天台座主記》
10・21　小一条院、石山寺に参籠する。《小右記》
12・13　道長、延暦寺で受戒する。《日本紀略》
12・22　藤原頼通の摂政を停め、関白とする。《小右記》
12・28　頼通を摂政に准じ、官奏・除目を行なわせる。《小右記》

■寛仁四年(一〇二〇)庚申

後一条天皇13歳

1・3　天皇、太皇太后宮に拝覲する《小右記目録》
3・22　藤原道長、無量寿院(のち法成寺)を落慶供養する(三后とともに臨席)。《御堂関白記》
3・25　天皇、病む。《左経記》
この春　疱瘡流行(夏まで)。《左経記》
4・13　天皇、疱瘡にかかる。鬼気祭を行なう。《日本紀略》
4・22　天皇病気・疱瘡流行により清涼殿で大般若不断御読経を修する。《左経記》
5・28　皇太子敦良親王、瘧《おこり》病を病む。《小右記目録》
6・16　一条天皇遺骨を、円成寺より円融寺北方に移す。《左経記》
6・22　疫病流行により、大極殿にて大般若臨時御読経を行なう。《左経記》
7・5　天台座主明救(醍醐天皇皇孫)没(年75)。《左経記》
7・19　丹生・貴布禰両社に祈雨奉幣使を発遣する。《小右記》
8・18　一条天皇女御藤原元子、出家する。

《小右記》
8・22 大風により、内裏門舎等が破壊される。《日本紀略ほか》
9・10 天皇、瘧病にかかる。《小右記》
9・11 伊勢例幣使を発遣する。《小右記》
9・13 天皇の瘧病により、清涼殿にて不断大般若経御読経を行なう。《小右記目録》
10・2 藤原頼通の上東門第が焼亡する。《小右記》
10・5 天皇、病む。道長、丈六五大尊像等造顕を発願する。《小右記》
10・8 天皇の病気により、孔雀経不断御読経を行なう。《小右記》
11・2 丹生・貴布禰両社に止雨奉幣使を発遣する。《日本紀略》
12・2 内裏清涼殿が放火される。《小右記》
12・18 疫病により大極殿にて臨時仁王会を行ない、六斎日の殺生を禁じ、軽犯者を赦免する。《小右記》
12・26 故具平親王王子師房（藤原頼通猶子。村上天皇皇孫）、元服、源朝臣姓を賜う。《小右記》
⑫・25 疫病流行により、大極殿にて仁王経御読経が行なわれる。《小右記》
□10・15 藤原道綱《ふじわらのみちつな》（大納言。父は摂政・関白・太政大臣藤原兼家。66）

●長和・寛仁年間（一〇一二～二一）、藤原公任、儀式書「北山抄」を著す。

■**治安元年（一〇二一）辛酉**

後一条天皇 14歳

1・1 天皇に薬を供じる。《小右記》
1・3 天皇、太皇太后藤原彰子に拝観する。《小右記》
2・1 藤原道長女尚侍嬉子を皇太子敦良親王の妃とする。▼敦儀《あつのり》親王、中納言藤原隆家長女と結婚する。《小右記》
2・2 辛酉年により、**治安**と改元する。《小右記》
2・25 疾疫により、二十一社奉幣を行なう。《日本紀略》
3・7 疾疫により、千僧を招き、大極殿にて寿命経を転読、真言院等で不動法を修させる。《日本紀略》
3・17 馬の頭を尾につけた牛が内裏に乱入する。《小右記》
この春 疫病流行、夏に及び、死者多数。《小右記》
4・5 小一条院敦明親王御所高松殿、焼亡する。《日本紀略》
4・23 疫病・祈雨により二十一社奉幣を行なう。《日本紀略》
4・26 疾疫により、石清水以下十六社に仁

＊**北山抄**《ほくざんしょう》 藤原公任撰。全十巻。「西宮記」とともに有識故実・儀式書として貴重な史料で、第六巻は「践祚抄」となっている。

＊**治安**《ちあん》 「じあん」とも。参議藤原広業《ひろなり》・文章博士慶滋（善滋）為政の勘申による。出典は「漢書」賈誼伝「陛下何不壱令臣得孰数之於前、因陳治安之策、試詳択焉」、「漢書」文帝紀に「治安皆且千載」。

＊**当子内親王**《とうしないしんのう》（一〇〇一～二二） 「まさこ」とも。父は三条天皇、母は大納言藤原済時女皇后娍子。長和元年（一〇一二）伊勢斎宮に卜定。同三年、伊勢に下向。三条天皇譲位により退下。藤原道雅と密通したとの噂により、寛仁元年（一〇一七）出家。道雅が当子内親王と別れたあとに贈った「今はただ思ひ絶えなんとばかりを人づてならで言ふよしもがな」（「後拾遺和歌集」）は有名。

王講を修させる。《左経記》
5・20 大極殿にて大般若経御読経が行なわれる（二十七日にも）。《小右記目録》
6・16 疫病により二十一社奉幣を行なう。《左経記》
6・20 狂人、紫宸殿に入る。《日本紀略》
7・10 疫病流行により、大極殿で臨時仁王会が行なわれる。《日本紀略》
7・25 右大臣藤原公季《きんすえ》を太政大臣、関白・内大臣藤原頼通を左大臣、大納言藤原実資を右大臣、権大納言藤原教通を内大臣とする。《小右記》
8・10 関白・左大臣藤原頼通を太政大臣藤原公季の上に列する。《日本紀略》
9・4 丹生・貴布禰両社に祈雨奉幣を行なう。《日本紀略》
9・8 伊勢外宮遷宮のため、神宝使を発遣する。《小右記》
9・11 伊勢例幣使を発遣する。《日本紀略》
9・16 伊勢外宮の遷宮が行なわれる。《大神宮諸雑事記》
10・14 天皇、皇太后藤原妍子と同輿し、春日社に行幸する（十五日還御。このとき春日社に大和国添上郡を寄進）。《日本紀略》
11・9 天皇、初めて官奏を覧る。《小右記》
12・14 天皇・皇太子敦良親王、西北院供養の際の童舞を清涼殿前庭で覧る。《小右記》
12・20 内裏常寧殿、放火される。《小右記》
この年「御堂関白記」の記述終わる。
□5・25藤原顕光《ふじわらのあきみつ》（左大臣。父は関白藤原兼通。78）、7・19源頼光《みなもとのよりみつ》（武将。三条天皇皇太子時代に春宮坊に出仕。父は源満仲。清和源氏三代目。74）

■治安二年（一〇二二）壬戌

後一条天皇15歳
4・5 小一条院敦明親王居所高松殿が焼亡する。《日本紀略》
4・18 京中洪水。《小右記》
4・28 皇太后藤原妍子、一条殿より新造枇杷殿に移る。▼小一条院、山井殿に移る。《小右記》
6・4 天皇の病気により、内裏・東大寺・興福寺にて法華経・大般若経御読経を行なう。《日本紀略》
7・14 天皇行幸のもと、藤原道長、法成寺（無量寿院）金堂・五大堂の落慶供養を行なう（三后・皇太子敦良親王・小一条院も臨席）。《小右記》
9・11 伊勢例幣使を発遣する。《日本紀略》
9・12 三条天皇皇女当子内親王没（年22）。《小右記目録》
10・13 太皇太后藤原彰子、仁和寺観音院御

堂を供養する。《左経記》
10・25 天皇、平野社に行幸する。《日本紀略》
11・28 天皇、大原野社に行幸する。《日本紀略》
12・14 花山天皇皇子覚源、仁海から伝法灌頂を受ける。《三宝院文書》
12・19 尚侍藤原嬉子、皇太子敦良親王御所に参入する。《左経記》
12・25 一条天皇女御藤原尊子（天皇崩御後、藤原通任室）没（年39）。《大鏡》

■治安三年（一〇二三）癸亥

後一条天皇16歳
1・2 天皇、太皇太后藤原彰子の土御門殿に朝覲行幸する（皇太子敦良親王も行啓）。《日本紀略》
2・25 内裏麗景殿に火事。《日本紀略》
3・7 性信入道親王（師明親王）、大僧正済信《せいじん》から両部伝法灌頂を受ける。《仁和寺旧記》
6・17 皇太子、等身延命菩薩像十体を供養する。《小右記》
6・18 藤原道長、宮中諸司懈怠のため関白左大臣藤原頼通を勘当する。《小右記》
7・5 地震あり。《小右記》
8・21 丹生・貴布禰両社に祈雨奉幣使を発遣する。《小右記》
9・11 伊勢例幣使を発遣する。《日本紀略》
10・7 大地震あり。《小右記目録》
10・17 藤原道長、高野山ほか大和巡礼に出発する（以後の白河・鳥羽・後白河各天皇の高野山参詣の端緒となる。十一月一日帰京）。《小右記》
11・7 内裏後涼殿の女房曹局に放火あり。《小右記》
この年 敦明親王王子（敦元親王）、誕生する（母は藤原寛子）。《本朝皇胤紹運録》

■万寿元年（一〇二四）甲子

後一条天皇17歳
3・3 一条天皇皇女脩子《しゅうし》内親王、病気により出家する。《小右記》
4・11 石清水・賀茂・貴布禰・春日等諸社に祈雨する。《小右記》
4・14 祭主大中臣輔親に神祇官にて祈雨させる。《小右記目録》
4・27 丹生・貴布禰両社に祈雨奉幣使を発遣する。《日本紀略》
5・28 大雨により鴨川氾濫。《小右記》
6・26 藤原道長、法成寺内に浄瑠璃院を供養する（皇太后藤原彰子行啓）。《小右記》
7・13 甲子年により**万寿**と改元する。《小右記》
9・11 伊勢例幣使を発遣する。《日本紀略》

＊**大鏡**《おおかがみ》 文徳天皇の嘉祥三年（八五〇）から後一条天皇の万寿二年（一〇二五）までの歴史物語で、藤原道長を主とする藤原氏の栄華を語る。後の「水鏡」「増鏡」「今鏡」と合わせ四鏡と称される。

＊**万寿**《まんじゅ》 文章博士善滋為政《よししげのためまさ》の勘申による。勘文に「毛詩曰、楽只君子、邦家之光、楽只君子、万寿無彊」とある。

＊**藤原娍子**《ふじわらのせいし》（九七二〜一〇二五）三条天皇皇后。父は大納言藤原済時、母は源延光女。正暦年中（九九〇〜九九五）皇太子居貞親王（三条天皇）の室に入る。寛弘八年（一〇一一）三条天皇即位により女御、長和元年（一〇一二）皇后となる。寛仁三年（一〇一九）病により出家。雲林院西北に葬られる（陵名は宇治陵）。

＊**藤原寛子**《ふじわらのかんし》（九九九〜一〇二五）小一条院敦明親王女御。父は藤原道長、母は源高明女明子。寛仁元年（一〇一七）敦明親王（小一条院）と結婚。万寿二年（一〇二五）病により出家し、死去、岩蔭に葬られる。所生の子に敦元親王・儇子内親王。同名の後冷泉天皇皇后

9・19　天皇、皇太后藤原彰子・皇太子敦良親王と藤原頼通の高陽院に行幸し、競馬・騎射等を覧る（このとき「高陽院行幸和歌」開催）。《小右記》
11・20　性信入道親王、仁和寺観音院にて結縁灌頂を行なう。《仁和寺御伝》
11・23　天皇、松尾社に行幸する。《小右記》
12・5　地震・大雪。《日本紀略》
12・6　花山天皇皇女（母王氏）、盗人に殺害される。《小右記》
12・11　天皇、病気となる。《小右記》
12・26　天皇、北野社に行幸する。《小右記》

■万寿二年（一〇二五）乙丑

後一条天皇18歳

2・1　敦平親王、中納言藤原兼隆女を妃とする。《栄花物語》
2・21　小一条院敦明親王御所の山井殿の南町が焼亡する。《小右記》
3・25　三条天皇皇后**藤原娍子**、陽明門第にて没。《小右記》
3・29　花山天皇皇孫延信《のぶざね》王に源朝臣姓を賜う。《本朝皇胤紹運録》
4・4　藤原娍子を雲林院西院の西北に葬る。《左経記》
5・12　天皇、赤斑瘡《あかもがさ》をわずらう。《小右記》
7・9　小一条院女御**藤原寛子**没。▼丹生・貴布禰両社に祈雨奉幣を行なう。《小右記》
7・10　清涼殿にて法華不断御読経を行なう。《左経記》
7・11　小一条院女御藤原寛子を岩蔭に葬る。《小右記》
7・21　東大寺大仏殿・大和龍穴社にて雨を祈らせる。《小右記》
7・22　赤斑瘡流行により、承香殿にて大般若経を転読させる。《左経記》▼夜、大炊寮庁舎が焼亡する。《小右記》
8・3　敦良親王王子（親仁《ちかひと》。後冷泉天皇）、藤原道長の上東門第にて誕生する（母は尚侍藤原嬉子）。《日本紀略》
8・5　敦良親王尚侍藤原嬉子、赤斑瘡により没（木幡に埋葬。贈正一位。年19）。《小右記》
8・11　天皇、赤斑瘡をわずらう（十六日平癒）。《小右記》
8・15　藤原嬉子を船岡の西野に火葬する（ついで木幡に埋葬）。《小右記》
9・25　伊勢例幣使を発遣する（穢によりこの日に延引）。《小右記》
10・1　天皇、天台座主院源より仁王経を受読する。《小右記》
11・12　藤原道長、故嬉子のため、法成寺三昧堂を建立供養する。《小右記》

とは別人。

■万寿三年（一〇二六）丙寅

後一条天皇19歳

1・2　天皇、太皇太后藤原彰子御所に朝覲行幸する。《左経記》

1・19　太皇太后藤原彰子、出家して院号宣下を受け、上東門院と号する（道長邸宅土御門殿を上東門第ともいうことから命名。門院号の初め）。《小右記》

1・28　内裏御厨子所に光あるによって御卜する。《左経記》

2・5　三条天皇皇女禔子《しし》内親王、内大臣藤原教通に降嫁する。《日本紀略》

3・20　清涼殿にて、仁王経御八講が行なわれる。▼法成寺新造阿弥陀堂の供養が行なわれる。《日本紀略》

5・2　天皇、病む（十日平癒）。《左経記》

5・13　清涼殿東廂にて法華不断御読経を行なう。《左経記》

⑤・5　天皇の病再発により、五壇御修法を行なう。《左経記》

9・2　中宮藤原威子、御産のため藤原兼隆の大炊御門第に移る。《日本紀略》

9・11　伊勢例幣使を発遣する。《日本紀略》

10・22　日月蝕により、大極殿にて臨時仁王会を行なう。《日本紀略》

12・9　後一条天皇皇女（章子内親王）、誕生する（母は中宮藤原威子）。《左経記》

12・18　一条天皇女御藤原義子、出家する。《日本紀略》

■万寿四年（一〇二七）丁卯

後一条天皇20歳

1・3　天皇、皇太子敦良親王と上東門院藤原彰子の土御門殿に朝覲行幸する。▼京都大火。法興院等が焼亡する。《日本紀略》

2・2　皇太后藤原妍子の枇杷殿、放火される。《小右記》

2・11　皇女章子を内親王とする。《小右記》

2・26　皇太子敦良親王の病のため、大僧正深覚に孔雀経を転読させる。▼右近衛府・図書寮雑舎焼亡、累代の宝物が焼失する。《小右記》

3・2　大地震あり。《小右記》

3・23　三条天皇皇女禎子《ていし》内親王を皇太子妃とする。《小右記》

4・5　皇太子敦良親王王子親仁親王、着袴の儀を挙げる。《小右記》

5・24　天皇、病む（二十八日平癒）。▼落雷で豊楽院が焼ける。《小右記》

6・23　丹生・貴布禰両社に祈雨奉幣を行なう。《小右記》

7・20　七大寺・大和龍穴社に仁王経を転読させ雨を祈る。《小右記》

＊**門院**《もんいん》　女院のうち皇居の門の名を付けた場合の総称。上東門院から新待賢門院まで、女院のほとんどが門院号を付けた。

＊**藤原妍子**《ふじわらのけんし》（九九四～一〇二七）　三条天皇中宮。父は藤原道長、母は源雅信女倫子。寛弘七年（一〇一〇）皇太子居貞親王（三条天皇）のもとに入室。同八年、親王即位とともに女御、長和元年（一〇一二）中宮、寛仁二年（一〇一八）皇太后となる。大谷大峯寺前野にて火葬し、木幡に葬られる（陵は宇治陵）。

＊**藤原道長**《ふじわらのみちなが》（九六六～一〇二七）　父は摂政・関白藤原兼家、母は藤原中正女時姫。関白道隆の弟。女彰子を一条天皇に、妍子を三条天皇に、威子を後一条天皇のもとに入れ、外戚の地位を築き上げる。寛弘八年（一〇一一）内覧宣下、長和五年（一〇一六）後一条天皇の摂政、寛仁元年（一〇一七）太政大臣と、位人臣を極める。御堂関白・法成寺関白の別称もあるが、実際には、関白になっていない。

＊**長元**《ちょうげん》　文章博士善滋為政の勘申による。出典は、「太公六韜《たいこうりくとう》」の「天

8・11 清涼殿にて法華不断御読経を行なう。《小右記》
9・11 伊勢例幣使を発遣する。《小右記目録》
9・14 三条天皇皇后（中宮）**藤原妍子**没。《小右記》
9・16 藤原妍子を大谷で火葬し、木幡に埋葬する。《小右記》
11・13 藤原道長の病により、非常赦を行ない、度者千人を給う。《小右記》
11・26 天皇、法成寺阿弥陀堂に藤原道長を見舞う。《小右記》
11・29 皇太子敦良親王、法成寺に道長を見舞う。《小右記》
12・4 藤原道長、法成寺阿弥陀堂にて没（同日、権大納言藤原行成没）。《小右記》
12・7 道長を鳥辺野に葬送（翌日、木幡に埋葬）。《小右記》

□6・13 源俊賢《みなもとのとしかた》（権大納言。父は左大臣源高明。長く中宮藤原彰子に仕える。68）、12・4 **藤原道長**（摂政。太政大臣。62）、12・4 藤原行成《ふじわらのゆきなり》（「こうぜい」とも。権大納言。書家〈三蹟の一人。世尊寺流祖〉。「権記」記主。56）

●治安・万寿年間（一〇二一〜二八）、清少納言死去（生没年不詳も康保三年〈九六六〉頃に生まれたとされる）。

■**長元元年（一〇二八）戊辰**

後一条天皇21歳

4・9 盗人、禎子内親王御所に入る。《小右記目録》
4・10 西海道に地震。《小右記目録》
4・13 真言僧仁海に神泉苑にて請雨経法を修させる。《祈雨日記》
5・3 旱魃・疫災のため、大極殿にて僧六十人が大般若経転読を行なう。《日本紀略》
5・10 清涼殿にて法華不断御読経を行なう。《左経記》
6・7 祈年穀ならびに疫癘のため、二十一社奉幣を行なう。《左経記》
6・21 平忠常の反乱により、追討使を定める。《左経記》
7・3 丹生・貴布禰両社に祈雨奉幣使を発遣する。《小右記》
7・8 南都七大寺・室生龍穴社等に祈雨することにする。《左経記》
7・9 七大寺・大和龍穴社に仁王経を転読させ雨を祈る。《小右記》
7・13 東大寺大仏殿に仁王経を転読させ、雨を祈る。《小右記》
7・18 この日より三日間、祈雨のため、大極殿にて仁王経を転読させる。《左経記》
7・25 疫病・炎旱により、**長元**と改元する。

之為天、元為天長矣、地久矣、長久在其元、万物在其間、各得自利、謂之泰平、故有七十六壬癸其所繫天下而有」。

《日本紀略》
8・4 伊勢神宮神託事件（祭事神事をおろそかにする帝王を戒める託宣）が起こり、藤原実資、この日、「帝王敬神の心なく」と記す。《小右記》
8・28 風水災祈禳のため、大極殿にて仁王会を修する。《日本紀略》
9・2 京都、大風雨により洪水、豊楽院諸門・府庁等殿舎が転倒。《左経記》
9・5 大雨により、丹生・貴布禰両社に止雨奉幣使を発遣する。《小右記》
9・11 伊勢例幣使を発遣する。《小右記》
9・15 小一条院敦明親王、七大寺に参詣する。▼藤原能信第の閑院が全焼。《小右記》
11・9 枇杷殿が焼亡し、禎子内親王、法成寺に移る。《左経記》
12・22 昭陽舎の桜を清涼殿東北の庭に移す。《古今著聞集》
12・29 天皇、病む。《左経記》
□4・14 藤原《ふじわらの》広業《ひろなり》（参議。漢詩人。53）、5・24 院源《いんげん》（天台座主。僧正。一条・三条上皇出家の戒師。77か）

■長元二年（一〇二九）己巳

後一条天皇22歳
1・16 天皇、上東門院藤原彰子御所に朝覲行幸する。《小右記目録》
2・2 後一条天皇皇女（馨子《けいし》内親王）、中納言藤原兼隆の大炊御門東洞院第にて誕生する（母は中宮藤原威子）。《小右記》
2・23 盗人、内裏に入り、女房の衣服を奪う。《小右記》
②・29 **三合**禳災により、二十一社に奉幣する。《小右記》
3・4 花宴あり。《歴代編年集成》
3・18 三合禳災のため、大極殿にて百僧に仁王経を転読させる。《日本紀略》
4・16 皇女馨子を内親王とする。《小右記》
4・21 京都大雨。鴨川氾濫する。《小右記》
5・2 天皇、八省院に行幸し、伊勢以下諸社に臨時奉幣使を発遣する（諸社使も発遣）。《日本紀略》
5・13 清涼殿にて仁王経御八講を行なう。《日本紀略》
6・7 小一条院敦明親王王子敦元・敦昌等を三条天皇皇子として親王とする。《日本紀略》
7・2 平忠常追討祈願のため、石清水八幡宮に奉幣する。《日本紀略ほか》
7・20 天皇、関白藤原頼通に献上された白鹿を覧る（のち神泉苑に放つ）。《小右記》
7・21 三合厄のため、大極殿に臨時仁王会を修する。《日本紀略ほか》

＊**三合**《さんごう》 暦注の一。一年に太歳と太陰と客気（異説、害気）とが合う大凶。この年は災厄が多いとされ、攘災の法会や改元などが行なわれた。

＊**小野宮年中行事**《おののみやねんちゅうぎょうじ》 小野宮右大臣藤原実資著。平安朝廷の年中行事の儀式作法を記したもの。年中行事のほかに、神事・御服、儀式の沿革についても記す。実資は日記「小右記」の記主。

8・21　丹生・貴布禰両社に止雨奉幣使を発遣する。《小右記》
9・11　伊勢例幣使を発遣する。《小右記》
10・17　太政大臣藤原公季没（正一位を追贈）。《左経記》
11・28　天皇、石清水八幡宮に行幸する（二十九日還御）。《日本紀略》
12・13　皇太子敦良親王王女（良子《りょうし》内親王）、誕生する（母は禎子内親王）。《日本紀略》
12・16　馨子内親王を賀茂斎院に卜定する。またこの日、准三宮とする。《左経記》
12・20　天皇、賀茂社に行幸する。《日本紀略》
この年以降、藤原実資、「**小野宮年中行事**」を著す。
□10・17藤原公季《ふじわらのきんすえ》（太政大臣。閑院流祖。父は右大臣藤原師輔、母は醍醐天皇皇女康子内親王。73）

■長元三年（一〇三〇）庚午

後一条天皇23歳
2・20　大原野社、初めて祈年（二月）・月次（六月・十二月）・新嘗祭（十一月）の四度幣に預る。《類聚符宣抄》
3・8　上東門院藤原彰子御所三条第が焼亡し、上東門院、藤原頼通の高陽院に移る。《日本紀略ほか》
この春　飢饉・疾疫流行、死者多数。《小右記》
4・27　疾疫流行のため、大極殿にて大般若経読経を行なう。《小右記》
5・8　降雨・世間静謐のため、二十二社奉幣を行なう。《日本紀略》
5・13　丹生・貴布禰両社に雨を祈る。《日本紀略》
5・19　疾疫祈禳のため、大極殿にて千僧寿命経を読ませる。《日本紀略》
5・26　清涼殿にて最勝講を始める。《日本紀略》
6・20　疾疫流行・宇佐使神馬焼失のため、大極殿にて臨時仁王会を修する。《小右記》
7・6　花山天皇皇子清仁親王（母は平祐之女）没（生年不詳）。《日本紀略》
8・16　丹生・貴布禰両社に止雨を祈らせる。《日本紀略》
8・20　天皇、病む。《諸寺供養類記》
8・21　上東門院、法成寺内に東北院を建立し、落慶供養を行なう（二十六日、ここに移る）。《小右記》
9・2　甲斐守源頼信に平忠常追討を命じる。《小右記》
9・9　天皇、上東門院の法成寺東北院に行幸する。《小右記》
9・11　伊勢例幣使を発遣する。《日本紀略》
9・23　敦儀親王、石蔵にて出家する。▼天

変怪異により、権中納言藤原経通を伊勢神宮に派遣、金銀御幣を奉納する。《小右記》

10・29 関白左大臣藤原頼通、法成寺五重塔を供養する。《日本紀略》

11・20 章子内親王、着袴の儀を挙げる。この日、准三宮とする。《日本紀略》

■長元四年（一〇三一）辛未

後一条天皇24歳

1・3 天皇、上東門院御所京極院に朝覲行幸する（このとき、天皇、笛を所作。皇太子敦良親王も行啓）。《小右記》

4・28 甲斐守源頼信、平忠常の投降を報告する。《左経記》

4・30 関白藤原頼通伝領の東三条第が焼亡する。《百練抄》

6・6 源頼信に連行された平忠常、美濃国厚見郡にて病死する。《左経記六月十一日条》

6・16 源頼信、平忠常の首を梟して入京する。《日本紀略》

6・17 伊勢斎宮嫥子《せんし》女王、神がかりして託宣を語る（「寮頭相通《すけみち》の不善」「帝王敬神なし」など。中で「百王思想」が初見）。《小右記》

7・22 丹生・貴布禰両社に祈雨使を発遣する。《小右記》

8・4 伊勢神宮祭主大中臣輔親、伊勢斎宮託宣を奏上する（八日、斎宮頭藤原相通夫妻を遠流）。▼東大寺正倉院を修理する。《小右記ほか》

8・11 出雲国杵築社、倒壊する。《日本紀略》

8・13 丹生・貴布禰両社に止雨使、賀茂・石清水両社に奉幣使を発遣する。《小右記》

8・22 大極殿にて臨時百座仁王会を修する。《小右記》

8・23 伊勢使の宣命に「本朝は神国なり」と記される。《小右記》

8・25 参議源経頼を伊勢神宮に派遣し、幣帛・神宝を奉納する。《小右記》

8・28 稲荷・春日両社に馬を奉り、丹生・貴布禰両社に止雨使を発遣する。《小右記》

8月 天皇、伊勢神宮の託宣により、毎夜ひそかに内侍所に出御し拝禱する。《小右記》

9・11 伊勢例幣使を発遣する（天皇、雨により、八省院行幸を中止）。《左経記》

9・22 賀茂斎院選子内親王、老病のゆえに退下する。《左経記》

9・25 上東門院、石清水・住吉・四天王寺へ出発する（関白藤原頼通等随行。十月三日還御）。《小右記》

9・28 前賀茂斎院選子内親王、出家する。《小右記》

⑩・15 杵築社神殿転倒により、奉幣使を発

＊**百王思想**《ひゃくおうしそう》　「百王説」とも。「百王」は「歴代の数多くの天皇」という意味だが、末法思想の高まりとともに、また代数もしだいに百代に近づいたこともあり、天皇が百代で尽きるのではないかとの危惧がしだいに生まれ、鎌倉時代には、日蓮が「人王は大体百代」というように広がりを見せた。しかし、北畠親房が「百王マシマスベシト申メル、十々ノ百ニハ非ルベシ、窮ナキヲ百トモ云ヘリ」と述べ、「百官百姓」のように「百」を単に「多い」という意味と捉えられるに至った。

遣する。《日本紀略》

11・30　天皇、八省院に行幸し、御斎会を修する。《左経記》

12・3　上東門院御所の京極院《きょうごくいん》（土御門殿）が焼亡する。上東門院、法成寺新堂に移る。《日本紀略》

12・16　後一条天皇皇女馨子内親王を賀茂斎院に卜定し、准三宮とする。《左経記》

12・27　致平親王王子永円（村上天皇皇孫）を僧正とする（この年、園城寺長吏となる）。《左経記》

■長元五年（一〇三二）壬申

後一条天皇25歳

1・3　天皇、上東門院藤原彰子御所高陽院に朝覲行幸する（皇太子敦良親王も行啓）。《日本紀略》

1・12　天皇、杵築社託宣・権門荘園についてひそかに藤原実資に勅問する。《小右記》

3・2　天皇、上東門院と関白藤原頼通の白河院で花見・御遊する。《日本紀略》

4・25　天皇、瘧《おこり》病にかかる《小右記目録》賀茂斎院馨子内親王、東河にて禊を行ない、大膳職に入る。《日本紀略》

4・27　天皇の病により、内裏にて三壇御修法、大般若・法華経不断御読経を行なう。《左経記》

4・28　丹生・貴布禰両社に奉幣して雨を祈る。《左経記》

4・30　興福寺に、雨を龍穴社に祈らせる。《左経記》

5・1　仁海に神泉苑で請雨経法を修させる。《左経記》

5・6　陰陽頭安倍時親に神泉苑で五竜祭を行なわせる（三日間）。《左経記》

5・20　祈雨・疾疫禳除のため、大極殿にて三百座仁王会を修する。《日本紀略》

5・24　祈雨のため、大極殿にて三百座仁王会を修する。《日本紀略》

6・2　祈雨のため、伊勢奉幣使を発遣する。《左経記》

6・15　祈雨のため、大極殿にて百座仁王会を修する。《左経記》

6・27　宇治川など干上がる。祈雨のため、大極殿にて千僧観音経読経を行なう。《左経記》

7・14　小一条院敦明親王王子敦元親王（母は藤原道長女）没（年10）。《日本紀略》

9・11　伊勢例幣使を発遣する。《小右記》

9・13　皇太子敦良親王王女（娟子《けんし》内親王）、誕生する（母は禎子内親王）。《小右記》

12・8　放火により、藤原頼宗の九条第・法住寺が全焼する。《小右記》

12・16　富士山が噴火。《日本紀略長元六年二月十日条》
この年　天皇勅願として筑前国安楽寺に喜多院が建立される。《安楽寺草創日記》

■長元六年（一〇三三）癸酉

後一条天皇26歳

1・26　盗人、東宮・禎子内親王御所に入る。《日本紀略》
3・8　清涼殿にて仁王講が始められる（十一日まで）。《日本紀略》
4・9　賀茂斎院馨子内親王、東河で禊する（ついで紫野院に入る）。《日本紀略》
4・25　丹生・貴布禰両社に祈雨奉幣を行なう。《日本紀略》
5・14　東寺長者仁海《にんがい》、神泉苑で請雨経法を行なう。《日本紀略ほか》
5・19　祈雨のため、大極殿にて五百座仁王会、神泉苑にて五竜祭を修する。《日本紀略》
8・18　大極殿にて臨時仁王会を修する。《日本紀略》
8・19　上東門院、新造京極殿（土御門殿）に還る。《日本紀略》
9・11　伊勢例幣使を発遣する。《日本紀略》
9・15　丹生・貴布禰両社に祈雨奉幣を行なう。《日本紀略》
11・28　天皇、清涼殿にて童舞を見る。《日本紀略》
12・22　村上天皇皇孫永円を大僧正とする。《日本紀略》
□この頃、和泉《いずみ》式部《しきぶ》（歌人。「和泉式部日記」記主。生年不詳）

■長元七年（一〇三四）甲戌

後一条天皇27歳

1・5　天皇、上東門院藤原彰子御所に朝覲行幸する。《日本紀略》
3月　藤壺で藤花宴が開かれる。《栄花物語》
4・20　賀茂祭に際し、斎院馨子内親王の輿に飛礫《つぶて》が投げられる。《日本紀略》
7・18　皇太子敦良親王王子（尊仁《たかひと》。後三条天皇）、春宮亮源行任《ゆきとう》第にて誕生する（母は禎子内親王）。《日本紀略》
8・9　大風雨で内裏殿舎等多数倒壊する。《左経記》
8・28　流星により、祭主大中臣輔親を伊勢神宮へ差遣し、金銀幣神宝・宸筆宣命を奉納する。《左経記九月一日条》
9・11　伊勢例幣使を発遣する。《日本紀略》
9・30　大中臣輔親、伊勢神宮で七日間祈り、碧珠を得て、この日、献上する。《左経記》
10・5　天皇、清涼殿にて碧珠を覧る。《左経記》
10・11　皇太子親仁親王、読書始を行なう。

＊**栄花物語**《えいがものがたり》　「栄華物語」とも。正篇は宇多天皇代から後一条天皇の長元元年（一〇二八）二月まで、続篇は長元三年から堀河天皇代までを収める歴史物語。編年体の記述で、村上天皇の天暦年間（九四七〜九五七）から記事が詳しく、特に藤原道長の栄華を中心に描く。正篇は赤染衛門作といわれる。続篇は道長の死後を書き継いだもので、作者は別で、出羽弁とする説もあるが不詳。

＊**選子内親王**《せんしないしんのう》（九六四〜一〇三五）　村上天皇第十皇女。母は藤原師輔女中宮安子。天延三年（九七五）賀茂斎院に卜定され、長元四年（一〇三一）老病のため退下し落飾。円融・花山・一条・三条・後一条天皇の五代五十七年間にわたり奉仕したため「大斎院」と称される。歌人としても有名。蓮台野に火葬され、遺骨は三井寺に収められる。

＊**後朱雀天皇**《ごすざくてんのう》（一〇〇九〜四五）　敦良親王。一条天皇第三皇子。母は藤原道長女彰子。寛弘七年（一〇一〇）親王宣下、寛仁元年（一〇一七）立太子、同三年元服。譲位ののち寛徳二年（一〇四五）落

《左経記》

11・5　碧珠出現により、大中臣輔親を伊勢神宮へ差遣し、奉幣する。▼碧珠を清涼殿昼御座《ひるのおまし》の厨子に奉納する。《左経記》

●この頃、「栄花物語」正篇成るか。

■**長元八年（一〇三五）乙亥**

後一条天皇　28歳

1・2　天皇、上東門院藤原彰子御所に朝覲行幸する（皇太子も行啓）。《日本紀略》

4・14　花山天皇皇子昭登《あきなり》親王（母は平祐忠女）没（年30）。《日本紀略》

5・21　清涼殿で法華不断御読経を始行する。《左経記》

5・28　丹生・貴布禰両社に祈雨奉幣を行なう。《左経記》

6・3　天皇、八省院に臨幸し、二十一社に祈雨奉幣使を発遣する。《日本紀略》

6・14　東大寺大仏殿にて七大寺の僧に御読経を修させ、雨を祈る（三日間）。《左経記六月九日条》

6・21　中宮藤原威子平産祈願のため、大極殿にて大般若経読経を行なう（二十三日流産）。▼花山天皇女御藤原諟子《しし》（母は代明親王王女厳子女王）没（生年不詳）。《左経記》

6・22　村上天皇皇女**選子内親王**没。《日本紀略》

7・21　祈雨のため、大極殿にて大般若経読経を行なう。《北山抄》

9・11　度会川洪水により、伊勢斎宮の伊勢例祭への参宮を中止する。《大神宮諸雑事記》

9・23　天変により二十一社奉幣を行なう。《日本紀略》

11・23　新嘗祭。天皇、中院に行幸する。《日本紀略》

12・14　地震あり。《日本紀略》

■**長元九年（一〇三六）丙子**

後一条天皇29歳

後朱雀天皇28歳

3・6　天皇、内侍所に渡御する。《日本紀略》

3月中旬以後　天皇、病となる。《扶桑略記》

4・13　天皇平癒祈願のため、伊勢以下十一社に奉幣する。《日本紀略》

4・16　天皇平癒祈願のため、馬を十一社に奉納する。《日本紀略》

第六十九代　後《ご》朱《す》雀《ざく》天皇

4・17　後一条天皇、清涼殿にて崩御（遺詔により喪を秘す）。皇太弟敦良《あつなが》親王（**後朱雀天皇**）、「**如在の儀**」により昭陽舎にて践祚（「鈴鹿」等を御物として伝領）。引き続き関白に藤原頼通を任じる。▼賀茂斎院馨

飾し、崩御。陵は円乗寺陵。皇后禎子《ていし》内親王に後三条天皇・良子《りょうし》内親王・娟子《けんし》内親王が、皇后藤原嫄子（敦康親王王女）に祐子《ゆうし》内親王・禖子《ばいし》内親王の子があり、ほかに藤原嬉子《きし》所生に後冷泉天皇、藤原延子《えんし》所生に正子内親王がいる。「後朱雀天皇宸記」を記す。

＊**如在《にょざい》の儀《ぎ》**　天皇が在位中に崩じたとき、その死を公表せず生きていることとして譲位の儀を行なうこと。葬儀も太上天皇崩御の形で執行。「如在の儀」が最も長期にわたったのは四条天皇崩御の際で、仁治三年（一二四二）正月九日崩御、後嵯峨天皇践祚は四月二十日、葬送は四月二十五日であった。

子内親王、父帝崩御により退下する。《日本紀略ほか》
4・19 藤原頼通、初めて文書を内覧する。《範国記》
4・21 中宮藤原威子、藤壺より源倫子の鷹司殿に移る。《日本紀略》
4・22 天皇、日記・御厨子・楽器等、累代の御物を継承する。▼院宣により、先帝の遺体を上東門院（土御門殿）東対に移す。▼権中納言源顕基《あきもと》、「忠臣二君に仕えず」として大原院に出家する。▼中宮藤原威子、藤壺より鷹司殿に移る。《左経記》
4・26 天皇、初めて月次の御服を着し、殿上に出御する。《範国記》
4月 斎宮嫥子《せんし》女王、天皇崩御により退下し、関白・太政大臣藤原教通の室となる。《伊勢斎宮部類》
5・1 一条院の例に准じ、先帝の称号を「後一条院」と定める。《左経記》
5・17 藤原頼通、先帝のため、浄土寺で阿弥陀護摩を修する。《左経記》
5・19 先帝を太上天皇として浄土寺の西原に火葬する（陵は**菩提樹院陵**。遺詔により、素服・挙哀を止め、国忌・山陵等を置かないことにする）。《左経記》
5・20 先帝の遺骨を浄土寺に安置する。《左経記》
6・26 天皇、建礼門に行幸し、即位奉告のため、伊勢奉幣使を発遣する。《範国記》
7・10 後朱雀天皇、大極殿にて即位礼を挙げる。《範国記》
8・15 天皇、祈年穀奉幣使を発遣、昼御座に出御し、伊勢神宮を遙拝する。《範国記》
8・27 丹生・貴布禰両社に止雨奉幣使を発遣する。▼地震により、天地災変祭・地動祭を行なう。《範国記》
9・4 中宮藤原威子、出家する。《一代要記》
9・6 後一条天皇中宮**藤原威子**、疱瘡により没。《扶桑略記》
9・19 藤原威子を園城寺北地に葬送する。《大鏡裏書》
10・29 天皇、大嘗会のため鴨川で禊する。《扶桑略記》
11・17 天皇、八省院にて大嘗祭を行なう。《範国記》
11・28 後朱雀天皇皇女に良子《りょうし》（「ながこ」とも）の名を賜い伊勢斎宮に、同天皇皇女に娟子《けんし》の名を賜い賀茂斎院に卜定する。《範国記》
12・5 斎王の良子・娟子を内親王とする。《範国記》
12・20 斎王の良子・娟子両内親王、初めて

＊**範国記**《のりくにき》 蔵人平範国（生没年不詳）の日記。長元九年（一〇三六）四月から十二月までが現存する。
＊**菩提樹院**《ぼだいじゅいんの》**陵**《みささぎ》 京都市左京区吉田神楽岡町に所在。円丘。中世、所伝不明。幕末に当所を陵とするも、まもなく火葬塚とし、明治二十二年、再び当陵に治定される。このとき墳丘に接する小墳を二条院（章子内親王）の墓としたが、明治三十九年、陵と改める。
＊**藤原威子**《ふじわらのいし》（九九九〜一〇三六） 後一条天皇中宮。父は藤原道長、母は源雅信女倫子。寛仁二年（一〇一八）入内し、この年のうちに女御、中宮となる。長元九年（一〇三六）病により出家。園城寺北地桜本に葬られる（宇治陵）。
＊**日本紀略**《にほんきりゃく》 神代より長元九年（一〇三六）後一条天皇までの編年体歴史書。成立年・編者とも不詳。光孝天皇までは「六国史」から抄出しており、欠失部分の多い現存「日本後紀」を補っている。
＊**行親記**《ゆきちかき》 佐衛門権佐平行親の日記。長暦元年（一〇三七）の部分のみ現存する。実務官僚として、この年の禁中での行事が詳しく記され

神殿に入る。《範国記》
12・22　後朱雀天皇皇子二人を親王とし、それぞれ名を親仁《ちかひと》・尊仁《たかひと》と賜う。▼地震あり。《範国記》
この年　「日本紀略」の記述が終わる（後一条天皇崩御後に編纂）。
□9月藤原保昌《ふじわらのやすまさ》（官人。母は元明親王王女。和泉式部の夫。79）

■長暦元年（一〇三七）丁丑

後朱雀天皇29歳
1・7　敦康親王王女嫄子《げんし》女王、関白藤原頼通の養女として入内する。《扶桑略記》
1・14　親仁親王（後冷泉天皇）の高陽殿文殿が焼亡する。《行親記》
1・29　藤原嫄子を女御とする。《行親記》
2・13　三条天皇皇女禎子内親王を中宮とする。《行親記》
3・1　中宮禎子内親王を皇后に、女御藤原嫄子を中宮とする。《十三代要略》
3・9　天皇、石清水八幡宮に行幸する（十日還御）。《行親記》
4・3　斎宮良子内親王、禊する。《行親記》
4・21　代始により**長暦**と改元する。《行親記》
6・2　上東門院藤原彰子、後一条天皇火葬所に菩提樹院を落慶供養する。《百練抄》
7・2　親仁親王、元服する。《行親記》
7・3　天皇、中宮の弘徽殿に渡御する。《行親記》
8・11　天皇、賀茂社に行幸する。《行親記》
8・17　親仁親王を皇太子とする。《行親記》
8・25　伊勢斎宮群行により、九月中の近江・伊勢の挙哀改葬を停止。《類聚符宣抄》
9・13　天皇、流星あるにより八省院に行幸し、伊勢以下二十二社に奉幣使を発遣する。《行親記》
9・17　斎宮良子内親王、東河に禊し大膳職より野宮に移る。《行親記》
10・5　一代一度の大仁王会を行なう。《行親記》
10・22　流星あるにより、天皇、八省院にて仁王会を修する。《行親記》
10・23　天皇、上東門院御所高陽院に朝覲行幸する。《行親記》
11・13　後朱雀天皇中宮嫄子、出産のため藤原頼通の高倉殿に里下りする。《行親記》
12・8　天皇、石清水八幡宮に行幸する。《玉蘂》
12・13　後一条天皇皇女章子内親王を皇太子親仁親王妃とする（二十七日、内裏に入る）。《行親記》
12月　地震により、高野山堂舎多数倒壊する。《高野春秋》

ている。
＊**長暦**《ちょうりゃく》　大学頭藤原義忠《よしただ》の勘申。出典は「春秋」からといわれる。

この年　敦明親王王女儇子内親王、権大納言藤原信家と結婚する。《本朝皇胤紹運録》

■**長暦二年（一〇三八）戊寅**

後朱雀天皇30歳

1・2　天皇、上東門院藤原彰子御所に朝覲行幸する。《今鏡》

3・5　真言僧仁海の道場（醍醐寺延命院）を御願寺とする。《醍醐寺新要録》

3・17　斎宮良子内親王、野宮にて小弓・蹴鞠・和歌・管絃の興を催す。《古今著聞集》

4・21　後朱雀天皇皇女（祐子内親王）、誕生する（母は中宮藤原嫄子）。《一代要記》

6・18　皇女祐子を内親王とする。《一代要記》

9・11　伊勢斎宮良子内親王、伊勢へ群行する。《栄花物語》

9・16　伊勢内宮の遷宮が行なわれる。《大神宮諸雑事記》

10・11　新築のため、先帝崩御所清涼殿を解体する（十九日、祐子内親王、関白藤原頼通の高倉第に移る）。《春記》

10・27　清涼殿建立のため、皇太子・妃章子内親王、上東門院御所高陽院に移る（十二月十九日、新造内裏に移る）。《春記》

11・25　皇太弟尊仁親王、麗景殿にて着袴の儀を挙げる（父後朱雀天皇自ら腰を結ぶ。関白藤原頼通、不参）。《春記》

12・14　天皇、弘徽殿に渡御する。《春記》

12・20　天皇、春日社に行幸する。《興福寺略年代記》

□6・22　大中臣《おおなかとみの》輔親《すけちか》（神祇官人。歌人。伊勢神宮祭主。85）

■**長暦三年（一〇三九）己卯**

後朱雀天皇31歳

2・15　伊勢神宮禰宜ら、神民を率いて上京、十三箇条を告訴する（そのうち十二箇条を許す）。《大神宮諸雑事記》

3・3　東大寺勅封倉宝物が盗難にあう。《東大寺別当次第》

3・13　伊勢神宮禰宜らが勝手に入京するのを禁止する。《大神宮諸雑事記》

3・16　延暦寺僧の放火により、藤原頼通の高陽院が焼亡する。《百練抄ほか》

4・30　伊勢別宮荒祭宮の託宣により、神宮祭主大中臣佐国を解任する。《大神宮諸雑事記》

5・7　上東門院、剃髪・受戒する。《扶桑略記》

5・19　遷宮時濫行の処分申告につき、伊勢神宮に遣使奉幣し、宸筆宣命を奉る。《大神宮諸雑事記》

5月　園城寺、戒壇設立を請う。諸宗にその可否を問う。《年代記残篇》

＊**二十二社**　朝廷から奉幣を受ける名社。平安中期は十五、六であったものが、この年に「二十二社」となり、以後固定化した（室町時代中期まで存続）。伊勢・石清水・賀茂・松尾・平野・稲荷・春日（以上上七社）・大原野・大神・石上・大和・広瀬・龍田・住吉（以上中七社）・日吉・梅宮・吉田・広田・祇園・北野・丹生・貴布禰（以上下八社）の二十二社。室町時代中期まで存続。

＊**藤原嫄子**《ふじわらのげんし》（一〇一六～三九）　後朱雀天皇中宮。父は式部卿敦康親王、母は中務卿具平親王女。太政大臣藤原頼通養女。長暦元年（一〇三七）入内し、女御、中宮となり、祐子内親王・禖子内親王をもうける。

6・26　神宮遷宮執行上の違例により、前祭主大中臣佐国を伊豆国に配流する。《百練抄》
6・27　内裏が焼亡し、天皇、太政官朝所に遷る。《扶桑略記》
7・13　天皇、太政官朝所より京極院（土御門殿）に遷る（これにより、上東門院、讃岐守藤原憲房の近衛の宅に移る）。《百練抄》
7・14　内裏焼亡により、勅使を伊勢神宮に発遣し、これを祈禳させる。《大神宮諸雑事記》
7・19　伊勢神宮の託宣により、大中臣佐国を伊豆から召還する。《大神宮諸雑事記》
7・23　天皇、病む。《扶桑略記》
8・7　伊勢神宮の託宣により、祭主大中臣兼興を若狭守に遷任する。《百練抄》
8・18　官幣の社に日吉社を加え、**二十二社**とし、奉幣する。《二十二社註式》
8・19　後朱雀天皇皇女（禖子《ばいし》内親王）、丹後守源行任《ゆきとう》の宅にて誕生する（母は中宮藤原嫄子）。《扶桑略記》
8・28　後朱雀天皇中宮**藤原嫄子**没。《百練抄》
10・29　藤原資平、子の資房に「醍醐天皇御記」二十巻を書写させる。《春記》
11・16　天皇、心喪により中院に出御せず。《春記》
11・28　盗人、内裏女房の曹司に入り、綿衣を奪う。《春記》
12・5　皇女を内親王とし、名を禖子と賜う。▼天皇、祭主未定により、ひそかに石灰《いしばいの》壇《だん》に祈る。《春記》
12・9　伊勢神宮に金銀神宝・幣帛等を奉幣する。《春記》
12・21　内大臣藤原教通女生子《せいし》（「なりこ」とも）、入内する。《春記》
12・26　大中臣永輔を神宮祭主に卜定する。《春記》
⑫・13　藤原生子を女御とする。《春記》
⑫・23　僧四十人を召し、清涼殿にて仁王経を読誦させる。《春記》
この年　小一条院敦明親王王子（敦賢《あつかた》親王）、誕生する（母は藤原頼宗女）。《本朝皇胤紹運録》

■長久元年（一〇四〇）庚辰

後朱雀天皇32歳
1・27　天皇、上東門院藤原彰子御所法成寺東北院に朝覲行幸する。《扶桑略記》
4・5　旱魃祈禳のため二十一社奉幣を行なう。《春記》
4・13　天皇、内侍所に出御する。《春記》
5・19　仏師定朝、後朱雀天皇の念持仏として、一尺ばかりの純銀薬師仏を開眼供養する。《春記》

5・22 盗人、内裏に入り、御衣を盗む。《春記》
5・27 京都大雨洪水。《春記》
6・3 新立荘園を停止する（長久の荘園整理令）。《春記》
6・14 丹生・貴布禰両社に祈雨奉幣使を発遣する。《春記》
6・24 祈年穀・祈雨のため、大極殿にて六十僧大般若経読経を行なう。《春記》
6・27 地震あり。《春記》
7・26 京・伊勢の台風により、八省院や伊勢外宮の正殿・宝殿等が倒壊する（伊勢神宮御神体を御膳殿に遷す）。《百練抄》
8・8 盗人、内裏に潜入する。《春記》
8・15 託宣により、伊勢神宮への公卿勅使奉幣を中止する。▼天皇、庭上で宸筆の祭文を捧げ、伊勢神宮を遙拝する。《春記》
8・23 藤原資房《すけふさ》、伊勢外宮倒壊をうけ、「此の国是れ神国なり……彼の神助を憑《たの》むなり」と記す。《春記》
8・25 伊勢外宮を仮殿に遷す（天皇、庭中で御拝）。《春記》
8・29 天皇、病む。《春記》
8月 京中、疾疫流行。《春記》
9・5 天皇、病む。《春記》
9・7 伊勢外宮遷宮神宝使を発遣する。《春記》
9・8 地震あり。《春記》
9・9 里内裏京極院（土御門殿）が焼亡する（神鏡が原形を失うほど焼損）。天皇、法成寺に遷る（ついで東北院、のち藤原惟憲の陽明門第へ）。《春記》
9・11 内裏焼亡により、伊勢奉幣を延引する。《春記》
9・13 天皇、深夜に神殿に出御し、神鏡を拝する。《春記》
9・15 伊勢外宮の遷宮が行なわれる。《大神宮諸雑事記》
9・18 内大臣藤原教通の二条第を皇居とする。《春記》
9・21 伊勢例幣使を発遣する（天皇遥拝）。《春記》
9・22 天皇、紫宸殿南庭に出御し、御拝を行なう。《春記》
9・27 伊勢神宮倒壊・内裏焼亡により、伊勢・石清水・賀茂・松尾・平野各社に奉幣する。《春記》
9・28 焼損の神鏡を新造唐櫃に納め温明殿に奉安。神楽を三日間奏上する。《春記》
10・18 藤原頼通、「内裏式」焼失により、御書所衆に藤原実資所蔵本を書写させる。《春記》

＊**二条殿**《にじょうどの》 後朱雀・後冷泉・後三条・堀河・崇徳・亀山・後宇多・伏見・後伏見・後二条各天皇の里内裏。二条南・東洞院東に所在。二条東洞院殿・二条高倉殿・二条高倉内裏ともいう。平安時代中期には藤原教通の邸（二条殿）。康平元年（一〇五八）、治暦四年（一〇六八）、保安元年（一一二〇）に焼失。保安四年、鳥羽上皇御所が新造されるも保延四年（一一三八）に焼失。建久九年（一一九八）には後鳥羽上皇御所が建設されるも、建仁三年（一二〇三）またもや焼失。その後の増改築により、文永十年（一二七三）以降は亀山天皇以下の皇居となる。

＊**長久**《ちょうきゅう》 式部権大輔《しきぶのごんのだいふ》大江挙周《たかちか》の勘申。出典は「老子」の「天長地久、天地所以能長且久者、以其不自生、故能長」。

＊**藤原公任**《ふじわらのきんとう》（九六六～一〇四一） 関白藤原頼忠長男。母は醍醐天皇皇子代明親王王女厳子。男子に定頼など。権大納言。歌壇の第一人者で三十六歌仙を選ぶ。「和漢朗詠集」撰者、歌学書「新撰髄脳」・有職故実書「北山抄」著者。

10・22 天皇、神鏡とともに藤原教通の**二条殿**に遷る。《春記》

10・28 天皇、釣殿に出御し、雪を観る。《春記》

10・29 地震あり（十一月一日にも）。《春記》

11・2 放火頻発により、検非違使に内裏近辺を夜行させる。《春記》

11・10 後一条天皇の遺骨を浄土寺より菩提樹院に移す。《百錬抄》災変により**長久**と改元する。《春記》

11・11 京都大雪（「積雪尺余」）。天皇、釣殿に出御して雪を観る。《春記》

11・23 祐子内親王、着袴の儀を挙げ（天皇出御）、この日、准三宮となる。《春記》

11・24 天皇、祐子内親王御所に行幸する（翌日還幸）。《春記》

12・12 天皇、行幸の先例を見るため、藤原実資から「醍醐天皇宸記（延喜十八年御記）」を借用する。《春記》

12・13 園城寺僧明尊の住房を御願堂とし、円満院と号する。《春記》

12・25 天皇、平野社に行幸する（帰路、和泉国の百姓が直訴）。《春記》

■長久二年（一〇四一）辛巳

後朱雀天皇33歳

2・20 村上天皇皇子致平《むねひら》親王（母は藤原正《せい》妃《ひ》）没（年91）。《春記》

2・21 託宣により、天皇、北野社に行幸する。《春記》

3・4 里内裏二条殿にて花宴を開く。《扶桑略記》

3・12 天皇、釣殿に出御し、侍臣に勅題を賜い詩を作らせる。《春記》

3・28 伊勢神宮倒壊により、二十一社奉幣を行なう。《春記》

7・20 地震により法成寺鐘楼が倒壊する。《扶桑略記》

8・3 天皇、大原野社に行幸する。《扶桑略記》

8・16 小一条院敦明親王、出家する。《大鏡裏書》

8・27 天皇、松尾社に行幸する。《扶桑略記》

12・15 百僧を内裏に召し、読経させる。《扶桑略記》

12・19 天皇、二条殿より新造内裏に遷る。《扶桑略記》

□1・1**藤原公任**（権大納言。歌人。76）

■長久三年（一〇四二）壬午

後朱雀天皇34歳

1・24 図書《ずしょ》寮、焼亡する。《百練抄》

3・10 延暦寺僧徒、園城寺円満院を焼く。《扶桑略記》

3・26 右大臣藤原頼宗女延子《えんし》、入内する。《扶桑略記》
8・20 清涼殿にて詩会あり。《百練抄》
9・21 天皇、藤原頼通の高陽院に行幸し、競馬を覧る（皇太子親仁親王行啓）。《扶桑略記》
⑨・9 清涼殿にて詩会あり。《百練抄》
⑨・27 有馬温泉に湯治中の藤原頼通に勅使を遣わして慰問する。《百練抄》
10・9 藤原延子を女御とする。《扶桑略記》
11・5 尊仁親王、読書始の儀を行なう。《皇年代略記》
12・8 内裏が焼亡する。天皇、太政官朝《あいたん》所《どころ》に遷る。《百練抄》
この年 天皇、平野社に行幸する。《公卿補任》

■**長久四年（一〇四三）癸未**
後朱雀天皇35歳
3・23 天皇、皇太子とともに太政官朝所より一条院に遷る。《扶桑略記》
3・30 小一条院敦明親王、延暦寺で受戒する。《一代要記》
4・3 伊勢神宮の仮殿遷宮が行なわれる。《遷宮事略》
5・8 旱魃により、僧正仁海、神泉苑で請雨経法を行なう。《扶桑略記》
6・8 祈雨のため二十二社奉幣を行なう。日吉社に毎年内蔵寮幣を立てる宣旨を下し、この日初めて奉幣し、二十二社に加える。《年中行事秘抄》
12・1 里内裏一条院が焼亡する。天皇、藤原頼通の高陽院に遷る。《扶桑略記》
12・21 天皇、高陽院より東三条殿に遷る。《扶桑略記》
□6・24 藤原公成《ふじわらのきんなり》（権中納言。女茂子は後三条天皇女御・白河天皇母。45）

■**寛徳元年（一〇四四）甲申**
後朱雀天皇36歳
1月 疾疫流行（六月まで）。《扶桑略記》
5・25 天皇、病む。《扶桑略記》
6・4 大極殿にて大般若経読経を行なう。《吉記》
7・9 七大寺に雨を祈らせる。《東大寺別当次第》
8・27 旱魃・疾疫により、二十二社奉幣を行なう。《扶桑略記》
10・16 上東門院の病により、天皇、土御門殿に行幸する。《扶桑略記》
11・24 災旱・疾疫により、**寛徳**と改元する。《春記》
12・20 天皇、病む。《扶桑略記》
□1・1 藤原隆家《ふじわらのたかいえ》（中納言。父は摂政・関白藤原道隆。中宮定子の弟。66）、12・28

＊**寛徳**《かんとく》 文章博士平定親《さだちか》・式部権大輔大江義周の勘申。出典は「後漢書」杜林伝《とりんでん》の「上下歓欣、人懐寛徳」。
＊**後冷泉天皇**《ごれいぜいてんのう》（一〇二五〜六八） 親仁。敦良親王（後朱雀天皇）第一王子。母は藤原嬉子《きし》。長元九年（一〇三六）親王宣下。長暦元年（一〇三七）元服・立太子。皇后に章子内親王・藤原寛子・藤原歓子。「後冷泉院御記」を記すも現存せず。
＊**円乗寺陵**《えんじょうじのみささぎ》 京都市右京区龍安寺朱山の龍安寺に所在。円丘。後冷泉・後三条天皇陵と東西に並んでいる。天喜三年（一〇五五）円教寺内に円乗寺が造られ、陵名はこれによる。中世、所在不明も、幕末、現陵に考定、修補される。

源通方《みなもとのみちかた》（大納言。中院家始祖。有職故実書「餝抄《かざりしょう》」著者。50）

■寛徳二年（一〇四五）乙酉

後朱雀天皇37歳
後冷泉天皇21歳

1・10 天皇の病により大赦する。《扶桑略記》

1・14 後朱雀天皇皇女良子内親王（伊勢斎宮）を准三宮とする。《栄花物語》

第七十代 後《ご》冷《れい》泉《ぜい》天皇

1・16 後朱雀天皇、東三条殿にて譲位（即日、太上天皇尊号宣下）。親仁《ちかひと》親王、東三条殿にて受禅（**後冷泉天皇**）、土御門殿（京極院）に遷る。皇太子妃章子内親王を女御とし、尊仁《たかひと》親王（後三条天皇）を皇太子とする。関白は引き続き藤原頼通とする。《中右記》

1・18 後朱雀上皇、出家後、疱瘡により東三条院にて崩御（女御藤原生子、哀愁深く、以後、読経・写経に専念）。《栄花物語》

1・19 諒闇により、斎宮良子内親王、退下する。（四月二十八日帰京。斎院娟子内親王も退下）。《一代要記》

2・21 後朱雀上皇を香隆寺乾原で火葬し、遺骨を仁和寺内円教寺に安置する（陵は**円乗寺陵**）。諡号を「後朱雀院」とする。《扶桑略記》

4・8 後冷泉天皇、大極殿にて即位礼を挙げる。《扶桑略記》

4・20 後朱雀天皇皇女（正子内親王）、誕生する（母は女御藤原延子）。《栄花物語》

6・13 天皇、京極院より太政官朝所に遷る（八月二十七日還幸）。《百練抄》

7・21 後朱雀天皇皇后禎子内親王、出家する。《一代要記》

8・11 故尚侍藤原嬉子（後冷泉天皇母）に皇太后を贈る。《百練抄》

10・21 「寛徳の荘園整理令」が出される。《永承五年七月二十一日太政官符》

11・21 小一条院敦明親王、左京六条第に御堂を建て、阿弥陀像を安置する。《扶桑略記》

12・13 近陵より藤原超子陵を除き、藤原嬉子陵を入れる。《中右記》

12・16 天皇、京極院より太政官朝所に遷る。《百練抄》

□1・19 藤原定頼《ふじわらのさだより》（権中納言。歌人。父は権大納言藤原公任、母は村上天皇皇子昭平親王女。51）

■永承元年（一〇四六）丙戌

後冷泉天皇22歳

2・28 太政官朝所が焼亡する。天皇、大膳職に遷る。《扶桑略記》

2月 源延信（延信王）を神祇伯とする（白川伯王家の初め）。
3・10 敦明親王王女嘉子《かし》内親王を伊勢斎宮に卜定する。《一代要記》
3・24 後朱雀天皇皇女禖子《ばいし》内親王を賀茂斎院に卜定する。《一代要記》
4・4 天皇、大膳職より藤原教通《のりみち》の二条第に遷る。《百練抄》
4・14 即位により永承と改元する。《春記》
5・4 大極殿で百座仁王会を修する。《永昌記》
5・27 京都洪水。《扶桑略記》
7・10 女御章子内親王（後一条天皇皇女）を皇后（中宮）とする。《扶桑略記》
10・8 天皇、二条殿から新造内裏に還幸する。《扶桑略記》
10・25 天皇、大嘗祭のため鴨川で禊する。《扶桑略記》
11・15 天皇、大嘗宮にて大嘗祭を行なう（後朱雀天皇崩御により、この日に延引）。《扶桑略記》
12・19 皇太子尊仁親王、元服して閑院より内裏昭陽舎に移る（天皇出御）。《兵範記》
12・21 権大納言藤原能信養女茂子、皇太子尊仁親王（後三条天皇）妃となる。《春記》
12・24 興福寺の金堂・講堂・南円堂等が焼ける。《扶桑略記》
□1・18 **藤原実資**（右大臣。90）、5・16 仁《にん》海《がい》（東寺長者。雨僧正・雨海僧正とも称される。96）

■永承二年（一〇四七）丁亥

後冷泉天皇23歳
3・8 天皇、石清水八幡宮に初めて行幸する。《十三代要略》
4・12 天皇、上東門院御所に朝覲行幸する。《玉蘂嘉禎元年十二月六日条》
4・23 天皇、賀茂社に初めて行幸する。《帝王編年記》
7月 僧深観に孔雀経法を東寺に修し、雨を祈らせる。《東宝記》
8・1 内大臣藤原教通を右大臣、権大納言藤原頼宗を内大臣とする。《公卿補任》
9・14 斎宮嘉子内親王、野宮に入る。《公卿補任》
10・14 右大臣藤原教通女歓子、入内する。《扶桑略記》
11・30 一代一度の仁王会を行なう。《扶桑略記》
□9・3 源顕基《みなもとのあきもと》（権中納言。藤原頼通猶子。後一条天皇の寵臣。48）

■永承三年（一〇四八）戊子

後冷泉天皇24歳

＊永承《えいしょう》 文章博士平定親の勘申による。出典は「晋書」礼志「永承天祚」。

＊兵範記《へいはんき》 「ひょうはんき」とも。兵部卿平信範《のぶのり》の日記。「兵範記」の題は兵部卿と名の信範から。「信範記」「人車記」などともいう。保元の乱・高倉天皇即位について詳しい。

＊藤原実資《ふじわらのさねすけ》（九五七～一〇四六） 参議藤原斉敏の三男。母は播磨守藤原尹文女。祖父藤原実頼の養子となり、治安元年（一〇二一）右大臣に昇る。長和元年（一〇一二）女御娍子の立后には藤原道長の圧力を怖れず強行するなど三条天皇の信頼を得、「道長の唯一の批判者」となる（対立者ではない）。藤原摂関家全盛時を克明に記録した「小右記」がある。

＊禔子内親王《ししないしんのう》（一〇〇三～四八） 三条天皇第二皇女。母は藤原済時女娍子。寛弘八年（一〇一一）内親王宣下。万寿三年（一〇二六）藤原教通（道長次男）と結婚。

①・29　三条天皇皇女禔子内親王没。《一代要記》
3・2　興福寺再建供養が行なわれる。《春記》
4・12　斎院禖子内親王、初めて紫野宮に入る。《春記》
5・2　大宰府、新羅暦を献上する。《百練抄》
6・11　神今食。天皇、中和院に出御する。《春記》
6・18　大極殿にて大般若経を読誦、雨を祈る。《春記》
7・10　左大臣藤原教通女歓子を女御とする。《一代要記》
7・19　二十一社に奉幣して雨を祈る。《伏見宮記録》
9・8　斎宮嘉子内親王、伊勢に群行する。《十三代要略》
11・2　内裏が焼亡する。天皇、太政官朝所に遷る（内侍所神鏡を松本曹司に安置）。《扶桑略記》
11・10　天皇、太政官朝所より京極院に遷る。《百練抄》
11・16　大宰府、宋暦を献上する。《扶桑略記》

■永承四年（一〇四九）己丑

後冷泉天皇25歳

2・7　准三宮脩子内親王（一条天皇皇女。母は藤原定子）没（年55）。《十三代要略》
2・18　興福寺北円堂・唐院・伝法院等が焼失する。《扶桑略記》
3・18　三条天皇皇子敦平《あつひら》親王（母は藤原娍子）没（年51）。《十三代要略》
6・23　皇太子尊仁親王御所閑院が焼亡する。《百練抄》
11・9　内裏で歌合あり。《扶桑略記》
11・25　諸国諸社に仏舎利一粒を奉納する。《扶桑略記》
11・27　天皇、春日社に行幸する。《一代要記》
12・13　諸国五十五社に仏舎利一粒を奉納する。《扶桑略記》

■永承五年（一〇五〇）庚寅

後冷泉天皇26歳

1・20　伊勢神宮禰宜ら、神民七百余人を率いて上京し、祭主大中臣永輔等の非法を訴える。《大神宮諸雑事記》
6・15　花山天皇皇子深観（母未詳）没（生年不詳）。《東大寺別当次第》
7・3　新造冷泉院が放火される。《百練抄》
10・7　天皇、平野社に行幸する。この日、地震あり。《十三代要略》
10・10　伊勢神宮権禰宜ら、再び神民四十人を率いて入京し、祭主大中臣永輔の非法を愁訴する（命じて神民を帰国させる）。《大神宮諸雑事記》

10・13 天皇、初めて上東門院藤原彰子御所法成寺東北院に朝覲行幸する。《百練抄》
⑩・18 天皇、災厄を祓うため、**泰山府君祭**を親祭する。《朝野群載》
11・28 天皇、大原野社に行幸する。《十三代要略》
12・21 藤原頼通女寛子、入内する（「中右記」では二十二日）。《扶桑略記》
12・27 藤原寛子を女御とする。《十三代要略》
この年 後三条天皇皇女（聰子内親王）、誕生する（母は藤原茂子）。《長秋記》

■永承六年（一〇五一）辛卯
後冷泉天皇27歳

1・8 三条天皇皇子**小一条院敦明親王**没。《扶桑略記》
1月 伊勢斎宮嘉子内親王、父小一条院の喪により退下する。《二所大神宮例文》
2・13 後朱雀天皇皇后禎子内親王を皇太后、女御藤原寛子を皇后とする。《扶桑略記》
2・15 天皇、石清水八幡宮に行幸する。《誉田八幡縁起》
2・28 天皇、上東門院藤原彰子御所法成寺東北院に朝覲行幸する。《御遊抄》
3・24 内裏に鶏合（闘鶏）あり。《百練抄》
3・29 内裏に詩合あり。《侍臣詩合》
4・16 法成寺五大堂が倒壊する。《百練抄》
4・27 天皇、松尾社に行幸する。《殿暦》
5・5 菖蒲根合・管絃の御遊あり。天皇、笛を奏する。《扶桑略記》
6・3 天皇、北野社に行幸する。《十三代要略》
6・16 天皇、京極殿より太政官朝所に遷る。《十三代要略》
7・10 女御藤原歓子を准三宮とする。《十三代要略》
7・11 天皇、太政官朝所より大膳職に遷る。《扶桑略記》
7・19 天皇、大膳職より新造冷泉院に遷る。《百練抄》
9・9 内裏に重陽詩会あり。《扶桑略記》
9・11 伊勢例幣使を発遣する。《大神宮諸雑事記》
10・7 敦平親王王女敬子女王を伊勢斎宮に卜定する。《十三代要略》
11・8 後一条天皇皇女馨子内親王（前斎院）を皇太子尊仁親王妃とする。《十三代要略》
11・20 伊勢神宮禰宜ら、祭主・宮司の非法を奏上する。《大神宮諸雑事記》
この冬 疾疫流行（年をこえても止まず）。《扶桑略記》
この年 「前九年の役」始まる。源頼義を陸奥守に任じ、追討させる。《**本朝続文粋**》

***泰山府《たいざんぷ》君祭《くんさい》** 陰陽道の祭祀として一〇世紀後半頃成立とされる。中国由来で泰山府君は地獄の判官で、人の生死を司るという。延命益算・富貴栄達・消災度厄を祈願して、定期的あるいは臨時に行なわれた。

***小一条《こいちじょう》院敦明《いんあつあきら》親王《しんのう》**（九九四〜一〇五一） 三条天皇第一皇子。母は藤原師尹孫の皇后娍子。寛弘八年（一〇一一）親王宣下、長和五年（一〇一六）後一条天皇即位とともに東宮となる。藤原道長の圧力により寛仁元年（一〇一七）東宮を辞し、道長女彰子所生の敦良《あつなが》親王（後朱雀天皇）が立太子。敦明親王は小一条院の院号を授けられて准太上天皇となる。長久二年（一〇四一）出家。

***本朝《ほんちょう》続文粋《ぞくもんずい》** 「本朝文粋」のあとを受けて、後一条天皇から崇徳天皇の保延六年（一一四〇）までの漢詩文を収録したもの。編者未詳。成立は近衛天皇の時代と推定されている。

***天喜《てんぎ》** 右中弁平定親《さだちか》の勘申による。出典は「抱朴子《ほうぼくし》」の「人主有道則喜祥並臻、此則天喜也」。

■**永承七年（一〇五二）壬辰**
後冷泉天皇28歳
1・26 疾疫禳災のため、大極殿にて千僧観音経読経を行なう。《扶桑略記》
3・27 伊勢神宮禰宜ら、神民八百余人を率いて上京し、祭主大中臣永輔の処分を奉請する。《大神宮諸雑事記》
3・28 藤原頼通、宇治別業を寺とし、平等院と号する（平等院の創建）。《扶桑略記》
4・5 豊楽院にて如説仁王会を修する。《春記》
4・7 天皇、夢想により、疾疫除去のため賀茂社で大品般若経を供養する。《扶桑略記》
4・25 斎宮敬子女王、東河に禊して大膳職に入る。《春記》
5・5 二十一社に奉幣使を発遣し、疫病を祈禳させる。《春記》
5・6 上東門院藤原彰子が病のため、天皇、六条第に行幸する。《春記》
5・29 京都の人、紫野に花園社を創建して疫病の神を祭り、御霊会を行なう。《春記》
6・17 疾疫攘災のため、大極殿にて千僧金剛寿命経読経を行なう。《扶桑略記》
6・30 天皇、病む（七月七日快方に向かう）。《春記》
8・2 伊勢神宮禰宜ら、神民五百余人を率いて上京し、祭主大中臣永輔の会赦に抗議する。《春記》
9・11 伊勢例幣使を発遣する。《大神宮諸雑事記》
9・28 斎宮敬子女王、東河に禊し野宮に入る。《春記》
10・19 天皇、里内裏冷泉院釣台で宴遊を賜う。《百練抄》
11・29 天皇、天変により、八省院に御幸し、伊勢以下二十一社に奉幣使を発遣する。《伊勢公卿勅使雑例》
11月 天皇、松尾社・平野社に行幸する。《公卿補任》
この年 諸国疫病流行。末法初年に入る（末法思想・浄土思想がさかんとなる）。《扶桑略記》

■**天喜元年（一〇五三）癸巳**
後冷泉天皇29歳
1・11 天変怪異により天喜と改元する。《二東記》
3・4 藤原頼通、平等院阿弥陀堂（鳳凰堂）を落慶供養する。《土右記》
3月 後朱雀天皇女御藤原生子、出家する（これより先、准三宮宣下あり）。《一代要記》
4・28 伊勢外宮の仮殿遷宮が行なわれる。《大神宮諸雑事記》

＊**二《に》東記《とうき》** 関白藤原教通（九九七〜一〇七六）の日記。原本はすべて散逸し、逸文のみ残る。「二条内府記」「澄池記」とも。

＊**土《ど》右記《ゆうき》** 右大臣源師房（一〇〇八〜七七）の日記。タイトルは師房の家号土御門の「土」と右大臣の「右」による。「とゆうき」とも読み、「土記」「土御門右府記」などとも。長元三年（一〇三〇）から承保三年（一〇七六）まで記されたと思われるが、原本なく、多くは逸文で伝えられている。師房は、具平親王の子で、初め資定《すけさだ》王と称したが藤原頼通猶子となり、元服後、臣籍降下して源姓を賜わる。

6・20 皇太子尊仁親王王子（貞仁《さだひと》。白河天皇）、誕生する（母は藤原公成女茂子。十九日深更から二十日未明の誕生とされ、十九日誕生とする説も）。《土右記》
7月 天皇、病む。《栄花物語》
⑦月 一条天皇女御藤原義子（母は有明親王王女）没（年80）。《一代要記》
8・14 天皇の病気および天変により大赦する。《扶桑略記》
8・20 天皇、冷泉院より藤原頼通の**高陽院**に遷る（以後里内裏となり、院御所として使用）。《百練抄》
9・14 天皇、八省院に行幸し、伊勢斎宮（敬子女王）を発遣する。《扶桑略記》
10・13 上東門院藤原彰子、平等院に参詣する。《扶桑略記》
11・6 皇太子尊仁親王御所三条第が焼亡する。《扶桑略記》
12月 敦明親王王子敦賢親王、故三条天皇皇子として親王となる。《十三代要略》
□6・11 源倫子《みなもとのりんし》（父は宇多天皇皇孫源雅信、母は藤原穆子。藤原道長正室。頼通・教通・彰子〈一条天皇皇后〉・威子〈後一条天皇皇后〉・嬉子〈後朱雀天皇東宮時の妃〉らの母。90）

■天喜二年（一〇五四）甲午

後冷泉天皇30歳
1・8 里内裏高陽院、放火により焼亡する。天皇、冷泉院に遷る。《百練抄》
2・16 天皇、冷泉院より藤原頼通の**四条殿**に遷る。《百練抄》
7・11 三条天皇皇子敦儀《あつよし》親王（母は藤原娍子）没（年58）。《一代要記》
9・22 天皇、四条殿より京極院に遷る。《百練抄》
12・8 里内裏京極院が焼亡する。天皇、藤原長家の**三条第**に遷る。《扶桑略記》
12・28 天皇、三条第より藤原頼通の四条第に遷る。《百練抄》
□7・20 藤原《ふじわらの》道雅《みちまさ》（公卿。歌人。父は内大臣藤原伊周。63）

■天喜三年（一〇五五）乙未

後冷泉天皇31歳
3・13 「天喜の荘園整理令」を下す。《勘仲記弘安十年七月十三日条》
6・7 冷泉院を解体し、一条院を造営する。《扶桑略記》
8・23 東寺塔が落雷で焼亡する。《東寺長者補任》
10・25 天皇の御願により、円教寺内の新堂円乗寺（四円寺の一）の落慶供養が行なわれる。《扶桑略記》

＊**高陽院《かやのいん》** 後冷泉・後三条・白河・堀河・鳥羽・順徳・仲恭各天皇の里内裏。中御門南・堀川東にあり、治安元年（一〇二一）藤原頼通が邸宅として造営。天永三年（一一一二）焼失。後鳥羽上皇が元久二年（一二〇五）に新造高陽院に移ってからは、主要な院御所の一つとなる。

＊**四条殿《しじょうどの》**（四条宮・四条第） 後冷泉・後三条両天皇の里内裏。四条南・西洞院東にあり、もともとは関白藤原頼通第。天喜五年（一〇五七）焼亡後再建される。頼通女で後冷泉天皇皇后寛子が四条宮・四条后と呼ばれるのはこれによる。

＊**三条第《さんじょうてい》**（**御子左第《みこひだりてい》**） 後冷泉・後三条両天皇の里内裏。三条坊門南・大宮東に所在。醍醐天皇皇子兼明《かねあきら》親王の邸宅であった。親王は源姓を賜わり臣籍降下、左大臣に昇ったため「御子左」の呼称がある。その後、藤原長家・藤原信長に伝領される。長家の子孫（俊成・定家ら）を御子左家と呼ぶのは、この第に由来する。

＊**定家朝臣記《さだいえあそんき》** 桓武平氏の平定家（生没年不詳）の日記。「平定家朝

■**天喜四年（一〇五六）丙申**
後冷泉天皇32歳
2・15　一条院内裏が完成する。《百練抄》
2・22　天皇、四条第から新造一条院に遷る。《扶桑略記》
③・27　清涼殿で桜花宴を行ない、和歌管絃の御遊を催す。《袋草紙所引殿上記》
6月　清涼殿に詩合あり。《殿上詩合》
9・21　伊勢神宮祭主らが上京、神部の非違を奏上する。《大神宮諸雑事記》
11・28　天皇、石清水八幡宮に行幸する。《**定家朝臣記**》
12・9　天皇、賀茂社に行幸する。《十三代要略》
12・29　源頼義を陸奥守に還任し、征夷大将軍とし、安倍頼時を討たせる。《百練抄》
この年　後三条天皇皇女（篤子内親王）、誕生する（母は藤原茂子）。《中右記》

■**天喜五年（一〇五七）丁酉**
後冷泉天皇33歳
3・14　上東門院藤原彰子、法成寺八角堂の落慶供養を行なう。《扶桑略記》
3・29　四条宮が焼亡する。《百練抄》
4・14　大極殿の鴟尾《しび》が落下する。《百練抄》
9・5　伊勢例幣使を発遣する。《大神宮諸雑事記》
9・16　伊勢内宮の遷宮が行なわれる。《大神宮諸雑事記》
9月　前斎院娟子《けんし》内親王、参議源俊房に嫁する。《一代要記》
11月　源頼義、安倍貞任と戦い、大敗する。《扶桑略記》
□1・24藤原資房《ふじわらのすけふさ》（参議。「春記」記主。51）、8・1定朝《じょうちょう》（仏師。後朱雀天皇の念持仏を造る。生年不詳）

■**康平元年（一〇五八）戊戌**
後冷泉天皇34歳
2・23　法成寺、全焼する。《百練抄》
2・26　新造内裏焼亡。神嘉殿・大極殿・中和院・朝集堂等が焼亡する。《百練抄》
3・20　豊楽院にて仁王会を修する。《玉葉》
3・21　山陵使を発遣する。《玉葉》
4・3　賀茂斎院禖子内親王、病により退出する。《扶桑略記》
6・26　祭主大中臣永輔を神事懈怠により罷免する。《百練抄》
6・27　後朱雀天皇皇女正子内親王を賀茂斎院に卜定する。《一代要記》
8・29　大極殿等火災のため**康平**と改元する。《二東記》
11・28　天変地妖を除くため、伊勢神宮に勅使を発遣し、宸筆宣命を奉る。《扶桑略記》

臣記」「定家記」などとも。また、流布本は康平元年（一〇五八）から同五年までのため「康平記」とも呼ばれる。
＊**康平**《こうへい》　文章博士藤原実範《さねのり》の勘文によると、「後漢書」に「文帝寛恵柔克、遭代康平」とある。

⑫・27 右大臣藤原教通の二条殿が焼亡する。《扶桑略記》

■**康平二年（一〇五九）己亥**

後冷泉天皇35歳

1・8 里内裏一条院が焼亡し、「壺切の剣」が焼失する。天皇、上東門院藤原彰子の室町第に遷る。《百練抄》

2・8 天皇、室町第より藤原頼通の三条第に遷る。《百練抄》

5・2 京都大雨洪水。《扶桑略記》

6・1 放火が連夜に及び、諸門を警固させる。《百練抄》

7・9 性信入道親王、高野山参詣に出発（十月五日、仁和寺に帰る）。《仁和寺御伝》

7・10 宸筆仁王経を供養し、御八講を修する。《扶桑略記》

7・12 大風により、左近陣廊・諸司の屋舎が倒壊する。《百練抄》

9・15 伊勢外宮の遷宮が行なわれる。《大神宮諸雑事記》

10・12 関白藤原頼通、法成寺阿弥陀堂・五大堂を再建供養する。《扶桑略記》

■**康平三年（一〇六〇）庚子**

後冷泉天皇36歳

3・25 天皇、上東門院御所白河院に朝覲行幸し、観桜等を行なう。《定家朝臣記》

4・12 斎院正子内親王、紫野院に入る。《餝抄》

5・4 興福寺金堂等が焼亡する。《定家朝臣記》

6・2 河内国司、推古天皇陵を盗人があばいたことを奏上する。《扶桑略記》

6・18 地震あり。《扶桑略記》

7・17 藤原頼通、左大臣を辞任（関白は元の如し）。右大臣藤原教通を左大臣、内大臣藤原頼宗を右大臣、権大納言藤原師実を内大臣とする。《公卿補任》

8・11 天皇、三条第より新造高陽院（賀陽院）に遷る。《扶桑略記》

9・11 伊勢例幣使を発遣する。《大神宮諸雑事記》

10・19 天皇の病により大赦する。《扶桑略記》

11・18 天皇、童女を覧る。《定家朝臣記》

12・11 前賀茂斎院娟子内親王と密通の源俊房の勅勘を免じる。《百練抄》

この年 後三条天皇皇女（篤子内親王。堀河天皇皇后）、誕生する（母は藤原茂子）。《中右記》醍醐寺に初めて検校を置く。《醍醐寺新要録》

●この頃、藤原孝標女「更級日記」が成立。

■**康平四年（一〇六一）辛丑**

後冷泉天皇37歳

＊**餝抄**《かざりしょう》 中院通方編著。行事の装束、牛車、馬具などについてまとめたもの。

＊**東要記**《とうようき》 京都教王護国寺（東寺）の記録。東寺の要記であることから命名。「宗要記」とも。高野山開創から始まり、承和十年（八四三）から大治二年（一一二七）までの記事がある。作者・編者は諸説あるも不詳とされる。

＊**水左記**《すいさき》 左大臣源俊房（一〇三五～一一二一）の日記。タイトルは、源の偏「水」と左大臣の「左」による。「土左記」「土記」「堀河左府記」とも。康平五年（一〇六二）から嘉祥三年（一一〇八）まで記され、応徳三年（一〇八六）までの二十二年間は日次記として一応連続するも後半二十一年分を欠く。平安時代の代表的日記で国宝に指定されている。

2・8　小一条院敦明親王王子敦貞《あつさだ》親王（母は藤原延子）没（年48）。《尊卑分脈》
5・6　地震あり。《扶桑略記》
5・8　地震頻発により、恩赦を行なう。《扶桑略記》
5・22　豊楽院にて千僧仁王経般若経読経を行なう。《扶桑略記》
7・21　法成寺東北院の再建供養が行なわれる。《定家朝臣記》
9・11　天皇、神祇官に行幸、伊勢例幣使を発遣する。《定家朝臣記》
10・25　皇后藤原寛子、宇治平等院多宝塔を供養する。《扶桑略記》
11・29　出雲国杵築社が倒壊する。《百練抄》
12・13　関白藤原頼通を太政大臣とする。《定家朝臣記》

■康平五年（一〇六二）壬寅

後冷泉天皇38歳

4・27　天皇、石清水八幡宮に行幸する。（二十八日還御）。《定家朝臣記》
5・18　太政大臣藤原頼通、馬を献上する。《定家朝臣記》
5・22　天皇・皇太弟尊仁《たかひと》親王（後三条天皇）、里内裏高陽院で競馬を覧る。《扶桑略記》
6・22　皇太弟尊仁親王妃藤原茂子《もし》（贈皇太后）没（生年不詳）。《扶桑略記》
7・13　天皇、賀茂社に行幸する。《定家朝臣記》
9・2　藤原頼通、太政大臣を辞任。《公卿補任》
9・17　源頼義、厨川柵《くりやがわのさく》を陥れ、安倍貞任を討つ（後日、安倍宗任ら投降し、「前九年の役」終わる）。《陸奥話記》
11・21　勅して東寺に舎利三粒を献上させる。《東要記》

■康平六年（一〇六三）癸卯

後冷泉天皇39歳

2・16　源頼義、安倍貞任らの首を進上し、西獄門に梟する。《水左記》
2・28　地震あり（三十日、三月十一日にも）。《扶桑略記》
3・22　豊楽《ぶらく》院が焼亡する（以後再建されず）。《扶桑略記》
3月　成務天皇陵、興福寺僧静範らにより盗掘される。《扶桑略記五月十三日条》
5・13　成務天皇陵に山陵使を派遣する。《扶桑略記》
6・21　初めて八省院行幸所を造営する。《扶桑略記》
9・26　成務天皇陵盗掘の犯人が興福寺僧静範らと判明する。《扶桑略記》
10・17　藤原経家を興福寺に差遣し、成務天

皇陵盗掘の興福寺僧静範ら十六人の遠流を告げる。《扶桑略記》

10・29 勅により建立された延暦寺実相院の落慶供養を行なう。《扶桑略記》

12・15 成務天皇陵を修復し、盗難の宝物を返納する。《百練抄》

■康平七年（一〇六四）甲辰

後冷泉天皇40歳

⑤・6 里内裏高陽院にて六十僧読経が行なわれる。《水左記》

⑤・17 里内裏高陽院にて臨時仁王会を修する。《水左記》

⑤・19 前斎院禖子内親王の土御門殿が焼亡する。《水左記》

10・13 天皇、上東門院藤原彰子御所法成寺東北院に行幸する。《水左記》

12・13 左大臣藤原教通を氏長者とする。《扶桑略記》

●康平年間（一〇五八～六五）、藤原明衡編「本朝文粋」（漢詩文集）成るか。

■治暦元年（一〇六五）乙巳

後冷泉天皇41歳

3・24 地震あり。《扶桑略記》

4・14 三合天変等のため、参議源隆俊を伊勢例幣使として発遣する。《伊勢公卿勅使雑例》

5・7 地震あり。《扶桑略記》

5・12 三合厄《さんごうやく》・旱災により、里内裏高陽院にて大般若経読経を行なう。《扶桑略記》

5・17 災疫祈禳のため、二十一社奉幣を行なう。《扶桑略記》

5・23 降雨を祈り、神泉苑にて孔雀経読経を行なう。また、東大寺・興福寺に大般若経を転読させる。《扶桑略記》

6・3 内大臣藤原師実を右大臣、権大納言源師房を内大臣とする。《水左記》

6・15 僧成尊に神泉苑にて請雨経法を行なわせる。《祈雨日記》

8・2 旱災・三合厄により**治暦**と改元。《水左記》

8・18 花山天皇皇子覚源（東寺長者。母不詳）没（年66）。《東寺長者補任》

9・1 「治暦の荘園整理令」。《勘仲記》

9・25 後朱雀天皇追善のため、高陽院で宸筆法華経・釈迦三尊像等を供養する。《扶桑略記》

10・18 天皇、法成寺に行幸し、金堂・薬師堂・観音堂の再建供養に臨御する。《百練抄》

12・9 皇太子尊仁《たかひと》親王第一皇子（貞仁《さだひと》。白河天皇）、閑院にて元服する（左大臣藤原教通加冠）。《一代要記》

□2・3 藤原《ふじわらの》頼宗《よりむね》（右大臣。藤原道長次男。

＊**治暦**《ちりゃく》 「じりゃく」とも。式部大《しきぶのだい》輔《ふ》藤原実綱《さねつな》の勘申による。出典は「尚書《しょうしょ》」正義《せいぎ》の「湯武革命、順于天而応於人、君子以治暦明時、然則改正治暦自武王始矣」、「周易《しゅうえき》」象下伝の「君子以治暦明時」。

女子に延子〈後朱雀天皇女御〉・昭子〈後三条天皇女御〉。73）、2・9藤原能信《ふじわらのよしのぶ》（権大納言。藤原道長四男。養女茂子が後三条天皇のもとに入り白河天皇を産む。71）

■治暦二年（一〇六六）丙午

後朱雀天皇42歳

1・7　春日神木が入京する。《興福寺別当記》

3・12　天皇、馬場殿で観桜の宴を催す。《水左記》

4・8　地震あり。《扶桑略記》

5月　里内裏高陽院にて最勝講を修する。《栄花物語》

7・2　故右大臣藤原頼宗女昭子、皇太子尊仁親王妃となる。《十三代要略》

7・19　神泉苑にて孔雀経法を修して雨を祈る。《東寺長者補任》

9・5　新造真言院にて金光明経転読を行なう。《北院御日次記》

10・16　天皇、釣台に出御し、船楽を催す。《扶桑略記》

11・20　仮殿遷宮の違例により、伊勢神宮奉幣使として参議藤原泰憲を発遣する。《大神宮諸雑事記》

12・27　主殿寮が焼亡する。《扶桑略記》

12月　里内裏高陽院にて最勝講を修する。《本朝高僧伝》

この年　契丹、国号を再び遼と改める。

□10・18藤原明衡《ふじわらのあきひら》（文章博士。「本朝文粋《ほんちょうもんずい》」「明衡往来《めいごうおうらい》」「新猿楽記《しんさるがくき》」編著者。78か）

■治暦三年（一〇六七）丁未

後冷泉天皇43歳

2・1　出雲国杵築社を再建する。《国造家文書》

2・25　興福寺金堂・諸堂・東金堂の再建供養が行なわれる。《水左記》

4・27　新写外記日記を文殿に納入させる。《水左記》

6・25　済延に孔雀経法を東寺に修し、雨を祈らせる。《東宝記》

8・9　主計寮が焼亡する。《百練抄》

10・5　天皇、宇治平等院に行幸する（七日還御）。《百練抄》

10・7　藤原頼通を准三后とする。《扶桑略記》

12・5　藤原頼通、関白を辞任。特に勅して、辞任後も政事諮詢に与らせる。《公卿補任》

12・12　天皇の病により、二十二社に奉幣する。《扶桑略記》

■治暦四年（一〇六八）戊申

後冷泉天皇44歳

後三条天皇35歳

1・1　日食により節会を中止（翌日施行）。《台記》

◉後冷泉天皇御製

「賀陽院におはしましける時」として、

「岩間よりながるる水は速けれど
うつれる月のかげぞのどけき」

（『後拾遺和歌集』）

と詠じる。賀陽院（高陽院）はもと賀陽親王邸。藤原頼通が自邸として拡張し、康和三年（一〇六〇）以降は里内裏となる。

1・28 天皇、病む。《本朝世紀》
2・23 性信入道親王、天皇の病平癒のため、里内裏高陽院にて孔雀経法を修する。《仁和寺御伝》
3・6 太政官庁にて仁王会を修する。《本朝世紀》
3・28 天皇の病平癒のため、法成寺に絵像丈六仏百二十体を供養する。《扶桑略記》
4・8 丹生・貴布禰両社に祈雨奉幣使を発遣する。《本朝世紀》
4・14 天皇の病平癒のため、伊勢神宮以下十三社に奉幣する。《本朝世紀》
4・16 藤原頼通の上表により、その政治諮詢を止める。《公卿補任》
4・17 皇太后禎子内親王を太皇太后、中宮章子内親王を皇太后、皇后藤原寛子を中宮、女御藤原歓子を皇后とする。▼左大臣藤原教通を関白とする。《一代要記》

第七十一代 後三条天皇《ごさんじょう》

4・19 後冷泉天皇、高陽院《かやのいん》にて崩御（「如在の儀」により譲位）。皇太弟尊仁《たかひと》親王、閑院にて践祚（後三条天皇。摂関家の女を母としない天皇の登場。摂関政治の終焉）。《百錬抄》
4・23 諒闇により、斎宮敬子女王、退下する。《大神宮諸雑事記》
4・30 神鏡を閑院の東廊に遷す。《本朝世紀》
5・5 後冷泉天皇を船岡山西北原に火葬し、遺骨を円教寺に安置する（陵名は円教寺陵）。▼先帝の諡号を「後冷泉院」とする。《本朝世紀》
6・21 天皇、神祇官に行幸し、即位奉告の伊勢奉幣使を発遣する。《本朝世紀》
6・26 天皇、閑院より大納言藤原信長の大宮第に遷る。《本朝世紀》
7・19 （大極殿未造のため）太政官庁に高御座を安置する。《経俊卿記》
7・21 天皇、太政官庁にて即位礼を挙げる（このときの記録が大江匡房「江記」から抄出の「後三条院即位記」）。《本朝世紀》
8・3 伊勢神宮以下九社に奉幣使を発遣する。《本朝世紀》
8・7 藤原教通を関白とする。《本朝世紀》
8・12 山階・柏原陵等に勅使を発遣し、即位を奉告する。《本朝世紀》
8・14 後三条天皇皇子（貞仁。白河天皇）を親王、皇女聡子・俊子・佳子・篤子を内親王とする。《本朝世紀》
8・21 後朱雀天皇女御藤原生子没。《永保四年皇代記》
8・24 斎宮敬子女王、退下する。《本朝世紀》

＊**閑院**《かんいん》 後三条・堀河・高倉・安徳・後鳥羽・土御門・順徳・仲恭・後堀河・四条・後嵯峨・後深草各天皇の里内裏、また院御所。二条南・西洞院西に所在。もと藤原冬嗣邸で、基経・兼家等に伝領。嘉保二年（一〇九五）には白河上皇御所として造営される。仁安二年（一一六七）の藤原基房造営後は主に里内裏として使用。承元二年（一二〇八）、建長元年（一二四九）の火災後再建されるも、正元元年（一二五九）焼失後は再興されなかった。

＊**後三条天皇**《ごさんじょうてんのう》（一〇三四〜七三） 尊仁《たかひと》親王。敦良親王（後朱雀天皇）第二王子、母は陽明門院（三条天皇皇女禎子《ていし》内親王）。長元九年（一〇三六）親王宣下、寛徳二年（一〇四五）皇太弟、永承元年（一〇四六）元服。生母が藤原氏でないことから親政を実現し、荘園整理・皇室経済の強化等を図る。延久五年（一〇七三）落飾。皇后は馨子内親王。女御に藤原昭子・源基子（所生に実仁親王・輔仁親王）・藤原茂子（所生に貞仁親王〈白河天皇〉・聡子内親王・俊子内

9・4　天皇、大宮第より関白藤原教通の二条第に遷る（皇太后も）。《百練抄》
9・11　伊勢例幣使を発遣する。《本朝世紀》
10・10　大極殿が立柱上棟する。《本朝世紀》
10・25　天皇、二条第より太政官朝所に遷る。《本朝世紀》
10・28　天皇、大嘗祭のため東河で禊する。
▼故藤原頼宗女昭子を女御とする。《本朝世紀》
11・13　大嘗会御祈により、伊勢・石清水・賀茂三社に奉幣使を発遣する。《本朝世紀》
11・22　天皇、太政官庁にて大嘗祭を行なう。《帥記》
11・26　天皇、太政官庁より二条第に還御する。《本朝世紀》
12・4　後冷泉天皇皇后藤原寛子、出家する。《帝王編年記》
12・11　里内裏二条第が焼け、天皇、閑院に遷る（累代の御物・印鎰《やく》・鈴等焼失）。《本朝世紀》
12・28　天皇、閑院より故藤原長家の三条大宮第に遷る。《帥記》
この年　天皇、「**後三条天皇宸記**」を記す（～延久四年〈一〇七二〉）。
●平安時代後期、この頃から宮城のことを大《だい》内裏《だいり》ともいうようになる。

■延久元年（一〇六九）己酉

後三条天皇36歳
1・1　日次《ひなみ》不吉につき、四方拝・小朝拝を中止する。《園太暦》
1・14　里内裏三条大宮第にて不動・延命・如意輪法を修する。《後三条天皇宸記》
2・9　後三条天皇皇女俊子内親王を伊勢斎宮に卜定する。《一代要記》
2・13　性信入道親王、南都に下向する。《御室相承記》
2・17　太皇太后禎子内親王の院号を陽明門院とする。《水左記》
2・23　「延久の荘園整理令」を下す（寛徳二年〈一〇四五〉以降の新立荘園を停止）。《百練抄》
3・15　天皇、石清水八幡宮に行幸する（十六日還御）。《扶桑略記》
3・23　皇太后章子内親王、出家する。《女院小伝》
4・13　即位により**延久**と改元する。《帥記》
4・28　皇子貞仁《さだひと》親王（白河天皇）を皇太子とする（皇太子、閑院に移る）。《土右記》
4月　高陽院をこわして法成寺に移し、後冷泉天皇一周忌を修する。《扶桑略記》
5月　秦致貞《はたのむねさだ》、「**聖徳太子絵伝**」（国宝）を描く。《法隆寺雑記》

親王・佳子内親王・篤子内親王〈堀河天皇皇后〉）。陵は円宗寺陵。
＊**円教寺陵**《えんきょうじのみささぎ》　京都市右京区龍安寺朱山、龍安寺内に所在。円丘。後朱雀・後三条両天皇と並行してある。中世、所伝を失い、幕末、現陵と考定して修補。
＊**藤原生子**《ふじわらのせいし》（一〇一四～六八）　後朱雀天皇女御。父は関白藤原教通、母は藤原公任女。長暦三年（一〇三九）入内し女御となる。天皇は后に立てようとするも果たせず、寛徳二年（一〇四五）病により退出。墓は宇治墓。
＊**後三条天皇宸記**《ごさんじょうてんのうしんき》　後三条天皇の日記で、「延久御記」とも。元は大部のものであったが現存せず、治暦四年（一〇六八）から延久四年（一〇七二）までの逸文が残っているにすぎない。
＊**延久**《えんきゅう》　式部大輔藤原実綱の勘申による。出典は「尚書」君奭《くんせき》注の「我以道惟安、寧王之徳欲延久也」。
＊**聖徳太子**《しょうとくたいし》**絵**《え》**伝**《でん》　聖徳太子の伝記を絵画で表したもの。これは当初法隆寺東院に壁画で描かれていたものを屏風形式にしたもの。

6・5　大江匡房、「律集解」一巻を天皇に献上する。《土右記》
6・19　後三条天皇皇女聡子内親王を准三宮とする。《土右記》
6・21　天皇、三条大宮院より増築高陽院に遷る。《百練抄》
7・3　皇太后章子内親王を太皇太后、中宮藤原寛子を皇太后、女御馨子内親王を皇后（中宮）とする。《十三代要略》
7・24　賀茂斎院正子内親王、病により退下する。《扶桑略記》
8・9　天皇、賀茂社に行幸する。《扶桑略記》
8・13　関白・左大臣藤原教通、左大臣を辞任。《公卿補任》
8・16　天皇、母陽明門院御所閑院に朝覲行幸する。《扶桑略記》
8・22　藤原能長女道子を皇太子貞仁親王妃とする。▼右大臣藤原師実を左大臣、内大臣源師房を右大臣、大納言藤原信長を内大臣とする。《扶桑略記》
9・7　大風により、東寺灌頂院等、京・諸国の屋舎が倒壊する。《東要記》
9・11　伊勢例幣使を発遣する。《伊勢公卿勅使雑例》
10・7　京畿七道諸国五十三社に大神宝使を差遣する。《扶桑略記》
10・12　大神宝使をして伊勢神宮に神宝を献じる。《扶桑略記》
10・28　後三条天皇皇女佳子内親王を賀茂斎院に卜定する。《十三代要略》
⑩・11　太政官朝所に初めて記録荘園券契所を置く。《百練抄》
11・8　天皇、神祇官に行幸し、伊勢外宮の怪異に鎮謝するため、勅使を伊勢に発遣する。《大神宮諸雑事記》
11・12　内宮祀官荒木田徳雄《のりかつ》ら、この日まで、大神宮に関する重要事項（「大神宮諸雑事記」）を書き嗣ぐ。《同書》
12・20　一代一度の大仁王会を行なう。《扶桑略記》

■延久二年（一〇七〇）庚戌

後三条天皇37歳

1・13　成務天皇陵・神功皇后陵内で狩猟伐木した者の罪を明法博士等に勘申させる。《百練抄》
1・25　地震あり。《扶桑略記》
2・12　内裏に火あり。《扶桑略記》
2・26　天皇、陽明門院の閑院に朝覲行幸する（皇太子も行啓）。《扶桑略記》
3・23　関白藤原教通を太政大臣とする。《公卿補任》
3月　天皇、高野山浪切不動明王尊像に勅作

＊四円寺《しえんじ》　三四〇ページ注参照。

の竹剣を奉納する。《高野春秋》
6・8　二十一社に奉幣し、天変怪異を祈禳させる。《年中行事秘抄》
6・29　園城寺戒壇設立につき諸宗に勘申させる。《百練抄》
8・15　石清水八幡宮放生会に勅使を派遣する（以後恒例）。《石清水文書》
8・22　天皇、春日社に行幸する。《興福寺略年代記》
10・20　大地震あり（京・諸国に被害。東大寺巨鐘が揺れ落ちる。二十三日にも地震あり）。《扶桑略記》
11・17　五畿七道の諸社に仏舎利を奉納する。《扶桑略記》
11・28　天皇、平野・北野両社に行幸する（「公卿補任」では八日、「十三代要略」では十八日）。《北野宮寺縁起》
12・17　天皇、高陽院より皇太后藤原寛子御所四条殿に遷る。《十三代要略》
12・26　天皇、御願の円明寺（のち円宗寺。**四円寺の一**）金堂・講堂・法華堂の落慶供養に臨御する（陽明門院・皇太子も）。《扶桑略記》

■延久三年（一〇七一）辛亥

後三条天皇38歳

1・16　疾疫流行により、太政官庁にて千僧観音経読経を行なう。《扶桑略記》
2・10　後三条天皇皇子（実仁《さねひと》）、誕生する（母は源基子《きし》）。《扶桑略記》
3・9　後三条天皇の特旨により、源顕房女賢子（左大臣藤原師実養女）を皇太子貞仁親王（白河天皇）妃とする。《扶桑略記》
3・22　天皇、大原野社に行幸する。《十三代要略》
3・26　天皇、松尾社に行幸する。《十三代要略》
3・27　源基平女基子を女御とする。《十三代要略》
6・3　円明寺を円宗寺と改称する。《百練抄》
6・29　天皇、円宗寺常行堂・灌頂堂に行幸し供養する。《扶桑略記》
7・19　新造内裏仁寿殿にて安鎮御修法を行なう。《扶桑略記》
8・10　関白・太政大臣藤原教通、太政大臣を辞任。《公卿補任》
8・12　後三条天皇皇子（実仁）を親王とする。《扶桑略記》
8・21　天皇、春日社に行幸する。《一代要記》
8・28　天皇、四条宮（殿）より新造内裏に遷る。《扶桑略記》
9・23　天皇、伊勢斎宮を発遣する（俊子内親王、伊勢に群行）。《十三代要略》

10・29 天皇、初めて日吉社に行幸する。《扶桑略記》
12・6 清涼殿にて詩宴あり。《百練抄》

■**延久四年（一〇七二）壬子**
後三条天皇39歳
白河天皇 20歳
1・29 前関白太政大臣藤原頼通、出家する。《扶桑略記》
2・20 天皇、内裏東庭にて伊勢神宮を遥拝する（三日間）。《百練抄》
2・25 伊勢斎宮俊子内親王の病により、伊勢神宮に奉幣する。《**為房卿記**》
3・23 太政官庁の高御《たかみ》座《くら》を大極殿に移す。《百練抄》
3・26 天皇、初めて稲荷・祇園両社に行幸する。《百練抄》
4・3 大極殿、再建される。《扶桑略記》
4・15 天皇、大極殿に出御し、宴を群臣に賜う。《扶桑略記》
4・23 日吉社に初めて官幣を奉納し、日吉祭が行なわれる。《二十二社註式》
4月 性信《しょうしん》入道親王、高野山に登り庵室（灌頂院）を造る。《高野春秋》
6月以降 疱瘡流行。《十三代要略》
7・6 賀茂斎院佳子内親王、病により退下する。《扶桑略記》

9・29 「延久の宣旨枡」が定められる。《扶桑略記》
10・25 天皇、円宗寺に行幸し、初めて法華・最勝二会八講を修する。《扶桑略記》
10・27 天皇、円宗寺八講五巻日に再び行幸する。《扶桑略記》
11・29 延暦寺・園城寺・東寺に御願寺を置く（天皇、在位中、二十八ヵ寺を御願寺とする）。《扶桑略記》
12・1 女御源基子を准三宮とする。《扶桑略記》

第七十二代 白河《しらかわ》天皇

12・8 後三条天皇、内裏にて譲位。皇太子貞仁《さだひと》親王受禅（**白河天皇**）。後三条天皇皇子実仁《さねひと》親王（年2）を皇太弟とする。また藤原教通を旧のごとく関白とする。《扶桑略記》
12・12 先帝に太上天皇尊号を奉る。《扶桑略記》
12・16 上皇・皇太子、関白藤原教通の三条第に移る。《為房卿記》
12・17 天皇、建礼門に行幸し、即位由伊勢奉幣使を発遣する。《扶桑略記》
12・29 白河天皇、大極殿にて即位礼を挙げる。《扶桑略記》

＊**為房卿記**《ためふさきょうき》 大蔵卿をつとめた参議藤原為房（一〇四九～一一一五）の日記。大蔵卿の唐名「大府卿」から「大御記」「大記」とも。日記の大部分は散逸も、延久三年（一〇七一）から永久二年（一一一四）まで断続的に現存。為房は摂関家の家司もつとめ、藤原師実・師通に仕え、白河院別当もつとめた有能な実務家であり、この時期の政治状況がよく窺える。

＊**白河天皇**《しらかわてんのう》（一〇五三～一一二九） 貞仁親王。尊仁親王（後三条天皇）第一王子。母は権中納言藤原公成女茂子（贈皇太后）。治暦四年（一〇六八）親王宣下、延久元年（一〇六九）立太子、同四年践祚・即位。応徳三年（一〇八六）譲位、永長元年（一〇九六）落飾。皇后に藤原賢子（所生に敦文親王・堀河天皇・媞子内親王・令子内親王・禛子内親王）、女御に藤原道子（所生に善子内親王）。ほか皇子女に覚行法親王・官子内親王・姰子内親王・聖恵法親王など。堀河・鳥羽・崇徳三天皇にわたり上皇として執政五十七年とされる。「源平盛衰記」に白河法皇の「三

12・30　斎宮俊子内親王、父の譲位により退下する。《一代要記》

この年　祐子内親王、落飾する。《今鏡》この年までの「後三条天皇宸記」の記述が残る。▼成尋、宋に渡る。

■延久五年（一〇七三）癸丑

白河天皇　21歳

後三条上皇40歳

1・8　上皇、陽明門院御所内大臣藤原信長の二条第に参覲する。《為房卿記》

1・19　後三条上皇皇子（輔仁親王）、誕生する（母は女御源基子）。《扶桑略記》

2・2　上皇、病む。石清水八幡宮に奉幣して平癒を祈る。《八幡宮告文部類》

2・16　敦賢《あつかた》親王王女淳子女王を伊勢斎宮に卜定する。《十三代要略》

2・20　上皇、陽明門院・聰子内親王らと石清水八幡宮・住吉社・四天王寺詣に出発する（藤原教通ら供奉。二十七日還御）。《扶桑略記》

2・25　上皇ら、難波浦に船に乗り、船上で和歌会を開く（二十七日、京に帰還）。《栄花物語》

2月　上皇、病む。《仁和寺御伝》

3・11　後三条天皇皇女篤子内親王を賀茂斎院に卜定する。《一代要記》

4・7　天皇、上皇を二条第に見舞う。▼上皇、源高房の大炊御門第に移る。《扶桑略記》

4・21　上皇、病のため出家する（戒師は性信入道親王）。中宮馨子内親王も出家する。《一代要記》

4・27　後三条法皇、園城寺新羅明神に奉幣し、病気平癒を祈る。《扶桑略記》

4・30　天皇、法皇危篤により、大炊御門第に行幸する。《扶桑略記》

5・1　法皇危篤により、法皇御所大炊御門第にて五百僧千部法華経読経を行なう。《扶桑略記》

5・6　皇妣藤原茂子に皇太后、外祖父故藤原能信に太政大臣正一位、外祖母藤原祉子に正一位を追贈する。《扶桑略記》

5・7　後三条法皇、大炊御門第にて崩御。追号を「後三条院」とする。▼聰子内親王・女御源基子、出家する。《栄花物語》賀茂斎院篤子内親王、父の喪により退下する。《**中右記**》

5・12　後朱雀天皇女御藤原延子、出家する。《中右記嘉保二年六月十日条》

5・17　後三条法皇を神楽岡南原《かぐらおかみなみのはら》（「扶桑略記」では東原）に火葬し、遺骨を禅林寺内旧房に安置する（現陵名は**円宗寺陵**）。《十三代要略》

不如意」として「賀茂川の水、双六の賽、山法師」が挙げられたのは有名。陵は成菩提院陵。追号は、遺詔により「白河院」と定められた。なお、「中右記」には、「善根」として「絵像五千四百七十余体」「丈六百廿七体」「塔二十一体」「金泥一切経書写」などその数を知らずと記されている。

＊**中右記**《ちゅうゆうき》　右大臣藤原宗忠（一〇六二～一一四一）の日記。タイトルは、家の名の「中御門」と「右大臣」から一字ずつとったもの。寛治元年（一〇八七）から保延四年（一一三八）まで記録される。時代的には白河院政期全体および鳥羽院政初期をカバーしたもの。子孫のために年中行事等の故実を記すほか、この時期の政治・社会・人物等を描写し、この時代を知るための一級史料となっている。

＊**円宗寺**《えんしゅうじ》**陵**《のみささぎ》　京都市右京区龍安寺朱山、龍安寺内に所在。円丘。後朱雀・後冷泉両天皇陵と並んである。陵は禅林寺から、のち後三条天皇御願寺《ごがんじ》円宗寺に移されたものといわれ、中世所伝を欠くも、幕末に当陵に考定され、修補される。

5月　前斎宮良子内親王、出家する。《栄花物語》京、洪水。《百練抄》
7・23 右大臣源顕房女（太政大臣藤原師実養女）藤原賢子と藤原能長女道子を女御とする。《一代要記》
9・16 天皇、豊楽院造営により、藤原頼通の**高倉殿**に遷る。《扶桑略記》
10月　成尋弟子ら、宋より帰国し、新訳経三百余巻などを献上する。《百練抄》
11・5 豊楽院の木造始を行なう（再建は実現せず廃絶）。《十三代要略》

■**承保元年（一〇七四）甲寅**
白河天皇　22歳
1月　京で地震頻発（二月十二日にも）。《扶桑略記》
2・22 性信入道親王に、高倉内裏にて孔雀経法を修させる（五月十四日にも）。《御室相承記》
6・16 天皇、高倉第より内裏凝華舎に遷る（清涼殿遷御のための方違）。▼太皇太后章子内親王の院号を二条院とする。《二東記》
6・20 皇太后藤原寛子を太皇太后、皇后藤原歓子を皇太后、中宮馨子内親王を皇后、女御藤原賢子を中宮とする。《扶桑略記》
6・25 中宮藤原賢子、入内する。《本朝世紀》
6・28 災疫祈禳のため、参議源経信を伊勢神宮に差遣し、宸筆宣命を奉納する。《十三代要略》
7・16 天皇、凝華舎より内裏清涼殿に方違行幸する。《百練抄》
8・1 仁和寺北院を御願寺とする。《僧綱補任抄出》
8・23 代始により**承保**と改元する。《師記》
8・25 皇太后藤原歓子、落飾する（以後小野に籠り、仏事に専念）。《一代要記》
10・3 一条天皇中宮**上東門院**藤原彰子、法成寺阿弥陀堂にて没。《扶桑略記》
10・6 上東門院を東山大谷口に火葬する。《十三代要略》
10・30 天皇、大嘗祭のため、東河で禊する。《扶桑略記》
11・21 天皇、大極殿にて大嘗祭を行なう（後三条法皇崩御により延引）。《百練抄》
12・8 敦明親王王女斉子女王を賀茂斎院に卜定する。《十三代要略》
12・26 白河天皇皇子（敦文《あつふみ》親王）、誕生する（母は中宮藤原賢子）。《水左記》
この年　斎宮淳子女王、野宮に入る。《伊勢斎宮部類》
□2・2 **藤原頼通**（摂政。関白。太政大臣。准三宮。83）

■**承保二年（一〇七五）乙卯**

＊**高倉殿**《たかくらどの》（**高倉第**）　白河・二条・六条各天皇の里内裏。土御門南・高倉西に所在。土御門高倉第・土御門内裏・洞院皇居ともいう。摂関藤原頼通の邸で、師実・忠実・忠通・基実と伝領。大治五年（一一三〇）焼亡後、保元三年（一一五八）関白忠通により新造される。白河天皇・善仁親王（堀河天皇）など多くの行幸啓があった。

＊**承保**《じょうほ》　「しょうほ」「じょうほう」「しょうほう」とも。出典は、文章博士藤原正家の勘文に「尚書」と見える。

＊**上東門院**《じょうとうもんいん》（九八八～一〇七四）藤原彰子。一条天皇中宮。藤原道長長女。母は源倫子。長保元年（九九九）一条天皇女御となり、翌年中宮。長和元年（一〇一二）皇太后、万寿三年（一〇二六）出家して院号を賜わり上東門院となり、准太上天皇の待遇を受ける。大谷に火葬され、陵は宇治陵。

＊**藤原**《ふじわらの》　**頼通**《よりみち》（九九二～一〇七四）藤原道長長男。母は左大臣源雅信女倫子。寛仁元年（一〇一七）二十六歳で道長の譲を受けて摂政となる。同三年には関白、治安元年

白河天皇　23歳

1・19　天皇、皇子（敦文）誕生により、東三条第に行幸し、皇子を親王とする。《百練抄》

2月　天皇、大井川に行幸する。《続古今和歌集》

3・2　性信入道親王、高野山に参詣する。《御室相承記》

3・8　天皇、八省院に行幸し、勅使権中納言藤原実季を伊勢神宮に発遣し、災異を祈禳させる。《十三代要略》

3・14　天皇、石清水八幡宮に行幸する。《十三代要略》

4・23　天皇、賀茂社に行幸する。《十三代要略》

4月　皇子（覚行法親王）、誕生する（母は典侍藤原経子）。《仁和寺御伝》清涼殿で歌合を催す。《玉葉和歌集》

④月　弘徽殿に諸宗の名徳二十人を請じて一切経読経を行なう。《扶桑略記》

5・5　後二条天皇の国忌を置く。《中右記》

5・24　近陵より後冷泉天皇母后藤原嬉子陵を除き、贈皇太后藤原茂子陵を置く（六月十八日説も）。《百練抄》

6・18　内裏で大般若経を読誦する。《吉記》

6・21　新たに藤原茂子の国忌を置く（十八日・二十二日説も）。《中右記嘉承二年十二月十三日条》

7・23　来月の日食により、性信入道親王に、内裏飛香舎にて孔雀経法を修させる。《東要記》

8・1　性信入道親王修法の効験により、仁和寺北院を御願寺とする。《東要記》

8・13　天皇御願寺（法勝寺）が上棟する。《扶桑略記》

8・14　天皇、清涼殿より高陽院に遷る。《百練抄》

8・28　天皇、里内裏高陽院にて競馬を覧る。《百練抄》

9・20　天皇、大極殿に行幸し、伊勢斎宮を発遣する（淳子女王、伊勢へ群行）。《水左記》

9・26　左大臣藤原師実に内覧の宣旨を下す（十月三日、藤氏長者とする）。《水左記》

10・15　左大臣藤原師実を関白とする。《水左記》

10・19　疾疫により、大極殿にて百僧大般若経読経を行なう。《水左記》

10・26　宋皇帝からの贈物の納否を陣定《じんのさだめ》で審議し、受納することにする。《水左記》

11・5　宋皇帝への返礼に先例を勘申させる。《百練抄》

（一〇二一）には左大臣、道長死後は名実ともに摂関家の筆頭となり、摂関にあること五十一年の長きを数える。しかし、入内させた養女嫄子、女寛子に皇子なく、外戚の地位を失い、摂関家の地位を低下させ、結果、院政への扉を開いたとされる。

12・7　天皇、春日社に行幸する。《十三代要略》
12・14　藤原信長を内大臣に復任する。《公卿補任》
12・16　皇弟輔仁を親王とする。《一代要記》
12・28　女御藤原道子を准三宮とする。《一代要記》
□9・25 **藤原教通**（関白。太政大臣。80）

■**承保三年（一〇七六）丙辰**
白河天皇　24歳
1・9　地震あり。《扶桑略記》
3・4　天皇、石清水八幡宮に行幸する（五日還御。以後、毎年三月行幸を恒例とする）。《扶桑略記》
4・5　白河天皇皇女（媞子《ていし》内親王）、誕生する（母は中宮藤原賢子）。《栄花物語》
4・23　天皇、賀茂社に行幸する（以後、毎年四月中申日〈御阿礼《みあれ》日〉を賀茂行幸日とする）。《扶桑略記》
6・13　後三条天皇御願の延暦寺金剛寿院の供養をする。《水左記》
8・16　皇女媞子を内親王とする。《女院次第》
8・21　天皇、平野社に行幸する。《十三代要略》
8・29　天皇、大原野社に行幸する。《十三代要略》
8・30　天皇、藤原顕季に命じて造らせた**六条院**上棟に行幸する。《園太暦貞和二年七月二十一日条》
9・16　伊勢内宮の正遷宮が行なわれる。《二所大神宮例文》
10・17　天皇、松尾社に行幸する。《水左記》
10・20　天皇、北野社に行幸する。《十三代要略》
10・24　天皇、嵯峨野で遊猟し、ついで大井川に行幸する（このとき和歌会が開かれ、天皇、「大井河古き流れをたづね来て嵐の山の紅葉《もみじ》をぞ見る」と詠む〈「後拾遺和歌集」〉）。《扶桑略記》
11・15　天皇、神祇官に行幸する。《十三代要略》
12・7　天皇、春日社に行幸する。《中右記》
12・18　法勝寺《ほっしょうじ》阿弥陀堂を供養する（天皇・中宮藤原賢子臨幸）。《水左記》関白藤原師実、平等院阿弥陀堂を供養する。《百練抄》
12・21　天皇、高陽院より新造六条院に遷る。《園太暦》

■**承暦元年（一〇七七）丁巳**
白河天皇　25歳
1・11　天皇、陽明門院御所東三条第に朝観行幸する。《十三代要略》
1・18　天皇、東三条第に行幸する。《御遊抄》

＊**藤原教通**《ふじわらののりみち》（九九六～一〇七五）父は藤原道長、母は源倫子。頼通の弟。治暦四年（一〇六八）女歓子の立后を機に頼通から関白を譲られる。後三条天皇・白河天皇代に関白にあったものの外戚でないため、その地位は低下していった。日記「二東記」を残す。
＊**六条院**《ろくじょういん》　白河天皇里内裏。六条坊門南・高倉西に所在。六条殿・六条内裏ともいう。白河天皇は承保三年（一〇七六）新造六条殿に遷御。上皇になってからは院御所として使用。康和元年（一〇九九）、保安四年（一一二三）、承安元年（一一七一）に焼亡し、鎌倉時代には荒廃する。

1・25 天皇、病により、閻魔《えんま》天供を行なわせる。《水左記》
2・5 大僧正覚円を天台座主とする。寺門の座主就任に延暦寺が騒動、勅使、登山せず宣命を同寺講堂に捨て置く。《天台座主記》
2・7 覚円が座主を辞退。覚尋を座主とする。《天台座主記》
2・26 天皇、日吉社に行幸する。《十三代要略》
2・28 天皇、宋商献上の羊を見る。《百練抄》
3・9 天皇、石清水八幡宮に行幸する。《扶桑略記》
4・17 天皇、賀茂社に行幸する。《十三代要略》
4・21 権中納言源資綱を奉幣使として伊勢神宮に発遣する。《二所大神宮例文》
4・28 天皇、関白藤原師実の堀河第に行幸する。《台記別記久安四年七月二十日条》
5・5 宋国皇帝に返信し、信物を贈る。《百練抄》
6・24 七道の諸社に仏舎利を奉納する。《水左記》
7・10 疱瘡流行・旱魃により、大極殿にて千僧観音経転読を行なう。《十三代要略》
7・21 天皇、病む。《水左記》
7・29 大極殿にて百座仁王会を修する。《水左記》
8・4 里内裏六条殿南殿にて大般若経読経が行なわれる。《水左記》
8・9 天皇病気により、六条殿内裏にて孔雀経読経を行なう。《水左記》
8・16 天皇病気・疱瘡流行により、非常赦を行なう。《水左記》
8・17 小一条院敦明親王王子敦賢《あつかた》親王没（年39）。《水左記》斎宮淳子女王、父敦賢親王の喪により退下する（十二月九日帰京）。《帝王編年記》
8・19 天皇病気・疱瘡流行により、二十二社奉幣を行なう。《水左記》
8・25 皇太后藤原歓子、出家する。《水左記》
8・26 後朱雀天皇皇女良子《ながこ》内親王（「りょうし」とも。母は禎子内親王）没（年49）。《水左記》
9・6 白河天皇皇子敦文《あつふみ》親王（母は藤原賢子）没（年4。大谷山に葬られる）。《水左記》
9・11 伊勢例幣を延引する（十月十八日追行）。《永昌記》
9・23 白河天皇皇女（善子《よしこ》内親王）、誕生する（母は女御藤原道子）。《水左記》
10・9 天皇、六条院より高陽院に遷る。《水左記》

11・17 旱魃・疱瘡により承暦と改元する。《水左記》
11・20 天皇、神祇官に行幸する。《水左記》
12・1 天皇、稲荷・祇園両社に行幸する。《水左記》
12・9 伊勢斎宮淳子女王、退下して、この日帰京する。《水左記》
12・14 六条内裏で、五壇御修法を修する。《法勝寺阿弥陀堂供養記》
12・18 天皇、御願寺法勝寺（**六勝寺**の初め）に行幸し、金堂・講堂・阿弥陀堂・五大堂等を供養する（陽明門院・中宮藤原賢子等臨席。藤原通俊、この日のことを「法勝寺供養記」として残す）。性信入道親王を法勝寺検校とする。《水左記》
⑫・25 天皇、高陽院より内裏に還幸する。《十三代要略》
⑫・27 盗人、内裏の女房局に入り、衣裳を奪う。《水左記》
この年 内侍所神楽を隔年から毎年行なうことにする。《皇年代略記》赤斑瘡《あかもがさ》流行。《百練抄》
□2・17 **源師房**（右大臣。70）、7・9 源《みなもとの》隆国《たかくに》（権大納言。説話集作者。74）

■承暦二年（一〇七八）戊午

白河天皇 26歳

1・8 初めて法勝寺金堂阿弥陀堂修正会を行なう（以後恒例）。《師光年中行事》
1・27 興福寺五重塔・西金堂の再建供養が行なわれる。《扶桑略記》
3・8 公卿勅使を伊勢神宮に発遣する。《二所大神宮例文》
3・11 天皇、石清水八幡宮に行幸する。《十三代要略》
3・16 媞子《ていし》内親王を准三宮とする。《中右記》
4・13 天皇、賀茂社に行幸する。《十三代要略》
4・28 天皇、清涼殿にて「内裏歌合」を催す。《**今鏡**》
5・5 京都大雨、洪水。《扶桑略記》
5・18 皇女（令子内親王）、誕生する（母は中宮藤原賢子）。《扶桑略記》
8・2 白河天皇皇女媞子内親王を伊勢斎宮に卜定する。《十三代要略》
8・9 皇太子実仁親王、読書始。《兵範記》
8・27 天皇、内裏より高陽院に遷る。《扶桑略記》
10・3 天皇、行幸し、法勝寺で大乗会が初めて行なわれ、金字五部大乗経を供養する。《扶桑略記》
10・6 天皇、法勝寺大乗会五巻日に行幸する。《扶桑略記》

＊**承暦**《じょうりゃく》 出典は、文章博士藤原正家《まさいえ》・式部大輔藤原実綱《さねつな》の勘文に「維城典訓曰、聖人者以懿徳永承暦」と見える。

＊**六勝寺**《ろくしょうじ》 京都白河に建てられた御願の寺。白河天皇の法勝寺、堀河天皇の尊勝寺、鳥羽天皇の最勝寺、待賢門院の円勝寺、崇徳天皇の成勝寺、近衛天皇の延勝寺の六寺。

＊**源師房**《みなもとのもろふさ》（一〇〇八〜七七） 父は村上天皇皇子具平親王、母は為平親王王女。姉隆姫女王が藤原頼通室となったため、頼通猶子として養育されて寛仁四年（一〇二〇）元服し、即日源姓を賜る（村上源氏の祖）。累進して右大臣に昇り、左大将・皇太子傅を兼任。日記「土右記《どゆうき》」を遺す。

＊**今鏡**《いまかがみ》 後一条天皇の万寿二年（一〇二五）から嘉応二年（一一七〇）春までの歴史物語。書名は「大鏡」の別名「古鏡」に対するもの。作者は源通親・中山忠親説があるも寂超（藤原為経）か。

11・25　天皇、高陽院より内裏に還御する。《扶桑略記》宋からの牒・賜物の扱いについて審議する。《百練抄》

この年　伊勢外宮の正遷宮が行なわれる。《二所大神宮例文》

■承暦三年（一〇七九）己未

白河天皇　27歳

2・2　京都大火、高陽院等が焼亡する。《為房卿記》

2・18　伊勢内宮の外院七十余宇が焼亡する（印鑰《いんやく》および累代の文簿焼失）。《為房卿記》

3・4　清涼殿に金剛大威徳像を供養する。《為房卿記》

3・8　天皇、火事あるにより伊勢公卿勅使を発遣する。《為房卿記》

3・22　天皇、石清水八幡宮に行幸する。《為房卿記》

4・22　天皇、賀茂社に行幸する。《為房卿記》

4・26　白河天皇皇女令子を内親王とする。《水左記》

4・28　白河天皇皇女善子を内親王とする。《一代要記》

4・29　勧学院にて藤花宴を催す。《為房卿記》

5・29　天皇、八省院に行幸し、皇子誕生祈願のため伊勢公卿勅使を発遣する。《為房卿記》

6・2　延暦寺僧徒数百人、祇園感神院に集まり強訴する。《為房卿記》

6・27　伊勢洪水。大神宮外院屋舎が流される。《扶桑略記》

7・6　天皇、病む。《為房卿記》

7・9　白河天皇皇子（善仁《たるひと》。堀河天皇）、洞院第にて誕生する（母は中宮藤原賢子）。《為房卿記》

7・23　伊勢神宮の印鑰を改鋳する。《神宮雑例集》

8・17　篤子内親王を准三宮とする。《扶桑略記》

8・28　正倉院の破損を修復する（このとき、宣旨により麝香《じゃこう》を内裏に進上し、代わりに銀提子を施入）。《東大寺要録》

9・4　藤原為房、「斎宮御禊旧記」を献上する。《為房卿記》

9・8　斎宮媞子内親王、東河に禊して野宮に入る。《為房卿記》

9・11　天皇、八省院に行幸し、伊勢例幣使を発遣する。《為房卿記》

11・3　白河天皇皇子善仁（堀河天皇）を親王とする。《百練抄》

11・27　中宮藤原賢子、大原野社に行啓する。《扶桑略記》

12・24　太皇太后藤原寛子の四条宮が焼亡す

る。《百練抄》

■承暦四年（一〇八〇）庚申

白河天皇 28歳

1・24 天皇、八省院に行幸し、伊勢公卿勅使を発遣する。《十三代要略》

2・6 皇居高陽院が焼亡し、天皇、内裏に遷る。《扶桑略記》

2・7 内裏に穢あるにより、天皇、西洞院殿に遷る。《玉葉》

2・14 陽明門院禎子内親王・皇太子実仁親王の御所三条坊門室町第が焼亡する（陽明門院・皇太子、閑院に移る）。《百練抄》

3・10 天皇、参議源師忠第に遷る（中宮藤原賢子も）。《十三代要略》

3・28 天皇、石清水八幡宮に行幸する。《十三代要略》

4・5 天皇、賀茂社に行幸する。《十三代要略》

4・23 天皇、関白藤原師実の堀河第に行幸する（二十八日、西洞院内裏に還御）。《師記》

5・11 天皇、藤原師実の堀河第に遷る。《師記》

6・19 京中洪水。《扶桑略記》

6・20 里内裏堀河第で大般若経読経が行なわれる。《師記》

6・23 天皇、神託により、宇佐宮に宝塔を建てる。《宇佐宮託宣集》

6・30 天皇、大堰川に行幸し、勝尾寺僧頼命に荒神祓を修させる。《水左記》

7・5 地震あり。《師記》

7・21 性信入道親王、病の藤原師実のため、二条室町第で孔雀経法を修する。《水左記》

8・6 これより先、盗人、伊勢神宮の神衣を盗む。この日、奉幣使を発遣し、これを謝する。《師記》

8・14 内大臣藤原信長を太政大臣、権大納言藤原俊家を右大臣、権大納言藤原能長を内大臣とする。《師記》

⑧・21 皇子善仁の病により、太皇太后宮にて千手経読経を行なう。《水左記》

9・11 伊勢例幣使を発遣する。《中右記》

9・15 天皇、伊勢斎宮を発遣する（媞子内親王、伊勢へ群行）。《水左記》

10・9 関白藤原師実を太政大臣藤原信長の上に列する。《水左記》

10・15 天皇御願の延暦寺持明院を供養する。《水左記》

10・23 東宮御所閑院、放火により焼亡する。《水左記》

11・3 天皇、堀河第より内裏に還幸する。《水左記》

＊**永保**《えいほう》 文章博士藤原行家の勘申による。出典は「尚書」仲虺《ちゅうき》之誥の「欽崇天道、永保天命」、同梓材の「惟王子子孫孫、永保民人」。

12・24 皇后馨子内親王、仁和寺西院を供養する。《水左記》

■永保元年（一〇八一）辛酉

白河天皇 29歳

2・1 天皇、伊勢公卿勅使権中納言源師忠を発遣する。《伊勢公卿勅使雑例》

2・10 辛酉革命により、永保と改元する。《水左記》

3・6 多武峯大織冠像、破裂する。《多武峯略記》

3・25 多武峯僧徒、大織冠像破裂につき入京・強訴する。《帥記》

4・17 中宮藤原賢子、皇女（禛《しん》子内親王）を産む。《帥記》

5・18 丹生・貴布禰両社に止雨奉幣する。《帥記》

6・9 延暦寺僧徒、園城寺を襲い、堂舎房宇を焼く。《帥記》

7・6 園城寺、戒壇建立を請う。《為房卿記》

7・17 藤壺にて大般若経読経を行なう。《為房卿記》

7・21 天皇、八省院に行幸し、参議源俊明を伊勢神宮に発遣する。《水左記》

7・29 清涼殿にて大般若経読経を行なう。《水左記》

8・12 世間平安のため、大極殿にて千僧読経が行なわれる。《水左記》

8・17 内裏で、孔雀経法・七仏薬師法・北斗法を修する。《為房卿記》

8・21 皇太子実仁親王、元服する。《水左記》

9・11 伊勢例幣使を発遣する。《為房卿記》

10・14 天皇、石清水八幡宮に行幸する（源義家ら武士が警護、園城寺僧徒に備える）。《帥記》

10・19 天皇、賀茂社に行幸する（源義家ら警護）。《帥記》

11・18 日吉社を加え、二十二社の制が成る。《百練抄》

12・4 天皇、春日社に行幸する（五日還御。源義家、朱雀門西に祗候）。《水左記》

この年 延暦寺と園城寺が闘争する。《水左記》

□10・6 成尋《じょうじん》（入宋僧。「参天台五台山記」著者。71）

■永保二年（一〇八二）壬戌

白河天皇 30歳

1・25 中宮藤原賢子、賀茂社に行啓する。《扶桑略記》

2・19 初めて円宗寺で最勝会が修される（以後恒例）。《年中行事秘抄》

3・1 白河天皇皇女禛子《しんし》を内親王とする。《一代要記》

3・25 陽明門院禎子内親王、広隆寺に参籠

する。《為房卿記》
3・26 天皇、石清水八幡宮に行幸する。《為房卿記》
4・14 天皇、賭弓・童舞を東庭にて観る。《為房卿記》
4・21 天皇、賀茂社に行幸する。《為房卿記》
5・20 神功皇后陵の樹木焼失のため、この日、廃朝三日とする。《百練抄》
7・11 神泉苑で孔雀経法を修し、雨を祈る。《東寺長者補任》
7・16 阿闍梨範俊《はんじゅん》に、晴雨経法を神泉苑に修させる。《扶桑略記》
7・20 降雨を祈り、神泉苑で五竜祭を行なう。《水左記》
7・29 内裏・中和院が焼亡する。天皇、太政官朝所に避け、ついで六条院に遷る。《扶桑略記》
8・3 天皇、六条院より関白藤原師実の堀河第に遷る。《百練抄》
8・8 天皇、宋商献上の鸚鵡を観る。《百練抄》
9・28 伊勢例幣使を発遣する（禁中触穢により延引）。《伊勢公卿勅使雑例》
10・17 熊野僧徒、御輿を担いで入京・強訴する。《扶桑略記》
11・27 天皇、仁和寺に行幸し、御願の北（喜多）院を供養する。《百練抄》この日、性信入道親王を阿闍梨とする。《御室相承記》
12・9 大納言源俊房を右大臣とする。《公卿補任》
12・10 権中納言源俊明を奉幣使として、伊勢神宮に発遣する。《二所大神宮例文》
□10・2 藤原俊家《ふじわらのとしいえ》（右大臣。歌人。中御門流の祖。父は右大臣藤原頼宗。64）、11・14 藤原能長《ふじわらのよしなが》（内大臣。後三条天皇近臣。女道子は白河天皇妃。父は右大臣藤原頼宗。権大納言藤原能信養子。61）。

■永保三年（一〇八三）癸亥

白河天皇 31歳
1・7 天皇、六条院殿に方違行幸する。《後二条師通記》
1・19 左大臣藤原師実、辞任。《後二条師通記》
1・26 右大臣源俊房を左大臣、権大納言源顕房を右大臣、権大納言藤原師通を内大臣とする。《後二条師通記》
2・12 この日以前、天皇、堀河院より六条院に遷る。《仁和寺御伝》
2・13 性信入道親王、六条内裏で孔雀経法を修する。《後拾遺往生伝》
2・16 内裏で御遊・和歌会あり。《水左記》
2・20 祈禱の功により、性信入道親王を二

＊後二条師通記《ごにじょうもろみちき》 関白藤原師通（一〇六二〜九九）の日記。内大臣に任じられた永保三年（一〇八三）より康和元年（一〇九九）までが現存（自筆本の伝存はごく一部のみ）。院政初期の政治・社会・文化を知るうえの基本史料。

＊吾妻鏡《あずまかがみ》 「東鑑」とも。治承四年（一一八〇）から文永三年（一二六六）までの鎌倉幕府の編年体歴史書。鎌倉時代の武家の動静を知るうえでの重要史料だが、幕府の家臣の編纂と思われ、作為・制約・曲筆・隠蔽などが指摘されている。

＊応徳《おうとく》 文章博士藤原有綱の勘申による。出典は「白虎通」封禅の「天下泰平、符瑞所以来至者、以為王者承天順理、調和陰陽、和万物序、休気充塞、故符瑞並臻、皆応徳而至」か。

品に叙する（入道親王叙品の初例。のち准三宮とする）。《御室相承記》
3・1　天皇、六条院より堀河院に還幸する。《後二条師通記》
3・16　天皇、石清水八幡宮に行幸する。《後二条師通記》
3・28　富士山が噴火する。《扶桑略記》
4・9　天皇、賀茂社に行幸する。《後二条師通記》
7・13　天皇、紫宸殿に出御、権大納言源経信に琵琶を弾じさせる。《古今著聞集》
9・17　天皇、堀河院より六条院に遷る。《後二条師通記》
9月　「後三年の役」起こる。《吾妻鏡治承四年十月二十一日条》
10・1　天皇、法勝寺に行幸し、九重塔・薬師堂・八角堂を供養する。《後二条師通記》
10・8　天皇、里内裏堀河院にて臨時楽を覧る。《後二条師通記》
10・12　天皇、関白藤原師実の大井川遊興停止の宣旨を下す。《後二条師通記》
10・28　天皇、六条院に方違行幸する。《後二条師通記》皇子（覚行）、仁和寺性信入道親王の室に入る。《仁和寺御伝》
11・2　天皇、六条院より堀河院に還幸する。《後二条師通記》
12・1　天皇、六条院に方違行幸する（翌日還幸）。《後二条師通記》
12・15　天台座主良真、三条内裏で安鎮国家法を修する。このとき、延源、曼荼羅を描く。《安鎮法日記》
12・20　天皇、六条院に行幸する（二十四日還幸）。《後二条師通記》

■応徳元年（一〇八四）甲子
白河天皇　32歳
1・22　天皇、堀河第（院）より六条第（院）に遷る。《公卿補任》
2・7　甲子革令により、**応徳**と改元する。《後二条師通記》
2・11　天皇、六条第より新造三条内裏に遷る。《百練抄》
3・8　天皇、石清水八幡宮に行幸する。《後二条師通記》
3・16　三条内裏で初めて和歌会を催す。《後二条師通記》
4・10　権中納言源雅実を伊勢に遣わし、宣命・幣帛を奉る。《伊勢公卿勅使雑例》
4・15　天皇、賀茂社に行幸する。《水左記》
5・27　源俊房、天皇に「白氏文集」点本を進上する。《水左記》
6・5　天皇、祇園御霊会のため、三条内裏より堀河院に行幸する。《水左記》

●白河天皇御製　天皇は「後拾遺和歌集」を撰じさせたことでも知られるが、
「咲き匂ふ花のけしきを見るからに神のこころぞ空に知らるる」（「新古今和歌集」）
などが詠じられる。

6・15 天皇、堀河院より三条内裏に還御する。《公卿補任》
7月 疱瘡流行。《為房卿記》
8・22 京都大風。平野社殿舎損壊。《魚魯愚抄》
8・24 天皇、六条院に行幸する（二十五日還御）。《後二条師通記》
9・12 太皇太后寛子・関白藤原師実、多くの者を従えて、四天王寺・住吉社詣に出発する。《扶桑略記》
9・22 白河天皇皇后**藤原賢子**、三条内裏にて没。▼伊勢斎宮媞子内親王、母の喪により退下する。《扶桑略記》
10・1 中宮藤原賢子を鳥辺野に火葬する。《十三代要略》
11・14 令子内親王を准三宮とする。《十三代要略》
12・4 前斎宮媞子内親王、京都に帰る。《中右記》

■応徳二年（一〇八五）乙丑

白河天皇 33歳

2・19 白河天皇皇子、仁和寺で出家する（法名覚念、のち覚行と改名）。《仁和寺御伝》
4・20 京都大雪（五月十日にも）。《為房卿記》
5・10 天皇、法印増誉を召し、内裏にて法華経を受ける。《元亨釈書》
7・10 故中宮藤原賢子の遺骨を醍醐御堂に安置する。《為房卿記》
8・16 醍醐寺新御願堂を円光院と名づける。《為房卿記》
8・29 醍醐寺円光院の落慶供養を行ない、仏閣内に故中宮藤原賢子の遺骨を奉納する。《百練抄》
9・11 伊勢例幣使を発遣する。《為房卿記》
9・27 三条天皇皇子**性信入道親王**没（仁和寺喜多院の辺で荼毘）。《仁和寺御伝》
この秋 疱瘡流行。《十三代要略》
10・24 内裏、放火される（翌日より警戒を強化）。《為房卿記》
11・8 後三条天皇皇子・皇太弟**実仁親王**没《為房卿記》
11・28 実仁親王を鳥辺野に火葬する（遺骨は仁和寺に安置）。《為房卿記》

■応徳三年（一〇八六）丙寅

白河天皇 34歳
堀河天皇 8歳

7月 白河天皇、藤原季綱の鳥羽水閣を改め、**鳥羽殿**の造営を開始する（後院とする）。《扶桑略記》
8・12 太皇太后藤原寛子、天王寺・住吉社等に参詣する（関白藤原師実以下供奉）。《帝

＊**藤原賢子**《ふじわらのけんし》（一〇五七〜八四） 白河天皇皇后（中宮）。父は右大臣源顕房、母は権中納言源隆俊女隆子。関白藤原師実養女。延久三年（一〇七一）皇太子貞仁親王のもとに入室。皇太子践祚後の承保元年（一〇七四）立后。媞子内親王（郁芳門院）・善仁親王（堀河天皇）・敦文親王・令子内親王・禛子内親王をもうける。鳥辺野に火葬され、遺骨は醍醐山上円光院に納められる。陵名は**上醍醐陵**。寛治元年（一〇八七）太皇太后が追贈される。白河天皇は、その死を悲しみ、数日間、食事を摂らなかったという。

＊**上醍醐陵**《かみのだいごのみささぎ》 京都市伏見区醍醐醍醐山に所在。白河天皇中宮藤原賢子・皇后郁芳門院（媞子内親王）・皇后令子内親王の三陵と鳥羽天皇皇女禧子内親王墓の三陵一墓。明治八年、以上四方の陵墓と定め、同二十七年、名称を上醍醐陵とする。

＊**性信入道親王**《しょうしんにゅうどうしんのう》（一〇〇五〜八五） 三条天皇第四皇子師明《もろあきら》親王。母は藤原済時女娍子。仁和寺二代門跡。寛弘八年（一〇一一）親王宣

王編年記》
8・18　鳥羽殿・東寺五重塔、上棟する。《扶桑略記》
9・11　伊勢例幣使を発遣する。《後二条師通記》
9・16　参議藤原通俊、「**後拾遺和歌集**」を撰進（翌年改訂して再度奏覧）。《**拾芥抄**》
10・20　東寺五重塔を供養する。《後二条師通記》
11・7　権中納言源雅実を伊勢に遣わし、宸筆宣命・幣帛を神宮に奉り、星変地妖を祈らせる。《後二条師通記》

第七十三代　堀《ほり》河《かわ》天皇

11・26　善仁《たるひと》親王を皇太子とし、白河天皇、三条殿にて譲位。善仁親王、堀河院にて受禅（**堀河天皇**。立太子即日受禅は初）。関白藤原師実を摂政とする（白河上皇の**院政**開始）。《扶桑略記》
12・1　即位由奉幣使を発遣する。▼摂政藤原師実、白河上皇に車を献じる。《後二条師通記》
12・2　白河上皇に太上天皇尊号を奉る。《本朝続文粋》
12・19　堀河天皇、大極殿にて即位礼を挙げる。《後二条師通記》

■**寛治元年（一〇八七）丁卯**
堀河天皇　9歳
白河上皇　35歳
1・18　白河上皇、尊号を辞退する（三十日、随身を返上）。《一代要記》
1・29　天皇、初めて石灰壇にて御拝する。▼即位由山陵使を発遣する。《中右記》
2・5　上皇、初めて新造鳥羽殿に入る。《百練抄》
2・10　上皇、右大臣源顕房の古河（久我）水閣を遊覧する。《中右記》
2・11　白河天皇皇女善子内親王を伊勢斎宮に卜定する。《中右記》
2・12　京都大火。《中右記》
2・19　禁中にて寿命経読経、仁王講・三壇長日御修法を修させる。《中右記》
2・24　上皇、鳥羽殿に御幸する。《中右記》
3・4　前斎宮媞子内親王、鳥羽殿に渡る。《中右記》
3・26　上皇、鳥羽殿に御幸する。《中右記》
3月　白河天皇皇子仁和寺覚念（覚行法親王）、高野山に参籠する。《高野春秋》
4・7　即位により**寛治**と改元する。▼上皇、鳥羽殿より藤原敦家の六条第に移る。《為房卿記》
4・12　藤原師実、准三宮宣下を固持し、随

下。寛仁二年（一〇一八）仁和寺にて出家・受戒。治安三年（一〇二三）済信から伝法灌頂を受ける。後冷泉天皇病気平癒の祈禱を度々行ない著効あったとされる。永保三年（一〇八三）准三宮宣下を受ける（僧籍親王の准三宮宣下の初例）。遺骨は高野山に葬られる。

＊**実仁親王**《さねひとしんのう》（一〇七一〜八五）　後三条天皇第二皇子。母は女御源基子。延久三年（一〇七一）親王宣下、同四年、異母兄白河天皇践祚にあたり皇太弟となるも、応徳二年（一〇八五）疱瘡により没。後三条天皇は、皇統を実仁親王、同母弟輔仁親王に伝える意向であったといわれる。

＊**鳥羽殿**《とばどの》　白河・鳥羽・後白河三代の上皇の院御所として執政の場所にもなった離宮。白河天皇が譲位前に藤原季綱から土地の寄進を受け造営に着手したのが始まり。のち鳥羽・後白河代に造営が続けられ、南殿・北殿・東殿の三ブロックに多くの殿舎・堂塔が築かれた。証金剛院・成菩提院・勝光明院・安楽寿院・金剛心院が知られ、東殿の安楽寿院のみ現存。昭和三十

身兵仗のみ受ける。《為房卿記》
4・28　上皇に衛士を宛てる。《為房卿記》
5・12　上皇、鳥羽殿に御幸する。《為房卿記》
5・19　上皇、鳥羽殿より宇治平等院に御幸する（二十一日、六条院に還御。摂政藤原師実供奉）。《為房卿記》
5・20　禁中にて仁王講・大般若経読経を修させ、また、御修法三壇を修させる。《為房卿記》
5・27　疫癘流行により、紫宸殿に大般若経を転読して祈禳させる。《為房卿記》
6・2　上皇、初めて法勝寺に御幸する（九日還御）。《中右記》
6・20　前伊勢斎宮媞子内親王御所である右大臣源顕房六条院が焼亡する。《為房卿記》
6・24　上皇、鳥羽殿に御幸する。《為房卿記》
7・13　上皇は鳥羽殿より中院に、媞子内親王は六条殿に移る。《為房卿記》
7・16　丹生・貴布禰両社に奉幣して雨を祈る（十七日、神泉苑・室生龍穴社にも）。《為房卿記》
7・18　媞子内親王、上皇御所中院に移る。《為房卿記》
7・29　東寺長者定賢・義範に神泉苑にて祈雨御読経を行なわせる（七日まで。また八月十日にも義範に）。《為房卿記》

8・23　禁中で長日法華御読経を修させる。また上皇、不動法を修させる。《為房卿記》
8・28　上皇、媞子内親王と、六条殿より摂政藤原師実の大炊殿に移る。《為房卿記》
8・29　神泉苑で孔雀経読経を修させ、雨を祈る。《本朝世紀》
8月　藤原通俊、「後拾遺和歌集」の目録・序を奏する。《拾芥抄》
9・11　伊勢例幣使を発遣する。《本朝世紀》
9・21　斎宮善子内親王、禊して左近衛府に入る。《為房卿記》
10・2　上皇、鳥羽殿に御幸する（三日還御）。《中右記》
10・14　上皇、法勝寺・鳥羽殿に御幸する。《中右記》
10・16　天皇、大嘗祭御禊のため、大膳職に行幸する。《中右記》
10・22　天皇、大嘗祭のため東河で禊する。《扶桑略記》
10・26　天皇、大膳職より堀河院に還御する。《中右記》
10・27　上皇、媞子内親王と鳥羽殿に移る（三十日還御）。《中右記》
11・19　天皇、八省院にて大嘗祭を行なう。《中右記》
11・25　上皇、鳥羽殿に御幸する（夜、還御）。

五年以来発掘調査が行なわれている。

＊**後《ご》拾遺《しゅうい》和《わ》歌集《かしゅう》**　白河天皇の命による第四番目の勅撰和歌集。参議藤原通俊撰。応徳三年（一〇八六）に奏上も、改訂を重ねて翌年二月、再度奏覧、八月に目録・序を奏上した。「古今集」「後撰集」以後の歌で、「拾遺集」にもれたもの一千二百二十首（流布本）を収録。

＊**拾《しゅう》芥抄《がいしょう》**　百科全書。洞院公賢撰、暦応四年（一三四一）成立とされる。現存本は三巻で永仁二年（一二九四）以前の成立か。

＊**堀河天皇《ほりかわてんのう》**（一〇七九～一一〇七）善仁《たるひと》親王。白河天皇第二皇子。母は関白藤原師実養女（実は権中納言源顕房女）賢子（皇后）。承暦三年（一〇七九）誕生、親王宣下。応徳三年（一〇八六）立太子、即日受禅。皇后に篤子内親王。女御に藤原苡子（所生の子に鳥羽天皇）。陵は後円教寺陵。なお「堀河」は、在位中の御所（堀河院）の名による。

＊**院政《いんせい》**　上皇（法皇）が親ら国政をとる政治形態。白河上皇から光格上皇崩御まで約七百年間、断続的

《中右記》
12・16 前斎宮媞子内親王、准母の儀により入内する。《中右記》
12・18 上皇、鳥羽殿に御幸する（十九日還御）。《中右記》
12・24 天皇、読書始を行なう。《中右記》
12・26 天皇、弓場始・御書所始を行なう。《中右記》源義家、清原武衡らの斬首を報告する（「後三年の役」終わる）。《本朝世紀》
12・28 故皇后藤原賢子に太皇太后を追贈する。《中右記》
12・29 宇佐宮神民ら、神輿を射た大宰大弐藤原実政を上皇に愁訴する（実政、伊豆に流罪）。《百錬抄》京都大火。《中右記》

■寛治二年（一〇八八）戊辰

堀河天皇 10歳
白河上皇 36歳

1・8 上皇、法勝寺修正に御幸する。《中右記》
1・13 上皇、媞子内親王と法勝寺に御幸する（十四日還御）。《中右記》
1・19 天皇、初めて上皇の大炊殿に朝覲行幸する。《中右記》
2・8 上皇、鳥羽殿に御幸する（九日還御）。《中右記》
2・22 上皇、高野山に参詣する（このとき、東大寺東南院を御所とする。以後たびたび上皇・天皇の御所となり「南都御所」とも称される。このとき、摂政以下多くの者が宇治まで供奉。上皇、三月一日還御）。《後二条師通記ほか》
3・5 上皇、媞子内親王と鳥羽殿新御所北殿に御幸する。《中右記》
3・9 天皇、初めて石清水八幡宮に行幸する（十日還幸）。《中右記》
3・10 天皇、石清水からの還幸途次、上皇の鳥羽殿に行幸する。《中右記》
3・12 上皇、法勝寺に御幸する（十六日、鳥羽殿に還御）。《中右記》
3・23 上皇、媞子内親王と鳥羽殿より大炊殿に還御する。《中右記》
4・7 上皇、鳥羽殿に御幸する。《中右記》
4・21 上皇、媞子内親王と同車して賀茂祭を見物する（摂政以下大臣等扈従）。《扶桑略記》
4・27 天皇、賀茂社に行幸する。《中右記》
5・9 上皇、媞子内親王と鳥羽殿に御幸する。《中右記》
6・27 祈雨のため、千僧を招き大極殿で観音経を転読させる。《中右記》
8・7 天皇、上皇の大炊殿に朝覲行幸する（相撲・舞楽あり）。▼刑部卿源政長、天皇

に行なわれる。天皇機関に代わる代行機関ではなく、天皇の直系尊属親としての親権にもとづくもので、発する院宣や院庁下文は詔勅や宣旨と同様に重視された。なお、院政を行なう上皇を「**治天の君**」と呼んだ。また院政時代の天皇の多くは幼帝となり、「東宮の如し」といわれた。

＊**治《ち》天《てん》の君《きみ》** 「天下を治める君」の意で、院政を執行する上皇、つまり政治の実権を握っている上皇（院・太上天皇・法皇）のこと。摂関の力が衰えた応徳三年（一〇八六）、白河天皇が皇子堀河天皇に譲位し院政を開始、これが「治天の君」の成立といわれる。以後、鳥羽上皇・後白河上皇・後鳥羽上皇の承久の乱まで続いた。以後も後堀河天皇の父守貞親王（没後に院号が贈られる）など「治天」は現れるが、以前と同じような権力を行使することはなかった。

＊**寛治《かんじ》** 左大弁大江匡房《まさふさ》の勘申による。出典は「礼記」祭法の「湯以寛治民、而除其虐」という。

に笛を教える（御笛始）。《中右記》
8・13 上皇、法勝寺に御幸する（夜、還御）。《中右記》
9・11 伊勢例幣使を発遣する。《後二条師通記》
9・13 上皇、法勝寺に御幸する。▼斎宮善子内親王、禊して野宮に入る。《中右記》
10・8 大神宝使を発遣する。《後二条師通記》
10・28 上皇、法勝寺大乗会結願に御幸する。《帥記》
11・14 上皇、六条院に御幸する。《伏見宮記録》
11・17 太政大臣藤原信長致仕。《公卿補任》
11・28 上皇、延暦寺に御幸する（三十日還幸）。《後二条師通記》
12・11 上皇、雪が降ったため、八条辺を遊覧する。《後二条師通記》
12・14 摂政藤原師実を太政大臣とする。《中右記》
12・29 一代一度の仁王会を行なう。《中右記》

■寛治三年（一〇八九）己巳

堀河天皇 11歳
白河上皇 37歳

1・5 天皇、紫宸殿にて元服する。《中右記》
1・8 上皇、法勝寺修正会に御幸する（翌暁還御）。《中右記》
1・11 天皇、上皇の大炊殿に朝覲行幸する（天皇、笛を所作）。《中右記》
1・12 上皇、法勝寺に御幸する。《中右記》
1・24 地震あり。《中右記》
1・25 上皇、法勝寺に御幸する（翌暁還御）。▼式部省正庁が焼亡する。《中右記》
3・11 天皇、春日社に行幸する（十二日還御）。《中右記》
3・26 上皇、法勝寺念仏始に御幸する。《中右記》
4・12 賀茂斎院斉子女王、母源政隆女（小一条院女御）の喪により退下する。《中右記四月二十一日条》
4・23 法興院積善寺が焼亡。《百練抄》
4・25 摂政・太政大臣藤原師実、太政大臣を辞任。《中右記》
5・8 丹生・貴布禰両社に奉幣し、雨を祈る。《中右記》
5・13 神泉苑で孔雀経法を修せしめ、降雨を祈る。《後二条師通記》
5・19 二十二社に奉幣し、雨を祈る。《後二条師通記》
5・21 上皇、厄年により延暦寺に御幸する（二十八日還御）。▼東大寺で千僧御読経を行ない、東寺に孔雀経法を修して雨を祈る。《中右記》

＊**帥記**《そちき》 大納言源経信の日記。「都記」「経信卿記」とも。経信は敦実親王の曾孫。嘉保元年（一〇九四）大宰権帥として赴任、承徳元年（一〇九七）任地にて没。「帥記」の帥は官名より採られたもの。まとまった日次記として現存するのは治暦四年（一〇六八）、承暦四年（一〇八〇）、永保元年（一〇八一）、寛治二年（一〇八八）のみで、ほかは逸文で若干伝えられている。

＊**類聚三代格**《るいじゅさんだいきゃく》 弘仁・貞観・延喜三代の格を内容により神社・国分寺・廃置諸司・禁制など事項別に編集したもの。

＊**聖護院**《しょうごいん》 京都市左京区聖護院中町に所在。寛治四年（一〇九〇）増誉が熊野三山検校に補された際、聖体護持の寺として賜った寺院。後白河法皇皇子静恵法親王が入寺して、熊野三山検校になってからは聖護院門跡の重代職となり、熊野修験者を統轄するようになり、のち本山派修験の本寺となる。

6・15 藤原師実、高陽院を造営する。《後二条師通記裏書》
6・28 令子内親王を賀茂斎院に卜定する。《中右記》
7・9 東寺長者定賢に、孔雀経法を醍醐寺に修し、雨を祈らせる。《醍醐寺座主次第》
7・20 上皇、六条東殿に移る。《仙洞御移徙部類記》
9・11 伊勢例幣使を発遣する。《後二条師通記》
9・15 斎宮善子内親王、群行する（二十日伊勢到着）。《後二条師通記》
11・28 仏舎利を諸社に奉る。《中右記》上皇、鳥羽殿に移る。《仙洞御移徙部類記》
12・21 上皇、媞子内親王と石山寺に御幸する（翌日、近江国彦根の西寺へ。二十四日還御）。《中右記》
この年 上皇、天皇に「毛詩」を贈る。《玉葉承安五年一月五日条》
●この年以前、「**類聚三代格**」成る。《後二条師通記裏書》

■寛治四年（一〇九〇）庚午

堀河天皇 12歳
白河上皇 38歳

1・1 天皇、（元服したことにより）初めて四方拝に出御する。《中右記》
1・3 天皇、上皇の大炊殿に朝覲行幸する。《中右記》
1・8 上皇、媞子内親王と法勝寺修正会に御幸する（十日還御）。《後二条師通記》
1・9 陽明門院禎子内親王、法勝寺に御幸する。《中右記》
1・15 上皇、鳥羽殿に御幸する。《中右記》
1・17 天皇、初めて吉書を覧る。《殿暦》
1・22 上皇、初めて熊野に参詣する（二月二十六日、鳥羽殿に還御。以後九回参詣。このとき先達をつとめた三井園城寺僧増誉《ぞうよ》、その功により初代熊野三山検校に補せられ、洛東に熊野神を勧請〈新熊野社〉、また、聖体護持の寺として建てられた**聖護院**を賜わる）。《中右記ほか》
2・17 天皇、平野社に行幸する。《中右記》
2・23 天皇、大原野社に行幸する。《中右記》
2・27 上皇、稲荷社に奉幣する。《中右記》
3・10 上皇、鳥羽に御幸し、花を観る。《中右記》
3・25 媞子内親王の病により、上皇、鳥羽殿にて五壇法を修する。《中右記》
4・15 上皇、鳥羽殿にて競馬を覧る。《中右記》
4・19 天皇、鳥羽殿に行幸する（二十日、競馬・騎射を覧て還御）。《中右記》

4・26 上皇、媞子内親王と大炊殿に還御する。《中右記》
5・13 上皇、六条東殿に御幸する（晩頭に還御）。《為房卿記》
5・15 上皇、病む。《為房卿記》
5・26 陽明門院、後三条天皇のため法勝寺に御八講を修する（上皇臨幸）。《為房卿記》
6・6 上皇、法勝寺泉殿に御幸する。《為房卿記》
6・9 天皇、大江匡房を侍読として「漢書」文帝紀を読む。《為房卿記》
6・21 京都大地震。《中右記》
6・23 上皇、病む。《為房卿記》
8・19 上皇、東寺長者寛意に院御所にて孔雀経法を修させる。《東寺長者補任》
9・11 伊勢例幣使を発遣する。《**東山御文庫記録**》
9・21 紫宸殿にて大般若経を読誦させる。《後二条師通記》
10・6 大極殿にて千僧御読経を行なう。《後二条師通記》
10・9 上皇、媞子内親王と清水寺に参籠し、内親王の病平癒を祈る（二十三日還御）。《中右記》
10・18 天皇、法勝寺大乗会始に行幸する。《中右記》
10・22 伊勢内宮の仮殿遷宮が行なわれる。《二所大神宮例文》
10・27 天皇、松尾社に行幸する。《中右記》
10・28 上皇、鳥羽殿に御幸する。《中右記》
11・4 権大納言源雅実を伊勢神宮に発遣し、宸筆宣命を奉る（十三日帰参）。《中右記》
11・7 天皇、北野社に行幸する。《中右記》
11・29 上皇、媞子内親王と石清水八幡宮に御幸する（摂政藤原師実以下供奉）。《後二条師通記》
12・4 上皇、鳥羽殿に御幸する。《中右記》夜、地震あり。《後二条師通記》
12・16 上皇、病により賀茂御幸を中止する（この日、告文を十二社に奉る。告文の中に「本朝は神国なり」の文言あり）。《後二条師通記・石清水文書》
12・20 摂政藤原師実を関白とする。《中右記》
12・24 伊勢外宮の仮殿遷宮が行なわれる。《二所大神宮例文》
この年 白河天皇皇女（官子内親王）、誕生する（母は典侍源頼子〈源頼綱女〉）。《**二中歴**》

■寛治五年（一〇九一）辛未

堀河天皇 13歳
白河上皇 39歳
1・6 京都地震。《中右記》

＊**東山御《ひがしやまご》文庫《ぶんこ》記《き》録《ろく》** 御物の調査・整理のため、明治三十六年から大正十五年まで、京都御所東山御文庫に収められていた典籍・記録・文書などを筆写した叢書。総点数約四万八千点で宸翰・宸記を含む。

＊**二《に》中歴《ちゅうれき》** 百科全書。鎌倉時代の建久（一一九〇～九九）頃成立。タイトルは「掌中歴」と「懐中歴」を合わせて編集したことによる。

＊**江記《ごうき》** 権中納言大江匡房《まさふさ》（一〇四一～一一一一）の日記。匡房は「学問の家」に生まれ、後三条・白河・堀河三天皇の侍読をつとめた。「江中納言記」「江都督記」などとも。「江記」は治暦元年（一〇六五）ごろから天仁元年（一一〇八）まで記されたといわれる。匡房は天皇・摂関家のブレーンともいうべき人物で、朝廷・貴族の動向を知るうえで貴重な史料となっている。

1・8　上皇、北山に御幸し雪を覧る。《後二条師通記》
1・11　上皇、媞子内親王と賀茂社に御幸する。《中右記》
1・12　大風雨により、大極殿西廊が倒れる。《中右記》
1・13　天皇、上皇の大炊殿に朝覲行幸する。《中右記》
1・18　上皇、僧賢暹《けんせん》をして大炊殿に大白衣法を修させる。《阿娑縛抄》
1・22　白河上皇皇女媞子内親王（天皇同母姉）を准母として皇后（中宮）と尊称する（妻后でなくして后位に登る例を開く）。《中右記》
2・10　大江匡房、上皇に易勘文を献上する。《江記》
2・11　上皇、日吉社に御幸する（十二日還御）。《中右記》
2・17　上皇、高野山に御幸する（奥院に埋経。二十三日六条院、二十七日大炊殿へ還御）。《中右記》
2・30　上皇、病む。《後二条師通記》
3・5　京都地震。《中右記》
3・8　天皇、日吉社に行幸する。《中右記》
3・10　上皇、法勝寺念仏始に御幸する（十二日還御）。《中右記》
4・21　上皇、賀茂祭還立《かえりだち》を見物する。《後二条師通記》
5・9　伊勢神宮以下諸社に奉幣する。《後二条師通記》
5・12　中宮媞子内親王の病気により、上皇・中宮、大炊殿より左大臣源俊房の土御門第に移る。《中右記》
5・20　大極殿にて千僧御読経を行なわせる。《後二条師通記》
7・9　百座仁王会を紫宸殿にて修する。《中右記》
8・2　上皇、鳥羽殿に御幸する。《為房卿記》
8・7　近畿大地震（法成寺堂塔等が倒壊する）。《扶桑略記》
8・8　上皇・中宮媞子内親王、土御門第より六条殿に移る（六条殿を院御所とする）。《中右記》
9・11　伊勢例幣使を発遣する。《為房卿記》
9・24　上皇、鞍馬寺に御幸する。《中右記》
9・30　上皇、法勝寺に御幸し、紅葉を覧る（ついで鳥羽殿に移る）。《為房卿記》
10・1　上皇、鳥羽殿より大井川に御幸して紅葉を覧る。六条院に還幸して和歌会を催す。《中右記》
10・3　天皇、稲荷・祇園両社に行幸する（上皇・中宮媞子内親王、行幸を見物する）。《為

房卿記十月十三日条》
10・9　上皇、中宮媞子内親王と鳥羽殿に御幸する。《為房卿記》
10・12　上皇、宇治平等院に御幸し、紅葉・網代を見る（二十四日媞子内親王と還御）。《中右記》
10・25　上皇、前賀茂斎院篤子内親王を藤原師実の養子として入内させる（天皇より十九歳年長）。《中右記》
10・27　上皇、法勝寺小野山荘に御幸し、雪を覧る。《為房卿記》
11・25　上皇、鳥羽殿に御幸する（二十九日還御）。《為房卿記》
12・15　上皇、北野に御幸し、雪を覧る。《中右記》
12・17　藤原実季供養の橋寺を、上皇御願寺とする。この日供養。《中右記》上皇、熊野に多宝塔を供養する。《江都督納言願文集》
12・29　白河上皇皇子（覚法《かくほう》法親王）、誕生する（母は源顕房女師子）。《仁和寺御伝》
□12・24　藤原実季《ふじわらのさねすえ》（大納言。贈太政大臣。白河天皇外舅。57）

■寛治六年（一〇九二）壬申

堀河天皇　14歳
白河上皇　40歳

2・3　上皇、鳥羽殿に御幸する（十七日にも）。《中右記》
2・29　天皇、上皇の六条殿に朝覲行幸する。《中右記》
3・4　上皇、中宮媞子内親王と鳥羽殿に御幸する（四月二日、六条殿に還御）。《中右記》
3・6　京都大火。関白藤原師実の三条第等が焼亡する。《扶桑略記》
3・13　地震あり（六月八日にも。十月十五日、十一月十日には大地震）。《中右記》
3・19　禁中にて大般若経読経、また五壇法・熾盛《しじょう》光法・尊星法等を修する。《後二条師通記》
3・26　上皇、園城寺羅惹《らじやく》院を供養する。《中右記》
4・1　前賀茂斎院佳子内親王御所が焼亡する。《中右記》
4・2　上皇、中宮媞子内親王と鳥羽殿より六条殿に還幸する。《後二条師通記》
4・15　上皇、鳥羽殿に御幸する。《中右記》
4・18　斎院令子内親王、禊する（上皇、一条烏丸にてこれを見物）。《中右記》
4・21　上皇、賀茂祭を見物する（二十二日にも）。《中右記》
4・28　上皇、中宮媞子内親王と藤原師信の四条坊門第に御幸する。《中右記》

6・14 天皇、咳病に悩まされる。《中右記》
6・27 遼との通交につき、陣定《じんのさだめ》で審議する。《中右記》
7・1 紫宸殿にて百座仁王会を修する。《中右記》
7・2 上皇、金峯山に御幸する（十七日還御）。《中右記》
8・2 上皇、鳥羽殿に御幸する。《中右記》
8・4 大風・洪水により、伊勢神宮の宝殿廻廊等が倒壊する。《百練抄》
8・9 丹生・貴布禰両社に止雨奉幣する。《中右記》
8・11 上皇、中宮と鳥羽殿に御幸する（二十八日、六条殿に還御）。《百練抄》
8・21 伊勢神宮倒壊により、権大納言源雅実を発遣し、宸筆宣命・金銀御幣を奉納する。《中右記ほか》
9・1 京都大風雨。《後二条師通記》
9・11 伊勢例幣使を発遣する。《中右記》
9・13 藤原師実、師通に「延喜御記（醍醐天皇宸記）」を与える。《後二条師通記》
9・28 延暦寺僧徒の訴えにより、藤原為房を阿波国、藤原仲実《なかざね》を安芸国に配流する。《後二条師通記》
10・9 上皇、大炊殿に御幸し、参議大江匡房を伊勢神宮に奉幣させる。《後二条師通記》
10・13 上皇、鳥羽殿に御幸する（翌朝還御）。《中右記》
10・22 伊勢内宮仮殿遷宮が行なわれる。《中右記》
10・24 上皇、法勝寺大乗会に臨席する。《中右記》
10・25 上皇・中宮媞子内親王、鳥羽殿に御幸する。《中右記》
11・13 上皇・中宮媞子内親王、鳥羽殿より六条院に還御する。《中右記》
11・15 伊勢外宮仮殿遷宮が行なわれる。《後二条師通記》
11・21 伊勢臨時奉幣使を発遣する。《中右記》
12・6 上皇、鳥羽殿に御幸する（八日還御）。《中右記》
12・16 上皇、法勝寺御修法始に臨幸する。《中右記》
12・24 上皇、雪を見に白河に御幸する。《中右記》
●この年以降、嘉承二年（一一〇七）までに「栄花物語」続篇成る。

■**寛治七年（一〇九三）癸酉**
堀河天皇 15歳
白河上皇 41歳

1・3 天皇、上皇の六条殿に朝覲行幸する。《中右記》

◉**平安時代中期以降の大嘗会《だいじょうえ》** 四月に悠紀《ゆき》・主基《すき》の国の卜定、九月に抜穂《ぬきほ》、十〜十一月には、京の斎場で白酒《しろき》・黒酒《くろき》を醸造。また御贄（魚・鳥などの供物）の調備や神服の調整、十月下旬には天皇の御禊が行なわれた。祭日は十一月下の卯日《うのひ》で、卯日が三回ある場合は中の卯日に、また挙行の年は、即位が七月以前はその年に、八月以降の場合は翌年に行なわれた。なお崩御による新帝即位の場合は、一年の諒闇が明けてから行なわれた。そして、祭日の十日前には大嘗宮の悠紀殿・主基殿が造られ、祭日前夜に鎮魂祭、卯日朝に供神物の供納が行なわれ、卯日夕方から辰日暁方まで大嘗宮の儀が、ついで辰日には悠紀の節会・天神寿詞奏上・神璽の鏡剣奏上、巳日に主基の節会、午日に豊明《とよのあかり》の節会が催された。この頃すでに践祚と即位が分離され、天神寿詞と鏡剣奏上が大嘗会の節会に移った。

1・8 上皇、法勝寺金堂修正会に御幸する（九日、また十四日結願にも御幸）。《中右記》
1・11 陽明門院禎子内親王、法勝寺に御幸する。《中右記》
1・12 俊子内親王、法勝寺に参詣する（十四日帰還）。《中右記》
1・19 天皇准母中宮媞子内親王の号を郁芳門院とする。《中右記》
1・22 上皇、鳥羽殿に御幸する（二十四日還御）。《中右記》
2・14 京都大地震（所々の塔破壊）。《後二条師通記》
2・21 上皇、郁芳門院と鳥羽殿より還御する。《中右記》
2・22 後三条天皇皇女篤子内親王を皇后（中宮）とする。《中右記》
3・3 上皇、諸国の荘園乱立停止について、藤原師通に諮る。《後二条師通記》
3・8 上皇、法勝寺に御幸し、桜花を賞する。《中右記》
3・10 上皇、東北院・斎院御所・鳥羽殿塔に御幸し、桜花を賞する。《中右記》
3・14 上皇、鳥羽殿に御幸する（十六日還御）。《中右記》
3・18 地震あり（二十六日、五月二日、十一月四・二十日にも）。▼熊野の悪僧、内裏に乱入する。《中右記》
3・20 上皇、春日社に御幸する（公卿百官扈従。二十一日還御）。《中右記》
3・29 神人争論により、伊勢神宮に臨時奉幣使を発遣する（天皇、南殿にて御拝）。《後二条師通記》
4・15 上皇、賀茂祭を見物する。《後二条師通記》
5・5 天皇勅願により、賀茂競馬が初めて行なわれる（以後恒例）。《賀茂皇太神宮記》
5・26 大極殿にて臨時仁王会を行なう。《後二条師通記》
6・8 天皇、病む。《後二条師通記》
6・10 太皇太后藤原寛子、大炊殿に移る。《後二条師通記》
6・27 上皇、法勝寺丈六観音像を供養する。《後二条師通記》
7・2 清涼殿にて御読経・仁王講を修させる。《中右記》
7・6 上皇、鳥羽殿に御幸する（翌朝還御）。《中右記》
7・20 上皇・郁芳門院、西六条殿に御幸する。《中右記》
7・27 上皇、鳥羽殿に御幸する。《中右記》
8・18 京都大雨洪水。《後二条師通記》
8・20 天皇、病気となる。《中右記》

＊**馨子《けいし》内親王《ないしんのう》**（一〇二九～九三）後三条天皇皇后。後一条天皇第二皇女。母は藤原道長女中宮威子。長元四年（一〇三一）賀茂斎院に卜定され准三宮となる。同九年、斎院を退下。永承六年（一〇五一）東宮尊仁親王妃となり、皇女・皇子を産むがいずれも早逝。延久元年（一〇六九）立后して中宮、同五年出家する。承保元年（一〇七四）白河天皇女御賢子を中宮にするため皇后となる。

＊**陽明門院《ようめいもんいん》**（一〇一三～九四）三条天皇皇女禎子内親王。後朱雀天皇皇后。母は藤原道長女妍子。万寿四年（一〇二七）東宮敦良親王（後朱雀天皇）妃となり、王子尊仁（後三条天皇）をもうける。後朱雀天皇即位により長元十年（一〇三七）立后、中宮となる。同年、藤原嫄子の立后に伴い皇后に改められる。永承六年（一〇五一）皇太后、延久元年（一〇六九）院号宣下。鳥辺野に葬られる。陵は**円乗寺東陵**。

＊**円乗寺東陵《えんじょうじのひがしのみささぎ》** 京都市右京区龍安寺朱山の龍安寺内に所在。陽明門院は鳥辺野に火葬され、遺骨は

8・26 興福寺僧徒、春日社神木を奉じて入京・強訴する（神木動座の初例。安和元年〈九六八〉を初例とする説も）。《後二条師通記》
9・4 後三条天皇皇后**馨子内親王**没。《後二条師通記》
9・11 京都大風雨。《中右記》馨子内親王の死により、伊勢例幣を延引する（十月八日追行）。《勘仲記》
9・17 上皇、鳥羽殿に御幸する（十九日還御）。《中右記》
10・3 上皇、郁芳門院と日吉社に御幸する（関白藤原師実以下扈従。四日還御）。《中右記》
10・29 権大納言源師忠を臨時奉幣使として伊勢に発遣し、宸筆宣命を神宮に奉る。また、南北僧徒の騒動により、二十二社奉幣を行なう。《中右記》
12・5 上皇、鳥羽殿に御幸する（十二日にも）。《中右記》
12・12 疱瘡流行のため二十二社奉幣を行なう。《中右記》
12・28 疱瘡流行により、清涼殿で等身十一面観音像を供養する。《中右記》
この年 白河天皇皇女（姰子《じゅんし》内親王）、誕生する（母は藤原季実女）。《二中歴》

□2・18 藤原《ふじわらの》実政《さねまさ》（参議。漢文学者。後二条・白河両天皇の侍読。75）

■嘉保元年（一〇九四）甲戌

堀河天皇 16歳
白河上皇 42歳

1・3 天皇、上皇の六条殿に朝覲行幸する。《中右記》
1・5 京都大雪。上皇、東河原に御幸し、雪を観る。《中右記》
1・14 上皇、鴨院に御幸し、陽明門院を見舞う。《中右記》
1・16 後朱雀天皇皇后**陽明門院**禎子内親王、鴨院にて没（二月五日、鳥辺野に火葬）。《中右記》
1・24 上皇、ひそかに鳥羽殿に御幸する。《中右記》
1・28 天皇、殿上小庭で闘鶏を覧る（二月二十八日、三月十三日にも）。《中右記》
1月 近畿・北陸地方大雪。《中右記》
2・7 天皇、護持僧良意に、御経・真言を習う。《中右記》
2・14 天皇、病む。《中右記》
2・17 上皇、鳥羽殿に御幸する（二十日還御）。《中右記》
2・25 上皇、郁芳門院と鳥羽殿に御幸する（三月九日、六条院に還御）。《中右記》

後朱雀天皇陵（円乗寺陵）の傍に葬られ（「中右記」）、これにより、明治十二年、円乗寺陵東の円墳を陽明門院陵と治定された。

3・9 関白藤原師実、辞任。内大臣藤原師通を関白とする（十一日、氏長者に）。《中右記》
③・8 伯耆国大山寺僧徒、上皇に天台座主を訴える。《中右記》
③・12 丹生・貴布禰両社に奉幣し、雨を祈る。《中右記》
③・14 上皇、鳥羽殿に御幸する（十六日還御）。《中右記》
③・20 神祇官に雨を祈らせる（以後五十日間）。《中右記》
4・1 上皇、鳥羽殿に御幸する（四日還御）。《中右記》
4・15 上皇、郁芳門院と賀茂祭を見物する（十六日、還立の儀を見物）。《中右記》
4・29 上皇、鳥羽殿で流鏑馬《やぶさめ》を見る。《中右記》
5・4 上皇、郁芳門院と鳥羽殿より還御する。《中右記》
5・16 天皇、病む。《中右記》
6・5 上皇、鳥羽殿に御幸する（九日還御）。《中右記》
6・20 天皇、病む。《中右記》
6・29 神祇官にて雨を祈らせる。《中右記》
7・2 丹生・貴布禰両社に奉幣して、雨を祈る。《中右記》

7・8 済尋をして龍穴社に仁王経を転読して雨を祈らせる。《中右記》
7・16 上皇、郁芳門院と鳥羽殿に御幸する。《中右記》
7・26 連日大雨。丹生・貴布禰両社に止雨を祈る。《中右記》
8・2 地震あり。《中右記》
8・3 大極殿にて滝口賭弓あり。《古今著聞集》
8・10 大風により、伊勢外宮・諸別宮殿舎、破損倒壊する。▼止雨を神祇官に祈らせる。《中右記》
8・15 上皇、鳥羽殿にて月を賞し、和歌管絃の会を催す。《中右記》
8・17 上皇、鳥羽殿より宇治別業に御幸する（藤原師実等供奉）。▼上皇呪詛により、三河守源惟清《これきよ》ほかを配流する。《中右記》
9・3 上皇、郁芳門院と鳥羽殿より六条殿に還御する。《中右記》
9・11 廃朝により、伊勢例幣を延引する。《中右記》
9・23 清涼殿にて孔雀大般若経読経、清涼殿二間にて仁王講・聖観音御修法を行なわせる。《中右記》
10・1 上皇、鳥羽殿より六条殿に還御する。《中右記》

＊嘉保《かほう》 権中納言大江匡房の勘申による。出典は「史記」始皇本紀の「嘉保太平」。
＊源顕房《みなもとのあきふさ》（一〇三七～九四） 右大臣。右大臣源師房次男。母は藤原道長女尊子。女賢子が藤原師実養女として皇太子貞仁親王（白河天皇）のもとに入り、外孫堀河天皇践祚により村上源氏の主流となる。鳥羽離宮西の久我に別荘を営んだことから、久我家の家名の由来となる。

10・12 禁中にて法華御読経を行なう。《中右記》
10・24 里内裏堀河院が焼亡する（再建は十年後）。天皇、高陽院に遷る（のち太皇太后藤原寛子御所大炊殿へ）。《中右記》
10・27 地震あり。《中右記》
11・11 天皇、大炊殿東対から西対に遷る。▼上皇、鳥羽殿に御幸する（十三日還御）。《中右記》
11・13 天皇、疱瘡を病む（十二月四日平癒）。▼上皇、鳥羽殿より二条殿に還御する。《中右記》
11・20 伊勢例幣および臨時二十二社奉幣を行ない、天皇平癒を祈らせる。《中右記》
11・23 内侍所を大炊殿に遷す。《中右記》
12・4 上皇、郁芳門院と鳥羽殿に御幸する（十三日還御）。《中右記》
12・15 疱瘡流行により**嘉保**と改元する。▼上皇、春日社にて五部大乗経を供養させる。《中右記》
12・28 天皇、大炊殿東渡殿に遷る。《中右記》
この年 白河天皇皇子（聖恵《しょうけい》親王）、誕生する（母は藤原師兼女）。《中右記》
□6・27能算《のうさん》（宿曜師《すくようし》。後冷泉・白河両天皇等に宿曜勘文を献じる。生年不詳）、9・3藤原《ふじわらの》信長《のぶなが》（太政大臣。父は関白藤原教通。73）、9・5源顕房（右大臣。歌人。58）

■嘉保二年（一〇九五）乙亥

堀河天皇 17歳
白河上皇 43歳

1・2 天皇、上皇の六条殿に朝覲行幸する。《中右記》
1・9 上皇、法勝寺に御幸する。《中右記》
1・15 上皇、郁芳門院と鳥羽殿に御幸する（二十八日還御）。《中右記》
1・29 上皇、鳥羽殿に御幸する。《中右記》
2・8 上皇御所閑院が上棟する。《中右記》
2・11 天皇、篤子内親王御所にて箏《そう》を弾く。《中右記》
2・24 清涼殿にて等身薬師像・如意輪像を供養する。《中右記》
2・29 上皇、鳥羽殿より六条殿に還御する。《中右記》
3・25 上皇、鳥羽殿に御幸する（二十六日還御）。《中右記》
3・29 天皇、石清水八幡宮に行幸する（前関白師実・関白師通供奉）。《中右記》
3月 上皇、高野山大塔の再建を命じる。《高野興廃記》
4・15 天皇、賀茂社に行幸する。《中右記》
4・17 斎院令子内親王、禊する（上皇、鳥丸辺にてこれを覧る）。《中右記》

4・20 上皇、郁芳門院と賀茂祭を見物する（二十一日、還立の儀を見物）。《中右記》
4・22 上皇、鳥羽殿に御幸する（二十三日還御）。《中右記》
4・25 上皇、初めて閑院に御幸し、その造作を覧る（五月二十三日、六月三・八・二十三日にも）。《中右記》
5・10 郁芳門院、法勝寺円堂に参籠し、病気御祈をする（上皇渡御。二十七日、上皇と還御）。《中右記》
5・17 禁中にて大般若経御読経を行なわせる。《中右記》
5・27 権中納言大江匡房に「左伝」を進講させる。《中右記》
6・3 上皇、閑院および鳥羽殿に御幸する。《中右記》
6・9 上皇、天台座主仁覚《にんかく》に新造閑院で安鎮法を修させる。▼後朱雀天皇女御藤原延《えん》子《し》没（年80）。《中右記》
6・20 丹生・貴布禰両社に奉幣し、雨を祈る（午後雨頗る降る）。《中右記》
6・26 上皇、郁芳門院と新造閑院に移る。《中右記》
7・5 上皇、郁芳門院と鳥羽殿に御幸する（九日、六条殿に還御）。《中右記》
7・7 天皇、中宮御方に渡御し、伶人を召して管絃を奏させる。《中右記》
7・19 天皇、病む（八月十四日、九月二・四・五・十三～二十日も）。《中右記》
8・4 上皇、郁芳門院と閑院に移る。《中右記》
8・8 天皇、上皇御所閑院に朝覲行幸し、相撲を覧る。《中右記》
8・10 京都大地震。天皇、中宮御方に御す。▼上皇、郁芳門院と鳥羽殿に御幸する。《中右記》
8・14 上皇、病む（二十五・二十七日にも）。《中右記》
8・22 天皇、禁中にて相撲を覧る。《中右記》
8・28 上皇主催の前栽合《せんざいあわせ》が鳥羽殿にて行なわれる。《中右記》
8・29 上皇、鳥羽殿より六条殿に還御する。《中右記》
9・7 神宝使を伊勢神宮に発遣する。《中右記》
9・11 伊勢例幣使を発遣する。《中右記》
9・16 伊勢内宮の遷宮が行なわれる。《中右記》
9・20 天皇病気により、二十二社に臨時奉幣する。《中右記》
9・21 上皇、郁芳門院と六条殿より閑院に渡御する。《中右記》

＊**高松殿**《たかまつどの》 はじめ平安京左京三条所在の醍醐天皇皇子源高明の邸宅。嘉保二年（一〇九五）に白河上皇と皇女郁芳門院が渡御して以来、その御所となる。のち鳥羽上皇と美福門院の御所となり、ついで後白河天皇がここで受禅し、里内裏とする。二条天皇中宮姝子内親王は、ここを御所とし、高松院の女院号の由縁となる。平治元年（一一五九）に炎上し、その後は再建されなかった。

9・24　天皇の病により、大極殿で千僧御読経を修し、諸国に丈六観音像を描かせる。▼上皇、延暦寺で千僧御読経を修させる。《中右記》
9・30　上皇、郁芳門院と閑院より六条殿に還御する。《中右記》
10・2　大極殿にて千僧御読経を修し、天皇の平癒を祈らせる。▼上皇、法勝寺に御幸する。《中右記》
10・4　祭主大中臣親定、神祇官で天皇の病気平癒を祈らせる。《中右記》
10・5　上皇、白河より六条西殿に渡御する（ついで東殿へ）。《中右記》
10・11　これより先、上皇、「近代禁中作法年中行事」を奉る。天皇、巻中官奏の条の質疑を上皇に奏させる。《中右記》
10・12　天皇、平癒により御浴殿の儀を行なう。《中右記》
10・18　上皇、郁芳門院と鳥羽殿に御幸する（二十三日、閑院に還御）。▼天変地震により権大納言源雅実を伊勢に発遣し、宸筆宣命を奉る（天皇、南殿にて御拝）。《中右記》
10・24　延暦寺僧徒、日吉社神輿を奉じて入京強訴する（神輿動座の初め）。《中右記》
10・28　上皇、郁芳門院と閑院より藤原顕季の**高松殿**に渡御する（ついで六条殿に還御。高松殿は以来、上皇御所となる）。《中右記》
11・2　天皇、大炊殿より閑院に遷る（中宮篤子内親王も）。《中右記》
11・4　天皇、咳気を病む。《中右記》
11・8　上皇、郁芳門院と高松殿より六条殿に還御する。《中右記》
11・17　上皇、法勝寺に御幸する。《中右記》
11・24　天皇、初めて閑院皇居の紫宸殿に出御する。《中右記》
11・25　上皇、白河に御幸する。《中右記》
11・26　天皇、西釣殿に出御し、雪を観る。▼上皇、白河より北野を経て鳥羽殿に御幸し、雪を観る。《中右記》
11・30　大雪。天皇、池辺の景を賞し、雪山を作らせる。《中右記》
11月　天皇、勅を下して延暦寺僧徒に、神輿を奉じて山に帰らせる。《百練抄》
12・4　上皇、郁芳門院と鳥羽殿より六条殿に移る。《中右記》
12・9　上皇、六条殿より白河殿へ御幸する。《中右記》
12・11　上皇、法勝寺より京極殿に御幸する（晩に六条殿に還御）。《中右記》
12・16　天皇、西釣殿に御し、雪を観る。《中右記》
12・21　上皇、鳥羽殿に御幸する。《中右記》

■永長元年（一〇九六）丙子

堀河天皇　18歳
白河上皇　44歳

1・1　上皇、西六条殿に御幸する。《中右記》
1・7　関白藤原師通に一座の宣旨を下す。《中右記》
1・8　上皇、郁芳門院と法勝寺修正会に御幸する（このあとも連日のように御幸）。《中右記》
1・11　天皇、上皇の六条殿に朝覲行幸する。《中右記》
1・18　仁寿殿の観音供を清涼殿に再興する。《中右記》
2・1　上皇・郁芳門院、法勝寺に参籠する（十九日還御）。《中右記》
2・13　京都地震。《中右記》
2・17　上皇、法勝寺金堂心経会に御幸する。《中右記》
2・22　上皇、郁芳門院と藤原師実の京極御堂十種供養に臨御する（二十三日還御）。《中右記》
2・27　上皇、郁芳門院と鳥羽殿に御幸する（三月九日、六条殿に還御）。《中右記》
3・6　天皇、病む（八日平癒）。《中右記》
3・11　清涼殿で和歌管絃楽会が開かれる。《中右記》
4・6　上皇、鳥羽殿に御幸する（翌暁還御）。《中右記》
4・8　鳥羽殿以南、伏見以北を院御領とする。《後二条師通記》
4・14　上皇、賀茂祭を見学する（翌日、還立の儀を見物）。《中右記》
4・28　上皇、鳥羽殿に御幸する（二十九日、五月二日、流鏑馬を観る）。《中右記》
5・13　大極殿にて千僧御読経を行なう。《後二条師通記》
5・15　上皇、郁芳門院と鳥羽殿に御幸する（二十四日、六条殿に還御）。《中右記》
6・7　上皇、鳥羽殿に御幸する（二十日、六条殿に還御）。▼祈雨奉幣あり。また神祇官に雨を祈らせる。《中右記》
6・13　大極殿百座仁王会。この日、護持僧良意に清涼殿二間において丈六十一面観音像を供養させる。《中右記》神泉苑・龍穴社にて雨を祈らせる。《後二条師通記》
6・15　天下旱魃等により二十二社に奉幣する。《中右記》
6・20　東寺に孔雀経法を修して雨を祈らせる（ついで神泉苑で五竜祭を行なわせる）。《後二条師通記》
6・23　上皇、法勝寺に御幸する（二十四日還御）。《中右記》

＊**郁芳門院**《いくほうもんいん》（一〇七六～九六）　媞子内親王。白河天皇第一皇女。母は藤原師実養女中宮賢子。六条院を居所とし、寛治五年（一〇九一）堀河天皇准母として立后（中宮）し、妻后でなくとも后位に登る例をひらく。同七年院号宣下。白河上皇の寵愛深く、上皇は死去の翌々日、にわかに出家し、六条院を御堂に改めて、その冥福を祈った。陵は上醍醐陵《かみのだいごのみささぎ》。

＊**禖子内親王**《ばいしないしんのう》（一〇三九～九六）　後朱雀天皇第四皇女。母は一条天皇第一皇子敦康親王王女嫄子女王（藤原頼通養女）。誕生の月に母中宮没。永承元年（一〇四六）賀茂斎院となる。康平元年（一〇五八）病により斎院を退く。和歌の才に恵まれ、しばしば歌合を開いた。

＊**永長**《えいちょう》　権中納言大江匡房の勘申による。出典は「後漢書」光武帝紀の「尊事天子、享国永長、為後世法」。

6月　田楽が大流行（永長の大田楽）。《中右記》
7・5　伊勢神宮以下八社に奉幣し、御慎・天変・炎旱等を祈らせる。《中右記》
7・7　上皇、東大寺別当経範に仁和寺成就院両界曼荼羅を供養させる。《仁和寺諸院家記》
7・10　上皇、賀茂社に御幸する（夜中に還御）。《中右記》
7・11　天皇、病む。《中右記》
7・12　内裏閑院殿の天皇の前で殿上人田楽が行なわれる。その後、六条殿に移動し、上皇も観覧して感心する。《中右記》
7・21　上皇、鳥羽殿より六条殿に還御する。《中右記》
8・7　白河上皇皇女**郁芳門院**、六条殿にて没。《中右記》
8・9　上皇、郁芳門院の死で悲しみのあまり出家し、東北院に移る（以後、浄土信仰に傾斜）。《中右記》
8・15　白河法皇、東北院より源国明第に移る。《後二条師通記》
8・16　郁芳門院を船岡山に火葬し、ついで遺骨を醍醐円光院に安置する（陵は上醍醐陵）。《中右記》
9・10　天皇、病む。《中右記》
9・11　穢により、伊勢例幣使を延引する（十月十一日追行）。《中右記》
9・13　後朱雀天皇皇女**禖子内親王**、宿痾により没。《中右記》
9・18　法皇、藤原顕季の八条第に御幸する。《中右記》
9・25　興福寺中金堂・講堂等が焼失する。《中右記》
10・17　天皇、金泥心経・仁王経書写を始める。《中右記》
10・20　地震あり。《中右記》
11・24　大地震あり。大極殿西廊等が損傷する。《中右記》
12・5　地震御祈のため、臨時二十二社奉幣あり。伊勢使発するとき、天皇、南殿の巽角間にて御拝する。《中右記》
12・15　地震により、大極殿にて臨時百座仁王会等を行なわせる。《後二条師通記》
12・17　天変・地震により**永長**と改元する。《中右記》
□9・16藤原《ふじわらの》尹房《これふさ》（権中納言。藤原行成の孫で世尊寺流の能書家。67）

■**承徳元年（一〇九七）丁丑**

堀河天皇　19歳
白河法皇　45歳

1・1　地震あり（閏一月一日、四月九日、

八月六・八日、九月六日にも。七月六日には大地震）。《中右記》
①・18 興福寺・延暦寺・園城寺僧をして大般若経読経を紫宸殿に修させる。《中右記》
①・23 清涼殿二間で丈六観音像・観音品百巻を供養する。《中右記》
①月 京中で観音像供養が流行する。《中右記》
2・18 大極殿にて千僧御読経が行なわれる。《中右記》
3・1 太皇太后藤原寛子居所法橋隆尊の房が焼亡する。《中右記》
3・28 天皇、春日社に行幸する（二十九日還幸。以後、即位後の春日社行幸が恒例となる）。《中右記》
4・9 地震あり。《中右記》
4・19 天皇、皇嗣祈願のため、宸筆をもって中宮とともに仁王経を手写する。《中右記》
4・26 天皇、祇園社に行幸する。《中右記》
6・19 炎旱により神泉苑で祈雨御読経が行なわれる。《三宝院旧記》
7・27 大極殿にて臨時百座仁王会が修される。《中右記》
8・5 京都大雨洪水。皇居高陽院等に被害。《中右記》
8・16 皇嗣誕生祈願のため、天皇・中宮篤子内親王合筆の金泥仁王経を金峯山に供養する。《中右記》
8・21 法皇、故郁芳門院のため、醍醐寺に無量光院を建立し、落慶供養を行なう。《中右記》
9・5 伊勢外宮遷宮神宝使を発遣する。《中右記》
9・11 伊勢例幣使を発遣する。《中右記》
9・15 伊勢外宮の正遷宮が行なわれる。《二所大神宮例文》
9・23 天皇、中宮篤子内親王と閑院より関白藤原師通の二条第に行幸する。《中右記》
10・5 天変のため二十二社奉幣を行なう。《中右記》
10・6 天皇、病む。《中右記》
10・11 天皇、二条第より新造高陽院に遷る（中宮も）。《中右記》
10・14 法皇、郁芳門院の死を悲しみ、その御所を寺とし、六条御堂と称する（万寿寺の初め）。《中右記》
10・23 伊勢神宮に臨時奉幣を行なう（天皇、南殿にて御拝）。《中右記》
11・5 権大納言源師忠を勅使とし、伊勢神宮に宸筆宣命を奉る。《中右記》
11・11 伊勢勅使参宮の日に当たり、天皇、中殿南庭にて御拝する。《中右記》
11・21 慧星出現等天変により、**承徳**と改元

＊**承徳《じょうとく》** 文章博士藤原敦基《あつもと》の勘文に「周易曰《いわく》、幹文用誉承以徳也」とある。

する。《中右記》
12・11 臨時伊勢奉幣使を発遣する（天皇、南殿にて御拝）。《中右記》
12・23 法皇、八条第より源国明の六角洞院第に移る。《中右記》
12・28 三条天皇皇孫僖子《けんし》内親王（父は小一条院、母は藤原寛子）没（年80余）。《中右記》
□①・6 源経信《みなもとのつねのぶ》（大納言。敦実親王曾孫。「帥記《そちき》」記主。82）

■承徳二年（一〇九八）戊寅

堀河天皇 20歳
白河法皇 46歳

1・13 地震あり。《中右記》
2・25 白河天皇皇子（覚行）を円宗寺・法勝寺検校とする。《仁和寺御伝》
2・30 天皇、馬場殿に御し、桜花を覧る。《中右記》
3・5 紫宸殿に大般若経読経を行なわせる。《中右記》
3・7 神祇伯康資王女源仁子を典侍とする。《中右記》
3・15 天皇、病む。《中右記》
4・2 法皇、閑院の舎屋を鳥羽殿に移し、泉殿とする。《中右記》
4・4 地震あり。《中右記》
4・10 新造内裏を上棟する。《中右記》
4・29 天皇、御遊にて笛を奏する。《中右記》
5・2 天下疾疫により、臨時二十二社奉幣を行なう。《中右記》
5・26 天皇、病む。《中右記》
6・2 霖雨により鴨川氾濫、房舎流失する。《中右記》
6・13 法皇、法勝寺に御幸、新造丈六五大尊像を供養する（二十日還御）。《中右記》
7・9 法皇、源国明の第より藤原経忠の六条坊門堀河第に移る。《中右記》
7・20 天皇、法皇の六条坊門堀河第に朝覲行幸する。《中右記》
8・3 天皇、清涼殿前庭で相撲を観る。《中右記》
9・11 伊勢例幣使を発遣する。《中右記》
9・16 法皇、鳥羽殿に御幸する。《中右記》
10・19 法皇、鳥羽殿に御幸する（夜還御）。《中右記》
10・20 天皇、金泥仁王経書写を始める。《中右記》
10・23 法皇、源義家に院の昇殿を許す（法皇、義家を「天下第一武勇の士」と称する）。《中右記》
10・26 法皇、鳥羽殿新造北御所に移る（二十九日還御）。《中右記》
10・29 法皇の叡旨により、贈太政大臣藤原

実季女苡子《いし》、入内する。《中右記》
11・11 法皇、鳥羽殿に御幸する（二十日還御）。《中右記》
12・2 天皇、内侍所御神楽で笛を所作する。《中右記》
12・8 藤原苡子を女御とする（中宮篤子内親王に子ができないため）。《中右記》

■康和元年（一〇九九）己卯
堀河天皇 21歳
白河法皇 47歳

1・3 天皇、法皇の鳥羽殿に朝覲行幸する。▼白河法皇皇子覚行《かくぎょう》を親王とする（覚行法親王。法親王の初め）。《後二条師通記》
1・4 六条院が焼亡する。《本朝世紀》
1・24 天皇、皇子誕生祈願のため伊勢公卿勅使権大納言源俊明を発遣する。《本朝世紀》大地震起こる（興福寺西金堂破損。土佐で田千余町が海底に沈む）。《後二条師通記》
2・5 賢暹を勅使として熊野に発遣する。《中右記》
2・24 疾疫により、大極殿で千僧御読経を行なう。《本朝世紀》
3・6 丹生・貴布禰両社に奉幣使を発遣し雨を祈る。また延暦寺に千僧仁王経転読を行なわせ、疾疫を祈禳させる。《本朝世紀》
4・4 女御藤原苡子、流産する。《中右記》
4・6 法皇、鳥羽殿にて園城寺長吏隆明《りゅうみょう》に尊勝陀羅尼を供養させる。《中右記》
5・3 法皇、内大臣藤原師通に諸国の兵仗多きを制止するように命じる。《後二条師通記》
5・6 疾疫により、二十二社奉幣を行なう。《本朝世紀》
5・9 疾疫により、紫宸殿にて百座仁王会を修させる。《後二条師通記》
5・12 紫宸殿にて大般若経を転読させる。▼「康和の荘園整理令」を下す。《後二条師通記》
6・9 疾疫流行により、天皇、内侍所で御拝する。《後二条師通記》
6・11 法皇、病む。《後二条師通記》
6・21 令子内親王、病により斎院を退下する。《本朝世紀》
6・23 疾疫により、紫宸殿にて大般若経読経が行なわれる。▼法皇、法勝寺に御幸し、覚行法親王に普賢延命法を修させる（二十四日還御）。《本朝世紀》
7・1 覚行法親王、鳥羽殿にて孔雀経法を修する。《本朝世紀》
7・8 法皇、覚行法親王等に、尊勝法御修法等を行なわせる。《仁和寺御伝》
8・1 天皇、病む。《中右記》

＊康和《こうわ》 式部大輔藤原正家の勘文に「崔寔政論曰《いわく》、四海康和、天下周楽」とある。
＊殿暦《でんりゃく》 摂政・関白・太政大臣藤原忠実（一〇七八～一一六二）の日記。忠実は経済的勢力拡大により「富家殿《ふけどの》」、鳥羽院政時代には「大殿」とも呼ばれ、保元の乱では知足院に幽閉されて「知足院殿」と称された。承徳二年（一〇九八）正月から元永元年（一一一八）十二月までの写本が伝わる。朝儀・院の動静、摂関家の諸状況に詳しい。「知足院殿記」「知足院関白記」「殿記」の別称もある。

8・8　神泉苑にて孔雀経法を行ない、雨を祈らせる。《本朝世紀》

8・14　丹生・貴布禰両社祈雨奉幣使を発遣する。《本朝世紀》

8・28　地震・疾疫により**康和**と改元する。

▼父師通の急死により、権大納言藤原忠実に内覧の宣旨を下す。《本朝世紀》

9・11　伊勢例幣使を発遣する。《中右記》

9・21　地震あり（十二月十六・十九日にも。閏九月十二日、十月二十六日には大地震）。《本朝世紀》

9・25　法皇、覚行法親王に五壇法を修させる。《修法要抄》

10・6　権大納言藤原忠実を氏長者とする。《殿暦》

10・20　斎宮善子内親王と皇妹禛子内親王を准三宮とし、禛子内親王を賀茂斎院に卜定する。《本朝世紀》

11・22　法皇、法勝寺に御幸し、熊野三山検校増誉に五壇法を修させる。《本朝世紀》

12・5　法皇、円宗寺に御幸し、覚行法親王に結縁灌頂を行なわせる（六日、鳥羽殿に還御）。《本朝世紀》

□6・28藤原師通《ふじわらのもろみち》（関白。内大臣。父は摂政・関白藤原師実。「後二条師通記」記主。38）、8・16藤原通俊《ふじわらのみちとし》（権中納言。白河天皇側近。「後拾遺和歌集」撰者。53）

■康和二年（一一〇〇）庚辰

堀河天皇　22歳
白河法皇　48歳

2・15　前斎院令子内親王、前関白藤原師実らと宇治に赴く。《殿暦》

5・5　法皇、鳥羽殿で覚行法親王に孔雀経法を修させる。《仁和寺御伝》

5・12　新造内裏で仁王会が修される。《中右記》

5・16　天皇、日吉社に行幸する。《殿暦》

5・24　新造内裏にて天台座主仁覚に安鎮法を修させる。《中右記目録》

6・19　内裏竣工。天皇、中宮篤子内親王と高陽院より新造内裏に遷る。《殿暦》

7・6　法皇、仁和寺覚行法親王に六字法を修させる。《修法要抄》

7・17　権大納言藤原忠実《ただざね》を右大臣、権大納言源雅実《まささね》を内大臣とする。《為房卿記》

8・10　天台座主仁覚に天皇御願の延暦寺仏眼院を供養させる。《天台座主記》

8・16　天皇、内裏より高陽院に行幸する（中宮篤子内親王も）。《殿暦》

8・25　止雨奉幣を行なう（ついで東大寺に晴を祈らせる）。《東南院文書》

10・1　仁和寺覚行法親王に、新御願寺尊勝

寺金堂仏の本尊法を修させる。《修法要抄》
10・7 中宮篤子内親王御願の梶井御室を供養する。《長秋記》
10・20 京都大地震。《中右記目録》
11・2 法皇、鳥羽北新御所に移る。《中右記目録》
11・13 法皇、京御所に御幸する。《中右記目録》
12・2 法皇、覚行法親王に院御所で愛染王法を修させる。《御室相承記》
12・14 法皇、京御所に御幸する。《中右記》
12・16 法皇、鳥羽殿に御幸する。《中右記目録》
12・27 法皇、尊勝寺造営により鳥羽殿に方違する（二十九日還御）。《殿暦》
12・28 法皇、勢多辺に御幸する（二十九日還御）。《中右記目録》
この年 大江匡房、「江家次第」を著す。

■康和三年（一一〇一）辛巳

堀河天皇 23歳
白河法皇 49歳

1・2 天皇、法皇の鳥羽殿に朝覲行幸する。《殿暦》
1・10 天皇、鳥羽殿に方違行幸する（天皇、この年しばしば鳥羽殿に行幸）。《長秋記》
1・21 覚行法親王に高陽院皇居にて孔雀経法を修させる。《御室相承記》法皇、重厄の年により北斗供を修する。《朝野群載》
1・25 天皇、鳥羽殿に行幸する（二十六日還幸）。《中右記目録》
1・29 前関白藤原師実、宇治別業にて出家する。《殿暦》
2・1 天皇、鳥羽殿に行幸する（二日還幸）。《中右記目録》
2・2 法皇、鳥羽殿より還御する。《中右記目録》
2・11 法皇、覚行法親王に鳥羽殿で孔雀経法を修させる。《御室相承記》
3・10 天皇、鳥羽殿に行幸する（十一日還幸）。《中右記目録》
3・23 法皇、勧修寺辺に御幸する。《中右記目録》
3・29 鳥羽殿南殿付属の御堂（証金剛院）完成。覚行法親王により供養される（丈六の阿弥陀仏を安置し、一切経が納められる）。《殿暦ほか》
4・3 法皇、鳥羽殿に御幸する。《中右記目録》
4・8 法皇、白河に御幸する。《中右記目録》
4・24 天皇、鳥羽殿に行幸する（翌日、新御堂〈証金剛院〉を叡覧し、夜還御）。《殿暦》

＊江家次第《ごうけしだい》 大江匡房著。平安時代の朝儀・公事の次第を記した有職故実書で、除目制度なども記述されている。「江家」は大江家のことで、匡房は、後三条・白河・堀河三代の侍読をつとめた。匡房没年の天永二年（一一一一）まで書き続けられ、のちに加筆・増補もなされた。この時代の朝儀の集大成書。全二十一巻（現存十九巻）。注釈書に一条兼良の「江次第鈔」などがある。

5・4　日食により、二十二社奉幣を行なう。《殿暦》
6・1　法皇、覚行法親王に愛染王法を修させる。《修法要抄》
6・15　法皇、高階為章の京極第に御幸する。《殿暦》
6・19　丹生・貴布禰両社に祈雨奉幣する。《中右記目録》
7・15　天皇、法皇の鳥羽殿に行幸する（十六日還御）。《中右記目録》
7・23　法皇、祇園塔供養に臨御する。《中右記目録》
8・1　法皇、鳥羽殿にて大般若経・七宝塔を供養する。《殿暦》
8・13　法皇、覚行法親王に鳥羽殿にて理趣三昧を修させる。《御室相承記》
8・14　天皇、病む。《殿暦》
8・25　法皇、新御願寺（尊勝寺。八月十三日上棟）に御幸する。《殿暦》
9・2　丹生・貴布禰両社に止雨奉幣を行なう。《中右記》
9・11　伊勢例幣使を発遣する。《殿暦》
10・10　大納言源俊明を伊勢神宮に発遣する（十六日勅使参宮）。《殿暦》
10・27　法皇、鳥羽殿にて和歌会を行なう。《殿暦》
11・11　法皇、鳥羽殿で番論議二十番を行なわせる。《寺門高僧記》
11・14　覚行法親王、鳥羽殿で孔雀経法を修する。《御室相承記》
11・18　右大臣藤原忠実、天皇に笙を献上する。《殿暦》
12・20　天皇、鳥羽殿に行幸する（二十一日還御）。《殿暦》
12・25　天皇、名笛「葉二」を吹く。《殿暦》
□2・13　藤原《ふじわらの》師実《もろざね》（関白。摂政。太政大臣。父は摂政・関白藤原頼通。養女賢子は白河天皇中宮で堀河天皇母。60）

■康和四年（一一〇二）壬午

堀河天皇　24歳
白河法皇　50歳

1・2　天皇、法皇の鳥羽殿に朝覲行幸する（三日還御）。《殿暦》
1・7　天皇、鳥羽殿に方違《かたたがい》行幸する（以後、この年たびたび方違行幸）。《殿暦ほか》
1・10　輔仁親王、大納言源師忠女を娶る。《中右記》
1・11　法皇、院別当藤原顕季の高松殿に御幸する。《中右記》
1・19　天皇、鳥羽殿に方違行幸する（法皇も御幸、対面あり）。《中右記》
1・26　覚行法親王に清涼殿南庇に等身五大

尊像を供養させ、五壇法を修させる。《中右記》

2・1　天皇、鳥羽殿に方違行幸する（法皇も御幸。二日夜、対面）。《中右記》

2・2　天皇・法皇、鳥羽殿南庭で舞楽を観る。《中右記》

2・5　天皇、朝のうち病む。《中右記》

2・15　天皇、鳥羽殿に方違行幸する（上皇御幸、対面あり）。《中右記》

2・24　法皇、新御願寺（尊勝寺）の作事を覧る（ついで法勝寺常行堂に渡御する）。《中右記》

2・26　天皇、法勝寺に方違行幸する（法皇も御幸、対面あり）。《殿暦》

3・7　天皇、鳥羽殿に方違行幸する（法皇も御幸、対面あり）。《中右記》

3・18　天皇、中宮篤子内親王と鳥羽殿に行幸し、法皇五十賀を行なう（二十日還幸）。《殿暦》

4・10　天皇、病む（十一日、法皇、高松殿に見舞う）。《殿暦》

4・27　法皇、法勝寺に御幸する（御賀法会を行なう）。《殿暦》

5・2　天皇、鳥羽殿に方違行幸する（法皇と対面。翌日、東庭で舞を覧る）。《中右記》

5・9　法皇、鳥羽殿より高松殿に御幸する。《中右記》

⑤・2　禁中で**艶書合**を催す。《長秋記》

⑤・14　天皇、鳥羽殿に方違行幸する（ついで法皇とともに競馬御覧）。《殿暦》

6・2　法皇、白河に御幸し、新御願寺（尊勝寺）の作事を覧る（十・十六日にも）。《殿暦》

6・18　天皇、鳥羽殿に方違行幸する（法皇も渡御）。《殿暦》

6・19　法皇、天皇に「成尋入唐屏風」十二帖を贈る。《中右記》

6・23　除目の結果、公卿の過半を村上源氏が占める。《中右記》

6・29　新御願寺を尊勝寺と名づける（諸堂に仏像を安置し、初めて最勝講を行なわせる。法皇臨御）。《殿暦》

7・8　法皇、白河殿に御幸する（ついで法勝寺・尊勝寺に御幸）。《中右記》

7・11　覚行法親王を尊勝寺長吏とする。《仁和寺御伝》

7・15　法皇、尊勝寺に御幸する。《殿暦》

7・20　天皇、尊勝寺行幸のため、鳥羽殿に方違行幸する（法皇と対面）。《中右記》

7・21　天皇、御願の尊勝寺に行幸し、落慶供養を行なう（法皇・中宮篤子内親王臨御。このときの記録が源師時の「尊勝寺供養記」）。

＊**艶書合**《えんしょあわせ》　左右に分かれ、恋文や恋歌を作り、優劣を競う遊び。懸想《けそう》文合とも。

＊**藤原　歓子**《ふじわらのかんし》（一〇二一～一一〇二）後冷泉天皇皇后。父は関白藤原教通、母は藤原公任女。永承二年（一〇四七）入内、翌年女御、治暦四年（一〇六八）皇后となる。承保元年（一〇七四）皇太后となり、落飾。陵は宇治陵。

＊**藤原苡子**《ふじわらのいし》（一〇七六～一一〇三）堀河天皇女御。父は大納言藤原（閑院）実季、母は大宰大弐藤原経平女睦子。承徳二年（一〇九八）入内し女御となる。康和五年（一一〇三）皇子（鳥羽天皇）を出産も産褥にて死去。鳥辺野南で火葬され、宇治木幡に埋葬される。陵は宇治陵。嘉承二年（一一〇七）皇太后を追贈される。

覚行法親王を尊勝寺検校とする。《中右記》
8・2　法皇、病む。《中右記》
8・11　天皇、病む。《中右記》
8・12　法皇、興福寺僧徒の入京を防ぐため、宇治橋を破壊させる（二十一日、復旧を命じる）。《中右記》
8・16　大極殿で三万六千神祭を行なう。《長秋記》
8・17　後冷泉天皇皇后**藤原歓子**、小野山荘にて没（二十五日、鳥辺野に火葬）。《殿暦》
9・11　伊勢例幣使を発遣する。《殿暦》
9・20　法皇、高松殿より鳥羽殿に渡御、城南寺明神御霊会を見物する。《中右記》
9・25　天皇、高陽院より内裏に還幸する（中宮篤子内親王も）。《中右記》
9・26　法皇、高松殿より白河に御幸し、紅葉を覧て鳥羽殿に還御する。《中右記》
9・28　東大寺僧徒、興福寺僧徒の乱行を訴え、手向山《たむけやま》八幡宮の神輿を擁して入京する。《殿暦》
10・23　法皇、「後三条天皇御記」を天皇に進献する。《中右記》
11・5　天皇、病む。《中右記》
11・14　法皇、鳥羽殿より高松殿に御幸する（即日還御）。《中右記》
11・20　天皇、令子内親王の弘徽殿に渡御する。《殿暦》
11・26　天皇、斎院令子内親王御所に渡御する。《殿暦》
11月　法皇、鳥羽殿で作文会を催す。《本朝続文粋》
12・29　法皇、鳥羽殿に還御する。《中右記》

■康和五年（一一〇三）癸未

堀河天皇　25歳
白河法皇　51歳

1・2　天皇、法皇の鳥羽殿に朝覲行幸する《殿暦》
1・7　覚行法親王御所仁和寺北院が焼亡する。《中右記》
1・8　法皇、尊勝寺修正始に御幸する。《中右記》
1・13　法皇、法勝寺・尊勝寺に御幸する（十四日にも）。《殿暦》
1・16　堀河天皇第一皇子（宗仁《むねひと》。鳥羽天皇）、藤原顕隆の五条第にて誕生する（母は女御藤原苡子）。《殿暦》
1・25　法皇、女御藤原苡子産所五条高倉第に御幸し、皇子（宗仁）と対面する。法皇還御のあと**藤原苡子**にわかに没。法皇、皇子を高松殿に迎える。《殿暦》
1・29　法皇、皇子のため仏像を造立し、高松殿にて覚行法親王等に五壇法を修させる

（五月十六日にも）。《中右記》
2・18 法皇、皇子（宗仁）と対面する。《中右記》
3・11 法皇、鳥羽殿に御幸する。《中右記》
3・12 後朱雀天皇皇女娟子内親王没。《殿暦》
3・15 天皇、皇子五十日儀に法皇御所高松殿に行幸する。《殿暦》
3・25 興福寺僧徒、神木を奉じて入京、維摩会講師について強訴する。《中右記》
4・16 御慎御祈により、権大納言藤原家忠を公卿勅使として宸筆宣命を伊勢神宮に奉る（二十五日帰参）。《殿暦ほか》
4・22 地震あり（このあとしばしば）。《殿暦ほか》
4・27 天皇、皇子（宗仁）百日の儀のため高松殿に行幸する。《殿暦》
5・9 法皇、鳥羽殿に御幸する。《殿暦》
5・16 紫宸殿にて臨時百座仁王会を行なう。《中右記》
6・7 法皇、鳥羽殿に御幸する（八日還御）。《中右記》
6・8 鳥羽殿で田楽を催す。《中右記》
6・9 第一皇子を親王とし、名を宗仁と賜う。《中右記》
6・25 丹生・貴布禰両社に奉幣して雨を祈る。《少外記重憲記》

7・1 法皇、高階為章第に御幸する（十一日にも）。《中右記目録》
7・13 法皇、法勝寺で金泥一切経を供養する。《本朝世紀》
7・16 京都地震。《本朝世紀》
7・20 天皇、賀茂斎院令子内親王の御所に渡る。《殿暦》
7・21 法皇、鳥羽殿に御幸する（夜に還御）。《殿暦》
7・22 法皇御所に参集の延暦寺僧徒に宣旨を下して退却させる。《殿暦》
8・6 法皇、後三条天皇陵に宗仁親王立太子を奉告する。《為房卿記》
8・11 天皇、紫宸殿にて笛を吹く。《殿暦》
8・13 伊勢離宮院放火・落書により、神祇権大副大中臣輔弘《すけひろ》を佐渡国、禰宜荒木田宣綱を伊豆国に配流する。《本朝世紀》
8・17 宗仁親王立太子の儀を藤原忠実の高陽院にて行う（法皇臨御）。《本朝世紀》
8・26 法皇、高松殿に還御する。《殿暦》
8・27 白河天皇皇子（覚法）、仁和寺に入る。《伏見宮記録》
8・29 丹生・貴布禰両社に奉幣し、止雨を祈る（九月十三日にも）。《少外記重憲記》
9・6 法皇、高松殿より鳥羽殿に御幸する（八日還幸）。▼参議源基綱を伊勢神宮に遣

＊**娟子《けんし》内親王《ないしんのう》**（一〇三二～一一〇三） 後朱雀天皇第二皇女。母は藤原道長女妍子の子禎子内親王。長元九年（一〇三六）賀茂斎院、ついで内親王宣下。斎院退下後、左大臣源俊房に降嫁。

＊**長治《ちょうじ》** 文章博士菅原在良《ありよし》・藤原俊《とし》信《のぶ》の勘申による。出典は「漢書」賈誼伝の「建久安之勢、成長治之業」。

わし、宸筆宣命を奉る（二十四日、勅使帰京参内）。《殿暦》
9・8 丹生・貴布禰両社に止雨奉幣を行なう（十八日にも）。《本朝世紀》
9・11 伊勢例幣使を発遣する。《殿暦》
9・25 法皇、高松殿より鳥羽殿に御幸する（二十八日還幸）。《中右記目録》
10・2 法皇、鳥羽殿に御幸する（三日還幸）。《中右記》
10・3 法皇、日吉社の塔を供養させる。《中右記》
10・16 天皇、中宮篤子内親王の病を訪う。《殿暦》
10・19 天皇、病気となる。《殿暦》
10・22 法皇、鳥羽殿に御幸する（二十三日、高松殿に還御）。《中右記》
11・5 天皇、石清水八幡宮に行幸する（六日還御）。《殿暦》
11・25 高野山大塔を再建供養する。《中右記》
12・20 法皇、鳥羽殿に御幸する（二十五日還御）。《中右記》
この年 輔仁親王王子（有仁）、誕生する（母は源師忠女）。《本朝皇胤紹運録》
●康和年間（一〇九九〜一一〇四）、藤原公実ら、百首和歌を詠進する。《堀河院御時百首和歌》藤原基頼、第内に持仏堂を建立、持明院と名づける（のち後深草上皇がここを仙洞としたため、後深草の皇統を持明院統という）。▼北面の武士が創設される。

■長治元年（一一〇四）甲申

堀河天皇 26歳
白河法皇 52歳

1・1 皇太子宗仁親王（鳥羽天皇）の御戴餅の儀が行なわれる。《中右記》
1・3 天皇、法皇の高松殿に朝覲行幸する。《中右記》
1・8 法皇、尊勝寺・法勝寺修正会に御幸する（十四日結願にも御幸）。《中右記》
2・5 法皇、病により、広隆寺に参籠する（十五日還幸）。《為房卿記》
2・10 天変・地震により、**長治**と改元する。《中右記》
2・27 天皇、賀茂社に行幸する。《中右記》
2・28 法皇、腰痛湯治のため、ひそかに鳥羽殿に御幸する（二十九日浴湯）。《中右記》
3・22 法皇、病のため、大僧正隆明に五壇御修法を行なわせ、平癒を祈らせる。《中右記》
3・24 天皇、尊勝寺に行幸し、覚行法親王に結縁灌頂を行なわせる。《中右記》
3・29 清涼殿にて大般若経を読誦させる。《中右記》

4・6 京都地震。《中右記》
4・18 法皇、鳥羽殿より西洞院大路に渡御し、賀茂祭を覧る。《中右記》
5・2 法皇、鳥羽殿より高松殿に還御する。《中右記》
5・10 法皇、鳥羽殿に御幸し、御仏供養・仁王講を修させる（二十一日、高松殿に還御）。《中右記》
5・29 法皇、鳥羽殿に御幸する（六月十三日還御）。《中右記》
6・20 炎旱により、丹生・貴布禰両社に奉幣して雨を祈る。《中右記》
6・30 神泉苑に孔雀経法を行ない、雨を祈る。《中右記》
7・11 法皇、高松殿より内大臣源雅実の土御門第に移る。▼法皇皇子（真行、のち行信。覚法法親王）、仁和寺成就院にて出家する。《中右記》
7・19 天台座主慶朝に清涼殿二間で宸筆大般若経・釈迦像を供養させる。《中右記》
7・22 法皇、鳥羽殿に御幸する（二十四日還御）。《中右記》
7・24 高階為家、尊勝寺阿弥陀堂を造進する。《中右記》
8・1 天皇、故母后藤原賢子のため、弘徽殿にて宸筆法華御八講を行なう。《中右記》
8・11 東宮宗仁親王、土御門第にて魚味始を行なう。《殿暦》
8・14 法皇、土御門殿より高松殿に御幸する（十七日還御）。《殿暦》
8・18 天皇、病む。《中右記》
8・24 法皇、鳥羽殿に御幸する《中右記》
9・11 伊勢例幣使を発遣する。《中右記》
9・19 法皇、鳥羽城南寺御霊会を見物する。《中右記》
9・24 法皇皇子（聖恵）、出家する。《御室相承記》
9・25 紀伊国悪僧ら、熊野大衆と称し、入京、強訴する。《中右記》
10・8 法皇、土御門第より鳥羽殿に御幸する（十日還幸）。《殿暦》
10・30 法皇、土御門第より鳥羽殿に御幸する。《中右記》
11・25 右大臣藤原忠実、天皇に火取玉を献上する。《殿暦》僧・神人の乱行鎮静を祈願し、伊勢神宮以下七社に奉幣する（天皇、南殿にて御拝）。《中右記》
11・28 法皇、鳥羽殿より新造大炊殿に御幸し、造作を覧る（ついで土御門第に還御）。《殿暦》
11・29 法皇、土御門第より鳥羽殿に御幸する。《中右記》

12・5　天皇、中宮篤子内親王と内裏より堀河院に遷る。《殿暦》
12・16　権中納言源国信を伊勢に発遣し、宸筆宣命を神宮に奉る（二十三日、勅使帰京）。《殿暦》
12・22　法皇、新造大炊殿を巡覧する。《中右記》
12・23　法皇、右近馬場に御幸し、雪を覧る。《殿暦》
12・27　法皇、土御門第より新造大炊殿に移る。《殿暦》

■長治二年（一一〇五）乙酉

堀河天皇　27歳
白河法皇　53歳

1・1　延暦寺僧徒、祇園神輿を奉じて強訴する。《殿暦》
1・5　天皇、法皇の大炊殿に朝覲行幸する（皇太子も）。《殿暦》
1・11　法皇、大炊殿より土御門第に還御する。《中右記》
1・13　法皇、法勝寺・尊勝寺・法成寺修正に御幸する。《殿暦》
1・28　宸筆大般若経を清涼殿二間に供養する。▼法皇、鳥羽殿に御幸する。《中右記》
2・10　法皇、鳥羽殿にて法華八講を修する。《殿暦》
2・15　藤原清衡、最初院（中尊寺）を建立する。《中尊寺経蔵文書》
2・21　法皇、大炊殿に御幸する。《中右記》
2・29　法皇、大炊殿より内大臣源雅実の土御門第に還御する。《中右記》
②・6　右大実藤原忠実、文書を内覧する（七日以後も）。《殿暦》
②・14　地震あり。《中右記》
②・28　法皇、土御門第より大炊殿に御幸する。《中右記》
3・5　疾疫により、大般若・法華御読経を清涼殿昼御座《ひるのおまし》に、千僧御読経を東大寺に行なう。《中右記》
3・11　天皇、病む。《中右記》
3・14　これより先、法皇、藤原公実女璋子を養女とする。この日、着袴の儀を行なう（ついで法皇、土御門第に還御）。《中右記》
3・18　天皇の病気により、御前で孔雀経・寿命経読経を行なう。《殿暦》
3・23　天皇病気により、二十二社奉幣を行なう。《中右記》
3・24　天皇病気により、大般若経読経を行ない、冥道供を修し、非常赦を行なう。《殿暦》
3・30　天皇病気のため、院旨により、大極殿で千僧御読経、清涼殿で大般若経書写供

◉堀河天皇御製

「池水のそこさへにほふ花ざくら見るともあかじ千代の春まで」（「金葉和歌集」）
「しきしまやたかまど山の雲間よりひかりさしそふ弓張の月」（「新古今和歌集」）

養を行なう（四月三日平癒）。《中右記》
4・19 皇太子宗仁親王、病気となり、法皇、東宮御所に御幸する。《殿暦》
4・22 法皇、土御門第に還御する。《中右記》
4・23 法皇、天皇病気により、丈六普賢延命像を造立し、長覚に普賢延命法を尊勝寺観音堂に修し、像を供養させる。《覚禅抄》
4・27 疾疫流行により、紫宸殿に大般若経読経を修し、これを祈禳する。《殿暦》
4月 疾疫により、道路に多数死骸が横たわる。《中右記四月二十四日条》
5・12 霧雨により、丹生・貴布禰両社に止雨奉幣使を発遣する。《中右記》
5・26 法皇、土御門殿より鳥羽殿に御幸する（六月十三日、土御門第に還御）。《中右記》
5月 鴨川・桂川氾濫により、法皇御所鳥羽殿が浸水する。《中右記五月十四日条》
6・8 天皇、堀河院より内裏に遷る（中宮篤子内親王も）。《中右記》
6・23 勅により、東寺金堂・灌頂堂・礼堂等を修造する。《東宝記》
7・3 法皇、土御門第より鳥羽殿に御幸する（八日還御）。《中右記》
7・22 天皇、病む。《中右記七月二十六日条》
7・29 天皇病気により御卜を行ない、大僧正増誉に平癒を祈らせる。《殿暦》
8・2 天皇病気により、紫宸殿で大般若経読経を、清涼殿で孔雀経読経を修する。《殿暦》
8・3 法皇、土御門第より大炊殿に御幸する（五日、土御門第に還御）。《中右記》
8・8 天皇病気により、伊勢以下九社に奉幣し、平癒を祈る。《中右記》
8・9 霖雨により、丹生・貴布禰両社に止雨奉幣する。《中右記》
8・11 法皇、大炊殿に御幸する（十九日、土御門第に還御）。《中右記》
8・13 天変・天皇病気により、内大臣源雅実を伊勢に遣わし、宸筆宣命を神宮に奉る（天皇、清涼殿の石灰壇にて御拝）。《殿暦》
8・29 法皇、土御門第より鳥羽殿に御幸する（九月三日、大炊殿に移る）。《中右記》
9・1 天皇、病む。《殿暦》
9・11 伊勢例幣使を発遣する（天皇の御拝なし）。《殿暦》
9・13 法皇、大炊殿より土御門殿に御幸する。《中右記》
9・15 法皇、土御門殿より鳥羽殿に御幸する（二十一日、土御門殿に方違）。《中右記》
9・17 後冷泉天皇皇后**二条院**章子内親王、菩提樹院にて没。《中右記》

＊**二条院**《にじょういん》（一〇二六〜一一〇五） 後一条天皇第一皇女章子内親王。母は藤原道長三女威子。長暦元年（一〇三七）皇太子親仁親王妃、寛徳二年（一〇四五）親王受禅（後冷泉天皇）の日に女御となる。永承元年（一〇四六）中宮、治暦四年（一〇六八）皇太后。延久元年（一〇六九）出家、同年太皇太后となる。承保元年（一〇七四）院号宣下を受け、天皇の母后でなく初めて女院となる。陵は菩提樹院陵《ぼだいじゅいんのみささぎ》。

＊**覚行法親王**《かくぎょうほっしんのう》（一〇七五〜一一〇五） 白河天皇第三皇子。母は藤原経平女経子。仁和寺第三代門跡。応徳二年（一〇八五）出家・受戒。康和元年（一〇九九）親王宣下（法親王の初め）。

＊**堀河院御時百首和歌** 康和四年（一一〇二）から長治三年（一一〇六）にかけて詠まれた歌を堀河天皇に奏覧されたもの。「堀河百首」などともいう。なお、天皇の御製としては、「わかのうらあし辺のたづのなくこゑに夜わたる月のかげぞひさしき」（「新勅撰和歌集」。「たづ」は

10・1　天皇、病む。《殿暦》
10・6　法皇、土御門殿より鳥羽殿に御幸する（八日還御）。《中右記》
10・27　天皇、皇太子宗仁親王着袴の儀のため、法皇御所土御門第に行幸する。《中右記》
10・30　延暦寺衆徒、祇園社神輿を奉じて陽明門に至り強訴。石清水八幡宮神人、衆徒と闘争する。▼法皇、土御門殿より鳥羽殿に御幸する。《中右記》
11・7　後朱雀天皇皇女祐子内親王（母は嫄子女王）、土御門高倉第にて没（十五日、嵯峨に葬送。年68）。《殿暦》
11・18　**覚行法親王**、仁和寺新造北院にて没。《殿暦》
12・19　尊勝寺阿弥陀堂・准胝堂《じゅんでいどう》・法華堂を供養する。《中右記》
12・25　皇太子宗仁親王、初めて参内する。▼右大臣藤原忠実を関白とする。《殿暦》
12月　覚法法親王を仁和寺務とする。《仁和寺御伝》
この年　堀河天皇皇子（最雲親王）、誕生する（母は藤原時経女）。《歴代皇紀》
この年から翌年にかけ、天皇、「**堀河院御時百首和歌**」を奏覧する。

■嘉承元年（一一〇六）丙戌
堀河天皇　28歳
白河法皇　54歳
1・11　藤原忠通、皇太子宗仁親王読書習字始で「史記」を読む。《殿暦》
1・19　天皇、病む。よって、法皇、鳥羽殿より大炊殿に御幸する。《殿暦》
1・22　天皇病気のため、延暦寺にて千僧御読経等を行なう。《殿暦》
2・1　法皇、天皇の病気により鳥羽殿より土御門殿に還御する。《殿暦》
2・7　法皇、土御門殿より大炊殿に御幸する（十一日還御）。《中右記》
2・13　法皇、土御門殿より鳥羽殿に御幸する。《殿暦》
2・16　天皇病気により、法皇、鳥羽殿より土御門殿に還御する。《殿暦》
2・25　清水寺大衆、定深の別当補任に反対して強訴する。《中右記》
2・27　天皇の病気平癒のため、円宗寺金堂で等身延命像百体を供養する。《中右記》
2・28　参議藤原宗忠を派遣して、光孝天皇陵兆域堀損について謝する。《中右記》
3・2　法皇、令子内親王新造御所堀河院に御幸する。この日、令子内親王、新造堀河院に移る。《中右記》
3・3　法皇、大炊殿より土御門殿に還御する。《中右記》

田鶴のこと）などがある。

3・21 法皇、大炊殿より東宮御所土御門殿に御幸する。《中右記》
3・23 京都大地震。《中右記》
3・26 法皇、土御門殿より鳥羽殿に御幸する。《殿暦》
4・6 天皇、病む。《永昌記》
4・9 彗星の変により嘉承と改元する。《中右記》
4・13 賀茂別雷社、炎上する。《殿暦》
5・3 清涼殿にて新写大般若経供養と大般若経・法華経読経を行なう。《中右記》
5・9 疫病流行により、大極殿で千僧御読経を行なう。《中右記》
6・11 天皇、病む。《殿暦》
6・22 疾疫流行により、紫宸殿に臨時百座仁王会を修する。《中右記》
6・27 天皇病気のため、清涼殿で大般若御読経を行なうなど平癒を祈る（七月一日より）。《殿暦》
6・29 京都大火。《殿暦》
6月 田楽流行し、道路が喧噪する。《中右記》
7・2 法皇、鳥羽殿より大炊殿に御幸する（五日、鳥羽殿に還御）。《中右記》
7・3 孔雀経法読経を神泉苑に修し、雨を祈る。《中右記》
7・5 法皇臨御のもと、祇園女御、鳥羽殿で五部大乗経講を行なう。▼東寺長者覚意に孔雀経法を東寺に修し、雨を祈らせる。《中右記》
7・20 丹生・貴布禰両社に奉幣し、雨を祈る。《中右記》
7・27 法皇、石清水八幡宮に御幸する。《殿暦》
9・11 伊勢例幣使を発遣する。《中右記》
9・16 法皇、鳥羽殿より土御門殿に還御する。《中右記》
9・17 皇太子宗仁親王、内裏より法皇の土御門殿に行啓する。《殿暦》
9・19 天皇、病む。《中右記》
9・30 法皇、土御門殿より大炊殿に御幸する。《中右記》
10・3 天皇病気により、伊勢神宮以下十社に臨時奉幣する。《中右記》
10・22 天皇平癒のため、熾盛光法を承香殿に修するなど各所で修法が行なわれる。《永昌記》
10・29 法皇、土御門殿より大炊殿に御幸する。《中右記》
11・5 法皇、大炊殿より鳥羽殿に御幸する。《中右記》
12・3 天皇、紫宸殿にて、法皇は桂川・久我にて雪見をする。《殿暦》

＊**嘉承**《かしょう》 文章博士菅原在良の勘申による。勘文に「漢書曰、礼楽志曰、嘉承天和、伊楽厥福」とある。

＊**東大寺要録**《とうだいじようろく》 東大寺の寺誌。編者不明。原本は伝わらないが、写本が伝存。

＊**今昔物語集**《こんじゃくものがたりしゅう》 一二世紀前半成立と推測される説話集。著者は源隆国ともいわれるが、定説はない。仏教説話以外に雑話もあり、当時の史料としても評価され、天皇も登場する。全三十一巻、一千七十九話とされるが、三巻、三十九話を欠いている。

12・14　法皇、鳥羽殿より土御門殿に還御する。《中右記》
12・18　菅原陳経《のぶつね》「菅家御伝記」成る。《奥書》
12・25　天皇、内裏より堀河院に遷る（中宮篤子内親王も）。《中右記》
この年「**東大寺要録**」成る。《序》吉田社に四度幣祭に預らせる。《二十二社註式》
この年以降、「**今昔物語集**」が成る。
□7月藤原《ふじわらの》敦基《あつもと》（文章博士・漢詩人。61）、7月源義家《よしいえ》（武将。68）、11・17高階《たかしなの》為家《ためいえ》（受領。院の近臣。69）

■**嘉承二年（一一〇七）丁亥**
堀河天皇　29歳
鳥羽天皇　5歳
白河法皇　55歳
1・3　天皇、法皇の土御門殿に朝覲行幸する（東宮も行啓）。《中右記》
1・8　法皇、法勝寺・尊勝寺修正会に御幸する（十・十二・十四日にも）。《中右記》
1・15　法皇・皇太子宗仁親王、土御門殿より大炊殿に渡御する。《殿暦》
1・28　法皇、鳥羽殿に御幸する。《中右記》
2・11　内大臣源雅実を発遣し、伊勢神宮に宸筆宣命・神宝等を奉る。《殿暦》
3・5　天皇、法皇御所鳥羽殿に朝覲行幸する（八日、堀河院に還御）。《殿暦》
3・7　天皇、病む。《殿暦》
3・21　法皇、鳥羽殿より大炊殿に還御する。《中右記》
3・28　法皇、関白藤原忠実に今様を謡わせる。《殿暦》
3・29　法皇、大炊殿より鳥羽殿に御幸する。《殿暦》
この春　疾疫流行する。《中右記》
4・18　法皇、鳥羽殿より内大臣源雅実の土御門第に御幸する。ついで紫野に御幸し、賀茂祭還立《かえりだち》の儀を見物する。《殿暦》
4・22　法皇、鳥羽殿より大炊殿に還御する。《永昌記》
5・6　法皇、藤原長実の八条第に御幸する。《中右記》
5・10　天皇、病む。《殿暦》
5・11　疫病流行により、臨時二十二社奉幣を行なう。《中右記》
5・26　法皇、大炊殿より源重資《しげすけ》の中御門第に移り、仁王経・御懺法を行なう。《中右記》
5・29　疫病流行により、紫宸殿にて百座仁王会を行なう。《中右記》
6・4　法皇、法勝寺にて百座仁王講を修する。《中右記》
6・11　法皇、藤原忠実男忠通を猶子とする。《殿暦》

6・18　法皇、中御門第より大炊殿に還御し、新写大般若経を供養する。《中右記》
6・20　天皇、風邪をひく。《**讃岐典侍日記**》
6・21　堀河内裏等京中に落雷、京極堂が炎上する。《中右記》
6・24　天皇、病む。《中右記》
6・27　法皇、大炊殿にて般若心経を供養し、源重資の中御門第に御幸し、諸種の御祈を行なう。《中右記》
7・3　天皇、病む。《中右記》
7・6　天皇、重態となり、法皇、内裏北隣の令子内親王御所に御幸する。《讃岐典侍日記》
7・7　法皇、譲位の可否を決めるため、**軒廊御卜**を行なう（凶と出て譲位をとり止める）。《殿暦》
7・12　法皇、権中納言藤原宗忠を後三条天皇の円宗寺山陵に遣わし、天皇病気平癒を祈る。▼法皇、東宮御所に渡御する。《中右記》
7・15　丹生・貴布禰両社に奉幣し、雨を祈らせる。《中右記》
7・18　天皇の病重く、天台座主仁源が加持し、法性寺座主賢暹《けんせん》、戒を授ける。《殿暦》

第七十四代　鳥羽《とば》天皇

7・19　堀河天皇、堀河殿にて崩御（「如在の儀」により譲位）。法皇の宣命により皇太子宗仁《むねひと》親王、法皇御所大炊御門殿にて践祚（**鳥羽天皇**。宣命による践祚は新例。白河法皇の本格的院政開始）。関白藤原忠実《ただざね》を摂政とする。《殿暦》斎院禛子内親王、病気により退下する。《歴代編年集成》
7・24　先帝に「堀河院」と追号する。▼堀河天皇、香隆寺南西の野で火葬される。《殿暦》
7・25　堀河天皇の遺骨を香隆寺に納める（永久元年〈一一一三〉遺骨を仁和寺円融院に移して埋葬。現陵は**後円教寺陵**）。《殿暦》
7月　斎宮善子内親王、先帝崩御により退下する。《中右記》
8・10　天皇、病む。《殿暦》
9・11　伊勢例幣を延引する。《中右記》
9・16　藤原忠実、天皇に木刀を献上。《殿暦》
9・21　中宮篤子内親王、出家する。《中右記》
9・24　法皇、鳥羽殿に御幸する。《殿暦》
10・9　法皇、鳥羽殿より源重資の中御門第に還御する。《殿暦》
10・11　藤原忠実、小野道風筆の経を法皇に献じる。《殿暦》
10・12　前斎院令子内親王を天皇准母とする。《殿暦》

＊**讃岐典侍日記**《さぬきのすけにっき》　藤原顕綱女長子の日記。長子は康和二年（一一〇〇）堀河天皇に出仕し典侍となる。天皇の発病から崩御までが生々しく記される。

＊**軒廊**《こんろう(の)》**御卜**《みうら》　紫宸殿の軒廊で行なわれた占い。大嘗祭の国郡定めなどが占われた。

＊**鳥羽天皇**《とばてんのう》（一一〇三〜五六）　宗仁親王。堀河天皇第一皇子。母は大納言藤原実季女苡子《いし》（贈皇太后）。康和五年（一一〇三）誕生。その年のうちに親王宣下、立太子。五歳で受禅、二十一歳で譲位。大治四年（一一二九）白河上皇崩御により政務を執る。永治元年（一一四一）落飾。皇后に藤原璋子（所生に崇徳天皇・通仁親王・後白河天皇・本仁親王・最忠親王・禧子内親王・統子内親王）・藤原泰子・藤原得子（所生に近衛天皇・叡子内親王・暲子内親王・姝子内親王）。追号は鳥羽院。陵は安楽寿院陵。なお「鳥羽」は、譲位後の御所（鳥羽殿）の名による。「いかばかりうれしからましもろともに恋ひらるる身も苦しかるせば」が「新古今和歌集」に収録。

10・21　法皇、病む。▼諸国に課して大極殿を修理させる。《殿暦》
10・26　前斎院令子内親王（白河天皇皇女）、入内する。《殿暦》
10・28　天皇、令子内親王の堀河二条殿に行幸する（十月に四度行幸）。《殿暦》
⑩・1　法皇、中御門第より源国信の綾小路第に御幸する。《殿暦》
⑩・27　摂政藤原忠実、法皇に安息香を献じる。《殿暦》
11・7　即位由奉幣あり。《殿暦》
11・13　伊勢神宮に奉幣し、例幣延引を謝し、朔旦冬至の日、日食正現せざる由を奉告する。《殿暦》
11・14　法皇御所綾小路第に火事あり。《中右記》
11・19　法皇、綾小路第より源重資の中御門第に御幸する。《殿暦》
12・1　天皇、大極殿にて即位礼を挙げる（五歳の幼帝誕生。白河法皇、実権を掌握）。准母令子内親王を尊んで皇后とする。《殿暦》
12・9　天皇、大炊殿より新造六条内裏に遷る（皇后令子内親王も）。▼法皇、中御門第より権中納言源国信の東洞院第に御幸する。《中右記》
12・13　近陵より藤原苡《い》子《し》（鳥羽天皇生母）陵を加える。▼堀河天皇女御藤原苡子を皇太后とし、その父故大納言藤原実季に正一位太政大臣を追贈する。《殿暦》
12・15　法皇、病む。《殿暦》
12・28　法皇、範俊《はんじゅん》再建の興福寺西院を落慶供養する。《中右記》
12・30　前斎宮善子内親王、帰京する。《殿暦》
●嘉保元年（一〇九四）〜嘉承二年（一一〇七）、「扶桑略記」成る。
□11・14藤原公実《ふじわらのきんざね》（権大納言。鳥羽天皇外舅。父は大納言藤原実季。55）

■天仁元年（一一〇八）戊子

鳥羽天皇　6歳
白河法皇　56歳

1・1　諒闇により、元日節会を中止する。《殿暦》
1・6　法皇の命により、平正盛、出雲で反乱の源義親を討つ。《中右記》
1・28　法皇、白河俊覚坊に方違御幸する（ついで鳥羽殿に渡る）。《殿暦》
1・29　真行（覚法法親王）、権大僧正寛助から胎蔵二巻を受ける。《御室相承記》
1月　法皇、叙位・除目で恣意的な人事を行なう（このときから、院より摂政・天皇に人事について書かれた「任人折紙《にんじんおりがみ》」が手渡

＊**後円教寺陵**《のちのえんきょうじのみささぎ》　京都市右京区龍安寺朱山に所在。龍安寺内北東部。中世所伝を失い、元禄探陵時も不明。幕末修陵時に至り一条天皇陵とともに現陵に考定される。
＊**扶桑略記**《ふそうりゃっき》　神武天皇から堀河天皇まで、仏教を中心とした編年体史書。比叡山僧皇円編か。

されることになる）。《中右記》
2・4　法皇、藤原顕季第で塩湯に浴する。《中右記》
2・7　京都火災（内裏近傍焼失）。《殿暦》
2・15　内大臣源雅実、堀河天皇の遺髪を**高野山**に納める。《中右記》
2・16　法皇、鳥羽殿より法勝寺に御幸し、九壇阿弥陀護摩を修する（二十五日、藤原顕季の六条第に渡御）。《殿暦》
2・22　天智天皇陵以下八陵二墓に即位の由を奉告する。《中右記》
3・8　天皇、病む。《殿暦》
3・18　法皇、藤原顕季の六条第より内大臣源雅実の久我水閣に方違御幸する（ついで鳥羽殿に還幸）。《殿暦》
3・21　尊勝寺灌頂会小灌頂阿闍梨任免について、利害の一致する延暦寺・園城寺僧徒が入京して強訴を企て、蜂起する（このあと院御所での会議で却下する）。《中右記》
3・29　一代一度の大奉幣使を発遣。《殿暦》
3・30　延暦寺僧徒、日吉社神輿を奉じて入京。検非違使・源平両氏に入京を防がせる（法皇の譲歩により、僧徒の訴えが認められ、四月二日帰山）。《中右記》
4月　京中に強盗横行。《中右記》
6・3　法皇、六条殿より鳥羽殿に御幸する（二十六日、京御所に還御）。《中右記》
7・7　太皇太后藤原穏子（醍醐天皇皇后）の国忌を廃し、贈皇太后藤原苡子《いし》（堀河天皇女御）の国忌を置く。《殿暦》
7・21　浅間山噴火。《中右記》
8・2　丹生・貴布禰両社に止雨奉幣使を発遣する。《中右記》
8・3　代始により**天仁**と改元する。▼法皇、鳥羽殿に御幸する（十日還御）。《殿暦》
8・11　法皇、灸治を行なう。《殿暦》
8・21　天皇、大嘗祭のため皇居六条殿より内裏に遷る。▼法皇、藤原顕李の六条第より藤原長実の大炊御門万里小路第に移る。《中右記》
9・6　法皇、大炊御門万里小路第より鳥羽殿に御幸する（九日還御）。《殿暦》
9・11　伊勢例幣使を発遣する。《殿暦》
9・26　法皇、法勝寺金堂に新図絵百仏を懸け百座仁王講を行なう。また、六条殿にて孔雀経法を修する。《中右記》
10・3　天皇、病む。《殿暦》
10・6　法皇、法勝寺に御幸し、千僧御読経を行なう。《殿暦》
10・18　天皇、初めて**石灰壇**にて御拝を行なう。《中右記》
10・21　天皇、大嘗祭のため、鴨川で禊する。

＊**高野山**《こうやさん》　空海が入定処として弘仁七年（八一六）に勅許・下賜された山。治安三年（一〇二三）藤原道長が登山。以後、白河・鳥羽・後白河各天皇などが参詣するようになり、荘園の寄進、埋経、納髪がさかんとなる。

＊**天仁**《てんにん》　大宰権帥《だざいごんのそち》大江匡房の勘申による。出典は「文選」の「統天、仁風遐揚」。

＊**石灰壇**《いしばいのだん》　天皇が伊勢神宮と内侍所を御拝する場所。清涼殿の南端にあり、土を盛り石灰で塗り固めたもの。

《殿暦》
10・23　地震あり。《中右記》
10・28　白河天皇皇女を姰（侚・恂とも）子内親王とし、伊勢斎宮に卜定する。《殿暦》
11・8　白河天皇皇女官子《かんし》を内親王とし、賀茂斎院に卜定する。《中右記》
11・17　法皇、六条殿で今様などを行なう。《中右記》
11・21　天皇、八省院にて大嘗会を行なう（このときの記録が「天仁（元年）大嘗会記」で、大江匡房「江記」を抄出したもの）。またこの日、匡房、天皇が後朱雀天皇「長暦御記」をしばしば繙き、政務の参考にすると記す。《中右記》
11・25　法皇、鳥羽殿に御幸し、雪見をする。《中右記》
11・28　天皇、内裏から大炊御門殿に遷御する。《殿暦》
12・16　法皇、六条殿に御幸し、仏名会を行なう。《中右記》
12・19　天皇、初めて法皇御所の六条殿に朝覲行幸する（二十日大炊殿に還御）。《殿暦》
12・21　法皇、鳥羽殿に御幸する（二十六日、六条殿に還御）。《中右記》
この年　藤原清衡、中尊寺の金堂・金色堂等を建立する。《中尊寺経蔵文書》

●この頃、「讃岐典侍日記」成る。

■天仁二年（一一〇九）己丑

鳥羽天皇　7歳
白河法皇　57歳

1・9　法皇、法勝寺修正会に臨御する。《殿暦》
1・12　法皇、法勝寺に御幸する。《殿暦》
2・27　法皇、法勝寺に御幸し、大般若経・新造北斗曼荼羅堂を供養する。《殿暦》
3・8　権中納言藤原宗通を公卿勅使として、伊勢神宮に奉幣させる。《殿暦》
3・10　法皇、法勝寺の不断御念仏に臨御する。《殿暦》
3・17　法皇、鳥羽殿に御幸する。《殿暦》
3・25　法皇、病む。《殿暦》
4・17　法皇、鳥羽殿に御幸し、塔の作事を覧る。《殿暦》
4・26　天皇、石清水八幡宮に行幸する。《殿暦》
4・27　天皇、法皇の鳥羽殿に朝覲行幸する（二十八日、大炊殿に還御）。《殿暦》
4・29　行信（覚法法親王）、寛助から伝法灌頂を受け一身阿闍梨となる。《御室相承記》
4月　疱瘡流行。《殿暦》
5・18　法皇、鳥羽殿より六条殿に御幸する。《殿暦》

7・1 天皇、大炊殿の怪異により、大炊殿より内裏に遷る。《殿暦》
7・3 伊勢神宮と賀茂・石清水両社に奉幣する。《殿暦》
7・20 法皇、院別当藤原顕季《あきすえ》第に御幸する。《殿暦》
7・23 京都に大地震起こる。《殿暦》
7・28 法皇、六条殿より大炊殿に御幸する。《殿暦》
8・9 法皇、大炊殿より鳥羽殿に御幸する（十五日還御）。《殿暦》
8・16 天皇、初めて賀茂社に行幸する。《殿暦》
8・18 法皇、鳥羽泉殿に自らの墓所を定め、ここに三重塔を建立する。この日供養。《殿暦》
9・6 法皇、摂政藤原忠実の高陽院第で競馬を観る。▼忠実から法皇に道風の、法皇から忠実に空海の手本が贈られる。《殿暦》
9・10 法皇、大炊殿より鳥羽殿に御幸する。《殿暦》
9・11 伊勢例幣使を発遣する。《殿暦》
9・15 斎宮姰子内親王、禊して野宮に入る。《殿暦》
9・20 法皇、城南寺祭を覧る。《殿暦》
9・21 天皇、内裏より大炊殿に還御する。《殿暦》
9・26 天皇、病む。《殿暦》
10・11 法皇、鳥羽殿で法華八講を行なう。《中右記》
10・16 天皇、病む。《殿暦》
10・22 法皇、摂政藤原忠実の高陽院に御幸する。《殿暦》
10・29 一代一度の大神宝使を発遣。《殿暦》
11・27 法皇、鳥羽殿に御幸する（十二月十四日にも）。《殿暦》
12・24 一代一度の大仁王会を行なう。《殿暦》
●この頃、大江匡房「江談抄」成る。

■天永元年（一一一〇）庚寅

鳥羽天皇 8歳
白河法皇 58歳

1・10 法皇、鳥羽殿に御幸し、権大僧都寛助に大北斗法を修させる。《殿暦》
1・20 天皇、病む。《殿暦》
1・28 法皇、県召除目のため鳥羽殿より大炊殿に御幸する。《公卿補任》
2・2 権中納言藤原宗通を伊勢神宮に発遣し、宸筆宣命を奉らせる。《殿暦》
2・14 法皇、鳥羽殿に御幸する。《殿暦》
2・22 天皇、法皇の六条殿に朝覲行幸する（二十三日蹴鞠、二十四日舞楽御覧あり。二十五日、大炊殿に還御）。《殿暦》

＊江談抄《ごうだんしょう》 大江匡房の談話を集めたもの。藤原実兼等の筆録とされる。廷臣の逸話や故実・漢文学についての話が収録され、後世の説話文学に影響を与える。
＊天永《てんえい》 大宰権帥大江匡房の勘申による。出典は「尚書」の「欲王以小民受天永命」。

3・4　法皇、鳥羽殿に尊勝陀羅尼を供養する。《殿暦》
3・5　法皇、鳥羽殿より大炊殿に御幸する。《殿暦》
3・9　法皇、法勝寺に御幸する（十三日、大炊殿に還御）。《殿暦》
3・11　法皇、皇后令子内親王と法勝寺に御幸する。《殿暦》
3・12　法皇、法勝寺で鳥舞・童舞を観る。《殿暦》
3・23　法皇、法勝寺の不断御念仏に臨御する。《殿暦》
4・10　法皇、鳥羽殿に御幸し、権大僧都寛助に大北斗法を修させる。《殿暦》
4・12　斎院官子内親王、禊する（翌日、紫野院に入る）。《殿暦》
4・14　法皇、鳥羽殿で競馬・蹴鞠を観る。《殿暦》
4・25　行信（覚法法親王）、高野山に参籠する（百日間）。《殿暦》
5・11　法皇、法勝寺に紺紙金泥一切経を供養する（天皇、これに行幸）。《殿暦》
5・18　検非違使に、天皇を呪詛した法師を究問させる。《殿暦》
5・26　外宮の心柱転倒により、伊勢神宮に奉幣する（天皇、石灰壇にて御拝）。《殿暦》
6・4　法皇、法勝寺で仁王経千僧御読経、鳥羽殿で孔雀経御修法を行ない、彗星を祈禳する。《殿暦》
6・15　法皇、一日大般若経書写供養を南殿に、熾盛光法を内裏北面にて行なう。《殿暦》
6月　平正盛、法皇のため丈六阿弥陀堂を供養する。《江都督納言願文集》
7・13　彗星出現により天永と改元する。《殿暦》
7・30　天皇呪詛により、僧静実《じょうじつ》らを流罪とする。《百練抄》
⑦・4　法皇、鳥羽殿に御幸する（ついで寛助に大北斗法を修させる）。《殿暦》
⑦・8　法皇、病む。《殿暦》
⑦・12　天皇、病む。《殿暦》
⑦・13　天皇病気のため、法皇、鳥羽殿より還御する。《殿暦》
⑦・15　法皇、鳥羽殿に御幸する（九月六日還御）。《殿暦》
⑦月　疾疫流行。《殿暦》
8・28　疫病流行により、僧百口をして仁王経を南殿で転読させる。《殿暦》
9・8　伊勢斎宮姰子内親王、伊勢に向かう（伊勢例幣使を群行に付す）。《殿暦》
10・8　法皇、鳥羽殿に御幸する。《殿暦》
10・9　行信（覚法法親王）、鳥羽殿で法皇

のために愛染王法を行なう。《御室相承記》
11・1　伊勢内宮の心柱が転倒する。《殿暦》
11・4　天皇、摂政藤原忠実の馬を覧る。《殿暦》
11・6　法皇、鳥羽殿より還御する（ついでまた、鳥羽殿に御幸し、七日、大般若経を供養）。《殿暦》
11・7　伊勢神宮に奉幣する。《殿暦》
11・18　伊勢神宮に奉幣し、心柱転倒を祈謝する。《殿暦》
11・27　伊勢内宮の仮殿遷宮が行なわれる。《神宮雑例集》
12・7　大納言源俊明を伊勢神宮に遣わし、宣命を奉る（天皇、石灰壇にて御拝）。《殿暦》
12・9　権僧正範俊、観音院で行信（覚法法親王）に法を伝える。《三宝院伝法血脈》
12・10　法皇、鳥羽殿より大炊殿に還御する。《殿暦》
12・21　天皇、伊勢外宮を遙拝する（同宮心柱のことを祈謝）。《殿暦》
12・24　伊勢外宮の仮殿遷宮が行なわれる。《神宮雑例集》
12・29　伊勢外宮心柱改造竣工を奏する。《殿暦》
この年　法皇、左大臣源俊房・権中納言大江匡房らに意見封事を奏上させる。《玉葉文治三年五月二十三日条》

■天永二年（一一一一）辛卯

鳥羽天皇　9歳
白河法皇　59歳

1・3　法皇、鳥羽殿より大炊殿に御幸する。《殿暦》
1・10　法皇、大炊殿より鳥羽殿に御幸し、五壇法を修する。《殿暦》
1・19　法皇、法勝寺で千僧御読経を行なう。《殿暦》
1・21　法皇、県召除目により、鳥羽殿より大炊殿に還幸する。《殿暦》
2・1　法皇、六条院に還御（ついで鳥羽殿に御幸）。天皇、六条院に朝覲行幸する。《殿暦》
2・11　天皇、春日社に行幸する。《殿暦》
2・12　天皇、法皇御所鳥羽殿に行幸する（蹴鞠・管絃等あり。十四日、大炊殿に還御）。《殿暦》
2・23　天皇、怪異により大炊殿より内裏に遷る。《殿暦》
2・28　法皇、石清水八幡宮に御幸する。《殿暦》
3・3　法皇、鳥羽殿より大炊殿に還御する。《殿暦》

3・6　法皇、大炊殿より鳥羽殿に御幸する。《殿暦》
3・11　法皇、鳥羽新造多宝塔を供養する。《殿暦》
3・26　京都大地震。《中右記》
3月　京中盗賊横行。《中右記》
4・16　法皇、鳥羽殿より大炊殿に還御する。《殿暦》
4・18　法皇、高陽院の北門に御幸、賀茂祭還立解陣の儀を見物する。《中右記》
4・27　天皇、内裏より源雅実の土御門第に遷る。《殿暦》
4・28　法皇、賀茂社に御幸する。《殿暦》
4・29　法皇、大炊殿より鳥羽殿に御幸する（五月九日還御）。《殿暦》
5・17　法皇、法勝寺での千僧御読経に御幸する。《殿暦》
5・21　法皇、法勝寺阿弥陀堂の三十講始に御幸する（二十六日および六月三日結願にも御幸）。《中右記》
5・25　皇后、阿波守藤原忠長の三条第から内裏に戻る。《中右記》
6・23　法皇、鳥羽殿に御幸する。《殿暦》
7・27　丹生・貴布禰両社に奉幣し、雨を祈る。《殿暦》
8・18　丹生・貴布禰両社に止雨奉幣使を発遣する。《殿暦》
8・28　南殿に臨時仁王会を修する。《殿暦》
9・9　藤原宗忠を延久の例により、記録荘園券契所上卿とする（記録所設置）。《中右記》
9・11　伊勢例幣使を発遣する。《殿暦》
9・20　天皇、皇后令子内親王と土御門第より高陽院東対に遷る。《殿暦》
10・10　天皇、病む。《殿暦》
11・12　法皇の病気により、仁和寺僧に理趣三昧を法皇御所で行なわせる。《殿暦》
11・16　宣旨を下し、延暦寺悪僧を逮捕させる。《殿暦》
12・2　天皇、高陽院東対より西対に遷る（このとき、法皇の仰せにより藤原為隆、「年中行事障子」を描く）。《殿暦》
この年　輔仁親王王女（守子内親王）、誕生する（母は源師忠女）。《一代要記》大江匡房、死の直前まで「江家次第」を執筆する。
□1・10源　国信《みなもとのくにざね》（権中納言。歌人。堀河天皇側近。43）、9・16藤原　敦宗《ふじわらのあつむね》（文章博士・漢詩人。70）、11・5大江匡房《おおえのまさふさ》（権中納言。漢文学者。後三条・白河・堀河各天皇の侍読。「続本朝往生伝」「江家次第」著者。「江記」記主。ほかに藤原実兼筆録「江談抄」がある。71）

■天永三年（一一一二）壬辰

鳥羽天皇 10歳
白河法皇 60歳

1・1 御物忌により、小朝拝を中止する。《殿暦》
1・8 法勝寺修正会（法皇、十一・十四日に臨御）。《殿暦》
1・24 禁中で催馬楽が行なわれる。《殿暦》
2・8 法皇、西六条第に御幸し、春日祭使発遣を見物する。《中右記》
2・10 法皇、春日祭使還立を覧る。《殿暦》
2・11 法皇、六条殿に御幸。天皇、法皇御所六条殿に朝覲行幸する（十二日、高陽院に還御）。《殿暦》
2・30 伊勢神宮および石清水・賀茂両社に奉幣して法皇の御賀を祈らせる。《中右記》
3・14 摂政・右大臣藤原忠実を従一位に叙し、一座の宣旨を下す。《殿暦》
3・16 天皇、六条殿に行幸し、法皇六十賀を行なう（十八日、後宴を行ない、御遊にて催馬楽を詠唱。この日、高陽院に還御）。《殿暦》
3・21 法皇、六条殿より藤原基隆の三条第に御幸する。《殿暦》
4・8 法皇、三条第より六条殿に御幸する。《殿暦》
4・18 天皇、日吉神人の訴えを摂政藤原忠実以下に下問する。《殿暦》
4・25 法皇、六十賀のため法勝寺に御幸する。《殿暦》
4・29 法皇、日吉社に神宝を献じる。《殿暦》
5・13 里内裏高陽院が焼亡し、天皇、法皇御所六条殿に遷る（法皇は六条殿より藤原実行の第に移る）。《殿暦》
5・22 摂政藤原忠実、法皇に「後冷泉天皇御記」を献上する。《殿暦》
6・5 法皇、法勝寺三十講始に御幸する。《殿暦》
6・9 天皇、病む。《殿暦》
6・12 法皇、病む。《殿暦》
6・25 僧二十口をして、神泉苑に孔雀経を転読せしめ、雨を祈らせる。また、龍穴社に御読経を行なわせる。《中右記》
6・30 丹生・貴布禰両社に祈雨奉幣を行なう。《中右記》
7・10 二十二社に奉幣して雨を祈る。《中右記》
7・16 炎旱により法勝寺で千僧御読経を行ない、法皇、これに御幸する。《殿暦》
8・13 天皇、平野社に行幸する。《中右記》
8・18 内裏で熾盛光法を修する。《殿暦》
8・20 法皇、白河泉殿に御幸し、賢暹に大

＊**催馬楽**《さいばら》 古代歌謡の一つ。日本古来の歌謡を唐楽の拍子・旋律に合わせて編曲したもの。一〇世紀からこの頃までが全盛で、楽器には琵琶・箏《そう》・笙《しょう》などが使われた。

＊**長秋記**《ちょうしゅうき》 参議源師時《もろとき》（一〇七七～一一三六）の日記。タイトルは、師時が皇后令子内親王の皇后宮権大夫を兼ね、また内親王が太皇太后となっても太皇太后宮権大夫を兼ねたため、后宮の唐名長秋宮にちなんだもの。また「権大夫記」「師時記」「水日記」ともいう。現存するのは天永二年（一一一一）以降で、没年まで記された。白河・鳥羽両上皇以下の人々の動向や世上の見聞等、記事の内容は多方面にわたり、この時期の基本史料となっている。

属星供を修させる。《殿暦》
8・23 天皇、大原野社に行幸する。《殿暦》
9・2 京都大地震。▼丹生・貴布禰両社に奉幣して止雨を祈る。《中右記》
9・8 法皇、藤原顕季の六条殿より藤原長実の大炊御門第に御幸する。《殿暦》
9・11 伊勢例幣使を発遣する。《殿暦》
9・19 新造皇居大炊殿で仁王経御読経を行なう。また、天台座主仁豪に南殿で安鎮法を修させる。《中右記》
9・23 天皇、六条殿より内裏に遷る。《殿暦》
9・28 天皇、病む。《殿暦》
10・18 大炊殿南庭に桜・橘を植栽させる。《中右記》
10・19 天皇、内裏より新造皇居大炊殿(洞院殿と改称)に遷る。《殿暦》
11・18 摂政・右大臣藤原忠実、上表して右大臣を辞任。《殿暦》
11・25 藤原忠実、法勝寺で法皇六十賀を行なう(法皇臨御)。《殿暦》
11・30 天皇、病む。《殿暦》
12・14 藤原忠実を太政大臣とする。《中右記》
12・19 法皇、鳥羽殿多宝塔を供養する。《殿暦》
12・26 法皇、六条殿に御幸する。《中右記》
12・27 天皇、元服のため大炊殿より内裏に遷る。▼法皇皇子行信(覚法)を親王とする。《殿暦》
12・29 内裏中院が放火される。《殿暦》

■永久元年(一一一三)癸巳

鳥羽天皇 11歳
白河法皇 61歳

1・1 天皇、内裏にて元服する(元日節会を三日に延引)。《殿暦》
1・8 天皇、内裏より法皇の六条殿に朝覲行幸し、大炊殿(洞院殿)に遷る(内侍所も大炊殿へ)。《長秋記》
1・9 法皇、法勝寺修正会に御幸する。《殿暦》
1・20 法皇、法勝寺千僧御読経に臨御する。《殿暦》
2・8 法皇、藤原基隆の三条第に御幸し、尊勝陀羅尼を供養する。《殿暦》
2・12 赤疱瘡《あかもがさ》流行により、天皇、これにかかる。《殿暦》
3・22 堀河天皇の遺骨を香隆寺より仁和寺円融院に移す。《殿暦》
③・9 法皇、法勝寺百座仁王会に御幸する。《殿暦》
③・16 天変・怪異・疾疫により、権大納言藤原宗通をして伊勢神宮に宸筆宣命を奉らせる。《殿暦》

③・20　数千人の興福寺僧徒、春日神木を奉じて、清水寺別当人事に対し強訴する（法皇、訴えを認める）。《殿暦》
③・27　天下静かならざるにより、二十二社に奉幣する。《殿暦》
③・28　法皇、法勝寺一切経供養に御幸する。《殿暦》
③・29　延暦寺僧徒、興福寺僧徒の祇園神人凌辱について興福寺実覚《じっかく》の配流を迫り、法皇に訴える（法皇、実覚配流を決定）。《殿暦》
4・1　法皇、大炊殿に御幸する。《長秋記》
4・5　興福寺側、天台座主仁豪《にんごう》の流罪、実覚配流停止を訴える。《中右記》
4・10　延暦寺・興福寺に勅し、入洛および兵具を整えることを禁止する。《長秋記》
4・14　藤原忠実、太政大臣を辞任。《殿暦》
4・15　南北衆徒を鎮めるため、伊勢神宮以下七社に奉幣する。《殿暦》
4・24　興福寺・延暦寺両大衆の衝突を防ぐため、平忠盛・源重時らに興福寺僧徒を討たしめ、平盛重・源光国に延暦寺僧徒を防がせる。《中右記》
4・30　法皇、大炊御門万里小路御所に御幸する（夜、還御。二十九日のことか?）。《中右記》
6・8　法皇呪詛の興福寺経覚らの罪名を勘申させる。《殿暦》
6・12　法皇、大炊殿に御幸し、神宝を祇園社に奉納する。《殿暦》
6・13　京都大地震。《殿暦》
7・10　行信（覚法）法親王を円宗寺長吏とする。《御室相承記》
7・13　天変・怪異・疾疫・兵革等により**永久**と改元する。《殿暦》
7・21　天皇、病む。《長秋記》
8・11　天皇、松尾社に行幸する。《殿暦》
8・17　天皇、北野社に行幸する。《殿暦》
8・18　天皇の病気により、東寺長者寛助に内裏で孔雀経を修させる。《殿暦》
9・3　この両三日、天皇、病む（十六日平癒）。《殿暦》
9・7　天皇の病気により、法皇、諸社・諸寺に平癒を祈らせる。《長秋記》
9・8　法皇、大炊殿（洞院殿）に御幸する。《殿暦》
9・11　伊勢例幣使を発遣する。《殿暦》
10・3　鳥羽天皇生母藤原苡子《いし》のもとに「主上を犯し奉る構人《かまうひと》あり」の落書が投じられる（鳥羽天皇暗殺・輔仁親王擁立計画）。《殿暦十月五日条》
10・11　天皇、日吉社に行幸する（十二日還御）。《殿暦》

＊**永久**《えいきゅう》　式部大輔菅原在良の勘申による。出典不詳も、「毛詩」小雅《しょうが》の南有嘉魚之什に「吉甫燕喜、既多受祉、来帰自鎬、我行永久」、「蔡邕議《さいようぎ》」に「其設不戦之計、守禦之固者、皆社稷之臣、永久之策也」とある。

10・14　天皇、病む。《殿暦》
10・16　法皇、石清水八幡宮に御幸する。《殿暦》
10・22　「天皇暗殺計画」により、醍醐寺の仁覚《にんかく》を伊豆大島に、醍醐寺座主勝覚童子千手丸を佐渡島に配流。また輔仁《すけひと》親王の謹慎を決定する（永久の変。白河法皇対抗勢力の一掃。これにより院政が確立といわれる）。《殿暦》
10・25　法皇、法勝寺大乗会に御幸する。《殿暦》
11・21　法皇、権大納言源雅俊の堂・法勝寺阿弥陀堂に御幸する。《殿暦》
11・26　天皇、稲荷・祇園両社に行幸する。《殿暦》
11・29　法皇、白河九体阿弥陀堂を供養する。《歴代皇紀》
12・26　藤原忠実、摂政を辞し、関白となる。《殿暦》

■永久二年（一一一四）甲午

鳥羽天皇　12歳
白河法皇　62歳

1・1　御物忌により、小朝拝を中止。《殿暦》
1・8　法皇、法勝寺修正会に御幸する（十日にも）。《殿暦》
1・17　法皇、六条殿に御幸し、尊勝陀羅尼供養を行なう。《殿暦》
1・23　法皇、賀茂社に御幸する。《殿暦》
1・27　権中納言藤原宗忠を伊勢に発遣し、宸筆宣命を神宮に奉る。《殿暦》
2・1　法皇、鳥羽殿に御幸する。《殿暦》
2・5　法皇、法勝寺百座仁王講に臨御する。《殿暦》
2・10　法皇、六条殿に渡御。天皇、法皇の六条殿に朝覲行幸する。《殿暦》
2・11　法皇御所で蹴鞠・管絃が行なわれる。天皇、初めて笛を吹く。この日、大炊殿に還幸する。《中右記》
2・14　京中での摺衣の着用、双六等の博戯を禁じる。《中右記》
2・20　法皇、法勝寺で千僧御読経に御幸する。《殿暦》
2・25　法皇、法勝寺に御幸する（ついで同寺の桜花を覧る）。《中右記》
3・19　伊勢一社奉幣あり。《中右記》
4・6　法皇、法勝寺に御幸する（七日にも）。《殿暦》
4・8　法皇、法勝寺新阿弥陀堂（白河新御堂）を覧る（十四日にも）。《中右記》
4・22　法皇、鳥羽殿に御幸する。《中右記》
4・26　法皇、東寺長者寛助に鳥羽殿で大北斗法を修させる。《東寺長者補任》

5・13　法皇、鳥羽殿より大炊殿に還御する。《殿暦》

5・27　法皇、鳥羽殿に御幸、法勝寺三十講に臨御する。《中右記》

6・16　天皇、病む。《殿暦》

6・27　法皇、法勝寺に御幸し、新御堂の作事を覧る。この日、大宮殿に移る。《殿暦》

6月　京都大地震。《中右記》

7・1　法皇、病む。《殿暦》

7・4　法皇、仁和寺の悪僧逮捕を命じる。《中右記》

7・6　法皇、院宣を下し、延暦寺の武装を禁じる。《中右記》

8・3　放火により、皇居大炊殿焼亡し、天皇、法皇御所大炊御門万里小路第に遷る（法皇は藤原基隆の第、ついで源能俊の第に移る）。《殿暦》

8・5　法皇、大宮殿に御幸する。《殿暦》

8・8　天皇、大炊御門万里小路第より六条殿に遷る。《殿暦》

8・11　法皇、大宮殿より白河に御幸し、法皇御願の法勝寺新阿弥陀堂を覧る（ついで大炊御門万里小路第に還御）。《殿暦》

8・17　法皇、大炊御門万里小路第より、藤原能仲の七条坊門第に移る。《殿暦》

8・20　後朱雀天皇皇女**正子内親王**没。《殿暦》

8・29　法皇、鳥羽殿に御幸し、御修法を行なう。《殿暦》

9・7　伊勢内宮遷宮神宝使を発遣。《殿暦》

9・8　法皇、院宣を下し、小鳥・小鷹の飼育を禁じる。《中右記》

9・11　伊勢例幣使を発遣する。《殿暦》

9・14　法皇、賀茂供御所を除く田上・宇治の網代を破却し、殺生を禁じる。《中右記》

9・15　法皇、鳥羽殿より法勝寺阿弥陀堂に御幸し、大炊殿に移る。《殿暦》

9・16　伊勢内宮の遷宮が行なわれる。《殿暦》

9・23　法皇、白河新御堂に御幸し、その作事を覧る。《殿暦》

9・25　法皇、藤原宗忠に箏譜を書かせる（法皇、ついで譜に点を加える）。《中右記》

10・1　堀河天皇中宮**篤子内親王**、堀河院にて没。《殿暦》

10・13　法皇、白河新御堂に御幸する。《殿暦》

10・25　天皇病む。《殿暦》

10・29　法皇、藤原能仲の七条第に方違する（同日還御）。《殿暦ほか》

11・4　法皇、白河新御堂に御幸する。《殿暦》

11・5　権中納言源能俊を公卿勅使として宸筆宣命を伊勢神宮に奉る。《殿暦》

11・14　天皇、石清水八幡宮に行幸し、法皇の鳥羽殿に朝覲行幸する。《殿暦》

＊**正子内親王**《せいしないしんのう》（一〇四五～一一一四）「まさこ」とも。父は後朱雀天皇、母は右大臣藤原頼宗の女・女御延子。康平元年（一〇五八）賀茂斎院となり、延久元年（一〇六九）病のため斎院を辞し、その後は尼となる。

＊**篤子内親王**《とくしないしんのう》（一〇六〇～一一一四）堀河天皇皇后。後三条天皇第三皇女。母は贈皇太后藤原茂子。治暦四年（一〇六八）内親王宣下。延久五年（一〇七三）賀茂斎院に卜定されるも父天皇の崩御により退下。寛治五年（一〇九一）堀河天皇の後宮に入り、同七年皇后（中宮）となる。嘉承二年（一一〇七）天皇崩御により落飾。墓は雲林院内墓所。

＊**賀茂祭**　和銅四年（七一一）以来続く賀茂上・下社の例祭。大同元年（八〇六）以降は官祭となり、毎年四月に行なわれるようになった。当日は斎院の行列が下社、ついで上社に向かい、これに勅使などが加わり、服装・車が華美を極め、天皇はじめ貴賤を問わず多くの観衆を集めた。翌日は還立《かえりだち》の儀が行なわれる。「葵祭《あおいまつり》」「御阿礼祭《みあれまつり》」

11・16 法皇、法勝寺に御幸する。《殿暦》
11・23 天皇、賀茂社に行幸する。《殿暦》
11・29 法皇、法勝寺新阿弥陀堂（蓮華蔵院）を供養する（天皇・令子内親王臨御）。《中右記》
12・15 皇后御所二条殿を皇居と定める。《中右記》
12・17 法皇、法勝寺新阿弥陀堂に御幸する。《殿暦》
12・23 天皇、賀茂社に行幸する。《殿暦》
12・29 行信（覚法）法親王を法勝・尊勝両寺検校とする。《中右記》
□12・2 源《みなもとの》俊明《としあき》（「としあきら」とも。大納言。白河院近臣。71）

■永久三年（一一一五）乙未

鳥羽天皇 13歳
白河法皇 63歳

1・8 白河法皇、法勝寺修正会に御幸する（このあともたびたび御幸）。《殿暦》
1・19 法皇、法勝寺新阿弥陀堂（蓮華蔵院）に御幸し、尊勝陀羅尼供養を行なう。《殿暦》
1・26 法皇、法勝寺に御幸し、大般若経供養を行なわせる。《殿暦》
1・27 行信法親王、名を覚法と改める。《御室相承記》
1・28 法皇、藤原能仲の第に御幸する。《殿暦》
2・2 法皇、法勝寺阿弥陀堂（蓮華蔵院）に御幸し、初めて修二月会を行なう（ついで鳥羽殿に御幸）。《殿暦》
2・9 法皇、石清水八幡宮に御幸する。《殿暦》
2・11 天皇、法皇の鳥羽殿に朝覲行幸する（十二日、六条殿に還御）。《殿暦》
3・9 法皇、鳥羽殿に御幸する。《殿暦》
3・16 法皇、病む。《殿暦》
3・17 天皇、舞装束を着る。《殿暦》
4・22 法皇、西洞院一条に御幸し、**賀茂祭**を見物する。《殿暦》
4・28 内大臣源雅実を右大臣、権大納言藤原忠通を内大臣とする。《公卿補任》
5・3 法皇、鳥羽殿に御幸する（四日還御）。《殿暦》
5・10 法皇、関白藤原忠実に白河御所の指図を調進させる。《殿暦》
5・13 法皇、鳥羽殿に御幸する（二十五日、藤原基隆の大宮三条殿に還御）。《殿暦》
6・6 外宮西宝殿の千木折損により、伊勢神宮に奉幣する。《殿暦》
6・13 法皇、藤原能仲の七条坊門第より鳥羽殿に渡御する。《殿暦》
6・25 法皇、鳥羽殿より藤原基隆の三条大

ともいう。

宮第に渡御する。《殿暦》

7・11 法皇、法勝寺千僧御読経に臨御する。《殿暦》

7・17 法皇、病む。《殿暦》

7・24 土御門西洞院新皇居が上棟する。▼法皇、白河に御幸し、新造御所の作事を覧る(二十九日にも)。《殿暦》

8・9 法皇、**大炊殿**に御幸する。途中、白河新造御所を覧る。《殿暦》

8・23 法皇、白河新造御所を覧て、鳥羽殿に御幸する。《殿暦》

8・25 天皇、六条殿より右大臣源雅実の土御門西洞院(新皇居)に遷る。《殿暦》

9・21 法皇、閉門謹慎の輔仁親王邸を訪ね、閉門を解く(ついで輔仁親王の子有仁を法皇の猶子とする)。このあと鳥羽殿へ還幸する。《殿暦》

10・24 法皇、法勝寺大乗会に臨御する。法皇、この日、白河新造御所を覧る。《中右記》

11・1 法皇、白河新造御所に御幸する。《殿暦》

11・2 法皇、落成白河新造御所に移る。《殿暦》

11・6 天皇、病む。▼法皇、白河新御所より大炊殿に還御する。《殿暦》

11・8 堀河天皇皇子(寛暁)、仁和寺に入る。《殿暦》

11・26 天皇、土御門西洞院より新造皇居大炊殿に遷る。《殿暦》

12・2 法皇、白河に御幸する。《殿暦》

12・7 法皇、覚法法親王に法皇御所大炊殿で五壇法を修させる。《殿暦》

12・26 法皇、白河新御所に御幸する。《殿暦》

□4・2 藤原為房《ふじわらのためふさ》(参議。白河上皇院別当。「為房卿記」記主。67)

■永久四年(一一一六)丙申

鳥羽天皇 14歳

白河法皇 64歳

1・6 法皇、白河御所に御幸する(法勝寺阿弥陀堂修正会に臨御、ついで鳥羽殿に渡御)。《殿暦》

1・8 法皇、法勝寺修正会に臨御する(十三日、法勝寺より鳥羽殿に渡御)。《殿暦》

1・28 法皇、鳥羽殿より還御する。《殿暦》

①・12 法皇、鳥羽殿に御幸する。《殿暦》

2・12 法皇、鳥羽殿より大炊殿に還御する。《殿暦》

2・18 法皇、白河新御所に御幸する。《殿暦》

2・19 天皇、法皇の白河新御所に朝覲行幸する。《殿暦》

2・25 法皇、鳥羽殿に御幸する。《殿暦》

2・27 法皇、石清水八幡宮に御幸する。《殿

*__大炊殿__《おおいどの》 「大炊御《み》門《かど》殿」とも。平安京の大炊御門大路の南北に面する邸宅のこと。「大炊御門東洞院殿」は白河上皇御所・鳥羽天皇里内裏となった邸。鳥羽天皇はこの邸で践祚した。「大炊御門富小路殿」は後鳥羽・土御門・順徳天皇(上皇)の里内裏・仙洞御所。後鳥羽天皇はこの邸で土御門天皇に譲位、土御門天皇譲位後、仙洞御所・里内裏として使われた。また、建仁二年(一二〇二)藤原宗頼が造進し、後鳥羽上皇が移徙した「大炊御門京極殿」などもある。

*__朝野群載__《ちょうやぐんさい》 三善為康編。主に白河院政期の詩文・文書を収めたもの。中級官僚の実務用文例集の趣があるといわれる。

暦》
3・29 天皇、病む《殿暦》
4・16 法皇、鳥羽殿より大炊殿に還御する。《殿暦》
4・23 法皇、賀茂祭還立を見物する。《殿暦》
4・30 法皇、鳥羽殿に御幸する。《殿暦》
6・5 法皇、法勝寺新阿弥陀堂（蓮華蔵院）に御幸する。《殿暦》
7・1 法皇、鳥羽殿より大炊殿に還御する。《殿暦》
7・12 「新制七ヵ条」を下す。《朝野群載》
7・17 天皇、病む。《殿暦》
8・1 法皇、病む。《殿暦》
8・10 法皇、白河新御所で相撲人を観る。《殿暦》
8・17 皇居大炊殿が焼亡する。天皇、法皇御所大炊殿に遷る（法皇は東壇所に渡御。皇后令子内親王は二条殿へ行啓）。《殿暦》
8・19 天皇、大炊殿より右大臣源雅実の土御門殿に遷り、皇居とする（法皇、土御門殿に御幸）。《殿暦》
8・28 伊勢外宮に遷宮神宝使を発遣する。《殿暦》
9・11 伊勢例幣使を発遣する。《殿暦》
9・15 伊勢外宮の遷宮が行なわれる。《殿暦》
9・23 法皇、鳥羽殿に還御する。《殿暦》
10・13 内裏に放火あり。《殿暦十月二十五日条》
10・16 法皇、鳥羽殿に御幸する。《殿暦》
10・26 法皇、覚法法親王と熊野に御幸する（十一月十八日、鳥羽殿に還御）。《殿暦》
11・24 法皇、鳥羽殿より大炊殿に還御する。《殿暦》
12・12 関白藤原忠実、法皇のため等身延命像十体を奉る。《殿暦》
12・14 法皇、鳥羽殿より還御する。《殿暦》
12・18 法皇、仏名会により、藤原基隆の大宮三条第に御幸する。《殿暦》
12・24 天皇、鳥羽殿に方違行幸、法皇も鳥羽殿に御幸する。《殿暦》
12・25 天皇、鳥羽殿にて弓を射る（法皇、これを覧る。天皇、二十六日還御）。《殿暦》
12・27 法皇、鳥羽殿よりにわかに還御する。《殿暦》
12月 三善為康、「朝野群載」を撰する。《序》

■永久五年（一一一七）丁酉

鳥羽天皇 15歳
白河法皇 65歳

1・4 法皇、白河殿より大炊殿に還御する。《殿暦》
1・8 法皇、法勝寺修正会に臨御する（十二日にも御幸）。▼京都大火。法成寺塔・

南大門・京極御堂等焼亡する。《殿暦》
1・13 法皇、白河殿に御幸し、尊勝陀羅尼供養をする。ついで法勝寺修正会に臨御する。《殿暦》
1・20 大僧正寛助、皇居土御門殿で孔雀経法を修する。《東寺長者補任》
1・22 法皇、白河殿に御幸する。《殿暦》
2・6 天皇、鳥羽殿に方違行幸する。《殿暦》
2・13 法皇、法勝寺千僧御読経に臨御する。《殿暦》
3・7 天皇、法皇の六条殿に朝覲行幸する。《殿暦》
3・12 法皇、法勝寺新阿弥陀堂三重塔供養に臨御する。《殿暦》
3・15 右大臣源雅実を伊勢に発遣し、宸筆宣命を神宮に奉る（天皇、南殿にて御拝）。《殿暦》
3・25 法皇、鳥羽殿に御幸する（二十七日にも）。《殿暦》
3・29 内裏で闘鶏・闘草が行なわれる。《百練抄》
4・15 法皇、賀茂祭を見物する。《殿暦》
4・19 法皇、法勝寺百座仁王講に御幸する。《殿暦》
4・20 天皇、皇居土御門第の怪異により、藤原基隆の三条烏丸第に行幸する。《殿暦》
4・27 御所の怪異により、法皇、白河殿に御幸する。《殿暦》
5・17 法皇、法勝寺新阿弥陀堂に御幸し、百万巻御読経を行なわせる。《殿暦》
5・23 天皇、白河殿に行幸する。《殿暦》
5・25 法皇、鳥羽殿に御幸する。《殿暦》
6・3 炎旱により、丹生・貴布禰両社に祈雨奉幣を行なう（六日、九社にも雨を祈る）。《殿暦》
6・14 炎旱のため、東大寺別当勝覚に神泉苑で請雨経法を修させる。《殿暦》
6・22 炎旱により、南殿で仁王経を転読させる。《殿暦》
6・29 神泉苑で五竜祭を行なう。《祈雨記》
7・2 祈雨のため、神泉苑で孔雀経読経が始められる。《年中行事秘抄》法皇、鳥羽殿に御幸する。《殿暦》
7・6 天皇、病む。《殿暦》
7・12 法皇、関白藤原忠実の新造鴨院第に御幸する。《殿暦》
8・7 法皇、白河殿に御幸する。《殿暦》法皇の院宣により正倉院南倉宝物の点検が行なわれ、納物目録が作成される。《綱封蔵見在納物勘検注文》
8・26 大雨により、丹生・貴布禰両社に止雨奉幣を行なう。《殿暦》

＊土御門内裏《つちみかどのだいり》 鳥羽・崇徳・近衛各天皇の里内裏。土御門南・烏丸西に所在。土御門烏丸殿・土御門室町殿ともいう。平安宮内裏を模した最初の内裏。久安四年（一一四八）焼失。再建上棟までいくが暴風雨のため頓挫、再度造営にかかるも保元の乱などで中断し、その後は再建されなかった。

8・29 天皇、石清水八幡宮に行幸する。《殿暦》
8・30 法皇、白河殿より鳥羽殿に御幸する。《殿暦》
9・1 大風雨により、新造内裏十六宇・勧学院・法興院等が顚倒する。《殿暦》
9・2 法皇、風邪をひく。《殿暦》
9・8 法皇、鳥羽殿より白河殿に御幸する。《殿暦》
9・11 大神宮の穢により、伊勢例幣を延引する（ついで追行）。《殿暦》
9・14 天皇、賀茂社に行幸する（法皇、これを覧る）。▼皇后令子内親王御所二条殿が焼亡する。《殿暦》
9・20 法皇、鳥羽殿に御幸し、城南寺祭を見物する。《殿暦》
10・4 天皇、白河泉殿に行幸する（法皇も御幸）。《殿暦》
10・14 京都地震。《殿暦》
10・19 新御願寺（最勝寺）塔の落慶供養が行なわれる。《殿暦》
10・22 法皇、熊野に御幸する（十一月十三日還御し、稲荷社に奉幣する）。《殿暦》
11・6 法皇、熊野の御願塔を供養する。《百練抄》
11・10 天皇、三条烏丸殿から新造**土御門内裏**に遷る（以後譲位まで御所とする）。《殿暦》
11・20 法皇、鳥羽殿より白河殿に御幸する。《殿暦》
12・13 藤原公実女（白河法皇養女）璋子、入内する。《殿暦》
12・17 藤原公実女璋子《しょうし》を女御とする。《殿暦》

■元永元年（一一一八）戊戌

鳥羽天皇 16歳
白河法皇 66歳

1・6 法皇、法勝寺阿弥陀堂修正会に御幸する。《中右記》
1・12 法皇、法勝寺に御幸する（輔仁親王・有仁王供奉）。《中右記》
1・20 法皇、参議藤原信通の三条烏丸第に渡御する。《中右記》
1・26 女御藤原璋子を皇后（中宮）とする。《中右記》
2・10 法皇、早朝に白河殿に渡御。天皇、白河殿に朝覲行幸する。《中右記》
2・21 法皇、法勝寺千僧御読経に臨御する。《中右記》
3・10 法皇、法勝寺御念仏始に臨御する。▼法皇、白河新造御所（白河北殿）を覧る（五月二日、六月二日にも）。《中右記》
3・15 法皇、法勝寺で九壇阿弥陀護摩・五

壇法を修する。《中右記》

4・3　天変・疾疫により、元永と改元する。《中右記》

4・9　中納言源顕通《あきみち》を伊勢神宮に遣わし、宸筆宣命を奉り、改元の由を告げる。▼法皇、鳥羽殿に御幸する（十四日還御）。《中右記》

4・12　丹生・貴布禰両社に奉幣し、晴を祈る。《中右記》

4・18　斎院官子内親王、禊する（法皇、ひそかに御幸し、これを覧る）。《中右記》

4・21　法皇、賀茂祭を見物する。《中右記》

4・22　法皇、賀茂祭還立の儀を見物する。《中右記》

4・28　清涼殿で僧三十口をして大般若経を転読させる。《中右記》

5・5　法皇、円宗寺御八講始に臨御する。《中右記》

5・14　法皇、法勝寺千僧御読経に臨御する。《中右記》

5・28　神泉苑で御読経を行ない、雨を祈らせる。《中右記》

5・30　法皇、白河に御幸する。《中右記》

6・8　法皇、白河より京御所（藤原季実の正親町東洞院第）に還御する。《中右記》

6月　霖雨により河川氾濫、溺死者多数。《中右記》

7・5　法皇、白河殿に御幸する（九日還御）。《中右記》

7・10　法皇、新造白河北殿に移る。《殿暦》

7・15　法皇、白河新御所より京御所に還御する。《殿暦》

7・27　法皇、鳥羽殿に御幸する（翌日、京御所に還御）。《中右記》

8・9　法皇、二条河原にて賑給を行なう《中右記》

8・18　法皇、京御所より白河殿に御幸する。《中右記》

8・23　法皇、法勝寺千僧御読経に臨御する。《殿暦》

9・1　法皇、白河殿より京御所に還御する。《殿暦》

9・11　伊勢例幣使を発遣する。《殿暦》

⑨・7　法皇、熊野に御幸する（十月五日、京御所に還御）。《殿暦》

⑨・22　法皇、熊野本宮に一切経を供養する《中右記》

10・24　法皇、法勝寺に御幸。五大堂丈六不動尊を供養し、大乗会に臨御する。《殿暦》

10・27　法皇、白河殿に御幸する。《殿暦》

11・2　法皇、新御願寺（最勝寺）を覧る（十一月二十二日にも）。ついで法勝寺にて三

＊元永《げんえい》　式部大輔菅原在良の勘申による。出典不詳も「周易」にいくつか「元永」の文字がある。

＊法性寺関白記《ほっしょうじかんぱくき》　関白藤原忠通の日記。「法性寺殿御記」「玉林」なども。永久四年（一一一六）頃から保元頃まで執筆していたと考えられているが、ごく一部を残すのみで全容は不明。忠通の別号を法性寺殿ということから、その書法も「法性寺様」といわれた。

十講に臨御する。《殿暦》
11・6　法皇、新造白河殿に渡る。《殿暦》
11・8　法皇、白河殿より京御所に還御する。《中右記》
11・26　法皇、白河北殿に御幸し、初めて新造小御所に渡御する。《殿暦》
11・29　法皇、白河北殿より京御所に還御する。《殿暦》
12・12　法皇、中宮藤原璋子の三条烏丸殿に御幸する。《殿暦》
12・17　天皇行幸のもと、新御願寺最勝寺金堂・薬師堂の落慶供養が行なわれる（法皇臨御）。《殿暦》
この年　堀河天皇皇子最雲法親王、円徳院（三千院）門跡となる（以後宮門跡となり、江戸時代末期まで代々法親王が継承）。

■元永二年（一一一九）己亥

鳥羽天皇　17歳
白河法皇　67歳

1・8　法皇、法勝寺・最勝寺の修正会に臨幸する（このあと七日連日御幸）。《中右記》
1・26　中宮藤原璋子、三条烏丸殿に行啓する（法皇も。二十八日、中宮、内裏に還啓。法皇も還御）。《中右記》
2・2　地震あり（三日にも）。《**法性寺関白記**》
2・10　法皇、白河北殿に御幸する。《中右記》
2・11　天皇、法皇の白河北殿に朝覲行幸する。《中右記》
2月　京都強盗横行（三月にかけ）。《中右記》
3・3　法皇、熊野精進満ち、白河北殿より京御所に還御する。《法性寺関白記》
3・8　法皇、内大臣藤原忠通に仮名手本の献上を命じる（二十六日献上）。《法性寺関白記》
3・15　中宮、三条烏丸殿で孔雀経読経を始める（法皇臨御）。《御産部類記》
3・21　中宮、三条烏丸殿より内裏に還啓する（法皇も京御所に還御。途次、還啓を見物）。《中右記》
3・29　中宮、三条烏丸殿に方違行啓する（法皇も御幸、途次、行啓を見物）。《中右記》
4・3　中宮、三条烏丸殿より内裏に還啓する（法皇、途に出てこれを見物）。《中右記》
4・9　丹生・貴布禰両社に奉幣し、雨を祈る。《中右記》
4・14　仁和寺、金堂等が焼亡する。《中右記》
4・15　中宮、三条烏丸殿に行啓する（法皇も行啓し、中宮の行啓を見物）。《中右記》
4・22　法皇、賀茂祭を見物する。《中右記》
5・12　関白藤原忠実、山科の散所を法皇に寄進する。《中右記》

5・21 法皇、中宮御産御祈のため、准胝仏母法を修させる。《秘抄問答》
5・27 神泉苑に雨を祈る。《中右記》
5・28 鳥羽天皇皇子（顕仁。崇徳天皇）、誕生する（母は中宮藤原璋子。白河法皇の子ともいわれる）。《中右記・古事談》
6・19 皇子を親王とし、名を顕仁と賜う。《中右記》
7・13 院御所三条烏丸殿で和歌会が開かれる。《長秋記》
8・14 輔仁親王王子有仁《ありひと》王（後三条天皇皇孫）に源朝臣姓を賜う。《中右記》
8・15 法皇、白河殿に御幸する（十六日御懺法始）。《中右記》
8・16 堀河天皇皇子（最雲）、天台座主仁豪の室に入り出家する。《中右記》
8・25 中宮、法皇御所（正親町東洞院殿）に行啓する（二十九日、内裏に還啓）。《中右記》
8・27 丹生・貴布禰両社に奉幣し、晴を祈る。《中右記》
9・6 法皇、塩湯に入る。《中右記》
9・20 法皇、鳥羽北殿に御幸する。《中右記》
9・27 法皇、熊野に御幸する（十月十七日、三条烏丸殿に還御）。《中右記》
10・17 法皇、熊野より三条烏丸殿に還御する（中宮も行啓）。《中右記》
11・9 中宮、三条烏丸殿より内裏に還啓する。法皇、正親町東洞院第に還御する（途次、中宮の還啓を覧る）。《中右記》
11・22 法皇、法勝寺三十講始に臨幸する（途次、中宮の行啓を覧る）。《長秋記》
11・24 輔仁親王、病により出家する。《中右記》
11・27 法皇、源師時《もろとき》に源氏物語絵を描かせる。《長秋記》
11・28 後三条天皇皇子**輔仁親王**没。《中右記》
12・2 法皇、病む。《中右記》
12・5 輔仁親王、観音寺北辺に葬られる。《長秋記》
12・10 仁和寺金堂の再建供養が行なわれる。《本要記》
12・18 法皇、土御門殿で孔雀経法を修する。《孔雀経法記》
12・27 法皇、白河に御幸し、雪を観る。《中右記》

■保安元年（一一二〇）庚子

鳥羽天皇 18歳
白河法皇 68歳
1・8 法皇、法勝寺・最勝寺修正会に御幸する（このあとも連日）。▼源清実の大炊御門京極第が焼亡し、法興院が類焼する。

＊**輔仁親王**《すけひとしんのう》（一〇七三〜一一一九） 後三条天皇第三皇子。母は参議源基平の女・女御准三宮基子。承保二年（一〇七五）親王宣下。永久元年（一一一三）親王の護持僧仁寛を首謀者とする天皇暗殺陰謀事件が起こり、塩小路烏丸第に閉門謹慎。のち許され、烏丸第にて病没。

＊**保安**《ほあん》 「ほうあん」とも。文章博士三善為康《ためやす》の「即位以来今年まで通算して今年の夏に及び御慎あるべし」との意見により改元。菅原在良が、天永・永久・元永改元時も勘申しているが、出典は不詳。ただし「旧唐書」「貞観政要」等に保安の文字あり。

《中右記》
1・21 法皇、賀茂川に御幸し、雪を観る。《中右記》
2・2 天皇、法皇の三条烏丸殿に朝覲行幸する（天皇、御遊にて笛を所作）。《中右記》
2・10 中宮藤原璋子、三条烏丸殿より内裏に還啓する（法皇も正親町東洞院第に還御。途次、還啓を覧る）。《中右記》
2・16 法皇、鳥羽殿に御幸する。《中右記》
2・20 天皇、石清水八幡宮に行幸する（法皇、鳥羽でこれを観て正親町東洞院第に還御）。《中右記》
2・26 天皇、賀茂社に行幸する。《中右記》
3・2 法皇、白河殿の尊勝陀羅尼供養に御幸する。《中右記》
3・4 咳病流行、天皇病む。《中右記》
3・14 清涼殿にて、僧三十口をして大般若経を転読させる。《中右記》
3・15 法皇、法勝寺千僧御読経に臨幸する。《中右記》
4・10 「御厄運御慎《おやくうんおつつしみ》」により保安と改元する。《中右記》
4・15 法皇、顕仁親王と同車して賀茂祭を見物する。《中右記》
4・19 堀河院が焼亡する。《中右記》
4・21 大納言藤原家忠を発遣し、宸筆宣命を伊勢神宮に奉る。▼法皇、源能俊・僧正寛助に仁和寺御倉の文書・宝物を整理させる。《中右記》
4・24 中宮、三条烏丸殿より内裏に還啓する（法皇は正親町東洞院第に還御、その途次、還啓を覧る）。《中右記》
4・26 法皇、白河殿に御幸する。《中右記》
4・27 法皇、法勝寺に御幸し御仏供養を行なう（白河御所に還御）。《中右記》
4・29 法皇、白河殿で大津浜の鳥居をめぐる延暦寺と園城寺の争いについて審議し、僧徒の濫行を制止させる。《中右記》
5・1 法皇、法勝寺阿弥陀堂三十講を始行する（以後毎年恒例とする）。《中右記》
5・5 清涼殿で新写大般若経を供養転読、覚法法親王に孔雀経法を修させる。▼法皇、鳥羽殿に御幸し、五壇法を行なう。《中右記》
5月 僧定海、聖徳太子像を造る（のち像内に銘を刻み、写経等を納入し、広隆寺に奉納）。《像内銘・納入文書》
6・25 法皇、白河殿にて孔雀経御修法を行なわせる。《中右記》
7・1 中宮、三条烏丸殿に行啓。法皇、途次これを見て三条烏丸殿に御幸する。《中右記》
7・6 これより先、神泉苑に雨を祈らせる。

この日、雨が降る。《中右記》
7・17 神泉苑にて孔雀経御読経を行ない、祈雨する。《中右記》
7・28 中宮、三条烏丸殿より内裏に還啓（法皇も正親町東洞院第に還御）。《中右記》
8・11 法皇、白河殿に御幸する。《中右記》
8・22 法皇、白河殿にて御懺法を行なわせる。《中右記》
8・23 法皇、白河殿より正親町東洞院第に還御する（ついで白河殿に御幸）。《中右記》
9・8 法皇、日吉社に御幸する。《中右記》
9・11 伊勢例幣使を発遣する（天皇、南殿にて御拝）。《中右記》
9・22 中宮、三条烏丸殿より内裏に還啓する（法皇、鳥羽殿に御幸、途次、還啓を覧る）。《中右記》
10・3 法皇、熊野に御幸する（十五日熊野本宮着御、二十一日還御）。《中右記》
10・13 内裏にて仁王経法を修する。《醍醐雑事記》
10・15 法皇、熊野で金泥五部大乗経を供養する。《中右記》
10・23 法皇、稲荷社に奉幣する。《中右記》
11・8 関白藤原忠実、女泰子の入内を辞退する。《中右記》
11・12 藤原忠実、法皇の命じた泰子入内を辞退しながら、天皇に求められると承諾したため、法皇、これを怒り、忠実の内覧を停止する（忠実引退、法皇崩御まで宇治に籠居。摂関の勢い衰え、法皇の権力がいよいよ高まる）。《中右記》
11・21 法皇、鳥羽殿より三条烏丸殿に還御する。《中右記》
12・21 中宮、三条烏丸殿より内裏に還啓。法皇、正親町東洞院第に御幸する（途次、還啓を覧る）。《中右記》
12・29 中宮、三条烏丸殿に方違行啓、明暁還御（法皇、途次これを観、同所に御幸）。《中右記》
●この頃、「大鏡」成るか。
□7・22 藤原宗通《ふじわらのむねみち》（権大納言。白河天皇寵臣。50）

■保安二年（一一二一）辛丑

鳥羽天皇 19歳
白河法皇 69歳
1・17 関白藤原忠実、内覧に復帰する。《公卿補任》
1・22 藤原忠実の上表により、忠実の関白を罷め、内大臣藤原忠通を内覧とする。《公卿補任》
2・13 法皇、尊勝陀羅尼供養を行なわせる。《師守記貞治六年八月二十日条裏書》

＊**大鏡**《おおかがみ》 文徳天皇から後一条天皇までの歴史物語。藤原道長を中心とし、藤原氏の栄華を描く。作者は源俊房等が挙げられるが、定説はない。
＊**十三代要略**《じゅうさんだいようりゃく》 村上天皇から崇徳天皇まで十四代の歴史を編年体にまとめた年代記。著者不詳。題名は単に「年代記」とも。

2・29 天皇、白河法皇の三条烏丸殿に朝覲行幸する。《十三代要略》

3・5 藤原忠通を関白・氏長者とする（これにより、家格としての摂関家が不動のものになるといわれる。忠実は宇治に幽居）。《公卿補任》

3・12 右大臣源雅実、一上《いちのかみ》宣旨を蒙る。《中右記》

3・14 天皇、石清水八幡宮に行幸する。《八幡幷賀茂行幸記》

4・7 天皇、賀茂社に行幸する。《八幡幷賀茂行幸記》

⑤・3 延暦寺僧徒、園城寺の塔・僧坊を焼く。《百練抄》

6・14 白河法皇、熊野に参詣し、金剛山で一切経を供養する（十七日還御。出発日は不詳）。《熊野権現金剛蔵王宝殿造功日記》

8・25 伊勢・伊賀の洪水で、伊勢外宮が浸水する。《神宮雑例集》

8・29 権中納言源能俊を伊勢に発遣し、神宮に奉幣する。《神宮雑例集》

9・11 伊勢例幣使を発遣する。《勘仲記公安二年二月九日条》

10・28 天皇、春日社に行幸する。《十三代要略》

11・21 仁和寺観音堂・灌頂堂・仏母院の落慶供養が行なわれる。《本要記》法隆寺聖霊院にて聖徳太子像を開眼供養する。《法隆寺別当次第》

12・1 天皇、日吉社に行幸する。《十三代要略》

□11・12 源俊房《みなもとのとしふさ》（左大臣。父は右大臣源師房、母は藤原道長女。藤原頼通養子。「水左記」記主。87）

■保安三年（一一二二）壬寅

鳥羽天皇 20歳
白河法皇 70歳

2・10 天皇、法皇の三条烏丸殿に朝覲行幸する。《十三代要略》

2・21 法皇、石清水八幡宮に御幸する。《十三代要略》

4・16 法皇、賀茂社に御幸する。《十三代要略》

4・23 法皇、法勝寺で五寸塔三十万基を供養する。《百練抄》

6・27 鳥羽天皇皇女（禧子内親王）、誕生する（母は中宮藤原璋子）。《一代要記》

8・1 大学寮廟堂が頽壊したため、釈奠を南庁座で行なう。《百練抄》

8・2 皇女禧子を内親王とする。《一代要記》

8・9 延暦寺僧徒、座主寛慶を追放する（十月復帰）。《百練抄ほか》

8・23 禧子内親王を准三宮とする。《十三代要略》
9・14 天皇、石清水八幡宮に行幸する。《十三代要略》
9・28 天皇、賀茂社に行幸する。《十三代要略》
10月 天皇、疱瘡をわずらう。《十三代要略》
12・6 参議藤原実行を発遣し、伊勢神宮に宸筆宣命を奉る。《十三代要略》
12・15 法皇、白河御願堂を供養し、五寸塔三十万基を安置する。《百練抄》
12・17 右大臣源雅実を太政大臣、内大臣藤原忠通を左大臣、大納言藤原家忠を右大臣、権大納言源有仁を内大臣とする。《永昌記》
□4・8 源《みなもとの》顕通《あきみち》（権大納言。父は太政大臣源雅実。42）、10・23 菅原在良《すがわらのありよし》（文章博士。歌人・詩人。鳥羽天皇侍読。80）

■保安四年（一一二三）癸卯

鳥羽天皇 21歳
崇徳天皇 5歳
白河法皇 71歳

1・5 天皇、法皇御所に朝覲行幸する。《體源抄》
1・19 法皇、法勝寺北の白河新御堂を供養する。《百練抄》

第七十五代 崇《す》徳《とく》天皇

1・28 （法皇の意向により）鳥羽天皇、土御門烏丸殿にて譲位。顕仁《あきひと》親王、同所にて立太子、即日受禅（**崇徳天皇**。上皇が二人となり白河は本院、鳥羽は新院と称される）。《法性寺関白記》関白藤原忠通を摂政とする。▼伊勢斎宮恂子内親王、賀茂斎院官子内親王、当帝譲位により退下する。《公卿補任ほか》
2・2 先帝に太上天皇尊号を奉る。▼上皇、三条殿に移る。《十三代要略》
2・13 中宮藤原璋子、法勝寺で小塔二万基を供養する。《御室相承記》鳥羽上皇、三条殿より白河殿に移る。《百練抄》
2・19 崇徳天皇、大極殿にて即位礼を挙げる。《中右記》
2・29 天皇、白河法皇御所に朝覲行幸する。《餝抄》
6・9 輔仁親王王女守子内親王を伊勢斎宮に卜定する。《十三代要略》
6・10 鳥羽上皇、新造二条東洞院殿に移る。《百練抄》
6・13 法皇、三条殿より二条殿に渡御する。《伏見宮記録》
7・1 法皇、延暦寺僧徒の入京抑止祈願の

＊**崇徳天皇**《すとくてんのう》（一一一九～六四）顕《あき》仁《ひと》親王。鳥羽天皇第一皇子。母は藤原公実《きんざね》女璋子（皇后。待賢門院）。誕生の年に親王宣下。保安四年（一一二三）立太子、同日、五歳で践祚。大治四年（一一二九）元服。永治元年（一一四一）譲位し太上天皇尊号宣下。保元の乱で敗れ、讃岐国に配流。配所で崩御。陵は白峯陵。皇后に藤原聖子。更衣源行宗養女兵衛佐局所生に重仁親王。天皇は実は白河天皇の子といわれ、父にあたる鳥羽天皇は「叔父子《おじこ》」とよんだと噂された。なお、初めは「讃岐院」の追号であったが、京都に太郎焼亡・次郎焼亡の大火がこの天皇の祟りではないかとされ、崩御十年後に「崇徳院」の号が献じられた。「瀬をはやみ岩にせかるる滝川のわれても末に逢はむとぞ思ふ」（「詞花和歌集」）は「百人一首」にも採用されている。

諸社への告文案を作成する（石清水八幡宮への告文に「我が国は神国」なので、その神力をもって悪僧をこらしめ、平穏な国を実現してほしいと祈願）。《平戸記》

7・3　神泉苑で孔雀経法を修し、雨を祈る。《東寺長者補任》

7・4　延暦寺僧徒、座主寛慶を追放する。《十三代要略》

7・5　天皇、三条烏丸殿に遷る。《十三代要略》

7・18　延暦寺僧徒、日吉社神輿を奉じて入京をはかるも、平忠盛・源為義に撃退される。《百練抄》

8・22　伊勢洪水。外宮被災。《神宮雑例集》

8・28　堀河天皇皇女悰子《そうし》内親王を賀茂斎院に卜定する。《十三代要略》

8月　延暦寺と園城寺が争闘する。《園城寺伝記》

9・11　神宮の穢により、伊勢例幣を延引する（十七日追行）。《伊勢公卿勅使雑例》

10・11　天皇、御禊のため一本御書所に行幸する（十八日、土御門殿に還御）。《十三代要略》

10・15　天皇、大嘗祭のため鴨川で禊する。《二代要記》

11・10　郁芳門院御所六条院が焼亡する。《百練抄》

11・15　天皇、大嘗祭のため一本御書所に行幸する。《十三代要略》

11・16　法皇・上皇、真言院に御幸する。《十三代要略》

11・18　天皇、大嘗祭を行なう（天皇四歳のため、実質的には摂政藤原忠通が代行）。《大嘗会卯日御記》

11・25　天皇、内裏土御門殿に還幸する。《十三代要略》

12・11　この頃、法皇病む。《御室相承記》

12・30　白河天皇皇子聖恵を法親王とする。《歴代皇紀》

□6・21豊原時元《とよはらのときもと》（雅楽家。堀河天皇の笙の師範。66）、9・6藤原顕季《ふじわらのあきすえ》（公卿。歌人。六条家始祖。白河院政開始後の院別当。69）

■天治元年（一一二四）甲辰

崇徳天皇　6歳
白河法皇　72歳
鳥羽上皇　22歳

1・5　天皇、鳥羽上皇の二条殿に朝覲行幸する（白河法皇同席、天皇、御遊にて笛を所作）。《十三代要略》

1・13　法皇、法勝寺修正会に御幸する。《後七日法並雑事》

2・10 法皇・上皇、郊外に御幸し、雪を観る。《百練抄》

2・19 法皇、石清水八幡宮に御幸し、大般若経を供養する。《八幡宮寺告文部類》

②・1 大地震起こる（八日まで余震）。《百練抄》

②・12 法皇・上皇、法勝寺に御幸し、桜花を観る。《百練抄》

3・20 法皇、法勝寺丈六五大尊像供養に御幸する。《中右記目録》

3・27 法勝寺で千僧御読経を行ない、中宮藤原璋子御産平安を祈る（法皇・上皇臨幸）。《御産部類記》

4・3 即位により**天治**と改元する。《**永昌記**》

4・14 法皇・上皇、桟敷にて賀茂祭使の行列を見物する。《永昌記》

4・24 法皇、賀茂社に金泥大般若経を供養する。《十三代要略》

5・5 法皇、法勝寺の北新御願寺に御幸し、尊勝法を修する。《永昌記》

5・18 堀河天皇皇子最雲を法性寺座主とする。《中右記目録》

5・24 法皇・上皇、孔雀経法等を修させ、中宮安産を祈る。《永昌記》

5・25 法皇、百体愛染王絵像を供養する。《永昌記》

5・27 法皇、不動像千体を供養する。《永昌記》

5・28 鳥羽天皇皇子（通仁親王）、三条殿にて誕生する（先天的に両眼が見えず、「目君《めぎみ》」と呼ばれる。母は中宮藤原璋子）。《永昌記》

6・8 僧良忍、京都で融通念仏を広める。《融通円門章》

6・15 初めて祇園臨時祭が行なわれる（以後、永式とする）。《永昌記》

6・22 上皇第二皇子を親王とし、名を通仁《みちひと》と賜う。《永昌記》

7・7 法皇、祇園にて金泥大般若経を供養する。▼太政大臣源雅実、出家する。《中右記目録》

9・27 斎宮守子内親王、禊して野宮に入る。《中右記目録》

10・15 一代一度の大神宝使を発遣する。《中右記目録》

10・21 上皇、覚法法親王と高野山に参詣する（十一月二日還御）。《高野御幸記》

10・25 斎院悰子内親王、禊を行なう。《中右記目録》

11・24 中宮藤原璋子の院号を待賢門院とする。《十三代要略》

11・28 皇后令子内親王、賀茂社に行幸する。

＊**天治**《てんじ》 式部大輔藤原敦光《あつみつ》の勘申による。出典は「易緯《えきい》」の「帝者徳配天地、天子者継天治物」。

＊**永昌記**《えいしょうき》 参議藤原為隆（一〇七〇～一一三〇）の日記。「為隆卿記」「宰記」とも。題は為隆が永昌坊（四条坊門）に住んだことによる。逸文も含め康和元年（一〇九九）から大治四年（一一二九）まで現存も欠落部分が多い。能吏であったことから、行事・政務・人物・事件などが細かく記される。なお、為隆は為房長子。

《十三代要略》

●この頃、三善為康、百科全書「掌中歴」を編する。《同書》

■天治二年（一一二五）乙巳

崇徳天皇　7歳
白河法皇　73歳
鳥羽上皇　23歳

1・3　天皇、上皇・待賢門院とともに法皇の三条烏丸殿に朝覲行幸する。《十三代要略》

3・1　覚法法親王を仁和寺検校、聖恵法親王を仁和寺別当とする。《御室相承記》

3・6　法皇・上皇、待賢門院と白河殿に御幸し、千僧御読経を行なわせる。ついで七仏薬師法を行ない、待賢門院の平産を祈る。《御産部類記》

3・18　法皇、金泥大般若経一部を石清水八幡宮に供養するなど、待賢門院の平産を祈る。《御産部類記》

4・21　上皇、賀茂祭を見物する。《中右記目録》

5・23　法皇、待賢門院の安産を祈り、造仏供養・賑給・放生を行なう。《中右記目録》

5・24　鳥羽上皇皇子（君仁親王）、誕生する（先天的に聴覚障害・手足不自由により「萎《な》え君《ぎみ》」と呼ばれる。母は待賢門院）。《御産部類記》

6・16　上皇皇子を親王とし、名を君仁と賜う。《御産部類記》

7・25　法皇・上皇、待賢門院と白河に御幸する。《中右記目録》

8・27　法皇、法勝寺に御幸し、御仏を供養する。《中右記目録》

9・9　法皇、白河殿に御幸する（十日、上皇・待賢門院と還御）。《中右記目録》

9・11　伊勢例幣使を発遣する。《中右記目録》

9・14　斎宮守子内親王、西川に禊する（ついで伊勢に群行）。《中右記部類》

この秋　大風雨により洪水被害多発。《中右記目録》

10・5　法皇・上皇、待賢門院と鳥羽殿に御幸する（十二日還御）。《中右記目録》

10・9　天皇、石清水八幡宮に行幸する（十日、鳥羽南院に渡御、十一日還御）。《十三代要略》

10・17　前斎院禛子内親王、病により出家する。《歴代皇紀》

10・21　天皇、賀茂社に行幸する。《十三代要略》

11・3　法皇・上皇、待賢門院と鳥羽殿に御幸する。《中右記目録》

11・9　法皇・上皇、待賢門院と熊野に御幸する（十二月三日還御）。《十三代要略》

11・23 法皇・上皇、待賢門院と熊野本宮で七宝塔を供養する。《中右記目録》
12・5 京都大火。《百練抄》
12・27 内裏諸門で鬼気祭を行なう。《百練抄》
12月 疱瘡流行。《醍醐雑事記》
この冬 法皇、諸国に殺生禁断令を下す（以後もたびたび）。《百練抄》
この年 覚法法親王を仁和寺検校とする。《華頂要略》
□1・15寛助《かんじょ》（東大寺別当・大僧正。白河法皇の信任厚く「法関白」と称せられる。69）

■大治元年（一一二六）丙午

崇徳天皇 8歳
白河法皇 74歳
鳥羽上皇 24歳

1・1 物忌により、小朝拝を中止する。《永昌記》
1・2 天皇、法皇・上皇の三条殿に朝覲行幸する。《永昌記》
1・8 法皇・上皇、待賢門院と法勝寺に御幸する（九日にも）。《永昌記》
1・13 法皇・上皇、待賢門院と日吉社に御幸する。《永昌記》
1・15 上皇、疱瘡にかかる。《永昌記》
1・22 疱瘡流行により大治と改元する。《中右記》
2・2 法皇、新造三条東殿（東三条内裏）に移る（ついで西殿に移る）。《永昌記》
2・13 法皇、法勝寺千僧御読経に御幸する。《永昌記》
3・2 法皇・上皇、待賢門院と鳥羽に御幸する（五日還御）。《永昌記》
3・3 法皇・上皇、待賢門院と鳥羽東河辺にて上巳御禊を行なう。《十三代要略》
3・7 法皇・上皇、待賢門院と円勝寺三重塔を供養し、ついで法勝寺で愛染王像百体・金色観音像百体を供養する。▼一代一度の大仁王会を行なう。《永昌記》
3・13 法皇、石清水八幡宮に御幸する。《永昌記》
3・24 藤原清衡、中尊寺金色堂・三重塔等の落慶供養を行なう。《中尊寺経蔵文書》
4・11 伊勢外宮の仮殿遷宮が行なわれる。《遷宮事略》
4・25 法皇・上皇、待賢門院と賀茂祭を見物する。《中右記目録》
5・8 法皇・上皇、待賢門院と二条殿に御幸し、御仏供養を行なう。《中右記目録》
5・10 法皇、白河に御幸する。《中右記目録》
6・21 法皇、紀伊国所進の漁網を御所門前に焼棄する（鷹・犬・籠鳥を放ち殺生を禁

＊大治《だいじ》 式部大輔藤原敦光《あつみつ》の勘文に「河図挺佐輔曰《いわく》、黄帝修徳立義、天下大治」「賈誼五美曰、当時大治、後世誦聖、一動而五美附」とある。
＊金葉和歌集《きんようわかしゅう》 白河法皇の院宣により源俊頼が撰した五番目の勅撰和歌集。初度本・二度本・三奏本があり、本来は三奏本が正式本とされるはずであったものが、秘蔵されたままとなり、二度本が流布した経緯がある。伝えられている歌は、六六〇～六八〇首。

じる)。《百練抄》
7・23 上皇皇女(恂子、のち統子《むねこ》内親王。上西門院)、誕生する(母は待賢門院)。《中右記目録》
7・26 斎院悰子内親王、母王氏の喪により退下する。《山槐記》
8・10 法皇、新造室町西殿に御幸する。《中右記目録》
8・17 上皇皇女恂子を内親王とする。《中右記目録》
9・8 法皇、白河に御幸し、丈六仏三体を供養する。《中右記目録》
9・11 伊勢例幣使を発遣する。《中右記目録》
9・29 法皇、病む。《中右記目録》
10・21 法皇、京中の籠鳥を放たせる。《百練抄》
11・7 待賢門院呪詛の嫌疑により、阿闍梨承元・僧妙心を還俗させて配流する。《百練抄》
11・9 法皇・上皇、待賢門院と熊野に御幸する。《百練抄》
11・23 三院、熊野にて五部大乗経・三重塔を供養する。《熊野権現金剛蔵王宝殿造功日記》
12・16 三院、白河殿に御幸し、雪を観る。《百練抄》
12・21 伊勢内宮の仮殿遷宮が行なわれる。《神宮雑例集》
12・27 三院、新造大炊御門万里小路殿(春日殿)に御幸する。▼伊勢外宮の仮殿遷宮が行なわれる。《中右記目録》
12・29 法皇・上皇、法勝寺に御幸し、御仏を供養する。《中右記目録》
この年末(あるいは翌年初め) 源俊頼、「**金葉和歌集**」を草稿(三奏本)のまま嘉納する(天治元年四月に法皇に奏上するも却下〈初度本〉。翌年四月に、新しい歌を中心に奏上するも新しすぎるとして却下〈二度本〉。しかし、後年、この二度本が世間に流布)。《拾芥抄》

■大治二年(一一二七)丁未

崇徳天皇 9歳
白河法皇 75歳
鳥羽上皇 25歳

1・3 天皇、法皇・上皇の新造三条東洞院殿に朝覲行幸する。《中右記》
1・8 法皇・上皇、待賢門院と法勝寺に御幸する。《中右記》
1・12 三院、白河五重塔供養に臨御する。《中右記》
1・13 白河北斗七壇法結願。三院、法勝寺に御幸する(十四日にも)。《中右記》

1・27 三院、鳥羽殿に御幸し、熊野詣精進を始める。《中右記》
1・29 地震あり。《中右記》
2・3 三院、熊野に御幸する（十八日、熊野本宮に着御。二十七日、三条殿に還御）。《中右記》
2・14 大内裏火災により、神祇官・八神殿・勘解由使庁・陰陽寮・大炊寮・宮内省等が焼亡する。《中右記》
3・4 法皇、石清水八幡宮に御幸する。《中右記》
3・7 三院、法勝寺薬師堂に御幸し、六字明王七体を供養する。《中右記》
3・12 法皇・上皇、白河新御堂・丈六愛染王像三体・等身像百体を供養する（ついで法勝寺金堂にて小塔一万基等を供養）。《中右記》
3・13 法皇・上皇、法勝寺千僧御読経に臨御する。《中右記》
3・16 三院、西室町新御所桟敷に渡御し、石清水臨時祭使発遣を見物する。《中右記》
3・19 三院、円勝寺西三重塔供養に臨御、ついで法勝寺金堂にて丈六大威徳像一体・等身像百体を供養する。《中右記》
3・24 法皇、鳥羽殿に御幸する。《中右記》
4・6 恂子（統子）内親王を准三宮とし、賀茂斎院に卜定する。《中右記》
4・11 法皇、賀茂社に御幸する。《中右記》
4・14 三院、賀茂祭を見物する。《中右記》
4・15 法皇・上皇、白河新造御所に御幸する。《中右記》
4・23 法皇・上皇、法勝寺金堂に御幸し、正観音像等を供養する。《中右記》
5・3 法皇・上皇、法勝寺阿弥陀堂三十講に臨御する。《中右記》
5・10 天皇、病む（ついで平癒）。《中右記》
5・14 三院、鳥羽殿に御幸し、田植を覧る。《中右記》
5・15 君仁親王、日吉社に詣でる。《中右記》
5・19 「大治の荘園停止令」を下す。《勘仲記》
5・25 法皇・上皇、法勝寺千僧御読経に臨御する。《中右記》
6・14 法皇・上皇、藤原顕隆の三条室町桟敷で祇園御霊会を見物する。《中右記》
6・24 法皇・上皇、法勝寺に御幸し、愛染王を供養する。《中右記》
この夏 赤斑《あかも》瘡《がさ》が流行する。《山槐記》
7・6 三院、三条東殿にて百仏を供養する。《中右記》
7・14 三院、三条東殿にて不動像百体・同絵像千体を供養する。《中右記》

＊**藤原寛子**《ふじわらのかんし》（一〇三六〜一一二七）後冷泉天皇皇后。父は太政大臣藤原頼通、母は藤原祇子。永承五年（一〇五〇）入内して女御となる。翌年皇后、承保元年（一〇七四）太皇太后となる。陵は宇治陵。小一条院（敦明親王）女御の藤原寛子（九九九〜一〇二五）とは別人。

＊**類聚雑要抄**《るいじゅうざつようしょう》 承平四年（九三四）から久安二年（一一四六）まで、宮中公事の際の供御《くご》・調度・装束などについて記したもの。編者未詳、平安時代末期の成立か。

7・20　大風雨により、鴨川が氾濫する。《中右記》
8・7　重ねて丹生・貴布禰両社に奉幣して晴を祈る。《中右記》
8・14　三院、三条東殿に渡り、待賢門院の御産御祈のため御仏供養をする。▼太皇太后**藤原寛子**、宇治別業で没（二十一日火葬）。《中右記》
9・11　上皇皇子（雅仁。後白河天皇）、誕生する（母は待賢門院）。▼伊勢例幣使を発遣する。《中右記》
9・22　法皇、東三条殿に御幸し、北斗法を修する。《中右記》
10・20　丹生・貴布禰両社に奉幣して晴を祈る。《中右記》
10・29　法皇・上皇、鳥羽殿に御幸する。《中右記》
10・30　法皇・上皇、覚法法親王と高野山に御幸する（この日、東大寺東南院に着御。十一月二日、高野政所に着御。六日還御）。《仁和寺御伝》
11・4　法皇・上皇、高野山で東西両塔を供養する。《中右記》
11・6　伊勢以下五社に奉幣する。《中右記》
11・14　上皇皇子を親王とし、名を雅仁と賜う。《中右記》
11・25　雅仁親王の御百日定あり。ついで上皇、広隆寺に参籠し、薬師法を修させる（十二月五日還御）。《中右記》
この年　「金葉和歌集」成る。天皇、これを奏覧する。《拾芥抄》大炊御門富小路殿成り、法皇、これに移る。**《類聚雑要抄》**
□2・15　源雅実《みなもとのまさざね》（太政大臣。父は右大臣源顕房。69）、10・20　源義光《みなもとのよしみつ》（武将。頼義第三子。新羅三郎とも称す。83）

■大治三年（一一二八）戊申

崇徳天皇　10歳
白河法皇　76歳
鳥羽上皇　26歳

1・2　天皇、法皇・上皇・待賢門院の三条東洞院殿（三条烏丸殿）に朝覲行幸する（上皇、御遊にて笛を所作）。《十三代要略》
1・20　法皇・上皇、石清水八幡宮に御幸する。《十三代要略》
1・24　法皇、法勝寺千僧御読経に臨御する。《中右記目録》
2・13　三院、熊野に御幸する（二十六日本宮着御、三月八日還御）。《中右記目録》
3・13　待賢門院御願の円勝寺の落慶供養が行なわれる（天皇・法皇・上皇臨御）。この日、覚法法親王を同寺検校とする。《十三代要略》

3・16 法皇、法勝寺に御幸し、百体御仏を供養する。《中右記目録》
3・19 三院、日吉社に御幸する。《中右記目録》
3・21 法皇、鳥羽殿に御幸する。《中右記目録》
3・22 法皇、有馬温泉に御幸する（四月三日還御）。《百練抄》
4・13 禧子内親王を准三后とする。《中右記目録》
4・14 斎宮恂子（統子）内親王、禊して一本御書所に入る。《中右記目録》
4・27 天皇、春日社に行幸する（二十八日還御）。《中右記目録》
5・11 法皇・上皇、八条大宮水閣で田植を見る。《百練抄》
6・5 勅して、伊勢土御祖社《つちのみおや》を土宮《つちのみや》（外宮別宮）と改称させる。《二所皇大神宮神名秘書》
6・17 三院、鳥羽殿に御幸する。《中右記目録》
6・24 輔仁親王王子信證を東寺長者とする。《東寺長者補任》
6・27 法皇、八条大宮殿に御幸する（二十九日、三条殿に還御）。《中右記目録》
6・28 神泉苑に孔雀経を転読して雨を祈る。《中右記目録》
6・29 法皇、八条大宮殿より三条殿に還御する。《中右記目録》
7・20 上皇、賀茂御祖社東塔を供養する。《百練抄》
9・11 伊勢例幣使を発遣する。《中右記目録》
9・20 三院、鳥羽に御幸し、城南寺祭を見物する。《中右記目録》
9・28 三院、法勝寺で小塔十八万余基を供養する。《十三代要略》
10・21 法皇・上皇、石清水八幡宮に御幸する（二十二日、一切経を供養）。《一代要記》
10・24 法皇、法勝寺大乗会に臨幸する。《中右記目録》
10・29 法皇、白河に御幸する。《中右記目録》
11・10 三院、待賢門院御願の円徳院多宝塔供養に臨幸する。《百練抄》
12・16 法皇、白河大炊殿に御幸する。《中右記目録》
12・17 摂政・左大臣藤原忠通を太政大臣とする。《公卿補任》
12・21 三院、白河に御幸し雪を覧る。《**知信朝臣記**》

□6・17 藤原通季《ふじわらのみちすえ》（権中納言。西園寺家祖。39）

■大治四年（一一二九）己酉

＊**知信朝臣記**《とものぶあそんき》 少納言平知信（？～一一四四）の日記。知信は蔵人・検非違使等を歴任、また藤原忠実の家司として活躍した。大治二年（一一二七）から長承元年（一一三二）まであり、長承元年七月以後は平信範が記す。

崇徳天皇　11歳
白河法皇　77歳
鳥羽上皇　27歳

1・1　天皇、土御門殿南殿にて元服する（上皇臨幸）。《中右記》
1・3　白河法皇、白河新造北殿に御幸する（七日、三条殿に還御）。《中右記》
1・8　法皇・上皇、待賢門院と法勝寺に御幸する。《中右記》
1・9　摂政・太政大臣藤原忠通女聖子、入内する（摂関実女の入内は八十年ぶり）。《中右記》
1・11　初めて円勝寺修正会を行なう（三院臨幸。覚法法親王を円勝寺検校とする）。《中右記》
1・14　三院、法勝寺に御幸する（呪師《のろんじ》を覧る。翌暁還御）。《中右記》
1・16　藤原聖子を女御とする。《中右記》
1・18　法皇、三条西殿に渡御し、御仏供養を行なう。《中右記》
1・20　天皇、三院御所三条東洞院殿に朝覲行幸する。▼地震あり。《中右記》
1・21　法皇・上皇、石清水八幡宮に御幸する。《中右記》
1・23　上皇御所で法皇・上皇、呪師を覧る。《中右記》
1・26　地震あり。《中右記》
1・29　法皇・上皇、賀茂社に御幸する。《中右記》
2・2　三院、白河新御所に御幸する（ついで法皇は鳥羽に御幸）。《中右記》
2・9　法皇、鳥羽殿で和歌会を行なう。《長秋記》
2・14　上皇・待賢門院、法皇の鳥羽殿に御幸する（ついで三院、三条殿に還御）。《中右記》
2月　覚法法親王のため、高野山奥院に庵室を営む。《高野春秋》
3・3　三院、河原に御幸し、上巳御禊を行なう。《中右記》
3・12　三院、法勝寺千僧御読経に御幸する。《中右記》
3・16　法皇、崇徳天皇女御藤原聖子入内を三条殿にて見物する。▼最勝寺五大堂が焼亡する。《中右記》
3・19　これより先、法皇、諸臣に大般若経を書写させ、この日、三条殿にて転読供養する。《長秋記》
3・24　法皇・上皇、法勝寺阿弥陀堂に御幸する（七日を限り念仏を行なう）。《中右記》
3・30　法皇、法勝寺御念仏結願に臨幸する。《中右記》

4・10　摂政・太政大臣藤原忠通、三度目の上表で聴されて太政大臣を辞任。《中右記》
4・19　斎院恂子（統子）内親王、禊して紫野院に入る（三院、途に幸してこれを見物する）。《中右記》
4・25　三院、賀茂祭を見物する（二十六日は還立を見物）。《中右記》
4・27　雅仁親王（後白河天皇）、魚味始の儀を行なう。《中右記》
5・10　三院、八条大宮殿で田植を覧る。《中右記》
6・12　伊勢・石清水二社に奉幣する（天皇、南殿にて初めて御拝）。《中右記》
6・13　丹生・貴布禰両社に奉幣して晴を祈る。《中右記》
6・14　三院、藤原実能《さねよし》の三条烏丸第の桟敷で祇園御霊会を見物する。《中右記》
6・26　法皇、角殿《すみどの》西門外に漁網を集めて焼棄する。《長秋記》
7・1　摂政藤原忠通を関白とする。《中右記》
7・6　法皇、二条東洞院殿に御幸し、愛染王丈六三体、等身二十体等を供養し、待賢門院の安産を祈る。▼この夜、法皇にわかに病気となり、覚法法親王より戒を受ける。《中右記》
7・7　白河法皇、三条烏丸西殿にて**崩御**（これにより鳥羽上皇、ようやく院政開始）。《長秋記》
7・15　法皇を衣笠山東麓に火葬（翌日、遺骨を香隆寺に安置。天承元年〈一一三一〉遺詔に従い、成菩提院三重塔に移して埋納〈**成菩提院陵**〉）。《中右記》
7・24　上皇、三条京極殿に御幸する（明暁還御）。《中右記》
7・26　皇后令子内親王（白河天皇皇女）、出家する。《中右記》
⑦・10　鳥羽天皇皇子通仁親王、痢病により没（年6。香隆寺西北野に葬られる）。《永昌記》
⑦・12　霖雨により洪水。《中右記》
⑦・19　丹生・貴布禰両社に奉幣して晴を祈る。《中右記》
⑦・20　上皇皇子（本仁《もとひと》。覚性《かくしょう》入道親王）、誕生する（母は待賢門院）。《中右記》
⑦・23　上皇、三条殿に還御。晩頭にまた京極殿に御幸する。《永昌記》
⑦・29　上皇、三条殿に還御する。▼丹生・貴布禰両社に奉幣し、晴を祈る。《中右記》
⑦月　殺生禁断の制を解く。《知信朝臣記》京中、強盗が横行する。《中右記》
8・2　上皇、三条西殿に還御する。《中右記》
8・13　上皇、待賢門院と三条京極第に還御

＊**崩御**《ほうぎょ》　このとき、右大臣藤原宗忠は、「中右記」七月七日条に法皇について、後三条院崩御後、天下の政を五十七年も執り、「任レ意不レ拘レ法行二除目叙位一給、古今未レ有」と記す。

＊**成菩提院**《じょうぼだいいん》**陵**《のみささぎ》　京都市伏見区竹田浄菩提院町に所在。三重塔は、建長元年（一二四九）に焼失、以後、所伝を失う。元禄十年（一六九七）諸陵探索のさいは、三重塔に現鳥羽天皇陵をあて、現陵は近衛天皇陵としたが、元治元年（一八六四）現陵に改定し、修補・整形された。

＊**広隆寺**《こうりゅうじ》　京都市右京区太秦蜂岡町に所在。推古天皇十一年（六〇三）に蜂岡寺が造立されたが、これが広隆寺の初見。「太秦寺」とも。たびたび火災にあい、現在の建物は平安末期以降のもの。女院の尊崇を受け、たびたび訪問していることが記録からうかがわれる。

する。《中右記》
8・21 上皇、烏丸殿に御幸する（翌日、京極殿に還御）。《長秋記》
8・26 上皇、典薬頭丹波雅康に灸治させる。《中右記》
8・27 上皇、待賢門院と三条西殿に御幸する。《長秋記》
9・3 上皇、三条西殿に御幸する。《中右記》
9・11 伊勢例幣使を発遣する（天皇、南殿にて御拝）。《中右記》
9・16 上皇、待賢門院と三条京極第より大炊御門万里小路殿に移る。《中右記》
9・22 上皇、待賢門院と白河殿に御幸する（翌暁還御）。《中右記》
9・23 天皇、病む。《長秋記》
9・27 上皇、待賢門院と白河殿に御幸する。《中右記》
10・4 上皇、待賢門院と白河殿より三条殿に還御する。《中右記》
10・7 上皇、待賢門院と大炊殿に還御する。《中右記》
10・8 上皇、三条京極殿に御幸し、五壇法を修する。《中右記》
10・19 天皇、平野社に行幸する。《中右記》
10・22 上皇皇子を親王とし、名を本仁（覚性入道親王）と賜う。《中右記》

11・7 天皇、大原野社に行幸する。《中右記》
11・8 上皇・待賢門院、大炊殿に還御する。《中右記》
11・11 鳥羽上皇、興福寺僧徒が大仏師長円に乱暴したため、検非違使源為義らを南都に派遣、追捕させる。《中右記》
11・22 待賢門院、**広隆寺**に参籠する（三十日、大炊殿に還御）。《中右記》
11・26 上皇、三条殿より大炊殿に還御する。《中右記》
11・30 地震あり。《中右記》
12・6 上皇、待賢門院と三条烏丸殿に御幸する（九日、大炊殿に還御）。《中右記》
12・8 天皇、土御門烏丸殿増築のため、上皇御所三条京極殿に遷る。《中右記》
12・16 上皇、甲斐守藤原範隆造進の尊勝寺の堂を供養する（ついで三条殿に還御）。《中右記》
12・23 上皇、三条殿に御幸する。《中右記》
12・24 上皇・待賢門院、大炊殿に還御する。《中右記》
12・28 上皇、待賢門院と平忠盛造進の白河塔・祇園社塔を供養する（翌日、大炊殿に還御）。《中右記》
□1・15 藤原《ふじわらの》顕隆《あきたか》（権中納言。白河院の執行別当として「よるの関白」といわれるほど威権をふるう。58）、11月源俊頼《みなもとのとしより》（官人。歌人。「金葉和歌集」撰者。75）

■大治五年（一一三〇）庚戌

崇徳天皇　12歳

鳥羽上皇　28歳

1・1　雅仁親王（後白河天皇）、戴餅の儀を行なう。《中右記》

2・21　女御藤原聖子を皇后（中宮）とする。《中右記》

2・24　鳥羽上皇、千僧をして仁王経を法勝寺にて読誦させる。《中右記》

2・26　上皇、待賢門院と三条殿に御幸する。《中右記》

2・29　上皇、白河に御幸し、新堂および塔の上棟を見て三条殿に還御する。《中右記》

2月　仁和寺聖恵法親王、兄覚法法親王を訪ねるため高野山に参詣する。《高野春秋》

3・4　天皇、三条京極殿より新造土御門内裏に遷る。《中右記》

3・7　上皇、待賢門院・皇后藤原聖子と大炊殿に還御する。《中右記》

3・12　上皇、法勝寺御念仏結願に御幸する。《中右記》

3・25　上皇、新写大般若経を祇園社に供養、転読させる。《中右記》

3・28　上皇、待賢門院と仁和寺に御幸し、新御願寺（法金剛院）の造営を覧る。《中右記》

4・3　中宮藤原聖子、冊立後、初めて入内する。《中右記》

4・8　高野山僧覚鑁《かくばん》、上皇の外護により、小伝法院を供養する。《覚鑁上人伝》

4・18　天皇、咳病をわずらう。《中右記》

4・19　覚法法親王、東寺に参詣する。《御室相承記》

4・25　天皇、松尾社に行幸する。《中右記》

4・28　天皇、北野社に行幸する。《中右記》

4・30　上皇、待賢門院と三条烏丸殿に御幸する（上皇、五月二日還御）。《中右記》

5・3　上皇、法勝寺三十講に臨幸する。《中右記》

5・6　上皇、法勝寺三十講に臨幸する（ついで三条殿に還御）。《中右記》

5・8　上皇、鳥羽殿に御幸する。《中右記》

5・10　上皇、法勝寺三十講結願に御幸する。《中右記》

5・19　上皇、仁和寺に御幸し、待賢門院御願寺（法金剛院）の造営を覧る。《中右記》

5・24　上皇、待賢門院と三条殿に御幸する（翌日、上皇、自筆色紙法華経一部を供養。待賢門院、十日講を始める）。《中右記》

6・24　上皇、待賢門院と白河新阿弥陀堂の

塔を供養する。《中右記》
6月　聖恵法親王、高野山に引摂院《いんじょういん》を創建し、参籠する。《高野春秋》
7・2　上皇、待賢門院と白河九体新阿弥陀堂を供養し、白河法皇一周忌法要を行なう。《中右記》
7・3　神泉苑で孔雀経法・五竜祭を行ない、雨を祈る。《中右記》
7・7　上皇、待賢門院と法勝寺阿弥陀堂に御幸する。《中右記》
7・10　上皇御所大炊殿が焼亡する。《中右記》
7・11　千僧御読経を延暦寺に、孔雀経御読経を醍醐寺に行ない、雨を祈らせる。（十五日、東寺にも）。《中右記》
7・25　後三条天皇皇女佳《か》子《し》内親王、仁和寺にて没（年74）。《中右記》
7・26　皇后令子内親王、出家する。《一代要記》
8・4　上皇・待賢門院、白河角殿に御幸する（二十二日、三条東殿に移る）。《中右記》
9・4　丹生・貴布禰両社に奉幣し、晴を祈る。《中右記》
9・7　上皇、広隆寺に参籠する（十日、待賢門院も。十四日還御）。《中右記》
9・11　伊勢例幣使を発遣する。《中右記》
9・20　上皇、待賢門院と鳥羽に御幸し、城南祭を覧る。《中右記》
10・1　天皇、上皇の三条東洞院殿に朝覲行幸する。《中右記》
10・2　上皇、白河殿に御幸する。《中右記》
10・4　上皇、法勝寺金堂の御仏供養に御幸する。《中右記》
10・14　上皇、待賢門院御願の仁和寺新堂の名を法金剛院とする。《中右記》
10・25　待賢門院、法金剛院の落慶供養を行なう（上皇臨幸）。《中右記》
10・28　上皇、待賢門院と法勝寺結願に御幸する。《中右記》
10・29　上皇、待賢門院と初めて法金剛院御所に御幸する（十一月一日、両院、三条殿に還御）。《中右記》
11・4　天皇、日吉社に行幸する（五日還御）。《中右記》
11・8　前斎院禛子内親王御所土御門第が焼亡する。《長秋記》
11・22　上皇、鳥羽殿に御幸し、熊野御精進を始める（待賢門院は二十五日から）。《中右記》
11・28　上皇、熊野に御幸する（このとき上皇、山伏装束を着用）。《中右記》
12・2　待賢門院、熊野に御幸する。《中右記》
12・14　両院、熊野に到着する。《中右記》

●崇徳天皇御製①

「やま高み岩根の桜ちるときはあまのはごろもなづるとぞ見る」
「み狩するかた野のみのに降る霰あなかままだき鳥もこそたて」
「うたたねは萩吹く風におどろけどながき夢路ぞ覚むるときなき」
（以上「新古今和歌集」より）

12・22 上皇、待賢門院と熊野より白河北殿に還御する（ついで稲荷社に奉幣）。《中右記》

12・26 上皇、紀伊守藤原公重造進の最勝寺五大堂の再建供養に臨幸する。《中右記》

□9・8藤原《ふじわらの》為隆《ためたか》（参議。「永昌記」記主。61）

■天承元年（一一三一）辛亥

崇徳天皇 13歳

鳥羽上皇 29歳

1・1 皇弟雅仁親王（後白河天皇）、待賢門院御所殿上にて着袴の儀を行なう。《長秋記》

1・2 天皇、上皇の三条西殿に朝覲行幸する。《長秋記》

1・11 上皇、待賢門院と円勝寺、ついで白河殿に御幸する。《長秋記》

1・14 上皇、最勝寺に御幸する。《長秋記》

1・28 上皇、待賢門院と仁和寺新御堂（法金剛院）に御幸する。《長秋記》

1・29 炎旱・天変により天承と改元する。《長秋記》

2・3 上皇、待賢門院と熊野に御幸する（三月四日還御）。《両院熊野御詣記》

2・21 権中納言藤原実能を遣わし、伊勢神宮に奉幣する。《十三代要略》

3・19 天皇、稲荷・祇園両社に行幸する。

▼上皇、鳥羽殿に移る。《長秋記》

3・21 上皇、待賢門院と鳥羽にて舟遊びする（上皇、二十四日還御）。《長秋記》

4・12 上皇、白河殿に御幸する。《長秋記》

4・16 斎院恂子《じゅんし》（統子）内親王、禊する（上皇、これに臨御）。《長秋記》

4・19 上皇、待賢門院と斎院の行列を見物する。《長秋記》

4・20 斎院、野宮に移る（上皇・待賢門院、これを覧る）。《長秋記》

5・9 上皇、待賢門院と法勝寺三十講に御幸する（十日結願にも両院臨幸）。《長秋記》

6・8 上皇、待賢門院と鳥羽殿御仏供養・泉殿新堂上棟に御幸する。《長秋記》

6・16 上皇、白河殿に御幸する（十七日、白河殿で一切経御読経）。《長秋記》

6・20 上皇、広隆寺で薬師千巻御読経を修させる。《長秋記》

7・3 上皇、待賢門院と白河殿に御幸する。《長秋記》

7・8 上皇、白河法皇の三条御所西対を鳥羽に移し、九体阿弥陀堂（成菩提院）として落慶供養する（待賢門院臨御）。《長秋記》

7・9 白河天皇の遺骨を香隆寺より鳥羽三重塔に移す。《長秋記》

＊天承《てんしょう》 式部大輔藤原敦光の勘申による。出典は「漢書」匡衡伝の「聖王之自為、動静周旋、奉天承親、臨朝享臣、物有節文、以章人倫」。

＊時信記《ときのぶき》 贈左大臣平時信（?〜一一四九）の日記。女滋子は後白河天皇皇后で高倉天皇の母。女時子は平清盛室（二位尼）。記録は大治五年（一一三〇）から天承元年（一一三一）まで残り、朝儀について詳しい。

7・27 上皇、白河殿に御幸する。《長秋記》
8・14 上皇、最勝寺春季御修法に臨幸する。《長秋記》
8・15 上皇、待賢門院と白河殿に御幸する。ついで最勝寺御修法に御幸する。《長秋記》
8・20 上皇、最勝寺御修法に御幸する。《長秋記》
8・22 上皇、白河殿より三条殿に御幸する。《長秋記》
8・24 上皇、待賢門院と鳥羽殿に御幸する。《長秋記》
9・4 後三条天皇皇女聰子内親王、仁和寺大教院にて没（年82）。《長秋記》
9・11 伊勢例幣使を発遣する（天皇、石灰壇にて御拝）。《時信記》
9・20 上皇、城南寺祭を覧る。《長秋記》
10・10 上皇、法勝寺に千体等身聖観音像を造立する。《時信記》
10・17 上皇、石清水八幡宮に御幸する（待賢門院、藤原実行の三条高倉の第にて御幸を見物）。《時信記》
10・21 上皇、法勝寺大乗会に御幸する。《時信記》
10・28 上皇、賀茂社に御幸する。《時信記》
11・17 上皇、藤原忠実を召して和解する。《時信記》
11・21 上皇、藤原忠実に随身兵仗を賜う。《時信記》
12・22 右大臣藤原家忠を左大臣、内大臣源有仁を右大臣、権大納言藤原宗忠を内大臣とする。《中右記》

■長承元年（一一三二）壬子

崇徳天皇 14歳
鳥羽上皇 30歳

1・2 天皇、上皇の三条東洞院殿に朝覲行幸する。《中右記》
1・7 上皇、白河に御幸する。《中右記》
1・8 上皇、法勝・尊勝・最勝三寺に御幸する。《中右記》
1・11 上皇、円宗寺修正会に御幸する。《中右記》
1・14 院宣を下し、前太政大臣藤原忠実を再び内覧とする（関白と内覧が並び立つ）。
▼上皇、待賢門院と白川三寺に御幸する。《中右記》
1・21 上皇、法勝寺千僧御読経に御幸する。《中右記》
2・2 上皇、待賢門院と白河新御堂修二会に御幸する。《中右記》
2・16 待賢門院、法金剛院修二会に御幸する。《中右記》
3・2 上皇、法勝寺金堂にて仁王会を修さ

せる。《中右記》
3・10　上皇、法勝寺阿弥陀堂念仏始に御幸する。《中右記》
3・13　上皇、得長寿院（元祖三十三間堂）の落慶供養を行なう（造営の功により、平忠盛に内昇殿を聴す）。《中右記》
4・10　上皇、権中納言源雅兼を遣わし、宸筆御告文・神宝を伊勢神宮に奉る。《中右記》
4・21　上皇、斎院恂子（統子）内親王の禊を見物する。《中右記》
4・24　上皇、待賢門院と賀茂祭を見物する。《中右記》
4・25　上皇、待賢門院と紫野に御幸し、賀茂祭使還立を見物する。《中右記》
④・5　前斎宮俊子内親王（後三条天皇皇女）没（年77）。《中右記》
④・10　上皇、得長寿院に臨幸し、新写大般若経を供養・転読する。《中右記》
④・14　上皇、待賢門院と得長寿院十一面観音供養に臨御する。《中右記》
④・17　上皇、法勝寺千僧御読経に臨幸する。《中右記》
5・1　上皇、法勝寺三十講に臨御する（二・三・六・九・十日にも）。《中右記》
5・8　上皇・待賢門院、鳥羽殿に御幸する。《中右記》
5・9　疾疫流行により、臨時二十二社奉幣を行なう。《中右記》
5・12　上皇、待賢門院と得長寿院に御幸し、丈六観音像を供養する。《長秋記》
5・18　上皇、待賢門院と法勝寺百座仁王会に御幸する。《中右記》
6・3　丹生・貴布禰両社に奉幣し、雨を祈る。《中右記》
6・14　上皇、祇園御霊会を見物する（ついで鳥羽殿に御幸）。《長秋記》
6・17　上皇、石清水八幡宮に参詣する。《長秋記》
6・27　上皇、賀茂社に御幸する。《長秋記》
6・29　斎院恂子（統子）内親王、病により退下する。《女院小伝》
7・23　三条烏丸・姉小路室町・御倉町の上皇御所三ヵ所が焼亡する。《十三代要略》
8・11　疾疫・火事により**長承**と改元する。《百練抄》覚法法親王、仁和寺南院に移る。《御室相承記》
8・17　白河天皇女御藤原道子没（生年不詳）。《中右記》
8・26　上皇、待賢門院と仁和寺法金剛院に御幸する（三十日還御）。《中右記》
9・8　地震あり。《中右記》
9・10　院北面で「新制十四条」を議定する。

＊**長承**《ちょうしょう》　式部大輔藤原敦光の勘申による。出典は「史記」秦始皇本紀の「長承聖治、群臣嘉徳」。

＊**姰子内親王**《じゅんしないしんのう》（一〇九三〜一一三二）　侚子・恂子とも。白河天皇第五皇女。女五宮・樋口斎宮とも称される。母は木工権頭藤原季実女。天仁元年（一一〇八）内親王となり、伊勢斎宮に卜定される。保安四年（一一二三）天皇退位により退下、帰京。鳥羽天皇皇女恂子（統子）内親王とは異なる。

＊**神今食**《じんこんじき》　「じんこじき」「むかいまけ」とも。六月・十二月の十一日、月次祭の夜に天皇が神嘉殿に神を迎えて酒饌をともにする神事。古訓は「かみ（む）いまけ」。「公事根源」には霊亀二年（七一六）六月に始まるとある。中世まで続くが、平安末期以降、次第に衰微したといわれる。

《中右記》
9・11　伊勢例幣使を発遣する。《中右記》
9・24　上皇、宇治平等院に御幸する（翌日還御）。《中右記》
9・27　地震あり。《中右記》
10・7　宝荘厳院落慶供養が行なわれる（天皇・両院臨幸）。《中右記》
10・8　上皇、鳥羽殿に御幸する。《中右記》
10・10　覚法法親王、高野山に参詣する。《御室相承記》
10・13　上皇、高野山に参詣する（藤原忠実ら随行）。《中右記》
10・16　前斎宮姰子内親王没。《中右記》
10・17　上皇、高野山伝法院・密厳院を落慶供養する（二十日還御）。《中右記》
10・24　上皇、法勝寺大乗会に臨御する（二十七日にも）。《中右記》
11・7　上皇、二条烏丸殿に御幸する。《中右記》
11・13　上皇、白河殿に御幸する。《中右記》
11・14　上皇、白河新阿弥陀堂にて種々の仏事を行なう。《中右記》
11・22　上皇、前斎院恂子（統子）内親王の三条京極第に御幸し、殿上人の乱舞を観る。《中右記》
11・25　鳥羽天皇皇女禧子内親王を賀茂斎院に卜定する。《中右記》
12・1　前斎宮善子内親王（白河天皇皇女）没（年56）。《中右記》
12・5　藤原宗忠、最近二十五年間、**神今食**に行幸がないと記す。《中右記》
12・6　大雪・地震あり。《中右記》
12・8　斎院禧子内親王、初めて斎院神殿に入る。《中右記》
この年　鳥羽上皇皇子（道恵法親王）、誕生する（母は更衣紀氏）。《諸寺院上申》疾疫流行。《百練抄》

■長承二年（一一三三）癸丑

崇徳天皇　15歳
鳥羽上皇　31歳

1・1　物忌により小朝拝を中止する。《中右記》
1・2　天皇、上皇の二条万里小路第に朝覲行幸する。《中右記》
1・3　上皇、二条万里小路第より本室町二条第に移る。《中右記》
1・6　上皇、法勝寺に御幸する。《中右記》
1・8　上皇、待賢門院と法勝寺金堂に御幸する。《中右記》
1・11　上皇、円勝寺に御幸する。《中右記》
1・17　上皇、千僧御読経を法勝寺に行なう（両院臨幸）。《中右記》

1・18　上皇、千体観音堂に御幸する。《中右記》
1・24　上皇、鳥羽に御幸する。《中右記》
1・26　待賢門院、日吉社に御幸する。《中右記》
1・29　上皇、待賢門院と得長寿院に御幸する。《中右記》
2・11　上皇、仁和寺に御幸する（十八日還御）。《中右記》
2・15　上皇、待賢門院・皇后令子内親王と仁和寺法金剛院理趣三昧に臨御する。《中右記》
2・18　上皇、待賢門院・皇后令子内親王と法金剛院修二会に御幸する。《中右記》
2・19　上皇、灸治を受ける。《中右記》
2・23　上皇、白河殿にて普賢延命法を修する。《御室相承記》
3・4　上皇、鳥羽殿に御幸する（翌日還御）。《中右記》
3・10　上皇、法勝寺阿弥陀念仏始に御幸する（十一・十二日にも）。《中右記》
3・30　上皇、得長寿院に御幸し、般若心経を供養する。《中右記》
4・5　上皇、鳥羽殿に御幸する。《長秋記》
4・15　上皇、得長寿院に御幸する。《中右記》
4・18　上皇、待賢門院と二条東洞院で斎院禧子内親王の禊を覧る。《中右記》
4・24　上皇、鳥羽殿に御幸する。《中右記》
4・26　上皇、石清水八幡宮に御幸する。《中右記》
4・29　上皇、鳥羽より白河に還御する。《中右記》
5・1　上皇、法勝寺三十講始に臨幸する。《中右記》
5・10　上皇、賀茂社に御幸する。《中右記》
5・23　上皇、得長寿院に御幸し、御仏供養を行なう。《中右記》
5・28　上皇、得長寿院に御幸する。《中右記》
6・6　上皇、白河殿に御幸する。《中右記》
6・10　待賢門院、ひそかに香隆寺に御幸する。《長秋記》
6・11　上皇、待賢門院と法勝寺に御幸する。《中右記》
6・14　上皇、待賢門院と三条京極第で祇園御霊会を覧る。《中右記》
6・18　上皇、得長寿院に御幸する。《中右記》
6・28　土御門殿の修理成り、上皇、これに御幸する。《長秋記》
6・29　前関白太政大臣藤原忠実女勲子《やすこ》（のち泰子《やすこ》。高陽院《かやのいん》）を上皇妃とする。《長秋記》
7・2　上皇、白河殿に御幸する。《中右記》
7・3　上皇、法勝寺御八講始に御幸する（こ

のあと連日御幸）。《中右記》
7・15 上皇、待賢門院と法勝寺および尊勝寺の盂蘭盆会に御幸する。《中右記》
7・18 上皇、得長寿院に御幸する。《中右記》
7・19 上皇、尊勝寺御八講結願に御幸する。《中右記》
7・21 延暦寺西塔の学徒が中堂の僧と闘争したため、検非違使を東西坂本に遣わす。《長秋記》
8・7 上皇、法勝寺に御幸する。《中右記》
8・8 上皇の沙汰により、鞍馬寺を供養する。▼上皇、鳥羽殿に御幸する。《中右記》
8・16 上皇、待賢門院と鳥羽阿弥陀堂に御幸する（上皇、二十五日還御）。《中右記》
8・24 上皇、待賢門院・皇后令子内親王と鳥羽阿弥陀堂に御幸する。《長秋記》
8・28 地震あり。《中右記》
9・2 賀茂斎院禧子内親王、病により退下する（上皇・待賢門院、その御所に臨幸）。《中右記》
9・7 伊勢神宝使を発遣する。《中右記》
9・11 伊勢例幣使を発遣する。《中右記》
9・13 待賢門院、仁和寺法金剛院に御幸する。《長秋記》
9・16 伊勢内宮の遷宮が行なわれる。《中右記》
9・18 上皇、得長寿院に御幸する。《長秋記》
9・20 上皇、待賢門院と鳥羽に御幸し、城南寺祭を覧る。《中右記》
10・5 輔仁親王王子信證、東寺二長者となる。《東寺長者補任》
10・10 前斎院禧子内親王（鳥羽天皇皇女）没（年12）。《十三代要略》
12・17 信證を広隆寺別当とする。《東寺長者補任》
12・21 輔仁親王王女怡子《いし》内親王を賀茂斎院に卜定する。《十三代要略》
12月 天皇、土御門殿より鳥羽上皇御所二条殿に遷り、ここを皇居とする。《百練抄》
□8・19 藤原長実《ふじわらのながざね》（公家。歌人。贈左大臣。白河法皇近臣。59）

■長承三年（一一三四）甲寅

崇徳天皇 16歳
鳥羽上皇 32歳

1・5 天皇、上皇の六条殿に朝覲行幸する。《中右記》
1・13 上皇、待賢門院と熊野に御幸する（上皇は二月六日、待賢門院は七日に還御）。《中右記》
2・17 上皇、法勝寺にて金泥一切経を供養する（天皇・待賢門院・皇后臨席）。▼六条殿、焼亡する。《中右記》

◉崇徳天皇御製②

「春くれば雪消の沢に袖たれてまだうら若き若菜をぞ摘む」
「見る人に物のあはれを知らすれば月やこのよの鏡なるらむ」
「山里は月も心やとまるらむ都にすぎてすみまさるかな」（以上「風雅和歌集」より）

2・22　上皇、待賢門院と法金剛院に御幸し、理趣三昧を始める。《中右記》
2・24　上皇、仁和寺御堂で尊勝陀羅尼供養を行なう。《中右記》
3・2　上皇女御藤原勲子（関白・太政大臣藤原忠実女）を准三宮とする。《中右記》
3・9　上皇、待賢門院と石清水八幡宮に御幸する。《中右記》
3・10　上皇、法勝寺念仏始に御幸する。《中右記》
3・19　上皇准母・皇后令子内親王を太皇太后とする。また、上皇妃藤原勲子を皇后とし、泰子と改名する。《中右記》
3・20　上皇、待賢門院と六条桟敷で石清水臨時祭を見物する。《中右記》
3・21　上皇、鳥羽殿で石清水臨時祭還立を覧る。《中右記》
3・26　上皇、法勝寺千僧御読経に御幸する。《中右記》
4・15　上皇、賀茂社に御幸する。《中右記》
4・17　皇后、賀茂社に行啓する（関白忠通供奉）。《中右記》
4・19　上皇、鳥羽に御幸し、御堂上棟に臨御する。《長秋記》
4・25　上皇、得長寿院で般若心経・一字金輪堂を供養する。▼上皇、鳥羽殿に仁王経法を修する。《中右記》
5・2　天皇、病により、石清水八幡宮行幸を中止する。《中右記》
5・4　上皇、法勝寺三十講結願に御幸する。《長秋記》
5・10　天皇、石清水八幡宮に行幸する（上皇、鳥羽御桟敷でその行装を覧る）。《中右記》
5・13　上皇、宇治平等院に御幸する。《長秋記》
5・15　天皇、賀茂社に行幸する（上皇・待賢門院、東洞院近衛辻にその行装を覧る）。《中右記》
5・17　大雨により、鴨川・桂川が氾濫する。《中右記》
5・22　上皇、大般若経を祇園社に供養する。《中右記》
5・28　丹生・貴布禰両社に止雨奉幣を行なう。《中右記》
6・7　天皇、二条万里小路第に行幸し、祇園神輿を避ける。《中右記》
6・14　伊勢以下五社に奉幣して晴を祈る（天皇、南殿で御拝）。《中右記》
6・21　前斎院恂子内親王、統子と改名する。《長秋記》
6・25　上皇、待賢門院と得長寿院に御幸す

＊源《みなもとの》基子《きし》（一〇四九〜一一三四）　父は参議源基平（小一条院男）、母は権中納言藤原良頼女。後三条天皇皇女聡子内親王に仕えるも、天皇の寵を得て、延久三年（一〇七一）実仁親王をもうけ、女御となる。同五年には輔仁親王をもうけるが、後三条上皇崩御により落飾。死後、西院墓所に葬られる。

る。《長秋記》
7・2 後三条天皇女御源基子没。《中右記》
7・7 上皇、法勝寺に御幸する（十五日にも）。《長秋記》
7・18 上皇、得長寿院に御幸する（八月十八日にも）。《長秋記》
7・19 上皇、尊勝寺に御幸する。《長秋記》
8・13 上皇、待賢門院と法金剛院御塔の心柱を立てるを覧る。《長秋記》
8・23 上皇、皇后藤原聖子御所正親町第に御幸する。《中右記》
8・27 両院、鳥羽殿に御幸する（九月六日還御）。《中右記》
9・11 伊勢例幣使を発遣する。《中右記》
9・12 大風雨により、京中の舎屋が損壊する。《中右記》
9・24 丹生・貴布禰両社に止雨奉幣を行なう。《中右記》
10・11 上皇・待賢門院、病む。《長秋記》
10・20 上皇・待賢門院、熊野に御幸する（十一月四日、熊野本宮に着御。十一月十一日還御）。《長秋記》
11・26 両院、賀茂社に御幸する。《中右記》
12・5 上皇皇子本仁親王、出家する。《長秋記》
12・17 上皇、鳥羽殿に御幸する。《長秋記》
12・19 上皇、新造三条烏丸殿に移る。《中右記》
12・22 上皇、白河新第に御幸する。《中右記》院宣により覚鑁《かくばん》を金剛峯寺座主とする（衆僧反発し騒乱）。《高野春秋》
⑫・7 上皇、孔雀法を白河新殿に修する。《中右記》
⑫・16 上皇、鳥羽殿に御幸する。《長秋記》
この年 鳥羽上皇皇子（覚快法親王）、誕生する（母は更衣紀氏）。《青連院門跡皇族御伝》洪水・飢饉・咳病多し《中右記》

■保延元年（一一三五）乙卯

崇徳天皇 17歳
鳥羽上皇 33歳

1・1 物忌により小朝拝を中止する。《中右記》
1・4 天皇、上皇の二条万里小路殿に朝覲行幸する。《中右記》
1・7 上皇、白河殿にて御仏供養を行なう（ついで法勝寺に御幸）。《中右記》
1・8 上皇、白河御堂修正会に御幸する。《中右記》
1・17 上皇、白河殿にて七壇北斗法を修する。《長秋記》
1・20 待賢門院御所三条京極第が焼ける。《中右記》

1・28　覚法法親王、仁和寺田中堂を供養する。《長秋記》
2・2　上皇、法勝寺新阿弥陀堂修二会に御幸する。《長秋記》
2・3　上皇、待賢門院と法金剛院理趣三昧始に渡御する。《長秋記》
2・14　上皇、石清水八幡宮に御幸する。《中右記》
2・27　上皇、春日若宮別殿遷宮に御幸する。《中右記》
3・5　上皇、待賢門院と法勝寺千僧御読経に臨御する。ついで上皇、中二条院にて仁王講を行なう。《長秋記》
3・8　上皇、得長寿院に十一面観音百体を供養し、両心経会を修する。《長秋記》
3・14　海賊追討の宣旨を下す。《長秋記》
3・17　上皇、法勝寺にて米一千石を貧民に賑給する。《中右記》
3・18　地震あり。《中右記》
3・27　上皇、待賢門院と仁和寺北斗堂供養に御幸する。▼上皇皇子本仁親王、仁和寺北院に入室する（上皇、親王と同車）。《中右記》
4・8　上皇、米三千石を東西両京貧民に賑給する。《中右記》
4・21　病を払い、止雨を祈るため、二十二社奉幣を行なう。《中右記》
4・23　上皇、待賢門院と法勝寺百座仁王会に御幸する。《中右記》
4・26　丹生・貴布禰両社に止雨奉幣する。▼上皇、待賢門院と賀茂社に御幸する。《中右記》
4・27　飢饉・疾疫・洪水等により保延と改元する。《中右記》
4・28　上皇、待賢門院と得長寿院にて図絵丈六百体観音を供養する。《中右記》
5・1　上皇、法勝寺三十講始に御幸する（十日結願までほぼ毎日御幸）。《中右記》
5・6　待賢門院、ひそかに法輪院に御幸する。《長秋記》
5・17　上皇、待賢門院と仁和寺田中殿に御幸する。《長秋記》
5・18　上皇、待賢門院と仁和寺の修復完成供養をする。《中右記》
6・6　天皇、二条万里小路殿に遷り、祇園神輿を避ける。《中右記》
6・18　上皇、千体観音堂に御幸する。《中右記》
6・26　変災祈禳のため、伊勢以下五社に奉幣する。《中右記》
7・3　上皇、法勝寺御八講始に御幸する（七日の結願には待賢門院も臨幸）。《中右記》

＊保延《ほうえん》　「ほうえん」とも。文章博士藤原顕業《あきなり》の勘文に「文選《もんぜん》（巻三、魯霊光殿賦）曰《いわく》、永安寧以祉福、長与大漢而久存、実至尊之所御、保延寿而宣子孫」とある。
＊一上《いちのかみ》　「一《いち》の上卿《しょうけい》」の略。公卿の中で、太政大臣・摂政・関白を除く最高位。ふつう左大臣、左大臣欠員のときは右大臣などがつとめた。
＊宇槐記抄《うかいきしょう》　左大臣藤原頼長の日記「台記」（別称「宇槐記」）を抄出したもの。

7・9　上皇、鳥羽故院御堂に七箇日不断念仏を行なう。《中右記》
7・15　上皇、法勝寺盂蘭盆会に御幸する。《中右記》
7・18　上皇、得長寿院に御幸する。《中右記》
7・22　上皇、尊勝寺御八講結願に臨御する。《中右記》
8・1　待賢門院、法金剛院に御幸する。《長秋記》
8・12　伊勢以下十二社に奉幣し、晴を祈る。《中右記》
8・19　海賊追捕の功により、平忠盛の子清盛を従四位下に叙する。《中右記》
9・5　伊勢外宮遷宮神宝使を発遣する。《中右記》
9・11　伊勢例幣使を発遣する。《中右記》
9・15　伊勢外宮の正遷宮が行なわれる。《二所大神宮例文》
10・11　上皇、皇后藤原泰子と前関白藤原忠実の新造宇治小松殿に御幸する。《中右記》
12・4　上皇皇女（叡子内親王）、誕生する（母は藤原得子）。《中右記》
12・29　上皇、厄運除去のため、尊号・封戸・随身等を辞退する。《中右記》

■保延二年（一一三六）丙辰

崇徳天皇　18歳
鳥羽上皇　34歳

1・1　物忌により小朝拝を中止する。《中右記》
1・2　上皇、東三条殿に御幸する。《中右記》
1・5　天皇、上皇の二条万里小路殿に朝覲行幸する。《中右記》
1・28　地震あり。《中右記》
1・29　上皇、待賢門院と法勝寺に御幸する。《中右記》
2・21　上皇、熊野に御幸する（三月十三日還御）。《中右記》
3・4　上皇、熊野本宮で五重塔を供養する。《百練抄》
3・23　上皇、鳥羽殿北殿の勝光明院の供養を行なう（天皇臨席）。《中右記》
この春　飢饉により、餓死者・捨子等多数。《興福寺年代記》
4・19　上皇皇女を叡子と命名し、内親王とする。《十三代要略》
6・6　天皇、二条万里小路殿に遷り、祇園神輿を避ける。《中右記》
7・12　右大臣源有仁を一上とする。《中右記》
8・7　上皇、法勝寺に御幸する。《宇槐記抄》
8・21　天災・疾疫により、中納言源雅定を発遣し、伊勢神宮に宸筆宣命を奉る。《中右記》

9・8　上皇、鳥羽殿より石清水八幡宮に御幸し、金泥五部大乗経を供養する。《中右記》

9・11　伊勢例幣使を発遣する。《中右記》

9・15　上皇、賀茂社に御幸し、競馬を観る。《中右記》

9・17　初めて春日若宮祭が行なわれる（以後、永式とする）。《中右記》

9・25　上皇、賀茂社に御幸し、金泥大般若経を供養する。《十三代要略》

10・7　上皇、近衛殿より鳥羽殿に御幸する（ついで法勝寺に御幸）。《**台記**》

12・9　右大臣源有仁を左大臣、内大臣藤原宗忠を右大臣、権大納言藤原頼長を内大臣とする。《台記》

12・15　上皇、白河に御幸する。《別本台記》

12・23　上皇、鳥羽殿に御幸する。《台記》

□5・14藤原家忠《ふじわらのいえただ》（左大臣。父は関白藤原師実。75）、10・13源顕雅《みなもとのあきまさ》（権大納言。父は右大臣源顕房。63）

■保延三年（一一三七）丁巳

崇徳天皇　19歳

鳥羽上皇　35歳

1・1　雨により、小朝拝を中止する。《中右記》

1・4　天皇、上皇の二条万里小路殿に朝覲行幸する。《中右記》

1・7　上皇、法勝寺常行堂に御幸する。《中右記》▼待賢門院、得長寿院に御幸する。《中右記》

1・8　上皇、待賢門院と法勝寺修正会に御幸する。《中右記》

2・6　天皇、白河殿に行幸する。《**実能記**》

2・9　興福寺僧徒、春日神木を奉じて入京、僧正定海につき強訴する。《中右記》

2・10　上皇、法金剛院修二会に御幸する。《南都衆徒入洛記》

2・11　白河天皇皇子**聖恵法親王**没。▼待賢門院、熊野に御幸する。《中右記》

2・16　興福寺僧徒の強訴により、定海の僧正を停め、玄覚を僧正とする。《中右記》

4・8　上皇皇女（暲子《しょうし》内親王。八条院）、誕生する（母は藤原得子）。《中右記》

4・10　天皇、病気となる（十五日平癒）。《中右記》

4・12　叡子内親王を准三宮とする。《中右記》

5・19　待賢門院、日吉社に御幸する。《中右記》

6・6　天皇、待賢門院御所二条万里小路殿に行幸する（翌日還御）。《中右記》

7・1　丹生・貴布禰両社に祈雨奉幣する。《中右記》

7・3　上皇、法勝寺で御八講を行なう（天皇行幸）。《中右記》

***台記**《たいき》　左大臣藤原頼長の日記。「宇槐記」「槐記」なども。題名は大臣の唐名「三台」「三槐」にもとづく。保延二年（一一三六）から久寿二年（一一五五）までが伝存するも欠失部分が多い。儀式の詳細が記録されており、当時の貴重な史料となっている。

***実能記**《さねよしき》　左大臣徳大寺（藤原）実能（一〇九六〜一一五七）の日記だが、保延三年（一一三七）の分のみ伝えられる。

***聖恵法親王**《しょうけいほっしんのう》（一〇九四〜一一三七）白河天皇第五皇子。長尾宮・華蔵院宮とも称される。母は参議藤原師兼女。長治元年（一一〇四）仁和寺に入り出家。寛助から伝法灌頂を受け一身阿闍梨となり、のち同寺華蔵院に住し、華蔵院流の祖となる。大治五年（一一三〇）高野山に登り、覚鑁《かくばん》の願により仏堂創建を鳥羽上皇に内奏して許可を得る（これが高野山伝法院。新義真言宗の端緒）。

***安楽寿院**《あんらくじゅいん》　鳥羽上皇が保延三年（一一三七）に鳥羽殿に創建。京都市伏見区竹田に所在。鳥羽上皇終焉の地として安楽寿院陵が営ま

7・15 大地震あり（数日余震あり）。《中右記》
8・6 上皇、仁和寺宝金剛院に御幸し、競馬を観る。▼地震あり。《中右記》
8・22 上皇、日吉社に御幸する（翌日、競馬を観る）。《中右記》
9・11 伊勢例幣使を発遣する。《中右記》
9・23 天皇、上皇の仁和寺法金剛院御所に行幸し、競馬を観る（二十五日還御）。《中右記》
9・29 地震あり。《実能記》
10・9 上皇、石清水八幡宮に御幸する。《中右記》
10・13 上皇、賀茂社に御幸する。《中右記》
10・15 上皇、後院鳥羽殿の東殿の一部に東殿御堂（**安楽寿院**）を供養する。《中右記》
10・19 上皇、待賢門院と熊野に御幸する（十一月十八日還御）。《中右記》
10・22 二条万里小路東の院御所が焼亡する。《中右記》
12・2 地震あり。《餝抄》
12・25 雅仁親王、読書始を行なう。《中右記》

■保延四年（一一三八）戊午

崇徳天皇　20歳
鳥羽上皇　36歳

1・1 物忌により、小朝拝を中止する。《中右記》
1・2 天皇、上皇の六条殿に朝覲行幸する。《中右記》
1・26 上皇、待賢門院と熊野に御幸する。《中右記》
2・23 待賢門院四条西洞院御所や賀茂社が焼亡する。《百練抄》
2・24 里内裏二条東洞院殿が焼亡する。天皇、白河北殿、ついで三条桟敷殿に遷る。《百練抄ほか》
3・5 京都大火。天皇、小六条殿に遷る。《十三代要略》
4・9 上皇皇女暲子を内親王とする。《十三代要略》
4・19 土御門烏丸殿の修造成り、天皇、小六条殿より遷る。《百練抄》
4・27 天皇、法金剛院に行幸し競馬を覧る。《百練抄》
4・29 延暦寺僧徒、神輿を奉じて入京、賀茂社領馬上のことを強訴する。《百練抄》
5・25 伊勢神宮祭主大中臣公長、殺人により解任される。《百練抄》
6月 上皇皇子（道恵法親王）、証金剛院にて出家する。《一代要記》
8・4 天皇、鳥羽上皇御所に朝覲行幸する。《體源抄》

れる。当院には、康治二年（一一四三）に山城国芹河以下が寄進され、所領は女八条院暲子内親王に譲られ、その多くの荘園は、安楽寿院領として皇室御領の中心的存在となる。

8・11 上皇、初めて鳥羽東御堂御所に御幸する。《伏見宮記録》
9・26 上皇、比叡山に御幸する。《十三代要略》
10・7 天皇、石清水八幡宮に行幸する。《十三代要略》
10・14 天皇、賀茂社に行幸する。《十三代要略》
10・27 覚法法親王、仁和寺大聖院御所に移る。《御室相承記》
11・23 覚法法親王、仁和寺無量寿院を供養する。《御室相承記》
11・24 内裏土御門烏丸殿が焼亡する。天皇、小六条殿に遷る。《百練抄》

■保延五年(一一三九)己未

崇徳天皇 21歳
鳥羽上皇 37歳

1・4 天皇、上皇御所に朝覲行幸する。《十三代要略》
1・28 上皇、祇園社に御幸する。《十三代要略》
2・21 大納言藤原実能を発遣し、神宝・宸筆宣命を伊勢神宮に奉る。《十三代要略》
2・22 上皇、鳥羽東殿三重塔(上皇寿陵)を供養する。《百練抄》
3・22 待賢門院、仁和寺法金剛院の九体阿弥陀堂(南御堂)を供養する。《百練抄》
3・26 上皇、院宣を下し、平忠盛らを派遣し、興福寺僧徒の入京を防がせる。《南都衆徒入洛記》
4・30 上皇、妃藤原得子安産のため、**石清水八幡宮**に「我が国は神国である」とし、「神明の加護」を仰ぐ。《石清水文書》
5・18 上皇皇子(体仁《なりひと》。近衛天皇)、誕生する(母は藤原得子)。▼覚法法親王の法験を賞し、灌頂会を仁和寺で行なうことを聴す。《百練抄》
7・16 上皇皇子体仁を親王とする。《十三代要略》
7・28 皇后藤原泰子の院号を高陽院とする。《十三代要略》
8・17 上皇皇子体仁親王を皇太弟に、内大臣藤原頼長を東宮傅とする。《百練抄》
8・27 皇太弟生母藤原得子を女御とする。《十三代要略》
9・26 天皇、石清水八幡宮に行幸する。《十三代要略》
10・2 天皇、賀茂社に行幸する。《十三代要略》
10・26 天皇行幸のもと、御願成勝寺の落慶供養を行なう(上皇・皇后藤原聖子臨御)。《百練抄ほか》

＊**石清水八幡宮**《いわしみずはちまんぐう》 京都府綴喜郡八幡町に所在。貞観元年(八五九)僧行教の奏請により、宇佐八幡宮を勧請して鎮護国家を祈ったことに始まる。朝廷から尊崇を受け、また源氏の氏神として武家からの崇敬も篤かった。天元二年(九七九)の円融天皇以降、多くの天皇・上皇の参詣あるいは参籠があった。男山八幡宮とも。現社殿は徳川家光の造営で国宝。平安中期から八月十五日に行なった石清水放生会でも知られる。

11・25 待賢門院、法金剛院三昧堂を供養する。《百練抄》
12・27 雅仁親王（後白河天皇）、待賢門院御所三条殿にて元服する。《百練抄》
□8・4 三善《みよしの》為康《ためやす》（算博士。「朝野群載」編者。91）

■保延六年（一一四〇）庚申
崇徳天皇 22歳
鳥羽上皇 38歳
1・2 天皇、上皇御所に朝覲行幸する。《十三代要略》
1・22 上皇、金剛証院にて孔雀経法を修する。《孔雀経法記》
1・23 石清水八幡宮、炎上する（廃朝五日）。《百練抄》
2・23 上皇、女御藤原得子と熊野に参詣する。《十三代要略》
3・22 仁和寺観音院にて初めて灌頂を行なう。《十三代要略》
5・27 天皇、石清水八幡宮に行幸する。《十三代要略》
⑤・1 天皇、賀茂社に行幸する。《十三代要略》
⑤・16 法成寺塔・行願寺塔、落雷により焼亡する。《百練抄》
6・5 前関白藤原忠実を准三后とする。《十三代要略》
6・11 天皇、神祇官に行幸する（翌日還御）。《十三代要略》
6・22 上皇皇子本仁親王、出家する（法名信法、のち覚性入道親王）。《一代要記》
7・13 藤原忠実、准三后を辞する。《公卿補任》
8・9 上皇皇子君仁親王、出家する。《台記》
8・16 天皇、疱瘡をわずらう。《十三代要略》
9・2 崇徳天皇皇子（重仁《しげひと》）、誕生する（母は源行宗養女）。《一代要記》
10・2 前関白藤原忠実、出家する。《百練抄》
10・12 天皇、上皇の白河殿に朝覲行幸する。《古今著聞集》
10・29 上皇、春日社五重塔を供養する。《百練抄》
11・4 天皇、小六条殿より新造土御門烏丸殿に遷る。《百練抄》
12・8 高野山僧徒、密厳院等を攻め、覚鑁を根来寺に逐う。《高野春秋》
12・10 高陽院、石清水八幡宮に御幸する。《十三代要略》
12・12 上皇、鳥羽殿炎魔堂を供養する。《百練抄》
12・15 待賢門院・高陽院、賀茂社に御幸する。《十三代要略》

12・17 上皇、待賢門院と熊野に参詣する。《十三代要略》

●長承・保延年間（一一三二～四一）、鳥羽上皇、白河押小路殿《おしこうじどの》を院御所とする。《中右記》

■**永治元年（一一四一）辛酉**

崇徳天皇 23歳
近衛天皇 3歳
鳥羽上皇 39歳

1・27 鳥羽上皇、白河殿に御幸する。《三条内府記》

2・9 上皇、待賢門院と法勝寺千僧御読経に御幸する。《北院御室日次記》

2・21 女御藤原得子、歓喜光院（白河新堂）を落慶供養する（上皇御幸）。《十三代要略》

2・22 高陽院、春日社に御幸する。《十三代要略》

2・25 上皇、女御藤原得子と石清水八幡宮に御幸する（上皇、笛を所作）。《兵範記》

2・28 上皇、法金剛院一切経会に御幸する。《兵範記》

3・1 上皇、賀茂社に御幸する（待賢門院・叡子内親王、東向妻戸にてこれを見物）。《兵範記》

3・3 上皇、白河新御堂に渡御する。《三条内府記》

3・7 女御藤原得子を准三宮とする。《兵範記》

3・8 参議藤原公能を発遣し、伊勢神宮に宸筆宣命を奉る。《十三代要略》上皇、鳥羽殿に御幸する。《兵範記》

3・10 鳥羽上皇、信證を戒師として出家する（所領を女御藤原得子〈美福門院〉と皇女暲子内親王〈八条院〉に譲る。このとき上皇・待賢門院ら、法華一品経〈久能寺経〉を書写か）。《兵範記》

5・5 高陽院、宇治にて出家する。《百練抄ほか》

5・21 法成寺新堂が倒壊する。《百練抄》

7・10 辛酉革命により永治と改元する。《百練抄》

7・14 鳥羽法皇、病む（八月六日平癒）。《十三代要略》

10・26 皇太弟体仁《なりひと》親王、藤原家成の三条第で着袴の儀を行なう（天皇行幸）。《玉蘂永承二年十一月五日条》

11・8 鳥羽法皇皇女（姝子内親王）、誕生する（母は女御藤原得子）。《十三代要略》

12・2 天皇皇子（重仁）を親王とする。《十三代要略》

第七十六代 近衛《このえ》天皇

＊**三条内府記**《さんじょうないふき》 内大臣三条（藤原）公教《きんのり》（一一〇三～六〇）の日記。元永元年（一一一八）から久安四年（一一四八）まであり、「公教公記」「教業記」とも。

＊**永治**《えいじ》 権中納言藤原実光・文章博士藤原永範の勘申による。出典は「魏文典論」の「礼楽興於上、頌声作於下、……永治長徳、与年豊」、「晋書」武帝紀の「見土地之広、謂万葉而無虞、覩天下之安、謂千年而永治」。

＊**近衛天皇**《このえてんのう》（一一三九～五五） 体仁《なりひと》親王。父は鳥羽天皇、母は権中納言藤原長実《ながざね》女得子《とくし》（美福門院）。誕生の年に親王宣下・立太子。久安六年（一一五〇）の元服後、藤原忠通・頼長兄弟の養女が相次いで入内・立后し、兄弟が抗争する。皇后に藤原多子・藤原呈子がいるも皇子女なし。陵は安楽寿院南陵。なお「近衛」は、在位中の御所（近衛殿〈藤原忠通第〉）の名による。

＊**康治**《こうじ》 文章博士藤原永範《ながのり》の勘文に「宋書曰《いわく》、以康治道」とある。

12・7（鳥羽法皇の圧迫により）崇徳天皇、土御門烏丸殿にて譲位。皇太弟体仁《なりひと》親王受禅（**近衛天皇**。このときの宣命に体仁を皇太子ではなく、「皇太弟」としたため、鳥羽法皇の院政の継続が正当化されたという。また上皇二人のため、鳥羽を本院、崇徳を新院と称する）。関白藤原忠通を摂政とする。《百錬抄》

12・9 崇徳上皇に太上天皇の尊号を奉る。▼新院、内裏より三条西洞院殿に移る。《皇年代略記》

12・27 近衛天皇、大極殿にて即位礼を挙げる。▼中宮藤原聖子を皇太后、女御藤原得子を皇后とする（聖子は近衛天皇准母、得子は「国母の皇后」となる）。《十三代要略》

12月 斎宮守子内親王、崇徳天皇譲位により退下する。《伊勢斎宮部類》

□4・20藤原《ふじわらの》宗忠《むねただ》（右大臣。白河上皇・堀河天皇の信任を得る。「中右記」記主。80）

■**康治元年（一一四二）壬戌**

近衛天皇　4歳
鳥羽法皇　40歳
崇徳上皇　24歳

1・9 上皇、法勝寺・成勝寺に御幸する。《台記》

1・15 輔仁親王王子信證を近衛天皇護持僧とする。《本朝世紀》

2・9 法皇・上皇、同車して法勝寺千僧御読経に御幸する。《台記》

2・11 上皇、待賢門院仁和寺法金剛院御所に朝覲御幸する。《台記》

2・19 法皇・上皇、歓喜光院修二会に御幸する。《台記》

2・24 即位由山陵使を発遣する。《本朝世紀》

2・26 鳥羽天皇皇女妍子を内親王とし、伊勢斎宮に卜定する。▼待賢門院、仁和寺法金剛院で出家する（法皇・上皇御幸）。《本朝世紀》

2・28 法皇、高陽院と宇治小松殿に御幸する。《台記》

3・4 法皇、高陽院と平等院一切経会に御幸する（六日、鳥羽殿に還御）。《本朝世紀》

3・11 地震あり。《本朝世紀》

3・28 一代一度の大奉幣使を発遣する。《本朝世紀》

4・8 護持僧信證（輔仁親王王子）没（年45）。《本朝世紀》

4・23 上皇、紫野に御幸する。《台記》

4・28 即位により**康治**と改元する。《台記》

5・2 法皇、宇治に御幸する。《台記》

5・4 法皇、奈良に御幸する。《台記》

5・5 法皇・前関白藤原忠実、東大寺で受

戒する。《本朝世紀》
5・6 法皇、正倉院宝物を見る。《本朝世紀》
5・12 法皇・藤原忠実、延暦寺で受戒する（十五日、無動寺に御幸。十九日、白河殿に還御）。《台記》
6・1 京都大雨洪水。《台記》
6・22 天皇・皇太后藤原聖子と同輿し、土御門烏丸殿より小六条殿に遷る。《本朝世紀》
6・29 前関白藤原忠実、法皇・高陽院臨御のもと、宇治新堂を落慶供養する（法皇・高陽院、三十日に鳥羽に還御）。《台記》
7・3 法皇、白河新堂を落慶供養する。《台記》
7・6 法皇・上皇、高陽院と法勝寺に御幸する。《台記》
7・19 法皇、尊勝寺御八講始に御幸する。《本朝世紀》
8・18 地震あり。《本朝世紀》
8・21 天皇、土御門殿より小六条殿に遷る。《本朝世紀》法皇、皇后藤原得子と宇治に御幸する。《台記》
8・25 法皇・皇后藤原得子、鳥羽殿に渡御する。《台記》
9・1 大雨により鴨河氾濫、民家流亡する。《台記》
9・8 法皇、延暦寺中堂で千僧供養文を読誦する（十六日、無動寺に参詣。十七日還御）。《台記》
9・11 伊勢例幣使を発遣する。《本朝世紀》
9・20 天皇、小六条殿より土御門殿に遷る。《台記》
9・23 法皇・上皇、城南寺祭に御幸し、競馬を覧る。《台記》
10・19 天皇、大嘗祭のため、**一本御書所**に遷る。《台記》
10・25 丹生・貴布禰両社に止雨奉幣使を発遣する。《本朝世紀》
10・26 天皇、大嘗祭のため、鴨川で禊する（法皇・上皇・皇后藤原得子・統子内親王・暲子内親王、二条室町桟敷にて行幸を見物）。《本朝世紀》
10・27 法皇、灸治を受ける。《台記》
11・15 天皇、大嘗祭を行なう（このときの記録が、藤原頼長の日記「台記」から抄出の「康治元年大嘗会記」）。《台記》
11・19 天皇、一本御書所より土御門殿に還御する。《台記》
12・17 待賢門院、熊野に参詣する。《本朝世紀》
□1・16 藤原基俊《ふじわらのもととし》（公家。歌人。父は右大臣藤原俊家。83）

■康治二年（一一四三）癸亥

＊一本御書所《いっぽんごしょどころ》 内裏の建春門外にあった朝廷の一機関。「西宮記」には「世上流布ノ書籍各々一本ヲ書写シ副本トシテ後世ニ伝フ」とあり、貴重文書を扱う機関だったと思われる。火災等のとき、天皇の一時避難所ともなった。

近衛天皇　5歳
鳥羽法皇　41歳
崇徳上皇　25歳

1・1　日食により、四方拝を中止する。《台記》
1・3　天皇、鳥羽法皇の小六条殿に、皇太后藤原聖子と同輿にて朝覲行幸する（上皇も御幸）。《台記》
1・8　上皇、法勝寺・成勝寺修正会に御幸する。《台記》
1・12　法皇、鳥羽炎魔天堂で心経会を行なう。《台記》
2・14　地震あり。《台記》
②・5　法皇・上皇、熊野に御幸する（三月四日還御。ついで稲荷社に御幸）。《本朝世紀》
②・25　丹生・貴布禰両社に止雨奉幣を行なう。《本朝世紀》
3・13　法皇、鳥羽殿にて石清水臨時祭を見物する。《台記》
3・16　上皇・待賢門院、成善提院十講に御幸する。《台記》
4・3　皇后藤原得子、新造白河押小路殿に移る（以後、没するまでの御所）。《台記》
4・4　法皇、皇后の新造白河押小路殿に移る。《本朝世紀》
4・10　法皇、比叡山に御幸する（十七日、土御門殿に還御）。《本朝世紀》
4・22　法皇、ひそかに藤原忠能宅にて賀茂祭を見物する。《本朝世紀》
5・5　藤原忠通の近衛第に引いた鴨川の堤堰が決壊し、禁中に流入。《本朝世紀》
5・6　上皇、疱瘡にかかる（法皇、九・十八日に見舞う。六月五日平癒）。《台記》
5・24　天皇、疱瘡にかかる。《本朝世紀》
5・29　天皇疱瘡により、清涼殿で大般若経読誦、延暦寺で千僧御読経を行なう。《本朝世紀》
6・17　雅仁親王（後白河天皇）王子（守仁。二条天皇）、三条高倉殿にて誕生する（「台記」では十八日誕生。母は贈太政大臣大炊御門経実女懿《いし》子）。《百練抄》
6・24　雅仁親王妃藤原懿子、産後の疱瘡により没（蓮台野に葬られる）。《台記》
7・3　法皇、法勝寺阿弥陀堂御八講に御幸する（七日結願まで連日御幸）。《本朝世紀》
8・6　皇后藤原得子御願の金剛勝院落慶供養が行なわれる（法皇臨幸）。《台記》
8・19　東大寺正倉院を開封する。《本朝世紀》
8・20　法皇、鳥羽勝光明院に御幸する。《台記》
9・4　法皇、病む。《台記》

9・6 法皇・上皇、城南寺競馬に臨幸する（上皇、余興にて「陵王」などを舞う）。《台記》
9・11 伊勢例幣使を発遣する。《台記》
9・19 法皇・上皇、城南寺流鏑馬に臨幸する。《台記》
9・27 斎宮妍子内親王、東河にて禊を行ない、野宮に入る。《本朝世紀》
10・10 大地震起こる（十一・二十日にも余震）。《台記》
10・14 初めて仁和寺舎利会を修する（以後恒例）。《本朝世紀》
10・19 鳥羽天皇皇子君仁親王没（年19。「外記日記」では十八日没）。《台記》
11・9 一代一度の大神宝使を発遣する。《本朝世紀》
11・24 大地震起こる（二十六日に余震）。《台記》
12・9 権中納言藤原成通をして伊勢神宮に宸筆宣命を奉納し、甲子革令を祈る。《台記》
この年 上皇、安楽寿院に山城鳥羽の芹河《せりかわ》・真幡木《まはたき》・上三栖《かみみす》三荘ほかを寄進する。
□11・8 源雅兼《みなもとのまさかね》（権中納言。歌に秀で、白河・鳥羽両天皇に才を愛される。65）、12・12 覚鑁《かくばん》（新義真言宗開祖。大伝法院創建者。49）

■天養元年（一一四四）甲子

近衛天皇 6歳
鳥羽法皇 42歳
崇徳上皇 26歳

1・5 天皇、法皇の白河押小路殿に朝覲行幸する。《台記》
1・8 法皇・上皇、法勝寺修正会に御幸する。《台記》
1・9 上皇、最勝寺に御幸する。《台記》
1・10 上皇、法勝寺・成勝寺に御幸する。《台記》
1・11 法皇・上皇、待賢門院と円勝寺に御幸する。《台記》
1・12 上皇、尊勝寺・成勝寺に御幸する。《台記》
2・21 法皇・上皇、法勝寺千僧御読経に御幸する。《台記》
2・23 甲子革令により、**天養**と改元する。《本朝世紀》皇后藤原得子、光堂を落慶供養する（法皇臨幸）。《台記》
3・7 皇太后藤原聖子・皇后藤原得子、双林寺にて和歌会を開く。《本朝世紀》
3・8 法皇、熊野に参詣する（二十七日還御）。《本朝世紀》
3・22 一代一度の大仁王会を行なう。《本朝世紀》

＊**天養**《てんよう》 文章博士藤原茂明《しげあき》の勘申による。出典は「後漢書」郎顗伝の「此天之意也、人之慶也、仁之本也、倹之要也、焉有応天養人為仁為倹、而不降福者乎」。

＊**令子内親王**《れいしないしんのう》（一〇七八～一一四四）白河天皇第三皇女。母は藤原師実養女・中宮賢子。寛治三年（一〇八九）賀茂斎院となり、康和元年（一〇九九）に退下。嘉承二年（一一〇七）鳥羽天皇母儀として入内して皇后、長承三年（一一三四）太皇太后となる。陵は上醍醐陵（京都市伏見区醍醐）。

4・16　上皇、桟敷に御幸し、賀茂祭を見物する。《台記》地震あり（翌日にも）。《本朝世紀》
4・21　太皇太后令子内親王没。《台記》
4・29　令子内親王を石陰《いわかげ》に火葬する（遺骨は醍醐山の御堂に安置）。《台記》
5・8　法皇御所白河北殿が焼亡する（のち平忠盛が再建）。《台記》
5・13　大地震起こる（七月六・十一日、十二月七日にも地震）。《本朝世紀》
6・2　上皇、院宣を下し藤原顕輔に「詞花和歌集」撰進を命じる。《拾芥抄》
7・3　法皇・上皇、法勝寺御八講に御幸する。《台記》
7・7　上皇、法勝寺御八講結願に御幸する。《台記》
7・17　法皇、法勝寺如説仁王会に臨幸する。《本朝世紀》
7・22　藤原通憲、出家して信西《しんぜい》と号する。《台記》
8・18　天皇、病気となり、この日、非常赦を行なう。《本朝世紀》
8・23　天皇の病により孔雀経法を修する。《御室相承記》
8・29　天皇の病により、伊勢神宮以下九社に奉幣して平癒を祈らせる。《台記》
9・8　天皇、八省院に行幸し、伊勢斎宮を発遣する（斎宮姸子内親王、伊勢へ群行）。《台記》
9・11　斎宮群行により伊勢例幣を中止する。《本朝世紀》
10・3　法皇、比叡山に御幸する（十三日、高陽院に還御）。《台記》
10・17　法皇・上皇、同車して仁和寺孔雀明王堂供養に御幸する。《台記》
10・23　一代一度の仏舎利使を石清水八幡宮以下五十七社に発遣する。《本朝世紀》
10・25　三院、仁和寺一切経会に御幸する。《台記》
10・26　皇后藤原得子、新造白河北殿に行啓する。《台記》
10・28　上皇、白河北殿に御幸する。《台記》
11・11　覚法法親王、高野庵室を落慶供養し、ここに入る。《御室相承記》
11・22　法皇、新造白河離宮に御幸する（高陽院も）。《台記》
12・27　鳥羽法皇皇子（覚快）、天台座主行玄の門に入る。《台記》
この年　「伊呂波字類抄」成る。《同書》
□10・28藤原《ふじわらの》敦光《あつみつ》（文人・儒学者。82）

■**久安元年（一一四五）乙丑**

近衛天皇　7歳

鳥羽法皇 43歳
崇徳上皇 27歳

1・4 天皇、鳥羽法皇・皇后藤原得子の小六条殿に朝覲行幸する。《台記》

1・5 法皇、叡山に御幸する。《台記》

1・10 法皇、高陽院と宇治に御幸する。《百練抄》

2・6 権大納言藤原雅定をして、宸筆宣命を伊勢神宮に奉り、明年の三合を祈らせる。《台記》

2・13 地震あり。《本朝世紀》

2・17 法皇、皇后藤原得子と法勝寺千僧御読経に臨幸する。《台記》

2・23 法皇・上皇、高陽院・皇后得子と歓喜光院修二会に御幸する。《台記》

3・9 法皇、尊勝寺に御幸し、百僧会を修する。《台記》

3・13 法皇皇女（頌子《しょうし》内親王）、誕生する（母は左大臣藤原実能女）。《台記》

3・25 法皇、高陽院と鳥羽に御幸する（二十六日宇治御幸、二十八日還御）。《台記》

4・25 星変（彗星出現）により、二十二社奉幣を行なう。《台記》

5・8 星変により、南殿で大般若経読経を行なう（東大寺・延暦寺でも千僧御読経）。《本朝世紀》

5・17 法皇、高陽院とともに鳥羽に御幸する（二十日、宇治に御幸）。《台記》

5月 内裏で大僧都定信に仁王経を修させ、星変を祈禳させる。《台記》

6・23 法皇、得長寿院に仁王講を修し、星変を祈禳させる。《本朝世紀》

6・28 法皇、御願の白河御堂の落慶供養に御幸する。《本朝世紀》

7・22 星変により**久安**と改元する。《台記》

7・28 星変により、「新制九ヵ条」を宣下する。《本朝世紀》

8・22 鳥羽天皇皇后**待賢門院**、三条高倉邸にて没。《台記》

9・11 伊勢例幣使を発遣する。《本朝世紀》

9・24 法皇、自ら金泥阿弥陀経を書写し、待賢門院の冥福を祈る。《台記》

⑩・3 法皇、皇后藤原得子と法勝寺千僧御読経に御幸する。▼大地震あり。《台記》

⑩・8 法皇、四天王寺に参籠する（二十日還御）。《台記》

11・9 天皇、石清水八幡宮に代始《だいはじめ》行幸する。《台記》

11・10 天皇、鳥羽殿に行幸する（十一日還幸）。《本朝世紀》

11月 法皇、病気となる（十二月二十二日平癒）。《台記》

＊**久安**《きゅうあん》 文章博士藤原永範《ながのり》の勘文に「晋書曰《いわく》、建久安於万載」（四十六、劉頌伝《りゅうこうでん》）とある。

＊**待賢門院**《たいけんもんいん》（一一〇一～四五） 権大納言藤原公実女璋子。鳥羽天皇皇后。母は藤原隆方女光子。永久五年（一一一七）入内して女御、翌元永元年（一一一八）立后（中宮）し、崇徳・後白河両天皇はじめ通仁・君仁・本仁・最忠各親王および禧子・統子各内親王をもうける。天治元年（一一二四）院号宣下。康治元年（一一四二）落飾、久安元年（一一四五）三条高倉邸にて死去。仁和寺三昧堂石穴に葬られる。陵は花園西陵（京都市右京区花園扇野町）。

＊**三国史記**《さんごくしき》 新羅・高句麗・百済の三国時代から統一新羅末期に至る朝鮮半島の歴史書。高麗十七代仁宗の命により、金富軾らが撰じる。全五十巻。

12・4　天皇、賀茂社に代始行幸する。《台記》
12・16　法皇、新造東御所に移る。《台記》
この年　高麗の金富軾ら著「三国史記」成る。

■久安二年（一一四六）丙寅

近衛天皇　8歳
鳥羽法皇　44歳
崇徳上皇　28歳

1・1　物忌により、小朝拝を中止する。《台記》
2・1　天皇、鳥羽法皇の小六条殿に朝覲行幸する。▼平清盛を正四位下に叙する（翌日、安芸守に補任）。《本朝世紀》
2・2　法皇、皇后藤原得子と蓮華蔵院修二会に御幸する。《台記》
2・12　法皇、歓喜光院修二会に御幸する。《台記》
3・4　法皇、白河東小御堂にて阿弥陀講を行なう（以後、毎月十五日を式日とする）。《本朝世紀》法皇皇子、出家する（法名を行理、のち円性、ついで覚快法親王）。《一代要記》
3・12　法皇、法勝寺千僧御読経に御幸する。《本朝世紀》
3・18　京都大火。《本朝世紀》
3・19　皇后藤原得子、新造高松殿に移る。《台記》
4・16　暲《しょう》子内親王を准三后とする。《台記》
5・10　法皇、延暦寺に御幸する（十九日、白河北殿に還御）。《台記》
5・21　藤原頼長、法皇に「国史後抄」を見せる。《台記》
5・27　崇徳上皇、病む。《台記》
6・11　高陽院、千手および金泥妙経を供養する（法皇臨幸）。《台記》
7・7　法皇、法勝寺御八講結願に臨幸する。《台記》
7・19　法皇、尊勝寺御八講に御幸する。《台記》
7・30　法皇・上皇、円勝寺に御幸し、待賢門院一周忌法会を修する。《台記》
8・12　法皇・上皇、法金剛院に御幸する。《台記》
8・23　法皇、鳥羽勝光明院宝蔵の宝物を覧る。《本朝世紀》
9・7　法皇、病む（ついで平癒）。《台記》
9・11　伊勢例幣使を発遣する。《台記》
9・13　法皇、四天王寺に参詣する（十六日、桂殿に還御）。《台記》
9・22　法皇、城南寺祭流鏑馬を覧る。《台記》
10・4　法皇・上皇臨幸のもと、皇后藤原得子御願の歓喜光院法華八講が行なわれる。《本朝世紀》

10・14　法皇、ひそかに仁和寺舎利会を見物する。《台記》
10・30　法皇・上皇、仁和寺一切経会に御幸する。《台記》
11・16　伊勢内宮の仮殿遷宮が行なわれる。《本朝世紀》
11・28　法皇、御願の新造仏頂堂を供養する。《台記》
12・15　法皇、白川東小御堂阿弥陀講に御幸する。《台記》

■久安三年（一一四七）丁卯

近衛天皇　9歳
鳥羽法皇　45歳
崇徳上皇　29歳

1・2　天皇、法皇の四条東洞院殿に朝覲行幸する。《台記》
1・3　法皇、病む。《台記》
1・26　天皇、御仏三十体を造り始める。《本朝世紀》
1・30　左大臣源有仁、病により辞任（二月三日出家）。《台記》
2・10　法皇、熊野に御幸する。《本朝世紀》
2・13　輔仁親王王子**源有仁**没。《台記》
2・22　天皇、春日社に行幸する（二十三日還御）。《本朝世紀》
3・10　法皇、熊野に御幸する。《台記》
3・22　内大臣藤原頼長を一上とする。《台記》
この春　前関白藤原忠実、宋商人から贈られた孔雀・鸚鵡を法皇に献上する。《本朝世紀久安四年閏六月五日条》
4・7　延暦寺、越前国白山社を延暦寺末寺にすることを法皇に訴えるも許されず。《台記ほか》
4・14　法皇、延暦寺僧徒の入京に備え、鴨川岸に出兵する。《台記》
4・18　法皇、皇后藤原得子と法勝寺千僧御読経に御幸する。《台記》
4・29　法皇、千体観音堂に御幸する。《台記》
5・5　法皇・上皇、法勝寺三十講に御幸する（十日の結願にも）。《台記》
6・15　祇園臨時祭で平清盛らと祇園神人が乱闘する（祇園闘乱事件）。《本朝世紀》
6・17　法皇・上皇、延暦寺に参詣する（二十四日還御）。《台記》
6・19　法皇・上皇、延暦寺前唐院に参詣し、慈覚大師影像・宝物を見る（二十三日、無動寺に御幸）。《台記》
6・28　延暦寺僧徒と日吉・祇園社神人、神輿を奉じて平忠盛・清盛の責任を追及し、流刑を要求する。《本朝世紀》
6・30　法皇、平忠盛・清盛の罪を議させる（七月二十四日、院宣により清盛に贖銅三

＊源有仁《みなもとのありひと》（一一〇三〜四七）父は後三条天皇皇子輔仁親王、母は大納言源師忠女。白河上皇猶子として元服、一時は皇嗣に擬せられるも、鳥羽天皇に皇子（崇徳天皇）が生まれたため、元永二年（一一一九）源朝臣姓を賜わり臣籍降下、のち左大臣に昇る。久安三年（一一四七）出家。日記「花園左大臣記」を残す。

十斤)。《台記》

7・3 法皇・上皇、法勝寺御八講に御幸する(五日にも)。《台記》

7・15 法皇、西坂本に兵を派遣し、延暦寺僧徒に備えさせる。《本朝世紀》

7・19 法皇、尊勝寺御八講に御幸する。《台記》

7・20 丹生・貴布禰両社に奉幣して雨を祈る。《本朝世紀》

8・10 天皇、鳥羽南殿に行幸する(十二日、土御門殿に還御)。《台記》

8・11 法皇、新造鳥羽丈六九体阿弥陀堂(新御堂)を供養する(天皇・皇后藤原得子臨御)。《台記》

8・12 延暦寺僧徒、天台座主行玄の言動を不満として追放する。《台記》

8・22 上皇、法金剛院の待賢門院三回忌で宸筆涅槃経を供養する。《台記》

9・11 伊勢例幣使を発遣する。《台記》

9・12 法皇、四天王寺舎利会に御幸する(法皇、奏楽の宴にて笛を所作。十六日還御)。《台記》

9・20 法皇・上皇、皇后藤原得子・統子内親王と城南寺祭競馬を覧る。《台記》

10・8 法皇、天台座主行玄追放の張本僧を捕らえさせる。《本朝世紀》

10・19 法皇、石清水八幡宮に御幸する。《台記》

10・25 法皇、賀茂社に御幸する。《台記》

10・27 法皇、仁和寺御堂に御幸する(二十九日にも)。《台記》

10・30 法皇、院宣を下し、行玄を天台座主に復する。《台記》

11・10 藤原忠実、法皇に孔雀と鸚鵡を献上する。《台記》

11・30 法皇、白河小御堂で舎利講を行なう(上皇・皇后藤原得子・統子内親王も渡御。以後、毎月恒例)。《台記》

12・12 天皇、初めて「御注孝経」を読む。《台記》

この年 後白河天皇皇女(亮子《りょうし》内親王)、誕生する(母は藤原成子〈好子内親王・式子内親王もその所生だが誕生年不詳〉)。《吉記》

■久安四年(一一四八) 戊辰

近衛天皇 10歳
鳥羽法皇 46歳
崇徳上皇 30歳

1・2 前年より法皇病む(三日の朝覲行幸延引)。《台記》

1・10 上皇、法勝寺に御幸する。《台記》

1・11 上皇、統子内親王と円勝寺に御幸する。《台記》

1・13 上皇、最勝寺に御幸する。《台記》
1・15 法皇、皇后藤原得子と鳥羽殿東堂の恒例阿弥陀講に渡御する。《台記》
1・30 法皇、皇后藤原得子と鳥羽殿東堂舎利講に臨御する。《台記》
2・5 上皇、鳥羽殿で愛染王法を修させる。《御室相承記》
2・15 法皇、皇后藤原得子と鳥羽殿東堂の阿弥陀講に渡御する。《台記》
2・17 京都大火により、法成寺惣門・法興院等が類焼する。《台記》
2・20 法皇、前年の祇園闘乱事件謝罪のため、祇園感神院で御八講を修する（以後恒例とする）。《本朝世紀》
2・23 法皇、熊野に参詣する（平忠盛ら扈従。三月二十四日、鳥羽に還御）。《台記》
2・25 覚法法親王、四天王寺に金銅五輪舎利塔を奉納する。《御室相承記》
3・15 法皇、祇園闘乱事件謝罪のため、初めて祇園感神院で一切経会を行なう。《本朝世紀》
3・27 覚法法親王、肥前国杵島荘よりの孔雀を上皇に献上する。《御室相承記》
4・28 権中納言藤原公教を発遣し、伊勢神宮に宸筆宣命を奉る。《台記》
5・10 法皇・上皇、法勝寺千僧御読経に御幸する。《本朝世紀》
6・23 僧正覚宗、尊星王堂を供養。法皇、臨幸し、尊星王法を修させる。《台記》
6・26 内裏土御門殿が焼亡する（天皇、藤原忠通の近衛殿、ついで**四条東洞院殿**に遷り皇居とする）。《台記》
⑥・5 元関白藤原忠実、この頃、鎮西から献上の青毛亀を法皇に献上する。《台記》
7・7 法皇・上皇、法勝寺御八講結願に御幸する。《台記》
7・17 藤原忠通室藤原宗子の法性寺新堂（最勝金剛院）供養が行なわれる（天皇・法皇・皇后藤原得子・暲子内親王渡御）。《台記》
7・19 法皇、尊勝寺に御幸する。《台記》
8・16 天皇、平野社に行幸する。《台記》
8・22 天皇、大原野社に行幸する。《台記》
8・26 法皇、藤原忠実に命じ、興福寺僧徒の入京・強訴を制止させる。《台記》
9・10 法皇、四天王寺に御幸する（二十三日、鳥羽に還御）。《台記》
10・19 上皇、法金剛院に御幸する。《台記》
10・21 法皇、法金剛院一切経会に臨御する。《台記》
10・24 法皇・上皇、法勝寺に御幸する。《台記》
10・27 上皇、法勝寺に御幸する。《台記》

＊**四条東《しじょうひがし》洞院殿《のとういんどの》** 近衛天皇の里内裏。四条北・東洞院東にあり、もともとは参議藤原清隆第。里内裏になる前は鳥羽法皇の院御所であった。四条殿・四条第・四条内裏・四条皇居とも。仁平元年（一一五一）焼亡し、天皇は母美福門院得子御所八条殿に遷った。

12・8　鳥羽天皇皇女・准三宮叡子内親王（母は藤原得子）没（年14。遺骨は仁和寺勝功徳院に安置）。《台記》

□1・5藤原顕頼《ふじわらのあきより》（権中納言。鳥羽上皇腹心。55）

■久安五年（一一四九）己巳

近衛天皇　11歳
鳥羽法皇　47歳
崇徳上皇　31歳

1・5　上皇、鳥羽法皇御所に御幸する（対面はせず）。《本朝世紀》

1・14　上皇、法勝寺に御幸し、呪師《のろんじ》を覧る（暲子内親王も）。《本朝世紀》

2・9　法皇、修理成った小六条殿に御幸する。《本朝世紀》

2・13　天皇、法皇の小六条殿に朝覲行幸する。《本朝世紀》

2・17　法皇、熊野に御幸する（三月一日、熊野本宮に到着。十五日、鳥羽に還御）。《本朝世紀》

3・20　天皇、御願の延勝寺落慶供養に行幸する（法皇・皇太后藤原聖子・皇后藤原得子臨席）。《本朝世紀》

4・22　地震あり。《本朝世紀》

5・2　法皇、二条仏頂堂にて如法経を書写する。《本朝世紀》

5・9　法皇、六十壇炎魔天供御を始めさせる。《本朝世紀》

5・12　高野山大塔に落雷。《本朝世紀》

5・13　法皇、富士山頂埋納のため、如法経を富士上人に賜う。《本朝世紀》

5・19　法皇、法勝寺千僧御読経に御幸する。《本朝世紀》

5・28　法皇、院宣を下し、平忠盛に高野山大塔造営を命じる。《高野春秋》

6・6　天皇、八条殿に行幸し、祇園神輿を避ける（七日、四条殿に還御）。《本朝世紀》

6・20　法皇、祇園社に御幸する。《本朝世紀》

7・1　上皇、斎院怡子《いし》内親王御所に御幸する。《本朝世紀》

7・3　法皇、法勝寺御八講始に臨幸する（四日にも）。《本朝世紀》

7・7　法皇・上皇、法勝寺御八講結願に御幸する。《本朝世紀》

7・10　覚性法親王を延勝寺検校とする。《御室相承記》

7・19　法皇、尊勝寺御八講始に御幸する。《本朝世紀》

7・23　法皇、如説仁王会を法勝寺に修する。《本朝世紀》

7・28　内大臣藤原頼長を左大臣、権大納言三条実行《さねゆき》を右大臣、権大納言源雅定を内大

臣とする。《本朝世紀》
7月　聖武天皇陵が興福寺僧により発掘される。《本朝世紀十月三十日条》
8・3　皇后藤原得子の院号を美福門院とする。《本朝世紀》
8・11　丹生・貴布禰両社に奉幣し、晴を祈る。《本朝世紀》
8・13　法皇、得長寿院十壇観音供結願に御幸する（ついで鳥羽殿に渡御）。《本朝世紀》
8・20　天皇、松尾社に行幸する。《本朝世紀》
8・22　天皇、北野社に行幸する。《本朝世紀》
9・11　伊勢例幣使を発遣する。《本朝世紀》
9月　京都に盗賊横行。《本朝世紀》
10・7　法皇、侍医丹波基康から灸治を受ける。《本朝世紀》
10・11　天皇、日吉社に行幸する（十二日還御）。《本朝世紀》
10・16　摂政藤原忠通室宗子を准三宮とする。《兵範記》
10・25　摂政藤原忠通を太政大臣に還任する（太政大臣再任は初めて）。《本朝世紀》
10・30　惟宗時重を奈良に発遣し、興福寺僧によりあばかれた聖武天皇陵を実検させる。《本朝世紀》法皇・美福門院、鳥羽殿に御幸する。《台記別記》
11・9　美福門院・暲子内親王、熊野に御幸する（三十日、鳥羽北殿に還御）。《兵範記》
11・11　法皇、四天王寺に御幸する（翌日、念仏堂を供養、十五日舎利供養、十八日鳥羽北殿に還御）。《本朝世紀》
11・25　天皇、稲荷・祇園両社に行幸する（法皇・統子内親王、行幸を覧る）。《本朝世紀》
11・26　法皇、侍臣十余人に命じ、藤原行成の日記（「権記」）を書写させる。《兵範記》
12・16　法皇、得長寿院にて三十壇観音供を行なう。《本朝世紀》
12・22　天皇、明年の元服のため、藤原忠通の東三条殿に遷る。《本朝世紀》
12・27　法皇、祇園社に参詣し、神宝・神馬を奉る。《本朝世紀》

■久安六年（一一五〇）庚午

近衛天皇　12歳
鳥羽法皇　48歳
崇徳上皇　32歳

1・4　天皇、東三条殿にて元服する（加冠は摂政・太政大臣藤原忠通）。《百練抄》
1・10　藤原頼長養女多子《たし》（「まさるこ」とも。実父は中納言藤原公能）、入内する。《台記》
1・19　藤原多子を女御とする。《台記》
1・20　天皇、鳥羽法皇の白河殿に朝覲行幸する。《台記》
1・22　天皇、東三条殿より四条東洞院殿に

＊四天王寺《してんのうじ》　大阪市天王寺区四天王寺に所在。「天王寺」とも。西暦五四一年に聖徳太子が摂津国玉造に創建したのに始まり、五九三年、現在地に建立される。当寺の西門は極楽浄土の東門に面していると信じられ、院政期には法皇・貴族の参詣多く、また中世以降は、太子信仰の高まりとともに多くの庶民の信仰を集めた。

遷る。▼関白藤原忠実母全子《ぜんし》を准三宮とする。《台記》

2・3　上皇、皇太后藤原聖子と太政大臣藤原忠通の法性寺第に臨御し、詩歌管絃の御遊を行なう。《台記》

2・6　上皇、皇太后藤原聖子と法性寺総社祭の相撲を覧る。《台記》

2・9　法皇、美福門院と法勝寺千僧御読経に御幸する。《台記》

2・27　皇太后藤原聖子の院号を皇嘉門院とする。《台記》

3・4　雅仁親王（後白河天皇）王子（守覚法親王）、誕生する（母は藤原成子）。《仁和寺御伝》

3・5　法皇、美福門院と熊野に御幸する（四月一日還御）。《台記》

3・13　藤原忠通、太政大臣を辞任。《台記》

3・14　女御藤原多子を皇后とする。《台記》

3・23　仁和寺勝功徳院を供養し、叡子内親王の遺骨を安置する。《台記》

3・29　斎宮妍子内親王、病により退下する（七月二十六日、難波に禊し、ついで帰京）。《台記》

4・5　法皇、美福門院と白河殿に御幸する。《台記》

4・21　関白・太政大臣藤原忠通養女呈子（父は太政大臣藤原伊通）、入内する《台記》

4・24　覚法法親王を法勝寺検校とする。《御室相承記》

4・28　藤原呈子を女御とする。《台記》

5・10　中納言藤原公教を発遣し、伊勢神宮に宸筆宣命を奉る。《台記》伊勢斎宮妍子内親王、病により退下。《伊勢斎宮部類》

5・29　法皇、最勝寺で小塔数万基・七宝塔一基を供養する。《台記》

6・6　天皇、美福門院の八条殿に行幸し、祇園神輿を避ける（八日還御）。《台記》

6・22　女御藤原呈子を皇后（中宮）とする。《台記》

7・3　法皇、法勝寺阿弥陀堂御八講始に御幸し、得長寿院に参籠する。《本朝世紀》

7・8　法皇、法勝寺で三尺延命菩薩木像八百二十体を供養する。《本朝世紀》

8・3　法皇、法勝寺に御幸し、六百僧に大般若経十六部を転読させる。《台記》

8・4　大風により、内裏仁寿殿等が転倒する。《百練抄》

8・5　興福寺僧徒数千人・春日神人二百余人、神木を奉じて入京、別当補任につき強訴。検非違使源光保らに内裏・法皇御所・上皇御所を警護させる。《台記》

8・10　興福寺僧徒、神木を勧学院に委ねて

還る。《百練抄》
8・21 右大臣藤原実行《さねゆき》を太政大臣、内大臣源雅定を右大臣、大納言徳大寺実能《さねよし》を内大臣とする。▼春日神木、本社に帰座する。《台記》
8・29 丹生・貴布禰両社に奉幣し、晴を祈る。《本朝世紀》
9・10 法皇、美福門院と四天王寺に御幸し、逆修善根を修する（二十二日、鳥羽殿に還御）。《台記》
9・11 伊勢例幣使を発遣する。《本朝世紀》
9・16 宣旨を下し、延暦寺西塔と横川との闘争を禁止する。《本朝世紀》
9・26 藤原忠実、藤原頼長への摂政譲渡を拒否する藤原忠通を義絶し、頼長を氏長者とする。《台記》
10・2 天皇、美福門院の金泥一切経供養のため、法勝寺に行幸する（法皇臨御）。《本朝世紀》
10・12 前関白藤原忠実、藤原忠通に譲渡した家地・荘園を法皇に献上する。《台記》
10・16 覚快法親王を法性寺座主とする。《華頂要略》
10・25 法皇、咳病にかかる。《台記》
10月 天台座主行玄、本坊青蓮坊を美福門院の祈願所に充て、**青蓮院**と号する。《華頂要略》
11・14 地震あり。《台記》
11・26 最勝金剛院を勅願所とする。《東福寺文書》
12・9 摂政藤原忠通を関白とする。《本朝世紀》
この冬 法皇の命により、藤原通憲（信西）、「**本朝世紀**」編修に着手する。《宇槐記抄》
この年 崇徳上皇に「**久安百首**」が詠進される（崇徳院「瀬を速み岩にせかるる滝川のわれても末にあはむとぞ思ふ」はこのときの歌。「詞花和歌集」に所収）。
□11・5藤原全子《ぜんし》（「またこ」とも。准三宮。父は右大臣藤原俊家。関白藤原師通前妻。91）

■仁平元年（一一五一）辛未

近衛天皇 13歳
鳥羽法皇 49歳
崇徳上皇 33歳

1・2 天皇、法皇の高松殿に朝覲行幸する。《台記》
1・10 藤原忠実の懇願（強要？）により、法皇、藤原頼長に内覧の宣旨を下す（関白と内覧が併立）。《台記》
1・26 風水の災により、仁平と改元する。《台記》

＊**青蓮院**《しょうれんいん》 もと最澄が比叡山に建てた住坊の一つ（青蓮坊）。のち行玄のときに門跡寺院となり、京都にも殿舎が建てられ青蓮院と改称される。現所在地は京都市東山区粟田口三条坊町。

＊**本朝世紀**《ほんちょうせいき》 藤原通憲（信西）が鳥羽法皇の命により編纂したもの。「日本三代実録」の後を継ぎ、宇多天皇から近衛天皇代までを企図するが、宇多朝を完成するものの、他は未完。

＊**久安百首** 崇徳天皇の命により作成された百首和歌。「崇徳院御百首」とも。崇徳上皇の
「ひまもなくちる紅葉に埋もれて庭の景色も冬こもりけり」

「唐衣かさねし夜半の手枕につけるしわをかたみにぞみる」

など百首が収められている。なお、上皇は配流の地で詠まれた
「ここもまたあらぬ雲居となりにけり空ゆく月の影にまかせて」

「浜千鳥あとは都へ通へども身は松山に音《ね》をのみぞなく」

など多くの名歌を残している。

＊**仁平**《にんぺい》 「にんぴょう」とも。文章博士藤原永範《ながのり》の勘文に「後漢書曰《いわく》、

2・6 法皇、美福門院と宝荘厳院修二会に御幸する。《台記》
2・12 法皇、美福門院と法勝寺千僧御読経に御幸する。《台記》
2・25 法皇、美福門院と金剛勝院修二会に御幸する。《台記》
3・2 堀河天皇皇女を内親王とし、名を喜子と賜う。この日、伊勢斎宮に卜定。《台記》
3・5 法皇、美福門院と熊野に御幸する（四月五日、鳥羽殿に還御）。《台記》
3・6 大雨洪水、京中氾濫。《本朝世紀》
3・9 右大臣源雅定を発遣し、宸筆宣命を伊勢神宮に奉る（十八日帰京）。《台記》
4・3 地震あり。《本朝世紀》
4・14 法皇、鳥羽殿より白河殿に移る。《本朝世紀》
4・23 伊勢以下九社に**奉幣**し、飢饉を祈禳する。《本朝世紀》
④・22 地震あり。《本朝世紀》
5・9 前斎院統子内親王、日吉社に参詣する。《本朝世紀》
6・6 夜、皇居四条東洞院殿、放火により焼亡する。翌日、天皇、母美福門院の八条殿に遷る（皇后藤原多子は大炊殿、中宮藤原呈子は八条殿へ）。《本朝世紀》
6・13 高陽院の白河新造堂を落慶供養する（法皇臨席）。《本朝世紀》
6・21 法皇、鳥羽より白河殿に還御する。《本朝世紀》
6・23 法皇、飢饉のため賑給を行なう。《本朝世紀》
7・3 法皇、法勝寺御八講始に御幸する（五日にも、また七日の結願にも）。《本朝世紀》
7・4 法皇、白河東御所内の多宝塔を供養する。《本朝世紀》
7・5 天皇、八条殿より小六条殿に遷る。
▼法皇、法勝寺に御幸する。《本朝世紀》
7・7 法皇・上皇、法勝寺御八講結願に臨幸する。《本朝世紀》
7・8 大風洪水。丘陵崩れ、宇治橋が流される。《本朝世紀》
7・12 京都大火。《本朝世紀》
7・15 法皇、法勝寺盂蘭盆会に御幸する。《本朝世紀》
7・19 法皇、尊勝寺御八講始に臨幸する（二十一日にも）。《本朝世紀》
8・2 丹生・貴布禰両社に奉幣し、晴を祈る。《本朝世紀》
8・17 天皇、石清水八幡宮に行幸する（鳥羽殿を巡り還御）。《本朝世紀》
9・7 天皇、賀茂社に行幸する。《本朝世紀》
9・10 法皇、美福門院と四天王寺に御幸す

政貴仁平」とある（「後漢書」六一、孔奮伝には「治貴仁平」）。

＊**奉幣**《ほうへい》 「ほうべい」とも。近衛天皇の「飢饉につき諸社に奉幣し給ふの宣命」には、「国は民を養ふを以て宝と為し、君は仁を施すを以て本《もと》と為す」（「本朝世紀」）とある。

る（十九日、鳥羽殿に還御）。《本朝世紀》
9・11 伊勢例幣使を発遣する。《本朝世紀》
9・18 藤原忠通、藤原頼長が天皇譲位を企てている旨を法皇に奏上する。《宇槐記抄》
9・19 伊勢斎宮喜子内親王、禊して一本御書所に入る。《本朝世紀》
9・20 法皇、藤原頼長の策謀を忠通が奏上したことを藤原忠実に伝える。《宇槐記抄》
9・23 法皇、美福門院と鳥羽に御幸し、城南寺祭の競馬を覧る。《本朝世紀》
10・14 雅仁親王王子（守覚法親王）、覚性入道親王の弟子となり、初めて仁和寺に入る。《本朝世紀》
10・18 皇居小六条殿、放火により焼亡する。天皇、六条烏丸殿に遷る。《本朝世紀》
11・2 崇徳上皇御所東八条殿が焼亡する（上皇、三条烏丸桟敷殿に避ける）。《本朝世紀》
11・13 天皇、六条東洞院殿より関白藤原忠通の**近衛殿**に遷る。《本朝世紀》
この年 後白河天皇皇子以仁王、誕生する（母は藤原季成女成子）。《吾妻鏡》崇徳上皇の院宣により、藤原顕輔、「**詞花和歌集**」を撰進する。《拾芥抄》

■仁平二年（一一五二）壬申

近衛天皇 14歳
鳥羽法皇 50歳
崇徳上皇 34歳

1・3 天皇、法皇の高松殿に朝覲行幸する。《兵範記》
1・12 法皇、法勝寺修正会に御幸する（十三・十四日にも）。《兵範記》
1・13 法皇、最勝寺に御幸する。《兵範記》
1・19 皇后御所大炊御門高倉殿、放火により焼亡（皇后は東三条殿へ）。《兵範記》
1・21 法皇、鳥羽殿に御幸する。《本朝世紀》
1・22 権中納言藤原清隆を発遣し、宸筆宣命を伊勢神宮に奉る。《山槐記》
1・23 法皇、鳥羽殿より石清水八幡宮に御幸する（二十四日、白河殿に還御）。《本朝世紀》
2・2 法皇、賀茂社に御幸する。《本朝世紀》
2・3 地震あり。《本朝世紀》
2・15 法皇、高陽院の十斎阿弥陀講に臨御する（翌日還御）。《兵範記》
2・18 法皇五十賀により、伊勢・石清水・賀茂三社に奉幣する。《兵範記》
2・20 法皇、美福門院と法勝寺千僧御読経に御幸する。《兵範記》
2・25 法皇、鳥羽殿に御幸する。《兵範記》
3・7 法皇五十賀が鳥羽南殿で開かれる（天皇行幸、十日還御。美福門院臨御）。《兵範記》

*__近衛殿__《このえどの》 近衛・後宇多両天皇の里内裏。近衛北・烏丸南に所在。藤原忠通の邸。以後基実・基通に伝えられる。基通の代の承安二年（一一七二）焼亡も再建、摂家近衛家の邸宅として伝領され、豊臣秀吉代、内裏東北の地に移された。

*__詞花和歌集__《しかわかしゅう》 六番目の勅撰集。崇徳院の院宣により、藤原兼輔が撰進したもの。四百十五首所収も、「金葉集」との重複がある。

3・16　法皇、初めて祇園御八講を行なう。《兵範記》
3・19　法皇、美福門院と熊野に参詣する（四月十一日、鳥羽殿に還御）。《兵範記》
3・25　天皇、石清水八幡宮に行幸する。《兵範記》
4・29　法皇、鳥羽安楽寿院で百日念仏を始める。また、迎接曼荼羅一鋪・阿弥陀経百巻を供養する。《兵範記》
5・2　天皇、賀茂社に行幸する。《兵範記》
5・6　堀河天皇皇子寛暁を近衛天皇護持僧とする。《護持僧次第》
5・13　この頃、法皇、病む。《本朝世紀》
6・8　法皇、美福門院と鳥羽新御所に渡御する。《兵範記》
7・3　上皇、法勝寺御八講に臨幸する（七日まで連日御幸）。《本朝世紀》
7・5　この頃、天皇、病む（十日減気）。《山槐記》
8・15　法皇、鳥羽より白河殿に御幸する。《山槐記》
8・16　法勝寺で法皇の五十賀を行なう（法皇御幸）。《兵範記》
8・18　法皇、田中新造御所に御幸する。《兵範記》
8・25　法皇、白河殿に還御する。《本朝世紀》
8・27　法皇、白河福勝院に御幸する。《兵範記》
8・28　前関白藤原忠実、白河福勝院にて法皇五十賀を行なう（法皇御幸）。《兵範記》
9・8　大神宮遷宮神宝使発遣。《山槐記》
法皇、田中新御所に御幸する。《兵範記》
9・10　法皇、高陽院・美福門院と四天王寺に御幸する（二十二日、鳥羽殿に還御）。《兵範記》
9・11　伊勢例幣使を発遣する。《本朝世紀》
9・16　伊勢内宮の正遷宮が行なわれる。《二所大神宮例文》
9・27　法皇・上皇、美福門院と城南寺祭で競馬を覧る。《兵範記》
9・30　斎宮喜子内親王、東河に禊して野宮に入る。《兵範記》
10・3　皇居土御門烏丸殿が上棟する。天皇、白河泉殿より近衛殿に還御する。《兵範記》
11・1　前斎院悰子内親王、日吉社に参詣する。《山槐記》
12・18　法皇、三尺金色阿弥陀像百体を宝荘厳院に供養する（美福門院御幸）。《山槐記》
12・25　法皇、美福門院と祇園社に御幸する。《兵範記》
この年　雅仁親王（後白河天皇）王子（円恵法親王）、誕生する（母は平信重女）。《諸

寺院上申》

●この頃、雅仁親王（後白河天皇）王女（式子内親王）、誕生する。

■**仁平三年（一一五三）癸酉**

近衛天皇 15歳
鳥羽法皇 51歳
崇徳上皇 35歳

1・2 天皇、法皇の白河押小路殿に朝覲行幸する。《兵範記》
1・8 法皇・上皇、法勝寺に御幸する（殿上人の舞を覧る）。《本朝世紀》
1・9 法皇、法勝寺修正会に御幸する。《本朝世紀》
1・28 法皇、熊野に御幸する（二月二十九日、白河殿に還御）。《本朝世紀》
2・14 法皇、熊野に金泥一切経を供養する。《百練抄》
3・11 寛暁（堀河天皇皇子）を東大寺別当とする。《東大寺別当次第》
3・20 法皇、美福門院と法勝寺千僧御読経に御幸する。《兵範記》
3・21 この頃、天皇、病む。《御室相承記》
4・15 皇后御所藤原信輔第・江家文庫などが焼亡する（皇后は内大臣藤原実能の持明院第へ）。▼地震あり。《兵範記》
4・23 法皇、美福門院と得長寿院に御幸し、楊柳観音を供養する。《兵範記》
5・9 天皇、病む。《本朝世紀》
5・21 法皇、病む。《宇槐記抄》
6・19 丹生・貴布禰両社に奉幣して雨を祈らせる。《本朝世紀》
6・27 神泉苑にて雨を祈る。《本朝世紀》
6月 天皇、病む。《兵範記》
7・3 法皇・上皇、法勝寺御八講始に御幸する（七日結願まで連日御幸）。《台記》
7・20 丹生・貴布禰両社および神泉苑に雨を祈らせる。《台記》
8・10 寛仁（一〇一七〜一一一一）以後廃していた釈奠《せきてん》晴儀を行なう。《兵範記》
8月 天皇の病気平癒を各所で祈る（二十八日平癒）。《兵範記ほか》
9・11 伊勢例幣使を発遣する。《台記》
9・14 法皇、病むにより尊勝法十壇を修する（十月二十三日平癒）。《台記》
9・17 法皇、七仏薬師法・尊星王法等を修し、病平癒を祈る。《台記》
9・20 大風。新造中の土御門内裏南殿等が倒壊する。《台記》
9・21 伊勢斎宮、伊勢へ群行する。▼大地震あり。《台記》
9・23 この頃、天皇、眼をわずらう《台記》
9・25 法皇、延命仏百舗・寿命経千巻を供

＊**覚法法親王**《かくほうほっしんのう》（一〇九一〜一一五三）白河天皇第四皇子。母は源顕房女師子。長治元年（一一〇四）出家。天永三年（一一一二）親王宣下。仁和寺第四代門跡。墓は高野山本中院谷にある。

養し、天皇平癒を祈る。《兵範記》

11・19 天皇、病む。《本朝世紀》

12・6 白河天皇皇子**覚法法親王**没。《兵範記》

12・8 覚法法親王、嵯峨野の西林に葬られる（遺骨は高野山に安置）。《仁和寺御伝》

12・15 故覚法法親王の仁和寺御所が焼亡する。《本朝世紀》

⑫・6 覚性入道親王、高野山に参詣する。《仁和寺御伝》

⑫・22 法皇・美福門院、白河殿に御幸する。《兵範記》

⑫・27 地震あり。《兵範記》

□1・15 平忠盛《たいらのただもり》（武将。清盛の父。白河天皇の寵を得る。58）

■久寿元年（一一五四）甲戌

近衛天皇 16歳
鳥羽法皇 52歳
崇徳上皇 36歳

1・1 雨により小朝拝を中止する。《台記》

1・2 この頃、鳥羽法皇、病む。▼天皇、眼病をわずらう《台記》

1・8 上皇、法勝寺に御幸する。《台記》

1・11 上皇、円勝寺修正会に御幸する。《台記》

1・13 法皇・美福門院、鳥羽殿に御幸する。《台記》

1・20 法皇・美福門院、鳥羽南殿に御幸し、尊勝陀羅尼供養を行なう。《台記》

2・2 法皇・美福門院、藤原光頼の桟敷に御幸し、春日祭使還立の行装を覧る。《兵範記》

2・15 法皇、鳥羽勝光院にて花見をし、阿弥陀講を修する。《宇槐記抄》

2・20 法皇、祇園恒例御八講を行なう。《兵範記》

2月 修験者観空、法皇御願により、堂宇（大日山寺。のち峰定《ぶじょう》寺）を建立する。《大悲山峰定寺縁起》

3・5 法皇・上皇、美福門院と石清水臨時祭使の行装を見物する。《兵範記》

3・21 法皇、堀河天皇のため、鳥羽殿にて御八講を修せしめる。《兵範記》

4・16 法皇、病む。《台記》

4・29 法皇臨席のもと、鳥羽九体阿弥陀堂の御仏供養が行なわれる。《台記》

4月 京中の児女、風流を備えて鼓笛を奏し紫野社に詣でる。勅してこれを禁止する。《百練抄》

6・4 法皇、病む。《台記》

6・8 藤原頼長、法皇の平癒のため、金色等身薬師像・同五十寸像千体・素紙摺写薬師経千巻を鳥羽北殿にて供養する（法皇・美

福門院臨御)。《台記》
7・3　法皇・上皇、法勝寺阿弥陀堂御八講始に御幸する(このあと連日御幸)。《台記》
7・17　法皇、得長寿院御修法結願に御幸する。《台記》
7・19　法皇・上皇、尊勝寺御八講および御念仏始に御幸する。《台記》
7・28　法皇、鳥羽殿に御幸する。《台記》
7・29　法皇、新造鳥羽御堂御所が成り、ここに移る。《台記》
8・7　鳥羽新堂を金剛心院と号する。《台記》
8・9　法皇、鳥羽新御堂金剛心院を供養する。《兵範記》
8・10　法皇・上皇、成菩提院の彼岸御念仏に御幸する。《兵範記》
8・18　法皇皇女を内親王とし、名を寿子と賜う。《台記》
8・29　寿子内親王、姝子《しゅし》と改名する。《台記》
9・5　伊勢外宮遷宮神宝使を発遣する。《台記》
9・10　法皇、高陽院・美福門院と四天王寺に御幸する(二十二日鳥羽殿に還御)。《台記》
9・11　伊勢例幣使を発遣する。《台記》
9・15　伊勢外宮の正遷宮が行なわれる。《二所大神宮例文》
9・26　法皇・上皇、美福門院と城南寺祭競馬を覧る(二十九日にも)。《兵範記》
10・17　法皇、脚病をわずらう。《台記》
10・21　高陽院、白河福勝院内の三重塔を供養する(法皇御幸)。《台記》
10・28　厄運により**久寿**と改元する。《台記》
10・30　上皇、法金剛院一切経会に御幸する。《台記》
11・7　中納言藤原重通を発遣し、宸筆宣命を伊勢神宮に奉る。《台記》
11・16　皇后御所大炊御門烏丸第、放火により焼亡する。《台記》
12・12　法皇・美福門院、白河北殿に御幸する。《台記》
□5・29藤原家成《ふじわらのいえなり》(中納言。鳥羽天皇寵臣。48)

■久寿二年(一一五五)乙亥

近衛天皇　17歳
後白河天皇29歳
鳥羽法皇　53歳
崇徳上皇　37歳

1・9　法皇、法勝寺修正会に御幸する。《山槐記》
2・1　法皇、美福門院と法勝寺千僧御読経に御幸する。《兵範記》
2・5　法皇、鳥羽殿に御幸する。《山槐記》

＊**久寿**《きゅうじゅ》　文章博士藤原永範《ながのり》の勘文に「抱朴子《ほうぼくし》曰《いわく》、其業在於全身久寿」(内篇第八)とある。
＊**安楽寿院南陵**《あんらくじゅいんのみなみのみささぎ》　京都市伏見区竹田内畑町に所在。久寿二年(一一五一)遺骨は知足院に納められたが、長寛元年(一一六三)鳥羽東殿の多宝塔に移される。慶長元年(一五九六)伏見大地震で転倒するも再建され、その後もたびたび修理が加えられる。元禄探陵では鳥羽天皇陵とされるも、文久修陵の際に近衛天皇陵に復す。

2・13　地震あり。《山槐記》
2・21　法皇、祇園社に御幸し、御八講に臨御する。《兵範記》
2・25　金剛心院修二会が初めて行なわれる（法皇御幸）。《兵範記》
2・27　藤原忠実、法皇のため建立の鳥羽安楽寿院不動明王堂を落慶供養する（法皇御幸）。《兵範記》
4・15　高野山大塔の供養が行なわれる。《高野春秋》
4・24　法皇、美福門院と鳥羽光堂供養に臨御する。《台記》
4・25　法皇、得長寿院御修法結願に御幸する。《台記》
4・28　法皇、美福門院と得長寿院観音講に御幸する（二十九日・五月二日にも）。《台記》
6・7　この頃、天皇、重病となる（七月十六日、病、さらに重くなる。十八日危急）。《山槐記》
6・28　この頃、法皇、病気となる。《台記》
7・3　上皇、法勝寺御八講始に御幸する。《台記》
7・7　上皇、法勝寺御八講結願に御幸する。《兵範記》
7・23　近衛天皇、近衛殿にて崩御（陵は安楽寿院南陵。当帝崩御により、伊勢斎宮喜子内親王退下）。《兵範記》

◉近衛天皇辞世

「虫の音のよわるのみかは過ぐる秋を惜しむ我が身ぞまづ消えぬべき」

天皇は病気がちで、十七歳で夭折。「今鏡」は「世を心細くや思し召しけん」として、この歌を載せている。天皇は、弱っていくのは虫の音だけではないと、己のはかなさを嘆いたのである。

第三部　第七十七代後白河天皇～第百六代正親町天皇

（西暦１１５５～１５８６）

第七十七代 後白河《ごしらかわ》天皇

7・24 雅仁《まさひと》親王、美福門院御所高松殿にて践祚（**後白河天皇**。法皇は近衛天皇姉八条院を女帝にたてようとするが、藤原信西、忠通とはかって後白河天皇を実現）。▼前太政大臣藤原忠通を関白とし、藤原頼長の内覧を止める。《台記》

7・27 先帝を近衛院と号し奉る。《**山槐記**》

7月 斎宮喜子内親王、近衛天皇崩御により退下する。《伊勢斎宮部類》

8・1 近衛天皇を船岡山西野で火葬する（二日、遺骨を知足院常行堂に安置）。《兵範記》

8・5 地震あり。《台記》

8・15 中宮藤原呈子、天皇崩御により出家する。《兵範記》法皇、宝荘厳院・得長寿院・鳥羽南北両殿を美福門院に譲与する。《台記》

8・25 法皇、病む。《台記》

8・27 この頃、近衛天皇の死は、藤原忠実・頼長の呪詛によるとの風聞が流れる。《台記》

9・11 伊勢例幣使を発遣する。《台記》

9・23 皇子（二条天皇）を親王とし、名を守仁と賜う。この日、皇太子とする（法皇としては、後白河天皇を中継ぎと考える）。《台記》

10・11 天皇、神祇官に行幸し、伊勢神宮に即位由奉幣使を発遣する。《兵範記》

10・13 下野守源義朝に院宣を下し、源頼賢を追討させる。《台記》

10・20 天皇、即位式のため高松殿より一本御書所に遷る。《兵範記》右大臣藤原公能女忻子《きんし》、入内する。《台記》

10・23 堀河天皇皇子最雲を後白河天皇の護持僧とする。《護持僧次第》

10・26 後白河天皇、大極殿にて即位礼を挙げる。▼藤原忻子を女御とする。《台記》

10・29 天皇、大嘗祭のため鴨川で禊する。《兵範記》

11・5 この頃、法皇、病む。《台記》

11・23 天皇、大嘗祭を行なう。《台記》

11・26 天皇、小安殿より高松殿に行幸する（十二月二日、高松殿にて内侍所御神楽あり）。《台記》

12・1 皇太子守仁親王、御書始を行なう。《山槐記》

12・9 皇太子守仁親王、元服する（天皇、南殿に出御してその儀を覧る）。《台記》

12・16 **高陽院**、土御門殿にて没（白河の福勝院護摩堂に葬られる）。《台記》

□5・7藤原顕輔《ふじわらのあきすけ》（公卿。歌人。「詞花和歌集」撰者。66）

＊**後白河天皇**《ごしらかわてんのう》（一一二七〜九二） 雅仁親王。鳥羽天皇第四皇子。母は権大納言藤原公実女璋子（待賢門院）。大治二年（一一二七）誕生の年に親王宣下。久寿二年（一一五五）践祚・即位。保元三年（一一五八）譲位し、院政を始める。嘉応元年（一一六九）出家。建久三年（一一九二）崩御。皇后に藤原忻子。女御に藤原琮子・平滋子（所生の子に高倉天皇）。陵は法住寺陵。号は「後＋追号」といわれるが、住居の押小路殿が白河にあったことからともいわれる。今様を集めた「梁塵秘抄」を編纂。熊野御幸は歴代最多の三十四回に及ぶ。「まばらなる柴の庵《いおり》に旅寝して時雨《しぐれ》に濡るるさ夜衣《よごろも》かな」が「新古今和歌集」に収録されている。

＊**山槐記**《さんかいき》 内大臣藤原（中山）忠親《ただちか》の日記。仁平元年（一一五一〜九五）の日記。仁平元年（一一五一）から文治元年（一一八五）までの記事が伝わる（途中欠失あり）。忠親は中山内府と称され、「槐」は大臣の意から「山槐記」と題される。別名に「忠親卿記」「深山記」「達幸記」「貴嶺記」。忠親は実務官僚のため朝儀典礼な

●この頃、藤原為経《ためつね》撰「**後葉和歌集**」成る。

▼天皇、美濃青墓の傀儡《くぐつ》乙前《おとまえ》より今様を伝授される。

■保元元年（一一五六）丙子

後白河天皇30歳
鳥羽法皇　54歳
崇徳上皇　38歳

1・1　四方拝・小朝拝・元日節会あり。諒闇により音楽は中止。《山槐記》

1・3　諒闇により、殿上淵酔を中止する。《山槐記》

1・5　前斎院禎子《ていし》内親王（白河天皇皇女。母は源賢子）没（年76）。《山槐記》

1・24　天皇、南庭にて滝口の射弓を覧る。《山槐記》

2・2　宣旨により、藤原頼長を左大臣に還任する。《山槐記》

2・25　法皇、成菩提院にて御念仏を行なう。《兵範記》

2・27　賊、堀河天皇皇子最雲を射る。《山槐記》

3・5　鳥羽法皇皇女姝子《しゅし》内親王を皇太子守仁親王（二条天皇）妃とする。《山槐記》

3・10　天皇、石清水八幡宮に行幸する（十一日白河殿に渡御、十二日高松殿に還御）。《山槐記》

3・14　昼御座の御剣を紛失する。《山槐記》

3・29　前斎宮守子《しゅし》女王（父は輔仁親王）没（年46）。《一代要記》

3・30　堀河天皇皇子最雲を権僧正に任じ、天台座主とする（皇子の天台座主の初め）。《天台座主記》

4・7　法皇、石清水・賀茂両社に千部法華経を供養する。《兵範記》

4・19　後白河天皇皇女を内親王とし、名を亮子（殷富門院）と賜う。この日、伊勢斎宮に卜定する。《山槐記》

4・25　天皇、賀茂社に行幸する。《兵範記》

4・27　代始により**保元**と改元する。《兵範記》

4・29　高野山根本大塔成る。《**高野春秋**》

5・13　法皇、法勝寺にて千僧御読経を行なう。《兵範記》

5・22　法皇、発病する。《兵範記》

5・28　法皇病気平癒のため、天台座主本房で冥道供を修する。《兵範記》

6・1　法皇重病。崇徳上皇・藤原頼長が法皇没後挙兵との風聞が流れる（この頃、法皇、院宣を下して源義朝・源義康に高松殿・鳥羽殿を護らせる）。《兵範記》

6・3　上皇、鳥羽田中殿に法皇を見舞う。《兵範記》

6・4　法皇、僧西念より受戒する。《兵範記》

どが詳細に記され、平家全盛時から源平争乱までの重要史料となっている。

＊**高陽院**《かやのいん》（一〇九五〜一一五五）鳥羽上皇の後宮。父は関白藤原忠実、母は右大臣源顕房女師子。長承二年（一一三三）鳥羽上皇の後宮となり、翌年准三后宣下、立后して泰子と改名。保延五年（一一三九）院号宣下を受け、高陽院と称する。白河福勝院護摩堂に葬られる。

＊**後葉和歌集**《ごようわかしゅう》　藤原為経の私撰和歌集。「詞花和歌集」への批判から自ら五百九十六首を撰ぶ。

＊**保元**《ほげん》　「ほうげん」とも。式部大輔藤原永範《ながのり》の勘文に「顔氏（巻上、文章篇九）曰、以保元吉也」とある。

＊**高野春秋**《こうやしゅんじゅう》　高野山の編年史。正しくは「高野春秋編年輯録」。編者は高野山第二百七十八世寺務検校懐英（一六四二〜一七二七）。成立は享保四年（一七一九）。弘仁七年（八一六）から享保四年まで編年体で記されている。

6・12 美福門院、安楽寿院にて出家する。《兵範記》
6・21 法皇の病、危急となる。《兵範記》
7・2 鳥羽法皇、鳥羽安楽寿院にて崩御。《兵範記》
7・3 故法皇、安楽寿院三重塔（**安楽寿院陵**）の下に土葬される（土葬は約百九十年ぶり）。追号を「鳥羽院」とする。皇后美福門院、安楽寿院にて落飾）。《兵範記》
7・9 崇徳上皇、兵を集めて白河殿に入る。《兵範記》
7・10 上皇、源為義らを白河殿に召集する（藤原頼長、宇治より参じる）。▼天皇、源義朝・平清盛らを高松殿に召集し、合戦会議を開く。《兵範記》
7・11 天皇、兵乱を避け藤原忠通の東三条殿に遷る。清盛・義朝、上皇の白河殿を攻略する。天皇、関白前太政大臣藤原忠通を氏長者に復し（忠通、これを却ける）、清盛・義朝の昇殿を許し、義朝にその父為義の捕縛を命じる（保元の乱。摂関家の権威失墜）。天皇、白河殿陥落により高松殿に還御する。《兵範記》
7・12 上皇および上皇皇子重仁親王、仁和寺において出家する。《一代要記》
7・13 崇徳法皇、仁和寺に潜むも捕らえられる。《兵範記》
7・14 藤原頼長、流矢の傷により、奈良で没する。▼重仁親王を東洞院に幽閉する。《兵範記》
7・17 全国に勅して、藤原忠実の再挙に応じぬよう命じる。《兵範記》
7・23 崇徳法皇を讃岐国に配流、前関白藤原忠実を知足院に幽閉する。▼天皇、延勝寺金堂にて近衛天皇御忌日の仏事を修する。《兵範記》
7・28 平清盛・源義朝等に平忠貞ら五人を斬首させる。《兵範記》
7・30 源為義ら院方武士十二人を斬首する（三百数十年ぶりの死刑）。《兵範記》
8・3 藤原頼長の子四人および藤原教長《のりなが》ら九人を諸国に配流する。《兵範記》
8・26 源為朝を近江国で捕縛する（伊豆大島に配流）。《兵範記》
8・30 覚性法親王を金剛勝院検校とする。《御室相承記》
9・13 内大臣徳大寺実能を左大臣、大納言藤原宗輔を右大臣、大納言藤原伊通《これみち》を内大臣とする。《兵範記》
9・22 覚性法親王を歓喜光院検校とする。《御室相承記》
⑨・8 天皇、石清水八幡宮に宣命を捧げる。

＊**安楽寿院陵《あんらくじゆいんのみささぎ》** 京都市伏見区竹田内畑町に所在（安楽寿院旧境内）。鳥羽上皇は、遺詔により三重塔の寿陵を建立させ、ここに葬られる。しかし、火災にあい、慶長十七年（一六一二）塔跡に仮堂（本御塔）が造られるも、以後、所伝が混乱し、元禄探陵時には現近衛天皇陵を鳥羽天皇陵と誤認。元治元年（一八六四）の修陵時に現陵に改訂し、旧堂を陵北に移し陵堂を新造した。

《平戸記》
⑨・18　天皇、「保元の荘園整理令」を含む「新制七ヵ条」を諸国に下す（王土思想を掲げ、土地と人に対する天皇権力のあり方を示す。新制は建久二年〈一一九一〉三月まで計十一回発布）。《兵範記》
10・10　最雲を興福寺別当とする。《天台座主記》
10・11　皇嘉門院、落飾する（「百練抄」では一日）。《兵範記》
10・20　天皇、朝廷内に記録所（荘園整理と訴訟を扱う）を復置する。《百練抄》
10・27　皇后藤原多子を皇太后、中宮藤原呈子を皇后、女御藤原忻子を中宮とする。《公卿補任》
11・27　皇子守覚、仁和寺南院に入る。《仁和寺御伝》
12・1　美福門院、安楽寿院に御幸する。《兵範記》
この年　後白河天皇皇子（定恵法親王）、誕生する（母は大江信重女）。《諸寺院上申》
□7・14藤原頼長《ふじわらのよりなが》（左大臣。贈太政大臣。父は摂政・関白藤原忠実。「台記」記主。37）

■保元二年（一一五七）丁丑

後白河天皇31歳
崇徳上皇　39歳

1・1　諒闇により元日節会を中止する（七日白馬節会、二月一日釈奠も中止）。《兵範記》
1・23　皇太子妃姝子内親王を准三宮とする。《女院記》
1・30　皇嘉門院、法性寺に御幸する。《兵範記》
2・6　内裏にて尊勝陀羅尼供養あり（「稀代の例」とされる）。《百練抄》
2・13　天台座主最雲を法勝寺権別当とする。《華頂要略》
3・13　天皇、一条北辺に行幸する（即日還御）。▼大地震起こる。《兵範記》
3・26　内裏、上棟する。《兵範記》
3・29　故左大臣藤原頼長らの所領を没収し、後院《ごいん》領とする。《兵範記》
5・19　暲子内親王、出家する。《女院小伝》
5・30　左大臣徳大寺実能、辞任。《兵範記》
7・6　天皇・皇太子守仁親王、高松殿より東三条殿に遷る。《兵範記》
7・8　権大納言三条公教女琮子、入内する。《兵範記》
7・16　東寺寛遍、孔雀経法を修し、雨を祈る（二十日まで）。《兵範記》
7・18　祈雨のため、二十二社奉幣を行なう

◉鳥羽法皇辞世
「つねよりもむつまじきかなほととぎす死出の山路の友と思へば」

（未刻雨降る）。《兵範記》
7・23　美福門院、白河金剛勝院に御幸する。《兵範記》
7・27　故藤原頼長の東三条殿を皇嘉門院に進上する。《兵範記》
8・9　天皇、東三条殿より高松殿に還幸する。《兵範記》太政大臣藤原実行、辞任。《公卿補任》
8・19　右大臣藤原宗輔《むねすけ》を太政大臣、内大臣藤原伊通を左大臣、権大納言近衛基実《もとざね》を右大臣、権大納言三条公教《きんのり》を内大臣とする。《兵範記》
8・25　皇嘉門院、法性寺に御幸する。《兵範記》
8・28　一代一度の大神宝使を発遣する。《兵範記》
9・9　天皇、九条殿より東三条殿に遷る。《兵範記》
9・11　伊勢例幣使を発遣する。《兵範記》
9・15　斎宮亮子内親王、禊して野宮に入る。《兵範記》
9・20　美福門院、鳥羽法皇の遺志を継ぎ、鳥羽金剛心院内に新御堂を供養する。《百練抄》
9・23　一代一度の大仁王会を行なう。《兵範記》
10・8　大内裏成り、天皇、東三条殿より遷る。▼「新制三十五ヵ条」を下す。《兵範記》
10・11　内大臣藤原公教女琮《そう》子を女御とする。《兵範記》
10・16　仁和寺覚性法親王を尊勝寺・円勝寺等の検校とする。《仁和寺御伝》
10・26　内御書所を置く。《皇代記》
12・28　天皇、前讃岐守藤原季行の勘解由小路第に行幸する（二十九日還御）。《兵範記》
この年　後白河天皇皇女（休子《きゅうし》内親王）、誕生する（母は源信宗女）。《一代要記》
□9・2徳大寺《とくだいじ》実能《さねよし》（左大臣。徳大寺家の祖。父は権大納言藤原公実。待賢門院同母兄。62）

■保元三年（一一五八）戊寅

後白河天皇32歳
二条天皇　16歳
崇徳上皇　40歳

1・2　天皇、皇太子守仁親王の朝覲を受ける。《兵範記》
1・10　天皇、美福門院御所の白河押小路殿に朝覲行幸する（皇太子守仁親王も）。ついで法勝寺修正会に行幸し、即日還御。《兵範記》
1・14　天皇、法勝寺修正会結願に行幸する（統子内親王も行啓）。《兵範記》

＊**二条天皇《にじょうてんのう》**（一一四三～六五）後白河天皇第一皇子。母は大炊御門経実《つねざね》女・贈皇太后懿子《いし》。久寿二年（一一五五）親王宣下・立太子、同年元服。保元三年（一一五八）践祚・即位。永万元年（一一六五）譲位、太上天皇尊号宣下。皇后に姝子内親王・藤原育子。伊岐氏（徳大寺実能養女）所生の子に六条天皇。香隆寺陵に葬られる。号は二条東洞院殿を皇居とし、ここで崩御したことによる。

1・22　長元七年（一〇三四）以来中絶の内宴を復活させ、仁寿《じじゅう》殿にて実施する（天皇、付歌を所作）。《兵範記》鳥羽天皇皇子道恵を四天王寺別当とする。《諸寺院上申》

1・24　南殿にて尊勝陀羅尼供養を行なう。《兵範記》

2・3　皇太后藤原多子（近衛天皇皇后）を太皇太后、中宮藤原呈子（近衛天皇皇后）を皇太后、准母の儀をもって統子内親王（前斎院）を尊んで皇后とする。《兵範記》

2・28　天皇、春日社に行幸する（二十九日還御）。《兵範記》

3・11　天台座主最雲（堀河天皇皇子）を法親王とする（山門法親王の初め。この年、座主を辞任）。《兵範記》

3・19　権大納言藤原経宗《つねむね》を伊勢神宮に奉幣させる。《兵範記》

4・1　天皇、内裏より高松殿に遷る（中宮・東宮も行啓。内侍所も高松殿に渡御）。《兵範記》

4・26　天皇、鳥羽殿に行幸し、遊宴する（二十七日舟遊、二十九日競馬、五月三日還御）。《兵範記》

5・29　天皇、内教坊にて初めて舞姫を覧る。《兵範記》

6・11　天皇、神今食のため大内に行幸する（翌日、高松殿に還御）。《兵範記》

6・18　勅を奉じ、天台座主最雲法親王、僧徒の蜂起を止める。《兵範記》

6・22　天皇、大内裏清涼殿に行幸し、相撲を覧る。《兵範記》

6・23　二十一社に奉幣して雨を祈る。《兵範記》

7・3　天皇、一本御書所に行幸する（翌日の広瀬・龍田祭のため）。《兵範記》

7・4　天皇、霍乱《かくらん》。《山槐記》

8・10　天皇、譲位のため内裏に遷る。《兵範記》

第七十八代　二《に》条《じょう》天皇

8・11　後白河天皇譲位。守仁《もりひと》親王、昭陽舎にて受禅（二条天皇）。後白河上皇の院政開始。関白藤原忠通を免じ、その子右大臣近衛基実を関白・氏長者とする。《兵範記》伊勢斎宮亮子内親王、当帝退位により、野宮より退下する。《女院次第》

8・17　先帝に太上天皇尊号を奉る。▼後白河上皇、内裏より高松殿に移る。《兵範記》

8・20　天皇、昭陽舎より清涼殿に遷る。《兵範記》

8・25　後白河上皇、高松殿から鳥羽殿に移る。《兵範記》

◉崇徳天皇御製　「千載和歌集」に、
「ひまもなく散るもみぢ葉にうづもれて庭のけしきも冬ごもりけり」
「五月雨に花橘のかをる夜は月すむ秋もさもあらばあれ」
「保元物語」に、
「波ちどり跡は都にかよへども身は松山に音をのみぞなく」
「朝倉をただいたづらに帰すにも釣りする海士《あま》の音こそ泣かるれ」
が収載されている。

9・4 皇嘉門院、山科に御幸する（前関白藤原忠通供奉）。《兵範記》
9・11 後白河上皇、皇后と鳥羽に御幸する。《保元三年記》
9・17 天皇、伊勢に即位由奉幣使を発遣する。《兵範記》
10・3 天台座主最雲法親王を二条天皇護持僧とする。《華頂要略》
10・14 天皇、内裏より前関白藤原忠通の東三条第に行幸する。▼後白河上皇、美福門院の白河押小路殿に御幸する。《兵範記》
10・17 後白河上皇、皇后統子内親王および女御姝子内親王とともに宇治小松殿に御幸する（二十日還御）。《兵範記》
10・18 後白河上皇、平等院経蔵を覧る。《兵範記》
10・19 後白河上皇、宇治川に船を浮かべ網代を覧る。《兵範記》
10・20 後白河上皇、宇治小松殿より還御する。《兵範記》
10・24 後白河上皇、法勝寺大乗会に臨幸する。《兵範記》
10・29 女御姝子内親王、内裏に入る。《兵範記》
11・2 後白河上皇、仁和寺舎利会に御幸する。《御室相承記》
11・17 後白河上皇、仁和寺泉殿に御幸する。《御室相承記》
11・19 天皇、東三条殿より内裏に還幸する。《兵範記》
12・5 近衛基実に関白の詔を下す。《一代要記》
12・10 皇后統子内親王、日吉社に行啓する。《兵範記》
12・20 二条天皇、大極殿にて即位礼を挙げる（このときの記録が、清原頼業《よりなり》の日記から抄出の「二条院御即位記」）。《兵範記》
12・24 天皇、即位後初めて南殿に出御する。《兵範記》
12・25 後白河上皇皇女（好子《こうし》）を内親王とし、伊勢斎宮に卜定する。《兵範記》
12・29 故女御藤原懿子（二条天皇母）に皇太后、故大納言藤原経実（外祖父）に正一位太政大臣を贈る。▼近陵より藤原安子陵を除き、贈皇太后懿子陵を加える。僧正寛暁（堀河天皇皇子）を大僧正とする。《兵範記》
この年 後白河上皇皇女（惇子内親王）、誕生する（母は右大臣公能女）。《兵範記》

■平治元年（一一五九）己卯

二条天皇 17歳
崇徳上皇 41歳

***平治《へいじ》** 文章博士藤原俊経《としつね》の勘文に「史記曰《いわく》、天下於是大平治」（巻二、夏本紀）とある。

***師光年中行事《もろみつねんじゅうぎょうじ》** 公事・年中行事の儀式書。著者は大外記中原師光（一二〇六〜六五）。元日の節会から十二月の荷前《のさき》まで諸書を引用し、諸寺や私的な行事も含む。

後白河上皇33歳

1・3　天皇、後白河上皇の法住寺殿に朝覲行幸する（このとき天皇、琵琶を所作）。《御遊抄》

1・7　後白河上皇、美福門院の白河押小路殿に御幸する。《山槐記》

1・8　堀河天皇皇子大僧正寛暁（母は藤原隆宗女）没（年57）。《山槐記》

1・9　後白河上皇、法勝寺修正会に臨幸する（ついで皇后統子内親王の東三条殿に移る）。《山槐記》

1・10　後白河上皇、法勝寺に御幸する（即日還御）。《山槐記》

1・11　後白河上皇、円勝寺修正会に臨幸する（翌暁還御）。《山槐記》

1・12　天皇、清涼殿東庭で妓女の舞を見る。▼後白河上皇、法勝寺・延勝寺に御幸する。《山槐記》

1・13　後白河上皇、中宮藤原忻子と法勝寺・成勝寺に御幸する。《山槐記》

1・21　天皇、仁寿殿の内宴で琵琶玄上を奏する。《御遊抄》

2・13　皇后統子内親王（後白河上皇准母）の院号を上西門院とする。《山槐記》

2・18　後白河上皇、上西門院御所に御幸し、呪師《のろんじ》・猿楽を見る（二十日にも御幸）。《山槐記》

2・21　後白河上皇中宮藤原忻子を皇后、女御姝子《しゅし》内親王を中宮とする。《山槐記》

2・22　後白河上皇、大宰大弐平清盛に白河千体新阿弥陀堂を再建させる。この日、上皇臨幸のもと落慶供養する。《山槐記》

3・3　皇嘉門院、宇治平等院一切経会に臨御する。《山槐記》

3・5　中宮姝子内親王、高松殿を御所とする。《山槐記》

4・20　代始により**平治**と改元する。《百練抄》

⑤・19　賀茂斎院怡子内親王、病により退下する。《帝王編年記》

6・24　皇后藤原安子の国忌を廃し、贈皇太后藤原懿子の国忌を置く（「百練抄」では五月二十九日）。《師光年中行事》

6・28　源頼朝を蔵人に補す。《公卿補任》

6月　大風洪水。《園太暦》

7・19　初めて堀河天皇の国忌を置き、御八講を行なう。《百練抄》

8・16　後白河上皇御所高松殿が焼亡する（以後、再建されず）。《百練抄》

9・2　洛中の疫病を鎮めるため、橘逸勢社祭を行なう（後白河上皇臨幸）。《百練抄》

9・16　後白河上皇、三条殿に御幸し、延暦・園城両寺僧徒の雑芸を観る。《百練抄》

◉二条天皇御製

「天の下人のこゝろや晴れぬらむ出づる朝日のくもりなければ」（「新後拾遺和歌集」）

「空はれし豊のみそぎにおもひしれなほ日の本の曇なしとは」（「玉葉和歌集」）

10・21 天皇、大嘗祭のため鴨川で禊する。《一代要記》
10・25 後白河天皇皇女式子内親王を賀茂斎院に卜定する。《帝王編年記》
11・23 天皇、八省院にて大嘗祭を行なう。《一代要記》
12・4 平清盛以下平氏一門、熊野参詣に出立する（十七日帰京）。《愚管抄》
12・9 平氏の留守をつき、権中納言藤原信頼・左馬頭源義朝が挙兵。後白河上皇の三条烏丸御所（東三条内裏。このとき炎上）を襲い、上皇を拉致して一本御書所に移し、天皇とともに内裏に幽閉する（平治の乱）。《百練抄》
12・13 信西《しんぜい》（藤原通憲《みちのり》）、逃亡途中で自殺をはかるも検非違使源光保に見つかり打ち首となる。《愚管抄》
12・14 権中納言藤原信頼、除目を行ない、自らを大臣に任じる（大臣名は伝わっていない）。《愚管抄》
12・25 天皇、女装してひそかに平清盛の六波羅第へ脱出する（後白河上皇は仁和寺に逃れる）。《百練抄》
12・26 藤原信頼・源義朝追討の宣旨が下される。▼平清盛、藤原信頼・源義朝らと六条河原で合戦し、これを破る。義朝ら、近江国に逃れる。▼権中納言源師仲《もろなか》、兵乱を避け、内侍所を姉小路東洞院の自第に奉安する（ついで内裏に奉還）。《百練抄永暦元年四月二十九日条》
12・27 藤原信頼、後白河上皇に助命を請うも捕らえられ、六条河原で斬首される。《歴代編年集成》
12・28 平治の乱の功により平重盛らを賞し、藤原信頼に与した者を解官あるいは配流する。《愚管抄》
12・29 天皇、六波羅殿より美福門院の八条亭に遷る。《百練抄》
この年 二条天皇皇女（僐子《ぜんし》内親王）、誕生する（母は中原師元女）。《兵範記》
□12・13藤原通憲《ふじわらのみちのり》（法名信西。少納言。「本朝世紀」著者。高階経敏養子。54）、12・27藤原信頼《ふじわらののぶより》（中納言。後白河天皇寵臣。27）

■永暦元年（一一六〇）庚辰

二条天皇 18歳
崇徳上皇 42歳
後白河上皇 34歳

1・1 兵乱により、小朝拝以下を中止する。《歴代編年集成》
1・6 後白河上皇、仁和寺より皇后宮大夫藤原顕長の八条堀河第に移る。《愚管抄》

＊**愚管抄**《ぐかんしょう》 慈円（一一五五～一二二五）の史書。承久二年（一二二〇）成立。慈円は摂政・関白藤原忠通の子で天台宗僧（天台座主に四回）。本書は、摂関の立場から書かれており、また、独自の仏教観・歴史観を展開している。
＊**永暦**《えいりゃく》 式部大輔藤原永範の勘申による。出典は「後漢書」辺譲伝の「馳淳化於黎元、永歴代而太平」、「続漢書」律暦志には「黄帝造歴、歴与暦同作」とある。
＊**寺門高僧記**《じもんこうそうき》 天台宗寺門派の高僧を主とした伝記。著者不詳。鎌倉時代末期成立か。

1・10 兵乱により永暦と改元する。《百練抄》

1・18 覚法法親王、八条内裏で仁王経法を修する。《御室相承記》

1・26 太皇太后藤原多子、二条天皇のもとに入内する（二代にわたる后となる）。《歴代編年集成》

2・17 上西門院（統子内親王）および上皇皇子（守性。のち守覚）、仁和寺法金剛院に出家する（後白河上皇、これに御幸）。《仁和寺御伝》

2・20 後白河上皇、内裏に御幸する。二条天皇の親政を謀って藤原信頼に与した藤原経宗・藤原惟方《これかた》を平清盛に捕らえさせる（二十八日、経宗・惟方を解官）。《百練抄》

2・26 後白河上皇、日吉社に御幸する。《百練抄》

3・11 藤原経宗を阿波国、藤原惟方を下野国、源頼朝を伊豆国に配流する。《百練抄ほか》

3・25 後白河上皇、日吉社に御幸する。《百練抄》

4・7 天皇、円城寺金堂供養に臨幸する。《寺門高僧記》

4・13 後白河上皇、法住寺殿に御幸する。《御移徙雑記》

4・29 内侍所神鏡を新造辛櫃に納める。《百練抄》

5・15 後白河上皇、桟敷にて鎮西の賊主日《ひゅ》向通良《うがみちよし》の従類七人の首級を覧る。《百練抄》

6・2 覚性法親王、高野山に詣で、この日、帰路、信貴山に詣でる。《御室相承記》

6・14 前出雲守源光保父子を、上皇に対する謀反の咎により薩摩国に配流する。《百練抄》

6・28 後白河上皇、最勝寺御八講に御幸する。《山槐記》

7・20 太政大臣藤原宗輔、辞任。《公卿補任》

8・5 平清盛、厳島社に参詣する。《山槐記》

8・11 左大臣藤原伊通を太政大臣、右大臣近衛基実を左大臣、大納言徳大寺公能《きんよし》を右大臣、大納言藤原基房を内大臣とする。《山槐記》

8・16 彼岸により、後白河上皇、城南に御幸する（即日還御）。《山槐記》

8・19 中宮姝子内親王、病により出家する（後白河上皇臨御）。《山槐記》

8・20 天皇、石清水八幡宮に行幸する（後白河上皇、これを覧る。天皇、二十一日鳥羽殿に還御）。《山槐記》

8・22 天皇、大炊御門高倉殿に還御する。《山槐記》

8・27 天皇、賀茂社に行幸する（後白河上

◉**公卿《くぎょう》・公家《くげ》・貴族《きぞく》** 大臣を「公」といい、納言・参議および三位以上を「卿」といい、合わせて「公卿」。「公家」は朝廷に仕える者のうち「武家」以外の総称。公家は位階と官職（官位）によりランク付けされ、位階は正一位から従五位下まであり、貴族は五位以上を与えられた者をいう。なお、もともと「公家」は天皇・朝廷を指し、「こうけ」「おおやけ」と読んだ。

皇、高倉第桟敷にてこれを覧る）。《山槐記》

9・8 斎宮好子内親王、伊勢に群行する（十四日斎宮寮に着御。群行使に付して例幣）。《山槐記》

9・20 後白河上皇、城南寺祭に御幸する。《山槐記》

10・3 鳥羽天皇皇子道恵を親王とする（道恵法親王）。《歴代皇紀》

10・11 天皇、後白河上皇の東三条大炊御門殿に朝覲行幸する。《山槐記》

10・12 延暦寺僧徒、神輿を奉じて入京、強訴する。《百練抄》

10・14 中宮姝子内親王、日吉社に行啓する。《華頂要略》

10・16 後白河上皇、法住寺殿造営にあたり、日吉社を勧請する（新日吉《いまひえ》神社。「今日吉」とも。現在の新日吉神宮）。また、法住寺殿の鎮守として熊野神社を勧請する（新《いま》熊野神社。「今能野」とも）。この日、遷宮の儀を行なう。《百練抄》

10・23 後白河上皇、初めて熊野に御幸する（十一月二十三日帰京。以後三十四回熊野参詣）。《百練抄》

10・29 天皇、大内に行幸する。《山槐記》

11・3 天皇、御遊にて琵琶を奏する。《山槐記》

11・11 一代一度の大神宝使を発遣する。《山槐記》

11・12 天皇、大炊御門高倉殿より大内に行幸する。《山槐記》

11・23 鳥羽天皇皇后**美福門院**、白河押小路殿にて没（二十四日火葬）。《山槐記》

11・27 天皇、内裏より大炊御門高倉殿に還幸する。《山槐記》

11月 道恵法親王を園城寺長吏とする。《歴代皇紀》

12・2 美福門院の遺骨を高野山に納める（**高野山陵**。この頃より皇族・貴族による高野山への納骨・納髪が一般化）。《山槐記》

12・27 天皇、元日節会等のため、内裏に遷る。《山槐記》

□7・9 三条公教《さんじょうきんのり》（内大臣。父は太政大臣三条実行。58）

■応保元年（一一六一）辛巳

二条天皇 19歳
崇徳上皇 43歳
後白河上皇35歳

1・4 天皇、後白河上皇の法住寺殿に朝覲行幸する。《御遊抄》

1・23 平清盛を検非違使別当とする。《公卿補任》

1・27 天皇、後白河上皇の東三条殿に朝覲

＊**美福門院**《びふくもんいん》（一一一七〜六〇） 藤原得子。鳥羽天皇皇后。父は伊予守藤原長実、母は左大臣源俊房女方子。鳥羽上皇の寵愛を受け、叡子内親王・暲子内親王・近衛天皇・姝子内親王をもうける。永治元年（一一四一）近衛天皇即位にあたり皇后となり、「国母の皇后」として勢威を振るう。久安五年（一一四九）院号宣下。保元元年（一一五六）鳥羽上皇臨終に際し落飾。美福門院の御願により、歓喜光院・金剛勝院・弘誓院などが建立される。遺命により、遺骨は高野山に納められる（陵は高野山陵）。なお、鳥羽上皇から譲られた安楽寿院領以下の所領は、所生の八条院（暲子内親王）に伝領され、膨大な八条院領の中核をなした。

＊**高野山陵**《こうやさんのみささぎ》 和歌山県伊都郡高野町大字高野山字蓮華谷に所在。美福門院は鳥羽東殿で火葬され、弟藤原時通が遺命により高野山に遺骨を納めた。

＊**応保**《おうほう》 「おうほ」とも。参議藤原資長の勘申による。出典は「尚書」康誥の「已女惟小子、乃服惟弘王、応保殷民」。

行幸する。《御遊抄》
2・2　上皇、石清水八幡宮に御幸する。《皇代記》
2・5　後白河上皇、賀茂社に御幸する。《園太暦》
2・7　鳥羽北殿が焼亡する。《園太暦文和二年二月五日条》
2・28　天皇、春日社に行幸する。《一代要記》
4・7　園城寺僧行慶、別院平等院を後白河上皇の祈願寺として寄進。この日、上皇臨席のもと落慶供養が行なわれる（八日還御）。《山槐記》
4・9　後白河上皇、法住寺殿に御幸する（即日還御）。《山槐記》
4・13　後白河上皇、烏丸で稲荷祭を見学し、皇后忻子と同車で法住寺殿に移る。《山槐記》
4・16　式子内親王、東河に禊して紫野院に入る。《山槐記》
4・18　伊勢神宝使を発遣する。《山槐記》
4・19　後白河上皇、烏丸で賀茂祭を見物し、上西門院御所に御幸する。《山槐記》
4・22　参議平清盛を伊勢に発遣し、神宮に奉幣する。《山槐記》
4・28　前太政大臣藤原宗輔、参内して琵琶玄上を修造する。《山槐記》
6・26　蔵人菅原定正を神泉苑に派遣して雨を祈らせる。《山槐記七月一日条》
6・30　東寺長者禎喜に、神泉苑で祈雨御読経を行なわせる（七月四日結願。大雨降る）。《山槐記》
7・4　後白河上皇、大雨にもかかわらず法勝寺に御幸する。《山槐記》
7・7　後白河上皇、法勝寺御八講結願に御幸する（法住寺殿に還御）。《山槐記》
8・2　後白河上皇、法住寺殿西殿に移る（以後、法住寺殿を後院《ごいん》とする）。《山槐記》
8・3　後白河上皇、七条上御所に御幸する。《山槐記》
8・20　天皇、平野社に行幸する。《山槐記》
8・25　天皇、大原野社に行幸する。《山槐記》
9・3　後白河上皇皇子（憲仁。高倉天皇）、誕生する（母は平滋子〈建春門院〉）。《山槐記》
9・4　この頃、天皇、疱瘡をわずらう。この日、疱瘡流行により応保と改元する。《山槐記》
9・8　二十一社に奉幣して、天皇平癒を祈らせる。《山槐記九月二十日条》
9・11　伊勢例幣使を発遣する。《山槐記》
9・13　内大臣藤原基房を右大臣、大納言藤原宗能《むねよし》を内大臣とする。《公卿補任》
9・15　左馬権頭平教盛・右少弁平時忠ら、

皇子憲仁の立太子を謀ったことにより解官させられる。《山槐記》
9・28 後白河上皇近臣藤原信隆《のぶたか》・同成親《なりちか》らを解官する。《百練抄》
10・3 鳥羽天皇皇女姸子《けんし》内親王（斎宮。母は藤原家政女）没（生年不詳）。《一代要記》
10・21 天皇、北野社・松尾社に行幸する。《北野宮寺縁起》
11・3 皇居東洞院殿が上棟する。《山槐記》
11・4 右大臣藤原基房を一上とし、この日、牛車を許す。《公卿補任》
11・19 天皇、高倉殿より内裏に遷る。《山槐記》
11・26 天皇、内裏より高倉殿に還幸する。《山槐記》
12・5 権大納言藤原光頼を伊勢に発遣し、神宮に奉幣する。《山槐記》
12・10 天皇、御遊にて琵琶を奏する。《山槐記》
12・16 天皇、翌日の藤原育子《いくし》入内のため内裏に遷る。▼鳥羽天皇皇女・准三宮暲子内親王の院号を八条院とする（二条天皇准母の儀による。后位を経ずに女院となる初例）。《山槐記》
12・17 前関白藤原忠通女育子、入内する。《山槐記》
12・27 天皇、藤原育子の房飛香舎に渡御し、育子を女御とする。《山槐記》
□8・11徳大寺公能《とくだいじきんよし》（右大臣。父は左大臣徳大寺実能。女子の多子〈頼長養女〉は近衛天皇皇后、忻子は後白河天皇皇后。47）

■**応保二年（一一六二）壬午**

二条天皇 20歳
崇徳上皇 44歳
後白河上皇36歳

1・1 日食により、小朝拝・節会を二日に行なう。《百練抄》
1・10 天皇、後白河上皇の東三条殿に朝覲行幸する。《御遊抄》
1・27 上皇、熊野に御幸する。《梁塵秘抄口伝集》
1・28 崇徳上皇皇子重仁親王（母は法印信縁女）没（年23）。《一代要記》
2・5 中宮姝子内親王の院号を高松院とする。《公卿補任》
2・16 堀河天皇皇子最雲法親王（母は藤原時経女）没（年58）。《帝王編年記》
2・19 女御藤原育子を中宮とする。《歴代編年集成》
2・23 天皇、日吉社に行幸する。《一代要記》
②・14 仁和寺覚性法親王、土御門内裏にて孔雀経法を修する。《御室相承記》

＊**大槐秘抄**《たいかいひしょう》 太政大臣藤原伊通が二条天皇に献じたもの。「大槐」は太政大臣のことか。天皇の心得を易しく説き、末尾に十七ヵ条の教訓を列挙する。

＊**藤原忠実**《ふじわらのただざね》（一〇七八〜一一六二） 関白藤原師通長男。母は右大臣藤原俊家女全子。祖父師実養子。康和元年（一〇九九）父の死により内覧・氏長者。長治二年（一一〇五）関白、嘉承二年（一一〇七）の鳥羽天皇践祚により摂政、のち関白。女子泰子入内のことで白河法皇の怒りをかい辞任。法皇死後、女子泰子（高陽院）を鳥羽上皇皇后とする。男子では次男頼長を寵愛、長男で関白の忠通と対立した。日記「殿暦」を残す。

＊**顕広王記**《あきひろおうき》 神祇伯顕広王の日記。永久五年（一一一七）から治承四年（一一八〇）にかけて記されたと思われるが、現存するのは、そのうち八年ほど。

＊**長寛**《ちょうかん》 刑部卿藤原範兼《のりかね》の勘申による。出典は、「維城典訓」の「長之、寛之、施其功博矣」。

3・6　天皇、大内に行幸する。《山槐記》
3・16　天皇、石清水八幡宮に行幸する。《山槐記》
3・28　天皇、高倉殿より新造押小路東洞院殿に遷る（里内裏とする）。《山槐記》
4・28　一代一度の大仁王会を修する。《一代要記》
6・2　天皇を呪詛したとの風聞により、修理大夫源資賢等を解官する。《歴代編年集成》
6・23　賀茂社で天皇を呪詛したとして上皇近臣源資賢《すけかた》・平時昌等を配流する。《百練抄》
8・20　天皇、稲荷・祇園両社に行幸する。《華頂要略》
8・25　鳥羽天皇皇子（覚快法親王）を二条天皇護持僧とする。《華頂要略》
9・22　八条院、日吉社に御幸する。《華頂要略》
11・3　堀河天皇皇女悰子内親王（母は康資王女）没（年64）。《一代要記》
●この年以降、太政大臣藤原伊通、天皇の心得を説いた「**大槐秘抄**」を記し、二条天皇に献じる。
□1・30藤原宗輔《ふじわらのむねすけ》（太政大臣。父は右大臣藤原俊家。86）、5・27源雅定《みなもとのまささだ》（右大臣。父は太政大臣源雅実。69）、6・18**藤原忠実**（摂政。関白。85）、7・28藤原実行《ふじわらのさねゆき》（太政大臣。三条家祖。父は権大納言藤原公実。83）

■長寛元年（一一六三）癸未

二条天皇　21歳
崇徳上皇　45歳
後白河上皇　37歳

1・2　天皇、後白河上皇の法住寺殿に朝覲行幸する。《御遊抄》
1・11　皇嘉門院、円勝寺修正会に御幸する。《顕広王記》
2・19　後白河上皇、熊野に御幸する。《顕広王記》
2・23　上西門院、日吉社に御幸する。《顕広王記》
3・11　皇后御所大炊御門第が焼亡する（皇后、上西門院御所に移る）。《顕広王記》
3・14　天皇、賀茂社に行幸する。《顕広王記》
3・25　天皇、石清水八幡宮に行幸する。《顕広王記》
3・27　地震あり。《顕広王記》
3・29　天変疾疫により、**長寛**と改元する。《百練抄》
4・7　儒者らに、伊勢神宮と熊野権現が同体か否かを勘申させる。《長寛勘文》
6・8　権中納言平清盛を伊勢に発遣し、神宮に奉幣する。《二所大神宮例文》

6・9　延暦寺衆徒、園城寺を攻め、堂塔房舎を焼く。《百練抄》

7・10　権中納言藤原公光《きんみつ》を遣わし、石清水八幡宮に奉幣して国家安靖を祈る（公卿勅使を永例とする）。《八幡宮寺宣命告文部類》

10・23　天皇、石清水八幡宮に行幸する。《百練抄》

10・27　天皇、賀茂社に行幸する。《百練抄》

11・10　権中納言平清盛を伊勢に発遣し、神宮に奉幣する。《二所大神宮例文》

11・28　近衛天皇の遺骨を知足院本堂から鳥羽東殿の美福門院御塔に安置する（安楽寿院南陵）。《百練抄》

12・12　西京火事。左馬寮・典薬寮・中院を延焼する。《顕広王記》

12・14　後白河上皇、熊野に御幸する。《顕広王記》

12・26　皇嘉門院藤原聖子、出家する。《百練抄》▼延勝寺九体阿弥陀堂を供養する。《百練抄》

この年および翌年　甲斐国で起きた国衙による熊野社領収公事件に関し、「長寛勘文」が呈出される（この中で「太上天皇は正帝と別なし、庁の御下文、あに詔勅に異ならんや」とある）。《長寛勘文》延暦寺と園城寺の対立激化。《百練抄》

■長寛二年（一一六四）甲申

二条天皇　22歳
崇徳上皇　46歳
後白河上皇38歳

1・4　天皇、後白河上皇御所に行幸する。《雅頼記》

1・14　四天王寺別当を道恵法親王から覚性法親王にする。《御室相承記》

1・26　天皇、後白河上皇の法住寺殿に朝覲行幸する。《御遊抄》

2・26　大地震あり。《一代要記》

3・29　関白藤原基実、右大臣藤原基房を復任する。《公卿補任》

4・26　後白河上皇、延暦寺に御幸し、この日、延暦寺中堂で七仏薬師御修法が行なわれる。《百練抄ほか》

7・20　後白河上皇、八条院御堂供養に御幸する。《百練抄》

7・22　皇子（尊恵《そんえ》法親王）、誕生する（母は源光成女）。《百練抄》

8・13　覚性法親王、六勝寺検校を辞任。《仁和寺御伝》

8・19　天皇、石清水八幡宮に行幸する。《皇代記》

8・26　崇徳上皇、配所の讃岐国志度にて崩御（九月十八日、白峯に火葬〈白峯陵〉）。《百練抄》

＊雅頼記《まさよりき》　権中納言源雅頼（一一二七～九〇）の日記。長寛二年（一一六四）のものが残される。

＊白峯陵《しらみねのみささぎ》　香川県坂出市青海町に所在（白峯山頂）。陵側に堂を建て、建久二年（一一九一）朝廷は所領を付し、常時追善供養を行なわせる。所伝明白で、慶応（一八六五～六八）修陵の折には拝所が設けられる。

＊藤原忠通《ふじわらのただみち》（一〇九七～一一六四）　摂政・関白藤原忠実の長男。母は右大臣源顕房女師子。父の関白罷免により関白となるも、弟頼長を推す父と対立。美福門院の養女呈子（九条院）を養女として近衛天皇中宮とし、保元の乱で頼長を倒し氏長者に再び返り咲く。嫡子基実に関白を譲り、法性寺に隠遁。書にすぐれ「法性寺流」と称される。日記「法性寺関白記」を残す。死後、法性寺山に葬られる。

＊永万《えいまん》　左少弁藤原俊経の勘申による。出典は「漢書」王褒《おうほう》伝《でん》の「休徴自至、寿考無疆、雍容垂拱、永永万年」。

＊続詞花和歌集《しょくしかわかしゅう》　藤原清輔の私撰和歌集。「後撰和歌集」から当代ま

9・1　春日神木が入洛する。《興福寺別当記》
9月　平家一門、法華経を書写して厳島社に奉納する（平家納経）。《願文》
⑩・7　関白・左大臣近衛基実、左大臣を辞任。《玉葉》
⑩・13　内大臣藤原宗能、辞任。《公卿補任》
⑩・23　右大臣藤原基房を左大臣、権大納言藤原経宗《つねむね》を右大臣、権大納言九条兼実《かねざね》を内大臣とする。《公卿補任》
11・14　皇子（順仁。六条天皇）、誕生する（母は伊岐致遠女）。《一代要記》
11・28　天皇、着袴の儀を行なう。《雅頼記》
12・17　上皇、平清盛に造営させた法住寺一院蓮華王院（三十三間堂）を供養する（天皇、臨幸せず）。《百練抄》
この年　後白河上皇皇子（静恵法親王）、誕生する（母は権大僧都仁操女）。《諸寺院上申》
□2・19　**藤原忠通**（関白。68）

■永万元年（一一六五）乙酉

二条天皇　23歳
六条天皇　2歳
後白河上皇39歳

1・2　天皇、後白河上皇の法住寺殿に朝覲行幸する。《山槐記》
1・21　顕広王（花山天皇裔）、神祇伯に任じられる（以後、神祇伯は白川家の世襲となり、伯家《はっけ》とも称されるようになる）。《伯家記録》
2・3　太政大臣藤原伊通、辞任（十一日出家）。《公卿補任》
2・15　天皇、病む（十八日平癒）。《顕広王記》
3・23　天皇、石清水八幡宮に行幸する。《山槐記》
4・22　上皇、延暦寺に御幸する。《山槐記》
4・30　天皇の病気平癒のため、伊勢・石清水・賀茂等十社に奉幣する。《山槐記》
5・1　弟宮覚性法親王、上皇の命により、天皇平癒のため内裏で孔雀経法を行なう。《御室相承記》
5・13　天皇の病平癒のため、伊勢一社奉幣を行なう。《顕広王記》
5・18　覚性法親王、天皇平癒のため、仁和寺で不動像百体を供養する。《御室相承記》
5・29　参議平重盛を伊勢に発遣し、神宮に天皇平癒を祈らせる。《顕広王記》
6・4　大地震あり。《顕広王記》
6・5　天皇の病気平癒を願い、**永万**と改元する。《山槐記》
●二条天皇代、藤原清輔、勅を奉じて「**続詞花和歌集**」を撰ぶ。《**八雲御抄**》で三百九十七人九百九十八首を収める。二条天皇の勅撰をねらったが、その崩御により実現しなかった。

＊**八雲御抄**《やくもみしょう》　順徳天皇親撰の歌論書。承久の乱（一二二一）以前に稿本ができており、佐渡に移されてのち完成したといわれる。原題は「八雲抄」であったが、親撰であることから「御」がつけられた。

◉**崇徳上皇辞世**　天皇は亡くなる前に、京の藤原俊成に宛て、「夢の世になれこしちぎりくちずしてさめん朝にあふこともがな」（「玉葉和歌集」）と詠み、讃岐白峯山に弔ってほしい旨を伝えた。

第七十九代 六《ろく》条《じょう》天皇

6・25 二条天皇、病により押小路東洞院殿にて譲位（天皇譲位により伊勢斎宮好子内親王、退下）。順仁《のぶひと》を親王として立太子。ついで土御門高倉殿にて受禅（生後七ヵ月。**六条天皇**）。関白近衛基実を摂政とする。《山槐記》

6・28 二条上皇、平清盛の紹介により灸治を受ける。《山槐記》

6・29 先帝に太上天皇尊号を奉る。《顕広王記》

7・17 伊勢神宮に即位を奉告する。《山槐記》

7・27 六条天皇、大極殿にて即位礼を挙げる（このときの記録が、中原師元の日記から抄出した「六条院御即位記」）。《山槐記》

7・28 二条上皇、二条東洞院殿にて崩御。《顕広王記》

8・7 二条上皇、香隆寺東北の野に火葬され、遺骨が香隆寺本堂に安置される（嘉応二年〈一一七〇〉、本堂より三昧堂に移納。陵名は**香隆寺陵**）。二条上皇葬儀で、延暦寺と興福寺が座位を争う（「**額打論**」の紛議）《顕広王記》

8・9 延暦寺僧徒、清水寺を焼き払い、興福寺に報復する。《顕広王記》

8・28 天皇、延暦寺衆徒の上洛により、土御門高倉殿より六条烏丸亭に遷る。《顕広王記》

9月 八条内裏が焼亡する（このとき「玄上、鈴鹿、御留箱一合」が運び出される）。《東寺長者補任》

10・15 右大臣藤原経宗に、二条天皇の遺髪を高野山に納めさせる。《顕広王記》

10・27 興福寺僧徒、神木・神輿を奉じて入京し、天台座主俊円の流罪を請う（翌日、請を許し、僧徒、奈良に帰る）。《百練抄》

11・4 上皇、日吉社に御幸する。《顕広王記》

11・13 上皇、熊野に御幸する。《顕広王記》

12・1 伊勢例幣使を発遣する。《顕広王記》

12・7 伊勢外宮の仮殿遷宮が行なわれる。《顕広王記》

12・16 上皇第二皇子元服し、以仁《もちひと》と名づけられる。《顕広王記》

12・25 上皇第三皇子を親王とし、名を憲仁《のりひと》（高倉天皇）と賜う。《顕広王記》

12・26 即位の由を山陵に告げる。《顕広王記》

12・27 太皇太后藤原多子、出家する。《顕広王記》

この年 鳥羽天皇皇子行理（円性）、覚快と改名する。《華頂要略》

□2・15藤原《ふじわらの》伊通《これみち》（太政大臣。朝政のあり

＊**六条天皇**《ろくじょうてんのう》（一一六四〜七六） 順仁。二条天皇皇子（第一皇子とも第二皇子とも）。母は伊岐致遠《むねとお》女。永万元年（一一六五）親王宣下を受け即日受禅。五歳で上皇となり、十三歳で崩御。元服以前に太上天皇の尊号を受けた初例。陵は清閑寺陵。号は六条殿からともいわれるが定かでない。

＊**香隆寺陵**《こうりゅうじのみささぎ》 京都市北区平野八丁柳町に所在。遺骨は香隆寺本堂に安置されたが、仁安元年（一一六六）に造られた三昧堂に、嘉応二年（一一七〇）移置する。のち香隆寺・三昧堂の所伝を失い、明治二十二年、現陵地に考定され、廟陵が造営された。

＊**額打**《がくうち》 天皇の墓所の周りに寺額を掛けること。東大寺、興福寺、延暦寺、園城寺の順序であったが、二条天皇の葬儀に際し、延暦寺が興福寺より先に額を掛けたので、興福寺僧兵が延暦寺の額を切り落とし、これに怒った延暦寺が、興福寺末寺清水寺を焼き討ちする事件におよんだ。天皇の葬儀という大事に、寺同士の席次・プライドが優先し、天皇の権威が軽くなっ

方を説いた「大槐秘抄」を二条天皇に献じる。父は権大納言藤原宗通。73）

■**仁安元年（一一六六）丙戌**

六条天皇　3歳
後白河上皇40歳

1・21　道恵法親王を再び四天王寺別当とする。《諸寺院上申》

1・22　初めて蓮華王院修正会を行なう。《**年中行事秘抄**》

1・26　東寺長者禎喜に神泉苑で孔雀経法を修し、雨を祈らせる。《東寺長者補任》

2・4　地震あり（十日、六月二十日、八月六日、十一月十八日にも）。《泰親朝臣記ほか》

5・22　天皇、六条烏丸殿より藤原実長の第**五条殿**に遷る（五条内裏）。《陰陽吉凶抄》

6・26　東寺長者禎喜に神泉苑で孔雀経法を修させ、祈雨する（七月五日結願）。《東寺長者補任》

7・11　醍醐寺清滝宮に仁王経を読ませ、雨を祈る。《醍醐雑事記》

7・27　摂政近衛基実死去（二十六日）により、左大臣藤原基房を摂政・氏長者とする。《山槐記》

8・12　故摂政近衛基実に正一位太政大臣を贈る。《公卿補任》

8・27　代始により、**仁安**と改元する。《百練抄》

9・4　後白河上皇、日吉社に御幸する（五日還御）。《北院御室日次記》

10・5　上皇、熊野から還御する（出発日の記録は不明）。《兵範記》

10・10　上皇皇子憲仁親王を皇太子とし、内大臣九条兼実を皇太子傅、権大納言平清盛を春宮大夫とする。《**玉葉**》

10・21　天皇、大嘗祭等のため内裏に遷る。《兵範記》

10・27　天皇、大嘗祭のため鴨川で禊する。《兵範記》

11・3　上皇、皇太子憲仁親王の行啓があるため、藤原邦綱の土御門東洞院第に御幸し、ついで新造鳥羽北殿に移る。《玉葉》

11・4　摂政・左大臣藤原基房、左大臣を辞任。《公卿補任》

11・7　上皇、鳥羽殿より七条殿に還御する。《兵範記》

11・11　右大臣藤原経宗を左大臣、内大臣九条兼実を右大臣、権大納言平清盛を内大臣とする。《兵範記》

11・13　上皇皇子（尊性。道法法親王）、誕生する（母は権大僧都仁操女）。《仁和寺御伝》

11・15　天皇、大嘗祭を行なう。《兵範記》

ていくさまがうかがわれる。

＊**年中行事秘抄**《ねんじゅうぎょうじひしょう》　正月から十二月まで公事の儀式を記したもの。著者・成立年不詳。日記・儀式書等から引用している。

＊**五条殿**《ごじょうどの》　六条天皇の里内裏。五条北・東洞院東に所在。五条内裏・五条東洞院殿ともいう。権大納言藤原実長の邸。仁安二年（一一六七）焼亡。

＊**仁安**《にんあん》　文章博士藤原成光《なりみつ》の勘文に「毛詩（周頌、昊天有成命篇）正義曰、行寛仁安静之政、以定天下、得至於太平」とある。

＊**玉葉**《ぎょくよう》　後鳥羽天皇摂政・関白九条兼実の日記。「玉海」とも。長寛二年（一一六四）から建仁三年（一二〇三）にわたる。自筆本は伝存しないものの、写本がほぼ伝わっており、当時の政治・社会の史料として高い評価がなされている。

12・18 後白河天皇皇女休子《きゆうし》内親王を伊勢斎宮に卜定する。《一代要記》
12・22 皇太子憲仁親王、東三条第にて着袴の儀を行なう（上皇臨幸）。《玉葉》
12・24 押小路堀河西洞院焼亡。東宮御所東三条第延焼。皇太子憲仁親王、春宮権大夫藤原邦綱の土御門第に移る。《百練抄》
この年 後白河上皇皇子（定恵）、落飾・受戒する。《諸寺院上申》
□7・26 近衛基実《このえもとざね》（左大臣。関白。摂政。贈太政大臣。近衛家祖。父は摂政・関白藤原忠通。24）

■仁安二年（一一六七）丁亥

六条天皇 4歳
後白河上皇41歳

1・8 上皇、法勝寺修正会に御幸する。《愚昧記》
1・11 上皇、上西門院とともに円勝寺修正会に御幸する。《愚昧記》
1・13 上皇、法勝・最勝両寺に御幸する。《愚昧記》
1・16 上皇、石清水八幡宮に御幸する。《愚昧記》
1・19 上皇、新造法住寺殿に移る。《兵範記》
1・20 皇太子憲仁親王母平滋子（贈左大臣平時信女）を女御とする。《玉葉》
1・22 天皇、雨により朝覲行幸を延引、内裏より五条里内裏に遷る。《兵範記》
1・28 天皇、上皇の法住寺殿に朝覲行幸する。《兵範記》斎宮休子内親王、初めて神殿に入る。《玉葉》
2・2 上皇、賀茂社に御幸する。《愚昧記》
2・11 内大臣平清盛を太政大臣、大納言藤原忠雅を内大臣とする。《山槐記》
2・15 上西門院御所松殿が焼亡する。《山槐記》
2・19 上皇、熊野御幸に出発する（三月十三日還御）。《山槐記》
2・25 平清盛、厳島社に参詣する（四月六日帰京）。《山槐記》
3・23 上皇、女御平滋子と法勝寺千僧御読経に御幸する。《玉葉》
4・4 上皇、皇太子憲仁親王と法住寺殿より七条殿に渡御する。《玉葉》
4・12 平清盛、高野山に参詣する（十七日帰京）。《顕広王記》
4・16 摂政藤原基房、文書を内覧する。《兵範記》
4・30 上皇、賀茂祭を見物する。《顕広王記》
5・1 上皇、紫野に御幸、ひそかに賀茂祭還立を見物する。《玉葉》
5・3 上皇、新熊野社に参籠する（八日、

＊**愚昧記**《ぐまいき》 左大臣三条実房（一一四七～一二二五）の日記。題名は謙遜して付けられたもの。仁安元年（一一六六）から建久六年（一一九五）まで伝わるも欠失が多い。

＊**土御門東洞院殿**《つちみかどひがしのとういんどの》 六条・高倉・伏見・花園各天皇の里内裏。土御門殿・正親町殿ともいう。土御門北・東洞院東に所在。平安時代末期は藤原邦綱の邸。保延六年（一一四〇）摂関藤原忠実が新造。仁安二年（一一六七）に六条天皇の里内裏となり、以下の天皇の里内裏として用いられる。元弘元年（一三三一）光厳天皇（北朝）がここで践祚し、以後明治維新まで京都御所となる。

七条殿に還御)。《兵範記》
5・10 権大納言平重盛に諸道の海賊追捕を命じる。《兵範記》
5・17 平清盛、太政大臣を辞任。《山槐記》
5・19 天皇、五条皇居の怪異により、藤原邦綱の土御門東洞院殿に遷る。《兵範記》
6・16 上皇、法住寺殿不動堂供養に御幸する。《愚昧記》
6・28 上皇、最勝寺御八講始に御幸する。
▼斎宮休子内親王、東河にて禊を行なう。《愚昧記》
7・2 鳥羽天皇忌日法会に、上皇・上西門院・八条院・高松院、鳥羽殿に赴く。《愚昧記》
7・3 上皇、法勝寺御八講始に御幸する(七日結願にも御幸)。《愚昧記》
7・13 天皇、病む(中宮も)。《玉葉》
7・17 丹生・貴布禰両社に奉幣して雨を祈る。《兵範記》
7・20 上皇、新造山科殿に移る(「但其儀密々」)。《兵範記》
⑦・14 上皇、病む(十九日平癒)。《愚昧記》
8・3 上皇、鳥羽殿に御幸、成菩提院に彼岸念仏を行なう。《兵範記》
8・10 成菩提院の念仏結願。上皇、女御平滋子とともに新造伏見殿に移る(十三日還御)。《兵範記》
8・22 上皇、仁和寺法金剛院に御幸する。《兵範記》
8・27 天皇、内裏より五条里内裏に遷る。《兵範記》
9・11 伊勢例幣使を発遣する。《顕広王記》
9・15 丹生・貴布禰両社に止雨奉幣を行なう。《兵範記》
9・21 上皇、女御平滋子と熊野に御幸する(十月十一日帰京し、稲荷社に参詣)。《玉葉》
斎宮休子内親王、東河で禊して野宮に入る。《愚昧記》
9・26 地震あり。《愚昧記》
9・27 五条里内裏、焼亡する。天皇、高倉殿に遷る。《玉葉》
9・30 天皇、高倉殿より大内裏に遷る。《兵範記》
10・15 上皇、七条殿より法住寺殿に移り、十二社に奉幣する。《玉葉》
10・18 皇太子憲仁親王、病む。《玉葉》
10・25 上皇、女御平滋子と日吉社に御幸する(二十六日競馬、二十七日相撲を覧て、二十八日還御)。《兵範記》
11・5 上皇、女御平滋子と法金剛院理趣三昧に御幸する。《愚昧記》
11・11 一代一度の大神宝使を発遣する。《兵

範記》

11・12 上皇、女御平滋子と仁和寺に渡御、ついで七条殿に還御する。《愚昧記》

11・18 故摂政近衛基実室平盛子を従三位に叙し、准三宮とする。《兵範記》

11・21 伊勢神宮が焼亡する。《興福寺略年代記》

12・9 皇太子憲仁親王、読書始を行なう。《玉葉》上皇皇子（定恵）、出家する。《北院御室日次記》

12・13 覚性入道親王を仁和寺総法務とする。《仁和寺御伝》

12・21 上皇、法勝寺大乗会に御幸する。《愚昧記》

12・22 一代一度の大仁王会を行なう。《愚昧記》

この年 西行、讃岐国白峯御陵を訪ねる。《山家集》

■仁安三年（一一六八）戊子

六条天皇 5歳

高倉天皇 8歳

後白河上皇42歳

1・9 後白河上皇、日吉社に御幸する（十日還御）。《兵範記》

1・11 上皇、円勝寺修正会に御幸する。《兵範記》

1・18 上皇、熊野に御幸する（三十日、熊野本宮に着御。二月十五日還御）。《兵範記》

1・28 天皇、摂政藤原基房第にて詩歌管絃の遊あり。《兵範記》

2・2 上皇、熊野本宮に参籠する（十日間）。《兵範記》

2・11 前太政大臣平清盛、病により出家する（室平時子も）。《愚昧記》

2・15 上皇、熊野より帰り、すぐ平清盛を六波羅第に見舞う（十六日にも六波羅に御幸）。《玉葉》

第八十代 高《たか》倉《くら》天皇

2・19 六条天皇、高倉殿にて譲位（後白河上皇・平清盛の意向による）。憲仁《のりひと》親王、藤原基房の閑院第にて受禅（**高倉天皇**）。藤原基房を引き続き摂政とする。《玉葉》伊勢斎宮休子内親王、当帝譲位により野宮を退下する。《一代要記》

2・28 先帝に太上天皇尊号を奉る。▼天皇、初めて石灰壇にて伊勢神宮を拝する。また、侍読を召し、「後漢書」を読ませる。《玉葉》

3・8 伊勢神宮に即位を奉告する。《兵範記》

3・11 天皇、即位式のため閑院より内裏に遷る（後白河上皇、その行装を郁芳門南辺にて覧る）。《玉葉》

＊**高倉天皇**《たかくらてんのう》（一一六一～八一）憲《のり》仁《ひと》親王。後白河天皇第四皇子。母は贈左大臣平時信《ときのぶ》女滋子（建春門院）。永万元年（一一六五）親王宣下、仁安元年（一一六六）立太子、同三年践祚・即位、嘉応三年（一一七一）元服。治承四年（一一八〇）譲位し、太上天皇尊号宣下、翌年崩御。皇后は平徳子（所生の子に安徳天皇）。藤原殖子との間に守貞親王・後鳥羽天皇をもうける。ほか皇子に惟明親王、皇女に功子・範子・潔子各内親王がいる。陵は後清閑寺陵。号は高倉殿によるといわれるが定かでない。

3・14　皇太后藤原呈子の院号を九条院とする。《玉葉》
3・20　高倉天皇、大極殿にて即位礼を挙げる（このときの記録が、清原頼業《よりなり》の日記を抄出した「高倉院御即位記」）。▼天皇実母平滋子を皇太后とする。《兵範記》
3・27　仁和寺守覚法親王を一身阿闍梨とする。《仁和寺御伝》
3月　道恵法親王、病により、四天王寺検校を円恵法親王に、観音院別当を定恵法親王に譲る。《兵範記》
4・9　天皇、内裏より閑院に遷る。▼六条上皇、土御門東洞院より法住寺殿に移る。《兵範記》
4・11　守覚法親王、仁和寺北院で覚性法親王に伝法灌頂を受ける（後白河上皇臨幸）。《兵範記》
4・22　円恵法親王を四天王寺・蓮華王院別当とする（ついで三井寺長吏に）。《諸寺院上申》
4・25　園城寺長吏道恵《どうえ》法親王（鳥羽天皇皇子。母は紀光清女）没（年37）。《兵範記》
4・30　即位を山階以下の山陵に奉告する。《兵範記》
5・16　即位大奉幣使を発遣する。《兵範記》
5・20　後白河上皇、法勝寺千僧御読経に臨幸する。《兵範記》
6・3　後白河上皇、延暦寺に御幸する（八日千僧御読経、十日還御）。《愚昧記》
6・4　天変・疫癘《えきれい》により二十二社に奉幣する。《兵範記》
6・13　天皇、閑院より内裏に遷る。《兵範記》
6・26　天皇、内裏より閑院に還御する。《愚昧記》
6・29　外祖父平時信に正一位左大臣、外祖母藤原祐子に正一位を贈る。《兵範記》
7・2　後白河上皇、仁和寺法金剛院上西門院御懺法に御幸する。《兵範記》
7・3　後白河上皇、法勝寺御八講始に御幸する（五日にも）。《兵範記》
7・5　後白河上皇、法勝寺に御幸する。《兵範記》
7・9　後白河上皇、新熊野社に御幸する（十四日まで参籠）。《兵範記》
7・16　天皇、内裏より閑院に遷る。《兵範記》
8・2　後白河上皇、皇太后平滋子と法住寺殿に御幸する。《兵範記》
8・4　天皇、後白河上皇・皇太后平滋子の法住寺殿に朝覲行幸する。《兵範記》
8・10　内大臣藤原忠雅を太政大臣、大納言源雅通を内大臣とする。《公卿補任》
8・20　蔵人頭平信範、勅免荘園の増加で大

嘗会悠紀の用途が欠乏することを奏上する。《兵範記》
8・27 後白河上皇皇女惇子《あつこ》（「じゅんし」とも）を内親王とし、伊勢斎宮に卜定する。
▼後白河上皇、日吉社に御幸する（二十八日還御）。《兵範記》
9・1 後白河上皇、新熊野社・新日吉両社に御幸する。《兵範記》
9・5 後白河上皇、熊野御幸に出発する（十七日熊野本宮着御、十月六日還御）。《兵範記》
9・11 伊勢例幣使を発遣する。《兵範記》
9月 四月入宋の栄西・重源、帰国。《元亨釈書》
10・3 天変地妖・諸社の怪により、二十二社に奉幣する。《兵範記》
10・9 中宮藤原育子、出家する。《兵範記》
10・15 天皇、閑院より内裏に遷る。《兵範記》
10・21 天皇、大嘗祭のため鴨川で禊する。《兵範記》
10・27 天皇、内裏より閑院に還御する。《兵範記》
11・13 天皇、閑院より内裏に遷る。《兵範記》
11・21 内大臣藤原雅通等を帳台試《ちょうだいのこころみ》に参仕せずにより解官。《愚昧記》
11・22 天皇、大嘗祭を行なう。《兵範記》

12・2 皇太后平滋子、法成寺に行啓する（四日還御）。《兵範記》
12・21 伊勢内宮、焼失する。《兵範記》
12・29 参議源雅頼を伊勢に発遣し、神宮に奉幣する（一月六日帰京）。この日、兵部卿平信範《のぶのり》、伊勢神宮の火災について「本朝は神国なり、国の大事祭祀に過ぎることなし（中略）もし徳政を行はざれば、また神慮に叶はざるか」と記す。《兵範記》

■嘉応元年（一一六九）己丑

高倉天皇 9歳
後白河上皇43歳
六条上皇 6歳

1・1 御物忌・伊勢神宮焼失のため、四方拝・小朝拝を中止する。《兵範記》
1・9 天皇、初めて「史記」五帝本紀を読む。《愚昧記》
1・13 天皇、内裏より閑院に遷る。《愚昧記》
1・14 後白河上皇、熊野に御幸する（二十六日、熊野社に奉幣。二月九日還御）。《兵範記》伊賀・伊勢・美濃・尾張・三河等に勅して大神宮を造営させる。《愚昧記》
1・26 権中納言平時忠を勅使として伊勢に発遣し、神宮に神宝を奉る（炎上を祈謝）。《兵範記》
2・1 勅使の伊勢奉幣の当日により、天皇、

＊**梁塵秘抄**《りょうじんひしょう》 後白河天皇撰の歌謡集。歌謡集十巻、口伝集十巻から成ると推定されている。
＊**嘉応**《かおう》 権中納言藤原資長《すけなが》の勘申による。出典は「漢書」王褒伝《おうほうでん》の「天下殷富、数有嘉応」。

庭前にて御拝する。《兵範記》
2・12 皇太后平滋子、平野社に行啓する。《餝抄》
2・13 皇太后平滋子、日吉社に行啓する(十四日還御)。《愚昧記》
2・20 後白河上皇、石清水八幡宮に御幸する(二十一日還御)。《愚昧記》
2・29 後白河上皇、賀茂社に御幸し、出家の暇を告げる。《愚昧記》
3・13 後白河上皇、高野山に御幸する(十四日、四天王寺へ。十五日、高野政所に着御)。《愚昧記》
3月中旬 後白河上皇、「**梁塵秘抄**」巻九までを撰する。《梁塵秘抄口伝集》
3・20 後白河上皇、高野山から平清盛の福原第に着御する(二十三日還京)。《兵範記》
3・21 平清盛、後白河上皇臨御のもと、千部法華経を供養する。《兵範記》
3・25 後白河上皇、石清水八幡宮に御幸する。《愚昧記》
3・26 皇太后平滋子、平野社に行啓する。《愚昧記》
4・7 後白河上皇、新熊野社に参籠する(十二日、七条殿に還御)。《兵範記》
4・8 即位により、**嘉応**と改元する。《兵範記》
4・12 皇太后平滋子の院号を建春門院とする。《兵範記》
4・20 後白河上皇、ひそかに高倉桟敷で斎院式子内親王の御禊を見物する。《兵範記》
4・26 天皇、石清水八幡宮に行幸する(二十七日還御)。後白河上皇、その行装を覧る。《兵範記》
4・28 天皇、後白河上皇の法住寺殿に行幸する(翌日朝覲行幸)。《兵範記》
5・19 天皇、閑院より内裏に遷る。《兵範記》
5・28 後白河上皇、法勝寺千僧御読経供養に御幸する。《兵範記》
6・7 後白河上皇、八条院に御幸する。《後白河院御落飾記》
6・14 後白河上皇、新熊野社に参詣する(十六日還御)。《兵範記》
6・17 後白河上皇、法住寺御所で剃髪・出家する。《玉葉》伊勢内宮の臨時遷宮が行なわれる。《百練抄》
6・23 天皇、内裏より閑院に遷る。▼室生龍穴社に仁王般若経を転読して雨を祈る。《兵範記》
6・25 神泉苑に孔雀経を転読させ雨を祈る。《兵範記》
6・29 丹生・貴布禰両社に奉幣し、神泉苑に五竜祭を修するなど雨を祈る。《兵範記》

7・26 賀茂斎院式子内親王、病により退下する。《皇帝紀抄》
8・29 天皇、賀茂社に行幸する（後白河法皇、建春門院とこれを覧る）。《兵範記》
9・6 法皇、新日吉社に御幸する。《兵範記》
9・7 法皇、新熊野社に御幸する。《兵範記》
9・11 伊勢例幣使を発遣する。《兵範記》
9・20 霖雨久しく、丹生・貴布禰両社に止雨を祈らせる。《兵範記》
9・27 斎宮惇子内親王、東河に禊し、野宮に入る。《兵範記》
10・10 天皇、閑院より内裏に還る。《兵範記》
10・15 法皇、建春門院と熊野に御幸する（建春門院は十一月五日、法皇は十一月十三日還御）。《兵範記》
10・20 二条天皇皇女僐子《よしこ》を内親王とし、賀茂斎院に卜定する。《兵範記》
10・26 一代一度の大神宝使を発遣する。《兵範記》
11・12 天皇、閑院より内裏に還る。《兵範記》
11・20 建春門院入内。天皇、ひそかに建春門院御在所弘徽殿に渡御する。《兵範記》
12・2 法皇、仁和寺泉殿に御幸する。《御室相承記》
12・11 鳥羽天皇皇子覚性入道親王没。《愚昧記》
12・23 延暦寺衆徒、神輿を奉じて入京し、権中納言藤原成親の処罰を強訴する。《玉葉》
12・24 藤原成親を備中に配流する。《玉葉》
12・25 一代一度の大仁王会を行なう。《兵範記》
12・27 延暦寺衆徒の強訴を制止せざるにより、天台座主明雲の護持僧を停める。《兵範記》
12・28 藤原成親配流の際、平時忠・平信範に奏事不実があったとして両者を配流、成親を召還する。《玉葉》
12月 後白河法皇皇子守性を仁和寺寺務とする。《仁和寺御伝》
この年 後白河法皇皇子（承仁法親王）、誕生する（母は権大僧都仁操女）。《梶井円融房在住親王伝》

■嘉応二年（一一七〇）庚寅

高倉天皇 10歳
後白河法皇44歳
六条上皇 7歳

1・3 天皇、後白河法皇の法住寺殿に朝覲行幸する。《玉葉》
1・8 法皇、法勝寺修正会に御幸する。《玉葉》
1・14 大雨・大地震あり。《愚昧記》
1・18 法皇、蓮華王院修正会に御幸する。

＊皇帝紀抄《こうていきしょう》 高倉天皇から後堀河天皇までの年代記。作者不詳。
＊覚性入道親王《かくしょうにゅうどうしんのう》（一一二九～六九） 鳥羽天皇第五皇子。母は待賢門院。仁和寺門跡。大治四年（一一二九）親王宣下（本仁親王）。保延六年（一一四〇）出家（法名信法、のち覚性）。長尾山林中に葬られ、ついで遺骨は高野山に安置される。

《愚昧記》
1・23　天皇、内裏より閑院に遷る。《百練抄》
1・28　天皇、「史記」五帝本紀を読む。《玉葉》
2・6　延暦寺僧徒の訴えにより、権中納言藤原成親を解官、平時忠・平信範を召還する。《玉葉》
3・14　法皇、熊野より還御する（出発日不詳）。《玉葉》
3・20　法皇、建春門院と鳥羽北殿に御幸する。《兵範記》
3・22　天皇、春日社に行幸する（法皇、これを覧る。天皇、二十三日還御）。《玉葉》
4・15　仁和寺御室守覚を、仁和寺・円宗寺の検校、勝光明院・法金剛院別当等とする。《仁和寺御伝》
4・17　法皇、賀茂祭を見物する。《兵範記》
4・19　法皇、東大寺に御幸する（平清盛以下扈従。二十一日法住寺殿に還御）。《兵範記》
4・20　法皇、東大寺にて受戒し、正倉院勅封蔵を開いて宝物を覧る。《玉葉》
4・23　式子内親王、賀茂初斎院御禊を行なう。《愚昧記》
④・16　右大臣九条兼実に、御物の琵琶を修理させる。《玉葉》
④・20　地震あり。《玉葉》
④・28　仁和寺御室守覚を親王とする（守覚法親王）。《仁和寺御伝》
5・1　法皇、法勝寺三十講始に御幸する。《兵範記》
5・17　二条天皇の遺骨を香隆寺本堂より三昧堂に移す。《百練抄》
5・19　天皇、閑院より内裏に還る。《兵範記》
5・25　鳥羽天皇皇子覚快を法性寺座主に任じ、親王とする（覚快法親王）。《華頂要略》
5・28　丹生・貴布禰両社に奉幣、また権僧正禎喜に神泉苑で孔雀経を読ませ、雨を祈らせる（二十九日大雨。三十日禎喜に牛車宣旨）。《玉葉》
6・1　霖雨洪水（五日止雨奉幣）。《兵範記》
6・6　太政大臣藤原忠雅、辞任。《玉葉》
6・19　天皇、内裏より閑院に遷る。《兵範記》
7・3　法皇、法勝寺御八講始に御幸する。《玉葉》
7・6　天皇、病む。六条上皇も病となる。《玉葉》
8・19　法皇、仁和寺一切経会に臨幸する。《玉葉》
9・10　斎宮惇子内親王、伊勢へ群行する。《玉葉》
9・11　伊勢例幣使を発遣する。《園太暦》

9・20 法皇、平清盛の福原山荘に御幸し、宋人を引見する。《玉葉》
9・27 天皇、閑院より内裏に遷る（閑院を摂政藤原基房に返す）。《玉葉》
10・21 摂政藤原基房、平重盛の兵に襲われ、参内できず（朝儀停滞）。《玉葉》
12・10 権中納言藤原邦綱を伊勢に発遣し、神宮に奉幣する。《玉葉》
12・14 摂政藤原基房を太政大臣とする。《玉葉》
□2・11藤原宗能《ふじわらのむねよし》（内大臣。父は右大臣藤原宗忠。86）

■承安元年（一一七一）辛卯

高倉天皇 11歳
後白河法皇45歳
六条上皇 8歳

1・3 天皇、紫宸殿にて元服する（加冠は摂政・太政大臣藤原基房）。《玉葉》
1・8 法皇、法勝寺に御幸する。《玉葉》
1・13 天皇、後白河法皇の法住寺殿に朝覲行幸する。《玉葉》
1・28 天皇、内裏より閑院に遷る。《百練抄》
2・22 賀茂斎院僐子内親王、病により退下する。《皇帝紀抄》
3・1 後白河天皇皇女休子内親王（斎宮）没（年15）。▼二条天皇皇女僐子内親王没（年13）。《玉葉》
3・26 法皇、千僧御読経に御幸する。《玉葉》
4・20 摂政・太政大臣藤原基房、太政大臣を辞任。《玉葉》
4・21 天変により承安と改元する。《玉葉》
4・23 天皇、平野社に行幸する。《玉葉》
4・27 天皇、大原野社に行幸する。《玉葉》
5・29 法皇、熊野に御幸する（六月二十一日還御）。《玉葉》
6・28 鳥羽天皇皇女頌子《しょうし》内親王を賀茂斎院に卜定する。《玉葉》
7・29 六条上皇、病む。《玉葉》
8・14 賀茂斎院頌子内親王、病により退下する。《玉葉》
9・11 伊勢例幣使を発遣する。《玉葉》
9・16 伊勢内宮の式年遷宮が行なわれる。《二所大神宮例文》
10・8 上西門院、法金剛院に御堂を供養する（法皇・建春門院臨御）。《玉葉》
10・9 天皇の病気により、鬼気祭・千手法を修させる。《玉葉》
10・19 天皇、松尾社に行幸する。《玉葉》
10・22 法皇、鳥羽殿に渡御する。《玉葉》
10・23 法皇、建春門院と平清盛の福原別業に御幸する（十一月一日帰京）。《玉葉》
11・3 法皇、ひそかに藤原成親の五辻第に

＊承安《じょうあん》 権中納言藤原資長の勘文に「尚書曰《いわく》、王命我来、承安汝文徳之祖、正義、承文王之意、安定此民也」とある。

御幸する。《玉葉》
11・7 天皇、北野社に行幸する（「北野宮寺縁起」では六日）。《北院御室日次記》
11・25 建春門院、石清水八幡宮に御幸する。《兵範記》
12・2 法皇、平清盛女徳子を猶子とする。《玉葉》
12・14 平清盛女徳子、入内する。《玉葉》
12・16 法皇、熊野に御幸する（翌年一月六日還御）。《兵範記》
12・26 平徳子を女御とする。《玉葉》

■承安二年（一一七二）壬辰

高倉天皇 12歳
後白河法皇 46歳
六条上皇 9歳

1・11 法皇、円勝寺に御幸する。《玉葉》
1・14 法皇、法勝寺修正会に御幸する。《玉葉》
1・18 守覚法親王を六勝寺長吏とする（「一代要記」では十三日）。《仁和寺御伝》
1・19 天皇、法皇の法住寺殿に朝覲行幸する。《玉葉》
2・3 法皇の法住寺殿に最勝光院が上棟し、法皇、建春門院と御幸する。《玉葉》
2・5 天皇、内裏より閑院に遷る。《玉葉》
2・10 皇后藤原忻子を皇太后、中宮藤原育子を皇后、女御平徳子を中宮とする。《玉葉》
3・15 法皇、平清盛の福原第で千僧供養を行なう（二十日還御）。《玉葉》
3・26 天皇、日吉社に行幸する（二十七日還御）。《玉葉》
4・27 建春門院、平野社に御幸する。《玉葉》
4・29 地震あり。《玉葉》
5・1 法皇、法勝寺三十講始に御幸する。《玉葉》
5・3 伊勢斎宮惇子内親王（後白河天皇皇女。母は藤原公能女）、斎宮寮にて没（年15）。《百練抄》
5・12 法皇、仁和寺に御幸し、上西門院を見舞う。《玉葉》
5・13 天皇、閑院より内裏に遷る。《玉葉》
5・20 霖雨洪水。《玉葉》
6・7 内大臣源雅通を伊勢に発遣し、神宮に奉幣する。《玉葉》
6・17 天皇、内裏より閑院に遷る。《玉葉》
7・1 法皇、鳥羽に御幸する。《玉葉》
7・3 法皇、法勝寺御八講始に御幸する。《玉葉》
7・21 法皇、建春門院と新造三条室町殿に移る。《玉葉》
7・23 天皇、法皇御所の三条室町殿に行幸する（二十四日、閑院に還御）。《玉葉》

8・16 法皇、北殿新造小御所に渡御する。《玉葉》
8・20 閑院に蚋《ぶよ》が群集、天皇、法皇の三条室町殿に遷る。《玉葉》
9・10 法皇、伏見に御幸する。《惟宗広言集》
9・16 中国宋の明州の使者、法皇と平清盛に贈物を献じる。《玉葉》
9・17 天皇、病む。《玉葉》
9月 閑院内裏の桜が咲いたため御卜を行なう。《百練抄》
この秋以降 藤原為経「今鏡」成るか。
10・11 法皇、前大僧正覚忠より、一身阿闍梨職を受ける。《玉葉》
10・13 法皇、摂津国輪田に御幸し、法華経を修する（十九日、鳥羽殿に還御）。《百練抄》
10・15 法皇、平清盛の輪田浜での千壇阿弥陀供に臨幸する。《百練抄》
10・23 天皇、稲荷社・祇園社に行幸する。《玉葉》
12・10 天皇、病む。《玉葉》
12・12 建春門院、石清水八幡宮に参籠する（三日間）。《玉葉》
12・19 天皇、病む（閏十二月一日平癒）。《玉葉》
12・27 摂政藤原基房を関白とする。《玉葉》
興福寺衆徒六百人、神木を奉じて入京をはかるも、武士にこれを防がせる。《百練抄》
⑫・13 諸国に万平改元との流言あり、令してこれを誡諭する。《玉葉》

■承安三年（一一七三）癸巳

高倉天皇 13歳
後白河法皇 47歳
六条上皇 10歳

1・8 法皇、法勝寺修正会に御幸する。《玉葉》
1・11 法皇、円勝寺修正会に御幸する。《愚昧記》
1・13 天皇、法皇の法住寺殿に朝覲行幸する。《玉葉》
1・14 法皇、法勝寺修正会結願に御幸する。《玉葉》
1・18 法皇、建春門院と蓮華王院修正会に御幸する。《愚昧記》
1・29 法皇、今日吉・今熊野両社に御幸する。《玉葉》
1・30 法皇、熊野に御幸する（二月二十四日還御）。《玉葉》
3・10 法皇、近臣西光法師（藤原師光）建立の浄妙寺新堂供養に御幸する。《玉葉》
3・13 法皇、宋の使者に贈物を賜い、返牒を送らせる。《玉葉》

＊**惟宗《これむねの》広言集《ひろことしゅう》** 惟宗広言（一一三二～八九）の和歌集。

3・14 宋の使者入朝、平清盛面会せず。宋使怒って帰る。《玉葉》
3・20 天皇、石清水八幡宮に行幸する。《玉葉》
3・24 法皇、醍醐寺・石間寺（岩間寺・正法寺）に御幸する。《醍醐寺雑事記》
4・12 法皇御所法住寺北殿、焼亡。《玉葉》
4・13 天皇、賀茂社に行幸する。《玉葉》
4・29 高雄の僧文覚《もんがく》、法皇に神護寺復興費用に寺への荘園寄進を請うも勅許なきに怒り法皇を誹謗したため、捕らえられる。《玉葉》
5・9 鴨川洪水。《玉葉》
5・16 僧文覚を伊豆に配流する。《百練抄》
6・12 女御藤原琮子、病により出家する。《愚昧記》
6・21 法皇、延暦寺座主以下を召し、大衆の蜂起を止めさせる。《玉葉》
6・30 二十二社に奉幣し、三合厄・天変を祈禳する。《玉葉》
7・7 法皇、法勝寺御八講結願に御幸する。《玉葉》
7・12 法皇、院宣を下し、蜂起せんとする延暦寺僧徒を慰撫する。《玉葉》
8・15 皇后藤原育子没（年28）。《玉葉》
8・25 伊勢内宮の仮殿遷宮が行なわれる。《二所大神宮例文》
8・28 伊勢外宮神宝使を発遣する。《玉葉》
9・15 天皇、病む。《玉葉》伊勢外宮の遷宮が行なわれる。《二所大神宮例文》
9・24 天皇、法住寺殿に行幸し、二十五日、童舞を覧る。《百練抄》
10・5 法皇、建春門院の新御堂御所に移る。《玉葉》
10・15 建春門院新御堂を最勝光院と名づける。《玉葉》
10・21 天皇、最勝光院供養に行幸する。《玉葉》
10・26 法皇・建春門院、日吉社に御幸する。《華頂要略》
11・3 南都の僧、蜂起し、覚興の流罪を許し、七大寺の荘園の還付を訴えて、神輿を奉じて木津に到る。《玉葉》
11・6 法皇、右大弁藤原俊経を派遣し、興福寺僧徒が延暦寺を襲うのを制止させる。《百練抄》
11・10 法皇、興福寺別当前権僧正覚珍等を召し、南都衆徒を諭告させる（十二日、衆徒解散し沈静。宣旨を下して南都十五大寺の荘園を没収）。《玉葉》
11・11 法皇、熊野参詣に出発する（十二月二日還御）。《玉葉》

□1・5藤原光頼《ふじわらのみつより》（権大納言。葉室光頼とも。父は権大納言藤原〈葉室〉顕頼。50）

■**承安四年（一一七四）甲午**
高倉天皇　14歳
後白河法皇48歳
六条上皇　11歳

1・11　天皇、後白河法皇の法住寺殿に朝覲行幸する。《玉葉》
1・23　法皇、建春門院と日吉社に御幸する（七日間参籠）。《玉葉》
2・6　天皇、法皇御所に方違行幸する。ついで天皇、法皇・建春門院と最勝光院に行幸する。《吉記》
2・7　天皇、法住寺殿にて、呪師《のろんじ》・猿楽等を覧る（この日、天皇還御）。《吉記》
2・9　法皇、建春門院と最勝光院修二月会に御幸する。《吉記》
2・19　法皇、最勝光院に御幸する。《吉記》
2・21　建春門院、ひそかに広隆寺に御幸する。《玉葉》
2・23　法皇、最勝光院小御堂の理趣三昧に、また仁和寺蓮華心院供養に御幸する。《吉記》
3・1　建春門院、広隆寺・行願寺等に御幸する。《吉記》
3・7　法皇皇子円慧法親王、前大僧正覚忠の房に入り、弟子となる。《吉記》
3・10　二条天皇皇子（尊恵法親王）、出家する。《玉葉》
3・16　法皇、建春門院と摂津福原の平清盛別業に御幸する（ついで清盛を従え、安芸厳島社に御幸。四月九日還御）。《玉葉》
4・17　法皇、建春門院と賀茂祭を見物する。《顕広王記》
5・11　法皇、日吉社に参籠する（二十一日還御）。《顕広王記》
6・10　丹生・貴布禰両社に奉幣し、雨を祈る。《顕広王記》
6・14　法皇、新熊野三条殿に御幸し、祇園御霊会を見物する。《玉葉》
6・16　天皇、閑院内裏に還御する。《顕広王記》
6・17　丹生・貴布禰両社に奉幣し、雨を祈る。《顕広王記》
6・21　神泉苑に孔雀経法を修し、雨を祈る（この日大雷鳴）。《玉葉》
6・27　五社に奉幣して雨を祈る。《玉葉》
6・29　法皇、最勝寺御八講に御幸する。《顕広王記》
7・3　法皇、法勝寺御八講始に臨幸する。《玉葉》
7・5　法皇、法勝寺に臨幸する。《玉葉》
7・18　法皇、清水寺如法経供養結願に臨幸

＊吉記《きっき》　権大納言吉田（藤原）経房（一一四三～一二〇〇）の日記。経房は吉田に住んでいたことから題名となる。仁安元年（一一六六）から二十八年分があったとされるが、写本・逸文合わせて、断続的に十三年分しか伝わっていない。経房は吉田家（のちの甘露寺家）の祖。

する。《北院御室日次記》
7・22　天皇、閑院より大内裏に遷る。《顕広王記》
8・2　天皇、法皇の法住寺殿に行幸し、相撲を覧る。《玉葉》
8・8　法皇、八条院に御幸する（十日、七条殿に還御）。《吉記》
8・11　天皇、中宮平徳子とともに内裏より閑院に行幸する。《吉記》
8・15　法皇、建春門院と上西門院の東山殿に御幸する。《吉記》
8・19　法皇、建春門院と鳥羽成菩提院に御幸する。《吉記》
8・20　法皇、建春門院と鳥羽殿に御幸し、彼岸御念仏を行なう。《吉記》
9・1　法皇、御所法住寺殿にて今様合《いまようあわせ》を催す（十五夜にわたる）。《玉葉》
9・3　建春門院、日吉社に参詣する。《吉記》
9・5　法皇、建春門院と新日吉社九月会に御幸する（相撲を見物）。《吉記》
9・11　伊勢例幣使を発遣する。《玉葉》
9・16　法皇、日吉社に参籠する。《北院御室日次記》
9・22　法皇の命により、藤原隆能の描く鳥羽天皇御影が四天王寺念仏堂に掛けられる。《吉記》
9・27　法皇、建春門院とひそかに日吉社に参籠する（十月四日建春門院還御）。《玉葉》
10・6　「主上近日御笛の外、他事なし（時々琵琶）」と記される。《玉葉》
10・10　法皇皇子（道法）、仁和寺大聖院の守覚法親王の室に入る。《玉葉》
11・7　法皇、熊野より還御する（出発日不詳）。《顕広王記》
11・9　天皇、閑院より大内裏に遷る。《玉葉》
11・11　権大納言滋野井《しげのい》実国《さねくに》を伊勢に発遣し、神宮に奉幣する。《玉葉》
11・27　法皇、建春門院と法住寺南殿に渡御する。《上皇度々御移徙記》
11・30　天皇、大内裏より閑院に遷る。《顕広王記》
12・21　皇嘉門院、新造九条殿に移る。《玉葉》

■安元元年（一一七五）乙未

高倉天皇　15歳
後白河法皇49歳
六条上皇　12歳

1・4　天皇、後白河法皇の法住寺殿に朝覲行幸する（天皇、御遊にて笛を所作）。《玉葉》
1・8　法皇、法勝寺修正会に御幸する。《玉葉》
1・9　地震あり（二月二十二日・十二月二

十四日にも)。《玉葉》
1・11 法皇、法勝寺に御幸する(十八日にも)。《玉葉》
3・5 天皇、疱瘡にかかる(十一日平癒)。《百練抄》
3・9 法皇、建春門院・中宮平徳子と平時子(清盛室)の八条朱雀堂供養に御幸する。《玉葉》
3・13 法皇、熊野に御幸する。《玉葉》
3・28 天皇、石清水八幡宮に行幸する。《玉葉》
4・16 天皇、賀茂社に行幸する。《玉葉》
5・27 法皇、蓮華王院でこの日より百日間、毎日米三十石を窮民に施す。《百練抄》
6・7 霖雨洪水。諸国被害多し。《玉葉》
6・12 天皇、藤原邦綱の正親町東洞院第に行幸し、祇園御霊会の御輿を避ける。《玉葉》
6・17 法皇、これより先、新熊野社に参籠。この日、法皇、日吉社に参籠する。《玉葉》
6・19 法皇、日吉社に参籠も、建春門院の病危急により還御する(夜、再び日吉社に御幸)。《玉葉》
6・29 法皇、最勝寺御八講始に御幸する。《玉葉》
7・7 天皇、病む。▼法皇、最勝寺御八講結願に御幸する。《玉葉》

7・11 建春門院、法住寺新御所に移る。《玉葉》
7・12 皇嘉門院、九条堂に参籠する。《玉葉》
7・28 疱瘡流行により、**安元**と改元する。《玉葉》
8・11 法皇、建春門院と相模守平業房《なりふさ》の浄土寺堂に御幸する(十二日還御)。《山槐記》
8・12 法皇、浄土寺堂より帰途、権中納言藤原忠親の中山堂に御幸する。《山槐記》
8・16 法皇皇子(承仁)、建春門院平滋子猶子となり、天台座主明雲の坊に入り、弟子となる。《山槐記》
8月 瘧《おこり》病が流行(世にこれを「施行病」という)。《玉葉》
9・1 法皇、鳥羽に御幸する。《山槐記》
⑨・7 禁中管絃の興で、天皇、笛を吹く。▼これより先、法皇、建春門院と熊野に参詣、この日、還御する。(出発日不詳)。《玉葉》
⑨・13 建春門院、日吉社に参詣する(十四日還御)。《玉葉》
10・11 法皇、千僧持経者供養のため、平清盛の福原別業に御幸する(十五日還御)。《玉葉》
10・17 伊勢外宮の仮殿遷宮が行なわれる。《玉葉》
11・20 京都大火。天皇の閑院内裏に及び類

***安元**《あんげん》 右大弁藤原俊経《としつね》の勘申による。出典は「漢書」の「除民害、安元元」とあるも、「漢書」に該当箇所なし。「漢書」魏相伝には「慰安元元」とある。

***高松院**《たかまついん》(一一四一～七六) 姝子内親王。鳥羽天皇第四女。二条天皇中宮。母は美福門院得子。保元元年(一一五六)皇太子妃、同三年二条天皇即位の翌年に中宮となる。永暦元年(一一六〇)病により出家。応保二年(一一六二)院号宣下を受け高松院を称する。香隆寺に葬られる。

***建春門院**《けんしゅんもんいん》(一一四二～七六) 平滋子。後白河天皇女御。父は兵部権大輔平時信、母は権中納言藤原顕頼女祐子。仁安二年(一一六七)女御、同三年皇太后、嘉応元年(一一六九)院号宣下。高倉天皇母。新法華堂に葬られる。

焼する。《玉葉》

11・28 大納言藤原師長を内大臣とする。《玉葉》

12・13 法皇、建春門院と山階殿に御幸する。《伏見宮記録》

□2・27源《みなもとの》　雅通《まさみち》（内大臣。右大臣源雅定の養嗣子。58）

■安元二年（一一七六）丙申

高倉天皇　16歳
後白河法皇50歳
六条上皇　13歳

1・3 天皇、後白河法皇の法住寺殿に朝覲行幸する。《玉葉》

1・8 法皇、法勝寺修正会に御幸する。《玉葉》

1・18 法皇、蓮華王院修正会に御幸する。《玉葉》

1・23 法皇、初めて御賀の舞を覧る（二月五日、三月二十八日にも）。《玉葉》

2・11 天皇、閑院修理のため三条室町殿に遷る。《玉葉》

2・18 天皇、三条室町殿より閑院に還御する。《玉葉》

2月 盗賊が大極殿に入る（捕らえて殺す）。《顕広王記》

3・2 五十賀により、法皇、建春門院と法住寺南殿に御幸する。《玉葉》

3・4 天皇、法皇五十賀のため法住寺殿に行幸する（六日の後宴で笛を吹く。この夜、閑院に還御）。《玉葉》

3・9 法皇、建春門院と摂津国有馬温泉に御幸する。《玉葉》

この春 高倉天皇皇女（功子内親王）、誕生する（母は藤原公重女）。《玉葉》

4・2 法皇、法住寺殿持仏堂を供養する（千手観音一千一体を安置）。《玉葉》

4・4 建春門院、日吉社に参詣する。《玉葉》

4・8 大地震あり。《玉葉》

4・22 法皇、建春門院と賀茂祭を見物する。《玉葉》

4・27 法皇、延暦寺にて座主明雲より菩薩戒を受ける（関白藤原基房以下供奉。五月一日還御）。《玉葉》

4・28 法皇、延暦寺諸堂を巡拝する。《吉記》

5・1 仁和寺守覚法親王、高野山に参詣する。《仁和寺御伝》

5・28 天皇、法住寺殿に行幸する。《吉記》

6・4 丹生・貴布禰両社に奉幣して雨を祈る。《顕広王記》

6・13 二条天皇中宮**高松院**（姝子内親王）没（法皇、今熊野より退出）。《玉葉》

7・8 後白河天皇女御**建春門院**（平滋子）、

法住寺殿にて没。《玉葉》

7・12 天皇、建春門院死去のため、閑院**倚廬**に行幸する。《玉葉》

7・14 法皇、病む。《玉葉》

7・17 六条上皇、源邦綱の東山第で痘瘡により崩御（追号は「六条院」）。《玉葉》

7・22 六条上皇、清閑寺に土葬される（陵名は**清閑寺陵**）。《山槐記》

8・8 法皇、故建春門院のため、等身阿弥陀仏を供養する。《玉葉》

8・11 天皇、故建春門院のため、自ら法華経を書写する。《百練抄》

8・29 法皇、東寺に御幸する。《東寺長者補任》

9・11 天皇、病む。▼伊勢例幣使を発遣する。《玉葉》

9・13 法皇、四天王寺に御幸する（七ヵ日逆修を修する）。《顕広王記》

9・19 近衛天皇皇后**九条院**（藤原呈子）没。《玉葉》

10・23 天皇、法皇皇子道法法親王を猶子とする。《百練抄》

11・2 天皇、法皇皇子（承仁親王）を猶子とする。《百練抄》

11・3 法皇、笠置寺に御幸する（五日還幸）。《玉葉》

11・26 平清盛、熊野に参詣する。《玉葉》

12・9 伊勢奉幣あり。《玉葉》

この年 法皇、瘡を患う（「癩」と見立てる医師もいたが、和気貞説は「白癜《しろなまず》」〈尋常性白斑〉と診断して治癒）。

●この頃、法皇の命により、聖心、「十念極楽易往集」を撰する。《玉葉》

■治承元年（一一七七）丁酉

高倉天皇 17歳

後白河法皇51歳

1・1 諒闇により、四方拝・小朝拝を中止する（七日の白馬節会等も中止）。《玉葉》

1・28 女御藤原悰子、春日社に参詣する。《玉葉》

2・17 天皇、疱瘡をわずらう（二十二日軽減、二十九日減退）。この月、各所で諸法を修させ、病を祈禳する）。《玉葉》

3・5 内大臣藤原師長《もろなが》を太政大臣、大納言平重盛を内大臣とする。《玉葉》

3・14 法皇、平清盛の福原別業に御幸し、滞在する（二十一日還御）。《玉葉》

3・15 天皇、病む（二十二日平癒）。《玉葉》

3・18 法皇、福原で千僧供養を修する。《百練抄》

4・6 京都火災。二条東洞院が焼亡。皇嘉門院御所高倉第などが類焼する（安元の大

＊**倚廬《いろ》** 「いりょ」とも。天皇が父母の喪に服するときにこもる仮屋。

＊**清閑寺 陵《せいかんじのみささぎ》** 京都市東山区清閑寺歌ノ中山町に所在。元禄・享保の探陵では不明とされ、幕末に至り当所を考定。明治二十八年、陵の修理を行なう（翌年竣工）。

＊**九条 院《くじょういん》**（一一三一～七六） 藤原呈子《ていし》。近衛天皇皇后。父は太政大臣藤原伊通、母は中納言藤原顕隆女立子。久安四年（一一四八）鳥羽天皇皇后藤原得子（美福門院）の養女となり、のち後宮に入り皇后（中宮）となる。久寿二年（一一五五）天皇崩御により落飾。仁安三年（一一六八）院号宣下を受け九条院を称する。

＊**源平盛衰記《げんぺいじょうすいき》** 著者不詳。治承～寿永年間（一一七七～八四）の源平の争乱を描く。「平家物語」の異本とされるが、読みを主体とする点で異なる。成立は一四世紀後半と考えられている。

火。京都の三分の一が焼尽)。《愚昧記》
4・13 延暦寺・白山七社の衆徒、七社の神輿を奉じて加賀守藤原師高《もろたか》の流刑を請う。平重盛らに防がせるも、衆徒ら、神輿を二条路に置き去る(二十日、藤原師高の任を解き、尾張国に配流)。《玉葉》
4・14 延暦寺衆徒らが内裏門前に迫ったため、この日、天皇、法皇の法住寺殿に遷る(十五日、閑院に還御)。《玉葉》
4・28 京都大火。大極殿・神祇官・八省院ほか被災、焼死者数千人といわれる(太郎焼亡《じようもう》。大極殿・朝堂院は以後再建されず)。▼天皇、権大納言藤原邦綱の正親町第に遷る(二十九日、閑院に還御)。《玉葉》
5・1 守覚法親王、高野山に参籠する。《仁和寺御伝》
5・4 法皇、検非違使に命じ、天台座主明雲を謀反人として拘禁させる(五日解却)。《玉葉》
5・11 明雲の座主罷免のあとを受け、覚快法親王を天台座主とする。《玉葉》
5・17 崇徳天皇の墓所を山陵と称し、守戸一戸を充てる。《愚昧記》
5・19 法住寺辺、焼亡する。《愚昧記》
5・21 法皇、公卿の反対を抑え、前天台座主明雲の伊豆配流を決定する。《玉葉》
5・23 延暦寺僧徒、伊豆配流の途中近江国で明雲を奪い取り、比叡山に連れ去る(法皇激怒)。《玉葉》
5・27 平清盛、福原より入京する。《玉葉》
5・28 法皇、平清盛を院御所で迎え、延暦寺攻撃を議するも、清盛、反対する。《玉葉》
5・29 源行綱、権大納言藤原成親の平家打倒計画を平清盛に密告する(「鹿ヶ谷の陰謀」が露顕)。《**源平盛衰記**》
6・1 平清盛、法皇近臣の藤原成親と西光(藤原師光)を捕らえる(清盛、初めて法皇に逆らう)。《玉葉》
6・2 清盛、藤原成親を備前国に配流、西光(藤原師光)を処刑する。《玉葉》
6・3 清盛、俊寛・平康範を捕らえる。《玉葉》
6・5 日吉神輿、帰山する。《愚昧記》
6・6 清盛、明雲の配流を取り消す。《愚昧記》
6・12 天皇、閑院より八条院御所八条殿に還る。《玉葉》
6・21 八条殿が放火される。《百練抄》
6・26 天皇、八条殿より閑院に還る。《玉葉》
6月 清盛、藤原成経・平康頼・俊寛を鬼界島に、中原基兼を伯耆国に、惟宗信房を阿波国に配流する。《帝王編年記》

7・4 女御藤原琮子、広隆寺・法輪寺に参詣する。《愚昧記》
7・9 藤原成親、備前国に流され殺される。《顕広王記》
7・29 讃岐院（崇徳天皇）の怨霊を鎮めるため、崇徳院の諡号を奉り、故藤原頼長に正一位太政大臣を追贈する。《玉葉》
7月 大雨洪水。《仲資王記》
8・4 火災により**治承**と改元する。《玉葉》
8・10 法皇、八条院御所六条堀河殿に御幸する。《玉葉》
8・14 天皇、閑院より八条殿に遷る。《玉葉》
8・22 法皇、故崇徳天皇の霊を鎮めるため、成勝寺にて御八講を修する。《百練抄》
9・10 権大納言藤原実房を伊勢に発遣し、宸筆宣命を神宮に奉る。《玉葉》
9・11 伊勢例幣使を発遣する。《顕広王記》
9・13 法皇、熊野に御幸する（十月七日還御）。《玉葉》
9・26 天皇、八条殿より土御門殿に遷る。《庭槐抄》
10・3 丹生・貴布禰両社に奉幣して止雨を祈る。《顕広王記》
10・5 天皇、石清水八幡宮に行幸する（ついで土御門殿に還御）。《玉葉》
10・8 天皇、土御門殿より八条殿に遷る。《玉葉》
10・14 天皇、賀茂社に行幸する（法皇、一条室町でその行装を覧る）。《玉葉》
10・27 地震により、東大寺大仏の螺髪《らほつ》が落ちる。《玉葉》
10・28 高倉天皇皇女功子を内親王とし、伊勢斎宮に卜定する。《玉葉》
11・6 第二皇女（範子《はんし》内親王）、誕生する（母は藤原成範女）。《玉葉》
11・11 法皇、四天王寺より還御する。《玉葉》
11・12 閑院の修造が終わり、天皇、八条殿より遷る。《玉葉》
11・18 天皇、藤原範兼を奉行とし、後朱雀・後三条両天皇の日記を書写させ、この日、勝光院宝蔵に納める。《玉葉ほか》
11・24 地震あるにより、伊勢以下九社に奉幣する。《玉葉》
12・17 法皇、蓮華王院五重塔を建立し、この日、供養を行なう（天皇行幸）。《百練抄》
12月 京中強盗横行。《玉葉》
□6・1藤原師光《ふじわらのもろみつ》（出家して西光。後白河法皇近臣。生年不詳）、6・20藤原清輔《ふじわらのきよすけ》（歌学者。「奥儀抄」を崇徳天皇に、「続詞花和歌集」を二条天皇に進覧。「袋草紙《ふくろのぞうし》」撰者。74か）、7・9藤原成親《ふじわらのなりちか》（後白河天皇寵臣。40）

＊**治承**《ちしょう》 「じしょう」とも。文章博士藤原光範《みつのり》の勘文に「河図曰、治部明文徳、治承天精」とある。

■**治承二年（一一七八）戊戌**

高倉天皇　18歳
後白河法皇52歳

1・4　天皇、後白河法皇の法住寺殿に朝覲行幸する。《玉葉》
1・14　法皇、諸寺修正終に御幸する。《山槐記》
2・1　法皇、延暦寺僧徒蜂起により、園城寺での灌頂伝受を中止する。《玉葉》
2・15　故建春門院乳母若狭局の嵯峨堂供養に、法皇、ひそかに臨幸する。《百練抄》
2・26　法皇、法金剛院にて御遊を行なう。《百練抄》
3・5　法皇、熊野に御幸する（二十八日還御）。《玉葉》
3・6　八条院、熊野に御幸する。《玉葉》
3・22　天皇、春日社に行幸する（二十三日還御）。《玉葉》
4・21　法皇、賀茂祭を覧る。《玉葉》
4・24　七条北東洞院焼亡、八条坊門朱雀大路まで延焼する（次郎焼亡《じろうじょうもう》）。《玉葉》
4・29　天皇、法皇の法住寺殿に行幸する（五月二日還御）。《玉葉》
5・1　天皇・法皇、院殿上で乱遊。白拍子・女童舞等を覧る。《玉葉》
5・3　法皇、法勝寺三十講に御幸する。《山槐記》
5・9　法皇、新日吉社小五月会に御幸する。《山槐記》
5・30　地震あり。《山槐記》
6・12　天皇、祇園神輿を避けるため、土御門第に遷る。《山槐記》
6・17　初めて中殿御会《ちゅうでんぎょかい》が行なわれる（天皇、笛を所作）。《山槐記》
6・19　法皇皇子（道法）を大僧正禎喜の弟子とする。《山槐記》
6・27　高倉天皇皇女範子を内親王とし、賀茂斎院に卜定する。《山槐記》
⑥・11　天皇、法皇の三条室町殿に行幸する。《山槐記》
⑥・14　法皇、八条院とともに山科殿に御幸する。《山槐記》
⑥・17　「新制十七条」を下す。《玉葉》
⑥・21　丹生・貴布禰両社に奉幣、また神泉苑にて雨を祈る。《山槐記》
⑥・27　天皇、三条室町殿より閑院に還御する。《山槐記》
⑥・28　法皇、法勝寺御八講始に御幸する。《山槐記》
7・7　法皇、法勝寺に御幸する（この日、最勝光院に御幸する）。《玉葉》
8・1　法皇、鳥羽殿に還御する。《顕広王記》

8・10　法皇、四天王寺に御幸する（二十一日還御）。《玉葉》
8・24　権大納言藤原邦綱を伊勢に発遣し、宸筆宣命を神宮に奉る。《玉葉》
8月　京都強盗横行。《顕広王記》
9・11　伊勢例幣使を発遣する。《顕広王記》
9・13　斎宮功子内親王、東河で禊し、野宮に入る。《顕広王記》
9・20　法皇、石清水八幡宮に御幸する。《顕広王記》
10・4　法皇、院宣を下して平清盛に、延暦寺学徒を助け、堂衆を討たせる。《玉葉》
10・7　法皇、中宮徳子の御所に御幸する（十一日、十一月十五日、十二月八日にも）。《山槐記》
10・21　天皇、法住寺殿に方違行幸する（二十三日還御）。《玉葉》
10・25　法皇、鳥羽殿に御幸する（二十七日還御）。《山槐記》
10・28　法皇、中宮御産御祈として、等身不動大威徳像を供養する。《山槐記》
11・8　法皇、今熊野で御八講を行なう。《玉葉》
11・12　高倉天皇皇子（言仁《ときひと》。安徳天皇）、平頼盛の六波羅池殿に誕生する（母は中宮平徳子。法皇、御産殿に臨御）。《玉葉》
12・8　皇子を親王とし、名を言仁と賜う。▼法皇、中宮御所に御幸する。《玉葉》
12・15　言仁親王を皇太子とする。《玉葉》
12・20　天皇、法住寺殿に行幸する（二十一日還幸）。《玉葉》
12・28　皇太子、内裏に入る。《玉葉》

■治承三年（一一七九）己亥

高倉天皇　19歳
後白河法皇53歳

1・2　天皇、後白河法皇の法住寺殿に朝覲行幸する。《玉葉》
1・8　法皇、法勝寺に御幸する。《玉葉》
1・11　法皇、円勝寺に御幸する。▼前太政大臣平清盛、参内する。《山槐記》伊勢斎宮功子内親王、母（藤原公重女）の喪のため野宮より退下する。《百練抄》
1・14　法皇、法勝寺に御幸する。《玉葉》
1・26　天皇、法住寺殿にて呪師《のろんじ》を覧る（上西門院・八条院も）。《玉葉》
2・5　法皇、熊野に御幸する（三月一日還御）。《玉葉》
2・25　天皇、病む（ついで平癒）。《玉葉》
2・28　天皇、侍臣を紫宸殿に召し、階前の花を賞し、詩を作らせる。▼皇子守貞（後高倉院）、誕生する（母は坊門信隆女殖子）。《山槐記》

3・5　天皇、法皇御所七条殿に行幸、六日、侍臣に蹴鞠を行なわせる（七日、閑院に還御）。《山槐記》
3・11　内大臣平重盛、病により辞任する。《玉葉》
3・15　天皇、平野社に行幸する。《玉葉》
3・18　法皇、ひそかに平重盛の八条第で厳島巫女の舞を覧る。《山槐記》
3・19　法皇、七条殿に厳島巫女を召し、その舞を覧る。《山槐記》
3・20　法皇、石清水八幡宮に御幸する（十日間参籠）。《山槐記》
4・1　皇嘉門院、ひそかに四天王寺に御幸する（四日還御）。《玉葉》
4・9　斎院範子内親王、東河に禊し、左近衛府に入る。《玉葉》
4・11　高倉天皇皇子（惟明親王）、誕生する（母は平義範女）。《山槐記》
4・16　法皇皇子（尊性、のち道法法親王）、仁和寺にて出家する（法皇、これに御幸）。《仁和寺御伝》
4・18　高倉天皇皇女（潔子《けっし》内親王）、誕生する（母は藤原頼定女）。《山槐記》
4・23　法皇、賀茂社に参籠する（五月五日還御）。《玉葉》
5・14　守覚法親王、高野山に参詣する。《仁和寺御伝》
5・25　法皇、法勝寺千僧御読経始に御幸する。《玉葉》
5・28　地震あり（六月一・十七日にも）。《山槐記》
6・3　法皇、新造山科殿に移る（六日還御）。《百練抄》
6・12　天皇、閑院より土御門第に行幸し、祇園神輿を避ける（中宮平徳子も土御門第へ）。《玉葉》
6・14　法皇、祇園御霊会を見物する。《玉葉》
6・17　天皇准母・准三宮平盛子（摂政藤原基実室）没（年24）。法皇、その遺領を没収する。《山槐記》
6・21　法皇、ひそかに小松第に赴き、平重盛を見舞う。《山槐記》
6・28　天皇、土御門第より閑院に還幸する（中宮徳子も）。▼法皇、最勝寺八講始に御幸する。《玉葉》
7・3　法皇、法勝寺に御幸する（五・七日にも）。《玉葉》
7・7　大地震あり（二十一日、十一月七日にも地震）。《源平盛衰記》
7・22　天皇、病む。《玉葉》
7・29　前内大臣平重盛没（法皇、その遺領を没収）。《玉葉》

●**高倉天皇御製**（『新古今和歌集』より）
「白露のたまもてゆへるませのうちに光さへそふとこ夏の花」
「薄霧の立ちまふ山の紅葉葉はさやかならねどそれと見えけり」
「今朝よりはいとど思をたきまして歎きこりつむ逢坂のやま」

7月 疫癘流行（「銭病」といわれる）。《百練抄》
8・27 天皇、石清水八幡宮に行幸する（二十八日還御）。《玉葉》
8・30 「新制三十二条」を下す。《玉葉》
9・5 天皇、賀茂社に行幸する（六日還御）。《庭槐抄》
9・10 法皇、上西門院・皇太后藤原忻子と四天王寺に御幸する（二十一日還御）。《玉葉》
9・22 権大納言藤原実国を伊勢に発遣し、神宮に宸筆宣命を奉る。《玉葉》
10・13 法皇、石清水八幡宮に御幸する（十日間参籠）。《玉葉》
10月 京都強盗横行。《山槐記》
11・10 天台座主覚快法親王、辞任する（一説に十一日。十六日、前僧正明雲を天台座主に還補）。《山槐記》
11・14 平清盛、時事に憤り、数千の兵を率いて福原より入京（洛中騒然となる）。《玉葉》
11・17 清盛の奏請により、太政大臣藤原師長、関白藤原基房以下法皇近臣三十九人を解官する。藤原基通を内大臣・関白・氏長者とする。《玉葉》
11・18 清盛の奏請により、前関白藤原基房を大宰権帥に、前太政大臣藤原師長を尾張に配流する（摂関の流罪は未曾有のこと）。《玉葉》
11・20 平清盛、法皇の院政を停止し、鳥羽殿に幽閉する（翌年五月十四日まで）。《玉葉》
11・21 大宰権帥藤原基房の配所を備前とする。基房、出発する。《玉葉》
12・11 前太政大臣藤原師長、尾張国で出家する。《公卿補任》
12・16 皇太子言仁親王、外祖父平清盛の西八条第に行啓する。《玉葉》
この年 伊勢内宮の仮殿遷宮が行なわれる。《遷宮事略》法皇、「梁塵秘抄」の編集を終える。▼高階栄子《たかしなのえいし》（丹後局）、鳥羽殿に幽閉の後白河法皇のもとに伺候し、寵愛を受ける（以後、「院の執権」ともいわれ、発言力が強大となる）。
□7・29 平重盛《たいらのしげもり》（内大臣。平清盛長男。42）、9月あるいはこの年、俊寛《しゅんかん》（真言宗僧。後白河法皇近臣。配流先の鬼界島で没）。
●平安時代末期、後白河天皇の勅命により、常磐光長ら「**年中行事絵巻**」を描き、蓮華王院宝蔵に置く。《古今著聞集》朝堂院が廃絶したため、即位儀が太政官院、ついで紫宸殿で行なわれるようになる。▼「**扶桑**

＊**庭槐抄**《ていかいしょう》 左大臣藤原実定《さねさだ》（一一三九～九一）の日記。「槐林記」とも。

＊**年中行事絵巻**《ねんじゅうぎょうじえまき》 平安時代末頃の恒例・臨時の行事・祭礼・法会を描いた絵巻物。後白河天皇の命で常磐光長らが描いたとされる。寛文元年（一六六一）の内裏炎上で焼失も、住吉如慶父子の模写したものなどがあり、原本が想像できる。当時の大極殿など平安宮の様子が描かれ、貴重な資料となっている。

＊**扶桑略記**《ふそうりゃくき》 神武天皇から堀河天皇の寛治八年（一〇九四）までの編年体歴史書。堀河天皇の代に比叡山の僧皇円によって編纂されたといわれる。「六国史」ほか当時の記録をもとに書かれ、「水鏡」は本書を材料としたという。なおここでは「飯豊《いいとよ》天皇、二十四代女帝」と記されている。

＊**五条東洞院殿**《ごじょうひがしのとういんどの》 高倉・安徳両天皇の里内裏。五条南・東洞院西に所在。五条殿・五条内裏ともいう。前大納言藤原邦綱の邸。治承四年（一一八〇）福原遷都が行なわれたが、遷都後もここが皇居とされた。

略記」成る。

■**治承四年（一一八〇）庚子**

高倉天皇　20歳
安徳天皇　3歳
後白河法皇54歳

1・10　天皇、閑院の穢により、権大納言藤原邦綱の**五条東洞院殿**に遷る（中宮平徳子・東宮言仁親王も）。《玉葉》

2・5　天皇、病む。《玉葉》

2・16　天皇、譲位のため、五条東洞院殿より閑院に還御する。《玉葉》

第八十一代　安徳《あんとく》天皇

2・21　高倉天皇、閑院にて譲位。言仁親王、前権大納言藤原邦綱の五条東洞院殿にて受禅（**安徳天皇**。平清盛、外戚となる。高倉上皇、院政開始）。関白藤原基通を摂政とする。《玉葉》

2・27　先帝に太上天皇尊号を奉る。《玉葉》

2月　法皇、病む。《山槐記》藤原定家、「**明月記**」を記し始める。《同書》

3・4　上皇、権大納言藤原邦綱の土御門第に御幸する（中宮平徳子も）。《山槐記》

3・5　高倉上皇に宝剣壺切を返献する。《玉葉》

3・17　園城寺・延暦寺・興福寺僧徒、法皇・上皇を擁して京を去らんとする。よって平宗盛、法皇の鳥羽殿、上皇御所を警護させる。▼上皇、平時子の八条大宮第に御幸する。《玉葉》

3・18　天皇、病む。《玉葉》

3・19　上皇、厳島に御幸する（四月九日帰京）。▼天皇病気により、八条殿行幸を延引する。《玉葉》

3・23　地震あり。《玉葉》

4・3　伊勢神宮に即位を奉告する。《玉葉》

4・7　賀茂社に奉幣し、斎院不替を奉告する。《玉葉》

4・9　天皇、即位のため五条東洞院殿より内裏に遷る。《玉葉》源頼政、以仁王に平氏打倒の令旨を請う。以仁王、自ら最勝王と称し、令旨を諸国の源氏に伝え、決起を促す（「以仁王令旨」）。《吾妻鏡》

4・11　上皇、平頼盛の八条室町第に御幸する。《明月記》

4・22　天皇、紫宸殿にて即位礼を挙げる（このときの記録が清原頼業の日記から抄出の「安徳天皇御即位記」）。《玉葉》

4・27　以仁王の令旨が源頼朝・北条時政のもとに届く。《吾妻鏡》

4月　神泉苑に祈雨御読経を修する。《東寺長者補任》

＊**安徳天皇**《あんとくてんのう》（一一七八〜八五）言仁《ときひと》親王。高倉天皇第一皇子。母は中宮平時子（建礼門院）。生まれた年に親王宣下、立太子。治承四年（一一八〇）践祚、即位。寿永二年（一一八三）西海に赴き、文治元年（一一八五）壇ノ浦に沈んだ。遺体が見つからず葬儀は行なわれなかった。また、怨霊化を恐れ「安徳」の諡号が贈られた。陵は阿弥陀寺陵。

＊**明月記**《めいげつき》　歌人藤原定家（一一六二〜一二四一）の日記。治承四年（一一八〇）から嘉禎元年（一二三五）まで伝存も途中欠失あり。冷泉家時雨亭文庫に建久三年（一一九二）から天福元年（一二三三）までの自筆が伝わる。定家自身の資料として、また当時の宮廷社会を知るうえで貴重な史料となっている。

5・14 法皇、病のため鳥羽殿より藤原季能の八条坊門南烏丸西亭に移る。《玉葉》
5・15 以仁王の令旨が露顕、源姓を賜い名を以光と改め土佐国に流罪となるも、園城寺に逃れる。《玉葉》
5・16 以仁王、出家する。《玉葉》
5・18 園城寺に以仁王を出せというも、僧徒聴かず。《玉葉》
5・21 平宗盛らに園城寺を攻めさせる。《玉葉》
5・22 源頼政の挙兵により、天皇、内裏より平清盛の八条坊門櫛笥殿に遷る。▼法皇、八条御所に御幸する。《玉葉》
5・23 源頼政、法皇の山科御所に放火する。《山槐記》
5・25 以仁王と源頼政、園城寺を脱出し、奈良を目指す。《玉葉》
5・26 平重衡らの追撃により、**以仁王**、宇治川で流れ矢により戦死する（源頼政父子も戦死）。《玉葉》
5・27 院宣を諸国に下し、以仁王の令旨を奉じる者を討たせる。《玉葉》
5・28 上皇、ひそかに平清盛の第に御幸し、源頼政以下の首級を覧る。《百練抄》
6・2 天皇・法皇・上皇、平清盛の奏請で、摂津国福原に出発する（三日着御。福原遷都。天皇は平頼盛邸、法皇は平教盛邸、上皇は清盛別第を仮御所とする）。《玉葉》
6・4 天皇、清盛の別第に遷り、上皇、平頼盛の第に移る。《玉葉》
6・9 大納言藤原実定らを摂津輪田に派遣し、新都の地を点定させる。《百練抄》
6・10 平清盛および時子を准三宮とする。《百練抄》
6・11 新院（高倉上皇）の殿上にて、新都の区画を議する。《百練抄》
6・15 新都を小屋野に画する。《百練抄》
6・20 円恵法親王、兄以仁王の挙兵により四天王寺別当を止められる。《玉葉》
6・24 源頼朝、以仁王の令旨を奉じ、平氏を討とうと、東国在住の家人を招致する。《吾妻鏡》
7・14 上皇皇子（尊成親王。後鳥羽天皇）、五条町の亭にて誕生する（母は坊門信隆女殖子《しょくし》）。《一代要記》
7・19 顕広王《あきひろおう》（白川伯家の祖。神祇伯世襲の初。「顕広王記」記主）没（年86）。《山槐記》
7・20 上皇、病む。《玉葉》
7・21 山陵使を発遣して即位を奉告する。《山槐記》
7・25 十三社に奉幣して雨を祈らせる。《山

＊**以仁王**《もちひとおう》（一一五一～八〇） 後白河天皇第三皇子。母は藤原季成女成子。八条院の猶子。治承三年（一一七九）平清盛のクーデタにより後白河法皇が幽閉されたことなどから、平氏討伐の令旨を発する。宇治川の戦で敗れ戦死。

槐記》
7・29 上皇、尊号・随身・封戸を辞し、政務一切を関白藤原基通に委任する。《玉葉》
7月 五月以後炎旱、この月に至って甚しい。《玉葉》
8・17 源頼朝、伊豆に挙兵する。《吾妻鏡》
8・19 平清盛、厳島に参詣する。《玉葉》
8・24 源頼朝、石橋山に敗れる。《吾妻鏡》
8・27 丹生・貴布禰両社に奉幣して晴を祈る。《山槐記》
8月 上皇、病む。《山槐記》
9・7 源(木曾)義仲、以仁王の令旨を奉じ、信濃国で平氏打倒の兵を挙げる。《吾妻鏡》
9・21 上皇、厳島に御幸する(平清盛等扈従。十月六日、福原に還御。十一月二十二日京都還御)。《玉葉》
10・6 源頼朝、鎌倉に入る(ここを本拠と定める)。《吾妻鏡》
10・20 平氏の軍、富士川で頼朝軍と対峙するも、戦わずして潰走する。《吾妻鏡》延暦寺衆徒、旧都に還御されんことを奏上する。《玉葉》
11・7 東海・東山・北陸三道に源頼朝追討の勅を下す。《吉記》
11・11 天皇、平清盛の新造福原第に遷る。《玉葉》
11・17 源頼朝、侍所を設置。《吾妻鏡》
11・19 新嘗祭を京都神祇官にて行なう。《山槐記》
11・23 天皇、福原より宇治に遷る。《玉葉》
11・26 天皇、五条東洞院殿に遷る(平安京還都)。《玉葉》法皇、福原より京都に入り、平重盛の六波羅故第に、上皇は平頼盛の第に着御する。《山槐記》
11・27 法皇、天台座主などを召し、僧徒の源頼朝に応ずる輩を糾問させる。《吉記》
12・2 伊勢以下十七社に奉幣して兵乱を祈禳させる。《山槐記》
12・4 勅して前関白藤原基房を召還する。《山槐記》
12・8 法皇、六波羅第より上皇御所平頼盛第に移る。《玉葉》
12・15 法皇、中宮平徳子御所に御幸する。《山槐記》
12・18 平清盛、法皇の幽閉を解き、元の如く「治天の君」として政治を行なうよう奏請する。《玉葉》
12・19 地震あり(二十一日にも)。《玉葉》
12・24 上皇、仏師院尊建立の薬師十二神将を供養する。《山槐記》
12・25 蔵人頭平重衡に南都の僧徒を討たせ

る。《山槐記》

12・28　平重衡、南都を攻め、東大寺・興福寺を焼く（大仏殿焼失）。《玉葉》

この年「吾妻鏡」の記述始まる。

□12・21　藤原重家《ふじわらのしげいえ》（公卿・歌人。53）

■養和元年（一一八一）辛丑

安徳天皇　4歳

後白河法皇55歳

高倉上皇　21歳

1・1　兵乱、東大寺・興福寺焼亡により、小朝拝・院拝礼を中止。天皇、節会に出御せず。また、音曲等を中止する。《玉葉》

1・8　諸国に反する者多し。▼地震あり。《玉葉》

1・9　高倉上皇、病重し（十三日危急）。《玉葉》

1・14　高倉上皇、六波羅池殿にて崩御（清閑寺に土葬される。陵名は**後清閑寺陵**。上皇崩御により、賀茂斎院範子内親王、退下）。《玉葉》

1・17　後白河法皇、院政を再開する。《百練抄》

2・2　法皇、最勝光院内の故建春門院御所に移る。《玉葉》

2・17　太政大臣藤原基実女通子を准三宮とする。▼天皇、五条東洞院殿より権中納言平頼盛の八条第に遷る。《玉葉》

②・2　天皇、病む。《玉葉》

②・4　前太政大臣平清盛没。《玉葉》

②・15　院宣により、平重衡《しげひら》に源頼朝追討を命じる。《玉葉》

②・25　法皇、鳥羽殿より法住寺殿に移る。《玉葉》

3・7　地震あり。《吉記》

3・27　法皇、新日吉社に参籠する。《玉葉》法皇皇子（承仁法親王）、明雲僧正のもとに入室する。《華頂要略》

4・10　天皇、八条殿より閑院に遷る。《吉記》

4・28　院宣を下し、陸奥の藤原秀衡に源頼朝を討たせる。《玉葉》

4月　京で餓死者、道に満ちる。《吉記》

5・2　法皇、伊勢以下十一社に銀剣等を奉る。《吉記》

5・19　源行家、告文・幣帛を伊勢両宮に奉り、戦勝を祈る（二十九日、神宮禰宜等、行家の請を容れず）。《吾妻鏡》

5・21　上西門院の法金剛院御所が焼ける。《吉記》

6・3　法皇、園城寺に御幸する。《長門本平家物語》

6・6　神泉苑に雨を祈らせる。《吉記》

6・10　天皇、閑院より八条第に遷り、祇園

＊**後清閑寺陵**《のちのせいかんじのみささぎ》　京都市東山区清閑寺歌ノ中山町に所在。「山槐記」によれば、高倉天皇は六条天皇陵に合葬したとされる。これが清閑寺（高倉院）法華堂であるが、のち法華堂は消滅も、所在明白のため、明治二十九年に六条天皇陵と陵域を分け、修陵した。

＊**養和**《ようわ》　文章博士藤原敦周《あつちか》の勘文に「後漢書（巻一一三、豪侈伝）曰、幸得保性命、存神養和」とある。

＊**覚快法親王**《かっかいほっしんのう》（一一三四～八一）　鳥羽天皇第七皇子。母は石清水八幡宮別当光清女。天養元年（一一四四）青蓮院の行玄の門に入り、久安二年（一一四六）受戒。仁平二年（一一五二）行玄から伝法灌頂を受け、応保二年（一一六二）二条天皇護持僧となる。嘉応二年（一一七〇）親王宣下。治承元年（一一七七）明雲のあとを受けて天台座主となるも同三年辞任。雲林院に葬られる。墓は青蓮院墓地（京都市右京区大原野小塩町）にある。

＊**皇嘉門院**《こうかもんいん》（一一二二～八一）　崇徳天皇皇后。名は聖子。父は摂政藤原忠通、母は権大納言藤原宗通

神輿を避ける。《玉葉》
6・15 天皇、八条第より閑院に還御する。《吉記》
6・16 神泉苑で孔雀経法を修し、雨を祈る。《吉記》
7・12 法皇、最勝光院御八講結願に御幸する。《玉葉》
7・14 代始により**養和**と改元する（大嘗会以前の改元はまれ）。《吉記》
7・16 法皇、ひそかに平宗盛の六波羅第に御幸する（即日還御）。《玉葉》
8・1 源頼朝、法皇に平氏との和睦を申し入れるも、平宗盛が拒絶する。《玉葉》
8・3 法皇、清水寺に御幸する。《吉記》
8・6 法皇、鳥羽に御幸する。《玉葉》
8・14 宣旨を下して北陸道の源氏を討たせる。《百練抄》法皇、仁和寺に御幸し、理趣三昧を行なわせる。《玉葉》
9・11 伊勢例幣使を発遣する。《玉葉》
9・28 平行盛・平忠度を追討使とし、北陸道に発遣する。《玉葉》
10・2 天皇、伊勢に行幸して神宮に兵革を祈らんとするも、前例なきにより中止となる。《玉葉》
10・5 法皇皇女（覲子《きんし》）、誕生する（母は高階栄子）。《女院小伝》
10・6 法皇、蓮華王院に参籠する。《玉葉》
10・28 京中強盗横行。《吉記》
11・6 鳥羽天皇皇子**覚快法親王**没。《玉葉》
11・25 高倉天皇中宮平徳子の院号を建礼門院とする。《玉葉》法皇、建礼門院御所六波羅泉殿に御幸する。《吉記》
11・26 法皇、八条院に御幸する（二十七日還御）。《吉記》
11・30 法皇、ひそかに嵯峨に御幸する（広隆寺・法輪寺等へ）。《吉記》
12・5 崇徳天皇皇后**皇嘉門院**没。《玉葉》
12・13 法皇、八条院と新造法住寺殿に移る。《玉葉》
この年 天下飢饉、餓死者多し（翌年におよぶ。「養和の飢饉」）。《百練抄》
□②・4**平清盛**（武将・太政大臣。64）、②・23藤原《ふじわらの》邦綱《くにつな》（参議。女子を六条・高倉・安徳三天皇の乳母として権勢を誇る。60）

■寿永元年（一一八二）壬寅

安徳天皇 5歳
後白河法皇56歳
1・1 諒闇により、節会を中止する（二日の殿上淵酔等も中止）。《保暦間記》
1・18 法皇、八条院と蓮華王院修正会に御幸する。《吉記》
2・8 源頼朝、神馬・砂金を伊勢神宮に奉

女宗子。生年は保安二年（一一二一）説も。大治四年（一一二九）入内して女御、翌年皇后（中宮）、永治元年（一一四一）皇太后、近衛天皇准母となる。最勝金剛院に葬られる。陵は月輪南陵。なお、皇嘉門は平安宮外郭十二門の一つ。

＊**平清盛**《たいらのきよもり》（一一一八〜八一）父は平忠盛とするが、実は白河天皇の御落胤とも。保元・平治の乱で勢力を伸ばし、武家としては初めて太政大臣となり、平氏政権を樹立。女子徳子を高倉天皇中宮とし、その皇子を安徳天皇として即位させ、平家全盛時代を築く。急速な台頭は貴族社会および地方の反平氏勢力を醸成、その転落のさなか、熱病にかかって死去。

る。《吾妻鏡》
2・23　地震あり（三月十九日にも）。《吉記》
2・25　平教盛を追討使として北陸道に発遣する。《吉記》
2・29　守覚法親王、五部大乗経を仁和寺に修する（法皇臨幸）。《玉葉》
3・7　法皇、新熊野に御幸し、ついで新日吉社に参籠する。《吉記》
3・17　法皇、院宣を下し、兵粮を諸国諸荘に徴する。《吉記》
3・20　右大臣九条兼実、戒および三衣を受け、ひそかに法号を付す。《玉葉》
この春　京都、飢疫。盗賊が火を放ち、百姓は嬰児を捨て、死者が巷に満ちる。《吉記》
4・9　守覚法親王、高野山に参詣する。《仁和寺御伝》
4・15　法皇、日吉社法華万部転読結縁に臨幸する。《玉葉》
4・20　二十二社に臨時奉幣使を発遣して飢饉疾疫を祈禳させる。《平家物語》
5・15　法皇、新熊野より還御する。《玉葉》
5・27　疾疫・飢饉・兵乱等により、**寿永**と改元する。《玉葉》
6・11　法皇、新日吉社より還御する。《玉葉》
6・12　天皇、大内裏に行幸し、祇園神輿を避ける（十五日還御）。《吉記》

6・25　法皇、八条院御所に渡御する。《玉葉》
6・28　摂政・内大臣藤原基通、内大臣を辞任。《公卿補任》
7・3　法皇、法勝寺御八講始に御幸する（七日の結願にも）。《玉葉》
7・5　盗人、伊勢外宮の神宝を盗む。《類聚大補任》
7・8　法皇、最勝光院御八講始に御幸する。《玉葉》
7・30　法皇、ひそかに嵯峨に御幸する。《吉記》
8・2　法皇、法勝寺御八講始に御幸する。《吉記》
8・14　亮子内親王、安徳天皇准母の儀により皇后と尊称される。《吉記》
8・17　法皇、鳥羽に御幸する。《吉記》
8・27　法皇、石清水八幡宮に御幸する。《玉葉》
8・30　幣料なきにより、祈年穀奉幣を延引する（九月二日追行）。《吉記》
9・4　法皇、新熊野社に参籠する。《玉葉》
9・5　法皇、新日吉社に御幸する。《吉記》
9・11　伊勢例幣使を発遣する。《吉記》
9・14　法皇、賀茂社に御幸する。《吉記》
10・2　天皇、大嘗会のため閑院より大内裏に遷る。《玉葉》

＊**寿永**《じゅえい》　式部大輔藤原俊経の勘文に「毛詩曰、以介眉寿、永言保之、思皇多祜」とある。
＊**千載和歌集**《せんざいわかしゅう》　七番目の勅撰和歌集。後白河法皇の院宣により藤原俊成が撰集。序文には文治三年（一一八七）奏覧とあるが、実質的には翌年完成。三百八十四人約千二百首を収載。
＊**拾芥抄**《しゅうがいしょう》　百科全書。撰者不詳も洞院公賢撰か。上中下巻で歳時以下九十九部に分類され、宮城の指図などの図や勘文も含まれ、貴族の教養のために編纂されたものといわれる。

10・3　権大納言平宗盛を内大臣とする。《玉葉》
10・21　天皇、大嘗祭のため鴨川で禊する。《玉葉》
11・24　天皇、（八省院未造のため）紫宸殿にて大嘗祭を行なう（福原遷都・高倉上皇崩御により、この日に延引）。《玉葉》
12・2　天皇、大内裏より閑院に還御する。《玉葉》
12・15　法皇・八条院、守覚法親王の観音院結縁灌頂に臨御する。《仁和寺御伝》

■寿永二年（一一八三）癸卯

安徳天皇　6歳
後鳥羽天皇4歳
後白河法皇57歳

1・11　法皇、円勝寺修正会に御幸する。《玉葉》
1・15　法皇、日吉社に御幸する。《玉葉》
1・18　法皇、蓮華王院修正会に御幸する。《玉葉》
1・19　高倉天皇の奉為に最勝光院にて初めて御八講を修する（ついでこれを永式とする）。《玉葉》
1・28　法皇、ひそかに石清水八幡宮に御幸する。《玉葉》
2・4　法皇、賀茂社に御幸する。《吉記》
2・5　法皇、賀茂社より祇園社・稲荷社等に御幸し、ついで新熊野精進屋に入御する。《吉記》
2・9　法皇、前太政大臣藤原師長の東山妙音堂供養に御幸する。《百練抄》
2・15　法皇、最勝光院修二月会に御幸する。《吉記》
2・21　天皇、皇后亮子内親王と同輿し、法皇の法住寺殿に朝覲行幸する。《玉葉》
2・27　平宗盛、内大臣を辞任。《吉記》
2・29　法皇、病む（ついで平癒）。《玉葉》
2月　法皇、藤原俊成に「**千載和歌集**」を撰ばせる。《**拾芥抄**》
3・1　法皇、病む。《玉葉》
3・13　法皇、法勝寺にて千僧御読経を行なう。《玉葉》
4・5　大納言藤原実定を内大臣とする。《公卿補任》
4・9　神祇官人に、五日を限り、伊勢以下十六社に参籠して北陸兵禍鎮定を祈らせる。《玉葉》
4・19　法皇、新熊野社に参籠する。《百練抄》
4・25　前内大臣平宗盛に勅し、源頼朝・源信義を討たせる。《玉葉》
4・26　参議源通親を伊勢に発遣し、宸筆宣命を神宮に奉り、天変兵革を祈禳させる（五

月四日、勅使帰京)。《玉葉》
5・11 源義仲、倶利伽羅峠で平家を破る(平為盛ら敗死)。《玉葉》
5・19 東大寺大仏を鋳造する。《玉葉》
5・25 法皇、法性寺仙洞御所から出奔し、山門に達する。《吉記》
5月 神泉苑に雨を祈る。《百練抄》
6・3 法皇、ひそかに日吉社に御幸する(五日還御)。伊勢以下十社に奉幣し、兵革を祈禳する。《吉記》
6・11 法皇、賊平定のため、延暦寺で千僧読経を転読させる。《百練抄》
6・12 天皇、大内裏に行幸し、祇園神輿を避ける(十五日還御)。《吉記》
6・15 法皇、新熊野社にて六月会を修する(十六日還御)。《吉記》
6・18 法皇、清水寺に行啓する。《吉記》
6・21 柏原陵以下の山陵に使を遣わし、兵乱の鎮定を祈る。《玉葉》
6・22 伊勢神宮祭主大中臣親俊、神託により神宮の銀剣を携えて入洛し、法皇にこれを奉る。▼法皇、病む。《吉記》
6・28 法皇、石清水八幡宮に御幸する(二十九日還御。この頃、法皇、四宮(尊成《たかなり》)の即位を決める)。《玉葉ほか》
7・1 法皇、賀茂社に御幸する(二日、賀茂社より鳥羽へ御幸)。《玉葉》
7・7 法皇、法勝寺御八講結願に御幸する。《玉葉》
7・8 法皇、最勝光院御八講始に御幸する(十二日結願にも)。《玉葉》
7・10 法皇、ひそかに祇園社に御幸する。《吉記》
7・14 法皇、新熊野社より還御する。《吉記》
7・21 法皇、法住寺殿に御幸する(二十三日にも)。《玉葉》
7・24 平氏、天皇・法皇を奉じて西海に赴くことを謀る(法皇、ひそかに延暦寺に逃げる。天皇は源氏夜討ちの風聞あるため法住寺殿に遷る)。《玉葉》
7・25 平宗盛、天皇・建礼門院を奉じて西海に赴く(このとき神鏡・神璽・宝剣・時簡・玄上・鈴鹿等を持っていく)。《玉葉》
7・27 法皇、前関白藤原基房・右大臣九条兼実を従え、比叡山より京都に戻り、蓮華王院の仙洞に入る。《玉葉》
7・28 法皇、源義仲・源行家を蓮華王院に召し、平氏追討の宣旨を下す。《玉葉》
7・30 源義仲を京都守護とする。《玉葉》
8・5 大夫尉知康、名器玄上を路に得て、法皇に奉る。《百練抄》法皇、新帝を立てんと、高倉天皇皇子三宮(惟明)、四宮(尊

＊**後鳥羽天皇**《ごとばてんのう》(一一八〇～一二三九) 尊成《たかなり》親王。高倉天皇第四皇子。母は修理大夫坊門信隆《のぶたか》女殖子《しょくし》(七条院)。寿永二年(一一八三)立太子、同日践祚、翌年即位。文治六年(一一九〇)元服、建久九年(一一九八)譲位、ついで太上天皇尊号宣下。以後、土御門・順徳・仲恭三代、二十三年にわたり院政を行なう。承久三年(一二二一)出家。皇后に藤原任子(所生の子に昇子内親王)。皇子女には土御門天皇(母は源在子)、道助親王・礼子内親王・頼仁親王(以上の母は坊門信清女)、順徳天皇・雅成親王・尊快親王(以上の母は藤原重子)のほかに粛子内親王・覚仁親王・道覚親王・熙子内親王・尊円親王等がいる。陵は大原陵。日記「後鳥羽天皇宸記」、有職故実書「世俗浅深秘抄」のほか「後鳥羽院歌集」「後鳥羽院御口伝《ごくでん》」などを残す。歌人として秀れ、「ほのぼのと春こそ空に来にけらし天の香具山霞たなびく」「見渡せば山もと霞む水無瀬川夕べは秋と何思ひけん」は「新古今和歌集」に収録されている。

成）を召見する。《保暦間記》
8・6　法皇、前内大臣平宗盛ら一族二百人余の官爵を削る（その所領を没収）。《玉葉》
8・10　法皇、各大臣を院に召し、新帝践祚を議論させる。《玉葉》
8・12　摂政九条兼実、法皇を「嬰児の如き無防備、禽獣の如き貪欲」と記す。《玉葉》
8・17　天皇、大宰府に着御する。《玉葉》

第八十二代 後《ご》鳥《と》羽《ば》天皇

8・20　後白河法皇の「太上法皇詔書（伝国の詔宣）」と「如在の儀」により、第四皇子が立太子後、閑院にて践祚（名を尊成《たかなり》とする。**後鳥羽天皇**。「剣璽渡御」「神器」なし、二天皇併立の異例ずくめ）。藤原基通の摂政以下旧の如し。《玉葉》
8・28　平宗盛、安徳天皇を奉じて大宰府に到る。《玉葉》
9・2　法皇、参議藤原脩範《ながのり》を伊勢に発遣し、神宮に奉幣する。《百練抄》
9・11　伊勢例幣使を発遣する。《達幸《たつこう》故《こ》実《じつ》抄《しょう》》
9・15　法皇、日吉社に御幸する。《百練抄》
9・19　法皇、源義仲に平氏追討を命じる。《玉葉》
9月から10月にかけ、安徳天皇、平氏とともに箱崎・山鹿城・豊前柳浦・宇佐八幡宮へ転々とする（のち船に乗り讃岐屋島に遷る）。《源平盛衰記》
10・8　法皇、石清水八幡宮に御幸する。《玉葉》
10・13　法皇、賀茂社に御幸する（一宿して十四日、祇園社に参詣）。《**親経卿記**》
10・14　法皇、賀茂社より祇園社に御幸する。
▼大地震起こる。《玉葉》
10・23　法皇、源義仲に上野・信濃二国を賜い、源頼朝と講和させる。《玉葉》
10月　平氏、安徳天皇を奉じて屋島に陣営を築く。《源平盛衰記》
⑩・19　法皇、新日吉社に御幸する（じきに還御）。《玉葉》
⑩・26　法皇、院宣を下して源義仲に平氏を追討させる。《玉葉》
11・10　法皇、蓮華王院北斗堂を落慶供養する。《玉葉》
11・17　法皇、法住寺殿に兵を集め、源義仲に備える。《玉葉》
11・18　後鳥羽天皇、（兵乱を避けるため）ひそかに法住寺殿に行幸する。《玉葉》
11・19　源義仲、法住寺殿を襲い放火する。後白河法皇皇子円恵法親王は討死（年32）。法皇は摂政近衛基通の五条東洞院殿に潜幸、

＊**親経卿記**《ちかつねきょうき》　権中納言藤原親経（一一五一〜一二〇一）の日記。親経は後鳥羽・土御門両天皇の侍読。治承四年（一一八〇）から建仁元年（一二〇一）までの日記が伝えられる。

後鳥羽天皇は無事で、生母藤原殖子の七条殿に脱出する。《玉葉》
11・20 後鳥羽天皇、閑院に還御する。《百練抄》
11・21 法皇、源義仲の要請により、摂政藤原基通・内大臣藤原実定ら院近習の輩の官爵を停止し、権大納言藤原（松殿）師家《もろいえ》（年12）を内大臣・摂政・氏長者とする。《玉葉》
11・28 法皇、中納言藤原朝方以下四十余人の官職を解き、平氏の所領八十余所を源義仲に総領させる。《玉葉》
12・10（源義仲の圧力により）法皇、源頼朝追討の院宣を下す。▼法皇、五条殿から六条西洞院殿に移る（院政は六条殿で行なわれる）。《吉記》
12・15 鎮守府将軍藤原秀衡に、源頼朝追討の院宣を下す。《吉記》
12・22 大地震起こる。《玉葉》
12月 源頼朝、弟範頼・義経を遣わし、兵六万を率いて源義仲を討たせる。《吾妻鏡》
□この年、京都強盗横行。《吉記》安倍泰親《あべのやすちか》（陰陽頭。74）

■**元暦元年（一一八四）甲辰**
安徳天皇 7歳
後鳥羽天皇5歳
後白河法皇58歳

1・1 安徳天皇、讃岐屋島行宮に御す。《参考源平盛衰記》小朝拝・院拝礼を中止する。《玉葉》
1・4 法皇、飼犬三匹を左近衛中将藤原良経に預ける。《玉葉》
1・8 伊予守源義仲を征夷大将軍とする。《玉葉》
1・15 法皇、病により北陸御幸を中止する。《玉葉》
1・20 源範頼・源義経、源義仲の軍を破る。義仲、近江国粟津で戦死（宇治川の戦い）。▼法皇、義経に宮中警固を命じる。《玉葉》
1・21 法皇、使を遣わし、頼朝の功を賞する。《玉葉》
1・22 法皇、藤原師家の摂政・内大臣を止め、摂政以下を元に戻す（前摂政藤原基通・前内大臣徳大寺実定《さねさだ》を還任）。《玉葉》
1・23 大地震あり。《玉葉》
1・26 安徳天皇、屋島より福原に遷り、一ノ谷を行在所とする。▼法皇、宣旨を下し、源頼朝に平宗盛以下平氏を討伐させる。《玉葉》
1・29 法皇、宣旨を下し、義仲の遺党を捜捕させる。▼頼朝、弟範頼・義経に平氏を討たせる。《玉葉》
2・7 源範頼・義経、一ノ谷の平氏を襲う。

＊**元暦《げんりゃく》** 文章博士藤原光範《みつのり》の勘文に「尚書考霊耀曰《いわく》、天地開闢、元暦紀名、月首甲子冬至、日月若懸璧、五星若編珠」とある。

平宗盛、安徳天皇を奉じて屋島に逃れる（一ノ谷の戦）。《吾妻鏡》
2・14　法皇、平重衡を通じ、神器返還を平宗盛と交渉させる。《玉葉》
2・19　後白河法皇皇子定恵（法親王）を四天王寺別当とする。《玉葉》
2・27　平宗盛ら、神器の還京を拒む。《玉葉》
2月　法皇、東国に使を遣わし、源頼朝の上洛を促す。《玉葉》
3・6　守覚法親王、高野山に参籠する。《仁和寺御伝》
3・11　法皇、日吉社に参籠する。《華頂要略》
4・2　法皇、日吉社に御幸する。《玉葉》
4・6　尊性（道法法親王）、高野山に参籠する。《仁和寺御伝》
4・15　法皇、崇徳天皇・贈太政大臣藤原頼長の廟を春日河原に建立、この日遷宮を行なう。《玉葉》
4・16　代始により元暦と改元する。▼法皇、修理成った白河押小路殿に移る。《玉葉》
4・19　八条院、歓喜光院の御所に御幸する（ついで法皇も御幸）。《玉葉》
6・1　法皇、神器なきため、後鳥羽天皇行幸に昼御座の御剣を具するの可否を右大臣九条兼実に諮る。《玉葉》
6・16　法皇、日吉社に御幸する。《玉葉》

6・23　神器の帰座を祈り、二十二社に奉幣する。《百練抄》
6・25　法皇、若狭局（高倉天皇女房）の嵯峨堂供養に臨幸する。《玉葉》
7・2　法皇、鳥羽殿に御幸する。《玉葉》
7・5　後鳥羽天皇、即位式のため、閑院より大内裏に遷る。《玉葉》
7・7　法皇、法勝寺御八講結願に御幸する。《玉葉》
7・10　丹生・貴布禰両社に奉幣して雨を祈る。《山槐記》
7・17　伊勢に即位由奉幣使を発遣する。《山槐記》
7・28　後鳥羽天皇、太政官庁（大極殿未造のため）で即位礼を挙げる（このときの記録が、藤原定長の日記から抄出の「後鳥羽院御即位記」）。《玉葉》
7月　京都強盗横行。《山槐記》
8・1　後鳥羽天皇、大内裏より閑院に還幸する。《山槐記》
8・6　源義経を左衛門少尉に任じ、検非違使とする。《玉葉》
8・11　法皇、鳥羽成菩提院御念仏会に御幸する（八条院も。十七日還御）。《玉葉》
8・18　法皇、清水寺に御幸する。《山槐記》
8・23　後鳥羽天皇即位を各山陵に奉告する

（参議左大弁吉田経房、嵯峨山陵に奉告せんとするも山陵の正確な位置がわからず、大覚寺北方の山に向かい、馬上より拝礼）。《山槐記》
8・28 法皇、空海自筆金泥両界曼荼羅を神護寺に寄進する。《神護寺旧記》
9・11 伊勢例幣使を発遣する。《山槐記》
9・13 仁和寺尊性、守覚法親王に従い、高野山に参詣する。《仁和寺御伝》
9・15 法皇、日吉社に参籠する。《玉葉》
9・20 前斎院頌子内親王、出家する。《山槐記》
10・6 源頼朝、公文所を設置し、大江広元を別当とする。《吾妻鏡》
10・15 源義経に院内昇殿を許す。《吾妻鏡》
大嘗会大奉幣使を発遣する。《百練抄》
10・20 源頼朝、初めて問注所を設置し、三善康信を執事とする。《吾妻鏡》
10・25 後鳥羽天皇、大嘗祭のため鴨川にて禊する。《百練抄》
11・1 法皇、病む。《玉葉》
11・18 後鳥羽天皇、大嘗祭を行なう（このときの記録が、中山忠親「山槐記」から抄出の「（元暦元年）大嘗会記」）。《玉葉》
12・12 法皇、日吉社に御幸する。《玉葉》
□1・20 源義仲《みなもとのよしなか》（武将。31）

■文治元年（一一八五）乙巳

安徳天皇 8歳
後鳥羽天皇6歳
後白河法皇59歳

1・5 法皇、上西門院御所に御幸する。《吉記》
1・8 法皇皇女亮子《りょうし》内親王（安徳天皇の准母として皇后宮）、法勝寺修正会に行啓する。《吉記》
1・13 仁和寺尊性（後白河法皇皇子）を親王とし、名を道法と賜う（道法法親王）。《玉葉》
1・27 法皇、新日吉社に参籠する。《吉記》
2・19 源義経、屋島を奇襲。平宗盛、安徳天皇を奉じ、行宮を棄て海上に逃れる（屋島の戦）。《吾妻鏡》
3・24 源平両軍、壇ノ浦で戦い、平氏破れる。安徳天皇は按察局《あぜちのつぼね》に抱えられ、また二位尼時子は宝剣とともに**入水**（安徳天皇の陵名は**阿弥陀寺陵**）、建礼門院徳子は救い上げられる（神鏡・神璽は奉還されるも神剣は失われる。神剣はのち伊勢神宮にあるものを神器とする）。《吾妻鏡》
3・26 法皇、七観音・賀茂社に御幸する。《玉葉》
4・5 法皇、日吉社に御幸する。《華頂要略》

＊**入水**《じゅすい》 「平家物語」によれば、「山鳩色の御衣にびんづら結はせ給ひて御涙におぼれ、ちいさくうつくしき御手をあはせ、まづ東をふしをがみ、伊勢大神宮にお暇申させ給ひ、其後西にむかはせ給ひて、御念仏ありしかば、二位殿やがていだき奉り、〈浪の下にも都のさぶらふぞ〉となぐさめ奉て千尋の底へぞ入り給ふ」と、入水時の様子が描かれている。

＊**阿弥陀寺陵**《あみだじのみささぎ》 山口県下関市阿弥陀寺町に所在。建久二年（一一九一）安徳天皇崩御の地に阿弥陀寺御影堂が建てられる。明治八年に阿弥陀寺を赤間宮とし、同二十二年御影堂の地に陵を営む。ただ、天皇の遺骸は確認されていないため、さまざまな伝説を生み、五ヵ所が陵墓参考地に指定されている。

4・12　源頼朝、義経に神器および建礼門院を奉じ、平宗盛らを連れて帰京することを命じる。《吾妻鏡》
4・20　法皇、賀茂祭を見物する。《玉葉》
4・21　伊勢外宮の仮殿遷宮が行なわれる。《遷宮事略》
4・25　法皇、神器の還京を六条朱雀辺にて覧る。《玉葉》
4・27　天皇、閑院より内裏に遷る。神器が内裏温明殿に奉還される。▼源頼朝、従二位に叙され、公卿に列せられる。頼朝、幕府政所を設置する。《玉葉ほか》
4・28　建礼門院、還京し、吉田辺の律師実憲の坊に移る。《玉葉》
5・1　法皇、法勝寺三十講始に御幸する。▼建礼門院、長楽寺にて出家する（六月二十一日、吉田の野河御所に移る）。《吉記ほか》
5・6　平氏討滅を奉謝し、神剣帰京を祈願して、二十二社奉幣を行なう。《吉記》
5・18　盗人、昼御座の御剣を盗む（盗人、捕らえられる）。《吾妻鏡》
5・20　平時忠・平信基等を配流とする。《百練抄》
5・29　法皇、嵯峨に御幸する。《吉記》
5月　京都疾疫流行（「入梅病」といわれる）。《玉葉》
6・16　天皇、大内裏より閑院に還幸する。《玉葉》
6・20　法皇、日吉社に御幸する（二十一日競馬を覧る。二十二日還御）。▼大地震あり（何日も続く）。《玉葉》
6・21　平宗盛、近江国篠原宿で斬首される。《玉葉》
6・23　平重衡、東大寺衆徒に斬首される。《玉葉》法皇、平宗盛父子の首級を覧る。《百練抄》
6・24　法皇、右大臣九条兼実に命じ、八万四千塔を造らせる。《玉葉》
7・1　法皇、ひそかに鳥羽殿に御幸する。《吉記》
7・2　法皇、行願寺に御幸する。《吉記》
7・3　天皇、法勝寺御八講始に行幸する。《山槐記》
7・7　法皇、法勝寺御八講に御幸する。《玉葉》
7・9　大地震が起こり、翌月まで続く（圧死者多数。閑院の棟木が折れる。法勝寺阿弥陀堂九重塔・得長寿院三十三間堂等倒壊。法皇、新熊野参籠より六条殿に還御）。《玉葉》
7・22　地震により閑院が破損したため、天

皇、左大臣藤原経宗の**大炊御門殿**に遷る。《山槐記》
7・27 丹生・貴布禰両社に奉幣し、雨を祈る。《山槐記》
8・14 地震・兵乱により**文治**と改元する。《玉葉》
8・16 源頼朝、知行国六ヵ国を与えられる。《吾妻鏡》
8・19 大地震あり（二十一・二十二・二十五・二十七・二十九・三十日、九月一・二・三・五・六・八・十・十四・十七・十八・十九・二十・二十三・二十六・二十八・二十九日にも）。《山槐記》
8・23 法皇、五輪塔一万基を長講堂に供養させる。《山槐記》
8・27 法皇、奈良に御幸する（八条院も。正倉院より筆と墨を出蔵）。《玉葉》
8・28 東大寺大仏の落慶供養が行なわれる（法皇、正倉院の筆と墨で大仏開眼。二十九日還幸）。《山槐記》
9・11 伊勢例幣使を発遣する。《山槐記》
9・24 法皇、院宣を下し、伯耆国に閑院清涼殿修理を課す。《山槐記》
9月 建礼門院、吉田より大原寂光院に移る（「参考源平盛衰記」では十月）。《平家物語》
10・6 梶原景季、京より鎌倉に帰り、頼朝に、行家・義経の反状を密訴する。《吾妻鏡》
10・11 源行家・義経、頼朝追討の院宣を請う。《玉葉》
10・14 源義経・行家が頼朝にそむいたため京都騒擾。《玉葉》
10・15 法皇、石清水八幡宮に御幸する（十六日還御）。《玉葉》
10・17 法皇、頼朝追討の院宣を源行家・義経に下す。《玉葉》
10・18 法皇、賀茂社に御幸する。《玉葉》
10・25 天皇、大嘗祭のため、東河で御禊する。《歴代皇紀》
11・3 義経・行家、京を出て西国に赴く（六日、大物浦に遭難し天王寺に。十七日、吉野山へ。二十二日多武峰へ）。《玉葉》
11・7 源義経の官職を削る。《吾妻鏡》
11・11 源頼朝、京都に大軍を進め、法皇に頼朝追討宣旨を撤回させる。《吾妻鏡》
11・12 法皇、行家・義経追捕の院宣を諸国に下す。《玉葉》
11・15 高倉天皇皇女潔子内親王を伊勢斎宮に卜定する。《百練抄》源頼朝の高階泰経宛書状に法皇を「日本一の大天狗」と記す。《吾妻鏡》
11・18 天皇、大嘗祭を行なう。《百練抄》
11・24 北条時政の大軍が入京する。《玉葉》

＊**大炊御門殿**《おおいみかどどの》　後鳥羽・土御門・順徳各天皇の里内裏。大炊御門北・富小路西に所在。大炊御門富小路殿ともいわれる。後鳥羽上皇の仙洞御所としても使われ、建保二年（一二一四）には藤原頼実が新造し、後鳥羽上皇が移っている。なお白河上皇御所（大炊御門東洞院殿）、土御門上皇御所（大炊御門京極殿）なども大炊御門殿と呼ばれた。
＊**文治**《ぶんじ》　左大弁藤原兼光《かねみつ》の勘文に「礼記（祭法第二三）曰《いわく》、湯以寛治民、文王以文治」とある。
＊**乃貢**《のうぐ》　荘園を耕作する者が荘園領主に貢納する年貢《ねんぐ》。平安から鎌倉時代にかけてはこれを乃貢・土貢《どこう》と呼んだ。

11・25 頼朝に義経・行家追討の宣旨を下す。《吾妻鏡》

11・29 頼朝を日本国惣追捕使・同惣地頭に任じ、兵糧米の徴収、国地頭の設置を勅許する（守護・地頭の設置。「玉葉」には守護・地頭の設置は見えず。守護・地頭の制の確立は、建久年間〈一一九〇～九九〉以降か）。《吾妻鏡》

11・30 地震あり。《玉葉》

12・6 頼朝、朝廷改造を申し入れる（頼朝、これを「天下草創」と語る）。《玉葉》

12・12 道法法親王を六勝寺検校とする。《仁和寺御伝》

12・20 京都大地震（このあともしばしば地震）。《玉葉》

12・25 天皇、左大臣藤原経宗の大炊御門殿より閑院に還幸する。《玉葉》

12・28 頼朝の奏請により、九条兼実を内覧とする。《玉葉》

□1・11 藤原《ふじわらの》 隆季《たかすえ》（権大納言。後白河・高倉両上皇の執事別当。父は中納言藤原家成。59）

■**文治二年（一一八六）丙午**

後鳥羽天皇7歳

後白河法皇60歳

1・1 小朝拝・節会、雪により雨儀を用いる。《玉葉》

1・5 これより先、後白河法皇、追討宣旨のことにより、権中納言吉田経房を鎌倉に遣わし、源頼朝を慰諭する。《玉葉》

1・19 法皇、伏見殿に渡御する（二十八日、六条殿に還御）。《玉葉》

1・22 京都地震。《玉葉》

2・1 法皇、伏見殿に御幸する。《玉葉》

2・3 法皇、頼朝に熊野御幸の供米等を進献させる。《吾妻鏡》

2・7 法皇、ひそかに石清水八幡宮に御幸する。《石清水八幡宮略補任》

2・13 法皇、日吉社より還御する。《玉葉》

2・22 天皇、左大臣藤原経宗の大炊御門第に行幸する。《玉葉》

2・24 法皇、院宣を下し、新たに国司等を任じ、成功《じょうごう》を募り、諸社を修理させる。《玉葉》

2・25 八条院、親写大般若経を仁和寺常磐御堂に供養する（法皇臨幸）。▼盗人、禁中に入る。《玉葉》

2・27 法皇、仁和寺法金剛院に御幸する。《玉葉》

2・28 源頼朝、諸国荘園の兵糧米停止を奏上する（三月二十一日勅許）。《吾妻鏡》

2月 法皇、大神宮御領の乃貢未済を頼朝に

催促させる（寿永の宣旨）。《吾妻鏡》
3・1 法皇、新熊野に御幸する。《玉葉》
北条時政、法皇より拝領の七ヵ国地頭職を辞退する（七日勅許）。《吾妻鏡》
3・6 仁和寺守覚法親王に牛車宣下あり。《仁和寺御伝》
3・12 頼朝の奏請により、藤原基通に代わり、右大臣九条兼実を摂政・氏長者とする。《吾妻鏡》
3・16 摂政九条兼実を左大臣藤原経宗の上に列する。《公卿補任》
3・26 法皇、伏見殿に御幸する（即日還御）。《玉葉》
4・22 高野山に院宣を下し、平家怨霊の冥福を祈らせる。《高野春秋》
4・26 重源、伊勢神宮に参詣し、東大寺大仏殿造営を祈り、大般若経を転読する。《俊乗坊参詣記》
4・28 京都地震。《玉葉》
4月 法皇、京都大原の建礼門院を訪ねる（大原御幸）。《平家物語》
5・15 神泉苑にて祈雨御読経を行なう（この日より五日間）。《玉葉》
5・23 伊勢斎宮潔子内親王、東河に禊して左近衛府に入る。《玉葉》
5・27 重源、「東大寺衆徒参詣伊勢大神宮寺記（俊乗坊参詣記）」を著わす（最古の神宮参詣記か）。《識語》
6・2 二十二社に奉幣して雨を祈る（この日大雨）。《玉葉》
6・5 法皇、女房丹後局の宅に御幸する。《玉葉》
6・14 天皇、大内裏に行幸し、祇園神輿を避ける。《玉葉》
6・26 伊勢神宮以下十二社に奉幣し、宝剣の帰座を祈る。《玉葉》
7・16 法皇、地頭制について丹後局に大江広元と折衝させる。《玉葉》
7・21 法皇、日吉社に参籠する。《玉葉》
7・24 京都地震。《玉葉》
⑦・18 天皇、病む（ついで平癒）。《玉葉》
⑦・20 法皇、伏見殿に御幸する。《玉葉》
8・1 法皇、八条院御所に御幸する。《玉葉》
8・6 丹生・貴布禰両社に止雨奉幣する。《玉葉》
8・11 法皇、四天王寺に御幸し、逆修・万燈会を行なう（参籠して九月三日、六条殿に還御）。《玉葉》
9・7 法皇、病む（ついで平癒）。《玉葉》
9・11 伊勢例幣使を発遣する。《玉葉》
9・23 法皇、左大臣藤原経宗の大炊御門第に御幸する。《玉葉》

9・28　伊勢斎宮潔子内親王、西河に禊して野宮に入る。《玉葉》
10・5　法皇、熊野に御幸する（二十五日還御）。《玉葉》仁和寺の守覚法親王が「三十帖冊子」の借覧を請い、これを東寺より仁和寺大聖院経蔵に安置する（今日に至る）。《東宝記》
10・8　法皇、頼朝に地頭設置の範囲を縮小させる。《吾妻鏡》
10・17　摂政右大臣九条兼実、右大臣辞任を勅許される。《公卿補任》
10・26　法皇、八条院とともに仁和寺観音院の結縁灌頂に臨御する。《東寺長者補任》
10・29　内大臣徳大寺実定を右大臣、権大納言藤原良通を内大臣とする。《公卿補任》
11・8　天皇、閑院修造のため内裏に遷る。《玉葉》
11・13　法皇、白河押小路殿に御幸する。《玉葉》
11・18　法皇、頼朝の奏請により、改めて源義経追討の院宣を下す（二十五日にも）。《玉葉》
11・20　天皇、内裏より閑院に還幸する。《玉葉》
12・20　大納言藤原実房を勅使とし、伊勢神宮に奉幣する。《玉葉》

□5・12源行家《みなもとのゆきいえ》（武将。生年不詳）。

■**文治三年（一一八七）丁未**

後鳥羽天皇8歳
後白河法皇61歳

1・8　法皇、法勝寺修正会に御幸する（ついで最勝寺修正会に御幸）。《玉葉》
1・16　後白河法皇、石清水八幡宮に御幸する。《玉葉》
1・18　法皇、蓮華王院修正会に御幸する。《玉葉》
1・19　法皇、賀茂社に御幸する。《百練抄》
1・24　法皇、四天王寺に御幸する（二十六日、舎利会・万燈会。二十七日還御）。《一代要記》
2・2　法皇、鳥羽殿修造成るにより、ひそかに御幸する。《玉葉》
2・12　天皇、病む。《玉葉》
2・14　法皇、嵯峨に行幸する。《玉葉》
2・15　法皇、最勝光院の修二月会に御幸する。《玉葉》
2・16　法皇、鳥羽北殿に御幸する。《玉葉》
2・27　法皇、日吉社に御幸する。《玉葉》
2・28　記録所を置く。《玉葉》
2月　源義経、陸奥の藤原秀衡に身を寄せる。《吾妻鏡》
3・6　法皇、高野山金剛峯寺に院宣を下し、

◉**崩御**《ほうぎょ》　天皇の死去。上皇・皇后・皇太后・太皇太后および女院にも使用された（三后と女院は「薨」と記されることもある）。大正十五年の「皇室喪儀令」により「天皇と三后の死を崩御」と明記された。

保元以降の戦死者の冥福と源義経追罰を祈らせる。《高野春秋》
3・9　皇后亮子内親王、仁和寺南院に行啓する。《公卿補任》
3・22　法皇、病む（四月十三日平癒）。《玉葉二十七日条》
4・23　勅して先帝に安徳天皇諡号を奉る。《玉葉》
5・2　法皇、田楽を覧る。《玉葉》
5・4　法皇御願により、四天王寺で千僧供養を行なう。《興福寺略年代記》
5・9　法皇、新日吉小五月会に御幸する。《玉葉》
5・23　摂政九条兼実、公卿以下の意見封事十七通を法皇に奏上する。《玉葉》
5・29　法皇、嵯峨に御幸する。《玉葉》
6・3　天皇、病む。《玉葉》
6・7　法皇、今熊野社に参籠する（十二日まで）。《玉葉》
6・12　天皇、大炊御門殿に行幸し、祇園神輿を避ける（十四日、閑院に還御）。《玉葉》
6・28　法皇、日吉社に御幸する。▼准母亮子内親王の院号を殷富門院とする。《玉葉》
7・1　法皇、八条院とともに鳥羽安楽寿院に御幸する。《玉葉》
7・3　法皇、法勝寺御八講に御幸する。《玉葉》
7・11　東寺長者仁証に、神泉苑で雨を祈らせる。《玉葉》
7・20　伊勢神宮以下七社に奉幣し、宝剣帰御を祈る。また、厳島神社神主佐伯景弘を宝剣求使《ほうけんもとめし》に任じる（長門の海で宝剣を探索させるも発見できず）。《百練抄》
7・28　法皇、伝法灌頂を受けるため、四天王寺に御幸する。《玉葉》
8・2　天皇、病む（四日、御書所作文を中止）。《玉葉》
8・12　天皇、閑院修造のため、内裏を経て、この日、大炊御門殿に遷る。《玉葉》
8・18　京都地震。《玉葉》
8・22　法皇、四天王寺にて前権僧正公顕より伝法灌頂を受ける（二十五日還御）。《玉葉》
9・5　法皇、日吉社より還御する（御幸の日は欠く）。《玉葉》
9・6　法皇、新日吉九月会に御幸する。《玉葉》
9・11　伊勢例幣使を発遣する。《玉葉》
9・15　盗人、法皇の六条殿に入り御物を盗む（捕らえられる）。《玉葉》
9・18　天皇、太政官庁に行幸し、伊勢斎宮を発遣する（潔子内親王、伊勢へ群行。二

＊**兵範記**《ひょうはんき》　記主は「日記の家」と称された桓武平氏高棟流出身の平信範。天承二年（一一三二）から元暦元年（一一八四）まで、自筆本を含め流布本などが残っている。保元の乱をはじめ重要な政治的局面や儀式・摂関家家政などが記録されている。

十三日到着)。《玉葉》
9・20 法皇の勅により、藤原俊成、「千載和歌集」を撰進する(実質的な完成は翌年四月二十三日)。《序》
10・9 法皇、病む。《玉葉》
10・12 京都大地震。《玉葉》
10・15 法皇、伏見殿に御幸する。《玉葉》
10・27 殷富門院、仁和寺観音院結縁灌頂に臨御する。《玉葉》
11・7 天皇、石清水八幡宮に行幸する。《玉葉》
11・8 天皇、石清水の帰途、法皇の鳥羽殿に朝覲行幸する。《百練抄》
11・13 天皇、閑院修造竣工、この日、大炊御門第より還御する。《玉葉》
11・14 天皇、賀茂社に行幸する(法皇、これを見物)。《玉葉》
11・18 法皇、石清水八幡宮に御幸し神楽を観る。《玉葉》
11・22 一代一度の大神宝使を発遣する。《玉葉》
12・2 「新制七ヵ条」を下す。《玉葉》
12・11 法皇、熊野社に御幸する(翌年一月六日還御)。《玉葉》
□2・12 平信範《たいらののぶのり》(兵部卿。「**兵範記**」記主。76)

■文治四年(一一八八)戊申

後鳥羽天皇9歳
後白河法皇62歳

1・1 御忌月により、天皇、節会に出御せず(音楽もなし)。《百練抄》
1・8 法皇、法勝寺・最勝寺の修正会に御幸する。《玉葉》
1・14 法皇、法勝寺・最勝寺修正会に御幸する。《玉葉》
1・16 法皇、日吉社に参籠する。《玉葉》
2・1 天皇、病む(十一日平癒、十二日再発)。《玉葉》
2・21 宣旨を下し、藤原基成・泰衡に源義経を捕進せしめる。《玉葉》
3・2 法皇、新熊野社に参籠する。《玉葉》
3・11 法皇、醍醐清滝会に臨御する。《桜会類聚》
4・6 法皇、新熊野社に参籠する。《玉葉》
4・13 院御所六条院が焼亡、長講堂が延焼する。《玉葉》
5・15 疱瘡流行により、伊勢神宮以下十二社に奉幣し祈禳する。《玉葉》
5・21 疱瘡祈禳のため、伊勢以下十二社に奉幣する。《玉葉》
6・13 天皇、大内裏に行幸し、祇園神輿を避ける(十四日還御)。《玉葉》

6・25 法皇、日吉社に参籠する（三十日還御）。《玉葉》
7・3 法皇、法勝寺に御幸する。《玉葉》
6・30 一代一度の大仁王会を行なう。《玉葉》
7・12 法皇、病む。《玉葉》
8・4 これより先、法皇、摂政九条兼実に大炊御門第を賜い、この日、兼実、ここに移る。《玉葉》
8・17 頼朝の奏請により、諸国の殺生を禁じる宣旨を下す。《吾妻鏡》
8月 京都群盗横行。《玉葉》
9・11 伊勢例幣使を発遣する。《玉葉》
9・12 法皇、四天王寺の如法経十種供養を行なう。《玉葉》
9・13 法皇、横川如法堂に御幸する。《玉葉》
9・15 法皇、八条院と四天王寺に御幸する。
▼この頃、熊野信仰が広まり、九条兼実、この日、「人まねのくまのまうで」と記す（のちには「蟻の熊野詣」〈太閤記〉などともいわれる）。《玉葉》
10・12 さらに宣旨を下し、藤原基成・泰衡に義経を捕進せしむ。《玉葉》
10・20 法皇、熊野に御幸する（途中、石清水八幡宮に参詣）。《石清水八幡宮記録》
12・19 法皇、新造六条殿に移る。《定長卿記》
12・21 法皇、八条院御所に御幸する。《定長卿記》
□2・20九条良通《くじょうよしみち》（内大臣。父は摂政・関白九条兼実。22）、2・26源資賢《みなもとのすけかた》（権大納言。二条天皇を呪詛した罪で配流。76）、7・17源定房《みなもとのさだふさ》（大納言。59）

■文治五年（一一八九）己酉

後鳥羽天皇10歳
後白河法皇63歳

1・20 法皇、日吉社に参籠する。《玉葉》
1・28 法皇、石清水八幡宮に御幸する。《玉葉》
2・3 法皇、稲荷社に御幸する。《仲資王記》
2・5 法皇、賀茂社に御幸する。《仲資王記》
2・11 法皇、病む《門葉記》。
2・17 法皇、院宣を下し、源頼朝に内裏を修造させる。《吾妻鏡》
2・22 法皇、四天王寺に参籠する（百日間。五月六日帰洛）。《仲資王記》
2・28 天皇、病む。《玉葉》
3・14 京都地震。《玉葉》
3・21 東大寺勅封倉の湿損を検べる。《玉葉》
3・25 権大納言藤原実家《さねいえ》を伊勢神宮に遣わし、宸筆宣命を献じて国土の静謐等を祈る。《玉葉》
④・30 藤原泰衡、平泉の衣川館を襲い源義経を討つ（ついで首を鎌倉に致す）。《吾妻

＊定長卿記《さだながきょうき》 参議藤原定長（一一四九～九五）の日記。「定長記」「山丞記」とも。安元二年（一一七六）から建久二年（一一九一）までの記録が残され、後鳥羽天皇の即位については「後鳥羽院即位記」として詳しく記されている。定長は後白河院の院伝奏もつとめた。

＊仲資王記《なかすけおうき》 神祇伯白川仲資王（一一五七～一二二二）の日記。「白川家記録」の一。治承元年（一一七七）から建保元年（一二一三）までが記される。

＊上西門院《じょうさいもんいん》（一一二六～八九） 鳥羽天皇第二皇女。初名恂子、のち統子。母は待賢門院（藤原璋子）。賀茂斎院となるも病により退下。保元三年（一一五八）同母弟後白河法皇の母儀に准じて皇后となり、翌年、院号宣下を受けて上西門院を称する。永暦元年（一一六〇）仁和寺金剛院にて落飾。没後、法金剛院の辺にて火葬される。陵は花園東陵（京都市右京区花園寺ノ内町）。

鏡》
5・4 法皇、四天王寺に千部法華経を供養する（翌日還御）。《玉葉》
5・10 法皇、日吉社に御幸する。《仲資王記》
6・2 天皇、鳥羽南殿に方違行幸する。法皇、ひそかにこれに御幸する。《玉葉》
6・9 法皇、新熊野社に参籠する。《玉葉》
6・13 天皇、摂政九条兼実の大炊御門第に行幸し、祇園神輿を避ける（十六日還御）。《玉葉》
7・10 右大臣徳大寺実定を左大臣、大納言三条実房を右大臣、権大納言花山院兼雅を内大臣とする。《公卿補任》
7・19 宣旨を源頼朝に下し、藤原泰衡を追討させる。《吾妻鏡》
7・20 鳥羽天皇皇女・後白河法皇准母**上西門院**（統子内親王）、六条院にて没。《百練抄》
8・4 天皇、病む（ついで平癒）。《玉葉》
8・20 京都大風、社寺官社が多く損壊する。《玉葉》
8・26 藤原泰衡、降を請う。源頼朝、これを許さず、捕らえさせる。《吾妻鏡》
9・3 藤原泰衡、その郎従河田次郎に殺される（首を頼朝に致す）。《吾妻鏡》
9・11 伊勢例幣使を発遣する。《仲資王記》
9・18 藤原泰衡弟高衡が降伏する（奥州藤原氏滅亡）。《吾妻鏡》
9・20 法皇、四天王寺に御幸する（三七日逆修を行なう。十月十六日還御）。《仲資王記》
10・7 天皇、病む（ついで平癒）。《玉葉》
10・29 天皇、初めて春日社に行幸する（法皇、三条室町桟敷でこれを見物。三十日還幸）。《玉葉》
11・3 法皇、日吉社に御幸する。《仲資王記》
11・19 皇兄二人を親王とし、それぞれ守《もり》貞《さだ》・惟明《これあき》の名を賜う。《玉葉》
12・5 後白河法皇皇女を内親王とし、名を覲子《きんし》と賜う。この日、准三宮とする。《玉葉》 式子内親王を准三宮とする。《仲資王記》
12・14 摂政九条兼実を太政大臣とする。《公卿補任》
□2・24 平時忠《たいらのときただ》（権大納言。60とも62とも）、2・28 藤原《ふじわらの》（大炊御門《おおいのみかど》）経宗《つねむね》（左大臣。二条天皇は甥。後白河法皇院庁別当。父は大納言藤原経実。71）、④・14 清原《きよはらの》頼業《よりなり》（明経博士。高倉天皇侍読。68）、④・30 源《みなもとの》義経《よしつね》（武将。頼朝弟。31）

■建久元年（一一九〇）庚戌

後鳥羽天皇11歳
後白河法皇64歳
1・1 天皇、大内裏に御し、小朝拝を受け

る。《玉葉》
1・3　天皇、紫宸殿にて元服する（昼御座《ひるのおまし》の剣を宝剣の代用とする）。《玉葉》
1・11　摂政九条兼実女藤原任子、入内する（十六日女御宣旨）。《百練抄》
1・27　天皇、法皇の六条西洞院殿に初めて朝覲行幸する。《玉葉》
2・16　法皇、神護寺金堂の常燈始に御幸し、燈火を点じる。《神護寺略記》
3・5　天皇、病む。《玉葉》
3・7　法皇、熊野に御幸する（四月七日、還御し新熊野社に入御）。《玉葉》
この春　地震、しばしば起こる。《年代記配合抄》
4・11　明年が三合に当たるため、**建久**と改元する。《百練抄》
4・19　母儀藤原殖子を准三宮とする。《玉葉》摂政・太政大臣九条兼実、太政大臣を辞任。《公卿補任》
4・22　准三宮藤原殖子の院号を七条院とする。《百練抄》
4・26　女御藤原任子を皇后（中宮）とする。《玉葉》
6・9　法皇、宣旨を下し、諸国の殺生を禁じる。《吾妻鏡》
6・26　神泉苑にて祈雨御読経を行なう。《玉葉》
7・8　法皇の病、平癒する。《吉部秘訓抄》
7・17　左大臣徳大寺実定、辞任。右大臣三条実房を左大臣、内大臣花山院兼雅を右大臣、大納言藤原兼房を内大臣とする。《公卿補任》
7・23　法皇、日吉社に御幸する。《玉葉》
8・11　法皇、病む。《愚昧記》
8・14　公卿勅使権大納言藤原頼実を伊勢神宮に発遣する。《玉葉》
8・17　東大寺・興福寺・延暦寺等諸寺に仁王経を読修させ、止雨を祈る。《玉葉》
8・21　法皇、嵯峨に御幸する（十日間参籠）。《一代要記》
8・28　伊勢・石清水社等十社に奉幣して止雨を祈る。《玉葉》
9・10　法皇、四天王寺に御幸する。《一代要記》
9・11　伊勢例幣使を発遣する。《玉葉》
9・16　伊勢内宮の遷宮が行なわれる。《二所大神宮例文》
10・1　天皇、読書、ついで笛を習う。▼法皇、日吉社で千僧供養を行なう（二日還御）。▼法皇皇子・権僧都承仁を親王とする（承仁法親王）。《玉葉》
10・19　東大寺大仏殿が上棟（法皇臨席。二

＊**建久**《けんきゅう》　文章博士藤原光輔の勘文に「晋書曰、建久安於万歳、垂長世於無窮、呉書曰、安国和民、建久長之計」とある。

十日還御）。《玉葉》後白河法皇皇子（定恵）を親王とする（定恵法親王）。《一代要記》
10・22 天皇、参議藤原実教《さねのり》（笛の藤井流の祖）より笛を習う。《玉葉》
11・7 法皇、六波羅で源頼朝入京を見物する（頼朝、十二月十四日まで滞在。この間、しばしば法皇に面会）。《吾妻鏡》
11・9 源頼朝、参院して法皇と会見、ついで参内して天皇に拝謁する（頼朝、権大納言に超任）。《吾妻鏡》
11・27 天皇、平野社に行幸する。《玉葉》
12・11 源頼朝、参内・参院する。《玉葉》
12・14 天皇、大原野社に行幸する。《玉葉》
この年 定恵法親王を園城寺長吏とする。《寺門伝記補録》
□2・16西行《さいぎょう》（僧・歌人。俗名佐藤義清《のりきよ》。家集に「山家集」など。73）

■建久二年（一一九一）辛亥

後鳥羽天皇12歳
後白河法皇65歳

1・11 法皇、白河押小路殿に御幸、ついで法勝寺修正会に御幸する（病により八日を延引）。《玉葉》
1・16 後白河法皇、石清水八幡宮に御幸する。《玉葉》
1・18 法皇、蓮華王院修正会に御幸する。《玉葉》
1・20 法皇、日吉社に御幸する。《玉葉》
1・27 天皇、法皇の六条西洞院殿に朝覲行幸する。《玉葉》
2・3 法皇、丹後局の浄土寺五十講逆修に臨幸する。《玉葉》
2・14 守貞親王、琵琶始を行なう。《伏見宮記録》
2・17 阿闍梨静恵（後白河天皇皇子）を親王とする（「玉葉」では十八日）。《釈家官班記》
2・21 源頼朝、諸国に課して法住寺殿を造営させる。《吾妻鏡》
2・24 天皇、中宮藤原任子と大内裏・神泉苑に行幸する。《玉葉》
3・1 法皇、今熊野社に参籠する。《玉葉》
3・22 「新制十七条」を下す（二十八日には「新制三十六条」を）。《三代制符》
3・25 公卿勅使権大納言藤原実宗を伊勢に遣わし、神宮に奉幣する。《玉葉》
3・28 内大臣藤原兼房を太政大臣、大納言中山忠親を内大臣とする。《公卿補任》
4・1 法皇、熊野に御幸する（十九日還御）。《玉葉》
4・26 延暦寺衆徒、日吉社神人殺害の佐々木定綱らの処罰を求め、日吉社神輿を奉じ

◉後白河天皇御製

「をしめども散りはてぬれば桜花いまは梢をながむばかりぞ」（「新古今和歌集」）
「なげきにはいかなる花の咲くやらむ身になりてこそ思ひ知らるれ」（「平治物語」）
「露の命きえなましかばかくばかりふる白雪をながめましやは」（「新古今和歌集」）

て強訴する（三十日、定綱父子流罪。五月一日、神輿帰還）。《玉葉》
4・30 法皇、新日吉祭に御幸する。《玉葉》
5・10 丹生・貴布禰両社に奉幣して雨を祈る（六月十一日にも）。《玉葉》
5・30 天皇、病む（ついで平癒）。《玉葉》
6・8 法皇、新熊野社に参籠する（十六日まで）。《建久二年祈雨日記》
6・12 丹生・貴布禰両社に奉幣して雨を祈る。《玉葉》
6・13 天皇、大内裏に行幸し、祇園神輿を避ける。《玉葉》
6・22 天皇、病む。《玉葉》
6・26 准三宮覲子内親王の院号を宣陽門院とする。《玉葉》
7・3 法皇、法勝寺に御幸する。《玉葉》
7月 栄西、宋より帰国し、禅宗を弘める。《興禅護国論》
8・13 法皇、嵯峨に御幸する（二十四日還御）。《玉葉》
9・10 法皇、四天王寺に御幸する（十日間参籠）。《玉葉》
9・11 伊勢例幣使を発遣する。《玉葉》
10・2 道法法親王、高野山に参詣する。《高野春秋》
10・5 道法法親王、高野山奥院に参籠する。《高野春秋》
11・2 法皇、山科殿に御幸する。《都玉記》
11・4 法皇、近衛基通第に御幸する。《都玉記》
11・6 法皇、新熊野社に参籠する（十二日還御）。《玉葉》
11・13 法皇、丹後局の新造山荘に御幸する。《玉葉》
11・15 法皇、清水寺・蓮華王院に御幸する。《都玉記》
11・20 山科殿成り、法皇、御幸する（二十一日御遊あり。二十二日還御）。《都玉記》
11・29 法皇、最勝光院念仏会に御幸する。《都玉記》
12・4 法皇、病む。《玉葉》
12・8 天皇、松尾社に行幸する（法皇、南殿桟敷でこれを見物）。《玉葉》
12・13 天皇、北野社に行幸する。《玉葉》
12・16 法皇、新造法住寺殿に移る（源頼朝による新造）。《玉葉》
12・17 摂政九条兼実、関白・准摂政となる。《公卿補任》
12・18 天皇、笛を習う。《玉葉》
12・20 法皇、最勝光院南萱御所に御幸する。
12・20 法皇、病む（閏十二月十六日、さら

＊**都玉記**《とぎょくき》 文章博士・侍読権中納言日野資実《すけざね》（一一六二〜一二二三）の日記。「資実卿記」とも
＊**法住寺陵**《ほうじゅうじのみささぎ》 京都市東山区三十三間堂廻り町に所在。元治の修陵以後、陵名は法住寺法華堂であったが、明治三十九年、現陵名に改められる。昭和五年、解体修理が行なわれる。同三十三年には、天皇の法体座像を安置。

に増気)。《玉葉》
12・26　守貞親王、六条殿にて元服する。《玉葉》
12・28　法皇、長講堂供養に御幸する。《玉葉》
⑫・18　朝廷、法皇病気により非常赦を行なう。《玉葉》
⑫・22　崇徳天皇陵辺に仏堂を建てることを許し、国忌山陵の例からは除く。《玉葉》
⑫・29　法皇の病気平癒のため、崇徳天皇・安徳天皇・藤原頼長を祀り、その怨霊を鎮める（このとき崇徳天皇の白峯陵辺に御堂を建て、また安徳天皇崩御の地近くに阿弥陀御影堂が建てられる）。《玉葉》
□3・10藤原《ふじわら》長方《ながかた》（参議。歌人。53）、⑫・16徳大寺《とくだいじ》実定《さねさだ》（左大臣。歌人。父は右大臣徳大寺公能。53）

■建久三年（一一九二）壬子

後鳥羽天皇13歳
後白河法皇66歳

1・3　法皇の病、元日より増進。《玉葉》
1・5　法皇、灸治を受ける（ついで病重くなる）。《玉葉》
1・12　法皇、中納言源通親を伊勢神宮に遣わし、病平癒を祈願する。《玉葉》
2・18　天皇、六条殿に行幸し、法皇を見舞う（天皇は笛を所作、法皇は今様を謡う）。
▼殷富門院、法皇より金剛勝院を譲られる。《玉葉》
3・10　一代一度の仏舎利使を諸社に発遣する。《玉葉》
3・13　後白河法皇、六条殿にて崩御（十四日、後白河院の号を奉る。六条殿と長講寺領が宣陽門院に譲渡。押小路殿は殷富門院へ）。《百練抄》高階栄子、落飾する。《明月記》
3・15　後白河法皇、遺詔により、蓮華王院東法華堂に葬られる（法住寺法華堂陵。現陵名は**法住寺陵**）。《百練抄》
4・10　二条天皇皇子尊恵法親王（母は源光盛女）没（年29）。《明月記》
6・3　内宮権禰宜荒木田忠仲、伊勢内宮における諸行事を「皇太神宮年中行事」として編述する（「内宮年中行事」「建久年中行事」「建久三年皇太神宮年中行事」とも）。
6・15　式部大輔藤原光範、天皇に「帝範」（中国の政治書で帝王学の教科書）を進講する。《帝範奥書》
7・3　後白河天皇皇女好子内親王（母は藤原成子）没（生年不詳）。《心記》
7・12　源頼朝を征夷大将軍とする（鎌倉幕府初代将軍）。《吾妻鏡》
9・2　守覚法親王、「修法要抄」を撰する。

《仁和寺御伝》
9・15 伊勢外宮の遷宮が行なわれる。《玉葉》
11・9 殷富門院、出家する。《女院記》
11・16 崇徳院を改め粟田宮と号し、その祭日を定める。《師守記》
11・29 慈円を権僧正に任じ、天台座主とし、護持僧とする。《玉葉》
12・5 守覚法親王、殷富門院に十八道を授ける。《後高野御室□加行事其他》
12・29 天皇、疱瘡にかかる（ついで平癒）。《玉葉》
□7・19 藤原師長《ふじわらのもろなが》（太政大臣。後白河上皇近臣。父は左大臣藤原頼長。祖父関白忠実養子。55）

■建久四年（一一九三）癸丑

後鳥羽天皇14歳
1・1 諒闇により、小朝拝を中止する（七日の白馬節会等も中止）。《玉葉》
2・23 承仁法親王を法性寺座主とする。《華頂要略》
3・13 幕府、後白河天皇一周忌により、千僧供養を行なう。《吾妻鏡》
4・8 天皇、押小路殿に方違行幸（ついで大内裏に行幸）。《玉葉》
4・11 天皇、病む。《玉葉》
5・5 東大寺勅封倉（正倉院）・羂索院を検す。《玉葉》
7・19 孔雀経法を醍醐寺に修して雨を祈る。《醍醐寺座主次第》
8・10 仁和寺道尊、高野山に参詣する。《今宮高野御参詣次第》
8・25 東大寺勅封倉修理のため、御物を綱封倉に移し、目録を作成する（翌年三月、修理成る）。《東大寺続要録》
9・11 斃牛の穢により、伊勢例幣を延引する（十四日追行）。《百練抄》
10・11 天皇、日吉社に行幸する。《玉葉》
□8・26 藤原《ふじわらの》（花山院《かざんいん》）忠雅《ただまさ》（太政大臣。父は権中納言藤原忠宗。70）

■建久五年（一一九四）甲寅

後鳥羽天皇15歳
2・27 天皇、初めて楽所《がくしょ》を置く。《玉葉》
3・1 守貞親王、藤原定輔より琵琶の秘曲石上流泉伝授を受ける。《伏見宮記録》
3・16 中宮藤原任子、大原野社に行啓する。《玉葉》
3・20 東大寺勅封倉の修理成り、御物を綱封倉より返納する。《東大寺続要録》
3・29 初めて長講堂御八講を行ない、後白河天皇の冥福を祈る。《師光年中行事》
4・1 守貞親王、藤原定輔より琵琶の秘曲万秋楽伝授を受ける。《伏見宮記録》

＊**三長記《さんちょうき》** 三条中納言藤原長兼《ながかね》（生没年不詳）の日記。建久六年（一一九五）から建暦元年（一二一一）までが伝えられるも欠損が激しい。別名に「長兼卿記」「三中記」「三黄記」「如天記」「清白記」がある。九条家に親しく仕え、故実に詳しく、鎌倉時代初期の公家社会を知るうえの重要史料。

6・11　伊勢に例幣を奉る。《仲資王記》
7・8　祈雨奉幣（ついで神泉苑・清滝宮にて読経）。《玉葉》
7・26　藤原忠親、内大臣を辞任。《公卿補任》
8・17　京都火事、八条院等焼失。女院（八条院暲子《あきこ》内親王）、歓喜光院に移る。《玉葉》
8・28　殷富門院、九条兼実の子（良恵）を猶子とする。《玉葉》
⑧・15　伊勢神宮以下十三社に奉幣し、天変・怪異・災厄を祈禳する。《玉葉》
⑧・27　京都大地震（九月九日にも）。《玉葉》
9・23　青蓮院が焼亡する。《華頂要略》
12・2　天皇、稲荷社・祇園社に行幸する。《仲資王記》
この年　守貞親王王子（尊性親王）、誕生する（母は藤原基家女陳子）。《妙法院在住親王伝》

■**建久六年（一一九五）乙卯**

後鳥羽天皇16歳

2・14　源頼朝、東大寺供養のため鎌倉を出発する（三月四日入京。十日、東大寺東南院に入る）。《吾妻鏡》
2・24　守覚法親王を仁和寺総法務とする。《仁和寺御伝》
2・29　天皇、東大寺再建奉告のため、公卿勅使権大納言九条良経を伊勢神宮に発遣する。《玉葉》
3・10　天皇、東大寺に行幸する（七条院も。十一日着御、十三日還御）。《玉葉》
3・12　東大寺再建供養。天皇、七条院、源頼朝等が臨席する。▼大雨・地震あり。《玉葉》
3・27　頼朝、参内する（三十日にも）。《吾妻鏡》
3・29　惟明親王、七条院猶子となり元服する。《百練抄》源頼朝、丹後局を六波羅に招き物を贈る。《吾妻鏡》
5・22　頼朝、頼家と参内する（九条兼実と政務を議す）。《吾妻鏡》
6・3　源頼家、参内し、剣を賜わる。《吾妻鏡》
6・24　頼朝、頼家と参内（翌日、京都を出発。三月入京以来、六波羅第を本拠に内裏・東大寺のほか石清水八幡宮・宣陽門院御所・松尾社・四天王寺・法住寺等を訪ねる。また丹後局を第に招く）。《吾妻鏡》
7・8　頼朝、鎌倉に帰る。《吾妻鏡》
7・16　醍醐清滝宮に雨を祈る（ついで神泉苑にも）。《玉葉・三長記》
8・8　天皇、弓を習う。《三長記》
8・13　皇女（昇子内親王）、誕生する（母は中宮藤原任子）。《三長記》

9・6 大風により、伊勢神宮の殿舎・鳥居など倒壊する。《勘仲記》
9・11 伊勢例幣使を発遣する。《三長記》
10・13 八条院、熊野精進屋に参籠（ついで熊野に参詣、十一月九日還御）。《三長記》
10・14 京都地震。《三長記》
10・16 後鳥羽天皇皇女を内親王とし、名を昇子と賜う。《三長記》
10・21 範子内親王を准三宮とする（「三長記」では二十二日宣下）。《女院記》
11・1 皇子（為仁《ためひと》。土御門天皇）、誕生する（母は源在子《ざいし》。「本朝皇胤紹運録」では十二月二日）。《歴代編年集成》
11・10 権大納言九条良経《よしつね》を内大臣とする。《公卿補任》
11・19 天皇、閑院より内裏に行幸する（十二月九日還御）。《三長記》
11・29 承仁法親王を後鳥羽天皇の護持僧とする。《梶井円融房在住親王伝》
12・5 昇子内親王、八条院の猶子となる。《三長記》
12・15 天皇、南殿にて童舞を覧る。《三長記》
12・25 天皇、内侍所神楽に臨幸する。《三長記》
□3・12 中山忠親《なかやまただちか》（内大臣。中山家始祖。「山槐記」記主。父は権中納言藤原忠宗。65）

■建久七年（一一九六）丙辰

後鳥羽天皇17歳
1・17 八条院の病のため、朝覲行幸を中止する。《玉葉》
3・23 天皇、閑院より内裏に行幸する（二十六日の賭弓のため）。《玉葉》藤原実房、左大臣を辞任（ついで出家）。《公卿補任》
3・26 宮中射場で賭弓が復活する（天皇、初めて賭弓を覧る）。《玉葉》
4・16 昇子内親王を准三宮とする。《玉葉》
4・18 園城寺長吏・四天王寺別当定恵法親王（後白河天皇皇子。母は坊門局）没（年41）。《明月記》
4・22 伊勢内宮の仮殿遷宮が行なわれる。《二所大神宮例文》
6・6 守覚法親王、広隆寺に参籠する。《肝葉記》
6・13 天皇、大内裏に行幸し、祇園神輿を避ける（翌日還御）。《明月記》
7・9 神泉苑に祈雨御読経を行なう。《東寺長者補任》
10・16 後鳥羽天皇皇子（道助親王）、誕生する（母は藤原信清女）。《仁和寺御伝》
10・25 天皇、石清水八幡宮に行幸する。《玉葉》
11・5 天皇、賀茂社に行幸する。《玉葉》

11・23　関白九条兼実罷免の噂が流れ、天皇（中宮藤原任子も）、内裏より押小路殿に方違行幸する。《三長記》

11・24　天皇、押小路殿より内裏に遷る。《三長記》

11・25　土御門通親、上卿として九条兼実を更迭、前摂政藤原基通を関白・氏長者とする（兼実弟の太政大臣兼房も辞表を出し、兼実嫡子内大臣良経は籠居。建久七年の政変）。《三長記》

11・26　九条兼実実弟慈円、天台座主等をやめさせられて籠居する（ついで承仁法親王を護持僧とする）。《華頂要略》

11・30　承仁法親王を天台座主とする。《三長記》

12・9　太政大臣九条兼房、辞任を上表（ついで辞任）。《公卿補任》

12・15　天皇、内侍所神楽に臨御する。《三長記》

12・21　天皇、修造成るにより閑院に還御する。《三長記》

この冬　源頼朝、大姫の後鳥羽天皇後宮への入内を計る。《愚管抄》

この年　後白河天皇皇子静恵法親王を園城寺長吏とする。《諸門跡伝》後鳥羽天皇皇女（粛子《しゅくし》内親王）、誕生する（母は源信康女。没年不詳）。《皇帝紀抄》

■建久八年（一一九七）丁巳

後鳥羽天皇18歳

3・16　天皇、閑院より前斎院式子内親王の大炊御門殿に遷る。《玉葉》

3・20　七条院、新造三条烏丸殿に移る。《玉葉》

3月　疾疫流行（「一心房病」といわれる）。《一代要記》

4・11　承仁法親王、天台座主を辞任。《玉葉》

4・22　天皇、七条院の三条烏丸殿に朝覲行幸する（天皇、笛を所作）。《百練抄》

4・27　後白河天皇皇子承仁《しょうにん》法親王（母は紀孝資女丹波局）没（年29）。《天台座主記》

4・30　天皇、大炊御門殿より閑院に還御する。《玉葉》

6・13　天皇、大内裏に行幸し、祇園神輿を避ける。《猪隈関白記》

6・23　二十二社奉幣あり（十二月十八日にも）。《猪隈関白記》

6・25　以仁王王子真性を後鳥羽天皇の護持僧とする。《青蓮院門跡皇族御伝》

⑥・19　祈雨奉幣（二十日には神泉苑で孔雀経法を転読して祈雨）。《猪隈関白記》

7・14　源頼朝女大姫没（頼朝、大姫の入内を図り、丹後局・土御門通親に接近してい

●**頓宮**《とんぐう》　行幸や伊勢斎宮の群行の路次に設けられた仮宮。「延喜式」以来、行幸の際は「行宮」、伊勢斎宮の群行の際は「頓宮」と使い分けられる場合もある。

たがついえる)。《愚管抄》
7・25 天皇、病む。《猪隈関白記》
9・10 後鳥羽天皇皇子(守成《もりなり》。順徳天皇)、誕生する(母は藤原範季《のりすえ》女重子《じゅうし》。修明門院《しゅめいもんいん》)。《歴代編年集成》
この年 守貞親王王女(利子内親王)、誕生する(母は藤原基家女陳子)。《女院記》
□10・13 一条能保《いちじょうよしやす》(権中納言。妻は源頼朝妹坊門姫。51)

■建久九年(一一九八)戊午

後鳥羽天皇19歳
土御門天皇4歳
1・1 日食により、節会・小朝拝を中止する(二日追行)。《玉葉》
1・5 土御門通親を後院《ごいん》別当とする。《公卿補任》
1・9 天皇、譲位のため閑院より大炊御門殿に遷る。《玉葉》
1・10 八条院、日吉社に参詣する。《明月記》

第八十三代 土御門《つちみかど》天皇

1・11 後鳥羽天皇、大炊御門殿にて譲位。卜筮《ぼくぜい》により第一皇子が選ばれて立太子、為仁と命名され(為仁親王)、閑院にて受禅(**土御門天皇**)。宝剣は清涼殿の御剣を代用。頼朝は守貞親王か惟明親王を推すも容れられず)。後鳥羽上皇、院政を開始。在位の**殿上人**八十余人から四十四人を精選する。関白近衛基通を摂政とする。この日、二条内裏上棟。《明月記》
1・17 後鳥羽上皇の院政が始まる(院庁始)。▼斎宮潔子内親王、当帝譲位により退下する(八月二十三日帰京)。《三長記》
1・20 先帝に太上天皇尊号を奉る。《百練抄》
1・21 後鳥羽上皇、七条院御所三条殿に御幸する。《猪隈関白記》
1・22 伊勢神宮に即位由奉幣使を発遣する。《三長記》
1・27 上皇、ひそかに最勝光院・法住寺殿等に御幸する。《明月記》
2・3 上皇、殷富門院御所に御幸する。《三長記》
2・6 上皇、法輪寺に御幸する。《三長記》
2・14 上皇、石清水八幡宮に御幸する(十五日鳥羽殿に御幸。十七日還御)。▼範子内親王、入内する。《三長記》
2・20 天皇、即位のため閑院より大内裏に遷る。《三長記》
2・26 上皇、賀茂社に御幸する。また、最勝寺の蹴鞠に臨御する(二十七日、鳥羽殿に還御)。《猪隈関白記》
3・3 土御門天皇、太政官庁にて即位礼を

＊**土御門天皇《つちみかどてんのう》**(一一九五～一二三一) 為仁《ためひと》。後鳥羽天皇第一皇子。母は内大臣源通親《みちちか》女(法印能円女とも)在子《ざいし》(承明門院)。建久九年(一一九八)四歳で践祚・即位。元久二年(一二〇五)元服。承元四年(一二一〇)譲位、太上天皇尊号宣下。寛喜三年(一二三一)出家、崩御。陵は金原《かねがはら》陵。追号は譲位後の御所土御門殿による。皇后に藤原麗子。皇子女に後嵯峨天皇(母は源通子)ほか尊守親王・道仁親王・覚子内親王(正親町院)・仁助親王・静仁親王・尊助親王・道円親王・曦子内親王(仙華門院)・最仁親王・諄子内親王等。

＊**殿上人《てんじょうびと》** 四位・五位の廷臣のうち、内裏清涼殿の殿上の間に昇ることを許された者をいう。雲上人・雲客ともいう。天皇により員数に開きがあるが、この年以降、四十四人が先例とされたという。

＊**自暦記《じれきき》** 参議吉田資経《すけつね》(一一八〇～一二五一)の日記。建久九(一一九八)・十一年分が残る。なお資経は、「平家物語」の作者候補として名が挙げられている。

挙げる。《百練抄》土御門天皇の准母の儀により範子内親王を皇后とする。《女院記》

3・9　天皇、内裏より閑院に還幸する。《三長記》

3・10　上皇、長講堂御八講に臨御する。《猪隈関白記》

3・15　上皇、日吉社に御幸する。《華頂要略》

3月　源空（法然）、「選択本願念仏集」を撰する。《選択密要決》

4・5　京都地震。《猪隈関白記》

4・21　上皇、大炊御門第より新造二条殿に移る。《猪隈関白記》

4・23　上皇、七条院に御幸する。《猪隈関白記》

5・14　上皇、鳥羽殿に御幸する。《猪隈関白記》

5・29　守覚法親王、広隆寺に参籠する。《肝葉記》

6・12　天皇、大内裏に行幸し、祇園神輿を避ける（十四日還御）。《猪隈関白記》

6・19　以仁王子真性を土御門天皇の護持僧とする。《青蓮院門跡皇族御伝》

7・16　伊勢内宮の仮殿遷宮が行なわれる。《二所大神宮例文》

7・19　宣陽門院、法金剛院に御幸する。《因明四種相違私記紙背文書》

7・28　上皇、宇治平等院に御幸する。《皇帝紀抄》

8・5　道法法親王を仁和寺務とする。《仁和寺御伝》

8・16　上皇、初めて熊野に御幸する（以後三十一回御幸）。《古記部類》

10・15　上皇、西山開田《かいでん》院（長岡京市）に御幸する。《自暦記》

10・17　天皇、大嘗祭のため閑院より大内裏に遷る。《自暦記》

10・20　上皇、日吉社に御幸する。《自暦記》

10・27　天皇、大嘗祭のため鴨川で禊する。《自暦記》

10・28　上皇、鳥羽殿に御幸する。《自暦記》

11・14　右大臣花山院兼雅を左大臣、権大納言大炊御門頼実《よりざね》を（内大臣を超えて）右大臣とする。《公卿補任》

11・22　天皇、大嘗祭を行なう。《自暦記》

この年　後鳥羽上皇皇子（道守）、誕生する（母は少納言典侍）。《血脈類集記》後鳥羽上皇皇子（覚仁）、誕生する（母は丹波局）。《系図纂要》

●建久（一一九〇～九九）の頃、建礼門院の命により、女官按察使局《あぜちのつぼね》が筑後国千年川（筑後川）の辺りに来て、水没の天皇・平氏一族を祀り、水神加持祈禱をする（水天宮の

初め。現在の祭神は天之御中主神・安徳天皇・建礼門院・二位尼平時子。東京の水天宮は分社）。《社伝》

■正治元年（一一九九）己未

土御門天皇5歳
後鳥羽上皇20歳

1・1　日食御祈あり。節会を行ない、小朝拝を中止する。《玉葉》
1・8　上皇、法勝寺修正会に臨御する（ついで円勝寺にも）。《猪隈関白記》
1・11　上皇、法勝寺・円勝寺に御幸する。《猪隈関白記》八条院、石清水八幡宮に参詣する。《明月記》
1・13　鎌倉幕府初代将軍源頼朝没。▼八条院、日吉社に参詣する。《明月記》
1・26　源頼家に勅し、頼朝の跡を継がせる。《吾妻鏡》
1・30　藤原範兼女藤原兼子《けんし》（卿局《きょうのつぼね》）を典侍とする。《猪隈関白記》
2・16　天皇、病む。《猪隈関白記》
2・28　上皇、鳥羽殿に御幸する。《明月記》
3・13　上皇、ひそかに長講堂御八講に御幸する。《猪隈関白記》
3・17　上皇、大内裏に御幸し、桜花を覧る。**《明日香井和歌集》**
3・23　上皇、鳥羽殿より二条殿に還御する。《猪隈関白記》
4・3　天皇、病む（ついで平癒）。《猪隈関白記》
4・27　代始により**正治**と改元する。《猪隈関白記》
5・2　中宮藤原任子（宜秋門院）、九条堂仏舎利供養に臨む。《明月記》
5・9　上皇、新日吉小五月会に臨御する。《猪隈関白記》
5・10　上皇、六条殿に御幸する（ついで鳥羽殿へ）。《猪隈関白記》
5・18　天皇、病む。《猪隈関白記》
6・13　天皇、大内裏に行幸し、祇園神輿を避ける（十四日還幸）。《猪隈関白記》
6・22　左大臣花山院兼雅、辞任。右大臣藤原頼実を太政大臣、内大臣九条良経を左大臣、権大納言近衛家実を右大臣、同源（土御門）通親を内大臣とする。《公卿補任》
6・30　神泉苑で祈雨御読経を行なう（七月十一日、清滝宮でも。八月二日は神泉苑で）。《百練抄》
7・7　上皇、法勝寺御八講に臨御する。《猪隈関白記》
7月　京都に瘧《おこり》病流行（殷富門院罹患）。《明月記》
8・4　昇子内親王、日吉社に御経供養を行

＊**明日香井和歌集**《あすかいわかしゅう》　参議飛鳥井雅経（一一七〇～一二二一）の歌集。雅経は飛鳥井家の祖で「新古今和歌集」を撰進。

＊**正治**《しょうじ》　大学頭菅原在茂《ありしげ》の勘文に「荘子曰、天子諸侯大夫庶人、此四者自正治之義也」とある。

＊**源　頼朝**《みなもとのよりとも》（一一四七～九九）　鎌倉幕府初代将軍。父は清和天皇を祖とする源義朝。以仁王の平氏追討令旨により、治承四年（一一八〇）挙兵、関東を平定し、文治元年（一一八五）平氏を滅亡させ、守護・地頭設置を後白河法皇に認めさせた。建久三年（一一九二）には征夷大将軍に就任。同九年体調を崩し、翌年死去した。

＊**水鏡**《みずかがみ》　神武天皇より仁明天皇までの事跡を編年体で述べた歴史物語。四鏡の一。作者は中山忠親説が有力も未詳。

なう。《明月記》
8・13　上皇、七条院および源通親夫人範子第に御幸する。《明月記》
8・16　権大納言源通資を遣わし、伊勢神宮に奉幣する。《猪隈関白記》
8・20　上皇、熊野に御幸する（九月七日還御）。《猪隈関白記》
8・24　止雨御祈（ついで各社寺に晴を祈る）。《明月記》
9・11　伊勢例幣使を発遣する。《猪隈関白記》
9・17　八条院、日吉社御八講に臨御する。《明月記》
9・24　伊勢国大風により、外宮の殿舎・瑞垣が転倒する。《類聚大補任》
10・3　上皇、蓮華王院総社祭に臨御する。《猪隈関白記》
11・16　上皇、石清水八幡宮・賀茂社に御幸する。《師守記》
11・17　上皇、日吉・祇園・北野各社に御幸する。《百練抄》
11・27　天皇、後鳥羽上皇の二条殿に朝覲行幸する。《三長記》
11・28　一代一度の大神宝使を発遣する。《猪隈関白記》
11・29　上皇、八条院における昇子内親王著袴の儀に臨御する。《猪隈関白記》

12・13　土御門天皇生母源在子を准三宮とする。《百練抄》
12・16　皇弟二人を親王とし、名を長仁《おさひと》および守成《もりなり》（順徳天皇）と賜う。《百練抄》
12・24　後鳥羽天皇皇女粛子内親王を伊勢斎宮に卜定する。《明月記》
□1・13**源頼朝**（鎌倉幕府初代将軍。53）
●鎌倉時代初期、守覚法親王撰「釈氏往来」、この頃までに成る。▼後鳥羽上皇、菊の紋様を好み、衣服・車輿・刀剣などに用いる。後深草・亀山・後宇多各天皇も先例を追い、臣下も菊紋を避けるようになり、しだいに天皇家の紋章として定着していく。▼この頃、神武天皇から仁明天皇までの歴史物語「**水鏡**」成るか（作者は中山成親か）。▼この頃、草薙神剣、日本武尊、同妃宮酢（簀）姫の熱田神宮鎮座などについて書かれた「熱田宮寛平縁起」成るか。▼「年中行事秘抄」成る（著者不詳）。

■正治二年（一二〇〇）庚申

土御門天皇6歳
後鳥羽上皇21歳

1・4　後鳥羽上皇、七条院御所三条殿に御幸する。《猪隈関白記》
1・8　上皇、法勝寺修正会に臨御する。《東寺長者補任》

1・12 節分により、上皇は水無瀬に、八条院は宇治に方違御幸する（この頃、上皇が水無瀬殿を造営）。《猪隈関白記》
1・18 上皇、蓮華王院修正会に臨幸する。《玉葉》
2・14 上皇、源通親の水無瀬山荘に御幸する。《玉葉》
2・20 上皇、鳥羽殿に御幸する。《玉葉》
2・29 中宮藤原任子、法性寺に行啓する。《明月記》
②・13 上皇、石清水・賀茂・北野・平野等諸社に御幸する。《百練抄》
②・14 上皇、日吉・祇園・稲荷等諸社に御幸する。《百練抄》
②・16 上皇、源通親夫人範子の三条坊門京極堂供養に臨御する。《明月記》
②・27 上皇、水無瀬に御幸する（二十九日、鳥羽を経て二条殿に還御）。《明月記》
3・9 上皇、長講堂御八講に臨御する。《猪隈関白記》
3・14 守貞親王、大納言藤原定輔より、琵琶の秘曲啄木伝授を受ける。《伏見宮記録》
3・21 後鳥羽上皇、南都に御幸する（二十六日還御）。《明月記》
3・22 上皇、春日社に参詣する（ついで東大寺・興福寺へ）。《明月記》

3・25 伊勢外宮の仮殿遷宮が行なわれる。《類聚大補任》
3・26 七条院、熊野に参詣する。《猪隈関白記》
3・28 中宮藤原任子、法性寺に行啓する。《明月記》
4・15 後鳥羽上皇皇子守成親王を皇太弟とする。《猪隈関白記》
4・17 上皇、鳥羽に御幸する。《猪隈関白記》
5・9 上皇、新日吉小五月会に臨御する。《猪隈関白記》
5・10 二十二社に奉幣し、天下の疾疫を祈禳する。《猪隈関白記》
5・23 天皇、病む。《猪隈関白記》
6・10 皇太弟守成親王、七条院御所に行啓し、上皇に初めて対面する。《猪隈関白記》
6・12 上皇、皇太弟とともに源通親の中院第に御幸する（翌日、天皇行幸）。《猪隈関白記》
6・28 中宮藤原任子の院号を宜《ぎ》秋門院《しゅうもんいん》とする。《玉葉》
7・18 天皇、病む。《猪隈関白記》
7・19 神泉苑にて祈雨御読経を行なう。▼宣陽門院、仁和寺に渡御する。《明月記》
8・12 八条院、日吉社に参詣する。▼宜秋門院、ひそかに法成寺に御幸する。《明月記》

***影供《えいぐ》歌合《うたあわせ》** 影供のために行なう歌合。「影供」は「御影供」で、神仏や故人の影像に供物を捧げて祀ること。特に柿本人麻呂の影像を祀ってその前で行なわれた歌合。

***熊野《くまの》懐紙《かいし》** 後鳥羽上皇が熊野参詣の途次、切目王子社などでの歌会で詠んだ和歌を書いた懐紙の総称。上皇のほか藤原家隆など三十数枚が残っている。

***式子《しきし》内親王《ないしんのう》**（？〜一二〇一）「しょくし」とも。歌人、賀茂斎院。父は後白河天皇、母は藤原成子。平治元年（一一五九）斎院に卜定され、嘉応元年（一一六九）退下。藤原俊成・定家らと親しく、当代一流の女流歌人とされる。

***建仁《けんにん》** 文章博士藤原宗業《むねなり》の勘文に「文選曰、竭智附賢者必建仁、策注曰、為人君当竭尽智力、託附賢臣、必立仁恵之策、賢臣帰之」とある。

8月　藤原俊成・定家等、百首和歌を詠進する。《明月記》

9・11　上皇皇子（雅成）、誕生する（母は藤原重子）。▼伊勢例幣使を発遣する。《猪隈関白記》

9・26　上皇、水無瀬殿に御幸する（二十九日還御）。《明月記》

9・27　斎宮粛子内親王、野宮に入る。《猪隈関白記》

10・12　源通親第にて**影供歌合**が行なわれる（上皇臨御。このあと再び臨御）。《明月記》

10・17　殷富門院の安井殿蓮華光院供養に上皇、宣陽門院と御幸する。《百練抄》

11・11　上皇、鳥羽殿に御幸する。《明月記》

11・21　皇太弟守成親王（順徳天皇）、二条殿にて著袴の儀を行なう（上皇臨御）。《猪隈関白記》

11・22　上皇主催「正治初度百首」が中島宮にて披講される（この冬、「正治二度百首」も）。《明月記》

11・24　慈円、鳥羽殿にて冥道供を修する（ついで上皇、御幸）。《門葉記》

11・26　上皇、柏原弥三郎が叛したため、在京の武士を官軍として派遣する。《吾妻鏡》

11・28　上皇、熊野参詣に出発する（十二月三日、切目王子《きりべのおうじ》で歌会を催し「**熊野懐紙**」を残す。六日滝尻王子でも歌会。十五日還御）。《猪隈関白記》

12・25　一代一度の大神宝使を発遣し、一代一度の大仁王会を閑院に修する。《猪隈関白記》

この年　後鳥羽天皇皇女（礼子内親王）、誕生する（母は藤原信清女）。《女院記》守貞親王王女（能子内親王）、誕生する（母は藤原基家女陳子）。《本朝皇胤紹運録》

□②・11吉田（藤原）経房（権大納言。吉田家の祖。「吉記」記主。父は藤原光房。58）、7・16花山院《かざんいん》兼雅《かねまさ》（左大臣。父は太政大臣花山院忠雅。53）

■建仁元年（一二〇一）辛酉

土御門天皇7歳
後鳥羽上皇22歳

1・8　上皇、この日、七条院御所に御幸する（ついで法勝寺修正会に臨御）。《猪隈関白記》

1・23　天皇、上皇の二条殿に朝覲行幸する（皇太弟守成親王も。天皇、翌日還御）。《三長記》

1・25　前斎院**式子内親王**（後白河法皇皇女）没。《明月記》

2・13　辛酉年により**建仁**と改元する。《猪隈関白記》

2・19　慈円を再び天台座主とし、護持僧とする。《皇帝紀抄》
3・7　後白河天皇皇子権僧正恒恵《ごうえ》を土御門天皇護持僧とする。《寺門伝記補録》
3・9　長講堂御八講（ついで上皇これに臨御）。《猪隈関白記》
3・16　源通親、水無瀬別業にて影供歌合を行なう（上皇臨御）。《建仁元年熊野山御幸記》
3・19　上皇、鳥羽を経て水無瀬殿に御幸する（二十三日、二条殿に還御）。《明月記》
3・21　殷富門院、熊野参詣に出発する。《建仁元年熊野山御幸記》
3・25　上皇、向殿に御幸する。《建仁元年熊野山御幸記》
4・15　伊勢神宮・石清水八幡宮に奉幣使を発遣する。《押小路文書》
4・19　鳥羽南北殿修理成り、上皇、鳥羽南殿、ついで北殿に渡御する。《猪隈関白記》
5・7　勅して清滝社にて孔雀経を修し、雨を祈らせる。《醍醐寺座主次第》
6・3　天皇、病む。《猪隈関白記》
6月　上皇の二条殿にて千五百番歌合御会あり。《明月記》
7・5　上皇、法勝寺御八講に御幸する。《猪隈関白記》

7・20　上皇、水無瀬殿に御幸する（二十四日還御）。《三長記》
7・22　後鳥羽天皇皇子（頼仁親王）、誕生する（母は藤原信清女）。《皇子御五十日百日御魚味御著袴事》
7・27　上皇、院御所二条殿に和歌所を置く。《明月記略》
8・11　上皇、石清水・北野両社に御幸する。《三長記》
8・18　上皇、水無瀬殿に御幸する（二十七日還御）。《猪隈関白記》
8・30　上皇、坊城殿に御幸する。《三長記》
9・9　斎宮粛子内親王、伊勢へ群行する（天皇、太政官庁に行幸）。《猪隈関白記》
9・20　上皇、四天王寺塔供養に臨御する。《猪隈関白記》
9・21　重源、上皇臨席のもと摂津国渡邊浄土堂で迎講を行なう。《百練抄》
10・3　上皇、日吉社に御幸する。《明月記》
10・5　上皇、熊野に出発する（二十六日還幸。藤原定家、供奉して「**熊野山御幸記**」を記す）。《熊野山御幸記》
10・9　上皇、藤代王子で歌会を催す。《熊野山御幸記》
10・17　宜秋門院、出家する。《猪隈関白記》
11・3　上皇、和歌所寄人の源道具《みちとも》以下六人

＊**熊野《くまの》山御《さんご》幸記《こうき》**　藤原定家著。建仁元年十月五日暁に出発し、石清水・住吉・日前《ひのくま》社に参詣、沿道の王子社にも経供養、また各地で歌会を催して十六日に本宮、十八日に新宮、十九日に那智に奉幣・経供養をするなど、後鳥羽上皇熊野御幸の全行程を記す。

＊**諸陵《しょりょう》雑事《ざつじ》注文《ちゅうもん》**　平安時代末期の陵田から諸陵寮に納めた公事の品目数量などを陵墓ごとに記入したもの。陵墓は十八ヵ所、品目は、菓子・米・餅・酒・野菜・鯛など。

＊**藤原多子《ふじわらのたし》**（一一四〇～一二〇一）　父は右大臣藤原公能、母は中納言藤原俊忠女豪子。左大臣藤原頼長養女。久安六年（一一五〇）入内し女御、ついで皇后。保元元年（一一五六）皇太后、同三年太皇太后となるも、二条天皇の召命によりその後宮に入る。永万元年（一一六五）落飾。

に上古以来の和歌撰進を命じる。《明月記》
11・27　皇弟長仁親王、仁和寺道法法親王の室に入る。《百練抄》上皇、鳥羽殿に御幸する（ついで水無瀬殿等に御幸）。《猪隈関白記》
11月　「**諸陵雑事注文**」成る。《同書》
12・4　辛酉年により、権中納言藤原公継を伊勢に遣わし、神宮に奉幣する。《猪隈関白記》
12・18　皇太第（順徳天皇）、殷富門院の猶子となり、安井殿に移る（十九日二条殿へ）。《百練抄》
12・24　近衛天皇皇后・二条天皇後宮**藤原多子**没。《公卿補任》
12・29　上皇、賀茂に御幸する。《明月記》
□11・23高階泰経《たかしなのやすつね》（少納言。後白河法皇側近。72）

■建仁二年（一二〇二）壬戌

土御門天皇8歳
後鳥羽上皇23歳
1・4　後鳥羽上皇、水無瀬殿に御幸する。《猪隈関白記》
1・6　上皇、七条院三条烏丸第に御幸する。《猪隈関白記》
1・12　上皇、法勝寺修正会に臨幸する。《猪隈関白記》
1・15　上皇、向殿に御幸する。▼後鳥羽上皇後宮・准三宮源在子の院号を承明門院とする。《明月記》
1・18　上皇、蓮華王院修正会に御幸する。《猪隈関白記》
1・27　前関白九条兼実、法性寺にて出家する。《公卿補任》
1・28　宜秋門院、九条の新御所に移る。《明月記》
2・2　八条院、石清水八幡宮に参詣する。《明月記》
2・14　上皇、水無瀬殿に御幸する。《猪隈関白記》
3・3　八条院、日吉社に参詣する。《明月記》
3・9　上皇、長講堂御八講に臨御する（ついで水無瀬殿に御幸。十六日還御）。《猪隈関白記》
3・26　上皇、石清水八幡宮に御幸する。《百練抄》
3・28　上皇、賀茂社に御幸する。《百練抄》
4・2　八条院、ひそかに四天王寺に参詣する。《明月記》
4・7　上皇、水無瀬殿に御幸する。《明月記》
4・28　上皇皇子（雅成）、宣陽門院の六条殿にて御魚味の儀を行なう（上皇臨御）。《百練抄》

4・29 上皇、松尾・大原野両社に御幸する。《明月記》
5・2 上皇、鳥羽に御幸する。《明月記》
5・10 上皇、新日吉小五月会に御幸する。《明月記》
5・11 上皇、鳥羽殿より**城南寺**に御幸する（二十六日、影供御歌合を行なう）。《明月記》
5・13 昇子内親王、眼病につき八条院とともに日吉社に詣でる（ついで熊野に御使を発し、千度祓を行なう）。《明月記》
5・22 宜秋門院、ひそかに法性寺に御幸する。《明月記》
5・28 上皇、鳥羽殿より水無瀬殿に御幸する（六月三日「当座六首御歌合」を行なう）。《明月記》
5月 上皇、神泉苑に御幸する。▼京都群盗横行。《明月記》
6・2 京都霖雨、止雨奉幣あり（ついで六社に奉幣）。《猪隈関白記》
6・12 天皇、閑院より大内裏に行幸し、祇園神輿を避ける（十六日還御）。《猪隈関白記》
6・18 上皇、賀茂川上に御幸する（七月一・四・十二日にも）。▼聖護院静恵法親王、金峯山に詣でる。《明月記》
6・19 伊勢神宮以下六社に奉幣し、止雨を祈る。《猪隈関白記》

7・3 上皇、坊城殿に御幸する（五・七・十・十三日、八月十二・十八日にも）。《明月記》
7・6 上皇、賀茂禰宜鴨祐兼の泉亭に御幸する（八月二十二日にも）。《明月記》
7・7 天台座主慈円、辞任。《猪隈関白記》
7・10 以仁王王子真性、護持僧を辞任。《青蓮院門跡皇族御伝》
7・16 上皇、水無瀬殿に御幸する。《明月記》
7・22 上皇、宇治山に狩をする。《明月記》
7・23 源頼家を征夷大将軍とする（鎌倉幕府第二代将軍）。《公卿補任》
7・25 上皇、病む（この日、向殿に渡御）。《明月記》
8・3 天皇、殷富門院の安井殿に行幸する。《猪隈関白記》
8・11 上皇、神泉苑に御幸する（二十三日、九月一日にも）。《明月記》
8・26 仁和寺**守覚法親王**没（「仁和寺御伝」等では二十五日没）。《猪隈関白記》
9・10 上皇、水無瀬殿に御幸する（十三日、御歌合を行なう。三十日還御）。《明月記》
9・11 伊勢例幣使を発遣する。《猪隈関白記》
10・7 院宣を下し、祇園社と清水寺の堺相論を裁決する。《華頂要略》

＊**城南寺**《じょうなんじ》 京都市伏見区に所在した寺。永暦元年（一一六〇）以前に、白河上皇の鳥羽殿のところに造られたといわれる（白河天皇の鳥羽離宮を城南離宮ともいった）。

＊**守覚法親王**《しゅかくほっしんのう》（一一五〇〜一二〇二） 後白河法皇第二皇子。母は権大納言藤原季成女高倉三位成子。仁和寺御室第六代で、喜多（北）院御室と称する。永暦元年（一一六〇）出家・受戒。仁安三年（一一六八）覚性から伝法灌頂を受け、嘉応元年（一一六九）仁和寺御室になる。元暦元年（一一八四）弟の道法法親王に伝法灌頂を授け、建久九年（一一九八）寺務を道法法親王に譲る。仁和寺喜多院にて没。家集のほか「**左記**」「右記」「野目鈔」などの著書がある。

＊**左記**《さき》 白河天皇第二皇子守覚法親王による真言行法の故実書。本書の姉妹篇として「右記」「追記」がある。

10・19 上皇、二条殿より新造京極殿に移る。《仙洞御移徙部類記》
10・20 上皇、三条殿に御幸する。《猪隈関白記》
10・29 上皇、京極殿より二条殿に還御する。《猪隈関白記》
⑩・2 天皇、病む。《猪隈関白記》
⑩・20 大納言藤原隆忠を内大臣とする。《公卿補任》
⑩・25 上皇、水無瀬殿に御幸する（翌日も）。《猪隈関白記》
11・27 摂政近衛基通の氏長者をやめ、左大臣九条良経に内覧宣旨を下し氏長者とする。《公卿補任》
11・29 上皇、熊野に御幸する（十二月十六日還御）。《猪隈関白記》
12・1 二条殿新殿が焼ける。《猪隈関白記》
12・20 皇太后藤原忻子、日吉社に行啓する。《明月記》
12・25 近衛基通の摂政をやめ、左大臣九条良経を摂政とする。《公卿補任》
この年 栄西、建仁寺を建立する（天皇、勅願寺とする）。《歴代編年集成》白河天皇皇子静恵法親王、宮門跡として聖護院に入寺する（以後、歴代親王が継承し、三井寺長吏と熊野三山別当を兼ねる）。

□10・21 源《みなもとの》（土御門）通親《みちちか》（内大臣。土御門天皇の外祖父。父は内大臣久我雅通。54）

■建仁三年（一二〇三）癸亥

土御門天皇9歳
後鳥羽上皇24歳

1・4 後鳥羽上皇、七条院の三条殿に御幸する。《百練抄》
1・8 道法法親王を仁和寺総法務とする。《仁和寺御伝》
1・9 上皇、京極殿に御幸する。《明月記》
1・11 上皇、神泉苑に御幸する（五月二十六日、六月二十日、九月二十三日、十月一・三・十八日、十二月十八・二十四日にも）。《明月記》
1・12 上皇、法勝寺修正会に御幸する。《百練抄》
1・18 上皇、水無瀬殿に御幸する（五月十日、八月二十二日、十月五日にも）。《明月記》
2・4 和歌所を京極殿に移す（ついで歌合を行なう）。《明月記》
2・15 道法法親王を最勝光院検校とする。《仁和寺御伝》
2・19 上皇、日吉社に御幸する。《百練抄》
2・20 昇子内親王、熊野に参詣する。《明

月記》
2・25 上皇、大内裏に御幸し、花宴を催す（「今日だにも庭を盛とみつる花消ずはありとも雪かとも見よ」〈新古今集〉はこのときの歌）。《明月記》
3・1 右大臣藤原家実を一上とする。《公卿補任》
3・10 上皇、熊野に御幸する（四月十一日還御）。《明月記》
3・13 前園城寺長吏静恵法親王（後白河天皇皇子。聖護院宮）没（「百練抄」では十二日。年40）。《明月記》
4・26 八条院、日吉社に参詣する（二十七日、七条院も参詣）。《明月記》
5・9 上皇、新日吉小五月会に臨御する。《猪隈関白記》
5・27 上皇、法勝寺で八万四千基の塔を供養する。《明月記》
5・28 これより先、僧浄戒・見光の二人、聖徳太子の墓をあばき、歯牙を盗む。この日、浄戒を備前国、見光を周防国に流す。《百練抄》
6・8 上皇、二条殿に御幸する。《明月記》
6・12 天皇、大内裏に行幸し、祇園神輿を避ける。《明月記》
6・29 上皇、日吉社に御幸する。《華頂要略》
7・9 上皇、熊野に御幸する（八月三日還御）。《明月記》
7・29 天皇、仁和寺安井殿に行幸する。《明月記》
7月 大風雨により、伊勢神宮舎屋が破壊される。《明月記》
8・9 上皇、藤原兼子の中山堂曼陀羅供にひそかに臨御する。《明月記》
8・21 長仁親王、仁和寺に入室する。《明月記》
8・28 以仁王王子真性を天台座主とする。《青蓮院門跡皇族御伝》
9・2 北条時政・政子、比企一族と一幡（源頼家子）を滅ぼす。《吾妻鏡》
9・7 幕府、源頼家死去と奏上。朝廷、頼家弟千幡を征夷大将軍とし、実朝の名を賜う（鎌倉幕府第三代将軍）。《猪隈関白記》
北条政子、源頼家を出家させる（二十九日、修禅寺に幽閉、翌年殺害といわれる。この月、北条時政が初代執権）。《吾妻鏡》
9・11 源頼家没により伊勢例幣を止める（十月十三日追行）。《猪隈関白記》
9・15 天皇、大内裏に行幸する。《明月記》
真性、天台座主を辞任。《青蓮院門跡皇族御伝》
10・2 上皇、大炊殿に御幸し、蹴鞠をする。

＊元久《げんきゅう》 参議藤原親経《ちかつね》の勘文に「毛詩正義曰、文王建元久矣」とある。

《明月記》
10・9　天皇、大内裏に御幸する。《明月記》
11・5　上皇、西坊城に御幸する。《明月記》
11・10　二条殿修理成り、上皇、これに移る。《百練抄》
11・23　上皇、和歌所にて藤原俊成九十賀宴を賜う。《明月記》
11・26　上皇、南都に御幸する（二十七日、春日社に御幸）。《百練抄》
11・27　九条良経に内覧宣下。《公卿補任》
11・30　大仏殿完成。上皇臨幸のもと東大寺総供養が行なわれる（上皇、翌日還御）。《東大寺続要録》
12・2　二条殿火災。上皇は春日殿、昇子内親王は八条殿に避難する。《明月記》
12・4　上皇、新造宇治新御所に移る。《明月記》
12・14　上皇、梶井御所に御幸する（翌日、日吉社へ。十六日還御）。《明月記》
12・22　上皇、北野社に御幸する。《明月記》
12・25　皇太第（順徳天皇）、御読書始を行なう。《明月記》

■元久元年（一二〇四）甲子
土御門天皇10歳
後鳥羽上皇25歳
1・5　上皇、八条院御所に御幸する。《明月記》
1・9　上皇皇子を親王とし、名を雅成《まさなり》と賜う。雅成親王、宣陽門院御所で著袴の儀を行なう（上皇臨幸）。《百練抄》
1・12　上皇、法勝寺修正会に臨御する。また、鴨泉亭に御幸する。《明月記》
1・18　上皇、行願寺また水無瀬殿に御幸する。《百練抄》
1・21　勅して、近江守護佐々木定綱に延暦寺堂衆を討たせる。《明月記》
1・26　承明門院、入内する。《百練抄》
1・30　上皇、片野（交野）で狩をする。《明月記》
2・12　上皇、行願寺に御幸する。《百練抄》
▼八条院、歓喜光院修二月会に臨む。《明月記》
2・20　甲子革令により元久と改元する。《百練抄》
2・23　上皇、水無瀬殿に御幸する（七月二十三日、十月十九日にも）。《明月記》
2・25　四天王寺金堂供養が行なわれる（上皇、水無瀬殿より臨幸）。《明月記》
3・9　上皇、病む。《明月記》
3・13　上皇、長講堂御八講に臨幸する。《明月記》
3・15　潔子内親王、広隆寺に参詣する。《仲

資王記》
4・2 上皇皇子（寛成。尊快親王）、誕生する（母は藤原重子）。《仲資王記》
4・9 宜秋門院、法性寺に行啓する。《明月記》
4・11 上皇、最勝寺にて蹴鞠を行なう。《明月記》
4・16 上皇、賀茂祭を覧る。《三長記》
4・21 上皇、神泉苑に御幸する。《明月記》
4・23 上皇、鳥羽殿に御幸する。《明月記》
5・9 上皇、新日吉小五月会に臨幸する。
5・10 天皇、仁和寺安井殿に行幸する。《明月記》
6・1 院宣を下し、**重任**の功を募り、大内裏を修造させる。《仲資王記》
6・2 上皇、萱《かや》御所に御幸する。《明月記》
6・13 天皇、大内裏に行幸し、祇園神輿を避ける。▼上皇、慈円の吉水房十種供養に臨幸する。《明月記》
6・20 清滝宮に雨を祈らせる（二十三日、丹生・貴布禰両社に祈雨奉幣）。《醍醐寺新要録》
6・21 上皇、病む。《明月記》
6・23 後鳥羽上皇皇女（礼子）を内親王とし、賀茂斎院に卜定する。この日、礼子内親王・粛子内親王を准三宮とする。《明月記》
6月 上皇、平野社に御幸する。《仲資王記》
7・2 神泉苑にて祈雨御読経を行なう。《東寺長者補任》
7・11 上皇、宇治離宮に御幸する（十六日還御）。《明月記》
7・14 上皇、平等院に御幸する。《明月記》
7・27 天皇、坊門殿に行幸する。《明月記》
7月 後鳥羽上皇皇子（朝仁。道覚親王）、誕生する（母は法眼顕清女）。《華頂要略》
8・6 上皇、賀茂川上に御幸する（七・十六日にも）。《明月記》
8・8 五辻殿の造営成り、上皇、ここに移る。《百練抄》
8・18 八条院、石清水八幡宮に参詣する。《明月記》
8・23 権大納言藤原公房を伊勢神宮に遣わし、宸筆宣命を奉り、甲子革令を祈らせる。《明月記》
9・11 伊勢例幣使を発遣する。《仲資王記》
9・17 上皇、熊野に御幸する（十月六日還御）。《明月記》
9月 天皇、上皇御所五辻殿に行幸する。《明月記》
10・15 上皇・七条院、藤原兼子の中山堂安楽心院供養に臨幸する。《明月記》

＊**重任**《ちょうにん》 任期が終わっても、さらに同じ官職に任じること。平安期以降、売官による国司などの重任が盛んに行なわれた。

11・3　天皇、石清水八幡宮に行幸する（上皇、その儀衛を覧る）。《明月記》

11・7　上皇、行願寺・神泉苑に御幸する。《明月記》

11・8　天皇、仁和寺安井殿に行幸する。《明月記》

11・13　天皇、賀茂社に行幸する（上皇、その儀衛を覧る）。《明月記》

11・16　摂政・左大臣九条良経、左大臣を辞任。《公卿補任》

12・7　藤原頼実、太政大臣を辞任。《公卿補任》

12・10　将軍源実朝に嫁す坊門信清《ぼうもんのぶきよ》女、京都を出発する（上皇、その儀衛を覧る）。《吾妻鏡》

12・11　伊勢例幣使を発遣する。《仲資王記》

12・14　摂政九条良経を太政大臣、右大臣藤原家実を左大臣、内大臣藤原隆忠を右大臣とする。《公卿補任》

12・22　以仁王王子真性を大僧正とする。《青蓮院門跡皇族御伝》

12・27　内裏修理竣工。天皇、内裏に遷る。《百練抄》伊勢内宮の仮殿遷宮が行なわれる。《類聚大補任》

12月　上皇、石清水・賀茂・住吉社三十首和歌御会あり。《御鳥羽院御集》

□7・18 源頼家《みなもとのよりいえ》（鎌倉幕府第二代将軍。頼朝長男。23）、11・30 藤原俊成《ふじわらのとしなり》（歌人。「千載和歌集」撰者。「古来風体抄《こらいふうていしょう》」著者。91）

■元久二年（一二〇五）乙丑

土御門天皇11歳

後鳥羽上皇26歳

1・3　天皇、紫宸殿にて元服する。《明月記》

1・11　侍読菅原為長、天皇に「史記」五帝本紀を授ける。《菅儒侍読年譜》

1・16　上皇、琵琶の秘曲「石上流泉《せきじょうりゅうせん》」を権中納言藤原定輔より受ける（二月十九日「上原《じょうげん》石上流泉」、三月二十日「楊真操《ようしんそう》」、六月十八日「啄木《たくぼく》」も）。《伏見宮記録》

1・19　天皇、上皇御所京極殿に朝覲行幸する（このとき上皇、琵琶の名器玄上《げんじょう》〈玄象〉を奏する）。《明月記》

1・20　上皇、水無瀬殿に御幸する（七条院も行啓）。《明月記》

2・8　宣陽門院、日吉社に参詣する。《明月記》

2・11　天皇、権中納言源通光の中院第に行幸する。《百練抄》

2・16　上皇皇女（凞子内親王）、誕生する（母は丹波局）。《明月記》

2・19　上皇、神泉苑に御幸する（二十一・二十二日、四月十六日、六月二十六日、閏

七月二十四・二十九日にも)。《明月記》
2・20 上皇、最勝寺に御幸する。《明月記》
2・23 上皇、三条殿および前太政大臣藤原頼実の第に御幸する。《明月記》
2・26 上皇、藤原兼子の逆修に臨幸する。《明月記》
2月 上皇、摂政九条良経に勅し、宇治宝蔵の琵琶「元興寺」を献じさせ、藤原康業に「玄上」以下の名器とともに修理させる。《順徳院御琵琶合》
3・6 上皇、七条殿に御幸する。《明月記》
3・12 上皇、石清水八幡宮・賀茂社に御幸する。《明月記》
3・13 宣陽門院、出家する。《明月記》
3・26 上皇の命による「**新古今和歌集**」ほぼ成り、この日、「新古今集竟宴」が開かれる(このとき詠まれたのが「新古今集竟宴和歌」)。《明月記》
3・27 上皇、殷富門院・道法法親王とともに藤原頼実の第に御幸する(蹴鞠を覧る)。《明月記》
4・3 天皇、中院殿より大内裏に行幸する。《明月記》
4・7 前太政大臣藤原頼実女麗子、入内する(十三日、女御となる)。《明月記》
4・17 天皇、大内裏より源通光の中院第に行幸する。▼上皇、水無瀬殿に御幸する(五月二十二日、十一月九日にも)。《明月記》
4・27 摂政太政大臣九条良経、太政大臣を辞任。《公卿補任》
5・9 上皇、新日吉小五月会に臨御する。《明月記》
5・15 上皇、管絃講で琵琶を奏する。《華頂要略》
6・5 上皇、川上に御幸する。《明月記》
6・15 摂政九条良経、漢詩と和歌を競わせる「詩合」を院御所五辻殿で行なう。《明月記》道法法親王、ひそかに賀茂社に参詣する。《御室相承記》
6・18 上皇、五辻殿にて琵琶の秘曲「啄木」を藤原定輔より受ける。《伏見宮記録》
6・29 天皇、御所中院殿に怪異あるにより、前太政大臣藤原頼実の大炊御門第に遷る。《明月記》
7・11 女御藤原麗子を皇后(中宮)とする。《明月記》
7・13 神泉苑で祈雨御読経を行なう。《百練抄》
7・25 上皇、宇治に御幸する。《明月記》
⑦・3 上皇の宇治新御所が焼ける。《明月記》
⑦・6 朱雀院に築垣を築き、上皇の遊猟地とする。《明月記》

＊**新古今和歌集**《しんこきんわかしゅう》 第八番目の勅撰和歌集。後鳥羽天皇下命。撰者は源通具・藤原有家・藤原定家・藤原家隆・藤原雅経・寂蓮(途中死去)。元久二年(一二〇五)にほぼ完成するが、その後、都でも隠岐でも追加・削除が行なわれる。「古今」の歌風が「花実相兼」とされるのに対し、「新古今」は「花に過ぎたる」とされ、西行の九十四首入集に象徴される。なお、式子内親王は四十九首、後鳥羽天皇は三十三首が入集している。

⑦・19 北条時政、平賀朝雅を将軍に立てようとするも露顕。北条政子、源実朝を北条義時の邸に迎えさせる。時政、出家して伊豆国に退く（義時、第二代執権となる）。《吾妻鏡》
8・13 水無瀬殿の修理成り、上皇、これに移る。《明月記》
8・15 上皇、藤原頼実第の御遊で琵琶を奏する。《仙洞御移徙部類記》
8・28 天皇、大炊御門第より閑院に遷る。《明月記》
9月 上皇、熊野に御幸する（十月十一日還御）。《明月記》
11・8 七条院、三条殿にて落飾する（上皇臨幸）。《明月記》
11・24 大納言藤原（西園寺）実宗を内大臣とする。《公卿補任》
11・28 真性大僧正、天台座主を辞任。《青蓮院門跡皇族御伝》
12・2 上皇、高陽院の造営成るにより京極殿に移る（ついで春日殿に幸する）。《明月記》
12・7 上皇、藤原有家・同定家に「源氏物語」等の和歌を録し、これを献上させる。《明月記》
12・14 上皇、春日社に御幸する（十六日還御）。《明月記》
12・23 上皇、病む。《明月記》
□2・27 藤原《ふじわらの》隆信《たかのぶ》（歌人・画家。神護寺蔵「伝源頼朝像」「伝平重盛像」「伝藤原光能像」作者か。64）、5・10 藤原《ふじわらの》範季《のりすえ》（公卿。後白河法皇近臣。その女範子〈重子。修明門院〉は順徳天皇母。76）

■建永元年（一二〇六）丙寅

土御門天皇12歳
後鳥羽上皇27歳

1・17 上皇、摂政九条良経の中御門京極の邸に御幸する。《百練抄》
1・22 十二社に奉幣して疱瘡流行を祈禳させる。《百練抄》
1月 天皇、朝覲行幸する。《明月記》
2・14 興福寺衆徒の訴えにより、上皇、院宣を下し、源空（法然）の弟子行空・遵西を配流する。《三長記》
2・20 これより先、上皇、水無瀬殿に御幸し、この日、五辻殿に還御する。《三長記》
3・10 摂政九条良経死去（三月七日）により、左大臣近衛家実を摂政とする。《公卿補任》
3・13 西園寺実宗《さねむね》、内大臣を辞任。《公卿補任》
3・17 以仁王王子道尊（権僧正）を東大寺

別当とする。《東大寺別当次第》
3・19 上皇、賀茂社・吉田社に御幸する。《百練抄》
3・22 上皇、北野社・嵯峨法輪寺に御幸する。《百練抄》
3・28 大納言花山院忠経を内大臣とする。《公卿補任》
4・3 伊勢内宮の仮殿遷宮を行なう。《類聚大補任》
4・22 上皇、賀茂祭を覧る。《猪隈関白記》
4・27 疱瘡流行により建永と改元する。《百練抄》摂政左大臣近衛家実、一上《いちのかみ》を右大臣藤原隆忠に譲る。《猪隈関白記》
5・1 上皇、熊野に御幸する（十六日還御）。《三長記》
5・4 頓死・疱瘡・霖雨により二十二社奉幣あり。《猪隈関白記》
5・9 新日吉小五月会を延引する（二十八日追行。上皇臨幸）。《猪隈関白記》
5・21 上皇、水無瀬殿に御幸する。《猪隈関白記》
5・28 上皇、摂政近衛家実に一座宣旨を賜う。《猪隈関白記》
6・2 上皇、山崎に御幸し、狩をする。《明月記》
6・6 七条院、瘧病《おこり》にかかり、上皇、これを見舞う。《明月記》
6・10 八条院、石清水八幡宮に参詣する。《明月記》
6・11 上皇、川上に御幸する（二十四日、七月二・六・二十二・二十七日にも）。《明月記》
6・12 上皇、鴨泉亭に御幸する（二十三日にも）。《明月記》
6・13 天皇、大内裏に行幸し、祇園神輿を避ける。《猪隈関白記》
6・16 上皇、藤原親実の滋野井泉亭に移る（ついでまた御幸）。《明月記》
6・25 上皇、坊城に御幸する。《明月記》
6・27 上皇、川崎泉亭に御幸する（七月三日にも）。《明月記》
7・1 上皇、滋野井に御幸する。《明月記》
7・5 上皇、法勝寺御八講に御幸する。《明月記》
7・9 上皇、賀茂社・祇園社に御幸し、滋野井の新宮に御幸する（相撲を覧る）。《明月記》摂政近衛家実、摂政を辞任する。《三長記》
7・12 上皇、鳥羽殿・川崎泉亭に御幸する。《明月記》
7・24 天皇、鳥羽殿に御幸する。《明月記》
8・1 上皇、川崎に御幸する。《明月記》

＊建永《けんえい》 民部卿藤原範光《のりみつ》・式部大輔菅原在高《ありたか》の勘文に「文選曰、流恵下民、建永世之業」とある。

上皇妃重子、広隆寺に参詣する。《三長記》
8・2　道法法親王、石清水八幡宮に参詣する。《仁和寺御伝》
8・3　上皇、鳥羽北殿より鳥羽新御所に移る（五日初度和歌御会）。《百練抄》
8・5　上皇、城南寺に御幸する（このあと連日御幸し、小弓・笠懸・連歌等を行なう）。《明月記》
8・16　上皇、石清水八幡宮・稲荷社に御幸する。《明月記》
8・20　上皇、鳥羽殿より高陽院に還御する。▼上皇妃重子、熊野に参詣する。《明月記》
8・21　上皇、御霊祭を覧る。《明月記》
8・23　上皇、神泉苑に御幸する（九月二十四・二十五日、十月一・七・十五・二十三日、十一月十七・十九日にも）。《明月記》
8・26　上皇、鳥羽殿に御幸する。《明月記》道法法親王、高野山に詣でる。《仁和寺御伝》
8・28　上皇、鳥羽殿より水無瀬殿に御幸する。《仲資王記》
9・2　准母皇后範子内親王の院号を坊門院とする。《百練抄》
9・4　守貞親王王子（道深法親王）、誕生する（母は藤原基家女陳子）。《仁和寺御伝》
9・6　上皇、片野に狩をする（十二日にも）。《明月記》
9・11　伊勢例幣使を発遣する。《三長記》
9・26　一代一度の仏舎利使を諸社に発遣する。《三長記》上皇、中原季時《すえとき》らに延暦寺堂衆を追討させる。《華頂要略》
10・16　大僧正真性、大僧正を辞任。《青蓮院門跡皇族御伝》
10・17　上皇皇子長仁親王（道助法親王）、仁和寺北院に出家する（上皇・七条院臨幸）。《百練抄》
10・24　天皇、病む。《不知記》
10・30　上皇、眼をわずらい、連日、千度祓を行なう（九日軽減）。《猪隈関白記》
11・21　上皇、日吉社に御幸する。《明月記》
11・26　上皇、坊城殿に御幸する。《仲資王記》
11月　院宣を下し、山城国栂尾を僧明恵に賜う（明恵、ここに寺を建立。勅額「日出先照高山之寺」より高山寺と称する）。《高山寺文書》
12・1　上皇、大内裏に御幸する。《明月記》
12・8　摂政近衛家実を関白とする。《公卿補任》
12・9　上皇、熊野に御幸する（二十八日還御）。《明月記》
この年　惟明親王王子（聖海親王）、誕生する（母は惟明親王妃某）。《本朝皇胤紹運録》
▼成吉思汗、蒙古を統一する。

□3・7九条良経《くじょうよしつね》（摂政。太政大臣。父は摂政・関白九条兼実。38）、6・5重源《ちょうげん》（六月四日とも。浄土宗僧。造東大寺勧進職。86）

■承元元年（一二〇七）丁卯

土御門天皇13歳
後鳥羽上皇28歳

1・2 天皇、後鳥羽上皇の高陽院に朝覲行幸する（上皇、琵琶を所作）。《明月記》
1・3 上皇、七条院御所三条殿に御幸する。《明月記》
1・6 上皇、神泉苑に御幸する（十五・二十一日、二月十四日、三月十・十四日、四月二十一・二十八日、五月二・十三日、八月九日にも）。《明月記》
1・10 左大臣近衛家実、辞任（三十日とも）。《公卿補任》
1・14 上皇、法勝寺に御幸する（翌日、三条殿・神泉苑等に御幸）。《明月記》
1・18 上皇、蓮華王院修正会に御幸する。《明月記》
1・23 上皇、祇園社・石清水八幡宮に御幸し、水無瀬殿に向かう。《明月記》
2・1 承明門院、熊野に行啓する。《明月記》
2・10 右大臣藤原隆忠を左大臣、内大臣花山院忠経を右大臣、権大納言近衛道経を内大臣とする。《公卿補任》
2・18 専修念仏を禁じ、源空（法然）を土佐国、親鸞を越後国に配流する。《皇帝紀抄》
3・7 上皇、賀茂社に御幸し、歌合を行なう。《明月記》
3・9 長講堂御八講（ついで上皇御幸）。《明月記》
3・11 上皇、最勝寺で蹴鞠を行なう。《明月記》
3・21 道法法親王、道助入道親王と高野山に参詣する。《仁和寺御伝》
3・22 上皇、高野山に御幸する（二十七日還御）。《明月記》
4・1 上皇、水無瀬殿にて旬御鞠を行なう。《明月記》
4・6 上皇、水無瀬殿より鳥羽殿に還御する。《明月記》
4・9 京都地震。《明月記》
4・22 伊勢外宮の仮殿遷宮が行なわれる。《類聚大補任》
4・23 醍醐清滝宮にて孔雀経法を修し、雨を祈らせる。《醍醐寺座主次第》
4・27 上皇、今日吉社に御幸する。《明月記》
5・20 僧顕昭、上皇に「日本紀歌註」を奏上する。《明月記》
5・25 上皇、和歌所寄人に古今珠玉集を撰

＊**承元**《じょうげん》 権中納言藤原資実《すけざね》の勘文に「通典曰、古者祭以酉時、薦用仲月、近代相承、元日奏祥瑞」とある。

＊**最勝四天王院障子和歌**《さいしょうしてんのういんしょうじわか》 後鳥羽院の考えにより、障子（襖）に日本全国四十六ヵ所の歌枕を描き、それに因んだ和歌を書き入れたもの。のち解体され、失われる。例えば大和「春日野」では、「若菜摘む春日野原の雪まよりそれかとにほへ野べの梅が枝」（「後鳥羽院御集」）と詠んでいる。

ばせる。《明月記》
6・1　上皇、内野に御幸する（ついで犬追物を行なう）。《明月記》
6・7　後鳥羽上皇妃藤原重子を准三宮とし、院号を修明門院とする。《百練抄》
6・13　天皇、大内裏に行幸し、祇園神輿を避ける。《仲資王記》
6・19　上皇、病む。《明月記》
6・27　上皇、河崎泉亭に御幸する（七月三・七・二十一日にも）。《明月記》
6・30　上皇、藤原範光の三条坊門室町泉亭に御幸する（七月二十三日にも）。《明月記》
この夏以後、疱瘡流行。《猪隈関白記》
7・1　上皇、坊城殿に御幸する。《明月記》
7・11　権僧正道尊を土御門天皇の護持僧とする。《仁和寺諸院家記》
7・19　上皇、日吉社に御幸する（梶井殿に駐泊）。《明月記》
7・22　上皇、病む。《明月記》
7・23　上皇、藤原範光の三条坊門室町泉亭に御幸する。《明月記》
7・27　上皇、川上に御幸する。《明月記》
7・28　上皇、白河殿新造御所に移る。《猪隈関白記》
8・2　上皇、白河殿より河崎泉亭に御幸する。《明月記》
8・13　上皇、賀茂社・吉田社等に御幸する。《百練抄》
8・24　天皇、疱瘡にかかる。《猪隈関白記》
8・26　上皇、水無瀬殿に御幸する。《明月記》院宣を奉じ、坂上明基《さかのうえあきもと》、「裁判至要抄」を撰進する。《同書》
9・7　臨時二十二社奉幣を行ない、天皇の疱瘡を祈禳させる。《猪隈関白記》
9・11　伊勢例幣使を発遣する。《仲資王記》
9・14　上皇、清水寺に御幸する。《百練抄》
9・20　京都二条火事。中宮御所等焼失する。《百練抄》
9・29　京都火事。宜秋門院小御所・承明門院御所を焼く。《仲資王記》
10・1　上皇、母七条院とともに熊野に御幸する（二十四日、還御の途次、稲荷社に参詣）。《明月記》
10・17　道法法親王、石清水八幡宮に参詣する。《御室相承記》
10・25　疱瘡・洪水により**承元**と改元する。《猪隈関白記》
11・5　宣陽門院、仁和寺に行啓する。《仲資王記》
11・27　上皇、三条白川の最勝四天王院に移る（御堂内の障子に絵と和歌〈「**最勝四天王院障子和歌**」〉を描かせる）。《明月記》

◉**陪従**《べいじゅう》　天皇の行幸に付き従うこと、また従う者。供奉。皇后・東宮・斎宮の場合にも使われる。

11・29 天皇、白河新御堂最勝四天王院の落慶供養に行幸する（皇太子守成親王・七条院も臨御）。《明月記》

12・9 権僧正道尊を仁和寺別当とする。《仁和寺諸院家記》

12・19 上皇、賀茂社に御幸する（下上両社にて御遊、琵琶を所作）。《百練抄》

12・26 上皇、西七条殿に移る。《明月記》

12・28 院宣により、熊野三山検校および臨幸先達を園城寺に付す。《寺門高僧記》

この年 後鳥羽天皇皇子（尊円親王）、誕生する（母は藤原定能女）。《明月記》

□4・5九条兼実《くじょうかねざね》（摂政。関白。九条・一条・二条三家の祖。「玉葉」記主。摂政・関白忠通の子。59）

■承元二年（一二〇八）戊辰

土御門天皇14歳

後鳥羽上皇29歳

1・3 上皇、七条院御所三条殿に御幸する。《明月記》

1・9 八条院、石清水八幡宮に行啓する。《猪隈関白記》

1・10 上皇、法勝寺修正会に御幸する。《猪隈関白記》

1・14 上皇、松崎に御幸する。《明月記》

1・18 道法法親王、高野山に参詣する。《仁和寺御伝》

1・20 上皇、水無瀬殿に御幸し、ついで石清水八幡宮に御幸する。《猪隈関白記》

1・29 中宮藤原麗子、春日社に行啓する。《猪隈関白記》

2・9 上皇、最勝四天王院修二月会に臨幸し、道法法親王を同院検校とする。《猪隈関白記》

3・1 上皇、成勝寺にて蹴鞠を行なう。《明月記》

3・10 上皇、長講堂御八講に御幸する。《百練抄》

3・14 上皇、白河殿より成勝寺に御幸する。《明月記》

3・16 上皇、神泉苑に御幸する（八月十八日にも）。《明月記》

3・19 上皇、成勝寺にて蹴鞠を行なう（二十五日にも）。《明月記》

3・25 宣秋門院、法性寺に御幸する（九月三十日にも）。《明月記》

3・28 上皇、最勝四天王院薬師堂供養に臨幸する。《猪隈関白記》

4・10 道法法親王、箕面寺に参詣する。《仁和寺御伝》

4・13 上皇、前太政大臣藤原頼実の大炊御門殿に御幸し、蹴鞠を行なう。《明月記》

＊**八音抄**《はちおんしょう》 鎌倉時代、琵琶の製作について書かれたもの、著者・成立年不詳。

4・21　上皇、大柳殿より高陽院に還御する。《明月記》
4・23　上皇、最勝四天王院寺務尊長の春日の宅に御幸する。《明月記》
4・29　上皇、病む。《明月記》
④・15　京都大火。宣陽門院御所六条殿長講堂、坊門院御所坊城殿等多く焼く。《猪隈関白記》
④・22　八条院、四天王寺より還御する。《明月記》
5・4　七条院、病む。上皇、これを見舞う。《明月記》
5・9　上皇、新日吉小五月会に御幸する。《明月記》
5・15　落雷により、法勝寺九重塔が焼失（これにより上皇御幸）。《猪隈関白記》
5・28　右大臣花山院忠経、辞任。《公卿補任》
5・29　上皇、住吉社歌合を行なわせる。《明月記》
6・3　上皇、熊野に御幸する（七月五日還御）。《明月記》
6・13　天皇、大内裏に行幸し、祇園神輿を避ける（十八日、閑院に還御）。《猪隈関白記》
6・20　天皇、病む。《明月記》
7・5　元摂政近衛基通、出家する。《明月記》
7・8　上皇、滋野井に御幸する。《明月記》
7・9　内大臣近衛道経を右大臣、権大納言九条良輔《よしすけ》を内大臣とする。《公卿補任》
7・18　上皇、受戒する。《明月記》
7・19　上皇、新造岡崎御所（白河御所）に移る。《猪隈関白記》
8・1　上皇、日吉社に御幸する。《明月記》
8・2　後鳥羽上皇皇子を親王とし、名を寛成と賜う（のち出家して尊快法親王）。《猪隈関白記》
8・8　後鳥羽上皇皇女昇子内親王を尊んで皇后とする。《明月記》
8・12　上皇、水無瀬殿に御幸する。《明月記》
8・18　上皇、神泉苑に御幸する。《八音抄》
9・3　天皇、病む。《猪隈関白記》
9・7　上皇、交野御堂供養に臨幸する。《明月記》
9・11　伊勢例幣使を発遣する。《猪隈関白記》
9・18　前賀茂斎院頌子《しょうし》内親王（鳥羽天皇皇女。母は藤原実能女）没（年64）。《百練抄》
9・19　権中納言藤原隆衡を伊勢に遣わし、神宮に奉幣し、来年の三合厄を祈禳させる。《猪隈関白記》
10・1　以仁王王子真性を四天王寺別当とする。《青蓮院門跡皇族御伝》
10・7　後鳥羽上皇皇子を親王とし、名を朝《あさ》

仁《ひと》と賜う。《門葉記》
10・14　朝仁親王、天台座主慈円の室に入る。《門葉記》
10・16　道法法親王、石清水八幡宮に参詣する。《仁和寺御伝》
10・24　上皇、吉水大懺法院供養に臨御する。《猪隈関白記》
11・14　皇弟雅成親王、高陽院にて読書始を行なう。《猪隈関白記》
11・15　上皇、賀茂社に御幸する。《百練抄》
11・19　上皇、水無瀬殿に御幸する。《猪隈関白記》
11・27　閑院皇居が焼亡し、天皇、大内裏に遷る。《猪隈関白記》
12・1　天皇、大内裏修理のため前太政大臣藤原頼実の大炊御門殿に遷る。《猪隈関白記》皇弟寛成親王、権僧正承円の円融坊に入室する。《伏見宮記録》
12・17　前太政大臣藤原頼実を還任する。《公卿補任》守貞親王王子（尊性法親王）、後鳥羽上皇の猶子の儀をもって妙法院門主実全の房に入室する。《明月記》
12・23　天皇、東宮元服のため大内裏に移る。《猪隈関白記》
12・25　皇太子守成親王、大内裏にて元服する。《猪隈関白記》
12・29　天皇、大内裏より大炊御門殿に還幸する。《猪隈関白記》

■承元三年（一二〇九）己巳

土御門天皇15歳
後鳥羽上皇30歳

1・4　後鳥羽上皇、七条院に行幸する。《百練抄》
1・15　上皇、三条殿・神泉苑・春日殿に御幸する。《道家公鞠日記》
1・21　太政大臣藤原頼実、辞任。《公卿補任》
3・2　上皇、大柳殿で御鞠を行なう。《吾妻鏡》
3・6　上皇、春日社に御幸する（翌日、長谷寺に御幸、また大野寺石仏供養に臨御。九日還御）。《百練抄》
3・16　守貞親王王子（尊性法親王）、出家・受戒する。《百練抄》
3・23　故摂政九条良経女立子を皇太子守成親王御息所とする。《玉蘂》
3・26　右大臣近衛道経、辞任。《公卿補任》
4・9　京都火事。行願寺・誓願寺焼失。《百練抄》
4・10　伊勢外宮の仮殿遷宮が行なわれる。《類聚大補任》内大臣九条良輔を右大臣、大納言徳大寺公継《きんつぐ》を内大臣とする。《公卿補任》

＊**冷泉《れいぜい》万里《までの》小路《こうじ》殿《どの》**　土御門・四条・後嵯峨・後深草・亀山・後宇多・後二条各天皇の里内裏。冷泉北・万里小路西に所在。冷泉殿・大炊御門殿・冷泉万里小路内裏ともいう。藤原隆房以下四条家の邸。後嵯峨天皇はここで践祚し、譲位の儀を行ない、ついで後院とした。

＊**藤原忻子《ふじわらのきんし》**（一一三四～一二〇九）後白河天皇皇后。「よしこ」とも。父は藤原公能、母は権中納言藤原俊忠女豪子。妹に近衛天皇皇后（のち二条天皇皇后）多子がいる。久寿二年（一一五五）入内、翌年立后して中宮、平治元年（一一五九）皇后、承安二年（一一七二）皇太后となる。子女はなし。

4・25　皇后昇子内親王の院号を春華門院とする。《公卿補任》
6・9　上皇、石清水八幡宮に御幸する。《百練抄》
6・10　上皇、賀茂社に御幸する。《百練抄》
6・13　上皇、日吉社に御幸する。《百練抄》権僧正道尊を大僧正とする。《仁和寺諸院家記》
7・5　上皇、法勝寺御八講三日目に御幸する。《猪隈関白記》
7・11　天皇、権中納言藤原隆衡の**冷泉万里小路殿**に行幸する。《猪隈関白記》
7・17　上皇、賀茂社に御幸する。《猪隈関白記》
8・3　上皇、岡崎殿より新造押小路殿（三条坊門殿）に移る。《猪隈関白記》
8・12　後白河天皇皇后**藤原忻子**没。《玉蘂》
8・23　伊勢以下七社に奉幣して霖雨風害を祈禳させる。《猪隈関白記》
9・8　伊勢内宮遷宮神宝使を発遣する。《百練抄》
9・11　伊勢例幣使を発遣する。《猪隈関白記》
9・16　伊勢内宮の遷宮が行なわれる。《猪隈関白記》
9・21　上皇、熊野に御幸する。《猪隈関白記》
10・5　道法法親王、笠置寺に参詣する。《御室相承記》
11・10　天皇、冷泉万里小路殿より大炊殿に遷る。《百練抄》
12・5　上皇、仁和寺舎利会に御幸する。《百練抄》
12・20　上皇、坊門殿より高陽院に移る。《百練抄》
この年　守貞親王王女（邦子内親王）、誕生する（母は藤原基家女陳子）。《女院記》

■承元四年（一二一〇）庚午

土御門天皇16歳
順徳天皇　14歳
後鳥羽上皇31歳

1・4　上皇、七条院に御幸する。《玉蘂》
1・9　上皇、法勝寺修正会に御幸する。《玉蘂》
1・20　上皇、祇園社・石清水八幡宮に御幸し、水無瀬殿に赴く。《百練抄》
2・6　伊勢外宮の仮殿遷宮が行なわれる。《類聚大補任》
2・10　承明門院、水無瀬殿より石清水八幡宮に参詣する。《玉蘂》
3・2　上皇、六条殿の長講堂供養に御幸する。《百練抄》後鳥羽天皇皇子を親王とし、名を頼仁と賜う。《百練抄》
3・5　修明門院、春日社に行啓する。《百

練抄》
3・19 中宮藤原麗子の院号を陰明門院とする。《百練抄》
3・22 白川御所泉殿火災。《百練抄》
4・7 僧正道尊、東大寺別当を辞任。《東大寺別当次第》
4・12 高倉天皇皇女坊門院（範子内親王。母は藤原成範女）没（年34）。《百練抄》
4・20 修明門院、熊野に行啓する。《猪隈関白記》
4・24 上皇、最勝四天王院に御幸する（翌日千僧御読経）。《猪隈関白記》
5・1 上皇、最勝寺に御幸し、旬御鞠御会を行なう（十一・二十一日にも）。《道家公鞠日記》
5・3 京都地震。《猪隈関白記》
5・9 上皇、新日吉小五月会に御幸する。《猪隈関白記》
5・22 上皇、熊野に御幸する（六月十四日還御）。《百練抄》▼丹生川上社に止雨を祈らせる。《猪隈関白記》
5月 伊勢月読社を月読宮と改称する。《神名秘書》
6・26 上皇、高陽院より白河押小路殿に御幸する。《猪隈関白記》
7・8 上皇、熾盛光堂本尊開眼に臨幸する。《門葉記》
7・16 法勝寺九重塔心柱立つ。上皇、修明門院とともに御幸する。《百練抄》
8・20 天皇、春日社に行幸する（翌日、大炊御門殿に還御）。《百練抄》道法法親王、稲荷社に参詣する。《仁和寺御伝》
8・25 上皇、水無瀬に御幸する（九月四日に還御するも、五日にまた水無瀬に御幸）。《百練抄》
9・19 上皇臨幸のもと、山城国笠置寺で瑜伽論供養が行なわれる。《承元四年具注暦裏書》
9・30 彗星出現により、天地災変祭等を行なう。▼宜秋門院、法性寺に行啓する。《玉蘂》
10・5 上皇、神馬を伊勢・賀茂・石清水諸社に献納して天変を祈禳させる。《百練抄》
10・13 天皇、大内裏に行幸する（十四日、大炊殿へ）。《百練抄》
10・14 上皇、熊野に御幸する。《百練抄》

第八十四代 順徳《じゅんとく》天皇

11・25 土御門天皇、後鳥羽上皇の命により、大炊御門殿にて譲位（このときの記録が「土御門院御譲位部類記」）。皇太子守成親王、後鳥羽上皇の**押小路烏丸殿**にて受禅（**順徳**

＊**押小路烏丸殿**《おしこうじからすまるどの》 順徳・後深草・亀山天皇の里内裏。押小路南・烏丸西に所在。押小路殿・三条坊門殿ともいう。順徳天皇東宮御所、土御門上皇御所となり、後深草・亀山両上皇の仙洞御所ともなる。

＊**順徳天皇**《じゅんとくてんのう》（一一九七〜一二四二） 守成《もりなり》親王。後鳥羽天皇第二（あるいは第三）皇子。母は式部少輔藤原範季《のりすえ》女重子《じゅうし》（修明門院）。正治元年（一一九九）親王宣下、翌年立太子、承元二年（一二〇八）元服、同年践祚・即位。承久三年譲位・太上天皇尊号宣下、承久の乱により佐渡配流。仁治三年（一二四二）崩御。陵は大原陵。皇后に藤原立子（所生の子に諦子内親王・仲恭天皇）。他の皇子女に尊覚親王・穠子内親王・覚恵親王・善統親王など。父が院政をとっていたため、有職故実を研究し、詩歌・管絃などの奥儀を修得、有職故実書「禁秘抄」、歌論を大成した「八雲御抄《やくもみしょう》」などを残す。「百人一首」に「百敷《ももしき》や古き軒端のしのぶにもなほあまりある昔なりけり」がある。

天皇）。近衛家実を旧のごとく関白とする。《玉蘂》

11月　伊勢斎宮粛子内親王、当帝譲位により退下する。《類聚大補任》

12・5　土御門上皇に太上天皇尊号を奉る。

▼後鳥羽上皇、蓮華王院宝蔵の伊勢神宮神剣を天皇に奏進し、天皇宝剣（昼御座御剣）とする。《御即位由奉幣部類記》

12・10　天皇、神祇官に行幸し、即位奉告のため伊勢奉幣使を発遣する。《百練抄》

12・12　僧正道尊（以仁王王子）を順徳天皇の護持僧とする。《東寺長者補任》

12・20　天皇、即位式のため押小路殿より大内裏に遷る。《百練抄》

12・23　土御門上皇、大炊御門殿より高陽院に御幸する。《三長記》

12・26　土御門上皇、大炊御門殿より京極殿に御幸する。《猪隈関白記》

12・28　順徳天皇、太政官庁にて即位礼を挙げる（このときの記録が、九条道家「玉蘂」を抄出した「順徳院御即位記」）。《玉蘂》

12・29　天皇、摂政・太政大臣九条良経女立子を女御とする。《百練抄》

□5・7坂上明基《さかのうえあきもと》（明法家。「裁判至要抄」撰者。73）

●建仁二年（一二〇二）〜承元四年（一二一〇）、この頃、伊勢神宮の由緒・経営・行事などの記録「神宮雑例集」が編纂される（編者不明）。

■建暦元年（一二一一）辛未

順徳天皇　15歳
後鳥羽上皇32歳
土御門上皇17歳

1・5　後鳥羽上皇、七条院の三条殿に御幸する。《猪隈関白記》

1・12　後鳥羽上皇、修明門院と法勝寺修正会に臨御する。《猪隈関白記》

1・19　天皇、後鳥羽上皇の高陽院に朝覲行幸する（このとき上皇、玄上を奏する）。《猪隈関白記》

1・22　女御藤原立子を皇后（中宮）とする。《猪隈関白記》

1・23　後鳥羽上皇、祇園社・清水寺等に御幸する（このあと水無瀬殿へ。閏一月十一日、高陽院に還御）。《猪隈関白記》

1・28　天皇、大内裏より大炊御門殿に遷る（内侍所も同様に渡御）。《猪隈関白記》

①・21　後鳥羽上皇、最勝寺に御幸し、旬御鞠を行なう。この日上皇、新たに蹴鞠裁韈《しゅうきくさいべつ》の法式を定める。《道家公鞠日記》

①・30　後鳥羽上皇、七条院と熊野に御幸する（二月二十三日還御）。《百練抄》

2・17 使を遣わし、山陵に即位を奉告する。《猪隈関白記》
2・27 天皇、病む。《猪隈関白記》
2月 守貞親王王子惟明親王、出家する。《一代要記》
3・1 後鳥羽上皇、最勝寺に御幸し、旬御鞠を行なう。《道家公鞠日記》
3・3 天皇病むも、この日、順快する。《猪隈関白記》
3・5 後鳥羽上皇、水無瀬殿に御幸する。《猪隈関白記》。
3・9 代始により**建暦**と改元する。▼後鳥羽上皇、長講堂御八講に臨幸する。▼大内裏を修造する。《猪隈関白記》
3・21 後鳥羽上皇、水無瀬殿より石清水八幡宮に御幸する（翌日、翌々日も御幸）。《百練抄》
3・27 宜秋門院、春日社に行啓する。《玉蘂》
4・7 後鳥羽上皇、賀茂社に御幸する（三日間御参）。《百練抄》
4・23 後鳥羽上皇、最勝四天王院にて一日一切経書写供養を行なう。《仲資王記》
4・28 即位大奉幣使を発遣する。《百練抄》後鳥羽上皇、岡崎御所に御幸する。《仲資王記》
4・30 後鳥羽上皇、藤原範光の山荘に御幸する。《道家公鞠日記》
5・9 後鳥羽上皇、新日吉小五月会に臨幸する。《仲資王記》
5・26 外祖父藤原範季に正一位左大臣を贈る。《玉蘂》
5・29 後鳥羽上皇、川上に御幸する。《玉蘂》
6・2 丹生・貴布禰両社に祈雨奉幣使を発遣する（七日にも）。《業資王記》
6・14 神泉苑に雨を祈る（ついで醍醐寺清滝宮にも）。《東寺長者補任》
6・26 鳥羽天皇皇女**八条院**（暲子内親王）没。《百練抄》
7・6 伊勢以下九社に祈雨奉幣使を発遣する。《業資王記》
7・13 醍醐寺に雨を祈らせる。《百練抄》
7・20 後鳥羽上皇、公事竪義《りゅうぎ》を始める。《玉蘂》
8・2 後鳥羽上皇、水無瀬殿に御幸する。《明月記》
8・17 天皇、病む。《玉蘂》
9・2 慈円、熾盛光堂に熾盛光法を修する（ついで後鳥羽上皇が臨幸）。《門葉記》
9・3 後鳥羽上皇、大嘗会大祓に臨幸する。《明月記》
9・5 押小路殿近くの火事により、後鳥羽上皇、七条院の三条殿に御幸する。《明月記》

＊**建暦**《けんりゃく》 権中納言藤原（日野）資実《すけざね》の勘文に「春秋命歴序曰、帝顓頊云、建暦立紀以天元、尸子云、羲和造暦、或作歴」、式部権大輔菅原為長《ためなが》の勘文に「後漢書曰、建暦之本、必先立元、元正然後定日法、法此定」、文章博士藤原孝範《たかのり》の勘文に「宋書曰、建暦之本、必先立元」とある。

＊**八条院**《はちじょういん》（一一三七〜一二一一） 暲子内親王。鳥羽天皇皇女。母は美福門院得子。保延四年（一一三八）内親王宣下。久安二年（一一四六）准三宮宣下。保元二年（一一五七）落飾。応保元年（一一六一）二条天皇准母の儀をもって院号宣下、八条院を称する。後白河天皇皇子以仁王を猶子として庇護し、後鳥羽天皇皇女昇子内親王（春華門院）を猶子として御所に引き取る。なお、膨大な八条院領は春華門院に移譲、また、春華門院没後は順徳天皇に譲られ、後鳥羽上皇が管領するも、承久の乱により幕府に没収される。

9・9 外宮遷宮の神宝使を発遣する。《仲資王記》
9・10 後鳥羽上皇、日吉社に御幸する（前日、梶井御所に御幸）。《百練抄》
9・11 伊勢例幣使を発遣する。《玉蘂》
9・14 伊勢外宮の遷宮が行なわれる。《二所大神宮例文》
9・22 左大臣藤原隆忠、辞任。《公卿補任》
10・4 右大臣九条良輔を左大臣、内大臣徳大寺公継を右大臣、権大納言坊門信清を内大臣とする。《公卿補任》
10・19 天皇、大嘗祭のため大炊御門殿より内裏に遷る（二十二日に禊をするが、春華門院死去により大嘗祭を延引）。《玉蘂》道法法親王、仁和寺御影堂を供養する。《仁和寺御伝》
10・22 後鳥羽上皇、七条院の桟敷に御幸し、順徳天皇の大嘗祭御禊行幸を覧る。《明月記》
11・8 後鳥羽天皇皇女・土御門天皇皇后春華門院（昇子内親王）没（年17）。《百練抄》
11・10 宜秋門院、法性寺に御幸する。《明月記》
11・20 僧法然、赦免の勅許により京都東山大谷に帰る。《法然上人行状画図》
11・23 天皇、大嘗祭延引のため、内裏より三条烏丸殿に遷る。《百練抄》
11・30 後鳥羽上皇、熊野に御幸する（十二月二十三日還御）。《明月記》
12・4 承明門院、出家する。《仲資王記》
12・11 伊勢奉幣使を発遣する。《仲資王記》

■建暦二年（一二一二）壬申

順徳天皇 16歳
後鳥羽上皇33歳
土御門上皇18歳

1・3 後鳥羽上皇、七条院御所押小路殿に御幸する（十一日にも）。《明月記》
1・9 後鳥羽上皇、法勝寺修正会に御幸する。《明月記》
1・11 後鳥羽上皇、慈円の熾盛光堂の大熾盛光法に臨幸する。《門葉記》
1・14 殷富門院、仁和寺弘法大師御影堂に行啓する。《御室相承記》
1・15 慈円を天台座主に還補する。▼土御門上皇、春日殿に御幸する。《明月記》
1・16 道法法親王、高野山に参詣する（帰途、醍醐寺に参詣）。《仁和寺御伝》
1・17 宜秋門院《ぎしゅうもんいん》、院号等を辞する。《明月記》
1・18 後鳥羽上皇、石清水八幡宮に御幸し、水無瀬殿に向かう。《明月記》
2・3 後鳥羽上皇、水無瀬殿に御幸する（四月二十六日、五月十二日にも）。《百練抄》
2・4 修明門院、熊野に行啓する。《玉蘂》

2・15 道法法親王、高野山の帰途、醍醐寺に参詣する。《醍醐寺新要録》

2・18 守貞親王王子（茂仁《ゆたひと》親王。後堀河天皇）、誕生する（母は藤原〈持明院〉基家女陳子《ちんし》）。《一代要記》

2・23 後鳥羽上皇、延暦寺衆徒の園城寺焼却の企てを制止する。《明月記》

2・27 後鳥羽上皇、大内裏に御幸し、花を賞する。《玉蘂》

3・2 後鳥羽上皇、最勝寺にて蹴鞠を行なう。《道家公鞠日記》

3・22 「新制二十一ヵ条」（建暦の新制）を下す。《百練抄》

3・26 後鳥羽上皇、賀茂社に御幸する（七日間参籠）。▼守貞親王（後高倉院）、出家する（法名は行助）。《明月記》

3・27 宜秋門院、法性寺に行啓する。《玉蘂》

3・28 道法法親王、初めて神護寺に参詣する。《仁和寺御伝》

3月末 鴨長明、「方丈記」を著わす。《広本系奥書》

4・10 後鳥羽上皇、龍口殿（岡崎御所）に御幸する（二十日還御）。《明月記》

4・21 後鳥羽上皇、賀茂祭を見物する。《玉蘂》

4・28 後鳥羽上皇、石清水八幡宮にて大般若経を供養する。《業資王記》

5・9 後鳥羽上皇、新日吉小五月会に御幸する。《玉蘂》

5・14 丹生川上・貴布禰両社に止雨奉幣使を発遣する。《業資王記》

5月 院宣を下し、藤原秀能《ひでよし》を鎮西に派遣し、壇ノ浦に沈んだ宝剣を捜させる。《尊卑分脈》

6・3 後鳥羽上皇、水無瀬殿より還御する。《玉蘂》

6・5 天皇、大内裏に行幸し、祇園神輿を避ける（十五日、三条殿に還幸）。《明月記》

6・20 内大臣坊門信清、辞任。《公卿補任》

6・21 天皇、病む。《明月記》

6・29 権大納言九条道家を内大臣とする。《公卿補任》

7・6 後鳥羽上皇、法勝寺御八講に御幸する。《百練抄》

7・15 後鳥羽上皇、二条泉より還御する（ついでまた同所に御幸）。《明月記》

8・1 僧正道尊、神泉苑にて祈雨御読経を行なう。《明月記》

8・4 慈円、熾盛光堂にて熾盛光法を修する（ついで後鳥羽上皇、これに御幸）。《門葉記》承明門院、母源範子のために一日八講を修する（土御門上皇、ひそかに御幸）。《明月記》

＊**門葉記**《もんようき》 延暦寺青蓮院《しょうれんいん》の記録を集成したもの。一二世紀から一五世紀の約三百年にわたる。原型は南北朝期の尊円法親王編か、といわれる。「華頂要略」とともに、中世延暦寺の動向を知るための貴重史料。

8・6　後鳥羽上皇、日吉社に御幸する。《百練抄》
8・15　後鳥羽上皇、高陽院に移る。《明月記》
8・16　道法法親王、熊野に参詣する。《仁和寺御伝》
8・18　後鳥羽上皇、二条泉に御幸する。《明月記》
8・24　後鳥羽上皇、熊野に御幸する（十月三日還御）。《明月記》
9・2　天皇、病む。《明月記》
9・5　斎院礼子内親王、病により退下する（以後、賀茂斎院置かれず）。《玉蘂》
9・11　神宮の穢により、伊勢例幣を延引する（十月十一日追行）。《業資王記》
10・8　後鳥羽上皇、泉に御幸する。《明月記》
10・10　後鳥羽上皇、北野に御幸する。《明月記》
10・21　後鳥羽上皇、七条院御所に御幸する。《明月記》
10・23　天皇、後鳥羽上皇御所高陽院に行幸する。上皇、大嘗会における卯日の神膳次第を秘説三ヶ事を注して述べる。《後鳥羽天皇宸記》
10・25　天皇、三条烏丸殿より大内裏に遷る（内侍所も渡御）。《明月記》
10・28　天皇、大嘗祭のため鴨川で禊する。《百練抄》
10月　慈円、比叡山南谷に新青蓮院を建立する。《門葉記》
11・2　承明門院、病む（ついで土御門上皇御幸）。《明月記》
11・11　後鳥羽上皇、大嘗祭の斎場所に御幸する。《明月記》
11・13　天皇、大嘗祭を行なう（春華門院没のため一年延引）。《明月記》
11月　朝仁親王、慈円の白川坊に移る。《明月記》
12・1　天皇、大内裏より三条烏丸殿に遷る（内侍所も渡御）。《玉蘂》
12・2　閑院内裏が上棟する。《玉蘂》
12・6　道助入道親王、仁和寺観音院にて道法法親王から伝法灌頂を受ける（後鳥羽上皇・七条院臨幸）。《明月記》
12・11　伊勢奉幣使を発遣する。《業資王記》天皇、後鳥羽上皇御所高陽院に行幸する。《明月記》
□1・25法然《ほうねん》（浄土宗開祖。80）、12・8西《さい》園寺《おんじ》実宗《さねむね》（内大臣。父は権大納言西園寺公通。68か）

■建保元年（一二一三）癸酉

順徳天皇　17歳
後鳥羽上皇34歳

土御門上皇19歳

1・4 後鳥羽上皇、七条院御所に御幸する。《明月記》
1・11 天台座主慈円、辞任。《明月記》
1・13 後鳥羽上皇、法勝寺修正会に御幸する。《明月記》
1・18 後鳥羽上皇、蓮華王院修正会に御幸する。《明月記》
1・21 後鳥羽上皇、石清水八幡宮に御幸し、また水無瀬殿に御幸する。《明月記》
1・28 土御門上皇、承明門院御所に御幸する。《明月記》
2・12 新造閑院内裏に安鎮法を修する。《華頂要略》
2・27 閑院内裏成り、天皇、三条烏丸殿より遷る。《遷幸部類記》後鳥羽上皇、水無瀬殿小御所に移る。《仙洞御移徙部類記》
3・2 後鳥羽上皇、鳥羽殿に移る。《仙洞御移徙部類記》
3・10 天皇、石清水八幡宮に行幸する。《明月記》
3・11 天皇、石清水八幡宮より後鳥羽上皇の鳥羽殿に朝覲行幸する（十三日、閑院内裏に還御）。《御遊抄》
3・15 天皇、賀茂社に行幸する。《明月記》
3・17 後鳥羽上皇、法勝寺に御幸する。《百練抄》
3・26 後鳥羽上皇、賀茂禰宜の泉（河崎）に御幸する（七月一・六・十一・二十一日、八月十四日、閏九月四・十八日、十月二十三日、十一月二十・二十六日、十二月七日にも）。《百練抄》
3・30 後鳥羽上皇、賀茂社に御幸する（七日間参籠）。《百練抄》
4・8 天皇、龍口御所（岡崎殿）に行幸する（翌日、後鳥羽上皇の高陽院に行幸、蹴鞠を行なう。十三日還御）。《明月記》
4・14 後鳥羽上皇、高倉桟敷で賀茂祭を見物する。《百練抄》
4・26 天皇、法勝寺に行幸し、九重塔供養に臨御する（後鳥羽上皇・七条院・修明門院も）。《明月記》道助入道親王を六勝寺検校とする。《仁和寺御伝》
4・27 天皇、後鳥羽上皇御所高陽院に遷る。《明月記》
4・29 天皇・後鳥羽上皇、高陽院にて蹴鞠を行なう（五月四・十六日などにも）。《明月記》
5・9 後鳥羽上皇、新日吉小五月会に御幸する。《明月記》
5・21 鎌倉大地震（「山崩れ、地裂け」と記される。七月七日、八月十九日、閏九月

十七日、十二月十一日にも鎌倉大地震)。《吾妻鏡》
5・24 天皇、高陽院より閑院内裏に還御する。《明月記》
5・25 後鳥羽上皇、水無瀬殿に御幸する(ついで押小路殿に還御)。《明月記》
6・8 七条院、熊野より帰京、稲荷社に入り、ついで七条院に還御する。《明月記》
6・13 天皇、後鳥羽上皇御所高陽院に行幸する(十五日還幸)。《明月記》
6・14 道法法親王、高野山に参詣する。《仁和寺御伝》
6・16 天皇、水無瀬殿に行幸する。《百練抄》
7・2 後鳥羽上皇、狐坂に御幸する。《明月記》
7・3 後鳥羽上皇、菅原為長に「貞観政要」を進講させる。《明月記》
7・5 後鳥羽上皇、法勝寺御八講に御幸する。《百練抄》
7・15 後鳥羽上皇、二条泉に御幸する。《明月記》
7・16 天皇、後鳥羽上皇御所三条坊門殿に行幸する(十八日閑院に還御)。▼慈円、熾盛光堂にて熾盛光法を修する(ついで後鳥羽上皇臨幸)。《明月記》
7・25 権大納言藤原師経を伊勢に遣わし、神宮に奉幣する。《明月記》
8・1 丹生・貴布禰両社に奉幣、神泉苑に孔雀経を読誦して雨を祈る。《明月記》
8・3 後鳥羽上皇、延暦寺衆徒の清水寺破却の企てを制止する。《明月記》
8・8 神泉苑にて請雨経法を修させる。《東寺長者補任》
8・14 京都地震。《明月記》
8・21 後鳥羽上皇、押小路殿より高陽院に還御する。《明月記》
8・25 天皇、閑院より高陽院に行幸する。《明月記》
9・4 後鳥羽上皇、藤原兼子の逆修所に臨幸する(ついでまた臨幸)。《明月記》
9・11 伊勢例幣使を発遣する。《明月記》後鳥羽上皇、病む。《門葉記》
9・16 後鳥羽上皇、蓮華王院に御幸する。《百練抄》
9月 真性、四天王寺別当を辞任。《青蓮院門跡皇族御伝》
⑨・3 天皇、後鳥羽上皇御所高陽院にて連日のように蹴鞠を行なう。《明月記》
⑨・6 後鳥羽上皇、最勝寺に御幸する(御鞠の興あり)。《明月記》
⑨・16 天皇、高陽院より閑院内裏に還御する。《明月記》

●後鳥羽天皇御製①

「人もをし人もうらめしあぢきなく世を思ふ故にもの思ふ身は」(「続後撰和歌集」。「百人一首」にも選ばれる)

「み吉野の高嶺のさくら散りにけり嵐もしろき春の明けぼの」(「新古今和歌集」)

「治めけむふるきにかへる風ならば花散るとても厭はざらまし」(「後鳥羽院御集」)

「ながめのみしづのをだまきくりかへし昔を今の夕暮の空」(「後鳥羽院御集」)

⑨・27 後鳥羽上皇、熊野に御幸する（十月二十二日還御）。《明月記》
10・24 清水寺、延暦寺末寺となる。《明月記》
10・26 天皇、閑院より院御所高陽院に行幸する。《明月記》
10・29 後鳥羽上皇、三条殿・七条殿・水無瀬殿に御幸する。《明月記》
11・7 天皇、高陽院より閑院に還御する。《明月記》
11・10 天皇、閑院より後鳥羽上皇御所高陽院に行幸する。《明月記》
11・16 後鳥羽上皇、稲荷社に御幸する。《明月記》興福寺衆徒の訴えにより、院宣を下して清水寺を興福寺末寺に復する。《仁和寺日次記》
11・19 慈円を天台座主に還補する。《明月記》
11・24 天皇、高陽院より閑院に遷る。《明月記》
11・28 一代一度の大神宝使を発遣する。《明月記》
11・30 後鳥羽上皇、政を関白近衛家実に委せ籠居しようとするも、前太政大臣藤原頼実らが止める。《明月記》
12・6 天変地妖により**建保**と改元する。《猪隈関白記》
12・8 天皇、雪を覧る。《明月記》
12・13 後鳥羽上皇、水無瀬殿に御幸する。《明月記》高倉天皇中宮**建礼門院**（平徳子）没。《女院小伝》

■建保二年（一二一四）甲戌

順徳天皇　18歳
後鳥羽上皇35歳
土御門上皇20歳

1・3 天皇、後鳥羽上皇の高陽院に朝覲行幸する。《明月記》
1・16 後鳥羽上皇、病む。《華頂要略》
1・22 後鳥羽上皇、祇園社・稲荷社・石清水八幡宮に御幸し、水無瀬殿に向かう。《百練抄》
2・7 鎌倉大地震。《吾妻鏡》
2・14 天皇、七条院の歓喜寿院新御堂供養に行幸する（後鳥羽上皇・修明門院・礼子内親王臨御）。《百練抄》
2・24 天皇、南殿（紫宸殿）にて花を賞する。《順徳院御集》天皇、閑院より高陽院に行幸する。《百練抄》
2・28 道法法親王、醍醐桜会を見物する。《御室相承記》
3・13 藤原定家に勅し、寛弘以前の歌仙三十人を撰進させる。《明月記》《百練抄》後鳥羽上皇、長講堂御八講に御幸する。《百練抄》
3・26 天皇、春日社に行幸する（このとき

＊**建保**《けんぽう》　式部大輔藤原宗業《むねなり》の勘文に「尚書曰、惟天丕建、保乂有殷」とある。

＊**建礼門院**《けんれいもんいん》　平徳子。高倉天皇中宮、安徳天皇生母。父は平清盛、母は兵部権大輔平時信女時子。承安元年（一一七一）後白河法皇猶子となり、入内して女御、翌年中宮。治承二年（一一七八）安徳天皇をもうけ、養和元年（一一八一）院号宣下を受け建礼門院を称する。文治元年（一一八五）安徳天皇とともに入水も、救助され、京都に帰り出家、寂光院に移る。後白河法皇が建礼門院を訪ねる件は「平家物語」大原御幸《ごこう》として有名。死去後は寂光院に葬られ、五輪塔が安置される（大原西陵《おおはらにしのみささぎ》）。

のことを「春日野や去年《こぞ》の弥生の花の香にそめし心は神ぞ知るらん」〈続古今集〉と詠む）。《明月記》
4・1　後鳥羽上皇、天皇に対面する（十九日まで連日）。《後鳥羽天皇宸記》
4・2　後鳥羽上皇、笠懸《かさがけ》を行なう（以後もたびたび。三日蹴鞠、これも連日のように行なう）。《後鳥羽天皇宸記》
4・3　京都・鎌倉地震。《後鳥羽天皇宸記》
4・4　後鳥羽上皇、神泉苑に御幸する（十日にも）。《後鳥羽天皇宸記》
4・8　陰明門院、熊野に参詣する。《後鳥羽天皇宸記》道法法親王、石清水八幡宮に参籠する。《御室相承記》
4・9　後鳥羽上皇、七条院御所に御幸する。《後鳥羽天皇宸記》
4・10　修明門院、賀茂・吉田・北野三社に参詣する。《後鳥羽天皇宸記》
4・11　後鳥羽上皇、河崎泉に御幸する（十八日にも）。《後鳥羽天皇宸記》
4・14　延暦寺衆徒、園城寺百二十九宇を焼く。《後鳥羽天皇宸記》
4・16　後鳥羽上皇、七条院御所三条殿に御幸する。《後鳥羽天皇宸記》
4・20　天皇、高陽院より閑院に還御する。《百練抄》後鳥羽上皇、稲荷社に御幸する。《後鳥羽天皇宸記》
4・21　後鳥羽上皇、賀茂社に御幸する（七日間参籠）。《後鳥羽天皇宸記》
5・27　延暦寺六月会に初めて勅使を発遣する。《華頂要略》
6・5　僧正道尊、神泉苑で祈雨御読経を行なう。《東寺長者補任》
6・10　准三宮礼子内親王の院号を嘉陽門院とする。《百練抄》天台座主慈円、辞任。《華頂要略》
6・18　道法法親王、賀茂社にて孔雀経御読経を修する。《御室相承記》
6・24　天皇、大内裏に行幸する。《百練抄》
7・11　天皇、後鳥羽上皇御所高陽院に行幸する（十三日還御）。《百練抄》
7・16　後鳥羽上皇、賀茂社に御幸する。《百練抄》
8・20　後鳥羽上皇、水無瀬殿に御幸する。《百練抄》
9・8　道法法親王・道助入道親王、熊野に参詣する。《御室相承記》
9・20　後鳥羽上皇、熊野に御幸する。《百練抄》
9・22　鎌倉大地震（十月六日にも大地震）。《吾妻鏡》
10・2　初めて人丸影供を修し、和歌御会を

行なう。《明月記》
10・23 後鳥羽上皇、水無瀬殿に御幸する。《百練抄》
11・13 大炊御門殿成るにより、後鳥羽上皇、修明門院とここに移る。《仙洞御移徙部類記》
11・21 後白河天皇皇子道法法親王没（年49。北院に葬られる）。これにより、道助入道親王を仁和寺寺務とする。《園太暦》二条猪熊火事。火が高陽院の東門・中門等に及び、後鳥羽上皇、押小路殿に御幸する。《百練抄》
11・30 土御門上皇御所大炊御門京極殿が火事により、上皇、承明門院御所土御門殿に移る。《園太暦》
12・10 寛成親王、天台座主承円の白川房にて出家する（法名を尊快とする。後鳥羽上皇・修明門院臨御）。《百練抄》
12・13 大炊御門殿成り、後鳥羽上皇、修明門院とともにここに移る。《伏見宮記録》
この年「御室相承記」がまとめられる。

■建保三年（一二一五）乙亥

順徳天皇 19歳
後鳥羽上皇36歳
土御門上皇21歳

1・3 後鳥羽上皇、七条院御所に御幸する。《百練抄》
1・17 天皇、大炊御門殿に行幸する。《百練抄》
1・22 後鳥羽上皇、水無瀬殿に御幸する。《百練抄》
3・10 天皇、高陽院に行幸する。《百練抄》
3・13 後鳥羽上皇、長講堂御八講終に臨幸する。《百練抄》
3・14 後鳥羽上皇皇女を内親王とし、名を熙子《ひろこ》と賜う（ついで伊勢斎宮に卜定）。《百練抄》
3・23 後鳥羽上皇、石清水八幡宮に御幸する（七日間参籠）。《百練抄》
4・2 伊勢外宮の仮殿遷宮が行なわれる。《類聚大補任》
4・23 天皇、平野社に行幸する。《百練抄》
4・26 天皇、大原野社に行幸する。《百練抄》
5・2 丹生・貴布禰両社、また清滝・龍穴両社に雨を祈る（六月六・十二日には神泉苑でも）。《百練抄》
5・5 僧正道尊、祈雨御読経を行なう（九日降雨、即結願）。《東寺長者補任》
5・7 後鳥羽上皇、水無瀬殿より岡崎殿に還御する。《百練抄》
6・2 後鳥羽上皇、院御所で歌合を催す。《四十五番歌合》
6・14 天皇、後鳥羽上皇の高陽院に行幸す

＊**御室相承記**《おむろそうじょうき》 歴代の仁和寺門跡についての記録。現存するのは、寛平法皇（宇多法皇）・大御室（性信入道親王）・中御室（覚行法親王）・高野御室（覚法法親王）・紫金台寺御室（覚性入道親王）・後高野御室（道法法親王）で、喜多院御室（守覚法親王）の巻は欠けている。

＊**古事談**《こじだん》 刑部卿源顕兼編か。奈良時代末から平安中期までの説話四百六十二を収める。「王道后宮」の巻では天皇説話も忌憚なく紹介しており、称徳天皇と道鏡、宇多天皇と京極御息所、花山天皇と馬内侍などの話も収められている。

＊**高階栄子**《たかしなのえいし》（?～一二一六） 丹後《たんご》局とも。後白河法皇寵妃。父は延暦寺執行法印澄雲。初め平業房に嫁ぐも死別。のち法皇の寵愛を受け、覲子内親王をもうける。覲子内親王に院号宣下（重陽門院）あるにより従二位に昇る。栄子の発言力は増し、法皇崩御後、源頼朝が女大姫を後鳥羽天皇の中宮として入内させんとして栄子に接近したさい、関白九条兼実を失脚させるなど、親幕府勢力を殺《そ》ぐことに

る。《百練抄》

6・15　二十二社に奉幣して雨を祈る。《百練抄》

6・28　修明門院、石清水八幡宮に参詣する（七日間参籠）。《百練抄》

7・3　後鳥羽上皇、法勝寺御八講に御幸する（五日にも）。《百練抄》

7月　順徳天皇皇子（尊覚法親王）、誕生する（母は藤原清季女）。《本朝皇胤紹運録》

8・1　丹生・貴布禰両社に祈雨奉幣使を発遣する。《百練抄》

8・16　後鳥羽上皇、賀茂・稲荷・祇園各社に御幸する。《百練抄》

9・11　後鳥羽上皇、水無瀬殿に御幸する（十一月二十五日にも）。《百練抄》

9・28　法隆寺勝鬘会を勅会とする。《官符宣記》

10・8　後鳥羽上皇、熊野に御幸する。《百練抄》

11・6　慈円、熾盛光堂にて熾盛光法を修する（ついで後鳥羽上皇・修明門院御幸）。《門葉記》

11・25　京都地震。《建保三年記》

12・7　頼仁親王、前右大臣花山院忠経女経子を御息所とする。《明月記略》

12・10　内大臣九条道家を右大臣、大納言三条公房を内大臣とする。《公卿補任》

12・27　後鳥羽上皇、斎宮居所左近衛府に御幸する。《百練抄》

この年　土御門上皇皇子（仁助法親王）、誕生する（母は源通子）。《皇代暦》

□1・6北条時政《ほうじょうときまさ》（鎌倉幕府初代執権。78）、7・5明庵栄西《みょうあんえいさい》（「ようさい」とも。日本臨済宗開祖。建仁寺開山。「興禅護国論」「喫茶養生記」著者。75）

●建暦二年～建保三年（一二一二～一五）、この頃、説話集「古事談」成立。

■建保四年（一二一六）丙子

順徳天皇　20歳
後鳥羽上皇37歳
土御門上皇22歳

1・15　後鳥羽上皇は三条殿に、土御門上皇は高陽院に御幸する。《百練抄》

1・28　前太政大臣藤原頼実、出家する。《公卿補任》

2・5　後鳥羽上皇、水無瀬殿で自筆瑜伽論《ゆがろん》百巻を供養する（ついで興福寺北円堂に納める）。《百練抄》

2・23　権中納言葉室光親を伊勢に遣わし、神宮に奉幣する。《百練抄》

2月　後鳥羽上皇、百首和歌を撰する。《後鳥羽院御集》後白河法皇寵妃**高階栄子**没。

成功した。

●順徳天皇御製（「順徳院御集」より）

「うしとても身をば何処に奥の海の鵜のゐる岩も波はかくらむ」

「桜花をしまぬ人のこころにはのどかにぞ吹く春のゆふかぜ」

「いざさらば磯うつ波にこと、はん沖の方には何事かある」

《玉葉》
3・10 後鳥羽上皇、修明門院と石清水八幡宮に参籠する。（十五日還御）。▼七条院、稲荷社に参籠する。《百練抄》
3・15 七条院、前内大臣坊門信清没により稲荷社百日間参籠より帰る。《百練抄》
4・2 後白河天皇皇女**殷富門院**（亮子内親王）没。《園太暦》
4・14 後鳥羽上皇、賀茂祭を見物する。《百練抄》
4・26 後鳥羽上皇、祇園・北野両社および水無瀬殿に御幸する。《百練抄》
5・9 後鳥羽上皇、新日吉小五月会に御幸する。《百練抄》
5・28 後鳥羽上皇、七条院のため、八万四千塔を建立し、造塔延命功徳経百巻を書写して供養する。《願文集》
6・20 朝仁親王、無動寺南山房にて出家する（法名を道覚とする）。《仁和寺日次記》
一代一度の大仁王会を行なう。《百練抄》
⑥・13 修明門院、春日社に行啓する（七日間参籠）。《百練抄》
⑥・15 後鳥羽上皇、日吉社に御幸する（三日間参籠。十七日還御）。《百練抄》
7・5 後鳥羽上皇、法勝寺御八講に御幸する。《百練抄》
7・16 後鳥羽上皇、嵯峨清浄心院御所に御幸する（ついで釈迦堂・法輪寺等にも）。《仁和寺日次記》
8・16 後鳥羽上皇、修明門院と熊野に御幸する。《百練抄》
8・20 後鳥羽上皇、紀伊国湯浅宿で和歌御会を催す。《後鳥羽院御集》
8・28 大風雨、洪水。丹生・貴布禰両社に止雨奉幣使を発遣する。《百練抄》
9・20 斎宮熙子内親王、東河で禊して野宮に入る。《仁和寺日次記》
9・25 後鳥羽上皇、日吉社に御幸する。《天台座主記》
9・29 後鳥羽上皇、勧修寺に御幸し、御鞠を行なう（翌日還御）。《仁和寺日次記》
10・11 後鳥羽上皇、嵯峨清浄心院に御幸し、庚申和歌御会を行なう（ついで還御）。《仁和寺日次記》
12・16 守貞親王王子（道深）、仁和寺北院に出家する。《仁和寺御伝》
この年 順徳天皇皇女禮子《じょうし》内親王、誕生する（母は内大臣坊門信清女）。《本朝皇胤紹運録》
□3・14坊門信清《ぼうもんのぶきよ》（内大臣。後鳥羽上皇近臣。58）、4・11藤原有家《ふじわらのありいえ》（歌人。「新古今和歌集」撰者。62）、⑥月、鴨長明《かものちょうめい》（歌人。「方丈記」著者。62）

＊**殷富門院**《いんぷもんいん》（一一四七～一二一六）亮子内親王。安徳天皇准母、後鳥羽天皇国母。父は後白河天皇、母は藤原季成女成子。保元元年（一一五六）内親王宣下、即日伊勢斎宮。寿永元年（一一八二）安徳天皇の准母として皇后となる。文治三年（一一八七）女院号宣下。建久三年（一一九二）出家。安井法華堂に葬られる。

■建保五年（一二一七）丁丑

順徳天皇　21歳
後鳥羽上皇38歳
土御門上皇23歳

1・4　後鳥羽上皇、修明門院と七条院御所に御幸する。《百練抄》

1・8　後鳥羽上皇、法勝寺修正会に御幸する。《建保五年雑記目録》

1・10　後鳥羽上皇・修明門院、水無瀬新御所に移る（十二日還御）。《百練抄》

1・17　土御門上皇、高陽院に御幸する。《百練抄》

2・10　これより先、土御門上皇、藤原定家に「古今和歌集」を書写させ、この日、献じられる。《明月記》

2・13　後鳥羽上皇、城南御所にて庚申御会を行なう。《明月記》

2・23　後鳥羽上皇、修明門院と石清水八幡宮に御幸する（七日間参籠）。《百練抄》

3・18　天皇、鳥羽殿に行幸する（二十五日還御）。《明月記》

3・22　順徳天皇皇女（諦子《ていし》内親王）、誕生する（母は皇后九条立子《りゅうし》）。《女院記》

3・24　後鳥羽上皇、春日社に御幸する。《百練抄》

4・18　伊勢外宮の仮殿遷宮を行なう。《二所大神宮例文》

4・26　後鳥羽上皇、水無瀬殿に御幸する（五月十日、八月十四日、十一月五日にも）。《百練抄》

5・8　後鳥羽上皇、城南より還幸する。《百練抄》

5・9　後鳥羽上皇、新日吉小五月会に御幸する。《百練抄》

6・1　後鳥羽上皇、賀茂川上に御幸する。《道家公鞠日記》

6・9　後鳥羽上皇、城南より還幸する。《百練抄》

6・14　天皇、院御所大炊殿に行幸する（後鳥羽上皇、庚申御会を行なう）。《明月記》

7・7　後鳥羽上皇、日吉社に御幸する。《華頂要略》

7・10　後鳥羽上皇、病む（八月五日平癒）。《百練抄》

9・3　近畿大風雨により、朱雀門が倒壊する。《仁和寺日次記》

9・7　後鳥羽上皇、城南より還幸する。《百練抄》

9・14　天皇、太政官庁に行幸し、伊勢斎宮を発遣する（斎宮熙子内親王、群行）。《百練抄》

9・30　後鳥羽上皇、修明門院と熊野に御幸

する（十月二十六日還御）。《百練抄》
11・8　後鳥羽上皇の院勘により、西園寺公経が籠居する。《愚管抄》
11・17　後鳥羽上皇、祇園・稲荷・石清水各社に御幸する。《百練抄》
12・1　天皇、松尾社に行幸する。《百練抄》
12・8　天皇、北野社に行幸する。《百練抄》
12・13　後鳥羽上皇、日吉社に御幸する。《天台座主記》
この年　順徳天皇皇子（覚恵親王）、誕生する（母は藤原清季女）。《本朝皇胤紹運録》
土御門上皇皇子（尊助法親王）、誕生する（母は法印尊恵女）。《門葉記》
□2・8　藤原兼房《ふじわらのかねふさ》（二十二日説も。太政大臣。父は関白藤原忠通。65）

■建保六年（一二一八）戊寅

順徳天皇　22歳
後鳥羽上皇　39歳
土御門上皇　24歳

1・12　後鳥羽上皇、法勝寺修正会に御幸する。《野槐服餝抄》
1・15　後鳥羽上皇皇子尊円を法親王とする。《百練抄》
1・20　後鳥羽上皇皇子覚仁を法親王とする。《仁和寺日次記》
1・27　後鳥羽上皇、修明門院とともに、祇園・稲荷・石清水三社および水無瀬殿に御幸する。《百練抄》
2・14　斎宮熙子内親王を准三宮とする。《百練抄》
3・11　天皇、日吉社に御幸する。《百練抄》
3・22　後鳥羽上皇、醍醐寺三宝院に御幸する。《醍醐寺新要録》
3・30　後鳥羽上皇、賀茂社に御幸する。《百練抄》
3月　覚仁法親王を園城寺長吏とする。《華頂要略》
4・1　参議藤原定高を伊勢に発遣し、御物・御製を献じる。《順徳院御集》
4・4　後鳥羽上皇、太秦殿に御幸する。《吾妻鏡》
4・8　後鳥羽上皇、最勝寺に御幸し、御鞠を行なう。《道家公鞠日記》
4・19　伊勢内宮の仮殿遷宮が行なわれる。《類聚大補任》
4・23　修明門院、春日社に行啓する。《百練抄》
4・26　後鳥羽上皇、修明門院とともに稲荷社に参籠する。《百練抄》
5・9　後鳥羽上皇、新日吉小五月会に御幸する（翌日、日吉社に御幸）。《天台座主記》
5・19　僧正道尊、神泉苑で祈雨御読経を行

＊業資王記《なりすけおうき》　神祇伯白川業資王（一一八四～一二二四）の日記。「白川家記録」の一。正治元年（一一九九）から建保六年（一二一八）まで記される。
＊中殿御会《ちゅうでんぎょかい》　天皇が中殿（清涼殿）で催す会で、詩歌・管絃を伴う宴。後冷泉天皇天喜四年（一〇五六）以来、白河・堀河・崇徳・順徳・後醍醐各天皇などのときに催された。
＊頼資卿記《よりすけきょうき》　権中納言広橋頼資（一一八二～一二三六）の日記。頼資は広橋家の祖で、熊野詣を二十回以上行ったことでも知られる。

なう（二十七日結願）。《東寺長者補任》
6・26 後鳥羽上皇、水無瀬殿より還御する。《業資王記》
この夏 俊芿《しゅんじょう》、宇都宮（中原）信房の仙遊寺寄進を受ける（俊芿、境内に清泉が涌くところから「泉涌寺」と改称）。《泉涌寺不可棄法師伝》
7・5 後鳥羽上皇、法勝寺に御幸する。《業資王記》
8・7 天皇、藤原（二条）定輔より琵琶秘曲「楊真操《ようしんそう》」伝授を受ける（十三日に披露）。《御琵琶御伝業宸記》
8・13 天皇、**中殿御会**で琵琶玄上を奏する。《晴御会部類記》後鳥羽上皇、修明門院とともに稲荷・今熊野社等に御幸する。《仁和寺日次記》
8・17 後鳥羽上皇、水無瀬殿に御幸する（九月十四日還幸）。《業資王記》
9・11 伊勢例幣使を発遣する。《業資王記》
9・14 後鳥羽上皇、水無瀬殿より還幸する。《業資王記》
10・9 内大臣三条公房を太政大臣、権大納言源実朝を内大臣とする。《公卿補任》
10・10 順徳天皇皇子（懐成《かねなり》。仲恭天皇）、誕生する（母は摂政・太政大臣九条良経女立子〈東一条院〉）。《業資王記》
10・15 後鳥羽上皇、日吉社に御幸する。《吾妻鏡》
10・23 後鳥羽上皇、熊野に御幸する（十一月十三日還御）。《百練抄》
11・21 順徳天皇皇子を親王とし、名を懐成と賜う。《百練抄》
11・26 懐成親王を皇太子とする。▼後鳥羽上皇、修明門院とともに高陽院に移る。《百練抄》
12・2 右大臣九条道家を左大臣、内大臣源実朝を右大臣、権大納言近衛家通《いえみち》を内大臣とする。《公卿補任》
12・17 後鳥羽上皇、石清水八幡宮に御幸する。《頼資卿記》
12・20 後鳥羽上皇、賀茂社に御幸する。《業資王記》
12・21 後鳥羽上皇、日吉・稲荷・祇園各社に御幸する。《百練抄》
□11・11 九条良輔《くじょうよしすけ》（左大臣。父は摂政・関白九条兼実。34）

■承久元年（一二一九）己卯

順徳天皇 23歳
後鳥羽上皇 40歳
土御門上皇 25歳

1・15 天皇、後鳥羽上皇の高陽院に行幸する。《百練抄》

1・23 順徳天皇皇女を内親王とし、名を諦《てい》子《し》と賜う。《女院記》

1・27 将軍源実朝、鶴岡八幡宮で右大臣拝賀の礼を行ない、その帰途、公暁（頼家の子）に殺される。《吾妻鏡》

2・6 後鳥羽上皇、水無瀬殿より還御する。《百練抄》

2・9 道助入道親王を仁和寺総法務とする。《仁和寺御伝》

2・29 幕府、大江親広《ちかひろ》を京都守護とする。《吾妻鏡》

②・1 北条政子の使が上洛、上皇皇子を将軍にと奏請（上皇拒否）。《吾妻鏡》

②・16 後鳥羽上皇、病む。《門葉記》

3・4 内大臣近衛家通を右大臣、大納言久我通光を内大臣とする。《公卿補任》

3・22 神泉苑にて祈雨読経を行なう（四月八日、七月七・十五日にも）。《東寺長者補任》

3・26 内大臣久我通光を伊勢に遣わし、神宮に奉幣する。《百練抄》

4・2 京都大火。尊勝寺西塔・最勝寺・円勝寺・法成寺等が焼失。《仁和寺日次記》

4・12 三合厄・天変旱魃により、**承久**と改元する。《改元部類記》

4・23 この日までに「**続古事談**」（編者未詳）成る。《跋》

5・15 後鳥羽上皇、修明門院と石清水八幡宮に参籠する（七日間）。《仁和寺日次記》

6・3 宣旨を下し、左大臣九条道家の子三《み》寅《とら》（九条頼経）を鎌倉に下向させる。《吾妻鏡》

6・7 二十二社に奉幣し、疾疫を祈禳させる。《百練抄》

7・13 後鳥羽上皇、自ら将軍たらんとする大内《おおうち》守護源頼茂《よりもち》を討たせる。頼茂、仁寿殿に火を放ち、自殺する。（このとき宜陽殿校書殿類焼、累代の御物等が焼失）。《愚管抄》

7・19 北条政子、北条義時に将軍家のことを奉行させる。《吾妻鏡》

8・13 天皇、中殿御会を催し、玄上を奏する（このときの記録が藤原信実の絵巻「中殿御会図」）。《中殿御会図》

8・16 後鳥羽上皇、病む（九月九日平癒）。《仁和寺日次記》

10・5 天皇、稲荷・祇園両社に行幸する。《百練抄》

10・10 後鳥羽上皇、最勝四天王院に御幸し、名所和歌御会を行なう。《承久元年最勝四天王院御幸和歌》

10・16 後鳥羽上皇、七条院と熊野に御幸す

＊**承久**《じょうきゅう》 大蔵卿菅原為長《ためなが》勘文には出典「詩緯」とある。「詩緯」に「周起自后稷歴世相承久」とあり。

＊**続古事談**《ぞくこじだん》 鎌倉時代初期の説話集。「古事談」にならい「王道后宮」など六巻百八十五話から成るも巻三を欠く。儒教精神を汲む話が多く、理想的帝王の姿を説く。

＊**禁秘抄**《きんぴしょう》 順徳天皇が皇子（仲恭天皇）のために書いたといわれる有職故実書。宮中の行事・儀式・作法等、後世の準則ともなったもの。冒頭の「およそ禁中の作法は神事を先とし、他事を後とす、旦暮敬神の叡慮、懈怠《けたい》無し」は有名。

＊**常盤井相国記**《ときわいしょうこくき》 太政大臣西園寺実《さね》氏《うじ》（一一九四～一二六九）の日記（一名「常園記」）。出家しての号「常盤井入道相国」より題名となる。「相国」は太政大臣の唐名。

る。《百練抄》

11・27 白川火事。延勝寺・成勝寺・最勝寺等焼亡する。《百練抄》

11・29 後鳥羽上皇、日吉社に御幸する（十二月二日、宸筆八講を行なう）。《伏見宮記録》

12・12 後鳥羽上皇、宸筆薬師経供養を東大寺戒壇院にて行なわせる。《仁和寺日次記》

この年 天皇、「**禁秘抄**」を起筆する（承久三年成る）。《同書》雅成親王王子（後鳥羽天皇皇孫。澄覚法親王）、誕生する（母は藤原親経女）。《梶井円融房在住親王伝》

●この頃、「北野天神縁起」成る。《詞書》

□1・27 源《みなもとの》実朝《さねとも》（鎌倉幕府第三代将軍。28）

■承久二年（一二二〇）庚辰

順徳天皇 24歳

後鳥羽上皇41歳

土御門上皇26歳

1・8 天皇、大炊殿に行幸する（これにより土御門上皇、大炊殿より土御門殿に還御）。《玉蘂》

1・10 後鳥羽上皇、法勝寺修正会に御幸する。《玉蘂》

1・11 天皇、病む。《玉蘂》

1・16 天皇、後鳥羽上皇御所高陽院に行幸する。《野槐服飭抄》

1・21 後鳥羽上皇、万里小路殿に移る。《常盤井相国記》

2・13 後鳥羽上皇、内裏和歌御会での藤原定家の歌に激怒する（定家を籠居させる）。《順徳天皇宸記》

2・19 尊快法親王、浄金剛院にて天台座主承円より伝法灌頂を受ける（後鳥羽上皇・修明門院、臨幸）。《仁和寺日次記》

2・26 土御門上皇皇子（邦仁。後嵯峨天皇）、誕生する（母は源通宗女通子）。《皇代記》

2月 後鳥羽上皇、俊芿の「泉涌寺勧縁疏」進覧を受け、准絹一万疋を奉加する。《泉涌寺不可棄法師伝》

3・5 後鳥羽上皇、熊野に御幸する（四月二日還御）。《玉蘂》

4・7 後鳥羽上皇、七条殿に御幸する。《玉蘂》

4・23 嘉陽門院、石清水八幡宮に行啓する。《玉蘂》

5・9 後鳥羽上皇、新日吉小五月会に御幸する。《玉蘂》

5・11 後鳥羽上皇、石清水八幡宮に御幸する（七日間参籠）。《玉蘂》

5・18 後鳥羽上皇、石清水より還御し、賀茂社に御幸する。《玉蘂》

5・21 嘉陽門院、出家する。《玉蘂》
7・16 伊勢外宮の仮殿遷宮が行なわれる。《二所大神宮例文》
7・24 後鳥羽・土御門両上皇、日吉社に御幸する。《華頂要略》
8・5 京都大風雨、洪水。《玉蘂》
8・7 道助入道親王、行助入道親王（守貞王子〈道深〉）に金剛界灌頂等を授ける。《金剛定院御室日次記》
8・26 宣陽門院、東寺・室生の仏舎利を高野山に納める。《高野山奥院興廃記》
10・5 後鳥羽上皇、城南寺に御幸する。《玉蘂》
10・22 修明門院、熊野より還御する。《四辻殿記》
11・5 皇太子懐成親王、高陽院にて著袴の儀を行なう（後鳥羽上皇、琵琶を所作）。《玉蘂》
11・8 後鳥羽上皇、太上天皇尊号・兵仗・封戸等を辞する。《玉蘂》
11・18 伊勢内宮の仮殿遷宮が行なわれる。《二所大神宮例文》
12・10 順徳天皇皇子（尊覚）、仁和寺道助法親王の室に入る。《仁和寺日次記》
12・26 後鳥羽上皇、祇園社遷宮に臨幸し、日吉社に御幸する。《華頂要略》
12・29 僧正道尊、東寺長者・護持僧を辞任。《仁和寺諸院家記》
この年 慈円「愚管抄」成る（「承久の乱」後も加筆）。

■承久三年（一二二一）辛巳

順徳天皇 25歳
仲恭天皇 4歳
後堀河天皇 10歳
後鳥羽上皇 42歳
土御門上皇 27歳
後高倉院 43歳

1・5 天皇、大炊殿に方違行幸。よって、後鳥羽上皇、安楽心院に御幸する。《玉蘂》
1・12 後鳥羽上皇、法勝寺修正会に御幸する。《玉蘂》
1・13 高陽院内東宮御所が火事。《玉蘂》
1・17 天皇、後鳥羽上皇御所高陽院に朝覲行幸する。《玉葉》
1・22 天皇、閑院内裏の七仏薬師法に臨御する。《七仏薬師御修法記》
1・24 陰明門院、出家する。《女院記》
2・4 後鳥羽上皇、熊野に御幸する。《玉蘂》
3・15 天皇、石清水八幡宮に行幸する。《百練抄》
3・20 天皇、賀茂社に行幸する。《百練抄》
4・2 伊勢内宮の仮殿遷宮が行なわれる。

＊**愚管抄《ぐかんしょう》** 慈円著。神武天皇から順徳天皇までの政治史を末法思想と道理の理念によって描く。天皇については「日本国のならひは、国王種姓の人ならぬすぢを国王にはすまじと、神の代よりさだめたる国なり」とし、よりよい人物が天皇に選ばれるべきとし、悪王退位も主張する。なお慈円は、摂政・関白九条兼実の弟でもあり、摂関家の役割も強調する。

＊**仲恭天皇《ちゅうきょうてんのう》**（一二一八～三四） 懐成《かねなり》親王。順徳天皇第四皇子。母は九条良経《よしつね》女立子（東一条院）。誕生の年に親王宣下、立太子。承久三年（一二二一）四歳で践祚、ついで同年譲位。天福二年（一二三四）崩御。陵は九条陵。皇女に義子内親王。八十日ほどで退位したため「半帝」とか「九条廃帝」とか呼ばれていたが、明治三年、改めて仲恭天皇の諡号《しごう》が贈られる。号の由来は定かでないが、即位から譲位に至るまでが従順であったことによるといわれる。

＊**惟明親王《これあきらしんのう》**（一一七九～一二二一） 高倉天皇第三皇子。母は宮内大輔平義範女少将局。後鳥羽天皇の兄。

《類聚大補任》伊勢・賀茂・石清水三社に奉幣使を発遣し、重厄を祈禳させる。《百練抄》

4・16　天皇、譲位のため、閑院より大炊御門殿に遷る。《行幸部類記》

第八十五代　仲恭《ちゅうきょう》天皇

4・20　順徳天皇、大炊御門殿にて譲位。皇太子懐成《かねなり》親王、閑院内裏にて受禅（**仲恭天皇**。即位式・大嘗会・改元が行なわれず）。▼近衛家実の関白をやめ、九条道家を摂政・氏長者とする。《百練抄》

4・23　順徳上皇に太上天皇尊号を奉る（史上初めて三人の上皇が出現。後鳥羽上皇を本院、土御門上皇を中院、順徳上皇を新院と称する）。《百練抄》

4・26　順徳上皇、後鳥羽上皇御所高陽院に御幸する。《百練抄》尊快入道親王を天台座主とする。《華頂要略》摂政九条道家を太政大臣の上に列する。《公卿補任》

4・27　斎宮熙子内親王、先帝譲位により退下する。《類聚大補任》

4・28　後鳥羽上皇、徳大寺実基に琵琶を教える。《御譲位部類記》

5・3　高倉天皇皇子**惟明親王**没。《一代要記》

5・9　順徳上皇、新日吉小五月会に臨幸する。《百練抄》

5・14　後鳥羽上皇、流鏑馬と称して畿内近国の武士をひそかに召集し、上皇に反対の西園寺公経《きんつね》・実氏《さねうじ》父子を宮中の弓場殿に幽閉する。《**承久記**》

5・15　後鳥羽上皇、京都守護伊賀光季《みつすえ》を誅し、北条義時追討、全国の守護・地頭を院庁の統制下に置く旨の宣旨を下す（**承久の乱**）。天皇、土御門・順徳両上皇とともに高陽院に遷る。《承久記》

5・19　上皇挙兵の知らせが鎌倉に到着。北条政子、参集の御家人を激励する。《吾妻鏡》

5・22　幕府、北条泰時らを将とする東海・東山・北陸の三軍を京に向かわせる。《吾妻鏡》

6・7　後鳥羽上皇、石清水八幡宮に御幸する。《八幡愚童訓》

6・8　後鳥羽・土御門・順徳三上皇、比叡山、ついで梶井御所に移る（天皇もひそかに同所に遷る）。《吾妻鏡》

6・10　後鳥羽上皇、幕府軍西上に対する防御依頼を延暦寺衆徒に要請するも断られる。天皇・三上皇、高陽院に帰る。《吾妻鏡》

6・14　京都方、勢多・宇治・淀で幕府軍に敗れる。《吾妻鏡》

6・15　幕府軍が入京し、京都を制圧。後鳥

文治五年（一一八九）親王宣下。建久六年（一一九五）七条院殖子の猶子となり、建暦元年（一二一一）出家。「新古今和歌集」以下勅撰集に三十四首入集。

＊承久記《じょうきゅうき》　承久の乱について、合戦の経過を詳述した軍記物語。作者・成立年不詳。同名異書もあり。

＊承久《じょうきゅう》の乱《らん》　公家勢力の回復を目指し、後鳥羽上皇を中心として討幕の兵を挙げるも、幕府軍に大敗し、後鳥羽・土御門・順徳三上皇が配流となった。これにより、朝廷方公卿・武士の所領の没収、六波羅探題の設置などがあり、公家方の勢力は衰えることになった。朝廷外にある者（執権北条泰時）による皇室関係者への断罪は、史上最初にして最後といわれる。なお、討幕の兵を挙げたとき、十人の大将に錦の御旗を与え、官軍の印とする。「錦の御旗」の初めといわれ、日月を描いたものと想像されている。

羽上皇、北条義時追討の宣旨を撤回する（上皇、乱の責任は謀臣にあって自分にはないと北条泰時に申し入れる。承久の乱終わる）。▼土御門・順徳両上皇、賀茂社に御幸する。《吾妻鏡》

6・16　北条時房・泰時、六波羅館に駐在する（**六波羅探題**の初め）。《吾妻鏡》

6・19　北条泰時、後鳥羽上皇御所高陽院を接収し、上皇を四辻殿に軟禁する。▼土御門上皇、大炊御門殿に還御する。《吾妻鏡》

6・20　天皇、高陽院より閑院に還幸する。《百練抄》

7・1　乱首謀の公卿らを断罪する宣旨を下す（藤原光親・藤原宗行・一条信能・高倉範茂ら後鳥羽上皇近臣はことごとく捕らえられ、多くは関東への護送途中で斬殺あるいは自殺せしめられる）。《吾妻鏡》

7・3　内大臣久我通光、辞任。《公卿補任》

7・6　後鳥羽上皇、鳥羽殿に移る（院政を停止）。《吾妻鏡》

7・8　後鳥羽上皇、鳥羽殿にて出家する（戒師は道助入道親王。修明門院も出家）。▼天皇、ひそかに九条殿に還る。▼摂政九条道家をやめ、前関白近衛家実を摂政とする。《吾妻鏡》

第八十六代　後《ご》堀《ほり》河《かわ》天皇

7・9　（幕府により）仲恭天皇廃位。守貞親王王子茂仁《ゆたひと》王、閑院にて受禅（**後堀河天皇**）。以後、幕府は皇位継承に介入）。摂政近衛家実は旧のままとする。《愚管抄》

7・10　尊快入道親王、天台座主を辞任。《華頂要略》

7・13　幕府、後鳥羽法皇を隠岐国に流す。この日、鳥羽殿を出発（八月五日、隠岐苅田行宮に着御）。《吾妻鏡》

7・20　幕府の奏請により、内大臣久我通光等、出仕を止められる。《公卿補任》

7・21　幕府、順徳上皇を佐渡国に流す。《百練抄》

7・24　幕府、後鳥羽上皇皇子雅成《まさなり》親王（六条宮）を但馬国に配流する。《百練抄》

7・25　幕府、後鳥羽上皇皇子頼仁《よりひと》親王（冷泉宮）を備前国児島に配流する。《百練抄》

8・7　幕府、戦勝を謝し、伊勢神宮等諸社に神領を寄進し、上皇方の公卿・武士の所領三千余箇所を没収し、恩賞にあてる。《吾妻鏡》

8・16　幕府、後堀河天皇の父行助入道親王（守貞親王。後高倉院）に太上天皇号を奉る（天皇位につかず尊号を贈られた初例）。

＊**六波羅探題**《ろくはらたんだい》　承久の乱を契機として、六波羅（京都市東山区、鴨川東岸）の北と南に設置された幕府の機関。これまでの京都守護を改組したもので、公家勢力の動向を監察し、治安の維持にあたった。

＊**後堀河天皇**《ごほりかわてんのう》（一二一二〜三四）名は茂仁《ゆたひと》。父は高倉天皇皇子守貞《もりさだ》親王（行助入道親王《ぎょうじょ》。後高倉院《ごたかくら》）、母は前権中納言藤原基家《もといえ》女陳子。安徳天皇の弟、後鳥羽天皇の兄。親王宣下なし。承久三年（一二二一）践祚、即位。同四年元服。貞永元年（一二三二）譲位、太上天皇尊号宣下。天福二年（一二三四）崩御。陵は観音寺陵。皇后に藤原有子《ゆうし》（安喜門院）、藤原長子《ちょうし》（鷹司院）、藤原竴子《じゅんし》（藻璧門院。所生の子に四条天皇・暐子内親王等）。皇子女は体子内親王・昱子内親王・順子内親王など。

＊**家光卿記**《いえみつきょうき》　権中納言日野家光（一一九九〜一二三六）の日記。

《百練抄》
8・23　後高倉院、大炊殿に御幸する。《百練抄》
8月　後嵯峨天皇生母　源《みなもとの》通子《つうし》（土御門天皇後宮）没（生年不詳）。《明月記》
9・9　京都火事。院御所大炊殿焼け、後高倉院、高陽院殿に避難する。《百練抄》
9・11　伊勢例幣使を発遣する。《園太暦》
10・13　守貞親王（後高倉院）王子尊性・道深を親王とする（尊性法親王・道深法親王）。《百練抄》
10・21　先帝（仲恭天皇）、母藤原立子（順徳天皇中宮）に伴われて西七条御所に移る。《家光卿記》道深法親王、仁和寺の道助入道親王の室に入る。《金剛定院御室日次記》
⑩・10　幕府、（京にとどまることをよしとしない）土御門上皇の申し出により上皇を土佐国に流す（のち阿波国に移される）。《承久三年四年日次記》右大臣近衛家通を左大臣、前右大臣徳大寺公継を右大臣（更任）、大納言西園寺公経を内大臣とする。《公卿補任》
⑩・11　京都火事。陰明門院御所等が焼ける。《承久三年四年日次記》
⑩・17　道助入道親王・道深法親王、高野山に参詣する（以後たびたび）。《仁和寺御伝》
⑩・24　僧正道尊（以仁王王子）を大僧正とする。《家光卿記》
11・7　即位由奉幣使を発遣する。《園太暦》大僧正道尊を後堀河天皇の護持僧とする。《東寺長者補任》
11・25　後高倉院皇女邦子女王を内親王とする。《女院記》
12・1　後堀河天皇、太政官庁にて即位礼を挙げる。《百練抄》邦子内親王を後堀河天皇の准母の儀をもって皇后と尊称する。《女院次第》
12・18　尊性法親王・大僧正道尊・権僧正仁慶を護持僧とする。《門葉記》
12・20　太政大臣三条公房、辞任。摂政近衛家実を太政大臣とする。《公卿補任》
この年　幕府、後鳥羽法皇の所領をすべて後高倉院に進献する。《醍醐寺文書》
□3・11飛鳥井《あすかい》雅経《まさつね》（参議。飛鳥井流蹴鞠の祖。「新古今和歌集」撰者。52）、7・12葉《は》室光親《むろみつちか》（権中納言。後鳥羽上皇寵臣。46）、7・14葉《は》室宗行《むろむねゆき》（権中納言。後鳥羽・土御門両上皇の院司。48）、7・29源《みなもとの》有雅《ありまさ》（権中納言。後鳥羽上皇近臣。46）

■貞応元年（一二二二）壬午
後堀河天皇11歳
後鳥羽法皇43歳

●土御門天皇御製　四国へ赴くときに詠んだという
「うき世にはかかれとてこそ生まれけめことわりしらぬわが涙かな」

（「続古今和歌集」）

のほか、

「見わたせば松もまばらになりにけり遠山ざくら咲きにけらしも」

（「続後撰和歌集」）

などがあり、「土御門院御集」がまとめられている。

土御門上皇28歳
順徳上皇26歳
仲恭上皇　5歳
後高倉院　44歳

1・3　天皇、閑院にて元服する。《百練抄》

1・14　後高倉院、宇治に御幸する。《承久三年四年日次記》

1・20　天皇、後高倉院の高陽院に朝覲行幸する。《御遊抄》

2・23　後高倉院、嵯峨清涼寺供養に御幸する。《百練抄》

3・25　順徳上皇中宮藤原立子の院号を東一条院とする。《公卿補任》

4・6　京都火事。宣陽門院御所が焼ける。《百練抄》

4・10　摂政・太政大臣近衛家実、太政大臣を辞任。《公卿補任》

4・13　代始により**貞応**と改元する。《承久三年四年日次記》天皇実母藤原陳子を准三宮とする。《百練抄》

5・9　後高倉院、新日吉小五月会に臨幸する。《承久三年四年日次記》

5・28　京都火事。陰明門院御所押小路烏丸殿が被災する。《承久三年四年日次記》

6・5　神祇官八神殿の遷宮が行なわれる。《百練抄》土御門上皇皇子（尊守。高橋宮）、妙法院尊性法親王の室に入る。《承久三年四年日次記》

6・14　天皇、高陽院に行幸し、祇園神輿を避ける。《園太暦》

6・26　後高倉院、冷泉油小路泉殿に御幸する。《承久三年四年日次記》

7・2　京都火事。承明門院御所が被災する。《承久三年四年日次記》

7・3　後高倉院、法勝寺御八講に御幸する。《承久三年四年日次記》

7・11　准三宮藤原陳子（後高倉院妃）の院号を北白河院とする。《百練抄》

7・23　鎌倉大地震。《吾妻鏡》

8・13　内大臣西園寺公経を太政大臣、大納言大炊御門師経を内大臣とする。《公卿補任》

10・23　天皇、大嘗祭のため東河で禊する。《一代要記》

11・23　天皇、大嘗祭を行なう。《百練抄》

12・17　太政大臣三条公房女有子を女御とする。《百練抄》

■貞応二年（一二二三）癸未

後堀河天皇12歳
後鳥羽法皇44歳
土御門上皇29歳
順徳上皇　27歳
仲恭上皇　6歳

＊**貞応**《じょうおう》　大蔵卿菅原為長《ためなが》の勘文に「周易曰、中孚以利貞、乃応乎天也」とある。

＊**後高倉院**《ごたかくらいん》（一一七九～一二二三）名は守貞《もりさだ》。高倉天皇第二皇子。母は坊門信隆女七条院殖子。安徳天皇の異母弟、後鳥羽天皇の同母兄。皇位の望みがないため建暦二年（一二一二）出家し法名を行助（入道親王）とする。承久の乱で後鳥羽・土御門・順徳三上皇が配流されたため、行助入道親王第三子茂仁王（後堀河天皇）が践祚。天皇の父となったことから太上天皇号を贈られ、院政をしく。即位せずに尊号を奉られた初例となる。なお、後高倉院は、幕府の意向により擁立されたため公武協調につとめ、爾来、これが武家政権に対する朝廷の基本路線となったといわれる。

＊**武家年代記**《ぶけねんだいき》　治承四年（一一八〇）から明応八年（一四九九）までの年表体年代記。著者不詳。一四世紀初めに成立し、その後も補筆、書き継がれたものといわれる。寛政九年（一七九七）に柳原紀光が書写したものが伝えられる。

後高倉院　45歳

1・12　後高倉院、法勝寺修正会に御幸する（皇后も行啓）。▼京都火事。後高倉院御所高陽院焼亡（後高倉院、太政大臣西園寺公経の一条西殿に御幸。高陽院は、以後再建されず）。《百練抄》

2・25　女御三条有子を中宮とする。《公卿補任》

2月　建仁寺僧明全、道元とともに宋に赴く。《正法眼蔵》

3・3　後高倉院、病む。《孔雀経法記》

4・2　太政大臣西園寺公経、辞任。《公卿補任》

5・3　後高倉院、この日以前に八条院領を皇后邦子内親王に譲る。《東寺百合文書》

5・8　天皇、後高倉院を一条殿に見舞う。《百練抄》

5・12　鎌倉大地震。《吾妻鏡》

5・14　**後高倉院**、持明院殿にて崩御（天皇の親政となる）。《百練抄》

5・27　幕府、二階堂行盛を京都に遣わし、摂政近衛家実に万機を総摂せしめることを奏する。《**武家年代記**》

5月　土御門上皇を土佐国より阿波国に移す。《吾妻鏡》

7・17　天皇、嘉陽門院御所に行幸し、祇園神輿を避ける。《野槐服飭抄》

9・26　鎌倉大地震。《吾妻鏡》

12・14　摂政近衛家実を関白とする。《公卿補任》

この年　道深法親王、高野山に参詣する。《仁和寺御伝》

この年から永仁五年（一二九七）の間、「**保元物語**」成る。

□6・10賀茂能久《かものよしひさ》（上賀茂社神主。後鳥羽上皇近臣。53）、12・11運慶《うんけい》（仏師。生年不詳）

■元仁元年（一二二四）甲申

後堀河天皇13歳
後鳥羽法皇45歳
土御門上皇30歳
順徳上皇　28歳
仲恭上皇　7歳

1・1　諒闇により小朝拝・節会を中止する。《**岡屋関白記**》

3・26　盗人あり。大学寮廟倉に入り、孔子影像を破損する。《百練抄》

5・8　京都大地震。《百練抄》

5・18　炎旱により、僧正親厳に神泉苑で祈雨御読経を修させる。《百練抄》

6・1　鎌倉大地震。《吾妻鏡》

6・13　執権北条義時没。《吾妻鏡》

6・28　北条政子、北条泰時・時房を九条三《み》

＊**保元物語**《ほうげんものがたり》　作者不詳。鳥羽法皇治世に始まり、保元の乱を中心に描いた戦記物語。

＊**岡屋関白記**《おかのやかんぱくき》　摂政・関白近衛兼経《かねつね》（一二一〇〜五九）の日記。晩年に宇治の岡屋殿に住み「岡屋殿」と呼ばれたことから題とされた。貞応元年（一二二二）から建長三年（一二五一）までが伝存。散逸が多いが、摂関自身の記録として貴重。なお、貞永元年（一二三二）後堀河天皇譲位・四条天皇即位、建長元年（一二四九）閑院内裏焼亡、同二年の後深草天皇朝覲行幸などが詳しい。

寅《とら》（頼経）の後見となす（連署の初め）。《吾妻鏡》
7・1 俊芿《しゅんじょう》の奏請により、泉涌寺を御願寺とする。《泉涌寺不可棄法師伝》
⑦・9 東寺長者覚教に、神泉苑で祈雨御読経を修させる。《東寺長者補任》
8・4 皇后邦子内親王（後堀河天皇准母）の院号を安嘉門院とする。《公卿補任》
8・5 専修念仏禁止を宣下する。《歴代皇紀》
10・22 右大臣徳大寺公継を一上とする。《公卿補任》
11・20 天変により元仁と改元する。《百練抄》
12・25 右大臣徳大寺公継を左大臣、内大臣大炊御門師経を右大臣、大納言九条良平《よしひら》を内大臣とする。《公卿補任》
12・27 大神宝使を発遣する。《類聚大補任》
12月 惟明親王王子聖海《しょうかい》を醍醐寺座主とする。《醍醐寺座主譲補次第》
この年 親鸞、「教行信証」を著すか（中に「出家の人の法は国王に向ひて礼拝せず」とある）。
□6・13北条義時《ほうじょうよしとき》（鎌倉幕府第二代執権。62）、8・11近衛家通《このえいえみち》（左大臣。父は関白近衛家実。21）

■嘉禄元年（一二二五）乙酉

後堀河天皇14歳
後鳥羽法皇46歳
土御門上皇31歳
順徳上皇 29歳
仲恭上皇 8歳

1月 尊性法親王、日吉社に参籠する。《明月記》
2・22 仁和寺道助入道親王、円明寺に渡御する。《明月記》
2・30 京都大風雨（翌日も）。《明月記》
3・11 安嘉門院、石清水八幡宮に御幸する。《石清水八幡宮記録》
この春 疫癘流行。《明月記》
4・14 伊勢外宮の仮殿遷宮が行なわれる。
4・20 疫病により嘉禄と改元する。《百練抄》《類聚大補任》
6・13 天皇、四条壬生に行幸する（十四日還御）。《明月記》
6・30 これより先、幕府、前太政大臣西園寺公経一族を内裏に近侍させる。《明月記》
7・7 宣旨を下し、室生龍穴・醍醐清滝両社で雨を祈らせる。《夕拝備急至要抄》
7・13 権僧正親厳に神泉苑で祈雨御読経を修させる。《東寺長者補任》
10・11 鎌倉大地震。《吾妻鏡》
10・17 伊勢例幣使を発遣する。《類聚大補任》
10・20 一代一度の大仁王会を行なう。《民

＊元仁《げんにん》 式部大輔菅原為長《ためなが》の勘文に「周易曰、元亨利貞、正義曰、元仁也」とある。

＊嘉禄《かろく》 兵部卿菅原在高の勘文に「博物志曰、承皇天嘉禄」とある。

＊民経記《みんけいき》 民部卿・権中納言藤原（勘解由小路・広橋）経光《つねみつ》（生年不詳～一二七四）の日記。嘉禄二年（一二二六）から文永五年（一二六八）が現存。題名は民部卿と経光から。「経光卿記」「中光記」とも。自筆原本が多く残るため、当時の日記作成のあり方などがよく分かる重要史料となっている。

経記》
10・29「新制三十六ヵ条」を下す。《百練抄》
11・23 伊勢内宮の仮殿遷宮が行なわれる。《類聚大補任》
11・25 天皇、石清水八幡宮に行幸する（翌日、閑院に還御）。《岡屋関白記》
12・8 天皇、賀茂社に行幸する。《明月記》
12・26 尊性法親王を四天王寺別当とする。《華頂要略》
□6・10大江広元《おおえのひろもと》（鎌倉幕府初期の重臣。78）、7・5大炊御門《おおいのみかど》頼実《よりざね》（太政大臣。父は左大臣大炊御門経宗。71）、7・11北条政子《ほうじょうまさこ》（源頼朝正室。69）、8・17三条実房《さんじょうさねふさ》（左大臣。父は内大臣三条公教。「愚昧記」記主。79か）、9・25慈円《じえん》（天台座主。父は摂政・関白藤原忠通。九条兼実弟。「愚管抄」著者。71）

■嘉禄二年（一二二六）丙戌

後堀河天皇15歳
後鳥羽法皇47歳
土御門上皇32歳
順徳上皇30歳
仲恭上皇 9歳

1・27 九条頼経を征夷大将軍とする（鎌倉幕府第四代将軍。執権政治が確立しているため実権なし）。《吾妻鏡》
2・3 仁和寺道深法親王、高野山に還御する。《明月記》
4・19 伊勢外宮の仮殿遷宮が行なわれる。《類聚大補任》
4・27 鎌倉大地震。《吾妻鏡》
5月 群盗、京中を横行、放火するものあり。《明月記》
6・4 放火により最勝光院、焼失する。《明月記》
6・13 天皇、四条壬生の嘉陽門院御所に行幸し、祇園神輿を避ける。《明月記》
6・19 関白近衛家実女長子、入内する。《一代要記》
7・1 関白近衛家実女長子を女御とする。《明月記》仁和寺道深法親王、高野山に参詣する。《仁和寺御伝》
7・29 中宮三条有子を皇后、女御近衛長子を中宮とする。《公卿補任》
8・1 鎌倉大地震。《吾妻鏡》
8・7 東一条院、七条殿にて落飾する。《明月記》
8・26 太政官文殿《ふどの》火災により、累代の文書等が焼失する。《明月記》
9・11 伊勢例幣使を発遣する。《古今著聞集》
9月 雅成親王、但馬にて出家する（十月・十一月説あり）。《明月記》
10・10 前斎宮熙子内親王、四天王寺に参詣

する。《明月記》
11・22　大僧正道尊を再び東大寺別当とする。《東寺長者補任》
11・26　後高倉院皇女を内親王とし、名を利子と賜う。この日、伊勢斎宮に卜定する。《女院記》
12・24　京都大地震（このあともしばしば）。《明月記》

■安貞元年（一二二七）丁亥

後堀河天皇16歳
後鳥羽法皇48歳
土御門上皇33歳
順徳上皇31歳
仲恭上皇　10歳

1・10　京都群盗横行。《明月記》
1・11　天皇、仁和寺殿に行幸する（翌日は七条殿へ。十三日、閑院に還御）。《明月記》
2・3　京都大地震。《明月記》
2・15　熊野衆徒が蜂起し、神体を奉じて入京を計る（幕府、六波羅に命じ入洛を抑える）。《吾妻鏡》
2・19　四天王寺別当尊性法親王、四天王寺に参詣する。《明月記》
2・20　皇后三条有子の院号を安喜門院とする。《公卿補任》
2月　東一条院、春日社・長谷寺等に参詣する。《明月記》
3・7　鎌倉大地震。《吾妻鏡》
3・11　安嘉門院、石清水八幡宮に御幸する。《明月記》
3・27　盗人、内蔵寮宝蔵を破り、累代の御物を奪う。《明月記》
4・9　右大臣大炊御門師経、辞任。内大臣九条良平を左大臣、権大納言九条教実《のりざね》を右大臣、権大納言近衛兼経《かねつね》を内大臣とする。《公卿補任》
4・22　内裏が類焼する（以後、宮城内に再建されず、里内裏を内裏とする）。《百練抄》
4・27　連日降雨。京畿、洪水多し。止雨奉幣を行なう。《民経記》
4・29　伊勢斎宮利子内親王、**東河**に禊し、左近衛府に入る。《民経記》
6・13　天皇、嘉陽門院御所四条殿に行幸し、祇園神輿を避ける。《民経記》
8・10　宣陽門院、長講堂そばの六条新御所に移る。《民経記》
9・3　鎌倉大地震。《吾妻鏡》
9・9　仁和寺道深法親王、高野山に参詣する。《明月記》
9・24　伊勢斎宮利子内親王、東河に禊して野宮に入る。《民経記》
11・3　道深法親王を広隆寺別当とする。《仁

＊**東河**　鴨川のこと。正式名称としては起点から鴨川だが、高野川と合流するまでを賀茂川、合流後は鴨川と表記するのが一般的だが、本書では特に使い分けていない。

＊**安貞**《あんてい》　文章博士菅原資高《すけたか》の勘申による。出典は「周易」坤《こん》の「安貞之吉、応地無彊」。

＊**妙法院**《みょうほういん》　青蓮院・三千院（梶井門跡）と並ぶ「天台三門跡」の一。京都市東山区妙法院前側町に所在。後白河法皇の居所法住寺殿の旧地であり、法皇の法住寺陵などがある後白河法皇ゆかりの寺。現在は三十三間堂も管理下に置いている。

＊**七条院**《しちじょういん》（一一五七～一二二八）父は藤原（坊門）信隆、母は藤原休子。名は殖子。高倉天皇中宮平徳子（建礼門院）に仕えるが、のち典侍となり守貞親王（後高倉院）・尊成親王（後鳥羽天皇）をもうける。建久元年（一一九〇）院号宣下を受け七条院を称する。元久二年（一二〇五）出家。その所領の大半は修明門院に譲られた。

和寺御伝》

11・8　天皇、赤斑《あかも》瘡《がさ》をわずらう（この頃、諸国に赤斑瘡流行）。《明月記》

11・29　権大納言滋野井実宣を伊勢に遣わし、神宮に奉幣する。《類聚大補任》

12・10　疱瘡流行により**安貞**と改元する。《百練抄》

12・14　天皇、春日社に行幸する（翌日、閑院に還御）。《民経記》

12・27　尊性法親王を天台座主とする（法親王の住する**妙法院**が宮門跡となる）。《華頂要略》

12月　仲恭上皇、病む（東一条院も）。《明月記》

この冬　諸国赤斑瘡流行。《明月記》

この年　順徳天皇皇子（尊覚）、尊快入道親王の室に入る。《明月記》道元、宋より帰朝。《正法眼蔵》

□1・30徳大寺《とくだいじ》公継《きんつぐ》（左大臣。父は左大臣徳大寺実定。53）、③・8俊芿《しゅんじょう》（学僧。仙遊寺を泉涌寺と改称。62）、7・9二条定輔《にじょうさだすけ》（権大納言。後鳥羽・順徳両天皇の琵琶の師。65）、9・2源通具《みなもとのみちとも》（大納言。父は内大臣源通親。「新古今和歌集」撰者。57）

■安貞二年（一二二八）戊子

後堀河天皇17歳
後鳥羽法皇49歳
土御門上皇34歳
順徳上皇　32歳
仲恭上皇　11歳

3・20　天皇、北白河院御所持明院殿に朝覲行幸する。《玉蘂》

5・15　鎌倉大地震。《吾妻鏡》

5月　権僧正定豪に神泉苑で祈雨御読経を修させる。《百練抄》

7・20　大風雨、鴨川氾濫。賀茂社・貴布禰社等流損。《百練抄》

9・16　伊勢内宮の遷宮が行なわれる。《安貞二年内宮遷宮記》高倉天皇後宮**七条院**没。《百練抄》

9・19　斎宮利子内親王、伊勢へ群行する。《百練抄》

10・7　大風雨により、神祇官幣殿等転倒する。《百練抄》

10・30　尊性法親王を護持僧に還補する。《門葉記》

12・24　近衛家実の関白をとめ、前摂政九条道家を関白・氏長者とする（道家失脚ののち、後嵯峨上皇が実権を握る）。《公卿補任》

この年　後堀河天皇皇女（暐子内親王）、誕生する（母は藤原家行女）。《女院小伝》

■寛喜元年（一二二九）己丑

後堀河天皇18歳
後鳥羽法皇50歳
土御門上皇35歳
順徳上皇 33歳
仲恭上皇 12歳
2・17 鎌倉大地震。《吾妻鏡》
2・27 仁和寺宮の桜樹を閑院の南殿前に移植する。《百練抄》
3・5 天変により**寛喜**と改元する。《百練抄》
3・29 尊性法親王、天台座主を辞任。《明月記》
4・2 伊勢斎宮利子内親王を准三宮とする。《女院記》
4・6 天皇、四条殿に行幸する。《明月記》伊勢外宮の仮殿遷宮が行なわれる。《皇太神宮遷宮次第記》
4・18 後堀河天皇中宮近衛長子の院号を鷹司院とする。《公卿補任》
5・9 勅使を勝光明院に遣わし、宝蔵より「後朱雀院御記」を出させる。《玉蘂》
6・13 天皇、四条殿に行幸し、祇園神輿を避ける。《民経記》
6月 京都群盗横行。《明月記》
8・8 宜秋門院、春日社に参籠する。《明月記》
8・21 後高倉院皇女（本子）を内親王とする。《明月記》
9・11 伊勢例幣使を発遣する。《民経記》
9・22 後高倉院皇女本子内親王没（生年不詳）。《明月記》
9月 九条道家、長者宣を下し、興福寺僧徒が兵仗を帯することを禁じる。《明月記》
10月 陰明門院、四天王寺に参詣する。《明月記》
11・16 関白九条道家女竴子《しゅんし》、入内する（二十二日、女御となる）。《百練抄》
11・26 天皇、持明院殿に行幸する。《明月記》
11月 京都群盗横行。《明月記》
12・19 鎌倉大地震。《吾妻鏡》
□8・5花山院忠経《かざんいんただつね》（右大臣。父は左大臣花山院兼雅。57）、8・16藤原兼子《ふじわらのけんし》（通称は卿局。後鳥羽天皇乳母。75）

■**寛喜二年（一二三〇）庚寅**

後堀河天皇19歳
後鳥羽法皇51歳
土御門上皇36歳
順徳上皇 34歳
仲恭上皇 13歳
1・15 天皇、前太政大臣西園寺公経の第に行幸する。《明月記》
1・27 前斎宮熙子内親王、出家する。▼宜秋門院、広隆寺に参籠する。《明月記》

＊**寛喜**《かんぎ》 式部大輔菅原為長の勘文に「後魏書曰、仁而温良、寛而喜楽」とある。

①・13 地震あり。《明月記》
2・16 女御九条竴子を中宮とする。《公卿補任》
2・23 天皇、平野・北野両社に行幸する。《明月記》
4・9 伊勢神宮・石清水社に奉幣使を発遣する。《明月記》
4月 京都群盗横行。《明月記》
5・21 京都大風雨。鴨川氾濫。《明月記》
5・23 京都火事。四条壬生の嘉陽門院御所が被災。《明月記》
6・13 天皇、右近衛大将西園寺実氏の第に行幸し、祇園神輿を避ける。《明月記》
6・14 前大僧正真性（以仁王王子）没（年64）。《青蓮院門跡皇族御伝》
6・19 天皇、北白河院の持明院殿に行幸する。《明月記》
7・17 勅使を遣わし、東大寺勅封倉・綱封倉を開検する。《東大寺続要録》
8・3 道助入道親王・道深法親王、高野山に参詣する。《仁和寺御伝》
8・22 承明門院、有馬に御幸する。《明月記》
9・15 伊勢外宮の正遷宮が行なわれる。《二所大神宮例文》
10・27 東大寺勅封倉、盗人に破られ、鏡八面を盗まれる。《東大寺続要録》
12・9 道助入道親王、仁和寺観音院にて道深法親王に灌頂を授ける（北白河院臨幸）。《仁和寺御伝》
12・25 天皇、節分により、北白河院の持明院殿に行幸する。《明月記》
□12・28 藤原基房《ふじわらのもとふさ》（摂政。関白。太政大臣。松殿家祖。父は関白藤原忠通。86。87とも）

■寛喜三年（一二三一）辛卯

後堀河天皇20歳
後鳥羽法皇52歳
土御門上皇37歳
順徳上皇35歳
仲恭上皇14歳

2・12 後堀河天皇皇子（秀仁。四条天皇）、誕生する（母は中宮九条竴子）。《民経記》
2月 京都群盗横行、疫疾流行。《明月記》
3・16 盗人、内裏に入り、昼御座御剣を盗むも捕らえられる。《民経記》
3・18 道助入道親王、高野山に参籠する。《仁和寺御伝》
3・21 東一条院、春日社に参籠する。《明月記》
3・28 天皇、中宮御所一条殿に行幸する。《民経記》
3月 道深法親王、仁和寺寺務となる。《仁和寺御伝》

●後鳥羽天皇御製②

「むかしには神もほとけもかはらぬをくだれる世とは人の心ぞ」（「後鳥羽院御集」）
「桜咲く遠山鳥のしだり尾のながながし日もあかぬ色かな」（「新古今和歌集」）
「吉野山さくらにかかる夕がすみ花もおぼろの色はありけり」（「続古今和歌集」）
「吹く風もをさまれる世のうれしきは花見る時ぞまづおぼえける」（「後鳥羽院御集」）

この春　京都飢饉により餓死者道路に満ちる。《百練抄》
4・11　皇子（秀仁）を親王とする。《百練抄》
4・18　左大臣九条良平、病により辞任。《公卿補任》
4・26　右大臣九条教実を左大臣、内大臣近衛兼経を右大臣、権大納言西園寺実氏を内大臣とする。《公卿補任》
4月　後白河天皇女御藤原琮子没（生年不詳）。《民経記》
5・10　炎旱により醍醐清滝宮に御読経を行なう。《民経記》
6・3　京都火災、盗賊横行。《民経記》
6・4　京都霖雨洪水。止雨奉幣あり。《民経記》
7・1　天皇、脚気をわずらう。《民経記》
7・5　九条道家の関白をとめ、左大臣九条教実を関白・氏長者とする。《公卿補任》
7・12　天皇、内大臣西園寺実氏の第に行幸し、祇園神輿を避ける。《民経記》
7・15　京都地震。《明月記》
7・17　京都霖雨、鴨川氾濫。《明月記》
7・23　右大臣近衛兼経を一上とする。《民経記》
7月　大飢饉、餓死者多数（寛喜の大飢饉）。《明月記》

8・6　天皇、病む。《民経記》
9・11　伊勢例幣使を発遣する。《民経記》
9・17　道深法親王を仁和寺総法務とし、六勝寺検校とする。《民経記》
9・29　後堀河天皇皇女（昱《いく》子内親王）、誕生する（母は九条兼良女）。《明月記》
10・6　土御門上皇、落飾する。《吾妻鏡》
10・9　権中納言四条隆親を伊勢に遣わし、神宮に奉幣する。《民経記》
10・10　後鳥羽天皇皇子尊円法親王、配所にて没（年25）。《華頂要略》
10・11　土御門法皇、阿波国板野郡池谷で崩御（近くの里浦で火葬。遺詔により、遺骨はのち山城国金原《かねがはら》の法華堂に納められる。陵名は**金原陵**）。《一代要記》
10・28　後堀河天皇皇子秀仁親王を皇太子とする。《百練抄》
11・3　「新制四十二ヵ条」を下す。《近衛文書》
11・8　順徳上皇皇子尊覚、天台座主良快について得度・受戒する。《華頂要略》
12・13　尊性法親王、四天王寺別当を辞任。《華頂要略》
この年　後堀河天皇皇女（体子《たいし》内親王）、誕生する（母は藤原家行女）。《女院小伝》

■貞永元年（一二三二）壬辰

＊**金原陵**《かねがはらのみささぎ》　京都府長岡京市金ヶ原金原寺《きんげんじ》に所在。土御門天皇の遺骨は、天福元年（一二三三）に生母承明門院が建てた御堂（法華堂）に納められた。のち御堂は失われるも、京都西町奉行浅野長祚著「歴代廟陵考補遺」が考定し、幕末修陵の際、修治を加える。

＊**貞永**《じょうえい》　大蔵卿菅原為長《ためなが》の勘文に「周易注疏曰《いわく》、利在永貞、永長也、貞正也」とある。

＊**洞院摂政記**《とういんせっしょうき》　関白・摂政九条教実《のりざね》（一二一〇～三五）の日記。題名は「洞院殿」を継承して洞院殿と通称されたことから。寛喜二年（一二三〇）から天福元年（一二三三）が現存するも欠失が多い。教実は関白九条道家の嫡男。道家はじめ九条家の動静、また大叔母後鳥羽天皇中宮宜秋門院任子、伯母順徳天皇中宮東一条院立子などについても詳しい。

＊**新勅**《しんちょく》**撰**《せん》**和**《わ》**歌**《か》**集**《しゅう》　九番目の勅撰和歌集。後堀河天皇の勅により藤原定家が撰じる。約千三百七十首。藤原家隆（四十三首）の歌が最も多く、承久の乱に関与の後鳥羽・土御門・順徳各上皇の歌は入って

後堀河天皇21歳
四条天皇　2歳
後鳥羽法皇53歳
順徳上皇　36歳
仲恭上皇　15歳

1・12　天皇、北白川院の持明院殿に朝覲行幸する。《御遊抄》
1・22　天皇、尊性法親王を召し、法華経を受ける。《百練抄》
4・2　飢饉により**貞永**と改元する。《百練抄》
5・2　天皇、病む。《**洞院摂政記**》
6・13　天皇、内大臣西園寺実氏第に行幸し、祇園神輿を避ける。《洞院摂政記》権中納言藤原定家に和歌を撰進させる（「**新勅撰和歌集**」）。《明月記》
6・19　京都霖雨洪水。《洞院摂政記》
6・22　宜秋門院、菩提樹院に御幸する。《洞院摂政記》
6月　疾疫流行。《洞院摂政記》
8・10　北条泰時、「式目五十一条」（**御成敗式目**・貞永式目）を定め、この日施行する。《吾妻鏡》
8・25　尊性法親王を天台座主に還補する。《華頂要略》
9・3　後堀河天皇皇女（暐子内親王）、誕生する（母は九条竴子）。《百練抄》
⑨・28　京都地震。《民経記》
⑨・29　彗星出現により、二十二社に奉幣使を発遣する。《民経記》
10・2　藤原定家、「新勅撰和歌集」の序文・目録を奏進する。《明月記》

第八十七代　四条《しじょう》天皇

10・4　後堀河天皇、閑院にて譲位（院政開始）。皇太子秀仁《ひでひと》親王、清涼殿にて着袴の儀を行ない、閑院内裏にて受禅（二歳。**四条天皇**）。▼関白九条教実を摂政とする。《百練抄》
10・7　先帝に太上天皇尊号を奉る。《御譲位并御即位記》
10・14　後堀河上皇、内裏より内大臣西園寺実氏の冷泉富小路第に移る。《百練抄》
10・29　尊性法親王を四条天皇護持僧とする。《民経記》
11・24　皇妹を内親王とし、名を暐子と賜う。《百練抄》
11・26　伊勢神宮に即位由奉幣使を発遣する。《百練抄》
12・5　四条天皇、太政官庁にて即位礼を挙げる（このときの記録が近衛兼経「岡屋関白記」から抄出の「四条院御即位記」）。《百練抄》

いない。

＊**御成敗式目**《ごせいばいしきもく》　源頼朝以来の武家の慣習と道理をもとに裁判の基準を定めたもの。中国の律令から脱した日本初の固有法といわれる。五十一条あり、その第一条では「神は人の敬により威を増し、人は神の徳により運を添え、然るに則ち恒例の祭祀陵遅《りょうち》致さず、如在の礼奠《れいてん》怠慢せしむことなかれ」とする。

＊**四条天皇**《しじょうてんのう》（一二三一～四二）　名は秀仁《みつひと》。後堀河天皇第一皇子。母は九条道家女竴子《じゅんし》（藻壁門院《そうへきもんいん》）。貞永元年（一二三二）親王宣下、立太子、ついで二歳で践祚、即位。仁治二年（一二四一）元服。同三年崩御。天皇としては初めて泉涌寺に葬られる。陵は月輪陵。女御に藤原彦子。皇子女なし。

12・27 前関白九条道家室西園寺綸子を准三宮とする。《百練抄》

□1・19明恵《みょうえ》（高弁。高山寺開山。後鳥羽天皇・後高倉院・修明門院等の帰依を受ける。60）

■天福元年（一二三三）癸巳

四条天皇 3歳
後鳥羽法皇54歳
順徳上皇 37歳
仲恭上皇 16歳
後堀河上皇22歳

1・13 後堀河上皇、皇后竴子と法勝寺修正会に御幸する。《民経記》

1・18 後堀河上皇、蓮華王院修正会に御幸する。《民経記》

1月 京都で猿楽が流行する。《明月記一月八日条》

2・5 斎宮利子内親王、天皇譲位により退下する。《女院記》

2・13 安嘉門院、皇妹暐子内親王を猶子とする。《明月記》

2・25 後堀河上皇、北白川院の持明院殿に御幸する（翌日還御）。《民経記》

2・28 山陵使を発遣し、即位を奉告する。《民経記》

2月 京都、咳病流行。《明月記》

3・29 大風雨で藻璧門が転倒。《百練抄》

この頃、京都群盗横行。《明月記》

この春 仁和寺道深法親王、高野山に参詣する。《明月記》

4・3 後堀河上皇中宮九条竴子の院号を藻璧門院とする。《民経記》

4・5 大奉幣使を発遣して、即位を天神地祇に奉告する。《百練抄》

4・15 代始により天福と改元する。《百練抄》

4・17 利子内親王を御母儀とする。《民経記》

4・19 頼仁親王王子（道乗）、仁和寺北院にて出家する。《仁和寺御伝》

5・5 京都大雨、鴨川氾濫。《民経記》

5・9 後堀河上皇、新日吉小五月会に臨幸する。《民経記》

5・10 後堀河上皇、安楽光院御八講に御幸する。《民経記》

5・15 京都地震。《民経記》

5・21 藤原定家に大嘗会の和歌作者を撰進させる。《明月記》

6・10 京都群盗横行。《明月記》

6・17 炎旱により、神泉苑・醍醐清滝宮で御読経を行ない雨を祈る。《百練抄》

6・20 後堀河上皇、持明院殿に御幸する。

▼利子内親王を准母の儀により皇后と尊称する。《民経記》

＊**天福**《てんぷく》 大蔵卿兼式部大輔菅原為長の勘申による。出典は「尚書」の「政善天福之」。

＊**藻璧門院**《そうへきもんいん》（一二〇九～三三） 後堀河天皇中宮。父は摂政・関白九条道家、母は太政大臣西園寺公経女・准后綸子。名は竴子。鎌倉幕府第四代将軍九条頼経は同母弟。寛喜元年（一二二九）入内して女御、翌年中宮となる。同三年、皇子（四条天皇）をもうける。天福元年（一二三三）院号宣下を受け藻璧門院を称する。月輪殿近傍に葬られる。

＊**九条陵**《くじょうのみささぎ》 京都市伏見区深草本寺山町に所在。東福寺の南。葬地についての文献なきため、明治二十二年、崩御の地に因み、九条通り東郊に陵を定める。

6・25 丹生・貴布禰両社に奉幣して雨を祈る。《民経記》

7・5 後堀河上皇、法勝寺御八講に御幸する。《明月記》

7・9 伊勢以下十社に奉幣して雨を祈る。《明月記》

7・17 後堀河上皇、藻壁門院とともに西園寺公経の吉田泉邸に御幸する（ついでまた御幸）。《明月記》

7・23 天台座主尊性法親王を四天王寺別当に還補する。《明月記》

7月 後鳥羽法皇、藤原家隆に三十六人を撰ばせ、その和歌を進上させる。《明月記》

8・1 天皇、病む。《洞院摂政記》

8・21 後堀河上皇、藻壁門院と、藤原成子の近衛第に臨幸する。《明月記》

9・18 **藻壁門院**、死産し、ついで没（これにより大嘗会延引）。《明月記》

9・29 後堀河上皇、近衛富小路第より冷泉油小路第に移る。《明月記》

10・11 藤原定家、出家する。《明月記》

12・12 承明門院、山城国金原に御堂を建て、土御門天皇の遺骨を安置する。《明月記》

12・20 後堀河上皇、近衛第に御幸する。《明月記》

この年 順徳上皇皇子（善統《よしむね》親王）、誕生する（母は藤原範光女）。《本朝皇胤紹運録》

□5・29 近衛《このえ》基通《もとみち》（関白。摂政。後白河法皇寵臣。父は関白・摂政近衛基実。74）

■文暦元年（一二三四）甲午

四条天皇 4歳
後鳥羽法皇55歳
順徳上皇 38歳
仲恭上皇 17歳
後堀河上皇23歳

1・1 諒闇により、小朝拝・節会・拝礼を中止する。《明月記》

2・8 京都大地震。《皇代暦》

4・26 道深法親王、石清水八幡宮に参詣する。《仁和寺御伝》

5・20 仲恭上皇、九条殿にて崩御（二十三日葬送。陵は**九条陵**）。《百錬抄》

6・3 後堀河上皇の希望により、藤原定家、「新勅撰和歌集」未定稿本を奏覧する（上皇、完成を見ずに崩御）。《明月記》

6・10 後堀河上皇、北白河院の持明院殿に御幸する。《不知記》

7・5 後堀河上皇、法勝寺御八講に御幸する。《明月記》

7・15 後堀河上皇、病む。《百錬抄》

7月 道助入道親王、高野山より高雄に入る。《明月記》

8・6　後堀河上皇、持明院殿にて崩御。追号を「後堀河院」とする（十一日、泉涌寺北の観音寺北辺に土葬。陵名は**観音寺陵**。伊勢例幣・大嘗会延引）。《明月記》
8・7　尊性法親王、護持僧を辞任。《天台座主記》
8月　京都群盗横行。《明月記》
9・16　京都地震。《明月記》
9・29　天皇、病む。《百練抄》
11・5　天変地震により**文暦**と改元する。《百練抄》
12・30　仁和寺道深法親王、高雄に参籠する。《明月記》
この年　仲恭上皇皇女（義子内親王）、誕生する（母は法印性慶女）。《歴代皇紀》

■嘉禎元年（一二三五）乙未

四条天皇　5歳
後鳥羽法皇56歳
順徳上皇　39歳

2・3　皇妹暐子内親王を准三宮とする。《玉蘂》
3・1　京都地震。《明月記》
3・4　摂政左大臣九条教実、左大臣を辞任。《公卿補任》
3・9　鎌倉大地震（このあともしばしば地震）。《吾妻鏡》
3・20　里人が檜隈大内陵（阿不幾山陵。天武・持統合葬陵）に入り骨壺などを盗掘する（役人が派遣され内部の様子を調べた記録が「**阿不幾乃山陵記**」）。《阿不幾乃山陵記》
3・28　摂政九条教実没。前関白九条道家を摂政とする。《公卿補任》
この春　九条道家・道教、藻壁門院・仲恭天皇・後堀河天皇の死が、後鳥羽上皇の怨念によるとの噂が広まり、後鳥羽・順徳両上皇の還京を幕府に求める。
4・27　天皇、病む。《明月記》
5・14　安嘉門院、落髪する。《皇代略》
5・27　藤原定家、宇都宮頼綱《よりつな》の求めにより和歌を色紙に書写する（「**小倉百人一首**」の原型か。頼綱の撰とも。定家は「古来人歌各一首、天智天皇以来、家隆・雅経卿に及ぶ」歌を色紙に書いたと記す）。《明月記》
⑥・26　延暦寺衆徒蜂起。尊性法親王、天台座主を辞任。《明月記》
7・23　日吉社神人殺害により、佐々木高信の死罪を求め、延暦寺衆徒が神輿を奉じて入京・強訴する（八月八日、高信を豊後国に配流）。《百練抄》
9・1　京都地震。《歴代編年集成》
9・13　尊性法親王を護持僧とする。《天台座主記》

＊**観音寺陵**《かんのんじのみささぎ》　京都市東山区今熊野泉山町に所在。初め東山観音寺の傍らの法華堂に埋葬も、荒廃して所伝を失う。幕末、「山陵志」が「泉涌寺来迎院北観音寺東丘」と示したのに従い修補する。

＊**文暦**《ぶんりゃく》　権中納言藤原（日野）家光《いえみつ》の勘文に「唐書曰、掌天文暦数」、菅原淳高《あつたか》の勘文に「文選（巻十、三月三日曲水詩序）曰、皇上以叡文承暦」とある。諒闇中の改元は異例。

＊**阿不幾乃山陵記**《あおきのさんりょうき》　天武天皇・持統天皇合葬陵が盗掘されたとき、墳丘・石室の形状、石室内部の状況などを詳細に記す。外題は「御陵日記」。筆者は不詳。重要文化財。

＊**小倉百人一首**《おぐらひゃくにんいっしゅ》　嵯峨の小倉山荘の障子に張った色紙和歌。藤原定家撰、仁治二年（一二四一）までに成立といわれる。天智・持統・陽成・光孝・三条・崇徳・後鳥羽・順徳の八天皇が入っており、「新勅撰和歌集」から排除された後鳥羽・順徳両天皇の歌も採られた。「人もをし人も恨めしあぢきなく世を思ふゆゑに物思ふ身は」（後

9・19 天変地異により嘉禎と改元する。《百練抄》
10・2 右大臣近衛兼経を左大臣、内大臣西園寺実氏を右大臣、権大納言二条良実《よしざね》を内大臣とする。《公卿補任》
10・3 天皇、五辻殿に行幸する。《明月記》
10・8 伊勢外宮の仮殿遷宮が行なわれる。《類聚大補任》群盗横行。《明月記》
10・18 京都洪水。鴨川氾濫。《明月記》
10・20 天皇、大嘗祭のため鴨川で禊する。《明月記》
10・23 これより先、疱瘡流行。この日、天皇、疱瘡にかかる。《明月記》
11・19 京都地震。《明月記》
11・20 天皇、大嘗祭を行なう（後堀河上皇崩御などにより、この日に延引）。《明月記》
12・8 仁和寺道深法親王、高野山に参詣する。《明月記》
12・16 尊性法親王、天台座主を辞任。《天台座主記》
12・21 興福寺衆徒、石清水八幡宮との用水争論により、春日神木を奉じて入京・強訴を計り、宇治に至る。《百練抄》
□3・28九条教実《くじょうのりざね》（関白。摂政。「洞院摂政記」記主。父は摂政・関白・太政大臣九条道家。25）

■嘉禎二年（一二三六）丙申

四条天皇 6歳
後鳥羽法皇57歳
順徳上皇 40歳

1・2 興福寺衆徒、春日神木を宇治に遺棄して、春日社頭を閉門する（二月二十一日神木帰座）。《百練抄ほか》
2・10 京都、雷雨洪水。《皇代暦》
2・14 幕府、興福寺衆徒を説諭する（ついで神木帰座）。《吾妻鏡》
3・16 権大納言藤原実基《さねもと》を伊勢に遣わし、神宮に奉幣する。《百練抄》
4・15 左大弁藤原為経・諸陵頭惟宗盛能らを遣わし、天武天皇陵を実検させる。《百練抄》
4・18 右大臣西園寺実氏、辞任。《公卿補任》
6・9 内大臣二条良実を右大臣、大納言土御門定通を内大臣とする。《公卿補任》
7月 後鳥羽法皇、隠岐より和歌の題を前内大臣源通光らに賜い、歌合を行なう。《遠島御歌合》
11月 後嵯峨天皇皇子（円助法親王）、誕生する（母は藤原能保女）。《諸寺院上申》
12・7 順徳上皇皇女諦子内親王を准三宮とする。《百練抄》
12・21 准三后諦子内親王の院号を明義門院

鳥羽院）
「ももしきや古き軒端のしのぶにもなほあまりある昔なりけり」（順徳院）
＊嘉禎《かてい》 前権中納言藤原頼資《よりすけ》の勘文に「北斉書曰、蘊千祀、彰明嘉禎」（文宣《ぶんせん》帝紀）とある。

とする。《百練抄》

■**嘉禎三年（一二三七）丁酉**

四条天皇　7歳
後鳥羽法皇58歳
順徳上皇　41歳

3・10　摂政九条道家、辞任、左大臣近衛兼経を摂政・氏長者とする。《公卿補任》
4・9　摂政近衛兼経、一上を右大臣二条良実に譲る。《玉蘂》
4・23　天皇、石清水八幡宮に行幸する。《百練抄》
5・19　清滝宮・室生龍穴宮に雨を祈る。《夕拝備急至要抄》
6・1　京都大地震。《百練抄》
6・3　右中弁藤原季頼等を東大寺に遣わし、勅封倉・綱封倉を点検させる。《正倉院御開封記録》
7・17　鷹司院を四条天皇の准母とする。《百練抄》
8・2　皇妹准后皞子内親王没（年6）。《明月記》
8・7　幕府、将軍九条頼経の翌春上洛を決め、六波羅に新第を造営する。《吾妻鏡》
この秋　閑院修造のため、天皇、藤原隆親の冷泉万里小路殿に遷る。《百練抄》順徳上皇、和歌百首を後鳥羽上皇・藤原定家のもとに送る（上皇・定家、加点・判詞を返進する）。《順徳院御百首》
10・2　宜秋門院・東一条院、ひそかに四天王寺に参詣する。《百練抄》
11・11　天皇、賀茂社に行幸する。《百練抄》
11・14　天皇、前太政大臣西園寺公経の西園寺第に行幸する。《百練抄》
11・24　後堀河天皇皇女昱《いく》子内親王を伊勢斎宮に卜定する。《百練抄》
12・18　内大臣土御門定通、辞任。《公卿補任》
12・25　大納言九条基家《もといえ》を内大臣とする。《公卿補任》
12・29　尊性法親王、護持僧を辞任。《天台座主記》
□4・9　藤原家隆《ふじわらのいえたか》（歌人。「新古今和歌集」撰者。後鳥羽上皇の信望を得る。80）

■**暦仁元年（一二三八）戊戌**

四条天皇　8歳
後鳥羽法皇59歳
順徳上皇　42歳

1・28　将軍九条頼経、北条泰時を率い、鎌倉を出発する（二月十七日入京）。《吾妻鏡》
2・7　天武天皇陵の盗人が捕まえられる。《百練抄》
2・11　天皇、冷泉万里小路殿より修造成った閑院内裏に遷る。《百練抄》

＊**暦仁**《りゃくにん》　文章博士藤原経範《つねのり》の勘文に「隋書曰、皇明馭暦、仁深海県」とある。
＊**延応**《えんおう》　文章博士藤原経範の勘申による。出典は「文選」贈答の「廊廟惟清、俊乂是延、摺応嘉挙」。

2・23 将軍九条頼経、参内する（二十九日にも。十月二十九日、鎌倉に帰る）。《吾妻鏡》
2・26 九条頼経を検非違使別当とする。《吾妻鏡》
2・29 菅原為長、天皇に「史記」を奉る。《菅儒侍読年譜》
②・16 尊性法親王、天台座主を辞任。《天台座主記》
3・19 高野山大塔の供養が行なわれる。《高野春秋》
3・25 前太政大臣近衛家実を准三宮とする。《公卿補任》
3・28 天皇、春日社に行幸する（二十九日、閑院に還御）。《玉蘂》
6・7 内大臣九条基家、辞任。《公卿補任》
6・14 天皇、六条殿に行幸し、祇園神輿を避ける。《玉蘂》
6・18 摂政・左大臣近衛兼経、左大臣を辞任。《公卿補任》
6・20 天皇、六条殿に行幸する。《玉蘂》
6・25 京都大雨洪水。《吾妻鏡》
6・28 伊勢以下六社に止雨奉幣使を発遣する。《師守記》
7・20 前左大臣九条良平を太政大臣、右大臣藤原良実を左大臣、権大納言三条実親《さねちか》を右大臣、権大納言大炊御門家嗣を内大臣とする。《公卿補任》
9・8 斎宮昱子内親王、東河に禊して左近衛府に入る。《百練抄》
9・22 斎宮昱子内親王、野宮に入る。《百練抄》
10・3 後高倉院妃・後堀河天皇母北白河院没（年66）。《百練抄》
10・12 将軍九条頼経、鎌倉に帰るにより参内する。《吾妻鏡》
11・23 天変により暦仁と改元する（鎌倉には十二月九日に伝えられる）。《公卿補任》
12・28 後鳥羽天皇中宮宜秋門院（藤原任子）没（年66）。《公卿補任》
□7・29 近衛《このえ》道経《みちつね》（右大臣。父は摂政・関白近衛基通。55）、10・4 藤原《ふじわらの》（松殿）師家《もろいえ》（摂政。内大臣。父は摂政藤原基房。67）、12・28 中院通方《なかのいんみちかた》（大納言。土御門通方とも。中院家始祖。父は内大臣源通親。「餝抄」著者。50）

■延応元年（一二三九）己亥

四条天皇　9歳
後鳥羽法皇　60歳
順徳上皇　43歳

2・7 天変・地震により延応と改元する。《百練抄》

●後鳥羽天皇御製③（「遠島百首」より）「遠島百首」は、後鳥羽上皇が隠岐で崩御後に編集された和歌集。
「我こそは新島守よ隠岐の海の荒き波風心して吹け」

「春雨も花のとだえぞ袖にもる桜つづきの山の下道」

「波間より隠岐の湊に入る舟の我ぞこがるる絶えぬ思ひに」

「今はとてそむきはてぬる世の中になにとかたらふやまほととぎす」

などがある。

2・9 後鳥羽法皇、病重くなり、水無瀬の臣下に遺書をしたためる（これが水無瀬神宮蔵「後鳥羽天皇宸翰手印置文」）。《水無瀬文書》

2・16 伊勢内宮の仮殿遷宮が行なわれる。《二所大神宮例文》

2・22 後鳥羽法皇、隠岐行在所にて崩御（二十五日、苅田山中で火葬）。《百練抄》

4・2 天皇、病む。《百練抄》

5・16 北面の武士藤原能茂《よしもち》、後鳥羽法皇の遺骨を京まで運び、大原西林院（一説に勝林院）に安置する。《百練抄》

5・29 故後鳥羽法皇に顕徳院（怨霊化を恐れ、「徳」の字を付加）の諡号を奉る（のち遺詔どおり「後鳥羽院」に変える）。《百練抄》

6・14 天皇、西園寺公経の今出川第に行幸し、祇園神輿を避ける。《年中行事秘抄》

6・28 伊勢以下六社に止雨奉幣使を発遣する。《師守記》

7・27 九条道家五男法助（のち仁和寺門跡）を准三宮とする（僧侶として初の准三宮）。《仁和寺御伝》

9・3 守貞親王王子尊性法親王（前天台座主）没（年46）。《百練抄》

9・16 天皇、太政官庁に行幸し、伊勢斎宮を発遣する。（昱子内親王群行）。《百練抄》

11・12 皇后利子内親王（四条天皇准母）の院号を式乾門院とする。この日、病危急により落飾する。《百練抄》

12・11 雅成親王王子澄覚、出家する（のち澄覚法親王）。《梶井門跡略系譜》

■仁治元年（一二四〇）庚子

四条天皇　10歳

順徳上皇　44歳

2・21 九条道家女佺子《せん》を尚侍とする（ついで入内、女御となる）。《平戸記》

3・15 権大納言西園寺公相を伊勢に遣わし、神宮に奉幣する。《百練抄》

4・21 後堀河天皇皇女を内親王とし、名を暉子《きし》と賜う。また、守貞親王王女を内親王とし、名を能子《よし》と賜う。《平戸記》

5・18 安嘉門院・式乾門院、有馬温泉に御幸する。《百練抄》

6・23 順徳上皇皇子覚恵法親王を園城寺長吏とする。《三井続燈記》

6・27 炎旱により伊勢神宮に奉幣使を発遣し、雨を祈らせる。《延応二年庚子歳神事供奉日記》

7・3 炎旱により五竜祭が行なわれる（ついで神泉苑で請雨経法）。《百練抄》

7・16 彗星・地震・旱魃などにより**仁治**と

＊仁治《にんじ》 文章博士藤原経範《つねのり》の勘文に「書義（儀か）曰、人君以仁治天下」、式部大輔菅原為長の勘文に「新唐書（五六、刑法志）曰、太宗以寛仁治天下」とある。

＊大原陵《おおはらのみささぎ》 京都市左京区大原勝林院町に所在。三千院北隣。大原勝林院傍の法華堂に納骨（のち順徳天皇も）されたが、荒廃、所在不明となる。元禄探陵時に塔頭実光坊の後園にある十三重石塔を復旧し後鳥羽天皇陵とする。

改元する（朝廷使者、二十七日に鎌倉に伝える）。《百練抄》
9・27　右大臣三条実親、辞任。《公卿補任》
10・9　内大臣大炊御門家嗣、辞任。《公卿補任》
10・20　権大納言一条実経を右大臣、大納言藤原家良《いえよし》を内大臣とする。《公卿補任》
12・11　伊勢内宮外院御輿宿等五十余宇が炎上する。《仁治三年内宮仮殿遷宮記》
12・14　摂政・左大臣近衛兼経を太政大臣とする。《公卿補任》
12・24　内宮火災により、参議藤原忠高を伊勢に遣わし、宸筆宣命を奉る。《百練抄》
この年　後鳥羽法皇の菩提を弔うため、藤原信成・親成親子が御影堂を建てる（水無瀬宮の初め。また、親成以後は水無瀬氏を名のる）。
□3・17九条良平《くじょうよしひら》（太政大臣。父は関白・太政大臣九条兼実。57）

■**仁治二年（一二四一）辛丑**

四条天皇　11歳
順徳上皇　45歳

1・5　天皇、閑院内裏にて元服する。《百練抄》
2・5　安嘉門院、石清水八幡宮に御幸する。《百練抄》
2・7　鎌倉大地震。《吾妻鏡》
2・8　大原勝林院の傍に後鳥羽天皇離宮水無瀬殿を移し法華堂とし、遺骨を西林院より移す（**大原陵**）。《一代要記》
4・3　鎌倉大地震（津波で由比ヶ浜の八幡宮拝殿が流失）。《吾妻鏡》
4・5　内大臣藤原家良、辞任。《公卿補任》
4・17　権大納言鷹司兼平《かねひら》を内大臣とする。《公卿補任》
6・14　東寺長者厳海に、神泉苑で孔雀経を読誦し雨を祈らせる（二十三日にも神泉苑で祈雨読経あり）。《東寺長者補任》
7・22　天皇、平野社に行幸する。《百練抄》
7・26　天皇、大原野社に行幸する。《百練抄》
10・19　伊勢外宮の仮殿遷宮が行なわれる。《民経記》
11・22　陰明門院、日吉社に御幸する。《百練抄》
12・13　摂政九条教実女彦子、入内する（十七日、女御とする）。《公卿補任》
12・20　摂政・太政大臣近衛兼経、太政大臣を辞任。《公卿補任》
□8・20藤原定家《ふじわらのさだいえ》（権中納言。歌人。「新古今和歌集」「新勅撰和歌集」撰者。「明月記」記主。父は藤原俊成。80）

■**仁治三年（一二四二）壬寅**

四条天皇　12歳
後嵯峨天皇23歳
順徳上皇　46歳

1・7天皇、病により、白馬節会に出御せず。《百練抄》

1・9　四条天皇、閑院殿舎での転倒により崩御（後堀河天皇の皇統が絶える。次帝が決まらず、天皇の喪を秘し、皇嗣〈土御門上皇遺子阿波院宮か順徳上皇遺子佐渡院宮か〉を幕府に諮る。空位十一日）。《百練抄》

1・11　四条天皇崩御により、斎宮昱子内親王、退下する。《百練抄》

1・19　先帝の追号を四条院とする。《後中記》

第八十八代　後嵯峨《ごさが》天皇

1・20　幕府の決定により土御門上皇皇子、にわかに土御門殿にて元服（邦仁と名づけられる）、ただちに権大納言四条隆親《たかちか》の冷泉万里小路殿で践祚（**後嵯峨天皇**）。公家方は順徳上皇皇子を推していたが、群議を経ずに幕府が決定したため、平経高「恐るべし恐るべし」と記す（このの明治維新に至るまで後水尾天皇譲位を例外として、武家に無断で皇位が決定されることはなかった）。▼摂政近衛兼経を関白とする。《平戸記》

1・25　四条天皇を東山**泉涌寺**に葬る（遺体は十六日間放置。天皇の泉涌寺での葬儀の初例。陵名は**月輪陵**）。《後中記》

3・9　天皇、神祇官に行幸、即位奉告の伊勢奉幣使を発遣する。《百練抄》

3・13　御冠破損により、勅使を東大寺に遣わし、勅封倉の玉冠・諸臣礼服冠を出蔵する。《経光卿記》

3・18　後嵯峨天皇、太政官庁にて即位礼を挙げる。《平戸記》

3・25　関白近衛兼経、辞任。左大臣二条良実を関白・氏長者とする。《公卿補任》

4・3　天皇、冷泉万里小路殿より太政官庁に遷る（十二日還御）。《百練抄》

4・15　土御門天皇皇子仁助を法親王とする。《百練抄》

4・25　即位由山陵使を発遣する（後鳥羽・土御門両天皇陵を加える）。《百練抄》

6・3　前右大臣西園寺実氏《さねうじ》女姞子《きつし》、入内する（十日、女御となる）。▼京都、大雨洪水。《百練抄》

7・8　顕徳院の諡号を後鳥羽院と改める。《百練抄》土御門天皇の追号を土御門院とする。《紹運要略》

7・10　天皇、菅原為長より「史記」五帝本紀を受ける（ついで「貞観政要」も）。《菅

＊**後中記《ごちゅうき》**　中納言葉室資頼《はむろすけより》（一一九四～一二五五）の日記。仁治三年（一二四二）の四条天皇崩御の記録が残る。

＊**後嵯峨天皇《ごさがてんのう》**（一二二〇～七二）　名は邦仁《くにひと》。土御門天皇第三皇子。母は参議源通宗《みちむね》女・典侍通子（贈皇太后）。仁治三年（一二四二）元服し、同日践祚、同年即位。寛元四年（一二四六）譲位、太上天皇尊号宣下。文永五年（一二六八）出家、同九年崩御。陵は嵯峨南陵。追号は、嵯峨の寿量院で崩御したことによる。皇后は藤原姞子（所生の子に後深草天皇・綜子内親王・亀山天皇・雅尊親王・貞良親王等）。ほか皇子女に円助親王・宗尊《むねたか》親王（最初の宮将軍）・仁恵親王・性助親王・覚助親王・愷子内親王・最助親王・浄助親王・慈助親王・悦子内親王・懌子内親王・忠助親王など。子の後深草・亀山両天皇二代二十六年にわたり院政をしくが、幕府の制約も強く受けた。また、後深草上皇皇子をさしおいて亀山天皇皇子世仁《よひと》親王を皇太子にしたことから、その後長く、後深草系の持明院統と亀山

儒侍読年譜》
7・11　生母源通子を追尊して皇太后とし、山陵国忌に加える。《平戸記》
7・17　仁助法親王を園城寺長吏とする。《三井続燈記》
8・9　女御西園寺姞子を中宮とする。《公卿補任》
8・19　一代一度の大奉幣使を発遣する。《百練抄》
9・12　順徳上皇、配所佐渡行在所にて崩御（自死か。翌日、真野山で火葬。陵名は**真野御陵**。遺骨はのち京都大原陵に納められる）。《平戸記》
10・21　天皇、大嘗会のため河原頓宮に行幸し、鴨川に禊する。《平戸記》
10・22　伊勢内宮の仮殿遷宮が行なわれる。《仁治三年十月二十二日内宮仮殿記》
11・9　天皇、大嘗会のため太政官庁に遷る。《平戸記》
11・13　天皇、大嘗祭を行なう。《平戸記》
11・22　後嵯峨天皇皇子（宗尊親王）、誕生する（母は平棟子）。《百練抄》
12・18　四条天皇女御九条彦子を准三宮とする。《平戸記》
12月　京都、咳病流行。《平戸記》
□6・15北条　泰時《ほうじょうやすとき》（鎌倉幕府第三代執権。60）、12・27近衛家実《このえいえざね》（摂政。関白。太政大臣。准三宮。後白河法皇御所で元服。「**猪隈関白記**」記主。父は関白近衛基通。64）

■**寛元元年（一二四三）癸卯**

後嵯峨天皇24歳

2・3　式乾門院・安嘉門院、ひそかに四天王寺に御幸する（六日、有馬温泉へ。二十一日帰京）。《百練抄》
2・23　四条天皇女御・准三宮藤原彦子の院号を宣仁門院とする。《百練抄》
2・26　即位により**寛元**と改元する。《百練抄》
3・29　順徳天皇皇女明義門院（諦子内親王。母は藤原〈九条〉立子）没（年27）。《百練抄》
4・1　雅成親王王子法印澄覚を僧正とする。《百練抄》
4・17　土御門天皇皇子尊守法親王らを護持僧とする。《門葉記》
4・27　順徳天皇の遺骨を佐渡より京都に移す。《百練抄》土御門天皇皇女覚子を内親王とし、准三宮とする。この日、出家。《女院小伝》
4・28　伊勢外宮の仮殿遷宮が行なわれる。《類聚大補任》
5・13　順徳天皇遺骨を北面の武士藤原康光（康光法師）が京に運び、後鳥羽天皇の大

系の大覚寺統系との対立を招くことになった。「かきくらし雲の旗《はた》手《て》ぞしぐれゆく天つ空より冬や来ぬらむ」が「新後撰和歌集」に、「中中《なかなか》に人より物をなげくかな世をおもふ身の心づくしは」が「続後拾遺和歌集」に収録されている。

＊**泉涌寺**《せんにゅうじ》　京都市東山区にあり、仁治三年（一二四二）四条天皇陵が境内に造営されてから皇室の香華所（菩提所）となり「御寺《みてら》」と称される。境内東方には月輪陵・後月輪陵があり、皇室の尊牌を安置する霊明殿もある。四条天皇以下二十方が月輪陵、光格天皇以下五方が後月輪陵である。

＊**月輪陵**《つきのわのみささぎ》　京都市東山区今熊野泉山町に所在。泉涌寺開山俊芿《しゅんじょう》との縁故により、その後背地東山連峰月輪山山裾を陵域とする。四条天皇を初めとして二十方の陵があり、明治十二年、これを月輪陵とし、光格天皇以下五方の陵を後月輪陵と称することにした。

〔月輪陵被葬者〕四条天皇（A）・後陽光太上天皇（誠仁親王。B）・後光明天皇（A）・徳川和子（C）・後水尾天皇（A）・後西天皇（A）・

原法華堂の陵側に納める。《百練抄》
5月　京都、疱瘡流行。《百練抄》
6・10　後嵯峨天皇皇子（久仁。後深草天皇）、誕生する（母は太政大臣西園寺実氏女姞子）。《百練抄》
6・15　閑院殿の修理により、天皇、土御門殿に行幸する。《増鏡》
6・26　土御門天皇皇女・准三宮覚子内親王の院号を正親町院とする。《百練抄》
6・28　後嵯峨天皇皇子を親王とし、名を久仁と賜う。《百練抄》
7・15　閑院内裏修造のため、天皇、承明門院御所に方違行幸する。《百練抄》
7・24　後堀河天皇皇女暉子内親王を准三宮とする。《女院記》
⑦・2　天皇、今出川第に行幸する。《百練抄》
⑦・23　雨漏りのため勅封倉の修理を始め、宝物を上司倉に移す。《東大寺勅封蔵記》
8・10　後嵯峨天皇皇子久仁親王を皇太子とする。《百練抄》
8月　前摂政九条道家、東福寺を創建し、円爾を住持とする。《聖一国師年譜》
9・18　土御門天皇中宮陰明門院（藤原麗子）没（年59）。《百練抄》
10・27　皇弟最仁、出家する。《百練抄》
12・1　天皇、初めて石清水八幡宮に行幸する（二日還御）。《百練抄》
12・5　天皇、初めて賀茂社に行幸する。《百練抄》
12・6　道深法親王、仁和寺観音院にて准三后法助に伝法灌頂を授ける。《百練抄》
12・14　准三宮暉子内親王の院号を室町院とする。《女院記》

■寛元二年（一二四四）甲辰

後嵯峨天皇25歳
1・17　天皇読書始（「後漢書」、ついで「史記」を読む）。《妙槐記》
1・28　後嵯峨天皇皇子を親王とし、名を宗《むね》尊《たか》と賜う。《百練抄》
1・30　天皇、承明門院御所土御門殿に行幸する。《平戸記》
3・11　権中納言土御門顕親を伊勢に遣わし、神宮に奉幣する。《百練抄》
4・22　天皇、蹴鞠を行なう。《平戸記》
4・28　将軍九条頼経を廃し、その子頼嗣《よりつぐ》を征夷大将軍とする（鎌倉幕府第五代将軍）。《平戸記》
4月　京都、疾疫大流行。《平戸記》
5・6　天皇、病む。《百練抄》
5・12　疾疫流行により二十二社奉幣使を発遣する。《師守記》
6・1　関白・左大臣二条良実、左大臣を辞

明正天皇（A）・東山天皇（A）・鷹司房子（B）・近衛尚子（B）・幸子女王（B）・霊元天皇（A）・中御門天皇（A）・桜町天皇（A）・桃園天皇（A）・後桃園天皇（A）・近衛維子（C）・二条舎子（C）・一条富子（C）・後桜町天皇（A）〔後月輪陵被葬者〕鷹司繋子（C）・光格天皇（A）・仁孝天皇（A）・欣子内親王（七重塔）・鷹司祺子（C）
〈Aは九重塔、Bは無縫塔、Cは宝篋《ほうきょう》印塔〉

＊真《ま》野御陵《ののみささぎ》　新潟県佐渡市真野に所在。火葬場を陵としてきたが荒廃したため、延宝六年（一六七八）佐渡奉行が修補を加え、石燈籠を献じる。明治七年からは政府の管理下に入る。

＊猪隈関白記《いのくまかんぱくき》　関白・太政大臣近衛家実（一一七九〜一二四二）の日記。父は関白・太政大臣近衛基通。建久八年（一一九七）から建保五年（一二一七）までの自筆ほか嘉禎元年（一二三五）までの断簡等が残っている。記主の日常・公事などのほか詔勅等も多く引用され、この時代の基本史料となっている。

任。《公卿補任》
6・13 諸国炎旱。室生龍穴社・神泉苑にて雨を祈る。《百練抄》右大臣一条実経を左大臣、内大臣鷹司兼平を右大臣、権大納言九条忠家を内大臣とする。《公卿補任》
6・27 後嵯峨天皇母源通子を国忌に加え、二条天皇母藤原懿子を除く。《平戸記》
7・2 京都地震。《百練抄》
7・26 天皇、四条天皇崩御後の清涼殿を新造するため、冷泉万里小路殿より竣工閑院殿に遷る。《百練抄》
7月 京都群盗横行。《平戸記》
8・6 天皇、病む。《平戸記》
9・11 伊勢例幣使を発遣する。《平戸記》
9・13 天皇、病む。《平戸記》
12・11 天皇、神今食により神祇官に行幸する。《百練抄》
12・16 土御門天皇皇女（曦子《ぎし》〈「あきこ」とも〉）を内親王とし、伊勢斎宮に卜定する。《女院小伝》
この年 後嵯峨天皇皇子（仁恵法親王）、誕生する（母は一条殿局）。《寺門伝記補録》
天皇、源空（法然）に通明国師号を勅諡する（国師号の初め。以後七十七人百五例を数える）。
□8・29 西園寺《さいおんじ》公経《きんつね》（太政大臣。孫娘姞子を入内・立后させ外戚となる。西園寺家の実質的な祖。父は内大臣藤原実相。74）

■**寛元三年（一二四五）乙巳**
後嵯峨天皇26歳
3・9 京都地震。《百練抄》
3・12 天変のため、宸筆御書を後白河・後鳥羽・土御門各天皇陵に献じる。《百練抄》
4・9 二十二社奉幣使を発遣し、三合厄・天変を祈禳させる。《百練抄》
5・5 天皇、病む。《平戸記》
6・11 天皇、神今食により神祇官に行幸する。《百練抄》
6・13 天皇、承明門院御所土御門殿に行幸し、祇園神輿を避ける。《平戸記》
7・15 京都洪水。《平戸記》
7・23 天皇、病む。《百練抄》
7・26 京都大地震、家屋多数崩壊。《平戸記》
8・13 斎宮曦子内親王、東河で禊し、左近衛府に入る。《平戸記》
9・11 伊勢例幣使を発遣する。《平戸記》
9・17 斎宮曦子内親王、禊して野宮に入る。《百練抄》
9・24 後高倉院皇女能子《よしこ》内親王没（年46）。《平戸記》
10・13 皇太子久仁親王、著袴の儀を行なう。《百練抄》

＊**寛元**《かんげん》 式部大輔菅原為長の勘文に「宋書曰、舜禹之際、五教在寛、元元以平」とある。
＊**妙槐記**《みょうかいき》 内大臣花山院師継（一二二二〜八一）の日記。「花内記」とも。文応元年（一二六〇）四月の日次記などを含む。師継は妙光寺を開き、「妙光寺内大臣」と称されたことから「妙槐記」と題される。

11・13 一代一度の大神宝使を発遣する。《百錬抄》
12・13 内裏宜陽殿に火あり。《百錬抄》
12・22 一代一度の大仁王会を行なう。《百錬抄》
この年 円爾、天皇に北宋僧永明延寿「宗鏡《すぎょう》録《ろく》」を奏進する（以来、皇室と禅宗が結びつくようになる）。
●この頃、法隆寺僧顕信、「聖徳太子伝私記」を著す。《古今目録抄》
□5・22藤原《ふじわらの》隆忠《たかただ》（左大臣。父は摂政藤原基房。83）

■寛元四年（一二四六）丙午
後嵯峨天皇27歳
後深草天皇4歳
1・17 天皇、春日社に行幸する（十八日還幸）。《百錬抄》
1・22 天皇、譲位のため新造冷泉万里小路殿に遷る。《葉黄記》
1・28 関白二条良実、辞任。左大臣一条実経を関白・内覧・氏長者とする。《公卿補任》

第八十九代 後《ご》深《ふか》草《くさ》天皇

1・29 後嵯峨天皇、冷泉万里小路殿にて譲位。皇太子久仁《ひさひと》親王、西園寺実氏第**冷泉富小路殿**にて受禅（**後深草天皇**）。このときの譲位記録が、中原師光の日記から抄出の「寛元御譲位記」。後嵯峨上皇、冷泉富小路殿を後院として院政開始）。▼一条実経を関白とし、翌日、摂政とする。▼斎宮曦子内親王、野宮より退下する。《**葉黄記**》
2・9 覚仁法親王を護持僧とする。《民経記》
2・11 即位由奉幣使を伊勢に発遣する。《百錬抄》
2・13 先帝に太上天皇尊号を奉る。▼天皇、冷泉富小路殿より閑院内裏に遷る。《百錬抄》
2・16 上皇、承明門院御所土御門殿に御幸する（三月四日、五月十日にも）。《百錬抄》
3・4 前右大臣西園寺実氏を太政大臣とする。《公卿補任》
3・10 式乾門院、日吉社に参詣する。《民経記》
3・11 天皇、太政官庁にて即位礼を挙げる。《百錬抄》
3・23 北条経時、時頼に執権職を譲る。《吾妻鏡》
3・28 右大臣鷹司兼平を一上とする。《葉黄記》
4・2 後鳥羽天皇皇子尊快《そんかい》法親王（前天台座主。母は藤原〈高倉〉重子）没（年43）。《葉黄記》
4・10 丹生・貴布禰両社に止雨奉幣使を発

＊葉黄記《ようこうき》 権中納言葉室定嗣《さだつぐ》（一二〇八〜七二）の日記。題名は葉室と黄門（中納言の唐名）から。寛元四年（一二四六）から宝治二年（一二四八）の日次記を中心とする（写本のみ）。優秀な実務官僚として、儀式および貴族の家事・政治の実態が正確に記され、「明月記」等と並ぶ公家側の代表的史料。

＊冷泉富小路殿《れいぜいとみのこうじどの》 後深草・亀山・伏見・後伏見・花園・後醍醐・光厳各天皇の里内裏。冷泉南・富小路東に所在。富小路殿・冷泉殿・二条富小路殿・二条富小路内裏・京極内裏ともいう。二条実氏の邸。文保元年（一三一七）平安宮に模した内裏が完成し、花園天皇以下の里内裏となる。建武三年（一三三六）焼失。

＊後深草天皇《ごふかくさてんのう》（一二四三〜一三〇四）名は久仁《ひさひと》。後嵯峨天皇第三皇子。母は太政大臣西園寺実氏女姞子《きっし》（大宮院）。寛元四年（一二四六）四歳で践祚。父の意向により、正元元年（一二五九）退位。弘安十年（一二八七）皇子熙仁《ひろひと》親王践祚（伏見天皇）により院政を行なう。

遣する。《百錬抄》
4・14　後嵯峨上皇、ひそかに一条室町桟敷で賀茂祭を見物する。《百錬抄》
4・20　即位由山陵使を発遣する。▼鷹司院、落飾する。《百錬抄》
4・23　宗尊親王、上皇御所万里小路殿にて著袴の儀を行なう。《百錬抄》
4・26　上皇、石清水八幡宮に御幸する（二十七日還幸）。《百錬抄》
4・29　上皇、賀茂社に御幸する。《百錬抄》
④・2　天皇、閑院内裏に火が及び、母后と太政大臣西園寺実氏の冷泉富小路殿に遷る（三日還御）。《百錬抄》
④・9　「岡屋関白記」の記述に「毎事殊勝、古事如レ在二眼前一、臣下得失、政道奥旨、詩歌之興、大旨在二此御記一」とあり、現存しない「**宇多天皇宸記**」の概要を伝える。《岡屋関白記》
5・20　上皇、石清水八幡宮に御幸する（七日間参籠）。《葉黄記》
5・24　名越光時ら、将軍九条頼経を擁して執権北条時頼排除を謀ったため、時頼、鎌倉を戒厳、九条頼経を京都追却とする。《吾妻鏡》
6・14　室生龍穴社・醍醐清滝宮に雨を祈る。《百錬抄》
6・19　神泉苑にて祈雨読経を行なう。《百錬抄》
6・22　伊勢神宮以下七社に奉幣し、雨を祈る。《百錬抄》
6・27　天皇、太政大臣西園寺実氏の常盤井第に行幸し、祇園神輿を避ける。《百錬抄》
7・11　九条頼経、帰京のため鎌倉を出発する（七月二十八日入京）。《吾妻鏡》
8・3　前斎宮昱《いく》子内親王、出家する。《民経記》
8・4　上皇、病む。《葉黄記》
8・6　室町院、出家する。《百錬抄》
8・15　後堀河天皇皇女昱子内親王没（年16）。《百錬抄》
8・20　一代一度の大奉幣使を発遣する。《民経記》
8・27　幕府、上皇に九条頼経の上京、頼経の父で関東申次の九条道家罷免等を奏上する。《葉黄記》
9・11　伊勢例幣使を発遣する。《葉黄記》
9・25　安喜門院、出家する。《女院記》
9・28　東大寺上司倉に移していた宝物を勅封倉に戻す。《民経記》
10・22　天皇、病む。《百錬抄》
10・24　天皇、大嘗祭のため鴨川で禊する。《百錬抄》

正応二年（一二八九）伏見天皇皇子胤仁《たねひと》が立太子、皇子久明親王が征夷大将軍となる。翌三年、亀山殿に出家、政務を辞した（伏見天皇親政）。御陵は深草北陵。追号は遺詔による。日記に、「後深草天皇宸記」。中宮に西園寺公子（東二条院。所生に貴子・姈子両内親王）。後宮に洞院愔子《いんし》（玄輝門院。所生に熙仁親王（伏見天皇）、性仁法親王、久子内親王〈永陽門院〉）、西園寺相子（准三宮。所生に娍子内親王）、西園寺成子（所生に常仁・幸仁両親王）などがおり、その他、皇子女に行覚・増覚・深性・恒助各法親王、久明親王、永子内親王などがいる。

＊**宇多天皇宸記**《うだてんのうしんき》　宇多天皇の日記。「寛平御記」とも。「花園天皇宸記」によると十巻あったと言われるが、一巻も現存せず逸文のみが知られる。

11・3 初めて院評定を行なう。《葉黄記》
11・15 上皇、院宣を下し、覚仁法親王を熊野三山検校とする。《葉黄記》
11・16 京都大雪。上皇、北山に雪を賞し、太政大臣西園寺実氏の西園寺第に臨幸する。《葉黄記》
11・22 天皇、大嘗会のため閑院内裏より太政官庁に行幸する（二十八日還御）。《百練抄》
11・24 天皇、大嘗祭を行なう。《百練抄》
12・6 京都地震。《民経記》
12・9 太政大臣西園寺実氏、辞任。《百練抄》
12・14 摂政・左大臣一条実経、左大臣を辞任。《百練抄》
12・15 上皇、法勝寺大乗会始に臨幸する。《民経記》
12・24 前内大臣久我通光を太政大臣、右大臣鷹司兼平を左大臣、内大臣九条忠家を右大臣、大納言徳大寺実基を内大臣とする。《公卿補任》
12・27 伊勢外宮の仮殿遷宮が行なわれる。《百練抄》
□3・28 菅原為長《すがわらのためなが》（儒学者。土御門・後堀河両天皇侍読。89）、④・1 北条経時《ほうじょうつねとき》（鎌倉幕府第三代執権。23）

■宝治元年（一二四七）丁未

後深草天皇5歳
後嵯峨上皇28歳

1・3 後嵯峨上皇、承明門院御所土御門殿に御幸する。《葉黄記》
1・12 上皇、法勝寺修正会に臨幸する。《葉黄記》
1・19 幕府の奏請により、摂政一条実経《さねつね》をやめ、前関白近衛兼経《かねつね》を摂政・氏長者とする。《葉黄記》
1・22 道深法親王、熊野に参詣する。《百練抄》
1・28 宗尊親王、式乾門院猶子となる。《葉黄記》
2・9 上皇、石清水八幡宮に御幸する（七日間参籠）。《葉黄記》
2・16 上皇、石清水より還御し、賀茂・北野両社に御幸する。《葉黄記》
2・23 上皇、承明門院御所土御門殿に御幸する。《院中年始事》
2・27 上皇、前太政大臣西園寺実氏第に御幸し、花を賞する（三月三日にも御幸し、和歌御会）。《葉黄記》
2・28 即位により宝治と改元する。《葉黄記》
3・25 道覚入道親王を天台座主とする。《葉黄記》
3・28 宣仁門院、出家する。《葉黄記》

***院評定**《いんのひょうじょう》 院政下における議定および講成員をいう。後嵯峨上皇のとき、鎌倉幕府の評定衆にならって、西園寺実氏ら五人の評定衆が任命され、上皇の御所内で重要な議事を決定した。これ以降、院の中枢機関となる。

***宝治**《ほうじ》 文章博士藤原経範《つねのり》の勘文に「春秋繁露（巻七、通国身）曰、気之清者為精、人之清者為賢、治身者以積徳為宝、治国者以積賢為道」とある。

4・14 上皇、一条室町桟敷で賀茂祭を覧る。《百練抄》
5・9 上皇、新日吉小五月会に御幸する。《葉黄記》
5・17 上皇、病む。《葉黄記》
5・21 室生龍穴社・神泉苑に雨を祈らせる。《葉黄記》
5・29 上皇、証空について受戒する。《葉黄記》
6・2 天皇、病む。《葉黄記》
6・13 天皇、前太政大臣西園寺実氏冷泉富小路殿に行幸し、祇園神輿を避ける。《葉黄記》
7・8 道覚入道親王を後深草天皇護持僧とする。《華頂要略》
7・23 後嵯峨上皇皇子（省仁《さだひと》。性助法親王）、誕生する（母は三条公房女）。《葉黄記》
8・8 上皇、前太政大臣藤原実氏常盤井第に臨幸する（十三日にも）。《葉黄記》
8・10 上皇、中宮西園寺姞子御所（藤原実氏今出川第）に御幸する（二十五日、九月五・二十七日、十月四・三十日にも）。《経俊卿記》
8・15 上皇、西園寺実氏常盤井第にて和歌御会を催す。《葉黄記》
8・28 法勝寺阿弥陀堂が焼ける。《葉黄記》
8・29 後嵯峨上皇、法勝寺に御幸し、火災のあとを覧る。《葉黄記》
9・3 上皇、仁助法親王を蓮華王院検校職とする。《葉黄記》
9・5 伊勢神宮遷宮神宝金物使を発遣する。《百練抄》
9・8 上皇、連句御会を行なう（この月、連日のように行なう）。《葉黄記》
9・11 伊勢例幣使を発遣する。《百練抄》
9・16 伊勢内宮の遷宮が行なわれる。《二所大神宮例文》
10・9 後嵯峨天皇皇女（綜子《そうし》内親王）、誕生する（母は西園寺姞子）。《経俊卿記》
10・16 上皇、北山に御幸する。《経俊卿記》
11・1 後嵯峨天皇皇女を内親王とし、名を綜子と賜う。《百練抄》
12・21 順徳天皇皇后東一条院（藤原立子）没（年56）。《百練抄》
この年 後嵯峨上皇皇子（覚助法親王）、誕生する（母は藤原孝時女博子）。《本朝皇胤紹運録》
□9・28 土御門《つちみかど》定通《さだみち》（内大臣。後鳥羽上皇院司として別当をつとめる。村上源氏土御門家の祖。父は久我通親。60）

■宝治二年（一二四八）戊申

後深草天皇6歳

●後嵯峨天皇御製

「吹く風のさそふにほひをしるべにて行方さだめぬ花の頃かな」（「続拾遺和歌集」）

「榊とりますみの鏡かけしより神の国なるわが国ぞかし」（「続拾遺和歌集」）

「久方の天の岩戸をあけしより出づる朝日はくもるときなし」（「宝治御百首」）

後嵯峨上皇29歳

1・6　後嵯峨上皇、承明門院御所土御門殿に御幸する。《経俊卿記》

1・13　上皇、中宮西園寺姞子と法勝寺修正会に臨幸する。《経俊卿記》

1・14　土御門天皇皇子道仁を法親王とする。《百練抄》

1・17　久我通光、太政大臣を辞任（翌日没）。《公卿補任》

1・18　上皇、前太政大臣西園寺実氏・前内大臣藤原家良等に和歌百首を詠進させ、この日、「和歌御覧合」を催す。《葉黄記》

2・3　上皇、石清水八幡宮に御幸する（七日間参籠）。《葉黄記》

2・10　上皇、石清水より院御所冷泉万里小路殿に還御し、その後、賀茂・北野両社に御幸する。《葉黄記》

3・4　上皇、日吉社に御幸する。《百練抄》

3・13　上皇、長講堂法華八講に臨幸する。《葉黄記》

3・23　安嘉門院、後嵯峨上皇皇女綜子内親王を猶子とする。《百練抄》

4・17　伊勢内宮の仮殿遷宮が行なわれる。《二所大神宮例文》

6・18　後嵯峨上皇中宮西園寺姞子の院号を大宮院とする。《公卿補任》

7・6　上皇、法勝寺法華八講に御幸する。《百練抄》

7・10　伊勢外宮の仮殿遷宮が行なわれる。《二所大神宮例文》

7・25　上皇、前権大納言冷泉為家に勅撰集（「続後撰和歌集」）を撰進させる。《葉黄記》

8・5　上皇、稲荷・祇園両社に御幸する。《百練抄》

8・8　前斎宮曦子内親王を皇后とする。《百練抄》

8・29　上皇、鳥羽殿に御幸する（翌日、城南社に参詣）。《葉黄記》

9・1　上皇、鳥羽殿より冷泉万里小路殿に還御する。《葉黄記》

9・12　上皇、鳥羽殿に御幸する（翌日和歌御会）。《葉黄記》

9・14　上皇、鳥羽殿より伏見殿に御幸する（同所を歴覧後、冷泉万里小路殿に還御）。《葉黄記》

9・16　天皇、病む。《葉黄記》

9・18　上皇、藤原実氏の北山第に御幸する（十月一日、十一月五日にも）。《葉黄記》

この秋　上皇ら、「宝治百首」を詠進する。《葉黄記》

10・21　上皇、宇治平等院に御幸し、紅葉を覧る（二十三日還御。このとき花山院通雅、

＊道助《どうじょ》入道《にゅうどう》親王《しんのう》（一一九六〜一二四九）　後鳥羽天皇皇子。母は坊門信清の女。正治元年（一一九九）親王宣下。建永元年（一二〇六）仁和寺に出家し、建暦二年（一二一二）道法法親王から伝法灌頂を受ける。第八代御室となり、寛喜三年（一二三一）高野山に籠居。

＊建長《けんちょう》　前権中納言藤原（広橋）経《つね》光《みつ》の勘文に「後漢書、建長久之策」とある。

「宇治御幸記」を記す)。《葉黄記》

11・6 上皇、仁助法親王御所坊城殿に御幸する。《葉黄記》

12・12 上皇、鳥羽殿に御幸する。《葉黄記》

⑫・8 上皇、石清水八幡宮に御幸する(七日間参籠)。《岡屋関白記》

⑫・15 上皇、石清水八幡宮より冷泉万里小路殿に還御し、賀茂・北野両社に御幸する。《岡屋関白記》

⑫・29 道覚入道親王を青蓮院門主とする。《華頂要略》

この年 覚仁法親王を熊野三山検校とする。《諸門跡伝》

□1・18久我《こが》通光《みちみつ》(「みちてる」とも。太政大臣。後鳥羽上皇院司。久我家の祖。父は内大臣源通親。62)

■建長元年(一二四九)己酉

後深草天皇7歳

後嵯峨上皇30歳

1・4 後嵯峨上皇、承明門院御所土御門殿に御幸する。《百練抄》

1・10 上皇、法勝寺修正会に臨幸する。《百練抄》

1・16 **道助入道親王**、高野山にて没(「仁和寺御伝」等では十五日没)。《岡屋関白記》

1・18 上皇、蓮華王院修正会に臨幸する。《岡屋関白記》

1・28 後嵯峨天皇皇子、円満院仁助法親王の室に入り出家する(法名を円助とする)。《百練抄》

2・1 閑院内裏が焼亡。天皇、前太政大臣西園寺実氏の冷泉富小路殿に遷る。《百練抄》

2・8 天皇、伊勢神宮を御拝する。《岡屋関白記》

2・15 円助を法親王とする。《百練抄》

2・16 上皇、宣陽門院御所六条殿に御幸し、観月する。《岡屋関白記》

3・18 天変・火災により**建長**と改元する。《岡屋関白記》

3・23 京都大火により蓮華王院等が焼亡する。《岡屋関白記》

4・23 後嵯峨上皇、白河・後白河・後鳥羽各天皇の山陵法華堂に宸筆御書を献じ、天変火災を奉告する。《百練抄》

4・29 天皇、病む。《帝王編年記》

5・27 後嵯峨上皇皇子(恒仁。亀山天皇)、誕生する(母は皇后西園寺姞子)。《百練抄》

7・5 上皇、法勝寺法華八講に臨幸する。《百練抄》

7・7 天皇痢病により、伊勢以下八社に奉幣して平癒を祈らせる。《百練抄》

7・20 佐渡院の追号を順徳院と改める。《百

練抄》

7・28 守貞親王王子道深法親王（母は北白河院）没（年44）。《百練抄》

8・14 後嵯峨上皇皇子（恒仁）を親王とする。《百練抄》

9・6 順徳天皇皇子を親王とする（尊覚入道親王）。▼天台座主道覚入道親王辞任のため、尊覚入道親王を天台座主とし、仁助法親王を四天王寺別当とする。《天台座主記》

9・7 伊勢外宮神宝使を発遣する。《百練抄》

道覚入道親王、護持僧を辞任（十一日、尊覚入道親王を護持僧とする）。《門葉記》

9・25 伊勢一社奉幣を行なう。《百練抄》

9・26 伊勢外宮の遷宮が行なわれる。《二所大神宮例文》

10・21 上皇、大宮院（西園寺姞子）と宇治平等院に御幸する。（二十二日春日社へ）。《百練抄》

11・15 天皇、後嵯峨上皇御所冷泉殿に行幸する。《百練抄》

12・27 上皇、入道藤原光俊（真観）に類聚和歌「現存和歌六帖」を進覧させる。《跋》

道覚入道親王、青蓮院門跡を辞任。《華頂要略》

この年 上皇皇女（愷子《がいし》内親王）、誕生する（母は二条局）。《本朝皇胤紹運録》

□8・19 三条公房《さんじょうきんふさ》（太政大臣。父は左大臣三条実房。71）

●一三世紀前半、「平家物語」成立か。

●鎌倉時代中期、伊勢外宮の神官、「伊勢二所皇太神御鎮座伝記」を記す（成立時期は弘安八年（一二八五）を下限とする。度会行忠著ともいう。「神道五部書」の一）。

■建長二年（一二五〇）庚戌

後深草天皇8歳

後嵯峨上皇31歳

1・5 上皇、承明門院御所土御門殿に御幸する。《百練抄》

1・11 後鳥羽天皇皇子道覚入道親王（母は法眼顕清女）没（年47）。《諸門跡譜》

2・11 上皇、日吉社に御幸する。《一代要記》

3・1 幕府、閑院内裏造営を北条時頼以下二百四十八人に課すことを上奏する。《吾妻鏡》

3・4 権中納言中院通成を伊勢に遣わし、宸筆宣命を神宮に奉る。《百練抄》

3・11 上皇、熊野に出発する（四月五日還幸。帰途稲荷社に御幸）。《百練抄》

4・14 上皇、賀茂祭を覧る。《岡屋関白記》

4・27 内大臣徳大寺実基、辞任。《公卿補任》

5・3 天皇、法印円順を禁中に召し、「往生要集」を講じさせる。《岡屋関白記》

＊**平家物語**《へいけものがたり》 平家の栄華から没落までを描いた軍記物語。作者は信濃《しなの》前司《ぜんじ》行長《ゆきなが》等の名が挙げられるも不詳。成立年も定かでないが、建暦二年（一二一二）以後延慶二年（一三〇九）以前であることは確かといわれる。

＊**弁内侍日記**《べんのないしにっき》 女房弁内侍（生没年不詳）の日記。寛元四年（一二四六）から建長四年（一二五二）までが伝えられる。和歌を中心とし、鎌倉時代の宮廷生活が生き生きと描かれる。

5・9　上皇、新日吉小五月会に御幸する。《岡屋関白記》
5・17　大納言堀河具実を内大臣とする。《公卿補任》
6・16　伊勢以下十社に奉幣し、止雨を祈る。《百練抄》
7・22　幕府、都鄙の神社・廃陵を再興させる。《吾妻鏡》
7・27　上皇、鳥羽北殿に御幸する。《百練抄》
10・8　上皇、坊城殿法華八講に御幸する。《岡屋関白記》
10・13　天皇、上皇の鳥羽殿に朝覲行幸する（十五日、冷泉富小路殿に還御）。《岡屋関白記》
10・27　天皇、曦子内親王御所に行幸し、紅葉を覧る。《弁内侍日記》
11・12　天皇、前太政大臣西園寺実氏の今出川殿に行幸する。《弁内侍日記》
11・28　内大臣堀河具実、辞任。《公卿補任》
12・15　権大納言二条道良《みちなが》を内大臣とする。《公卿補任》
この年　上皇、皇子の後深草天皇のために「朝覲行幸次第」を著す。《花園天皇宸記》上皇皇子（覚助法親王）、誕生する（母は藤原博子）。《諸寺院上申》

■建長三年（一二五一）辛亥

後深草天皇9歳
後嵯峨上皇32歳

1・2　守貞親王王女式乾門院（利子内親王。母は藤原陳子）没（年55）。《百練抄》
1・3　上皇、承明門院御所土御門殿に御幸する。《百練抄》
1・12　上皇、法勝寺修正会に御幸する。《弁内侍日記》
1・17　上皇、鳥羽殿に御幸し、雪を覧る。《弁内侍日記》
1・19　京都地震。《百練抄》
1・27　後嵯峨上皇皇子を親王とし、名を省仁《さだひと》と賜う（のち性助入道親王）。《百練抄》
2・7　上皇、石清水八幡宮に御幸する。《御遊抄》
2・13　上皇、ひそかに稲荷・祇園両社に御幸する。《百練抄》
2・26　省仁親王、仁和寺に入室、准三宮法助の弟子となる。《百練抄》
3・27　上皇准母曦子内親王の院号を仙華門院とする。《百練抄》
4・10　上皇、賀茂社に御幸する（七日間参籠）。《百練抄》
6・27　天皇、冷泉富小路殿より新造閑院内裏に遷る。《百練抄》
7・3　天皇、新造内裏を巡覧する。《岡屋

関白記》

7・5 上皇、泉亭に御幸する。《岡屋関白記》

7・19 前将軍九条頼経、吉田泉亭を上皇に献じる。上皇、この日、泉亭に御幸する。《岡屋関白記》

7・24 上皇、法勝寺・蓮華王院御仏始に御幸する。《岡屋関白記》

8・3 上皇、法勝寺阿弥陀堂上棟に御幸する。《百練抄》

8・10 九条道家が蓮華王院を再建し、この日、上棟する（上皇御幸）。《百練抄》

8・17 上皇、吉田泉亭に御幸する。《岡屋関白記》

8・19 天皇、病む。《岡屋関白記》

9・11 伊勢例幣使を発遣する。《岡屋関白記》

9・17 京都地震。《百練抄》

9・26 伊勢外宮の遷宮が行なわれる。《大神宮参詣記》

⑨・17 上皇、大宮院と摂津国の西園寺実氏吹田《すいた》別荘、ついで有馬温泉に御幸する（二十七日、吹田より還御）。《百練抄》

⑨・29 天皇、平癒する。《岡屋関白記》

10・27 藤原為家、「**続後撰和歌集**」を撰進する（後嵯峨院「神代より変はらぬ春のしるしとて霞みわたれる天の浮橋」等が入集）。《拾芥抄》

11・2 順徳天皇皇女を内親王とし、名を穠《じょう》子《し》と賜う。《百練抄》

11・13 穠子内親王を准三宮とし、院号を永安門院とする。《百練抄》

11・21 大神宝使を発遣する。《百練抄》

12・19 土御門天皇皇女諄子《じゅんし》を内親王とする。《百練抄》

この年 道仁法親王を園城寺長吏とする。《華頂要略》

■建長四年（一二五二）壬子

後深草天皇10歳
後嵯峨上皇33歳

1・3 上皇、六条殿に御幸する。《百練抄》

2・20 北条時頼、九条家が幕府顚覆謀議に加担したとし、九条頼経の子の将軍九条頼嗣更迭を決定、使者を京都に派遣する（三十日入京。後嵯峨上皇皇子宗尊《むねたか》親王の東下を奏請）。《吾妻鏡》

3・17 院御所で宗尊親王東下を議決する。《吾妻鏡》

3・19 宗尊親王、京都を出発する（四月一日鎌倉着）。《吾妻鏡》

4・1 宗尊親王を征夷大将軍とする（鎌倉幕府第六代将軍）。《吾妻鏡》

4・3 前将軍九条頼嗣ら、上洛のため鎌倉を出発する。《吾妻鏡》

＊**続後撰和歌集**《ぞくごせんわかしゅう》 十番目の勅撰和歌集。後嵯峨上皇の院宣により藤原為家が撰進。後鳥羽・後嵯峨両上皇ほか藤原定家・俊成など一千三百六十八首収録。

＊**宣陽門院**《せんようもんいん》（一一八一～一二五二） 後白河天皇第六皇女覲子《きんし》内親王。母は従二位高階栄子（丹後局）。文治五年（一一八九）内親王宣下、名を覲子と賜う。建久二年（一一九一）院号宣下により宣陽門院を称する。元久二年（一二〇五）落飾。後白河法皇より譲られた長講堂領は後深草上皇に伝えられ、持明院統の経済基盤となる。

＊**十訓抄**《じっきんしょう》 「じっくんしょう」とも。十の教誡を約二百八十話で説いたもの。編者未詳。広く和漢の書から話を集め、「古今著聞集」と重複する話もある。

＊**玉蘂**《ぎょくずい》 摂政・関白九条道家の日記。承元三年（一二〇九）から暦仁元年（一二三八）まで記されるが、自筆本は伝わらず、写本が一部残されるのみ。日記名は、曾祖父忠通の「玉林」、祖父兼実の「玉葉」などの末の意とされる。朝廷の儀式作法が詳細に記され貴重。

4・5　将軍宗尊親王、将軍始に際し、京畿十八社、鶴岡・三島・箱根各社ほかに奉幣する。《吾妻鏡》
5・16　上皇、石清水八幡宮に御幸する（七日間参籠）。《百練抄》
6・8　後白河天皇皇女**宣陽門院**（覲子内親王）、伏見殿にて没。《百練抄》
6・13　天皇、前太政大臣西園寺実氏の富小路殿に行幸し、祇園神輿を避ける（内侍所も渡御。十四日還幸）。《百練抄》
6・19　一代一度の大仁王会を行なう。《百練抄》
6・20　神泉苑に雨を祈る。《東寺長者補任》
7・5　上皇、法勝寺八講に御幸する。《百練抄》
7・20　右大臣九条忠家辞任。内大臣二条道良を右大臣、大納言花山院定雅を内大臣とする。《公卿補任》
8・19　上皇、賀茂社に御幸する（七日間参籠）。《百練抄》
8・28　土御門天皇皇子（尊助）を法親王とする。《百練抄》
9・1　上皇、日吉社に御幸する。《帝王編年記》
9・13　上皇、摂津吹田殿に御幸する。《百練抄》
10・3　摂政近衛兼経、辞任。左大臣鷹司兼平を摂政・氏長者とする。《百練抄》
10月　**「十訓抄」**成る。《序》
11・3　左大臣鷹司兼平を太政大臣、右大臣二条道良を左大臣、内大臣花山院忠雅を右大臣とする。《公卿補任》
11・13　権大納言西園寺公相《きんすけ》を内大臣とする。《百練抄》
12・14　圓助法親王、園城寺に入る。《園城寺伝法血脈》
この年　後嵯峨上皇皇女（愷子《がいし》内親王）、誕生する（母は藤原俊盛女）。《本朝皇胤紹運録》尊円入道親王「入木抄《じゅぼくしょう》」成る（小野道風の書を野跡、藤原佐理の書を佐跡、藤原行成の書を権跡と呼び、三人を三賢と呼ぶ）。
□2・21　九条道家《くじょうみちいえ》（摂政。関白。左大臣。准三宮。父は摂政九条良経。姉立子は順徳天皇中宮で仲恭天皇母。三男頼経は鎌倉将軍。娘竴子は後堀河天皇中宮で四条天皇母。「玉蘂」記主。60）

■建長五年（一二五三）癸丑

後深草天皇11歳
後嵯峨上皇34歳
1・2　上皇、承明門院の土御門殿に御幸する。《百練抄》
1・3　天皇、閑院内裏にて元服する（加冠

は摂政鷹司兼平）。《百練抄》
1・24　上皇、大宮院と鳥羽殿に御幸する。《百練抄》
1・26　天皇、石清水八幡宮に行幸する。《百練抄》
1・27　天皇、石清水より上皇の鳥羽殿に行幸する（二十八日朝覲行幸）。《百練抄》
2・3　天皇、賀茂社に行幸する。《百練抄》
2・21　上皇、石清水八幡宮に御幸する（七日間参籠）。《百練抄》
2・25　鎌倉大地震。《吾妻鏡》
2・28　上皇、石清水より還御し、賀茂・北野両社に御幸する。《百練抄》
3・13　上皇、大宮院と初めて四天王寺に御幸する。《百練抄》
3・16　上皇、住吉社に御幸し、和歌御会を行なう。《歴代皇紀》
5・4　上皇、陰陽師の勘文、三種の神符を将軍宗尊親王に賜う。《吾妻鏡》
5・13　丹生・貴布禰両社に奉幣して雨を祈る。《百練抄》
5・20　清滝宮に読経して雨を祈る。《百練抄》
6・4　二十二社に奉幣して天変を祈禳する。《百練抄》
6・10　鎌倉大地震。《北条九代記》
6・13　天皇、後嵯峨上皇御所に行幸し、祇園神輿を避ける。《百練抄》
7・12　「新制十八ヵ条」を下す。《百練抄》
8・29　永安門院、出家する。《女院小伝》
9・17　京都地震。《百練抄》
10・29　皇弟恒仁親王（亀山天皇）、院御所にて著袴の儀を行なう。《百練抄》
11・4　大宮院、春日社に参籠する（七日間）。《百練抄》
11・8　摂政鷹司兼平、太政大臣を辞任。《百練抄》
11・24　前内大臣徳大寺実基を太政大臣とする。《百練抄》
11・25　鎌倉建長寺成り、この日供養。《吾妻鏡》
12・3　上皇、新造法勝寺阿弥陀堂を覧るため御幸する。《経俊卿記》
12・20　上皇、大宮院と法勝寺に御幸する（常行堂に入る）。《経俊卿記》
12・22　天皇、大宮院と法勝寺阿弥陀堂供養に臨幸する。《経俊卿記》
この年　後嵯峨上皇皇子二人（最助法親王・浄助法親王）、誕生する（母はそれぞれ四条隆衡女・藤原実世女）。《諸門跡伝》
□8・28　道元《どうげん》（日本曹洞宗開祖。54）

■建長六年（一二五四）甲寅

後深草天皇12歳

＊**古今著聞集**《ここんちょもんじゅう》　伊賀守橘成季撰による説話集。七百二十六話よりなり、当時の風俗習慣を知るうえの好資料。「今昔物語集」「宇治拾遺物語」とともに日本三大説話集といわれる。

後嵯峨上皇35歳
1・4　上皇、承明門院の土御門殿に御幸する。《百練抄》
1・13　上皇、法勝寺修正会に御幸する。《百練抄》
2・3　上皇、石清水八幡宮に御幸する（七日間参籠）。《百練抄》
2・11　徳大寺実基、太政大臣を辞任。《公卿補任》
2・19　法性寺が焼亡する▼京都、地震あり。《百練抄》
2・23　上皇、祇園社・北野社・広隆寺等に御幸する。《百練抄》
3・7　皇弟（覚助）、著袴の儀を挙げ、聖護院に入り得度する。《百練抄》
3・9　上皇、長講堂御八講に御幸する。《百練抄》
4・13　二十二社に奉幣し、三合厄を祈禳する。《百練抄》
⑤・11　京都大地震。《歴代皇紀》
⑤・28　後嵯峨天皇皇子（雅尊）、誕生する（母は皇后大宮院西園寺姞子）。《百練抄》
6・13　天皇、今出川殿に行幸し、祇園神輿を避ける。《百練抄》
6・17　正倉院に落雷、北倉の扉などが破損する。《帝王編年記》
7・3　上皇、法勝寺御八講始に御幸する。《百練抄》
7・6　使を遣わし、東大寺勅封宝蔵を検させる。《経俊卿記》
7・7　上皇、病む（十六日平癒）。《経俊卿記》
7・23　安嘉門院、北野嵯峨に御幸する。《経俊卿記》
7・26　伊勢内宮の仮殿遷宮が行なわれる。《二所大神宮例文》前太政大臣西園寺実氏室貞子を准三宮とする。《経俊卿記》
8・3　上皇、嵯峨北殿に移る。《仙洞御移徙部類記》上皇皇子を親王とし、名を雅尊《まさたか》と賜う。《百練抄》
8・19　上皇、石清水八幡宮に御幸する。《百練抄》
9・18　上皇、有馬の湯を汲んでこさせて浴する。《経俊卿記》
10・22　上皇、石清水八幡宮に参詣する（二十三日還御）。《百練抄》
10・28　上皇、賀茂社に御幸する。《百練抄》
10月　橘成季《なりすえ》、説話集「**古今著聞集**」を著す。《跋》
11・17　花山院定雅、右大臣を辞任。《公卿補任》
11・18　鎌倉大地震。《吾妻鏡》

12・2　摂政鷹司兼平を関白とする。《百練抄》
12・25　内大臣西園寺公相を右大臣、権大納言西園寺公基を内大臣とする。《公卿補任》
この年　静仁法親王を園城寺長吏とする。《華頂要略》後嵯峨上皇皇子（慈助法親王）、誕生する（母は太政大臣西園寺公経女公子）。《女院記》
□12・18四条隆衡《しじょうたかひら》（権大納言。父は大納言藤原隆房。83）

■**建長七年（一二五五）乙卯**
後深草天皇13歳
後嵯峨上皇36歳
1・2　後嵯峨上皇、承明門院の土御門殿に御幸する。《百練抄》
1・13　上皇、法勝寺修正会に御幸する。《百練抄》
2・2　上皇、石清水八幡宮に御幸する（七日間参籠）。《百練抄》
2・10　後鳥羽上皇皇子**雅成親王**、配所の但馬国にて没。《百練抄》
2・15　上皇、権中納言藤原顕朝の嵯峨山荘に御幸する。《百練抄》
3・8　上皇、大宮院と熊野に出発する（熊野三山検校覚仁法親王が先導。四月一日還幸）。《百練抄》
4・19　上皇、賀茂祭を覧る。《百練抄》
4・24　神泉苑に雨を祈る。《百練抄》
5・9　上皇、新日吉小五月会に御幸する。《百練抄》
6・5　上皇、吉田泉殿に御幸する。《百練抄》
6・13　天皇、冷泉富小路殿に行幸し、祇園神輿を避ける（上皇、二条烏丸でこれを覧る）。《深心院関白記》
7・4　上皇、法勝寺御八講第二日に御幸する。《深心院関白記》
8・10　これより先、**伏見殿**が上皇に伝領、この日初めて御幸する。《百練抄》
8・16　上皇、賀茂社に御幸する（七日間参籠）。《百練抄》
10・18　上皇、鳥羽殿に御幸する。《百練抄》
10・19　天皇、春日社に行幸する（上皇、鳥羽殿でこれを覧る。二十一日、天皇、閑院に還御）。《百練抄》
10・27　上皇御所の一つとして**亀山殿**（嵯峨殿）造営成り、この日、大炊御門殿より御幸する（二十八日還御。この頃、向かいの嵐山に吉野の桜を移植）。《百練抄ほか》
11・29　尊助法親王を護持僧とする。《華頂要略》
11・30　この日以前、親鸞「皇太子聖徳奉讃」（「七十首太子和讃」「聖徳奉讃」とも）成る。《奥書》

＊**雅成親王**《まさなりしんのう》（一二〇〇～五五）　父は後鳥羽天皇、母は修明門院藤原重子。宣陽門院覲子内親王の養子。元久元年（一二〇四）親王宣下、名を雅成と賜わる。承久の乱で倒幕計画に参加して但馬国に配流。配所で落飾。

＊**伏見殿**《ふしみどの》　洛南伏見山南にあった後院。後白河上皇から宣陽門院に、その養女藤原長子（鷹司院）に、ついで後嵯峨上皇に伝領された。のち亀山・伏見・後伏見各上皇も御幸し、後光厳院のあとは伏見宮栄仁親王に受けつがれ、以後、伏見築城まで伏見宮の常住御所となった。

＊**亀山殿**《かめやまどの》　初め後嵯峨上皇御所の一。嵯峨殿とも。京都市右京区嵯峨天龍寺に所在した。後嵯峨上皇の子亀山上皇、亀山上皇母大宮院、後宇多上皇もここを御所とした。暦応二年（一三三九）足利尊氏の奏請により、後醍醐天皇追福のため、この地を天龍寺とした。

＊**平戸記**《へいこき》　民部卿平経高の日記。建久七年（一一九六）より寛元四年（一二四六）までの一部が写本として残る。仁治・寛元年間（一二

12・12　京都地震。《不知記》
12・17　恒仁親王（亀山天皇）、御書始を行なう。《百練抄》
□6月平経高《たいらのつねたか》（参議。「平戸記」記主。76）

■康元元年（一二五六）丙辰
後深草天皇14歳
後嵯峨上皇37歳
1・2　後嵯峨上皇、承明門院の土御門殿に御幸する。《深心院関白記》
1・10　上皇、法勝寺修正会に御幸する。《深心院関白記》
1・26　上皇、石清水八幡宮に御幸する（七日間参籠）。《百練抄》
2・6　後堀河天皇皇女（体子）を内親王とする。《百練抄》
2・7　体子内親王を准三宮とし、院号を神仙門院とする。《百練抄》
4・10　後嵯峨天皇皇子（貞良親王）、誕生する（母は皇后西園寺姞子）。《深心院関白記》
4・21　上皇、今出川殿より冷泉殿に還御する。《経俊卿記》
4・24　上皇、桟敷にて賀茂祭を覧る。《経俊卿記》
5・1　上皇、賀茂社の競馬を覧る（このあと今出川殿に御幸）。《経俊卿記》
5・5　上皇、ひそかに賀茂社競馬を覧る。《経俊卿記》
5・9　上皇、新日吉小五月会に御幸する。《経俊卿記》
5・14　上皇、賀茂社に御幸する（七日間参籠）。《経俊卿記》
5・29　上皇、吉田泉亭に御幸する。《経俊卿記》
6・4　上皇、嵯峨の亀山殿に御幸する。《経俊卿記》
6・7　上皇、亀山殿持仏堂を供養する。《経俊卿記》
6・13　天皇、前太政大臣西園寺実氏の冷泉第に行幸し、祇園神輿を避ける（十四日還御）。《深心院関白記》
6・17　上皇、今出川殿に御幸する。《経俊卿記》
6・23　上皇、北泉に御幸する。《経俊卿記》
7・3　上皇、大宮院とともに新造五条大宮御所に移る。《深心院関白記》
7・5　上皇、冷泉殿に御幸する。《深心院関白記》
8・5　上皇、賀茂社競馬を覧る。《経俊卿記》
8・6　上皇、吉田殿に御幸する。《経俊卿記》
8・9　上皇、ひそかに北野社競馬を覧る。《経俊卿記》

四〇〜四七）のみはまとまって残り、他の史料も少ないので貴重。なお、「平戸」は民部卿の唐名戸部尚書と姓の平を合わせたもの。

8・11 鎌倉幕府第四代将軍九条頼経、京都にて没。《経俊卿記》
8・12 上皇、亀山殿に御幸する。《経俊卿記》
8・27 上皇、前右大臣花山院定雅の粟田口山荘に御幸する。《百練抄》
8月 赤斑瘡《あかもがさ》流行。《百練抄》
9・5 天皇、赤斑瘡にかかる（二十五日平癒）。《百練抄》
9・25 後嵯峨天皇皇子雅尊《まさたか》親王（母は源通方女）没（年3）。▼鎌倉幕府第五代将軍藤原頼嗣、京都にて没。《百練抄》
10・5 赤斑瘡流行により**康元**と改元する。《深心院関白記》
10・25 上皇、亀山殿浄金剛院供養に御幸する。《百練抄》
11・7 上皇、五条殿に御幸する。《深心院関白記》
11・17 西園寺祇子（公子）、後嵯峨上皇猶子として入内する。《百練抄》
11・22 執権北条時頼辞任。北条長時が第六代執権となる。《吾妻鏡》
11・23 西園寺公子を女御とする。《百練抄》
□8・11九条頼経《くじょうよりつね》（鎌倉幕府第四代将軍。父は摂政九条道家。39）、9・25藤原頼嗣《ふじわらのよりつぐ》（鎌倉幕府第五代将軍。頼経の子。18）

■**正嘉元年（一二五七）丁巳**

後深草天皇15歳
後嵯峨上皇38歳

1・4 後嵯峨上皇、承明門院御所土御門殿に御幸する。《百練抄》
1・29 女御西園寺公子を皇后（中宮）とする。《百練抄》
2・10 太政官庁が焼亡する。《百練抄》
2・15 円助法親王を園城寺長吏とする。《諸寺院上申》
2・23 京都大地震。《仮名年代記》
2・28 上皇御所五条大宮殿が炎上する。《百練抄》
3・7 院宣を延暦寺に下し、園城寺戒壇建立停止を通告する。《華頂要略》
3・11 上皇、北山に御幸し、花を賞する。《経俊卿記》
3・14 太政官・五条殿炎上により**正嘉**と改元する。《経俊卿記》
3・15 上皇、北山に御幸する。《経俊卿記》
3・17 上皇、嵯峨の亀山殿に御幸する。《経俊卿記》
3・20 上皇、高野山に御幸する（二十二日、空海請来の三鈷を宝庫に勅納）。《高野春秋》
3・24 上皇、嵯峨に御幸する（翌日還御）。《経俊卿記》
3・26 上皇、富小路殿に御幸する（二十八

＊**康元**《こうげん》 文章博士藤原経範の勘申によるも出典不詳。
＊**正嘉**《しょうか》 文章博士菅原在章《ありあき》の勘文に「芸文類聚曰、肇元正之嘉会」とある。
＊**承明門院**《しょうめいもんいん》（一一七一～一二五七） 源在子。後鳥羽天皇寵妃。父は法勝寺執行能円（平時子異父弟）、母は刑部卿三位藤原範子。後鳥羽天皇との間に為仁（土御門天皇）をもうけるが、源通親と密通したため、天皇の寵を失う。土御門天皇即位により、国母が僧位の娘では都合悪いため源通親の養女となり源姓を賜わる。建仁二年（一二〇二）女院に列せられ承明門院を称す。建暦元年（一二一一）落飾。

日にも）。《経俊卿記》
③・3　上皇、賀茂社に御幸する（七日間参籠）。《経俊卿記》
4・13　上皇、新造三条坊門殿（押小路烏丸殿）に移る。《経俊卿記》
4・15　上皇、冷泉殿に御幸する。《経俊卿記》
4・24　上皇、賀茂祭を覧る。《経俊卿記》
4・25　上皇、三条坊門殿に御幸する。《経俊卿記》
5・6　京都、大雨洪水。《経俊卿記》
5・9　上皇、烏丸殿に御幸する。《経俊卿記》
5・18　鎌倉大地震（八月一・二十三日、十一月八日にも）。《吾妻鏡ほか》
5・24　上皇、亀山殿に御幸する。《経俊卿記》
6・3　天皇、病む。《経俊卿記》
6・12　上皇、吉田泉殿に御幸する。《経俊卿記》
6・13　天皇、三条坊門殿に行幸する。上皇、この日、冷泉殿に御幸する。《経俊卿記》
6・15　上皇、冷泉殿より三条坊門殿に御幸する。また、土御門殿に御幸し、承明門院の病気を見舞う。《経俊卿記》
7・5　後鳥羽上皇後宮**承明門院**（源在子）没。《経俊卿記》
7・10　清滝宮に雨を祈る。《醍醐寺新要録》
7・25　高御座を太政官庁に置く。《経俊卿記》
8・7　上皇、亀山殿より還御する。《経俊卿記》
8・16　上皇、土御門殿に御幸し、夜、四天王寺に赴く。《経俊卿記》
8・23　鎌倉大地震（「山崩れ地裂け水涌き火出て社寺民家多く崩壊す」）。《吾妻鏡》
8・25　上皇、吹田より還御する。《経俊卿記》
9・8　上皇、六条殿に御幸する。《経俊卿記》
9・11　伊勢例幣使を発遣する。《経俊卿記》
10・13　皇弟省仁親王、仁和寺喜多院にて出家する（法名を性助とする。上皇臨幸）。《経俊卿記》
10・19　後嵯峨上皇皇子貞良を親王、仲恭天皇皇女義子を内親王とする。《百練抄》
11・8　右大臣西園寺公相、辞任。《公卿補任》
11・26　内大臣西園寺公基を右大臣、権大納言洞院実雄《さねかつ》（「さねお」とも）を内大臣とする。《公卿補任》
この年　円満院円助法親王を園城寺長吏とする。《一代要記》

■正嘉二年（一二五八）戊午

後深草天皇16歳
後嵯峨上皇39歳
1・3　上皇、大宮院とともに前太政大臣西園寺実氏の富小路第に御幸する。《百練抄》
1・16　性助入道親王を六勝寺検校・仁和寺

寺務とする。《仁和寺御伝》

1・19 上皇、石清水八幡宮に御幸（七日間参籠。二十日、一切経を供養）。《百練抄》

3・9 天皇、富小路殿に行幸する。《百練抄》

3・10 天皇、上皇御所大炊御門殿に行幸し、鞠御会を行なう。《百練抄》

3・20 上皇、高野山に御幸する。《百練抄》

4・13 上皇御所大炊御門殿が焼ける。《百練抄》

4・17 延暦寺僧徒、日吉神輿を奉じて閑院に至り、園城寺戒壇建立宣下に怒り、強訴する。《百練抄》

5・1 園城寺戒壇設立宣下をやめ、この日、日吉社神輿が帰座する。《百練抄》

5・12 上皇、賀茂社に御幸する（七日間参籠）。《百練抄》

5・14 大宮院、春日社に参籠する。《百練抄》

6・13 天皇、三条坊門殿に行幸し、祇園神輿を避ける。《百練抄》

7・7 上皇、法勝寺御八講結願に御幸する。《百練抄》

8・7 皇弟恒仁親王を皇太子とする（このとき、勝光明院宝蔵から旧来の壺切太刀が出現したため、後深草天皇立太子の折に新造の太刀を廃し、これを用いる。爾来、今日に至るとされる）。《百練抄》

10・22 右大臣西園寺公基、辞任。《公卿補任》

11・1 内大臣洞院実雄を右大臣、権大納言近衛基平を内大臣とする。《公卿補任》

11・10 上皇御願により神輿を新造し、日吉七社に献じる。《**管見記**》

12・29 性助入道親王を仁和寺総法務とする。《仁和寺御伝》

この年 大凶作（翌年まで「正嘉の飢饉」）。

■正元元年（一二五九）己未

後深草天皇17歳
亀山天皇 11歳
後嵯峨上皇40歳

1・5 天皇、押小路殿に行幸する。《百練抄》

1・9 天皇、法勝寺修正会に行幸する（後嵯峨上皇、その行装を覧る）。《百練抄》

1・23 後嵯峨上皇、石清水八幡宮に御幸する（七日間参籠）。《百練抄》

1・29 後嵯峨上皇、石清水より還幸し、賀茂・北野両社に御幸する。《百練抄》

3・4 後嵯峨上皇、大宮院とともに西園寺実氏の北山第に御幸する。《百練抄》

3・5 天皇、西園寺に行幸し、大宮院一切経供養に臨御する（上皇・東宮恒仁親王も）。《百練抄》

3・6 天皇、北山第御遊にて琵琶を奏する（上皇臨御）。《百練抄》

***管見記**《かんけんき》 平安時代末期から室町時代に至る西園寺家歴代の日記。西園寺公衡・実衡・公名・実遠・公藤・実宣のものが残っている。

***正元**《しょうげん》 式部権大輔菅原公良の勘文に「毛詩緯曰、一如正元、万載相伝、注曰、言本正則末理」とある。

***亀山天皇**《かめやまてんのう》（一二四九〜一三〇五） 名は恒仁《つねひと》。後嵯峨天皇第七皇子。母は西園寺実氏《さねうじ》女姞子《きつし》（大宮院）。誕生の年に親王宣下。正嘉二年（一二五八）立太子、正元元年（一二五九）元服、同年践祚、ついで即位。文永十一年（一二七四）譲位、同年太上天皇尊号宣下。正応二年（一二八九）出家し、嘉元三年（一三〇五）崩御。陵は亀山陵。追号は譲位後の御所亀山殿に由来する。皇后に藤原佶子（所生の子に睍子内親王・知仁親王・後宇多天皇）・藤原嬉子。ほか皇子に性覚・良助・性恵・聖雲・覚雲・啓仁・順助・継仁・慈道・兼良・寛尊・恒明・尊珍・守良・叡雲・性融・行円・恒雲・益性・道澄各親王など、皇女に憙子・理子各内親王など。「亀山院御集」には「ちはやぶる

3・9　天皇、北山第より還幸する（上皇、一条室町辺でその行装を覧る）。《百練抄》
3・12　京都地震。《一代要記》
3・26　天台座主尊覚入道親王、辞任。尊助法親王を天台座主とする。《天台座主記》
飢饉・疾疫により正元と改元する。《師守記》
この春　疫癘流行（「死人、道路に満つ」）。《歴代皇紀》
4・24　上皇、賀茂臨時祭に御幸する。《百練抄》
4・25　尊覚法親王、護持僧を辞任。《華頂要略》
4・27　飢饉・疾疫により、二十二社に奉幣使を発遣する。《百練抄》
5・22　閑院内裏焼亡。天皇、三条坊門殿に遷る（以後、閑院内裏廃絶）。《百練抄》
5・27　上皇、宸筆般若心経を亀山殿に供養し、飢疫を祈る。《師守記》
5・28　天皇、三条坊門殿より冷泉富小路殿に遷る。《百練抄》
8・11　上皇、大宮院とともに新造五条大宮殿に移る。《百練抄》
8・17　上皇、大宮殿より冷泉殿に御幸する。《百練抄》
8・22　天皇、冷泉富小路殿より五条大宮殿に行幸する（三十日、冷泉富小路殿に還御）。《百練抄》
8・28　皇太弟恒仁親王、五条大宮殿にて元服する。《東宮御元服部類》
9・25　天台座主尊助法親王を護持僧とする。《華頂要略》
9・26　大宮院、春日社に参籠する（七日間）。《百練抄》
10・2　宸筆告文を後白河・後鳥羽両天皇陵に奉り、天変・不予を祈禳する。《百練抄》
10・5　天皇、有馬温泉に行幸する。《百練抄》
10・21　上皇、前左大臣二条良実の新造二条第に御幸する。《百練抄》
11・14　前右大臣西園寺公相を左大臣とする。《百練抄》
11・15　天皇、（譲位のため）冷泉富小路殿より冷泉万里小路殿に遷る。《百練抄》

第九十代　亀山《かめやま》天皇

11・26　（上皇の意向により）後深草天皇、冷泉万里小路殿にて譲位。皇太弟恒仁《つねひと》親王、冷泉富小路殿にて受禅（**亀山天皇**）。旧の如く鷹司兼平を関白とする。《一代要記》
12・2　先帝に太上天皇尊号を奉る。《百練抄》
12・8　即位由奉幣使を伊勢に発遣する。《百練抄》
12・17　後深草上皇、中宮とともに富小路殿

神のさだめむわが国は動かじものをあらかねの土」などがある。

より三条坊門押小路殿に移る。《百練抄》

12・19 後深草天皇中宮西園寺公子の院号を東二条院とする。《百練抄》

12・28 天皇、太政官庁にて即位礼を挙げる（後嵯峨・後深草両上皇臨御）。《百練抄》

この年 後嵯峨上皇皇女（悦子内親王）、誕生する（母は西園寺公子）。《歴代皇紀》 この年までに「神祇官年中行事」成る。

□1・15藤原《ふじわらの》師経《もろつね》（右大臣。父は左大臣藤原経宗。84）、5・4近衛《このえ》兼経《かねつね》（摂政。関白。太政大臣。父は関白・太政大臣近衛家実。女宰子は鎌倉将軍宗尊親王御息所で将軍惟康親王母。「岡屋関白記」記主。50）、11・8二条道良《にじょうみちなが》（左大臣。父は関白二条良実。26）

■文応元年（一二六〇）庚申

亀山天皇 12歳

後嵯峨上皇41歳

後深草上皇18歳

1・2 後嵯峨上皇、後深草上皇の押小路殿に御幸する。《深心院関白記》

1・4 園城寺に三摩耶戒壇を勅許する。《深心院関白記》

1・6 延暦寺衆徒、園城寺戒壇勅許につき神輿を奉じて入京強訴する（神輿を禁裏に棄て去る）。《深心院関白記》

1・14 天皇、管絃御会始にて笛を奏する。《**続史愚抄**》

1・19 朝廷、園城寺への戒壇設立勅許を撤回する（これにより神輿、二十一日帰座）。《深心院関白記》

1・24 即位由山陵使を発遣する。《歴代編年集成》

1・29 後深草上皇、三条坊門殿に御幸する。《続史愚抄》

3・7 後嵯峨上皇皇子貞良親王（母は源通方女）没（年5）。《一代要記》

3・21 幕府、関白近衛兼経女宰子を将軍宗尊親王妃とする。《吾妻鏡》

4・1 後嵯峨上皇、今出川殿より冷泉万里小路殿に還御する。《妙槐記》

4・8 後嵯峨上皇、亀山殿に御幸する。《妙槐記》

4・12 後嵯峨上皇御所大炊御門（万里小路）殿が焼亡する。《深心院関白記》

4・13 代始により**文応**と改元する。《深心院関白記》

4・14 後深草上皇、東二条院と亀山殿に御幸する（十七日還御）。《妙槐記》

4・24 後嵯峨・後深草両上皇、賀茂祭を覧るため桟敷殿に御幸する。《深心院関白記》

4・25 後嵯峨上皇、三条坊門殿に御幸する。

＊**続史愚抄**《ぞくしぐしょう》 柳原紀光（一七四七～一八〇〇）による朝廷通史。正元元年（一二五九）から安永八年（一七七九）まで三十三代五百二十一年にわたる。「六国史」のあとをうけて編纂されたものといわれ、天皇の動静、朝儀、摂関大臣の任替等を簡略に記す。出典等が注記されている。

＊**文応**《ぶんおう》 文章博士菅原在章《ありあき》の勘文に「晋書（巻四五、劉毅伝）曰、太晋之行、戢武興文之応」とある。

＊**五代帝王物語**《ごだいていおうものがたり》 鎌倉時代後期の編年体歴史書。作者不明。後堀河天皇から亀山天皇までの宮廷の歴史を描いたもの。永仁六年（一二九八）以後、嘉暦二年（一三二七）以前の成立とされる。

＊**五条大宮殿**《ごじょうおおみやどの》 亀山天皇の里内裏。五条北・大宮東に所在。五条殿・大宮殿・五条内裏・五条大宮内裏ともいう。康元元年（一二五六）の造営で、後嵯峨上皇・中宮大宮院姞子の御所となり、子の後深草・亀山両天皇の皇居としても用いられる。正嘉元年（一二五七）焼亡後新造されるも、文永七年（一二七〇）に焼亡。

《妙槐記》
4・28 後嵯峨上皇、石清水八幡宮に御幸する（七日間参籠）。《妙槐記》
6・15 後嵯峨上皇、瘧《おこり》を病む（二十七日平癒）。《続史愚抄》
6・19 後嵯峨上皇、新造神輿を日吉六社に献じる。《管見記》
6・25 神剣を石清水八幡宮に献じ、後嵯峨上皇平癒を祈る（二十七日平癒）。《続史愚抄》
7・15 後嵯峨上皇、瘧病を再発する（二十一日平癒）。《一代要記》
7・16 伊勢内宮の仮殿遷宮が行なわれる。《二所大神宮例文》日蓮、「立正安国論」を北条時頼に奏上する。《日蓮註画讃》
7・21 土御門天皇皇女諄子内親王（母は左京大夫局）没（生年不詳）。《続史愚抄》
8・9 後深草上皇、石清水八幡宮に御幸する（十日、鳥羽殿に御幸し、ついで三条坊門殿に還幸）。《続史愚抄》
8・18 後深草上皇、賀茂社に御幸する。《経俊卿記》
10・21 天皇、大嘗祭のため河原頓宮に行幸し、禊をする（後嵯峨上皇、行幸行列を覧る）。《御禊行幸服飾部類》
10・22 天皇、後嵯峨上皇の万里小路殿に行幸し、大嘗会習礼を行なう（ついで富小路殿に還幸）。《続史愚抄》
10・23 土御門天皇皇子尊守法親王（母は法橋寛覚女）没（年52）。《華頂要略》
11・11 天皇、後嵯峨上皇御所万里小路殿に行幸し、大嘗会習礼を行なう。《歴代編年集成》
11・16 天皇、大嘗祭を行なう（二十二日、富小路殿に還幸）。《歴代編年集成》
11・22 天皇、太政官庁より富小路殿に還幸する。《続史愚抄》
12・9 天皇、昼御座にて御読始を行なう（「史記」五帝本紀を西坊城長成が授け奉る）。《続史愚抄》
12・22 大宮院、洞院佶子《きつし》（父は洞院実雄）を猶子として入内させる。《五代帝王物語》
12・25 洞院佶子を女御とする。《一代要記》
12月 天皇、冷泉富小路殿より五条大宮殿に遷る。《続史愚抄》

■弘長元年（一二六一）辛酉

亀山天皇 13歳
後嵯峨上皇42歳
後深草上皇19歳
1・20 後嵯峨・後深草両上皇、石清水八幡宮に御幸する（二十六日還幸）。《続史愚抄》
2・8 女御洞院佶子を皇后（中宮）とする。

《女院小伝》

2・20 辛酉年により**弘長**と改元する。《一代要記》

2・27 左大臣西園寺公相、辞任。《公卿補任》

3・8 仲恭天皇皇女義子内親王を准三宮とし、院号を和徳門院とする。《女院記》

3・14 後嵯峨上皇、太上天皇尊号を辞する。《続史愚抄》

3・15 後嵯峨上皇、賀茂社に御幸する（七日間参籠）。《続史愚抄》

3・27 右大臣洞院実雄を左大臣、内大臣近衛基平を右大臣、大納言三条公親を内大臣とする。《公卿補任》

4・29 鷹司兼平の関白を止め、前関白二条良実を関白に復する。《公卿補任》

5・11 辛酉の徳政を行ない、「新制二十一ヵ条」を下す。《続史愚抄》

6・10 後深草上皇、亀山殿如法経十種供養に御幸する。《體源抄》

6・13 後嵯峨上皇、石清水八幡宮に御幸し、如法経を始める（十四日還御）。《一代要記》

6・14 前左大臣西園寺公相女嬉子、後深草上皇の猶子の儀をもって入内する。《一代要記》

6・20 西園寺嬉子を女御とする。《女院小伝》

7・5 後嵯峨・後深草両上皇、法勝寺阿弥陀堂に御幸する。《**仁部記**》

7・10 京都洪水。《続史愚抄》

7・13 後嵯峨上皇、大宮院と亀山殿に御幸する。《仁部記》

7・19 後嵯峨上皇、大宮院と浄金剛院八講に御幸する。《仁部記》

8・20 中宮洞院佶子を皇后とし、女御西園寺嬉子を中宮とする。《仁部記》

9・1 後嵯峨上皇、大宮院・東二条院と奈良に御幸し、七大寺を巡拝する（九月八日還御）。《一代要記》

9・5 後嵯峨上皇、東大寺三倉の宝物を覧る（このとき袈裟を出蔵）。《続史愚抄》

9・13 後嵯峨・後深草両上皇、吹田に御幸する。《続史愚抄》

10・22 後嵯峨上皇、亀山殿で和歌を講じる（十一月十二日、十二月六・十三・十五・二十八日にも）。《続史愚抄》

12・9 代始により、権中納言藤原隆行を伊勢に遣わし、神宮に奉幣する。《伊勢公卿勅使雑例》

12・12 慈助法親王、青蓮院に入る。《華頂要略》

12・13 性助入道親王、観音院にて灌頂する。《門跡伝》

12・15 前左大臣西園寺公相を太政大臣とす

＊**弘長**《こうちょう》 勘申者不詳。出典は「貞観《じょうがん》政要《せいよう》」封建の「闕治定之規、以弘長世之業者、万古不易、百慮同帰」。

＊**仁部記**《にんぶき》 権中納言日野資宣《すけのぶ》（一二二四〜九二）の日記。「資宣卿記」とも。寛元四年（一二四六）から弘安二年（一二七九）まで記される。

る。《公卿補任》
12・28　神仙門院、出家する。《女院記》
この年　後嵯峨上皇、しばしば亀山殿で和歌を講じる。《続史愚抄》

■弘長二年（一二六二）壬戌

亀山天皇　14歳
後嵯峨上皇43歳
後深草上皇20歳

1・4　天皇、後嵯峨上皇の法住寺殿に朝覲行幸する。《御遊抄》
1・5　四条天皇女御宣仁門院（九条彦子）没（年36）。《女院記》
1・18　後嵯峨上皇、伏見殿に御幸する。《続史愚抄》
1・20　内大臣三条公親、辞任。《公卿補任》
1・22　後嵯峨・後深草両上皇、祇園・稲荷・石清水三社に御幸する（石清水八幡宮に七日間参籠）。《続史愚抄》
1・26　権大納言鷹司基忠を内大臣とする。《公卿補任》
2・7　後嵯峨上皇、押小路殿に御幸する。《続史愚抄》
2・10　後嵯峨上皇、大宮院とともに亀山殿に御幸する。《続史愚抄》
2・12　天皇、冷泉富小路殿より二条殿に遷る。《続史愚抄》
3・26　天皇、石清水八幡宮に行幸する。《一代要記》
3・27　天皇、石清水より後嵯峨上皇の鳥羽殿に朝覲行幸する（後深草上皇も御幸。後深草上皇は琵琶、天皇は笛を所作。天皇、二十九日、二条殿に還御）。《一代要記》
4・20　天皇、賀茂社に行幸する。《帝王編年記》
6・1　後嵯峨上皇、今出川殿に御幸する。《御産御祈目録》
6・2　後深草天皇皇女（貴子内親王）、誕生する（母は西園寺公子〈東二条院〉）。《一代要記》
6・13　天皇、万里小路殿に行幸し、祇園神輿を避ける（十四日還幸）。《園太暦》
6・26　後深草天皇皇女を内親王とする（貴子内親王）。《深心院関白記》
7・2　太政大臣西園寺公相、辞任。《公卿補任》
8・11　土御門天皇皇子仁助法親王没（年49）。《園太暦》
8・21　土御門天皇皇女仙華門院（曦子内親王）没（年39）。《女院小伝》東大寺三倉開封。勅使を発遣し、袈裟を宝庫に還納する。《続史愚抄》
9・18　円満院円助法親王を四天王寺別当と

する。《華頂要略》
9・19 天皇、北山第に行幸する。《続史愚抄》
10・1 天皇、疱瘡をわずらう。《続史愚抄》
10・6 覚助、聖護院にて得度する。《経俊卿記》
10・13 後嵯峨天皇皇子（覚助法親王）を親王とする。《諸寺院上申》
11・8 亀山天皇皇女（睍子《けんし》内親王）、誕生する（母は左大臣洞院実雄女皇后佶子）。《続史愚抄》
11・25 伊勢神宮寺が焼亡する。《類聚大補任》
12・4 後嵯峨天皇皇女愷子《がいし》（「やすこ」とも）内親王を伊勢斎宮に卜定する。《類聚大補任》
この年 後嵯峨上皇皇女（懌子《えきし》内親王）、誕生する（母は藤原博子）。《女院小伝》
□11・28 親鸞《しんらん》（浄土真宗開祖。90）

■弘長三年（一二六三）癸亥

亀山天皇 15歳
後嵯峨上皇44歳
後深草上皇21歳

1・14 前園城寺長吏道仁法親王（土御門天皇皇子）没（年54）。《一代要記》
1・19 後嵯峨・後深草両上皇、石清水八幡宮に御幸する（七日間参籠）。《**後深草天皇宸記**》
2・13 天皇、後嵯峨上皇の亀山殿に朝覲行幸する（逗留して御遊・和歌御会・酒宴・蹴鞠等あり。十九日、二条殿に還御）。《一代要記》
2・14 後深草上皇、大宮院・東二条院と亀山殿に御幸する。《帝王編年記》
3・20 左大臣洞院実雄、辞任。《公卿補任》
4・2 右大臣近衛基平を一上とする。《公卿補任》
4・10 性助法親王、初めて高野山に参詣する。《続史愚抄》
5・28 後嵯峨上皇、亀山殿の如法経を手写する。《続史愚抄》
6・7 後嵯峨上皇、新日吉・新熊野・石清水三社に御幸し、宸筆如法経を奉納する。《一代要記》
7・27 後嵯峨上皇皇女綜子内親王を准三宮とし、院号を月華門院とする。《帝王編年記》
7・29 宗尊親王、歌集「**初心愚草**」を撰じる。《吾妻鏡》
8・4 天皇、後嵯峨上皇の法住寺殿に朝覲行幸する。《御遊抄》
8・12 前左大臣一条実経を還任する。《公卿補任》
8・13 「新制四十一ヵ条」（弘長の新制）を下す。《公家新制》
8・16 尊助法親王に代わり、最仁法親王を

＊**後深草天皇宸記**《ごふかくさてんのうしんき》 後深草天皇の日記。天皇は、正嘉二年（一二五八）から日記をつけていたとされるが、現存するのは弘長三年（一二六三）から正安二年（一三〇〇）までのごく一部が伝わる。なお、諸書に逸文が残されている。

＊**初心愚草**《しょしんぐそう》 宗尊親王の歌集。建長五年（一二五三）から正嘉元年（一二五七）まで、親王十二～十六歳までの歌を集めたもの（ゆえに「初心」で「愚草」）。宗尊親王は歌人として秀れ、「続古今和歌集」の最多入集者であり、ほかに家集として「柳葉和歌集」「瓊玉《けいぎょく》和歌集」がある。

＊**文永**《ぶんえい》 式部権大輔菅原在章《ありあき》の勘申による。出典不詳も「後漢書」荀悦伝に「漢四百有六載、撥乱反正、統武興文、永惟祖宗之洪興、思光啓乎万嗣」あり。

天台座主とする。《華頂要略》
8・21 後深草上皇、春日社に御幸する。《帝王編年記》
9・26 伊勢斎宮愷子内親王、野宮に入る。《歴代編年集成》
11・16 鎌倉大地震。《吾妻鏡》
□10・4三条《さんじょう》実親《さねちか》（右大臣。父は太政大臣三条公房。69）、11・22北条《ほうじょう》時頼《ときより》（鎌倉幕府第五代執権。37）

■文永元年（一二六四）甲子

亀山天皇 16歳
後嵯峨上皇45歳
後深草上皇22歳

1・3 後嵯峨上皇、後深草上皇の富小路殿に御幸する。《続史愚抄》
1・5 後深草上皇、後嵯峨上皇の万里小路殿に御幸する。《外記日記》
1・18 後嵯峨上皇、石清水八幡宮に御幸する（七日間参籠）。《外記日記》
1・24 後嵯峨上皇、石清水より還幸し、賀茂・北野両社に御幸する。《外記日記》
1・26 後嵯峨上皇、亀山殿に移る。《外記日記》
2・11 後嵯峨・後深草両上皇、鳥羽殿より富小路殿に還御する。《続史愚抄》
2・12 後深草上皇皇子常仁親王没（年4）。《続史愚抄》京都地震。《外記日記》
2・27 後深草上皇、石清水八幡宮に御幸する。▼京都地震。《外記日記》
2・28 甲子革令により文永と改元する。《民経記》
3・3 天皇、病む。《続史愚抄》
3・9 後深草上皇、長講堂御八講に御幸する（十三日には後嵯峨上皇も）。《外記日記》
3・19 後嵯峨・後深草両上皇、大宮院・東二条院とともに賀茂社に御幸する（七日間参籠予定も、延暦寺焼亡により二十四日還御）。《一代要記》
3・25 延暦寺僧徒、四天王寺別当職の園城寺付属に対し、日吉・祇園・北野等の神輿を奉じて強訴する。《天台座主記》
3・26 延暦寺僧徒、皇居二条東洞院、後嵯峨・後深草両上皇御所を犯す。六波羅の兵、これを防ぎ、僧徒、神輿を捨て退却する（神輿を祇園社に移す）《外記日記》
3・27 園城寺の四天王寺別当職を停止する（四月十八日神輿帰座）。《天台座主記》
3・29 園城寺、私に三摩耶戒を行なう。《外記日記》
3月 後嵯峨上皇、鷲尾に御幸し、花を賞する。《続史愚抄》
4・29 宗尊親王王子（惟康親王）、誕生す

る（母は近衛宰子）。《将軍執権次第》
5・2　延暦寺僧徒、園城寺の戒壇設立を怒り、園城寺を焼く。《外記日記》
5・21　清滝宮に雨を祈る。《醍醐寺新要録》
5・23　後鳥羽天皇皇子頼仁親王、配所備前国児島にて没（年64）。《外記日記》
6・6　天皇、皇后洞院佶子と万里小路殿に行幸し、祇園神輿を避ける。《外記日記》
6・14　天皇、万里小路殿より二条内裏に還る。《続史愚抄》
6・22　神泉苑に雨を祈る。《外記日記》
6・28　伊勢外宮の仮殿遷宮が行なわれる。《遷宮事略》
6・29　孔雀経法を東寺に修し、雨を祈らせる。《東寺長者補任》
7・9　亀山天皇皇女睍《けん》子内親王没（年3）。《外記日記》
7月　6月より京都疫癘流行。《外記日記》
8・11　幕府、北条政村を執権（鎌倉幕府第七代執権）とする。《北条九代記》
8・16　京都地震。《外記日記》
8・17　後嵯峨上皇、脚気を病む。《一代要記》
8・29　後鳥羽天皇後宮**修明門院**（藤原重子）没。《外記日記》
9・9　天皇、伊勢斎宮を発遣する（愷子内親王、伊勢へ群行）。《外記日記》
9・12　後嵯峨上皇、脚気のため灸治を行なう。《外記日記》
10・5　京都地震（七日にも）。《外記日記》
10・14　後嵯峨上皇、御願により、日吉七社の神輿を新造して納める。《管見記》
10・26　後嵯峨・後深草両上皇、日吉社に御幸する（二十七日還御）。《外記日記》
10・27　順徳天皇皇子尊覚法親王（前天台座主）没（年50）。《外記日記》
11・3　後嵯峨上皇、大宮院と禅林寺殿に移る（二十八日にも）。《外記日記》
11・29　禅林寺御持仏堂供養が行なわれる（後嵯峨・後深草両上皇御幸）。《外記日記》
12・4　後嵯峨・後深草両上皇、新日吉小五月会に御幸する。《続史愚抄》
12・9　将軍宗尊親王、冷泉為家に歌集「瓊《けい》玉《ぎょく》和歌集」を撰ばせる。《奥書》
12・16　後嵯峨・後深草両上皇、禅林寺に御幸する。《外記日記》
この年　光仁・桓武・仁明・光孝・醍醐各天皇の国忌を復する。《東宝記》
□9・10藤原（衣笠《きぬがさ》）家良《いえよし》（内大臣。歌人。「続古今和歌集」撰者。73）、11・21北条長時《ほうじようながとき》（鎌倉幕府第六代執権。35）

■**文永二年（一二六五）乙丑**
亀山天皇　17歳

＊**修明門院**《しゅめいもんいん》（一一八二〜一二六四）脩明門院とも。藤原重子。後鳥羽天皇寵妃。父は従二位式部少輔藤原範季、母は中納言平教盛女教子。順徳天皇・雅成親王・寛成親王をもうける。承元元年（一二〇七）准三宮および院号宣下を受ける。後鳥羽上皇出家を聞き薙髪。晩年、四辻殿を御所とし孫の善統親王に伝えられたため、その子孫は四辻殿を称した。

後嵯峨上皇46歳
後深草上皇23歳

1・3　後嵯峨上皇、後深草上皇の富小路殿に御幸する。《深心院関白記》

1・4　後深草上皇、禅林寺殿に御幸する（東二条院も行啓）。《深心院関白記》

1・8　後深草上皇、法勝寺修正会に御幸する。《深心院関白記》

1・11　天皇、御遊御会始で笛を奏する。《御遊抄》

1・14　後嵯峨・後深草両上皇、大宮院と石清水八幡宮に御幸する（七日間参籠）。《深心院関白記》

1・20　後嵯峨・後深草両上皇と大宮院、石清水より還幸し、賀茂・北野社に御幸する。《深心院関白記》

2・11　大宮院・東二条院、春日社に御幸する（七日間参籠）。《深心院関白記》

2・12　後嵯峨上皇、亀山殿に移り、広隆寺・清涼寺に御幸する。《深心院関白記》

2・29　後嵯峨上皇、平野社・広隆寺・清涼寺に御幸する。《深心院関白記》

3・7　後嵯峨上皇、亀山殿より冷泉殿に還幸する。《深心院関白記》

3・9　鎌倉大地震。《外記日記》

3・19　最仁法親王に代え、澄覚を天台座主とする。《外記日記》

3・26　後深草上皇、疱瘡を病むも、この日快癒。《外記日記》

3・27　天台座主澄覚を護持僧とする。《華頂要略》

4・6　京都地震。《外記日記》

4・7　前天台座主尊助法親王の護持僧をとめる。《華頂要略》

4・18　関白二条良実、辞任。《公卿補任》

4・22　後嵯峨・後深草両上皇、桟敷にて賀茂祭を見物する。《外記日記》

4・23　後深草上皇皇子（熙仁《ひろひと》。伏見天皇）、誕生する（母は洞院実雄女愔子《いんし》〈玄輝門院〉）。《本朝皇胤紹運録》

4・25　後嵯峨上皇皇子最助、天台座主澄覚の菩提院に入室する。《天台座主記》

4・28　天皇、亀山新造御所に移る。《外記日記》

④・10　後深草上皇、富小路殿の火事により五条殿に移る。《外記日記》

④・18　左大臣一条実経を再び関白・氏長者とする。《公卿補任》

5・7　天皇、二条殿より五条殿に遷る。《外記日記》

5・9　後嵯峨・後深草両上皇、新日吉小五月会に御幸する。《外記日記》

6・4　後嵯峨・後深草両上皇、吉田殿臨時競馬に御幸する。《外記日記》
6・13　天皇、万里小路殿に行幸し、祇園神輿を避ける（十五日還幸）。《外記日記》
7・6　後嵯峨・後深草両上皇、法勝寺御八講五番日に御幸する。《外記日記》
7・7　後嵯峨上皇、「白河殿七百首」を催す。《白河殿七百首》
7・10　後嵯峨上皇皇子浄助、円満院円助親王の室に入る。《外記日記》
7・11　亀山天皇、皇子（知仁親王）、誕生する（母は皇后洞院佶子）。《外記日記》
7・16　前関白二条良実に内覧宣旨を賜う。《外記日記》
7・25　後嵯峨上皇、三条坊門殿に御幸する。《外記日記》
8・10　亀山天皇皇子（知仁）を親王とする。《外記日記》
8・17　京都地震（八月二十五日、十月二十九日にも）。《本国寺年譜ほか》
8・21　院宣を下し、延暦寺の雲快《うんかい》・承兼《しょうけん》両僧の追放、山門の定規を定める。《外記日記》
8・23　後嵯峨上皇皇子（最助）を法親王とする。《外記日記》
8・24　天皇、五条殿より冷泉万里小路殿に行幸する（内侍所も渡御。よって後嵯峨上皇、禅林寺殿に移御）。《外記日記》
9・11　伊勢例幣使を発遣する。《外記日記》
9・12　関白左大臣一条実経、左大臣を辞任。《外記日記》
9・21　宗尊親王王女（掄子《りんし》女王。後宇多天皇後宮）、誕生する（母は近衛宰子）。《吾妻鏡》
10・5　右大臣近衛基平を左大臣、内大臣鷹司基忠を右大臣、大納言藤原冬忠を内大臣とする。《公卿補任》
10・6　後深草上皇、今出川殿に御幸する。《外記日記》
10・17　後嵯峨上皇、後深草上皇の富小路殿、東二条院の今出川殿、前太政大臣西園寺実氏の菊亭等に御幸する。《続史愚抄》
11・16　天皇、万里小路殿より五条殿に還御する。《外記日記》
12・2　後嵯峨上皇皇子無動寺南山房にて出家する（法名を慈助とする）。《外記日記》
12・7　後嵯峨上皇皇子仁恵、五辻宮の静仁親王の室に入る（二十六日、奈良で受戒）。《外記日記》
12・20　天皇、二条殿に方違行幸する。この日、「史記」を講読する。《外記日記》
12・26　後嵯峨上皇の院宣を奉じ、藤原基家・藤原為家・藤原行家・藤原光俊（真観）、

＊**続古今和歌集**《ぞくこきんわかしゅう》　十一番目の勅撰和歌集。後嵯峨上皇の院宣により藤原為家以下が撰進。一千九百首余を収録。宗尊親王の六十七首が最多で、後嵯峨・後鳥羽・土御門・順徳各上皇らの歌が採られている。

「続古今和歌集」を撰じて、この日奏覧する。《拾芥抄》後嵯峨上皇皇子（慈助）を法親王とする。《外記日記》

■文永三年（一二六六）丙寅

亀山天皇　18歳
後嵯峨上皇47歳
後深草上皇24歳

1・4　後嵯峨上皇、後深草上皇の今出川殿に御幸する。《外記日記》
1・9　後深草上皇、後嵯峨上皇御所に御幸し、法勝寺修正会に臨幸する。《外記日記》
1・17　後嵯峨・後深草両上皇、祇園・稲荷両社に御幸し、石清水八幡宮に参籠する（七日間）。《外記日記》
1・23　天皇、二条殿に遷る。▼両上皇、石清水より還幸し、賀茂・北野両社に御幸する。《外記日記》
1・28　後嵯峨上皇皇子浄助、円満院に出家する。《外記日記》
1・29　後深草上皇、大宮院とともに春日社に御幸する（七日間参籠）。《外記日記》
2・6　天皇、「尚書」を読む（十日にも）。《外記日記》
2・7　後嵯峨上皇、広隆寺・清涼寺・嵯峨殿に御幸する。《外記日記》
2・8　後嵯峨上皇、松尾・梅宮両社に御幸する（翌日、法輪寺・清涼寺・広隆寺等に御幸）。《外記日記》
3・4　後嵯峨上皇、蓮華王院に御幸する。《外記日記》
3・6　後嵯峨上皇皇子浄助を法親王とする。《外記日記》
3・7　後嵯峨上皇、日吉社に御幸する。《外記日記》
3・8　後嵯峨上皇、松尾社・梅宮に御幸する。《帝王編年記》後深草上皇、長講堂御八講始に御幸する。《外記日記》
3・12　後嵯峨上皇御在所にて続古今竟宴が開かれる（前年十二月開催であったが、彗星出現により延期）。《外記日記》
3・13　後嵯峨上皇、長講堂御八講に御幸する。《外記日記》
3月　覚助法親王を亀山天皇護持僧とする。《諸寺院上申》
4・12　後嵯峨・後深草両上皇、大宮院と賀茂社に御幸する（七日間参籠）。《外記日記》後鳥羽天皇皇子覚仁法親王（前園城寺長吏。母は舞女瀧）没（年69）。《園城寺伝法血脈》
4・22　後嵯峨・後深草両天皇、桟敷にて賀茂祭を覧る。《外記日記》
4・27　天皇、蓮華王院再建供養に行幸する（後嵯峨・後深草両上皇と大宮院臨御。現

在の本堂はこのときのもの）。《一代要記》
5・9 後嵯峨・後深草両上皇、新日吉小五月会に御幸する。《外記日記》
6・6 天皇、万里小路殿に行幸し、祇園神輿を避ける（六月十四日、二条殿に還幸）。《外記日記》
7・3 後嵯峨上皇、法勝寺御八講始に御幸する。《外記日記》
7・4 北条時宗、謀叛を理由に将軍宗尊親王を廃する。《吾妻鏡》後嵯峨上皇、脚気を病む。《外記日記》
7・6 後嵯峨上皇、病む。《外記日記》
7・8 宗尊親王、帰京のため鎌倉を出発する。《関東評定伝》
7・9 幕府使者、宗尊親王の事件を上奏する。《外記日記》「吾妻鏡」の記述が終わる。《同書》
7・20 宗尊親王、鎌倉から、この日京都に到着する（後嵯峨上皇、幕府をはばかり親王を義絶）。《外記日記》
7・24 執権北条時宗の奏請により、宗尊親王王子惟康《これやす》王を征夷大将軍とする（鎌倉幕府第七代将軍）。《外記日記》
9・10 大神宮神宝使を発遣する。《外記日記》
9・11 伊勢例勢使を発遣する。《外記日記》
9・16 伊勢内宮の遷宮が行なわれる。《二所大神宮例文》
9・18 天皇、「尚書」を読み終わり、「古文孝経」を読む。《外記日記》
10・25 内裏にて「尚書」正義の講筵あり。《外記日記》
11・3 天皇、万里小路殿より五条殿に遷る。《外記日記》
11・6 幕府、宗尊親王に領地を献じ、後嵯峨上皇に義絶を解くことを要請する。《外記日記》
11・27 後深草上皇、新築の冷泉富小路殿に移る。《外記日記》
11・28 天台座主澄覚を大僧正とする。《天台座主記》
12・9 内裏にて「尚書」正義の講筵あり。《外記日記》
この年 静仁法親王を熊野三山検校とする。《僧官補任》

■文永四年（一二六七）丁卯

亀山天皇 19歳
後嵯峨上皇48歳
後深草上皇25歳

1・5 後深草上皇、後嵯峨上皇御所万里小路殿に御幸する。《外記日記》
1・12 後嵯峨上皇、法勝寺修正会に御幸する。《外記日記》

＊歌会始《うたかいはじめ》 貴族の間では、古くより「御会始」が行なわれており、歌・作文・御遊（管絃）がセットになっていた。いつ正月に歌会始が行なわれたかは定かでないが、文永四年（一二六七）の記事で「内裏御会始」という歌会が行なわれたということで、このときが「歌会始の初め」ともいわれる。しかし、このあと正月に決まって「歌会始」があったわけではなく、後柏原天皇の明応十＝文亀元年（一五〇一）正月に月次歌会が開かれ、江戸時代以降は、ほぼ毎年催されるようになった。

＊吉続記《きちぞくき》 「経長卿記」「吉続御記」とも。権大納言吉田経長《つねなが》（一二三九～一三〇九）の日記。文永四年（一二六七）から乾元元年（一三〇二）までのうち一部が断続して写本として伝えられる（原本なし）。両統迭立など鎌倉時代後期の政治史に関する重要史料。

1・15 「内裏和歌御会始」が行なわれる。(「歌会始」の初めか)。《外記日記》
1・18 後嵯峨・後深草両上皇、大宮院と蓮華王院修正会に御幸する。《外記日記》
1・19 内大臣藤原冬忠、辞任。《公卿補任》
1・21 後嵯峨・後深草両上皇、大宮院とともに石清水八幡宮に御幸する(七日間参籠)。《外記日記》
1・27 後嵯峨・後深草両上皇と大宮院、石清水より還御し、賀茂社・北野社に御幸する。《外記日記》
2・9 後嵯峨上皇、広隆寺・清涼寺・嵯峨殿に御幸する。《外記日記》
2・23 権大納言一条家経を内大臣とする。《外記日記》
3・16 東二条院、熊野社に御幸する(四月八日還御)。《外記日記》
3・17 天皇、「尚書」正義の進講を受ける。《外記日記》
3・25 伊勢外宮の仮殿遷宮が行なわれる。《皇太神宮遷宮次第記》
4・1 後嵯峨・後深草両上皇、賀茂社に御幸する(七日間参籠)。《外記日記》
4・16 後嵯峨上皇、桟敷にて賀茂祭を覧る。《外記日記》
4・23 後嵯峨上皇、大宮院とともに亀山殿に御幸し、如法経を修する。《外記日記》
5・4 天皇、五条殿より四条高倉殿に遷る。《外記日記》
5・9 後深草上皇、東二条院とともに新日吉小五月会に御幸する。《外記日記》
5・15 丹生・貴布禰両社に祈雨奉幣使を発遣する。《吉続記》
5・19 後嵯峨上皇、如法経を手写する。《華頂要略》
5・25 後嵯峨上皇、石清水・北野両社に御幸し、宸筆如法経を納める。《吉続記》
5・27 大宮院、北野に御幸する。《外記日記》
5・29 京都、大雨洪水。《吉続記》
6・7 東二条院、春日社に御幸する。《外記日記》
6・13 天皇、三条坊門殿に行幸し、祇園神輿を避ける(後嵯峨上皇、行幸儀装を覧る。十五日、三条坊門殿より還幸)。《吉続記》
6・24 澄覚、天台座主を辞任。《天台座主記》
6・26 斎宮愷子内親王を准三宮とする。《外記日記》
7・5 後深草上皇、法勝寺御八講第三日に御幸する。《外記日記》
7・15 尊助法親王を天台座主に還補する。《天台座主記》
7・18 後嵯峨上皇、亀山殿に御幸する。《外

記日記》
7・20 大僧正澄覚にかえ、尊助法親王を護持僧とする。《吉続記》
7・24 後嵯峨上皇、亀山殿より禅林寺殿に還御する。《続史愚抄》
8・16 安嘉門院、天橋立に御幸し、木崎温泉に浴す。《外記日記》
8・20 亀山天皇皇子知仁親王没（十九日没説も。母は京極院。年3）。《外記日記》
9・7 後嵯峨・後深草両上皇・大宮院、左大臣近衛基平の日野山荘に御幸する。《外記日記》
9・11 伊勢例幣使を発遣する。《吉続記》
9・13 後嵯峨・後深草両上皇、摂津国吹田に御幸する。《外記日記》
9・15 天皇、病む。▼後嵯峨上皇、摂津吹田殿より四天王寺に御幸する（十七日還御）。《外記日記》
9・26 後深草上皇、吹田より有馬温泉に御幸する。《外記日記》
10・30 後深草上皇皇子（性仁法親王）、誕生する（母は洞院愔子）。《仁和寺御伝》
11・16 後嵯峨・後深草両上皇、春日社に御幸する（七日間参籠）。《外記日記》
11・26 後嵯峨・後深草両上皇、三条坊門殿桟敷にて賀茂臨時祭を覧る。《外記日記》
12・1 亀山天皇皇子（世仁親王。後宇多天皇）、土御門殿にて誕生する（母は皇后洞院佶子）。《吉続記》
12・5 天皇、藤原孝行より琵琶の最秘曲（啄木）を伝受する（十月にも秘曲伝授を受け、まだ未伝授の後深草上皇が衝撃を受ける）。《後深草天皇宸記》
12・9 関白一条実経、辞任。左大臣近衛基平を関白・氏長者とする。《吉続記》
12・12 天皇、女房藤原博子より琵琶の秘曲伝綬を受ける。《後深草天皇宸記》
12・28 関白近衛基平に内覧宣旨を賜う。《一代要記》
12月から翌年6月 後深草上皇、女房藤原博子等より琵琶の秘曲伝授を受ける。《後深草天皇宸記》
この年 亀山天皇皇子（性覚法親王）、誕生する（母は久我通能女）。《本朝皇胤紹運録》
□10・12西園寺《さいおんじ》公相《きんすけ》（太政大臣。父は太政大臣西園寺実氏。46）

■**文永五年（一二六八）戊辰**

亀山天皇 20歳
後嵯峨上皇49歳
後深草上皇26歳

1・3 後嵯峨上皇、後深草上皇御所富小路殿に御幸する。《吉続記》

1・5　後深草上皇、後嵯峨上皇御所万里小路殿に御幸する。《吉続記》
1・9　後嵯峨・後深草両上皇、法勝寺修正会に御幸する。《一代要記》
1・15　後深草上皇、女房藤原博子より琵琶の秘曲伝授を受ける（六月二十五日にも）。《後深草天皇宸記》
1・18　後嵯峨・後深草両上皇、東二条院とともに蓮華王院修正始に御幸する。《一代要記》
1・20　皇子（世仁親王）、五十日の儀を富小路殿に行なうため、天皇、これに行幸する。《深心院関白記》
1・23　後深草上皇、藤原孝頼より琵琶の秘曲伝授を受ける。《後深草天皇宸記》
1・29　後嵯峨上皇、石清水八幡宮に御幸する（七日間参籠）。《深心院関白記》
1月　高麗使が大宰府に来着、蒙古国書をもって通好を求める。《鎌倉年代記》
①・5　後嵯峨上皇、石清水より還御し、賀茂・北野両社に御幸する。《深心院関白記》
①・18　大宰府守護少弐資能《しょうにすけよし》、蒙古・高麗の国書を幕府に送る（朝廷を素通り）。《一代要記》
①・28　後嵯峨上皇、白河殿より亀山殿に移る（二月五日、白河殿へ）。《深心院関白記》

2・7　幕府、蒙古・高麗の国書を前太政大臣西園寺実氏に奏上する。《深心院関白記》
2・10　後嵯峨上皇、公卿を召し、蒙古国書報答の可否を議論させる（「国家の珍事、大事なり」と記される。伊勢内宮等に勅使発遣などをし、十九日、返牒せずと決す）。《深心院関白記》
3・5　石清水八幡宮に仁王経法を修し、異国降伏を祈る。《八幡愚童訓》幕府、北条時宗を執権（鎌倉幕府第八代執権）とする。《北条九代記》
3・13　後嵯峨上皇、長講堂御八講に御幸する。《深心院関白記》
3・23　東寺に仁王経法を修し、異国降伏を祈る。《東宝記》
3・26　慈助法親王、灌頂を天台座主尊助法親王より受ける。《天台座主記》
4・1　後嵯峨・後深草両上皇、賀茂社に御幸する。《帝王編年記》
4・13　後嵯峨上皇、権大納言花山院通雅を伊勢神宮に遣わし、宸筆宣命・神宝を奉る。《帝王編年記》
5・4　京都大地震。《吉続記》
5・9　後嵯峨・後深草両上皇、新日吉小五月会に御幸する。《続史愚抄》
5・18　止雨奉幣使を発遣する（二十四・三

●**入道**《にゅうどう》　皇族や三位以上の人が仏門に入ること、あるいは仏門に入った人に対する敬称。親王宣下をした皇子が出家した場合は入道親王といい、出家した皇子が親王となった場合は法親王というが、厳密に使い分けられていたわけではない。本書ではなるべくこの原則に従った。

十日にも）。《吉続記》
6・13　天皇、万里小路殿に行幸し、祇園神輿を避ける（十五日、五条殿に還幸）。《吉続記》
6・22　後嵯峨上皇、病む。《吉続記》
6・25　亀山天皇皇子を親王とし、名を世仁《よひと》と賜う。《吉続記》天皇、六条仙洞御所に行幸し、女房藤原博子より啄木伝授を受ける。《後深草天皇宸記》
7・7　神泉苑に祈雨御読経を行なう。▼後深草上皇、法勝寺御八講結願に御幸する。《吉続記》
7・17　禁中・延暦寺で異国調伏を祈る。▼清滝社・龍穴社で祈雨読経を行なう。《吉続記》
8・23　院宣を下し、園城寺で三摩耶戒を行なった寛乗《かんじょう》を罷免する。《天台座主記》
8・25（後嵯峨上皇の意により、後深草上皇皇子熙仁ではなく）亀山天皇皇子世仁親王（二歳）を皇太子とする（後深草上皇の不満を招き、後深草系の持明院統と亀山系の大覚寺統との対立の発端となる）。《吉続記》
9・8　伊勢外宮正遷宮神宝使、また止雨奉幣使を発遣する。《勘仲記》
9・11　伊勢例幣使を発遣する。《吉続記》
9・15　伊勢外宮の正遷宮が行なわれる。《吉続記》
9・22　後嵯峨上皇、石清水八幡宮に御幸する。《吉続記》
9・23　後嵯峨上皇、賀茂社に御幸する。《吉続記》
9・26　天皇、万里小路殿に行幸する（二十七日還幸）。《吉続記》
10・5　後嵯峨上皇、北野・平野両社に御幸し、亀山殿に還御し、出家する（後深草上皇・大宮院・東二条院臨御）。《後深草天皇宸記》
10・26　後嵯峨法皇、亀山殿より富小路殿に還幸する。《続史愚抄》
11・9　大神宮神宝使を発遣する。《吉続記》関白左大臣近衛基平、左大臣を辞任（十九日、関白も辞任）。《公卿補任》
12・2　右大臣鷹司基忠を左大臣、内大臣一条家経を右大臣、権大納言花山院通雅を内大臣とする。《公卿補任》
12・6　亀山天皇中宮西園寺嬉子の院号を今出河院とする。《一代要記》
12・10　左大臣鷹司基忠を関白・氏長者とする。《公卿補任》
12・25　幕府、青蓮院尊助法親王の天台座主をやめさせ、最仁法親王の梨本門跡、尊助

＊**深心院関白記**《しんしんいんかんぱくき》　関白近衛基平（一二四六～六八）の日記。建長七年（一二五五）から文永五年（一二六八）の没するまでを記すも、欠失部が多い。

法親王の青蓮院門跡を没収する。《天台座主記》

12・27 前関白二条良実、内覧・兵仗を辞する。《公卿補任》

この年 亀山天皇皇子（良助法親王）、誕生する（母は藤原実平女）。《本朝皇胤紹運録》覚助法親王を園城寺長吏とする。《諸寺院上申》

□9・9大炊御門《おおいのみかど》冬忠《ふゆただ》（内大臣。父は内大臣大炊御門家嗣。51）、11・19近衛《このえ》基平《もとひら》（関白、左大臣。父は摂政近衛兼経。「深心院関白記」記主。23）

■文永六年（一二六九）己巳

亀山天皇 21歳
後嵯峨法皇50歳
後深草上皇27歳

1・3 法皇、万里小路殿に御幸する。《続史愚抄》

1・5 法皇、上皇御所富小路殿に御幸する。《続史愚抄》

1・9 法皇、法勝寺修正会に御幸する。《一代要記》

1・10 延暦寺梶井・青蓮院僧徒、日吉社神輿を奉じて入京、六波羅兵、これを拒む。僧徒、神輿を道に棄てたため、これを祇園社に遷させる。《天台座主記》

2・8 大宮院・東二条院、春日祭に御幸する。《帝王編年記》

2・17 院宣を下し、大僧正澄覚、権僧正道玄に梶井・青蓮院を管領することを旧のごとくさせる。（二十日、日吉神輿帰座。七月十四日、延暦寺僧徒、これを破壊）。《天台座主記》

3・1 後嵯峨法皇皇女月華門院（綜子内親王）没（年23）。《女院記》左大臣鷹司基忠、辞任。《公卿補任》

3・7 蒙古使・高麗使、対馬に来着。返牒を求め、のち島民を掠奪して帰る。《帝王編年記》

4・3 法皇、宇治に御幸する。《続史愚抄》

4・5 法皇、東大寺に御幸、権僧正定済より受戒する。《帝王編年記》

4・23 右大臣一条家経を左大臣、内大臣花山院通雅を右大臣、大納言中院通成を内大臣とする。《公卿補任》

4・26 法皇御所万里小路殿で蒙古への返牒を審議する。《歴代編年集成》

7・16 天皇、薬師経・同尊根本印明等を天台座主澄覚より受ける。《天台座主記》

8・23 法皇・上皇、石清水八幡宮に御幸する（七日間参籠）。《後深草天皇宸記》伊勢神宮等に使を発遣し、異国降伏を祈る。《吉

続記》

9・4　法皇・上皇、大宮院・東二条院と四天王寺に御幸する（十日間参籠）。《一代要記》

9・17　高麗使、対馬に来着、島民二名を返し、国書および蒙古の牒状を呈する（ついで朝廷、返牒を裁し幕府に下す）。《本朝文集》

10・19　皇太子世仁親王、著袴の儀を行なう。《皇年代略記》

11・9　内大臣中院通成、辞任。《公卿補任》

11・28　権大納言藤原師忠を内大臣とする。《公卿補任》

11・29　法皇御願により、七社神輿を新造し日吉社に献じる。《続史愚抄》

12・16　皇太子世仁親王、御書始を行なう。《皇年代略記》後深草上皇皇子（幸仁親王）、誕生する（母は太政大臣西園寺公経女成子）。《本朝皇胤紹運録》

この年　亀山天皇皇子（性恵法親王）、誕生する（母は三条公親女）。《本朝皇胤紹運録》僧仙覚、「万葉集抄」を撰する。《同書》

□6・7　西園寺《さいおんじ》実氏《さねうじ》（太政大臣。父は太政大臣西園寺公経。76）

■文永七年（一二七〇）庚午

亀山天皇　22歳
後嵯峨法皇51歳
後深草上皇28歳

1・11　蒙古船、対馬に至る。《鎌倉大日記》

1・23　法皇・上皇、石清水八幡宮に御幸する（七日間参籠）。《一代要記》

1月　朝廷の蒙古宛ての「日本国太政官牒」が文章博士菅原長成《ながなり》により起草される（中で「皇土を以て永く神国と号す、智を以て競ふべきにあらず、力を以て争ふべきにあらず」と記されるも、幕府により返牒を差し止められる）。

2・23　将軍惟康親王、元服する。《北条九代記》

3・14　天皇、春日社に行幸する。《一代要記》

3・15　これより先、諸寺に宣旨を下し、異国調伏を祈禱させる。《異国御祈文書》

4・19　天皇、病む。《五代帝王物語》

6・13　天皇、万里小路殿に行幸する（十五日還御）。《園太暦》

8・21　夜、五条大宮殿が焼亡する。天皇、万里小路殿に遷る。《吉続記》法皇、万里小路殿より三条坊門殿（押小路烏丸殿）に移る。《仙洞御移徙部類記》

9・7　天皇、万里小路殿より二条殿に遷る。《園太暦》

9・19　後深草天皇皇女（姈子内親王）、誕

生する（母は皇后西園寺公子〈東二条院〉）。《本朝皇胤紹運録》

⑨・23　法皇、亀山殿に御幸する。《吉続記》

10・7　法皇、亀山殿にて土御門天皇四十回忌宸筆法華八講を修する（天皇・上皇が臨席。十日、二条殿に還御）。《宸筆御八講記》

11・15　阿蘇山噴火（「地大いに震う」と記される）。《阿蘇家譜》

11・26　天台座主澄覚、梨本・梶井二寺を最助法親王に付属させる。《天台座主記》

12・20　惟康《これやす》親王、勅旨をもって源姓を賜わる。《将軍執権次第》

□11・29　二条良実《にじょうよしざね》（関白。左大臣。二条家祖。父は摂政・関白・左大臣九条道家。55）

■文永八年（一二七一）辛未

亀山天皇　23歳

後嵯峨法皇　52歳

後深草上皇　29歳

1・2　後嵯峨法皇、後深草上皇御所富小路殿に御幸する。《吉続記》

1・3　上皇、法皇御所万里小路殿に御幸する。《吉続記》

1・7　後深草上皇皇子（幸仁）を親王、皇女（姈子）を内親王とする。《吉続記》

1・9　上皇、法勝寺修正会に御幸する。《吉続記》

1・15　法皇、石清水八幡宮に御幸する（七日間参籠）。《一代要記》

1・27　上皇、東二条院とともに万里小路殿に御幸する。《吉続記》

2・1　法皇、三条坊門殿に御幸する。《吉続記》

2・8　内大臣二条師忠を復任する。《公卿補任》

2・23　上皇、北山殿に御幸する。《続史愚抄》

3・10　花山院通雅、右大臣を辞任。《吉続記》

3・27　内大臣二条師忠を右大臣、権大納言花山院師継を内大臣とする。《公卿補任》

5・9　上皇、新日吉小五月会に御幸する。《続史愚抄》

5・16　澄覚を天台座主に還補する。《天台座主記》

5・23　法皇、四天王寺に御幸し、御懺法講を修する。《続史愚抄》

5・28　天台座主澄覚を再び護持僧とする。《天台座主記》

6・19　法皇・上皇、藤原経任の中御門西洞院第に御幸する。《帝王編年記》

7・6　伊勢外宮の仮殿遷宮が行なわれる。《遷宮事略》

7月　法皇、鷲尾に御幸する。《続拾遺和歌集》

8・23　上皇皇子（熙仁。伏見天皇）、著袴

◉亀山天皇御製

「たづねきてあかぬ心にまかせなば千とせや花の陰にすぐさん」

（「続古今和歌集」）

「四方の海浪をさまりてのどかなる我が日の本に春は来にけり」

（「亀山院御集」）

「うれしくも豊葦原のよしよしとわがすゐずゐのまぼるべき国」

（「亀山院御集」）

の儀を行なう。《続史愚抄》
9・1 法皇、病む。《吉続記》
9・2 幕府、高麗の牒状を朝廷に奏上する（三日、法皇御所万里小路殿にてこれを議する）。《吉続記》
9・5 天皇、藤原茂範を召し、高麗の牒状を読ませる。《吉続記》
9・11 伊勢例幣使を発遣する。《吉続記》
9・13 幕府、蒙古の襲来を聞き、鎮西の将士に令して海防を厳にさせる。《薩藩旧記》
9・15 法皇・大宮院、四天王寺に御幸する。《吉続記》
9・19 蒙古使、大宰府に至り、入京して国書を呈することを計る。大宰府、これを退け、副本を幕府に呈する。《五代帝王物語》
10・23 法皇、幕府からの蒙古国書につき、公卿を会してこれを議させる。《吉続記》
10・25 法皇、石清水八幡宮に御幸し、異国降伏を祈る。《吉続記》
10月 後嵯峨法皇皇后大宮院の下命により「**風葉和歌集**」が成る。《序》
11・22 天台座主澄覚《ちょうかく》に異国調伏を祈らせる。《吉続記》
12・16 伊勢公卿勅使を発遣し、異国調伏を祈らせる。《吉続記》
12・19 後深草上皇皇子（満仁）を親王とする。《仁和寺御伝》
12月 法皇、病む。《一代要記》
この年 亀山天皇皇子（聖雲法親王）、誕生する（母は藤原実平女三条局）。《本朝皇胤紹運録》
□7・8 大炊御門《おおいのみかど》家嗣《いえつぐ》（内大臣。父は右大臣大炊御門師経。75）

■文永九年（一二七二）壬申

亀山天皇 24歳
後嵯峨法皇 53歳
後深草上皇 30歳

1・11 法皇病み、上皇、法皇御所万里小路殿に御幸する。《帝王編年記》
1・17 天皇、法皇の病気により亀山殿に行幸する（二月四・十一日にも）。《増鏡》
2・7 法皇、亀山殿別殿寿量院に移る。《増鏡》
2・17 後嵯峨法皇、嵯峨の亀山殿別殿寿量院にて崩御（遺詔により亀山殿別殿薬草院にて火葬〈火葬復活〉。陵名は**嵯峨南陵**。法皇、後継について明らかにしないまま崩御、また、「治天の君」の決定も幕府に一任する旨の自筆勅書を幕府に遣わす。幕府は、亀山天皇を「治天の君」とする）。《一代要記》
2・19 後嵯峨法皇遺骨を亀山殿別殿薬草院

***風葉和歌集**《ふうようわかしゅう》 大宮院（西園寺姞子）の下命により、「源氏物語」以来の物語約二百種から秀歌を選んだもの。二十巻中十八巻（約一千四百首）が残り、今に伝わらない散佚物語も多く含まれ、貴重な資料となっている。

***嵯峨南陵**《さがのみなみのみささぎ》 京都市右京区嵯峨天龍寺芒《すすき》ノ馬場町に所在。天龍寺域内。文永九年（一二七二）に崩御後、火葬され、遺骨は仮に浄金剛院に安置、翌年、皇后（藤原姞子）の建てた法華堂に移された。のち戦乱により荒廃して所伝を失うも、幕末、現陵に考定されて修補。亀山天皇陵は西隣にある。明治三十九年には嵯峨陵と称し、大正元年に現陵名に改められる。

に移す。《帝王編年記》

2・20 後嵯峨法皇の遺骨を浄金剛院に納める。《親長卿記》

2・23 後嵯峨天皇中宮大宮院、出家する。《帝王編年記》

2・30 前将軍宗尊親王、父嵯峨法皇崩御のため出家する。《将軍執権次第》斎宮愷子内親王、父帝崩御により退下する。《増鏡》

4・7 大宮院、後嵯峨法皇の遺詔を発表する（大覚寺統・持明院統分立の発端）。《吉続記》

5・20 後深草上皇皇子幸仁親王没（年4）。《一代要記》

5月 元の使者、高麗の牒を携えて来朝する。《北条九代記》

6・21 後嵯峨法皇遺骨を浄金剛院より法華堂に移す。《吉続記》

6月 醍醐寺清滝宮に祈雨読経を行なう。《醍醐寺新要録》

7・1 神泉苑に読経し、雨を祈らせる。《続史愚抄》

8・9 亀山天皇皇后洞院佶子《きつし》没（この日、院号を京極院とする。十三日、山科に葬られる。年28）。《外記日記》

10・17 天皇、先月より曝涼の御書を叡覧する。《吉続記》

11・2 東寺に仏眼法を修し、異国降伏を祈らせる。《東寺長者補任》

この年 亀山天皇皇子（覚雲法親王）、誕生する（母は藤原実平女）。▼後深草上皇皇女（久子内親王）、誕生する（母は洞院愔子〈玄輝門院〉）。《本朝皇胤紹運録》

□6・26葉室定嗣《はむろさだつぐ》（権中納言。後嵯峨上皇家司。「葉黄記」記主。65）

■文永十年（一二七三）癸酉

亀山天皇 25歳

後深草上皇31歳

2・11 嵯峨法華堂成り、この日、供養が行なわれる。《東寺長者補任》

3・9 会津大地震。《異本塔寺長帳》

4・9 内大臣藤原師継、天皇に「群書治要」を進講する。《吉続記》

4・18 天皇、二条殿より大炊御門万里小路殿に遷る。《吉続記》

4・25 澄覚、天台座主を辞任（五月十八日、座主職を元の如き由の勅定）。《天台座主記》

5・5 関白鷹司基忠、辞任。前右大臣九条忠家を関白・氏長者とする。《吉続記》

5・19 大宮院、春日社に参詣する。《帝王編年記》

5・20 僧慧安《えあん》、石清水八幡宮に願文を奉じ、異国調伏を祈る（八幡大菩薩の霊威による王法繁昌・天下泰平等を願う。願文末尾に「すえのよの末の末までわが国はよろづのくに、すぐれたる国」と詠む)。《石清水八幡宮文書》
5月 後深草上皇皇女貴子内親王（母は中宮西園寺公子）没（年12）。《一代要記》
⑤・14 天皇、清原良季を召し、「毛詩」を読む。《吉続記》
6・21 後嵯峨天皇の遺骨を浄金剛院より院内に造営された法華堂に移す。《吉続記》
6・24 室生龍穴社・醍醐寺清滝社に読経して雨を祈る。《吉続記》
6・27 炎旱により、神泉苑で雨を祈らせる（七月十日にも）。《吉続記》
8・2 後鳥羽天皇皇女嘉陽門院（礼子内親王。母は坊門信清女）没（年74）。《園太暦》
9・11 伊勢例幣使を発遣する。《吉続記》
9・27 「新制二十五ヵ条」を下す。《三代制符》
10・12 六条殿・長講堂等が焼亡する。《一代要記》
10・20 万里小路内裏が焼亡する。天皇、押小路殿に遷る。《一代要記》
11・21 伊勢外宮の仮殿遷宮が行なわれる。《妙槐記》
この年 亀山天皇皇女（憙子《きし》内親王。昭慶門院）、誕生する（母は藤原雅子）。《本朝皇胤紹運録》卜部兼文「古事記裏書」（「古事記」注釈書）成る。
□2・14徳大寺実基《さねもと》（太政大臣。父は左大臣徳大寺公継。「行幸部類記」「御譲位部類記」を残す。73）、5・27北条政村《ほうじょうまさむら》（鎌倉幕府第七代執権。69）、8・16洞院実雄《とういんさねかつ》（左大臣。後宇多・伏見両天皇の外祖父。父は太政大臣西園寺公経。57）
●正元元年〜文永十一年（一二五九〜七四）、編年史「百練抄」成立か。

■文永十一年（一二七四）甲戌

亀山天皇 26歳
後宇多天皇8歳
後深草上皇32歳

1・25 天皇、譲位のため押小路烏丸殿に遷る。《増鏡》

第九十一代 後《ご》宇《う》多《だ》天皇

1・26 亀山天皇、押小路烏丸殿にて譲位（院政開始）。世仁親王、二条高倉殿にて受禅（**後宇多天皇**）。後深草上皇、出家する。▼関白九条忠家を摂政とする。《増鏡》
2・2 先帝に太上天皇尊号を奉る。《文永代始公事抄》
2・24 亀山上皇、尊号を辞退する（三月二

＊**百練抄**《ひゃくれんしょう》（**百錬抄**） 京都を中心とした朝廷・公家関係の編年史（安和元年〈九六八〉から正元元年〈一二五九〉まで）。亀山天皇在位中（一二五九〜七四）成立と推定されている。
＊**後宇多天皇**《ごうだてんのう》（一二六七〜一三二四） 名は世仁《よひと》。亀山天皇第二皇子。母は左大臣藤原実雄《さねかつ》女佶子《きつし》（京極院）。文永五年（一二六八）親王宣下、立太子。同十一年、践祚ついで即位。建治三年（一二七七）元服。弘安十年（一二八七）譲位、太上天皇尊号宣下。徳治二年（一三〇七）出家。元亨四年（一三二四）崩御。陵は蓮華峯寺陵《れんげぶじ》。追号は遺詔による。皇子女に後二条天皇（母は源基子）・後醍醐天皇（母は藤原忠子）のほか性円・承覚・性勝各親王、奨子・禖子・愉子各内親王など。
＊**宗尊親王**《むねたかしんのう》（一二四二〜七四） 父は後嵯峨天皇、母は平棟基女棟子。寛元二年（一二四四）親王宣下。建長四年（一二五二）第六代将軍に任じられる。文永三年（一二六六）帰洛。同九年出家。
＊**勘仲記**《かんちゅうき》 権中納言勘解由小路（日

十日にも)。《文永代始公事抄》
3・2　雅成親王（後鳥羽天皇皇子）王子澄覚（天台座主）を親王とする（皇孫としては初の親王。澄覚法親王）。《天台座主記》
3・14　即位由奉幣使を発遣する。《文永代始公事抄》
3・26　後宇多天皇、太政官庁で即位の礼を挙げる。《文永代始公事抄》
4・19　亀山上皇、石清水八幡宮に御幸する（二十五日還御、すぐに賀茂社に御幸）。《文永代始公事抄》
6・17　即位由山陵使を発遣する。《文永代始公事抄》
6・20　摂政九条忠家、辞任。左大臣一条家経を摂政・氏長者とする。《文永代始公事抄》
6・28　故関白近衛基平女位子、上皇御所に入る。《歴代皇紀》
6・29　神泉苑に雨を祈る（二社にも奉幣）。《文永代始公事抄》
8・1　後嵯峨天皇皇子**宗尊親王**没。《歴代皇紀》
9・11　伊勢例幣使を発遣する。《文永代始公事抄》
10・1　伊勢外宮の仮殿遷宮が行なわれる。《遷宮次第記》
10・5　元・高麗軍、対馬・壱岐に来襲する。《八幡愚童訓》
10・20　元・高麗軍、筑前国に上陸。大宰府の少弐・菊池軍防戦も大敗。夜、風雨により、元・高麗軍、撤退する（文永の役）。《八幡愚童訓》
10・22　天皇、大嘗会のため河原頓宮に行幸し、鴨川で禊する。《文永代始公事抄》権中納言広橋兼仲《かねなか》、「我が朝は神国なり、定めて宗廟の御冥助あるか」と記す。《**勘仲記**》
11・1　幕府、中国・四国の御家人・非御家人を動員し、防衛を命じる（「蒙古襲来」により、天皇、外交権・軍事指揮権を失う）。《**東寺百合文書**ほか》
11・2　亀山上皇、宸筆御書を山陵八所に献じ、延暦寺・東寺で異国降伏を祈らせる。《続史愚抄》
11・6　元軍撤退の報が京都に達する。広橋兼仲、「逆風吹き来り、本国に吹き返す」「神明の御加被か」と記す。《勘仲記》
11・7　延暦寺に一字金輪法を修し、異国降伏を祈らせる。《続史愚抄》元軍襲来により、十六社に奉幣使を派遣する。《文永代始公事抄》
11・17　天皇、大嘗会のため太政官庁に遷る（二十二日還幸）。《文永代始公事抄》
11・19　天皇、太政官庁にて大嘗祭を行なう。

野・広橋）兼仲《かねなか》の日記。「兼仲卿記」とも。文永十一年（一二七四）から正安二年（一三〇〇）まであるも欠落あり。政治・経済・宗教・文化等、中世の転換期を知るための重要史料。

＊**東寺《とうじ》百合文書《ひゃくごうもんじょ》**　加賀藩主前田綱紀が「東寺文書」を書写し、百の桐箱に収めて東寺に寄進したもの（現存九十四箱。もともと九十四箱を百としたものともいわれる）。

《文永代始公事抄》
11・22 天皇、太政官庁より皇居二条殿に還幸する。《文永代始公事抄》
12・1 亀山上皇皇女理子を内親王とする。《文永代始公事抄》
12・7 延暦寺中堂に七仏薬師法を行ない、異国降伏を祈る。《天台座主記》
12・29 桓武天皇陵が盗掘され、この日、実検調査報告が出される（このとき陵の規模を記し、その本体が丘陵の頂上にあったことがわかる）。《仁部記》
この年 後深草天皇皇子（行覚法親王。母は内大臣三条公親女房子）、誕生する。《諸門跡譜》
この年から翌年 卜部兼文が「書紀」神代巻について前関白一条実経の質問に応える（これを子の卜部兼方が「釈日本紀」として編集）。
□4・15藤原経光《ふじわらのつねみつ》（権中納言。「民経記」記主。63）、12・14西園寺公基《さいおんじきんもと》（右大臣。父は太政大臣西園寺実氏。55）
●文永年間（一二六四～七五）、文机《ぶんき》房隆円《ぼうりゅうえん》「文机談」一応成る。

■建治元年（一二七五）乙亥

後宇多天皇9歳
後深草上皇33歳
亀山上皇 27歳
1・22 亀山上皇、石清水八幡宮に御幸する（七日間参籠）。《一代要記》
2・11 後堀河天皇中宮鷹司院（近衛長子）没（年58）。《女院記》
2・18 十六社に奉幣使を派遣し、異国降伏を祈る。《仁部記》
2・22 近衛基平女位子を亀山上皇女御とし、准三宮とする。《女院小伝》
3・28 亀山上皇女御近衛位子の院号を新陽明門院とする。《帝王編年記》
4・9 後深草上皇、尊号および随身・兵仗を辞する（出家しようとする。十三日、六条殿に移る）。《増鏡》
4・15 内大臣花山院師継を公卿勅使として伊勢に発遣する。《一代要記》元使、長門国室津《むろつ》に来着し、書をもたらす。《関東評定伝》
4・25 代始により建治と改元する。《園太暦》
5・12 幕府、周防・安芸両国に長門国とともに長門を防御させる（のち備後国を加える）。《東寺百合文書》
8・21 摂政一条家経を太政大臣の上とする。《公卿補任》
8・27 前右大臣花山院通雅を太政大臣とする。《公卿補任》

＊**文机《ぶんき》談《だん》** 文机房隆円（生没年不詳）の琵琶相承次第の歴史物語。文永年中（一二六四～七五）成り、その後補筆。廉承武《れんしょうぶ》、藤原貞敏、藤原孝時など琵琶伝承者の列伝。隆円は藤原孝時の弟子で、孝時が父孝道に勘当されたため、孝時流を正統とするために本書を著したとされる。
＊**建治《けんじ》** 文章博士菅原在匡《ありまさ》の勘文に「周礼曰、以治建国之学政」とある。

9・7　幕府、元使五人を鎌倉龍口《たつのくち》に斬る。《関東評定伝》
9月　前斎宮愷子内親王、帰京する。《増鏡》
10・14　後深草上皇皇子煕仁を親王とする（「帝王編年記」等は二十七日親王宣下）。《皇年代略記》
10・21　摂政・左大臣一条家経、辞任。前太政大臣鷹司兼平を摂政・氏長者とする。《公卿補任》
10・22　幕府、元の牒状を進奏する。《師守記》
10月　後深草上皇、亀山殿に御幸する。《続史愚抄》
11・5　（執権北条時宗の周旋により）後深草上皇皇子煕仁親王を後宇多天皇皇太子とする（ここに後深草系〈持明院統〉と亀山系〈大覚寺統〉の両統迭立が始まる）。《増鏡》
11・11　右大臣二条師忠を一上とする。《公卿補任》
12・8　幕府、翌春の元征服のため、山陰・山陽・南海諸道に梶取水手を召集させる。《東寺文書》内大臣花山院師継、辞任。《公卿補任》
12・15　亀山上皇、法勝寺大乗会に御幸する。《勘仲記》
12・22　右大臣二条師忠を左大臣、権大納言九条忠教を右大臣、権大納言近衛家基を内大臣とする。《公卿補任》
この年　後深草上皇皇子（深性）、誕生する（母は三善康衡女忠子）。《仁和寺御伝》亀山天皇皇女（理子内親王）、誕生する（母は左大臣洞院実雄女禖子）。《本朝皇胤紹運録》
□5・1藤原為家《ふじわらのためいえ》（権大納言。順徳天皇寵臣。「続後撰和歌集」「続古今和歌集」撰者。「風葉和歌集」撰者か。父は藤原定家。78）、6・9九条忠家《くじょうただいえ》（右大臣。父は摂政・関白九条教実。47）

■建治二年（一二七六）丙子

後宇多天皇10歳
後深草上皇34歳
亀山上皇　28歳

1・5　亀山上皇、後深草上皇御所に御幸する。《一代要記》
1・11　澄覚法親王、母の喪により天台座主を辞するも、延暦寺衆徒の奏請により解喩する。《天台座主記》
1・22　亀山上皇、石清水八幡宮に御幸する（七日間参籠）。《続史愚抄》
1・28　亀山上皇、石清水より春日社に御幸する（二十九日還幸）。《一代要記》
3・10　幕府、九州の将士に、筑前筥崎より今津までの海岸に石塁を築かせる（八月ほ

ぼ完成）。《深江文書》
3・29 太政大臣花山院通雅、辞任。《公卿補任》
③・21 亀山上皇御所押小路殿が焼ける。《続史愚抄》
6・25 皇太子熙仁親王、冷泉富小路角御所にて読書始を行ない、「御注孝経」を読む（ついで習字）。▼亀山上皇、吉田泉に御幸する。《後深草天皇宸記》
7・7 亀山上皇、法勝寺御八講に御幸する。《勘仲記》
7・22 亀山上皇、前権大納言二条為氏に「続拾遺和歌集」撰進を命じる。《尊卑分脈》
8・23 天皇、某所に行幸し、管絃御会にて笛を奏する。《御遊抄》
9・11 後深草天皇皇子（久明親王）、誕生する（母は三条房子）。《将軍執権次第》
9・14 亀山上皇、近衛殿に移る。《勘仲記》
11・17 亀山上皇皇子（啓仁親王）、誕生する（母は近衛位子〈新陽明門院〉）。《勘仲記》
11・25 澄覚法親王、天台座主をやめる。《天台座主記》
12・14 摂政鷹司兼平を太政大臣に還任する。《勘仲記》
この年 後深草上皇皇子（深性法親王）、誕生する（母は三善衡子）。《諸門跡譜》

□5・4花山院通雅《かざんいんみちまさ》（太政大臣。父は右大臣花山院定雅。45）、7・21葉室光俊《はむろみつとし》（歌人。藤原定家に師事し、将軍宗尊親王の歌道師範。「続古今和歌集」撰者。74）、10・18吉田経俊《よしだつねとし》（中納言。「経俊卿記」記主。63）

■建治三年（一二七七）丁丑

後宇多天皇11歳
後深草上皇35歳
亀山上皇29歳

1・1 降雨により、小朝拝・両院拝礼を延引する（二日追行）。《勘仲記》
1・3 天皇、内裏二条殿にて元服する。《勘仲記》
1・12 僧正道宝、伊勢神宮で異国降伏を祈る。《東寺長者補任》
1・22 天皇、亀山上皇の亀山殿に朝覲行幸する（二十四日還幸）。《園太暦》
1月 興福寺に蒙古降伏の祈禱を修する。《興福寺略年代記》
2・6 天皇、疱瘡にかかり、天台座主道玄、薬師法を修する。《華頂要略》
4・26 太政大臣鷹司兼平、辞任。《公卿補任》
6・8 大宰府、使者を幕府に遣わし、宋が蒙古に滅ぼされ、渡宋の商船等、交易を止めて逃れ帰ることを報じる。《建治三年日記》
7・7 亀山上皇、法勝寺御八講に御幸する。

＊経俊卿記《つねとしきょうき》 中納言吉田経俊（一二一四〜七六）の日記。「吉黄記」とも。嘉禎三年（一二三七）から建治二年（一二七六）の四十年にわたるも欠落が著しい。しかし、自筆本も一部残り、写本等も含め中世宮廷史上貴重史料である。

＊弘安《こうあん》 藤原茂範の勘文に「太宗実録曰、弘安民之道」とある。

《園太暦》
7・14　後深草上皇御所六条西洞院殿、炎上する（当時、上皇は不在）。《一代要記》
7・15　亀山上皇御所常盤井《ときわい》殿、放火により焼ける。《一代要記》
10・14　天皇、准后四条貞子の嵯峨殿に行幸する（十六日還御）。《園太暦》
12・19　皇太子熙仁親王、清涼殿東庇にて元服する（後宇多天皇出御）。《帝王編年記》
この年　亀山上皇皇子（啓仁）を親王とする。
▼亀山上皇皇子（順助法親王）、誕生する（母は平時仲女）。《本朝皇胤紹運録》
□4・26　源《みなもとの》（堀川）具実《ともざね》（内大臣。大納言源（堀川）通具次男。25）

■弘安元年（一二七八）戊寅

後宇多天皇12歳
後深草上皇36歳
亀山上皇　30歳
2・29　疾疫流行により弘安と改元する。《吉続記》
3・13　天皇、石清水八幡宮に行幸する。《一代要記》
4・1　尊助法親王に梨本門跡を管掌させる。《天台座主記》
4・10　後深草・亀山両上皇、吉田泉殿に御幸し、競馬を覧る。《帝王編年記》
4・19　天皇、賀茂社に行幸する。《一代要記》
5・12　園城寺金堂供養が勅会に准じられ、延暦寺衆徒、神輿を奉じて入京し抗議する。《勘仲記》
5・15　院宣を下して日吉神輿を帰座させる（十六日帰座）。《一代要記》
6・22　二十二社に奉幣し、疾疫を祈禳する。《続史愚抄》
7・13　後深草上皇皇子満仁親王、仁和寺性助《しょうじょ》入道親王の室に入り出家し、名を性仁とする（後深草上皇、親王と同車して仁和寺大聖院に御幸。亀山上皇、その行列を覧る）。《後深草天皇宸記》
8月　亀山上皇、新造万里小路殿に移る。《増鏡》
9月　後深草・亀山両上皇、宇治川に舟を浮かべ鵜飼を見る。《増鏡》
10・21　亀山上皇、新陽明門院と宇治平等院に御幸する（ついで春日社・東大寺・興福寺に御幸）。《勘仲記》
⑩・13　二条殿内裏が焼亡する。天皇、冷泉万里小路殿に遷る（これにより亀山上皇は常盤井殿に移る）。《勘仲記》
11・8　天皇、冷泉万里小路殿より三条坊門殿に遷る（十二月、再び冷泉万里小路殿に遷る）。《勘仲記》

11・19　亀山上皇、常盤井殿に御幸する。《勘仲記》

12・7　摂政鷹司兼平を関白・准摂政とする。《勘仲記》

12・9　亀山上皇皇子啓仁親王（母は藤原位子）没（年3）。《一代要記》

この年　亡くなった蘭溪道隆に「大覚禅師」号を贈る（初の禅宗高僧に対する禅師号）。

□7・24蘭溪道隆《らんけいどうりゅう》（渡来禅僧。鎌倉建長寺開山。66）

●建治・弘安年間（一二七五～八八）、「倭姫命世記」成立か。

■**弘安二年（一二七九）己卯**

後宇多天皇13歳
後深草上皇37歳
亀山上皇　31歳

1・1　雨により小朝拝・両院拝礼を延引する（二日追行）。《勘仲記》

1・3　亀山上皇、大宮院御所に御幸する。《勘仲記》

1・7　亀山上皇、後深草上皇御所持明院殿に御幸する。《勘仲記》

1・9　亀山上皇、新陽明門院と法成寺修正会に御幸する。《勘仲記》

1・18　亀山上皇、蓮華王院修正会に御幸する。《勘仲記》

1・23　亀山上皇、石清水八幡宮に御幸する（七日間参籠）。《一代要記》

1・29　亀山上皇、石清水より還幸し、すぐに賀茂・北野両社に御幸する。《勘仲記》

2・11　伊勢内宮の仮殿遷宮が行なわれる。《遷宮次第記》

2・21　亀山上皇、前右大臣花山院定雅の山荘に御幸し、禅林寺殿に還御。のち鷲尾阿弥陀院等の花を賞する。《勘仲記》

3月　六条殿長講堂の造営成り、後深草上皇、しばらくこれに移る。▼亀山上皇、皇太子熙仁親王と後深草上皇の持明院殿に御幸し、桜花を賞し、蹴鞠を行なう。《増鏡》

4・9　亀山上皇、禅林寺殿に御幸する。《吉続記》

4・10　亀山上皇、富小路殿に御幸する。《吉続記》

4・14　亀山上皇、禅林寺殿に御幸する（ついで常盤井殿に還御）。《吉続記》

4・26　天皇、臨時御遊にて琵琶を奏する（七月十二日にも）。《御遊抄》

4・28　亀山上皇、藤原俊定に「群書治要」を進講させる。《続史愚抄》

5・2　亀山上皇、賀茂に御幸し、内競馬を覧る。《続史愚抄》

5・4　石清水八幡宮神人、赤山《せきさん》神人との相

＊**倭姫命世記**《やまとひめのみことせいき》　「神道五部書」の一。「天地開闢」から、皇大神宮の遷幸、外宮鎮座に至るまでを記したもの。中で「吾れ聞く、大日本国は神国なり」と記される。伊勢外宮神官度会行忠（一二三六～一三〇六）撰といわれる。

＊**公衡公記**《きんひらこうき》　左大臣西園寺公衡（一二六四～一三一五）の日記。弘安六年（一二八三）から正和四年（一三一五）まで伝わるが、原存の日次記は五年分程度。関東申次として鎌倉幕府にも影響力をもったことから、幕府と朝廷との公武関係についての貴重史料となっている。

＊**続拾遺和歌集**《ぞくしゅういわかしゅう》　十二番目の勅撰和歌集。亀山上皇の院宣により二条為氏が撰進。後嵯峨上皇・藤原為家ら約一千五百首入集。二条派を中心とし、関東武士の歌が収録されているのも特徴。

＊**春能深山路**《はるのみやまじ》　参議飛鳥井雅有《まさあり》（一二四一～一三〇一）の仮名日記。弘安三年（一二八〇）の正月一日から十二月一日までを記す。後宇多天皇・後深草上皇・東宮（伏見天皇）に出仕し、家芸の蹴鞠・和歌・連歌等に奉仕。また、十二月

論につき、神輿を奉じて入京・強訴する。《公衡公記》
5・17 亀山上皇、亀山殿に御幸する。《続史愚抄》
5・25 亀山上皇、石清水八幡宮に御幸する（宿禱して二十六日還御）。《一代要記》
5・30 亀山上皇、常盤井殿に御幸する。《続史愚抄》
6・2 神泉苑で祈雨読経を行なう。《公衡公記》
6・28 亀山天皇皇子（継仁親王）、誕生する（母は近衛位子〈新陽門院〉）。《歴代皇紀》
7・7 亀山上皇、法勝寺法華八講結願に御幸する。《勘仲記》
7・14 亀山上皇、禅林寺殿に御幸する。《勘仲記》
7・29 朝廷、元の牒状を評定し、幕府に処置を委ねる。幕府、博多で元使を斬る。《勘仲記》
8・18 亀山天皇皇子を親王とし、名を継仁《つぐひと》と賜う。《勘仲記》
9・11 亀山上皇、賀茂社に御幸する（七日間参籠）。《勘仲記》
11・6 亀山上皇皇子（良助）、青蓮院尊助親王の三条坊に入室し出家する。《一代要記》
11・21 順徳天皇皇女永安門院（穠子《じょうし》内親王）没（年64）。《女院記》
12・17 亀山上皇皇子（良助）を法親王とする。《華頂要略》
12・27 権大納言二条為氏、亀山上皇の院宣により「**続拾遺和歌集**」を撰進する。《拾芥抄》
この年 性仁入道親王を六勝寺検校とする。《華頂要略》
□5・24 京極為教《きょうごくためのり》（歌人。京極家祖。53）

■弘安三年（一二八〇）庚辰

後宇多天皇14歳
後深草上皇38歳
亀山上皇32歳

1・5 後深草上皇、新御所に御幸する。《続史愚抄》
1・9 亀山上皇、新陽明門院と法勝寺修正会に御幸する。《勘仲記》
1・14 土御門天皇皇子道仁法親王（母は高階仲資女）没（年45）。《一代要記》後深草上皇、ひそかに賀茂社に御幸する。《続史愚抄》
1・16 亀山上皇、石清水八幡宮に御幸する（七日間参籠）。《一代要記》
2・15 万里小路内裏・富小路東宮御所、放火される。《**春能深山路**》
2・21 勅して諸寺に異国降伏を祈らせる。

の鎌倉下向の記録も貴重。

《高野春秋》
3・1 亀山上皇、大宮院と富小路殿に御幸する（蹴鞠あり）。《春能深山路》
3・4 亀山上皇、日吉社に御幸する（五日還御）。《一代要記》
3・7 亀山上皇、前右大臣花山院定雅の粟田口山荘に御幸する。《春能深山路》
3月 亀山上皇、西大寺叡尊に大蔵経を伊勢神宮に献じさせ、異国調伏を祈らせる。《本朝高僧伝》
4・12 後深草上皇、北山第に御幸する（十三日還幸）。《春能深山路》
4・19 天皇、賀茂社に行幸する。《後照念院殿装束抄》
5・5 亀山上皇、賀茂競馬を覧る。《勘仲記》
5・9 亀山上皇、新日吉小五月会に御幸する。《勘仲記》
6・2 皇太子熙仁親王、侍従飛鳥井雅有等を召し、「古今和歌集」を講じさせる（以後しばしば）。《続史愚抄》
6・22 後深草上皇、宸筆如法経を石清水八幡宮および横川に奉納する。《一代要記》
7・12 神祇伯資緒王、皇太子に「日本紀」を進講する。《春能深山路》
9・12 亀山上皇皇子継仁親王（母は藤原位子）没（年2）。《一代要記》
10・5 皇太子熙仁親王のもとで「源氏物語」についての問答がなされる（源具顕《ともあき》、これを筆録）。《弘安源氏論議》
11・11 円満院浄助法親王（後嵯峨天皇皇子。母は姉小路実世女）没（年28）。《一代要記》
11・21 後嵯峨天皇皇子浄助法親王（母は藤原能保女）没（年28）。《一代要記》
12・13 順徳天皇皇子**忠成王**没（没年月日異説あり）。《歴代皇紀》
□7・11九条基家《くじょうもといえ》（内大臣。「続古今和歌集」撰者。父は摂政・太政大臣九条良経。78）、10・11**円爾**（臨済宗僧。79）

■弘安四年（一二八一）辛巳

後宇多天皇15歳
後深草上皇39歳
亀山上皇 33歳

1・10 周防阿弥陀寺を勅願所とする。《長防風土記》
1・16 亀山上皇、石清水八幡宮に御幸する（七日間参籠）。《一代要記》
1・19 伊勢神宮に異国調伏を祈る。《東寺長者補任》
2・16 亀山上皇、熊野に御幸する（三月九日還御）。《一代要記》
4・11 後深草上皇、中納言平時継の第に御幸する。《勘仲記》

＊**忠成王**《ただなりおう》（一二二二〜八〇） 順徳天皇皇子。母は藤原清季女。一時は皇嗣にも名が挙がるが、親王宣下はなかった。元服後は石蔵（岩倉）宮・広御所宮《ひろごしょのみや》と呼ばれる。

＊**円爾**《えんに》（一二〇二〜八〇） 臨済宗僧。嘉禎元年（一二三五）中国に渡り、無準師範《むじゅんしばん》に参じて円爾の法諱を与えられ、仁治二年（一二四一）帰国、東福寺第一世となる。後深草・亀山両上皇に授戒する。没後、応長元年（一三一一）花園天皇より聖一国師と勅諡される。

4・17　東二条院、石清水八幡宮に御幸する（十八日春日社に御幸し、十九日還御）。《勘仲記》
5・8　二十二社に奉幣して外寇を祈禳する。《勘仲記》
5・9　亀山上皇、新日吉小五月会に御幸する。《勘仲記》
5・14　院宣を下し、春日社・興福寺等に外寇を祈禳させる。《春日神社古文書》
5・20　元・高麗船、壱岐・対馬に侵攻し、宗像沖に進む。《八幡愚童訓》
5・24　亀山上皇、瘧《おこり》病をわずらう（二十五日平癒）。《勘仲記》
6・2　東寺に不動法を修し、異国降伏を祈る。《東宝記》
6・6　元・高麗軍、筑前国志賀島等に来襲する。《八幡愚童訓》
6・20　天皇、宸筆御書を山陵八所に献じ、異国降伏を祈らせる。▼亀山上皇、石清水八幡宮に参籠し、元寇降伏を祈る（二十一日還御）。《続史愚抄》
6・23　石清水八幡宮に法華経百部を転読し、外寇を祈禳する（七月一・二十六日にも）。《続史愚抄》
7・2　天皇、神祇官に行幸し、勅使を伊勢神宮に発遣し、外寇を祈禳させる。《勘仲記》
7・11　亀山上皇、春日社に御幸する（十三日還御）。《一代要記》
7・19　亀山上皇、異国御祈のため日吉社に御幸する（二十日還御）。《一代要記》
7・21　神祇官八神殿を造営させる。《師守記》
6月～7月　しばしば石清水八幡宮にて外寇祈禳を行なう。《一代要記》
⑦・1　大風雨により、元・高麗船多数が漂没する（日本軍の猛攻もあり元軍撤退。弘安の役）。《八幡愚童訓》
⑦・2　天皇、伊勢公卿勅使を発遣し、宸筆宣命を奉り、外寇を祈禳する。《勘仲記》
⑦・15　土御門天皇皇子道円法親王（母は治部卿局）没（年58）。《仁和寺諸院家記》
8・11　亀山上皇、大宮院・新陽明門院とともに石清水八幡宮に御幸する（七日間参籠）。《一代要記》
9・8　亀山上皇、賀茂社に御幸する（七日間参籠）。《続史愚抄》
10・4　興福寺衆徒、春日神木を奉じて入京する（六日、法成寺金堂に入る）。《弘安四年春日入洛記》
□4・9花山院《かざんいん》師継《もろつぐ》（内大臣。父は右大臣花山院忠経。60）

■弘安五年（一二八二）壬午

後宇多天皇16歳

後深草上皇40歳
亀山上皇 34歳
1・1 春日神木在洛により、拝礼・小朝拝をやめる（六日の叙位、十一日の県召除目なども）。《勘仲記》
1・5 亀山上皇、常盤井殿に御幸する。《勘仲記》
2・1 関白鷹司兼平、長者宣を下し、春日神木の帰座を命じる。《勘仲記》
2・13 亀山上皇、亀山殿に御幸する。《勘仲記》
3・4 亀山上皇、禅林寺殿より花園殿に御幸する。《勘仲記》
3・21 亀山上皇、禅林寺殿に御幸する。《勘仲記》
4・17 後深草上皇、嵯峨殿に御幸する。《続史愚抄》
6・14 後深草上皇は深草殿に、亀山上皇は花園殿に御幸する。《続史愚抄》
8・12 後嵯峨天皇皇子円助法親王（円満院宮。母は右衛門局）没（年47）。▼亀山天皇皇女理子内親王（母は藤原禖子）没（年8）。《勘仲記》
8・26 亀山上皇御所常盤井殿が炎上する。《一代要記》
9・11 伊勢例幣使を発遣する。《勘仲記》
11・26 常盤井殿が焼亡したため、亀山上皇、靡殿に御幸する（十二月五日、近衛殿に移る）。《勘仲記》
12・15 院宣および長者宣を下し、春日神木の帰座を命じる。《勘仲記》
12・17 興福寺僧徒の強訴により、権中納言源（久我）具房らを配流にする（これにより二十一日、春日神木帰座）。《勘仲記》
12・19 仁和寺性助法親王（後嵯峨天皇皇子。母は藤原公房女）没（年36）。《諸門跡譜》
12・28 亀山上皇、石清水・賀茂・北野三社に御幸する。《勘仲記》
12月 性仁入道親王を仁和寺寺務とする。《仁和寺御伝》
この年 亀山上皇皇子（慈道親王）、誕生する（母は平時仲女帥典侍）。《青蓮院門跡皇族御伝》悪疫流行。《園太暦》
□10・13日蓮《にちれん》（日蓮宗開祖。「立正安国論」著者。61）

■弘安六年（一二八三）癸未

後宇多天皇17歳
後深草上皇41歳
亀山上皇 35歳
1・3 亀山上皇、後深草上皇御所富小路殿に御幸する。《勘仲記》
1・6 延暦寺衆徒、日吉・祇園の神輿を奉

＊**実躬卿記**《さねみきょうき》 権大納言正親町三条実躬（一二六四〜没年不詳）の日記。主に弘安六年（一二八三）から徳治二年（一三〇七）の自筆本七十巻余が残る（欠失あり）。実躬は亀山・後深草・後宇多各上皇廷臣のため、鎌倉時代末期の重要史料となっている。

じて強訴、禁中に乱入する（二月二日にも神輿入洛）。このため、天皇、冷泉万里小路殿より亀山上皇御所近衛殿に遷る。《勘仲記》
1・12　亀山上皇、御所近衛殿が皇居となったため、万里小路殿に移る。《実躬卿記》
1・15　亀山上皇、禅林寺殿に御幸する（三月四・二十二日、四月二・四日、七月十一日にも）。《実躬卿記》
1・17　亀山上皇、嵯峨殿に御幸する。《実躬卿記》
1・19　亀山上皇、中御門殿に御幸する（二十八日、二月二・三日にも）。《実躬卿記》
1・26　亀山上皇、花園殿に御幸する（四月三・二十八日、五月二十日、六月八・十四・十八日にも）。《実躬卿記》
1・30　亀山上皇、常盤井殿に御幸する。《実躬卿記》
2・8　亀山上皇、土御門殿に御幸する。《実躬卿記》
2・9　亀山上皇、灸治を受ける。《実躬卿記》
2・12　亀山上皇、亀山殿に御幸する。《実躬卿記》
2・18　亀山上皇、藤原邦経の市川亭に御幸する。《実躬卿記》
2・20　亀山上皇、亀山殿より還御し、今林准后の第に御幸する。《勘仲記》
2・25　近衛殿に怪異あり。天皇、亀山上皇御所冷泉万里小路殿に遷る。亀山上皇は春日万里小路殿に移る。《勘仲記》
3・3　亀山上皇、亀山殿に御幸し桜花を覧る（ついで二尊院・京極殿に御幸）。《実躬卿記》
3・6　亀山上皇、持明院殿に御幸し、帰路、土御門殿に御幸する。《実躬卿記》
3・7　後深草上皇、北山に御幸し、桜花を覧る。▼亀山上皇、白川辺の桜花を歴覧する。《実躬卿記》
3・10　亀山上皇、北山第に御幸する（二十三日、四月五日にも）。《実躬卿記》
3・11　亀山上皇、白河殿に御幸する。《実躬卿記》
4・1　亀山上皇、亀山殿に御幸する（十七日・五月十七日にも）。《実躬卿記》
4・7　亀山上皇、持明院・今出川土御門第に御幸する。《続史愚抄》
4・8　亀山上皇、禅林寺殿に御幸し、しばらく御所とする。《実躬卿記》
4・9　東二条院、春日社に御幸する。《勘仲記》
4・19　後深草上皇、嵯峨殿に御幸する。《中務内侍日記》

4・27 後深草・亀山両上皇、平時継の深草第に御幸する。《実躬卿記》
5・1 亀山上皇、賀茂競馬に御幸する（五日にも）。《勘仲記》
5・22 亀山上皇、鳥羽殿に御幸し、勝光明院宝蔵を覧る。《実躬卿記》
5月 醍醐寺三宝院を門跡相承とする。《三宝院文書》
6・1 後深草・亀山両上皇、藤原経任の第に御幸する。《勘仲記》
6・4 亀山上皇、伏見殿に方違する。《実躬卿記》
6・5 亀山上皇、伏見殿より蓮華王院に御幸し、宝物を覧る。《実躬卿記》
6・16 亀山上皇、賀茂社に御幸する。《実躬卿記》
6・20 悪疫流行により、伊勢以下五社に奉幣する。《勘仲記》
6・28 亀山上皇、吉田殿に御幸する（三十日にも）。《実躬卿記》
7・18 後深草上皇・東宮世仁親王、野上に御幸する。《中務内侍日記》
8・13 今出河院、西園寺持仏堂に落飾する。《管見記》
8・30 大宮院、清涼寺に御幸する（九月七日還御）。《続史愚抄》

9・4 守貞親王王女安嘉門院（邦子内親王。母は藤原陳子）没（年75。亀山上皇、その八条院領の伝領を幕府に申し入れて取得。これにより、上皇、七条院領・室町院領とともに膨大な土地を取得）。《勘仲記》
9・5 亀山上皇、伏見殿に御幸する。《管見記》
9・11 伊勢例幣を延引する。《管見記》
10・13 亀山上皇、二条殿新御所に御幸する。《勘仲記》
10・20 天皇、万里小路殿より新造二条内裏に遷る（二十三日、亀山上皇は万里小路殿に移る）。《勘仲記》
10・26 亀山上皇皇子道性（権大僧正）を醍醐寺座主とする。《醍醐寺座主次第》
11・4 亀山上皇皇子を親王とし、名を定良と賜う（落飾して叡雲入道親王）。《勘仲記》
11・5 亀山上皇、石清水八幡宮に御幸する（七日間参籠）。《勘仲記》
11・17 亀山上皇、賀茂社より北野社に御幸する。《勘仲記》
11・20 天皇、亀山上皇御所冷泉万里小路殿に行幸し、祇園神輿を避ける（二十一日還幸）。《勘仲記》
11・24 天皇、冷泉万里小路殿に行幸する（二十八日、御遊にて笛を奏する。二十九日還

御）。《管見記》

12・7　亀山上皇、大宮院・新陽明門院と春日社に御幸する（十一日還御）。《勘仲記》

12・9　伊勢内宮の仮殿遷宮が行なわれる。《続史愚抄》

12・10　亀山上皇、当麻寺・西大寺に御幸する。《勘仲記》

□4・8阿仏尼《あぶつに》（歌人。安嘉門院に勤仕。「十六夜日記」作者。生年不詳）

■弘安七年（一二八四）甲申

後宇多天皇18歳
後深草上皇42歳
亀山上皇　36歳

1・4　亀山上皇、後深草上皇御所富小路殿に御幸する。《帝王編年記》

1・15　前大納言 源《みなもとの》（堀川）基具《もととも》を准大臣とする。《勘仲記》

2・5　亀山上皇、藤原経任の第に御幸する。《勘仲記》

2・10　後嵯峨天皇皇子大僧都仁恵を法親王とする。《勘仲記》

2・11　亀山上皇、賀茂社に参籠する。《一代要記》

2・15　後嵯峨天皇皇女愷子《がいし》（「やすこ」とも）内親王（斎宮。母は更衣藤原氏）没（年36）。《歴代皇紀》

2・19　後嵯峨天皇皇女を内親王とし、名を悦子と賜う。《女院小伝》

2・28　悦子内親王を准三宮とし、院号を延政門院とする。▼亀山上皇、亀山殿、ついで富小路殿に御幸する。《勘仲記》

3・7　亀山上皇、長講堂彼岸御懺法会結願に御幸する。《勘仲記》

3・11　亀山上皇、賀茂社に御幸する（七日間参籠）。《勘仲記》

3・17　後深草上皇、嵯峨殿に御幸する。《続史愚抄》

3・18　亀山上皇、四天王寺に御幸する。《勘仲記》

3・20　亀山上皇、ひそかに住吉社等に御幸する（二十五日帰洛）。《一代要記》

3・27　天皇、御遊にて琵琶を奏する。《御遊抄》

4・4　亀山上皇、異国調伏の報賽として、石清水八幡宮で五部大乗経転読の法会を行なう（五日還御）。《勘仲記》

4・13　宣旨を下し、六月まで洛中および五畿七道の殺生を禁じる。《勘仲記》

4・26　院宣を下し、生魚の交易を停止させる。《勘仲記》

④・4　亀山上皇、白河殿に御幸する。《勘仲記》

④・10　亀山上皇、花園殿に御幸する。《勘仲記》
④・17　京都洪水。《勘仲記》
④・28　亀山上皇、賀茂社に御幸する。《勘仲記》
5・11　亀山上皇、賀茂社に参籠する（百度詣を行なう。六月三日還御）。《勘仲記》
5・26　東二条院、春日社に御幸する。▼亀山上皇、吉田殿に御幸する。《勘仲記》
6・6　天皇、亀山上皇御所万里小路殿に行幸し、日吉神輿を避ける。《勘仲記》
6・13　天皇、富小路殿に行幸し、亀山上皇、吉田水閣に御幸する。《勘仲記》
6・14　天皇・亀山上皇、小御所にて祇園御霊会の馬長《うまおさ》を覧る。《勘仲記》
6・15　亀山上皇、祇園御霊会の十列を覧る。《勘仲記》
6・19　亀山上皇、白川殿に御幸し、水天供を行なう。▼丹生・貴布禰両社に祈雨奉幣を行なう。《勘仲記》
7・1　亀山上皇、禅林寺殿に御幸する。《勘仲記》
7・3　法勝寺御八講始（ついで亀山上皇が御幸）。《勘仲記》
7・5　後深草上皇、北山第に御幸する。《続史愚抄》

7・7　天皇、御遊にて笛を奏する（ついで詩歌御会あり）。《勘仲記》
7・12　亀山上皇、吉田水閣に御幸する。《勘仲記》
7・17　亀山上皇、万里小路殿に御幸する。《勘仲記》
7・19　後深草上皇、西園寺妙音堂に御幸する。《続史愚抄》
7・24　亀山上皇、禅林寺殿に還御する。《勘仲記》
8・11　亀山上皇、三条万里小路の新御所に移る。《勘仲記》
8・13　亀山上皇、吉田水閣に御幸する。《勘仲記》
8・15　亀山上皇、花園殿・禅林寺殿に御幸する。《勘仲記》
8・17　亀山上皇、亀山殿に御幸する。《勘仲記》
8・19　亀山上皇、北山第に御幸する。《勘仲記》
8・24　亀山上皇、前右大臣花山院定雅の粟田口山荘に御幸する。《勘仲記》延政門院、落飾する。《女院小伝》
8・28　亀山上皇、北白河殿に御幸する（九月一日還御）。《勘仲記》
9・7　亀山上皇、小御所にて有馬の湯に浴

＊弘安の願文　「増鏡」によれば、「我御代にしもかかる乱れ出で来て、まことにこの日本《ひのもと》のそこなはるべくは、御命を召すべき」とあり、後宇多天皇（もしくは亀山上皇）が命をかけて戦争の勝利を祈った、とある。

する。《勘仲記》
9・11 伊勢例幣使を発遣する。《勘仲記》
9・28 尊助法親王を天台座主に還補する。《天台座主記》
10・20 亀山上皇、大炊御門高倉御所に移る。《勘仲記》
10・23 亀山上皇、富小路殿に御幸する。《勘仲記》
10・30 天皇、臨時御遊に笛を奏する（十一月二十日にも）。《御遊抄》亀山上皇、亀山殿に御幸する。《勘仲記》
11・4 亀山上皇、賀茂社に御幸する。《勘仲記》
11・5 亀山上皇、石清水八幡宮に御幸する（六日還御）。《勘仲記》
11・29 亀山天皇皇子（覚雲法親王）、梶井宮に入室、得度する。《一代要記》
12・4 亀山上皇、賀茂社に御幸する。《続史愚抄》
12・9 亀山上皇、新日吉小五月会競馬に御幸する。《勘仲記》
12・22 亀山上皇皇子（性恵）、妙法院に入室、出家する。《勘仲記》
この年 亀山上皇皇子（恒雲）、梶井宮に入室、出家する。《華頂要略》
□4・4 北条《ほうじょう》時宗《ときむね》（鎌倉幕府第八代執権。34）、
7・18 一条《いちじょう》実経《さねつね》（関白。摂政。左大臣。父は摂政・関白九条道家。一条家祖。62）
●弘安年間（一二七八～八八）、蒙古調伏のため伊勢に勅使を発遣する（このときの願文が「弘安の願文」）。

■弘安八年（一二八五）乙酉

後宇多天皇19歳
後深草上皇43歳
亀山上皇37歳

1・21 亀山上皇、石清水八幡宮に御幸する（七日間参籠）。《一代要記》
2・2 後宇多天皇皇子（邦治《くにはる》。後二条天皇）、誕生する（母は久我具守女基子〈西華門院〉）。《帝王編年記》
2・28 後深草・亀山両上皇、大宮院・東二条院・新陽明門院と北山殿に御幸する。《実躬卿記》
2・29 天皇、准后四条貞子九十賀のため、夜、北山殿に行幸する（皇太子熙仁親王も）。《実躬卿記》
3・1 天皇、准后四条貞子九十賀のため北山殿にて笛・和歌・蹴鞠等を行ない、この日、二条殿に還御する。《実躬卿記》
3・2 後深草・亀山両上皇および皇太子熙仁親王、北山第堂塔を覧、また御遊（後深草上皇、琵琶を所作）等あり。この夜還御。

●後宇多天皇御製①

「いとどまた民やすかれといはふかな我が身世にたつ春の初は」（「嘉元仙洞百首」）
「天つ国くにつ社をいはひてぞわがあしはらのくにはをさまる」（「風雅和歌集」）
「常闇を照らすみかげの変わらぬは今もかしこき月よみの神」（「風雅和歌集」）

《続史愚抄》
3・15 亀山上皇皇子覚雲・性恵を法親王とする。《一代要記》
3月 法隆寺、初めて「十七条憲法」を開板する。《刊記》
4・22 亀山上皇、石清水八幡宮に参籠し、如法経を修する。《一代要記》
4・25 左大臣鷹司基忠を太政大臣とする。《公卿補任》
5・9 亀山上皇、石清水八幡宮より、新日吉小五月会に御幸する。《実躬卿記》
5・20 大宮院、石清水八幡宮に御幸する。《一代要記》
5・21 石清水八幡宮御如法経十種供養あり。亀山上皇・大宮院、この日、石清水より還御。《続史愚抄》
7・6 亀山上皇、法勝寺に御幸する（七日還御。三十日にも御幸）。《続史愚抄》
7・30 後深草・亀山両上皇、新陽明門院とともに法勝寺に参る。《一代要記》
8・19 後深草天皇皇女姈《れい》子内親王を皇后とする。《一代要記》
8・23 土御門天皇皇女正親町院（覚子内親王。母は源通子）没（年73）。《歴代皇紀》
8・24 延政門院、出家する。《歴代皇紀》
9・11 伊勢例幣使を発遣する。《続史愚抄》
9・16 伊勢内宮の遷宮が行なわれる。《二所大神宮例文》
10・14 亀山上皇、大宮院・新陽明門院と四天王寺に御幸する。《実躬卿記》
10・18 亀山上皇、住吉社に御幸し、和歌会を行なう（二十六日、摂津より還御）。《実躬卿記》
12・3 関白鷹司兼平の命により、外宮禰宜度会行忠、「伊勢二所太神宮神名秘書」を撰進する（のち亀山上皇に叡覧）。
12・22 院中で「**弘安礼節**」が評定される。《同書》
この年 彦仁王皇子（忠房親王）、誕生する（母は関白藤原良実女）。《本朝皇胤紹運録》

■弘安九年（一二八六）丙戌

後宇多天皇20歳
後深草上皇44歳
亀山上皇38歳
1・4 亀山上皇、富小路殿に御幸する。《憲説記》
1・5 後深草上皇、万里小路殿に御幸する。《憲説記》
1・22 尊助法親王、法成寺・無動寺両検校を辞任。《華頂要略》
1・29 亀山上皇、石清水八幡宮に御幸する（七日間参籠）。《一代要記》

＊**弘安礼節**《こうあんれいせつ》 書札礼・院中礼・路頭礼など廷臣間の礼節に関する規定がまとめられた有識故実書。亀山上皇の制定といわれる。一条兼良・三条西実隆・伊勢貞丈らが関与も、撰者は未詳。

1月　桂林院門跡を停め、十楽院に付す。《願泉寺文書》
2・6　後堀河天皇皇后安喜門院（三条有子）没（年80）。《歴代皇紀》
3・5　後深草・亀山両上皇、新陽明門院と西園寺第に御幸する。《続史愚抄》
3・20　亀山上皇、醍醐寺桜会に御幸する。《一代要記》
3・27　天皇、春日社に行幸する（南都頓宮・美津頓宮を経て二十九日、二条殿還御）。《勘仲記》
3月　僧叡尊、「感身学生記《かんしんがくしょうき》」を著す（中で「神国思想」と思われる宗教的国家観を示す）。《奥書》
4・8　亀山上皇、ひそかに石清水八幡宮に御幸する。《勘仲記》
4・16　亀山上皇、賀茂社に御幸する（七日間参籠）。▼天皇、勘解由小路兼仲より、御書所にて「史記」進講を受ける。《勘仲記》
4・25　亀山上皇、室町桟敷殿にて賀茂祭を覧る。《勘仲記》
4・28　亀山上皇、大納言土御門定実の第に御幸する。《勘仲記》
4・29　亀山上皇、白河殿に御幸する。《勘仲記》
5・9　亀山上皇、新日吉小五月会競馬に御幸する。《勘仲記》
5・12　天皇、北山第に行幸する。《勘仲記》
5・13　後深草上皇、六条殿に御幸する。《中務内侍日記》
5・17　天皇、臨時御遊に笛を奏する。《御遊抄》
5・18　皇太子熙仁《ひろひと》親王（伏見天皇）、琵琶の秘曲楊真操を春宮大夫西園寺実兼より受ける。《後深草天皇宸記》
5・19　亀山上皇、賀茂社に御幸し、競馬を覧る。《勘仲記》
5・20　皇太子熙仁親王、権大納言西園寺実兼より琵琶啄木の秘曲を受ける。《後深草天皇宸記》
5・27　亀山上皇、法勝寺三十講に臨幸する（還御ののち北白河殿に御幸）。《勘仲記》
6・4　尊助法親王を護持僧とする。《華頂要略》
6・12　亀山上皇、日吉社・北野社に御幸する。《一代要記》
6・29　亀山上皇皇子（兼良親王）、誕生する（母は玄駒法師女某。太政大臣花山院通雅養女）。《勘仲記》
7・7　亀山上皇、法勝寺御八講結願に御幸する。《勘仲記》
7・23　亀山上皇、大宮院の病により、御所

禅林寺殿に見舞う。《勘仲記》
8・13 亀山上皇、石清水八幡宮に御幸する(三日間参籠)。《実躬卿記》
8・16 亀山上皇、賀茂社・日吉社・北白河殿に御幸する。《勘仲記》
8・17 亀山上皇、亀山殿に御幸する。《勘仲記》
8・18 京都火災により、禅林寺殿が焼亡する。《実躬卿記》
8・22 亀山上皇、亀山殿に御幸する。《続史愚抄》
8・27 亀山上皇、池田殿に御幸する。《実躬卿記》
8・29 亀山上皇、宇治辺に遊覧する。《実躬卿記》
8月 真言僧通海、「太神宮参詣記」(「通海(法印)参詣記」「弘安九年太神宮参詣記」「弘安参詣記」とも)を記す(中で、仏教に帰依することと神宮崇敬は少しも矛盾しないと説く)。
9・3 亀山上皇、白河殿に御幸する。《勘仲記》
9・8 亀山上皇、賀茂社に御幸する(参籠、御百度詣。十月七日還御)。《実躬卿記》
9・11 伊勢例幣使を発遣する。《勘仲記》
9・19 大宮院・東二条院、春日社に御幸する(二十六日還幸)。《勘仲記》
10・13 亀山上皇、貴布禰社に御幸する。《勘仲記》
10・25 後宇多天皇皇子を親王とし、名を邦治と賜う。《皇年代略記》
10・26 天台座主尊助法親王を四天王寺別当とする。《一代要記》
11・14 尊助法親王、天台座主を辞任。《華頂要略》
11・17 亀山上皇、亀山殿に御幸する(十二月十七日、閏十二月十七日にも)。《実躬卿記》
11・19 後深草・亀山両上皇臨幸のもと、叡尊により宇治橋供養が行なわれる。《実躬卿記》
11・23 後深草上皇、亀山上皇御所に御幸する。《実躬卿記》
11・29 最助法親王を天台座主とする。《華頂要略》
12・3 院評定を徳政沙汰と雑訴沙汰に分ける。《勘仲記》亀山上皇、禅林寺殿、ついで三条殿に御幸する。《実躬卿記》
12・13 亀山上皇、花園殿に御幸する。《実躬卿記》
12・15 亀山上皇、禅林寺殿に御幸する(閏十二月九日にも)。《実躬卿記》

12・17　天皇、内侍所神楽に臨御する。《勘仲記》
12・18　仁和寺性仁入道親王を総法務とする。《仁和寺御伝》
12・19　亀山上皇、ひそかに賀茂社に御幸する（参籠）。《実躬卿記》
⑫・13　亀山上皇、池田殿に御幸し、浄金剛院御八講に臨幸する。《実躬卿記》
⑫・18　亀山上皇、賀茂社に御幸する（ついで禅林寺殿に御幸）。《実躬卿記》
⑫・19　亀山上皇、北山第に御幸する。《実躬卿記》
⑫・22　天皇、御文庫を覧る。《実躬卿記》
⑫・23　亀山上皇、北山第に御幸して雪を賞し、賀茂社・禅林寺殿に御幸する。《実躬卿記》
この年　後宇多天皇皇女（奨子内親王）、誕生する（母は五辻忠継女忠子〈談天門院〉）。《女院次第》
□9・3無学祖元《むがくそげん》（渡来禅僧。円覚寺開山。61）、9・14二条為氏《にじょうためうじ》（和歌の家二条家祖。「続拾遺和歌集」撰者。父は権大納言藤原為家。65）、12・23中院通成《なかのいんみちなり》（内大臣。父は大納言源通方。65）

■弘安十年（一二八七）丁亥

後宇多天皇21歳
伏見天皇　23歳
後深草上皇45歳
亀山上皇　39歳

1・2　天皇、亀山上皇の冷泉万里小路殿に朝覲行幸する。《御遊抄》
1・17　皇太子熈仁親王、富小路殿の三席御会御遊で琵琶を奏する。《御遊抄》
1・21　亀山上皇、石清水八幡宮に御幸する（七日間参籠。二十七日還御、すぐに賀茂・北野両社に御幸）。《歴代編年集成ほか》
1・24　伊勢大風により、内宮月読宮が倒壊する。《勘仲記》
1・28　天皇、御遊にて笛を奏する。《御遊抄》
2・3　伊勢内宮の仮殿遷宮が行なわれる。《勘仲記》
2・24　月読宮の転倒により、この日、伊勢一社奉幣使を発遣する。《勘仲記》
2・29　亀山上皇、二尊院以下の桜花を歴覧する。《実躬卿記》
3・20　亀山上皇、ひそかに賀茂社に御幸する。《実躬卿記》
4・17　亀山天皇皇子（聖雲法親王）、醍醐実勝法印の坊に入り、出家する。《実躬卿記》
亀山上皇、亀山殿に御幸する。《続史愚抄》
4・29　東二条院、春日社・平等院に御幸する。《勘仲記》

●後宇多天皇御製②（「新千載和歌集」より）
「吹く風もをさまれと思ふ世の中にたえて桜をさそはずもがな」
「今もなほ民のかまどの煙まで守りやすらむ我が国のため」
「かたぶかぬ速日の峰にあまくだるあめのみまごの国ぞわが国」

4月　宗尊親王（後嵯峨天皇皇子）王子真覚、円満院に入室する。《華頂要略》
5・10　京都洪水。《勘仲記》
5・12　亀山上皇、新日吉小五月会に御幸する。《勘仲記》
5・19　亀山上皇、賀茂社、ついで新陽明門院と北野社に御幸する。《実躬卿記》
5・27　院宣を下し、伊勢神宮祭主大中臣定世に止雨祈禱を行なわせる。《勘仲記》
6・6　天皇、万里小路殿に行幸し、祇園神輿を避ける。《勘仲記》
6・14　祇園御霊会。天皇、万里小路殿に行幸し、亀山上皇とその馬長を覧る。《勘仲記》
6・15　亀山上皇、禅林寺殿に御幸する（二十八日、九月九日にも）。《勘仲記》
6・17　亀山上皇、亀山殿に御幸する（七月十七日、八月六・十七日、十月十一日にも）。《勘仲記》
7・2　亀山上皇、新造松本殿（禅林寺の南に所在）に御幸し、御所とする。《勘仲記》
7・18　延政門院、春日社に御幸する。《実躬卿記》
7・23　天皇、風邪をひく。《勘仲記》
8・7　亀山上皇、三条殿より蓮華王院に御幸する。《勘仲記》
8・11　関白鷹司兼平、辞任。左大臣二条師忠を関白・氏長者とする。《勘仲記》
8・13　太政大臣鷹司基忠、辞任。《勘仲記》
8・19　亀山上皇、松本殿小御所に移る（大宮院も）。《実躬卿記》
8・22　後深草上皇皇子（深性）、仁和寺性仁親王の室に入る（二十四日出家）。《仁和寺御伝》
8・27　右大臣九条忠教を一上とする。《勘仲記》
8・29　亀山上皇、花園殿に御幸する。《勘仲記》
9・10　亀山上皇、長谷に御幸する。《実躬卿記》
9・11　伊勢例幣使を発遣する。《外記日記》
9・15　伊勢外宮の遷宮が行なわれる（「続史愚抄」では十八日）。《外記日記》
9・19　亀山上皇、摂津国有馬に御幸する。《勘仲記》
10・4　将軍源惟康《これやす》を親王とする。《勘仲記》
10・12　幕府、佐々木宗綱を関東申次西園寺実兼のもとに遣わし、譲位を申し入れる。《勘仲記》
10・19　後深草上皇、常盤井殿に御幸する。《勘仲記》

第九十二代　伏見《ふしみ》天皇

＊**伏見天皇**《ふしみてんのう》（一二六五～一三一七）　名は熙仁《ひろひと》。後深草天皇第二皇子。母は左大臣洞院実雄《さねかつ》女愔子（玄輝門院）。建治元年（一二七五）親王宣下、立太子、同三年元服。弘安十年（一二八七）践祚、即位。永仁六年（一二九八）譲位、同年、太上天皇尊号宣下。正和二年（一三一三）出家。文保元年（一三一七）崩御。陵は深草北陵。追号は、譲位後の御所伏見殿による。皇后は藤原鏱子。皇子に後伏見天皇（母は藤原経子）・花園天皇（母は藤原季子）、ほかに寛性・恵助・尊円・尊悟・寛胤・道熙・尊熙・聖珍の各親王、璹子・誉子・延子・進子の各内親王など。学問・文芸に秀で、書は藤原行成以上ともいわれる。日記に「伏見天皇宸記」がある。

＊**伏見天皇宸記**《ふしみてんのうしんき》　伏見天皇の日記。弘安十年（一二八七）から延慶四年（一三一一）まで伝存したといわれるが、大部分が失われ、自筆原本九巻が宮内庁書陵部に所蔵されている。天皇は持明院統の事実上の始祖。記事は譲位・叙位・除目・節会等の宮中儀式、および和

10・21　後宇多天皇、二条殿にて譲位。熙仁《ひろひと》親王、冷泉富小路殿にて受禅（伏見天皇）。後深草上皇、大覚寺で院政開始（実権は幕府と西園寺実兼《さねかね》がもつ。関白は旧の如く二条師忠とする）。《伏見天皇宸記》

10・28　天皇、毎日御拝を始める。《伏見天皇宸記》

11・8　天皇、角御所に行幸する。《伏見天皇宸記》

11・12　天皇、菅原在嗣より「史記」五帝本紀を受ける。《伏見天皇宸記》

11・14　天皇、菅原在兼より「後漢書」を受ける。《伏見天皇宸記》

11・15　先帝に太上天皇尊号を奉る。《伏見天皇宸記》

11・17　後深草上皇、大宮院とともに富小路殿に御幸する。《実躬卿記》

11・20　天皇、藤原兼倫より「後漢書」を受ける。《伏見天皇宸記》

11・23　天台座主最助法親王・慈助法親王等を伏見天皇護持僧とする（両親王は後嵯峨天皇皇子）。《伏見天皇宸記》

12・8　後宇多上皇、万里小路殿に御幸する。《御幸始部類記》

12・10　和徳門院、出家する。《女院記》

12・20　後宇多上皇、尊号を辞退する。《伏見天皇宸記》

12・23　性覚法親王（亀山天皇皇子）を園城寺長吏とする。《三井続燈記》

この年　伏見天皇皇女（璹子内親王）、誕生する（母は左大臣洞院実雄女季子）。《女院小伝》亀山上皇に倒幕の陰謀ありとの噂が流れたため、上皇、執権北条貞時宛に弁解の使者を送る。

■正応元年（一二八八）戊子

伏見天皇　24歳
後深草上皇46歳
亀山上皇　40歳
後宇多上皇22歳

1・2　後宇多上皇、大宮院御所に御幸する（即日還御）。《伏見天皇宸記》

1・4　天皇、初めて琵琶玄上を奏する。《伏見天皇宸記》

1・8　後深草上皇、東二条院と同車にて法勝寺修正会に御幸する。《伏見天皇宸記》

1・14　後宇多上皇、二条殿に御幸する。《伏見天皇宸記》

1・17　後深草上皇、亀山殿に御幸する。《勘仲記》

1・18　後深草上皇、六条殿に、ついで蓮華王院修正会に御幸する。《勘仲記》

1・24　京都地震。《実躬卿記》

歌・琵琶・蹴鞠等におよぶ。

1・26 後深草上皇、石清水八幡宮に御幸し、宸筆最勝王経を奉納し、御八講を修して国土安泰を祈る（七日間参籠）。《伏見天皇宸記》
1・27 東二条院、皇后宮御所角殿に御幸する。《伏見天皇宸記》
2・4 後深草上皇、賀茂社・北野社に御幸する。《伏見天皇宸記》
2・8 亀山上皇、亀山殿に御幸する（十八日還御）。《実躬卿記》
2・14 後嵯峨天皇皇子忠助を法親王とする。《勘仲記》
2・25 継体天皇島上陵の盗人が捕らえられる。《公衡公記》
2・27 天皇、神祇官に行幸し、即位奉告の伊勢奉幣使を発遣する。《伏見天皇宸記》
2・28 天皇、天変・災害の頻発を我が身の不徳の致すところとして内侍所に祈りを捧げる。《伏見天皇宸記》
3・2 天皇、禅林寺殿に行幸する。《伏見天皇宸記》
3・3 伏見天皇皇子（胤仁《たねひと》。後伏見天皇）、誕生する（母は五辻経子）。《帝王編年記》
3・4 亀山上皇、亀山殿に御幸する。《伏見天皇宸記》
3・5 亀山上皇、禅林寺殿に御幸する（後宇多上皇・大宮院も）。《実躬卿記》
3・13 天皇、関白二条師忠より「即位之時秘印」の伝授を受ける（即位灌頂の初めか。三条天皇が初例との説も）。《伏見天皇宸記》
3・15 天皇、太政官庁にて即位礼を挙げる（このとき天皇、秘印を結び真言を唱える）。《伏見天皇宸記》
3・17 後深草上皇、亀山殿に御幸する。《勘仲記》
3・20 後宇多上皇、万里小路殿を御所とする。《実躬卿記》
3・21 最助法親王、天台座主を辞任。《天台正嫡梶井門跡系譜》
3・22 亀山上皇、万里小路殿に御幸する。《実躬卿記》
4・19 後深草上皇、桟敷殿にて賀茂祭を見物する。《勘仲記》
4・20 即位由山陵使を発遣する。▼後深草上皇、東二条院とともに春日社に御幸する（二十一日、異国降伏を祈る。二十六日還御）。《勘仲記》
4・28 代始により**正応**と改元する。《勘仲記》
5・9 後深草上皇、新日吉小五月会に御幸する。《実躬卿記》
5・17 後深草上皇、亀山殿に御幸する（六月十七日にも）。《勘仲記》

＊**正応《しょうおう》** 文章博士菅原在嗣《ありつぐ》の勘文に「詩、注曰、徳正応利」とある。

5・18　後深草上皇、有栖川殿に御幸する。《帝王編年記》
5・21　天皇、重ねて琵琶の秘曲「啄木」を受ける。《伏見天皇宸記》
6・2　太政大臣西園寺実兼女鏱子《しようし》（永福門院）、後深草上皇猶子として入内する。《実躬卿記》
6・8　西園寺実兼女鏱子を女御とする。《勘仲記》
6・20　伊勢一社奉幣使を発遣する。《勘仲記》
6・24　京都大地震。《勘仲記》
6・26　関白・左大臣二条師忠、左大臣を辞任。《勘仲記》
6月　忠助法親王を園城寺長吏とする。《続史愚抄》
7・5　後深草上皇、法勝寺御八講第三日に御幸する。《勘仲記》
7・11　右大臣九条忠教を左大臣、内大臣近衛家基を右大臣、権大納言久我通基を内大臣とする。《勘仲記》
7・26　京都火事。万里小路殿、焼ける。《勘仲記》
7・28　亀山上皇、瘧病を病む。《実躬卿記》
8・6　丹生・貴布禰両社に止雨奉幣使を発遣する。《勘仲記》
8・10　伏見天皇皇子を親王とし、名を胤仁と賜う。《勘仲記》
8・20　女御西園寺鏱子を皇后（中宮）とする。《勘仲記》
8・26　後深草上皇、長講堂彼岸結願に御幸する。《勘仲記》
8月　円満院行覚法親王を園城寺長吏とする。《続史愚抄》
9・5　後深草上皇、六条殿に御幸する。《勘仲記》
9・14　後深草上皇、六条殿より伏見殿に御幸する。《勘仲記》
9・25　後深草上皇、春日社に御幸する（七日間参籠）。《一代要記》
10・21　天皇、大嘗会のため河原頓宮に行幸し、鴨川で禊する。《伏見天皇宸記》
10・27　内大臣久我通基、辞任。権大納言鷹司兼忠を内大臣とする。《勘仲記》
11・2　後宇多天皇皇子（尊治《たかはる》。後醍醐天皇）が誕生する（母は五辻忠継女忠子〈談天門院〉）。《歴代皇紀》
11・13　大嘗会あるにより、伊勢・石清水・賀茂三社奉幣使を発遣する。《伏見天皇宸記》
11・18　天皇、大嘗会のため太政官庁に遷る（二十八日還御）。《伏見天皇宸記》
11・22　天皇、大嘗祭を行なう。《伏見天皇宸記》

12・13 仁和寺深性を法親王とする。《仁和寺御伝》
12・15 後深草天皇皇子行覚親王、出家する。《三井続燈記》
12・16 後深草天皇後宮藤原愔子《いんし》を准三宮とし、院号を玄輝門院とする。《女院小伝》
□7・12 三条公親《さんじょうきんちか》（内大臣。父は右大臣三条実親。67）

■正応二年（一二八九）己丑

伏見天皇 25歳
後深草上皇 47歳
亀山上皇 41歳
後宇多上皇 23歳

1・8 後宇多上皇、禅林寺殿に御幸する。《公衡公記》
1・9 後深草上皇、法勝寺修正会第二夜に御幸する。《伏見天皇宸記》
1・17 天皇、中殿御会御遊にて琵琶を奏する。《公衡公記》
1・18 後深草上皇、蓮華王院修正会に御幸する。《公衡公記》
1・20 後深草上皇、東二条院と石清水八幡宮に御幸する（七日間参籠）。《公衡公記》
1・23 亀山上皇、万里小路殿にて灸治を受ける（後宇多上皇臨幸）。《公衡公記》
1・26 後深草上皇、石清水より還御し、賀茂・北野両社に御幸する。《公衡公記》
2・12 亀山上皇、亀山殿に御幸する。《勘仲記》
2・14 京都地震。《伏見天皇宸記》
3・3 後深草上皇、長講堂彼岸御懺法結願に御幸する。《勘仲記》
3・4 青蓮院大僧正慈実に替え、慈助法親王を両寺検校とする。《華頂要略》
3・5 後深草上皇、鳥羽殿に御幸する。《公衡公記》
3・13 青蓮院慈助法親王（後嵯峨天皇皇子）を天台座主とする。《華頂要略》
3・14 後深草上皇、石清水八幡宮尊勝陀羅尼経第七日に御幸する。《伏見天皇宸記》
3・17 後深草・亀山・後宇多三上皇、亀山殿に御幸する。《勘仲記》
3・20 後深草上皇、鳥羽殿に御幸する。《伏見天皇宸記》
3・23 天皇、後深草上皇の鳥羽殿に朝覲行幸する（二十六日、冷泉富小路殿に還御）。《伏見天皇宸記》
3・24 鳥羽殿にて歌御会あり。天皇、後深草上皇の仰せにより、笛を奏する。《伏見天皇宸記》
4・13 関白二条師忠、辞任。右大臣近衛家基を関白とする。《公衡公記》

＊澄覚法親王《ちょうかくほっしんのう》（一二一九～八九）天台座主。梶井門跡。後鳥羽天皇皇孫。父は雅成親王、母は藤原親経女。延応元年（一二三九）出家。真性僧正から伝法灌頂を受ける。文永二年（一二六五）、同八年、天台座主に二度補任される。

4・18　雅成親王（後鳥羽天皇皇子）王子澄覚法親王没（「華頂要略」では二十八日）。《歴代皇紀》
4・21　宣旨を下し、関白近衛家基を左大臣九条忠教の上に列する。《公衡公記》
4・24　後深草上皇、桟敷殿にて賀茂祭を覧る。《勘仲記》
4・25　（幕府の奏請により）天皇皇子（中宮鐘子猶子）胤仁親王を皇太子とする（これにより、後深草上皇の持明院統と亀山上皇の大覚寺統と皇統が分裂。対立激化）。《勘仲記》
4・28　疫病流行。宣旨を下し、南都七大寺と延暦寺で大般若経を修させる。《園太暦》
5・9　後深草上皇、新日吉小五月会に御幸する。《実躬卿記》
6・1　前関白鷹司兼平に内覧の宣旨を賜う。《公卿補任》
6・9　疾疫流行により、二十二社に奉幣使を発遣する。《園太暦》
6・10　性覚法親王（亀山天皇皇子）、園城寺長吏を辞任。《華頂要略》
6月　忠助法親王（後嵯峨天皇皇子）を園城寺長吏とする。《華頂要略》
7・1　後深草上皇、鳥羽殿に御幸する。《帝王編年記》
7・7　後深草上皇、法勝寺御八講に御幸する。《実躬卿記》
8・17　後深草上皇、日吉社に御幸する（七日間参籠）。《帝王編年記》
8・29　准大臣堀川基具を太政大臣とする。《公卿補任》
8月　後深草上皇皇子行覚親王を園城寺長吏とする。《園城寺長吏次第》
9・5　天皇、玄輝門院御所衣笠殿に行幸する。《続史愚抄》
9・6　後宇多上皇、亀山上皇御所白河殿に御幸する。《吉続記》
9・7　亀山上皇、（皇位が持明院統に移ったため）禅林寺殿南禅院にて出家する（後宇多上皇・大宮院臨幸）。《吉続記》
9・11　伊勢例幣使を発遣する。《師守記》
9・13　東二条院、春日社に行啓する。《吉続記》
9・14　執権北条貞時により、惟康親王、将軍職を逐われ、この日、帰洛する。《増鏡》
9・15　後深草上皇、亀山法皇の白河殿に御幸する。《吉続記》
9・27　後宇多上皇、亀山殿より万里小路殿に還御する。《吉続記》
9・28　関白・右大臣近衛家基、右大臣を辞任。《吉続記》

10・1　後深草上皇皇子（久明《ひさあきら》）を親王とする。《将軍執権次第》
10・9　後深草上皇皇子久明親王を征夷大将軍とする（鎌倉幕府第八代将軍。翌日、鎌倉へ出発、二十五日着御）。《勘仲記》
10・18　内大臣鷹司兼忠を右大臣、大納言西園寺実兼を内大臣とする。《勘仲記》
⑩・4　後深草上皇、石清水八幡宮に御幸する（五日還御）。《一代要記》
12・6　前将軍惟康親王、出家する。《武家年代記》
12・7　仲恭天皇皇女和徳門院（義子内親王。母は右京大夫局）没（年56）。▼後嵯峨天皇皇女懌子（母は藤原博子）を内親王とする。《女院記》
12・10　懌子内親王を准三宮とし、院号を五条院とする。《女院小伝》
12・12　天皇、この日より七日間、心経百巻を書写する。《伏見天皇宸記》
この年　伏見天皇皇子（寛性親王）、誕生する（母は左大臣洞院実雄女季子）。《仁和寺御伝》また、同皇子（恵助親王）、誕生する（母は治部卿春日局）。《諸寺院上申》
□8・23　一遍《いっぺん》（時宗開祖。51）

■**正応三年（一二九〇）庚寅**

伏見天皇　26歳
後深草上皇48歳
亀山法皇　42歳
後宇多上皇24歳

1・8　法皇、法勝寺修正会に御幸する。《帝王編年記》
1・11　後深草上皇、石清水八幡宮に御幸する（七日間参籠）。《帝王編年記》
1・17　後深草上皇、石清水より還御し、賀茂・北野両社に御幸する。《実躬卿記》
1・18　後深草上皇、蓮華王院修正会に御幸する。《実躬卿記》
1・19　太政大臣西園寺公相女相子（後深草上皇後宮）を准后とする。《伏見天皇宸記》
1・20　天皇、御遊にて琵琶を奏する。《伏見天皇宸記ほか》
1・27　後深草上皇、春日社に御幸する（七日間参籠）。《実躬卿記》
2・3　後深草上皇、春日社より還御し、すぐ稲荷・祇園両社に御幸する。《実躬卿記》
2・4　天皇、後深草上皇御所常盤井殿に行幸する（七日還御）。《実躬卿記》
2・9　後深草上皇、亀山殿に御幸する。《実躬卿記》
2・11　後深草上皇、亀山殿にて出家する（日記の筆を絶つ）。《後深草天皇宸記》
2・13　天台座主慈助法親王、辞任。《華頂

要略》
2・16　尊助法親王を天台座主とする。《天台座主記》
2・29　亀山法皇、嵯峨殿にて如法経を修せられる（後宇多上皇聴聞）。《実躬卿記》
3・9〜3・10　浅原為頼《ためより》父子、冷泉富小路内裏に侵入し、天皇殺害を図るも失敗する。天皇、女装して玄輝門院御所春日殿に遷る（このとき、剣璽・玄象・鈴鹿等を持って逃げる。浅原事件）。為頼父子は自害。《増鏡》
3・15　源基具、太政大臣を辞任。《公卿補任》
3・21　亀山法皇・後宇多上皇、持明院殿に御幸し、花を覧る。《実躬卿記》
3・26　後深草法皇、政務を譲るにより、天皇、万機を親裁する。《帝王編年記》
4・8　「浅原事件」に関し、六波羅府、三条実盛らを捕らえる（伏見天皇は持明院統、三条実盛は大覚寺統に属し、大覚寺統の亀山法皇が黒幕といわれ、亀山・後宇多両院は鎌倉の北条貞時に宛て弁解の告文を送り事なきをえるも、両統の溝は深まる）。《歴代皇紀ほか》
4・22　天皇、常盤井殿に行幸する。《続史愚抄》
4・24　後深草法皇、桟敷殿にて賀茂祭を覧る。《続史愚抄》
4・25　内大臣西園寺実兼、辞任。《公卿補任》
4・26　新陽明門院、落飾する。《歴代皇紀》
5・9　後深草法皇、新日吉小五月会に御幸する。《実躬卿記》
5・20　天皇、常盤井殿に行幸し、覚助法親王に五壇法を修させる。《続史愚抄》
5・22　天皇、北山第に行幸する。《続史愚抄》
6・8　大納言大炊御門信嗣を内大臣とする。《公卿補任》
6・19　天皇、春日殿より冷泉富小路殿に還御する。《続史愚抄》
8・17　聖護院忠助法親王（後嵯峨天皇皇子。母は藤原公房女）没（「園太暦」は十八日。生年不詳）。《華頂要略》
8・20　行覚法親王を園城寺長吏とする（ついで四天王寺別当となる）。《三井続燈記》
9・9　後深草法皇、四天王寺に御幸する（吹田殿を経て十九日還御）。《歴代皇紀》
9・11　伊勢内宮の仮殿遷宮が行なわれる。《二所大神宮例文》
10・23　皇太子胤仁親王、著袴の儀を行なう。《皇年代略記》
10・28　尊助法親王（土御門天皇皇子）、天台座主を辞任。《華頂要略》
11・27　慈助法親王（後嵯峨天皇皇子）を天

台座主に還補する。《華頂要略》
12・1　土御門天皇皇子尊助法親王（母は法印尋恵女）没。《歴代皇紀》
12・4　天皇、石清水八幡宮に行幸する（五日、冷泉富小路殿に還御）。《続史愚抄》
12・8　天皇、賀茂社に行幸する。《続史愚抄》
12・20　内大臣大炊御門信嗣、辞任。《一代要記》
12・25　権大納言藤原公守を内大臣とする。《公卿補任》
□8・25叡尊《えいそん》（律宗僧。西大寺中興の祖。90）

■**正応四年（一二九一）辛卯**

伏見天皇27歳
後深草法皇49歳
亀山法皇　43歳
後宇多上皇25歳

1・3　天皇、後深草法皇の常盤井殿に朝覲行幸する。《勘仲記》
1・8　後深草法皇、法勝寺修正会に御幸する。《勘仲記》
1・13　後深草法皇、玄輝門院御所に御幸する。《勘仲記》
3・4　後深草法皇、禅林寺殿に御幸する。《実躬卿記》
3・9　後深草法皇、六条殿に御幸する。《実躬卿記》
3月　行覚法親王（後深草天皇皇子）、園城寺長吏を辞任。《三井続燈記》
4・6　後深草法皇皇女（久子）を内親王・准三后とする。《女院小伝》
4・18　後深草法皇、桟敷殿にて賀茂祭を見物する。《実躬卿記》
4・26　後深草法皇、石清水八幡宮に御幸する（七日間参籠）。《実躬卿記》
5・3　後深草法皇、石清水より還御し、賀茂・北野両社に御幸する。《実躬卿記》
5・7　亀山法皇、禅林寺殿に御幸する。《実躬卿記》
5・9　後深草法皇、新日吉小五月会に御幸する。《実躬卿記》
5・13　後深草法皇、蓮華王院に御幸する。《実躬卿記》
5・27　関白近衛家基、辞任。左大臣九条忠教を関白・氏長者とする。《公卿補任》
5・30　行覚法親王、円満院門跡を性覚法親王に譲る。《三井続燈記》順徳天皇皇子善統親王、出家する。《歴代皇紀》
6月　性覚法親王を再び園城寺長吏とする。《三井続燈記》右大臣鷹司兼忠を一上とする。《公卿補任》
7・2　内大臣洞院公守、辞任。《公卿補任》

＊**尊助法親王**《そんじょほっしんのう》（一二一七〜九〇）
土御門天皇皇子。母は法印尋慧女。貞永元年（一二三二）受戒。建長四年（一二五二）親王宣下。正元元年（一二五九）天台座主となり、以後も三度、座主に補せられ、青蓮院門跡にも任じられる。

7・18　天皇、北山第に行幸する。《続史愚抄》
7・22　大僧正慈実に代わり、慈助法親王を両寺検校とする（七月二十日説も）。《華頂要略》
7・29　権大納言二条兼基を内大臣とする。《公卿補任》
8・12　後宇多天皇皇后姈子内親王（後深草法皇皇女）の院号を遊義門院とする。《歴代編年集成》
8・14　最助法親王（後嵯峨天皇皇子）を四天王寺別当とする。《諸門跡伝》
8・25　玄輝門院、落飾する。《実躬卿記》
9・9　源資邦を神祇伯とし、源姓を止め王氏に復する。《公卿補任》
11・6　亀山法皇、亀山殿に御幸する。《実躬卿記》
11・20　亀山法皇、嵯峨殿より禅林寺殿に御幸する。《実躬卿記》
11・25　後深草法皇、東大寺にて受戒する（二十六日還御）。《実躬卿記》
12・1　亀山法皇、三条殿に御幸する。《実躬卿記》
12・3　後深草法皇、六条殿に御幸する。《実躬卿記》
12・5　後宇多上皇、白河殿に御幸する。《実躬卿記》
12・13　後深草法皇、賀茂社に御幸する（まず下社、ついで上社に）。《実躬卿記》
12・15　後深草法皇皇女を内親王とし、名を永子と賜う。《実躬卿記》
12・17　亀山法皇、亀山殿に御幸せんとするも、雷鳴により中止する。《実躬卿記》
12・21　関白・左大臣九条忠教、左大臣を辞任。《実躬卿記》
12・25　前内大臣西園寺実兼を太政大臣、右大臣鷹司兼忠を左大臣、内大臣二条兼基を右大臣、権大納言徳大寺公孝を内大臣とする。《公卿補任》
12・26　亀山天皇皇子（順助法親王）、聖護院覚助法親王（後嵯峨天皇皇子）の室に入り、出家する。《実躬卿記》
この年　亀山法皇、離宮禅林寺殿を寺とし、東福寺三世無関玄悟を開山（南禅寺第一祖）とする（南禅寺の初め）。《天下南禅寺記》後深草法皇皇子（恒助法親王）、誕生する（母は藤原茂通女）。《諸寺院上申》伏見天皇皇女（延子内親王）、誕生する（母は太政大臣洞院実雄女季子）。《女院小伝》最助法親王を天王寺別当とする。《天王寺別当次第》

■正応五年（一二九二）壬辰

伏見天皇　28歳
後深草法皇50歳

●伏見天皇御製①（「玉葉和歌集」より）

「いたづらにやすき我が身ぞはづかしき苦しむ民の心おもへば」
「知られずも心のそこや春になる時なる頃と花の待たるる」
「山桜この夜のまにや咲きぬらし朝けの霞色にたなびく」

なお、天皇宸筆の「伏見天皇御集」（宮内庁所蔵）が伝えられる。

亀山法皇　44歳
後宇多上皇26歳

1・14　天台座主慈助法親王、辞任。《続史愚抄》
1・18　後深草法皇、石清水八幡宮に御幸する（二十四日還御）。《続史愚抄》
1・23　京都地震。《続史愚抄》
2・5　宣旨を下し、春日神木を帰座させる（四月二十一日帰座）。《続史愚抄》
2・11　後深草法皇、有栖川殿に御幸する。《続史愚抄》
2・16　亀山法皇、有栖川殿に御幸する。《実躬卿記》
2・24　後深草法皇、持明院殿に御幸する。《続史愚抄》
3・21　亀山法皇・後宇多上皇、同車して持明院殿に御幸し、桜花を覧る。法皇さらに東山の花を覧る。《実躬卿記》
3・24　亀山法皇、高雄に御幸し、桜花を覧る。《実躬卿記》
4・23　後深草法皇、桟敷殿にて賀茂祭を見物する。《実躬卿記》
5・23　天皇、室町院御所持明院殿に行幸する（二十四日、冷泉富小路殿に還御）。《実躬卿記》
6・9　後深草法皇、遊義門院と石清水八幡宮に御幸する。《帝王編年記》
6・15　東寺長者覚済をして亀山殿に五壇法を修し、後宇多上皇瘧《おこり》病平癒を祈らせる。《続史愚抄》
6・24　天下疾疫流行により、七社奉幣使を発遣する。《師守記》
7・3　天皇、玄輝門院御所衣笠殿に行幸する（八月十三日にも）。《続史愚抄》
7・13　天皇、後深草法皇御所常盤井殿に行幸する。《続史愚抄》
7月　元の燕公南、日本商船に託して牒状を送る。《鎌倉年代記》「新制十三ヵ条」を下す。《園太暦》
8・8　内大臣徳大寺公孝、辞任。《公卿補任》
8・11　性覚法親王（亀山天皇皇子）、園城寺長吏を辞任。《三井続燈記》
8・13　天皇、衣笠殿に行幸する。《続史愚抄》
9・9　後嵯峨天皇皇后**大宮院**没。《勘仲記》
9・11　大宮院没により、伊勢例幣を延引する。《勘仲記》
10・24　亀山天皇皇子兼良親王（母は田楽法師玄駒女）没（年7）。《尊卑分脈》
10月　伊勢内宮の仮殿遷宮が行なわれる。《続史愚抄》高麗使、来日して国書を呈する。《鎌倉年代記》
11・5　権大納言三条実重を内大臣とする。

***大宮院**《おおみやいん》（一二二五～九二）　藤原（西園寺）姞子。後嵯峨天皇皇后。父は太政大臣西園寺実氏。仁治三年（一二四二）立后。宝治二年（一二四八）院号宣下。天皇の寵愛深く後深草天皇・亀山天皇ほか綜子内親王・雅尊親王・貞良親王らをもうける。京都粟田《あわた》山《やま》陵（京都市左京区南禅寺福地町）に葬られる。

***類聚神祇**《るいじゅじんぎ》**本源**《ほんげん》　著者は伊勢外宮神官で伊勢神道の大成者度会家行《わたらいいえゆき》（一二五六～一三五一？）。伊勢神道を体系化したもので、神祇の本源に関わる多くの文献を分類してまとめたもの。後宇多上皇・後醍醐天皇の叡覧に供される。

《勘仲記》

12・29 太政大臣西園寺実兼、辞任。《公卿補任》

12月 幕府、高麗の牒状を奏上、朝儀は返牒不可とする。《師守記》

この年 後宇多上皇皇子（性円法親王）、誕生する（母は五辻忠継女忠子〈談天門院〉）。《大覚寺門跡次第》

■永仁元年（一二九三）癸巳

伏見天皇 29歳
後深草法皇51歳
亀山法皇 45歳
後宇多上皇27歳

1・8 後深草法皇、亀山殿に御幸する。《実躬卿記》

1・21 内大臣三条実重、辞任。《公卿補任》

1・24 天皇、後深草法皇御所常盤井殿に行幸する（二十六日、冷泉富小路殿に還御）。《行幸御幸留》伏見天皇皇女（璹《じゅん》子）を内親王とする。《後深草天皇宸記》

1・28 権大納言九条師教を内大臣とする。《公卿補任》

2・3 後嵯峨天皇皇子最助法親王（母は藤原隆衡女）没（年41）。《天台座主記》

2・8 後深草法皇、亀山殿に御幸する。《実躬卿記》

2・9 「竹崎季長絵詞」（「蒙古襲来絵詞」）成る。《奥書》

2・25 関白九条忠教、辞任。前右大臣近衛家基を関白・氏長者・内覧とする。《公卿補任》

3・8 後深草法皇、亀山殿に御幸する。《実躬卿記》

3・18 亀山法皇、亀山殿に御幸する（ついで還御。三月二十四日にも御幸）。《実躬卿記》

3・20 伊勢内宮の風日祈宮《かざひのひのみや》、蒙古撃滅の功により宮号を宣下され、別宮に列せられる。**《類聚神祇本源》**

3・26 東二条院、春日社に御幸する（七日間参籠）。《実躬卿記》

4・2 東二条院、東大寺を巡拝し、常盤井殿に還御する。《実躬卿記》

4・3 後深草法皇、賀茂社に御幸する。《実躬卿記》

4・6 亀山法皇、嵯峨殿より河端殿に御幸する（七日、禅林寺殿に還御）。《実躬卿記》

4・9 後深草法皇、嵯峨殿に御幸する。《実躬卿記》

4・12 天皇、玄輝門院御所春日殿に行幸する（十三日、冷泉富小路殿に還御）。▼天武天皇陵が盗掘され、頭骨が法勝寺阿弥陀

堂に安置される。《実躬卿記》

4・13　鎌倉大地震。建長寺等転倒・焼失、死者二万人に及ぶ。《鎌倉年代記》亀山法皇、禅林寺殿に御幸する。《実躬卿記》

4・23　後深草法皇、女房刑部卿局の桟敷にてひそかに賀茂祭を覧る。《実躬卿記》

4・24　亀山法皇、亀山殿に御幸する。《続史愚抄》

5・14　後深草法皇、北白河殿に御幸する。《実躬卿記》

5・18　天皇、後深草法皇御所常盤井殿に行幸する（二十日、冷泉富小路殿に還御）。《続史愚抄》

6・7　東二条院、西園寺無量光院にて出家する。《伏見天皇宸記》

7・2　畿内炎旱。神泉苑を浚渫するなど雨を祈る。《伏見天皇宸記》

7・8　伊勢神宮に勅使を発遣し、国家安泰を祈る（祭文に「わが国は神国としての盟がある」と記す）。この日以後、天皇、南殿また内侍所に行幸し、神宮を遥拝する（十六日、勅使帰京）。《伏見天皇宸記》

7・11　東大寺八幡宮神輿が入京する。《官公事抄》

7・20　炎旱により、伊勢以下八社に奉幣使を発遣する。《伏見天皇宸記》

8・5　天変・関東地震・炎旱等により永仁と改元する。《伏見天皇宸記》

8・10　鎌倉大地震。《醍醐寺日記》

8・27　天皇、御子左為世・京極為兼に勅撰集（玉葉和歌集・新後撰和歌集）の選集を命じる。《伏見天皇宸記》

9・3　後深草法皇、北山殿に御幸し、如法経十種供養を行なう。《歴代皇紀》

9・19　延暦寺大講堂以下焼亡する。《武家年代記》

9・22　後深草天皇皇子行覚法親王（母は藤原房子）没（年21〈年は20・25など異説あり〉）。《歴代皇紀》

10・26　天皇、後深草法皇御所常盤井殿に行幸する。《続史愚抄》

11月　亀山法皇、南禅寺を建立する。《帝王編年記》

12・10　亀山天皇皇女（憙子）を内親王とする。《女院小伝》

12・22　天皇、彗星出現により、宸筆の御書を山陵に献じる。《勘仲記》

12・25　伏見天皇皇子恵助親王、聖護院に入室する。《勘仲記》

□12・11　一条家経《いちじょういえつね》（摂政。左大臣。父は摂政・関白・左大臣一条実経。46）

■永仁二年（一二九四）甲午

＊永仁《えいにん》　大蔵卿菅原在嗣の勘申による。出典は「晋書《しんじょ》」楽志《がくし》の「永載仁風、長撫無外」。

伏見天皇　30歳
後深草法皇52歳
亀山法皇　46歳
後宇多上皇28歳

1・1　後深草法皇は北山殿、亀山法皇は藤原邦経の第に御幸する。《勘仲記》
1・7　亀山法皇、二条殿に御幸する。《実躬卿記》
1・12　後深草法皇、東二条院と法勝寺修正会に御幸する。《勘仲記》
1・14　京都大火。亀山法皇御所三条殿等焼亡。よって亀山法皇、万里小路殿に御幸する。《勘仲記》
1・18　後深草法皇、蓮華王院修正会に御幸する《勘仲記》
1・21　性覚法親王を園城寺長吏とする（三度目）。《三井続燈記》
1・22　亀山法皇、石清水八幡宮に御幸する（七日間参籠）。《勘仲記》
1・29　後深草法皇、石清水より還御し、賀茂・北野両社に御幸する。《勘仲記》
2・7　後深草法皇皇女・准三宮久子内親王の院号を永陽門院とする。《女院小伝》
2・9　亀山法皇、亀山殿に御幸する。《実躬卿記》
2・11　伊勢神宮にて法楽大般若経を行なわせる。《光明寺旧記》
2・12　後深草法皇、有栖川殿に御幸し、御懺法を修させる（東二条院・遊義門院も御幸）。《実躬卿記》
2・29　後深草法皇皇女を内親王とし、名を媄子《えいし》と賜う（この日、准三宮とする）。《女院小伝》
3・9　後深草法皇、長講堂御八講始に御幸する。《勘仲記》
4・17　後深草法皇、一条室町桟敷殿にて賀茂祭を覧る。《実躬卿記》
5・3　天皇、御遊に琵琶を奏する。《実躬卿記》
5・13　後深草法皇、長講堂御講に臨御する。《実躬卿記》
5・19　後深草法皇、日吉社に御幸し、延暦寺にて受戒する（二十二日還幸）。《勘仲記》
6・9　天皇、後深草法皇御所常盤井殿に行幸する（ついで還御）。《伏見宮記録》
6・25　皇太子胤仁親王、御書始（御書は「御注孝経」）。《後深草天皇宸記》
6・30　後深草法皇皇女姈《れい》子内親王、後宇多上皇のもとに入る。《女院記》
7・7　亀山法皇、法勝寺御八講結願に御幸する。《勘仲記》
7・13　東大寺八幡宮神輿が入洛する。《勘

仲記》

7・19 天皇、病む。《勘仲記》

9・5 後深草法皇、北野社・石清水八幡宮に御幸し、如法経を奉納する。《帝王編年記》

9・7 後深草法皇、日吉社に御幸し、如法経を奉納する。《帝王編年記》

9・13 亀山法皇、四天王寺に御幸する。《続史愚抄》

11・25 後嵯峨天皇皇女五条院（亀山天皇後宮。懌子《えきし》内親王。母は藤原孝時女）没（年33）。《女院小伝》

この年 後宇多天皇皇子（承覚法親王）、誕生する（母は五辻忠継女忠子〈談天門院〉）。《梶井円融坊在住親王伝》

□2・30花山院定雅《かざんいんさだまさ》（右大臣。父は右大臣花山院忠経。77）、8・8鷹司兼平《たかつかさかねひら》（摂政。関白。太政大臣。鷹司家の祖。父は関白・太政大臣近衛家実。67）

■永仁三年（一二九五）乙未

伏見天皇 31歳
後深草法皇53歳
亀山法皇 47歳
後宇多上皇29歳

1・1 神木動座により、小朝拝・拝礼を中止する。《実躬卿記》

1・8 亀山法皇、禅林寺殿に御幸する。《実躬卿記》

1・9 後深草法皇、今林准后第・亀山殿に御幸する。《実躬卿記》

1・13 後深草法皇は北山殿、亀山法皇は藤原経任の第に御幸する。《実躬卿記》

1・16 後深草法皇、石清水八幡宮に御幸する（七日間参籠）。▼亀山法皇、花園殿・持明院殿に御幸する。《実躬卿記》

2・7 亀山法皇皇子（慈道）、青蓮院に入室、出家する。《実躬卿記》

2・9 後深草法皇、有栖川殿に御幸する（十一日、御懺法を修する）。《実躬卿記》

2・30 亀山法皇皇子（慈道）を法親王とする。《諸門跡伝》

2月 梶井宮最仁法親王（土御門天皇皇子。母は法眼円誉女）没（年63）。《梶井門跡略系譜》

②・1 後深草法皇、六条殿に御幸し、彼岸御懺法を修する。《実躬卿記》

②・4 亀山法皇、禅林寺殿に御幸する（十七日にも）。《実躬卿記》

②・14 亀山法皇、後宇多上皇皇女と二尊院に御幸し、桜を覧る。《実躬卿記》

②・17 亀山法皇、禅林寺殿に御幸する。《実躬卿記》

②・19 亀山法皇、東山に御幸し、桜花を覧

る。《実躬卿記》
②・21　亀山法皇、花園殿に御幸し、桜花を覧る（二十二日は西山辺の桜花を覧る）。《実躬卿記》
3・12　後深草法皇、二条殿に御幸する。《実躬卿記》
3・17　尊勝院御室深性法親王を六勝寺検校とする。《仁和寺御伝》
4・17　後深草法皇、桟敷殿にて賀茂祭を覧る。《実躬卿記》
4・29　これより先、祈雨奉幣行なわれるも験なきにより、東寺長者・僧正勝恵等に水天供を修するよう命じる（五月一日大雨）。《実躬卿記》
5・11　亀山法皇、六条殿に御幸する。《実躬卿記》
5・14　京都洪水。《実躬卿記》
5・18　賀茂川洪水。《実躬卿記》
5・20　亀山法皇、万里小路殿に御幸する。《実躬卿記》
5・26　後深草法皇、新日吉小五月会に御幸する。《実躬卿記》
5・27　後深草法皇は今出川院、亀山法皇は亀山殿に御幸する。《実躬卿記》
7・9　東大寺衆徒、神輿を遷して七ヵ条を訴える。この日、勅により東大寺に神崎荘を寄進し、神輿を帰座させる。《東大寺縁起》
7・27　青蓮院慈助法親王（後嵯峨天皇皇子）没（「歴代皇紀」は七月七日没。年42）。《園太暦》
8・15　伏見天皇皇女を内親王とし、名を誉子と賜う。ついで准后とする。《実躬卿記》
9・14　天皇、内侍所に行幸し、持明院統の皇位継承を祈る。《伏見宮記録》
11・17　後深草法皇、北山殿・衣笠殿に御幸する。《実躬卿記》
11・20　後深草法皇、春日社に御幸する（参籠七日間。二十三日興福寺、二十四日長谷寺、二十五日東大寺へ。二十六日、常盤井殿に還御）。《実躬卿記》
12・17　後深草法皇、亀山殿に御幸する。《実躬卿記》
12・27　久明親王、惟康親王王女と結婚する。《北条九代記》
この年　性仁入道親王、再度仁和寺寺務となる。《仁和寺御伝》

■永仁四年（一二九六）丙申

伏見天皇　32歳
後深草法皇54歳
亀山法皇　48歳
後宇多上皇30歳

1・1　神木動座により、小朝拝を中止する。

◉伏見天皇御製②（「風雅和歌集」より）

「枝もなく咲きかさなれる花の色に梢もおもき春の曙」

「わが国にまたあともなし二返り八隅知る名を世に残す人」

「花のうへの暮れゆく空にひびき来て声に色ある入相の鐘」

なお、天皇は「風雅和歌集」には最多の八十五首が入集（二位は永福門院、三位は花園天皇）。

《園太暦》
1・13 土御門殿成り、後深草法皇が移る。《続史愚抄》
1・22 亀山法皇女御新陽明門院（藤原位子）没（年35）。《歴代皇紀》
1・26 後深草法皇、石清水八幡宮の神宝を覧る。《往古神宝等記》
2・7 天皇、後深草法皇の常盤井殿に行幸する（十日、冷泉富小路殿に還御。七月二十一日、十月九・十三日にも常盤井殿へ）。《伏見宮記録》
3・26 天皇、玄輝門院の衣笠殿に行幸する。《続史愚抄》
6・18 関白近衛家基、辞任（十九日没）。《公卿補任》
7・22 天皇、常盤井殿に行幸する（二十三日還御）。《伏見宮記録》
7・24 左大臣鷹司兼忠を関白・氏長者とする。《公卿補任》
8・11 亀山天皇皇女憙子《きし》内親王を准三宮とし、院号を昭慶門院とする。《女院小伝》
8・28 右大臣二条兼基を一上とする。《公卿補任》
8・30 鳥羽殿安楽寿院法華堂火事。鳥羽天皇陵の三重塔類焼（のち再建も天文十七年〈一五四八〉焼失し再建されず）。《帝王編年記》
10・13 天皇、常盤井殿に行幸する。《伏見宮記録》
12・25 左大臣鷹司兼忠、辞任。《公卿補任》
12・27 右大臣二条兼基を左大臣、内大臣九条師教を右大臣、准大臣土御門定実を内大臣とする。《公卿補任》
この年まで、「造伊勢二所太神宮宝基本記《ぞういせにしょだいじんぐうほうきほんぎ》」（「神道五部書」の一。「天照坐《あまてらします》伊勢二所皇太神宮御鎮座次第記」とも）成る。
□6・19近衛《このえ》家基《いえもと》（関白。右大臣。父は関白・左大臣近衛基平。36）

■永仁五年（一二九七）丁酉

伏見天皇 33歳
後深草法皇 55歳
亀山法皇 49歳
後宇多上皇 31歳

3・6 幕府、「永仁の徳政令」を発する（わが国初の徳政令）。《東寺百合文書》
3月 元、僧一山一寧を遣わして国書を献じて、和好を求める。《元史成宗本紀》
4・18 冷泉富小路内裏が焼亡する。天皇、春日殿、ついで土御門東洞院殿に遷る。《一代要記》
4・28 天皇、土御門東洞院殿より二条殿に遷る。《歴代皇紀》

＊**本朝《ほんちょう》皇胤《こういん》紹運録《じょううんろく》** 後小松天皇の命により作成された「帝王御系図」。洞院満季撰。天皇・親王・法親王・内親王・王を採り上げ、簡単な経歴・没年月日等を記す。本書では飯豊皇女を「飯豊天皇」としている。また、南朝の後村上・長慶・後亀山各天皇を歴代からはずし、北朝の光厳・光明・崇光・後光厳・後円融各天皇を歴代に入れており、これが江戸時代末期までの朝廷の歴代に対する立場であった。

5・7　園城寺長吏性覚法親王、辞任。《三井続燈記》
5・9　伊勢内宮の仮殿遷宮が行なわれる。《大宮司補任次第》
5・17　盗人、宮中に入る。《歴代皇紀》
6・5　内裏炎上により、伊勢以下十三社に奉幣使を発遣する。《歴代編年集成》
6・7　天皇、常盤井殿に行幸し、祇園神輿を避ける（十三・十九日、八月十九日、九月二十四日、十月九日にも常盤井殿へ）。《師守記ほか》
7・3　清滝宮で祈雨御読経を行なう。《醍醐寺新要録》
7・5　多武峯神人四百余人、神木を奉じて関白鷹司兼忠第に群参する。《歴代皇紀》
7・25　伏見天皇皇子（富仁。花園天皇）、誕生する（母は太政大臣洞院実雄女季子）。《歴代皇紀》
9・11　伊勢例幣使を発遣する。《師守記》
9・26　亀山法皇皇子性覚法親王没（年31）。《諸寺院上申》
10・2　定良親王、梶井宮に入り出家する（叡雲法親王。「**本朝皇胤紹運録**」では十二月出家）。《華頂要略》
10・10　深性法親王を仁和寺務とする。《東宝記》

10・16　内大臣土御門定実、辞任。権大納言久我通雅を内大臣とする。《公卿補任》
⑩・9　天皇、西園寺第に行幸する（十二日還御）。《続史愚抄》
12・28　永子内親王を准三宮とする。《女院記》
この年　西園寺実兼、嫡子公顕《きんあき》に琵琶の秘曲「啄木」を伝授する（この公顕が後伏見天皇に「啄木」を伝授し、のち伏見宮家に伝えられる）。

■永仁六年（一二九八）戊戌

伏見天皇　34歳
後伏見天皇11歳
後深草法皇56歳
亀山法皇　50歳
後宇多上皇32歳

4・12　後嵯峨天皇皇子仁恵法親王（母は法眼証円女〈異説あり〉）没（年55）。《園城寺伝法血脈》
4・29　後深草法皇、石清水八幡宮にて五部大乗経を供養する（五月五日還御）。《帝王編年記》
6・6　天皇、伏見上皇御所常盤井殿に行幸する（八日還御。十三日、七月十一日、十一月八・九日にも）。《伏見宮記録》
6・12　内大臣久我通雄、辞任する。《公卿補任》

◉**奉幣使**《ほうへいし》　勅命により幣帛を神社や山陵に奉献した使。伊勢神宮には王氏、宇佐神宮には和気氏、春日社には藤原氏などと決まっていた。明治以降、伊勢神宮以外には地方官が担当した。現在、勅祭社や山陵へは勅使が参向する。

6・16 伏見天皇第三皇子（のち寛性法親王）、仁和寺大聖院に入る。《仁和寺御伝》
6・23 大納言西園寺公衡を内大臣とする。《公卿補任》清滝宮にて祈雨御読経が行なわれる。《醍醐寺新要録》
6・27 邦治《くにはる》親王、万里小路殿にて元服する（加冠は左大臣二条兼基）。《一代要記》
7・3 後深草法皇、東二条院とともに後宇多上皇の万里小路殿に御幸する。《継塵記抄》
7・19 天皇、玄輝門院御所衣笠殿に行幸する。《歴代編年集成》

第九十三代 後伏見《ごふしみ》天皇

7・22 伏見天皇、二条高倉殿にて譲位（院政開始）。皇太子胤仁《たねひと》親王、冷泉富小路殿にて受禅（**後伏見天皇**。土御門天皇から伏見天皇譲位までの記録が「御譲位部類記」として残る）。▼関白鷹司兼忠を摂政とする。《園太暦》
7・27 後宇多上皇、遊義門院と伏見殿の新御所に御幸する（後深草・亀山両法皇も臨幸）。《継塵記》
8・1 伏見上皇皇子（尊円法親王）、誕生する（母は掌侍三善衡子）。《華頂要略》
8・3 先帝に太上天皇号を奉る。《帝王編年記》
8・5 伏見上皇、後深草法皇の常盤井殿に御幸始を行なう。《御幸始部類記》
8・8 後深草法皇、二条殿に御幸する。《公秀公記》
8・10 後宇多上皇皇子邦治親王（後二条天皇）を皇太子とする（大覚寺統、巻き返しを図る）。《公卿補任》
8・13 伏見上皇、常盤井殿に移る。《伏見宮記録》
8・17 天皇、冷泉富小路殿より二条富小路殿に行幸する。《公秀公記》
8・18 後深草法皇、中宮東二条院と常盤井殿に御幸する。《伏見宮記録》
8・21 伏見上皇中宮西園寺鏱子の院号を永福門院とする。《帝王編年記》
8・30 後深草法皇、常盤井殿に御幸する。《伏見宮記録》
9・2 伏見上皇、常盤井殿に御幸する（十日にも）。《伏見宮記録》
9・11 伊勢例幣使を発遣する。《園太暦》
9・24 伏見上皇、富小路殿に御幸する。《伏見宮記録》
10・10 後深草法皇、持明院殿に御幸する。《師守記》
10・12 天皇、即位のため太政官庁に遷る。《実躬卿記》

＊**後伏見天皇**《ごふしみてんのう》（一二八八～一三三六） 名は胤仁《たねひと》。伏見天皇第一皇子。母は前参議五辻（藤原）経氏《つねうじ》女・典侍《ないしのすけ》経子。養母は太政大臣西園寺実兼《さねかね》女・中宮鏱子（永福門院）。誕生の年に親王宣下、翌年立太子。永仁六年（一二九八）践祚、即位。正安二年（一三〇〇）元服。同三年譲位、ついで太上天皇尊号宣下。元弘三年（一三三三）出家。延元元年＝建武三年（一三三六）崩御。陵は深草北陵。追号は遺詔による。女御に藤原寧子（広義門院。所生に光厳天皇・景仁親王・光明天皇）。ほか皇子女に尊胤・法守・尊実・承胤・長助・亮性・尊道の各親王、珣子（後醍醐天皇皇后）・璜子（章徳門院）の各内親王。日記「後伏見天皇宸記」がある。

＊**雅俊卿記**《まさとしきょうき》 参議藤原雅俊（一二六九～一三二二）の日記。

10・13　後伏見天皇、太政官庁にて即位礼を挙げる。《後深草天皇宸記》後宇多上皇、延暦寺に御幸する。《元徳二年日吉社並叡山行幸記》

10・14　伏見上皇、富小路殿に御幸する（十七日、十一月六・十五日、十二月十五・二十・二十四・二十八日にも）。《伏見宮記録》

10・25　天皇、大嘗祭のため河原頓宮に行幸し、鴨川で禊する。《続史愚抄》

10月　亀山法皇、住吉社に御幸する。《続史愚抄》

11・8　天皇、常盤井殿に行幸する（九日にも）。《伏見宮記録》

11・16　天皇、大嘗祭のため太政官庁に行幸する（二十四日還御）。《続史愚抄》

11・20　天皇、大嘗祭を行なう。《続史愚抄》

11・30　後深草法皇、常盤井殿に御幸する（十二月二日にも）。《伏見宮記録》

12・9　伏見上皇、六条殿に御幸する。《伏見宮記録》

12・20　摂政鷹司兼忠、辞任。左大臣二条兼基を摂政・氏長者とする。《師守記》

12月　前関白鷹司基忠、内覧・兵仗を辞する。《続史愚抄》

■正安元年（一二九九）己亥

後伏見天皇12歳
後深草法皇57歳
亀山法皇　51歳
後宇多上皇33歳
伏見上皇　35歳

1・3　伏見上皇、後深草法皇の常盤井殿に御幸始を行なう。《一代要記》

1・8　後深草法皇、法勝寺修正会に御幸する。《一代要記》

1・11　摂政・左大臣二条兼基、右大臣九条師教に一上を譲る。《公卿補任》

1・15　伏見上皇、石清水・賀茂両社に御幸する。《雅俊卿記》

1・23　後深草法皇・伏見上皇、石清水八幡宮に御幸する（七日間参籠）。《雅俊卿記》

1・29　後深草法皇、石清水より還御し、賀茂・北野両社に御幸する。《雅俊卿記》

1・30　伏見上皇、富小路殿に御幸する（二月二・五・七・十・十一日、三月二十三日、四月三十日、五月二十四日、六月二十六日、八月二・四日、十月十一・十七日にも）。《伏見宮記録》

2・1　後深草法皇、常盤井殿に御幸する。《伏見宮記録》

2・13　後深草法皇、嵯峨殿に御幸する。《伏見宮記録》

2・17　伏見上皇、嵯峨殿に御幸する。《伏

見宮記録》
2・19 後深草法皇、嵯峨殿より常盤井殿に御幸する。《伏見宮記録》
2・24 伏見上皇、譲位後初めて賀茂社に御幸する。《園太暦》
2・25 伏見上皇、伏見殿に御幸する。《伏見宮記録》
3・4 天皇、富小路殿小御所に行幸する（八日還御）。《伏見宮記録》
3・5 摂政・左大臣二条兼基を前太政大臣西園寺実兼の上に列する。《公卿補任》
3・26 後深草法皇、六条殿にて御灌頂を受ける。《歴代皇紀》
4・14 摂政・左大臣二条兼基、左大臣を辞任。《公卿補任》
4・23 伏見上皇、桟敷殿に御幸し、賀茂祭を覧る。《伏見宮記録》良助法親王を天台座主とする。《華頂要略》
4・25 代始により**正安**と改元する。《帝王編年記》
4・26 右大臣九条師教を左大臣、内大臣西園寺公衡を右大臣、権大納言鷹司冬平を内大臣とする。《公卿補任》
5・2 後深草法皇、常盤井殿に御幸する。《伏見宮記録》
5・9 後深草法皇・伏見上皇、新日吉小五月会に御幸する。《帝王編年記》
5・21 後深草法皇、常盤井殿・持明院殿に御幸する。《伏見宮記録》
6・2 前内大臣洞院公守を太政大臣とする。《公卿補任》
6・6 天皇、伏見上皇の常盤井殿に行幸する（十四日、二条富小路殿に還御）。《伏見宮記録》
6・7 後深草法皇皇子深性法親王没（年25。23・24説も）。《諸門跡譜》
7・1 後深草法皇、北山第に御幸する。《伏見宮記録》
7・2 天皇、玄輝門院御所衣笠殿に行幸する（後深草法皇・伏見上皇も。天皇、四日に二条富小路殿に還御）。《伏見宮記録ほか》
7・5 後深草法皇、常盤井殿に御幸する（この月、しばしば御幸）。《伏見宮記録》
7・26 天皇、ひそかに権中納言源（庭田）経資の第に行幸する。《伏見宮記録》
7・28 天皇、後深草法皇・伏見上皇とともに土御門殿に行幸する。《伏見宮記録》
9・10 後深草法皇、石清水八幡宮に御幸し、如法経を奉納する（伏見上皇も御幸）。《伏見宮記録》
9・11 伊勢例幣使を発遣する。《師守記》
後深草法皇、横川に御幸し、如法経を奉納

＊**正安**《しょうあん》 前参議菅原在嗣《ありつぐ》の勘文に、出典は「孔子《こうし》家語《けご》」からとある。同書巻七観郷射に「此五行者足以正身安国矣」とある。

する（伏見上皇も御幸）。《伏見宮記録》
9・25 天皇、富小路殿に行幸する（伏見上皇も）。《伏見宮記録》
10・8 元使一山一寧、鎌倉に来て幕府に国書を呈する。《鎌倉年代記》
10・13 亀山法皇、後宇多上皇と石山寺に参籠する。《石山寺縁起》太政大臣洞院公守、辞任。《公卿補任》
10・19 天皇、北山第に行幸する（後深草法皇・伏見上皇も御幸。天皇は二十三日に二条富小路殿に、後深草法皇・伏見上皇は二十五日還御）。《伏見宮記録》
11・21 摂政二条兼基を太政大臣とする。《公卿補任》
11・23 後深草法皇、摂政・太政大臣二条兼基の二条新第に御幸する。《伏見宮記録》
11・25 伏見上皇、二条新第に御幸する。《伏見宮記録》
11・27 天皇、二条新第に行幸する（後深草法皇・伏見上皇、これを見物）。《伏見宮記録》
12・8 伏見上皇、六条殿に御幸する。《伏見宮記録》
12・22 順助法親王を園城寺長吏とする。《三井続燈記》
12・27 前内大臣徳大寺公孝を右大臣とする。《公卿補任》
この年 亀山法皇、龍安山禅林禅寺の寺名を瑞龍山太平興国南禅禅寺（南禅寺）と改称。
●鎌倉時代末期、「聖徳太子絵伝」の解説書法空撰「上宮太子拾遺記」成る。

■正安二年（一三〇〇）庚子

後伏見天皇13歳
後深草法皇58歳
後宇多上皇34歳
亀山法皇　52歳
伏見上皇　36歳

1・2 伏見上皇、富小路殿に御幸する（この年しばしば）。《伏見宮記録》
1・3 天皇、元服する（摂政・太政大臣二条兼基が加冠）。《一代要記》
1・5 後深草法皇、伏見上皇の常盤井殿に御幸する（このあとしばしば）。《伏見宮記録》
1・11 天皇、伏見上皇の富小路殿に朝覲行幸する。《続史愚抄》
1・14 後深草法皇・伏見上皇、持明院殿に御幸する。《伏見宮記録》
1・17 後深草法皇、亀山殿に御幸する。《伏見宮記録》
1・19 伏見上皇皇子を親王とし、名を惟永《これなが》と賜う（ついで出家し、法名を寛性とする）。

《仁和寺御伝》
1・22 天皇、石清水八幡宮に行幸する（後深草法皇・伏見上皇も御幸。天皇・法皇・上皇、二十八日還御）。《伏見宮記録》
2・2 後深草法皇は今小路第、伏見上皇は持明院殿に御幸する。《伏見宮記録》
2・5 天皇、富小路殿に行幸する（伏見上皇も御幸。天皇、八日還御）。《伏見宮記録》
2・21 天皇、御遊御会始に琵琶を奏する。《御遊抄》
2・27 後宇多上皇、日吉社に御幸する。《華頂要略》
3・5 後深草法皇・伏見上皇、六条殿に御幸する。《伏見宮記録》
3・9 伏見上皇御所常盤井殿が炎上する（上皇、法皇御所富小路殿に移る）。《一代要記》
3・18 後深草法皇、六条殿に御幸する。《伏見宮記録》
4・8 後深草法皇、土御門殿に御幸する。《伏見宮記録》
4・12 伏見上皇、土御門殿に御幸する。《伏見宮記録》
4・16 後深草法皇・伏見上皇、桟敷殿にて賀茂祭を覧る。《実躬卿記》
4・19 摂政・太政大臣二条兼基、太政大臣を辞任。《公卿補任》
4・22 惟永親王、仁和寺北院に入室し、出家する（法名は寛性）。《仁和寺御伝》後深草法皇、二条殿および衣笠殿に御幸する（伏見上皇も衣笠殿に御幸し蹴鞠御会を行なう）。《実躬卿記》
4・28 天皇、御遊御会で琵琶を奏する。《御遊抄》
5・3 後堀河天皇皇女室町院（暉子内親王）没（年73。「歴代皇紀」では五月二日没）。《女院小伝》
5・5 後深草法皇・伏見上皇、法勝寺に御幸する（このとき九重塔壇上に登る）。《**吉口伝**》
5・6 後深草法皇、六条殿に御幸する。《続史愚抄》
5・8 伏見上皇、六条殿に御幸する。《続史愚抄》
5・28 後深草法皇、土御門殿に御幸する。《伏見宮記録》
6・6 後深草法皇・伏見上皇、北山殿に御幸する。《実躬卿記》
6・10 四角四堺祭を行ない流行病を祈禳させる。《園太暦》
6・22 伊勢以下五社に奉幣して流行病を祈禳させる。《園太暦》
6・29 伏見上皇、持明院殿に御幸する。《吉

＊**吉口《きっく》伝《でん》** 内大臣吉田定房の有職故実についての言動や日記から弟の隆長が編纂したもの。

口伝》
7・10 前太政大臣鷹司基忠に内覧宣旨を下す。《諸家伝》
7・12 後深草法皇、土御門殿に御幸する。《伏見宮記録》
7・16 伏見上皇、土御門殿に御幸する。《伏見宮記録》
7・25 亀山法皇、院宣を下し、播磨国矢野別名以下の地を南禅寺に寄進する。《南禅寺旧記》
8・11 円満院宮恒助親王（後深草法皇皇子）、長講堂にて出家する。《実躬卿記》
9・19 伏見上皇、衣笠殿に御幸する。《伏見宮記録》
9・24 良助法親王を妙法院門跡管領とする。《華頂要略》
10・20 後深草法皇、土御門殿に御幸する。《伏見宮記録》
10・24 後深草法皇は北山殿、伏見上皇は土御門殿に御幸する。《伏見宮記録》
11・20 良助法親王を青蓮院門跡の管領とする。《華頂要略》
12・16 摂政二条兼基を関白とし、摂政に准じる。《伊綱宿禰記》
12・27 亀山法皇、日吉社に御幸する。《元徳二年三月日吉社並叡山行幸記》

この年 後二条天皇皇子（邦良親王）、誕生する（母は五辻宗子）。《一代要記》

●一三世紀末〜一四世紀初、後堀河天皇践祚から後嵯峨上皇崩御百ヵ日仏事までを記した「五代帝王物語《ごだいていおうものがたり》」成る（作者は不明）。

▼八幡神の神徳を童子にも理解させるという「八幡《はちまんぐ》愚童訓《どうく(き)ん》」成る（中に「神明の擁護怠らず、仏陀の冥助止むことなし、争《いかで》か神国を傾けむ、誰かは仏家を亡ぼさむ」とある）。

■正安三年（一三〇一）辛丑

後伏見天皇14歳
後二条天皇17歳
後深草法皇59歳
亀山法皇53歳
後宇多上皇35歳
伏見上皇37歳

1・11 亀山法皇、北山殿に御幸する。《歴代皇紀》
1・14 後深草法皇、衣笠殿に御幸する。《実躬卿記》
1・16 前太政大臣西園寺実兼女藤原瑛子、亀山法皇の宮に入る。《女院記》
1・18 幕府使者、西園寺実兼の第に至り、天皇の譲位を申し入れる。《吉口伝》
1・19 亀山法皇、二条院に御幸する。《吉

●後伏見天皇御製（「風雅和歌集」より）

「桜咲くとほぢの村の夕ぐれに花折りかざし人かへるなり」
「花の上にさすや朝日のかげ晴れて囀る鳥の声も長閑き」
「雨しぼるやよひの山の木がくれに残るともなき花の色哉」

口伝》

第九十四代 後《ご》二《に》条《じょう》天皇

1・21 後伏見天皇、二条富小路殿にて譲位。邦治親王、二条殿にて践祚（後二条天皇）。後宇多上皇の院政開始。前太政大臣二条兼基の関白は旧の如し。《園太暦》
1・24 亀山法皇、日吉社に御幸する。《興福寺略年代記》
1・28 先帝に太上天皇尊号を奉る（上皇が五人となる）。《続史愚抄》
2・17 京都火事。最勝光院が類焼する。《帝王編年記》
2・21 伏見上皇、有栖川殿に御幸する。《伏見宮記録》
2・27 後宇多上皇、日吉社に御幸する（二十八日還幸）。《新拾遺和歌集》
3・3 伏見上皇、北嵯峨殿に御幸する（六日、土御門殿へ）。《伏見宮記録》
3・7 天皇、即位由奉幣使を発遣する。《続史愚抄》
3・10 伏見・後伏見両上皇、同車して六条殿に御幸する。《伏見宮記録》
3・15 後深草法皇・伏見上皇・後伏見上皇、北山殿に御幸する。《伏見宮記録》
3・19 亀山天皇後宮西園寺瑛子を准三宮とし、院号を昭訓門院とする。《管見記》
3・24 天皇、太政官庁にて即位礼を挙げる。《続史愚抄》
3・27 亀山法皇・後宇多上皇、万里小路殿庇御所に御幸する。《伊綱宿禰記》
4・29 覚助法親王を後二条天皇護持僧とする。《護持僧記》
5・4 後宇多上皇、北山第に御幸し、競馬を覧る。《実躬卿記》
5・6 伏見・後伏見両上皇、同車して長講堂に御幸する。《実躬卿記》
5・9 亀山法皇・後宇多上皇、新日吉小五月会に御幸する。《実躬卿記》
5・12 久明親王王子（守邦親王）、誕生する。（母は王氏）。《北条九代記》
5・25 炎旱により清滝宮に孔雀経を修し、降雨を祈る。《醍醐寺新要録》
6・2 前内大臣土御門定実を太政大臣とする。《公卿補任》
6・11 後深草法皇、土御門殿に御幸する。《伏見宮記録》
6・14 伏見上皇、土御門殿に御幸する。《伏見宮記録》
6・17 伏見上皇、北山第に移る。《伏見宮記録》
6・22 即位由山陵使を発遣する。《師守記》

＊**後二条天皇**《ごにじょうてんのう》（一二八五～一三〇八） 名は邦治《くにはる》。後宇多天皇第一皇子。母は前内大臣堀川（源）具守《ともり》女基子（西華門院）。後醍醐天皇異母兄。弘安九年（一二八六）親王宣下、永仁六年（一二九八）元服、立太子。正安三年（一三〇一）践祚、即位。徳治三年（一三〇八）崩御。陵は北白河陵。追号は二条高倉皇居で崩御したことによる。皇后は藤原忻子。皇子女に邦良・邦省・祐助・聖尊・聖済の各親王、㛹子（寿成門院）・珉子・栄子・瑒子の各内親王など。

＊**万一記**《まんいつき》 後醍醐天皇の信任が厚かった大納言万里小路《までのこうじ》宣房《のぶふさ》の日記。

7・7　宣旨を下し、関白鷹司兼基を太政大臣土御門定実の上に列する。《師守記》
7・17　後深草法皇、持明院殿に御幸する。《伏見宮記録》
7・20　後宇多天皇後宮五辻忠子を准三宮とする。《女院記》
7・28　伏見上皇、北山殿より富小路殿に御幸する。《伏見宮記録》
8・15　伏見上皇皇子（富仁）を後伏見上皇猶子とし、親王とする。《皇年代略記》
8・17　後宇多・後伏見両上皇、石清水八幡宮に御幸する。《師守記》
8・22　執権北条貞時辞任。北条師時、第十代執権となる。《北条九代記》
8・24　富仁親王（花園天皇）を後伏見天皇の猶子の儀をもって皇太子とする。《後愚昧記》
8・27　後宇多・後伏見両上皇、賀茂社に御幸する。《園太暦》
9・3　後深草法皇、衣笠殿に御幸し、御懺法を修する。《伏見宮記録》
9・11　伊勢例幣使を発遣する。《万一記》
9・15　伏見上皇、六条殿に御幸する。《伏見宮記録》
9・23　後深草法皇、今小路第に御幸する（十月十三日にも）。《伏見宮記録》
10・16　後深草法皇・伏見上皇・後伏見上皇、伏見殿に御幸する（十八日還御）。《伏見宮記録》
10・28　天皇、大嘗祭のため河原頓宮に行幸し、鴨川で禊する。《万一記》
11・16　天皇、大嘗祭のため太政官庁に行幸する（二十四日還御）。《吉続記》
11・19　天皇、斎場所を覧る（亀山法皇・後宇多上皇・遊義門院、これに御幸）。《実躬卿記》
11・20　天皇、大嘗祭を行なう（このときの記録が、三条実躬の日記「実躬卿記」を抄出の「正安三年大嘗会記」）。《続史愚抄》
11・23　後宇多上皇、二条為世に「新後撰和歌集」撰定を命じる。《拾芥抄》
11月　幕府から「皇位は持明院統・大覚寺統の二皇統に受け継がれるべき」との「関東状」が京都に送られる。《吉続記》
12・5　亀山法皇・後宇多上皇、北野社作文に御幸する。《吉続記》
12・8　亀山法皇、春日社に御幸する。《吉続記》
12・11　青蓮院良助法親王、天台座主を辞任。《吉続記》
12・17　後堀河天皇皇女神仙門院（体子内親王）没（年71）。《女院記》後深草法皇、土

御門第に御幸する。《伏見宮記録》
12・19 良助法親王、青蓮院門主となる。《華頂要略》
この年 伏見天皇皇子（尊悟親王）、誕生する（母は中院具氏女）。《本朝皇胤紹運録》良助法親王、天台座主を辞任。《歴代編年集成》
□8・25鷹司《たかつかさ》兼忠《かねただ》（摂政。関白。左大臣。父は摂政鷹司兼平。39）
●建治元年（一二七五）以降この年まで、卜部兼方、「釈日本紀」を著す（中で「神道」の語が見える）。

■乾元元年（一三〇二）壬寅

後二条天皇18歳
後深草法皇60歳
亀山法皇54歳
後宇多上皇36歳
伏見上皇38歳
後伏見上皇15歳

1・5 亀山法皇、富小路殿に御幸する。《続史愚抄》
1・10 伏見・後伏見上皇、衣笠殿に御幸する。《実躬卿記》
1・12 亀山法皇、昭慶門院・昭訓門院と法勝寺に御幸する。《実躬卿記》
1・20 後宇多天皇後宮瑞子女王（宗尊親王王女）を准三宮とし、亀山法皇の猶子の儀をもって、院号を永嘉門院とする。《女院小伝》
1・29 後深草法皇・遊義門院、伏見殿に御幸する。《伏見宮記録》
2・4 後深草法皇、伏見殿に御幸する。《実躬卿記》
2・6 伏見・後伏見上皇、伏見殿に御幸する（十五日還御）。《実躬卿記》
2・7 天皇、冷泉万里小路殿にて蹴鞠御会を行なう（亀山法皇・後宇多上皇、これに御幸）。《実躬卿記》
2・10 亀山法皇、伏見殿に御幸し、蹴鞠を行なう（伏見・後伏見両上皇も臨幸し、鞠足に立つ）。《実躬卿記》
2・11 天皇、冷泉万里小路殿にて後宇多上皇とともに蹴鞠を行なう（十二・十三日にも蹴鞠御会あり）。《実躬卿記》
2・12 亀山法皇、亀山殿に御幸する。《実躬卿記》
2・16 後深草法皇と伏見・後伏見両上皇、有栖川殿に御幸する。《実躬卿記》
2・17 後嵯峨天皇御八講結願により、伏見・後伏見両上皇、有栖川殿より亀山殿に御幸する。《実躬卿記》
2・18 天皇、冷泉万里小路殿にて蹴鞠御会

を行なう。▼後鳥羽天皇御八講。後深草法皇、これに御幸する。《実躬卿記》

2・19　後深草法皇、亀山殿より還御し、富小路殿にて蹴鞠御会を行なう。《実躬卿記》

2・20　後宇多上皇、北野社に御幸。ついで作文・御遊（笛を奏する）。▼天皇、二条富小路殿にて蹴鞠御会を行なう。《実躬卿記》

2・23　両法皇・三上皇、亀山殿に御幸し、蹴鞠御会を行なう。御遊にて伏見・後伏見両上皇は琵琶を、後宇多上皇は笛を奏する。《実躬卿記》

2・24　伏見・後伏見両上皇、ひそかに東山の桜花を歴覧する。《伏見宮記録》

2・25　亀山法皇・後宇多上皇、五辻・鷲尾等に、伏見・後伏見両上皇は岩倉辺に桜花を歴覧する。《実躬卿記》

2・26　亀山法皇、大原野に御幸し、桜花を覧る。《実躬卿記》

2・27　亀山法皇、ひそかに随心院に御幸し、桜花を歴覧する。▼伏見上皇、北山第に御幸する。《実躬卿記》

2・28　後深草・亀山法皇と伏見・後伏見両上皇、北山第にて蹴鞠御会を行なう。《実躬卿記》

2・29　後深草法皇、前関白二条師忠第に御幸し、桜花を歴覧する。《実躬卿記》

2月　後二条天皇皇子（祐助親王）、誕生する（母は三条公泰女）。《一代要記》

3・15　後深草法皇皇女媖子《えいし》内親王の院号を陽徳門院とする。《実躬卿記》

3・24　後深草法皇、土御門殿に御幸する。《伏見宮記録》

3・25　伏見上皇、土御門殿に御幸する。《伏見宮記録》

3・26　行円親王、落飾して僧となる。《実躬卿記》

4・1　亀山法皇、石清水八幡宮に御幸し、如法経を行なう。《実躬卿記》

4・5　後深草法皇、富小路殿に御幸する。《実躬卿記》

4・8　伏見上皇、富小路殿に御幸する。《実躬卿記》

4・11　伏見・後伏見両上皇、衣笠殿に御幸する（二十一日にも）。《実躬卿記》

4・12　亀山法皇、昭慶門院・昭訓門院と法勝寺に御幸する。《実躬卿記》

4・21　伏見・後伏見両上皇、衣笠殿に御幸する。《実躬卿記》

4・26　伏見上皇・後深草法皇、持明院殿にそれぞれ御幸する。《伏見宮記録》

4・29　伏見上皇、富小路殿に御幸する（このあともしばしば）。《伏見宮記録》

●後二条天皇御製

「人はこずさそふ風だに音たえて心と庭に散る桜かな」（「後二条院御集」）

「吹く風にちりかひくもる冬の夜の月のかつらの花のしら雪」（「後二条院御集」）

「むかしべとなりゆく年の惜しさこそ花紅葉にもなほまさりけれ」（「後二条院百首」）

5・3　後深草法皇、持明院殿に御幸する（このあともしばしば）。《伏見宮記録》
5・5　亀山法皇、北山第より賀茂社に御幸し、競馬を覧る。《実躬卿記》
5・6　伏見上皇、六条殿に御幸する。《伏見宮記録》
5・10　亀山法皇・後宇多上皇、長講堂に御幸する。《実躬卿記》
5・17　後深草法皇、亀山殿に御幸する。《伏見宮記録》
5・19　後深草法皇・伏見上皇、衣笠殿に御幸する。《伏見宮記録》
6・3　伏見上皇、富小路殿に御幸する。《実躬卿記》
6・8　後深草法皇は持明院殿に、伏見上皇は富小路殿に御幸する。《実躬卿記》
6・16　天皇、亀山法皇御所亀山殿に御幸する（十七日、二条殿に還御。このあとしばしば御幸）。《続史愚抄》後宇多天皇皇子（尊治《たかはる》。後醍醐天皇）を親王とする。《皇年代略記》伏見上皇、富小路殿に御幸する。《増鏡》
6・19　後宇多上皇、賀茂社に御幸し、和歌会を行なう（遊義門院と参籠。二十六日還御）。《実躬卿記》
6・23　亀山法皇、賀茂社に御幸する（二十四日還御）。《実躬卿記》
7・1　後深草法皇・後伏見上皇、伏見上皇の持明院殿に御幸し、しばらく御所とする。《実躬卿記》
7・4　亀山法皇・後宇多上皇・遊義門院、常盤井泉殿に御幸する。《実躬卿記》
7・5　後深草法皇は今小路殿、亀山法皇は常盤井泉殿に御幸する。《実躬卿記》
7・7　伏見・後伏見両上皇、富小路殿に御幸する。《実躬卿記》
7・8　亀山法皇、吉田泉殿に御幸する。《実躬卿記》
7・10　後深草法皇は持明院殿、亀山法皇は常盤井泉殿に御幸する。《実躬卿記》
7・12　後宇多上皇、遊義門院と伏見殿に御幸する。《実躬卿記》
7・13　亀山法皇、伏見殿に御幸する。《実躬卿記》
7・14　亀山法皇、禅林寺殿に御幸する（二十八日、九月二日にも）。《実躬卿記》
7・16　亀山法皇は常盤井泉殿、伏見上皇は富小路殿に御幸する。《実躬卿記・伏見宮記録》
7・18　亀山法皇・後宇多上皇、万里小路殿にて雑訴を聴断する。《実躬卿記》
7・19　亀山法皇、右大臣徳大寺公孝の第に

＊**瘧病**《おこりやまい》　瘧は、毎日、隔日、あるいは何日かおきに発熱し、悪寒や震えをともなう病気。マラリアの一種で、「三日病」「わらわやみ」「えやみ」「おこりやみ」などともいわれる。

御幸する。《実躬卿記》
7・20　亀山法皇は泉殿、伏見上皇は富小路殿に御幸する。《実躬卿記・伏見宮記録》
7・22　後深草法皇・後伏見上皇、同車して持明院殿に御幸する。《実躬卿記》
7・24　亀山法皇・後宇多上皇、法勝寺に御幸する。《実躬卿記》伏見上皇、土御門殿に御幸する。《伏見宮記録》
7・25　後深草法皇は持明院殿、亀山法皇は禅林寺殿に御幸する。《伏見宮記録》
7・27　二位局の春日万里小路第より火事。伏見上皇、持明院殿より富小路殿に移るも翌暁還御。《実躬卿記》
7・29　天皇、泉殿に行幸する。《実躬卿記》
7月　太政大臣土御門定実、辞任。《公卿補任》
8・1　これより先、後伏見上皇、病む（この日、瘧病と定まる）。《実躬卿記》
8・2　亀山法皇、常盤井泉殿に御幸する（七・十一日にも）。《実躬卿記》
8・5　後宇多上皇・遊義門院、伏見殿に御幸する。《実躬卿記》
8・6　後深草・亀山両法皇、伏見殿新御所に御幸し、御遊を行なう。《実躬卿記》
8・9　亀山法皇・後宇多上皇、亀山殿御八講結願に御幸する。《実躬卿記》
8・10　後宇多上皇、昭訓門院と源具守の第に御幸する（亀山法皇も臨幸）。《実躬卿記》
8・11　亀山法皇は泉殿に、伏見上皇は富小路殿に御幸する。《実躬卿記》
8・12　亀山法皇、万里小路殿に御幸する（九月十六・二十二日にも）。《実躬卿記》
8・15　伏見上皇、富小路殿に御幸する（十九・二十六日、十月十日、十一月九・二十八日、十二月五・十四日にも）。《伏見宮記録》
8・22　徳大寺公孝女忻子（長楽門院）、入内する。《実躬卿記》
8・27　後深草法皇は持明院殿に、亀山法皇は大納言典侍二条烏丸の第に御幸する。《実躬卿記》
8・28　藤原忻子を女御とする。《実躬卿記》
8・29　室町院の遺領を持明院・大覚寺両統に折半する。《実躬卿記》
9・1　後深草法皇、六条殿供花に御幸し、伏見上皇は富小路殿に御幸する。《実躬卿記》
9・2　亀山法皇、禅林寺殿に御幸、ついで後宇多上皇と法勝寺に御幸する。《実躬卿記》
9・3　亀山法皇、二条烏丸殿に御幸する。《実躬卿記》
9・4　亀山法皇、亀山殿に御幸する。《実躬卿記》
9・6　伏見上皇、六条殿に御幸する（十月

十四・十八日、十二月八日にも)。《伏見宮記録》
9・9 後深草法皇・伏見上皇、富小路殿御懺法に御幸する。《実躬卿記》
9・10 慈道法親王を法性寺座主とする。《華頂要略》
9・13 後伏見上皇、伏見殿に御幸し、詩歌御会を行なう。《吉続記》
9・16 亀山法皇は万里小路殿に、伏見上皇は衣笠殿に御幸する。《実躬卿記》
9・17 亀山法皇、北山第に御幸し、御懺法を修する。《実躬卿記》
9・20 後深草法皇、北山第に御幸する。《伏見宮記録》
9・24 亀山法皇、ひそかに円明寺に御幸し、茸狩を行なう(二十五日還御)。▼伏見上皇、富小路殿に御幸する。《実躬卿記》
9・26 両法皇・三上皇、北山殿に御幸する(二十七日、北山殿にて舞楽を覧る)。《続史愚抄》
9・29 後深草法皇、有栖川殿に御幸する。《実躬卿記》
9・30 今林准后の病により、亀山法皇、その御所に御幸する。《実躬卿記》
10・1 後深草法皇外祖母今林准后(藤原〈四条〉貞子)没(三日、後深草法皇御幸。年107)。《実躬卿記》
10・3 伏見上皇、衣笠殿に御幸する。《実躬卿記》
10・5 亀山法皇・東二条院、亀山諸仏院殿の懺法供養に御幸する。《実躬卿記》
10・6 亀山法皇は諸仏院殿に、伏見上皇は富小路殿に御幸する。《正安四年雑記》
10・10 亀山法皇、諸仏院殿に臨幸する。《実躬卿記》
10・11 亀山法皇・東二条院、諸仏院殿に臨幸する。《実躬卿記》
10・20 後深草法皇、今林准后第に御幸する。亀山法皇、諸仏院殿に御幸する(二十三・二十五・二十六・二十七日にも)。《実躬卿記》
11・12 後宇多上皇、嵯峨殿に御幸する。《吉続記》
11・21 代始により**乾元**と改元する。《吉続記》伏見上皇、富小路殿に御幸する。《伏見宮記録》
11・22 太政大臣土御門定実、辞任。右大臣徳大寺公孝を太政大臣とする。また内大臣鷹司冬平を右大臣、大納言一条内実を内大臣とする。《吉続記》
12・12 天皇、病む。この日、平癒のお祈が行なわれる。《実躬卿記》

＊**乾元**《けんげん》 勘申者不詳も、菅原長成による旧勘文によるか、ともいわれる。出典は「周易《しゅうえき》」の「大哉乾元、万物資始、乃統天」。
＊**吉槐記**《きっかいき》 内大臣吉田定房《さだふさ》(一二七四〜一三三八)の日記。「定房卿記」とも。正応六年(一二九三)から徳治元年(一三〇六)までの一部が残る。なお、定房の有職故実に関することや日記を弟隆長が「吉《きっ》口伝《くでん》」(別名「夕郎故実」)として編纂している。

12・21　亀山法皇、新日吉小五月会に御幸する。《吉続記》
12・22　後宇多・伏見両上皇、伏見殿に御幸する。《吉続記》
12・23　伏見殿にて後深草法皇六十賀が行なわれる（亀山法皇、後宇多・伏見両上皇御幸。法皇・両上皇、二十四日還御）。《伏見宮記録》
12・25　伏見上皇、今小路第に御幸する。《伏見宮記録》
12・26　後宇多上皇皇女（奨子）を内親王とする。《女院小伝》
12・28　後宇多上皇皇子（承覚）、梶井宮尊忠親王の室に入る。《吉続記》
この年　覚性入道親王を仁和寺寺務とする。《仁和寺宮御伝》後二条天皇皇子（邦省《くにみ》親王）、誕生する（母は典持五辻宗子）。《一代要記》
後二条天皇皇女（娍子《べんし》内親王）、誕生する（母は平棟俊女）。《女院記》

■嘉元元年（一三〇三）癸卯

後二条天皇19歳
後深草法皇61歳
亀山法皇55歳
後宇多上皇37歳
伏見上皇　39歳
後伏見上皇16歳

1・1　四方拝・節会あり。神木動座により、小朝拝を中止する。《吉続記》
1・9　後宇多上皇、法勝寺修正会に御幸する。《続史愚抄》
1・11　後深草法皇、伏見・後伏見両上皇、衣笠殿に御幸する。《吉槐記》
1・14　亀山法皇・後宇多上皇、石清水八幡宮に御幸する（七日間参籠）。《吉続記》
1・20　後宇多上皇、石清水より還御し、賀茂・北野両社に御幸する。《吉続記》
1・29　後宇多上皇、日吉社に御幸する（三十日、北白河殿に還御）。《吉続記》
2・3　後深草法皇・伏見上皇、富小路殿に御幸する。《続史愚抄》
2・11　天皇、御遊始で笛を奏する。《御遊抄》
2・20　良助法親王、青蓮院門跡管領を辞任。《華頂要略》
3・11　後宇多上皇、石清水八幡宮に御幸する。また北野社に御幸し、作文御会を行なう。《吉続記》
4・1　玄輝門院、熊野に御幸する。《実躬卿記》
4・3　亀山法皇、東大寺に御幸し、受戒する（四日、春日社・興福寺へ）。《実躬卿記》
4・15　後深草法皇、一条桟敷に御幸し、賀茂祭の行装を覧る。《園太暦》

4・30 亀山法皇、日吉社に御幸する。《続史愚抄》
5・9 亀山法皇皇子（恒明親王）、誕生する（母は西園寺瑛子〈昭訓門院〉）。《本朝皇胤紹運録》
5・21 後宇多上皇、新日吉小五月会に御幸する。《**公茂公記**》
6・4 延暦寺六月会あり（この年より勅使を発遣）。《続史愚抄》
6・6 天皇、万里小路殿に行幸し、祇園神輿を避ける（十五日還御）。《公茂公記》
7・7 後伏見上皇を迎え、伏見上皇御所で詩歌御会あり（天皇・後宇多上皇も参会）。《実躬卿記》
7・8 炎旱により、醍醐寺清滝宮に読経し、雨を祈らせる。《醍醐寺新要録》
7・12 後深草法皇・伏見上皇、東山に御幸する。《伏見宮記録》
8・3 亀山法皇皇子（恒明）を親王とする。《実躬卿記》
8・5 彗星・炎旱により、**嘉元**と改元する。《**冬平公記**》
8・20 後深草法皇・伏見上皇、京極第に御幸する。《伏見宮記録》
9・12 伊勢例幣使を発遣する。《師守記》
9・18 後深草法皇・伏見上皇、北山第に御幸する（十月十五日にも）。《伏見宮記録》
9・24 女御徳大寺忻子を皇后（中宮）とする。《歴代皇紀》
11・5 亀山法皇、禅林寺禅院（南禅寺）に御幸する。《実躬卿記》
11・21 後宇多上皇、北野社に御幸し、御遊にて笛を奏する。《続史愚抄》
11・22 後深草法皇・伏見上皇、土御門殿に御幸する（翌日も）。《伏見宮記録》
11・24 亀山法皇、富小路殿に御幸し、後伏見上皇に郢曲《えいきょく》（歌曲）を伝授する。《実躬卿記》
11・25 亀山法皇・後宇多上皇、北白河殿に御幸する。《実躬卿記》
11・26 後宇多上皇、賀茂社に御幸する（五日間参籠）。《実躬卿記》
12・11 覚助法親王を四天王寺別当とする。《華頂要略》
12・19 二条為世、「**新後撰和歌集**」を後宇多上皇に奏覧する。《増鏡》
12・20 尊治親王（後醍醐天皇）、万里小路殿にて元服する。《公卿補任》
この年 後二条天皇皇子（聖尊親王）、誕生する（母は三条公泰女）。《尊卑分脈》

■嘉元二年（一三〇四）甲辰

後二条天皇20歳

***公茂公記《きんしげこうき》** 内大臣三条公茂（一二八四～一三二四）の日記。乾元二年（一三〇三）五～六月分が伝えられる。

***嘉元《かげん》** 前参議菅原在嗣の勘申による。出典は「芸文類聚《げいもんるいじゅう》」天部の「賀若人星表曰、嘉占元吉、弘無量之祐、隆克昌之祚、普天同慶、率土合歓」

***冬平公記《ふゆひらこうき》** 摂政・関白鷹司冬平（一二七五～一三二七）の日記。乾元二年（一三〇三）から元亨四年（一三二四）まで伝えられるが、すべて断簡で、ほとんどが散逸している。花園天皇の即位、朝廷での詩会、改元などの記述が残されている。

***新後撰和歌集《しんごせんわかしゅう》** 十三番目の勅撰和歌集。後宇多上皇の院宣により二条為世が撰じたもの。嘉元元年（一三〇三）奏覧。大覚寺統・二条派が重く見られ、後嵯峨・亀山・後宇多院などの歌が入集。

***深草北陵《ふかくさのきたのみささぎ》** 京都市伏見区深草坊町に所在。はじめ後深草院法華堂、後光厳天皇の納骨以後は深草法華堂（江戸時代は、安楽行院法華堂・安楽行院御骨堂とも）。現

後深草法皇62歳
亀山法皇　56歳
後宇多上皇38歳
伏見上皇　40歳
後伏見上皇17歳

1・8　後深草法皇・後伏見上皇、常盤井殿に御幸する。《実躬卿記》

1・21　後深草法皇皇后東二条院（西園寺公子）没（年73）。《女院小伝》

3・7　尊治親王を大宰帥とする。《尊卑分脈》

3・13　太政大臣徳大寺公孝、辞任。《公卿補任》

3・28　亀山法皇、石清水八幡宮に御幸する（二十九日還御）。《実躬卿記》

4・2　伏見上皇、富小路殿に御幸する。《伏見宮記録》

4・15　後深草法皇、後宇多・伏見両上皇、賀茂祭を見物する。《実躬卿記》

4・23　後宇多上皇、祇園社に宸筆仁王般若経を供養する。《続史愚抄》

5・10　後宇多上皇、長講堂に御幸する。《実躬卿記》

6・6　天皇、冷泉万里小路殿に行幸し、祇園神輿を避ける（八日還御。十三日にも行幸し、しばらく皇居とする）。《実躬卿記》

6・13　亀山法皇は今出川第に、伏見上皇は富小路殿に御幸する。《続史愚抄》

6・21　後深草法皇瘧病により、伏見上皇、富小路殿に祇候する。《続史愚抄》

6・27　後深草法皇平癒により、亀山法皇、富小路殿に御幸する（二十九日瘧病再発）。《続史愚抄》

7・8　後深草法皇、長講寺領を処分する。《伏見宮記録》

7・16　後深草法皇、二条富小路殿にて崩御（遺詔により追号を後深草院とする。皇太子富仁親王〈花園天皇〉、富小路殿に移る）。《一代要記》

7・17　後深草法皇の遺命により、法皇を深草山に火葬し、安楽行院《あんらくぎょういん》仏壇下に納骨する（陵名は**深草北陵**）。《公衡公記》

8・10　後深草天皇皇子仁和寺性仁入道親王、高雄山にて没（年38）。《仁和寺御伝》

8・17　二条院にて五壇法を修し、後宇多上皇の病気平癒を祈る。《続史愚抄》

9・16　永陽門院（後深草天皇皇女久子内親王）、出家する。《女院記》

9・21　亀山法皇、石清水八幡宮に御幸し、夜、ひそかに吉田・賀茂・北野三社に御幸する。

▼遷宮延引により、伊勢一社奉幣が行なわれる。《実躬卿記》

10・17　亀山法皇、病により灸治を行なう。

陵名は明治三十九年に定められる。「深草十二帝陵」ともいい、後深草天皇以下、伏見・後伏見・後光厳・後円融・称光・後小松・後土御門・後柏原・後奈良・正親町・後陽成各天皇が納骨されている。また、伏見宮栄仁親王・嘉楽門院・中和門院もここに葬られる。

◉後宇多上皇御製　正安三年（一三〇一）二月二十七日、後宇多上皇は日吉社に御幸し、ついで志賀の山に行き、松の枝に付けて、新帝後二条天皇に、御製
「君ゆゑとけふこそみつれ志賀の山かひある春ににほふ桜を」
を贈ったところ、
「志賀の山風をさまれる春にあひて君が御幸を花も待ちけり」
を返歌とされた。

《実躬卿記》
10・24　伊勢内宮の仮殿遷宮が行なわれる。《二所大神宮例文》
11・23　伏見・後伏見両上皇、衣笠殿に御幸する。《続史愚抄》
11・26　後宇多上皇、石清水八幡宮に御幸する（三日間参籠。二十八日還御し、すぐ賀茂社に御幸）。《実躬卿記》
12・4　後宇多上皇、日吉社に御幸する（五日、北白河殿に還御）。《実躬卿記》
12・11　亀山法皇、賀茂に御幸し、雪景を歴覧する。《実躬卿記》
12・16　伊勢神宮神宝使を発遣する。《続史愚抄》
12・17　内大臣一条内実に内覧の宣旨を賜う（この日、内実没）。《公卿補任》
12・19　後宇多上皇の命により前権大納言二条為世、「新後撰和歌集」を撰進。この日、撰集を終了し、天皇に奏覧する。《拾芥抄》
12・22　伊勢内宮の遷宮が行なわれる。《二所大神宮例文》後宇多上皇、北野宮寺に御幸する。《実躬卿記》
この年　後二条天皇皇子（尊済《そんさい》親王）、誕生する（母は三条公親女）。《諸寺院上申》
□12・17　一条《いちじょう》内実《うちざね》（内大臣。29）

■嘉元三年（一三〇五）乙巳

後二条天皇21歳
亀山法皇　57歳
後宇多上皇39歳
伏見上皇　41歳
後伏見上皇18歳

1・8　後宇多上皇、石清水八幡宮に御幸する。《実躬卿記》
1・16　亀山法皇、昭訓門院と春日社に御幸する（十九日還御）。《興福寺略年代記》
1・29　権大納言近衛家平を内大臣とする。《公卿補任》
2・22　法皇に一身阿闍梨宣下あり。《一代要記》
3・1　法皇、東寺に御幸し、理趣三昧を行なう。《東寺長者補任》
3・5　天皇、後宇多上皇御所二条殿に行幸する（六日、「群書治要」談義、七日、御詩歌合・蹴鞠御会あり。天皇、七日に冷泉万里小路殿に還御）。《園太暦》
3・9　京都大地震。《一代要記》
3・22　後宇多上皇、南都に御幸し、実乗院に入御する。《続史愚抄》
3・23　後宇多上皇、春日社に御幸する。《春日若宮神主祐春記》
4・4　覚雲法親王を天台座主とする。《天台座主記》

4・5　天皇、万里小路殿に行幸する。《続史愚抄》
4・6　法皇、病む。《実躬卿記》鎌倉大地震。《北条九代記》
4・7　法皇、病む。よって後宇多上皇、常盤井殿に御幸する。《続史愚抄》
4・11　伏見・後伏見両上皇、常盤井殿に御幸する。《続史愚抄》
4・12　関白二条兼基、辞任。左大臣九条師教を関白・氏長者とする。《公卿補任》
4・17　伏見・後伏見両上皇と永福門院、北山第に御幸する。《続史愚抄》
5・7　亀山法皇、病気平癒。後宇多上皇、法皇御沐浴に御幸する（七月九日再発）。《実躬卿記》
5・9　寛性入道親王を仁和寺総法務・六勝寺検校とする。《仁和寺御伝》
5・22　伏見上皇、伏見殿に御幸する（宿泊して翌日蓮華王院に御幸）。《実躬卿記》
5・26　伏見・後伏見両上皇と永福門院、北山第に御幸する。《続史愚抄》
7・5　後伏見上皇・永福門院、持明院殿に御幸する。《実躬卿記》
7・10　天皇、冷泉万里小路殿より二条院に遷り、旧の如くここを皇居とする。《実躬卿記》
7・15　泰山府君祭を行ない、法皇の病気平癒を祈る。《続史愚抄》
7・20　伏見・後伏見両上皇、常盤井殿に御幸する。《実躬卿記》
7・24　伊勢以下五社に馬を献じ、法皇平癒を祈る。《実躬卿記》
8・2　伏見・後伏見両上皇、亀山殿に御幸する。《実躬卿記》
8・3　後宇多上皇、石清水八幡宮に御幸し、宸筆寿量経を供養し、法皇平癒を祈る。《実躬卿記》
8・8　この頃、後伏見上皇、瘧《おこり》病にかかる。《実躬卿記》
8・10　天皇、亀山殿に行幸し、法皇を見舞う（十二日、二条殿に還御）。《続史愚抄》
8・13　法皇、伊勢神宮に願文を納め、延命法・如意輪護摩を行なわせる。《実躬卿記》
8・28　法皇の病気が重くなる。《実躬卿記》
8・29　伏見・後伏見両上皇臨幸のもと、深草法華堂の落慶供養が行なわれ、後深草法皇の遺骨を移納する（以後、深草法華堂は持明院統と北朝系の代々の墓所となる）。《実躬卿記》
9・15　亀山法皇、離宮亀山殿にて崩御（八条院領などの領地を後宇多上皇と恒明親王に譲与）。《師守記》

9・16 法皇の遺詔により、国忌・山陵・素服・挙哀をとめる。《亀山院崩御後御仏事記》
9・17 法皇を亀山殿の後山で火葬、遺骨は遺言により、亀山殿封内の浄金剛院・南禅寺・高野山金剛峯寺に納める（陵は**亀山陵**）。《亀山院御葬礼記》
9・21 亀山法皇妃昭訓門院、出家する。《亀山院崩御後御仏事記》
12・4 後伏見上皇、深草法華堂に御幸する。《実躬卿記》
12・6 後伏見上皇、北山第に御幸し、ここを御所とする。《実躬卿記》
12・8 前大納言一条実家を准大臣とする。《公卿補任》
12・25 天皇、内侍所神楽に臨御する。《実躬卿記》
⑫・17 関白左大臣九条師教、左大臣を辞任。《実躬卿記》
⑫・20 右大臣鷹司冬平を一上とする。《公卿補任》聖雲法親王を醍醐寺座主とする。《醍醐寺新要録》
⑫・21 右大臣鷹司冬平を左大臣、内大臣近衛家平を右大臣、前権大納言一条実家を内大臣とする。《公卿補任》
⑫・22 天皇、**亀山法皇の遺詔**に従わなかった後宇多上皇と衝突した前左大臣西園寺公衡を勅勘、所領を没収する（幕府介入により二ヵ月で勅勘が解ける）。《公卿補任》
この年 亀山天皇皇子（尊珍法親王）、誕生する（母は従三位資子）。《諸門跡伝》「続門葉和歌集」成る。《序》
□7・12徳大寺公孝《とくだいじきんたか》（太政大臣。父は太政大臣徳大寺実基。53）、⑫・27度会行忠《わたらいゆきただ》（伊勢外宮禰宜。「伊勢二所太神宮神名秘書」著者。70）

■徳治元年（一三〇六）丙午

後二条天皇22歳
後宇多上皇40歳
伏見上皇 42歳
後伏見上皇19歳

1・1 後宇多上皇の重喪により、四方拝を中止する。《迎陽記》
1・26 後深草天皇皇子（恒助）、大法職位を受ける（ついで園城寺長吏・四天王寺別当に補せられる）。《諸寺院上申》
2・20 前右大臣西園寺公衡の勅勘を解く。《公卿補任》
3・16 伏見・後伏見両上皇、長講堂に御幸する。《実躬卿記》
4・15 西園寺寧子（西園寺公衡女。広義門院）を後伏見上皇女御とする。《女院記》
5・9 醍醐寺清滝宮に雨を祈る。《醍醐寺

＊**亀山陵**《かめやまのみささぎ》 京都市右京区嵯峨天龍寺芒ノ馬場町に所在。天龍寺域内の宝形造の法華堂。中世、所伝を失い、慶応元年（一八六五）に当所を陵所として修理。浄金剛院法華堂と言っていたが、明治三十九年、現陵名に改める。なお、高野山に納められた分骨は不明。

＊**亀山法皇の遺詔**《いしょう》 西園寺公衡の妹昭訓門院瑛子が産んだ法皇皇子恒明親王を大覚寺統の将来の皇儲と定め、公衡に後見するよう遺詔した。

＊**迎陽記**《こうようき》 後円融・後小松両天皇の侍読（のち参議）をつとめた東坊城（菅原）秀長（一三三八〜一四一一）の日記と関係文書。日記は、康暦元年（一三七九）から応永八年（一四〇一）までの一部が写本で残っており、南北朝期の重要史料。

＊**徳治**《とくじ》 前参議菅原在嗣の勘文に「尚書大禹謨曰、（注曰）、俊徳治能之士並在官、左伝曰、能敬必有徳徳以治民」、文章博士藤原淳範《あつのり》の勘文に「後魏書曰、明王以徳治天下」とある。

新要録》

5・28 後宇多上皇、横川に御幸し、十種供養を行なう。《元徳二年三月日吉社並叡山行幸記》

6・6 天皇、万里小路殿に行幸し、祇園神輿を避ける（七日還御）。《園太暦》

6・18 後宇多上皇、曝書のため蓮華王院に御幸する。《実躬卿記》

9・5 陽徳門院（媖子内親王）、落飾する。《女院小伝》

9・15 昭慶門院（憙子《きし》内親王）、落飾する。《女院小伝》

9・24 後宇多上皇、蓮華王院に御幸する。《実躬卿記》

10・6 後宇多上皇、石清水八幡宮に告文を奉る。《園太暦》

10月 赤斑瘡流行。《武家年代記》

11・5 伏見・後伏見両上皇、深草法華堂に御幸する。《実躬卿記》

11・18 後宇多上皇・遊義門院、石清水八幡宮に御幸する（十一月二十四日、還御して賀茂社に御幸）。《実躬卿記》

11・24 後宇多上皇、石清水より還御し、賀茂下社に御幸する（尊治親王も）。《実躬卿記》

12・4 後宇多上皇、北野社に御幸する。《実躬卿記》

12・6 内大臣一条実家を太政大臣、権大納言二条道平を内大臣とする。《実躬卿記》

12・8 遷宮延引により、伊勢一社奉幣使を発遣する。《実躬卿記》

12・14 天変により徳治と改元する。《冬平公記》

12・20 伊勢外宮の遷宮が行なわれる。《実躬卿記》

12・22 後宇多天皇皇女奨子内親王を伊勢斎宮に卜定する。《女院小伝》

12・28 後伏見上皇御所冷泉富小路殿炎上により、後伏見上皇・皇太子富仁親王、常盤井殿に御幸する。《実躬卿記》

この年 後伏見上皇皇子（尊胤《そんいん》親王）、誕生する（母は治部卿局）。《諸門跡譜》

□3・30 土御門《つちみかど》定実《さだざね》（太政大臣。66）

■徳治二年（一三〇七）丁未

後二条天皇23歳
後宇多上皇41歳
伏見上皇 43歳
後伏見上皇20歳

1・9 後宇多上皇・遊義門院、法勝寺修正会に御幸する。《続史愚抄》

1・12 後宇多上皇・遊義門院、石清水八幡宮結縁灌頂に御幸する（尊治親王も）。《実

躬卿記》

1・17 後宇多上皇、石清水八幡宮より還御、すぐ賀茂社に御幸する。《実躬卿記》

1・28 遊義門院、春日社にて十講を行なう。《続史愚抄》

2・10 関白九条師教を太政大臣の上に列する。《師守記》

3・2 関東大地震。《一代要記》

3・4 後宇多上皇、桜花を覧る。《実躬卿記》

3・25 天皇、後宇多上皇御所冷泉万里小路殿に行幸し、御遊御会にて琵琶を奏する。《続史愚抄ほか》

5・4 亀山殿にて蹴鞠御会。後宇多・伏見・後伏見三上皇と尊治親王、これを行なう。《実躬卿記》

5・15 大宰帥尊治親王、中務卿を兼ねる。《公卿補任》

5・30 後宇多上皇、北野社に御幸する（御遊にて笛を所作）。《続史愚抄》

6・22 伏見天皇皇女誉子内親王の院号を章義門院とする。《実躬卿記》

7・12 赤斑瘡《あかもがさ》流行により、後宇多上皇御所にて仁王経を書写する。《続史愚抄》

7・24 後深草天皇皇女・後宇多天皇皇后遊義門院（姈子内親王）、万里小路殿にて没（年38。二十六日火葬。遺骨を今林に法華堂を建てて納める。陵は今林陵）。《女院記》尊治親王、後宇多上皇の代わりに石清水八幡宮に参詣する。《続史愚抄》

7・26 後宇多上皇、遊義門院の死を受け、にわかに亀山殿寿量院にて仁和寺の禅助《ぜんじょ》を戒師として出家する（出家後は大覚寺に隠棲）。《実躬卿記》

9・8 遊義門院の遺骨を高野山に納める。《園太暦》

9・21 伏見上皇、春日社に三十講を行なわせる。《続史愚抄》

9・27 斎宮奨子内親王、野宮に移る。《実躬卿記》

11・20 後宇多法皇、東大寺に御幸する（受戒）。《実躬卿記》

11・22 後宇多法皇、春日社に御幸する（翌朝還御）。《春日社祠祐春記》

12・20 春日神木、入京して達磨寺仙海法師流罪を訴える。《興福寺略年代記》

12・22 後宇多法皇、新日吉社正遷宮に御幸する。《続史愚抄》

この年 後宇多法皇皇子、落飾して僧となる（性円法親王）。《諸寺院上申》亀山法皇「恒明親王立坊事書案」成る（後宇多上皇を指弾し、皇太子富仁親王への譲位を幕府に愁訴）。

＊**今林陵**《いまばやしのみささぎ》 京都市右京区嵯峨大覚寺門前六道町に所在。遊義門院は火葬のうえ、遺骨は今林殿に法華堂を建てて納められる。のち分骨は高野山、また後宇多天皇の蓮華峯寺陵にも納められる。なお、現在、今林陵内には宝篋印塔が建てられている。

＊**公秀公記**《きんひでこうき》 内大臣正親町三条公秀（一二八五～一三六三）の日記。号により「八条内大臣記」とも。徳治三年＝延慶元年（一三〇八）の自筆本が伝えられる。父実躬の「実躬卿記」とともに鎌倉時代末から南北朝時代にかけての重要史料。

＊**康富記**《やすとみき》 権外記中原康富（一三九九～一四五七）の日記。応永二十四年（一四一七）から康正元年（一四五五）までの自筆原本九十三巻が伝わる。外記の職にあったため、朝廷行事・公武の事件に詳しく、また、当時の社会を知るうえの基本史料となっている。

■延慶元年（一三〇八）戊申

後二条天皇24歳
花園天皇　12歳
後宇多法皇42歳
伏見上皇　44歳
後伏見上皇21歳

1・1　春日神木入京により、拝礼・小朝拝等を中止する。《続史愚抄》
1・5　後宇多法皇、石清水八幡宮、ついで東寺に御幸する（二十八日まで東寺に参籠。西院を御所とする）。《東寺長者補任》
1・26　法皇、東寺にて伝法灌頂を受ける。《東宝記》
2・3　聖雲法親王を醍醐寺座主に還補する。《醍醐寺新要録》
3・23　後宇多法皇、広大寺に御幸する。《公秀公記》
3・24　法皇、神護寺に御幸し、栂尾・仁和寺を歴覧する。《公秀公記》
3・25　詔して節検を守らせる。《続史愚抄》
4・9　法皇、石清水八幡宮に御幸する（七日間参籠）。《公秀公記》
4・22　伏見上皇皇子尊彦親王、青蓮院に入室する。《続史愚抄》
4・30　法皇、仁和寺・円宗寺に御幸する（ついで後三条天皇法華堂・寿量院にも）。《公秀公記》
5・17　伏見・後伏見両上皇、石清水八幡宮に御幸する。《秀長朝臣記》
6・6　天皇、准三宮平棟子の京極第に行幸し、祇園神輿を避ける（十三日にも）。《公秀公記》
6・9　順助法親王、園城寺長吏を辞任。《三井続燈記》
6・13　法皇、鳥羽勝光明院の宝蔵で、弘法大師筆「灌頂記録」を見る（二十日、神護寺に施入）。《神護寺文書》天皇、京極第に行幸する（法皇、鳥羽殿より還御）。《続史愚抄》
6・15　法皇、造営の大覚寺に御幸する（十八日、七月十五日にも）。《公秀公記》
6・29　この頃、天皇、病む。《公秀公記》
6月　法皇、亀山殿にて如法経を書写する。《増鏡》
7・12　春日神木帰座。《康富記》
8・1　法皇、東寺に御幸する（二日、今林殿より大覚寺殿へ）。《大覚寺門跡略記》
8・4　将軍久明親王、執権北条師時と北条宗方との対立に巻き込まれ、師時により廃され、この日、帰京する（「将軍執権次第」では七月十九日帰京）。《保暦間記》
8・10　久明親王王子守邦《もりくに》王を征夷大将軍と

する（鎌倉幕府第九代将軍）。《歴代皇紀》
8・21 これより先、天皇、病む。この日、禁中に五壇法等を修する。《続史愚抄》
8・25 後二条天皇、高倉殿にて崩御（二十八日、北白河殿にて火葬。陵名は**北白河陵**）。《一代要記》

第九十五代 花園《はなぞの》天皇

8・26 富仁《とみひと》親王、土御門東洞院殿（ここを里内裏とする）にて践祚（**花園天皇**）。父伏見上皇の院政が再び始まる。▼関白九条師教を摂政とする。《一代要記》伊勢斎宮奨子内親王、野宮より京極殿に退下する。▼後二条天皇生母源基子、出家する。《女院小伝》
8・27 先帝に「後二条院」を追号する。《皇年代略記》
⑧・2 後二条天皇中宮徳大寺忻子《きんし》、出家する。《女院記》
⑧・3 法皇、遺書「処分状案（徳治三年処分状）」を記す（後二条天皇遺子邦良親王を正式の後継者とし、尊治《たかはる》親王（後醍醐天皇）は兄後二条天皇に代わって財産を相続するが、それは一代限りで、邦良親王に譲られるとする）。《処分状案》
9・4 関東からの使者、伏見上皇の治世と尊治親王の**立坊**を告げる。《東寺長者補任》
9・11 伊勢例幣を延引する。《続史愚抄》
9・14 後伏見上皇皇子（法守入道親王）、誕生する（母は高階邦経女邦子）。《仁和寺御伝》
9・19 法皇第二皇子尊治親王を皇太子、将軍守邦王を親王とする。《一代要記》
10・1 後伏見上皇、この日より百日間、琵琶を弾じ、詩歌を作る。《**後伏見天皇宸記**》
10・9 代始により**延慶**と改元する。この日、十月大を小とする。《後伏見天皇宸記》
11・2 伏見・後伏見両上皇、永福門院と菊亭に御幸する。《続史愚抄》
11・7 伊勢へ即位由奉幣使・例幣使を発遣する。《続史愚抄》
11・10 摂政九条師教を止め、翌日、鷹司冬平を摂政・氏長者とする。《師守記》
11・16 花園天皇、太政官庁にて即位礼を挙げる。《後伏見天皇「花園天皇御即位記」》
11月 近衛家平を一上とする。《公卿補任》
12・1 後宇多天皇後宮久我基子を准三宮とし、院号を西華門院とする（「続史愚抄」では二日）。《実躬卿記》
12・10 前関白鷹司基忠をして万機を内覧させる。《諸家伝》
この年 天皇、土御門殿より二条富小路殿に

＊**北白河陵**《きたしらかわのみささぎ》 京都市左京区北白川追分町に所在。火葬の地を小円墳の陵とする。のち荒廃も、幕末、当地を陵として修補される。なお、後宇多天皇蓮華峰寺陵に分骨が納められている。

＊**花園天皇**《はなぞのてんのう》（一二九七～一三四八） 名は富仁。伏見天皇皇子（第二皇子とも第四皇子とも）。母は左大臣洞院実雄《さねかつ》女季子（顕親門院）。正安三年（一三〇一）親王宣下、立太子。延慶元年（一三〇八）践祚、即位。同四年元服。文保二年（一三一八）譲位、太上天皇尊号宣下。建武二年（一三三五）出家。正平三年＝貞和四年（一三四八）崩御。陵は十楽院上《じゅうらくいんのうえ》陵。洛西花園の萩原殿を居所としたため、生前より「花園院」と称され、追号は遺詔による。皇子女に覚誉・源性・直仁の各親王、寿子（光厳天皇妃）・儀子・祝子の各内親王など。量仁《かずひと》親王（光厳天皇）への「誡太子書」、日記「花園天皇宸記」がある。和歌に「ちはやぶる神のたもてる我が国のあまつひつぎは今も絶えせず」（花園天皇「臨永集」）などがあり、「学識随一」の天皇

遷る。《続史愚抄》後醍醐天皇皇子（護良親王）、誕生する（母は北畠師親女親子）。《本朝皇胤紹運録》

□1・20広橋兼仲《ひろはしかねなか》（勘解由小路兼仲。権中納言。「勘仲記」記主。父は広橋経光。65）、11・29久我《こが》通基《みちもと》（内大臣。父は大納言久我通忠。69）

■延慶二年（一三〇九）己酉

花園天皇　13歳
後宇多法皇43歳
伏見上皇　45歳
後伏見上皇22歳

1・13　後伏見天皇女御西園寺寧子を准三宮とし、院号を広義門院とする。《実躬卿記》

1・16　伏見・後伏見両上皇、六条殿に御幸する。《続史愚抄》

2・3　後深草天皇皇女・准三宮永子内親王の院号を章善門院とする。《実躬卿記》

2・29　東大寺八幡宮神輿が入京し、益信の復号を請う。《園太暦》

3・3　大宰府、元襲来を奏する。《続史愚抄》

3・14　摂政・左大臣鷹司冬平、左大臣を辞任。《一代要記》

3・19　前右大臣西園寺公衡を左大臣とする。《公衡公記》

3月　西園寺公衡発願「春日権現験記絵」（高階隆兼ら制作）が春日社に奉納される（巻の詞書は「凡そ我が国は神国として宗廟社《しゃ》稷《しょく》三千余座」から始まる。詞書は前関白鷹司基忠らによる）。《奥書》

4・7　摂政鷹司冬平を太政大臣の上に列する。《公卿補任》

4・20　伏見上皇、桟敷殿に御幸し、賀茂祭を見物する。《園太暦》

5・6　伏見・後伏見両上皇、鳥羽殿に御幸する。《続史愚抄》

5・17　伏見・後伏見両上皇、石清水八幡宮に御幸し、奉幣する。《洞院家廿巻部類》

6・15　左大臣西園寺公衡、辞任。《公卿補任》

6・27　伏見天皇皇女璹子《じゅし》内親王を准三宮とし、院号を朔平門院とする。《実躬卿記》

8・27　法皇、紫宸殿の旧構を大覚寺に移す。《後鳥羽院御霊託記》

10・15　太政大臣一条実家、辞任。前内大臣大炊御門信嗣を太政大臣、右大臣近衛家平を左大臣、内大臣二条道平を右大臣、権大納言近衛経平を内大臣とする。《公卿補任》

10・21　天皇、大嘗祭のため河原頓宮に行幸、鴨川で禊する。《後伏見天皇宸記》

10・23　後伏見上皇、権大納言西園寺公顕より琵琶の秘曲を伝受する。《後伏見天皇宸記》

11・4　花園天皇の大嘗会を前に、後伏見上

といわれる。

＊**立坊**《りつぼう》　立太子と同じで皇太子に立てること。「立儲《りっちょ》」とも。

＊**後伏見天皇宸記**《ごふしみてんのうしんき》　後伏見天皇の日記。逸文も含め徳治二年（一三〇七）から嘉暦三年（一三二八）まで伝えられる。故実や服飾、琵琶の秘曲伝受の様子が詳しい。

＊**延慶**《えんきょう》　「えんけい」とも。前権中納言藤原俊光の勘申による。出典は「後漢書」馬武伝の「以功名延慶于後」。

皇、神膳習礼を行ない、大嘗会の様子を知る者は「上皇・余・摂政」三人で、秘事であるから余人は習礼の場に臨むことができないと記す。《後伏見天皇「大嘗会記」》

11・22 伏見・後伏見両上皇、斎場所に御幸する。《後伏見天皇宸記》

11・24 天皇、大嘗祭を行なう（このときの記録が「延慶大嘗会記」。また大同二年〈八〇七〉平城天皇から花園天皇までの大嘗会御禊行幸の記録が「大嘗会御禊記」）。《後伏見天皇宸記》

12・5 日吉神輿が入京する。《皇年代私記》

この年 後伏見上皇皇子（覚胤法親王）、誕生する（母は正親町実明女守子）。《勧修寺長吏次第》

□6・8吉田経長《よしだつねなが》（権大納言。亀山・後宇多両院政で執権。「吉続記」記主。71）

●一四世紀初め、大納言源雅忠女二条「とはずがたり」成る。

■延慶三年（一三一〇）庚戌

花園天皇 14歳
後宇多法皇44歳
伏見上皇 46歳
後伏見上皇23歳

1・1 日吉神輿在京のため、小朝拝等を中止する。《続史愚抄》

4・28 前権大納言近衛兼教《かねのり》を准大臣とする。《公卿補任》

5・27 疫病流行により、四角四堺祭を行なう。《園太暦》

6・28 伏見天皇皇子尊彦（尊円）・吉永（尊悟）を親王とする。《釈家官班記》

7・24 後深草天皇皇子円満院宮恒助法親王没（年20）。《歴代皇紀》

8・20 伏見上皇、賀茂社に御幸する。《後伏見天皇宸記》

8・24 後伏見上皇、賀茂社に御幸する。《後伏見天皇宸記》

9・1 後伏見上皇・広義門院、常盤井殿に御幸する。《続史愚抄》

10・3 天皇、菅原具範を召し、「史記」孝文本紀を読む。《花園天皇宸記》

10・6 後伏見上皇、石清水八幡宮に御幸する（七日、今小路殿に還御）。《後伏見天皇宸記》

10・8 伏見天皇皇女朔平門院（璹子内親王。母は藤原季子）没（年24）。《園太暦》

11・30 東寺益信の大師号辞退により、日吉神輿が帰座。《花園天皇宸記》

12・8 宣旨を下し、東大寺勅封倉を開検する。《続史愚抄》

12・13 太政大臣大炊御門信嗣、辞任。《花

＊**とはずがたり** 大納言源雅忠女二条の日記。二条は後深草院の後宮に入るが、院の女楽《おんながく》の席次での屈辱により出奔・出家する。前半は宮廷生活篇、後半は御所退出後の紀行篇となっており、宮廷貴族との異性体験をも率直に記している。また後嵯峨院の院政時代終期から後深草院と亀山院の対立の時期でもあり、貴重な史料ともなっている。

＊**花園天皇宸記**《はなぞのてんのうしんき》 延慶三年（一三一〇）から元弘二年（一三三二）までの日記。中間に欠落もあるが、ほとんどが自筆原本として伝わっている。鎌倉時代末から南北朝前期にかけて両統迭立やさまざまな事件、および伏見上皇、後伏見上皇、後醍醐天皇、量仁親王（光厳天皇）などの動静が詳しく記されている。また、天皇自身の識見・学芸等が知られ、この時代の最重要史料となっている。

＊**継塵記**《けいじんき》 中納言正親町三条実任《さねとう》（一二六四〜一三三八）の日記。「実任卿記」とも。弘安十年（一二八七）から嘉暦元年（一三二六）まで記されると思われるが、現在は

園天皇宸記》
12・15 摂政鷹司冬平を太政大臣とする。《花園天皇宸記》
12・19 後二条天皇中宮藤原忻子の院号を長楽門院とする。《花園天皇宸記》
この年 久明親王王子(久良親王)、誕生する(母は冷泉為相女)。《本朝皇胤紹運録》
天皇、「**花園天皇宸記**」を記す(〜元弘二年〈一三三二〉)。
●延慶年中、伏見天皇典侍五辻経子《つね》(後伏見天皇生母)を准三宮とする。《花園天皇宸記》

■**応長元年(一三一一) 辛亥**

花園天皇 15歳
後宇多法皇45歳
伏見上皇 47歳
後伏見上皇24歳

1・3 天皇、二条富小路殿にて元服する。《花園天皇宸記》
1・10 伏見・後伏見両上皇、永福門院・広義門院と法勝寺に御幸する。《**継塵記**》
1・18 後伏見上皇、常盤井殿より蓮華王院に御幸する(十九日還御)。《継塵記》
1・20 天皇、御遊御会始に琵琶を奏する。《御遊抄》
1・27 伏見上皇、石清水八幡宮に御幸する。《継塵記》
1・28 伏見上皇、賀茂・北野両社に御幸する。《継塵記》
2・16 天皇、病む(二十日平癒)。《花園天皇宸記》
2・23 後伏見上皇皇女(珣子《じゅんし》内親王)、誕生する(母は広義門院)。《花園天皇宸記》
3・15 摂政鷹司冬平を関白とする。《公卿補任》
4・20 天皇、菅原在輔を召し「後漢書」を読む。▼後伏見上皇、権大納言西園寺公顕から琵琶の秘曲「両流泉」等を伝受する。《後伏見天皇宸記》
4・24 太政大臣鷹司冬平、辞任。《公卿補任》
4・28 疾疫流行により**応長**と改元する。《花園天皇宸記》
5・11 伏見・後伏見両上皇、石清水八幡宮に御幸する(七日間参籠。十七日還御)。《継塵記》
5・19 天皇、玄輝門院御所衣笠殿に御幸する(二十日、二条富小路殿に還御)。《花園天皇宸記》
6・3 覚雲法親王、天台座主を辞任。《天台座主記》
6・14 後伏見天皇皇女珣子(母は広義門院)を内親王とする。《花園天皇宸記》
6・25 後伏見上皇、初めて賀茂社に御幸す

そのごく一部のみ残る。
＊**応長**《おうちょう》 勘解由長官菅原在兼の勘申による。出典は「旧唐書」礼儀志の「応長暦之規、象中月之度、広綜陰陽之数、傍通寒暑之和」。

る。《継塵記》
6・26 尊彦親王、三条坊に出家する（尊円入道親王。八月七日、青蓮院門主となる）。《釈家官班記》
8・10 伏見上皇皇女（延子）を内親王とし、准三宮とする。《女院小伝》
10・3 伏見上皇、前大納言京極為兼に和歌撰集を命じる。《続史愚抄》
12・12 天皇、病む。《花園天皇宸記》
12・13 藤原行尹、尊円入道親王に入木道を授ける。《華頂要略》
12・26 僧円爾に聖一国師の諡号を賜う（国師号の初め）。《東福寺文書》
12・28 伊勢内宮の仮殿遷宮が行なわれる。《花園天皇宸記》
この年 後醍醐天皇皇子（尊良親王）、誕生する（母は二条為世女為子）。《本朝皇胤紹運録》
□3・20大炊御門信嗣《おおいのみかどのぶつぐ》（太政大臣。父は内大臣大炊御門冬忠。76）、9・22北条師時《ほうじょうもろとき》（鎌倉幕府第十代執権。37）、10・26北条貞時《ほうじょうさだとき》（鎌倉幕府第九代執権。41）

■正和元年（一三一二）壬子

花園天皇 16歳
後宇多法皇 46歳
伏見上皇 48歳
後伏見上皇 25歳

1・10 伏見・後伏見両上皇、同車して法勝寺に御幸する。《継塵記》
1・22 伏見上皇、石清水八幡宮に御幸する（参籠七日間）。《花園天皇宸記》
1・28 伏見・後伏見両上皇、賀茂社に御幸する。《**園太暦**》
2・3 天皇、伏見上皇を「持明院殿」と記す。《花園天皇宸記》
2・8 天皇、病む。《花園天皇宸記》
2・9 伏見・後伏見両上皇、石清水八幡宮に御幸する（七日間参籠）。《花園天皇宸記》
2・15 伏見・後伏見両上皇、石清水八幡宮より還御し、ついで北野社に御幸する。《花園天皇宸記》
3・19 天皇、伏見上皇の持明院殿に行幸する。《花園天皇宸記》
3・20 天変・地震により**正和**と改元する。《花園天皇宸記》
3・28 前大納言京極為兼、「**玉葉和歌集**」を撰進する。《増鏡》
5・23 鴨川洪水。《続史愚抄》
8・24 多武峯のことで春日神木が入京する。《続史愚抄》
9・8 伊勢神宮觸穢により、例幣を延引する。《花園天皇宸記》

＊**園太暦**《えんたいりゃく》 太政大臣洞院公賢《とういんきんかた》（一二九一～一三六〇）の日記。伝本は応長元年（一三一一）から延文五年（一三六〇）まで（欠失あり。自筆原本は応長元年二・三月の一巻のみ）。公賢は故実に通じ、博識。南北朝に信頼され、当時の政治・文化・社会を知るための重要史料となっている。なお題名は、「中園太相国暦記」の略。

＊**正和**《しょうわ》 勘申者不詳も、菅原在兼か。出典不詳も「唐記」に「皇帝受朝奏正和」とある。

＊**玉葉和歌集**《ぎょくようわかしゅう》 第十四番目の勅撰和歌集。京極為兼撰。歌数は二千八百一首で勅撰集最大。伏見上皇初め持明院統の入集が多く、自由・写実を旨とする歌が多い。伏見上皇「さ夜更けて宿もる犬の声たかし村しづかなる月の遠方《おちかた》」などがある。

10・11　後宇多法皇皇子（承覚）を法親王とする。《花園天皇宸記》
この年　後醍醐天皇皇子（宗良親王）、誕生する（母は二条為世女為子）。《本朝皇胤紹運録》
□6・12北条《ほうじょう》（大仏《おさらぎ》）宗宣《むねのぶ》（鎌倉幕府第十一代執権。54）
●正和初年、恵助親王を園城寺長吏・熊野三山検校とする。《寺門伝記補録》

■正和二年（一三一三）癸丑

花園天皇　17歳
後宇多法皇47歳
伏見上皇　49歳
後伏見上皇26歳

1・1　四方拝、行なわれる。春日神木在京により、小朝拝を中止する。《花園天皇宸記》
1・22　性円法親王、法皇より灌頂を受ける。《大覚寺門跡略記》
2・3　天皇、伏見上皇より一条・後冷泉両天皇の宸記を贈られる（四月二十日には「順徳天皇宸記」も）。《花園天皇宸記》
2・8　天皇、菅原在輔を召し「漢書」を読む。《花園天皇宸記二月十二日条》
2・9　伏見・後伏見両上皇、石清水八幡宮に御幸する（七日間参籠）。《花園天皇宸記》
2・15　伏見上皇、後伏見上皇とともに石清水八幡宮より還御し、賀茂・北野両社に御幸する。《花園天皇宸記》
3・6　地震あり。《花園天皇宸記》
3・28　吉永親王、三井寺に出家する（尊悟入道親王）。《釈家官班記》
4・9　天皇、病む（五月十八日、六月十九日、七月十一・十七日、十月二十二・二十七日、十一月二十七日など十一月末まで）。《花園天皇宸記》
5・7　天皇、初めて「大鏡」を読む。《花園天皇宸記》
5・12　伊勢一社奉幣使を発遣する（天皇、石灰壇にて御拝）。《花園天皇宸記》
5月　後宇多法皇、仁王般若経を高野山に奉納する。《正和二年御宇多院高野御幸記》
6・2　霖雨洪水。《花園天皇宸記》
6・3　天皇、昨日の洪水に対し、絶句詩を作り、内侍所で止雨を祈る。《花園天皇宸記》
7・9　後伏見天皇皇子（量仁《かずひと》。光厳天皇）、権大納言一条内経の一条第で誕生する（母は左大臣西園寺公衡女寧子〈広義門院〉）。《花園天皇宸記》
7・12　関白鷹司冬平、辞任。左大臣近衛家平を関白・氏長者とする。《公卿補任》
8・6　後宇多法皇、高野山に御幸する（七日到着、二十日還御）。《後宇多院御幸記》

8・13 章義門院、落髪する。《女院小伝》
8・16 春日神木帰座。《花園天皇宸記》
8・17 後伏見天皇皇子（量仁。光厳天皇）を親王とする。《花園天皇宸記》法皇、河内観心寺に御幸する（十八日磯長御廟、十九日四天王寺に御幸）。《後宇多院御幸記》
9・11 天皇、「玉葉和歌集」の書写を終える。《花園天皇宸記》
9・25 天皇、後伏見上皇より「二代御記」を賜う。《花園天皇宸記》
9・26 伏見上皇、賀茂社に御幸する（七日間参籠）。《花園天皇宸記》
9・30 後伏見上皇、賀茂社に御幸する。《続史愚抄》
10・2 伏見上皇、北野・石清水両社に御幸する。《続史愚抄》
10・4 天皇、「寛平御記」（宇多天皇宸記）を読む。《花園天皇宸記》
10・14 伏見上皇、政務を後伏見上皇に譲る。《花園天皇宸記》
10・17 伏見上皇、伏見殿九体堂にて出家する。《花園天皇宸記ほか》
10・23 地震あり。《花園天皇宸記》
10・26 天皇、持明院殿に行幸する。《花園天皇宸記》
10・27 天皇、病む。《花園天皇宸記》
11・27 伏見法皇・後伏見上皇、鳥羽殿に御幸する。《花園天皇宸記》
11・28 伏見法皇・後伏見上皇、円明寺に御幸する。《花園天皇宸記》
11・29 伏見法皇、天皇に「朝覲行幸次第」を贈る。《花園天皇宸記》
12・20 関白左大臣近衛家平、左大臣を辞任。《公卿補任》
12・22 後伏見上皇、西園寺実兼の北山第に御幸し、西園寺公顕より琵琶秘曲「啄木」を伝受する。《後伏見天皇宸記》
12・26 右大臣二条道平を左大臣、内大臣近衛経平を右大臣、前大納言源具守《とももり》を内大臣とする。《公卿補任》
12・28 伏見法皇、天皇に「正応御記」（伏見天皇宸記）を進上する。《花園天皇宸記》
□7・7 鷹司基忠《たかつかさもとただ》（太政大臣。父は摂政・関白鷹司兼平。66）

■正和三年（一三一四）甲寅

花園天皇 18歳
後宇多法皇 48歳
伏見法皇 50歳
後伏見上皇 27歳

1・2 天皇、後伏見上皇の常盤井殿に朝覲行幸する（上皇、琵琶を所作、また天皇に琵琶を贈る）。《花園天皇宸記》

***二代御記**《にだいぎょき》 「醍醐天皇宸記」（「延喜御記」）と「村上天皇宸記」（「天暦御記」）のこと。この二代は「延喜・天暦の治」として知られ、「二代御記」は後代、常に常備して政務・儀式の鑑とした。この二つに「宇多天皇宸記」を合わせたものを「三代御記」という。

1・11　伏見法皇・後伏見上皇、同車して法勝寺修正会に御幸する。《花園天皇宸記》
1・13　天皇、菅原在輔を召して「群書治要」を読む。《花園天皇宸記》
1・14　伏見法皇・後伏見上皇、石清水八幡宮に御幸する（七日間参籠。上皇は疱瘡により、十七日、常磐井殿に還御）。《花園天皇宸記》
1・16　上皇、病む。《花園天皇宸記》
1・18　天皇、後宇多法皇を「大覚寺法皇」と記す。《花園天皇宸記》
1・20　伏見法皇、石清水八幡宮より還御し、賀茂・北野両社に御幸する。《花園天皇宸記》
2・1　疱瘡流行により、鬼気祭を行なう。《花園天皇宸記》
2・5　天皇、歯痛。《花園天皇宸記》
2・7　疱瘡流行により特赦。《花園天皇宸記》
2・12　天皇、持明院殿に行幸する（十三日、二条富小路殿に還御）。《花園天皇宸記》
2・14　白河大火。尊勝寺・最勝寺が焼亡。《花園天皇宸記》
2・16　天皇、病む（二十八日、三月二十九日、四月十一日にも）。《花園天皇宸記》
2・19　伏見法皇、永福門院と春日社に御幸する（二十一日還御）。《花園天皇宸記》
3・11　天皇、常盤井殿に行幸する（翌日、二条富小路殿に還御）。《花園天皇宸記》
3・17　多武峯合戦の南都張本を幕府が召したのに抗議し、春日神木が入京する（八月十三日神木帰座）。《花園天皇宸記》
3・18　天皇、この日より毎日、神木の方に向かい御拝する。《花園天皇宸記》
3・20　天皇、南殿の桜を賞する。《花園天皇宸記》
③・4　石清水八幡宮神輿が入京・強訴する（四月六日、検非違使五人が配流）。《花園天皇宸記》
③・19　天皇、蒙古襲来において、香椎・筥崎・高良・住吉の神々が合戦する話を聞く。《花園天皇宸記》
4・13　慈道法親王、青蓮院門主となる。《青蓮院門跡皇族御伝》
5・5　天皇、伏見法皇より「万葉集」を賜わる。《花園天皇宸記》
5・17　天皇、歯痛により歯を抜く。《花園天皇宸記》
6・7　上皇、石清水八幡宮に御幸し、譲位の世説無根を祈る。《継塵記》
6・15　亀山天皇皇子聖雲法親王没（年44）。《諸門跡譜》
6・21　天皇、この日より連日、伊勢・石清水・賀茂等を遥拝する。《花園天皇宸記》

6・26 地震あり。《花園天皇宸記》
6・30 天皇、伏見法皇より「天暦御記」(村上天皇宸記)を贈られる。《花園天皇宸記》
7・21 後宇多法皇、高雄山に御幸する(七日間行法あり)。《大覚寺門跡略記》
8・1 慈道法親王を天台座主とする。《天台座主記》
11・5 伏見法皇・上皇、石清水八幡宮に御幸する。《継塵記》
11・27 後伏見上皇皇子(法守。寧永親王)、仁和寺大聖院に入室する。《仁和寺御伝》
12・2 内大臣源具守、辞任。《公卿補任》
この年 後伏見天皇皇子(尊実親王)、誕生する(母は正親町実明女)。《本朝皇胤紹運録》
□1・11 一条実家《いちじようさねいえ》(太政大臣。父は摂政・関白一条実経。65)

■正和四年(一三一五)乙卯

花園天皇 19歳
後宇多法皇49歳
伏見法皇 51歳
後伏見上皇28歳
1・11 伏見法皇・後伏見上皇、法勝寺修正会に御幸する。《継塵記》
1・18 上皇、蓮華王院修正会に臨幸する。《継塵記》
1・27 伏見法皇・上皇、石清水八幡宮に御幸する(七日間参籠。還御後すぐに賀茂・北野両社に御幸)。《継塵記》
2・3 東宮御所で舞楽あり。天皇・皇太子尊治親王、笛を奏する。《続史愚抄ほか》
2・10 二条富小路内裏が上棟する。《園太暦》
2・11 天皇、伏見法皇御所持明院殿に行幸する。《有職抄》
2・18 慈道法親王を花園天皇護持僧とする。《華頂要略》
2・25 伏見天皇皇女延子内親王の院号を延明門院とし、准三宮とする。《続史愚抄》
3・1 **三席御会**始が行なわれる。《後伏見天皇宸記》
3・13 伏見法皇・上皇、北山第に御幸する。
▼大納言洞院実泰《とういんさねやす》を内大臣とする。《公衡公記》
3・21 後宇多法皇、空海伝をまとめる。《後宇多天皇宸翰弘法大師伝》
3月 伏見法皇、円通寺に御幸する。《継塵記》
5・13 伏見法皇・上皇、長講堂に御幸する。《公衡公記》
5・15 伏見法皇・上皇、伏見殿に御幸する。《公衡公記》
5・21 丹生・貴布禰両社に祈雨奉幣使を発遣する。《園太暦》

＊**三席御会** 詩・和歌・御遊を行なうこと。このときの詩題は「鶯花契万春」、和歌題は「松浮春水」。御遊では、後伏見上皇が琵琶を奏する。

6・6 伏見法皇・上皇、永福門院・広義門院とともに無量光院恒例八講に御幸する（七日還御）。《管見記》
6・20 伏見法皇・上皇、北山第に御幸する。《公衡公記》
7・6 伏見法皇・上皇、同車して法勝寺御八講に御幸する。《継塵記》
7・12 執権北条熙時《ひろとき》、辞任。北条基時が第十三代執権となる。《鎌倉年代記》
7月 疾疫流行。《園太暦》
9・21 関白近衛家平、辞任。《公卿補任》
9・22 前関白・太政大臣鷹司冬平を関白・氏長者に戻す。《公卿補任》
10・16 尊治親王王女（宣政門院。懽子《きんし》内親王）、誕生する（母は太政大臣西園寺実兼女禧子）。《本朝皇胤紹運録》
12・7 後伏見上皇皇子（景仁親王）、誕生する（母は広義門院）。《歴代皇紀》
12・18 東大寺八幡宮神輿が入京、兵庫津関米のことを強訴する。《園太暦》
□7・18北条熙時《ほうじょうひろとき》（鎌倉幕府第十二代執権。37）、9・25西園寺公衡《さいおんじきんひら》（左大臣。父は太政大臣西園寺実兼。52）

■正和五年（一三一六）丙辰

花園天皇 20歳
後宇多法皇50歳
伏見法皇 52歳
後伏見上皇29歳

1・17 伏見法皇・後伏見上皇、石清水八幡宮に御幸する（七日間参籠）。《継塵記》
3・6 後宇多法皇、石清水八幡宮に御幸する（二十一日還幸）。《継塵記》
3・12 上皇、桜花を覧るため円通寺に御幸する。《継塵記》
6・16 慈道法親王、天台座主を辞任。《天台座主記》
6・23 永福門院、出家する。《女院記》
7・10 執権北条基時辞任。北条高時、第十四代執権となる。《鎌倉年代記》
7・12 疫疾流行。諸社に命じて祈禳させる。《続史愚抄》
8・23 関白鷹司冬平、辞任。左大臣二条道平を関白・内覧・氏長者とする。《公卿補任》
8・27 章善門院（永子内親王）、出家する。《女院小伝》
10・20 後嵯峨天皇皇子高峯顕日《こうほうけんにち》（臨済宗僧）没（年76）。《皇代記》
10・22 関白・左大臣二条道平、左大臣を辞任。右大臣近衛経平を左大臣、内大臣洞院実泰を右大臣、前権大納言西園寺公顕を内大臣とする。《公卿補任》
⑩・24 琵琶「玄上」を紛失する。《歴代皇紀》

●花園天皇御製

「梢よりおちくる花ものどかにて霞におもき入相の声」（「風雅和歌集」）
「あし原やみだれし国の風をかへてたみの草葉もいまなびくなり」（「風雅和歌集」）
「照りくもり寒きあつきも時として民に心のやすむまもなし」（「花園院御集」）

この年 尊治親王王女（瓊子《たまこ》内親王）、誕生する（母は二条為世女為子）。《本朝皇胤紹運録》

□1・19 源《みなもとの》具守《とももり》（内大臣。父は源基具。68〈60説も〉）

■文保元年（一三一七）丁巳

花園天皇 21歳
後宇多法皇51歳
伏見法皇 53歳
後伏見上皇30歳

1・3 京都大地震（余震数ヵ月）。《花園天皇宸記》

1・10 後伏見上皇、法勝寺修正会に御幸する。《花園天皇宸記》

1・18 梶井門跡承鎮（順徳天皇皇曾孫）を親王とする。《歴代皇紀》

1・29 伏見法皇、石清水八幡宮に御幸する（翌日還御）。《継塵記》

2・3 大地震などにより**文保**と改元する。《花園天皇宸記》

2・17 天皇、脚気を発病。《花園天皇宸記》

3・2 天皇、藤原宗尚を召し、「尚書」を読む。《花園天皇宸記》

3・4 伏見法皇・上皇、石清水八幡宮に御幸する（参籠七日間）。《花園天皇宸記》

3・9 天皇、病む（二十三日にも）。《花園天皇宸記》

3・10 覚雲法親王を天台座主に還補する。《花園天皇宸記》

3・21 天皇、伏見法皇より「小一条左大臣記」（「小左記」。藤原師尹《もろただ》の日記）を借覧する。《花園天皇宸記》

3・22 天皇、藤原公時を召し、「史記」講読を受ける。《花園天皇宸記》

3・25 天皇、後伏見上皇より「日本書紀」を借覧する。《花園天皇宸記》

3・29 順徳天皇皇子善統《よしむね》親王没（年85。子孫の尊雅《たかまさ》王・善成《よしなり》王とともに四辻宮と称される）。《歴代皇紀》

4・3 天皇、「貞観政要」を読む。《花園天皇宸記》

4・6 天皇、新造冷泉富小路内裏に行幸する。《花園天皇宸記》

4・9 関東の使者が上京する（幕府、大覚寺・持明院両統迭立を申し入れる。「**文保の御和談**」の端緒）。《花園天皇宸記》

4・12 五辻忠子の院号を談天門院とする。《女院小伝》

4・15 伏見法皇、天皇に「実資記」（小右記）を贈る。《花園天皇宸記》

4・17 後宇多法皇、禅林寺殿に御幸する。《継塵記》

＊**文保**《ぶんぽう》 この時の記録にはないが、徳治改元（一三〇六）の際、式部大輔菅原在輔《ありすけ》の勘文に「梁書曰、姫周基文、久保七百」とある。

＊**文保**《ぶんぽう》**の御和談**《ごわだん》 伏見法皇崩御により、次の皇太子をめぐり大覚寺統（亀山天皇の子孫）と持明院統（後深草天皇の子孫）の間で争いが起こり、幕府の仲裁に委ねた。そこで幕府は、両統が交互に皇位に即くことを申し入れ、これにより和解したとされた。これが「文保の御和談」といわれるが、合意までには至っていないともいわれる。

＊**深草北陵** 七六八ページ注参照。

＊**後醍醐天皇**《ごだいごてんのう》（一二八八～一三三九） 名は尊治《たかはる》。後宇多天皇第二皇子。母は藤原忠継《ただつぐ》女忠子（談天門院）。正安四年（一三〇二）親王宣下、嘉元元年（一三〇三）元服、徳治三年（一三〇八）立太子。文保二年（一三一八）践祚、即位。建武の新政では「朕の新儀は未来の先例」とする。延元四年＝暦応二年（一三三九）譲位、ついで崩御。陵は塔尾陵《とうのお》。皇后に西園寺禧子（礼成門院）。所生の子に懽子内親王（宣政門院）、珣子内親王（新室町院）。

4・19　冷泉富小路内裏が完成。天皇、二条富小路殿より遷る。《花園天皇宸記》
4・26　炎旱により祈雨奉幣の儀を行なう（二十九日水天供）。《花園天皇宸記》
5・12　天皇、僧正覚円より「唯識論」を受ける。《花園天皇宸記》
5・18　天皇、僧正増基より即位灌頂を受ける。《花園天皇宸記》
6・14　伏見法皇、病む。《花園天皇宸記》
6・21　右大臣洞院実泰、辞任。内大臣今出川公顕を右大臣、権大納言三条公茂《きんしげ》を内大臣とする。《花園天皇宸記》
6・27　天皇、伊勢内外宮に神馬を奉り、伏見法皇の病気平癒を祈らせる。《花園天皇宸記》
6月　慈道法親王、護持僧を辞任。《華頂要略》
7・22　地震あり。《歴代皇紀》
9・3　伏見法皇、持明院殿にて崩御（伏見院と号される。後伏見上皇の院政が始まるも、持明院統、その中核を失ったため、花園天皇は譲位に応じることになる）。《伏見上皇御中陰記》
9・4　伏見法皇、深草にて火葬、後深草院法華堂に納骨される（陵名は**深草北陵**。この前後より僧が葬儀を仕切るようになり、臣下が葬儀に関わらなくなったため、しばらく葬儀の詳しい記録が残されないようになる）。《伏見上皇御中陰記》
9・28　延明門院、落髪する。《女院記》
12・10　右大臣今出川公顕、辞任。《公卿補任》
この年　忠成王の孫承鎮を親王とする。《釈家官班記》後伏見上皇皇子（承胤親王）、誕生する（母は正親町実明女）。《梶井円融房在住親王伝》
□7・10洞院公守《とういんきんもり》（太政大臣。父は左大臣洞院実雄。69）

■文保二年（一三一八）戊午

花園天皇　22歳
後醍醐天皇31歳
後宇多法皇52歳
後伏見上皇31歳

1・1　諒闇により、拝礼・小朝拝等を中止する。《続史愚抄》
2・8　後伏見上皇、量仁《かずひと》親王の登極を春日社に祈らせる。《伏見宮記録》
2・24　天皇、譲位のため土御門東洞院殿に遷る。《続史愚抄》

第九十六代　後醍醐《ごだいご》天皇

2・26　花園天皇、土御門東洞院殿にて譲位。尊治親王、冷泉富小路殿にて受禅（**後醍醐天皇**）。父後宇多法皇が常盤井殿に御し、

後宮藤原（阿野）廉子の所生の子に祥子内親王・恒良《つねなが》親王・成良《なりなが》親王・後村上天皇・惟子内親王。ほか皇子女に護良・尊良《たかなが》・宗良・法仁・世良・恵尊・聖助・懐良・玄円・満良の各親王、瓊子・欣子・姚子の各内親王など。なお、女御に藤原栄子がいて安福門院の院号を宣下されるも、宣下日および没年不明。「建武年中行事」「日中行事」などを撰述した。

再び院政を行なう。▼旧の如く、二条道平を関白とする。▼若宮（尊雲法親王）、梶井殿承覚親王の室に入る。《続史愚抄》地震あり。《歴代皇紀》

3・3 慈道法親王を天皇護持僧とする（四月、覚助法親王なども護持僧に）。《華頂要略》

3・6 京都地震（七日、四月七日にも）。《歴代皇紀》

3・9 （後宇多法皇の意により）後二条天皇皇子邦良親王を元服させ、皇太子とする。**《資朝卿記》**

3・10 先帝に太上天皇尊号を奉る。《公卿補任》

3・16 即位由奉幣使を発遣する。《継塵記》

3・21 法皇、大覚寺殿に御幸し、御影供を修する。《継塵記》

3・25 天皇、菅原在兼を侍読とし、「史記」五帝本紀を講じさせる。《菅儒侍読年譜》

3・29 天皇、太政官庁にて即位の儀を挙げる。《続史愚抄》

4・9 天皇、菅原在輔に「漢書」明帝紀を講じさせる。《菅儒侍読年譜》京都地震。《歴代皇紀》

4・12 後宇多法皇後宮五辻忠子（准后。後醍醐天皇生母）の院号を談天門院とする。《女院次第》

4・25 亀山天皇中宮今出河院（西園寺嬉子）没（年67）。《園太暦》

6・8 後宇多法皇、石清水八幡宮に御幸する（参籠七日間）。《継塵記》

6・15 法皇、石清水より常盤井殿に還御し、賀茂社に御幸する。《継塵記》

7・5 法皇、北野社に御幸する。《継塵記》

7・15 祈雨奉幣使を丹生・貴布禰両社に発遣する。《園太暦》

7・28 太政大臣西園寺実兼女禧子を女御とする。《女院次第》

8・15 内大臣三条公茂、辞任。《公卿補任》

8・18 亀山天皇皇子良助法親王（母は藤原実平女）没（年51）。《諸門跡譜》

8・24 前内大臣三条実重を太政大臣、前右大臣洞院実泰を左大臣、権大納言花山院家定を右大臣、権大納言一条内経《うちつね》を内大臣とする。《公卿補任》

8月 天皇、後宇多法皇御所常盤井殿に行幸する（和歌御会あり）。《新千載和歌集》

9・12 法皇、東寺に散所法師十五人を寄進する。《東寺百合文書》

10・13 関白二条道平を太政大臣の上に列する。《師守記》

10・27 天皇、大嘗祭のため河原頓宮に行幸

＊**資朝卿記**《すけともきょうき》 権中納言日野資朝（一二九〇～一三三二）の日記。

し、鴨川で禊する。《皇年代略記》
10・30 法皇、前権大納言二条為世に「続千載和歌集」の撰進を命じる。《尊卑分脈》
11・18 天皇、大嘗会のため太政官庁に行幸する。《続史愚抄》
11・22 天皇、大嘗祭を行なう。《続史愚抄》
12・12 覚雲法親王、天台座主を辞任。《天台座主記》
12・19 関白二条道平、辞任。《公卿補任》
12・29 内大臣一条内経を関白・氏長者とし、太政大臣の上に列する。《公卿補任》
この年 後伏見上皇皇子二人（長助・亮性両親王）、誕生する（母は同じ正親町実明女守子。同母にして一年に二皇子誕生）。《妙法院在住親王伝》花園天皇皇女（徽安門院。寿子内親王）、誕生する（母は正親町実明女実子）。《本朝皇胤紹運録》
□6・24近衛《このえ》経平《つねひら》（左大臣。父は関白・右大臣近衛家基。32）
●文保年間（一三一七〜一九）、尊円入道親王、藤原行房より入木道の口伝を受ける。《華頂要略》

■元応元年（一三一九）己未

後醍醐天皇32歳
後宇多法皇53歳
後伏見上皇32歳
花園上皇　23歳
1・1 後宇多法皇、歓喜定院に御幸する。《花園天皇宸記》
1・10 花園上皇、後伏見上皇御所に御幸し、雪を賞する。《花園天皇宸記》
1・14 後伏見・花園両上皇、広義門院と北山第に御幸する（帰路、衣笠殿に御幸）。《花園天皇宸記》
1・17 法皇、石清水八幡宮に御幸する（後伏見・花園両上皇、この御幸の儀を二条東洞院において覧る）。《花園天皇宸記》
1・19 東大寺八幡宮神輿が入京する（詔してこれを蓮華王院に安置）。《花園天皇宸記》
1・20 花園上皇の脚気病が増す。《花園天皇宸記》
1・23 後伏見・花園両上皇、広義門院と竹中殿に御幸する。《花園天皇宸記》
2・10 後伏見・花園両上皇、長講堂修二会に御幸する。《花園天皇宸記》
2・18 順徳天皇曽孫（忠成王の孫）前権中納言源忠房を後宇多上皇猶子の儀をもって親王とする（忠房親王）。《公卿補任》
2・25 後伏見・花園両上皇、伏見殿に御幸する。《花園天皇宸記》
2・26 後伏見・花園両上皇、六条殿に御幸し、さらに衣笠殿に御幸して彼岸会を修す

る。《花園天皇宸記》
2・28 花園上皇、「悉曇字記」を僧正慈厳より受ける。《花園天皇宸記》
3・8 後伏見・花園両上皇、六条殿に御幸する。《花園天皇宸記》
3・25 花園上皇、「貞観政要」談義を行なう。《花園天皇宸記》
3・27 前斎宮奨子内親王（後宇多天皇皇女）を皇后とする。《女院小伝》後伏見・花園両上皇、西園寺実兼の花見岡第に御幸する。《花園天皇宸記》
4・5 法皇、東寺に御幸する。《続史愚抄》
4・10 右大臣花山院家定、辞任する（九日か）。《公卿補任》
4・15 延暦寺衆徒、園城寺の戒壇落慶に蜂起する（十八日にも蜂起。二十五日、園城寺金堂・戒壇等を焼く）。《花園天皇宸記》
4・19 二条為世、「続千載和歌集」四季の部を撰び、この日奏覧する。《花園天皇宸記》
4・21 花園上皇、今小路殿に御幸する（二十二・二十五日、五月九日にも）。《花園天皇宸記》
4・28 代始により**元応**と改元する。《花園天皇宸記》
5・16 法皇、北山第に御幸し、玄上琵琶を観る。《花園天皇宸記》
5・28 後伏見・花園両上皇、衣笠殿に御幸する。《花園天皇宸記》
5月 後二条天皇皇子（のち祐助法親王）、青蓮院に入室する。《青蓮院伝》
6・7 後伏見・花園両上皇、北山第に御幸する。《花園天皇宸記》
6・26 後醍醐天皇皇女（懽子《きんし》）を内親王とする。《女院小伝》
6・27 関白・内大臣一条内経、内大臣を辞任。《公卿補任》
6・28 前権大納言六条有房を内大臣とする。《花園天皇宸記》
6月 霖雨。疫病流行。《花園天皇宸記》
7・14 後伏見・花園両上皇、長講堂御八講に御幸する。《花園天皇宸記》
⑦・9 炎旱により神泉苑に雨を祈らせる。《新千載和歌集》
⑦・28 権大納言九条房実を右大臣、前大納言中院通重を内大臣とする。《公卿補任》
8・7 女御西園寺禧子を皇后（中宮）とする。《公卿補任》
8・9 花園上皇、石清水八幡宮に御幸する。《蛙抄》
8・13 天皇、前太政大臣西園寺実兼第北山殿に行幸する（十六日、冷泉富小路殿に還御）。《園太暦》

＊**元応**《げんおう》 式部大輔菅原在輔《ありすけ》の勘文に「唐書曰、陛下富教安人、務農敦本、光復社稷、康済黎元之応也」とある。

8・17 後伏見・花園両上皇、衣笠殿に御幸する。《花園天皇宸記》
9・1 後伏見上皇、石清水八幡宮・深草法華堂に御幸し、如法経を納める。《花園天皇宸記》
9・2 後伏見・花園両上皇、葛野郡椎野に御幸する。《花園天皇宸記》
9・22 花園上皇、加灸（二十三日にも）。《花園天皇宸記》
10・18 太政大臣三条実重、内大臣中院通重、辞任。《公卿補任》前内大臣久我通雄を太政大臣、大納言花山院師信を内大臣とする。《花園天皇宸記》
10・23 花園上皇、病む。《花園天皇宸記》
10・28 後宇多法皇皇女（禖子）を内親王とする（ついで後二条天皇皇子邦良親王と結婚）。《女院小伝》
11・8 後伏見上皇、量仁親王に琵琶の曲を授ける。《花園天皇宸記》
11・9 後伏見・花園両上皇、北山第に御幸し、雪を賞する。《花園天皇宸記》
11・15 後宇多法皇皇女奨子内親王の院号を達智門院とする（二十一日落髪）。《女院小伝》後宇多天皇後宮談天門院（五辻忠子）没（年52）。《花園天皇宸記》
□7・2 六条《ろくじょう》有房《ありふさ》（内大臣。歌人。六条家の祖。太政大臣久我通光の孫。69）

■元応二年（一三二〇）庚申

後醍醐天皇33歳
後宇多法皇54歳
後伏見上皇33歳
花園上皇 24歳

1・1 天皇、持明院殿にて四方拝を行なう。《花園天皇宸記》
1・20 後宇多法皇、石清水八幡宮に御幸する（七日間参籠。二十五日結縁灌頂、二十七日還御）。《後宇多天皇「石清水伝法灌頂御記」》
1・21 花園上皇、即位灌頂秘印について僧正慈厳に問う。《花園天皇宸記》
1月 度会家行《わたらいいえゆき》、伊勢神道を体系化した「類《るい》聚神祇本源《じゅじんぎほんげん》」を選録する（のち後宇多法皇と後醍醐天皇の叡覧を賜わる）。《序》
2・1 後伏見・花園両上皇、北山第に御幸する。《花園天皇宸記》
2・14 花園上皇、長講堂彼岸会結願に御幸する。《花園天皇宸記》
2・26 後二条天皇後宮一条頊子《ぎょくし》（「たまこ」とも）を准三宮とし、院号を万秋門院とする。《花園天皇宸記》
2・29 後伏見・花園両上皇、竹中殿に御幸する。《花園天皇宸記》

3・9　後伏見・花園両上皇、六条殿に御幸する（四月九日には東山山荘に、同十一日には土御門准后第に、同十六日には衣笠殿に御幸）。《花園天皇宸記》
3・23　慈道法親王、護持僧を辞任。《華頂要略》
3・28　伏見天皇皇子、十楽院にて落飾する（法名は道熙）。《花園天皇宸記》
4・9　後伏見・花園両上皇、東山山荘に御幸する。《花園天皇宸記》
4・17　後伏見・花園両上皇、北山第に御幸する（十九日還御）。《花園天皇宸記》
5・4　花園上皇、この日より連日のように連歌会を開く。《花園天皇宸記》
5・17　後伏見・花園両上皇、六条殿に御幸する（翌日還御）。《花園天皇宸記》
5・26　後伏見・花園両上皇、衣笠殿に御幸する。《花園天皇宸記》
6・26　天皇、北山殿に方違行幸する（花園上皇、土御門大宮で行幸の儀を覧る。天皇、二十七日、冷泉富小路殿に還御）。《花園天皇宸記》
7・17　天皇、後宇多法皇御所常盤井殿に行幸する。《花園天皇宸記》
7・23　石清水八幡宮神輿が入京する（十一月十四日帰座）。《花園天皇宸記》

8・4　後宇多法皇の院宣を受け、二条為世、「**続千載和歌集**」を撰進。《花園天皇宸記》
8・17　後伏見・花園両上皇、東寺に御幸し、石清水神輿の帰座を祈る。《花園天皇宸記》
8・22　後二条天皇皇女（娍子《べんし》）を内親王とする（二十三日、准三宮とし、院号を寿成門院とする）。《女院記》
8・25　後二条天皇十三回忌により、寿成門院、出家する。《女院記》
8・26　後伏見・花園両上皇、新熊野社に参詣する（ついで後伏見上皇、新日吉社に御幸）。《花園天皇宸記》
9・8　後伏見・花園両上皇、永福門院と栂尾に御幸し、御影堂・石水院を歴覧する。《花園天皇宸記》
9・11　伊勢例幣使を発遣する。《続史愚抄》
9・28　花園上皇、和歌序を書く。《花園天皇宸記》
9・29　後伏見上皇、広義門院と竹中殿に御幸する。《花園天皇宸記》
10・10　花園上皇、中原章任を召し、律令を読ませる（十七・二十・二十二・二十九日、十一月十日にも）。《花園天皇宸記》
10・14　亀山天皇皇子順助法親王（母は平時仲女）没（年44）。《三井続燈記》
11・1　花園上皇、脚気をわずらう（七日に

＊**続千載和歌集**《ぞくせんざいわかしゅう》　十五番目の勅撰和歌集。後宇多上皇の院宣により二条為世が撰進。約二千百首の収録で大覚寺統系が多い。
＊**赤斑瘡**《あかもがさ》　麻疹《はしか》のこと。「赤疱瘡」とも書く。
＊**元亨**《げんこう》　文章博士藤原（日野）資朝《すけとも》の勘文に「周易曰、其徳剛健而文明、応乎天時而行、是以元亨」とある。

も）。《花園天皇宸記》

11・5　後伏見上皇、広義門院と今小路殿に御幸する。《花園天皇宸記》

11・18　後伏見・花園両上皇、今小路殿に御幸する。《花園天皇宸記》

11・27　後伏見上皇・永福門院、室町殿に御幸する。《花園天皇宸記》

11・29　後伏見上皇、永福・広義両門院と今小路殿に御幸する。《花園天皇宸記》

12・1　天皇、赤斑瘡を病む。《花園天皇宸記》後伏見天皇皇子を親王とし、名を寧永（法守入道親王）と賜う。《仁和寺御伝》

12・19　後伏見・花園両上皇、新熊野社に参詣する（二十・二十一日にも）。《花園天皇宸記》

12・21　後伏見・花園両上皇、鳥羽・東寺に御幸する。《花園天皇宸記》

12月　**赤斑瘡**流行。《花園天皇宸記》

この年　花園上皇皇子（覚誉親王）、誕生する（母は正親町実明女）。▼恒明親王王子（全仁《またひと》親王）、誕生する。《本朝皇胤紹運録》邦良親王王子（康仁親王）、誕生する（母は花山院定教女）。《帝王系図》円満院尊悟入道親王を園城寺長吏とする。《僧官補任》

□6・7九条師教《くじょうもろのり》（摂政。左大臣。父は関白九条忠教。44）

■**元亨元年**（一三二一）辛酉

後醍醐天皇34歳
後宇多法皇55歳
後伏見上皇34歳
花園上皇　25歳

1・1　東大寺八幡神輿が在洛により、朝観行幸を中止する。《花園天皇宸記》

1・10　後伏見・花園両上皇、法勝寺修正会に御幸する。《継塵記》

1・14　後宇多法皇、石清水八幡宮に御幸する（参籠七日間。二十一日還御）。《花園天皇宸記》

1・15　花園上皇、病む。《花園天皇宸記》

1・25　後伏見・花園両上皇、衣笠殿に御幸する。《花園天皇宸記》

2・5　花園上皇、「古事記」「古語拾遺」等を覧る（八日、「古事記」読了、後伏見上皇に返却）。《花園天皇宸記》

2・10　後伏見・花園両上皇、長講堂修二会に臨幸する。《花園天皇宸記》

2・23　辛酉革命により**元亨**と改元する。《花園天皇宸記》

2・26　後伏見・花園両上皇、長講堂彼岸会懺法結願に御幸する。《花園天皇宸記》

3・6　後伏見・花園両上皇、今小路殿に御幸、南庭の花を賞する。《花園天皇宸記》

3・9 この日より長講堂御八講。後伏見・花園両上皇、これに御幸する（十三日、御八講結願により還御）。《花園天皇宸記》
3・17 花園上皇、「荀子」を覧る。《花園天皇宸記》
3・18 花園上皇・広義門院、今小路殿に御幸する（量仁親王も行啓）。《花園天皇宸記》
3・19 寧永親王、仁和寺に出家し、名を法守とする（後伏見上皇・量仁親王、仁和寺に御幸）。《花園天皇宸記》
3・24 京都地震。▼花園上皇、「孟子」を覧る。《花園天皇宸記》
3・25 後伏見上皇、北山第に御幸する（永福門院・量仁親王・広義門院も）。《花園天皇宸記》
4・6 後伏見・花園両上皇、北山第に御幸する。《花園天皇宸記》
4・18 法皇、恒明・邦省両親王と賀茂祭に御幸する（後伏見・花園両上皇も前大納言日野俊光の東洞院桟敷にひそかに覧る）。《花園天皇宸記》
4・25 後伏見・花園両上皇、賀茂社に御幸する。《花園天皇宸記》
4・27 後伏見天皇皇子（尊胤）、梶井宮承鎮親王の室に入る。《花園天皇宸記》
4月 後宇多法皇、大覚寺諸堂を建立する。《大覚寺門跡略記》
5・18 花園上皇、「資治通鑑」を覧る。《花園天皇宸記》
5・26 京都霖雨、河水氾濫。《花園天皇宸記》
5月 天皇、大覚寺殿に行幸する。《続史愚抄》
6・8 東大寺八幡宮神輿、東寺より帰座する（花園上皇、六条南堂門桟敷にてこれを拝す）。《花園天皇宸記》
6・13 後伏見・花園両上皇、広義門院と伏見殿に御幸する。《花園天皇宸記》
6・23 後伏見・花園両上皇、衣笠殿に御幸する。《花園天皇宸記》
7・7 天皇、管絃御会で笛を奏する。また和歌御会あり（天皇、去る六月に西園寺実兼より琵琶「両流泉」を伝受）。《花園天皇宸記》
7・17 花園上皇、病む（八月十七日にも）。《花園天皇宸記》
7・27 後伏見上皇、病む。《花園天皇宸記》
8・8 内大臣大炊御門冬氏、辞任。《公卿補任》
9・2 後伏見・花園両上皇、衣笠殿に御幸する。《花園天皇宸記》
9・11 伊勢例幣使を発遣する。《師守記》
10・1 後伏見・花園両上皇、今小路殿に御幸する。《花園天皇宸記》

＊延喜《えんぎ》・天暦《てんりやく》の治《ち》 「延喜」は醍醐天皇、「天暦」は村上天皇の時代の年号で、この時代、天皇親政の最も良き時代であったとして、後世、この時代の治世を尊んで、こう呼んだ。

10・4　後伏見上皇、量仁親王の立太子を石清水八幡宮に祈る。《石清水御願書》

10・16　天皇、前権大納言吉田定房を関東に発遣し、天皇親政を交渉する。《花園天皇宸記》

10・22　後伏見上皇、前権大納言日野俊光を関東に発遣する。《花園天皇宸記》

10・28　天皇、後宇多法皇御所常盤井殿に行幸する。《花園天皇宸記》

11・1　後伏見上皇・広義門院、今小路殿に御幸する（十一日にも）。《花園天皇宸記》

12・9　後宇多法皇、幕府の同意を得て院政を止める。後醍醐天皇、親政を始める（天皇、「**延喜・天暦の治**」への回帰を政治理想とする）。《花園天皇宸記》

12・11　天皇、神今食のため中和院に行幸する。《続史愚抄》

12・22　天皇、内侍所臨時御神楽に行幸し、笛を奏する。《続史愚抄》

12・23　後伏見天皇皇子（豊仁《とよひと》。光明天皇）、今小路殿にて誕生する（母は広義門院西園寺寧子）。《花園天皇宸記》

12月　天皇、記録所を再興し、親裁する。《神皇正統記》

□11・1　花山院師信《かざんいんもろのぶ》（内大臣。父は内大臣花山院師継。48）

■元亨二年（一三二二）壬戌

後醍醐天皇35歳
後宇多法皇56歳
後伏見上皇35歳
花園上皇　26歳

1・1　花園上皇、まず伊勢神宮を拝し、ついで四方拝を行なう。《花園天皇宸記》

1・3　天皇、後宇多法皇の常盤井殿に朝覲行幸、御遊にて笛を奏する（後伏見・花園両上皇、量仁親王、その儀をひそかに覧る。天皇、四日に冷泉富小路殿に還御）。《花園天皇宸記》

1・9　花園上皇・永福門院、今小路殿に御幸する（ついで後伏見上皇も入御）。《花園天皇宸記》

1・21　花園上皇・永福門院・量仁親王、今小路殿に御幸する。《花園天皇宸記》

1・28　花園上皇・量仁親王、今小路殿に御幸する。《花園天皇宸記》

2・2　花園上皇、顔腫をわずらう。《花園天皇宸記》

2・8　伏見天皇皇子（聖珍親王）、東大寺東南院に入り落飾する。《花園天皇宸記》

2・13　後伏見上皇皇子を親王とし、名を豊仁と賜う。《花園天皇宸記》

2・15　花園上皇、安楽光院に御幸する。《花

園天皇宸記》
2・30 後伏見上皇、六条殿および長講堂に御幸する。《花園天皇宸記》
3・7 後伏見・花園両上皇、長講堂に御幸する。《花園天皇宸記》
3・13 花園上皇、長講堂御八講結願により、法華堂に御幸する。《花園天皇宸記》
3・15 後伏見・花園両上皇、量仁親王と安楽光院を歴覧する。《花園天皇宸記》
3・16 後伏見・花園両上皇、毘沙門堂に花を賞し、ついで法華堂・法住寺・長講堂に御幸する。《花園天皇宸記》
3・18 後伏見・花園両上皇、花見崗亭に御幸する。《花園天皇宸記》
3・21 後伏見・花園両上皇、永福門院・量仁親王と東山に御幸し、桜花を賞するなど諸所に遊覧する。《花園天皇宸記》
4・9 後伏見上皇、院中庶務の譲渡を計るも、花園上皇、これを固辞する。《花園天皇宸記》
4・13 量仁親王、後伏見上皇御所にて仮元服する。《花園天皇宸記》
4・16 後伏見・花園両上皇、量仁親王と大井川に御幸する。《花園天皇宸記》
4・24 後伏見上皇、土御門准后第桟敷にてひそかに賀茂祭の儀を覧る。《花園天皇宸記》
4・28 花園上皇、病む。《花園天皇宸記》
5・22 花園上皇、脚気を病む（八月十八日、九月二十七日にも）。《花園天皇宸記》
5・26 天皇、西園寺実兼の北山第に行幸し、今出川兼季より琵琶の秘曲「啄木」を伝受する（二十七日、冷泉富小路殿に還御）。《花園天皇宸記》
⑤・16 花園上皇、長講堂に御幸する。《花園天皇宸記》
6・5 花園上皇、「寛平御記」（宇多天皇宸記）を見て、「聖明之遺訓」を鑑とすると記す。《花園天皇宸記》
6・11 後伏見・花園両上皇、西園寺実兼の北山第に御幸する。《花園天皇宸記》
6・29 大納言大炊御門冬氏を内大臣とする。《花園天皇宸記》
7・14 花園上皇・永福門院・広義門院、長講堂御八講に御幸する。《花園天皇宸記》
7・15 花園上皇、安楽光院に御幸する（二十一日、八月八・十日にも）。《花園天皇宸記》
7・16 後伏見上皇、深草法華堂に御幸する。《花園天皇宸記》
8・5 後伏見上皇・広義門院、六条殿に御幸する。《花園天皇宸記》
8・6 後伏見・花園両上皇、量仁親王と安

＊元亨釈書《げんこうしゃくしょ》 臨済宗僧虎関師錬著。仏教伝来から鎌倉時代末期までの仏教通史。南北朝時代に大蔵経に加えられる。中で、日本が神国であるがゆえに、大乗仏教は日本で完成するとある。

楽光院に御幸する（このあとも連日）。《花園天皇宸記》

8・11　左大臣洞院実泰《さねやす》と内大臣大炊御門冬氏辞任のため、右大臣九条房実を左大臣、大納言今出川（菊亭）兼季を右大臣、権大納言鷹司冬教を内大臣とする。《公卿補任》

8・12　後伏見上皇、藤原孝重より琵琶の奥秘事「啄木本譜外口伝」等を伝受する。《後伏見天皇宸記》

8・13　後伏見・花園両上皇、長講堂に御幸する。《花園天皇宸記》

8・16　東福寺僧虎関師錬、「元亨釈書」三十巻を撰進する。《序》

8・21　後伏見上皇皇子（尊道親王）、誕生する（母は正親町実明女）。《青蓮院門跡皇族御伝》

8・26　花園上皇、「続日本紀」を読了する。《花園天皇宸記》

8・28　後伏見・花園両上皇、西園寺実兼の北山第に御幸する。《花園天皇宸記》

9・3　後伏見・花園両上皇、法華堂に御幸し、宸筆阿弥陀経を供養する。《花園天皇宸記》

9・6　この頃、花園上皇、「日本後紀」を読む（十月九日読了）。《花園天皇宸記》

9・12　盗人、後伏見上皇御所に入る。▼法皇、病む。《花園天皇宸記》

9・14　花園上皇、「後深草天皇宸記」を覧る。《花園天皇宸記》

10・10　後伏見・花園両上皇、椎野に御幸する。《花園天皇宸記》

10・14　花園上皇、「毛詩」を覧る。《花園天皇宸記》

10・19　後伏見上皇、花園上皇に「続日本後紀」「文徳実録」を贈る。▼後伏見・花園両上皇、広義門院と衣笠殿に御幸する。《花園天皇宸記》

10・27　花園上皇、病む（十二月三日にも）。《花園天皇宸記》

11・8　後伏見上皇後宮正親町宗子（生年不詳）、流産により没（嵯峨野に葬られる）。《花園天皇宸記》

11・10　花園上皇、「続日本後紀」を読了する。《花園天皇宸記》

11・14　後伏見上皇・広義門院、伏見殿に御幸する。《花園天皇宸記》

12・16　後伏見・花園両上皇、長講堂に御幸する。《花園天皇宸記》

12・21　天皇、節分により、吉田定房の第に行幸する。《花園天皇宸記》

この年　邦良親王王子（邦世親王）、誕生する（母は花山院定教女）。《帝王系図》

□9・10西園寺実兼《さいおんじさねかね》（太政大臣。伏見・後伏見・後醍醐三天皇の琵琶の師。父は太政大臣西園寺公相。74）、9・15中院通重《なかのいんみちしげ》（内大臣。父は内大臣中院通成。53）

■元亨三年（一三二三）癸亥

後醍醐天皇36歳

後宇多法皇57歳

後伏見上皇36歳

花園上皇27歳

1・19 天皇、管絃御会で琵琶を奏する。《御遊抄》

3・1 後伏見・花園両上皇、量仁親王とひそかに各所で桜花を歴覧する。《花園天皇宸記》

3・4 後伏見・花園両上皇、東山・長楽寺・円通寺・今熊野等の桜花を歴覧する。《花園天皇宸記》

3・21 後伏見上皇、法華堂に御幸し、堂辺の一尼寺にて桜花を覧る。《花園天皇宸記》

3・29 関白一条内経、辞任。左大臣九条房実を関白・氏長者とする。《公卿補任》

4・9 後伏見上皇、花園上皇に長講堂等の御領を管理させる（花園上皇固辞）。《花園天皇宸記》

4・22 関白・左大臣九条房実に随身兵仗を賜う（二十五日、太政大臣の上に列する）。《公卿補任ほか》

4・27 天皇、後宇多法皇御所大覚寺殿に朝覲行幸する。《続史愚抄》

5・2 太政大臣久我通雄、辞任。《公卿補任》

5・3 鎌倉大地震。《武家年代記》右大臣今出川兼季を復任する。《公卿補任》

5・11 花園上皇、安楽光院に御幸する。《花園天皇宸記》

5・21 後伏見・花園両上皇、伏見殿に御幸する。《花園天皇宸記》

5・29 後伏見・花園両上皇、量仁親王と安楽光院阿弥陀講に臨幸する。《花園天皇宸記》

6・14 関白・左大臣九条房実、左大臣を辞任。《公卿補任》

6・15 前左大臣洞院実泰を還任する。《公卿補任》

6・20 天皇、中殿御会で琵琶玄上を奏する（七月の乞巧奠《きっこうでん》御遊でも）。《花園天皇宸記》

7・1 後伏見・花園両上皇、今出川（菊亭）兼季の菊第に御幸する。《花園天皇宸記》

7・2 天皇、二条為藤に歌集（「続後拾遺和歌集」）を撰じさせる。《拾芥抄》

7・9 花園上皇・永福門院、今小路殿に御幸する（量仁親王、これに従う）。《花園天皇宸記》

7・11 後伏見上皇、花園上皇御所、ついで

長講堂に御幸する。▼天皇、花園上皇御所で「尚書」講義を聞く。《花園天皇宸記》
7・19 花園上皇、当時の政道・学風について論評する。《花園天皇宸記》
7・26 京都霖雨、河水氾濫。《花園天皇宸記》
7月 右大臣今出川(菊亭)兼季、辞任。《公卿補任》
8・6 後伏見・花園両上皇、量仁親王と安楽光院法華八講に御幸する。《花園天皇宸記》
8・15 花園上皇・永福門院、入江第に御幸する。《花園天皇宸記》
8・23 花園上皇、藤原公世の箏譜を藤原実子に譲る。《花園天皇宸記》
8・24 後伏見上皇、長講堂に御幸する。《花園天皇宸記》
8月 天皇、後宇多法皇御所大覚寺殿に行幸する(和歌御会あり)。《続史愚抄》
9・4 花園上皇、安楽行院に御幸し、釣殿の修理を覧る。《花園天皇宸記》
9・16 伊勢内宮の遷宮が行なわれる。《二所大神宮例文》
9・20 後伏見・花園両上皇、衣笠殿に御幸する(十二月二・二十三日にも)。《花園天皇宸記》
9・21 花園上皇、病む(十月八日にも)。《花園天皇宸記》

10・4 法皇、鷹司殿にて蹴鞠御会を行なう。《花園天皇宸記》
10・5 前関白二条道平に内覧宣旨を下す。《公卿補任》▼花園上皇、白拍子を広義門院御所に招き、箏を弾じさせる。《花園天皇宸記》
10・11 花園上皇、「三代実録」を読了する。《花園天皇宸記》
10・13 後伏見上皇、持明院殿にて舞曲管絃会にて羯鼓《かっこ》を所作する。《花園天皇宸記》
10・14 後伏見・花園両上皇、東山に御幸し、紅葉を覧る。《花園天皇宸記》
10・17 花園上皇、「本朝世紀」を覧る。《花園天皇宸記》
10・18 亀山天皇皇子覚雲法親王(母は三条実平女)没(年52)。《花園天皇宸記》
10・21 花園上皇、紅葉を覧るため石蔵《いわくら》に御幸する。《花園天皇宸記》
10・28 後伏見・花園両上皇、広義門院・量仁親王と北山第に御幸し、紅葉を歴覧する。《花園天皇宸記》
10・29 京都地震。《花園天皇宸記》
11・9 前関白鷹司冬平を太政大臣に還任し、内覧宣下あり。《花園天皇宸記》
11・17 量仁・景仁両親王、持明院殿にて著袴の儀を行なう。《花園天皇宸記》

◉後醍醐天皇御製①

「みな人の心もみがけ千はやぶる神のかがみのくもるときなく」(「続後拾遺和歌集」)

「身にかへて思ふとだにも知らせばや民の心のをさめがたさを」(「新千載和歌集」)

「世治まり民やすかれといのるこそわが身につきぬ思なりけれ」(「続後拾遺和歌集」)

「花はなほうき世もわかず咲きてけり都も今やさかりなるらむ」(「増鏡」)

11・26 後伏見・花園両上皇、北山第に御幸し、雪を賞覧する。《花園天皇宸記》
11・29 量仁親王の琵琶始が行なわれる（後伏見・花園両上皇と永福門院・広義門院臨御）。《花園天皇宸記》
12・7 花園上皇、「野府記《やふき》（小右記）」「宇治左府記（台記）」を覧る（ついで十二月中に「尚書」「礼記」「文選」講読等を行なう）。《花園天皇宸記》
12・14 花園上皇、宗卓を召し、「碧巌録」を講じさせる。《花園天皇宸記》
12・17 後伏見・花園両上皇、長講堂に御幸する。《花園天皇宸記》
12・19 量仁親王の御笛始が行なわれる。（花園上皇、後伏見上皇御所に臨幸）。《花園天皇宸記》
この年 邦良親王王子（深守《しんしゅ》親王）、誕生する（母は尾張局）。《本朝皇胤紹運録》

■正中元年（一三二四）甲子

後醍醐天皇37歳
後宇多法皇58歳
後伏見上皇37歳
花園上皇 28歳

1・3 花園上皇、「文選」「宇治左府記」を覧る。《花園天皇宸記》
1・19 天皇、御遊にて笛を奏する（次に詩も講じる）。《中殿御会部類記》
1・25 後伏見・花園両上皇、伏見天皇の遺旨を奉じて歌道興隆につき談合する。《花園天皇宸記》
1・28 花園上皇、三善清行の「革命勘文」を覧る。《花園天皇宸記》
1・29 花園上皇、安楽光院に御幸し、その修理を覧る。《花園天皇宸記》
2・10 後伏見上皇、長講堂修二会に臨幸する。《花園天皇宸記》
2・14 花園上皇、病む（七月五日、十一月十三日にも）。《花園天皇宸記》
2・19 天皇、西園寺実衡《さねひら》の北山第に行幸する（しばらく逗留、二十日和歌御会、二十一日舞楽御覧、二十二日百首和歌等、二十三日蹴鞠。二十四日、冷泉富小路殿に還御）。《花園天皇宸記》
3・12 世良親王、元服する。《花園天皇宸記》
3・23 天皇、石清水八幡宮に行幸する（翌日還御）。《花園天皇宸記》
3・25 花園上皇、中原師夏より「礼記」を受ける。《花園天皇宸記》
3・27 花園上皇、「論語」を講読する。《花園天皇宸記》
4・11 慈道法親王を天台座主に還補する。

＊昭慶門院《しょうけいもんいん》（一二七三〜一三二四） 亀山天皇皇女。憙子《きし》内親王。母は藤原雅平女従三位雅子。後醍醐天皇皇子世良親王養母。永仁四年（一二九六）院号宣下。のち出家。
＊蓮華峰寺陵《れんげぶじのみささぎ》 京都市右京区北嵯峨朝原山町に所在。生母洞院佶子（京極院）との合葬陵。遺言により五輪塔円中に納骨される。文久三年（一八六三）幕府はここを修補。現在は宝形《ほうぎょう》造の法華堂で、中央に五輪塔がある。

《天台座主記》

4・12　後伏見上皇、（持明院統の断絶を恐れ）量仁親王の立太子を日吉社に祈る。《伏見宮記録》

4・17　天皇、賀茂社に行幸する。《花園天皇宸記》

4・23　左大臣洞院実泰、辞任。《諸家伝》

4・27　内大臣鷹司冬教を左大臣、権大納言近衛経忠を右大臣、大納言西園寺実衡を内大臣とする。《花園天皇宸記》

4月　法皇、重篤となる。《増鏡》

5・3　天皇、舞楽御覧、笛を奏する。《體源抄》

5・11　後伏見上皇、量仁親王の立太子を賀茂社に祈る。《伏見宮記録》

6・16　天皇、法皇御見舞のため大覚寺殿に行幸する（二十二日、冷泉富小路殿に還御）。《花園天皇宸記》

6・25　後宇多法皇、大覚寺殿にて崩御（諡号は「後宇多」と遺言、天皇、臨終にかけつける。天皇の「後醍醐」も「後宇多」にならい生前に決める）。《花園天皇宸記》

6・28　後宇多法皇、蓮華峰寺（北嵯峨）傍らの山で火葬され、遺骨は同寺五輪塔に納められる（陵名は**蓮華峰寺陵**）。《皇代記》

7・5　花園上皇、病む。《花園天皇宸記》

7・16　京都暴風雨洪水により、人畜多く死ぬ。《花園天皇宸記》

7・17　権中納言二条為藤没（七月十日）により、その子為定に和歌勅撰を継承させる。《花園天皇宸記》

7・29　永華門院（宗尊親王王女）、出家する。《女院小伝》忠房親王、落飾する。《公卿補任》

8・16　大風雨洪水により外記庁が倒れる。《花園天皇宸記》

8・22　亀山天皇皇子（尊珍）、聖護院順助法親王の室に入る。《続史愚抄》

8・23　天皇、性円法親王室御所大覚寺殿に行幸する（二十五日、冷泉富小路殿に還御）。《続史愚抄》

8・26　天皇、唐物を前関白二条道平等廷臣に下賜する。《続史愚抄》

8月　円満院尊悟入道親王を園城寺長吏に還補する。《僧官補任》

9・19　天皇の倒幕計画が発覚し、六波羅軍、土岐《とき》頼兼《よりかね》・多治見国長《くになが》らを殺し、日野資朝・俊基を捕らえる（正中の変）。《花園天皇宸記》

9・21　後伏見上皇、量仁親王の立太子を伊勢神宮に祈る。《伏見宮記録》

9・23　天皇、（釈明のため）権中納言万里

小路宣房を勅使として鎌倉に派遣し、陰謀に関与しなかった旨の告文を呈する。《花園天皇宸記》

10・4　幕府、日野資朝・俊基らを（糾明のために）鎌倉に連行する。▼後伏見天皇生母・准三后五辻経子没（粟田口で葬礼。生年不詳）。《花園天皇宸記》

10・11　准后藤原経子（後伏見天皇生母。生年不詳）没。《花園天皇宸記》

11・7　後伏見上皇、量仁親王の立太子を北野天満宮に祈る。《花園天皇宸記》

11・13　花園上皇、病む。《花園天皇宸記》

11・16　金沢貞将、六波羅南方として五百騎を率いて上洛する。《花園天皇宸記》

12・2　花園上皇、衣笠殿に御幸する。《花園天皇宸記》

12・6　後伏見・花園両上皇、六条殿に御幸する。《花園天皇宸記》

12・9　甲子革令・風水難により正中と改元する。《花園天皇宸記》

12・13　花園上皇、「毛詩」を覧る。《花園天皇宸記》

12・27　関白九条房実を廃し、太政大臣鷹司冬平を再々度関白とする。《花園天皇宸記》

12・28　後伏見・花園両上皇、安楽光院総社神楽に臨幸する。《花園天皇宸記》

この年以前、後宇多法皇、大覚寺繁栄のための守るべき法などを遺言として残す。《後宇多天皇宸翰御手《おて》印遺告《いんゆいごう》》

□1・9三条《さんじょう》公茂《きんしげ》（内大臣。父は太政大臣三条実重。41）、5・15近衛《このえ》家平《いえひら》（関白。左大臣。父は関白・右大臣近衛家基。43）、7・10二条《にじょう》為藤《ためふじ》（権中納言。歌人。「続後拾遺和歌集」撰者。父は二条為世。50）、8・16大炊御門《おおいのみかど》冬氏《ふゆうじ》（内大臣。父は大納言大炊御門良宗。43）

■正中二年（一三二五）乙丑

後醍醐天皇38歳
後伏見上皇38歳
花園上皇　29歳

1・12　後伏見・花園両上皇、安楽光院に御幸する。《花園天皇宸記》

1・19　花園上皇、「山槐記」を覧る。《花園天皇宸記》

1・21　後伏見・花園両上皇、量仁親王立太子を幕府に諮り、幕府の奉答により、この日、関白鷹司冬平《ふゆひら》をして天皇に奏上させる。《花園天皇宸記》

1・24　後伏見・花園両上皇、北山第・衣笠殿に御幸する。《花園天皇宸記》

1・26　後伏見・花園両上皇、永福門院・広義門院と今小路殿に御幸する。《花園天皇

＊**正中《しょうちゅう》**　文章博士藤原有正《ありまさ》の勘文に「易曰、見龍在田、利見大人、何謂也、子曰、龍徳而正中者也、又曰、需有孚光亨、貞吉、位乎天位以正中也」とある。

宸記》
1・29　後伏見上皇、広義門院と長講堂千日講結願に臨幸する。《花園天皇宸記》
①・4　後伏見上皇・広義門院、六条殿に御幸する。《花園天皇宸記》
①・8　皇太子邦良親王、前中納言六条有忠を幕府に派遣し、ひそかに即位を謀る。《花園天皇宸記》
①・15　後伏見・花園両上皇、永福門院と前右大臣今出川（菊亭）兼季の菊亭に御幸する（二十七日にも）。《花園天皇宸記》
①・19　後伏見上皇・永福門院、今小路殿に御幸する。《花園天皇宸記》
2・9　花園上皇、宗峰妙超を召し、「碧巌録」を読む。《花園天皇宸記》
2・10　後伏見・花園両上皇、永福門院と衣笠殿に御幸する。《花園天皇宸記》
2・29　花園上皇、大徳寺を祈願所とする。《花園天皇宸記》
3・1　花園上皇、瘧《おこり》病にかかる。《花園天皇宸記》
3月　後伏見上皇、宸筆般若心経および法華経を長谷寺に奉納し、量仁親王の立太子を祈る。《伏見宮記録》
4・16　花園上皇、「三国志」を覧る。《花園天皇宸記》
5・5　後伏見上皇、病む。《花園天皇宸記》
5・7　慈道法親王、天台座主を辞任。《天台座主記》
5・22　承覚法親王を天台座主とする。《天台座主記》
6・26　京都大雷雨洪水。人畜死傷多し。《花園天皇宸記》
6・30　後伏見上皇、前権大納言日野俊光を鎌倉幕府に派遣し、量仁親王の立太子を図る。《花園天皇宸記》
7・23　天皇、管絃御会にて笛を奏する。《御遊抄》
7・26　後伏見・花園両上皇、菊亭に御幸する。《花園天皇宸記》
8・29　後伏見上皇、量仁親王の立太子・登祚を石清水・北野両社に祈らせる。《伏見宮記録》
8月　天皇、夢窓疎石を南禅寺住持とする。《夢窓国師年譜》
9・1　後伏見上皇、宸筆般若心経を熱田社に奉納し、量仁親王の立太子を祈る。《伏見宮記録》
9・4　後伏見・花園両上皇、衣笠殿より持明院殿に御幸する。《花園天皇宸記》
9・7　花園上皇、告文および心経を伊勢神宮および熱田宮に奉納する。《花園天皇宸記》

9・11 伊勢例幣使を発遣する。《後光明照院関白記》
9・16 伊勢外宮の遷宮が行なわれる。《二所大神宮例文》
9・26 後伏見・花園両上皇、永福門院・広義門院・照訓門院、菊亭に御幸する。《花園天皇宸記》
9月 後伏見上皇、宸筆般若心経を熱田社に納め、量仁親王立太子を祈る。《伏見宮記録》
10・12 花園上皇、病む。《花園天皇宸記》
10・21 京都大地震（連日）。《花園天皇宸記》
10・23 京都火事。衣笠殿焼失により、後伏見上皇、これに御幸する。《花園天皇宸記》
11・8 後伏見上皇、後深草天皇の御影を深草法華堂に移させる。《花園天皇宸記》
11・9 後伏見上皇、病む。《花園天皇宸記》
11・12 花園上皇、病む。《花園天皇宸記》
11・22 幕府使者佐々木清高、兵を率いて入京する。《花園天皇宸記》
12・18 二条為定、「**続後拾遺和歌集**」を撰進する。《花園天皇宸記》
12・19 京都大地震。《花園天皇宸記》
この年 後醍醐天皇皇子（恒良親王。母は阿野廉子）・同皇子（法仁親王。母は藤原為道女）、誕生する。また、恒明親王王子（尊信法親王）、誕生する。《本朝皇胤紹運録》

□10・1 一条内経《いちじょううちつね》（関白。内大臣。父は内大臣一条内実。35）

■**嘉暦元年（一三二六）丙寅**
後醍醐天皇39歳
後伏見上皇39歳
花園上皇　30歳

1・11 天皇、管絃御会始で笛を奏する。《御遊抄》
2・7 伏見天皇後宮洞院季子《すえこ》（「きし」とも）を准三宮とし、院号を顕親門院とする。《女院小伝》
2・22 承覚法親王、天台座主を辞任。この日、承鎮法親王を天台座主とする。《僧官補任》
3・6 天皇、南殿にて花宴を行なう（詩歌の御製あり）。《雅言記》
3・16 北条（金沢）貞顕《さだあき》、第十五代執権となる。《鎌倉年代記》
3・20 後二条天皇皇子・皇太子**邦良親王**没（二十六日、北白河殿上山に葬られる。このあと七月まで、東宮の座をめぐり、後醍醐天皇皇子尊良《たかよし》、邦良親王同母弟邦省《くにみ》、後伏見天皇皇子量仁《かずひと》、亀山天皇皇子恒明《つねあき》の各親王が争う）。《神皇正統記》邦良親王御息所祺子《ばいし》内親王、出家する。《女院小伝》
3・29 幕府、工藤祐貞を遣わし、蝦夷を討

＊**後光明照院関白記**《ごこうみょうしょういんかんぱくき》 関白二条道平（一二八七～一三三五）の日記。「道平公記」とも。
＊**続後拾遺和歌集**《しょくごしゅういわかしゅう》 第十六番目の勅撰和歌集。二条為藤・為定撰。後醍醐天皇は二条為世に下命しようとしたが、為世は次男為藤に譲ったものの為藤急死により養子為定が撰者を引き継いだ。一千三百五十三首で二条家・大覚寺統の歌人が主に入集。
＊**邦良親王**《くによししんのう》（一三〇〇～一三二六） 後二条天皇第一皇子。母は参議藤原宗親女。後宇多天皇皇女禖子内親王などを娶る。後宇多法皇は後醍醐天皇のあとは邦良親王と決めていたが、譲位されず皇太子のままで死去。墓は後二条天皇の御陵近くにある。子の康仁親王以下四世後まで継承し木寺宮《きでらのみや》（洛西葛野郡木寺に居所を構えたことによる）と称した。
＊**嘉暦**《かりゃく》 式部大輔藤原藤範《ふじのり》の勘申による。出典は「唐書」の「四序嘉辰、歴代増置、宋韻曰《いわく》、暦数也」。
＊**惟康親王**《これやすしんのう》（一二六四～一三二六） 鎌倉幕府第七代将軍。第六代将軍宗尊親王王子。母は近衛兼経女宰

たせる。《北条九代記》
4・24 執権北条貞顕が出家、北条（赤橋）守時《もりとき》が第十六代執権となる。《鎌倉年代記》
4・26 疫病流行により、四角四堺祭を行なう。▼疫病流行・地震などにより**嘉暦**と改元する。《園太暦》
4月 第三皇子（宗良親王）、妙法院に入室・落飾する（法名は尊澄）。《続史愚抄》
5・23 後伏見上皇、春日社に御告文を奉り、量仁親王立太子を祈らせる。《伏見宮記録》
5・27 天皇、疫病祈禳のため、宸筆仁王経を祇園社に供養する。《園太暦》
5・29 後伏見上皇、御願文を石清水八幡宮に奉り、量仁親王立太子を祈る。《伏見宮記録》
7・24 （幕府の支持により）量仁親王（光厳天皇）を皇太子とする（持明院統の勝利）。《花園天皇宸記》
8・9 天皇、常盤井殿に行幸する。《後光厳天皇宸記応安三年十一月八日条》
9月 皇子（護良親王）、梶井にて落飾する（法名は尊雲）。《続史愚抄》
10・5 尊珍法親王を園城寺長吏とする。《三井続燈記》
10・19 天皇、中宮御産御祈御修法結願に常盤井殿に行幸する（三十日、冷泉富小路殿に還幸）。《継塵記》
10・24 内大臣西園寺実衡、辞任。《公卿補任》
10・30 将軍**惟康親王**没。《常楽記》
11・1 権大納言近衛基嗣を内大臣とする。《公卿補任》
12・8 花園上皇などの帰依を受け、宗峰妙超、法堂など伽藍を完成し、大徳寺と号する。《本朝高僧伝》
12・12 天皇、伊勢一社奉幣使を発遣する。《継塵記》
この年 後醍醐天皇皇子（成良親王）、誕生する（母は阿野廉子）。《本朝皇胤紹運録》
□11・18 西園寺実衡《さいおんじさねひら》（内大臣。父は左大臣西園寺公衡。37）

■嘉暦二年（一三二七）丁卯

後醍醐天皇40歳
後伏見上皇40歳
花園上皇 31歳
2・12 関白鷹司冬平の死により、前関白二条道平を関白・氏長者とする。《公卿補任》
2・16 天皇、前右大臣今出川（菊亭）兼季より琵琶の秘曲を受ける。《後伏見天皇宸記》
3・27 青蓮院慈道法親王を四天王寺別当とする。《華頂要略》
3・30 天皇、中宮御産所常盤井殿に行幸する（四月二十四日〈五月二日還御〉にも）。

子。文永三年（一二六六）征夷大将軍。同七年源姓を賜わり、弘安十年（一二八七）源姓を改めて親王宣下。正応二年（一二八九）幕府に逐われ京都に帰り、まもなく出家した。

《続史愚抄》

4・28 慈道法親王を天台座主とする。《天台座主記》

5・1 天皇、瘧《おこり》病を発する（七日平癒）。《五大成》

6・14 蝦夷反乱。幕府、宇都宮高貞・小田高知を追討使としてこれを討たせる。《北条九代記》

9・24 尊珍法親王、園城寺長吏を辞任。《鶴岡社務記録》

10・26 天皇、法勝寺大乗会に行幸する（二十八日、冷泉富小路殿に還御）。《続史愚抄》

11・30 後伏見上皇皇子（尊実親王）、報恩院にて出家する。《華頂要略》

12・2 慈道法親王、天台座主・護持僧を辞任。《天台座主記》

12・5 石清水八幡宮神輿が入京する。《東寺王代記》

12・6 **尊雲法親王を天台座主**とする（のち還俗して護良親王）。《天台座主記》

この年 花園上皇皇子（源性親王）、誕生する（母は正親町実明女実子）。《仁和寺御伝》

□1・19 鷹司冬平《たかつかさふゆひら》（関白。摂政。太政大臣。歌人。父は関白・太政大臣鷹司基忠。53）、3・13 九条房実《くじょうふさざね》（関白。太政大臣。父は関白・左大臣九条忠教。養父は異母兄関白九条師教。38）、8・15 洞院実泰《とういんさねやす》（左大臣。父は太政大臣洞院公守。58。59説も）

■嘉暦三年（一三二八）戊辰

後醍醐天皇41歳
後伏見上皇41歳
花園上皇 32歳

1・30 尊珍法親王を准三宮とする。《釈家官班記》

2・15 天皇、琵琶奥秘事「啄木本譜外口伝」を前右大臣今出川兼季より受ける。《後伏見天皇宸記》

5・1 天皇、病む。《続史愚抄》

5月 尊円法親王、慈円の歌を集め「拾玉集」と名付ける。《跋文》

6・3 後伏見上皇、皇太子量仁親王の登祚を日吉社に祈らせる。《伏見宮記録》

6・13 久明親王王子（久良）に源朝臣姓を下賜する。《公卿補任》

7月 後伏見上皇、御願文を石清水八幡宮・北野社に奉り、皇太子量仁親王の登祚《とうそ》を祈らせる。《伏見宮記録》

8・9 尊珍法親王を園城寺長吏とする。《三井続燈記》

8・14 石清水神輿が帰座する。《東寺長者補任》

9・4 後伏見上皇、御願文を賀茂社に奉納

＊**尊雲法親王《そんうんほっしんのう》**（護良親王）**を天台座主《てんだいざす》** 尊雲法親王は第百十六・百十八世天台座主。また百二十世天台座主は尊澄法親王。いずれの法親王も後醍醐天皇皇子で、天皇の討幕の一環として比叡山勢力を味方に付けるためといわれる。

＊**久明親王《ひさあきらしんのう》**（一二七六～一三二八）鎌倉幕府第八代将軍。後深草天皇第六皇子。母は三条公親女房子。正応二年（一二八九）親王宣下、ついで将軍宣下を受け、鎌倉に下り第八代将軍となるが実権はなかった。延慶元年（一三〇八）京都に帰り、子の守邦王が将軍職を継ぐ。

＊**元徳《げんとく》** 文章博士藤原行氏《ゆきうじ》の勘文に「周易曰、乾元亨利貞、正義曰、元者善之長、謂天之元徳、始生万物」とある。

し、皇太子量仁親王登祚を祈る。《賀茂社御願書》

9・9　伏見天皇皇子恵助《けいじょ》法親王（母は任快法印女春日局）没（年40）。《寺門伝記補録》

9・10　天皇、権大納言万里小路宣房《のぶふさ》を伊勢に派遣し神宮に奉幣する。《嘉暦三年公卿勅使御参宮日記》

10・14　鎌倉将軍久明親王没。《将軍執権次第》

?・16　後伏見上皇、「御事書并目安案」を書く（量仁親王践祚要望を幕府に提出。月は不明だが十月と推定されている）。《伏見宮記録》

10・27　天皇、法勝寺大乗会に行幸する（二十九日、冷泉富小路殿に還御）。《続史愚抄》

11・21　後伏見上皇、石清水八幡宮に皇太子量仁親王の登祚を祈らせる。《伏見宮記録》

■元徳元年（一三二九）己巳

後醍醐天皇42歳
後伏見上皇42歳
花園上皇　33歳

1・18　慈道法親王（亀山天皇皇子）、青蓮院門跡管領を辞任。尊円入道親王、再び青蓮院門主となる。《華頂要略》

2・10　後伏見上皇、北野社に御願文を奉り、皇太子量仁親王の登祚を祈らせる。《伏見宮記録》

2・11　天台座主尊雲法親王、辞任。《天台座主記》

3・29　後伏見上皇、伊勢神宮に御願文を奉り、皇太子量仁親王登祚を祈らせる（四月二十八日、醍醐清滝社にも）。《伏見宮記録》

6月　天皇、元僧明極《みんき》楚俊《そしゅん》を紫宸殿に引見、ついで仏日燄慧《えんえ》禅師の号を賜う。《和漢合符》

8・29　疾疫により元徳と改元する。《皇年代略記》後宇多天皇後宮・宗尊親王王女永《えい》嘉門院《かもんいん》（瑞子女王）没（年58〈57とも〉）。《女院小伝》

8・30　後深草天皇後宮玄輝門院（洞院愔子）没（年84）。《女院小伝》

9・10　後二条天皇皇子尊済《そんさい》法親王（母は藤原公親女）没（年26）。《諸寺院上申》

10・26　天皇、法勝寺大乗会に臨幸する。《続史愚抄》

12・14　尊雲法親王を天台座主に還補する（十六・十七・二十四日説も）。《天台座主記》

12・28　皇太子量仁親王、紫宸殿にて元服する（このときの記録が「東宮量仁親王元服記」）。《公卿補任》

この年　後醍醐天皇皇子（義良《のりよし》親王。後村上天皇）、誕生する（母は阿野《あの》廉子《れんし》）。九月一日とも九月八日ともされるが、確証なしといわれる。

□6・26三条実重《さんじょうさねしげ》（太政大臣。父は内大臣三条公親。71）、12・11久我通雄《こがみちお》（太政大臣。父は内大臣久我通基。73）

■**元徳二年（一三三〇）庚午**

後醍醐天皇43歳
後伏見上皇43歳
花園上皇　34歳

1・26 関白二条道平、辞任。右大臣近衛経忠を関白・内覧とする（二月九日一座宣旨）。《公卿補任》

2・10 左近衛中将源久良《ひさなが》（久明親王王子）を親王とする（のち光厳天皇の養子）。《公卿補任》

2・11 久明親王王子源久良を親王とする（ついで落飾）。《公卿補任》

2・26 右大臣近衛経忠、辞任。内大臣近衛基嗣を右大臣、権大納言久我長通《ながみち》を内大臣とする。《公卿補任》

2月 花園上皇、量仁《かずひと》親王（光厳天皇）に「**誡太子書**」を贈る。《花園天皇宸記》

3・5 内大臣久我長通、辞任。大納言洞院公賢《きんかた》を内大臣とする。《公卿補任》

3・8 天皇、春日社・東大寺・興福寺等南都に行幸する（十一日、冷泉富小路殿に還御）。《東寺執行日記》

3・26 天皇、日吉社に行幸する（翌日、延暦寺に行幸し、大講堂を供養。二十八日無動寺・戒壇院、二十九日惣持院に行幸し、冷泉富小路殿に還御）。《元徳二年三月日吉社並叡山行幸記》

4・22 後深草天皇皇子寛性親王、仁和寺に入る。《後深草天皇「入道寛性親王御入室御記」》

4月 尊雲法親王、天台座主を辞任（前大僧正慈厳を天台座主とする）。《新撰座主伝》

6・11 米価高騰。天皇、洛中に令し、米商人に公定価で米を売らせる。《東寺執行日記》

8・25 関白近衛経忠、辞任。左大臣鷹司冬教を関白・内覧とする。《公卿補任》

9・17 後醍醐天皇皇子**世良親王**没。▼大納言北畠親房、出家する。《公卿補任》

11・20 右大臣近衛基嗣を一上とする。《公卿補任》

11・24 天皇、平野社・北野社に行幸する。《続史愚抄》

12・13 伊勢内宮の仮殿遷宮が行なわれる。《二所大神宮例文》

12・14 尊澄法親王を天台座主に還補する。《諸門跡譜》

12・19 後醍醐天皇皇女懽子内親王を伊勢斎王に卜定する。《女院小伝》

12・27 東大寺聖珍（伏見天皇皇子）を法親

＊**誡太子書**《かいたいしのしょ》 花園上皇が後伏見天皇皇子量仁親王（光厳天皇）に与えた教訓書（皇太子を誡《いまし》むるの書）。中で上皇、今は乱の兆しがあるので、聖主・賢主でなければ治めるのは難しいとし、学問を学び、日々省みることが必要と説き、「苟《いや》しくもその才無くんば即ちその位に処《お》るべからず」とした。また自分のことを「余、性拙く智浅しといえどもほぼ典籍を学び、徳義を成して王道を興さんと欲するは、ただ宗廟の祀を絶たざらんがためなり」と記す。

＊**世良親王**《ときよししんのう》（?〜一三三〇）「よよし」「ときなが」とも。後醍醐天皇第二皇子。母は橋本実俊女遊義門院一条局。天皇が期待するほど賢明であったが、早世。

＊**元弘**《げんこう》 元徳三年（一三三一）八月九日に改元。光厳天皇即位により正慶に改元も、後醍醐天皇はその後も元弘年号を用い続けた。勘申者は式部大輔菅原在登《ありのり》。出典は「芸文類聚」天部の「賀老人星表曰、嘉占（古）元吉、弘無量之祐（裕）、隆（降）克昌之祚、普天同慶、率土合歓」。

王とする。《諸門跡譜》

12月　幕府、聖護院尊珍法親王（亀山天皇皇子）を越前国に配流する。《鎌倉年代記》

■元弘元年＝元徳三年（一三三一）辛未

㈲後醍醐天皇44歳
㈹光厳天皇　19歳
後伏見上皇44歳
花園上皇　35歳

1・12　後醍醐天皇皇女懽子内親王を准三宮とする。《女院小伝》

1・30　左大臣鷹司冬教、辞任。《公卿補任》

2・1　右大臣近衛基嗣を左大臣、前内大臣久我長道を右大臣とし、内大臣洞院公賢を前大納言西園寺季衡《すえひら》に代える。《公卿補任》

3・4　天皇、北山殿に行幸し、桜花を覧る（六日の舞御覧では笛の名器柯亭《かてい》で荒序の所作を行なう。十日、冷泉富小路殿に還御）。《舞御覧記》

3・27　恒明親王王子を親王とする（全仁《またひと》親王）。《日本帝皇系図》

5・5　幕府、長崎高貞・南条高直らを京都に派遣し、日野俊基・僧文観・円観らを捕らえ、鎌倉に送らせる（文観・円観らは関東調伏を祈禱したとの嫌疑）。《北条九代記》

5月　天皇、病む（六月十五日平癒）。《東寺長者補任》

7・2　後伏見上皇皇子（承胤法親王）、得度する。《梶井円融房在住親王伝》

7・3　諸国大地震。《太平記》

7・13　天皇、北山第に行幸する。《続史愚抄》

8・9　疾疫により元弘と改元する（改元詔書が送られず、幕府はそのまま元徳を用いる）。《元弘日記裏書》

8・16　尊珍法親王、園城寺長吏を辞任。《三井続燈記》

8・20　懽子内親王、禊を行ない、野宮に入る（この年、野宮を退下）。《増鏡》

8・24　天皇、神器を奉じて京都を出奔、南都に向かい東大寺東南院に入る（元弘の変が勃発。神鏡は内裏に残されていたとされる）。《増鏡》

8・26　天皇、山城国鷲峯山金胎寺に入る。《大乗院日記目録》後伏見上皇、願文を賀茂社に奉納し、天下静謐・皇太子量仁親王登祚を祈る。《伏見宮記録》

8・27　天皇、笠置寺本堂を皇居とする。▼六波羅の兵が比叡山を攻撃、尊雲・尊澄両法親王、笠置山に逃れる。▼後伏見上皇・花園上皇・量仁親王、持明院殿より六波羅北方に移る。《増鏡》

8月　花山院師賢、敵の目を欺くため、天皇の衣装で身代わりとなり比叡山に赴き、衆

徒の人心を集めるよう図る（師賢、翌年五月、幕府により下総に流罪）。《太平記》

9・5　幕府、大仏貞直・足利高氏らを西上させる。《鎌倉年代記》

9・6　六波羅の兵、笠置を攻める。《笠置寺縁起》

9・11　楠木正成、河内国赤坂城に挙兵する。《太平記》

9・14　桜山茲俊、楠木正成に呼応して備後国に挙兵する。《太平記》

9・19　後伏見・花園両上皇、土御門殿に御幸し、皇太子量仁親王、常盤井殿に行啓する。《光明寺残篇》

北朝第一代　光《こう》厳《ごん》天皇

9・20　後伏見上皇の詔により、量仁親王（光厳天皇）、土御門東洞院殿にて践祚（「寿永の例」により、剣璽渡御なしの践祚。以後は土御門東洞院殿が内裏となる。後醍醐天皇は事実上廃帝。後伏見上皇が再度院政開始。関白鷹司冬教は旧の如し）。《践祚部類抄》

9・21　後伏見・花園両上皇、六波羅より常盤井殿に還幸する。《皇年代私記》

9・28　幕府軍により笠置城が陥落する（後醍醐天皇は逃れ、二十九日、宇治平等院に遷る）。《皇年代略記》

9・29　後醍醐天皇、宇治で六波羅に捕らえられる（剣璽引き渡しに応じる）。《武家年代記》

9月　尊澄法親王、天台座主を辞任。《新撰座主伝》

10・3　後醍醐天皇、平等院より六波羅南方に遷る。▼尊長親王、河内にて捕らえられて京都に護送される。《光明寺残篇》

10・6　後醍醐天皇、剣璽を光厳天皇に渡す。《花園天皇宸記》

10・7　法成寺塔頭無量寿院が焼ける。《花園天皇宸記》

10・8　光厳天皇、富小路殿に行幸する。《光厳天皇宸記》尊良親王・尊澄法親王らを諸将の第に分拘する。《光明寺残篇》

10・12　光厳天皇、富小路殿に行幸する。《光厳天皇宸記》

10・13　光厳天皇、土御門殿より二条富小路皇居に遷る。《光厳天皇宸記》

10・15　東兵、大挙して楠木正成の赤坂城を攻める（二十一日陥落）。《光明寺残篇》

10・25　光厳天皇、故邦良親王妃禖子内親王を准三宮とし、院号を崇明門院とする。《女院小伝》邦良親王王子を親王とし、名を康仁と賜う。▼尊円入道親王を天台座主とす

＊**光明寺残篇**《こうみようじざんぺん》　伊勢国光明寺に伝わる古文書をまとめたもの。はじめ、出口（度会）延経が光明寺で発見された古文書をまとめ、のち天保十五年（一八四四）に世古延世により年代順にまとめられた。

＊**光厳天皇**《こうごんてんのう》（一三一三～六四）　名は量仁《かずひと》。後伏見天皇第一皇子。母は前左大臣西園寺公衡《きんひら》女寧子《ねいし》（広義門院）。誕生の年に親王宣下。嘉暦元年（一三二六）立太子、元徳元年（一三二九）元服。元弘元年＝元徳三年（一三三一）践祚、翌年即位。同三年＝正慶二年（一三三三）譲位、太上天皇尊号宣下。正平七年＝文和元年（一三五二）出家。同十九年＝貞治三年崩御。陵は山国陵《やまくに》。皇子女に崇光天皇（母は藤原秀子）・後光厳天皇（母は同上）のほか、尊朝・義仁両親王、光子内親王など。「光厳天皇宸記」を残す（十日分の抄本のみ伝存）。

＊**光厳天皇宸記**《こうごんてんのうしんき》　光厳天皇の日記。皇太子時代から日記をつけていたとされるが、元弘二年＝正慶元年（一三三二）の年のみが写本で伝えられている。

る。《光厳天皇宸記》
10月　光厳天皇、「史記」五帝本紀を覧る。《続史愚抄》
11・8　邦良親王王子康仁親王を皇太子とする。《花園天皇宸記》
11・16　光厳天皇、長講堂に行幸し、供花を修する。《光厳天皇宸記》
11・23　光厳天皇、「後漢書」明帝紀を覧る。《光厳天皇宸記》
12・2　尊円入道親王・尊悟入道親王等を護持僧とする。《華頂要略》
12・5　光厳天皇、永福門院の宮に行幸する。《光厳天皇宸記》
12・13　光厳天皇、常盤井殿に行幸する（逗留）。《花園天皇宸記》
12・24　花園上皇皇子を親王とし、名を光有と賜う。《花園天皇宸記》
12・25　光有親王、著袴の儀を挙げる。ついで聖護院に入り出家する（名を覚誉とする）。《花園天皇宸記》
12・27　幕府、後醍醐天皇を隠岐、尊良親王を土佐、尊澄法親王を讃岐に流罪とする。《光厳天皇宸記》
12月　亀山天皇皇子尊珍法親王、越前国に移され、配所にて没（年26）。《官公事抄》
この年　光厳天皇、懽子内親王の伊勢斎宮を止める。《女院小伝》

■元弘二年・正慶元年（一三三二）壬申

㈲後醍醐天皇45歳
㈹光厳天皇　20歳
後伏見上皇45歳
花園上皇　36歳

1・1　光厳天皇、「属星及天地四方」を拝する（元旦寅刻に始まる「四方拝」が、この年は未刻まで行なわれず）。《光厳天皇宸記》
1・3　光厳天皇、後伏見・花園両上皇と殿上淵酔を行なう。《続史愚抄》
1・17　後醍醐天皇、ひそかに六波羅を脱せんとするも果たせず。《花園天皇宸記》
1・20　後伏見・花園両上皇、北山第に御幸する。《光厳天皇宸記》
1・27　後伏見上皇皇子（長助親王）、円満院尊悟入道親王の室に入る。《花園天皇宸記》
2・10　後嵯峨天皇皇女延政門院（悦子内親王）没（年74）。《女院小伝》
2月　中宮西園寺禧子、後醍醐天皇に琵琶を献じる。《増鏡》
3・7　後醍醐天皇、隠岐に向け京都を出発する（皇后西園寺禧子は六波羅に行啓）。《花園天皇宸記》
3・8　幕府、尊良親王を土佐、尊澄法親王

●後醍醐天皇御製②

「民のため時ある雨をいのるとも知らでや田子の早苗とるらむ」（「新千載和歌集」）
「てらしみよ御裳濯川にすむ月もにごらぬ波の底の心を」（「新葉和歌集」）。御裳濯《みもすそ》川は伊勢の五十鈴川の別名
「うづもるる身をば歎かずなべて世のくもるぞつらき今朝のはつ雪」（「新葉和歌集」）

（のち還俗して宗良親王）を讃岐、静尊法親王を但馬に配流する。《光厳天皇宸記》北条高時、後醍醐天皇皇子恒良・良成等、幼きをもって大納言西園寺公宗等の第に置く。《増鏡》

3・11　光厳天皇、石清水八幡宮臨時祭試楽を覧る。▼後伏見上皇、長講堂御八講に御幸する。《光厳天皇宸記》

3・16　光厳天皇、神祇官に行幸、即位由奉幣使を発遣する（後伏見・花園両上皇、これを覧る）。《続史愚抄》

3・22　光厳天皇、太政官庁にて即位礼を挙げる（このときの記録が鷹司冬教の日記「後円光関白記」から抄出の「光厳院御即位記」。天皇は土御門東洞院殿を御所とする）。《皇年代略記》

3月　尊雲法親王、復飾して護良と改名する。《梅松論》

4・2　後醍醐天皇、隠岐島に到着、島後国分寺を行在所とする（隠岐行宮・黒木の御所）。《増鏡》

4・3　後伏見上皇、安楽光院に御幸する。《光厳天皇宸記》

4・13　延暦寺が炎上する。《光厳天皇宸記》

4・17　天皇、「漢書」を覧る。▼地震あり。《光厳天皇宸記》

4・22　後伏見・花園両上皇、光厳天皇、皇太子および広義門院、賀茂祭を覧る。《花園天皇宸記》

4・28　北朝、代始により**正慶**と改元する。《光厳天皇宸記》

5・20　光厳天皇の勅により、後醍醐天皇中宮西園寺禧子の院号を礼成門院とする（八月三十日落飾）。《光厳天皇宸記》

5・22　花園上皇、病む。《花園天皇宸記》

6・5　花園上皇、近臣を召して「飲茶の勝負」（闘茶）をする。《花園天皇宸記》

6・6　尊雲法親王、令旨を熊野山に伝える（戦力を要請するも拒否される）。《花園天皇宸記》

7・13　右大臣久我長通、辞任。《公卿補任》

8・19　後醍醐天皇、宸筆願文を鰐淵《がくえん》寺に納める（幕府討伐への執念をみせる）。《鰐淵寺文書》

8・21　後伏見上皇皇子（尊道親王）、誕生する（母は正親町実明女〈藤原氏〉）。《青蓮院伝》

8・27　護良親王、金剛峯寺に令し、兵を出させようとする（僧徒、応ぜず）。《高野春秋》

10・12　尊円入道親王、天台座主を辞任。《青蓮院伝》

＊**正慶**《しょうけい》　「しょうぎょう」とも。式部大輔菅原長員《ながかず》の勘文に「易注曰、以中正有慶之徳、有攸往也、何適而不利哉」とある。

10・14 内大臣西園寺季衡を右大臣、大納言中院通顕《みちあき》を内大臣とする。《公卿補任》

10・28 光厳天皇、大嘗祭のため河原頓宮に行幸し、禊をする（後伏見・花園両上皇および広義門院、二条高倉にてその鹵簿《ろぼ》を覧る）。《花園天皇宸記》

10月 悠基・主基屏風の歌を書かせるため、藤原行房を隠岐より召還する（後醍醐天皇、別れを惜しむ）。《増鏡》

11・2 光厳天皇、常盤井殿に行幸し、大嘗会神饌の習礼を行なう。《花園天皇宸記》

11・8 前右大臣今出川（菊亭）兼季を太政大臣とする。《公卿補任》

11・13 光厳天皇、大嘗祭を行なう（後伏見・花園両上皇、標山《ひょうのやま》〈しめやま〉を覧る）。《花園天皇宸記》

11月 護良親王（尊雲法親王が還俗して護良親王になる）、吉野に挙兵する。楠木正成、千早城に拠り応じる。《太平記》

12・13 花園上皇後宮正親町実子を准三宮とする。《女院小伝》

12月 楠木正成、赤坂城を攻め、奪回する。《楠木合戦注文》

□3・21京極為兼《きょうごくためかね》（権大納言。歌人。「玉葉和歌集」撰者。79）、5・22平成輔《たいらのなりすけ》（後醍醐天皇廷臣。42）、6・2日野《ひの》資朝《すけとも》（権中納言。後醍醐天皇討幕計画の中心人物。「資朝卿記」記主。43）、6・3日野《ひの》俊基《としもと》（少納言。後醍醐天皇討幕計画参画者。生年不詳）、6・19北畠具行《きたばたけともゆき》（権中納言。後醍醐天皇重臣。43）、10月花山院師賢《かざんいんもろかた》（大納言。後醍醐天皇廷臣。贈太政大臣。32）、12・6九条忠教《くじょうただのり》（関白。左大臣。父は摂政・関白近衛忠家。85）

■元弘三年＝正慶二年（一三三三）癸酉

(南)後醍醐天皇46歳

(北)光厳天皇 21歳

後伏見上皇46歳

花園上皇 37歳

1・10 護良親王、令旨を下して粉河寺の僧兵を徴する。《粉河寺縁起》

1・14 尊胤法親王を天台座主とする。《天台座主記》

1・21 赤松則村、播磨国苔縄《こけなわ》城に挙兵する。《太平記》

2・7 護良親王、令旨を筑後国原田種昭に下し鎮西探題赤橋英時および桜田師頼等を討たせる。《三原文書》

2・19 北条高時、後醍醐天皇皇子恒性を越中に移して殺す。《諸門跡譜》

2・21 護良親王、令旨を下し、播磨国太山《たいざん》寺衆徒に下し、兵を徴する。《太山寺文書》

●令旨《りょうじ》 皇太子の意志・命令などを伝える文書。三后（太皇太后・皇太后・皇后）の文書もこれに準じ、平安時代中期以降は、女院・親王・諸王のものも令旨と呼んだ。

2月 光厳天皇、延暦寺に命じ兵乱鎮圧を祈らせる。《続史愚抄》河内国赤坂城陥落、千早城攻防戦激化。《楠木合戦注文》
②・1 吉野城が陥落。護良親王従者村上義《よし》光《てる》、親王の鎧を着し、親王の脱出を見届けてのち自決(義光の子義隆も自決。親王は高野山に走る)。《太平記》
②・9 護良親王、令旨を粉河寺に下し、戦功を賞し、また兵を徴発する。《粉川寺文書》
②・14 花園上皇、書を尊円入道親王に賜い、戦勝を祈らせる。《宸翰》
②・20 護良親王、箕面寺に令し、後醍醐天皇の還幸を祈らせる。《瀧安寺文書》
②・24 後醍醐天皇、ひそかに隠岐を脱出する。《増鏡》
②・26 後醍醐天皇、伯耆国船上山に遷る(天皇、朝敵追討の宣旨を諸国に発する)。《太平記》
3・2 山陰・山陽の豪族、官軍に帰する。《梅松論》
3・10 赤松則村、摂津国瀬河にて六波羅軍を破る。《太平記》
3・12 赤松則村、京都に入り六波羅軍と戦う(光厳天皇と後伏見・花園両上皇、六波羅北方に移る。ここをしばらく御所とし、内侍所もここに遷る)。《神皇正統記》
3・13 菊池武時、錦旗を掲げ鎮西探題赤橋英時を博多に攻めるも、この日敗死する。《博多日記》
3・14 後醍醐天皇、出雲杵築社神主館にて、「王道再興の綸旨」を発する。《千家文書》これより先、尊良親王、ひそかに土佐を脱し、肥前に赴く。この日、江串遠江守等、尊良親王を奉じて兵を挙げる。《博多日記》
3・15 藤原隆貞、護良親王の令旨を結城宗広に伝え、北条高時を討たせる。《白河證古文書》
3・17 後醍醐天皇、勅して杵築社の神剣を徴収する。《千家文書》
3・26 皇太子康仁親王、六波羅に還る。《増鏡》
4・1 後醍醐天皇、結城宗広に勅し、北条高時を討たせる。▼護良親王、忽那《くつな》重明《しげあき》・熊谷直経に令し、兵を徴する。《光明寺残篇》
4・6 光厳天皇、争乱により諸社の祭祀を中止させる。《太平記》
4・8 内蔵寮庫等兵火に罹り、歴代の宝器が焼失する。《続史愚抄》
4・16 幕府の命により、足利高氏、入京する。《太平記》
4・17 後醍醐天皇、結城親朝に勅し、出羽・

＊梅松論《ばいしょうろん》 正平四年=貞和五年(一三四九)頃成立の歴史物語。著者不詳も足利尊氏近くの武将とも。鎌倉幕府の時代から南北朝内乱を経て室町幕府成立までを、足利尊氏の側から忠実・簡潔に描く。南朝側から見た「太平記」と対照をなす。

陸奥の兵に、北条高時を討たせる。《楓軒文書纂》

4・19 後醍醐天皇、吉川経長・忽那重義等に勅し、戦を励ます。《吉川家什書》

4・27 足利高氏、後醍醐天皇の詔命を受け討幕を決意し、この日、丹波国亀山の篠村八幡宮に挙兵する（ついで諸国豪族に募兵の密書を送る）。《太平記》

5・2 足利高氏、勅命に奉対し、王事に勤めることを誓う。《光明寺残篇》

5・7 足利高氏・赤松則村・千種忠顕《ちぐさただあき》、六波羅を攻略する。六波羅探題北条仲時・時益《ときます》、光厳天皇と後伏見・花園両上皇・皇太子康仁親王を奉じて近江国へ敗走する（時益戦死。ついで仲時も近江国番場で敗死）。《太平記》

5・8 光厳天皇、近江国守山に到り、観音寺を御所とする（九日番場、十日伊吹山太平護国寺へ）。▼内侍所を藤原公宗の北山第より禁中に遷す。《皇年代私記》新田義貞、兵を上野国に起こし、武蔵国に進む。《増鏡》

5・17 後醍醐天皇、詔して光厳天皇を廃し、正慶の年号を改めて元弘に復し、光厳天皇署する所の官爵を削り、元弘元年八月以前の旧に復し、左大臣二条道平、右大臣近衛経忠の官を復する（経忠は固辞）。《公卿補任》禔子内親王の崇明門院号も廃され、元の内親王となる。《本朝皇胤紹運録》

5・21 新田義貞・足利千寿王（義詮）ら、護良親王の令旨を奉じ、鎌倉を攻略する《太平記》

5・22 元執権北条基時・同高時・同貞顕ら一門、鎌倉東勝寺で自刃（鎌倉幕府滅亡。将軍守邦親王出家）。《太平記》

5・23 後醍醐天皇、船上寺行宮より東遷する。《太平記》

5・25 少弐・大友・島津諸氏、鎮西探題赤橋英時を討つ（英時自殺）。《薩藩旧記》

5・27 後醍醐天皇、書写山に着御する。《太平記》

5・28 後伏見・花園両上皇、廃主（光厳）とともに、近江より京都に還る。《皇代略記》

5・30 後醍醐天皇、兵庫福厳寺に入る。《太平記》

6・1 慈道法親王（亀山天皇皇子）、青蓮院門主となる。《華頂要略》

6・2 後醍醐天皇、福厳寺を発し西宮駅に到る。楠木正成迎謁（新田義貞の使者、鎌倉戦勝を奏する）。《太平記》

6・4 後醍醐天皇、東寺に入る（名和長年等が供奉）。《大乗院日記目録》

6・5 後醍醐天皇、冷泉富小路内裏に還御

する（建武新政開始。重祚の礼は行なわれず。西園寺禧子、礼成門院の号を廃され皇后に復する。また、皇太子康仁親王を廃する）。《公卿補任》

6・7　後醍醐天皇、綸旨を発し、後伏見・花園両上皇および永福門院（藤原鏱子）の所領を安堵、播磨国を光厳上皇の所領とする。《園太暦》

6・12　前右大臣久我長通、前内大臣洞院公賢を還任。右大臣近衛経忠を罷免。《公卿補任》

6・13　護良親王入京、親王を征夷大将軍とする。《増鏡》

6・15　後醍醐天皇、あらゆる所領の領有権を綸旨で再確認する旨の「個別安堵法」を発する（慣習を破るものであったため、諸国武士の反発を招く）。《金剛寺文書》

6・22　尊澄法親王を天台座主に還任する。《天台座主記》

6・26　後伏見上皇、持明院にて出家する（青蓮院門主慈道法親王より受戒）。《皇年代略記》

6月　後醍醐天皇、この頃、記録方・恩賞方を設置する。《太平記》尊澄法親王、讃岐より帰京する。《天台座主記》

7・11　中宮西園寺禧子を皇太后とする。《女院小伝》

7・23　後醍醐天皇、「個別安堵法」を改め、「諸国平均安堵法」を発する（北条氏に味方した者以外の当知行地を一律に安堵）。《総持寺文書》

8・5　後醍醐天皇、足利高氏・新田義貞ら諸将の論功行賞を行なう（恩賞が不公平として諸国武士の不満を招く）。この日、高氏、後醍醐天皇の諱「尊治」の一字を与えられ、尊氏と改名する（ついで尊氏を鎮守府将軍とする）。《公卿補任》

8・16　後醍醐天皇、円覚寺領の尾張国富田荘を中納言三位局（阿野廉子）に与える綸旨を発する。《相州文書》前鎌倉幕府将軍**守邦親王**没。《将軍執権次第》

8・24　後醍醐天皇、宸翰を宗峰妙超に賜い、大徳寺を無双禅苑として門弟に相承せしめる。《大徳寺文書》

9・4　覚助法親王を鶴岡八幡宮検校職に補す。《鶴岡八幡宮寺務職次第》

9月　この頃、後醍醐天皇、雑訴決断所・武者所など中央諸機関を整備する。《梅松論》

10・1　後醍醐天皇、大徳寺を五山一位とする。《大徳寺文書》

10・12　皇太后西園寺禧子没。後京極院と追贈される（年31）。《女院記》

＊**守邦親王**《もりくにしんのう》（一三〇一～一三三三）父は八代将軍久明親王、母は七代将軍惟康親王女。延慶元年（一三〇八）八歳で将軍に任じられる。元弘三年＝正慶二年（一三三三）鎌倉幕府滅亡の日、将軍職を退任し出家。

＊**建武**《けんむ》　前式部大輔藤原藤範《ふじのり》らの勘申による。「武」の字は兵乱を招くとする反対を押し切って後醍醐天皇、自ら決定する。なお勅により典拠は問わず。因みに「建武」は、中国では、光武帝が王莽《おうもう》を滅ぼして漢を再興したときの年号。なお、北朝は、「暦応」に改元するまで建武を使用した。

10・20　陸奥守北畠顕家、後醍醐天皇皇子義《のり》良《よし》親王（後村上天皇）を奉じ、北畠親房らと陸奥国に赴く。《神皇正統記》
11・20　後醍醐天皇皇子を親王とし、名を成《なり》良《よし》（「なりなが」とも）と賜う。《続史愚抄》
11月　中巌円月、「原民」「原僧」を後醍醐天皇に献じ、時弊を論じる。《東海一漚《いちおう》集》
12・7　後伏見天皇皇女珣子内親王を皇后（中宮）とする。《女院小伝》
12・10　光厳院に太上天皇尊号を奉る。《続史愚抄》
12・11　護良親王、南禅寺に詣でる。《明極《みんき》録《ろく》》
12・14　足利直義、皇子成良親王を奉じて鎌倉に下向する。《武家年代記》
12・28　後醍醐天皇皇女祥子内親王を伊勢斎宮に卜定する（最後の伊勢斎宮）。▼関白・左大臣二条道平女栄子を女御とする。《皇代暦》
12月　後醍醐天皇皇女懽子内親王、光厳上皇後宮となる。《続史愚抄》
この年　護良親王、久遠寺を御祈禱所、妙顕寺を勅願所とする（日蓮宗の公認か）。▼恒明親王王子（亀山天皇皇孫）、勧修寺寛胤親王の室に入る（尊信法親王）。《勧修寺長吏系伝略》

□5・18北条《ほうじょう》（赤橋《あかはし》）守時《もりとき》（鎌倉幕府第十六代執権。生年不詳）、5・20万里小路《までのこうじ》季房《すえふさ》（参議。後醍醐天皇側近。生年不詳）、5・22北条《ほうじょう》基時《もととき》（鎌倉幕府第十三代執権。48）・北条《ほうじょう》高時《たかとき》（鎌倉幕府第十四代執権。31）・北条《ほうじょう》貞顕《さだあき》（鎌倉幕府第十五代執権。56）

■建武元年（一三三四）甲戌

後醍醐天皇47歳
後伏見法皇47歳
花園上皇　38歳
光厳上皇　22歳

1・12　後醍醐天皇、大内裏の造営を発表し、安芸・周防両国を内裏造営料所とする（賦課された武士の反発を買う）。《太平記》
1・23　後醍醐天皇皇子恒《つね》良《よし》親王を皇太子とする。《元弘日記裏書》
1・26　南禅寺を五山の第一とし、大徳寺の上に置く。《諸五山十刹住持籍》
1・28　後醍醐天皇、初めて三席御会を行なう（天皇、御遊で琵琶を所作）。《御遊抄》
大徳寺住持宗峰妙超、後醍醐天皇に法語を奉る（のち天皇、しばしば禅要を垂問）。《大徳寺文書》
1・29　漢朝の佳例により**建武**と改元する。《改元部類記》
2・22　右大臣久我長通、辞任。《公卿補任》

◉光厳天皇御製（「光厳院御集」より）
「ただしきをうけつたふべき跡にしもうたてもまよふ敷島の道」
「花も見ず鳥をもきかぬ雨のうちのこよひの心何ぞ春なる」
「ともし火に我もむかはず灯も我にむかはずおのがまにまに」

2・23 前関白近衛経忠を右大臣に還任、氏長者とする（内覧は旧の如し）。《公卿補任》
3・28 詔して新銭乾坤《けんこん》通宝を鋳造し、紙幣を併用させる。《建武記》後醍醐天皇皇子を仁和寺大聖院に入室させる（この春、親王宣下。名を躬良とする。のち出家して名を法守とする）。《仁和寺御伝》
4・22 光厳上皇皇子（益仁《ますひと》。崇光天皇）、誕生する（母は前大納言三条公秀女秀子）。《皇年代略記》
5・3 徳政令を発する。《香取文書》
5・23 後醍醐天皇皇子義良を親王とする。《相顕抄》
6・26 前権大納言吉田定房を准大臣とする。《公卿補任》
8・27 地震あり。《皇年代私記》
8月 京人、**二条河原に落書**を掲げ、時事を諷刺する（建武政府への批判）。《建武記》
9・9 内大臣洞院公賢、辞任。准大臣吉田定房を内大臣とする。《公卿補任》
9・11 伊勢例幣使を発遣する。《続史愚抄》
9・21 後醍醐天皇、石清水八幡宮に行幸する（二十三日、東寺へ行幸）。《続史愚抄》
9・24 後醍醐天皇臨幸のもと、東寺塔再建供養が行なわれる。《続史愚抄》
9・27 後醍醐天皇、賀茂社に行幸する（足利尊氏扈従。二十八日、冷泉富小路殿に還御。このあと神社行幸は幕末まで中絶）。《続史愚抄》
10・7 右大臣近衛経忠、辞任。《公卿補任》
10・9 前関白鷹司冬教を右大臣・氏長者・内覧とする。《公卿補任》
10・14 天皇、北山第（西園寺公経の建てた山荘。現金閣寺の地）に行幸し、笠懸を覧る。《続史愚抄》
10・22 護良親王を謀反のかどで武者所に拘引する。《梅松論》
11・15 護良親王を鎌倉に配流する。《元弘日記裏書》
11・28 天皇、南禅寺に行幸する（三十日、冷泉富小路殿に還御）。《園太暦》
12・13 地震あり。《続史愚抄》
この年 東大寺東南院聖珍法親王を東大寺別当とする。《東大寺別当次第》
●この頃、後醍醐天皇、「建武年中行事」「日中行事」を著す。
●建武初年、覚助法親王（後嵯峨天皇皇子）を園城寺長吏とする。《寺門伝記補録》
□8・25 二条兼基《にじょうかねもと》（摂政。関白。太政大臣。父は関白二条良実。68）

■建武二年（一三三五）乙亥

後醍醐天皇48歳

＊**二条河原落書**《にじょうがわらのらくしょ》 「建武年間記」に収められた落書。建武政権成立時の世情・人情・風俗を活写したもの。「此比《このごろ》都ニハヤル物 夜討強盗謀綸旨《にせりんじ》 召人早馬虚《そら》騒動 生頸《なまくび》還俗《げんぞく》自由出家」に始まり、「京《きょう》童《わらんべ》ノ口ズサミ十分ノ一ヲモラスナリ」で終わる。

＊**護良親王**《もりよししんのう》（?～一三三五） 父は後醍醐天皇、母は北畠師親女親子。三千院に入室し、尊雲法親王と称し、梶井門跡を継ぐ。天台座主に二度就任、大塔宮と号される。元弘の乱後、還俗して護良親王と改名。中先代の乱のとき、足利直義により殺害される。

後伏見法皇48歳
花園上皇 39歳
光厳上皇 23歳

1・13 両席御会あり。天皇、琵琶を奏する。《御遊抄》
2・2 後醍醐天皇皇女懽子内親王（光厳天皇後宮。前斎宮・准三宮）の院号を宣政門院とする。《女院小伝》
2・16 内大臣吉田定房、辞任。右大臣鷹司冬教を左大臣・氏長者、前内大臣洞院公賢を右大臣、権大納言一条経通《つねみち》を内大臣とする。《公卿補任》
3・28 これより先、後醍醐天皇、北条高時の旧居に宝戒寺を建て、高時の冥福を祈る。《相州文書》
4・13 後醍醐天皇皇子（玄円）、南都一条院に入室する（十四日落飾）。《大乗院日記目録》
4・20 京都地震。《師守記》
4・26 天皇、新造冷泉万里小路殿に行幸する。《匡遠宿禰記》阿野廉子を准三宮とする。《女院次第》後醍醐天皇皇子聖護院聖助を法親王とする。《諸門跡譜》
6・17 二条師基等、後伏見法皇・花園上皇・光厳上皇を持明院殿より京極殿に移す。《匡遠宿禰記》
6・22 西園寺公宗《きんむね》ら、後醍醐天皇を暗殺し後伏見上皇を擁立せんとするも、弟の公重《きんしげ》の密告により、日野資名《すけな》らとともに捕らえられる。《建武二年六月記》
7・14 諏訪頼重ら、北条時行《ときゆき》（高時の子）を奉じて信濃に兵を挙げ、この日、守護小笠原貞宗と戦う。《市河文書》
7・22 北条時行・諏訪頼重ら武蔵に進み、足利直義《ただよし》軍を破る（中先代《なかせんだい》の乱。建武政府への反乱）。《梅松論》
7・23 足利直義、**護良親王**を殺害。成良親王を奉じて鎌倉を脱出し、三河国に走る。《梅松論》
7・25 北条時行、鎌倉に入る。《鎌倉大日記》
8・1 後醍醐天皇皇子成良親王を征夷大将軍とする（建武三年二月、征夷大将軍の称を止める）。《相顕抄》
8・2 反後醍醐の西園寺公宗・日野資名らを誅する。《公卿補任》足利尊氏、北条時行を討たんと征夷大将軍・総追捕使を望むが、勅許を得ぬまま出京する。《梅松論》
8・9 足利尊氏を征東将軍とする。《室町家伝》
8・19 足利尊氏、北条時行を破り鎌倉に入る（諏訪頼重等自殺）。《梅松論》
9・21 勅して尊円入道親王（伏見天皇皇子）

を青蓮院慈道法親王（亀山天皇皇子）と和解させ、その室に入らせる（ついで入道親王に門跡を管領させる）。《華頂要略》
9・29 慈道法親王、青蓮院門跡管領を辞任。《華頂要略》
10・11 後醍醐天皇、世良親王死去のため、夢窓疎石に夢窓国師号を贈り、臨川寺開山として勅願所とする。《臨川寺文書》
10・23 花園上皇の御領を光厳上皇に譲るにあたり、信濃伴野荘領家職を大徳寺に安堵する。《大徳寺文書》
⑩・15 後醍醐天皇、神護寺に行幸し、灌頂を受ける。《園太暦》足利尊氏、帰洛の命に応じず鎌倉に新第を営み、この日移る。《三浦文書》
⑩・16 後醍醐天皇、高山寺に臨幸し、曼陀羅供を行なう。《園太暦》
⑩・17 後醍醐天皇、大覚寺に行幸する。《園太暦》
11・12 北畠顕家を鎮守府将軍とする。《公卿補任》
11・18 新田義貞追討を請う尊氏奏状が京都に届く。《元弘日記裏書》
11・19 足利尊氏・直義、鎌倉で叛旗を翻す。尊良親王・新田義貞ら、尊氏・直義追討のため京都を出発する。《神皇正統記》左大臣鷹司冬教、辞任。前右大臣近衛経忠を左大臣・氏長者とする。《公卿補任》
11・22 花園上皇、落飾する。また後伏見法皇、名を行覚と改める。《皇年代略記》
11・26 足利尊氏・直義の官爵を削る。《公卿補任》
12・11 官軍、尊氏らに敗れ、西走。尊氏・直義、西上を決する。《梅松論》
12・22 義良《のりよし》親王（後村上天皇）、鎮守府将軍北畠顕家とともに陸奥国を発し西上する。《神皇正統記》
この年 花園上皇皇子（直仁親王）、誕生する（光厳天皇養子となる。母は正親町実子）。《本朝皇胤紹運録》
□2・4 二条道平《にじょうみちひら》（関白。左大臣。父は摂政・関白二条兼基。48）、8・2 西園寺公宗《さいおんじきんむね》（権大納言。27）、12・12 二条為冬《にじょうためふゆ》（公卿。歌人。後醍醐天皇廷臣。生年不詳）

■延元元年＝建武三年（一三三六）丙子

(南)後醍醐天皇49歳
(北)光明天皇 16歳
花園法皇 40歳
後伏見法皇49歳
光厳上皇 24歳

1・1 名和長年・結城《ゆうき》親光《ちかみつ》ら、近江国勢多で足利直義・高師泰《もろやす》らと合戦する。《梅松論》

＊延元《えんげん》 式部大輔菅原長員の勘申。「梁書」の「聖徳所被、上自蒼蒼、下延元元」による。
＊中院一品記《なかのいんいっぽんき》 北朝大納言中院通冬（一三一五～六三）の日記。「通冬卿記」とも。自筆原本が残り、南北朝時代初期の公家・武家などの動静を知るための好史料。

1・10　足利尊氏の京都侵攻により冷泉富小路殿が焼亡する（このとき、「玄上」ほか累代の楽器・宝物が焼失）。▼後醍醐天皇、神器を奉じて延暦寺に行幸する（日吉社を行在所とする）。《神皇正統記》
1・11　足利尊氏、入京する。《梅松論》
1・13　義良親王、北畠顕家を従えて近江国に入る。《神皇正統記》
1・14　北畠顕家、東坂本の行在所に到る。《神皇正統記》
1・27　新田義貞、賀茂河原で足利尊氏を破る（尊氏、丹波国へ）。《梅松論》
1・30　後醍醐天皇、京都に還幸、成就護国院に遷る。《続史愚抄》
2・2　後醍醐天皇、成就護国院より花山院家定の亭に遷る（三日・四日・五日説もあり）。《園太暦》
2・7　内侍所（賢所）が比叡山より花山院亭に遷る。《園太暦》
2・10　足利尊氏、楠木正成・新田義貞らと摂津国打出西宮浜、ついで瀬川河原で戦う（尊氏、兵庫へ、ついで海路鎮西へ走る。途中、光厳上皇院宣〈早々凶徒ヲ退ケテ君ヲ本位ニ付ケ奉ルヘシ〉を受け、朝敵となることを免れる）。《梅松論》
2・12　伏見天皇後宮顕親門院（洞院季子）没（年72）。《女院小伝》
2・17　後伏見法皇、病む。《門葉記》
2・25　広義門院、落飾する。《女院次第》
2・29　後醍醐天皇、動乱のため、建武を不吉として延元と改元する。**《中院一品記》**足利尊氏、光厳上皇の院宣を受け、この日、筑前国葦屋《あしや》津に到る（「太平記」では、五月三日の尊氏上洛途次、厳島神社で院宣を受ける、とある）。《梅松論》
2月　征夷大将軍の称を停める《職原抄》
3・2　光厳上皇皇子（弥仁《いやひと》。後光厳天皇）、誕生する（母は藤原秀子）。《皇年代略記》足利尊氏、筑前国多々良《たたら》浜で菊池武敏を破る。《太平記》
3・10　義良親王、後醍醐天皇の行在所叡山にて元服。天皇、義良親王を陸奥《むつ》太守《たいしゅ》に任じ、北畠顕家とともに任国に赴かせる。《神皇正統記》
3・28　後醍醐天皇、自ら内侍所神鏡を新造辛櫃に移す。《御神楽部類》
4・1　後伏見法皇皇女（璜子《こうし》）を内親王とする。《女院小伝》
4・2　璜子内親王を准三宮とする。この日落飾し、院号を章徳門院とする。《女院小伝》
4・6　後伏見法皇、持明院殿にて崩御。《迎陽記》

4・8　後伏見法皇、嵯峨野で火葬され、深草北陵法華堂に納骨される。遺詔により「後伏見院」と号する。《皇年代略記》
5・25　足利尊氏、兵庫湊川の戦いで新田義貞・楠木正成を破る（正成自刃）。《梅松論》
5・27　後醍醐天皇、神器を奉じて延暦寺に遷る。《園太暦》
5・29　足利尊氏が入京し、光厳上皇を「治天の君」とする。《元弘日記裏書》
6・3　足利尊氏、光厳上皇・豊仁《ゆたひと》親王（光明天皇）を石清水八幡宮に迎える（上皇、政務開始）。《公卿補任》
6・5　足利直義、延暦寺を攻める（二十日まで。七日、千種忠顕戦死）。《梅松論》
6・14　足利尊氏、光厳上皇・豊仁親王を奉じて入京、東寺に陣する。《太平記》
6・21　光厳上皇、高野山金剛峯寺に旧領を安堵し、天下安全を祈らせる。《高野山文書》
6・26　亀山天皇後宮昭訓門院（西園寺瑛子）没（年65）。《女院次第》
6・30　新田義貞ら、大挙して京都を攻撃する（このとき名和長年戦死）。《梅松論》

北朝第二代　光明《こうみょう》天皇

8・15　光厳上皇、足利尊氏の奏請により、豊仁親王を元服させ、上皇猶子とし、即日、二条良基第で践祚させる（**光明天皇**）。神器なきため剣璽渡御は行なわれず。これにより北朝が成立（南北朝分立の端緒）。光厳上皇院政開始。▼近衛経忠を関白に還補する。▼尊氏、延元元年を認めず建武三年に戻す。《洞院家記》
9・17　聖護院門跡覚助法親王（後嵯峨天皇皇子）没（年87）。《園城寺伝法血脈》
9・18　懐良親王、征西将軍に任じられたことを阿蘇大宮司に報じ、ついで讃岐国に赴く。《阿蘇文書》
9・21　光厳上皇、臨川寺夢窓疎石に国師号を安堵する（二十九日、臨川寺を諸山随一として国家安全を祈らせ、加賀国大野荘を領させる）。《天龍寺文書》
10・9　新田義貞、後醍醐天皇の命を受け、皇太子恒良親王と尊良親王を奉じて北国に下向する（翌日、越前金崎城に入る）。《神皇正統記》
10・10　後醍醐天皇、足利尊氏の強請により、比叡山から京都に還幸、花山院亭に遷る。《神皇正統記》伏見天皇皇女章義門院（誉《よし》子《こ》内親王。母は洞院英子）没（生年不詳）。《女院小伝》
10・13　尊胤法親王を天台座主に還補する。《天台座主記》

＊**深草北陵**　七六八ページ注参照。
＊**光明天皇**《こうみょうてんのう》（一三二一～八〇）名は豊仁《とよひと》。後伏見天皇第二皇子。母は西園寺公衡《きんひら》女藤原寧子《ねいし》（広義門院）。元亨二年（一三二二）親王宣下、延元元年＝建武三年（一三三六）元服、同日践祚。同二年＝同四年、即位。正平三年＝貞和四年（一三四八）譲位、同年太上天皇尊号宣下。同六年＝観応二年出家。天授六年＝康暦二年（一三八〇）崩御。陵は大光明寺陵《だいこうみょうじ》。追号は、晩年、伏見の大光明寺に住したことによる。

10月　尊悟入道親王を園城寺長吏に還補する（三度目）。《僧官補任》

11・2　後醍醐天皇、光明天皇に神器を渡す（「続史愚抄」によると、このときの神器は偽物といわれる）。《勘例雑々》後醍醐天皇に太上天皇の尊号を贈る。《皇年代略記》

11・6　光厳上皇、院宣を下し、仁和寺法守法親王に近江園城寺を旧のごとく管領させる。《東寺百合文書》

11・7　「建武式目」が制定される。《建武式目》

11・14　後醍醐天皇皇子成良《なりよし》親王を光明天皇の皇太子とする（翌年、後醍醐天皇の出奔により廃される）。《皇年代略記》

12・10　光明天皇、東寺より内大臣一条経通の一条室町殿に遷る。《続史愚抄》光厳上皇、持明院殿に還御する。《皇年代略記》

12・11　足利尊氏・直義、伊豆国箱根・竹下《たけのした》に新田軍を破る。《梅松論》

12・13　足利尊氏・直義、西上する。《太平記》

12・21　後醍醐天皇、神器を奉じて花山院亭を脱出、吉野へ向かう（二十八日、吉水院を行宮とする。南北朝分裂）。《神皇正統記》

12・22　北畠顕家、多賀国府が危うくなったため、義良親王を奉じて陸奥国を出発する。《八戸系図》

12・25　後醍醐天皇、宸筆勅書を北畠顕家に与え、坂東諸国の兵を率いて西上させる。《白川文書》

12・29　後醍醐天皇、宸筆願文を高野山金剛峯寺に納め、天下静謐を祈る。《高野山文書》

この冬　道祐・性円・文観・顕円・実助ら僧侶が吉野に参じる。

この年　伊勢斎宮祥子内親王、兵乱のため野宮を退く（以後、斎宮廃絶。内親王は正平七年（一三五二）以後落飾）。《帝王系図》

□5・25楠木正成《くすのきまさしげ》（後醍醐天皇側武将。生年不詳も43とも）、6・7千種忠顕《ちぐさただあき》（後醍醐天皇廷臣。生年不詳）、6・30名和《なわ》長年《ながとし》（後醍醐天皇方武将。生年不詳）、9・2近衛《このえ》兼教《かねのり》（准大臣。父は関白近衛基平。70）

●建武政権崩壊後、建武政権諸法令等の記録「建武記」成るか。

■延元二年＝建武四年（一三三七）丁丑

(南)後醍醐天皇　50歳
(北)光明天皇　17歳
花園法皇　41歳
光厳上皇　25歳

1・1　北朝、兵乱により、節会・小朝拝等をやめ、四方拝・御薬は行なう（ついで、叙位以下の諸儀は中止あるいは略して行なう）。《園太暦》高師泰、新田義貞を越前国

金崎城に攻撃する。《諸家文書纂》

1・8　陸奥国の幕府軍が蜂起。この日、北畠顕家、義良親王を奉じ、国府を避けて霊山《りょうぜん》に拠る。《元弘日記裏書》

1・10　後伏見上皇皇子（長助）を親王とする。《三井続燈記》

1・16　後醍醐天皇中宮珣子内親王（後伏見天皇皇女）の院号を新室町院とする。《女院次第》

1月　尊胤法親王（後伏見天皇皇子）を四天王寺別当とする。《梶井円融房在住親王伝》伏見天皇皇子（寛胤）を勧修寺長吏とする。《勧修寺長吏系伝略》

2・3　北朝、花園天皇皇女寿子《じゅし》（「ひさこ」とも）を内親王とする（のち光厳上皇妃）。《女院次第》

2・7　寿子内親王を准三宮とし、院号を徽《き》安門院《あんもんいん》とする。《女院次第》

2月　尊澄法親王（後醍醐天皇）、復飾して宗良と改名する。《華頂要略》

3・6　金崎城陥落（新田義貞は陥落前に逃亡）。恒良親王は捕らえられ、**尊良親王**・新田義顕は自害する（明治になり当地に金崎宮が創建され、尊良・恒良両親王が奉祀される）。《梅松論》

3・13　北朝、足利尊氏の奏請により四天王寺検校慈道法親王を罷免。《門葉記》

3・17　北朝、仁和寺法守入道親王を六勝寺検校とする。《仁和寺御伝》

4・2　花園上皇皇子を親王とし、名を業永と賜う（のち源性入道親王）。《華頂要略》

4・3　後伏見天皇皇子寛胤法親王没（年68。以後代々、勧修寺は法親王の門跡寺院となる）。《**常楽記**》

4・5　北朝関白近衛経忠、吉野に出奔する（六日、北朝、これを罷免）。《公卿補任》

4・16　北朝、前左大臣近衛基嗣を関白・氏長者とする。《公卿補任》

4・30　後醍醐天皇、文観の「護持僧の労」をもって河内国観心寺を勅願寺とし阿闍梨三口を置くことを許可する綸旨を出す。《観心寺文書》

5・12　後醍醐天皇中宮・後伏見天皇皇女新室町院（珣子内親王）没（年27）。《女院小伝》

6・11　北朝、伊勢への道が通じず、月次祭・神今食を中止する。《続史愚抄》

6・25　北朝、尊円入道親王等を光明天皇の護持僧とする。《護持僧記》

7・3　北朝、伏見天皇皇子の僧寛胤を親王とする（寛胤法親王）。《釈家官班記》

7・4　南北両軍、河内・和泉両国各地で戦

＊**尊良親王**《たかよししんのう》（?～一三三七）「たかなが」とも。後醍醐天皇第一皇子。母は二条為世女為子。元弘の乱が起こると父後醍醐天皇に従うも捕らえられ、土佐に流罪となる。建武新政となって京都に帰還。建武二年（一三三五）足利尊氏・直義兄弟が反旗をあげ、天皇方は次第に不利となり、延元元年＝建武三年（一三三六）越前金崎城に入るが、城が落ちて自害する。

＊**常楽記**《じょうらくき》　永仁三年（一二九五）から応永三十二年（一四二五）までの天皇・公家などの忌日（没年月日）を記したもの。編者未詳も、醍醐寺僧ではないかといわれる。

＊**元元集**《げんげんしゅう》　北畠親房編著とされる神道書。神道と神宮の両部に分かれ、「日本書紀」などの史料を抄録。

＊**恒良親王**《つねよししんのう》（一三二二～三八）後醍醐天皇皇子。母は阿野公廉女新待賢門院廉子。建武元年（一三三四）後醍醐天皇東宮となる。延元元年＝建武三年（一三三六）の戦乱で尊良親王とともに新田義貞に奉じられて北国に下向、金崎城に入る。翌年、足利方の攻撃により落城し、捕らえられて京都に拘禁、

う（十月まで）。《和田文書》

7・12　北朝、右大臣洞院公賢、辞任。内大臣一条経通を左大臣、権大納言九条道教を右大臣、前権大納言鷹司師平を内大臣とする。《公卿補任》

8・11　北畠顕家、義良親王を奉じ、陸奥霊山《りょうぜん》より西上する（十二月二十三日、鎌倉に入る）。《阿蘇文書》

8・26　花園法皇、大徳寺住持を宗峯妙超の一流相承とする。《大徳寺文書》

9・2　光明天皇、一条室町殿より土御門東洞院殿に遷る。《園太暦》

10・5　尊円入道親王、光厳上皇の仰せにより、御手本を光明天皇に進める。《華頂要略》

12・28　光明天皇、太政官庁にて即位礼を挙げる（このときの記録が、一条経通の日記「玉英」から抄出の「光明院御即位記」。このとき以降、孝明天皇まで即位灌頂が恒例となる）。《園太暦》

この年　花園法皇、離宮花園殿を喜捨し、関山慧玄を開山とする（妙心寺の開創）。《妙心寺六百年史》

この年か翌年、北畠親房、「元元集」を著す。

□1・26鷹司冬教《たかつかさふゆのり》（関白。左大臣。父は鷹司基忠、養父は関白鷹司冬平。33）、12・22宗峯妙超《しゅうほうみょうちょう》（禅僧。大徳寺開山。56）

■延元三年＝暦応元年（一三三八）戊寅

(南)後醍醐天皇　51歳
(北)光明天皇　18歳
花園法皇　42歳
光厳上皇　26歳

1・2　北畠顕家、義良親王を奉じ、鎌倉より西上する。《鶴岡社務記録》

2・21　北畠顕家、義良親王とともに南都に入る。《神皇正統記》

2・28　北畠顕家、高師直《もろなお》に敗れ河内国に走り、義良親王は吉野行宮に逃れる。《元弘日記裏書》

3・2　光厳上皇皇子（弥仁《いやひと》。後光厳天皇）、誕生する（母は三条秀子）。《皇年代略記》

3・9　光明天皇、内侍所を奉じ、光厳上皇と足利直義の三条坊門第に行幸する（ついで還御）。《官務記》

3・26　後二条天皇後宮万秋門院《ばんしゅうもんいん》（一条頊《ぎょく》子《し》）没（年71）。《女院次第》

3月　後深草天皇皇女章善門院（永子内親王）没（生年不詳）。《女院次第》

4・13　後醍醐天皇皇子**恒良親王**、花山院第にて毒殺される（二十日余りののち同皇子**成良親王**も毒殺）。《太平記》

4・28　花園天皇後宮正親町実子の院号を宣光門院とし、故邦良親王妃禖子《ばいし》内親王の院

毒殺される。

＊**成良親王**《なりよししんのう》（一三二六〜三八）「なりなが」とも。後醍醐天皇第六皇子。母は阿野公廉女新待賢門院廉子。延元元年＝建武三年（一三三六）十一歳のときに東宮に立てられるも、南北朝分立により廃される。「太平記」によると、延元二年金崎城陥落のあと、京都に幽閉されて毒死という（確たる証拠はない）。

◉**後醍醐天皇御製③**　吉野の行宮にいるとき、世尊寺のほとりに咲く桜を覧て、
「ここにても雲井の桜さきにけりただかりそめの宿と思ふに」（「新葉和歌集」）
と詠んだ。また、吉野では、
「都だにさびしかりしを雲はれぬ芳野のおくの五月雨の比」（「新葉和歌集」）
「ふしわびぬ霜さむき夜の床はあれて袖にはげしき山おろしの風」（「新葉和歌集」）
など多くの歌が作られた。

号を崇明門院に復す。《女院記》
5・15 北畠顕家、建武新制批判を奏上する。《醍醐寺文書》
5・19 北朝関白近衛基嗣辞任。左大臣一条経通を関白・氏長者とする。《公卿補任》
5・22 北畠顕家、高師直と堺浦・石津で戦い敗北する。《太平記》
7・5 石清水八幡宮、北軍高師直の兵火により焼失する。《中院一品記》
7・19 京都地震（二十二日にも）。《皇年代略記》
7・25 光厳上皇、病む。《続史愚抄》
⑦・2 新田義貞、斯波高経と越前国藤島に戦い矢に当たり、自害する。《太平記》
⑦・14 光厳上皇、病む。尊円入道親王に祈禳させる。《門葉記》
⑦・26 南朝、北畠顕信《あきのぶ》を鎮守府将軍とする（父北畠親房とともに義良親王を奉じて陸奥へ下向させんとする）。《神皇正統記》
8・3 光厳上皇、梶井宮に御幸する。《師守記》
8・8 光厳上皇皇子（益仁《ますひと》。崇光天皇）を親王とする（のち興仁と改名）。《皇年代略記》
8・11 北朝、足利尊氏を征夷大将軍とする（室町幕府初代将軍）。《公卿補任》
8・13 北朝、益仁親王を皇太子とする。《皇年代略記》
8・28 北朝、代始により**暦応**と改元する。《**実夏公記**》
9月 北畠親房ら、伊勢大湊を海路東上途中に遭難する（義良親王・北畠顕信ら伊勢国に帰り（ついで吉野に帰還）、宗良親王は遠江国、親房は常陸国に到る）。《神皇正統記》南朝、懐良親王を征西将軍に任じる（延元元年、同四年説あり）。《阿蘇文書》豪信、「花園天皇像」を描く（京都長福寺蔵）。《花園天皇記文》
10・28 光明天皇、河原頓宮に行幸、大嘗祭のため禊する。《続史愚抄》
11・15 北朝、右大臣九条道教を一上とする。《公卿補任》
11・19 光明天皇、大嘗祭を行なう。《光明天皇「暦応御禊兼日条々」》
12・14 後伏見天皇皇子（尊道親王）、青蓮院尊円入道親王の室に入る。《華頂要略》
12・28 後醍醐天皇皇子躬良親王、仁和寺大聖院に出家する（名を法守とする）。《仁和寺御伝》
12・29 光明天皇、持明院殿に行幸する（翌日還御）。《玉英記抄》
この年 北朝、寛胤法親王を東大寺別当とす

＊**暦応**《りゃくおう》 勘解由長官菅原公時《きんとき》の勘文に「帝王代（世か）記云、堯時有草、夾階而生、王者以是占暦、応和而生」とある。

＊**実夏公記**《さねなつこうき》 北朝内大臣洞院《とういん》実夏（一三二五～六七）の日記。参議就任の翌年（一三三八）から正平七年＝文和元年（一三五二）までが伝わる。

＊**後村上天皇**《ごむらかみてんのう》（一三二八～六八） 名は義良《のりよし》、のち憲良《のりよし》。後醍醐天皇第七皇子。母は阿野公廉《きみかど》女廉子《れんし》（新待賢門院）。建武元年（一三三四）親王宣下、延元元年＝建武三年（一三三六）元服。同四年＝暦応二年立太子、同年践祚。正平二十三年＝応安元年（一三六八）崩御。陵は檜尾《ひのお》陵。皇子に長慶天皇・御亀山天皇（母はいずれも藤原氏〈嘉喜門院〉）のほか惟成・師成・泰成・説成・良成の各親王など。なお、女御に藤原勝子（院号宣下により嘉喜門院）がいるが、院号宣下日、没年不明。また、皇女に憲子内親王がおり、院号宣下を受け新宣陽門院と号するも、院号宣下日および没年不明。歌に秀れ、「九重に今も真澄の鏡こそなほ世を照

る。《東大寺別当次第》

□1・23吉田定房《よしださだふさ》（内大臣。後醍醐天皇親政実現に尽力。65）、3・21坊門清忠《ぼうもんきよただ》（参議。後醍醐天皇側近。生年不詳）、5・2日野《ひの》資名《すけな》（権大納言。光厳天皇に重用される。54）、5・22北畠顕家《きたばたけあきいえ》（権中納言。親房長子。義良親王に供奉。21）、⑦・2新田義貞《にったよしさだ》（南朝方武将。生年不詳も38か39か）、8・5二条為世《にじょうためよ》（権大納言。歌人。「続千載和歌集」撰者。89）

■**延元四年＝暦応二年（一三三九）己卯**

(南)後醍醐天皇52歳
(南)後村上天皇12歳
(北)光明天皇19歳
　花園法皇43歳
　光厳上皇27歳

3月　後醍醐天皇皇子義良親王、伊勢より吉野に還る（ついで皇太子となる）。《神皇正統記》

5・19　光厳上皇、藤原孝重より琵琶灌頂を受ける。《崇光天皇宸記》

5・30　光厳上皇、安楽光院御講に御幸する。《中院一品記》

6・1　光厳上皇、備後国浄土寺・肥前国東妙寺に塔婆を建てさせ、天下泰平を祈らせる。《浄土寺文書・東妙寺文書》

6・16　後醍醐天皇、空海の「天長印信」を書写する（現存）。《後醍醐天皇宸翰天長印信》

6・29　後醍醐天皇、伊予国から九州を目指す懐良親王に綸旨を下し、九州経営を委ねる（以降、九州各地を転戦）。《五条文書》

8・1　後醍醐天皇皇女瓊子《たまこ》内親王（母は二条為子）、安養寺にて没（年24）。《安養寺縁起》

8・3　光厳上皇、梶井宮に御幸する。《師守記》

8・9　後醍醐天皇、病む。《南方紀伝》

第九十七代
後《ご》村《むら》上《かみ》天皇

8・15　後醍醐天皇、病のため吉野行宮にて譲位。皇太子義良《のりよし》親王、三種の神器を受け受禅（**後村上天皇**）。《神皇正統記》

8・16　後醍醐天皇、吉野で朝敵討滅・京都奪回を遺言し崩御（陵は**塔尾陵**。「玉骨は北闕《ほっけつ》の天を望《のぞ》まんと思ふ。若し、命を背き、義を軽んぜば、君も継体の君に非ず、臣も忠烈の臣に非じ」と遺言したと「太平記」はいうが、後世の創作とも言われる）。《太平記》

8・29　邦良親王王女を内親王とし、名を嫥子と賜う。《師守記》

らす光なりけれ」（「新葉集」）などが伝わる。

＊**塔尾陵**《とうのおのみささぎ》　奈良県吉野郡吉野町大字吉野山字塔ノ尾に所在。円丘。他の中世以前の陵は荒廃した場合が多いが、当陵は守護の家があり、代々奉仕してきたため、陵の威厳を保ってきたといわれる。

9・8 遺詔により「後醍醐天皇」と追号する。**《玉英》**

この秋 北畠親房、常陸国小田城で「**神皇正統記**」初稿を脱稿する。《奥書》

10・5 後村上天皇、即位礼を挙げる。《神皇正統記》光厳上皇、足利尊氏らの奏請により、後醍醐天皇追福のため亀山殿を禅刹とし、夢窓疎石を開山とする（天龍寺創建）。《天龍寺造営記録》

10・8 花園法皇・光厳上皇、栂尾に御幸する。《師守記》

10・13 光厳上皇、院宣を下し、亀山殿の寺号を霊亀山暦応資聖禅寺と賜う。《天龍寺造営記録》

10月 後醍醐天皇女御二条栄子、落飾する。《風雅和歌集》

11・1 尊円入道親王を天台座主に還補する。《師守記》

11・12 北朝、慈道法親王を四天王寺別当に還補する。《門葉記》

11・14 光明天皇、勅額を播磨法雲寺に賜い、同寺を天下諸山の一とする。《雪村和尚語録》

11・20 光明天皇、土御門殿修理のため、内侍所とともに持明院殿に遷る（光厳上皇、中園殿に移る）。《園太暦》

12・27 北朝関白・左大臣一条経通、左大臣を辞任。右大臣九条道教を左大臣とする。また、内大臣鷹司師平を右大臣、大納言堀河具親を内大臣とする。《公卿補任》

12・30 光明天皇、持明院殿より土御門殿に還御する。《師守記》

●この頃、三種の宝物が「三種の神器」と呼ばれるようになる。

□1・16今出川《いまでがわ》兼季《かねすえ》（別号菊亭。太政大臣。父は関東申次西園寺実兼。59）、7・27度《わた》会常昌《らいつねよし》（伊勢外宮祠官。後醍醐天皇の信任を得、種々の下問に明確にこたえた。77）

■興国元年＝暦応三年（一三四〇）庚辰

㈲後村上天皇 13歳
㈱光明天皇 20歳
花園法皇 44歳
光厳上皇 28歳

1・1 北朝、春日神木動座により節会の儀を省略、小朝拝・院拝礼を中止する。《師守記》

1・4 阿蘇山噴火。《阿蘇学頭坊文書》

1・15 足利直義、内裏および持明院殿に参上する。《師守記》

1月 春日神木の在京により、多くの儀式・祭礼が中止となる。《師守記》

2・4 北朝、伊勢路不通により、祈年祭を中止する。《師守記》

***玉英《ぎょくえい》** 関白一条経通《つねみち》（一三一七～六五）の日記。元徳二年（一三三〇）から貞治四年＝正平二十年（一三六五）までが記録され、自筆原本が一部伝存も大部分は散失。ただ本記録を引用・抜萃した一条兼良の「玉英記抄」が残されており、ある程度、その全貌がうかがわれる。

***神皇正《じんのうしょう》 統記《とうき》** 神代から当代に至るまでの天皇の事績・歴史を述べ、南朝の正当性を説いたもの。一三四三年に常陸国関城で修訂。冒頭に「大日本者《は》神国也。天祖《あまつみおや》はじめて基《もとい》をひらき、日神《ひのかみ》ながく統《とう》を伝《つたえ》給《たま》ふ。我国のみ此事あり。異国には其たぐひなし。此故に神国と云《いう》也」と神国思想を簡潔に述べ、神孫である天皇によって日本国の秩序が保持されると説く。また、「三種の神器」について、鏡は「正直」、璽は「慈悲」、剣は「知恵」を象徴したもので、天皇が兼ね備える徳目とし、その行為に誤りあれば、武烈・称徳・陽成各天皇のように悪しき報いを受けるとする。年少の後村上天皇に献じるためとも、東国武士を結集するために執筆さ

2・23 後村上天皇、綸旨を河内国観心寺に遣わし、河内国小高瀬荘領家職を知行させる（後村上天皇綸旨の初見）。《観心寺文書》
2月 北畠親房、常陸国小田城で「**職原抄**」を著す。《同書》
3・2 光厳上皇、伏見殿に御幸する（しばらく御所とする）。《師守記》
3・8 光厳上皇、伏見殿より長講堂に御幸する（十三日、持明院殿に還御）。《師守記》
この春 南朝鎮守府将軍北畠顕信、任地に赴く。《神皇正統記》
4・27 光厳上皇、後醍醐天皇霊牌を暦応寺多宝院に祀り、御廟に擬する。《天龍寺造営記録》
4・28 南朝、**興国**と改元する（前年の後村上天皇即位によるものか）。《元弘日記裏書》
5・14 北朝、暦応雑訴法を定める。《仁和寺文書》
5・29 宣政門院、仁和寺河窪殿にて落飾する。《師守記》
7・7 光厳上皇、七夕御遊に琵琶を奏する。《中院一品記》
7・8 北朝、内大臣堀河具親、出家するにより辞任。《公卿補任》
7・19 北朝、権大納言二条良基を内大臣とする。《公卿補任》
7・20 光明天皇、持明院殿に行幸する。《師守記》
7・24 北朝、丹生・貴布禰両社に祈雨奉幣使を発遣する。《師守記》光厳上皇、河内国楠葉《くすは》関を春日社に寄進する。《春日若宮社記録》
8・24 仁木義長、遠江国大平城に宗良親王を攻略する。《詫磨文書》
9・8 花園法皇、宣光門院（実子）と仁和寺真光院に御幸する。《中院一品記》
10・6 佐々木道誉・秀綱父子、白河妙法院御所を襲い、焼く（道誉、「結局御所とは何ぞ。かたはらいたの言《こと》や」と発言）。《太平記》
10・26 幕府、延暦寺の訴えにより道誉父子を配流に処する。《中院一品記》
12・19 玉井西阿による興福寺領押妨の排除を求め、春日神木が入京、六条殿に入らんとするため、光厳上皇、持明院殿に還御する（神木は長講堂に入る）。《中院一品記》
12・27 北朝、前右大臣久我長通を太政大臣とする。《公卿補任》

■興国二年＝暦応四年（一三四一）辛巳

(南)後村上天皇 14歳
(北)光明天皇 21歳
花園法皇 45歳

れたともいわれる。なお、「光孝より上つかたは一向上古なり」とし、光孝天皇より前の時代は親房の時代とは異なる大昔の天皇としている。

***職原抄**《しょくげんしょう》 北畠親房著。幼帝後村上天皇のために書かれた中世公家の官職について述べたもの。「神祇官、当官を以て諸官の上に置く。是れ神国の風儀、重ねて天神地祇の故なり」などとやさしく説く。

***興国**《こうこく》 勘申者不詳。出典不詳も、「春秋左氏伝」昭公四年伝に「冀之北土、馬之所生、無興国焉、恃険与馬、不可以為固也」、「新五代史」伶官伝序に「憂労可以興国、逸予可以亡身、自然之理也」とある。

光厳上皇 29歳
1・1 春日神木在京により、小朝拝・院拝礼を中止、節会に出御なく、国栖《くず》笛立楽も中止する。《中院一品記》
1・15 足利直義、内裏および持明院殿に参上する。《師守記》
1・16 北朝、関白一条経通を太政大臣久我長通の上に列する。《公卿補任》
2・4 北朝、伊勢路不通により、祈年祭を中止する。《師守記》
2・29 細川顕氏、南朝方の僧西阿討伐のため大和国に出陣する（ついで河合城を攻撃する）。《田代文書》
3・24 塩冶《えんや》高貞が京都を出奔、幕府、これを追討する。《太平記》
4・11 亀山天皇皇子青蓮院慈道法親王、十楽院にて没（年60）。《常楽記》
この夏 南朝護良親王王子興良親王（これより先、後醍醐天皇猶子となり立親王）、常陸に着する。《阿蘇文書》
7・22 光厳上皇、暦応寺を天龍寺と改める。《天龍寺造営記録》
7・24 後伏見天皇皇子（尊省）を親王とする（二十九日、十楽院坊に得度し、尊道と称す）。《釈家官班記》
8・14 足利直義《ただよし》、佐々木道誉に伊勢国の南朝軍を討たせる。《東大寺文書》
8・19 春日神木帰座。《公卿補任》
11・10 小田治久と高師冬の和議成り、北畠親房は常陸国関城に、春日顕時は興良親王を奉じ、同国大宝城に移る。《結城古文書写》
12・18 尊円入道親王、天台座主を辞任。《門葉記》
12・19 祐助法親王（後二条天皇皇子）を天台座主とする。《僧官補任》
12月 高師冬、関城・大宝城を攻める。《結城文書》
この年 恒明親王（亀山天皇皇子）王子（仁誉法親王）、誕生する（母は左大臣洞院実泰女）。《諸寺院上申》幕府、高師冬・上杉憲顕《のりあき》を関東執事とする。《鎌倉大日記》
□1・14 二条師忠《にじょうもろただ》（関白。左大臣。父は関白二条良実。88とも89とも）

■**興国三年＝康永元年（一三四二）壬午**

(南)後村上天皇15歳
(北)光明天皇 22歳
花園法皇 46歳
光厳上皇 30歳
1・16 花園法皇、持明院殿に御幸する。《中院一品記》
1・22 光明天皇、関白一条経通より除目秘事を受ける。《玉英記抄》

＊**師守記**《もろもりき》 記主は主税頭中原師守（生没年不詳）。暦応二年＝延元四年（一三三九）から応安七年＝文中三年（一三七四）までの記録。師守は実務官僚のため、南北朝間の動向に詳しく、京都の年中行事などにも触れている。兄師茂《もろしげ》を柱に記述されていたため「師茂記」とも呼ばれた。なお、江戸時代の押小路師守の日記も「師守記」と題されている。

＊**康永**《こうえい》 文章博士紀行親《ゆきちか》の勘文に「漢書曰、海内康平、永保国家」とある。

＊**永福門院**《えいふくもんいん》（一二七一～一三四二）「ようふくもんいん」とも。太政大臣西園寺実兼の長女鏱子《しょうし》。母は久我通成女顕子。伏見天皇中宮。永仁六年（一二九八）永福門院の院号を受け、正和五年（一三一六）出家。歌人として秀れ、「玉葉和歌集」「風雅和歌集」に入集。

1・26　北朝関白一条経通、辞任。翌日、左大臣九条道教を関白・氏長者とする。《中院一品記》

1・29　花園法皇、仁和寺花園御所跡を僧関山慧玄に賜う（禅苑として妙心寺とする）。《妙心寺文書》

1月　北朝、覚誉法親王を園城寺長吏とする（正平十年に再度補任、ついで三度目も）。《僧官補任》

2・13　祐助法親王を光明天皇の護持僧とする。《青蓮院門跡皇族御伝》

2・29　北朝太政大臣久我長通、辞任。《公卿補任》

3・7　光厳上皇、西芳寺に御幸する（足利尊氏扈従）。《中院一品記》

3・20　京都北白川吉田に火あり。法勝寺が類焼（光厳上皇、これに御幸。法勝寺は以後廃絶）。《中院一品記》

3・23　北朝、右大臣鷹司師平を一上とする。《公卿補任》

3・30　北朝、全仁親王を大宰帥とする。《公卿補任》

4・23　幕府、五山十刹の列位を定める。《扶桑五山記》

4・27　北朝、天変・疫病により、**康永**と改元する。《中院一品記》

4・28　後村上天皇、宝珠一顆を高野山に奉納し、所領成就を祈る。《高野山文書》

5・1　征西将軍懐良親王、薩摩に上陸する。《阿蘇文書》

5・7　伏見天皇中宮**永福門院**（西園寺鏱子）没。《中院一品記》

6・11　北朝、伊勢路通ぜざるため、月次祭・神今食を中止する。《師守記》

6・19　懐良親王軍、島津貞久を薩摩国谷山に破る。《阿蘇文書》

7・20　北朝、祈雨奉幣使を丹生・貴布禰両社に発遣する。《師守記》

9・2　光厳上皇、聖尊親王を醍醐寺遍智院門跡とする。《醍醐寺文書》

9・3　伏見天皇の正御忌。光厳上皇、安楽光院八講に臨御する。《中院一品記》

9・6　光厳上皇、伏見殿より還幸。美濃守護土岐《とき》頼遠《よりとお》、東洞院の路上で上皇御幸と出会い、たしなめられると、「何ニ院ト云フカ、犬ト云フカ、犬ナラバ射テ落サン」と上皇の車に矢を射る。《太平記》

9・11　北朝、伊勢路開通により、奉幣使を発遣する。《中院一品記》

9・20　光明天皇、紀行親より「尚書」進講を受ける（十月二十二日には「尚書」「大学」を進講）。《東山御文庫記録》

10月　京の医師坂十仏、伊勢神宮に参詣し、「伊勢太神宮参詣記」を記す。《同書》

11・1　北朝、関白・左大臣九条道教、左大臣を辞任（十二日、関白も辞任）。《公卿補任》

11・18　北朝、右大臣鷹司師平を関白・氏長者とする。《公卿補任》

□4・28花山院家定《かざんいんいえさだ》（右大臣。父は権大納言花山院家教。60）

■興国四年＝康永二年（一三四三）癸未

(南)後村上天皇　16歳

(北)光明天皇　23歳

花園法皇　47歳

光厳上皇　31歳

3・18　花園法皇皇子業永親王、仁和寺に入り出家する（法名源性《げんしょう》）。《仁和寺御伝》

3・27　北朝関白・右大臣鷹司師平、右大臣を辞任。《公卿補任》

3・29　光厳上皇、御遊始で琵琶を奏する。《御遊抄》

4・2　春日顕時、関城を攻め結城直朝《なおとも》らを討つ。《結城古文書写》

4・10　北朝、関白鷹司師平を前太政大臣および左大臣の上に列し、右大臣洞院公賢を左大臣、内大臣二条良基を右大臣、大納言三条実忠を内大臣とする。《公卿補任》

4月　興仁親王、光厳上皇より因幡国、法金剛院領、熱田社領を譲られる。《光厳院宸翰御置文》

5月　光厳上皇、南禅寺に御幸する。《竺仙語録》

7・3　北畠親房、書を結城親朝に与え、足利直義と高師直不和風聞を伝える。《結城文書》

8・10　北朝、聖珍法親王（伏見天皇皇子）を再び東大寺別当とする。《東大寺別当次第》

8月　天龍寺仏殿成り、光厳上皇、自ら上梁銘を書く。《夢窓国師語録》

9・11　北朝、伊勢例幣使を発遣する。《続史愚抄》

9・29　光厳上皇、臨時御遊御会で琵琶を奏する。《御遊抄》

10・3　光厳上皇、幕府をして任官功銭をもって東大寺八幡宮神輿を造替させる。《東大寺文書》

10・14　伊勢一社奉幣使を発遣する。《師守記》

11・11　高師冬、関・大宝両城を陥落させる（ついで伊佐城も。北畠親房、吉野に戻る）。《結城文書》

12・19　北朝、伊勢神宮宝使を発遣する。《師守記》

12・28　伊勢内宮の遷宮が行なわれる。《師

＊李花集《りかしゅう》　後醍醐天皇皇子宗良親王の家集。「宗良親王御集」とも。宗良親王の式部卿の唐名「吏（李）部」からきたものか。詞書が長く当時の事実を反映しており、史料としても貴重。

守記》

この年　後村上天皇皇子（寛成《ゆたなり》。長慶天皇）、誕生する（母は女御藤原氏〈嘉喜門院〉）。

□12・20中院通顕《なかのいんみちあき》（内大臣。父は内大臣中院通重。53）

■興国五年＝康永三年（一三四四）甲申

(南)後村上天皇17歳
(北)光明天皇24歳
花園法皇48歳
光厳上皇32歳

1・6　後醍醐天皇皇子成良親王（前皇太子）、近衛基嗣の第にて没（年19）。《師守記》

1・15　足利直義、内裏および持明院殿に参内する。《師守記》

2・28　光明天皇、御遊始で笛を奏する。《園太暦》

②・12　光厳上皇、御遊始で琵琶を奏する。《園太暦》

②・19　光明天皇、西芳寺に行幸する。《園太暦》

②・23　北朝、祐助法親王（後二条天皇皇子）に替り、この日、承胤法親王（後伏見天皇皇子）を天台座主とする。《僧官補任》

②月　光厳上皇皇子（尊朝法親王）、誕生する（母は正親町実明女）。《園太暦》

3・8　北朝、円満院長助法親王（後伏見天皇皇子）を園城寺長吏とする。《僧官補任》

この春　宗良親王（後醍醐天皇皇子）、信濃国大河原に駐留する。《李花集》

4・13　南朝、諸国の挙兵を計り、この日、阿蘇（恵良《えら》）惟澄《これずみ》に告げる。《阿蘇文書》

4・14　光厳上皇、ひそかに賀茂祭を覧る。《師守記》

6・1　光厳上皇、病む。《師守記》

7・7　光明天皇、七夕御遊で笛を奏する。《園太暦》

8・15　東大寺衆徒、伊賀国名張郡のことにつき神輿を奉じて入京する。《園太暦》

9・11　北朝、伊勢例幣使を発遣する。《園太暦》

9・16　光厳上皇、天龍寺に御幸する（洞院公賢・足利直義祗候）。《園太暦》

10・7　光厳上皇、広義門院とともに梶井宮に御幸する。《園太暦》

10・8　夢窓疎石、「宝積経要品《ほうしやくきょうようほん》」（「高野山金剛三昧院短冊和歌」）を高野山に奉納する（室町幕府による後醍醐天皇や戦没者の慰霊のためといわれる）。《直義金剛三昧院奉納和歌》

10・21　光厳上皇、萩原殿に御幸し、「礼記」「中庸」の談義を聴く。《園太暦》

10・23　光明天皇、持明院殿に行幸する（二

◉後村上天皇御製（「新葉和歌集」より）

「四つの海波もをさまるしるしとて三つの宝を身にぞつたふる」

「おのづから故郷人のことづてもありけるものを花のさかりは」

「行末を思ふもひさし天つ社くにつ社のあらんかぎりは」

十六日還御)。《光明天皇「行幸御記」》

11・23　光明天皇、病む(ゆえに賀茂臨時祭延引)。《園太暦》

12・9　光厳上皇、病む。《園太暦》

12・18　北朝左大臣洞院公賢、辞任。《公卿補任》

■興国六年＝貞和元年(一三四五)乙酉

(南)後村上天皇18歳

(北)光明天皇25歳

花園法皇49歳

光厳上皇33歳

1・1　北朝、春日神木動座および東大寺八幡宮神輿の在京により、節会の儀を省略し、小朝拝を中止する。《園太暦》

2・2　光厳上皇、病気ののち御浴殿の儀を行なう。《園太暦》

2・6　賊が禁中に入る(ついで捕らえられる)。《園太暦》光厳上皇、幕府の奏請により、国ごとに建立の寺を安国、塔を利生《りしょう》と名付ける。《三国地志》

3・19　後伏見天皇皇女を内親王とし、名を進子と賜う。《園太暦》

3・30　光明天皇、持明院殿より還御する。《園太暦》

4・17　光厳上皇、勅撰集編纂のため、洞院公賢等に諸人・武家の和歌執進を命じる。《園太暦》

4・20　光明天皇、四条隆職に「論語」を講じさせる。**《東山御文庫記録》**

5・28　光厳上皇、六条殿より東寺に御幸する。《師守記》

6・29　光明天皇、甘露寺藤長に「論語」を講じさせる。《東山御文庫記録》

7・8　延暦寺衆徒、光厳上皇の天龍寺供養臨幸に反対して持明院殿に来て強訴する。《園太暦》

7・20　春日神木、宇治より南都に還る。《園太暦》

7・29　北朝、霖雨洪水により、止雨奉幣使を丹生川上・貴布禰両社に発遣する。《東山御文庫記録》

8・14　光厳上皇、延暦寺衆徒強訴により、天龍寺供養臨幸を中止する。《園太暦》

8・29　後醍醐天皇七回忌に、天龍寺落慶供養が行なわれる(勅使・院使、足利尊氏・直義、臨席。光厳上皇、ひそかに勅使・院使らの行装を覧る。また、翌日の仏事に御幸)。《園太暦》

9・3　伏見天皇御正忌。光厳上皇、安楽光院法華八講結願に御幸する(花園法皇も)。《園太暦》

9・8　北朝内大臣三条実忠、辞任。大納言

＊東《ひがし》山《やま》御《ご》文《ぶん》庫《こ》記《き》録《ろく》　正式には「京都御所東山御文庫記録」。京都御所の東山御文庫に収蔵の記録・文書・書籍を筆写した叢書。明治三十六年から大正十五年にかけ、東京大学史料編纂所が制作したもの。なお、東山御文庫は、明治十五年頃、近衛忠熙が旧邸を引き払うにあたり東山倉を献上して御所内に移築したもの。歴代の宸翰・宸記ほか、貴重な書籍・記録類が多く含まれる。

＊貞和《じょうわ》　勘解由長官菅原在茂《ありしげ》の勘文に「芸文類聚曰、体乾霊之休徳、稟貞和之純精」とある。

大炊御門冬信を内大臣とする。《公卿補任》
9・11　北朝、伊勢例幣使を発遣する（外宮遷宮延引を祈謝）。《園太暦》
10・21　北朝、風水・疾疫により貞和と改元する。《園太暦》
12・20　北朝、伊勢外宮神宝使を発遣する。《東山御文庫記録》
12・27　伊勢外宮の遷宮が行なわれる。《東山御文庫記録》

■正平元年＝貞和二年（一三四六）丙戌

(南)後村上天皇19歳
(北)光明天皇　26歳
　花園法皇　50歳
　光厳上皇　34歳

1・1　北朝、東大寺八幡宮神輿在京により、節会の儀を省略し、小朝拝・院拝礼を中止する。《園太暦》
1・20　足利尊氏・直義、内裏および持明院殿に参内する。《賢俊僧正日記》
1・21　東大寺八幡宮神輿、東寺を発して帰座する。《東寺百合文書》
2・3　光厳上皇皇子弥仁親王（後光厳天皇）、著袴の儀を行なう。《園太暦》
2・6　光厳上皇・広義門院、伏見殿に御幸する。《賢俊僧正日記》
2・18　北朝、内大臣大炊御門冬信に替え、大納言徳大寺公清を内大臣とする。《公卿補任》
2・20　花園天皇皇女を内親王とし、名を祝《しゅく》子《し》と賜う。《園太暦》
2・23　光明天皇、御遊始で笛を奏する（二月二十七日、三月二十三日にも）。《園太暦》
2・29　北朝、関白鷹司師平、辞任。右大臣二条良基を関白・氏長者とする。《公卿補任》
3・2　北朝関白二条良基に内覧宣下あり。《続史愚抄》
3・17　光厳上皇、天龍寺に御幸し花を観る（足利直義扈従）。《園太暦》
4・25　後深草天皇皇女・准三宮永陽門院（久子内親王）没（年75）。《園太暦》
4・29　北朝、関白二条良基を前太政大臣および左大臣の上に列する。《公卿補任》
5・13　光厳上皇、長講寺阿弥陀講に臨御する。《園太暦》
5・18　花園法皇の病気により、光厳上皇、法皇の萩原殿に御幸する（二十六日、六月八日、七月二十六日にも）。《続史愚抄ほか》
5・21　花園法皇、病む。《園太暦》
5・26　光厳上皇・寿子内親王、萩原殿に御幸する（上皇、二十九日還御）。《園太暦》
6・11　北朝左大臣洞院公賢、辞任。《公卿補任》

6・13 光厳上皇、長講堂に御幸する。《賢俊僧正日記》
6・24 南朝、懐良親王に令して北朝討伐を図らせる。《阿蘇文書》
7・7 光明天皇、七夕御遊に笛を奏する。《御遊抄》
7・16 後深草天皇御正忌。光厳上皇、深草法華堂に御幸する。《園太暦目録》
7・23 花園法皇、病気のあと沐浴する。《園太暦》
8・17 これより先、天台座主承胤法親王、辞任。この日、北朝、亮性法親王を天台座主とする。《華頂要略》
8・27 伊集院忠国、再び南朝に応じて薩摩国日置《ひおき》若松城を攻略する。《薩藩旧記》
8・28 光明天皇、持明院殿の御遊で笛を奏する（光厳上皇は琵琶を所作）。《御遊抄》
9・11 北朝、伊勢例幣使を発遣する。《園太暦》
9・13 光厳上皇、長講堂阿弥陀講より還幸する。《続史愚抄》
9・26 持明院殿が放火される。《園太暦》
9・30 伏見天皇皇子寛性入道親王（俗名は惟永親王。母は顕信門院）没（年58）。《園太暦》
⑨・14 光明天皇、持明院殿に行幸する（十六日還幸）。《園太暦》
⑨・26 光厳上皇、中原師治に「礼記」を講じさせる。《園太暦》
11・9 北朝の勅撰和歌集の春部成る（名付けて「**風雅和歌集**」。花園法皇、自ら序文を書く）。この日、持明院殿にて竟宴を行ない、光厳上皇、琵琶を奏する。《園太暦》
11・21 足利直義、島津貞久らに伊集院忠国らの討伐を命じ、一色氏に九州のことを委ねたことを伝える。《薩藩旧記》
11・26 光明天皇、夢窓疎石に夢窓正覚国師号を特賜する。《夢窓国師年譜》
12・6 光厳上皇、深草法華堂に御幸する。《園太暦》
12・8 南朝、**正平**と改元する。《阿蘇文書》
12・25 花園法皇、長福寺に御幸する。《長福寺文書》
12・28 光厳上皇、倹約令を下す。《園太暦》
この年 亀山天皇皇曾孫・全仁親王王子（尊賢親王）、誕生する。《鶴岡八幡宮寺社務次第》
□5・25大宮季衡《おおみやすえひら》（右大臣。父は左大臣西園寺公衡。58）、7・24虎関師錬《こかんしれん》（臨済宗僧。本覚国師と勅諡。「元亨釈書」著者。69）

■正平二年＝貞和三年（一三四七）丁亥

（南）後村上天皇20歳

＊**風雅和歌集**《ふうがわかしゅう》 十七番目の勅撰和歌集。花園法皇監修のもと、光厳上皇が正親町公蔭・藤原為基・冷泉為秀らを指揮して編纂。二千二百十一首。上位に、京極為兼初め、伏見天皇・永福門院・花園法皇・光厳上皇など持明院系京極派歌人を並べる。
＊**正平**《しょうへい》 勘申者・出典不詳。改元理由も不明。

(北)光明天皇　27歳
花園法皇　51歳
光厳上皇　35歳

1・26　興仁親王（崇光天皇）、持明院殿にて御書始を行なう。《園太暦》
2・30　光厳上皇、天龍寺に御幸して嵐山の花を覧、西芳寺に花を賞し、舟を浮かべる。《園太暦》
3・3　光厳上皇、病により持明院殿詩御会を延引する。《続史愚抄》
3・7　前大覚寺性円法親王（後宇多天皇皇子。後醍醐天皇同母弟）没（年56）。《大覚寺門跡略記》
3・17　光厳上皇、長講堂御八講結願に臨幸し、萩原殿に御幸する。《園太暦》
4・19　光厳上皇、石清水八幡宮に御幸する（二十日還御）。《中院一品記》
4・29　北朝、京都洪水により、止雨奉幣を行なう。《師守記》
5・24　霖雨洪水。止雨奉幣使を二社に発遣する。《師守記》
6・2　順徳天皇曾孫忠房親王（母は関白二条良実女）没（年63）。《公卿補任》
6・6　南朝軍、熊野水軍を率いて薩摩国東福寺城を攻撃する。《清色亀鑑》
6・19　薩摩・大隅・日向三国の幕府軍が島津貞久の陣に合流し、南朝軍と戦う。《阿蘇文書》
7・1　光厳上皇、病む（持明院評定延引）。《園太暦》
7・5　光明天皇、病む。《園太暦》
7・22　花園法皇、僧慧玄《えげん》に一流再興および妙心寺造営を委嘱する。《妙心寺文書》
8・4　花園法皇、病む。《園太暦》
8・10　楠木正行《まさつら》の軍、紀伊国隅田《すだ》城を攻撃する。《和田文書》
8・16　北朝内大臣徳大寺公清、辞任。《公卿補任》
8・19　細川顕氏《あきうじ》、和泉・摂津をうかがう熊野等南軍討伐のため天王寺・堺へ発向する。《園太暦》
8・24　楠木正行、北軍細川顕氏と河内国池尻に戦う。《和田文書》
8・27　北朝、亮性法親王に替え、尊胤法親王を天台座主に還補する（三度目）。《天台座主記》
9・11　北朝、伊勢例幣使を発遣する。《園太暦》
9・16　北朝、右大臣二条良基を左大臣、権大納言九条経教を右大臣、権大納言近衛道嗣を内大臣とする。《公卿補任》
9・17　楠木正行、細川顕氏を河内国藤井寺

に破る。《和田文書》

10・7 懐良親王、阿蘇惟時《これとき》に挙兵を促す。《阿蘇文書》

11・26 楠木正行、山名時氏・細川顕氏を摂津国住吉・天王寺に破る。《和田文書》

12・9 「風雅和歌集」四季部成る。《園太暦目録》

12・14 花園法皇、眼を病む。《園太暦》懐良親王、肥後国に進出する。《阿蘇文書》

12・17 後村上天皇、東寺に令し、後宇多・後醍醐両天皇二代の叡志を継ぎ、当寺の興隆すべきをもって天下一統を祈らせる。《東寺文書》

12・29 東大寺八幡宮神輿、帰座する。《園太暦》

□1・4 三条実忠《さんじょうさねただ》（内大臣。父は太政大臣三条実重。兄三条公茂養子。42）

■正平三年＝貞和四年（一三四八）戊子

(南)後村上天皇21歳
(北)光明天皇28歳
(北)崇光天皇15歳
花園法皇52歳
光厳上皇36歳

1・1 春日神木動座により、節会の儀を省略し、小朝拝および院拝礼を中止する。《園太暦》

1・2 懐良親王、肥後国宇土津に到り、阿蘇惟時を召す（親王、二月に菊池城に入る）。《阿蘇文書》

1・5 高師直ら河内国四条畷《しじょうなわて》に南軍を破る（楠木正行、弟正時を刺しちがえて自害）。《園太暦》

1・8 北朝久良親王王子熙明親王（伏見天皇猶子。母は内大臣藤原公親女）没（生年不詳）。《続史愚抄》

1・24 高師直の前軍、吉野を攻め、この日、陥れる（これに先立ち、後村上天皇、紀伊に脱出）。《園太暦》

1・28 高師直、大軍をもって吉野を襲撃し、吉野行宮・蔵王堂等を焼き払う。《太平記》

2・13 高師直、京都に還る。《園太暦》

3・15 光厳上皇、御遊始に琵琶を奏する。《御遊抄》

4・5 光厳上皇、伏見天皇の冥福を祈るため深草法華堂に御幸する。《園太暦》

5・6 光厳上皇、三宝院賢俊を伊勢神宮に遣わし、剣馬を献じ、宸筆の願文を奉り、海内の清平を祈る。《伏見宮記録》

5・13 花園法皇、病む。《園太暦》

6・8 光厳上皇、安楽光院阿弥陀講に御幸する。《園太暦》

7・7 光厳上皇、御遊に和琴を奏する。《園

＊**崇光天皇**《すこうてんのう》（一三三四～九八）名は益仁《ますひと》、のち興仁。光厳天皇第一皇子。母は三条公秀女・典侍秀子（陽禄門院）。のち寿子《じゅし》内親王（徽《き》安門院《あんもんいん》）を准母とする。延元三年＝建武五年（一三三八）親王宣下、立太子。正平三年＝貞和四年（一三四八）元服、即日践祚。同四年＝同五年即位。同六年＝観応二年譲位、同年太上天皇尊号宣下。明徳三年（一三九二）出家。応永五年（一三九八）崩御。陵は大光明寺陵。追号は遺勅によるも、由来は不明。皇子に栄仁・興信・弘助の各親王など。

＊**十楽院上陵**《じゅうらくいんのうえのみささぎ》 京都市東山区粟《あわ》田口《たぐち》三条坊町に所在。華頂山の麓の丘の上。十楽院は青蓮院三院家の一。

太暦》
7・24「風雅和歌集」雑および神祇・釈教の三部成る。《園太暦目録》
7・27 後醍醐天皇皇子玄円法親王（母は洞院守子）没（生年不詳）。《園太暦目録》
8・27 一色範氏、南軍を撃たんと筑後に発向する。《東寺百合文書》
9・11 北朝、伊勢例幣使を発遣する。《園太暦》
9・20 光明天皇、持明院殿より広義門院新殿に行幸する。《諸記纂》懐良親王、軍を分かち肥後の北軍を撃たんとして恵良《えら》（阿蘇）惟澄《これずみ》の兵を召す（二十七日にも）。《阿蘇文書》
9・27 持明院殿の東宮御遊に、光厳上皇、琵琶を奏する。《御遊抄》
10・20 花園法皇、病む。《園太暦》
10・22 北朝、洞院公賢を太政大臣に、関白左大臣二条良基を太政大臣の上に列する。《公卿補任》
10・23 光明天皇、伊勢例幣使を発遣する。《園太暦》

北朝第三代　崇《す》光《こう》天皇

10・27 光明天皇譲位。皇太子興仁《おきひと》親王、清涼殿にて元服、ついで関白二条良基の押小路烏丸第にて践祚（崇光天皇）。この日、花園上皇皇子直仁親王を皇太弟とする（立太子の儀なし。以後元和三年〈一六八三〉まで立太子礼なし、剣璽渡御なし、宣命を読まず）。《園太暦》
11・2 伏見天皇皇女達智門院（奨子内親王。尊称皇后）没（年62）。《歴代皇紀》
11・11 花園法皇、萩原殿にて崩御（光厳上皇、同殿に御幸）。遺勅により追号を「花園院」とする《園太暦》
11・13 花園法皇、十楽院（東山）の後山に火葬される（陵名は十楽院上陵）。《園太暦》
11・24 花園天皇二七日忌。宣光門院、萩原殿にて落飾する（光厳上皇、これに御幸）。《園太暦》
11・25 先帝に太上天皇尊号を奉る。《園太暦》
12・17 光明上皇、持明院殿に御幸する（ここを御所とする）。《園太暦》
12・25 天皇、代始の読書始を行なう。《続史愚抄》
12・28 崇光天皇、押小路第より土御門殿に遷る。《園太暦》
□1・5 楠木正行《くすのきまさつら》（武将。正成の子。四条畷神社祭神。生年不詳）、10・18 万里小路《までのこうじ》宣房《のぶふさ》（大納言。後醍醐天皇親政下で重用。91）

■正平四年＝貞和五年（一三四九）己丑

(南)後村上天皇22歳
(北)崇光天皇16歳
光厳上皇37歳
光明上皇29歳

1・1　北朝、代始凶日により四方拝・小朝拝を中止、また花園法皇の喪により節会に出御なく、国栖笛立楽を中止する。《園太暦》
1・10　崇光天皇、光厳・光明両上皇・皇太子直仁親王とともに持明院殿より広義門院の新殿に行幸する。《園太暦》
1・29　北朝、尊円入道親王（伏見天皇皇子）らを崇光天皇護持僧とする。《護持僧記》
2・17　光厳上皇、安楽光院法華八講に御幸する。《松亜記》
2・26　費用不足等により、崇光天皇即位式を七月に延期することにする（実際は十二月に施行）。《園太暦》
2・29　光明上皇、長講堂修正に臨幸する（光厳上皇、病により御幸なし）。《園太暦》
2月「風雅和歌集」完成か。《園太暦》
3・2　光明上皇、持明院殿に還幸し、御燈御禊を行ない、また長講堂に御幸する。《園太暦》
3・6　長講堂彼岸会結願。光厳上皇、これに御幸し、光明上皇は同所より還幸する。《園太暦目録》
3・10　阿野廉子、後醍醐天皇陵に詣で、懐旧の歌を作り宗良親王に寄せる。《新葉和歌集》
3・13　光厳上皇、長講堂八講に御幸する（十七日還幸）。《師守記》
3・24　光厳上皇、病む。《園太暦目録》
3・26　光明上皇、天龍寺に御幸し、ついで西芳寺の桜花を観る（足利尊氏・直義陪従）。《園太暦》
5・10　光厳上皇、長講堂に御幸する。《園太暦目録》
6・1　光明上皇、広義門院、伏見殿より持明院殿に還御する。《師守記》
⑥・3　足利直義と高師直の不和により、京都騒擾する。《園太暦》
⑥・15　足利尊氏、高師直の執事職を罷免し、高師世を執事とする。《建武三年以来記》
7月以前　二条良基、連歌学書「連理秘抄」を著す。《奥書》
7・2　これより先、持明院殿にしばしば盗人あり。この日、光厳上皇、洞院実夏に検非違使別当の怠慢を譴責する。《園太暦》
7・12　光明上皇、持明院殿にて中原師利に「礼記」を講じさせる。《園太暦》
7・19　京都地震。《園太暦》

＊観応《かんのう》　文章博士藤原行光《ゆきみつ》の勘文に「荘子曰、玄古之君、天下無為也、疏曰、以虚通之理、観応物之数、而无為」とある。

8・11 光厳上皇、長講堂彼岸結願に御幸する。《園太暦目録》
8・14 高師直、足利直義の逃れた足利尊氏第を囲む。尊氏、師直の要求により上杉重《しげ》能《よし》・畠山直宗を越前国に配流（のち誅殺）、直義の政務を停め、義詮をこれに代わらしむるを約する。《園太暦》
8・25 夢窓疎石の調停により、足利直義の政務、高師直の執事を復する。《園太暦》
9・9 足利尊氏、義詮に代わり次子基氏《もとうじ》を鎌倉に下す（鎌倉公方の初め）。この日出発。《園太暦》
9・10 足利尊氏、足利直冬討伐を討る。直冬、四国に走り、ついで九州に赴く。《園太暦》
9・11 北朝、伊勢例幣使を発遣する。《園太暦》
9・13 北朝関白・左大臣二条良基、左大臣を辞任。右大臣九条経教を左大臣、内大臣近衛道嗣を右大臣、大納言西園寺公重《きんしげ》を内大臣とする。《公卿補任》
9・29 宣光門院、持明院殿より萩原殿に御幸する（光厳上皇も同殿に御幸）。《園太暦》
10・15 法勝寺火災。《師守記》
10・22 足利義詮、鎌倉より入京する。《師守記》
12・8 足利直義、出家する。《園太暦》
12・14 崇光天皇、即位由奉幣使を発遣する。《園太暦》
12・20 光厳上皇、深草御影堂に御幸する。《園太暦》
12・21 崇光天皇、即位のため内侍所に行幸する。《公卿補任》
12・26 崇光天皇、太政官庁にて即位礼を挙げる（「観応の擾乱〈一三四九〜五二〉」のため大嘗祭中止）。《東山御文庫記録》
この年 「梅松論」成立か（異説あり）。
□7・6九条道教《くじょうみちのり》（関白。左大臣。父は摂政・左大臣九条師教。35）

■正平五年＝観応元年（一三五〇）庚寅

(南)後村上天皇23歳
(北)崇光天皇 17歳
光厳上皇 38歳
光明上皇 30歳

1・18 足利義詮、初めて参内する。《園太暦》
2・3 光厳・光明両上皇、広義門院新御所に御幸する。《園太暦》
2・27 北朝、即位により観応と改元する。《園太暦》
2・29 光厳上皇、深草法華堂に御幸する。《園太暦》
3・18 北朝太政大臣洞院公賢、病により辞

任。《公卿補任》

3・29 光厳上皇、御遊で琵琶を奏する。《園太暦》

5・23 京都地震(このあともしばしば)。《**祇園執行日記**》

6・21 高師泰、足利忠冬追討の院宣を奉じて京都を出発する。《祇園執行日記》

6月 崇光天皇、持明院殿に行幸する。《園太暦》

7・2 京都地震。《園太暦》

7・12 光厳上皇、使を後白河・後鳥羽・後深草三陵に遣わし、地震のことを祈謝する。《園太暦》

7・17 天台座主尊胤法親王(後伏見天皇皇子)、辞任。《祇園執行日記》

7・22 後村上天皇、御願文を水無瀬宮に奉納し、天下の回復を祈る。《後鳥羽院御霊託記》

7・24 北朝、尊円入道親王を天台座主に還補する(三度目)。《園太暦》

8・20 足利義詮・高師直ら、美濃国を平定し、この日、京都に帰る。《園太暦》

8月 光厳・光明両上皇、椎野に御幸し、天龍寺に到る。《天龍寺臨幸私記》

9・11 北朝、戦穢により伊勢例幣使を延引する(三十日追行)。《園太暦》

9・18 光厳上皇、竹林院に御幸する(二十日長講堂へ)。《園太暦目録》

9・25 北朝、勧修寺寛胤法親王を東大寺別当に還補する。《東大寺別当譜》

10・16 足利直冬の九州挙兵の報が京都に届く。《園太暦》

10・19 天下騒乱により、大嘗会・御禊行幸を延引する。《園太暦》

10・26 足利直義、ひそかに京都を出て大和国に走る。《園太暦》

10・28 足利尊氏、直冬追討のため、高師直らを率いて京都を出発する。《園太暦》

11・14 京都地震。《園太暦》

11・16 光厳上皇、足利尊氏の請により、直義追討の院宣を下す。《園太暦》

11・23 足利直義が南朝に降るとの報が京都に届く。《園太暦》

11・29 尊円入道親王、天台座主を辞任。《祇園執行日記》

12・13 足利直義、三ヵ条の和睦条件を示すが、南朝は帰降のみを許す。《観応二年日次記》

12・29 足利尊氏、備前国福岡を出発し、帰京の途につく。《松浦文書》十二日の荷前使の次官の撰定ができず(以降荷前使が行なわれなくなる)。《園太暦》

***祇園執行日記**《ぎおんしぎょうにっき》 祇園社(八坂神社)に伝わる「社家記録」等の総称。「社家記録」は康永二年(一三四三)から応安五年(一三七二)の記事がある。内容は、政治・宗教・社会・経済・文化にわたり、とりわけ、戦国期の法華宗・一向宗の動向を知るうえで貴重史料。

***天子摂関御影**《てんしせっかんみえい》 平安時代後期から鎌倉時代の天皇・摂関・大臣の肖像画集。天子巻の一番目が鳥羽天皇で最後が後醍醐天皇だが、安徳天皇など四天皇はなく、後光厳天皇が混入する。宮内庁書陵部蔵。

***太平記**《たいへいき》 後醍醐天皇即位・討幕計画から鎌倉幕府滅亡、南北朝対立を描いた軍記物語。著者不詳も、南朝方の僧など多くの人によったものとされる。中で高師直に「もし王なくて叶うまじき道理あらば、木を以って造るか、金を以って鋳るかして、生きたる院・国王をば何方《いずかた》へも皆流し捨て奉らばや」と言わせている。

この年　長助法親王（後伏見天皇皇子）を園城寺長吏に還補する。《僧官補任》
●この頃までに藤原為信・豪信、「**天子摂関御影**」三巻を描く。
□2・23坊城《ぼうじょう》俊実《としざね》（参議。坊城家の祖。55）、3・2玄慧《げんえ》（天台宗学僧。後醍醐天皇侍読。生年不詳）、4・8卜部《うらべ》（吉田）兼好《けんこう》（「徒然草」作者。68）、6・28大炊御門《おおいのみかど》冬信《ふゆのぶ》（内大臣。父は内大臣大炊御門冬氏。42）
●暦応元年（一三三八）～観応元年（一三五〇）、この頃、南北朝内乱期を描いた「**太平記**」成るか。

■正平六年＝観応二年（一三五一）辛卯

㈩後村上天皇24歳
㈱崇光天皇　18歳
光厳上皇　39歳
光明上皇　31歳

1・1　北朝、兵乱により小朝拝・拝礼を中止、節会に出御なく、国栖立楽を中止する。《園太暦》
1・14　京都騒擾。崇光天皇、にわかに土御門殿より持明院殿に遷る。《園太暦》
1・15　桃井直常入京し、足利尊氏軍と戦う（尊氏・義詮ら、丹波国、ついで播磨国に走る）。《園太暦》
1・19　北朝、勅使を派遣し、足利直義の天下静謐を賀す。この日直義、禁裏供御料として銭三万疋を献じる。《園太暦》
2・8　上杉能憲《よしのり》、関東の兵を率いて上洛する。《園太暦》
2・19　京都地震。《皇年代略記》
2・22　北朝、法仁法親王を六勝寺検校とする。《仁和寺御伝》
2・26　上杉能憲、高師直・師泰等を摂津国武庫川辺で殺す。《観応二年日次記》
3・11　幕府、夢窓疎石をして光厳上皇に謁し、両朝講和につき奏せしむ。《園太暦》
3・15　光厳・光明両上皇、持明院殿より今出川公直の菊亭に移る。《園太暦》
3・30　崇光天皇、持明院殿より土御門殿に還幸する。光厳・光明両上皇、菊亭より持明院殿に還御する。《門葉記》
4・10　北朝、内大臣西園寺公重、辞任。《公卿補任》
5・2　光厳上皇、病む。《園太暦目録》
5・15　南朝、幕府の和睦案を拒否する。《観応二年日次記》
5月　崇光天皇皇子（栄仁）、誕生する（母は庭田資子）。《伏見宮御系譜》
6・2　この頃、疾疫流行。この日、五畿七道にこれを祈禳させる。《園太暦》
6・26　北朝、大納言花山院《かざんいん》長定《ながさだ》を内大臣と

する。《公卿補任》

7・16 光厳上皇、深草法華堂に御幸する。《園太暦目録》

8・1 足利尊氏・義詮、直義討伐を図る。直義、京都より北国に逃れる。《園太暦》

8・4 南朝、延暦寺衆徒等に勅し、京都に発向し、足利尊氏を討たしめ、戦勝を祈らせる。《観応二年日次記》

8・7 足利尊氏、法勝寺恵鎮を南朝に遣わし降を請うも、後村上天皇、これを許さず。《園太暦》

8・15 光厳上皇、院使を遣わし、夢窓疎石に、夢窓正覚心宗国師号を賜う。《夢窓国師年譜》

8・18 崇光天皇、天下不穏により持明院殿に行幸する。《園太暦》足利尊氏・義詮、直義を討たんと、京都を発して近江に到る。《観応二年日次記》

8・25 足利尊氏・義詮、南朝に奏して、親政を仰ぎ、速やかに京都に還幸されることを請う。《園太暦》

9・6 亀山天皇皇子恒明親王（**常盤井宮**始祖）没（年49）。《園太暦》

9・7 光厳・光明両上皇、天龍寺に御幸し、夢窓疎石の病を見舞う（十九日にも）。《園太暦》

9・11 北朝、費用なきにより伊勢例幣を中止する。《園太暦》

9・12 赤松則祐、護良親王若宮を奉じて播磨国伊川城に戦う（ついで摂津国西部を転戦）。《後藤文書》

10・1 懐良親王軍、肥後国山鹿・関両城を攻略（ついで筑後国へ進む）。《三池文書》

10・2 足利尊氏と直義、近江国興福寺に会し和を計るも不調に終わる。《園太暦》

10・14 足利尊氏・義詮、近江より京都に帰る。《園太暦》

10・24 南朝、足利尊氏・義詮の帰順を許し、後村上天皇、足利直義追討を命じる（南北朝一時和議。光厳上皇の院政停止）。《園太暦》

10・25 懐良親王、筑後国府に進む。《入江文書》

11・4 足利尊氏、直義追討のため京都を出発し関東へ向かう。《園太暦》

11・7 後村上天皇、北朝の天皇（崇光）・皇太子（直仁《なおひと》親王）・年号（観応）の廃止を宣言する（正平一統。北畠親房は准后の宣旨を受け、輦に乗って宮中に出入りしたといわれる。しかし、後村上天皇入京前に和平が崩れ、天皇は賀名生に帰ることになる）。《園太暦》

11・11 後村上天皇の勅旨により、この年十

＊**常盤井《ときわいの》宮《みや》** 亀山天皇末子恒明親王は、父の鍾愛を受け、その遺詔により後二条天皇の後継として大覚寺統の皇嗣と定められたが、皇位に即くことはなかった。しかし、その子孫は代々常盤井宮を称し、大覚寺統の宮家の一つとして約二百五十年間、室町時代後期まで存続した。常盤井宮の名は、亀山法皇から昭訓門院を経て恒明親王に伝領された常盤井殿に因む。

＊**夢《む》窓《そう》疎《そ》石《せき》**（一二七五～一三五一） 宇多天皇九世孫。天台・真言を修学、のち禅宗に帰し、甲斐恵林寺・天龍寺などを開き、南禅寺住持などをつとめる。後醍醐天皇等から篤信を受け、七代の天皇から国師号を贈られる。

月還補の尊円入道親王の天台座主を辞職させる。《華頂要略》

11・13 洞院公賢を左大臣とする。《公卿補任》

11・15 足利直義、鎌倉に入る。《鶴岡社務記録》

12・23 南朝、北朝の鏡・剣璽を回収する。《園太暦》

12・28 南朝、賀名生の皇居で内侍所神楽を行なう。▼光明上皇、出家する（先の太上天皇尊号宣下を否認し、この日、光明・崇光上皇に改めて尊号宣下）。▼これより先、後醍醐天皇後宮阿野廉子を皇太后とし、この日、院号を新侍賢門院とする。▼この頃、京都の公卿ら多く賀名生の南朝に参じる。《園太暦》前左大臣二条師基を関白とし（辞職は不明）、前太政大臣久我長通を還任する。《公卿補任》

□8・28度会家行《わたらいいえゆき》（伊勢外宮神官。伊勢神道大成者。一三六二年没年説も）、9・19花《か》山院長定《ざんいんながさだ》（内大臣。父は右大臣花山院家定。35）、9・30**夢窓疎石**（臨済宗僧。77）

■正平七年＝文和元年（一三五二）壬辰

(南)後村上天皇25歳
(北)後光厳天皇15歳
光厳上皇 40歳
光明法皇 32歳
崇光上皇 19歳

1・1 後村上天皇、賀名生《あのう》の皇居にて四方拝を行なう。《園太暦》

1・5 足利尊氏、直義と和し、鎌倉に入る。《鶴岡社務記録》

1・8 宮中真言院において、南朝文観の主導で後七日御修法《みしほ》が行なわれる（十四日まで）。《東寺百合文書》

2・1 後二条天皇皇后長楽門院（徳大寺忻子）没（年70）。《女院小伝》

2・11 後醍醐天皇皇女祥子内親王、塔尾山陵に詣でる。《新葉和歌集》

2・26 後村上天皇、賀名生より住吉へ出発。この日、河内国東条に到着する。《園太暦》足利尊氏、鎌倉で直義を毒殺する（観応擾乱の終り）。《太平記》

2・28 後村上天皇、住吉に行幸、住吉社神主津守国夏の住江殿を行宮とする（閏二月十五日まで）。《園太暦》

②・6 宗良親王を征夷大将軍とする。《系図纂要》

②・15 後村上天皇、住吉を発し、天王寺に行幸する。《園太暦》

②・18 新田義宗・義興ら、征夷大将軍宗良親王を奉じて上野国に挙兵、足利尊氏を逐い、この日、鎌倉に入る。《園太暦》

②・19 後村上天皇、四天王寺より石清水八幡宮に行幸する。《園太暦》
②・20 後村上天皇、北畠顕能・楠木正儀らに京都を急襲させ、足利義詮を近江に逐う（二十一日、光厳上皇・光明法皇・崇光上皇および皇太子直仁親王を石清水に迎える）。《園太暦》
②・23 足利義詮、公武の和が破れたため、再び観応の年号を用いる。《朽木文書》
②・28 宗良親王・新田義宗ら、武蔵国小手指《こてさし》原ほかで足利尊氏軍に敗れる。《古証文》
3・3 南朝、三上皇・皇太子直仁親王を河内国東条に移す。《園太暦》
3・11 足利尊氏、再び観応の年号を用いる。《鎌倉大日記》
3・12 足利尊氏、鎌倉を回復する。《鶴岡社務記録》
3・15 足利義詮、京都を奪還する。《祇園執行日記》
3・21 足利義詮、陣を東寺に移し、石清水行宮を攻撃する（ついで宇治・山崎ほかで合戦）。《園太暦》
5・11 足利義詮、石清水行宮を攻め陥落させる（後村上天皇、かろうじて脱出し、賀名生に還る）。《園太暦》
6・2 南朝、三上皇・皇太子直仁親王を賀名生に移す。《園太暦》
6・19 これより先、足利義詮、光厳上皇皇子（弥仁。後光厳天皇）を皇位に即け、政を聴きたまわんことを広義門院に請う。この日、女院、皇子の践祚を許す。《園太暦》
6・21 尊胤法親王、ひそかに賀名生を逃れ、京都に還る。《園太暦》
6・25 広義門院、二条良基を旧のごとく関白とし、権に天下の政務をとらしめる（ついで良基、女院の旨を奉じ、近衛基嗣・一条経通・鷹司師平等と践祚の儀を議す）。《匡遠宿禰記》
6・26 広義門院の仰せにより、尊円入道親王を天台座主に還補する。《華頂要略》
6・27 足利義詮、官位・年号等の正平の制を停め観応の旧に復することを広義門院に奏請する。《匡遠宿禰記》
8・8 光厳上皇、賀名生にて落飾する。《園太暦》
8・11 後深草天皇皇女陽徳門院（媖子内親王）没（年65）。《女院次第》

北朝第四代 後《ご》光《こう》厳《ごん》天皇

8・17 光厳上皇第二皇子、持明院殿より土御門東洞院殿に入り元服、名を弥仁《いやひと》とし、その祖母広義門院を「治天の君」として「太

＊匡遠宿禰記《ただとおすくねき》 官務家小槻匡遠《おづきただとお》（？～一三六六）の日記。
＊後光厳天皇《ごこうごんてんのう》（一三三八～七四） 名は弥仁《いやひと》。光厳天皇第二皇子。母は三条公秀《きんひで》女藤原秀子《しゅうし》（陽禄門院）。正平七年＝観応三年（一三五二）元服、即日践祚。同八年＝文和二年即位。建徳二年＝応安四年（一三七一）譲位、太上天皇尊号宣下。文中三年＝応安七年（一三七四）出家、同日崩御。陵は深草北《ふかくさのきた》陵。追号は遺勅によるといわれるも不明。皇子女に後円融天皇（母は紀仲子）のほか亮仁・行助・覚叡・永助・堯仁・覚増・道円・寛守・明承・寛教・聖助・堯性の各親王、治子・見子の各内親王など。「世を治め民をあはれむまことあらば天つ日嗣《ひつぎ》の末もかぎらじ」が「新拾遺和歌集」に収録されている。
＊文和《ぶんな》 式部大輔菅原在淳《ありあつ》の勘文に「唐紀（「旧唐書」順宗紀）曰、叡哲温文、寛和仁恵」、菅原在成《ありしげ》の勘文に「呉志（「三国志」呉志巻二、孫権伝）曰、文和於内、武信于外」とある。
＊兼綱公記《かねつなこうき》 准大臣広橋兼綱（一三一五～八一）の日記。

上天皇の詔」により即日践祚（**後光厳天皇**）。親王宣下なし。神器なきためその容器の小唐櫃で代用。政務は関白二条良基が執る。北朝再建。このときの践祚記録が「後光厳院御践祚記」で、宇多天皇から後光厳天皇までの践祚部類記が「践祚部類鈔」）。《後光厳院御践祚記》

9・11 北朝、費用なきにより伊勢例幣の沙汰なし。《園太暦》

9・27 北朝、代始により観応から**文和**に改元する。《実夏公記》

10・9 北朝、聖珍法親王（伏見天皇皇子）を東大寺別当とする（三度目）。《東大寺別当次第》

10・11 尊円入道親王（伏見天皇皇子）、天台座主を辞任。《天台座主記》

10・14 北朝、尊胤法親王（後伏見天皇皇子）を天台座主に還補する（四度目）。《園太暦》

10・25 仁和寺法仁法親王（後醍醐天皇皇子。母は藤原為道女）没（年28）。《仁和寺御伝》

10・29 北朝、後光厳天皇生母三条秀子を准三宮とし、院号を陽禄門院とする。《園太暦》

11・12 陽禄門院、落飾する。▼足利直冬、長門国豊田城に敗走する（ついで南朝に帰順）。《園太暦》

11・13 亀山天皇皇子益性《やくしょう》法親王（母不詳）没（生年不詳）。《華頂要略》

11・15 尊円入道親王、十五歳の後光厳天皇のため書道の秘説をまとめ、この日、読書始につづく手習始に進覧する（これが「入《じゅ》木抄《ぼくしょう》」）。《華頂要略》

11・21 北朝、新嘗祭を中止する。《園太暦》

11・27 北朝、元大納言正親町三条公秀《きんひで》を内大臣とする。《公卿補任》

11・28 後光厳天皇生母陽禄門院（三条秀子）没（年42）。《兼綱公記》

12月 尊円入道親王、「**門葉記**」を撰進する。《端書》

この冬 後村上天皇、北畠親房に勅し、後醍醐天皇御撰年中行事を書写させ、自ら校合する。《建武年中行事》

□5・11 四条隆資《しじょうたかすけ》（後醍醐政権の有力公卿。南朝権大納言。61）、8・13 近衛経忠《このえつねただ》（建武新政で左大臣。北朝光明天皇践祚のとき関白。父は関白近衛家平。51）

■**正平八年＝文和二年（一三五三）癸巳**

(南)後村上天皇26歳
(北)後光厳天皇16歳
光厳法皇 41歳
光明法皇 33歳
崇光上皇 20歳

1・1 北朝、諒闇により小朝拝を中止する。

＊**門葉記** 一二世紀から一五世紀までの天台宗青蓮院に関する記録集成。尊円入道親王（一二九八〜一三五六）撰。江戸時代に尊純・尊真両親王が増補。

《園太暦》
1・8 南朝、吉田宗房を勅勘とする。《園太暦》
1・29 仁和寺源性入道親王（花園天皇皇子）没（年27）。《仁和寺御伝》
2・4 仙洞御所持明院殿火災により、広義門院・徽安《きあんもんいん》門院、今出川公直第に避難する（以後仙洞御所なし。近世初頭まで廷臣の諸邸を利用）。《園太暦》
5・20 足利尊氏、北条時行らを相模国龍ノ口に斬る。《鶴岡社務記録》
6・6 南朝軍が京都に迫り、後光厳天皇、二条良基の押小路第に遷る（ついで延暦寺へ遷る）。《園太暦》
6・9 楠木正儀ら、京都を回復。足利義詮、近江国坂本に逃れる（この日より京都、正平年号を用いる）。《園太暦》
6・13 足利義詮、後光厳天皇を奉じて近江国から美濃国垂井に至り、小島を行宮とする。《園太暦》
6・21 南朝、洞院公賢を太政大臣とし、この日、京都のことを沙汰せしむ。《園太暦》
6・24 京都、盗賊横行。《園太暦》
7・2 北朝内大臣正親町三条公秀、辞任。《公卿補任》
7・10 足利義詮、美濃国小島を発し、京都へ向かう。《園太暦》
7・16 後光厳天皇、勅使を鎌倉に遣わし、足利尊氏に上京を促す。《園太暦》
7・20 後光厳天皇、小島行宮より宸筆願文を伊勢神宮に奉納する。《園太暦》
7・26 足利義詮、上洛して常在光院に入る（京都、また文和の年号を使用）。《園太暦》
7・28 楠木正儀が河内国、山名時氏が但馬国に帰る。《園太暦》
7・29 足利尊氏、鎌倉より京都に向かう。《鶴岡社務記録》
8・25 後光厳天皇、行宮を小島から垂井《たるい》に移す（在京公卿を召す）。《園太暦》
9・3 足利尊氏、垂井の天皇に拝謁する（十二日にも）。《小島のすさみ》
9・11 北朝、伊勢例幣のことにつき沙汰なし。《園太暦》
9・12 足利義詮、垂井行宮の後光厳天皇に拝謁する。《園太暦》
9・17 後光厳天皇、垂井を出発し、近江国大覚寺に到る（ついで敏満寺を経て、十九日石山寺へ）。《小島のすさみ》
9・21 足利尊氏・義詮、後光厳天皇を奉じて京都に入る（天皇、土御門内裏に還幸）。《園太暦》
11・8 越後国小国城が陥落。宗良親王・新

＊小島《おじま》のすさみ　北朝の関白・摂政二条良基（一三二〇〜八八）の仮名日記。原本はなし。「小島の口ずさみ」「小島口遊」などとも。

田義宗らが逃れる。《三浦和田文書》
12・27　後光厳天皇、太政官庁にて即位礼を挙げる（伊勢路が通じず、即位由奉幣使を発遣せず）。《公卿補任》
この年　南朝、賀名生の皇居にて千首和歌御会を行なう。《新葉和歌集》
□7・27柳原資明《やなぎわらすけあき》（権大納言。父は日野俊光。柳原家始祖。57）、8・6鷹司師平《たかつかさもろひら》（関白。右大臣。父は摂政・関白・太政大臣鷹司冬平。44）、8・27久我《こが》長通《ながみち》（太政大臣。父は太政大臣久我通雄。74）

■正平九年＝文和三年（一三五四）甲午

(南)後村上天皇27歳
(北)後光厳天皇17歳
光厳法皇　42歳
光明法皇　34歳
崇光上皇　21歳

2・24　足利尊氏、北朝に参内、拝謁する。《将軍参内参仕記》
3・17　後宇多天皇皇子性勝《しょうしょう》入道親王（母は橋本実俊女）没（生年不詳。墓は大覚寺宮墓地）。《諸寺院上申》
3・22　光厳・光明両法皇と崇光上皇、賀名生より河内国金剛寺に移る（観蔵院着御）。《真言諸寺院記》
4・17　准三宮北畠親房、賀名生にて没。《常楽記》
9・13　北朝、尊胤法親王などを後光厳天皇の護持僧とする。《護持僧補任》
9・23　宗良親王、自ら軍を監督、千種顕経・新田義宗らと越後国宇加地城を攻める。《三浦和田文書》
9・28　北朝、聖珍法親王を東寺長者とする。《東寺長者補任》
10・28　後村上天皇、賀名生から河内天野に行幸、金剛寺を行宮とする。《薄草子《うすぞうし》口決《くけつ》》
⑩・28　後光厳天皇、大嘗祭のため禊を行なう。《皇年代私記》
11・4　これより先、京都地震。《園太暦》
11・16　後光厳天皇、大嘗祭を行なう。《園太暦》
12・23　足利尊氏、後醍醐天皇以下の慰霊のため、一切経を書写し等持院に納め、供養する（のち園城寺に奉納）。《三井続燈記》
12・24　南軍足利直冬らが京都に迫ったため、この日、尊氏、後光厳天皇を奉じて近江国武佐《むさ》寺に走る。《柳原家記録》
12月　南朝、天野の皇居にて内侍所御神楽を行なう。《御神楽部類》
この年　亀山天皇皇曾孫・全仁親王王子（満仁親王）、誕生する。《本朝皇胤紹運録》
□4・8近衛《このえ》基嗣《もとつぐ》（関白。左大臣。父は左大臣近衛経平。50)、4・17北畠親房（公卿。62)

■**正平十年＝文和四年（一三五五）乙未**

(南)後村上天皇28歳
(北)後光厳天皇18歳
光厳法皇 43歳
光明法皇 35歳
崇光上皇 22歳

1・1 後光厳天皇、京都にいないため、年首の朝儀を行なわず。《園太暦》

1・16 桃井直常ら南朝軍が入京（この日以後、京都、正平の年号を使用）。《園太暦》

1・21 後光厳天皇、近江国成就寺に遷る。《賢俊僧正日記》

1・22 足利直冬・山名時氏ら入京。足利尊氏は比叡山に到る。《建武三年以来記》

2・7 後光厳天皇、足利尊氏の奏請により、成就寺を出る（八日、東坂本二宮彼岸所に行幸し、十四日、禰宜成国の第に遷る）。《賢俊僧正日記》

2・15 南北両軍、京都に戦うも、勝敗決せず。《園太暦》

3・12 幕府軍、京都に南朝軍を破る（十三日、足利義詮入京。南朝軍は八幡に退く。京都、文和の年号を使用）。《園太暦》

3・28 後光厳天皇、京都に還り、土御門内裏に入る。《園太暦》

4・29 邦良親王王子康仁親王没（年36）。《園太暦》

6・9 後光厳天皇、東坊条長綱より「史記」五帝本紀の進講を受ける。《菅儒侍読年譜》

7・26 群盗、禁中に乱入する。《園太暦》

8・8 光明法皇、天野より伏見殿に還御する（ついで保安《ほうあん》寺に御幸）。《園太暦》

8・18 懐良親王、菊池武澄らを率い肥前に向かい、ついに国府に入る。《木屋文書》

8・20 光厳法皇皇子を親王とし、名を尊敦《たかあつ》と賜う（翌日、仁和寺に出家、恵仁、ついで尊朝と名のる）。《園太暦》

8・26 後宇多天皇後宮西華門院（久我基子）没（年87）。《女院次第》

8・29 光明法皇、深草金剛寿院に移る。《園太暦》

9・1 懐良親王、菊池武澄等を率いて肥前小城城を攻める。《木屋文書》

9・9 北朝、日吉神輿・春日神木動座により、重陽詩歌御会を中止する。《園太暦》

9・11 北朝、伊勢例幣を中止する。《園太暦》

10・2 懐良親王、豊後国日田《ひた》に向かう（ついで筑前国博多に進む。一色道猷・直氏父子、長門国に逃れ、その後、京都に帰る）。《木屋文書》

＊**北畠親房**《きたばたけちかふさ》（一二九三〜一三五四） 大納言・准大臣・参議・准三宮。後醍醐天皇の信任厚く、世良親王の養育を委ねられる。元徳二年（一三三〇）世良親王死去に殉じて出家。建武三年（一三三六）後醍醐天皇の近江坂本への行幸に供奉。延元三年＝暦応元年（一三三八）には義良親王・宗良親王を奉じて東国に向かうも暴風雨にあい常陸東条浦に上陸し、各地を転戦。興国四年＝康永二年（一三四三）吉野に帰り、後醍醐天皇崩御後は南朝の中心的存在となり、一時は京都を奪還したが、正平七年＝文和元年（一三五二）賀名生に帰り、同九年＝同三年、この地に没した。著書に「神皇正統記」「職原抄」「元元集」など。

＊**後深心院関白記**《ごしんしんいんかんぱくき》 関白近衛道嗣《みちつぐ》（一三三二〜八七）の日記。追号「後深心院」から題名となる。別名は「愚管記《ぐかんき》」。正平十一年＝延文元年（一三五六）から弘和三年＝永徳三年（一三八三）の原本が陽明文庫に所蔵されている。後光厳・後円融両天皇および後小松天皇初期の貴重な記録。

10・28 後光厳天皇、青蓮院尊円入道親王より伝法灌頂を受ける《園太暦》

11・6 北朝、尊道入道親王を天台座主とする。《園太暦》

11・18 京都地震。《園太暦》

11・21 北朝、幣料なきにより新嘗祭を中止する。《園太暦》

この年 後光厳天皇皇子（亮仁親王）、誕生する（母は右衛門佐局）。《後愚昧記》北朝、覚誉入道親王を園城寺長吏とする。《寺門伝記補録》尊円入道親王、後光厳天皇の勅旨を奉じて、僧の官職に関する「釈家官班《しゃっけかんぱん》記《き》」を撰進する。《奥書》倭寇、高麗全羅道を侵す（この頃より一五世紀初め頃まで倭寇の朝鮮および大陸への侵出さかん）。《高麗史ほか》

■正平十一年＝延文元年（一三五六）丙申

(南)後村上天皇29歳
(北)後光厳天皇19歳
光厳法皇 44歳
光明法皇 36歳
崇光上皇 23歳

1・1 北朝、四方拝を行なうも、春日神木動座により小朝拝等を中止する。**《後深心院関白記》**

1・5 北朝、尊円入道親王を四天王寺別当とする。《僧官補任》

1・6 北朝、順徳天皇曽孫善成王に源姓を賜う。《公卿補任》

3・25 北朝関白二条良基、「菟玖波集《つくばしゅう》」（連歌集）を撰進する。《序》

3・28 北朝、兵革により**延文**と改元する。《後深心院関白記》

5・1 後光厳天皇、病む（二十二日より瘧病の症状）。《園太暦》

5・9 京都地震（以後もしばしば）。《後深心院関白記》

6・11 足利尊氏の執奏により、後光厳天皇、前権大納言二条為定に和歌撰進（「新千載和歌集」）の勅を下す。《園太暦》

6・18 後光厳天皇、病む。《柳原家記録》

6・28 北朝、聖珍法親王の東寺一長者を止める。《東寺長者補任》

7・21 北朝、権大納言久我通相《みちすけ》を内大臣とする。《公卿補任》

8・25 後光厳天皇、公卿に勅し、百首和歌を詠進させる（「延文百首」）。《園太暦》

8・28 尊円入道親王、青蓮院門跡を尊道入道親王に譲る。《門葉記》

9・11 北朝、伊勢例幣を中止する。《園太暦》

9・23 伏見天皇皇子**尊円入道親王**没。《諸門跡譜》

＊**延文**《えんぶん》 文章博士藤原忠光の勘申による。出典は「漢書」儒林伝の「延文学儒者数百人」。

＊**尊円入道親王**《そんえんにゅうどうしんのう》（一二九八～一三五六） 伏見天皇第五皇子。母は修理大夫三善俊衡女。延慶三年（一三一〇）親王宣下。応長元年（一三一一）出家。天台座主に三度就任。その書は青蓮院流（御家流）の流祖として名高く、著書に「入木口伝抄」「門葉記」「拾玉集」などがある。墓は善峯寺内。

10・1 北朝、尊悟法親王を天王寺別当とする。《僧官補任》盗人、禁中に入る。《後深心院関白記》

10・20 光厳法皇、崇光上皇に琵琶の奥蹟を授ける。《御琵琶御伝業宸記》

10・23 尊胤法親王、病により護持僧を辞任。この日、尊道入道親王を護持僧とする。《門葉記》

11・1 京都、盗賊多し。この夜、関白二条良基の第に入る。《園太暦》

11・6 光厳法皇、天野行宮にて僧覚明より禅衣を受ける（ついで徽安門院が出家）。《園太暦》

12・28 恒明親王王子（仁誉法親王）、聖護院覚誉入道親王の室に入る。《諸門跡伝》

この年 北朝、寛胤法親王を東大寺別当とする。《東寺文書》

■正平十二年＝延文二年（一三五七）丁酉

(南)後村上天皇30歳
(北)後光厳天皇20歳
光厳法皇45歳
光明法皇37歳
崇光上皇24歳

1・1 北朝、東大寺八幡宮神輿在洛・春日神木動座により、小朝拝等を中止する。《園太暦》

1・24 北朝侍読東坊城長綱、後光厳天皇に「貞観政要」を授ける。《菅儒侍読年譜》

2・18 光厳法皇・崇光上皇および皇太子直仁親王が、河内国金剛寺より京都に還御する（法皇は深草金剛寿院、上皇は伏見殿へ。このとき、崇光上皇の系統が皇統につくのを断念する誓いを立てさせられて解放されたともいう）。《満済准后日記》

4・6 光厳法皇、瘧をわずらう。《園太暦》

4・29 後光厳天皇、御琵琶始を行なう。《伏見宮記録》

5月 後村上天皇、河内国観心寺に行幸する。《観心寺文書》

7・5 近畿地震。《柳原家記録》

7・18 崇光上皇、六条長講堂・深草法華堂に御幸する。《園太暦》

7・29 足利義詮、参内する。《園太暦》

⑦・11 北朝、「菟玖波集」を勅撰に准じる。《園太暦》

⑦・22 後伏見天皇女御**広義門院**（西園寺寧子）、伏見殿にて没。《園太暦》

9・9 邦良親王王子邦世《くによ》を親王とする。《園太暦》

9・11 北朝、伊勢例幣を中止する。《園太暦》

9月 新待賢門院、落飾する。《新待賢門院七七忌御願文》

＊**満済准后日記**《まんさいじゅごうにっき》 真言宗満済（一三七八〜一四三五）の日記。満済は藤原師冬の子で足利義満猶子。正長元年（一四二八）に准三宮宣旨を受けたことにより題名となる。応永十八年（一四一一）から永享七年（一四三五）までが伝わるが欠失が多い。将軍義教の信頼篤く「黒衣の宰相」といわれ、記述は幕政の秘密事項から市中の噂話まで多岐にわたり、当時の幕政・朝廷・世相を知るための貴重史料。

＊**広義門院**《こうぎもんいん》（一二九二〜一三五七） 西園寺寧子。父は左大臣西園寺公衡、母は従一位藤原兼子。徳治元年（一三〇六）後伏見上皇女御となる。延慶元年（一三〇八）花園天皇准母として准三宮となり、院号宣下を受ける。光厳・光明両天皇、景仁親王、珣子・兼子両内親王をもうける。のち北朝存続のため、「治天の君」として後光厳天皇践祚に大きな役割を果たした。延元元年＝建武三年（一三三六）落飾。

＊**徽安門院**《きあんもんいん》（一三一八〜五八） 寿子内親王。花園天皇第二皇女。光厳天皇妃。母は大納言正親町実明

11・15 北朝、新嘗祭について沙汰なし。《続史愚抄》

この年より応安五年（一三七二）まで、二条良基「筑波問答」（連歌学書）成る。

□10・9文観《もんかん》（真言宗僧。後醍醐天皇の討幕運動に参画。80）

■**正平十三年＝延文三年（一三五八）戊戌**

(南)後村上天皇31歳
(北)後光厳天皇21歳
光厳法皇　46歳
光明法皇　38歳
崇光上皇　25歳

1・1 北朝、東大寺八幡宮神輿の在洛により、小朝拝等を中止する。《後深心院関白記》

1・20 北朝侍読東坊城長綱、「史記」孝文本紀を後光厳天皇に授ける。《菅儒侍読年譜》

3・13 崇光上皇、六条長講堂に御幸する。《後深心院関白記》

4・2 光厳天皇妃**徽安門院**（花園天皇皇女寿子内親王）没。《後深心院関白記》

4・30 室町幕府初代将軍足利尊氏没。《公卿補任》

6・3 北朝、故足利尊氏に左大臣従一位を贈る。《公卿補任》

8・14 後光厳天皇、御笙始を行なう。《園太暦》

8・21 崇光上皇、権大納言正親町忠季に琵琶の秘曲を授ける。《園太暦》

8・27 光厳法皇、病む（十月二日平癒）。《後深心院関白記》

9・4 崇光上皇、香林寺に御幸する。《後深心院関白記》

9・11 北朝、費用なきにより伊勢例幣を中止する。《後深心院関白記》

10・3 崇光上皇、西芳寺に御幸する。《後深心院関白記》

10・22 後光厳天皇、左近衛大将鷹司冬通に命じ、左近桜を植え替えさせる。《後深心院関白記》

11・20 北朝、新嘗祭の沙汰なし。《続史愚抄》

12・8 足利義詮を征夷大将軍とする（室町幕府第二代将軍）。《公卿補任》

12・12 後光厳天皇皇子（緒仁《おひと》。後円融天皇）、誕生する（母は広橋仲子）。《本朝皇胤紹運録》

12・29 北朝関白二条良基、辞任。左大臣九条経教を関白・氏長者・内覧とする。《公卿補任》尊道入道親王、天台座主を辞任、桓豪僧正補任。《後深心院関白記》

12月 懐良親王、豊後国狭間《はざま》に進む。《志賀文書》

この年 崇光上皇皇子（興信法親王）、誕生

女実子（宣光門院）。延元二年＝建武四年（一三三七）内親王・准三宮・院号宣下。「風雅和歌集」では、光厳天皇に次ぐ歌数が収められる。

する（母は庭田資子）。《椿葉記》

□4・30足利尊氏（室町幕府初代将軍。54）、8・19洞院実世《とういんさねよ》（南朝左大臣。父は太政大臣洞院公賢。51）

■正平十四年＝延文四年（一三五九）己亥

(南)後村上天皇32歳
(北)後光厳天皇22歳
光厳法皇47歳
光明法皇39歳
崇光上皇26歳

1・1 北朝、東大寺八幡宮神輿の在洛により、四方拝・小朝拝等を中止する。《園太暦》

1・18 洞院公賢、自著「歴代最要抄」を後光厳天皇に献じる。《園太暦》

1・24 東坊城長綱、「史記」五帝本紀を後光厳天皇に進講する。《菅儒侍読年譜》

1・27 後光厳天皇、御遊にて笙を奏する。《園太暦》

2・4 幣料なきにより、祈年祭等を延期する。《後深心院関白記》

3・12 崇光上皇、長講堂に御幸する（翌日、伏見殿に還御）。《後深心院関白記》

3・13 北朝、右大臣近衛道嗣を一上とする。《後深心院関白記》

4・19 青蓮院門主祐助法親王没（年58）。《青蓮院門跡皇族御伝》

4・28 後光厳天皇、豊原惟秋より笙の秘曲を受ける。▼前権大納言二条為定、「新千載和歌集」四季部を撰進する。《園太暦》

4・29 後醍醐天皇後宮新待賢門院（阿野廉子）没。《園太暦》

5・2 後伏見天皇皇子尊胤法親王没（年54）。《後深心院関白記》

6・1 後光厳天皇、連句を近衛道嗣に添削させる。《後深心院関白記》

7・29 伏見天皇皇子尊悟入道親王没（年59）。《後深心院関白記》

8・6 征西将軍宮懐良親王を奉じる菊池武光軍と少弐頼尚《よりひさ》率いる北朝軍が、筑後川流域で戦う（頼尚敗退。しかし南朝方の一方的勝利ではなかったとされる）。《木屋文書》

8・12 後光厳天皇、琵琶始を行なう。《伏見宮記録》

8・16 北朝、承胤法親王を四天王寺別当とする。《後深心院関白記》

11・14 北朝、新嘗祭を延引する（ついで追行）。《園太暦》

12・23 後村上天皇、金剛寺より河内国観心寺に遷幸する。《金剛寺聖教類聚書集》

■正平十五年＝延文五年（一三六〇）庚子

(南)後村上天皇33歳
(北)後光厳天皇23歳

＊椿葉記《ちんようき》 貞成《さだふさ》親王（後崇光院）著。持明院・大覚寺両統分裂以降の皇統の歴史を崇光流の立場から描き、天皇としての修養・心構えを説いたもの。

＊足利尊氏《あしかがたかうじ》（一三〇五〜五八） 室町幕府初代将軍。初名は高氏だったが、建武新政権の功により、後醍醐天皇の名尊治から一字を賜わり尊氏と改名。のち建武政権にそむき、光明天皇を擁立し、延元三年＝暦応元年（一三三八）に征夷大将軍となり室町幕府を開く。これにより後醍醐天皇は吉野に逃れ、南北朝分立となる。天皇崩御後は、その冥福を祈るため、天龍寺を創建した。

＊歴代最要抄《れきだいさいようしょう》 「皇代略」とも。洞院公賢《とういんきんかた》（一二九一〜一三六〇）著。のち甘露寺親長が増補。神代から後土御門天皇の文明九年（一四七七）までを記したもの。江戸時代に、増補したものを含めて、徳川光圀が「歴代皇紀」と名づけた。

＊新千載和歌集《しんせんざいわかしゅう》 第十八番目の勅撰和歌集で、初めて武家（足利尊氏）の発議による勅撰和歌集。二条為定撰。二千三百六十五首入集も、

光厳法皇　48歳
光明法皇　40歳
崇光上皇　27歳
1・1　兵革・東大寺八幡宮神輿在洛により、北朝、小朝拝等を中止する。《後深心院関白記》
2・4　幣料欠乏により、北朝、祈年祭を中止する。《後深心院関白記》
3・17　畠山国清、河内国金剛寺を焼く。《天野山金剛寺古記》
4・25　興良親王（赤松宮）、叛して賀名生を攻めるも敗れる。《大乗院日記目録》
④・10　畠山国清、高野山を陥れる。《北河原森本文書》
④・24　後光厳天皇、疾疫流行により、改元を近衛道嗣に諮る（ついで北朝、疾疫祈禳のため四角四堺鬼気祭を行なう）。《後深心院関白記》
5・8　北朝、神祇権大副大中臣親世を伊勢神宮に発遣し、天下泰平を祈る。《伏見宮記録》
5・9　細川清氏ら幕府軍、楠木正儀らを河内国赤坂城に攻略する（後村上天皇、観音寺に行幸）。《太平記》
6・7　北朝、「元亨釈書」を大蔵に入れ、天下に流伝するを勅許する。《後深心院関白記》
6・27　土御門内裏泉殿成る。《後深心院関白記》
9・5　花園天皇後宮宣光門院（正親町実子）没（年64）。《女院次第》
9・30　北朝左大臣九条経教・内大臣久我通相、辞任。右大臣近衛道嗣を左大臣、権大納言鷹司冬通を右大臣、権大納言三条公忠を内大臣とする。《公卿補任》
9月　後村上天皇、観心寺より摂津国住吉社に行幸する（以後、ここを行宮とする。ついで宗良親王に勅して西上を促す〈果たせず〉）。《新葉和歌集》
11・22　後光厳天皇、琵琶伝授を受ける。《伏見宮記録》
12・6　後光厳天皇、病む。《後深心院関白記》
この年　長助法親王を園城寺長吏とする（三度目）。《僧官補任》
□3・14　二条為定《にじょうためさだ》（参議。歌人。「続後拾遺和歌集」「新千載和歌集」撰者。68）、4・6**洞院公賢**（公卿。70）、6・8徳大寺《とくだいじ》公《きん》清《きよ》（内大臣。49）

■正平十六年＝康安元年（一三六一）辛丑

(南)後村上天皇34歳
(北)後光厳天皇24歳
光厳法皇　49歳

南朝系歌人は不採用。このあと「新拾遺和歌集」「新後拾遺和歌集」と武家の執奏による勅撰集が続く。

＊**新待賢門院**《しんたいけんもんいん》（一三〇一～五九）阿野廉子。後醍醐天皇後宮。後村上天皇生母。父は藤原（阿野）公廉。母は未詳。後醍醐天皇中宮礼成門院入内のとき上臈として参入し、後村上天皇、恒良・成良各親王、祥子内親王らをもうける。正平六年＝観応二年（一三五一）女院号を受け、同十二年落飾、同十四年河内観心寺にて没。墓は観心寺境内のコウボ坂陵墓参考地、「楠公首塚」と称される五輪塔辺り、境外の檜尾塚陵墓参考地などが考えられている。

＊**洞院公賢**《とういんきんかた》（一二九一～一三六〇）父は左大臣洞院実泰、母は藤原公雄女季子。元徳二年（一三三〇）内大臣に昇るも翌年辞退。元弘三年（一三三三）建武新政府のもとで再び内大臣となるも、翌年、病気により辞任。建武二年（一三三五）従一位・左大臣となる。有職故実に通じ「歴代最要抄」「魚魯《ぎょろ》愚抄《ぐしょう》」などを著わし、日記「園太《えんたい》暦《りゃく》」を記す。

光明法皇　41歳
崇光上皇　28歳

1・1　後光厳天皇、病気により、節会に出御せず。《後深心院関白記》
2・4　後光厳天皇、病気平癒により沐浴する。《後深心院関白記》
2・8　円満院長助法親王（後伏見天皇皇子。母は正親町守子）没（年42、44、48とも）。《三井続燈記》
3・29　北朝、疾疫により康安と改元する。《後深心院関白記》
6・1　崇光上皇、僧阿一を召し、「尚書」を講じさせる。《続史愚抄》
6・6　後光厳天皇、疾病流行により般若心経を書写し、この日、祇園社に奉納する。《進献記録抄纂》
6・21　近畿大地震。四天王寺金堂が転倒、東寺講堂が傾く。また難波などに大津波（七月まで余震）。《後深心院関白記》
8・6　菊池武光、少弐頼国らを破る（征西将軍宮懐良親王、大宰府に入り、征西府を置く）。《深堀文書》
9・23　後光厳天皇、細川清氏が背いたことにより、足利義詮とともに新熊野に遷る（翌日還御）。《後深心院関白記》
10・27　幕府に背いた細川清氏、若狭国で敗れ近江国坂本に走る（ついで南朝に降る）。《柳原家記録》
11・9　北朝、関白九条経教、辞任。左大臣近衛道嗣を関白・氏長者とする。《公卿補任》
12・8　楠木正儀・細川清氏ら南朝軍が京都に迫り、足利義詮、後光厳天皇を奉じ近江国武佐寺に逃れる（二十日間京都を占拠。南朝軍最後の入京）。《後深心院関白記》
12・27　後光厳天皇、坂本に遷幸する。▼足利義詮、京都を回復する（南朝軍、戦わずして京都を退く）。《建武三年以来記》
この年　後光厳天皇皇子（覚叡親王）、誕生する（母は左京大夫局〈藤原氏〉）。《梶井円融房在住親王伝》後村上天皇皇子（師成親王）、誕生する。《新葉和歌集》

■正平十七年＝貞治元年（一三六二）壬寅

(南)後村上天皇35歳
(北)後光厳天皇25歳
光厳法皇　50歳
光明法皇　42歳
崇光上皇　29歳

1・1　後光厳天皇、京都にあらざるにより、元日の儀を行なわず。《続史愚抄》
1・4　後光厳天皇、近江国成就寺より石山寺に遷幸する（五日、比叡山に遷幸）。《後深心院関白記》

＊康安《こうあん》　刑部卿菅原長綱《ながつな》の勘文に「史記正義曰、天下衆事咸得康安、以致天下太平」、勘解由長官《かげゆのかみ》菅原高嗣《たかつぐ》の勘文に「唐紀曰、作治康凱安之舞」とある。
＊貞治《じょうじ》　参議藤原（柳原）忠光《ただみつ》の勘文に「周易曰、利武人之貞、志治也」とある。

1・17　後光厳天皇、伊勢神宮に願文を納め、天下太平・玉体安穏を祈らせる。《伏見宮記録》
2・8　北朝、承胤法親王を天台座主に還補する。《続史愚抄》
2・10　後光厳天皇、比叡山より京都に還幸する（土御門内裏修造のため西園寺実俊の北山第に入る）。《後深心院関白記》
3・29　後光厳天皇皇子（永助法親王）が誕生する（母は広橋仲子）。《門跡譜》
3月　後光厳天皇、二条為明より「古今和歌集」秘説を受ける。《新拾遺和歌集》
4・21　後光厳天皇、北山第より土御門内裏に還幸する。《後深心院関白記》
5・7　光厳天皇後宮宣政門院（後醍醐天皇皇女懽子《きんし》内親王）没（年48）。《続史愚抄》
5・17　京畿大地震。《京都大学所蔵文書》
5・20　後二条天皇皇女寿成門院（媄子内親王）没（年61）。《女院次第》
6・14　赤斑瘡《あかもがさ》流行により、この日、妙顕寺に祈禳させる。《本能寺文書》
7・24　細川頼之、讃岐国白峯《しらみね》に細川清氏を破る（清氏敗死）。《後深心院関白記》
9・1　光厳法皇、法隆寺に御幸する（「太平記」では、ついで吉野に赴き、後村上天皇に会見という）。《太平記》
9・9　北朝、権僧正深守（邦良親王王子）を法親王とする。《後深心院関白記》
9・20　天台座主承胤法親王、辞任（ついで恒鎮法親王を天台座主とする）。《華頂要略》
9・21　菊池武光、斯波氏経・少弐冬資《ふゆすけ》らを筑前国長者原に破る。《深江文書》
9・23　北朝、天変・地妖・兵革により、**貞治**と改元する。▼北朝、右大臣鷹司冬通を一上とする。《後深心院関白記》
9月　足利基氏、伊豆国箱根山に陣し、畠山国清を降す（国清、この年に没）。《太平記》
10・4　関白・左大臣近衛道嗣、左大臣を辞任。《公卿補任》
11・14　北朝、費用なきため、新嘗祭を延引する。《師守記》
12・27　後光厳天皇第一皇子を親王とし、名を尊貞と賜う（ついで妙法院に出家して法名を亮仁とする）。《師守記》この月、内大臣三条公忠、辞任。北朝、右大臣鷹司冬通を左大臣、前内大臣久我通相《みちすけ》を右大臣とする。《公卿補任》
この年　北朝、伊勢内宮の遷宮を中止する。《師守記》

■正平十八年＝貞治二年（一三六三）癸卯

(南)後村上天皇36歳
(北)後光厳天皇26歳

光厳法皇 51歳
光明法皇 43歳
崇光上皇 30歳

1・25 後光厳天皇、東坊城長綱に「史記」孝文帝本紀を進講させる。《菅儒侍読年譜》

1・30 妙法院亮性《りょうしょう》法親王（後伏見天皇皇子）没（年46）。《師守記》

①月 京都疫疾流行。《師守記》

2・7 旱により、伊勢神宮用材を運輸できず。この日、丹生・貴布禰両社に祈雨奉幣使を発遣する。《師守記》

2・29 後光厳天皇、足利義詮の執奏により和歌の撰進を権中納言二条為明に命じる（「新拾遺和歌集」）。《後愚昧記》

3・27 将軍足利義詮、土御門殿に参内する。《後愚昧記》

3・29 北朝、権大納言洞院実夏《さねなつ》を内大臣とする。《公卿補任》

6・16 北朝、関白近衛道嗣、辞任。《続史愚抄》

6・17 石清水八幡宮神人ら、祇園社馬上役のことにつき神輿を奉じて入京する。《後愚昧記》

6・26 北朝、伊勢内宮の仮殿遷宮を行なう。《師守記》

6・27 北朝、二条良基を再度関白・氏長者とする。《公卿補任》

7・22 後光厳天皇、広義門院七周忌仏事の大光明寺に行幸する。《智覚普明国師語録》

7月 光明法皇、西芳寺に御幸する。《本朝歴代法皇外紀》

9・10 この日以前、足利直冬、備前国より逃走。山名時氏、幕府に降る。この日、足利義詮、これを小早川春平に告げる。《小早川家文書》

10・29 後光厳天皇、中殿御会御遊にて笙を奏する。《御遊抄》

12・25 北朝、伊勢内宮に神宝使を発遣する。《迎陽記》

この年 後光厳天皇皇子堯仁親王（母は広橋仲子）・覚増親王（母は右衛門佐局）、誕生する。《妙法院在住親王伝》

□①・25 中院通冬《なかのいんみちふゆ》（大納言。「中院一品記」記主。49）、8・2 正親町三条公秀《おおぎまちさんじょうきんひで》（内大臣。79）、この年日野《ひの》邦光《くにみつ》（南朝方廷臣。44）

■正平十九年＝貞治三年（一三六四）甲辰

(南)後村上天皇 37歳
(北)後光厳天皇 27歳
光厳法皇 52歳
光明法皇 44歳
崇光上皇 31歳

＊**新拾遺和歌集**《しんしゅういわかしゅう》 第十九番目の勅撰和歌集。将軍足利義詮の執奏により後光厳天皇が二条為明に下命。正平十九年＝貞治三年（一三六四）四月、四季部を総覧したものの、十月に為明が病没。頓阿が助成して十二月に完成。南朝系歌人は入首せず。

＊**山国陵**《やまくにのみささぎ》 京都市右京区（旧北桑田郡京北町）大字井戸字丸山に所在。常照皇寺《じょうしょうこうじ》の境内。幕末修陵の際、山国陵として修補された。

1・5　後光厳天皇皇女を内親王とし、名を治子と賜う。《後深心院関白記》
2・4　幣料なきにより、北朝、祈年祭を延期する。《師守記》
2・16　伊勢内宮の遷宮が行なわれる。《貞治三年内宮遷宮記》
2・19　北朝内大臣洞院実夏、辞任。《公卿補任》
3・7　後光厳天皇、御遊始で笙を奏する。《後愚昧記》
3・14　北朝、権大納言西園寺実俊を内大臣とする。《公卿補任》
4・20　北朝、民部卿二条為明、「**新拾遺和歌集**」四季部を奏進する。《拾芥抄》
6・9　霖雨・洪水。北朝、止雨奉幣使を丹生・貴布禰両社に発遣する。《師守記》
6・28　崇光上皇、琵琶蘇合香第四帖を、栄仁親王に授ける。《伏見宮記録》
7・7　光厳法皇、丹波国常照寺（前年、ここに移る）にて崩御（追号は「光厳院」。葬儀は簡略にと遺勅）。《師守記》
7・8　北朝、光厳法皇を常照寺後山に火葬する（**山国陵**）。光明法皇これに御幸する。《迎陽記》
8・12　後光厳天皇、光厳天皇五七日聖忌の大光明寺に行幸する（光明法皇宸筆法華経四要品を供養）。《智覚普明国師語録》
9・11　北朝、伊勢例幣を延引する。《師守記》
10・27　前権中納言二条為明没（このあと、頓阿の助成により、十二月、「新拾遺和歌集」完成）。《公卿補任》
12・20　春日神人・興福寺衆徒ら、斯波高経《たかつね》の春日社領河口荘押領を訴え、神木を奉じて入京する。《大乗院日記目録》
12月　後光厳天皇皇子（道円入道親王）、誕生する（母は伯耆局）。《門主伝》北朝、右大臣二条冬実を左大臣とする。《公卿補任》
□10・27二条為明《にじょうためあき》（公卿。歌人。歌壇の中心人物。70）

■正平二十年＝貞治四年（一三六五）乙巳

(南)後村上天皇38歳
(北)後光厳天皇28歳
光明法皇　45歳
崇光上皇　32歳

1・1　諒闇により、小朝拝を中止する。《続史愚抄》
2・21　幕府、内裏を造営せんと、敷地・造営奉行・諸国段米のことを奏上する。《師守記》
4・19　邦良親王王子邦世親王、仁和寺にて没（年44）。《師守記》
5・10　征西将軍懐良親王、河野通尭《みちたか》の帰順

を許し、伊予守護職を安堵する（ついで通堯、大宰府に到る。親王、これを賞し、通直と改名せしめる）。《河野通直文書》

7・6　北朝、浄善提寺を光厳天皇の菩提所とする。《柳原家記録》

8・3　崇光上皇、万秋楽の譜を書写校合する。《伏見宮記録》

8・17　南朝吉野行宮が焼ける。《南朝事跡抄》

9・5　恒鎮法親王、天台座主を辞任。《天台座主記》

9・8　北朝、尊道法親王を天台座主に還補する。《天台座主記》

この冬　京都・諸国疫病流行。《大乗院日記目録》

□1・26　二条師基《にじょうもろもと》（関白。南朝左大臣。南朝方の中心的公家。父は関白二条兼基。65）、3・10　一条経通《いちじょうつねみち》（関白。左大臣。父は関白一条内経。49）

■正平二十一年＝貞治五年（一三六六）丙午

(南)後村上天皇39歳
(北)後光厳天皇29歳
光明法皇　46歳
崇光上皇　33歳

1・1　後光厳天皇、春日神木の在洛（八月十二日帰座）により、元日節会に出御せず。《後深心院関白記》

5・2　京都、疾病流行。《**古今最要抄**》

5・15　後光厳天皇、般若心経を書写する。《大覚寺文書》

5・22　征西将軍懐良親王、河野通直に四国・中国の幕府軍討伐を計らせる。《河野家譜》

6・13　京都大風により、神祇官北庁・真言院が倒壊する。《師守記》

7・10　北朝、祈雨奉幣使を丹生・貴布禰両社に発遣する。《**吉田家日次記**》

8・19　崇光上皇、第一皇子（栄仁）に万秋楽の楽譜を授ける。《伏見宮記録》

8・29　北朝、右大臣久我通相を太政大臣、内大臣西園寺実俊を右大臣、権大納言二条師良《もろよし》を内大臣とする。《公卿補任》

10・9　後光厳天皇、土御門内裏修理のため、北山第に行幸する（十一月四日還幸）。《師守記》

11・13　北朝、費用なきにより新嘗祭を中止する。《師守記》

12・15　北朝、伊勢例幣使を発遣する。《吉田家日次記》

12・18　崇光上皇、大納言今出川（菊亭）公直に琵琶の秘曲を伝授する。《御琵琶御伝業宸記》

□5・4　壬生匡遠《みぶただとお》（官人。「匡遠宿禰記」記主。

＊**古今最要抄**《ここんさいようしょう》　春日社に関する古記録を集めたもの。

＊**吉田家日次記**《よしだけひなみき》　吉田神社神主吉田（卜部）兼熙《かねひろ》・兼敦《かねあつ》・兼致《かねむね》・兼右《かねみぎ》の日記の総称。貞治五年（一三六六）から元亀三年（一五七二）までの一部が残る。

＊**善隣国宝記**《ぜんりんこくほうき》　編著者は臨済宗僧瑞渓周鳳。文明二年（一四七〇）成立。古代からの対外関係史を述べ外交文書を集めたもの。足利義満の対明外交を非難したことでも著名。江戸時代に作成された「続善隣国宝記」は本書を継承する意から名が付けられたといわれる。

生年不詳)、6・23花山院家賢《かざんいんいえかた》(内大臣。父は贈太政大臣花山院師賢。37)

■正平二十二年＝貞治六年(一三六七)丁未

(南)後村上天皇40歳

(北)後光厳天皇30歳

光明法皇 47歳

崇光上皇 34歳

1・28 将軍足利義詮、参内する。《後深心院関白記》

2・19 後光厳天皇、御遊始に笙を奏する(三月二十九日にも)。《後深心院関白記》

2月 高麗使が入京し、倭寇禁圧を要請する。《後愚昧記》

3・13 後光厳天皇、崇光上皇と長講堂に行幸し、後白河天皇の冥福を祈る。《後深心院関白記》

3・15 崇光上皇、蓮華王院に御幸する。《後深心院関白記》

3・29 中殿和歌御会が開かれる。《続史愚抄》

4・18 足利義詮、天龍寺雲居庵で高麗使を引見する。《善隣国宝記》

4・29 南朝、葉室光資《みつすけ》を京都に派遣し講和を計るも、幕府、同意せず。《師守記》

5・22 北朝、高麗の牒状について審議する(通牒しないことにする)。《後深心院関白記》

6・7 足利義詮、春屋妙葩《しゆんおくみようは》に僧録の名で高麗への通牒作成を命じる。《鹿王院文書》

6・15 北朝全仁《またひと》親王、病により出家する。《後深心院関白記》

6・26 幕府、高麗使に返牒し、物を与え、帰国させる。《師守記》

6月 北朝、寛胤法親王を東大寺別当に還補する。《東大寺別当次第》

7・19 恒明親王王子全仁《またひと》親王没(常盤井宮第二代。年48)。《後愚昧記》

7・21 北朝、炎旱により丹生・貴布禰両社に祈雨する。《師守記》

7月 征西大将軍懐良親王、少弐冬資を豊前国香春城に攻めて破る。《阿蘇文書》

8・27 北朝、恒明親王王子乗朝《じようちよう》王を法親王とする。▼北朝、関白二条良基、辞任。

9・9 後光厳天皇、楽御会で箏を奏する。鷹司冬通を関白・氏長者とする。《公卿補任》《師守記》

9・11 北朝、伊勢例幣使発遣を延引する。《師守記》

9・29 北朝右大臣西園寺実俊、辞任。内大臣二条師良を右大臣、前権大納言三条実継を内大臣とする。《公卿補任》

11・25 北朝、関白左大臣鷹司冬通を太政大臣久我通相の上に列する。《公卿補任》将軍足利義詮、病により政務を子義満に譲り、

細川頼之を管領とする。《後深心院関白記》

12・7　室町幕府第二代将軍足利義詮没。《公卿補任》

12・29　幕府細川頼之、「禁制五条」を定め、奢侈を禁じる。《花営三代記》

この年　後光厳天皇皇子（明承親王）、誕生する（母は橘知繁女〈橘氏〉）。《後愚昧記》

忌部正通、「神代巻口訣《じんだいのまきくけつ》」成る（「日本書紀」神代紀の注釈書で、忌部神道の根本経典）。

□4・26足利基氏《あしかがもとうじ》（初代鎌倉公方。尊氏四男。28）、5・28五条頼元《ごじょうよりもと》（二十五日説も。南朝方の廷臣。78）、6・1洞院実夏《とういんさねなつ》（内大臣。父は太政大臣洞院公賢。53）、9・3西園寺公重《さいおんじきんしげ》（太政大臣。父は内大臣西園寺実衡。51）、12・7足利義詮《あしかがよしあきら》（室町幕府第二代将軍。38）

■**正平二十三年＝応安元年（一三六八）戊申**

(南)後村上天皇41歳
(南)長慶天皇26歳
(北)後光厳天皇31歳
光明法皇　48歳
崇光上皇　35歳

1・21　崇光上皇皇子（栄仁《よしひと》）を親王とする。《後深心院関白記》

2・5　崇光上皇、菊亭より、足利義満に寄進された故義詮の室町第（花御所）に移る。《伏見宮記録》

2・17　北朝、右大臣二条師良を一上とする。《公卿補任》

2・18　北朝、病患・天変地妖などにより、**応安**と改元する（将軍義詮没による代始改元とも）。《後深心院関白記》

第九十八代　長《ちょう》慶《けい》天皇

3・11　後村上天皇、住吉行宮にて崩御（観心寺後山に葬られる。追号は「後村上院」、陵は**檜尾陵**）。寛成《ゆたなり》親王、同所にて践祚（**長慶天皇**。践祚の日付は、この日以前ともいわれる。天皇はまもなく吉野に遷り、さらに河内国金剛寺に遷るという）。ついで後村上天皇皇子熙成《ひろなり》（後亀山天皇）を皇太子とする。《観心寺文書》

3・21　北朝太政大臣久我通相、辞任。《公卿補任》

5・13　後光厳天皇、豊原信秋より笙の秘曲「陵王荒序《りょうおうのこうじょ》」を受ける。《後深心院関白記》

6・17　幕府、北朝に奏し、寺社本所領の半《はん》済《ぜい》法を定める（「応安の半済令」）。《建武以来追加》

7・26　これより先、南禅寺住持祖禅、「続正法論」を著し、諸宗をおとしめる。延暦寺衆徒、強訴して南禅寺破却を図る。この

＊**応安**《おうあん》　治部卿菅原時親の勘申による。出典は「毛詩正義」大雅江漢の「今四方既已平、服王国之内、幸応安定」。

＊**檜尾陵**《ひのおのみささぎ》　大阪府河内長野市寺元に所在（字名が檜尾）。観心寺裏山。近世、「前王廟陵記」などが当地を御陵としており、幕末に修営される。

＊**長慶天皇**《ちょうけいてんのう》（一三四三〜九四）　名は寛成《ゆたなり》。後村上天皇第一皇子。母は藤原氏（嘉喜《かき》門院）。正平二十三年＝応安元年（一三六八）践祚。弘和元年＝永徳元年（一三八一）から翌年にかけ譲位、太上天皇尊号宣下。応永元年（一三九四）八月一日崩御（この日以前に出家）。陵は嵯峨東陵。皇子女に世泰親王など。「仙源抄」を著す。天皇については非存在説もあったが、八代国治《やしろくにじ》「長慶天皇御即位の研究」などにより、大正十五年、皇統加列についての詔書発布があり、公認となった。また陵についても昭和十九年になり、現陵の決定を見た。天皇の時代は南朝衰微のときで、その事蹟はあまり伝えられていないが、当初は摂津国住吉に行

日、北朝、天台座主青蓮院尊道入道親王および恒鎮法親王・亮仁法親王に、衆徒を慰撫させる。《後深心院関白記》

8・29 延暦寺衆徒、禅宗の興隆を批難し、日吉神輿入京し、夜、棄てて逃げる。《山門嗷訴記》

11・27 北朝、南禅寺祖禅を遠江国に配流する。《続正法論》

12・12 後光厳天皇皇子を親王とし、名を熙平と賜う（十四日、円満院に入室、落飾して門主となる〈行助入道親王〉）。《後深心院関白記》

12・24 長慶天皇、住吉行宮より吉野に遷る。《鴨脚本皇代記》

12・30 足利義満を征夷大将軍とする（室町幕府第三代将軍）。《後愚昧記》

この年 幕府、使を高麗に遣わす。《高麗史》

元が滅亡、明が興る。

■正平二十四年＝応安二年（一三六九）己酉

(南)長慶天皇 27歳
(北)後光厳天皇32歳
光明法皇 49歳
崇光上皇 36歳

1・2 幕府、楠木正儀の帰服を受ける。《花営三代記》

2・15 征西将軍懐良親王、四国大将良成親王の下向準備を伊予河野氏に命じる。《河野家譜》

3月 明の洪武帝、使を派遣し、大宰府の懐良親王に国書を呈し、倭寇禁止と朝貢を要求する。《大明太祖実録》

4・20 延暦寺衆徒、神輿を奉じて入京、南禅寺破却を訴える（禁裏に迫ったため、後光厳天皇、法身院に潜幸）。《後愚昧記》

4月 長慶天皇、吉野より河内国金剛寺に遷る。《鴨脚本皇代記》

7・27 京都地震（東寺講堂が傾く）《後愚昧記》

7・28 北朝、延暦寺衆徒の訴えにより、幕府に南禅寺楼門の破却を命じ、この日、破壊する（ついで神輿帰座）。《後深心院関白記》

9・3 北朝、青蓮院尊道入道親王を、旧のごとく天台座主とする。《天台座主記》

10・12 所望により、近衛通嗣、家蔵の「左伝」を崇光上皇に献じる。《後深心院関白記》

11・4 北朝関白鷹司冬通、辞任。右大臣二条師良を関白・氏長者・内覧とする。《公卿補任》

12・13 良成親王、四国征圧を計り、阿蘇大宮司阿蘇惟武に祈らせる。《阿蘇文書》

この年 明王、使を日本・高麗等に遣わす。

宮があり、のち大和国吉野、河内国金剛寺（河内長野市）、大和国栄山寺（五條市）などを転々としたといわれる。

＊**仙源抄**《せんげんしょう》 長慶天皇撰の「源氏物語」注釈書。「仙洞の源氏物語」の意か。「源氏物語」の語句約一千につき「いろは順」に並べた辞書仕立の注釈書。

《東国通鑑》

■建徳元年＝応安三年（一三七〇）庚戌

(南)長慶天皇　28歳
(北)後光厳天皇33歳
　光明法皇　50歳
　崇光上皇　37歳

2・28　後光厳天皇、病む。《後愚昧記》

3・4　後光厳天皇、御遊にて笙を奏する。《後愚昧記》

3・16　北朝内大臣三条実継、辞任。右大臣二条師良を左大臣、権大納言九条忠基を右大臣、前権大納言勧修寺経顕《つねあき》を内大臣とする。《公卿補任》

6・27　北朝、宸筆御八講の日時および僧名を定め、青蓮院尊道入道親王に不動法を修させる（ついで清涼殿で宮中御八講が行なわれる。以後恒例）。《応安三年宸筆御八講記》

7・7　光厳天皇七回忌。天皇、禁中にて宸筆御八講を修する（天皇、笙を所作）。《東山御文庫記録》

7・27　これより先、南朝、**建徳**と改元する（長慶天皇即位によるか）。《久米田寺文書》

8・19　後光厳天皇、位を第一皇子（緒仁）に譲らんと、近臣を遣わし、譲位・立坊を幕府に諮る（ついで十四日、崇光上皇も皇子栄仁親王の立坊を諮る。幕府、聖断にあるべきと奏す）。**《後光厳天皇宸記》**

9・11　北朝、伊勢例幣を中止する。《後光厳天皇宸記》

9・27　前醍醐寺座主聖尊法親王（後二条天皇皇子。母は藤原公泰女）没（年68）。《常楽記》

10・3　後光厳天皇皇子亮仁法親王（母は右衛門佐局）没（年16）。《帝系図》

10・17　石清水八幡宮神人、神輿を奉じて入京する。《後愚昧記》

11・14　後光厳天皇、御願文を祭主大中臣忠直に賜い、伊勢神宮に参籠させる。《後光厳天皇宸記》

12・2　崇光上皇、琵琶の両流泉の曲を栄仁親王に伝授する。《三五奥秘録》

この年　明使来朝、国書を征西将軍懐良親王に捧呈し修交を請う。《大明太祖聖神文武欽明啓運俊徳成功統天大孝高皇帝実録》

■建徳二年＝応安四年（一三七一）辛亥

(南)長慶天皇　29歳
(北)後光厳天皇34歳
(北)後円融天皇14歳
　光明法皇　51歳
　崇光上皇　38歳

2・5　後光厳天皇、御遊で笙を奏する。《後

＊**建徳**《けんとく》　史料を欠き、正確な改元日時は決定されていないが、最も早い現存史料は建徳元年二月五日であるため、これ以前と考えられている。なお、次の「文中」への改元もその日付は確定していない。勘申者不詳。出典不詳も、「文選」に「建至徳以業洪業」とある。

＊**後光厳天皇宸記**《ごこうごんてんのうしんき》　現在は、貞治四年（一三六五）の「後光厳院崩後諒闇終記」と応安三、四年の分しか伝わっていない。

＊**後円融天皇**《ごえんゆうてんのう》（一三五八～九三）　名は緒仁《おひと》。後光厳天皇第二皇子。母は広橋兼綱《かねつな》女藤原仲子《ちゅうし》（崇賢門院）。実父は石清水八幡宮祠官紀通清《みちきよ》。建徳二年＝応安四年（一三七一）親王宣下、ついで元服と同日に践祚。文中三年＝応安七年（一三七四）即位。弘和二年＝永徳二年（一三八二）譲位、太上天皇尊号宣下。明徳四年（一三九三）出家、同日崩御。陵は深草北陵。追号は遺勅による。皇子女に後小松天皇（母は藤原厳子〈通陽門院〉）・道朝親王・珪子内親王。日記は「田記」と称されるも、ほとんど今日に伝わっていない。

愚昧記》

2・19　九州探題今川貞世（了俊）、京都を出発する。《花営三代記》

3・15　後光厳天皇第一皇子（緒仁《おひと》）、著袴の儀をあげる。《後深心院関白記》

3・16　前内大臣三条公忠女厳子、第一皇子（緒仁）のもとに入る。《後愚昧記》

3・21　後光厳天皇皇子を親王とし、名を緒仁と賜う。また後光厳天皇、譲位のため、権中納言柳原忠光の柳原第に遷る（以後ここを御所とする）。《後深心院関白記》

北朝第五代　後円融《ごえんゆう》天皇

3・23　緒仁親王、柳原忠光の第にて元服し、土御門殿に移る。後光厳天皇、柳原忠光の第にて譲位（このときの記録が「後光厳院御譲位記」）。緒仁親王、土御門内裏にて践祚（**後円融天皇**）。新帝は、立親王・元服・践祚を三日間ですませる。立太子は不明。後光厳上皇の院政開始。関白二条師良は旧の如し。《花営三代記》

③・6　後光厳天皇に太上天皇尊号を奉る。《後光厳院御幸始記》

③・29　北朝、前関白近衛道嗣に奏上奏下の文書を内覧させる。《後深心院関白記》

4・23　後円融天皇、読書始（「漢書」明帝紀）を行なう。《菅儒侍読臣之年譜》

7・2　後光厳天皇皇子（堯仁）、妙法院に入室する。《後深心院関白記》

7・12　北朝内大臣勧修寺経顕、辞任。《公卿補任》

7・21　後円融天皇、幕府に勅し、**園韓神社**を造営させる。《吉田家日次記》

7・25　後光厳上皇、前関白二条良基の二条第に御幸する（二十六日還御）。《後深心院関白記》

8・6　南党菊池武光、伊倉《いくら》宮を奉じて、今川義範（了俊の子）の豊後国高崎城を攻撃する（翌年まで）。《入江文書》

9・11　北朝、伊勢例幣を延引する。《吉田家日次記》

10月　征西将軍懐良《かねよし》親王、明の洪武帝使者に「臣」としての上表文を使僧祖来《そらい》に託して明に派遣、この月、南京に至る（洪武帝、懐良親王を「日本国王」に封じる）。《大明太祖実録》

11・12　幕府、即位式のため、洛中洛外の土倉・酒屋に銭を、諸国に段銭を課す。《花営三代記》

11・18　武家の資なきにより、新嘗祭を延期する。《吉田家日次記》

11・22　後円融天皇、柳原殿に行幸する。《後

＊**園韓神社《えんかんじんじゃ》**　「園《その》神社」と「韓《からかみ》神社」の総称。平安京の大内裏内に置かれた神社。「大倭神社進状」所引「大神氏家牒」によれば、養老年間（七一七～七二四）藤原氏創建とある。宮中唯一の名神大社で、応仁の乱以後廃絶といわれる。平安時代は「園韓神祭」を年二回行なうのが恒例であった。祭神については諸説あり。

深心院関白記》
12・2 興福寺衆徒、一条院主実玄・大乗院主教信の罷免を訴え、春日神木を奉じて入京する。《後深心院関白記》
12・19 春日神木入京により、即位式を延期する。《吉田家日次記》今川貞世（了俊）、南朝軍征圧のため豊前国門司に到り、赤坂に陣する。《毛利家文書》
12・27 北朝、伊勢例幣使を発遣する。《師守記》
この冬 京都疾病流行。《吉田家日次記》
この年 後光厳天皇皇子堯性親王（母は広橋仲子）・同聖助親王（母は左京大夫局）、誕生する。《続史愚抄・後深心院関白記》
この年から翌年に、真福寺僧賢瑜、「古事記」を書写（現存最古の「古事記」で「真福寺本」〈国宝〉と呼ばれる）。《同書》
□7・14 久我《こが》通相《みちすけ》（「みちまさ」とも。太政大臣。父は太政大臣久我長通。46）

■文中元年＝応安五年（一三七二）壬子

(南)長慶天皇 30歳
(北)後円融天皇15歳
光明法皇 52歳
崇光上皇 39歳
後光厳上皇35歳

1・4 恒明親王王子恒鎮法親王没（生年不詳）。《後深心院関白記》
1・22 北朝、興福寺衆徒の訴えにより、実玄を伊豆国、教信を土佐国に、それぞれ還俗させて配流する。《後愚昧記》
2・6 後光厳上皇、延暦寺衆徒の請により、前梶井宮承胤法親王を同門跡に還住させる。《後深心院関白記》
3・25 伏見宮初代栄仁《よしひと》親王王子（貞成《さだふさ》。後崇光院）、誕生する。《御系譜》
4・28 長慶天皇、金剛寺に天下静謐を祈る。
この日以前（四月五日以降）、南朝、**文中**と改元する。《金剛寺文書》
5・30 後光厳上皇、山城長福寺に御幸する。《後深心院関白記》
6・28 後光厳上皇、六条殿に御幸し、春日神木を拝する（十一月二十五日にも）。《後深心院関白記》
7・7 後光厳上皇皇子を親王とし、名を久尊と賜う（十一日、青蓮院に入室。のち道円入道親王）。《華頂要略》
7・9 後光厳上皇皇子を親王とし、名を熙永と賜う。《後深心院関白記》
8・10 後光厳上皇、病む。《祇園執行日記》
8・12 今川貞世、大宰府を攻略する（ついで城山に陣を移す。懐良親王、征西府陥落のため筑後高良《こうら》山に逃げる）。《入江文書》

***文中**《ぶんちゅう》 改元史料なく改元の日付は不明。現存史料からは、四月五日よりあと、四月二十八日より前といわれる。勘申者不詳。出典不詳も「易経」象伝上に「黄裳元吉、文在中也」とある。

8・26　光明法皇、安楽光院に御幸する（後光厳上皇と対面）。《後深心院関白記》

8・28　後光厳上皇、北山妙音寺で興福寺南円堂本尊四天王像等の開眼供養を行なう。《後深心院関白記》

11・25　後光厳上皇、六条殿に御幸し、春日神木に参じる。《後深心院関白記》

11・27　後光厳上皇、山城長福寺に御幸する。《後深心院関白記》

12月　二条良基、「応安新式」を編修する。《連謌新式》

この年　南朝、北畠顕能《あきよし》を右大臣とする。《南方紀伝》明使、博多に至り、書を天台座主承胤法親王に捧呈する。《鄰交徴書《りんこうちょうしょ》》

■文中二年＝応安六年（一三七三）癸丑

(南)長慶天皇　31歳
(北)後円融天皇16歳
光明法皇　53歳
崇光上皇　40歳
後光厳上皇36歳

1・18　幕府の奏請により、春日神木在洛のため、即位由奉幣を延期する。《後深心院関白記》

1・29　後光厳上皇、北山第に御幸する。《後深心院関白記》

3・28　淡路守護細川氏春、河内国天野行宮を侵そうと摂津尼崎に到着する。《花営三代記》

3月　恒明親王王子尊信法親王、勧修寺長吏となる。《勧修寺長吏系伝略》

5・27　後光厳上皇、北山に御幸し、田植を覧る。《後深心院関白記》

6・29　明使、鎮西より上洛、嵯峨向陽庵に入る。《花営三代記》

8・10　これより先、北軍楠木正儀、細川氏春らを導き、河内国天野行宮を襲う。この夜、長慶天皇、吉野に遷る。《花営三代記》

8・29　足利義満、明使を帰国させることにする。《花営三代記》

8月　北朝勧修寺覚胤法親王、東大寺別当を辞任。《東大寺別当次第》

9・7　北朝、勧修寺尊信法親王を東大寺別当とする（「東大寺別当次第」では十一日）。《勧修寺文書》

9・30　賊、後光厳上皇御所柳原殿に入る。《後愚昧記》

10・16　後光厳上皇、深草法華堂に御幸する。《後深心院関白記》

11・3　賀茂社火事。神宮寺・経蔵・鐘楼等を焼失する。《後深心院関白記》

11・20　後光厳上皇皇子久尊親王、十楽院にて出家し、道円と号する。《門葉記》

11・24 後光厳上皇皇子（覚叡）は梶井宮承胤法親王の室に、同皇子（覚増）は聖護院覚誉法親王の室に入り、それぞれ出家する。また、同皇子妙法院宮（尭仁）も出家する。《後愚昧記》

11・25 将軍足利義満、従四位下・参議・左中将となり、公卿に列せられる。《後愚昧記》

12・28 後光厳上皇皇子熙永親王、仁和寺大聖院に入り出家する（法名空助、のち永助）。《仁和寺御室系譜》

□1・5 勧修寺経顕《かじゅうじつねあき》（内大臣。北朝重鎮。父は坊城定資。経顕が勧修寺を号したため、子孫は勧修寺を称する。76）、11・16 菊池《きくち》武光《たけみつ》（武将。征西将軍懐良親王を奉じて転戦。55）

■文中三年＝応安七年（一三七四）甲寅

(南)長慶天皇 32歳
(北)後円融天皇 17歳
光明法皇 54歳
崇光上皇 41歳
後光厳上皇 37歳

1・1 後光厳上皇病気により、院四方拝等を中止する。《後愚昧記》

1・18 後光厳上皇、疱瘡にかかる。《後愚昧記》

1・27 後光厳上皇、病篤きにより御領を後円融天皇に譲る。《後深心院関白記》

1・29 後光厳上皇、出家し、柳原殿にて崩御。《後愚昧記》

2・2 後光厳上皇の追号を「後光厳院」と奉る。この夜、その遺骸を泉涌寺に火葬する（三日、**深草北陵**法華堂に納骨）。《後深心院関白記》

3・8 後円融天皇、五部大乗経を頓写し、安楽光院に供養する。《後深心院関白記》

3・20 北朝、柳原殿を権中納言柳原忠光に返す。《後深心院関白記》

3・22 北朝、後光厳上皇遺骨を深草法華堂・天龍寺金剛院・天王寺・高野山等に分骨することにする。《師守記》

4・3 柳原忠光、後光厳天皇の遺骨を高野山に納める。《後深心院関白記》征西将軍懐良親王軍、筑後国生葉《いくは》村で今川貞世軍と戦う。《萩藩閥閲録》

4・11 明使、帰国の近きことを春屋妙葩《しゅんおくみょうは》に告げる（ついで帰国。足利義満、遣明使を同行させ、貢物を献じる）。《花営三代記》

4月 北朝、聖珍法親王を醍醐寺座主とする。《醍醐寺新要録》

6・9 北朝、青蓮院尊道入道親王を旧の如く天台座主とする。《門葉記》

6・20 日吉・祇園・北野神人ら、神輿を奉

＊**深草北陵** 七六八ページ注参照。

＊**永和**《えいわ》 権中納言藤原忠光の勘申による。出典は「尚書」舜典の「詩言志、歌永言、声依永、律和声、八音克諧、無相奪倫、神人以和」、「芸文類聚」八「九功六義之興、依永和声之製、志由興作、情以詞宣」。

＊**天授**《てんじゅ》 権大納言右近大将藤原（花山院）長親の撰進によるも、勘文不詳。出典不詳も、「史記」淮陰侯列伝に「且陛下所謂天授、非人力也」とある。

じて入京し、日吉神輿造替遅延を抗議する。《後深心院関白記》

6月　足利義満派遣の使僧、入明するも上表文に「国臣」とあるため、日本国の正式書面と認められず。《明実録》

9・11　北朝、伊勢例幣を中止する。《師守記》

11・18　北朝、費用なきにより新嘗祭を延期する（三十日追行予定も、やはり費用なきにより中止）。《師守記》

12・17　天竺人が入京、足利義満、招見する。《大乗院日記目録》

12・19　北朝、即位由奉幣使を発遣する。《師守記》

12・28（春日神木が帰座したことにより）後円融天皇、太政官庁にて即位礼を挙げる。《師守記》

この冬　宗良親王、信濃国より吉野行宮に入る。《新葉和歌集》

この年　琉球中山王察度、弟泰期等を明に遣わし奉表入貢する（ついで明、答使を琉球に派遣）。《明史》

□4月小島法師《こじまほうし》（二十八・二十九日説も。伝「太平記」作者。生年不詳）

■天授元年＝永和元年（一三七五）乙卯

(南)長慶天皇　33歳
(北)後円融天皇18歳
光明法皇　55歳
崇光上皇　42歳

1・1　北朝、諒闇により節会を中止する。《後深心院関白記》

2・27　北朝、即位により**永和**と改元する。《後深心院関白記》

3・28　崇光上皇、萩原殿に御幸し、仁和寺法守法親王より法を受ける。《後深心院関白記》

4・25　将軍足利義満、参内する。《後深心院関白記》

5・2　清原良賢、後円融天皇に「礼記」を進講する。《礼記集説》

5・27　南朝、山崩・地妖により**天授**と改元する。《続史愚抄》

6・21　京都地震。《後深心院関白記》

6・29　足利義満の執奏により、後円融天皇、二条為遠に勅撰集（「新後拾遺和歌集」）編纂を命じる。《拾芥抄》

8・28　後円融天皇、御笙始を行なう。《體源抄》

9・17　後二条天皇皇子邦省《くにみ》親王（母不詳）没（年74）。《一代要記》

10・28　後円融天皇、大嘗祭のため、鴨川に禊を行なう。《後深心院関白記》

10月　巨勢行忠、「大嘗会屛風」を描く。《永

和大嘗会記》
11・18　北朝の左大臣二条師良、辞任。右大臣九条忠基を左大臣、権大納言二条師嗣を右大臣、権大納言近衛兼嗣を内大臣とする。《公卿補任》
11・19　阿蘇山、鳴動噴火。《阿蘇文書》
11・20　後円融天皇、大嘗祭のため太政官庁に行幸する。《後深心院関白記》
11・23　後円融天皇、太政官庁にて大嘗祭を行なう（後光厳天皇崩御により延引。このときの記録が二条良基「永和大嘗会記」。天皇、二十七日土御門殿に還幸）。《永和大嘗会記》
12・27　北朝、関白二条師良、辞任。左大臣九条忠基を関白とする。《後深心院関白記》
この年　明に入貢する。《明史》

■天授二年＝永和二年（一三七六）丙辰

(南)長慶天皇　34歳
(北)後円融天皇19歳
光明法皇　56歳
崇光上皇　43歳
1・1　北朝前関白二条良基を准三宮とする。《後深心院関白記》
4・3　伏見天皇皇子勧修寺寛胤法親王（母は正親町守子）没（年68。勧修寺は以後代々法親王が住持し、勧修寺門跡と称される）。《常楽記》
4・15　この日以前、「増鏡」成る。
5・3　後円融天皇、高麗国牒状について前関白近衛道嗣に諮問する。《後深心院関白記》
6・3　後円融天皇、前内大臣三条公忠に百首和歌詠進を催促する。《壬生文書》
7・27　後円融天皇、清原良賢より「礼記」講義を受ける。《後深心院関白記》
⑦・15　後円融天皇、この日より服薬する。《後愚昧記》これより先、青蓮院尊道入道親王、天台座主を辞任。北朝、梶井宮承胤法親王を天台座主に還付する（三度目）。《天台正嫡梶井門跡略系譜》
9・4　北朝、相応院恒助を法親王とする。《仁和寺諸院家記》
9・5　京都、盗賊横行。《後愚昧記》
11・11　崇光上皇、伊勢神宮に仏舎利一粒を奉納し、祈願を行なう。《崇光天皇御願文》
11月　北朝、右大臣二条師嗣を一上とする。《諸家伝》
この冬　後円融天皇、喉痺《こひ》を病み、針治を受ける。《後愚昧記》

■天授三年＝永和三年（一三七七）丁巳

(南)長慶天皇　35歳
(北)後円融天皇20歳
光明法皇　57歳

＊**増鏡**　治承四年（一一八〇）から元弘三年＝正慶二年（一三三三）までの公家側から見た歴史物語。作者不詳。「四鏡」の一。

崇光上皇　44歳
2・18　京都火事により、崇光上皇の室町御所等が焼亡する。《後深心院関白記》
3・13　後円融天皇、長講堂に行幸し、伏見殿に還幸する。《後深心院関白記》
この春　宗良親王、千首和歌を詠進する。《新葉和歌集》
4・9　後伏見天皇皇子承胤法親王（母は正親町守子）没（年61）。《天台座主記》
6・27　後円融天皇皇子（幹仁《もとひと》。後小松天皇）、前内大臣三条公忠の押小路邸で誕生する（母は典侍三条厳子）。《後深心院関白記》
7・4　後光厳天皇皇子梶井宮覚叡法親王（母は藤原氏）没（年17）。《後愚昧記》
7・20　後光厳天皇第十皇子、梶井に入室し得度する（法名明承）。《後愚昧記》
8・26　北朝、大覚寺寛尊法親王を四天王寺別当とする。《後深心院関白記》
10・21　この頃、後円融天皇、病む。《後深心院関白記》
11・1　盗人、禁中に入ったため、幕府に宮門を厳戒させる。《後深心院関白記》
11・14　後円融天皇の病を疱瘡とする（十二月二日平癒）。《後深心院関白記》
この冬　征東将軍宗良親王、大和国長谷寺で再び出家する。《新葉和歌集》

□4月中　院親光《なかのいんちかみつ》（権大納言。後醍醐天皇侍従。生年不詳）

■**天授四年＝永和四年（一三七八）戊午**

(南)長慶天皇　36歳
(北)後円融天皇21歳
光明法皇　58歳
崇光上皇　45歳
2・15　北朝前関白近衛道嗣、安楽光院に詣で、光厳・後光厳両天皇の御影を拝する。《後深心院関白記》
2・27　将軍足利義満、参内する。《後深心院関白記》
2・28　足利義満、近衛道嗣庭園の枝垂桜を所望する。《後深心院関白記》
3・10　義満、室町新第（花御所）に移る。《後深心院関白記》
4・8　後円融天皇、泰山府君祭を修させる（これより前、三月八日にも）。《続史愚抄》
5・29　北朝、四角四堺鬼気祭を行ない、疫病を祈禳させる。《後深心院関白記》
6・12　北朝侍読高辻長衡、後円融天皇に「史記」五帝本紀を進講する。《後深心院関白記》
7・16　仁和寺尊朝法親王（光厳天皇皇子。母は西園寺実明女）没（年35）。《後愚昧記》
7・27　後円融天皇、病む。《後深心院関白記》
7月　高麗信使、帰国（今川貞世、厚くこれ

●**長慶天皇御製**
「わが宿とたのまずながら吉野山花になれぬる春もいくとせ」（「長慶天皇千首」）
「をさまらぬ世の人ごとのしげければ桜かざして暮らす日もなし」（「新葉和歌集」）
「あつめては国の光と成りやせんわが窓てらす夜はの蛍は」（「新葉和歌集」）

を遇す）。《東国通鑑》
8・27　北朝、左大臣九条忠基、辞任。右大臣二条師嗣を左大臣、内大臣近衛兼嗣を右大臣、前権大納言今出川公直《きんなお》を内大臣とする。《公卿補任》
9・29　菊池武朝、筑後国詫間《たくま》原で今川貞世（了俊）軍に敗れる（ついで、征西将軍良成親王軍、貞世軍を破る）。《吉川家文書》
この秋　疾疫流行。《後深心院関白記》
10・29　京都地震。《後深心院関白記》
11・28　足利義満、参内する。《後深心院関白記》
この年　後円融天皇皇子（道朝法親王）、誕生する（母は四条隆卿女今子）。《本朝皇胤紹運録》崇光上皇皇子（弘助法親王）、誕生する（母は三条局）。《伏見宮系譜》

■天授五年＝康暦元年（一三七九）己未

(南)長慶天皇　37歳
(北)後円融天皇22歳
光明法皇　59歳
崇光上皇　46歳

1・7　北朝、一日延期の白馬節会を行ない、将軍足利義満が陪従する。《後深心院関白記》
2・9　後円融天皇、病む（典薬頭和気広成、これを診る）。《後愚昧記》
3・22　北朝、疾疫・兵革により**康暦**と改元する。《後深心院関白記》
3・25　高辻長嗣、後円融天皇に「文選」を進講する。《迎陽記》
3・27　行助入道親王（後光厳天皇皇子）を園城寺長吏とする。《三井続燈記》
4・28　足利義満、参内して剣帛を献じる。《後深心院関白記》
④・1　崇光上皇、病む。《後深心院関白記》
④・14　諸将、管領細川頼之討伐を請い、花御所を取り囲む。足利義満、頼之の管領職を罷免。この日、頼之、出家する。《後深心院関白記》
5・13　北朝、梶井門跡明承（後光厳天皇皇子）を法親王とする。《後深心院関白記》
5・25　北朝、疫病流行により、四角四堺祭を修する。《後深心院関白記》
6・18　後円融天皇、内裏で舞楽を覧る。足利義満参内し陪観。天皇、楽器を義満に賜う。《後深心院関白記》
8・23　北朝、関白九条忠基、辞任。《公卿補任》
8・25　北朝、左大臣二条師嗣を関白・氏長者とする。《後深心院関白記》
9・5　足利義満、伊予守護河野通直に細川頼之討伐を命じる。《河野文書》
9・20　伊勢外宮禰宜ら、遷宮延引を不満と

＊**康暦**《こうりゃく》　式部大輔菅原長嗣《ながつぐ》の勘文に「唐書曰、承成康之暦業」とある。
＊**予章記**《よしょうき》　著者不詳。伊予守護河野氏の来歴を記したもの。祖伊予皇子から河野通義没年（一三九四）までを編年体で記したもの。
＊**大光明寺陵**《だいこうみょうじのみささぎ》　京都市伏見区桃山町泰長老《たいちょうろう》に所在。ここは北朝の光明天皇・崇光天皇の陵であり、両陵の間に伏見宮治仁《はるひと》王（崇光天皇皇孫）の墓がある。大光明寺は、伏見城築城に際し京北相国寺内に移され、陵はその所在を失うも、元治元年（一八六四）崇光天皇陵を現陵に考定する。光明天皇陵については、摂津国勝尾寺崩御説があり、元禄以来ここを陵としたが、明治二十二年、現陵を陵所とし、大正六年、治仁王墓もここに決定された。
＊**空華日用工夫略集**《くうげにちようくふうりゃくしゅう》　臨済宗僧義堂《ぎどう》周信《しゅうしん》（一三二五～八八）の日記より、自ら抄出したもの。周信は五山文学の代表的僧侶。

して風宮神体を奉じて京都に入ろうとするも、祭主大中臣基直らに止められる。《外宮遷宮記》
11・6　河野通直、細川頼之と戦い、伊予で敗死する。《予章記》
11・12　後円融天皇、権中納言三条西公時より「孟子」進講を受ける。《迎陽記》
12・9　後円融天皇、雪を賞し、和歌御会あり。《迎陽記》
12・19　北朝、伊勢神宝使を発遣する。《迎陽記》
この年　中臣親世撰「祭主補任」成るか。
●この頃、長慶天皇、大和国栄山寺に住する。

■天授六年＝康暦二年（一三八〇）庚申

(南)長慶天皇　38歳
(北)後円融天皇23歳
光明法皇　60歳
崇光上皇　47歳

1・1　春日神木在京により、北朝、小朝拝を中止する。《後深心院関白記》
1・13　足利義満、参内する（五月十三日、六月十四日などにも）。《後深心院関白記》
1・28　広橋仲子を准三宮とする。《後深心院関白記》
1・29　北朝の禁中法華懺法に足利義満が参内する。《後深心院関白記》
2・6　足利義満、参内し、剣帛・供御等を献じる（この夜御遊）。《後深心院関白記》
2・27　文章博士東坊城秀長、後円融天皇に「史記」を進講する。《菅儒侍読年譜》
3・3　北朝、曲水宴。夜に御遊あり（後円融天皇は笛を、足利義満は笙を所作）。《後深心院関白記》
4・17　京都地震。《康暦二年愚記》
4・21　勧修寺尊信法親王（恒明親王王子）没（二十三日説も。年52）。《勧修寺長吏次第》
4月　興信法親王（崇光天皇皇子）を勧修寺長吏とする。《勧修寺長吏系伝略》
6・24　光明法皇、大和国長谷寺の草庵にて崩御（のち伏見の大光明寺に納骨。陵名は**大光明寺陵**）。《迎陽記》
9・8　伊勢外宮の遷宮が行なわれる。《二所大神宮例文》
9月　幕府遣明使、明に入貢するも却けられる。《明実録》
12・12　天龍寺火事により、開山以来の公文すべてを焼失する。《**空華日用工夫略集**》
この年　足利義満、鹿苑院を創建する。《武家年代記裏書》京都、赤斑瘡流行。《続史愚抄》
●貞治三年（一三六四）〜康暦二年（一三八

○)、この頃、「帝王編年記」が撰せられる。
□11月北畠顕信《きたばたけあきのぶ》（南朝右大臣。父は北畠親房。生没年とも異説あり）

■弘和元年＝永徳元年（一三八一）辛酉

(南)長慶天皇 39歳
(北)後円融天皇24歳
崇光上皇 48歳

1・13 将軍足利義満、参内して正を賀す。《後深心院関白記》
2・10 南朝、**弘和**と改元する（前年六月以降、この年六月二十一日までの間に改元など諸説あり）。《続史愚抄》
2・16 京都地震。《後深心院関白記》
2・17 後円融天皇、御遊にて笛を奏する（足利義満陪従）。この夜、和歌御会を行なう。《後深心院関白記》
2・24 北朝、辛酉革命により**永徳**と改元する。《後深心院関白記》
3・11 後円融天皇、足利義満の室町第に行幸する（十二日舞御覧。十四・十五日蹴鞠。逗留中、和歌御会・詩歌管絃などあり。十七日還幸）。《後深心院関白記》
3・20 足利義満、参内して物を献上する。《後深心院関白記》
4・20 京都地震。《後深心院関白記》
5・5 北朝和歌御会に足利義満参内する。《後深心院関白記》
5・27 足利義満、参内して世上の鎮静を奏する。《後深心院関白記》
5・29 京都地震。《後深心院関白記》
6・17 北朝、道円法親王を天台座主とする。《後深心院関白記》
6・20 文章博士東坊城秀長、後円融天皇に「後漢書」を進講する。《菅儒侍読年譜》
6・21 長慶天皇、金剛寺に詔して天下の静謐を祈らせる。《金剛寺文書》
6・23 今川五郎、征西将軍懐良親王を肥後染土《そめつち》城に攻める（南軍潰走）。《深堀文書》
7・7 北朝和歌御会に足利義満、参内する。《後愚昧記》
7・23 北朝、前関白・准三宮二条良基を太政大臣とする。また、今出川（菊亭）公直に替え、権大納言足利義満を内大臣とする。《後深心院関白記》
8・5 後円融天皇皇女（珪子内親王）、誕生する（母は三条公忠女厳子）。《後愚昧記》
8・15 後円融天皇、三席御会で笛を奏する（足利義満は笙を所作）。《後深心院関白記》
9・4 北朝、前権大納言広橋兼綱を准大臣とする（兼綱、翌日出家）。《後愚昧記》
9・6 後光厳天皇皇子（聖助）、青蓮院に入室、落飾する。《諸門跡伝》

＊**帝王編年記**《ていおうへんねんき》 神代から後伏見天皇まで歴代の重要事項を編年体で記したもの。僧永祐撰といわれるが確証はない。天皇以外にも皇族譜や摂関・大臣・仁和寺御室・興福寺別当・東寺長者・天台座主の補任なども収められている。「歴代編年集成」「帝王編年集成」「歴代編年記」などともいわれる。

＊**弘和**《こうわ》 決定的史料を欠き日付は不詳。勘申者・出典不詳も、「書経」君牙篇に「弘敷五典、式和民則」とある。

＊**永徳**《えいとく》 権中納言藤原（広橋）仲光の勘申による。出典は不詳。

＊**新葉和歌集**《しんようわかしゅう》 准勅撰和歌集で宗良親王撰。南朝方歌人の歌を集めたもので歌数は一千四百二十六首。弘和元年（一三八一）十月十三日、長慶天皇から「勅撰になぞらふべきよしの御ことのり」を蒙り、十二月三日に奏覧したもの。長慶天皇五十二首、後醍醐天皇四十六首、宗良親王九十九首、尊良親王四十四首等を収め、後村上天皇は「いづる日に春のひかりはあらはれて年たちかへるあまのかぐ山」「吉野山花も時得て咲きにけり都のつ

9・23 崇光上皇、栄仁親王に琵琶の秘曲を伝授する。《崇光天皇宸記》
10・13 長慶天皇、宗良親王撰「**新葉和歌集**」を勅撰集に准ぜしむ。《長慶天皇綸旨》
10・28 北朝、権中納言二条為重に「新後拾遺和歌集」を撰ばせる。《後深心院関白記》
12・3 宗良親王、「新葉和歌集」を重訂して奏進する。《序》
12・23 北朝、右大臣近衛兼嗣を一上とする。《後深心院関白記》
12・24 全仁親王王子二名を親王とする（尊賢親王・満仁親王）。《官公事抄》
この年 長慶天皇、「仙源抄」（「源氏物語」注釈書）を著す。《跋》「日本国王良懐」、僧如瑤を明に派遣。明洪武帝、日本国王と将軍に書を送り、非礼を責める。《明実録》崇光上皇、皇子栄仁《よしひと》親王に箏の名曲「啄木」を伝授する（以後、伏見宮家に代々箏曲が伝授される）。
□9・26広橋兼綱《ひろはしかねつな》（准大臣。崇賢門院仲子の養父。父は権中納言広橋光業。67）

■**弘和二年＝永徳二年（一三八二）壬戌**

(南)長慶天皇 40歳
(北)後円融天皇 25歳
(北)後小松天皇 6歳
崇光上皇 49歳

1・26 北朝、内大臣足利義満を左大臣、権大納言徳大寺実時《さねとき》を内大臣とする。《公卿補任》
①・13 文章博士東坊城秀長、後円融天皇に「貞観政要」を進講する。《菅儒侍読年譜》
①・18 伏見天皇皇子聖珍法親王（母は西御方）没（生年不詳）。《東寺長者補任》
①・24 楠木正儀、南朝に復帰し、山名氏清と河内国平尾で戦うも敗死する。《三刀屋文書》
2・6 足利義満、参内して譲位のことを議する。《**後円融天皇宸記**》
3・8 文章博士高辻淳嗣、後円融天皇に「史記」五帝本紀を進講する。《菅儒侍読年譜》
3・17 北朝権中納言二条為重、「**新後拾遺和歌集**」四季部六巻を撰進する。《拾芥抄》
3・26 後円融天皇、笙曲「蘇合《そごう》」を豊原信秋より伝受する（二十八日の御遊で笙を所作）。《體源抄》
4・8 皇太子幹仁親王、参内する。前大納言正親町三条実音《さねおと》を准大臣とする。《後円融天皇宸記》
4・9 後円融天皇、譲位のため中園第に遷る（以後、ここを御所とする）。《後円融天皇宸記》

とに今やかざさん」など百首入集。
＊**後円融天皇宸記**《ごえんゆうてんのうしんき》 後円融天皇の日記。「田記」とも称される。永徳元年（一三八一）から同四年までの一部が伝えられる。
＊**新後拾遺和歌集**《しんごしゅういわかしゅう》 二十番目の勅撰和歌集。北朝後円融天皇の勅による。初め二条為遠・同為重らにより撰進。序は二条良基。歌数は一千五百五十四首。

北朝第六代 第百代 後小松《ごこまつ》天皇

4・11 後円融天皇譲位（院政を開始）。皇太子幹仁《もとひと》、立太子（立親王は省略）、ついで足利義満の室町邸にて践祚（**後小松天皇**。このとき二条良基、足利義満のために譲位次第「後円融院御譲位記」を記す。また徳大寺実時の日記から抄出の「永徳御譲位記」がある）。▼太政大臣二条良基を摂政・氏長者とする。関白二条師嗣辞任。《後円融天皇宸記》

4・19 後小松天皇、御拝始を行なう。▼北朝、万里小路仲房を准大臣とする。《続史愚抄》

4・21 北朝、足利義満を院執事とする。《公卿補任》

4・23 北朝、道円法親王を護持僧とする。《華頂要略》

4・25 後円融天皇に太上天皇尊号を奉る。《皇年代略記》

4・28 後円融上皇、足利義満の室町第に御幸する（十一月二日にも）。《大外記清原良賢記》

5・28 花園天皇皇子覚誉法親王没（年63）。《実冬卿記》

9・3 紀伊国北山の南朝軍、熊野速玉大社の神官を攻撃する。《南狩遺文》

10・26 亀山天皇皇子寛尊法親王没（大覚寺門跡を道信親王に譲る。十一月二十六日没とも。年81）。《常楽記》

11・2 後円融上皇、足利義満第に御幸する。《続史愚抄》

11・10 後光厳天皇皇子道信親王、大覚寺に出家する（法名は道寛）。《大覚寺門跡略記》

12・17 北朝、即位由奉幣使を発遣する。《荒暦》

12・27 後小松天皇、即位のため太政官庁に行幸する。《皇代略記》

12・28 後小松天皇、太政官庁にて即位する（左大臣足利義満、後円融上皇の勅許を得ぬまま即位を決定。式において幼帝を補佐し、希代のことといわれる）。《歴代皇紀》

□①・24 楠木正儀《くすのきまさのり》（武将。楠木正成三男。生年不詳。没年月日も異説あり）、5・1 二《に》条師良《じょうもろよし》（関白。左大臣。父は摂政・関白・太政大臣二条良基。38）

■**弘和三年＝永徳三年（一三八三）癸亥**

(南)長慶天皇 41歳
(南)後亀山天皇 **37歳**
(北)後小松天皇 7歳
崇光上皇 50歳
後円融上皇 26歳

＊**後小松天皇**《ごこまつてんのう》（一三七七〜一四三三） 名は幹仁《もとひと》。後円融天皇第一皇子。母は三条公忠《きんただ》女厳子（通陽門院）。弘和二年＝永徳二年（一三八二）、親王宣下ないまま践祚、即位。明徳三年（一三九二）、南北朝合一により第九十九代後亀山天皇から神器を譲られ、後亀山天皇が退位したことにより、第百代に数えられる。元中四年＝至徳四年（一三八七）元服。応永十九年（一四一二）譲位、太上天皇尊号宣下。永享三年（一四三一）出家、同五年崩御。陵は深草北陵。妃に藤原資子（光範門院。所生の子に称光天皇）。皇子に花山院某の女所生といわれる一休宗純ほかがいる。日記に「**後小松天皇宸記**」がある。なお「後小松」は加後号ではあるが、「小松天皇」は存在せず光孝天皇の異名。御製に「みどりそふ大内山のまつの葉はやほよろづ代の春の数かも」（「新続古今和歌集」）などがある。

＊**後小松天皇宸記**　原本はたびたびの火災で焼失。神祇伯資忠王が原本から抜萃した応永五年（一三九八）と同七年の数日が知られるの

1・14　北朝、足利義満を源氏長者とする。《大乗院日記目録》
1・29　後光厳天皇十年忌、安楽光院にて法華八講が行なわれる（足利義満を恐れ、公卿一人も参加せず）。《後深心院関白記》
2・11　後円融上皇愛妾按察局《あぜちのつぼね》、（足利義満との密通が疑われ）出家させられる。《後愚昧記》
2・15　後円融上皇、持仏堂にこもり、切腹を口走る（足利義満と愛妾按察局の密通を疑い、また後円融上皇を流罪にするという噂があったためともいう。母〈崇賢門院〉がなだめて自邸に引き取る）。《後愚昧記》
2・16　北朝、尊道入道親王を四天王寺別当とする。《後愚昧記》
3・3　崇賢門院隠居御所梅町殿に逼塞の後円融上皇、足利義満の牛車に同乗して仙洞御所小川殿に還幸する。《後愚昧記》
3・23　後小松天皇、病む。《後愚昧記》
3・27　前征西将軍**懐良親王**没（55か）。《五条文書》
4・19　京都地震（二十四・二十六日にも。以後しばしば）。《後愚昧記》
4・23　北朝、道円法親王を護持僧とする。《華頂要略》
4・25　後光厳天皇後宮広橋仲子の院号を崇賢門院とする。《後愚昧記》
5・8　京都大地震。《後愚昧記》
5・24　京都疾病流行。《後愚昧記》
6・20　覚増法親王を園城寺長吏とする。《三井続燈記》
6・26　足利義満を准三宮とする（武家としては初めて。「諸家の崇敬君臣の如し」といわれる）。《後愚昧記》
7月　南朝尊良親王王子守永親王、出家する。《南方紀伝》
8・27　後光厳天皇皇子（堯性）、妙法院に入室する。《続史愚抄》
9・11　北朝、伊勢例幣を中止する。《吉田家日次記》
9・14　足利義満、安聖院《あんせいいん》を鹿苑院《ろくおんいん》と改め、自ら額字を書く。《空華日用工夫略集》
9・17　北朝、大奉幣使等を発遣する。《吉田家日次記》
10・14　後小松天皇、義満の室町第に行幸する。《続史愚抄》
10・22　後小松天皇、大嘗祭禊のため、河原頓宮に行幸する。《本朝皇胤紹運録》
11・13　後小松天皇、太政官庁に行幸する。《続史愚抄》
11・16　後小松天皇、太政官庁で大嘗祭を行なう（二十日、太政官庁より還幸）。《本朝

みとなっている。

＊**実冬卿記**《さねふゆきょうき》　太政大臣三条実冬（一三五四～一四一一）の日記。建徳二＝応安四年（一三七一）から応永二年（一三九五）までの分が残る。

＊**南狩遺文**《なんしゅいぶん》　主として南朝関係の文書を編年体に集録したもの。山中信古編（明治三年の序あり）。延元元年（一三三六）から元中九年（一三九二）に至り、今日まで伝わらない文書もあり、南朝研究には特に貴重史料。

＊**荒暦**《こうりゃく》　関白一条経嗣《つねつぐ》（一三五八～一四一八）の日記。経嗣の父は二条良基。「成恩寺関白記」「経嗣公記」とも。永徳元年（一三八一）から応永十四年（一四〇七）までの一部が写本で伝わる。

＊**37歳**　後亀山天皇の生年は不詳とされるが、一説により、仮に正平二年＝貞和三年（一三四七）生まれとする。

＊**懐良親王**《かねよししんのう》（一三二九？～八三）「かねなが」とも。父は後醍醐天皇、母は二条為道女。南朝方の征西将軍として九州で活躍し、職を良成親王（後村上天皇皇子）に譲った

皇胤紹運録》

第九十九代 後《ご》亀《かめ》山《やま》天皇

この冬（十一月とも十二月とも）長慶天皇譲位。熙成《ひろなり》親王践祚（**後亀山天皇**）。《新葉和歌集》

□7月北畠顕能《きたばたけあきよし》（南朝右大臣。北畠親房三男〈養子か〉。伊勢北畠氏の祖。58か）、12・24三条公忠《さんじょうきんただ》（内大臣。後小松天皇外祖父。「**後愚昧記**」記主。父は内大臣三条実忠。60）

■元中元年＝至徳元年（一三八四）甲子

(南)後亀山天皇38歳
(北)後小松天皇8歳
崇光上皇　51歳
後円融上皇27歳
長慶上皇　42歳

2・27　北朝、甲子革令により至徳と改元する。《迎陽記》

2・28　崇光・後円融両上皇が皇統を争い、この日、後円融上皇、高野山に祈願する。《高野山文書》

4・28　南朝、元中と改元する。《続史愚抄》

7・17　道円法親王、天台座主を辞任。尭仁法親王を天台座主・護持僧とする。《諸門跡譜》

12月　北朝、二条為重、「新後拾遺和歌集」を奏進する（二条為遠が永徳元年に急逝したため、為重に撰者継承の勅命）。《拾芥抄》

■元中二年＝至徳二年（一三八五）乙丑

(南)後亀山天皇39歳
(北)後小松天皇9歳
崇光上皇　52歳
後円融上皇28歳
長慶上皇　43歳

3・14　後光厳天皇皇子道円法親王（前天台座主。母は法印長快女）没（年22）。《諸門跡譜》

6月　南朝軍士、高麗に援兵を求める。《南方紀伝》

8・10　後醍醐天皇皇子宗良親王、遠江国井伊谷にて没。《妙法院門跡伝》

8・29　足利義満・二条良基、春日社に参詣する（翌日、興福寺・東大寺参詣。三十日、正倉院を開いて宝物を見る）。《春日権神主師盛記》

9・9　後小松天皇、「孝経」を読む。《皇年代略記》

9・10　長慶上皇、願文を高野山丹生社に納める（「今度の雌雄」の文言あり）。《高野山文書》

■元中三年＝至徳三年（一三八六）丙寅

のち病死したと伝えられる。なお、東シナ海沿岸での倭寇に悩んだ明の太祖は、懐良親王を「日本国王」として、倭寇を禁じることを求めてきたことがある。

＊**後亀山天皇**《ごかめやまてんのう》（?～一四二四）名は熙成《ひろなり》。後村上天皇第二皇子。長慶天皇弟。母は阿野実為《さねため》女（嘉喜門院か）。正平二十三年＝応安元年（一三六八）立太子。弘和三年＝永徳三年（一三八三）践祚。元中九年＝明徳三年（一三九二）南北朝合一により退位、太上天皇宣下。のち出家し、応永三十一年（一四二四）崩御。陵は嵯峨小倉陵。追号は亀山天皇の大覚寺統を継ぐ意か。御製に「日本のくにのひかりをあふぐらし数もかぎらぬよもの島島」などがある。

＊**後愚昧記**《ごぐまいき》　北朝内大臣三条公忠《きんただ》（一三二四～八三）の日記。康安元年（一三六一）から永徳三年（一三八三）まであり、自筆本も残される。タイトルは公忠の七世祖三条実房の「愚昧記」にちなむ。「後深心院関白記（愚管記）」とともに当時の公家社会を知るうえの重要史料。

(南)後亀山天皇40歳
(北)後小松天皇10歳
　崇光上皇　53歳
　後円融上皇29歳
　長慶上皇　44歳
7・10　幕府、京都・鎌倉の五山の座位を定め、南禅寺を五山の上とする。《円覚寺文書》
9・2　南軍赤松氏範、幕府軍と戦い、播磨国清水山で敗死する。《赤松系図》
9・10　後光厳天皇皇子行助入道親王（母は右衛門佐局）没（年27）。《三井続燈記》
□2・16正親町三条実音《おおぎまちさんじょうさねおと》（准大臣。父は内大臣正親町三条公秀。66）、6・6北畠顕《きたばたけあき》統《もと》（「あきむね」とも。南朝内大臣。北畠親房養子。生年不詳）、6・19鷹司冬通《たかつかさふゆみち》（関白。左大臣。父は関白鷹司師平。56あるいは57）

■元中四年＝嘉慶元年（一三八七）丁卯

(南)後亀山天皇41歳
(北)後小松天皇11歳
　崇光上皇　54歳
　後円融上皇30歳
　長慶上皇　45歳
1・3　後小松天皇、元服する。《兼宣公記》
1・8　北朝、太政大臣二条良基、辞任。《公卿補任》
2・7　北朝、摂政二条良基、辞任。右大臣近衛兼嗣を摂政とする。《公卿補任》
この春　疾病流行。《実冬卿記》
5・6　北朝、近衛兼嗣を右大臣に復任する。《公卿補任》
⑤・3　阿蘇山噴火。《阿蘇家譜》
8・23　北朝、疫病および前関白近衛道嗣の死などにより嘉慶と改元する。《迎陽記》
12・8　北朝、前権大納言四辻善成を准大臣とする。《公卿補任》
□3・17近衛道嗣《このえみちつぐ》（関白。左大臣。父は関白近衛基嗣。「後深心院関白記〈愚管記〉」記主。56）

■元中五年＝嘉慶二年（一三八八）戊辰

(南)後亀山天皇42歳
(北)後小松天皇12歳
　崇光上皇　55歳
　後円融上皇31歳
　長慶上皇　46歳
1・15　崇賢門院、北野社に参籠する。《兼宣公記》
1・26　後光厳天皇皇子堯性法親王、自害する（翌日死去。年17）。《仁和寺年代記》
1・29　堯仁法親王、天台座主を辞任。《天台座主記》
2・28　北朝、明承法親王を天台座主とする。

＊**至徳**《しとく》　権中納言藤原（裏松）資康《すけやす》の勘文に「孝経曰、先王有至徳要道、以訓天下、民用和睦、上下亡怨」とある。

＊**元中**《げんちゅう》　史料に乏しいため、いつ改元されたか正確ではない。元中九年（一三九二）に南北朝合一により廃されるも、その後数年、南朝方将士の間では元中年号が使われた。勘申者・出典不詳も、「易経」象伝上に「黄裳元吉、文在中也」とある。

＊**南方紀伝**《なんぽうきでん》　元弘元年（一三三一）から長禄二年（一四五八）までの漢文編年体史書。後醍醐天皇から後花園天皇まで、南朝を中心に記す。著者・成立年不詳。

＊**宗良親王**《むねよししんのう》（一三一一〜八五）没年は異説あり。後醍醐天皇皇子。母は二条為世女為子。出家して尊澄法親王と称するも、建武の乱により還俗し宗良親王と改名。延元三年＝暦応元年（一三三八）北畠親房らに奉ぜられ海路東国に行かんとするも遭難し、親王だけは遠江海岸に上陸。信濃を本拠に各地を転戦し武名を挙げるも、弘和末年から元中六年までに病死したと

《天台座主記》

この春　楠木正秀、河内国に挙兵も山名氏清に敗れる。《南方紀伝》

4・8　北朝、摂政近衛兼嗣の死により、二条良基を摂政とする。《公卿補任》

5・26　北朝左大臣足利義満、辞任。内大臣徳大寺実時を左大臣、権大納言久我具通を右大臣、権大納言一条経嗣を内大臣とする。《公卿補任》

6・12　北朝摂政二条良基、関白となるも、即日辞任（翌日死去）。前左大臣二条師嗣を関白とする。《兼宣公記》

この年　伊勢外宮の仮殿遷宮が行なわれる。《二所大神宮例文》

□3・26近衛兼嗣《このえかねつぐ》（摂政。右大臣。父は関白近衛道嗣。29）、4・4義堂周信《ぎどうしゅうしん》（五山文学僧。「空華日用工夫略集」記主。64）、6・2万里小路仲房《までのこうじなかふさ》（准大臣。父は参議万里小路季房。66）、6・13二条良基（摂政。関白。69）、6・24正親町三条実継《おおぎまちさんじょうさねつぐ》（内大臣。父は内大臣正親町三条公秀。76）、8・13春屋妙葩《しゅんおくみょうは》（相国寺住持。78）

■元中六年＝康応元年（一三八九）己巳

(南)後亀山天皇43歳
(北)後小松天皇13歳
崇光上皇56歳
後円融上皇32歳
長慶上皇47歳

2・9　北朝、天皇の病により**康応**と改元する。《迎陽記》

2月　高麗の賊、対馬に来寇する。《東国通鑑》

3・4　足利義満、安芸国厳島に向け出京する（二十六日帰京。この間、讃岐国で細川頼之と、周防国で大内義弘と会見）。《鹿苑院殿厳島詣記》

3・18　京都大地震。《官公事抄》

4月　後小松天皇、宸筆法華経の御八講を修する。《続史愚抄》

7・20　寛教法親王、深守法親王と栂尾に詣で、仏舎利を拝する。《大覚寺門跡略記》

8・21　崇光天皇皇子興信法親王（勧修寺長吏。母は庭田資子）没（年36）。《常楽記》

9・6　京都地震。《兼宣公記》

9・16　足利義満、高野山に参詣する（十月二日帰京）。《続史愚抄》

□7・6西園寺実俊《さいおんじさねとし》（右大臣。父は権大納言西園寺公宗。55）、8・13庭田重資《にわたしげすけ》（権中納言。女資子は栄仁《よしひと》親王実母。孫幸子は事実上の貞成親王室。85）

■元中七年＝明徳元年（一三九〇）庚午

(南)後亀山天皇44歳
(北)後小松天皇14歳

いわれる。歌集に「李花集」。「君のため世のためなにかおしからんすててかひあるいのちなりせば」は武蔵小手指原出陣のときの歌。

＊**願文**　「敬白発願事、右今度の雌雄思いの如くんば、殊に報賽の誠を致す可きの状、件の如し」とある。署名は「太上天皇寛成」。「今度の雌雄」は、幕府・北朝との対決ではなく、皇弟（後亀山天皇）との対立とされ、譲位時・譲位後に対北朝に対する確執があったといわれる。

＊**兼宣公記**《かねのぶこうき》　准大臣広橋兼宣（一三六六～一四二九）の日記。嘉慶元年（一三八七）から正長元年（一四二八）までの自筆原本・写本がある（欠失あり）。武家伝奏等として公武の信頼あつく、当時のことを知るための一級史料。

＊**嘉慶**《かきょう》　「かけい」とも。前右大弁菅原（東坊城）秀長の勘申による。出典は「毛詩正義」の「将有嘉慶、禎祥先来見也」。このとき、まず足利義満の内覧に供し、のち後円融上皇が追認したという。

＊**二条良基**《にじょうよしもと》（一三二〇～八八）　父は関白・左大臣道平、母は西園寺

崇光上皇　57歳
後円融上皇33歳
長慶上皇　48歳

3・26　北朝、天変・兵革により明徳と改元する。《「元号記」所収「良賢真人記」》
③・22　後醍醐天皇皇子無文元選没。《本朝高僧伝》
③・25　幕府、土岐康行を美濃で追討する。この日、康行没落（土岐氏の乱終わる）。《四天王法記》
この春　河内守護畠山基国と和泉守護山名氏清、南朝楠木・和田両氏を河内国に破る。《南方紀伝》
8月　後光厳天皇皇女治子内親王（母は左右大夫局）没（生年不詳）。《帝系図》
9・15　足利義満、越前国気比社参詣に出発する。《東寺王代記》
9月　今川貞世（了俊）、良成親王・菊池武朝を肥後国で破る。《深堀文書》
11・24　後光厳天皇皇子覚増法親王（母は右衛門佐局）没（年28）。《帝系図》

■元中八年＝明徳二年（一三九一）辛未

(南)後亀山天皇45歳
(北)後小松天皇15歳
崇光上皇　58歳
後円融上皇34歳
長慶上皇　49歳

3月　北朝、勧修寺尊興を同寺長吏とし、准三宮とする。《勧修寺記》
4・3　細川頼之、上洛する。《東寺王代記》
4・8　幕府、細川頼元を管領とする。《武家年代記》
4・15　大覚寺深守《しんしゅ》法親王（邦良親王王子。母は尾張局）没（年69）。《常楽記》
6・22　伊勢内宮の仮殿遷宮が行なわれる。《二所大神宮例文》
8・1　崇賢門院、落飾する。《続史愚抄》
9・16　足利義満、春日社、ついで東大寺・興福寺に参詣する。《明徳二年室町殿春日詣記》
9・19　後伏見天皇皇子法守入道親王（母は高階邦経女）没（年84）。《仁和寺御伝》
10・8　南朝、観心寺をして大威徳法を修し、宝祚延長・天下静謐を祈らせる。《観心寺文書》
10・16　京都地震。《明徳記》
12・19　幕府、山名氏清・満幸の謀反を知る（このとき氏清、南朝より「錦の御旗」を申し給う）。《明徳記》
12・20　伊勢内宮の遷宮が行なわれる。《二所大神宮例文》
12・30　山名氏清・満幸・氏家、幕府軍と二

公顕女。姉は後醍醐天皇女御二条栄子。北朝に重用され、関白・摂政。連歌をよくし「菟玖波集」「菟玖波問答」「近来風体抄」等のほか宮中の故実書「女房の官しなの事」「百寮訓要抄」も著わす。

＊**康応**《こうおう》　前右大弁菅原（東坊城）秀長の勘申による。勘文に「文選曹植七啓曰、国静（富）民康、神応休臻、屢獲嘉祥」とある。このとき足利義満が勘文に合点を入れ、これを後円融上皇が追認したという。

＊**明徳**《めいとく》　前権大納言藤原（日野）資康の勘申による。その勘文には「礼記（大学、第四二）曰、在明明徳、在親民」とある。このときもまた足利義満の一存で改元し、後円融上皇追認。

＊**無文元選**《むもんげんせん》（一三二三～九〇）臨済宗僧。後醍醐天皇皇子。母は昭慶門院（憙子内親王）といわれる。興国元年＝暦応三年（一三四〇）出家。建仁寺に学び、同四年＝康永二年（一三四三）元に渡り、正平五年＝観応元年（一三五〇）帰国。元中元年＝至徳元年（一三八四）方広寺を創建し開山となる（一

条大宮・二条猪熊・山城内野で戦い、敗れる（氏清戦死、氏家敗走。明徳の乱）。《**明徳記**》

この年　征西将軍良成親王、幕府軍と講和する。《歴代鎮西志》飢饉、疾疫流行。《常楽記》

■元中九年＝明徳三年（一三九二）壬申

(南)後亀山天皇46歳
(北)後小松天皇16歳
崇光上皇59歳
後円融上皇35歳
長慶上皇50歳

1・1　北朝、兵革により節会を延引する。《**親長卿記**》

1・18　畠山基国、楠木正勝らを河内国千剣破《ちはや》（千早）城に攻略する。《南方紀伝》

5・7　足利義満、紀伊国粉河《こかわ》寺に参詣する。《続史愚抄》

6・12　北朝、藤原氏女を天智天皇陵沙汰人職に補す。《高谷文書》

8・22　相国寺仏殿が上棟。この日、後小松天皇、住持明応を召し、物を賜う。《相国寺供養雑記》

9月　延暦寺大講堂の供養が行なわれる。《和漢合符》

10・13　足利義満、南朝河野実為《さねため》にあて請文を遣わし、南北朝和睦合体の条件を提示する。《近衛家文書》

10・25　この日以前、後亀山天皇、足利義満の提案を受諾（南北朝講和）。この日、北朝、神器帰座の日を卜定し、大内義弘を吉野に派遣する。《**続神皇正統記**》

10・28　後亀山天皇、吉野行宮を出立し、神器を奉じて京都に向かう（二十九日、興福寺東室に宿泊）。《続神皇正統記》

⑩・2　後亀山天皇、入洛し、嵯峨大覚寺に到着する。《続神皇正統記》

⑩・5　後亀山天皇、大覚寺御冠の間にて、北朝後小松天皇に神器を譲る（後亀山天皇譲位。神器は後小松天皇の土御門東洞院内裏に渡御し内侍所に安置される。以後、土御門東洞院が内裏となる。**南北朝合一**・大覚寺統消滅。明徳の年号が存続し、元中は廃絶）。《綾小路宰相入道記》

11・3　後小松天皇、御笙始を行なう。《體源抄》

11・30　崇光上皇、伏見離宮で落飾する。《椿葉記》

12・26　左大臣徳大寺実時、辞任。前左大臣足利義満を還任する。《公卿補任》

12・27　これより先、高麗使来朝、国書を幕府に呈する。この日、足利義満、絶海中津

説に建徳二年＝応安四年（一三七一）とも）。諡号は聖鑑国師・円明大師。

＊**明徳記**《めいとくき》　明徳二年（一三九一）の明徳の乱を主に描いた軍記。作者不詳で乱後まもない時期に記されたといわれる。

＊**親長卿記**《ちかながきょうき》　大納言甘露寺親長（一四二四〜一五〇〇）の日記。文明二年（一四七〇）から明応七年（一四九八）までの写本が伝えられる（欠失あり）。親長は後土御門天皇の側近として宮廷行事が詳しく記され、応仁の乱後の県召除目・踏歌節会・小朝拝などの復興の様子などが描かれる。

＊**続神皇正統記**《ぞくじんのうしょうとうき》　小槻晴富《おづきはるとみ》著。「神皇正統記」の続きの体裁をとりながら、これを批判したもの。皇統を後醍醐天皇―光厳天皇―後醍醐天皇重祚―光明天皇―崇光天皇―後光厳天皇―後円融天皇―後小松天皇―称光天皇―後花園天皇―当今（後土御門天皇）と持明院統を正統とし、後村上天皇以下の南朝天皇を排した。

＊**南北朝合一**　これにより、室町幕府、ほぼ一元的な全国的支配権を

に高麗に答えさせる。《善隣国宝記》
この年　後円融上皇、僧宥快に平松新御所で鎮壇を修させる。《密宗年表》高麗滅亡、李氏朝鮮興る。《高麗史》

■**明徳四年**（一三九三）癸酉
後小松天皇17歳
崇光法皇　60歳
後円融上皇36歳
長慶上皇　51歳
後亀山上皇47歳

1・2　後円融上皇に薬を供する。諸臣拝賀。《滋草拾露抄》
2・9　征西将軍良成親王、阿蘇惟政《これまさ》に挙兵を促し、九州南朝方の再興を命じる。《阿蘇文書》
4・26　後円融上皇、小川仙洞御所にて崩御（即刻落飾。追号は遺勅により「後円融院」）。《歴代皇紀》
4・27　後円融上皇、泉涌寺にて火葬（遺骨は**深草北陵**法華堂に納められる）。《皇年代略記》
6・24　足利義満、祈雨のため神泉苑に仏舎利を納める。《東寺王代記》
8・22　南禅寺が全焼する。《天下南禅寺記》
9・17　足利義満、左大臣を辞任。《公卿補任》
9・21　足利義満、伊勢神宮に参詣する（以後、有力者の参宮が一般化）。《松木年代記》
この年　伊勢内宮の仮殿遷宮が行なわれる。《皇太神宮遷宮次第記》

■**応永元年**（一三九四）甲戌
後小松天皇18歳
崇光法皇　61歳
長慶上皇　52歳
後亀山上皇48歳

1・1　諒闇により、小朝拝・節会を中止する。《**和長卿記**》
2・6　後亀山上皇、天龍寺に御幸し、足利義満を招く。《荒暦》
2・23　後亀山上皇に太上天皇の尊号を奉る（足利義満の一存によって決定といわれる）。《荒暦》
3・28　右大臣久我具通、辞任。今出川公直を右大臣とする。《公卿補任》
6・5　前左大臣徳大寺実時を太政大臣、内大臣一条経嗣を左大臣、准大臣四辻善成を内大臣とする。《公卿補任》
7・5　疱瘡流行により**応永**と改元する。《公卿補任》
8・1　長慶法皇崩御（これより先に落飾。追号は「長慶院」。陵名は**嵯峨東陵**）。《大乗院日記目録》
9・11　足利義満、日吉社に参詣する（十四

持ち、朝廷は改元・祭祀主催権・形式的官位任免権などが残されるのみとなる。例えば、足利義満は、官位叙任の「小折紙」の書き出しに自署するようになり（以前は「宸翰」）、叙位公卿の「拝賀奏慶」は北山第（義満邸）で行なわれた。
＊**深草北陵**　七六八ページ注参照。
＊**和長卿記**《かずながきょうき》　文章博士・権大納言東坊城（菅原）和長（一四六〇～一五三〇）の日記。「菅別記」とも。明応元年（一四九二）から享禄二年（一五二九）までの一部が伝存している。和長は後柏原天皇の侍読であったこともあり、当時の学問・思想の好史料。
＊**応永**《おうえい》　参議藤原（日野）重光の勘申による。出典は「会要」の「久応称之、永有天下」。このとき、菅原秀長が「文選」から選んだ洪徳・洪業・洪化から、足利義満が「洪徳」を選ぶも「洪」字が「水難の禍を招く」として却下され、「応永」となる。以後、義満は改元について関心を失い、朝廷から改元の打診があっても無視したため、「応永」が三十五年も続いたといわれる。

日まで）。《日吉社室町殿御社参記》

11・6　関白二条師嗣、辞任。左大臣一条経嗣を関白とする。《公卿補任》

12・17　足利義満、征夷大将軍を辞任。子の義持が元服して征夷大将軍となる（室町幕府第四代将軍）。《兼宣公記》

12・25　太政大臣徳大寺実時、右大臣今出川（菊亭）公直、内大臣四辻善成、辞任。足利義満を太政大臣、権大納言今出川実直《さねなお》を右大臣、権大納言花山院通定《みちさだ》を内大臣とする。《公卿補任》足利義満、前関白二条師嗣に勧め太閤と称させる。《諸家伝》

■応永二年（一三九五）乙亥

後小松天皇19歳
崇光法皇　62歳
後亀山上皇49歳

1・2　拝賀の儀（七日）に関白一条経嗣以下が太政大臣足利義満の行列に扈従する旨の太政大臣御教書が発せられる（「院拝礼」の儀に準じるとして、義満が上皇待遇に昇格）。《荒暦》

2・25　足利義満、伊勢神宮に参詣する。《荒暦》大地震あり（二度）。《東寺王代記》

3・24　右大臣今出川（菊亭）実直、辞任。内大臣花山院通定を右大臣、権大納言洞院公定を内大臣とする。《公卿補任》

4・7　左大臣一条経嗣、辞任。前右大臣今出川（菊亭）公直を左大臣とする。《公卿補任》

4・9　後小松天皇生母三条厳子《たかこ》（「いずこ」とも。通陽門院）を准三宮とする。《皇代暦》

4・22　天皇、足利義満の出家を止めようと室町第に行幸する。《荒暦》

6・3　足利義満、太政大臣を辞任。前右大臣久我具通を太政大臣とする。《公卿補任》

6・6　左大臣今出川（菊亭）公直、辞任。《公卿補任》

6・20　足利義満、出家する（このとき自らを法皇に擬し、法皇としての礼遇を廷臣に要求。また、今出川公直・花山院通定・徳大寺実時《さねとき》・九条経教《つねのり》・斯波義将《よしまさ》らも出家）。《荒暦》

7・5　これより先、満仁親王（亀山天皇皇孫）、落飾する（満仁入道親王）。《荒暦》

7・20　前内大臣四辻善成を左大臣とする。《公卿補任》

7・26　足利義満、出家後初めて参内する。《荒暦》

8・29　左大臣四辻善成が親王宣下を希望。足利義満これを断念させ、この日、善成を出家に追い込む。《柳原家記録》

9・11　伊勢例幣使を発遣する。《荒暦》

＊**嵯峨《さが》東陵《ひがしのみささぎ》**　京都市右京区嵯峨天龍寺角倉町に所在。崩御地の記録はないが、天皇の別称を「慶寿院」と言い、皇子海門承朝《じょうちょう》か止住の天龍寺塔頭慶寿院によるものであり、供養所と思われたことから、当地を整備し、昭和十九年、現陵に定めた。

＊**尊卑分脈《そんぴぶんみゃく》**　源・平・橘・藤原等、主要な諸氏の系図を集大成したもの。洞院公定によって編集が始められ、満季・実熙など洞院家の人々により成った。「諸家大系図」とも。

9・12 内大臣洞院公定を右大臣、前権大納言正親町三条公豊《きんとよ》を内大臣とする。《公卿補任》

9・16 足利義満、東大寺で受戒する（東大寺、諸儀を法皇に擬して行なう）。《荒暦》

11・2 足利義満、満済を三宝院門跡とする（十二月二十九日、醍醐寺座主に就任）。《醍醐寺座主拝堂日記》

12・27 権大納言三条実冬を内大臣とする。《公卿補任》天台座主慈弁、辞任。尊道入道親王を還補する。《華頂要略》

この年 足利義満、大覚寺に詣で、後亀山上皇に拝謁する。《実隆公記》

●永和三年〜応永二年（一三七七〜九五）、この頃、「尊卑分脈」成る。

■応永三年（一三九六）丙子

後小松天皇20歳
崇光法皇　63歳
後亀山上皇50歳

1・12 足利義満、参内する（この頃　人事のすべては足利義満の指示によるといわれる）。《荒暦》

2・3 太政大臣久我具通、辞任（二月二十五日出家）。《公卿補任》

3・28 足利義満、伏見仙洞に詣で、崇光上皇に謁する。《荒暦》

4・2 梶井門跡明承法親王（後光厳天皇皇子。母は橘知繁女）没（年30）。《荒暦》

7・24 後円融天皇後宮・准三宮三条厳子を通陽門院と号する。《荒暦》右大臣洞院公定を左大臣、内大臣三条実冬を右大臣、前権大納言万里小路嗣房を内大臣とする。《公卿補任》

9・20 足利義満臨席のもと、延暦寺大講堂の落慶供養が行なわれる（このときの「御登山」は天皇家の儀礼のように八瀬童子に舁《かつ》がせ、御幸に準じると記される）。《続史愚抄》

9・21 足利義満、安元・文永の法皇の儀を模して延暦寺戒壇院にて受戒する。《山門大講堂供養記》

10・15 伊勢例幣を追行する。《荒暦》

10・21 権大納言九条教嗣を内大臣とする。《公卿補任》

□5月今出川《いまでがわ》（菊亭《きくてい》）公直《きんなお》（左大臣。父は権大納言今出川実尹。56）、5・15今出川《いまでがわ》（菊《きく》亭《てい》）実直《さねなお》（右大臣。兄公直没後、子なきため家督を継ぐもすぐに没。55）

■応永四年（一三九七）丁丑

後小松天皇21歳
崇光法皇　64歳
後亀山上皇51歳

4・16足利義満の北山第が上棟する。《武家年代記》

8・5足利義満、使を明に派遣する。《足利家官位記》

9・20正親町宮義仁《ぎにん》法親王、箏の秘曲を三条西実清に伝授する。《柳原家記録》

10・2足利義満、春日社に参詣する。《大乗院日記目録》

11・19後亀山上皇、院宣を下し、若狭国司の太良《たら》荘違乱を停止し、東寺に安堵する。《東寺文書》

11・27後亀山上皇、尊号および兵仗《へいじょう》を辞退する（このあと出家）。《古文書纂》

この年 伊勢外宮の仮殿遷宮が行なわれる。《二所大神宮例文》
□3・16久我《こが》具通《ともみち》（太政大臣。父は太政大臣久我通相。56）、12・20九条《くじょう》忠基《ただもと》（関白。左大臣。父は関白九条経教。53）

■応永五年（一三九八）戊寅

後小松天皇22歳
崇光法皇65歳
後亀山法皇52歳

1・13崇光法皇、伏見殿にて崩御（二十三日火葬、伏見大光明寺に葬られる。陵は**大光明寺陵**。これにより、崇光法皇伝領の皇室領〈長講堂領・法金剛院領等〉が後小松天皇により没収される）。《迎陽記》

3・2足利義満、大覚寺の後亀山上皇御所に参る。《吉田家日次記》

3・9関白一条経嗣、辞任。前左大臣二条師嗣を再度関白とする。《公卿補任》

3・11禁裏にて観桜詩歌御会が行なわれる。《迎陽記》

4月 足利義満、北山第に移る。《**在盛卿記**》

5・14花園天皇皇子**直仁入道親王**没（年64）。《椿葉記》

5・26足利義満、故崇光法皇皇子栄仁親王を伏見指月庵に出家させる（法名は道智）。《伏見宮記録》

7・5禁裏泉殿が成る。和歌御会あり。《迎陽記》

8・7足利義満、直仁親王王子萩原宮を猶子とし、勧修寺に入室させる（義満、伏見宮家から皇統を出させないとする姿勢を示す）。《**兼敦朝臣記**》

8・16盗人、伊勢内宮正殿に乱入する。奉幣使を両宮に発遣し、廃朝を宣下する。《兼敦朝臣記》

9・11伊勢例幣使を発遣する。《兼敦朝臣記》

12月 左大臣洞院公定、辞任。《公卿補任》

■応永六年（一三九九）己卯

後小松天皇23歳

＊**大光明寺陵** 八七二ページ注参照。
＊**在盛卿記**《あきもりきょうき》 暦道の名人賀茂（勘解由小路）在盛（?～一四七九）の日記。
＊**直仁入道親王**《なおひとにゅうどうしんのう》（一三三五～九八）花園天皇皇子（実は光厳天皇の実子とされる）。母は宣光門院実子。光厳天皇の養子となり、貞和四年＝正平三年（一三四八）崇光天皇の皇太弟になるが、観応二年＝正平六年（一三五一）廃される。北朝の光厳・光明・崇光の三上皇とともに吉野に迎えられたが、延文二年＝正平十二年（一三五七）京都に帰り、のち出家。
＊**兼敦朝臣記**《かねあつあそんき》 「吉田家日次記」のうち吉田社祠官吉田兼敦（一三六八～一四〇八）の日記。兼敦が神祇大副に治部卿を兼ねたことから「治大記」とも。永徳二年（一三八二）から応永十年（一四〇三）までが伝えられる（欠失あり）。

後亀山法皇53歳

2・22　右大臣三条実冬を左大臣、内大臣九条教嗣を右大臣、権大納言近衛良嗣を内大臣とする。《公卿補任》

3・11　足利義満臨席のもと興福寺金堂の供養が行なわれる（義満に関白二条師嗣らが随行）。《興福寺供養記》

3・16　足利義満、伊勢神宮に参詣する。《東院毎日雑々記》

4・12　後円融天皇皇女珪子内親王（母は三条厳子）没（年19）。《迎陽記》

4・17　関白二条師嗣、辞任し、出家する。《公卿補任》

4・19　一条経嗣を再度関白とする。《公卿補任》

9・11　禁中の死穢により、伊勢例幣を延引する。《迎陽記》

9・15　相国寺大塔の供養が行なわれる（皇族・門跡・関白以下、足利義満に扈従し、上皇御幸に擬する）。《相国寺塔供養記》

10・13　大内義弘、討幕を企て募兵する。《寺門事条々聞書》

10月　伊勢内宮の仮殿遷宮が行なわれる。《氏経記》

12・21　幕府軍、堺城を攻略し、大内義弘は討死、弟弘茂《ひろもち》は投降する（応永の乱）。《寺門事条々聞書》

□6・15洞院公定《とういんきんさだ》（左大臣。父は内大臣洞院実夏。「洞院公定日記」記主、「尊卑分脈」編者。60）

■応永七年（一四〇〇）庚辰

後小松天皇24歳

後亀山法皇54歳

2・28　伊勢外宮の遷宮が行なわれる。《皇太神宮遷宮次第記》

3・3　天皇の病により、御燈御禊を中止する。《吉田家日次記》

6・27　伊勢内宮一宿仮殿の遷宮あり。《皇太神宮遷宮次第記》

10・23　足利義満、伊勢神宮に参詣する。《兼敦朝臣記》

□2・15綾小路敦有《あやのこうじあつあり》（宮廷歌曲伝承者。綾小路家は郢曲《えいきょく》・和琴・筝・笛などの師範家。78）、4・14花山院《かざんいん》通定《みちさだ》（右大臣。39）、5・21九条経教《くじょうつねのり》（関白。左大臣。関白二条道平の子で関白九条道教の養子。70）、11・22二条師嗣《にじょうもろつぐ》（関白。左大臣。父は摂政・関白・太政大臣二条良基。45）

■応永八年（一四〇一）辛巳

後小松天皇25歳

後亀山法皇55歳

1・30　足利義満、参内して行幸を奏請する。

《迎陽記》
2・29 内裏土御門殿が炎上。文書・御記ことごとく焼失。天皇・幕府の室町第に遷る。《迎陽記》
3・29 後小松天皇皇子（躬仁《みひと》、のち実仁《さねひと》。称光天皇）、誕生する（母は日野資子《すけこ》）。《皇年代略記》
5・13 足利義満、「日本准三宮道義」の名で明に使を派遣する（書および物を贈る。遣明使の初め）。《康富記》
8・3 土御門内裏、造営を開始し、諸国に造内裏段銭を課する。《迎陽記》
9・11 伊勢例幣使を発遣する。《迎陽記》
この年 後光厳天皇皇子寛守法親王（母不詳）没（年36）。《諸門跡伝》
□9・9 万里小路嗣房《までのこうじつぐふさ》（内大臣。父は准大臣万里小路仲房。61）

■応永九年（一四〇二） 壬午

後小松天皇26歳
後亀山法皇56歳

1・1 廷臣等、足利義満に歳首を賀す。《吉田家日次記》
2・11 後亀山上皇、これより先落飾する。《吉田家日次記》
2・27 足利義満、崇賢門院を奉じて広橋仲光の第に遊ぶ。《吉田家日次記》天台座主尊道入道親王、辞任。曼殊院道順を天台座主とする。《新撰座主伝》
2月 今川貞世（了俊）、「**難太平記**」を著わす。《同書》
3・4 足利義満、参内する（七日にも）。《吉田家日次記》
3・12 法皇、足利義満を引見する。《吉田家日次記》
3・16 義満、崇賢門院を奉じ、伊勢神宮に参詣する。《吉田家日次記》
3・20 法皇、北朝との合体について吉田兼敦に語る（長年の争いを止め、民間の憂いを除くためと）。《吉田家日次記》
6・26 炎旱により、祈雨奉幣使を諸社に発遣する（七月七日にも）。《吉田家日次記》
8・22 左大臣三条実冬を太政大臣、内大臣近衛良嗣を左大臣、前右大臣九条教嗣を右大臣、権大納言今出川（菊亭）公行《きんゆき》を内大臣とする。《公卿補任》
9・5 足利義満、明の使節一庵一如を北山第に迎える。《**福照院関白記**》
10・20 義満、伊勢神宮に参詣する。《福照院関白記》
10月 義満、大和国長谷寺に参詣する。《吉田家日次記》
11・16 土御門新造内裏に左近桜および右近

＊**難太平記**《なんたいへいき》 今川貞世（了俊）が、今川氏の家系、功績等を子孫のために書き記し、「太平記」の誤りを訂正し難じたもの。

＊**福照院関白記**《ふくしょういんかんぱくき》 関白二条満基《みつもと》（一三八三～一四一〇）の日記。「満基公記」とも。応永九年（一四〇二）から同十六年までなどが残る（欠失あり）。

＊**宗賢卿記**《むねかたきょうき》 学者・侍従清原（舟橋）宗賢（一四三一～一五〇三）の日記。宝徳二年（一四五〇）から延徳元年（一四八九）までが残る（欠失あり。原本はなし）。

＊**薩戒記**《さっかいき》 権大納言中山定親《さだちか》（一四〇一～一四五九）の日記。応永二十五年（一四一八）から文安五年（一四四八）までが伝わる（一部自筆原本が残る）。定親は武家伝奏であったことから、当時の幕府と朝廷との関係を知るうえの一級史料であり、京都の寺社や市中の事件についての記載も豊富。

橋を植えさせる。《福照院関白記》

11・19　天皇、室町内裏より土御門新造内裏に還幸する。《福照院関白記》

□5・3吉田《よしだ》兼熙《かねひろ》（神道家。吉田卜部氏中興の祖。55）、9・3四辻善成《よつつじよしなり》（左大臣。「河海抄」著者。父は順徳天皇三世孫尊雅王。77）

■応永十年（一四〇三）癸未

後小松天皇27歳

後亀山法皇57歳

1・28　東大寺東南院観覚（光厳天皇皇孫。義仁親王王子）を親王とする。《吉田家日次記》

2・4　一条経嗣、「寛平御記」（「宇多天皇宸記」）を後亀山法皇に進覧する。《吉田家日次記》

2・19　明使、帰国のため京を出発する（このとき足利義満、「日本国王臣源」の名前で国書を天龍寺住持圭密らに持たせる。年末、明は義満を「日本国王」と認める）。《吉田家日次記》

7・5　後伏見天皇皇子尊道入道親王（天台座主。母は正親町実明女）、花園妙心寺にて没（年72）。《諸門跡伝》

8・3　明船、博多に来る。《歴代鎮西志》

8・19　右大臣九条教嗣、辞任。内大臣今出川（菊亭）公行を右大臣、権大納言二条満基を内大臣とする。《公卿補任》

10・20　足利義満、伊勢参詣のため京都を出発する。《吉田家日次記》

■応永十一年（一四〇四）甲申

後小松天皇28歳

後亀山法皇58歳

4・9　足利義満、高野山に参詣する。《宗賢卿記》

5・16　足利義満、北山第に明使を引見する（このとき「日本国王之印」等を受ける）。《東寺百合文書》

6・28　後小松天皇第一皇子（小川宮）、誕生する。《薩戒記》

この年　足利義満、使を朝鮮に遣わし、物を贈る（「日本国王源道義」の記述あり）。《太宗実録》

□2・27徳大寺《とくだいじ》実時《さねとき》（太政大臣。父は内大臣徳大寺公清。67）、8・15九条教嗣《くじょうのりつぐ》（右大臣。父は関白・左大臣九条経教。43）

■応永十二年（一四〇五）乙酉

後小松天皇29歳

後亀山法皇59歳

4・26　後円融天皇十三回忌のため、清涼殿で宸筆法華八講が行なわれる（このとき足利義満、内裏において上皇の礼遇を受ける）。

5・1　足利義満、明使を北山第に引見する。《荒暦》
6・18　天皇、山科教言《のりとき》に笙・唐墨等を賜う。《東寺王代記》《教言卿記》
8・3　足利義満、明使帰国に際し、兵庫に赴き明船を見る。《教言卿記》
10・12　天皇、疱瘡にかかる（十一月三十日平癒）。《教言卿記》
10・20　足利義満、伊勢神宮に参詣する。《教言卿記》
11・18　後光厳天皇皇子大覚寺寛教法親王（母不詳）没（年36）。《仁和寺年代記》

■**応永十三年（一四〇六）丙戌**
後小松天皇30歳
後亀山法皇60歳

1・1　廷臣・僧侶等、幕府に参賀する。《教言卿記》
1・25　足利義満、参内する（二月二十五日、三月三・八日、七月二十三・二十九日、十月二十八日にも）。《教言卿記》
2・12　園城寺長吏行悟法親王（後亀山天皇皇子。母は北畠信子。長慶天皇皇子か）没（年30）。《教言卿記》
3・8　内裏泉殿成る。《教言卿記》
5・9　足利義満、崇賢門院を奉じて、摂津兵庫に遊ぶ（義満、唐船を見ようとして引き続き、兵庫・尼崎に遊ぶ）。《教言卿記》
6・11　足利義満、明使を北山第に引見し、国書を受ける。《教言卿記》
7・23　天皇、泉殿に遷る（足利義満、参内）。《教言卿記》
8・24　大風・洪水。諸社に止雨を祈らせる（九月二日には仁和寺にも）。《教言卿記》
9・11　伊勢例幣使を発遣する。《荒暦》
10・19　足利義満、伊勢神宮に参詣する。《教言卿記》
12・25　天皇、通陽門院をその第に見舞う。《荒暦》
12・27　後円融天皇後宮・後小松天皇生母通陽門院（三条厳子）没（年56。このとき足利義満、准母を立てれば諒闇は行なわなくてよいとし、正室日野康子を准母として准三宮とする勅書を出させる。妻が准母なら義満は天皇准父ということになる）。《荒暦》
この年　足利義満、使を朝鮮に遣わす。▼朝鮮の使、来朝する。《太宗実録》
□6・24正親町三条《おおぎまちさんじょう》公豊《きんとよ》（内大臣。父は内大臣正親町三条実継。74）

■**応永十四年（一四〇七）丁亥**
後小松天皇31歳
後亀山法皇61歳

＊**教言卿記《のりときけいき》**　権中納言山科教言（一三二八〜一四一〇）の日記。応永十二年（一四〇五）から同十七年まで自筆原本が残る（欠失あり）。山科家は管絃の家であるため、楽関係の記事が多い。

1・1　通陽門院没により四方拝を中止する（節会・小朝拝は実施）。《荒暦》
1・5　京都大地震。《応永十四年暦日記》
1・14　足利義満、参内する（この年もしばしば参内）。《教言卿記》
2・5　後光厳天皇の御笙譜について、山科教言に諮問あり。《教言卿記》
2・6　太政大臣三条実冬、出家。《公卿補任》
3・5　准三宮日野康子を天皇准母として、院号を北山院とする。《荒暦》
3・21　天皇、楽御会始に笙・箏を奏する（七月二十六日、九月二十一日、十月二十三日などにも所作）。《教言卿記》
4・9　足利義満、伊勢神宮参詣のため、京都を出発する。《教言卿記》
7・3　恒明親王王子乗朝法親王（母不詳）没（生年不詳）。《東寺光明講過去帳》
7・22　足利義満、遣明使帰朝につき、兵庫に赴き、その船を見る。《教言卿記》
8・5　足利義満、明使を北山第に引見する。《教言卿記》
10・5　崇賢門院、北野社に参籠する。《教言卿記》
10・10　足利義満・義持、参内する。《教言卿記》
10・27　足利義満参内、黒戸にて貝覆《かいおおい》を行なう。《教言卿記》
12月　観覚法親王を東大寺別当とする（応永二十一年辞任）。《東大寺別当次第》
この年　足利義満、使を朝鮮に遣わし、書・物を贈る。《太宗実録》

■応永十五年（一四〇八）戊子

後小松天皇32歳
後亀山法皇62歳

1・12　足利義満、参内する（この年もしばしば参内）。《教言卿記》
2・1　足利義満、兵庫の明船を見るため、京都を発する。《教言卿記》
3・8　天皇、満開の桜の中を足利義満の北山第に行幸する（義満、四脚門に天皇を出迎える。三週間にわたり連歌・蹴鞠・御遊あり。義満、法服を着用し、上皇使用の畳に座して天皇を迎え、禁裏から仙洞への朝覲行幸の形をとる）。《北山殿行幸記》正親町宮入道義仁王（光厳天皇皇子）を親王とする。《東山御文庫記録》
3・14　天皇、北山第にて舞を覧、笙を奏する。《教言卿記》
3・20　天皇、北山第の三席御会で笙を奏する。《教言卿記》
3・28　天皇、北山第より還幸する。《教言卿記》

3・29 足利義満・義持父子、参内する。《教言卿記》
4・10 足利義満・義嗣、伊勢神宮に参詣せんとして京都を出発する（長谷寺に参詣して帰る）。《教言卿記》
4・20 関白一条経嗣、辞任。左大臣近衛忠嗣を関白・氏長者とする。《教言卿記》
4・25 義満の子足利義嗣、親王待遇の儀式により、内裏で元服する（この日、義嗣を参議とする）。《教言卿記》
5・6 室町幕府第三代将軍足利義満没。《教言卿記》
5・9 故足利義満に「太上天皇」の尊号を贈る（足利義持、これを辞退。しかし、相国寺過去帳に「鹿苑院太上天皇」、臨川寺位牌にも「鹿苑院太上天皇」と記される）。《尊卑分脈》炎旱により、丹生・貴布禰両社等に祈雨奉幣使を発遣する。《続史愚抄》
6・22 南蛮船、若狭小浜に来る（象・孔雀・鸚鵡を献じる）。《若狭郡県志》
8・12 京都・奈良大暴風。社寺多数倒壊。《東寺執行日記》
8・20 承道法親王（後二条天皇五世孫）、誕生する（後小松天皇の猶子となる）。《仁和寺御伝》
8・21 天皇、楽御会で笙・箏を奏する（九月十五・二十八日、十月十七日、十一月十五日、十二月九・十四・二十五日にも所作）。《教言卿記》
8・29 天皇、笙の秘曲を豊原定秋より受ける。《応永年中楽方記》
9・29 北山院、壬生地蔵堂に参籠する。《教言卿記》
11・8 北山院、東大寺に参籠する。《教言卿記》
12・26 足利義持・義嗣、参内する。《教言卿記》
12月 足利義持、義満の死を明に知らせる。永楽帝、義持を日本国王に封じる。《明実録》
この年 足利義満、前天龍寺住持圭密を明に遣わし物を贈り、「勧善」「内訓」の二書を求める。《大明太宗体天弘道高明広運聖武神功純仁至孝文皇帝実録》
□5・6**足利義満**（室町幕府第三代将軍、51）、6・26吉田《よしだ》兼敦《かねあつ》（神道家・神祇官人。41）

■応永十六年（一四〇九）己丑

後小松天皇33歳
後亀山法皇63歳

1・1 廷臣等、足利義持・義嗣に歳首を賀す。《教言卿記》
1・19 左大臣近衛忠嗣、辞任。《公卿補任》
1・24 天皇、楽御会で笙を奏する（二月十

＊**足利義満**《あしかがよしみつ》（一三五八〜一四〇八）室町幕府第三代将軍。父は第二代将軍足利義詮。征夷大将軍就任後、参議、権大納言、内大臣、左大臣と昇り、征夷大将軍辞任後、太政大臣に転じ、応永二年（一三九五）出家後、あたかも上皇のごとく振るまい（没後、「太上天皇」尊号を贈られる）、明からは「日本国王」の称号さえ与えられた。

五日、三月十五日、閏三月二十八日、四月十五日、五月六・十五日、六月二十一日、七月七・十七日、八月十八日、九月二十日、十月十七日、十一月二十八日、十二月十五日にも所作)。《教言卿記》

2・21 関白近衛忠嗣、辞任。《公卿補任》

3・4 内大臣二条満基を関白とする。《公卿補任》

3・21 内大臣二条満基を左大臣とする。《公卿補任》

3月 朝鮮の使者が来り、幕府に物を進献する。《善隣国宝記》

6・18 足利義持・義嗣、伊勢神宮に参詣する。《教言卿記》

6・25 足利義持・義嗣、北山院を奉じて、兵庫に遊ぶ。《教言卿記》

7・5 明使、故足利義満の喪を弔い、祭文、諡号を贈る。この日、義持、使を北山第に引見する(明主朱棣、義持を日本国王に封じる)。《明史・応永年中楽方記》

7・22 鎌倉公方足利満兼没(年32。子の幸《さち》王丸《おうまる》〈持氏《もちうじ》〉が継ぐ)。《喜連川判鑑》

7・23 権大納言足利義持を内大臣とする。《公卿補任》

9・12 天皇、豊原定秋より笙の最秘曲「陵《りよう》王荒序《おうのこうじよ》」を伝受する。《體源抄》

12・27 足利義持、参内する。《教言卿記》

この年 後二条天皇五世孫(明仁親王)、誕生する。《妙法院在住親王伝》足利義持、使を朝鮮に遣わす。《太宗恭定大王実録》

■応永十七年(一四一〇)庚寅

後小松天皇34歳
後亀山法皇64歳

1・30 天皇、楽御会始を行ない笙を奏する(二月二十日、三月十五日、五月六日、六月十三・十五日、八月十九日、九月十五日にも所作)。《教言卿記》

2・28 天龍寺を再び五山首座とする(三月二十七日説も)。《扶桑五山記》

3・4 法皇、足利義持第に御幸する。《教言卿記》

3・27 足利義持、伊勢神宮に参詣する。《教言卿記》

4・10 足利義持、高野山に参詣する。《足利家官位記》

5・11 天皇、病む。《教言卿記》

8・18 前関白一条経嗣に万機を内覧させる。《大乗院日記目録》

8・29 天皇、山科教豊《のりとよ》に箏の秘曲を伝授する。《後小松天皇宸筆秘曲御伝授状》

9・24 伏見宮栄仁親王、子の治仁王に琵琶の秘曲(石上流泉)を伝授する(ついで、

秘曲上原石上流泉および将律調を伝授)。《伏見宮御所伝音楽書》
11・27 法皇(幕府が南北朝講和条件の両統迭立を守らなかったことを不満とし)、嵯峨より吉野に潜幸する(以後六年間)。《大乗院日記目録》
12・30 関白二条満基の死により、一条経嗣を再々度関白とする。《公卿補任》
□12・15 山科教言《やましなのりとき》(権中納言。「教言卿記」記主。83)、12・27 二条満基《にじょうみつもと》(関白。左大臣。父は関白二条師嗣。28)

■応永十八年(一四一一) 辛卯

後小松天皇35歳
後亀山法皇65歳
3・8 天皇、御遊にて笙を奏する。《後崇光院御遊御会記》
4・4 伏見宮栄仁親王、今出川(菊亭)公行に琵琶の伝業灌頂を授ける。《伏見宮御所伝音楽書》
4・11 右大臣今出川公行を左大臣、前権大納言鷹司冬家を右大臣とする。《公卿補任》
4・26 伏見宮栄仁親王、子の貞成《さだふさ》王に皇帝《おうだい》破陣楽《はじんらく》・団乱旋《とらでん》の両曲を伝授する。《伏見宮御所伝音楽書》
6・13 天台座主曼殊院良順、辞任。妙法院堯仁法親王を天台座主に還補する。《天台座主記》
9・9 将軍足利義持、明使を入京させず、兵庫から帰国させる(明との通交中絶)。《如是院年代記》
11・25 後小松天皇皇子(躬仁王。称光天皇)を親王とする。《皇年代略記》前関白近衛忠嗣に内覧宣下あり。《諸家系伝》
11・28 躬仁親王、参内して元服(天皇出御。内大臣足利義持が加冠)。貞成王、四十歳にして伏見御所にて元服する。《兼宣公記》
12月 伊勢内宮の遷宮が行なわれる。《遷宮次第記》
この年 足利義持、物を朝鮮に贈り大蔵経を求める。《太宗恭定大王実録》
□⑩・17 三条実冬《さんじょうさねふゆ》(太政大臣。日記「実冬公記」記主。父は内大臣三条公忠。58)

■応永十九年(一四一二) 壬辰

後小松天皇36歳
称光天皇 12歳
後亀山法皇66歳
1・1 廷臣等、足利義持に歳首を賀す。《山科家礼記》
2・17 躬仁親王、内裏に遷る。よって足利義持、参内する。《山科家礼記》
4・17 天台座主堯仁法親王、辞任。この日、実乗院桓教を還補する。《天台座主記》

＊**山科家礼記**《やましなけらいき》 山科家の家司が記した日記。「山礼記」とも。応永十九年(一四一二)から明応元年(一四九二)までが残される(欠失あり)。

＊**不知記**《ふちき》 東山御文庫に「記者不知」の外題のある記録(写本)があり、これを「不知記」と題したもの。和歌・連歌・猿楽等について記されている。

＊**称光天皇**《しょうこうてんのう》(一四〇一～一四二八) 名は躬仁《みひと》(のち実仁《さねひと》)。後小松天皇第一皇子。母は日野資国《すけくに》女資子《すけこ》(光範門院)。応永十八年(一四一一)親王宣下、元服。同十九年践祚、同二十一年即位。正長元年(一四二八)崩御。陵は深草北陵。追号は称徳天皇と光仁天皇から一字ずつ取ったもの。

＊**教興卿記**《のりおききょうき》 権中納言山科教興(一三四〇～一四一八)の日記。応永二十年(一四一三)の日次記のほか禁裏の服飾の部類記などが残されている。

6・5　東寺に天皇の病を祈禳させる。《廿一口方評定引付》
8・17　将軍足利義持、参内する（二十四日にも）。《山科家礼記》
8・27　躬仁親王、日野重光第に遷る。《山科家礼記》
8・28　天皇、譲位のため日野資教の一条東洞院第に行幸する。《不知記》

第百一代　称光《しょうこう》天皇

8・29　後小松天皇譲位。躬仁《みひと》親王（**称光天皇**）、土御門内裏にて践祚する（後小松上皇、東洞院の仙洞御所で院政開始。このあと、代始改元を足利義持に握りつぶされる。関白一条経嗣は旧の如し）。《不知記ほか》
9・5　先帝に太上天皇尊号を奉る。《皇代暦》
9・14　上皇院庁始（足利義持・義嗣を院司に補す）。《常永入道記》
9・17　足利義持、伊勢参詣のため京都を出発する。《山科家礼記》
9・27　上皇、足利義持の三条坊門第に御幸する（十月二十一日にも）。《兼宣公記》
12・27　足利義持、参内および参院する。《山科家礼記》

■応永二十年（一四一三）癸巳

称光天皇　13歳
後亀山法皇67歳
後小松上皇37歳

1・1　日食により節会を延引する（二日追行）。▼諸門跡・廷臣等、幕府に参賀する。《**教興卿記**》
1・24　光厳天皇皇子正親町宮義仁法親王（母未詳）没（生年不詳）。《後常瑜伽院日次記》
1・30　将軍足利義持、参内および参院する。《教興卿記》
4・9　伏見宮栄仁親王、子の貞成王に蘇《そ》合《ごう》香《こう》の曲を伝授する。《伏見宮御所伝音楽書》
6・25　延暦寺衆徒、妙本寺具覚《ぐかく》の僧正補任に怒り強訴、犬神人にその堂を破却させる。《満済准后日記》
6・27　御読始。侍読東坊城長遠、天皇に「史記」五帝本紀を授け奉る。《菅儒侍読臣之年譜》
11・9　読書始。侍読清原頼季、天皇に「孝経」を授け奉る。《続史愚抄》
12・27　足利義持、歳末の御礼として参内、また参院する。《満済准后日記》
□3・16　日野《ひの》重光《しげみつ》（大納言。後小松上皇院執権。裏松家を創始。父は権大納言日野資康。44）

■応永二十一年（一四一四）甲午

称光天皇　14歳

後亀山法皇68歳
後小松上皇38歳
1・1 日食により節会を延引する（二日追行）。《満済准后日記》
2・10 後小松上皇、仙洞にて芸能を覧る。《満済准后日記》
2・19 伏見宮栄仁親王、子の治仁王に琵琶の秘曲を伝授する（今出川〈菊亭〉公行にも）。《伏見宮御所伝音楽書》
7・23 将軍足利義持、参内および参院する。《満済准后日記》
9・18 足利義持、伊勢神宮参詣のため京都を発つ。《満済准后日記》
12・5 天皇、即位大礼のため、後小松上皇御所に方違行幸する。上皇、天皇に即位の秘印を授ける。《応永二十一年御方違行幸記》
12・13 天皇、即位由奉幣使発遣のため、神祇官に行幸する。《荒暦》
12・15 右大臣鷹司冬家、辞任。権大納言九条満教《みつのり》を右大臣とする。《公卿補任》
12・18 天皇、即位のため太政官庁に行幸する。《称光院御即位散状》
12・19 称光天皇、太政官庁にて即位礼を挙げる。《後小松天皇「応永二十一年御即位日神秘事」》
12・27 足利義持、参内する。《満済准后日記》

■応永二十二年（一四一五）乙未

称光天皇 15歳
後亀山法皇69歳
後小松上皇39歳
1・1 僧俗、幕府に参賀する。《満済准后日記》
2・30 将軍足利義持、参内および参院する。《満済准后日記》
6・13 延暦寺衆徒、日吉神輿を奉じて近江守護六角満高を強訴する（天皇、騒擾を避けるため法身院に行幸。上皇も御幸。足利義持、即日裁許、よって神輿帰座）。《満済准后日記》
7・19 河内国に楠木一族が蜂起するも、守護畠山満家、これを討伐する。《満済准后日記》
8・19 説成親王、幕府と伊勢国司北畠満雅を和睦させる。《大乗院日記目録》
10・14 幕府、北畠満雅（この年二月に挙兵）と和睦する。《満済准后日記》
10・27 天皇、大嘗祭の禊のため太政官庁に行幸する（二十九日、禊をする）。《称光院大嘗会御記》
11・18 天皇、大嘗会のため太政官庁に行幸する。《称光院大嘗会御記》
11・21 称光天皇、大嘗会を行なう（このと

＊看聞日記《かんもんにっき》 後崇光院伏見宮貞成親王（一三七二〜一四五六）の日記。貞成親王は崇光天皇の孫で後花園天皇の父。応永二十三年（一四一六）から文安五年（一四四八）までの自筆本が現存（欠失あり）。嫡男彦仁王（後花園天皇）を皇位に就けるまでの経緯が克明に記されるほか、伏見宮の内部事情や当時の政情、学芸文化などが詳述され、この時代の最重要史料。

きの記録が後崇光院〈後花園天皇父〉「応永大嘗会記」、一条経嗣「応永大嘗会記」)。《称光院大嘗会御記》
11・25 足利義持、参院および参内する。《満済准后日記》
11・28 関白一条経嗣を准三宮とする。《実隆公記》
12・27 足利義持、歳末御礼のため参内および参院する。《満済准后日記》

■応永二十三年（一四一六）丙申

称光天皇 16歳
後亀山法皇70歳
後小松上皇40歳

1・1 伏見宮栄仁親王王子貞成王、「**看聞日記**」の筆を起こす。《看聞日記》
1・9 京都大暴風雨。《看聞日記》
1・13 伏見宮栄仁親王、治仁王に万秋楽《まんじゅうらく》(「まんじゅらく」とも）の秘曲を伝授する(二十四日、貞成王にも)。《大通院殿御伝授状》
1・25 将軍足利義持、参内および参院する。《満済准后日記》
3・4 伏見宮栄仁親王、大光明寺に桜花を賞する。《看聞日記》
3・6 京都大火。《看聞日記》
6・4 常盤井宮尊賢親王（亀山天皇皇曾孫。全仁親王王子）没（年71)。《鶴岡八幡宮寺社務職次第》
6・21 伏見宮栄仁親王、貞成王に琵琶を賜う。《看聞日記》
6・24 栄仁親王、崇光天皇より相伝の名笛柯亭《かてい》を上皇に進献する。《看聞日記》
7・1 上皇御所が焼ける。火、禁裏に及ばんとする。上皇、三宝院に難を避ける。▼足利義嗣、謀反を計る。《看聞日記》
7・13 上皇御所の造営が始まる（十七日、上皇、勧修寺経興の小川亭に遷幸)。《看聞日記》
7・24 栄仁親王、琵琶の秘曲を治仁王に伝授する。《看聞日記》
8・14 上皇、転倒する。《満済准后日記》
9・3 これより先、栄仁親王、上皇に名笛柯亭を献じ、御料所の安堵を奏請する。この日、上皇、院宣を賜い、室町院御遺領を安堵する。《看聞日記》
9・9 貞成王、琵琶および和歌の百日御稽古を始める。《看聞日記》
9・11 足利義持、南都に下向、春日社に参詣する（翌日、東大寺宝蔵の開封を見物)。《看聞日記》
9・23 上皇、山科教豊に琵琶の秘曲を伝授する。《豊宗秋氏所蔵文書》

9月 広橋兼宣を吉野に派遣し、後亀山法皇を大覚寺に迎える。《看聞日記》
10・1 足利義持、参内する。《看聞日記》
10・2 足利満隆・上杉氏憲（禅秀）ら、鎌倉府を襲撃する（上杉禅秀の乱）。《鎌倉大日記》
10・21 伊勢内宮の枯木が倒れ正殿を損壊。これにより軒廊御卜を行なう。《押小路文書》
10・30 足利義嗣、山城国高尾に出奔する（ついで出家）。《看聞日記》
11・9 幕府、足利義嗣を拘留する。《看聞日記》
11・12 貞成王、父栄仁親王御集を撰する。この日完成。《看聞日記》
11・16 栄仁親王、貞成王に仏像・琵琶譜などを譲与する。《看聞日記》
11・20 崇光天皇皇子**栄仁親王**、伏見殿にて没（二十四日、大光明寺東門外にて火葬。深草北陵法華堂に納骨。王子治仁王が後を嗣ぐ）。《看聞日記》
12・14 天皇、諱を実仁《さねひと》と改める。《看聞日記》
12・27 足利義持、参内する。《満済准后日記》
この年 貞成王の伏見御所において立花会・茶会等がさかんに行なわれる。《看聞日記》
後二条天皇五世孫（邦康親王）、誕生する。《本朝皇胤紹運録》

■応永二十四年（一四一七）丁酉

称光天皇 17歳
後亀山法皇71歳
後小松上皇41歳

1・1 将軍足利義持、参内して歳首を賀す。《看聞日記》
《兼宣公記》廷臣等、幕府に参賀する。《看聞日記》
1・10 足利満隆・上杉氏憲ら、足利持氏軍に敗れ、鎌倉雪ノ下で自害する。《鎌倉大日記》
1・12 上皇、足利義持に歳首の御賀札を賜う。《兼宣公記》
1・15 法皇、足利義持に歳首の御賀札を賜う。《兼宣公記》
2・11 伏見宮治仁王《はるひとおう》没（年37。十五日に火葬、大光明寺に納骨。貞成王が後を嗣ぐ）。《看聞日記》
3・23 伏見宮貞成王、御門前の馬場に花を賞する。《看聞日記》
3・28 後小松上皇、病む。《看聞日記》
4・2 上皇、病む。土御門泰家、泰山府君祭を行ない、その平癒を祈る。《看聞日記》
4・5 貞成王、代始御礼として、上皇に箏の名器梨花を進献する。《看聞日記》
5・17 貞成王、琵琶法師の「平家物語」を聴聞する。《看聞日記》

＊**栄仁親王**《よしひとしんのう》（一三五一～一四一六） 崇光天皇第一皇子。伏見宮家初代。母は権大納言庭田重資女資子。応安元年（一三六八）親王宣下を受け、栄仁の名を賜わる。応永五年（一三九八）伏見指月庵で落飾。遺骨は深草法華堂嵯峨浄金剛院に納められる。

＊**康富記**《やすとみき》 権大外記中原康富（一三九九～一四五七）の日記。応永二十四年（一四一七）から康正元年（一四五五）までが断続的に残る。外記をつとめていたことから朝廷の行事・故実、公武の事件が詳しく記録され、この時期の社会を知るうえの基本史料。

⑤・6　貞成王、「後深草天皇文永三年十一月御移徙御記」を書写し、上皇に進献する（ついで「御移徙部類記」も進献）。《看聞日記》
⑤・18　三宝院満済等、祈雨のため神泉苑に参詣する。《満済准后日記》
6・19　上皇、新造東洞院仙洞御所に移徙する。《看聞日記》
7・1　貞成王、山城超願寺に参詣する。《看聞日記》
7・23　天皇、上皇の東洞院仙洞御所に朝覲行幸する（二十九日還幸）。《看聞日記》
9・3　清原頼季、天皇に「論語」を講じる。《康富記》
9・11　伊勢例幣使を発遣する。《康富記》
9・17　貞成王、人をして伊勢神宮に代参せしめる。《康富記》
9・18　足利義持、伊勢神宮参詣に出発する（二十二日参宮）。《満済准后日記》
10・29　天皇、御笙始を行なう（足利義持、参内）。《看聞日記》
11・3　崇賢門院、上皇御所に行啓する（足利義持扈従）。《看聞日記》
12・13　元服した足利義量、父義持に従い初めて参内、ついで参院する。《満済准后日記》
12・20　貞成王、大光明寺に参詣する。《看聞日記》
12・25　足利義持、歳末御礼のため上皇御所に参院、ついで参内する。《満済准后日記》

■応永二十五年（一四一八）戊戌

称光天皇　18歳
後亀山法皇72歳
後小松上皇42歳

1・24　幕府、足利義嗣を誅殺する。《看聞日記》
2・15　伏見宮貞成王、五部大乗経書写を始める。《看聞日記》
2・22　貞成王、法安寺に詣で、風呂に入る。《看聞日記》
2・23　貞成王、御香宮《ごこうのみや》に桜花を賞する（ついで伏見殿の庭にて連歌会開催）。《看聞日記》
3・3　京都大火。《看聞日記》
4・11　京都京極火事。《看聞日記》
4・21　奉幣使を発遣し、諸社等に雨を祈らせる。《看聞日記》
6・25　近江国大津の馬借ら、祇園神輿を奉じ、米沽却《こきゃく》・堅田《かたた》関のことを強訴する。《看聞日記》
7・10　天皇病む（七月二十八日平癒）。《兼宣公記》
7・11　諸門跡に、延命法を修して天皇の病

を祈禳させる。《兼宣公記》
8・9 貞成王、水無瀬具隆の求めにより、「源氏物語」二帖を書写し、この日、これを賜う。《看聞日記》
8・10 将軍足利義持、参内する。《満済准后日記》
8・21 伊勢内宮の仮殿遷宮が行なわれる。《遷宮次第記》
8・24 足利義持、伊勢神宮に参詣する。《薩戒記目録》
8・29 伊勢内宮、正殿の修造成り、この日、神体が正殿に遷る。《応永二十五年内宮仮殿遷宮記背文書》
9・1 内裏辺火事。足利義持、内裏・上皇御所を守護する。《満済准后日記》
9・4 天皇、病む（二十四・二十九日にも）。《満済准后日記》
9・11 伊勢例幣使を発遣する。《康富記》
9・22 足利義持、伊勢神宮に参詣する。《満済准后日記》
9・29 天皇、病む。諸寺に病気平癒を祈らせる。《看聞日記》
9月 足利義持、参内する。《康富記》
10・3 貞成王、指月庵に詣で和漢連句会を行なう。《看聞日記》
10・7 伊勢神宮等七社に奉幣し、天皇平癒を祈らせる。《看聞日記》
11・11 前東大寺別当・東南院門主観覚法親王（光厳天皇皇孫）没（年38。「看聞日記」では二十四日没）。《東院毎日雑々記》
11・21 京都土御門高倉が火事。《看聞日記》
12・2 左大臣今出川（菊亭）公行、辞任。右大臣九条満教を左大臣、権大納言徳大寺公俊を右大臣とする。関白一条経嗣の死により、九条満教を関白とする。《公卿補任》
12・12 足利義持、参院する（十八日にも参内、ついで参院）。《満済准后日記》
□5・14足科満詮《あしかがみつあきら》（権大納言。足利義満の弟。55）、11・17一条経嗣《いちじょうつねつぐ》（関白。左大臣。准三宮。父は関白二条良基。関白一条経通の猶子。「荒暦」記主。61）、12・23近衛冬実《このえふゆざね》（関白。左大臣。父は関白近衛教基。66）、応永十九年以降この年まで、今川貞世《いまがわさだよ》（了俊。武将・歌人。「難太平記」著者）

■応永二十六年（一四一九）己亥

称光天皇 19歳
後亀山法皇73歳
後小松上皇43歳

1・4 伊勢外宮別宮月読宮が焼ける。《兼宣公記》
2・13 京都六条火災。《看聞日記》
4・23 僧従尊（雲叟）に禅師号を賜う（現

＊**北山院**《きたやまいん》（一三六九～一四一九）後小松天皇准母。名は康子。父は裏松大納言日野資康。足利義満室。応安十三年（一四〇六）後小松天皇生母通陽門院が亡くなり、国母に准じ准三宮となる。翌年、院号宣下を受ける。義満死後は、将軍義持から疎んじられ、亡くなったときも国母に准じる儀は行なわれなかった。

存の僧への禅師号下賜の初め)。《康富記》
5・23 朝鮮よりの使、明・南蛮がわが国を寇せんとするを告げる。《看聞日記》
6・18 伏見宮貞成王王子(彦仁。後花園天皇)、誕生する(母は庭田幸子)。《看聞日記》
6・26 これより先、李氏朝鮮軍、対馬に来襲する。この日、宗貞茂等、これを破る(応永の外寇)。《看聞日記》
7・18 祈年穀奉幣を再興する(延引して八月挙行。一三五〇年以後中絶)。《看聞日記》
7・23 幕府、兵庫に来た明使を帰国させる。《満済准后日記》
7・25 幕府、東寺に異国調伏を祈らせる。《東寺百合文書》
7月 将軍足利義持、後光厳天皇宸筆額を南禅寺に掲げる。《続本朝通鑑》
8・1 京都大洪水により、人家が流失する。《看聞日記》
8・19 霖雨により止雨奉幣使を発遣する。《看聞日記》
8・21 天皇、上皇の東洞院仙洞御所に行幸する(御遊に天皇は笙、上皇は笛を奏する。二十五日還幸)。《看聞日記》
8・24 京都地震。《薩戒記》
8・29 内大臣足利義持、辞任(十二月二十五日参院、二十六日参内)。《公卿補任》
9・18 足利義持、伊勢神宮に参詣する。《看聞日記》
9月 左大臣九条満教、辞任。《公卿補任》
10・19 後二条天皇五世孫(承道親王)、後小松天皇の猶子となり、妙法院に入室する。《看聞日記》
10・26 後二条天皇五世孫(後小松天皇猶子承道親王)、仁和寺に入室し、出家する。《看聞日記》
11・11 後小松天皇准母**北山院**(日野康子)没(十三日、嵯峨真浄院に火葬)。《看聞日記》
11・20 伊勢外宮へ神宝使を発遣する。《看聞日記》
12・5 右大臣徳大寺公俊を左大臣、権大納言二条持基を右大臣、権大納言西園寺実永《さねなが》を内大臣とする。《公卿補任》
12・21 伊勢外宮の遷宮が行なわれる。《遷宮次第記》仁和寺宮承道および妙法院宮明仁を法親王とする。《看聞日記》

■応永二十七年(一四二〇)庚子

称光天皇 20歳
後亀山法皇74歳
後小松上皇44歳

1・1 将軍足利義持、参内し、また仙洞御所に参る。《薩戒記目録》

1・3　皇弟小川宮、後小松上皇の勅譴をこうむり、日野資教第に逃れる。《看聞日記》

①・1　閏二月の例が不吉として、改めて閏正月とする。《看聞日記》

①・13　左大臣徳大寺公俊を太政大臣、右大臣二条持基を左大臣、内大臣西園寺実永を右大臣、権大納言三条公光《きんみつ》（光冬《きんふゆ》）を内大臣とする。《公卿補任》

①・22　関白九条満教に一座を宣下する。《諸家伝》

2・18　全国的に大飢饉。諸国の難民が京都に来り、「餓死者数知れず」とされる（このあと疫病流行し「万人死去」と記される）。《看聞日記》

3・3　足利義持、参内する。《看聞日記》

3・16　太政大臣徳大寺公俊、辞任。《公卿補任》

4・22　康暦二年（一三八〇）以後中絶の日吉祭を再興する。《康富記》

5・5　祈雨奉幣使を発遣する（ついでまた発遣、六月、七月にも）。《看聞日記》

6・16　朝鮮使節、足利義持に謁見する。《老松堂日本行録》

6・27　地震あり。京都油小路火災。《看聞日記》

7・2　孔雀経を神泉苑に誦し、雨を祈らせる。《看聞日記》

8・10　鎌倉大地震。《続本朝通鑑》

9・11　伊勢例幣使を発遣する。《康富記》

10・6　皇弟二宮（小川宮）を儲君とする。この日、二宮、参内する。《薩戒記》

10・23　足利義持、武家伝奏広橋兼宣・後小松上皇執権日野有光《ありみつ》らを閉居させる。《康富記》

12・5　右大臣西園寺実永、辞任。内大臣三条公光を右大臣、権大納言大炊御門宗氏を内大臣とする。《公卿補任》

この年　伊勢内宮の仮殿遷宮が行なわれる。《遷宮次第記》

■応永二十八年（一四二一）辛丑

称光天皇　21歳
後亀山法皇75歳
後小松上皇45歳

1・1　将軍足利義持、参内、また東洞院仙洞御所に参院する。《看聞日記》

1・29　足利義持、参内する。《花営三代記》

2・21　義持、伊勢神宮に参詣する（三月十一日にも）。《看聞日記》

5・7　京都錦小路・油小路火事。《看聞日記》

5・13　諸社に奉幣し、飢饉・疫病を祈禳する。《看聞日記》

＊公事根源《くじこんげん》　室町時代の宮中年中行事などのあり方とその根源を記したもの。著者は一条兼良とする説が有力。中で「例幣とは伊勢大神宮へ御幣を奉らせ給ふ毎年の御事なるによりて例幣とは申也」とする（宮中において伊勢例幣は大嘗会由奉幣につぐ重儀とされた）。

6・27　東洞院仙洞御所で田楽。足利義持参院する。《看聞日記》
7・5　権大納言一条兼良を内大臣とする。《公卿補任》
7・19　京都大雨洪水。《看聞日記》
8・13　天皇、後小松上皇の東洞院仙洞御所に行幸する（十九日、舞楽を覧る。二十一日還幸）。《看聞日記》
9・11　伊勢例幣使を発遣する。《薩戒記目録》
9・17　足利義持、伊勢神宮に参詣する。《看聞日記》
10・13　京都地震（十二月三日にも）。《看聞日記》
10・16　足利義持、参内する。《看聞日記》
11月　京都、しばしば火事。《看聞日記》
この年　飢饉・疫病流行。《皇代記》
□4・6大炊御門《おおいのみかど》宗氏《むねうじ》（内大臣。父は権大納言大炊御門冬宗。47）、6・13今出川《いまでがわ》（菊亭《きくてい》）公行《きんゆき》（左大臣。父は右大臣今出川実直。生年不詳）

■**応永二十九年（一四二二）壬寅**

称光天皇　22歳
後亀山法皇76歳
後小松上皇46歳

1・1　日食により四方拝・節会を中止する。《看聞日記》将軍足利義持、参内、また東洞院仙洞御所に参院する（このあとしばしば参院）。《薩戒記目録》
1・12　一条兼良、「**公事根源**」を著す（異説あり）。《速水房常伝本奥書》
3・28　後小松上皇、琵琶法師を召し、「平家物語」を聴く。《看聞日記》
4・1　足利義持、東洞院仙洞御所に参院し、猿楽を観る。《康富記》
4・5　天皇病む（二十一日にも）。この日、諸寺をして祈らせる（六月十六日にも）。《康富記》
5月　足利義持、書を朝鮮に遣わし、大蔵経を求める。《善隣国宝記》
7・6　天皇、病、重くなる。《看聞日記》
7・15　後亀山天皇皇子小倉宮《おぐらのみや》恒敦《つねあつ》王（後南朝後胤初代）没（生年不詳）。《薩戒記目録》
京都北小路今出川火災。《看聞日記》
8・9　天皇の病、重きにより内侍所に臨時御神楽を行ない、平癒を祈らせる。《看聞日記》
8・18　内裏で七仏薬師法を修し、天皇平癒を祈らせる。《看聞日記》
8・19　足利義持、後小松上皇の東洞院仙洞御所に泉殿を造進する（この日立柱）。《看聞日記》
9・16　後小松上皇、石清水八幡宮に御幸し、

天皇の病気平癒を祈らしめる（足利義持扈従）。《看聞日記》

9・18　後小松上皇、足利義持をして伊勢神宮に代参せしめ、天皇平癒を祈らせる。《看聞日記》

10・1　地震あり。《看聞日記》

11・20　東洞院仙洞御所泉殿が成り、後小松上皇、これに移る。《康富記》

12・24　伊勢外宮の仮殿遷宮が行なわれる。《遷宮次第記》

この年、尚巴志、南山を滅ぼし、沖縄が統一国家となる。《明実録》

■応永三十年（一四二三）癸卯

称光天皇　23歳
後亀山法皇77歳
後小松上皇47歳

1・1　将軍足利義持父子、参内し、東洞院御所に参院する。《薩戒記目録》

1・5　後小松上皇、病む（十九日、醍醐寺に平癒を祈らせる。二十四日平癒）。《看聞日記》

1・13　京都正親町土御門火災。《看聞日記》

2・14　京都錦小路室町火災。《兼宣公記》

2・16　後小松上皇、皇弟小川宮の酔狂を憂い、武士に宮門を護衛させる。《兼宣公記》

3・3　後村上天皇皇子惟成《これなり》親王（出家して梅隠祐常。母不詳）没（生年不詳）。《新葉和歌集奥書》

3・18　将軍足利義持辞任。子義量《よしかず》が征夷大将軍となる（室町幕府第五代将軍）。《公卿補任》

3・27　足利義持夫妻、伊勢神宮に参詣する。《看聞日記》

4・25　足利義持、等持院に出家する。《看聞日記》

4・30　天皇、病む。《兼宣公記》

5・2　諸寺に天皇平癒を祈らせる。《看聞日記》

5月　朝鮮使、求められていた大蔵経を幕府に贈る。足利義持、使者を宝幢寺に引見する。《看聞日記》

6・11　足利義持、出家後初めて参内、仙洞御所に参院する。《看聞日記》

7月　足利義持、書を朝鮮に復し、大蔵経の板を求める。《善隣国宝記》

8・10　大雨洪水、止雨奉幣使を発遣する（二十一日にも）。《兼宣公記》

9・10　後小松上皇、足利義持の室町第および崇賢門院御所に幸する。《看聞日記》

10・14　右大臣三条公光、辞任。《公卿補任》

11・20　足利義持、伊勢神宮に参詣する。《看聞日記》

＊**嵯峨小倉陵**《さがのおぐらのみささぎ》　五輪塔で京都市右京区嵯峨鳥居本小坂町に所在。小倉山の東麓。幕末修陵のときも当地を陵とし福田寺《ふくだじ》陵と称したが、明治十二年、現陵名に改称する。

11・22　南朝方上野宮、捕らえられて処刑される。《看聞日記》
11・28　関東管領足利持氏、幕府に謝罪する（この日、使者が京都到着）。《看聞日記》
12・12　足利義持父子、参内、また、仙洞御所に参院する。《看聞日記》
12・24　足利義持父子、参内・参院し、歳暮を賀す。《薩戒記》
この年　後村上天皇皇子師成親王（母不詳）没（年63）。《新葉和歌集》

■応永三十一年（一四二四）甲辰

称光天皇　24歳
後亀山法皇78歳
後小松上皇48歳

1・2　疱瘡流行。将軍足利義量、これをわずらう。《看聞日記》
1・6　京都火災（二十八日にも）。《看聞日記》
1・16　天皇、病により踏歌節会に出御せず。《看聞日記》
2・5　足利義持、持氏と講和する。《満済准后日記》
2・30　後小松上皇、糸桜を覧、和歌当座御会を行なう。《兼宣公記》
3・21　足利義持夫妻、伊勢神宮に参詣する。《看聞日記》
4・12　後亀山法皇、大覚寺にて崩御（陵は**嵯峨小倉陵**）。《満済准后日記》
4・20　関白九条満教、辞任。左大臣二条持基を関白とする。また内大臣一条兼良を右大臣、権大納言洞院満季《とういんみつすえ》を内大臣とする。《公卿補任》
4・25　地震あり。《看聞日記》
5・30　足利持氏、参内する。《満済准后日記》
6・14　祇園御霊会が行なわれる。風流鉾を内裏に召し、清涼殿南庭・仙洞御所に入らせる。《兼宣公記》
8・1　足利義持、書を朝鮮に送り、大蔵経の板を求める。《善隣国宝記》
9・11　伊勢例幣使を発遣する。《薩戒記目録》
10・1　地震あり。《兼宣公記》
10・29　後小松上皇、相国寺に御幸する（足利義量、供奉）。《看聞日記》
11・16　京都武者小路火災。《兼宣公記》
11・22　後小松上皇、出家せんとするも、足利義持に諫止される。《兼宣公記》
11・25　伏見宮貞成王、寛平・延喜等の御記を後小松上皇に献じる。《看聞日記》
12・5　地震あり。《看聞日記》
12・14　足利義持、伊勢神宮に参詣する。《看聞日記》
12・24　足利義持父子、参内、また参院し、

歳暮を賀す。《兼宣公記》

■応永三十二年（一四二五）乙巳

称光天皇 25歳
後小松上皇49歳

1・1 天皇、雨により四方拝を中止する。《薩戒記目録》

1・3 天皇、上皇御所に朝覲行幸する。《師郷記》

2・16 皇弟小川宮（母は光範門院）没（年22）。《看聞日記》

2・27 将軍足利義量《よしかず》没。《満済准后日記》

3・6 天皇、病む（七月二十五日、十一月九日にも）。内裏で平癒を祈る。《看聞日記》

4・16 伏見宮栄仁親王王子貞成《さだふさ》王を後小松上皇猶子として親王とする（このとき54歳）。《看聞日記》

4・27 前大納言広橋兼宣、前権大納言日野資教を准大臣とする。《公卿補任》

4・28 貞成親王、第一王子（彦仁。後花園天皇）と宇治川にて船遊びをする。《看聞日記》

5月 朝鮮、幕府に復書し、大蔵経板を贈ることを辞する。《善隣国宝記》

6・1 上皇、院中で猿楽を催す。足利義持、参院。《薩戒記》

6・28 天皇、上皇との不和により位を譲ろうとするも、足利義持、これを諫止する（このあと、上皇、貞成親王に出家を促す）。《看聞日記》

6・29 足利義持、参内・参院する。《満済准后日記》

⑥・6 仙洞御所に盗人が入る。《薩戒記》

⑥・17 地震あり、諸寺で祈禱させる（十二月まで断続的に地震）。《満済准后日記》

⑥・21 上皇、琵琶法師を召し、「平家物語」を聴く。《薩戒記》

7・2 足利義持、参内する。▼地震あり。《薩戒記》

7・5 貞成親王、伏見指月庵にて出家する（道欽法親王）。《看聞日記》

7・25 天皇、病む。足利義持、参内する。《看聞日記》

7・28 内裏に薬師法を修し、伊勢神宮・石清水八幡宮に勅使を発遣し、御告文を奉り天皇の病気平癒を祈らせる。《看聞日記頭書》

上皇、使を派遣し、ひそかに貞成親王王子彦仁王の年齢を問う（王を後嗣とするため）。《椿葉記》

7・29 上皇後宮・准三宮・国母日野資子の院号を光範門院と号する。《兼宣公記》

7月 大雨洪水。《看聞日記》

8・1 天皇の病重いため、院中に一字金輪

＊**師郷記**《もろさとき》 大外記中原師郷（一三八七〜一四六〇）の日記。応永二十七年（一四二〇）から長禄二年（一四五八）までの記録（欠失あり）。朝廷の儀式・年中行事ほか社会・経済にも触れ、室町時代の基本史料。

＊**花営三代記**《かえいさんだいき》 室町幕府についての記録。著者不詳。「室町記」「武家日記」とも。正平二十二年＝貞治六年（一三六七）から応永三十二年（一四二五）までの幕府の職制、南朝との関係などを記す。

＊**図書編**《としょへん》 中国の類書。明の章潢《しょうこう》編。一五七七年成立。

法を修し、天皇平癒を祈る。上皇、ひそかに、崩御の諸事を議す。《看聞日記》
8・4　地震あり（十月二十四日にも）。《看聞日記》
8・14　京都大火。相国寺鹿苑院等焼失。内裏・仙洞御所に延焼せんとするも、廷臣ら、消火につとめ、これを守る（足利義持、参内・参院）。《看聞日記》
9・10　上皇、泉涌寺に幸し、また、義持の室町第・崇賢門院御所に幸する。《看聞日記》
9・11　天下穢により、例幣使発遣を延引する（十七日追行）。《薩戒記》
10・13　光範門院、伊勢神宮に参詣する。《兼宣公記》
10・23　足利義持、参内する。《薩戒記》
10・24　地震あり。《看聞日記》
11・5　大地震あり（十二月までしばしば。諸社寺に祈禱させる）。《看聞日記》
11・6　上皇、火災により日記をつけても詮なしとして護位後はつけなかったと語る。《薩戒記》
11・9　天皇、病む。内侍所で御神楽を奏し、平癒を祈る。《看聞日記》
11・21　上皇、新造仙洞御所に移る。《薩戒記》
12・25　足利義持、平等寺に参詣。また参内・参院する。《薩戒記》

この年　関白・左大臣二条持基、左大臣を辞任。《公卿補任》
●この頃、「花営三代記」成る。《看聞日記》
□2・27足利義量《あしかがよしかず》（足利幕府第五代将軍。19）

■応永三十三年（一四二六）丙午

称光天皇　26歳
後小松上皇50歳

1・1　四方拝中止。足利義持、参内・参院する。《満済准后日記》
1・15　京都大火。《薩戒記》
2・22　地震あり（五月四日、六月十八日、九月九日、十月十九日、十一月十一日、十二月二十日にも）。《薩戒記》
3・27　足利義持、伊勢神宮に参詣する。《看聞日記》
この春　幕府、明に使を派遣する。《図書編》
5・14　上皇の命により、内大臣洞院満季、「本朝皇胤紹運録（帝王系図）」を撰上する。《薩戒記》
6・8　近江坂本の馬借ら、京都に乱入し、北野社公文所を焼こうとする（内裏乱入を企てるも、幕府、兵を遣わしこれを防ぐ）。《満済准后日記》
6・12　止雨奉幣使を発遣する（十七日にも）。《兼宣公記》

6・29 足利義持、参内する（七月二日にも）。《薩戒記》

7・28 天皇、病む。足利義持、参内する。また二十九日より諸寺に平癒を祈らせる（義持、八月二日にも参内）。《兼宣公記》

8・3 京都暴風雨。鴨川洪水、五条橋流失。止雨奉幣使を発遣する。《満済准后日記》

8・20 天皇の病気重いため、足利義持、さらに医を召し、また祈禱せしめられんことを請う。《薩戒記》

8・22 足利義持、参内・参院する（ついで北野社に宿禱）。《兼宣公記》

8・24 内大臣洞院満季、辞任。権大納言近衛房嗣を内大臣とする（七月二十四日か）。《公卿補任》

8・27 義持、南禅寺に参詣し、参内・参院する。《兼宣公記》

9・11 伊勢例幣使を発遣する。《薩戒記》

9・20 足利義持、伊勢神宮に参詣する。《薩戒記》

10・1 足利義持、参内・参院する（十二月一日にも参内）。《薩戒記》

10・8 常盤井宮満仁入道親王（亀山天皇曾孫）没（年73）。《薩戒記》

10・13 准三宮光範門院、伊勢神宮に参詣する。《兼宣公記》

11・9 天皇、初めて小御所に行幸する。《兼宣公記》

■応永三十四年（一四二七）丁未

称光天皇 27歳

後小松上皇 51歳

1・12 天皇、清涼殿東庭に猿楽を観る。《満済准后日記》

1・17 狂人、清涼殿に入る。《満済准后日記》

2・4 天皇病気により、三宝院満済に祈禱させる。《満済准后日記》

2・7 上皇、病む。《薩戒記目録》

2・28 天皇、病む。《薩戒記目録》

3・9 六社に奉幣し、天皇平癒を祈らせる。《薩戒記目録》

4・17 丹生・貴布禰両社に奉幣し、雨を祈る（四月二十日、五月四日にも祈雨奉幣使を発遣）。《兼宣公記》

5・18 足利義持、参内・参院する。《兼宣公記》

5・20 後光厳天皇後宮・准三宮崇賢門院（広橋仲子）没（年89。二十五日、泉涌寺で火葬）。《兼宣公記》

5・21 京都大雨洪水（二十三日、四条・五条両橋が流失）。《満済准后日記》

5・24 丹生・貴布禰両社に奉幣して晴を祈る。《兼宣公記》

7・26　足利義持、北野より参内する。《薩戒記目録》
8・14　太政官庁が焼ける。《兼宣公記》
9・18　足利義持、伊勢神宮に参詣する。《満済准后日記》
11・13　天皇の病が再発する。《薩戒記目録》
11・17　天皇病気により、近臣に七薬師にこれを祈禱させる。《薩戒記目録》
11・23　天皇、病重くなる。《満済准后日記》
11・25　反乱の赤松満祐が降る。足利義持、謁見して赦免する。《満済准后日記》
12・24　足利義持、歳末御礼のため参内する（翌日参院）。《薩戒記目録》
12・26　石清水八幡宮・賀茂社に奉幣して、天皇病気を祈禳させる。《薩戒記目録》
この年　崇光天皇皇子弘助法親王（母は三条局）没（年50）。《仁和寺諸院家記》関白二条持基を左大臣とする。《公卿補任》
●応永年間（一三九四〜一四二八）、後光厳天皇皇女見子内親王、崇光天皇御所入江殿を賜わり、足利義満女覚窓性仙尼を開山として寺院に改め、知恩寺と号する（のち後柏原天皇、昼三時に勤行を修すべきとしたため、現寺号の「三時知恩寺」となる）。
▼畠山基国、河内守護所として高屋城を築く（現在の高屋築山古墳で、安閑天皇陵にあたる地を本丸とする）。

■正長元年（一四二八）戊申

称光天皇　28歳
後花園天皇　10歳
後小松上皇　52歳

正月　天皇病気により、四方拝・殿上淵酔・叙位・県召除目等を中止および延引とする。《薩戒記目録ほか》
1・17　足利義持危篤により、石清水八幡宮神前で、その弟四人から「くじ引き」による後継人選を管領らに指示する。《満済准后日記》
1・18　前将軍足利義持没（二十三日、等持院に火葬）。《満済准后日記》
1・19　管領ら、くじの結果を受け、青蓮院義円（義教）を後嗣に擁立する。《満済准后日記》
1・22　故前内大臣足利義持に太政大臣を追贈する。《薩戒記目録》
3・12　青蓮院准三宮義円、復飾する。後小松上皇、宸翰をもって名を義宣と賜う。《満済准后日記》
3・25　前権大納言日野西資国を准大臣とする。《公卿補任》
3月　幕府、使を朝鮮に派遣し、仏経を求める。《善隣国宝記》

4・20 前大僧正三宝院満済を准三宮とする。《満済准后日記》
4・26 この頃、三日病流行。この日、諸社寺に祈禳させる。《兼宣公記》
4・27 代始により**正長**と改元する。《公卿補任》
5・12 天皇、病む（十七日、重篤）。《**建内記**》
5・14 万里小路時房、日記に「神道を崇敬せらるべき事、凡《およ》そ政道の初めの条なり」と記す。《建内記》
6・7 仏舎利を神泉苑に納め、天皇平癒を祈らせる。《続史愚抄》
6・10 使を伊勢神宮に派遣し、天皇平癒を祈る。▼禁裏で猿楽・歌舞を行なうことを禁じる。《建内記》
7・6 天皇の病、重くなる。《満済准后日記》後亀山天皇皇孫泰仁王（小倉宮）、嵯峨を出奔し、伊勢国司北畠満雅を頼って挙兵せんとする（永享二年〈一四三〇〉還京）。《建内記》
7・11 天皇重篤のため、皇嗣について議する。《満済准后日記》
7・12 三宝院満済、足利義宣の旨を受け、宮内卿世尊寺行豊を伏見宮に派遣し、貞成親王に王子彦仁王を迎立せんとする意を伝える。《椿葉記》
7・13 幕府、ひそかに畠山満家を伏見宮に派遣し、彦仁王を迎えて若王子社に到らせ、赤松満祐に護衛させる。《椿葉記》
7・16 上皇、貞成親王王子彦仁王（後花園天皇）を猶子とする（彦仁王、翌日、仙洞御所に入る）。《満済准后日記》
7・19 上皇、病む。《薩戒記目録》
7・20 称光天皇、禁中黒戸御所で崩御。《満済准后日記》
7・22 故天皇に称光院の諡号を奉る。《薩戒記目録》

第百二代 後《ご》花《はな》園《その》天皇

7・28 伏見宮貞成親王王子彦仁《ひこひと》王、前右大臣三条公光の土御門高倉の第にて践祚（**後花園天皇**）。称光天皇に男子なく後光厳系が断絶する恐れあるため、元服・親王宣下・立太子を経ずしての践祚。これにより旧南朝から皇統が出ることはなくなる）。▼関白二条持基を摂政とする。《満済准后日記》
7・29 先帝称光天皇を泉涌寺に葬る。《薩戒記目録》
8・4 称光天皇の遺骨が、**深草北陵**法華堂に納められる。《皇年代略記》
8月 北畠満雅、後亀山天皇皇子小倉宮を奉

＊**正長《しょうちょう》** 式部大輔菅原（唐橋）在《あり》直《なお》の勘文に「礼記正義曰、在位之君子、威儀不差忒、可以正長是四方之国」とある。

＊**建内記《けんないき》** 内大臣万里小路時房《ときふさ》（一三九四～一四五七）の日記。号は建聖院で、本記は「建聖院内府記」といわれ、略して「建内記」「建相記」と通称される。応永二十一年（一四一四）から康正元年（一四五五）まで伝わる。ほとんど自筆原本で、日次記・別記合わせ十九年分が現存する。武家伝奏を職としたため、公家のみならず室町幕府の政治状況にも詳しく、室町時代研究の基本史料の一つとなっている。

＊**後花園天皇《ごはなぞのてんのう》**（一四一九～七〇）名は彦仁《ひこひと》。父は伏見宮貞成《さだふさ》親王（後崇光院）、母は右近衛少将庭田（源）経有《つねあり》女幸子（敷政門院《ふせいもんいん》）。正長元年（一四二八）践祚、永享元年（一四二九）即位、同五年元服。寛正五年（一四六四）譲位、太上天皇尊号宣下。応仁元年（一四六七）出家、文明二年（一四七〇）崩御。陵は後山国陵《のちのやまくにのみささぎ》。皇子女に後土御門天皇（母は藤原信子〈嘉楽門院〉）

じて挙兵する（幕府、討伐を命じる）。《薩戒記》

9・11　伊勢例幣使を発遣する。《薩戒記目録》

9・18　近江・山城国土民ら蜂起し、幕府に徳政を訴える（正長の土一揆）。《大乗院日記目録》

10・14　上皇、出家を諮るも足利義宣に止められる。《満済准后日記》

12・21　伊勢守護土岐持頼ら、北畠満雅を討つ（満雅敗死。ついで小倉宮、嵯峨に帰る）。《大乗院日記目録》

この年　飢饉疫病により、人多く死す。《妙法寺記》

□1・18足利義持《あしかがよしもち》（室町幕府第四代将軍。43）、3・25日野西資国《ひのにしすけくに》（准大臣。日野西家祖。父は権大納言日野時光。64）、5・26鷹司冬家《たかつかさふゆいえ》（右大臣。父は関白鷹司冬通。62）、6・19徳大寺公俊《とくだいじきんとし》（太政大臣。父は太政大臣徳大寺実時。58）

■永享元年（一四二九）己酉

後花園天皇11歳

後小松上皇53歳

1・1　天皇、幼きにより、四方拝御座を設けるも出御せず（節会も中止）。《薩戒記》

1・11　足利義宣、仙洞御所に参賀し、上皇のため院中に猿楽を催す。《満済准后日記》

2・17　天皇、読書始。清原宗業《むねなり》より「孝経」を受ける。《薩戒記》

3・15　上皇、宸筆を染め、足利義宣に名を義教と賜う。足利義教を征夷大将軍とする（室町幕府第六代将軍。四年間、将軍職空白）。《満済准后日記》

3・23　将軍足利義教、参内する。《薩戒記》

6・6　承道法親王を仁和寺寺務とする。《仁和寺御伝》

6・19　足利義教、朝鮮使を等持院にて引見する。《満済准后日記》

6・30　祈雨奉幣使を発遣する。《建内記》

7・4　先帝崩御の黒戸御殿等を泉涌寺雲龍院に賜う。《建内記》

7・10　土御門内裏の黒戸・渡殿・門等を更造する（この日上棟）。《建内記》

7・13　伊勢国山田の地下人ら、徳政について伊勢神人と争い、外宮に放火する。《満済准后日記》

8・4　左大臣二条持基、辞任。右大臣一条兼良を左大臣、内大臣近衛房嗣を右大臣、権大納言久我清通を内大臣とする。《公卿補任》

8・29　天皇、三条公光の高倉御所より土御門内裏に還幸する。《看聞日記》

9・5　代始により永享と改元する。《看聞

など。御製には、「わが袖に思ひ知れとや宿るらむ民の藁屋のさゆる夜の月」などがある。

＊**深草北陵**　七六八ページ注参照

＊**永享**《えいきょう》　文章博士菅原（唐橋）在豊の勘中による。出典は「後漢書」の「能立魏々之功、伝于子孫、永享無窮之祚」。

日記》

9・11 伊勢例幣使を発遣する。《師郷記》

9・23 足利義教、春日社・興福寺に参詣する（二十四日、正倉院宝物を見る。このとき、碁石三個、香二切を拝領）。《看聞日記》

9・24 幕府、将軍足利義教暗殺を企てた楠木光正（一説に楠木正勝の子）を捕らえ、京の六条河原で斬る。《看聞日記》

12・12 伊勢に即位由奉幣使を発遣する。《管見記》

12・25 伊勢外宮の仮殿遷宮が行なわれる。《遷宮次第記》

12・27 後花園天皇、太政官庁にて即位礼を挙げる。《看聞日記》

12・30 伊勢一社奉幣使を発遣する。《師郷記》足利義教、参内・参院する。《満済准后日記》

□2・18烏丸豊光《からすまるとよみつ》（権中納言。烏丸家祖。46）、7・10花山院長親《かざんいんながちか》（内大臣。父は内大臣花山院家賢。83か）、9・13広橋兼宣《ひろはしかねのぶ》（十四日説も。文章博士。准大臣。贈内大臣。「兼宣公記」記主。64）

■永享二年（一四三〇）庚戌

後花園天皇12歳
後小松上皇54歳

1・1 天皇、幼きにより四方拝を中止する（小朝拝・節会は行なう）。《師郷記》

1・7 将軍足利義教、参内・参院する。《満済准后日記》

2・20 地震あり。《薩戒記》

4・2 幕府、降伏の小倉宮を伊勢国より迎えることを議する。《満済准后日記》

4・21 後光厳天皇皇子堯仁法親王（前天台座主。母は藤原仲子）没（年68）。《薩戒記》

4・28 上皇、足利義教の室町第に御幸する。《満済准后日記》

5・28 祈雨奉幣使を発遣する（三十日にも）。《満済准后日記》

6・11 上皇、院中にて猿楽を観る（足利義教陪従）。《看聞日記》

6・24 伏見宮貞成親王、上皇に「大嘗会記録」「神膳御記」を進献する。《看聞日記》

7・25 足利義教、参内して拝賀。天皇、清涼殿にてこれを受ける。《看聞日記》

8・18 京都暴風雨。太政官庁諸門が倒れる。《満済准后日記》

9・10 止雨奉幣使を発遣する。《師郷記》

9・11 伊勢例幣使を発遣する。《師郷記》

10・25 天皇、太政官庁に行幸する（足利義教扈従）。《看聞日記》

10・26 天皇、河原頓宮に行幸し、大嘗祭のため禊を行なう。《看聞日記》

11・18 天皇、太政官庁にて大嘗祭を行なう

（このときの記録が、中原康富の日記「康富記」から抄出の「永享大嘗会記」。天皇、二十一日、土御門殿内裏へ還御）。《永享大嘗会記》

11・27 泰仁王（小倉宮）王子、足利義教の猶子となり、得度して勧修寺に入る（法名教尊）。《満済准后日記》

⑪・26 足利義教、伊勢国山田三方土一揆と伊勢神人を和睦させる。《御前落居奉書》

12・27 足利義教、参内・参院する。《満済准后日記》

■永享三年（一四三一）辛亥

後花園天皇13歳
後小松上皇55歳

1・1 天皇、幼きにより御座を設けるも四方拝を中止する。《師郷記》

1・2 上皇、病む。《看聞日記》

1・10 将軍足利義教、参内・参院する。《看聞日記》

1・18 地震あり。《満済准后日記》

2・9 足利義教、伊勢神宮参詣に出発する（十二日参詣）。《満済准后日記》

3・6 伏見宮貞成親王、累代相伝の古書を進覧する。《看聞日記》

3・24 上皇、仁和寺宮永助入道親王を戒師として出家する。《椿葉記》

3・30 光範門院、伊勢神宮に参詣する。《看聞日記》

4・26 足利義教、参内する。《満済准后日記》

5・29 京都洪水。伏見・醍醐が水没する。《満済准后日記》

6・15 三宝院満済を護持僧とする。《満済准后日記》

7・6 京都飢饉。民多く死す。《看聞日記》

7・28 伏見宮貞成親王、「保元」「平治」「宇津保」等の物語を進覧する。《看聞日記》

8・17 伊勢一社奉幣使を発遣する。《師郷記》

8月 鎌倉府足利持氏、初めて永享の年号を用いる。《鎌倉九代後記》

9・11 伊勢例幣使を発遣する。《師郷記》

12・2 足利義教、参内・参院する。《建内記》

12・9 神宝使を伊勢神宮に発遣する。《看聞日記》

12・18 伊勢内宮の遷宮が行なわれる（「氏経記」では二十日、「建内記」では二十六日）。《二所大神宮例文》

12・25 足利義教、参内・参院する（二十八日にも）。《看聞日記》

□10・9 西園寺《さいおんじ》実永《さねなが》（右大臣。父は権大納言西園寺公永。55）

■永享四年（一四三二）壬子

後花園天皇14歳

●後小松天皇御製

「蘆の芽と見えしかたちをはじめにて国つ社の神のかしこさ」（「内裏九十番歌合」）

「あはれなり小田もる庵におくかびの煙や民の思ひなるらむ」（「新続古今和歌集」）

「みどりそふ大内山のまつの葉はやほよろづ代の春の数かも」（「新続古今和歌集」）

後小松法皇56歳

1・1　天皇幼きにより、御座を設けるも四方拝を中止する（小朝拝・節会あり）。《師郷記》

1・10　将軍足利義教、参内する。また仙洞御所に参院し猿楽を陪観する。《満済准后日記》

3・20　足利義教夫妻、伊勢神宮に出発する（二十三日参詣）。《満済准后日記》

6・5　祈雨奉幣を行なう。《満済准后日記》

6・17　伏見宮貞成親王、「増鏡」を書写し、これを禁裏に献じる。《看聞日記》

6・18　足利義教、参内する（七月二十三日にも）。《看聞日記》

7・8　勧修寺長吏尊聖（長慶天皇皇子。母不詳）没（年58）。《諸門跡譜》

7・25　前左大臣二条持基を太政大臣とする。内大臣久我清通の辞任により権大納言足利義教を内大臣とする。《公卿補任》

8・13　摂政二条持基、辞任。左大臣一条兼良を摂政とする。《公卿補任》

8・28　左大臣一条兼良、辞任。内大臣足利義教を左大臣、権大納言大炊御門信宗《のぶむね》を内大臣とする。《公卿補任》

8月　疫疾流行。《看聞日記》

9・10　足利義教、富士山を覧るため京都を出発する（このとき供奉の飛鳥井雅世が「富士紀行」、堯孝が「覧富士記」を記す）。《満済准后日記》

9・11　伊勢例幣使を発遣する。《師郷記》

幕府、足利義教不在のため、前右大臣三条公冬等を禁裏に、内大臣大炊御門信宗を院中に宿直させる。《看聞日記》

10・3　光範門院、伊勢神宮に参詣する。《後花園天皇宸記》

10・21　伊勢一社奉幣使を発遣する。《師郷記》

10・27　摂政一条兼良、辞任（太政大臣二条持基を再び摂政とする）。《公卿補任》

11・10　法皇、病む。《看聞日記》

□10・29　清原良賢《きよはらのよしかた》（儒学者・侍読。生年不詳）

■永享五年（一四三三）癸丑

後花園天皇15歳

後小松法皇57歳

1・1　天皇、幼きにより四方拝を中止する（小朝拝・節会あり）。《看聞日記》

1・3　天皇、紫宸殿にて元服する（摂政二条持基、加冠）。《椿葉記》

1・26　将軍足利義教、朝鮮使を室町第で引見する。《薩戒記》

1月　京都しばしば火災。《看聞日記》

2・26　太政大臣二条持基、辞任。《公卿補任》

3・17　足利義教夫妻、伊勢神宮参詣に出発

＊深草北陵　七六八ページ注参照。

する（二十日参詣。このときの記録が堯孝の「伊勢紀行」）。《看聞日記》
3・22　摂政二条持基を関白とする（二十三日か）。《公卿補任》
3月　京都しばしば火災。《看聞日記》
4・21　足利義教、石清水八幡宮に「石清水八幡宮縁起」を、誉田《こんだ》八幡宮に「神功皇后縁起」を制作・奉納する。《跋》
4・28　天皇病む。足利義教、医薬を献じる。《看聞日記》
4月　後村上天皇皇子説成《かねなり》親王（母不詳）没（生年不詳）。《満済准后日記》
5・1　祈雨奉幣を行なう（五月十・二十七日、七月十二日にも）。《満済准后日記》
6・11　足利義教、参内する。《看聞日記》
8・25　足利義教の執奏により、天皇、中納言飛鳥井雅世に「新続古今和歌集」を撰ばせる（最後の勅撰集）。《看聞日記》
9・11　伊勢例幣使を発遣する。《師郷記》
9・16　関東大地震（このあともしばしば）。《看聞日記》
9・19　法皇、病重くなる。《看聞日記》
9・23　法皇、重篤のため、剣馬を伊勢神宮に献じ、准大法を修し、泰山府君祭を行ない、平癒を祈る。《看聞日記》
10・4　内大臣大炊御門信宗、辞任。《公卿補任》
10・7　准母光範門院、出家する。《看聞日記》
10・20　後小松法皇崩御（後花園天皇の親政開始）。《看聞日記》
10・27　後小松法皇、泉涌寺に火葬される。
▼地震あり。《看聞日記》
10・30　法皇の遺骨が**深草北陵**法華堂に納められる。《看聞日記》
12・24　足利義教、参内して物を献じる。《看聞日記》

■永享六年（一四三四）甲寅

後花園天皇16歳

1・1　諒闇により、四方拝・小朝拝・元日節会を中止する。《看聞日記》
1・10　将軍足利義教、参内する。《看聞日記》
2・9　伏見宮貞成親王、天皇に「明徳記」「堺記」を献じる。《看聞日記》
2・14　京都大火。祇園離宮・因幡堂・万寿寺等が焼ける。《看聞日記》
2月　後亀山天皇皇子小倉宮、出家して聖承と名のる。《満済准后日記》
3・7　地震あり（五月二十九日、九月二十九日、十月二十六日、十二月一・十四日にも）。《看聞日記》
3・17　天皇、利発により、このときまで「孝経」「論語」「孟子」等を読む。《看聞日記》

3・19 京都大火。六角堂等を焼く。《看聞日記》
3・21 祈雨奉幣を行なう（二十三・二十七日、七月二十日にも）。《師郷記ほか》
3・24 貞成親王、天皇に「花園天皇誡太子御書」「宝蔵院絵」等を進覧する。《看聞日記》
4月 勧修寺長吏教尊・妙法院明仁法親王、足利義教の怒りをかい逐電する。《満済准后日記》
6・5 足利義教、明使と会見。明使、国書および物を贈り、我が辺民の明を侵すを禁じ、俘虜を還さんことを請う。《満済准后日記》
6・19 足利義教、明使を室町第に饗応する。《看聞日記》
8・3 足利義教、参内する。《看聞日記》
8・14 大和の筒井順覚、後南朝方越智維通を攻めるも敗死する。《満済准后日記》
8・20 貞成親王、足利義教の「南朝一流は断絶せしむべし」との言葉を記す。《看聞日記》
8・23 幕府、帰国の明使に、僧得厳をして答書を書かせる。《満済准后日記》
8・27 貞成親王、天皇に自著「**椿葉記**」を献じる。《看聞日記》
9・1 この頃、天皇、病む。《看聞日記》
9・5 伊勢神宝使を発遣する。《師郷記》
9・11 伊勢例幣使を発遣する。《師郷記》
9・15 伊勢外宮の遷宮が行なわれる（以後永禄六年〈一五六三〉まで外宮式年遷宮中絶）。《看聞日記》
9・17 天皇病気により、禁中で不動准大法を修する。《看聞日記》
9・29 地震あり。《看聞日記》
10・4 延暦寺衆徒、日吉神輿を奉じて入京する。足利義教、諸将に防備させ、衆徒等、神輿を鴨河原に棄てて帰る。《看聞日記》
10・21 足利義教、参内する。《看聞日記》
12・12 これより先、幕府、延暦寺衆徒を攻める。この日、延暦寺衆徒の降を許す。《看聞日記》
この年 足利義教、伊勢の五十鈴川に宇治橋を架ける《河崎年代記》幕閣で国王号が問題となる。座長・護持僧満済は「将軍家は執政であり覇王なので国王を使っても問題なし」という。

■永享七年（一四三五）乙卯

後花園天皇17歳
1・1 天皇、初めて四方拝を行なう。《看聞日記》
1・10 将軍足利義教、参内する（二月二十

＊**椿葉記**《ちんようき》 伏見宮貞成親王（後崇光院）が子の後花園天皇に与えたもの。崇光流の由来と天皇としての学芸・見識の修行心得など、また、自己の太上天皇号拝受の要望も記す。

三日、四月二十日にも）。《看聞日記》
1・21 天皇、泉涌寺にて受戒する。《看聞日記》
1・27 地震あり（七月六日にも）。《満済准后日記》
4・22 権大納言鷹司房平を内大臣とする。《公卿補任》
5・14 伏見宮貞成親王、撰集佳句を書写し、天皇に献じる。《看聞日記》
6・6 貞成親王、蹴鞠文書を天皇に献じる。《看聞日記》
8・7 後小松上皇の仙洞御所を、伏見宮貞成親王・鷹司房平・泉涌寺に賜う。《看聞日記》
8・25 天皇御笙始あり。▼小倉宮、足利義教に後朱雀・後三条両天皇の宸筆御記を贈り、義教、この日、これを天皇に献じる。《看聞日記》
9・3 足利義教、伊勢神宮に参詣する。《看聞日記》
9・11 伊勢例幣使を発遣する。《師郷記》
9・14 貞成親王、「金葉集」を書写し、和歌一首を添えて天皇に献じる。《看聞日記》
10・13 貞成親王、天皇に「古今著聞集」を献じる。《看聞日記》
11・13 天皇病気平癒につき、勅使を伊勢神宮・石清水八幡宮に発遣し、報賽する。《看聞日記》
12・19 貞成親王、足利義教造営の東洞院新第に移る。《看聞日記》
12・23 天皇、楽御会始に笙を奏する。《看聞日記》
12・25 足利義教、参内。ついで貞成親王の東洞院第に到る。《看聞日記》
12・29 天皇、笙の秘曲を豊原久秋より受ける。《看聞日記》
この年 明の宣宗死去により、幕府、僧中誓《ちゅうせい》を明に派遣する。《善隣国宝記》
□6・13満済《まんさい》（「まんぜい」とも。准三宮。醍醐寺座主。「満済准后日記」記主。58）

■永享八年（一四三六）丙辰

後花園天皇18歳
2・9 後小松上皇の仙洞旧跡を伏見宮貞成親王に賜う。《看聞日記》
5・12 天皇、貞成親王に「太平記」を書写させる。《看聞日記》
5・17 天皇、内裏で傀儡の技を覧る。《看聞日記》
5・25 祈雨奉幣使を発遣する。《看聞日記》
5・28 相国寺・神泉苑に雨を祈らせる。《看聞日記》
6・22 天皇、貞成親王に柿本人麿像を賜う。

《看聞日記》
6・25 将軍足利義教、参内する。《看聞日記》
7・8 霖雨洪水。四条・五条両橋が流失する。《看聞日記》
12・13 天皇、笙の秘曲を豊原久秋より受ける。《看聞日記》
12・15 天皇、勅額を鎌倉光明寺に賜う。《新編相模国風土記》
12・19 地震あり。《看聞日記》

■永享九年（一四三七）丁巳

後花園天皇19歳
1・29 将軍足利義教、参内する。《看聞日記》
2・10 仁和寺永助法親王（後光厳天皇皇子。母は広橋仲子）没（年76）。《看聞日記》
3・20 地震あり。《看聞日記》
5・25 霖雨洪水。止雨奉幣使を発遣する。《看聞日記》
9・11 伊勢例幣使を発遣する。《師郷記》
10・9 足利義教、参内する（十一月二十五日にも）。《看聞日記》
10・20 前摂政一条兼良に内覧を宣下する。《諸家伝》
10・21 方違として、天皇、将軍足利義教の室町第に行幸、逗留する（二十二・二十三・二十五日、笙を奏する。二十六日還幸）。《師郷記》

■永享十年（一四三八）戊午

後花園天皇20歳
1・11 将軍足利義教、参内する。《看聞日記》
2・6 盗人、内裏に入る。《看聞日記》
2・9 地震あり（三月十五日、六月五日にも）。《看聞日記》
3・4 清涼殿の修理により、天皇、泉殿に遷る。《看聞日記》
3・22 清涼殿修理成り、天皇、泉殿より還御する。《看聞日記》
3・28 天皇、御製を北野社に納める。《看聞日記》
4・16 春興殿修理のため、天皇、内侍所・宜陽殿に遷る。《管見記》
4・21 天皇、清涼殿に楽を催し、宴を足利義教に賜う（ついで義教、楽を御覧に供する）。《看聞日記》
5月 飢饉、疫病流行により、人多く死ぬ。《看聞日記》
6・5 天皇病む。足利義教、医を献じる。《看聞日記》
6・14 天皇、内侍所・宜陽殿より春興殿に還御する。《管見記》
6・23 内裏で不動法を修し、天皇平癒を祈る。《看聞日記》
7・25 大僧正大覚寺義昭《ぎしょう》（父は足利義満）、

＊**治罰綸旨**《ちばつりんじ》 天皇が朝敵の追討を命じる綸旨。この頃より頻発し、天皇の権威が復活する。
＊**永享記**《えいきょうき》 室町時代の戦記物語。著者・成立年不詳。永享の乱を中心に鎌倉公方足利持氏の衰退とその後を記す。
＊**新続古今和歌集**《しんぞくこきんわかしゅう》 二十一番目の勅撰和歌集。後花園天皇の勅命により権中納言飛鳥井雅世が撰進。仮名序・真名序は一条兼良。後鳥羽・順徳・後小松・後花園各上皇など二千百四十四首が入集。

大和国天河に挙兵する。幕府、一色義貫等に討たせる。《看聞日記》
8・23 飛鳥井雅世、和歌集四季部を撰進する（二十四日、天皇、「新続古今和歌集」と命名）。《看聞日記》
8・28 足利義教、後花園天皇に迫り「**治罰綸旨**」と錦旗をいただき、諸国の兵に足利持氏討伐を命じる（永享の乱）。▼一色義《いっしきよし》貫《つら》ら、越智維通らを大和国多武峯に攻略する（維通敗走）。《看聞日記》足利義教、左大臣を辞任。《公卿補任》
9・4 右大臣近衛房嗣を左大臣、内大臣鷹司房平を右大臣、権大納言西園寺公名《きんな》を内大臣とする。《公卿補任》
9・11 伊勢例幣使を発遣する。《師郷記》
9・16 錦旗を幕府に賜う。斯波《しば》持種《もちたね》等、京都を出発する。《看聞日記》
11・2 上杉憲実家人長尾忠政、足利持氏を鎌倉永安寺に幽閉する。《永享記》
11・5 足利持氏、武蔵国称名寺《しょうみょうじ》に出家する。《永享記》
12・18 地震あり（十二月二十八日にも）。《管見記》

■永享十一年（一四三九）己未

後花園天皇21歳
1・10 将軍足利義教、参内する。《薩戒記》
①・11 天皇、病む。《薩戒記》
①月 後二条天皇六世孫（邦康親王王子）、誕生する（後花園天皇の猶子となる）。《仁和寺御伝》
2・2 一条兼良、天皇に「江次第」を講じる。《建内記》
2・10 上杉憲実、上杉持朝・千葉胤直に永安寺を攻撃させる（足利持氏・満直、自殺）。《永享記》
2・21 足利義教、参内し、関東平定を奏上する。《建内記》
2月 大外記舟橋業忠、天皇に「礼記」を進講する。▼天皇、歴代の御記を覧る。《建内記》
6・20 大覚寺義昭、日向に隠れる。幕府、守護島津忠国にこれを捕らえさせる。《薩摩文書》
6・26 丹生・貴布禰両社に祈雨奉幣使を発遣する。《建内記》
6・27 飛鳥井雅世、「**新続古今和歌集**」恋部・雑部を後花園天皇に撰進する（二十一代集最後の勅撰和歌集が完成）。《建内記》
9・11 伊勢例幣使を発遣する。《師郷記》
10・23 足利義教、参内して物を献じる。《師郷記》
12・26 朝鮮の使者が来朝し、国書・物を幕

府に献じる。《善隣国宝記》
この年 直仁親王王子（全明《またあきら》親王）、誕生する（貞成親王猶子となる）。《本朝皇胤紹運録》

■永享十二年（一四四〇）庚申
後花園天皇22歳
1・10 将軍足利義教、朝鮮使を室町第に引見する。《建内記》
2・13 足利義教、内裏にて松囃を催す。天皇、清涼殿に出御してこれを覧る。《建内記》
2・19 義教、朝鮮使を引見し、返書を与える。《**蔭凉軒日録**》
3・2 大外記舟橋業忠、天皇に「礼記」を進講する。《建内記》
6・28 炎旱により、神泉苑の池を掃除する。《東寺執行日記》
7・2 後亀山天皇皇子十念寺住持真阿《しんあ》（俗名は良仁。母は日野邦子）没（年56）。《本朝高僧伝》
9・8 後小松天皇後宮光範門院（日野資子）没（十五日、泉涌寺に葬られる。年57）。《女院記》
9・11 伊勢例幣使を発遣する。《師郷記》
11・8 天皇、公武寺社にその蔵書目録を作成・進献を命じる。《管見記》
12・2 伊勢一社奉幣使を発遣する。《師郷記》

■嘉吉元年（一四四一）辛酉
後花園天皇23歳
1・7 天皇、禁中で雪を賞する。伏見宮貞成親王、和歌を献じ、天皇、返歌を賜う。《看聞日記》
1・10 廷臣、幕府に参賀する。《看聞日記》
1・13 将軍足利義教、参内する。《看聞日記》
2・17 辛酉革命により**嘉吉**と改元する。《看聞日記》
3・4 伏見宮貞成親王、梅一枝と和歌を天皇に献じる。天皇、返歌を賜う。《看聞日記》
3・13 幕府の命を受け、島津貴久（忠国。島津家中興の祖貴久は忠国の玄孫）、前大僧正大覚寺義昭を日向国櫛間永徳寺に攻撃する（義昭自殺）。《薩藩旧記》
3・17 この頃、天皇、病む。この日、薬を供じる（二十一日、赤斑瘡とされる。二十八日平癒）。《看聞日記》
3・23 足利義教、伊勢神宮に参詣する。《看聞日記》
4・2 盗人、禁中に入り、衣服を奪い去る（幕府に命じて諸門を戒厳）。《看聞日記》
4・13 幕府、島津貴久の功を賞し、琉球をその属国とする。《薩摩文書》
5・12 舟橋業忠、天皇に「春秋左氏伝」を進講する（八月二十七日にも）。《建内記》

＊**蔭凉軒日録**《いんりょうけんにちろく》 蔭凉職の季瓊真蘂《きけいしんずい》（?〜一四六九）と亀泉集証《きせんしゅうしょう》（?〜一四九三）の筆録による。永享七年（一四三五）から明応二年（一四九三）までの記録（途中欠失）。寺院経済、将軍家の宗教行事等に詳しい。
＊**嘉吉**《かきつ》 文章博士菅原（東坊城）益長の勘申による。出典は「周易」随卦の象伝「孚于嘉吉、位正中也」。
＊**氏経記**《うじつねき》 伊勢内宮禰宜荒木田氏経（一四〇二〜八七）の日記。正式には「氏経卿神事日次記」といわれるように、神事を中心とし、宇治と山田の対立や神宮周辺の社会動向を知るうえで貴重。「氏経神事記」「一禰宜氏経神事記」「氏経日次記」「内宮氏経日次記」「荒木田氏経記」「氏経卿記」とも。氏経には「氏経卿引付」などもあり、後代の祀官の典拠とされた。

5・20　京都大雨洪水。四条・五条両橋が落ちる。《看聞日記》
5・26　丹生・貴布禰両社に祈雨奉幣使を発遣する。《建内記》
6・20　二十二社に奉幣し、辛酉の厄を祈禳させる。《看聞日記》
6・24　赤松満祐、子教康《のりやす》第に将軍足利義教を誘殺する（満祐・教康、播磨国に走る。嘉吉の乱）。《看聞日記》
6・27　天皇、後朱雀・後三条各天皇の日記を父伏見宮貞成親王に預けおくべしとし、伏見の蔵光院に預ける（その後は不明）。《看聞日記》
6・29　故足利義教に太政大臣を贈る。《公卿補任》
7・29　幕府、赤松満祐父子誅殺を伊勢神宮に祈らせる。《氏経記》
8・1　幕府の要請を受け、赤松満祐父子追討の「治罰綸旨」を細川持之に賜う。《建内記》
8・6　天皇、病む。《薩戒記》
8・19　故足利義教男子に宸筆をもって名を義勝と賜う。《管見記》
8・27　天皇、舟橋業忠に「春秋左氏伝」を進講させる。《建内記》
9・3　この頃、京都で土一揆蜂起（嘉吉の徳政一揆。十二日、幕府、徳政施行）。《建内記》
9・10　山名持豊ら、播磨木山城を攻略、赤松満祐が自殺する（子の教康、伊勢に逃れるも二十九日に討たれる）。《建内記》
⑨・6　京都洪水。《管見記》
10・1　暦官誤り、この月を大とし、よって小の月と改める。《建内記》
10・2　天皇、四辻季保《すえやす》より黒戸において箏伝授を受ける。《建内記》
11月　内大臣西園寺公名、辞任。《公卿補任》
12・7　権大納言花山院持忠を内大臣とする。《公卿補任》
□6・24足利義教《あしかがよしのり》（室町幕府第六代将軍。僧時代の名は義円。天台座主。48）

■嘉吉二年（一四四二）壬戌

後花園天皇24歳

1・21　地震あり（ついで、幕府、東寺にこれを祈禳させる。二月十四日・十月二十日にも地震）。《管見記》
この春　幕府、明に使者を派遣する。《南朝紀伝》
5・25　皇子（成仁《ふさひと》。後土御門天皇）、和気保成宅にて誕生する（母は大炊御門信子）。《看聞日記》
6・8　天皇、箏曲「蘇合」伝授を四辻季保

より受ける（十四日披露）。《管見記》

8月　疾疫流行。《管見記》

9・11　伊勢例幣使を延引する（十六日追行）。《師郷記》

10・17　天皇、腫物により重体。この日、初めて針治療を行なう（十九日、七社に平癒を祈らせる。二十五日平癒）。《康富記》

10月　左大臣近衛房嗣と前摂政一条兼良が関白になろうと、幕府に競望する。《康富記》

11・1　天皇、病む。《康富記》

11・7　足利義勝を征夷大将軍とする（室町幕府第七代将軍）。《康富記》

■嘉吉三年（一四四三）癸亥

後花園天皇25歳

1・10　廷臣等、歳首を幕府に賀する。《看聞日記》

1・20　天皇、後亀山天皇皇子小倉宮の反逆の風聞に宸襟を悩ませる。《看聞日記》

1月　飛鳥井雅世、「新続古今和歌集」を訂正する。《看聞日記》

3・8　天皇、内裏で花を覧る。《看聞日記》

3・11　天皇、公卿を召し、花の宴を催す。《看聞日記》

5・7　後亀山天皇皇子**小倉宮**（聖承）没（年74）。《看聞日記》

5・9　丹生・貴布禰両社に祈雨奉幣使を発遣する。《康富記》南朝長慶天皇皇子海門承朝（母不詳）没（「昨年から鹿苑院に住す」と記され、大正時代、長慶天皇実在の証拠とされる。年70か）。《建内記》

5・18　女盗、禁中に入る。捕らえて幕府に引き渡す。《看聞日記》

5・20　降雨激しく洪水あり。この日、止雨奉幣使を派遣する。《看聞日記》

6・12　天皇、舟橋業忠に「春秋左氏伝」を進講させる。《康富記》

6・19　将軍足利義勝、朝鮮使を室町第に引見する。《康富記》

6・20　地震あり（十月一日、十一月八日にも）。《康富記》

6・27　天皇、病む（十一月二十一日にも）。《薩戒記》

6月　内大臣花山院持忠、辞任。《公卿補任》

7・2　相応院弘助法親王に、天皇平癒を祈らせる。《看聞日記》

7・7　乞巧奠あり。天皇、御楽で箏を奏する。《看聞日記》

7・21　室町幕府将軍足利義勝没。《看聞日記》

7・26　天皇、貞成親王家の財政不如意に補助する。《看聞日記》

9・11　伊勢例幣使を発遣する。また、外宮臨時奉幣も行なう。《康富記》

＊**小倉宮**《おぐらのみや》（？〜一四四三）　後亀山天皇皇子良泰親王王子泰仁王のことで、一般に小倉宮と呼ばれる。正長元年（一四二八）、嵯峨を出奔し伊勢国司北畠満雅を頼る。満雅は小倉宮を奉じて挙兵するも討死。小倉宮は抗戦を続けるも永享二年（一四三〇）和解して帰京、出家する。法名は聖承。なお小倉宮は、恒敦親王や後亀山天皇皇子泰成親王とする説もあり、南朝皇裔の汎称として用いられた。文明二年（一四七〇）南朝の遺臣が小倉宮を奉じて紀伊国に挙兵、畠山義就がこれを援け、応仁の乱の西軍の主に迎えられ、同三年京都に入ったという記事がある（この小倉宮のその後の消息は不明）。

＊**世阿弥**《ぜあみ》（一三六三？〜一四四三？）　足利義満の同朋衆となるも、永享六年（一四三四）足利義教により佐渡に流される。義教の死後許されて帰京するも隠退。父親観阿弥に続く能の大成者。代表作の一つ「花筺《はながたみ》」には「われ応神天皇の孫苗を継ぎながら、帝位を踏む身にあらざれども（中略）群臣の選みに出されて誘はれ行く雲の上」と

9・23　天皇、皇弟（貞常王）の百首和歌を点じる。▼南朝後裔尊秀《そんしゅう》王ら、前権大納言日野有光と土御門内裏を襲い放火する。紫宸殿・清涼殿・常御殿・小御所・泉殿・内侍所等を焼き、神璽・宝剣を奪い、天皇を害せんとするもかなわず、延暦寺にこもる。天皇、昼御座《ひるのおまし》御剣を携えて議定所へ逃れ、近衛忠嗣の室町第、二十六日、貞成親王の一条東洞院第に遷る（禁闕《きんけつ》の変）。《看聞日記》

9・26　幕府、天皇の「治罰綸旨」を得、後南朝一党を討伐する（延暦寺衆徒、尊秀王・日野有光を殺害）。《看聞日記》

9・28　清水寺に捨てられていた宝剣が内裏に返される（神璽は不明）。▼幕府、参議日野資親ら五十余人を六条河原に斬る。《看聞日記》

10・2　小倉宮教尊、「禁闕の変」との連累を疑われ、捕らえられて流罪となる。《看聞日記》

10・26　天皇、囲碁を行なう（以後しばしば）。《看聞日記》

11・13　伊勢一社奉幣使を発遣する。《看聞日記》

この年　常盤井直明王王子（恒弘法親王）、勧修寺に入室する。《看聞日記》

□7・21足利義勝《あしかがよしかつ》（室町幕府第七代将軍。10）、9・26日野有光《ひのありみつ》（権大納言。後小松上皇院執権。57）、この年か、**世阿弥**（能作者。生年不詳）

■文安元年（一四四四）甲子

後花園天皇26歳

2・5　神璽・宝剣が奪われたため、**文安**と改元する。《康富記》

2・20　伏見宮貞成親王二男、親王宣下を受け、貞常《さだつね》の名を賜わる。《御系譜》

4・26　天皇生母庭田経子（幸子）を准三宮とする。《康富記》

4・27　地震あり（十一月二十二日にも）。《康富記》

⑥月　幕府、内裏造営段銭を諸国に課する。《**斎藤基恒日記**》

7月　後村上天皇皇孫円胤《えんいん》が紀伊国北山に挙兵したため、幕府、守護畠山持国の兵に討伐させる。《康富記》

9・11　伊勢例幣使を発遣する。《康富記》

■文安二年（一四四五）乙丑

後花園天皇27歳

3・24　幕府、管領畠山持国を廃し、細川勝元を任じる。《斎藤基恒日記》

5・26　祈雨奉幣使を発遣する（二十九日にも）。《師郷記》

あり、継体天皇が皇位につくなら、源氏である義満が皇位についてもいいのではないか、と義満の意を汲んだものともいう。著書に「風姿花伝」などがある。

＊**文安**《ぶんあん》　権中納言藤原（日野）兼郷《かねさと》らの勘文に「晋書《しんじょ》（巻五八、周札伝）曰、尊文安漢社稷、尚書（堯典）曰、欽明文思安安」とある。

＊**斎藤基恒日記**《さいとうもとつねにっき》　室町幕府奉行人斎藤基恒（一三九四～一四七一）の日記。永享十二年（一四四〇）から康正二年（一四五六）までを中心に残る。幕府の年中行事や政治的事件を中心に記され、幕府の機構や幕政を知るうえで貴重。

6・27 皇弟貞常王（伏見宮貞成親王王子）を親王とする。《師郷記》

8・11 伊勢一社奉幣使を発遣する。《師郷記》

9・11 伊勢例幣使を発遣する。《師郷記》

9・18 伊勢内宮一宿の仮殿遷宮が行なわれる。《造営次第記》

11・13 関白二条持基の死により、左大臣近衛房嗣を関白・氏長者とする（「公卿補任」では二十三日）。《歴代皇紀》

12・29 権大納言万里小路時房を内大臣とする。《公卿補任》

□11・3 二条持基《にじょうもちもと》（摂政。関白。太政大臣。父は関白二条師嗣。56）

■文安三年（一四四六）丙寅

後花園天皇28歳

1・2 東大寺戒壇院等が焼ける。《東寺執行日記》

1・16 内大臣万里小路時房、辞任。《公卿補任》

1・29 前摂政・左大臣一条兼良を太政大臣とする（関白近衛房嗣の上に列する）。また権大納言洞院実熙《さねひろ》を内大臣とする。《公卿補任》

2・22 上乗院道朝法親王（後円融天皇皇子。母は典侍四条今子）没（年69）。《仁和寺諸院家記》

2・29 地震あり。《師郷記》

4・13 左大臣近衛房嗣、辞任。《公卿補任》

4・29 右大臣鷹司房平を左大臣、権大納言二条持通《もちみち》を右大臣とする。《公卿補任》

5・13 止雨奉幣使を発遣する（二十一日にも）。《師郷記》

この夏 疫病流行。《新撰和漢合図》

7・25 これより先、廷臣・諸将、京都の仏寺等に棟別銭を課し、内裏造営費にあて、この日、造営事始。《師郷記》

8・27 伏見宮貞成親王、御料所を貞常親王に譲る。《伏見宮記録》

9・11 伊勢例幣使が発遣される。《師郷記》

12・13 天皇、足利義教二男三春に宸筆をもって義成《よししげ》（のち義政）の名を賜う。《公卿補任》

■文安四年（一四四七）丁卯

後花園天皇29歳

1・10 廷臣等、幕府に歳首を賀する。《建内記》

6・15 関白近衛房嗣、辞任。太政大臣一条兼良を関白・氏長者とする。《公卿補任》

6月 三日病等流行する。《康富記》

7・18 祈雨奉幣使を発遣する。《建内記》

9・11 伊勢例幣使を発遣する（一社奉幣使を附行）。《康富記》

＊宝徳《ほうとく》 文章博士藤原（五条）為賢《ためかた》の勘文に「唐書（旧唐書巻二十三、礼楽志）曰、朕宝三徳、曰慈倹謙」とある。

9・16 伊勢内宮禰宜荒木田守房ら連署して造営費を賜わることを請う。《氏経記》
11・27 天皇の父伏見宮貞成親王を太上天皇とする（翌年二月辞退）。《看聞日記》
12・22 後村上天皇皇孫円満院円胤、蓄髪し、再び紀伊国北山に挙兵するも、畠山持国の兵に殺される。《康富記》

■文安五年（一四四八）戊辰

後花園天皇30歳

2・28 天皇、仙洞御所伏見殿に行幸し、生母庭田幸子の病を見舞う。《康富記》
3・4 天皇生母・准三宮庭田幸子の院号を敷《ふ》政門院《せいもんいん》とする。《看聞日記》
4・7 伏見宮貞成親王、「看聞日記」の筆を擱く。《看聞日記》
4・13 天皇生母・准三宮敷政門院（伏見宮貞成親王妃）没（年59）。《康富記》
4月 法隆寺僧訓海、「太子《たいし》伝玉 林抄《でんぎょくりんしょう》」を完成する。《跋》
6・18 伊勢一社奉幣使を発遣する。《康富記》
6・20 止雨奉幣使を発遣する（七月十八日にも）。《康富記》
7・13 十念寺住持琮頊（後亀山天皇皇子とされる。母は不詳）没（生年不詳）。《矢田寺上申十念寺文書》
7・19 京都洪水。五条橋・瀬田橋が流失、死者多数。《東寺過去帳》
9・11 伊勢例幣使を発遣する。《康富記》
この年 地震・飢疫あり。《南方紀伝》

●文安年間（一四四四〜四九）、藤原光忠、「文安御即位調度図」を書写する（原本は保安四年〈一一二三〉〜仁安三年〈一一六八〉のいずれかの即位に際して描かれたものと推定されている）。

■宝徳元年（一四四九）己巳

後花園天皇31歳

2・4 天皇、洞院実熙より蘇合香伝授を受ける。《洞院実熙蘇合香伝授状》
4・12 山城国大地震。寺社ほか多数倒壊。《康富記》
4・27 地震祈禳のため、伊勢一社奉幣使を発遣する。《康富記》
4・29 足利義成《よししげ》（義政）を征夷大将軍とする（室町幕府第八代将軍）。《康富記》
5・29 祈雨奉幣を行なう。《康富記目録》
6・28 止雨奉幣を行なう。《康富記》
7・28 将軍代替・洪水・地震・疾疫などにより、**宝徳**と改元する。《看聞日記》
8・12 京都地震（十三・十八・十九日、九月十一・十六・十八・二十四日にも）。《康富記》
8・23 これより先、祈年穀奉幣を行ない、

●後崇光院和歌（「砂玉和歌集」より）

「思ひそめしあけぼのよりも桜花心うつろふ夕ばえの色」

「今よりは伏見の花になれてみん都の春も思ひわすれて」

「はなもみぢ見し春秋の夢ならでうきこと忍ぶ思ひ出《い》でぞなき」

「砂玉」は「沙玉」とも書く。

この日、使を二十二社に発遣する(このあと近世まで中絶)。《康富記》
8・28 将軍足利義成、初めて参内する。《康富記》
9・11 伊勢例幣使を発遣する。《康富記》
10・23 直明王王子を親王とする(恒興親王、恒弘法親王)。《康富記》
12・23 皇子(成仁。後土御門天皇)、「孝経」を読む。《康富記》
12・27 足利義成、参内する。《康富記》
この年 京都、疾疫流行、死者多し。《公卿補任》
□5・4九条満家《くじょうみついえ》(関白。左大臣。父は関白九条経教。56)

■宝徳二年(一四五〇)庚午

後花園天皇32歳
3・23 伊勢一社奉幣使を発遣する。《師郷記》
3・27 天皇、内大臣洞院実熙より箏灌頂を受ける。《公卿補任》
4・28 関白太政大臣一条兼良、太政大臣を辞任。《公卿補任》
5・2 疾疫流行。四角四堺祭を行ない、これを祈禳する。《康富記》
5・7 内大臣洞院実熙、辞任。《公卿補任》
5・9 止雨奉幣を行なう。《康富記》
5・14 前権大納言三条西公保を内大臣とする。《康富記》
6・2 細川勝元、龍安寺を創建する。《龍安寺文書》
6・20 祈雨奉幣を行なう。《康富記》
6・22 内大臣三条西公保、辞任。《公卿補任》
6・27 権大納言三条実量《さねかず》を内大臣とする。《公卿補任》
7・5 京都地震あり(二十七・二十八日にも)。《康富記》
8・8 盗人、伊勢内宮に入り、大床の装具を盗む(神人、これを捕らえて斬る)。《氏経記》
9・11 伊勢例幣使を延引する(十四日追行)。《氏経記》
この年 浅間山噴火。《新選和漢合図》

■宝徳三年(一四五一)辛未

後花園天皇33歳
2・6 勧修寺恒弘法親王を東大寺別当とする。《公卿補任》
4・13 相応院弘助法親王(崇光天皇皇子。母は三条局)没(年70余)。《東寺過去帳》
5・24 祈雨奉幣使を発遣する(六月七・十三日にも)。《師郷記》
6月 祈雨奉幣を行なう。《康富記》
7・3 この日、京都、たびたび地震(九月三日、十一月十八日にも)。《康富記》

＊享徳《きょうとく》 文章博士菅原為賢《ためかた》の勘文に「尚書曰、世々享徳、万邦作式」とある。

8・16 止雨奉幣使を発遣する（二十六日にも）。《康富記》
9・11 伊勢例幣使を発遣する。《康富記》
10・26 幕府、僧允澎《いんぽう》らを明に派遣する。この日、出発。《入唐記》
11・12 延暦寺衆徒、日吉社神輿を奉じて入洛するため、幕府の奏請により、綸旨を賜いこれを諭止させる。《康富記》
11・19 前権大納言中院通淳《みちあつ》を准大臣とする（二十八日没）。《公卿補任》
12・27 将軍足利義成（義政）、参院・参内する。《康富記》
□11・28中院通淳《なかのいんみちあつ》（准大臣。父は権大納言中院通守。63）
●宝徳年間（一四四九～五二）、この頃まで神衣祭《かんみそのまつり》が続けられるも、以後廃絶。元禄十二年（一六九九）復興。

■享徳元年（一四五二）壬申

後花園天皇34歳
2・25 将軍足利義成（義政）、書を権中納言飛鳥井雅親に与え、歴朝蹴鞠の師範たることを証する。《続史愚抄》
5・6 祈雨奉幣使を二社に発遣する（八月二十六日にも）。《続史愚抄》
5・20 止雨奉幣使を発遣する（二十五日にも）。《師郷記》
7・25 三合厄・南都一揆・疾疫のため**享徳**と改元する。《建内記》
8・13 京都、地震あり。《東寺執行日記》
9・11 伊勢例幣使を延引する（十一月七日追行）。《康富記》
10・3 内大臣三条実量、辞任。《公卿補任》
10・8 前内大臣久我清通を太政大臣、権大納言一条教房《のりふさ》を内大臣とする。《公卿補任》
12・19 伊勢外宮の仮殿遷宮が行なわれる。《遷宮次第記》
この年 諸国、大雨洪水。山崩れ、多数の人が死ぬ。《年代記残編》
□2・2飛鳥《あすか》井《い》雅世《まさよ》（一日没説も。歌鞠家。「新続古今和歌集」撰者。63）

■享徳二年（一四五三）癸酉

後花園天皇35歳
2・2 太政大臣久我清通、辞任。《公卿補任》
3・12 天皇、御遊御会始に箏を奏する。《実熙公記》
4・26 天皇、禁中にて舞を観る。また、箏を奏する（将軍足利義成陪観）。《大乗院日記目録》
4・28 関白一条兼良、辞任。右大臣二条持通を関白・氏長者とする（五月七日、二条持通を左大臣鷹司房平の上に列する）。《公卿補任》

◉後花園天皇御製（「後花園院御集」より）

「にぎはへる民の竈《かまど》のかずかずにをさまれる世の程も見えつつ」
「はなに花なびきかさねて八重桜しづえをわきてにほふ比かな」
「思へただ空にひとつの日のもとに又たぐひなく生れこし身を」
「天地のその神代よりうごきなき我が日の本とまもるかしこさ」

5・9 幕府、伊勢神宮造営段銭を諸国に課す。《斎藤基恒日記》
6・13 将軍足利義成、名を義政と改める。《武家年代記》
6・26 前関白・太政大臣一条兼良を准三宮とする。《公卿補任》
8・3 丹生・貴布禰両社に止雨奉幣使を発遣する（十八日にも）。《康富記》
9・10 仁和寺承道法親王（後二条天皇五世孫）を准三宮とする。この日、没（年46）。《仁和寺御伝》
9・11 伊勢例幣使を発遣する。《師郷記》
12・18 天皇、木寺宮邦康王王子を猶子として親王とし、名を師熙と賜う（二十一日、仁和寺に出家し、名を静覚とする）。《仁和寺御伝》
□9・5 久我《こが》清通《きよみち》（太政大臣。父は権大納言久我通宣。61）

■享徳三年（一四五四）甲戌

後花園天皇36歳

1・10 将軍足利義政、参内・参院する。《康富記》
2月 京都盗賊横行。《臥雲日件録》
3・17 関白・右大臣二条持通、右大臣を辞任。《公卿補任》
3・18 足利義政、参院して猿楽を陪観する。《師郷記》
4・18 止雨奉幣使を発遣する（六月七日にも）。《師郷記》
6・30 関白二条持通、辞任（内覧は旧のごとし）。《康富記》
7・1 左大臣鷹司房平を関白・氏長者とする。《公卿補任》
7・16 前内大臣洞院実熙を右大臣とする。《公卿補任》
9・8 京都の土民、徳政を要求して蜂起する。《師郷記》
9・11 伊勢例幣を延引する。《康富記》
10・29 京都土民蜂起により、この日、幕府、徳政令を公布する（分一《ぶいち》徳政令）。《師郷記》
11・23 地震あり。《新選和漢合図》
12・3 京都土民、東寺金堂を破壊する。《東寺私用集》
12・27 足利義政、参内・参院する。▼足利成氏《しげうじ》、鎌倉で上杉憲忠《のりただ》を誘殺する（「享徳の乱」の初め）。《康富記》
この年 京都騒擾。伊勢例幣・各神社の祭礼等の延引・中止続出。
□6・30 近衛《このえ》忠嗣《ただつぐ》（関白。左大臣。父は摂政近衛兼嗣。72）

■康正元年（一四五五）乙亥

後花園天皇37歳

***臥雲日件録**《がうんにつけんろく》 臨済宗僧瑞渓周鳳《ずいけいしゅうほう》（一三九一〜一四七三）の日記。もとは文安三年（一四四六）から文明五年（一四七三）まであったとされるが、現在は抄録の「臥雲日件録抜尤《ばつゆう》」が伝わるのみ。

***康正**《こうしょう》 文章博士菅原（唐橋）在治《ありはる》らの勘文に「史記曰、平康正直、尚書曰、平康正直、注曰、世平安、用正直治之」とある。

1・10　将軍足利義政、参内・参院する。《康富記》
2・28　木寺宮《きでら》（世平王王子）を伏見宮貞成親王猶子として親王とし、名を邦康と賜う。《康富記》
3・4　関白・左大臣鷹司房平、左大臣を辞任。《公卿補任》
3・24　右大臣洞院実熙を一上とする。《続史愚抄》
3・28　幕府の奏請により、足利成氏追討の旗を賜う。《続史愚抄》
6・2　関白・左大臣鷹司房平、関白を辞任（このあと左大臣も辞任）。《公卿補任》
6・5　前関白二条持通を再び関白・氏長者とする。《公卿補任》
6・6　前内大臣西園寺公名を太政大臣とする。《公卿補任》
6・16　今川範忠の軍、鎌倉に入り、足利成氏、古河《こが》に移る（古河公方）。《鎌倉大草紙》
7・25　兵乱等により**康正**と改元する。《康富記》
8・16　関白二条持通を太政大臣西園寺公名の上に列する。《公卿補任》
8・27　右大臣洞院実熙を左大臣、内大臣一条教房を右大臣、権大納言近衛教基《のりもと》を内大臣とする。《公卿補任》足利義政、権大納言日野勝光妹富子を室とする。《康富記》
9・11　伊勢例幣を延引する。《康富記》
10・13　管領細川勝元、伊勢神宮に参詣する。《康富記》
12・14　参議高辻継長、天皇に「史記」を進講する。《康富記》
12・27　足利義政、参内・参院する。《康富記》
この年　飢饉。《新選和漢合図》

■康正二年（一四五六）丙子

後花園天皇38歳

1・10　将軍足利義政、参内・参院する。《師郷記》
3・27　廷臣等、幕府に参賀する。《義政公記》
4・2　幕府、造内裏段銭・棟別《むねべち》銭を諸国に課す。《斎藤基恒日記》
5・16　仙洞（貞成親王）、病気により宝蔵院に移る。《師郷記》
5・19　止雨奉幣を行なう（二十六日にも）《師郷記》
6・12　足利義政、新造内裏を巡視し、また、参内して物を献じる。《師郷記》
7・20　天皇、東洞院殿より新造の土御門内裏に還幸する（足利義政、常御所に参る）。《師郷記》
7・25　足利義政、参内する。《師郷記》
8・29　法皇（貞成《さだふさ》親王）、一条東洞院邸に

て没（九月四日、伏見大光明寺にて火葬。陵は伏見松林院陵。追号は後崇光院。王子貞常親王、後花園天皇の叡慮により永世伏見殿を称することを許され、以後伏見宮と号することになる）。《師郷記》
9・11　伊勢例幣を延引する。《師郷記》
10・28　天皇、二尊院中統を召し、大般若経を講じさせ、円頓戒を受ける。《師郷記》
10月　徳政土一揆が蜂起する。《師郷記》
11・26　京都地震（二十七日にも）。《師郷記》
12・5　天災地変、南朝余党の平定を伊勢神宮に祈る。《氏経記》
この年　幕府、朝鮮に使を派遣、建仁寺修造の資を求め、大蔵経贈与を謝する。《善隣国宝記》
●康正年間（一四五五〜五七）、一条兼良による「日本書紀」神代巻の注釈書「日本書紀纂疏」成るか。

■長禄元年（一四五七）丁丑

後花園天皇39歳
2月　疾疫流行。《南方紀伝》
3・15　禁裏にて詩歌御会あり（将軍足利義政、これに侍す）。《山科家礼記》
4・11　左大臣洞院実熙、辞任。《公卿補任》
4・28　贈左大臣足利尊氏に太政大臣を追贈する。《清贈二位宗賢卿記》
5・14　蝦夷島南部でアイヌが蜂起する（コシャマインの乱）。《新羅之記録》
6・17　右大臣一条教房を左大臣、前内大臣三条実量を右大臣とする。《公卿補任》
7・20　勅して、僧俗に般若心経を読誦させ、炎旱・疾疫・慧星を祈禳させる。▼祈雨奉幣使を発遣する（八月十一日にも）。《続史愚抄》
8・28　太政大臣西園寺公名、出家する。《公卿補任》
9・8　これより先、右大臣三条実量、辞任。この日、内大臣九条教基を右大臣、前権大納言正親町三条実雅《さねまさ》を内大臣とする。《公卿補任》
9・28　関東争乱・疾疫・旱災により長禄と改元する。《続史愚抄》
11・1　山城国土一揆、京都に乱入し、徳政を訴えて東寺等を占拠する（十一月まで。幕府、諸将にこれを討たしめる）。《山科家礼記》
11・4　南朝皇胤、金峯山衆徒と戦う。この日、幕府、興福寺などに金峯山寺を救援させる。《大乗院寺社雑事記》
12・2　赤松氏遺臣ら、南朝皇胤（後亀山後胤といわれる忠義王・北山王）を吉野山中で討ち神璽を取るも、これを土民が奪還す

＊**伏見松林院陵**《ふしみのしょうりんいんのみささぎ》　京都市伏見区丹後町に所在。伏見宮家の代々の陵墓であったが、慶応元年（一八六五）の探陵では、後深草天皇火葬塚とされた。明治三十八年に至り、改めて後崇光院陵伝説地となり、大正六年、陵として決定され、現陵名とした。

＊**後崇光院**《ごすこういん》（一三七二〜一四五六）　貞成《さだふさ》親王。崇光天皇の孫。父は伏見宮家初代栄仁《よしひと》親王。母は三条実治《さねはる》女治子。元服して貞成《さだふさ》。応永二十四年（一四一七）兄治仁王の死をうけて伏見宮を継承。応永三十二年親王宣下。正長元年（一四二八）長男彦仁親王践祚（後花園天皇）。文安四年（一四四七）天皇の父として太上天皇尊号を受けるも翌年辞退。当代一流の文化人として活躍。日記に「看聞日記」、歌集に「沙玉《さぎょく》和歌集」などがあり、崇光院流の正統を説く「椿葉記」を残す。諡号は後崇光院。伏見の大光明寺で火葬。陵は伏見松林院陵。なお、次男貞常親王に琵琶の秘曲を伝授し、これにより伏見宮家に楽書や「梁塵秘抄口伝集」が代々受け継がれることになる。

る。《上月記》

12・19 後花園天皇皇子を親王とし、名を成仁と賜う。《山科家礼記》足利義政、弟政知を還俗させ伊豆国堀越に派遣する（堀越公方）。《鎌倉大草紙》

□2・16中原康富《なかはらやすとみ》（官人。「康富記」記主。59）、11・20万里小路《までのこうじ》時房《ときふさ》（内大臣。「建内記」記主。父は内大臣万里小路嗣房。64）

■長禄二年（一四五八）戊寅

後花園天皇40歳

1・10 将軍足利義政、参内して歳首を賀す。《師郷記》

①・3 京都地震（二月十五日にも）。《長禄二年記》

2・21 幕府、朝鮮寄贈の大蔵経・銭一万貫を建仁寺に付し、寺院を修造させる。《蔭涼軒日録》

3・5 内大臣正親町三条実雅、辞任。《公卿補任》

3・28 幕府、伊勢内宮造営地口銭を五山とその塔頭に課す。《蔭涼軒日録》

4・17 皇子成仁親王（後土御門天皇）、禁中にて元服する。《皇年代略記》

7・24 京都地震。《長禄二年記》

7・25 関白前右大臣二条持通を太政大臣とする。内大臣正親町三条実雅の辞任により、権大納言足利義政を内大臣とする（廷臣等、幕府に参賀）。《公卿補任》

8・4 足利義政、琉球使を幕府に引見する。《在盛卿記》

8・18 足利義政、参内する。《蔭涼軒日録》

8・19 天皇、義政の北小路第に行幸する（和歌御会あり）。《在盛卿記》

8・30 赤松遺臣、吉野で南朝皇族（尊秀王・忠義王）を殺害して神璽を奪取し、この日、京都に奉還する。《蔭涼軒日録》幕府、神璽奪回の功により赤松氏再興を許し、赤松政則《まさのり》を加賀半国の守護とする。《赤松記》

12・5 関白二条持通の辞任により、この日、左大臣一条教房を関白とする。また、前関白一条兼良を太閤と称させる。《公卿補任》

12・13 一条兼良、准三宮を辞する（これを許さず）。《公卿補任》

■長禄三年（一四五九）己卯

後花園天皇41歳

1・13 京都地震。《碧山日録》

1・16 太政大臣二条持通を内覧とする。《公卿補任》

3・12 前権大納言烏丸資任《からすまるすけとう》を准大臣とする。《公卿補任》

5・13 請雨御祈を諸寺院に命じる（二十一日にも）。《蔭涼軒日録》

＊長禄《ちょうろく》 参議文章博士菅原継長の勘申による。出典は「韓非子」の「其建生也長、持禄也久」。

＊上月記《こうづきき》 赤松氏遺臣上月満吉が文明十一年（一四七九）に記したもの。

＊鎌倉大草紙《かまくらおおぞうし》 天授五年＝康暦元年（一三七九）から文明十一年（一四七九）まで、鎌倉公方・関東管領を中心に関東の政治的事件を編年体で記した史書。著者・成立年不詳。「太平記」の欠を補ない継承する意を込め「太平後記」とも。

＊在盛卿記《あきもりきょうき》 非参議勘解由小路在盛（一四三二～七九）の日記。

＊赤松記《あかまつき》 赤松氏に関する記録。建久年間（一一九〇～九九）以降、嘉吉の乱および赤松氏の興亡を詳細に記す。成立は天正十六年（一五八八）、著者は赤松氏の一族得平因幡守入道定阿。

＊碧山日録《へきざんにちろく》 五山僧太極《たいきょく》（一四二一～?）の日記。自筆原本なし。写本は長禄三年（一四五九）から応仁二年（一四六八）まで現存（欠失あり）。応仁の乱ほか政治・社会状況を知るための貴重史料。

8・16 天皇、黒御所に行幸する（足利義政、参内）。《大乗院寺社雑事記》
8・21 幕府、諸関を廃し、京都七口に新関を置き、関銭を大神宮造営料とする。《碧山日録》
9・10 大和・山城国、大風雨（鴨川洪水）。《大乗院寺社雑事記》
11・9 京都の土民蜂起し、徳政を求める。幕府、諸将にこれを鎮撫させ、この日、その張本を斬る。《碧山日録》
11・16 足利義政、室町新第に移る（廷臣・諸将、参賀）。《蔭凉軒日録》
12・8 左大臣一条教房、辞任。前右大臣三条実量を左大臣とする。《公卿補任》
□5・21 三条公冬《さんじょうきんふゆ》（右大臣。父は太政大臣三条実冬。69）、9・17 中山定親《なかやまさだちか》（権大納言。「薩戒記」記主。父は権大納言中山満親。59）

■寛正元年（一四六〇）庚辰

後花園天皇42歳
2・9 畿内地震（十日にも）。《碧山日録》
3・28 幕府、南朝の遺臣楠木某を捕らえて東寺四塚で斬る。《蔭凉軒日録》
6・27 太政大臣二条持通、辞任。《公卿補任》
6月 霖雨洪水。晴を諸社寺に祈る。《碧山日録》
7・18 京都地震（八月十五日、九月二十四・二十六日、閏九月二十四・二十六日、十月六日にも）。《碧山日録》
7・27 左大臣三条実量、辞任。《公卿補任》
8・27 内大臣足利義政を左大臣、権大納言徳大寺公有《きんあり》を内大臣とする。《公卿補任》
12・15 左大臣足利義政、拝賀・参内する。《蔭凉軒日録》
12・21 争乱収まらず、天下飢饉により、**寛正**と改元する。《公卿補任》
□1・28 三条西公保《さんじょうにしきんやす》（内大臣。父は内大臣正親町三条公豊。63）

■寛正二年（一四六一）辛巳

後花園天皇43歳
2月 天皇、将軍足利義政の奢侈怠荒を戒める。《長禄寛正記》飢饉により、鴨川が死屍で埋まる（京都の死者八万二千人。寛正の大飢饉。このあとも餓死者が絶えず、四条橋・五条橋の下に埋められたという。寛正の大飢饉）。《碧山日録》
4・13 直仁親王王子全明王を親王とする。《尊卑分脈》
7・23 内大臣徳大寺公有、辞任。《公卿補任》
8・11 権大納言久我《こが》通尚《みちなお》を内大臣とする。《公卿補任》
11・2 一条兼良、天皇・足利義政に「源氏

＊**寛正**《かんしょう》 権大納言藤原（日野）勝光《かつみつ》の勘申による。出典は「孔子家語《こうしけご》」の「外寛而内正」。

物語」を進講する。《大乗院寺社雑事記》
11・22 禁裏で連歌会（足利義政、参内してこれに侍す）。《管見記》
11・26 幕府、天龍寺が僧堂造営費を朝鮮に募ることを許し、勘合符を与える。《蔭涼軒日録》
12・25 前関白・左大臣近衛房嗣を太政大臣とする。《公卿補任》

■寛正三年（一四六二）壬午

後花園天皇44歳
2・22 禁裏で連歌会を行なう（将軍足利義政、参内してこれに侍す）。《蔭涼軒日録》
5・16 幕府、伊勢内宮造営料伊勢山田関を撤廃する。《氏経記》
6・2 天皇、病む。伊勢神宮・大和七大寺に平癒を祈らせる（十一月二十二日平癒）。《大乗院寺社雑事記》
8・5 前内大臣徳大寺公有を右大臣とする。《公卿補任》
9・11 伊勢例幣使を発遣する。《寛正記》
京都に土一揆蜂起、三十余町を焼く。《蔭涼軒日録》
10月 天皇、皇嗣成仁親王（後土御門天皇）あての教訓状「後花園院御消息」（「春宮に送らせ給ふ御文」）を作成する。《同書》
12・7 一条兼良、天皇に「源氏物語」を進講する。《蔭涼軒日録》
12・13 将軍足利義政に勅し、使を伊勢神宮に遣わし、神宝を献じ、遷宮を促す。《本朝通鑑》
12・27 伊勢内宮の遷宮が行なわれる（十一年遅れ。このあとも天正十三年〈一五八五〉まで途絶）。《氏経記》
□8・1 近衛《このえ》教基《のりもと》（右大臣。父は関白近衛房嗣。40）

■寛正四年（一四六三）癸未

後花園天皇45歳
3月 疫病流行、死者多数。《続本朝通鑑》
4・3 関白一条教房の辞任により、この日、前関白二条持通を関白に還補し、氏長者とする。《公卿補任》
4・4 大雨。鴨川洪水。《蔭涼軒日録》
9・19 幕府、後花園天皇宸筆「法華経提婆品」を相国寺鹿苑院に納める。《蔭涼軒日録》
9・28 京都土一揆蜂起、徳政を要求。幕府、諸将に鎮撫させる。《蔭涼軒日録》
10・3 将軍足利義政、参内する。《蔭涼軒日録》
10・15 管領細川勝元、伊勢神宮に参詣する。《大乗院寺社雑事記》
12・27 足利義政、参内する。《蔭涼軒日録》

■寛正五年（一四六四）甲申

後花園天皇46歳
後土御門天皇23歳

1・1 春日社神木動座により、小朝拝を中止する。《続史愚抄》

1月 内大臣久我通尚、辞任。《公卿補任》

3・28 幕府、譲位段銭を諸国に課する。《蔭涼軒日録》

4・28 将軍足利義政、伏見宮貞常親王を室町第に迎え、連歌会を開く。《蔭涼軒日録》

7・5 権大納言九条政忠を内大臣とする。《公卿補任》

7・16 天皇、皇子成仁親王に譲位のため、伏見宮貞常親王の東洞院第に移る。《大乗院寺社雑事記》

第百三代 後《ご》土《つち》御《み》門《かど》天皇

7・19 後花園天皇譲位。成仁親王、土御門内裏にて受禅（**後土御門天皇**）。後花園上皇、東洞院の仙洞御所で足利義政を院執事《いんのしつじ》として院政をとる。関白二条持通は旧の如し）。《皇年代略記》

8・9 先帝に太上天皇尊号を奉る。《歴代皇紀》

8・23 上皇、室町第に御幸し、夜に還幸する（足利義政、扈従して参院）。《蔭涼軒日録》

9・2 右大臣徳大寺公有、辞任。《公卿補任》

9・9 足利義政、参内する。《蔭涼軒日録》

9・21 幕府、管領細川勝元を廃し、畠山政長を管領とする。《武家年代記》

10・20 皇子（勝仁。後柏原天皇）、誕生する（母は贈皇太后庭田朝子）。《皇年代略記》

11・7 上皇、室町第に御幸する。《蔭涼軒日録》

11・9 足利義政、参院し、音阿彌を召して猿楽を演じさせる。《蔭涼軒日録》

11・28 左大臣足利義政を准三宮とし、前内大臣久我通尚を右大臣とする。《公卿補任》

11・30 前右大臣徳大寺公有に本座宣下あり。《公卿補任》

12・2 浄土寺義尋（父は足利義教）、還俗して義視《よしみ》と改名する。《大乗院日記目録》

12・5 院御所で三席御会が行なわれ、上皇、笙を奏する。《御遊抄》

12・27 足利義政、参内する。《蔭涼軒日録》

■寛正六年（一四六五）乙酉

後土御門天皇24歳
後花園上皇47歳

2・22 後花園上皇、飛鳥井雅親に和歌撰進を命じる。《公卿補任》

2・28 上皇、仙洞御所で猿楽を観る（足利義政、陪観）。《**蜷川親元日記**》

***後土御門天皇《ごつちみかどてんのう》**（一四四二～一五〇〇） 名は成仁《ふさひと》。後花園天皇第一皇子。母は藤原孝長女藤原信子《しんし》（贈太政大臣大炊御門信宗養女。嘉楽門院）。長禄元年（一四五七）親王宣下、同二年元服。寛正五年（一四六四）践祚、同六年即位。明応九年（一五〇〇）崩御。陵は深草北陵。皇子女に後柏原天皇（母は贈皇太后源朝子）のほか、尊伝・仁悟各親王など。御製には「にごりゆく世を思ふにも五十鈴川すまばと神をなほたのむかな」（「明応四年水無瀬宮法楽百首」）などがある。

***蜷川親元日記《にながわちかもとにっき》** 室町幕府政所執事伊勢氏の家宰蜷川親元（一四三三～八八）の日記。寛正六年（一四六五）から文明十七年（一四八五）までの記録（欠失あり。一部自筆本伝存）。室町幕府周辺の動静等の記事が詳細で、当時の政治・経済を知るうえの根本史料。

***斎藤親基日記《さいとうちかもとにっき》** 室町幕府奉行人斎藤親基（一四二六～？）の日記。寛正六年（一四六五）から応仁元年（一四六七）が残される（原本はなく写本のみ）。幕府の機構・

3・9　仙洞御所で花の宴。足利義政、参院して猿楽を催す。《蜷川親元日記》

7・25　幕府、大内教弘に命じ、大嘗会段銭を九州諸国に課する。《蜷川親元日記》

8・25　幕府、即位段銭を和泉国に課する。《斎藤親基日記》

9・24　将軍足利義政、東大寺戒壇院にて受戒する。また、正倉院宝物を観る（このとき、蘭奢待《らんじゃたい》を拝領、その一箇を禁中に献じる）。《大乗院寺社雑事記》

9・26　内大臣九条政忠の辞任により、権大納言今出川（菊亭）教季《のりすえ》を内大臣とする。《公卿補任》

11・25　足利義政・義視、参内・参院する。《蔭凉軒日録》

12・12　即位由奉幣使を発遣する。《山科家礼記》

12・27　後土御門天皇、太政官庁にて即位礼を挙げる。《皇年代略記》

■文正元年（一四六六）丙戌

後土御門天皇25歳
後花園上皇　48歳

1・10　将軍足利義政、参内する。《**後法興院関白記**》

1・16　右大臣久我通尚、辞任。《公卿補任》

2・3　上皇、仙洞御所にて猿楽を観る（足利義政・義視、陪観する）。《後法興院関白記》

2・8　内大臣今出川（菊亭）教季、辞任。《公卿補任》

2・16　権大納言二条政嗣を右大臣とする。《公卿補任》

2・28　代始により**文正**と改元する。《**綱光公記**》

②・5　権大納言西園寺実遠を内大臣とする。《公卿補任》

②・11　上皇、仙洞御所にて猿楽を観る（足利義政陪観）。《後法興院関白記》

②・12　京都地震（四月六・二十六日にも）。《**後知足院関白記**》

3・3　足利義政、参内する。《蔭凉軒日録》

3・20　足利義政・日野富子、伊勢神宮に参詣する。《斎藤親基日記》

4・28　舟橋業忠、天皇に「論語」を進講する。《後法興院関白記》

7・28　足利義政、琉球使僧を引見し、方物を受ける。《後法興院関白記》

9・6　足利義政、伊勢貞親の讒を信じて義視を殺そうとする。義視、細川勝元の邸に避ける。勝元、諸将と連署して貞親を誅せんとする。この日、貞親、近江に逃げる（ついで伊勢へ）。《後法興院関白記》

人事を知るうえでの重要史料。父は斎藤基恒。

＊**後法興院関白記**《ごほうこういんかんぱくき》　関白・太政大臣近衛政家（一四四四～一五〇五）の日記。「後法興院記」とも。「後法興院」は政家の追号。文正元年（一四六六）から永正二年（一五〇五）までの記録（欠失あり。一部自筆原本あり）で、ほぼ三十年分の日記が残されており貴重。

＊**文正**《ぶんしょう》　権中納言藤原（広橋）綱光《つなみつ》の勘文に「荀子（巻五、王制篇九）曰、積文学、正身行」とある。

＊**綱光公記**《つなみつこうき》　贈内大臣広橋綱光（一四三一～七七）の日記。法号は引接院であることから、「引接院内府記」などともいう。文安三年（一四四六）から文明八年（一四七六）までの記録が残る（欠失あり）。武家に関する記事も豊富。

＊**後知足院関白記**《ごちそくいんかんぱくき》　関白・太政大臣近衛房嗣（一四〇二～八八）の日記。「後知足院記」「後知足院殿記」とも。「後知足院」は房嗣の号。

9・11 伊勢例幣使を延引する。《続史愚抄》
9・22 京都地震（十二月二十九日にも）。《後法興院関白記》
10・15 天皇、院御所に行幸する。《後法興院関白記》
11・24 延暦寺僧徒、近江守護京極持清の不法を幕府に訴え、日吉神輿を奉じて京都に入ろうとする。幕府、勅を奉じて諭止。《後法興院関白記》
11・26 天皇、大嘗会禊のため、河原頓宮に行幸する。《親長卿記》
12・11 伊勢例幣を追行、伊勢一社奉幣を附行する。《親長卿記》
12・18 天皇、太政官庁にて大嘗祭を行なう（仙洞御所触穢等によりこの日に延引。甘露寺親長、「大嘗会伝奏記」を記す。これ以降、大嘗会が東山天皇の一六八七年まで約二百二十年間途絶）。《続史愚抄》

■応仁元年（一四六七）丁亥

後土御門天皇26歳
後花園上皇49歳

1・10 将軍足利義政、参内する。《斎藤親基日記》
1・11 伊勢神宮に天下静謐を祈らせる。《内宮引付》
1・18 畠山義就、畠山政長を上御霊社に破る。天皇、難をさけて上皇とともに、ひそかに将軍足利義政の室町第に臨幸する（二十日還幸）。《後法興院関白記》
1月 内大臣西園寺実遠、辞任。《公卿補任》
2・6 権大納言日野勝光を内大臣とする。《公卿補任》
2・9 将軍足利義政、参内・参院する。《後法興院関白記》
2・27 足利義政、参院する。猿楽あり。《後法興院関白記》
3・5 兵革により応仁と改元する。《公卿補任》
3・8 前内大臣花山院持忠に太政大臣を追贈する。《公卿補任》
3・15 この日より、伊勢祭主藤波清忠に変異を祈禳させる。《内宮引付》
3・17 この頃、大神宝使が中絶する。《内宮引付》
4・10 上皇、内大臣日野勝光第に御幸する（足利義政・義視、陪従）。《後法興院関白記》
4・22 足利義政、参内する。《後法興院関白記》
5・9 関白二条持通、辞任（内覧はそのまま。十日とも）。一条兼良を関白に還補する。《公卿補任》
5・20 細川勝元、山名持豊、それぞれの与

＊**親長卿記**《ちかながきょうき》 大納言甘露寺親長（一四二四〜一五〇〇）の日記。文明二年（一四七〇）から明応七年（一四九八）までの記録がある（欠失あり。自筆本なし）。親長は後土御門天皇の側近であり、応仁の乱から細川政元政権樹立までの京都の情勢について詳しい。

＊**応仁**《おうにん》 権中納言菅原（高辻）継長の勘申による。出典は「維城典訓」の「仁之感物、物之応仁、若影随形、猶声致響」。

＊**応仁・文明の乱** 応仁元年から文明九年まで続く主に京都で起こった戦乱。これにより京都は荒廃、幕府権威も失墜し全国支配体制が崩壊。ために地方の皇室領荘園からの収入は途絶え、幕府からの醵金も滞り、即位礼・大嘗会など儀式・行事が中絶あるいは延期となった。御所も破損したままの状態であり、天皇・公家は、官位の授与などに礼銭を徴収するようになり、戦国大名もまた官位はステイタスとなったため、天皇・公家は金銭等を武家に頼るようになった。

＊**経覚私**《きょうがくし》**要抄**《ようしょう》 大乗院門跡・興福寺別当経覚（一三九五〜一四七三）

党を召集する。この日、持豊・畠山義就等、管領斯波義廉《よしかど》第にて会議。このとき、勝元の軍を東軍、持豊の軍を西軍と称する（「**応仁・文明の乱**」始まる）。《後法興院関白記》

5・26　東軍武田信賢ら、西軍一色義直第を攻撃し、両軍が衝突する。《後法興院関白記》

5・29　干戈平定を伊勢神宮に祈らせる。《内宮引付》

6・11　合戦により、京中の第宅社寺等多数が焼亡する。《宗賢卿記》

6月　仁和寺静覚法親王、乱を高雄に避ける（ついで高野山光台院に入る）。《密宗年表》

8・23　天皇・上皇、乱を避け、再び足利義政の室町第に御幸する（応仁・文明の乱の間、十年近く、そのまま将軍と過ごす）。《後法興院関白記》足利義視、伊勢国司北畠教《のり》具《とも》のもとに逃れる。《大乗院寺社雑事記》

9・2　左大臣足利義政、辞任《公卿補任》

9・13　西軍、室町第・細川勝元第を攻撃し、畠山義就、禁中を占拠する。《宗賢卿記》

9・20　上皇、にわかに仮御所室町第の泉殿で出家する（准大臣烏丸資任も出家。前権大納言万里小路冬房を准大臣とするもこれまた出家）。《後法興院関白記》

10・3　法皇、「天下静謐」の院宣を興福寺に下す（足利義政・細川勝元、これを山名宗全への「治罰院宣」と読み替える）。《**経覚私要抄**》

10月　天皇、法皇とともに兵乱を避けるため延暦寺に臨幸せんとするも中止する。《後法興院関白記》

この冬　兵乱により、陰陽師、明年の暦を献ぜず（翌年一月七日天下頒行）。《碧山日録》

この年　「応仁の乱」により、南禅寺・相国寺・大徳寺等が焼ける。《応仁記ほか》

□1・7花山院《かざんいん》持忠《もちただ》（内大臣。贈太政大臣。63）、4・28清原《きよはらの》業忠《なりただ》（儒学者。後花園・後土御門両天皇に進講。59）、9・3正親町三《おおぎまちさん》条《じょう》実雅《さねまさ》（内大臣。父は贈内大臣正親町三条公雅。53）

■応仁二年（一四六八）戊子

後土御門天皇27歳

後花園法皇　50歳

1・1　戦乱により、天皇・法皇、室町第にいるため、四方拝以下諸儀を中止。将軍足利義政、天皇・法皇に謁する。《後法興院関白記》

1・11　右大臣二条政嗣を左大臣、権大納言九条政基を右大臣とする。《公卿補任》

2月　仁和寺静覚法親王、兵乱により、再び高野山光台院に入る。《密宗年表》

3・27　将軍足利義政、参院する。《重胤記》

の日記。応永二十二年（一四一五）から文明四年（一四七二）まで断続的に伝わる（一部自筆本あり）。経覚は関白九条経教の子で、宗教界のみならず政界の動向にも関心をよせており、当時の社会情勢を知るうえでも貴重。

3月 伊勢神宮神主等、仮殿遷宮を行ない、装束等の違失を正し、心御柱の転倒を改めることを請う（翌年三月・九月にも）。《内宮引付》

4・9 義政、伊勢の足利義視にしばしば上京を促す。この日、上京の勅を出す。《応仁別記》

4・27 伏見宮貞常親王王子堯胤親王、後花園法皇猶子となり、この日、円融房に入室する。《華頂要略》

7・20 風雨洪水。《後法興院関白記》

8・19 関白一条兼良、戦乱を避けて奈良に赴く（ついで前内大臣九条政忠等も）。《大乗院日記目録》

9・6 前関白一条教房、乱を避け、土佐に赴く。《大乗院日記目録》

9・7 東軍、船岡山城を攻略する（このとき、天龍寺・臨川寺等炎上。船岡山合戦）。《碧山日録》

9・11 足利義視、入京し、東軍の陣に入る。《碧山日録》

11・13 足利義視、義政と不和となり、比叡山に逃れ、ついで西軍に投じる。《後法興院関白記》

12・5 勅を下し、足利義視以下西軍に与する者の官爵を削る。また、院宣を下して足利義視を追討させる。《大乗院寺社雑事記》

12・22 法皇、太政官図籍の兵火に罹ることを恐れ、これを宇治報恩院に移させる。《後法興院関白記》

12・29 内大臣日野勝光の辞任により、この日、権大納言鷹司政平を内大臣とする。《公卿補任》

この年 合戦により、吉田社・青蓮院・法勝寺・聖護院・泉涌寺・妙法院・仁和寺等が焼ける。《碧山日録》

□5・22 西園寺《さいおんじ》公名《きんな》（太政大臣。父は右大臣西園寺実永。59）

●応仁年間（一四六七〜六九）、綾小路有俊編「御遊抄《ぎょゆうしょう》」成る。中殿御会・朝覲行幸・御産御遊などの御遊について記したもので、その時々の歌舞音曲の楽器とその担当者が記されてもいる。

●応仁年間以降、伊勢例幣使が中絶する（正保四年〈一六四七〉復活）。

■文明元年（一四六九）己丑

後土御門天皇28歳

後花園法皇 51歳

1・1 兵乱により四方拝等諸儀を中止する。《大乗院寺社雑事記》

1・19 神宮祭主藤波清忠に命じ、二十九日より玉体安寧・天下静謐および武家の安穏

＊文明《ぶんめい》 参議菅原（東坊城）長清《ながきよ》の勘文に「周易（同人卦彖伝）曰、文明以健、中正而応君子正也」とある。

を祈らせる。《内宮引付》

4・13 これより先、前関白二条持通、醍醐に移る。この日、勅して東陣に居らしめる。《大乗院寺社雑事記》

4・28 兵革により、文明と改元する。《公卿補任》

4月 足利義視、九州・四国の諸将に東上を促す。《経覚私要抄》

11月 南朝後胤、吉野および熊野で蜂起する。《大乗院寺社雑事記》

12・7 法皇、御書を関白一条兼良に賜い、帰京を促す。《大乗院寺社雑事記》

この年 合戦により、西芳寺・清水寺・建仁寺等が焼かれる。▼大僧正経覚を准三宮とする。《大乗院寺社雑事記》

■文明二年（一四七〇）庚寅

後土御門天皇29歳
後花園法皇 52歳

1・1 天皇、兵革により室町第に在るをもって、四方拝以下諸儀を中止する。《大乗院寺社雑事記》

3・8 これより先、南朝遺臣、小倉宮の王子を奉じて紀伊に挙兵。この日、藤白に出陣する。《大乗院寺社雑事記》

3・9 天皇・法皇、宸筆般若心経を伊勢神宮に納め、三合厄を祈禱させる。《伊勢古文書集》

3・23 天皇・上皇、足利義政の要請により、陣中に臨幸し、猿楽を覧る。《大乗院寺社雑事記》

4・19 法皇、御所百韻連歌会を催す（足利義政、陪席）。《愚句》

4・26 天皇・法皇、常御所にて蹴鞠を行なう。《続史愚抄》

5・7 天皇、連歌会を催す（九日、法皇御所でも。足利義政これに陪席）。《愚句》

5・11 西軍諸将、小倉宮の王子を迎えんとする（ついで王子、大和壺坂の越智家栄《いえひで》第に入る）。《大乗院寺社雑事記》

7・19 関白一条兼良、辞任。《公卿補任》

8・4 伊勢神宮祭主に命じ、凶徒滅亡を祈らせる。《内宮引付》

8・10 左大臣二条政嗣を関白・氏長者とする。《公卿補任》院宣を興福寺に下し、南朝遺臣蜂起鎮圧を命じる。《経覚私要抄》

11・19 天皇、笙の秘曲を豊原縁秋《とよはらのよりあき》より受ける。《続史愚抄》

12・23 瑞渓周鳳《ずいけいしゅうほう》、「善隣国宝記」を著す。

12・27 後花園法皇、中風により室町第にて崩御。《続史愚抄》

12・28 後花園法皇の遺体をひそかに聖寿寺に遷す。《親長卿記》

この年 右大臣九条政基・前内大臣西園寺実遠ら、乱を避けて地方に赴く。《大乗院寺社雑事記》合戦により、賀茂社・祇園社・勧修寺・醍醐寺等が焼かれる。《醍醐雑事記ほか》

■文明三年（一四七一）辛卯

後土御門天皇30歳

1・1 兵革により、天皇、室町第にあるため、四方拝以下諸儀を中止する。《親長卿記》

1・2 後花園法皇の追号を後文徳院《ごもんとくいん》とする（のち後花園院と改める）。《親長卿記》

1・3 後花園法皇を泉涌寺境内にある悲田院に火葬する（泉涌寺焼失のため）。《親長卿記》

1・7 地震あり（八日にも）。《大乗院寺社雑事記》

1・15 天皇生母大炊御門信子、出家する。《親長卿記》

2・5 遺言により、後花園法皇の陵を丹波国常照寺に造営する（陵名は**後山国陵**。十一日、分骨を大原法華堂に納める）。《親長卿記》

2・19 後花園法皇の追号を後文徳院から後花園院に改める（漢風諡号〈文徳〉に後字を加える追号例はないため）。《親長卿記》

2・23 将軍足利義政、参内して金および剣を献じる。《親長卿記》

4・6 天皇、譲位しようとするも、足利義政、この日、伏見宮貞常親王に止めさせる。《親長卿記》

5・14 大地震あり（伊勢神宮に祈禱させる）。《親長卿記》

7・16 天皇、疱瘡にかかる（伊勢神宮など諸社に祈禱させる）。《親長卿記》

8・26 西軍、南朝後胤小倉宮の王子を迎えて主とする。この日、王子、入京する（十八歳という年齢のほか名前もその後の消息も不明）。《大乗院寺社雑事記》

⑧・1 賀茂・貴布禰両社に晴を祈る。《親長卿記》

⑧・10 天皇生母大炊御門信子を准三后、梶井門主堯胤（伏見宮貞常親王王子・後花園天皇猶子）を親王とする。《親長卿記》

9・12 大隅向島（桜島）噴火（人多く死す）。《薩藩名勝志》

9・18 一条兼良、天皇に「古今和歌集」を進講する。《大乗院寺社雑事記》

10・2 足利義政、参内する。《重胤記》

11・19 足利義政・日野富子、参内して宴に陪席する。《親長卿記》

11・25 和歌御会あり（足利義政、侍す）。《親長卿記》

***後山国陵**《のちのやまくにのみささぎ》 京都市右京区京北町大字井戸字丸山に所在。常照皇寺内で光厳天皇陵と同域。幕末修陵時、光厳天皇陵とともに山国陵と称するも、明治二年、後花園天皇陵の方は後山国陵と改称した。なお、後光厳天皇から孝明天皇まで深草法華堂か泉涌寺に葬られているが、後花園天皇のみは例外となる。

***宗賢卿記**《むねかたきょうき》 学者・公卿舟橋宗賢（一四三一〜一五〇三）の日記。宝徳二年（一四五〇）から延徳元年（一四八九）までが残る。公武の儀式や将軍の動向および応仁の乱などが記されて貴重。原本はなし。

12・26　幕府、室町第にて相国寺僧に後花園天皇の冥福を祈らせる（天皇行幸）。《**宗賢卿記**》

この年　東常縁《とうのつねより》、古今集秘説を宗祇に伝授する。《宗祇法師集》朝鮮の申叔舟《しんしゅくしゅう》、わが国の沿革・通交のことを「海東諸国記」として記す。《同書》

この年以降、小槻晴富、「続神皇正統記」を著す。

■文明四年（一四七二）壬辰

後土御門天皇31歳

1・1　天皇、室町第にあるため、四方拝以下諸儀を停める。将軍足利義政・義尚、参内する。《親長卿記》

1・4　公卿、幕府に参賀する《親長卿記》

1・15　山名持豊（宗全）、細川勝元に和議を申し入れるも成らず。《大乗院寺社雑事記》

2・23　五十韻連歌会あり（足利義政ら陪席。三月二日にも）。《愚句》

4・16　和歌御会あり（足利義政、陪席）。《親長卿記》

4・19　百韻連歌御会あり（義政、陪席）。《親長卿記》

5・29　炎旱により、祈雨奉幣を行なおうとするも、六月五日、費用なきにより延期する。《親長卿記》

8・17　伏見宮貞常親王王子（仁和寺宮。後土御門天皇猶子）を親王とし、名を高平と賜う（のち出家して道承法親王）。《親長卿記》

9・5　禁裏所蔵の経巻を鞍馬寺に寄託する。《親長卿記》

9・8　足利義政、参内する。《親長卿記》

9・26　天皇、一夜百首の和歌を詠じる。《親長卿記》

10・3　足利義政、使を朝鮮に派遣する。《善隣国宝記》

12・3　後土御門天皇皇子（尊伝入道親王）、誕生する（母は庭田朝子）。《実隆公記》

12月　一条兼良、奈良にて「花鳥余情」を著す。《同書》

□11・16鷹司《たかつかさ》房平《ふさひら》（左大臣。父は右大臣鷹司冬家。62）

■文明五年（一四七三）癸巳

後土御門天皇32歳

1・1　天皇、室町第にあり、また兵革により四方拝以下諸儀を中止する。《親長卿記》

1・4　公卿、幕府に参賀する。《親長卿記》

1・24　将軍足利義政、参内する。《親長卿記》

2・15　延暦寺に勅し、斎藤妙椿《みょうちん》の入京を防がせる。《親長卿記》

2・16　天皇、和歌三十首を詠じる。義政、

参内（翌日も参内）。《親長卿記》

2・21 天皇、ひそかに室町第泉殿に行幸し、梅花を覧、連歌会を行なう（足利義政、陪席）。《親長卿記》

5・7 山城・大和に疫病流行。《東院年中行事記抜書》

6・2 天皇、連歌会を行なう（義政陪席）。《愚句》

8・5 庭田朝子（後柏原天皇生母）を典侍とする。《親長卿記》

8・26 西軍諸将、足利義視を大内政弘邸に迎える。《大乗院日記目録》

10・13 舟橋宗賢、天皇に「論語」を進講する。《親長卿記》

12・19 将軍足利義政、辞任。足利義尚、元服し、征夷大将軍となる（室町幕府第九代将軍）。《公卿補任》

12・25 将軍足利義尚、父義政とともに初めて参内する。《親長卿記》

12・29 内侍所神楽、経費なきにより延引する。《親長卿記》

□3・18山名持豊《やまなもちとよ》（宗全。武将。70）、5・8瑞渓周鳳《ずいけいしゅうほう》（臨済宗僧。「臥雲日件録」記主、「善隣国宝記」編者。83）、5・11細川勝元《ほそかわかつもと》（武将。管領。44）、8・27経覚《きょうかく》（法相宗僧。興福寺別当・大乗院門跡。「経覚私要抄」記主。79）

■文明六年（一四七四）甲午

後土御門天皇33歳

1・1 天皇、室町第にあるため、四方拝以下諸儀を停める。前将軍足利義政・将軍義尚、参内する。▼皇子（勝仁。後柏原天皇）、歯固・読書始の儀を行なう。《親長卿記》

1・4 公卿、幕府に参賀する。《実隆公記》

2・2 足利義政・日野富子、参内する《親長卿記》

2・4 天皇、皇子（勝仁親王）御所に行幸する。《親長卿記》

2・7 足利義政・義尚、参内する（義政、翌日も参内）。《親長卿記》

2・10 皇子（勝仁）、甘露寺親長に「太平記」を読ませる（天皇出御）。《親長卿記》

2・11 連歌御会が開かれる（足利義政陪席）。《実隆公記》

2・16 皇子（勝仁）、点眉・涅歯の儀を挙げる。《親長卿記》一休宗純、天皇から大徳寺復興の綸旨を賜わり、方丈・法堂を再興し、大徳寺住持となる。《酬恩庵文書》

2・23 足利義政、参内して宴に侍する。《親長卿記》

2・28 足利義政、参内する。《親長卿記》

3・11 天皇、足利義政・義尚を召して宴を

＊**実隆公記**《さねたかこうき》 内大臣三条西実隆（一四五五～一五三七）の日記。文明六年（一四七四）から天文五年（一五三六）までの記録で、厖大な量が残っている。当時の政治・経済・文化等を知るうえでの最基本史料。

＊**言国卿記**《ときくにきょうき》 権中納言山科言国（一四五二～一五〇三）の日記。文明六年（一四七四）から文亀二年（一五〇二）まで記される。山科家は内蔵頭を世襲していたことから御料所など皇室経済のほか有職故実・管絃についても多くのことが記録され、土一揆などについても詳しく、当時の政治・社会・経済状況を知るうえで貴重。

＊**補庵京華集**《ほあんけいかしゅう》 相国寺僧横川景三《おうせんけいさん》（一四二九～九三）の語録・詩文集。単に「京華集」とも。「補庵」は景三の別号。文明四年（一四七二）から明応二年（一四九三）までの作品を収める。自筆稿本は尊経閣文庫所蔵。

催す。《親長卿記》
3・28 足利義政・日野富子、参内し、宴に侍する。《親長卿記》
4・3 山名政豊と細川政元が講和する（畠山義就など与せず）。《親長卿記》
4・26 天皇、伏見宮貞常親王王子（邦高親王）を猶子とする。この日、王子、元服する。《親長卿記》
5・2 舟橋宗賢、天皇に「論語」を進講する（足利義政、これに侍す）。《親長卿記》
5・20 天皇、甘露寺親長に後土御門天皇の御製を集録、書写させる。《親長卿記》
⑤・3 地震あり。《言国卿記》
⑤・19 親王・准后の席次につき、甘露寺親長、「久安記」を写し進献する。《親長卿記》
6・1 諸寺に命じ、雨を祈らせる。《親長卿記》
6・6 禁中で茶事が行なわれる（以後しばしば）。《親長卿記》
6・19 伏見宮貞常親王王子（邦高。後土御門天皇猶子）を親王とする（貞常親王の後を嗣ぐ）。《親長卿記》
7・2 天皇、政務が意の如くならないため、遁世しようとする（以後しばしば隠居宣言）。《親長卿記》
7・3 天皇、伏見宮貞常親王を見舞う。この夜、親王没（年50）。《親長卿記》
8・13 京都群盗横行。《親長卿記》
8・18 天皇、病む（九月七日にも）。《言国卿記》
9・5 皇子（勝仁）、三条西実隆より「論語」進講を受ける。《実隆公記》
9・20 大内政弘、西帰せんとし、幕府に降伏を請う。《大乗院寺社雑事記》
9月 足利義政、朝鮮王に書を送り、明の勘合符を求める。《補庵京華集》
10・25 義政、参内する。（十一月十九日、十二月二・十一・二十三日にも）。《親長卿記》
12・25 皇子（勝仁）、舟橋宗賢より「論語」進講を受ける。《親長卿記》
12月 朝鮮王、幕府に勘合符を送る。《続善隣国宝記》

■文明七年（一四七五）乙未

後土御門天皇34歳

1・1 天皇、室町第で四方拝を再興する（前将軍足利義政・将軍義尚父子参内）。《実隆公記》
1・4 公卿、幕府に参賀する。《実隆公記》
1・11 足利義政、参内する（二月六日、三月五日、四月二・三日、五月四日、八月一・九日、九月七日、十二月五・七・九日にも）

《実隆公記》
1・14 皇子（勝仁）、三条西実隆より、「論語」進講を受ける。《実隆公記》
2・9 足利義政・義尚、参内し、酒饌を献じる。《親長卿記》
2・11 関白・左大臣二条政嗣、左大臣を辞任。《公卿補任》
2・15 天皇、足利義尚の第に行幸し、「遺《ゆい》教経《きょうぎょう》」を聴聞する。《実隆公記》
2・26 皇居近辺、火災が相つぎ、諸社寺にこれを祈禳させる。《実隆公記》
3・7 天皇、伊勢神宮に勅して火災を祈禳させる。《内宮引付》
3・10 右大臣九条政基を左大臣、内大臣鷹司政平を右大臣、権大納言近衛政家を内大臣とする。《公卿補任》
3・19 天皇・皇子（勝仁）、伏見宮に渡御する。《実隆公記》
4・9 天皇、三条西実隆等の三十首和歌に勅点を賜う。《実隆公記》
4・20 皇子（勝仁）、四辻季春より箏を学ぶ。《親長卿記》
6・19 諸社に奉幣して雨を祈る。《実隆公記》
7・7 天皇、七夕節の御遊で笙を奏する。《実隆公記》
7・30 天皇、三条西実隆をして「古今和歌集」に朱点を施させる。《実隆公記》
8・28 幕府、遣明使を派遣し、銅銭・書籍を求める。《補庵京華集》
9・11 天皇、室町第に行幸し、僧義庵の「臨済録」講筵に臨む。《実隆公記》
10・13 天皇、病む。《実隆公記》
10・23 皇子（勝仁）、舟橋宗賢より「中庸」進講を受ける。《実隆公記》

■文明八年（一四七六）丙申

後土御門天皇35歳
1・1 天皇、室町第にあり、四方拝等を行なう。《親長卿記》
1・2 前将軍足利義政・将軍義尚父子、参内する。《親長卿記》
1・7 公卿、幕府に参賀する。《親長卿記》
1・11 足利義政、参内する（二十一日、二月二日、三月九・二十五日、八月十六・十七・十九日、十月二日などにも）。《親長卿記》
1・21 田楽あるにより、足利義政、参内する。《親長卿記》
2・3 天皇、三条西実隆に「石山寺縁起絵詞」を読ませる。《実隆公記》
2・7 足利義政・義尚、参内する（五十首御続歌あり）。《親長卿記》
2・15 天皇、室町第に行幸し、「遺教経」

＊**大乗院寺《だいじょういんじ》社雑事記《しゃぞうじき》** 奈良興福寺大乗院の尋尊（一四三〇～一五〇八）の日記。宝徳二年（一四五〇）から永正五年（一五〇八）まで自筆原本が残る。実際は尋尊の日記に政覚・経尋の日記を加えた総称。興福寺内だけでなく大和・山城の一揆や寺領荘園の消長や芸能ほか京都の幕府や朝廷の動きも伝える。

を聴聞する。《親長卿記》
2・26　天皇、勅額を談山神社に賜う。《親長卿記》
3・14　天皇、甘露寺親長・三条西実隆に、勅撰和歌集の佳句を部類させる。《実隆公記》
3・23　三条西実隆、「新勅撰集」を書写して進献する。《実隆公記》
4・5　足利義政・義尚、参内する。《実隆公記》
4・11　幕府遣明船、堺を出発する。**《大乗院寺社雑事記》**
5・15　関白二条政嗣辞任により、この日、左大臣九条政基を関白・氏長者とする（十六日、左大臣を辞任。前内大臣日野勝光を左大臣とする）。《公卿補任》
6・14　左大臣日野勝光、辞任（翌日没）。《公卿補任》
6・16　地震あり。伊勢両宮に祈禱させる。《親長卿記》
7・23　天皇、甘露寺親長・三条西実隆等に「七代集」の部類を撰させる。▼伏見宮邦高親王、参内する。《実隆公記》
8・1　三条西実隆、「後花園天皇御製和歌」を書写して献上する。《実隆公記》
8・22　後土御門天皇皇子（尊敦《たかあつ》親王。尊伝入道親王）、青蓮院尊応の附弟となる。《親長卿記》
8・28　後土御門天皇第二皇子を親王とし、名を尊敦と賜う。《親長卿記》右大臣鷹司政平を左大臣、内大臣近衛政家を右大臣、権大納言転法輪三条公敦を内大臣に任じる。《公卿補任》
9・9　天皇、日次百首和歌を詠じる（足利義政も）。《紅塵灰集》
9・10　足利義政、日野富子と参内する（翌日も）。《親長卿記》
9・12　桜島が噴火する。《島隠漁唱》
9・14　足利義政、大内政弘に東西両軍の講和を許らせる。《蜷川家文書》
10・9　足利義政・義尚、参内する（宴に侍す）。《実隆公記》
10・17　天皇、筌を豊原縁秋《とよはらのよりあき》に学ぶ。《実隆公記》
11・13　室町第類焼。天皇、小川第に遷る（このとき禁裏文庫炎上、蔵書の多くが焼失。天皇、翌日、北小路第・日野政資第へ遷る）。《実隆公記》
□6・15日野《ひの》勝光《かつみつ》（左大臣。後花園天皇の院執権。日野富子の兄。父は贈内大臣日野重政。48）

■文明九年（一四七七）丁酉

後土御門天皇36歳

1・1 天皇、北小路の第にあるため、四方拝以下諸儀を中止する。《親長卿記》
1・10 将軍足利義尚・日野富子、参賀する。**《御湯殿上日記》**
1・21 百首御製あり（皇子〈勝仁〉、伏見宮邦高親王も詠じる）。《御湯殿上日記》
1・23 甘露寺親長、「善光寺縁起」「保元物語」を進読する。《親長卿記》
①・5 権大納言広橋綱光を准大臣とする。《公卿補任》
①・10 梶井宮堯胤法親王、参内する。《御湯殿上日記》
①・29 皇子〈勝仁〉、「孟子」を復読する（ついで「論語」「大学」を復読）。《実隆公記》
2・30 天皇、日野富子を召し、花を賞し、宴を賜う。《御湯殿上日記》
3・2 天皇、侍臣を召し、観花の宴を賜う。《御湯殿上日記》
3・26 将軍足利義尚・日野富子、参内し、宴に侍す。《御湯殿上日記》
8・28 足利義政・義尚・日野富子・皇子〈勝仁〉・伏見宮邦高親王、参内する。《御湯殿上日記》
9・9 天皇、百日千歌続歌を始める（皇子〈勝仁〉・伏見宮邦高親王ら詠進）。《実隆公記》
10・21 吉田兼倶に安鎮祭を内侍所で行なわせる。《実隆公記》
10月 伊勢両宮神主、造替遷宮を朝廷・幕府に請う。《内宮引付》
11・3 天皇、病む（ついで平癒）。《御湯殿上日記》
11・11 大内政弘・畠山義就《よしなり》ら国に帰る（「応仁・文明の乱」が形の上では終わる）。西軍諸将の第宅自焼により、仙洞御所・二条第などが類焼する。《親長卿記》
11・20 天皇、京都平定により、足利義政に剣を賜う。《実隆公記》
11・27 幕府に勅して土御門内裏を修理させる。**《兼顕卿記》**
12・5 皇子〈勝仁〉、笙始を行ない、雅楽頭豊原縁秋より授かる。《親長卿記》
12・23 足利義政・義尚・日野富子、参内して歳暮を賀す（一条兼良とともに宴に侍す）。
▼皇子〈勝仁〉、権大納言四辻季春より箏曲を受ける。《御湯殿上日記》
□2・14広橋綱光《ひろはしつなみつ》（准大臣。贈内大臣。「綱光公記」記主。母は神祇伯資忠王王女豊子女王。47）

■文明十年（一四七八）戊戌

後土御門天皇37歳

1・1 天皇、北小路第にいるため、四方拝

***御湯《おゆ》殿上日記《どののうえのにっき》** 禁中御湯殿上間に近侍する女官の当番日記。現存するのは文明九年（一四七七）から寛永二年（一六二五）まで。天皇の常御殿に御湯殿上と呼ぶ部屋があり、ここに常備され、毎日、女官が交代で執筆していたためこの題名がある。男官の記した「殿上日記」と対を成す。当時の根本史料であり、女房詞など時代語の研究にも欠かせない重要史料となっている。

***兼顕卿記《かねあききょうき》** 権中納言広橋兼顕（一四四九～七九）の日記。文明八年（一四七六）から同十一年までが残る（欠失あり）。武家伝奏をつとめたことから、公武に関する記事は室町中期の史料として貴重。父は広橋綱光。

***代始和抄《だいはじめわしょう》** 関白一条兼良著。譲位・即位・御禊行幸・大嘗会について、その作法・先例を記したもの。「御即位は漢朝の礼儀を学ぶなり。大嘗会は神代の風儀をうつす」など、それぞれの儀式の意義を説く。

を中止する（節会・平座は行なう）。《親長卿記》

1・11　前将軍足利義政・将軍義尚父子、参内する。《親長卿記》幕府、土御門内裏修理のため、京都七口に新関を置く。《大乗院寺社雑事記》

1・19　足利義政・義尚・日野富子、参内する（二月九日にも）。《御湯殿上日記》

1・22　皇子（勝仁）、読書・筆・琴始を行なう。《東山御文庫記録》

1・30　天皇、筆の稽古始を行なう。《御湯殿上日記》

2・9　足利義政夫妻・義尚、参内して宴に侍する。《親長卿記》

2・23　禁中持仏堂前庭に蓮池を造り、また、禁苑を改造させる。《言国卿記》

2月　一条兼良、「代始和抄」を著わす。

3・1　廷臣・諸将、足利義政の小川第に参賀する。《兼顕卿記》

3・20　花の宴・当座和歌御会あり。《御湯殿上日記》

3・28　皇妹真乗寺宮の景愛寺入院の費用なく、禁裏御料所を武士が押領するにより、天皇、譲位をもらすも、甘露寺親長等、これを諫止する（ついで足利義政も諫止）。《親長卿記》

4・2　皇子（勝仁）・尊敦親王、北野・祇園等各社に参詣する。《東山御文庫記録》

4・10　一条兼良、天皇に「源氏物語」を進講する。《親長卿記》

5・10　天皇、病む（十一月六日にも）。《御湯殿上日記》

5・13　諸国大雨洪水。《親長卿記》

6・3　左大臣鷹司政平に内覧宣旨を賜う（建仁二年〈一二〇二〉以来の内覧宣旨）。《公卿補任》

6・5　一条兼良、天皇に「江家次第」を進講する。《兼顕卿記》

6月　伊勢神宮神主等、造替・遷宮を請う。《内宮引付》

7・10　足利義政、足利義視と和解する。《大乗院寺社雑事記》

7・27　神祇伯資益王ら、神祇官八神殿の再興を請う。《兼顕卿記別記》

8・10　天皇、足利義政に「水鏡」「源氏物語」を返却する。《東山御文庫記録》

8・21　幕府、伊勢神宮に神馬を奉り、天下静謐を祈る。《室町殿寄進状》

9・21　皇子（勝仁）、賀茂・貴布禰両社、鞍馬寺に参詣する。《東山御文庫記録》

10・15　これより先、天皇、幕府に勅して禁裏御料所の貢祖進納を命じる。幕府、これ

に応えず。この夜、天皇、退位のため聖寿寺に行幸せんとするも、皇子（勝仁）・一条兼良らが諌止する。《親長卿記》

10・26 天皇、宸筆阿弥陀経を石清水八幡宮に奉納する。《御湯殿上日記》

11・6 天皇、病む。《御湯殿上日記》

11・21 皇子（勝仁）、四辻季春より箏曲を受ける。《東山御文庫記録》

12・23 足利義政夫妻・義尚、参内して歳暮を賀す。《御湯殿上日記》

■文明十一年（一四七九）己亥

後土御門天皇38歳

1・1 天皇、北小路第にいるため、四方拝等を中止する（平座の儀は行なう）。《歴代残闕日記》

1・10 廷臣諸将、幕府に参賀する。《親長卿記》

1・12 前将軍足利義政・将軍義尚、参内・参賀する。《親長卿記》

1・19 天皇、日野富子を召し、宴を賜う（足利義政・義尚も参内し、これに侍す）。《親長卿記》

1・25 皇子（勝仁）、豊原縁秋より笙曲を受ける。《親長卿記》

2・12 足利義政夫妻・義尚、参内して宴に侍す。《晴富宿禰記》

2・23 皇子（勝仁）、石清水八幡宮に参詣する。《後法興院関白記》

2・27 関白九条政基、辞任。《公卿補任》

2・30 右大臣近衛政家を関白・氏長者・内覧とする。《公卿補任》

3・11 幕府、土御門内裏修造のため、棟別《むなべち》銭《せん》を畿内に、段銭を越前国に課する。《晴富宿禰記》

3・19 天皇、桜花を覧る。また、連歌御会あり。《実隆公記》

3月 左大臣鷹司政平、辞任。《公卿補任》

4・8 関白・右大臣近衛政家を前左大臣鷹司政平の上に列せしむ。《関白宣下一会》

4・19 関白・右大臣近衛政家を左大臣、内大臣転法輪三条公敦を右大臣、権大納言大炊御門信量《のぶかず》を内大臣に任じる。《公卿補任》

7・1 皇居北小路第が焼け、天皇、聖寿寺に遷る（ついで日野政資第に遷る）。《御湯殿上日記》

7・2 天皇、内裏修理が進まないと怒って譲位せんとして、皇子（勝仁）と内侍所とともに幕府に移らんとする（足利義政、先例なきをもって拒否）。《十輪院内府記》

7・19 小倉宮王子、越後から越前国に到る（後南朝関係の最後の記事か）。《晴富宿禰記》

8・8 天皇、甘露寺親長を召し、「明徳記」

＊**晴富宿禰記**《はるとみすくねき》 治部卿壬生《みぶ》晴富《はるとみ》（一四二二～一五〇四）の日記。文安三年（一四四六）から明応六年（一四九七）までの記録（欠失あり。自筆原本もある）。自分の官務についてのほか、応仁・文明の乱後の社会などについて記され貴重。

＊**十輪院内府記**《じゅうりんいんだいふき》 「ないふき」とも。内大臣中院通秀《なかのいんみちひで》の日記。「十輪院」は法名より採る。文明九年（一四七七）から長享二年（一四八八）までの記録（欠失あり。自筆原本あり）。この時代の公家および武家の動向、年中行事・世情の様子がうかがえる貴重史料。「塵芥記」ともいう。

＊**宣胤卿記**《のぶたねきょうき》 権大納言中御門宣胤（一四四二～一五二五）の日記。文明十二年（一四八〇）から大永二年（一五二二）までが残る（ほかに膨大な記録があったと思われるが、明応九年〈一五〇〇〉の大火で焼失）。宣胤は名家勧修寺家の流れ。有職典礼の記録が豊富で、また洛中社会の記録や公家の経済生活などを知るうえで貴重。

＊**般舟三昧院**《はんじゅざんまいいん》 もと仙洞御所伏見殿。後土御門天皇が文明年中（一四六

を読ませる。《親長卿記》

8・14 炎旱。神泉苑を浚渫して雨を祈り、丹生・貴布禰両社に祈雨の議あり。《親長卿記》

9・14 皇子（勝仁）・尊敦親王、京都御霊社・北野社に参詣する。▼日野富子、伊勢神宮に参詣する。《御湯殿上日記》

11・4 天皇、廷臣に命じ、土御門内裏修理の費を献じさせる。《十輪院内府記》

12・7 天皇、日野政資の一条第より修理成った土御門内裏に還幸する。《御湯殿上日記》

12・9 天皇、病む。《御湯殿上日記》

12・23 足利義政、参内して歳暮を賀す。《御湯殿上日記》

この年 卜部（吉田）兼倶、宗祇の求めに応じ、「大嘗会神秘書」を著す（大嘗会の各行事に注釈を加えたもの）。

■文明十二年（一四八〇）庚子

後土御門天皇39歳

1・1 四方拝・平座の儀を行なうも、節会・小朝拝等を中止する。《親長卿記》

1・10 前将軍足利義政・将軍義尚、参内して歳首を賀す。《御湯殿上日記》関白近衛政家以下廷臣、義政の小川第および幕府に参賀する。《親長卿記》

1・19 天皇、病む。《御湯殿上日記》

1・26 故内大臣大炊御門信宗に太政大臣を追贈する。《宣胤卿記》

3・11 右大臣三条公敦の辞任により、前内大臣今出川（菊亭）教季《のりすえ》を右大臣とする。《公卿補任》

4・15 天皇、中御門宣胤に「風雅和歌集」を書写させる。《宣胤卿記》

4・17 権中納言三条西実隆を侍従兼任とする。《公卿補任》

4月 一条兼良、一条家に伝えられる故実・記録・所領などをまとめた「桃花蕊葉《とうかずいよう》」を著し、子の冬良に授ける。《奥書》

7・28 一条兼良、将軍足利義尚の政道諮問に応え、「樵談治要《しょうだんちよう》」を執筆、この日、献上する。《奥書》

9・4 天皇、近衛政家をして伏見御山荘（**般舟三昧院**）に桜樹を献じさせる。《後法興院関白記》

9・11 幕府、内裏修理のため、京都七口に関を設けたため、土民蜂起し徳政を要求し、各地で放火・略奪、七口関を破却する。《**長興宿禰記**》

10・3 一条兼良、天皇に「江次第」「古今和歌集」を進講する（のちしばしば）。《御湯殿上日記》

10・21 天皇、黒戸御所にて「日本書紀」御

九～八七）にこの離宮に仏閣を建て、般舟三昧を修する寺として「般舟三昧院」の勅額を掲げたのが始まり。のち豊臣秀吉が伏見城築城のため、京都千本今出川に移した。のち皇室の香華院となり、御黒戸四箇院の一であった。「般舟院《はんじゅういん》」とも。

＊**長興宿禰記《ながおきすくねき》** 官務左大史大宮長興（一四一二～九九）の日記。文明七年（一四七五）から長享元年（一四八七）までのうち七ヵ月分が現存。長興は近衛家・一条家の家司として仕え、本記は応仁・文明の乱中・乱後の公武の動向に詳しい。

読始を行なう（侍読吉田兼倶、その講釈で仏教・儒教の根源は神道と説く）。《御湯殿上日記》
12・13 第一皇子（後柏原天皇）を親王とし、名を勝仁と賜う。《御湯殿上日記》
12・20 勝仁親王、足利義政の小川第で元服する（義政が加冠）。《御湯殿上日記》
□9・2 二条政嗣《にじょうまさつぐ》（関白。左大臣。父は関白二条持通。38）、10・5 一条教房《いちじょうのりふさ》（関白。左大臣。父は関白一条兼良。58）

■文明十三年（一四八一）辛丑
後土御門天皇40歳
1・25 右大臣今出川（菊亭）教季の辞任により、前内大臣西園寺実遠を右大臣とする。《公卿補任》
1・28 勝仁・尊敦両親王、賀茂両社に参詣する（このあと勝仁親王、石清水八幡宮参詣）。《御湯殿上日記》
2・5 天皇、中御門宣胤に「神皇正統記」を書写させる（ついで「山家集」も）。《宣胤卿記》
2・11 吉田兼倶、天皇に「中臣祓」を進講する。《実隆公記》
2・18 勝仁親王、雅楽頭豊原縁秋より万秋楽を受ける。《御湯殿上日記》
3・9 観花宴を催す。《御湯殿上日記》
3・11 勝仁親王、飛鳥井雅康より楽鞠両道の奥秘を受ける。《御湯殿上日記》
3・21 足利義政・日野富子、参賀して御宴に侍する（四月二十六日にも参内）。《御湯殿上日記》
3・25 勝仁親王、吉田兼倶より中臣祓伝授を受ける。《御湯殿上日記》
4・7 勝仁親王、石清水八幡宮に参詣する。《御湯殿上日記》
4・23 勝仁親王、禁裏御楽始に笙を奏する。《御湯殿上日記》
4・26 足利義政夫妻、参内して宴に侍する。《御湯殿上日記》
5・5 勝仁・尊敦両親王、ひそかに賀茂競馬を覧る。《御湯殿上日記》
5・23 内大臣大炊御門信量、辞任。《公卿補任》
6・8 権大納言徳大寺実淳《さねあつ》を内大臣とする。《公卿補任》諸寺に命じ雨を祈らせる。《後法興院関白記》
6・13 勝仁親王、飛鳥井雅康より蹴鞠・組烏帽子懸《かけ》の免許を受ける。《御湯殿上日記》
7・26 天皇、病む（八月十日にも）▼天皇生母准三宮大炊御門信子の院号を嘉楽門院とする（ついで前右大臣久我通博を太政大臣とし、関白・左大臣近衛政家を太政大臣

＊**一条兼良**《いちじょうかねよし》（一四〇二〜八一）「かねら」とも。父は関白・左大臣一条経嗣、母は文章博士東坊城秀長女。文安四年（一四四七）関白に昇る。有職・和漢・歌学の才を認められ「五百年来の学者」「天下無双の人」と評される。「公事根源」「尺素往来」「花鳥余情」「日本書紀纂疏」「樵談治要」「桃華蘂葉」「江家次第」などを著す。なお「代始和抄」では「三箇重事」として、御即位・御禊・大嘗会を挙げている。
＊**資益王記**《すけますおうき》 神祇伯白川資益（一四一七〜八四）の日記。「白川家記録」の一。文安二年（一四四五）から文明十六年（一四八四）まで記録される。

の上に列する)。《御湯殿上日記・公卿補任》

9・1 天皇、この日、百日千首和歌を始める。《御湯殿上日記》

9・21 天皇、中院通秀《なかのいんみちひで》に「源氏物語」を読ませる。《十輪院内府記》

9月 天皇、「建武年中行事」を北畠親房書写の本をもって校合する。《東山御文庫記録》

10・20 足利義政、ひそかに小川第を出て洛北聖護院山荘にかくれる(天皇、勅して帰第せしむも応ぜず)。《親元日記》

11・21 後小松天皇皇子一休宗純没。《一休年譜》

11・28 天皇、足利義政夫人日野富子より「古今和歌集」を借覧する。《御湯殿上日記》

12・26 伏見宮貞常親王王子(道応)、聖護院に入室する。《御湯殿上日記》

12・28 左大臣近衛政家の辞任により、前右大臣今出川(菊亭)教季を左大臣とする。《親長卿記》

□4・2 一条兼良(太政大臣。80)

■文明十四年(一四八二)壬寅

後土御門天皇41歳

1・10 廷臣、禁裏および幕府に参賀する。《御湯殿上日記》

1・14 応仁の乱以後廃絶の節会を復旧せんとして、この日、元日節会を練習させる。《御湯殿上日記》

2・1 天皇、中院通秀に「源氏物語」を進講させる。《十輪院内府記》

2・4 天皇、病む(三月二十九日、九月二十九日、十月九日にも)。《御湯殿上日記》足利義政、山城国浄土寺山に山荘造営を始める(東山山荘。十年後完成)。《後法興院関白記》

2・7 公卿に白馬節会を練習させ、天皇、南殿にてこれを覧る。《御湯殿上日記》

2・28 天皇、御物「古今和歌集」を飛鳥井雅親に校合させる。《親長卿記》将軍足利義尚・生母日野富子、参内して宴に侍する。《御湯殿上日記》

3・5 天皇、徳大寺実淳に紫宸殿の桜樹を植えかえさせる。《御湯殿上日記》

3・6 公卿に踏歌節会を練習させ、天皇、南殿にてこれを覧る。《御湯殿上日記》

3・21 観花御宴あり。《御湯殿上日記》

3・29 天皇、病む。《御湯殿上日記》

4・27 勝仁親王、清水寺等に参詣する。《資益王記》

7・13 足利義政、義尚に政務をとらせる。《大乗院寺社雑事記》

⑦・1 天皇、中院通秀を召し「拾遺和歌集」を校合する。《十輪院内府記》

⑦・6　第三皇子（任悟《にんご》〈仁尊〉法親王）、誕生する（母は花山院持忠女兼子）。《御湯殿上日記》

⑦・26　天皇、勝仁親王御所に行幸し、宴を行なう。《御湯殿上日記》

9・23　天皇、勧修寺宮（常信）を猶子とする。《御湯殿上日記》

9・29　天皇、病む。《御湯殿上日記》

10・5　前権大納言中院通秀、内大臣を請い、この日、これを許す。《十輪院内府記》

11・2　妙法院宮（覚胤入道親王）、出家する。《御湯殿上日記》

12月　左大臣今出川（菊亭）教季、辞任。《公卿補任》

この年　しばしば和歌御会・和漢連句御会あり。《御湯殿上日記》

□10・7久我《こが》通博《みちひろ》（太政大臣。父は太政大臣久我清通。57）、12・16烏丸《からすまる》資任《すけとう》（准大臣。66）

■文明十五年（一四八三）癸卯

後土御門天皇42歳

1・1　四方拝・節会を中止する（平座は行なう）。《御湯殿上日記》右大臣西園寺実遠を左大臣、前内大臣大炊御門信量《のぶかず》を右大臣とする。《公卿補任》廷臣、幕府・足利義政に参賀する。《実隆公記》

1・18　天皇、病む（八月三十日、十月十四日、十一月三十日にも）。《御湯殿上日記》

2・24　関白近衛政家、辞任。左大臣鷹司政平を関白・氏長者とする（政平就任は二十五日か）。《公卿補任》

2・25　勧修寺宮（常信。伏見宮貞常親王王子・土御門天皇猶子）を親王とする。《後法興院関白記》

3・22　関白鷹司政平に一座の宣旨を賜う。《公卿補任》

3・28　足利義政、参内して御宴に侍する（当座和歌御会・御楽あり。四月四日にも）。《御湯殿上日記》

3月　足利義政、使を明に遣わし、銅銭を請わせる。《補庵京華別集》

6・27　足利義政、東山山荘に移る。《蜷川親元日記》

8・22　天皇、足利義政夫妻に「栄花物語」等を返却する（翌日、天皇、足利義政の執奏により、畠山義就治罰の綸旨を発給）。《御湯殿上日記》

9・5　天皇、三条西実隆に「枕草子絵詞」を読進させる。《実隆公記》

11・4　広橋綱光女守子を典侍とする。《御湯殿上日記》

□7・2今出《いまで》川《かわ》（菊亭《きくてい》）教季《のりすえ》（左大臣。父は

＊曼殊院《まんしゅいん》　京都市左京区一乗寺に所在。起源は最澄により延暦年間（七八二〜八〇六）比叡山に営んだ一坊といわれる。京都北山に別院が建てられ、このとき寺号を「曼殊院」とした。のち洛中に移転し、慈運法親王が入寺して門跡寺院となり、明暦二年（一六五六）に現在地に移転した。

権大納言今出川実富。59)、12・19三条実《さんじょうさね》量《かず》(左大臣。父は右大臣三条公冬。69)

■文明十六年(一四八四)甲辰

後土御門天皇43歳

1・1　四方拝・節会を中止する(平座は行なう)。《親長卿記》

1・10　廷臣、禁裏および幕府に参賀する。《親長卿記》

2・14　勝仁親王、楽御会始に箏を奏する。《御湯殿上日記》

3・2　観花御宴・和漢御会あり。《御湯殿上日記》

3・24　勝仁親王、四辻季経より箏曲を受ける。《御湯殿上日記》

3・27　伏見宮貞常親王王子(慈運法親王)、**曼殊院**にて得度する(法名は初め良厳)。《大乗院日記目録》

4・8　日野富子、伊勢神宮に参詣する。《大乗院日記目録》

4・11　勝仁・尊敦両親王、ひそかに御霊社・七観音等に参詣する。《御湯殿上日記》

5・18　天皇、仏陀寺邦諫を召し、「往生要集」を講じさせる。《御湯殿上日記》

6・4　京都盗賊横行。狂人、禁裏を犯す。この日、幕府に命じ、これらを防がせる。《御湯殿上日記》

6・18　天皇、吉田兼倶を召し、鎮魂祭を行なわせる。《御湯殿上日記》

6月　足利義尚、母日野富子と和し、小川第に帰る。《大乗院寺社雑事記》

10・6　天皇、病む。《御湯殿上日記》

10・12　天皇の病、瘧病とされる(二十六日減気)。《御湯殿上日記》

11・3　京都に土一揆蜂起し東寺を占拠するも、細川政元らが鎮圧する。《後法興院関白記》

11・13　天皇、腹痛等あり(十二月七日平癒)。《御湯殿上日記》

11・24　吉田兼倶、山城国神楽岡に日野富子からの援助により斎《いつき》場所太元宮《だいげんきゅう》を再興する。この日、遷座。《宣秀卿御教書案》

12・26　後土御門天皇皇子尊敦《たかあつ》親王(尊伝入道親王)、青蓮院に入室する。《御湯殿上日記》

●この頃から、吉田兼倶、神社と神職に宛てた宗源宣旨・神道成許状を発行して神社界を組織化する。また「唯一神道名法要集」を著す。

■文明十七年(一四八五)乙巳

後土御門天皇44歳

1・1　四方拝を行なう。節会は中止する。《親長卿記》

1・10 廷臣、禁裏および幕府に参賀する。《御湯殿上日記》
1・21 天皇、中山宣親・園基富等を召し、囲碁をする（このあと二月十七日等にも）。《御湯殿上日記》
3・10 観桜御宴あり。《御湯殿上日記》
3・20 関白・前左大臣鷹司政平を太政大臣とする（四月十九日辞任）。《公卿補任》
3・24 内大臣徳大寺実淳、辞任。二十五日、前権大納言中院通秀を内大臣とする（二十七日、通秀辞任）。《公卿補任》
③・10 権大納言花山院政長を内大臣とする。《公卿補任》
③・13 天皇、病む（四月十五日、十月二十二日、十一月九日にも）。《御湯殿上日記》
③・22 将軍足利義尚、参内する。《御湯殿上日記》
4・22 足利義政、禁裏御料として五千疋を献じる（ついで参内）。《御湯殿上日記》
5・13 勧修寺房子を典侍とする。《親長卿記》
5・26 足利義尚、歴代の宸影を拝観する。《御湯殿上日記》
6・16 興福寺、雨を祈る。《大乗院寺社雑事記》
8・11 勝仁・尊敦両親王、吉田斎場所に参詣する。《御湯殿上日記》
8月 山城・大和・河内、相次いで土一揆蜂起する。幕府、これを鎮圧する。《大乗院寺社雑事記》
9・16 日野富子、伊勢神宮参詣に出発する。《蜷川親元日記》
10・15 天皇、廷臣に「太平記」を書写させる。《実隆公記》
10・24 前関白二条持通、病む。この日、弟青蓮院准后尊応に即位儀礼を伝授する。《実隆公記》
12・8 天皇、比叡山黒谷の真盛を召し、「往生要集」を講進させる。《御湯殿上日記》
12・11 山城国人、両畠山軍の撤退を要求する（山城国一揆）。《大乗院寺社雑事記》

■文明十八年（一四八六）丙午

後土御門天皇45歳

1・10 廷臣、禁裏および幕府に参賀する。《御湯殿上日記》
1・20 天皇、病む（四月五日、五月二十四日にも）。《御湯殿上日記》
2・13 山城国人、宇治平等院に会し、「国《くに》中《じゅう》掟《おき》法《て》」を定める。《大乗院寺社雑事記》
2・14 将軍足利義尚、参内が遅れるによりまず物を献じる。《御湯殿上日記》
2・23 三条西実隆、「遺教経」に真名を付けて献じる。《実隆公記》

2・26　観桜御宴あり（二十八日にも）。《御湯殿上日記》

2・27　勝仁親王（後柏原天皇）、御霊社・北野社等に参詣し、嵯峨に遊ぶ。《御湯殿上日記》

3・17　伊勢神宮・賀茂社および南都七大寺等に変異を祈禳させる。《雨宮注進状》

5・16　天皇、大徳寺住持宗肅の求めに応じ同寺に勅額を賜う。《御湯殿上日記》

5・27　天皇、真盛を召し、「往生要集」を講じさせる（翌日、上人号を賜う）。《御湯殿上日記》

6・24　京都・近郊で盗賊横行。《御湯殿上日記》

7・7　勝仁親王、三条西実隆より「伊勢物語」を借覧する。▼三条西実隆、伏見宮邦高親王に自筆「万葉集」を献じる。《実隆公記》

7・22　天皇、病む（二十四日、瘧病を病む。八月二十七日平癒）。《御湯殿上日記》

8・8　典侍庭田朝子、御代官として伊勢へ出立する。《御湯殿上日記》

10・2　勝仁親王、三条西実隆等に「源氏物語」を書写させる。《実隆公記》

11・25　天皇、石清水八幡宮に「宸筆般若心経」を奉納する。《御湯殿上日記》

12・19　内大臣花山院政長の辞任により、この日、権大納言一条冬良を内大臣とする。《公卿補任》

12・22　伊勢国宇治・山田の両神人が争い、外宮が兵火に罹り焼亡する。《氏経記》

12・29　第三皇子（仁尊）、円満院へ御移徙始あり。《御湯殿上日記》

□1・26徳大寺《とくだいじ》公有《きんあり》（右大臣。65）

●この頃、吉田兼倶、「神道大意」を足利義政に撰進する。

●文明年間（一四六九〜八七）、後土御門天皇、伏見殿に仏閣を建て、「般舟三昧院」の勅額をかける（その遺勅により、ここで代々の追善・追福の法が修せられることになる）。《般舟三昧院記》伏見宮貞常親王王子慈運法親王、曼殊院に入寺する（以後、門跡寺院となる）。

■長享元年（一四八七）丁未

後土御門天皇46歳

1・1　四方拝・平座を中止する。《御湯殿上日記》

1・10　廷臣、禁裏および幕府に参賀する。《御湯殿上日記》

2・9　関白鷹司政平を廃し、前内大臣九条政忠を関白・内覧とする。《公卿補任ほか》

3・1　観桜御宴あり。《御湯殿上日記》

3・6　近衛尚通に南殿に桜樹を植えさせる。《後法興院関白記》
3・30　勝仁親王（後柏原天皇）、御楽始に箏を奏する。《実隆公記》
4・10　准后足利義政、出家後初めて参内する（日野富子も）。《御湯殿上日記》
5・3　京都・奈良、疾疫流行。《大乗院寺社雑事記》この頃、盗賊横行。《親長卿記》
6・27　京都豪雨洪水。《御湯殿上日記》
6月　幕府、内裏料所として京都七口に新関を置く。《大乗院寺社雑事記》
7・20　疾疫・兵革・火事により、**長享**と改元する。《公卿補任ほか》
8・29　左大臣西園寺実遠の辞任により、この日、前内大臣徳大寺実淳を左大臣、前内大臣花山院政長を右大臣とする。《公卿補任》
9・3　伊勢外宮の遷宮が行なわれる。《外宮子良館旧記》
11・10　紫宸殿の桜が枯れ、近衛政家に桜樹を植え替えさせる。《後法興院関白記》
11・24　天皇、病む。《御湯殿上日記》
12・11　京都大火。盗賊横行。《後法興院関白記》
□1・12荒木田《あらきだ》氏経《うじつね》（伊勢神宮祠官。「氏経記」記主。86）、8・4大炊御門《おおいのみかどのぶかず》信量（右大臣。実父は右大臣三条実量、養父は内大臣大炊御門信宗。46）

■**長享二年（一四八八）戊申**

後土御門天皇47歳

1・1　四方拝・平座を中止する。《御湯殿上日記》
1・10　廷臣、禁裏および足利義政に参賀する。《御湯殿上日記》
1・21　天皇、勝仁親王御所に行幸する（御宴あり）。《御湯殿上日記》
1月　宗祇・肖柏・宗長、「水無瀬三吟何人百韻」を詠み、水無瀬宮の後鳥羽上皇霊前に捧げる。《水無瀬三吟百韻》
3・9　嘉楽門院、病篤きにより、天皇、ひそかに同御所に行幸する。《後法興院関白記》
3・22　勝仁親王、御霊社・祇園社・清水寺等に参詣する。《御湯殿上日記》
4・28　後花園天皇後宮嘉楽門院（大炊御門信子）没（年78。五月三日、般舟三昧院で火葬、四日、深草北陵法華堂に納骨）。《御湯殿上日記》
6・9　加賀一向一揆、富樫政親の高尾城を陥落。政親自刃。《蔭凉軒日録》
6・30　天皇、病む（七月四日にも。八月六日軽減）。《御湯殿上日記》
6月　足利義尚、名を義煕と改める。《実隆公記》

＊**長享**《ちょうきょう》　少納言兼侍従大内記式部少輔（大輔）文章博士菅原（唐橋）在数《ありかず》の勘申による。出典は「文選」の「喜得全功、長享其福」、「春秋左氏伝」の「元体之長也、亨嘉之会也、利義之和也、貞事之幹也」、「後漢書」の「長享福祚、垂之後嗣、此万全之策也」。

7・24　東大寺・興福寺・延暦寺・園城寺に疫病流行を祈禳させる。《御湯殿上日記》

8・28　天皇、三条西実隆を召し、「聖徳太子伝」を読ませる。《実隆公記》後土御門天皇猶子覚胤（伏見宮貞常親王王子）を親王とする。▼関白九条政忠の死により、内大臣一条冬良を関白・氏長者・内覧とする（左大臣の上に列する）。《公卿補任ほか》

9・2　山城国土一揆蜂起、徳政を求め下京を焼く。《実隆公記》

9・17　前関白・左大臣近衛政家を太政大臣とする。また、内大臣一条冬良辞任により将軍足利義熙（義尚）を内大臣とする。《公卿補任》

10・16　勝仁親王、伏見般舟三昧院に参詣する。《御湯殿上日記》

11・23　天皇、病む。《御湯殿上日記》

12・3　天皇、三条西実隆に、後円融天皇・伏見天皇の宸筆につき、その真否を識別させる。《実隆公記》

12・7　京都盗賊横行。《実隆公記》

12・29　尊敦親王、青蓮院にて得度し、尊伝と改称する（尊伝入道親王）。《御湯殿上日記》

12月　足利義熙、中御門宣胤・甘露寺親長等に「帝王系図」を書写させる（翌年三月完成）。《宣胤卿記》

□8・23九条政忠《くじょうまさただ》（関白。内大臣。父は関白・左大臣九条満家。50）、10・19近衛房嗣《このえふさつぐ》（関白。太政大臣。父は関白・左大臣近衛忠嗣。87）

■延徳元年（一四八九）己酉

後土御門天皇48歳

1・1　諒闇により、四方拝を中止する。《宣秀卿御教書案》

1・10　廷臣、禁裏および足利義政に参賀する。《御湯殿上日記》

1・29　これより先、大内政弘、禁裏修理費を献じる。この日、東方の牆壁を修理する。《御湯殿上日記》

2・23　足利義政、東山山荘の観音殿（銀閣）の上棟式を行なう。《蔭涼軒日録》

2月　京都、盗人多し。《実隆公記》

3・26　将軍足利義熙《よしひろ》（義尚）、近江国鈎《かぎ》の陣にて没（二十七日、贈太政大臣）。《蔭涼軒日録》

4・5　前関白・太政大臣二条持通を准三后とする（ついで薙髪）。《公卿補任》

4・19　足利義政、再び政務を執ることを許される。《蔭涼軒日録》

4・22　天皇、病む（六月七日、九月八日、十月二十九日にも）。《御湯殿上日記》

4・27 故足利義熙に太政大臣を贈る。《御湯殿上日記》足利義視、出家する。《実隆公記》
5・8 京都大火、延焼二千余軒。《宣胤卿記》
6・12 この頃、京都盗人多し。《蔭凉軒日録》
6・22 伊勢国山田の神人ら、宇治神人を襲い内宮を焼く。《大乗院寺社雑事記》
7・8 権大納言今出川（菊亭）公興《きんおき》を内大臣とする。《公卿補任》
8・7 京都地震。《御湯殿上日記》
8・21 天変・疫病により、**延徳**と改元する。《御湯殿上日記》
8・24 聖護院興誉（伏見宮貞常親王王子）を天皇猶子として親王とする（道応法親王。早世）。《実隆公記》
9・8 後花園天皇後宮三条冬子没（年46）。《実隆公記》
11・19 吉田兼倶、伊勢内宮の神器が吉田社斎場所に降臨したことを奏する。この日、天皇、これを覧る（ついで、吉田社太元宮に安置せしめる）。《御湯殿上日記》
11・29 天皇、吉田兼倶を召し、「神道伝授」を受ける。《御湯殿上日記》
12・13 天皇、吉田兼倶を召し、「二十一社伝」を進講させる（十七日にも）。《御湯殿上日記》

□3・26 足利義熙《あしかがよしひろ》（義尚。室町幕府第九代将軍。25）

1・1 応仁二年（一四六八）以来中絶の小朝拝・元日節会を復活する（以後もしばしば中絶）。《実隆公記》
1・4 白馬・踏歌の両節会を復活しようとする。この日、日野富子がその資を献じる。《御湯殿上日記》
1・7 足利義政没。《蔭凉軒日録》
1・10 廷臣等、足利義視・義材《よしき》に参賀する。《実隆公記》
1・13 天皇、病む（十四日、二月二十三日にも）。《御湯殿上日記》足利義材（義尹《よしただ》、義稙《よしたね》）が家督を継ぎ、父義視が後見する。《後法興院関白記》
1・19 天皇、勝仁親王御所の宴に臨幸する。《御湯殿上日記》
2・17 故足利義政に太政大臣を追贈する。《御湯殿上日記》
2月 京都、盗人多し。《実隆公記》
3・2 太政大臣近衛政家、辞任。《公卿補任》
3・5 右大臣花山院政長、辞任。権大納言近衛尚通《ひさみち》を右大臣とする。《公卿補任》
3・17 京都の土一揆、蜂起して北野社に拠

■**延徳二年（一四九〇）庚戌**
後土御門天皇49歳

＊**延徳《えんとく》** 参議菅原（高辻）長直の勘申による。出典は「孟子」の「開延道徳」。

る（幕府の兵を遣わしこれを囲む。一揆、火を放ち社殿を焼き焚死）。《北野社家引付》
4・2 太政大臣近衛政家、辞任。《公卿補任》
5・17 天皇、吉田兼倶を召し、「日本書紀」を講じさせる。《親長卿記》
6・3 天皇、近衛政家に「古今和歌秘抄」を書写させる。この日、これを進上する。《後法興院関白記》
6・14 天皇、吉田兼倶に「日本書紀」神代巻の和歌を講じさせる（「書紀」の進講終了）。《実隆公記》
7・5 足利義材を征夷大将軍とする（室町幕府第十代将軍）。父義視を准三宮とする。《公卿補任》
8・5 天皇、病む（十月十九日、十一月七日、十二月二日にも）。《実隆公記》
⑧・14 京都土一揆蜂起し、徳政を求める（ついで大和でも土一揆起こる）。《蔭凉軒日録》
⑧・23 伏見宮邦高親王、三条西実隆に「後撰和歌集」を書写させる。この日、実隆、これを進上する。《実隆公記》
9・14 伊勢外宮仮殿が焼ける。《外宮子良館旧記》
11・2 応仁以来、廷臣が各地に離居していたため、天皇、勅して、旧地に還住させる。《後法興院関白記》
11・7 天皇、三条西実隆に「源氏物語」を読ませる。《実隆公記》
11・13 天皇、僧一勤を召し、「般若心経」を講じさせる。《御湯殿上日記》
11・14 京都、盗人多し。《晴富宿禰記》
11・28 神祇伯忠富王、神祇官再興を請う。この日、幕府、これを許す。《伺事記録》
この年 関東で「福徳」、薩摩で「永伝」の私年号が用いられる。《妙法寺記・薩藩旧記》
□1・7足利義政《あしかがよしまさ》（准三宮。室町幕府第八代将軍。56）、12・22飛鳥井《あすかい》雅親《まさちか》（権大納言。歌鞠家。74）

■延徳三年（一四九一）辛亥

後土御門天皇50歳
1・7 准三宮足利義視没。《後法興院関白記》
2・2 天皇、三条西実隆に「源氏物語」を講じさせる（以後しばしば）。▼京都・奈良に地震。《実隆公記》
2・22 天皇、僧一勤を召し、「中庸」を講じさせる。《実隆公記》
2・24 故足利義視に太政大臣を追贈する。《実隆公記》
3・15 内大臣今出川（菊亭）公興、辞任。《公卿補任》幕府、東山山荘を禅院に改め、慈照寺（銀閣寺）と称する。《蔭凉軒日録》
4・5 権大納言二条尚基《ひさもと》を内大臣とする。

《公卿補任》
5・20 天皇、病む（九月十五日にも）。《御湯殿上日記》
6・26 将軍足利義材、初めて参内し、剣を献じる。《御湯殿上日記》
7・8 伊勢一社奉幣使を発遣する。《御湯殿上日記》
8・22 天皇、将軍足利義材に佐々木高頼追討の綸旨を下し、錦旗を賜う。《親長卿記》
8・27 将軍足利義材、諸軍を率いて京都を発し（天皇、進発の儀を覧る）、三井寺光浄院に出陣する（十一月三日、佐々木高頼降伏）。《後法興院関白記》
9・3 神祇伯忠富王に天下静謐・朝儀再興を祈らせる。《宣秀卿記》
11・28 前関白九条政基を准三宮とする。《後法興院関白記》
12・30 天皇、吉田兼倶に賀茂社の神体を造らせる。《親長卿記》
この年 京都盗人多し。《実隆公記》
□1・7足利義視《あしかがよしみ》（武将。足利義教の子、兄将軍足利義政養子。53）、4・3足利政知《あしかがまさとも》（足利義教の子。掘越公方。57）

■明応元年（一四九二）壬子

後土御門天皇51歳
1・2 殿上淵酔を復興する。《親長卿記》
1・6 叙位を復興する。《公卿補任》
1・7 白馬節会を復興する。《後法興院関白記》
1・16 踏歌節会を行ない、国栖《くず》立楽《りゅうがく》を復興する。《後法興院関白記》
2月 京都盗人多し。《親長卿記》
5・21 京畿諸国疫病流行。この日、諸国諸寺に般若心経を読誦すべき宣下あり。《**和長卿記**》
5・29 京都、大雨洪水。《親長卿記》
6・25 盗人、しばしば伊勢外宮の正殿・御饌殿に入る（ついでこれを捕斬する）。《外宮子良館旧記》
7・7 乞巧奠を再興する。《御湯殿上日記》
7・19 疾疫・天変により、**明応**と改元する。《後法興院関白記》
7・20 典侍庭田朝子を准三宮とする（この日没。年56）。《後法興院関白記》
8・24 天皇、病む（九月二十八日にも）。《御湯殿上日記》
12・14 将軍足利義材、近江国を鎮定し、京都に還る。《蔭凉軒日録》
この年 畠山尚慶《ひさのぶ》、安閑天皇陵の地に高屋城を築く。《足利季世紀所収高国記》天皇、勝仁親王と和歌を作り、囲碁を行なう。《実隆公記ほか》

＊**和長卿記**《かずながきょうき》 後柏原天皇侍読東坊城（菅原）和長（一四六〇〜一五二九）の日記。長享元年（一四八七）から享禄二年（一五二九）までの写本が伝えられる（欠失あり）。「和長記」「菅別記」とも。

＊**明応**《めいおう》 文章博士菅原（唐橋）和長《かずなが》の勘文。「周易」の「其徳剛健而文明、応乎天」による。朝廷は改元日時を七月十日に内定していたが、幕府は難色を示し十九・二十二・二十五日を指定したため十九日を採用。また年号の候補も九種の中から幕府が明応・明保・明暦の三種から選ぶべきと伝えてきたため、難陣の儀を経て明応に決した。なお、幕府は、二十八日に改元吉書始《きっしょはじめ》を行ない、この日から採用している。

■明応二年（一四九三）癸丑

後土御門天皇52歳

1・6 関白一条冬良を太政大臣とする。《公卿補任》

1・10 廷臣、禁裏および幕府に参賀する。《後法興院関白記》

1・16 将軍足利義材、参朝して踏歌節会を陪観する。《後法興院関白記》

2・3 勝仁親王（後柏原天皇）、清水寺に参詣する。《御湯殿上日記》

2・10 足利義材、畠山基家を討つため、参内して暇を請う。《後法興院関白記》

3・9 天皇、楽御会始に笙を奏する。《御湯殿上日記》

3・15 天皇、病む（七月十七日、八月十一日にも）。《御湯殿上日記》

3・28 関白・太政大臣一条冬良、関白を辞任。右大臣近衛尚通を関白・氏長者・内覧とする（冬良の内覧は旧の如し）。《公卿補任》

4・1 近衛尚通を一条冬良の上に座せしめる。《後法興院関白記》

4・14 天台座主・准三宮尊応、座主を辞任。《天台座主記》

4・22 細川政元が挙兵し、清晃（のちの足利義澄）を将軍に擁立（明応の政変。将軍二人が並立）。《蔭凉軒日録》

4・26 左大臣徳大寺実淳、辞任。《公卿補任》

4・30 三千院堯胤法親王を天台座主とする。▼前右大臣花山院政長を左大臣とする。《公卿補任》

④・25 管領細川政元ら、河内国正覚寺城を攻撃、畠山政長・尚順父子、紀伊に逃れ自殺。足利義材は上原元秀の軍に降る。《蔭凉軒日録》

5・2 細川政元、上原元秀に足利義材を龍安寺に幽閉させる（天皇、烈火のごとく怒るも、伝奏甘露寺親長、武家の申すままにするのが「古来の事」として諫める）。《親長卿記》

6・19 足利義遐《よしとお》、名を義高（のち義澄）と改める。《大乗院日記目録》

6・29 細川政元、義材を小豆島に流さんとする。この夜、義材、越中国に逃れる（ついで檄を全国に飛ばす）。《蔭凉軒日録》

7・7 天皇、七夕節の楽御会で箏を奏する。《言国卿記》

9・11 古市澄胤《ふるいちちょういん》、山城国相楽・綴喜《つづき》両郡を鎮圧する。《大乗院寺社雑事記》

9・26 天皇、豊原繁秋より笙の秘曲を受ける。《後法興院関白記》

10・30 畿内地震（十一月十四・十五日にも）。

《後法興院関白記》

11・15 近江国土一揆、日吉社に拠り、神殿に放火。延暦寺僧徒、これを鎮圧する。《後法興院関白記》

12・23 勝仁親王、吉田斎場所に参詣する。《言国卿記》

この年 京都、盗人多し。《後法興院関白記》

□1・12 二条持通《にじょうもちみち》（太政大臣。准三宮。父は関白・太政大臣二条持基。78）

■明応三年（一四九四）甲寅

後土御門天皇53歳

1・10 廷臣、禁裏および幕府に参賀する。《親長卿記》

2・6 天皇、勝仁親王御所の宴に臨幸する。《実隆公記》

3・15 天皇、病む。《御湯殿上日記》

4・9 天皇、筑前国筥崎宮に宸筆神号を賜う。▼吉田社に御製百句を奉納する。《実隆公記》

5・7 京都・奈良大地震（連日。被害甚大）。《大乗院寺社雑事記》

6・10 天皇の御体御卜が行なわれる。《**宣秀卿記**》

6・24 天皇、僧一勤を召し、「孟子」を講じさせる。《御湯殿上日記》

7・10 炎旱により丹生・貴布禰両社に祈雨奉幣を行なう。《和長卿記》

7・29 天皇、近衛政家に「平家物語」を書写させる。この日、政家、これを進上する。《後法興院関白記》

8・1 東坊城和長、日記に「一休宗純は後小松天皇落胤の皇子」と記す（近代になり、宮内庁がこれを信じ、京都府京田辺市酬恩庵〈一休寺〉墓所を「宗純王墓」として管轄）。《和長卿記》

8・23 後鳥羽天皇に水無瀬《みなせ》神の号を追贈する。《水無瀬神宮文書》

8月 常弘法親王（のち常円法親王）を勧修寺長吏とする。《密宗年表》

9・21 足利義材、越中国に挙兵する。《大乗院寺社雑事記》

12・27 足利義高（義澄）、元服して征夷大将軍に任じられる（室町幕府第十一代将軍）。《公卿補任》

□6・22 中院通秀《なかのいんみちひで》（内大臣。「十輪院内府《じゅうりんいんだいふ》記《き》」記主。父は准大臣中院通淳。67）

■明応四年（一四九五）乙卯

後土御門天皇54歳

1・7 天皇、勝仁親王（後柏原天皇）と連歌をする。《実隆公記》

1・13 地震あり。《御湯殿上日記》

1・19 天皇、勝仁親王御所の宴に行幸する。

＊**宣秀卿記**《のぶひできょうき》 権大納言中御門宣秀（一四六九〜一五三一）の日記。

＊**新撰菟玖波集**《しんせんつくばしゅう》 連歌撰集で、句数は約二千首の准勅撰集。飯尾宗祇を中心に編集され、後土御門天皇を初め約二百五十人ほどの句が収められている。

《実隆公記》
2・12 天皇、勝仁親王御所月次連歌御会に臨幸する。《実隆公記》
2・14 天皇、九条尚経に紫宸殿の桜樹を植え替えさせる。《御湯殿上日記》
3月 幕府、寿蓂を明に派遣し朝貢する（五月、明に至る）。《明実録》疱瘡流行。《実隆公記》
5・7 天皇、病む（五月三十日にも）。《実隆公記》
6・10 天皇の御体御卜が行なわれる。《宣秀卿記》
6・20 宗祇、「新撰菟玖波集」を撰し、勅撰に準じられる。《序》
7・25 天皇、勝仁親王と百韻連歌を行なう。《御湯殿上日記》
8・15 鎌倉大地震。大仏殿が津波により破壊される（以後露座）。《鎌倉大日記》
8・27 山城・近江洪水。《実隆公記》
9・5 この日より、内裏の四囲に濠を掘らせる。《晴富宿禰記》
9・26 太政大臣一条冬良、「新撰菟玖波集」二十一巻を叡覧に供する。《実隆公記》
9・27 天皇、三条西実隆を召し、百韻連歌を行なう。《実隆公記》
10・13 京都で土一揆。徳政を求めて蜂起（二十二日にも）。《大乗院寺社雑事記》
12・9 天皇、勝仁親王御所夢想連歌御会に臨御する。《実隆公記》
12・10 天皇の御体御卜が行なわれる。《宣秀卿記》
この年 吉田家、白川伯王家に対抗して神祇管領長上と称する（幕府承認）。
□11・25西園寺《さいおんじ》実遠《さねとお》（左大臣。父は太政大臣西園寺公名。62）

■明応五年（一四九六）丙辰

後土御門天皇55歳

1・1 費用なきにより元日節会を中止する（殿上淵酔・白馬節会も）。《親長卿記》
1・10 廷臣、禁裏および幕府に参賀する。《後法興院関白記》
1・17 天皇、勝仁親王御所に行幸、御宴あり。《実隆公記》
②・12 天皇、勝仁親王御所月次連歌御会に臨御する。《実隆公記》
②・24 日野富子、参内する。蹴鞠・三十首当座和歌御会あり。《実隆公記》
4月 越中の足利義材、帰国遣明船一艘を大内・大友・島津各氏に分与することを約す。《大乗院寺社雑事記》
5・9 炎旱にて、神馬を丹生・貴布禰両社に献じる（ついで神泉苑等に祈雨させる）。

《実隆公記》

6・10 天皇の御体御卜が行なわれる。《続史愚抄》

6・11 勝仁親王、豊原繁秋より笙「蘇合の曲」を授けられる。《実隆公記》

6・20 天皇、病む（これ以前、五月九日にも）。《実隆公記》

11・15 左大臣花山院政長、辞任。《公卿補任》

12・1 山城国宇治に土一揆蜂起する。《後法興院関白記》

12・3 関白・右大臣近衛尚通を左大臣、前内大臣今出川（菊亭）公興を右大臣とする。《公卿補任》

12・10 天皇の御体御卜が行なわれる。《宣秀卿記》

12・23 勝仁親王（後柏原天皇）王子（知仁《ともひと》。後奈良天皇）、誕生する（母は勧修寺教秀女藤子《とうし》）。《後法興院関白記》

12・30 三条西実隆を神宮伝奏とする。《実隆公記》

この年 京都盗人多し。《後法興院関白記》

□5・20日野《ひの》富子《とみこ》（将軍足利義政室。57）、7・11勧修寺《かじゅうじ》教秀《のりひで》（准大臣。父は権中納言勧修寺経成、義父は権中納言勧修寺経茂。71）

■明応六年（一四九七）丁巳

後土御門天皇56歳

1・5 費用なきにより、叙位を中止する。《親長卿記》

1・16 前関白・太政大臣近衛政家を准三宮とする。《公卿補任》

1・21 京都大雪。《後法興院関白記》

1・26 天皇、勝仁親王御所月次連歌御会に臨御する。《実隆公記》

2・2 盗人、禁中に入る。《後法興院関白記》

2・7 天皇、勝仁親王御所に行幸し、御宴あり。《後法興院関白記》

3・5 天皇、病む（四月四日、八月十四日、十月七日、十一月十四日、十二月二十一日にも）。《御湯殿上日記》

3・16 伊勢神宮にて三合厄を祈禳させる。《宣秀卿記》

4・26 左大臣近衛尚通、辞任（翌日、右大臣今出川〈菊亭〉公興を左大臣とする）。《公卿補任》

5・10 内大臣二条尚基《ひさもと》を右大臣とする。《公卿補任》

5・18 天皇、僧一勧を召し、「大学」を進講させる。《実隆公記》

6・7 関白近衛尚通、辞任。《公卿補任》

6・10 天皇の御体御卜が行なわれる。《宣秀卿記》

6・18 右大臣二条尚基を関白・氏長者・内覧、権大納言久我豊通《とよみち》を内大臣とする。《公卿補任》
7・12 太政大臣一条冬良、辞任。関白・右大臣二条尚基を左大臣の上に列する。《公卿補任》
9・27 京都土一揆蜂起。《実隆公記》
10・12 伊勢内宮、社殿朽損のため、仮に神殿を造り奉遷する。《実隆公記》
10・18 近畿地震。《後法興院関白記》
10・23 関白二条尚基の死により、前関白・太政大臣一条冬良を、再び関白・氏長者とする。《公卿補任》
10・29 天下静謐・宝祚長久・朝儀再興の御祈りを、延暦寺・園城寺・東大寺・興福寺等諸寺に下す。《続史愚抄》
12・1 天皇、石山寺一切経蔵の勅額を賜う。《御湯殿上日記》
12・10 御体御卜を中止する。《続史愚抄》
□10・10二条尚基《にじょうひさもと》(関白。右大臣。父は関白二条政嗣。27)、この年、壬生晴富《みぶはれとみ》(官人。「晴富宿禰記」記主。76)

■**明応七年(一四九八)戊午**

後土御門天皇57歳
1・1 費用なきため、小朝拝・元日節会等を中止する(七日白馬節会、十六日踏歌節会も)。《親長卿記》
1・6 天皇、勝仁親王(後柏原天皇)と連歌を行なう。《御湯殿上日記》
1・12 天皇、病む(二月三十日、四月六・二十日、十月十日、閏十月五日にも)。《御湯殿上日記》
1・26 天皇、勝仁親王御所御宴に臨御する。《御湯殿上日記》
2・5 宗祇、近衛尚通に「古今伝授」を行なう。《後法興院関白記》
2・12 天皇、勝仁親王御所連歌御会に臨御する。《御湯殿上日記》
3・7 禁裏に観花御宴あり。《御湯殿上日記》
4・16 天皇、不二房《ふじのぼう》を召し、「伊勢物語」を講じさせる(このあとも)。《御湯殿上日記》
5・22 伊勢神宮に雨を祈らせる。《実隆公記》
5月 炎旱につき、諸社寺に雨を祈らせる。《御湯殿上日記》
6・7 後土御門天皇第四皇子(仁悟親王)、円満院にて得度する。《親長卿記》
6・11 諸国大地震(十三日京都地震)。《御湯殿上日記》
7・14 京都等暴風雨洪水。《御湯殿上日記》
8・19 足利義材、義尹《よしただ》と改名する。《和長卿記》

◉**後土御門天皇御製**(「紅塵灰集」より)

「待ちわぶる人に咲きぬと告げんまも立ちさりがたき花の明けぼの」
「咲きもそひ散りもはじめて花桜うきうれしさのまじる雨かな」
「神ならで治めむことやかた岡の杜のあらしのさわがしき世を」
「なびくなり四方の夷のこころまでやはらぐ国の風をうつして」

8・25 諸国大地震（紀伊から房総にかけて津波。溺死者多数。このとき浜名湖が外海と通じる）。《後法興院関白記》
9・2 足利義尹、入京のため越中より越前に至り、朝倉貞景を頼る。《後法興院関白記》
10・2 天皇、僧一勤を召し、「春秋左氏伝」を進講させる。《御湯殿上日記》
10・21 出家した後土御門天皇皇子（円満院宮）を親王とし、仁尊と賜う（仁尊法親王。のち仁悟に改称）。《実隆公記》
⑩・18 京都地震。《御湯殿上日記》
11・4 伊勢神宮に天災地変を祈禳させる。《実隆公記》

■明応八年（一四九九）己未

後土御門天皇58歳

1・1 節会・諸儀を中止する。《後法興院関白記》
1・4 地震あり（五日にも）。《実隆公記》
2・4 勝仁親王御所連歌御会に臨御する（八月二十二日にも）。《実隆公記》
3・2 観花御宴あり。《実隆公記》
4・21 天皇、病む（五月二十九日、十一月十日にも）。《実隆公記》
5・22 京都大雨洪水。《実隆公記》
5・28 内大臣久我豊通を右大臣とする。《公卿補任》
7・11 京都騒擾により、御物を丹波国山国荘に移す。《**鹿苑日録**》
7・20 細川政元、足利義尹に与する延暦寺を攻め、根本中堂・大講堂等を焼く。《大乗院寺社雑事記》
8・4 延暦寺衆徒の要求により、前天台座主堯胤法親王の職を復する。《時元記》
8・13 権大納言九条尚経《ひさつね》を内大臣とする。《公卿補任》
11・22 足利義尹、近江国坂本に到るも六角高頼に敗れ河内国、ついで周防国に逃れ、大内義興を頼る。《後法興院関白記》
12・2 京都・奈良地震。《後法興院関白記》
□3・25 蓮如《れんにょ》（真宗僧。85）、7・25 吉田《よしだ》兼《かね》致《むね》（神道家。「兼致朝臣記」記主。兼倶長子。42）

■明応九年（一五〇〇）庚申

後土御門天皇59歳
後柏原天皇37歳

1・1 費用なきにより、四方拝・小朝拝・元日節会等を中止する。《御湯殿上日記》
1・10 廷臣、禁裏および幕府に参賀する。《後法興院関白記》
1・11 天皇、病む。《御湯殿上日記》
3・30 右大臣久我豊通、辞任。《公卿補任》
4・5 天皇の病、重くなる。《後法興院関

＊**鹿苑日録**《ろくおんにちろく》 主に相国寺鹿苑院主が記した日記。鹿苑院主は近世初期まで「僧録司」として五山を統括する立場にあり、その執務記録として五山派の人事・寺院経営を知るための基本史料となっている。記録は、長享元年（一四八七）から慶安四年（一六五一）までを含む。

＊**後柏原天皇**《ごかしわばらてんのう》（一四六四〜一五二六） 名は勝仁《かつひと》、後土御門天皇第一皇子。母は贈内大臣庭田長賢《ながかた》女・贈皇太后源朝子。文明十二年（一四八〇）親王宣下、元服。明応九年（一五〇〇）践祚。永正十八年（一五二一）即位。大永六年（一五二六）崩御。陵は深草北陵。追号の柏原は桓武天皇のこと。皇子女に後奈良天皇（母は藤原藤子〈豊楽門院〉）のほか覚道・尊鎮・彦胤の各親王など。「後柏原天皇宸記」が伝えられる。御製に「ひかりなきわが世をはぢよ人はみな雲の上とや月もみるらむ」などがある。

＊**深草北陵** 七六八ページ注参照。

白記》
6・7　祇園会山鉾巡行が復興する（二十九年ぶり）。《後法興院関白記》
7・28　京都大火。延焼二万余戸。《後法興院関白記》
8・11　勝仁親王王子（覚道親王）、誕生する（母は庭田雅行女源子）。《御湯殿上日記》
8・26　天皇の病、重くなる（九月二十・二十六日にも）。《御湯殿上日記》
9・2　伊勢内宮故殿等、大風により倒壊する。《和長卿記》
9・28　後土御門天皇、清涼殿北黒戸御所にて崩御（財政難により遺体は四十日間放置。譲位の儀も行なわれず、践祚の儀も遅延。以下戦国期の後柏原・後奈良・正親町・後陽成各天皇の在位期間は前後の時代にくらべてきわめて長く、五代の平均在位期間は約三十年）。《御湯殿上日記》
10・6　勝仁親王（後柏原天皇）、小御所に移る。《和長卿記》
10・21　先帝に「後土御門院」と追号する。《後法興院関白記》

第百四代　後《ご》柏《かしわ》原《ばら》天皇

10・25　勝仁親王、小御所にて践祚（**後柏原天皇**。幕府その資を十分に出せず、その儀は略式となる。関白一条冬良は旧の如し）。《後法興院関白記》勧修寺藤子・庭田源子を典侍とする。《和長卿記》
11・11　践祚が遅れたこともあり、崩後四十三日にして、後土御門天皇の「旧主御葬送」が行なわれ、泉涌寺にて火葬される。《和長卿記》
11・12　後土御門天皇の遺骨が**深草北陵**法華堂に納められる。《和長卿記》
11・19　天皇、小御所より本殿に遷る。《和長卿記》
11・28　天皇、先帝の遺物を将軍足利義高に賜う。《御湯殿上日記》
□8・7　甘露寺《かんろじ》親長《ちかなが》（権大納言。「親長卿記」記主。77）

■文亀元年（一五〇一）辛酉

後柏原天皇38歳
1・1　諒闇により、節会を中止する（平座は行なう）。《和長卿記》
2・19　内大臣九条尚経を右大臣とする。《公卿補任》
2・28　興福寺、春日神木を動かし（最後の春日神木動座）、細川政元部下赤沢朝経の同寺領横領を訴える。《大乗院寺社雑事記》
黒戸御殿を泉涌寺雲龍院に賜い、仏殿を修造させる。《実隆公記》

2・29　代始、辛酉革命年により、**文亀**と改元する。《公卿補任》
3・11　天皇、神祇伯忠富王より「神道秘訣」を受ける。《**忠富王記**》
3・16　観花御宴・当座和歌御会あり（足利義高、東庭に伺候する）。《実隆公記》
3・18　権大納言西園寺公藤《きんふじ》を内大臣とする。《公卿補任》
4月　京都、疾疫流行。《大乗院寺社雑事記》
6・13　足利義尹《よしただ》（義稙《よしたね》）、周防国より入京を企て、諸国に徴兵する。《阿蘇文書》
6・29　関白一条冬良の辞任により、この日、右大臣九条尚経を関白・氏長者とし、文書を内覧させる。《公卿補任》
⑥・10　幕府の奏請により、大内義興追討の綸旨を下す。《実隆公記》
7・25　天皇、囲碁をする。《実隆公記》
7・26　炎旱により、伊勢神宮に雨を祈らせる。《実隆公記》
8・19　天皇即位礼の費用として、幕府に五十万疋を求める（なかなか集まらず、即位礼は践祚二十五年後）。《実隆公記》
9・15　宗祇、三条西実隆に「古今伝授」を行なう。《実隆公記》
9・16　伊勢外宮の仮殿遷宮が行なわれる。《実隆公記》
11・6　京都地震。《後法興院関白記》
11・13　幕府、勅を奉じ、即位の料を諸国に課する。《忠富王記》
12・29　天皇、内侍所御神楽に初めて臨御する。《後法興院関白記》

■文亀二年（一五〇二）壬戌

後柏原天皇39歳

1・1　天皇、初めて四方拝に出御する。小朝拝・節会を復興する。《公卿補任ほか》
1・10　廷臣、幕府に参賀する。《宣胤卿記》
2・11　天皇、豊原統秋《とよはらむねあき》より笙曲伝授を受ける。《言国卿記》
2・16　天皇、楽御会始に笙を奏する。《**元長卿記**》諸国、即位段銭を献ぜず、細川政元にその分国摂津・丹波等に段銭を上らしむ。《時元記》
3・26　観花御宴あり。《元長卿記》
4・18　天皇、御楽で笙を奏する（五月二十九日にも）。▼権大納言三条西実隆に「公卿補任」を書写させる。実隆、この日これを進上する。《実隆公記》
5・2　天皇、皇子（知仁。後奈良天皇）御所に行幸する。《実隆公記》
6・14　天皇、ひそかに祇園御霊会を見物する。《実隆公記》
6・23　これより先、三条西実隆に「本朝皇

＊**文亀**《ぶんき》　文章博士菅原（東坊城）和長《かずなが》の勘文に「爾雅《じが》（巻一〇、釈魚）曰、十朋之亀者、一曰神亀、（中略）五曰文亀」とある。
＊**忠富王記**《ただとみおうき》　神祇伯忠富王（一四二八〜一五一〇）の日記。「白川家記録」の一。明応五年（一四九六）から永正二年（一五〇五）まで記される。
＊**元長卿記**《もとながきょうき》　権大納言甘露寺元長（一四五六〜一五二七）の日記。明応十年（一五〇一）から大永五年（一五二五）までの記録（欠失あり）。朝廷の儀式や和歌・連歌の会などに詳しく、また、音楽・聞香・蹴鞠・揚弓・立花・汁講・将棋など、当時の公家社会の一面を知るうえでの貴重史料となっている。なお元長は甘露寺親長の次男。

胤紹運録」を書写させる。実隆、この日これを進上する。《実隆公記》
6月 京都麻疹流行。《後法興院関白記》
7・21 将軍足利義高、名を義澄と改める（天皇、宸筆を賜う）。《公卿補任》
7・26 炎旱により、伊勢神宮に雨を祈らせる。《時元記》
8・6 勅書を足利義澄に賜い、帰京させる（ついで義澄参内）。《実隆公記》
8月 山城等諸国風雨洪水。《後法興院関白記》
12・15 第一皇子（知仁）、著袴の儀をあげる。《実隆公記》
この年以後、年始歌御会が年中行事化する。
□7・30 飯尾《いいお》宗祇《そうぎ》（連歌師。後土御門天皇・勝仁親王の連歌に加点。「新撰菟玖波集」編者。82）

■文亀三年（一五〇三）癸亥

後柏原天皇40歳
1・1 四方拝を行なうも、節会は中止する。《実隆公記》
1・8 大元帥法を復活する（後七日法は中止）。《公卿補任》
1・10 将軍足利義澄、参内して歳首を賀す。
▼廷臣、幕府に参賀する。《実隆公記》
3・9 伝奏町広光《まちひろみつ》、将軍足利義澄の同朋衆椿阿彌をして細川政元に、その分国摂津・丹波の即位段銭を上らせる。《後法興院関白記》
3・13 観桜御宴あり。《実隆卿記》
5・16 天皇、三条西実隆に禁裏屏風瀟湘八景の賛、色紙形題詩を書進させる。《実隆公記》
6・12 伊勢神宮に雨を祈らせる。《実隆公記》
7・15 仁和寺静覚入道親王（邦康親王王子）没（年65）。《仁和寺御伝》
7・18 京都で盆の風流踊りが行なわれる。《実隆公記》
8・19 伊勢神宮ほか諸社寺に天変地妖を祈禳させる。《実隆公記》
8・27 京都地震。《実隆公記》
9月 京都盗賊横行、放火多し。《後法興院関白記》
10・24 幕府に即位費用を督促する。《実隆公記》
11・30 天皇、四辻季経《すえつね》より箏曲伝授を受ける。《実隆公記》
12・23 仁和寺真光院尊海、第二皇子（覚道）を附弟とすることを許され、この日、尊海、その服資を献じる。《実隆公記》
□2・28 山科言国《やましなときくに》（権中納言。「言国卿記」記主。52）

■永正元年（一五〇四）甲子

後柏原天皇41歳

1・1 四方拝を行なう。経費なきため元日節会を中止する（二日殿上淵酔、七日白馬節会も中止）。《元長卿記》

1・10 将軍足利義澄、参内して歳首を賀す。《後法興院関白記》

1・27 青蓮院門主尊伝入道親王（後土御門天皇皇子。母は典侍庭田朝子）没（般舟三昧院に葬られる。年33）。《後法興院関白記》

1・29 京都火事。禁裏の一部類焼。《後法興院関白記》

2・20 伏見宮貞常親王王子（後土御門天皇猶子）を親王とし、名を道応と賜う。《諸門跡譜》

2・30 甲子革令年により**永正**と改元する。

▼伏見宮邦高親王王子（後柏原天皇猶子）を親王とし、名を貞敦《さだあつ》と賜う（邦高親王の後を嗣ぐ）。《公卿補任ほか》

3・13 天皇、楽御会始に笙を奏する。《実隆公記》

③・1 天皇、桜花を覧る。《実隆公記》

③・4 将軍足利義澄、参内。観花御宴あり。《実隆公記》

③・6 雨を伊勢神宮に祈らせる。《実隆公記》

4・21 第三皇子（清彦。尊鎮入道親王）、誕生する（母は勧修寺藤子）。《実隆公記》

5・18 天皇、これより先、権大納言中御門宣胤に「延喜式」を書写させる。この日、宣胤、これを進上する。《宣胤卿記》

6・7 祇園会。天皇、紫宸殿に出御し、その儀を覧る。《**二水記**》

この夏 京都に疾疫流行。《後法興院関白記》

7・6 青蓮院尊応の請いにより、第三皇子（清彦）を尊応附弟とする。《実隆公記》

7・18 故准三宮庭田朝子（後土御門天皇妃）に皇太后を贈る。《公卿補任》

8・6 京都等地震。《後法興院関白記》

8・15 伊勢神宮に星変地震を祈禳させる。《実隆公記》

9・11 京都土一揆蜂起。徳政を請い、幕府、この日、分一《ぶいち》徳政を許す。《宣胤卿記》

11・26 天皇、皇子（知仁。後奈良天皇）御所に行幸する。《実隆公記》

12・18 皇子（知仁）、読書始の儀を行なう。《実隆公記》

この年 疫病流行。京都盗賊横行。《後法興院関白記》

■永正二年（一五〇五）乙丑

後柏原天皇42歳

1・1 費用乏しきにより、元日節会中止（三日殿上淵酔、七日白馬節会も中止）。《続史愚抄》

＊**永正**《えいしょう》 式部大輔菅原（高辻）長直の勘申による。出典は「周易緯」の「永正其道、咸受吉化」。

＊**二水記**《にすいき》 中納言鷲尾《わしお》隆康《たかやす》（一四八五～一五三三）の日記。永正元年（一五〇四）から天文二年（一五三三）まで記される（自筆本も残るが、欠失が多い）。宮廷生活・宮中儀式を主とし、神楽・管絃・御遊・茶会・立花など芸能史上貴重な記録となっている。

1・10 将軍足利義澄、参内して歳首を賀す。《実隆公記》
1・18 伊勢内宮に歳厄を祈禳させる。《実隆公記》
2・13 天皇、月次楽御会始で笙を奏する（三月二十五日、十月二十六日にも）。《実隆公記》
2・23 左大臣今出川（菊亭）公興、辞任。《公卿補任》
3・2 観花御宴あり。《実隆公記》
4・29 将軍足利義澄、参内して御宴に侍す（当座和歌御会あり）。《実隆公記》
5・20 伊勢内宮に天変を祈禳させる。《実隆公記》
5・27 疫癘流行。幕府、松尾社にこれを祈禳させる。《東文書》
6・7 祇園御霊会。天皇、紫宸殿に出御し、その儀を覧る。《二水記》
7・7 天皇、七夕節楽御会で笙を奏する。《実隆公記》
7・18 京都で盆踊り流行。幕府、これを禁じる。《実隆公記》
10・3 伊勢神宮に変異を祈禳させる。《実隆公記》
この年 慶光院守悦《しゅえつ》、勧進によりしばらく断っていた伊勢宇治橋を架ける（慶光院勧進の初め）。《河崎氏年代記》
□6・19 近衛《このえ》政家《まさいえ》（関白。太政大臣。准三宮。「後法興院関白記」記主。父は関白・太政大臣近衛房嗣。62）

■永正三年（一五〇六）丙寅

後柏原天皇43歳

1・1 正月節会中止（七日白馬節会も）。《実隆公記》
1・10 将軍足利義澄、参内して歳首を賀す。《実隆公記》
1・19 和歌御会始あり。《実隆公記》
2・5 右大臣九条尚経を左大臣、内大臣西園寺公藤を右大臣、権大納言三条西実隆《さねたか》を内大臣とする。《公卿補任》
3・3 阿蘇山噴火。《八代日記》
3・13 観桜御宴あり。《元長卿記》
4・5 内大臣三条西実隆、辞任。《公卿補任》
4・16 権大納言鷹司兼輔を内大臣とする。《公卿補任》
4・21 細川澄元、阿波国より兵を率いて入京する。《宣胤卿記》
4・28 伊勢神宮造替を幕府に命じる。幕府、その費用を諸国守護に課する。《宣胤卿記》
7・11 細川政元、撰銭・相撲・博奕・踊りなどを禁じる。《実隆公記》
9・3 天皇、勅して伊勢造替を幕府に督促

する。《宣胤卿記》
11・19 皇子（知仁）、御眉作・御歯黒の儀を行なう。《実隆公記》
11・21 京都地震（閏十一月二十九日にも）。《実隆公記》
12・5 参議東坊城和長を侍読とする。《公卿補任》
この年 京都、盗賊多し。《**後法成寺関白記**》

■永正四年（一五〇七）丁卯
後柏原天皇44歳
1・1 正月節会を中止する。《実隆公記》
1・10 将軍足利義澄、参内して歳首を賀す。《実隆公記》
2・8 京都等地震。《実隆公記》
2・12 伊勢神宮に地震を祈禳させる。《宣胤卿記》
2・13 天皇、楽御会始で笙を奏する。《元長卿記》
2・26 伏見宮貞敦親王等を召し、観桜御宴を行なう。《実隆公記》
2・30 天皇、僧省佐を召し、「文選」を進講させる（このあともしばしば。翌年も）。《実隆公記》
3・26 天皇、侍読東坊城和長・高辻章長より「史記」五帝本紀進講を受ける。《実隆公記》
3月 右大臣西園寺公藤、辞任。《公卿補任》
4・6 内大臣鷹司兼輔を右大臣とする。《公卿補任》
4・9 権大納言三条実香《さねか》を内大臣とする。《公卿補任》
4・29 天皇、病む（六月二日平癒を賀す。七月八日にも病む）。《実隆公記》
6・23 細川澄之、養父細川政元を殺す（翌日、細川澄元等を近江国に逐う）。《宣胤卿記》
8・1 細川高国ら、細川澄之を滅ぼす。《宣胤卿記》
8・2 細川澄元、入京して足利義澄に家督相続を謝す。《宣胤卿記》
8・4 京都兵乱続くため、伊勢神宮に祈禱する。《実隆公記》
12・15 大内義興、足利義尹を奉じ上洛せんとする。幕府、この日、細川澄元に和を議させる。《足利家御内書案》
12・16 天皇、永平寺をもって「本朝曹洞第一道場」とする勅額を賜う。《宣胤卿記》
□4・8 三条《さんじょう》公敦《きんあつ》（右大臣。父は左大臣三条実量。39）

■永正五年（一五〇八）戊辰
後柏原天皇45歳
1・1 正月節会を中止する。《実隆公記》

＊**後《ご》法成寺《ほうじょうじ》関白記《かんぱくき》** 関白・太政大臣近衛《このえ》尚通《ひさみち》（一四七二～一五四四）の日記。「尚通公記」とも。永正三年（一五〇六）から天文五年（一五三六）までの記録（中間八年分欠失。自筆浄書本あり）。後柏原・後奈良両天皇の時代で、朝廷衰微の様子がうかがえる。

1・10　将軍足利義澄、参内して歳首を賀す。▼公家、幕府に参賀する。《元長卿記》
1・24　天台座主堯胤法親王に勅し、金銅仏像七体を造り、延暦寺根本中堂に安置させる。《実隆公記》
3・7　観桜御宴あり（十日にも）。《実隆公記》
3・18　東大寺講堂など炎上する。《後法成寺関白記》
4・9　細川高国が挙兵、細川澄元・三好之長《ゆきなが》、近江国に走る（翌日、高国入京）。《宣胤卿記》
4・16　将軍足利義澄、足利義尹《よしただ》（義稙《よしたね》）の東上により近江国に走る。《元長卿記》
6・8　足利義尹・大内義興が入京する。《実隆公記》
7・1　足利義尹（義稙）を再度征夷大将軍とする。《実隆公記》
7・21　義尹、還補後初めて参内する。《実隆公記》
8・7　京都地震。《後法成寺関白記》幕府、撰銭令を出す。《建武以来追加》
8・21　三条西実隆、天皇に「漢書」を叡覧に供する。《実隆公記》
9・27　邦高親王、天皇に「毛詩」を講じる。《実隆公記》

この年　天皇、僧省佐にしばしば「文選」を進講させる。《実隆公記》
□5・2尋尊《じんそん》（法相宗学僧。一条兼良の子。「大乗院寺社雑事紀」記主。「大乗院日記目録」編者。79）

■永正六年（一五〇九）己巳
後柏原天皇46歳
1・1　正月節会を中止する。《東山御文庫記録》
1・8　常盤井宮全明親王、落飾する。《尊卑分脈》
1・10　将軍足利義尹（義稙）、参内して歳首を賀す。《実隆公記》廷臣、幕府に参賀する。《元長卿記》
1・17　邦高親王、高辻章長を召し、「毛詩」を講じさせる。《実隆公記》
2・10　天皇、典侍勧修寺藤子の局に幸し、猿楽を覧る。《実隆公記》
2・19　山城・大和で土一揆、蜂起する。《実隆公記》
3・13　観桜御宴あり。当座和歌御会が行なわれる。《実隆公記》
3・17　足利義尹、参内して酒饌を献じる。天皇、廷臣を召して宴を賜い、和歌御会を行なう。《実隆公記》
4・5　足利義尹、参内する。内宴あり。《実

◉勅祭《ちょくさい》　勅命により勅使を差遣して奉幣を行なう祭のことで、これを受ける神社を勅祭社という。中でも春日祭・賀茂祭（葵祭）・石清水祭を三勅祭という。

隆公記》

4・7 天皇、僧寿桂（月舟）を召し、「杜詩」を講じさせる。《実隆公記》

5・30 伊勢神宮に変異を祈禳させる。《内宮引付》

6・10 足利義尹、参内する。《拾芥記》

7月 皇子（寛恒）、誕生する（ついで梶井宮堯胤法親王附弟となる。母は庭田源子）《実隆公記》

8・29 これより先、天皇、病む。この日、平癒。《実隆公記》

⑧・8 勧修寺門跡恒弘《ごうこう》法親王（直仁親王王子。後崇光院猶子）没（年79）。《諸寺院上申》

9・3 典侍勧修寺藤子を伊勢神宮に代参させる。《実隆公記》

9月 足利義尹、名笙を献上する。《體源抄》

11・11 伊勢神宮に変異を祈禳させる。《内宮引付》

12・19 左大臣徳大寺実淳を太政大臣に任じる（二十五日、関白・左大臣九条尚経に一座の宣旨を下す）。《公卿補任》

■永正七年（一五一〇）庚午

後柏原天皇47歳

1・1 天皇、四方拝に出御（雨儀により軒廊下で行なう）。《公卿補任》

1・9 将軍足利義尹（義稙）、参内して歳首を賀す。《実隆公記》

1・10 廷臣、幕府に参賀する。《後法成寺関白記》

1・29 天皇、仁和寺所蔵の「三十帖冊子」を覧る。《実隆公記》

2・18 三条西実隆、徳大寺実淳《さねあつ》に「古今伝授」を行なう。《実隆公記》

2月 正遷宮延引し、神殿朽損により、伊勢神宮禰宜荒木田守則等、正殿を造営し、遷宮を行なわんことを請う。《内宮引付》

3・2 禁中観桜御宴あり。《実隆公記》

3・13 第二皇子（覚道）、仁和寺に入室する。《実隆公記》

4・4 朝鮮三浦《サンポ》の日本人、宗義盛の支援を得て釜山浦を攻略する（三浦の乱）。《朝鮮通交大紀》

4・25 三条西実隆、「令義解」を手写。この日、叡覧に供する。《実隆公記》

5・2 前関白近衛尚通、天皇に「古今和歌集」を進講する。《後法成寺関白記》

5・7 伊勢神宮に怪異を祈禳させる。《内宮引付》

6・16 聖護院門跡道応法親王（伏見宮貞常親王王子）没（年44）。《実隆公記》

8・8 近畿大地震（伊勢神宮に変異を祈禳

＊**吉田《よしだ》兼倶《かねとも》**（一四三五〜一五一一） 卜部《うらべ》氏嫡系として順調に進み、文明二年（一四七〇）「宗源神道誓紙」五ヵ条を定めて唯一神道伝授の組織化をはかる。その「唯一神道名法要集」（成立年不詳）は唯一神道の教理を著したもので、「国は、是れ神国なり、道は是れ神道なり、国王は是れ神皇なり、祖は是れ天照大神なり」とする。また「中臣祓」を土御門天皇・勝仁親王（後柏原天皇）ほかに進講・伝授し、従二位に昇った。ほかに「神道大意」などを著す。

させる）。《実隆公記》

8・10 伊勢神宮に地震を祈禳させる。《時元記》将軍足利義尹、参内して酒饌を献じる。内宴あり。《実隆公記》

10・10 天皇、病む。《実隆公記》

10・27 円満院仁悟法親王を熊野三山検校職に補する。《円満院文書》

12・24 参議万里小路賢房女栄子、皇子（知仁）後宮に入る。《実隆公記》

12・26 第二皇子（覚道）、仁和寺にて得度する。《実隆公記》

■永正八年（一五一一）辛未

後柏原天皇48歳

1・10 将軍足利義尹（義稙）、参内して歳首を賀す。《実隆公記》廷臣、幕府に参賀する。《元長卿記》

2・19 舟橋宣賢、皇子（知仁。後奈良天皇）に「大学」を講じる（ついで「論語」「孟子」も）。《実隆公記》太政大臣徳大寺実淳、辞任（ついで出家）。《公卿補任》

3・14 観桜御宴あり。《実隆公記》

3・26 仁和寺宮（後柏原天皇二宮）を親王とし、名を覚道と賜う。《宣胤卿記》

3・29 観桜御宴あり。猿楽が行なわれる。《実隆公記》

4・24 天皇、皇子（知仁）御所に行幸する。《実隆公記》

7・8 邦高親王王子（海覚）、勧修寺常信法親王の附弟となり、この日、入室する。《実隆公記》

8・16 将軍足利義尹・細川高国等丹波に走り、細川政賢ら細川澄元勢が入京する。《実隆公記》

8・19 京都大風。禁裏日華門廊・小御所等破損。《後法成寺関白記》

8・24 細川高国・大内義興ら、山城国船岡山で細川政賢軍を破る（政賢敗北。船岡山の合戦。九月一日、義尹、京都に帰る）。《実隆公記》

9・20 山城土一揆蜂起し、徳政を唱える。《実隆公記》

10・20 三条西公条、「史記」列伝新写本を叡覧に供する。《実隆公記》

10月 伊勢神宮神主等、内宮の造替を行なわんことを請う。《時元記》

12・13 天皇、侍読高辻章長を召し、「漢書」高祖本紀を講じさせる。《実隆公記》

この年 後柏原天皇の即位式のため、越前国朝倉氏から銭五万疋（五百貫文）が献上されるも、荒れ果てた皇居の修理費についえ、即位式は行なわれなかったといわれる。

□2・19 **吉田兼倶**（神道家。77）、8・14 足《あし》

利義澄《かがよしずみ》（室町幕府第十一代将軍。32）

■永正九年（一五一二）壬申

後柏原天皇49歳

1・10 廷臣、幕府に参賀する。《元長卿記》

1・22 天皇、病む。《後柏原天皇宸記》

3・9 将軍足利義尹（義稙）、参内する（十四日にも）。《実隆公記》

3・22 観桜御宴あり。《実隆公記》

3月 伊勢両宮、神殿荒廃の状を奏し、即位式以前に造替遷宮を行なうことを請う。《内宮引付》

4・8 第二皇子（後奈良天皇）を親王とし、名を知仁と賜う。《公卿補任》

4・26 知仁親王、小御所にて元服する。《公卿補任》

④・14 天皇、高辻章長に「東坡集」（蘇軾の詩文集）を講じさせる。《実隆公記》

5・14 天皇、知仁親王御所に行幸し、足利義尹献上の酒饌を召す。《実隆公記》

6・9 地震あり。《公卿補任》

6・18 伊勢神宮に地震・禁中怪異を祈禳させる。《内宮引付》

6月 豊原統秋《むねあき》、「體源抄」を著す。《奥書》

8・7 伊勢神宮に変異を祈禳させる。《時元記》

10・16 足利義尹、参内する。《後法成寺関白記》

11・19 伊勢内宮、玉串御門等焼失。《公卿補任》

11・27 常盤井宮恒直王（全明親王王子）を親王とする。《尊卑分脈》

12・25 第三皇子（尊鎮入道親王）、青蓮院に入室する。《諸門跡伝》

□6・19 西園寺《さいおんじ》公藤《きんふじ》（右大臣。父は左大臣西園寺実遠。57）

■永正十年（一五一三）癸酉

後柏原天皇50歳

1・1 伊勢内宮の法楽社・護摩堂が焼失する（ついでその再建のため諸国に募縁）。《内宮引付》

1・10 将軍足利義尹（義稙）、参内して歳首を賀す。▼廷臣、幕府に参賀する。《元長卿記》

2・9 伊勢内宮禰宜荒木田守晨《もりとき》、「永正記」を著す。《同書》

2・14 将軍足利義尹、足利義澄の子義晴と和解する（この日、義晴・赤松義村、剣馬を幕府に献じる）。《伊勢貞助記》

3・5 観桜御宴あり。《実隆公記》

3・17 足利義尹、大内義興・細川高国の専横に怒り、近江国甲賀に出奔する（五月三日帰京）。《後法成寺関白記》

＊**後柏原天皇宸記**《ごかしわばらてんのうしんき》 後柏原天皇の日記。践祚後の明応九年（一五〇〇）から即位式を挙げた大永元年（一五二一）までの部分が伝えられる。

＊**永正記**《えいしょうき》 内宮禰宜荒木田守晨撰。内宮の神事につき、その忌服・触穢・禁忌等について記したもの。

＊**公条公記**《きんえだこうき》 右大臣三条西公条（一四八七～一五六三）の日記。公条は三条西実隆の次男にして家督を継ぐ。

＊**守光公記**《もりみつこうき》 権大納言（准大臣）広橋守光（一四七一～一五二六）の日記。追号から「是称院贈内府記」とも。永正九年（一五一二）から大永元年（一五二一）まで残される。なお守光は、神宮伝奏・武家伝奏もつとめる。

3・18 伊勢神宮に変異を祈禳させる。《内宮引付》
3・20 伏見宮貞敦親王王子（邦輔）、誕生する。《邦輔親王御誕生記》
4・8 伊勢神宮に義尹帰京を祈らせる。《内宮引付》
7・25 常盤井宮恒直親王、清水寺に参詣し、賊に襲われ傷を負う。《拾芥記》
8・28 勧修寺覚円法親王（伏見宮貞常親王王子・後土御門天皇猶子。母は庭田盈子）没（年53）。《諸門跡譜》
10・5 関白・左大臣九条尚経、辞任。《公卿補任》
10・7 前左大臣近衛尚通を関白・氏長者・内覧に還補する。《公卿補任》
10・22 幕府、伊勢遷宮について仮殿造替は両宮同時、遷宮は内宮を先とする。《内宮引付》
11・9 足利義尹、義稙《よしたね》と改名する。《拾芥記》

■永正十一年（一五一四）甲戌

後柏原天皇51歳
1・4 青蓮院尊応（准后）、四天王寺別当職を第三皇子（尊鎮入道親王）に譲らんとし、許される。尊応、この日没。《公条公記》
1・9 山城国地震。《守光公記》
1・10 廷臣、禁裏および幕府に参賀する。《元長卿記》
3・11 観花御宴あり。《守光公記》
3・19 天皇、上臈局に幸し、猿楽を覧る。《守光公記》
3・25 第三皇子（のち尊鎮）を親王とし、名を清彦と賜う。《元長卿記》
3・30 清彦親王、青蓮院にて得度し、法名を尊猷（尊鎮入道親王）とする。《実隆公記》
4・24 大地震あり。《暦仁以来年代記》
8・4 知仁親王、御笙始を行なう。《守光公記》
8・10 将軍足利義稙、参内する。《守光公記》
8・12 関白近衛尚通を太政大臣とする。《公卿補任》
8・24 関白近衛尚通、辞任。《公卿補任》
8・25 地震あり。《公卿補任》
8・29 右大臣鷹司兼輔を関白・氏長者とし、一座宣旨を賜う。また、前関白・太政大臣近衛尚通に内覧宣下あり。《公卿補任》
9・5 幕府、伊勢神宮・祇園社・東寺に天変地妖を祈禳させる。《内宮引付》
この年 幕府、僧南湖西堂らを朝鮮に派遣する。《朝鮮王朝実録》
□2・4今出川《いまでがわ》（菊亭《きくてい》）公興《きんおき》（左大臣。父は左大臣今出川（菊亭）教季。69）、3・27一条冬良《いちじょうふゆよし》（関白。太政大臣。父は関白一条兼良。51）

■永正十二年（一五一五）乙亥

後柏原天皇52歳

1・10 将軍足利義稙、参内して歳首を賀す。《元長卿記》

2・29 朝廷、将軍足利義稙に後柏原天皇の即位料調達を督促する。《守光公記》

②・12 円満院仁悟《にんご》法親王（後土御門天皇皇子。母は花山院兼子）没（年34）。《守光公記》

3・11 神祇権少副大中臣持直を造伊勢大神宮使とする。《守光公記》

4・16 右大臣鷹司兼輔を左大臣、内大臣転法輪三条実香を右大臣、権大納言正親町三条実望《さねもち》を内大臣とする。《公卿補任》

5・16 この頃、皇居台所で鳴動が連日あり（禁中怪異も）。《公卿補任》

6・4 清涼殿で護摩（五大尊合行）が修される（密儀）。《公卿補任》

6・5 勧進聖・商売人の禁中に出入りするのを禁じる。《守光公記》

6・26 蝦夷反乱する。この日、松前光広、その首魁を誘殺する。《新羅記》

10月 知仁親王、豊原統秋より笙伝授を受ける。《守光公記》

11・10 天皇、四辻季経を召し、箏の秘曲伝授を受ける。《山科家断簡》

12・6 内大臣正親町三条実望、辞任。九日、権大納言二条尹房《ただふさ》を内大臣とする。《公卿補任》

この年 後奈良天皇皇子（覚恕）、誕生する（母は小槻雅久女）。《実隆公記》

■永正十三年（一五一六）丙子

後柏原天皇53歳

4・19 天皇、病む。《後法成寺関白記》

6・30 伏見宮邦高親王、薙髪し、法名を恵空とする。《伏見宮御系譜》

10・17 知仁親王、清原宣賢に「孟子」を講じさせる（このあとも）。《二水記》

12・22 天皇、山城金光寺所蔵の「一遍上人縁起絵巻」を覧る。《東山御文庫記録》

12・27 太政大臣近衛尚通、辞任。《公卿補任》

この年 朝鮮王李懌《えき》、日本人侵攻に備えるため、海防を厳にする《中宗大王実録》

□4・4 九条政基《くじょうまさもと》（関白。准三宮。父は関白九条満家。「政基公旅引付《たびひきつけ》」記主。72）、11・17 荒木田守晨《あらきだもりとき》（伊勢内宮禰宜。神宮学者。「永正記」著者。51）

■永正十四年（一五一七）丁丑

後柏原天皇54歳

1・1 幕府の献金により、文亀二年（一五〇二）以来中絶の小朝拝・節会等を復活す

る（七日の白馬節会も）。《二水記》
1・10　将軍足利義稙、参内して歳首を賀す。《宣胤卿記》
3・16　観桜御宴・御能等あり。《二水記》
4・1　天皇、病む。《二水記》
4・30　常盤井宮全明親王王子勧修寺門主を親王とし、海覚《かいかく》の名を賜う。《宣胤卿記》
5・29　知仁親王（後奈良天皇）王子（方仁《みちひと》。正親町天皇）、誕生する（母は万里小路賢房女栄子）。《皇年代私記》
6・28　知仁親王、鹿苑寺・龍安寺に参詣する。《二水記》
7・23　伏見宮貞敦親王、清水寺に参詣する。《二水記》
8・12　御宴あり。将軍足利義稙、祇候。《二水記》
9・13　観月和歌御会あり。足利義稙、御宴に侍す。《二水記》
10・15　武田信勝、足利義明を奉じ、下総国小弓《おゆみ》城に原行朝《ゆきとも》を攻略する（義明、小弓城に入る。小弓御所）。《快元僧都記》
11・13　天皇、正阿弥の立花を覧る。《二水記》
11・26　皇子（道喜）、仁和寺上乗院道什（道永）法親王（伏見宮貞常親王王子。後土御門天皇猶子。生没年不詳）の附弟となり、この日、入室する。《仁和寺諸院家記》
12・22　天皇、病む。《二水記》
□⑩・18　鷹司《たかつかさ》政平《まさひら》（太政大臣。父は関白鷹司房平。72）

■永正十五年（一五一八）戊寅

後柏原天皇55歳
1・4　伏見宮貞敦親王、「伏見天皇宸記」を書写・修補する。《貞敦親王御日記》
1・10　将軍足利義稙、参内して歳首を賀す。
▼廷臣、禁裏および幕府に参賀する。《二水記》
3・6　観桜御宴あり。《二水記》
3・19　知仁親王、石山寺に参詣する。《二水記》
3・27　関白鷹司兼輔、辞任（内覧は許す）。《拾芥記》
3・29　内大臣二条尹房を関白・氏長者とし、一座宣を賜う。《公卿補任》
4・4　将軍足利義稙臨席のもと、延暦寺根本中堂の落慶供養が行なわれる。《公卿補任》
4・9　天台座主堯胤法親王、辞任（十三日、妙法院覚胤入道親王を座主とする）。《公卿補任》
4・21　左大臣鷹司兼輔、辞任。《公卿補任》
5・5　伊勢内宮御垣内で不浄事あり。《公卿補任》
5・28　前左大臣花山院政長を太政大臣、右

●後柏原天皇御製（「柏玉《はくぎょく》集《しゅう》」より）

「みくまのやこけふみならす苦しさも見にかへてこそ世をいのりけめ」
「あふぎみむ人のためにも悲しきはわが世くもれる雲の上の月」
「吹きかはるけふに明けてもまづと思ふ民の草葉のはるの初風」

大臣転法輪三条実香を左大臣、関白・内大臣二条尹房を右大臣（太政大臣の上に列する）、権大納言大炊御門経名《つねな》を内大臣とする。《公卿補任》
6・2　天台座主覚胤入道親王を護持僧とする。《天台座主記》
8・5　伊勢神宮ほか諸社寺に止雨を祈らせる。《宣胤卿記》
8月　歌謡集「閑吟集」成る。
9月　細川高国、両宮仮殿造営料を献じる。《永正十八年内宮仮殿遷宮記》
11・3　伊勢神宮に一社奉幣使を発遣し、即位式延引を祈謝する。《拾芥記》
11・25　天皇、前権大納言四辻季経を召し、箏曲伝授を受ける。《公卿補任》

■永正十六年（一五一九）己卯

後柏原天皇56歳
1・1　犬死穢（前年十二月二十八日）により、四方拝あるも節会を中止する。《公卿補任》
1・10　廷臣、幕府に参賀する。《後法成寺関白記》
1・11　将軍足利義稙、参内して歳首を賀す。《二水記》
2・11　知仁親王（後奈良天皇）、大報恩寺に遺教経を聴聞する。《二水記》
3・12　観桜御宴あり。《二水記》
3・18　京都地震。《後法成寺関白記》
4・15　天皇、高辻章長に「東坡詩集」を講じさせる。《二水記》
4・21　天皇、清原宣賢に「論語」を講じさせる。《二水記》
4・25　勧修寺尚顕女尚子を典侍とする。《掌侍典侍宣旨》
8・26　前天台座主三千院堯胤法親王（伏見宮貞常親王王子。母は庭田盈子）没（年63）。《永正十三年八月日次記》
9・9　伊勢一社奉幣使を発遣する（即位由奉幣のことを宣命辞別に載せる）。《拾芥記》
10・10　幕府、後柏原天皇即位式延期を要請する（費用調達などにより延期）。▼前太政大臣近衛尚通を准三宮とする。《公卿補任》
□8・15北条早雲《ほうじょうそううん》（武将。88）

■永正十七年（一五二〇）庚辰

後柏原天皇57歳
1・1　小朝拝・節会を中止する。《後法成寺関白記》
1・10　将軍足利義稙、病により参内せず（二月十二日参賀）。廷臣も幕府に参賀せず。《実隆公記》
1・12　京都土一揆蜂起、廬山寺・将軍足利義稙第を焼く（二十八日、二月二十九日に

も蜂起)。《二水記》
3・7　近畿、地震・風雨。禁裏の築地が破損。《二水記》
3・16　観桜御宴あり(翌日も)。《実隆公記》
5・5　細川高国、近江の兵を率いて入京、三好之長を破る。《二水記》
⑥・19　天皇、御楽で笙を奏する。《二水記》
7・23　知仁親王、清原宣賢を召し、「春秋左氏伝」を講じさせる。《二水記》
7月　京都で歌舞流行。《二水記》
8・6　天皇、病む。《実隆公記》
10・12　京都大地震。《二水記》
11・22　皇子を親王とし、名を寛恒と賜う(二十八日、三千院〈梶井門跡〉に入室・得度して法名を彦胤《げんいん》と称す)。《実隆公記》
12・28　足利義稙、病により歳暮の参内を拝辞。《二水記》

■大永元年(一五二一)辛巳

後柏原天皇58歳
1・10　将軍足利義稙、参内して歳首を賀す。
▼廷臣、幕府に参賀する。《二水記》
2・11　将軍足利義稙、即位礼の資一万疋を献じる。《元長卿記》
2・12　知仁親王(後奈良天皇)、清水寺に参詣する。《二水記》
2・16　天皇、楽御会始で笙を奏する。《二水記》
2・21　天皇、月次楽御会始に管を奏する。《二水記》
2・22　幕府、禁裏築地を修理する。《守光公記》
3・2　観桜御宴あり。《二水記》
3・7　足利義稙、細川高国の専横に怒り、和泉国堺に出奔する(ついで淡路に赴き、再挙を図る)。《公卿補任》
3・22　後柏原天皇、足利義稙などの献金により紫宸殿にて即位礼を挙げる(践祚以来二十二年ぶり。以後、即位式場は紫宸殿となる。だが大嘗祭は行なわれず、霊元天皇まで九代中絶)。《二水記》
3・27　太政大臣花山院政長、辞任。《公卿補任》
6・6　天皇、病む。《二水記》
6・13　伊勢両宮の仮殿遷宮が行なわれる。《永正十八年内宮仮殿遷宮記》
6・21　天皇、月次楽御会で絃を奏する。《二水記》
7・1　左大臣転法輪三条実香、辞任。右大臣二条尹房を左大臣、内大臣大炊御門経名を右大臣、権大納言徳大寺公胤《きんたね》を内大臣とする。《公卿補任》知仁親王、鷲尾隆康より「五常楽」伝授を受ける(ついで四辻季

経より「万秋楽」も）。《二水記ほか》

7・6 故足利義澄の遺子（義晴）、細川高国に播磨国より京都に迎えられる。《二水記》

7・28 足利義澄の遺子に宸書をもって名を義晴と賜う。《公卿補任》

8・8 右大臣大炊御門経名を一上とする。《公卿補任》

8・23 兵革・天変により**大永**と改元する。《公卿補任ほか》

9・18 伏見宮邦高親王・同貞敦親王等、勝軍地蔵堂に参詣する。《二水記》

10・19 近畿大地震（ついで伊勢神宮・春日社にこれを祈禳させる）。《春日社司祐維記》

10・23 足利義稙、淡路より堺に到り、再挙を図るも、これに応じた畠山義英が細川高国の軍に破れ、堺より退く。《実隆公記》

11・28 幕府、細川高国を管領とする。《公方様正月御事始記》

12・7 常盤井宮全明《またあきら》入道親王（常盤井宮直明王王子・後崇光院猶子）没（年83）。《実隆公記》

12・21 知仁親王王子（方仁《みちひと》。正親町天皇）、深曾木・著袴の儀を行なう。《二水記》

12・25 将軍足利義稙出奔のため、足利義晴を征夷大将軍とする（室町幕府第十二代将軍）。《公卿補任》

■**大永二年（一五二二）壬午**

後柏原天皇59歳

1・10 廷臣、幕府に参賀する。《元長卿記》

2・23 将軍足利義晴、初めて参内し、物を献じる。《二水記》

2・26 天皇、楽御会始で笙を奏する。《二水記》

3・7 観桜御宴あり（二十一日にも）。《二水記》

3・11 知仁親王（後奈良天皇）、日吉社に参詣する。《二水記》

7・3 知仁親王、青蓮院に臨御する。《二水記》

7・7 天皇、七夕節楽御会で笙を奏する。《二水記》

8・15 天皇が病気のため、観月和歌御会を知仁親王御所で行なう。《二水記》

10・10 知仁親王王子（方仁。正親町天皇）生母万里小路栄子（吉徳門院）没（年29）。《二水記》

11・30 知仁親王、三条西実隆を召し、「源氏物語」を進講させる（このあともしばしば「源氏物語」進講）。《実隆公記》

■**大永三年（一五二三）癸未**

後柏原天皇60歳

1・10 廷臣、禁裏および幕府に参賀する。

＊**大永**《だいえい》 「たいえい」とも。参議菅原（五条）為学《ためざね》の勘文に「杜氏通典曰、庶務至微至密、其大則以永業」とある。

《後法成寺関白記》

2・10 天皇、楽御会始で箏を奏する。《二水記》

3・2 左大臣二条尹房・右大臣大炊御門経名、辞任。《公卿補任》

3・9 内大臣徳大寺公胤を左大臣、権大納言近衛稙家を右大臣、権大納言久我通言《みちのぶ》を内大臣とする。《公卿補任》

3・24 観花御宴あり。《二水記》

3・26 将軍足利義晴、参内する。《二水記》

③・8 知仁親王（後奈良天皇）、鞍馬寺に参詣する。《実隆公記》

③・27 知仁親王、四辻季経を召し、箏曲伝授を受ける。《二水記》

4・9 知仁親王、三条西公条に「源氏物語」を講じさせる。《二水記》

4・18 青蓮院尊鎮《そんちん》入道親王、知恩院を浄土宗総本山とすることを請うも許されず、高野山に逐電する（ついで知恩院を本寺とする宣下が下る）。《二水記》

5・12 伏見宮貞敦親王、清原宣賢に「中臣祓」を講じさせる。《二水記》

6・27 天皇、月次楽御会で笙を奏する。《二水記》

8・5 知仁親王御所和漢御会あり、天皇、臨御する。《二水記》

12・25 天皇、豊原統秋を召し、笙の灌頂を受ける。《二水記》

□4・9 足利義稙《あしかがよしたね》（室町幕府第十代将軍。58）

■大永四年（一五二四）甲申

後柏原天皇61歳

1・10 廷臣、禁裏および幕府に歳首を賀す。《元長卿記》

1・24 清涼殿にて青蓮院尊鎮入道親王により北斗法が修される（二月一日結願）。《公卿補任》

2・11 将軍足利義晴、参内して歳首を賀す。《元長卿記》

2・12 三条西実隆、「風雅和歌集」仮名序の宸筆を請う。実隆は、伏見天皇宸翰を献じる。《実隆公記》

3・5 当座和歌御会・観花御宴あり。《実隆公記》

4・16 三条西実隆に天皇の爪を高野山に納めさせる（四月十九日、実隆、高野山金剛峯寺参詣）。《実隆公記》

5・13 京都洪水により、四条・五条両橋が落ちる。《実隆公記》

7・17 禁中御八講が行なわれる（二十一日まで）。《公卿補任》

8・15 天皇、「真如堂縁起」外題を宸書する。

この日、青蓮院尊鎮入道親王は奥書を書く。《奥書》

この年から翌年、知仁親王・伏見宮貞敦親王、それぞれ三条西公条に「源氏物語」をしばしば進講させる。《実隆公記ほか》

□8・20豊原統秋《とよはらのむねあき》（雅楽家。「體源抄」著者。75）

■大永五年（一五二五）乙酉

後柏原天皇62歳

1・1 費用なきため、小朝拝・元日節会等を中止する（七日白馬節会、十六日踏歌節会等も）。《二水記》

1・10 将軍足利義晴、参内して歳首を賀す。《二水記》

2・17 天皇、楽御会始に笙を奏する。《二水記》

3・12 観桜御宴あり。《二水記》

この春 蝦夷が反乱する。《松前家記》

4・1 皇子（覚恕）、曼殊院慈雲の附弟となり、入室する。《実隆公記》

4・4 関白二条尹房の辞任により、右大臣近衛稙家を関白・氏長者・内覧とする。《公卿補任》

5・11 伊勢神宮・大和七大寺に天変を祈禳させる。《大乗院寺社雑事記》

6・28 前関白二条尹房に内覧の宣旨を下す。《公卿補任》

7・7 天皇、七夕節楽御会で笙を奏する。《二水記》

9・10 天皇、病む（十月十二日、十一月九日、十二月七日にも）。《実隆公記》

9・26 この頃以降、疱瘡流行。《実隆公記》

11月 天皇、疱瘡終息を願って般若心経を書写し、延暦寺・仁和寺に納めんとし、その奥書を三条西実隆に書かせる。《実隆公記》

□3・18花山院政長《かざんいんまさなが》（太政大臣。父は内大臣花山院持忠。75）、8・2松木宗綱《まつのきむねつな》（准大臣。父は権大納言松木宗継。81）

■大永六年（一五二六）丙戌

後柏原天皇63歳
後奈良天皇31歳

1・5 天皇、病む（三月二十五日にも）。《実隆公記》

1・10 将軍足利義晴。天皇の病気により参賀を中止する。▼廷臣、幕府に参賀する。《師象記》

1・15 幕府、伊勢神宮に神馬を寄進し、天皇平癒を祈る。この日、幕府、これを三条西実隆に知らせる。《実隆公記》

2・12 知仁親王（後奈良天皇）、清水寺に参詣する。《二水記》

2・13 伏見宮貞敦親王王子（寛欽）、勧修

＊**師象記**《もろかたき》 大外記押小路師象（一四八二～没年不詳）の日記。大永六年（一五二六）一～九月のみ残る。

＊**資定一品記**《すけさだいっぽんき》 権大納言柳原資定《やなぎわらすけさだ》（一四九五～一五七八）の日記。宮内庁書陵部には柳原紀光等の写本が、永正十三年（一五一六）から天正四年（一五七六）までが残る（欠失あり）。

＊**後奈良天皇**《ごならてんのう》（一四九六～一五五七） 名は知仁《ともひと》。後柏原天皇第二皇子。母は贈左大臣勧修寺《かじゅうじ》教秀《のりひで》女藤原藤《とう》子《し》（豊楽門院《ぶらくもんいん》）。永正九年（一五一二）親王宣下、元服。大永六年（一五二六）践祚。天文五年（一五三六）即位。弘治三年（一五五七）崩御。陵は深草北陵。追号の奈良は平城天皇のこと。皇子女に正親町天皇（母は藤原栄子）など。「後奈良天皇宸記」（「天聴《てんちょう》集《しゅう》」）には、官位などの勅許の状況が詳記されている。

＊**深草北陵** 七六八ページ注参照。

寺に入室する。《二水記》
2・30　大和七大寺に天皇平癒を祈らせる。《寺院雑要抄》
3・1　天皇、桜花を歴覧する（二日観桜御宴）。《実隆公記》
3・2　この日より七日間、伊勢神宮に天皇平癒を祈らせる。《**資定一品記**》
4・1　広橋守光を准大臣とする（この日没）。《公卿補任》
4・7　後柏原天皇、記録所にて崩御（八日典侍庭田源子、二十五日勧修寺藤子が出家）。《二水記》
4・27　先帝に「後柏原院」と追号する。《二水記》

第百五代　後奈良《ごなら》天皇

4・29　知仁親王践祚（**後奈良天皇**。費用なきにより即位式は延期。関白近衛稙家は旧の如し）。《公卿補任》
5・3　後柏原天皇を泉涌寺に火葬する（死後約一ヵ月後）。《公卿補任》
5・4　後柏原天皇遺骨、深草法華堂に納められる（陵名は**深草北陵**）。《二水記》
5・20　天皇生母勧修寺藤子を准三宮とする。《御湯殿上日記》
6・23　将軍足利義晴、参内して践祚を賀す。《御湯殿上日記》
9・2　天皇、勧修寺寛欽（貞敦親王王子。のち寛欽入道親王）を猶子とする。《御湯殿上日記》
9・3　伊勢神宮以下諸社寺に天変を祈禳させる。《御湯殿上日記》
9・29　左大臣徳大寺公胤、辞任。この日、輦車宣下（ついで出家）。《公卿補任》
10・12　京都地震あり。《実隆公記》
12・2　京都土一揆蜂起、幕府、分一徳政令を出す。《二水記》
この年　天皇、しばしば囲碁・楊弓を行なう（貝合を含め以後もしばしば）。《御湯殿上日記》
□4・1広橋守光《ひろはしもりみつ》（権大納言。贈内大臣。年56）。7・28経尋《きょうじん》（興福寺大乗院門跡・大僧正。「経尋記」記主。父は関白九条尚経。28）、10・12徳大寺公胤《とくだいじきんたね》（左大臣。父は太政大臣徳大寺実淳。40）

■大永七年（一五二七）丁亥

後奈良天皇32歳
1・1　諒闇により、四方拝・小朝拝・節会を中止する（平座は行なう）。《御湯殿上日記》
1・5　廷臣、幕府に参賀する。《実隆公記》
1・19　青蓮院尊鎮入道親王を護持僧とする。

《御湯殿上日記》
2・13 細川高国ら、三好勝長らに山城国桂川に敗れる（翌日、高国、将軍足利義晴を奉じて近江国坂本に走る）。《二水記》
3・5 観桜御宴あり。《実隆公記》
5・6 天皇、神祇伯白川雅業《まさなり》より御拝の儀を受ける（この日より毎日御拝する）。《二水記》
6・28 天皇、楽御会始に箏を奏する（七月七日、八月二十八日にも箏を所作）。《御湯殿上日記》
7・24 盗賊横行により、禁裏西南の濠を掘る。《言継卿記》
8・1 青蓮院尊鎮法親王、大僧正公助より「神道大事」「中臣祓」伝授を受ける。《華頂要略》
8・29 足利義晴の兵、近江より入京する。《実隆公記》
8月 幕府、明に勘合符を求める。《続善隣国宝記》
10・13 足利義晴、細川高国・朝倉教景《のりかげ》らと入京、若王子に陣する。《二水記》
10・23 仁和寺覚道法親王（後柏原天皇皇子。母は典侍庭田朝子）没（年28）。《仁和寺御伝》

■享禄元年（一五二八）戊子

後奈良天皇33歳
1・1 天皇、初めて四方拝を行なう。《公卿補任》
1・24 廷臣、幕府に参賀する。《二水記》
2・10 天皇、楽御会始に箏を奏する（二十七日、四月二日にも）。《御湯殿上日記》
3・16 観桜御宴あり。《二水記》
4・6 清涼殿にて御懺法講が行なわれる（八日まで）。《公卿補任》
4・29 京都地震あり。《御湯殿上日記》
6・12 伊勢神宮神領を再興する。《御湯殿上日記》
7・29 諸寺に雨を祈らせる。《二水記》
8・20 代始により享禄と改元する。▼右大臣・関白近衛稙家を左大臣、内大臣久我通言を右大臣、権大納言九条稙通を内大臣とする。《公卿補任ほか》
9・8 足利義晴、近江国の朽木稙綱《たねつな》を頼る。《二水記》
⑨・4 天皇病む、この日平癒する。《御湯殿上日記》
10・19 天皇、青蓮院尊鎮法親王に花を立てさせる。《御湯殿上日記》
10・23 天皇、建仁寺月舟に「杜詩」を進講させる（十一月十二日にも）。《実隆公記》
10・26 天皇、後柏原天皇宸筆「伊勢物語」

***言継卿記《ときつぐきょうき》** 権大納言山科言継（一五〇七～七九）の日記。大永七年（一五二七）より天正四年（一五七六）までが残るも欠失部分が多い。この時期の重要事件の部分が散佚して惜しまれるが、「実隆公記」にも劣らない分量を誇り、禁裏や公家の窮迫ぶりなどが描かれ、戦国期史料として屈指の記録とされる。

***享禄《きょうろく》** 文章博士菅原（東坊城）長淳《ながあつ》の勘文に「周易大畜卦象程氏伝注曰、居天位享天禄」とある。

***業賢記《なりかたき》** 大外記清原業賢（良雄。一四九九～一五六六）の日記。

***厳助往年記《げんじょおうねんき》** 醍醐寺理性院の僧厳助（一四九四～一五六三）の日記。自分の生まれた年から亡くなる年までの年代記。「往年記」「厳助大僧正記」「理性院厳助僧正記」とも。京都および近隣の様子や戦乱・災害などが描かれている。

を補写し、三条西公条に賜う。《御湯殿上日記》
11・2 天皇、三条西実隆に「伊勢物語」を進講させる（このあともまた）。《実隆公記》
11・15 天皇、三条西実隆より「古今伝授」を受ける。《実隆公記》
11・18 天皇、三条西実隆に「古今和歌集」を進講させる（このあともまた）。《実隆公記》
この年 天皇、三条西公条を召し、「漢書」「古今和歌集」を進講させる。《実隆公記》
□12・20大内義興《おおうちよしおき》（戦国大名。52）

■享禄二年（一五二九）己丑

後奈良天皇34歳
1・1 四方拝を行ない、小朝拝・節会を中止する。《実隆公記》
1・17 天皇、三条西公条を召し、「古今和歌集」を進講させる（以後しばしば）。《実隆公記》
2・28 観花当座和歌御会あり（二十九日には観花御宴）。《実隆公記》
2・29 天皇、「春日権現験記」を観る。《後法成寺関白記》
2・30 天皇、楽御会始で箏を奏する。《言継卿記》
4・16 皇子（方仁）、舟橋業賢を召し、「論語」を進講させる（以後しばしば）。《業賢記》
4・17 天皇、三条西実隆を召し、「古今和歌集」を進講させる（以後しばしば）。《実隆公記》
6・20 天皇、大納言四辻公音より箏御灌頂を受ける。《実隆公記》
7・3 諸社寺に雨を祈らせる。《厳助往年記》
8・16 天皇、病む。《御湯殿上日記》

■享禄三年（一五三〇）庚寅

後奈良天皇35歳
1・20 広橋兼秀女国子を典侍とする。《実隆公記》
3・3 故権中納言中山宣親女興子を典侍とする。《実隆公記》
3・4 千句連歌御会あり（六日終了）。《二水記》
3・10 観花御宴あり。《二水記》
3・22 上乗院大僧正道喜（後柏原天皇皇子。母は高倉継子）没（年28）。《二水記》
3・26 堯胤法親王（父は伏見宮貞常親王。後花園上皇猶子）没（年74。永正十七年〈一五二〇〉八月二十六日没か）。《梶井門跡略系譜》
6・11 霖雨、賀茂川洪水。《二水記》
7・7 天皇、楽御会にて笙を奏する。《二

水記》
8・7 天皇、病む。《御湯殿上日記》
8・13 天皇、後柏原天皇宸筆「詞花和歌集」を補筆し、これを伏見宮貞敦親王に賜う。《御湯殿上日記》
9・7 天皇、青蓮院尊鎮入道親王・曼殊院覚恕法親王に花を立てさせる。《御湯殿上日記》
11・6 天皇、三条西公条を召し、「蒙求《もうぎゅう》」を進講させる（以降しばしばあり。十二月十五日終わる）。《二水記》
□3・5正親町三条《おおぎまちさんじょう》実望《さねもち》（内大臣。父は内大臣正親町三条公治。68）、7・8九条尚《くじょうひさ》経《つね》（関白。左大臣。父は関白・左大臣九条政基。63）

■**享禄四年（一五三一）辛卯**
後奈良天皇36歳
1・1 雨のため四方拝を雨儀で行ない、小朝拝・節会を中止する。《実隆公記》
1・22 天皇、病む（十月十四日にも）。《実隆公記》
3・13 観花御宴あり。三十首当座和歌御会行なわれる。《実隆公記》
3・16 観花御宴あり。《御湯殿上日記》
5・29 盗人、内侍所に入る。《実隆公記》
⑤・13 天皇、楽御会始で箏を奏する（七月七日の七夕節楽御会でも）。《二水記》
⑤・20 三条西実隆に「本朝皇胤紹運録」を補筆させる。《実隆公記》
⑤・25 京都地震（六月三十日にも）。《実隆公記》
6・8 細川高国、細川晴元部将三好一秀に捕らえられ、摂津国尼崎広徳寺で自刃する。《二水記》
8・13 天皇、池坊某に花を立てさせる。《御湯殿上日記》
□6・8細川高国《ほそかわたかくに》（武将。48）、7・9中御《なかみ》門宣秀《かどのぶひで》（権大納言。「宣秀卿記」記主。父は権大納言中御門宣胤。63）

■**天文元年（一五三二）壬辰**
後奈良天皇37歳
1・1 四方拝を行ない、小朝拝・節会を中止する。《御湯殿上日記》
2・3 天皇、三条西実隆に「宸筆観音経」の銘を書かせる。《実隆公記》百科事典「塵添壒嚢鈔《じんてんあいのうしょう》」成る。
2・14 天皇、楽御会始で箏を奏する（七月七日七夕節楽御会でも）。《二水記》
3・2 観花御宴・当座和歌御会あり。《御湯殿上日記》
3・10 天皇、病む（六月十六日にも）。《御湯殿上日記》

＊**天文《てんぶん》** 権中納言源重親《しげちか》・文章博士菅原（高辻）長雅《ながまさ》の勘申による。出典は「易《えき》」の「仰以観於天文、俯以察於地理」、「孔安国尚書注」の「舜察天文斉七政」。

3・19 伏見宮邦高親王（父は貞常親王）没（年77）。《公卿補任》
4・4 清涼殿にて御懺法講が行なわれる（六日まで）。《公卿補任》
6・21 天皇、山科言継所蔵の「源氏物語」を覧る。《言継卿記》
7・4 天皇、山科言継に「源氏物語」を書写させる。《言継卿記》
7・29 兵乱により**天文**と改元する。▼伏見宮貞敦親王王子（邦輔）・同王子勧修寺寛欽を親王とする。《公卿補任ほか》
8・17 将軍足利義晴、後奈良天皇・三条西実隆・青蓮院尊鎮詞書による「桑実寺《くわのみでら》縁《えん》起《ぎ》」を奉納する。《奥書》
8・24 六角定頼・法華宗徒、山科本願寺を攻略する（法華一揆。本願寺証如、のち石山坊舎に移る）。《二水記》
10・30 天皇、楽奉行山科言継《ときつぐ》に楽道の再興を努めさせる。《言継卿記》
12・10 京都土一揆蜂起、徳政を唱える。《実隆公記》

■天文二年（一五三三）癸巳

後奈良天皇38歳
1・1 四方拝を行ない、小朝拝・節会を中止する。《二水記》
2・5 関白近衛稙家を止め、内大臣九条稙通を関白・氏長者とし、前関白二条尹房を准三宮とする。《公卿補任ほか》
2・22 天皇、鏡磨師を召し、神鏡を磨かせる。《御湯殿上日記》
7・13 天皇、病む。《御湯殿上日記》
9・12 贈左大臣足利義澄に贈太政大臣宣下あり。《言継卿記》
12・9 第一皇子（正親町天皇）を親王とし、名を方仁《みちひと》と賜う。《公卿補任》
12・22 方仁親王、小御所にて元服する。《公卿補任》
12・30 旧により、吉田兼右に唯一宗源神道等のことを管掌させる。《東山御文庫記録》
●この頃、上・下京の法華宗徒、自治自衛の活動をする。《祇園執行日記》
□8・24徳大寺《とくだいじ》実淳《さねあつ》（太政大臣。歌人。父は右大臣徳大寺公有。89）

■天文三年（一五三四）甲午

後奈良天皇39歳
1・1 四方拝を行ない、小朝拝・節会を中止する。《御湯殿上日記》
1・27 天皇、病む（六月十七日、十二月十五日にも）。《御湯殿上日記》
①・28 盗人、方仁親王御所（万里小路秀房第）に入る。《言継卿記》
4・24 大内義隆、即位用途進上の綸旨によ

り、金襴等を献じる。《御湯殿上日記》

5・29 疫病流行により、伊勢神宮以下諸社寺に祈禳させる。《公卿補任》

6・19 天皇、疫癘により般若心経を書写し、大覚寺に奉納する。《御湯殿上日記》

6・23 京都地震。《御湯殿上日記》

9・3 将軍足利義晴、近江国坂本より入京し、建仁寺を館とする（翌日、南禅寺聴松院に移る。天皇、入洛を賀し太刀を賜う）。《祇園執行日記》

11・21 関白・内大臣九条稙通《たねみち》、困窮により辞任（ついで大坂の本願寺を頼る）。《公卿補任》

12・14 二条尹房を再度関白・氏長者とする。《公卿補任》

■天文四年（一五三五）乙未

後奈良天皇40歳

1・5 天皇、大内義隆の即位費献上を聴許する。《後奈良天皇宸記》

1・7 伏見宮貞敦親王王子（貞斉。後奈良天皇猶子）を親王とする（出家して応胤入道親王）。《梶井門跡系譜》

1・11 後奈良天皇生母・准三宮勧修寺藤子没（年72。翌日、院号豊楽門院を贈られる。二十三日葬礼）。《後奈良天皇宸記》

1・18 諒闇により即位礼を延引する。《後奈良天皇宸記》

2・4 天皇、法華経を宸写する。《後奈良天皇宸記》

2・24 天皇、元応寺良秀を召し、「梵網経」を講じさせる。《後奈良天皇宸記》

3・26 天皇、四辻公音より楽伝授を受ける（四月三日にも）。《後奈良天皇宸記》

4・8 故足利義稙に太政大臣・従一位を追贈する。《後奈良天皇宸記》

5・29 天皇、病む（十月六日にも）。《後奈良天皇宸記》

6・12 細川晴元軍、本願寺光教の兵を摂津大坂に破る。《後奈良天皇宸記》

6・29 諸国旱魃により、寺社に雨を祈らせる。《後奈良天皇宸記》

7・4 伏見宮貞敦親王、天皇に「伏見宮天皇宸記」を献じる。《後奈良天皇宸記》

8・28 前左大臣転法輪三条実香を太政大臣とする（この日、長享年間〈一四八七〜八九〉以来の任大臣節会あり）。《公卿補任》

9・3 大内義隆、御所日華門修理料を献上する（このとき、大宰大弐の官職補任を要求。当時大内氏は九州の少弐氏と抗争中であり、少弐の上の大弐を望む）。《後奈良天皇宸記》

11・1 越前守護朝倉孝景《たかかげ》、即位料一万疋を

＊**後奈良《ごなら》天皇宸記《てんのうしんき》** 後奈良天皇の日記。自筆原本天文四年（一五三五）の一年分が残り、四十歳の天皇の一年間の日常を詳しく知ることができる。なお写本では天文五年から同十五年の一部分が、自筆本とともに宮内庁書陵部に蔵されている。

献上する。《後奈良天皇宸記》
11・7　天皇、狩野元信に唐絵屛風を描かせる。《後奈良天皇宸記》
12・4　前関白・左大臣近衛稙家を准三宮とする。また、権大納言西園寺実宣《さねのぶ》を内大臣とする。《公卿補任》
12・10　左大臣近衛稙家、辞任。《公卿補任》
この年　細川晴元、本願寺光教（証如）と和睦する。《天文日記》天皇、「東大寺八幡宮縁起絵詞」を宸書する（戦国期、天皇は縁起や勧進帳に宸筆を寄せ、収入源とした）。

■天文五年（一五三六）丙申

後奈良天皇41歳
1・1　諒闇により、四方拝・小朝拝・節会を中止する。《言継卿記》
2・11　神宮祭主藤波朝忠《あさただ》に即位礼の安泰を祈らせる。《四巻之日記》
2・14　伊勢一社に即位由奉幣使を発遣する。《後奈良天皇宸記》
2・19　青蓮院尊鎮入道親王、天皇に「後伏見天皇宸翰」を御覧に入れる。《後奈良天皇宸記》
2・23　天皇、三千院彦胤《げんいん》入道親王より聖天法伝授を受ける。《後奈良天皇宸記》
2・26　後奈良天皇、（大内義隆らの献金により）紫宸殿にて即位礼を挙げる（践祚十年後）。《後奈良天皇宸記》
3・11　天皇、病む（閏十月二十一日にも）。《御湯殿上日記》
5・16　周防介大内義隆を大宰大弐に任じ、昇殿を許す）。《公卿補任》
6・16　天皇、勅使を周防に下し、大内義隆の即位料献上を賞し、剣を賜う。《御湯殿上日記》
6・25　太政大臣転法輪三条実香、辞任を上表する（ついでこれを許す）。《公卿補任》
7・20　京都物騒により、方仁《みちひと》親王（正親町天皇）、禁裏に移る。《後奈良天皇宸記》
7・22　法華宗徒、京中を打回り、山城国松崎城を攻略する。《後奈良天皇宸記》
7・29　延暦寺衆徒ら、洛中の法華宗二十一本山を焼く（上・下京炎上。天文法華の乱）。《後奈良天皇宸記》
8・19　将軍足利義晴、和を請う本願寺光教（証如）を赦す。《御内書引付》
⑩・7　幕府、法華宗徒の洛中洛外での徘徊および寺院再興を禁じる。《本能寺文書》
⑩・8　右大臣久我通言、にわかに出家する。《公卿補任》
⑩・21　関白二条尹房、辞任。《公卿補任》
11・1　伏見宮貞敦親王王子を親王とし、名を熙明《ひろあき》と賜う。▼前関白近衛稙家を再度関

白とし、また、准三宮・氏長者とする。《公卿補任》
12・27 伏見宮貞敦親王王子（堯尊）、妙法院に入室する。天皇、これを猶子とする。《御湯殿上日記》
この年 後奈良天皇・芝琳賢《しばりんけん》らにより、「東大寺大仏縁起」成る。《奥書》
□6・5久我豊通《こがとよみち》（右大臣。父は太政大臣久我通博。78）、7・27卜部兼永《うらべかねなが》（神道家。吉田兼倶次男。70）

■天文六年（一五三七）丁酉

後奈良天皇42歳
1・7 廷臣、幕府に参賀する。《言継卿記》
1・19 将軍足利義晴父子、参内して歳首を賀す。《御湯殿上日記》
3・23 千句連歌御会を行なう（二十六日終了）。《御湯殿上日記》
6・9 天皇、宸筆般若心経・太刀を石清水八幡宮に奉納する。《御湯殿上日記》
6・29 曼殊院慈運法親王（大僧正。伏見宮貞常親王王子）没（年72）。《華頂要略》
10・3 伊勢一社奉幣使を発遣する。《外宮引付》
10・7 天皇、青蓮院尊鎮入道親王らに、花を立てさせる。《御湯殿上日記》
12・21 関白近衛稙家を太政大臣、内大臣西園寺実宣を左大臣、権大納言鷹司忠冬を右大臣とする。《公卿補任》
12・22 妙法院宮堯尊（貞敦親王王子。後奈良天皇猶子）を親王とする。《御湯殿上日記》
□10・3三条西実隆《さんじょうにしさねたか》（内大臣。歌人。後花園・後土御門・後柏原三天皇に仕える。「実隆公記」記主。83）

■天文七年（一五三八）戊戌

後奈良天皇43歳
1・10 将軍足利義晴、参内して歳首を賀す。《御湯殿上日記》
1・20 地震あり。《天文日記》
2・16 方仁親王、四辻公音より楽伝授を受ける。《御湯殿上日記》
3・27 足利義晴に伊勢神宮造替を急がせる。《神宮奏事始記》
7・21 本願寺光教（証如）、本堂に天皇寿牌および後柏原天皇御位牌を安置する。《天文日記》
7・29 伊勢一社奉幣使を発遣する。《御湯殿上日記》
8・26 青蓮院尊鎮入道親王、参内して花を立てる（九月六日、十月六日にも）。《御湯殿上日記》
9・29 伊勢内宮に一社奉幣使を発遣する。《神宮奏事始記》

＊**天文日記**《てんぶんにっき》 本願寺第十世宗主証如《しょうにょ》（一五一六～五四）の日記。「証如上人日記」「本願寺日記」とも。天文五年（一五三六）から同二十三年まで記録される。

＊**蜷川親俊日記**《にながわちかとしにっき》 室町幕府政所蜷川親俊（?～一五二六）の日記。「親俊日記」とも。天文七年（一五三八）から同二十一年までの日記。断簡の自筆原本が残される（欠失あり）。

＊**大館常興日記**《おおだちじょうこうにっき》 室町幕府の幕臣大館尚氏（生没年不詳。法名常興）の日記。天文九年（一五四〇）から同十一年までの自筆原本が伝えられる。将軍および後室をめぐる動き等が記され、また、荘園制度の最後の時期における所領支配の実態がうかがえる。

10・19　天皇、三条西公条を召し、「源氏物語」を講じさせる（以降しばしば）。《御湯殿上日記》

■天文八年（一五三九）己亥

後奈良天皇44歳

1・12　将軍足利義晴、参内して歳首を賀す。《御湯殿上日記》

1・14　三好範長《のりなが》（長慶）、兵を率いて入京する。《**蜷川親俊日記**》

4・27　天皇、三条西公条に「源氏物語」を進講させる（以後しばしば）。《御湯殿上日記》

8・10　権大納言一条房通を内大臣とする。《公卿補任》

8・17　京畿・諸国、大雨洪水（「百年来」と記される）。《蜷川親俊日記》

11・1　伏見宮貞敦親王王子（後奈良天皇猶子）を親王とし、名を熙明と賜う。《仁和寺御伝》

12・25　熙明親王、仁和寺に入室、得度し、法名を任助とする（任助入道親王）。《仁和寺御伝》

●この頃、多くの公家が、周防国山口・駿河国府中等に下向する。《公卿補任》

■天文九年（一五四〇）庚子

後奈良天皇45歳

1・1　廷臣、幕府に参賀する。《公儀日記》

1・10　天皇、理性院厳助を召し、大元帥法伝授を受ける。《厳助往年記》将軍足利義晴、病気のため参賀を中止する（三月八日参内）。《公儀日記》

3・25　疾疫流行により、伊勢神宮に祈禳させる。《外宮引付》

4・9　京都洪水（「前代未聞」）。《公卿補任》

4・21　疾疫流行により、改元を幕府に諮る。《公儀日記》

5・7　三千院彦胤入道親王（後柏原天皇皇子。母は庭田源子）没（年32）。《本朝皇胤紹運録》

5・8　幕府、禁裏修理費・足利義教百回忌仏事銭を諸国に課する。《**大館常興日記**》

5・14　京都大雨洪水。《公儀日記》

6・6　織田信秀、伊勢外宮仮殿造替の資を外宮に寄進する。《外宮引付》

6・12　天皇、病む（二十九日にも）。《御湯殿上日記》

6・17　天皇、疾疫流行により般若心経を宸写し、諸国一宮に納める（七ヵ国分が現存）。《奥書》

7・13　天皇病むにより、諸社寺に平癒を祈らせる。《厳助往年記》

7・26　足利義晴、参内して天皇を見舞う。

《公儀日記》
8・21 天皇、平癒する。《御湯殿上日記》
9・28 越前朝倉孝景、禁裏修理料を献上する。《大館常興日記》
11・23 左大臣西園寺実宣、辞任。《公卿補任》

■天文十年（一五四一）辛丑
後奈良天皇46歳
1・1 廷臣、幕府に参賀する。《公儀日記》
1・7 伏見宮貞敦親王王子貞斎を親王とし、名を応胤と賜う。《公卿補任》
1・10 将軍足利義晴、参内して歳首を賀す。《公儀日記》
1・12 右大臣鷹司忠冬を左大臣、内大臣一条房通を右大臣、権大納言三条西公条《きんえだ》を内大臣とする。《公卿補任》
1・26 天台座主妙法院覚胤入道親王（伏見宮貞常親王王子）没（年77）。《伏見宮系譜》
3・17 内大臣三条西公条、辞任。《公卿補任》
3・28 権大納言転法輪三条公頼《きんより》を内大臣とする。《公卿補任》
4・23 天皇、病む。《御湯殿上日記》
4・29 関白・太政大臣近衛稙家、太政大臣を辞任。《公卿補任》
5・2 青蓮院尊鎮入道親王を天台座主とする（ついで四天王寺別当ともなる）。《公卿補任》
8・10 京畿大風雨。禁裏の宣陽殿陣座・月華門等転倒。《公儀日記》
9・26 伊勢外宮の仮殿遷宮が行なわれる。《外宮引付》
9月 伊勢外宮仮殿造替費用寄進の功により、尾張織田信秀を三河守とする。《外宮引付》
10・24 天皇、清原宣賢に「論語」を進講させる。《続史愚抄》
10・30 木沢長政、京都に迫る。将軍足利義晴、難を慈照寺に避ける（十一月一日、近江国坂本に移る）。《大館常興日記》
□9・12 西園寺《さいおんじ》実宣《さねのぶ》（左大臣。父は左大臣西園寺公藤。46）

■天文十一年（一五四二）壬寅
後奈良天皇47歳
1・7 前関白・左大臣鷹司兼輔を准三宮とする。《公卿補任》
2・16 大内義隆、禁裏修理の費用を献じる。《御湯殿上日記》
2・25 関白近衛稙家、辞任。《公卿補任》
2・28 京都地震。《**惟房公記**》
3・12 右大臣一条房通に内覧の宣旨を賜う。《公卿補任》
3・21 天皇、楽御会始に箏を奏する。《御湯殿上日記》
3・26 左大臣鷹司忠冬を関白・氏長者・内

＊**惟房公記**《これふさこうき》 内大臣万里小路惟房（一五一三～七三）の日記。天文十年（一五四一）から永禄七年（一五六四）までの自筆原本が残る（欠失あり）。また、「享禄三年元日節会之記」など各種行事の日記もある。室町幕府末期の様相や諸行事の実際を知るうえで貴重。

覧とする。《公卿補任》
3・28　将軍足利義晴、近江国坂本より帰京し、相国寺法住院を館とする。《言継卿記》
③・2　左大臣鷹司忠冬、辞任。《公卿補任》
③・3　右大臣一条房通を左大臣、前内大臣三条西公条を右大臣とする。《公卿補任》
5・13　天皇、妙心寺大休宗休に参禅し、この日、宸翰を下し報謝する。《霊雲院文書》
6・7　天皇、病む。《御湯殿上日記》
11・14　法華宗二十一ヵ寺の洛内還住が勅許される。《両山歴譜》
12・1　伊勢内宮の仮殿遷宮が行なわれる。《外宮引付》
12・26　松平広忠の子竹千代（家康）、誕生する。《東照宮年譜》

■天文十二年（一五四三）癸卯

後奈良天皇48歳
1・2　天皇、病気により、小朝拝を中止する。《御湯殿上日記》
2・14　尾張織田信秀、禁裏修理料四千貫を献上する。《多聞院日記》
6・30　伊勢内宮神主等と外宮神主等が争闘する。《河崎氏年代記》
7・16　右大臣三条西公条、辞任。《公卿補任》
7・28　内大臣三条公頼を右大臣、権大納言今出川（菊亭）公彦《きんひこ》を内大臣とする。《公卿補任》
8・21　伏見宮貞斎親王、三千院に入室し、名を応胤と改める（応胤入道親王）。《華頂要略》
8・25　ポルトガル商船、大隅国種子島に漂着し、鉄砲を伝える。《南浦文集》
11・16　天皇、病む（ついで平癒）。《御湯殿上日記》
□2月久我《こが》通言《みちのぶ》（右大臣。父は右大臣久我豊通。57）

■天文十三年（一五四四）甲辰

後奈良天皇49歳
1・1　四方拝・節会を行ない、小朝拝を中止する。《公卿補任》
1・10　将軍足利義晴男子（義輝）、参内して歳首を賀す。《御湯殿上日記》
3・12　天皇、月次楽御会で箏を奏する。《言継卿記》
3・14　観花当座和歌御会あり。《言継卿記》
4・14　天皇、獅子舞を覧る。《後奈良天皇宸記》
5・2　山科言継、天皇に後光厳天皇勅書を叡覧に供する。《言継卿記》
7・9　洛中洛外大洪水。禁裏の築垣が転倒する。《言継卿記》
9・23　天皇、烏丸光康を肥後に遣わし、宸

筆般若心経を阿蘇社に奉納する。《阿蘇文書》
11・5　尾張織田信秀、禁裏築地修理料進納。この日、連歌師谷宗牧、信秀に女房奉書を伝える。《東国紀行》
□8・26近衛《このえ》尚通《ひさみち》（関白。太政大臣。准三宮。父は関白・太政大臣近衛政家。「後法成寺関白記」〈尚通公記〉記主。73）

■天文十四年（一五四五）乙巳

後奈良天皇50歳
1・1　四方拝・節会を行ない、小朝拝を中止する。▼廷臣、幕府に参賀する。《言継卿記》
1・10　将軍足利義晴男子（義輝）、参内して歳首を賀す。《御湯殿上日記》
3・12　天皇、伊勢神宮法楽楽御会で箏・笙を奏する。《言継卿記》
4・27　伏見宮貞敦親王、薙髪する。《言継卿記》
6・2　関白鷹司忠冬、辞任。左大臣一条房通を関白・氏長者とする。また、右大臣転法輪三条公頼を止め、内大臣今出川（菊亭）公彦を右大臣、権大納言二条晴良《はるよし》を内大臣とする。《公卿補任》
6・10　伊勢神宮・清水寺に雨を祈らせる。《言継卿記》
8・3　天皇、吉田兼右を召し、「日本書紀」を進講させる。《言継卿記》
8・9　天皇、御楽で箏を奏する（十月一日にも）。《言継卿記》
8・13　天皇、吉田兼右より「神道伝授」を受ける（このあとも）。《御湯殿上日記》
8・28　天皇、践祚後二十年も大嘗祭を行なえないことを伊勢神宮に祈謝の宸筆宣命を奉る。《後奈良天皇宸翰宣命案》
11・13　天皇、清原宣賢を召し、「中庸」を進講させる（以後しばしば）。《言継卿記》

■天文十五年（一五四六）丙午

後奈良天皇51歳
1・1　四方拝・節会を行ない、小朝拝を中止する。《言継卿記》
1・10　将軍足利義晴男子（義輝）、参内して歳首を賀す。《御湯殿上日記》
1・28　左大臣一条房通、辞任。《公卿補任》
1・30　前右大臣転法輪三条公頼を左大臣とする。《公卿補任》
3・10　右大臣今出川（菊亭）公彦、辞任。《公卿補任》
3・13　内大臣二条晴良を右大臣、前権大納言万里小路秀房を内大臣とする。《公卿補任》
3・25　左大臣三条公頼、辞任（翌日、前右大臣今出川〈菊亭〉公彦を左大臣とする）。《公卿補任》

＊歴名土《れきめいど》代《だい》　山科言継編の叙位記録簿。天文六年（一五三七）作成。上巻は四位、下巻は五位を記録。「土代」は台帳のこと。

7・27 内大臣万里小路秀房、辞任。権大納言一条兼冬を内大臣とする。《公卿補任》足利義晴の子を義藤（義輝）と改名する。《歴名土代》
9・1 天皇、吉田兼右に神道を進講させる。《御湯殿上日記》
10・5 京都土一揆蜂起、徳政を要求する。《後奈良天皇宸記》
10・30 幕府、徳政令を出す。《蜷川家文書》
12・12 天皇、病む。《御湯殿上日記》
12・20 将軍足利義晴、辞任。足利義藤（義輝）を征夷大将軍とする（室町幕府第十三代将軍）。《公卿補任》
12・24 足利義晴・義藤、近江国坂本より帰京する。《光源院殿元服記》
この年 尾張織田信秀の子吉法師、元服して名を信長と称する。《信長記》
□4・12 鷹司《たかつかさ》忠冬《ただふゆ》（関白・左大臣。父は関白・左大臣鷹司兼輔。38）

■天文十六年（一五四七）丁未

後奈良天皇52歳
1・1 四方拝・節会を行ない、小朝拝を中止する。《言継卿記》
1・25 足利義晴・義藤（義輝）父子が参内して歳首を賀す。《言継卿記》
2・1 天皇、五社法楽楽御会で箏を奏する。《言継卿記》
2・14 左大臣今出川（菊亭）公彦、辞任。《公卿補任》
2・17 右大臣二条晴良を左大臣、内大臣一条兼冬を右大臣、権大納言近衛晴嗣を内大臣とする。《公卿補任》
6・17 京都の本能寺・法華寺・本圀寺、六角定頼に頼り、京都還住を延暦寺に謝す。《本能寺文書》
7・20 天皇、病む（閏七月二十一日にも）。祐乗法印に拝診させる。《御湯殿上日記》
7・29 足利義晴、細川晴元・六角定頼と和す。《足利季世記》
12・24 伊勢外宮禰宜度会備彦、私費で同宮仮殿を造営する。この日、立柱。《外宮引付》

■天文十七年（一五四八）戊申

後奈良天皇53歳
3・29 天皇、伊勢神宮法楽御会で箏・笙を奏する。《言継卿記》
4・10 下総結城政勝・下野日光山満願寺、禁裏修理料を献上する。《言継卿記》
6・7 足利義晴・義藤（義輝）、近江国坂本より帰京する（十二日参内）。《言継卿記》
8・3 天皇、楊弓を行なう（以降しばしば）。《御湯殿上日記》
12・27 関白一条房通、辞任。左大臣二条晴

●後奈良天皇御製（「後奈良院御集」より）
「いとまなみ小田もる民を思ふにはかりほの露の袖ひとつかは」
「仰ぎみむひかり和らぐ日の影ものどかなる世のためしならずや」
「のどかなる春に千里の外はあらじいくへの山もわがやまと国」

良を関白・氏長者・内覧とする。《公卿補任》
●この頃以降、天皇、宮女・廷臣をして主要寺社にしばしば代参させる。《御湯殿上日記》

■**天文十八年（一五四九）己酉**
後奈良天皇54歳
1・1 四方拝を行なうも節会に出御せず。小朝拝は中止する。《続史愚抄》
1・10 足利義晴・義藤（義輝）父子、参内して歳首を賀す。《御湯殿上日記》
1・20 天皇、本願寺光教（証如）に「三十六人家集」を賜う。《天文日記》
2・14 天皇、吉田兼右に神道を進講させる。《御湯殿上日記》
4・24 遣明使策彦周良《さくげんしゅうりょう》、明帝に謁見し、新勘合符を求める。《策彦入明記》
4月 足利義藤・細川晴元、禁裏築地等を修理する。《厳助往年記》
5・12 病により、天皇、祐乗法印に拝診させる。《御湯殿上日記》
6・16 慶光院清順、伊勢内宮宇治大橋を架け、その供養を行なう。《慶光院文書》
6・28 細川晴元、足利義晴・義藤を擁し、近江国坂本に走る。《鹿苑日録》
7・22 フランシスコ・シャビエル、鹿児島に上陸する。《イエズス会士日本通信》
□7・10 冷泉為和《れいぜいためかず》（公卿。歌人。64）、8・8 荒木田守武《あらきだもりたけ》（伊勢内宮神官。連歌・俳諧作者。「守武千句」作者。77）、8・24 大《だい》休宗休《きゅうそうきゅう》（臨済宗妙心寺派僧。82か）

■**天文十九年（一五五〇）庚戌**
後奈良天皇55歳
3・9 足利義晴・義藤（義輝）父子、近江国坂本より穴太《あのう》に移る（五月四日、義晴、穴太にて没）。《言継卿記》
5・11 足利義藤、穴太より近江国宝泉寺に移る。《細川家記》
⑤・11 天皇病により、祐乗法印を召して薬を献じさせる。《御湯殿上日記》
6・9 足利義藤、山城国中尾城に入る。《後鑑所収古文書》
9・13 天台座主青蓮院尊鎮入道親王（後柏原天皇皇子。母は勧修寺藤子）没（年47）。《公卿補任》
8月 フランシスコ・シャビエル、平戸に入る（翌年一月、京都に入るも、三月、平戸に戻る）。《日本西教史ほか》
10・19 妙法院堯尊法親王を天台座主とする。《公卿補任》
11・21 三好長慶、摂津より入京し中尾城に迫るにより、足利義藤、近江国堅田に移る。《言継卿記》
12・17 フランシスコ・シャビエル、山口を

＊**信長公記**《しんちょうこうき》 織田信長の右筆太田牛一が信長の政治・軍事について、永禄十一年（一五六八）から天正十年（一五八二）までを記したもの。慶長年間（一五九六〜一六一五）成立。なお、「信長公記」をもとに小瀬甫庵が書き直した「信長記」もある。

発ち京都に向かう（正月に入京するも、将軍・天皇に会えず）。《フロイス日本史》

□5・4足利義晴《あしかがよしはる》（室町幕府第十二代将軍。40）、7・12清原宣賢《きよはらののぶかた》（儒学者。吉田兼倶三男。皇太子知仁親王〈後奈良天皇〉侍読。76）

■天文二十年（一五五一）辛亥

後奈良天皇56歳

1・1　天皇、四方拝を行ない、節会には臨御せず、小朝拝は中止。《言継卿記》

2・10　将軍足利義藤（義輝）、近江国堅田より朽木《くつき》谷に移る。《朽木文書》

3・3　尾張織田信秀没し、子信長が家督を嗣ぐ（信秀の死亡年については異説あり）。《信長公記》

7月　ポルトガル商船、豊後国日出《ひじ》に来航する。《九州記》

8・20　天皇、伊勢の清順に叡感の綸旨を賜い、伊勢外宮仮殿造替に努むるを嘉賞し、その居室を慶光院と称するを勅許する。《慶光院文書》

8・29　大内義隆、陶隆房の兵に襲われる（このとき、前関白二条尹房《ただふさ》・左大臣転法輪三条公頼等が生害。義隆ら、山口を出奔するも、九月一日、長門国大寧寺にて自殺）。《中国治乱記》

10・23　フランシスコ・シャビエル、豊後国よりインドに発つ（大友義鎮《よししげ》、家臣を同道させ、インド総督に書を送る）。《日本西教史》

□8・29二条尹房《にじょうただふさ》（関白。左大臣。准三后。父は関白二条尚基。56）、8・29三条公頼《さんじょうきんより》（左大臣。父は太政大臣三条実香。57）、9・1大内義隆《おおうちよしたか》（戦国大名。45）

■天文二十一年（一五五二）壬子

後奈良天皇57歳

1・1　天皇、四方拝を行なう。小朝拝・節会を中止する。《言継卿記》

1・28　将軍足利義藤（義輝）、三好長慶と講和し、近江国より帰京する（義藤、二月二十九日参内）。細川晴元、出家して若狭国に出奔する。《言継卿記》

2・19　三条西実澄、皇居修理費を募るため東国に下向する。《集古文書》

2・26　細川氏綱・三好長慶が入京する。《言継卿記》

4・23　昨夜夜半、方仁親王（正親町天皇）第一皇子（誠仁《さねひと》親王。陽光太上天皇）、誕生する（母は万里小路房子）。《言継卿記》

6・3　天皇、石清水八幡宮法楽楽御会で箏を奏する。《言継卿記》

8月　全明親王王子常盤井宮恒直親王没（生年不詳）。《公卿補任》

9・13 天皇病気により、祐乗法印、薬を献じる。《御湯殿上日記》
11・28 細川晴元勢、足利義藤を霊山城に攻める。このとき建仁寺を焼く。《言継卿記》
12・28 左大臣二条晴良、辞任。《公卿補任》
□9・9 鷹司兼輔《たかつかさかねすけ》（関白。左大臣。父は関白・太政大臣鷹司政平。71）

■天文二十二年（一五五三）癸丑

後奈良天皇58歳
1・1 天皇、四方拝を行なう。小朝拝・節会は中止。《言継卿記》
1・20 関白二条晴良、辞任。《公卿補任》
1・22 右大臣一条兼冬を関白・氏長者・内覧とする。《公卿補任》
1・26 右大臣一条兼冬を左大臣、内大臣近衛晴嗣を右大臣、権大納言西園寺公朝《きんとも》を内大臣とする。《公卿補任》
1・28 三好長慶、入京して伊勢貞孝と庶政を議決する。《言継卿記》
2・20 三好長慶の兵、細川晴元の兵を京都西北に破る。《言継卿記》
2・26 三好長慶の兵、細川晴元の兵を山城国鳴瀧に破る。《言継卿記》
3・8 将軍足利義藤、三好長慶との講和が破れ、霊山城に入る。《言継卿記》
3・21 慶光院清順に諸国に募縁し、伊勢外宮造替に努めさせる。《外宮引付》
6・13 天皇、祈雨法楽楽御会で笙・箏を奏する。《言継卿記》
7・7 天皇、七夕節楽御会で箏を奏する。《言継卿記》
7・25 妙法院堯尊法親王、天台座主を辞任。《華頂要略》
7・30 三千院応胤入道親王を天台座主とする。《公卿補任》
8・1 三好長慶、山城国霊山城を攻略し、足利義藤は近江国杉坂に走る（五日、近江国龍華に移り、細川晴元、これに従う）。《言継卿記》
8・20 天皇、宸筆般若心経を諏訪社に奉納し、天下泰平等を祈らせる。この日、神前に奉納。《守矢文書》
8・30 足利義藤、近江国龍華より同国朽木に移る。《厳助往年記》
8月 長尾景虎（上杉謙信）と武田晴信（信玄）、信濃川中島で戦う（以後しばしば）。**《歴代古案》**
この秋 越後守護代長尾景虎、前年の従五位下・弾正少弼《だんじょうのしょうひつ》叙位御礼のため上京。天皇・公卿に金品を献上し、参内を許される。天皇、これに天盃・剣を賜う。《上杉家文書》

■天文二十三年（一五五四）甲寅

＊歴代古案《れきだいこあん》 戦国大名越後上杉氏とその家臣の古文書を筆録したもの。
＊弘治《こうじ》 権中納言菅原（高辻）長雅の勘文に「北斉書曰、祇承宝命、志弘治体」とある。

後奈良天皇59歳
1・1　天皇、四方拝を行なう。小朝拝・節会は中止。《言継卿記》
2・1　関白一条兼冬、辞任。この日、没。《公卿補任》
2・12　将軍足利義藤、義輝と改名する。《公卿補任》
3・2　右大臣近衛晴嗣（前久《さきひさ》）を関白・氏長者とする。《公卿補任》
4・11　関白・右大臣近衛晴嗣を左大臣、内大臣西園寺公朝を右大臣、前権大納言正親町三条公兄《きんえ》を内大臣とする。《公卿補任》
4・27　内大臣正親町三条公兄、辞任（出家する）。《公卿補任》
8・11　天皇、病む。《御湯殿上日記》
□2・1　一条兼冬《いちじょうかねふゆ》（関白。左大臣。父は関白一条房通。26）

■弘治元年（一五五五）乙卯

後奈良天皇60歳
1・1　四方拝を行ない、小朝拝・節会は中止。《言継卿記》
3・10　天皇、三条西公条を召し、「源氏物語」を講じさせる。《御湯殿上日記》
8・28　後奈良天皇皇子覚恕法親王を准三宮とする。《諸寺院上申》
10・14　右大臣西園寺公朝を一上とする。《公卿補任》
10・23　兵革により弘治と改元する。《御湯殿上日記》

■弘治二年（一五五六）丙辰

後奈良天皇61歳
1・1　四方拝を行ない、小朝拝・節会は中止。《言継卿記》
2・13　京都大地震。《言継卿記》
3・28　天皇、病む。《御湯殿上日記》
6・4　禁中にて百座仁王経を行なう（七日間）。《公卿補任》
7月　明使鄭舜功、豊後に到り、倭寇禁止を幕府に請う。《続異称日本伝》
10・24　三好長慶、禁苑等修理費を洛中に課し、これを献じる。この日、修理始。《厳助往年記》
□10・30　一条房通《いちじょうふさみち》（関白。左大臣。父は一条房家。大叔父関白一条冬良養子。48）

■弘治三年（一五五七）丁巳

後奈良天皇62歳
正親町天皇41歳
1・1　四方拝を行ない、小朝拝・節会を中止する。《御湯殿上日記》
3・23　権大納言花山院家輔を内大臣とする。《公卿補任》
4・27　黒戸御殿を再建する。《御湯殿上日記》

5・19 天皇、病む。《御湯殿上日記》
6・20 地震あり。《御湯殿上日記》
8・28 曼殊院覚恕《かくじょ》（父は後奈良天皇）を准三宮とする。《公卿補任》
9・2 左大臣近衛前嗣、辞任。右大臣西園寺公朝を左大臣、内大臣花山院家輔を右大臣、前大納言広橋兼秀を内大臣とする（五日、兼嗣出家）。《公卿補任》
9・5 後奈良天皇崩御（追号して「後奈良院」）。《公卿補任》

第百六代 正親町《おおぎまち》天皇

10・27 方仁《みちひと》親王、土御門内裏にて践祚（**正親町天皇**。剣璽渡御なし。前帝崩御以来一ヵ月半の空位。関白近衛前嗣〈のち前久〉は旧の如し）。《御湯殿上日記》
11・1 皇子（誠仁）、参賀する。《御湯殿上日記》
11・22 後奈良天皇、泉涌寺で火葬される（死後二ヵ月以上のち）。《御湯殿上日記》
11・25 後奈良天皇の遺骨を山城深草法華堂および般舟三昧院に納める（陵名は**深草北陵**）。《続史愚抄》
12・15 本願寺、天皇崩御に香奠一千疋を奉る。《御湯殿上日記》

■永禄元年（一五五八）戊午

正親町天皇42歳
1・1 諒闇により、四方拝・小朝拝・節会を中止する。《続史愚抄》
2・28 代始により**永禄**と改元する。《公卿補任》
3・13 将軍足利義輝、細川晴元と近江国朽木より下龍華に移る。《言継卿記》
5・3 足利義輝・細川晴元、六角義賢の支援により、近江国坂本本誓寺に移る。《惟房卿記》
6・7 改元のことが幕府に達せず、この日、これを通知する。《惟房卿記》
6・23 慶光院清順・足代《あじろ》弘興《ひろおき》の伊勢外宮造替費の募縁により、この日、上棟する。《惟房卿記》
8・11 天皇、病む。《御湯殿上日記》
9・26 天皇生母万里小路栄子（後奈良天皇妃）に皇太后を追贈する。《公卿補任》
10・3 天皇、神祇伯雅業王を召し、御拝の儀伝授を受け、御拝する。《御湯殿上日記》
11・27 足利義輝、三好長慶と講和し、入京して相国寺を館とする（翌日、勝軍山城に帰る）。《御湯殿上日記》
12・3 足利義輝、勝軍山城より本覚寺に移る。《御湯殿上日記》
12・23 天皇、伏見宮邦輔親王王子（尊朝）

＊**正親町天皇**《おおぎまちてんのう》（一五一七〜九三） 名は方仁《みちひと》。後奈良天皇第二皇子。母は参議万里小路《までのこうじ》賢房《かたふさ》女・贈皇太后栄子《えいし》（吉徳門院）。天文二年（一五三三）親王宣下、元服。弘治三年（一五五七）践祚。永禄三年（一五六〇）即位。天正十四年（一五八六）譲位、太上天皇尊号宣下。文禄二年（一五九三）崩御。陵は深草北陵。追号は、院御所が正親町通りに面したことによる。皇子に誠仁《さねひと》親王（後陽成天皇の父）など。
＊**深草北陵** 七六八ページ注参照。
＊**永禄**《えいろく》 権中納言菅原（高辻）長雅の勘申による。出典は「群書治要」二十六の「保世持家、永全福禄者也」。

を猶子とし、王子、この日、青蓮院に入室する。《御湯殿上日記》

■**永禄二年（一五五九）己未**

正親町天皇43歳

2・2　織田信長入京し、ついで将軍足利義輝に謁見する。《言継卿記》

3・6　天皇、三条西公条を召し、「帝範」を進講させる（以後しばしば）。《御湯殿上日記》

3月　大神宮宮司大中臣伊長、外宮正遷宮の費用を洛中および隣国に課すことを請う。《河辺家譜》

4・27　長尾景虎（上杉謙信）、入京し、足利義輝に謁見する。《上杉家文書》

5・1　長尾景虎、参内して天皇以下に献上品を奉る。天皇、天盃と粟田口吉光の宝剣を賜う。《北越軍記》

6・7　天皇、病む（十一月二十六日にも）。《御湯殿上日記》

7・7　天皇、楽御会にて箏を奏する。《御湯殿上日記》

8月　イエスズ会宣教師ビレラおよびロレンソ、豊後府内より上京し、布教に従事する。《フロイス日本史》

9・5　伏見宮貞敦親王王子堯尊法親王（母は藤原香子）没（生年不詳）。《妙法院日次記》

11・27　足利義輝、即位式延期を請うにより、廷臣にこれを協議させる。《御湯殿上日記》

12・12　即位由奉幣使を発遣する。《御湯殿上日記》

12・15　本願寺光佐《こうさ》（顕如）を門跡に列する（二十七日、光佐、礼銭を献上）。《御湯殿上日記》

□2・25　三条実香《さんじょうさねか》（太政大臣。父は右大臣三条公敦。91）

■**永禄三年（一五六〇）庚申**

正親町天皇44歳

1・1　四方拝を行ない、小朝拝・節会を中止する。《言継卿記》

1・27　（毛利元就の献金などにより）正親町天皇、即位礼を挙げる（践祚後四年目。皇居が荒れていたため、数万人の見物客が押しよせ、外からでも即位式の模様が拝観できたという）。《正親町院御即位略次第》

1月　幕府、ビレラに布教を許す。《フロイス日本史》

2・6　将軍足利義輝、参内して即位を賀す。《御湯殿上日記》

2・15　毛利元就・毛利隆元の即位料献上を賞し、元就を陸奥守、隆元を大膳大夫とする。《毛利家文書》

2・18 天皇、読書始を行なう。《公卿補任》
3・4 観花御宴あり。《御湯殿上日記》
3・16 皇子(誠仁)、四辻公遠を召し、楽伝授を受ける。《御湯殿上日記》
3・27 清涼殿の棟木が折れる(翌日、足利義輝に修理させる)。《御湯殿上日記》
4・25 伊勢神宮に災異を祈禳させる。《瑞光院記》
5・19 織田信長、今川義元を尾張国桶狭間《おけはざま》に破る(義元敗死)。《信長公記》
6・14 天皇、三条西公条を召し、「伊勢物語伝授」を受ける。《御湯殿上日記》
6・20 諸社寺に雨を祈らせる。《御湯殿上日記》
6・27 天皇、三条西公条を召し、「古今伝授」を受ける。《御湯殿上日記》
8・12 天皇、三条西公条に「源氏物語系図」を書写させる。《御湯殿上日記》
11・21 天皇、病む。《御湯殿上日記》
この年 天皇、しばしば四辻公遠に花を立てさせる。《御湯殿上日記》
□5・19今川義元《いまがわよしもと》(戦国大名。42)
●一六世紀後半、天皇、律令的な国司を任命するように、大名に領国に因んだ官途を与える(織田信長の尾張守、徳川家康の三河守など。これを皇室の資とする)。

■永禄四年(一五六一)辛酉

正親町天皇45歳
1・1 四方拝を行ない、小朝拝・節会を中止する。《御湯殿上日記》
1・24 三好義長(義興)・松永久秀、入京し、この日、将軍足利義輝、義長を相伴衆《しょうばんしゅう》とする。《後鑑所収伊賀貞助記》
2・6 天皇、三条西公条に「古今和歌集」進講を命じる。《御湯殿上日記》
3・13 足利義輝、参内して歳首を賀す。《御湯殿上日記》
3・18 観花御宴あり。《御湯殿上日記》
③・10 足利義輝に禁裏築地を修理させる。《御湯殿上日記》
③・16 長尾景虎(謙信)、関東管領上杉氏を継ぎ、上杉政虎と改名する。《集古文書》
5・19 天皇、病む。《御湯殿上日記》
7・21 京都騒擾により、賀茂神体を紫宸殿に移す。《御湯殿上日記》
9・10 上杉政虎(謙信)と武田晴信、川中島で戦う。《歴代古案》
10・18 三条西公条、大覚寺所蔵嵯峨天皇宸翰般若心経等を天皇に覧じる。天皇、これを勅封する。《御湯殿上日記》
11・4 天皇、三条西公条を召し、「古今伝授」を受ける。《御湯殿上日記》

12・8 足利義輝、毛利元就・隆元を相伴衆とする。《毛利家文書》
この年 松永久秀、佐保山陵（聖武天皇・光明皇后陵）の地に多聞山《たもんやま》城を築く。《二条寺主家記抜萃》

■永禄五年（一五六二）壬戌
正親町天皇46歳
1・1 四方拝を行ない、小朝拝・節会は中止する。《続史愚抄》
1・12 天皇、病む。《御湯殿上日記》
2・21 惟高妙安《ゆいこうみょうあん》、瑞渓周鳳「臥雲日件録」を抄録して「臥雲日件録抜尤《ばつゆう》」を編む。《端書》
3・6 将軍足利義輝・三好義興・松永久秀、洛中より八幡に退き、六角義賢《よしかた》が洛中を占拠し、上・下京を焼く。《厳助往年記》
3・18 京都土一揆蜂起。六角義賢、洛中に徳政令を出す。《鳩拙抄》
4・12 天皇、三条西公条を召し、「古今伝授」を受ける。《御湯殿上日記》
5・24 天皇、この日より、三条西公条を召し、「禁秘抄」を講じさせる。《御湯殿上日記》
6・22 六角義賢と三好長慶の和睦により、足利義輝が帰京する。《御湯殿上日記》
9・10 天皇、病む。《御湯殿上日記》
10・13 天皇、三条西公条を召し、「源氏物語」を講じさせる。《御湯殿上日記》

■永禄六年（一五六三）癸亥
正親町天皇47歳
1・1 四方拝を行ない、小朝拝・節会を中止する。《言継卿記》
1・11 天皇、前大僧正厳助より護身法を受ける。《厳助往年記》
1・27 毛利元就、石見大森銀山を禁裏御料所とすることを幕府に請うにより、将軍足利義輝、勅許の綸旨を下されんことを請う（ついで勅許）。《御湯殿上日記》
2・2 禁中で百座仁王経が行なわれる（七日間）。《公卿補任》
2・8 天皇、楽御会始にて箏を奏する（皇子〈誠仁〉も）。《御湯殿上日記》
3・2 天皇、病む。《言継卿記》
3・7 観花御宴あり。《言継卿記》
3・26 伏見宮邦輔親王（母は三条実香女）没（年51）。《公卿補任》
7・7 天皇、楽御会にて箏を奏する（皇子〈誠仁〉も）。《御湯殿上日記》
9・12 伊勢神宮一社奉幣使を発遣する。《御湯殿上日記》
9・23 伊勢外宮、慶光院清順の勧進により正遷宮が行なわれる（百二十九年ぶり）。《公

◉生年不明・不詳の天皇 第十四代仲哀天皇、第十八代反正天皇、第十九代允恭天皇、第三十二代崇峻天皇、第四十代天武天皇。なお第九十九代後亀山天皇は不詳とされるが正平二年＝貞和三年（一三四七）と推定されている。

卿補任ほか》
11・11 勧修寺寛欽法親王（伏見宮貞敦親王王子）没（年50。十日没説も）。《公卿補任》
12・19 天皇、病む。《御湯殿上日記》
12・21 伏見宮邦輔親王王子を親王とし、貞康の名を賜う（貞康親王、邦輔親王の後を嗣ぐ）。また、同王子青蓮院尊朝を法親王とする。《公卿補任》
□11・12 万里小路秀房《までのこうじひでふさ》（内大臣。父は参議万里小路賢房。72）、12・2 三条西公条《さんじょうにしきんえだ》（右大臣。父は内大臣三条西実隆。77）

■永禄七年（一五六四）甲子

正親町天皇48歳
1・1 四方拝を行ない、小朝拝・節会を中止する。《言継卿記》
2・6 天皇、楽御会始に箏を奏する。《御湯殿上日記》
2・9 禁中小御所で百座仁王講が行なわれる（七日間）。《公卿補任》
4・8 天皇、病む。《御湯殿上日記》
4・13 天皇、故伏見宮邦輔親王王子常胤を猶子とし、常胤、妙法院に入室する。《御湯殿上日記》
7・2 京都大雨洪水。《御湯殿上日記》
9・28 天皇、立入宗継《たてりむねつぐ》を尾張に派遣、御料所の回復等を織田信長に命じる。《立入家文書》
11・7 天皇、病む。《御湯殿上日記》
11・24 盗人、内侍所に入る。《言継卿記》
12・14 伏見宮邦輔親王王子（正親町天皇猶子）を親王とし、名を師秀と賜う（二十九日、出家して守理法親王）。《言継卿記》
この冬 将軍足利義輝、室町に新第を造営する。《足利季世紀》

■永禄八年（一五六五）乙丑

正親町天皇49歳
1・1 四方拝を行ない、小朝拝・節会を中止する。《言継卿記》イエズス会フロイス、将軍足利義輝に歳首を賀す。《フロイス日本史》
1・29 天皇、伏見宮師秀親王を猶子とする。親王、この日、仁和寺に入り、法名を守理と称する。《御湯殿上日記》
2・20 天皇、楽御会始に箏を奏する（皇子〈誠仁〉も）。この日、天皇、病む。《御湯殿上日記》
2・22 将軍足利義輝、鷹・雉を献じる。これを皇子（誠仁）等に頒つ。《言継卿記》
4・8 天皇・皇子（誠仁）、内侍所法楽御神楽で箏を奏する。《御湯殿上日記》
4・12 天皇、将軍足利義輝に、毛利元就に御料所石見銀山貢祖を督徴させる。《御湯

＊**多聞院日記**《たもんいんにっき》 奈良興福寺の子院多聞院主長実房英俊（一五一八〜九九）などの記録。文明十年（一四七八）から元和四年（一六一八）までの記事が残る。安土桃山時代の政治・経済・文化と興福寺の動向に詳しい。

殿上日記》
5・13 天皇、病む。《御湯殿上日記》
5・19 三好義重（義継）・松永久秀（久通）等、将軍足利義輝を二条御所に襲う（義輝切腹）。《言継卿記》
6・9 伊勢外宮の仮殿遷宮が行なわれる。《遷宮次第記》
7・5 三好義継（義重を改名）の奏請により綸旨が出され、イエズス会ビレラとフロイスを京都の会堂から追放する。《御湯殿上日記》
9・3 権大納言中院通為《みちため》を内大臣とする（通為、この日没）。《公卿補任》
□5・19足利義輝《あしかがよしてる》（室町幕府第十三代将軍。30）

■永禄九年（一五六六）丙寅

正親町天皇50歳
1・1 四方拝を行ない、小朝拝・節会を中止する。《言継卿記》
1・11 山科言継、天皇に「歴名土代」を叡覧に供する。《言継卿記》
2・12 天皇、病む（三月一日、四月七日、八月十三日にも）。《御湯殿上日記》
2・17 一乗院覚慶（足利義輝弟）、還俗して義秋（義昭）と称し、この日、太刀を献じる（このあと、しきりに京都をうかがう）。《御湯殿上日記》
7・13 足利義親（義栄）の兵、三好長逸の属城摂津越水城を陥れる（八月十四日、摂津中島城を攻める）。《細川両家記》
8・29 足利義秋、近江国矢島より若狭国に入り武田義統《よしむね》を頼る（義統父子不仲により、越前に赴き、朝倉義景を頼る）。《**多聞院日記**》
9・12 天皇、楽御会始に箏を奏する。《御湯殿上日記》
9・23 足利義親（義栄）、摂津越水城に入る。《細川両家記》
10・3 足利義親、天皇に太刀・馬を献じる。《御湯殿上日記》
10・5 天皇、伏見宮邦輔親王王子（最胤）を猶子とする（ついで最胤、三千院に入室）。《御湯殿上日記》
12・24 前関白・左大臣二条晴良を准三宮とする。《公卿補任》
12・28 足利義親《よしちか》、名を義栄《よしひで》に改める。《公卿補任》
12・29 松平家康、天皇に届けた上で徳川と改め、三河守兼左京大夫に任じられる（氏素姓のはっきりしない者に官位を与えないとの前例から停滞したが、近衛前久に毎年銭三百貫等の条件で頼みこみ、また神祇官

吉田兼右から系図提供もあって勅許）。《歴名土代》

□4・3慶光院清順《けいこういんせいじゅん》（伊勢慶光院第三代。生年不詳）、7・10近衛稙家《このえたねいえ》（関白。太政大臣。准三后。父は関白近衛尚通。64）

■**永禄十年（一五六七）丁卯**

正親町天皇51歳

1・1 四方拝を行ない、小朝拝・節会を中止する。《言継卿記》

6月 朝鮮王李昭、日本国王宛に復書、足利義秋《よしあき》に好を通じる。《続善隣国宝記》

7・4 天皇・皇子（誠仁）、楽御会始に箏を奏する（七日の楽御会でも）。《御湯殿上日記》

7・22 天皇、病む（十月十五日、十一月十四日、十二月十九日にも）。《御湯殿上日記》

7・23 東大寺戒壇院、松永久秀の兵火に罹る。《多聞院日記》

8・15 織田信長、斎藤龍興を美濃国稲葉山城に攻略する（信長、同地を岐阜と改称してここに移る）。《信長公記》

8・23 ポルトガル船、長崎に来航する。《長崎由来記》

10・10 松永久秀、三好三人衆を東大寺に破る（このとき大仏殿炎上）。《多聞院日記》

11・16 足利義栄、将軍宣下を請うも却下される。《晴右公記》

12・13 宮女、酒饌を献じ、天皇平癒を賀す。《御湯殿上日記》

□8・5広橋兼秀《ひろはしかねひで》（内大臣。父は贈内大臣広橋守光。62）

■**永禄十一年（一五六八）戊辰**

正親町天皇52歳

1・1 四方拝を行ない、小朝拝・節会を中止する。《言継卿記》

2・8 足利義栄《よしひで》を征夷大将軍とする（室町幕府第十四代将軍）。《公卿補任》

2・20 天皇、楽御会始に箏を奏する。《御湯殿上日記》

3・27 天皇、東大寺大仏殿再興の綸旨を諸国に下す。《御湯殿上日記》

4・15 足利義秋、越前国一乗谷で元服し、義昭と改名する。▼伏見宮貞康親王没（年22。「貞敦筆記」では四月二十六日没）。《言継卿記》

7・7 天皇、楽御会に箏を奏する。《御湯殿上日記》

8・22 天皇、病む。《言継卿記》

9・14 織田信長に禁中を警固させる。《後鑑》

9・26 織田信長、足利義昭を奉じて入京。義昭を清水寺に館せしめ、自らは東寺に陣する。《言継卿記》

＊**晴右公記《はれみぎこうき》** 権大納言勧修寺晴右（一五二三～七七）の日記。法号「高寿院」により「高寿院贈左大臣晴秀公御記」とも（晴右改名前は「晴秀」）。永禄八年（一五六五）から元亀元年（一五七〇）まで自筆原本が残される（欠失多し）。

＊**後鑑《のちかがみ》** 室町幕府に関する歴史書。成島良譲編。嘉永六年（一八五三）成立。元弘元＝元徳三年（一三三一）から慶長二年（一五九七）までを編年体で記す。典拠史料を掲出。

9～10月　足利義栄、病死（死亡日に諸説あり）。《公卿補任ほか》
10・8　織田信長、朝廷に銭数万疋を献上する。《言継卿記》
10・14　足利義昭、京都に帰り本圀寺に館する。《言継卿記》
10・18　足利義昭を征夷大将軍とする（室町幕府第十五代将軍）。《公卿補任》
10・22　将軍足利義昭、参内して剣・馬を献じ、恩を謝す。《言継卿記》
11月　関白近衛前久、出奔する（子信尹《のぶただ》、家督を嗣ぐ）。《多聞院日記》
12・15　第一皇子を親王とし、名を誠仁《さねひと》と賜う。《皇年代略記》
12・16　前関白・左大臣二条晴良を再度関白とする。《公卿補任》
12・19　誠仁親王（陽光太上天皇）、元服する。《公卿補任》
□9月～10月足利義栄《あしかがよしひで》（室町幕府第十四代将軍。31）

■**永禄十二年（一五六九）己巳**

正親町天皇53歳

1・1　四方拝を行ない、小朝拝・節会を中止する。《言継卿記》将軍足利義昭、物を献上する（以降しばしば）。《御湯殿上日記》
1・3　天皇、病む。《御湯殿上日記》
1・5　三好三人衆、入京して足利義昭を本圀寺に囲む（三好義継ら、来援して三好三人衆を破る）。《言継卿記》
2・2　織田信長、足利義昭の新第（二条城）造営に着手する。《言継卿記》
2・26　足利義昭、参内して太刀を献じる。《御湯殿上日記》
3・2　天皇、織田信長を副将軍にせんとするも、信長、奉答せず。《言継卿記》
4・8　織田信長、フロイスを二条城に会見し、京都居住と布教を許す。《フロイス日本史》
4・14　足利義昭、二条城に移る。《言継卿記》
4・16　織田信長、内裏を修理する（修理用瓦を報恩寺で焼成）。《言継卿記》
4・25　朝山日乗、宣教師の京都追放を奏請。天皇、これを綸旨として下す。《イエズス会士日本通信》
7・8　後奈良天皇十三回忌執行につき、徳川家康にその資を献じさせるため、権大納言山科言継を三河に発遣する（家康、銭二万疋を献じる）。《言継卿記》
10・13　信長、禁裏修理視察のため参内し、物を献じる。《御湯殿上日記》
10・26　天皇、病む（このあとも）。《御湯殿上日記》

■元亀元年（一五七〇）庚午

正親町天皇54歳

1・1 四方拝を行ない、小朝拝・節会を中止する。《言継卿記》

1・23 将軍足利義昭と織田信長が不和。信長、信長添状のない義昭の御内書発給を禁じる等の条書を認めさせる。《成簣堂文庫所蔵文書》

1・26 天皇、囲碁をする。《御湯殿上日記》

1・29 天皇、千巻心経を読誦する（このあと毎月二十九日にこれを行なう）。《御湯殿上日記》

2・2 足利義昭、参内して宴に侍す。《御湯殿上日記》

2・11 地震あり（十二日・三月八日にも）。《言継卿記》

2・14 天皇、病む（七月二十七日・十一月七日にも）。《言継卿記》

2・30 織田信長、京都に到り参内し、馬・太刀を献じる。《御湯殿上日記》

3・17 天皇、三条西実澄に「源氏物語」を講じさせる。《御湯殿上日記》

4・20 織田信長、朝倉義景討伐のため京都を発する（二十五日、天皇、信長戦勝のため、宮中で千度祓《せんどはらい》の神事および石清水八幡宮で法楽神事を行なう）。《言継卿記》

4・23 元亀と改元する（兵革によるものかといわれる）。▼天台座主梶井門跡応胤入道親王の辞任により、曼殊院宮覚恕《かくじょ》法親王を天台座主とする。《公卿補任》

4・30 織田信長、金崎城を降し、この日、京都に帰る。《言継卿記》

5・26 天皇、内侍所法楽御会に箏を奏する（誠仁親王も）。《言継卿記》

6・28 信長・徳川家康、浅井長政・朝倉景《かげ》健《たけ》を近江国姉川に破る（姉川の戦）。《信長公記》

7・7 天皇、楽御会に箏を奏する（誠仁親王も）。《御湯殿上日記》

7・10 禁裏御料所が租税を進上しないので、幕府、勅を奉じて銭万疋を献じる。《言継卿記》

8・15 天皇、東大寺大仏殿再建のため、京都阿弥陀寺清玉《せいぎょく》に諸国募縁の綸旨を発する。《山城名勝志》

9・12 本願寺光佐（顕如）、諸国に信長を討てとの檄文を発し、石山本願寺衆徒、信長の陣を夜襲する（石山合戦の初め）。《本願寺文書》

9・19 陰陽頭土御門有脩《ありすえ》（「ありなが」とも）が足利義昭に従って摂津国中嶋にあるも、新暦調進のため、京都に召還させる。《言

＊元亀《げんき》 式部大輔菅原（高辻）長雅《ながまさ》の勘文に「毛詩曰、憬彼淮夷、来献其琛、元亀象歯大賂南金、文選曰、元亀水処、潜竜蟠於沮沢、応鳴鼓而興雨」とある。

継卿記》
10・4 土一揆、山城国西岡で蜂起し入京。幕府、徳政令を発する。《言継卿記》
10・30 青蓮院門跡尊朝法親王、本願寺光佐に、信長との和を講じる。《青蓮院文書》
12・7 京都一条で出火、皇居の一部を焼く(失火者が斬られ、焼跡にさらされる)。《御湯殿上日記》
12・14 信長、勅により朝倉義景・浅井長政と和し、岐阜に帰る。《言継卿記》

■元亀二年(一五七一)辛未
正親町天皇55歳
4・25 関白二条晴良の子、三宝院に入り得度、名を義演とする。《言継卿記》
7・16 武田信玄に東大寺大仏殿再建勧進への奉加を求める綸旨を出す(ついで徳川家康にも)。《言継卿記》
7・25 誠仁《さねひと》親王、京都上京町民の舞踊遊行するを観る(足利義昭等も桟敷を設けて観る)。《言継卿記》
8・21 天皇、京都知恩寺に勅額を賜う。《御湯殿上日記》
8・25 天皇、病む(ついで平癒)。《御湯殿上日記》
9・12 信長、延暦寺全山を焼打ち、翌日入京する。《言継卿記》
9・30 信長、幕府・禁裏用途のため、洛中洛外に段別一升の米を賦課する。《言継卿記》
10・15 信長、京都町民に貸付米制度をしき、朝廷費用を捻出する。《信長公記》
12・15 誠仁親王王子(和仁《かずひと》。後陽成天皇)、誕生する(母は勧修寺晴右女晴子)。《御湯殿上日記》
この年 天皇、囲碁・楊弓・貝合をしばしば行なう。また、廷臣・官女に諸社寺代参をさせる(以後、退位まで)。《御湯殿上日記》
□6・14 毛利《もうり》元就《もとなり》(戦国大名。75)

■元亀三年(一五七二)壬申
正親町天皇56歳
1・1 四方拝を行ない、小朝拝・節会を中止する。《資定卿記》
1・30 前権大納言勧修寺尹豊《ただとよ》を准大臣とする。《資定卿記》
①・6 准大臣勧修寺尹豊を内大臣とする(十三日、尹豊、内大臣を辞し、二月三日出家)。《御湯殿上日記・公卿補任》
①・28 天皇、誠仁親王御所で女舞を覧る。《御湯殿上日記》
2・21 慶光院周養に、諸国に勧進し、伊勢内宮仮殿を造替させる。《慶光院文書》
2・26 天皇、病む(九月十五日にも)。《御湯殿上日記》

3・15 仁和寺任助入道親王、紀伊金剛峯寺・根来寺に参観せんとして綸旨を請う。《御湯殿上日記》

3・29 改元せんとするも、幕府、その資を献ぜざるゆえ、これを中止する。▼幕府に砂を献じさせる（四月十六日、小御所に砂を敷く）。《御湯殿上日記》

6月 織田信長、阿弥陀寺清玉に東大寺大仏殿再建の資をその分国中に勧進させる。《東大寺文書》

7・25 伏見宮貞敦親王没（年85）。《公卿補任》

9月 織田信長、足利義昭に「異見十七ヵ条」を提出し、その失政を諫める。《**尋憲記**》

12・6 三条西実澄《さねずみ》（実枝《さねき》）、細川藤孝（幽斎）に「古今伝授」を行なう（幽斎はのち、実枝の子公国《きんくに》、公国の子実条《さねえだ》に伝授）。《細川家記》

12・17 足利義昭、杉原紙・墨を献上する。《御湯殿上日記》

12・22 誠仁親王王子（和仁）、御髪置の儀を行なう。《御湯殿上日記》

■天正元年（一五七三）癸酉

正親町天皇57歳

1・1 四方拝を行ない、小朝拝・節会を中止する。《続史愚抄》

1・8 天皇、病む（六月十一日にも）。《御湯殿上日記》

4・4 織田信長、将軍足利義昭に和を請うも拒否される。これにより信長、上京を焼き、義昭の二条城を囲む。信長、この日、参内する。《原本信長公記》

4・7 足利義昭、禁裏に信長との和平仲介を頼む。信長、これを容れる。《**兼見卿記**》

5・8 天皇、四辻公遠を召し、花を立てさせる（このあとも）。《御湯殿上日記》

5・26 青蓮院尊朝法親王、金剛峯寺に参詣せんとして参内する（このあと参詣し堺に到るも京都擾乱を避け、大和多武峯に赴く）。《御湯殿上日記》

6・9 権大納言万里小路惟房《これふさ》を内大臣とする。この日、惟房没。《公卿補任》

7・3 足利義昭、自ら山城国宇治の槇島城に拠り兵を挙げる。《兼見卿記》

7・18 織田信長、槇島城を攻略し、足利義昭を逐う。義昭、三好義継の河内若江城に走る（室町幕府滅亡）。《信長公記》

7・21 信長、村井貞勝を京都所司代とし、京中の支配に当たらせる（京都所司代の初め）。《兼見卿記》

7・28 信長の奏請により、**天正**と改元する。《公卿補任ほか》

＊**尋憲記**《じんけんき》 興福寺大乗院門跡尋憲（一五二九～八五）の日記。永禄五年（一五六二）から天正五年（一五七七）までの自筆本が残る。なお尋憲の号は理趣院、父は関白二条尹房《ただふさ》。

＊**兼見卿記**《かねみきょうき》 神祇大副・吉田神社神主吉田（卜部）兼見（一五三五～一六一〇）の日記。元亀元年（一五七〇）から文禄元年（一五九二）までの写本が伝わる（欠失あり）。吉田神道に関すること、時の権力者の動向のほか、当時の政治・経済・軍事情勢や文化・芸能まで世相についても記され貴重。

＊**天正**《てんしょう》 式部大輔菅原（高辻）長雅の勘文に「文選曰、君以下為基、民以食為天、正其末者端其本、善其後者慎其先、老子経曰、清静者為天下正」とある。

8・20 信長、越前国一乗谷を攻める（朝倉義景自殺）。《信長公記》

8・27 信長、近江国小谷《おだに》城を攻める（浅井久政・長政父子自殺）。《年代記抄節》

8・29 京都大風。禁裏破損。《御湯殿上日記》

10・20 誠仁親王第二王子（定輔）を仁和寺任助入道親王の附弟とする。《御湯殿上日記》

12・21 誠仁親王王子（和仁）、御色直の儀を行なう。《御湯殿上日記》

12・26 青蓮院尊朝法親王を四天王寺別当職に安堵する。《四天王寺文書》松永久秀・久通《ひさみち》父子、信長に降り、多聞山城を退く。《信長公記》

この年 天皇、囲碁・楊弓・貝合をしばしば行なう（以後も毎年同様）。《御湯殿上日記》

誠仁親王王子（空性法親王）、誕生する（母は勧修寺晴子）。《大覚寺門跡》

□1・10吉田兼右《よしだかねみぎ》（神道家。「兼右卿記」記主。58）、4・12武田信玄《たけだしんげん》（戦国大名。53）、6・9万里小路惟房《までのこうじこれふさ》（内大臣。父は万里小路秀房。61）

■天正二年（一五七四）甲戌

正親町天皇58歳

1・3 准三宮曼殊院覚恕法親王（後奈良天皇皇子。母は伊予局）没（年60）。《天台座主記》

1・21 伊勢神宮神主に、天変を祈禳させる（三月二十八日にも）。《資定卿記》

2・24 右大臣花山院家輔の辞任により、権大納言九条兼孝を右大臣とする。《公卿補任》

3・18 織田信長を参議とする。《公卿補任》

3・28 織田信長、正倉院の「蘭奢待《らんじゃたい》」を所望。勅許を得て、この日、勅使立ち会いのもと一寸八分四方を切り取り、多聞山城で受けとる。《多聞院日記》

6・1 信長、狩野永徳筆「洛中洛外図屏風」を上杉謙信に贈る。《上杉家文書》

11・28 伊勢専修寺堯慧に門跡号を勅許する。《専修寺文書》

この年 誠仁親王王子（良恕入道親王）、誕生する（母は勧修寺晴子）。《諸寺院上申》

■天正三年（一五七五）乙亥

正親町天皇59歳

2・21 故伏見宮邦輔親王王子邦良・妙法院性胤・三千院（梶井宮）惟常を親王とする（三人ともに正親町天皇猶子。邦良親王はこの年元服して邦房と改称し、伏見宮貞康親王の後を嗣ぐ）。《公卿補任ほか》

2・27 天皇、病む。《御湯殿上日記》

3・14 織田信長、徳政令を発し、門跡・公家の借物を破棄する。《中山家記》

3・16 慶光院周養の諸国勧化により、伊勢

◉正親町天皇御製（「正親町院御百首」より）

「なにの道もまさ木のかづら末つひに絶えずつたへよ家家の風」

「憂世とて誰をかこたむわれさへや心のままにあらぬ身なれば」

「吉野山いつはありともあさぼらけ花のしら雪ちりつもるころ」

内宮の仮殿遷宮を行なう。《中山家記》
5・7 天皇、箏の灌頂を前権大納言四辻季遠より受ける（十日にも）。《御湯殿上日記》
5・21 織田信長・徳川家康、三河国長篠城に武田勝頼を破る（長篠の戦）。《信長公記》
10・21 信長、本願寺光佐（顕如）の請により和睦に応じる。《信長公記》
11・14 権大納言一条内基《うちもと》を内大臣とする。《公卿補任》
12・15 天皇、勅して織田信長に泉涌寺を造営させる。《泉涌寺文書》

■天正四年（一五七六）丙子

正親町天皇60歳
1・28 天皇、誠仁親王御所にて曲舞・猿楽を覧る。《言継卿記》
2・23 織田信長、近江国安土に築城する。《兼見卿記》
2・26 天皇、楽御会始にて箏を奏する（誠仁親王も）。《御湯殿上日記》
3・10 左大臣西園寺公朝、辞任。《公卿補任》
3・11 誠仁親王、石山寺に参詣する。《御湯殿上日記》
4・4 天皇、内侍所法楽楽御会で箏を奏する（誠仁親王も）。《御湯殿上日記》
5・28 天皇、病む。《御湯殿上日記》
9・6 織田信長、泉涌寺を修造。この日、青蓮院尊朝法親王、勅によりその棟札を書く。《兼見卿記》
10・3 天皇、池坊某を召し、花を立てさせる。《言継卿記》
10・9 誠仁親王、鞍馬寺に参詣する。《言継卿記》
10・12 誠仁親王皇子（道勝。興意法親王）、誕生する（母は勧修寺晴子）。《言継卿記》
11・21 右大臣九条兼孝を左大臣、内大臣一条内基を右大臣、権大納言織田信長を内大臣とする。《公卿補任》

■天正五年（一五七七）丁丑

正親町天皇61歳
1・14 勧修寺晴豊、父晴右が拝領した蘭奢待を泉涌寺に寄進する。《泉涌寺文書》
3・12 京都所司代村井貞勝、織田信長の命により、洛中の町民に禁裏築地を修築させる。《信長公記》
4・17 天皇、獅子舞を覧る（ついで女舞も）。《御湯殿上日記》
⑦・11 織田信長、参内して修理成った築地を見る。《兼見卿記》
⑦・12 前関白近衛前久の子信基元服、織田信長、勅によりこれに加冠する。《公卿補任》
10・16 清涼殿にて百座仁王経が行なわれる。《公卿補任》

＊**言経卿記**《ときつねきょうき》 権中納言山科言経（一五四三～一六一一）の日記。自筆のものが天正四年（一五七六）から慶長十三年（一六〇八）まで伝えられる（欠失あり）。有職故実・音楽・和歌・蹴鞠に長じ、また典籍に明るく、多くを書写し、医学に対する勉強ぶりもうかがえる。

11・18 織田信長、参内する。《兼見卿記》
11・19 左大臣九条兼孝を内覧とする。《公卿補任》
11・20 左大臣九条兼孝、辞任。右大臣一条内基を左大臣、内大臣織田信長を右大臣、権大納言二条昭実を内大臣とする。《公卿補任》

■天正六年（一五七八）戊寅

正親町天皇62歳
1・1 織田信長が資を献じ、四方拝・小朝拝・節会が行なわれる。《兼見卿記》
1・13 前権大納言中山孝親を准大臣とする（ついで没）。《公卿補任》
1・20 前関白・左大臣近衛前久を准三宮とする。《公卿補任》
4・4 関白二条晴良、辞任。《公卿補任》
4・9 右大臣織田信長、辞任。《公卿補任》
5・12 大雨洪水。《公卿補任》
10・3 織田信長、禁裏で相撲を興行、天皇の叡覧に供する。《多聞院日記》
11・6 信長の水軍九鬼嘉隆、毛利氏の水軍と摂津木津川口に戦い、これを破る。《信長公記》
12・13 前左大臣九条兼孝を関白・氏長者とする。《公卿補任》
□1・13 今出川《いまでがわ》（菊亭《きくてい》）公彦《きんひこ》（左大臣。父は権大納言今出川季孝。73）、3・13 上杉謙信《うえすぎけんしん》（戦国大名。49）

■天正七年（一五七九）己卯

正親町天皇63歳
1・6 天皇、山科言経に「公卿補任」を書写させ、吉田兼和に神事について記させる。《言経卿記》
1・8 誠仁親王王子（智仁親王）、誕生する（母は勧修寺晴子）。《御湯殿上日記》
1・12 天皇、陰陽頭土御門久脩に新暦を献じさせる（例年は前年中に献上）。《言経卿記》
1・20 内大臣二条昭実を右大臣、大納言三条西実枝《さねき》を内大臣とする（二十二日辞任。二十四日没）。《公卿補任》
1・27 権大納言今出川（菊亭）晴季《はるすえ》を内大臣とする。《公卿補任》
2・10 天皇、病む（十二月十一日にも）。《御湯殿上日記》
2・14 天皇、楽御会始に箏を奏する。《御湯殿上日記》
3・14 誠仁親王、鞍馬に花を賞する。《御湯殿上日記》
4・27 前権大納言烏丸光康を准大臣とする。《公卿補任》
5・11 安土城天守成り、織田信長、岐阜城

より移る。《信長公記》
6・5 天皇、楽御会にて箏を奏する。《言経卿記》
11・4 織田信長、二条に新第（二条御所）を築く。信長、この日上京してこれを献上する（十一日参内）。《信長記》
11・22 誠仁親王、信長献上の二条御所に移る（信長が誠仁親王を意のままになる天皇にするための献上といわれる）。《兼見卿記》
12・11 天皇病むも、この日平癒。《御湯殿上日記》
12・18 誠仁親王、信長に宴を賜う。《兼見卿記》
12・22 大僧都三宝院義演を大僧正とする。《門跡伝》
□1・24三条西実枝《さんじょうにしさねき》（内大臣。父は右大臣三条西公条。有職故実書「三内口決《さんないくけつ》」（「三光院内府記」）著者。69）、3・2山科言継《やましなときつぐ》（権大納言。「言継卿記」記主。73）、4・27烏丸光康《からすまるみつやす》（准大臣。67）、4・29二条晴良《にじょうはるよし》（関白。左大臣。准三后。父は関白二条尹房。室は伏見宮貞敦親王王女位子女王。54）

■天正八年（一五八〇）庚辰

正親町天皇64歳
2・21 内大臣今出川（菊亭）晴季、辞任。権大納言徳大寺公維《きんふさ》を内大臣とする。《公卿補任》
2・25 織田信長、誠仁親王に茶を献じる。《御湯殿上日記》
3・13 観花御宴あり。《御湯殿上日記》
3・17 織田信長、本願寺との講和に勅令を奉じ、本願寺光佐（顕如）に誓書を送る。《本願寺文書》
③・5 本願寺光佐（顕如）、石山退城等を約し、信長との和議成る。《御湯殿上日記》
③・22 天皇、病む（五月七日、十一月十二日にも）。《御湯殿上日記》
4・9 本願寺光佐（顕如）、石山城を子光《こう》寿《じゅ》（教如）に譲り、紀伊国雑賀に退く（ついで光寿、講和の約にそむき籠城）。《信長公記》
この夏 疫癘《えきれい》、諸国に流布。《皇年代私記》
7・8 内大臣徳大寺公維、辞任。前内大臣今出川（菊亭）晴季を還任する。《公卿補任》
8・2 本願寺光寿（教如）、石山城を退き、紀伊国雑賀に移る（石山城焼失。石山合戦の終り）。《多聞院日記》
9・12 誠仁親王王子（和仁。後陽成天皇）、「論語」を習読する。《御湯殿上日記》
11・3 内大臣今出川（菊亭）晴季、辞任。権大納言近衛信基（信尹《のぶただ》）を内大臣とする。

＊**天正記**《てんしょうき》 豊臣秀吉側近の大村由己が著した軍記で、秀吉の偉大さを強調している。
＊**晴豊公記**《はれとよこうき》 准大臣勧修寺晴豊（一五四四～一六〇二）の日記。天正六年（一五七八）から文禄三年（一五九四）までが残る（欠失あり）。晴豊は武家伝奏の職にあり、織田信長から豊臣秀吉の時代で、信長の葬儀、後北条氏の滅亡などが詳しく記される。

《公卿補任》

11・12　天皇、病む。《御湯殿上日記》

11・15　誠仁親王、「般若心経」を書写する。《御湯殿上日記》

12・29　正親町天皇典侍万里小路房子（誠仁親王母）没（年34）。《公卿補任》

この年以降、天正十六年頃までに大村由己《ゆうこ》「**天正記**」成る。

□10・27花山院《かざんいん》家輔《いえすけ》（右大臣。父は関白九条尚経。花山院忠輔養子。62）

■天正九年（一五八一）辛巳

正親町天皇65歳

1・3　故典侍万里小路房子に准三宮を追贈する。《御湯殿上日記》

2・28　織田信長、諸国の将を集め、内裏東門外で馬揃《うまぞろえ》の盛儀を行なう。天皇、これを覧る。《信長公記》

3・1　前右大臣織田信長を左大臣にせんとする（信長、譲位後に拝すると奏請。二十四日、天皇、安土城に勅使を立て譲位拒否を伝える。信長、誠仁親王擁立失敗）。《御湯殿上日記》

4・29　関白九条兼孝、辞任。左大臣一条内基を関白とする。《公卿補任》

5・20　京都大雨洪水（四条橋流失）。《兼見卿記》

8・18　織田信長、天皇に葉茶を詰めた茶壺を献上する（天皇、今後は毎年進上するよう下命）。《御湯殿上日記》

9・9　天皇、獅子舞を覧る。《御湯殿上日記》

10・27　伊勢外宮の仮殿遷宮が行なわれる。《遷宮次第記》

■天正十年（一五八二）壬午

正親町天皇66歳

1・7　天皇、安土城行幸のための鞍を覧る（安土城行幸の計画があったか）。《**晴豊公記**》

2・2　前左大臣近衛前久を太政大臣とする。《公卿補任》

3・10　諸社寺に信長の戦勝を祈らせる。《兼見卿記》

3・11　信長勢、武田勝頼を天目山麓の田野に囲む。勝頼・子信勝ともに自刃。《兼見卿記》

5・4　信長、征夷大将軍就任を断わる。《日々記所収天正十年夏記》

5月　太政大臣近衛前久、辞任（六月二日出家）。《公卿補任》

6・2　明智光秀、本能寺を襲撃する（織田信長自刃。織田信忠、二条城に拠り光秀の兵と戦い自殺。本能寺の変）。《兼見卿記》

6・4　羽柴秀吉、「本能寺の変」を秘し、毛利輝元と講和し、京都へ発つ。《太閤記》

6・13　秀吉、明智光秀を山城国山崎に破る（光秀逃れるも農民に殺される）。《家忠日記》

6・14　明智光秀、安土城を焼く。《兼見卿記》

6・23　本願寺光佐（顕如）と光寿（教如）父子、勅により和解させる。《兼見卿記》

9・12　地震あり。《多聞院日記》

10・9　故織田信長に太政大臣従一位を追贈する。《兼見卿記》

10・15　信長葬儀、京都大徳寺で行なわれる（秀吉主催）。《晴豊公記》

11・29　伏見宮貞敦親王王子任助法親王（母は藤原香子）没（年60）。《仁和寺御伝》

□3・11武田《たけだ》勝頼《かつより》（戦国大名。37）、6・2織田信長（戦国大名。49）、6・13明智光《あけちみつ》秀《ひで》（戦国大名。55か）

■天正十一年（一五八三）癸未

正親町天皇67歳

1・2　天皇、病む。曲直瀬正紹《まなせまさつぐ》（玄朔《げんさく》）に命じ薬を進めしめ、回復。《玄朔道三配剤録》

1・28　皇孫五宮（通勝。興意法親王）、近江園城寺円満院に入室する。《御湯殿上日記》

2・26　前宮内卿舟橋枝賢、天皇に「大学」を進講する。《御湯殿上日記》

3・24　天皇、病む。法印竹田定加、参内して薬を進上する。《御湯殿上日記》

5・2　伊勢神宮に天変を祈禳させる。《四巻之日記》

6・2　秀吉、入京し、この日、大徳寺で信長一周忌法要を行なう。《兼見卿記》

7・5　天皇、病む。《多聞院日記》

8・28　秀吉、大坂に築城を始める。《多聞院日記》

■天正十二年（一五八四）甲申

正親町天皇68歳

1・3　清涼殿西棟に怪異あり（二月三日にも）。《公卿補任》

1・8　青蓮院尊朝法親王・妙法院常胤法親王、大坂の羽柴秀吉に歳首を賀す。《門主伝》

1・18　天皇、病む。《兼見卿記》

3・17　羽柴秀吉、伊勢神宮遷宮用途を献上、慶光院周養・上部貞永《うわべさだなが》に遷宮のことを許しめる。《慶光院文書》

4・9　徳川家康、羽柴秀吉の将三好信吉《みよしのぶよし》（羽柴秀次）・池田恒興・森長可《ながよし》らを尾張国長久手に破る（小牧・長久手の戦）。《皆川文書》

10・4　譲位の思召あるにより、秀吉、仙洞御所を造営する。《兼見卿記》

10・11　誠仁親王・和仁王、松尾社に参詣し、西芳寺・天龍寺・清涼寺等を遊覧する。《兼見卿記》

11・15　秀吉、織田信雄・徳川家康と和睦す

＊**家忠日記**《いえただにっき》　松平家忠（一五五五～一六〇〇）の日記。天正五年（一五七七）から文禄三年（一五九四）まで自筆原本が伝えられる。徳川氏を中心とする政治動向に詳しく、年中行事・鷹狩・連歌など当時の生活文化を知るための好史料。余白に二百点の挿画があるのが特徴。

＊**織田信長**《おだのぶなが》（一五三四～八二）　父は織田信秀。永禄十一年（一五六八）足利義昭を奉じて入京し、義昭を将軍職に就かせるも、翌年には不和となり、追放。天正二年（一五七四）参議、ついで右大臣となるも、同六年辞任。信長は朝廷保護のため献金を重ね、御料所も保証したこともあって征夷大将軍・太政大臣・関白を推されるも本能寺の変前に断ったといわれる。

る。《太閤記》

11・22　羽柴秀吉を従三位権大納言とする（越階《おつかい》）。《公卿補任》

11・29　仁和寺任助入道親王（伏見宮貞敦親王王子）、安芸厳島にて没（年60）。《仁和寺御伝》

12月　関白左大臣一条内基、辞任。右大臣二条昭実を左大臣とする。《公卿補任》

■天正十三年（一五八五）乙酉

正親町天皇69歳

2・12　左大臣二条昭実を関白・氏長者とし、内覧の宣旨を下す。また、青蓮院尊朝法親王を天台座主とする。《続史愚抄》

2・17　羽柴秀吉、京都町民に仙洞御所の築地を築かせる。《兼見卿記》

3・10　関白・左大臣二条昭実、左大臣を辞任。内大臣近衛信輔を左大臣、前内大臣今出川（菊亭）晴季を右大臣、権大納言羽柴秀吉を内大臣とする。《公卿補任》

3・19　誠仁親王・和仁王、醍醐寺理性院に遊ぶ。《兼見卿記》

4・7　天皇、公家衆に譲位・仙洞御所等の旧儀を録上させる。《中御門宣公記》

5・20　伊勢神宮に勅し、宝祚延久御慎の祈禱を行なわせる。《外宮引付》

6・23　地震あり（七月五日にも）。《土御門久脩勘文》

7・11　関白二条昭実を廃し、秀吉、近衛前久の猶子となり、関白に任じられる（このとき平姓から藤原姓に改め、従一位・藤氏長者となる）。《公卿補任》

7・12　三宝院前大僧正義演を准三宮とする。《四巻之日記》

7・15　関白秀吉、親王・摂家・門跡の席次争論を裁決する。《兼見卿記》

7・18　秀吉、五摂家に所領（知行五百石）を与える。《青蓮院宮日記》

7・26　聖蓮院宮道澄法親王、入峯する。《多聞院日記》

8・23　これより先、伊勢両宮、遷宮の先後を争い、この日、勅して内宮を先とする。《兼見卿記》

⑧・11　秀吉、諸公家・諸門跡等の知行を安堵する。《曇華院文書》

10・6　羽柴秀吉・秀長・秀次ら参内し、叙位叙官の恩を謝する。《兼見卿記》

10・7　秀吉、秀長らと参内し、禁中で茶会を催し、自ら茶を点て、天皇・誠仁親王に振る舞う（このとき、黄金の茶室を搬入）。また天皇、千宗易に利休居士号を賜う。《兼見卿記》

10・13　天皇から諸国勧進の綸旨を賜った慶

光院周養などの尽力により、伊勢内宮の遷宮が行なわれる。(百二十三年ぶり。外宮も十月十五日に遷宮。以後、両宮同年遷宮となる)。《皇太神宮天正十三年遷宮記》

11・21 秀吉、山城国を検地し、諸社寺に所領を安堵する。《大原野神社文書》

11・29 京都大地震、三十三間堂の仏像が転倒する(翌年三月まで連日のように余震続く。天正地震)。《**宇野主水日記**ほか》

●この頃、キリスト教宣教師が「伊勢神宮に行かざるものは人間の数に加うべからず」と本国に報告したほどで、神宮への崇敬が高まる。

■天正十四年(一五八六)丙戌

正親町天皇70歳

後陽成天皇16歳

1・14 羽柴秀吉、参内して歳首を賀す。《御湯殿上日記》

1・16 秀吉、大坂城から「黄金の茶室」を小御所に持ち込み、茶会を開き、天皇・誠仁親王らに茶湯を献じる。《兼見卿記》

1・18 禁中で猿楽あり(秀吉陪観)。《御湯殿上日記》

2・24 天皇、桜花を賞する。《御湯殿上日記》

2・28 これより先、秀吉、参内して桜花を観る。この日、御製を桜枝に付して秀吉に賜う。《御湯殿上日記》

3・16 秀吉、コエリゥに会見、明・朝鮮征服の意図を伝える。《イエズス会日本年報》

3・20 天皇、秀吉に薫香を賜う。《御湯殿上日記》

4・26 天皇、病む。《御湯殿上日記》

5・27 誠仁親王ら、大覚寺に臨む。《御湯殿上日記》

6・15 毛利輝元、御料所石見大森銀山の白銀を献上する。《御湯殿上日記》

7・17 盗人、禁中に入る。《御湯殿上日記》

7・24 **誠仁親王**、受禅を真近にして急死する(陽光院〈陽光太上天皇〉と追号)。《多聞院日記》

7・26 秀吉、参内して天機をうかがう。《御湯殿上日記》

8・10 誠仁親王を泉涌寺に葬る(陵名は月輪陵)。《兼見卿記》

9・17 陽光院(誠仁親王)第一王子を親王とし、名を和仁と賜う。《公卿補任》

9・20 和仁親王(後陽成天皇)、元服する(関白秀吉加冠)。《公卿補任》

10・27 徳川家康、大坂城で秀吉に拝謁する(和議が整う)。《多聞院日記》

＊**宇野主水日記《うのもんどにっき》** 本願寺顕如の右筆宇野主水(生没年不詳)の記録。天正八年(一五八〇)から同十四年までが残される。主水の「鷺森日記」「貝塚御座所日記」「貝塚御座所雑記」をまとめたもの。本願寺と戦国武将との交渉がよく描かれる。

＊**誠仁親王《さねひとしんのう》**(一五五二～八六) 正親町天皇皇子。母は内大臣万里小路秀房女房子(贈准三宮)。永禄十一年(一五六八)親王宣下。早くから皇儲《こうちょ》とされ、天正十四年(一五八六)には父の譲位、親王受禅が内定も、にわかに病没した。泉涌寺山内に葬られ、陵は月輪陵《つきのわ》。陽光太上天皇尊号を贈られる。王子に和仁親王(後陽成天皇)・空性法親王・良恕法親王・興意法親王・八条宮智仁親王などがいる。

第四部　第百七代後陽成天皇〜第百二十代仁孝天皇

（西暦1586〜1846）

第百七代 後陽成天皇《ごようぜい》

11・7 正親町天皇譲位（ついでこの月のうちに太上天皇尊号宣下）。皇孫和仁親王受禅（**後陽成天皇**）、関白豊臣秀吉は旧の如し。《御湯殿上日記》

11・12 即位由奉幣使を発遣する。《兼見卿記》

11・13 前本願寺門跡光佐（顕如）を准三宮とする。《言経卿記》

11・20 陽光院（誠仁親王）妃勧修寺晴子を准三宮とする。《御湯殿上日記》

11・25 天皇、紫宸殿にて即位礼を挙げる。《公卿補任》

12・16 近衛前久女前子《さきこ》（羽柴秀吉養女）を女御とする（この日入内）。《御湯殿上日記》

12・19 関白・内大臣羽柴秀吉を太政大臣とし、豊臣姓を賜う。《公卿補任ほか》

■天正十五年（一五八七）丁亥

後陽成天皇17歳
正親町上皇71歳

1・7 白馬節会を復活する。《御湯殿上日記》

1・16 踏歌節会を復活する。《御湯殿上日記》

2・6 秀吉・秀次、参内して歳首を賀す（白鳥・太刀・馬代を献上）。《兼見卿記》

2・7 廷臣等、聚楽第にて豊臣秀吉に歳首を賀す。《兼見卿記》

3・1 秀吉、島津攻めのため大坂を出発する。《多聞院日記》

4・3 不動法を清涼殿に修し、秀吉の戦勝を祈らせる。《御湯殿上日記》

5・8 島津義久、薙髪し、薩摩泰平寺の秀吉に謁して降伏する。《太閤記》

6・19 秀吉、「日本は神国たる処」とし、キリスト教の弊害を認め、これを禁止し、二十日以内に宣教師の国外退去を命じる。《松浦文書》

7・4 京都大雨。神祇大副吉田兼見に止雨を祈らせる。《兼見卿記》

7・29 秀吉、九州より上洛、この日、参内して物を献じ、西征の状を報告する。《御湯殿上日記》

9・13 聚楽第成り、秀吉、この日、大坂城より移る。《多聞院日記》

10・1 秀吉、貴賤を北野に会し、大茶会を催す。《兼見卿記》

11・19 陽光院王子を親王とし、名を定輔《さだすけ》と賜う。▼権大納言織田信雄《のぶかつ》を内大臣とする。《続史愚抄》

12・9 権大納言三条西公国《きんくに》を内大臣とする（この日没）。《公卿補任》

□12・9 三条西公国《さんじょうにしきんくに》（内大臣。父は内大臣三条西実枝。32）

＊**後陽成天皇《ごようぜいてんのう》**（一五七一～一六一七） 名は和仁《かずひと》のち周仁《かたひと》。正親町天皇皇子誠仁《さねひと》親王（陽光太上天皇）第一王子。母は贈左大臣勧修寺晴右《はれみぎ》女晴子（新上東門院）。天正十四年（一五八六）親王宣下、元服、同年のうちに践祚、即位。慶長十六年（一六一一）譲位、太上天皇尊号宣下。元和三年（一六一七）崩御。陵は深草北陵。女御に近衛前《さき》子《こ》（中和門院）。所生の子に文高《ぶんこう》女王・清子内親王・後水尾天皇・好《よし》仁《ひと》親王・貞子内親王・尊覚入道親王など）。ほか皇子女に覚深《かくじん》・承《しょう》快《かい》・尊性《そんしょう》・堯然《ぎょうねん》・良純・道晃・道《どう》周《しゅう》・慈胤《じいん》の各親王と永宗《えいそう》女王など。御製に「神にしもなほ祈りなば治まれる世のゆく末は千代もかぎらじ」などがある。

＊**蘇合香《そこう》** 「そごう」「そごうこう」とも。雅楽の曲名。「楽家録」によると、「皇帝《おうだい》」「団乱旋《とらでん》」「春鶯囀《しゅんのうでん》」と並ぶ四箇大曲の一。

■天正十六年（一五八八）戊子

後陽成天皇18歳

正親町上皇72歳

1・13 前征夷大将軍足利義昭、出家して昌山と号し、この日、秀吉とともに参内する（ついで昌山を准三宮とする）。《公卿補任》

2・1 天皇、蜘蛛舞を覧る。《御湯殿上日記》

2・18 前関白九条兼孝を准三宮とする。《公卿補任》

4・4 天皇、前権大納言四辻公遠《きんとお》より「蘇合香伝授」を受ける。《御湯殿上日記》

4・14 天皇、豊臣秀吉の聚楽第に行幸する（十八日還幸。このとき、盛儀の一部始終を大村由己に記させたものが「聚楽行幸記」。「聚楽第行幸図屏風」も残されている）。《聚楽行幸記》

4・15 秀吉、地子銀五千五百三十両余を天皇に、地子米三百石を上皇に、五百石を智仁親王（八条宮）に献上し、このほか公卿・門跡等にも近江国内八千石を宛行う）。《聚楽行幸記》

4・16 聚楽第にて和歌御会あり。《聚楽行幸記》

4・17 天皇、聚楽第にて舞楽を覧る。《聚楽行幸記》

5・5 後陽成天皇皇子（良仁《かたひと》親王。覚深《かくじん》入道親王）、誕生する（母は中山親綱女親子）。《多聞院日記》

5・15 これより先、秀吉、東山に方広寺大仏殿を建立し、この日、居礎の儀をあげる。《言経卿記》

5・23 疫病流行により、伊勢神宮神主にこれを祈禳させる。《御湯殿上日記》

7・8 秀吉、方広寺大仏殿用材として百姓の武器を徴収し、その所持を禁じる（刀狩令）。《小早川家文書》

7・27 上皇、病む。天皇のお見舞あり。《御湯殿上日記》

8・11 天皇、病む。上皇のお見舞あり。《御湯殿上日記》

8・12 秀吉、島津義弘に命じ、使を琉球王に派遣し、入貢を促す。《島津家文書》

8・23 定輔親王、大覚寺にて得度し、法名を性舜（のち空性《くうしょう》）とする。《華頂要略》

11・15 陽光院三宮（良恕《りょうじょ》親王）と伏見宮王子を親王とし、名をそれぞれ勝輔・邦慶と賜う（「続史愚抄」では伏見宮王子を陽光院四宮〈道勝。興意法親王〉とある）。《壬生家四巻之日記》

11・20 勝輔親王、曼殊院に入室、得度し、法名を覚円と称する（ついで良恕と改称）。《華頂要略》

11・28 細川幽斎、中院通勝に「古今伝授」を行なう。《東山御文庫記録》
□5・19徳大寺《とくだいじ》公継《きんふさ》（内大臣。父は右大臣久我通言。養父は権大納言徳大寺実通。52）

■天正十七年（一五八九）己丑
後陽成天皇19歳
正親町上皇73歳

1・1 四方拝を行なうも、日食により小朝拝・元日節会を中止する。《御湯殿上日記》
廷臣・諸将、大坂城の豊臣秀吉に歳首を賀す。《日本耶蘇会年報》
1・14 秀吉、参内して歳首を賀す。《御湯殿上日記》
2・4 天皇、病む。《御湯殿上日記》
3・1 観花御宴・御貝合あり。《御湯殿上日記》
3・17 秀吉、禁裏造営を始める（九月、ほぼ完成）。《御湯殿上日記》
5・9 天皇、病む（十日、上皇のお見舞いあり）。《御湯殿上日記》
5・20 秀吉、聚楽第にて陽光院六宮（智仁親王）以下廷臣・諸将に金銀を頒つ。《御湯殿上日記》
6・11 伊勢神宮神主に雨を祈らせる。《壬生家四巻之日記》
8・18 羽柴秀長、仙洞御所に猿楽を行なう。《日用集》
8・28 宗義智ら朝鮮国王に拝謁し、通信使派遣を要請する。《朝鮮王朝実録》
9・1 豊臣秀吉、諸大名妻子の滞京を命じる。《多聞院日記》
9・11 延暦寺再建され、法華会が再興される。《壬生家四巻之日記》
9・24 琉球王使、島津義久と上京する。《武家事紀》
9・25 秀吉、浅野長政を京都所司代とし、前田玄以に加える。《鹿苑日録》
10・4 天皇、曲直瀬《まなせ》正紹《まさつぐ》を召し、拝診させる。《御湯殿上日記》
10・12 天皇、秀吉・前田玄以に練香を賜う。《御湯殿上日記》
11・22 秀吉、諸国を検地、この日、洛中検地を始める。《鹿苑日録》
12・12 天皇、徳川家康に練香を賜う。《御湯殿上日記》

■天正十八年（一五九〇）庚寅
後陽成天皇20歳
正親町上皇74歳

1・1 豊臣秀吉、参内して歳首を賀す（仙洞御所にも参賀）。《御湯殿上日記》
1・3 天皇、右大臣今出川（菊亭）晴季を聚楽第に派遣し、秀吉の小田原出陣に太刀

＊**日本耶蘇会年報**《にほんやそかいねんぽう》 日本耶蘇会がローマの耶蘇会に報告した年報。正規には天正七年（一五七九）から寛永四年（一六二七）まで。「耶蘇会士日本通信」とともに日本のキリスト教受容や当時の社会・政治状況を知るうえで貴重史料。
＊**日用集**《にちようしゅう》 相国寺僧西笑《せいしょう》承兌《じょうたい》（一五四八～一六〇七）とその法嗣鳳《ほう》林《りん》承 章《じょうしょう》（一五九三～一六六八）の日記。刊本「鹿苑日録」に収録されている。
＊**武家事紀**《ぶけじき》 山鹿《やまが》素行《そこう》（一六二二～八五）の武家向けの教養書。武家政治の歴史・風俗・習慣・戦術等を記したもの。延宝元年（一六七三）成立。
＊**鹿苑日録**《ろくおんにちろく》 相国寺鹿苑院主の公的日記。長享元年（一四八七）から慶安四年（一六五一）まで。幕府の宗教政策や当時の寺院経営の実態を知るための基本史料。
＊**日本西教史**《にほんせいきょうし》 維新政府の太政官本局翻訳官による「日本教会史」三版本の翻訳書。明治十一年上巻、同十三年下巻刊行。誤りが多いとされる。
＊**徳川実紀**《とくがわじつき》 徳川幕府初代家康から

を賜う。《晴豊公記》
2・28 天皇、仮楼に御し、浅野長吉（長政）の京都出発を覧る。《晴豊公記》琉球王使、来朝して国書を呈する。この日、秀吉、これに答書を与える。《続善隣国宝記》
3・1 秀吉、兵を率い、小田原に向け京都を発する。天皇、四足門前の仮楼に御し、その行装を覧る。《御湯殿上日記》
3・7 天皇、病む（四月二十五日、五月十八・二十七日にも）。《御湯殿上日記》
4・4 秀吉、小田原城を囲む。《家忠日記》
4・18 神祇官所管の八神殿を吉田斎場所に遷す（神祇官代として祭祀を担当。以後、伊勢への例幣・奉幣はここより発遣）。《兼見卿記》
6・3 勅使勧修寺晴豊・中山親綱、小田原より帰京し、戦況を奏する。《晴豊公記》
6・20 天正遣欧使節、長崎に帰着する。**《日本西教史》**
7・13 秀吉、北条氏を降し、この日、小田原城に入り、徳川家康に関八州を与える。《家忠日記》
7・17 秀吉の奏請により、紫宸殿を延暦寺に賜う。《御湯殿上日記》
8・1 徳川家康、江戸城に入る。**《徳川実紀》**
8月 内大臣織田信雄、出家する。《公卿補任》
9・1 天皇、この日より千首の御製を詠じる。《御湯殿上日記》秀吉、京都に凱旋する。《晴豊公記》
9・15 秀吉、陽光院六宮（智仁《としひと》親王）に御料所を献じる。《晴豊公記》
11・3 秀吉、東征より凱旋して初めて参内して銀三百枚を献じる。《御湯殿上日記》
11・7 秀吉、朝鮮使節を聚楽第に引見し、国書を受ける（ついで答書を与える）。《晴豊公記》
12・19 天皇、今出川（菊亭）晴季より琵琶の伝授を受ける。《御湯殿上日記》
12・26 天皇、新造内裏に移る。《御湯殿上日記》
12・28 内侍所を新殿に遷す。《御湯殿上日記》
この年 蠣崎慶広《かきざきよしひろ》、上京して秀吉に謁見、蝦夷島主の待遇を受ける。《新羅之記録》陽光院第六王子（智仁親王）、秀吉の猶子となる（秀吉は王子に関白職を譲る約束をするも鶴松誕生により解消され、王子は八条宮を賜わる）。
□6・22 西園寺《さいおんじ》公朝《きんとも》（左大臣。父は左大臣西園寺実宣。76）

■天正十九年（一五九一）辛卯

後陽成天皇21歳
正親町上皇75歳

第十代家治までの事歴を編年体で叙述したもの。原題は「御実紀」。「徳川実紀」は明治以降の呼称。林述斎の建議、奥儒者成島司直を中心として執筆、天保十四年（一八四三）に献上された。「続徳川実紀」は本編に続き、第十一代家斉から第十五代慶喜までの編集が進められるも未完成で、献上までには至らなかった。

1・9 誠仁親王（陽光院）五宮（道勝）、聖護院に入室する（ついで落飾して興意と改称）。《御湯殿上日記》

1・12 豊臣秀吉、参内して歳首を賀す。《御湯殿上日記》

1・18 これより先、秀吉、陽光院六宮（智《とし》仁《ひと》親王）の御所を造営。この日、六宮、ここに移る。《晴豊公記》

1・26 陽光院六宮を親王とし、名を智仁と賜う（二十九日元服。のち桂宮家始祖となる）。《公卿補任》

①・18 これより先、ヴァリニャーノ、天正遣欧使節の帰国とともに来朝。この日、聚楽第の秀吉に謁見し、インド副王の信書を呈する。《晴豊公記》

①月 秀吉、京都にお土居《どい》を築く（五月十八日竣工）。《三藐院記》

2・14 後陽成天皇皇子（幸勝《ゆきかつ》。承快法親王）、誕生する（母は中山親綱女親子）。《禁裏執次詰所日記》

3・4 秀吉、これより先、禁裏を修造する。《兼見卿記》

4・4 秀吉、庶民がみだりに禁中に出入するのを禁じる。《時慶卿記》

6・29 上皇、病む。《兼見卿記》

7・25 秀吉、インド副王に返書し、キリスト教の布教禁止を伝え、貿易を求める。《鹿苑日録》

8・23 秀吉、明年三月の征明出兵を表明、肥前国名護屋城普請を諸将に命じる。《相良家文書》

9・15 秀吉、原田孫九郎を派遣し、ルソン総督に服属を勧告する。《朝鮮征伐記》

10・24 これより先、秀吉、琉球王尚寧に朝鮮出兵に会させる。島津龍伯（義久）、この日、尚寧にその出兵の期を定める。《大三川志附録》

11・1 徳川秀忠を参議とする。《公卿補任》

12・4 権大納言豊臣秀次を内大臣とする。《公卿補任》

12・8 天皇、女御御殿に行幸し、猿楽を覧る。《三藐院記》

12・16 天皇、上皇とともに築地上の桟敷より、尾張から上洛の秀吉の行列を覧る。《兼見卿記》

12・18 関白豊臣秀吉、辞任。《公卿補任》

12・28 内大臣豊臣秀次を関白とする。《公卿補任》

この年 琉球王尚寧、明に進貢する。《鄭姓家譜》

□2・28 千利休《せんのりきゅう》（茶湯大成者。70）

■文禄元年（一五九二）壬辰

＊**三藐院記《さんみゃくいんき》** 左大臣のち関白近衛信尹《のぶただ》（一五六五～一六一四）の日記。文禄元年（一五九二）から慶長十一年（一六〇六）までの日次記と別記がある（欠年あり）。法号は三藐院。寛永の三筆の一とされ、その書風を三藐院流という。

＊**時慶卿記《ときよしきょうき》** 参議西洞院時慶（一五五二～一六三九）の日記。天正十五年（一五八七）から寛永十六年（一六三九）までが残る（途中欠失あり）。時慶は歌人でもあり、歌会の記事や身辺雑記（地震や保身）があるほか政仁親王（後水尾天皇）や新上東門院・中和門院に関する記事も多い。

＊**天正記《てんしょうき》** 豊臣秀吉の御伽衆大村由己《ゆうこ》（?～一五九六）による秀吉の軍記・伝記。秀吉の命により天正八年（一五八〇）に「播磨別所記」を著し、以下「惟任謀反記」など折々に書かれ、これらを総称して「天正記」と呼ばれる。

＊**宝簡集《ほうかんしゅう》** 高野山金剛峯寺およびその子院に伝わる文書を高野山文書といい、このうち最も重要な文書を江戸時代に編纂したものが宝簡集で、宝簡集・続宝簡集・又《ゆう》続宝

後陽成天皇22歳
正親町上皇76歳

1・1 豊臣秀次、参内して歳首を賀す。《兼見卿記》
1・5 豊臣秀吉、天皇の名において諸大名に朝鮮・明への出陣を命じる。《天正記》
1・19 秀吉、琉球王尚寧に朝鮮出兵を命じる。《古楽写》
1・26 天皇、秀次の聚楽第に行幸する（二十八日還幸）。《兼見卿記》
1・28 左大臣近衛信輔（信尹《のぶただ》）、辞任。《公卿補任》
1・29 関白・内大臣豊臣秀次を左大臣とする。《公卿補任》
2・13 天皇、病により、伊勢神宮等に平癒を祈らせる。《多聞院日記》
3・13 徳川家康、参内する。《言経卿記》
3・26 天皇・上皇、秀吉の出陣を観る。秀吉、拝辞して西行する（四月二十五日、肥前名護屋に到着）。《三藐院記》
4・12 小西行長・有馬晴信ら、兵船七百余を率いて、朝鮮釜山浦に入港する。《西征日記》
5・2 ルソン総督、秀吉の入貢勧告に対する拒否の答書を送る（七月、秀吉、重ねて入貢を求める）。《セビリア市インド文書館文書》
5・11 天皇、神祇大副吉田兼見より、陰陽行儀伝授を受ける。《兼見卿記》
5・18 漢城（ソウル）攻略により、秀吉、関白豊臣秀次に「二十五ヵ条の令書」を送る（中に北京遷都計画があり、後陽成天皇を北京に行幸させ、日本は皇子か皇弟八条宮に継がせるとした）。《厳島文書》大納言烏丸光宣《みつのぶ》を伊勢神宮に遣わし、征韓戦勝を祈らせる。《多聞院日記》
6・2 秀吉、朝鮮に向かい乗船しようとするも、徳川家康等に諫止される。《中外経緯伝》
6・3 秀吉、朝鮮にある軍の編成を改め、諸将を諭して明国に進撃させる（七日には天皇の明国行幸も勅許）。《萩藩閥閲録》
7・22 秀吉、生母大政所の病により京都に向かう（大政所、この日没）。《続宝簡集》
9・10 これより先、天皇、秀吉に「高麗国への下向」を思いとどまるよう勅する。この日、秀吉、勅答してこれを延引する。《兼見卿記》
9・18 秀吉、大坂より入京、参内する。《言経卿記》
10・1 秀吉、大坂より肥前名護屋に出陣する。《兼見卿記》

簡集がある。

12・8 代始により**文禄**と改元する。《公卿補任》

12・14 前左大臣近衛信輔（信尹）、名護屋に赴く。《三藐院記》

□7・26川端道喜《かわばたどうき》（京都の富商。衰微の皇室に供御の餅等を献上。生年不詳）、11・24顕如《けんにょ》（本願寺法主。50）

■文禄二年（一五九三）癸巳

後陽成天皇23歳

正親町上皇77歳

1・4 公家衆等、関白豊臣秀次に歳首を賀す。《時慶卿記》

1・5 正親町上皇、崩御。《公卿補任》

1・24 京都地震（四月十四日、九月二十五日にも）。《時慶卿記》

2・5 上皇に「正親町院」を追贈する。《時慶卿記》

2・10 前左大臣近衛信輔（信尹）が秀吉と一緒に渡海することを禁じる勅を秀吉に下す（三月十九日、信輔、帰京）。《三藐院記》

2・23 正親町上皇を泉涌寺に火葬する（陵は**深草北陵**）。《時慶卿記》

4・1 秀次、参内する。《時慶卿記》

4・10 大覚寺空性《くうしょう》を法親王とする。《続史愚抄》

4・13 豊臣秀次、天皇に「六国史」「類聚三代格」「百練抄」等を献じる。《言経卿記》

5・26 京都大雨洪水。《時慶卿記》

6・28 秀吉、明使に和議七ヵ条を示す。《続善隣国宝記》

8・3 秀吉の子が生まれる（拾丸、のち秀頼）。《時慶卿記》

8・25 秀吉、名護屋より大坂に帰る。《家忠日記》

9・24 京都方広寺大仏殿が上棟する。《多聞院日記》

10・3 秀吉、参内する。《時慶卿記》

10・5 秀吉、禁中で能楽を催す（秀吉・家康等出演）。《時慶卿記》

10・23 後陽成天皇皇女（清子内親王）、誕生する（母は近衛前子）。《時慶卿記》

11・5 秀吉、原田孫七郎を高山国（台湾）に派遣し、入貢を促す。《**異国日記**》

11・16 勅版「古文孝経《こぶんこうぎょう》」が開板（最初の木活字本）。《時慶卿記》

12・25 諸国疾疫流行。この日、天皇、病む。《時慶卿記》

この年 秀吉、フィリピン総督に答え、重ねて入貢を促す。《セビリア市インド文書館文書》

■文禄三年（一五九四）甲午

後陽成天皇24歳

＊**文禄**《ぶんろく》 権中納言菅原盛長《もりなが》の勘文に「杜氏通典（巻三五、職官）禄秩巻、貞観二年制注曰、凡京文武官、毎歳給禄」とある。

＊**深草北陵** 七六八ページ注参照。

＊**異国日記**《いこくにっき》 近世初期の外国との往復書翰や発給所務に関する記事を収録し、南禅寺金地院に伝わったもの。金地院崇伝が徳川幕府の外交事務を管掌していたことから、崇伝自筆のものが残る。

＊**駒井日記**《こまいにっき》 豊臣秀吉近臣駒井重勝（一五六八～一六三五）の日記。「駒井重勝日次記」「駒井中書日次記」「文禄日記」とも。文禄二年（一五九三）から同四年まで残る（欠失多し）。

＊**当代記**《とうだいき》 近世初期の記録風の書。天文年間（一五三二～五五）から徳川家康の大御所時代まで記される。著者は不明も幕府関係者と推測されている。

1・1 諒闇により四方拝を中止。この日、天皇、病む。《晴豊公記》
1・26 豊臣秀次、参内して歳首を賀す。《**駒井日記**》
1・27 公家衆、聚楽第に歳首を賀す。《駒井日記》
2・27 豊臣秀吉、秀次らと大和国吉野で花見をする（公家衆供奉）。《駒井日記》
4・11 秀吉、参内して能を興行する。《駒井日記》
4・29 後陽成天皇第一皇子を親王とし、名を良仁《かたひと》と賜う。《本朝皇胤紹運録》
5・12 近衛信輔（信尹）、勅勘をこうむり、薩摩国坊津《ぼうのつ》に配流され、この日、三味線を聞く。《三藐院記》
この秋 秀吉、完成の伏見城に移る。《駒井日記》
12・14 内藤如安、北京に入り、この日、明皇帝に謁見し、冊封等の和議条件を約す。《清正行状》
この年 諸国で検地（伊勢で、宮川以東は神宮の敷地として検地免除）。《**当代記**》フィリピン総督の使節、伏見城で秀吉に謁見し、答書を呈する。《セビリア市インド文書館文書》
□1・4曲直瀬《まなせ》正盛《まさもり》（道三。医師。「啓迪集《けいてきしゅう》」を正親町天皇に進覧。88）、1・5九条稙通《くじょうたねみち》（関白。内大臣。父は関白九条尚経。88）、2・1勧修寺尹豊《かじゅうじただとよ》（内大臣。父は権大納言勧修寺尚顕。92）

■文禄四年（一五九五）乙未

後陽成天皇25歳

1・1 関白豊臣秀次、参内して歳首を賀す。《御湯殿上日記》
1・3 公家衆、聚楽第の秀次に歳首を賀す。《言経卿記》
1・4 地震あり。《続史愚抄》
1・16 天皇、病む（三月二日、六月二・十四・十七日、七月四日にも）。《御湯殿上日記》
3・10 秀吉、般舟三昧院に京都に土地を与え、伏見より移す。《御湯殿上日記》
3・27 豊臣秀吉、参内する。《言経卿記》
4・19 天皇、笛・和琴の秘訣を前権大納言四辻公遠より受ける（二十一日には琵琶の秘訣も）。《御湯殿上日記》
6・7 京都洪水。《言経卿記》
7・8 秀吉、秀次を伏見に呼び、官職（関白）を奪い、高野山に追放する（このあとしばらく関白を置かず）。《言経卿記》
7・15 秀吉、秀次に自殺を命じる。《言経卿記》

7・25 秀吉、奏請して右大臣今出川（菊亭）晴季を越後に流す。《言経卿記》

7月 徳川家康ら、秀吉に連署起請文を提出し、秀吉・捨丸（秀頼）への忠誠を誓う。《毛利家文書》

8・12 天皇、権中納言持明院基孝より書道伝授を受ける。この日、囲碁をする。《御湯殿上日記》

8月 秀吉、秀次の邸宅聚楽第を破却する。《当代記》

9・5 天皇、智仁親王・良恕法親王らに詠歌大概を講じる。《歴朝要紀》

□7・15 豊臣秀次《とよとみひでつぐ》（関白。秀吉の姉日秀の子。28）

■**慶長元年（一五九六）丙申**

後陽成天皇26歳

1・29 豊臣秀吉、方広寺大仏殿落慶の千僧供養を行なう。《義演准后日記》

5・8 徳川家康を内大臣とする。《徳川実紀》

5・13 秀吉、捨丸（秀頼）とともに参内する。《義演准后日記》

5・15 秀吉、能を興行し、天皇、これを覧る。《義演准后日記》

5・29 前右大臣今出川（菊亭）晴季、勅勘を赦され、越後より京都に帰る。《義演准后日記》

6・4 後陽成天皇皇子（政仁《ただひと》。後水尾天皇）、誕生する（母は近衛前子《さきこ》）。《言経卿記》

6・27 秀吉、伏見城で明冊封副使沈惟敬と会見する。《義演准后日記》

⑦・13 京都・畿内大地震。近衛天皇陵多宝塔・伏見城天守・方広寺大仏殿等が倒壊する（圧死者多数。東寺・本願寺の堂舎被害甚大。余震数ヵ月。この前九日には豊後大地震・大津波あり）。《義演准后日記》

⑦・15 地震により、禁庭に仮殿を建て、天皇、これに移る。《孝亮宿禰記》

8・5 京畿大風雨、洪水。《鹿苑日録》

9・1 秀吉、大坂城で明冊封日本正使楊方亨を引見する（秀吉、誥命・金印・冠服を受ける）。《高山公実録》

9・2 秀吉、明の誥命に怒り、明使を追い返し、再び朝鮮出兵を決意する。《高山公実録》

9・6 これより先、スペイン商船サンフェリペ号、土佐浦戸に漂着する。《日本耶蘇教史》

9・15 前左大臣近衛信輔（信尹）、勅勘を赦され、薩摩より京都に帰る。《義演准后日記》

10・27 天変地妖により慶長と改元する。《義演准后日記》

＊**歴朝要紀**《れきちょうようき》 「一代要記」を継いで後醍醐天皇から後陽成天皇に至るまで、治世中の主要事件等を収録したもの。「大日本史」に従い南朝を正統とする。高松の豪商梶原景惇（一七六二～一八三四）が記したものを、藩主松平頼恕《よりひろ》が史局を設けて稿本を修訂させたもの。天保十年（一八三九）朝廷・仙洞に献上。

＊**義演准后日記**《ぎえんじゅごうにっき》 醍醐寺第八十代座主義演（一五五八～一六二六）の日記。慶長元年（一五九六）から寛永三年（一六二六）までほぼ現存。天正七年（一五七九）大僧正、同十三年准三后宣下。父は二条晴良、母は伏見宮貞敦親王王女位子。朝廷・公家社会に近く、豊臣氏とも親しく、仏教界の主要な地位にあったことから、当時の政治・社会・宗教状況を知るうえで第一級史料となっている。

＊**孝亮宿禰記**《たかすけすくねき》 左大史壬生孝亮（一五七五～一六五二）の日記。「小槻孝亮宿禰記」などともいう。文禄四年（一五九五）から寛永十一年（一六三四）までが記録されている（欠失あり）。公武にわたる

12・10 秀吉、スペイン船舶載の緞子等を献上する。《義演准后日記》

■**慶長二年（一五九七）丁酉**

後陽成天皇27歳

1・1 豊臣秀吉、諸将に朝鮮再征を命じる。《両朝平攘録》

1・20 伏見城の増築を開始（諸人困窮し、京中疲幣すと記される）。《家忠日記》

1・24 新上東門院、東寺・清水寺等に参詣する。《続史愚抄》

2・13 青蓮院**尊朝法親王**（伏見宮邦輔親王王子）没。《諸門跡譜》

3・1 浅間山噴火。《当代記》

3・8 秀吉、醍醐寺三宝院に桜花を賞する（三宝院門跡義演・徳川家康等陪観）。《義演准后日記》

4・22 妙法院常胤法親王を天台座主とする。《孝亮宿禰記》

4・27 秀吉、参内し歳首を賀す。（徳川家康ら陪従）。宴を清涼殿に賜う。《言経卿記》

5・4 伏見城天守が成り、秀吉・秀頼が移る。《義演准后日記》

6月 秀吉、朝鮮王子が来朝しないのを怒り、小西行長・加藤清正に攻撃を命じる（慶長の役始まる）。《清正高麗陣覚書》

7・24 秀吉、大坂城でルソン総督使を謁見し、答書を与えキリスト教布教禁止を求める。《孝亮宿禰記》

9・28 秀吉・秀頼父子、参内する。《孝亮宿禰記》

10・2 京都地震。《義演准后日記》

この年 勅版（宸刻本）「錦繡段《きんしゅうだん》」「勧学文《かんがくぶん》」を開版する。《刊記》

□5・24ルイス＝フロイス（カトリック宣教師。著書に「**日本史**」等。65）、8・28足利《あしかが》義昭《よしあき》（准三宮。室町幕府第十五代将軍。61）

■**慶長三年（一五九八）戊戌**

後陽成天皇28歳

1・6 京都地震。《言経卿記》

2・1 天皇、病む（八月十三日、九月一日、十月一日にも）。《御湯殿上日記》

2・23 天皇、大覚寺空性法親王の御所造営に、銀百枚を賜う。《御湯殿上日記》

3・15 これより先、醍醐寺五重塔が完成。この日、秀吉、秀頼らと醍醐寺にて盛大な花宴を催す。《義演准后日記》

3・26 京都風雨洪水。《義演准后日記》

4・18 秀吉・秀頼、参内する（白銀を献じ、放下僧を興行）。《御湯殿上日記》

4・21 伊勢内宮の仮殿遷宮が行なわれる。《慶長三年内宮仮殿遷宮記》

5・17 伏見宮貞敦親王王子・天台座主応胤

恒例・臨時の公事・政界の動向・世情等に詳しい。

＊**慶長**《けいちょう》 文章博士菅原為経《ためつね》の勘文に「毛詩注疏曰、文王功徳深厚、故福慶延長也」とある。

＊**尊朝**《そんちょう》**法親王**《ほっしんのう》（一五五二～九七） 青蓮院門跡。伏見宮邦輔親王第六王子。正親町天皇猶子。弘治元年（一五五五）青蓮院に入室し、永禄五年（一五六二）得度して尊朝と号し、翌年親王宣下により尊朝法親王となる。天正十三年（一五八五）天台座主に任じられる。書にすぐれ、青蓮院流から別流尊朝流を創立。墓は青蓮院宮上ノ墓地。

＊**日本史** 一五六三年、日本に宣教のため上陸したルイス＝フロイスの編年体歴史書。中で「六十六カ国全体の最高君主であり、国主かつ主権者はただ一人であって、これを皇《おう》、もしくは天皇《てんのう》、または内裏と称する」とあるも、「今は国王の名を有するだけで、なんの実力も命令権もなく、関白から与えられるもの以上の実質を備えていない。そして（関白）がすべてを指令しているのである」として、実権は関白（豊臣秀吉）が握り、

入道親王没（年68）。《御系譜》
5・23 天皇、黒戸御所に奴子舞を覧る（六月三日、能を覧る）。《御湯殿上日記》
7・6 黒戸にて千反楽が行なわれる。天皇、琵琶を奏する。《御湯殿上日記》
7・25 秀吉、死期を覚り、白銀一千枚を献上する。《御湯殿上日記》
8・5 秀吉、病により、子秀頼を徳川家康ら年寄衆に托し、五奉行と誓書を交換、遺書を記す（六日、徳川家康・前田利家・毛利輝元・宇喜多秀家を枕頭に招き、日本の将来等を托す）。《毛利家文書》
8・18 豊臣秀吉、伏見城に没する（側近、これを秘す）。《義演准后日記》
8・25 徳川家康・前田利家、朝鮮の諸将に和を講じ、撤兵を告げる使者を派遣する。《島津家文書》
9・23 天皇、病により、伊勢神宮等に平癒を祈らせる。《御湯殿上日記》
10・12 性舜（空性）法親王を四天王寺別当とする。《大覚寺門跡》
11・10 豊臣氏五奉行等、改元を請う。《言経卿記》
11・18 天皇、病気治療のため、皇弟智仁親王への譲位を希望。この日、徳川家康、譲位諫止の意見書を提出する。《御湯殿上日記》
11・20 島津義弘ら、帰国せんとし、巨済島より対馬に向かう（十二月二十九日、山城伏見に到着）。《征韓録》
12・1 天皇、病む。《御湯殿上日記》
12・19 今出川（菊亭）晴季《はれすえ》を右大臣に還任する。《公卿補任》
12・21 天皇、快方に向かう。《言経卿記》
12・23 天皇、名を和仁より周仁《かたひと》と改める。《御湯殿上日記》
12・29 幸勝親王、仁和寺に入室する。《御湯殿上日記》
□8・18 **豊臣秀吉**（関白。戦国大名。62）

■慶長四年（一五九九）己亥

後陽成天皇29歳
1・1 天皇、病により、四方拝・小朝拝を中止する。《言経卿記》
1・5 豊臣秀吉の死が公表される（二月二日、五奉行が剃髪）。《義演准后日記》
1・10 天皇、病む（二十一日にも）。《御湯殿上日記》豊臣秀頼、秀吉の遺命により伏見城から大坂城に移る。《義演准后日記》
1・27 天皇、病が続き、この日、灸治の可否について勅問する（摂家・清華家ら旧記を調べるが、先例がないため見送られる。このあと、曲直瀬玄朔の治療により快癒。譲位問題落着）。《御湯殿上日記》

天皇は名ばかりであると指摘した。
＊**豊臣秀吉**《とよとみひでよし》（一五三六～九八）織田信長死後、明智光秀を破り、柴田勝家等を滅ぼし、徳川家康等と和し、島津・後北条氏・奥羽を平定して天下を統一する。一方、関白・太政大臣に任じられ、豊臣姓を賜わり、太閤と称する。また、正親町天皇の譲位を計り、上皇のため仙洞御所を造営し、検地を実施して皇室領を確保した。朝鮮・明への侵攻は結果的には失敗し、伏見城で没。

③・3 勅版「日本書紀神代巻」刊行（五日伊勢神宮、二十五日春日社に奉納。皇子女にも賜う。ついで「大学」「中庸」も）。《御湯殿上日記》

この春 勅版「職原抄」刊。《孝亮宿禰記》

4・17 故豊臣秀吉に「豊国大明神」の神号を賜う。《御湯殿上日記》

4・18 方広寺大仏殿隣に豊国社が造営され、豊臣秀吉が祀られる（勅使奉幣あり）。《義演准后日記》

4・19 「豊国大明神」に正一位が宣下される。《義演准后日記》

4・21 天皇、平癒する。《御湯殿上日記》

4・23 八条宮智仁親王・伏見宮邦房親王、豊国社に詣でる。《義演准后日記》

4・29 秀頼、秀吉への贈号を謝し、白銀一千枚を献上する。《御湯殿上日記》

5・12 後陽成天皇皇子（近衛信尋《のぶひろ》）、誕生する（母は近衛前子）。《御系譜》

5・24 京都大雨洪水。《義演准后日記》

5・25 勅版四書五経成るにより、廷臣に賜う。《御湯殿上日記》

7月 大泥国《パタニ（たいに）》（マレー半島の王朝）、方物を秀頼に贈る。《異国日記》

8・14 徳川家康、参内して白銀百枚を献上する。《御湯殿上日記》

9・3 天皇、雅楽採桑老《さいそうろう》の舞を覧る。《御湯殿上日記》

10・3 京都地震。《言経卿記》

12・13 贈内大臣勧修寺晴右に左大臣、前内大臣勧修寺尹豊《ただとよ》に右大臣を追贈する。《続史愚抄》

■慶長五年（一六〇〇）庚子

後陽成天皇30歳

1・1 天皇、病により四方拝・小朝拝を中止する。《御湯殿上日記》

1・25 八条宮智仁親王、丹後田辺の細川幽斎を召し、「古今和歌集」を講じさせる。《細川幽斎家集》

2・17 京都地震。《時慶卿記》

3・16 オランダ船リーフデ号が豊後国に漂着する（徳川家康、ウイリアム・アダムズを大坂城に引見）。《日本耶蘇会年報》

4・11 天皇、この日より「源氏物語」の講釈あり。《御湯殿上日記》

4・19 内大臣徳川家康ら参内する。《御湯殿上日記》

5・6 天皇、秀頼の奏請により「豊国大明神」の号を宸書して賜う。《御湯殿上日記》

6月 禁中・公家邸で「ややこ踊」が行なわれる。《御湯殿上日記》

7・27 西軍細川幽斎、丹後田辺城に籠城。

この日、八条宮智仁親王に古今伝授の箱と相伝証明状を渡す。《智仁親王御記》

8・4　天皇、病むも、この日平癒する。《孝亮宿禰記》

9・12　天皇、勅使中院通勝・三条西実条《さねえだ》・烏丸《からすまる》光広を石田三成軍に囲まれた丹後国田辺城に遣わし、細川幽斎に開城・和睦をすすめる（十八日開城。天皇は、幽斎の死により「古今伝授」が絶えることを危惧。この年、幽斎、智仁親王に伝授、「伝心抄」を遺す。のち、後水尾天皇に伝えられる）。《本朝通鑑》

9・15　徳川家康の東軍、関ヶ原に石田三成の西軍を撃破する（関ヶ原の戦）。《義演准后日記》

9・27　家康・秀忠父子、大坂城西の丸に入り、本丸で豊臣秀頼と会見する。《言経卿記》

10・1　家康、石田三成・小西行長らを京都六条河原に処刑する。《孝亮宿禰記》

12・19　家康の執奏により、九条兼孝を再度関白・左大臣とする（豊臣秀頼の関白就任を封じるためといわれる）。《公卿補任ほか》

12・21　家康の計らいにより、第三皇子を親王とし、政仁《ただひと》（のち「ことひこ」。後水尾天皇）の名を賜う（秀吉が推していた良仁親王は、翌年、仁和寺に出家）。《御湯殿上日記》

12・29　准三宮勧修寺晴子（陽光院妃）を新上東門院と号する。《時慶卿記》

■慶長六年（一六〇一）辛丑

後陽成天皇31歳

1・1　天皇、病むにより、四方拝を中止する。《御湯殿上日記》

1・6　天皇、叙位の儀を再興する（天正六年（一五七八）以来）。《慶長六年正月六日叙位記》

1・11　権大納言勧修寺晴豊を准大臣とする。《公卿補任》

1・12　禁裏の東北に火災あり。《言経卿記》

1・19　天皇、病むにより、和歌御会始を延期する。《御湯殿上日記》

1・27　関白九条兼孝の左大臣辞任。二十八日、前左大臣近衛信輔（信尹）を還任。《公卿補任》

1・29　公家衆・門跡、大坂城の豊臣秀頼・徳川家康に歳首を賀す。《三藐院記》

1・30　一代一度の**天曹地府祭**が行なわれる（以後、孝明天皇まで即位のたびに行なわれる）。《言経卿記》

2・7　京都地震（四月十四日にも）。《言経卿記》

3・5　良仁親王、仁和寺に入室する。《義

＊**智仁親王御記**《としひとしんのうぎょき》　誠仁《さねひと》親王王子智仁親王（正親町天皇皇孫。一五七九～一六二九）の日記。慶長四年（一五九九）から同九年までの自筆原本が宮内庁書陵部に伝わる。和歌・楽に関する記事のほか、宮中・諸門跡との交際等が記される。

＊**天曹地府祭**《てんそうちふさい》　陰陽道で冥官を祭り、無病息災・延命長寿などを祈る儀式。「六道冥官祭《ろくどうめいかんさい》」とも。明治になり、陰陽寮廃止に至るまで続けられる。

＊**舜旧記**《しゅんきゅうき》　神道家・僧侶梵舜《ぼんしゅん》（一五五三～一六三二）の日記。梵舜は吉田兼右の子、兼見の弟。天正十一年（一五八三）から寛永九年（一六三二）までの記録（欠失あり）。「梵舜記」「梵舜日記」とも。変動期の中央の人物の動きや京都の行事・風俗・信仰等について記される。

演准后日記》
3・8　第二皇子幸勝、梶井門跡に入室する（四月二十六日得度）。《華頂要略》
3・17　天皇、紫宸殿に高麗獅子舞を覧る。《御湯殿上日記》
3・19　天皇、県召除目を再興する（天正二十年（一五九二）以来。叙位・除目の再興は家康の力による）。《言経卿記》
3・27　良仁《かたひと》親王、得度して覚深《かくじん》と称する（覚深入道親王）。《仁和寺御伝》
5・11　徳川家康、参内する。《御湯殿上日記》
5・15　徳川家康、禁裏御料を整理、加増して一万石余を献じる。また、親王・廷臣・門跡等の封を定める。《御湯殿上日記》
6・11　陽光院（誠仁親王）の聖忌近きにより、般舟三昧院を新造する。《言経卿記》
8・13　風雨洪水。《舜旧記》
8月　家康、板倉勝重を京都所司代とする。《舜旧記》
この秋　諸国凶作。《当代記》
10・25　禁裏南方に火災あり。《言経卿記》
10月　徳川家康、ルソン総督に修交を求める。《異国所々御書之草案》
⑪・17　天皇、新上東門院御所に初めて行幸する。《御湯殿上日記》
12・9　後陽成天皇第三皇女を内親王とし、名を清子《せいし》と賜う。《公卿補任》
12・17　後陽成天皇皇子（八宮。良純法親王）、誕生する（母は庭田重具女具子《ともこ》）。《時慶卿記》
この年　後陽成天皇皇子（二宮）、三千院にて出家（承快《しょうかい》法親王）。《梶井門跡略系譜》

■慶長七年（一六〇二）壬寅

後陽成天皇32歳

1・2　天皇、殿上淵酔を再興する（大永二年（一五二二）以来）。《言経卿記》
1・7　権大納言日野輝資・参議資勝父子の出仕を止める（父子出奔。四月十日勅免）。《言経卿記》
2・19　公家衆・門跡、徳川家康の伏見城に参る。《義演准后日記》
2・24　京都地震（三月十九日、五月二日にも）。《時慶卿記》
2・26　新上東門院御所で観花御宴あり。《時慶卿記》
3・1　天皇、病む。《玄朔道三配剤録》
3・21　公家衆、大坂に行き、豊臣秀頼に歳首を賀す。《義演准后日記》
5・1　徳川家康、参内する。《三藐院記》
家康、諸大名に命じ、二条城の修築に着手させる。《慶長見聞書》
6・4　天皇、黒戸での御楽で琵琶を奏する。

《時慶卿記》
6・11 東大寺三倉を開封する。《時慶卿記》
6・17 後陽成天皇皇子（五宮。尊性《そんしょう》法親王）、誕生する（母は日野輝資女輝子）。《言経卿記》
6・28 天皇、病む。《言経卿記》
7・28 徳川秀忠女千姫、豊臣秀頼と結婚する。《徳川実紀》
8・5 徳川家康、大泥国（パタニ王国）・ルソンに書を送る。《異国日記》
8・20 新上東門院（陽光院妃勧修寺晴子）、落飾する。《時慶卿記》
8・29 これより先、スペイン船、土佐清水に漂着し、徳川家康、その船長を伏見城に引見。《異国日記》
9・15 徳川家康、安南に渡航する船に朱印状を与える。《前田家所蔵文書》
10・3 後陽成天皇皇子（六宮。堯然《ぎょうねん》法親王）、誕生する（母は持明院基孝女基子）。《時慶卿記》
12・4 方広寺大仏殿火災。新造大仏が焼ける。《義演准后日記》
12・19 後陽成天皇第五皇子（五宮。尊性法親王）、大覚寺に入室する。《言経卿記》
この年 海北友松、御所などで屛風絵を描く。《言経卿記》徳川家康、対馬の宗義智をして朝鮮との修好を図らせるも成らず。《譜牒余録》
□12・8 勧修寺晴豊《かじゅうじはるとよ》（「かんじゅじ」「はれとよ」とも。准大臣。贈内大臣。「晴豊公記」記主。59）

■慶長八年（一六〇三）癸卯

後陽成天皇33歳
1・16 親王・公家衆、伏見城の徳川家康に歳首を賀す（諸門跡は翌日）。《義演准后日記》
1月 右大臣今出川（菊亭）晴季、辞任。《公卿補任》
2・12 内大臣徳川家康を右大臣・征夷大将軍とする（江戸幕府初代将軍）。▼権大納言広橋兼勝・参議勧修寺光豊を武家伝奏とする。《公卿補任》
2・20 親王・公家、大坂城の秀頼に歳首を賀す。《御湯殿上日記》
2・25 家康、正倉院修理を命じ、宝物を油倉に移す（このとき長持三十二個を寄進）。《東大寺正倉院御宝物記》
2・29 後陽成天皇皇子（六宮。堯然法親王）、妙法院に入室し、常胤《じょういん》法親王附弟となる。《御湯殿上日記》
3・1 天皇、近臣に御苑の花を拝観させる。《時慶卿記》

＊武家伝奏《ぶけてんそう》 武家（幕府）の奏請を朝廷に取り次ぐ公卿。「ぶけでんそう」とも。建武新制の際に置かれ、室町時代に制度化され、慶応三年（一八六七）まで続く。
＊山田奉行《やまだぶぎょう》 「伊勢奉行」「伊勢山田奉行」「伊勢郡代」などとも。伊勢神宮の警衛・造営・修理のほか伊勢・志摩両国における支配と訴訟等を扱う。日光奉行と同格で、明治維新まで続く。

3・2　連歌御会あり。終わって新上東門院御所にて観花御宴。《御湯殿上日記》
3・9　天皇、新上東門院の観花御宴に臨む。《御湯殿上日記》
3・15　京都地震。《時慶卿記》
3・17　後陽成天皇皇子（七宮。好仁《よしひと》親王）、誕生する（母は近衛前子《さきこ》）。《御湯殿上日記》
3・21　家康、新造二条城に入る。《義演准后日記》
3・25　家康、有力大名を率い、参内して将軍宣下拝賀の礼を行ない、併せて歳首を賀す。《御湯殿上日記》
この春　畿内に疱瘡流行。《言経卿記》
4・1　公家衆、二条城の家康に謁する。《言経卿記》
4・17　政仁親王、西洞院時慶より書法を学ぶ。《時慶卿記》
4・19　家康の奏請により、天皇、黒戸御所で本因坊算砂等の囲碁を覧る。《慶長日件録》
4・22　権大納言豊臣秀頼を内大臣とする。《公卿補任》
4・24　京都大雨洪水。《義演准后日記》
4月　出雲阿国、京都に至り歌舞妓踊を演じる。《当代記》
5・6　新上東門院御所で、出雲阿国の演芸が催される。《慶長日件録》

5・28　京都地震。《時慶卿記》
7・28　徳川秀忠女千姫（母は江）、大坂城の秀頼に入輿する。《時慶卿記》
9・2　武家伝奏の名で「公家衆作法五ヵ条」が出される。《慶長日件録》
9・9　家康、慶光院周養に朱印状を下し、伊勢神宮正遷宮を管掌させる。《慶光院由緒書》
10・16　家康、右大臣を辞任。《公卿補任》
11・3　豊臣秀吉正室浅井氏に高台院の号を賜う。《御湯殿上日記》
11・21　青蓮院尊純、得度する（尊純法親王）。《華頂要略》
11月　幕府、伊勢神宮警衛等のため伊勢山田奉行を置く（慶長五年説あり）。《神宮年表》
12・3　浅間山鳴動。《徳川実紀》
12・21　京都地震。《時慶卿記》
12月　京都に盗賊が多いため、幕府、十人組を編成し、連坐制とする。《当代記》

■慶長九年（一六〇四）甲辰

後陽成天皇34歳

1・9　京都所司代板倉勝重、鶴を献上する（以降幕末まで、所司代、歳首に参内して物を献上する）。《御湯殿上日記》
1・27　親王・公家衆・門跡、大坂城の豊臣秀頼に歳首を賀す。《御湯殿上日記》

2・8 天皇、蹴鞠・囲碁・将棋・楊弓・謡曲など御遊あり、親王以下に宴を賜う。《御湯殿上日記》

2・12 京都地震（五月六日、六月十三日、七月十七日、十一月四・十一日にも）。《時慶卿記》

3・1 天皇、この日より「源氏物語」講釈を始める。《御湯殿上日記》

3・27 新上東門院御所で能楽あり（天皇臨御）。《御湯殿上日記》

4・8 南禅寺僧元沖、天皇に「錦繍段」を進講する。《言経卿記》

5・27 天皇、病む（六月九日平癒）。《御湯殿上日記》

6・14 伊勢神宮等近畿諸社寺に勅し、降雨を祈らせる。《石清水文書》

6・22 家康、参内し、物を献じる。《御湯殿上日記》

7・27 清子内親王、鷹司信尚に降嫁する。《御湯殿上日記》

8・15 天皇・新上東門院、紫宸殿に御し、京都の民の豊国神社臨時祭の踊を覧る。《御湯殿上日記》

8月 京都盗賊多し。《当代記》

⑧・12 家康、キリスト教布教のため来日のルソン使節を引見する。《**慶長日件録**》

11・10 関白九条兼孝、辞任（ついで薙髪）。《公卿補任ほか》

12・13 政仁親王（後水尾天皇）、九歳となり、読書始を行なう（侍読は舟橋国賢《くにかた》。以後「孝経」「大学」「論語」と進む）。《言経卿記》

12・21 天皇、病む。《御湯殿上日記》

■慶長十年（一六〇五）乙巳

後陽成天皇35歳

1・1 天皇、病むにより、四方拝・元日節会を中止する（七日の白馬節会も）。《時慶卿記》

1・20 三宝院准后義演、桜樹を醍醐寺境内に増殖する。《義演准后日記》

1・29 公家衆・門跡、大坂の豊臣秀頼に歳首を賀す。《義演准后日記》

2・7 京都地震（三月十五・二十八日にも）。《時慶卿記》

2・13 京都上京・下京に火事。《当代記》

2・27 天皇、新上東門院御所の観花御宴に臨御する。《時慶卿記》

3・5 徳川家康、伏見城で朝鮮使節と会見、正式に国交を回復する。《義演准后日記》

4・10 将軍家康、参内する（七月十二日、十一月二十七日にも）。《言経卿記》

4・12 内大臣豊臣秀頼を右大臣とする。《公卿補任》親王・公家衆・門跡等、二条城の

＊**慶長日件録**《けいちょうにっけんろく》 明経博士舟橋秀賢《ひでかた》（一五七五～一六一四）の記録。慶長五年（一六〇〇）から同十八年まで記されるも欠落あり。慶長活字版、公家子弟への儒学教育のほか、関ヶ原以降の豊臣氏・徳川氏への公家の対応の変化などが分かる好史料。

＊**慶長千首** 後陽成天皇が、中院通勝等の歌千首を集めたもの。このとき天皇は、「さほ姫の霞の衣立ちかへる春とはしるき朝ぼらけ哉」と詠じる。

＊**輝資卿記**《てるすけきょうき》 権大納言日野輝資（一五五五～一六二三）の日記。慶長十年（一六〇五）から同十六年にわたるも欠落多し。日記というより消息の控えで贈答の記事が多い。ほかに茶湯についてや豊臣・徳川への距離感などが窺い知れる好史料。

家康に歳首を賀す。《義演准后日記》
4・16 徳川秀忠を内大臣・征夷大将軍とする（徳川幕府第二代将軍）。《公卿補任》
4・26 後陽成天皇皇子（一条昭良）、誕生する（母は近衛前子）。《言経卿記》秀忠参内し、将軍宣下を謝す。《義演准后日記》
7・23 左大臣近衛信尹を関白・氏長者とし、万機を内覧させる（翌日、左大臣を辞職）。《公卿補任》
8・11 政仁親王、女御近衛前子と石山寺・三井寺等に行啓する。《時慶卿記》
8・16 家康の奏請により、仁和寺宮を諸門跡の首座とする。《仁和寺文書》
8・24 前関白二条昭実を准三宮とする。《公卿補任》
8・27 関白近衛信尹を准三宮とする。《公卿補任》
8・28 これより先、第四皇子、関白近衛信尹の嗣子となり、この日、元服して信尋《のぶひろ》と名づけられる。《言経卿記》
8・29 政仁親王、おしのびで金閣寺に行く。《時慶卿記》
9・2 天皇、神龍院梵舜に、二十二社の神号、勧請由来等につき勅問する。《舜旧記》
9・16 天皇、「慶長千首」を催す。《言経卿記》
10・28 政仁親王および女御近衛前子、聖護院に行啓する。《時慶卿記》
11・7 明経博士舟橋秀賢、天皇に「孝経」を進講する。《慶長日件録》
11・18 天皇、「源氏物語」を講釈する（このあとしばしば）。《言経卿記》
11・29 伏見宮邦房親王王子（後陽成天皇猶子）を親王とし、名を貞清《さだきよ》と賜う（ついで元服。貞清親王、邦房親王の後を嗣ぐ）。《伏見宮記録》
11月 浅間山噴火（翌年正月まで）。《当代記》
12月 京都疱瘡流行。《時慶卿記》
この年 奇瑞の流説により、伊勢神宮への集団参拝が起こる（「お蔭参り」の初め）。

■慶長十一年（一六〇六）丙午

後陽成天皇36歳

1・1 四方拝、雨儀。小朝拝・節会は中止。《言経卿記》
1・25 公家衆・門跡、大坂の豊臣秀頼に歳首を賀す。《言経卿記》
2・4 八条宮智仁親王、豊国社に参詣する。《舜旧記》
3・4 女御近衛前子御所に新上東門院を請じ、観花の催しあり。《輝資卿記》
4・28 徳川家康、参内して歳首を賀す。また、伝奏勧修寺晴豊邸に行き、幕府の執奏

なしに武家に叙任しないよう申し入れる（直奏の禁止）。《義演准后日記》秀頼、伊勢宇治橋を架す。《慶光院文書》
5・1　天皇、病により、参賀の公家衆に天酌を賜わず。《慶長日件録》
5・7　公家衆・門跡、伏見の家康に参賀する。《言経卿記》
7・2　幕府、禁裏の造築および仙洞御所造営を始める。《慶長日件録》
8・2　天皇、「百人一首」を講じる。《言経卿記》
8・11　家康、参内する。《徳川実紀》
9・8　天皇、「源氏物語」を講じる。《言経卿記》
9・22　これより先、将軍秀忠、内大臣を辞任。この日、権大納言鷹司信房を内大臣とする。《公卿補任ほか》
11・10　内大臣鷹司信房を左大臣とする。《公卿補任》
11・11　関白近衛信尹に替え、左大臣鷹司信房を関白・氏長者・内覧とする。《公卿補任》
この年　秀頼、石清水八幡宮ほか多くの社寺を修造する。《田中文書ほか》

■慶長十二年（一六〇七）丁未
後陽成天皇37歳

1・1　天皇、病により、四方拝・小朝拝・節会を中止する（九日の公家衆参賀も中止）。《御湯殿上日記》
1・3　前関白近衛信尹、江戸に赴く。《言経卿記》
1・11　豊臣秀頼、右大臣を辞任。権大納言九条忠栄《ただひで》（のち幸家）を右大臣とする。《公卿補任》
1・13　天皇、新上東門院御所に行幸始を行なう。《御湯殿上日記》
1・28　歳首により、大坂に勅使を遣わす。公家衆・門跡、大坂に赴き、秀頼に歳首を賀す。《言経卿記》
2・26　近衛信尹、江戸より帰り、この日、参内する。《言経卿記》
3・2　後陽成天皇皇女（貞子内親王）、誕生する（母は近衛前子）。《言経卿記》
3・3　舟橋秀賢、天皇に「孝経」を進講する。《慶長日件録》
4・8　舟橋秀賢、天皇に「大学」を進講する。《慶長日件録》
4・12　対馬藩主宗義智、朝鮮使節を率いて入京する（二十四日江戸到着）。《言経卿記》
4・28　京都地震。《孝亮宿禰記》
④・9　舟橋秀賢、天皇に「論語」を進講する。《御湯殿上日記》
5・6　宗義智、朝鮮使節を伴い、江戸城に

登る（使節、徳川秀忠に国書・方物を提出。使節団は五百名を超える。これにより正式に国交回復）。《徳川実紀》

5・20　後陽成天皇大典侍日野輝子没（年27）。《言経卿記》

8・3　勅額を豊国神社に賜う。《舜旧記》

8・19　舟橋秀賢、天皇に「孟子」を進講する。《御湯殿上日記》

8・20　天皇、病む。《御湯殿上日記》

10・4　徳川秀忠女和子《かず》（後水尾天皇中宮）、誕生する（母は江《ごう》）。《当代記》

11・12　天皇、「源氏物語」を校合する（十五日講釈）。《御湯殿上日記》

11・18　天皇、病む。《御湯殿上日記》

11・27　皇子八宮（直輔《なおすけ》親王。良純《りょうじゅん》入道親王）、知恩院に入室する（知恩院が門跡寺院になる。このあと幕末まで、歴代門跡は徳川家猶子となり、浄土宗の首座に着く）。《孝亮宿禰記》

12・16　仙洞御所が完成する。この日、仮に皇居を仙洞御所に移す（ついで幕府、禁裏の敷地を広め、諸大名に石垣を築かせる）。《御湯殿上日記》

■慶長十三年（一六〇八）戊申

後陽成天皇38歳

1・27　歳首により勅使を大坂に遣わす。公家衆も大坂に赴き、秀頼に歳首を賀す。《孝亮宿禰記》

2・11　後陽成天皇典侍中山親子没（年33）。《義演准后日記》

2・22　後陽成天皇皇子（十宮。尊覚《そんかく》入道親王）、誕生する（母は近衛前子）。《御湯殿上日記》

4・8　天皇、「源氏物語」を講釈する。《御湯殿上日記》

6・3　京畿大雨洪水。《孝亮宿禰記》

8・20　天皇、「伊勢物語」を講じる。《御湯殿上日記》

11・12　家康の奏請により、江戸増上寺を勅願所とし、住持代々に紫衣を着するを許す。《増上寺文書》

12・6　邦慶親王、名を興意と改める。《続史愚抄》

12・26　鷹司信房、関白・左大臣を辞任。右大臣九条忠栄を関白・氏長者とする。《公卿補任》

□6・28　道澄《どうちょう》（聖護院門跡。准三宮。照高院開基。父は関白・太政大臣近衛稙家。63）

■慶長十四年（一六〇九）己酉

後陽成天皇39歳

1・17　歳首により、勅使を大坂に遣わす（ついで親王・公家衆・門跡も）。《時慶卿記》

●後陽成天皇御製

「天てらす神のいがきのすゑとほく治めしるべき世をや祈らむ」

（「一夜百首」）

「ちかひなほ世世にかはらで八島もる国つみ神は頼もしきかな」

（「五日百首」）

「まもれなほ国にただしき道しありて神の恵をあふぐてふ代は」

（「五日百首」）

1・25　後陽成天皇第九皇子（昭良）、関白一条内基《うちもと》の養子となり、一条家を嗣ぐ（ついで元服して兼遐《かねとお》、のち昭良）。《孝亮宿禰記》

1月　徳川家康、長谷川藤広をして、書を占城《チャンパ》国（ベトナム中部の王国）にやり、銀を輸出して香材を求めさせる。《異国日記》

豊臣秀頼、方広寺大仏を再造。《徳川実紀》

2月　徳川家康、伊勢神宮遷宮料として米六万俵を寄進する。《当代記》

3・12　政仁親王、四書を読了、お祝いの盃を行なう。《時慶卿記》

4・16　政仁親王、生母女御近衛前子と賀茂川に遊覧する。《時慶卿記》

4・19　天皇、病む。《壬生家四巻之日記》

5・1　幕府、照高院門跡興意法親王に「園城寺寺務条規」および「修験道法度」を下す（聖護院門跡に年行事支配の判物を授ける）。《御当家令条》

5・26　島津家久、琉球平定を家康および秀忠に報じる。《薩藩旧記》

7・1　天皇、病む。《御湯殿上日記》

7・4　これより先、宮中女官と烏丸光広ら公家衆の乱行事件が発覚。この日、天皇、関係女官の里帰り、公家衆の勅勘を決定し、京都所司代板倉勝重に報告する（女官密通事件・猪熊事件）。《時慶卿記》

7・25　これより先、オランダ国王、書を家康に送り通商を求める。この日、家康、これを許す。《異国日記》

8・3　興意法親王、江戸より京都に還る。《時慶卿記》

9・13　伊勢両宮神官、遷宮の先後を争う。この日勅して、内宮先とする。《御湯殿上日記》

9・16　吉田斎場を神祇官代とし、伊勢一社奉幣発遣の儀を行なう（明治維新まで神祇官代となる）。《御湯殿上日記》

9・21　伊勢内宮の遷宮が行なわれる。《御湯殿上日記》

9・24　天皇、病む。《御湯殿上日記》

9・27　伊勢外宮の遷宮が行なわれる。《御湯殿上日記》

10・1　家康、女官密通事件の女官七人を伊豆国に流すことにする（七日猪熊教利《のりとし》らを処刑）。《時慶卿記》

11・7　家康、女官密通事件の残りの公家衆七人を硫黄島・蝦夷・隠岐・伊豆に流す。《時慶卿記》

12・20　後陽成天皇皇子承快法親王（母は中山親子）没（「御湯殿上日記」では八月二十日没。年19）。《梶井門跡略系譜》

＊東埔寨国　カンボジアの漢字表記。

＊光豊公記《みつとよこうき》　権大納言勧修寺光豊（一五七五～一六一二）の日記。天正十八年（一五九〇）から慶長十七年（一六一二）までが断続的に残る。豊臣政権から徳川政権初期にあたる時期で、また慶長八年以降は武家伝奏の地位にあり、朝廷と幕府の関係を知るうえできわめて貴重な史料とされる。

＊後水尾天皇《ごみずのおてんのう》（一五九六～一六八〇）名は政仁《ことひと》（初め「ただひと」と訓む）。後陽成天皇第三皇子。母は関白近衛前久《さきひさ》女前子（中和門院）。慶長五年（一六〇〇）親王宣下、同十五年元服、同十六年践祚、即位。寛永六年（一六二九）譲位、太上天皇尊号宣下。慶安四年（一六五一）出家。延宝八年（一六八〇）崩御。陵は月輪陵。皇后は将軍徳川秀忠女和子《かずこ》（東福門院）。所生の子に明正天皇・高仁《すけひと》親王・昭《あき》子《こ》内親王・賀子《よしこ》内親王など。皇子女に後光明天皇（母は園光子）・後西天皇（母は櫛笥隆子）・霊元天皇（母は園国子）のほか、守《しゅ》澄《ちょう》・性承《しょうじょう》・性真《しょうしん》・尭恕《ぎょうじょ》・穏仁《やすひと》・尊《そん》光《こう》・道寛《どうかん》・真敬《しんけい》・尊証《そんしょう》・盛胤《せいいん》の各

■慶長十五年（一六一〇）庚戌

後陽成天皇40歳

1・11　天皇、病む。《時慶卿記》

1・18　歳首により大坂に勅使を遣わす。親王・門跡・公家衆も大坂に赴き、歳首を賀す。《時慶卿記》

2・1　京都疱瘡流行。この日、政仁親王、これに罹る（十七日平癒）。《時慶卿記》

7・25　これより先、**柬埔寨国**主より家康に邦人の暴戻を訴える書簡あり。家康、この日、復書する。《異国日記》

8・26　後陽成天皇皇子、聖護院に入る（済《ただ》祐《すけ》、のち好仁親王）。《孝亮宿禰記》

9・28　青蓮院尊純法親王を権僧正とする。《華頂要略》

11・24　後陽成天皇皇子（のち尊覚入道親王）、奈良一乗院に入室する。《時慶卿記》

12・23　政仁親王（後水尾天皇）、小御所で元服する（関白九条忠栄加冠）。《公卿補任》

この年　花山院忠長、後陽成天皇の勘気を蒙り蝦夷に流され、松前慶広《よしひろ》に迎えられる。《新羅之記録》ルイス＝ソテロ、イスパニア王への覚書で、徳川家康を日本皇帝と呼び、居城駿府を宮城と呼ぶ。

□3・25中院通勝《なかのいんみちかつ》（権中納言。「継芥記」記主。55）、8・20細川藤孝《ほそかわふじたか》（幽斎。大名。文化人。77）、9・2吉田兼見《よしだかねみ》（神道家。後陽成天皇侍講。「兼見卿記」記主。58）

■慶長十六年（一六一一）辛亥

後陽成天皇41歳

後水尾天皇16歳

1・28　公家衆、大坂に赴き、豊臣秀頼に歳首を賀す。《輝資卿記》

3・12　権大納言鷹司信尚《のぶひさ》を内大臣とする。《公卿補任》

3・21　徳川家康、太政大臣を辞任。《徳川実紀》

3・23　徳川家康、参内して天皇と対面する。《光豊公記》

第百八代　後水尾《ごみずのお》天皇

3・27　後陽成天皇譲位（院政開始）。政仁《ことひと》親王（このとき、訓を「ただひと」から「ことひと」に改める）、土御門内裏にて受禅（**後水尾天皇**）。元の通り九条忠栄を関白とする。《公卿補任》

3・29　家康、後陽成上皇に院御料二千石を献上する。《光豊公記》

3月　幕府、諸大名に封地の高に応じて禁裏修造を命じる。《徳川実紀》

4・1　烏丸光広・徳大寺実久の罪を赦し、官を復す。《公卿補任》

親王、文智《ぶんち》・理昌《りしょう》・元昌《げんしょう》・理忠《りちゅう》・文察《ぶんさつ》・永亨の各女王、光子《てるこ》・常子の各内親王など。後水尾の名は、清和天皇別名「水尾」に「後」をつけたもの。家集に「鷗巣《おうそう》集」（「後水尾院御集」「元和帝御集」「鳳闕《ほうけつ》集《しゅう》」ともいう）。寛永十五年（一六三八）の御代始和歌始では「すなほなるよに立かへりいまもまたなをただしかれしきしまの道」と詠んでいる。

4・2　親王・公家衆・門跡、家康の二条城に参賀。このとき、伏見宮邦彦親王と准三宮二条昭実とが礼の先後を争うも、家康、親王を先とする。《光豊公記》
4・5　天皇、神祇伯白川顕成より御拝伝授を受ける。《孝亮宿禰記》
4・7　先帝に太上天皇尊号を奉る。《孝亮宿禰記》
4・12　後水尾天皇、紫宸殿にて即位礼を挙げる（家康、お忍びで見物。このとき、即位灌頂の印明伝授を二条家と近衛家が争い、将軍の裁定により前関白二条昭実が行ない、以後、二条家が代々印明伝授を行なうことになる）。《義演准后日記》幕府、仙洞御料を献上する。《徳川実紀》
4・14　家康、二条城に能楽を催し、親王・門跡・公家衆を饗応する。このとき家康、今後、宮摂家のほか門跡たるべからざるを談じる。《光豊公記》
4・20　幕府、禁裏御殿新築引料として五百石を献上する。《孝亮宿禰記》
5・3　関白九条忠栄、江戸に赴く。《義演准后日記》
7・28　紫宸殿の材を泉涌寺に賜う。《孝亮宿禰記》
8・13　会津大地震（死者二千七百余人）。《徳川実紀》
9・15　これより先、新イスパニヤ船、浦賀に至る。司令官セバスチャン・ビスカイノ、家康・秀忠に謁見する。この日幕府、その沿岸港湾の巡検につき諸大名に令を出す。《徳川実紀》
10・28　三陸・北海道東岸大地震（津波あり、溺死者一千人超）。《駿府記》
11・17　権大納言烏丸光宣《みつのぶ》を准大臣とする。《公卿補任》
11・29　方広寺大仏殿落成。《徳川実紀》
□2・27山科言経《やましなときつね》（参議。「言経卿記」記主。69）、4・26慶光院周養（伊勢慶光院第四代。生年未詳）、7・2一条内基《いちじょううちもと》（関白。左大臣。父は関白一条房通。64）

■慶長十七年（一六一二）壬子

後水尾天皇17歳
後陽成上皇42歳

1・1　天皇、仮殿庭上に四方拝を行なう。仮皇居により小朝拝・元日節会を中止する。《公卿補任》
1・18　禁裏の左義長が再興される。《当代記》
1・28　公家衆、大坂の豊臣秀頼に歳首を賀す。《言緒卿記》
2・15　この頃、天皇、病む。この日、春日社に祈禱を修する。《春日社司祐範記》

＊**駿府記**《すんぷき》　徳川家康の動静を中心として記された日記。慶長十六年（一六一一）から同二十年までを記録したものだが、筆者は不詳。この時期の朝廷・公家・寺社・キリシタン・貿易・外交のほか大坂の陣や学芸・風俗的記事も多い。

＊**慶光院周養**《けいこういんしゅうよう》（?～一六一一）　伊勢慶光院第四代院主。慶光院清順の遺志を継ぎ、天正三年（一五七五）に内宮仮殿遷宮。また正親町天皇より諸国勧進叡感の綸旨を賜わり、同十三年の内宮・外宮の正遷宮を実現した（内宮遷宮は百二十三年ぶり）。

＊**言緒卿記**《ときおきょうき》　参議山科言緒（一五七七～一六二〇）の日記。慶長六年（一六〇一）から元和五年（一六一九）までの自筆原本が伝わる（欠失あり）。山科家は「衣文の家」として知られ、皇太子等の衣服の調進、あるいは豊臣氏から徳川氏への時代の移り変わりでの公家の行動様式などが知られる貴重史料。

3・2　上皇、「伊勢物語」を講釈する。《言緒卿記》
3・8　上皇皇子（吉宮。道晃《どうこう》法親王）、誕生する（十月十二日とも。母は清原胤子）。《本朝皇胤紹運録》
3・13　右大臣九条忠栄を左大臣とする。《公卿補任》
3・18　内大臣鷹司信尚を右大臣とする。《公卿補任》
3・21　幕府、京都所司代板倉勝重にキリスト教禁止・南蛮寺破却を命じる。《駿府記》
4・10　舟橋秀賢、天皇に「大学」を進講する。《言緒卿記》
4・13　新上東門院御所で女歌舞妓の興行が行なわれる。《言緒卿記》
4・26　権大納言近衛信尋を内大臣とする。《公卿補任》
6・8　家康、公家衆に家業に励み、行跡を慎しむことを勧める。《言緒卿記》
6・17　上皇、病む（ついで平癒）。《徳川実紀》
6・22　京畿ほか大風雨洪水。《舜旧記》
6月　徳川家康、ノビスパン国王宛の文章を金地院崇伝に起草させ、キリスト教布教禁止を伝える（ここには「抑《そもそ》も吾が国は神国なり、開闢より仏を敬愛し、仏と神の垂迹同じくして別無し、堅く君臣忠義の道、覇国交盟の約渝変《ゆへん》無くば、皆誓神を以て信の證《あかし》となす」と書かれる）。《異国日記》
7・8　天皇、これより先、上皇と不和。徳川家康、所司代板倉勝重に調停を図らせる。この日、上皇、ようやく歴代の書籍・調度類を天皇に引き渡す（すべてではない）。《言緒卿記》
7・25　関白・左大臣九条忠栄、関白を辞任。右大臣鷹司信尚を関白・氏長者とする。《公卿補任》
8・15　明の鄭芝龍《ていしりゆう》、駿府で家康に会見し、薬物などを進呈する。《駿府記》
8・18　家康、板倉勝重・金地院崇伝に京都の寺院統制を命じる。《駿府記》
8・25　この頃、京都洪水。《徳川実紀》
10・20　山科言緒に勅し「日本紀」に点を付けさせる。《言緒卿記》
10・29　これより先、オランダ国王、書を家康に送り、商船保護の好意を謝し、ポルトガルの密謀を告げる。この日、家康、復書する。《異国日記》
10月　東大寺勅封庫の宝物を盗んだとして、賊僧四人が捕らえられる。《徳川実紀》
11・14　一乗院尊性弟子皇弟十宮（庶愛《もろちか》親王。尊覚法親王）、奈良一乗院に入室する。《義

演准后日記》

11・21 天皇、禁中での女歌舞妓を覧る。《言緒卿記》

12・26 後陽成上皇皇子を親王とし、名を済《ただ》祐《すけ》と賜う（のち元服して好仁《よしひと》親王）。《孝亮宿禰記》妙法院常胤法親王、天台座主を辞任。この日、梶井宮最胤法親王を座主とする。《公卿補任》

□5・8 近衛《このえ》前久《さきひさ》（関白。左大臣。太政大臣。父は関白近衛稙家。77）、10・27 勧修寺《かじゅうじ》光《みつ》豊《とよ》（権大納言。武家伝奏。父は贈内大臣勧修寺晴豊。「光豊公記」記主。38）

■慶長十八年（一六一三）癸丑

後水尾天皇18歳

後陽成上皇43歳

1・1 天皇、四方拝を行なうも、仮皇居により小朝拝・元日節会を中止する。《公卿補任》上皇、歳首により、使を大坂に遣わす。《資勝卿記》

1・16 上皇皇子（足宮《たる》。道周法親王）、誕生する（母は大中臣時広女）。《本朝皇胤紹運録》

1・26 歳首により、勅使を大坂に遣わす。親王・門跡・公家衆も大坂に赴き、秀頼に歳首を賀す。《資勝卿記》

2・13 天皇、禁中での女歌舞妓興行を覧る。《時慶卿記》

3・1 上皇、本因坊算砂を召し、囲碁を覧る。《時慶卿記》

3・22 後陽成上皇皇子大覚寺宮（尊性法親王）・妙法院宮（堯然法親王）を親王とし、それぞれ毎敦《としあつ》・常嘉《つねよし》の名を賜う。《公卿補任》

6・16 徳川家康、**公家諸法度・勅許紫衣法度**を定める。《徳川実紀》

6・18 この日よりのち、曼殊院良恕法親王を北野寺務とする。《徳川実紀》

7・14 炎旱により、伊勢神宮等に勅して雨を祈らせる。《孝亮宿禰記》

7・15 新上東門院、参内して天皇・上皇の和睦を議する（ついで融和）。《時慶卿記》

7・17 家康・秀忠、二条城泉水座敷に諸公家を集め、伝奏広橋兼勝に「公家諸法度」十七ヵ条を読み上げさせる（三十日、広橋は禁中でも読み上げて公布）。《駿府記》

8・22 皇弟三宮（好仁）と女御近衛前子、伊勢神宮に参詣する。《時慶卿記》

9・1 これより先、イギリス船、平戸に入港、司令官等駿府の家康に謁し、国書・方物を呈する。この日、家康、復書し、通商を許す。《異国日記》

9・15 伊達政宗、家臣支倉常長らを使として、信書・方物をローマ法王・スペイン国

＊**資勝《すけかつ》卿記《きょうき》** 権大納言日野資勝（一五七七～一六三九）の日記。慶長十七年（一六一二）から寛永十六年（一六三九）までが残る（欠失あり）。「資勝御記抄」「凉源院記」とも。朝廷の儀礼のほか滅亡直前の豊臣氏との書状類が多く収載され、また寛永七年以降は武家伝奏をつとめたため、当時の朝幕関係を知るうえでも貴重史料。

＊**公家《くげ》諸法度《しょはっと》** 公家衆全体を対象とし、五ヵ条の法度を定め、駿府に下向していた京都所司代板倉勝重と武家伝奏広橋兼勝に渡されたもの。「公家衆家々之学問、昼夜無油断様可被仰付事」など、学問の励行と行儀の正道化を説いたもの。この法度をもとに、さらに天皇まで含んだものが、二年後の「禁中幷公家中諸法度」。

＊**勅許《ちょっきょ》紫《し》衣《え》法度《はっと》** 紫衣は、もともと法親王や高僧にのみ認められたもの。幕府は、勅命で紫衣を許される大徳寺・妙心寺・知恩院など八寺の住職になるには、勅許の前に幕府の内諾を得るようにした。この政策は、「禁中幷公家中諸法度」でも改めて定められた。なお当時、

王に贈らんとし、常長ら、この日、出発する。《伊達貞山治家記録》
11・19　紫宸殿等新造内裏が上棟する（このときの紫宸殿は、のち仁和寺金堂として移築され、現在国宝）。《言緒卿記》
11月　豊臣秀頼、河内国観心寺金堂を再興する。《棟札》
12・12　上皇、吉田兼治《かねはる》より神道大護摩法伝授を受ける。《舜旧記》
12・19　天皇、仮内裏から新造内裏に還幸する。《東山御文庫記録》
12・23　崇伝にキリスト教禁教令を起草させ、全国的に宣教師・キリスト教徒の弾圧を始める（全国禁教令公布）。《異国日記》

■慶長十九年（一六一四）甲寅

後水尾天皇19歳
後陽成上皇44歳

1・14　左大臣九条忠栄、辞任。右大臣鷹司信尚を左大臣、内大臣近衛信尋を右大臣、権大納言西園寺実益《さねます》を内大臣とする。《公卿補任》
1・16　天皇、**踏歌節会**を再興する。《孝亮宿禰記》
1・19　皇弟一乗院宮を親王とし、名を庶愛《もろちか》と賜う。《公卿補任》
1・23　親王・公家衆・門跡、大坂の豊臣秀頼に歳首を賀す。《言緒卿記》
3・8　勅使、駿府に至り、家康に孫和子の入内を命じる。また、家康に太政大臣もしくは准三宮内旨を伝える。家康、入内承諾も内旨を辞退する。《**本光国師日記**》
3・9　将軍秀忠を右大臣とする。《公卿補任》
3・27　家康、権中納言冷泉為満より古今伝授を受ける。《徳川実紀》
4・5　家康、五山の僧徒に命じ、「群書治要」「貞観政要」「続日本紀」「延喜式」の中より、公家・武家の法度となるべきものを抄出させる。《本光国師日記》
4・9　上皇、「伊勢物語」を講じる（ついで、西洞院時直に「伊勢物語口訣」を、同時慶に「古今集口伝」を授ける）。《言緒卿記》
4・16　家康、公家法度を制定せんとする。この日、本多正純・金地院崇伝、書を舟橋秀賢にやり、院御所・公家衆・門跡所蔵の書目を注進させる。《本光国師日記》秀頼、方広寺の鐘を鋳造し、この日完成。《孝亮宿禰記》
4・21　伊勢慶光院周清尼、参内する。《言緒卿記》
5・19　畿内洪水、鴨川決壊。《徳川実紀》
5・23　霖雨洪水により、石清水八幡宮に晴を祈る（二十九日には伊勢神宮等に止雨を

紫衣勅許には一回につき数十貫の礼銭があり、これは、禅師号・大師号勅許も同様であった。

＊**踏歌節会**《とうかのせちえ》　天皇が紫宸殿に出御し、年始の祝詞を歌い舞うのを見る儀式。正月十四・十五日に男踏歌、十六日に女踏歌が行なわれる。後水尾天皇が天正十六年（一五八八）以来中絶のものを再興。元来は唐の風習で、奈良時代に広まったといわれる。

＊**本光国師**《ほんこうこくし》**日記**《にっき》　五山僧以心《いしん》（金地院）崇伝《すうでん》（一五六九～一六三三）の日記。慶長十五年（一六一〇）から寛永十年（一六三三）までの記録。崇伝は徳川家康のブレーンとして外交や宗教・朝廷対策に重要な役割を果たしたため、江戸幕府当初の貴重な記録として一級史料とされる。

祈らせる）。《義演准后日記》

6・6 妙法院宮常胤法親王・梶井宮最胤法親王・青蓮院宮尊純法親王、駿府の家康と会見する（ついで三門跡、江戸に赴く）。《駿府記》

6・17 上皇、西洞院時直に「和歌天爾遠波《てにをは》」を相伝する。《時慶卿記》

7・3 勅して、方広寺大仏開眼供養導師を覚深法親王とする。《徳川実紀》

7・26 家康、方広寺大仏殿鐘銘に異議ありとし、その上棟・開眼供養を延期させる。《駿府記》

8・13 これより先、ポルトガル人、長崎に入港。この日、駿府に至り家康に謁し、方物を献じる。《駿府記》

8・28 近畿ほか大雨洪水。《時慶卿記》

8月 伊勢神宮動座の流言を契機に、諸国に伊勢踊（風流踊）が流行する。《当代記》

9・21 この頃、操《あやつり》・浄瑠璃・三味線流行。この日、上皇、院御所で操を覧る。《時慶卿記》

9・22 後陽成上皇皇子良純親王、知恩院に入る。《徳川実紀》

9・24 天皇、禁中で伊勢踊を覧る。《言緒卿記》

10・11 家康、駿府を出発する（二十三日、二条城に入る）。《駿府記》

10・23 徳川秀忠、軍を率いて江戸を出発する（十一月十日、伏見に入る）。《徳川実紀》

10・25 畿内・南海等大地震。《時慶卿記》

11・15 家康・秀忠、伏見より出陣して大坂に向かう（大坂冬の陣）。《徳川実紀》

12・16 上皇皇子知恩院宮を親王とし、名を直輔《なおすけ》と賜う（のち良純入道親王）。《時慶卿記》

12・17 武家伝奏広橋兼勝・三条西実条《さねえだ》、大坂の家康に休戦勧告の勅諚を伝える（家康、勅命を拒絶）。《駿府記》

12・19 家康と秀頼の和議成る（大坂冬の陣終わる）。《駿府記》

12・22 上皇皇子大覚寺宮毎敦《としあつ》親王、得度して法名を尊性とする。《本朝皇胤紹運録》

12・28 家康、参内して物を献じ、和議を奏する。また、公家衆と禁中の礼法儀式について議する。《時慶卿記》

□6・28舟橋秀賢《ふなばしひでかた》（明経博士。後陽成天皇・後水尾天皇侍読。40）、11・25近衛信尹《このえのぶただ》（関白。左大臣。父は関白・太政大臣近衛前久。「三藐院記《さんみゃくいんき》」記主。50）

■元和元年（一六一五）乙卯

後水尾天皇20歳
後陽成上皇45歳

***中院通村日記《なかのいんみちむらにっき》** 内大臣中院通村（一五八八～一六五三）の日記。元和元年（一六一五）から寛永十四年（一六三七）までの自筆本が残るも欠落部分が多い。通村は後水尾院の信任篤く、また武家伝奏をつとめたことから当時の朝幕関係を知るうえの貴重史料。また通村は宮廷歌壇の中心的人物でもあり、和歌をはじめ美術・音楽等の記述もあり、文化史的にも好史料。

***泰重卿記《やすしげきょうき》** 土御門泰重（一五八六～一六六一）の日記。元和元年（一六一五）から寛永二十年（一六四三）までの記録（欠失あり）。土御門家は陰陽道・天文道の家であることから、諸行事の日時・方角・吉凶の勘申、天曹地府祭・泰山府君祭を修した。日記はこれらのほか、とりわけ後水尾天皇とその周囲の人々の動向に詳しい。

***元和《げんな》** 権中納言菅原為経《ためつね》の勘申により、徳川家康が唐の憲宗の年号に決める。

1・2　歳首により、勅使・院使を二条城の家康に遣わす。公家衆等も歳首を賀す。《言緒卿記》
1・3　徳川家康、京都を出発する（二月十四日駿府着）。《徳川実紀》
1・6　天皇、参議中院通村を召し、歌道について談合する。《中院通村日記》
1・24　秀忠、参内して歳首を賀す。《徳川実紀》
1・28　将軍徳川秀忠、京都を出発する（二月十六日江戸城着）。《徳川実紀》
2・3　天皇、諸芸御稽古を始める（この日、手習始）。《泰重卿記》
2・12　天皇、月次楽御会始で箏を奏する。《中院通村日記》
3・5　京都所司代板倉勝重、大坂の再挙計画を幕府に報告する。《徳川実紀》
3・29　天皇、新上東門院御所で能楽を覧る。《智仁親王御記》
3月　これより先、天皇、上皇と不和あるも、この月、融和する。《泰重卿記》
4・3　天皇、病む。《言緒卿記》
4・4　家康、駿府を出発する（十八日、二条城着）。《徳川実紀》
4・5　院御所で「伊勢物語」会読あり。《言緒卿記》
4・6　家康、諸大名に大坂征討を命じる（大坂夏の陣）。《駿府記》
4・10　秀忠、江戸を出発する（二十二日、二条城へ）。《徳川実紀》
5・8　大坂城落城し、豊臣秀頼・生母浅井氏（淀君）、自害する（大坂夏の陣終わる。豊臣氏滅亡）。《徳川実紀》
6・15　家康、参内して物を献じる。また院御所にも参じ、物を献じる。《駿府記》
6・23　京都大雨洪水。《言緒卿記》
6・28　後陽成上皇皇子直輔親王（良純入道親王）を徳川家康猶子とする。《続史愚抄》
⑥・13　幕府、一国一城令を布告する。《薩藩旧記》
⑥・15　幕府、公家衆の知行高を録上させる。《泰重卿記》
⑥・21　秀忠、参内し、また院御所に参じる。《泰重卿記》
7・7　秀忠、伏見城に諸大名を集め、「武家諸法度」十三ヵ条を下す。《徳川実紀》
7・9　家康、豊国社社殿を方広寺寺域に遷させ、照高院興意法親王の方広寺住持を廃し、妙法院常胤法親王を方広寺住持とする（ついで、照高院の寺地を妙法院に与える）。《駿府記》
7・13　代始により、元和と改元する（幕府の意向で六月二十八日改元と決まっていたが、天皇が先例を勘申させ、六月改元は不吉ということで延期。以後、年号選定については幕府の同意を必要とすることになる)。《公卿補任ほか》

7・17　幕府、「**禁中并公家中諸法度**」を定め、この日二条城に公家を集め、家康・秀忠と前関白二条昭実《あきざね》三者の連署により発令(伝奏広橋兼勝が読み上げる)。《**実条公記**》

7・19　秀忠、伏見を出発する(八月四日江戸城着)。《徳川実紀》

7・24　家康、諸宗本山本寺の諸法度を下す。《三宝院文書》

7・28　関白鷹司信尚の辞任により、この日、前関白・准三宮二条昭実を再び関白・氏長者・内覧とする。《公卿補任》

7・30　公家・門跡を宮中に集め、広橋兼勝、「禁中并公家中諸法度」を読み聞かせる。《泰重卿記》

8・4　家康、京都を出発する(二十三日駿府着)。《徳川実紀》

8・16　上皇、天海の奏請により「源氏物語」を講じる。《泰重卿記》

8・28　青蓮院門跡尊純法親王を大僧正に任じる。《華頂要略》

8月　皇弟済祐《ただすけ》親王、元服し、好仁《よしひと》と改称する。《有栖川宮御家系》

10・9　天皇、歌舞妓踊を覧る。《言緒卿記》

12・27　上皇、「八雲神詠秘訣」を萩原兼従《かねより》より受ける。《舜旧記》

□5・8豊臣秀頼《とよとみひでより》(右大臣。父は関白秀吉。23)、12・22飛鳥井《あすかい》雅庸《まさつね》(「まさもち」とも。権大納言。歌人・蹴鞠家。後水尾天皇に蹴鞠師範として奉仕。47)

■元和二年(一六一六)丙辰

後水尾天皇21歳
後陽成上皇46歳

1・1　幕府、歳首の儀あり。武家の諸士に烏帽子・直垂・狩衣を着用させる。《駿府記》

1・16　踏歌節会を行なうも、天皇、月食により出御せず。《公卿補任》

2・11　朝廷、家康の病により、諸社寺に平癒を祈らせる。《中院通村日記》

2・21　三宝院義演に勅し、家康平癒のため、清涼殿にて普賢延命法を修させる。《義演准后日記》

3・18　上皇、「詠歌大概」を講じる。《中院通村日記》

3・21　駿府滞在武家伝奏の使者が家康の危急を知らせたため、天皇、家康を太政大臣とする。《孝亮宿禰記》

4・3　天皇、病む。《泰重卿記》

＊**禁中并公家中諸法度**《きんちゅうならびにくげちゅうしょはっと》　全十七条。金地院崇伝起草。幕府が朝廷に対して規制をかけたもので、江戸時代を通じて改訂はなかった。「天子諸芸能之事、第一御学問也」で始まり、天皇・公家は芸能・学問に励むこと、高官の任免は幕府の内意を受けること、関白・武家伝奏・武家の奉行職からの申し渡しにそむく者は流罪、などが定められる。条文は「禁秘抄」からの引用文が多いのが特徴。朝廷の権限として唯一、改元が残されたものの、これとて実際には年号選定など幕府の同意を必要とした。なお、家康は、翌月「公武法制応勅十八箇条」を下し、将軍が公家・諸侯を支配すること、朝廷には政治向きのことは奏聞しないことを宣告した。

＊**実条公記**《さねえだこうき》　右大臣三条西実条(一五七五～一六四〇)の日記。

＊**東武実録**《とうぶじつろく》　徳川家康死去(一六一六)から秀忠死去の年末(一六三二)まで秀忠の事蹟を記したもの。徳川綱吉の命により編集され、貞享元年(一六八四)に献上される。松平忠冬撰。

4・17 徳川家康、駿府で没（久能山に葬送。七月十七日、神格を権現とされる）。《徳川実紀》
4・21 天皇、病む。《中院通村日記》
4・29 中院通村、天皇に「源氏物語」を進講する。《中院通村日記》
5・4 勅使、家康の久能廟に参拝する。《徳川実紀》
7・26 青蓮院門跡尊純法親王、大僧正を辞任。南光坊天海を大僧正とする。《華頂要略》
8・6 幕府、方広寺境内に豊臣秀吉の墳墓を建立する。《妙法院文書》
8・8 幕府、重ねてキリスト教を禁じ、明国商船を除き、外国商船は長崎平戸のほかに寄港するを禁じる。《薩藩旧記増補》
8・24 上皇、「未来記」を講じる。《泰重卿記》
10・4 上皇、病む（十一月九日にも）。《舜旧記》
12・9 妙法院常嘉《つねよし》親王、得度する（法名を堯然《ぎょうねん》とする）。《言緒卿記》
この年 興意法親王、聖護院寺務と三井寺長吏職を好仁親王に譲る。《諸寺院上申》
□4・17 徳川家康《とくがわいえやす》（江戸幕府初代将軍。75）

■元和三年（一六一七）丁巳

後水尾天皇22歳
後陽成上皇47歳
1・22 伏見宮邦房親王、江戸に下向する。《泰重卿記》
1・30 八条宮智仁親王、江戸に下向する。《智仁親王御記》
2・21 徳川家康に「東照大権現」の神号を勅旨する。《御鎮座記》
3・9 日光東照社造営成る（幕府、東照社への勅使派遣を求める）。《**東武実録**》
3・13 後陽成天皇皇子（清宮。慈胤法親王）、誕生する（「華頂要略」等では二十四日誕生。母は大中臣時広女）。《泰重卿記》
3・20 幕府の奏請により、天皇、「東照社」の勅額を賜うため、宸翰を染める。《義演准后日記》
4・8 本多正純・天海、家康の霊柩を久能山から下野東照社に改葬する。《徳川実紀》
4・17 下野東照社の正遷宮が行なわれる（勅使の武家伝奏日野資勝とともに奉幣使清閑寺共房が派遣される〈**日光例幣使**の初例〉）。《資勝卿記抄》
6・2 天皇、公家衆に勅し、学問技芸等を奨励する。《孝亮宿禰記》
この夏 近畿炎旱。《義演准后日記》
7・21 秀忠、伏見城より参内し、物を献上する。《孝亮宿禰記》

＊**日光例幣使**《にっこうれいへいし》 江戸時代、日光東照宮の大祭（四月十四日）に、朝廷から派遣された奉幣使。元和三年（一六一七）から始まり、正保三年（一六四六）からは毎年、慶応三年（一八六七）まで行なわれる。

●**後陽成天皇辞世**
「憂き秋の虫の鳴音のあはれをも今身の上に限とぞ思ふ」

8・20 これより先、上皇、病む。この日、天皇、院御所に行幸し、病を見舞う。《泰重卿記》

8・21 **朝鮮通信使**来朝、この日、京都に至る。《孝亮宿禰記》

8・24 イギリス船長リチャード＝コックス、伏見城で秀忠に謁見し、国書を呈し、イギリスの商権拡張を要請する。《コックス日記》

8・26 天皇、院御所に行幸。この日、後陽成上皇、崩御。《皇年代略記》朝鮮使節、伏見城で秀忠に謁見する。《本光国師日記》

9・20 後陽成上皇を泉涌寺に火葬する（天皇最後の火葬。また葬儀費用は幕府の負担。以後、天皇葬儀は幕府の管理下で行なわれる）。また「後陽成院」の号を奉る。《皇年代略記》

9・21 上皇の遺骨を深草北陵法華堂に納める（陵名は**深草北陵**）。《皇年代略記》

9月 幕府、「春日社法度」を下し、公家衆・諸大名に畿外の社寺所領安堵の朱印状を発給する。《慶光院文書》

11・5 新上東門院、長谷に御幸する。《泰重卿記》

□3・28今出川《いまでがわ》（菊亭《きくてい》）晴季《はるすえ》（右大臣。父は左大臣今出川公彦。79）

■元和四年（一六一八）戊午

後水尾天皇23歳

1・1 諒闇により、四方拝・元日節会を中止する（七日の白馬節会等も中止）。《御湯殿上日記》

1・18 天皇、金地院崇伝を召し、「錦繍段」を進講させる。《時慶卿記》

2・3 天皇、「源氏物語」を読む。《時慶卿記》

③・9 天皇、皇妹貞子内親王の御殿に行幸する。狂句・俳諧の催しあり。《泰重卿記》

4・8 右大臣近衛信尋、江戸に向かう（二十六日、秀忠と面会。五月四日帰京）。《泰重卿記》

4・14 江戸城紅葉山東照社成る。この日、仮殿遷宮。《東武実録》

5・6 天皇、清涼殿前で賀茂祭の競馬を覧る。《泰重卿記》

5・16 幕府、伯耆米子の町人村川市兵衛・大谷甚吉に、竹島渡海を許す。《大谷氏旧記》

5・21 関白二条昭実・前関白鷹司信房、江戸に向かう（六月十九日、日光東照社参詣）。《義演准后日記》

6・21 京都所司代板倉勝重、徳川和子入内について、武家伝奏広橋兼勝と協議する。《時慶卿記》

8・4 仁和寺門跡覚深《かくじん》入道親王、江戸に下

＊**朝鮮通信使**《ちょうせんつうしんし》 李氏朝鮮より主に幕府に送られた使。室町時代から行なわれるも、狭義には、江戸時代の計十二回のものを指す。はじめは国情探索などもあったが、家光襲職の頃からは、将軍襲職の祝賀が主目的となる。

＊**深草北陵** 七六八ページ注参照。

向し、この日、江戸城で徳川秀忠と対面する。《時慶卿記》
8・11 京都地震。《泰重卿記》
10・7 天皇、歌舞妓踊を覧る。《泰重卿記》
11・14 内大臣西園寺実益、辞任。権大納言広橋兼勝を内大臣とする。《公卿補任》
12・16 皇弟庶愛《もろちか》親王、一乗院に得度し、法名を尊覚と称する。《本朝皇胤紹運録》
この年 第一皇子誕生し、賀茂宮（母は典侍四辻与津子。元和八年早逝）と称する。《資勝卿記》

■元和五年（一六一九）己未

後水尾天皇24歳
1・28 公家衆諸芸稽古の式日・課目を定め、禁中においてこれを学ばせる。《資勝卿記抄》
2・17 内大臣広橋兼勝、辞任。権大納言花山院定熙《さだひろ》を内大臣とする。《公卿補任》
2・25 公家衆で「伊勢物語」講釈あり。天皇、聴聞する。《泰重卿記》
3・7 天皇、生母近衛前子の御所に行幸する。《泰重卿記》
6・20 第一皇女（梅宮、のち沢宮。文智《ぶんち》女王）、誕生する（母は四辻公遠女与津子）。《御系譜》
7・14 関白二条昭実辞任、この日没。《公卿補任》
7・25 秀忠、伏見より参内、天皇およびその生母近衛前子に銀を献上。《孝亮宿禰記》
8・20 天皇、この日より七日間の清涼殿懺法講（後陽成天皇三回忌）にて箏を奏する。《泰重卿記》
9・5 近衛信尋《のぶひろ》・藤堂高虎ら、和子入内について協議する（天皇、和子入内延期を聞き皇弟に譲位して出家したいと皇弟信尋にもらす）。《言緒卿記》
9・14 前左大臣九条忠栄（幸家）を再度関白・氏長者・内覧とする。《公卿補任》
9・17 皇弟直輔親王（徳川家康猶子）、知恩院に得度し、法名を良純と称する。《華頂要略》
9・18 秀忠の奏請により、「風紀紊乱」ありとして、前大納言万里小路充房・中納言四辻秀継・左中将藪嗣良《やぶつぐよし》を流罪にし、他の公卿も処分する（和子入内後まもなく全員赦免）。《泰重卿記》
10・18 天皇、公家衆処罰等により、宸翰を右大臣近衛信尋に賜い、譲位の意向を伝える。《東山御文庫記録》
12・28 内大臣花山院定熙、辞任。権大納言一条兼遐《かねとお》（昭良）を内大臣とする。《公卿補任》
□1・21 中井《なかい》正清《まさきよ》（大工頭。二条城・仙洞御

◉後水尾天皇御製①

天皇は和歌を重んじ、叔父智仁親王より古今伝授を受け、「後水尾院御集」（「鷗巣集」とも。約二千首）を残している。
「浪風を嶋のほかまでをさめてや世をおもふ道に春もきぬらむ」（寛永八年二月隠岐国御奉納二十首同時御餘分）
「民をおもふ道にもしるや白雪のふるきにそめぬ春のこころを」（寛永十七年正月十七日御会始）
「やすかれと万の民をおもふまで代代の日嗣をいのるほかかは」（寛永十九年正月十九日御会始）

所・女院御所・内裏等の作事に関わる。55)、
7・14 二条昭実《にじょうあきざね》(関白。准三宮。父は関白晴良、母は貞敦親王王女位子女王。64)

■元和六年(一六二〇)庚申
後水尾天皇25歳
1・13 左大臣鷹司信尚、辞任。右大臣近衛信尋を左大臣とする。《公卿補任》
2・18 後陽成天皇生母**新上東門院**没。《公卿補任》
2・30 京都大火。相国寺類焼(このころ放火頻発。三月八日、駕輿丁《かよちょう》に禁中を宿衛させる)。《孝亮宿禰記》
5・28 徳川和子、入内のため上洛して二条城に入る。《泰重卿記》
6・2 後陽成天皇女御・准三宮近衛前子(後水尾天皇生母)を国母をもって中和門院と号する。《公卿補任》
6・5 天皇、中和門院御所に行幸する。《公卿補任》
6・18 徳川和子、後水尾天皇のもとに入内、女御となる(二条城から禁裏郁芳門までを京近郊の諸大名が警備。夜、天皇と対面し、式三献を行なう。入内にさいし、幕府、天皇に銀一万両を進上)。《鹿苑日録》
この夏 八条宮智仁親王、洛西桂に茶屋普請を始める(桂離宮の初め)。
7・17 近衛信尋、若衆踊を中和門院御所などに献上する。《泰重卿記》
7・24 女御徳川和子献上の白銀を、堂上・地下に頒つ。《孝亮宿禰記》
8・17 前内大臣西園寺実益を右大臣とする。《公卿補任》
8・20 秀忠、中和門院に御料二千石を献上する。《泰重卿記》
9・14 照高院興意法親王、江戸に下向し、この日、江戸城の秀忠と対面する。《扶桑拾葉集》
10・7 誠仁親王王子**興意法親王**、江戸にて没。《孝亮宿禰記》
⑫・26 天皇、病む。《泰重卿記》
この年 義演、「醍醐寺新要録」を編纂する。《序》
□2・25 山科言継《やましなときつぐ》(権大納言。「言継卿記」記主。73)

■元和七年(一六二一)辛酉
後水尾天皇26歳
1・1 天皇、四方拝・元日節会に出御する。地湿により小朝拝を延期。《孝亮宿禰記》
1・2 右大臣西園寺実益、辞任。前内大臣花山院定熙を右大臣とする。《公卿補任》
降雪により、小朝拝を中止する。《資勝卿記》
1・12 右大臣花山院定熙、辞任。内大臣一

＊**新上東門院**《しんじょうとうもんいん》(一五五三〜一六二〇) 後陽成天皇生母。父は贈左大臣勧修寺晴右、母は従三位粟屋元子。名は晴子。永禄十年(一五六七)正親町天皇第一皇子誠仁親王(陽光太上天皇)に仕え、後陽成天皇など十三人の王子女をもうける。慶長五年(一六〇〇)院号宣下を受けて新上東門院と称する。泉涌寺に葬られる。墓は月輪陵域にある。

＊**興意法親王**《こういほっしんのう》(一五七六〜一六二〇) 名は邦慶。陽光院太上天皇(誠仁親王)第五王子。母は新上東門院晴子。三井寺長吏。天正十六年(一五八八)親王宣下。慶長十二年(一六〇七)方広寺大仏殿寺務職を兼帯。同十三年、興意と改名。大仏殿棟札に先例と異なる銘文を執筆し、また徳川氏調伏の修法を行なったとの誣告あるも、のち嫌疑が晴れる。幕府から一寺を寄進され、その謝儀として江戸に赴くが滞在中に急死。墓は東京都品川区高輪に所在。

条兼遐（昭良）を右大臣、権大納言二条康道を内大臣とする。《公卿補任》
2・4　禁中御池釣殿文庫成る。《泰重卿記》
2・8　天皇、権中納言中院通村《みちむら》より「源氏物語」講釈を聴く。《泰重卿記》
2・28　中和門院、天皇に観花御宴を献じる。《時慶卿記》
2月　八条宮智仁親王、高野山に参詣する。《時慶卿記》
4月　京都に火事頻発。京中に煙草を厳禁する。《時慶卿記》
6・11　妙法院常胤法親王（伏見宮邦輔親王王子）没（年74）。《諸門跡譜》
6・14　天皇、曼殊院良恕法親王より、能書七箇条の口訣を受ける。《曼殊院文書》
7・23　明人、禁中で花火を行なう。《時慶卿記》
8・13　盗人、伊勢内宮の御金物を盗む。この日、解状が京都に届く。《孝亮宿禰記》
9・1　シャム国使、徳川秀忠に謁し、国書を呈し、方物を進む。《異国日記》
9・16　足宮《たる》（照高院道周《どうしゅう》親王）・清宮（三千院慈胤親王）、奈良に赴く（翌日長谷寺参詣）。《春日社司祐範記》
11・19　後陽成天皇皇子吉宮（道晃法親王）、聖護院に入室する。《時慶卿記》
12・25　伏見宮邦房親王没（年56）。《時慶卿記》
この年　後陽成天皇皇子（足宮）、照高院に入室する。《諸寺院上申》諸国、伊勢踊流行。《塔寺八幡宮長帳》
□11・19鷹司《たかつかさ》信尚《のぶひさ》（関白。左大臣。父は関白鷹司信房。後陽成天皇皇女清子内親王と結婚。32）

■元和八年（一六二二）壬戌

後水尾天皇27歳
2・14　天皇、権大納言日野資勝に「後陽成天皇宸筆源氏物語」を書写させる。《資勝卿記》
2月　山城国・大和国に伊勢踊が流行する。《孝亮宿禰記》
3・6　天皇、中和門院と禁苑の花を賞する。《資勝卿記》
3・21　天皇、相国寺の鹿苑院顕晫《けんたく》を召し、「錦繍段」を進講させる。《鹿苑日録》
4・17　秀忠・勅使（前内大臣広橋兼勝ら）臨席のもと、日光山東照社で徳川家康七回忌を行なう。《徳川実紀》
10・2　第一皇子賀茂宮没（二尊院に葬られる。年5）。《資勝卿記》
10・16　京都地震（十一月十八日にも）。《孝亮宿禰記》

11・10　江戸城本丸竣工し、秀忠、西の丸より移る。《徳川実紀》上皇皇子足宮（道周）、白川照高院に入寺する。《春日社司祐範記》

12・26　尊覚法親王を興福寺別当とする（寛永二十年〈一六四三〉辞任）。《諸寺院上申》

12・27　関白九条忠栄、江戸より京都に還る。《資勝卿記》

この年　小瀬甫庵「信長記」刊。

□12・18広橋兼勝《ひろはしかねかつ》（内大臣。武家伝奏。65）

■**元和九年（一六二三）癸亥**

後水尾天皇28歳

1・8　天皇、南殿にて「後七日御修法」を再興する（寛正二年〈一四六一〉以来中絶。小御所にて大元帥法も復興）。《孝亮宿禰記》

4・1　天皇、萩原兼従《かねより》に「日本書紀」を侍読させる。《舜旧記》

4・22　中和門院、権中納言中院通村に「源氏物語」を進講させる。この日竟宴あり。《泰重卿記》

5・23　天皇、女御徳川和子御所に行幸する。《泰重卿記》

5・29　天皇、金地院崇伝に「中庸」を進講させる（十月二十三日にも）。《泰重卿記》

6・25　将軍秀忠、参内し、物を献じる。《義演准后日記》

6・28　秀忠世子家光、病が癒え、この日、江戸城を出発する（七月十三日伏見城着）。《本光国師日記》

7・23　権大納言徳川家光、参内する。《孝亮宿禰記》

7・27　徳川家光を征夷大将軍・内大臣とする（徳川幕府第三代将軍）。《徳川実紀》

8・6　家光、襲職お礼のため参内する。《資勝卿記》

8・19　中和門院、落飾する。《泰重卿記》

8・24　幕府、禁裏御料として一万石を献上する（計二万石）。《徳川実紀》

⑧・1　秀忠、シャム国使を二条城に引見する。国書・方物を進むるにより返書する。《本光国師日記》

⑧・14　女御和子懐妊の祝儀として能が催される（秀忠参内）。《泰重卿記》

⑧・16　関白九条忠栄、辞任。左大臣近衛信尋を関白・氏長者・内覧とする。《公卿補任》

11・19　女御和子、女一宮（興子。明正天皇）を産む。《義演准后日記》

11・24　皇妹逸宮（貞子内親王）、内大臣二条康道に降嫁する。《**本源自性院記**》

12・26　家光、前関白鷹司信房女孝子を娶り、婚儀を行なう（以後、将軍御台所は摂家か皇族女子に限られる）。《義演准后日記》

この年　後水尾天皇の勅命により、以心崇伝

＊本源自性院記《ほんげんじしょういんき》　後陽成天皇第四皇子・関白近衛信尋《のぶひろ》（一五九九～一六四九）の日記。元和七年（一六二一）から寛永二十年（一六四三）までの記録（欠失あり）。信尋は後水尾天皇の弟であり、宮廷の中心人物であったことから、天皇・朝廷・朝幕関係に詳しい。号は本源自性院応山大伝。

＊寛永《かんえい》　甲子革令によるものか、徳川家光将軍就任によるものか。文章博士菅原長維の勘進による。出典は「毛詩」朱氏注（「詩集伝」衛風考槃の注）「寛広、永長」。

＊高松宮《たかまつのみや》　後陽成天皇第七皇子好仁親王が一家を創立し、高松宮を賜わる。名は親王の養母新上東門院御所高松宮に由来する。のち、後西天皇が皇子幸仁親王に高松宮を継がせたとき、宮号を有栖川宮と改め、大正二年（一九一三）まで続く。このとき、大正天皇皇子宣仁親王に有栖川宮の祭祀などを継承させ、その旧称高松宮が復活した。

ら漢詩文集「翰林五鳳集《かんりんごほうしゅう》」を編纂する。

□⑧・2日野輝資《ひのてるすけ》（権大納言。「輝資卿記」記主。69）

■寛永元年（一六二四）甲子

後水尾天皇29歳

2・9 天皇、中和門院とともに女御徳川和子御所に行幸する。《泰重卿記》

2・16 天皇、禁庭の放鷹を覧る。《泰重卿記》

2・30 甲子年により寛永と改元する。《公卿補任》

2月 幕府、明後年の行幸に備え、二条城の修築を始める。▼幕府、流行の伊勢踊を禁止する。《徳川実紀》

3・6 幕府、伊勢山田法度を定める。《徳川実紀》

3・25 天皇、女御和子とともに中和門院御所に朝覲行幸する（二十七日還幸）。《資勝卿記》

6・16 桂離宮の回遊式庭園が完成する。《鹿苑日録》

11・28 女御和子を皇后（中宮）に冊立する（南北朝以来の立后）。《公卿補任》

12・19 将軍家光、襲職の賀に来日の朝鮮使節を江戸城に引見する。《本光国師日記》

■寛永二年（一六二五）乙丑

後水尾天皇30歳

1・26 天皇、中院通村に「伊勢物語」を講釈させる（二月十五日にも）。《泰重卿記》

1・29 後陽成天皇皇子吉宮、聖護院にて得度する（道晃法親王）。《諸寺院上申》

2・17 後陽成天皇皇子足宮、照高院に得度し、法名を道周とする。《資勝卿記》

3・7 関白近衛信尋、家光の襲職を祝うため、江戸に下向する。《資勝卿記》

8・3 天皇、権大納言烏丸光広に「伊勢物語」を進講させる（二十七日終了）。《泰重卿記》

9・2 京都地震。《孝亮宿禰記》

9・4 天皇、三条西実条に「伊勢物語」を進講させる（十一月一日終了）。《御湯殿上日記》

9・10 幕府、皇姉（清子内親王）に御料二千石を進上する。《泰重卿記》

9・13 中宮和子、女二宮を産む（寛永十三年、近衛尚嗣に降嫁。慶安四年〈一六五一〉没）。《泰重卿記》

10・27 後陽成天皇皇子好仁《よしひと》親王、高松宮の称号を賜い、この日、参内する。《御系譜》

10・29 天皇、中宮御所に行幸する（中和門院も御幸）。《泰重卿記》

11・9 天皇、「古今伝授」を八条宮智仁親王より受ける。《泰重卿記》

◉後水尾天皇御製②　「五典の御歌」として。

「天つ空くもりなきまで照る月のうつれる水のそこもにごらず」（「君臣有義」）

「雲ゐより沢辺にかよふ声すなり子をおもふ鶴も思はるるかな」（「父子有親」）

「ゆきかよふ山田もる男ぞいとまなき賎機帯のとけし夜の間も」（「夫婦有別」）

「春ごとに梅よりつぎて咲く花のこずゑ数多のをりふしぞなき」（「長幼有序」）

「蘆間より友したふこゑの哀なるおのれのみやはあさる雁がね」（「朋友有信」。以上「異本後水尾院御集」）

12・14 天皇、八条宮智仁親王より「古今伝授」を受ける。《泰重卿記》

12・15 幕府、慶光院周清に伊勢神宮正遷宮のことを司らせる。《徳川実紀》

この年 小瀬甫庵「太閤記」成る。

■寛永三年（一六二六）丙寅

後水尾天皇31歳

3・14 天皇、「蒙求《もうぎゅう》」を講じる。また観花御宴あり。《泰重卿記》

④・7 京都大風、家屋多数倒壊。《泰重卿記》

④・15 天皇、近臣の学問を奨励し、毎月勅問を定める。《泰重卿記》

5・22 伊勢内宮・諸社寺に雨を祈らせる。《資勝卿記》

7・3 親王・公家衆、京都二条城に秀忠の入京を賀す。《泰重卿記》

7・12 秀忠、参内する（八月十一日にも）。《資勝卿記》

8・18 家光が参内する（このとき従一位右大臣に昇進。秀忠には太政大臣昇進を伝えるも固辞、翌日左大臣を承諾）。《泰重卿記》

9・6 天皇、母中和門院・中宮和子を伴い、**二条城に行幸**する（家光、参内して奉迎。十日還幸）。《資勝卿記》

9・7 天皇、二条城で舞を覧、箏を奏する（八日にも箏を所作）。《資勝卿記》

9・12 前将軍秀忠を太政大臣、将軍家光を左大臣とする。《孝亮宿禰記》

9・13 秀忠・家光、参内して先の行幸を謝する。《徳川実紀》

10・4 幕府、「中宮御所法度」を出す。《徳川実紀》

10・8 天皇、以心（金地院）崇伝に円照本光国師号を授与する。《本光国師日記》

10・12 伏見宮貞清親王王子（邦尚《くになり》）・聖護院道晃・照高院道周を親王とする（邦尚親王、貞清親王の後を嗣ぐ）。《公卿補任》

11・13 皇子（高仁《すけひと》親王）、誕生する（母は徳川和子）。《資勝卿記》

11・25 第二皇子を親王とし、名を高仁と賜い、儲君とする（寛永五年六月十一日夭逝。年3。般舟院に葬られる）。《孝亮宿禰記》

12・4 八条宮智仁親王王子忠仁《としただ》（多古麿）を親王とし、名を智忠と賜う（八条宮智忠親王（これより先、寛永元年七月二十七日、天皇猶子となる）。智仁親王の後を嗣ぐ）。《孝亮宿禰記》

この年 烏丸光広、神田須田町に平将門の首塚を発見。勅許を得て神田明神に祀る。《文政町方書上》

□④・21 義演《ぎえん》（醍醐寺座主。父は関白二条晴良、母は伏見宮貞敦親王王女位子女王。将

***二条城行幸** 九月六日、将軍徳川家光、諸大名を引き連れて天皇を迎えるために参内・拝謁。こののち、徳川秀忠・家光が二条城中門で天皇を迎える。御宴では金銀の調度品で演出し、のち、これらすべてを献上する。また、家光から天皇へ白銀三万両等、中宮和子へは白銀一万両等が献上される。秀忠からは、天皇に黄金二千両等、和子へは白銀一万両等、さらに親王家・門跡・公家衆・地下衆・女房衆にまで白銀等が配られる。天皇は五日間駐輦し、十日に還幸。天皇はこののち、二百三十七年間、火災を除き天皇が御所を出ることはなかった。

***殿上淵酔《てんじょうのえんずい》** 五節などの行事のあと、清涼殿で天皇臨席のもと、殿上人が酒宴を賜わり、歌舞歓楽すること。平安時代以降行なわれた。なお、淵酔は深く酔うこと。

***県召除目《あがためしのじもく》** 国司など主典《さかん》以上の地方官を任命すること。平安中期以降に行なわれた。「除」は前官を除いて新官を任命すること。「目」は目録に記すこと。

軍足利義昭猶子。准三宮。「義演准后日記」記主。「醍醐寺新要録」著者。69）

■**寛永四年（一六二七）丁卯**

後水尾天皇32歳

1・22　天皇、中和門院とともに中宮御所の宴に行幸する。《大内日記》

3・4　天皇、中院通村《みちむら》に藤原定家自筆「古今和歌集」（伊達政宗蔵）を書写させる。《中院通村公記》

3・13　皇子高仁親王、御霊社に参詣する。《資勝卿記抄》

3・27　高松宮好仁親王、江戸に下向する（四月十四日、将軍家光と会見）。《孝亮宿禰記》

4・28　これより先、天皇、若宮に譲位せんと、内旨を幕府に下す。この日、家光、勅使に奉答する。《本光国師日記》

7・19　幕府、「上方諸宗出世法度」五ヵ条を出し、元和以降の紫衣・上人号勅許を一時無効とする。《本光国師日記》

8・24　幕府、「公家衆法度」に公家の市街地居住禁止の条文を追加する。《資勝卿記》

8・29　前関白九条忠栄、江戸に下向する（十月二十八日帰京）。《資勝卿記抄》

9・16　知恩院良純法親王・前関白九条幸家ら、江戸城で家光と会見する。《徳川実紀》

9・17　金地院（以心）崇伝ら、オランダ王書簡不受理を決定する。《異国日記》

11・8　以心崇伝ら、安南書簡の辞に無礼があるとして不受理を決定する。《異国日記》

11月以降　幕府、小堀政一を仙洞造営奉行とし、仙洞御所を造営する（寛永七年十二月完成）。《小堀家譜》

■**寛永五年（一六二八）戊辰**

後水尾天皇33歳

1・3　天皇、**殿上淵酔**を再興する（慶長七年〈一六〇二〉以来）。《時慶卿記》

1・6　天皇、叙位の儀を再興する。《公卿補任》

1・28　天皇、**県召除目**を再興する（慶長六年〈一六〇一〉以来）。《資勝卿記》

3・10　将軍家光、以心崇伝を西の丸に呼び、大徳寺の玉室・沢庵・江月三僧の抗議文を審議させる。《本光国師日記》

3・23　天皇、中和門院とともに、中宮御所の宴に行幸する。《大内日記》

この春　畿内疱瘡流行。《時慶卿記》

4・16　徳川家康十三回忌が日光山東照社で行なわれる（勅使参向。秀忠臨席）。《徳川実紀》

5・29　鴨川洪水。《時慶卿記》

6・11　後水尾天皇皇子高仁《すけひと》親王没（十二日、泉涌寺が「禁忌の方角」のため般舟三昧院

で密葬。年3）。《孝亮宿禰記》
8・2 秀忠、天皇の譲位表明に対し、時期尚早と諫書を送る。《徳川実紀》
8・3 譲位について、家光も天皇に諫書を送る。《東武実録》
12・24 上賀茂社の正遷宮が行なわれる（以後、賀茂社の式年遷宮が復活）。《資勝卿記》

■寛永六年（一六二九）己巳

後水尾天皇34歳
明正天皇 7歳

1・1 天皇、病により、四方拝・小朝拝を中止する（二日の殿上淵酔も中止）。《本源自性院記》
1・10 天皇・二代池坊専好、禁中で立花を行なう（二月二日にも）。《泰重卿記》
2・24 下賀茂社上棟し、ついで正遷宮が行なわれる。《孝亮宿禰記》
②・5 禁裏で立花会が行なわれ、紫宸殿に進上する（この年、禁裏での立花会が流行）。《泰重卿記》
この春 疱瘡流行。《時慶卿記》
4・7 誠仁親王王子八条宮**智仁親王**没。《時慶卿記》
5・7 天皇、病（麻疹）により女一宮（興子内親王）に譲位せんとする。中和門院、久しく女帝なきにより、これを公家衆に諮詢する。《資勝卿記》
5・22 三条西実条・中院通村両伝奏、江戸城に登り、天皇譲位の意向を伝える。《孝亮宿禰記》
6・26 幕府、紫衣法度違反により、大徳寺の玉室を陸奥棚倉、沢庵を出羽上山に流罪とする（江月は刑を免じられる。元和以来、幕府の許可を得ないで紫衣入寺した者は剝奪される。**紫衣事件**）。《徳川実紀》
7・18 京都地震。《資勝卿記》
8・1 関白近衛信尋、辞任。《本源自性院記》
8・21 家光乳母ふく（春日局）、家光の代参として伊勢神宮（病気平癒のお礼参り）に出発する（九月十二日、中宮和子と対面）。《徳川実紀》
8・27 皇女（昭子内親王）、誕生する（母は中宮和子）。《資勝卿記》
8・28 右大臣一条兼遐を関白・氏長者・内覧とする。《公卿補任ほか》
9・11 右大臣一条兼遐を左大臣とする。《一条家譜》
9・13 内大臣二条康道を右大臣とする。《公卿補任》
9・19 シャム使節、江戸城に登り国王交代を報告し方物を呈する。《異国日記》
9・21 伊勢内宮の遷宮が行なわれる（二十

＊**智仁親王**《としひとしんのう》（一五七九～一六二九） 父は、正親町天皇皇子誠仁親王（陽光太上天皇）。母は新上東門院。初め豊臣秀吉の猶子となるも鶴丸が生まれ解約されたが、秀吉の奏請により親王家を創立し八条宮と称する（桂宮初代）。天正十九年（一五九一）親王宣下。慶長五年（一六〇〇）細川幽斎より古今伝授を受け、寛永二年（一六二五）これを後水尾天皇に伝授。別邸は、のち桂離宮となる。墓は相国寺内慈照院。「智仁親王御記」を遺す。

＊**紫衣事件**《しえじけん》 「しいじけん」とも。紫衣勅許は、長く朝廷の権限のもとで行なわれていたが、幕府は、大徳寺・妙心寺等への勅許を無効とし、大徳寺僧玉室、沢庵らを処分した。これに怒った後水尾天皇は退位を決意した。幕府が朝権より優位であることを如実に示した事件とされる。

＊**突然譲位** 中世来、皇位継承は武家の同意を必要としたが、この後水尾天皇の譲位だけは例外。紫衣事件や無位無官の春日局の天皇拝謁などが引き金になったといわれ、幕府もいたしかたなく「叡慮次第」

九日奉幣）。《孝亮宿禰記》
9・23 伊勢外宮の遷宮が行なわれる（十月二日奉幣）。《孝亮宿禰記》
10・2 家光、シャム使節に返書を託す。《異国日記》
10・10 徳川家光乳母ふく、三条西実条の猶妹として参内資格を得て天皇に拝謁する（このとき「春日局」の称号を贈られる）。《徳川実紀》
10・22 京都地震。《資勝卿記》
10・29 女一宮（明正天皇）を親王とし、名を興子《おきこ》と賜う。また、皇兄幸勝に親王宣下、皇姉清子に准三宮宣下あり。《泰重卿記》
11・6 権大納言三条西実条を内大臣とする。《公卿補任》

第百九代 明正《めいしょう》天皇

11・8 後水尾天皇、幕府に知らせず**突然譲位**（この日、太上天皇尊号宣下、院政開始）。興子内親王、土御門里内にて受禅（**明正天皇**。奈良時代の称徳天皇以来八百六十年ぶりの女帝）。▼関白一条兼遐を摂政とする。▼内大臣三条西実隆を院執事別当とする。《資勝卿記》
11・9 中宮和子、譲位のことを江戸に急報する（幕府、十二月二十七日、「叡慮次第」と伝奏に伝える）。▼中宮和子、国母として東福門院と号する。《泰重卿記》
12・9 上皇、病む（三日にして回復）。《泰重卿記》
この年 後水尾天皇、立花に熱中する（寛永六年には三十三回と数えられている）。

■寛永七年（一六三〇）庚午

明正天皇 8歳
後水尾上皇35歳

1・1 天皇、幼少により、四方拝を中止する（小朝拝も中止。元日節会は行なわれるも出御なし）。《孝亮宿禰記》
6・20 畿内諸国大雨洪水。《資勝卿記》
6・23 江戸大地震（江戸城石垣が崩れる）。《本光国師日記》
7・3 後陽成天皇女御**中和門院**没（四日、泉涌寺に火葬。二十九日、深草北陵法華堂に納骨）。《泰重卿記》
9・12 明正天皇、紫宸殿にて**即位礼**を挙げる。これより先、高御座に灌頂の儀あり。右大臣二条康道、これを伝授する（大御所徳川秀忠・将軍家光、ともに上洛せず。秀忠の名代で土井利勝、家光名代で酒井忠世が参列。以後の即位礼に将軍上洛なし）。《本源自性院記》
9・15 幕府、中院通村の伝奏罷免と大納言

と追認するほかなかった。この頃に詠じたものが「世をなげく涙がちなる袂《たもと》には曇るばかりの月も悲しき」。なお、譲位時の歌として「葦原やしげらばしげれおのがままとても道ある世とは思はず」は人口に膾炙しているが、実際に詠んだかは疑わしいとされている。

＊**明正《めいしょう》天皇《てんのう》**（一六二三～九六）名は興子《おきこ》。後水尾天皇第二皇女。母は皇后徳川和子《かずこ》。将軍徳川秀忠外孫。寛永六年（一六二九）内親王宣下、同年践祚。同七年即位。同二十年譲位、同年太上天皇尊号宣下。元禄九年（一六九六）崩御。陵は月輪陵。皇子女なし。追号「明正院」は、奈良時代の女帝元明・元正両天皇の諡号を一字ずつとったもの。

＊**中和門院《ちゅうわもんいん》**（一五七五～一六三〇）近衛前久女前子。後陽成天皇女御。天正十四年（一五八六）豊臣秀吉の養女として入内。女御となり、後水尾天皇等をもうける。元和六年（一六二〇）院号宣下を受け中和門院を称する。墓は月輪陵域。

＊**即位礼** このときの即位礼では、一般人にも拝観が許された。これ

日野資勝の伝奏任命を上奏する（上皇は「武家次第」と答える）。《本光国師日記》

9・21 幕府の仙洞御料が上らないので、この日、武家伝奏に勅問する。《資勝卿記》

9・27 金地院崇伝、「寛永三年二条城行幸記」を幕府に撰上する。《本光国師日記》

9月 林羅山撰・狩野探幽画「即位記」を呈上する。《徳川実紀》

10・3 幕府、後水尾上皇御料（仙洞御所領）として、故後陽成上皇旧領三千石を献じる。《資勝卿記》

10・18 天皇、紫宸殿に御代始の能楽を覧る。《泰重卿記》

11・7 後陽成天皇皇子幸勝親王、延暦寺円融房に入室、得度し、法名を慈胤と称する。《本朝皇胤紹運録》

12・10 上皇、東福門御所より新造仙洞御所に移る。《実条公記》

12・22 松平忠直女亀姫（寧子。徳川秀忠養女）、上皇弟高松宮好仁親王に嫁ぐ。《本源自性院記》

■寛永八年（一六三一）辛未

明正天皇 9歳

後水尾上皇36歳

3・13 浅間山が噴火（灰が江戸まで達する）。《東武実録》

5・21 梶井宮最胤入道親王を召し、不動護摩法を修し、雨を祈らせる。《孝亮宿禰記》

7・22 後水尾上皇皇女梅宮（文智《ぶんち》女王）、鷹司教平に降嫁する（寛永十一年離婚）。《孝亮宿禰記》

11・5 将軍家光、聖護院道晃法親王を江戸城に引見する。《本光国師日記》

12・6 内大臣三条西実条、辞任。《公卿補任》

12・15 権大納言西園寺公益《きんます》を内大臣とする。《公卿補任》

この年 上皇、一絲《いっし》文守《もんじゅ》を召し、「法要」を問い、聖旨を契る。《仏頂国師年譜》 疥癬・疱瘡流行。《資勝卿記》

■寛永九年（一六三二）壬申

明正天皇 10歳

後水尾上皇37歳

1・6 内大臣西園寺公益、辞任。《資勝卿記》

1・9 権大納言鷹司教平《のりひら》を内大臣とする。《公卿補任》

1・13 京都地震。《時慶卿記》

1・24 前将軍徳川秀忠没。《徳川実紀》

2・7 京都地震。《時慶卿記》

2・9 上皇、故徳川秀忠に台徳院の諡号を賜い、正一位を追贈する。《本光国師日記》

2・10 京都洪水。《資勝卿記》

4・11 江戸参向の勅使三条西実条前内大臣

を描いた屏風には、庶民が南庭で酒を飲み、母親が赤ん坊に乳を与えている光景などが描かれている。

＊徳川秀忠《とくがわひでただ》（一五七九〜一六三二） 江戸幕府第二代将軍。家康三男。慶長十年（一六〇五）征夷大将軍に任じられ、源氏長者・正二位内大臣となる。元和六年（一六二〇）女子和子（東福門院）を入内させ、寛永四年（一六二七）孫を即位させる（明正天皇）。増上寺に葬られる。院号は林羅山が上洛して奏請、二条康道勘申の「台徳院」となり、正一位が追贈。なお、増上寺御影堂に掛ける院号の額に後水尾上皇宸筆を望み、これも承諾される。

ら、年賀のため登城する。《徳川実紀》
4・29　江戸参向の右大臣二条康道以下公卿・門跡らが登城する（五月二日、秀忠新廟に参拝）。《徳川実紀》
6・5　上皇皇女（女五宮。賀子《よしこ》内親王）、誕生する（母は東福門院）。《時慶卿記》
7・17　南光坊天海の要請により、玉室・沢庵らが召還される。《徳川実紀》
12・24　左大臣一条兼遐、辞任。前右大臣花山院定煕を左大臣とする。《公卿補任》
12・28　左大臣花山院定煕、辞任。右大臣二条康道を左大臣、内大臣鷹司教平を右大臣、権大納言九条道房を内大臣とする。《公卿補任》
□1・24**徳川秀忠**（江戸幕府第二代将軍。54）、3・12西園寺《さいおんじ》実益《さねます》（右大臣。父は左大臣西園寺公朝。73）、11・18梵舜《ぼんしゅん》（僧・神道家。後陽成天皇に「古事記」「旧事本紀」を献上。「舜旧記」記主。80）

■**寛永十年（一六三三）癸酉**
明正天皇　11歳
後水尾上皇38歳
1月　京都大雪（二月も）。《泰重卿記》
2・28　幕府、奉書船以外の日本船の海外渡航・帰航を禁じる（第一次鎖国令）。《徳川実紀》
2・30　上皇、禁園に花を覧る。《大内日記》
3・12　上皇第四皇子（素鵞《すが》宮。紹仁《つぐひと》親王。後光明天皇）、誕生する（母は園継子〈のち光子〉）。《本朝皇胤紹運録》
5・1　オランダ商館長が江戸に参府する（以後恒例）。《徳川実紀》
5・25　将軍家光、前関白九条幸家を引見する。《徳川実紀》
5・28　京都洪水。《資勝卿記》
6・4　伊勢国度会郡二見浦が伊勢内宮領に充てられる。《徳川実紀》
7・2　家光、知恩院良純法親王・前関白九条幸家に物を贈る。《寛永日記》
8・16　家光、江戸城中に能楽を催し、前関白九条幸家を饗応する。《寛永日記》
この年　江戸地震続く。《徳川実紀》
□1・20以心崇伝《いしんすうでん》（金地院崇伝。臨済宗僧。本光国師。「本光国師日記」記主。65）

■**寛永十一年（一六三四）甲戌**
明正天皇　12歳
後水尾上皇39歳
1・21　上皇病気により、内侍所臨時神楽を行なう。《資勝卿記》
2・4　将軍家光、前関白九条幸家・知恩院良純法親王以下に物を与える。《徳川実紀》
4・9　京都地震。《孝亮宿禰記》

5・9 幕府、玉室・沢庵らを赦免する。《人見私記》

5・28 幕府、長崎に制札を立て、外国人の来航等を禁じる（第二次鎖国令）。《御当家令条》

7・1 上皇皇女（緋《あけ》宮。光子内親王）、誕生する（「続本朝皇胤紹運録」では七日。母は櫛笥隆子）。《御系譜》

7・11 将軍家光、上京して二条城に入る。翌日、勅使・院使、家光を慰問する（十六日、家光に太政大臣昇進を伝えるも固辞。十七日、再度固辞）。《大内日記》

7・15 上皇第七皇女菊宮没（秘して喪を発せず。年2）。《大内日記》

7・18 家光、参内、また仙洞御所に参じ、それぞれ物を献じる。《孝亮宿禰記》

7・20 家光、上皇に「万葉集註本」を献じる。《徳川実紀》

⑦・3 家光、後水尾上皇の院御料として七千石を加増する（計一万石）。《徳川実紀》

⑦・4 上皇、家光を召し、宴を賜う（蹴鞠を覧る）。《資勝卿記》

⑦・11 上皇皇子（今宮。守澄法親王）、誕生する（母は園継子〈光子〉）。《御系譜》

8・1 家光、江戸下向の暇請いのため参内する（東福門院御所も訪問。五日、京都を出発）。《孝亮宿禰記》

8・2 上皇、家光に土佐絵屏風を贈る。《寛永日記》

8・4 譜代大名妻子を江戸居住とする。《徳川実紀》

8・7 八条宮智仁親王王子寛恒《ひろつね》（後水尾上皇猶子）を親王とし、名を勝行と賜う。《孝亮宿禰記》

9・11 勝行親王、曼殊院に入室、得度し、法名を良尚と称する。《華頂要略》

9・16 上皇、病む。《大内日記》

9・26 摂政一条兼遐、辞任。《公卿補任》

11・28 照高院道周法親王（後陽成天皇皇子）没（年22）。《大内日記》

□10・12 花山院定熙《かざんいんさだひろ》（左大臣。父は西園寺公朝。花山院家輔養嗣子。77）

■寛永十二年（一六三五）乙亥

明正天皇 13歳

後水尾上皇40歳

1・11 前関白九条幸家、「源氏物語」三秘事・即位秘事等を子の内大臣道房に伝授する。《道房公記》

1・23 江戸大地震。《徳川実紀》

2・20 後水尾上皇・東福門院、禁中に花を賞する。《大内日記》

3・13 興福寺一乗院尊覚法親王・知恩院良

＊**人見私記**《ひとみしき》 人見求編の寛永八年（一六三一）から延宝八年（一六八〇）の記録。

＊**御当家令条**《ごとうけれいじょう》 慶長二年（一五九七）から元禄九年（一六九六）までの幕府の法令集。江戸時代前期の幕府による法令研究上の重要史料。

＊**道房公記**《みちふさこうき》 摂政・左大臣九条道房（一六〇九〜四七）の日記。寛永十一年（一六三四）から正保四年（一六四七）までの日次記が残る（欠年あり。「改元記」「即位記」等の別記もあり）。道房は後水尾・明正・後光明三天皇に仕え、朝廷の儀式や公家の動向、即位・改元などの記事があり、近世公家社会を知るうえの重要史料となっている。

＊**隔蓂記**《かくめいき》 鹿苑寺（金閣寺）独住二世鳳林承章（一六一一〜六七）の日記。寛永十二年（一六三五）から寛文八年（一六六八）までの記録。京都鹿苑寺に伝蔵。承章は勧修寺晴豊の子でのち相国寺住職。叔母新上東門院が後水尾上皇の祖母であることから、寺院関係のみならず皇室関係の記事が多く、

純法親王、家光にまみえる。《徳川実紀》
4・9　大覚寺尊性法親王を東寺長者とする（法親王、毎年、禁裏の後七日御修法に勤仕）。《本朝皇胤紹運録》
5・19　京都大風雨、洪水。《資勝卿記》
5・20　京都暴風雨で、三条・六条橋が破損する。《資勝卿記》
5・28　幕府、外国商船の入港を長崎に限り、日本人の海外渡航・帰国の禁止等を定める（第三次鎖国令）。《諸法度》
6・21　幕府、武家諸法度を改定、キリシタンを厳禁し、参勤交代を制度化する。《徳川実紀》
7・28　幕府、伊勢両宮の条規を定める。《徳川実紀》
8・13　京都大風雨で、三条大橋・淀大橋が流失する。《資勝卿記》
8月　上皇、権大納言中院通村に御製を賜い、その幽閉の苦悩を慰問する。《通村家集》
9・16　天皇、上皇御所に朝覲行幸する（十七日舞御覧、二十日還幸）。《道房公記》
9・26　摂政一条昭良、辞任。《公卿補任》
9・29　狂人、禁中に闖入する。《資勝卿記》
10・10　左大臣二条康道を摂政・氏長者・内覧とする。《公卿補任》
11・9　幕府、初めて寺社奉行を置く。《寛永日記》
11・24　後水尾上皇の仙洞御所で茶会が開かれる（茶頭は勧修寺経広《つねひろ》。なお当時の禁裏・公家の茶会は、おおむね酒宴・芸能などをともなう）。《隔蓂記》
11・27　京都地震。《康道公記》

■寛永十三年（一六三六）丙子

明正天皇　14歳
後水尾上皇41歳

1・1　日食により小朝拝・元日節会を延引する（二日に追行）。《実条公記》
1・22　伊勢両宮、幕府年賀の前後を争う。この日、幕府、上皇の裁定を仰ぐ（二十九日、内宮先とする）。《資勝卿記》
4・10　日光東照社、正遷宮が行なわれる（十二日勅使奉幣、十五日勅会、十八日宸筆縁起奉納）。《徳川実紀》
5・1　伊勢宇治橋造替成る。《徳川実紀》
5・11　上皇、この日より「千句御会」を始める。《鹿苑日録》
5・19　幕府、日本人の渡海を一切禁じ、外国人との間に生まれた子を国外追放する（第四次鎖国令）。《徳川実紀》
9・16　幕府、上皇皇女二宮（昭子内親王）の降嫁のため三千石を献じる。《大内日記》
9・18　仙洞御所お茶屋で口切茶会が開かれ

茶・画・陶など当時の文化についての記事が豊富なことで知られる。

＊**康道公記**《やすみちこうき》　摂政二条康道（一六〇七〜六六）の日記。「後浄明珠院記」とも。寛永十二年（一六三五）から同二十一年までが残る（欠年多し）。康道は寛永十二年に摂政となり正保四年（一六四七）に辞任のため、康道摂政時代の記録として重要。

る（点茶は勧修寺経広、座敷飾りは池坊専好）。《隔蓂記》

10・7　上皇、禁中に御幸し、傀儡《くぐつ》を覧る。《資勝卿記》

10・14　家光、上皇に献上のため、律令の写本を作製させる。《徳川実紀》

11・23　後水尾上皇皇女二宮（昭子内親王）、権大納言藤原尚嗣に降嫁する。《忠利宿禰記》

この年　長崎に出島が完成する。《長崎志》

後金、清と国号を改める。

□1・17九条兼孝《くじょうかねたか》（関白。左大臣。准三宮。父は関白・左大臣二条晴良。関白・内大臣九条稙通養子。84）

■寛永十四年（一六三七）丁丑

明正天皇　15歳

後水尾上皇42歳

1・1　日食により小朝拝・元日節会を延引する（二日追行）。《実条公記》

1・18　上皇皇子（豊宮。性承法親王）、誕生する（母は水無瀬氏子）。《本朝皇胤紹運録》

1・28　上皇、摂政二条康道の邸に御幸する（和漢連句会あり）。《時慶卿記》

3・3　上皇、「御着到百首和歌」を始める（毎日一首。五月十四日まで）。《時慶卿記》

3・22　仙洞御所で十八種の御遊あり（三日三夜にわたる）。《時慶卿記》

8・21　東福門院、上皇・女二宮・清子内親王・前関白近衛信尋・大納言近衛尚嗣を女院御所の茶会に饗する。《大内日記》

9・25　所司代板倉重宗、仙洞御所の茶屋にて、上皇・東福門院に酒饌を献じる。《大内日記》

10・25　島原の乱起こる。《耶蘇天誅記》

11・16　上皇第八皇子、誕生する（**秀宮**。良仁親王。後西天皇。母は東福門院、実は櫛笥隆子）。《本朝皇胤紹運録》

12・8　上皇皇女（三宮）を内親王とし、名を昭子《あきこ》と賜う。《忠利宿禰記》

12・24　摂政二条康道、左大臣を辞任。《公卿補任》

12・28　内大臣九条道房を一上とする。《公卿補任》

□2・3本阿《ほんあ》弥《み》光悦《こうえつ》（工芸家。80）

■寛永十五年（一六三八）戊寅

明正天皇　16歳

後水尾上皇43歳

2・16　勅使前内大臣三条西実条等を江戸に遣わし家光の賀正に応え、また前内大臣西園寺公益を遣わし、家光の江戸城本丸移徙を賀す（上皇・東福門院も遣使）。《忠利宿禰記》

＊**秀宮**《ひでのみや》　後西天皇の幼称。後西天皇以後、親王・王・内親王・女王の幼称として○宮と宮を付すようになる。なお、明治になり、王・王女の幼名に宮を付さず、戦後は内廷皇族のみ宮を付すも、秋篠宮悠仁《ひさひと》親王には宮号がない。

＊**好仁親王**《よしひとしんのう》（一六〇三〜三八）　後陽成天皇第七皇子。母は太政大臣近衛前久女前子。幼称七宮（のち三宮）。慶長十七年（一六一二）親王宣下を受け済祐《ただすけ》（元服して好仁）と命名。寛永二年（一六二五）高松宮の称号を賜わる（有栖川宮の創始）。妻は越前宰相松平忠直女亀姫（寧子。宝珠院。将軍徳川秀忠の養女として入輿）。大徳寺中竜光院に葬られる。

2・28 「島原の乱」で、この日、原城が陥落する。《松倉記》
3・3 上皇、「御着到百首和歌」を始める。《道房公記》
3・14 家光、勅使・知恩院尊純法親王・公家衆を江戸城本丸に饗応する。《徳川実紀》
5・25 天皇、明経博士舟橋秀相《ひですけ》に「大学」を進講させる。《大内日記》
6・3 後陽成天皇皇子・高松宮好仁《ながひと》親王没（男子なきため、後水尾上皇皇子良仁親王〈後西天皇〉が相続し、花町宮《はなまちのみや》を称し、好仁親王長女明子女王を女御とする）。《時慶卿記》
この夏 「伊勢参り」流行（翌春まで）。《続史愚抄》
この秋 上皇、一絲《いっし》文守《もんじゅ》を開山として西賀茂霊源庵を創立する（寛文六年〈一六六六〉「清涼山霊源寺」の名を下賜）。《異本塔寺長帳》
11・2 上皇、禁裏に御幸し、若い公家衆に修学を命じる（「職原抄」「公事根源」「神皇正統記」「日本紀」「伊勢物語」「源氏物語」「枕草子」「続日本紀」「和漢朗詠集」「百人一首」「詠歌大概」「大鏡」「水鏡」「増鏡」等）。《資勝卿記》
11・4 天皇、禁中で前内大臣三条西実条より「百人一首」の進講を受ける。《時慶卿記》

12・2 上皇皇女緋宮を内親王とし、名を光子と賜う。《諸寺院上申》
12・26 これより先、家光、皇弟今宮（尊敬、のち守澄入道親王）を延暦寺執行南光坊天海の法嗣とすることを奏請し勅許あり。この日、家光、その恩を謝し、物を献じる。《寛永日記》
この年 好仁親王王女（明子女王。後西天皇女御）、誕生する（母は松平寧子）。《有栖川宮系譜》
□7・13烏丸光広《からすまるみつひろ》（権大納言。二条派歌人。能書家。60）

■**寛永十六年（一六三九）己卯**

明正天皇 17歳
後水尾上皇44歳
1・13 梶井宮最胤法親王（伏見宮邦輔親王王子）没（年77）。《華頂要略》
2・22 後鳥羽天皇四百回忌。前権中納言水無瀬氏成、私に隠岐山陵に参詣する。《続史愚抄》
2・30 勅使前内大臣三条西実条らを江戸に遣わし、幕府の賀正に応える（前摂政一条昭良も江戸に下向）。《忠利宿禰記》
2月 天皇、法隆寺の聖徳太子像などを覧る。《続史愚抄》
3・10 天皇、桜花を覧る（後水尾上皇、こ

れに御幸）。《時慶卿記》
3・18　曼殊院宮良恕法親王を天台座主とする。《公卿補任》
4・28　上皇皇子、誕生する（寛宮。性真法親王。母は櫛笥隆子）。《続本朝皇胤紹運録》
7・4　幕府、ポルトガル人追放、ポルトガル船来航禁止を決める（第五次鎖国令）。《徳川実紀》
8・11　江戸城本丸が全焼する。《徳川実紀》
9・6　天皇、病む（ついで平癒）。《忠利宿禰記》
9・17　家光、天海撰「東照宮縁起」（青蓮院尊純法親王詞書、狩野探幽画）を覧る。《徳川実紀》
10・5　上皇、「仙洞三十六番歌合」を催す（判者は三条西公条）。《道房公記》
11・12　上皇、病む。《大内日記》
□6・15日野《ひの》資勝《すけかつ》（権大納言。武家伝奏。「資勝卿記」記主。63）、11・20西洞院時慶《にしのとういんときよし》（参議。「時慶卿記」記主。88）

■寛永十七年（一六四〇）庚辰

明正天皇　18歳
後水尾上皇45歳

1・1　四方拝・小朝拝中止。節会は例のごとく行なうも、天皇、出御せず。《康道公記》
2・21　上皇・東福門院、権中納言近衛尚嗣第に御幸する。《尚嗣公記》
2・25　天皇、上皇御所に行幸し、花を観る。《大内日記》
3・12　天皇、方忌を避けて上皇御所に行幸する（五日間逗留）。《康道公記》
3・17　青蓮院前大僧正尊純を後陽成天皇猶子とし、親王とする。《公卿補任》
3・21　右大臣鷹司教平を左大臣とする。《公卿補任》
4・2　青蓮院尊純法親王、東下する。《徳川実紀》
4・4　勅使前内大臣三条西実条ら、東下する（十一日、家光引見）。《徳川実紀》
4・5　江戸城本丸完成。将軍家光、西の丸より移る。《徳川実紀》
4・17　日光東照宮に「東照宮縁起」を奉納する（後水尾上皇染筆）。《徳川実紀》
5・1　前関白近衛信尋・前内大臣三条西実条等、日光より江戸に参着する。《徳川実紀》
6・16　昭子内親王、鬢刺の儀あり。▼上皇・東福門院、近衛尚嗣第に御幸する。《尚嗣公記》
6・24　前内大臣三条西実条を右大臣とする。《公卿補任》
7・11　妙法院堯然法親王を天台座主とする。《忠利宿禰記》

＊**尚嗣公記**《ひさつぐこうき》　関白・左大臣近衛尚嗣（一六二二～五三）の日記。号が妙有真空院であることにより「妙有真空院記」とも。寛永十一年（一六三四）から承応二年（一六五三）までの自筆本が残る（欠年あり）。尚嗣は学問を好み、国書・漢籍、書道、音楽などの修学につとめたことがよくわかる。別記として、「紹仁親王宣下」「明正天皇譲位」などがある。

10・4　右大臣三条西実条、辞任。《公卿補任》
10・16　上皇皇子（照宮。堯恕《ぎょうじょ》法親王）、誕生する（母は園国子）。《本朝皇胤紹運録》
11・3　内大臣九条道房を右大臣、権大納言近衛尚嗣《ひさつぐ》を内大臣とする。《公卿補任》
□2・17西園寺《さいおんじ》公益《きんます》（内大臣。父は右大臣西園寺実益。59）、10・9三条西《さんじょうにし》実条《さねえだ》（右大臣。父は内大臣三条西公国。66）

■寛永十八年（一六四一）辛巳

明正天皇　19歳
後水尾上皇46歳
1・1　四方拝・小朝拝中止。天皇、節会に臨まず。《道房公記》
3・3　幕府、慶長造営の内裏を壊し、小堀政一を奉行とし、本格的な内裏造営に着手する（二十二日、天皇、仮殿に行幸）。《続史愚抄》
3・18　上皇、観花宴を催す。《尚嗣公記》
3・26　禁裏の旧御殿を相国寺に賜う。《隔蓂記》
6・22　上皇、病む（八月十四日ようやく回復）。《康道公記》
7・14　上皇、ひそかに山荘を衣笠山麓に求める（修学院離宮となる）。《隔蓂記》
9・13　上皇、摂政二条康道第に御幸する。《忠利宿禰記》
12・1　左大臣鷹司教平、辞任。《公卿補任》
12・23　皇弟素鵞《すが》宮（後光明天皇）、読書始を行なう。《道房公記》
この年　文智女王（寛永十七年得度）、修学院に草庵（円照寺）を開く（のち奈良に移転）。《普門山年譜》上皇、一絲文守に旧殿を賜い、法華寺を創建する。この頃、一絲、「大梅夜話」を上皇に進上する。

■寛永十九年（一六四二）壬午

明正天皇　20歳
後水尾上皇47歳
1・1　仮皇居のため、四方拝・小朝拝・元日節会を中止する。《泰重卿記》
1・19　右大臣九条道房を左大臣、内大臣近衛尚嗣を右大臣、権大納言二条光平を内大臣とする（前年十二月二日宣下）。《公卿補任》
3・9　上皇皇女（級《しな》〈品〉宮。常子内親王）、誕生する（母は園国子）。《御系譜》
3・12　上皇、二条康道第に御幸する。《康道公記》
5・25　京都大火。《徳川実紀》
6・18　天皇、新造内裏に遷る。《康道公記》
6・25　上皇、東福門院、新造内裏に御幸する。《大内日記》
7・1　将軍家光、吉良義彌を遣わし、新造

内裏遷座を賀す（八月七日、天皇、使を江戸に遣わし、その功を賞する）。《大内日記》

9・15　天台座主堯然法親王、辞任。《禁裏番衆所日記》

9月　智忠親王、桂山荘に新御殿建設を計画する。《桂御別業之記》

⑨・19　東福門院、皇弟素鵞宮（後光明天皇）を養子とする。《康道公記》

11・27　奈良大火。興福寺および東大寺一乗院・喜多院ほか罹災。《徳川実紀》

12・15　後水尾上皇皇子素鵞宮を親王とし、名を紹仁《つぐひと》と賜う。《皇年代私記ほか》

12・28　慈胤法親王を天台座主とする。《華頂要略》

この年　冷害凶作、大飢饉。《武江年表》

●この頃、慶長造営の紫宸殿が仁和寺に移され金堂となり、応仁の乱で焼失の仁和寺が再興される。

■寛永二十年（一六四三）　癸未

明正天皇　21歳
後光明天皇11歳
後水尾上皇48歳

1・28　上皇、勅して寛永九年以降の「公卿補任」を続修させる。《道房公記》

2・20　上皇、摂政二条康道に旧記を抄録し、譲位・親王元服次第を勘進させる。《康道公記》

2・30　上皇、所司代板倉重宗を召し、禁苑で観花させる。《大内日記》

3・2　皇弟紹仁親王、醍醐寺に花を観る。《道房公記》

3・11　東福門院、観花宴を設け、昭子内親王を饗応する。《大内日記》

この春　京都市中、飢饉により餓死者多数。《徳川実紀》

4・29　後水尾上皇皇子（幸宮《さち》。穏仁親王）、誕生する（「忠利宿禰記」では五月一日誕生）。母は櫛笥隆子。《本朝皇胤紹運録》

7・15　曼殊院良恕法親王（誠仁親王王子）没（真如堂に葬られる。年70）。《隔蓂記》

8・30　幕府、禁裏・女院・新院付の侍・与力・同心を定め、条規を与える。《徳川実紀》

9・27　紹仁親王、上皇御所で元服する。《公卿補任》

第百十代　後《ご》光《こう》明《みょう》天皇

10・3　紹仁親王を皇太子とし、明正天皇、新造御所に行幸して譲位。紹仁親王、土御門里内にて受禅（**後光明天皇**〈東福門院の子として天皇位に即く〉。このとき「禁裏付」「新院付」を新設、より細部にわたり、朝廷が幕府の管理下に入る）。摂政二条康道

＊**後光明天皇**《ごこうみょうてんのう》（一六三三～五四）名は紹仁《つぐひと》。幼称素鵞宮《すがのみや》。後水尾天皇第四皇子。母は贈左大臣園基任女光子（壬生院《みぶいん》）。寛永十九年（一六四二）親王宣下。同二十年元服、同年に践祚、ついで即位。承応三年（一六五四）崩御。陵は月輪陵。女子に孝子《たかこ》内親王（礼成門院《れいせいもんいん》）。なお、その逸事・遺事を記したものに「承応遺事」がある（記者は若槻幾斎。成立年不詳）。

は元の通り。《道房公記》
10・12　先帝に太上天皇尊号を奉る。《公卿補任》
10・18　伊勢神宮に即位由奉幣使を発遣する（天皇、石灰壇にて遙拝）。《道房公記》
10・21　後光明天皇、紫宸殿にて即位礼を挙げる。《公卿補任》
11・10　幕府、不行跡により良純入道親王を甲斐国天目山に配流する。《忠利宿禰記》
11・15　天皇、昼御座にて読書始を行なう（「史記」「後漢書」「前漢書」「文選」「貞観政要」）。《公卿補任ほか》
□10・2　天海《てんかい》（天台宗学僧。日光山輪王寺建立に尽力。東叡山寛永寺第一世。勅諡号慈眼大師。享年は百八歳か〈諸説あり〉）
●寛永年間（一六二四〜四四）、伊勢御師《おんし》により、明年の暦本（伊勢暦）が頒布されるようになる。
●この頃、後水尾上皇、後光明天皇に「後水尾天皇御教訓書」を与えたとされる（中に「敬神ハ第一ニあそハし候事候条、努々《ゆめゆめ》をろそかなるましく候」とある）。

■正保元年（一六四四）甲申

後光明天皇12歳
後水尾上皇49歳
明正上皇　22歳

1・1　四方拝中止。天皇、小朝拝・節会に臨まず。《康道公記》
1・6　京都地震（十九日、三月六日、七月三日にも）。《道房公記》
2・30　天皇、病む。《尚嗣公記》
4・5　幕府、伊勢遷宮につき、旧により慶光院周長《しゅちょう》に印券を賜い、さらに百石を賜う。また、山田奉行にそのことを司らせる。《徳川実紀》
5・17　後水尾上皇皇子今宮（守澄法親王）、幼きをもって、毘沙門堂公海を輪王寺寺務とする。《徳川実紀》
6・9　後水尾上皇・東福門院、右大臣近衛尚嗣第に御幸する（猿楽・饗宴あり）。《尚嗣公記》
7・13　梶井宮慈胤法親王、天台座主を辞任。《公卿補任》
7・29　伊勢大風雨。外宮正殿が破損する。《皇年代私記》
9・13　後水尾上皇、右大臣近衛尚嗣第に御幸する。《尚嗣公記》
10・2　後水尾上皇第三皇子今宮（守澄入道親王。東福門院養子）を親王とし、名を幸《たか》教《のり》と賜う。また女五宮を内親王とし、名を賀子《よしこ》と賜う。《忠利宿禰記》
10・16　幸教親王、青蓮院に入室、得度し、

法名を尊敬《そんぎょう》と称する（日光門跡と定められる。のち守澄と改称）。《忠利宿禰記》
10月 林羅山、「本朝編年録」を編纂し、徳川家光に献上する。**《寛政重修諸家譜》**
11・5 青蓮院尊純法親王を天台座主とする。《公卿補任》
12・16 即位により**正保**と改元する（このとき、元号を家光が裁断。以後の改元は、案を幕府に回して将軍が裁定）。《公卿補任》
12・26 幕府、諸国の国絵図・城郭図を作成させる（正保国絵図）。《御当家記年録》
この年 明朝滅亡、清朝興る。

■正保二年（一六四五）乙酉

後光明天皇13歳
後水尾上皇50歳
明正上皇 23歳

1・1 四方拝・小朝拝中止。節会を行なうも、天皇、臨御せず。《道房公記》
1・7 天皇、病む。《禁裏番衆所日記》
1・28 賀子内親王、内大臣二条光平に降嫁する。《忠利宿禰記》
3・22 天皇、楽御会始で箏を奏する。《道房公記》
4・3 天皇、病む。後水尾上皇、天皇の見舞いに御幸する。《尚嗣公記》
5・9 後水尾上皇、勅して三条戒光寺を泉涌寺内に移させる。《続史愚抄》
6・19 天皇、月次楽御会で箏を奏する。《道房公記》
9・29 後水尾上皇皇子（栄《よし》宮。尊光入道親王）、誕生する（母は四辻継子）。《御系譜》
11・3 日光東照社を日光東照宮とする宣下あり。《忠利宿禰記》
11・9 徳川家光、勅使を江戸城に引見、東照大権現の宮号宣下を拝受する（東照社が東照宮となる）。《忠利宿禰記》
12・24 妙法院宮堯然法親王を再び天台座主とする。《公卿補任》

■正保三年（一六四六）丙戌

後光明天皇14歳
後水尾上皇51歳
明正上皇 24歳

1・1 四方拝・小朝拝中止。節会行なうも、天皇臨御せず。《道房公記》
2月 徳川義直編「神祇宝典」（式内社研究書）、成る。《同書》
3・10 朝廷、徳川家光の奏請により日光奉幣使派遣を決定する（日光例幣使の初め）。また、伊勢神宮例幣使を再興する（幕府、山城国相楽郡瓶原郷五箇村の石高千十石を「例幣使田」とし、日光例幣使分六百八十八石、伊勢例幣使分三百二十二石をあてる）。

＊**寛政重修諸家譜**《かんせいちょうしゅうしょかふ》 幕府の編纂による大名・旗本・幕臣の系譜集（家紋・旗印等もあり）。文化九年（一八一二）成立。「寛永諸家系図伝」のいわば改訂増補版。

＊**正保**《しょうほう》 文章博士菅原知長《ともなが》の勘文に「尚書正義曰、先正保衡佐我烈祖、格于皇天」とある。徳川家光が、諸家の勘文から「正しくして保たば大吉なり」として決めたという。

＊**時庸卿記**《ときつねきょうき》 権中納言平松時庸（一五九九～一六五四）の日記。時庸は西洞院時慶の次男で分家して平松氏を興す。

《忠利宿禰記》
3・12 天皇、禁裏文庫にない漢籍を京都市中の本屋から購入する（承応二年〈一六五三〉にも）。《時庸卿記》
3・20 日光例幣使以下公卿等、相次いで京都を出発する（四月二日江戸到着）。《忠利宿禰記》
3・22 妙法院宮尭然法親王、天台座主を辞任。この日、曼殊院宮良尚法親王を天台座主とする。《公卿補任》
4・5 将軍家光、賀正使・例幣使を江戸城に引見する。《忠利宿禰記》
4・17 日光奉幣使、東照宮に参詣する。《徳川実紀》
5・23 天皇、小御所の御楽で箏を奏する。《禁裏番衆所日記》
10・11 仁和寺伽藍が再建され、この日、覚深法親王がこれに移る。《忠利宿禰記》
11・15 京都地震。《道房公記》
この年 後水尾上皇、京都赤山《せきざん》明神拝殿を建立する。《続史愚抄》
□3・19 一絲《いつし》文守《もんじゅ》（臨済宗僧。後水尾上皇の帰依をうけ、上皇の旧殿を賜わり大梅山法常寺を開く。諡号は仏頂国師。39）

■正保四年（一六四七）丁亥

後光明天皇15歳
後水尾上皇52歳
明正上皇 25歳
1・1 四方拝・小朝拝中止。節会を行なうも、天皇臨御せず。《道房公記》
1・3 摂政二条康道、辞任。《公卿補任》
1・5 左大臣九条道房を摂政・氏長者・内覧とする（一月十日辞任し没）。《公卿補任》
1・15 右大臣近衛尚嗣に一上内覧の宣下あり。《尚嗣公記ほか》
2・1 前少納言伏原賢忠《かたただ》、記録所にて「大学」を講じる。《続史愚抄》
2・20 一乗院宮尊覚法親王を清水寺寺務とする。《華頂要略》
2・27 天皇、楽御会始で箏を奏する。《禁裏番衆所日記》
3・5 後水尾上皇・東福門院、前左大臣二条康道第に御幸する。《忠利宿禰記》
3・16 天皇、小御所の御楽で箏を奏する。《忠利宿禰記》
3・28 前摂政一条昭良《あきよし》を再び摂政・氏長者・内覧とする。《公卿補任》
4・7 一条昭良の摂政就任にともない、幕府、朝廷高官の任免は幕府の内意を得るべきことを通達する。《徳川実紀》
4・28 後水尾上皇皇子（聰《とし》宮。道寛法親王）、誕生する（母は櫛笥隆子）。《本朝皇胤紹運

録》
7・3 右大臣近衛尚嗣を左大臣、内大臣二条光平を右大臣とする。《公卿補任》
7・27 摂政一条昭良を関白とする。《公卿補任》
7・28 前権大納言中院通村《みちむら》を内大臣とする。《公卿補任》
8・11 前少納言伏原賢忠、宮中で「論語」を講じる。《続史愚抄》
9・11 伊勢例幣使が再興される（応仁の乱以来。天皇、南殿にて御拝）。《忠利宿禰記》
9・14 皇弟尊敬《そんぎょう》法親王を日光山門跡とし、この日、京都を発する。《忠利宿禰記》
9・15 後水尾上皇皇子豊宮を親王とし、名を周敦《なりあつ》と賜う。《忠利宿禰記》
9・27 周敦親王、仁和寺に入室、得度する（承法、ついで性承と称する）。《忠利宿禰記》
9・29 尊敬法親王、江戸寛永寺に入る。《徳川実紀》
10・6 後水尾上皇・東福門院、長谷《ながたに》の聖護院に御幸、松茸狩も行なう。《忠利宿禰記》
10・15 内大臣中院通村、江戸に到着し、江戸城で家光と会見する。《徳川実紀》
11・8 家光、日光山門跡尊敬法親王・青蓮院門跡尊純法親王を江戸城に引見する。《徳川実紀》
11・18 内大臣中院通村、辞任。《公卿補任》
11・27 後水尾上皇皇子秀宮（後西天皇）、空位の高松宮家を相続する（好仁親王の遺跡を継承し、桃園宮、のち花町宮と称する）。《忠利宿禰記》
12・3 後水尾上皇皇子寛宮、大覚寺に入室、尊性法親王の附弟となる。《忠利宿禰記》
12・16 後水尾上皇皇子照宮（堯恕法親王）、妙法院に入室する。《忠利宿禰記》
●この頃、野々村仁清、御室焼を始める。《隔蓂記》
□1・10 九条道房《くじょうみちふさ》（摂政。左大臣。父は関白九条幸家。39）

■慶安元年（一六四八）戊子

後光明天皇16歳
後水尾上皇53歳
明正上皇 26歳

①・17 後水尾上皇・東福門院、二条康道第に御幸し、八講習礼を観る。《忠利宿禰記》
①・20 権大納言三条実秀を内大臣とする。《公卿補任》
①・21 仁和寺宮**覚深入道親王**（後陽成天皇皇子）没。《忠利宿禰記》
①・22 摂政一条昭良を関白とする。《公卿補任》
2・15 御慎みにより**慶安**と改元する。《公

＊**覚深入道親王**《かくじんにゅうどうしんのう》（一五八八〜一六四八） 後陽成天皇第一皇子。母は典侍中山親子。文禄三年（一五九四）親王宣下（良仁親王）。皇位継承者と目されたが、豊臣政権の崩壊により、慶長六年（一六〇一）、仁和寺真光院に入室、法名覚深とする。応仁の乱により荒廃の仁和寺再建を果たす。法金剛院に葬られ、墓は仁和寺宮墓地にある。
＊**慶安**《けいあん》 菅原為適《ためより》の勘文に「周易曰、乃終有慶、安貞之吉、応地無疆」とある。
＊**言行卿記**《ときゆききょうき》 参議山科言行（一六三二〜六五）の日記。
＊**幡枝御殿**《はたえだごてん》 後水尾上皇の山荘。京都市左京区岩倉幡枝町に所在。のち近衛家に譲られ、延宝六年（一六七八）寺院とし（大悲山円通寺）、皇室の祈願所となる。

卿補任》

2・22 後水尾上皇、東福門院らと岩倉に御幸する（二十五日還御）。《忠利宿禰記》

3・27 後水尾上皇、浄瑠璃操を覧る。《隔蓂記》

4・22 後水尾上皇、長谷に御幸する。《隔蓂記》

7・19 後水尾上皇皇子秀宮（後西天皇）を親王とし、名を良仁《ながひと》と賜う。《公卿補任》

9・11 伊勢例幣使を発遣する。《忠利宿禰記》

9・25 後水尾上皇・明正上皇・東福門院、前摂政二条康道第に御幸する。《忠利宿禰記》

10・9 後水尾上皇御所で大頭舞《だいとうまい》・狂言尽しが催される。《隔蓂記》

11・13 内大臣三条実秀、辞任（十二月十三日説も）。《禁裏番衆所日記》

12・28 伊勢外宮禰宜出口（度会《わたらい》）延佳《のぶよし》ら、豊宮崎文庫を開設する。《山田町方古事録》

□9・2 慶光院周清《けいこういんしゅせい》（伊勢慶光院第五代。慶長十四年〈一六〇九〉および寛永六年〈一六二九〉の正遷宮に尽力。80余）

■慶安二年（一六四九）己丑

後光明天皇17歳
後水尾上皇54歳
明正上皇 27歳

1・1 小朝拝中止。天皇、四方拝を行なうも、節会に臨御せず。《言行卿記》

2・2 京都地震（五日にも）。《続史愚抄》

2・11 後水尾上皇・東福門院・昭子内親王、長谷に御幸する（十六日還御）。《隔蓂記》

2・25 後水尾上皇皇子寛宮を親王とし、名を真敬と賜う。▼前権大納言花山院定好《さだよし》を内大臣とする。《公卿補任》

3・18 この日より前内大臣中院通村に「百人一首」を進講させる（後水尾上皇臨席。五月二十五日終了）。《尚嗣公記》

4・5 真敬親王、出家する（法名は性真《しょうしん》）。《忠利宿禰記》

4・24 後水尾上皇皇子（登美宮。真敬《しんけい》法親王）、誕生する（母は園国子）。《本朝皇胤紹運録》

9・8 伊勢両宮奉幣使および例幣使を発遣する。《忠利宿禰記》

9・11 後水尾上皇・東福門院・明正上皇、上賀茂社に幸し、競馬を覧る。ついで長谷に御幸する（十六日還御）。《忠利宿禰記》

9・13 後水尾上皇、長谷より幡枝御殿に御幸し、十三夜の明月当座和歌御会を行なう。《隔蓂記》

9・25 伊勢内宮の遷宮が行なわれる。《神宮便覧》

9・27 伊勢外宮の遷宮が行なわれる。《神

宮便覧》
9・30 内大臣花山院定好、辞任。《公卿補任》
11・16 伏見宮貞清親王王子某宮を親王とし、名を邦道《くにみち》と賜う。《公卿補任》
12・2 前権大納言西園寺実晴《さねはる》を内大臣とする。《公卿補任》

□10・11近衛信尋（関白。左大臣。51）

■**慶安三年（一六五〇）庚寅**

後光明天皇18歳
後水尾上皇55歳
明正上皇 28歳

1・25 天台座主曼殊院宮良尚法親王、辞任。《公卿補任》
1・29 梶井宮慈胤法親王を再度天台座主とする。《公卿補任》
2・15 後水尾上皇皇子照宮を親王とし、名を定敏《さだとし》と賜う（のち堯恕法親王）。《忠利宿禰記》天皇、楽御会始で箏を奏する。《禁裏番衆所日記》
3・10 後水尾上皇、観桜の宴を行なう。《隔蓂記》
3・14 民衆の伊勢参りがさかんとなる（「お蔭参り」の初め）。《寛明日記》
3・28 後水尾上皇、浄瑠璃操を覧る。《隔蓂記》
5・6 後水尾上皇・東福門院、前摂政二条康道第に御幸する。《忠利宿禰記》
この夏 林羅山撰「本朝通鑑《ほんちょうつがん》」成る。
7・27 京都大風雨。鴨川・淀川大洪水。《羽倉延重日記》
8・21 皇弟完敏《さだとし》親王、妙法院に入室、得度し、法名を堯恕《ぎょうじょ》とする。《華頂要略》
8・25 誠仁《さねひと》親王王子空性《くうしょう》法親王（還俗して瑞庵。母は勧修寺晴子）没（年78）。《皇年代略記》
9・11 伊勢例幣使が発遣される。天皇、内宮にて御拝。《忠利宿禰記》
10・10 皇女（一宮。孝子内親王）、誕生する（十一日説も。母は典侍庭田秀子）。《宣順卿記》
⑩・23 内大臣西園寺実晴、辞任。《公卿補任》
11月 伊勢外宮権禰宜出口（度会）延佳、伊勢神道解説書「陽復記」を著す。
12・21 権大納言一条伊実（教輔《のりすけ》）を内大臣とする。《公卿補任》

■**慶安四年（一六五一）辛卯**

後光明天皇19歳
後水尾上皇56歳
明正上皇 29歳

2・10 後水尾上皇皇子（玲瓏《ゆら》宮。尊證法親王）、誕生する（母は園国子）。《本朝皇胤紹運録》

＊**近衛信尋**《このえのぶひろ》（一五九九〜一六四九） 後陽成天皇第四皇子。母は中和門院近衛前子。近衛信尹に嫡子なきため、その養子となる。慶長十七年（一六一二）十四歳で内大臣となり、右大臣、左大臣を経て、寛永六年（一六二九）関白に就任。正保二年（一六四五）落飾入道。大徳寺に葬られる。当代一流の文化人でもあり、日記「本源自性院記」を残す。

＊**寛明日記**《かんめいにっき》 幕府による寛永元年（一六二四）から明暦三年（一六五七）までの記録。

＊**宣順卿記**《のぶよりきょうき》 権大納言中御門宣順（一六二三〜六四）の日記。慶安四年（一六五一）から寛文二年（一六六二）までの写が宮内庁書陵部に蔵されている。

＊**当時年中行事**《とうじねんじゅうぎょうじ》 後水尾法皇撰。「大内年中行事」「仮名年中行事」「後水尾院当事年中行事」とも。後七日御修法を「長禄已後絶たりしを元和九年再興」とする。人生儀礼では、生後百二十日の宮参り、二歳暮れの髪置き、三歳暮れの色直し、五歳暮れの深曽木、九歳の紐落し、十三歳のお歯黒、十六歳の

2・25　天皇、後水尾上皇御所に行幸、逗留して舞楽御覧・和歌御会・観花宴あり。天皇、楽御会で箏を奏する（二十九日還幸）。《宣順卿記》
3・8　後水尾上皇・東福門院・明正上皇、長谷殿に御幸する（十日還御）。《宣順卿記》
3・22　大覚寺尊性法親王、東寺長者を辞任し、この日没（長尾山麓に葬られる。年50）。《宣順卿記》
4・20　将軍徳川家光没。《徳川実紀》
5・3　故左大臣徳川家光に正一位太政大臣を贈り、大猷院の号を賜う。《忠利宿禰記》
5・6　後水尾上皇、仙洞御所で落飾する。《尚嗣公記》徳川家光を日光山に葬る。《徳川実紀》
5・15　後水尾法皇皇女昭子内親王（母は徳川和子）没（年27）。《忠利宿禰記》
5・27　夜、盗人、大内裏に入る。《宣順卿記》
7・26　権大納言徳川家綱を征夷大将軍（江戸幕府第四代将軍）・内大臣とする。《公卿補任》
8・18　勅使が下向し、徳川家綱、江戸城で将軍宣下を受ける。《徳川実紀》
8・22　後水尾法皇皇子（英宮《ふさ》。盛胤《せいいん》法親王）、誕生する（母は四辻継子）。《続本朝皇胤紹運録》
9・11　伊勢例幣使を発遣する。《公卿補任》
9・27　関白一条昭良、辞任。《公卿補任》
11・25　良仁親王（後西天皇）、後水尾法皇御所で元服する。《宣順卿記》
12・8　左大臣近衛尚嗣を関白・氏長者・内覧とする。《公卿補任》後水尾法皇皇子（登美宮。真敬《しんけい》入道親王）、興福寺一乗院に入室する。《諸寺院上申》
この年　上皇皇子栄宮を徳川家光猶子とする。《御系譜》
□4・20　徳川家光《とくがわいえみつ》（江戸幕府第三代将軍。左大臣。48）
●正保・慶安年間（一六四四～五二）、後水尾法皇撰「当時年中行事」成る。

■承応元年（一六五二）壬辰

後光明天皇20歳
後水尾法皇57歳
明正上皇　30歳

1・26　天皇、楽御会始で箏を奏する。《忠利宿禰記》
2・9　右大臣二条光平、辞任。前権大納言今出川経季を右大臣とする。この日、経季没（二十一日、二条光平還任）。《公卿補任》
3・4　法皇、上皇御所に御幸し、観桜御宴を行なう。《隔蓂記》
3・8　法皇、観桜の御宴を行なう。《隔蓂記》

鬢削《びんそ》ぎ（鬢曾木）などを記載。法皇はこれを後光明天皇に手渡す。承応二年（一六五三）内裏火災により焼失。草案が残っており、加筆し、寛文四年（一六六四）閏五月二日、霊元天皇にこれを手渡す。

この春　痘瘡流行。《天享吾妻鑑》
5・2　法皇・上皇・東福門院、前関白九条幸家第に御幸する。《宣順卿記》
5・24　法皇皇子聴宮、聖護院に入室する。《華頂要略》
5月　林春斎（鵞峯）「日本王代一覧」成る。《鵞峯年譜》
8・3　関白・左大臣近衛尚嗣、左大臣を辞任。《公卿補任》
9・11　伊勢例幣使を発遣する。《公卿補任》
9・15　右大臣二条光平を左大臣とする。《公卿補任》
9・17　前内大臣三条実秀を右大臣とする。《公卿補任》
9・18　家光死去・家綱将軍就任により**承応**と改元する。《言行卿記》
11・16　法皇、浄瑠璃操を覧る。《隔蓂記》
12月　梶井宮慈胤法親王、天台座主を辞任。《華頂要略》

■承応二年（一六五三）癸巳

後光明天皇21歳
後水尾法皇58歳
明正上皇　31歳

1・9　尊覚法親王を再度興福寺別当とする（万治二年〈一六五九〉十一月辞任）。《忠利宿禰記》
1・18　一乗院尊覚法親王を興福寺別当とする。《忠利宿禰記》
1・20　青蓮院宮尊純法親王を天台座主とする。《宣順卿記》
2・2　天皇、朝山意《あさやまい》林庵《りんあん》（素心）を宮中に召し、「中庸」「周易《しゅうえき》」を講釈させる（四月二十二日にも）。《忠利宿禰記》
2・3　右大臣三条実秀、辞任。《公卿補任》
2・6　家綱使吉良義冬、後水尾法皇御所に参り、大猷院廟への宸翰勅額下賜を謝する。《宣順卿記》
3・12　法皇、糸桜の花を覧る。《隔蓂記》
5・26　天台座主青蓮院宮尊純法親王（応胤法親王王子・伏見宮邦輔親王養子）没（年63）。《宣順卿記》
6・14　妙法院宮堯然法親王を再々度天台座主とする。《宣順卿記》
6・23　禁裏が全焼。天皇、法皇御所に移る（三種の神器も移される）。《宣順卿記》
⑥・27　天皇、法皇御所内の仮皇居に遷る。
▼伊勢神宮祭主藤波友忠を勅命違反により、この日、佐渡に配流する。《宣順卿記》
7・10　将軍徳川家綱を右大臣とする。《宣順卿記》
7・17　関白近衛尚嗣、辞任（十九日没）。《公卿補任》

＊**承応**《じょうおう》　文章博士菅原知長《ともなが》の勘文に「晋書律暦志曰、夏商承運、周氏応期」とある。

7・20　花町宮良仁親王（後西天皇）・九条幸家父子、関東に下向する（九月一日上洛）。《宣順卿記》
8・11　法皇・上皇・東福門院、長谷に御幸する（十二日還御。九月十一日にも）。《宣順卿記》
9・11　伊勢例幣使を発遣する。《宣順卿記》幕府、伊勢日光両宮例幣使料として、一千石を献じる。《徳川実紀》
9・21　左大臣二条光平を関白・氏長者・内覧とする。《公卿補任》
11・12　法皇・上皇・東福門院、関白二条光平第に御幸する。《忠利宿禰記》
11・14　前内大臣花山院定好を右大臣とする。《公卿補任》
11・21　法皇・上皇・東福門院、初めて良仁親王の第に御幸する。《宣順卿記》
11・29　伏見宮邦尚親王（母は前田利長養女、実は宇喜多秀家女）没（年41）。《伏見宮系譜》
□2・29中院通村《なかのいんみちむら》（内大臣。武家伝奏。「後《のち》十輪院内府記《じゅうりんいんないふき》」記主。66）

■承応三年（一六五四）甲午
後光明天皇22歳
後西天皇　18歳
後水尾法皇59歳
明正上皇　32歳

1・1　天皇、四方拝に出御も、仮皇居のため、小朝拝・元日節会等を中止する。《宣順卿記》
1・2　天皇、ひそかに法皇・東福門院の御所に行幸する。《宣順卿記》
2・25　北野法楽和歌御会および蹴鞠・観花御宴あり。法皇・上皇・東福門院、御幸する。《宣順卿記》
3・5　法皇・上皇・東福門院、賀子内親王の第に御幸する。《宣順卿記》
3・16　法皇・上皇・東福門院、長谷の離宮に御幸する（十七日還御。九月六日にも）。《宣順卿記》
4・6　法皇皇子栄宮を親王とし、名を良賢《よしかた》と賜う（のち尊光法親王）。《忠利宿禰記》
4・17　幕府、五万石以上の大名に内裏造営費を賦課する。《徳川実紀》
4・23　幕府、五万石以上の大名の内裏造営課役金を一万石につき銀一貫目とする。《徳川実紀》
5・25　法皇皇子（高貴《あて》宮。識仁《さとひと》親王。霊元天皇）、誕生する（母は園国子）。《続本朝皇胤紹運録》
5月　皇妹谷宮、霊鑑寺に入り得度する。《禁裏執次詰所日記》

●後光明天皇御製
「霜の後の松にもしるしさかゆべき我が国民の千代のためしは」（「近代御会和歌集」）
「若みどり木かげすずしき夏山にたづねむ花もわすられにけり」（「近代御会和歌集」）
「風もなほのどかなる代は氷りゐし池のこころも春にとくらむ」（御会始）

6・7 良仁《ながひと》親王（後西天皇）王女（誠子《ともこ》内親王）、誕生する（母は女御明子女王）。《本朝皇胤紹運録》

6・12 右大臣花山院定好、辞任。《公卿補任》

6・17 前内大臣西園寺実晴を右大臣とする。《公卿補任》

7・4 伏見宮貞清親王没（年59）。《伏見宮系譜》

7・20 伏見宮邦道親王没（年14）。《伏見宮系譜》

9・6 法皇・東福門院、長谷の離宮に御幸する（翌日還幸）。《宣順卿記》

9・11 伊勢例幣使を発遣する。《公卿補任》

9・14 天皇、病む。この日、痘瘡とされる。《宣順卿記》

9・16 勅使西園寺実晴ら、江戸城紅葉山東照宮遷宮に臨む。《忠利宿禰記》

9・19 後水尾法皇皇子幸宮（穏仁《やすひと》親王）を八条宮智忠親王の養子とし、この日、八条殿に移る（智忠親王の後嗣とする）。《宣順卿記》

9・20 高貴宮を後光明天皇養子とする。▼後光明天皇、痘瘡により崩御（このあと二カ月空位）。《宣順卿記》

9・21 仮に剣璽を法皇御所に遷す。《宣順卿記》

10・6 後水尾法皇後宮・後光明天皇生母園《その》継子《つぐこ》（京極局）を八月十八日付で准后とし、壬生院と号する（ついで光子と改名）。《宣順卿記》

10・9 法皇、大行天皇の遺詔により、高貴宮を儲君とし、幼少のため仮に花町宮良仁《ながひと》親王をして皇位継承せしめんことを幕府に下す。将軍家綱、その継承案を了承。この日、その使、京都に至る。《宣順卿記》

10・15 大行天皇に後光明院の諡号を贈る。この日、古制に復し、泉涌寺境内に埋葬（陵は**月輪陵**。以後火葬廃止）。《宣順卿記》

10・21 後光明天皇御物を泉涌寺に納める。《宣順卿記》

10・26 壬生院、落飾。《宣順卿記》

11・4 法皇、良仁親王の花町殿に御幸する。《宣順卿記》

11・26 東福門院、良仁親王を養子とする。《宣順卿記》

第百十一代 後西《ごさい》天皇

11・28 良仁《ながひと》親王、花町殿にて践祚（**後西天皇**。良仁親王の高松宮家は空位。関白二条光平、旧の如し）。《公卿補任》

11・29 法皇・東福門院、花町殿に御幸する。《宣順卿記》

＊**月輪陵** 六七五ページ注参照。

＊**後西天皇《ごさいてんのう》**（一六三七～八五） 幼称秀宮、名は良仁《ながひと》。後水尾天皇第八皇子。母は贈左大臣櫛笥《くしげ》隆致《たかむね》女隆子《りゅうし》（逢春門院《ほうしゅんもんいん》）。慶安元年（一六四八）親王宣下、同四年元服。承応三年（一六五四）践祚。明暦二年（一六五六）即位。寛文三年（一六六三）譲位、同年太上天皇尊号宣下。貞享二年（一六八五）崩御。陵は月輪陵。女御に高松宮好仁親王王女明子女王（所生の子に誠子《ともこ》内親王・長仁《おさひと》親王など）。皇子女に幸仁《ゆきひと》・永悟《えいご》・義延《ぎえん》・天真《てんしん》・公弁《こうべん》・道祐《どうゆう》・尚仁《なおひと》・道尊《どうそん》・良応の各親王、益子《ますこ》内親王・理豊《りほう》女王・尊勝《そんしょう》女王など。その経歴等が西院帝（淳和天皇）に似ているところから、追号「後西院」が贈られた。「聖廟御法楽和歌」に「世のうさも身のおろかさも思はれず花にむかへる春の心は」がある。

＊**明暦《めいれき》** 大学頭菅原為庸《ためつね》の勘文に「漢書（巻二一上）律暦志曰、大法九章、而五紀明暦法、続漢書曰、黄帝造歴、歴与暦同作」とある。江戸では四月二十八日公布。

11月　道晃法親王を護持僧とする。《諸寺院上申》
12・1　徳川家綱の賀使今川直房、仮内裏に参内し、天皇に銀三千両等を献上する。《承応日記》
12・28　右大臣西園寺実晴、辞任。《公卿補任》
この年　法皇、皇女多利《たり》宮（浄法身院宮宗澄）を開山として霊鑑寺を創建、また若宮八幡宮社殿（現存）を造営させる。

■明暦元年（一六五五）乙未

後西天皇　19歳
後水尾法皇60歳
明正上皇　33歳

1・1　仮皇居が狭いため、元日節会を中止する。《宣順卿記》
1・25　内大臣一条教輔を右大臣、権大納言徳大寺公信《きんのぶ》を内大臣とする。《公卿補任》
3・5　天皇、御箏始を行なう（権大納言四辻公理より箏を学ぶ）。《続史愚抄》
3・13　法皇・東福門院、長谷に御幸する（九月二十七日にも）。《隔蓂記》
この春　法皇・東福門院・文智女王、修学院の隣雲亭に赴く。詩作あり。《普門山年譜》
4・13　代始により明暦と改元する。《公卿補任ほか》
5・14　皇子若宮（長仁《おさひと》親王）、前関白九条幸家の第に誕生する（母は女御明子女王）。《宣順卿記》
9・11　伊勢例幣使を発遣する。《公卿補任》
9・26　野々村仁清、仁和寺庭上で公卿らに作陶技術を供覧する。《御室御記》
10・3　妙法院堯然法親王、天台座主を辞任。《公卿補任》
10・8　日光門主尊敬入道親王を天台座主とする。《公卿補任》
10・10　天台座主尊敬入道親王を護持僧とする。《公卿補任》
10・14　皇弟幸宮（智忠親王養子）を親王とし、名を穏仁《やすひと》と賜う（明暦三年、八条宮を相続）。《公卿補任》
10・21　新造紫宸殿が上棟する。《宣順卿記》
11・10　天皇、花町殿仮皇居より新造内裏に遷る。《公卿補任》
11・14　内侍所遷座（神器奉安）。《公卿補任ほか》
11・25　日光門主尊敬入道親王、天台座主を辞任。《公卿補任》
11・26　法皇、日光門主尊敬入道親王に輪王寺宮の号を賜う（輪王寺宮門跡の初め）。《東叡山御門主略譜》
12・25　梶井宮慈胤法親王を再々度天台座主とする。《公卿補任》

この年　法皇、修学院離宮を造営する。《隔蓂記》▼山崎闇斎、「伊勢太神宮儀式序」を著す。

■明暦二年（一六五六）丙申

後西天皇　20歳
後水尾法皇61歳
明正上皇　34歳

1・4　幕府、天皇即位礼のため、五万石以上の大名に銀を献じさせる。《天享吾妻鏡》

1・19　即位由奉幣使を発遣する。《忠利宿禰記》

1・23　後西天皇、紫宸殿にて即位礼を挙げる（この日、関白二条光平より即位灌頂伝授を受ける）。《宣順卿記》

2・11　後水尾法皇後宮**壬生院**（園光子）没。《宣順卿記》

3・2　皇妹栢宮《かや》（理忠女王）、姉理昌女王（この年一月八日没）の跡を継ぎ宝鏡寺に入る。《禁裏執次詰所日記》

3・15　皇子（二宮。有栖川宮幸仁親王）、誕生する（母は清閑寺共綱女典侍共子）。《宣順卿記》

3・25　法皇・東福門院・明正上皇、長谷に御幸する（二十六日還御）。《忠利宿禰記》

4・5　文智女王、修学院の庵室より大和国添上郡八嶋村に移る（円照寺移転）。《普門山年譜》

5・2　内大臣徳大寺公信、辞任。《公卿補任》

5・8　法皇皇子良賢親王、知恩院に入室、得度し、名を尊光と改める。《華頂要略》

6・1　前権大納言大炊御門経孝《つねたか》を内大臣とする。《公卿補任》

6・3　法皇皇子玲瓏宮（のち尊證法親王）、青蓮院に入室する。《宣順卿記》

8・21　法皇、「伊勢物語」講釈を始める（九月二十九日終了）。《伊勢物語聞書》

9・11　伊勢例幣使を発遣する。《公卿補任》

12・1　内大臣大炊御門経孝、辞任。《公卿補任》

12・17　法皇皇子聡宮を親王とし、名を嘉遐《よしとお》と賜う。《公卿補任》

12・26　権大納言三条公富を内大臣とする。《公卿補任》

■明暦三年（一六五七）丁酉

後西天皇　21歳
後水尾法皇62歳
明正上皇　35歳

1・18　江戸本郷より出火（十九日、江戸城本丸・二の丸等焼失。歴世の記録・什器蕩尽。焼失社寺三百余。死傷者数知れず。明暦の大火）。《徳川実紀》

1・27　江戸大雪。凍死者多数。《徳川実紀》

＊**壬生院**《みぶいん》（一六〇二～五六）父は贈左大臣園基任。継子、のち後光明天皇の名と同訓のため敬避して光子と改名。後水尾天皇に仕え、後光明天皇・守澄入道親王・元昌女王・宗澄女王・蕙宮をもうける。承応三年（一六五四）准后宣下および院号宣下を受け壬生院を称する。同年落飾。墓は泉涌寺月輪陵域内。

＊**大日本史**　徳川光圀の命により編纂が始まる紀伝体史書。神武天皇から後小松天皇までの歴史を大義名分論を視点に据えて記述。目的として「皇統を正閏し、人臣を是非する」とある。①神功皇后を皇位から除く、②大友皇子を弘文天皇として歴代に加える、③南朝を正統とした、以上が三大特筆とされる。編纂過程において「水戸学」が興り、幕末の尊王論に大きな影響を与えた。

＊**神宮奏事始**《じんぐうそうじはじめ》　正月十一日に天皇が、伊勢神宮に関する政務をみる儀式。明治以降は一月四日に「奏事始」として、天皇に伊勢神宮や皇室祭祀につき奉告するものとなる。

＊**万治**《まんじ》　文章博士菅原豊長《とよなが》の勘文に

2・21 これより先、法皇、堯然入道親王・道晃法親王・岩倉具起《ともおき》・飛鳥井雅章《まさあき》等に「古今伝授」を行なう。この日終了。《隔蓂記》

2・27 徳川光圀、江戸神田邸内に史局を設け、「**大日本史**」編纂に着手。《修史始末》

3・22 法皇・東福門院、長谷の岩倉に御幸する（九月十六日にも）。《隔蓂記》幕府、大内裏築地修理のため、五万石以上の大名に一万石当り三百十五両ずつ献金させる。《徳川実紀》

4・21 嘉遐《よしとお》親王、出家する（道寛法親王）。《忠利宿禰記》

8・27 法皇皇子英《ふさ》宮（盛胤《せいいん》入道親王）、梶井に入室する（梶井門跡を継ぐ）。《近代帝系》

9・11 伊勢例幣使を発遣する。《公卿補任》

9・16 法皇・上皇・東福門院、岩倉に御幸する（松茸採取。女院、松茸を幕府に贈る）。《忠利宿禰記》

12・19 知恩院尊光法親王、江戸に参向する。《徳川実紀》

この年 八条宮智忠親王の桂別業（桂離宮）がほぼ完成する。

□1・23林羅山《はやしらざん》（儒学者。「寛永諸家系図伝」「本朝編年録」編者。75）、12・15鷹司信房《たかつかさのぶふさ》（関白。左大臣。父は関白二条晴良。93）

■万治元年（一六五八）戊戌

後西天皇 22歳
後水尾法皇63歳
明正上皇 36歳

1・13 天皇の病により、**神宮奏事始**を延引する（二十一日施行）。《公卿補任》

1・16 皇弟高貴《あて》宮（霊元天皇）を東福門院の猶子とする。《二条殿日次記》

1・28 高貴宮を親王とし、名を識仁《さとひと》（霊元天皇）と賜う。《公卿補任》

2・9 法皇、春原正隅を召し、「孟子」を講じさせ、「止至善」三字の宸翰を賜う。《栗山文集》

4・11 法皇、長谷に御幸し、花見あり（二十七日、九月二十一日にも御幸）。《忠利宿禰記》

4・27 関白左大臣二条光平、左大臣を辞任。《公卿補任》

6・9 後水尾法皇皇子登美宮を親王とし、名を常淳（真敬入道親王）と賜う。《忠利宿禰記》

7・23 前年の「明暦の大火」により**万治**と改元する。《忠利宿禰記》

8・3 大風雨。三日から四日にかけて鴨川

「史記」（巻二、夏本紀第二）曰、衆民乃定、万国為治」とある。江戸では八月一日公布。実際には、朝廷の出した勘文を参考に、林春斎が「貞観政要」に「本固万事治」があることを挙げ、幕府によって決められたという。

の堤防が決壊する（水が禁庭に入る）。《忠利宿禰記》
8・25 勅して権大納言中御門宣順に「園太暦」を校正させる《宣順卿記》
9・6 内大臣三条公富、辞任。《公卿補任》
9・11 権大納言鷹司房輔を内大臣とする。《公卿補任》
12・30 伊勢内宮が全焼する（皇大神・神宝を山中に奉遷、ついで仮殿に奉安）。《宣順卿記》
⑫・23 道晃法親王、聖護院より照高院に退隠する（二十一日説も）。《諸寺院上申》
この年 仏師康知《こうち》、後白河法皇木像を造る。《銘》

■**万治二年（一六五九）己亥**
後西天皇 23歳
後水尾法皇64歳
明正上皇 37歳
4・6 常淳親王、得度して法名を真敬とする。《華頂要略》
4・14 **修学院離宮**の造営、ほぼ成り、後水尾法皇、御幸する。《隔蓂記》
4・18 皇大神を仮殿に奉遷する。《忠利宿禰記》
5・22 二十一日来の大雨で、鴨川・桂川が洪水。《徳川実紀》

5月 法皇、皇子や臣下の和歌の添削指導を本格的に始める（「万治御点《おてん》」。寛文二年〈一六六二〉まで）。《隔蓂記》
6・22 甲斐配流の良純入道親王（後陽成天皇皇子）、許される（二十七日帰京）。《本朝皇胤紹運録》
7・18 法皇の「源氏物語」講釈あり。《隔蓂記》
8・3 江戸城造営成る（初めて天守を廃す）。この日、幕府移徙の日（九月五日）を定める。《徳川実紀》
9・11 伊勢例幣使を発遣する。《公卿補任》
9・18 皇子（三宮。永悟法親王）、誕生する（母は岩倉具起女〈典侍源氏〉）。《御系譜》
11・25 皇大神宮成り、この日遷宮の儀を行なう。《宣順卿記》
12・8 一乗院尊覚入道親王、清水寺寺務・別当を辞任。真敬法親王をこれに任じる。《御系譜》
12・22 右大臣一条教輔、辞任。《公卿補任》
この年 明の朱舜水、日本に帰化する。《長崎志》

■**万治三年（一六六〇）庚子**
後西天皇 24歳
後水尾法皇65歳
明正上皇 38歳

＊**修学院離宮**《しゅがくいんりきゅう》 京都市左京区に所在。後水尾上皇の計画・設計によって造られた山荘。明暦二年（一六五六）以前に着工、万治二年（一六五九）にほぼ完成する。明治六年、京都府所管となり、同十六年、宮内省所管の離宮とする。現在の宮内庁は「しゅうがくいんりきゅう」と呼んでいる。

1・11　天皇病気のため、神宮奏事始を延引する（二十一日施行）。《忠利宿禰記》

1・13　前右大臣三条実秀を左大臣、前内大臣徳大寺公信を右大臣とする。《公卿補任》

2・26　法皇、白川照高院に御幸する（土筆《つくし》採りをする）。《隔蓂記》

3・11　法皇、仁和寺に御幸し、花見をする。《隔蓂記》

5・2　青蓮院玲瓏宮（後水尾法皇皇子）を親王とし、名を周賢と賜う（のち天台座主尊證法親王）。《忠利宿禰記》

5・12　法皇・東福門院、修学院離宮に御幸する。《隔蓂記》

5・17　照高院道晃法親王、将軍家綱の請により、山王社の扁額を書す。《徳川実紀》

5・23　法皇、禁裏の御学問所にて「伊勢物語」を講釈する。《伊勢物語聞書》

7・6　京都大風雨。宇治川・木津川・淀川洪水。二条城損壊。《忠利宿禰記》

7・17　故伏見宮邦尚親王王子（後水尾法皇猶子）を親王とし、名を貞致《さだゆき》と賜う（邦道親王の後嗣とする。なお貞致親王は第十代当主貞清親王の子とも）。《公卿補任》

7・21　梶井英宮（後水尾法皇皇子）を親王とし、名を常尹《つねただ》と賜う。《公卿補任》青蓮院周賢親王、得度し、名を尊證と改める。《二条殿日次記》

8・27　梶井宮常尹親王、得度する（法名は盛胤）。《三宝院日次記》

8・29　法皇・東福門院、岩倉長谷にて茸狩りをする。《隔蓂記》

9・11　伊勢例幣使を発遣する。《公卿補任》

10・7　法皇、皇女級《しな》宮（常子内親王）御殿に渡御し、柳川検校等の三味線を聴く。《隔蓂記》

10・8　法皇、幸若五兵衛父子の舞を覧る。《隔蓂記》

この年　照高院道晃法親王、園城寺長吏・三山検校に補せられる。《諸門跡譜》

□8・13　萩原兼従《はぎわらかねより》（神道学者。71）

■寛文元年（一六六一）辛丑

後西天皇　25歳
後水尾法皇66歳
明正上皇　39歳

1・15　京都二条光平邸より出火。内裏・仙洞御所・新院御所・東福門院御所等焼亡する（天皇は神器を奉じて白川照高院門跡道晃法親王の御殿に、法皇は修学院、ついで岩倉御所へ、上皇・東福門院は岩倉へ移る。禁裏文庫蔵書がほぼ焼失。以後、後西天皇・霊元天皇は、書籍を収集し、また、貴重書の複本化を図る。《宣順卿記》

1・18 天皇、照高院白川殿より権大納言近衛基熙邸に遷る。《宣順卿記》

1・27 幕府、禁裏火災見舞として、高家今川直房を派遣、天皇・法皇に銀一千枚、上皇に銀五百枚を贈る。《徳川実紀》

2・5 法皇、岩倉御所より伏見宮貞致親王の第に移る（十八日、前右大臣一条教輔第へ）。《忠利宿禰記》

2・9 明正上皇、岩倉御所より権大納言烏丸資慶《すけよし》の第に移る。《宣順卿記》

2・18 天皇、権大納言近衛基熙第に遷り、ここを仮皇居とする。《宣順卿記》

2・23 東福門院、岩倉御所より前右大臣一条教輔の第に移る。《忠利宿禰記》

2月 伊勢への「お蔭参り」が流行する。《武江年表》

3・27 京代官小出尹貞《これさだ》を禁裏造営物督に任命する。《徳川実紀》

4・1 左大臣三条実秀、辞任。《公卿補任》

4・25 京都大火（内裏炎上）により**寛文**と改元する。《公卿補任ほか》

5・6 法皇、仮皇居近衛基熙の陽明第にて「百人一首」を講釈する。《仙洞御講尺百人一首聞書》

5・23 内大臣鷹司房輔、辞任。前権大納言清閑寺共房《ともふさ》を内大臣とする。《公卿補任》

5・24 前右大臣花山院定好を左大臣とする。《公卿補任》

5・26 右大臣徳大寺公信、辞任。《公卿補任》

6・8 前内大臣鷹司房輔を右大臣とする。《公卿補任》

7・24 内大臣清閑寺共房、辞任。《公卿補任》

7・26 一乗院尊覚法親王（後陽成天皇皇子。母は近衛前子）没（白毫寺に葬られる。年54）。《宣順卿記》

8・15 法皇、これより先、修学院離宮に御幸し、この日、俳諧和漢連句あり。ついで、新造御池御茶屋に渡御する。《隔蓂記》

⑧・6 幕府、浅野長直らを禁裏、加藤泰興《やすおき》らを仙洞、黒田長興《ながおき》らを女院御所、黒田之《ゆき》勝《かつ》らを新院御所の造営普請役とす。《徳川実紀》

⑧・22 妙法院**堯然入道親王**（後陽成天皇皇子）没。《宣順卿記》

9・11 伊勢例幣使を発遣する。《公卿補任》

9・23 権大納言久我広通を内大臣とする。《公卿補任》

12・24 前権大納言広橋兼賢を准大臣とする。《公卿補任》

この年 天皇、法皇より能書方伝授を受ける。《**葉室頼業記**》

□7・28 清閑寺《せいかんじ》共房《ともふさ》（内大臣。父は中御門資

***寛文**《かんぶん》 式部権大輔菅原為庸《ためつね》の勘申による。出典は「荀子」致士篇「節奏陵而文、生民寛而安、上文下安、功名之極也」。

***堯然入道親王**《ぎょうねんにゅうどうしんのう》（一六〇二～六一） 延暦寺別院妙法院門跡。後陽成天皇第六皇子（六宮と称する）。母は権中納言持明院基孝女掌侍孝子。慶長十八年（一六一三）親王宣下。元和二年（一六一六）得度し、法名を堯然とする。寛永十七年（一六四〇）天台座主となり、以後、還補二度。明暦六年（一六五五）天台座主を辞任。能書家としても知られる。法住寺に葬られる。

***葉室頼業記**《はむろよりなりき》 神宮伝奏・権大納言葉室頼業（一六一五～七五）の日記。

***智忠親王**《としただしんのう》（一六一九～六二） 八条宮智仁親王第一王子。八条宮（桂宮）第二代。母は丹後国宮津藩主京極高知女（常照院）。寛文元年（一六二四）後水尾天皇の猶子となり、同三年親王宣下。同十九年加賀藩主前田利常女昌子と（富子）結婚。王子なく後水尾天皇皇子穏仁親王を養子とする。墓は相国寺内慈照院。なお、智忠親王の代に、

胤。73)、8・19土御門《つちみかど》泰重《やすしげ》(陰陽家・天文博士。「泰重卿記」記主。76)

■寛文二年(一六六二)壬寅

後西天皇 26歳
後水尾法皇67歳
明正上皇 40歳

1・1 四方拝を行なうも、仮皇居により、小朝拝・元日節会を中止する。《宣順卿記》

1・18 京都地震。《宣順卿記》

3・28 法皇、修学院離宮に御幸する(四月十二・二十六日、十月十八日にも)。《隔蓂記》

4・8 知恩院尊光法親王、江戸に至る(増上寺に入る)。この日、将軍家綱が引見する。《殿中日記》

4・10 法皇、権大納言中御門宣順等に「万葉類葉抄」を謄写させる。《宣順卿記》

4・16 妙法院門跡堯恕法親王、江戸に参向する。《徳川実紀》

5・1 京都など広域で大地震。方広寺大仏倒壊(天皇、仮皇居を出て一時避難。七月までしばしば地震)。《宣順卿記》

5・6 地震やまず、天皇、頓宮を明正上皇宮祉に造り、この日、これに遷る(十二日、天皇、仮皇居に還御。法皇・上皇等も)。《宣順卿記》

5・29 幕府、狩野探幽を遣わし、新造御所の絵を担当させる。《殿中日記》

6・29 皇子三宮(義延親王)、誕生する(母は清閑寺共綱女典侍共子)。《忠利宿禰記》

7・7 八条宮智仁親王王子**智忠親王**没。《宣順卿記》

8・14 勅により、幕府、朝廷に謄写した「明月記」献上等のため、使、この日、江戸を発する(九月一日献上)。《徳川実紀》

9・5 皇姉大聖寺元昌女王(母は壬生院)没(年26)。《禁裏執次詰所日記》

9・11 伊勢例幣使を発遣する。《忠利宿禰記》

9・19 日向・大隅で大地震(津波。日向沿岸七ヵ村、没して海となる)。《殿中日記》

11・4 上皇、新造御所に移る。《宣順卿記》

11・5 土御門旧址の新造内裏、上棟する。《宣順卿記》

12・6 皇妹睦宮、光照院に入り得度する(法名は尊賀。のち文察女王)。《禁裏執次詰所日記》

12・11 識仁《さとひと》親王(霊元天皇)、法皇仮殿にて元服する。《宣順卿記》

この年 林鵞峯、「国史館日録」を記し始める。

■寛文三年(一六六三)癸卯

後西天皇 27歳
霊元天皇 10歳

桂離宮が現状のような姿となる。

◉後西天皇御製

「あしはらの中つ国の名国の風このみちならでなにをあふがむ」(寛文十二年六月二十五日御法楽)

「へだてじな人の恵は春とともによにみちのくも花のみやこも」(「水日集」)

「こころいれて聞く人やきく時鳥さわぎたちたる市のなかにも」(「水日集」)

後水尾法皇68歳
明正上皇　41歳

1・1　仮皇居により、元日節会を中止する。《忠利宿禰記》
1・12　左大臣花山院定好、辞任。右大臣鷹司房輔を左大臣とする。《公卿補任》
1・19　後西天皇譲位後の宮を造営する。《殿中日記》
1・21　儲君識仁親王、新造内裏土御門殿に移る。《康道公記》

第百十二代　霊《れい》元《げん》天皇

1・26　**後西天皇譲位**。皇弟識仁《さとひと》親王、新造土御門内裏にて受禅（**霊元天皇**）。関白二条光平を摂政とする。《康道公記》
1・27　内侍所を新皇居に遷す。《禁裏番衆所日記》
1・29　法皇、霊元天皇即位にさいし、天皇が学問中心の生活を送るよう八ヵ条を申し渡す。《玉露叢》
2・3　先帝に太上天皇の尊号を奉る。《皇年代私記》
2・6　前内大臣大炊御門経孝を右大臣とする。《公卿補任》
2・11　天皇、読書始を行なう（舟橋相賢より「古文孝経」を受ける）。《葉室頼業記》
2・16　内大臣久我広通、辞任。《公卿補任》
3・8　上皇、仙洞御所に御幸し、花見をし、俳諧・双六等を行なう。《隔蓂記》
3・23　法皇、修学院離宮・岩倉に御幸する。《隔蓂記》
4・22　伊勢に即位由奉幣使を発遣する。《康道公記》
4・27　霊元天皇、紫宸殿にて即位礼を挙げる。《皇年代私記》
5・12　後西上皇、この日より、後水尾法皇より「古今伝授」を受ける。《葉室頼業記》
5・23　京都洪水（八月五日にも大水）。《徳川実紀》
8・3　天皇、初めて箏を奏する。《禁裏番衆所日記》
8・6　法皇御所・女院御所が完成する（十日移徙）。《徳川実紀》
9・4　法皇・東福門院・明正上皇・後西上皇、長谷に御幸する（茸狩をする）。《重房宿禰記》
9・11　伊勢例幣使を発遣する。《禁裏番衆所日記》
9・15　法皇、修学院離宮に御幸し、庭の滝を覧る。《隔蓂記》
9・16　慈胤法親王、天台座主を辞任。《公卿補任》

＊**後西天皇譲位**　その在位中、諸国で災禍が相次ぎ、幕府はこれを「主上の不徳、不行跡」として退位を迫り、後水尾法皇も鍾愛する識仁親王に早く継がせたいとしていたため反対しなかったといわれる。その境遇・即位・譲位が「西院帝」といわれる第五十三代淳和天皇に似ていたため、崩後、「後西天皇」と追号された。なお、幕府は、後西上皇へ五千石を献じる。

＊**霊元天皇**《れいげんてんのう》（一六五四～一七三二）名は識仁《さとひと》、幼称高貴宮《あてのみや》。後水尾天皇第十九皇子、母は贈左大臣園基音女国子（新広義門院）。明暦四年（一六五八）親王宣下。寛文二年（一六六二）元服、同三年践祚、同年即位。貞享四年（一六八七）譲位、太上天皇尊号宣下。正徳三年（一七一三）出家。享保十七年（一七三二）崩御。陵は月輪陵。皇后は鷹司房子（所生の子に栄子《ふさこ》内親王）。皇子女に東山天皇（母は松木宗子）のほか済深・寛隆《かんりゅう》・堯《ぎょう》延《えん》・文《あや》仁《ひと》・性《しょう》応《おう》・尊《そん》賞《しょう》・職《より》仁《ひと》・尊《そん》胤《いん》・堯恭《ぎょうきょう》の各親王、憲子《のりこ》・福子《とみこ》・勝子・吉子の各内親王と永《えい》秀《しゅう》女王・永応《えいおう》（文応）女王など。

10・10 妙法院堯恕法親王を天台座主とする。《公卿補任》
10・25 幕府、女院以下宮中官女の衣服の代銀を制限し、京都の呉服商にも通達する。**《徳川禁令考》**
11・10 法皇、桂殿に御幸する。《隔蓂記》
11・29 堯然法親王を護持僧とする。**《堯恕法親王記》**
この年 伊雑宮《いざわのみや》、伊勢両宮に対する優位を主張し、神人四十人が処罰される。《神宮年表》

■寛文四年（一六六四）甲辰

霊元天皇 11歳
後水尾法皇69歳
明正上皇 42歳
後西上皇 28歳

1・8 大元帥法を紫宸殿にて修する。後七日法は中止。《堯恕法親王記》
2・21 右大臣大炊御門経孝、辞任。《公卿補任》
2月 後水尾法皇、後西上皇に「古今和歌集口訣」を授ける。《続史愚抄》
3・12 法皇、妙法院堯恕法親王に御影を描かせる。《堯恕法親王記》
3・16 法皇・明正上皇・東福門院、修学院に御幸する。《堯恕法親王記》
3・18 法皇、聖護院宮道寛入道親王御所に御幸し、桜花を覧る。《隔蓂記》
3・28 天皇、楽御会始に箏を奏する（法皇・上皇・新院・東福門院、これに御幸）。《堯恕法親王記》
4・5 前内大臣三条公富を右大臣とする。《公卿補任》
4・13 知恩院良純法親王、還俗する（以心庵と称す）。《本朝皇胤紹運録》
5・2 権大納言九条兼晴を内大臣とする。《公卿補任》
5・12 後水尾法皇、この日より後西上皇・日野弘資《ひろすけ》・烏丸資慶《すけよし》・中院通茂《みちもち》等に「古今伝授」を行なう。《葉室頼業記》
⑤・2 葉室頼業《よりなり》、法皇が「当時年中行事」を増補して霊元天皇に贈進と記す。《葉室頼業記》
6・12 京都・紀伊地震。《重房宿禰記》
6・19 伊勢外宮の千木《ちぎ》が折れる。《重房宿禰記》
6・22 法皇御所に初めて御茶屋が完成し、この日、披露の茶会が開かれる（客は後西上皇・鳳林承章）。《隔蓂記》
7・23 法皇、青蓮院に御幸する。《堯恕法親王記》
7・28 後西上皇皇子（益宮。法諱は守全、のち天真法親王）、誕生する（母は清閑寺

追号「霊元院」は、孝霊・孝元両天皇の諡号から一字ずつとったもの。著書に「元陵御記」、歌集に「桃蘂御集《とうずいぎょしゅう》」がある。

＊重房宿禰記《しげふさすくねき》 官務家小槻重房の日記。寛文三年（一六六三）から延宝四年（一六七六）まで自筆本が宮内庁書陵部に残る。

＊徳川禁令考《とくがわきんれいこう》 明治初期、政府によって編纂された江戸幕府の法制史料集。

＊堯恕法親王記《ぎょうじょほっしんのうき》 後水尾天皇皇子堯恕法親王（天台座主。一六四〇〜九五）の日記。寛文三年（一六六三）から元禄八年（一六九五）までの自筆本が妙法院に伝えられる。「堯恕法親王日記」「寛元録」「逸堂座主日記」（法親王の号が逸堂）とも。

共綱女典侍共子)。《禁裏執次詰所日記》

8・10 後西上皇の新御所成る。《堯恕法親王記》

8・21 後西上皇、新御所に移る。《堯恕法親王記》

9・4 法皇・上皇・新院・東福門院、北山に御幸する。《堯恕法親王記》

9・11 法皇・上皇・新院・東福門院、修学院離宮に御幸する。《隔蓂記》伊勢例幣使を発遣する。《重房宿禰記》

9・17 摂政二条光平、辞任。《公卿補任》

9・19 館林城主徳川綱吉、前左大臣鷹司教平女信子と結婚する。《徳川実紀》

9・27 左大臣鷹司房輔を摂政・氏長者・内覧等とする。《公卿補任》

10・8 法皇、御室(仁和寺)に御幸する。《隔蓂記》

11・1 幕府、国史館を江戸忍岡に置き、林鵞峯に「本朝通鑑」続修を命じる。《昌平志》

11・23 後水尾法皇皇女常子内親王、権大納言近衛基熙に降嫁する。《御系譜》

12・4 法皇、修学院離宮に御幸する。《隔蓂記》

12・13 伊勢外宮の正遷宮が行なわれる。《公卿補任》

■寛文五年(一六六五)乙巳

霊元天皇 12歳
後水尾法皇70歳
明正上皇 43歳
後西上皇 29歳

1・2 京都地震(三月一日、五月六・十二日、八月六日にも)。《堯恕法親王記》

1・11 右大臣三条公富、辞任。前内大臣久我広通を右大臣とする。《公卿補任》

3・5 右大臣久我広通、辞任。《公卿補任》

3・6 天皇、楽御会始に箏を奏する。《禁裏番衆所日記》内大臣九条兼晴を右大臣とする。《公卿補任》

3・8 法皇、聖護院宮道寛入道親王の御所に御幸し、桜花を賞する(このとき双六を行なう)。《隔蓂記》

3・19 一乗院真敬法親王を興福寺別当とする。《禁裏執次詰所日記》

3・25 一乗院真敬法親王を清水寺別当とする。《御系譜》

5・12 京都地震。二条城石垣が壊れる。《堯恕法親王記》

6・1 権大納言近衛基熙《もとひろ》を内大臣とする。《公卿補任》

6・12 法皇、妙法院宮堯恕法親王・聖護院宮道寛入道親王に能書法を伝授する。《堯恕法親王記》

＊永貞卿記《ながさだきょうき》 兵部少輔富小路永貞(一六四〇～一七一二)の日記。寛文元年(一六六一)から宝永八年(一七一一)までが宮内庁書陵部に残る(欠失あり)。

7・2 京都雷雨洪水。《堯恕法親王記》

8・6 幕府、京都町奉行を設置し、宮崎重成を任じる。《徳川実紀》

9・11 伊勢例幣使を発遣する。《重房宿禰記》

9・12 法皇・明正上皇・東福門院、岩倉山に御幸する。《堯恕法親王記》

10・3 この頃、法皇、病む。この日、天皇、お見舞いに権大納言園基福を遣わす（十三日平癒）。▼八条宮穏仁《やすひと》親王（後水尾法皇皇子。母は藤原隆子〈逢春門院〉）没（年23）。《堯恕法親王記》

11・6 太閤二条康道、江戸に参向する。《徳川実紀》

この年 京都勅願所三十三観音が定まる。《続史愚抄》山鹿素行「聖教《せいきょう》要録《ようろく》」刊。

□8・21九条幸家《くじょうゆきいえ》（関白。左大臣。父は関白九条兼孝。70）

■寛文六年（一六六六）丙午

霊元天皇 13歳
後水尾法皇71歳
明正上皇 44歳
後西上皇 30歳

1・16 後西上皇皇女（賀陽宮）、誕生する（母は東三条局）。《禁裏執次詰所日記》

2・27 天皇、楽御会始に箏を奏する。《**永貞卿記**》

3・4 正倉院を開封して宝物を点検し、点検記録を作成する。《葉室頼業記》

3・21 法皇、後西上皇に上皇書写の諸記録を霊元天皇に進上し、禁裏で書写させるよう命じ、この日、複本が霊元天皇に譲られる（二十四日にも。禁裏御文庫の蔵書回復は後西上皇書写本によるといわれ、現東山御文庫の母体となる）。《葉室頼業記》

4・14 法皇・東福門院・明正上皇・後西上皇、修学院離宮に御幸する。《重房宿禰記》

6月 法皇、霊源庵を寺とし、霊源寺の勅額を下賜する。《妙法院史料》

9・11 伊勢例幣使を発遣する。《重房宿禰記》

10・3 山鹿素行、「聖教要録」を刊行したため赤穂配流・幽閉となる。《徳川実紀》

11・8 道晃入道親王、明正上皇御所の茶室で、法皇・後西上皇に茶を進上する。《隔蓂記》

11・23 後西上皇、法皇らを招き、自ら茶を点てて振る舞う。《隔蓂記》

11・25 大内裏造営成り、幕府、例により五万石以上の大名に宮垣築造金を課す。《徳川実紀》

12・4 後西上皇皇子若宮（長仁《おさひと》親王）を八条宮穏仁親王の後嗣とする。《重房宿禰記》

この年 出口（度会）延佳「太神宮神道或問」

●霊元天皇御製①

「よしあしをうつさば今もうつし見む人にまされる鏡あらめや」「朝な朝な神の御前にひく鈴のおのづから澄むこころをぞ思ふ」「あめつちの神のこころをつたへきて今も八雲の道は正しき」（以上「霊元院御集」）

「伊勢太神宮神異記」成る。

□7・28 二条康道《にじょうやすみち》（太閤。摂政。左大臣。父は関白九条幸家。養父は関白二条昭実。正室は後陽成天皇皇女貞子内親王。60）

■寛文七年（一六六七）丁未

霊元天皇　14歳
後水尾法皇72歳
明正上皇　45歳
後西上皇　31歳

1・16 天皇、妙法院堯恕法親王に勅し、毎月大威徳法を修させる。《堯恕法親王記》

2・12 後水尾法皇、妙法院堯恕法親王に勅して御影を写させる。《堯恕法親王記》

2・14 東大寺二月堂が全焼（寛文九年再興）。《堯恕法親王記》

②・18 天皇、御楽始に箏を奏する。《葉室頼業記》左大臣鷹司房輔、辞任。《公卿補任》

②・22 法皇・明正上皇・東福門院、岩倉離宮に御幸する（八月二十八日にも）。《永貞卿記》

3・12 法皇・明正上皇・東福門院、修学院離宮に御幸する。《堯恕法親王記》

3・19 法皇、妙法院堯恕法親王の房に御幸する。《堯恕法親王記》

3・27 法皇・後西上皇ら、修学院離宮に御幸する。《堯恕法親王記》

4・8 前右大臣西園寺実晴を左大臣とする。《公卿補任》

4・20 皇妹珠宮（永享女王）、大聖寺に得度する（法名泰岳）。《堯恕法親王記》

7・6 後西上皇皇子（二宮。幸仁親王）に高松殿を嗣がせる。《禁裏執次詰所日記》

8・28 法皇・明正上皇・東福門院・昭子内親王、岩倉離宮に御幸する。《永貞卿記》

9・11 伊勢例幣使を発遣する。《公卿補任》

10・17 これより先、摂政鷹司房輔・左兵衛佐舟橋相賢に命じ、宮中にて「大学」を講じさせる。この日終了。《堯恕法親王記》

12・18 法皇、妙法院堯恕法親王の房に御幸する。《堯恕法親王記》

■寛文八年（一六六八）戊申

霊元天皇　15歳
後水尾法皇73歳
明正上皇46歳
後西上皇32歳

2・13 二月に入り、江戸にしばしば火事あり、また八幡山以下に怪異あるにより、伊勢神宮・岩清水・春日社等に祈禳させる。《堯恕法親王記》

2・20 法皇、ひそかに鹿谷の霊鑑寺に御幸する。《堯恕法親王記》

3・15 法皇、ひそかに仁和寺に御幸する。

《堯恕法親王記》
3・16 摂政鷹司房輔、辞任、ついで関白とする。《公卿補任》
5・1 法皇、明正上皇御所に御幸し、螢を覧る。《隔蓂記》道寛入道親王を護持僧とする。《諸寺院上申》
5・7 法皇・両上皇・東福門院、禁中に御幸し楽会あり。天皇、笛を奏する。《堯恕法親王記》
5・27 左大臣西園寺実晴、辞任。《公卿補任》
7・13 伏見奉行宮崎重成・雨宮正種《あまみやまさたね》に京都町奉行を兼任させる（京都町奉行の創置）。《徳川実紀》
7月 聖護院宮道寛入道親王を園城寺長吏とする。《諸寺院上申》
8・5 将軍家綱、円照寺に寺領二百石を寄進。《徳川実紀》
9・1 前右大臣徳大寺公信を左大臣とする。《公卿補任》
9・11 伊勢例幣使を発遣する。《堯恕法親王記》
12・12 内侍所神楽、天皇初めてこれに臨む。《永貞卿記》
□8・28 鳳林承章《ほうりんじょうしょう》（鹿苑寺住持。「隔蓂記」記主。76）、10・3 鷹司教平《たかつかさのりひら》（左大臣。父は関白鷹司信尚、母は後陽成天皇皇女清子内親王。60）

■寛文九年（一六六九）己酉

霊元天皇 16歳
後水尾法皇 74歳
明正上皇 47歳
後西上皇 33歳

1・1 天皇、四方拝を行ない、初めて元日節会に臨む。《公卿補任》
2・24 後西上皇皇子を親王とし、名を長仁《おさひと》と賜う。《公卿補任》
3・21 天皇皇女（憲子《のりこ》〈「けんし」とも〉内親王）、誕生する（母は坊城房子）。《御系譜》
3・27 法皇・明正上皇・後西上皇、修学院離宮に御幸する。《永貞卿記》
4・5 法皇・両上皇、岩倉離宮に御幸する。《永貞卿記》
5・10 法皇、この日より「職原抄」を講釈する。《続史愚抄》
5・18 後西上皇皇女賢宮（益子《ますこ》内親王）、誕生する（母は清閑寺共綱女典侍共子）。《御系譜》
5・22 天皇、病む。《重房宿禰記》
6・3 明正上皇、円照寺宮に御幸する。《堯恕法親王記》
7・6 天皇、法皇より「能書方伝授」を受ける（二十四日にも）。《葉室頼業記》

8・1　後陽成天皇皇子**良純入道親王**没。《堯恕法親王記》
8・15　天皇、楽会で笛を奏する。《堯恕法親王記》
8・18　妙法院門跡堯恕法親王、天台座主を辞任。《堯恕法親王記》
8・21　後西上皇皇子（貴《たか》宮。公弁法親王）、誕生する（母は掌侍梅小路定子）。《諸寺院上申》
8・27　後西上皇第二皇子を親王とし、名を幸仁《ゆきひと》と賜う。《公卿補任》
9・3　毘沙門堂公海大僧正の奏請により、後西上皇皇子貴宮をその法嗣とする。《輪王寺宮年譜》
9・11　伊勢例幣使を発遣する。《公卿補任》
9・13　青蓮院門跡尊證法親王を天台座主とする。《公卿補任》
9・14　後水尾法皇の御幸を迎え、天皇、「職原抄」素読を受ける。《**无上法院殿御日記**》
9・16　法皇・東福門院、岩倉離宮に御幸する。《堯恕法親王記》
9・22　神宮正遷宮奉幣使を発遣する。《公卿補任》
9・26　伊勢内宮の正遷宮が行なわれる。《重房宿禰記》
9・28　伊勢外宮の正遷宮が行なわれる。《重房宿禰記》
9・29　後西上皇皇子三宮を親王とし、名を貴平《たかひら》と賜う（のち永悟入道親王）。《公卿補任》
10・5　法皇・明正上皇・東福門院、修学院離宮に御幸する。《无上法院殿御日記》
10・11　貴平親王、円満院に入室する。《華頂要略》
10・13　貴平親王、円満院にて得度する（のち園城寺長吏）。《華頂要略》
10・15　応仁の乱で焼失の泉涌寺伽藍造営成る。この日、幕府に使を遣わし、三束一巻を献じる。《徳川実紀》
11・12　文智女王、大和国添上郡八嶋村より同郡山村に円照寺殿・方丈を移す。《普門山年譜》
11・21　前左大臣鷹司教平女房子を女御とする。この日入内（幕府、女御御料二千石進上）。《堯恕法親王記》
12・12　左大臣徳大寺公信、辞任。《公卿補任》
12・27　山鹿素行「**中朝事実**」成る。
□5・26広橋兼賢《ひろはしかねかた》（准大臣。75）

■寛文十年（一六七〇）庚戌

霊元天皇　17歳
後水尾法皇　75歳
明正上皇　48歳

＊**良純入道親王**《りょうじゅんにゅうどうしんのう》（一六〇三～六九）　後陽成天皇第八皇子。母は大納言庭田重具女典侍具子。慶長十二年（一六〇七）知恩院初代門跡に治定され入室。同十九年親王宣下（直輔親王）。元和元年（一六一五）徳川家康猶子となり、同五年得度して良純入道親王。寛永二十年（一六四三）不行跡のため甲斐に配流も万治二年（一六五九）許されて帰京し、寛文四年（一六六四）還俗。泉涌寺山内に葬られる。

＊**无上法院殿御日記**《むじょうほういんどのおにっき》　後水尾天皇皇女常子《つねこ》内親王（品《しな》宮・級《しな》宮。一六四二～一七〇二）の日記。寛文六年（一六六六）から元禄十三年（一七〇〇）までが残る。正式に内親王宣下はなかったが、延宝五年（一六七七）に諱を常子として以来、常子内親王と通称。夫は関白近衛基熙で、将軍徳川家宣の御台所熙子の生母。このような背景のもと、後水尾院の宮廷サロン、文化人基熙との生活など家族の肖像がこまやかに描かれる。

＊**中朝事実**《ちゅうちょうじじつ》　山鹿素行の尊王思想の書。当時の儒学思想・中華思想

後西上皇 34歳

1・7 天皇、病により、白馬節会に出御せず。《永貞卿記》

1月 幕府、高松宮幸仁親王に宮殿造営費を贈る。《寛文録》

2・17 天皇、楽御会始に箏を奏する（「続史愚抄」では十九日）。《葉室頼業記》

2・30 上皇・東福門院、長谷《ながたに》に御幸する。《重房宿禰記》

3・4 法皇、大聖寺珠宮の坊に御幸し、その観音懺法に臨む（妙法院堯恕法親王も会す）。《堯恕法親王記》

4・7 前右大臣大炊御門経孝を左大臣とする。《公卿補任》

4・25 法皇、この日より、禁裏で「源氏物語」講釈を始める。《无上法院殿御日記》

4・28 天皇、越後笛を習う。《**師庸朝臣記**》

5・5 天皇、病む（六月九日にも）。《堯恕法親王記》

6・9 法皇、内大臣近衛基熙第に御幸する。《堯恕法親王記》

6・12 編纂総裁永井尚庸《なおつね》、林羅山らの「本朝編年録」に手を加えた「続本朝通鑑」（後醍醐天皇を正統とするも、後村上天皇以後は正統を北朝に移す）を将軍徳川家綱に進覧する。《徳川実紀》

7・29 天皇、月次御楽で箏を奏する。《无上法院殿御日記》

9・11 伊勢例幣使を発遣する。《公卿補任》

9・22 法皇・明正上皇・東福門院、岩倉に御幸する。《无上法院殿御日記》

9・24 法皇、右大臣近衛基熙第に御幸する（十月十六日、十一月四日にも）。《堯恕法親王記》

9・27 後西上皇皇子（攀《よつ》宮。道祐《どうゆう》入道親王）、誕生する（母は掌侍梅小路定子）。《御系譜》

11・4 天皇、内大臣近衛基熙第に行幸し、蹴鞠を観る。《堯恕法親王記》

11・15 尊證法親王を護持僧とする。《堯恕法親王記》

11・21 幸仁親王、元服する。《永貞卿記》

11・24 伊勢山田火災（五千戸焼失）。外宮・月読宮に延焼する。《重房宿禰記》

□8・23 竜渓性潜《りゅうけいしょうせん》（黄檗《おうばく》宗僧。後水尾天皇に印可を与え、語録「御版宗統録《しゅうとうろく》」には勅序を賜わる。69）

■寛文十一年（一六七一）辛亥

霊元天皇 18歳
後水尾法皇 76歳
明正上皇 49歳
後西上皇 35歳

1・15 京都大火、数十町が焼ける。《永貞

に対し、日本は万世一系の天皇が支配する君臣の義が守られている国であることを強調する。

＊**師庸朝臣記**《もろつねあそんき》 大外記中原（押小路）師庸（一六四九～一七二五）の日記。寛文七年（一六六七）から同十三年のものが宮内庁書陵部に伝存する。「師庸記」とも。

卿記》
2・11 法皇、修学院離宮に御幸する（三月二日、五月六日、八月二十八日、九月十三日にも）。《无上法院殿御日記》
2・17 後西上皇、内大臣近衛基熙に能書を伝授する。《无上法院殿御日記》
2・18 法皇、妙法院堯恕法親王の別院に御幸する。《堯恕法親王記》
3・6 法皇、これより先に尊證法親王・真敬入道親王・近衛基熙等に「能書方伝授」を行ない、この日、再び、その残りを伝授する。《无上法院殿御日記》
3・9 明正上皇、修学院離宮に御幸する。《永貞卿記》
3・11 法皇、内大臣近衛基熙第に御幸する。《堯恕法親王記》
3・16 法皇・東福門院、前摂政二条光平第に御幸する。《重房宿禰記》
3・17 法皇ら、禁裏の花を覧る。《堯恕法親王記》
3・22 幕府、大火罹災の門跡・公卿に三千九百十三両を与える。《徳川実紀》
4・5 三上皇・東福門院、岩倉離宮に御幸する。《永貞卿記》
5・1 左大臣大炊御門経孝、辞任。《続史愚抄》
5・7 右大臣九条兼晴を左大臣とする。《公卿補任》
5・25 内大臣近衛基熙を右大臣とする。《公卿補任》
6・25 法皇、青蓮院尊證法親王の別院に御幸する。《堯恕法親王記》
8・5 前権大納言徳大寺実維《さねふさ》を内大臣とする。《公卿補任》
8・16 皇子（一宮。済深《さいじん》入道親王）、誕生する（「葉室頼業記」等では十七日生れ。母は小倉実起女）。《禁裏執次詰所日記》
9・11 伊勢例幣使を発遣する。《永貞卿記》
法皇・明正上皇・東福門院、岩倉に御幸、ついで長谷の聖護院に渡御し、茸狩をする。また幡枝にて松茸を覧る。ついで昭子内親王の岩倉山荘に立ち寄り、夜、還幸する。《无上法院殿御日記》
9・19 後西上皇皇子五宮を親王とし、名を幸嘉《ゆきよし》と賜う。《重房宿禰記》
9・21 後水尾法皇を迎え、天皇、「源氏物語」を詠む。《无上法院殿御日記》
9・25 後西上皇皇子幸嘉親王、実相院に入室、得度する（法名は義延）。《重房宿禰記》
10・21 これより先、天皇、病む。この日、水痘とされる（十一月二日平癒）。《堯恕法親王記》

*一条《いちじょう》 昭良《あきよし》（一六〇五～七二） 後陽成天皇第九皇子。母は中和門院近衛前子。慶長十四年（一六〇九）前関白一条内基の養子となり兼遐《かねとお》と称する。寛永六年（一六二九）関白。明正天皇受禅後は摂政、ついでまた関白。同十二年には昭良と改名。承応元年（一六五二）落飾して恵観と称した。

*有栖川宮《ありすがわのみや》 後陽成天皇皇子好仁親王を家祖とする。当初は高松宮といい、二代良仁親王（後水尾天皇皇子）は花町宮を名のる。良仁親王が践祚（後西天皇）したため、その子幸仁親王に後を嗣がせて、宮号を有栖川宮と改め、大正時代の有栖川威仁親王まで続いた。その後、熾仁親王妃・威仁親王妃が宮家を守っていたものの、両妃の死により正式に断絶した。大正天皇の特旨により、宣仁親王（高松宮）が有栖川宮の祭祀を継承した。

11・9　後西上皇皇子（員宮《かず》。八条宮尚仁《なおひと》親王）、誕生する（母は掌侍梅小路定子）。《本朝皇胤紹運録》

11月　山崎闇斎、吉川惟足から吉川神道を学び、垂加霊社の神号を授けられ、垂加神道を唱える。《垂加文集》

この年　輪王寺宮尊敬入道親王の奏請により、後西上皇皇子益宮（公遵法親王）をその法嗣とする。《輪王寺宮年譜》

□8・25　三条《さんじょう》実秀《さねひで》（左大臣。父は権大納言三条公広。74）

■寛文十二年（一六七二）壬子

霊元天皇　19歳
後水尾法皇　77歳
明正上皇　50歳
後西上皇　36歳

1・30　内大臣徳大寺実維、辞任。《公卿補任》

2・12　前関白・左大臣**一条昭良**（後陽成天皇皇子）没。《重房宿禰記》

3・9　法皇、大覚寺に御幸し、大沢池にて船遊びをする。《諸寺院上申》

3・10　法皇・明正上皇・東福門院、修学院離宮に御幸する。《无上法院殿御日記》

3・14　法皇、聖護院に御幸し、花見をする。《无上法院殿御日記》

3・18　法皇・明正上皇・東福門院、岩倉に御幸する（八月二十八日にも）。《无上法院殿御日記》

3・24　法皇・明正上皇、清涼殿にて花を賞する。《堯恕法親王記》

4・4　法皇・明正上皇・東福門院、修学院離宮に御幸する。《永貞卿記》

4・12　天皇、法皇より「源氏物語」教授を受ける。《无上法院殿御日記》

6・8　花町宮幸仁親王、法皇の叡慮により、家号を有栖川宮と改める（**有栖川宮**家創設）。《本朝皇胤紹運録》

⑥・9　法皇、これより先に西賀茂に一寺を建立、霊源寺の勅額を賜う。この日、霊源寺祖岸、法皇に酒饌を献じ恩を謝す。《无上法院殿御日記》

⑥・29　権大納言一条内房を内大臣とする。《公卿補任》

7・9　法皇、病む。《堯恕法親王記》

8・6　法皇、修学院離宮に御幸する。《无上法院殿御日記》

9・11　伊勢例幣使を発遣する。《永貞卿記》

9・12　霊元天皇第二皇子、誕生する（二宮。寛隆親王。母は権大納言愛宕通福女福子）。《禁裏執次詰所日記》

10・15　法皇、平癒。この日、円照寺別坊に御幸する。《堯恕法親王記》

10・18 法皇、右大臣近衛基熙第に御幸する。《堯恕法親王記》
10・20 霊源寺住持祖岸、法皇の青蓮院尊證法親王別業に御幸するに宴を献じる。《堯恕法親王記》
11・13 後西上皇皇女（満宮）、誕生する（母は六条局）。《禁裏執次詰所日記》
11・28 法皇、禁裏にて「伊勢物語」講釈を始める。《无上法院殿御日記》
●寛文年間（一六六一〜七三）、龍熙近《りゅうひろちか》「神《しん》国決疑《こくけつぎ》編《へん》」成る（伊勢神道における仏教的なものを指摘）。

■延宝元年（一六七三）癸丑

霊元天皇 20歳
後水尾法皇78歳
明正上皇 51歳
後西上皇 37歳

1・11 法皇、禁裏にて「伊勢物語」を講釈する。《无上法院殿御日記》
2・10 法皇、修学院離宮に御幸する。《无上法院殿御日記》
2・28 法皇、聖護院に御幸し、桜花を覧る。《无上法院殿御日記》
3・1 法皇、内大臣一条内房第に御幸する。《重房宿禰記》
3・13 法皇・明正上皇・東福門院、修学院離宮に御幸する。《永貞卿記》
3・22 法皇・明正上皇・東福門院、岩倉離宮に御幸（ついで聖護院へ）。《永貞卿記》
4・1 法皇、重篤の隠元隆琦に大光普照国師号を下賜する（隠元、三日に没）。《続史愚抄》
4・5 青蓮院門跡尊證法親王、天台座主を辞任。《堯恕法親王記》
4・10 皇兄円融坊門跡盛胤法親王を天台座主とする。《堯恕法親王記》
5・9 天皇、修学院離宮に御幸し、陶器製造を覧る。《続史愚抄》関白鷹司房輔の第より出火し京都大火。禁裏・仙洞御所・後西上皇御所・東福門院御所等焼失（天皇は上御霊社、ついで十一日、近衛基熙第に遷る。法皇・後西上皇は、白川照高院、ついで幸仁親王の有栖川殿に移る。明正上皇は、二条光平第、ついで本殿へ）。《永貞卿記》
5・20 輪王寺宮尊敬入道親王、名を守澄と改める。《本朝皇胤紹運録》
6・16 後陽成天皇皇女貞子内親王（二条康道室。母は近衛前子）没（年69）。《中原章成日記》
6・28 法皇、内大臣一条内房の第に移り、仮仙洞とする。《堯恕法親王記》
7・12 内侍所、仮殿に遷る。《堯恕法親王記》

＊延宝《えんぽう》 権中納言菅原為庸《ためつね》の勘申による。出典は「隋書」音楽志「分四序、綴三光、延宝祚、渺無疆」。

8・19 法皇、修学院離宮に御幸する。《无上法院殿御日記》
8・23 皇女（栄子）、誕生する（母は女御鷹司房子）。《禁裏執次詰所日記》
8・25 法皇、妙法院門跡堯恕法親王の坊に御幸する。《堯恕法親王記》
9・11 伊勢例幣使を発遣する。《永貞卿記》
9・13 後西上皇皇子益宮を親王とし、名を幸智《ゆきとも》と賜う。《重房宿禰記》
9・21 即位・京都大火により**延宝**と改元する。《堯恕法親王記》
10・2 法皇・明正上皇・東福門院、修学院離宮に御幸する。《百弌録》
10・7 幸智親王、志賀院に入室、得度し、法名を守全と称する（のち天真法親王）。《堯恕法親王記》
10・12 法皇・後西上皇、有栖川宮幸仁親王の宮で蹴鞠を覧る。《堯恕法親王記》
10・28 法皇・明正上皇・東福門院、禁中に御幸し蹴鞠を覧る。《続史愚抄》
12・10 法皇、右大臣近衛基熙第に御幸する。《堯恕法親王記》
12・19 法皇、新造御所に移る。《堯恕法親王記》
□1・11西園寺《さいおんじ》実晴《さねはる》（左大臣。父は内大臣西園寺公益。73）、4・3隠元隆琦《いんげんりゅうき》（黄檗宗祖。82）、7・4花山院《かざんいん》定好《さだよし》（左大臣。父は左大臣花山院定熙。75）

■延宝二年（一六七四）甲寅

霊元天皇 21歳
後水尾法皇 79歳
明正上皇 52歳
後西上皇 38歳

1・1 仮皇居により、四方拝を行なうも、小朝拝・元日節会を中止する。《重房宿禰記》
1・17 法皇、常子内親王第に御幸する（狂句和漢会あり）。《堯恕法親王記》
1・24 天皇、病む（十日ほどで平癒）。《堯恕法親王記》
2・22 法皇、修学院離宮に御幸する。《无上法院殿御日記》
2・28 法皇・明正上皇・東福門院、修学院に御幸する。《百弌録》
3・7 法皇・明正上皇・東福門院、岩倉に御幸する。《无上法院殿御日記》
3・12 法皇、聖護院に御幸し、桜花を覧る。《无上法院殿御日記》
3・13 長講堂修造成り、この日、後白河天皇の御影を本堂に移す。《百弌録》
3・20 法皇、観花の宴を催す（明正上皇臨幸）。《堯恕法親王記》
4・11 京畿大風雨。鴨川氾濫、三条大橋が

流失する。《堯恕法親王記》
4・20 法皇、養徳院の第に御幸する。《堯恕法親王記》
5・1 後西上皇皇子貴宮、毘沙門堂に入る。《堯恕法親王記》
5・3 法皇、一乗院門跡真敬法親王の坊に御幸する。《堯恕法親王記》
5・4 内侍所法楽和歌会を再興する。《堯恕法親王記》
5・7 天皇、堯恕法親王より「般若心経」伝授を受ける。《堯恕法親王記》
5・9 上皇、修学院離宮に行幸し、陶器造りを覧る。《続史愚抄》
5・14 天皇、修学院離宮に行幸する。《堯恕法親王記》
5・19 天皇、「三部抄」「伊勢物語」伝授を受ける。《**弘資卿記**》
6・8 法皇、妙法院門跡堯恕法親王の坊に御幸し、山田検校の「平家物語」を聴く。《堯恕法親王記》
7・7 天皇、楽御会始にて笛を奏する。《葉室頼業記》
7・29 法皇、右大臣近衛基熙第に御幸する。《堯恕法親王記》
8・10 天皇、病む。《堯恕法親王記》
9・7 法皇、修学院離宮に御幸する。《百弌録》
9・11 伊勢例幣使を発遣する。《永貞卿記》
9・15 法皇、病む（十月二日快気）。《堯恕法親王記》
9・28 天皇、公卿社家に諭告四条を頒つ。《百弌録》
11・19 法皇、青蓮院門跡尊證法親王の坊に御幸する。《堯恕法親王記》
11・21 真敬法親王、興福寺別当を辞任（貞享元年（一六八四）再任）。《堯恕法親王記》
12・9 准三宮清子内親王（後陽成天皇皇女。鷹司信尚室。母は近衛前子）没（二尊院に葬られる。年83）。《堯恕法親王記》
□4・13 久我《こが》広通《ひろみち》（「続史愚抄」では十二日。内大臣。父は権中納言久我通前。49）

■延宝三年（一六七五）乙卯

霊元天皇 22歳
後水尾法皇 80歳
明正上皇 53歳
後西上皇 39歳

1・1 四方拝を行なうも、仮皇居のため、小朝拝・節会を中止する（七日白馬節会、十一日踏歌節会も中止）。《続史愚抄》
2・23 天皇、楽御会始で笛を奏する。《続史愚抄》
3・1 法皇、修学院離宮に御幸する（三月

＊**弘資卿記《ひろすけきょうき》** 権大納言日野弘資（一六一七～八七）の日記。寛永二十一年（一六四四）から延宝三年（一六七五）までが宮内庁書陵部に伝存する（欠失あり）。

＊**基熙公記《もとひろこうき》** 関白・太政大臣近衛基熙（一六四八～一七二二）の日記。寛文五年（一六六五）から享保七年（一七二二）まで記される（欠年あり）。基熙は後水尾・後西・東山三天皇の信任厚く、将軍家宣の岳父の立場であることから、江戸中期の朝廷および朝幕関係を知るうえの重要史料。また、基熙は和歌・有職故実への造詣が深いことから、文化史的にも好史料となっている。

＊**基量卿記《もとかずきようき》** 権大納言東園基量（一六五三～一七一〇）の日記。寛文十一年（一六七一）から宝永元年（一七〇四）までの自筆本が宮内庁書陵部に残る（欠年あり）。

＊**八十賀** 八十歳のお祝い。このとき霊元天皇の賀歌「君が手に今日とる竹の千代の坂こえてうれしきゆくすゑも見む」に対し、後水尾法皇、「つくからに千年の坂も踏みわけて君が越ゆべき道しるべせ

十二日、四月十八日、九月六日にも)。《无上法院殿御日記》

3・28 法皇・明正上皇・東福門院、岩倉長谷に御幸する。《基煕公記》

3月 法皇、一乗院真敬法親王に寿像を写させ、これを霊源寺に賜う。《太上法皇聖像記》

4・5 法皇、右大臣近衛基煕第に御幸する。**《基煕公記》**

4・11 法皇・明正上皇・東福門院、修学院離宮に御幸する。《无上法院殿御日記》

④・26 皇姉昭子内親王(後水尾法皇皇女。母は東福門院)没(光雲寺に葬られる。年47)。《堯恕法親王記》

5・11 知恩院尊光法親王、江戸に至る。将軍家綱、江戸城でこれを引見する。《徳川実紀》

6・17 故二条康道室貞子内親王(後陽成天皇皇女。母は近衛前子)没(年70)。《堯恕法親王記》

6・25 八条宮長仁《おさひと》親王(後西天皇皇子。母は明子女王)没(年21)。《堯恕法親王記》

7・7 天皇、楽御会で笛を奏する。《禁裏番衆所日記》

8・3 法皇、青蓮院尊證法親王の別院に御幸する。《堯恕法親王記》

8・9 法皇、右大臣近衛基煕室常子内親王の第に御幸する。《堯恕法親王記》

8・12 穏仁親王の遺言により、後西上皇皇子員宮(尚仁親王)を故長仁親王桂宮家の後嗣とする。《堯恕法親王記》

9・2 法皇、大聖寺永亨の坊に御幸する。《堯恕法親王記》

9・3 霊元天皇皇子、誕生する(五宮。朝仁親王。東山天皇。母は内大臣松木宗条女宗子)。▼法皇、一乗院真敬法親王の別業に御幸する。《禁裏執次詰所日記》

9・6 法皇・明正上皇・東福門院、修学院離宮に御幸する。《百弌録》

9・11 伊勢例幣使を発遣する。**《基量卿記》**

9・23 林鵞峯、「改元物語」を記す。

9・26 法皇、妙法院堯恕法親王の別院に御幸する。《堯恕法親王記》

10・10 前権大納言中院通茂、「源氏物語」を進講する(後水尾法皇臨席)。《基煕公記》

10・25 後西上皇、近衛基煕に入木道七箇条灌頂を相伝する。《基煕公記》

11・14 仮内裏にて法皇の**八十賀**が行なわれる(両上皇・女院も御幸)。《基煕公記》

11・16 新造内裏(土御門内裏)、上棟する。《基煕公記》

11・25 一条油小路より出火。仮皇居・明正上皇御所・後西上皇御所・二条家文庫・聖

む」と返す。

護院等二千戸を焼く。天皇、法皇御所、ついで新造東福門院御所に遷る。明正上皇は東福門院御所、後西上皇は法皇御所に移る。新造御所は火災を免れる。《基熙公記》

11・27 天皇、新造内裏に遷る。《基熙公記》

12・2 後西上皇御所上棟。この日、上皇これに移る。《基熙公記》

12・5 内侍所を新造内裏に遷す。《基熙公記》

12・12 後西上皇皇子（菅宮。道尊法親王）、誕生する（母は高辻豊長女菅原氏）。《御系譜》明正上皇、左大臣九条兼晴の第を仮殿とする。《百弌録》

12・13 明正上皇、東福門院御所より左大臣九条兼晴の第に移る。《百弌録》

12・25 盛胤法親王、天台座主を辞任。《堯恕法親王記》

12・27 法皇御所火事。法皇、後西上皇御所に移る。《永貞卿記》

この年 高泉性潡《こうせんしょうとん》、法皇に「扶桑禅林禅宝伝」を進上する（のち「扶桑禅林僧宝伝」として刊行）。《序》

■延宝四年（一六七六）丙辰

霊元天皇 23歳
後水尾法皇 81歳
明正上皇 54歳
後西上皇 40歳

2・4 妙法院堯恕法親王を再び天台座主とする。《基熙公記》

2・6 法皇、修学院離宮に御幸する。《堯恕法親王記》

2・21 幕府、昨年罹災の門跡・公卿等に経営費を贈る。《徳川実紀》

2・29 法皇御所にて観花宴あり。《堯恕法親王記》

3・8 聖護院道寛法親王（後水尾法皇皇子。母は園国子）没（三井寺に葬られる。年30）。《堯恕法親王記》

4・29 これより先、京都に疫病流行。《堯恕法親王記》

5・28 法皇、妙法院堯恕法親王の別業に御幸する。《堯恕法親王記》

6・9 天皇、前権大納言中院通茂に「源氏物語」を進講させる（九月十九日、十一月九・十九日、十二月二・九日にも）。《禁裏番衆所日記》

6・12 天皇、楽御会始にて笛を奏する（七月七日にも笛を奏す）。《百弌録》

7・17 天皇、病む。《御湯殿上日記》

8・5 妙法院堯恕法親王、天台座主を辞任。《堯恕法親王記》徳川家綱御台所顕子女王（伏見宮貞清親王王女）没（年38）。《延宝日記》

8・10 青蓮院尊證法親王を再び天台座主とする。《公卿補任》
9・11 伊勢例幣使を発遣する。《百弌録》
9・17 法皇、幡枝に御幸し、茸狩を行なう。《堯恕法親王記》
9・23 法皇、修学院離宮に御幸（「続史愚抄」では二十一日）。《无上法院殿御日記》
10・10 明正上皇、新造御所に移る。《堯恕法親王記》
10・18 法皇、一乗院真敬法親王の別業に御幸する。《堯恕法親王記》
10・19 法皇、円融坊盛胤法親王の別業に御幸する。《堯恕法親王記》
11・1 円満院永悟法親王（後西上皇皇子。母は岩倉具起女）没（年18）。《基熙公記》
11・20 法皇、大聖寺永亨の坊に御幸する。《基熙公記》
12・21 法皇、右大臣近衛基熙第に御幸する。《基熙公記》
12・27 仙洞御所から出火、東福門院御所が類焼する（法皇、後西上皇女御明子女王の東河原御所に移り、夜、天皇女御鷹司房子御殿に移る。病気療養中の東福門院は賀子内親王の二条光平第、ついで明正上皇御所に移る）。《基熙公記》
12・28 天皇皇子（六宮。堯延法親王）、誕生する（母は五条為庸女庸子）。《禁裏執次詰所日記》

■**延宝五年（一六七七）丁巳**
霊元天皇　24歳
後水尾法皇　82歳
明正上皇　55歳
後西上皇　41歳

1・1 仙洞御所火事。法皇は東福門院の里亭に移る。《徳川実紀》
1・13 天皇、常子内親王の第に行幸する。《堯恕法親王記》
2・1 春日祭の朝使社参を再興する。《続史愚抄》
2・16 法皇、修学院離宮に御幸する（五月六日にも）。《基熙公記》
2・17 天皇、前権大納言中院通茂に「源氏物語」を進講させる（三月二十九日、四月九・十九・二十九日、六月九日、十二月十九日にも）。《禁裏番衆所日記》
3・12 東福門院、病む。法皇、勅して日吉社・延暦寺に平癒を祈禱させる。《堯恕法親王記》この日より十五日にかけ南部大地震（大津波あり）。《徳川実紀》
3・18 法皇、女御鷹司房子御所より関白鷹司房輔の第に移り仮御所とする。《基熙公記》
3・22 法皇、仁和寺門跡性承法親王のとこ

◉**霊元天皇御製②**
「そのかみの御影をみつの鏡こそ我が国てらすひかりなりけれ」
「あふぎ見よわが秋津島のほかまでもあまねくてらす月読の影」
「をさまれる世をもつげけり鶯の春をたのしむ今朝のはつ音は」（以上「霊元院御集」）

ろに御幸し、花見を行なう。《基熙公記》

5月 青蓮院門跡尊證法親王、天台座主を辞任。《公卿補任》

6・5 天皇、楽御会始に箏を奏する。《基熙公記》

6・29 法皇、近衛基熙に「古今伝授」を行なう。《基熙公記》

7・5 法皇後宮・霊元天皇生母園《その》国子を准三宮とする。国子、この日没（十六日、泉涌寺に葬られる。年54）。《基熙公記》尊證法親王、天台座主・護持僧を辞任。《堯恕法親王記》

7・9 輪王寺門跡守澄法親王、京都より帰府。この日、将軍家綱、江戸城に引見する。《徳川実紀》

8・21 円融坊門跡盛胤法親王を再度天台座主とする。《御系譜》

9・11 神宮例幣使を発遣する。《師庸朝臣記》

9・20 法皇御所が竣工する。《堯恕法親王記》

9・25 法皇、修学院離宮に御幸する（採茸の遊あり）。《師庸朝臣記》

10・2 法皇、新造御所に移る。《基熙公記》

10・5 天皇生母園国子を新広義門院と号する（さかのぼって七月五日宣下とする）。《基熙公記》

10・9 常陸ほか大地震（津波あり）。《徳川実紀》

10・11 東福門院、新造御所（十月二日竣工）に移る。《基熙公記》

11・12 法皇、右大臣近衛基熙第に御幸する。《基熙公記》左大臣九条兼晴、辞任、この日没。《公卿補任》

12・3 盗人、法皇御所土蔵に侵入し、銀三十貫を盗む。《堯恕法親王記》

12・8 右大臣近衛基熙を左大臣とする。《公卿補任》

12・24 内大臣一条内房《うちふさ》を右大臣とする。《公卿補任》

12・26 権大納言大炊御門経光を内大臣とする。《公卿補任》

12・28 天皇、病により内侍所神楽に出御せず。《百弌録》

この年 山崎闇斎、「本朝改元考」を記す。

□6・12 三条《さんじょう》公富《きんとみ》（右大臣。父は左大臣三条実秀。58）、11・12 九条《くじょう》兼晴《かねはる》（左大臣。父は左大臣鷹司教平。摂政九条道房養子。37）

■**延宝六年（一六七八）戊午**

霊元天皇 25歳
後水尾法皇83歳
明正上皇 56歳
後西上皇 42歳

＊**東福門院**《とうふくもんいん》（一六〇七〜七八） 後水尾天皇中宮。父は徳川秀忠、母はお江。諱は和子。元和六年（一六二〇）入内。寛永元年（一六二四）中宮に冊立、同六年、興子内親王（明正天皇）受禅により国母として院号宣下があり東福門院と称する。後水尾天皇との間に、興子内親王のほか昭子（顕子）内親王・高仁親王・賀子内親王などをもうける。陵は月輪陵。

1・26 後水尾法皇、一乗院真敬法親王の別業に御幸する。《堯恕法親王記》
2・13 法皇、修学院離宮に御幸する。《百弌録》
2・20 狂人、内裏に闖入する。《続史愚抄》
2・29 皇兄仁和寺門跡性承法親王（後水尾法皇皇子。母は水無瀬氏子）没（法金剛院に葬られる。年42）。《基熙公記》
3・19 法皇、霊源寺開基一絲文守三十三回忌に、定慧明光仏頂国師号を追贈する。《霊源旧記》
4・22 法皇、青蓮院門跡尊證法親王の里坊に御幸する。《堯恕法親王記》
4・25 法皇、妙法院堯恕法親王の別坊に御幸する。《堯恕法親王記》
4・28 法皇、左大臣近衛基熙第に御幸する。《基熙公記》
5・29 法皇、勅して霊源寺・法常寺を勅願寺とする。《基熙公記》
6・6 皇甥萱宮（後西上皇皇子）、円満院に入る。《華頂要略》
6・8 後西上皇皇子勝宮（良応法親王）、誕生する（母は掌侍梅小路定子）。《御系譜》
6・15 後水尾法皇中宮東福門院（徳川和子）没（二十六日、泉涌寺に葬られる）。《基熙公記》

7・17 僧鉄眼、自刻一切経を法皇に進献する。《一切経目録》
8・12 法皇、近衛基熙第に御幸する（十一月十六日にも）。《基熙公記》
8・17 江戸大地震。《堯恕法親王記》
9・7 法皇、修学院離宮に御幸する。《无上法院殿御日記》
9・11 伊勢例幣使を発遣する（天皇、諒闇により、御拝中止）。《基熙公記》
9・18 法皇、青蓮院門跡尊證法親王の里坊に御幸する。《堯恕法親王記》
9・28 天皇、修学院離宮に行幸し、楓を観る。《堯恕法親王記》
10・7 法皇、一乗院真敬法親王の里坊に御幸する。《堯恕法親王記》
10・17 日光門主守澄法親王に東福門院の二条離宮を賜う。《徳川実紀》
10・19 後西上皇皇子貴《たか》宮を親王とし、名を秀憲と賜う。《堯恕法親王記》
10・26 秀憲親王、毘沙門堂にて得度し、名を公弁と改める（この年、毘沙門堂門主となる）。《菊亭（今出川）家譜》
11・7 法皇、青蓮院門跡堯恕法親王の里坊に御幸する。《堯恕法親王記》
11・8 天龍寺僧、法皇御所で「碧巌録」を講じる。《堯恕法親王記》

11・27 皇姪館宮、曇華院に得度する（法名は聖安）。《禁裏執次詰所日記》

12・9 後西上皇、茶会を開く。《真敬《しんけい》入道親王「後西院御茶之湯記」》

●この頃、霊元天皇、廷臣に命じ写本を作製させ、精力的に御文庫の充実に尽くす。

■延宝七年（一六七九）己未

霊元天皇 26歳
後水尾法皇84歳
明正上皇 57歳
後西上皇 43歳

1・1 諒闇により、四方拝・小朝拝・節会を中止し、平座は行なう。《基熈公記》

2・15 これより先、天皇病む。この日、痘瘡とされる（翌日、七社七寺に平癒を祈らせる。三月一日平癒）。《基熈公記》

3・23 法皇、修学院離宮に御幸する（四月九日にも）。《无上法院殿御日記》

5・15 京都大雨。鴨川・桂川洪水。《徳川実紀》

6・18 照高院**道晃法親王**（後陽成天皇皇子）没。《基熈公記》

8・15 石清水八幡宮放生会が再興される（応仁の乱以来二百十年ぶり。以後恒例）。《基熈公記》

8・22 天皇、楽御会始にて笛を奏する。《基熈公記》

9・11 伊勢例幣使を発遣する。《基熈公記》

9・21 法皇・明正上皇、前摂政二条光平の室賀子内親王の第に御幸する。《二条家番所日次記》

10月 梶井宮盛胤法親王、天台座主を辞任。《堯恕法親王記》

11・2 妙法院堯恕法親王を天台座主とする（三度目）。《堯恕法親王記》

■延宝八年（一六八〇）庚申

霊元天皇 27歳
後水尾法皇85歳
明正上皇 58歳
後西上皇 44歳

1・6 知恩院尊光法親王（後水尾法皇皇子。徳川家光猶子。母は四辻継子）没（年36）。《基熈公記》

2・4 有栖川幸仁親王、江戸に到着（十四日、隅田川遊覧）。《徳川実紀》

2・16 天皇、楽御会始にて笛を奏する。《**兼輝公記**》

3・16 法皇、嵯峨に御幸する。《堯恕法親王記》

5・6 後西上皇、この日より禁裏にて「古今和歌集」を講釈する。《基熈公記》

5・8 将軍徳川家綱没（前日、綱吉を後嗣

＊**道晃法親王《どうこうほっしんのう》**（一六一二〜七九） 聖護院門跡。後陽成天皇第十三皇子。母は古市播磨守胤栄女。元和七年（一六二一）聖護院入室。寛永三年（一六二六）親王宣下。万治元年（一六五八）照高院に隠居し、同所で死去。墓は聖護院墓地。

＊**兼輝公記《かねてるこうき》** 関白・摂政一条兼輝（一六五二〜一七〇五）の日記。延宝七年（一六七九）から元禄十二年（一六九九）までの日次記が残る（欠年あり）。兼輝は霊元天皇の信任が厚く、この時期の政治史を知るうえの重要史料。また武家との交流、公家の信仰生活等を知るための好史料ともなっている。前名が冬経なので「冬経公記」とも。

＊**守澄入道親王《しゅちょうにゅうどうしんのう》**（一六三四〜八〇） 後水尾天皇皇子。生母は壬生院園光子。正保元年（一六四四）親王宣下（孝教《たかのり》親王）し、この年、青蓮院に入室、得度（法諱は尊敬、延宝元年（一六七三）守澄と改称）。正保四年、江戸に下向、寛永寺に住す。承応三年（一六五四）寛永寺門主、翌年天台座主となり、ついで輪王寺宮の号を賜わり、初代

とする。一説によると、大老酒井忠清は後嗣に宮将軍を迎えようとしたが、老中堀田正俊が綱吉擁立を主張したという）。《徳川実紀》

5・16　輪王寺宮守澄入道親王（後水尾法皇皇子）、寛永寺にて没。《堯恕法親王記》

5・21　故将軍徳川家綱に太政大臣正一位を贈り、号を厳有院とする（二十八日、内大臣大炊御門経光を江戸に遣わす。六月二十四日増上寺で法会）。《基熙公記》

6・4　日光門跡天真法親王、京より東叡山に入る。《徳川実紀》

6・26　梶井宮盛胤法親王（天台座主。後水尾法皇皇子。母は四辻継子）没（年30）。《基熙公記》

7・8　後西上皇女御明子女王（好仁親王王女）没（年43）。《基熙公記》

7・18　徳川綱吉を征夷大将軍とする（綱吉、八月二十三日、詔を受ける。徳川幕府第五代将軍）。《基熙公記》

7・21　綱吉を内大臣とする。《師庸朝臣記》

8・6　法皇、病む。《兼輝公記》

8・16　霊元天皇皇子、誕生し富貴宮と称する（文仁《あやひと》親王。母は内大臣松木宗条女宗子）。《本朝皇胤紹運録》

8・19　後水尾法皇崩御（辞世「ゆきゆきて思へばかなし末とほくみえしたか根も花のしら雲」）。《冬経公記》

8・20　故法皇の遺詔により後水尾院と追号する（遺詔による）。《堯恕法親王記》

⑧・8　後水尾法皇、泉涌寺山内に葬られる（陵は**月輪陵**）。《御湯殿上日記》

9・11　国喪により伊勢例幣使を延引する（十一月十日発遣）。《兼輝公記》

9・19　後水尾法皇皇女光子《てるこ》内親王、落飾する（法名は照山元瑤《しょうざんげんよう》）。《本朝皇胤紹運録》

9・23　有栖川宮幸仁親王王女、誕生する。英宮（幸子女王。東山天皇皇后）と称する。**《光栄公記》**

11・12　後西上皇皇子攀宮を親王とし、名を宗範と賜う。**《季連宿禰記》**

11・27　宗範親王、聖護院に入室、得度し、名を道祐と改める。《冬経公記》

この年「諸門跡譜」成る（編者不詳。二十九の門跡寺院とその歴代門主の略伝を列記）。

□5・5林鵞鳳《はやしがほう》（幕府儒者。「寛永諸家系図伝」「本朝通鑑」編纂者。63）、5・8徳川家綱《とくがわいえつな》（江戸幕府第四代将軍。40）

●延宝年間（一六七三〜八一）、水戸藩史官が「**一代要記**」（金沢文庫本）を発見、書写する。

■天和元年（一六八一）辛酉

輪王寺門跡となる。墓は上野寛永寺内。

＊**月輪陵**　六七五ページ注参照。

＊**光栄公記**《みつひでこうき》　内大臣烏丸光栄（一六八九〜一七四八）の日記。宝永五年（一七〇八）から元文三年（一七三八）までの日記。光栄は光広の後胤で烏丸家中興の祖。歌壇の第一人者であったため、霊元院晩年の新類題和歌集編纂、てにをは伝授、桃蘂《とうずい》御集編纂等を知るうえの重要史料。また光栄の日常生活、霊元院・家仁親王・職仁親王についての情報も得られる。

＊**季連宿禰記**《すえつらすくねき》　壬生官務家小槻季連（一六五五〜一七〇九）の日記。延宝三年（一六七五）から正徳六年（一七一六）までが残る。

＊**一代要記**《いちだいようき》　著者不明。後宇多天皇の時代に成立。各天皇ごとに略歴と治世中の大事等を記した年代記の一種。東山本、高松宮本等あり。徳川光圀は本書を得て「公卿補任補闕」を編纂し、松平頼恕は、本書の後を継いで、「歴朝要記」を編纂させた。

霊元天皇 28歳
明正上皇 59歳
後西上皇 45歳

1・1 諒闇のため四方拝・節会を中止、平座は行なう。《基熙公記》

1・24 歌御会始。後水尾法皇崩御日が八月十九日なので、この年から十九日ではなく、一月二十四日となる。《基熙公記》

7・10 内大臣大炊御門経光、辞任。権大納言鷹司兼熙《かねひろ》を内大臣とする。《公卿補任》

9・11 伊勢例幣使を発遣する。《永貞卿記》

9・17 天皇、皇子一宮を大覚寺門跡に治定するも拒否のため、この日、一宮を飛鳥井雅豊の第に幽閉、その外祖父小倉実起《さねおき》等を閉門とする。《基量卿記》

9・29 辛酉革命により**天和**と改元する。《公卿補任》

10・23 皇子一宮の大覚寺入寺に反対の小倉実起・公連《きんつら》父子を佐渡流罪とする（一宮は結局勧修寺に入室させ済深《さいじん》法親王とし、寵愛する女官の産んだ五宮〈朝仁親王。東山天皇〉が立太子。小倉事件）。《基熙公記》

11・11 後西上皇、近衛基熙に「三部抄」「源氏物語」切紙を相伝する。《基熙公記》

12・13 伊勢内宮が焼ける（公卿勅使が派遣され、宸筆宣命を奏上。このときの宣命草案が東山御文庫に伝存）。《基熙公記》

■天和二年（一六八二）壬戌

霊元天皇 29歳
明正上皇 60歳
後西上皇 46歳

1・1 四方拝あるも、天皇、節会に出御せず。小朝拝は中止。《基熙公記》

1・2 京都地震（十月十三日にも）。《堯恕法親王記》

1・29 伊勢内宮火災により、公卿勅使を発遣する。《兼輝公記》

2・18 関白鷹司房輔、辞任。《公卿補任》

2・24 右大臣一条冬経を関白・氏長者・内覧等とする（左大臣近衛基熙は幕府との協調路線であったためといわれる）。《公卿補任》

2月 照山元瑤《しょうざんげんよう》（光子内親王）、修学院離宮内に観音堂を建立し、**林丘寺**と号する。《諸寺院上申》

3・25 皇子五宮（朝仁親王。東山天皇）を**儲君**とする。《兼輝公記》

5月 京都・近畿、疫病流行（六月まで。死者多数）。《基熙公記》

6・27 後水尾法皇御所を東宮御所とし、この日、儲君、ここに移る。《基熙公記》

8・16 霊元天皇皇子一宮（寛清親王）、勧

＊**天和**《てんな》 式部少輔兼侍従文章博士菅原在庸《ありつね》の勘文に「尚書曰、奉答天命、和恒四方民居師、前漢書曰、嘉承天和伊楽厥福、後漢書曰、天人協和、万国咸寧、後漢書曰、天和於上、地洽於下、荘子曰、与人和者謂之人楽、与天和者謂之天楽」とある。

＊**林丘寺**《りんきゅうじ》 京都市左京区修学院に所在。音羽御所ともいわれる。後水尾法皇没後、光子内親王は出家して照山元瑤と称し、修学院離宮内に観音堂を建て林丘寺と号した。照山元瑤没後も代々皇族の皇女・王女が継承する尼門跡となる。

＊**儲君**《ちょくん》 「もうけのきみ」とも。天皇の死に備え、あらかじめ決めた次期皇位継承者。皇太子・東宮。

＊**淳房卿記**《あつふさきょうき》 権大納言万里小路淳房（一六五三～一七〇九）の日記。

修寺に入室する。《基熙公記》
9・8 後西上皇、この日より「伊勢物語」を講釈する。《无上法院殿御日記》
9・11 伊勢例幣使を発遣する。《兼輝公記》
10・25 皇子一宮を親王とし、名を寛清と賜う。《兼輝公記》
10・28 寛清親王、得度し、名を済深と改める（済深入道親王。この日、勧修寺長吏となる）。《御系譜》
12・2 儲君（五宮）を親王とし、名を朝仁と賜う。《兼輝公記》
12・3 朝仁親王、大内に覲し、また両上皇に覲する。《兼輝公記》
12・7 女御鷹司房子を准三宮とする。《兼輝公記》
12・18 朝仁親王読書始（舟橋相賢、「孝経」を授ける）。《公卿補任》
12・25 吉川惟足《これたり》、幕府神道方となる。《徳川実紀》
12・28 江戸大火（お七火事）。《徳川実紀》
□6・26大炊御門経孝《おおいのみかどつねたか》（左大臣。父は権大納言大炊御門経頼。73）、9・11徳大寺実維《とくだいじさねふさ》（内大臣。父は左大臣徳大寺公信。46）、9・16山崎闇斎《やまざきあんさい》（儒者・神道学者。垂加神道創始者。65）、11・12二条光平《にじょうみつひら》（摂政。左大臣。父は摂政二条康道、母は後陽成天皇皇女貞子内親王。59）

■天和三年（一六八三）癸亥

霊元天皇 30歳
明正上皇 61歳
後西上皇 47歳

1・1 天皇、四方拝に出御するも、夜、病により元日節会に出御せず。《淳房卿記》
1・13 関白・右大臣一条冬経、右大臣を辞任。内大臣鷹司兼熙を右大臣、権大納言今出川（菊亭）公規《きんのり》を内大臣とする。《公卿補任》
2・9 霊元天皇皇子朝仁親王（東山天皇）を皇太子とする（貞和四年〈一三四八〉以来三百年以上中絶の立太子の儀を再興）。このとき天皇、「時しありて絶たるをつく此春の我うれしさは身にあまりつる」と詠む。《霊元天皇「立太子記竝初観之事」》
2・14 准后鷹司房子を皇后（中宮）とする。《公卿補任》
2・24 後西上皇、常子内親王（近衛基熙室）に薫物調合を相伝する（二十九日にも）。《基熙公記》
3・6 伊勢両宮に奉幣使を発遣する。《公卿補任》
3・10 焼失した伊勢内宮の臨時遷宮が行なわれる。《続史愚抄》

◉後水尾天皇辞世
「行き行きておもふもかなし末遠くこえし高根の峰の白雲」

3・12 天皇、伏見宮貞致親王王子茶々丸（邦永親王）を猶子とする。《伏見宮系譜》
3・30 勅使内大臣今出川（菊亭）公規を日光に遣わし、徳川家光三十三回忌に臨ませる（両上皇・皇太子・中宮も遣使）。《兼輝卿記》
4・2 後西上皇、禁裏にて「古今和歌集」の講釈を始める（十四日まで連日）。《禁中日次記》
4・14 陰陽頭土御門泰福に諸国陰陽の族を支配させる。《禁中日次記》
4・16 後西上皇、天皇に「古今和歌集」を相伝する（このあと近衛基熙にも）。《基熙公記》
4・18 後西上皇皇女多喜宮、慈受院に入室・得度する。《禁裏執次詰所日記》
4・22 後西上皇、清涼殿の「古今和歌集」竟宴に臨む。《基熙公記》
8・13 霊元天皇皇子二宮を親王とし、名を師永と賜う。《兼輝公記》
8・17 師永親王、仁和寺に入室、得度し、法名を覚寛と称する（のち覚助、ついで覚隆と改称）。《御系譜》
9・11 伊勢例幣使を発遣する。《兼輝公記》
12・3 霊元天皇皇女を内親王とし、名を憲子と賜う。また、後光明天皇皇女を内親王とし、名を孝子と賜う。《公卿補任》
12・9 憲子内親王、権大納言近衛家熙に降嫁する。《基熙公記》

■**貞享元年（一六八四）甲子**
霊元天皇　31歳
明正上皇　62歳
後西上皇　48歳

2・21 甲子革令により**貞享**と改元する。《公卿補任》
3・3 宣明暦を廃し、大統暦に改める。《公卿補任》
3・10 皇子六宮（堯延入道親王）、妙法院に入室する。《堯恕法親王記》
4・5 京都大火により東宮御所に延焼。天皇、中宮・皇太子とともに賀茂社に避けるも火が鎮まり即日還御。《兼輝公記》
5・8 東大寺公慶《こうけい》、大仏殿再興・諸国勧進を願い出る（幕府許可）。《公慶上人年譜》
5・17 京都地震（七月二日・八月十八日・十月十五日にも）。《百弌録》
6・27 実相院義延法親王を護持僧とする。《堯恕法親王記》
7・10 幕府、罹災門跡・公卿に造営料を贈遣する。《徳川実紀》
9・11 伊勢例幣使を発遣する。《兼輝公記》
10・29 暦を大統暦から貞享暦に変更する。

＊**貞享**《じょうきょう》　前権大納言菅原恒長《つねなが》の勘文に「周易曰、永貞吉、王用享于帝吉」とある。
＊**月輪陵**　六七五ページ注参照。

《兼輝公記》
11・19　内大臣今出川公規、辞任。《公卿補任》
11・27　後西上皇皇子員宮を親王とし、名を尚仁《なおひと》と賜う。《公卿補任》
12・1　幕府、渋川春海（安井算哲）を天文方とする（天文方の創置）。《徳川実紀》
12・11　後西上皇皇子菅《すげ》宮を親王とし、名を昌隆と賜う（のち道尊法親王）。《公卿補任》
12・12　権大納言花山院定誠《さだのぶ》を内大臣とする。《公卿補任》
12・16　後西上皇、禁裏にて「源氏物語」切紙を天皇に相伝する。《基熙公記》
この年　徳川光圀、史局を邸内天神坂に造る。《修史始末》
□3・18小倉実起《おぐらさねおき》（権大納言。女子が霊元天皇一宮〈済深法親王〉母。63）、7・22徳《とく》大寺《だいじ》公信《きんのぶ》（左大臣。父は権中納言徳大寺実久。79）

■**貞享二年（一六八五）乙丑**
霊元天皇　32歳
明正上皇　63歳
後西上皇　49歳
1・1　天皇、四方拝を行なうも、節会に出御せず。小朝拝は中止。《兼輝卿記》
1・26　将軍徳川綱吉、二条家文庫の「玉葉」以下の記録類を書写して献上する。《兼輝公記》
2・10　皇太子、新造東宮に移る。《公卿補任》
2・16　後西上皇、病む（昨年より）。《続史愚抄》
2・22　後西上皇崩御（二十九日「後西院」が贈られる）。《基量卿記》
3・7　後西上皇を泉涌寺に葬る（陵は**月輪陵**）。遺詔により、国忌・山陵・挙哀・素服等を止める。《兼輝公記》
5・17　後水尾法皇後宮・後西天皇生母櫛笥隆子を准三宮とする。《公卿補任》
5・22　准三宮櫛笥隆子没（院号は逢春門院。泉涌寺に葬られる。年82）。《兼輝公記》
6・6　守全法親王を天真法親王に改称する。《続史愚抄》
7・18　後西天皇皇女賢宮を霊元天皇猶子とする。《基量卿記》
9・11　伊勢例幣使を発遣する。《公卿補任》
▼京都地震（三十日にも）。《百式録》
9・16　後西天皇皇子勝宮を曼殊院宮良尚入道親王の附弟とする。《基量卿記》
11・13　後西天皇皇子勝宮、曼殊院に入る。《尭恕法親王記》
11月　前田綱紀《つなのり》、東寺に百合《ひゃくごう》の書画を寄進する。《東寺百合文書筐蓋表書》
12・17　幕府、浅草寺を日光門跡寛永寺に管

●**霊元天皇御製③**
「仰ぐぞよ神の御代より世世たえずしるせる国の史のかしこさ」
「天てらすひかりを仰ぐあしたよりなほこそ頼め神のまもりを」
「見る文は大和もろこしかはりても世を治めしる道ひとつにて」（以上「霊元院御集」より）

理させる。《徳川実紀》
この年　東大寺大仏殿落成。《続談海》
□9・26山鹿素行《やまがそこう》（兵学者・儒学者。「聖教要録」「武家事紀」「配所残筆」著者。64）

■貞享三年（一六八六）丙寅

霊元天皇　33歳
明正上皇　64歳

1・1　四方拝を行なうも、天皇、節会に出御せず。小朝拝中止。《兼輝公記》
3・6　天皇、楽御会始に笛を奏する。《兼輝公記》
3・24　内大臣花山院定誠、辞任。《公卿補任》
3・26　権大納言近衛家熙《いえひろ》を内大臣とする。《公卿補任》
4・10　後西天皇皇子昌隆親王、聖護院に入る（十四日得度して行恵と改名。のち道尊入道親王）。《堯恕法親王記》
4・11　道祐法親王を園城寺長吏とする。《諸寺院上申》
4・21　前内大臣花山院定誠を江戸に遣わし、徳川家綱の七回忌法会に臨ませる（上皇・中宮・皇太子も遣使）。《兼輝公記》
5・16　前権大納言園基福《もととみ》を准大臣とする。《公卿補任》
7・23　後西天皇皇女八百宮を内親王とし名を誠子《ともこ》、同賢宮を内親王とし名を益子《ますこ》と賜う。《公卿補任》
7・25　京都ほか諸国大風雨洪水。《基熈公記》
7・27　益子内親王、権大納言九条輔実に降嫁する。《兼輝公記》
8・16　京都地震（九月五・二十二日にも）《基熈公記》
9・11　伊勢例幣使を発遣する。《公卿補任》
9・30　霊元天皇皇女二宮を内親王とし名を栄子《ふさこ》、同綾宮を内親王とし名を福子《とみこ》と賜う。また皇子六宮（堯延法親王）を親王とし名を周慶《ちかよし》と賜う。《公卿補任》
10・25　周慶親王、得度して法名を堯延とする。《基熈公記》
11・28　皇女栄子《ふさこ》内親王、権大納言二条綱平に降嫁する。《公卿補任》
12・2　後西天皇皇女誠子内親王（母は明子女王）没（年33）。《基熈公記》
この年　伊勢内宮文庫が建設される。《勢陽五鈴遺響》

■貞享四年（一六八七）丁卯

霊元天皇　34歳
東山天皇　13歳
明正上皇　65歳

1・1　四方拝あるも、天皇、節会に臨まず。小朝拝中止。《基熈公記》
1・23　皇太子朝仁親王、紫宸殿にて元服す

＊東山天皇《ひがしやまてんのう》（一六七五～一七〇九）　名は朝仁《あさひと》、幼称五宮《このみや》。霊元天皇第四皇子。母は内大臣松木宗条女宗子（敬法門院）。天和二年（一六八二）親王宣下、同三年立太子。貞享四年（一六八七）元服、同年践祚、即位。宝永六年（一七〇九）譲位、太上天皇尊号宣下、同年崩御。陵は月輪陵。皇后は幸子《ゆきこ》女王（有栖川宮幸仁親王王女。承秋門院。所生の子に秋子《あきこ》内親王）。皇子女に中御門天皇（母は藤原賀子）のほか公寛《こうかん》入道親王・直仁《なおひと》親王など。追号「東山院」は、陵所泉涌寺の山号「東山」に因むといわれる。

＊大嘗祭再興《だいじょうさいさいこう》　明応九年（一五〇〇）後柏原天皇以降、財政上の理由から大嘗祭は行なわれず、東山天皇のときに復興。しかし、やはり財政上の制約から三日間の節会は一日に短縮、御禊も鴨川ではなく清涼殿東庭で行なわれた。白酒《しろき》・黒酒《くろき》は上賀茂社酒殿で造られたものが用いられ、以後これを踏襲。なお次の中御門天皇も大嘗祭は行なえず、本格的な復興はその次の桜町天皇（一七三八年）からであった。なお、東山天皇の大嘗

る。《公卿補任ほか》

1・28 幕府、生類憐み令を出す（以後も繰り返し指令）。《徳川実紀》

1・30 天皇、前関白鷹司房輔女（性源院）を養子とする。《諸寺院上申》

3・5 幕府、五万石以上の大名に即位費献金を令する。《徳川実紀》

第百十三代 東《ひがし》山《やま》天皇

3・21 霊元天皇譲位。皇太子朝仁親王、土御門内裏にて受禅（**東山天皇**）。霊元上皇、院政を開始しようとするも、幕府、上皇の朝議容喙を禁じ、関白と武家伝奏らの合議により諸事解決するよう朝廷に通告）。▼関白一条冬経を摂政・内覧とする。《基熙公記》

3・25 先帝に太上天皇尊号を奉る。▼中宮鷹司房子を新上西門院と号する。《公卿補任》

3・27 幕府、霊元上皇に供御田七千石を献じる。《基熙公記》

4・14 即位由奉幣使を発遣する。《永貞卿記》

4・26 霊元上皇、権大納言二条綱平に即位灌頂を伝授する。《貞享四年即位灌頂御日記》

4・28 東山天皇、紫宸殿にて即位礼を挙げる（これより先、幕府、即位のため米七千二百石余を献上）。《基熙公記》

8・23 幕府からの即位費用のうち二千七百石を大嘗祭経費とする。▼大嘗祭復活により、悠基・主基の国郡を定める。《基熙公記》

9・9 山城・大和ほか大風雨。春日・賀茂・貴布禰社が壊れる。《基熙公記》

9・11 伊勢例幣使を発遣する。《公卿補任》

9・28 後西天皇皇子勝宮を親王とし、名を勝明と賜う。《公卿補任》

10・9 勝明親王、曼殊院に入室、得度する（法名は良応）。《堯恕法親王記》

10・28 天皇、大嘗会のため禊を行なう。《永貞卿記》

11・3 大嘗宮を紫宸殿南庭に作る。《永貞卿記》

11・6 大嘗会由奉幣使を伊勢・石清水・賀茂三社に発遣する。《永貞卿記》

11・9 天皇、神祇伯雅光王より御拝伝授を受ける。《続史愚抄》

11・10 聖護院門跡道祐法親王、将軍綱吉に謁する。《徳川実紀》

11・16 東山天皇、**大嘗祭**を行なう（一四六六年以来二百二十一年ぶりの**再興**）。《基熙公記》

■元禄元年（一六八八）戊辰

東山天皇 14歳

明正上皇 66歳

会見聞録が壺井義知「大嘗会本義」として残されている。

霊元上皇 35歳

1・1 天皇幼少ゆえ、四方拝に御座を設けるも出御せず。節会にも臨まず。霊元上皇が四方拝を行なう（天皇、七日白馬節会、十日神宮奏事始等にも臨まず）。《兼輝公記》

2・1 内大臣近衛家煕、辞任。前権大納言中御門（松木）宗条《むねなが》を内大臣とする。《公卿補任》

2・2 勧修寺寛清法親王を東大寺別当とする。《東大寺別当次第》

2・16 内大臣中御門（松木）宗条、辞任。前内大臣近衛家煕を還補する。《公卿補任》

2・20 京都地震（五月二十七日、十一月二・七・十三日にも）。《堯恕法親王記》

2・25 天皇、初めて「大学」講義を聴く。《兼輝公記》

3・4 寛清法親王を二品に叙し、名を済深と改める。《華頂要略》

3・26 明正上皇、河原離宮に御幸する。《无上法院殿御日記》

4・2 東大寺公慶に勅し、諸国に募縁し、東大寺大仏殿を興造。この日、工事開始。《皇年代私記》

4・15 霊元上皇皇女憲子内親王（近衛家煕室。母は坊城房子）没（年20）。《基煕公記》

8・27 霊元上皇第六皇女友宮、大聖寺にて得度する（法名は永秀）。《基量卿記》

9・11 伊勢例幣使を発遣する。《公卿補任》

9・30 代始により**元禄**と改元する。《公卿補任》

10・14 明正上皇、河原離宮に御幸する。《基煕公記》

10・15 山田奉行を伊勢両宮修理奉行とする。《徳川実紀》

11・22 新嘗祭が、神祇官代（吉田神社宗源殿）で「新嘗御祈」という名で行なわれる（新嘗祭の復興）。《基煕公記》

12・16 霊元上皇、和歌の秘訣を有栖川宮幸仁親王・権大納言烏丸光雄・権中納言清水谷実業等に授ける。《基煕公記》

この年 出口（度会）延佳「中臣祓瑞穂抄」刊。

●この頃、契沖「万葉代匠記」成る（のち精本を徳川光圀に献上）。

■元禄二年（一六八九）己巳

東山天皇 15歳
明正上皇 67歳
霊元上皇 36歳

1・1 天皇、四方拝・節会に出御せず。霊元上皇が四方拝を行なう。《公卿補任ほか》

1・29 天皇生母松木宗子を准三宮とする。《公卿補任》

①・20 天皇、病む。《輝光卿記》

＊**元禄**《げんろく》 文章博士菅原長量《ながかず》の勘文に「宋史志曰、以仁守位、以孝奉先、祈福逮下、侑神昭徳、恵綏黎元、懋建皇極、天禄無疆、霊休允迪、万葉其昌、文選曰、建立元勲、以応顕禄、福之上也」とある。

＊**尚仁親王**《なおひとしんのう》（一六七一～八九） 後西天皇第八皇子。母は権大納言梅小路定矩養女定子。幼名員宮《かずのみや》。兄八条宮長仁親王の遺旨により、その継嗣となって八条宮第五代となる。貞享元年（一六八四）親王宣下。墓は相国寺内慈照院。

＊**保建大記**《ほうけんたいき》 著者は水戸藩儒者栗山《くりやま》潜鋒《せんぽう》（一六七一～一七〇六）。保安四年（一一二三）から建久三年（一一九二）までの政治の変遷を儒教の歴史観をもって論じたもの。朝廷政治衰退の原因を崇徳上皇・後白河法皇の不徳による綱紀弛緩に求めている。

2・3　明正上皇、河原離宮に御幸する（三月十八日にも）。《无上法院殿御日記》
2・13　霊元上皇、凝花洞（御所内の庭園）に御幸し詩歌会を行なう。《基量卿記》
3・27　摂政一条冬経を関白とする。《公卿補任》
3・28　京都地震（六月十日にも）。天皇、仮殿に避難する。《続史愚抄》
8・6　後西天皇皇子八条宮**尚仁親王**没（尚仁親王没により、霊元上皇皇子作宮《さくのみや》、八条宮を継ぎ常磐井宮《ときわ》（のち桂宮）と改める。この頃までに、八条宮尚仁親王に近侍した八条宮尚仁親王に「保平綱史」を献じる。正徳六年（一七一六）改訂増補して「**保建大記**」の名で刊行）。《兼輝公記》
9・6　伊勢両宮に奉幣使を発遣する。《公卿補任》
9・10　伊勢内宮の遷宮が行なわれる（天皇、石灰壇にて御拝。この年以後、式年遷宮の用材はすべて尾張藩の負担で木曾山から調達と定められる）。《兼輝公記》
9・11　伊勢例幣使を発遣する。《公卿補任》
9・13　伊勢外宮の遷宮が行なわれる（天皇、石灰壇にて御拝。以後、外宮遷宮は内宮の三日後となる）。《兼輝公記》
12・4　霊元上皇、武者小路実陰に「和歌天仁遠波」を伝授する。《禁裏番衆所日記》

■元禄三年（一六九〇）庚午

東山天皇　16歳
明正上皇　68歳
霊元上皇　37歳

1・1　天皇、四方拝・節会に出御せず。霊元上皇が四方拝を行なう。《公卿補任》
1・7　京都地震。《兼輝公記》
1・13　関白一条冬経、辞任。左大臣近衛基熙を関白・氏長者とする。《公卿補任》
2・25　天皇、御箏始を行なう。《基量卿記》
3・1　輪王寺宮天真法親王（後西天皇皇子。母は清閑寺共子）、江戸にて没（年27）。《基熙公記》
3・28　明正上皇、河原離宮に御幸する。《无上法院殿御日記》
3・29　天真法親王の遺命により、毘沙門堂門跡公弁法親王を輪王寺門主とする。《輪王寺宮年譜》
4・23　公弁法親王、江戸に至り、この日、江戸城で将軍綱吉に謁する。《輪王寺宮年譜》
4・24　この頃、天皇、病む。《无上法院殿御日記》
9・11　伊勢例幣使を発遣する。《公卿補任》
11・8　霊元上皇皇子（八十宮。性応入道親王）、誕生する（母は権大納言五条為庸女

経子)。《兼輝公記》
11・12 天皇、病む。《基量卿記》
11・21 霊元上皇、吉田兼連(兼敬《かねゆき》)に「中臣祓」を講釈させる。《基熙公記》
11・29 円満院宮行恵法親王を園城寺長吏とする《諸寺院上申》
12・2 公弁法親王、将軍綱吉に謁する。《徳川実紀》
12・18 聖護院門跡道祐法親王(後西天皇皇子。母は梅小路定子)没(年21)。《基熙公記》
12・26 左大臣近衛基熙、辞任。右大臣鷹司兼熙を左大臣、前内大臣大炊御門経光を右大臣とする。《公卿補任》
この年 渋川春海、地球儀・天球儀を作り、伊勢内宮に奉納する。《銘》契沖「万葉代匠記」精撰本成る。《同書》伊勢内宮文庫移転し、林崎文庫と改称する。《勢陽五鈴遺響》阿倍季尚、雅楽の全領域を体系的に記した「楽家録」を完成する。
□1・15度会《わたらい》(出口《でぐち》)延佳《のぶよし》(伊勢外宮権禰宜。神道学者。豊宮崎文庫創設者。76)

■元禄四年(一六九一) 辛未

東山天皇 17歳
明正上皇 69歳
霊元上皇 38歳

1・1 天皇、初めて四方拝を行なう(霊元上皇も四方拝を行なう)。《公卿補任》
3・9 天皇、楽御会始に筝を奏する。《基量卿記》
3・25 天皇、禁中にて桜花を覧る。《无上法院殿御日記》
4・13 明正上皇、河原離宮に御幸する。《无上法院殿御日記》
4・17 霊元上皇、万機の補翼を関白・武家伝奏・議奏等の諸臣に付し、神文を献じさせる。《基熙公記》
5・21 明正上皇、賀子内親王の第に御幸する。《二条家番所日次記》
5・23 霊元上皇御所で「孟子」講義あり。《二条家番所日次記》
5・27 阿蘇山噴火。《続史愚抄》
6・5 円満院門跡行恵法親王、さらに聖護院に入り、名を道尊と改める。《基熙公記》
9・11 伊勢例幣使を発遣する。《公卿補任》
この年 幕府、親王・門跡・公卿に外宿・湯浴・参詣等すべての遠行を禁じ、あらかじめ所司代に報せ允許を請うよう令する。▼金峯山で藤原道長の埋経筒が発見される。
□8・17熊沢蕃山《くまざわばんざん》(陽明学者。「集義和書」「集義外書」「大学或問」著者。72)

■元禄五年(一六九二) 壬申

＊日本逸史《にほんいつし》 鴨祐之編。散逸した「日本後紀」を復元するため、「類聚国史」「日本紀略」「類聚三代格」など諸書から収集し、出典を注記したもの。

東山天皇　18歳
明正上皇　70歳
霊元上皇　39歳
1・1　四方拝を行なうも、日食のため小朝拝・節会中止。《基熙公記》
3・6　明正上皇、川原院に御幸する。《二条家番所日次記》
3・8　公慶の勧進により、東大寺大仏殿再建竣工。この日、開眼供養が行なわれる。《基熙公記》
3・9　明正上皇、霊元上皇御所に御幸し、猿楽を覧る。《基熙公記》
3・21　将軍綱吉、輪王寺宮公弁法親王の坊に臨む。《徳川実紀》
4・10　天皇、楽御会始に箏を奏する。《基量卿記》
4・23　皇弟常磐井作《さく》宮（霊元上皇皇子）、親王宣下することなく夭逝（年4）。《基熙公記》曼殊院門跡良尚法親王、参府する。《徳川実紀》
8月　徳川光圀、墓碑「嗚呼中臣楠子之墓」を建立する（のち湊川神社の地）。《水戸義公行実》
9・1　明正上皇、河原院に御幸する。《二条家番所日次記》
9・4　霊元上皇御所で「孟子」講義あり。《二条家番所日次記》
9・11　伊勢例幣使を発遣する。《公卿補任》
9・26　明正上皇の古稀の賀が行なわれる。上皇、禁中および霊元上皇御所に御幸する。《基熙公記》
9・29　明正上皇御所で古稀の賀宴。舞楽あり。《基熙公記》
12・13　右大臣大炊御門経光、辞任。前内大臣今出川（菊亭）公規を右大臣とする。《公卿補任》
この年　霊元上皇御所で玉津島法楽和歌会・講書会がしばしば行なわれる。《二条家番所日次記》鴨祐之編「日本逸史」成る（享保九年〈一七二四〉刊）。

■元禄六年（一六九三）癸酉

東山天皇　19歳
明正上皇　71歳
霊元上皇　40歳
1・1　天皇、四方拝を行なうも、節会に臨御せず。小朝拝中止。《基熙公記》
1・21　京都地震。《基熙公記》
2・7　明正上皇、河原離宮に御幸する。（五月二十三日にも）。《无上法院殿御日記》
2・24　前関白鷹司房輔、江戸へ出発する。《基熙公記》
3・11　勅使・院使・鷹司房輔等、江戸に至

◉東山天皇御製（「大神宮御法楽千首和歌」より）
「出づる日の光のどけみ岩戸あけし神代おぼゆる春もきにけり」
「かしこしな山田の原にたつ杉のなほきをもととまもる宮居は」
「みことのり君がくはふる一筆のあとのままなる世をあふぐらし」

り、この日、将軍綱吉に謁する。《元禄録》

3・21 将軍綱吉、輪王寺宮公弁法親王の坊に臨む。《徳川実紀》

3・26 明正上皇、霊元上皇御所に御幸し、舞楽を覧る。《基熙公記》

3・29 明正上皇、河原院に御幸する。《二条家番所日次記》

4・2 堯延法親王を護持僧とする。《妙法院在住親王伝》

5・16 勅使を発遣し、東大寺正倉院を開封する（八月にかけ宝庫を修理。八月七日閉封）。《基熙公記》

5・18 霊元上皇、瘧病にかかる（八月末までに平癒）。《禁裏番衆所日記》

6・9 妙法院門跡堯恕入道親王、天台座主を辞任。輪王寺門跡公弁法親王を天台座主とする。《公卿補任》

6・29 堯延法親王、堯恕入道親王より能書方伝授を受ける。《堯恕法親王記》

7・5 曼殊院門跡**良尚入道親王**（八条宮智仁親王王子）没。《基熙公記》

7・25 聖護院門跡道尊法親王、入峯のため参内する。《基熙公記》

8・7 右大臣今出川（菊亭）公規、辞任。内大臣近衛家熙を右大臣、権大納言三条実《さね》治《はる》を内大臣とする。《公卿補任》

8・17 妙法院門跡堯恕入道親王、隠退して獅子吼院宮と称する。《基熙公記》

8・19 輪王寺宮公弁法親王を護持僧とする。《輪王寺宮年譜》

9・11 伊勢例幣使を発遣する。《公卿補任》

10・14 輪王寺宮公弁法親王、天台座主を辞任。《基熙公記》

10・18 妙法院堯延法親王を天台座主とする。《公卿補任》

11・9 聖護院門跡道尊法親王、江戸に至り、この日、将軍綱吉に謁する。《徳川実紀》

11・26 霊元上皇、天皇の成長を見て政務を辞し、天皇が親しく万機を聖断する。《基熙公記》

12・16 内大臣三条実治、辞任。《公卿補任》

12・18 権大納言九条輔実を内大臣とする。《公卿補任》

□8・2 龍 熙近《りゅうひろちか》（伊勢外宮祠官。「神国決疑編」著者。78）

■元禄七年（一六九四）甲戌

東山天皇 20歳
明正上皇 72歳
霊元上皇 41歳

2・4 霊元上皇御所で「孟子」講義あり。《二条家番所日次記》

2・14 天皇、楽御会始に箏を奏する。《基

***良尚入道親王**《りょうしょうにゅうどうしんのう》（一六二二〜九三） 曼殊院門跡。八条宮智仁親王第二王子。母は京極氏。幼称二宮。寛永四年（一六二七）曼殊院に入室。同九年、後水尾上皇猶子となり、同十一年に親王宣下、ついで良恕法親王を戒師として得度、法諱を良尚とする。天台座主にも就任。曼殊院山内に葬られる。

***堯恕入道親王**《ぎょうじょにゅうどうしんのう》（一六四〇〜九五） 妙法院門跡。後水尾天皇第十皇子。母は新広義門院（贈左大臣園基音女国子）。慶安三年（一六五〇）二月、親王宣下、八月得度し、法諱を堯恕とする。天台座主を三度つとめ、元禄六年（一六九三）隠居勅許。法住寺に葬られる。

熙公記》
3・26 将軍綱吉、輪王寺宮公弁法親王の坊に臨む。《徳川実紀》
3・27 明正上皇、霊元上皇御所に御幸し、猿楽を観る。《二条家番所日次記》
4・6 霊元上皇御所にて観花宴あり。《二条家番所日次記》
4・18 賀茂祭（葵祭）が再興される（応仁元年〈一四六七〉以来。以降恒例）。《基熙公記》
4・21 明正上皇、河原離宮に御幸する。《无上法院殿御日記》
4・25 明正上皇、故摂政二条光平室賀子内親王の第に御幸する。《二条家番所日次記》
5・18 伏見宮貞致《さだゆき》親王（父は伏見宮貞清親王。一説に父は邦尚親王とも）没（年63）。《基熙公記》
⑤・16 霊元上皇、病む。《基熙公記》
9・11 伊勢例幣使を発遣する。《公卿補任》
10・14 青蓮院尊證法親王を再々度、天台座主とする（即日辞退）。《御系譜》
10・15 青蓮院門跡尊證法親王（後水尾天皇皇子）没（年44。東山真如堂に葬られる）。《基熙公記》
11・25 天皇、霊元上皇御所に御幸する。《兼輝公記》

□10・12 松尾《まつお》芭蕉《ばしょう》（俳諧師。51）、11・16 吉《よし》川《かわ》惟足《これたる》（「きっかわ」とも。名は「これたり」とも。神道家。吉川神道創始者。79）

■元禄八年（一六九五）乙亥

東山天皇 21歳
明正上皇 73歳
霊元上皇 42歳

1・1 天皇、四方拝を行なうも節会に臨御せず。小朝拝中止。《基熙公記》
2・18 天皇、楽御会始で箏を奏する。《基量卿記》
2・21 明正上皇、河原離宮に御幸する。《无上法院殿御日記》地震あり。《尚房卿記》
2・29 仁和寺門跡寛隆法親王、参府する。《徳川実紀》
3・6 徳川綱吉、日光門跡公弁法親王の寛永寺本坊に臨む。《徳川実紀》
3・17 霊元上皇御所にて観花宴あり。《二条家番所日次記》
3・26 明正上皇、霊元上皇御所に御幸し、猿楽を観る。《基熙公記》
4・10 明正上皇、故二条光平室賀子内親王の第に御幸する。《二条家番所日次記》
4・16 妙法院**堯恕入道親王**（後水尾天皇皇子）没。《堯恕法親王記》
7・2 幕府、女院供御料を一千石増とし、

三千石とする。《基熙公記》
7・7　七夕の御遊を再興。天皇、箏を奏する。《基熙公記》
9・11　伊勢例幣使を発遣する。《公卿補任》
12・9　霊元上皇、御遊に笛を奏する。《禁裏番衆所日記》
12・14　伏見宮貞致親王王子茶々丸（霊元天皇猶子）を親王とし、名を邦永《くになが》と賜う。《公卿補任》

■元禄九年（一六九六）丙子
東山天皇　22歳
明正上皇　74歳
霊元上皇　43歳

1・1　天皇、四方拝・小朝拝を行なうも、節会に出御せず。《公卿補任》
1・5　大覚寺門跡性真法親王（後水尾天皇皇子。母は櫛笥隆子）没（「続史愚抄」では四日。年58）。《基熙公記》
2・14　天皇、初めて笛の稽古を行なう。《基熙公記》
2・16　勧修寺門跡済深法親王、江戸に赴く。《百弌録》
2・25　将軍徳川綱吉、輪王寺門跡公弁法親王の本坊に臨む。《徳川実紀》
2・29　天皇、楽御会始で笛を奏する（七月七日の楽御会でも）。《基熙公記》
3・18　勧修寺門跡済深法親王、江戸城に登城する（綱吉、法親王に「大学」を講じる）。《憲廟実録》
3・27　内侍所仮殿遷座（六月二十一日本殿遷座）。《公卿補任》
4・14　明正上皇、河原離宮に御幸するも病となり還御（七月一日平癒）。《基熙公記》
4・21　勅使前内大臣三条実治を遣わし、徳川家綱十七回忌法会に臨ませる（両上皇・女院も遣使）。《兼輝公記》
5月　松下見林「前王廟陵記」成る。
7・4　皇弟富貴宮（文仁《あやひと》親王）、常盤井宮を嗣ぎ、さらに京極宮と称させる（のち桂宮家第六代となる）。《基熙公記》
8・2　後水尾天皇皇女賀子内親王（母は東福門院）没（年65）。《二条家番所日次記》
8・27　綱吉、輪王寺門跡公弁法親王の寛永寺の坊に臨む。《徳川実紀》
9・4　明正上皇、病再発。《基熙公記》
9・11　伊勢例幣使を発遣する。《公卿補任》
9・18　霊元上皇、明正上皇のお見舞いにその御所に御幸する。《禁裏番衆所日記》
10・25　伏見宮貞致親王王子（盛永親王）を霊元上皇養子とする。《御系譜》
11・10　明正上皇崩御。《公卿補任》
11・15　故上皇に明正院と追号する。《基熙

＊前王廟陵記《ぜんおうびょうりょうき》　松下見林著。皇陵の荒廃を嘆き、「六国史」「延喜式」ほかの陵墓の記述を抜粋し、論述を加えたもの。元禄十一年三月刊。神武天皇陵については「東北陵は百年ばかり以来壊れて糞田となり、民その田を呼んで神武田《じんむでん》」と称するといい、神武天皇陵を現在地に比定する。文久三年（一八六三）修陵に際し、当地を神武天皇陵とした（「神武田」の地は「ミサンザイ」とも呼ばれ、これはミサザギの方言とされる）。なお継体天皇陵は太田茶臼山古墳とする。民間の学者により初めて著された山陵考証書。
＊月輪陵　六七五ページ注参照。
＊文智女王《ぶんちじょおう》（一六一九〜九七）　父は後水尾天皇、母は権大納言四辻公遠女与津子。寛永八年（一六三一）権大納言鷹司教平に嫁すも同十一年離婚。同十七年、一絲文守について得度し、法名大通文智と称する。翌年、円照寺を開く。円照寺後山に葬られる。

公記》
11・25 明正上皇を泉涌寺に葬むる(陵は月輪陵)。遺詔により国忌・山陵・挙哀・素服等を止める。《公卿補任》
この年 竹島事件起こる。《竹嶋記事》

■元禄十年(一六九七)丁丑
東山天皇 23歳
霊元上皇 44歳
1・13 円照寺尼宮文智女王(後水尾天皇皇女)、円照寺にて没。《季連宿禰記》
2・18 天皇、楽御会始にて笛を奏する。《基熙公記》
2・21 皇子三宮(公寛親王)、誕生する(母は冷泉為経女経子〈水無瀬兼豊養女〉)。《季連宿禰記》
2・25 有栖川宮幸仁親王王女幸子女王、入内して女御となる(二十七日入内)。《公卿補任》
2・27 将軍綱吉、輪王寺門跡公弁法親王の坊に臨む。《元禄録》
②・8 霊元上皇、ひそかに一乗院真敬法親王に入木道伝授を行なう。《禁裏番衆所日記》
②・10 天皇、明正天皇遺物を幕府に賜う。《人見私記続編》
②・18 伏見宮邦永親王、江戸に赴く。《二条家番所日次記》
5・11 勅して京極宮(霊元上皇皇子富貴宮)を親王とし、名を文仁《あやひと》と賜う。《公卿補任》
6・7 明正天皇御所の一宇を泉涌寺に賜う。《続史愚抄》
8・14 霊元上皇、有栖川宮幸仁親王王子淳宮を養子とする(岡宮と改名)。《華頂要略》
8・22 幕府、歴代天皇陵が荒蕪し、小民が立ち入るため、新たに垣を造ることを奏する。《基熙公記》
9・5 天皇、常御殿修理成るにより、この日、これに遷る。《基熙公記》
9・11 伊勢例幣使を発遣する。《公卿補任》
9・28 曼殊院勝明法親王を護持僧とする。《諸寺院上申》
10・9 綱吉、輪王寺門跡公弁法親王の寛永寺の本坊に臨む。《徳川実紀》
10・12 関東大地震、鎌倉八幡宮鳥居等倒壊。《徳川実紀》
11・14 勅して伏見宮邦永親王に皇妹福子《とみこ》内親王を降嫁させる。《基熙公記》
この年 細井知慎《ともちか》(広沢《こうたく》)の柳沢吉保への建議により、幕府、山陵探査・取締りに着手する。神武天皇から後花園天皇までを対象とし、六十六陵に竹垣を巡らせ、修理を行なう。このとき、京都所司代松平信庸の命により、南都奉行が「大和国山陵図」、大坂城代が「河内国・和泉国・摂津国山陵図」を作成。なお、これより以前の元禄七年に、水戸藩主徳川光圀は山陵修補の上表文を作成させている。《諸陵周垣成就記ほか》

□10・25今出《いまで》川《かわ》（菊亭）公規《きんのり》（右大臣。父は内大臣徳大寺公信。右大臣今出川経季養子。60）

■元禄十一年（一六九八）戊寅

東山天皇 24歳
霊元上皇 45歳

1・1 四方拝を行なうも、天皇、節会に臨御せず。小朝拝中止。《基熙公記》

1・21 清寧天皇陵が、保田宗易《むねやす》・松平忠固《ただかた》の、この日付の調書により、古市郡西浦村字白髪山《しらがやま》の現陵に治定される。

2・13 天皇、楽御会始で笛を奏する。《基熙公記》

3・21 将軍綱吉、輪王寺門跡公弁法親王の坊に臨む。《徳川実紀》

3・29 有栖川宮幸仁親王王子岡宮を親王とし、名を良邦と賜う（出家して尊統《そんとう》入道親王）。《御系譜》

4・17 天皇、南門内桟敷にて賀茂祭を覧る。《基熙公記》

4・29 伏見宮邦永親王、霊元上皇皇女福子《とみ》内親王と結婚する。《基熙公記》

6・4 慈胤法親王、明正天皇の河原離宮を拝領する。《妙法院日次記》

7・16 上皇、天皇に入木道伝授を行なう。《基熙公記》

7・21 上皇、有栖川宮幸仁親王に入木道を伝授する。《妙法院日次記》

8・11 勅使左大臣鷹司兼熙を江戸に遣わし、東叡山寛永寺根本中堂供養勅会に臨ませる（上皇・女院も遺使。十二日、曼殊院良応法親王も下向）。《基熙公記》

8・13 将軍綱吉の奏請により、東叡山中堂瑠璃殿の勅額を賜う。《基熙公記》

9・3 寛永寺根本中堂竣工し、供養勅会が行なわれる（徳川綱吉臨席）。《徳川実紀》

9・6 江戸大火により、寛永寺本坊等が焼失する（この日、寛永寺に勅額「瑠璃殿」が下賜されることにより「勅額火事」と呼ばれる）。《徳川実紀》

9・11 伊勢例幣使を発遣する。《公卿補任》

10・6 青蓮院門跡英宮没（年7）。《基熙公記》

10・8 大蔵卿伏原宣幸《のぶゆき》、天皇に「孟子」を進講する。《基熙公記》

11・27 上皇養皇子富宮（伏見宮貞致親王王子）を親王とし、名を盛永《もりなが》と賜う。《公卿補任》

＊**神御衣祭**《かむみそさい》 「かんみそのまつり」とも。朝廷から伊勢内宮へ四月・九月に夏・冬の神御衣を奉る儀式。「大宝令」にも「延喜式」にも定められているものだが、応仁の乱後、中絶されていた。

＊**幸仁親王**《ゆきひとしんのう》（一六五六～九九） 後西天皇第二皇子。母は権大納言清閑寺共綱女共子。寛文七年（一六六七）高松宮を相続、同九年親王宣下を受け名を幸仁と賜わる。同十二年、高松宮を改め有栖川宮と称する。大徳寺竜光院に葬られる。

12・4　前関白一条冬経、名を兼輝と改める。《兼輝公記》

12・11　上皇養皇子盛永親王、円融坊に入寺、得度し、名を道仁と改める。《兼輝公記》

この年　三千院門跡慈胤入道親王、御所の東に移る（当地を梶井宮御殿と呼び、持仏堂を三千院と号する）。▼松下見林「前王廟陵記」刊。

■元禄十二年（一六九九）己卯

東山天皇　25歳

霊元上皇　46歳

1・20　梅園惟朝《これとも》「国史神祇集《こくしじんぎしゅう》」（神祇関係史料を編年体で抄録・列記）成る。

2・13　寛永寺本坊再建成る。《徳川実紀》

3・27　将軍綱吉、寛永寺に参詣し、公弁法親王の坊に臨む（閏九月十三日にも）。《元禄録》

3月　仁和寺、尾形乾山の御室窯築造を許可する。《御室御記》

4・29　幕府、歴代御陵の調査を終える（現存七十八陵のうち十二陵は旧垣あり。六十六陵に垣を巡らせる。崇神・仁賢・継体・欽明・陽成・宇多・村上・花山・一条・三条・後一条・後朱雀・後冷泉・後三条・堀河・二条・六条・後深草・伏見・後伏見・崇光・称光の二十二陵は「湮没して其跡もさだかならず」とする。元禄の探陵）。《諸陵周垣成就記》

4月　伊勢神宮神服織機殿・神麻《かんお》続《み》機殿《はたどの》が再建され、**神御衣祭**が再興される。《神宮年表》

5・18　幕府、興福寺務職につき、一乗院真敬法親王に代え、大乗院信覚とするよう奏請する。《基熙公記》

5月　細井広沢《こうたく》（知慎《ともちか》）「諸陵周垣成就記」（元禄諸陵探索・垣設置事業の報告書）成る。

7・25　有栖川宮**幸仁親王**（後西天皇皇子）没。《基熙公記》

8・18　一乗院真敬法親王、興福寺別当を辞任（元禄十四年、再々度興福寺別当となる）。《基熙公記》

9・11　伊勢例幣使を発遣する。《公卿補任》

10・1　盛永親王、出家する（法名を道仁と称する）。《御系譜》

11・21　霊元上皇皇子、誕生する（多喜宮。のち尊賞法親王。母は権中納言今城定淳女〈実名不明〉）。《季連宿禰記》

11月　京都所司代松平信庸《のぶつね》、「歴代廟陵考」を作成する（京都・奈良・大坂などの奉行所に実地検分させ、その報告をもとにする）。

12・1　梶井宮慈胤法親王（後陽成天皇皇子。母は中東時広女）没（年83）。《基熙公記》

□11・10園基福《そのもとよし》（准大臣。父は贈左大臣園基音。霊元上皇生母新広義門院は妹。78）

■元禄十三年（一七〇〇）庚辰

東山天皇 26歳
霊元上皇 47歳

1・1 四方拝を行なうも、日食により小朝拝を中止（節会は翌日追行も、天皇臨御せず）。《基熙公記》

1・5 東山天皇皇女（姫宮。秋子内親王）誕生する（母は女御幸子女王）。《基量卿記》

2・3 天皇、楽御会始で笛を奏する。《基熙公記》

3・18 将軍綱吉、輪王寺門跡公弁法親王の坊に臨む。《徳川実紀》

3・30 勅使前右大臣今出川（菊亭）経光を江戸に遣わし、家光五十回忌（四月二十日）・家綱二十一回忌（五月八日）法会に臨ませる。《基量卿記》

4・20 山城連雨、鴨川洪水。《基熙卿記》

7月 旱により、京都御所引水の鴨川の水を灌漑に転用する。《基熙公記》

8・10 明経博士伏原宣幸、「孟子」を進講する。《基熙公記》

8・17 これより先、円満院行恵法親王、聖護院に転住する。この日、第三皇子（公寛法親王）を円満院法嗣とする。《基熙公記》

8・21 大覚寺性真法親王法嗣沢宮（霊元上皇皇子）を親王とし、名を寛敦と賜う（のち性応入道親王）。《公卿補任》

9・11 伊勢例幣使を発遣する。《公卿補任》

10・11 寛敦親王、大覚寺に入室、得度する（法名を性応と称する）。《基量卿記》

10・13 徳川綱吉、日光門跡公弁法親王の本坊に臨む。《徳川実紀》

□1・11 鷹司房輔《たかつかさふさすけ》（摂政。関白。左大臣。父は左大臣鷹司教平。64）、6・24 松木宗条《まつのきむねなが》（内大臣。76）、12・6 徳川光圀《とくがわみつくに》（水戸藩主。中納言。「大日本史」編纂。73）

■元禄十四年（一七〇一）辛巳

東山天皇 27歳
霊元上皇 48歳

1・1 四方拝・小朝拝あり。天皇、節会に出御せず（この日、日食）。《基熙公記》

2・29 御楽あり。天皇、箏を奏する。《基熙公記》

3・11 将軍綱吉、輪王寺門跡公弁法親王の坊に臨む（十月二十七日にも）。《徳川実紀》

3・14 勅使饗応役播磨国赤穂藩主浅野長矩《ながのり》、江戸城殿中において高家吉良義央《きらよしなか》に刃傷、「勅使登城」の場を汚した不敬により即日切腹を命じられる。《徳川実紀》

4・28 上皇、禁中に御幸、御遊あり。天皇、笛を奏する。《基熙公記》

＊済深入道親王《さいじんにゅうどうしんのう》（一六七一～一七〇一） 霊元天皇第一皇子。母は権大納言小倉実起女。天和二年（一六八二）五宮（東山天皇）が儲君となり、勧修寺に入室させられ、親王宣下、ついで得度。勧修寺長吏・東大寺別当。墓は勧修寺南谷に所在。

＊常子内親王《つねこないしんのう》（一六四二～一七〇二） 後水尾天皇第十六皇女。母は新広義門院園基子。品宮《しなのみや》（級品）と称する。寛文四年（一六六四）近衛基熙に嫁し、熙子（将軍徳川家宣室天英院）ら二男一女をもうける。墓所は京都徳大寺。「无上法院殿御日記」三十六冊を遺す。

＊家熙公記《いえひろこうき》 関白・摂政・太政大臣近衛家熙（一六六七～一七三六）の日記。諡号により「予楽院関白記」とも。貞享三年（一六八六）から宝永五年（一七〇八）までの自筆本が陽明文庫に残る（欠年あり）。別記として正徳三年（一七一三）の「江戸下向記」もある。

5・23　一乗院真敬法親王を春日社・興福寺別当とする。《基熙公記》

6・20　京都大雨。鴨川洪水。上皇宮門・二条城等被害。《基熙公記》

6・26　天皇、病む（ついで平癒）。《基量卿記》

9・11　伊勢例幣使を発遣する。《基熙公記》

11・29　勧修寺済深入道親王没（「禁裏番衆所日記」では十二月四日没）。《永貞卿記》

12・17　第五皇子（長《ます》宮。中御門天皇）、誕生する（母は中納言櫛笥隆賀女賀子）。《基熙公記》

□1・25　契沖《けいちゅう》（僧。国学者。「万葉代匠記」著者。62）

■元禄十五年（一七〇二）壬午

東山天皇　28歳

霊元上皇　49歳

1・1　四方拝を行ない、小朝拝は中止。天皇、節会に出御せず。《基熙公記》

2・6　朝廷、伊勢造宮使を再興する。《公卿補任》

3・3　伏見宮邦永親王王子俊宮（貞良親王）を東山天皇猶子とする。《御系譜》

3・5　徳川綱吉、日光門跡公弁法親王の本坊に臨む。《徳川実紀》

3・11　天皇、楽御会始に箏を奏する。《基熙公記》

8・26　後水尾天皇皇女常子内親王没。《基熙公記》

9・3　幕府、輪王寺門跡公弁法親王に門跡料一千石を増やす。《徳川実紀》

9・11　伊勢例幣使を発遣する。《公卿補任》

12・15　赤穂藩旧臣大石良雄ら、吉良義央を殺害する。《徳川実紀》

■元禄十六年（一七〇三）癸未

東山天皇　29歳

霊元上皇　50歳

1・1　四方拝を行なう。小朝拝中止。天皇、節会に出御せず。《基量卿記》

1・14　関白近衛基熙、辞任。鷹司兼熙を関白・氏長者・内覧とする。《公卿補任》

2・21　伏見宮邦永親王王子俊宮を親王とし、名を貞良と賜う（良貞とも）。《季連宿禰記》

2・27　将軍綱吉、日光門跡公弁法親王の本坊に臨む。《徳川実紀》

3・11　天皇、病む。《家熙公記》

3・27　聖護院宮道尊法親王、園城寺長吏を辞任（二十九日、白川照高院に移る）。《諸寺院上申》

4・29　貞良（良貞）親王、聖護院に入室、得度する（法名道承）。《家熙公記》

6・4 天皇、病む。《家煕公記》

8・3 東山天皇皇女（福宮。母は櫛笥賀子〈新崇賢門院〉）、誕生する。《家煕公記》

8・10 霊元上皇、瘧《おこり》病にかかる。《基量卿記》

9・7 天皇・上皇、快復する。《徳川実紀》

9・11 伊勢例幣使を発遣する。《公卿補任》

10・9 綱吉、日光門跡公弁法親王の本坊に臨む。《徳川実紀》

11・23 二十二日からこの日、関東に大地震（津波あり。死者一万人強。元禄地震）。《徳川実紀》

11・28 右大臣近衛基煕を一上とする。《公卿補任》

□12・7 松下見林《まつしたけんりん》（儒医・歴史家。「三代実録」を校訂。67）

●元禄年間（一六八八～一七〇四）、元禄の探陵により、勝林院塔頭実光坊の後園にある十三重石塔を後鳥羽天皇の陵とする。

■宝永元年（一七〇四）甲申

東山天皇 30歳

霊元上皇 51歳

1・1 四方拝あり。小朝拝中止。天皇、節会に出御せず。《基煕公記》

1・10 関白・左大臣鷹司兼煕、左大臣を辞任。前右大臣大炊御門経光を左大臣とする。《公卿補任》

1・11 左大臣大炊御門経光、辞任。右大臣近衛家煕を左大臣とする。《公卿補任》

1・22 前内大臣三条実治を右大臣とする。《公卿補任》

2・5 右大臣三条実治、辞任。内大臣九条輔実を右大臣とする。《公卿補任》

2・23 前権大納言中院通茂を内大臣とする。《公卿補任》

2・26 内大臣中院通茂、辞任。権大納言二条綱平を内大臣とする。《公卿補任》

3・13 江戸大地震により**宝永**と改元する。

3・23 天皇、楽御会始に笛を奏する。《基量卿記ほか》

3月 昨年よりこの三月まで浅間山噴火（「地ふるひ砂ふる」）。《徳川実紀》

5・25 上皇、瘧病にかかる。《禁裏番衆所日記》

6・24 天皇、病む。《**資廉日記**》

9・9 皇子、誕生する。秀宮と称する（直仁親王。母は櫛笥賀子）。《基煕公記》

9・11 伊勢例幣使を発遣する。《公卿補任》

10・3 有栖川宮幸仁親王王子淳宮を霊元上皇猶子とし、岡宮と改名する。《有栖川宮系譜》

11・23 将軍綱吉、輪王寺門跡公弁法親王の

＊**宝永《ほうえい》** 侍従菅原為範《ためのり》の勘文に「唐書志（「旧唐書」巻三〇、音楽志）云、宝祚惟永、暉光日新」とある。幕府からの申し出による改元といわれ、三月三十日、大名に披露される。

＊**資廉日記《すけかどにっき》** 権大納言柳原資廉（一六四四～一七一二）の日記。寛文二年（一六六二）から正徳元年（一七一一）までが宮内庁書陵部に伝存する（欠年あり）。資廉は、武家伝奏もつとめ、元禄赤穂事件の際は、勅使として江戸に下向していた。

＊**禁裏御料加増** 徳川家宣、岳父近衛基煕から皇室の財政悪化を聞き、綱吉を説いて一万石一斗余を贈り、計三万石余となる。当時、上皇料・中宮料・女御料・皇子皇女料ほか公家衆の所領を合わせ約十万石であったといわれる。

＊**基長卿記《もとながきょうき》** 権大納言東園基長（一六七五～一七二八）の日記。元禄四年（一六九一）から享保十一年（一七二六）までが宮内庁書陵部に写本として残る（他機関にもあり）。もと基雅といい、元禄二年（一六八九）に基長と改名し、享

本坊に臨む。《徳川実紀》

□9・6 大炊御門《おおいのみかど》経光《つねみつ》（左大臣。父は左大臣大炊御門経孝。67）

■**宝永二年（一七〇五）乙酉**

東山天皇　31歳

霊元上皇　52歳

1・1　四方拝を行なう。天皇、節会に出御せず。《基熙公記》

2・13　幕府、**禁裏御料**を一万石余**加増**する（計三万石余。「徳川実紀」では一月十日決定）。《基熙公記》

2・27　徳川綱吉、日光門跡公弁法親王の本坊に臨む（十一月二十三日にも）。《徳川実紀》

3・5　内大臣徳川綱吉を右大臣とする（宣下は二月五日）。《徳川実紀》

4月　諸国人民、伊勢参り（お蔭参り）流行（八月まで）。《基熙公記》

9・11　伊勢例幣使を発遣する。《公卿補任》

9・28　照高院道尊入道親王（後西天皇皇子。母は高辻豊長女）没（年31）。《基熙公記》

□9・10 一条兼輝《いちじょうかねてる》（関白。摂政。右大臣。父は関白一条教輔。「兼輝公記」記主。54）

■**宝永三年（一七〇六）丙戌**

東山天皇　32歳

霊元上皇　53歳

1・1　四方拝行なわれ、小朝拝中止。天皇、節会に出御せず。《基熙公記》

1・29　幕府、上皇供御料を三千石加増する（「徳川実紀」では一月十五日）。《基熙公記》

2・18　前関白近衛基熙、幕府の招請により江戸に下向する（三月一日参着。三月二十三日まで）。《基熙公記》

3・27　徳川綱吉、日光門跡公弁法親王の本坊に臨む（十月十三日にも）。《徳川実紀》

7・7　一乗院真敬《しんけい》法親王（後水尾天皇皇子。母は園国子）没（興福寺に葬られる。年58）。《基熙公記》

9・11　伊勢例幣使を発遣する。《公卿補任》

10・3　有栖川宮幸仁親王王子岡宮（霊元天皇猶子）を将軍徳川綱吉猶子とする。《御系譜》

10・19　実相院義延法親王（後西天皇皇子。母は清閑寺共子）没（年45）。《**基長卿記**》

11・1　伏見宮貞致《さだゆき》親王王女理子女王、紀州藩主徳川吉宗に嫁す。《伏見宮系譜》

11・4　天皇病気により、春日祭を延引する。《基長卿記》

■**宝永四年（一七〇七）丁亥**

東山天皇　33歳

霊元上皇　54歳

2・13　将軍綱吉、輪王寺門跡公弁法親王の

保十一年（一七二六）に基雅と改名した。「東園基長卿記」「基雅卿記」とも。

本坊に臨む。《徳川実紀》
3・22　東山天皇皇子長宮《ますのみや》（慶仁《やすひと》親王。中御門天皇）を儲君とする。《基熙公記》
3・28　霊元上皇皇女定宮を内親王とし、名を勝子《かつこ》と賜う。《公卿補任》
3・29　有栖川宮幸仁親王王子岡宮（徳川綱吉猶子）を親王とし、名を良邦と賜う（のち尊統入道親王）。《公卿補任》
4・29　儲君長宮を親王とし、名を慶仁《やすひと》と賜う。《公卿補任》
5・3　女御幸子女王を准三宮とする。《輝光卿記》
5・18　東山天皇第一皇女姫宮を内親王とし、名を秋子と賜う。《公卿補任》
5・26　小御所にて楽御会始。天皇、笛を奏する。《輝光卿記》
6・3　輪王寺門跡公弁法親王を再び天台座主とする。《公卿補任》
6・13　良邦親王、知恩院に入寺、得度する（尊統入道親王）。《華頂要略》
7・3　霊元上皇皇女福子内親王（母は松木宗子）没（年32）。《季連宿禰記》
9・11　伊勢例幣使を発遣する。《公卿補任》
9・14　霊元上皇皇子寛隆法親王（母は愛宕通福女）没（「御系譜」では十六日没。年36）。《仁和寺御伝》

10・4　南海・東海地方等大地震。京都を含め諸国の被害甚大（清涼殿の長押が落ちる。津波あり。死者五千人強。宝永大地震）。《徳川実紀》
10・24　御楽あり。天皇、笛を奏する。《資堯朝臣記》
11・6　輪王寺門跡公弁法親王を准三宮とする。《公卿補任》
11・16　天台座主公弁法親王、辞任。堯延法親王を再び天台座主とする。《公卿補任》
11・23　富士山噴火、被害甚大。江戸も振動（宝永大噴火）。《徳川実紀》
11・27　関白鷹司兼熙、辞任。左大臣近衛家熙を関白・氏長者・内覧とする。《公卿補任》
□1・6　一条《いちじょう》教輔《のりすけ》（右大臣。父は関白一条昭良〈後陽成天皇皇子〉。75）、8・21　中御《なかみ》門《かど》資熙《すけひろ》（権大納言。霊元上皇の信任を得るも、東山天皇に罷免される。73）

■宝永五年（一七〇八）戊子

東山天皇　34歳
霊元上皇　55歳

1・1　四方拝あり、小朝拝なし。天皇、節会に出御せず。《兼香公記》
1・6　右大臣九条輔実を一上とする。《九条家譜》
1・21　関白近衛家熙、左大臣を辞任。右大

＊輝光卿記《てるみつきょうき》　権大納言日野輝光（一六七〇〜一七一七）の日記。宝永三年（一七〇六）から正徳六年（一七一六）まで自筆本が宮内庁書陵部に伝存する。
＊資堯朝臣記《すけたかあそんき》　蔵人・左少弁柳原資堯（一六九七〜一七二一）の日記。宝永三年（一七〇六）から正徳六年（一七一六）までが宮内庁書陵部に「資堯日記」として伝わる。
＊兼香公記《かねかこうき》　関白・太政大臣一条兼香（一六九二〜一七五一）の日記。宝永三年（一七〇六）から宝暦元年（一七五一）までの写本が東大史料編纂所に伝えられる。年次により「玉明記」などと題される。

臣九条輔実を左大臣、内大臣二条綱平を右大臣、権大納言今出川《いまでがわ》（菊亭）伊季《これすえ》を内大臣とする。《公卿補任》

1・23　有栖川宮幸仁親王王子多嘉宮を東山天皇猶子とする。《輝光卿記》上皇、慶仁親王立太子により、禁裏に壺切御剣を進上する。《基長卿記》

1・28　儲君慶仁親王、読書始。舟橋弘賢、「孝経」を授ける。《基長卿記》

①・23　徳川綱吉、日光門跡公弁法親王の本坊に臨む（十月十三日にも）。《徳川実紀》

2・16　儲君慶仁親王を皇太子とする。《輝光卿記》

2・27　准后幸子女王を皇后（中宮）とする。《輝光卿記》

3・8　京都大火。禁裏・仙洞御所等一万四千軒余焼亡（宝永の大火）。天皇、中宮・東宮とともに関白近衛家熙第、ついで上御霊社、さらに上賀茂社に避難。夜、関白第に遷り仮皇居とする。霊元上皇、梶井宮、ついで下鴨社、さらに聖護院宮、妙法院宮に御幸、翌日、権大納言一条兼香の第を仮御所とする。これにより、烏丸通以東・丸太町通以北の民家を移転させ、ほぼ現在の京都御所の規模となる）。《宝永五年炎上記》

6・3　内侍所を仮殿に遷す。《兼香公記》

6・21　堯延法親王、天台座主を辞任。後西天皇皇子良応法親王（母は梅小路定子）を天台座主とするも、この日、没（年31）。《公卿補任》

6・23　堯延法親王を天台座主とする（三度目）。《公卿補任》

7月　諸国麻疹・疱瘡流行（翌年まで）。死者多数。《基熈公記》

8・30　東山天皇皇子三宮を親王とし、名を有定と賜う（のち公寛入道親王）。《公卿補任》

9・11　伊勢例幣使を発遣する。《基長卿記》

9・29　故有栖川宮幸仁親王王子多嘉宮（東山天皇猶子）を親王とし、名を正仁と賜う（幸仁親王の後を嗣ぐ）。《公卿補任》

11・25　有定親王、円満院に入寺、得度する（覚尊と号する）。《本朝皇胤紹運録》

11・30　天皇、霊元上皇より「和歌天仁遠波」伝授を受ける。《続史愚抄》

12・5　伏見宮邦永親王王子（茶賀丸）を東山天皇猶子とする。《御系譜》

この年　幕府、京都梅ヶ畑音戸山二万坪を禁裏用地とする。《京都御役所向大概覚書》

■宝永六年（一七〇九）己丑

東山天皇　35歳
中御門天皇9歳

霊元上皇　56歳

1・1　四方拝を行なうも、仮殿のため、小朝拝・節会中止。《兼香公記》

1・10　将軍徳川綱吉、没。《徳川実紀》

1・20　幕府、生類憐みの令を廃止する。《続徳川実紀》

1・23　故将軍綱吉に正一位太政大臣を追贈する。《公卿補任》

3・18　権大納言久我通誠《みちとも》を内大臣とする。《基長卿記》

3・20　堯延法親王、天台座主を辞任。《妙法院日次記》

3・21　東大寺大仏殿の落慶供養が行なわれる（～四月八日）。《大仏再建記》

3・22　霊元上皇皇子多喜《たき》宮を親王とし、名を庶賢《ちかかた》と賜う。▼道仁入道親王を天台座主とする。《公卿補任》

3・24　上皇、武者小路実陰に「伊勢物語」を相伝する。《基長卿記》

4・7　文仁親王王子（茶茶丸）を親王とし、名を家仁《やかひと》と賜わる。《公卿補任》

4・23　庶賢親王、南都一乗院にて得度する（法名を尊昭と称する。のち尊賞法親王）。《御系譜》

5・1　徳川家宣《いえのぶ》を征夷大将軍・右大臣とする（徳川幕府第六代将軍。宣下は四月二日。近衛基熙、将軍の舅ということになり、朝廷内で重きをなす）。《徳川実紀》

5・17　幕府、東山天皇に七千石を献上する。《基熙公記》

5・21　伏見宮邦永親王王子茶賀丸（東山天皇猶子）を親王とし、名を貞建《さだたけ》と賜う（邦永親王の後を嗣ぐ）。《公卿補任》

第百十四代　中御門《なかみかど》天皇

6・21　東山天皇譲位。皇太子慶仁《やすひと》親王、受禅（**中御門天皇**）。▼関白近衛家熙を摂政とする。《公卿補任》

6・24　先帝に太上天皇尊号を奉る。《基長卿記》

6・27　新天皇、内裏に行幸する。《兼香公記》

7・2　新上皇、新殿に渡る。《基熙公記》

8・22　伊勢両宮に奉幣使を発遣する。《公卿補任》

9・2　伊勢内宮の遷宮が行なわれる。《輝光卿記》

9・5　伊勢外宮の遷宮が行なわれる。《光栄公記》

9・11　伊勢例幣使を発遣する。《輝光卿記》

9・26　内裏造営成る。《基熙公記》

9・29　霊元上皇、東山上皇を迎え御楽あり、笛を奏する。《禁裏番衆所日記》

＊**中御門天皇**《なかみかどてんのう》（一七〇一～三七）　名は慶仁《やすひと》、幼称長宮《ますのみや》。東山天皇第五皇子。母は内大臣櫛笥隆賀《くしげたかよし》女賀子（新崇賢門院）。宝永四年（一七〇七）親王宣下、同五年立太子、同六年践祚、同七年即位、同八年元服。享保二十年（一七三五）譲位、太上天皇尊号宣下。元文二年（一七三七）崩御。陵は月輪陵。女御に近衛尚子（新中和門院・贈皇太后。所生の子に桜町天皇）。皇子女に公遵《こうじゅん》・忠誉《ちゅうよ》・慈仁《じにん》・遵仁《じゅんにん》の各親王、成子《ふさこ》内親王、聖珊《しょうさん》・理《り》秀《しゅう》・尊乗《そんじょう》・永皎《えいこう》の各女王など。追号「中御門院」は待賢門の別称といわれる。

＊**月輪陵**　六七五ページ注参照。

9・30　天皇、疱瘡にかかる。《光栄公記》
10・15　天皇、快方に向かい酒湯を浴びる。《御湯殿上日記》
10・25　前左大臣近衛基熙を太政大臣とする（十二月九日辞任）。《基熙公記》
11・16　天皇、新造内裏に遷る。《基熙公記》
11・17　徳川綱吉廟に勅額を賜う。《徳川実紀》
11・18　内大臣久我通誠、江戸に参向する。《徳川実紀》
12・9　霊元上皇、東山上皇の病（疱瘡）を見舞う。《基長卿記》
12・11　幕府、禁裏御所方火消を新置し、京都常火消を再置する。《京都御役所向大概覚書》
12・13　伏見宮邦永親王王子（寛宮）を霊元上皇猶子とする。《御系譜》
12・17　東山上皇崩御（翌年一月十日、泉涌寺山内に葬られる）。《基熙公記》
12・28　故東山上皇に「東山院」と追号する。《基熙公記》
12・29　東山天皇後宮櫛笥賀子《よしこ》（翌年、新崇賢門院を追贈）没（年35）。《基長卿記》
この年　具平親王、仏教書「弘決外典抄《ぐけつげてんしょう》」刊。
□1・10徳川綱吉《とくがわつなよし》（江戸幕府第五代将軍。64）、2・30今出川《いまでがわ》（菊亭）伊季《これすえ》（内大臣。琵琶の名手。父は右大臣今出川公規。50）、9・10清水谷実業《しみずだにさねなり》（権大納言。歌人。霊元上皇より和歌天仁遠波を伝受。62）

■宝永七年（一七一〇）庚寅

中御門天皇10歳
霊元上皇　57歳

1・1　諒闇により、四方拝・節会等中止。《基長卿記》
1・10　東山上皇、泉涌寺山内に葬られる（陵は**月輪陵**）。《基熙公記》
3・21　東山天皇中宮幸子女王（有栖川宮幸仁親王王女）を承秋門院と号する（三月二十七日落飾）。《輝光卿記》
3・26　東山天皇後宮櫛笥賀子《よしこ》に准三宮・新崇賢門院を追贈する。《公卿補任》
3・30　太政大臣近衛基熙、東下する。《基熙公記》
4・18　前関白近衛基熙、将軍家宣に拝謁する（正徳二年〈一七一二〉四月まで滞在し、たびたび登城）。《徳川実紀》
4・21　霊元上皇、邦永親王王子寛《ひろ》宮を養子とする。《禁裏番衆所日記》
4・27　伏見宮邦永親王王子寛宮（霊元上皇養子）を親王とし、名を庶康《もろやす》と賜う。《輝光卿記》
5・11　庶康親王、聖護院に入り得度する（尊祐入道親王）。《基長卿記》

8・11 新井白石、新宮家設立を建言、将軍徳川家宣、これを容れて奏請。この日、勅により、中御門天皇弟（東山天皇第六皇子）秀宮を親王とし（直仁親王）、宮家を創立する（幕府、直仁親王に一千石を進献。享保三年〈一七一八〉閑院宮の称号を賜わる）。《兼香公記》
8・21 水戸藩の修史事業で「**礼儀類典**」成り、この日、幕府に献上する（朝廷へは幕府から献上）。《徳川実紀》
⑧・24 徳川綱重（家光三男）廟に勅額を賜う（二十九日、綱重廟正遷座。九月八日、綱重に太政大臣を追贈）。《徳川実紀》
9・5 上皇、妙法院堯延法親王に能書灌頂を伝授する。《禁裏番衆所日記》
9・11 伊勢例幣使を発遣する。《資堯朝臣記》
11・3 上皇、即位灌頂の儀を二条家に命じる。《禁裏番衆所日記》
11・7 即位由奉幣使を発遣する。《資堯朝臣記》
11・11 中御門天皇、紫宸殿にて即位する（「御年十。童帝」と記される）。この日、権大納言二条吉忠より、即位灌頂を受ける。《兼香公記》
12・25 摂政左大臣近衛家熙を太政大臣とする。《基長卿記》

□1・26東園基量《ひがしぞのもとかず》（権大納言。「基量卿記」記主。58）、2・21中院通茂《なかのいんみちしげ》（内大臣。後水尾上皇より「古今伝授」を受ける。「中院通茂卿記」記主。80）
●宝永年間以降、京都町衆の禁中参詣が一般化する。

■正徳元年（一七一一）辛卯

中御門天皇11歳
霊元上皇 58歳

1・1 天皇、紫宸殿にて元服する。《資堯朝臣記》
2・25 内大臣久我通誠、辞任。権大納言近衛家久を内大臣とする。《公卿補任》
3・7 霊元上皇皇子文仁《あやひと》親王没（年32）。《基長卿記》
4・25 天皇即位（代始）により、**正徳**と改元する。《公卿補任》
5・18 有栖川宮幸仁親王王子尊統入道親王（良邦親王。母は家女房）没（年16）。《基熙公記》
6月 旧院の材を泉涌寺に払い下げ、四条天皇の御影堂を建造させる。《続史愚抄》
7・28 摂政近衛家熙、太政大臣を辞任。《輝光卿記》
11・14 伊勢例幣使を発遣する（九月十一日を延引）。《輝光卿記》

＊**礼儀類典**《れいぎるいてん》 徳川光圀が霊元天皇の勅諚を得て編纂した朝儀・公事に関わる部類記。水戸藩の修史事業の一つで、譲位・即位・大嘗会・行幸等を収める。「礼儀類典」の題は霊元上皇から賜わったもの。
＊**正徳**《しょうとく》 文章博士菅原総長《ふさなが》の勘文に「尚書曰、正徳者自正其徳」とある。徳川家宣病没後、大学頭林信篤《のぶあつ》が正徳の「正」は不祥のこととして改元を老中に提出も、新井白石は、日本・中国の古今の年号の例を引き、また、江戸以前には幕府側の理由によって改元はないとして反対する。

12・23　霊元上皇後宮・准三宮松木宗子を敬法門院と号する。《公卿補任》
□6・29野宮定基《ののみやさだもと》（権中納言。有識故実家。「定基卿記」記主。43）

■正徳二年（一七一二）壬辰
中御門天皇12歳
霊元上皇　59歳
4・14　霊元上皇中宮新上西門院（鷹司房子）没（泉涌寺に葬られる。年60）。《輝光卿記》
6・27　前関白近衛基熙、江戸より帰京。この日、参朝する。《基熙公記》
7・18　幕府、伊勢慶光院火災により、遷宮料を給う。《徳川実紀》
8・15　大覚寺性応法親王（霊元上皇皇子。母は菅原〈五条〉経子）没（「章弘宿禰記」では十四日没。年23）。《基熙公記》
8・28　摂政近衛家熙、辞任。左大臣九条輔実を摂政・氏長者・内覧とする。《基長卿記》
9・11　伊勢例幣使を発遣する。《基長卿記》
10・7　近衛家熙女尚子を女御とする。《基熙公記》
10・14　将軍徳川家宣没（三歳の家継が継職）。《徳川実紀》
10・26　故徳川家宣に正一位太政大臣を追贈する。《基長卿記》
12・3　覚尊法親王を園城寺長吏・三山検校とする。《諸寺院上申》
この年　新井白石、将軍徳川家宣に日本史を講じる（この草稿が「読史余論」で、時代区分論を展開）。《同書》
□10・14徳川家宣《とくがわいえのぶ》（江戸幕府第六代将軍。51）

■正徳三年（一七一三）癸巳
中御門天皇13歳
霊元上皇　60歳
1・1　幼主により、天皇、四方拝・元日節会に出御せず（七日白馬節会、十六日踏歌節会も）。《輝光卿記》
1・6　右大臣二条綱平を一上とする。《九条家譜》
3・6　伏見宮邦永親王王子（数宮）を霊元上皇猶子とする（「伏見宮系譜」では八月二十四日）。《勧修寺長吏次第》
3・20　京都油小路火事。一千六十九軒焼失。天皇、聖護院宮の里坊に移る。《基熙公記》
3・23　前摂政近衛基熙・左大臣九条師孝、参府する。《徳川実紀》
4・2　徳川家継、征夷大将軍となる（江戸幕府第七代将軍。三月四日、征夷大将軍・内大臣宣下）。《徳川実紀》
4・6　皇叔父嘉智宮（霊元上皇皇子。母は入江伊津子）没（年5）。《禁裏執次詰所日

記》
5・23 天皇、病む。《光栄公記》
8・16 霊元上皇、落飾のため太上天皇号を辞する（ついで落飾）。《輝光公記》
8・24 霊元法皇、伏見宮邦永親王王子（数宮）を猶子とする。《伏見宮系譜》
9・10 霊元法皇皇子（明宮。職仁《よりひと》親王）、誕生する（母は備中介松室重敦女敦子）。《御系譜》
9・11 伊勢例幣使を発遣する。《公卿補任》
9・24 伏見宮邦永親王王子数宮（霊元法皇猶子）を親王とし、名を栄懐と賜う。《御系譜》
9・28 栄懐親王、出家する（尊孝入道親王）。《御系譜》
12・11 霊元法皇、御楽に笛を奏する。《院中番衆所日記》
12・18 覚尊法親王、輪王寺宮公弁法親王附弟となる。《基長卿記》
12・26 天皇、読書始を行なう。「史記」五帝本紀、「後漢書」明帝紀を授かる。《基長卿記》
この年 寺島良安「和漢三才図会」成る。
□3・17 大山為起《おおやまためおき》（神道家。「日本書紀味酒講記」著者。63）

■正徳四年（一七一四）甲午

中御門天皇14歳
霊元法皇 61歳

1・1 四方拝中止。小朝拝あり。天皇、節会に出御せず。《基熈公記》
1・18 法皇、覚尊法親王に「入木道」を伝授する。《禁裏番衆所日記》
2・13 覚尊法親王、輪王寺に入り、名を公寛と改める。《輪王寺宮年譜》
4・25 天皇、病む。《禁裏番衆所日記》
5・4 法皇、「古今和歌集」講釈を始める。《禁裏番衆所日記》
5・30 法皇、武者小路実陰に「古今伝授」を行なう。《光栄公記》
7・9 聖護院道承法親王（伏見宮邦永親王王子）没（年19）。《兼香公記》
9・11 伊勢例幣使を発遣する。《輝光卿記》
9・22 尊昭（賞）法親王、春日社興福寺別当となる。《諸寺院上申》
10・8 青蓮院尊祐法親王を天台座主とする。《公卿補任》
10・28 幕府、公家衆法度四ヵ条を出す。《教令類纂》
12・2 徳川家継、琉球使節を引見する（新井白石、使節の問いに、将軍は「天子より下で三公諸王の上」と答える）。《鹿児島県史料旧記雑録追録三》

□8・21度会《わたらい》（出口《でぐち》）延経《のぶつね》（伊勢外宮権禰宜。神道学者。「弁卜抄《べんぼくしょう》」著者。58）

■正徳五年（一七一五）乙未

中御門天皇15歳
霊元法皇　62歳

1・1　四方拝・小朝拝中止。《基熙公記》
3・2　法皇皇子、誕生する（悦宮。尊胤親王。母は肥後守松室重仲女仲子）。《御系譜》
3・12　左大臣九条輔実の辞任により、前右大臣三条実治を左大臣とする。《公卿補任》
5・20　輪王寺宮公弁法親王、寺務を公寛法親王に譲る（八月二十一日、山科毘沙門堂に隠住）。《徳川実紀》
8・12　三条実治、左大臣を辞任。右大臣二条綱平を左大臣、内大臣近衛家久を右大臣、権大納言二条吉忠を内大臣とする。《公卿補任》
9・11　伊勢例幣使を発遣する。《輝光卿記》
9・23　法皇、皇女（吉子内親王）の将軍家継への降嫁を治定する（家継早世により実現せず）。《基長卿記》
10・16　霊元法皇皇女を八十宮《やそ》と称する（のち吉子内親王）。《徳川実紀》
11・19　天皇、大蔵卿伏原宣通の「大学」進講に初めて出御する。《光栄公記》
12・21　天皇、神祇伯白川雅冬より御拝伝授を受ける。《禁裏番衆所日記》
12・28　前権大納言松木宗顕を准大臣とする。《輝光卿記》

□10・6渋川春海《しぶかわしゅんかい》（天文暦学者。77）

●正徳年間、伊勢御師、外宮五百四家、内宮二百四十一家を数える。

■享保元年（一七一六）丙申

中御門天皇16歳
霊元法皇　63歳

1・1　四方拝・小朝拝中止。節会あるも、天皇、出御せず。《基熙公記》
1月　法皇病気により、仙洞和歌御会始・御幸始を延期する（二月二十三日平癒）。《続史愚抄》
②・16　法皇、「平家物語」を聴く。《続史愚抄》
3・27　天皇、初めて箏を奏する。《基熙公記》
3月　新井白石、「古史通」を脱稿。
この春　疱瘡流行。《基熙公記》
4・17　前天台座主・准三宮公弁法親王（後西天皇皇子。母は梅小路定子）没（年48）。《基熙公記》
4・30　将軍徳川家継没（八十宮の江戸下向中止）。《徳川実紀》
5・1　紀州藩主徳川吉宗、宗家を継ぐ。《徳川実紀》

●中御門天皇御製

「わが代にもところをえてや民までも心のどかに春をたのしむ」

「くれ竹の代代にかはして治めゆく道すぐなりと聞くが嬉しさ」（以上、「御会始」より）

なお、享保十四年（一七二九）に初めて象を見たときには、

「時しあれは人の国なるけたものもけふ九重にみるがうれしさ」

と詠んでいる。

5・12 故徳川家継に正一位太政大臣を追贈する。《基長卿記》
5月 新井白石、「折たく柴の記」成る。《同書》
6・22 変異（家継死去）などにより、享保と改元する。《基長卿記》
7・7 幕府、八十宮に御料五百石を献上する。《輝光卿記》
7・18 権大納言徳川吉宗に征夷大将軍・内大臣宣下（江戸幕府第八代将軍）。《輝光卿記》
9・11 伊勢例幣使を発遣する。《公卿補任》
9・13 霊元天皇皇女勝子内親王没（「基長卿記」等では十一日没。年31）。《輝光卿記》
9・24 有栖川宮正仁親王没（年23）。《基熈公記》
9・30 この夏より諸国疫病流行、この月に至る。《万年記》
10・11 霊元法皇皇子明宮（職仁《よりひと》親王）、故有栖川宮正仁親王の後を嗣ぐ。《輝光卿記》
11・1 摂政九条輔実を関白とする。《輝光卿記》
11・8 天皇、箏を学ぶ。《基熈公記》
11・13 摂政近衛家熈女尚子を女御とし、この日、入内する。《御湯殿上日記》
12・6 京都・大坂地震。《輝光卿記》
12・9 天皇、法皇より四方拝伝授を受ける。《輝光卿記》
12・15 法皇、琵琶法師を召し、「平家物語」を聴く。《光栄卿記》
この年 佐賀藩士山本常朝口述の「葉隠」成る。《同書》
□4・6 尾形光琳《おがたこうりん》（画家・工芸家。59）、4・30 徳川家継《とくがわいえつぐ》（江戸幕府第七代将軍。8）

■享保二年（一七一七）丁酉

中御門天皇17歳
霊元法皇 64歳

1・1 天皇、初めて四方拝を行ない、節会に臨む。《公卿補任》
1・4 法皇、大納言日野輝光の病篤しと聞き、古今集伝授函を上らしめる（輝光、五日に没）。《百式録》
1・11 天皇、石灰壇に出御し、御拝始を行なう（伊勢神宮を遥拝）。《兼香公記》
1・25 天皇、石灰壇に神宮を遥拝（三日間）、南都神木の災を祈禳する。《続史愚抄》
3・27 天皇、能楽を覧る（法皇も御幸）。《続史愚抄》
4・3 霊元法皇皇子（乙宮、ついで幾宮。堯恭法親王）、誕生する（母は備中介松室重敦女敦子）。《華頂要略》
4・6 法皇の勅額を徳川家継廟に進める。

＊**折《おり》たく柴《しば》の記《き》** 新井白石の自叙伝。題は、後鳥羽上皇の「思ひ出づる折たく柴の夕煙むせぶもうれし忘れがたみに」（「新古今和歌集」）からとったものといわれる。中で、「天子の号令、四海の内に行はる所は、ひとり年号の一事のみ」と、年号の最終決定が天皇大権の一つとして残されていたことが分かる。

＊**享保《きょうほう》** 式部権大輔菅原長義《ながよし》の勘文に「後漢書曰、享茲大命、保有万国」とある。

＊**後中内記《のちのちゅうないき》** 内大臣松木（中御門）宗顕（一六五八〜一七二八）の日記。延宝七年（一六七九）から享保十二年（一七二七）が写本として宮内庁書陵部に伝わる。祖先に当たる右大臣藤原宗能（一〇八五〜一一七〇）に日記「中内記」がある。

《徳川実紀》
4・27 京都地震（六月一日、八月十六日にも）。《続史愚抄》
5・29 法皇、瘧《おこり》病にかかる（七月平癒）。《禁裏番衆所日記》
9・11 伊勢例幣使を発遣する。《公卿補任》
9・24 天皇、常御所にて初めて箏を学ぶ（左中将四辻秀藤が授ける）。《基熙公記》
この年 樋口宗武、「続国史神祇集」を編纂する（「国史神祇集」に続く神祇史料の抄録）。《自序》
□1・5日野《ひの》輝光《てるみつ》（権大納言。「輝光卿記」記主。48）、6・17土御門《つちみかど》泰福《やすとみ》（陰陽家・神道家。土御門神道大成者。63）

■享保三年（一七一八）戊戌

中御門天皇18歳
霊元法皇 65歳
1・12 法皇、東山天皇皇子秀宮を新宮家とし、閑院の名を賜う。《重直卿記》
1・23 秀宮を親王とし、名を直仁《なおひと》と賜う。《公卿補任》
2・16 天皇、楽御会始に箏を奏する（法皇、これに御幸）。《基熙公記》
2・19 皇妹曇華院高宮、得度する（法名は聖祝《しょうしゅく》）。《続史愚抄》
3・2 前関白鷹司兼熙、江戸に参府する。《徳川実紀》
3・19 法皇、痔疾を病む（六月三日までに平癒）。《禁裏番衆所日記》
この春より、お蔭参りが流行。《武江年表》
4・11 前内大臣久我通誠を江戸に遣わし、徳川家継三回忌法会に臨ませる（法皇・女院も遣使）。《続史愚抄》
6・13 青蓮院尊祐法親王、天台座主を辞任。輪王寺公寛法親王を天台座主とする。《公卿補任》
6・28 京極宮文仁親王王子稲宮を法皇の養子として親王とし、名を周典《ちかのり》と賜う。《御湯殿上日記》
7・4 周典親王、仁和寺に入室、得度し、名を守恕《しゅじょ》と改める（守恕入道親王）。《後中内記》
7・26 山城国ほか諸国地震（閏十月二十二日にも）。《基熙公記》
9・3 浅間山噴火。《承寛襍録》
9・11 伊勢例幣使を発遣する。《基長卿記》
9・18 右大臣近衛家久・梶井門跡道仁法親王、幕府に参向する。《徳川実紀》
9・22 右大臣近衛家久、江戸城西丸に登り、将軍に対面する。《徳川実紀》
10・22 輪王寺門跡公寛法親王、天台座主を辞任する。《華頂要略》

10・26 梶井宮道仁法親王を再び天台座主とする。《公卿補任》
11・21 皇叔父悦宮を尊統法親王の、幾宮を尭延法親王の、それぞれ附弟とする。《基長卿記》
11・29 妙法院門跡尭延法親王（霊元法皇皇子。母は菅原〈五条〉庸子）没（年43）。《基熙公記》
□6・30 谷秦山《たにしんざん》（神道家・儒学者。56）

■享保四年（一七一九）己亥

中御門天皇19歳
霊元法皇 66歳

1・1 四方拝を行なうも、日食のため節会（二日追行）・小朝拝中止。《公卿補任》
2・1 伏見宮貞建親王、東山天皇皇女秋子内親王を妃とする。《基熙公記》
2・20 新井白石「東雅《とうが》」成る。《同書》
2月 幕府、山陵を修し、堀をうがち垣をめぐらせ、愚民の侵犯を防ぐ。《**月堂見聞集**》
3月 高野山の編年史「高野春秋」成る（弘仁七年〈八一六〉から享保四年〈一七一九〉までを収録）。《同書》
9・11 伊勢例幣使を発遣する。《公卿補任》
11・30 二条吉忠、内大臣を辞任。権大納言徳大寺公全《きんとも》を内大臣とする（この日辞任）。《公卿補任》
12・1 前内大臣二条吉忠を内大臣に還任する。《公卿補任》
□7・7 久我通誠《こがみちとも》（内大臣。父は内大臣久我広通。60）、12・2 徳大寺公全《とくだいじきんとも》（内大臣。父は権大納言醍醐冬基、養父は内大臣徳大寺実維。43）

■享保五年（一七二〇）庚子

中御門天皇20歳
霊元法皇 67歳

1・1 第一皇子（若宮。昭仁親王。桜町天皇）、右大臣近衛家久の第で誕生する（母は近衛家熙女尚子）。《基熙公記》
1・7 山城国地震（三月二十六日、六月四日にも）。《百式録》
1・20 女御近衛尚子《しょうし》（「ひさこ」とも）を准三宮とする。尚子、この日没（年19。二月六日、泉涌寺に葬られる）。《基熙公記》
1・27 故近衛尚子を一月二十日に遡って新中和門院を追贈する。《御湯殿上日記》
2・10 東山天皇中宮承秋門院（准母。幸子女王）没（年41。三月五日、泉涌寺に葬られる）。《基長卿記》
2・13 国喪により日光例幣使発遣を延引する。《続史愚抄》
5・16 天皇、宮中に広隆寺の聖徳太子像を迎え、これを覧る（ついで像等法皇御所へ）。

＊**月堂見聞集**《げつどうけんもんしゅう》 本島知辰（号が月堂）著。元禄十年（一六九七）から享保十九年（一七三四）まで、江戸・京坂を中心に諸国巷説を記したもの。「岡野随筆」「月堂見聞類聚」とも。政治・経済から火事・地震・洪水など天災までの史料としても貴重。
＊**元陵御記**《げんりょうぎょき》 霊元天皇（一六五四〜一七三二）の日記。享保六年（一七二一）から同十六年までが宮内庁書陵部に写本として残る。「修学院御幸宸記」といい、板本の題名が「元陵御記」。
＊**綱平公記**《つなひらこうき》 関白二条綱平（一六七二〜一七三二）の日記。

《百弌録》
7・29　法皇、御遊にて笛を奏する。《禁裏番衆所日記》
9・11　伊勢例幣使を発遣する。《基長卿記》
10・16　皇子若宮を儲君とする（「続史愚抄」では十二日。十七日説も）。《基長卿記》
10・29　水戸藩主徳川宗堯《むねたか》、「大日本史」本紀・列伝二百五十巻を幕府に献上する。《徳川実紀》
11・4　儲君若宮を親王とし、名を昭仁《てるひと》と賜う。儲君と同名の公卿は名を改める。《基熙公記》

■享保六年（一七二一）辛丑

中御門天皇21歳
霊元法皇　68歳

4・3　法皇、初めて孝子内親王御所に行幸する。《綱平公記》
5・28　浅間山噴火。《承寛襍録》
7・7　七夕和歌御会・御遊あり。天皇、箏を奏する。《基熙公記》
7・23　法皇、権中納言三条西公福・左大弁宰相烏丸光栄に「和歌手仁遠波」を伝授する。《禁裏番衆所日記》
7・24　幕府、天文方渋川敬尹《ひろただ》・猪飼《いかい》久一に暦の改訂を命じる。《徳川実紀》
8・22　前権中納言冷泉為綱に勅し、歌道伝授のことを管掌させる。《基長卿記》
9・11　伊勢例幣使を発遣する。《基長卿記》
9・27　法皇、初めて修学院離宮に御幸し、林丘寺禅尼光子（後水尾天皇皇女）と会う。《元陵御記》
10・28　法皇、「古今和歌集口訣」を前権中納言冷泉為綱に授ける。《基長卿記》
12・7　法皇猶子共宮、光照院に入寺、得度する。《兼香公記》

■享保七年（一七二二）壬寅

中御門天皇22歳
霊元法皇　69歳

1・3　第二皇子若宮（公遵法親王）、誕生する（母は権典侍清水谷石子）。《輪王寺宮年譜》
1・13　関白九条輔実、辞任。左大臣二条綱平を関白・氏長者・内覧とする。《公卿補任》
1・25　右大臣近衛家久を一上とする。《公卿補任》
2・9　幕府、定火消を廃し、淀・郡山・膳所・亀山四藩に命じ、禁裏・市中の消防に当たらせる。《柳営日録》
2・17　京都地震。《重直卿記》
2・18　天皇、御楽始に琴を奏する。《綱平公記》
3・13　法皇、修学院離宮に御幸する。《元

陵御記》
3・27 法皇、前関白九条輔実第に御幸する。《基長卿記》
5・1 法皇、孝子内親王第に御幸する。《基長卿記》
5・3 関白・左大臣二条綱平、左大臣を辞任。右大臣近衛家久を左大臣、内大臣二条吉忠を右大臣、権大納言一条兼香《かねよし》（「かねか」とも）を内大臣とする。《公卿補任》
5月 法皇、「本朝世紀」を幕府に賜う。《基長卿記》
6・19 将軍吉宗、法皇に「礼儀類典」を献上する。《兼香公記》
7・11 皇子若宮の毘沙門堂相続が治定される（享保十一年八月五日、毘沙門堂里坊に移る）。《綱平公記》
9・9 法皇、修学院離宮に御幸する（茸狩をする）。《元陵御記》
9・11 伊勢例幣使を発遣する。《公卿補任》
10・9 法皇、敬法門院第に御幸する。《兼香公記》
11・5 皇子三宮（忠誉法親王）、誕生する（母は典侍園常子）。《兼香公記》
12・19 梶井宮道仁法親王、天台座主を辞任。青蓮院門跡尊祐法親王を天台座主とする。《公卿補任》

□9・14 近衛《このえ》基熙《もとひろ》（関白。太政大臣。父は関白・左大臣近衛尚嗣。母は後水尾天皇皇女昭子内親王。「基熙公記」記主。75）

■享保八年（一七二三）癸卯

中御門天皇23歳
霊元法皇 70歳

1・1 四方拝などあり。初めて親族拝を儲君の直廬《じきろ》で行なう。《公卿補任》
2・1 内大臣一条兼香、辞任。前権大納言櫛笥《くしげ》隆賀《たかよし》を内大臣とする。《公卿補任》
2・3 山城国地震。《基長卿記》
2・4 櫛笥隆賀、内大臣を辞任。前権大納言広幡豊忠《とよただ》を内大臣とする。《公卿補任》
2・8 広幡豊忠、内大臣を辞任。前内大臣一条兼香を内大臣とする。《公卿補任》
2・28 法皇、宝算七十なるも、賀をやめ、尚歯会に擬し、高齢者九人を召し、酒饌・物を賜う。《綱平公記》
3・26 皇叔母八重宮は大聖寺の、皇子三宮（忠誉法親王）は聖護院の附弟となる。《華頂要略》
3月 諸国の士女、競って伊勢参りを行ない、京都でも盛り上がりを見せる。《月堂見聞集》
4・6 法皇、修学院離宮に御幸する（途中、賀茂・下御霊社に参詣）。《元陵御記》
4・27 皇子三宮、聖護院門室を相続する。

＊**資方朝臣記**《すけかたあそんき》 民部大輔三室戸《みむろど》資方（一七一〇～六四）の日記。享保三年（一七一八）から同二十一年までの写本が宮内庁書陵部に伝わる。

＊**青木**《あおき》**永弘**《ながひろ》（一六五六～一七二四） 吉田流の神道家で、全国各地を歩き、神書を講じて皇道を宣揚、その皇道本位論は復古神道の基礎となり、尊王論を醸成したといわれる。

《基長卿記》
5・25　中御門天皇皇子（四宮。慈仁入道親王）、誕生する（母は小森頼季女丹波氏）。《兼香公記》
5月　禁中に新たに一殿を造る。地震殿（泉殿）と称する。《月堂見聞集》
9・7　法皇、修学院離宮に御幸する（茸狩をする）。途中、上御霊社・賀茂社に参詣する。《元陵御記》
9・11　伊勢例幣使を発遣する。《公卿補任》
9・19　法皇皇女八重宮（母は南相忠女）没（年3）。《兼香公記》
12・10　京都地震。《資方朝臣記》

■享保九年（一七二四）甲辰

中御門天皇24歳
霊元法皇　71歳

1・1　四方拝を行なうも、天皇、節会に出御せず。小朝拝中止。《公卿補任》
2・1　法皇、ひそかに家仁親王に舞踏を伝授する。《兼香公記》
5・2　皇子四宮（慈仁法親王）を曼殊院附弟とする。《華頂要略》
5・3　法皇、幸子内親王第に御幸する（以後しばしば）。《兼香公記》
6・20　京都地震。《資方朝臣記》
6月　西日本、五月より雨降らず。京畿疫病流行、多数死亡。《続史愚抄》
7・26　天皇、小御所にて初めて笛を奏する。《兼香公記》
8・27　法皇、修学院離宮に御幸する。林丘寺に普明院宮（光子内親王）を訪ねる。《元陵御記》
9・11　伊勢例幣使を発遣する。《綱平公記》
10・7　霊元法皇、修学院離宮に御幸し、紅葉を観る。林丘寺に普明院宮を訪ねる。《元陵御記》
11・11　儲君昭仁《てるひと》親王、深曾木の儀を行なう。《兼香公記》
12・3　法皇、書院前庭に柿本社を作る。この夜、遷宮の儀。《兼香公記》
この年　跡部良顕撰「三種神器極秘伝」成る。
□1・10**青木永弘**（神道家。69）、8・12三《さん》条《じょう》実治《さねはる》（左大臣。父は右大臣三条公富。75）

■享保十年（一七二五）乙巳

中御門天皇25歳
霊元法皇　72歳

1・30　霊元法皇、尊昭法親王に入木道を伝授する。《禁裏番衆所日記》
3・6　京都地震。《基長卿記》
4・26　法皇、修学院離宮に御幸する。林丘寺の光子内親王と会う。《元陵御記》

6・26 病気のため後光明天皇皇女孝子内親王（母は庭田秀子）を准三宮として礼成門院と号する。この日没（般舟院に葬られる。年76）。《公卿補任》

9・11 伊勢例幣使を発遣する。《基長卿記》

9・16 法皇、修学院離宮に御幸する。途中、神楽岡吉田社に詣で、また照高院を覧る。《元陵御記》

10・2 天皇、病む。《後中内記》

10・7 法皇、伏見宮邦永親王王子受宮を猶子とする。《伏見宮系譜》

10・18 法皇、修学院離宮に御幸する。紅葉を賞覧し、詩歌会を開く。《元陵御記》

11・11 邦永親王王子受宮（霊元法皇猶子）を親王とし、名を邦光と賜う。《公卿補任》

11・16 邦光親王、実相院に入り得度する（義《ぎ》周《しゅう》入道親王）。《兼香公記》

12・21 前太政大臣近衛家熙を准三宮とする（家熙辞するも許されず。二十四日、落飾）《基長卿記》

この年 中根元圭「皇和通暦」（暦書）成る。

□5・19 新井白石（政治家・朱子学者。69）、11・20 鷹司《たかつかさ》兼熙《かねひろ》（関白。左大臣。父は関白鷹司房輔。67）

■享保十一年（一七二六）丙午

中御門天皇26歳

霊元法皇 73歳

1月 法皇、光子内親王に委嘱し、人を美濃に遣わして多芸山（養老山）の養老泉を汲みとらせる。《塩尻》

2・11 法皇、「春日験記」を観る。《基長卿記》

2・21 法皇、禁裏に御幸し、天皇に入木道を伝授する。《基長卿記》

3・25 天皇、御楽始に笛を奏する。《御湯殿上日記》

4・26 法皇、修学院離宮に御幸し、当座和歌会を開く。また陶器製造を覧る。ついで林丘寺の光子内親王を訪ねる。《元陵御記》

5・5 夜、狂人が禁中に入る。武士に捕らえさせる。《兼香公記》

6・1 関白二条綱平、辞任。左大臣近衛家久を関白・氏長者・内覧とする。《公卿補任》

6・2 関白近衛家久、一上を右大臣二条吉忠に譲る。《公卿補任》

6・15 霊元法皇皇子悦宮（尊胤親王）、徳川吉宗猶子となる。《兼香公記》

8・5 皇子二宮（公遵法親王）、毘沙門堂里坊に移る。《基長卿記》

8・12 皇女喜久宮、宝鏡寺理豊の附弟となる。《兼香公記》

8・16 京都地震。《兼香公記》

＊**新井《あらい》白石《はくせき》**（一六五七〜一七二五） 木下順庵に推挙され甲府の徳川綱豊（のち将軍家宣）の儒臣となり、政治を補佐。「読史余論」「西洋紀聞」「折たく柴の記」など著書多数。皇室については、現在の天皇家（北朝）は武家が擁立したものだから公武は共存共栄とし、当時、伏見宮・京極宮・有栖川宮の三つだけの宮家では皇統断絶の恐れありとし、閑院宮家設立を建言した。

9・11 伊勢例幣使を発遣する。《公卿補任》
9・15 関白・左大臣近衛家久、左大臣を辞任。右大臣二条吉忠を左大臣、内大臣一条兼香を右大臣、准大臣中御門（松木）宗顕《むねあき》を内大臣とする。《公卿補任》
9・18 中御門（松木）宗顕、内大臣を辞任。前権大納言中院通躬《なかのいんみちみ》を内大臣とする。《公卿補任》
9・21 中院通躬、内大臣を辞任。権大納言九条幸教《ゆきのり》を内大臣とする。《公卿補任》
9・29 法皇、青蓮院宮尊祐法親王に入木道を伝授する。《禁裏番衆所日記》
10・21 伏見宮邦永親王没（年51）。《兼香公記》
11・2 法皇、修学院離宮に御幸し、紅葉を覧る。途中、赤山社に参詣する。《元陵御記》
11・22 法皇、敬法門院第に御幸する。《兼香公記》
11・28 霊元法皇皇子明宮（有栖川宮継嗣）を親王とし、名を職仁《よりひと》と賜う。また、皇女八十宮を内親王とし、名を吉子《よしこ》と賜う。《公卿補任》
12・8 天皇、病のため、内侍所御神楽に出御せず。《御湯殿上日記》

■享保十二年（一七二七）丁未

中御門天皇27歳
霊元法皇 74歳

1・3 京都地震（二十三日、九月十三日にも）。《資方朝臣記》
1・22 法皇皇子悦宮を親王とし、名を栄貞（尊胤法親王）と賜う。《公卿補任》
1・25 霊元法皇皇子幾宮を親王とし、名を久嘉《ひさよし》と賜う（のち堯恭《ぎょうきょう》入道親王）。《公卿補任》
2・21 法皇、敬法門院第に御幸する。《兼香公記》
3・19 栄貞親王、知恩院に入室、得度し、名を尊胤《そんいん》とする（尊胤入道親王）。《兼香公記》
3・23 久嘉親王、妙法院に入室、得度し、法名を堯恭とする（堯恭入道親王）。《兼香公記》
3・24 儲君昭仁親王、読書始を行なう（伏原宣通、「孝経」を授ける）。《兼香公記》
7・27 東埔寨国（カンボジア）の貢船が長崎に来り、国書を呈し、通商信牌を求める。幕府、信牌を給し、その貢物を却ける。《長崎志》
9・9 法皇、修学院離宮に御幸し、茸狩をする。また、林丘寺に光子内親王を訪ねる。《元陵御記》
9・11 伊勢例幣使を発遣する。《公卿補任》

10・2 法皇、修学院離宮に御幸する。また、林丘寺に光子内親王の病を見舞う。《元陵御記》

10・6 後水尾天皇皇女**光子内親王**没。《兼香公記》

■享保十三年（一七二八）戊申

中御門天皇28歳

霊元法皇 75歳

2・11 法皇、修学院離宮に御幸する。途中、下御霊社・白川照高院に参詣する。《元陵御記》

4・11 法皇、修学院離宮に御幸する。途中、下鴨社に立ち寄る。《元陵御記》

5・24 内大臣九条幸教、辞任（二十六日没）。《公卿補任》

6・2 儲君昭仁《てるひと》親王、新造土御門北殿に移る。《兼香公記》

6・11 儲君昭仁親王を皇太子とする。《公卿補任》

6・26 天皇女御新中和門院（近衛尚子）に皇太后を追贈する。《公卿補任》

7・1 権大納言西園寺致季《むねすえ》を内大臣とする。《公卿補任》

7・27 西園寺致季、内大臣を辞任。権大納言醍醐冬熙《ふゆひろ》を内大臣とする。《公卿補任》

8・25 法皇、修学院離宮に御幸する。途中、賀茂別雷社に参詣する。《霊元御記》

9・11 伊勢例幣使を発遣する。《公卿補任》

10・7 京都地震。《兼香公記》

10・23 皇太子昭仁親王、初めて仙洞御所に行啓する。霊元法皇、剣・筝を贈る。《御湯殿上日記》

10・26 醍醐冬熙、内大臣を辞任。権大納言鷹司房熙《ふさひろ》を内大臣とする。《公卿補任》

□1・19 荻生徂徠《おぎゅうそらい》（儒学者。63）、4・28 中《なか》御門《みかど》（松木《まつのき》）宗顕《むねあき》（内大臣。父は内大臣松木宗条《むねなが》。71）、5・26 九条幸教《くじょうゆきのり》（内大臣。父は摂政・関白九条輔実。29）

■享保十四年（一七二九）己酉

中御門天皇29歳

霊元法皇 76歳

2・3 法皇、修学院離宮に御幸する。途中、御霊社・詩仙堂等に参詣する。《元陵御記》

3・19 天皇、南殿にて桜花御覧、当座和歌御会あり。《資方朝臣記抄》

3・28 法皇、修学院離宮に御幸する。途中、霊源寺に参詣、前内大臣醍醐冬熙の山荘に御幸する。《元陵御記》

4・24 京極宮文仁親王王子守恕法親王没（年24）。《兼香公記》

4・28 天皇・法皇・昭仁親王、ベトナムから長崎にもたらされ、江戸への途中の象を

＊**光子内親王**《みつこないしんのう》（一六三四〜一七二七）「てるこ」とも。後水尾天皇第八皇女。母は逢春門院隆子。幼称緋宮《あけのみや》。寛永十五年（一六三八）内親王宣下。延宝八年（一六八〇）父天皇崩御により得度。天和二年（一六八二）修学院離宮内林丘寺開山となり、ここに住して「林丘寺宮」と呼ばれる。宝永四年（一七〇七）霊元天皇皇女亀宮（元秀女王）が林丘寺に入ると、隠居して普明院と号する。林丘寺近傍の一乗寺村葉山に葬られる。

＊**跡部良顕**《あとべよしあき》（一六五八〜一七二九）垂加神道家。山崎闇斎に傾倒、のち正親町公通から垂加神道の奥儀を受ける。「南山編年録」「三種神器極秘伝」を著わし、三種の神器の重要性を説く。

宮中に召し観覧する（このときベトナム象に「従四位広南白象」の位が与えられる。ついで江戸に到着し、将軍吉宗も観覧）。《兼香公記》

8・4　皇女籌《かず》宮（成子《ふさこ》内親王）、誕生する（母は掌侍久世夏子）。《兼香公記》

9・3　伊勢内宮の遷宮が行なわれる。《兼香公記》

9・6　伊勢外宮の遷宮が行なわれる（内外宮とも閏九月かとも）。《兼香公記》

9・11　伊勢例幣使を発遣する。《公卿補任》

9・21　皇子四宮（慈仁法親王）、改めて仁和寺附弟となる。《兼香公記》

9・24　大風雨により、賀茂川・淀川洪水。《兼香公記》

10・11　法皇、修学院離宮に御幸する。《元陵御記》

□1・27**跡部良顕**（垂加神道家。72）、12・12**九条《くじょう》輔実《すけざね》**（関白。左大臣。父は左大臣九条兼晴。室は後西天皇皇女益子内親王。61）

■享保十五年（一七三〇）庚戌

中御門天皇30歳

霊元法皇　77歳

2・23　法皇、有栖川宮職仁親王第に御幸する（十月二十五日にも）。《兼香公記》

4・12　法皇、修学院離宮に御幸する。途中、円通寺に参詣する（宸筆「般若心経」を奉納）。《元陵御記》

4・24　内大臣鷹司房熙、辞任。この日没。《公卿補任》

6・20　京都大火。般舟院が焼け、霊牌殿罹災。延焼三千七百九十八戸、死者百三十人（西陣焼け）。《兼香公記》

6・21　京都、雨降らず。法皇、勅して雨を神泉苑に祈らせる（翌日雨降る）。《月堂見聞集》

7・22　権大納言久我《こが》惟通《これみち》を内大臣とする。《公卿補任》

9・11　伊勢例幣使を発遣する。《公卿補任》

9・12　法皇、円通寺に御幸する（茸狩をする）。《元陵御記》

10・27　法皇、吉子内親王第に御幸する。《続史愚抄》

11・16　法皇、修学院離宮に御幸する。途中、照高院に参詣する。《元陵御記》

12・2　皇子二宮を親王とし、名を保良（公遵法親王）と賜う。《公卿補任》

12・5　十月より麻疹流行。この日、天皇、麻疹をわずらう（十八日平癒。七日、法皇もかかる）。《御湯殿上日記》

□4・24**鷹司《たかつかさ》房熙《ふさひろ》**（内大臣。父は摂政・関白・太政大臣・准后近衛家熙。関白鷹司兼熙養子。21）

■享保十六年（一七三一）辛亥

中御門天皇31歳

霊元法皇78歳

1・1　天皇、四方拝・節会に出御せず。小朝拝中止。《公卿補任》

1・24　将軍秀忠百回忌のため、和歌御会始を中止する（二月六日施行）。《兼香公記》

4・6　法皇、松崎山に御幸し、ツツジを観る。帰路、賀茂社に参詣する。《元陵御記》

4・20　青蓮院尊祐法親王、天台座主を辞任。《兼香公記》

5・27　公寛法親王を再び天台座主とする。《公卿補任》

8・20　京都地震（十一月二十一日、十二月二日にも）。《月堂見聞集》

8・23　天皇、楽御会で箏を奏する。《憲臺記》

8・27　輪王寺宮公寛法親王を准三宮とし、諸親王の上に列する。《公卿補任ほか》

9・11　伊勢例幣使を発遣する。《公卿補任》

9・13　法皇、円通寺に御幸し、御菩薩池で月を観る。《元陵御記》

9・18　皇子保良親王、毘沙門堂に入寺、得度し、名を公遵とする。《兼香公記》

9・22　曇華院姫宮（中御門天皇皇女）、得度し、名を聖珊《しょうさん》と改める。《兼香公記》

10・7　公寛法親王、天台座主を辞任。《兼香公記》

10・9　梶井宮道仁法親王を再び天台座主とする。《公卿補任》

10・14　地震あり。《資方朝臣記》

10・18　法皇、修学院離宮に御幸する（十八日にも）。《元陵御記》

12・15　将軍世子徳川家重、伏見宮邦永親王王女比宮《なみ》（培子《ますこ》女王）と結婚（比宮、翌年十月三日死去。諡号証明院）。《徳川実紀》

□5・11丸山可澄《まるやまよしずみ》（水戸藩士。史学者・神道学者。「大日本史」編纂者。「花押藪《かおうそう》」「諸家系図纂」編著者。75）

■享保十七年（一七三二）壬子

中御門天皇32歳

霊元法皇79歳

1・1　四方拝あるも、天皇、節会に臨御せず。小朝拝中止。《公卿補任》

1・24　和歌御会始を行なう（久しく中絶していた女官の詠進を再興）。《御湯殿上日記》

2・12　霊元法皇、敬法門院の病を見舞う。《兼香公記》

3・25　天皇皇子（三宮）を親王とし、名を忠篤と賜う（のち忠誉法親王）。《公卿補任》

3・28　天皇皇子（四宮）を親王とし、名を

*月輪陵　六七五ページ注参照。

良視と賜う（のち慈仁法親王）。《公卿補任》
5・2　法皇、病む（八月一日重篤）。《兼香公記》
この夏　享保大飢饉。《徳川実紀》
8・6　霊元法皇崩御。《兼香公記》
8・29　法皇の遺詔により、追号を「霊元院」とする。この日、泉涌寺に葬られる（陵は**月輪陵**）。《御湯殿上日記》
8・30　霊元法皇後宮敬法門院（松木宗子）没（九月二十日、清浄華院に葬られる。年76）。《八槐記》
9・11　天下触穢により伊勢例幣使を中止する（十一月二十六日追行）。《兼香公記》
10・28　幕府、西国の蝗害につき伊勢以下石清水・出雲・宇佐・鹿島・香取等各神社に祈禳させる。《徳川実紀》
11・22　皇女（倫《とも》宮。永皎《えいこう》女王）、誕生する（母は掌侍久世夏子）。《御湯殿上日記》
11・25　霊元法皇の神霊を下御霊社相殿に遷す。《太上天皇御霊奉招禱記》
この年　継体天皇陵が現陵（三島藍野陵）に治定される（元禄十二年〈一六九九〉治定説も）。
□2・6　二《に》条《じょう》綱平《つなひら》（関白。左大臣。父は公卿九条兼晴。関白・摂政二条光平養子。室は霊元天皇皇女栄子内親王。61）

■享保十八年（一七三三）癸丑

中御門天皇33歳
1・1　四方拝を行なうも、天皇、節会に出御せず。小朝拝中止。《公卿補任》
1・4　昨冬より雨降らず。東寺に勅し、神泉苑で雨を祈らせる。《月堂見聞集》
1・25　関白近衛家久を太政大臣とする。《御湯殿上日記》
1月　建部賢弘・中根元圭、「暦算全書」を校訂する。《好書故事》
2・1　皇太子昭仁親王、紫宸殿にて元服する（天皇出御。関白・太政大臣近衛家久加冠）。《公卿補任》
2・17　閑院宮直仁親王第二王子（典仁《すけひと》親王）、誕生する（母は家女房讃岐）。《御系譜》
4・16　京都地震。《兼香公記》
5・19　梶井宮道仁法親王（伏見宮貞致親王王子）没（年45）。《御系譜》
6・13　青蓮院尊祐法親王を天台座主とする（三度目）。《公卿補任》
6・19　皇女倫宮（永皎女王）、大聖寺附弟となる。《兼香公記》
8・8　有栖川宮職仁親王王子緋宮《よりひと》（叡仁入道親王）を中御門天皇養子とする。《御湯殿上日記》
8・21　天皇、前権大納言武者小路実陰《さねかげ》より

「和歌天爾遠波」伝授を受ける。《兼香公記》
8・30 京都大雨。鴨川洪水。《月堂見聞集》
9・11 伊勢例幣使を発遣する。《八槐記》
9・21 忠篤親王、聖護院に入り得度し、名を忠誉《ちゅうよ》と改める。《公卿補任》
9・23 宝鏡寺嘉久宮（中御門天皇皇女）、得度し、名を理長《りちょう》と改める（のち理秀《りしゅう》女王）。《兼香公記》
9・28 左大臣二条吉忠女舎子《いえこ》を皇太子妃とする。《兼香公記》
10・3 伏見宮邦永親王王女培子《ますこ》女王（証明院。徳川家重室）没（年19）。《徳川実紀》
11・18 内侍所本殿渡御。《公卿補任》
11・22 内侍所御神楽あり。天皇、笛を奏する。《八槐記》
11・27 内侍所仮殿を撤し、その材を上御霊社に賜う。《兼香公記》
12・27 太政大臣近衛家久、辞任。《公卿補任》
□7・11 正親町公通《おおぎまちきんみち》（権大納言。山崎闇斎に託され、後西上皇に「中臣祓風水草」を叡覧に供する。81）、7・14 櫛笥隆賀《くしげたかよし》（内大臣。父は園池宗朝。櫛笥隆胤養子。女櫛笥賀子は中御門天皇生母。82）

■**享保十九年（一七三四）甲寅**
中御門天皇34歳
1・1 四方拝・小朝拝行なうも、天皇、節会に出御せず。《公卿補任》
1・22 皇子良視親王、仁和寺に入寺、得度する（法名を慈仁《じにん》とする）。《八槐記》
4・6 これより先、水戸藩、「礼儀類典」を校訂し幕府に呈し、これを朝廷に献上する。この日、天皇が嘉尚したことを幕府に伝える。《御代々文事表》
4・8 堯恭法親王を護持僧とする。《堯恭法親王日記》
5月 京都ほか霖雨洪水。《月堂見聞集》
9・11 伊勢例幣使を発遣する。《公卿補任》
10・6 水戸藩主徳川宗翰《むねもと》、「校訂礼儀類典」を幕府に献上する。《徳川実紀》
10・24 前権大納言中山兼親を准大臣とする。《稙房卿記》
11・7 京都地震。《資方朝臣記》
11・17 尊昭法親王、尊賞《そんしょう》と名を改める。《八槐記》
11・26 妙法院主堯恭法親王に紫衣を許す。《兼香公記》
12・24 天皇、閑院宮直仁親王王子俊宮（公啓親王）を養子とする。《御湯殿上日記》
□10・25 中山兼親《なかやまかねちか》（准大臣。父は権大納言中山篤親。51）

■**享保二十年（一七三五）乙卯**
中御門天皇35歳

＊**桜町天皇**《さくらまちてんのう》（一七二〇～五〇） 名は昭仁《てるひと》、幼称若宮。中御門天皇第一皇子。母は近衛家熙女尚子（新中和門院・贈皇太后）。享保五年（一七二〇）親王宣下、同十三年立太子、同十八年元服、同二十年践祚、即位。延享四年（一七四七）譲位、太上天皇尊号宣下。寛延三年（一七五〇）崩御。陵は月輪陵。女御は二条舎子《いえこ》（所生の子に盛子内親王・後桜町天皇）。皇子に桃園天皇（母は藤原定子〈開明門院〉）。追号「桜町院」は仙洞御所の宮名桜町殿《どの》に因む。

＊**元文**《げんぶん》 文章博士菅原在秀《ありひで》の勘文に「文選曰、武創元基、文集大命、皆体天作制、順時立政、至于帝皇、遂重熙而累盛」とある。

桜町天皇　16歳

3・11　幕府、上皇の供御田を一万石とする（もし二上皇あれば、後上皇は七千石とする）。《兼香公記》

第百十五代 桜町《さくらまち》天皇

3・21　中御門天皇譲位。昭仁《てるひと》親王（**桜町天皇**）、土御門内裏にて受禅（関白近衛家久は旧の如し）。《御湯殿上日記》

3・23　先帝に太上天皇尊号を奉る。《八槐記》

③・15　天皇、神祇伯白川雅富王より御拝伝授を受ける。《御湯殿上日記》

③・16　天皇、石灰壇代にて御拝始を行なう。《御湯殿上日記》

5・9　毘沙門堂公遵法親王を輪王寺宮公寛法親王の附弟とする。《兼香公記》

5・25　上皇、前権大納言武者小路実陰より「和歌三部抄」伝授を受ける。《兼香公記》

6・2　天皇、読書始。唐橋在廉《ありやす》より「後漢書」明帝紀を受ける。《御湯殿上日記》

6・21　畿内大風雨、洪水。《続史愚抄》

8・7　仁和寺宮慈仁法親王（中御門天皇皇子。母は丹波氏）没（年13）。《兼香公記》

8・22　幕府、天皇即位の祝儀として、五万石以上の大名に献銀を命じる。《徳川実紀》

9・11　伊勢例幣使を発遣する。《公卿補任》

10・26　即位由奉幣使を伊勢神宮に発遣する。《御湯殿上日記》

11・2　天皇、左大臣二条吉忠より即位灌頂を受ける（関白近衛家久が印明伝授を主張するも、中御門上皇の裁定により、二条吉忠の伝授となり、これより二条家による印明伝授が確立）。《頼言卿記》

11・3　桜町天皇、紫宸殿にて即位する。《公卿補任》

12・7　上皇、天皇に四方拝を相伝する。《御湯殿上日記》

□12・23細井《ほそい》広沢《こうたく》（知慎《ともちか》。書家・儒者。陵墓修築の議を柳沢吉保に建策。「諸陵記」著者。78）

●享保年間（一七一六〜三六）、「大山陵絵図」が作られる。

■元文元年（一七三六）丙辰

桜町天皇　17歳
中御門上皇36歳

1・8　天皇、南殿にて代始の大元帥法を行なう。《御湯殿上日記》

1・12　上皇皇子政宮（遵仁法親王）、誕生する（母は掌侍菅原寛子）。《御湯殿上日記》

1・23　内大臣久我惟通、辞任。権大納言花《か》山院《ざんいん》常雅《ときまさ》を内大臣とする。《八槐記》

4・28　桜町天皇即位（代始）により**元文**と

改元する。《八槐記》
5・25 上皇、前権大納言武者小路実陰より「伊勢物語」伝授を受ける。《兼香公記》
7・13 天皇、内々の御楽に箏を奏する。《通兄公記》
7・24 天台座主尊祐法親王、辞任。妙法院堯恭法親王を天台座主とする。《八槐記》
8・16 天皇、伏原宣通を召し、「大学」を講じさせる。《兼香公記》
8・27 関白近衛家久、辞任。左大臣二条吉忠を関白・氏長者とする（家久の内覧は元の如し）。《八槐記》
8・28 右大臣一条兼香を一上とする。《公卿補任》
9・11 伊勢例幣使を発遣する。《八槐記》
9月 吉見幸和《ゆきかず》「五部書説弁」成る（「神道五部書」を偽書とする）。
10月下旬 天皇、病む（十一月三十日軽快。十二月二十四日平癒）。《通兄公記》
11・15 関白二条吉忠女舎子《いえこ》、入内し女御となる。《八槐記》
12・5 有栖川宮職仁親王王子菅宮《すげ》（覚仁入道親王）を三宝院大僧正房演（この年没）の附弟とする。《兼香公記》
この年 並河永《ひさし》、「大和志」を著し、大和国の九十九陵墓について記録する。

□7・2荷田春満《かだのあずままろ》（国学者。復古神道唱道者。68）、7・8玉木正英《たまきまさひで》（神道家。梅宮社神職。橘《きつけ》家神道大成者。67）、10・3近衛家熙《このえいえひろ》（関白。摂政。太政大臣。准三宮。父は関白・太政大臣近衛基熙。母は後水尾天皇皇女常子内親王。「家熙公記」記主。70）

■元文二年（一七三七）丁巳

桜町天皇 18歳
中御門上皇37歳

1・1 天皇、病む。四方拝の座を設けるも出御せず。《公卿補任ほか》
2・3 有栖川宮職仁親王王子菅宮、三宝院に入り、故大僧正房演の法嗣となる。《兼香公記》
3・11 上皇、権大納言近衛内前を宮中に召し、花を観る。《兼香公記》
3・22 上皇御所で観花宴あり。《錦小路尚秀卿記》
3・29 尊賞法親王、興福寺別当を辞任。《八槐記》
4・11 中御門上皇崩御（八日、泉涌寺山内に葬られる。陵は月輪陵）。《八槐記》
5・5 先帝の追号を中御門院とする。《稙房卿記》
6・29 内大臣花山院常雅、辞任。権大納言二条宗熙《むねひろ》を内大臣とする。《公卿補任》

＊月輪陵 六七五ページ注参照。

8・3　関白・左大臣二条吉忠、辞任（この日没）。《公卿補任》
8・16　前関白・太政大臣近衛家久を准三宮とし、内覧を止める（この夜没）。《公卿補任》
8・18　右大臣一条兼香に内覧宣旨を賜う。《公卿補任》
8・29　右大臣一条兼香を関白・氏長者とする。《公卿補任》
9・6　輪王寺の公遵法親王、初めて日光に赴く。《徳川実紀》
9・11　伊勢例幣使を発遣する。《公卿補任》
10・3　京都地震。《二条家番所日次記》
11・7　右大臣一条兼香を左大臣とする。《八槐記》
11・22　天皇、これより先、病気となるも、この日、復する。《兼香公記》
⑪・11　皇女（美喜宮。盛子内親王）、誕生する（母は女御二条舎子）。《八槐記》
□8・1　広幡豊忠《ひろはたとよただ》（内大臣。父は権中納言久我通名、養父は権大納言広幡忠幸。72）、8・3　二条吉忠《にじょうよしただ》（関白。左大臣。父は関白二条綱平、母は霊元天皇皇女栄子内親王。49）、8・17　近衛家久《このえいえひさ》（関白。太政大臣。准三宮。父は関白・太政大臣・准三宮近衛家熙、母は霊元天皇皇女憲子内親王。51）

■元文三年（一七三八）戊午

桜町天皇　19歳

1・1　四方拝。天皇、諒闇ゆえ殿に出御せず。《公卿補任》
1・2　後西天皇皇女益子《ますこ》内親王（霊元天皇猶子。故関白九条輔実室）没（「続史愚抄」では四日。年70）。《兼香公記》
1・24　内大臣二条宗熙を右大臣、権大納言一条道香《みちか》を内大臣とする。《公卿補任》
2・12　閑院直仁親王女栄宮、三時知恩寺某の附弟となる。《兼香公記》
2・27　天皇、病む。《通兄公記》
3・9　輪王寺宮公寛法親王、病により職務をやめ、公遵法親王がこれに代わる。《元文日記》
3・16　輪王寺宮公寛法親王（准三宮。東山天皇皇子。母は冷泉経子）没（「続史愚抄」では十五日。年42）。《徳川実紀》
5・24　天皇、前権大納言武者小路実陰より「和歌天仁遠波」伝授を受ける。《八槐記》
6・18　右大臣二条宗熙、辞任（この日没）。《公卿補任》
7・22　中御門天皇皇子政宮（遵仁法親王）、仁和寺法嗣となる（「御系譜」では二十三日）。《兼香公記》
8・8　前内大臣西園寺致季を右大臣とする。

◉桜町天皇御製①

「四つの海なみたたぬ世を千千の秋ちぎりてすめる池の月かげ」
「あきらけき神代のままに月日星くもらぬ天のみちぞただしき」
「おどろかす鳥の初音におきなれて夜深くいそぐ朝まつりごと」（以上「桜町院御集」より）

《公卿補任》
8・13 天皇、一乗院宮尊賞法親王より「入木道」伝授を受ける。《頼言卿記》
8・16 右大臣西園寺致季、辞任。前内大臣中院通躬を右大臣とする。《公卿補任》
8・19 右大臣中院通躬、辞任。内大臣一条道香を右大臣とし、前内大臣花山院常雅を還任する。《公卿補任》
8・23 天皇、病む。《兼香公記》
9・11 伊勢例幣使を発遣する。《八槐記》
9・16 実相院義周法親王、園城寺長吏を聖護院忠誉入道親王に譲る。《兼香公記》
9・18 忠誉入道親王、園城寺長吏となる（寛保元年（一七四一）辞任）。《諸寺院上申》
10・29 天皇、大嘗会のため禊を行なう。《八槐記》
11・3 天皇、病む。《兼香公記》大嘗会由奉幣使を伊勢神宮・石清水社・賀茂両社に発遣する。《八槐記》
11・19 天皇、幕府の援助により、**大嘗会**を**再興**する（五十一年ぶり）。これ以降は継続。このときの記録が荷田在満「大嘗会儀式具釈」、高橋宗直「大嘗会神饌調度図」）。《徳川実紀十一月二十六日条》
□6・18 二条宗熙《にじょうむねひろ》（右大臣。父は関白二条吉忠。21）、9・30 武者小路実陰《むしゃのこうじさねかげ》（権大納言。准大臣。歌人。霊元天皇より古今伝授を受ける。78）

■元文四年（一七三九）己未

桜町天皇　20歳

1・5 関白左大臣一条兼香、病により一上を右大臣一条道香に譲る。《公卿補任》
2・3 内大臣花山院常雅、辞任。権大納言九条稙基《たねもと》を内大臣とする。《公卿補任》
3・12 天皇、御箏始を行なう（侍従四辻実胤、これを授ける）。《通兄公記》
3・13 天皇、南殿にて桜花を賞し、三十首詩歌当座御会を行なう。《通兄公記》
5・19 右大臣一条道香に内覧宣下あり。《八槐記》
6・8 ロシア船出没のため、幕府、沿海諸侯・代官に、上陸の場合は逮捕・上告を命じる。《徳川実紀》
9・11 伊勢例幣使を発遣する。《八槐記》
11月 荷田在満「大嘗会便蒙」刊。
12・18 天皇、烏丸光栄《みつひで》より「古今灌頂」を受ける。《兼香公記》
12・21 知恩院尊胤法親王（霊元天皇皇子。母は松室仲子）没（年25）。《八槐記》
12・24 天皇、内侍所臨時御神楽で和琴を奏する。《通兄公記》
□12・3 中院通躬《なかのいんみちみ》（右大臣。父は内大臣中

＊**大嘗会再興** 東山天皇以来五十一年ぶり。本格的なものとしては約二百七十年ぶり。以後、即位時大嘗会は定例となり、京都市中にはお触れが出て、鐘の音や四条河原の芝居興行も止められ、また仏事は「穏便」を旨とされた。徳川吉宗は古儀の復興に熱心で、大嘗会のほか、流鏑馬（射挟物《しゃはさみもの》）・弓場《ゆば》始《はじめ》・曲水の宴・古代舞楽などを復活させている。

院通茂。72）

■元文五年（一七四〇）庚申

桜町天皇　21歳

1・3　朝廷で、年始の吉書奏が再興される。《八槐記》

2・1　山城国等地震。《常雅公記》

3・10　伊勢公卿勅使を再興し、この日、発遣する。《八槐記》

4・25　京都地震（六月二十七日にも）。《実雅公記》

5・12　有栖川宮職仁親王、「和歌天仁遠波」を烏丸光栄より受ける。《兼香公記》

5・15　天皇、蹴鞠を飛鳥井雅香に習う。《八槐記》

5・16　天皇、御楽で笛・箏を奏する。《八槐記》

5・27　女御二条舎子を准三宮とする。《公卿補任》

5・29　皇子修《こと》宮（尊英入道親王）、青蓮院尊祐法親王の附弟となる内約の儀を挙げる。《華頂要略》

6・3　実相院宮義周法親王（伏見宮邦永親王王子。東山天皇猶子）没（年28）。《諸門跡譜》

6・28　皇妹籌《かず》宮（中御門天皇皇女）・第一皇女美喜宮を内親王とする。皇妹に恒子（のち成子《ふさこ》）、皇女に盛子《もりこ》の名を賜う。《八槐記》

8・3　桜町天皇皇女（以茶《いさ》宮。智子《さとこ》内親王。後桜町天皇）、誕生する（母は関白二条吉忠女舎子《いえこ》）。《八槐記》

9・10　幕府、無断発行の荷田在満「大嘗会便蒙」の絶版・回収を命じ、閉門に処する（禁中の秘儀を洩らしたとして公家からの抗議による）。《憲教類典》

9・11　伊勢例幣使を発遣する。《公卿補任》

11・24　天皇、御所での新嘗祭を再興する（二百八十年ぶり。前年までは吉田神社の吉田家が代行。こののち安永七年〈一七七八〉から中絶、天明六年〈一七八六〉再度再興）。《八槐記》

12・9　内侍所臨時御神楽あり、天皇、御拝のあと和琴を奏する。《八槐記》

12・15　有栖川宮職仁親王王子緋宮（中御門天皇養子）を親王とし、名を有頼と賜う。《公卿補任》

■寛保元年（一七四一）辛酉

桜町天皇　22歳

1月　幕府、朝廷礼典関係書の新規出版を禁じる。《徳川実紀》吉見幸和「伊勢両宮弁」成る。

2・18　天皇、内侍所に渡御。夜の御楽で箏を奏する。《通兄公記》

◉桜町天皇御製②

「思ふにはまかせぬ世にもいかでかはなべての民の心やすめむ」

「身の上はなにか思はむ朝な朝な国やすかれといのるこころに」

「天てらす神ぞしるらむ末ながき代代のひつぎを祈るこころは」（以上「桜町院御集」より）

2・27 辛酉年により寛保と改元する。《八槐記》
2・29 桜町天皇第一皇子（八穂宮。遐仁《とおひと》親王。桃園天皇）、誕生する（母は姉小路実武女権典侍定子）。《八槐記》
3・4 職仁親王王子節宮（種徳《たねのり》親王。増賞《ぞうしょう》入道親王。桜町天皇猶子）、実相院を嗣ぐ。《兼香公記》
5・15 梶井宮有頼親王、円融坊に入室、得度する（法名叡仁）。《兼香公記》
5・27 天皇、楽御会始に箏を奏する。《八槐記》
7・7 将軍徳川吉宗を右大臣とする（八月七日任命の宣旨）。《八槐記》
9・11 伊勢例幣使を発遣する。《八槐記》
11・18 神嘗祭を再興する。《公卿補任》
12・5 天皇、内侍所御神楽に渡御、和琴を奏する。《八槐記》

■寛保二年（一七四二）壬戌
桜町天皇 23歳
1・1 四方拝あり。天皇、節会に出御せず。小朝拝中止。《公卿補任》
3・5 観花御宴あり。《常雅公記》
3・12 京極宮（桂宮）家仁親王王子（公仁親王）、有栖川宮職仁親王王子（音仁《おとひと》親王）、閑院宮直仁親王王子（典仁《すけひと》親王）をそれぞれ天皇猶子とする。《御湯殿上日記》
3・14 伏見宮貞建親王王子（邦忠親王）を天皇猶子とする。《御湯殿上日記》
5・25 京畿洪水。《続史愚抄》
6・28 柬埔寨国（カンボジア）、書を長崎奉行に寄せ、象牙等を贈る。《長崎志》
7・27 近畿に大風雨（八月一日まで）。鴨川氾濫し、三条大橋が流失。《続史愚抄》
8・9 天皇、病む。《通兄公記》
8・28 天皇、楽御会始に箏を奏する。《八槐記》
9・11 伊勢例幣使を発遣する。《八槐記》
9・13 二十首当座和歌御会あり、天皇、夜の御遊で箏を奏する。《通兄公記》
この年 「紫宸殿御条目」に、「禁裏・仙洞たりとも御政正しからざれば則《すなわ》ち厳しく諫言奉るべき事」と記す。《徳川禁令考》荷田在満「国歌八論」（歌論書）成る。

■寛保三年（一七四三）癸亥
桜町天皇 24歳
1・1 四方拝・小朝拝あり。天皇、節会に出御せず。《公卿補任》
2・21 内大臣九条稙基、辞任（この日没）。《公卿補任》
3・12 観花御宴あり。《常雅公記》
3・24 天皇、楽御会始で箏を奏する。《八

＊寛保《かんぽう》 文章博士菅原長香《ながか》の勘申による。出典は「国語」周語「寛所以保本也、注曰、本位也、寛則得衆」。
＊延享《えんきょう》 文章博士菅原長香の勘申による。出典は「芸文類聚」一の「聖主寿延、享祚元吉」。

槐記》

5・10　京都地震（十一月二十五日にも）。《続史愚抄》

5・12　権大納言鷹司基輝《もとてる》を内大臣とする（十三日辞任、十五日没）。《通兄公記》

6・29　権大納言近衛内前《うちさき》を内大臣とする。《八槐記》

9・4　有栖川宮職仁親王王子遠久《おく》（億）宮（桜町天皇猶子）を親王とし、名を音仁と賜う。また、閑院宮直仁親王王子寿宮《ひさ》を親王とし、名を典仁《すけひと》と賜う。《八槐記》

9・11　伊勢例幣使を発遣する。《八槐記》

9月　幕府、伊勢神宮領内で磔・大罪・獄門等で死骸をさらすことを禁じる。《張紙帳》

10・5　閑院宮直仁親王王子（のち鷹司輔平）を天皇猶子とする。《通兄公記》

10・25　伏見宮貞建親王王子阿古宮（桜町天皇猶子）を親王とし、名を邦忠と賜う（貞建親王の後を嗣ぐ）。《八槐記》

11・19　南殿の橘が枯れたため、内大臣近衛内前に改栽させる。《通兄公記》

12・1　皇弟政宮《まさ》（中御門天皇皇子）を親王とし、名を寛全と賜う（のち遵仁《じゅんにん》入道親王）。《公卿補任》

12・2　閑院宮直仁親王王子俊宮（中御門天皇養子）を親王とし、名を寛義と賜う（のち公啓入道親王）。《公卿補任》

□2・22九条稙基《くじょうたねもと》（内大臣。父は内大臣九条幸教。19）、5・15鷹司基輝《たかつかさもとてる》（内大臣。父は関白一条兼香。鷹司房熙養子。17）

■延享元年（一七四四）甲子

桜町天皇　25歳

1・1　四方拝・小朝拝あり。天皇、節会に出御せず。《公卿補任》

2・17　これより先、天皇、「百人一首」講釈を行なう。この日終了。《御湯殿上日記》

2・21　甲子年により**延享**と改元する。《八槐記》

2・23　天皇、前権大納言烏丸光栄より「和歌三部抄」秘訣伝授を受ける。《御湯殿上日記》

3・10　天皇、権大納言二条宗基より即位灌頂伝授を受ける。《御湯殿上日記》

3・22　天皇、前権大納言烏丸光栄より「伊勢物語」伝授を受ける。《八槐記》

3・29　天皇、内大臣近衛内前より即位灌頂伝授を受ける。《御湯殿上日記》

4・18　天皇、前権大納言烏丸光栄より「古今和歌集」進講を受ける（五月二日終了）。《御湯殿上日記》

5・7　天皇、権大納言烏丸光栄より「古今伝授」を受ける（十八日竟宴和歌会）。《八

槐記》
5・22 七社奉幣使を発遣する（五百余年ぶりに再興）。《公卿補任》
7・7 七夕節・和歌御会あり。天皇、夜の御遊で箏を奏する。《八槐記》
7・23 京畿洪水。《続史愚抄》
7月 京都疫病流行。《続史愚抄》
8・29 検非違使を再興する。《公卿補任》
9・7 天皇、神祇権大副吉田兼雄《かねお》より「神道秘旨」伝授を受ける。《続史愚抄》
9・11 伊勢例幣使を発遣する。《八槐記》
9・25 **上七社**・宇佐・香椎宮奉幣使を再興する（四百二十三年ぶり）。《八槐記》
9・26 典仁《すけひと》親王、元服する。《八槐記》
12・7 曼殊院寛義親王、入室、得度する（良啓入道親王。宝暦元年（一七五一）改名して公啓入道親王）。《公卿補任ほか》

■延享二年（一七四五）乙丑

桜町天皇 26歳
1・1 四方拝あるも、天皇、節会に御せず。小朝拝なし。《公卿補任》
1・30 京都地震（五月二十二日にも）。《玉明記》
2・1 桂宮（京極宮）家仁親王王子胡佐《こさ》宮を親王とし、公仁《きんひと》の名を賜う（家仁親王の後を嗣ぐ）。《公卿補任》
2・13 左大臣一条兼香、辞任。《公卿補任》
2・29 前右大臣西園寺致季を左大臣とする。また、関白一条兼香に一座の宣旨あり。《公卿補任ほか》
3・13 禁裏にて観花御宴あり。《玉明記》
3・18 天皇、「古今伝授」後の「一事伝授」を前権大納言烏丸光栄より受ける。《御湯殿上日記》
3・21 天皇、桂宮（京極宮）家仁親王より「能書方伝授」を受ける。《御湯殿上日記》
3・22 左大臣西園寺致季、辞任。《公卿補任》
3・23 右大臣一条道香を左大臣、前内大臣醍醐冬熙を右大臣とする。《公卿補任》
4・15 天皇、神祇権大副吉田兼雄に神書を講じさせる。《玉明記》
5・7 天皇、烏丸光胤より「和歌天爾遠波」伝授を受ける。《御湯殿上日記》
5・9 右大臣醍醐冬熙、辞任。《公卿補任》
5・16 前内大臣久我惟通を右大臣とする。《公卿補任》
5・22 妙法院堯恭法親王、天台座主を辞任。《玉明記》
5・26 輪王寺宮公遵法親王を天台座主とする。《八槐記》
8・16 天皇、伏見宮貞建親王王子（修宮。尊英親王）を養子とする。《御系譜》

*上七社《かみしちしゃ》 伊勢神宮・石清水八幡宮・賀茂社・松尾社・平野社・稲荷社・春日社の七社をいう。

9・1　将軍徳川吉宗、隠居。家重が相続する。《徳川実紀》
9・11　伊勢例幣使を発遣する。《八槐記》
9・16　公遵法親王、天台座主を辞任。《八槐記》
9・24　青蓮院宮尊祐法親王を天台座主とする（四度目）。《八槐記》
10・5　准三宮二条舎子、八穂宮（遐仁親王。桃園天皇）・伏見宮貞建親王王子（尊英親王）を養子とする。《御湯殿上日記》
10・7　徳川家重を征夷大将軍・内大臣とする（十一月二日宣下。江戸幕府第九代将軍）。《八槐記》
12・1　天皇、有栖川宮職仁親王王子（増《ぞう》賞《しょう》親王）を猶子とする。また、伏見宮貞建親王王子（邦頼親王）を猶子とし、勧修寺宮尊孝親王附弟となるを許す。《御湯殿上日記》
12・8　八穂《やほ》宮、名を茶地《さち》宮と改める（のち桃園天皇）。《玉明記》
12・16　伏見宮貞建親王王子堯宮・有栖川宮職仁親王王子節宮をそれぞれ天皇猶子とする。《御系譜》
⑫・16　右大臣久我惟通、辞任。《公卿補任》
⑫・24　内大臣近衛内前を右大臣、権大納言二条宗基を内大臣とする。《八槐記》

■延享三年（一七四六）丙寅

桜町天皇　27歳

1・21　桜町天皇皇子茶地宮（桃園天皇）を儲君とする。《八槐記》
2・9　京都地震（十七日、十月二十九日にも）。《玉明記》
2・28　関白前左大臣一条兼香を太政大臣とする（一座の宣旨も賜う）。《八槐記》
3・16　儲君茶地宮を親王とし、名を遐仁《とおひと》と賜う。《八槐記》
3・23　霊元天皇皇女栄子内親王（母は中宮鷹司房子）没（年74）。《玉明記》
5・8　有栖川宮職仁親王王子種徳《たねのり》を親王とし、名を増賞と賜う。また、伏見宮貞建親王王子徳明を親王とし、名を邦頼と賜う。《八槐記》
5・16　有栖川宮増賞親王、実相院に入室する。《玉明記》
5・18　伏見宮邦頼親王、勧修寺に入室する。《華頂要略》
6・23　天皇、楽御会始にて箏を奏する。《八槐記》
6・25　皇女盛子内親王（母は二条舎子）没（年10。般舟三昧院に葬られる）。《玉明記》
6・26　この頃、天皇、病む。《八槐記》
8・4　皇女以茶宮を緋《あけ》宮と改称する。《八

◉桜町天皇御製③

「大空にみちててらせぬ日の本のこの国とてやむべもくもらぬ」
（「坊中御会和歌」）
「あまてらす神のさづけしかがみこそむべわが国の光なりけれ」
（「御百首和歌」）
「まつりごと正しき道に治めおきて代代に乱れぬのりを残さむ」
（「御著到和歌」）

槐記》
9・11 伊勢例幣使を発遣する。《八槐記》
9・24 一乗院尊賞法親王（霊元天皇皇子。母は今城定淳女）没（「八槐記」では十月十日没。年48）。《桂宮日記》
10・27 伏見宮貞建親王王子喜久宮を桜町天皇養子とする。《御系譜》
11・21 天皇、この頃、病む。《通兄公記》
12・12 左大臣一条道香を氏長者とする。《通兄公記》
12・15 関白一条兼香、辞任。左大臣一条道香を関白とする。《八槐記》
□8・28 富永仲基《とみながなかもと》（思想家。「出定《しゅつじょう》後語《ごご》」「翁《おきな》の文《ふみ》」著者。32）

■延享四年（一七四七）丁卯
桜町天皇 28歳
桃園天皇 7歳
1・5 右大臣近衛内前を一上とする。《公卿補任》
1・23 幕府、天文方渋川則休《のりよし》・西川正休《まさやす》に貞享暦補正を命じる。《徳川実紀》
2・3 京都地震（四月二十四日、十二月二十七日にも）。《玉明記》
2・26 観桜御宴あり。《通兄公記》
2・27 中御門天皇皇子寛全親王、仁和寺に入り得度する（遵仁法親王）。《八槐記》
2・28 下御所を桜町殿と称する。《通兄公記》
3・12 桜花の宴を行なう。和歌御会あり。《八槐記》
3・15 儲君遐仁親王、元服する（天皇出御）。《八槐記》
3・16 遐仁親王を皇太子とする。天皇、御簾を垂れて南殿に出御。《八槐記》
4・8 幕府、譲位後の院御料として七千石献進を奉ると言上する。《御湯殿上日記》
5・1 仁和寺宮遵仁法親王（中御門天皇皇子。母は菅原〈五条〉寛子）没（年12。法金剛院に葬られる）。《八槐記》

第百十六代 桃《もも》園《ぞの》天皇

5・2 桜町天皇譲位（桜町殿に移る）。皇太子遐仁《とおひと》親王、土御門内裏にて受禅（**桃園天皇**）。関白一条道香を摂政とする。《八槐記》
5・7 先帝に太上天皇尊号を奉る。《八槐記》
5・9 上皇、土御門殿に行幸する。《八槐記》
5・27 准后二条舎子《いえこ》を皇太后とする（桜町上皇、内裏に御幸し、ひそかに皇太后冊立の儀を見物）。《八槐記》
7・1 桜町上皇御所・中宮御殿が造営される。《徳川実紀》
8・22 即位由奉幣使を発遣する。《八槐記》
9・11 伊勢例幣使を発遣する。《八槐記》

＊**桃園天皇**《ももぞのてんのう》（一七四一～六二） 名は遐仁《とおひと》、幼称は初め八穂宮《やほのみや》、のち茶地宮《さちのみや》。桜町天皇第一皇子。母は権大納言姉小路《あねがこうじ》実武女定子（開明門院）。延享二年（一七四五）女御二条舎子《いえこ》（青綺門院）の養子となり、同三年儲君に治定、親王宣下、同四年元服、立太子、同年践祚、即位。宝暦十二年（一七六二）崩御。陵は月輪陵。女御に一条富子（恭礼門院）。所生の子に後桃園天皇・貞行《さだもち》親王。追号は、大内裏「桃花坊」から来たものか。御製に「のどかなるわが九重の桜花さかり久しく見るぞうれしき」など。

＊**寛延**《かんえん》 式部大輔菅原為範《ためのり》の勘申による。出典は、「文選」の「開寛裕之路、以延天下之英俊也」。

9・21　桃園天皇、紫宸殿にて即位礼を挙げる。《八槐記》
10・5　青蓮院宮尊祐法親王（伏見宮邦永親王王子）、天台座主を辞任。この日、没（年51）。《続史愚抄》
10・23　堯恭法親王を再度天台座主とする。《公卿補任》
12・15　有栖川宮職仁親王王子萱宮（桜町天皇養子）を親王とし、名を敬典《ゆきのり》と賜う。《八槐記》

■寛延元年（一七四八）戊辰

桃園天皇　8歳
桜町上皇　29歳

1・1　天皇、幼少のため四方拝・節会等に出御なし。《玉明記》
1・21　上皇、桂宮家仁親王王子（尊峯入道親王）を養子とする。《通兄公記》
2・16　敬典親王、仁和寺に入寺、得度する（法名は覚仁）。《御系譜》
2・18　勧修寺宮尊孝入道親王（伏見宮邦永親王王子）没（年48）。《八槐記》
3・7　内大臣二条宗基、辞任。前権大納言烏丸光栄を内大臣とする（ついで九日辞任し、十四日没）。《八槐記》
3・9　前内大臣二条宗基を内大臣に還任する。《八槐記》
4・8　天皇、読書始を行なう（上皇、これに御幸）。《御湯殿上日記》
6・21　天皇、歌書の読書あり。上皇、百人一首を進講する。《御湯殿上日記》
6・29　勧修寺宮寛宝入道親王（邦頼親王）を東大寺別当とする。《玉明記》
7・12　桃園天皇即位（代始）により**寛延**と改元する。《八槐記》
7・28　伏見宮貞建親王王子修宮（桜町上皇養子）を親王とし、名を庶盛《もろちか》と賜う。《八槐記》
8・10　上皇、天皇の入木道習練のため御手本を進ずる。《八槐記》
8・17　庶盛親王、青蓮院に入室、得度し、法名を尊英とする。《玉明記》
9・11　伊勢例幣使を発遣する。《八槐記》
⑩・28　天皇、大嘗会のため禊を行なう（上皇、これに御幸）。《八槐記》
11・3　大嘗会由奉幣使を伊勢・石清水・賀茂両社に発遣する。《御湯殿上日記》
11・7　上皇、禁裏に御幸し、天皇に大嘗祭神饌作法を伝授する。《八槐記》
11・17　天皇、大嘗祭を行なう（上皇・皇太后、内裏に臨む）。《八槐記》
11・22　天皇、水痘を発症する（十二月二日平癒）。《八槐記》

12・5 勅して陰陽頭土御門泰連に天曹地府祭を私第に修させる。《続史愚抄》
12・12 左大臣一条道香、辞任。《公卿補任》
12・15 四条天皇陵を修理する。《続史愚抄》
12・27 前右大臣醍醐冬熙を左大臣とする。《八槐記》
□3・14烏丸光栄《からすまるみつひで》（内大臣。歌人。60）、9・29久我惟通《こがこれみち》（右大臣。父は内大臣久我通誠。62）

■寛延二年（一七四九）己巳

桃園天皇 9歳
桜町上皇 30歳

1・1 天皇、幼少のため四方拝・節会に出御せず。小朝拝なし。《玉明記》
1・13 恒子内親王、成子《ふさこ》と改名する。《御系譜》
2・8 左大臣醍醐冬熙の辞任により、右大臣近衛内前を左大臣とする。《公卿補任》
2・9 閑院宮典仁親王、中御門天皇皇女成子内親王を妃とする。《御系譜》
2・13 左大臣近衛内前、関東に下向する。《玉明記》
2・23 前内大臣花山院常雅を右大臣とする。《公卿補任》
4・1 妙法院尭恭法親王、天台座主を辞任。《妙法院在住親王伝》
4・4 公遵法親王を再び天台座主とする。《八槐記》
7・13 天台座主輪王寺宮公遵法親王を准三宮とする。《頼言卿記》
7・25 上皇、公遵法親王に「能書方伝授」を行なう。《八槐記》
8・1 公遵法親王、天台座主を辞任（「続史愚抄」では七月二十日）。《御湯殿上日記》
8・10 妙法院尭恭法親王を天台座主とする（三度目）。《公卿補任》
8・24 伊勢一社奉幣使を発遣する。《八槐記》
9・1 伊勢内宮の遷宮が行なわれる（上皇、庭中で遥拝）。《御湯殿上日記》
9・4 伊勢外宮の遷宮が行なわれる。（上皇、遥拝）。《御湯殿上日記》
9・11 伊勢例幣使を発遣する。《八槐記》
10・7 上皇、権中納言中院通枝《みちえだ》に「和歌天爾遠波」口伝を伝授する。《通兄公記》
10・17 京都地震。《玉明記》
11・9 右大臣花山院常雅、辞任。《公卿補任》
11・15 内大臣二条宗基を右大臣、権大納言大炊御門《おおいのみかど》経秀《つねひで》を内大臣とする。《八槐記》
12・19 内大臣大炊御門経秀、辞任。《公卿補任》
12・24 権大納言三条実顕《さねあき》を内大臣とする。《公卿補任》

＊月輪陵 六七五ページ注参照。

■**寛延三年（一七五〇）庚午**
桃園天皇　10歳
桜町上皇　31歳
1・1　四方拝・節会あるも、天皇、幼少のため出御せず。小朝拝は中止。《玉明記》
3・28　皇姉緋《あけ》宮（後桜町天皇）を内親王とし、名を智子《としこ》と賜う。《八槐記》
4・23　桜町上皇、桜町殿にて脚気衝心により崩御（五月十八日、泉涌寺に葬られる。陵は**月輪陵**）。《八槐記》
4・29　先帝に桜町院と追号する。《八槐記》
5・7　幕府、桜町上皇崩御により、十万石以上大名の香資銀献上について令する。《徳川実紀》
6・22　伊勢神宮以下七社七寺に国家安全を祈る。《兼香公記》
6・26　桜町上皇女御・皇太后二条舎子、青綺門院と号する（この日、落飾）。《八槐記》
7・30　京都地震（八月一日、十月三十日、十一月十日にも）。《玉明記》
8・5　内大臣三条実顕、辞任。《公卿補任》
8・10　権大納言久我《こが》通兄《みちえ》を内大臣とする。《八槐記》宸筆般若心経一巻を泉涌寺に納める。《兼胤公記》
8・11　常御殿修理のため、天皇、小御所に移る（十余日）。《内前公記》
8・19　太政大臣一条兼香女佐保姫を女御となす内旨を賜う。《玉明記》
8・26　京都二条城天守に落雷、焼失（以後、天守、再建されず）。《徳川実紀》
9・11　伊勢例幣使を発遣する。《八槐記》
10・21　幕府、勅を奉じ、青綺門院の供御料一千石を増進する。《玉明記》
10・26　輪王寺宮公遵法親王、曼殊院宮良啓（公啓）親王を法嗣とする。《兼胤公記》
11・19　輪王寺宮良啓法親王、毘沙門堂に移る。《玉明記》
12・2　妙法院堯恭入道親王を天皇の入木道師範とする。《八槐記》
12・20　内大臣久我通兄、辞任。《公卿補任》
12・21　権大納言九条尚実《なおざね》を内大臣とする。《公卿補任》
□9・12　多田《ただ》義俊《よしとし》（神道家・故実家。53）

■**宝暦元年（一七五一）辛未**
桃園天皇　11歳
1・1　天皇、四方拝に出御せず。諒闇により節会中止。《玉明記》
1・20　幕府、朝命により、内侍所費用の不足を補うため百二十九石余を献じる。《兼胤卿記》
1・28　輪王寺宮良啓法親王の請により、仮に曼殊院を掌らせる（ついで公啓と改名）。

《兼胤卿記》
2・29 京都大地震（四月、五月、その後もしばしば）。《八槐記》
5・16 輪王寺宮公啓法親王、江戸に赴く。《玉明記》
5・18 天皇、神祇伯白川雅富王より御拝伝授を受ける。《八槐記》
5・19 天皇、石灰壇にて御拝始を行なう。《八槐記》
6・8 天皇、読書始を行なう。《玉明記》
6・20 将軍徳川吉宗没。《徳川実紀》
⑥・10 故徳川吉宗に正一位太政大臣を追贈する。《公卿補任》
⑥・11 贈経勅使前内大臣三条実顕ら、江戸に赴く。《兼胤卿記》
7・5 このころ地震多し、この日、京都大地震。《玉明記》
7・29 太政大臣一条兼香、辞任。即日、准三宮とする（八月二日没）。《八槐記》
9・11 伊勢例幣使を発遣する。《八槐記》
10・27 桜町上皇崩御・徳川吉宗死去などの変異により宝暦と改元する。《八槐記》
11・27 故一条兼香女富子を女御とする。《兼胤公記》
12月 谷川士清《ことすが》、「日本書紀通証」を脱稿し、伊勢神宮・厳島神社に奉納する（刊行は宝暦十二年）。
□6・20 徳川吉宗《とくがわよしむね》（江戸幕府第八代将軍。68）、8・2 一条兼香《いちじょうかねよし》（「かねか」とも。関白。太政大臣。准三宮。父は鷹司房輔。養父は関白・摂政一条兼輝〈冬経〉。60）、8・4 荷田在満《かだのありまろ》（国学者。桜町天皇大嘗会に「大嘗会儀式具釈」を撰進。「大嘗会便蒙」を公刊して閉門。46）

■宝暦二年（一七五二）壬申

桃園天皇 12歳
1・1 四方拝あり。天皇、節会に出御せず。《公卿補任》
7・20 青蓮院宮尊英法親王（貞建親王王子）没（年16）。《八槐記》
8・13 京都町奉行、堂上方・武家方の芝居の無銭見物を禁じる。《小久保家文書》
8・23 日光門跡公遵法親王が退隠、公啓法親王を日光門跡とする。《徳川実紀》
9・11 伊勢例幣使を発遣する（天皇、初めて出御）。《公卿補任》
12・13 伏見宮貞建親王王子喜久宮（桜町天皇養子）を親王とし、名を成輔と賜う。《公卿補任》
□11・15 大炊御門経秀《おおいのみかどつねひで》（内大臣。父は権大納言大炊御門経音。42）

■宝暦三年（一七五三）癸酉

＊宝暦《ほうりゃく》 「ほうれき」とも。式部大輔菅原為範《ためのり》の勘文に「貞観政要（巻五、公平）云、及恭承宝暦、寅奉帝図、垂拱無為、氛埃靖息」とある。

＊直仁親王《なおひとしんのう》（一七〇四～五三） 東山天皇第六皇子。母は内大臣櫛笥隆賀女新崇賢門院賀子。中御門天皇同母弟。幕府の奏請により親王家を創立し、享保三年（一七一八）閑院宮を賜わり、閑院宮家の祖となり、同年親王宣下。廬山寺に葬られる。

桃園天皇　13歳

1・1　四方拝・小朝拝あり。天皇、四方拝・節会に出御せず。《兼胤公記》

1・9　京都地震。《八槐記》

2・19　成輔親王、青蓮院にて出家する（尊真入道親王）。《公卿補任》

5・6　桂宮家仁親王王子富貴宮を将軍徳川家重猶子とする。《御系譜》

6・3　閑院宮**直仁親王**（東山天皇皇子）没。《御系譜》

7・22　梶井宮叡仁法親王（有栖川宮職仁親王王子）没（年24。「続史愚抄」では23）。《八槐記》

8・3　将軍徳川家重、桜町上皇の遺勅により、朝廷に「日本紀略」「弘仁格式」「延喜儀式」などの書籍を献じる。《兼胤卿記》

9・11　伊勢例幣使を発遣する。《公卿補任》

11・1　妙法院堯恭法親王、有栖川宮職仁親王より入木道伝授を受ける。《御湯殿上日記》

11・11　徳川家治、故閑院宮直仁親王女倫子女王（五十宮）と婚約する。《徳川実紀》

■宝暦四年（一七五四）甲戌

桃園天皇　14歳

1・1　四方拝。御座を設けるも、天皇、出御せず。《公卿補任》

1・18　右大臣二条宗基、辞任（この日、没）。《公卿補任》

2・19　前内大臣三条実顕を右大臣とする。《御湯殿上日記》

4・3　天皇、病む。《御湯殿上日記》

5・13　右大臣三条実顕、辞任。《公卿補任》

5・14　前内大臣久我通兄を右大臣とする。《公卿補任》

5・27　桂宮家仁親王王子富貴宮（桜町天皇養子）を親王とし、名を和義と賜う。《兼胤卿記》

7・22　伏見宮貞建親王没（年55）。《八槐記》

8・25　和義親王、知恩院に入室、得度する（尊峯入道親王）。《八槐記》

9・11　伊勢例幣使を発遣する。《八槐記》

9・21　仁和寺宮覚仁法親王（有栖川宮職仁親王王子）没（年23）。《兼胤卿記》

11・12　貞享暦を廃し、宝暦暦採用を決定する（翌年施行）。《徳川実紀》

11月　神祇伯雅富王の命により、谷口祐之、伯王家の記録文書集成「伯家部類」を編纂・刊行する。

12・1　閑院宮直仁親王王女倫子女王、徳川家治に嫁す。《宝暦録》

□1・18　二条宗基《にじょうむねもと》（右大臣。父は内大臣九条幸教。養父は右大臣二条宗熙。28）

■宝暦五年（一七五五）乙亥

桃園天皇　15歳

1・29 右大臣久我通兄の辞任により、内大臣九条尚実を右大臣、権大納言醍醐兼潔《かねきよ》（経胤《つねたね》）を内大臣とする。《公卿補任》

2・19 摂政一条道香を再度関白とする。《八槐記》

3・12 天皇、南庭の桜花を覧る（十三日には観桜御宴）。《非蔵人番所日記残欠》

7・28 伏原宣条《ふしはらのぶえだ》、天皇に「古文孝経」を進講する。《八槐記》

8・24 天皇、小御所における楽御会始にて箏を奏する。《御湯殿上日記》

9・6 有栖川宮職仁親王王子音仁親王没（年27）。《兼胤卿記》

9・11 伊勢例幣使を発遣する。《公卿補任》

9・17 本殿修復終わり、内侍所を本殿に遷座する。《御湯殿上日記》

11・18 内大臣醍醐兼潔（経胤）、辞任。《公卿補任》

11・19 権大納言西園寺公晃《きんあき》を内大臣とする。《八槐記》

11・26 関白太政大臣一条兼香女富子、入内する（翌日、女御宣下）。《八槐記》

この年 荒廃の上御霊社、内侍所の建物を賜わり、社殿とする（現存）。

■宝暦六年（一七五六）丙子

桃園天皇　16歳

1・1 四方拝あるも、天皇、節会に出御せず。《兼胤卿記》

3・29 東山天皇皇女秋子内親王（伏見宮貞建親王妃。母は中宮幸子女王）没（年57）。《八槐記》

4・27 関白一条道香、幕府をはばかり、廷臣の武技鍛錬を止めさせる。《兼胤卿記》

5・8 内大臣西園寺公晃、辞任。《公卿補任》

5・10 権大納言鷹司輔平《すけひら》を内大臣とする。《公卿補任》

9・11 伊勢例幣使を発遣する。《頼言卿記》

9・16 有栖川宮職仁親王、天皇に「和歌天仁遠波」伝授を行なう。《八槐記》

この年 智子内親王（後桜町天皇）、「後桜町天皇宸記」を記す（〜安永九年〈一七八〇〉）。

□2・25久我《こが》敏通《としみち》（権大納言。徳大寺公城・烏丸光胤などとともに朝権回復を志す。22）、7・4西園寺《さいおんじ》致季《むねすえ》（左大臣。父は中納言西園寺実輔。74）、10・9醍醐《だいご》冬熙《ふゆひろ》（左大臣。父は権大納言醍醐冬基。78）

■宝暦七年（一七五七）丁丑

桃園天皇　17歳

1・23 京都所司代、竹内式部の神書講読に公家の入門者なしと、関白一条道香に報じる。《兼胤卿記》

＊**吉子《よしこ》内親王《ないしんのう》**（一七一四〜五八）　霊元天皇第十二皇女。母は非蔵人松室重敦女敦子。幼称八十《やそ》宮。将軍徳川家継と婚約したものの家継早世のため結婚には至らなかった。享保十一年（一七二六）内親王宣下、同十七年落飾。京都知恩院に葬られる。

＊**雲上明鑑《うんじょうめいかん》**　公家の名鑑の代表的なもの。速水房常編。上巻は皇室・親王家・諸門跡等、下巻は摂家以下堂上諸家等を収める。

2・7　天皇、楽御会始に箏を奏する。《御湯殿上日記》
3・16　関白一条道香、辞任。左大臣近衛内前を関白・氏長者・内覧とする。《八槐記》
3・21　右大臣九条尚実に一上を賜う。《稙房卿記》
6・4　徳大寺公城《きんむら》など桃園天皇近臣による「日本書紀」講読が始まる。《内前公記》
6・16　関白近衛内前、神道御進講を中止せんことを奏する。《近衛家記録》
8・13　青綺門院の反対により、宮中神書講読が中止となる。《内前公記》
8・30　神祇権大副吉田兼雄、神祇伯白川雅富王が諸国社家を白川家に属せしめようとするとして、伝奏に訴える。《兼胤卿記》
9・11　伊勢例幣使を発遣する。《八槐記》
11・12　権大納言徳大寺公城、内命を奉じて「日本書紀神代巻」等を書写し、ひそかに献上する。《徳大寺公城手記》
11・19　天皇、妙法院堯恭法親王より「能書方伝授」を受ける。《八槐記》
12・14　天皇、内侍所臨時御神楽にて和琴を奏する。《御湯殿上日記》

■宝暦八年（一七五八）戊寅

桃園天皇　18歳
2・19　京都地震。《二条家番所日次記》
3・24　天皇、楽御会始にて箏を奏する。《後桜町天皇宸記》
3・25　天皇、少納言西洞院時名に「日本書紀神代巻」を進講させる。関白近衛内前、これを陪聴する。《近衛家記録》
5・29　京都大雨、鴨川洪水。《定晴卿記》
6・6　関白近衛内前、再び青綺門院の令旨を請い、神書講筵の停止を諫奏する。《近衛家記録》
6・13　天皇、関白近衛内前を召し、神道進講停止の理由を尋ねる宸筆御内書を賜う。《近衛家記録》
7・2　桃園天皇第一皇子（英仁《ひでひと》。後桃園天皇）、誕生する（母は関白一条兼香女富子）。《八槐記》
7・23　竹内式部、堂上方への神書講読により、幕府に捕らえられる（追放刑。翌日、正親町三条公積《きんつむ》・徳大寺公城・烏丸光胤・坊城俊逸・西洞院時名ら、官を罷免、永蟄居。天皇、叡慮をまげ、決定に従う。宝暦事件）。《内前公記》
9・11　伊勢例幣使を発遣する。《八槐記》
9・22　霊元天皇皇女吉子内親王没。《八槐記》
この年　速水房常「雲上明鑑」刊（〜慶応年間）。

■宝暦九年（一七五九）己卯

桃園天皇 19歳
1・18 皇子（英仁《ひでひと》。後桃園天皇）を儲君とする。《桃園天皇宸記》
2・14 天皇、楽御会始にて箏を奏する。《御湯殿上日記》
2月 山県大弐《だいに》、「柳子新論」を著す。《跋文》
3・21 女御一条富子を准三宮とする。《八槐記》
3・22 観花御宴あり。《兼胤卿記》
5・7 幕府、竹内式部を伊勢国へ追放する。《内前公記》
5・15 儲君を親王とし、名を英仁《ひでひと》と賜う。《桃園天皇宸記》
6・2 伏見宮邦忠親王没（年29）。《八槐記》
8・30 幕府、朝廷の依頼により諸国神社沿革等を調査する。《徳川実紀》
9・11 伊勢例幣使を発遣する。《頼言卿記》
9・28 桂宮家仁親王王子良宮・有栖川宮職仁親王王子百宮を桃園天皇養子とする。《八槐記》
11・26 関白・左大臣近衛内前、左大臣を辞任。右大臣九条尚実を左大臣、内大臣鷹司輔平を右大臣、権大納言九条道前《みちさき》を内大臣とする。《御湯殿上日記》
12・11 有栖川宮職仁親王王子百宮（桃園天皇養子）・桂宮家仁親王王子良宮（桃園天皇養子）をそれぞれ親王とし、名を成美《なりはる》・維基《これもと》と賜う。《八槐記》
12・19 天皇、「和歌三部抄」「伊勢物語」等の秘訣を有栖川宮職仁親王より受ける。《兼胤卿記》

■宝暦十年（一七六〇）庚辰

桃園天皇 20歳
1・11 将軍徳川家重を右大臣とする（二月四日宣下）。《八槐記》
2・14 典仁親王王子（方宮《みて》。公璋入道親王）、誕生する（母は女房りて）。《御系譜》
2・19 有栖川宮職仁親王、天皇に「古今伝授」を行なう。《御湯殿上日記》
2・23 第二皇子（二宮。貞行親王）、誕生する（母は女御一条富子）。《八槐記》
2・27 天皇、南庭の桜花を覧る。御座を花陰に設け詩歌御会を行なう。《公宴御会》
3・16 成美親王、梶井宮に入寺、得度する（常仁法親王）。《御湯殿上日記》
3・21 天皇、「古今集秘訣」を有栖川宮職仁親王より受け、この日、竟宴和歌会あり。《兼胤卿記》
3・25 有栖川宮職仁親王に勅し、「三部抄秘訣」を柳原光綱に授けさせる。《続史愚抄》
3・29 京都地震。《定晴卿記》
4・29 幕府、宝暦事件連坐の正親町三条公《きん》

＊柳子新論《りゅうししんろん》 山県大弐著。朱子学的大義名分論から江戸幕府を尊王斥覇として批判し、勤王思想を強調した。

積《つむ》ら公卿七人に出家を命じる。《公卿補任》
5・9　天皇、楽御会始に箏を奏する。《御湯殿上日記》
5・20　讃岐金毘羅大権現を勅願所とし、日本一社の綸旨を賜う（以後明治初年まで春秋、禁中より御撫物《おなでもの》を下賜）。《八槐記》
6・18　二宮（貞行《さだもち》親王）を伏見宮邦忠親王後嗣とする。《八槐記》
6・21　天皇、林丘寺八《や》千宮《ちのみや》を猶子とする。《兼胤卿記》
7・2　徳川家治を征夷大将軍・内大臣に任じる。《御湯殿上日記》
8・28　天皇、閑院宮典仁親王王子俊宮（深仁親王）を養子とし、女御一条富子を准母とする。《御湯殿上日記》
9・11　伊勢例幣使を発遣する。《定晴卿記》
11・24　天皇、和歌灌頂後一事の伝授を受ける。有栖川宮職仁親王、病により、一封を調え、前権大納言飛鳥井雅香がこれを奏す。《御湯殿上日記》
11・26　宮殿の修造成り、天皇、これに遷る。《兼胤卿記》
12・5　維基親王、南都一乗院に入室、得度する（尊映法親王）。《公卿補任》
12・19　天皇、「和歌三部抄」「伊勢物語」の伝授を受ける。有栖川宮職仁親王、病により参内できず、前権大納言柳原光綱に託す。《御湯殿上日記》
この年　賀茂真淵「国意《こくい》考《こう》」ほぼ成る（文化三年〈一八〇六〉刊）。

■宝暦十一年（一七六一）辛巳

桃園天皇　21歳
1・1　四方拝あるも、小朝拝・節会中止。《公卿補任》
1・15　天皇、病む。《八槐記》
2・21　天皇、楽御会始に箏を奏する。《御湯殿上日記》
5・5　深仁親王、仁和寺相続にあたり、例により、京住の医師・絵師に位階を授けんことを請う（これを許す）。《兼胤卿記》
6・12　前将軍徳川家重没（六月二十七日、太政大臣正一位を追贈）。《頼言卿記》
9・11　伊勢例幣使を発遣する。《頼言卿記》
□4・26吉見《よしみ》幸和《ゆきかず》（「よしかず」とも。神道学者。正親町公通猶子。「五部書説弁」著者。89）、5・19久我《こが》通兄《みちえ》（右大臣。父は右大臣久我惟通。53）、6・12徳川《とくがわ》家重《いえしげ》（江戸幕府第九代将軍。51）

■宝暦十二年（一七六二）壬午

桃園天皇　22歳
後桜町天皇23歳
2・4　天皇、妙法院堯恭法親王より「入木

◉桃園天皇御製

「にぎはふと聞くぞうれしき小山田の四方にかずそふ民の家家」
（「御著到百首」）
「天が下なべての民のたのしみも我がよの春にわきてうれしき」（宝暦六年正月二十四日御会始）
「神代より世世にかはらで君と臣の道すなほなる国はわがくに」
（「公宴御会和歌」）

道伝授」を受ける。《御湯殿上日記》
2・23 奈良大火。興福寺堂房・東大寺戒壇院等が焼失。《井上町年代記》
4・18 京都地震。《定晴卿記》
5・18 妙法院堯恭法親王、天台座主を辞任。輪王寺宮公啓入道親王を天台座主とする。《公卿補任》
5・24 天台座主公啓法親王等を護持僧とする。《八槐記》
7・7 天皇、病む。《御湯殿上日記》
7・12 桃園天皇、脚気・衝心により崩御（儲君英仁《ひでひと》親王の成長まで智子《さとこ》内親王が即《つ》くべしと遺詔。幕府の返事がくるまで、その死が伏せられる。二十一日、その死を発表）。《八槐記》
7・20 智子内親王、桜町殿よりひそかに禁裏に移る。《柳原紀光日記》

第百十七代 後《ご》桜《さくら》町《まち》天皇

7・27 智子内親王、小御所にて践祚（**後桜町天皇**）。関白近衛内前を摂政とする。《兼胤公記》
7・28 先帝の追号を「桃園院」とする。《柳原紀光日記》
7・29 天皇の名智子の訓を「さとこ」から「としこ」に改める。《柳原紀光日記》
8・22 桃園天皇を泉涌寺に火葬する。《八槐記》
9・11 触穢・御中陰中により伊勢例幣を延引する（十一月二十六日追行）。《柳原紀光日記》
11・15 輪王寺公啓入道親王、天台座主を辞任。妙法院堯恭入道親王を天台座主とする（四度目）。《八槐記》
12・7 有栖川宮職仁親王王子寿手《すて》宮（織仁親王）を桃園天皇猶子とする（天皇在世中の請願による）。《御湯殿上日記》
この年 谷川士清《ことすが》「日本書紀通証」刊。

■宝暦十三年（一七六三）癸未

後桜町天皇24歳
1・1 諒闇により、四方拝あるも天皇の出御なし。小朝拝・節会中止。《公卿補任》
2・2 京都地震（二十三日にも）。《続史愚抄》
2・10 桃園天皇生母姉小路定子、薙髪して開明門院と号する。《八槐記》
9・1 麻田《あさだ》剛立《ごうりゅう》、この日の暦にない日食を予言し、宝暦暦の不備を指摘する。京都所司代阿部正右《まさすけ》、幕府に質す。《篤胤公記》
9・11 伊勢例幣使を発遣する。《後桜町天皇宸記》
10・4 桃園天皇第二皇子籌宮、伏見宮邦忠

***後桜町天皇**《ごさくらまちてんのう》（一七四〇～一八一三） 名は智子《としこ》（初め「さとこ」）。幼称は以茶宮《いさのみや》、のち緋宮《あけのみや》。桜町天皇第二皇女。母は関白二条吉忠《よしただ》女舎子《いえこ》（青綺門院。皇太后）。寛延三年（一七五〇）内親王宣下。宝暦十二年（一七六二）践祚、同十三年即位。明和七年（一七七〇）譲位、太上天皇尊号宣下。文化十年（一八一三）崩御。陵は月輪陵。皇子女なし。譲位後、後桃園・光格と幼少天皇が相次いで践祚したため、輔導の任に当たる。「後桜町天皇宸記」、「禁中年中の事」（宮中恒例の儀式を簡略に仮名書きで記す）、「古今伝授の御記」などを残す。御製には「諸人《もろびと》もひとつこころに祝ふ代のゆたけさ見えて春ぞ楽しき」（明和七年御会始）などがある。

***明和**《めいわ》 右大弁菅原在家の勘文に「尚書曰、九族既睦、平章百姓、百姓昭明、協和万邦」とある。江戸では六月十三日に公布。

親王の後を承け、親王とし、名を貞行《さだもち》と賜う。また、閑院宮典仁親王王子俊宮、仁和寺を継ぎ、親王とし、名を守典《もりつね》と賜う。《後桜町天皇宸記》
10・14　天皇、妙法院堯恭法親王を書道師範とする。《後桜町天皇宸記》
10・16　有栖川宮職仁親王王子（桃園天皇猶子）寿手宮を親王とし、名を織仁《おりひと》と賜う（職仁親王の後を嗣ぐ）。また、閑院宮典仁親王王子（桃園天皇猶子）致《たき》宮を親王とし、美仁《はるひと》の名を賜う（典仁親王の後を嗣ぐ）。《後桜町天皇宸記》
11・8　即位由奉幣使を発遣する。《公卿補任》
11・27　後桜町天皇、紫宸殿にて即位礼を挙げる。《後桜町天皇宸記》
この年　本居宣長の歌論書「石上私淑言《いそのかみのささめごと》」成る（文化十三年〈一八一六〉刊）。

■**明和元年（一七六四）甲申**
後桜町天皇25歳
1・1　小朝拝あるも、天皇、四方拝・節会に出御せず。《公卿補任》
6・2　代始により明和と改元する。《後桜町天皇宸記》
8・20　閑院宮直仁親王王女倫子《ともこ》女王（徳川家治御台所）没（年34）。《御系譜》
9・11　伊勢例幣使を発遣する。《後桜町天皇宸記》
10・29　天皇、清涼殿昼御座にて大嘗会のため禊を行なう。《公卿補任》
11・2　大嘗会由奉幣使を伊勢・石清水・賀茂各社に発遣する。《後桜町天皇宸記》
11・8　天皇、大嘗祭を行なう。《後桜町天皇宸記》
11・11　豊明節会を行ない、大歌所を再興する（天皇、臨まず）。《公卿補任》
12・2　宝鏡寺理秀尼（中御門天皇皇女）没（年40。この月、宝鏡寺が皇女住持の寺として御所号「百百《どど》御所」を勅許される）。《兼胤公記》
⑫・4　妙法院堯恭法親王、天台座主を辞任。《公卿補任》
⑫・5　妙法院堯恭法親王（霊元天皇皇子）没（「八槐記」等は三日没。年48）。《兼胤公記》
⑫・16　青蓮院宮尊真法親王を天台座主とする。《後桜町天皇宸記》
□3・17依田貞鎮《よださだしず》（神道学者。桃園天皇に著書「三種神器伝」「従璽十宝伝」を進上。84）、10・10万里小路稙房《までのこうじたねふさ》（権大納言。「稙房卿記」記主。60）

■**明和二年（一七六五）乙酉**
後桜町天皇26歳

1・1　天皇、御座を設けるも四方拝に出御せず（節会にも）。小朝拝中止。《公卿補任》
2・8　観桜御宴・和歌御会あり。《八槐記》
8・24　この日より七日間、伊勢神宮以下七社に天下泰平・宝祚長久等を祈らせる。《八槐記》
9・4　天皇、有栖川宮職仁親王より「和歌天仁遠波」伝授を受ける。《後桜町天皇宸記》
9・11　伊勢例幣使を発遣する。《後桜町天皇宸記》幕府、有栖川宮職仁親王に和歌師範料を贈る。《兼胤公記》
10・27　禁裏近傍に火事あり。《定晴卿記》
11・7　内侍所臨時神楽あり。地下秘曲を再興する。《兼胤公記》
この年　賀茂真淵の歌論書「新学《にいまなび》」成る（寛政十二年〈一八〇〇〉刊）。

■明和三年（一七六六）丙戌

後桜町天皇27歳
1・1　四方拝行なわず。小朝拝・節会あり。天皇、節会に出御せず。《公卿補任》
1・13　天皇、鯨魚・鏡魚（鏡鯛）を覧る。《続史愚抄》
1・28　津軽大地震（翌年まで余震）。《続皇年代略記》
5・14　儲君英仁親王、読書始。伏原宣条《のぶえだ》、「孝経」を授ける。《兼胤公記》
5・16　天皇、御学問所にて有栖川宮職仁親王より「和歌三部抄」「伊勢物語」伝授を受ける。《後桜町天皇宸記》
7・1　朝廷、宮廷役人が勝手に菊紋入提灯を用いることを禁じる。《師資記》
8・11　英仁親王、有栖川宮職仁親王に初めて歌道を学ぶ（十六日、職仁親王より書道も）。《八槐記》
8・22　天皇、聖護院増覚法親王を護持僧とする。《八槐記》
9・11　伊勢例幣使を発遣する。《八槐記》
11・21　幕府、諸職人の勅許受領に関する令を頒つ。《兼胤公記》
11・25　将軍家治、京極宮公仁親王王女寿賀宮を徳川（一橋）治済《はるさだ》に嫁がせる。《明和日記》

■明和四年（一七六七）丁亥

後桜町天皇28歳
1・1　天皇、四方拝に出御せず。日食のため節会を翌日に延期する。《公卿補任》
2・14　天皇、有栖川宮職仁親王より「古今伝授」を受ける（二十四日竟宴和歌会）。《後桜町天皇宸記》
8・22　幕府、尊王論により幕政を批判した山県大弐を死罪、藤井右門を獄門、竹内式部を八丈島に流罪とする（明和事件）。《徳川実紀》

＊家仁親王《やかひとしんのう》（一七〇三～六七）京極宮（桂宮）文仁親王第一王子。母は滋野井直子。東山天皇より茶々丸の称を賜わり、宝永六年（一七〇九）親王宣下を受け、家仁と命名される。享保五年（一七二〇）前関白鷹司兼熙女基子を娶る。追号桂光院。相国寺中慈照院に葬られる。

9・7　天皇、有栖川宮職仁親王より「一事御伝授」を受ける。《後桜町天皇宸記》
9・11　伊勢例幣使を発遣する。《八槐記》
12・4　京極宮公仁親王王女寿賀宮、徳川（一橋）治済に降嫁する。《定晴卿記》
12・6　京極（桂）宮文仁親王王子**家仁親王**没。《後桜町天皇宸記》
□8・22山県大弐《やまがただいに》（儒学者・尊王論者。明和事件関係者。43）、8・22藤井右門《ふじいうもん》（勤王家。明和事件関係者。48）、12・5竹内式部《たけのうちしきぶ》（神道家・尊王家。宝暦事件中心人物。明和事件に連坐。56）

■明和五年（一七六八）戊子
後桜町天皇29歳
1・1　天皇、四方拝に出御せず。小朝拝中止、節会は行なう。《公卿補任ほか》
2・19　桃園天皇皇子英仁親王（後桃園天皇）を皇太子とする。《八槐記》
3・9　俊宮守典親王、仁和寺に入室、得度する（深仁法親王）。《兼胤公記》
3・20　勅して宸詠を伊勢両宮に奉納し、御祈を修させる。《続史愚抄》
3・26　天皇、伊勢神宮に百首和歌を奉納する。《柳原紀光日記》
5・25　摂政前左大臣近衛内前を太政大臣とする。《公卿補任》
8・9　皇太子英仁親王、紫宸殿にて元服する（天皇、この儀に出御）。《八槐記》
9・11　伊勢例幣使を発遣する。《八槐記》
11・13　伊勢神宮以下七社に奉幣する。《後桜町天皇宸記》
11・25　太政大臣近衛内前女維子《これこ》を皇太子英仁親王御息所とする。《柳原紀光日記》
12・2　天皇、多武峯大織冠像を覧る。《八槐記》
この年　賀茂真淵「祝詞考」成る。

■明和六年（一七六九）己丑
後桜町天皇30歳
1・1　天皇、四方拝・節会に出御せず。小朝拝中止。《公卿補任》
1月　諸国風疫流行。《続史愚抄》
3・9　天皇、南庭に桜花を覧る。《柳原紀光日記》
8・2　故関白・左大臣一条吉忠に准三宮を追贈する。《公卿補任》
8・5　天皇、広隆寺の聖徳太子像を覧る。《兼胤卿記》
9・3　伊勢内宮の遷宮が行なわれる。《八槐記》
9・4　前関白一条道香を准三宮とする（五日没）。《公卿補任》
9・6　伊勢外宮の遷宮が行なわれる。《八

◉後桜町天皇御製　天皇は、たびたび宮中歌会を催し、明和四年（一七六七）有栖川宮職仁親王から古今和歌の秘伝を受けたときには「古今伝授の御記」を記し、明和元年から崩御の年の文化十年（一八一三）までの御製が「後桜町天皇御製」（二十八冊、千五百八十八首）に収められている。
「民やすきこの日の本の国の風なほただしかれ御代のはつはる」（安永十年正月十八日御会始）
「おろかなる心ながらに国民のなほやすかれとおもふあけくれ」（明和六年四月二十四日内裏和歌御会）
「君と臣のみちぞただしき三笠山さしてたのむを神やまもらむ」（寛政九年九月七日春日社法楽当座御会）

槐記》
9・11 伊勢例幣使を発遣する。《八槐記》
10・21 天皇、有栖川宮織仁親王に「和歌天仁遠波」を伝授する。《兼胤公記》
10・22 霊元天皇皇子有栖川宮**職仁親王**没。《八槐記》
この年 藤貞幹、「奈保山御陵碑考証」を記す（「東大寺要録」にある元明天皇陵碑であることを考証。これにより、「文久の修陵」の際、元明天皇陵がウワナベ古墳から養老ケ峯に治定替えされ今日に至る）。
□9・5 一条道香《いちじょうみちか》（関白。摂政。左大臣。准三宮。父は関白一条兼香。48）、10・30 賀茂真淵《かものまぶち》（国学者・歌人。著書に「国意考」「歌意考」「万葉考」「祝詞考」「冠辞考」など。73）

■明和七年（一七七〇）庚寅

後桜町天皇31歳
後桃園天皇13歳
1・1 天皇、四方拝・節会に出御せず。小朝拝中止。《公卿補任》
1・7 天皇、初めて白馬節会に出御する。《御湯殿上日記》
1・14 幕府、この年以降の勅使参向を二月と定める。《徳川実紀》
3・14 天皇、禁裏で花を覧る。《定晴卿記》
3・26 天皇、摂政近衛内前に「伊勢物語」を相伝する。《八槐記》
5・9 准后一条富子を皇太后とする。《知音卿記》
6・22 京極宮（桂宮）公仁《きんひと》親王没（年38）。《柳原紀光日記》
⑥・5 内大臣九条道前、辞任（この日没）。《公卿補任》
⑥・25 聖護院増賞法親王（有栖川宮職仁親王王子）没（年37）。《八槐記》
⑥・28 この日より七日間、七社七寺に天下安全・宝祚長久・東宮延命等を祈らせる。《八槐記》
8・4 権大納言三条季晴《すえはる》を内大臣とする。《後桜町天皇宸記》
8・24 照高院忠誉入道親王、再び聖護院に住する。《兼胤卿記》
9・11 伊勢例幣使を発遣する。《八槐記》
9・14 忠誉入道親王、勅により再び聖護院に住する（十一月十五日、照高院を兼帯）。《八槐記》
10・15 摂政太政大臣近衛内前、太政大臣を辞任する。《八槐記》
11・22 譲位予定のため、幕府、院御所御領一万石を献上する。《後桜町天皇宸記》

＊**職仁親王**《よりひとしんのう》（一七一三～六九） 霊元天皇第十七皇子。母は松室重敦女敦子。幼名は明宮《あけのみや》。享保元年（一七一六）有栖川宮家を相続し、同十一年、親王宣下を受け、職仁と命名される。同十二年、元服、左大臣二条吉忠女淳子と結婚。書を霊元天皇から伝授され「有栖川流」を大成。大徳寺竜光院内有栖川宮墓地に葬られる。

＊**後桃園天皇**《ごももぞのてんのう》（一七五八～七九） 名は英仁《ひでひと》。桃園天皇第一皇子。母は関白一条兼香《かねか》女富子《とみこ》（皇太后。恭礼門院《きょうらいもんいん》）。宝暦九年（一七五九）親王宣下。明和五年（一七六八）立太子、同年践祚。同八年即位。安永八年（一七七九）崩御。陵は月輪陵。女御は藤原維子《これこ》（皇太后。盛化門院。所生の子に欣子内親王〈光格天皇皇后。新清和院〉）。

第百十八代 後《ご》桃《もも》園《ぞの》天皇

11・24　後桜町天皇譲位。皇太子英仁親王、土御門第にて受禅（**後桃園天皇**。摂政近衛内前は旧の如し）。《後桜町天皇宸記》

11・25　先帝に太上天皇号を奉る。《公卿補任》

12・24　天皇、神祇伯白川資顕王より御拝伝授を受ける。《兼胤公記》

12・28　広橋兼胤、新天皇の花押を献じる。《兼胤公記》

□⑥・5九条道前《くじょうみちさき》（内大臣。父は関白九条尚実。25）、8・21西園寺《さいおんじ》公晃《きんあき》（内大臣。父は左大臣西園寺致季。69）

■明和八年（一七七一）辛卯

後桃園天皇14歳

後桜町上皇32歳

1・1　天皇幼少により、四方拝・節会に出御せず。小朝拝中止。《後桜町天皇宸記》

1・27　上皇、新造仙洞御所に移る（「続史愚抄」では二十五日）。《輝良公記》

2・30　天皇、禁裏の桜を賞する。観花御宴・当座和歌御会あり。《八槐記》

3・4　天皇、清涼殿石灰壇に渡御し、御拝始を行なう。《柳原紀光日記》

3・27　京都大雨洪水。《続皇年代略記》

3月　伊勢お蔭参りが流行する（秋まで）。《いせ参御蔭之日記》

4・5　即位由奉幣使を伊勢に発遣する。《八槐記》

4・16　内大臣三条季晴、辞任。《公卿補任》

4・18　権大納言一条輝良を内大臣とする。《公卿補任》

4・28　後桃園天皇、紫宸殿にて即位礼を挙げる（この朝、天皇、権中納言二条治孝より即位灌頂伝受）。《定晴卿記》

5・9　桃園天皇女御一条富子（准三宮）を皇太后とする（大宮と称せられる）。《公卿補任ほか》

5・12　中御門天皇皇女成子《ふさこ》内親王（閑院宮典仁親王妃。母は久世夏子）没（年43）。《輝良公記》

5・24　天皇、天曹地府の祈りを修する。《兼胤公記》

7・9　皇太后一条富子を恭礼門院《きょうらいもんいん》と号する。《公卿補任》

7・22　京畿風雨洪水。《八槐記》

8・1　前権大納言葉室頼胤を准大臣とする。《公卿補任》

8・15　閑院宮典仁親王王子（祐宮《さちのみや》。光格天皇）、閑院宮邸にて誕生する（母は大江磐代）。《閑院宮日記》

8・20　将軍徳川家治夫人五十宮《ともこ》（倫子女王）

没（東叡山に葬られる。年34）。《徳川実紀》
9・11 伊勢例幣使を発遣する。《公卿補任》
10・1 天皇、御筝始を行なう。《定晴卿記》
10・29 天皇、大嘗会のため禊を行なう。《柳原紀光日記》
10月 本居宣長「直毘霊《なおびのみたま》」成る。
11・3 大嘗会由奉幣使を伊勢神宮・石清水八幡宮・賀茂下上社に発遣する。《柳原紀光日記》
11・15 摂政近衛内前に太政大臣還任宣下あり。《公卿補任》
11・19 後桃園天皇、大嘗祭を行なう。《公卿補任》
11・27 内大臣徳川家治を右大臣とする。《公卿補任》
この年 ロシア人、阿波に来る。《続皇年代略記》
□2・11花山院常雅《かざんいんときまさ》（右大臣。父は権大納言花山院持実。72）

■安永元年（一七七二）壬辰

後桃園天皇15歳
後桜町上皇33歳

1・1 天皇、四方拝に出御せず。《公卿補任》
1・8 代始により、南殿にて大元帥法を修する。《兼胤公記》
1・15 幕府、田沼意次を老中とする。《徳川実紀》
1・24 天皇第一皇女（女一宮。欣子《よしこ》）、誕生する（母は近衛内前女維子）。《御系譜》
2・20 地震あり（五月三・三十日にも）。《兼胤公記》
2・29 江戸目黒行人坂大火。《徳川実紀》
4・22 青蓮院尊真入道親王、天台座主を辞任。梶井宮常仁法親王を天台座主とするも即日辞任。《公卿補任》
4・23 梶井宮常仁《じょうにん》法親王（有栖川宮職仁親王王子）没（年22）。《公卿補任》
4・28 青蓮院尊真入道親王を天台座主に還補する。《公卿補任》
4～5月 疾疫流行。《続皇年代略記》
6・20 伏見宮貞行《さだもち》親王没（年14）。《柳原紀光日記》
7・4 七社七寺に宝祚長久・仙洞延命を祈禱させる。《華頂要略》
7・16 輪王寺公啓法親王（閑院宮直仁親王王子）、江戸にて没（年40）。《柳原紀光日記》
7・23 曼殊院方宮《みて》（公璋入道親王）を輪王寺故公啓法親王の附弟とする。《兼胤公記》
7・24 聖護院忠誉入道親王を再び園城寺長吏とする。《兼胤公記》
8・21 京都ほか大雨洪水。《師資記》
8・22 摂政近衛内前を再度関白とする。《公

＊安永《あんえい》 侍従菅原在熙《ありひろ》の勘申による。出典は「文選」東京賦《とうけいふ》の「寿安永寧」。

卿補任》
8・26 天皇、大覚寺所蔵「嵯峨天皇宸筆般若心経」を覧る。《八槐記》
9・11 伊勢例幣使を発遣する。《公卿補任》
9・16 閑院宮典仁親王王子祐宮《さちのみや》を聖護院忠誉法親王の附弟とする（聖護院門跡を継ぐ予定も、のち践祚して光格天皇）。《兼胤公記》
9・27 准三后公遵法親王を輪王寺門主に還補する。《兼胤公記》
10・16 幕府、新女院恭礼門院に増地一千石を献じる。《兼胤公記》
10・29 御霊社門扉に菊章を彫るを許す。《兼胤公記》
11・16 関東の大火・大風により安永と改元する（二十五日、幕府、改元を天下に布告）。《公卿補任》
11・27 閑院宮典仁親王王子方宮を桃園天皇養子として親王とし、名を保和と賜う（出家して公顕法親王。「日光山門跡次第」では、七月二十二日御養子、十一月二十七日立親王）。《公卿補任》
12・4 関白近衛内前女維子《つぐこ》、入内する（翌日、女御宣下）。《公卿補任》
□12・19 三条《さんじょう》実顕《さねあき》（右大臣。父は三条公兼。養父は大納言三条公充《きんみつ》。65）

■安永二年（一七七三）癸巳

後桃園天皇16歳
後桜町上皇34歳

1・1 天皇、四方拝に出御せず。《公卿補任》
1・8 後七日法を紫宸殿で、大元帥法を理性院で修させる。《兼胤公記》
2・2 朝廷、縫殿寮を再興する。《兼胤公記》
3・8 天皇、桜花を覧る。花下にて当座和歌御会あり。《兼胤公記》
3・19 天皇、女御の曹司北殿にて桜花を覧る。《柳原紀光日記》上皇・青綺門院・恭礼門院、禁中南殿にて桜花を賞する（典仁親王・関白近衛内前等陪侍）。《兼胤公記》
3・23 天皇の病、疱瘡と治定される（六月四日全快祝い）。《兼胤公記》
4・7 聖護院忠誉《ちゅうよ》入道親王を准三宮とする。《禁裏執次詰所日記》
4・11 准三宮忠誉入道親王（中御門天皇皇子）没（年67）。《諸寺院上申》
4月 この月より諸国疫病流行（死者多数）。《武江年表》
6・15 天皇、眼病にかかる（十月十八日軽減）。《兼胤公記》
7・20 京に盗人多きにより、禁中夜警を厳にする。《兼胤公記》
8・13 幕府、准后の席次を定め、摂関を経

たる准后は摂関の上座、親王の准后は右大臣以上の対座とする。《兼胤公記》

8・26 公啓法親王附弟閑院宮方宮《みて》を輪王寺門主公遵法親王附弟とする。《徳川実紀》

9・11 伊勢例幣使を発遣する。《公卿補任》

10・25 保和親王、毘沙門堂に入寺、得度する（公顕と改名）。《兼胤卿記》

12・11 京都地震。《八槐記》

□1・27 坊城俊逸《ぼうじょうとしはや》（権中納言。桃園天皇の垂加神道講習に尽力。47）

■安永三年（一七七四）甲午

後桃園天皇17歳

後桜町上皇35歳

1・1 天皇、四方拝に出御せず。小朝拝中止。節会あり。《公卿補任》

2・3 京都地震（三月四・二十三日、五月十七日にも）。《続史愚抄》

3・22 輪王寺宮准三宮公遵法親王の請により、毘沙門堂公顕入道親王を輪王寺新宮と称させる。《兼胤公記》

3・23 上皇の病平癒。《続史愚抄》

3・25 天皇、女御藤原維子の局に幸し、桜花を覧る。《兼胤公記》

5・14 上皇、御書院にて関白近衛内前に「古今和歌集」秘訣を伝授する。《八槐記》

6・23 京都大風雨。内侍所仮殿を破壊、禁裏平唐門倒壊等被害大。《定晴卿記》

6・26 この日より七日間、七社七寺に天下泰平・聖体安全を祈禱させる。《兼胤公記》

7・13 勅して、参議野宮定和に「伊勢物語」を書写させる。《定晴卿記》

8・26 幕府、禁中・仙洞の地下官人など四十余名を、不正により捕らえ、官位を剥奪（翌日、断罪・流罪に処分）。《兼胤卿記》

8月 前野良沢・杉田玄白ら「解体新書」刊。《同書》

9・11 伊勢例幣使を発遣する。《公卿補任》上皇、御書院にて関白近衛内前に一事の相伝あり。《八槐記》

9・19 内侍所を仮殿より本殿に遷す。天皇、渡御の間、東庭に下御する。《柳原紀光日記》

11・25 伏見宮貞行親王没後、伏見宮家空主。この日、後桃園天皇の勅により、勧修寺寛宝法親王を還俗させ（伏見宮邦頼親王）、伏見宮家を嗣がせる。《八槐記》

12・26 伏見宮邦頼を改めて親王とする。《公卿補任》

□7・27 冷泉為村《れいぜいためむら》（権大納言。冷泉家中興の歌人。63）

■安永四年（一七七五）乙未

後桃園天皇18歳

後桜町上皇36歳

＊**輝良公記**《てるよしこうき》 光格天皇の関白一条輝良（一七五六～九五）の日記。輝良は、天皇の実父典仁親王への太上天皇号宣下承認を幕府にはかるも拒否される。

1・1　天皇、四方拝に出御せず。節会あり。《公卿補任》
1・16　京都地震あり。《輝良公記》
2・6　この頃、盗賊多く、九門の護衛を厳にする。《兼胤公記》
3・13　天皇、御座を桜花の下に設け、当座和歌御会を行なう。《後桃園天皇宸記》
3・14　上皇・女院、禁裏に御幸し糸桜を覧る。《柳原紀光日記》
3・19　上皇、女院御所に御幸し、御花見あり。《二条家番所日次記》
5・17　天皇、上皇より「和歌天仁遠波」伝授を受ける。《後桃園天皇宸記》
5・30　京都洪水。《続王代一覧》
8・27　天皇、権大納言広橋兼胤より「能書方御伝授」を受ける。《兼胤公記》
9・11　伊勢例幣使を発遣する。《公卿補任》
12・20　輪王寺公顕入道親王、公璋と改名する。《兼胤公記》
⑫・2　内大臣一条輝良《てるよし》、辞任。権大納言広幡前豊《さきとよ》を内大臣とする。《後桃園天皇宸記》
⑫・11　内大臣広幡前豊、辞任。権大納言西園寺賞季《よしすえ》を内大臣とする。《公卿補任》
⑫・24　内大臣西園寺賞季、辞任。一条輝良を内大臣に還任する。《柳原紀光日記》

■安永五年（一七七六）丙申

後桃園天皇19歳
後桜町上皇37歳

1・1　天皇、四方拝に出御せず。《公卿補任》
2月　京都疾疫流行《続史愚抄》
3・2　上皇、病む。《兼胤公記》
4・14　天皇、発熱（十八日、麻疹とされる）。《輝良公記》
6・24　天皇、病む。讃岐金毘羅社に祈禱を命じる。《兼胤公記》
7・10　輪王寺公璋入道親王（閑院宮典仁親王王子方宮《みて》）、江戸で没（年17）。《兼胤公記》
9・10　地震あり（十月二十三日にも）。《続史愚抄》
9・11　伊勢例幣使を発遣する。《公卿補任》
10・9　上皇、病む。《続史愚抄》
12・25　前権大納言広橋兼胤を准大臣とする。《公卿補任》
□5・2　葉室頼胤《はむろよりたね》（准大臣。80）、10・10　谷《たに》川士清《かわことすが》（国学者。「日本書紀通証」著者、「和訓栞《わくんのしおり》」編者。68）

■安永六年（一七七七）丁酉

後桃園天皇20歳
後桜町上皇38歳

1・1　天皇、四方拝に出御せず。小朝拝中止、節会は行なう。《公卿補任ほか》
2・10　地震あり（十二日まで）。《続史愚抄》

●後桃園天皇御製

「のどかなる春を迎へてさまざまの道栄えゆく御代ぞにぎはふ」
「あかずみる雲井のにはに幾秋もさかりひさしくにほふしら菊」
「いとはやも春を告げてや我が園にけさ長閑なるうぐひすの声」（以上、内裏和歌御会より）

2・13 天皇平癒。この日、賀宴を催す。《八槐記》
2・19 閑院宮典仁親王王子良宮(保業《やすなり》親王。公延入道親王)を桃園天皇養子とする。《御系譜》
3・9 上皇、女院御所に御幸し、桜花を覧る。《二条家番所日次記》
3・10 天皇、南庭にて桜花を賞する。《輝良公記》
6・29 伏見宮邦頼親王王子佳宮、円満院を嗣ぐ。《八槐記》
8・22 閑院宮典仁親王王子良宮(桃園天皇養子)を親王とし、名を保業と賜う(のち公延入道親王)。《公卿補任》
9・11 伊勢例幣使を発遣する。《公卿補任》
9月 谷川士清「和訓栞《わくんのしおり》」前編刊(明治二十年完結)。《同書》
12・18 関白・太政大臣近衛内前を准三宮とする。《公卿補任》

■安永七年(一七七八)戊戌

後桃園天皇21歳
後桜町上皇39歳

1・1 四方拝あり(当代初度)。《続史愚抄》
1・15 前権大納言中御門宗長を准大臣とする。《公卿補任》
2・8 関白・太政大臣近衛内前、辞任。左大臣九条尚実を関白・氏長者・内覧とする。《公卿補任》
2・19 右大臣鷹司輔平を一上とする。《公卿補任》
2・21 天皇、病む。《八槐記》
2・24 地震あり(六月四日、十月七日にも)。《師資記》
2・25 上皇等、禁裏南庭の桜花を覧る。《定晴卿記》
3・11 天皇、内苑の桜花を覧、花の下に和歌御会を催す。《定晴卿記》
3・18 輪王寺保業親王、出家し、公延と改称する。《八槐記》
3・28 天皇、南庭の桜花を覧る(上皇・青綺門院・恭礼門院も)。《後桃園天皇宸記》
4・23 天皇、病む。《八槐記》
5・25 上皇、前参議風早公雄に「和歌天仁遠波」を伝授する。《八槐記》
6・4 地震あり(十月七日にも)。《師資記》
6・25 桃園天皇忌に当たるをもって、宝暦事件連坐の烏丸光胤《みつたね》ら廷臣十五名を赦免する(光胤、のち後桜町上皇の歌道御用となる)。《実種公記》
7・2 京都、未曾有の大雨洪水。《八槐記》
7・22 七社七寺に水災を祈禳させる。《八槐記》閑院宮典仁親王王子時宮を桃園天皇

養子とする。《御系譜》

⑦・24　上皇、「和歌三部抄」「伊勢物語」秘訣を前大納言烏丸光胤に伝授する。《師資記》

8・16　典仁親王王子時宮を親王とし、名を周翰《ちかもと》と賜う。《公卿補任》

9・11　伊勢例幣使を発遣する。《後桃園天皇宸記》

10・26　周翰親王、妙法院に入室、得度し、真仁《しんにん》と改名する。《華頂要略》

11・3　上皇、「伊勢物語」秘訣を典仁親王に授ける（ついで「和歌三部抄」秘訣を織仁親王に授ける）。《師資記》

12・5　天皇、病により内侍所臨時御神楽に出御せず。《後桃園天皇宸記》

12・10　左大臣九条尚実、辞任。右大臣鷹司輔平を左大臣、前内大臣醍醐兼潔《かねきよ》（経胤《つねたね》）を右大臣とする。《公卿補任》

この年　速水常成、松下見林の「前王廟陵記」に桃園天皇陵までを増補して「増補前王廟陵記」を刊行（幕末には、「増註前王廟陵記」も刊行される）。

□1・19松木宗長《まつのきむねなが》（准大臣。59とも69とも）

■安永八年（一七七九）己亥

後桃園天皇22歳
光格天皇　9歳
後桜町上皇40歳

1・1　四方拝・小朝拝あるも、天皇、節会に出御せず。《公卿補任》

1・11　天皇病むにより、神宮奏事始を延引する（十六日追行）。《輝良公記》

1・14　右大臣醍醐兼潔、辞任。前内大臣三条季晴を右大臣とする。《公卿補任》

1・24　皇女（姫宮。欣子内親王）、誕生する（母は女御近衛維子）。《定晴卿記》

2・20　天皇、南庭にて観桜の宴を行なう。《後桃園天皇宸記》

2・24　上皇、女院御所に御幸し桜花を覧る。《二条家番所日次記》

3・14　天皇、禁裏にて桜花を覧る（青綺門院・恭礼門院御幸）。《後桃園天皇宸記》

3・20　上皇、「古今和歌集」秘訣を烏丸光胤に授ける。《師資記》

3・29　右大臣三条季晴、辞任。内大臣一条輝良を右大臣、権大納言近衛師久を内大臣に任じる。《公卿補任》

4・10　京都地震あり（十月二十九日にも）。《続史愚抄》

6・3　女御近衛維子を准三宮とする。《公卿補任》

7・1　五畿内、大風雨洪水。《続皇年代略記》

8・23　七社七寺に命じ、天下泰平・宝祚長久を祈禱させる。《公明卿記》

◉皇子・皇女の数　神話時代の天皇を除くと、嵯峨天皇は正良親王（仁明天皇）など皇子女五十人をもうけている。他に光孝天皇の四十五人、醍醐天皇の三十八人、亀山天皇の三十六人、桓武天皇の三十五人と多くの子女がいる。江戸時代でも後水尾天皇の三十三人、霊元天皇の三十二人と、多くの皇子・皇女をもうけている。

9・11 伊勢例幣使を発遣する。《公卿補任》
10・1 桜島噴火。人畜多く死す。《続史愚抄》
10・8 この頃、天皇、病む《忠言卿記》
10・15 伊勢両宮に臨時奉幣使を発遣し、天皇平癒を祈る（十九日には七社七寺に）。《公卿補任ほか》
10・29 後桃園天皇崩御（皇嗣なきため、朝廷、幕府の皇嗣決定を待つため喪を秘す）。《定晴卿記》
11・8 閑院宮典仁親王王子祐宮《さちのみや》を天皇養子とし、儲君となし、禁中に迎え、剣璽を小御所に移す。《公明卿記》
11・9 後桃園天皇崩御が発表される。《公明卿記》
11・13 儲君祐宮を師仁《もろひと》と名付ける（内大臣近衛師久、偏名を避けて経熙《つねひろ》と改名）。《公明卿記》
11・23 先帝崩御により、幕府、十万石以上の大名に香火料を奉らせる。《徳川実紀》

第百十九代 光格《こうかく》天皇

11・25 師仁王践祚（**光格天皇**。名を兼仁と改める。吉田氏、「兼」を通字としてきたが、兼仁親王践祚により「兼」を避け、以後、「良」を通字とする。前右大臣醍醐兼潔も経胤と改名）。▼関白九条尚実を改めて摂政とする。《禁裏執次詰所日記》
11・26 先帝の霊柩を清涼殿に移し、追号後桃園院を贈る。《内前公記》
12・10 先帝を泉涌寺に葬る（陵名は**月輪陵**）。《公卿補任》
この年 塙保己一・屋代弘賢ら、「群書類従」編纂開始。
□10・2 富士《ふじ》谷成章《たになりあきら》（国学者。長歌を有栖川宮職仁親王より学ぶ。42）

■安永九年（一七八〇）庚子

光格天皇 10歳
後桜町上皇 41歳

1・1 天皇、諒闇により四方拝に出御せず。《公卿補任》
3・20 輪王寺准三宮公遵法親王、公延法親王に職を譲る。《徳川実紀》
3・24 閑院宮典仁親王王子寛宮（盈仁法親王）を後桃園天皇養子とする。《柳原紀光日記》
5・10 大雨。京都・大坂洪水。《続皇年代略記》
8・2 内大臣徳川家治を右大臣とする。《公卿補任》
9・5 常御所修理成り、天皇、小御所より遷る。《柳原紀光日記》
9・11 伊勢例幣使を発遣する。《公卿補任》

＊**光格天皇**《こうかくてんのう》（一七七一〜一八四〇） 名は師仁《もろひと》、のち兼仁《ともひと》、幼称祐宮《さちのみや》。東山天皇皇孫閑院宮典仁親王第六王子。母は大江磐代（贈従一位）。聖護院門跡を継ぐ予定であったが、後桃園天皇崩御により、安永八年（一七七九）儲君治定、同年践祚。同九年即位、同十年元服。文化十四年（一八一七）譲位、太上天皇尊号宣下。天保十一年（一八四〇）崩御。陵は後月輪陵。皇后は欣子《よしこ》内親王（新清和院）。所生の子に温《ます》仁《ひと》親王・悦仁《としひと》親王）。皇子女に仁孝天皇（母は藤原婧子）のほか、礼仁《あやひと》・盛仁《たけひと》の各親王、蓁子《もり》内親王など。崩御のさい「光格」の漢風諡号が奉られ、このとき天皇号が復活した。「光格」は「尚書」に「まことに恭にして、まことに譲たり。四表に光被し、上下を格す」より来たという。なお「光」字は、光仁・光孝と同じように、傍系から入った天皇に奉られた。また、光格天皇以後、第百二十六代天皇まで直系父子継承が続いている。
＊**月輪陵** 六七五ページ注参照。
＊**天明**《てんめい》 式部大輔菅原為俊《ためとし》の勘文に

9・27　地震あり（十一月二十五日にも）。《二条家番所日次記》
11・11　天皇、大嘗祭のため禊を行なう。《公卿補任》
11・23　即位由奉幣使を伊勢に発遣する。《公卿補任》
12・3　天皇、即位灌頂を大納言二条治孝より受ける。《柳原紀光日記》
12・4　光格天皇、紫宸殿にて即位する。《柳原紀光日記》
12・11　天皇、神祇伯白川資顕王より御拝伝授を受ける。《柳原紀光日記》
12・13　後桃園天皇皇女を内親王とし、名を欣子《よしこ》と賜う。《公卿補任》
12・25　摂政九条尚実を太政大臣とする。《公卿補任》

■天明元年（一七八一）辛丑

光格天皇　11歳
後桜町上皇　42歳

1・1　天皇、紫宸殿にて元服する。四方拝に出御なし。節会中止（三日追行）。《公卿補任》
1・3　殿上淵酔を再興する。《柳原紀光日記》
3・15　後桃園天皇女御・准三宮近衛維子を皇太后とする（大宮と称される）。《公卿補任》
3・20　天皇、南庭の桜花を覧る。《定晴卿記》
4・2　代始により天明と改元する。《公卿補任》
5・7　天皇、読書始。伏原宣条《ふしはらのぶえだ》、「孝経」を授ける。《定晴卿記》
5・20　摂政・太政大臣九条尚実、太政大臣を辞任。《公卿補任》
5・27　天皇、御箏始を行なう。前大納言四辻公亭《きんみち》、これを授ける。《柳原紀光日記》
9・7　上皇、閑院宮典仁親王に「古今和歌集」を伝授する。《二条家番所日次記》
9・11　伊勢例幣使を発遣する。《公卿補任》
9・28　典仁親王王子寛宮を親王とし、名を嘉種《よしたね》と賜う（盈仁《えいにん》入道親王）。《輝良公記》
10・25　上皇の叡旨により、四辻公亭次子万寿丸に新たに家を立て、西四辻家と称させる。《輝良公記》
12・16　上皇、御書院にて閑院宮典仁親王に一事相伝を行なう。《柳原紀光日記》
この年　藤貞幹、「衝口発《しょうこうはつ》」を著す。
□1・21醍醐経胤《だいごつねたね》（右大臣。父は左大臣醍醐冬熙。65）、8・9広橋勝胤《ひろはしかつたね》（准大臣。67）、9・7滋野井公麗《しげのいきんかず》（権大納言。有職故実の大家。49）、11・28三条季晴《さんじょうすえはる》（右大臣。父は右大臣三条実顕。49）

■天明二年（一七八二）壬寅

光格天皇　12歳

「尚書曰、顧諟天之明命」とある。

後桜町上皇43歳
1・1 天皇、四方拝・節会に出御なし。《公卿補任》
2・24 上皇、御書院にて摂政九条尚実に「和歌天仁遠波」を伝授する。《山科忠言卿記》
2・30 寛宮嘉種親王、聖護院に入室し、名を盈仁《えいにん》と改める。《公卿補任》
3・1 天皇、渡殿で桜花を覧る。《山科忠言卿記》
6・14 鴨川洪水。《続王代一覧》
8・23 七社七寺に玉体安全を祈らせる。《公明卿記》
9・3 幕府、皇太后藤原維子の御料を増し、一千石とする。《公明卿記》
9・11 伊勢例幣使を発遣する。《公卿補任》
11月 禁裏御医畑黄山《はたおうざん》、京都西郊に学館医学院を開設する。《医学院記》
12・10 光格天皇、読書始を行なう。《禁裏執次詰所日記》
□5・29 加賀美光章《かがみみつあき》（神道家。明和事件に連坐。72）

■天明三年（一七八三）癸卯

光格天皇 13歳
後桜町上皇44歳
1・1 天皇、四方拝・節会に出御なし。《公卿補任》
2・20 天皇、楽御会始で箏を奏する。《山科忠言卿記》
3・3 延暦寺大衆に七日間、天下泰平・玉体安穏を祈らせる。《華頂要略》
7・7 浅間山大噴火（死者二万余人）。《徳川実紀》
9・11 伊勢例幣使を発遣する。《公卿補任》
10・12 後桃園天皇女御・皇太后近衛維子《これこ》を盛化門院と号する。この日没（十一月十三日、泉涌寺に葬られる。年25）。《輝良公記》
この年から翌年にかけ、大飢饉、各地で打ちこわし（天明の大飢饉）。
□6・16 河村秀穎《かわむらひでかい》（国学者。秀根は弟。66）、12・19 広幡前豊《ひろはたさきとよ》（内大臣。近衛内前養子。42）

■天明四年（一七八四）甲辰

光格天皇 14歳
後桜町上皇45歳
1・1 天皇、四方拝に出御なし。《公卿補任》
2・22 志賀島百姓甚兵衛、「漢委奴国王」印を発掘する。《黒田新続家譜》
6・14 天皇、「論語古註」の講義を受ける。《山科忠言卿記》
9・11 伊勢例幣使を発遣する。《公卿補任》
12・10 上皇、御書院にて権中納言烏丸光祖《みつもと》に「和歌天仁遠波」を伝授する。《禁裏執次詰所日記》

この年　凶作、疾疫流行。死者多数。《徳川実紀》
□5・9土御門泰邦《つちみかどやすくに》（陰陽頭。天文暦道家。宝暦改暦の代表者。74）、5・28伊勢貞丈《いせさだたけ》（幕臣。故実家。「貞丈雑記」著者。68）

■天明五年（一七八五）乙巳

光格天皇　15歳
後桜町上皇46歳

1・1　天皇、四方拝・節会に出御なし。小朝拝あり。《公卿補任》
2・19　摂政九条尚実を再度関白とする。《公卿補任》
3・15　天皇、楽御会始で箏を奏する。《山科忠言卿記》
8・6　京都で無支配の盲人僧は青蓮院宮支配とする。《天明年録》
9・11　伊勢例幣使を発遣する。《公卿補任》
この年　河村秀根、「書紀集解《しょきしっかい》」を著す（完成は文化初年といわれる）。《自序》
□1・25高橋宗直《たかはしむねなお》（有職故実家。桜町天皇の大嘗会再興に尽力、「大嘗会神饌調度図」を残す。83）、3・20近衛内前《このえうちさき》（関白。摂政。太政大臣。准三宮。「内前公記」記主。58）

■天明六年（一七八六）丙午

光格天皇　16歳
後桜町上皇47歳

1・1　日食。四方拝に出御なし。節会中止（二日追行）。《公卿補任》
4・5　葉室頼熙女頼子を典侍とする。《御系譜》
5・8　青蓮院尊真入道親王、天台座主を辞任。輪王寺公延入道親王を天台座主とする。《公卿補任》
5・19　天皇、御笛始を行ない所作する。《山科忠言卿記》
8・7　京都地震。《定業卿記》
8・20　輪王寺公延入道親王、天台座主を辞任。妙法院真仁入道親王を天台座主とする。《公卿補任》
9・8　将軍徳川家治没（二十二日、正一位太政大臣を追贈。家斉が継承）。《徳川実紀》
9・11　伊勢例幣使を発遣する。《公卿補任》
11・1　天皇、「朔旦冬至の宴」を再興する（宝徳元年〈一四四九〉以来）。《公卿補任》
11・21　新嘗祭を中興する。《輝良公記》
この年　諸国大凶作。▼「群書類従」刊行開始。
□9・8徳川家治《とくがわいえはる》（江戸幕府第十代将軍。50）

■天明七年（一七八七）丁未

光格天皇　17歳
後桜町上皇48歳

3・1　関白九条尚実を廃し、左大臣鷹司輔

◉光格天皇御製

「よろづ民やすくたのしむときつ風とよあし原の国さかえつつ」（寛政九年三月五日御会始）
「すべらぎは神のまもりも八百万三種のたから御代のひかりに」（文政二年五月二日御会始）
「しきしまの道は神代のみちなればいにしへ今にいや栄えつつ」（「春日社御法楽」）

平を関白・氏長者・内覧とする。《公卿補任》
3・6 徳川家斉を征夷大将軍・内大臣とする（徳川幕府第十一代将軍）。《公卿補任》
3・13 右大臣一条輝良を一上とする。《公卿補任》
3・22 天皇、楽御会始で笛を吹く。《山科忠言卿記》
4・15 勅使、徳川家斉を征夷大将軍とする等の位記・宣命を伝える。《続徳川実紀》
5・26 関白鷹司輔平、左大臣を辞任。右大臣一条輝良を左大臣、内大臣近衛経熙を右大臣、権大納言大炊御門家孝を内大臣とする。《公卿補任》
5～6月 各地で打ち毀し起こる（天明の打ち毀し）。《続徳川実紀》
6・7 この頃より**御所千度参り**が流行する。
6・20 天皇、病む（二十七日平癒）。《経熙公記》
9・11 伊勢例幣使を発遣する。《公卿補任》
9・18 前関白・太政大臣九条尚実を准三宮とする。《公卿補任》
10・30 天皇、大嘗会御禊を行なう。《公卿補任》
11・27 天皇、大嘗祭を行なう（このとき天皇「身のかいは何を祈らず朝な夕な民安かれと思ふばかりぞ」と詠む）。《輝良公記》

12月 本居宣長、紀州藩主徳川治貞の下問に応じ、「秘本玉くしげ」を執筆・献上（天下の政は、朝廷が将軍に委任し、将軍がまた大名に預けたものなので、国土と国民は将軍や大名の私物ではない等）。《同書》
□8・16 吉田《よしだ》兼雄《かねお》（神道家。吉田家当主。83）、9・22 九条尚実《くじょうなおざね》（関白。太政大臣。准三宮。父は関白九条輔実。母は益子内親王〈後西天皇皇女〉。71）

■天明八年（一七八八）戊申
光格天皇 18歳
後桜町上皇49歳
1・1 四方拝・節会あるも、雨により小朝拝中止（二日追行）。《公卿補任》
1・30 京都大火。禁裏・仙洞・青綺門院御所・二条城、三十七社二百一寺を含め、一千四百二十四町延焼（天明の大火）。天皇、剣璽を奉じて下賀茂社に遷幸。二月一日、聖護院盈仁法親王の宮に遷り、ここを皇居とする。上皇は青綺門院とともに照高院に、恭礼門院は一宮〈欣子内親王〉とともに梶井宮、ついで林丘寺に避難。なおこのとき、学問所が一夜のうちに造られ、「一夜御殿」と称される）。《輝良公記》
2・4 上皇、照高院より青蓮院尊真入道親王の粟田第に移り、ここを仮仙洞とする。

＊**御《ご》所《しょ》千《せん》度《ど》参《まい》り** 天皇を神仏に見立て、飢饉からの救済を願ったもの。この年六月七日頃から始まり、しだいに人数がふえ、日によっては三万人以上が御所を回る。京都所司代は、千度参り差し留めを申し入れるも、朝廷は信心のものだからと断わる。七月まで続く。
＊**寛政《かんせい》** 菅原胤長《たねなが》の勘申による。出典は「左伝」昭公二十年の「施之以寛、寛以済猛、猛以済寛、政是以和」。

《輝良公記》
2・15 恭礼門院、林丘寺より妙法院真仁入道親王の宮に移る。《輝良公記》
2・17 内裏炎上により、七社七寺に天下泰平・玉体安穏・宝祚長久を祈らせる。《敬義卿記》
2・25 天皇、疱瘡にかかる。《輝良公記》
3・16 上皇、青蓮院尊真入道親王に内勅、秋葉神社を常御殿東庭に勧請させる。《華頂要略》
3・18 青綺門院、照高院より知恩院尊峯入道親王の宮に移る。《輝良公記》
3・22 幕府、老中首座松平定信に禁裏造営管掌を命じる（定信、柴野栗山・裏松固禅に命じ、古制に則り再建させる）。《続徳川実紀》
3・25 前輪王寺准后公遵法親王（中御門天皇皇子保良親王）没（年67）。《輝良公記》
4・7 聖護院忠誉法親王を准三宮とする。《公卿補任》
4・11 聖護院准三宮忠誉法親王（中御門天皇皇子）没（年67）。《公卿補任》
4月 天皇、父閑院宮典仁親王に太上天皇号を贈るため、前権大納言中山愛親《なるちか》に先例を調べさせる。《尊号廷議一件中山家記》京都疾疫流行。《輝良公記》
7・21 知恩院尊峯入道親王（桂宮家仁親王王子）没（年48）。《輝良公記》
9・11 伊勢例幣使を発遣する。《公卿補任》
9・19 幕府、五万石以上の大名に内裏等新造の費を献じさせる。《天明年録》
9・28 仮皇居が近いため、吉田山に遊ぶのを庶民に禁じる。《輝良公記》
12・1 古式に則り清涼殿、紫宸殿を新造するため、大臣以下公卿を召して意見を問う。《輝良公記》
□7・24田沼意次《たぬまおきつぐ》（老中。70）
●天明年間（一七八一〜八九）、有識故実家裏松光世（法名固禅）「大内裏《だいだいり》図考証《ずこうしょう》」がほぼ現在の形にまとめられる。▼松平定信、「国本論」を著す。

■寛政元年（一七八九）己酉

光格天皇 19歳
後桜町上皇50歳

1・1 天皇、聖護院仮殿にあり。四方拝に出御も元日節会は中止する。《山科忠言卿記》
1・17 邦頼親王王子（桂宮）を後桃園天皇養子とする（一月二十七日・二月十日説も）。《御系譜》
1・25 内裏炎上等により**寛政**と改元する。《公卿補任》
2月 天皇、父閑院宮典仁《すけひと》親王の尊号宣下を

幕府に諮る（**尊号事件**）。《尊号廷議一件》
3・8 中御門天皇皇女光照院宮尊乗女王没（年60）。《山科忠言卿記》
4・28 閑院宮典仁親王女孝宮を後桃園天皇養子とし、霊鑑寺を相続させる。《御系譜》
5・22 内大臣大炊御門家孝、辞任。権大納言近衛政熙《まさひろ》を内大臣とする。《公卿補任》
6・11 伏見宮邦頼親王王子（後桃園天皇養子）佳宮を親王とし、名を弘道と賜う。《御系譜》
⑥・11 光格天皇第一皇子生まれるも、即日逝去（廬山寺に葬られる）。《陵墓要覧》
⑥・27 弘道親王、出家する（公澄と改称。八月二十六日、輪王寺に入る）。《御系譜》
9・1 伊勢内宮の遷宮が行なわれる。《山科忠言卿記》
9・4 伊勢外宮の遷宮が行なわれる。《山科忠言卿記》
9・11 伊勢例幣使を発遣する。《公卿補任》
9・22 桜町天皇後宮**開明門院**、知恩院内良正院仮殿にて没。《山科忠言卿記》
この冬 中井竹山、松平定信に「**草茅危言**」を奉呈する。
この年 塙保己一「花咲松《はなさくまつ》」成る（吉野朝〈南朝〉長慶天皇は即位せず、東宮から直ちに太上天皇の尊号があったと考証）。▼フランス革命起こる。

■寛政二年（一七九〇）庚戌

光格天皇 20歳
後桜町上皇51歳

1・1 天皇、四方拝を行なうも、仮皇居ゆえ元日節会等を中止する。《公卿補任》
1・12 京都地震（二月一・九日、十月一日にも）。《輝良公記》
1・29 桜町天皇女御**青綺門院**、知恩院の仮殿にて没（二月二十二日、泉涌寺に葬られる）。《輝良公記》
3・16 老中松平定信、関白鷹司輔平の求めにより、尊号に関わる和漢の先蹤文書を贈呈する《松平定数文書》
5月 幕府、大学頭林信敬に「寛政異学の禁」を達する。
6・2 天皇第一皇子、誕生する（礼仁《あやひと》親王。母は典侍葉室頼子）。《輝良公記》
9・11 伊勢例幣使を発遣する。《公卿補任》
9月 本居宣長、「古事記伝」初帙五冊まで刊（文政五年〈一八二二〉完結）。
10・7 紫宸殿の桜樹を改植する。《輝良公記》
11・22 紫宸殿・清涼殿等禁裏造営成り、この日、天皇、聖護院仮御所より移る（裏松光世の考証にしたがい平安時代の形式を一部模す）。《公卿補任ほか》

＊**尊号事件**《そんごうじけん》 「尊号一件」とも。寛政元年八月、老中松平定信、天皇に即いてない人に太上天皇尊号を贈るのは道理に合わないと回答。十一月、将軍家斉はその議を容れ、所司代に移書し、尊号宣下は容易のことにあらず、深く廷議をつくすよう回報。光格天皇はこれに憤激するも、幕府に抗することができずに断念に至る。これにより、以降の朝幕関係にヒビが入ったといわれる。

＊**開明門院**《かいめいもんいん》（一七一七〜八九） 桜町天皇後宮。参議姉小路実武女定子。母は家女房。享保十六年（一七三一）召し出され、桜町天皇の後宮に入り典侍となり、皇子（桃園天皇）をもうける。宝暦十二年（一七六二）天皇崩御、その遺旨により翌年院号宣下。准三宮に上ることなく典侍より直接院号宣下を受けたのは稀とされる。その翌日に落飾。寛政元年（一七八九）東山知恩院内良正院仮殿で死去。清浄華院に葬られる。

＊**草茅危言**《そうぼうきげん》 松平定信の諮問に応えた一種の経済書。中で、諡号でなく院号が用いられ、天皇号が廃さ

11・26　上皇、新造御所に移る。《輝良公記》
12・21　御所新造を祝う「新宮旬《しんぐうのしゅん》」が再興される。《公卿補任》

■寛政三年（一七九一）辛亥
光格天皇　21歳
後桜町上皇52歳
2・21　朝廷、典仁親王参内の儀を上皇に準じる旨を幕府に告知する。《尊号廷議一件》
4・15　幕府、陰陽道を修する者は必ず土御門家の免許を受けることを命じる。《寛政年録》
5・25　上皇、小御所にて前権大納言中院通古《みちふる》に「和歌天仁遠波」を相伝する。《洞中執次詰所日記》
5月　秋里籬島《りとう》撰・竹原信繁画「大和名所図会」（中に山陵図あり）刊。《跋》
6・1　天皇皇子哲宮《あき》を親王とし、名を礼仁《あやひと》と賜う。《公卿補任》
6・2　皇子礼仁親王没（年2）。《輝良公記》
8・16　地震あり。《公卿補任》
8・20　関白鷹司輔平、辞任。左大臣一条輝良を関白・氏長者とする。《公卿補任》
9・11　伊勢例幣使を発遣する。《公卿補任》
11・7　再び尊号の議を幕府に下さんとし、勅して公卿に意見をつのる。《輝良公記》
11・20　神嘉殿が再興され、天皇、ここで新嘗祭親祭を行なう（安永七年〈一七七八〉以来）。《公卿補任》
11・28　左大臣一条輝良・右大臣近衛経熙、ともに辞任。内大臣鷹司政熙を左大臣、権大納言二条治孝を右大臣、権大納言久我信通を内大臣とする。《公卿補任》
この年　藤田幽谷、老中松平定信の求めに応じ「正名論《せいめいろん》」を著す（幕府が天皇を尊べば諸大名が幕府を尊び、その家臣は大名を尊ぶとし、これにより上下の秩序が保たれ、国内の平和が維持されるとする）。▼柴野栗山、畿内の古社寺・山陵を調査する。ついで「山陵議」を幕府に建白する）。

■寛政四年（一七九二）壬子
光格天皇　22歳
後桜町上皇53歳
1・1　四方拝・小朝拝あるも、天皇、節会に出御せず。《公卿補任》
1・6　内大臣久我信通、辞任。前内大臣大炊御門家孝を内大臣とする。《公卿補任》
1・14　内大臣大炊御門家孝、辞任。前内大臣西園寺賞季《よしすえ》を内大臣とする。《公卿補任》
1・18　朝廷、前年十二月に続き、典仁親王への尊号宣下を再度幕府に諮る。《尊号廷議一件》
2・6　内大臣西園寺賞季、辞任。権大納言

れていることを嘆き、また「明清の法」に従い「一代一元」を提唱する。なお、この頃、水戸藩儒者藤田幽谷もまた「即位の踰年に改元し終身不易」（「建元論」）を主張している。

＊青綺門院《せいきもんいん》（一七一六〜九〇）　桜町天皇女御。父は関白二条吉忠、母は加賀藩主前田綱紀女利子。元文元年（一七三六）入内して女御となる。桃園天皇受禅後、延享四年（一七四七）皇太后となり、寛延三年（一七五〇）院号宣下を受け青綺門院を称する。泉涌寺に葬られ、陵は月輪陵。

一条忠良を内大臣とする。《公卿補任》
3・24 橘寺の聖徳太子像を宮中に請じ入れる。《輝良公記》
4・1 島原大地震（死傷者一万人以上）。《島原山焼一件》
5・16 林子平、「海国兵談」「三国通覧」の著述により禁錮に。《続徳川実紀》
8・19 幕府、金一万両を献上。欣子内親王の立后費にあてる。《輝良公記》
9・10 伝奏万里小路政房・正親町公明《きんあき》、尊号宣下につき幕府の答書を促す。この日、幕府不可の答書が達せられ、廷議、やむをえず閑院宮典仁親王への尊号宣下を止める。《公武御用雑記》
9・11 伊勢例幣使を発遣する。《公卿補任》
10・4 松平定信、尊号宣下不可を返答するため、議奏中山愛親《なるちか》らを江戸に招致する。《公武御用雑記》
10・13 上皇、時事にかんがみ、伝奏万里小路政房等に諭し、尊号の議を中止する。《公武御用雑記》
11・3 ロシア船、日本の漂民を送ってきて根室に至り、書信を通せんことを求める（幕府、目付を差遣）。《寛政日記》
11・12 天皇、勅して、尊号宣下の議を中止する。《公武御用雑記》
12・13 天皇、内侍所臨時御神楽のあと和琴を奏する。《禁裏執次詰所日記》
12・16 天皇、備中介山井景貫より笛大曲（蘇合香・万秋楽）伝授を受ける。《禁裏執次詰所日記》
□8・13 河村秀根《かわむらひでね》（尾張藩士・国学者。「書紀集解」著者。70）

■寛政五年（一七九三）癸丑

光格天皇 23歳
後桜町上皇54歳

1・1 四方拝に御座を設けるも、天皇、出御せず。《公卿補任》
2・16 幕府、中山愛親《なるちか》・正親町公明《きんあき》を江戸城中に招致し、尊号事件を審問する（二十二日、これを難詰）。《続徳川実紀》
3・7 幕府、尊号事件について、議奏中山愛親を閉門、武家伝奏正親町公明を逼塞とするほか伝奏・議奏を処分する（ついで愛親・公明を京都に送り返す）。《続徳川実紀》
3・19 将軍家斉、典仁親王の用度費を加増し、年額三千苞とする。《輝良公記》
5・3 京都地震（五・六日にも）。《輝良公記》
5・9 皇女寿賀宮没（年2。二十七日、般舟三昧院に葬る）。《輝良公記》
7・1 閑院宮より宇多天皇所持の笛が献上

＊**実種公記**《さねたねこうき》 内大臣今出川（菊亭）実種（一七五四～一八〇一）の日記。
＊**閑院宮典仁親王**《かんいんのみやすけひとしんのう》（一七三三～九四） 閑院宮第二代。光格天皇実父。閑院宮初代直仁親王の第二王子。寛保三年（一七四三）親王宣下。勅会をもって葬儀が行なわれる。明治十七年、太上天皇の尊号と慶光《きょうこう》天皇の諡号が追贈される。墓は廬山寺陵（廬山寺は閑院宮家の菩提寺）。
＊**廬山寺陵**《ろさんじのみささぎ》 京都市上京区北之辺町に所在。廬山寺境内の石造多宝塔。

され、この日、天皇、これを吹く。《敬義卿記》
7・23　松平定信、尊号一件により、老中・将軍補佐役を辞する。《寛政重修諸家譜》
9・2　天皇皇子、誕生する（俊宮と称する。母は典侍葉室頼子）。《輝良公記》
9・11　伊勢例幣使を発遣する。《公卿補任》
9・18　将軍徳川家斉、ロシアから帰国の光太夫を召し、事情を問う。《続徳川実紀》
12・7　天皇、上皇より「和歌天仁遠波」伝授を受ける。《輝良公記》
12・9　一乗院尊映法親王（桂宮家仁親王王子）没（一乗院宮墓地に葬られる。年46）。《御系譜》
12・24　欣子内親王に准三后宣下あり。《公卿補任》上皇、小御所にて権中納言飛鳥井雅威《まさたけ》に「和歌天仁遠波」を相伝する。《禁裏執次詰所日記》

■**寛政六年（一七九四）甲寅**

光格天皇　24歳
後桜町上皇55歳

1・1　四方拝に御座を設けるも、天皇、出御せず。節会にも臨御せず。《公卿補任》
2・16　安鎮法を飛香舎に修する（この日より三日間）。《公卿補任》
2・19　天皇、紀伝・明経の諸儒を小御所に召し、経を講じ、詩を作らせる。《実種公記》
3・1　後桃園天皇皇女・准三宮欣子内親王、天皇のもとに入内する。《輝良公記》
3・7　准三宮欣子内親王を中宮とする。《公卿補任》
3・22　典仁親王、前大納言正親町公明に「和歌天仁遠波」を授ける。《実種公記》
4・15　天皇、今出川（菊亭）実種に勅し、「続百首」を詠進させる。《実種公記》
5・25　上皇、「伊勢物語」を有栖川宮織仁親王に相伝する。《輝良公記》
5月　幕府、吉田家裁許状のない者の神事執行を禁じる。《徳川禁令考》
6・4　光格天皇皇子俊宮参内。翌日、勧修寺家に入る。《輝良公記》
6月　藤貞幹「好古小録」成るか。
7・6　**閑院宮典仁親王**没（二十一日、勅会をもって廬山寺に葬られる。陵は**廬山寺陵**）。《輝良公記》
9・11　伊勢例幣使を発遣する。《公卿補任》
12・4　光格天皇皇子俊宮没（年2。廬山寺に葬られる）。《輝良公記》
●この頃、竹口英斉《ひであき》「陵墓志」全三巻刊（皇子女の墳墓も多数記録）。

■**寛政七年（一七九五）乙卯**

光格天皇　25歳

後桜町上皇56歳
1・1 四方拝に御座を設けるも、天皇、出御せず。《公卿補任》
3・4 天皇、法隆寺の聖徳太子像・宝物を覧る。《輝良公記》
4・24 地震あり（十月四日にも）。《実種公記》
5・29 この頃、ロシア人、蝦夷各地を侵掠する。《聞集録》
6月 本居宣長の随筆集「玉勝間」第一編刊（文化九年〈一八一二〉完結）。▼荒木田《あらきだ》末《すえ》寿《ほぎ》「内宮外宮之弁」成る。
8・29 京都暴風雨。鴨川洪水。《実種公記》
9・6 塙保己一、和学講談所を設立する。《続徳川実紀》
9・11 伊勢例幣使を発遣する。《公卿補任》
10・14 関白一条輝良没により、左大臣鷹司政熙を氏長者・内覧とする。《公卿補任》
11・16 左大臣鷹司政熙を関白とする。《公卿補任》
11・27 青蓮院尊真入道親王を天台座主とする。《公卿補任》
11・28 右大臣二条治孝を一上とする。《公卿補任》閑院宮裕宮貞子女王、田安斉匡に降嫁する。《続徳川実紀》
11・30 桃園天皇女御恭礼門院没（十二月二十九日、泉涌寺に葬られる）。《輝良公記》
□9・13久我《こが》信通《のぶみち》（内大臣。広幡長忠の子、養父は権大納言久我敏通。52）、10・14一《いち》条輝良《じょうてるよし》（関白。左大臣。「輝良公記」記主。父は関白一条道香。40）

■**寛政八年（一七九六）丙辰**
光格天皇 26歳
後桜町上皇57歳
1・1 四方拝に御座を設けるも、天皇、出御なし。《公卿補任》
4・24 左大臣鷹司政熙、辞任。右大臣二条治孝を左大臣、前内大臣大炊御門家孝を右大臣とする。《公卿補任》
4・27 天皇、能書方伝授を前大納言万里小路政房より受ける。《実種公記》
8・14 イギリス船、蝦夷東部に来る。《松前家譜》
8・18 地震あり。《実種公記》
8・25 朝廷、前大納言柳原紀光ら九人の失行を罰する。《忠良公記》
9・11 伊勢例幣使を発遣する。《公卿補任》
9・14 上皇、禁裏に御幸し、「和歌三部抄」を天皇に相伝する。《忠良公記》
9・16 上皇、小御所にて「伊勢物語」を美仁親王に相伝する。《忠良公記》
9・22 上皇、小御所にて前権大納言烏丸光《みつ》

＊**恭礼門院**《きょうらいもんいん》（一七四三〜九五） 桃園天皇女御。名は富子。父は関白一条兼香、生母は家女房。権中納言飛鳥井雅豊女を准母とする。天皇との間に後桃園天皇・貞行親王をもうける。明和八年（一七七一）院号宣下を受け恭礼門院を称し、落飾する。陵墓は泉涌寺山内月輪陵。
＊**忠良公記**《ただよしこうき》 関白一条忠良（一七七四〜一八三七）の日記。天明八年（一七八八）から文政七年（一八二四）までの記録が残る（欠失あり）。
＊**大内裏図考証**《だいだいりずこうしょう》 内裏構築にあたり、平安京の内裏・宮殿をはじめ太政官・諸省ほか貴族の邸宅や京都の町並みなどにつき考証したもの。

祖《もと》に「和歌三部抄」を相伝する。《仙洞女房日記》

9・26　右大臣大炊御門家孝、辞任。前内大臣西園寺賞季を右大臣とする。《公卿補任》

10・5　朝廷、土御門泰栄《やすひで》らの失行を罰する。《忠良公記》

11月　蒲生君平、陵墓の荒廃を嘆き、陵墓探索のため宇都宮を発ち、畿内へ向かう（翌年「山陵志」初稿成る）。《蒲生君平翁伝》

12・13　上皇、禁裏に御幸し、天皇に「伊勢物語」を相伝する。《忠良公記》

12・22　右大臣西園寺賞季、辞任。内大臣一条忠良を右大臣、権大納言三条実起《さねおき》を内大臣とする。《公卿補任》

この年　本居宣長「馭戎慨言《ぎょじゅうがいげん》」「大祓詞《おおはらいのことば》後釈《ごしゃく》」刊。▼藤井貞幹「好古日録」成る。▼秋里籬島《りとう》撰・竹原春斎ら画「摂津名所図会」（山陵図あり）初刷本刊。

■寛政九年（一七九七）丁巳

光格天皇　27歳

後桜町上皇58歳

1・1　四方拝・小朝拝あるも、天皇、節会に出御なし。《公卿補任》

3・27　内大臣三条実起、辞任。権大納言二条斉通《なりみち》を内大臣とする。《公卿補任》

5・26　天皇、初めて琵琶を前右大臣西園寺賞季より学ぶ。《公卿補任》

7・10　伏見宮邦頼親王王子嘉禰《かね》宮（貞敬《さだゆき》親王）を後桃園天皇猶子とする（閏七月五日説も）。《実種公記》

⑦・9　地震あり（十一月二十八日にも）。《忠良公記》

⑦月　秋里籬島《りとう》撰・蔀関月《しとみかんげつ》画「伊勢参宮名所図会」刊。《同書》

8・5　伏見宮邦頼親王王子嘉禰宮（後桃園天皇猶子）を親王とし、名を貞敬《さだゆき》と賜う（邦頼親王の後を嗣ぐ）。《公卿補任》

9・11　伊勢例幣使を発遣する。《公卿補任》

9・15　上皇、「古今伝授」を天皇に行なう。《忠良公記》

9・25　上皇、「古今伝授」を織仁親王、ついで美仁親王に行なう。《忠良公記》

9・27　古今集御伝授竟宴和歌御会が開かれる。《忠良公記》

11・18　幕府、宝暦暦を廃し、翌年から寛政暦使用と公表する。《続徳川実紀》

12・10　裏松光世《みつよ》（固禅《こぜん》）、「**大内裏図考証**」三十巻五十冊（大嘗祭の殿舎に関する資料を集成・復元）を朝廷に献上する。《実種公記》

12・22　天皇、上皇より「和歌一事」伝授を受ける。《禁裏執次詰所日記》

□8・19藤貞幹《とうていかん》（正しくは藤原貞幹《さだもと》。考証学者。著書「衝口発」で、「日本書紀」紀年の延長を指摘し、応神新王朝論を提起。66）

■寛政十年（一七九八）戊午

光格天皇　28歳
後桜町上皇59歳

1・1　四方拝あるも、天皇、節会に出御せず。《公卿補任》
1・10　天皇、初めて中宮御所に渡御する。《日記案》
3・4　天皇、無染亭に出御し、桜花を覧る（七日は参内殿にて花覧）。《日記案》
5・21　内大臣二条斉通、辞任（この日没）。《公卿補任》
5・25　上皇、織仁親王・美仁親王に和歌一事を相伝する。《仙洞女房日記》
5月　本居宣長、「伊勢二宮割竹弁《いせにぐうさきたけのべん》」草稿成る（享和元年〈一八〇一〉刊）。
6月　本居宣長、「古事記伝」成る。
7・16　天皇、歯痛（八月四日にも）。《日記案》
7・19　権大納言徳大寺実祖《さねみ》を内大臣とする。《公卿補任》
7月　柳原紀光の「**続史愚抄**」、一応成る。
9・11　伊勢例幣使を発遣する。《公卿補任》
9・20　天皇、前権大納言日野資枝《すけき》に「伊勢物語」を伝授する。《日記案》
12・13　内大臣徳大寺実祖、辞任。権大納言今出川（菊亭）実種《さねたね》を内大臣とする。《公卿補任》
この年　天皇、しばしば笙・箏・笛・琵琶を所作する。▼本居宣長「うひ山ぶみ」成る。
□5・21二条斉通《にじょうなりみち》（内大臣。父は左大臣二条治孝。18）

■寛政十一年（一七九九）己未

光格天皇　29歳
後桜町上皇60歳

1・1　四方拝あるも、天皇、節会に出御せず。《公卿補任》
1・16　幕府、松前章広の所管東蝦夷を直轄地とする。《寛政日記》
2・18　前右大臣西園寺賞季、江戸に赴く。《忠良公記》
3・5　地震あり（五月二十六日にも）。《実種公記》
3・16　内大臣今出川実種、辞任。権大納言近衛《このえ》基前《もとさき》を内大臣とする。《公卿補任》
3・19　前右大臣西園寺賞季、江戸城に登る。《続徳川実紀》
3・24　天皇、民部卿飛鳥井雅威に「和歌三部抄」伝授を行なう。《忠良公記》
5・10　青蓮院尊真入道親王、天台座主を辞

＊**続史愚抄《ぞくしぐしょう》**　正元元年（一二五九）亀山天皇践祚から安永八年（一七七九）後桃園天皇崩御に至る三十三代五百二十一年間の朝廷通史。編者柳原紀光は、その後も修訂浄書を行なうも、寛政十二年（一八〇〇）死去。なお本書では、後村上天皇を「偽主」と呼んでいる。

＊**公明卿記《きんあききょうき》**　権大納言・武家伝奏正親町公明（一七四四～一八一三）の日記。公明は典仁親王への尊号宣下に関わる事件の首謀者とみなされ、松平定信の尋問を受け逼塞五十日を命じられる。反幕感情が強く、江戸幕府のことを「東夷」と記し、当時の公家の意識が窺い知れる。

＊**休明光記《きゅうめいこうき》**　著者は初代蝦夷奉行、松前奉行の羽太正養《はぶとまさやす》（一七五四～一八一四）。文化元年（一八〇四）刊。幕府の蝦夷地直轄の状況を知るための貴重史料。

任。輪王寺公澄入道親王を天台座主とする。《公卿補任》

7・27 上皇、天皇に宸書にて人君の道を説く。《光格天皇宸翰御消息》

8・4 公澄入道親王、天台座主を辞任。《公卿補任》

8・17 尊真入道親王を天台座主に還補する。《公卿補任》

8・19 京都大雨洪水。《実種公記》

9・11 伊勢例幣使を発遣する。《公卿補任》

10・18 勧修寺《かじゅうじ》経逸《つねはや》女婧子《ただこ》、典侍となり今参と称する。《禁裏執次詰所日記》

11・26 上皇、六十賀により禁裏に御幸し、舞楽を覧る。《仙洞女房日記》

この年 秋里籬島「都林泉名勝図会」(山陵図あり)刊。《同書》

□5・13大炊御門《おおいのみかど》家孝《いえたか》(右大臣。父は内大臣大炊御門経秀。53)、6・25近衛《このえ》経熙《つねひろ》(右大臣。父は関白近衛内前。39)、12・22西《さい》園寺《おんじ》賞季《よしすえ》(右大臣。父は内大臣西園寺公晃。57)

■寛政十二年(一八〇〇)庚申

光格天皇 30歳

後桜町上皇61歳

1・22 光格天皇皇子(若宮。温仁《ますひと》親王。母は中宮欣子内親王)、誕生する。《忠良公記》

1月 天皇、渡殿にて桜花を覧る(二十五日、参内殿にて桜を覧る)。《公明卿記》

2・21 光格天皇皇子(寛《ゆた》宮。恵仁《あやひと》親王。仁孝天皇)、誕生する(母は典侍勧修寺婧子《ただこ》)。《忠良公記》

3・7 天皇皇子若宮を儲君とする。《忠良公記》

3・26 儲君若宮を親王とし、名を温仁《ますひと》と賜う。《公卿補任》

3・30 日光例幣使発遣日時を定める。《公卿補任》

4・4 儲君温仁親王没(年1。二十二日、泉涌寺に葬られる。儲君に治定されて皇位に即かなかった唯一の例)。《公卿補任》

4月 伊能忠敬、蝦夷に至り陸地を測量する。《休明光記》

9・11 伊勢例幣使を発遣する。《公卿補任》

10月 この月以降、正倉院を修理、宝物を東南院宝庫と八幡宮楼門前の南宝蔵に移し、調査を行なう。

12・10 天皇、風早実秋《かざはやさねあき》に「天仁遠波」を伝授する。《禁裏執次詰所日記》

この年 賀茂真淵「祝詞考」刊。▼蒲生君平、畿内山陵を調査し、また、讃岐国白峯陵(崇徳天皇陵)を訪ね、ついで、佐渡の順徳天皇陵に参拝する。

□1・3柳原紀光《やなぎわらもとみつ》（権大納言。「続史愚抄」著者。「紀光卿記」記主。55）

■**享和元年（一八〇一）辛酉**

光格天皇　31歳

後桜町上皇62歳

2・5　辛酉年により**享和**と改元する。《公卿補任》

3・14　権大納言花山院愛徳《あいとく》を公卿勅使として伊勢に発遣する。《公卿補任》

5・8　有栖川宮誠宮（済仁入道親王）を勧修寺住持とする。《忠良公記》

9・11　伊勢例幣使を発遣する。《公卿補任》

10・14　有栖川宮千鶴宮を中宮寺住持とする。《忠良公記》

10・18　仁和寺深仁法親王附喜久宮（閑院宮美仁親王王子）没（年5）。《忠良公記》

12・16　上皇、「伊勢物語」秘訣を前権大納言烏丸光祖《からすまるみつもと》に授ける。《忠良公記》

この年　頼山陽、「日本外史」を起稿。《梅颸《ばいし》日記》蒲生君平、「**山陵志**」を執筆し、「序文」を本居宣長に送り、批評を請う。

□6・22今出川《いまでがわ》（菊亭）実種《さねたね》（内大臣。権中納言今出川公言養子。48）、9・29**本居宣長**（国学者。72）

■**享和二年（一八〇二）壬戌**

光格天皇　32歳

後桜町上皇63歳

2・7　天皇、耳疾あり。《御湯殿上日記》

3・7　天皇、南殿の桜花を覧る。《御湯殿上日記》

3・24　天皇、楽御会始で琵琶を奏する。《忠良公記》

5・13　幕府、蝦夷奉行を箱館奉行と改称する（文化四年〈一八〇七〉松前奉行に改称）。《続徳川実紀》

6・29　京都・近畿、大雨洪水。《忠良公記》

9・8　伏見宮邦頼親王没（年70）。《禁裏執次詰所日記》

9・11　伊勢例幣使を発遣する。《公卿補任》

10・23　京都地震。《**師武記**》

■**享和三年（一八〇三）癸亥**

光格天皇　33歳

後桜町上皇64歳

3・13　天皇、楽御会始に箏を奏する。《忠良公記》

3・19　天皇、有栖川宮織仁親王より「入木道」伝授を受ける。《御湯殿上日記》

5・27　安楽心院公延法親王（閑院宮典仁親王王子）没（年42）。《禁裏執次詰所日記》

この夏　麻疹流行、人多く死す。《武江年表》

7・8　アメリカ船、長崎港に入り貿易を求める（十九日、幕府拒否。このあとイギリ

＊**享和**《きょうわ》　前参議菅原在熙《ありひろ》の勘文に「文選曰、順乎天而享其運、応乎人而和其義」（巻十一、晋紀総論）とある。

＊**山陵志**《さんりょうし》　蒲生君平、「大日本史」に「神祇志」以下の「志」がないため「九志」編纂を志し、まず「山陵志」に着手。寛政十二年（一八〇〇）入京、歌人小沢蘆庵宅に止宿して近畿の山陵を踏査し、讃岐にも足を延ばす。帰途、本居宣長を訪ね、次いで佐渡の順徳天皇陵を巡り、帰郷後執筆する。自らの検分と古図・伝承にてらして記述。この中で「前方にして後円」という「前方後円」の語を初めて用いるなど、独自の見解も発表。なお、神武天皇陵は丸山説をとっている。

＊**本居宣長**《もとおりのりなが》（一七三〇〜一八〇一）国学者。「古事記伝」「源氏物語玉小櫛」「玉くしげ」「秘本玉くしげ」「直毘霊」など著書多数。古典をきわめ、外来思想を排し、復古思想を説き、国学を確立した。

＊**師武記**《もろたけき》　大外記押小路師武（一七七〇〜一八〇六）の日記。

＊**森山孝盛日記**《もりやまたかもりにっき》　旗本森山孝盛（一七三八〜一八一五）の日記。明和

ス船来航も同様に拒否）。《長崎志続編》
9・11　伊勢例幣使を発遣する。《公卿補任》
9・16　有栖川宮織仁親王王子永宮、青蓮院に入寺、得度、僧正とする（法名承真）。《忠良公記》
10・7　浅間山噴火。江戸に灰が降る。《森山孝盛日記》
10月　幕府、神位は勅許によるものとし、吉田家は関与しないこととする。《徳川禁令考》
12・5　天皇、権中納言久世通根に「天仁遠波」秘訣を授ける。《御系譜》
この年　進藤為善編「華頂要略」成るか。《序》

■文化元年（一八〇四）甲子

光格天皇　34歳
後桜町上皇65歳
1・1　四方拝あるも、天皇、節会に出御せず。《公卿補任》
2・11　甲子年により**文化**と改元する。《公卿補任》
2・24　七社奉幣使を発遣する。《公卿補任》
3・8　天皇、権中納言飛鳥井雅威に「伊勢物語」秘訣を授ける。《禁裏執次詰所日記》
6・4　出羽大地震（象潟《きさかた》が隆起）。《続皇年代略記》
8・3　幕府、盛岡・津軽各城主に命じ、蝦夷を警備させる。《南部家譜・津軽家譜》
9・6　これより先、幕府、天文方に日本全図を作らせる。この日、将軍徳川家斉、これを見る。《続徳川実紀》ロシア使節レザノフ、長崎に来航し、修好貿易を要求する。《長崎志続編》
9・11　伊勢例幣使を発遣する。《公卿補任》
9・21　幕府、有栖川宮織仁親王第八王女楽宮を将軍世子家慶の妃とする。楽宮、この日、江戸城に入る。《続徳川実紀》
11・27　上皇、以後七年間、重ねて諸事倹約を仰せる。《禁裏執次詰所日記》。
□2・5中井竹山《なかいちくざん》（儒学者。「草茅危言《そうぼうきげん》」著者。75）、7・26裏松光世《うらまつみつよ》（公家。有職故実家。「大内裏図考証」を著し献上。落飾して固禅。69）、12・22飲光《おんこう》（真言宗僧。雲伝神道唱道者。日本を神国とし、神道を一言でいえば赤心であるとする。87）
●文化初年、この頃、「書紀集解《しょきしっかい》」（河村秀根《ひでね》・益根《ますね》著）成る。

■文化二年（一八〇五）乙丑

光格天皇　35歳
後桜町上皇66歳
1・1　四方拝あるも、天皇、節会に出御せず。《公卿補任》
3・7　宮中に観花宴あり。奏楽あり、天皇、箏を奏する。《忠良公記》

七年（一七七〇）から文化八年（一八一一）までの記録で、原題は「自家年譜」。伝存する旗本の日記は少なく、内容も多岐にわたり、この時代の幕政、旗本の公私の生活、学問・文芸を知るうえの重要史料。

＊**華頂要略**《かちょうようりゃく》　京都青蓮院の寺誌。承徳元年（一〇九七）から天保五年（一八三四）まで、「門葉記」などの古記録類を編集したもの。青蓮院尊真入道親王の命を受け、坊官進藤為善により編集される。享和三年（一八〇三）に序を書くも、その後も追補が行なわれた。

＊**文化**《ぶんか》　式部大輔菅原為徳《ためのり》の勘文に「周易（賁卦彖伝）曰、観乎天文以察時変、観乎人文、以化成天下、後漢書（巻六二、荀淑伝）曰、宣文教以章其化、立武備、以秉其威」とある。

3・26 天皇、奏楽始で琵琶を奏する。《忠良公記》

8・7 有栖川種宮（織仁親王王子）を知恩院住持とする。《禁裏執次詰所日記》

8・9 妙法院真仁《しんにん》法親王（閑院宮典仁親王王子）没（年38）。《禁裏執次詰所日記》

9・11 伊勢例幣使を発遣する。《公卿補任》

■文化三年（一八〇六）丙寅

光格天皇 36歳
後桜町上皇67歳

1・1 四方拝あるも、天皇、節会に出御せず。《公卿補任》

2・6 京都町奉行、宮中学問所建造費の一部を町人と幕領百姓が負担するよう命じる。《古久保家文書》

7・25 聖護院盈仁法親王、大峯に入るため、この日、陛辞する。《忠良公記》

9・11 伊勢例幣使を発遣する。《公卿補任》

10・19 天皇、病む。《忠良公記》

この年 賀茂真淵「国意考」刊。《同書》幕府による「諸陵改め」が実施される（その成果が「文化山陵絵図」）。

■文化四年（一八〇七）丁卯

光格天皇 37歳
後桜町上皇68歳

4・25 ロシア船二隻、択捉島に至り、上陸して家屋を放火して去る（箱館奉行羽《は》太《ぶと》正《まさ》養《やす》、南部・津軽両氏に増兵を命じ、さらに佐竹氏・酒井氏に援軍をたのむ。六月に禁裏付池田政貞が武家伝奏広橋伊光にロシア船来航を伝え、以後、朝廷が幕府に対外情勢の報告を求める端緒となる）。《文化年録》

4・27 アメリカ船一隻、長崎に来航する。《長崎志続編》

7・18 天皇皇子寛宮（仁孝天皇）、皇后欣《よし》子《こ》内親王の実子となり、儲君に治定される。《忠良公記》

7・21 仁和寺宮深仁入道親王（閑院宮典仁親王第二子。桃園天皇養子）没（七月十一日没説も。年49）。《忠良公記》

8・12 勧修寺誠宮（済仁入道親王）を仁和寺深仁入道親王の附弟とする。《忠良公記》

8・27 儲君寛宮、前権大納言中山愛親女を納れて上臈とする（高松局を称する）。《忠良公記》

9・11 伊勢例幣使を発遣する。《公卿補任》

9・22 光格天皇皇子儲君寛宮を親王とし、恵仁《あやひと》の名を賜う。《公卿補任》

9・28 天皇、楽御会始で琵琶を奏する。《忠良公記》

12・15 有栖川宮織仁親王王子阿計宮を光格天皇猶子とする。《有栖川宮御家系》

＊**国意考**《こくいこう》 国学者賀茂真淵著。「国意」とは「日本固有の精神」の意。外来思想を排し、復古思想を強調する。

＊**誠斎雑記**《せいさいざつき》 幕府の奥右筆などをつとめた向山誠斎《むこうやませいさい》（一八〇一〜五六）編。江戸幕府に保存されていた触書や行政史料などを摘録した古文書集。天保九年（一八三八）から安政三年（一八五六）にかけて成立。「向山誠斎雑記」とも。

＊**永皎女王**《えいこうにょおう》（一七三二〜一八〇八） 大聖寺門跡。父は中御門天皇、母は権大納言久世通夏女の掌侍夏子。元文五年（一七四〇）大聖寺に入寺、寛保二年（一七四二）得度（法名天巌永果、のち永皎）して住職。明和六年（一七六九）御所号を許され、七年、円照寺門跡を兼ねる。京都歓喜寺に葬られる。准三宮宣下、勝妙楽院号を勅賜される。

□12・1 柴野《しばの》栗山《りつざん》（儒学者。古社寺・山陵の調査にあたり「山陵議」を建白。72）

■文化五年（一八〇八）戊辰

光格天皇 38歳
後桜町上皇69歳

1・1 四方拝あるも、天皇、節会に出御せず。《公卿補任》
1月 幕府の命により、仙台藩は択捉・国後・箱館、会津藩は樺太・宗谷・利尻・松前を警戒する。《誠斎雑記》
3・4 閑院宮美仁親王王子（光格天皇猶子）寿《ひさ》宮を親王とし、名を孝仁《たつひと》と賜う。有栖川宮織仁親王王子（光格天皇猶子）阿計宮を親王とし、名を詔仁《つなひと》と賜う（織仁親王の後を嗣ぐ）。《公卿補任》
3・14 有栖川宮織仁親王王子承真を光格天皇養子とする。《御系譜》
3・22 有栖川宮織仁親王王子誠宮を光格天皇養子とする。《忠良公記》
3・27 伏見宮貞敬親王王子聴宮（尊宝法親王）を光格天皇養子とする。《御系譜》
4・10 天皇、このころ病む。《公明卿記》
4・13 幕府、松田元敬・間宮林蔵に樺太奥地を検視させる。この日、宗谷を発する。《北夷談》
4・28 梶井宮僧正承真（有栖川宮織仁親王王子・光格天皇養子）を親王とする（承真法親王）。《公卿補任》
5月 蒲生君平「山陵志」刊。
7・2 大聖寺永皎女王を准三宮とする。《公卿補任》
7・4 中御門天皇皇女大聖寺宮**永皎女王**没。《忠良公記》
7・26 有栖川宮織仁親王王子亀代宮（法名公猷、のち舜仁）を光格天皇養子とする。《御系譜》
8・15 イギリス船フェートン号、長崎港に侵入し薪炭を要求する。《通航一覧》
8・26 織仁親王王子亀代宮（光格天皇養子）を親王とし、名を正道と賜う。《公卿補任》
9・11 伊勢例幣使を発遣する。《公卿補任》
9・18 正道親王、入寺得度する（のち舜仁入道親王）。《御系譜》
10・21 音楽合奏あり。天皇、笛を吹く。《忠良公記》
12・18 幕府、南部藩・津軽藩に専ら東西蝦夷地を警備させる。《続徳川実紀》
この年 京都町奉行森川俊尹、諸陵の図（「歴帝陵紀濫觴」）を作らせる。▼平田篤胤「天津祝詞考」成る。

■文化六年（一八〇九）己巳

光格天皇 39歳

後桜町上皇70歳

1・1 四方拝あるも、天皇、節会に出御せず。《公卿補任》

3・24 儲君恵仁親王（仁孝天皇）を皇太子とする。《禁裏執次詰所日記》

6・20 仁和寺誠宮（有栖川宮織仁親王王子、光格天皇養子）を親王とし、名を脩道《ながみち》と賜う（のち済仁《さいにん》入道親王）。《公卿補任》

6月 幕府、樺太島を改め、北蝦夷と称する。《北夷談》

8・8 一乗院潔《きよ》宮（伏見宮貞敬親王王子。尊誠法親王）を光格天皇養子とする。《忠良公記》

8・25 伊勢両宮一社奉幣使を発遣する。《公卿補任》

8・27 有栖川宮織仁親王王子種宮を将軍徳川家斉の猶子とする。《御系譜》

8月 大草公弼《おおくさきみすけ》編「南山巡狩録」成る（九月二十一日、幕府に献上）。《同書》

9・1 伊勢内宮の正遷宮が行なわれる。天皇、東庭にて御拝。《公卿補任》

9・4 伊勢外宮の正遷宮が行なわれる。天皇、東庭にて御拝。《公卿補任》

9・11 伊勢例幣使を発遣する。《公卿補任》

9・25 仁和寺脩道親王、仁和寺で得度し、済仁法親王と称する。《公卿補任》

12・1 有栖川宮織仁親王王女楽宮《さき》（喬子《たかこ》）、将軍世子家慶《いえよし》に降嫁する。《続徳川実紀》

12・13 輪王寺公澄法親王、老齢のため舜仁（正道）入道親王を輪王寺住持とする。《続徳川実紀》

12・14 上皇の七十算賀が行なわれ、天皇、琵琶を奏する。《忠良公記》

12・25 水戸藩主徳川治紀《はるとし》、幕府に「大日本史」を献上する。《続徳川実紀》

□6・27 上田《うえだ》秋成《あきなり》（国学者・小説家。「雨月物語」作者。76）

■文化七年（一八一〇）庚午

光格天皇 40歳

後桜町上皇71歳

1・1 四方拝・小朝拝あるも、天皇、節会に出御せず。《公卿補任》

4・27 知恩院種宮（有栖川宮織仁親王王子。徳川家斉猶子）を親王とし、名を福道と賜う。ついで大僧正とする。《公卿補任》

4・28 梶井宮承真法親王を天台座主とする。《公卿補任》

5・25 天皇、瘡をわずらう。《公明卿記》

6・27 第五皇子、誕生する（磐宮と名付ける。盛仁親王。母は新内侍菅原和子）。《御系譜》

8・19 内侍所仮殿渡御。天皇、東庭で御拝。

＊**南山巡狩録《なんざんじゅんしゅろく》** 南朝の事績を編年体にまとめたもの。国学者・幕臣大草公弼《おおくさきみすけ》（一七七五～一八一七）編。

＊**伊光記《これみつき》** 准大臣広橋伊光（一七四六～一八二三）の日記。伊光が武家伝奏に就任した享和三年（一八〇三）から辞任した文化十年（一八一三）までの記録であることから、私日記というより職務日記。朝幕間の交渉に携わったことから、朝幕関係を知るうえの重要史料で、宝暦・明和事件、諸儀の再興、尊号事件等、近世政治史を知るために欠かせない史料となっている。「伊光公記」とも。伊光には「勁《けい》槐《かい》記」（一七五八～六八の日記）、「千羊記」（文化・文政年間の関東下向の記録）もある。

＊**大江《おおえ》磐代《いわしろ》**（一七四四～一八一三）光格天皇生母。閑院宮典仁親王に仕え、典仁親王侍女となり祐宮（光格天皇）・寛宮（聖護院宮盈仁親王）らをもうける。京都廬山寺に葬られる。

《公卿補任》
9・11　伊勢例幣使を発遣する。《公卿補任》
9・18　皇子磐宮に京極宮を嗣がせ、このとき桂宮と改号し、智仁親王を桂宮始祖とする。《伊光記》
9・27　知恩院福道親王、出家する（尊超入道親王）。《公卿補任》
11・5　水戸藩主徳川治紀《はるとし》、朝廷に「大日本史」を献上する。《史館事記》
12・7　内侍所本殿渡御。天皇、東庭で御拝。《公卿補任》
12・18　皇子磐宮、桂殿に移る。《伊光記》

■**文化八年（一八一一）辛未**
光格天皇　41歳
後桜町上皇72歳
1・1　四方拝あるも、天皇、節会に出御せず。《公卿補任》
2・28　内侍所仮殿を神嘉殿に改造せんとして、これを所司代に諭す。《伊光記》
②・14　皇太子恵仁親王、読書始を行なう。《公卿補任》
3・16　皇太子恵仁親王、元服する。《公卿補任》
5・16　桂宮磐宮（光格天皇皇子）を親王とし、名を盛仁《たけひと》と賜う。《公卿補任》
5・17　桂宮盛仁親王没（年2）。《桂宮日次記》
6・4　ロシア人、国後島に来り、貿易を請い、薪水を求める。《北夷談》
9・11　伊勢例幣使を発遣する。《公卿補任》
9・24　伏見宮貞敬《さだゆき》親王王子聰宮（光格天皇養子）を親王とし、名を有道と賜う（のち青蓮院門跡尊宝法親王）。《公卿補任》
12月　平田篤胤、「古史成文」を著す（文政元年〈一八一八〉刊。篤胤、この年、「毎朝神拝詞」「玉たすき」も著す）。

■**文化九年（一八一二）壬申**
光格天皇　42歳
後桜町上皇73歳
1・1　四方拝あるも、天皇、節会に出御せず。《公卿補任》
1月　本居宣長「玉勝間」第五編刊。
2・5　地震あり。《公卿補任》
2・15　有栖川宮織仁親王、落飾して龍淵と号する。《伊光記》
3・5　有道親王、青蓮院に出家し、尊宝と改名する（尊宝法親王）。《公卿補任》
8月　京都、盗人多し。《伊光記》
9・11　伊勢例幣使を発遣する。《公卿補任》
11月　「寛政重修諸家譜」成る。《序》
12・9　光格天皇生母**大江磐代**、聖護院の邸にて没。《御系譜》

12・19 姉小路公聴女聴子《きんとし》。典侍となる。《禁裏執次詰所日記》

■文化十年（一八一三）癸酉
光格天皇 43歳
後桜町上皇74歳

1・1 四方拝に御座を設けるも、天皇、出御せず。節会も臨御せず。《公卿補任》
2・19 上皇、病む（八月十一日全快）。《伊光記》
3・15 光格天皇により、石清水八幡宮臨時祭が再興される（永享四年〈一四三二〉以来）。《公卿補任》
5・7 輪王寺公猷入道親王を天台座主とする。《公卿補任》
7月 伊勢神宮以下の社寺に勅し、天災を祈禳させる。《伊光記》
8・4 輪王寺公猷入道親王、天台座主を辞任。《公卿補任》
8・26 梶井宮承真入道親王を天台座主とする。《公卿補任》
9・11 伊勢例幣使を発遣する。《公卿補任》
9・20 前権大納言広橋伊光《これみつ》を准大臣とする。《公卿補任》
9・30 常御所修理のため、天皇、学問所に渡御する。《山科忠言卿伝奏記》
10・17 鷹司政熙女繋子《つなこ》を皇太子恵仁親王の御息所とする。《禁裏執次詰所日記》
⑪・2 後桜町上皇崩御（三日に発表）。《公卿補任》
⑪・11 上皇の追号を桜町院とする。《禁裏執次詰所日記》
12・16 上皇を泉涌寺に葬る（陵は**月輪陵**）。《**実久卿記**》
この年 平田篤胤「古道大意」成る。また、「霊能真柱《たまのみはしら》」刊。

□1・8 **鷹司輔平**（関白。内大臣。75）、7・5蒲生君平《がもうくんぺい》（尊王論者。「山陵志」著者。46）

■文化十一年（一八一四）甲戌
光格天皇 44歳

1・1 四方拝に御座を設けるも、天皇、出御せず。触穢により節会は中止。《公卿補任》
2・5 地震あり。《**師徳卿記**》
2・7 常御所修理成り、天皇、還御する。《山科忠言卿伝奏記》
4・2 左大臣二条治孝、辞任。右大臣一条忠良を左大臣、前内大臣三条実起を右大臣とする。《公卿補任》
9・11 伊勢例幣使を発遣する。《公卿補任》
9・16 関白鷹司政熙、辞任。左大臣一条忠良を関白・氏長者・内覧とする。《公卿補任》
9・28 右大臣三条実起、辞任。内大臣近衛

＊**月輪陵** 六七五ページ注参照。
＊**実久卿記《さねひさきょうき》** 権大納言橋本実久（一七九〇～一八五七）の日記。女経子は仁孝天皇典侍となり和宮の母。
＊**鷹司輔平《たかつかさすけひら》**（一七三九～一八一三） 閑院宮直仁親王王子。桜町天皇猶子、関白一条兼香の養子となり、寛保三年（一七四三）後嗣なき鷹司家を相続する。内大臣のあと、天明七年（一七八七）関白に就任。二尊院に葬られる。諡号は後心空華院。
＊**師徳卿記《もろのりきょうき》** 大外記中原（押小路）師徳（一七九九～一八四六）の日記。

基前を右大臣、権大納言花山院愛徳《よしのり》を内大臣とする。この日、近衛内前を一上とする。《公卿補任》

10・20 富小路貞直女明子《てるこ》、掌侍となる。《禁裏執次詰所日記》

11・11 黒住宗忠、日の出を拝むうちに天照大神と一体となったという体験を得る（黒住教立教）。《黒住教教書》

この年 光格天皇により、応仁の乱以来の賀茂社臨時祭が再興される（十一月二十二日か十二月二十二日か）。

□8・18 中山愛親《なかやまなるちか》（権大納言。光格天皇側近。74）

■文化十二年（一八一五）乙亥

光格天皇 45歳

1・4 左大臣一条忠良、辞任（この日、一座の宣旨を受ける）。右大臣近衛基前を左大臣、前内大臣徳大寺実祖を右大臣とする。《公卿補任》

2・17 鷹司政熙を准三宮とする。《公卿補任》

2・26 右大臣徳大寺実祖・内大臣花山院愛徳、辞任。権大納言鷹司政通を右大臣、権大納言二条斉信《なりのぶ》を内大臣とする。《公卿補任》

3・8 天皇、楽御会始に箏を奏する。《禁裏執次詰所日記》

4・26 左大臣近衛基前、江戸に到着する。《続徳川実紀》

4・27 天皇、関白一条忠良に「天仁遠波」伝授を行なう。《禁裏執次詰所日記》

5月 阿蘇山噴火。《続徳川実紀》

8・28 第六皇子、誕生する（猗《なが》宮と称する。五歳で夭逝。母は典侍園正子）。《禁裏執次詰所日記》

9・11 伊勢例幣使を発遣する。《公卿補任》

■文化十三年（一八一六）丙子

光格天皇 46歳

1・28 皇子（高貴《あて》宮。悦仁《としひと》親王）、誕生する（母は中宮欣子内親王）。《公卿補任》

3・11 内大臣徳川家斉を右大臣に任じる。《公卿補任》

⑧・13 青蓮院尊真入道親王を准三宮とする。《公卿補任》

9・2 天皇、「天仁遠波」伝授を前権大納言庭田重嗣に行なう。《実久卿記》

9・11 伊勢例幣使を発遣する。《公卿補任》

この秋 本居宣長「石上私淑言《いそのかみのささめごと》」刊。《同書》

12・21 自今、後院を桜町殿と称する。《禁裏執次詰所日記》

12・22 一乗院忠道王（伏見宮貞敬親王王子・光格天皇養子）を親王とする。《公卿補任》

■文化十四年（一八一七）丁丑

光格天皇 47歳
仁孝天皇 18歳

1・1 天皇、四方拝を行なうも、節会に出御せず。《公卿補任》

1・27 伏見宮貞敬親王王子（睦宮）を光格天皇猶子とする。《実久卿記》

2・14 伏見宮貞敬親王王子睦宮（光格天皇猶子）を親王とする（邦家《くにいえ》親王。貞敬親王の後を嗣ぐ）。《御系譜補》

3・19 中山愛親女愛子《なるこ》（績子《いさこ》）を典侍とする。《中山家上申》

第百二十代 仁《にん》孝《こう》天皇

3・22 光格天皇譲位（桜町殿に移り、霊元上皇以来の院政をしく）、恵仁《あやひと》親王、清涼殿にて受禅（**仁孝天皇**）。一条忠良をそのまま関白とする。《公卿補任》

3・24 先帝に太上天皇尊号を贈る。《公卿補任》

4・1 中宮御殿造立。仙洞御所修復される。《続徳川実紀》

4・13 光格上皇、禁裏に御幸する（以後、しばしば御幸）。《日次案》

5・1 上皇、鎮守社に参拝する（以後しばしば）。《日次案》

5・11 一乗院忠道親王、出家する（尊誠法親王）。《公卿補任》

5・13 天皇、神祇伯資延王より御拝伝授を受ける。《寛宮御用雑記》

6・18 上皇、柿本社に参拝する（以後しばしば）。《日次案》

8・21 即位由奉幣使を発遣する。《禁裏執次詰所日記》

9・11 伊勢例幣使を発遣する。《禁裏執次詰所日記》

9・20 天皇、内大臣二条斉信より即位灌頂伝授を受ける。《禁裏執次詰所日記》

9・21 仁孝天皇、紫宸殿にて即位礼を挙げる（このとき、久米舞再興。また、切手札を買った庶民三百人が式を拝観。二十二・二十三日は切手なしに紫宸殿を自由に拝観）。《町触》

12・11 前関白鷹司政熙女繋子が入内する（翌日、女御宣下）。《公卿補任》

■文政元年（一八一八）戊寅

仁孝天皇 19歳
光格上皇 48歳

1・1 四方拝、御座を設けるも、天皇、出御せず。節会にも出御せず。《公卿補任》

3・15 天皇、桜花を覧るため女御鷹司繋子御殿に出御する。《女御附女房日記》

3・18 天皇、参内殿にて桜花を覧る（女御

＊**仁孝天皇《にんこうてんのう》**（一八〇〇～四六） 名は恵仁《あやひと》、幼称寛宮《ゆたのみや》。光格天皇第六皇子。母は贈内大臣勧修寺経逸女婧子《ただこ》（東京極院）。文化四年（一八〇七）親王宣下、同六年立太子、同八年元服、同十四年践祚、即位。弘化三年（一八四六）崩御。陵は後月輪陵。女御に鷹司繋子《つなこ》（新皇嘉門院）。所生の子に安仁《しずひと》親王など）・藤原祺子《やすこ》（新朔平門院）。皇子女に孝明天皇（母は藤原雅子）のほか淑子《すみこ》内親王・節仁《みさひと》親王・親子《ちかこ》内親王（和宮）など。諡号「仁孝」は、「あわれみ深く親孝行」の意。出典は「礼記」の「仁人が親につかえるは天につかえるように、天につかえるは親につかえるように。したがって、孝子たる者はその身を修めることができる」による。

＊**文政《ぶんせい》** 式部大輔菅原長親《ながちか》の勘文に「尚書（舜典）孔安国云、舜察天文、斉七政」とある。なお「群書治要」には「政平於人者謂之文政矣」とある。

も同殿に渡る)。《女御附女房日記》
4・22 代始により**文政**と改元する。《公卿補任》
5・13 伏見宮邦家親王王子志津宮を光格上皇養子とする。《御系譜》
5・18 天皇・上皇の諱字を避け、やむをえず書くときは末画を欠くべしと令する。《二条家番所日記》
9・11 伊勢例幣使を発遣する。《公卿補任》
10・6 閑院宮美仁親王没(年61)。《二条家番所日記》
10・17 甘露寺国長女妍子を典侍とする。《禁裏執次詰所日記》
10・29 天皇、大嘗会のため禊を行なう。《禁裏執次詰所日記》
11・8 大嘗会由奉幣使を発遣する。《禁裏執次詰所日記》
11・10 上皇、禁裏に御幸し、天皇に大嘗会神饌を伝授する。《禁裏執次詰所日記》
11・21 天皇、大嘗祭を行なう。《大嘗会細記》
この年「悠紀主基御帳壇御装束類之事」成る。
▼平田篤胤「古史成文」「古史徴」刊。
□4・13伊能忠敬《いのうただたか》(地理学者。74)

■**文政二年(一八一九)己卯**

仁孝天皇　20歳
光格上皇　49歳

1・1 四方拝に御座を設けるも、天皇、出御せず。上皇の四方拝あり。天皇、節会にも出御せず。《公卿補任ほか》
1・13 水戸藩主徳川斉脩《なりのぶ》、幕府に「大日本史」紀伝を献上する。《続水戸紀年》
1・19 上皇皇子猗《なが》宮没(母は典侍園正子。年5。二月十四日、廬山寺に葬られる)。《二条家番所日記》
2・5 天皇の病が疱瘡と治定される(上皇、参内。四月全癒)。《二条家番所日記》
6・12 京都ほか地震。《実久卿記》
9・11 伊勢例幣使を発遣する。《公卿補任》
9・21 天皇、上皇より「天仁遠波」伝授を受ける。《禁裏執次詰所日記》
10・17 上皇、「天仁遠波」を左衛門督飛鳥井雅光に授ける。《二条家番所日記》
11・24 上皇、「天仁遠波」を閑院宮孝仁親王に授ける。《二条家番所日記》
12・15 閑院宮孝仁親王王子健宮を上皇養子とする。《御系譜》
12・27 上皇、前大納言四辻公万《きんまん》より箏曲伝授を受ける。《女御附女房日記》
12月 水戸藩主徳川斉脩《なりのぶ》、朝廷に「大日本史」紀伝を献上する。《続水戸紀年》
この年 塙保己一「群書類従」正編刊行了。《温故堂塙先生伝》巌垣松苗《いわがきまつなえ》(東園《とうえん》)、「国史略」

（神代から後陽成天皇聚楽第行幸までの歴史書）を脱稿（文政九年刊）。▼平田篤胤「古史徴開題記」成る。

□1・28徳大寺《とくだいじ》実祖《さねみ》（右大臣。父は西園寺公晃。養父は権大納言徳大寺公城《きんむら》。67）

●文化十一年～文政二年（一八一四～一九）、伴信友「長等《ながら》の山風《やまかぜ》」草稿成る（大友皇子の即位等を考証）。

■文政三年（一八二〇）庚辰

仁孝天皇　21歳
光格上皇　50歳

1・1　四方拝に御座を設けるも、天皇、御座せず。節会にも臨御せず。上皇の四方拝あり。《公卿補任ほか》

2・10　光格上皇、「天仁遠波」伝授を有栖川宮韶仁親王に行なう。《二条家番所日記》

2・19　有栖川宮織仁親王没（年68）。《二条家番所日記》

3・14　光格上皇中宮欣子内親王（新清和院）を皇太后とする（大宮と称す）。《公卿補任》

4・18　左大臣近衛基前、辞任（翌日没）。《公卿補任》

5・16　仁孝天皇皇子（鋹宮《おさ》。安仁親王）、誕生する（母は女御鷹司繋子）。《公卿補任》

5・17　天皇、初めて箏を奏する。《二条家番所日記》

6・1　右大臣鷹司政通を左大臣、前内大臣花山院愛徳《よしのり》を右大臣とする。《公卿補任》

6・2　常御所修理成り、天皇、還御する。《日次案》

6・18　女御鷹司氏、皇子鋹宮と桂芳坊より飛香舎に移る。《二条家番所日記》

8月　山片蟠桃《やまがたばんとう》「夢の代」成る。

9・11　伊勢例幣使を発遣する。《公卿補任》

10・15　右大臣花山院愛徳、辞任。内大臣二条斉信を右大臣、権大納言三条公修《きんおさ》を内大臣とする。《公卿補任》

12・26　女御鷹司繋子を准三宮とする（二十七日以後、准后と称する）。《公卿補任》

この年　幕府、四境静謐の祈願の必要から、国内寺社の序列を発表（宮門跡、大寺大社、諸国一宮、御由緒厚き寺社）。

□4・19近衛《このえ》基前《もとさき》（左大臣。父は右大臣近衛経熙。38）

■文政四年（一八二一）辛巳

仁孝天皇　22歳
光格上皇　51歳

1・1　四方拝に御座を設けるも、天皇、出御せず。節会にも臨御せず。《公卿補任》

2・8　上皇、関白一条忠良に「伊勢物語」を授ける。《二条家番所日記》

2・9　皇子高貴宮を親王とし、名を悦仁《としひと》と

＊夢の代《ゆめのしろ》　大坂の町人学者山片蟠桃の主著。歴史・経済・天文・地理・仏教などを百科全書的に論じたもの。応神天皇以前の「日本書紀」の真実性を否定。神代のことは史書に載ろうとも「コシラヘゴトナリ」とし、文字が伝来してからの「応神ヨリハ確実トスベシ」とした。

＊皇朝史略《こうちょうしりゃく》　「大日本史」本紀・列伝に拠り、神武天皇から後小松天皇までを編年体で記述したもの。水戸藩士青山延于《のぶゆき》著。天保二年（一八三一）には続編として後陽成天皇までを「続皇朝史略」として刊行。なお、石村貞一編「続々皇朝史略」（明治八年刊）もある。

賜う。《公卿補任》

2・11 皇子悦仁親王没（年6。二十七日、泉涌寺に葬られる）。《実久卿記》

4・7 内大臣三条公修、辞任。権大納言九条尚忠を内大臣とする。《公卿補任》伏見宮貞敬親王王子万代宮を光格上皇養子とする。《伏見宮御系譜》

4・8 伏見宮貞敬親王王子万代宮を親王とし、名を守脩《もりおさ》と賜う。《御系譜》

4・23 上皇、閑院宮美仁親王王女（嘉宮。宣子女王。実枝宮）を養女とし、この日、実枝宮、有栖川宮韶仁《つなひと》親王と結婚する。《二条家番所日記》

6・7 仁孝天皇皇子鍠宮を親王とし、名を安仁と賜う。《公卿補任》

6・9 安仁親王没（年2。二十一日、泉涌寺に葬られる）。《公卿補任》

7・10 伊能忠敬の「大日本沿海輿地全図」「同実測録」が完成し、幕府に献上する。《伊能忠誨日記》

8・21 正親町実光女雅子を典侍とする。《禁裏執次詰所日記》

8月 塙保己一、「群書類従」続編成る。

9・11 伊勢例幣使を発遣する。《公卿補任》

12・7 幕府、松前氏に旧領東西蝦夷地を還付する。《文政年録》

この年 オランダ船、ラクダをもたらし、江戸に至る。

□2・28山片蟠桃《やまがたばんとう》（町人学者。「夢の代」著者。74）、9・12塙保己一《はなわほきいち》（国学者。検校。「群書類従」編纂者。76）

■文政五年（一八二二）壬午

仁孝天皇 23歳
光格上皇 52歳

1・1 四方拝に御座を設けるも、天皇、出御せず。節会にも臨御せず。《公卿補任》

1・17 関白一条忠良、辞任。《公卿補任》

①・21 天皇、水痘をわずらう（二月四日平癒）。《実久卿記》

2・6 将軍徳川家斉を従一位左大臣、徳川家慶を正二位内大臣とする。《公卿補任》

3月 水戸藩士青山延于《のぶゆき》（拙斎）、「**皇朝史略**」を脱稿する。

4・18 小御所にて管絃の御遊あり（上皇、箏を奏する）。《日次案》

4・22 天皇、上皇より「和歌三部抄」伝授を受ける。《実久卿記》

4・28 イギリス船、浦賀に入港する（五月一日、幕府、兵を出してこれに備える）。《通航一覧》

6・28 有栖川宮韶仁《つなひと》親王王子精宮を光格上皇の養子とする。《御系譜》

8・22 有栖川宮韶仁親王王子精宮を親王とし、名を明道と賜う（ついで得度して大覚寺に入る。慈性入道親王）。《公卿補任》
8・23 伏見宮貞敬親王王子（欽《はや》宮）を光格上皇の養子とする。《御系譜》
8・24 一乗院門跡尊誠法親王（伏見宮貞敬親王王子）没（年17）。《二条家番所日記》
8月 この月より十月にかけ、西国にコレラが流行（わが国初のコレラ流行）。《文政壬午秋月天行気厲揮霍撩乱病巣襍記》蒲生君平「山陵志」刊。
9・11 伊勢例幣使を発遣する。《公卿補任》
11・15 有栖川宮韶仁親王王子八《や》穂《ほ》宮を光格上皇猶子とする。《御系譜》
12・5 明道親王、入寺、得度する（慈性法親王）。《御系譜》

■文政六年（一八二三）癸未

仁孝天皇 24歳
光格上皇 53歳
1・1 四方拝に御座を設けるも、天皇、出御せず。節会にも臨御せず。上皇、四方拝を行なう。《公卿補任》
3・8 小御所で管絃の御遊あり（上皇、箏を奏する）。《日次案》
3・19 関白一条忠良、辞任。左大臣鷹司政通を関白・内覧・氏長者とする。《公卿補任》
3・27 右大臣二条斉信を一上とする。《公卿補任》
4・3 仁孝天皇女御・准三宮鷹司繋子、皇女を産むも皇女とともに没（年26。六日、新皇嘉門院を追号。五月二日、泉涌寺に葬られる）。《実久卿記》
7・5 前関白鷹司政熙、准三宮を辞するも許されず。随身兵仗を辞し、ついに薙髪する。《公卿補任》
9・11 伊勢例幣使を発遣する。《公卿補任》
9・23 有栖川宮韶仁親王王子八穂宮（光格上皇猶子）を親王とし、名を幟仁《たかひと》親王と賜う（韶仁親王後嗣となる）。《公卿補任》
9・29 天皇、「続日本紀」御会読を行なう。《実久卿記》
10・22 管絃の御遊あり（上皇、和琴を奏す）。《日次案》
10・23 勧修寺志津宮（伏見宮邦家親王王子。光格上皇養子）を親王とし、名を清保《きよやす》と賜う（のち山階宮晃《あきら》親王）。《公卿補任》
□3・14 立原翠軒《たちはらすいけん》（水戸藩士。儒学者。彰考館総裁。「大日本史」校訂者。80）、4・4 広橋伊光《ひろはしこれみつ》（准大臣。79）、9・7 三条実起《さんじょうさねおき》（右大臣。父は右大臣三条季晴。68）

■文政七年（一八二四）甲申

仁孝天皇 25歳

光格上皇　54歳

1・1　四方拝に御座を設けるも、天皇、出御せず。節会にも臨御せず。小朝拝あり。上皇、四方拝を行なう。《公卿補任ほか》

1・5　関白・左大臣鷹司政通、左大臣を辞任（政通に一座宣旨を賜う）。右大臣二条斉信を左大臣、内大臣九条尚忠を右大臣、権大納言大炊御門経久を内大臣とする。《公卿補任》

1・14　京都地震。《二条家番所日記》

2・10　閑院宮美仁親王王子孝仁親王没（年33）。《実久卿記》

3・14　管絃の御遊あり（上皇、琵琶を奏する）。《実久卿記》

3・18　伏見宮貞建親王王子尊真法親王没（年81）。《御系譜》

この春　麻疹流行。《実久卿記》

4・26　有栖川宮韶仁親王王子菊宮を光格上皇養子とする。《御系譜》

5・2　勧修寺清保親王、得度する（済範入道親王。勧修寺宮といわれる）。《公卿補任》

5・11　光格上皇皇女蓁子《もりこ》内親王、誕生する（母は掌侍富小路明子《てるこ》）。《洞中執次詰所日記》

5・18　内大臣大炊御門経久、辞任。権大納言久我通明を内大臣とする。《公卿補任》

6・4　内大臣久我通明、辞任。権大納言広《ひろ》幡経豊《はたつねとよ》を内大臣とする。《公卿補任》

6・28　内大臣広幡経豊、辞任。権大納言近衛忠煕を内大臣とする。《公卿補任》

7・10　故新皇嘉門院に皇后を追贈する。《公卿補任》

7・27　修学院離宮御茶屋が上棟する。《日次案》

⑧・27　小御所にて管絃の御遊あり（上皇、箏を奏する）。《日次案》

9・11　伊勢例幣使を発遣する。《公卿補任》

9・21　光格上皇、修学院離宮に幸する（笛・笙・箏・琵琶を奏する）。《禁裏執次詰所日記》

9月　平田篤胤「古道大意」刊。《同書》

10・22　小御所にて管絃の御遊あり（上皇、笛・琵琶を奏する）。《日次案》

11・23　鷹司政煕女祺子《やすこ》、関白鷹司政通養女となり、女御に治定される。《禁裏執次詰所日記》

■文政八年（一八二五）乙酉

仁孝天皇　26歳
光格上皇　55歳

1・1　四方拝に御座を設けるも、天皇、出御せず。節会にも臨御せず。《公卿補任》

2・18　幕府、諸大名に「異国船打払令」を出す（「無二念打払令」）。《続徳川実紀》

3月　水戸藩士会沢正志斎（安《やすし》）、「新論」を著し藩主に献上する（安政四年〈一八五七〉刊）。《同書》

7・18　前権中納言徳川（一橋）治済《はるさだ》（徳川家斉実父）を准大臣とする。《公卿補任》

8・22　元関白鷹司政熙女祺子が入内する（翌日女御となる）。《公卿補任》

9・11　伊勢例幣使を発遣する。《公卿補任》

9・21　上皇、前関白一条忠良に「古今和歌集伝授」を行なう。《実久卿記》

9・23　小御所にて管絃の御遊あり（上皇、箏を奏す。十月二十日にも）。《実久卿記》

10・22　第二皇子が誕生する（鎔《のり》宮と称する。母は典侍正親町雅子）。《実久卿記》

10・23　上皇、修学院離宮に幸する。《実久卿記》

この年　平田篤胤、「古史伝」神代の部を著す。詳細な大嘗祭研究がふくまれるも未定稿。子の鉄胤、矢野玄道《はるみち》らの続稿によるところもある。

■文政九年（一八二六）丙戌

仁孝天皇　27歳

光格上皇　56歳

3・23　光格上皇、修学院離宮に幸する（十月十八日にも）。《実久卿記》

8・7　第二皇女成宮没（年2）。《実久卿記》

9・11　伊勢例幣使を発遣する。《公卿補任》

9・26　上皇、歌道秘訣を前関白一条忠良に授ける。《二条家番所日記》

12・11　上皇、天皇に「伊勢物語」伝授を行なう。《実久卿記》

この年　青山延于「皇朝史略」刊。

□10・6　二条治孝《にじようはるたか》（左大臣。父は右大臣二条宗基。73）、12・1　藤田《ふじた》幽谷《ゆうこく》（水戸藩士。彰考館総裁。「大日本史」編纂者。53）

■文政十年（一八二七）丁亥

仁孝天皇　28歳

光格上皇　57歳

2・16　将軍徳川家斉を太政大臣とする。《公卿補任》

3・25　輪王寺舜仁入道親王附弟菊宮（有栖川宮韶仁親王王子。光格上皇養子）を親王とし、名を彰信と賜う。《公卿補任》

4・7　上皇、「和歌三部抄」伝授を有栖川宮韶仁親王に行なう。《実久卿記》

4・12　第二皇子鎔《のり》宮没（年3）。《実久卿記》

4・25　輪王寺舜仁入道親王附弟公紹親王、入寺、得度する（公紹法親王）。《実久卿記》

5・21　頼山陽「日本外史」成り、松平定信に献じる（文政十二年〈一八二九〉刊）。《跋》

9・11　伊勢例幣使を発遣する。《公卿補任》

9・21　上皇、修学院離宮に幸する。《実久

＊**新論**《しんろん》　水戸藩儒学者会沢正志斎（一七八一〜一八六三）著。わが国は天照大神が君臨する国であり、今こそ天皇中心の国家体制をしいて攘夷すべきとし、尊王攘夷思想を理論的に大系化する。中で「国体」の語が用いられ、キリスト教の政教一致に対し、日本独自の祭政一致の体制を指した。「国体」はその後、さまざまな内容が盛り込まれ、ポツダム宣言受諾のさいの条件としての「国体護持」に収斂していく。

＊**東坊城**《ひがしぼうじょう》**聴長**《ふさなが》**日記**《にっき》　権大納言・武家伝奏東坊城聴長（一七九九〜一八六一）の日記。文化九年（一八一二）から安政五年（一八五八）までの自筆本が宮内庁書陵部に伝存する。

＊**甲子**《かっし》**夜話**《やわ》　肥前平戸藩主松浦《まつら》静山《せいざん》（一七六〇〜一八四一）著。藩主を退いた文政四年（一八二一）十一月甲子の夜に起稿し、天保十二年（一八四一）まで、将軍・大名等の逸話、市井の風俗や時事伝聞を記し、近世後期の社会・文化を知るうえの貴重史料。

卿記》
10・22 小御所にて管絃の御遊あり（上皇、筝を奏す）。《日次案》
12・5 上皇、「入木抄伝授」を有栖川宮韶仁親王に行なう。《実久卿記》
12・20 公猷入道親王、舜仁《しゅんにん》と改称する。《有栖川宮御系譜》
□2・20徳川《とくがわ》（一橋）治済《はるさだ》（「はるなり」とも。准大臣。贈内大臣。贈太政大臣。77）

■文政十一年（一八二八）戊子

仁孝天皇 29歳
光格上皇 58歳
1・1 四方拝に御座を設けるも、天皇、出御せず。節会にも臨御せず。《公卿補任》
1・20 一橋治済に内大臣を贈る。《公卿補任》
1・30 この日より、天皇、毎五・十日に「後漢書」会読を行なう。《**東坊城聰長日記**》
3・13 小御所に管絃の御遊あり（上皇、琵琶を奏す）。《実久卿記》
3・23 上皇、修学院離宮に幸する。《実久卿記》
4・27 閑院宮孝仁親王王子基宮《もと》を光格上皇猶子とする。《御系譜》
5月 伴信友「史籍年表」成るか。
8・7 輪王寺公澄法親王（伏見宮邦頼親王王子）没（年53）。《公武御用日記》
8・10 長崎奉行所、シーボルトの荷物から禁制品を見つける（シーボルト事件）。《**甲子夜話**》
8・23 閑院宮孝仁親王王子基宮（光格上皇猶子）を親王とし、名を愛仁《なるひと》と賜う。孝仁親王の後を嗣ぐ。《公卿補任》
9・11 伊勢例幣使を発遣する。《公卿補任》
9・25 前関白一条忠良を准三后とする。《公卿補任》
10・28 輪王寺公猷入道親王を准三宮とする。《公卿補任》
11・30 輪王寺公猷入道親王を天台座主とする。《公卿補任》
□8・16荒木田末寿《あらきだすえほぎ》（伊勢内宮祀官。国学者。65）、11・7本居春庭《もとおりはるにわ》（国学者。66）

■文政十二年（一八二九）己丑

仁孝天皇 30歳
光格上皇 59歳
1・1 四方拝に御座を設けるも、天皇、出御せず。節会にも臨御せず。《公卿補任》
1・16 輪王寺公猷入道親王、天台座主を辞任。梶井承真入道親王を天台座主とする。《公卿補任》
1・19 仁孝天皇皇女（敏宮《とき》。淑子内親王）、誕生する（母は典侍甘露寺妍子）。《御系譜》
1・28 贈内大臣徳川（一橋）治済に太政大

臣を贈る。《公卿補任》

3・26 上皇、修学院離宮に幸する（九月十四日にも）。《実久卿記》

9・2 伊勢内宮の遷宮が行なわれる。《公卿補任》

9・5 伊勢外宮の遷宮が行なわれる。《公卿補任》

9・11 伊勢例幣使を発遣する。《公卿補任》

9・24 小御所にて管絃の御遊あり（上皇、箏を奏す。十月十九日にも上皇、琵琶を奏す）。《実久卿記》

9・27 上皇、「三部抄秘訣」を権中納言飛鳥井雅光に授ける。《公武御用日記》

12・16 梶井宮承真入道親王、天台座主を辞任。青蓮院尊宝法親王を天台座主とする。《公卿補任》

□3・16花山院愛徳《かざんいんよしのり》（右大臣。父は中山栄親。養父は権大納言花山院長熙。75）、5・13 松平定信《まつだいらさだのぶ》（老中。白河藩主。将軍家斉に「将軍家御心得十五ヵ条」を提出。72）

■天保元年（一八三〇）庚寅

仁孝天皇 31歳

光格上皇 60歳

1・1 上皇、四方拝を行なう。天皇、御座を設けるも出御せず。節会にも臨御せず。《公卿補任ほか》

3月 近畿の民、お蔭参りと称し、きそって伊勢神宮に参じる（八月にかけて全国に波及）。《御蔭参雑記》

③・16 上皇、修学院に幸する。《実久卿記》

5・4 荒祭宮以下諸殿舎焼亡により、伊勢一社奉幣使を発遣する。《公卿補任》

5・22 女御鷹司祺子を准三后とする。《公卿補任》

7・2 京都大地震、御所・二条城・諸寺破損（死者二百八十人。四日にも大地震があり、余震は翌年一月まで）。《紙魚室雑記《しみむろざっき》》

8・24 閑院宮孝仁《たつひと》親王王子健宮（光格上皇猶子）を親王とし、名を弘保と賜う（のち教仁入道親王）。《公卿補任》

8・30 常御殿修理成り、この日、天皇、ここに遷る。《日次案》

9・11 伊勢例幣使を発遣する。《公卿補任》

10・5 第三皇子、誕生する（三宮と号す。母は典侍甘露寺妍子）。《公武御用日記》

10・27 弘保親王、得度して妙法院に入る（教仁入道親王）。▼聖護院盈仁法親王を准三后とする（二十三日没〈年59〉）。《公卿補任》

11・27 伏見宮邦家親王王子（多嘉宮。祖父貞敬親王の子とする）を光格上皇猶子とする。《御系譜》

12・10 地震により**天保**と改元する。《公卿

＊将軍家御心得十五ヵ条 文字通り、将軍が心得ておくべきことを十五ヵ条に記したもの。中で、六十余州は禁廷から預かったもので自分のものではない。天下を治めるのは「御職分」「皇天および禁廷への御勤め、御先祖様方への御孝心」と説く。

＊天保《てんぽう》 式部大輔菅原為顕《ためあき》の勘文に「尚書曰、欽崇天道、永保天命」とある。

補任》

●天保初め、伊勢内宮禰宜薗田《そのだ》守良《もりよし》、神宮に関する百科事典ともいうべき「神宮典略」を完成する。

■天保二年（一八三一）辛卯

仁孝天皇　32歳
光格上皇　61歳

1・1　上皇、四方拝を行なう。御座を設けるも、天皇、出御せず。節会にも臨御せず。《公卿補任ほか》
3・2　内侍所本殿渡御。《公卿補任》
3・24　伏見宮邦家親王王子（慥《さだ》宮。のち譲仁親王）を閑院宮孝仁親王養子とする。《御系譜》
4・18　幕府、百姓・町人の葬式・石碑建立を制限、院号・居士号の使用を禁じる。《続徳川実紀》
6・14　仁孝天皇皇子（熙《ひろ》宮。孝明天皇）、正親町邸にて誕生する（母は贈左大臣正親町実光女雅《なお》子）。《実久卿記》
9・11　伊勢例幣使を発遣する。《実久卿記》
10・17　上皇、修学院離宮に幸する。《実久卿記》
11・30　天皇、眼病をわずらう。《東坊城聰長日記》
この年　青山延于《あおやまのぶゆき》「続皇朝史略」刊。

■天保三年（一八三二）壬辰

仁孝天皇　33歳
光格上皇　62歳

1・1　四方拝に御座を設けるも、天皇、出御せず。節会にも臨御せず。《公卿補任》
2・2　伏見宮邦家親王王子多嘉宮（光格上皇猶子）を親王とし、名を嘉言《よしこと》と賜う。《実久卿記》
2・4　天皇、将軍家斉に賀寿の御製を賜う（上皇は屏風を賜う）。《仁孝天皇御製》
2・28　上皇猶子嘉言《よしこと》親王、聖護院に入室、得度する（法名雄仁《ゆうにん》）。《実久卿記》
3・23　上皇、修学院離宮に幸する。《実久卿記》
4・8　伏見宮貞敬《さだゆき》親王王子万代宮（守脩《もりおさ》親王）を光格上皇養子とする。《御系譜》
5・2　伏見宮貞敬親王王子能布《のぶ》宮を親王とし、名を守貴《もりたか》と賜う（のち尊常入道親王）。《実久卿記》
5・17　伏見宮邦家親王王子慥宮（閑院宮孝仁親王養子）を光格上皇養子とし、曼殊院を相続させる。《御系譜》
9・11　伊勢例幣使を発遣する。《実久卿記》
9・16　青蓮院尊宝入道親王、天台座主を辞する（この日逝去。年29）。《実久卿記》
9・27　小御所にて管絃の御遊あり（上皇、

等を奏す）。《実久卿記》
10・21 梶井宮承真法親王を天台座主とする。《公卿補任》
11・25 上皇の常御殿を修復する。《実久卿記》
12・2 貞敬親王皇子尊常親王、得度。《公卿補任》
12・25 皇太后欣子《よしこ》内親王、蓁子《もりこ》内親王の准母となる。《御系譜》
この年 平田篤胤「玉襷《たまだすき》」刊。《大壑君御一代略記》
□9・23頼山陽《らいさんよう》（儒学者。「日本外史《にほんがいし》」「日本《にほん》楽府《がふ》」「日本政記」著者。53）

■天保四年（一八三三）癸巳

仁孝天皇 34歳
光格上皇 63歳
1・1 四方拝に御座を設けるも、天皇、出御せず。節会にも臨御せず。《公卿補任》
1・21 天皇、贈太政大臣徳川治済祠堂の勅額を賜う（二月三日、江戸に至り、将軍家斉、これを覧る）。《公武御用日記》
2・22 守貴《もりたか》親王、出家する（尊常入道親王）。《御系譜》
3・10 上皇、修学院離宮に幸する（十月十七日にも）。《隆光卿記》
4・8 伏見宮貞敬親王王子万代宮（光格上皇養子）を親王とし、名を守脩《もりおさ》と賜う。《御系譜》
4・28 光格上皇皇子（嘉《か》糯《た》宮）、誕生する（母は姉小路公聴女聴子）。《御系譜》
6・11 オランダ人、海外の事情を幕府に提供する。《天保雑記》
6・27 天皇、四月より病むも、この日、御床払いを行なう。《東坊城聴長日記》
9・11 伊勢例幣使を発遣する。《実久卿記》
9・21 管絃の御遊あり（上皇、琵琶を奏す）。《日次案》
9・26 守脩親王、円満院に入室、得度する（覚諄入道親王）。《隆光卿記》
10・18 勅して正倉院を開く（天保七年三月、穂井田忠友、正倉院古文書正集四十五巻の整理を終える）。《隆光卿記》
□9・11本居大平《もとおりおおひら》（国学者。宣長養子。78）

■天保五年（一八三四）甲午

仁孝天皇 35歳
光格上皇 64歳
1・1 四方拝あるも、天皇、節会に出御せず。《公卿補任》
5・23 これより先、天皇、病み、この日、御床払いし、祝宴をあげる。《東坊城聴長日記》
5・30 外国船一隻、津軽海峡を通過。松前・津軽・南部の兵、これを砲撃する。《天保

＊**日本政記**《にほんせいき》 神武天皇から後陽成天皇までの編年体歴史書（漢文で記述）。史実より史論が中心で、頼山陽独自の歴史論・政治論を展開。
＊**隆光卿記**《たかみつきょうき》 権大納言柳原隆光（一七九三～一八五一）の日記。子の光愛《みつなる》は明治天皇典侍愛子《なるこ》の父で、愛子は大正天皇生母。

雑記》
8・26 閑院宮孝仁親王王子憪宮を親王とし、名を持勝《もちかつ》と賜う。《禁裏執次詰所日記》
9・11 伊勢例幣使を発遣する。《実久卿記》
11・28 持勝親王、曼殊院に出家する（法名譲仁）。《実久卿記》
この年 水戸藩主徳川斉昭、老中首座大久保忠真に神武天皇陵修築を建議する（このとき「山陵策」を作成。幕府、これを却下）。

■天保六年（一八三五）乙未

仁孝天皇 36歳
光格上皇 65歳

1・1 四方拝に御座を設けるも、天皇、出御せず（上皇も）。節会にも臨御せず。《公卿補任ほか》
4・7 上皇、修学院離宮に御幸する。《実久卿記》
6・21 天皇皇子熙宮《ひろ》（孝明天皇）を准后鷹司祺子《やすこ》の養子とし、儲君とする。《実久卿記》
6・28 オランダ人、「海外風説書」を幕府に提供する。《甲子夜話》
7・22 天皇皇子幹宮《もと》（節仁親王）を桂宮盛仁親王の継嗣とする。《実久卿記》
8・28 小御所にて管絃の御遊あり（上皇、箏を奏す）。《実久卿記》
9・11 伊勢例幣使を発遣する。《禁裏執次詰所日記》
9・18 儲君熙宮を親王とし、名を統仁《おさひと》と賜う。《公卿補任》
10・4 上皇皇子嘉糯宮《かた》没（相国寺中長徳院に葬られる。年3）。《実久卿記》
10・29 これより先、天皇病むも、いまだ快癒せず。《東坊城聴長日記》
12・15 天皇、「晋書」「三国志」会読を終える（翌年以降、「中庸」等を読む）。《東坊城聴長日記》
□⑦・4 狩谷《かりや》棭斎《えきさい》（考証学者。61）

■天保七年（一八三六）丙申

仁孝天皇 37歳
光格上皇 66歳

1・1 四方拝、御座を設けるも、天皇、出御せず。節会にも臨御せず。《公卿補任》
3・5 桂宮幹宮を親王とし、節仁《みさひと》の名を賜う。節仁親王（仁孝天皇皇子。桂宮盛仁親王養子）、この日没（年4。これにより桂宮空主）。《実久卿記》
4・7 光格上皇、修学院離宮に幸する。《実久卿記》
6・12 勅して東大寺正倉院を開く。《公卿補任》
6・20 伏見宮邦家親王王子富宮《とみ》を仁孝天皇養子とする（一乗院尊常入道親王附弟に治

定）。《皇室系譜》
6・26 一乗院尊常入道親王（伏見宮貞敬《さだゆき》親王王子。光格上皇養子）没（年19）。《実久卿記》
9・11 伊勢例幣使を発遣する。《東坊城聴長日記》
この年 天保の大飢饉（各地で一揆、打ちこわし）。▼中山信名「墳墓考」刊。

■天保八年（一八三七）丁酉

仁孝天皇 38歳
光格上皇 67歳
1・1 四方拝、御座を設けるも、天皇、出御せず。節会にも臨御せず。《公卿補任》
2・19 大坂町奉行所与力大塩平八郎ら、乱を起こし、大坂市街に放火する（三月二十七日鎮圧）。《基豊公記》
3・27 大塩平八郎父子、大坂城代土井利位《としつら》家臣に襲われ自殺する。《塩賊騒乱記》
4・2 将軍徳川家斉、職を世子家慶に譲る。《続徳川実紀》
6・28 アメリカ船モリソン号、浦賀に入港する（翌日、浦賀奉行、これを砲撃）。《通航一覧続輯》
8・5 内大臣徳川家慶を左大臣とし、征夷大将軍とする。《公卿補任》
9・2 勅使、江戸城に臨み、内大臣徳川家慶、征夷大将軍・左大臣の命を拝する（江戸幕府第十二代将軍）。《続徳川実紀》
9・3 将軍家慶・世子家祥《いえよし》、伊勢神宮・日光東照宮等に告祭使を発遣する。《天保年録》
9・11 伊勢例幣使を発遣する。《基豊公記》
9・18 小御所にて管絃の御遊あり（上皇、箏を奏す）。《日次案》
12・10 伏見宮邦家親王王子富宮を仁孝天皇養子として親王とし、名を成憲《なりのり》と賜わる（のち久邇《くに》宮朝彦親王）。《公卿補任》
この年 公家の名鑑「雲上明覧」刊（西本願寺光徳府編、二冊。内題「雲上明覧大全」。外題「（年年改正）雲上明覧大全」）。▼尾張国熱田「白鳥陵」古墳が発掘される。
●この頃、宮中で和御会が開かれ、「日本書紀」が読み始められる。ついで「続日本紀」「日本後紀」と続き、約八年で「六国史」および「日本逸史」を読了。
□3・27 大塩平八郎《おおしおへいはちろう》（儒者。「洗心洞箚記《せんしんどうさつき》」著者。45）、6・1 生田万《いくたよろず》（国学者。37）、6・3 一条忠良《いちじょうただよし》（関白。左大臣。准三宮。父は関白一条輝良。64）

■天保九年（一八三八）戊戌

仁孝天皇 39歳
光格上皇 68歳
1・1 四方拝、御座を設けるも、天皇、出

＊基豊公記《もととよこうき》 内大臣広幡基豊（一八〇〇～五七）の日記。文政八年（一八二五）から嘉永六年（一八五三）までの写が宮内庁書陵部に残る。

御せず。節会にも臨御せず。《公卿補任》

3・25　この頃、御所門内に庶民も入れる行事として「正月十九日舞楽の御覧、三月三日闘鶏、七月十四・十五日御灯籠、節分の日の内侍所参詣」が挙げられる。《十国巡覧記》

④・23　一乗院成憲親王（伏見宮邦家親王王子。仁孝天皇養子）、得度する（法名尊応）。《実久卿記》

5・23　光格上皇病むも、この日平癒。祇候諸臣に祝酒を賜う。《実久卿記》

9・11　伊勢例幣使を発遣する。《実久卿記》

10・26　中山みき、天理教を開く。《教派神道調書》

10月　高野長英「戊戌《ぼじゅつ》夢物語」成る。《同書》渡辺崋山「慎機論《しんきろん》」成る（未定稿）。両著とも幕政を風刺・批判。

□8・23広幡経豊《ひろはたつねとよ》（内大臣。父は権大納言広幡前秀。近衛経熙猶子。60）

■天保十年（一八三九）己亥

仁孝天皇　40歳
光格上皇　69歳

1・1　四方拝、御座を設けるも、天皇、出御せず（上皇も）。節会にも臨御なし。《公卿補任ほか》

2・17　天皇、「日本書紀」御会読を聴聞する。《山科言成卿記》

5・26　天皇、「日本書紀」会読終了。翌月より「続日本紀」を聞召すことにする。《山科言成卿記》

6・2　天皇、御学問所にて御記類を覧る。《山科言成卿記》

6・7　統仁《おさひと》親王（孝明天皇）、読書始を行なう。《実久卿記》

6・20　水戸藩主徳川斉昭、幕府への意見書「戊戌封事」を提出する。《水戸藩史料》

9・11　伊勢例幣使を発遣する。《実久卿記》

11・13　「続日本紀」御会読が行なわれる。《山科言成卿記》

12・18　幕府、渡辺崋山に蟄居、高野長英に永牢を命じる（蛮社の獄）。《無人島渡海御仕置略記》

12・19　公卿橋本実久《さねひさ》女経子を典侍とする。《実久卿記》

この年　水戸藩（小宮山楓軒）編纂「垂統大記」成る。

■天保十一年（一八四〇）庚子

仁孝天皇　41歳
光格上皇　70歳

1・1　四方拝、御座を設けるも、天皇、出御せず。節会にも臨御せず。《公卿補任》

1・9　左大臣二条斉信、狭箱提燈に葵紋章

使用を請う。幕府不許可。《二条家番所日記》
1・16 有栖川宮織仁親王王女喬子女王（徳川家慶室。母は家女房）没（年46）。《有栖川宮系譜》
1・28 仁孝天皇皇女敏宮（淑子内親王）を閑院宮愛仁親王の妃とする。《御系譜補》
3・14 儲君統仁親王を皇太子とする。《公卿補任》
3・27 蔵人頭中山忠能を参議とする。《公卿補任》
9・11 伊勢例幣使を発遣する。《**定功卿記**》
9・14 「続日本紀」御会読が行なわれる。《山科言成卿記》
11・15 光格上皇、院政を停止する（以後、院政は行なわれず）。《定功卿記》
11・18 上皇、「古今集伝授」を天皇に行なう。《山科言成卿記》
11・19 光格上皇崩御（遺命により「天皇号」を復活）。《二条家番所日記》
12・3 大行天皇に諡号を奉らんとする。勅してしばらく「故院」と称する。《定功卿記》
12・20 「故院」を泉涌寺に葬る。《定功卿記》
12・30 幕府、平田篤胤に著述禁止・江戸退去を命じる。《井口宗翰日記》
この年 オランダから、アヘン戦争勃発情報が長崎奉行所に伝達される。

□6・18 薗田《そのだ》守良《もりよし》（伊勢内宮禰宜。有職故実家・制度史家。「神宮典略」著者。56）、9・7 三条《さんじょう》公修《きんおさ》（内大臣。父は右大臣三条実起。実万の父。67）

■天保十二年（一八四一）辛丑

仁孝天皇 42歳

1・1 天皇、前年より倚廬殿渡御により、四方拝・元日節会等中止。《山科言成卿記》
1・6 天皇、倚廬殿より本殿に還御する。《**平田職寅日記**》
1・14 故光格天皇の廟を泉涌寺に建てる《二条家番所日記》梶井宮承真法親王（有栖川宮織仁親王王子）没（年55）。《御系譜》
1・21 伏見宮貞敬《さだゆき》（「さだよし」とも）親王没（年65）。《御系譜》
①・22 光格天皇中宮・皇太后欣子内親王（後桃園天皇皇女）を新清和院と号する（この日、薙髪）。《公卿補任》
①・27 先帝の葬所を**後月輪陵**とし、「光格」天皇の諡号が贈られる（「諡号＋天皇」号は、第五十八代光孝天皇以来九百五十四年ぶり。二月、天皇号は光格天皇以後も用いることにする）。《公卿補任ほか》
①・30 前将軍徳川家斉没。《続徳川実紀》
2・17 故将軍家斉に正一位を贈る。《公卿補任》

＊**定功卿記**《さだいさきょうき》 中納言・武家伝奏野宮《ののみや》定功（一八一五～一八八一）の日記。定功は和宮降嫁の御縁組御用掛をつとめ、武家伝奏として公武の折衝にあたる。「野宮定功公武御用日記」「野宮定功国事私記」「野宮定功日記」などが宮内庁書陵部に伝存する。

＊**平田職寅日記**《ひらたよりとらにっき》 平田（中原）職寅の日記。文久三年（一八六三）から安政四年（一八五七）までの自筆本が宮内庁書陵部に残る。

＊**後月輪陵**《のちのつきのわのみささぎ》 京都市東山区今熊野泉山町に所在。泉涌寺山内で、月輪陵と同域にあり。

3・13　勅使、寛永寺に臨み、故将軍家斉への贈位院号宣命を伝える。《続徳川実紀》
4・14　妙法院教仁入道親王を天台座主とする。《公卿補任》
5・1　光格天皇の遺髪等を高野山に納めさせる。《禁裏執次詰所日記》
5・15　将軍徳川家慶、享保・寛政の制に復すことを告諭する（天保の改革に着手）。《続徳川実紀》
9・11　伊勢例幣使を発遣する。《定功卿記》
11・11　泉涌寺火災。光格天皇御影堂焼亡。《二条家番所日記》
11・21　将軍世子家祥、元関白鷹司政熙女任子と結婚する。《続徳川実紀》
●この頃、神惟孝、「草茅危言摘議」を著す（皇位にふさわしい称号は天皇号であるとし、院号のものでも天皇号を追贈することを提案する）。
□①・18屋代弘賢《やしろひろかた》（和学者。「寛政重修諸家譜」編纂者。84）、①・30徳川家斉《とくがわいえなり》（江戸幕府第十一代将軍。69）、2・7鷹司政熙《たかつかさまさひろ》（関白。左大臣。准三后。父は関白鷹司輔平。曾祖父は東山天皇。81）、7・20林述斎《はやしじゅつさい》（十四日とも。儒者。74）

■天保十三年（一八四二）壬寅

仁孝天皇　43歳

1・1　四方拝、御座を設けるも、天皇、出御せず。節会にも臨御せず。《公卿補任》
1・14　光格天皇皇女欽宮《はや》を内親王とし、名を蓁子《もりこ》と賜う。《公卿補任》
1・17　蓁子内親王、宝鏡寺御室にて没（実は十日没。年19）。《実久卿記》
2・30　権中納言橋本実久を議奏とする。《実久卿記》
3・17　天皇、前参議勘解由小路資善に「論語古義」を講じさせる（六月二十一日、七月五日にも）。《実久卿記》
3・28　天皇、有栖川宮韶仁親王に「伊勢物語」伝授を行なう。《山科言成卿記》
6・29　曼殊院譲仁法親王（伏見宮邦家親王王子）没（年19）。《公卿補任》
7・5　天皇、前参議勘解由小路資善を召し、「論語」を講じさせる。《実久卿記》
7・21　天皇、不行状により、済範法親王を親王号剝奪・伏見宮除籍・光格天皇養子停止とする（ついで東寺に籠居）。《実久卿記》
7・24　幕府、異国船打払令を改め、文化三年の薪水給与令を復活する。《徳川禁令考》
8・22　関白鷹司政通を太政大臣に任じる。《公卿補任》
8・27　伏見宮邦家親王、落飾（法名禅楽）して入道宮と号する（元治元年〈一八六四〉

◉仁孝天皇御製

「四方の海をさまる世とて国つ民にぎはひうたふ声もゆたけし」（文政二年五月二日御会始）
「天照らす神のめぐみに幾代代も我があしはらの国はうごかじ」（文政八年六月二十四日和歌御会）
「民の戸のとしある秋の穂に出でて千町の稲葉なびくゆたけさ」（文政十一年八月二十四日和歌御会）

復飾)。《御系譜》
9・11 伊勢例幣使を発遣する。《実久卿記》
9・15 仁孝天皇皇女敏宮を内親王とし、名を淑子《すみこ》と賜う。《公卿補任》
9・17 閑院宮愛仁《なるひと》親王没(年25。後嗣なく空主。のち伏見宮邦家親王王子載仁親王が後を嗣ぐ)。《実久卿記》
9・28 貞享暦を廃し、渋川景佑らの天保暦採用を決定する。《実久卿記》
9・29 輪王寺舜仁入道親王を天台座主とする。《実久卿記》
11・5 将軍家慶、有栖川宮韶仁《つなひと》親王韶子を養女とし、精姫と称する。《続徳川実紀》
11・12 天皇、前権大納言飛鳥井雅光に「伊勢物語」伝授を行なう。《山科言成卿記》
11・20 天皇、「続日本紀」会読を終了(ついで「日本後紀」を会読)。《山科言成卿記》
12・3 舜仁入道親王の辞任により、妙法院教仁入道親王を天台座主とする。《公卿補任》
12・24 幕府、新たに下田・羽田両奉行を置く。《続徳川実紀》
この年 伴林光平、「河内国陵墓図」(十三陵四墓)を描く。▼幕命により、屋代弘賢《ひろかた》「古今要覧稿」成る(弘賢の死により未完)。《同書》▼アヘン戦争終結。

■天保十四年(一八四三)癸卯

仁孝天皇 44歳
2・23 皇太子統仁《おさひと》親王、御書始を行なう。《実久卿記》
3・21 光格天皇後宮・仁孝天皇生母勧修寺婧子《ただこ》没(年64。翌年、東京極院を追贈)。《実久卿記》
7・1 右大弁東坊条聴長、天皇に「礼記」を進講する。《実久卿記》
7・4 天皇、「日本逸史」会読を行なう。《実久卿記》
7月 水戸藩、神仏分離を断行し、神道中心の宗教政策を行なう。《水戸藩史料》
8・15 炎旱により神泉苑にて祈雨する。《山科言成卿記》
9・11 伊勢例幣使を発遣する。《実久卿記》
9・24 天皇、伏見宮邦家親王王子喜久《きく》宮を養子とする(青蓮院宮を相続させる)。《伏見宮系譜》
⑨・4 有栖川宮織仁親王王子舜仁入道親王没(年55)。《実久卿記》
⑨・25 天皇、前権大納言飛鳥井雅光に「古今集伝授」を行なう。《山科言成卿記》
12・22 幕府、「徳川実紀」の編集終了のため、林檉宇《ていう》(洸《こう》)らを賞する。《続徳川実紀》
□9・6 青山延于《あおやまのぶゆき》(水戸藩士。江戸彰考館総裁。儒学者。「皇朝史略」「続皇朝史略」著

*平田篤胤《ひらたあつたね》(一七七六〜一八四三) 秋田藩士の子。本居宣長没後の門人として古道学を志し復古神道を体系化。その思想は地方の豪農や下級武士の支持を得て、のちの尊王運動に影響を及ぼす。篤胤の影響により、秋田藩は、戊辰戦争の折には東北唯一の勤王藩となる。著書に「古史徴」「古道大意」「霊能真柱《たまのみはしら》」など。

*実麗卿記《さねあきらきょうき》 権大納言橋本実麗(一八〇九〜一八八二)の日記。文政十一年(一八二八)から明治十五年までの写が宮内庁書陵部に残る(欠年あり)。

*弘化《こうか》 菅原為定《ためさだ》の勘文に「書曰、弍公弘化、寅亮天地、晋書曰、昌聖徳格于皇天、威霊被于八表、弘化已熙、六合清泰」とある。

者。68）、⑨・11平田篤胤（国学者。68）

■弘化元年（一八四四）甲辰

仁孝天皇　45歳

2・4　天皇、「日本逸史」を読む（五月七日、六月十日、七月二十五日にも）。《実久卿記》

2・13　故勧修寺婧子《ただこ》に准三宮・東京極院を追贈する。《公卿補任》

3・11　フランス船、琉球に来たり、イギリスの野心を言い、琉球をフランスの保護国とすることを勧める。《近代月表・乙巳雑記》

3・27　皇太子統仁《おさひと》親王、紫宸殿にて元服する。《実久卿記》

4・5　前中納言勘解由小路資善、天皇に「孟子」を進講する。《実久卿記》

4・24　天皇、和歌秘訣を前権大納言飛鳥井雅光に授ける。《実久卿記》

5・10　江戸城本丸、炎上する。《続徳川実紀》

5・25　天皇、「古今集伝授」を有栖川宮韶仁親王に行なう。《実久卿記》

7・2　オランダ軍艦パレンバン号、国王書簡をもって長崎に来る。《紅夷告密》

7・25　天皇、「日本逸史」御会読満会。《実麗卿記》

8・2　天皇、「続日本後紀」御会読を始める（十二月二十四日満会）。《実麗卿記》

8・20　オランダ使節、国書を長崎奉行に渡す（ただちに幕府に送る。国書では、アヘン戦争の惨禍を回避するため開国を勧告）。《紅夷告密》

9・7　「続日本後紀」御会あり（これ以前、「続日本紀」御会もあり）。《実久卿記》

9・11　伊勢例幣使を発遣する。《実久卿記》

9月　大和国百姓嘉兵衛、成務天皇陵を盗掘し、勾玉五十個を売却する（垂仁天皇陵も盗掘）。

12・2　江戸城本丸火災により、弘化と改元する。《山科言成卿記》

この年　鈴木重胤、「中臣寿詞講義」、橘守部《もりべ》、「稜威道別《いつのちわき》」（「日本書紀」注釈書）を完成する。▼藤田東湖、「回天詩史」を脱稿。▼幕府、箱館・国後等に戍兵を置き、砲台を築かせる。

□2・26間《ま》宮林蔵《みやりんぞう》（探検家。70）

■弘化二年（一八四五）乙巳

仁孝天皇　46歳

1・28　天皇、「文徳実録」御会読を始める。《実麗卿記》

1・29　右大弁東坊城聡長、天皇に「礼記」を進講する。《実久卿記》

2・26　天皇、和歌の秘訣を有栖川宮韶仁親王に授ける。《実久卿記》

2・28　有栖川宮韶仁《つなひと》親王没（年62）。《実久

卿記》
3・12　アメリカ捕鯨船マンハッタン号、漂流民を護送し、浦賀に来航、通商を要求する。《通航一覧続輯》
3・29　天皇、「文徳実録」を御会読。《山科言成卿記》
4・13　天皇、孔雀を観る。《実久卿記》
4・20　泉涌寺本尊霊明殿遷座および堂供養を行なう。《実久卿記》
5・15　天皇、前権中納言久世通理《みちあや》等に「和歌天仁遠波」を伝授する。《山科言成卿記》
5・16　天皇、「文徳実録」御会読満会。《山科言成卿記》
5・24　天皇、「三代実録」御会読を始める（六月一・七・二十四日、七月五・十七・二十九日、八月九日にも）。《実麗卿記》
6・1　幕府、オランダの開国勧告を拒否する。《通航一覧続輯》
6・23　勘解由小路資善、天皇に「孟子」を進講する。《実麗卿記》
7・5　幕府、海防掛を設置する。《続徳川実紀》
7・9　天皇、「資治通鑑」御会読を始める。《山科言成卿記》
9・11　伊勢例幣使を発遣する。《実久卿記》
9・14　右大臣九条尚忠女夙子《あさこ》を皇太子統仁親王妃とする。《実久卿記》
10・1　有栖川宮韶仁親王王子公紹法親王（彰信親王）没（年31。「御系譜」では弘化三年十月二十七日没）。《有栖川宮系譜》
10・2　第七皇子胤宮、夭逝する。《実久卿記》
10・28　前権大納言日野資愛《すけなる》を准大臣とする。《実久卿記》
11・27　天皇、学習所を設け、幕府に詔して建春門外に造らしめ、三条実万を学習所伝奏、勘解由小路資善・東坊城聰長を学頭とする。《実久卿記》
12・7　天皇、「三代実録」御会読満会。《実麗卿記》

■弘化三年（一八四六）丙午

仁孝天皇　47歳
孝明天皇　16歳

1・24　天皇、病む。《実久卿記》
1・26　仁孝天皇崩御（二月六日公表）。▼太政大臣鷹司政通を准摂政とする。《実久卿記》

第五部　第百二十一代孝明天皇〜第百二十四代昭和天皇（前期）

（西暦1846〜1947）

第百二十一代 孝明《こうめい》天皇

2・13 統仁《おさひと》親王践祚（**孝明天皇**）。《実麗卿記》鷹司政通を旧の如く関白とする。《公卿補任》
2・23 御息所九条夙子《あさこ》を女御とする。《禁裏執次詰所日記》
3・1 大行天皇の諡号を仁孝天皇とする。《実麗卿記》
3・4 仁孝天皇を泉涌寺後山に葬る（山陵を**後月輪陵**とする）。《実麗卿記》
3・22 幕府、代官江川英龍に伊豆諸島を巡視させる。《弘化録》
4・5 イギリス船、琉球に来る。《**有所不為斎雑録**》
4・16 泉涌寺釈迦堂・装束所が火災。《伝奏記録》
5・11 アメリカ人、エトロフ島に漂着する。《有所不為斎雑録》フランス軍艦、琉球に来り、通好交易を請う（琉球人許さず）。《藤川寛雑記》
5月 仁孝天皇の尊牌・御衣等を高野山金剛峯寺に納め、御遺物を親王以下諸臣に賜う。《**山科言成卿記**》
⑤・10 仁孝天皇皇女、橋本実久邸にて生まれる（母は典侍橋本経子。閏五月十六日、和宮と命名。のち親子《ちかこ》内親王）。《実久卿記》
⑤・27 アメリカ東インド艦隊司令長官ビッドル、浦賀に来航し通商を要求する（六月五日、幕府拒否）。《通航一覧続輯》
⑤・28 京都学習所、建春門前に建てられる（嘉永元年〈一八四八〉、「学習院」の勅額を下賜）。《武家伝奏達》
6・5 幕府、浦賀奉行にアメリカ人の互市要請を却下させる（ついでアメリカ船去る）。《藤川寛雑記》
6・13 二尊院、仁孝天皇の霊牌を奉安することを請う。この日、これを許可する。《伝奏記録》
6・20 光格天皇中宮**新清和院**没（七月二十三日、泉涌寺に葬る）。《実麗卿記》
6・21 オランダ商船、長崎に来る。《藤川寛雑記》
7・7 京都、大風雨・洪水。《実麗卿記》
7・25 フランス人、また琉球に来る（これ以前六月七日にも来航）。《藤川寛雑記》
8・11 将軍徳川家慶、国家安寧のため神馬を伊勢両宮に献じる。《神馬進献の記》
8・23 イギリス艦三隻、琉球に来り、国王に会おうとするも、王、病と称して布政官を代りに接見させる（このとき英人、測量して地図を作成）。《鈴木大雑集》

＊**孝明天皇《こうめいてんのう》**（一八三一〜六六）名は統仁、幼称熙宮《ひろのみや》。仁孝天皇第四皇子。母は贈左大臣正親町実光《さねみつ》女藤原雅子《なおこ》（新待賢門院）。天保六年（一八三五）親王宣下、同十一年立太子、同十五年元服。弘化三年（一八四六）践祚、同四年即位。慶応二年（一八六六）崩御。陵は後月輪東山陵。女御は藤原夙子《あさこ》（皇太后。所生の子に順子《よりこ》内親王）。皇子女に明治天皇（母は中山慶子）など。「孝明」の諡号は、「孝経」の「明王の親につかえるに孝、ゆえに天につかえるに明」による。「孝明天皇宸記」を残す。御製に「天地《あめつち》の神のめぐみにまかせつつなほ安き世にあふが楽しさ」（「安政三年五月十日当座和歌」）などがある。
＊**後月輪陵** 一二一六ページ注参照。
＊**有所不為斎雑録《ゆうしょふいさいざつろく》** 添川廉斎《そえかわれんさい》（一八〇三〜五八）が対外危機・国内改革等をテーマ別に編集したもの。
＊**山科言成卿記《やましなときなりきょうき》** 権中納言山科言成（一八一一〜七〇）の日記。天保元年（一八三〇）から明治三年までが残る（天保四年分欠失。宮内庁書陵部蔵）。

8・29 天皇、幕府に御沙汰書「海防勅諭」を下し、海防を強化し、「神州の瑕瑾《かきん》」とならないよう適切な「指揮」をとることを求める（初めて対外問題に関わる勅。これ以降、幕府から朝廷への奏聞が行なわれるようになる）。《**実万公記**》

9・11 伊勢例幣使を発遣する。《実久卿記》

10・3 幕府、京都所司代を通じ、朝廷に異国船来航状況を奏上する。《伝奏記録》

10・19 輪王寺公紹《こうしょう》入道親王没（年32）。《実麗卿記》

●この頃、橘守部《もりべ》、「神代直語《かみよのただか》」「稜威言別《いつのことわき》」を完成。

□10・14 伴信友《ばんのぶとも》（国学者。「長等《ながら》の山風《やまかぜ》」「比古婆衣《ひこばえ》」著者。74）

■弘化四年（一八四七）丁未

孝明天皇 17歳

1・1 四方拝の御座を設けるも、天皇、出御せず。《公卿補任》

2・24 清涼殿・常御殿修理成り、この日、天皇、還御する。《実久卿記》

3・9 京都学習所（のちの学習院）の開講式が行なわれる（初代伝奏〈学長〉は三条実万）。《実麗卿記》

3・14 准后・仁孝天皇女御鷹司祺子《やすこ》を皇太后とする（大宮と称す）。《公卿補任》

3・21 天皇、神祇伯白川資敬《すけたか》より、御拝御伝授を受ける。《山科言成卿記》

3・24 信濃・越後、大震災（連日止まらず。死者八千人超。善光寺地震）。《地震雑纂》

3月 新清和院の遺金を、親王・公卿以下に頒賜する。《伝奏記録》

4・21 天皇、御拝始を行なう（初めて神祇を拝する）。《実麗卿記》

4・25 朝廷、石清水臨時祭を挙行し、異国船撃退を祈る。《実麗卿記》

4・26 左大臣二条斉信、辞任（この日、没）。《実麗卿記》

5・2 伏見宮邦家親王第六王子睦《より》宮を仁孝天皇猶子とする（のちの貞教親王。邦家親王を嗣ぐ）。《伝奏記録》

5・11 幕府に、皇太后のため、御定額のほか毎年銀六貫目を献じさせる（五月二十九日には一千石を増進させる）。《伝奏記録》

6・3 舟橋在賢《あきかた》、天皇に「論語」を進講する。《定功《さだいさ》卿記》

6・15 右大臣九条尚忠を左大臣、内大臣近衛忠熙を右大臣、権大納言花山院家厚《いえあつ》を内大臣に任じる。《実久卿記》

6・26 幕府、これより先、外国船駁《ばく》撃の令を廃し、オランダ人に英・仏・米三国に伝えさせる。この日、オランダ人、長崎に至

＊新清和院《しんせいわいん》（一七七九～一八四六） 光格天皇皇后。後桃園天皇第一皇女欣子《よしこ》内親王。母は皇太后近衛維《これ》子（盛化門院）。安永九年（一七八〇）内親王宣下。寛政三年（一七九一）父の遺詔により光格天皇皇后に治定され、翌年皇后に冊立される。天保十二年（一八四一）出家して女院となり、新清和院と称する。陵は後月輪陵。新清和院に奉仕した女房の日記「新清和院御側《おそば》日記」が残されている。なお、欣子内親王は中御門天皇の唯一の玄孫であり、子はもうけるものの、すべて夭折したため、中御門天皇の皇統は途絶えた。

＊実万公記《さねつむこうき》 内大臣三条実万（一八〇二～五九）の日記。天保四年（一八三三）から安政二年（一八五五）までが残る。なお「公武御用日記」は、実万の武家伝奏在職中（嘉永元年〈一八四八〉から安政四年）のもので、幕末公武の接衝がよく記される。

り、英仏二国の答詞をもたらし、かつ、英国船来航のことを告げる。《加川勝敏筆記》

8・25 即位由奉幣使を発遣する。《野宮定《さだ》祥《なか》日記》

9・3 久留米水天宮神官真木和泉、即位礼を見るため、わざわざ上洛する。《定功《さだいさ》卿記》

9・11 伊勢例幣使を発遣する。《実麗卿記》

9・23 孝明天皇、紫宸殿にて即位礼を挙げる（権大納言二条斉敬《なりゆき》が印明伝授。印明伝授の最後）。《実麗卿記》

10・13 仁孝天皇女御・皇太后鷹司祺子《やすこ》を新《しん》朔平門院《さくへいもんいん》と号する。この夜、没（年37。十一月十二日、泉涌寺に葬られる）。《聴長《ふさなが》卿記》

12・18 幕府、天皇即位を祝い、多大な金品を献上。この日、朝臣一同に配分される。《定功卿記》

12・24 仁和寺宮済仁《さいにん》入道親王（有栖川宮織仁親王王子）没（年51）。《実久卿記》

12・27 内大臣花山院家厚、辞任。権大納言醍醐輝弘を内大臣とする。《公卿補任》

12月 仁孝天皇・新清和院・新朔平門院の経塔を泉涌寺に造る。《伝奏記録》

この年 伴信友「比古婆衣《ひこばえ》」巻一・巻二刊（巻三・巻四は万延元年〈一八六〇〉刊）。

□9・19穂井田《ほいだ》忠友《ただとも》（古典学者。「正倉院文書」〈四十五巻〉編者。57）

■嘉永元年（一八四八）戊申

孝明天皇 18歳

1・1 四方拝の御座を設けるも、天皇、出御せず。《公卿補任》

2・11 内大臣醍醐輝弘、辞任。権大納言徳大寺実堅《さねかた》を内大臣とする。《公卿補任》

2・28 代始により嘉永と改元する。《実久卿記》

3・21 内大臣徳大寺実堅、辞任。権大納言鷹司輔熙《すけひろ》を内大臣とする。《公卿補任》

3・23 伏見宮邦家親王王子睦宮（仁孝天皇猶子）を親王とし、名を貞教《さだのり》と賜う。《伏見宮系譜》

3月から4月 日本沿海に外国船がしばしば来り、沿海諸藩、これに備える。《向山誠斎雑記》

4・5 伏見宮邦家親王王子豊宮《ながのみや》（小松宮彰仁親王）を仁孝天皇養子とする（二十二日、仁和寺御室を相続）。《皇室系譜》

5・29 天皇、初めて猿楽を覧る。《実久卿記》

8・3 青蓮院喜久宮を輪王寺慈性親王の附弟とし、伏見宮満宮（父は邦家親王。のち北白川宮能久親王）を仁孝天皇養子とし、青蓮院を嗣がせる。《実万公記》

8・5 光格・仁孝・孝明各天皇の御名欠画

＊**嘉永**《かえい》 式部権大輔兼大学頭菅原以《もち》長《なが》の勘申による。出典は「宋書」楽志の「思皇享多祐、嘉楽永無央」。

＊**井上正鉄**《いのうえまさかね》（一七九〇～一八四九） 白川流の神道伝授を受け、武蔵国足立郡梅田村の神主となって一派をたてる。信仰の根本は天照大神にひたすらすがり、忘我の状態になったときに身心ともに救われるというもの。邪教の嫌疑により三宅島に流されて没。著書に「神道唯一問答書」など。

の制を定める。《実久卿記》
8・12 山城国等、大雨・洪水。《非蔵人日記》
9・11 伊勢例幣使を発遣する。《実久卿記》
9・22 太政大臣鷹司政通、辞任。《公卿補任》
10・18 有栖川宮幟仁《たかひと》親王王子歓《よし》宮（のち幟《たる》仁《ひと》親王）を仁孝天皇猶子とする。《取次日記》
10・19 徳川家基・徳川広忠に、それぞれ太政大臣正一位を贈る。《公卿補任》
10・29 天皇、大嘗祭御禊を行なう。《実久卿記》
11・4 天皇、小御所に御し、悠紀・主基の屏風に国歌を書するを覧る。《非蔵人日記》
11・5 悠紀・主基の神酒を加茂社の酒殿に醸す。《上加茂別雷神社記録》
11・9 大嘗祭由奉幣使を発遣する。《公卿補任》
11・21 天皇、大嘗祭を行なう。《実麗卿記》
12・16 関白九条尚忠女夙子《あさ》（のち英照皇太后）を女御とする。《公卿補任》
この年 北浦定政《きたうらさだまさ》、「打墨縄《うちすみなわ》」を著す（神武天皇陵を丸山とし、神武田も塚山も否定）。

■嘉永二年（一八四九）己酉

孝明天皇 19歳
1・1 四方拝の御座を設けるも、天皇、出御せず。《公卿補任》
2・16 有栖川宮幟仁《たかひと》親王王子歓《よし》宮（仁孝天皇猶子）を親王とし、名を熾仁《たるひと》と賜う。《公卿補任》
3・26 米国軍艦一隻、長崎に来り、去年松前に漂着の米人を乗せて去る。《藤川寛雑記》
5・20 天皇、近臣等を御前に召し、漢籍を輪読せしめる（のち辰巳の日を国漢両書会読日とする）。《東坊城聰長日記》
7月 奈良奉行川路聖謨《としあきら》、「神武御陵考」を著し、朝廷に報告する（神武田説と塚山説を併記）。
9・2 伊勢内宮の遷宮が行なわれる（天皇、東庭に下御）。《非蔵人日記》
9・5 伊勢外宮の遷宮が行なわれる（天皇、東庭に下御）。《非蔵人日記》
9・11 伊勢例幣使を発遣する。《非蔵人日記》
12・6 水戸藩、「大日本史」紀伝を刊行。
この年 上野国安中藩主板倉勝明、霊元天皇の日記「元陵御記」を出版する（これにより、「元陵御記」の存在が世に知られるようになる）。▼平田篤胤「出定笑語《しゅつじょうしょうご》」刊。《同書》▼村尾元融「続日本紀考証」成る（明治三年刊）。
□2・18 **井上正鉄**（神道家。60）、5・24 橘《たちばな》守部《もりべ》（国学者。「稜威道別」「稜威言別」著者。69）、12・17 沼田《ぬまた》順義《ゆきよし》（国学者。「級長《しな》戸風《とのかぜ》」著者。58）

■嘉永三年（一八五〇）庚戌

孝明天皇　20歳

1・1　四方拝の御座を設けるも、天皇、出御せず。《公卿補任》

2・4　学習院で初めて釈奠を行なう。《学習院釈奠次第》

2・21　天皇、病む（翌月平癒）。《聴長卿記》

2・27　仁孝天皇後宮正親町雅子を准三宮とし、新待賢門院と号する（最後の女院号）。《基豊公記》

4・8　天皇、外国船来航を憂い、**七社七寺**に勅して七日間、国土平安を祈らせる。《野宮定祥日記》

8・18　将軍家慶、有栖川宮幟仁親王女線宮《いと》（幟子《たかこ》女王）を養女とすると布告する（十一月、線宮と徳川慶篤《よしあつ》とが婚約）。《続徳川実紀》

9・3　京都など大風雨。鴨川洪水、三条橋・五条橋が流失する。死者多し。《言成卿記》

9・11　伊勢例幣使を発遣する。《実久卿記》

10・30　高野長英、幕吏に囲まれ自殺。《高麗環雑記》

11・4　皇女（順子《よりこ》内親王。母は九条夙子）、誕生する。《公卿補任》

この年　斎藤月岑《げっしん》「武江年表」刊。《同書》

□2・25黒住宗忠《くろずみむねただ》（神道家。黒住教教祖。71）

■嘉永四年（一八五一）辛亥

孝明天皇　21歳

1・1　四方拝の御座を設けるも、天皇、出御せず。《公卿補任》

1・3　ジョン万次郎、米船にて琉球に至る（このあと長崎奉行、土佐に送還）。《中浜万次郎漂流記》

2・4　これより先、大和国添下郡の嘉兵衛ら、しばしば成務天皇陵を盗掘。また同郡の佐蔵、垂仁・称徳両天皇陵を盗掘。この日、幕府、ことごとく捕らえ獄に下す（翌年磔刑）。《奈良奉行記録》

3・15　天皇、和気清麻呂の義烈忠誠を嘉し、護王大明神の神号を賜い正一位を追贈、高雄山の清麻呂祠に使を遣わす。《公卿補任ほか》

7・12　皇妹和宮を有栖川宮熾仁親王許嫁とする。《実万公記》

9・11　伊勢例幣使を発遣する。《実久卿記》

11・12　内侍所本殿渡御。《公卿補任》

この年　谷森善臣「諸陵徴」刊。

□2・10水野忠邦《みずのただくに》（浜松藩主。老中。58）

■嘉永五年（一八五二）壬子

孝明天皇　22歳

2・7　水戸藩主徳川慶篤《よしあつ》、「大日本史」（紀

＊**七社七寺**　伊勢神宮・石清水八幡宮・賀茂社・松尾社・平野社・稲荷社・春日社の七社と仁和寺・東大寺・興福寺・延暦寺・園城寺・東寺・広隆寺の七寺。

＊**尊超入道親王**《そんちょうにゅうどうしんのう》（一八〇二〜五二）幼名種宮。生母は家女房。知恩院門跡。父は有栖川宮織仁親王。知恩院に入室し、文化七年（一八一〇）親王宣下。同年得度し、法諱を尊超とする。仁孝・孝明両天皇に十善戒を授ける。墓は知恩院塔頭一心院墓地内。

伝）刊本を幕府に献上する。《続徳川実紀》

3・12　一乗院尊応《そんおう》親王（伏見宮成憲《なりのり》親王）、勅命により青蓮院門主となる（二十三日、尊融《そんゆう》と改称、十一月、宮中護持僧となる。のち還俗し、最終的には久邇宮朝彦親王と名のる）。《伏見宮系譜》

6・14　皇女一宮を内親王とし、名を順子と賜う（十七日没。年3）。《言成卿記》

7・22　京都暴風雨（八月十六日にも）。常御殿損傷のため、この日、天皇、学問所に遷る（二十四日還御）。《非蔵人日記》

8・17　オランダ商館長キュルシウス、長崎奉行に明年のペリー来航を報告、開国の必要を説き、日蘭条約案を提示する。《続通信全覧》

8・21　知恩院尊超入道親王没。《議奏記録》

9・11　伊勢例幣使を発遣する。《非蔵人日記》

9・22　孝明天皇皇子（明治天皇）、中山忠能邸で誕生する（母は権大納言中山忠能女慶子。二十九日、祐宮《さちのみや》と命名。四歳まで中山邸で養育される）。《議奏記録》

10・2　皇子祐宮、胞衣《えな》を吉田神社境内に埋める。《孝明天皇紀》

10・12　伏見宮邦家親王王子隆宮に知恩院を嗣がせる（のち還俗し、華頂宮博経親王を名のる）。《伏見宮系譜》

10・22　祐宮、初めて参内する。《議奏記録》

10月　幕府、オランダよりの報告・条約案を無視することを決定する。《米艦渡来国書捧呈一件》

12・8　天皇、和歌天仁遠波の奥秘を、権大納言飛鳥井雅久より受ける。《議奏記録》

12・9　妙法院教仁法親王（閑院宮孝仁親王王子・光格天皇養子）没（年33）。《議奏記録》

12・14　青蓮院尊融入道親王を天台座主とする。《非蔵人日記》

12・15　徳川慶篤（徳川斉昭長男）、将軍家慶養女線《いと》姫（有栖川宮幟仁親王女）と結婚する。《続徳川実紀》

年末　水戸藩主徳川斉昭、姉の嫁ぎ先の関白鷹司政通にペリー来航情報を伝える。

□4・30村尾《むらお》元融《げんゆう》（考証学者。「続日本紀考証」著者。48）

■嘉永六年（一八五三）癸丑

孝明天皇　23歳

1・1　四方拝の御座を設けるも、天皇、出御せず。《公卿補任》

1・24　伊勢神宮・多賀明神・御霊社、毎月神符を宮中に献じるを例とする。《祐宮様御側日記》

4・19　アメリカ船、琉球に来る（このあと

小笠原島、さらに江戸に赴く）。《有所不為斎雑録》
5・7　女御九条夙子《あさこ》を准三宮とする。《公卿補任》
6・3　アメリカ使節ペリー、軍艦四隻を率いて浦賀に来航、国書受理を要求する。《有所不為斎雑録》
6・7　幕府、伊勢神宮に金を、寛永・増上二寺に銀を奉じ、国家安寧を祈る。《有所不為斎雑録》
6・9　幕府、久里浜に上陸のペリーより仮に国書を受けとる（翌年、答書を渡す旨を伝える。米船、江戸湾を測り三日にして去る。六月二十日琉球到着）。《幕府日記》
6・15　京都所司代脇坂安宅《やすおり》、ペリー来航を報告する。天皇（「宸憂殊に深し」）、七社七寺に七日間の四海静謐・宝祚長久・万民安穏の祈禱を命じる。《実万公記》
6・22　将軍徳川家慶没（幕府、七月二十二日までその死を秘す）。《続徳川実紀》
6・26　幕府、米国書翰を諸有司に示す（翌日、諸侯に示し、言を尽くさせる）。《有所不為斎雑録》
7・1　幕府、諸大名にアメリカ国書を示し、その要求の可否を諮問する（ついで幕吏にも）。《有所不為斎雑録》
7・12　京都所司代、アメリカ国書訳文を朝廷に進奏する（仮に受理したと報告）。《実久卿記》
7・18　ロシア使節プチャーチン、長崎に来航、国書受理を要求する（八月十九日、長崎奉行受理）。《有所不為斎雑録》
7・21　朝廷、学問所でアメリカ国書について議する。《実久卿記》
8・4　朝廷、故徳川家慶に、太政大臣正一位を贈る。▼朝廷、石清水八幡宮放生会で特に国家安穏を祈らせる。《公卿補任》
8・17　幕府、朝廷にプチャーチン来航を報告し、その国書を提出する。《実万公記》
9・11　伊勢例幣使を発遣する（「四海静謐」を祈る）。《非蔵人日記》
9・15　幕府、旧禁を解き、諸侯の大艦製造を許す。《書付留》
10・1　幕府、長崎奉行をしてオランダ商館長にひそかに米国要求の実情を探らせる（オランダ人、通商のやむを得ないことを説く）。《外務省記》
10・23　徳川家祥《いえさち》（家定）を征夷大将軍・内大臣とする（江戸幕府第十三代将軍）。《公卿補任》
11・1　幕府、来春のペリー再来に国書要求への諾否を明答しないことを決め、海防の

大号令を発する。《続徳川実紀》

11・7　三条実万《さねつむ》、京都所司代脇坂安宅に、アメリカ国書への回答は神州の一大事であるので、人心動揺により国内が混乱し国体を辱めることのないようにとの「叡慮」を伝える。《実万公記》

11・19　勅使左大臣九条尚忠、幕府に参向する。《続徳川実紀》

11・23　徳川家祥、江戸で将軍宣下を受け、家定と改名する（このとき江戸下向の勅使三条実万、阿部正弘らと面談し「叡慮」を伝えると、阿部は、これからは「叡慮」にそった措置をとる旨を伝える）。朝廷は、熱田神宮など畿外十社に国家安穏を祈らせる（十二月三日、伊勢神宮以下二十二社に祈らせる）。《実久卿記》

12・5　プチャーチン、再び長崎に来航する。《如是我聞》

12・26　「通航一覧」「藩鑑」成り、幕府、関係者を賞する。《続徳川実紀》

12・28　朝廷、公卿以下諸役人にアメリカの開国要求と幕府の対応策、対外情勢を説明する。《実麗卿記》

この年　天皇、しばしば内侍所を拝する。《非蔵人日記》鈴木重胤、「中臣祝詞講義」を訂正・浄書を終える（康治元年（一一四二）近衛天皇大嘗祭で奏された中臣祝詞および大嘗祭諸儀を綿密に考証）。

□6・22徳川家慶《とくがわいえよし》（江戸幕府第十二代将軍。61）

■安政元年（一八五四）甲寅

孝明天皇　24歳

1・6　米国提督ペリー、琉球王城に入り、歳首を賀す（四日後、江戸に向かう。ついで英・露船も琉球に来る）。《有所不為斎雑録》

1・14　ペリー、軍艦六隻を率いて再び浦賀に来航する（進んで十六日、小柴海にまで来る）。《続徳川実紀》

1月　津久井《つくい》清影《きよかげ》（平塚飄斎《ひょうさい》）「陵墓一隅《りょうぼいちぐう》抄《しょう》」成る（明治九年版まで補訂）。《序》

2・1　天皇、内侍所を拝する（この年もしばしば）。《非蔵人日記》

2・9　勅して、伊勢神宮以下諸社に「国家寧清」を祈らせる。《上加茂別雷神社記録》
天皇、病む。《東坊城聴長日記》

2・10　幕府、ペリーを横浜で応接する。ペリー、清国の例を挙げ、貿易条約締結を請う。《塩谷氏筆記》

2・22　朝廷、伊勢神宮以下畿内二十二社、伊雑宮以下畿外十一社に「国家安穏・天下泰平」の祈禱を命じる（五月・九月にも）。

◉孝明天皇御製（「孝明天皇紀」より）

「はるの立つかしこ所の鈴の音に
神代しられて仰ぐそらかな」

「見れどあかぬ風をすがたの糸ざ
くら花のいろ香は長々し日も」

《実麗卿記》
2・25 天皇、小御所で大覚寺所蔵嵯峨天皇宸翰を覧る。《非蔵人日記》
3・3 幕府、日米和親条約（神奈川条約）に調印。下田・箱館二港の開港を約する。《続徳川実紀》
3・27 萩藩吉田松陰・金子重輔、下田の米艦に乗り込み海外に渡航せんとするも発覚、この日、幕府に捕らえられ江戸に送られる。《吉田松陰回顧録》
4・6 御所後院北殿より出火。内裏・仙洞御所が焼亡、上京《かみぎょう》に延焼して五千軒以上が焼失する。天皇、下賀茂社、ついで聖護院に避難する（十五日、桂殿〈桂御所〉を仮皇居とする）。准后夙子は里第に、皇子祐宮は中山忠能邸に還る（このとき、上皇はいなかったため、仙洞御所はその後再建されず）。《実麗卿記》
4・9 幕府、彦根藩井伊直弼を京都守護とする。《続徳川実紀》
4・29 京都所司代、朝廷に開港のことを上奏する（朝廷、将来が不安だという天皇の憂慮を伝え、「神州の瑕瑾」なきよう指示。《実万公記》
5・25 幕府、下田でペリーと「日米和親条約附録十三ヵ条」（下田条約）に調印する。

《続徳川実紀》
6・15 京都・奈良等大地震（以後も大小地震あり）。《脇坂安宅日記》
7・9 幕府、**日章旗**を日本国総船印と定める（十一日、天下に公布）。《続徳川実紀》
7・27 天皇、前権大納言飛鳥井雅久より「和歌三部抄」伝授を受ける。《孝明天皇紀》
⑦・2 これより先、右大臣近衛忠熙寝殿を紫宸殿代とする。この日、天皇、微幸して暑さを避ける。《久我家記》
⑦・15 イギリス提督ステールリンク、四艦を率いて長崎に入り、書を奉行に贈り、諸港碇泊を請う。《聞集録》
8・23 幕府、日英和親条約に調印する。《向山誠斎雑綴》
8・30 プチャーチン、箱館に来航、書を幕府に贈り、大坂に向かうことを告げる。《有所不為斎雑録》
9・11 伊勢例幣使を発遣する。《孝明天皇女房房子日記》
9・18 プチャーチンの軍艦が**大坂湾に来航**する。《内々番所日記》
9・23 天皇、ロシア艦の大坂湾出没に、七社七寺に七日間、国家安寧を祈らせる（十月三日、プチャーチン去る）。《実麗卿記》
10・10 日蘭和親条約締結。《続徳川実紀》

＊**日章旗** 異国船との区別のため「白地日之丸幟」を掲げるようにしたのが、日章旗の初め。この日以前、嘉永六年（一八五三）十一月六日、鹿児島藩が幕府から大船製造の許可を得たとき、帆印は白に朱の「日の丸」を付けんことを請うている。

＊**大坂湾に来航** このとき、朝廷はパニック状態になったといわれ、これを機に、天皇を彦根城に遷すことを考えたりする。天皇、嘉永六年の和歌御会で「朝ゆふに民安かれとおもふ身のこころにかかる異くにのふね」と詠む。

＊**安政**《あんせい》 前権大納言東坊城聰長の勘申による。出典は「群書治要」三八「庶人安政、然後君子安位矣」。

＊**中山績子**《なかやまいさこ》**日記**《にっき》 大典侍中山績子（一七九五～一八七五）の日記。安政三年（一八五六）から明治七年まで（欠失あり）が残る。孝明天皇の日常生活や親王・女房の消息、儀式・年中行事に詳しい。また女房詞を多用しているのが特徴。

10・14 ロシア艦、下田に入る（このあと、蝦夷地の日露境界を議す）。《安政年表》
11・4 畿内・東海・南海に大地震（津波あり）。ロシア艦、下田で大破。安政東海地震。このあと十五日には安政南海地震ほか大地震、津波あり）。《内々番所日記》
11・16 七社七寺に災変を祈禳させる。《言渡》
11・20 朝廷、賀茂臨時祭で「外患祈禳」を行なう。《実麗卿記》
11・27 内裏炎上・大地震・ペリー来航などにより、**安政**と改元する（このとき天皇が主導権を握って改元を実現させる）。《内々番所日記》
11月 平塚瓢斎（津久井清影）、「陵墓一隅抄」付図として「聖蹟図志」を著す（ここでは神武天皇陵を丸山とする）。《序》
12・7 将軍家定、金一万両を内廷費にあてる。《脇坂安宅日記抄》
12・21 幕府、日露和親条約に調印する（エトロフ・ウルップ島間を国境とし、樺太は両国雑居とする）。《川路聖謨日記》
12・23 朝廷、諸国寺院の梵鐘を大砲・小銃に鋳かえることを「五畿内七道諸国司」に命じる太政官符を出す（幕府、「五畿内七道諸国司」はおかしいと削除を申し入れ、また僧侶等の反対もあり実施されず）。《実麗卿記》
この年 三条実万、「山陵会」を主唱する。

■安政二年（一八五五）乙卯

孝明天皇 25歳

1・16 皇子祐宮、参内して天皇に謁する。《中山績子日記》
2・5 幕府、築地等に講武場（のち講武所）を設ける。《嘉永明治年間録》
2・14 天皇、紫宸殿代の右大臣近衛忠熙第に行き、桜花を観、忠熙に御製を賜う。《孝明天皇宸記》
2・23 災変祈禳・国土平安のため、神祇伯白川資訓を伊勢神宮に発遣する。《実麗卿記》
3・3 幕府、勅を奉じ、大砲等製造のため、梵鐘改鋳を諸寺に命令する。《阿部正桓《まさたけ》家記》
3・4 幕府、松前藩の蝦夷地を函館奉行の管轄とする。《阿部正桓家記》
3・7 皇子祐宮、参内し、天皇より玩具等を贈られる（以後しばしば参内）。《孝明天皇紀》
4・9 幕府、京都市民に禁裏造営費を献納させる。《脇坂安宅日記》
5月 京都西町奉行浅野長祚《ながよし》、「歴代廟陵考補遺」を作成し京都所司代脇坂安宅へ提出する（元禄時の同名書を増補）。
7・4 地震あり。《祐宮様御側日記》

7月　朝廷、大旱により神泉苑で祈雨させる。《土山武宗日記》
9・11　伊勢例幣使を発遣する。《公卿補任》
9・18　京都所司代脇坂安宅、関白鷹司政通等に、外国との条約内容等を報告する。《久我建通日記》
10・2　江戸「安政の大地震」起こる（下町被害大。死者五千人弱。水戸藩儒者藤田東湖ら圧死）。《安政二卯年地震災書留》
10・4　新造内裏南殿の庭に桜・橘を植える。《実久卿記》
10・7　天皇、紫宸殿代に渡御し、紅葉を観る。《実久卿記》
10・10　江戸地震の報が入り、朝廷、七社七寺に七日間災異を祈禳させる。《聴長卿公武御用日記》
11・2　新内裏が完成する。《実久卿記》
11・23　天皇、仮皇居桂殿より新造内裏に遷る。《公卿補任》
11・27　桂殿を桂御所と改称する。《聴長卿公武御用日記》
12・23　幕府、長崎にて日蘭和親条約を結ぶ。《和蘭条約一件》
この年　幕府、天文方所属の蕃書和解御用の局を独立させ、洋学所と称する。《明治天皇紀》▼奈良奉行与力中条良蔵・羽田謙左衛門・羽田半之丞、「御陵并帝陵歟与御沙汰之場所奉見伺候書付」を作成する（これの添付図が「安政山陵図」）。
□10・2藤田《ふじた》東湖《とうこ》（水戸藩士。「回天詩史」「和文正祥正気歌」作者。50）、12・2久我《こが》通《みち》明《あき》（内大臣。右大臣久我通兄の孫。76）

■**安政三年（一八五六）丙辰**
孝明天皇　26歳
1・1　四方拝の御座を設けるも、天皇、出御せず。《公卿補任》
1・21　異国船渡来により、諸国大社に七日間、国土平安を祈らせる。《実麗卿記》
2・11　幕府、洋学所（安政の大地震で全壊、焼失）を蕃書調所と改称する。《明治天皇紀》
6・15　地震あり。《御系譜》
7・6　仁孝天皇後宮・准三宮**新待賢門院**没。《東坊城聴長日記》
7・21　米国総領事ハリス、下田に来航する（江戸に行き国書を将軍に呈し、老中への面会を請うも許されず）。《東坊城聴長日記》
8・3　天皇、関白鷹司政通の辞職願を許し、宸筆の御書を賜い、積年の勤労を慰賞し、今後も相談にのるよう伝える。《聴長卿記》
8・5　ハリス、下田郊外玉泉寺に入り、ここを総領事館とする。《如是我聞》
8・8　関白鷹司政通辞任（准三宮・内覧は

＊**新待賢門院《しんたいけんもんいん》**（一八〇三〜五六）仁孝天皇後宮、孝明天皇生母。父は贈左大臣正親町実光。名は雅子《なおこ》。文政三年（一八二〇）仁孝天皇の後宮に入り、翌年典侍となる。孝明天皇のほか二皇子・一皇女をもうける。嘉永三年（一八五〇）准后宣下・院号宣下を受けて新待賢門院を称する。後村上天皇母后新待賢門院と同号であるが、当時は南朝の宣下を認めていなかった。墓は月輪陵域。

旧の如し)。左大臣九条尚忠を関白・氏長者・内覧とする。《公卿補任》

8・24 右大臣近衛忠熙を一上とする。《公卿補任》

9・11 伊勢例幣使を発遣する。《公卿補任》

9・29 祐宮、中山忠能邸より内裏に移る。《東坊城聰長日記》

9月 この頃以降、水戸藩主徳川斉昭から鷹司政通への情報提示が本格化する。

10・17 ハリス、江戸に来て老中に面会することを請う。幕府、老中堀田正睦《まさよし》に外国事務取扱を命じる。《安政年録》

10・26 光格天皇・新清和院の御祠堂が盧山寺に建てられ、この日、供養が行なわれる。《実久卿記》

12・9 天皇、鷹司政通に、長年の労に報いるため太閤の称号を贈る。《公卿補任ほか》

この年 水島永政撰「山陵考」成る。

□11・5足代弘訓《あじろひろのり》(国学者。73)

■安政四年(一八五七)丁巳

孝明天皇 27歳

1・4 左大臣九条尚忠辞任(一座宣旨を賜う)。右大臣近衛忠熙を左大臣、前内大臣大炊御門経久を右大臣とする。《公卿補任》

2・5 キュルシウス、長崎奉行にアロー号事件を伝え、通商拒否の方針に警告する。《堀田正睦外国掛中書類》

2・8 右大臣大炊御門経久、辞任。内大臣鷹司輔熙を右大臣、権大納言広幡基豊《もととよ》を内大臣とする。《公卿補任》

4・2 天皇、参内殿にて桜花を覧る。《孝明天皇女房房子日記》

5・15 内大臣広幡基豊、辞任。権大納言三条実万《さねつむ》を内大臣とする。《公卿補任》

5・26 幕府、ハリスと長崎開港・治外法権などに関する日米条約(下田条約)を締結する。《続通信全覧》

5・28 権大納言飛鳥井雅久、天皇に「伊勢物語」を伝授する。《実麗卿記》

⑤・11 幕府、初めて海軍教授所を置く。《時風録》

7・23 天皇、「伊勢物語」の伝を権中納言烏丸光政《からすまるみつまさ》に授ける。《非蔵人日記抄》

7・29 天皇、左大臣近衛忠熙以下の詠歌に勅点を賜う。《久我家記》

8・29 幕府、オランダと追加条約に調印し、箱館での通商を認める(初の通商条約)。《続通信全覧》

9・7 幕府、プチャーチンと日露追加条約に調印し、長崎・箱館での通商を認める。《堀田正睦外国掛中書類》

9・11 伊勢例幣使を発遣する。《公卿補任》

9・15 天皇、御苑の菊を観る。《孝明天皇女房房子日記》

9・27 天皇、病む（まもなく平癒）。《孝明天皇女房房子日記》

10・21 ハリス、江戸城で将軍徳川家定に謁見し、大統領親書を奉呈する（十二月二日、幕府、交易・公使駐在を許す）。《続徳川実紀》

12・1 朝廷、外交について七社七寺に七日間、国土平安を祈らせる。《**俊克卿記**》

12・13 京都所司代、武家伝奏に開港と公使駐在了承を伝える（二十三日、武家伝奏、天皇が開港・公使駐在を望まないと伝える）。《聴長卿記》

この年「雲上明覧」安政四年版で、第六十三代冷泉院から第百十八代後桃園院までが院号で、他は天皇号が冠される。

□1・28 橋本実久《はしもとさねひさ》（権大納言。女経子は仁孝天皇典侍で和宮生母。68）、6・17 阿部正弘《あべまさひろ》（福山藩主。江戸幕府老中。「安政の改革」を断行。39）

■安政五年（一八五八）戊午

孝明天皇 28歳

1・5 老中堀田正睦、ハリスに条約勅許のため調印延期を求める。《川路聖謨京都表御用留》

1・6 薩摩藩主島津斉彬、内大臣三条実万らに一橋慶喜を将軍継嗣とするよう内勅降下を要請する。《照国公文書》

1・14 天皇、勅して左右内大臣・伝奏らに外交について問う。《聴長卿記》

1・15 幕府、箱館奉行に早く樺太境界を定めることを要請する。《柯太概覧》

1・17 天皇、関白九条尚忠に**宸翰**を賜い、叡慮を伝える。《宸翰秘抄》

1・25 天皇、関白九条尚忠・左大臣近衛忠熙らに宸翰を賜い、日米条約不許可の叡旨を示す。《宸翰》

1・26 天皇、公卿に勅し、アメリカとの通商の可否を議させる。《実麗卿記》

2・9 老中堀田正睦、勅許を求めて参内する（勅許されず。正睦、以後京都で説得工作に当たる。一方天皇は、廷臣が幕府関係者と個人的に会うことを禁じる）。《堀田正睦日記》

2・16 天皇、前関白鷹司政通の外交意見が衆と異なる（「幕府の請う所を満たさんとする」）ため、密勅を左大臣近衛忠熙等に賜い、叡旨を翼賛させる。《孝明天皇宸翰写》

2・23 議奏・武家伝奏を堀田正睦の館に遣わし、米国との条約締結に対する朝廷側回答を伝達する。《尚忠公記》

＊**俊克卿記**《としかつきょうき》 大納言・武家伝奏坊城俊克（一八〇二～六五）の日記。

＊**宸翰**《しんかん》 この中で孝明天皇は、関白九条尚忠に「私の代より、かようの儀にあい成り候ては、後々までの恥の恥に候半や、其に付ては伊勢始の処は恐縮少なからず、先代の御方々に対する不孝、私一身置く処無き至りに候間、誠に心配仕り候」と伝え、公家が自由に意見を言えるよう、朝廷内の議論の活性化等を命じる。また一月二十五日にも、条約拒絶・攘夷の決意の宸翰を九条に送っている。

＊**列参奏上事件**《れっさんそうじょうじけん》 中下層廷臣が許可なく御所に集合し、堀田正睦への勅答書中の「このうえは、関東において御勘考有るべきよう御頼み遊ばされ候」部分の削除を申し出たもの。同夜、関白九条尚忠邸にも押しかけ勅答撤回を要求した。翌日には非蔵人三十六名による伝奏宅・関白宅への「嘆願」がなされる。これは「蜂起」とも称され、中下層公家・地下官人による下克上的状況といえる。また、日本全体を「皇国」として捉える意識が芽生えてきたことが顕在化してい

2・25　京都地震あり（二十六日にも）。《実麗卿記》
2月　この頃、孝明天皇、「いっさいは御寝食の御間もあらせられず、供御も日々二度召し上がられ候程に宸襟《しんきん》を悩ませられ候由」と伝わる。《大日本維新史料稿本》
3・5　堀田正睦、天皇憂慮の「人心の折り合い」は幕府が責務を持つので勅許してほしいと武家伝奏に伝える。関白九条尚忠、これを受け入れる。《尚忠公記》
3・9　朝廷にて日米通商条約を廷議する（左大臣近衛忠熙、病と称して参ぜず）。《実麗卿記》
3・12　岩倉具視ら平公家八十八人による**列参奏上事件**が起こる（十三日には非蔵人三十六人も連署して上書。十四日の朝議により、九条尚忠の幕府一任の勅答案は退けられる）。《孝明天皇実録》
3・20　堀田正睦を小御所に招き、御三家以下諸大名の意見を徴し、評議の上、再度勅裁を請うべしとの勅答を伝える（条約勅許を事実上拒否。堀田、九条尚忠への手紙に「和親もなく戦争もなく、外交を断ち独立して昇平を楽しむ国は一国もなし」「世界万邦を皆仇敵に引き受け、殺戮絶える間なく、いつまでも持ちこたえらるべき筈これ無し」と書く）。《非蔵人日記・実麗卿記》
3・21　内大臣三条実万、辞任。権大納言一条忠香《ただか》を内大臣とする。《公卿補任》
3・27　伏見宮邦家親王王子豊《なが》宮（仁孝天皇養子）を親王とし、名を嘉彰《よしあき》と賜う（のち還俗し、最終的には小松宮彰仁親王）。《言渡》
4・11　伊勢以下諸社に、七日間、外患を祈禳させる。《俊克卿記》
4・23　幕府、井伊直弼を大老とする。《続徳川実紀》
5・13　天皇、関白九条尚忠以下に宸翰を賜い、幕府の答申にかかわらず、既定朝議の動揺なきよう諭示する。《宸翰写》
6・4　京都大火。東本願寺類焼。《実麗卿記》
6・9　天皇、参議野宮定功に命じ、「霊元天皇御集」を書写させる。《俊克卿記》
6・12　皇女（富貴宮）、誕生する（母は九条夙子。翌年八月二日没）。《公卿補任》
6・17　権大納言徳大寺公純を公卿勅使として伊勢神宮に派遣、宸筆宣命を付し、宝祚延長・外患平定を祈る（公純、二十五日帰京。このとき天皇、公純の帰京までの八日間、毎夜、伊勢神宮ならびに賢所御拝を欠かさず行ない、護国を祈る。皇子祐宮、これに侍す）。《公卿補任ほか》

くことにもなる。

6・19 幕府、勅許を得ぬまま日米修好通商条約・貿易章程に調印、神奈川・長崎・新潟・兵庫の開港、江戸・大坂の開市、下田の閉港を決める。《公用方秘録》
6・23 宣命を石清水八幡宮・賀茂下上社に奉じて、宝祚長久・外患平定を祈る。《公卿補任》
6・27 幕府、朝廷に日米通商条約調印を報告する。天皇、激怒し、「神州の瑕瑾」「天神地祇・皇祖に申しわけない」と二十八日に譲位の密勅を下す（このあと何度も譲位の意向をもらす）。《久我建通日記》
7・6 将軍徳川家定没（八月八日まで喪を秘す）。《安政年録》
7・8 幕府、海防掛を廃止し、外国奉行を創置する。《続徳川実紀》
7・10 幕府、日蘭修好通商条約に調印する（十一日ロシア、十八日イギリス、九月三日フランスとも）。《締盟各国条約類纂》
7・27 天皇、鷹司政通の内覧辞退を認める。《公卿補任》天皇、宸翰を近衛忠熙に賜い、老中間部詮勝入京近きをもって、その応接・問答等をあらかじめ衆議を尽くさせんとする。《尚忠公記》
8・8 天皇の「御趣意書」（**戊午の密勅**）が水戸藩など十三藩と幕府に下される。《賜勅始末》
8・21 故徳川家定に正一位太政大臣を贈る。《公卿補任》
9・2 天皇、右大臣鷹司輔熙に勅書を下し、関白九条尚忠辞職実現を命じる（四日、九条尚忠、関白・内覧を辞す）。《尚忠公記》
9・3 勅を七社七寺に下し、災異を祈禳させる。《俊克卿記》新任京都所司代酒井忠義が上洛する（九月七日、梅田雲浜捕縛など「**安政の大獄**」開始）。《井伊家秘書集録》
9・4 九条尚忠、内覧を辞任。左大臣近衛忠熙を内覧とする。《公卿補任》
9・8 勅使権大納言広橋光成を江戸に発遣し、故徳川家定に正一位太政大臣を贈る。《公卿補任》
9・17 老中間部詮勝、上洛する（「安政の大獄」が本格化。二十二日、鷹司家臣小林民部（良典）を捕縛。堂上廷臣への見せしめにより、天皇も動揺する）。《実万公記》
9・25 嘉彰親王、仁和寺に入寺、得度し、名を純仁とする。《公卿補任》
10・1 和宮、将軍家茂に降嫁の議あり。《岩倉公実紀》
10・4 南殿の橘を学習院より改植する。《公卿補任》
10・19 左大臣近衛忠熙の内覧を免じ、関白

＊**戊午**《ぼご》**の密勅**《みっちょく》 通商条約調印は三月二十日の勅答に背いたもので軽率とし、大老以下諸大名で群議を尽くし、公武合体が永久に続くよう徳川家を扶助し、外国の侮りを受けないようにとの主旨。

＊**安政**《あんせい》**の大獄**《たいごく》 江戸幕府が勅許を得ぬまま、日米修好条約に調印したことなどから尊王攘夷運動が激化していった。これに対し、幕府（大老井伊直弼）は公卿・志士らに弾圧を加えた。安政五、六年に行なわれたことから、のちに「安政の大獄」と呼ばれる。吉田松陰・橋本左内・頼三樹三郎の斬罪など、刑死・獄死は十四人、連坐した者は百人以上となり、これが桜田門外の変につながった。

＊**歴代残闕日記**《れきだいざんけつにっき》 国学者黒川春村（一七九九〜一八六六）が、信州須坂藩主堀直格《なおただ》の命で編集したもの。天皇・公家など日記類の残闕本などを集成し、年代順に配列。「宇多天皇宸記」から幕末の「御即位次第」、仁和三年（八八七）から弘化四年（一八四七）の間、三百四十二種の日記類が収められる。

＊**庭田嗣子日記**《にわたつぐこにっき》 宮中女官庭田嗣子

九条尚忠を内覧に復する。《公卿補任》
10・24 老中間部詮勝、参内して通商条約調印の事情を説明（天皇、条約は「日本国の瑕瑾」として鎖国攘夷を主張）。《中山績子日記》
10・25 徳川家茂を征夷大将軍・内大臣とする（江戸幕府第十四代将軍）。▼伏見宮邦家親王王子満《みつ》宮（仁孝天皇養子）を親王とし、名を能久《よしひさ》と賜う（のち北白川宮能久親王）。《公卿補任》
11・19 京都に地震あり。《実麗卿記》
11・23 伏見宮能久親王、輪王寺に入室、得度し、名を公現とする。《公卿補任》
12・9 天皇、宸翰を関白九条尚忠に賜い、尚忠、これを間部詮勝に伝え、聖旨を翼賛させる。《尚忠公記》
12・14 伊勢例幣使を発遣する。《公卿補任》
12・30 天皇、間部詮勝の書付を理解し、江戸に戻る間部に「宣達書」を渡し、「皇国の瑕瑾」「神州の汚穢」とするも、条約調印を認める（「これを諒恕す」）。《九条尚忠文書》
この年 天皇の側近に奉仕する長橋局《ながはしのつぼね》とその付属女房の日記「長橋局日記」が記される（慶応三年〈一八六七〉まで現存）。▼黒川春村編「**歴代残闕日記**」成る。▼この年よりコレラ大流行（三年間で死者数十万といわれる）。
□5・11月性《げっしょう》（勤王僧。42）、7・6徳川家《とくがわいえ》定《さだ》（江戸幕府第十三代将軍。35）、8・19鹿持雅澄《かもちまさずみ》（国学者。「万葉集古義」著者。68）、11・16忍向《にんこう》（月照《げっしょう》。勤王僧。46）、11・23徳大寺《とくだいじ》実堅《さねかた》（内大臣。父は関白徳大寺輔平。69）

■安政六年（一八五九）己未

孝明天皇 29歳

1・10 幕府の圧力で、左大臣近衛忠煕・右大臣鷹司輔煕《すけひろ》は辞官・落飾、前関白鷹司政通・前内大臣三条実万は落飾を天皇に請う。《議奏記録》
2・5 幕府、青蓮院尊融法親王、鷹司政通ら十七名の処分実行を朝廷に迫る。《尚忠公記》
2・17 青蓮院尊融法親王・内大臣一条忠香等を謹慎とする。《尚忠公記》
2・25 異国船渡来により、伊勢神宮以下諸国大社に、一・五・九月に国土平安を祈らせる。《言渡》
3・9 天皇、ひそかに幕府往復の文書を前内大臣三条実万に下し、内外の事情を諭示する。《実万公幽居日記》
3・18 天皇、参内殿に桜花の宴を開く。《庭

（一八二〇～六七）の日記。安政二年（一八五五）から文久元年（一八六一）の自筆分が宮内庁書陵部に残る。嗣子は皇妹和宮の降嫁が決まると和宮御附となり随従して江戸に下向し、そのときの記録「和宮御側日記」等も伝えられる。

田嗣子日記》
3・28 左大臣近衛忠熙・右大臣鷹司輔熙を廃し、内大臣一条忠香を左大臣、前内大臣花山院家厚を右大臣、権大納言二条斉敬《なりゆき》を内大臣に任じる。《公卿補任》
3・29 有栖川宮幟仁親王を祐宮手習師範とする。《中山績子日記》
4・22 鷹司政通・鷹司輔熙・近衛忠熙・三条実万に謹慎・落飾を命じる。《岩倉公実紀》
4・26 京都地震あり。《実麗卿記》
4・27 伏原宣明《のぶはる》を祐宮読書師範とし、この日、「孝経」を侍読する。《押小路甫子日記》
5・28 五ヵ国との条約により、六月から神奈川・長崎・箱館を自由貿易港とする。《続徳川実紀》
7・4 覚諄入道親王、円満院より梶井円融房に入り、名を昌仁と賜う（のち梨本宮守《もり》脩《おさ》親王）。《明治天皇紀》
7・14 悪疫流行の兆あり、七社七寺に祈禱させる。《言渡》
7・22 典侍中山慶子が病により、その辞職を許し、祐宮付とする（名を新宰相と賜い、上臈格とする）。《中山績子日記》
8・12 幕府、襲職の祝意を表し、天皇に五千両、摂家以下堂上に二万両を贈る。《俊克卿記》

8・27 幕府、前水戸藩主徳川斉昭に永蟄居を命じる等処分を下す。《幕府沙汰書》
9・11 伊勢例幣使を発遣する。《公卿補任》
9・27 青蓮院尊融法親王、天台座主を辞任。昌仁入道親王を天台座主とする。《公卿補任》
10・7 幕府、頼三樹三郎・橋本左内らに死罪を申し渡す。《安政年録》
10・17 江戸城本丸が炎上する。《続徳川実紀》
10・27 幕府、吉田松陰らに死罪を申し渡す。《安政年録》
11・19 水戸藩に勅諚返納の勅命を幕府に下す（十二月十六日、幕府、水戸藩に伝える。これにより脱藩藩士が多数出る）。《水戸藩史料》
12・7 青蓮院尊融法親王に隠居・永蟄居を命じる（法親王、相国寺塔頭桂芳軒に移り、獅子王院宮と称する）。《言渡》
12・17 邦家親王王女則子女王、和歌山藩主徳川茂承《もちつぐ》への降嫁により、この日、参内拝別する。《押小路甫子日記》
●安政年間、紫宸殿が造営される（現京都御所紫宸殿）。
□7・10大炊御門《おおいのみかど》経久《つねひさ》（右大臣。父は右大臣大炊御門家孝。79）、9・9醍醐《だいご》輝弘《てるひろ》（内大臣。父は権大納言醍醐輝久。69）、10・6三条《さんじょう》実万《さねつむ》（武家伝奏。内大臣。贈右大臣。

＊**押小路甫子日記**《おしこうじなみこにっき》 大御乳人《おおちのひと》押小路甫子（一八〇八〜八四）の日記。天保十三年（一八四二）から明治四年まで（途中欠失）が残る。職掌日記として幕末維新期の宮中日常生活を知るための好史料。宮内庁書陵部蔵。
＊**万延**《まんえん》 前権中納言菅原為定《ためさだ》の勘文に「後漢書（巻九〇上）馬融伝曰、豊千億之子孫、歴万載而永延」とある。江戸では閏三月一日に公布。
＊**昨夢紀事**《さくむきじ》 越前藩士中根師質《もろかた》（雪江）著。藩主松平慶永が安政の大獄により謹慎を命じられたあとから執筆を始め、安政六年までの間、藩主らの国事奔走を記録したもので、当時の政治情勢を詳しく述べている。

58）、10・27吉田《よしだ》松陰《しょういん》（教育者・尊王論者。30）

■万延元年（一八六〇）庚申

孝明天皇　30歳

1・5　天皇、参内殿にて千秋万歳を覧る。《中山績子日記》

1・18　日米修好通商条約批准書交換のため、幕府使節、アメリカ軍艦に乗り品川を出航する。《幕府沙汰書》

2・7　天皇、勅して内侍所・七社七寺に七日間、悪疫を祈禳させる。《宸翰》

3・3　大老井伊直弼、江戸城桜田門外で水戸・薩摩の浪士に暗殺される（桜田門外の変）。《幕府沙汰書》

3・18　江戸城本丸炎上・蛮夷渡来等により**万延**と改元する。《押小路甫子日記》

③・16　祐宮、直廬代にて深曽木の儀を行なう。《武家書翰往来》

③・28　幕府遣米使節、ワシントンで大統領ブキャナンと会見する（四月三日、批准書交換）。《村垣範正遣米日記》

4・12　京都所司代酒井忠義、関白九条尚忠に和宮降嫁の周旋を要請する（以後、数度にわたり要請）。《尚忠公記》

5・4　関白九条尚忠、和宮降嫁を天皇に奏上する。この日、有栖川宮と婚約あるにつき却下を所司代酒井忠義に伝える。《尚忠公記》

6・17　幕府、ポルトガルと日葡修好通商条約に調印する。《締盟各国条約彙纂》

6・18　議奏徳大寺公純、和宮降嫁に反対して議奏を辞任する（二十二日、三条実愛《さねなる》を議奏とする）。《光成公記》

6・21　中根師質《もろかた》（雪江）、「**昨夢紀事**」を脱稿する（明治二十九年刊）。

6・24　これより先、邦家親王王子敦《たつ》宮、妙法院門跡を継承。この日、参内して恩を謝す。《押小路甫子日記》

7・10　祐宮を儲君に定め、女御夙子《あさこ》（英照皇太后）の実子とする。《実麗卿記》

8・13　天皇、和宮に明春の下向を諭すも拒否される。天皇、和宮に代え寿万《すま》宮降嫁の意向を示す（幕府拒否）。《尚忠公記》

8・15　天皇、条約破棄・公武融和などを条件に和宮降嫁勅許を内達する（二十二日、九条尚忠、有栖川宮に婚約解除の内旨を伝える）。《尚忠公記》

8・27　天皇、知恩院隆《たか》宮（伏見宮邦家親王王子）を養子とする。《伏見宮系譜》

8・28　天皇、聖護院泰《やす》宮（伏見宮邦家親王王子）を養子とする（のち北白川宮智成《さとなり》親王）。《言渡》

9・11　伊勢例幣使を発遣する。《公卿補任》
9・15　天皇、妙法院敦宮（伏見宮邦家親王王子）を養子とする（のち伏見宮貞愛《さだなる》親王）。《言渡》
9・28　儲君祐宮を親王とし、名を睦仁《むつひと》と賜う。《非蔵人日記》
10・4　天皇の再度の勧めにより、和宮、明春の下向を承諾する。《尚忠公記》
10・6　天皇、明春の和宮東下を幕府に達し、条件十二項につき確約を求める（幕府、すべて了承）。《尚忠公記》
11・1　幕府、皇女和宮の将軍徳川家茂への降嫁を公表する。《続徳川実紀》
11・29　知恩院隆宮を親王とし、名を博経《ひろつね》と賜う（のち華頂宮博経親王）。《公卿補任》
12・1　天皇、プロシアなどとの条約締結に激怒、和宮降嫁破談の意向を示す（九日譲歩）。《実麗卿記》
12・3　邦家親王王女文秀女王（円照寺宮）を天皇養子とする。《押小路甫子日記》
12・29　伏見宮博経親王、知恩院に入寺、得度し、名を尊秀と改める。《押小路甫子日記》
この年　平田篤胤「**俗神道大意**」刊。
□3・3井伊《いい》直弼《なおすけ》（大老。彦根藩主。46）、8・15徳川斉昭《とくがわなりあき》（水戸藩主。61）

■文久元年（一八六一）辛酉

孝明天皇　31歳

1・2　天皇病むにより朝賀を中止する。《押小路甫子日記》
1・28　幕府、和宮降嫁を祝し、摂家以下堂上・地下《じげ》に黄金一万五千両を頒つ。《実麗卿記》
2・3　ロシア軍艦ポサドニック号、対馬に来航し海軍根拠地設置をもくろむ（対馬事件）。《対馬藩記録》
2・9　伏見宮貞敬親王王女成淳女王、天皇養子となる。《押小路甫子日記》
2・19　辛酉革命により**文久**と改元する。《公卿補任》
2・23　ハリス登城、徳川家茂と会見する。《続徳川実紀》
3・7　天皇、参内殿にて桜花宴を開く。《孝明天皇女房房子日記》
3・12　文秀女王、天皇養子となり、この日、参内して恩を謝す。《明治天皇紀》
3・23　和宮、降嫁勅許により参内し、恩を謝す。《押小路甫子日記》
4・19　仁孝天皇皇女和宮を内親王とし、名を親子《ちかこ》と賜う。《公卿補任》
5・9　伊勢公卿勅使を発遣する（天皇、この日より七日間、東庭にて御拝。勅使は十七日帰京）。《非蔵人日記》

＊**俗神道大意**《ぞくしんとうたいい》　平田篤胤の講義録。古神道の立場から両部神道等を俗神道・巫学として批判したもの。初め「巫学談弊」といった。
＊**文久**《ぶんきゅう》　前権中納言菅原為定の勘文に「後漢書（巻一〇九下、謝該伝）曰、文武並用、成長久之計」とある。

5・15　長州藩長井雅楽《うた》、藩命により入京、議奏三条実愛《さねなる》に、開国論・富国強兵・公武合体論などの「航海遠略策」を提出する（朝廷、これを採用）。《山口藩御建白一件》
5・28　水戸浪士ら、高輪東禅寺の英国公使館を襲撃する。《明治天皇紀》
8・23　天皇、初めて笙を奏する。《孝明天皇女房房子日記》
8・25　ロシア軍艦ポサドニック号、対馬を去る。《対馬藩記録》
9・11　伊勢例幣使を発遣する。《公卿補任》
10・3　親子内親王、祇園社に詣でる（天皇・儲君、建礼門にてその行装を覧る）。《孝明天皇女房房子日記》
10・15　親子内親王、参内して拝別の辞を奏する。《押小路甫子日記》
10・20　親子内親王、桂御所を出発する（中山道経由で十一月十五日、江戸に入る。実母橋本経子《つねこ》もこれに随う。道中、周辺各村に禁酒・人馬供給を命じる）。《和宮様御縁組一件御用帳》
11・5　将軍徳川家茂、アメリカ公使ハリスを江戸城にて引見する。《幕府沙汰書》
12・5　幕府、荒井郁之助等を小笠原島に派遣する（十一月、各国公使に小笠原群島開拓を宣言し、小笠原群島の日本領であることを明確化する）。《続徳川実紀》
●この頃、久留米水天宮祀官真木和泉守保臣、宇都宮藩儒大橋訥庵ら王政復古を唱える。
□7・21賀茂規清《かものりきよ》（神道思想家。烏伝《うでん》神道大成者。64）

■文久二年（一八六二）壬戌

孝明天皇　32歳

1・4　右大臣花山院家厚を廃し、内大臣二条斉敬を右大臣、権大納言久我建通《たけみち》を内大臣とする。《公卿補任》
1・15　老中安藤信正、江戸城坂下門外で水戸浪士らに襲撃される（坂下門外の変）。《官武通紀》
1・20　外国奉行水野忠徳、小笠原諸島を巡見し、父島に「日の丸旗」を立てる（領土の表示として初めて日章旗が用いられる。小笠原諸島は文禄二年〈一五九三〉に信濃守小笠原貞頼が発見）。
2・11　親子内親王、江戸城にて将軍徳川家茂と婚儀を挙げる（親子内親王を御台様と称することにするも、十一月二十三日、和宮の称に復する）。《続徳川実紀》
3・28　将軍家茂、アメリカ公使を江戸城に謁見する。《幕府沙汰書》
3・29　天皇、准后御殿飛香舎にて桜花を覧る（四月二日、参内殿においても）。《孝明

天皇女房房子日記》

3月　鈴木重胤「日本書紀伝」成る。

4・16　島津久光、薩摩藩兵一千人余を率いて入京。この日、朝廷に幕政改革意見書九ヵ条を提出する。朝廷、これを了承、久光に京都での浪士鎮撫の勅旨を下す。《島津久光公実紀》

4・19　将軍家茂、アメリカ公使を引見する。《幕府沙汰書》

5・3　天皇、国家多難の現状を堂上に告げ、その行動を戒める。《言渡》

5・7　慈性入道親王を天台座主とする。《公卿補任》

5・11　天皇、将軍の入朝・五大老の設置・輔佐職の登用（三事策）を幕府に降ろさんとする（群臣に勅し、その議を諮詢）。《実麗卿記》

5・18　幕府、蕃所調所を洋書調所と改称する。《続徳川実紀》

5・21　外患あるにより、伊勢神宮・石清水八幡宮・賀茂社に七日間国土平安を祈らせる。《言渡》

5・22　朝廷、島津久光の意見書を受け、大原重徳《しげとみ》を勅使として「三事策」をもって江戸に下向させる（久光随従）。《議奏記録》天台座主慈性入道親王を准三宮とする。《公卿補任》

5・27　将軍家茂、フランス公使を引見する。《幕府沙汰書》

6・5　前右大臣鷹司輔熙、還俗する（七日、前左大臣近衛忠熙も）。《公卿補任》

6・6　特旨をもって東本願寺門主光勝に宸筆一幅を賜う。《大谷派本願寺記》

6・10　勅使大原重徳、江戸城に入り、一橋慶喜・松平慶永の登用、幕政改革などの勅諚を伝える（三事策伝達）。《再夢紀事》

6・21　この頃、麻疹流行。《孝明天皇女房房子日記》

6・23　九条尚忠、関白・内覧を辞任。前左大臣近衛忠熙を関白・氏長者・内覧とする（一座宣旨を賜う）。《公卿補任》

7・6　幕府、徳川慶喜を再び一橋家の後嗣とし、将軍後見職に任じる。《続徳川実紀》

7・9　勅を奉じ、幕府、松平慶永を政事総裁職とする。《続徳川実紀》

7・20　九条家家臣島田左近、尊攘派に暗殺される（以後、尊攘派による暗殺多数）。《聞集録》

7・29　尊融入道親王を青蓮院に再任させる（ついで朝議参与の内勅を賜う）。《言渡》

8・20　岩倉具視ら公武合体派公卿、蟄居を命じられる。《実麗卿記》

＊文久の修陵　山陵奉行戸田忠至を中心に、各山陵に鳥居が建てられ玉砂利が敷かれ、拝所が設けられて祭祀の対象となる外観を整える。神功皇后陵が「京北班田図」「西大寺敷地古図」により現陵（狭城盾列池上陵）に改定されるなど八十二陵が治定される（「山陵志」のままは二十二陵）。なお、皇后陵・皇子皇女墓については対象外とし、不明陵十八陵も残された（明治二十二年までに順次治定される）。なお、「文久山陵図」には、修陵以前の「荒蕪」の図と修陵後の「成功」の図があり、陵によっては全く姿形を変えたことがわかる。

8・21　薩摩藩士、生麦村で島津久光の帰国行列を乱したとしてイギリス人四人を斬る（生麦事件）。《島津久光公実紀》

8・25　内大臣久我建通、辞任。《公卿補任》

⑧・1　幕府、会津藩主松平容保を京都守護職とする。《続徳川実紀》

⑧・5　特旨により、前権大納言広橋光成《みつしげ》を准大臣とする（六日、光成没）。《公卿補任》

⑧・8　宇都宮藩主戸田忠恕《ただゆき》、幕府に「修陵の建白」を提出（十四日、これを許可し戸田忠至《ただゆき》を藩主名代として山陵御締向御普請御用とする。十月より事業を開始し、慶応元年〈一八六五〉終了）。《皇陵志稿》

⑧・9　徳川家茂、江戸城でロシア公使を引見する。《幕府沙汰書》

⑧・18　勅して、親王以下群臣に攘夷の所見を上奏させる。この日、有栖川宮幟仁親王、攘夷の所見を上奏する。《有栖川宮日記》

⑧・24　昌仁親王（守脩親王）を天台座主に復する（「公卿補任」では二十三日）。《押小路甫子日記》

⑧・25　前関白九条尚忠に落飾を命じ、重慎を命じる（九月三日落飾）。《尚忠公記》

9・4　天皇、尊融入道親王に国事扶助の内命を示す。《尊融親王御記》

9・11　伊勢例幣使を発遣する。《非蔵人日記抄》

9・21　朝廷、攘夷を決定する。《岩倉具視日記》権大納言徳大寺公純《きんいと》を内大臣とする。《公卿補任》

10・12　攘夷勅使三条実美・姉小路公知《きんとも》、江戸に出発する。《三条実美履歴本伝》

10・14　山陵修理につき、権大納言三条実愛等を山陵修補御用掛とする（二十二日、幕府、戸田忠至を山陵奉行とする。十一月五日、忠至、谷森善臣・平塚瓢斎・北浦定政らと畿内陵墓巡検のため京都を出発する〈十二月九日まで〉。**文久の修陵**開始）。《定功卿記》

10・25　伏見宮貞教《さだのり》親王没（年27）。《御系譜補》

11・2　幕府、攘夷実行の勅書遵奉を決定する。《続再夢紀事》

11・13　天皇、後醍醐天皇陵が鳴動し、鳥居・瑞垣などが転倒・破損したとして、山陵奉行戸田忠至に修理させる（十二月二十二日、忠至、天武・持統合葬陵〈この時点では見瀬丸山古墳〉を訪れ、石室に水が溜まっていたため水抜きを指示）。《言渡》

11・27　勅使三条実美ら登城し、攘夷実行督促・親兵設置などの勅使を将軍家茂に伝える（このとき、勅使が将軍より上座となる）。

また、十二月五日の返答には「臣家茂」と署名)。《続徳川実紀》

11・28 伏見宮邦家親王王子敦宮、孝明天皇の養子を止め、伏見宮貞教親王の後を嗣ぐ(のち伏見宮貞愛《さだなる》親王)。《皇室系譜》

12・9 関白近衛忠煕、左大臣一条忠香、右大臣二条斉敬、尊融入道親王、前右大臣鷹司輔煕、内大臣徳大寺公純など二十九名を国事御用掛とする(この月、関白以下任免に幕府の承認という手続が廃止)。《非蔵人日記》

12・10 伴林光平、陵墓見聞の感想等を「野山のなげき」として記す。

12・18 幕府、陸軍総裁・海軍総裁を創置する(徳島藩主蜂須賀斉裕《なりひろ》兼任)。《続徳川実紀》

12・21 和学講習所塙忠宝《ただとみ》、幕府のために廃帝の前例を調査したとして暗殺される。《万国一洸記》

12・23 仁孝天皇皇女淑子《すみ》内親王、当主不在の桂宮を継ぐ。《押小路甫子日記》

12・24 京都守護職松平容保、兵を率いて入京する。《京都守護職始末》

12月 「安政の大獄」以降の国事殉難者を京都東山霊山霊明舎に祀る。《縣 信緝《あがたのぶつぐ》日記》

■文久三年(一八六三) 癸亥

孝明天皇 33歳

1・4 徳川慶喜、上京(東本願寺を館とする)。《如是我聞》

1・11 徳川慶喜、参内して天皇に対面、御盃を賜わる。《如是我聞》

1・23 関白近衛忠煕、辞任(内覧は継続)、前右大臣鷹司輔煕を関白・氏長者とする(一座宣旨を賜う)。《押小路甫子日記》

1・26 谷森善臣の古陵修補の志を賞し、内舎人兼大和介とする。《聞集録》

1・29 青蓮院門主尊融入道親王、勅命により還俗する(二月二十七日、親王家を新立し、中川宮を賜わる。八月二十七日、元服して朝彦《あさひこ》と改名。このあと賀陽宮と改め、のち伏見宮に復帰して伏見宮朝彦親王)。《非蔵人日記》

2・13 将軍徳川家茂、陸路京へ向け江戸を出発する。《続徳川実紀》参議橋本実麗・東久世通禧《みちとみ》ら四人を国事参政、権大納言正親町実徳《さねあつ》ら十人を寄人とし、国事御用掛とともに朝政に関わらせる。《実麗卿記》

2・18 徳川慶喜・松平慶永、前関白近衛忠煕・関白鷹司輔煕・中川宮朝彦親王と会談する(慶喜、最近の事情では朝廷が大政委任を表明するか、幕府が大政奉還しなければ天下は治まらないと述べる)。《孝明天皇

***大政委任の沙汰《さた》** 孝明天皇は将軍の代理として参内の将軍後見職徳川慶喜に「征夷大将軍之儀総テ此迄之通御委任可被遊候、攘夷之儀精々可尽忠節事」と勅答した。

紀》

2・22　浪士ら等持院に入り、足利尊氏・義詮・義満の塑像首を盗む（三条河原にさらす）。《若山要助日記》

2・24　神武天皇陵の修陵起工奉告祭が行なわれ、天皇、東庭にて神武天皇陵等を御拝する（二月十七日、天皇の「御沙汰」により、神武天皇陵を大和国高市郡ミサンザイ〈神武田《ジブデン》〉に決定する〈元禄修陵時は四条塚山＝現綏靖天皇陵を神武天皇陵とした〉。十二月に修陵完成。このとき鳥居が建てられ、墳墓の整備とともに皇室の権威を高めたといわれる）。《非蔵人日記》

3・4　柳原光愛および橋本実梁《さねやな》を伊勢両宮に発遣する。《公卿補任》将軍徳川家茂、三千余人を従えて上京、二条城に入る（徳川家光以来二百二十九年ぶりの入洛）。《続徳川実紀》

3・5　天皇、将軍名代一橋慶喜に「**大政委任の沙汰**」を下す。《非蔵人日記》

3・7　将軍徳川家茂、初めて参内する。《非蔵人日記》

3・8　天皇、伊勢皇大神を南殿にて遙拝する。《定功卿記》

3・11　天皇、将軍家茂を伴い攘夷祈願のため賀茂社に行幸する（有栖川宮幟仁親王・関白鷹司輔熙ら八十三人扈従。天皇、二百三十七年ぶりに御所外へ出る）。《押小路甫子日記》

3・18　幕府、十万石以上の諸藩に命じ、強壮な者を禁裏守衛に当たらせる（親兵の初め）。《孝明天皇紀》

3・19　将軍家茂、参内。勅旨を奉じ、これを諸藩に頒告する（二十二日にも参内）。《非蔵人日記》

3・24　神武天皇陵・神功皇后陵に山陵使を発遣する（天皇、二十八日神武天皇陵、二十九日神功皇后陵を東庭にて御拝）。《公卿補任》

3・25　前関白左大臣近衛忠熙、内覧を辞任。《公卿補任》

4・11　天皇、石清水八幡宮に行幸、攘夷を祈願する（十三日還御）。《中山績子日記》

4・20　将軍家茂、参内して攘夷期限を五月十日とする旨奏上する。《中山忠能日記》

4・22　天皇、密勅を尊融入道親王に賜い、朝政刷新を命じる。《宸翰》

5・9　老中格小笠原長行《ながみち》、独断で生麦事件の賠償金を支払う。▼幕府、三港閉鎖および在留外国人退去を通告するも拒絶される。《続通信全覧》勅を幕府に下し、賠償金等の処置が叡旨にそわないとして外交拒絶の

●近世まで天皇に進講した中国の書物　四書（「礼記」中の大学・中庸と「論語」「孟子」）五経（「易経〈周易〉」、「書経〈尚書〉」、「詩経〈毛詩〉」、「礼記」、「春秋〈左氏春秋〉」）のほか「史記」「貞観政要」「漢書」「後漢書」「荀子」「資治通鑑」「文選」「群書治要」「碧巌録」などが挙げられる（順不同）。

奏功を期させる。《山科言成卿記》

5・10　天皇、「皇国いったん黒土と成り候とも、開港交易は決して好まず」と記す。《久邇宮文書》

5・20　尊攘派公卿姉小路公知、御所朔平門外で暗殺される。《中山忠能日記》

5・30　小笠原長行、賠償金支払いの事情説明のため海路大坂に上陸し、京都に向かう（六月四日、家茂、小笠原の入京を阻止させる）。《官武通紀》

6・3　将軍家茂、参内して東帰の暇を賜う。《長橋局日記》

6・6　天皇、攘夷を傍観している藩があるので互いに応援しあって攘夷を行なうようにという沙汰書を下す。《公純公記》

6・9　朝命により、老中格小笠原長行を罷免する。▼将軍家茂、京都を出発する。《続徳川実紀》

6・13　徳川家茂、大坂を出航する（十六日江戸到着）。《続徳川実紀》

7・2　イギリス艦隊、生麦事件賠償金支払いなど要求し鹿児島湾に侵入、薩摩藩と交戦する（薩英戦争）。《島津家文書》

7・19　これより先、将軍家茂、宮廷費の欠を補い、公卿等の窮乏を救うため、本年より米十五万俵を増貢せんとし、これを許す。この日、天皇、内侍所に三百俵、御料三万俵、祐宮に千俵、また宮・公卿にも頒賜する。《押小路甫子日記》

7・30　天皇、建春門外で会津藩将兵の訓練を覧る（八月五日にも五藩の練兵を覧る）。《非蔵人日記》

8・8　天皇、東庭にて持統天皇以下の諸山陵を遥拝する。《定功卿記》

8・10　将軍家茂、老中以下に鎖国交渉開始を布告（十二日には諸侯にも）、戦争に至れば奮闘するよう諭す。《村垣範正日記》

8・13　天皇、攘夷祈願のため、神武天皇陵・伊勢神宮に行幸、ついで親征の軍議を行なうと公布させる（八月十八日の政変により中止）。《定功卿記》

8・17　元侍従中山忠光ら、大和代官所を襲う（天誅組の乱）。《中山忠能日記》

8・18　会津・薩摩両藩など公武合体派、三条実美ら尊攘派を駆逐する（八月十八日の政変）。《中山忠能日記》

8・19　三条実美ら攘夷派公卿七名、長州藩兵らと西下する（七卿落《おち》）。《伊藤和義日記》

9・11　伊勢例幣使を発遣する。《非蔵人日記抄》

9・19　右大臣二条斉敬に内覧の宣旨を賜う。《公卿補任》

9月　伴林光平、「南山踏雲録」を執筆する（～十月）。

11・1　薩摩藩、イギリスに生麦事件の賠償金を支払う。《島津家文書》

11・7　左大臣一条忠香、辞任。《公卿補任》

11・28　神武天皇陵、一万五千六十二両の費用をかけて竣工。この日、修補奉告のため、柳原光愛《みつなる》が勅使として派遣される（天皇、御所で神武天皇陵を遙拝）。《定功卿記》

12・18　将軍家茂、再度上洛のため海路品川を出発する（一月十五日上洛、翌年五月二十日帰府）。《昭徳公事績》

12・23　関白鷹司輔熙、辞任。右大臣二条斉敬を左大臣に任じ、関白・氏長者とする。内大臣徳大寺公純を右大臣、権大納言近衛忠房を内大臣とする。《公卿補任》

12・29　幕府、スイスと日瑞修好通商条約に調印する。《締盟各国条約彙纂》

12・30　朝廷、徳川慶喜・松平容保・松平慶永・山内豊信・伊達宗城《むねなり》を朝議に参加させ、参与とする。《伊達宗城在京日記》

□5・20姉小路《あねがこうじ》公知《きんとも》（尊攘派公家。国事御用掛・国事参政。孝明天皇の賀茂社・石清水八幡宮行幸に供奉。25）、7・14会沢正《あいざわせい》志斎《しさい》（水戸藩士。彰考館総裁。「大日本史」編纂者。「新論」著者。82）、8・15鈴木《すずき》重《しげ》胤《たね》（国学者。「延喜式祝詞講義」著者。52）、11・7一条《いちじょう》忠香《ただか》（左大臣。国事御用掛。孝明天皇石清水八幡宮行幸に供奉。父は関白忠良。女美子は明治天皇皇后〈昭憲皇太后〉。52）

■元治元年（一八六四）甲子

孝明天皇　34歳

1・9　徳川慶喜らの奏請により、前勧修寺門跡済範法親王（邦家親王第一王子）を伏見宮に復帰させ復飾を命じる（一家を立て山階宮と称させ、二十七日、孝明天皇猶子とし、改めて親王宣下あり、名を晃《あきら》として国事に参与させる）。《孝明天皇女房房子日記》

1・13　朝廷、島津久光を朝議参与とする。《島津久光公実紀》

1・15　勅により、将軍徳川家茂、再度上京し、二条城に入る。この日、家茂を右大臣とする。《非蔵人日記》

1・21　天皇、参内の右大臣徳川家茂に、庶政委任の宸翰を授ける。《実麗卿記》

1・29　将軍徳川家茂、神武天皇陵修補の功により、従一位に叙せられる。宇都宮藩主戸田忠恕・山陵奉行戸田忠至も褒賞される。《開国起源》

2・14　将軍家茂参内し、沿海防備強化と横

◉天皇の呼称　一般的には皇上・聖上・聖主・主上・天子などの語が用いられていたが、明治中期頃になると、天皇（陛下）という呼称が定着してくる。明治十五年、宮内省一等出仕伊地知正治は「天皇又ハ天子ト尊称シ奉リ、又ハ各国対等ノ公文式ハ天皇ト称謂ヲ定メ候ヘバ、其他ハ不用ナリ」と言っている。

浜鎖港実施を上奏する。《続再夢紀事》
2・20 甲子年により元治と改元する。《押小路甫子日記》
2・21 幕府、京都守護職松平容保を軍事総裁職、松平慶永を京都守護職とする。《続徳川実紀》
2・23 入道親王が復飾し、邦家親王に復名する（伏見宮を再継承）。《御系譜補》
2・24 諸陵寮を再興する。《公卿補任》
3・9 天皇、南殿にて舞楽を覧る（徳川家茂・徳川慶喜・親王祐宮・諸侯、陪観）。《非蔵人日記》参与会議の大名ら、横浜鎖港問題の混乱により、朝廷に辞表を提出（参与会議解体）。《続再夢紀事》
3・22 天皇、参内殿にて桜花宴を開く。《押小路甫子日記》
3・25 幕府、徳川慶喜の将軍後見職を免じ、禁裏御守衛総督とする。《嵯峨家記》
4・7 京都守護職松平慶永、辞任。松平容保を再び京都守護職とする。《二条家日記》
4・20 天皇、将軍家茂に横浜鎖港を条件に、再び庶政全面委任の勅書を出す。《中山忠能日記》
4・24 天皇、攘夷祈願のため、七社奉幣使を派遣する。《押小路甫子日記》
4・29 将軍家茂、参内。皇室尊奉の条目十八件の勅允を奏請する。《実麗卿記》
5・2 将軍家茂、参内。東帰の暇を請う（十六日、大坂より海路江戸へ）。《非蔵人日記》
5・8 権中納言野宮定功を神武天皇陵に遣わし、奉幣して国家安穏を祈らせる。《日次案》
5・9 有栖川宮幟仁《たかひと》親王・熾仁《たるひと》親王および権大納言九条道孝・同鷹司輔政を国事御用掛とする。《有栖川宮日記》
5・17 横浜鎖港談判使節池田長発《ながおき》ら、フランスと下関海峡通航・輸入税率引下げ協定に調印する（パリ約定。横浜鎖港は断念）。《続通信全覧》
6・27 天皇、松平容保の京都守護職を支持、長州藩士入京反対の勅書を関白二条斉敬と武家伝奏・議奏に見せる。《非蔵人日記》
7・18 公卿ら一斉に参内し、松平容保の洛外退去と長州藩主毛利敬親父子の入洛許可を求める。天皇、これを却下。長州藩、会津・薩摩両藩などと蛤御門《はまぐりごもん》近辺で翌日まで交戦し大敗（禁門〈蛤御門〉の変。久坂玄瑞ら自刃。真木和泉も二十一日自刃。この戦闘により京都市中火事、二万八千戸焼失。夜、御所内にも流れ弾が飛び、祐宮、一時気を失ったという）。《実麗卿記》
7・24 徳川慶喜、長州藩追討の朝命を受け、

***元治**《げんじ》 文章博士菅原為栄《ためしげ》の勘文に「周易曰、乾元用九、天下治也」、「三国志曰、天地以四時成功、元首以輔弼興治」とある。

***朝彦親王日記**《あさひこしんのうにっき》 久邇宮朝彦親王（一八二四〜九一）の日記。元治元年（一八六四）から慶応三年（一八六七）までを記した幕末期の重要史料。自筆日記は焼失も写本が残る。

***慶応**《けいおう》 式部大輔菅原在光《ありみつ》の勘文に「文選、陸士衡、漢高祖功臣頌、慶雲応輝」とある。

西南諸藩二十一藩に出兵を命じる（第一次長州征討）。《中山忠能日記》幕府、パリ約定破棄を英・仏・米・蘭に通告する。《続通信全覧》

8・2　将軍家茂、長州親征を宣言し、中国・四国・西国三十五藩に出兵を命じる。《幕府沙汰書》

8・5　英・仏・蘭・米の艦隊、下関を砲撃する（六日上陸し、下関砲台を占領）。《忠正公一代編年史》

8・14　この日より七日間、七社七寺に災異祈禳・国土平安を祈らせる。《言渡》

9・11　伊勢例幣使を発遣する。《言渡》

10・10　中川宮朝彦親王、賀陽宮と改称する。《皇室系譜》

10・21　長州藩、幕府への恭順謝罪のため奇兵隊ほか諸隊に解散を命じる。《山口藩日記》

10月　継体天皇陵に「御拝所及鳥居燈籠二基」が建設される。《陵墓沿革伝説調書》

11・19　徳川慶勝、長州藩に藩主父子の服罪書提出・山口城破却・三条実美ら五卿の移転を命じる。《幕府沙汰書》

この年　畝傍山南織沙渓上陵《うねびやまのみなみのまさごのたにのえのみささぎ》が懿徳天皇陵として修補されるなど諸陵が修補される。《山陵考》攘夷祈願のため、石清水・賀茂・宇佐等に奉幣使を発遣する。《公卿補任》

朝彦親王、「朝彦親王日記」を記す。

□2・16伴林光平《ともばやしみつひら》（国学者。「南山踏雲録」著者。52）、11・15中山忠光《なかやまただみつ》（尊攘派公家。中山忠能の子。20）

■慶応元年（一八六五）乙丑

孝明天皇　35歳

1・1　四方拝の御座を設けるも、天皇、出御せず。《公卿補任》

1・13　内侍所の経費にさらに七百俵、年一千俵とする。《孝明天皇紀》

1・14　三条実美ら五公卿、長府を去り、大宰府に向かう（二月十三日到着）。《五卿送迎始末》

2・28　天皇、若宮御殿に糸桜を覧る。《中山績子日記》

3・8　神武天皇山陵奉幣使を発遣する。奉幣使広橋胤保に大和・摂津・河内・和泉所在の山陵巡検を命じる。《定功卿記》

3・20　天皇、准后御殿に桜花を覧る。《中山績子日記》

4・7　禁門の変・京都大火などにより**慶応**と改元する。《長橋局日記》

4・16　日光東照宮で徳川家康二百五十回忌が勅会で行なわれる。《東照宮文書》

4・24　勅により吉田祭を再興する。《二条家日記》

5・2　山城国諸山陵修築成り、この日より山陵掛柳原光愛・野宮定功・広橋胤保を諸山陵に遣わして巡検させる（これより先、戸田忠至、四月に箸墓を営築し、長役・守戸を置く）。《定功卿記》
5・22　長州藩、討幕を藩の方針とする。《忠正公実録》
⑤・22　将軍徳川家茂、入京・参内し、長州再征を伏奏する。《続再夢紀事》
6・18　この日以前、祐宮、「論語」素読を終える。《長橋局日記》
6・22　勅して祇園社臨時祭を再興する。《祇園臨時祭再興記》
7・12　幕府、諸藩朝献の制を定め、その国産を朝廷に進献させることにする。《孝明天皇紀》
7・15　儒学者斎藤拙堂《せつどう》没（拙堂の「後南朝遺跡碑記」あり。「後南朝」の文字の初めての使用か）。
8・26　淳和天皇以下諸天皇火葬所・分骨所等の修理成り、巡検使野宮定功・広橋胤保を遣わして実検させる。《定功日記》
9・11　伊勢例幣使を発遣する。《山科言成卿記》
9・15　将軍家茂、大坂を発して上京し、二条城に入る。《長橋局日記》
9・21　家茂参内し、長州征討の勅許を得る。《続徳川実紀》
9・29　英・仏・米・蘭連合艦隊、条約勅許・兵庫開港を求め、兵庫沖に来航する。《続再夢紀事》
10・1　将軍家茂、尾張前藩主徳川茂徳《もちなが》を参内させ辞表を提出、条約勅許と兵庫開港を奏請する。▼徳川慶喜・松平容保ら、条約勅許・兵庫開港を朝廷に上表する。《続徳川実紀》
10・5　朝廷、在京諸藩士に条約勅許などの可否を諮問。条約は勅許、兵庫開港は不可の勅書を下す。《孝明天皇紀》
11・7　国家多事により、内侍所と七社七寺に天下太平を祈らせる。《長橋局日記》幕府、彦根藩など三十一藩に長州出兵を命じる。《続徳川実紀》
11・22　内侍所本殿渡御（天皇、東庭に下御）。《公卿補任》
この年　後鳥羽天皇の陵を大原法華堂と称する。▼谷森善臣、「柏原山陵考」を著す（紀伊郡堀田村字三人屋敷の地を真の桓武天皇陵とし、これにより桓武天皇陵が治定され今日に至る）。

■**慶応二年（一八六六）丙寅**
孝明天皇　36歳

1・1　四方拝の御座を設けるも、天皇、出御せず。《公卿補任》

1・21　坂本龍馬の斡旋により長州藩士桂小五郎・薩摩藩士西郷隆盛らによる薩長同盟が結ばれる（薩長連合）。《坂本龍馬関係文書》

1・22　幕府、長州藩処分につき、十万石減封・長州藩主父子処罰などを奏聞し勅許を得る。《安達清風日記》

2・9　祐宮、若宮御殿庭前の糸桜満開により、天皇の親臨を仰いで観花宴を開く《中山績子日記》伏見宮邦家親王王子泰《やす》宮（孝明天皇養子）を親王とし、名を智成《さとなり》と賜う（北白川宮始祖）。《言渡》

2・24　智成親王、聖護院に入寺、得度する（法名信仁）。《中山績子日記》

2・27　天皇、参内殿に臨御し、桜花を覧る。《長橋局日記》

3月　山陵奉行戸田忠至、宇都宮藩から一万石分与され高徳藩を興す（江戸時代に興った最後の藩となる）。

4・7　勅して松尾祭を再興する。《実麗卿記》

4・22　仁孝天皇皇女淑子内親王を准三宮とする（桂准后宮と称される）。《中山績子日記》

6・7　幕府、軍艦富士山丸などにより周防大島郡などの海岸を砲撃する（第二次長州征討）。《続徳川実紀》

6・21　幕府、ベルギーと日白修好通商条約に調印する。《続通信全覧》

7・14　祐宮、「孟子」素読を終える。《明治天皇紀》

7・16　幕府、イタリアとの日伊修好通商条約に調印する。《続条約彙纂》

7・20　将軍徳川家茂、大坂城で急死する（幕府、秘して喪を発せず。八月二十日発表）。《続徳川実紀》

7・29　徳川慶喜の徳川宗家相続と征長出陣を勅許する（八月二十一日、家茂の死により征長中止を勅許）。《続再夢紀事》

8・8　昨夜より暴風雨。河川氾濫、宮中被害少なからず。《中山忠能日記》

8・30　中御門経之・大原重徳ら王政復古派公家二十二人が学問所に列参。処罰中の公家の赦免、朝政改革を要求する（勅勘をこうむり、十月二十七日処分。晃親王も国事掛罷免、蟄居）。《中山忠能日記》

9・11　伊勢例幣使を発遣する。《言渡》

9・22　故徳川家茂に昭徳院、和宮に静寛院の院号を賜う。《言渡》

10・16　徳川慶喜、老中板倉勝静以下を従えて参内する（その儀、将軍参内に準じる）。

◉**神宮祭主**　伊勢神宮の神官の長。近代になり社家の世襲が廃止され、久邇宮朝彦親王以降、皇族が親任されることになった。以後、有栖川宮熾仁親王、賀陽宮邦憲王（臨時祭主に久邇宮朝彦親王第五王子多嘉王）、多嘉王（臨時祭主に久邇宮邦彦王、梨本宮守正王）、梨本宮守正王、北白川房子（戦後女性皇族となる）、鷹司和子、池田厚子（臨時祭主に黒田清子）、黒田清子。

《中山忠能日記》
11・16　崇徳天皇の神霊を祀るため、今出川の社殿造営に着手する。《孝明天皇紀》
11・19　幕府、講武所を陸軍所と改称する。《続徳川実紀》
11月　将軍家の「浜御殿」（のち**浜離宮**）に外国人接待所として洋館「石室」（のち延遼館）が建設される。
12・5　徳川慶喜、京都で征夷大将軍宣下を受ける（江戸幕府第十五代将軍）。《続徳川実紀》
12・7　幕府、デンマークと日丁修好通商条約に調印する。《続通信全覧》
12・9　和宮親子内親王、薙髪して静寛院と号する。《続徳川実紀》
12・11　天皇、病む（発熱・食欲不振となり、十六日、典医は痘瘡と診断）。《中山忠能日記》
12・25　孝明天皇崩御（天皇が強力な公武合体派であったため、当初より毒殺説がささやかれる。なぜか十二月二十九日まで公表されず泉涌寺後山に葬られ、戸田忠至の建言により、古式の高塚式山陵を造営。陵名は**後月輪東山陵**）。《中山忠能日記》
12・29　孝明天皇、追号を奉るまで大行天皇と称する。《明治天皇紀》

この年　睦仁親王、「孟子」を読了（これで「大学」「中庸」「論語」の四書の素読を終わり、次いで「毛詩」〈詩経〉の素読と五経に移る）。《明治天皇紀》
□7・20　徳川家茂《とくがわいえもち》（江戸幕府第十四代将軍。21）

■慶応三年（一八六七）丁卯

明治天皇　16歳

第百二十二代　明治《めいじ》天皇

1・9　睦仁親王、小御所にて践祚（**明治天皇**）。関白二条斉敬を摂政とする。《中山忠能日記》
1・15　大喪により、勅勘の熾仁《たかひと》親王等が参内を許される（二十五日、熾仁《たるひと》親王等の参朝が許される）。《明治天皇紀》
1・23　大行天皇の陵号を後月輪東山陵とする。《明治天皇紀》
1・27　孝明天皇、泉涌寺境内の後月輪東山陵に葬られる。《公卿補任》
2・16　先帝に「孝明天皇」の諡号が贈られる。《公卿補任》
2・25　幕府、樺太を日露両属とする樺太島仮条約に調印する。《徳川慶喜公伝》
3・5　中山忠能、「禁秘抄」等を進講する（以後しばしば和書を進講）。《中山忠能日記》

＊**浜離宮**《はまりきゅう》　もとは甲府宰相松平綱重の下屋敷。子の綱豊（家宣）が将軍となり、西ノ丸御屋敷・浜御殿と呼ばれ、幕末に海軍奉行所所轄となり、明治二年、石室（延遼館）を除き宮内省管轄となる。明治三年改称の延遼館は、鹿鳴館建設まで迎賓館として使用され、明治天皇の行幸もみたが、同二十二年に取り壊された。明治十六年から大正五年まではここで観桜会が開かれたが、昭和十九年十一月の空襲でほとんど焼失。同二十年十一月、東京都に下賜され、浜離宮恩賜公園となる。

＊**後月輪東山陵**《のちのつきのわのひがしのやまのみささぎ》　孝明天皇の陵。京都市東山区今熊野泉山町に所在。山陵奉行戸田忠至《ただゆき》が火葬の儀を廃し高塚式墳墓を建言。朝廷、これを採用し、泉涌寺後山に陵所を点定し円丘を造り、慶応三年（一八六七）十月に竣工。孝明天皇女御夙子《あさこ》（英照皇太后）の後月輪東北陵と同域にある。

＊**明治天皇**《めいじてんのう》（一八五二～一九一二）名は睦仁《むつひと》、幼称祐宮《さちのみや》。孝明天皇第二皇子。母は権大納言中山忠能《ただやす》女・典侍《ないしのすけ》慶子。万延元年（一八

徳川慶喜、兵庫開港等の勅許を奏請する（三月十九日不許可）。《徳川慶喜公伝》

3・29　晃親王ならびに正親町三条実愛・中御門経之・大原重徳ら二十三人を赦免、また岩倉具視らも赦免され、入京を許される。《岩倉公実紀》

4・2　東大寺に五百両を下賜し、聖武天皇像修補などに充てさせる。《中山忠能日記》

4・8　新宰相中山慶子を典侍とする（二十九日、典侍を免ず。八月三十日再度典侍となり、十月十五日督典侍となる）。《中山忠能日記》

4・9　天皇病む（五月まで）。《中山績子日記》

5・24　将軍慶喜の再度の奏請に対し、兵庫開港のみ勅許する。《非蔵人日記》

5・28　習字師範幟仁親王を、さらに歌道師範とする。《長橋局日記》

6・22　薩摩藩・土佐藩により、大政奉還などを盛り込んだ薩土盟約成る。《大久保利通文書》

6・28　権大納言一条実良妹勝子《まさこ》（のち美子《はるこ》。父は一条忠香）を女御に治定する。《明治天皇紀》

7・12　故将軍徳川家茂に正一位太政大臣を贈る。《明治天皇紀》

8月　遠江・三河・尾張など各地で「ええじゃないか」が大流行する（多数の人が伊勢に参宮。十二月まで続く）。《歳代記》

9・11　伊勢例幣使を発遣する。《公卿補任》

9・18　薩長が挙兵討幕の盟約を結ぶ。《明治天皇紀》

9・21　徳川慶喜を内大臣とする。《公卿補任》

9・25　嘉彰親王、仁和寺に出家する（法名純仁）。《皇室系譜》

9・27　左大臣二条斉敬・右大臣徳大寺公純辞職。内大臣近衛忠房を左大臣、権大納言一条実良《さねよし》を右大臣、権大納言大炊御門家信を内大臣とする。《公卿補任》

10・3　前高知藩主山内豊信、将軍慶喜に大政奉還を勧告する。《明治天皇紀》

10・8　大久保一蔵（利通）ら、前大納言中山忠能・権中納言中御門経之に、薩長芸三藩への討幕宣旨降下を申請する。《大久保利通日記》

10・13　薩摩藩に討幕の密勅が下される。《明治天皇紀》

10・14　長州藩に討幕の密勅が下される。▼将軍慶喜、大政奉還の勅許を奏請する。《明治天皇紀》

10・15　**大政奉還**を勅許する（これにより、討幕の密勅は取り消される）。《続徳川実紀》

六〇）儲君治定、親王宣下。慶応三年（一八六七）践祚、同四年元服、同年即位。明治四十五年崩御。陵は伏見桃山陵。皇后は一条忠香女美子《はるこ》（昭憲皇太后）。皇子女に大正天皇（母は柳原愛子《なるこ》）のほか、敬仁《ゆきひと》・猷仁《みちひと》・輝仁《てるひと》の各親王、薫《しげ》子《こ》・韶子《あきこ》・章子《ふみこ》・静子《しずこ》・昌子《まさこ》・房《ふさ》子《こ》・允子《のぶこ》・聰子《としこ》・多喜子の各内親王ほか。

＊**大政奉還**《たいせいほうかん》　将軍徳川慶喜が、朝廷に政権の奉還を上表し、朝廷がこれを受け入れたこと。天皇が将軍に大政を委任した事実はなかったが、将軍宣下により幕府が全国を統治していたため、幕府が政治の大権を朝廷から預かっているという考え方が大勢を占めていた。

10・22 木戸孝允、品川弥二郎宛書簡で、天皇を「玉」と表現する。
10・25 将軍慶喜、山陵図（正式名「文久山陵図」）を献上する（江戸時代の探陵では、十四の天皇陵は所在不明に終わる）。《中山忠能日記》
10月 京都・大坂でも「ええじゃないか」が流行する。《野口家文書》
11・7 常御殿修理成り、天皇、御三間より常御殿に遷る。《明治天皇紀》
11・15 坂本龍馬・中岡慎太郎、京都近江屋にて襲撃される（龍馬即死、慎太郎十七日没）。《坂本龍馬関係文書》
11・23 幕府、樺太開発を奨励する。《続徳川実紀》
11・24 有栖川宮韶仁《つなひと》親王王子慈性法親王没（年55。「御系譜」では十二月七日没）。《中山績子日記》
11・30 左大臣近衛忠房・右大臣一条実良、病と称して辞職。権大納言九条道孝を左大臣、内大臣大炊御門家信を右大臣、権大納言広幡忠礼《ただあや》を内大臣とする。《公卿補任》
12・7 兵庫開港・大坂開市とする。《続通信全覧》
12・9 徳川慶喜の将軍職辞表が勅許される。京都守護職・京都所司代廃止。《続徳川実紀》明治天皇、御学問所で有栖川宮熾仁親王ら三親王、参議の大原重徳・万里小路博房、前土佐藩主山内豊信らを前に**王政復古の大号令**を発する。この夜、**小御所会議**が開かれ、有栖川宮熾仁親王を総裁とする新政府が成立する。《大久保利通日記》仁和寺純仁法親王を還俗させる（十二月十五日、仁和寺宮を賜わり、十六日、嘉彰と復名。明治三年東伏見宮、同十五年小松宮と改称。なお、以後、皇族の門跡は断絶、仏事祭式も廃される）。《伏見宮日記》二条斉敬、摂政・内覧・氏長者を辞任。《公卿補任》
12・12 武家伝奏を廃止。《明治天皇紀》
12・22 万機親裁・公議博採とする（二十五日、これを三条大橋に掲示）。《明治天皇紀》
12・27 天皇、御所建春門で薩摩・長州・土佐・広島各藩の兵士訓練を親閲する。《大久保利通日記》
12・30 賀陽宮朝彦親王・二条斉敬等、参朝停止。《続徳川実紀》
この年 孝明天皇女御（九条夙子《あさこ》。英照皇太后）のため、京都大宮御所が完成する（現存）。▼田辺太一・広沢晋一郎ら編「通信全覧」成る。
□11・9 **庭田嗣子**（女官。48）、11・15 坂本《さかもと》龍馬《りょうま》（志士。海援隊長。33）、11・17 中岡《なかおか》

＊**王政復古の大号令** 岩倉具視・西郷隆盛・大久保利通・木戸孝允ら討幕派が、土佐藩らの公武合体論を抑えて敢行した一種のクーデタ。摂政・関白・幕府を廃止し、総裁・議定・参与の三職を置き、総裁には有栖川宮熾仁親王が就任した。なお王政復古の沙汰書には「諸事神武創業之始ニ原《もと》キ」と宣言された。

＊**小御所会議**《こごしょかいぎ》 明治天皇臨席のもと、議定中山忠能が開会を宣し、「是れより王政の基礎を確定し、更始一新の経綸を施さんがために公議を尽さん」と述べる。ここには徳川慶勝・松平春嶽ら大名、正親町三条実愛《さねなる》ら公家などが参加したが、朝廷主宰者の摂家および徳川慶喜の姿はなかった。この会議により徳川慶喜への辞官・納地が決定し、また摂関などの朝廷役職の廃止や家格・門流などの公家社会の秩序が廃止された。

＊**庭田《にわた》嗣子《つぐこ》**（一八二〇～六七） 権大納言庭田重能女。天保五年（一八三四）宮中出仕。万延元年（一八六〇）和宮降嫁の際、和宮御附となり随従して江戸に下向し精勤

慎太郎《しんたろう》（志士。30）

■明治元年（一八六八）戊辰

明治天皇　17歳

1・1　四方拝の御座を設けるも、天皇、出御せず。《公卿補任》

1・3　天皇御元服由奉幣使を発遣する。《公卿補任》薩長討幕派と旧幕府軍が鳥羽・伏見において衝突する（鳥羽・伏見の戦。旧幕府軍敗退）。

1・4　仁和寺宮嘉彰《よしあきら》親王（のち小松宮彰《あき》仁《ひと》親王）を征討大将軍とし、**錦旗**と節刀を賜う。

1・7　知恩院の尊秀《そんしゅう》法親王（博経親王）、勅命により復飾する。▼聖護院宮雄仁《ゆうにん》入道親王も還俗し、嘉言《よしこと》親王に復名する。▼新政府、徳川慶喜追討令を発する（慶喜は六日に大坂城を脱出、十二日、海路江戸に到着）。

1・8　信仁入道親王（北白川宮智成《さとなり》親王）、**照高院宮**を称する。

1・9　議定三条実美・同岩倉具視を副総裁、嘉言親王（聖護院門跡だったがこの日還俗）・徳大寺実則を議定とし、嘉彰親王を外国事務総裁を兼ねさせる。

1・10　尊秀法親王、勅命により復飾、一家を創立し、**華頂宮**を賜わる（このとき、名を博経《ひろつね》に戻す）。▼王政復古を告げる諸国への文書で、初めて「大日本国璽」印を用いる。

1・15　天皇、南殿にて元服する。▼新政府、各国公使に王政復古と開国和親の方針を通達する。

1・16　親王を三公（太政大臣・左大臣・右大臣）の上に列する。

1・17　総裁・議定・参与の三職と**七科**の制が定められる（総裁は皇族とする）。▼大久保利通、総裁有栖川宮熾仁《たるひと》親王に大坂行幸を提案する。

1・21　静寛院宮（和宮親子内親王）、徳川家救済の嘆願書を上臈土御門藤子に授け、京に出立させる（二月一日、橋本実梁《さねやな》に渡す）。

1・23　大久保利通、大坂遷都を建白する（公卿の反対により実現せず）。

2・3　天皇、太政官のある二条城に行幸、親征の詔を発し、東征大総督を置くことを命じる。▼三職七科に代わり、**三職八局**の制を定める。

2・5　天皇、神祇伯白川資訓《すけのり》より御拝伝授を受ける（九日御拝始）。

2・9　東征大総督に、総裁有栖川宮熾仁親王が任じられる（天皇から錦旗と節刀が下

を尽くす。「庭田嗣子日記」「和宮御側日記」「静寛院宮御文通留」を残す。

＊**錦旗**《きんき》　天皇（朝廷）軍の旗。「錦《にしき》の御旗《みはた》」とも。承久の乱（一二二一）のとき、後鳥羽上皇が配下の将に与えたのが初めとされる。明治維新の際は、岩倉具視腹心の玉松操がデザインし、大久保利通が京都で大和錦と紅白の緞子を調達し、半分を京都薩摩藩邸で、もう半分は品川弥二郎が長州に持ち帰ってそれぞれ製作。戊辰戦争では、主に薩長両軍が使用した。なお、この製作の際に皇室の紋章として「十六菊」が確定したといわれる。

＊**照高院宮**《しょうこういんのみや》　照高院はもと東山妙法院にあった寺で、方広寺鐘銘事件に関連し廃される。元和五年（一六一九）後陽成天皇の弟興意法親王が現北白川外山町付近に再建。その後、聖護院門主の退隠所となり、聖護院門主智成法親王が一時、照高院宮を称した。智成法親王はのち北白川宮を称し、宮家の東京移転に伴って照高院は取り壊された。

＊**華頂宮**《かちょうのみや》　伏見宮家二十代邦家親王

賜。なお、「トコトンヤレ節」の「宮さん宮さん」は熾仁親王といわれる)。▼嘉言親王を海軍総督とする。
2・12　徳川慶喜、江戸城を出て寛永寺に謹慎する。▼静寛院宮、輪王寺宮公現法親王(のち北白川宮能久《よしひさ》親王)に徳川家存続の取り成しを依頼する。
2・16　朝廷、徳川家存続の方針を静寛院宮に内示する。
2・20「太政官日誌」第一号刊(明治九年十二月第九十号まで。「官報」の前身)。▼軍防事務局の下に御親兵掛(天皇の護衛兵)を置く。
2・22　参与戸田忠至(高徳藩主)を山陵修補奉行とする。
2・30　天皇、フランス公使・オランダ代理公使を紫宸殿で謁見する(天皇、初めて西欧人に接する。三月三日イギリス公使とも)。
3・7　公現法親王、駿府城の熾仁親王に面会し、前将軍慶喜の謝罪状を奉り、救解を請う。
3・9　天皇、太政官代(二条城)に行幸する。
3・10　静寛院宮、用人竹垣伊勢守を江戸山王社(日枝神社)に遣わし、江戸市民の人心鎮撫のため祈禱させる。

3・13　太政官布告により、王政復古・祭政一致の制に復す(神祇官再興の上、逐次諸祭典復興の旨を告げる。また白川・吉田家等の神社支配を否定)。▼勝海舟と西郷隆盛が会談し、翌日、江戸開城を決定する。
3・14　天皇、「億兆安撫国威宣揚」の宸翰(**国威宣揚の宸翰**)を発し、紫宸殿で公卿・諸侯を率いて五箇条を副総裁三条実美に捧読させる(「**五箇条の御誓文**」。公卿ら七百六十七人署名)。
3・15　新政府、キリシタン禁止など禁令五条を掲示する(**五榜の掲示**)。
3・17　神祇事務局、全国の神社に「別当」「社僧」と呼ばれる僧侶に還俗を命じる(神仏分離令の初め)。
3・18　孝明天皇女御九条夙子《あさこ》を皇太后とする。
3・23　天皇、錦旗を翻して大坂行幸に出発する(この日、石清水八幡宮参詣。二十三日、本願寺別院の大坂行在所到着。閏四月七日まで在坂)。
3・26　天皇、大坂天保山に行幸し初めて海を見、海軍の艦隊を親閲する(「明治天皇紀」に「天顔特に麗し」と記される)。
3・28　太政官、神仏判然の沙汰を布告(神仏混淆を禁止。神仏判然令。清涼殿のお黒《くろ》

第十二王子博経親王を初代とする宮家。二代博厚王は明治十六年二月夭逝。ために伏見宮貞愛親王の庶長子博恭王が第三代を継承するも、同三十七年に伏見宮家に復帰したため、その第二王子博忠王が継承。しかし、大正十三年三月死去し、嗣子なく華頂宮家は廃絶(祭祀は華頂侯爵家が承継)。なお宮号は、知恩院の山号華頂山に因む。屋敷跡(港区三田)は、現在亀塚公園として一般に開放されている。
＊**七科**　新政府は、三職の下に神祇・内国・外国・海陸軍・会計・刑法・制度の七科を置き、当面の政務に当たらせた。しかし、翌月、科を局とし、総裁局を加え、三職八局とした。
＊**三職八局**　三職はままとし、七科に代わり総裁局以下神祇・内国・外国・軍防・会計・刑法・制度の各事務局を置く。総裁は熾仁親王。
＊**国威《こくい》宣揚《せんよう》の宸翰《しんかん》**　朝廷一新の時にあたり、天下億兆の一人もの処を得ない時は皆天皇の罪であるから、自今治績に励み、万里の波濤を開拓し、大いに国威を輝かさんと欲するので、国民は陋習にとらわれ

戸《ど》が廃され、のち歴代天皇の霊牌などが泉涌寺に移される。以後、廃仏毀釈運動がさかんになる)。また、提灯・陶器・着物などに「御紋」(菊花紋)を描くことを禁じる。

4・6 天皇、大坂城に行幸し、諸藩兵の操練を覧る。

4・11 政府軍、江戸を無血開城(これより先、十日、徳川慶喜は水戸に出発、退隠)。

4・17 天皇、坐摩《いかすり》神社に行幸する。▼宮・堂上《とうしょう》の子弟が仏門に入ることを禁じる(新宮家の嫡子以下を器に応じて登用することにする)。

4・20 天皇、大坂行在所を出て、住吉神社に行幸する。

4・21 東征大総督有栖川宮熾仁親王、江戸城に入る(十月二十九日、任を解かれる)。▼天皇、楠木正成の祠宇を兵庫に造営して楠木正行以下の配祀許可の詔勅を下す。

4・25 神祇事務局に各神社を管理させる。

4・28 東征大総督有栖川宮熾仁親王、戦病死した官軍将兵の招魂祭の令旨を下す。

④・1 江藤新平と大木喬任、江戸城をもって東京とし、天皇が諸藩兵を率いて江戸に入り、東方経営の拠点とすべきと建白(この頃、木戸孝允、京都を帝都とし、大坂を西京、江戸を東京として、天皇は三都を巡行すべしと建言)。

④・7 天皇、大坂行在所を発する(翌日還幸)。

④・10 社僧禁止令が出される。

④・15 「親王・諸王の別、皇族の世数及び賜姓の制」が定められる(皇兄弟・皇子を親王、それ以外を諸王とし、五世王は王名を得ても皇親としない等)。▼昌仁入道親王、還俗して守脩《もりおさ》と復名し、梶井宮を称する。また、信仁法親王も還俗して智成《さとなり》と復名し、聖護院宮を称する。

④・17 二条城を仮皇居とし、太政官を二の丸に建設させる。

④・21 「政体書」公布(太政官制・七官両局の制。行政官をして宮中の庶務を管掌させる。神祇官再興。二十七日頒布)。

④・29 徳川亀之助(家達《いえさと》)に徳川宗家を継がせる。

5・3 奥羽二十五藩、仙台で同盟を結ぶ(ついで会津・庄内など八藩加盟。奥羽越列藩同盟)。

5・10 新政府、嘉永六年(一八五三)以来の国事殉難者の霊の祭祀を京都東山で行なうことを布告する(招魂祭。現京都霊山護国神社)。

5・15 新政府軍、上野の彰義隊を討滅する

ず、私見を去って公論を採るべし、と述べた。木戸孝允起草。

＊五箇条の御誓文 三条実美が勅を奉じて左の御誓文を捧読した。

一、広く会議を興し万機公論に決すべし。

一、上下心を一にして盛に経綸を行ふべし。

一、官武一途庶民に至る迄各其志を遂げ人心をして倦ざらしめん事を要す。

一、旧来の陋習を破り天地の公道に基くべし。

一、智識を世界に求め大に皇基を振起すべし。

このあと、公卿・諸侯は聖旨を奉体して誓約の書に署名した。これは、いわば、「新政府の成立宣言」ともなっていた。

＊五榜《ごぼう》の掲示《けいじ》 太政官の立てた五つの高札。五箇条の御誓文が主に公卿・大名に示されたのに対し、全国民を対象とした。五倫道徳の遵守、徒党・強訴・逃散の禁止、切支丹・邪宗門の厳禁、万国公法の履行、郷村脱走の禁止の五札。なお、明治四年には第五札は除却され、翌六年には高札制度の廃止と

（寛永寺炎上。輪王寺公現法親王、根岸方面に逃れ、のち軍艦長鯨丸で奥羽に脱出）。▼太政官札五種発行（このとき、紙幣に初めて菊花紋を印刷）。

5・24　右大臣大炊御門家信、辞任。権大納言三条実美を右大臣とする。▼新政府、徳川家達（徳川家第十六代）を駿府藩七十万石に封じることを決定（徳川家処分）。

5・27　三条実美、静寛院宮に去就を問う勅旨を伝える。▼輔相岩倉具視、亀井茲監《これみ》に、即位礼での唐風礼式を廃し、「新規御登壇之御式」を作るよう依頼する。

5・30　感神院祇園社を八坂神社と改称する。

6・2　東征大総督有栖川宮熾仁親王、江戸城大広間において戦没官軍将兵のため、招魂祭を行なう。

6・14　静寛院宮、徳川氏の駿河移封完了まで上京猶予を奉答する。▼伏見宮邦家親王王子六十宮（のち清棲《きよす》家教《いえのり》）、仏光寺門室を相続する。

6・16　輪王寺公現法親王、奥羽越列藩同盟の盟主に担がれる。

6・20　この日以前、嘉彰親王（仁和寺宮）・守脩親王（梶井宮）・嘉言親王（聖護院宮）・智成親王（照高院宮）・博経親王（華頂宮）が復飾したため、この日、門跡号を立て、仁和寺・梶井・聖護院・照高院・知恩院の五門跡を置く。

6・26　天皇、勅使を伊勢神宮・熱田神宮に派遣し、王政復古を奉告、東北平定を祈らせる（七月二日伊勢、七日熱田に参向）。

7・10　公現法親王、仙台城で「日光宮令旨」を発し、賊軍薩摩の打倒を訴える。

7・17　天皇、東幸の詔を発する（このとき、江戸を東京とする）。

8・9　天皇、王政復古奉告のため、賀茂下上社に行幸する。

8・11　伏見宮邦家親王王子嘉言《よしこと》親王（光格天皇養子）没（実は十一月一日没。年48。聖護院宮は智成親王が相続）。

8・16　中川宮（賀陽宮）朝彦親王、徳川慶喜と謀って幕府再興を企てたとして広島藩に幽閉される（二十一日広島着。このとき仁孝天皇養子・親王位を廃される。明治三年十二月五日、京都に戻る）。

8・17　天皇、「大学」「中庸」会読を終える（このあと「資治通鑑」を講学）。▼御即位新式取調御用掛正親町実徳《おおぎまちさねあつ》・亀井茲監《これみ》・福羽美静《びせい》らを御即位御用掛に任じる。

8・21　伊勢神宮に即位由奉幣使を発遣する（翌日、神武・天智・前帝三代山陵に即位由奉幣使発遣）。

同時に第一札より第四札までも除却される。

＊**天長節**《てんちょうせつ》　天皇誕生日の旧称。わが国では、宝亀六年（七七五）光仁天皇が十月十三日の誕生日を天長節と称し祝ったのが初めとされる。明治元年に祭儀として復活し、儀礼として整ったのは同五年からとされる。同六年太陽暦採用後は十一月三日となる。戦前は、新年・紀元節・明治節とともに四大節の一つとして盛大に祝われる。昭和二十三年の祝日法制定とともに天皇誕生日となる。

＊**明治**《めいじ》　菅原在光の勘申による。出典は、「周易」説卦伝の「聖人南面而聴天下、嚮明而治」、「孔子家《こうしけ》語《ご》」巻五、帝徳の「長聡明、治五気、設五量、撫万民、度四方」などとあるによる。なお、従来の陣《じん》儀《ぎ》・公卿難陳《なんちん》は略され、候補の中から天皇がくじを引いて決定した。このとき「一世一元の制」が採用された。

＊**御沙汰書**《ごさたしょ》　明治天皇は、新政推進のため宸筆の勅書をたびたび発したが、これを御沙汰書とよび、近代的法制度が整うまで頻用された。

8・23　即位の大礼に唐制の礼を廃することを布告する。

8・26　太政官布告により、宮中祭儀として**天長節**が復活する。

8・27　天皇、紫宸殿にて即位する（旧来の唐風礼服にかえ黄櫨染《こうろぜん》束帯が復活。神仏習合が除かれ即位灌頂が廃止。このとき伊勢神宮、神武・天智ならびに前帝三代の山陵に奉告使発遣）。

8・28　即位大礼後の式場拝観を諸藩主や府民に許す。

8・29　天皇、天智天皇陵・孝明天皇陵に参拝する。

8・30　天皇、河東操練場に行幸し、親兵等の操練を覧る。

9・6　京都白峯宮《しらみねぐう》、崇徳天皇神霊の鎮座祭を行なう（この年八月二十六日に讃岐白峯大権現〈頓証寺殿〉から崇徳天皇の木像を京都に迎える）。

9・8　代始により**明治**と改元し、一世一元の制を定める。

9・11　伊勢例幣使を発遣する。《公卿補任》

9・18　仙台藩・公現法親王、官軍に謝罪降伏する（親王、京都に護送され、蟄居を命じられ、皇族の身分を剝奪される）。▼天皇、博経・守脩両親王の元服を賀す。

9・20　天皇、東幸のため京都を出発する。

9・24　天皇、関行在所を発し、伊勢神宮を遙拝する（この日、四日市に着御）。

9・27　天皇、熱田神宮に参拝する。

10・4　天皇、金谷台で初めて富士山を望む（富士山を初めて見た天皇といわれる）。

10・8　天皇、箱根山を越える（この日、小田原に着御）。

10・9　仁孝・孝明・今上三代の天皇の諱、恵・統・睦の三字を臣民が名字に使うことを禁じる。

10・10　天皇、三条実美に関東鎮撫の**御沙汰書**を下す。

10・13　天皇、東京に到着し江戸城に入る。このとき江戸城を皇居とし東京城と改称する。

10・17　天皇、万機親裁の詔を出す（このとき、武蔵氷川神社を鎮守勅祭社とする）。

10・27　天皇、氷川神社行幸に出発する（二十八日参拝。二十九日帰還）。

11・1　天皇、静寛院宮と対面し、その帰京について打ち合わせる。

11・2　前東征大総督熾仁親王、参内して錦旗・節刀を返還する。

11・4　天皇、東幸祝いとして、東京市民に酒三千樽などを下賜する（天盃頂戴《てんぱいちょうだい》）。

御沙汰書は、臣下に与えるものからか儀礼的書式ではなく無署名であった。

11・6 天皇、山里に出御し馬に乗る。
11・9 天皇、吹上御苑に出御し馬に乗る。
11・18 前左大臣近衛忠房を派遣し、吉田神社を神祇官代として新嘗祭を挙行する。
11・22 天皇、国交を篤くするため、諸外国公使を引見する（翌日も）。
11・23 これより先、徳川昭武、フランスより帰朝。この日、天皇、昭武を召し、歴覧の外国事情を聴く。
11・25 前東征大総督熾仁親王、京都に凱旋する。
11・28 天皇、浜殿（浜離宮）に行幸、「武蔵」「富士」の二艦に乗り、軍艦の運転を見る（天皇、初めて軍艦に乗る）。
12・8 天皇、京都に向け東京城を出発する（二十二日京都還幸）。
12・12 天皇、蒲原を出発。途中、富士山（「富岳雪を戴きて蒼空に屹立」）、三保松原を賞する。
12・14 京都に皇楽所（学習院の前身）が開講する。
12・22 天皇、大津を発ち、京都に還御する。
12・25 天皇、泉涌寺に行幸し、孝明天皇三回忌を行なう（仏式を廃し、神祭とする）。
12・28 一条忠香三女美子《はるこ》、入内し女御となり、即日、皇后に立てられる（以後、女御宣下廃止。これに先立ち、美子の生年を嘉永二年から三年に改める。天皇より三歳年上は「四つ目」として忌んだため）。
この年 静寛院宮、「静寛院宮御日記」を記す（～明治六年）。
□5・26戸《と》田《だ》忠恕《ただゆき》（宇都宮藩主。22）、8・28橘曙覧《たちばなのあけみ》（歌人。57）、10・16**鷹司政通**（関白。80）

■明治二年（一八六九）己巳

明治天皇 18歳
1・4 天皇、小御所にて政始《まつりごとはじめ》の儀を行なう。
1・6 天皇、紫宸殿に出御し、すだれ越しに承明門外の京都町民の拝礼を受ける。
1・8 後七日御修法を真言院代東寺宝菩提院に行なわせ、大元帥法を東寺に修させる。
1・10 京都町民に酒・肴を賜う。▼日本独逸《ドイツ》北部連邦修好通商航海条約に調印。
1・18 静寛院宮（和宮親子内親王）、京都に向け江戸を出立する（二月三日到着）。
1・20 薩摩・長州・佐賀・土佐の四藩主、版籍奉還を上奏する（ついで他の二百五十余藩主も奏請）。
1・23 京都小御所にて「御講書始」が行なわれる（以後恒例）。皇学所御用掛平田鉄《かね》胤《たね》、漢学所御用掛中沼了三、侍講を命じら

＊**鷹司政通**《たかつかさまさみち》（一七八九～一八六八） 父は関白鷹司政煕《まさひろ》、母は徳島藩主蜂須賀重喜女儀子。文政六年（一八二三）関白、天保十三年（一八四二）太政大臣。弘化三年（一八四六）仁孝天皇崩御に際し准摂政。この年、海防督励の御沙汰を幕府に下し、朝廷の国政関与の端緒をなす。安政三年（一八五六）関白を辞し、准三宮宣下、太閤と称される。外国との条約については、はじめ勅許を主張するも、のち鎖国説に変わる。文化五年（一八〇八）から弘化三年までの日記を残す。

れる。
1・24　天皇、御歌掛を置き、この日、歌御会が小御所で開かれる（京都での「歌御会始」の最後。「ちよ萬《よろず》かはらぬ春のしるしとて海へをつたふ風そのとけき」は、このときの御製）。
1・25　議定岩倉具視、右大臣兼輔相三条実美に意見書「政体の事」を提出する（天皇中心の中央集権国家を目指す）。
1・27　代始の御楽始が行なわれる（以後、御楽始は行なわれず）。
2・3　静寛院宮、京都に到着、聖護院に入る。
2・6　毎月一・六の日は習字と皇学所御用掛玉松操の日本書紀神武天皇紀進講、二・七の日は習字・論語輪講、三・八の日は乗馬、四・九の日は復読・習字、五の日は四書輪読、十の日は神皇正統記輪読が始められる。
2・13　護良親王の祠宇を鎌倉に、宗良親王の祠宇を遠江国井伊谷に創建させる。
2・23　この日より三日間、東京城吹上御苑の市民拝観を許す。
2・24　静寛院宮、参内する。▼伏見宮邦家親王王子定麿王を山階宮晃親王養嗣子とすることを勅許する。
2・28　祈年祭が再興される。▼宮・堂上に令し、菊紋章付器物を祈願所に寄付し、かつ新たに祈願所を設けることを禁じる。
2・29　天皇、賀茂下上社に行幸し、東幸の平安を祈る（このとき競馬を覧る）。
3・7　天皇、東京に向け京都を出発する（東海道を東下。以後、京都に還幸せず、遷都の詔も出されず）。
3・8　嘉彰親王の久留米藩主有馬頼咸《よりしげ》女頼子との結婚を勅許する。
3・12　天皇、東幸の途次、伊勢神宮に親拝し、王政復古を奉告する（天皇初の神宮親拝。持統天皇以来ともいわれたが、持統天皇は遙拝であったといわれる）。
3・20　政府、「六国史」以後の国史編纂のため、和学講談所跡に史料編輯国史校正局を開設（五月、昌平校内に移る。六月、昌平校を大学校と改称。十月、国史編輯局に改組も、国学者と漢学者の対立により十二月、業務停止・閉局）。
3・28　天皇、東京に到着する。東京城を改め皇城とし、ここに太政官を置く（賢所・皇霊殿・神殿の宮中三殿が遷座）。
3月　全国の諸侯、東京参集を命じられ、続々と上京する。
4・12　侍講福羽美静《ふくばびせい》に「日本書紀」を進講

させる。
4・14 内廷職を置き、議定徳大寺実則を内廷知事とする。
4・23 天皇が毎日御学問所に出て政務を親裁することで、輔相・議定・参与などの参朝規定などが定められる。
4・28 教部省、「**三条教則**」を通達。
5・18 五稜郭開城により戊辰戦争終わる。
5・21 天皇、祭政一致・皇道復興など国民に「報本反始の義」を重んぜしめるなどを下問する。
6・5 左大臣九条道孝辞職。
6・6 議定鍋島直正を蝦夷開拓総督とする。
6・17 この日から二十五日にかけて諸藩に版籍奉還を命じ、藩主二百七十四人をそのまま知藩事とする（二十五日、旧領地石高の十分の一を家禄とする。また、一門以下平士以上を士族と称する）。▼旧来の公卿（三位以上）と諸侯（大名）の称を廃し、一括して華族とする。
6・28 天皇、版籍奉還・国是一定などを天神地祇および歴代皇霊に奉告する。
6・29 大村益次郎の建議により、東京九段に招魂場を創建し、戊辰戦争以後箱館戦争までの政府軍戦死者三千五百八十八柱を祀る（仮神殿で第一回合祀。祭主は仁和寺宮嘉彰親王。のち東京招魂社、ついで靖国神社と改称）。
7・8 官制改正。神祇・太政二官と宮内省など六省とする（二官六省の制。太政官に左右大臣・大納言・参議等を設置。宮内省に十名の侍従を置き、政府の奏上は侍従を経由することにする。▼昌平校を中心に大学校を設立。▼宣教使を設置（大教宣布運動を推進するため。初め神祇官、のち神祇省、そして教部省に属す）。
7・11 官吏を勅授官・奏授官・判授官に区分する（ついで、勅任官・奏任官・判任官に改称）。
7・28 イギリス第二王子エジンバラ公アルフレッドが来日。この日天皇に拝謁する（天皇、初めて列強皇族を接待）。
8・9 天皇、浜殿に行幸する。
8・15 蝦夷地を北海道とし、十一国八十六郡に分ける（千島を含み、樺太は含まず）。
8・25 親王家の家紋を菊花十五枚以下か裏菊を用いるよう命じ、また、伊勢・石清水・賀茂・泉涌寺・般舟院の社寺以外は菊紋の使用を禁じる（ただし格別由緒ある社寺は由緒書を届けよとする）。
9・3 大典医に洋方医も採用される。
9・4 伊勢内宮の遷宮が行なわれる。

＊**三条教則**《さんじょうのきょうそく》 大教宣布運動の大綱についての三ヵ条の通達。内容は「第一条敬神愛国ノ旨ヲ体スヘキ事、第二条天理人道ヲ明ニスヘキ事、第三条皇上ヲ奉戴シ朝旨ヲ遵守セシムヘキ事」。「三条の教憲」「教則三条」ともいう。

＊**大教宣布の詔**《だいきょうせんぷのみことのり》 天皇を神格化し、神道を国教と定め、「惟神の道《かんながらのみち》」を宣揚し、日本を祭政一致の国家とする。

9・7　伊勢外宮の遷宮が行なわれる。
9・14　日本澳洪（オーストリアハンガリー）修好通商航海条約に調印。▼浜殿を離宮とする（浜離宮）。
9・17　神祇官に諸陵寮を設置する（諸陵頭は戸田忠至。明治四年八月四日廃止）。
9・24　皇后一条美子の東幸に反対する京町衆約一千名、抗議行動を行なう。
9・28　徳川慶喜の謹慎を解く。▼輪王寺宮公現法親王、処分を解かれる（朝命により伏見宮に復帰、満《みつ》宮〈能久王〉となる）。
9・29　全国の神職が宣教使に任命される。
10・5　皇后一条美子、東京に向け京都を出発する。
10・9　宣教使を神祇官に所属させる。
10・12　女官を典侍四人、掌侍四人、命婦《みょうぶ》四人を定員とし、尚侍は定員なしとする。また、女房の称を止め、長橋局を廃する。
10・24　皇后、東京に到着し、天皇に対面する（ついで皇后宮職を置く）。
10・29　史料編輯国史校正局を廃し、国史編輯局を大学校内に置き、漢文で国史を編輯させる。
10月　薩摩藩の委嘱により、英人フェントン、「君が代」を作曲する。
11・17　勅して織田信長に健織田《たけしおりた》社の神号を賜う。
12・17　白川・吉田両家から八神を遷し、神祇官内に八神・天神地祇および歴代皇霊を奉安する仮神殿が竣工する。
12月　太政官制度局、「年中祭儀節会大略」を作成する。
□11・5大村益次郎《おおむらますじろう》（政治家。45）

■明治三年（一八七〇）庚午

明治天皇　19歳
1・1　天皇、軽い病のため四方拝を中止する。
1・3　天皇、神祇官にて天神地祇・八神・歴代皇霊を鎮祭する詔書を下す。また**大教宣布の詔**を下す。
1・14　天皇、神祇官仮神殿に行幸し、八神等を親祭する。
1・17　天皇、軍神を皇城に祭り、練兵を覧る（この閲兵を新年の恒例とする。陸軍始の濫觴）。神祇伯中山忠能、天神地祇・大物主神・武甕槌神・布都主神の降神の儀を行なう。
1・27　郵船商船規則が定められ、日本の商船には「日の丸」を国旗として掲揚することが義務づけられる（縦と横の比は七対十、日の丸の直径と縦の比は三対五などが決められるが、日の丸の色については規定されず）。

1・29　仁和寺宮嘉彰親王（伏見宮邦家親王王子）、宮号を東伏見宮と改める（この年、英国に留学。明治五年帰国。帰国後、欧州の例にならい、皇族は幼年より軍務に服すべきと上書、受納され、以後、皇族男子は軍務につくことになる）。

2・4　神祇官に祈年祭を行なわせる（祈年祭の復興）。

2・5　刑部大輔佐佐木高行を参議とする。▼元堂上華族の元服のさいの涅歯《でっし》（お歯黒）・掃眉《そうび》（眉を剃ること）を禁止する。

2・10　陰陽寮廃止。土御門家担当の天文観測・暦作成事業を大学に移す。天文暦道局を設置。

2・13　樺太開拓使を設置する。

2月　「聖忌御祭典につき諸陵寮建言」が書かれ、「天皇陵」が、天皇による祭祀の体系に組み込まれる。

3・11　神武天皇祭が親祭となる。

3・17　親王家等、菊御紋付の品を社寺へ寄付することを禁じる。

3・28　徳川家の創立にかかわる寛永寺・輪王寺から本山の権限を奪い、古制どおり、延暦寺を天台宗総本山とするよう指示する。

3月　吹上御苑に水田を開く。

4・5　戸籍法制定（全国民を華族・士族・平民に分ける）。

4・17　天皇、駒場野練兵場に行幸する。

4・22　天皇、少典医池田謙斎から診察を受ける（西洋医による初の診察）。▼暦本の私販を禁じる。

4・23　神祇官、「宣教使心得書」を諸省に通達する（皇祖の大道・大教の布教宣布活動を開始）。

5・15　太政官布告により「陸軍国旗」が定められる（白地に日章と十六条の旭光。のちの連隊旗）。

6・17　竹橋・雉子橋・清水・田安・半蔵の五門を開放し、庶人の通行を許す。

6・23　華頂宮博経親王の海外留学を許す。

7・23　大友帝（大友皇子）に弘文天皇、淡路廃帝（大炊廃帝）に淳仁天皇、九条廃帝（順徳天皇皇子懐成《かねなり》親王）に仲恭天皇と追謚する。

8・20　京都禁裏御所以外の九門内の「邸宅地」が京都府の管轄となる。

8・25　天文暦道局を星学局と改称する。

9・8　薩摩藩音楽伝習隊、薩長土肥四藩操練親閲の天皇の前で「君が代」を吹奏する。

9・19　平民に苗字使用を許可する。

10・3　太政官布告で「海軍御国旗」が「日

＊**梨本宮**《なしもとのみや》　伏見宮貞敬親王王子守脩親王が創設した宮家。守脩親王に実子なく、山階宮晃親王王子菊麿王が継承。のち菊麿王が山階宮に復帰し、久邇宮朝彦親王王子多田王が継承し、守正王と改名した。守正王は昭和二十二年に皇籍離脱。守正王は侯爵鍋島直大女伊都子と結婚し、方子女王・規子女王をもうける。伊都子は昭和五十一年に亡くなり、皇族としての梨本家は断絶した。

＊**北白川宮**《きたしらかわのみや》　伏見宮二十代邦家親王第十三王子智成親王に始まる宮家。智成親王は復飾に先立ち照高院宮を称するも旧門跡名との区別のため明治三年十一月、北白川宮と改称される。なお「北白川」は、照高院の所在地に因んだもの。智成親王は明治五年死去し、特旨によりその兄能久親王（もと輪王寺宮公現法親王）が相続、以来その子孫が承継、昭和二十二年、道久王は皇籍離脱し、北白川氏を称する。

の丸」に定められる。御旗（天皇旗）・皇族旗・将旗・代将旗なども定められる。
10・9　「新律提綱」成り、上奏される（のち「新律綱領」として頒布）。
10月　華頂宮博経親王、留学のためアメリカに出発する（明治六年八月帰国）。
⑩・7　皇城内本丸跡火薬庫が爆発する。
⑩・17　土御門家の天社神道を禁止する。
⑩・20　謹慎の朝彦親王の伏見宮復帰を許す。
⑩・24　御系図取調掛を設置（皇統系譜を調査）。
⑩月　南朝関係古文書集「南狩遺文」成る（編者は山中信古《のぶふる》）。▼小松宮彰仁親王、留学のためイギリスに出発する（明治五年十月帰国）。
11・1　天皇、氷川神社に行幸する。
11・4　元輪王寺公現法親王、名を能久《よしひさ》に改め、宮号を復して満宮と称させる（このときプロシア留学を許可。十二月三日、横浜を出発。のち北白川宮能久親王）。
11・7　太政官に舎人局・雅楽局（翌年、雅楽課と改称。宮内庁雅楽部の初め）を置く。
11・20　武家華族すべてに東京移住を命じる。
11・22　歴代皇霊式年祭の制が定められる（式年ごとの歴代天皇追祭を陵所在地の地方官が行なうことにする。式年は、一・三・七・十三・十七・二十五・三十三・五十・百年とし、以後は五十年ごととする）。
11・30　守脩親王の梶井宮を**梨本宮**、智成親王の照高院宮を**北白川宮**と改称する。
12・3　北白川宮能久王、留学のためプロシアに出発する（明治十年七月帰国）。
12・10　太政官布告により、新立親王家は一代皇族と定められる（桂・有栖川・伏見・閑院四宮家以外の新宮家はすべて一代とし、二代目からは臣籍降下し、華族に列することにする）。▼宮・元堂上華族等の禄制を定める。
12・20　新律綱領を布告・頒布する。
12・22　皇族家の家禄や進退が宮内省の管轄となる。
この年　柳原愛子《なるこ》、皇太后宮小上臈として出仕（明治六年、権典侍となる）。▼鈴鹿《すずか》連《つら》胤《たね》「神社覈録《かくろく》」を完成。▼村尾元融《げんゆう》「続日本紀考証」刊。

■明治四年（一八七一）辛未

明治天皇　20歳
1・1　天皇、軽い病のため四方拝を中止する。
1・28　伊勢神宮藤波氏の世襲祭主職を廃し、神祇大副近衛忠房を神宮祭主兼務とする。
1月　日光山を二社一寺とし、日光東照宮・

二荒《ふたら》山《さん》神社・満願寺（のち輪王寺）に分離させる。

2・13　政府、薩・長・土三藩から御親兵を出させる。

2・14　太政官布告により、府藩県各管内の「后妃・皇子女等御陵墓」の兆域・祭日・守護方法・伝承の録上を命じる。

2月　皇后、養蚕のため、蚕室を吹上御苑内に作らせる。

3・2　伏見宮邦家親王王子敦宮を親王とし、名を貞愛《さだなる》と賜う（七日元服）。

3・11　天皇、神武天皇例祭を斎行し、同時に畝傍山東北陵に勅使を遣わして奉幣せしめる。

3・14　神宮号は香取・鹿島、宮号は男山（石清水）、大社号は出雲のみとし、他はすべて神社とする。

3・25　太政官、大嘗会を今冬東京で執行することを布告する。

4・5　府藩県の戸籍法が改正（全国民を華族・士族・平民の三族籍とする）され、宗門人別帳・寺請制度を廃止する。

5・3　御璽を改刻し、また国璽を作ることにする（ともに石印）。

5・10　新貨条例を制定する（貨幣の単位呼称を円・銭・厘とする）。

5・14　太政官布告により、神社はすべて国家の宗祀とされ、古代の祭政一致を目途とし、神官の世襲は廃止となる。また社格制度が定められ、諸国の神社を官社と諸社に分け、官社は官幣社と国幣社に、諸社は府・藩・県社と郷社に分けられる。また、官国幣社以下神社の神職身分の定員を定め、府藩県郷社に祠官・祠掌を置く（全神社が天皇の祖先神を祀る伊勢神宮を本宗とし、社格を与えられ、中央集権的に再編成される）。

5・15　招魂社例大祭が行なわれる（祭主は有栖川宮熾仁親王。このとき余興に初めて競馬が行なわれる）。

5・19　大嘗会御用掛に中山忠能・坊城俊政・福羽美静・門脇重綾《しげあや》らを任じる。

5・23　古器旧物保存の件を布告。

5・30　元田永孚《ながざね》、宮内省に出仕し、天皇の侍読を担当する（以後二十年、君徳補導の強調と政治の要諦を説く）。▼京都御所御黒戸を廃止。

6・17　太政官布告で、今後「菊御紋」は由緒にかかわらず、皇族・一部社寺を除いてすべて使用禁止とする（このとき、皇室は「十六弁八重菊」、皇族は「十四弁一重裏菊」とする）。▼門跡・院家・院室・比丘尼御所など皇室ゆかりの称号が廃止される。

＊三院　太政官の規模が拡充され、正院・左院・右院の三院が設けられる。正院には太政大臣・納言・参議などが設置され、太政大臣は「天皇ヲ補翼シ庶政ヲ総判シ祭祀外交宣戦講和立約ノ権海陸軍ノ事ヲ統治ス」とされ、三条実美が就任。明治十五年、太政官制は廃止される。

6・29 伏見宮邦家親王王子易宮《たか》（のち閑院宮載仁《ことひと》親王）、還俗し、伏見宮に復籍する。▼大祓の旧儀を再興する。
6月 栗田寛「神祇志料」成る（明治九年刊。のち補訂本刊）。
7・4 ハワイとの日布修好通商条約に調印。
7・12 「神宮改革」により、皇族祭主の制が決定する（第二次大戦前は皇族男子、戦後は皇族女子とする）。このとき、荒木田氏（皇大神宮）・度会氏（豊受大神宮）両氏の世襲の廃止、御師の廃止、神宮司庁設置が決められる。
7・14 天皇、在京藩知事を召集し、廃藩置県の詔書（「廃藩置県の大業翼賛嘉賞」）を下す。▼弁官を廃止する。
7・18 大学を廃し、文部省を創設する。
7・27 民部省を廃止（事務を大蔵省に引き継ぐ。戸籍寮社寺課設置）。
7・29 官制改革により三院八省の制がとられる。▼三条実美を太政大臣とする。▼日清修好条規に調印。
8・1 すべての女官をいったん罷免し、典侍に広橋静子・高野房子、権典侍に四辻清子・葉室光子・橋本夏子を任命する。
8・2 外国人の神社参拝を許可する。
8・4 徳大寺実則、七月設置の侍従長に就任する。▼神祇官内の諸陵寮を廃し、陵墓事務を神祇官で取り扱うことにする。
8・7 樺太開拓使を北海道開拓使（札幌）に併合する。
8・8 神祇官を神祇省とし、太政官の下に置く。
8・10 式部局を式部寮とし、太政官の下に置く。
8・18 天皇、フランス製馬車に乗り、浜離宮・岩倉具視邸に行幸する（天皇、皇居の外に初めて馬車で出かける）。
8・23 華士族平民の通婚を自由とする。
8・28 穢多・非人等の称を廃し、民籍に編入し平民と同じにする。
9・2 密教儀礼としての大元帥法・後七日御修法等を廃止する。
9・9 皇城内本丸跡で午時号砲を発することにする。
9・14 宮中での神殿造営・神器・皇霊奉安の詔書が出される。
9・20 河瀬真孝《まさたか》、侍従長に就任。
9・29 神祇省に御巫《みかんなぎ》・権御巫を置く。
9・30 歴代皇霊・神器を神祇省より賢所に遷座。この日、天皇、皇霊遷座祭を親祭する。
10・15 東久世通禧《みちとみ》、侍従長に就任。

10・17 神祇省の御巫・権御巫を内掌典・権内掌典と改称する。
10・22 天皇、華族を小御所代に召集し、華族は国民の儀表となって国の開化富強のために勉励すべきとの勅語を下す。
10・28 普化宗を廃止する。
10・29 正月三日の祭典を元始祭と称する。▼「四時祭典定則」「地方祭典定則」が定められる。
11・2 天皇、初めて海軍を親閲する。
11・3 盲官を廃止し、盲人の営業を自由とする。
11・10 恭明宮《きようめいぐう》、京都方広寺に完成。御黒戸の霊牌・仏像等をここに移す（二年後、泉涌寺に移す）。
11・12 岩倉具視ら四十八人を欧米各国に派遣、この日、横浜を出発する（佐佐木高行ら随行。岩倉遣外使節団）。
11・17 これより先、大嘗宮が竣工する。この日、天皇、皇居で大嘗祭を行なう（神祇省制定「大嘗会式」に依拠して挙行）。
11・20 大嘗祭場参拝を一般に許可する（二十日より七日間）。
11・21 天皇、官営横須賀造船所・海軍演習に行幸する（十一月二十三日還幸。このとき、天皇、横須賀にて記念撮影。初の写真となる）。
11・22 行政区画を整理し、全国を三府七十二県とする。
11月 節朔祭御拝等の制を定める。
12・3 反政府の陰謀により愛宕《おたぎ》通旭《みちてる》・外山《とやま》光輔《みつすけ》に自刃を命じる（愛宕通旭事件）。
12・4 天皇・皇后、滋養として、この日より牛乳をとる。
12・15 天皇、御親兵訓練を見るため日比谷門外に乗馬にて行幸する。
12・17 肉食の禁を解く。
この年 天皇、侍講元田永孚《ながざね》から「論語」「日本外史」を、侍読平田延胤《のぶたね》から「日本書紀」を、侍読加藤弘之からドイツ語講習を受ける。▼勅旨による「天台座主」が廃される（明治十七年以降は私称として使用）。▼梶井門跡大原政所を本殿とし、三千院門跡とする。▼紀州徳川家別邸（芝御屋敷）、有栖川宮熾仁親王邸となる（のち芝離宮）。
□1・7 北浦定政《きたうらさだまさ》（歴史家。55）、3・28 毛利敬親《たかちか》（「よしちか」とも。萩藩主。53）、8・17 大国隆正《おおくにたかまさ》（国学者。80）、8・21 **九条尚忠**（関白。皇太后の父。74）

■明治五年（一八七二）壬申
明治天皇 21歳
1・1 天皇、神嘉殿南庭の仮舎の内に御座

＊**四時祭典定則**《しじさいてんていそく》 皇宗の神武天皇祭と先帝の孝明天皇祭を親祭、先帝前三大祭を大祭、歴代天皇の式年祭を中祭、歴代天皇すべての「正辰祭」を小祭とするなど、宮中の四季に行なわれる祭典について定める（明治十一年「正辰祭」廃止、これに代わり春季皇霊祭・秋季皇霊祭が定められる）。「正宸」は誕生日のこと。
＊**盲官**《もうかん》 琵琶などの管絃、按摩・鍼治などをする盲人に与えられた官位の総称。総検校が統轄し、以下検校・勾当・座頭などがあり、朝廷では久我家がこれらを管掌した。
＊**九条尚忠**《くじょうひさただ》（一七九八～一八七一） 前左大臣二条治孝の末男、九条輔嗣養子。安政三年（一八五六）関白。政局の紛糾により、文久二年（一八六二）関白を辞し、閏八月落飾重慎に処せられる。慶応三年（一八六七）王政復古により還俗。明治元年、准后宣下を受ける。尚忠第六女夙子《あさこ》は孝明天皇女御（英照皇太后）。尚忠在任中の関係記録が「九条尚忠文書」（「尚忠公記」「九条家記」等）。
＊**闕画**《けつかく》 漢字の画を省くこと。天皇

を設け、伊勢神宮・天神地祇・神武天皇陵・孝明天皇陵・諸大社を拝する（新儀。以後、これが四方拝の例となる）。
1・2　北白川宮智成《さとなり》親王没（年17）。
1・3　天皇、賢所にて親祭する（初の元始祭。以後恒例）。
1・5　大広間にて初の新年宴会を行なう。
1・6　朝彦王、特旨をもって赦免され、宮号（賀陽宮）を復する（松平容保・榎本武揚等も赦免）。
1・8　天皇、日比谷陸軍操練所に行幸し、初めて陸軍始を行なう（このとき講武始を陸軍始と称する）。
1・9　天皇、海軍兵学寮（旧海軍操練所）に行幸し、初めて海軍始を行なう。
1・10　伏見宮邦家親王王子（易《たか》宮。のち載《こと》仁《ひと》親王）、中断していた閑院宮を継承する。
1・14　左院、天皇・太上天皇・三后を崩御、皇太子・皇族を薨御、三位以上を薨去、五位以上を卒去、六位以下庶人を死去とせんと請う（天皇、これを裁可。ただし、薨御の称は実行されず三位以上と同じく薨去を用いたという）。
1・17　白川家・吉田家・有栖川宮邸の各八神を神祇省に奉還する。
1・18「歌御会始」が行なわれる（この年から官吏の詠進も認められる）。
1・20　宗良親王祠を井伊谷宮《いいのやぐう》と称させる（二月二日鎮座）。
1・25　特命全権大使岩倉具視、米大統領グラントと会見する（大統領、キリシタン禁制を解くことの必要を勧告）。
1・27　天皇の諱の**闕画**の制を廃する。
1・29　初めて全国の戸籍調査を実施する（壬申戸籍）。
1月　伊勢神宮、大麻・暦の製造局を創設する。
2・4　祈年祭を神祇省にて行なう。
2・15　土地永代売買の禁を解く（官有・民有を区別）。
2・26　東京大火。和田倉門内兵部省から出火し、銀座・京橋・築地を焼く（これにより、銀座練瓦街が造られる）。
2・27　兵部省を廃し、陸軍省・海軍省を設置。
2・28　従前の永宣旨による僧位僧官を廃止。
3・7　伏見宮邦家親王十五王子六十《むそ》宮（六十麿。仏光寺管長教応養子。のち清棲《きよす》家教《いえのり》）、華族に列せられる（十月、仏光寺の所在地により渋谷《しぶたに》の姓を名のる）。
3・9　御親兵掛が廃され近衛局が置かれ、御親兵が近衛兵と改称される。

の名と同じ漢字を書くときに、はばかってその漢字の画を欠くこと。

3・13 天皇、大学東校等に行幸する。
3・14 神祇省を廃し教部省を設置する（宣教使廃止）。
3・15 神祇省の大中少掌典・大中少神部など祀典関係の官が式部省に移される。
3・22 故智成《さとなり》親王の遺言を納れ、能久《よしひさ》王に北白川宮を相続させる。
3・23 祭事祀典事項は、すべて式部寮で執行することにする。▼赤坂に離宮を置く。
3・29 天皇、大学南校に行幸する。
3月 伊勢神宮、僧尼の参拝を許可する。▼第一回京都博覧会が西本願寺・建仁寺・知恩院で開かれる（第二回から第九回までは御所・仙洞で開催）。
4・2 元神祇省鎮座の天神地祇・八神を宮中に遷座する（宮中三殿の原形成る）。
4・3 神官が教部省管轄となる。
4・10 伏見宮邦家親王、隠居し、貞愛親王が伏見宮を相続する。
4・11 皇太后夙子《あさこ》、東京に到着し赤坂離宮に入る（天皇、品川まで出迎える）。
4・12 内田九一、和装の天皇を撮影する（翌日および五月にも）。
4・23 天皇、日比谷操練所に行幸し、近衛兵を親閲する。
4・24 孝明天皇以来の広橋静子・高野房子ら三十六人の女官が罷免され、後宮の権力を皇后中心にする。
4・25 教部省、大教宣布の事業を継承し、布教のため教導職を置き神官・僧侶をあてる。▼僧侶の肉食・妻帯・蓄髪等を許し、女人結界を廃する。
4・28 天皇、軍艦に乗り、浦賀港まで行幸する。▼教部省、国民教化の基準として教則三条（三条の教憲）を教導職に下す（五月、大教宣布運動が始まり、伊勢神宮祭主近衛忠房・出雲大社宮司千家尊福《たかとみ》が大教正となる）。
5・5 東京招魂社が竣工し、正遷宮が行なわれる。
5・14 新たに社格制度が定められる（伊勢神宮は特別なものとして社格を付けず）。
5・20 教部省が陵墓事務を管轄する。
5・23 天皇、軍艦に乗り、近畿・中国・九州巡幸に出発する（七月十二日還御。この間ほとんどフランス式軍服を着用）。
5・24 神戸の楠社、湊川神社と改称し、**別格官幣社**に列せられる（別格官幣社の初め）。
5・26 天皇、黄櫨染《こうろ》の袍を着し伊勢神宮に参拝する（まず外宮に、ついで内宮）。
5・28 天皇、大阪に到着する。
5・30 天皇、淀川を溯り、伏見に到着。騎

＊**別格官幣社**《べっかくかんぺいしゃ》　国家のために功績をあげた忠臣を祭神として祀る神社を別格官幣社とした。湊川神社を嚆矢とし、以後、昭和二十一年の社格制度廃止まで、東照宮・豊国神社など二十八社が列せられた。

＊**擡頭**《たいとう》・**平出**《へいしゅつ》・**闕字**《けつじ》　擡頭は、上奏文などで、天皇・皇室関係など敬意を表すべき文字が出たとき、改行した上でさらに他の行より一字二字高く上に出して書くこと。平出は、天皇など高貴な人の名や称号を書くとき、行を改めて前の行と同じ高さにその文字を書くこと。闕字は、天皇・貴人の名を書くとき、そのすぐ上を一字二字分空けて書くこと。

＊**鉄道開業式**　このとき天皇は、「朕我国ノ富強ヲ期シ百官万民ノ為メニ之ヲ祝ス朕更ニ此業ヲ拡張シ此線ヲシテ全国ニ蔓布セシメンコトヲ庶幾ス」との勅語を賜った。

馬にて京都に着御する（六月一日、天皇、桂宮に行幸し、淑子内親王と対面。親子内親王も来会）。

6・1　室町末期以後廃絶の六月・十二月の月次祭を復興する。

6・2　天皇、束帯を着て孝明天皇陵に参拝する（以後、ほぼ伝統的儀式は和装、その他は洋装となる）。また、建仁寺・知恩院で開催の博覧会に行幸する。

6・3　天皇、京都府中学校・女紅場《じょこうば》・大阪医学校等に行幸する。

6・6　天皇、大阪の開成所・医学校に行幸する。

6・16　天皇、長崎造船所に行幸する。

6・19　天皇、熊本の鎮西鎮台に行幸する。

6・24　天皇、鹿児島の陶器会社・紡績場・大砲製造所に行幸する。

7・5　天皇、丸亀行在所東庭に下御し、崇徳・淳仁両天皇陵を遙拝する。

7・12　天皇、皇城に還御する。

7・19　西郷隆盛を陸軍元帥・近衛都督とする。

8・2　学制を発布する（初の近代的教育制度。明治十二年、教育令により廃止）。

8・5　伏見宮邦家親王（光格天皇猶子）没（年71）。

8・8　日比谷門等外郭二十一門を撤廃する。▼神官をすべて教導職に任じる。

8・12　正倉院を開封して宝物を点検する（このとき初めて写真撮影）。

8月　**擡頭・平出・闕字**の書式を用いることを停止する。

9・4　大元帥の服制が定まる。

9・7　仁徳天皇陵、風雨により一部崩壊。長持形石棺が見つかり、甲冑等も出土する（このとき県令税所篤《さいしょあつし》等、「大山陵崩壊実見記」を記す）。

9・12　天皇、新橋から乗車して横浜での**鉄道開業式**に直衣姿で臨席、このあと横浜から乗車して新橋での開業式に臨幸する。

9・14　琉球国主尚泰《しょうたい》を琉球藩王とし、華族に列する（琉球の日本領土化）。

9・15　天皇、越中島調練場に行幸し、近衛兵の操練を覧る。伊勢の「皇太神宮」（内宮）、「皇大神宮」と表記を変える。▼遣欧米使節岩倉具視、条約改正予備交渉のため、天皇の写真を送付するよう求めてきたため、束帯と直衣・金巾子《きんこじ》の二種の写真が撮られ、岩倉に届ける。

9・17　「神嘗祭遙拝式」を頒布し、毎年九月十七日に全国に行なわせる。

9・22　天皇、日比谷陸軍操練所に行幸し、諸兵を親閲する。
9・28　琉球藩と各国との条約および交際事務は外務省の管轄とすることを琉球藩に通告する。
9月　通称「桜切手」が発行される（菊花紋が初めて切手に登場）。
10・4　太政官正院に歴史課を設置（明治八年、修史局を設置）。
10・8　天皇、王子村付近を遊覧する。
10・17　ロシア皇太子アレキシス・アレキサンドロウィッチ、参内して天皇に拝謁する。
10・18　天皇、ロシア皇太子を延遼館に訪問する。
10・21　天皇、ロシア皇太子と日比谷操練所に近衛兵等を親閲する。
10・23　天皇、ロシア皇太子と新橋より同車して横浜に行くも雨により海軍操練天覧を中止する（二十五日に延引）。
10・24　伏見宮邦家親王王子六十宮、渋谷氏を称する。
10・25　教部省と文部省を合併する。
10月　殖産興業のため、新宿の旧内藤邸を買収して内藤新宿試験場を開設する（のち新宿御苑）。
11・5　岩倉具視特命全権大使、ロンドンに至り、英国皇帝に謁する。
11・7　歴代天皇の式年が改定される（一、三、五、十、二十、三十、四十、五十、百年とし、以後は百年ごととする）。
11・9　太陰暦を廃し、太陽暦を採用。明治五年十二月三日を明治六年一月一日とする。
11・24　大教院設置。三条教則に基づき教導することを命じる。▼東京府知事大久保一、一般の家々で国旗掲揚することの許可申請を太政官に出す（太政官、翌年一月一日よりこれを認可）。
11・26　岩倉具視、フランス大統領に謁する。
11・28　天皇、徴兵の詔を発し、「士は従前の士にあらず、民は従前の民にあらず、等しく是れ皇国の民なり」とする。
11・29　宮中八神殿の天神地祇・八神両座を合併し、神殿と称する（この頃から神殿に賢所・皇霊殿を合わせ宮中三殿と称される）。
この年　真宗錦織派、「錦」の字を遠慮し、地名をとって「木辺派」とする。
□2・15玉松操《たまつみさお》（国学者。63）、6・21山内《やまのうち》豊信《とよしげ》（号は容堂《ようどう》。高知藩主。46）

■明治六年（一八七三）癸酉

明治天皇　22歳
1・4　祝日を改定。伝統的五節供（人日・上巳・端午・七夕・重陽）を廃し、天長節・神武天皇即位日を祝日とする。新暦採用に

＊十一兼題《けんだい》　政府が定めた大教院での教導職の採用試験の題、あるいは研修項目。①神徳皇恩の説、②人魂不死の説、③天神造化の説、④顕幽分界の説、⑤愛国の説、⑥神祭の説、⑦鎮魂の説、⑧君臣の説、⑨父子の説、⑩夫婦の説、⑪大祓の説。

より、明治天皇誕生日の嘉永五年九月二十二日は十一月三日とし、以後この日を天長節とする。
1・8 天皇、騎馬にて日比谷陸軍操練所陸軍始に臨幸する。
1・9 天皇、海軍兵学寮における海軍始に臨幸する。
1・10 徴兵令を公布（国民皆兵となる）。
1・15 オーストリア皇子二名、参内する（十七日にも）。
1・19 僧侶の位階を廃する。
1月 伊勢神宮の諸費用を国庫支弁とし、一万五千円が交付される。
2・7 復讐を禁止する。
2・9 教部省、国民教化のため「十一兼題」を制定し、教導職へ配付する。
2・15 初代神武天皇・先帝孝明天皇の陵祭が定められる（先帝崩御日は一月三十日と算定。初代・先帝には式部寮官員が参向。先帝前三代〈後桃園・光格・仁孝各天皇〉の陵祭・式年祭には地方官参向とする）。
2・18 岩倉具視、ベルギー皇帝に謁する。
2・20 触穢の制を廃する。
2・22 県社以下の神職の禄の国家支給を止め、人民の報賽に委ねる。
2・24 岩倉具視、政府に連絡してキリシタン禁制の高札を撤去させる。
2・25 岩倉具視、オランダ皇帝に謁する。
2・27 副島種臣を特命全権大使として清国に差遣することにする。▼京都の宮殿管理を京都府に委任する。
3・6 天皇、騎馬にて蒲田梅屋敷に行幸し、梅花を観賞する。
3・7 神武天皇即位の祝日を紀元節と称する。
3・11 天皇、浜離宮に行幸する。▼岩倉具視、ドイツ皇帝に謁する。
3・14 恭明宮を廃止する（宮中の祭祀すべて神式にしたことによる。その仏像・霊牌をすべて泉涌寺に移す）。▼外国人との結婚を許す。
3・25 地券発行につき、土地の名称を皇宮地・神地・官庁地・官用地・官有地・公有地・私有地・除税地の八種とする。
3月 天皇、髻《もとどり》を切り、白粉の化粧をやめ、皇后は黛《まゆずみ》とお歯黒をやめる（天皇は明治五年断髪説もあり）。
4・3 神明に奉斎する宣命を御祭文と改称する。▼岩倉具視、ロシア皇帝に謁する。
4・6 天皇、浜離宮に行幸する。
4・14 天皇、鎌倉の陸軍野営演習に行幸する（翌日閲兵。終了後、鶴岡八幡宮に参拝。

十六日、鎌倉宮に参拝し、護良親王の霊を慰める。ついで騎馬にて江ノ島に行幸。十七日、騎馬にて神奈川へ、ついで鉄道にて新橋へ帰還)。

4・19 岩倉具視、デンマーク皇帝に謁する。

4・21 天皇、浜離宮に行幸する。

4・25 岩倉具視、スウェーデン皇帝に謁する。

4・29 天皇、下総国大和田村(習志野)での近衛兵の野営演習に行幸する(このとき天皇、騎馬で親率し、初めて野営する。五月一日帰還)。

5・2 太政官職制および事務章程改正(正院は、天皇が臨御し、太政大臣・左右大臣が補弼する等)。

5・5 皇居内女官房室から出火、賢所・正院など焼失。天皇、紀州徳川家赤坂中屋敷(のち赤坂離宮の地)に移り、ここを仮皇居とする。

5・13 岩倉具視、イタリア皇帝に謁する。

5・17 仮皇居御苑内に賢所・皇霊・八神天神地祇の神座を奉安する。

5・22 天皇、日比谷陸軍操練所に行幸する。

5・28 「皇族邸地の儀自今一邸三千坪以下に被定候事」との布告が出される(旧江戸城内の皇族邸地が市内に移る)。

5月 神武天皇社、県社に列せられ、宮崎神社と改称する(八月十日には国幣中社に。明治十一年宮崎宮、大正二年宮崎神宮と改称)。

6・1 増上寺で大教院開院式が行なわれる(大殿に皇祖天照大神を安置)。

6・4 奈良県令四条隆平《しじょうたかとし》、天皇の写真の下賜を申請し、この日許可(新年や天長節などでの「御真影」礼拝の初めとなる。十一月、すべての府県に写真下付を決める)。

6・8 岩倉具視、オーストリア皇帝に謁する。

6・21 岩倉具視、スイス大統領に謁する。

6・24 左院の職務に「国憲」編纂を追加する。

6・29 副島種臣、清国皇帝に謁する。

7・17 天皇、青山開拓使の三官園に行幸する。

7・18 太政官布告により、火葬を禁じる。

7・20 伊勢神宮以下諸社の祭日を、新暦に基づいて行なわせる。

7・28 地租改正条例を制定・公布する。

8・3 天皇、皇后と箱館宮ノ下温泉の避暑に向かう(八月三十一日還幸。天皇が休養のため皇居を出たのはこの時だけといわれる)。

***豊島岡墓地**《としまがおかぼち》 東京都文京区大塚に所在。元は護国寺の敷地。明治以降、天皇・皇后を除く皇族の墓地とされ、宮内庁管理の皇室用財産。民間から皇室に嫁いだ女性は葬られるも、皇族であっても生前自ら皇籍を離脱した者は葬られない。なお、明治天皇生母中山慶子、その父中山忠能などは皇族に準じるとして埋葬を許された。また、戦後昭和二十二年に皇籍離脱の旧皇族の一部も葬られている。

***祝祭日**《しゅくさいじつ》 一月三日元始祭、一月五日新年宴会、一月三十日孝明天皇祭、二月十一日紀元節、四月三日神武天皇祭、九月十七日神嘗祭、十一月三日天長節、十一月二十三日新嘗祭を祝祭日とし、休日と定める。

***十七兼題**《けんだい》 教部省が十七兼題を教導職に下し、「十一兼題」と合わせ、統一的解釈等を作成させた。皇国国体・皇政一新・道不可変・制可随時・人異禽獣・不可不敬・不可不学・万国交際・権利義務・役心役形・政体各種・文明開化・律法沿革・国法民法・富国強兵・租税賦役・産物製物の以上十七。

9・13　遣米欧使節岩倉具視らが帰国。

9・18　天皇第一皇子（稚瑞照彦尊《わかみずてるひこのみこと》）誕生も、すぐに亡くなる（その母葉室光子も四日後に逝去。墓地として京都は遠いため、二十五日、護国寺臨接地〈**豊島岡墓地**〉を墓所とする）。

9・23　白峯宮・鎌倉宮・井伊谷宮に菊紋の使用が許可される。

10・8　天皇、宮城内写真場にて大元帥服姿で写真撮影する。

10・9　天皇、開成学校開業式に臨幸する。

10・13　天皇、参内のイタリア皇族一行と昼食を共にする。

10・14　**祝祭日**を定め、休日とする。

10・17　大祭・祝日に日章旗掲揚を令す。

10・20　大教院規則・中教院規則を定める（神殿に「天之御中主大神」「高皇産霊大神」「神皇産霊大神」「皇祖天照大御神」を奉祀など）。

10・24　西郷隆盛の征韓論に対し、天皇、朝鮮遣使を不可とする岩倉具視の上奏を容れる（西郷隆盛辞職。翌日、板垣退助・江藤新平・後藤象二郎・副島種臣辞職）。

10月　造幣寮お雇い外国人トーマス・キンダー、貨幣改鋳に際し、天皇の像を彫刻することを建議するも、この月、正院で不許可となる（民衆の汚れた手で触られるのはおそれおおいという考えから）。▼大教院、「**十七兼題**」を定める。

11・7　天皇の肖像写真（御真影）を各府県に下賜する。

11・10　内務省を設置する（二十九日大久保利通、初代内務卿に就任）。

11・13　天皇一女（稚高依姫尊《わかたかよりひめのみこと》）誕生するも、この日夭逝する。

11・22　天皇、日比谷陸軍操練所に行幸し親閲する。

11・25　天皇、海軍省・海軍兵学寮・築地海軍操練所に巡幸する。

12・8　祭年の推算を改め、満年をもって数えることにする。

12・9　天皇、越中島操練所に行幸し、操練を覧る。▼宮内省達により、男子皇族は海陸軍軍人となることが定められる。

12・17　天皇、皇后と横須賀造船所に行幸する。

12・19　英照皇太后、赤坂仮皇居より青山の旧和歌山藩主徳川茂承《もちつぐ》邸に移る（明治七年、「青山御所」と名づけられる）。

12・22　阿波の土御門天皇の神霊を水無瀬宮に合祀する。

12・24　淳仁天皇の神霊を白峯宮に合祀する。

この年　伊勢神宮発行の暦に太陽暦が採用される。▼伊勢神宮、神宮司庁内に神宮教院を置く（江戸時代以来の伊勢講を結集して布教活動）。▼宇佐宮、宇佐神宮と改称し、十年ごとに勅使参向となる。▼日光東照宮・豊国神社、別格官幣社に列せられる。▼江田船山古墳から太刀が発掘される（七十五文字が象嵌され、中に「獲□□□鹵大王」とあり、「獲加多支鹵大王」（雄略天皇）と解されている）。

■明治七年（一八七四）甲戌

明治天皇　23歳

1・4　大日本国全図成る。

1・6　増上寺大殿焼失により、大教院の神霊を芝東照宮に遷座する。

1・17　板垣退助ら八人、「民撰議院設立建白書」を左院に提出する。

1・18　「歌御会始」行なわれる（この年から勅題が一般に発表され、一般国民の詠進が認められる）。

1・27　天皇、初めて招魂社に行幸する（以後、天皇・皇族の行幸啓が恒例化）。

1・28　皇太后の御所を青山御所と称する。

2・1　「佐賀の乱」起こる（政府、佐賀征討を決め、二十三日、東伏見宮嘉彰親王を征討総督とする。三月一日進発も戦地に到着する前に平定）。

2・15　霧島神社を霧島神宮と改定し、官幣大社に列せられる。

3・18　天皇、横浜灯台寮に行幸する（十九日、高島嘉右衛門の瓦斯器械所に幸し、ついで還幸）。

3・24　天皇の「御写真」売買を禁止する。

3月　御璽・国璽の改刻成る（御璽は「天皇御璽」、国璽は「大日本国璽」と刻印。このとき石印から金印に。七月から使用（今日まで））。

4・2　官国幣社社殿の装飾、社頭の幕、提燈にかぎり菊御紋の使用を許す。

4・4　陸軍中将西郷従道《つぐみち》を台湾蕃地事務都督に任命し、台湾出兵を命じる（五月二十二日、西郷ら台湾上陸。十二月三日撤兵）。

4・7　天皇、陸軍幼年学校に行幸する。

4・17　皇后誕生日（五月二十八日）を地久節とし祝日とする。

4・22　山階宮晃親王第一王子菊麿王、梨本宮守脩親王に継嗣なきため同親王養子となる。

4・27　島津久光を左大臣とする。

4月　板垣退助、立志社を起こす。

5・2　太政官、各府県に陵墓・古墳の濫掘の禁止を通達（このとき、「上世以来御陵

＊**神代三陵**　天津《あまつ》日《ひ》高彦《だかひこ》火《ほの》瓊《に》瓊《に》杵《ぎの》尊《みこと》の可愛《えの》山陵《みささぎ》が薩摩国高城郡水引郷宮内村八幡山に、天津日高彦火《ほ》火《ほ》出《で》見《みの》尊の高屋山上陵が大隅国始《あい》良《ら》郡溝辺郷麓村神割岡に、天津日高彦波瀲《なぎさ》武《たけう》鸕鷀草《がやふきあ》葺不合《えず》尊の吾平《あひらの》山《やま》上陵が大隅国肝属郡始良郷上名村鵜戸陵に治定される。

墓の未定分」につき「口碑伝の場所は勿論其他古墳と相見之候地」は「絵図面」等をつけて教部省に上申するよう命じる）。

5・10 左院に国憲編纂を命じる。

5・12 華族集会所を永田町に移し、華族会館と改称する。

5・17 天皇、英雄の治績を論じあう「御談会」あり（明治六年末か翌七年初に、初めて開かれる）。▼西郷従道、台湾に進発する。

5・18 天皇、東京師範学校に行幸する。

5・27 天皇、習字の日を、毎月三・八の日とする。

6・1 華族会館が創立される（初代館長は有栖川宮熾仁親王。岩倉具視ら、皇室の藩屏として華族の同族的結集をはかる）。

6・13 佐渡の順徳天皇の神霊を水無瀬宮に合祀する。

6・25 天皇、陸軍戸山学校に行幸する。

7・8 静寛院宮、東京へ移住し、麻布の屋敷に入る（十二日、参内賜謁）。▼天皇、熾仁《たるひと》親王弟稠宮《さわ》（のち威仁《たけひと》親王）を海軍に従事させる（海軍兵学寮に入学）。

7・10 神武天皇以前の「神代三陵」の所在が治定される。

7・29 天皇、浜離宮に行幸する。

8・3 教部省に諸陵掛を置く。陵墓守護が地方官に委託され、衛士・守戸にかわり、各府県に陵掌・墓掌・陵丁・墓丁が置かれる。

8・10 これより先、貞愛親王、宸筆「看聞日記」四十三巻を献じる。天皇、これを嘉し、一部を謄写させ、この日、親王に賜う。

9・3 官国幣社の経費を定め、官費を支給する。

9・19 天皇、豊島郡元蓮沼村に幸し、自ら「指揮長官」となり軍事訓練を行なう。

9・29 帝室費と宮内省費を分ける。

9月 太政官、滋賀県坂田郡東町大字村居田に円墳を築き息長《おきなが》陵（敏達天皇皇后息長広姫陵）とする。

10・22 官国幣社の祭費を定め、官幣社の三大祭および国幣社の祈年祭・新嘗祭は式部寮が、国幣社の例祭は大蔵省が支給することにする。

10・31 日清両国互換条款調印（台湾問題につき中国は日本に五十万両を支払い、台湾生蕃が日本国属民等に害を与え、日本は保民義挙から行動したとする）。

11・7 「改正地所名称区別」が布告され、皇宮地等を「御料地」と称することにする。

12・7 天皇、豊島郡元蓮沼村に行幸し、近衛・東京鎮台諸兵の対抗演習を親閲する。

12・22　赤坂仮皇居に新学問所が建てられる（木造西洋建築）。▼談山神社・護王神社が別格官幣社に列せられる。

12・28　侍従長東久世通禧、君徳培養のことを上奏する（「大臣御待遇之事、御度量之事、御稽古之事、御容儀之事、御飲酒之事」）。

この年　淳仁天皇陵（淡路陵。兵庫県南あわじ市）が治定される。

■明治八年（一八七五）乙亥

明治天皇　24歳

1・5　この日を**新年宴会**と称し祝日とする。

1・20　侍講の職を置く。

1・21　天皇第二皇女（梅宮薫子《しげこ》内親王）誕生する（母は権典侍柳原愛子。一歳四ヵ月で早逝）。

1・31　天皇・皇后、静寛院宮（親子内親王）邸等に行幸啓する。

2・13　平民も姓を称するよう布告が出される。

2・19　この頃、天然痘流行。この日、天皇、種痘をうつ。

2・22　天皇、台湾征討戦死者合祀臨時大祭のため、招魂祭に参拝する。▼愛国社が創立される。

3・10　東大寺正倉院ほかの「勅封宝物」を内務省所轄とする（このとき南倉も勅封倉となり、正倉院宝物が御物となる）。

3・28　大教院解散に先立ち、神道関係教導職ら、神道事務局を設立する。

3月　教部省、旧市《ふるいち》白鳥陵を伊岐宮（現白鳥神社。大阪府羽曳野市）に考定する。

4・1　東大寺大仏殿で第一回奈良博覧会が開かれる（このとき正倉院御物の一部が展示。～6・19。以後明治十年を除き、同二十三年まで毎年開催。正倉院御物の陳列は同八・九・十一・十三年）。

4・10　勲等賞牌の制を定める（翌年「勲等勲章」の制）。

4・13　伊勢神宮以下神社祭式が制定される。

4・14　天皇、「立憲政体漸次樹立の詔」を下す。▼左院にかわり**元老院**設立（右院廃止）。▼太政官正院の歴史課を修史局と改め、国史編纂体制を整える。

4・24　建勲《たけいさお》神社（主祭神は織田信長）、別格官幣社に列せられ、新たに京都船岡山に造営することにする。

5・3　大教院を解散。神仏各宗合併布教をやめ、「三条教則」を遵奉し、各教院にて布教すべしとする。

5・4　天皇、熾仁親王の芝浜崎町の邸に行幸する。

5・7　ロシアと樺太千島交換条約を調印す

＊**新年宴会**　この日、皇族ほか文武百官・外国大公使らを宮中に召す。天皇は正装して出御、膳および酒を賜い、豊明殿前庭では舞楽が奏せられる（以後、終戦まで恒例）。

＊**元老院**　明治八年の立憲政体漸次樹立の詔により元老院を設け、立法の源を広めることになり、同年四月二十五日、元老院章程が定められた。議長は勅選で、有栖川宮熾仁親王が就任。同九年九月七日、議長に対し国憲を起草せよとの勅語が下された。同二十三年十月二十日、明治憲法施行前に閉院となる。

＊**久邇宮《くにのみや》**　伏見宮朝彦親王が賜った宮号。二代邦彦《くによし》王（明治二十四年相続）、三代朝融《あさあきら》王（昭和四年相続）と続き、戦後、皇籍離脱となり、久邇朝融となる。麻布の敷地は現在聖心女子大キャンパスとなっているが、御常御殿は久邇ハウスと呼ばれ現存。なお香淳皇后（昭和天皇皇后）は邦彦王長女。

る（樺太をロシア領とし、その代わり千島列島〈得撫《ウルップ》島以北の十八島〉を日本領とする。この条約締結前の経緯や条約解釈等が、現在の国境問題につながる）。

5・8 伏見宮朝彦、仁孝天皇養子・親王位を回復する。

5・10 神道事務局に四柱の神霊を遷座し、神道大教院を置く。各府県に神道事務分局を置き、中教院・小教院とする。

5・20 伏見宮朝彦親王、一代宮として**久邇宮**の新宮号を賜わる。

5・23 明治六年七月に定めた火葬の禁を解く。

5・29 天皇、習志野原の近衛歩兵第二連隊野営演習等天覧のため、船橋に着御する（六月一日還幸）。

6・7 天皇、越中島に幸し、海軍の鉄板砲撃試験を覧る。

6・24 「大日本史」の後をつぎ、後小松天皇代より現代までの正史を編修することにする（成らず）。

6・28 讒謗律《ざんぼうりつ》・新聞紙条例制定（事実上、不敬罪を規定）。

7・5 天皇、元老院開院式に臨御する。

7・12 久邇宮朝彦親王を神宮祭主とする（以後、戦前まで皇族男子を祭主とする）。

7・14 内務大丞松田道之、琉球藩に中国への使節派遣および中国からの冊封を廃止することを命じる。

9・20 江華島事件起こる。

10・7 天皇、華族会館に臨幸し、華族一同に勅語を下す（華族たち、勅諭遵守の誓紙に捺印）。▼阿弥陀寺の安徳天皇社、官幣中社に列せられ、赤間宮と改称する。

11・27 教部省、神仏各管長への信教の自由を口達する。

11・29 東京女子師範学校開校式（皇后臨御。十二月二十日。御歌「みかゝすは玉も鏡も何かせむまなひの道もかくこそありけれ」を賜う）。

12・27 天皇、雑司ヶ谷で近衛諸兵の実地演習を親閲する。

この年 「磐坂市辺押磐皇子《いわさかのいちのべのおしはのおうじ》の墓」（滋賀県八日市市（現東近江市）市辺町坤）、日葉酢媛命の陵（「狭木之寺間陵《さきのてらまのみささぎ》」、奈良市山陵町）、春日山田皇女の墓（古市高尾陵《ふるちのたかやのみささぎ》）、葛城磐之媛の墓（平城坂上陵《ならさかのえのみささぎ》）を考定する。▼有栖川宮邸、皇太后宮非常御立退御用邸として宮内省に買い上げられる（翌年、「芝離宮」と称せられるも、関東大震災で焼失）。▼出雲の大国主神の神道事務局への合祀問題につき、伊勢派と出雲派で論争

（祭神論）。

□2・12中山績子（女官。81）

■**明治九年（一八七六）丙子**

明治天皇　25歳

1・5　天皇、華族会館開館式に行幸する。

2・7　崇峻天皇陵が奈良県桜井市大字倉橋雀塚に定められる（明治二十二年、現陵に改定）。

2・10　芝離宮を設置。

2・22　西郷従道、台湾出兵の功により、臣下として初めて勲一等に叙せられる。

2・23　出雲の大国主神の合祀をめぐり勅旨が下り、祭神には加えないことになる。

2・27　特命全権弁理大臣黒田清隆、江華島事件に関し、日朝修好条規に調印する（日本は、朝鮮における領事裁判権・居留地設定権を取得）。

2・29　天皇、芝離宮に行幸する。

3・12　日曜日を休日と定める（これまでは一・六の日が公休日）。

3・28　廃刀令が出される。

4・4　天皇、岩倉具視邸に行幸し、能楽を観る。

4・14　天皇、飛鳥山付近に行幸する。

4・19　岩倉具視、華族会館館長となる。

4・21　博経親王第一王子博厚《ひろあつ》を皇族に列する。

5・5　天皇・皇后、静寛院宮（親子内親王）の麻布邸に行幸啓する。

5・9　天皇、上野公園開園につき行幸する。

5・17　琉球藩の裁判・警察権を日本政府に移管する。

5・18　熾仁親王を元老院議長とする。

5・24　華頂宮博経親王没（年26）。

5・30　皇子女の親王宣下を廃する。

6・1　泉涌寺以下三十二寺の年禄を止め、毎年宮内省より定額金を下賜することとする。また、般舟三昧院ほか諸寺に奉安の歴朝の尊牌・霊像を泉涌寺に奉遷させる。▼朝鮮通信使が来朝する。

6・2　天皇、**東北巡幸**に出発する（主に馬車で函館まで行き、七月二十日、海路横浜に到着。二十一日帰京）。

6・7　天皇、東北巡幸の途次、勅使に幣帛・神饌を供せしめ、下野東照宮に行幸する。

6・8　天皇第二皇女薫子《しげこ》内親王没（年2）。

8・25　天皇、芝離宮に行幸する。

9・5　京都・大阪・神戸間の鉄道が開通。

9・7　天皇、元老院議長有栖川宮熾仁親王に「国憲」起草の勅語を下す。

9・8　国憲取調委員に柳原前光《さきみつ》・福羽美静・中島信行・細川潤次郎を任じる。

＊**中山績子**《なかやまいさこ》（一七九五～一八七五）　前権大納言中山愛親十四女。文化四年（一八〇七）宮廷に出仕、孝明天皇践祚にあたり大典侍となる。明治天皇践祚のときもこれまで通り奉仕せよと命じられる。安政三年（一八五六）から明治七年までの日記「中山績子日記」が遺され、孝明天皇の日常生活、親王の消息・宮中儀式・年中行事を詳細に記す。

＊**東北巡幸**　明治九年六月二日埼玉県草加、三日幸手、四日小山、五日宇都宮、六～八日日光満願寺（輪王寺）、九・十日宇都宮、十一日佐久山、十二日蘆屋、十三日白河、十四・十五日須賀川、十六日桑野村、十七・十八日二本松、十九～二十一日福島、二十二日白石、二十三日岩沼、二十四～二十九日仙台（松島・鹽竈《しおがま》神社・多賀城址）、三十日吉岡、七月一・二日古川、三日築館、四日磐井、五日水沢、六日花巻、七日盛岡、八日沼宮内、九日一戸、十日三戸、十一日五戸、十二日七戸、十三日野辺地、十四・十五日青森、十六・十七日函館（五稜郭）―海路―二十日横浜、二十

9月　寂光院の後山の一枚岩の基壇を建礼門院御陵と定める（明治二十七年六月、大原西陵の陵号を定める）。
10・6　伏見宮貞愛親王、有栖川宮幟仁親王王女利子《としこ》女王と結婚する。
10・10　小笠原島管理のため、父島に官庁を設置。
10・15　京都霊山にて安政五年以降国難に殉じた者の招魂祭を執行するため、祭祀料五百円を賜う。
10・17　外務省、各国公使に小笠原群島管治を通告する（小笠原領有の再確認）。
10・24　神風連の乱起こる。
10・26　秋月の乱起こる。
10・27　萩の乱起こる。
11・3　天長節に宮中初の洋楽を式部寮伶人が演奏する。
11・6　帝室費・皇族費と宮内省費を区別する（帝室費・皇族費はその費途の詳細を問わず、不足あれば追給し、過剰の場合も還付を要しないものとする）。
11・7　新田義貞の霊社に藤島神社の号を賜う（別格官幣社に列せられる）。
11・14　賞牌を勲章と改称する。
11・16　天皇、演習御覧のため習志野原に行幸する（十八日還幸）。

この年　神武天皇兄五瀬命《いつせのみこと》（竈山墓《かまやまのはか》）・大津皇子（二上山墓）・手白香皇女（衾田陵《ふすまだのみささぎ》）の陵墓を考定する。▼教部省撰「特選神《じん》名牒《みょうちょう》」成る（大正十四年刊）。▼海軍音楽長中村祐庸、「天皇陛下ヲ祝スル楽譜改訂之儀」を提出。

■明治十年（一八七七）丁丑

明治天皇　26歳
1・3　歴代皇后・皇妃・皇親の御霊が、皇霊に合祀され、神霊鎮座祭を行なう（すべてを神式霊祭とする）。
1・7　皇后、梅宮神社・松尾神社等に行啓する（十日、銀閣寺・知恩院・八坂神社等に、十五日、北野神社・平野神社・金閣寺等に行啓）。
1・10　華族部長局を東西両京に置き、宮内省に隷属させることにし、この日これを各府県に令する。
1・11　皇太后、京都に行啓する（新橋より汽車、神奈川より肩輿。二十七日京都到着）。▼教部省・東京警視庁を廃し、管掌事務を内務省に付す。
1・18　太政官官制改正。正院および修史局を廃止する（二十六日、太政官直属の修史館を設置）。
1・19　内務省に社寺局を置き、陵墓事務を

一日還幸。

管轄する。

1・24　天皇、京都・奈良・大阪**行幸**に出発する（七月三十日還幸。往復海路）。

1・30　天皇、孝明天皇陵に参拝する。

1月　奈良行幸の際、法隆寺が宝物献上を願い出る（明治十一年許可。聖徳太子画像・法華義疏など三百二十二点）。

2・5　天皇、京都・神戸間鉄道開業式に臨幸する。

2・9　天皇、奈良博覧会を見学し、また正倉院に入り御物を覧る。このあと蘭奢待《らんじゃたい》を切り取らせ自ら炷《た》く（「薫烟芳芬として行宮に満つ」）。▼皇太后・皇后、京都府下の女学校兼女紅場等に行啓する。

2・11　天皇、神武天皇陵を親祭する。のち称念寺で国栖舞を覧る。

2・12　皇太后・皇后、平等院・興聖寺等に行啓する。

2・13　天皇、雄略天皇丹比高鷲原《たじひのたかわしのはら》陵を親拝する。▼皇太后・皇后、万福寺等に行啓する。

2・14　皇太后、賀茂両社・吉田神社・知恩院・八坂神社等に行啓する。

2・15　陸軍大将西郷隆盛ら挙兵し、鹿児島を出発する（西南戦争開始）。

2・16　天皇、大阪停車場より鉄路京都停車場へ乗車する（本願寺白書院に入御ののち皇宮に還幸）。

2・19　鹿児島県暴徒征討令を発する（西郷隆盛たちを「暴徒」とし、熾仁親王を征討総督とする）。鹿児島平定まで東京還幸を延期する。

2・22　小倉第十四連隊長心得陸軍少佐乃木希典《まれすけ》、肥後国植木村の戦闘で、連隊旗を失う（征討総督熾仁親王、これを不問に付す。九月十五日、軍旗を再授）。

2・24　熾仁親王、京都を出発、神戸港より福岡に向かう（二十六日福岡到着。三月一日、旧福岡城に本営を置く）。

2・25　陸軍大将西郷隆盛らの官位を奪う。

4・5　東京開成学校と東京医学校を合併して、東京大学と称する。

4・16　天皇、京都皇宮守衛兵の操練を覧る。

4・17　征討総督熾仁親王、熊本に入り、本営を旧熊本城に置く。

4・21　ドイツ留学の陸軍少佐北白川宮能久王に帰朝を命じる。

4・29　皇太后・皇后、京都博覧会・修学院離宮に行啓する。

4・30　皇太后、泉山の孝明天皇陵等諸陵・東福寺に行啓する。

5・2　皇太后、平野神社・北野神社・金閣

＊行幸　明治十年一月二十四日横浜港出発。二十五日鳥羽到着（二十六日も停泊、二十七日出港）。二十八日神戸港到着・上陸、汽車で京都へ。三十日孝明天皇陵に行幸。三十一日京都府庁行幸。二月一日中学校・女学校兼女紅場等に行幸。二日舎密局等に行幸。三日賀茂両社・桂宮邸等に行幸。四日華族会館分局に行幸。五日京都・大阪・神戸各停車場に行幸（各停車場での開業式に臨幸）。七日宇治到着。八日平等院を覧て奈良に到着。行在所は東大寺東南院。九日春日神社・奈良博覧会・正倉院に行幸。十日、奈良を発し、大和国高市郡今井町に到着。十一日神武天皇陵親祭。十二日河内国志紀郡道明寺村到着。十三日雄略天皇陵親拝。堺到着後、堺県庁等に行幸。十四日住吉神社行幸後、大阪に到着。大阪英語学校・大阪師範学校等に行幸。十五日造幣局工業所・大阪裁判所・大阪府庁等に行幸。十六日、大阪を出発、京都到着。十八日天龍寺村辺等を行幸後、桂宮別邸に臨幸。以後しばらく京都滞在、毎朝西南戦争について太政大臣三

寺・嵐山等に行啓する。

5・3　征討総督熾仁親王、佐野常民の「官賊の別なく傷病者を救護」するための博愛社結成出願を許可（八月六日、天皇、博愛社に金一千円を下賜。九月、東伏見宮嘉彰親王を博愛社総長に推戴。明治二十年、日本赤十字社に改称、初代社長は佐野常民）。

5・7　皇太后、京都を発し、東京に向かう。

5・8　天皇、易宮に東京移住を命じる。

5・10　天皇、男山八幡宮に行幸する。

5・21　岩倉具視主導により、全華族が金禄公債を出資して第十五国立銀行（通称「華族銀行」）が開業する（宮内省の御用銀行にもなった）。

5・29　各県より巡査を募集して新撰旅団を編成し、司令長官を東伏見宮嘉彰親王とする（十月三十日、新撰旅団解散）。

6・9　立志社片岡健吉、民撰議院設立建白書を建白する。

6・12　天皇、京都の博覧会に乗馬で行幸する。

6・15　第三十九代弘文天皇（大友皇子）の陵が滋賀県権令籠手田《こてだ》安定の上申により、長等山東麓園城寺内亀丘の古墳と治定される（陵名は長等山前　陵《ながらのやまさきのみささぎ》）。

6・18　天皇、修学院離宮に行幸する。

7・3　能久王、参謀大学校を退き、ドイツより帰朝する（四月十二日ベルリンを出発）。

7・26　新撰旅団司令長官嘉彰親王、神戸より海路鹿児島に向かう（二十八日鹿児島到着）。

7・28　天皇、皇后と京都御所を出発し、東京に向かう（神戸から海路横浜に、三十日還御）。

8・7　静寛院宮（親子内親王）、脚気にかかり、この日、箱根塔ノ沢温泉に向かう。

8・15　太政官が宮中に移転する（天皇が臨御しやすくするため。この頃、天皇は午前十時ごろ臨御し、正午ごろ奥〈内廷〉に戻るのが通例）。

8・21　天皇、上野公園内の第一回内国勧業博覧会に行幸し、開会の勅語を発する。

8・29　宮内省職制改定。侍従長・侍従番長等を廃し、侍補《じほ》職等を設置（天皇の「君徳補導」のため。一等侍補に徳大寺実則《さねつね》・吉井友実《ともざね》・土方久元《ひじかたひさもと》、二等侍補に元田《もとだ》永孚《ながざね》・**高崎正風**。明治十一年三月、佐佐木高行が一等侍補に任命）。▼「明治天皇紀」に、天皇、昨秋来「歴史上の人物批評を好みたまふ」と記される。

9・2　天皇親裁の形式をとった公文書様式を実施（天皇が書類に押す印を「可」「聞」

条実美よりその概要を聴く。三月二十五日騎馬にて京都市内を巡幸。三十一日大阪鎮台病院に行幸。七月二十八日京都出発。三十日東京還幸。

＊**高崎正風**《たかさきまさかぜ》（一八三六～一九一二）　歌人・枢密顧問官。薩摩藩士高崎温恭の子。幕末の国事に奔走し、明治元年戊辰戦争の征討軍参謀。同八年侍従番長、同九年御歌掛、同十九年御歌掛長、同二十一年、御歌所設置にともない御歌所長となる（同四十五年まで）。旧派の代表的歌人として知られ、明治天皇御製のほとんどを点したといわれる。

「覧」の三種とする)。▼仁孝天皇皇女和宮親子内親王(静寛院宮)、箱根塔ノ沢にて没。

9・11 天皇、この日より侍補二人を召し「内廷夜話」の催しを始める。

9・13 親子内親王、増上寺に葬られる。

9・14 式部寮を宮内省に移す。

9・17 神嘗祭。天皇病気により、神宮遙拝・賢所親祭をせず。

9・23 天皇二男(建宮《たけのみや》 敬仁《ゆきひと》親王)、誕生する(母は権典侍柳原愛子。十ヵ月で早逝)。

9・24 鹿児島の城山が陥落し、西郷隆盛ら自刃(西南戦争終結)。

9月 コレラ、長崎に発生し、各地に蔓延。

10・3 この日より天皇、休日・祭日のほか毎日内閣に臨御する。

10・8 修史館御系譜掛を太政官より宮内省に属させる。

10・9 有栖川宮熾仁親王、横浜に凱旋する。十日、赤坂仮御所で天皇に拝謁し、征討を報告する。

10・11 陸軍少将嘉彰親王等凱旋する。

10・17 華族学校開業式に天皇・皇后が臨席し、「学習院」の名を下賜する。

10・20 天皇、上野公園教育博物館に臨幸する。

10・26 天皇、皇太后・皇后と内国勧業博覧会に臨幸する。

11・2 陸軍大将有栖川宮熾仁親王、西南戦争平定の功により大勲位に叙され、菊花大綬章を授かる。

11・6 天皇、熾仁親王の有栖川宮邸(裏霞ヶ関)に行幸する。

11・14 天皇、招魂社の西南戦争合祀臨時大祭に行幸する(六千五百五柱)。

11・30 天皇、内国勧業博覧会閉場式に臨幸する。

11月 宮内省、宇治にある藤原氏出自の中宮・女御・皇子など十七方の陵、三方の墓を治定し、木幡《こわた》陵と称する(個々の陵墓が判明したわけではない。のち宇治陵と改称)。

12・8 伊勢神宮ほか官国幣社の神官を廃し、祭主・宮司・禰宜・主典・宮掌の諸職に分ける。

12・13 十一月、御談会を毎月一回とし、この日、十二月の御談会が開かれる。

12・18 天皇、御小座敷に設置の電話機を覧る。

この年 雅楽部を楽部とし、伶人を楽師と称する。

□5・26 木戸《きど》孝允《たかよし》(桂小五郎。政治家。45)、9・24 西郷隆盛《さいごうたかもり》(陸軍大将。51)

■明治十一年(一八七八)戊寅

*親子内親王《ちかこないしんのう》(一八四六〜七七)
幼少期は和宮。仁孝天皇第八皇女。孝明天皇妹。母は権大納言橋本実久女典侍経子。有栖川宮熾仁親王と婚約も、公武合体政策により将軍徳川家茂夫人となる。慶応二年(一八六六)家茂死去により薙髪して静寛院宮と称する。幕末維新に際しては、徳川家救解のため朝廷に嘆願書を出すなど尽力。「静寛院宮御日記」を遺し、また、侍女庭田嗣子の「静寛院宮御側日記」もある。増上寺に葬られる。

明治天皇　27歳

1・9　天皇、海軍兵学校における海軍始に臨幸する（翌年以降、海軍始を廃する）。

1・10　熊本県菊池神社・鳥取県氏殿《うじどの》神社（このとき名和神社と改称）、別格官幣社に列せられる。

1・12　天皇、この日より日・祭日のほか毎日午前九時より御学問所で御講学あり。

1・25　延遼館にて各国公使に初めて新年の宴を賜う。

2・11　紀元節。三大節会の奏楽一定しないため、新年宴会は舞楽、紀元節宴会は久米舞、天長節宴会は洋楽と定める。

2・16　法隆寺宝物の皇室献納を許可する（これに対し一万円下賜。戦後、東京国立博物館に保管。昭和三十九年、博物館内に法隆寺宝物館開館）。

2・26　第二代綏靖天皇陵が大和国高市郡四条村（橿原市四条町）の俗称冢根山に治定される（桃花鳥田丘上《つきだのおかのえの》陵）。

2・28　内務省社寺局の陵墓事務を宮内省へ移す。

3・1　宮内省に御陵墓掛を置く。

3・25　天皇、皇太后・皇后と日比谷操練所に行幸する。

4・5　掌典掌典補職制制定。

4・6　天皇、陸軍戸山学校に行幸する。

4・8　天皇、騎馬にて上野公園に行幸し、桜花を観賞する。

4・30　天皇、感冒にかかる（五月九日離床）。

5・6　臨時儀式における勅語の起草手続きを定める。

5・14　参議兼内務卿大久保利通、紀尾井坂下で暗殺される（利通に右大臣を追贈。伊藤博文が内務卿となる）。

5・16　侍補の佐佐木高行・元田永孚ら、天皇親政の実をあげるよう天皇に直訴する。

5・17　熾仁親王の請願により、実弟稠《さわ》宮を嗣子とすることを勅許する。

6・4　元老院に旧典類纂の一科を設け、「纂輯御系図」を撰し、この日、献上する。

6・5　春秋二期皇霊祭を執行することを制定する（神武天皇より孝明天皇に至る諸天皇・后妃・皇親を合祭。このとき、春秋皇霊祭を祭日に加える）。

6・8　天皇、感冒にかかる（十六日離床）。

6・24　内務省管轄の陵墓地をことごとく宮内省に属させる（陵墓がいわば皇室財産となる。天皇陵は明治二十二年まで順次治定）。

7・10　天皇、横浜に行幸し、新造扶桑・金剛・比叡の三艦を覧る。▼天皇の写真を売買する者あり。この日、神奈川県権令に対し、その売買を取り締まるよう通達する。
7・15 天皇、工部大学校開校式に臨幸する。
7・19 古器物保存掛を設置する。
7・26 天皇二男 建宮敬仁《たけのみやゆきひと》親王没（年2。豊島岡墓地に葬る）。
8・3 行幸・鹵簿《ろぼ》の制が定められる。
8・23 **竹橋事件**起こる（翌日鎮圧）。
8・26 有栖川宮熾仁《たかひと》親王王子稠宮を明治天皇養子とし親王とする（威仁《たけひと》親王。兄熾仁親王に王子なきため有栖川宮家を相続）。
▼伏見宮邦家親王王子易宮（「たかのみや」「やすのみや」）の名を載仁《ことひと》とし親王とする。
▼北白川宮能久王、特旨により再び仁孝天皇養子・親王に復帰する。
8・30 天皇、北陸・京都・東海道**巡幸**のため仮皇居を出発する（十一月九日還幸）。
8月 陸軍卿山県有朋の名で「軍人訓誡」が配布される（「軍人勅諭」の原型。軍人の政治への関与を禁じ、天皇への絶対的忠誠を説く）。
9・23 初めて秋季皇霊祭が行なわれる（熾仁親王代拝）。
10・14 天皇、弘文天皇陵に親拝し、幣帛を供進する。
10・16 天皇、京都御所内を巡覧、また、泉涌寺に行幸、孝明天皇・泉山諸陵墓に参拝する。
10・20 天皇、天智天皇陵に参拝する。
10・28 天皇、熱田神宮に参拝する。
11・15 宮内省、府県に対し古墳発見の際は上申するよう命じる（未確定の陵墓があるため）。
11・25 元老院、「旧典類纂・皇位継承篇」を編纂。
12・5 陸軍省の参謀局を廃止して独立の参謀本部を置く（二十四日、山県有朋が参謀本部長就任）。
12・12 京都の御所付属地を御苑と称することにする（京都御苑として整備される）。
12・24 侍従長職が復活し、山口正定・米田虎雄、侍従長に就任（このときは侍従長は二人制）。
12・27 廟議、琉球藩廃止を決定する。
この年 拾円紙幣に神功皇后肖像が印刷される。▼宮内省、熊本県八代市の陵墓を後醍醐天皇皇子懐良《かねよし》親王墓と決定（これを受け、八代城本丸跡に懐良親王を祭神とする八代《やつしろ》宮《ぐう》鎮座（のち良成《よしなり》親王を配祀））。▼大沢清臣《すがおみ》「山陵考」を著す。▼菊池駿助編「徳川禁令考」刊（〜明治十七年）。
□5・14大久保利通《おおくぼとしみち》（政治家。49）、7・9**鷹司輔熙**（関白。72）、12・5**二条斉敬**（関

＊**竹橋事件** 近衛砲兵隊が給料減額や西南戦争行賞の遅れなどに不満を持ち、兵営を脱出、仮皇居の赤坂離宮を目指し天皇に直訴しようとした事件。銃殺刑五十三名など二百五十九名が処罰される。

＊**巡幸** 明治十一年八月三十日浦和到着。三十一日埼玉県庁等に臨幸。氷川神社参拝ののち桶川到着。九月一日熊谷到着。二日上野国新町到着。三日前橋到着。四日群馬県庁等に臨幸。高崎到着。五日松井田到着。六日追分到着。七日長野県上田到着。八日長野到着。九日長野県庁等に臨幸ののち善光寺に臨御。十日新潟県関川到着。十一日高田到着。十二日柿崎到着。十三日柏崎到着。十四日出雲崎到着。十五日弥彦到着。十六日弥彦神社参拝、新潟到着。十七日新潟県庁等に臨幸。十九日新発田到着。二十日新津到着。二十一日三条到着。二十二日長岡到着。二十三日柏崎到着。二十四日柿崎到着。二十五日名立到着。二十六日糸魚川到着。二十八日泊到着。二十九日魚津到着。三十日富山到着。十月一日今《いま》石動《いするぎ》到着。二日金沢到着。三日石

白。63）

■明治十二年（一八七九）己卯

明治天皇　28歳
嘉仁親王　1歳

1・13　天皇、宮内省御用掛福羽美静・西村茂樹・西周を召し、御談会を開く（この年、ほぼ毎月一回程度開かれる）。
1・15　文部省内修文館に東京学士会院を設立。▼京都御所の一般拝観始まる（毎月一日・十五日）。
1・18　歌御会始（この年より一般臣民の歌が天皇に披講される）。
3・11　勅して琉球藩を廃し、沖縄県を置き、藩王尚泰を東京に移住させる。
3・13　近衛天皇以下の**陵号**を新たに定める。また、仁孝天皇弘化山陵を後月輪陵と改める。
4・21　副島種臣を侍講局総裁とする（御系譜掛・御陵墓掛の事務を侍講局に属させる）。
4・22　天皇、東京大学医学部開業式に臨幸する。▼国幣社に菊の紋章を用いることを許す。
5・3　旧琉球藩王尚泰王子尚典、御座所にて謁を賜わる（ついで尚泰の上京延期を太政官に提出も許されず）。
5・6　内藤新宿の内務省勧農局試験場が宮内省に移管する（十九日、植物御苑と改称。のち新宿御苑）。
5・20　清、日本の沖縄県設置に抗議する。
5・22　明治二年八月二十五日以前に神殿・仏堂に装飾された菊御紋にかぎり、特に存置を許可する。
5・28　太政大臣兼賞勲局総裁三条実美に修史館総裁を兼ねさせる。
5・30　天皇、ドイツ皇孫を延遼館に訪問する。
6・4　東京招魂社を別格官幣社に列し靖国神社と改称し、内務・陸軍・海軍三省の管理下に置く。
6・9　旧琉球王尚泰、東京に到着する。
6・24　賢所皇霊神殿遷座祭を行なう。
7・5　太陽暦採用により、神嘗祭を十月十七日と改定する。
7・17　皇太后、伊香保温泉に行啓する。
7・20　天皇・皇后の常御座所が完成。
8・4　米国前大統領グラント将軍、天皇に拝謁する（天皇は、近代国家建設に対する助言・忠告を受ける。グラントは「陛下みずから耕して新穀を取り、皇后宮みずから養蚕して神衣を製し」と感嘆する）。
8・10　天皇、浜離宮に行幸し、アメリカ前大統領グラントと会談する。

川県庁等に臨幸。四日石川県立中学師範学校等に臨幸。五日小松到着。六日丸岡到着。七日福井到着。八日今庄到着。九日敦賀に到着し、気比神社参拝。十日木ノ本到着。十一日高宮到着。十二日草津到着。十三日石山寺に臨幸し、大津到着。十四日滋賀県庁臨幸、弘文天皇陵参拝。十五日京都到着。十六日孝明天皇陵参拝。十八日三重県巡幸。伊勢神宮参拝の予定も、桑名の悪疫流行により中止。二十日京を発し天智天皇陵参拝。草津到着。二十一日高宮到着。二十二日大垣到着。二十三日岐阜到着。二十四日岐阜県庁等臨幸。二十五日名古屋到着。二十六日愛知県庁等臨幸。二十九日名古屋裁判所等に臨幸。二十八日名古屋を発し、熱田神宮参拝。岡崎到着。三十日豊橋到着。三十一日浜松到着。十一月一日掛川到着。二日藤枝到着。三日静岡到着。四日静岡県庁等に臨幸。五日蒲原到着。六日三島到着、三島神社参拝。七日小田原到着。八日藤沢到着。九日神奈川より汽車にて新橋へ。この日還幸。

＊**鷹司《たかつかさ》輔煕《すけひろ》**（一八〇七～七八）父

8・25 天皇、上野公園に臨幸する。
8・30 アメリカ前大統領グラント、帰国のため参内する（九月三日出港）。
8・31 天皇第三皇子（明宮《はるのみや》。大正天皇）、青山御所御座所にて誕生する（母は権典侍柳原愛子《やなぎわらなるこ》。この日立太子。明宮、誕生時より全身に発疹あり）。
8月 天皇、侍講元田永孚《ながざね》に教育の根本を「教学聖旨」として成文化させ、政府要人に内示する。
9・2 正親町実徳《さねあつ》を御養育掛とする。
9・6 第三皇子、親王宣下を受け明宮嘉仁《よしひと》親王と命名される。
9・29 学制を廃し、教育令を制定する。
9月 伊藤博文、「教育議」を天皇に提出し、「教学聖旨」を批判する（元田永孚、「教育議附議」を草してこれを批判する）。
10・10 「陸軍職制」が定められ、第一条は「帝国日本ノ陸軍ハ一《いつ》ニ天皇陛下ニ直隷ス」と規定される。▼侍従武官長の職を設置。
10・13 侍補が廃止され、侍補の政治への関与を排除する（佐佐木高行は宮内省御用掛、元田永孚は皇后宮大夫に。天皇親政運動が下火に）。
10・24 天皇、陸軍演習天覧のため、習志野原・下志津原に行幸する。
11・18 天皇、麴町の有栖川宮熾仁親王邸に行幸する。
12・4 天皇、青山御座所内明宮御殿に臨幸し、明宮嘉仁親王に初めて対面する。
12・7 明宮嘉仁親王、有楽町の中山忠能邸に預けられる（七歳まで）。
12月 宮内省、三重県亀山市の丁字塚を能褒《のぼ》野墓《ののはか》に改定する（明治九年、三重県鈴鹿市の鴨塚《ひよどりづか》〈白鳥塚古墳〉を当墓に考定していた）。
この年 藤原乙牟漏陵を高畠陵、光明皇后陵は佐保山東陵、一条天皇皇后藤原定子陵は鳥辺野陵と治定される。▼学習院の制服が定められる（海軍士官型のもの。学校制服の初め）。▼この年より春秋の皇霊祭が親祭となる。▼コレラ大流行、死者十万人以上。
□4・1 大原重徳《おおはらしげとみ》（尊攘派公家。参与。79）、12・27 正親町公董《おおぎまちきんただ》（尊攘派公家。陸軍少将。41）

■明治十三年（一八八〇）庚辰

明治天皇 29歳
嘉仁親王 2歳

1・27 桓武天皇柏原陵の所在、谷森善臣の考証により、山城国紀伊郡伏見山（京都市伏見区桃山町）に治定される。

は関白鷹司政通、嫡母は水戸藩主徳川治紀女清子。安政五年（一八五八）条約問題で幕府・水戸藩に勅諚を下し、朝旨の貫徹を図るも、安政の大獄が起こり、同六年、幕府の内請により辞官・落飾。文久二年（一八六二）許され、国事御用掛、翌年正月関白（十二月免官）。維新後は議定・神祇官知事等を歴任。

*二条斉敬《にじょうなりゆき》（一八一六〜七八）父は左大臣二条斉信、母は水戸藩主徳川斉昭の姉従子。文久二年（一八六二）右大臣、ついで国事御用掛。同三年、八月十八日の政変を起こし尊攘派を一掃、公武合体派朝権を確立して左大臣、関白。明治天皇践祚のさいは摂政となるも、王政復古の大号令により摂政・関白は廃職となる。

*陵号 このとき定められたもの。近衛天皇は安楽寿院南陵。後亀山天皇は嵯峨小倉陵。四条・後水尾・明正・後光明・後西・霊元・東山・中御門・桜町・桃園・後桜町・後桃園各天皇および女院の東福門院・新上西門院・承秋門院・新中和門院・青綺門院・恭礼門

2・28 熾仁親王を左大臣とする。
3・15 愛国社、国会期成同盟と改称する（四月十七日、国会開設請願書を太政官に提出も受理されず。十一月、大日本国会期成有志公会と改称）。
3・26 嘉仁親王、久しく大患も、この日平癒。
3・28 嘉仁親王、中山忠能邸より初めて参内し、賢所に参拝する。
4・5 集会条例制定。
4・9 国会期成同盟結成。
4月 日比谷の神道事務局の神殿成り、遷座式を行なう（このとき、出雲大社宮司千家尊福《たかとみ》、大国主神を合祀せんことを建議）。
▼文部省、西村茂樹編「小学修身訓」（儒教主義的修身教科書）刊。
5・18 特旨により、旧征夷大将軍従四位徳川慶喜らを復位する（慶喜は正二位とされる）。
5・27 国憲取調委員柳原前光、特命全権公使としてロシアに出発する（ヨーロッパ各国の王室制度を調査。明治十六年帰国）。
6・10 天皇の神宮参拝順、内宮先とする田中頼庸《よりつね》宮司らの稟議に対し、先例を踏襲して外宮先と決する。
6・13 「阿不幾乃山陵記《あおきのさんりょうき》」が高山寺で発見される（これにより、十二月、見瀬丸山古墳を天武・持統陵に擬定していたものを、現野口王墓古墳に治定する）。
6・16 天皇、中央道を**巡幸**する（七月二十三日還御）。
7・8 天皇、伊勢神宮に参拝する。
7・16 天皇、泉涌寺に行幸する（孝明天皇陵に参拝し、その後、歴代天皇の位牌が収められる霊明《れいめい》殿に参拝）。
7・17 刑法・治罪法を公布（**不敬罪**を採用。明治十五年施行）。
8・3 八代城址に八代宮（後醍醐天皇皇子懐良親王を鎮祭し、後村上天皇皇子良成親王を配す）を創建し、官幣中社とすることを熊本県に令する。
9・5 これより先、嘉仁親王、発疹あり。
9月 地租米納を不可との内勅を賜う。
10・4 政府、畝傍山を買い上げる。
10・8 小笠原群島を内務省から東京府に移管する。
10・25 宮内省式部寮雅楽課、「**君が代**」新曲を作曲し（編曲はエッケルト）、この日、試演する（現「君が代」完成）。
10・29 天皇、新宿植物御苑に行幸する。
11・3 天長節において雅楽課、「君が代」を初演する。

院・盛化門院は月輪陵。光格天皇・新清和院・新皇嘉門院・新朔平門院は後月輪陵。

＊**巡幸** 明治十三年六月十六日八王子到着。十七日上野原到着。十八日笹子到着。十九日甲府到着。二十日山梨県庁等に臨幸。二十一日葡萄酒醸造所に臨幸。二十二日菅原到着。二十三日上諏訪到着。二十四日松本到着。二十五日松本裁判所等に臨幸。本山到着。二十六日福島到着。二十七日三留野到着。二十八日大井到着。二十九日多治見到着。三十日名古屋到着。七月一日名古屋滞在。二日熱田神宮参拝。桑名到着。三日神戸到着。四日津到着。五日三重県庁等に臨幸。六日師範学校・中学校に臨幸。七日山田到着。八日伊勢外宮、ついで内宮に参拝。九日一身田到着。十日亀山到着。十一日亀山付近の陸軍演習御覧。十二日旅団対抗演習御覧後、土山到着。十三日草津到着。十四日大津より鉄道で京都へ。十六日騎馬にて孝明天皇陵等に参拝。妙法院臨幸。十七日桂宮邸に臨幸。二十日京都より汽車に乗り神戸へ。二十一日兵庫県庁等

11・15　宮内省より古墳発見のとき取扱方の件が達しされる。

11・18　初めて「観菊会」が行なわれる（以後恒例。**園遊会**の初め）。

12・1　天皇、有栖川宮威仁親王に英国留学を命じる。

12・28　教育令を改定する（改正教育令。文部卿・府知事県令の統制を強化し、修身を全教科の先頭に置く）。

12月　神道事務局の祭神をめぐり、伊勢派と出雲派で論争が起こる（**祭神論争**）。

この年　宮内省、京都府・大阪府・堺県に管内陵図を作成させる（関東大震災で焼失）。▼日本武尊の白鳥陵が現陵（大阪府羽曳野市）に改定される。▼「和泉志」記載の紀小弓墓を宇度《うど》墓（五十瓊敷入彦命〈垂仁天皇皇子〉墓）とする。▼高野新笠の陵を現陵（大枝《おおえ》陵）に治定する。▼桓武天皇夫人藤原旅子の陵を現陵（宇波多《うはた》陵）に治定する。▼仁明天皇女御藤原沢子の陵を中尾陵に治定する。

□8・24三条西季知《さんじょうにしすえとも》（尊攘派公家。70）、10・25平田《ひらた》鉄《かね》胤《たね》（国学者。82）

■**明治十四年（一八八一）辛巳**

明治天皇　30歳

嘉仁親王　3歳

1・7　天皇、横浜港に行幸し、イタリア国皇従弟をその軍艦に訪問する。

1・14　再び警視庁を東京に置き、また陸軍部内に憲兵を置く。

1月　祭神論争が激化する。▼有栖川宮威仁親王、留学のためイギリスに出発する（明治十六年六月帰国）。

2・1　文武天皇檜隈安古岡上陵を高市郡栗原村字塚穴と改定する。

2・5　東伏見宮嘉彰《よしあきら》親王、世襲皇族に列せられる（ついで山階宮が二代皇族に）。

2・6　天皇、上馬引沢村に行幸し、兎狩を行なう。

2・18　天皇、狩猟のため八王子付近に行幸する（十九日、宇津貫村にて兎狩。二十日、蓮光寺村にて兎狩後府中へ。二十一日還幸）。

2・23　天皇、神道事務局神殿の祭神は宮中所祭の神霊と勅裁を下す（出雲派敗北）。▼左大臣有栖川宮熾仁親王を神道教導職総裁とする。

3・1　天皇、第二回内国勧業博覧会開場式に臨幸する（四月十四・二十日、六月十七日天覧）。

3・5　天皇、ハワイ皇帝カラカワ王を延遼館に訪問する（十五日にも）。

3・13　元老院の国憲取調局を廃止する。

に臨幸後、神戸港を出発。二十三日横浜に着港し東京還幸。

＊**不敬罪**《ふけいざい》　旧刑法で規定された皇室に対する罪。天皇・三后（太皇太后・皇太后・皇后）・皇太子・皇太孫に対する不敬行為により成立した。また皇族・神宮および天皇陵に対しても不敬罪が成立した。戦後、不敬罪を含む「皇室に対する罪」は廃止された。

＊**君が代**　「古今和歌集」で「読み人しらず」として、「我が君は千代に八千代にさざれ石の巌となりて苔のむすまで」とあったが、のちの「和漢朗詠集」（流布本）では「我が君」が「君が代」と変わり、現在の歌詞となった。

＊**園遊会**　ガーデンパーティーのことだが、わが国では、天皇・皇后主催で春と秋に行なわれるものを指す。もともと春には観桜会、秋には観菊会が開かれていたが、これを春秋園遊会として赤坂御苑で行ない、恒例行事化したもの。戦争により、昭和十二年に観菊会が、同十三年には観桜会が中止された。戦後復活し、同二十八年からは「園遊会」の名で開かれるようになる。

4・2 嘉仁親王、馬車に試乗し、桜田門を経て初めて吹上御苑に至る。
4・7 内務省勧農局・大蔵省商務局を廃し、農商務省を設置し、その事務を移す。また、内務省駅逓・山林・博物三局を農商務省に移す。▼華族の陸海軍従事を奨励する。
4・8 三月に「東洋自由新聞」が創刊され、西園寺公望がその社長に就任するも、内勅により、この日、西園寺が社長を辞任する。
4・15 天皇、学習院に行幸する。
4・22 天皇、乗馬し、御苑内洗心亭にて観桜の宴を開く。
4・26 天皇、吹上御苑で初めて観桜会を催す（以後恒例。明治十六年から浜離宮、大正六年からは新宿御苑で開催）。
4・28 天皇、近衛諸兵の演習御覧のため、相模国愛甲郡に行幸する（二十九・三十日演習御覧。五月一日還幸）。
5・10 天皇、横浜の日本競馬会根岸村競馬場に臨幸し、競技を覧る。
5・18 天皇、観音崎砲台に行幸する（十九日横須賀海軍造船所臨幸）。
5・21 勅許を得て霊山神社が竣工する（祭神は北畠親房・顕家・顕信・守親）。
6・2 天皇、府中付近まで遠乗を行なう（三日還幸）。
6・26 天皇、三田育種場での興農競馬会に臨幸する。
6・28 天皇、下総種蓄場に行幸する（七月二日還幸）。
6月 伊勢の宇治橋が三重県から伊勢神宮に移管される。
7・30 天皇、東北・北海道巡幸に出発する（十月十一日還幸）。
8・3 天皇三女（滋宮韶子《しげのみやあきこ》）、誕生する（母は権典侍千種任子《ちぐさことこ》。明治十六年早逝）。
8月末 植木枝盛、「日本国国憲案」を起草する（人民主権ではあるが、皇帝の存在および人民の抵抗権と革命権を認める。この案に修正を加え、立志社の「日本憲法見込案」となる。「見込案」も人民主権だが、「国帝ハ行政長官」とする）。
9・1 **梨本宮守脩親王**、京都の邸にて没（養子の菊麿王〈山階宮晃親王第一王子〉が梨本宮二代目を継承）。
10・3 桂宮淑子《すみこ》内親王（母は藤原妍子）没（年53。継嗣定めず桂宮家断絶。桂宮号は宮内省預りとなる）。
10・11 天皇、巡幸から帰京。御前会議で参議大隈重信の免官・開拓使官有物払い下げ中止を決定する（明治十四年の政変）。
10・12 天皇、明治二十三年を期して国会を

なお、園遊会とは別に、内閣総理大臣主催の「桜を見る会」、環境大臣主催の「菊を観る会」がある。

＊**祭神論争**《さいじんろんそう》 東京日比谷に設けられた神道事務局神殿に祀る祭神をめぐって争われた。「伊勢派」は「古事記」造化三神（アメノミナカヌシ・タカミムスビ・カミムスビ）およびアマテラスのみを祀るべきとする。これに対し「出雲派」は、復古神道の思想を尊重、これらにオオクニヌシ合祀を主張するも、勅裁により「出雲派」は事実上、敗北した。

＊**巡幸** 明治十四年七月三十日草加到着。三十一日幸手到着。八月一日小山到着。二日宇都宮到着。三日陸軍演習天覧（四日も）。五日佐久山到着。六日蘆野到着。七日須賀川到着。八日二本松到着。九日福島到着。十日白石到着。十一日岩沼到着。十二日仙台到着。十三日仙台。十四日古川到着。十五日築館到着。十六日磐井到着。十七日水沢到着。十八日花巻到着。十九日盛岡到着。二十日盛岡。二十一日沼宮内《ぬまくない》到着。二十二日一戸到着。二十三日三戸到着。二十四

開設する旨の詔勅を下す（国会開設の詔）。

10・20 守脩親王養嗣子菊麿王を諸王に列する。

10・21 職制章程により太政官に参事院設置（法案の起草審議のための機関。初代議長は伊藤博文。明治十八年、内閣制度発足とともに廃止）。

10・26 天皇、赤坂仮皇居でイギリスのヴィクター王子・ジョージ王子（のちジョージ五世）と会食する。

10・27 天皇、延遼館にイギリス王子を訪問する。

10・31 天皇、イギリス王子の乗艦「バカンテー」を横浜に表敬訪問する（天皇、初めて外国軍艦に乗船）。

11・14 天皇、新宿植物御苑に行幸する（十二月九日にも）。

11月 官有財産調査委員設置（皇宮地設定調査）。▼加藤弘之の「国体新論」等を絶版とする。

12月 太政官の修史館、職制を改正、「大日本編年史」編纂の体制を整える。

この年 右大臣岩倉具視、憲法制定の原則「大綱領」を示し、「帝位継承法」は「帝国の憲法」に記載せず、別に「皇室の憲則」を定める方針を出す。▼閑院宮載仁親王、留学のためフランスに出発する（明治二十四年七月帰国）。

●この頃、近衛忠熙、邸内の「東山の御庫」を献上し、京都御所内に移築する（「**東山御文庫**」の成立）。

■明治十五年（一八八二）壬午

明治天皇 31歳

嘉仁親王 4歳

1・4 天皇、「陸海軍人に賜りたる勅諭」（「**軍人勅諭**」）を陸軍卿大山巌に下付する（天皇は大元帥として軍隊の統率にあたる）。

1・10 飯豊青《いいとよあお》尊を歴代に加えんとする議あり。この日、修史館、「歴代に加うるを不可」となし、天皇、これを可とする。

1・17 天皇、新宿植物御苑に行幸する（二十三日、二月九・二十五日、四月二十二日、十一月六・十八日、十二月十八日にも）。

1・24 南朝忠臣結城宗広を祀る結城神社（津市）、同じく南朝北畠親房・顕家を祀る阿部野神社（大阪市）、特旨をもって別格官幣社に列せられる。

2・8 開拓使を廃し、札幌・函館・根室三県を置く。

2・14 天皇、神奈川県南多摩郡蓮光寺村に行幸し、兎狩を行なう。

2・21 天皇、侍講元田永孚を通じ、文部卿

日八戸到着。二十五日三本木到着。二十六日野辺地到着。二十七日青森到着。二十八日青森。二十九日青森港より北海道へ。三十日小樽港に上陸し札幌へ。三十一日開拓使仮庁舎等に臨幸。九月一日農学校等に臨幸。二日千歳到着。三日白老到着。四日室蘭到着。五日森到着。六日函館到着。七日函館港を出て青森へ。八日青森。九日弘前到着。十日弘前裁判所臨幸後、蔵館到着。十一日大館到着。十二日二ッ井到着。十三日能代到着。十四日一日市到着。十五日土崎到着。十六日秋田到着。十七日秋田県庁等に臨幸。十八日境到着。十九日角間川到着。二十日湯沢到着。二十一日下院内《しもいんない》到着。二十二日新庄到着。二十三日清川到着。二十四日鶴岡到着。鶴岡公園に臨幸。二十五日酒田到着。二十六日清川到着。二十七日新庄到着。二十八日楯岡到着。二十九日山形到着。三十日山形県庁等に臨幸。十月一日高畠到着。二日米沢到着。興譲学校等に臨幸。三日福島到着。四日本宮到着。五日郡山到着。六日白河到着。七日佐久山到着。八日

に仁義・忠孝を基本として儒教主義的教育をするよう「学制規則につき勅諭」を示す。▼浅田宗伯以下、嘉仁親王の健康につき協議する（以後毎月）。

2・25　九段に「武器資料館」（靖国神社遊《ゆう》就館《しゅうかん》の初め）開館。

2・27　参議伊藤博文を欧州に派遣し、憲法取調を命じる（三月十四日横浜出港）。

2月　右大臣岩倉具視、「皇室財産に関する意見書」を閣議に提出する（国会開設を背景に、皇室財産を富裕にすることを説く。皇室財産は国庫と分別し国会の議定するところの外に置き、もって皇室の尊厳を保持する供需に備えるとする。これにより、大量の皇室財産が創設される）。

3・4　幟仁親王の神道教導職総裁をやめ御親祭御用掛とする。

3・14　伊藤博文、勅命を奉じて憲法調査のため伊東巳代治・西園寺公望らとヨーロッパに出発する（明治十六年八月三日帰国）。▼立憲改進党、結党式挙行。

3・20　天皇、上野動物園開園・上野博物館（のち東京帝室博物館、ついで東京国立博物館）開館に臨幸する。

4・6　自由党総理板垣退助、岐阜で襲われ、負傷する。

4・12　勅使西四辻公業《にしよつつじきんなり》、岐阜に板垣退助を見舞い、見舞金を下賜する。

4・21　天皇、皇后と吹上御苑に行幸し、観桜会を催す。

4・23　嘉仁親王、初めて浜離宮庭園を遊歩する。

4・26　翌年から、本暦・略本暦の頒布は伊勢神宮で行なうこととする（一枚刷略暦は自由出版）。

4・30　神宮祭主久邇宮朝彦親王の令旨により、林崎文庫内に神宮皇学館が創設される。

4月　文部省音楽取調掛編「小学唱歌集」初編刊、使用開始。

5・1　天皇、千葉県下の近衛小演習を天覧する。

5・8　天皇、横浜に行幸し、日本競馬会場にて競馬を覧る。

5・15　神道神宮派など神道諸派が神道事務局から独立する。

5・27　宮内省に皇居造営事務局を置く。

5・28　天皇、戸山共同競馬会場に行幸し、競馬を覧る。

6・5　天皇、下総種畜場に行幸する。

6・13　天皇、三田育種場興農競馬会に行幸する。▼これまで親王・内親王の墓標には親王の下に尊の字を加えていたが、修史局

宇都宮到着。九日小山到着。十日幸手到着。十一日東京に還幸。

＊**梨本宮守脩親王**《なしもとのみやもりおさしんのう》（一八一九〜八一）　幼称万代宮。伏見宮貞敬親王第九王子。天保四年（一八三三）親王宣下（守脩と命名）のあと円満院に入室し、覚諄入道親王と名のり、安政六年（一八五九）円融院に入り梶井門跡となり昌仁入道親王と改名。天台座主。明治維新後は還俗して梶井宮守脩親王を名のる。明治三年には梨本宮を創設した。継嗣なく、山階宮晃親王の子菊麿王を養子とする。

＊**東山御文庫**《ひがしやまごぶんこ》　京都御所東山御文庫。禁裏御文庫・東山文庫とも。歴代天皇の宸翰ほか書画・道具等約六万点を収蔵。宮内庁侍従職の管理下に置かれ、秋の曝涼時のみ専門家に公開されるが、近年、書陵部によりマイクロフィルム化が進められている。

＊**軍人勅諭**《ぐんじんちょくゆ》　山県有朋参謀本部長の要請により作成されたといわれる。天皇の軍隊親率・統帥権保持を示し、軍人に忠節・礼儀・武勇・信義・質素を説いたもの。「忠節」において、「政論に惑わず政

に諮問、この日、故淑子内親王・故守脩親王の墓標より尊の字を加えないことにする。

6・18　有栖川宮熾仁親王、天皇の名代としてロシア皇帝アレクサンドル三世即位戴冠式参列のため日本を出発する（このとき八ヵ月ほどかけ欧米を歴訪。イタリア・ロシア・オーストリア・ドイツ・ベルギー・スペイン・ポルトガル・イギリス各国皇帝、フランス・アメリカ各大統領と会見。翌年二月二日帰国）。

7・23　コレラ流行。中山忠能長男忠愛もコレラにかかったため、嘉言親王、青山御座所に移る（十月一日、中山邸に帰還）。▼朝鮮で「壬午の変」（日本公使館が襲撃される）。

8・4　天皇、脚気症と診断される（九月末平癒）。▼明治四年中止の後七日御修法の東寺での復興を許す。

8・5　戒厳令が定められる（十二日、徴発令制定）。

8・8　天皇・皇族の陵墓の可能性のある墳墓が宮内省管理となる（「陵墓参考地」の端緒）。

8・23　神道普及のため皇典講究所が設置される（総裁は有栖川宮熾仁親王。十一月四日開校）。

8・24　有栖川宮家に麹町区霞ヶ関一丁目の皇宮地付属地千三百三十三坪余が下賜される。

8・30　「壬午の変」に関し、朝鮮国と済物《さいもっ》浦《ぽ》条約・日朝修好条規続約に調印する（朝鮮側、犯人処罰・賠償金・公使館護衛兵駐留等を承認）。

9・12　載仁親王のフランス留学（兵学）を許す（十月十四日出発）。

10・14　泉涌寺火災、霊明殿等焼失も、御歴代尊牌は無事。

10・24　天皇、上野公園に幸し、内国絵画共進会を覧る。

10・31　天皇、根岸村競馬場で競馬を覧る。

10月　公使館警備のため、京城に軍隊を派遣する。

11・1　特旨により、岩倉具視に大勲位菊花大綬章を賜う。

11・6　神道神宮派ら、派名を改めて教名を称することを許される。

11・15　宮内省に華族局を新設する（のち爵位局、また爵位寮、ついで宗秩寮と改称）。

11・21　天皇、向島に行幸し、端艇競漕を覧る。

12・2　天皇、元田永孚ら編「幼学綱要」を地方長官らに下付する（翌年、文部省、修

治に拘わらず」と軍人の政治不関与を示したが、のち「政府や政治家が何を言おうと気にすることはない」と読み替えられることも起こった。また、「義は山嶽より重く死は鴻毛より軽し」は、天皇のため国のためには生命が軽んじられたとの解釈も生まれた。そして上官の命令は「直《ただち》に朕が命」とされ、軍隊内での上官の横暴のもとになったともいわれる。戦前は「教育勅語」とセットにされ重んじられたが、昭和二十三年に失効となる。なお、軍人勅諭は法令ではなく、陸海軍に直接下賜する形をとった。

身教科書として各学校に下付。いわば勅撰修身書で、この儒教主義に基づく皇国思想は、のち教育勅語に結実するといわれる）。

12・3　天皇、三田育種場興農競馬会に行幸する。

12・7　嘉彰親王に大勲位菊花大綬章を賜う。

12・9　天皇、浜離宮に行幸し、鴨猟を行なう。

12・18　柳原前光の意見を受け、岩倉具視の建議により、宮内省に内規取調局を設置（皇室に関する諸令式・祭祀などを調査。総裁心得に岩倉具視）。

12・28　東伏見宮嘉彰親王、仁和寺寺域の旧名小松郷に因み、小松宮と改称し、彰仁《あきひと》と改名する（小松宮は一代で廃絶）。

この年　「歌御会始」において、一般国民の入選歌も新聞に発表される。▼福沢諭吉「帝室論」刊。

この頃から、官公立教育施設に「御真影」が下付される。

■明治十六年（一八八三）癸未

明治天皇　32歳

嘉仁親王　5歳

1・8　明治維新で中断の後七日御修法、王衣を奉じて教王護国寺（東寺）灌頂院にて再興される。

1・18　宮内省御系譜・御陵墓掛等を廃し、御系譜課・御陵墓課を置く。

1・26　明治天皇四女（増宮章子《ますのみやふみこ》）、誕生する（母は権典侍千種任子。七ヵ月で早逝）。

1・29　天皇、新宿植物御苑に行幸する（三月八・十九日、十月三十一日、十二月十日にも）。

1月　足立正聲《まさな》、「諸陵寮復せられ度き儀に付き建言」をなし、御陵墓課をさらに諸陵寮に格上げすることを訴える（このとき、「当寮平常の務め専ら陵霊を祭祀するにあり」とし、これまでの陵墓に対する死穢観念を払拭する）。

2・5　新造軍艦の名前に歴代天皇号を許さず、旧国名を使用させることにする。

2・15　華頂宮博経親王王子博厚王、明治天皇養子として立親王も、この日没（年9）。▼天皇、イギリス留学中の有栖川宮威仁親王に帰朝を命じる。

3・1　この日より京都御苑内で京都博覧会開会（六月八日まで。この期間、入場者に紫宸殿拝観を許可）。▼蔚陵《うつりよう》島（日本名は松島）は朝鮮国所属なので日本人の渡航を禁じる。

3・27　天皇、上野公園に行幸し、水産博覧会に臨幸する。

◉明治天皇御製①（「明治天皇御集」より）

「人もわれも道を守りてかはらずばこの敷島の国はうごかじ」

「いにしへの書《ふみ》見るたびに思ふかなおのが治むる国はいかにと」

「昔よりながれたえせぬ五十鈴川なほ万代もすまむとぞおもふ」

4・7 天皇、浜離宮に行幸し、鴨猟を行なう。▼宮内省に編纂局を設け大政の沿革を編纂させる（岩倉具視総裁心得、福羽美静・西周を編修委員長とする）。
4・14 景行天皇皇后播磨稲日大郎姫命陵を兵庫県加古郡大野村字日岡山に治定する。
4・16 天皇、埼玉県飯能町に行幸し、近衛小演習を覧る（十八日にも。十九日、黒須村での演習を天覧。二十日還幸）。
4・23 天皇、神奈川県小金井村に遠乗りする。▼博厚王、嗣子なきため、伏見宮貞愛親王王子（愛賢《なるかた》）、華頂宮に入り、宮号を継承する（六月十一日、博恭《ひろやす》と改名。明治三十七年、伏見宮家に復帰）。
4・25 天皇、皇后と浜離宮に行幸し、観桜会を行なう。
4・27 日本銀行に国庫金取扱を命じる。
4・28 天皇、勅して京都を即位式・大嘗会執行の地とし、宮内省に京都宮闕保存のことを管せしめる。
4・30 天皇、浜離宮に行幸し、鴨猟を行なう。
5・17 大阪府志紀郡沢田村応神天皇皇后仲姫命陵・同古市郡軽墓村日本武尊白鳥陵・同日根郡淡輪村五十《い》瓊《に》敷《しき》入彦命宇度墓の兆域を定め、該当する民有地を買収する。
5・19 天皇、華族会館に行幸する。
5・27 伊藤博文・宮内卿徳大寺実則、ロシア皇帝アレキサンドル三世の即位戴冠式に参列する。
6・3 天皇、向島に行幸し、海軍端艇競漕会を覧る。
6・4 天皇、戸山競馬場に行幸し、競馬を覧る。
6・7 威仁親王、イギリスよりアメリカを経て帰朝する。
6・9 天皇、三田育種場に行幸し、競馬を覧る。
7・2 「官報」が創刊される。
7・11 特旨により、朝彦親王を二代皇族に列する。
7・19 岩倉具視、右大臣を辞任。
7・20 岩倉具視没（二十五日、初の**国葬**）。
7・31 文部省、教科書の認可制を実施。
7月 正倉院の年一度の曝涼制度が定められる（十月中旬から約一ヵ月。曝涼の期間に外国人の拝観を許可）。
8・4 伊藤博文ら、ヨーロッパより帰国する（伊藤、参議と宮内卿を兼任）。
9・6 天皇三女滋宮韶子《しげのみやあきこ》内親王没（年3）。
9・8 天皇四女増宮章子《ますのみやふみこ》内親王没（生後九ヵ月）。

***国葬**　国家に特に功績があった者に対し、国の経費でもって行なわれる葬儀。戦前は、皇族、王公族、旧薩長藩主、首相・太政大臣・左右大臣の経験者、元帥に該当する者とされた。なお、天皇・太皇太后・皇太后・皇后の葬儀は「大喪儀」という。大正十五年十月二十一日に「国葬令」が公布され、法的に整備され、七歳以上で亡くなった皇太子・皇太孫・皇太子妃・皇太孫妃および摂政たる皇族は国葬とされた。なお、戦後は「国葬令」が失効し、臣下では吉田茂のみが国葬となっている。

***岩倉《いわくら》具視《ともみ》**（一八二五〜八三）　前権中納言堀河康親第二子。岩倉具慶の嗣となり、具視と称する。孝明天皇側近となり、朝権回復・王政復古をはかる。新政府でも重きを成し、朝廷改革、皇室および華族擁護の施策実現などにつとめる。嗣子具定《ともさだ》は公爵。

***徳大寺《とくだいじ》公純《きんいと》**（一八二一〜八三）　鷹司輔熙の男子として生まれ徳大寺家を嗣ぐ。文久二年（一八六二）内大臣、国事御用掛、翌年八月十八日の政変後の十二月右大臣。明

9・22 京都御苑の整備が終わり、この日、宮内省京都支庁が置かれる（桂離宮・修学院離宮も管轄下に置く）。
11・6 天皇、横浜根岸村競馬場に行幸し、競馬を覧る。
11・9 嘉仁親王、初めて芝離宮を遊歩する。
11・17 天皇、戸山競馬場に行幸し、競馬を覧る。
11・21 天皇、神田錦町の学習院に行幸する。
11・28 天皇、浜離宮に行幸し、鴨猟を行なう（十二月十三日にも）。▼東京麴町鹿鳴《ろくめい》館《かん》の開館式が行なわれる（日比谷の帝国ホテルの隣地で設計はジョサイア・コンドル。昭和十五年解体）。
11月 嘉仁親王、「幼学綱要」の講説を受け、習字を始める。
12・8 天皇、三田育種場に行幸し、競馬を覧る。
12・11 皇国大政の沿革を記した「大政紀要」成る（短期間で行なわれたため「遺漏欠失」を免れずとされる）。
12・12 山県有朋、内務卿に就任する。
12・14 久邇宮朝彦親王、三重県川崎村の日本武尊を祀る祠を能褒野《のぼの》神社と命名する。
12・18 内規取調局が廃止となる。
12・24 天皇、横浜に行幸し、筑紫艦を覧る。

この年 日岡山の金色塚を景行天皇皇后播磨《はりまの》稲日大郎姫《いなびのおおいらつめ》の陵と考定する（明治二十八年、陵号を日岡陵《ひのおかのみささぎ》〈兵庫県加古川市〉と定める）。▼桂宮家の別荘が宮内省に移管される（これまで「桂山荘」「桂亭」「桂御殿」と呼ばれていたが、このとき「桂離宮」と名称を定める）。
□1・2 物集《もずめ》高世《たかよ》（国学者。67）、3・30 戸《と》田《だ》忠至《ただゆき》（高徳藩主。山陵奉行。75）、7・20 **岩倉具視**（政治家。59）、11・5 **徳大寺公純**（公家。63）

■**明治十七年（一八八四）甲申**

明治天皇 33歳
嘉仁親王 6歳

1・24 太政官中に内閣文庫を創設する。
2・2 山階宮定麿王のイギリス留学を允許する。
2・4 嘉仁親王、天皇より「幼学綱要」を拝領する。
2・8 京都府紀伊郡福稲村字本寺山所在の古墳を崇徳天皇皇后皇嘉門院の陵とし月輪南陵と称する。また同愛宕郡岩倉村大雲寺境内新羅社敷地を冷泉天皇皇后昌子内親王観音寺陵と定め、地名より岩倉陵とする。
3・1 この日より京都御苑内で博覧会が開場（入場者に紫宸殿拝観を許す）。

治天皇の侍従長徳大寺実則の父。

3・10 天皇、延遼館に行幸し、相撲を覧る。
3・17 参議伊藤博文の上奏により、宮中に制度取調局を置き、その長官に伊藤を任命する（憲法・皇室典範制定ほか諸制度の調査・起草。二十二日、井上毅《こわし》・伊東巳代《みよ》治《じ》・尾崎三良《さぶろう》・牧野伸顕《のぶあき》らを御用掛に任命）。
3・19 特旨により、閑院宮典仁親王に、光格天皇の父として太上天皇の尊号を贈り、「慶光《きょうこう》天皇」を追謚する。▼天皇、神奈川県橘樹郡小向村に行幸し、梅花を覧る。
3・21 伊藤博文を宮内卿に、侍従職を設置して徳大寺実則を侍従長とする。
3・26 天皇、浜離宮に行幸し、鴨猟を行なう。
3・28 天皇、蓮光寺村に行幸し、兎狩を行なう。
4・2 天皇、向島の徳川篤敬《あつよし》邸に行幸し、海軍端艇競漕を覧る。
4・12 外務省所轄延遼館を宮内省に移管。
4・16 天皇、浜離宮に行幸し鴨猟を行なう。
4・17 学習院を宮内省所轄官立学校とする。
4・21 宮内省に内蔵《くら》寮を設置（帝室一般の財務を司る）。
4・25 天皇・皇后、浜離宮にて観桜会を開く。
4・27 伏見宮邦家親王王子定麿王（のち依仁親王）、イギリスに留学する（明治二十五年二月帰国）。
5・1 皇室財政を国家財政から独立させる（臨時費は除く。また、帝室費・皇族費・宮内省費を併せ帝室費とし、宮内省が帝室の中に包含される）。
5・6 正倉院が内務省等よりもっぱら宮内省所管となる。
5・15 賀茂神社の葵祭が復興する（明治三年から中絶）。
6・25 天皇、上野・高崎間鉄道開業式に臨幸する。▼岡倉天心・フェノロサ、京阪地方の古社寺歴訪を命じられる。
7・7 **華族令**を制定する（七月七・八日に叙爵。華族は「皇室ノ藩屏」とされ、その同籍者は華族の礼遇を受ける）。
7・8 土御門家、子爵を授かり、暦と陰陽道から手を引くことに同意する。
7・28 京都二条城を離宮とし、二条離宮と称する（御料地に編入される）。
8・11 神仏教導職を廃止する（神道各派・仏道各宗に管長一人を置く）。
8・25 中国・四国・九州暴風雨（被害甚大）。
8・27 宮内省に図書寮を置く（図書頭に井上毅）。
8・30 天皇、スウェーデン国皇子を延遼館

＊**宮内卿**《くないきょう》 律令制における宮内省の長官。明治新政府においても、明治十八年まで置かれ、内閣制度発足後は宮内大臣となる。

＊**華族令** 爵を公・侯・伯・子・男の五等に分け、公家および維新の功臣・旧大名等に授けた。公家華族では、九条道家ら摂家および勲功により三条実美・岩倉具定（具視の子）を公爵、清華家は侯爵、大臣家・羽林家・名家《めいか(け)》は伯爵、半《はん》家《け》は子爵、その他を男爵とした。また、南都僧侶や神官にも男爵が授けられた。武家華族では、徳川宗家を公爵、旧禄実高十五万石以上は侯爵、五万石以上および御三卿を伯爵、一万石以上五万石未満は子爵、旧大藩付家老の一万石以上は男爵とした。例外として島津久光・島津忠義・毛利元徳は勲功により公爵を授けられた。なお、維新の功臣として、大久保利和（利通の子）・木戸正二郎（孝允の子）は侯爵、黒田清隆・伊藤博文らは伯爵を授けられた。爵位は嫡長の順で世襲、女子は襲ぐことはできなかった。のち、政治家・軍人・実業家などにも爵位が授けられた

に訪問する。
8月　元田永孚、「国教論」を伊藤博文に提出する（儒教に基づく国教の確立を説く）。
10・3　式部寮を廃し、式部職を置く。
10・15　地震あり。天皇・皇后、一時内苑に避ける。
10・20　赤坂仮皇居内に嘉仁親王の御殿が完成。
10・27　嘉仁親王、虎ノ門の事比羅（金比羅）神社に参拝する。
10・28　翌年より会計年度を四月一日からとする。
10・31　有栖川宮家、麻布区麻布三河台町の皇宮付属地四千五百三十余坪を下賜される（ほかに利根川筋の皇族付属地も下賜）。
11・1　上野不忍池畔競馬場が完成し、天皇、開場式に臨幸する。
11・6　嘉言親王、昨夜来発熱。この日、浅田宗伯に拝診を命じる（二十七日快癒）。
11・12　天皇、根岸村の競馬会場に行幸し、競馬を覧る。
11・17　天皇、新宿植物御苑に行幸し、鴨猟を行なう（二十七日、十二月二十六日には浜離宮で鴨猟）。
12・4　朝鮮で親日派金玉均ら、公使竹添《たけぞえ》進一郎らと密議の上クーデタを起こし、日本軍が王宮を占拠する（六日、清軍出動のため敗退。金玉均ら日本に亡命。甲申事変）。
12・6　天皇、茨城県女化原《おなばけはら》（牛久市）にて、近衛兵大砲射的演習を覧る。
12・20　華族就学規則を定め、満六歳から二十歳の華族の子弟は学習院での就学が義務づけられる。
12・24　京都府愛宕郡修学院村林丘寺の中御茶屋・本殿等を宮内省に収め、皇宮地付属地に編入する。
この年　継体天皇陵が宮内省管轄となる。▼最勝金剛院の後山を皇嘉門院《こうかもんいん》（藤原聖子）御陵とする（明治二十七年、陵名を月輪南陵とする）。▼「歌御会始」の御製・入選歌が官報に掲載されるようになる。▼賀茂別雷（上賀茂）神社・賀茂御祖（下鴨）神社・石清水八幡宮を勅祭社とする。
□2・22**万里小路博房**（尊攘派公家。宮内卿。61）、9・2**押小路甫子**（女官。77）

■明治十八年（一八八五）乙酉

明治天皇　34歳
嘉仁親王　7歳

1・9　「甲申事変」につき、朝鮮と「漢城条約」に調印する（朝鮮側の国書による謝罪・賠償金支払・犯人処罰・日本公使館再建）。

が、昭和二十二年の日本国憲法施行時に華族制度は廃された。

＊**万里小路《までのこうじ》博房《ひろふさ》**（一八二四～八四）　権大納言万里小路正房長男。尊攘派公家として重きをなし、文久二年（一八六二）国事御用掛、翌年国事参政になるも、八月十八日の政変で失脚。維新後は議定・山陵総管等を歴任し、明治二年宮内卿、同四年宮内大輔、同十年皇太后宮大夫となる。日記「博房卿記」を残す。

＊**押小路《おしこうじ》甫子《なみこ》**（一八〇八～八四）　江戸時代末期の女官。天保六年（一八三五）宮中に召し出され、明治四年に退出。安政六年（一八五九）から明治四年までの日記（「押小路甫子日記」）は、維新期の宮中の日常を知るための好史料。

2・6 天皇、山階宮邸に行幸し、晃親王の古稀を祝う。
2・7 御前会議が開かれ、天皇、伊藤博文・井上毅を支持し、対清戦争回避と発言する。
2・9 天皇、風邪をひく（十一日の紀元節親祭中止。二十八日全快）。
3・23 嘉仁親王、中山忠能邸から赤坂仮皇居内新御殿に移る。
3・28 嘉仁親王、御相手の幼児と御学問所にて読み書き等を始める。
3・29 門跡号、従来称えていた寺院住職にのみ復称が許可される。
4・6 春日神社春日祭の旧儀を復興させ、勅祭社とする。
4・18 伊藤博文特派全権大使、清の李《り》鴻《こう》章《しょう》と朝鮮問題について交渉。この日、「天津条約」に調印（両国軍隊の朝鮮撤退、将来の朝鮮出兵の際の相互事前通告など）。
5・2 旧琉球藩王尚泰に侯爵を授ける。
5・14 大蔵大臣松方正義の建議により、日本銀行および横浜正金銀行の株式が帝室御資に編入される。
5・19 嘉仁親王、発熱・けいれんを起こす（七月二十二日床払い）。
6・6 天皇、小松宮彰仁親王邸に行幸する。
6・9 兵庫県加古郡大野村字日岡山の官林を景行天皇皇后播磨稲日大郎姫命陵の兆域とする（「播磨国風土記」に「皇后、城宮田之宮に薨ず、よりて御墓を日岡に作る」とある。明治二十八年四月、陵号を日岡陵とする）。
7・18 歩兵中佐貞愛親王をヨーロッパに派遣する（軍事の研究、文物制度の視察）。
7・26 天皇、山陽道（山口・広島・岡山三県）**巡幸**に出発する（八月十二日帰京）。
8・8 侍従藤波言忠《ことただ》、各帝国の宮内省の制度調査のため、ヨーロッパに出発する（ウィーンでシュタインから九ヵ月間、憲法ほかの講義を受ける。明治二十年十一月八日帰国）。
8・31 大鳥島を沖縄県に編入（島に県標を設置）。
9・12 天皇、ローマ法王使節を引見する。
9・23 沖縄県から内務省に尖閣列島実地調査の届出がある。
10・29 天皇、横浜根岸競馬場に行幸し、競馬を覧る。
10月 載仁親王、フランス・サンシール陸軍士官学校に入学する。
11・13 華族女学校が開校する（皇后、開校式に行啓。明治三十九年、学習院女学部に）。
11・21 天皇、新宿植物御苑に行幸する。

***巡幸** 明治十八年七月二十六日横浜出港。二十七日神戸到着。二十八日小部湾に御仮泊。二十九日山口到着。三十日山口県庁等に臨幸。三十一日厳島到着。八月一日広島到着。二日広島鎮台に臨幸。三日広島県庁等に臨幸。四日倉橋島に御仮泊。五日岡山到着。六日岡山県庁等に臨幸。七日三石到着。八日姫路到着。九日明石到着。十日神戸到着。十一日神戸発御。十二日横浜港に到着し、還幸。

***内大臣**《ないだいじん》 律令制下では太政官に置かれた令外の官。近代では、明治十八年、内閣制度の発足とともに宮中に設置。天皇の側近にあって常時輔弼《ほひつ》の任に当たり、御璽・国璽を預かる宮中の最高責任者。初代三条実美から昭和二十年十一月木戸幸一退任まで続くが、以降、廃止された。

***橋本実梁**《はしもとさねやな》（一八三四〜八五）左中将小倉輔季の子だが、羽林家橋本実麗《さねあきら》の養嗣となる。安政五年（一八五八）条約勅許に際し、勅諚修正要求八十八卿列参の一人。文久元年（一八六一）侍従。和宮東下のとき、江戸に随従。王政復古の

11月　西村茂樹に嘉仁親王の教育御世話を命じる。

12・2　故伏見宮邦家親王王子定麿王を小松宮の継嗣とし、山階宮晃親王王子梨本宮菊麿王を実系に復して山階宮の継嗣とし、久邇宮朝彦親王王子多田王に梨本宮を相続させる。

12・22　太政官制を廃し、内閣制度を創設（内閣総理大臣以下各省大臣を設置。第一次伊藤博文内閣発足。このとき、宮内省は内閣外に置かれ、制度取調局は廃され内閣法制局に組み入れられる。また、太政大臣・参議・卿などが廃官。宮内大臣は伊藤が兼任。太政大臣三条実美は**内大臣**、左大臣有栖川宮熾仁親王は参謀本部長に、佐佐木高行・福岡孝悌《たかちか》は宮中顧問官に任命。また位記の取り扱いは太政官から宮内省に移る（昭和二十一年、内閣に移行）。

12・23　宮内省に御料局（帝室林野局の前身。このときの御料地は五十四ヵ所、約六千七百万坪）、また内匠寮を設置する。▼内閣法制局を置く。

12・26　天皇、有栖川宮熾仁親王邸に行幸する。

この年　学習院、背嚢《はいのう》スタイルを取り入れる（ランドセルの初め）。

□6・30　柳原光愛《やなぎわらみつなる》（国事御用掛。侍従。子に柳原前光・大正天皇生母柳原愛子など。68）、9・16　**橋本実梁**（公家。53）

■**明治十九年（一八八六）丙戌**

明治天皇　35歳
嘉仁親王　8歳

1・1　天皇、病により四方拝を行なわず（賢所・皇霊・神殿祭典は、式部長官鍋島直大《なおひろ》代拝）。

1・9　内閣制度発足に伴い修史館を廃し、内閣に臨時修史局を設置（重野安繹《しげのやすつぐ》編修長）。

1・11　神道事務局を神道本局に改称、「神道」の教名で教派神道の一派となる。▼知恩院、華頂宮の縁故により門跡号を許される。

1・24　**有栖川宮熾仁親王**没。

1・26　北海道庁を設置。

2・4　**宮内省官制**制定。▼内大臣官制制定。

2・5　宮内省の京都支庁を廃し、主殿寮京都出張所とする。

2・10　明治天皇五女（久宮静子《ひさのみやしずこ》）、誕生する（母は権掌侍園祥子。一歳一ヵ月で早逝）。

2・24　**公文式**公布。

2・27　植物御苑を新宿御料地と改める（三月二日天皇行幸）。

3・1　帝国大学令制定（四月九日、師範学校令・中学校令・小学校令を定め、学校制

際は参与。東海道先鋒総督兼鎮撫使として東下、江戸開城には勅使として徳川家処分を伝える。伯爵。

＊**有栖川宮熾仁親王**《ありすがわのみやたかひとしんのう》（一八一二～八六）　有栖川宮韶仁《つなひと》親王第一王子。同宮第八代。熾仁親王の父。文政五年（一八二二）光格天皇の猶子となり、翌年親王宣下。国事御用掛、新政府議定、神祇事務総督、神道教導職総裁、皇典講究所総裁等を歴任。家学を受けて歌道・書道にもすぐれる。墓は東京豊島岡の皇族墓所。

＊**宮内省官制**　これにより、内事課・外事課・侍従職・式部職・皇太后宮職・皇后宮職・大膳職・内蔵寮・主殿寮・図書寮・内匠寮・主馬寮・諸陵寮・御料局・侍医局・調度局・華族局・皇族職員を置く。宮内大臣は帝室の事務を総監し、宮中や皇族職員を統率し、華族を管理する。侍従職には「御歌掛」を設置。

＊**公文式**《こうぶんしき》　法律・勅令の公布および公告、省令・閣令の公布手続などを定める。御璽と国璽について明確に規定し、御璽は法律・勅令・勅任官辞令など主に国内向け、国

度が整備される)。
3・6 **歳入歳出納規則**制定。
3・13 泉山陵墓付属地(泉涌寺皇族墓地)が宮内省諸陵寮所管となる。
3・18 嘉仁親王、初めて乗馬を行なう。
3・24 博物館を宮内省に属することにする。
4・12 文部省の湯本武比古を嘉仁親王の教育掛とする。
4・13 天皇、皇后と赤羽村に行幸し、近衛諸兵の演習を覧る。
4・28 華族世襲財産法を定める(八月実施)。
5・1 伏見宮邦家親王王子で小松宮彰仁親王の継嗣定麿王を明治天皇の養子とし、親王とする(このとき名を依仁《よりひと》と賜う)。▼宮内省主殿寮に皇宮警察署を設置。
5・10 文部省、教科用図書検定条例を公布。
5・18 天皇、高等師範学校に行幸する。
6・5 中山忠能の明宮御用掛を免じる。
6・9 梨本宮多田王、守正と改名する。
6・10 宮内大臣伊藤博文、帝室典則案を内大臣三条実美に提出する(「皇室典範」原案になるもの)。
6・12 静岡の自由党員による箱根離宮落成式参列の高官暗殺計画が発覚する(静岡事件)。
6・22 嘉仁親王、高等師範学校附属幼稚園を見学する(これ以降、しばしば幼稚園・小学校を参観)。
6・26 天皇、新宿御料地に行幸し、動物園を覧る。
6・28 箱根離宮の竣工式が東京の華族会館で行なわれる(この離宮は、皇族の避暑地と外国賓客の接待のため設置。のち関東大震災と北伊豆地震で倒壊。その後再建されず)。
7・9 天皇、埼玉県栗橋に行幸し、利根川鉄橋竣工を覧る。
7・21 久邇宮朝彦親王王子巌麿王は邦憲《くにのり》、世《よ》志《し》麿《まろ》王は邦彦《くによし》と改名する。
7・31 箱根離宮御殿以下竣工。
8・11 陸軍中将彰仁親王を軍事視察のためヨーロッパに派遣することにする(約一年)。
8・30 陸軍歩兵中佐貞愛親王、欧米より帰朝する。
9・3 ヨーロッパから帰国の土方久元を**宮中顧問官**とし、明宮御教養向主任とする。
9・7 宮内大臣伊藤博文、国務大臣などの拝謁について「機務六箇条」を起草上奏、天皇に政務に励むよう要望する(この頃から、天皇と伊藤の信頼関係が深まるといわれる)。
9・25 嘉仁親王、新宿御料地の動物園等を

璽は、国書・条約批准書・外国派遣官吏委任状など外国向けおよび勲記に使用することとする。

＊**歳入歳出納規則** 明治十九年以降、毎年臨時非常の入費以外、国庫より皇室費常額を宮内省に移入。決算を要せずとする。制度上、初めて皇室経済の独立化が図られる。

＊**宮中顧問官**《きゅうちゅうこもんかん》 明治十八年に内大臣とともに設置された勅任官。任務は「帝室ノ典範儀式ニ係ル事件ニ付諮詢ニ奉対シ意見ヲ具上」すること。昭和二十二年十一月二十四日、内大臣とともに廃止。

巡覧する。
9・28 嘉仁親王、陸軍士官学校等を見学する（十月には海軍兵学校にも）。▼近衛都督彰仁親王の洋行により、参謀本部長熾仁親王を近衛都督とする。
10・2 小松宮彰仁親王、軍事視察のため、頼子《よりこ》妃同伴で欧州に派遣される（初の皇族妃洋行。翌年十二月五日帰国）。
10・12 嘉仁親王、竹橋の近衛兵営を見学する。
10・26 皇后、有志共立東京病院総裁となる。
10・27 天皇、横浜根岸競馬場に行幸し、競馬を覧る。
10・29 天皇、帝国大学を視察する（このとき、これでは科学者はつくれても、国家経綸の任にあたる人材はつくれるのか、という疑問を元田永孚《もとだながざね》にもらす）。
11・2 嘉仁親王、上野停車場より初めて汽車に乗る。
11・10 天皇、伏見宮貞愛親王邸に行幸する。
11・26 天皇、皇后と神奈川県長浦に行幸し、新艦浪速・高千穂に試乗する。
11月 伊藤博文、井上毅《いのうえこわし》に憲法起草を、柳原《やなぎわら》前光《さきみつ》に皇室法の起草を依嘱する。
12・2 天皇、新宿御料地に行幸し、鴨猟を行なう。
12・29 晃親王・貞愛親王・朝彦親王・能久親王・威仁親王に大勲位菊花大綬章を賜う。
この年 崇道天皇の八嶋《やしま》陵、陵上の祠を移し、そのあとに円丘を設ける。
□5・23伊地知正治《いじちまさはる》（参議。宮中顧問官。伯爵。59）

■明治二十年（一八八七）丁亥

明治天皇 36歳
嘉仁親王 9歳
1・9 嘉仁親王、東京教育博物館（国立科学博物館の前身）を見学する（これ以降もしばしば）。
1・13 彰仁親王、ドイツ皇帝に謁する。
1・17 皇后、女子の洋装を奨励する。
1・19 有志共立東京病院、東京慈恵医院と改称、熾仁《たるひと》親王妃董子《ただこ》を同院幹事長とする。
1・25 天皇、皇后と東京を発し、京都に向かう（横浜より浪速艦に乗り出港。二十六日神戸着、汽車で京都へ）。▼柳原前光、「皇室法典」初稿を伊藤博文に提出。
1・29 天皇、二条離宮・京都府庁に行幸する。▼嘉仁親王、靖国神社に参拝する（遊就館内を巡覧）。
1・30 天皇、孝明天皇陵に行幸し、二十年式年祭を親祭する。このあと、後桃園・光格・仁孝各天皇陵に謁する。

2・1　天皇、博覧会場の新古美術会等に臨幸する。
2・9　嘉仁親王、学習院を見学する。
2・15　天皇、大阪鎮台等に行幸し、皇后は住吉神社に参拝する。
2・16　天皇、大阪砲兵工廠《しょう》等に臨幸する。
2・18　天皇、修学院離宮に行幸する。▼皇后、石山寺等を巡覧する。
2・19　天皇、桂離宮に行幸する。▼嘉仁親王、小石川植物園を見学する。
2・21　天皇・皇后、還幸の途につく（この日、名古屋到着）。
2・22　天皇、名古屋鎮台等に臨幸する。
2・23　天皇、知多郡武豊《たけとよ》にて陸海軍対抗演習を覧る（武豊港より浪速艦に乗り、二十四日横浜港着。ついで還幸）。
2・24　皇太后、泉山等の諸陵墓に参拝する。
2・28　彰仁親王、イタリア皇帝に謁する。
3・1　嘉仁親王、帝国大学を訪問する。
3・5　帝室費の常額を定める（この年度より歳額二百五十万円）。
3・7　久邇宮朝彦親王王子邦彦《くによし》王、久邇宮継嗣となる。
3・16　博愛社を天皇・皇后の眷護の下に置く。博愛社、日本赤十字社と改称する（昭憲皇太后、創設および経営に尽力。そのため、以後、貞明皇后・香淳皇后・美智子皇后と皇后が名誉総裁をつとめる）。
3・17　官国幣社の神官を廃し、宮司以下の神職を置く。
3・18　皇后、華族女学校に「金剛石」「水は器」の御歌を賜う。
3・20　伊藤博文の高輪別邸で、柳原前光・井上毅・伊東巳代治が会し、「皇室典範」について討議、その大枠を決定する。
3・22　天皇、延遼館にドイツ皇族レオポルド親王を訪問する。▼彰仁親王をベルリンに派遣し、ドイツ皇帝九十賀を祝す。
3・23　伊藤博文、府県知事を鹿鳴館に召集し、沿岸防備につとめよとの勅旨を伝え、地方富豪から海防献金を募るように指示する（天皇はお手許金から三十万円下賜）。
3・30　靖国神社、内務省がはずれ、陸・海軍両省の所管となる。
4・4　天皇五女久宮静子内親王没（年2）。
4・9　日本郵船会社の官有株式二百六十万円を皇室財産に組み入れる。
4・13　天皇、上目黒村に行幸し、近衛諸兵の演習を覧る。
4・21　天皇、皇后と浜離宮に行幸し、観桜会を催す。
4・26　天皇、外相井上馨邸に行幸し、歌舞

＊金剛石

金剛石も　　　みかゝすは
珠のひかりは　そはさらむ
人もまなひて　のちにこそ
まことの徳は　あらはるれ
時計のはりの　たえまなく
めくるかことく　時のまの
日かけをしみて　はけみなは
いかなるわさか　ならさらむ

水は器

水はうつはに　したかひて
そのさま〳〵に　なりぬなり
人はましはる　友により
よきにあしきに　うつるなり
おのれにまさる　よき友を
えらひもとめて　もろともに
こゝろの駒に　むちうちて
まなひの道に　すゝめかし
同校ではこれらに旋律を作り、校歌とする。

伎を見る（初の天覧劇。二十九日まで皇族・外国公使も観劇）。

5・2　天皇、ドイツ人モール夫妻を接見する（夫妻を宮内省顧問とし、宮中儀式をヨーロッパ式に改革）。

5・4　叙位条例を制定（六日公布。正一位から従八位まで十六階）。

5・6　靖国神社例大祭が行なわれ、このとき、嘉仁親王、競馬を覧る。

5・7　天皇、皇后と熾仁親王の霞ヶ関第に行幸する。

5・9　皇后、東京慈恵医院開院式に行啓する。▼六月一日より、華族女学校の生徒に洋服を着用させることにする。

5月　「欧州各国王室家憲」印刷。

6・7　天皇、上野の動物園および華族会館に行幸する。

6・15　嘉仁親王、北白川宮邸に行啓する（この年、伏見宮・有栖川宮・華頂宮・梨本宮の各邸にも行啓）。

6・21　小松宮彰仁親王、イギリス女王ヴィクトリア即位五十年祝祭式に参列する。

7・8　天皇、ロシア大公を延遼館に訪問する。

7・26　宮中顧問官佐佐木高行を明宮御用掛とし御教養主任とする。

7・29　「官吏服務規律」を改正する（官吏は天皇と政府に対し忠順勤勉を主とする）。

7月　依仁親王、フランスのブレスト海軍兵学校に入校する（明治二十三年卒業）。

8・19　載仁親王に大勲位菊花大綬章を賜う。

8・22　明治天皇第四皇子（昭宮猷仁《あきのみやみちひと》親王）、誕生する（母は権掌侍園祥子。一歳二ヵ月で早逝）。

8・31　嘉仁親王を儲君とし、正式に皇后の実子と定める。

9・17　伊藤博文の宮内大臣兼官を解き、土方久元を宮内大臣とする。

9・19　嘉仁親王、学習院予備科第五学級に編入する（湯本武比古、学習院教授兼明宮御用掛となる）。

9月　天皇・皇后の「御真影」を初めて公立学校の沖縄県尋常小学校に付与する。

10・13　皇后、「婦女鑑」を親王、大臣以下に賜う。

10・20　孝明天皇陵において、一般外国人の参拝が許される。

10・26　天皇、横浜根岸競馬場に行幸し、競馬を覧る。

11・8　藤波言忠《ことただ》がヨーロッパから帰国、この日、シュタインの憲法学・国家学を天皇に進講する。

11・12 天皇、上野共同競馬場に行幸し、競馬を覧る。
11・17 皇后、鹿鳴館に開設の婦人慈善会に行啓する。
12・5 彰仁親王帰朝、この日参内する。
12・15 皇室所有の日本郵船会社株式を払い下げる。
12・25 保安条例（勅令）を公布、即日施行される（二十八日まで、片岡健吉・中島信行・尾崎行雄ら五百七十人、皇居外三里へ退去命令が下される。明治三十一年条例廃止）。▼造神宮使庁官制が定められ、造神宮使庁が内務大臣の管理下に置かれる。
□12・6 島津《しまづ》久光《ひさみつ》（政治家。71）

■明治二十一年（一八八八）戊子

明治天皇 37歳
嘉仁親王 10歳

1・13 嘉仁親王、風邪のため学習院通学を止める（二十三日全快）。
1・14 天皇、芝公園内の弥生社に行幸する（このときキヨソネ、肖像画を描く。この肖像画を撮影したものが一般に流布した「御真影」。天皇、労をねぎらいキヨソネを食事に招く）。
1・19 天皇、駿河台の小松宮彰仁親王の第に行幸する。

2・1 広瀬神社宮司西内成郷《にしうちなりさと》、奈良県知事税所篤《さいしょあつし》を通して、内務大臣山県有朋に橿原神宮創建の建白書を提出する。
2・3 文部省、「紀元節」（高崎正風作詞、伊沢修二作曲）を学校唱歌として官公立学校に送付する（以後の紀元節・天長節の学校祝賀式挙行を諭示）。
2・23 参謀本部長熾仁親王、在京地方長官に地図製作の急務を説く。
3・2 帝室会計法成立（二十一年度より施行）。
3・25 伊藤博文・井上毅、皇室典範最終案を決定する（夏島会談）。
4・5 宮中顧問官佐佐木高行に替わり、陸軍中将曽我祐準を明宮御教養主任とする。
4・6 帝室会計審査局を設置。
4・13 図書頭九鬼隆一を京都・奈良等に派遣し、古社寺の文書・美術品を調査し、保存の法を講じさせる（宮内省雇フェノロサを随行させる。五月五日東京を出発、九月八日帰京）。
4・16 例祭日に限り、後白河天皇法住寺陵に庶民の参拝を許す。
4・20 宮内省に主猟局を置く。
4・29 嘉仁親王、百日咳にかかる（初め浅田宗伯らが拝診するもよくならず、西洋医

＊枢密院《すうみついん》 初め憲法・皇室典範の草案審議のために設けられたが、大日本帝国憲法では、第五六条「枢密顧問ハ枢密院官制ノ定ムル所ニ依リ天皇ノ諮詢ニ応ヘ重要ノ国務ヲ審議ス」となり、憲法上の必要機関となる。会議は天皇臨席のもと顧問官十名以上の出席により開かれた。議長・副議長が置かれ、伊藤博文・山県有朋・黒田清輝・西園寺公望などが議長に選任された。昭和二十二年五月二日廃止。

＊御歌所《おうたどころ》 宮内省侍従職に置かれ、御製、皇族方の御歌および一般詠進歌の選考と「歌御会」の運営を管掌。昭和二十一年に廃され、「歌会始委員会」が設けられ、民間歌人を選者とした。

＊憲法草案審議 「皇室典範」に続いて憲法草案審議が始まった。審議の冒頭、伊藤博文は、欧州では長い歴史によって憲法政治に習熟し、また宗教により精神的統一が図られているとした。わが国ではこうした条件が欠けているため、宗教に代わるものとして「我国ニオイテ機軸トスヘキハ、独リ皇室アルノミ」とし、君権を軸にして

学をほどこし、六月に入りよくなり、七月平癒)。

4・30 **枢密院**官制公布(第一条に「天皇親臨シテ重要ノ国務ヲ諮詢スル所」とし、四十歳以上の「元勲及練達ノ人」を枢密顧問官に選任。伊藤博文、総理大臣を辞し、枢密院議長に就任)。この日、黒田清隆内閣成立。

4月 伊藤博文、憲法・皇室典範の草案を奉呈する。

5・4 日光東照宮、別格官幣社に列せられる。

5・8 天皇臨御のもと、枢密院開院式が開かれる(天皇、皇室典範・憲法草案諮詢および励精審議を望む勅語を下す)。

5・14 嘉仁親王の担当医を浅田宗伯から西洋医の池田謙斎とする。▼中山忠能に大勲位菊花大綬章を賜う。

5・25 天皇臨御のもと、枢密院で「皇室典範」の審議が始まる(六月十五日終了)。

5・28 宮内省華族局を爵位局と改称。

5・31 臨時帝室制度取調局を設置(委員長に柳原前光。明治二十三年十月廃局)。

6・6 宮内省、御歌掛を廃し、**御歌所**を設置(御歌所長に高崎正風)。

6・18 天皇、枢密院に臨御し、憲法案を諮詢(**憲法草案審議**が始まり、七月十三日奉呈)。

6・19 天皇、侍従を派遣して京都に残る孝明天皇の資料を調査させる。

6・28 伏見宮邦家親王王子渋谷家教《いえのり》、伏見宮に復帰したうえで臣籍降下し、清棲《きよす》姓を賜わり、伯爵を受爵する。

7・10 天皇、幕末国事史料を収集調査し、編纂せしめんとする。この日、毛利元徳《もとのり》等にこれを命じる(ついで、宮内省中に旧藩事蹟取調所を設置)。

7・11 天皇、延遼館にオーストリア皇族を訪問する。

7・17 磐梯山噴火。

8・10 嘉仁親王、箱根塔ノ沢温泉に転地する(十八日帰京)。

9・18 帝室財産に官林九十万八千余町歩を編入する(大いに皇室財産を設定する議が緒につく)。

9・27 宮内省に臨時全国宝物取調局を設置(局長九鬼隆一。岡倉天心らにより、本格的に古美術の調査を実施)。

9・30 明治天皇六女常宮昌子《つねのみやまさこ》、誕生する(母は権典侍園祥子。成人して竹田宮恒久《つねひさ》王妃となる)。

10・8 朝彦親王王子邦彦王・多嘉王および

憲法を起草した旨を述べた。審議の過程で伊藤は、憲法政治の意義は、君権の制限と民権の保護にあることを強調した。「日本帝国」を「大日本帝国」に、「帝国議会の承認」を「帝国議会の協賛」に改め、また草案十二条の統帥大権と編制大権をそれぞれ独立の条文にするなどの訂正はあったものの、君権主義と立憲主義を併立させるものになった。天皇は、納得がいかないときは質問をし、説明を受けたという。

三女王に上京・修学を命じる。
10・10 明治宮殿完成（宮内省庁舎も）。
10・15 皇后、横須賀に行啓し、高雄艦命名式に臨御する。
10・24 帝室費を翌年以降、三百万円に増額することにする。
10・27 「皇居」を「宮城《きゅうじょう》」と改称する。
10・29 内閣臨時修史局を廃し、国の修史事業を帝国大学に移し、臨時編年史編纂掛を設置（編纂委員に重野安繹《しげのやすつぐ》・久米邦武《くめくにたけ》・星野恒《ほしのひさし》）。
10・30 天皇、横浜根岸競馬場に行幸し、競馬を覧る。
11・3 司法省、帝室に関するほか「御」の字の使用を廃止する。
11・5 海軍少佐有栖川宮威仁親王の渡欧を許す。
11・12 明治天皇第四皇子昭宮《あきのみや》猷仁《みちひと》親王没（年2）。
11・21 天皇、皇后と埼玉県に行幸、雨の中、近衛諸兵の演習を覧る。
11・23 嘉仁親王、鎌倉を遊覧する（鶴岡八幡宮・長谷観音・鎌倉大仏・鎌倉宮）。
11・26 宮中奉仕の漢方医を廃する。
11・30 メキシコとの日墨修好通商条約に調印（欧米諸国初の対等条約）。

12・25 佐渡・生野鉱山を帝室財産に編入する。
12・26 天皇、宮城に初めて行幸する。
12・29 宮内省を宮城内に移転する。
この年 宮内省工芸員十七名が任命される（のちの帝室技芸員）。▼熱海御用邸が造営される。▼福沢諭吉、「尊王論」を著す。
□6・12 **中山忠能**（公家。80）、7・19 山岡《やまおか》鉄舟《てっしゅう》（剣客。政治家。侍従。53）

■明治二十二年（一八八九）己丑

明治天皇 38歳
嘉仁親王 11歳

1・1 天皇、風邪により四方拝を行なわず。
1・4 宮城諸門・諸口の名称を改定する。
1・8 嘉仁親王、上野動物園を見学する。
1・9 賢所・皇霊殿・神殿が宮城新殿に遷座する（宮中三殿成立）。
1・11 天皇・皇后、赤坂仮皇居から新宮殿（明治宮殿）に移る（赤坂仮皇居は赤坂離宮となる）。
1・13 嘉仁親王、熱海で静養する（二月二十三日帰京）。
1・21 改正徴兵令を公布（徴募範囲を拡大し国民皆兵を実現）。
1月 晃親王、勅許を得て公式の系譜で「邦家親王第一王子」となる（これまでは祖父

＊**中山忠能《なかやまただやす》**（一八〇九〜八八） 明治天皇外祖父。父は権大納言中山忠頼、母は参議正親町実同《さねとも》女綱子。天保二年（一八三一）権大納言園基茂養女愛子と結婚。嘉永五年（一八五二）忠能女権典侍慶子がのちの明治天皇をもうける。万延元年（一八六〇）和宮御用掛となり、翌年、和宮東下に供奉。禁門の変により出仕ならびに他人面会を禁じられたが、慶応三年（一八六七）明治天皇が践祚すると、程なく処分を解かれ、岩倉具視・正親町三条実愛らと王政復古策をはかり、討幕の密勅を薩摩・長州二藩に下す。王政復古に際しては議定に任じられる。明治十七年侯爵。墓は豊島岡墓地。文久三年（一八六三）から慶応三年までの日記「中山忠能日記」を遺す。なお、明治天皇・大正天皇はともに幼少期を中山忠能邸ですごす。

＊**大日本帝国憲法** 明治憲法ともいい、明治二十二年二月十一日発布、同二十三年十一月二十九日施行。伊藤博文を中心に、欽定憲法として作られ、第一条には「大日本帝国ハ万世一系ノ天皇之ヲ統治ス」、

貞敬《さだゆき》親王の第八王子）。▼この頃、憲法発布を前に国旗・提灯が多く売れたという。

2・5　枢密院で「皇室典範」「大日本帝国憲法」等の条文が確定。枢密院議長伊藤博文、天皇に奉呈する。

2・11　紀元節を期して**大日本帝国憲法**発布。**皇室典範**を制定する（皇室典範は公布の形をとらず、賢所・皇霊殿・神殿に親告という形をとる）。天皇、賢所ほかで皇室典範・憲法発布の告文を奏し、正殿にて憲法発布の勅語を読みあげる。このあと午後には青山練兵場の観兵式に臨み、夜は豊明殿で祝宴が開かれる。観兵式に向かう沿道では、帝国大学の職員・学生が「万歳三唱」を行なう（「万歳三唱」の初めといわれる）。▼伊藤博文に旭日桐花大綬章が与えられ、岩倉具視・大久保利通・木戸孝允・山内豊信・鍋島直正・島津久光・毛利敬親ら維新の功労者の墓前に奉告の勅使が派遣される。▼伊勢神宮・神武天皇陵・先帝陵ほか靖国神社・全国の官国幣社にて憲法制定奉告祭が行なわれる。▼文相森有礼、刺される（翌日死去。一年前、森が伊勢外宮を参拝する際、皇族以外は入内を禁じられた門扉に靴履きのまま近づきステッキで几帳をはね上げたという噂に尾ひれがついて物議をかもしていた）。▼この日、議院法・貴族院令・衆議院議員選挙法・会計法公布。

2・12　天皇、上野公園に行幸する。

2・16　威仁親王・同妃、欧州に出発する。

2・20　日米通商和親条約・航海条約調印。

3・5　中山慶子、病により明宮御養育御用をやめる。

3・7　参謀本部条例・海軍参謀部条例公布（陸軍は天皇直隷の参謀本部を、海軍は海軍大臣の下に海軍参謀部を軍令機関として設置）。▼熾仁親王を参謀総長とする。

3・12　天皇、横須賀鎮守府に行幸し、八重山艦命名式に臨御する。

3・26　宮内省顧問モール夫妻、帰国につき天皇・皇后に拝謁する。

4・1　市制・町村制施行。

4・5　嘉仁親王、軽い麻疹にかかる（十六日より通学）。

4・24　天皇、皇后と浜離宮に行幸し、観桜会を催す。

5・16　宮内省、図書寮付属博物館を廃し、帝国博物館・帝国京都博物館・帝国奈良博物館とする。

5・25　諸陵寮、二条天皇の陵を諸陵助足立正声《まさな》の意見を容れ、「中右記」記載により考定の香隆寺旧址中点付近の良地を卜し、

第三条に「天皇ハ神聖ニシテ侵スヘカラス」とある。このとき、天皇権力の淵源は「皇祖皇宗ノ神霊」にあるとされた。また「国務各大臣ハ天皇ヲ輔弼シ其ノ責ニ任ス」（第五十五条）の一項も入れられた。二院制・責任内閣制・司法権の独立・臣民の権利義務（第二章では言論・結社の自由等も保障）など、一応近代的体裁を整えていた。しかし戦争の拡大、軍部の発言権の増大等により、その民主的部分は制約され、終戦を迎えた。

＊**皇室典範**《こうしつてんぱん》　明治二十二年に「大日本帝国憲法」とともに制定された、皇室に関する基本法。内容においては議会の関与を許さなかった。皇位継承・践祚即位・成年・立后・立太子等十二章からなる。戦後には新憲法に従い新たな「皇室典範」が作成されたが、名称はそのままとなっている。なお、皇族は養子をとることができないとされたため、有栖川宮家・東伏見宮家は断絶となる。また、皇后の出自は皇族または特定の華族と定められる。

陵域を定め、廟陵造営を建議する（六月三日裁可）。

6・1 井上毅起草の「**帝国憲法皇室典範義解**」が伊藤博文の名で刊行。

6・3 伊藤博文、すべての**天皇陵確定**を建議。この日、顕宗・武烈・光孝・村上・冷泉・円融・三条・二条・順徳・仲恭・（北朝）光明の各天皇陵が治定される。

6・11 日独和親条約・航海条約調印。

6・26 天皇、鹿鳴館にオーストリア皇族を訪問する。

6・28 後醍醐天皇を祀る吉野宮が創建され、官幣中社に列せられる。

7・1 東海道線、新橋・神戸間が全線開通。

7・4 嘉仁親王、横須賀造船所等を見学する。

7・9 正倉院宝庫定時曝涼を毎年八月一日より三十一日までとし、この間、一日二十人に限り、一定の資格者に拝観を許す。

7・13 学習院学制が定められ「学習院ハ専ラ天皇陛下ノ聖旨ニ基キ華族ニ相当セル教育ヲ施ス所トス」とされる。

7・15 依仁親王に大勲位菊花大綬章を賜う。

7・16 官林等八十二万七千余町歩を帝室財産に編入させる。

7・20 嘉仁親王、避暑のため静岡の興津に行啓する（このとき初めて海水浴。八月十八日帰京）。▼後一条天皇陵が現陵（菩提樹院陵）に改定される。

7・23 宮内省官制が改定される。大臣官房・内事課・外事課・調査課・侍従職・式部職・皇太后宮職・皇后宮職・内蔵寮・御料局・爵位局・大膳職・主殿寮（付皇宮警察署）・図書寮・内匠寮・主馬寮・諸陵寮・侍医局・主猟局・調度局・帝室会計審査局が置かれる。

7・25 安徳天皇陵が現陵に治定される。

8・8 日露和親通商・航海条約調印。

8・19 キヨソネ謹写の御真影を写真にする。

8・26 学習院を四谷区尾張町御料地に新築させる。

9・28 菊麿王・博恭王をドイツに留学させる。

9・30 「宮内省達」により、皇室の紋章を、菊花中心の円と菊花の大きさの割合を三対三十八と正式に図示される。

10・2 伊勢内宮の遷宮が行なわれる。

10・5 伊勢外宮の遷宮が行なわれる（以後、内宮は十月二日、外宮は十月五日の遷宮となる）。

10・7 海軍旗章条例公布（王皇族はじめ多数の海軍旗を定め、これまでの日章旗は「艦

＊**帝国憲法皇室典範義**《ていこくけんぽうこうしつてんぱんぎ》**解**《かい》　伊藤博文の私著として出版されたもの。「典範義解」では、皇室の「基礎ヲ鞏固ニシ、尊厳ヲ無窮ニ維持スルニ於テ欠クベカラザルノ憲章」「皇室自ラ其ノ家法ヲ条定」と規定した。

＊**天皇陵確定**　「明治天皇紀」には、この日条に伊藤博文の言葉「万世一系の皇統を奉戴する帝国にして、歴代山陵の所在未だ明かならざるものあるが如きは、外交上信を列国に失ふの甚しきものなれば、速かに之れを検覈《けんかく》し、以て国体の精華を中外に発揚せざるべからず」が記され、その主旨がわかる。

＊**内閣官制**《ないかくかんせい》　第七条に「事ノ軍機軍令ニ係リ奏上スルモノハ（中略）陸軍大臣海軍大臣ヨリ内閣総理大臣ニ報告スヘシ」とし、国務大臣である軍部大臣にも閣議を経ずに軍事に関して上奏する権限（帷幄《いあく》上奏権《じょうそうけん》）を与えた。このため、陸軍では参謀総長、海軍では軍令部長が内閣から独立した感を呈し、陸軍参謀総長と海軍軍令部長との意思を調整統一する機関は、天皇以外に存在しなくなったことにな

首旗」と呼ばれる)。
10・11　枢密院議長伊藤博文、大隈重信外相の条約改正案に反対し、辞表を提出する。
10・18　大隈外相、条約改正問題で玄洋社社員に爆弾を投げられ重傷を負う。
10・19　黒田清隆首相・山県有朋内相、条約改正の延期を上奏する(二十二日、黒田首相ほか辞表提出。二十五日、内大臣三条実美、内閣総理大臣〈臨時〉を兼任)。
10・28　嘉仁親王の花御殿、初めて電燈がつく。
11・1　天皇、黒田清隆・伊藤博文に元勲礼遇の詔書を下賜する。
11・3　嘉仁親王を皇太子とする(壺切御剣を伝授。大勲位菊花大綬章を拝受。同日付で陸軍歩兵少尉に任官)。これにともない、明宮御用掛を廃し東宮職《とうぐうしき》が置かれる(東宮大夫を曽我祐準、東宮侍従長を中山孝麿とする)。
11・4　皇太子嘉仁親王、初めての公式行啓として青山の近衛歩兵第一旅団および近衛歩兵第一連隊を訪問し、入隊の儀を行なう。
11・13　菊麿王、留学のためドイツに出発する(明治二十七年十一月帰国)。
11・28　皇太子の学科に乗馬を加える。
12・2　赤坂離宮内に東宮御所を置く。
12・6　願い出れば、公立高等小学校にも天皇・皇后の写真が下賜されることを各都道府県に通知する(この頃、写真が「御真影」と呼ばれるようになる。明治三十年代前半にはほぼ全国の公立小学校に普及)。
12・10　閣議、大隈外相の条約改正案を否認し、条約改正交渉延期を決定する。
12・16　楠木正行を祀る四条畷《しじょうなわて》神社が創建され、別格官幣社に列せられる。
12・24　第一次山県有朋内閣成立。▼大木喬任を枢密院議長とする。▼**内閣官制**公布。
12・26　東宮武官が設置される。▼有栖川宮家の利根川筋の地が買い上げられ、皇宮付属地に再編入される。
12・28　決闘罪に関する法律を定める。
12月　皇太子、腸チフスにかかる。
この年　憲法制定を期にすべての歴代天皇陵が治定される(追尊天皇・皇后その他皇族については未定が相当数残る)。
この年から翌年にかけて、皇室財産の基礎を強固にするため、官有地から御料地に編入したり民間から買い上げたりして、御料地が拡大化する(明治二十二年四月、大蔵省鉱山局から生野・佐渡鉱山が御料地に編入など。また、岐阜・長野・山梨・愛知・北海道の山林が御料林として経営されるようる。

になる)。

■**明治二十三年(一八九〇)庚寅**

明治天皇 39歳
嘉仁親王 12歳

1・1 天皇、風邪により四方拝を行なわず。
1・4 神宮職員官等表中改正で、神宮祭主は皇族であることを加える。
1・16 皇族職員職制を定める。親王家には別当・家令・家扶・家従、諸王家に家令・家扶・家従を置く。
1・19 皇太子、避寒のため熱海に移る(二月十五日還啓)。
1・28 第七皇女(周宮房子《かねのみやふさこ》内親王)、誕生する(母は権典侍園祥子)。
2・5 天皇、枢密顧問官佐佐木高行等を御座所に召し談話する(以後、毎水曜日は枢密顧問官と談話)。
2・11 金鵄勲章創設の詔書を下す。同日、金鵄勲章の等級製式佩用式公布。
2・24 天皇、横須賀に行幸し、新艦八重山艦に試乗する。
3・26 天皇、皇后とともに上野公園に行幸し、第三回内国勧業博覧会開会式に臨幸する。
3・27 民法・民事訴訟法公布。
3・28 天皇、愛知県の陸海軍連合大演習統監のため、東京を出発する(演習は三月二十九日から四月三日。このあと京都等巡幸)。
4・2 皇紀二千五百五十年を記念し、橿原《かしわら》神宮が創建され、この日鎮座祭が行なわれ(祭神は神武天皇・皇后媛蹈韛五十鈴媛命)、官幣大社に列せられる(京都御所の内侍所と神嘉殿を移築して神殿とする)。
4・6 皇太子、上野公園の第三回内国勧業博覧会に行啓する。
4・8 天皇・皇后、孝明天皇陵等に参拝する。▼威仁親王、帰朝し、この日、天皇に京都にて欧行の状を奏聞する。
4・17 皇后、桂離宮に行啓する。
4・24 外務省所管の鹿鳴館を宮内省に移管する。
5・5 板垣退助の愛国公党創立。
5・12 皇太子、横須賀港に行啓する。
5・16 天皇、不忍池競馬場に行幸、第三回内国勧業博覧会付属臨時競馬会に臨御する。
5・17 天皇、芳川顕正文相に徳育教育に関する箴言《しんげん》の編纂を命じる。▼府県制・郡制制定。
5月 常宮昌子《つねのみやまさこ》内親王の避暑のため、日光の山内御用邸が建てられる(明治三十二年廃止。これに代わり日光田母沢《たもざわ》御用邸建築)。
6・6 帝室宝器主管を置き、正倉院御物そ

＊**巡幸** 明治二十三年三月二十八日東海道線にて名古屋到着。三十日伊勢湾口にて海軍演習を統監し、半田到着。三十一日乙川および雁宿山に大演習を統監。四月一日半田村付近の大演習を統監。二日平針村付近の大演習を統監。三日第三師団司令部に行幸し、観兵式を行なう。四日愛知県会議事堂に臨幸。皇后、名古屋に到着。五日皇后と京都行幸。八日孝明天皇陵等参拝。九日滋賀県庁に行幸。琵琶湖疏水竣功式に臨御。十二日聖護院町の晃親王邸に行幸。十八日京都より呉・佐世保鎮守府行幸に出発。神戸港で海軍観兵式を行なう。小豆島に仮泊。十九日濃霧により小豆島沖に仮泊。二十日呉に到着。呉鎮守府に行幸。二十二日江田島海軍兵学校に行幸。二十三日佐世保港に向かう。濃霧により部崎燈台下に仮泊。二十四日六連島沖に仮泊。二十五日佐世保に到着。二十六日佐世保鎮台に行幸し、神戸へ。二十七日京都到着。五月六日京都出発、名古屋到着。七日名古屋発、東京還幸。

の他帝室宝器を管理させる（主管に宮中顧問官税所篤《さいしょあつし》を任じる）。

6・7　山県有朋・彰仁親王を陸軍大将とする。

6・10　第一回貴族院多額納税議員選挙が行なわれる（九月二十九日、四十五人任命）。

7・1　第一回衆議院議員選挙が行なわれる。

7・3　群馬県伊香保に御料地を選定し、皇室保養地とする。

7・10　第一回貴族院伯子男爵議員互選選挙が行なわれる（伯十八人、子七十人、男二十人当選）。

7・12　天皇、帝国大学に行幸し、工科大学・理科大学を覧る。

7・14　箱根塔ヶ島離宮を函根離宮と改称する。

7・27　皇太子、避暑のため静岡県興津清見寺に行啓する（八月十六日まで）。

7・31　天皇、上野公園に行幸し、内国勧業博覧会に臨御する。

8・10　真言宗御室《おむろ》派、弘法大師を宗祖、宇多法皇を派祖として真言宗から独立。

8・16　皇太子、興津より函根離宮に移る（二十四日帰京）。

8・20　依仁親王、フランスのブレスト海軍兵学校を卒業する。

8月　文部大臣芳川顕正、「御真影」を市町村立尋常小学校・幼稚園にも下付し、三大節などに生徒に拝ませ忠君愛国の精神を育てたいと、土方久元宮内大臣に請願する（十月四日許可）。

9・1　北海道官林二百万町歩を御料地とする。

9・6　後醍醐天皇皇子尊良親王を祀る金崎宮が創建される。

9・14　博恭王、ドイツ海軍兵学校留学のため、横浜を出発する（明治二十八年十月帰国）。

9・20　内閣に賞勲局を設置する。

9・26　皇太子、コレラ流行により、学習院を休学する（十七日間）。

10・2　帝室技芸員が設置され、橋本雅邦・高村光雲ら十名を任命。以後、昭和十九年まで十三回七十九名が選ばれる）。

10・6　小学校令制定。

10・20　元老院が廃止。臨時帝室制度取調局廃止。

10・24　初代貴族院議長に伊藤博文が任じられる。

10・26　天皇、茨城県に行幸し、近衛小機動演習を親閲する（二十七日岩間原、二十八日鹿島山にて演習を覧る。皇后・皇族妃・

女官も馬車から見学。二十九日還幸)。
10・30 「教育ニ関スル勅語」(**教育勅語**)発布する。
10・31 芳川顕正文相、教育勅語謄本を全国の学校に配布し、学校では式日に常に勅語を読むべしとの訓令を出す。
11・22 皇典講究所に教育機関として國學院が開院する。
11・28 宮内省、宮城外二十八ヵ所を**世伝御料**地と定め、これを告示する(百一万五百八十八町歩。御料地総面積の約三分の一)。
11・29 大日本帝国憲法施行。国会開設され、天皇の行幸のもと第一回通常議会開会式が行なわれる。
12・2 宮中に文事秘書局を置く。
12・26 岐阜県長良川に鮎御猟場を置く。
12・27 皇太子、守正王・邦芳王ら学友を召し、赤坂離宮御苑内馬場にて乗馬等の競技を行なう。皇太子、体操等で一等賞、乗馬で二等賞を獲得する。
□6・2松平慶永《まつだいらよしなが》(春嶽。福井藩主。63)

■**明治二十四年(一八九一)辛卯**
明治天皇 40歳
嘉仁親王 13歳
1・3 天皇、インフルエンザにかかる(二月十三日全快)。
1・8 皇太子、避寒のため熱海に移る(このとき週二時間、軍政を学ぶ。五十二日間滞在)。
1・9 第一高等中学校嘱託教員内村鑑三(無教会主義を唱えた宗教家)、教育勅語奉読の際、最敬礼せず軽く頭を下げてすませる(問題化し、二月三日解職)。
1・19 畝傍山・香久山・耳成山を御料地とする。
2・5 教育勅語謄本を全国学校に配布する。
2・16 皇統譜凡例および書式を裁可する(北朝五代を皇統に加えず)。
2・18 内大臣三条実美没(国葬とする)。
2・21 徳大寺実則、内大臣に就任(侍従長兼任)。
2月 「太政官達」により、后妃・皇子・皇女について全国に陵墓調査を命じる(沖縄県を除く)。
3・24 天皇、横須賀に行幸し、橋立艦命名式に臨御する。▼**皇室会計法**制定(明治二十四年度から施行)。▼度量衡法(尺貫法)公布(明治二十六年一月一日施行)。
3・27 陸軍省所轄の彦根城が彦根御料地として皇宮地付属地に編入される(十月、伯爵井伊直憲《なおのり》に三十年間無料貸与)。
3月 臨時編年編纂掛、帝国大学に移管の地

***教育勅語** 天皇が、山県有朋内閣総理大臣と芳川顕正文部大臣に下し、「爾臣民《なんじしんみん》」に語りかけたもの。井上毅起草・元田永孚修訂。忠孝を核とし、忠君愛国をもって国民道徳の基礎とした。「朕惟《おも》フニ」に始まり、「国体の精華」「教育の淵源」を示したもの。戦前には、祝祭日等には校長がこれを読み上げ、「御真影」とともに、その写しは奉安殿に大切に納められていた。昭和二十一年、文部省通達により失効。翌二十二年に教育基本法施行。同二十三年には、衆議院「教育勅語等排除に関する決議」、参議院「教育勅語等の失効確認に関する決議」により、教育現場からの排除・失効が確認された。

***世伝御料《せでんごりょう》** たとえ天皇であっても処分することができない御料で、皇位とともに代々伝えるべき財産。このとき、正倉院御物・法隆寺献納宝物などが世伝御料となり、土地面積は約百万町歩。皇室の動産・不動産を国会開設前に官有一般から切り離して確固たるものにするためであった。昭和五年、御料物調査委員会で、世伝御料の規定

誌編纂掛を合併し、文科大学史誌編纂掛となる。

4・8 天皇、四谷の学習院に行幸する（皇太子奉迎）。

4・10 皇太子、習志野原猟場にて兎狩を行なう。

4・22 天皇、皇后とともに浜離宮観桜会に臨御する。

4・27 ロシア皇太子ニコライ（のち皇帝ニコライ二世）、来日する。

4・29 天皇、横浜根岸競馬場に行幸し、競馬を覧る。

5・6 第一次松方正義内閣発足。

5・11 ロシア皇太子ニコライ、大津で護衛巡査津田三蔵に斬りつけられ傷を負う。接待役有栖川宮威仁《たけひと》親王、ただちに電報で天皇に上奏。天皇、痛惜の念を表明する勅語を発する（天皇、翌日早朝六時三十分の汽車で京都に向かう）。

5・13 天皇、ニコライを見舞う。午後、ニコライが神戸港のロシア軍艦で治療するため、天皇は神戸まで同行する。

5・19 天皇、ニコライの招待によりロシア軍艦に乗り、午餐を伴にする。

5・20 天皇、孝明天皇および近帝三陵に参拝する（二十二日還幸）。

5・24 皇太子、江ノ島・鎌倉に行啓する。

5・27 大審院、ニコライを襲った津田三蔵を無期懲役とする。

6・1 伊藤博文を枢密院議長とする。

6・12 東宮武官長を設置する（奥保鞏《やすかた》陸軍少将を任命し、皇太子嘉仁親王を輔弼させる）。

6・13 東宮職中の東宮大夫・東宮亮を廃し、主事・主事補を置く。

6・17 「**小学校祝日大祭日儀式規程**」を公布する。

6・29 聖旨により、孝明天皇の事績を編修させる（侍従長徳大寺実則を先帝御事蹟取調掛長とする）。

6月 明治天皇皇女常宮昌子《つねのみやまさこ》内親王・周宮《かねのみや》房子《ふさこ》内親王の住居として高輪御殿が建てられる。

7・11 東京音楽学校卒業式で「君が代」が歌われる（学校儀式での「君が代」歌唱の先例）。

7・14 載仁親王、フランス留学より帰朝する。

8・7 明治天皇八女（富《ふ》美宮允子《みのみやのぶこ》。のち朝香宮鳩彦《やすひこ》王妃）、誕生する（母は権典侍園祥子）。

8・19 硫黄島を東京府に編入することを閣

を明確にした。主な世伝御料は、宮城、赤坂離宮・青山御所、浜離宮、芝離宮、京都皇宮、二条離宮、桂離宮、修学院離宮、函根離宮、正倉院宝庫、ほか各地御料地。

***国会**《こっかい》 正式名は帝国議会。国会の召集・開会・閉会・衆議院の解散等は天皇の大権とされた。衆議院と貴族院の二院制だが、貴族院は、公・侯爵は三十歳で終身、伯・子・男爵は三十歳で互選により任期七年であった。

***皇室会計法**《こうしつかいけいほう》 内閣制度創設により宮内省が内閣から分離されたため、「帝室会計法」に代わり整備されたもの。御料に関する御料部会計、現金・有価証券などに関する御資部会計、国庫から交付される皇室費を歳入とする常用部会計に区分。皇室会計で余ったものは御資部会計に蓄積され、会計年度は政府と異なり一月一日から十二月三十一日とした。

***小学校祝日大祭日儀式規程** 紀元節・天長節・元始祭・神嘗祭・新嘗祭に「御真影」拝戴、教育勅語奉読などの儀式を行ない、忠君愛国の志気涵養を義務づける。明治

議決定する（九月九日勅令公布）。
8・25 穂積八束、「法学新報」に「民法出テ、忠孝亡フ」を発表する。
9・9 小笠原島の南南西沖三島の名称を硫黄島・南硫黄島・北硫黄島とする。
10・8 皇太后、京都に行啓する（十一日、孝明天皇陵に参拝。十一月五日春日神社、八日談山神社、九日畝傍山東北陵等、奈良・阪神地方を訪ね、十六日還啓）。
10・24 天皇、近衛秋季演習親閲のため、神奈川県下に行幸する（二十五日渋谷村、二十六日六会村の演習を覧る。二十六日還幸）。
10・25 **久邇宮朝彦親王**没。
10・28 濃尾大地震起こる（死者七千二百七十三人）。
11・6 陸軍省、維新前後の国事殉難者千二百七十七人を靖国神社に合祀する。
11・17 文部省、道府県に対し、「御真影」と教育勅語謄本は「最モ尊重ニ奉置セシムヘシ」と訓令する（これにより「奉安殿」が建てられ、教員の宿直が始まる）。▼「**小学校教則大綱**」が発令される。
11・26 天皇、伊東巳代治枢密院書記官長を召し、欽定憲法の趣旨を国民に徹底させることを、徳大寺実則侍従長を通じて命じる。
この年 「皇室会計法」初め、「常用部会計順序」「皇室会計条規」「常用部特別会計規則」「各宮内経済会計規則」「御資部会計順序」「皇室会計審査条規」「皇室経済会議規程」など、皇室経済に関する諸法規が整備される。▼「宮内省用達称標出願人取扱順序」が定められ、食べもの・陶磁器・装飾品等で品質の優秀さや納入実績などを基準に業者を選ぶようになる（「宮内省御用達」の初め）。▼芝離宮に迎賓館（洋館）が建てられる（関東大震災で焼失）。▼井上哲次郎「勅語衍義《えんぎ》」刊。
□1・22**元田永孚**（儒学者。明治天皇側近。74）、2・18**三条実美**（尊攘派公家。55）、4・22吉井友実《よしいともざね》（宮内少輔・宮内次官。枢密顧問官。明治天皇の輔導に尽力。65）、8・27中御門経之《なかみかどつねゆき》（尊攘派公家。72）

■明治二十五年（一八九二）壬辰

明治天皇 41歳
嘉仁親王 14歳
1・1 天皇、病により四方拝を行なわず。
1・4 皇太子、避寒のため熱海の加茂第一御料地に移る（三月一日帰京）。
1・22 伊藤博文、参内して政党組織の決意を奏上する（天皇、不可とする）。
1月 「史海」に掲載の久米邦武「神道は祭天の古俗」、守旧的神道家の反感を買う（前三十三年の改正では「君が代」を歌うことが義務づけられる。

＊**久邇宮朝彦親王**《くにのみやあさひこしんのう》（一八二四～九一） 伏見宮邦家親王第四子。母は青蓮院坊官鳥居小路経親女信子。天保七年（一八三六）仁孝天皇の養子となり、八年親王宣下。同九年閏四月に得度。嘉永五年（一八五二）粟田口青蓮院門跡となり粟田宮と称される。のち天台座主。孝明天皇の親任厚く、文久三年（一八六三）特旨をもって還俗、中川宮と称するも、元治元年（一八六四）宮号を賀陽《かや》宮と改称。この間、公武合体派の中心となって活躍するが、孝明天皇崩御により孤立した。維新後、明治八年、久邇宮を称し、同年七月に神宮祭主に任じられる。「朝彦親王日記」は幕末期の重要史料。

＊**小学校教則大綱**《しょうがっこうきょうそくたいこう》 「修身ハ教育ニ関スル勅語ノ旨趣ニ基キ児童ノ良心ヲ啓培シテ其徳性ヲ涵養シ人道実践ノ方法ヲ授クルヲ以テ要旨トス」と定められ、尊王愛国の志気を養成することが重要とされた。

＊**元田永孚**《もとだながざね》（一八一八～九一） 儒学者。熊本藩士の子。藩校時習館

年十月「史学会雑誌」に発表のものを転載）。
2・19 依仁親王、フランスより神戸に帰朝する（二月二十四日参内）。
3・4 「皇室に対する不敬」として、久米邦武、帝国大学教授を非職。ついで依願免官（「史学会雑誌」「史海」発行禁止）。
3・7 延遼館を壊し、同館表門を浜離宮表門とし、離宮表門を通用門と改称する。
3・26 三浦梧楼、学習院長を辞任（岩倉具定を学習院長とする）。
4・4 皇太子、習志野御猟地に遊猟する。
4・22 有志農民に新嘗祭供御の献納を聴許する（各府県農民の新嘗祭供穀献納の初め）。
4・23 天皇・皇后、浜離宮御苑での観桜会に臨御する。
6・10 天皇、正倉院御物整理および明治宝庫創設を聴許する（八月、宮内省に正倉院御物整理掛を置き、宝物の整理・復原修理を行なう（明治三十七年まで））。
6・17 東京府南豊島郡渋谷村御料地の一部を借用し、日本赤十字病院が開院する。
6・20 帝室財産規程取調委員を置く。
7・6 依仁親王、侯爵山内豊景叔母八重子と結婚する。
7・7 天皇、横須賀鎮守府に行幸し、秋津洲艦命名式に臨御する。
7・30 松方内閣、閣内不一致のため辞表提出。天皇、後継首相について「元勲」に下問する。
8・8 「元勲会議」の決定により、天皇、伊藤博文に組閣を命じる。第二次伊藤博文内閣成立（山県有朋等入閣。いわゆる「元勲内閣」。後継首相を天皇に推薦する元老制度の初め）。
8・11 皇太子、横須賀港に行啓する。
9・27 吉水神社の後醍醐天皇尊像を移し、吉野神宮の遷座祭が行なわれる。
10・21 天皇、栃木県の陸軍特別大演習統監に出発する（二十七日還幸）。
11・3 嘉仁親王、陸軍歩兵中尉に昇進する。
11・15 帝室礼式取調委員を置く。
11・17 後醍醐天皇皇子恒良親王を金崎宮に合祀する。
12・2 皇太子、腸チフスにかかる（翌年一月二十四日撤床）。
12・8 能久親王を陸軍中将とする。
12・16 久邇宮朝彦親王第二王子邦憲《くにのり》王、結婚して京都に居住するに際し、賀陽宮《かやのみや》を称することを許される（賀陽宮始祖）。
この年 飯田武郷「日本書紀通釈」刊（索引は大正十五年刊）。
□2・1 五姓田《ごせだ》芳柳《ほうりゅう》（初代。洋画家。明治天

で塾長横井小楠に学ぶ。明治四年上京し宮内省出仕、侍読となり、六月四日、初めて明治天皇に「論語」を進講。同十年侍補、十一年より佐佐木高行・吉井友実・土方久元らと「天皇親政」運動を展開する。同十九年宮中顧問官、二十一年枢密顧問官となり、一貫して天皇の側近として仕え、政治および教育について発言。同二十四年、特旨により男爵。

＊三条《さんじょう》実美《さねとみ》（一八三七〜九一） 贈右大臣三条実万《さねつむ》の第四子。母は土佐藩主山内豊策《とよかず》女紀子。安政元年（一八五四）三条家を継承。尊攘派公家の中心人物で、明治元年、岩倉具視とともに新政府の副総裁、次いで右大臣・太政大臣となり、明治十八年、太政官制廃止後、内大臣をつとめる。明治天皇はその浅草別荘対鷗《たいおう》荘に行幸するほど三条を信頼し、臨終には親ら正一位を授け詔書を下賜した。公爵。

皇の御影を描く。66)、11・11山田顕義《やまだあきよし》(政治家。陸軍中将。49)

■明治二十六年（一八九三）癸巳

明治天皇　42歳
嘉仁親王　15歳

1・24　皇太子嘉仁親王、昨年十二月以来の病気が全快する（二十八日、これを祝し内宴が開かれる）。
2・3　皇太子、神奈川県葉山村の有栖川宮別邸に転地する（三月十四日帰京）。
2・5　靖国神社で大村益次郎銅像除幕式が行なわれる。
2・9　顕宗天皇陵以下新定十三陵の修復成る。
2・10　天皇、「在廷ノ臣僚及帝国議会ノ各員ニ告ク」の詔勅を渙発する（今後六年間、内廷費から毎年三十万円、官吏の俸給一割を製艦費の補助とすることを約するので議会と内閣は「和協」の道を探るよう要望する。「和衷協同の詔勅」「建艦詔勅」とも）。
2・13　貴族院・衆議院、「和協の詔勅」に従うことを表明する（天皇、藩閥勢力と政党間の調停に成功）。
2・15　華頂宮博厚王を天皇猶子とし、親王宣下を受けるも、この日没（年9）。
3・19　皇太子、南豊島御料地に遊猟する（このあと同地にしばしば行啓）。
3・25　法典調査会規則公布（四月十三日、総裁伊藤博文以下を任用）。
3・30　帝国大学修史編纂事業を中止させる。
4・5　皇太子、下総御料牧場に行啓する（八日還啓）。
4月　文科大学史誌編纂掛が廃止される（のち史料編纂掛が設置）。
5・19　福島県吾妻山噴火。
5・20　海軍省官制改正・海軍軍令部条例制定（海軍大臣は海軍軍政に限定。海軍参謀部を海軍軍令部とし、大臣に属さず、天皇に直隷とする）。▼戦時大本営条例を制定（二十二日公布。戦時の最高統帥部を大本営と称し、陸海軍大作戦の計画の任には天皇直隷の参謀総長が当たることになる）。
5月　陸軍省所轄旧名古屋城を宮内省に移管する。
6・1　名古屋城を名古屋離宮とする。
6・22　海軍少尉依仁親王を欧米に差遣することにする。
7・15　皇太子、学習院初等科を卒業する（同中等科へ進む）。▼皇太子の静養を目的とした沼津御用邸が竣工する。
7・23　皇太子、避暑のため沼津御用邸に行啓する（八月二十日まで滞在。ついで函根

＊沼津御用邸《ぬまづごようてい》　皇太子（大正天皇）の静養のため、静岡県駿東郡静浦村（現沼津市）の島郷御料林内に造営される。広大な松林と海浜があり、面積は約一五万平方メートル。昭和二十年の空襲で本邸を焼失。同四十四年十二月廃止となり沼津市へ移管。翌年、沼津御用邸記念公園として公開される。
＊葉山御用邸《はやまごようてい》　皇室侍医ベルツの進言などにより、当時療養中の英照皇太后の療養地として建てられ、のち皇太子嘉仁親王の静養のため用いられた。大正天皇はこの地で亡くなり、昭和天皇は、ここで践祚した。昭和四十六年、放火により焼失したが、同五十六年に再建される。

離宮に移り、二十八日帰京)。

8・4 依仁親王、横浜から欧米各国に出発する(十五日バンクーバー着。ワシントン、ニューヨーク経由で十月四日ロンドンへ)。

8・12 文部省、小学校における祝日大祭日の儀式用唱歌八曲を選定する(「君が代」「勅語奉答」「一月一日」「元始祭」「紀元節」「神嘗祭」「天長節」「新嘗祭」の八曲)。

8・17 天皇、オーストリア皇族フェルディナンド親王を芝離宮に答訪する(十九日にも)。

8・22 天皇、西郷隆盛銅像建設に五百円を賜う。

9・11 皇太子、中等科入学により、改めて学友十五名を置く(十二日入学)。

9・13 皇太子の学習院修学科目を定める(国漢学・フランス語学・歴史及地理学・理学及数学・芸術〈習字・図画〉ほか)。

10・8 皇太子、邦芳王を伴い多摩郡連光寺村(旧名蓮光寺)に行啓する(十八日帰京)。

10・20 天皇、群馬県下での近衛師団小機動演習を覧る(二十三日還幸)。

11・7 天皇、横浜の根岸競馬場に行幸し、競馬を覧る。

11・30 明治天皇第五皇子(満宮輝仁《みつのみやてるひと》)、誕生する(母は権典侍園祥子。八ヵ月で早逝)。

12・1 邦彦王、第三師団歩兵第五旅団第六連隊に入隊する。

12・28 学習院教授湯本武比古、東宮職御用掛を免じられる。

この年 諸陵寮、画工国分雲外に歴代陵絵図を発注する(現在、書陵部蔵「歴朝山陵図」)。

▼東大寺、尊勝院の経蔵(聖語蔵)と約五千巻の経巻を皇室に献納する。

□12・5 松平容保《まつだいらかたもり》(京都守護職。59)

■**明治二十七年(一八九四)甲午**

明治天皇 43歳

嘉仁親王 16歳

1・9 皇太子、沼津御用邸に行啓する(御用掛川田剛(甕江《おうこう》)、「孝経」を進講。二月二十八日還啓)。

1月 皇太后避寒用に**葉山御用邸**が建てられる(二十二日工事完了)。

2・5 皇太后、葉山御用邸に行啓する(三月七日還啓)。

3・9 明治天皇大婚二十五周年祝典が宮城で行なわれる(各地で奉祝会開催)。

3・28 金玉均、上海にて射殺される。

4・7 皇太子、埼玉県北葛飾郡に遊猟する(九日還啓)。

4・8 守正王を第五師団に配属させる。

4・12 天皇、皇后と浜離宮に行幸し、観桜会を催す。
4・17　天皇、横須賀に行幸し、新造軍艦松島・吉野・千代田を巡覧する。
5・31　衆議院で伊藤内閣不信任上奏案が可決される（六月二日、宮相土方久元を通じ、不採用と伝達され、衆議院解散）。
5月　伊勢神宮の大祭を神嘗・新年・神御衣・月次・新嘗祭および臨時奉幣式・正遷宮とする。また、公式祭を元始・紀元節・天長節・歳旦・風日祈祭および遥拝式・大祓とする。
6・2　閣議、清の出兵に対し、公使館や居留民保護のため朝鮮への出兵を決定。天皇、これを裁可する。
6・5　日清戦争に対し、参謀本部内に大本営を設置する。
6・7　清国、わが国に朝鮮派兵を通告する（日本も清国に朝鮮派兵を通告）。
6・10　朝鮮国は清国の属国であるとの通知が清国から来る。
6・22　御前会議で、軍隊の増派と朝鮮国内政改革案を決定する。次いで宮中で大本営御前会議を開く（天皇は清国との開戦に消極的）。
6・29　内務省、平安神社の社格を官幣大社として平安神宮と称する旨を告示する（翌年三月竣工）。
7・16　皇太子、避暑のため沼津御用邸に行啓する（八月十四日還啓）。▼ロンドンで日英通商航海条約に調印する（治外法権撤廃、関税自主権一部回復）。
7・17　宮中にて初めて大本営会議を開く。
7・23　大鳥圭介朝鮮国駐在大使と混成旅団大島義昌少将が独断で軍を動かし、朝鮮国王宮を占領する（大院君を執政とする政権を樹立）。
7・27　天皇、今後大本営会議に伊藤博文首相が出席すべきとの沙汰を下す。
8・1　閣議で対清宣戦布告を決定。天皇、これを裁可し、「日清戦争宣戦詔勅」を下す（天皇、有栖川宮熾仁《たるひと》親王を「陸海軍を総裁せしめる」として大本営幕僚長に任じる。だが、天皇、日清開戦は「不本意」として奉告祭は代拝、勅使の派遣も伊勢と孝明天皇陵にとどまる）。
8・2　皇太子、学習院を退学する（東宮御所御学問所にて修学することにする）。
8・5　大本営を宮中に移す。
8・11　天皇、土方久元宮相より伊勢神宮・孝明天皇陵への対清宣戦布告奉告の使節人選を問われ、戦争は自分が望んだものではないとして、奉告は心苦しいと却下する（土

＊**柳原《やなぎわら》前光《さきみつ》**（一八五〇〜九四）　父は従一位柳原光愛。妹柳原愛子は大正天皇生母。明治二年外務省に入り、同七年清国駐剳特命全権公使、同八年元老院議官。同十三年ロシア駐剳特命全権公使に任じられるほか賞勲局総裁・枢密顧問官・宮中顧問官などを歴任。この間、「皇室典範」など皇室諸制度の制定に尽力した。

＊**有栖《ありす》川宮《がわのみや》熾仁《たるひと》親王《しんのう》**（一八三五〜九五）　参謀総長・神宮祭主・陸軍大将。父は有栖川宮幟仁親王、母は二条斉信女広子（生母は佐伯祐子）。嘉永元年（一八四八）仁孝天皇猶子となり、翌年親王宣下。慶応三年（一八六七）王政復古により総裁。戊辰戦争では東征大総督、西南戦争では鹿児島県逆徒征討総督。明治天皇の親任厚く、陸軍大将・元老院議長・左大臣等、皇族の重鎮として天皇を補佐する。以後、参謀本部長・参謀総長を歴任し、日清戦争では陸海全軍の総参謀長をつとめる。国葬をもって豊島岡墓地に葬られる。和宮親子内親王の元婚約者。

方、詔勅を出しているのだからと諫めると、天皇は激怒したという。翌朝、徳大寺実則侍従長を通し、勅使の人選をして奉呈すべしとの天皇の意向を土方に伝達）。

8・16　彰仁親王を大本営会議に列せしむ。

8・17　天皇第五皇子満宮輝仁《みつのみやてるひと》親王没（年2。二十一日、豊島岡墓地に葬られる）。

8・30　天皇、文武官を召して外交と軍事が食い違わないよう、その協調につき五ヵ条の諭を下す。

9・13　天皇、大本営を広島に移すため、東京を出発する（翌年五月三十日帰京）。

9・15　天皇、広島の大本営に到着する（翌年四月までここで起居）。この日から翌日にかけての平壌の戦いで陸軍が圧勝し平壌を占領する。

9・16　皇太子、邦芳《くにか》王を伴い靖国神社遊就館に行啓し、日清戦争の戦利品を見る。

9・17　海軍、黄海海戦に圧勝し、制海権を握る。

10・2　天皇、呉軍港に行幸する。

10・19　北海道の御料林のうち百三十六万町歩が北海道に無償下付される。

11・17　皇太子、広島に行啓、大本営の天皇と対面する（翌日、天皇と昼食を伴にし、東京に向け広島を発つ）。

11・22　日米通商航海条約調印。

11・29　天皇、病気の山県有朋第一軍司令官に帰国を命じる勅を下す。

12・1　日伊通商航海条約調印。

この年　藤原賢子・媞子内親王・令子内親王三陵と禧子内親王墓を合わせ、上醍醐陵と称することにする。▼木幡陵を宇治陵と改称。▼大宮院（後嵯峨天皇中宮）の粟田山陵（京都市左京区南禅寺福地町）が治定される。

□9・2**柳原前光**（官僚。45）

■明治二十八年（一八九五）乙未

明治天皇　44歳

嘉仁親王　17歳

1・4　皇太子嘉仁親王を陸軍歩兵大尉とする。

1・14　皇太子、初めて寒稽古を行なう。▼尖閣列島の沖縄県編入を閣議決定。

1・15　参謀総長有栖川宮熾仁親王に大勲位菊花章頸飾を賜う。

1・16　熾仁親王に金鵄勲章を賜う（金鵄勲章賜与の初め）。

1・24　**有栖川宮熾仁親王**、兵庫県舞子別邸にて没。

1・26　小松宮彰仁親王を参謀総長とする。

2・10　賀陽宮邦憲《くにのり》王を神宮祭主とする。

3・4 皇太子、インフルエンザにかかる（二十六日撤床。五月二日全快祝宴）。

3・15 平安奠都千百年を記念して平安神宮が創建され、この日、勅使参向のうえ鎮座式が行なわれる（祭神は桓武天皇、のち孝明天皇を合祀）。

3・16 参謀総長彰仁親王を征清大総督とする。

3・17 皇后、傷病兵見舞いのため西下する（十九日、広島大本営に到着。五月三十一日還啓）。

3・26 南方派遣艦隊、澎湖列島全部を占領する。

3・30 日清休戦定約に調印する。

4・1 帝国大学文科大学に史料編纂掛を設置する（三上参次が史料編纂掛主任。国史編纂を中止し、編年史料編纂に専念。昭和四年、史料編纂所と改称）。

4・14 応神天皇皇后仲姫の陵号を仲津《なかつ》山《やまの》陵《みささぎ》と定める。

4・17 日清講和条約を下関で調印する（朝鮮の独立、遼東半島・台湾・澎湖《ほうこ》列島の割譲、賠償金支払い等）。

4・21 天皇、「平和克復に関する詔書」を出す（日清戦争を「朕ハ止ムヲ得スシテ之ト干戈ヲ交ヘ」とする）。

4・23 露・独・仏三国公使、外務省に遼東半島を清国に返還するよう覚書を手渡す（三国干渉）。

4・26 皇后、広島より京都に行啓する。

4・27 大本営を広島から京都に移す（天皇、京都へ出発する）。

5・4 閣議、「三国干渉」を受け入れ、遼東半島還付を決定する。

5・9 天皇、京都御所の飛香舎・准后御殿等を巡覧し、往事を追懐する。

5・10 海軍軍令部長樺山資紀《かばやますけのり》を台湾総督とする。総理大臣伊藤博文、台湾・澎湖列島ほかの領収および施政の大綱につき訓令する。

5・19 皇太子、横須賀に行啓する（二十六日還啓）。

5・22 征清大総督彰仁親王、凱旋する。

5・23 天皇、二条離宮に行幸する。

5・24 天皇、京都で開催の第四回内国勧業博覧会に行幸する。▼皇后、孝明天皇陵および近陵を参拝する（ついで東福寺に行啓）。

5・27 天皇、孝明天皇陵および後桃園・光格・仁孝各天皇陵に参拝する。

5・29 大本営を京都から東京に移す（天皇、京都を出発。三十日還御）。

5・30 皇后、京都を出発する（三十一日東

＊**北白川宮《きたしらかわのみや》能久親王《よしひさしんのう》**（一八四七〜九五） 伏見宮邦家親王第九王子。幼称満宮《みつのみや》。嘉永元年（一八四八）仁孝天皇養子となり、青蓮院門室・梶井門室を相続。安政五年（一八五八）親王宣下。同六年得度して公現法親王。慶応三年（一八六七）輪王寺門主。通称輪王寺宮。戊辰戦争時、奥羽越列藩同盟に擁されたため謹慎処分、許されて伏見宮家復帰。明治五年、北白川宮家を相続（能久親王に復名）。プロイセンに留学し、帰国後累進して陸軍中将（逝去後大将）。国葬により豊島岡墓地に埋葬。当初は台南神社、第二次大戦後、靖国神社に合祀される。

京還啓)。
5月下旬頃から、皇太子、腸チフス・肺炎・肋膜炎等を患う。
6・2 日清両国の全権、台湾授受の手続きを完了。
6・8 日露通商航海条約調印。
6・13 内閣に台湾事務局を設置。
6・20 天皇、芝離宮にイタリア皇族を訪問する。
7・13 これより先、皇太子病気。この日、病床を赤坂離宮に移す(八月八日、高輪御殿に移る。十一月十二日撤床し祝宴)。
8・5 日清戦争の勲功により、陸軍大将彰仁親王に菊花章頸飾、伊藤博文に大勲位菊花大綬章を与える(伊藤博文・大山巌・西郷従道・山県有朋に侯爵を授与)。
8・7 日本とスペイン、「西太平洋ニ於ケル日西両国版図境界ニ関スル宣言書」を交換(台湾とフィリピンの境界をバシー海峡中間とする)。
8・11 東京帝国大学教授ベルツ、皇太子の主治医となる。
8・18 皇太子、体温が四十度二分まで上り、重体となる(十一月全快)。
10・2 天皇、枢密顧問官佐佐木高行に、ロシアの極東進出憂慮を述べる。
10・8 三浦梧楼朝鮮国公使の意を受け、公使館守備隊等、大院君を擁して景福宮に押し入り王妃閔妃を殺害する。
10・22 台湾南部作戦を終了。▼京都で平安遷都千百年記念式が行なわれる。
10・24 天皇、朝鮮国特派大使李載純を引見し、閔妃殺害に遺憾とする勅語を出す(三浦梧楼公使免職)。
10・25 平安神宮創建により、第一回時代祭挙行(翌年から十月二十二日開催)。
10・28 近衛師団長陸軍中将**北白川宮能久親王**、台湾で没(十一月一日、菊花章頸飾を授与。十一月五日、宮内省、公式に逝去と発表。十一月十一日国葬。能久親王王子成久王が宮家を継承)。
11・8 「奉天半島還付ニ関スル条約」に調印(遼東半島を中国に還付)。
11・18 台湾総督樺山資紀、台湾平定を報告する。
11・19 ロシア皇帝戴冠式に貞愛親王を差遣する(式は翌年五月)。
11・25 皇太子、保養のため葉山御用邸に移る。
12・16 靖国神社、この日から十八日までの臨時大祭において日清戦争戦死者千四百九十六人の霊を合祀する。

12・17　天皇、日清戦争戦没者合祀の靖国神社臨時大祭に行幸し、親拝する。

この年　「戦死者贈位並叙位ノ件」が制定され、戦死者について、功績抜群顕著なる者は、生前の位階にかかわらず従五位以上を贈り、それに準じる者は位階を一級または二級進めることが定められる。▼平安遷都千百年を記念し、湯本文彦編「平安通志」刊。▼和田英松編「式逸」成る（「弘仁式」「貞観式」逸文を集成）。▼コレラ大流行、死者四万百五十四人。

□3・17**井上毅**（法政家。53）、10・11小中《こなか》村清矩《むらきよのり》（国学者。75）

■明治二十九年（一八九六）丙申

明治天皇　45歳

嘉仁親王　18歳

1・6　皇太子嘉仁親王、講書始で教育勅語を読み、その意義を聴く。

1・22　皇太子、葉山御用邸より沼津御用邸に転地する（二十五日、東宮御所に還啓）。

3・27　酒造税法・葉煙草専売法を制定。

3・30　台湾総督府条例を定め、台湾総督に台湾島および膨湖列島を管轄させる。

4・1　侍従武官官制が定められ、平時でも**侍従武官**が置かれる。▼拓殖務省設置（台湾・北海道を管轄）。▼台湾総督府発足（四月十日、台湾事務局廃止）。

4・4　日独通商航海条約締結。

4・18　古社寺保存会規則を定め、古社寺保存会を設置。

4・28　伊勢神宮に戦利品を献納することを允許する。

5・6　靖国神社に日清戦争戦死者百四十二人を合祀する。▼下田歌子に皇女教育を命じる。

5・10　皇太子、飛鳥山に遊覧する。

5・11　明治天皇九女（泰宮《やすのみや》聡子《としこ》）、誕生する（母は園祥子。成人して東久邇宮稔彦王妃となる）。

5・14　朝鮮問題についてロシアと覚書に調印する（小村・ウェーバー覚書）。

5・19　この日以降、毎土曜日を皇太子参内の日とする。

5・26　伏見宮貞愛親王・山県有朋、ロシア国皇帝ニコライ二世戴冠式に参列する。

6・2　海軍中将桂太郎を台湾総督とする。

6・3　皇太子、近衛歩兵第一連隊に行啓する。

6・9　朝鮮問題について日露議定書に調印する（山県・ロバノフ協定）。

6・12　皇太子、埼玉県氷川神社に行啓する。

6・15　三陸地方に大津波（死者二万七千百

＊**井上毅**《いのうえこわし》（一八四三～九五）　父は熊本藩家老米田家の家臣飯田権五兵衛。井上茂三郎の養子。幼少より神童といわれ、慶応三年（一八六七）江戸遊学を命じられる。明治四年、司法省に出仕。同五年渡仏。同十四年、プロシア憲法による欽定憲法構想をまとめ岩倉具視に提出し、その意にかない、憲法起草の責任者となる。「皇室典範」成立にも尽力し、同二十三年には「教育勅語」も起草。枢密顧問官・文部大臣を歴任し、子爵に列せられる。

＊**侍従武**《じじゅうぶ》**官**《かん》　明治二十九年設置。天皇に常時奉仕し、軍事に関する奏上・奉答・命令伝達等を行なう。初代武官長は岡沢精《おかざわくわし》陸軍中将。歴代、陸軍より任命され、奈良武次・本庄繁・畑俊六などが侍従武官長となる。昭和二十一年十一月三十日廃止。なお、東宮武官は明治二十二年に制定され、同二十四年東宮武官長が新設、東宮武官長はやはり陸軍から任命された。皇太子裕仁親王即位により廃止。

二十二人)。
6・16 皇太子に侍講を設置する(東宮職御用掛の本居豊穎《とよかい》・三島毅《き》〈中洲〉らが東宮侍講となる)。
7・21 日清通商航海条約調印(中国での領事裁判権・居留権決定)。
7・28 皇太子、日光田母沢御用邸に行啓する(九月二十六日還啓)。
8・4 パリにて日仏通商航海条約を締結。
8・10 皇族附陸軍武官官制を定める。
8・23 陸羽地方大地震(余震続く)。
9・2 伊藤博文首相の辞任をうけ、天皇、後任を山県有朋・黒田清隆・井上馨・松方正義に下問する。
9・8 日蘭通商航海条約を締結。
9・18 第二次松方正義内閣成立。
10・14 陸軍中将乃木希典を台湾総督とする。
10・17 皇太子、乗馬にて祐天寺に行啓する(目黒不動に立寄る)。
10・19 日清通商航海条約議定書で、居留地(租界地)設定を明確化。
10・20 天皇、近衛師団小機動演習を覧るため、埼玉県に行幸する(二十三日還幸)。
10月 佐渡・生野両鉱山および大阪製煉所を三菱合資会社に払い下げる。
11・5 これより先(十月)、吹上御苑の一隅に日清戦争戦利品陳列場(のち「振天府」と命名)を建設。天皇、この日、これに臨御する。
11・6 靖国神社に日清戦争ほかでの戦死者九十七人を合祀する。
11・19 霞ヶ関一丁目の有栖川宮邸地が二十万円で買い上げられ、皇宮地付属地に編入される。
11・25 天皇、横須賀に行幸し、軍艦鎮遠等に臨御する。
11・28 神宮司庁官制が定められる(「祭主は親任とし、皇族をもってこれに任ず」とする)。
12・7 皇太子、横須賀に行啓し、軍艦鎮遠に乗り、艦内を覧る。
12・8 天皇、伏見宮貞愛親王邸に行幸する。
12・24 皇太子、沼津御用邸に転地する(翌年三月二十二日帰京)。
12月 松浦辰男ら、「孝明天皇紀」を脱稿。
□11・2 正親町実徳《おおぎまちさねあつ》(皇太后宮大夫。83)、12・25 毛利《もうり》元徳《もとのり》(長州藩最後の藩主。公爵。58)国葬。

■明治三十年(一八九七)丁酉

明治天皇 46歳
嘉仁親王 19歳
1・1 天皇、風邪により四方拝を行なわず。

1・8　皇太后、急性肺炎にかかる（九日重態）。
1・11　孝明天皇女御九条夙子（**英照皇太后**）、青山御所にて没（天皇、「皇妣ノ葬儀ハ将来ノ表準トモ相成ルヘキニ付」と御沙汰）。
1・26　天皇・皇后、風邪により、京都での皇太后葬儀に参列しないことにする（彰仁親王・同妃頼子を名代とする）。
1・30　皇太后の追号を「英照皇太后」と定める（皇太后に追号が贈られたのは史上初）。
2・7　英照皇太后の葬儀が月輪山斎場にて行なわれる（八日埋葬。九日、陵号を後月輪東北陵とする）。
3・13　戸田氏共を諸陵頭とする。
3・22　皇太子、沼津御用邸より帰京（二十三日参内）。
3・26　金本位制を採用。
4・17　天皇・皇后、英照皇太后陵参拝等のため京都に行幸啓する（十九日参拝。八月二十二日還京）。▼「戦死者贈位並叙位進階内則」が定められ、金鵄勲章授与に相当する武功抜群の者について、将官は正四位以上、佐官は正四位〜従五位、尉官は正五位〜従五位、准士官・下士官・兵卒は従五位を贈ることとする。
4・21　戸田忠至等の山陵修補の功を追賞する。
4・22　有栖川宮威仁親王を天皇の名代としてイギリス皇帝ヴィクトリア即位六十年記念式典参列に差遣することにする（五月四日、神戸を出発。伊藤博文随行。式典は六月二十一日）。▼帝国図書館を設立。
4・26　皇太子、初めて活動写真を覧る。
4・30　皇太后宮職廃止。
6・10　古社寺保存法公布（十二月から国宝が指定される）。
6・18　京都帝国大学創立。帝国大学を東京帝国大学と改称。
7・1　北白川宮能久《よしひさ》親王五男が二荒氏（二荒芳之）、六男が上野氏（上野正雄）を賜わり、華族に列せられる（ともに伯爵。両名とも側室の子で皇籍にはなく、厳密には臣籍降下とはいえない）。
7・30　皇太子、葉山御用邸に転地する（十月四日還啓）。
8・31　皇太子、成年式を挙げる（18歳）。
9・2　拓殖務省廃止。内閣に台湾事務局、内務省に北海道局を置く。
9・5　威仁親王・伊藤博文、イギリスからフランス・スペイン・イタリア・オーストリアを巡遊、アメリカ経由で帰国する。
9・15　見瀬丸山古墳が「陵墓伝説地」（陵

＊**英照《えいしょう》皇太后《こうたいごう》**（一八三三〜九七）　孝明天皇皇后。九条尚忠六女夙子《あさこ》。母は南大路長尹女菅山。孝明天皇即位後、女御宣下。万延元年（一八六〇）儲君睦仁親王（明治天皇）の実母と公称される。順子内親王・富貴宮をもうけたが、いずれも夭逝。泉涌寺後山の後月輪東北陵に埋葬される。

墓参考地）とされる。

9・24 明治天皇十女（貞宮《さだのみや》 多喜子《たきこ》）、誕生する（母は権典侍園祥子。一歳三ヵ月で早逝）。

10・2 御歌所官制制定。

10・13 台湾総督府官制公布。

10・14 皇族附海軍武官を設置。

12・21 皇太子、避寒のため、葉山御用邸に転地する（翌年四月十五日まで）。

12・26 旧薩摩藩主島津忠義没（翌一月九日国葬）。

□2・4西周《にしあまね》（啓蒙思想家、貴族院議員。男爵。69）、8・24陸奥宗光《むつむねみつ》（外務大臣。伯爵。54）、12・26島津忠義（薩摩藩最後の藩主。参議。公爵。58）

■明治三十一年（一八九八）戊戌

明治天皇 47歳

嘉仁親王 20歳

1・10 御前会議が開かれ、伊藤博文の首相就任が決定する（このとき出席の伊藤・山県有朋・西郷従道・黒田清隆・大山巌・井上馨、それに辞任後すぐなので出席しなかった松方正義が元老として認められる）。

1・12 第三次伊藤博文内閣成立。

1・15 皇太子、逗子駅より横須賀軍港に行啓し、軍艦を覧る。

1・19 元帥府設置の詔勅が出される。二十日、元帥府条例公布（二十日、陸軍大将の山県有朋・小松宮彰仁親王・大山巌、海軍大将西郷従道に元帥号を授与。以後、天皇は陸海軍の「大元帥」となる）。

2・3 青山御所を青山離宮と改称し、皇后御所とする。▼日亜（アルゼンチン）修好通商条約締結。

2・9 宮内大臣土方久元を更迭し、図書頭田中光顕を任じる。▼総理大臣伊藤博文、皇室および皇族に関する七事の意見書を上奏する（宮中・府中の別を判然とし、帝室の威厳を強固にするため）。天皇、これに深く叡感し、東宮監督を置かんとする（のちに東宮監督に元帥大山巌）。

2・10 依仁親王、公爵岩倉具定長女周子と婚儀を挙げる。

2・17 伏見宮邦家親王王子山階宮晃《あきら》親王（母は藤木寿子）没（年83。仏式葬送を遺言するも、十九日、政府は「典礼の紊乱」をもたらす恐れありとして不可とする。二十六日、神式をもって京都今熊野町雲龍院境内〈泉涌寺の南〉に葬られる。なお「陵墓要覧」には「後伏見天皇十九世皇孫 晃親王墓」と記される）。

2・18 皇太子の教育担当として東宮監督を

◉深曾木《ふかそぎ》 五歳のとき、碁盤の上に青石を二つ置き、この上に子どもを立たせ、髪を削ぐ通過儀礼。「後水尾院当時年中行事」には、髪削ぎ役は大臣が行なうとある。

置く（大山巌元帥就任）。
2・20　内閣台湾事務局を廃止、業務を内務省に移管する。
2・26　乃木希典を更迭し、陸軍中将児玉源太郎を台湾総督とする。
3・22　天皇、有栖川宮威仁《たけひと》親王に皇太子御輔導方針上の沙汰を賜う。また、威仁親王を皇太子の賓友に、伊藤博文・土方久元を皇太子伺候に任命する。
3・27　皇太子賓友威仁親王、東宮伺候伊藤博文以下と会し、東宮の将来の方針を、大患のあとゆえ健康増進を第一とし、学科修業を第二とする。
4・10　奠都三十年祭祝賀会が二重橋前で行なわれ、天皇、これに臨幸する。
4・15　皇太子、葉山より沼津御用邸に転地する（五月十二日帰京）。
4・22　中国と「福建不割譲ニ関スル交換公文」をかわす。
4・25　ロシアと韓国に関する議定書に調印（西・ローゼン協定。韓国の独立を承認し、ロシアは日本の韓国での商工業発展を妨害しない等）。
5・23　伊勢内宮正殿が延焼する（屋根を半焼。御神体を風日祈宮《かざひのみのみや》に移す。三年後竣工を期し、それまでは黒木の仮殿を旧神殿跡に建設し、これに遷座させることにする。六月十三日、仮殿に遷御。天皇、遷御の刻限に遙拝）。
6・7　皇太子、初めて貴・衆両院に行啓する。
6・16　造神宮使庁官制を改め、造神宮使は神宮祭主、副使は内務省高等官をあて、造神宮司庁は内務省内に設置することにする。
6・22　進歩党と自由党が合同し、憲政党を結成（藩閥政府へ対決姿勢）。
6・24　天皇、御前会議を召集し、伊藤博文ら元老に、憲政党出現により窮地の政府の善後策を協議させる（伊藤と山県有朋が激論。伊藤首相辞表提出）。
6・27　天皇、大隈重信と板垣退助に組閣を命じるため、両人を宮中に召す。
6・30　第一次大隈重信内閣成立（初の政党内閣。大隈が外相兼任、板垣退助内相。隈《わい》板《はん》内閣）。
7・1　南鳥島の東京府編入を閣議決定。
7・9　天皇、芝離宮にロシア皇族を答訪する。
8・17　東宮御所御造営局官制制定。
8・22　尾崎行雄文相、帝国教育会茶話会で、拝金主義を排撃し、共和政治について言及する（貴族院などで非難起こる。「共和演説事件」)。

9・2 オーストリア皇帝フランツ・ヨゼフ一世即位五十年祝典(十二月二日)に載仁親王差遣を沙汰する。

9・30 陸軍大臣、「戦地に於て疾病若くは災害に罹り又は出征事務に関し死没したる」者を特旨をもって靖国神社に合祀する告示を出す(十月六日、海軍大臣も同様の告示)。

10・8 天皇、芝離宮にイタリア皇族を答訪する。

10・21 板垣退助内相、尾崎行雄文相の「共和演説」批判を上奏する。

10・22 天皇、アメリカ人発明家グラハム・ベルを引見する。▼天皇、尾崎行雄に辞表を出させるべきとの内旨を総理大臣に伝えさせる(尾崎、ただちに辞表提出)。

10・24 文相尾崎行雄の後任をめぐり閣内紛糾。

10・31 大隈重信首相ら、辞表を提出し、初の政党内閣が倒れる。天皇、善後処理を黒田清隆枢密院議長に下問(黒田は元老に相談、山県有朋に組閣を命じる等奉答)。

11・3 皇太子、陸軍歩兵少佐ならびに海軍少佐となる。

11・4 靖国神社、日清戦争戦死者等一万千三百余人を合祀する。

11・5 天皇、日清戦争戦没者合祀の靖国神社臨時大祭に行幸し、親拝する。

11・8 第二次山県有朋内閣発足(政党からの入閣なし)。

11・13 天皇、大阪の岸和田付近の陸軍特別大演習統監のため東京を出発する(二十一日還御)。

12・6 貴族院・衆議院、清国からの賠償金(円換算約三億千百万円)のうち二千万円を帝室御料に編入することを可決する(当時、国庫からの皇室費は約三百万円)。

12・18 上野公園の西郷隆盛像の除幕式が行なわれる(西郷像の視線の先には皇居があるといわれる)。

12・28 西郷従道内相、天皇・皇后の写真は粗造であったり、陣列・販売に際し取扱いが不敬であったりしないよう諭告する。

□3・18 近衛《このえ》忠熙《ただひろ》(関白。91)、11・23 四条《しじょう》隆謌《たかうた》(尊攘派公家。陸軍中将。侯爵。71)

■明治三十二年(一八九九)己亥

明治天皇 48歳

嘉仁親王 21歳

1・11 天皇十女貞宮多喜子没(年3)。

1・22 皇太子、沼津御用邸より興津清見寺に行啓する(即日還啓。二月二十一日にも)。

1・25 歌御会始(皇太子嘉仁親王、初めて詠進)。

1月 関野《せきの》貞《ただし》、平城宮跡で大極殿跡の遺構を確認する(翌年、「奈良新聞」に発表)。

3・1 意匠法・商標法制定(七月一日施行。認めないものとして「菊花御紋章」あるいは類似のものが挙げられる)。

3・7 船舶法公布(日本船舶でなければ、日本の国旗を掲揚できないとする)。

3・31 静岡御用邸が設置される。

この春 飯田武郷、「日本書紀通釈」七十巻を完成する。

4・1 皇太子、沼津御用邸より葉山御用邸に転地する(二十一日還啓)。

4・11 允子・聰子両内親王のため、鎌倉御用邸を造営する(この日地鎮祭)。

4・13 天皇、皇后と浜離宮に行幸し、観桜会を行なう。

4・16 皇太子のため、**日光田母沢御用邸**を造営する(この日地鎮祭)。

4・19 皇族の各種団体名誉職員就任に関する内規を定める(勅許を要すること、また政治・宗教・営利事業については止め、学術・技芸・慈善・衛生ほか公共事業に限るとする)。

5・6 靖国神社、日清戦争、台湾・朝鮮における戦死者等三百三十二人を合祀する。

5・8 天皇、東宮監督・東宮祇候を廃し、東宮賓友有栖川宮威仁親王を東宮輔導に、伊藤博文・大山巌・松方正義・土方久元・田中光顕(宮相)・中山孝麿(東宮大夫)を東宮輔導顧問とする。

5・9 天皇、横浜に行幸し、競馬を覧る。

6・3 皇太子、振天府で日清戦争戦利品を覧る。

6・10 皇太子、横須賀に行啓し、常備艦隊を覧る(御召艦富士に乗り、館山湾・清水湾を航行。十二日還啓)。

6・18 皇太子、千葉県新浜鴨場に行啓する。

6・20 皇太子、沼津御用邸に行啓する(七月十三日還啓)。

7・1 天皇、芝離宮にドイツ皇弟を答訪する。

7・17 日英通商航海条約実施(他国との条約も八月四日実施。これにより日本国内居留地が全廃)。

7・28 皇太子、避暑のため新造田母沢御用邸に行啓する(九月十日還啓)。

7月 この頃、陵墓に梅・桜などの花樹が植えられていたため、開花期に「遊客群集」し「冒瀆」の恐れあるとし、花樹を取り払い常磐《ときわ》木《ぎ》を植え付ける(崇神天皇陵〈柳本行灯山古墳〉には文久修陵の際、外堤に二

***日光《にっこう》田母《たも》沢《ざわ》御用邸《ごようてい》** 病弱の皇太子の避暑のために建てられる。赤坂離宮より旧紀州徳川家中屋敷の一部を移築。三万二千坪。大正天皇は、亡くなるまで毎夏の静養所として利用。終戦時、皇太子時代の第百二十五代天皇(明仁上皇)がここに疎開。昭和二十二年廃用。日光植物園に帰属していたが、平成十二年、日光田母沢御用邸記念公園として開園する。

***鎌倉御用邸** 明治三十三年、現在の鎌倉市御成小学校・鎌倉市役所の地に設置。昭和六年廃止。

***小田原御用邸** 現在の小田原城内に設けられたもので、明治三十四年設置、昭和五年廃止。

百本ほど桜が植えられたが、松に植え替えられる)。
8・3 文部省、私立学校令を公布(公認の学校での宗教教育を禁止。国家神道は宗教を超越したものとする)。
8・21 公爵九条道孝第四女節子《さだこ》を皇太子妃に内定する。
8・24 帝室制度調査局が設置される(「皇室典範」で制定が約束されるも法令化されていないものを調査・立案するため。総裁は伊藤博文)。
9・5 神宮教解散。神宮奉斎会設立を許可。
9・12 皇太子、葉山御用邸に転地する(十七日鎌倉遊覧)。
9・24 皇太子、横須賀に行啓し、軍艦浅間を覧る(金沢近傍を巡航)。
9月 **鎌倉御用邸**が造営される。
10・7 皇太子、葉山より沼津御用邸に転地する。
10・19 皇太子、沼津より軍艦浅間に搭乗し、広島・兵庫両県行啓に出発する(二十七日呉鎮守府、二十九日厳島行啓。十一月十六日、沼津に還啓)。
10・28 条約改正完成につき、天皇・皇后、豊明殿の祝宴に臨御する。
11・6 靖国神社、日清戦争、台湾・朝鮮等での戦死者九十一人を合祀する。
11・15 天皇、近衛師団小機動演習を覧るため、栃木県に行幸する(十八日還幸)。
11月 侍従東園基愛《もとなる》、東山御文庫の曝涼を命じられる(以後、毎年恒例)。
12・25 皇太子、沼津御用邸より葉山御用邸に転地する(沼津駅付近にペストの疑いありとして、海路葉山に向かう)。
□1・25栗田《くりた》寛《ひろし》(国学者・歴史学者。65)、10・7西四辻《にしよつつじ》公業《きんなり》(攘夷派公家。62)

■明治三十三年(一九〇〇)庚子

明治天皇 49歳
嘉仁親王 22歳

1・23 昌子・房子両親王のため、**小田原御用邸**を造営する(この日地鎮祭)。
1・27 載仁親王の欧州差遣を決定する。
2・11 皇太子と九条節子の結婚を勅許する。
3・6 天皇、芝離宮にデンマークのワルデマール親王を答訪する。
3・10 治安警察法公布。
4・11 皇太子、葉山より沼津御用邸に転地する(五月四日還啓)。
4・20 天皇、皇后と浜離宮に行幸し、観桜会を行なう。
4・25 「皇室婚嫁令」公布・施行(皇太子嘉仁親王の婚姻に合わせて制定)。

4・26　天皇、広島県から和歌山県沖にかけての海軍大演習を統監するため、東京を出発する（五月三日帰京）。▼内務省官制改正（社寺局を神社局と宗教局に分立、神社行政をその他宗教から分離）。
5・6　靖国神社、日清戦争等で戦死の三十六人を合祀する。
5・8　久邇宮邦憲《くにのり》王、特旨により賀陽宮家を創立する。
5・10　皇太子、公爵九条道孝四女節子と賢所神前にて結婚する（初の神前結婚式といわれる）。皇太子、菊花章頸飾を受章する。
5・12　山川均・守田文治、「青年の福音」誌で皇太子妃の意思を無視した結婚を非難したことにより逮捕される（不敬罪で重禁錮三年半・罰金百二十円）。
5・23　皇太子・節子妃、三重・京都・奈良行啓に出発する（伊勢外宮、ついで内宮、神武天皇陵、泉涌寺等に結婚奉告。六月三日葉山に至り、七日帰京）。
5・26　天皇、横須賀に行幸し、軍艦千早の進水式に臨御する。
6・12　皇太子・同妃、庭前にてアイヌ人の熊祭略式を覧る。
6・15　天皇、陸兵の北清派兵を允許する。
6・26　皇太子、乗馬にて竹橋の近衛第一・第二連隊に行啓する。▼宮内省、帝室博物館官制を公布（東京・京都・奈良の帝国博物館を帝室博物館と改称）。
6月　土方久元、天皇に「朝彦親王行実」を奏覧する。
7・5　天皇、北清事変に際し、閣外の伊藤博文に尽力を求める。▼天皇、守正王と侯爵鍋島直大《なおひろ》第二女伊都《いつ》子との結婚を勅許する。
7・7　天皇、第五師団全部の清国派遣を允裁する。
7・10　別子銅山開坑二百年を記念して、皇居前に楠公銅像が落成する（住友家献納。東京美術学校製作）。
7・14　連合軍、天津城を攻略。日本の歩兵隊、水師営砲台を占領する。
7・25　皇太子、妃節子と避暑のため日光田母沢邸に行啓する（九月十二日帰京）。
7・30　義和団事件で、日本ほか連合国、天津を支配下に置く。
8・14　日本軍を含め八ヵ国連合軍、北京に入り占領する（北清事変）。
8・18　内務省、菊花紋章の民間使用を重ねて禁止する。
9・15　伊藤博文、立憲政友会を創立し、総裁となる。

9・18 台湾剣潭《けんたん》山に台湾神社を創設し、官幣大社に列する。
9・20 沖大東島の沖縄県編入を閣議決定。
10・1 イタリア国皇帝ウンベルト一世弔祭を築地カトリック教会堂に行なうに、彰仁親王を名代とする。
10・2 伊勢内宮の臨時遷宮を行なう（正殿焼失のため）。
10・7 皇太子、府下連光寺猟場で遊猟する。
10・14 皇太子、中国・四国・九州行啓に出発する（十一月二十日沼津へ、十二月三日東京に還啓）。
10・19 第四次伊藤博文内閣成立。
10・27 皇太子、この日から翌日にかけて筥崎宮・香椎宮・太宰府神社などを訪問する。
10・30 皇太子、下関で赤間宮・安徳天皇陵などに行啓し、軍艦千歳に乗り兵庫県舞子に向かう。
10月 「孝明天皇紀」上梓される。
11・15 天皇、近衛師団の演習を覧るため、茨城県笠間地方に行幸する（十八日還幸）。
11・28 守正王と鍋島伊都子、賢所大前にて結婚式を挙げる。
12・8 皇太子、葉山御用邸に微行する（九日還啓）。
12・30 皇太子、避寒のため沼津御用邸に出発する（翌年一月三十日まで滞在）。
この年 小学校令施行規則により、「御真影」への最敬礼が義務づけられる。
□8・23黒田《くろだ》清隆《きよたか》（首相。伯爵。61）、8・26飯田《いいだ》武郷《たけさと》（国学者。74）

■明治三十四年（一九〇一）辛丑

明治天皇 50歳
嘉仁親王 23歳
裕仁親王 1歳

1・1 天皇、病気により四方拝を行なわず（十六日初めて御座所に出御）。
1・7 皇太子、風邪で御仮床（十九日頃より室内運動、漸時平癒）。
1・30 皇太子、沼津より葉山御用邸に行啓する（二泊して東宮御所へ）。
2・4 皇太子、沼津御用邸に行啓する（三月七日帰京）。
2・28 東京帝国大学史料編纂掛編「大日本史料」刊行開始（七月、「大日本古文書」も刊行開始）。
3・9 皇太子妃節子、出産のため、着帯の儀を行なう。
3・12 天皇、貴族院に対し、増税諸法案の成立を命じる勅語を発する（十六日可決）。
3・23 皇太子、葉山御用邸に行啓する（五月五日帰京）。

◉明治天皇御製②（「明治天皇御集」より）
「とこしへに民やすかれと祈るなるわが世を守れ伊勢のおほ神」
「暁のねざめしづかに思ふかなわがまつりごといかがあらむと」
「はれまなき雨につけても思ふかな今年の秋のみのりいかにと」

4・1　京都御苑で、第一回全国製作品博覧会開催（五月二十日まで）。
4・7　皇太子、葉山を出て仮東宮御所で桜花を観る（即日葉山へ戻る）。
4・19　天皇、皇后とともに浜離宮に行幸し、観桜会を行なう。
4・25　皇太子、横須賀に行啓し、軍艦を覧る。
4・29　皇太子第一皇子（迪宮裕仁《みちのみやひろひと》親王。昭和天皇）が仮東宮御所で誕生する（この日、親王宣下。母は皇太子妃九条節子《さだ》）。
5・2　伊藤博文首相、閣内不一致で辞表を提出（十日、西園寺公望を臨時内閣総理大臣とする）。
5・3　皇太子、葉山御用邸より帰京し参内、天皇・皇后に御拝顔、ついで仮東宮御所に還啓して初めて裕仁親王に対面する（即日葉山に戻る。五日、王子命名により帰京）。
5・5　天皇、皇太子第一王子を裕仁《ひろひと》と命名、迪宮《みちのみや》の称号を賜う。
5・6　皇太子、小田原御用邸に行啓する（十六日間滞在。十日に風邪をひき二十日頃快癒）。
5・21　皇太子、小田原より葉山御用邸に転地する（六月十八日帰京）。
5・28　裕仁親王、初めて参内する。
6・2　第一次桂太郎内閣成立。
6・5　皇太子、葉山より横須賀に行啓、軍艦磐手に乗り巡航する（沼津仮泊の際、自転車で遠乗り。十一日葉山御用邸に還啓）。
7・6　天皇、皇后とともに仮東宮御所に行幸し、裕仁親王に初めて対面する。
7・7　裕仁親王の養育掛に枢密顧問官川村純義が命じられ、親王、川村邸に移る（明治三十七年まで川村邸で養育される）。
7・20　皇太子、妃と鎌倉に微行する（自転車で長谷寺付近を散策のあと鎌倉御用邸へ。二十一日帰京）。
7・28　皇太子、避暑のため妃と日光田母沢御用邸に行啓する（九月十五日帰京）。
8・8　裕仁親王、避暑のため日光御用邸に向かう（滞在中、輪王寺の打鐘は中止。九月三日帰京）。
9・6　伊勢内宮の仮殿遷宮が行なわれる。
9・7　「北清事変（義和団事件）ニ関スル最終議定書」（北京議定書）に調印。
10・5　裕仁親王、川村邸で箸初の御祝を行なう。
10・10　吹上御苑一隅に「北清事変」戦利品陳列場（懐遠府）を建設する。
10・12　皇太子、葉山御用邸に行啓する（五十余日滞在。二十六日よりは二十日間近く、鎌倉御用邸に滞在）。
10・14　図書頭勝間田稔、「三条実美公年譜」成り、天皇に献上する。
10・18　天皇、病により、群馬県における近衛師団小機動演習への行幸を中止する。
10・23　裕仁親王、大磯の侯爵鍋島直大別邸に転地する。
10・27　台湾剣潭《けんたん》山に官幣大社台湾神社が創建され、この日、鎮座式が行なわれる（昭和十九年台湾神宮と改称）。
10・31　靖国神社、清国事変関係戦没者（日清戦争では一万三千六百十九柱）を合祀する。
11・3　皇太子、陸海軍中佐に昇進する。
11・4　守正王第一女子方子《まさこ》女王、誕生する。
11・6　天皇、宮城県下での陸軍大演習統監（八〜九日）のため、東京を出発する（十二日還幸）。
11・16　天皇、病により療養する（十二月五日出御）。
11・29　天皇、有栖川宮熾仁《たるひと》親王の軍職（海軍中将等）を解き、東宮輔導専任とする。
12・2　伊勢内宮の本殿修理成り、遷座が行なわれる。▼日本赤十字社条例公布（陸海軍監督下で戦時の衛生勤務を幇助）。
12・7　皇太子、仮東宮御所に還啓する。
12・8　皇太子、風邪をひく（十八日全快）。
12・10　元衆議院議員田中正造、足尾鉱毒について議会開院式帰途の天皇に直訴する（田中、拘束されるも不問のまま釈放。翌年三月十五日、鉱毒調査委員会設置）。
12・14　裕仁親王、初めて種痘接種を受ける。
12・23　「三条実美事跡絵巻物」二十四巻が献上される。
この年　侍従東園基愛《ひがしぞのもとなる》、東山御文庫曝涼時に目録を作成する（明治四十三年、「東山御文庫御物目録」完成。勅封百二箱、総計二万八千七百十八点）。▼吉野神宮が創建される（祭神は後醍醐天皇）。▼奥村五百《いお》子《こ》、近衛篤麿・大山捨松らの協力を得て愛国婦人会を設立（軍事援護事業を目的とし、皇族・華族など上流夫人を会員とし、明治三十六年には、閑院宮載仁親王妃智恵子が総裁となる）。
□2・3　福沢諭吉《ふくざわゆきち》（思想家。68）

■明治三十五年（一九〇二）壬寅

明治天皇　51歳
嘉仁親王　24歳
裕仁親王　2歳

1・19　皇太子、葉山より鎌倉御用邸に行啓する（鎌倉宮に御拝。即日葉山に戻る。二十四日帰京）。

◉**皇族**《こうぞく》　天皇の一族のこと。明治二十二年の「皇室典範」では「太皇太后・皇太后・皇后・皇太子・皇太子妃・皇太孫・皇太孫妃・親王・親王妃・内親王・王・王妃・女王」と規定された。また皇子より皇玄孫（四世）までを親王・内親王、五世以下を王・女王とした。なお昭和二十二年の新皇室典範では、嫡出の皇子および嫡男系嫡出の皇孫に限り親王・内親王とし、三世以下の嫡男系嫡出の子孫を王・女王とした。

1・26　皇太子、新橋駅を出発し、大磯駅で裕仁親王に対面ののち、沼津御用邸に行啓する（沼津に麻疹患者発生により、三十日、興津清見寺に滞在）。

1・28　青森の歩兵第五連隊第二大隊、雪中行軍にて遭難（死者百九十九人、死を免れた者十一人）。

1・30　ロンドンで日英同盟協約を調印。

2・4　裕仁親王、病む（十日回復）。

2・5　皇太子、興津清見寺を出て、葉山の有栖川宮別邸に移る（十二日、葉山御用邸に移り、二十三日帰京）。

2・21　裕仁親王、急性喉頭カタルにかかる（三月十日全快）。

2・26　皇太子、葉山御用邸に行啓する（三月十六日帰京。ついで三月十九日より四月五日まで滞在）。

3・13　大磯に麻疹流行。裕仁親王、鍋島直大邸より茅ヶ崎の伯爵土方久元別邸に移る（四月八日帰京）。

3・30　皇太子、逗子より茅ヶ崎駅下車、裕仁親王のいる土方久元別邸に行啓する。

4・13　皇太子、習志野御猟場に行啓する。

4・17　天皇、皇后とともに浜離宮に行幸し、観桜会を行なう（皇太子も参列）。

4・19　彰仁親王、天皇の名代としてイギリス皇帝エドワード七世戴冠式出席のため日本を出発する（八月二十六日帰国）。▼皇太子、葉山御用邸に行啓する（一泊）。

4・20　天皇、大阪市天王寺今宮の第五回内国勧業博覧会開会式に臨席する。

4・21　皇太子、近衛歩兵第四連隊に行啓する。

4・24　皇后、初めて内国勧業博覧会に行啓する。▼裕仁親王、感冒の症状を呈する（五月中旬まで発熱を繰り返す）。

4・26　天皇、旧鹿児島藩島津家に伝わる犬追物の保存の途を講じさせる。

5・3　天皇、道元六百五十年忌にあたり永平寺に勅額を賜う。

5・4　天皇、孝明天皇陵・英照皇太后陵に参拝する。

5・5　天皇、堺市の水族館に行幸する。

5・20　皇太子、信越関東巡啓に出発する（六月八日還啓）。

5・29　「皇室誕生令」制定公布（皇族の出産について定める）。

6・3　天皇、山県有朋・大山巌・西郷従道に大勲位菊花大綬章を授与する。また、徳川慶喜に公爵、西郷寅太郎に侯爵を賜う。▼裕仁親王、浜離宮に赴く（行啓中の皇后に拝顔）。

＊御製《ぎょせい》　天皇の列車が木葉・植木の間を過ぎるとき、窓外に田原坂あるを見て、
「もの丶ふのせめ戦ひし田原坂松もおい木になりにけるかな」
と詠じ、供奉の陸軍中将乃木希典に賜う。希典もまた当時を回想し、
「野に山に討死なし丶友人の血の色見する木々のもみち葉」
と詠み、御覧に供した。
また天皇、帰路（十九日）、車窓にて富士山を仰ぎ、
「村雲も今朝はれそめて富士の根のいた丶きしろき雪を見るかな」
と詠じた。

＊山口正定《やまぐちまささだ》（一八四三〜一九〇二）　水戸藩士出身。山岡鉄舟に続き第二代茨城県令をつとめたのち明治五年、侍従として宮内省に出仕、十年に侍補、十一年には海軍中佐兼侍従長となる。このとき米田虎雄《こめだとらお》も侍従長となり侍従長二人制は十七年まで続く。十七年に辞職。のち帝室狩猟局長官・宮中顧問官を歴任。男爵。

＊西村茂樹《にしむらしげき》（一八二八〜一九〇二）　啓蒙思想家・教育者。佐倉藩出身。明治六年、文部省に入り、教科書

6・8　皇太子、帰京の途につく途中発熱（感冒・胃腸症と診断。十六日平復）。
6・19　皇太子、葉山御用邸に行啓する（七月二十二日帰京）。
6・25　皇太子第二王子（秩父宮雍仁《やすひと》親王）、誕生する。▼二十六日戴冠式予定のエドワード七世、病気により無期延期となり、出席予定だった彰仁親王、スペイン、ベルギー、ドイツ、ロシア等諸国を訪問し帰国。
7・2　天皇、ロシア大公ウラジミロウィチを芝離宮に答訪する。
7・5　裕仁親王、保養のため、静岡県駿東郡楊原村の川村純義沼津別邸に移る。
7・6　皇太子、葉山より鎌倉に行啓（山階宮別邸、鶴岡八幡宮等）する（即日葉山に戻る）。
7・31　皇太子、避暑のため塩原の中山慶子別邸に移る（九月十九日帰京）。
8・26　裕仁親王、避暑のため、川村別邸より箱根宮ノ下に転地する（九月二十五日帰京）。
10・4　皇太子、鎌倉御用邸に行啓する（即日帰京）。
10・16　雍仁親王、裕仁親王と同居のため、川村純義邸に移る。▼皇太子、妃と葉山御用邸に行啓する（十一月一日帰京）。

11・7　天皇、特別大演習統覧のため、熊本県に行幸する（十九日還幸）。
11・8　裕仁親王、保養のため、雍仁親王とともに楊原村川村純義別邸へ移る。
11・10　天皇、田原坂の戦闘を回想し、乃木希典に**御製**を賜う。
12・14　皇太子、葉山御用邸に行啓する（二十八日鎌倉に行啓し散策）。
12・17　天皇、シャム国皇太子答訪のため、芝離宮に行幸する。
□3・21**山口正定**（侍従長。男爵。60）、8・14**西村茂樹**（啓蒙思想家。宮中顧問官。75）、12・7佐野《さの》常民《つねたみ》（日本赤十字社創設者。伯爵。81）

■明治三十六年（一九〇三）癸卯

明治天皇　52歳
嘉仁親王　25歳
裕仁親王　3歳

1・7　裕仁親王、感冒にかかる（二月八日全快）。
1・8　皇太子、葉山より金沢に行啓する（即日葉山に戻る）。
1・15　皇太子、葉山より沼津御用邸に移る。
1・31　依仁親王、小松宮彰仁親王の請願により、小松宮継嗣を止め、東伏見宮家を創立する（これにより、彰仁親王の遺産を北

等の編纂に携わり、侍講として洋学を進講する。明治九年、修身学社（のち日本弘道会）を設立、修身の必要を訴え、「日本道徳論」を著す。のち宮中顧問官、華族女学校校長、貴族院議員。

白川宮能久親王第四王子輝久王に継がせる）。

2・11 裕仁・雍仁両親王、皇太子・同妃の沼津御用邸に参邸する（以後もしばしば）。

2・18 **小松宮彰仁親王**没（二十六日国葬。後継者なく小松宮廃止）。

3・3 日本赤十字社総裁彰仁親王の死去により、閑院宮載仁親王が総裁となる。

3・6 久邇宮邦彦《くによし》王第一王女（良子《ながこ》女王。香淳皇后）、誕生する。

3・23 皇太子、沼津より葉山御用邸に移る（四月二日帰京）。

4・1 皇太子御成婚紀年京都市紀念動物園が開園する。

4・7 天皇、関西行幸のため東京を出発する（裕仁・雍仁両親王、沼津駅に行き、車中で拝顔。天皇、五月十一日還幸。最後の京都行幸）。

4・10 天皇、神戸沖の海軍大観艦式を親閲する。

4・13 天皇、京都御所に着御する。▼小学校令一部改正（国定教科書制度成立）。

4・20 天皇、大阪に幸し、内国勧業博覧会開会式に臨御する（二十三・二十五・二十七・二十九日、五月一・三日、博覧会内部を巡覧）。

4・25 皇太子、鎌倉に行啓し、鶴岡八幡宮・頼朝墓等を散策する（即日帰京）。

4・28 裕仁・雍仁両親王、川村純義別邸より帰京する。

5・3 皇太子、小金井村海岸寺（現小平市）に行啓する。

5・4 天皇、孝明天皇陵・英照皇太后陵に参拝する（この頃、天皇、自らの陵は「桃山に」と言ったという）。

5・5 天皇、堺市に幸し、博覧会水族館を覧る。▼皇后、泉山諸山陵に参拝。帰路、東福寺に九条兼実・亡兄一条実良などの墓に参る。

5・9 裕仁親王、感冒にかかる（十五日まで）。

5・19 天皇、ドイツ連邦バヴァリア（バイエルン）国王族を芝離宮に答訪する。

5・26 皇太子・同妃、大阪の内国勧業博覧会等に出発する（六月十日帰京）。

6・11 裕仁親王、急性喉頭カタルの発作（十七日ほぼ全癒）。

6・12 有栖川宮威仁親王、病により東宮輔導を免じられる（が、しばらくは輔導の名目を残す）。

6・13 エジソン、天皇に蓄音器を献上する。

6・23 対露方針について御前会議が開かれる（満韓問題についてロシアとの交渉開始

＊**小松宮彰仁親王**《こまつのみやあきひとしんのう》（一八四六～一九〇三） 伏見宮邦家親王第八王子。生母は堀内信子。妃は旧久留米藩主有馬頼咸《よりしげ》女頼子《よりこ》。安政五年（一八五八）仁孝天皇猶子となり親王宣下、仁和寺門跡に就任。慶応三年（一八六七）復飾し、仁和寺宮嘉彰親王。明治三年東伏見宮に改め、同十五年小松宮に改称。陸軍大将・近衛師団長・参謀総長を歴任、明治三十一年には元帥府に列せられる。日本赤十字社など各種団体の総裁。国葬により豊島岡墓地に葬られる。

を決定）。

6・28　天皇、胃腸を害し、出御を止める（七月十三日全癒）。

7・13　天皇、伊藤博文を枢密院議長に任じ、立憲政友会総裁を辞任させる（十四日、西園寺公望が総裁となる）。

7・16　帝室制度調査局が設置される（伊藤博文を総裁、伊東巳代治を副総裁とする）。

7・28　皇太子、塩原に移る。

7・30　裕仁・雍仁両親王、避暑のため箱根宮ノ下に向かう（九月二十日まで）。

8・31　神宮皇学館、内務省神宮司庁に置かれ、官立専門学校となる。

9・1　皇太子、塩原より日光田母沢御用邸に移る（九日帰京）。

9・26　皇太子、葉山御用邸に行啓する（二十七日帰京）。

10・6　皇太子、和歌山・香川・愛媛・岡山四県下巡啓に出発する（十月三十日還啓）。

10・13　皇太子、金刀比羅宮に参拝し、また車中から崇徳天皇陵を遥拝する。

10・20　裕仁・雍仁両親王、保養のため沼津の川村純義別邸に移る（滞在中、しばしば沼津御用邸の皇太子・同妃に拝顔。翌年五月二十九日帰京）。

10・21　皇太子、後月輪陵・後月輪東北陵および近陵に参拝する。

10・23　皇太子、二条離宮を発ち、沼津御用邸に入る（三十日まで滞在）。

11・2　天皇、横須賀に幸し、巡洋艦音羽の進水式に臨御する。

11・3　皇太子、陸軍歩兵大佐・海軍大佐に昇進する。

11・11　天皇、特別大演習統監のため兵庫県に行幸する（十九日還幸）。▼皇太子、沼津御用邸に行啓する（三十日帰京）。

11・15　幸徳秋水・堺利彦ら、平民社を結成。

12・10　衆議院開院式で河野広中議長、勅語奉答文において桂太郎内閣を弾劾する（奉答文事件。衆議院解散）。

12・13　皇太子、千葉県新浜御猟場に行啓する。

12・15　皇后および皇親の陵墓決定奉告祭の制を定める。

12・28　海軍軍令部条例改正・戦時大本営条例改正公布（参謀総長と海軍軍令部長がその幕僚の長として天皇の統帥を補佐。これにより陸・海軍が対等となる）。▼軍事参議院を設置（重要軍務に関する天皇の諮問機関）公布。▼「岩倉公実記」稿成り、一本を進上する。

この年　池辺《いけべ》義象《よしかた》「大嘗の大礼」刊。▼東京

◉**門跡《もんぜき》**　もともとは「法門の遺跡《ゆいせき》」のことであったが、貴種が入寺する寺およびその住職を指し、寺格を持つようになった。とくに親王が法脈を継承する寺を親王門跡（宮門跡）といい、非皇位継承者等の職となる。例えば、後水尾天皇皇子のうち十名は門跡となっている。その役割は、天皇・禁中の加持祈禱であり、宮廷文化の一翼をも担っていた。皇位継承者がいないなどの場合や幕末明治国事多難の折には還俗されたりした。

帝国大学史料編纂掛「京都御所東山御文庫記録」刊行開始（～大正十五年）。

■明治三十七年（一九〇四）甲辰

明治天皇　53歳
嘉仁親王　26歳
裕仁親王　4歳

1・5　天皇、米国陸軍長官タフトと接見、時局（日露関係）を平和的に解決したいと述べる。▼皇太子、初めて新年宴会に参列する。

1・6　皇太子、感冒にかかる（二十五日快癒）。

1・16　伏見宮継嗣邦芳王が病弱のため、華頂宮博恭王、伏見宮に復帰。これに伴い、博恭王王子博忠《ひろただ》王に華頂宮を継承させる。

1・25　裕仁親王、感冒にかかる（二月四日全快）。

1・29　皇太子、沼津御用邸に行啓する（三月九日帰京）。

2・1　参議総長大山巌、天皇に対露開戦不可避を上奏する。

2・4　御前会議が開かれ、対露交渉打ち切り、開戦を決定する（天皇、開戦を「御深憂」。この頃よりストレスが高まり、年末まで糖尿病が悪化していく）。

2・6　皇太子、御講書始で、「禁秘抄」「論語」等を聴く。

2・9　ロシア皇帝、対日宣戦の詔勅を発する。

2・10　天皇、ロシアに対する宣戦布告の詔書を発する（日露戦争）。

2・11　大本営を宮中に設置する（十二日公示）。

2・13　威仁親王の第を離宮とし、霞関離宮と称する。

2・16　宮内省に内苑局を置く。

2・23　日韓議定書調印（日本は韓国の独立および領土保全を確実に保証する。二十七日公布）。

2月　女子学習院など、出征軍人家族慰問婦人会を結成し、出征兵士に慰問袋を送る。

3・6　皇太子、大本営附となる。

3・7　伊藤博文、韓国皇帝と面会し、対日協力を求める。皇帝、協力を約する。

3・12　皇太子、参謀本部に行啓する（十三日、大本営御前会議に参列）。

3・20　皇太子、初めて帝国議会開院式に列席する。▼元寇の古例により、氷川神社など七国一宮にて敵国降伏祈願祭を行なう。

3・29　海軍少佐広瀬武夫、旅順港口で戦死する。

3・31　煙草専売法制定（収益金を戦費に充

てる)。
4・1　内苑局官制制定。
4・5　フランス留学の守正王が帰国する。
4・23　日露戦争に際し、占領の中国領満州とロシア租借地に軍政を開始する。
4月　全国の小学校で国定教科書の使用を開始(「尋常小学日本歴史」で「南北朝」の見出しあり)。
5・3　靖国神社で日清戦争等で死没の九十人を合祀する。
5・18　韓国、対露条約等の破棄を宣言する。
5・21　裕仁・雍仁両親王、三島神社に参詣する。
5・25　天皇、大山巌参謀総長と寺内正毅陸相を召し、満州の数軍の作戦を指揮させる「高等司令部」を編成し、戦地に進めるよう命じる(参謀本部と陸軍省の対立を調停)。
6・9　裕仁・雍仁両親王、青山練兵場で調練を覧る(以後しばしば)。
6・11　大山巌・寺内正毅、「高等司令部」の編成を上奏。天皇、名を「満州軍総司令部」として裁可する。
6・20　参謀総長大山巌を満州軍総司令官、児玉源太郎を総参謀長、山県有朋を参謀総長とする。
6・27　皇太子、近衛師団司令部等を視察する。
6・28　陸軍中将伏見宮貞愛親王を陸軍大将、海軍中将有栖川宮威仁親王を海軍大将とする。
7・4　皇太子、近衛騎兵連隊に行啓する。
7・8　裕仁・雍仁両親王、避暑のため箱根宮ノ下に移る(九月十六日帰京)。
7・18　皇太子、横須賀軍港に行啓し、ついで葉山御用邸に入る(十九日帰京)。
7・21　内務大臣芳川顕正・宮内大臣田中光顕、神宮式年遷宮の用材を慮り、柱下に礎石を置きコンクリートで固めれば二百年もつと建言。この日、侍従長徳大寺実則、この意見を上奏するも、天皇、これを斥ける。
8・1　皇太子、避暑のため塩原に行啓する(しばしば中山慶子別邸を訪問。九月八日帰京)。
8・10　黄海海戦(戦艦三笠の海軍少佐博恭王負傷)。
8・22　第一次日韓協約調印。
9・7　貞愛親王を米国でのセントルイス万国博覧会に差遣することにする。
9・18　裕仁・雍仁両親王、海軍水兵の服装で東宮御所へ参り、皇太子・同妃に拝顔する。
9・26　天皇、芝離宮にドイツ皇族カール・

◉**宮門跡**(**十三門跡**)　主に親王が住職として居住した寺院。聖護院・輪王寺・仁和寺・妙法院・照高院・青蓮院・知恩院・勧修寺・一乗院・円融院・曼殊院・毘沙門堂・円満院。

アントンを答訪する。
9・29 中井養三郎、内相外相農商務相宛、りゃんこ島（竹島）領土編入幷に貸下願を提出する。
11・3 皇太子、天長節観兵式に初めて参列する（天皇、軍服にて臨御）。
11・9 裕仁・雍仁両親王、川村純義逝去により川村邸を退く（寒を避けて沼津御用邸に滞在し、翌年四月十四日帰京、東宮御所に入る）。
11・11 天皇・皇后、赤坂離宮御苑で観菊会を開く（皇太子、初めて参列）。
11・14 旅順要塞攻撃が二度とも失敗に終わったため御前会議が開かれ、旅順が攻略できない場合、二〇三高地を占領し、旅順湾のロシア艦隊を撃破することにし、天皇、これを裁可する（大山巌、これに従わず、十一月二十六日からの総攻撃も失敗に終わる）。
11・19 裕仁親王、風邪をひく（十二月二日床払い）。
12・2 皇太子が避寒のため沼津御用邸に滞在するため、裕仁・雍仁両親王、川村伯爵別邸に移る。
12・4 皇太子、沼津御用邸に行啓する（翌年一月二十日帰京）。
12・5 第三軍司令長官乃木希典、二〇三高地を占領する（旅順のロシア艦隊を撃破）。
12・31 相続税法・塩専売法等を公布（戦時財政上の急需に応じるため）。
この年 **塩原御用邸**が竣工する。▼小学校四年の修身教科書の末尾に「教育勅語」が掲載される（この頃から小学校での「教育勅語」暗記・暗写が始まる）。▼日露戦争直後から、全国各地で忠魂碑が建てられるようになる。▼亀山上皇像が文永の役古戦場の福岡市東公園に建立される（像高四八四センチ。台座に「敵国降伏」の銘板がはめ込まれる）。
□8・12 **川村純義**（海軍卿。69）

■明治三十八年（一九〇五）乙巳

明治天皇 54歳
嘉仁親王 27歳
裕仁親王 5歳

1・1 旅順のロシア軍が降伏する（日本中が歓喜にわく）。
1・3 皇太子嘉仁親王第三皇子光宮《てるのみや》宣仁《のぶひと》親王（高松宮）が誕生する。
1・19 歌会始（御題「**新年山**」）。
1・22 皇太子、沼津御用邸に行啓する。
1・28 竹島の島根県編入を閣議決定する。
2・23 宮中三殿修理のため、賢所仮殿に奉

＊**塩原御用邸**《しおばらごようてい》 もと三島通庸塩原別邸。大正天皇は皇太子時代、ここで養生されたことがあり、三島弥太郎が宮内省に献納を申し出て造営されたもの。敷地約一万五千五百坪。昭和天皇以下皇族方の避暑地となり、内親王であった東久邇成子・池田厚子・島津貴子が終戦までここに疎開した。昭和二十一年廃止。旧御座所棟は近くに移築保存され、「塩原温泉天皇の間記念公園」として公開されている。

＊**川村純義**《かわむらすみよし》（一八三六〜一九〇四）薩摩出身。戊辰戦争で功あり、のち海軍軍人となり、明治七年海軍中将、のち参議・海軍卿。同十八年宮中顧問官、二十一年枢密顧問官となり、裕仁・雍仁両親王の養育主任。伯爵。没するにあたり海軍大将。

＊**新年山** 御製は、「ふしのねにほふ朝日もかすまて年たつ空ののとかなる哉」旅順陥落の報を聞き、その安堵感がしのばれる。

遷する。
3・1　満州軍が奉天に向け総攻撃を開始する（「奉天の会戦」）。
3・10　満州軍、奉天を占領する。
4・1　有栖川宮威仁親王、天皇の名代としてドイツ皇太子結婚式参列のため出発する（八月二十七日帰国。慰子《やすこ》妃同伴）。
4・23　皇太子、沼津より葉山御用邸に移る（五月四日帰京）。
4・28　「孝明天皇紀」成稿につき、先帝御事蹟掛九条道孝・嵯峨実愛に物を賜う。
5・3　この日より四日間、日露戦争戦没者合祀の靖国神社臨時大祭が行なわれる（天皇、四日行幸予定も、病のため伏見宮貞愛親王を参向させる。三万八百八十六人を合祀）。
5・5　博恭王を韓国に差遣し、海軍省軍務局員の資格で満州各地を巡視させる。▼皇太子、靖国神社臨時大祭に行啓する。また、葉山御用邸に行啓（十日帰京）。▼裕仁親王、幻燈を覧る（以後しばしば）。
5・23　皇太子、感冒にかかる（六月二日全癒）。▼裕仁親王、熱を出す（六月八日回復）。
5・27～28　連合艦隊、日本海でロシアのバルチック艦隊を撃破する（日本海海戦）。
6・12　皇太子、大本営会議に参列する。
6・17　天皇、樺太占領作戦を裁下する。
6・26　皇典講究所、「祭式行事作法調書」をまとめる（所長佐佐木高行より内相芳川顕正に進達）。
7・15　皇太子、吹上御苑観瀑亭で戦利品を覧る。
7・16　皇太子、新宿植物御苑に行啓。裕仁・雍仁両親王も赴き拝顔する。
7・20　裕仁・雍仁両親王、避暑のため日光田母沢御用邸に移る（九月五日帰京）。
7・27　伯爵川村鉄太郎沼津別邸を皇孫御用邸として買い上げ、沼津御用邸西附属邸とする。
7・28　裕仁・雍仁両親王、日光東照宮に参拝する。
7・29　桂太郎首相、タフト米陸軍長官（前フィリピン総督）と秘密覚書に調印（桂・タフト協定。三十一日、ルーズベルト大統領、覚書追認の報道）。
7・30　樺太全島の軍政施行を達示する。
8・3　裕仁・雍仁両親王、二荒山神社に参拝する。
8・10　皇太子、避暑のため塩原御用邸に行啓する（九月二日帰京）。
8・12　第二回日英同盟協約、ロンドンで調印（九月二十七日公布）。

8・18　修学院離宮・桂離宮にある勅額の保存を図らしめる。
9・3　裕仁・雍仁両親王、日光輪王寺に参り、寺宝を覧る。
9・5　ポーツマスで日露講和条約に調印（ロシアの南満州での利権を受けつぎ、日本の韓国への指導権をロシアが認める。また日本に樺太の南半分を譲渡等）。この日、日比谷公園で日露講和反対国民大会が開かれる（講和内容に不満をもつ数万の民衆が官憲と衝突し、政府系新聞社・警察署などを焼打ち、翌日には戒厳令が布かれ、軍隊が出動。日比谷焼打事件）。
10・12　裕仁・雍仁両親王、靖国神社に行き、遊就館の陳列品を覧る。
10・13　裕仁・雍仁両親王の御相手四名および付き添い二名が選定される（御相手は、原則として日曜を除く毎日午後に参殿）。
10・23　天皇、連合艦隊司令長官東郷平八郎大将らの**凱旋観艦式**に臨御する（皇太子も参列）。
10・25　賢所・皇霊殿・神殿の修理成り、仮殿より遷座する。
11・3　皇太子、陸海軍少将に昇進する。
11・5　裕仁親王、感冒にかかる（十一日床払い）。
11・10　天皇、ローマ法王使節を引見する。
11・12　宣仁親王、この日より裕仁・雍仁両親王の皇孫仮御殿に同居する。
11・14　天皇、対露戦勝奉告のため、伊勢神宮に出発する（十六日外宮、十七日内宮に参拝。十九日還幸）。
11・15　裕仁親王、この日より幼稚園課業を始める（日曜日を除き画方・工作・唱歌等を日課とする）。
11・17　第二次日韓協約に調印（韓国で反日運動起こる）。
11・20　裕仁親王、鼻カタルにかかる（二十九日全快）。
11・24　裕仁以下三親王、避寒のため沼津御用邸に移る。
11・25　皇太子、伊勢神宮参拝のため東京を出発する（二十七日外宮、二十八日内宮に参拝。三十日還啓）。
12・8　皇太子、軍艦筑波進水式のため広島県呉へ横浜より海路出発する（二十六日進水式。二十七日帰京）。
12・20　韓国統監府を設置する（翌日、伊藤博文を長官とする）。
12・22　満州に関する日清条約に調印（大正十二年まで関東州租借、満鉄附属地行政権取得）。

＊**凱旋観艦式**　この日、天皇は横浜沖で海軍軍服を着て、水雷艇に乗り、観艦式を挙行（東郷平八郎、これに侍す）。このときの御製が「いさましくかちときあけて沖つ浪かへりし船を見るそうれしき」。なお、これまで軍服は陸軍大元帥服であったが、以後、海軍関係においては海軍服着用となる。

12・26　三親王、皇后が沼津御用邸滞在予定のため、西附属邸に移る（翌年四月八日帰京）。
この年　上杉慎吉、「帝国憲法」を刊行する（明治三十九年に「比較各国憲法論」を公刊し、両著において、天皇を国家の機関とする）。
□1・30副島種臣《そえじまたねおみ》（内務大臣。伯爵。78）

■明治三十九年（一九〇六）丙午

明治天皇　55歳
嘉仁親王　28歳
裕仁親王　6歳

1・7　第一次西園寺公望内閣成立（内大臣に原敬）。
1・9　皇太子嘉仁親王、避寒のため葉山御用邸に行啓する（二月十日、妃も葉山へ行き、四月十一日帰京。皇太子は二月十六日帰京）。
1・21　皇太子、鎌倉御用邸に行啓する（即日葉山へ戻る）。
2・14　裕仁以下三親王、三島神社を訪れ拝礼する（三月十六日にも）。
2・19　天皇、英国王エドワード七世名代コンノートを迎えに新橋駅に行幸する。
2・20　天皇、コンノートより英国ガーター勲章を贈られる。▼天皇、霞関離宮にコンノートを答訪する（二十六日にも）。
2・24　皇太子、葉山に行幸する（三月十日帰京。また三月十一日より二十五日まで滞在）。▼日本平民党と日本社会党が合同、第一回日本社会党大会開催。
2月　水戸藩徳川家「大日本史」成る（神功皇后を歴代からはずし、大友皇子の即位を認め歴代に加える。また南朝を正統とし北朝を否認）。
3・17　後一条天皇皇女章子内親王（後冷泉天皇皇后）の墓を改めて陵とし、菩提樹院陵と称す。
3・23　後白河天皇の法住寺法華堂を法住寺陵、後鳥羽天皇の大原法華堂を大原陵と名を改める。また、後深草天皇以下十二帝合葬の深草法華堂を深草北陵、後嵯峨天皇の嵯峨殿法華堂を嵯峨陵、亀山天皇の亀山殿法華堂を亀山陵と称する。
3・26　この頃、裕仁親王、全身処々に皮疹（四月中旬全癒）。
3・29　韓国欝島郡守、日本が独島（竹島）を編入したと政府に報告（韓国政府、抗議せず、もしくは抗議できずに事実上の黙認）。
3・30　鉄道国有法制定。
3・31　北白川宮能久親王王子恒久王、明治天皇皇女昌子内親王との結婚が内定。この日、竹田宮家を創立する（明治四十一年婚

◉**比丘尼御所**《びくにごしょ》　主に江戸時代、女性皇族が入寺した寺。「比丘尼門跡」とも。大聖寺《だいしょうじ》・宝鏡寺・曇華院《どんげいん》・光照院・中宮寺・三時《さんじ》知恩寺・円照寺・霊鑑寺《れいかんじ》・林丘寺など。一八世紀後半以降には御所号が賜与された。大聖寺は御寺御所、宝鏡寺は百々《どど》御所、光照院は常磐御所など。明治四年五月、御門跡・比丘尼御所号は廃された。

儀）。また、久邇宮朝彦親王王子鳩彦《やすひこ》王、朝香宮家を創立する（皇族男子の二、三男クラスに新宮家を創立させ、内親王婚嫁の受け皿とする）。

4・1　皇太子、呉での巡洋艦生駒進水式臨席のため東京を出発する（九日進水式。十三日還啓）。▼京都御苑で凱旋記念内国製産品博覧会開催（五月三十一日まで）。

4・2　天皇、イタリア皇族ウヂネを霞関離宮に答訪する。

4・7「官国幣社経費に関する法律」により官国幣社経費を国庫負担とする制度が定められる。

4・9　華族女学校を学習院に併合し、学習院女学部とする。

4・15　皇太子、高輪南町御用邸に行啓する（以後しばしば）。

4・20　天皇、皇后とともに浜離宮に行幸し、観桜会を行なう（皇太子参列）。

4・28　裕仁・雍仁両親王、青山練兵場の観兵式の予行演習を覧る。

4・30　天皇、青山練兵場での日露戦争陸軍凱旋観兵式に臨幸する（裕仁親王等もこれを覧る）。

5・3　天皇、日露戦争戦没者（二万九千九百七十五人）合祀の靖国神社臨時大祭に行幸、親拝する。

5・4　皇太子、靖国神社臨時大祭に行啓する。

5・5　裕仁親王、蓄音器を聴く（このあとしばしば蓄音器・幻燈を楽しむ）。

5・11　裕仁以下三親王、靖国神社に行き、遊就館に陳列の日清・日露両戦役記念品等を覧る。

5・12　大使帰朝の際は御陪食を賜うことを例とする。

5・16　裕仁・雍仁両親王、靖国神社に参拝する。

5・31　新宿の植物御苑にプラタナス並木のあるフランス式庭園が完成し、この日、新宿御料地を新宿御苑に改称する。

6・3　皇太子、華族会館に行啓する。

6・8「南満洲鉄道株式会社ニ関スル件」（勅令）公布。

6・9　皇太子、鎌倉御用邸に行啓する（十日帰京）。

6・12　裕仁・雍仁両親王、青山練兵場に行き、兵士のラッパ・射撃などの教練を覧る。

6・13　帝国学士院規程公布（東京学士会院を改組）。

6・20　裕仁親王、急性喉頭カタルにかかる（二十六日床払い）。

7・10　裕仁・雍仁両親王、避暑のため、葉山御用邸に移る（九月十三日帰京）。
7・18　皇太子、浜離宮に行啓する（このあとしばしば）。
7・22　皇太子、葉山御用邸に行啓する（即日帰京）。
8・1　関東都督府官制公布（関東州の中央施政機関を設ける）。
8・5　皇太子、避暑のため塩原御用邸に行啓する。
8・15　天皇、ガーター勲章答礼のため、伏見宮貞愛親王を英国に差遣することにする。
8・23　皇太子、塩原より日光田母沢御用邸に移る（九月三日輪王寺行啓。九月七日帰京）。
9・13　博恭王に清国皇室を訪問させることにする（十月十三日、清国皇帝に謁する）。
9・29　裕仁・雍仁両親王、浅草に行き、花屋敷・観音堂・仲見世などを覧る。
10・5　皇太子、横須賀軍港・鎮守府等に行啓する（このあと葉山御用邸に二泊。七日横須賀行啓後帰京）。
10・12　裕仁・雍仁両親王、靖国神社の遊就館展示物を覧る。
10・14　皇太子、愛知・三重・岐阜三県での陸軍大学校参謀演習を見学に名古屋に行啓する（十八日、熱田神宮に参拝。二十一日還啓）。
10・15　裕仁・雍仁両親王、青山練兵場に行き調練を覧る。
10・26　裕仁親王、喉頭カタルにかかる（三十一日床払い）。
11・3　久邇宮朝彦親王王子稔彦《なるひこ》王、東久邇宮家を創立する。
11・5　裕仁・雍仁両親王、日枝神社に参拝する。
11・15　天皇、横須賀に行幸し、戦艦薩摩進水式に臨幸する（皇太子も）。
11・19　皇太子、近衛野戦砲兵連隊に行啓する。
11・21　皇孫三親王、避寒のため修善寺に移る。
11・26　南満洲鉄道株式会社設立。
12・1　横浜の根岸競馬場において「第一回帝室御賞典競走」が行なわれる（銀製の菊花模様高彫の花盛鉢を下賜。「天皇賞」の初め）。
12・20　山県有朋、「帝国国防方針案」を上奏する。
12・25　皇孫三親王、沼津御用邸西附属邸に移る（翌年三月三十一日帰京）。
12月　徳川圀順《くにゆき》、天皇に「大日本史」三百九十七巻を献上する。

この年　北一輝「国体論及び純正社会主義」刊。

□2・21九条道孝《くじょうみちたか》（公家。最後の藤氏長者。公爵。60）、7・23児玉源太郎《こだまげんたろう》（内務大臣・文部大臣。陸軍大将。参謀総長。子爵。55）、8・29黒川真頼《くろかわまより》（国学者。御歌所寄人。78）

■明治四十年（一九〇七）丁未

明治天皇　56歳

嘉仁親王　29歳

裕仁親王　7歳

1・6　皇太子、発熱（感冒）する（十八日御仮床を撤する。二十四日全快）。

1・23　裕仁親王以下三親王、三島神社に参拝する（小松宮三島別邸にて昼食）。

1・27　皇太子・同妃、葉山御用邸に行啓する（四月十八日帰京）。▼裕仁親王、咽喉カタルにかかる（数日後おさまる）。

1・31　天皇の要請により、陸軍大将乃木希典、**学習院長**に就任する。▼公文式廃止。**公式令**（勅令）制定。

2・1　皇太子、鎌倉御用邸に行啓し、允子・聰子両内親王に対面する（三月十九日にも）。

2・11　「皇室典範増補」を公布（皇族の人数増加により五世以下の王に臣籍降下を認め、宮家の次男クラスは侯爵、三男以下は伯爵を授与。また、一度降下した皇族は、再び皇族に復し得ないとする）。▼帝室制度調査局が廃止される。

2・12　伏見宮貞愛親王、イギリスへ向け横浜を出港する。

2・25　皇孫三親王、三島の小松宮別邸で汽車遊び・軍艦遊びなどをし、昼食後、三島神社に行く。

2・27　皇室令第一号として「皇族会議令」を制定（皇族会議の組織・構成等）。

3・14　樺太庁官制公布。

3・18　皇太子、妃と葉山から沼津御用邸に行啓する。

3・22　皇太子、感冒にかかる（四月十三日、御仮床を撤する）。

4・19　元帥府、「帝国国防方針」「国防に要する兵力」「帝国軍の用兵綱領」を決議する。

4・23　裕仁親王、数日来感冒にかかる（五月十二日全快）。

4・24　改正刑法公布（翌年十月一日施行。伊勢神宮に対する不敬も不敬罪の対象となる）。

4・26　天皇、皇后とともに浜離宮に行幸し、観桜会を行なう（皇太子参列）。

4月　久邇宮邦彦王、欧米旅行に出発する（明治四十二年十月帰国）。

5・1　靖国神社、日露戦争戦没者等二万四

＊**学習院院長**　乃木希典の前後の院長は、谷干城・大島圭介・三浦梧楼・山梨勝之進・野村吉三郎で、陸海軍の大官が務めている。皇族男子は軍籍につくきまりがあり、学習院が軍人教育に力を入れていたことがわかる。

＊**公式令**《こうしきれい》　詔勅の形式。憲法・皇室典範の改正公布、国際条約の発表の形式等について定める。勅令には天皇の署名と主任大臣の副署が必要だったが、公式令により首相の副署も必要となる。昭和二十二年五月三日廃止。

＊**詔勅**《しょうちょく》　天皇の意思を表示する詔書・勅書・勅語・勅諭などの総称。これ以前、臨時の大事には詔、通常の小事には勅を用いたが、大日本帝国憲法下では、詔書は皇室の大事、大権の行使を宣誥するもの、勅書は皇室または国家の事務に関する勅旨を載せるもので、一般には宣布されないものとした。なお勅語は口頭で発せられたもので、勅諭は、勅語のうち諭旨を含むもの。日本国憲法下では、国会の召集と解散のみ詔書の形式が用いられ、勅語は「お言葉」になった。

千六百七十六人を合祀する。
5・3　天皇、靖国神社臨時大祭に臨幸する（五月四日皇太子も）。
5・7　改正華族令公布（皇室令第二号。六月一日施行。これにより、女戸主は禁じられる。明治十七年の華族令は廃止）。
5・10　皇太子、山陰巡啓に出発する（六月九日還啓。このとき皇太子の肖像写真が京都・鳥取・島根各府県の学校に下賜）。
5・13　皇太子、舞鶴要塞・天橋立を見学する（籠《この》神社にも参拝）。
5・16　皇太子、名和神社に参拝する。
5・17　皇族の華族の養子となり、また、華族に帰嫁して離縁の場合の内規を定める。
▼裕仁・雍仁両親王、上野公園の東京勧業博覧会を覧る。
5・18　皇太子、鳥取に到着する（この夜、市内に電気が点灯）。
5・27　皇太子、出雲大社に参拝する。
6・4　皇太子、隠岐に渡り、後鳥羽天皇火葬塚に参拝する。
6・7　皇太子、京都で節子妃と合流し、泉涌寺の孝明天皇陵・英照皇太后陵に参拝する。
6・10　日仏協約をパリで調印。
6・13　靖国神社能楽堂で有栖川宮威仁親王、能楽会を開催する（皇后・皇太子・同妃ほか皇族等が臨席）。
6・17　三親王、靖国神社遊就館を訪れる。
6・29　内務省神社局、「祭式行事作法調書」をもとに「神社祭式行事作法」を全国の神社に公布する。
6月　韓国の光武帝、第二回ハーグ万国平和会議（6・15～10・18）に密使を派遣し、日本の日韓協約は韓国の真意でないとし、日本の侵略を訴える（ハーグ密使事件）。
7・2　天皇、上野公園の東京勧業博覧会に行幸する（四日皇太子も）。
7・7　韓国統監伊藤博文、「ハーグ密使事件」について韓国首相・皇帝に会い、責任を追及する。
7・19　韓国皇帝、皇太子に譲位の詔勅を発する（韓国各地で反日暴動起こる）。
7・21　三親王、避暑のため日光田母沢御用邸に移る（九月九日帰京）。
7・24　第三次日韓協約を締結する（秘密覚書で日本人官吏の採用、韓国軍隊の解散等。これにより抗日ゲリラ運動〈義兵運動〉高まる）。
7・26　三親王、東照宮に参拝する（二十八日には二荒山神社・輪王寺に）。
7・30　第一次日露協約調印。

◉明治天皇御製③（「明治天皇御集」より）

「橿原の宮のおきてにもとづきてわが日本《ひのもと》のくにをたもたむ」

「よきをとりあしきをすてて外国《とつくに》に劣らぬ国をなすよしもがな」

「なす事のなくて終らば世に長きよはひをたもつかひやなからむ」

なお、天皇は生涯に九万三千三十二首（公称）の歌を詠んだといわれる。

8・2　皇太子、多摩村字連光寺に行啓する。
8・6　皇太子、妃と避暑のため、塩原に行啓する。
8・17　皇太子、塩原より日光田母沢御用邸に移る（二十日塩原に戻る。九月六日帰京）。
8・20　韓国統監府、中国領間島《かんとう》に統監府臨時派出所を開設（二十四日、中国、撤去を要求）。
8・29　天皇、韓国王公族を「皇族ノ礼ヲ以テ」遇する詔書を発する。
9・7　日露通商航海条約・日露漁業協約を締結。
9・12　軍令第一号「軍令ニ関スル件」公布（軍事に関し、勅令に代わる軍令を制定。陸海軍大臣の副署のみで成立。軍部は、閣議を経ずに、大元帥たる天皇に直接上奏が可能となり、統帥権に関わる立法権をもつことになる。統帥権の確立。これにより、文官による軍の統制がきかなくなったともいえる）。
9・16　韓国統監伊藤博文、「日韓親善」のため、韓国皇太子李垠《りぎん》の日本留学と皇太子嘉仁親王の韓国行啓を提案（天皇、初めは難色を示すも許可）。
9月末　上野の帝室博物館内に表敬館が建てられ皇室に献納される（皇太子結婚に際しての献納品を納める）。
10・1　裕仁親王、百人一首カルタで遊ぶ（このあとしばしば）。
10・3　天皇、ドイツより来た上野動物園のキリンを皇居御車寄前庭で覧る。
10・5　明治天皇生母**中山慶子**没。
10・10　皇太子、韓国行啓に出発する（威仁親王随行。十三日、広島県宇品港から軍艦香取に乗り、十六日、仁川に上陸。十六〜十九日統監官邸に宿泊。帰途、九州・四国を巡覧。十一月十四日帰京）。
10・19　皇太子、韓国昌徳宮内の秘苑を訪問する（李垠も同行。皇太子、これを機に韓国語を学習）。
10・20　裕仁親王、主馬寮赤坂分厩で隠岐島号に乗る（初の乗馬）。
10・24　三親王、靖国神社に参拝し、遊就館を見学する。
11・1　内大臣府官制公布（翌年一月一日施行。内大臣は御璽・国璽の尚蔵のほか詔勅等内廷の文書に関する事務を管掌することになる。昭和二十年十一月廃止）。▼**宮内省官制**公布（皇室令第三号。翌年一月一日施行）。
11・14　天皇、特別大演習統監のため茨城県結城町に行幸する（二十日還幸）。▼皇太子、

＊**中山慶子《なかやまよしこ》**（一八三五〜一九〇七）　孝明天皇典侍、明治天皇生母。父は中山忠能、母は園基茂養女愛子。嘉永四年（一八五一）出仕、同五年、中山邸で祐宮（明治天皇）を出産。病により典侍を辞し祐宮付となるが、孝明天皇崩御後典侍に再任。明治三年、東京に移り参内。十二年、明宮（大正天皇）御養育御用、二十三年免官。墓は豊島岡墓地。

＊**宮内省官制**　これにより、大臣官房・侍従職・式部職・内蔵寮・図書寮・爵位寮（もと華族局）・侍医寮・大膳寮・諸陵寮・主殿寮・内匠寮・内苑寮・主馬寮・主猟寮・調度寮が設置。なお御料局に代わり帝室林野管理局（大正十三年に帝室林野局に改称）が設置される。

＊**保古飛呂比《ほごひろい》**　佐佐木高行（一八八〇〜一九一〇）が手許に存する日記・書翰・記録等を丸橋金治郎に編纂させたもの（王政復古まで完成。政界引退まで未定稿）。のち東京大学史料編纂所が引き継いだ写本六十三冊（明治十六年までの分）を底本として、「保古飛呂比・

高知県須崎を出航し、この日、横浜に上陸、新橋まで御召列車に乗り帰京する。

11・19 皇太子、天皇名代として赤坂離宮御苑観菊会に臨場する。

12・1 皇太子、感冒にかかる（二十日、御仮床を撤する）。

12・15 韓国皇太子李垠、来朝する（天皇、日本の皇太子に準じる待遇を与える。明治四十一年、学習院入学）。▼天皇、芝離宮に韓国皇太子を答訪する。

12・21 允子・聰子両内親王の居所を麻布御殿と称する。

12・25 三親王、避寒のため沼津御用邸西附属邸に移る（翌年三月三十一日帰京）。

12・27 天皇、横須賀に行幸し、軍艦筑波・千歳を親閲する。

この年 平安神宮による「孝明天皇紀」印刷完了。▼関野貞、「平城京及大内裏考」を刊行。▼丸橋金治郎編「**保古飛呂比**」成る。

□2・7奥村五百子《おくむらいおこ》（愛国婦人会創立者。63）、8・14福羽美静《ふくばびせい》（明治天皇侍講。国学者。子爵。77）

■明治四十一年（一九〇八）戊申

明治天皇 57歳
嘉仁親王 30歳
裕仁親王 8歳

1・1 宮中女官東宮職女官官制制定。

1・7 韓国皇太子李垠、参内する。

1・9 伏見宮博恭王、英国留学出発に当たり、参内して天皇に謁する。

1・20 皇太子、葉山御用邸に行啓する。

1・23 皇太子、葉山より修善寺に行啓する（三泊）。

1・26 皇太子、修善寺より沼津御用邸に行啓する（この日、葉山に戻る）。

1・28 ドイツ滞在の久邇宮邦彦王にスペイン皇室を訪問させる。

1・29 天皇、韓国皇太子李垠と鳳凰の間で対面する。

2・10 兵庫県**武庫離宮**設置を決定する。

2・11 紀元節。皇孫三親王、御用邸前で軍艦宗谷乗組員の機関砲射撃等を覧る。

2・12 皇太子、葉山より鎌倉御用邸に行啓する（允子・聰子両親王に対面。この日のうちに葉山に戻る。鎌倉御用邸には三月六・二十一日にも行啓）。

2・21 皇孫三親王、三島神社に参拝する。

2・27 裕仁親王、学習院初等学科一年級に入学する（学習院長乃木希典、皇族の**教育方針**の覚書を作成）。

3・31 天皇、気管支炎にかかる。

4・3 有栖川宮栽仁《たねひと》王没（年22。公式発表

佐佐木高行日記」が刊行（全十二巻。東京大学出版会）。また「保古飛呂比」に続く「佐佐木高行日記―かざしの桜」（早稲田大学図書館所蔵）も刊行されている。

＊**武庫離宮**《むこりきゅう》 須磨の大谷光瑞別荘を離宮としたもの。第二次大戦の戦災により焼失。戦後、米軍に接収され、昭和三十一年、神戸市に返還され、同四十二年、皇太子御成婚記念として須磨離宮公園となる。

＊**教育方針** 覚書は以下六項目。
一、御健康を第一と心得べきこと。
二、御宜しからぬ御行状と拝し奉る時は、之を御矯正申上ぐるに御遠慮あるまじきこと。
三、御成績につきては御斟酌然るべからざること。
四、御幼少より御勤勉の御習慣をつけ奉るべきこと。
五、成るべく御質素に御育て申上ぐべきこと。
六、将来陸海の軍務につかせらるべきにつき、其の御指導に注意すること。

は四月七日。継嗣なく断絶)。
4・4 皇太子、山口・徳島行啓に出発する(四月十九日帰京)。
4・10 ロシアと樺太島境界画定書に調印(境界標・中間標石・木標を立てる)。
4・13 裕仁親王、この日より四谷仲町の学習院初等科に通学する。
4・28 山田禎三郎、小笠原島司宛に小笠原島所属島嶼(中ノ鳥島)発見届を提出。
4・30 竹田宮恒久王、第六皇女昌子内親王と結婚する。▼徳川慶喜に勲一等旭日大綬章を授ける。
4月 正倉院を帝室博物館所管とし、東京帝室博物館に正倉院宝庫掛を置く。
5・2 山階宮菊麿王(晃親王第一王子)没(年36。武彦王、家督を相続)。
5・5 靖国神社に日露戦争戦没者等一千九百五十人を合祀する。
5・6 韓国各地で暴動。奥保鞏《やすかた》参謀総長、連隊派遣を上奏。天皇、これを裁可する。
5・14 新たな東宮御所(**赤坂離宮**)が完成。この日、主殿寮に主管させる。
5・22 皇太子、華族会館に行啓する。
5・23 皇后、青山練兵場での愛国婦人会総会に行啓する。
6・1 愛知県金城《きんじょう》女学校地久節式典で、教育勅語を読まず、「君が代」の代わりに讃美歌を歌う(不敬事件として問題化)。
6・7 皇太子、多摩村連光寺に行啓する。
6・25 原敬内相、社会主義取締りの沿革と現状を天皇に上奏する(これ以前、山県有朋、西園寺内閣の社会主義取締り不徹底を上奏)。
7・3 三親王、避暑のため葉山御用邸に移る。
7・14 第二次桂太郎内閣成立。
7・19 皇太子、葉山御用邸に行啓する(王子三親王に対面。即日帰京)。
7・23 中ノ鳥島の東京府編入を閣議決定。
8・6 皇太子、妃と避暑のため日光田母沢御用邸に行啓する。
8・17 三親王、鎌倉の鶴岡八幡宮・鎌倉宮・鎌倉大仏を訪れる(九月五日帰京)。
9・4 教科用図書調査委員会を設置。
9・8 皇太子、東北巡啓のため日光田母沢御用邸を出発する(十月十日帰京。この頃の皇太子巡啓は、電話の開通、電気の点灯、鉄道開通などインフラ整備とセットになり、「皇恩」を実感させたといわれる)。
9・19 **皇室祭祀令**公布。
9・24 皇太子、弘前で第八師団司令部、歩兵第三十一連隊、弘前城公園等を見学する

＊**赤坂離宮**《あかさかりきゅう》 明治四十二年、元紀州藩屋敷跡に東宮御所として建てられた。設計はジョサイア・コンドルの弟子片山東熊で、ベルサイユ宮殿とルーブル宮殿を模した意匠といわれる。公式の引見、国賓の接遇に用いられ、階下は皇太子嘉仁親王が常住した。大正十三年、皇太子裕仁親王は婚儀後ここを住居とした。戦後は国に管理が移され、国立国会図書館などになったが、改修工事を経て昭和四十九年、迎賓館となる。
＊**皇室祭祀令**《こうしつさいしれい》 皇室の祭祀は大祭と小祭に分け、大祭は天皇が皇族・官僚を率いて自ら行ない、小祭は天皇が皇族・官僚を率いるが掌典長が行なう祭祀とする。大祭には元始祭(一月三日)、紀元節祭(二月十一日)、春季皇霊祭・春季神殿祭(ともに春分の日)、神武天皇祭(四月三日)、秋季皇霊祭・秋季神殿祭(ともに秋分の日)、神嘗祭(十月十七日)、新嘗祭(十一月二十三・二十四日)、先帝祭(毎年崩御日)、先帝以前三代の式年祭(各崩御日)、先后の式年祭(崩御日)、皇妣たる皇后の式年祭

（このとき、皇太子、弘前城公園を「鷹揚《おうよう》園《えん》」と命名）。

10・13 **「戊辰詔書」**が発布される。

10・23 文部省、「戊申詔書」の国民道徳作興の聖旨を奉体するよう、学校長・地方長官らに訓令を下す。

11・9 天皇、奈良県の陸軍特別大演習統監などのため新橋より陸路出発する（奈良のあと兵庫県海軍大演習を親閲。十一月二十日還御）。

11・10 皇太子、横浜に行幸し、義勇艦桜丸に臨む。

11・13 皇太子、埼玉・群馬両県での近衛師団機動演習に臨御する（二十日還啓）。

12・21 三親王、避寒のため沼津御用邸西附属邸に移る（翌年四月二日帰京）。

12・28 侍従武官官制廃止、侍従武官府官制公布。

□10・26 榎本武揚《えのもとたけあき》（幕臣。海軍中将。子爵。73）

■明治四十二年（一九〇九）己酉

明治天皇 58歳
嘉仁親王 31歳
裕仁親王 9歳

2・1 皇太子嘉仁親王、避寒のため妃と葉山御用邸に行啓する（三月二十五日帰京）。

2・7 皇太子、軽微な感冒にかかる（二十二日、御仮床を撤する）。

2・11 **「登極令」**「摂政令」「立儲《りっちょ》令」「皇室成年式令」を制定・公布する。

2・25 皇太子、葉山より鎌倉御用邸に行啓する（三月十一・二十三日にも鎌倉へ）。

3・28 皇太子、埼玉鴨場に行啓する。

3・31 伏見宮貞愛親王を清国徳宗景皇帝葬儀に派遣する（四月十七日、横浜を出港。五月一日葬儀参列）。

4・6 皇太子、兵庫県の参謀本部参謀旅行演習見学のため東京を出発する（四月十五日帰京）。

4・26 天皇、皇后とともに浜離宮に行幸し、観桜会を行なう（皇太子参列）。

4・29 北白川宮成久王、明治天皇皇女房子内親王と結婚する。

5・5 靖国神社に日露戦争死没者等八百十七人を合祀する。

5・6 新聞紙法公布（不敬罪を規定）。

5・7 裕仁親王、前夜より発熱、感冒にかかる（二十八日床払い）。

5・8 皇太子、軽微な咽頭カタルにかかる（十七日、御仮床を撤する）。

5・29 皇太子、横須賀軍港に行啓し、軍艦敷島に搭乗する。

（崩御日）がある。また、一月一日の宮中三殿の祭典を「歳旦祭」とする。昭和二十二年廃止も、現行の祭祀は「天皇の私的行事」として、この皇室祭祀令に準拠して行なわれている。

＊**戊申詔書**《ぼしんしょうしょ》 日露戦争後、にわかに台頭してきた自由主義・個人主義・社会主義に対し、国民に勤倹節約と国体尊重を徹底させるため、平田東助等の要請に基づいて発せられたもの。教育勅語とともに明治時代国民教化の二大詔勅といわれる。

＊**登極令**《とうきょくれい》 践祚・改元・即位礼・大嘗祭に関する規定。第一条に「天皇践祚ノ時ハ即チ掌典長ヲシテ賢所ニ祭典ヲ行ハシメ且践祚ノ旨ヲ皇霊殿神殿ニ奉告セシム」とある。大饗に洋風を加味したり、参列者の服装を洋装とするなど、以前の慣習とは大幅に異なる点もある。昭和二十二年廃止。なお、登極とは、天皇が高御座《たかみくら》に登ること、つまり即位することを表わす。

6・8 宮内大臣田中光顕辞職。
6・9 裕仁・雍仁両親王、両国の東京大相撲常設館（国技館）を訪れ、相撲を覧る。
6・10「皇室服喪令」制定・公布（大喪・宮中喪など）。
6・12 皇太子、妃と靖国神社能楽堂に行啓する。▼三親王、青山練兵場で調練を覧る（このあと新宿御苑へ）。
6・14 伊藤博文を枢密院議長とする（韓国統監は曾禰荒助）。
6・16 岩倉具定を宮内大臣とする。
7・4 皇太子、新浜鴨場に行啓する。
7・6 天皇、総理大臣桂太郎の上奏する韓国併合に関する方針を裁可する。
7・7 三親王、避暑のため葉山御用邸に移る（九月六日帰京）。
7・14 天皇、学習院に行幸し、新築校舎等を覧る（裕仁・雍仁両親王、このためにいったん葉山より帰京）。
7・18 皇太子、連光寺御猟場に行啓する。
7・25 皇太子、葉山御用邸に行啓し、三親王に対顔する（即日還御）。
8・4 皇太子、避暑のため妃と日光田母沢御用邸に行啓する（九月三日帰京）。
8・14 皇太子、日光より塩原御用邸に移る（四日間滞在し、日光に戻る）。

8・18 二荒芳之《ふたらよしゆき》（北白川宮能久親王五男。伯爵。年21）没。
9・2 三親王、横須賀に行き、軍艦相模に乗船する。午後、横須賀海軍工廠を見学する。
9・4 清国との「間島に関する協約及び満洲五案件に関する協約」締結。
9・15 皇太子、岐阜・福井・石川・富山巡啓に出発する（このとき、兼六園・永平寺・気比神宮・金崎宮等を見学・参拝。十月四日沼津御用邸に入り、六日帰京）。
10・2 伊勢内宮の遷宮が行なわれる。
10・5 伊勢外宮の遷宮が行なわれる。
10・11 中国と「プラタス」島引渡ニ関スル取極調印（中国領東沙群島プラタス島で日本人西沢某の採鉱事業を中国が広東元十六万両で買収。「引渡」は島ではなく事業）。
10・26 伊藤博文、ハルビン駅頭で韓国人安重根に射殺される（天皇、国葬を命じる。翌年二月、清の旅順地方院、安重根に死刑を宣告、三月執行）。
11・3 皇太子、陸・海軍中将となり、参謀本部付となる。
11・4 伊藤博文の国葬が日比谷公園で行なわれる（天皇、侍従を勅使として派遣）。
11・5 天皇、栃木県の陸軍特別大演習統監

＊伊藤博文《いとうひろぶみ》（一八四一〜一九〇九）長州藩士。大日本帝国憲法・皇室典範起草の中心人物。明治十八年、内閣制度発足とともに初代総理大臣となり、第五・七・十代の総理大臣をつとめるほか、初代枢密院議長、初代貴族院議長、初代韓国統監を歴任し、立憲政友会を結成して初代総裁となる。公爵。国葬。

＊手紙 以下が全文。
まだやつぱりおさむうございますが、おもうさま、おたたさまごきげんよう居らつしやいますか、迪宮も、あつ宮も、てる宮も、みんなじようぶでございますからごあんしんあそばせ
私は毎日学校がございますから七じ四十五分ごろからあるいてかよひます
四じかんのおけいこをしまつてみうちにかへります、そしておひるをしまつてたいてい山や、村や、松林などにでておもしろく遊びます
またときどきせこに行つてにはとりなどを見て、これにゑをやることも有ります
またはまにでてかひをさがすこと

のため汽車で東京を出発する（十一日帰京）。
11・9　皇太子、感冒にかかる（十八日快癒）。
11・17　山県有朋を枢密院議長とする。
11・24　皇太子、横須賀軍港に行啓する（このあと葉山御用邸に二泊）。
11・28　皇太子、華族会館に行啓する。
12・8　神宮祭主賀陽宮邦憲王《かやのみやくにのり》没（年42。泉涌寺に葬られる。恒憲王が賀陽宮家を継承）。
12・25　裕仁・雍仁両親王、避寒のため修善寺に移る（宣仁親王は病のため後日出発）。
この年　山路愛山「足利尊氏」刊行（「梅松論」を論拠として後醍醐天皇・楠木正成の神格化を史実ではないとする。明治四十四年、不適当な歴史書として筆禍事件となる）。
□10・20正親町三条実愛《おおぎまちさんじょうさねなる》（明治三年、嵯峨と改姓。権大納言。嘉仁親王御用掛。90）、10・26**伊藤博文**（首相。69）

■明治四十三年（一九一〇）庚戌

明治天皇　59歳
嘉仁親王　32歳
裕仁親王　10歳

1・8　裕仁親王以下三親王、皇孫御養育掛丸尾錦作より教育勅語に関する訓辞を聴く。
1・9　皇太子、新浜鴨場に行啓する。
1・10　この頃連日、裕仁親王、世界一周双六を楽しむ。
1・16　皇孫三親王、沼津御用邸西附属邸に移る（三月三十日帰京）。
1・22　皇太子、妃と葉山御用邸に行啓する（二十九日帰京）。▼桂内閣、皇室費を三百万から四百五十万円に増額の予算案を提出（三月、貴・衆両院で可決。この額は第二次大戦終結まで変わらず）。
1・31　皇太子、葉山御用邸に行啓する（二月九日帰京）。
2・2　裕仁親王、皇太子・同妃より、肴・文房具・玩具などを賜わる。
2・4　裕仁親王、皇太子・同妃へ沼津での日常について**手紙**を書く。
2・21　皇太子、葉山御用邸に行啓する（二十八日帰京）。
2・25　陸軍少将鷹司熙通《ひろみち》・掌典次長九条道実《みちざね》を侍従職御用掛とする。
3・1　裕仁親王、軽度の喉頭カタルをわずらう（六日全快）。
3・3　**皇族身位令**・**皇室親族令**公布。
3・6　皇太子、感冒にかかる（二十日、御仮床を撤する）。▼裕仁親王、学友等としばしば相撲をとる。
3・7　伏見宮貞愛親王を日英博覧会に差遣する（二十八日神戸港出港）。
3・28　皇太子、葉山御用邸に行啓する（四

も有ります、しかし、かひはこちらにはあんまり有りません。葉山にはたくさんございますか
きのふはおつかひでお手がみのおどうぐやおまなをいただきましてありがたうございます。
おもうさま
おたたさま
ごきげんよう
二月四日
迪宮裕仁
おもうさま
おたたさま

＊**皇族身位令**　皇族の班位（階級）・叙位任官・失踪・臣籍降下・懲戒などについて定めたもの。このとき、皇太子・皇太孫・親王は軍籍をもつことと明記される。

＊**皇室親族令**　皇族の親族の範囲・婚姻・親子関係について定めたもの。皇族は皇后・太皇太后・皇太后・親王・親王妃・内親王・王・王妃・女王とされる。また大婚の礼は、天皇が満十七歳に達したあとに行なわれ、皇后は、満十五歳以上の皇族または特に定める華族の女子と限定される（ただし、直系親族および三親等内の傍系血族

月一日帰京)。
4・1 宮内大臣岩倉具定急逝。宮内次官・枢密顧問官渡辺千秋を宮内大臣とする。▼靖国神社附属遊就館に関する勅令を制定する(武器の沿革を知るべき物件を蒐集保存し、軍事上の参考に資する所とし、かつ公衆の観覧に供すること等)。
4・6 裕仁親王、歴史に興味を示し、特に天智天皇・豊臣秀吉に関心をもつ。
4・9 皇太子、葉山御用邸に行啓する。
4・13 皇太子、岐阜県での参謀演習旅行視察のため葉山を出発する(二十四日帰京)。
4・17 三親王、目黒の陸軍騎兵実施学校を訪問する。
4・27 天皇、皇后と浜離宮に行幸し、観桜会を行なう。
5・4 靖国神社、日露戦争戦没者等百四十一人を合祀する。
5・6 朝香宮鳩彦《やすひこ》王、皇女允子《のぶこ》内親王と結婚する。
5・10 皇太子、参謀本部に行啓し、執務を行なう。
5・11 貞愛親王を天皇名代とし、イギリス皇帝エドワード七世の葬儀に参列させる(二十日参列、六月二十三日帰国)。
5・25 宮下太吉らによる天皇爆殺計画が発覚(大逆事件の始まり。六月一日、幸徳秋水逮捕。これに関連し、社会主義者・無政府主義者が続々と逮捕)。
5・30 寺内正毅を韓国統監とする。
6・3 東宮御所にて活動写真上映(三親王も覧る)。
6・4 皇太子、小田原御用邸に行啓する(六日帰京)。
6・21 内閣に拓殖局官制公布(台湾・樺太・韓国に関する事項を管轄)。
7・4 第二回日露協約調印。
7・8 三親王、避暑のため小田原御用邸に移る。
7・14 文部省「尋常小学読本唱歌」刊(文部省唱歌の初め)。
7・15 三親王、報徳二宮神社・大久保神社を訪ねる。
7・17 現行通商条約等の破棄を各国に通告する。
7・20 北白川宮能久親王四男輝久王、臣籍降下して小松の家名を賜わり、華族(侯爵)に列せられる(小松輝久。小松宮家の祭祀を継承)。
7・30 皇太子、妃と日光田母沢御用邸に行啓する。▼三親王、葉山御用邸に移る(九月二十九日帰京)。

は除く。特定の華族とは、旧摂家・旧清華家および徳川宗家などを指すという)。
*佐佐木高行《ささきたかゆき》(一八三〇〜一九一〇) 土佐藩士。岩倉使節団の一員として欧米を巡る。帰国後、「天皇親政運動」を主導。明治十七年伯爵。のち宮中顧問官・枢密顧問官・皇典講究所所長等となり、皇太子嘉仁親王の養育係主任もつとめる。明治四十二年侯爵。墓は青山墓地。膨大な日記を残し、一部が「保古飛呂比・佐佐木高行日記」(全十二巻)等として刊行されている。

8・9　裕仁親王、先月末より咳あり、この日、百日咳とされる（九月八日快癒）。
8・17　樺太神社が創立され、この日、官幣大社に列せられる（翌年八月鎮座祭。祭神は大国魂神・大己貴神・少彦名命の「開拓三神」）。
8・22　韓国併合に関する日韓条約調印（韓国領土が日本領土に。高宗前皇帝・純宗《じゅんそう》皇帝・李垠《りぎん》とその家族は「王族」、その他皇族傍系は「公族」となる）。
8・29　爵位寮が皇族や朝鮮王公族・貴族を管掌することになり、爵位寮を宗秩寮に改組する。▼韓国の国号を朝鮮とする。▼「朝鮮貴族令」制定公布（華族制度に準じた朝鮮における授爵制度）。
9・2　皇太子、栃木県視察に出発する（十四日、日光より帰京）。
9・8　日光田母沢御用邸に避暑中の皇太子、栃木県下の学校・工場等を視察する（十二日まで）。
9・24　皇太子、特別工兵演習を覧るため、京都に出発する（二十五日二条離宮に。滞留十日。この間、孝明天皇陵・泉山近陵・弘文天皇陵・石山寺等に参拝する。十月十二日帰京）。
9・30　朝鮮総督府官制公布（十月一日施行）。
10・1　寺内正毅韓国統監を初代朝鮮総督とする（陸軍大臣兼任）。
10・7　朝鮮貴族令により、朝鮮貴族七十六人に授爵する。
10・15　天皇、横須賀に行幸し、戦艦河内進水式に臨御する。
11・6　皇太子、愛知県下臨時第三・第十五師団対抗演習御覧のため、東京を出発する（十四日伊勢神宮、十八日熱田神宮に参拝。二十一日還啓）。
11・10　天皇、岡山県での陸軍特別大演習統監のため新橋を出発する（十二日岡山到着、後楽園を大本営とする。二十日還幸）。
12・18　皇太子・三親王、埼玉鴨場を訪ねる。
12・22　三親王、避寒のため熱海御用邸に移る。
12・24　皇室財産令公布（皇室財産を世伝御料と普通御料とするなど皇室の財産とその管理について定める。翌年一月一日施行）。
この年　文部省編纂国定教科書「尋常小学日本歴史」の教師用のものが発行（南北両朝並立の立場をとり、のち「南北朝正閏問題」となる）。
□3・2佐佐木高行（政府高官。侯爵。81）、4・1岩倉具定《いわくらともさだ》（宮内大臣。公爵。60）、12・6重野安繹《しげのやすつぐ》（歴史学者・漢学者。貴族院議員。84）

■明治四十四年（一九一一）辛亥

明治天皇　60歳
嘉仁親王　33歳
裕仁親王　11歳

1・15　裕仁親王以下三親王、沼津御用邸西附属邸に移る（三月三十日帰京）。

1・18　大審院、大逆事件被告幸徳秋水ら二十四人に死刑判決（天皇、桂首相の報告を聞き、ただちに特赦減刑を検討するよう命じる）。

1・19　大逆事件被告、天皇の「仁慈」により刑一等が減ぜられ、幸徳秋水ら十二名が死刑、十二名が無期懲役となる（事件の実際は、菅野スガら四人を除き直接は関係なかったといわれる）。▼読売新聞、社説「南北朝問題」を掲載し、国定教科書の南北朝並立の叙述を批判し、小松原英太郎文相に善処を求める（「南北朝正閏問題」の初め）。

1・24　幸徳秋水ら十一名、大逆罪により処刑される（菅野スガは翌日）。

1・30　孝明天皇祭。裕仁親王、皇孫御養育掛長丸尾錦作より孝明天皇御事蹟の講話を聴く。

2・1　李王職官制公布。▼徳富蘆花、第一高等学校の講演会で「謀叛論」の題で幸徳秋水らの処刑を批判（校長新渡戸稲造らの譴責問題となる）。

2・2　皇太子、避寒のため葉山御用邸に行啓する（二十二日帰京。妃は七日より葉山に行啓、半年ほど滞在）。

2・11　天皇、窮民済世に関する勅語を発布する（五月、済生会設立）。

2・18　裕仁親王、前日より熱を出し、水痘を発症する（二十一日まで授業休止）。

2・21　新日米通商航海条約締結。

2・27　南北朝問題につき、後醍醐天皇以降の皇統を後村上天皇・後亀山天皇・後小松天皇とし、光厳・光明・崇光・後光厳・後円融各天皇は歴代に記載しないこと、また長慶天皇の在位については議論が一定するまで歴代に加えないことと閣議決定する（三月三日、宮内大臣の上奏により天皇認定。「南北朝正閏問題」で、教科書編修官喜田貞吉、休職処分。当該教科書は使用禁止）。

3・8　皇太子、葉山御用邸に行啓する（十三日帰京。二十四日にも行啓）。

3・14　訓令により、「南北朝」を「吉野の朝廷」と改める。

3・27　皇太子、軍艦摂津（広島県呉）・巡洋艦筑摩（長崎県佐世保）の進水式臨御のため葉山を出て横須賀港から出発する（三

＊**皇后へ手紙**　皇后は祖母にあたり、全文は以下の通り。

だん〳〵お暖になりまして、東京は桜もちつて今は若葉の美しいころとなりました。
御ばば様おかはりあらせられませんか、おうかがひ申上げます。沼津ではたび〳〵うかがひまして、種々な物をいただきましてありがたうございます。
又、度々おなりをねがひましておそれ入りました。
東京では淳宮も光宮もわたくしもぢやうぶで居りますから御安心あそばせ。休みの間はしんじゆくや、どう物園などへまゐりました。
学校は今日からはじまりまして、光宮も学習院にまゐりました。
御ばば様おからだをおだいじにあそばせ。光宮からもよろしく申上げます。
四月十二日　　裕仁
御ばば様

＊**皇太子妃に手紙**　全文は以下の通り。

おたたさま日一日とおよろしくおなりあそばしてうれしうございま

十日県、四月一日佐世保。五日沼津御用邸に行啓し皇后に謁し、六日葉山に還啓）。

4・1　京都御苑で京都博覧協会創立四十年記念博覧会が開催される（五月三十一日まで）。

4・3　日英通商航海条約調印。

4・12　東伏見宮依仁親王・同妃周子、イギリス国王ジョージ五世戴冠式参列のため横浜を出発する（六月二十二日戴冠式）。▼裕仁親王、**皇后へ手紙**を書く。

4・18　皇太子、参謀本部参謀演習旅行視察のため宮城県下に出発する（二十七日帰京）。

5・2　裕仁親王、授業で学習院御用掛小笠原長生《ながなり》より旅順口閉塞隊についての講演を聴く。

5・9　文部大臣管理下に維新史料編纂会を設置。

5・18　皇后、伊勢神宮参拝に出発する（二十日外宮、二十一日内宮。歴代皇后初の神宮参拝。二十三日還啓）。

5・19　皇太子、千葉行啓に出発する（このとき香取神宮に参拝。二十四日還啓）。

5・26　皇族服装令・宮内官制服令公布（十一月一日施行）。

5・27　皇太子、水交社に行啓する（三親王も）。▼裕仁親王、学習院御用掛小笠原長生より、日本海海戦の講話を聴く。

5・30　天皇の下賜金百五十万円で、恩賜財団済生会が設立される。

6・10　皇太子、皇后とともに靖国神社能楽堂に行啓のあと、静岡県に出発する（十七日帰京）。▼裕仁親王、葉山に静養中の**皇太子妃に手紙**を書く。

6・22　皇太子、葉山御用邸に静養中の妃を存問する（即日帰京。七月三日にも。妃は七月一日御仮床を撤し、十三日帰京）。

7・5　天皇の下賜金により、帝国学士院恩賜賞が設けられ、この日、第一回恩賜賞授与式が行なわれる（木村栄「地軸変動の研究特に乙項の発見」に授与）。

7・13　第三回日英同盟協約調印。

7・14　裕仁・雍仁両親王、避暑のため伊香保御料地に移る（宣仁親王は遅れて十八日到着。九月五日帰京）。

7・21　文部省、国定小学歴史の教科書改訂を決定（「南北朝正閏問題」に決着。天皇は「南朝正統の議、既に明治の初めに定まる。今に至りて変更を許さず」と勅裁）。

7・30　侍従長を徳大寺実則・波多野敬直二人とする。

8・11　皇太子、避暑のため日光田母沢御用邸に行啓する（十四日帰京。妃は七月二十

す。もうおにはさきのごうんどうもあそばしますか、おしよくじもようめしあがりますか。

私共はまいにちげんきよく学校にかよつてをりますからごあんしんくださいませ。

私はまいもくよう日に馬のけいこにまゐつてをります。もう早足になりました。このごろは「かいねい」にのつてをります。三輪車もこのごろからはじめました。

もう自由にのりまはすことができます。

五月二十七日には水交社ですまふを見、六月六日には校外教授で水交社の参考館に行つて日露日清の戦争の記念物を多く見ました。

おたたさまます〳〵お暑くなりますからなほ〳〵おだいじにあそばして一日も早くごぜんかいをいのります。

六月十日

裕仁

御母上様

二日に日光へ行啓し、九月十二日帰京)。
8・14 桂太郎、内大臣に就任。
8・18 皇太子、北海道に行啓する(青森港より軍艦香取に搭乗して函館へ。札幌神社・新冠御料牧場等を訪問、室蘭より軍艦香取に乗り、九月十四日横須賀に帰る)。
8・21 警視庁、特別高等課を設置(「特高警察」の初め)。
8・27 三親王、沼ノ原に歩兵第十五連隊対抗演習を覧る。
8・30 第二次西園寺公望内閣成立(内相に原敬)。
9・16 シャム(タイ)国皇帝戴冠式に伏見宮博恭王を差遣することにする(式は十二月二日)。
9・18 皇太子、塩原御用邸に行啓する(二十五日帰京)。▼裕仁親王、授業で学習院御用掛小笠原長生より日清戦争での黄海海戦についての講話を聴く。
10・10 清国で辛亥革命起こる。
10・15 皇太子、名古屋・瀬戸内海演習地へ行啓する(二十八日還啓)。
10・24 天皇、教育勅語を朝鮮総督に下付する。
11・7 天皇、福岡県久留米方面での陸軍特別大演習統監のため新橋駅を出発する(十九日帰京)。
11・10 「お召列車」が門司で発車準備中に脱線のため天皇が一時間ほど待たされる(この夜、門司構内主任鉄道員が自殺)。
11・12 帝国学士院、三井・岩崎家の寄付により、帝国学士院賞を設定する。
11・16 皇太子、陸軍演習を覧るため、兵庫・大阪行啓に出発する(十七日孝明天皇陵および近陵参拝。二十二日還啓)。
11・26 三親王、横浜で軍艦薩摩に乗艦、砲撃演習等を覧る。
12・14 裕仁親王、腸胃カタルになる(二十三日床払い)。
12・17 皇太子、埼玉鴨場に行啓する。
12・27 三親王、沼津御用邸西附属邸に移る(翌年三月三十日帰京)。
この年 スペイン、ドイツ等と新通商航海条約を締結。▼「尋常小学校唱歌(一学年用)」に「日の丸の旗」が掲載される(「白地に赤く」の「日の丸」のイメージを決定づける)。
この年以降、奉幣使が幣帛供進使と呼ばれる。
□11・16谷森善臣(国学者。95)

■大正元年(一九一二)壬子

明治天皇 61歳
大正天皇 34歳

＊**谷森善臣《たにもりよしおみ》**(一八一七～一九一一) 国学者、陵墓研究者。三条西家侍臣の家に生まれ、伴信友に学ぶ。「諸山陵が荒廃しているのを嘆き、「諸陵徴」「諸陵説」を記し、山陵奉行戸田忠至の下で山陵修補御用掛嘱託となる。明治維新後も、皇室系譜の調査などに尽力。「神武天皇御陵考」「柏原山陵考」など著書多数。

裕仁親王　12歳

1・1　中華民国成立（臨時大総統に孫文）。
1・13　皇太子、葉山御用邸に行啓する（二度の帰京をはさみ、三月五日まで滞在）。
2・12　清の宣統帝退位（清朝滅亡）。
2・27　皇太子、横須賀港の軍艦鞍馬に行啓する。
3・25　裕仁親王以下三親王、静岡を訪れ、静岡浅間大社等を巡る。
3・27　皇太子、山梨県行啓に出発する（四月四日帰京）。
4・6　皇太子、下総御料牧場に行啓する（十四日、三親王も同所に赴く）。
4・20　神部署官制を廃し、神宮神部署官制制定（神宮大麻・暦頒布管掌を神宮奉斎会より神部署に移す）。
4・22　皇太子、参謀本部参謀演習旅行を覧るため、滋賀・三重行啓に出発する（五月五日帰京）。
4・26　天皇、皇后とともに浜離宮に行幸し、観桜会を行なう。
5・3　天皇、陸軍野戦砲兵射撃学校に行幸し、新式野山砲の実弾射撃を覧る。
5・12　三親王、青山練兵場にて奈良原式飛行機鳳号の飛行を覧る。▼第一回帝国学士院賞受賞式が行なわれる（高峰譲吉「アドレナリンの発見」が受賞）。
6・27　皇太子、水痘にて御仮床となる。
7・8　第三次日露協約調印。
7・10　天皇、東京帝国大学卒業式に臨幸する（この頃から身体が弱りつつある徴候がみられる）。▼皇室会計令公布（皇室会計法廃止）。
7・15　天皇、枢密院会議に出席する（会議中坐睡。この日以降仮睡の傾向あり）。
7・19　三親王、避暑のため、葉山御用邸に移る。▼天皇、夕方から発熱、体温が四十度を超え、夜には昏睡状態になる。
7・20　宮内省、天皇が「尿毒症」で重態と発表する（このとき、明治三十七年頃より糖尿病と発表。皇后・内親王ならびに皇族方看護）。
7・22　皇孫の裕仁・雍仁・宣仁各親王、葉山より参内して天皇を見舞う。
7・24　皇太子、五月下旬に水痘にかかり、病床にあるも、この日離床して天皇を見舞うため参内する。
7・28　皇太子・同妃ほか三人の内親王ら、朝から天皇を看護するも、天皇危篤となる。
7・29　明治天皇崩御（公式には七月三十日午前〇時四三分心臓麻痺により死去と発表）。

第百二十三代　大正《たい》正《しょう》天皇

7・30　皇太子嘉仁親王践祚（**大正天皇**）。▼改元詔書が出され、**大正**となる。▼皇太后宮職女官、皇后宮職女官官制制定。宮中女官、東宮職女官官制廃止。裕仁親王を皇太子とする。また、九条節子が皇后に、皇后一条美子が皇太后となる。

7・31　朝見式（朝見の儀）が行なわれ、天皇、践祚を内外に宣言する「朝見式勅語」を読み上げる。▼大喪使総裁に伏見宮貞愛《さだなる》親王が任じられる。▼皇太后宮職を置く。

8・12　未成年皇族は大喪儀に関するすべての儀式に参列なきことを決める。

8・13　徳大寺実則に代わり桂太郎を内大臣兼侍従長とする。

8・23　大正天皇、諒闇により帝国議会開院式に臨御せず。

8・27　先帝に「明治天皇」の諡号を贈る。

9・3　**休日**を定める。

9・9　皇太子裕仁親王、皇族身位令の規定により、この日、陸海軍武官に任官、陸軍歩兵少尉・海軍少尉となる。また大勲位に叙され、菊花大綬章を親授される。▼皇子仮御殿を東宮仮御所とする。

9・11　天皇、ドイツのハインリッヒ親王を霞関離宮に、スペインのブルボン親王を芝離宮に訪問する（十二日には英国のコンノート親王を伏見宮邸に）。

9・13　明治天皇大喪、青山練兵場で行なわれる（柩は鉄道で伏見まで運ばれる。全国民に死を悼まれた初の天皇として特筆される）。▼陸軍大将乃木希典夫妻、東京の自宅で殉死する（希典辞世「うつし世を神さりまし、大君のみあとしたひて我はゆくなり」）。

9・14　京都**伏見桃山陵**で、明治天皇の埋棺式が行なわれる（伏見桃山陵は伏見城の本丸跡に造成される）。▼裕仁親王、教育掛長丸尾錦作より乃木希典の自刃の辞世を聞き落涙する。

9・18　英国コンノート親王参内。天皇、ガーター勲章を贈られる。

9・19　天皇、コンノート親王を伏見宮邸に訪問する。

9・25　天皇、初めて枢密院会議に臨御する。

9・26　天皇、当分の間、青山離宮を御在所として日常の政務をとり、宮城へは公式の謁見等に出御することになる。▼波多野敬直を東宮侍従長とする。

9・30　丸尾錦作を皇子御養育掛長兼東宮職御用掛とする。

＊**大正天皇**《たいしょうてんのう》（一八七九～一九二六）名は嘉仁《よしひと》、幼称明宮《はるのみや》。明治天皇第三皇子。母は権典侍柳原愛子《やなぎわらなるこ》。明治二十二年立太子、大正元年践祚、同四年即位、同十五年崩御。陵は多摩陵。皇后は九条道孝女節子《さだこ》（貞明《ていめい》皇后。所生の子に昭和天皇・雍仁《やすひと》親王〈秩父宮〉・宣仁《のぶひと》親王〈高松宮〉・崇仁《たかひと》親王〈三笠宮〉）。

＊**大正**《たいしょう》　「改元詔書」に、
「朕、菲徳ヲ以テ大統ヲ承ケ、祖宗ノ霊ニ誥ケテ萬機ノ政ヲ行フ。茲ニ先帝ノ定制ニ遵ヒ、明治四十五年七月三十日以後ヲ改メテ大正元年ト為ス。主者施行セヨ」
とある。なお、「易経」に「大亨以正天之道也」「剛上而尚賢能止健大正也」とある。

＊**休日**　祭日・祝日は次の通り。一月三日元始祭、一月五日新年宴会、二月十一日紀元節、四月三日神武天皇祭、七月三十日明治天皇祭、八月三十一日天長節、十月十七日神嘗祭、十一月二十三日新嘗祭、これに春季・秋季皇霊祭。大正二年、天長節を十月三十一日に変更する。

10・12 皇太子、近衛師団司令部・近衛歩兵第一連隊に行啓する。
10・23 天皇、陸軍騎兵実施学校修業式に行幸する。
11・5 天皇、皇后と桃山陵での明治天皇百日祭に出発する。
11・10 皇太子、横浜に行き御召艦平戸に乗艦する。
11・12 天皇、横浜での海軍大演習観艦式に臨幸する（皇太子も行啓）。
11・14 天皇、川越の陸軍特別大演習統監に出発する（二十日帰京）。
11・16 皇太子、京都・大阪・兵庫巡啓に出発する（二十二日帰京）。
11・17 皇太子、孝明天皇陵・英照皇太后陵に参拝する。
11・21 天皇、横須賀に行幸し、軍艦比叡進水式に臨御する。
11・25 天皇、陸軍大学校卒業式に臨幸する（ついで参謀本部に行幸）。
11・26 天皇、陸軍砲工学校卒業式に臨幸する。
11・27 載仁親王を陸軍大将とする。
11・28 日露条約公布。
12・2 上原勇作陸相、増師問題で帷幄《いあく》上奏（単独辞職。五日、後任の陸相問題で西園寺内閣総辞職）。
12・7 勅令で「神官神職服制」が定められる。
12・21 第三次桂太郎内閣成立。貞愛《さだなる》親王が内大臣に、鷹司熙通《ひろみち》が侍従長に就任。
12・25 明治天皇遺品を靖国神社遊就館に賜う。
12・27 天皇、貴族院に行幸し、帝国議会開会式に臨御し、開院式の勅語を下す。
12・31 皇太子、避寒のため熱海御用邸に行啓する（裕仁親王が皇太子になるにより、雍仁・宣仁両親王とは御殿を別とし、また避寒地も別地となす。両親王は沼津御用邸へ）。
この年 橘嘉智子の陵を嵯峨陵《さがのみささぎ》（京都市右京区）に治定する。▼上杉慎吉、美濃部達吉の憲法論は「国体に関する異説」と批判する（この時点では、「天皇機関説」は特に問題とはなっていなかった）。
□1・4**東久世通禧**（尊攘派公家。侍従長。80）、2・28高崎正風《たかさきまさかぜ》（官僚。歌人。77）、9・13**乃木希典**（陸軍大将。学習院院長。64）、10・5穂積八束《ほづみやつか》（法学者。宮中顧問官。53）

■大正二年（一九一三）癸丑

大正天皇 35歳

＊**伏見桃山陵**《ふしみのももやまのみささぎ》 明治天皇陵。京都市伏見区桃山町古城山に所在。上円下方墳。遺詔により、この地に陵所が決められたといわれる。

＊**東久世通禧**《ひがしくぜみちとみ》（一八三三～一九一二） 父は東久世通徳《みちなる》。攘夷派公家として、文久三年（一八六三）八月十八日の政変で長州に下る。戊辰戦争では軍事参謀、ついで外国事務総督をつとめ新政府の外交に従事。明治四年には侍従長となり、岩倉使節団に理事長として同行。同十年侍従長辞任。台湾征討軍や西南戦争官軍に勅使として慰問する。以後、元老院議官・元老院副議長・枢密顧問官・貴族院副議長等を歴任。伯爵。その死去に際しては勅使が遣わされる。

＊**乃木希典**《のぎまれすけ》（一八四九～一九一二） 長府藩士。西南戦争・日清戦争・台湾出兵・日露戦争に従軍。明治三十七年、陸軍大将。同四十年学習院院長を兼ねる。明治天皇御大喪の夜、妻静子とともに自刃。伯爵。墓は青山霊園。

裕仁親王　13歳

1・1　諒闇により、新年の諸儀を中止する。

1・12　皇太子、博忠王・邦久王らと伊豆山神社に参拝する。

1・14　天皇病む（二十四日平癒）。

2・9　大正政変に、天皇、西園寺公望に時局収拾の勅語を下す。▼皇太子、沼津御用邸西附属邸に移る（三月二十五日帰京）。

2・20　第一次山本権兵衛内閣成立（内相に原敬）。

3・2　皇太子、久能山東照宮に行啓する（諒闇中により参拝なし）。

3・25　皇太子、沼津より帰京し、初めて東宮仮御所（高輪御殿）に入る。

3・28　皇太子、伏見桃山陵参拝に出発する（名古屋離宮泊。弟宮も）。

3・29　皇太子、名古屋城に登り、ついで京都二条離宮に入る（弟宮も）。

3・30　皇太子、弟宮とともに伏見桃山陵に拝礼する。

3・31　皇太子、銀閣寺・修学院離宮等、京都市内を巡覧する（四月一日、京都帝室博物館・清水寺等、二日、金閣寺・仁和寺・大覚寺・嵐山等を巡覧。四日、沼津御用邸西附属邸に泊まり、五日帰京）。

3月　この月より十二月まで正倉院の全面的な解体修理が行なわれる（このとき仮庫を建て、一時的に宝物を収納）。

4・9　皇子付職員官制公布。

4・13　東宮仮御所で映写会が行なわれ、皇太子、側近らとともに活動写真を覧る（のちしばしば側近・学友らと映写会）。

4・16　天皇、宮城に出御し、建安府および懐遠府に臨御する。

5・1　卓上電話が設置され、皇太子、初めて皇子仮御殿の雍仁・宣仁両親王と電話で話す。

5・17　皇太子、雍仁・宣仁両親王と靖国神社遊就館を見学する。

5・22　天皇、肺炎にかかる（一時重態も、六月十五日平癒）。

5・27　海軍記念日。皇太子、学習院御用掛小笠原長生《ながなり》より日本海海戦の講話を聴く。

6・13　内務省宗教局を廃し、文部省に宗教局を設置（宗教行政と神社行政を完全に分離）。▼拓殖局を廃し、業務を外務省・内務省に移す。

6・17　オーストリアハンガリーとの通商条約公布。

6・18　天皇、保養のため皇后と葉山御用邸に転地する（この頃、天皇、漢詩をよくする。七月二十五日帰京）。

＊**有栖《ありす》川宮《がわのみや》威仁《たけひと》親王《しんのう》**（一八六二～一九一三）　有栖川宮幟仁親王の第四王子。母は家女房森氏。兄熾仁親王のあとをうけて有栖川宮を継承。海軍に入り累進して大将。大正二年七月七日、元帥府に列せられる。豊島岡墓地に葬られる。

＊**桂《かつら》太郎《たろう》**（一八四七～一九一三）　萩藩士の子として生まれる。明治三年ドイツに留学し軍事学を学ぶ。同六年帰国後、明治政府に出仕、山県有朋庇護のもと軍制改革を推進し、陸軍大将まで昇る。日清戦争の功により、子爵。台湾総督・陸軍大臣等を経て三十四年組閣、日露戦争を遂行、戦功により侯爵。四十一年第二次内閣を組織、韓国併合を行ない、その功により公爵。元老に列し、明治天皇崩御後の大正元年、内大臣兼侍従長となり、同年には第三次内閣を組織するも翌年辞職。

7・6 天皇、有栖川宮威仁親王の臨終にあたり、第三皇子宣仁《のぶひと》親王に有栖川宮家の旧号高松宮の称号を授け、その祭祀を継承せしめる。▼皇太子、上野公園の明治記念博覧会を覧る。
7・10 **有栖川宮威仁親王**没（実際は五日に死去。没後、元帥府に列せられる。男子継承者なく有栖川宮家断絶も、天皇の特旨により、その祭祀は宣仁親王〈高松宮〉が継承。大正十二年威仁親王妃慰子《やすこ》死去）。
7・18 休日に関する件改正公布（本来八月三十一日の天長節を「暑い」という理由で十月三十一日とする）。
7・21 青山離宮を青山御所と改称する。
8・10 皇太子、葉山御用邸に移る（十六日帰京）。
8・18 天皇、皇后とともに避暑のため日光田母沢御用邸に行幸する（九月十五日帰京）。
8・19 皇太子、塩原御用邸に移る（九月四日帰京）。
8・30 天皇、日光より皇太子滞在の塩原を訪問する（即日還御）。
9・20 明治十年以後薨《こう》去の皇親の霊を皇霊殿に合祀させる。
10・9 皇太子、風邪をひく（十四日全快）。
10・18 天皇、皇后と伏見桃山陵など参拝のため京都に出発する（二十二日帰京）。
11・3 明治天皇の遺徳を記念し、敬神・尊王・愛国の精神の普及を目的とした聖訓奉旨会が結成される。
11・8 皇太子、学習院初等科全学年による遠足に参加する（香取神宮等を巡覧）。
11・10 天皇、横須賀に行幸し、観艦式に臨御する（御召艦香取に搭乗）。
11・12 天皇、皇后と赤坂御苑での観菊会に臨御する。▼天皇、伏見宮貞愛親王を従え愛知県下陸軍特別大演習統裁のため出発する（十八日帰京）。
11・30 皇太子、横須賀に行啓し、巡洋戦艦金剛に乗艦する。
12・26 皇太子、避寒のため熱海御用邸に移る（翌年三月十五日まで滞在）。
この年 麹町三丁目の御料地が払い下げられ、華族会館新築（のち関東大震災で損壊）。▼井の頭公園を東京市に下賜（大正六年、恩賜公園として一般公開）。▼伊《い》能穎則《のうひでのり》「大嘗祭儀通覧」、後藤秀穂「皇陵史稿」、津田左右吉「神代史の新しい研究」刊。
□8・31ベルツ（ドイツ人医師。お雇い外国人。嘉仁親王侍医。65）、9・4田《た》中正造《なかしょうぞう》（政治家。73）、10・10**桂太郎**（陸軍大将。首相。67）、11・22徳川慶喜《とくがわよしのぶ》（徳川第十五代将軍。公爵。77）

■大正三年（一九一四）甲寅

大正天皇　36歳
裕仁親王　14歳

1・6　天皇、鳳凰の間にて講書始を行なう。

1・9　伏見宮貞愛親王、元帥府に列せられる。

1・12　桜島大噴火（鹿児島激震。救恤金一万五千円を賜う。この年、東北・北海道の凶作と桜島噴火で計二十二万円以上の救恤金を賜う）。

1・16　天皇、内相原敬に即位礼は簡素にと沙汰する。

1・26　神宮祭祀令・官国幣社以下神社祭祀令公布（靖国神社合祀祭を大祭とする）。

2・7　皇太子、駆逐艦如月に乗り小田原に上陸、小田原御用邸に泊まる（翌日、如月に乗り熱海に帰還）。

2・23　京都御所の春興殿立柱式が行なわれる。

3・15　皇太子、熱海から軍艦音羽に乗り横須賀へ着艦、ついで東宮御所に帰る。

3・17　皇太子、雍仁・宣仁両親王と京都・江田島行啓に出発する（沼津御用邸に宿泊。十八日二条離宮へ）。

3・19　皇太子ら、伏見桃山陵と泉涌寺の孝明天皇陵等に参拝する（二条離宮宿泊）。

3・20　皇太子ら、神戸より御召艦薩摩にて高松沖に仮泊（二十一日高松上陸、愛媛県来島沖に仮泊）。

3・22　皇太子ら江田島に到着する（二十四日厳島神社に拝礼し呉軍港へ。二十六日神戸に到着し陸路二条離宮へ。二十七日は男山八幡宮に参拝。二十八日沼津御用邸に泊まり、二十九日帰京）。

3・27　「官国幣社以下神社祭式」が定められる。

3・29　天皇、貴族院議長徳川家達《いえさと》に組閣を命じるも拝辞（このあと清浦奎吾に命じるも四月七日拝辞）。

3月　「古事類苑」成る（「帝王部」に践祚式・即位式、「神祇部」に大嘗祭関係を収録）。

4・2　天皇、学習院卒業式に行幸する。

4・9　天皇、皇后と沼津御用邸に行幸し、皇太后を見舞い還幸する。**昭憲皇太后**、沼津御用邸にて没（四月十一日公表。二十四日代々木葬場殿にて御大喪。天皇の即位大礼一年延期）。▼波多野敬直《よしなお》を宮内大臣とする。

4・15　皇太子、東宮武官山内豊中の教授により、初めてデッキゴルフを行なう（のちしばしば）。

＊**昭憲皇太后**《しょうけんこうたいごう》（一八五〇～一九一四）一条美子《はるこ》。明治天皇皇后。父は左大臣一条忠香。生母は新畑大膳種成女民子。慶応三年（一八六七）女御に治定され、翌年入内し女御宣下、即日、皇后に冊立される。柳原愛子の産んだ嘉仁親王（大正天皇）を養子とする。御陵は伏見桃山東陵。

＊**授業**　東宮御学問所における時間割は次の通り。

月　倫理・外国語・漢文・習字
火　算術・歴史・外国語・国語
水　国語・外国語・地理・体操
木　倫理・漢文・歴史・馬術
金　国語・外国語・地理・博物
土　算術・歴史

十一月二日より改変され、「武課及体操」四時限分が加えられる。

4・16　第二次大隈重信内閣成立。▼大喪により、浜離宮での観桜会中止。
4・23　大山巌を内大臣とする。
5・4　皇太子、学習院初等科を卒業。この日、東宮御学問所が設立される（総裁に東郷平八郎。皇太子は大正十年までここで学ぶ）。
5・23　杉浦重剛、東宮御学問所御用掛となり、倫理を担当する。
6・10　皇太子、近衛歩兵第一旅団の演習御覧のため、駒沢練兵場へ行啓する。
6・13　天皇、皇后と伏見桃山東陵参拝に出発する（十五日帰京）。
6・14　皇太子、上野公園で開催の東京大正博覧会に行啓する。
6・17　天皇、上野公園での東京大正博覧会に行幸する。
6・26　小松宮彰仁親王妃頼子没（年61。小松宮家廃絶）。
7・3　皇太子、伏見桃山東陵参拝のため京都に出発する（この日、沼津御用邸西附属邸宿泊。四日、二条離宮到着。五日参拝。六日、沼津御用邸西附属邸に宿泊し、七日帰京）。
7・13　皇太子、避暑のため箱根に行啓する（九月六日帰京）。
7・18　宮内省内苑寮廃止。御料牧場官制制定。
7・24　天皇、避暑のため皇后と日光田母沢御用邸に行幸する。
7・28　第一次世界大戦始まる。
7・31　皇太子、東宮武官宇佐川知義より欧州戦乱の動向等を聴く。
8・1　皇太后宮職官制廃止。皇后宮職女官官制制定。皇太后宮職女官官制・皇后宮職女官官制廃止。
8・5　天皇、欧州の事変等を聴く。
8・23　天皇、ドイツに宣戦の詔書を発する（第一次世界大戦に参戦。二十七日、オーストリアハンガリーと国交断絶）。
9・21　皇太子、この日より午後の授業が始められる。
9月　奈良帝室博物館に正倉院掛を設置（のち正倉院事務所に引きつがれる）。
10・15　日本軍、サイパン島等を占領する。
10・28　天皇、陸軍騎兵実施学校に行幸する。
10・31　皇太子、陸軍歩兵中尉・海軍中尉に昇進する。
11・7　天皇、青島陥落を聴く（八日、皇太子も青島状況を聴く）。
11・9　皇太子、東宮武官長山根一貫《かずつら》より欧州戦争談を聴く（以後も武官長・武官よりしばしば戦況を聴く)。
11・13 天皇、陸軍特別大演習統裁のため大阪に行幸する(二十一日帰京)。
11・16 皇太子、近衛師団機動演習御覧のため、千葉県千葉郡生実浜野村付近に行啓する。
11・19 日本陸軍、ドイツ膠州湾租借地を占領し、軍政を開始する。
11・22 皇太子以下三親王、葉山御用邸に移る(二十三日帰京)。
11・25 天皇、陸軍砲工学校に行幸する。
11・27 天皇、陸軍大学校に行幸する。
12・1 宮内省に臨時編修局(大正五年、臨時帝室編集局に改称)を設置(「明治天皇紀」編修始まり、昭和八年完成)。
12・18 東京駅開業式が行なわれる(二十日運転開始)。
12・26 皇太子、沼津御用邸西附属邸に移る。
この年 天皇の神戸沖での観艦式のときの宿泊所として武庫離宮が造営される。▼三浦周行「御即位礼と大嘗祭」(「登極令」下の即位式・大嘗祭各儀式の概説書)、筧克彦「続古神道大義」、上杉慎吉「帝国憲法述義」(君権主義天皇主権説)、斎藤美澄「大和志料」上巻(下巻は大正四年)刊。
□7・4 井上頼圀《いのうえよりくに》(国学者。76)

■大正四年(一九一五)乙卯

大正天皇 37歳
裕仁親王 15歳

1・1 諒闇により、新年諸儀を中止する。
1・9 伏見宮貞愛親王・長谷川好道・川村景明を元帥府に列する。
1・12 天皇、避寒のため葉山御用邸に行幸する(皇后は二十二日行啓。天皇、三月十九日還幸)。
1・18 日本、袁世凱《えんせいがい》大総統に「**対華二十一ヵ条**」要求を提出する。
2・27 皇太子、沼津より小田原御用邸に向かう(二十八日沼津に帰還)。
3・6 皇太子、駆逐艦山風に乗り、三保松原方面に行啓する(翌日も沼津近海へ)。
3・25 中国政府、排日運動取締りを告示する。
4・12 大礼使官制公布(総裁に伏見宮貞愛親王)。
4・15 皇太子、京都・奈良に行啓する(静岡御用邸泊。十六日二条離宮到着。二十二日帰京)。
4・17 皇太子、伏見桃山陵・同東陵および泉山の孝明天皇陵・英照皇太后陵に参拝する(午後は三十三間堂・知恩院等へ)。
4・18 皇太子、上下賀茂社等を巡る。

***対華二十一ヵ条** 日本は、第一次世界大戦で、アジアにあったドイツの植民地を占領し、大戦で列強の力が空白となった中国に一挙に進出することを狙い、この二十一ヵ条を要求。山東省のドイツ権益の譲渡、旅順・大連の租借期限延長など満蒙における日本の優越権を確立しようとした。これに対し反対運動が展開されるも、軍隊により威圧、ついには最後通牒をもつきつけて五月九日、第五号(中国政府の顧問として日本人を雇用する等)以外を受諾させるに至った。

4・20　皇太子、神武天皇陵・橿原神宮・綏靖天皇陵・法隆寺等を巡覧する。
4・21　皇太子、春日神社・東大寺等を巡覧する。
4・23　天皇、浜離宮で観桜会を開く。
4・29　天皇、第一次世界大戦（対独戦争）戦没者合祀の靖国神社臨時大祭に行幸し、親拝する。
5・1　明治神宮造営局官制公布（大正九年創建）。
5・4　閣議で対華最後通牒案を決定（六日御前会議で最終決定）。
5・9　皇太子、赤羽の近衛工兵大隊に行啓する。▼中国、日本の最後通牒案を承認と回答する。
5・10　天皇、御用掛三島毅（中洲）より「貞観政要」進講を聞く。
5・13　天皇、伏見桃山陵・同東陵行幸のため京都へ出発する（十五日帰京）。
5・18　東久邇宮稔彦《なるひこ》王、明治天皇皇女聡子《としこ》内親王と結婚する。
5・19　天皇、陸軍経理学校に行幸する。
5・22　天皇、陸軍士官学校に行幸する。
5・25　日本と中国、「南満洲及東部内蒙古ニ関スル条約」「山東省ニ関スル条約」、同「交換公文」調印（関東州租借権、満鉄附属地行政権期限延長など）。
5・28　天皇、陸軍中央幼年学校に行幸する。
6・5　天皇、横須賀港に行幸し、軍艦榛名、ついで軍艦霧島に搭乗する。
6・6　皇太子、軍艦榛名・霧島等を覧るため横須賀軍港に行啓する。
6・18　天皇、赤羽の近衛工兵大隊に行幸する。
7・5　皇太子、伊勢神宮参拝のため三重県行啓に出発する（この日名古屋離宮泊。六日、外宮、ついで内宮に参拝。七日帰京）。
7・9　天皇、東京帝国大学に行幸する。
7・11　皇太子、所沢の臨時軍用気球研究会飛行場に行啓する。
7・16　皇太子、箱根の宮ノ下御用邸に移る（九月三日帰京）。
7・30　大隈内閣総辞職（翌日、天皇は大隈に留任の沙汰を下し、八月十日、大隈は改造内閣を発足）。
8・14　天皇、避暑のため日光田母沢御用邸に行幸する。
9・13　本年は大嘗祭を行なうため新嘗祭を行なわない旨を告示する。
10・1　皇太子、伊勢湾付近での特殊射撃を覧るため第一艦隊に行啓する（この日、熱田神宮に拝礼。御召艦榛名に乗り鳥羽沖に仮泊。五日帰京）。
10・8　京都皇宮内に臨時宮内省出張所を置く（大礼諸儀のため）。
10・18　天皇、陸軍特別大演習統裁のため、青森県に行幸する（二十六日帰京）。
11・2　邦彦王を臨時神宮祭主とする。
11・6　天皇、即位のため東京駅から京都に向かう（二十七日帰京。皇后は懐妊のため行啓せず）。これより先、皇太子の即位礼参列につき宮内省内で意見を調整、参列することに決定し、この日京都に行啓する（十二日、東宮御所に還啓）。
11・10　天皇、紫宸殿にて**即位式**を挙げる（皇太子参列。参列議員、「天皇陛下万歳」を三唱）。
11・14　天皇、夕方から早朝にかけて大嘗祭を行なう（十六〜十七日は大饗）。
11・19　天皇、京都を出て伊勢神宮に向かう（外宮、ついで内宮に参拝。二十二日京都還幸）。
11・24　天皇、神武天皇陵に親謁する（二十五日明治天皇陵、二十六日、孝明・仁孝・光格三天皇陵に親謁）。
11・26　京都の奉祝行列に諸学校の生徒三万人が参加する。
12・2　大正天皇第四皇子崇仁《たかひと》親王（三笠宮）が誕生する。
12・4　天皇、横浜沖での観艦式に臨御する。
12・9　天皇、上野公園での東京市奉祝祭に臨幸する（五万人の市民が参集）。
12・11　天皇、陸軍大学校に行幸する（十二日には海軍大学校に行幸）。
12・17　上原勇作を参謀総長とする。
12・27　皇太子、避寒のため沼津御用邸西附属邸に移る（翌年三月二十五日帰京）。
12月　宮内省編「陵墓要覧」刊（職員執務用の便覧書。昭和四十九年まで改訂版が順次刊行）。
この年　香椎宮、仲哀天皇を合祀し祭神とする。▼日本史籍協会、「日本史籍叢書」の刊行を始める（昭和十年〈一九三五〉まで百八十七冊。のち東京大学出版会が覆刻再刊）。▼列聖全集刊行会編「**列聖全集**」（〜一九一六）、山田孝雄「御即位礼大嘗祭大礼通義」、ウィリアム＝エリオット＝グリフィス「**ミカド**」（日本語版は昭和四十七年刊。▼柳田國男「大嘗祭ニ関スル所感」、森鷗外「盛儀私記」発表。
□9・1井上馨《いのうえかおる》（政治家。侯爵。81）、9・4五姓田義松《ごせだよしまつ》（洋画家。明治天皇御付画家。61）、11・27**米田虎雄**（侍従長。政治家。89）

＊**即位式**《そくいしき》　紫宸殿の儀では、新造の高御座の天皇が勅語を朗読、大隈重信首相が国民を代表して寿詞《よごと》を奏上、天皇に向かい万歳を三唱。この万歳三唱の午後三時三十分に合わせ、全国で一斉に万歳が叫ばれた。即位式のあと大嘗祭が行なわれ、五節舞が復活する。この即位式のあとの大嘗祭との時間接近ははじめてのことであった。
＊**列聖全集**《れっせいぜんしゅう》　歴代の天皇・皇后の詔勅・和歌・書翰・詩文などを集めたもの。全二十五冊。「御製集」「御撰集」「詔勅集」「宸記集」「宸筆集」と和田英松著の「皇室御撰解題」がある。
＊**ミカド**　グリフィス（一八四三〜一九二八）は、この本で、明治九年の東北巡幸を以下のように記している。
「皇帝の巡幸は六月二日にはじまった。あらゆる村や町ははなやかに飾られ、日光にいたる道は敬愛する皇帝を一目でも見ようと思う人々でいっぱいであった。田舎の人々はたいてい、彼らの君主が通り過ぎる時、靴、というより下駄や草履をぬいで、自分からすすん

■大正五年（一九一六）丙辰

大正天皇　38歳
裕仁親王　16歳

1・1　天皇、践祚後初めて神嘉殿南庭に出御し四方拝を行なう（歳旦祭も）。
1・5　天皇、豊明殿に出御し、皇族以下群臣に宴を賜う（新年宴会）。
1・8　皇太子、風邪をひく（十九日、正式に床払い。二月にも風邪をひく）。
1・14　天皇、御講書始の儀を行なう。
1・17　天皇、御用掛小牧昌泰より「貞観政要」進講を聴く。
1・18　天皇、鳳凰の間に出御し**歌御会始**に臨御する。
1・19　伏見宮貞愛親王に大勲位菊花大綬章頸飾を賜う。
1・20　大礼使官制廃止。
1・28　天皇、避寒のため葉山御用邸に行幸する（二月八日、皇后も行啓。一時帰京あるも三月十九日帰京）。
2・3　ローマ教皇使節ペトレリ大司教、天皇に即位礼奉祝の親書を奉呈する。
3・1　天皇、明治神宮奉賛会に三十万円を下賜する。
3・4　皇太子、小田原・葉山に行啓する（小田原御用邸宿泊。翌日、葉山御用邸の天皇・皇后に拝顔、昼食をともにして沼津に帰邸）。
3・10　陸軍記念日。皇太子、奉天会戦の大要、日露両軍勝敗についての講話を聞く。
3・19　皇太子、駆逐艦桐《きり》に乗り、諸演習を覧る。
4・1　天皇、神武天皇二千五百年式年山陵祭のため、奈良行幸に出発する（二日、山陵に御拝、ついで橿原神宮に参拝。四日、正倉院・奈良帝室博物館行幸。五日熱田神宮参拝。六日帰京）。
4・2　皇太子、兵庫行啓に出発する（この日、静岡御用邸に宿泊。三日武庫離宮宿泊。九日帰京）。
4・4　皇太子、神戸へ向かい、別格官幣社湊川神社に参拝する。
4・10　皇太子、青山練兵場にてアメリカ人飛行家アート・スミスの曲乗りを覧る（六月四日にも）。
4・16　天皇、伏見宮邸に行幸する。
4・19　天皇、皇后と浜離宮の観桜会に臨御する。
5・5　天皇、皇后と上野不忍池畔での海事水産博覧会に行幸する。
5・7　皇太子、雍仁・宣仁両親王と東京砲兵工廠に行啓する。
5・11　臨時編修局、臨時帝室編修局と改称。

でひれ伏した。国の真の父たるにふさわしく、睦仁《むつひと》は公けの道路の交通ができるだけ邪魔されないようにと願った。彼はそれぞれの知事にたくさんの質問をし、各所で軍隊を閲兵し、一八六八年の戦争で死んだ人々の記念碑を立てるためだけでなく、有名な学者たちの墓を修理保存するためにも、金を与えた。」

＊**米田虎雄**《こめだとらお》（一八三九～一九一五）　父は熊本藩家老長岡監物（本名米田）。明治四年、宮中改革により士族からも侍従をということで登用され、明治天皇の乗馬掛となったり、天皇の散髪にも近侍した。同十年侍補となり、天皇親政運動にも参画、十一年には山口正定とともに侍従長となる。十七年、徳大寺実則が再任されるのに伴い侍従長を辞任。その後は宮中顧問官などをつとめる。子爵。

＊**歌御会始**　このときの御製は、「としとしにわか日の本のさかゆくもいそしむ民のあれはなりけり」。皇后の御歌は、「神風の伊勢のはまをきまねかねとしたひよるらしよもの国々」。

5・12 皇太子、上野の海事水産博覧会に行啓する。
5・20 天皇、陸軍経理学校に行幸する。
5・21 皇太子、二親王と横須賀港に行啓する。
5・26 天皇、陸軍士官学校に行幸する。
5・30 天皇、陸軍中央幼年学校に行幸する。
6月 日葉酢媛命陵（佐紀陵山古墳）などが盗掘される（犯人、不敬罪・皇陵侵入罪・窃盗罪など併合罪により十一年から十三年の懲役）。
7・3 皇太子、北陸沿海に行啓する（この日名古屋離宮宿泊）。▼第四次日露協約調印（秘密協約）。
7・5 皇太子、宮津の籠《この》神社に参拝、ついで天橋立を見学する（四日から九日は、御召艦生駒に仮泊。このあと佐渡・会津若松等を経て十二日帰京）。
7・10 天皇、東京帝国大学に行幸する。
7・17 皇太子、避暑のため箱根宮ノ下御用邸に行啓する（九月四日帰京）。
8・5 天皇、避暑のため皇后と日光田母沢御用邸に行幸する（九月二十二日まで滞在）。
9・6 皇太子、天皇・皇后に御機嫌伺いのため日光に向かう（七日帰京）。
9・11 閑院宮載仁親王、即位大礼答礼のためロシアに出発する。
10・9 寺内正毅内閣成立。
10・10 憲政会結成（総裁に加藤高明）。
10・22 皇太子、目黒の陸軍騎兵実施学校に行啓する。
10・24 天皇、陸軍騎兵実施学校に行幸する。
10・31 皇太子、陸軍歩兵大尉・海軍大尉（第一艦隊司令部附）に昇任する。
11・3 皇太子、立太子礼を行なう（天皇より壺切御剣を拝受）。
11・4 帝室制度審議会が置かれる（帝室制度調査局で起草され、まだ未施行の皇室令法案を制定促進のため。総裁は伊東巳代治。大正十五年に一挙に公布）。
11・5 天皇、伊勢外宮仮殿遷御により、遥拝する。
11・7 天皇、陸軍特別大演習統裁のため福岡県に行幸する（十九日帰京）。
11・17 皇太子、近衛師団機動演習見学のため、千葉県銚子へ出発する（翌日帰京）。
11・25 天皇、陸軍大学校卒業式に行幸する（二十九日は海軍大学校卒業式に、三十日は陸軍砲工学校卒業式に行幸）。
12・8 皇太子、立太子礼終了奉告のため、伊勢神宮・山陵参拝のため、三重・奈良・京都行啓に向かう（この日、静岡御用邸に

＊文学に現はれたる我が国民思想の研究　津田左右吉は本書において、天皇制が存続してきた理由を次のように記した。
「皇室には親ら政局に当られず権力を行使せられない習慣が遠い昔から生じてゐて、そのために政治上の責任はすべてその時々の権家に帰することになつた」
「天皇は昔から政治の局に当られず、国民に対して権力を用ゐようともせられず、政権の掌握者は時と共に変動しながら別にあつて、政治上の責任はすべてそれに帰してゐた」

＊大山巌《おおやまいわお》（一八四二〜一九一六）鹿児島藩士の子として生まれる。西郷隆盛・従道の従弟。明治三年以降ドイツやフランスに留学し軍政等を学ぶ。同七年、帰国後は山県有朋の下で着実に昇進。西南戦争では第一旅団司令長官として西郷隆盛を討つことになる。二十五年陸軍大将。三十一年には彰仁親王・山県有朋・西郷従道とともに最初の元帥となる。日露戦争では参謀総長をつとめ、明治四十年公爵。大正三年には内大臣に就任す

宿泊。九日神宮司庁宿泊）。

12・10 皇太子、伊勢外宮、ついで内宮に拝礼する（翌日二条離宮へ）。

12・13 皇太子、明治天皇陵・昭憲皇太后陵に拝礼する。ついで泉山御陵の孝明天皇陵等に参拝する（十四日静岡御用邸を経て、十五日帰京）。

12・22 皇太子、初年兵教育状況を覧るため、近衛歩兵第一連隊に行啓する。

12・29 皇太子、避寒のため沼津御用邸西附属邸に向かう（翌年三月十七日帰京）。

この年 物集高見編「広文庫」完成。▼「中山忠能日記」「九条尚忠文書」刊。▼津田左右吉「**文学に現はれたる我が国民思想の研究**」刊行開始（全四巻。大正十年刊行完。戦後に手を入れ、全五巻として再刊行）。

□11・6 山科言縄《やましなときなお》（有職故実家。伯爵。82）、12・10 **大山巌**（陸軍大将。内大臣。75）

■大正六年（一九一七）丁巳

大正天皇 39歳

裕仁親王 17歳

1・8 皇太子、「最新帝国軍艦帖」を完成する。

1・9 講書始。天皇、学習院教授松本愛《あい》重《じゅう》（「たかしげ」とも）より続日本紀「元明天皇即位詔ノ一節」ほかの進講を聴く。

▼皇太子、御用邸本邸の日本館にて、英国大使館より供された欧州大戦の活動写真を覧る。

2・2 天皇、避寒のため皇后と葉山御用邸に行幸する（紀元節祭で一時帰京も三月十三日まで滞在）。

2・17 皇太子、雍仁・宣仁両親王の鎌倉御用邸を訪問する（翌日、天皇・皇后を葉山御用邸に拝顔、ついで帰還）。

3・15 天皇、伊勢外宮本殿遷御により遙拝する。▼ロシア、ロマノフ王朝滅亡。

3・31 皇太子、二親王と陸軍中将福田雅太郎により、露英仏における「統帥権の比較」等の講話を聴く。

4・2 天皇、御用掛小牧昌業《まさなり》より「論語」進講を聴く。▼皇太子、旧本丸で近衛歩兵第一連隊の演習・教練を見学し、ついで十条の東京砲兵工廠銃砲製造所に行啓する。

4・4 皇太子、二親王と築地の海軍造兵廠に行啓する。

4・12 皇太子、東宮御学問所一学期始業式。時間割が決まり、これまで月二回の軍事講話が火曜日四時間目の週一回となる。

4・17 天皇、皇后と新宿御苑で観桜会を催す。

5・2 天皇、日本美術協会、ついで東京奠

る。国葬。

都五十年奉祝博覧会に行幸する。▼皇太子、諸陵寮所蔵の歴代山陵図等を覧る。▼松方正義を内大臣とする。

5・4　皇太子、歴代御陵参拝のため、奈良・大阪地方行啓に向かう（この日、名古屋離宮、翌日は奈良倶楽部に宿泊）。

5・6　皇太子、官幣大社大和神社・崇神天皇陵・景行天皇陵・官幣大社大神神社・神武天皇陵・官幣大社橿原神宮、ついで懿徳・欽明・天武持統・綏靖各天皇陵を参拝する（この日、東宮侍従甘露寺受長《おさなが》を光仁天皇陵、同牧野貞亮を舒明・崇峻・安寧・宣化・文武・孝元各天皇陵に差遣）。

5・7　皇太子、大阪に入り、允恭・応神・孝徳・推古・用明各天皇陵に、ついで叡福寺にて厩戸皇子墓（聖徳太子磯長墓）に参拝する（この日、東宮侍従土屋正直を安閑・清寧・仁賢・仲哀・雄略各天皇陵へ、同亀井茲常《これつね》を敏達天皇陵に差遣）。

5・8　天皇、皇后と島津忠重邸に行幸する。▼皇太子、官幣大社住吉神社、仁徳・反正両天皇陵、官幣大社大鳥神社に参拝する。

5・9　皇太子、正倉院を見学、ついで聖武・平城・開化各天皇陵および光明皇后陵を参拝する（この間、西大寺・興福寺を見学。この日、東宮侍従土屋正直を元正・元明・称徳・成務・神功皇后各御陵に、同亀井茲常を安康天皇陵へ差遣）。

5・10　皇太子、官幣大社吉野宮・後醍醐天皇陵・村社吉水神社・蔵王堂等に参拝する（東宮侍従甘露寺受長を孝霊・顕宗・武烈・孝昭・孝安・斉明各天皇陵に差遣）。

5・11　皇太子、観心寺の後村上天皇陵に参拝し、南朝史跡を巡覧する（十二日帰京）。

5・18　天皇、陸軍経理学校に行幸する。

5・22　天皇、華族会館に行幸する（能・狂言を覧る。皇太子も行啓）。

5・25　天皇、陸軍士官学校に行幸する。

5・27　皇太子、二親王と皇子御殿の広芝で初めてゴルフをする。

6・3　皇太子、下総御料牧場に行啓する。

6・12　天皇、李王を引見する。

7・3　皇太子、山陰沿海行啓に向かう（この日静岡御用邸に宿泊。翌日、敦賀より軍艦香取に乗り仮泊。五日は鳥取県美保湾に仮泊）。

7・6　皇太子、境港に上陸し、官幣大社出雲大社に拝礼。ついで松江城等を見学し帰艦する（この日も美保湾内に仮泊）。

7・7　天皇、陸軍戸山学校に行幸する。▼皇太子、境港より上陸し、後醍醐天皇上陸地点・別格官幣社名和神社に立ち寄り、帰艦して隠岐島に上陸し、後鳥羽天皇の火葬塚・行在所址、ついで後醍醐天皇黒木御所址を覧る（帰艦後、関門海峡へ。九日呉軍港、十日小豆島、十一日神戸へ。十二日陸路静岡御用邸へ行き、十三日帰京）。
7・11　天皇、東京帝国大学卒業式に行幸する。
7・18　皇太子、避暑のため箱根宮ノ下御用邸に移る（九月二日帰京）。
7・28　皇太子、富士屋ホテルを出て造成中の仙石原ゴルフ場にてゴルフをする（八月六・十八日にも）。
7・31　内閣に拓殖局を設置（朝鮮・台湾・樺太・関東州に関する事項を管轄）。
7月　後崇光院（伏見宮貞成親王）の陵を決定、伏見松林院陵と称する。
8・1　天皇、避暑のため皇后と日光田母沢御用邸に行幸する（九月十二日帰京）。
9・4　皇太子、天皇・皇后のご機嫌伺いのため、日光田母沢御用邸に向かう（七日帰京）。
9・27　天皇、陸軍騎兵学校に行幸する。
10・7　皇太子、世田谷の騎兵第一連隊に行啓する。
10・21　皇太子、騎兵第一旅団・同第二旅団等に行啓のため習志野・船橋に向かう。

10・26　天皇、陸軍士官学校に行幸する。
10・28　皇太子、上野の化学工業博覧会に行啓する。
10・31　多嘉王・鳩彦王・稔彦王・成久王、大勲位に叙され、菊花大綬章を授けられる。
11・1　この日より、東宮御所に自動車一台が常備される。
11・5　天皇、皇后と京都行幸に出発する（十八日帰京）。
11・7　ロシアでソヴィエト政権樹立。
11・8　天皇、皇后と伏見桃山陵・伏見桃山東陵に御拝する（九日は孝明天皇の後月輪東山陵以下に親謁）。
11・12　皇太子、近衛師団機動演習御覧のため、埼玉県熊谷付近に行啓する。ついで、官幣大社氷川神社に参拝する。
11・13　天皇、滋賀県彦根での大演習統裁に出発する。
11・17　皇太子、横浜沖に碇泊中の扶桑・山城両艦に行啓する。
11・26　天皇、陸軍砲工学校卒業式に行幸する（二十七日陸軍大学校卒業式、二十九日海軍大学校卒業式に行幸）。
12・3　靖国神社、春の例大祭は四月三十日、秋の例大祭は十月二十三日と定める（春は日露戦争の陸軍凱旋観兵式の行なわれた日、

◉**大正天皇御製**

「軍人《いくさびと》くにのためにとうつ銃の煙のうちに年たちにけり」
「としたちてふる雪みても大君のふかきめぐみを人あふぐらむ」
「もののふの命をすてて戦にかちしえものはたふとかりけり」

秋は日露戦争の海軍凱旋観艦式の行なわれた日)。

12・13 天皇、伏見宮邸に行幸する。

12・16 皇太子、鴨猟のため埼玉鴨場に行啓する。

12・29 皇太子、避寒のため、沼津御用邸西附属邸に移る（しばしばゴルフ場に出かける。翌年三月二十三日帰京）。

この年 沢来太郎「帝国国有財産総覧」刊（「附録皇室財産」によると、大正初期の帝室経費の財源は国庫支出四百五十万円、株式配当四百五十万円、帝室林野局収入三百万円等とされる）。▼熱田神宮・出雲大社・橿原神宮、勅祭社となる。

■大正七年（一九一八）戊午

大正天皇 40歳
裕仁親王 18歳

1・1 天皇、英国皇帝ジョージ五世より英国元帥の称号を贈られる（答礼で、英国皇帝にわが国元帥の称号を贈進）。

1・12 天皇、皇太子妃として久邇宮邦彦王第一女子良子《ながこ》女王とすることの御沙汰を邦彦王に下す。

1・14 天皇、御用掛小牧昌業より「論語」進講を聴く。

1・21 皇太子のため、各雑誌の有益論文・記事を抜き出した冊子「ぬき穂」第一号が届けられる（大正十年三月第三十九号まで続く）。

1・27 天皇、避寒のため皇后と葉山御用邸に行幸する（三月十八日帰京）。

2・23 皇太子、葉山御用邸に行き、天皇・皇后に拝顔する（南御用邸に宿泊。翌日帰還）。

3・27 天皇、近衛歩兵第四連隊に行幸する。

4・1 皇太子、歴代御陵参拝のため京都方面に行啓する（この日、名古屋離宮に宿泊）。

4・2 皇太子、名古屋城三の丸の第三師団に行啓し、教練等を覧る（この日、二条離宮に宿泊）。

4・3 皇太子、明治天皇・昭憲皇太后・桓武天皇の御陵に参拝し、ついで深草の仁明天皇陵、また**深草北陵**の各天皇陵、また**泉涌寺内各天皇陵**および後白河天皇陵に参拝する。

4・4 皇太子、滋賀県に入り、天智天皇陵・弘文天皇陵に参拝し、官幣大社建部神社・石山寺等を参拝・巡覧する（この日、東宮侍従土屋正直を醍醐・朱雀各天皇陵に差遣）。

4・5 皇太子、嵯峨に向かい、天龍寺内の後嵯峨・亀山両天皇陵に参拝し、ついで後亀山・嵯峨・後宇多各天皇陵、さらに、文

＊**深草北陵** 後深草・伏見・後伏見・後小松・称光・後土御門・後柏原・後奈良・正親町・後陽成・後光厳・後円融各天皇の御陵。七六八ページ注参照。

＊**泉涌寺内各天皇陵** 孝明・英照皇太后・後堀河・四条・後光明・後水尾・後西・明正・東山・霊元・中御門・桜町・桃園・後桃園・後桜町・光格・仁孝各天皇等の御陵。

徳・光孝各天皇陵に参拝後、仁和寺に向かう。このあと龍安寺内の後朱雀・後冷泉・後三条・一条・堀河各天皇陵に参拝し、ついで二条・花山・三条各天皇陵に参拝する（この間、官幣大社平野神社・大徳寺・官幣中社白峯宮にも参拝）。

4・6　皇太子、大阪に向かい、継体・土御門両天皇陵に参拝する（この間、官幣中社水無瀬宮・光明寺・長岡京跡等を巡覧。この日、東宮侍従牧野貞亮を花園・後一条・陽成・冷泉・後二条各天皇陵へ、同亀井茲常を別格官幣社豊国神社に差遣）。

4・7　皇太子、大原村に向かい、順徳・後鳥羽各天皇陵を参拝、三千院に移る。ついで岡崎での京都博覧会を見学する（八日静岡御用邸宿泊、九日帰京）。

4・10　皇室中心主義を標榜する大正赤心団が結成される。

4・28　皇太子、上野の電気博覧会に行啓する。

5・5　皇太子、目黒の東京競馬倶楽部春季競馬会に行啓する。

5・20　天皇、陸軍経理学校に行幸する。

5・27　天皇、陸軍士官学校卒業式に行幸する（三十日には陸軍幼年学校に）。▼正親町実正《さねまさ》を侍従長とする。

6・10　皇太子、伊豆大島沿海に行啓する（御召艦生駒に乗り、この日、伊東沖に停泊。翌日伊豆大島へ行き、館山港に碇泊。十二日還啓）。

6・18　天皇、英国元帥杖捧呈のため来日のコンノート親王を東京駅に出迎える。

6・23　皇太子、海軍機関学校・海軍砲術学校へ行啓する。

7・1　皇太子、上野駅から東北地方行啓に向かう（直江津より御召艦鹿島に乗り、直江津沖に仮泊。二日、秋田県船川港沖に投錨。三日、青森県大湊港に投錨。四日、青森港に碇泊）。

7・2　東伏見宮依仁親王を海軍大将とする。

7・5　皇太子、御召艦鹿島を退艦。青森駅より盛岡駅に到着、南部伯爵別邸に宿泊（六日もここに宿泊）。

7・7　皇太子、水沢を経て平泉に降り、中尊寺等を巡覧する（仙台偕行社に宿泊〈八日も〉）。

7・8　天皇、陸軍戸山学校修業式に行幸する（九日には東京帝大卒業式に）。

7・9　皇太子、仙台より塩竈に下車し、国幣中社志波彦神社・同塩竈神社に参拝後、船で松島に向かう。瑞巌寺等を巡覧し、仙台に戻る（仙台偕行社に宿泊。十日帰京）。

7・15 皇太子、避暑のため葉山御用邸に行啓する（葉山滞在は水泳練習を主目的とする）。
7・23 富山県下で米騒動起こる（全国に波及）。
8・1 皇太子、葉山御用邸より箱根宮ノ下御用邸に入る（滞在中、たびたびゴルフを楽しむ。九月四日帰京）。
8・2 政府、シベリア出兵を宣言する。
8・6 天皇、避暑のため日光田母沢御用邸に行幸する（天皇、一昨年頃より異状あり。言語不明瞭・歩行困難あり。避暑中でも遠行せず）。
8・9 邦彦王を近衛師団長とする。
8・13 天皇、米価高騰の救済資金三百万円を下賜する（天皇、騒動鎮撫のため軍隊出動を裁可）。
8・21 日光田母沢御用邸で静養中の天皇、米騒動のため、予定を切り上げ、この日帰京する。
9・17 皇太子、参謀本部附および海軍軍令部附に兼補される。
9・26 依仁親王、英国皇帝へ元帥刀贈進のため英国に向け横浜を出発する（このとき、フランス、ベルギー、イタリア、米国の各元首を訪問させる。翌年一月七日帰国）。

9・28 吉野宮、吉野神社と改称する。
9・29 原敬《たかし》内閣発足（「平民宰相」の誕生）。
10・2 皇太子、陣地攻防演習見学のため、愛知県豊橋市に向かう（この日から五日まで静岡御用邸に宿泊。六日帰京）。
10・12 皇太子、横浜港碇泊の連合艦隊に行啓する。
10・31 天長節。天皇の病により、拝賀式等を中止する。
11・3 皇太子、体調不良となる（流行性感冒と診断。十五日床払い）。
11・11 第一次世界大戦終わる。
11・13 天皇、陸軍特別大演習統裁のため栃木県に行幸する（十九日帰京）。
11・21 天皇、御歌所の一室より皇后と世界大戦休止祝賀提燈行列を覧る。
11・28 「皇室典範増補」により、皇族女子は王族・公族に嫁しうることとする（これにより、十二月五日、梨本宮方子《まさこ》女王と李《り》垠《ぎん》との結婚を勅許）。
12・25 天皇、風邪により、帝国議会開会式を欠席する（この頃から体調悪化）。
12・28 皇太子、避寒のため沼津御用邸西附属邸に移る（翌年三月二十九日まで滞在）。
□1・3 千家《せんげ》尊福《たかとみ》（出雲大社宮司。男爵。74）、5・17 **鷹司熙通**（侍従長。64）、10・13 尾《お》

＊**鷹司《たかつかさ》熙通《ひろみち》**（一八五五～一九一八） 父は関白九条尚忠、兄は九条道孝、姉はのちの英照皇太后。明治五年、鷹司輔熙養子となり、ついでドイツ留学。十二年陸軍士官学校卒業。二十二年に皇太子嘉仁親王の東宮武官、三十五年侍従武官。四十三年陸軍少将となると同時に予備役となり、侍従職御用掛。明治天皇崩御の際は大喪使祭長官に任じられ、大正元年侍従長となる。妻は徳大寺実則の娘で、子の信輔は皇太子傅育官・明治神宮宮司等をつとめる。公爵。

＊**竹田宮《たけだのみや》恒久王《つねひさおう》**（一八八二～一九一九） 父は北白川宮能久親王。明治三十九年、一家を立て竹田宮を創設。同四十一年、明治天皇第六皇女昌子内親王と結婚。同年、皇典講究所総裁。陸軍に進み、少将に昇るも大正八年、流行のスペイン風邪で逝去。

崎三郎《ざきさぶろう》（官僚。貴族院議員。宮中顧問官。男爵。77）、11・4土方久元《ひじかたひさもと》（宮内大臣。伯爵。86）

■**大正八年（一九一九）己未**
大正天皇　41歳
裕仁親王　19歳

1・1　天皇、違和あり。四方拝を中止する（八日の陸軍始観兵式にも行幸なし）。
1・20　天皇、御用掛小牧昌業より「論語」進講を聴く。
1・28　天皇、皇后と葉山御用邸に行幸する（三月二十八日帰京）。
2・1　皇太子、沼津より葉山御用邸を訪ね、天皇・皇后に拝顔する（三月十五日にも）。
2・11　天皇、体調不良のため紀元節式典を欠席する（代理に閑院宮載仁《ことひと》親王）。
2・15　箕作元八編「世界大戦史」（前篇）が皇太子に届けられる（しばしばこれを読む）。
3・1　京城などで朝鮮独立宣言を発表（示威運動が全国に拡大。日本、軍隊・警察により四月中にほぼ武力鎮圧。三・一独立運動）。
3・31　天皇、学習院卒業式に行幸する。
4・8　皇太子、上野の畜産工芸博覧会に行啓する。
4・9　皇太子、海軍水雷学校に行啓する。
4・10　史蹟名勝天然記念物保存法公布。
4・12　皇太子、第六学年始業式に臨席する（成年式および成年にともなう諸行事により、修学時間は六時間減少。また、休課も多くなる）。▼関東庁官制公布（関東都督府廃止）。
4・23　天皇、陸軍中央幼年学校卒業式に行幸する。▼**竹田宮恒久王**没（恒徳《つねよし》王が相続。二十九日予定の皇太子成年式延期）。
4・29　皇室典範第十三条により、皇太子、成年に達する。また同五十五条により皇族会議に列し、貴族院令第二条により貴族院の議席に列せられる。
5・2　天皇、靖国神社創建五十年祭に行幸し親拝する（皇太子も拝礼）。
5・4　北京の学生、山東問題に抗議し示威運動を展開（五・四運動）。
5・7　皇太子、成年式を行なう。▼パリ講和会議で、赤道以北旧ドイツ領諸島の委任統治を日本に決定する。
5・9　天皇、皇后と奠都五十年祝賀会（上野公園）に行幸する（皇太子も臨席）。
5・19　皇太子、成年式済了につき、伊勢神宮ならびに山陵参拝のため東京駅を出発する（この日、静岡御用邸に宿泊。二十日神宮司庁に宿泊）。
5・21　皇太子、伊勢外宮ついで内宮に参拝する（神宮司庁に宿泊。翌日、京都に向かい、二十四日まで二条離宮に宿泊）。
5・23　皇太子、神武天皇陵に参拝する。
5・24　皇太子、明治天皇陵・昭憲皇太后陵に、ついで泉山の孝明天皇・英照皇太后・仁孝天皇・光格天皇各御陵に拝礼する。このあと泉涌寺に入る。（二十五日静岡御用邸へ。二十六日帰京）。
6・10　皇太子、久邇宮良子《ながこ》女王と婚約が成立する。
6・28　ベルサイユ講和条約締結（ドイツ、膠州湾租借地を日本国のために放棄。中国、調印せず）。
7・1　天皇、対独講和条約調印を記念する平和記念観兵式（代々木練兵場）に行幸する（皇太子も行啓）。
7・4　皇太子、新宿駅より長野県に行啓する。この日、下諏訪駅下車、官幣大社諏訪神社下社春宮に参拝する。この日、善光寺境内大勧進に宿泊する（五日、善光寺等を巡覧。六日、松本へ行き、善光寺へ戻って宿泊。七日、上田を経て帰京）。
7・9　天皇、横須賀軍港に第一・第二特務艦隊を親閲する。
7・18　皇太子、避暑のため、葉山御用邸に移る（二十九日、明治天皇例祭のため帰京。三十一日、葉山に戻る。八月十四日帰京）。▼京城に朝鮮神社が創建される（祭神は天照皇大神・明治天皇）。
7・21　天皇、避暑のため皇后と日光田母沢御用邸に行幸する（三十日の明治天皇例祭に遙拝する。九月十八日帰京）。
7・26　皇太子、初めて謡（「橋弁慶」）の練習をする。
8・1　大川周明ら、猶存社を結成する。
8・15　皇太子、塩原御用邸に移る（箱根を予定も麻疹患者発生のため塩原に変更）。
8・31　皇太子、塩原より日光田母沢御用邸に行き、天皇・皇后に拝顔する（附属邸に宿泊）。
8月　天皇の病気が悪化する。▼北一輝、上海で「国家改造法案原理大綱」を著わす。
9・3　皇太子、帰京する。
10・12　皇太子、御料馬「和定」に乗り、東京を巡覧する。
10・22　皇太子、海軍特別大演習参加のため、横須賀に行啓する（御召艦扶桑に乗艦）。
10・23　天皇、海軍特別大演習統裁のため横浜に行幸する（二十五日帰京）。
10・28　天皇、海軍特別大演習観艦式のため横須賀に行幸し、御召艦摂津に乗艦する（軍令部長が勅語を代読。皇太子も摂津に乗る）。

＊**国家《こっか》改造《かいぞう》法案《ほうあん》原理《げんり》大綱《たいこう》**　「国家改造ノ根基ヲ定メンガ為ニ天皇大権ノ発動ニヨリ憲法ヲ停止」して国家権力を停止させ、その間に「君側ノ奸」を倒し、国内改造・国際的勢力拡張を主張。ガリ版で四十七部を印刷。のち「日本改造法案大綱」として刊行、青年将校等に大きな影響を及ぼす。

＊**徳大寺《とくだいじ》実則《さねのり》**（一八三九〜一九一九）　父は右大臣徳大寺公純《きんいと》。尊攘派公家として活躍し、明治元年、新政府の参与・議定に就任。四年八月に侍従長、同年十月には宮内卿を兼任。侍従職一時廃止されるも再置され、十七年再び侍従長となり、以後、明治天皇崩御まで仕える。二十四年には三条実美死去のあとを受け内大臣を兼任、また先帝御事蹟取調掛長に補され、「孝明天皇紀」編修を主宰する。公爵。「徳大寺実則日記」がある。

＊**河瀬《かわせ》真孝《まさたか》**（一八三九〜一九一九）　長州藩士の子として生まれる。幕末イギリスに留学し、帰国後の明治四年に侍従長となる。二年ほど天皇に近侍し、のちイタリア、オーストリア、イギリスの各公使を

11・7　中国の青島神社の創建鎮座祭が行なわれる（祭神は天照皇大神・明治天皇など）。
11・9　天皇、陸軍特別大演習統裁のため兵庫県に行幸する（十六日、伏見桃山陵等に親謁。十九日帰京。皇太子は十七日帰京）。
11・19　皇太子、近衛師団機動演習御覧のため、千葉県下津演習地に行啓する（この日帰還）。
11・25　皇太子、天皇名代として海軍大学校卒業式に行啓する（二十六日の陸軍大学校卒業式にも）。▼邦彦王・守正王を軍事参議官とする。
12・1　博恭王を第二艦隊司令長官とする。
12・12　閑院宮載仁《ことひと》親王を元帥府に列する。
12・20　「明治天皇御集」編纂成り、この日奏上。
12・24　皇太子、埼玉鴨場に行啓する。
12・25　天皇、歩行困難として、帝国議会開院式行幸を中止する。
この年　「久世家文書」「近衛家書類」刊。▼津田左右吉「古事記及び日本書紀の新研究」刊（大正十三年、「古事記及日本書紀の研究」と改題し、改訂版刊）。▼八代國治《くにじ》「長慶天皇御即位の研究」刊（これにより、長慶天皇在位が公的に認められることになる）。▼帝国美術院が創設（昭和十二年帝国芸術院と改称。戦後、日本芸術院として再発足。天皇の御下賜金により恩賜賞と芸術院賞が設けられ、授賞式は毎年六月、昭和二十五年からは天皇臨席）。▼大礼記録編纂委員会編「大礼記録」刊。
□6・4**徳大寺実則**（尊攘派公家。侍従長。81）、7・16**板垣《いたがき》退助《たいすけ》**（政治家。伯爵。83）、9・29**河瀬真孝**（外交官。侍従長。81）、11・3**寺内《てらうち》正毅《まさたけ》**（政治家。伯爵。68）

■大正九年（一九二〇）庚申

大正天皇　42歳
裕仁親王　20歳

1・5　皇太子裕仁親王、天皇に扈従し、初めて豊明殿における新年宴会に臨む。
1・8　天皇、感冒により陸軍始観兵式への行幸を中止する。
1・9　皇太子、沼津御用邸西附属邸に移る。
1・10　国際連盟発足。
1・19　天皇、皇后と葉山御用邸に行幸する（五月二日帰京）。
1・26　天皇、御用掛小牧昌業より「論語」進講を聞く。
2・7　皇太子、葉山御用邸に行き、天皇・皇后に拝顔する（翌日、沼津に帰還）。
3・4　「皇族の降下に関する内規施行準則」が可決される（「五世」以下の王で「長子

つとめ、元老院幹事・司法大輔・枢密顧問官等を歴任する。倫敦《ロンドン》日本協会初代会長。子爵。

孫の系統四世以外」の皇族は、天皇の命で臣籍に降下)。
3・13 皇太子、沼津より葉山御用邸に移る(十四日帰京)。
3・15 株式等大暴落(戦後恐慌始まる)。
3・23 皇太子、九州に行啓する(この日、二条離宮に宿泊。二十四日、神戸より軍艦香取に乗り、二十五日鹿児島入港)。
3・26 皇太子、鹿児島に上陸し、城山等を巡覧する。この日、東宮侍従牧野貞亮を吾平山上陵に差遣する(翌日は宮崎へ、紫明館に宿泊)。
3・28 皇太子、官幣大社宮崎神宮等を巡覧する。
3・30 天皇の容態について第一回病状発表(糖尿病・座骨神経痛とする)。▼皇太子、鹿児島県に向かい、天津日高彦火火出見尊高屋山上陵・天津日高彦火瓊瓊杵尊可愛山陵、国幣中社新田神社に参拝する。ついで軍艦香取に乗り、熊本県に向かう(三十一日、四月一日は熊本県各地を巡覧)。
4・1 宣仁親王、学習院中等科を卒業し、この日、勅命により海軍兵学校に入学する。
4・2 皇太子、長崎に上陸し、国幣中社諏訪神社等を巡覧する(三日は佐世保、四日は佐賀、五日は福岡へ)。
4・6 皇太子、陸路久留米、ついで官幣中社太宰府神社等を巡覧する(福岡に宿泊)。
4・7 皇太子、官幣大社筥崎宮・同香椎宮等を巡覧する(夕方、御召艦香取に移乗、翌日は瀬戸内海を通り神戸へ。九日静岡御用邸に宿泊)。
4・9 天皇、宮内大臣波多野敬直の奏請を入れ、以後、御座所における政務以外は一切の公式の執務を止め、もっぱら静養に努めることとする。
4・10 皇太子、葉山御用邸の天皇・皇后に拝顔し、東京の東宮御所に還啓する。
4・15 皇太子、東宮御学問所にて第七学年第一学期始業式に臨場する(このときより、法制経済の課目が加わり、武課には、練習用日本刀を使用する)。
4・17 皇太子、横須賀の第一艦隊に行啓する。
4・20 皇太子、新宿御苑における観桜会に行啓する。
4・28 梨本宮方子女王、朝鮮王世子李垠と結婚する。
4・29 靖国神社例大祭に天皇名代として閑院宮載仁親王参拝(皇太子も行啓)。
4月 稔彦王、パリに向け出発する(昭和二年一月帰国)。▼各地の銀行で取り付け騒ぎ。

＊皇族会議 このときの出席者は、皇太子のほか、貞愛・載仁・依仁各親王および博恭・博義・武彦・恒憲・邦彦・守正・鳩彦・成久各王(議長は貞愛親王)。なお、参列員に、枢密院議長山県有朋、内大臣松方正義、司法大臣原敬、宮内大臣波多野敬直、大審院長横田国臣等。議題は「皇族ノ降下ニ関スル施行準則ノ件」。

5・2　上野公園で日本最初のメーデー。
5・13　稔彦王王子（彰常《あきつね》）、誕生する（母は聰子内親王）。
5・15　皇太子、成年皇族として初めて**皇族会議**に出席する。
5・19　「皇族の降下に関する施行準則」が内規として裁定される（王の請願なしに長子孫の系統で四世以内を除き、勅旨により臣籍降下、華族に列せられることになる）。
5・24　ロシアのニコラエフスク（尼港）で日本人多数がパルチザンに殺される（尼港事件）。
5・26　天皇、静養のため沼津御用邸に行幸する（皇后は六月四日に行啓し、十八日帰京。ついで七月一日に行啓し、十日まで滞在。天皇は七月十七日帰京）。
5・31　皇太子、軍艦陸奥命名式に皇后の御召列車に陪乗して横須賀に向かう。
6・12　皇太子、天皇・皇后へ御機嫌伺いのため、沼津御用邸に行き、拝顔する（翌日帰還）。
6・18　中村雄次郎を宮内大臣とする。
7・21　皇太子、葉山御用邸に行啓する。
7・24　天皇の容態について第二回病状発表（心身の疲労を強調、「御発語に障碍」とする）。▼山階宮菊麿王二男、臣籍降下し、山階芳麿を称し、侯爵を受爵する。
7・27　天皇、避暑のため皇后と日光田母沢御用邸に行幸する（九月十六日帰京）。
7・29　皇太子、葉山御用邸より東宮御所に帰還する（三十一日、再び葉山へ）。
7・30　明治天皇例祭。皇太子、皇霊殿で天皇代拝の掌典長九条道実に続き、拝礼する。
8・5　内務省、不敬罪の嫌疑により大本教取締りを全国に指示する。
8・6　皇太子、箱根宮ノ下に移る（武課体操などのほか月・木曜日はゴルフ、土曜日は登山・散歩。九月二日帰京）。
8・20　日本陸軍、尼港事件解決のため責任政府成立までとして北樺太を保障占領、軍政開始。
9・3　皇太子、日光田母沢御用邸に行き、天皇・皇后に拝顔する（六日帰京）。
10・1　第一回国勢調査（内地の人口五五五九六万人）。
10・20　天皇、浜離宮に行幸し、鴨猟・打網等を覧る。
10・23　天皇、宮城の惇明府（第一次大戦での戦利品を陳列）に陳列品を覧る（二十六日、皇后・皇太子も惇明府へ）。
10・31　皇太子、天長節観兵式に天皇名代として代々木練兵場に行啓する。この日、皇太子を陸軍歩兵少佐・海軍少佐とする。
11・1　明治天皇・昭憲皇太后を祀る明治神宮の遷座祭が行なわれる（勅祭社とする。二日、皇太子、天皇名代として拝礼）。
11・4　皇太子、大分県の陸軍特別大演習に行啓する（この日、二条離宮に宿泊。五日、神戸より御召艦伊吹に乗り広島県鞆津沖に仮泊、六日、別府港へ、七日上陸、八日は中津へ。九日からは演習等を覧る。十一日閲兵式、ついで官幣大社宇佐神宮に参拝。十二日は福岡県に入り八幡製鉄所等を見学。十三日耶馬渓等を覧て、十四日は大分各地を巡覧）。
11・11　天皇、明治神宮に親謁する。
11・15　皇太子、下関の安徳天皇阿弥陀寺陵・官幣中社赤間宮に参拝等ののち軍艦伊吹に乗り江田島に向かう（十七日江田島で軍艦伊吹から軍艦球磨に移り、国幣大社大山祇神社に参拝。十八日は横須賀に向かい、十九日横須賀に上陸し、帰京）。
11・22　皇太子、天皇名代として陸軍大学校卒業式に臨席する（二十六日には海軍大学校卒業式等にも名代として臨席）。
11・25　天皇、浜離宮に行幸し、鴨猟・投網等を覧る。
11・27　皇太子、箱根宮ノ下御用邸に移る（二十八日帰京）。
12・1　博恭王を軍事参議官とする。
12・23　天皇、皇后と葉山御用邸に行幸する。
12・28　皇太子、葉山御用邸に行啓する。
12月　元老山県有朋、色盲問題を理由として皇太子婚約者変更を主張（杉浦重剛・頭山満らはこれに反対。民間右翼を中心に宮内省や山県有朋を非難・攻撃する運動が拡大。「宮中某重大事件」）。
□1・10芳川顕正《よしかわあきまさ》（内務大臣等各大臣を歴任。伯爵。80）

■大正十年（一九二一）辛酉

大正天皇　43歳
裕仁親王（摂政）21歳
1・1　天皇、葉山に静養のため、四方拝等は行なわれず、歳旦祭・元始祭に出御なく代拝とする。また新年宴会等にも出御なし。
1・6　皇太子、葉山御用邸に行啓し、天皇・皇后に拝顔する（即日還啓）。
1・8　皇太子、天皇名代として代々木練兵場の陸軍始観兵式に行啓する。
1・10　歌御会始。天皇・皇后出御なし。皇太子、参内して臨席する。
1・11　皇太子、沼津御用邸西附属邸に移る。
▼内務省神社局「国体論史」刊。
2・6　皇太子、葉山より東宮御所に還啓す

る。
2・10　皇太子妃内定を変更せずと内務省、ついで宮内省が発表する（中村雄次郎宮内大臣、事態を早期収拾するためにこの日に発表、ついで辞表提出。「宮中某重大事件」落着）。
2・12　不敬罪等により、大本教教主出口王仁三郎ら一斉に検挙される（第一次大本教事件。十月、王仁三郎に懲役五年の判決）。
2・13　皇太子、軍艦長門見学のため、横須賀に行啓する。
2・18　皇太子、東宮御学問所の修学を本年三月終了の予定も、三月三日外遊出発となり、この日、東宮御所において終業式が行なわれる。
2・19　牧野伸顕を宮内大臣とする。
2・21　公爵山県有朋、皇太子妃問題につき枢密院議長ほか一切の官職・栄典を辞する旨を天皇に奉呈する。
2・22　皇太子、海外巡遊奉告のため、伊勢神宮・神武天皇陵参拝に出発する（この日、名古屋離宮に宿泊）。
2・23　皇太子、伊勢外宮、ついで内宮に参拝する（二条離宮に宿泊）。
2・24　皇太子、明治天皇陵、ついで昭憲皇太后陵に参拝する（二条離宮に宿泊し、翌日帰京）。
3・1　皇太子、葉山御用邸に参り、天皇・皇后に御暇乞をする（翌日帰京）。
3・3　皇太子、欧州訪問のため横浜を出港する（御召艦は香取。閑院宮載仁親王随伴。九月三日帰国）。
3・6　皇太子、沖縄に上陸する。
3・11　皇太子、香港に上陸する（皇太子の外国領土上陸の初め）。
3・18　皇太子、シンガポールに到着する（翌日上陸。二十二日出港）。
3・21　日本陸軍、樺太対岸地区軍政開始を宣言する。
3・28　皇太子、マラッカ海峡等を通り、この日、コロンボに到着・上陸する（四月一日、スエズに向け出港）。
4・12　度量衡法改正公布（大正十三年七月一日よりメートル法を施行）。
4・15　皇太子、スエズに入港する（十八日カイロ着。二十一日ポートサイド出港）。
4・16　天皇の容態につき第三回病状発表（心身緊張の場合は「御難儀」とする）。
4・20　新宿御苑にて観桜会あるも、天皇、行幸せず（皇后は行啓）。
4・24　皇太子、マルタ島に上陸する（二十六日マルタ出港。三十日、ジブラルタル港に入り上陸、五月二日出港、イギリスに向かう)。
5・9　皇太子、イギリスに公式上陸する(ロンドンに到着。この日よりバッキンガム宮殿に三泊。十三日大英博物館見学。このあと、オックスフォード、ケンブリッジ、スコットランド等を巡覧し、三十日、ポーツマスを出港)。
5・17　天皇、沼津御用邸に行幸する(六月二十二日帰京)。
5・30　皇太子、イギリスを発ち、フランスのル・アーブル港に到着する(三十一日パリ到着。六月二日エッフェル塔に登る。六月三日ルーブル博物館等、パリ市内・近郊を巡覧。十日、ベルギー、十五日、オランダを訪問。二十日、フランスに戻り、パリほか各地を巡覧。七月九日、トゥーロン軍港より御召艦香取に乗り、十一日、イタリアのナポリに上陸、十二日、ローマに到着。市内各地を巡覧し、十六日、ヴァチカン宮殿訪問。十八日、御召艦香取、ナポリ港を出航、ポンペイ見学後、ポートサイドを経て二十三日、スエズに入港。コロンボ、シンガポール等を経て、九月三日、横浜港に到着し、東宮御所に還啓。およそ半年におよぶ**欧州訪問**であった。なお昭和天皇は、後年「自分の花は欧州訪問の時だつたと思ふ」と述懐している)。
5・31　原敬首相、日記に九月の皇太子の帰国後、すみやかに皇太子を摂政とすることで山県有朋と合意と記す。
7・15　天皇、避暑のため塩原御用邸に行幸する(二十二日、日光田母沢御用邸に移る。皇后は二十一日に日光へ。九月二十一日、天皇・皇后帰京)。
8・1　芝離宮など計十一万八千町歩が世伝御料から解除される(これにより、世伝御料地は約二十二万町歩)。
9・3　皇太子、欧州訪問より帰国する。
9・4　皇太子、日光田母沢御用邸に行き、天皇・皇后に拝顔、海外巡遊終了につき復命する(七日帰京)。
9・8　皇太子、明治神宮に拝礼する。この日、東京市長後藤新平発案の「御帰朝奉祝会」が日比谷公園で開かれる。皇太子、臨席し、市民の前で「**令旨**」を朗読する。夜には東京市民六千名による大提灯行列が行なわれる。
9・9　皇太子、伊勢神宮・諸山陵行啓に出発する(この日、静岡御用邸に宿泊)。
9・11　皇太子、伊勢外宮、ついで内宮に拝礼する(午後五時、京都大宮御所到着。こ

***欧州訪問**　上記年表に記したように、三月三日より九月三日までの半年間におよぶ親善訪問であり、各国で盛大な歓迎を受け、各地を見学し、「昭和天皇実録」には、巻七・巻八におよそ三三三ページにわたり詳細に記されている。

***令旨**　皇太子が初めて国民に肉声で発した言葉で、以下の通り。「本日茲ニ諸子ノ熱誠ナル歓迎ヲ受クルハ予ノ満足スル所ナリ今回ノ外遊ニ際シ欧洲諸国ノ青年カ各々其ノ本分ヲ守リ国運発展ノ基礎ヲ作リツツアルノ状ヲ察シ感スル所少カラサリキ諸子能ク内外ノ形勢ニ顧ミ各自ノ修養ニ努メ以テ帝都青年団タル実績ヲ挙ケムコトヲ望ム」。

***議決**　その内容は「天皇陛下御病患久キニ亙リ大政ヲ親ラシタマフコト能ハサルヲ以テ皇室典範第十九条第二項ノ規定ニ依リ摂政ヲ置カルヘキモノト議決ス」。手続き上、このあと枢密院会議が開かれ、全会一致にて議決。これにより裕仁親王は摂政に就任し、詔書に署名したうえで公に発表された。

の夜、提灯行列あり)。

9・12　皇太子、神武天皇陵・官幣大社春日神社に拝礼する(夕方、大宮御所に還啓)。

9・13　皇太子、明治天皇陵・昭憲皇太后陵に拝礼する。のち、平安神宮前での「京都奉祝会」に臨席し、「令旨」を朗読する。ついで官幣大社賀茂御祖神社・賀茂別雷神社および官幣大社石清水八幡宮に拝礼する(十四日帰京)。

9・24　天皇、皇太子・載仁親王に菊花章頸飾を親授する。

9・26　皇太子、箱根宮ノ下御用邸に向かう(十月六日帰京)。

9・28　神州義団団長朝日平吾、「君側の奸」を除かんとして安田財閥当主安田善次郎を暗殺する。

10・4　天皇の容態について第四回病状発表(「陛下は御幼少の時、脳膜炎様の御疾患に罹らせられ且御成長の時機より御成年後に於ても屢々《しばしば》御大患を御経過遊ばされ」)。

10・7　宮内省官制改正公布(大臣官房・侍従職・式部職・宗秩寮・諸陵寮・図書寮・侍医寮・大膳寮・内蔵寮・内匠寮・主馬寮を置く)。

10・10　元老松方正義、皇太子を摂政にすることを皇后に内奏、承諾を得る。

10・31　皇太子、近衛歩兵第一連隊附より近衛師団司令部附に転補される。

11・3　皇太子、明治神宮に参拝する。

11・4　原敬首相、右翼青年中岡艮一《こんいち》に東京駅頭で刺殺される。

11・12　ワシントン会議が開催(日・米・英・仏・中など九ヵ国参加)。

11・13　皇太子、陸軍特別大演習統監のため、御殿場に向かう(皇太子による演習統監の初め。二十一日帰還)。▼高橋是清内閣成立。

11・14　「昭和天皇実録」は、この日、大正「天皇は大正三、四年頃より御健康が次第に勝れず、(中略)大正八年末頃よりは公式の出御はほとんど見合わせ専らご静養に努められる」と記す。

11・25　皇族会議(議長は皇太子)が開かれ、全議員の賛成により、皇太子、摂政就任**議決**がなされる。▼天皇の容態について第五回病状発表(かなり詳細に「御脳病」の推移を公表。以後、天皇は、葉山・日光・沼津の御用邸でひたすら静養につとめる)。

11・28　皇太子、摂政の資格で陸軍大学校卒業証書授与式に行啓する(三十日には海軍大学校等にも。なお、以後、「摂政の資格」は特に断りを入れず割愛)。

12・6　皇太子、摂政就任につき、東宮御所から霞関離宮に移る。

12・11 皇太子、摂政就任奉告のため、伊勢神宮・諸山陵行啓に出発する（この日、静岡御用邸に宿泊）。

12・13 皇太子、伊勢外宮、ついで内宮に摂政就任を奉告する（この日、京都大宮御所に宿泊）。▼ワシントン会議で日英米仏四ヵ国条約調印（日英同盟が廃棄となる）。

12・14 皇太子、神武天皇陵・明治天皇陵・昭憲皇太后陵に拝礼する（十五日静岡御用邸を経て、十六日帰京）。

12・19 天皇、皇后と葉山御用邸に移る（翌年五月九日まで静養のため滞在）。

12・26 皇太子、第四十五回帝国議会開院式に臨場のため、貴族院に行啓する（摂政の開院式行啓の初め）。

この年「白川家記録」の大部分が宮内省に一括献上される。▼「九条家国事記録」刊（〜大正十一年）。

□11・4原敬《はらたかし》（首相。66）

■大正十一年（一九二二）壬戌

大正天皇 44歳
裕仁親王（摂政）22歳

1・1 **四方拝**、行なわれず。歳旦祭は侍従原恒太郎が摂政御代拝を行なう。

1・5 皇太子、葉山御用邸に行啓し、天皇・皇后に拝顔し、新年の賀詞を言上する（翌日、東宮仮御所に帰還）。

1・8 皇太子、代々木練兵場の陸軍始観兵式に行啓する。ついで沼津御用邸西附属邸に移る（十五日還啓）。

1・13 皇太子、富士山麓にてスキーを行なう（本格的スキーの初め）。

1・18 歌御会始あり（以降御製なし）。

1・20 皇太子、庭の新テニスコートで侍従らとテニスをする（このあともしばしば）。

1・29 皇太子、埼玉鴨場で鴨猟を行なう。

2・1 山県有朋没（九日、日比谷公園で国葬）。

2・4 日本と中国、「山東懸案解決ニ関スル条約」調印。

2・6 ワシントン会議で海軍軍備制限条約等調印（ワシントン会議日程終了）。

2・11 「ヤップ島及他ノ赤道以北ノ太平洋委任統治諸島ニ関スル日米条約」調印。

2・17 皇太子、祈年祭を行なう。

2・25 皇太子、葉山御用邸に行啓し、天皇・皇后に拝顔する（二十七日還啓）。

3・3 全国水平社創立大会、京都で開催。

3・9 貞明皇后、福岡県下に行啓する（天皇の病気平癒のため、香椎《かしい》宮・筥崎《はこざき》宮・太宰府神社・厳島神社等に参拝する。皇后の

＊**四方拝** 天皇に事故あるときは行なわないとする説と摂政が代行する説があり、一旦は摂政により実施となるも、皇室祭祀令第二十三条第二項「但シ天皇喪ニ在リ其ノ他事故アルトキハ四方拝ノ式ハ行ハス」により行なわないことにする。

＊**東伏見宮《ひがしふしみのみや》依仁《よりひと》親王《しんのう》**（一八六七〜一九二二） 父は伏見宮邦家親王。幼称定宮。明治二年、山階宮晃親王の養嗣子となり、同十八年、小松宮継嗣に改められ、翌年親王宣下により依仁と命名。同三十六年、小松宮継嗣を止め、東伏見宮創立を勅許される。海軍に入り、累進して海軍大将。継嗣なく東伏見宮家は一代で断絶。墓は豊島岡墓地。

九州巡啓は「神功皇后以来」といわれる。三十日還啓)。
3・22　徳川達孝《さとたか》を侍従長とする。
3・30　皇太子、学習院学生卒業証書授与式に行啓する。
4・1　南洋庁を開設する。
4・3　皇太子、葉山御用邸に行啓し、天皇・皇后に拝顔する(五日還啓)。
4・6　皇太子、東京ゴルフ倶楽部ゴルフコースで大谷光明から指導を受ける。
4・12　英国皇太子エドワード・アルバート親王、来日して赤坂離宮に入る(宮中晩餐会等行なわれる)。
4・15　皇太子、英国皇太子と同車にて代々木練兵場での近衛師団観兵式に行啓する。
4・16　皇太子、英国皇太子を迎え、新宿御苑で観桜会を行なう(十七日は浜離宮で鴨猟。十九日は東京ゴルフ倶楽部でゴルフ)。
4・19　皇太子、箱根宮ノ下御用邸に行啓する(二十六日還啓)。▼明治神宮宝物館に昭憲皇太后の御物が下賜される。
4・24　皇太子、英国皇太子を箱根離宮に招待する。
5・17　伊勢内宮仮殿遷座祭が行なわれる(皇太子、御庭にて遥拝)。
6・12　加藤友三郎内閣成立。
6・18　皇太子、茨城県稲敷郡阿見村の臨時海軍航空術講習部本部に行啓する(霞ヶ浦の湖上より編隊飛行等を覧る)。
6・20　皇太子と久邇宮良子女王との結婚勅許が公表される。
6・25　雍仁《やすひと》親王、成年式を行ない、秩父宮の宮号を賜わる。
6・27　**東伏見宮依仁親王**没(元帥府に列せられる。後嗣なきため東伏見宮家断絶。昭和六年、久邇宮邦彦王王子邦英王が臣籍降下し、東伏見姓を賜わり、東伏見宮家の祭祀を継承。岩倉具定女周子妃は皇籍を離脱)。
7・6　皇太子、北海道行啓に出発する(この日、仙台偕行社に宿泊。七日青森より御召艦日向に乗艦。八・九日函館。十日は鉄路小樽へ。十一日から十三日札幌。十四日、鉄路で旭川へ。十六日網走、十七・十八日釧路、十九日旭川。二十日、静内の宮内省新冠牧場へ。二十一日、苫小牧を経て室蘭へ。二十三日、室蘭より御召艦日向に乗り、二十五日横須賀到着)。
7・12　天皇、避暑のため皇后と日光田母沢御用邸に行幸する(九月二十五日帰京)。
7・15　日本共産党がひそかに結成される。
7・19　山階宮武彦王と賀陽宮邦憲王王女佐紀子女王が結婚する。

7・27　皇太子、宣仁親王と日光田母沢御用邸に参り、天皇・皇后に拝顔する（即日還啓）。
7・29　皇太子、明治天皇十年式年祭山陵の儀のため、京都に向かう（大宮御所に宿泊。三十日、山陵に拝礼し、御告文を奏する。天皇は内庭にて遙拝。皇太子、ついで非公式に昭憲皇太后陵に拝礼）。
7・31　皇太子、京都駅を発ち、逗子駅より葉山御用邸に入る。
8・12　皇太子、葉山御用邸より箱根宮ノ下御用邸に移る（八月三十日還啓）。
8・31　皇太子、日光田母沢御用邸に行啓し、天皇・皇后に拝顔する（九月二日還啓）。
9・11　皇太子の定例の進講・乗馬が再開される（水・土曜は「宮城御出務」）。
9・18　平田東助を内大臣とする（内大臣を免じられた松方正義に公爵を授ける）。
9・28　皇太子・良子女王結婚につき、納采の儀が行なわれる。
10・2　伊勢内宮遷座祭が行なわれる。
10・3　皇太子、山梨県行啓に出発する。御殿場駅より自動車に乗り富士五湖を巡る（この日、精進ホテル宿泊。八日、甲府駅より新宿駅に到着して還啓）。
10・4　伊勢外宮遷座祭が行なわれる。
10・7　天皇の容態について第六回病状発表（以前にくらべ「御増進の御模様」とする）。
10・15　皇太子、陣地攻防演習御覧のため御殿場に行啓する（十六日帰還）。
10・26　皇太子、埼玉県入間郡所沢町の陸軍航空学校等に行啓する（即日帰還）。
10・31　皇太子、代々木練兵場の天長節祝日観兵式に臨場する。
11・1　拓殖局廃止。内閣に拓殖事務局を設置（朝鮮総督府・台湾総督府・樺太庁・関東庁・南洋庁に関する事項を管轄）。
11・11　皇太子、目黒の東京競馬倶楽部主催秋季競馬会に行啓する。
11・12　皇太子、特別大演習統裁のため香川県下に行啓する（この日、静岡御用邸宿泊。十三日、神戸より御召艦伊勢に乗艦。十四日高松港へ。十六日、鉄路善通寺駅到着。十七・十八日演習を統裁。十九日特別大演習観兵式。二十日より皇太子の資格で南海道行啓。香川・愛媛・高知・徳島・和歌山県各地を巡覧し、十二月三日、和歌山駅より静岡へ。静岡御用邸に宿泊し、四日還啓）。
11・15　天皇、浜離宮に行幸し、鴨猟等を覧る。
12・12　皇太子、麻疹罹患（十三日発熱、発疹。十八日軽快）。

＊伏見宮貞愛親王《ふしみのみやさだなるしんのう》（一八五八〜一九二三）　父は伏見宮邦家親王。母は鷹司政熙女景子。万延元年（一八六〇）妙法院門跡を相続するも、文久二年（一八六二）還俗して伏見宮継嗣となる。明治四年親王宣下を受け貞愛と賜名。同五年家督を相続。陸軍に進み、三十七年陸軍大将、大正元年内大臣、大正四年元帥府に列せられる。皇族の長老的存在となり、明治天皇の名代として内政・外交に尽力、その崩御の際は大喪使総裁をつとめる。国葬により東京豊島岡墓地に葬られる。

12・19 天皇、避寒のため皇后と葉山御用邸に行幸する（翌年五月十日帰京）。
12・27 勅使参向および差遣内規が定められる。
この年 図書寮より、下橋敬長《しもはしゆきおさ》述「幕末の宮廷」刊（のち平凡社東洋文庫版刊行）。田中義政「南北朝時代史」刊。
□1・10大隈重信《おおくましげのぶ》（首相。公爵。国民葬。85）、2・1山県有朋《やまがたありとも》（首相。公爵。国葬。85）、7・9森鷗外《もりおうがい》（作家。陸軍医務局長。図書頭。帝室博物館館長。61）

■大正十二年（一九二三）癸亥

大正天皇 45歳
裕仁親王（摂政）23歳
1・1 皇太子、病のため歳旦祭に出御せず、侍従松浦靖が代拝。新年拝賀の儀は中止。
1・22 皇太子、床払い。
1・25 皇太子、静養のため、沼津御用邸西附属邸に入る。
1月 上杉慎吉・高畠素之《たかばたけもとゆき》、「経綸《けいりん》学盟」を創立する。
2・4 **伏見宮貞愛親王**没（父の死により博恭王が伏見宮家を相続）。
3・3 皇太子、ご機嫌伺いのため、葉山御用邸に行き、天皇・皇后に拝顔する（四日、沼津に帰還。二十日帰京）。
3・31 皇太子、学習院卒業式に行啓する。
4・1 北白川宮成久王、パリ郊外の自動車事故で死亡（年37。第一王子永久王が継承）。
4・5 女子学習院官制制定。
4・10 皇太子、台湾行啓につき、御暇乞のため、天皇・皇后の葉山御用邸に行啓する。
4・12 皇太子、台湾行啓に出発する（御召艦金剛に乗り横須賀を出発。十六日台湾上陸。十七日、官幣大社台湾神社に行啓、総督府に宿泊し、台湾各地を巡覧。二十七日台湾を発ち、五月一日横須賀入港）。
5・9 北一輝「日本改造法案大綱」刊。
5・12 皇太子、日本競馬倶楽部春季会にて競馬を覧る。帝室賞典競争優勝馬には天皇より御紋附銀製洋盃が下賜される。
5・22 皇典講究所・國學院大学が現在地（東京都渋谷区）に移る。
5・28 皇太子、中野の近衛師団電信第一連隊に行啓する。
6・1 中国長沙で排日運動起こる（日本海軍陸軍隊上陸。長沙事件）。
7・10 皇太子、避暑のため葉山御用邸に入る。
7・12 天皇、避暑のため皇后と日光田母沢御用邸に行幸する（皇后、大震災により九月二十九日帰京。十月三日、日光に戻る）。

7・13　伏見宮邦家親王第十五王子**清棲家教**没。
7・21　皇太子、葉山より帰京し、陸軍士官学校卒業式に臨席する。その後、葉山へ移る。
7・27　皇太子、富士山に登る（下山し、伯爵樺山愛輔別邸に宿泊。二十八日葉山へ戻る）。
7・30　皇太子、明治天皇例祭につき東京に還啓し、皇霊殿に拝礼、告文を奏する。このあと葉山に戻る。
8・4　天皇、病む（二十八日撤床）。
8・5　皇太子、葉山より西那須野へ行啓する（松方公爵別邸に宿泊。十四日まで）。
8・6　邦彦王・守正王を陸軍大将とする。
8・14　皇太子、那須より日光田母沢御用邸に行き、天皇・皇后に拝顔する。
8・17　皇太子、日光より軽井沢に向かい、侯爵大隈信常別邸に入る（十九・二十一・二十三日ゴルフ。二十五日帰京）。
8・25　皇太子、東京駅を出発し、葉山御用邸に移る（二十八日帰京）。
9・1　関東大震災。宮城・青山御所・赤坂離宮の被害は軽微なるも、芝離宮・浜離宮・高輪東宮御所・帝室林野局等焼失。罹災者、二重橋外苑に殺到したため平川門を開き主馬寮広場に収容。地震により、武彦王妃佐紀子女王（邦憲王王女）は鎌倉山階宮別邸で、師正王（稔彦王王子）は鵠沼の東久邇宮別邸で、寛子女王（載仁親王王女）は小田原の閑院宮別邸で、建物崩壊により亡くなる。▼宮内省、市内各御料地を開放して避難民を収容する。
9・2　地震により、東京市などで戒厳令が布かれる（十一月十五日まで。なお、朝鮮人が暴動との流言が広まり、朝鮮人らが虐殺される）。▼第二次山本権兵衛内閣成立。
9・7　東宮仮御所、地震により居住不可能につき、皇太子、当分赤坂離宮に滞在となる。
9・12　皇太子、帝都復興に関する詔書を発する。この夜、皇太子、物見台に登り、震災後の**帝都の夜景**を覧る。
9・15　皇太子、乗馬にて罹災地を視察する（十八日にも）。
9・16　大杉栄等、東京憲兵隊麴町憲兵分隊により連行され殺害される。
9・19　皇太子、地震のため婚儀を行なうに忍びずとして、今秋の婚儀延期を希望する（十八日、皇后、これを承諾）。
9・27　帝都復興院官制公布。
9・28　皇太子、宮中三殿にて復興奉告の儀

＊**清棲《きよす》家教《いえのり》**（一八六二〜一九二三）　伏見宮邦家親王第十五王子。母は家女房。幼称六十宮。慶応二年（一八六六）仏光寺管長教応養子となる。明治五年、華族に列し渋谷《しぶたに》氏を名のる。同二十一年、いったん伏見宮家に復帰して臣籍降下、清棲姓を賜わり、伯爵を受爵。貴族院議員・宮中顧問官などをつとめる。子の隆教は渋谷氏をついでいたため、清棲家は、真田伯爵家から養子に入った幸保が相続する。

＊**帝都の夜景**　侍従の一人が、この時の情景を以下のように記す。「数万トナキ惨死体ヲ火葬スル焰ノ反映彼方此方ニ見ユル心地ナレド、夫ト定カナラズ、幽寂ノ夜ノ帳ハ既ニ垂レ初メテ焼跡ヲ包ミ、夫ガ只一ツノ大ナル墓場ノ如キ感セラルルヲ、深ク御心ニ愁ヒサセラル」。

＊**国民精神作興に関する詔書**　山本権兵衛首相により詔勅渙発が奏請され、摂政裕仁親王はただちに裁可したもので、国民の精神を振作し国家興隆の基を固くするの道を示す旨の詔書。全文は次の通り。「朕惟フニ國家興隆ノ本ハ國民精

を行なう。
10・10 皇太子、自動車で横浜・横須賀の震災地を巡視する。
10・15 天皇、皇后と宮城に還幸する。
10・18 皇太子、海軍中将佐藤鉄太郎より日露海戦史の講話を聞く（以後計八回）。
10・25 久邇宮邦彦王二男、臣籍降下して久邇邦久を称し侯爵を受爵する。
10・31 大震災により天長節祝日の宴会を中止する。▼皇太子、陸軍歩兵中佐・海軍中佐に昇任する。
11・5 伊勢皇大神宮別宮倭姫宮《やまとひめのみや》の鎮座祭が行なわれる。
11・10 皇太子、**国民精神作興に関する詔書**を発する。
11・18 皇太子、陸軍騎兵学校に行啓する。
11・29 皇太子、陸軍大学校卒業式に行啓する。
12・11 皇太子、第四十七回帝国議会開院式につき貴族院に行啓する。
12・19 天皇、避寒のため皇后と沼津御用邸に行幸する。
12・27 皇太子、第四十八回帝国議会開院式出席に向かう車中で難波大助により狙撃されるも、弾ははずれ、犯人はその場で逮捕される（山本内閣、即日全員辞表を提出し、皇太子、これを却下したものの、二十九日総辞職。大審院、難波大助に大正十三年十一月に死刑判決）。
12・30 「昭和天皇実録」に、皇太子のこの年の乗馬回数百三十九回、その馬術は「躍進的御進歩」と記される。
この年 延暦寺如法塔再建時、覚超が根本如法経を納めた銅筒、上東門院施入と思われる黄金造り経箱が出土する。▼美濃部達吉「憲法撮要」刊。▼東京帝国大学文学部史料編纂掛「史料綜覧」刊行開始。▼関東大震災後、華族会館、三年町の御料地を払い下げられ新築移転する（戦後は米軍の将校宿舎となる）。
□6・25**正親町実正**（侍従長。69）、8・24**加藤友三郎**《かとうともさぶろう》（首相。海軍大将。子爵。63）

■大正十三年（一九二四）甲子

大正天皇 46歳
裕仁親王（摂政）24歳

1・1 前年の大震災により諸儀省略。▼歳旦祭の摂政拝礼なし、侍従安藤信昭が代拝する。
1・3 皇太子、元始祭につき、摂政の資格で、賢所・皇霊殿・神殿に拝礼し、告文を奏する。
1・5 新年宴会を中止する。▼二重橋爆破

神ノ剛健ニ在リ之ヲ涵養シ之ヲ振作シテ以テ國本ヲ固クセサルヘカラス是ヲ以テ先帝意ヲ教育ニ留メサセラレ國體ニ基キ淵源ニ遡リ皇祖皇宗ノ遺訓ヲ掲ケテ其ノ大綱ヲ昭示シタマヒ後又臣民ニ詔シテ忠實勤儉ヲ勸メ信義ノ訓ヲ申ネテ荒怠ノ誡ヲ垂レタマヘリ是レ皆道德ヲ尊重シテ國民精神ヲ涵養振作スル所以ノ洪謨ニ非サルナシ爾來趨向一定シテ効果大ニ著レ以テ國家ノ興隆ヲ致セリ朕即位以來夙夜兢兢トシテ常ニ紹述ヲ思ヒシニ俄ニ災變ニ遭ヒテ憂悚交々至レリ
輓近學術益々開ケ人智日ニ進ム然レトモ浮華放縦ノ習漸ク萌シ輕佻詭激ノ風モ亦生ス今ニ及ヒテ時弊ヲ革メスムハ或ハ前緒ヲ失墜セムコトヲ恐ル況ヤ今次ノ災禍甚タ大ニシテ文化ノ紹復國力ノ振興ハ皆國民ノ精神ニ待ツヲヤ是レ實ニ上下協戮振作更張ノ時ナリ振作更張ノ道ハ他ナシ先帝ノ聖訓ニ恪遵シテ其ノ實效ヲ擧クルニ在ルノミ宜ク教育ノ淵源ヲ崇ヒテ智德ノ竝進ヲ努メ綱紀ヲ肅正シ風俗ヲ匡勵シ浮華放縦ヲ斥ケテ質實剛健ニ趨キ輕佻詭激ヲ矯メテ醇厚中正ニ歸シ

未遂事件起こる（朝鮮義烈団の金祉燮《キムヂソプ》逮捕。無期懲役となり昭和三年獄死）。

1・7 清浦奎吾《けいご》内閣成立。▼「東宮職女官官制」が定められる（典侍・掌侍の呼称が廃され、女官長・女官・女孺《にょじゅ》となる。また、服装も洋装となる）。

1・8 皇太子、摂政として、代々木練兵場の陸軍始観兵式に行啓する。

1・26 皇太子、久邇宮良子女王との結婚式を挙げる。この日、赤坂離宮を東宮仮御所とする。

1・27 皇太子・同妃、沼津御用邸に行き、天皇・皇后に拝顔する（翌日帰京）。

1月 皇太子御成婚を記念して、芝離宮が東京市に下賜される。

2・1 皇太子御成婚を記念して、上野公園と動物園が東京市に下賜される。

2・22 皇太子・同妃、伊勢神宮・明治天皇陵・昭憲皇太后陵行啓に出発する（この日、沼津御用邸に行き、天皇・皇后に拝顔。翌日、伊勢の神宮司庁へ）。

2・24 皇太子・同妃、伊勢外宮、ついで内宮に拝礼する（翌日、京都大宮御所へ）。

2・26 皇太子・同妃、神武天皇陵に拝礼する。

2・27 皇太子・同妃、明治天皇陵・昭憲皇太后陵に拝礼する。

2・28 皇太子・同妃、沼津御用邸に行き、天皇・皇后に拝顔する（翌日帰京）。

3・8 「臨時御歴代史実考査委員会官制」制定（皇統譜編纂のため歴代天皇の史実を調査。神功皇后・長慶天皇を歴代に入れるか、宣仁門院・中和門院・明子女王（後西天皇女御）を皇后とするか等審議。結果、長慶天皇のみ可とした）。

3・10 皇太子、三上参次より「王政復古ノ大号令ニ就キテ」講話を聴く。

3・16 天皇の容態について第七回病状発表が行なわれる（第六回とほぼ同じ内容）。

3・24 皇太子、白鳥庫吉より、講話「皇道ニ就テ」を聴く。▼華頂宮博忠王没（年23。嗣子なきため華頂宮家廃絶）。

4・4 皇太子、学習院卒業式に行啓する。

4・8 帝室林野管理局を帝室林野局と改称する。

4・20 旧芝離宮恩賜公園開園。

4・25 宮中三殿修繕につき、仮殿に奉遷。

4月 大川周明・安岡正篤ら、行地会《ぎょうちかい》を結成する（のち行地社と改称）。

5・4 皇太子、赤坂離宮内丸山に完成のテニスコート開きを催す（皇太子妃等とテニスを行なう）。

人倫ヲ明ニシテ親和ヲ致シ公徳ヲ守リテ秩序ヲ保チ責任ヲ重シ節制ヲ尚ヒ忠孝義勇ノ美ヲ揚ケ博愛共存ノ誼ヲ篤クシ入リテハ恭儉勤敏業ニ服シ産ヲ治メ出テテハ一己ノ利害ニ偏セスシテ力ヲ公益世務ニ竭シ以テ國家ノ興隆ト民族ノ安榮社會ノ福祉トヲ圖ルヘシ朕ハ臣民ノ協翼ニ頼リテ彌々國本ヲ固クシ以テ大業ヲ恢弘セムコトヲ冀フ爾臣民其レ之ヲ勉メヨ」

摂政名

大正十二年十一月十日

＊正親町実正《おおぎまちさねまさ》（一八五五〜一九二三）父は正親町公董《きんただ》。文久二年（一八六二）侍従となり、祖父の実徳《さねあつ》から三代続けて天皇に仕える。帝国大学に学び、明治十二年宮内省御用掛となる。十五年に家督を相続し、十七年伯爵、二十三年貴族院議員。明治天皇崩御の際は大喪使祭副官長をつとめる。大正七年、前任の鷹司熙通の死去を受けて侍従長となり、十一年に辞職。伯爵。

5・26　皇太子、三上参次より講話「版籍奉還ニ就キテ」を聴く。
5・31　皇太子、陸軍戸山学校に行啓する。
6・5　皇太子・同妃、二重橋前における東京市主催御結婚奉祝会に行啓する。
6・9　天皇・皇后、沼津御用邸より帰京する。
6・11　加藤高明内閣成立（護憲三派内閣）。
6・16　皇太子、矢吹慶輝より、講話「労働者ノ思想問題ニ就テ」を聴く。
6・28　皇太子、新たに定められた摂政宮行啓公式鹵簿にて、第四十九回帝国議会開院式に行啓する。
7・12　公爵松方正義（二日死去）の国葬が行なわれる。
7・15　天皇、避暑のため皇后と日光田母沢御用邸に行幸する（九月二十二日帰京）。
7・16　皇太子・同妃、明治神宮に行啓する。
7・18　皇太子、陸軍士官学校卒業式に行啓する。
8・3　皇太子・同妃、日光田母沢御用邸に行啓し、天皇・皇后に御機嫌伺いをする（四日まで日光御用邸に宿泊）。
8・5　皇太子・同妃、日光駅より翁島駅下車、高松宮別邸に行き、三十日まで滞在する（ゴルフ・テニス等を行ない、猪苗代湖等に遊ぶ）。
8・30　皇太子・同妃、翁島駅より日光駅下車、日光田母沢御用邸に行き、天皇・皇后に拝顔する（三十一日帰京）。
9・4　皇太子、旧軍艦安芸を標的とした研究射撃御覧のため、横須賀に行啓する（御召艦は軍艦金剛。七日帰京）。
10・21　宮中三殿修繕竣工につき、本殿遷座祭が行なわれる。
10・31　皇太子、代々木練兵場の天長節観兵式に行啓する。
11・1　皇太子、北陸地方における陸軍特別大演習統裁のため、東京駅を出発する（この日名古屋宿泊。二日金沢。三日より五日まで演習を統裁）。
11・7　皇太子、この日より北陸地方行啓となる（石川・福井両県を巡覧し、十二日帰京）。
11・26　皇太子、海軍大学校卒業式に臨席する（二十九日には陸軍大学校卒業式へ）。
11・28　皇太子、霞ヶ浦海軍航空隊に行啓する。
12・20　天皇、避寒のため皇后と沼津御用邸に行幸する（翌年五月四日帰京）。▼拓殖事務局を廃止し、内閣に拓殖局を設置。
この年　津田左右吉「神代史の研究」刊。▼

御物管理委員会が設置される（昭和五年まで）。▼臨時東山御文庫取調掛が設置される（取調掛に三上参次・黒板勝美・辻善之助・内藤虎次郎ら、嘱託に高柳光寿・岩崎小弥太・坂本太郎・中村直勝ら就任。東山御文庫の学術調査が昭和二年まで行なわれる。約四万八千点を調査整理）。

□2・13**杉浦重剛**《すぎうらじゅうごう》（教育者。裕仁親王に倫理を進講。70）、7・2**松方正義**（首相。90）、7・8一条実輝《いちじょうさねてる》（東宮侍従長。公爵。59）

■大正十四年（一九二五）乙丑

大正天皇　47歳
裕仁親王（摂政）　25歳

1・1　歳旦祭。侍従河鰭《かわばた》実英が代拝する。

1・3　皇太子、元始祭につき宮中三殿に拝礼する。

1・10　皇太子、天皇・皇后への御機嫌伺いのため、沼津御用邸に赴き拝顔になる（十二日帰京）。

1・13　宣仁親王、成年式を挙げる。

1・20　日ソ基本条約調印（北樺太撤兵。日ソ国交樹立）。

1・22　皇太子、肥厚性鼻炎により手術を受ける（二月一日全快）。

1・26　久邇宮朝融《あさあきら》王と伏見宮博恭王王女知子女王が賢所で結婚式を挙げる。

2月　宇佐神宮・香椎宮が勅祭社となり、勅使差遣が十年ごとと定められる。

3・30　皇太子、学習院卒業式に行啓する。▼浜尾新・牧野伸顕を内大臣、一木喜徳郎を宮内大臣とする。

4・15　初めて正倉院古裂を奈良帝室博物館で展示する（四月三十日まで）。

4・21　新宿御苑にて観桜会（皇后・摂政行啓）。▼天皇、沼津にて観桜の内宴を賜う。

4・22　**治安維持法**公布（「国体」の語が初めて法律に登場）。

4・29　皇太子、第一次世界大戦およびシベリア出兵時の戦没者合祀の靖国神社臨時大祭に行啓する。▼皇太子、東宮御所で相撲を見る（このときの下賜金が大相撲の天皇賜杯となる）。

4・30　皇太子のための生物学御研究所が竣工する。

5・5　男子普通選挙法公布。

5・10　天皇・皇后、結婚満二十五年宮中饗宴を催す。

5・15　皇太子、京都・大阪方面に向かう（この日、京都大宮御所に宿泊）。▼北樺太の占領解除撤兵完了（軍政終了）。

5・16　皇太子、明治天皇陵・昭憲皇太后陵に、ついで孝明天皇陵・英照皇太后陵・仁

＊**松方正義**《まつかたまさよし》（一八三五〜一九二四）鹿児島藩士の子として生まれる。大久保利通に認められ、明治十年仏国博覧会副総裁になり、翌年フランスに出張。帰国後、大久保亡きあと、殖産興業を推進、一貫して財政畑を進み、十八年の伊藤内閣等歴代の蔵相をつとめ、二十四年・二十九年には内閣を組織する。三十年辞職のときは元勲待遇の勅諚を受ける。金本位制実施を奏上した際、天皇は「よく分からないけど松方を信頼するから承認する」と言ったという。大正六年からは内大臣として大正天皇に近侍（十一年辞職）。公爵。

＊**治安維持法**《ちあんいじほう》　第二次世界大戦以前の政治活動を取り締まる基本的な法律。第一条第一項に「国体ヲ変革シ又ハ私有財産制度ヲ否認スルコトヲ目的トシテ結社ヲ組織シ又ハ情ヲ知リテ之ニ加入シタル者ハ十年以下ノ懲役又ハ禁錮ニ処ス」とあり、「国体」概念により天皇制を擁護した。

孝天皇陵・光格天皇陵に参拝する。
5・17 皇太子、京都大学、ついで官幣大社平安神宮等に行啓する。
5・18 皇太子、別格官幣社梨木神社・同護王神社に参拝し、午後、東山御文庫御物を覧る（翌日、大阪へ行き京都に戻る。二十一日帰京）。
5・24 雍仁親王、英国留学に出発する（昭和二年一月十七日帰国）。
6・18 天皇の容態について第八回病状発表（「御歩行は従前に比し、幾分御難儀の御模様」とする。この頃、侍医は脳動脈硬化症であることに気付いていたという）。
6・27 官幣大社朝鮮神社、朝鮮神宮と改称する。
7・7 天皇、避暑のため皇后と日光田母沢御用邸に行幸する（九月二十九日帰京）。
7・12 皇太子、広島県江田島に行啓する（横須賀から御召艦長門に乗り、十四日江田島到着。十五日佐伯湾、十六日豊後水道沖を経て、帰途へ）。
7・18 皇太子、横須賀に帰港し、葉山御用邸に入る。
7・23 皇太子、陸軍士官学校卒業式に行啓する（即日、葉山に帰還。二十九日帰京）。
8・2 第二次加藤高明内閣成立（憲政会単独内閣）。
8・3 皇太子、葉山御用邸に行啓する。
8・5 皇太子、葉山を出発し、横須賀より宣仁親王・朝融王と樺太行啓に出かける（御召艦長門に乗艦。七日津軽海峡、八日樺太の大泊港南方に仮泊）。
8・9 皇太子、大泊港に上陸する（以後、樺太各地を巡覧、十三日帰途につく。十七日横須賀帰港、葉山御用邸へ）。
8・20 皇太子、葉山より東宮御所に帰り、二十一日、日光御用邸に行き、天皇・皇后に拝顔する（二十二日、葉山に帰還。九月九日帰京）。
9・16 皇太子、英国皇子ジョージ親王に謁見する（十七日赤坂離宮に招待）。
9・18 貴族院より出火、帝国国会議事堂が全焼する。
9・19 皇太子、新設の生物学御研究所に初めて入る。
10・11 皇太子、山形・秋田・宮城三県行啓の途につく（この日、山形県庁泊。十二日、歩兵第三十二連隊に行啓、十三日、米沢の別格官幣社上杉神社参拝。十四日、酒田に行き本間別邸泊。十五日、鶴岡を経て秋田県各地を巡覧し、十八日仙台に向かう。二十五日帰京）。

10・15 官幣大社朝鮮神宮の鎮座祭が行なわれる（祭神は天照大神・明治天皇）。
10・19 皇太子、仙台より陸前古川駅に下車し、乗馬にて陸軍特別大演習統監に向かう（二十二日まで。皇太子、二十日より体調悪く、上気道カタル、軽度の胃腸症と診断。二十三日終日仮床、二十四日床払い。二十五日帰京）。
10・20 朴烈・金子文子夫妻、大逆罪容疑で逮捕される。
10・31 天皇病後により、天長節諸儀を中止する。▼皇太子、陸軍歩兵大佐・海軍大佐に昇任。
11・17 皇太子、枢密顧問官子爵石黒忠悳《ただのり》の講話「広島大本営ニ於ケル明治大帝ノ御日常ニ就テ」を聴く。
11・25 皇太子、海軍大学校卒業式に行啓する（二十七日、陸軍大学校卒業式にも）。
12・6 皇太子第一女子（十二日、成子《しげこ》と命名）、誕生する。
12・19 天皇、脳貧血を起こす（明後日からの沼津行幸中止）。
この年 政府、歴代について院号が追号になっていてもすべて「〇〇天皇」と称することを決定する。▼田中智学、明治節制定請願運動を始め、「明治会」を結成する。▼筧克彦《かけいかつひこ》「神ながらの道」、上野竹次郎「山陵」（上下）刊。▼京都学連事件起こる（治安維持法適用第一号となる。このとき石田英一郎、逮捕・投獄され爵位返上）。▼皇室御資部、初めて満鉄株四千株を所有する（その後漸時増加、終戦時には八万四千三百七十五株所有）。
●この頃、学校に耐火製の奉安殿が造られ、御真影・教育勅語謄本が安置される。
□4・14 **平田東助**（内大臣。77）、9・25 浜《はま》尾新《おあらた》（東宮大夫。内大臣。子爵。77）

■昭和元年（一九二六）丙寅

大正天皇 48歳
昭和天皇 26歳

1・1 歳旦祭につき、侍従松浦靖が代拝する（天皇、御仮床中につき、諸祭典・儀式に出御なし）。
1・8 皇太子、陸軍始観兵式につき、代々木練兵場に行啓する。
1・18 歌御会始。御題は「**河水清**」。
1・30 第一次若槻礼次郎内閣成立。
2・11 建国会赤尾敏など、第一回建国祭を行なう。
2・15 円照寺門跡文秀女王（父は伏見宮邦家親王。孝明天皇養子）没（年83）。
3・25 大審院、朴烈・金子文子に死刑判決

＊**平田東助**《ひらたとうすけ》（一八四九〜一九二五） 米沢藩医の子として生まれる。明治四年、ロシア留学を命じられ、岩倉使節団と同行出発するも、ドイツで品川弥二郎らに説得されドイツ留学に変更。九年帰国、内務省に入り、十五年、伊藤博文の憲法調査のための渡欧に同行、帰国後は多くの法令起案に携わる。山県有朋に重用され、農商務大臣・内務大臣を歴任。戊申詔書発布・済生会設立に尽力。勲功により子爵。大正八年宮内省御用掛、十一年内大臣就任（十四年辞任）、翌年伯爵となる。

＊**河水清** 皇太子裕仁親王の御歌は、「広き野をなかれゆけとも最上川うみに入るまでにこらさりけり」。皇太子は、前年、酒田市の日和山公園より最上川河口を展望した。この歌は、曲が付され、「最上川」と題して山形県民に親しまれ、昭和五十七年、「山形県民の歌」に制定された。

＊**那須御用邸**《なすごようてい》 大正十五年、栃木県那須町に造られた木造二階建の洋館。摂政裕仁親王が初めて訪れたのが同年八月十二日（〜九月八日）。

（四月五日、恩赦により無期懲役に減刑。七月二十三日、文子は獄中で自殺）。

4・5　皇太子、覆馬場において第一回馬術競技会に出場し、二位となる。

4・22　皇太子、同妃と同車にて新宿御苑観桜会に行啓する。

5・10　勅祭社例祭式制定（勅祭社は氷川神社・熱田神宮・出雲大社・橿原神宮・明治神宮）。

5・11　天皇、八日に撤床するも、この日、再び脳貧血を起こす。

5・19　皇太子、岡山・広島・山口三県行啓のため、東京駅を出発する（横須賀より御召艦長門に乗艦。二十日大阪湾。二十一日岡山、二十四日広島を経て、二十七日、官幣中社厳島神社拝礼、弥山登山。二十九日山口へ、別格官幣社豊栄神社・同野田神社に拝礼。三十日、松陰神社・松下村塾等訪問。三十一日帰途につき、六月二日、横須賀に入港し帰京）。

7・15　**那須御用邸**が竣工。

7・16　皇太子、陸軍士官学校卒業式に行啓（十九日、下志津陸軍飛行学校修業式にも）。

8・10　天皇・皇后、新設の原宿宮廷駅（前年十月完成）より葉山御用邸附属邸に行幸する（本邸は改築中）。

8・12　皇太子、避暑のため、同妃・成子内親王と那須御用邸に行啓する（しばしばゴルフをする。二十九日茶臼岳登山。九月九日帰京）。

9・11　天皇、突然脳貧血を起こす。

9・13　皇太子、来日のスウェーデン国皇太子グスタフ・アドルフ親王と会談する（十六日、赤坂離宮に招待）。

10・20　枢密院会議で「長慶天皇ヲ皇代ニ列セラルルノ件」が可決される（二十一日、皇代奉列の詔書を発する。故富岡謙蔵所蔵「新葉和歌集奥書」、佐佐木信綱所蔵「畊雲《こううん》千首奥書」、侯爵前田利為所蔵「嘉喜門院集袖書」等、その在位を確証づける新史料による）。

10・21　「皇統譜令」（皇室の戸籍）、「**皇室儀制令**」、「皇族就学令」（皇族男女の普通教育学齢など）、「皇族後見令」（未成年皇族に対する親権）、「皇族遺言令」、「皇室喪儀令」（天皇崩御の大喪と皇族葬儀の手続き等。ここにおいて天皇および三后の死を「崩御」とする）、「皇室陵墓令」（**陵墓の様式・規模**などについて。以後、新たな陵墓は東京および隣接する県の御料地に営建することとする）、「国葬令」、「位階令」を制定・公布する。

次は昭和三年で、以後同九年まで毎年の夏はここで過ごす。戦後は昭和二十二年に訪れ、以後も夏はここで過ごすようになった。平成二十三年、御用邸の森の一部が「那須平成の森」と命名され、一般にも開放された。

＊**皇室儀《こうしつぎ》制令《せいれい》**　皇室令第七号として大正十五年に制定される。「新年祝賀ノ式」は一月一日および二日、「新年宴会」は一月五日、「紀元節ノ式」は二月十一日、「講書始ノ日」「歌会始ノ式」は一月、等と定められ、天皇の紋章は「十六葉八重菊」と厳密に規定される。

＊**陵墓《りょうぼ》の様式《ようしき》・規模《きぼ》**　陵型は上円下方墳または円丘。天皇陵の兆域は二五〇〇平方メートル、三后陵は各一八〇〇平方メートル、皇太子・同妃は各三〇〇平方メートル、親王・親王妃は各二〇〇平方メートルと規定。なお、陵墓の定義として、天皇・太皇太后・皇太后・皇后を「陵」、皇太子・皇太子妃・皇太孫・皇太孫妃・親王・親王妃・内親王・王・王妃・女王を「墓」とした。

10・22　第九十八代長慶天皇の皇代御加列親告の儀が行なわれる。▼明治神宮外苑が完成し、この日、奉献式が挙行される（この日、聖徳記念絵画館竣工）。

10・27　帝室制度審議会が廃止される。

11・11　天皇、発作あり。皇太子、十二日からの陸軍特別大演習行啓を中止する（この頃、連日のように天皇の病状が発表される）。

11・12　皇太子、三笠保存記念式臨席のため、横須賀に行啓する。

11・18　皇太子、天皇お見舞のため葉山に行啓する。

11・25　皇太子、海軍大学校等卒業式に行啓する。

11・28　皇太子、天皇お見舞のため、同妃と葉山御用邸に行啓する。

12・1　皇室裁判令（皇族が関わる民事・刑事訴訟など）、王公家軌範（王公家の継承や身位・叙勲任官・身位喪失・懲戒・失踪・財産・親族などについて）を制定・公布する。

12・7　伏見宮博恭王二男博信王、臣籍降下、華頂の家号を賜わり、侯爵として華族に列せられる（このとき、実兄華頂宮博忠王の死により断絶の華頂宮家の祭祀を継承）。

12・8　天皇、気管支肺炎の症状を起こす。

12・11　皇太子・同妃、天皇お見舞のため、葉山御用邸附属邸に行啓する（即日還御）。

12・13　皇太子・同妃、天皇お見舞のため、葉山御用邸附属邸に行啓する（崩御まで看護に当たる）。

12・15　天皇の症状を官報号外で初めて発表。

第百二十四代　昭和《しょうわ》天皇

12・25　天皇、肺炎にともなう心臓麻痺により崩御。葉山御用邸内で剣璽渡御の儀が行なわれ、裕仁親王践祚（**昭和天皇**）。天皇、「改元詔書」を発し、**昭和**と改元する。▼大喪使官制設置（総裁に閑院宮載仁親王）。▼良子女王、皇后となる。▼天皇、女官制度を改革（女官長・女官・女孺の三階級とし、女官は既婚者のみで源氏名を廃し通勤制を導入。皇太后宮職は従来通り）。

12・26　皇太后宮職官制・皇后宮職女官官制・皇太后宮職女官官制が制定。東宮職官制・東宮職女官官制廃止。

12・27　天皇、葉山より東京に帰還する。▼大正天皇御霊柩、葉山より宮城御常御殿の旧御座所に安置される。

12・28　天皇、践祚後朝見の儀を行ない、**勅語**を朗読する。また、西園寺公望に元老として輔弼せよとの勅語を下す。

＊**昭和天皇**《しょうわてんのう》（一九〇一〜八九）　名は裕仁《ひろひと》、幼称迪宮《みちのみや》。大正天皇第一皇子。母は九条節子《くじょうさだこ》（貞明《ていめい》皇后。父は九条道孝）。大正五年立太子、同八年成年式、同十年摂政、同十五年践祚して昭和に改元。昭和三年即位、同六十四年崩御。陵は武蔵野陵。皇后は久邇宮邦彦王王女良子《ながこ》（所生の子に第百二十五代天皇のほか正仁《まさひと》親王および成子《しげこ》・祐子《さちこ》・和子《かずこ》・厚子《あつこ》・貴子《たかこ》の各内親王がいる。

＊**昭和**《しょうわ》　昭和天皇「改元詔書」に、「朕、皇祖皇宗ノ威靈ニ賴リ、大統ヲ承ケ萬機ヲ統フ。茲ニ定制ニ遵ヒ、元号ヲ建テ、大正十五年十二月二十五日以後ヲ改メテ昭和元年ト為ス」とある。出典は「書経」堯典「百姓昭明、協和万邦」。

なお「昭和」と発表される前に、東京日日新聞（現毎日新聞）により「光文」と決定されたとの誤報があった。

＊**勅語**　「朕皇祖皇宗ノ威霊ニ頼リ万世一系ノ皇位ヲ継承シ帝国統治ノ大権ヲ総攬シ以テ践祚ノ式ヲ行ヘリ旧章ニ率由シ先徳ヲ聿修シ祖宗ノ遺緒ヲ墜ス無カランコトヲ庶

12・30　男爵池田政佑《まさすけ》、大正天皇の死に際し、ピストルで殉死する。

この年「歌御会始」を「歌会始」と改称する。

▼和田英松「国史国文之研究」（即位・大嘗関係論文収録）、「官職要解」刊。

□1・28加藤高明《かとうたかあき》（首相。伯爵。67）、4・7穂積陳重《ほづみのぶしげ》（法学者。枢密院議長。男爵。72）

■昭和二年（一九二七）丁卯

昭和天皇　27歳

1・1　大喪中につき四方拝を行なわず。歳旦祭に拝礼・代拝なし（掌典部限りの祭典とする。なお、十二月二十六日の喪明けまで皇室祭祀令による大祭・小祭は、いずれも掌典部限りとする）。

1・2　天皇、前夜来風邪気味、発熱（四日の政始は中止。二十九日床払い）。

1・5　殯宮移御の儀が行なわれる（宣仁親王が天皇名代、故恒久王妃昌子内親王が皇后名代にて奉仕。六日、宣仁親王、名代として誄を奏する）。

1・8　大喪中につき、陸軍始観兵式を中止する。

1・15　内閣総理大臣・外務大臣・大蔵大臣より帝国議会における施政方針演説集が、書面で奏上される。

1・20　先帝の追号を「大正天皇」とする。

1・29　稔彦王、欧州滞留（七年間）より帰朝、この日参殿し、天皇に対面する。

2・7　大正天皇の大喪が新宿御苑で行なわれる（天皇、葬場殿に拝礼し、**誄**を奏する。霊柩は新宿御苑仮停車場より東浅川仮停車場に到着。八日、**多摩陵**に葬られる）。

2・9　天皇、原宿駅より列車に乗り東浅川仮停車場下車、自動車にて多摩陵に行き拝礼する。▼新宿御苑内葬場殿（三月七日まで）、多摩陵（四月四日まで）の一般参拝が許される。

2・18　天皇、皇太子時代に続き、**定例御学課**を行なう。

3・1　天皇、本年初めてゴルフをする（このあと、平日午後、しばしばゴルフの練習、競技を行なう）。

3・3　十一月三日を明治節（小祭）とする（勅定）。▼珍田捨巳を侍従長とする（枢密顧問官兼官）。

3・15　金融恐慌が始まる。

4・3　天皇、大正天皇山陵百日祭につき、多摩陵に参拝する。

4・16　天皇、軍艦妙高進水式臨御のため、横須賀に行幸する。

4・20　田中義一内閣成立。

幾フ」

＊**誄**《しのびごと》　全文は次の通り。

裕仁敬ミテ
皇考ノ神靈ニ白ス恭シク惟ルニ
皇考位ニ在シマスコト十有五年深仁厚沢人心ヲ感孚シタマヘリ一朝不予久キニ弥リテ癒エタマハス其ノ大漸ヲ伝フルニ当リテハ遠近争ヒテ神祇ニ禱リ其ノ大行ヲ聞クニ及ヒテハ億兆考妣ヲ喪フカ如シ嗟予小子正ニ諒闇ニ在リ梓宮ヲ拝シテ音容ヲ想ヒ殯宮ニ候シテ涕涙ヲ灑ク茲ニ大喪ノ儀ヲ行ヒ哭ヒテ霊柩ヲ送リマツラントス今ニ感シ昔ヲ懐ヒ哀慕何ソ已マン嗚呼哀イ哉

＊**多摩陵**《たまのみささぎ》　東京都八王子市長房町に所在。昭和二年一月に陵所が定められ、二月八日未明に埋葬され、陵号が定められる。大正十五年十月二十一日公布の皇室陵墓令によって営建されたもの。なお、大正天皇は歴代で初めて関東に陵墓が設けられる。

＊**定例御学課**　時間割は次の通り。

月　臨時御研究
火　行政法　仏語
木　軍事学　経済及財政
金　皇室令制　仏語

5・4　天皇、第五十三回帝国議会開院式に行幸する（このとき、践祚後初めて儀装馬車にて出門）。
5・17　出口王仁三郎の不敬事件、大赦令により免訴となる。
5・28　天皇、田中義一首相より、中国山東省青島・済南の居留民保護決定を聴く（六月一日、関東軍二千人上陸。第一次山東出兵）。
6・14　天皇、赤坂離宮内に水田を設け、この日、田植えを行なう（以後恒例。昭和四年以降は皇居内で行なう）。
7・8　天皇、参謀総長鈴木荘六より上奏を受ける。このあと天皇、撤兵についての考慮の有無、尼港（ニコラエフスク）事件のようにはならないか御下問、侍従武官蓮沼蕃《しげる》、その心配にはあらずと言上。
7・14　大正天皇遺品が、靖国神社遊就館に下賜される。
7・19　天皇、陸軍士官学校卒業式に臨席する（以後、終戦まで恒例）。
7・28　天皇、豊後水道沖の連合艦隊戦闘射撃および爆弾実験を覧るため、また、小笠原・奄美大島等視察の途につく（横須賀より御召艦山城に乗る。三十日父島、三十一日母島、八月四・五日、豊後水道沖で射撃訓練等を覧る。六日奄美大島到着、八日出港。十日横須賀入港）。
9・10　第二皇女（久宮祐子《さちこ》内親王）、誕生する（昭和三年三月八日早逝）。
9・18　天皇、富士裾野の陸軍特別陣地攻防演習を覧るため、沼津に向かう（十九日帰京）。
10・20　天皇、本州南方での海軍特別大演習統裁のため行幸する（横須賀より御召艦陸奥に乗艦。二十五日横須賀帰港）。
10・30　天皇、海軍特別大演習観艦式行幸のため横浜に向かう（横浜港より御召艦陸奥に乗艦。即日帰京）。
11・3　明治天皇誕生日（旧暦九月二十二日、太陽暦十一月三日）を「明治節」とし、祝日とする（この日から実施。戦後は「明治節」はなくなったものの「文化の日」として祝日となる）。
11・13　天皇、陸軍特別大演習統裁のため、名古屋に向かう（大本営は名古屋偕行社。十五〜十八日、濃尾地方で統裁。二十二日帰京）。
11・18　皇子御殿（旧青山御所）が貞明皇太后の御殿となり青山東御所と改称。この日、皇太后、東御所に移る（昭和四年、同地域内に大宮御所を新築し、翌年に移る）。

土　生物学（自九時三十分　至十二時）
〈水曜日は宮城に出御。漢学や明治天皇御事蹟については適宜月曜日。各界権威者・外国からの帰朝者による臨時進講などは適宜午後に行なうとする〉

＊帝国議会開院式　天皇は、議会の開院式には基本的に行幸し、玉座に着席し、内閣総理大臣より勅語書を受け取り朗読する（戦後も基本的に同様。以下、開院式行幸の事項は原則割愛）。

＊四方拝　本来は神嘉殿南庭で行なうので非公式となる。この日は赤坂離宮で御日拝所を設けて、伊勢内宮・外宮、ついで東南西北の順で四方拝。次に諸々御拝あり、神武天皇陵、大正天皇陵、氷川神社、上賀茂・下賀茂神社、男山八幡宮、熱田神宮、鹿島・香取神宮にそれぞれの方向を向いて座拝（所用約七分）。

11・19　濃尾地方陸軍大演習観兵式で、全国水平社員北原泰作二等兵、天皇に軍隊内の差別を直訴（北原は軍法会議で懲役一年の刑）。
11・25　天皇、海軍大学校卒業式・海軍軍医学校卒業式に臨幸する（以後、終戦まで恒例）。
12・6　天皇、陸軍大学校卒業式に臨席する（以後、終戦まで恒例）。
12・25　大正天皇一周年祭。天皇、皇后と原宿駅より乗車、東浅川仮駅に下車し、多摩陵に拝礼、告文を奏する。
12・30　大礼使官制設置（大礼総裁に閑院宮載仁親王）。
この年　物集《もずめ》高見《たかみ》編集・校訂の「（新註）皇学叢書」刊行開始（〜昭和六年。「令集解」のみ未刊）。▼「贈位諸賢伝」（田尻佐《たすく》編。明治元年より同四十三年まで贈位の九百六十六人の略伝を収載。昭和十九年改訂増補）刊。▼宮内省編修課、「大正天皇実録」編纂に着手。

■**昭和三年（一九二八）戊辰**
昭和天皇　28歳
1・1　天皇、赤坂離宮にて非公式の**四方拝**を行なう（宮中三殿における歳旦祭は、侍従黒田長敬《ながあつ》代拝）。
1・3　元始祭。天皇、宮中三殿に拝礼し、告文を奏する（毎年恒例）。
1・4　天皇、政始の儀を行なう（大正十五年皇室儀制令公布後初の政始。毎年恒例）。
1・5　新年宴会（毎年恒例）。
1・17　伊勢神宮・神武天皇陵・前帝四代山陵へ勅使を発遣する。
1・20　天皇、講書始を行なう（徳富猪一郎「神皇正統記ニ就テ」など。毎年恒例）。
1・21　衆議院解散により、天皇、二月二十日総選挙の詔書を発する。
1・28　歌会始（この年の御題は「山色新」。毎年恒例）。
2・1　旬祭につき、天皇、宮中三殿にて拝礼する（践祚後初。以後、毎月一日に拝礼または代拝）。
2・5　神殿前庭で斎田点定の儀が行なわれる（亀甲を灼いて悠紀・主基両地方を卜定。この年の悠紀は滋賀県、主基は福岡県に勅定。後日、具体的斎田を決定）。
2・11　紀元節。天皇、宮中三殿で拝礼し、告文を奏する（昭和二年皇室祭祀令改正で皇霊祭より宮中三殿にて営まれる。毎年恒例）。
2・17　祈年祭。天皇、宮中三殿にて拝礼する（毎年恒例）。

2・20 男子普通選挙による初の総選挙実施（このとき共産党、「君主制の廃止」をスローガンに掲げる）。
2・26 天皇、皇后と葉山御用邸に行幸する（即日帰還）。
3・8 祐子内親王没（年2。豊島岡墓地に葬られる）。
3・15 全国的に共産党員および同調者を大量検挙（三・一五事件）。
3・16 天皇、正式に床払い（四日頃より風邪気味）。
3・19 天皇、皇后とともに豊島岡墓地に行幸し、祐子内親王の墓に拝礼する。
3・20 天皇、皇后・成子内親王と葉山御用邸に行幸する（四月九日帰京）。
4・3 天理研究会（のち「ほんみち」）教祖大西愛治郎ら、天皇の神格を否定したとして不敬罪で一斉に検挙される（昭和五年、大西、「精神障害」として無罪）。
4・9 天皇、帰京して、十日、学習院卒業式に臨席する（毎年恒例）。
4・17 天皇、皇后とともに新宿御苑に観桜会を催す。
4・19 閣議において、山東方面の在留邦人の生命財産保護のため出兵を決定。天皇、総理大臣田中義一・参謀総長鈴木荘六それぞれより上奏を受ける。ついで文部大臣水野錬太郎より共産党関係の上奏を受ける。
4・29 天皇、代々木練兵場での天皇節観兵式に臨席する（以後昭和十九年まで恒例）。
5・8 三日に済南事件（陸軍派遣部隊と蔣介石率いる南軍が衝突）起こり、この日、第三次山東出兵を決定。
5・10 中国国民政府、山東出兵・済南事件につき国際連盟に提訴。
5・14 侍従による毎朝の賢所・皇霊殿への代拝が、この日より神殿を加える。また、従来、皇霊殿代拝の際に行なわれていた**伊勢神宮ほか**への遙拝をこの日より廃止する。
▼皇室・皇族の下賜金・国費等により、長田神社（大正十三年焼失）が再建され、この日、正遷座祭が行なわれる。
5・17 天皇、満鉄社長山本条太郎より講演「南満洲鉄道株式会社ノ事業ニ就テ」を聞く。
5・24 天皇、横須賀の陸軍重砲兵学校に行幸する（即日帰還）。
5・25 大正天皇命日。天皇、皇后とともに大正天皇陵にて拝礼する。
6・4 関東軍参謀本部河本大作らの策謀により、奉天で張作霖爆殺事件起こる（満州某重大事件）。
6・19 天皇、皇后とともに豊島岡墓地に行

***伊勢神宮ほか**　伊勢内宮・外宮、熱田神宮、石清水八幡宮、賀茂上下社、氷川神社、香取神宮、鹿島神宮および神武天皇陵・大正天皇陵を指す。

***治安《ちあん》維持《いじ》法《ほう》改正**　「国体を変革することを目的として結社を組織したる者又は結社の役員その他指導者たる任務に従事したる者は、死刑又は五年以上の禁錮に処する」など刑罰が引き上げられた。天皇は、六月十五日には「総理の説明に御不満を漏ら」し、同二十五日には枢密院議長倉富勇三郎に「充分審議すべ」しと伝え、「御裁可は条件付き」と内大臣牧野伸顕に希望したという。

***即位の勅語**　天皇は御束帯黄櫨染《こうろぜん》の御袍を着し、御学問所を出御。宝剣を侍従土屋正直、神璽を侍従海江田幸吉が捧持。天皇が紫宸殿北廂に進むと、式部官加藤内蔵助が警蹕《けいひつ》を称える。ついで北階より高御座に昇り、高御座の御帳が上げられると、天皇は立って福頼の御笏を持ち、皇后も立って御檜扇を持つ。内閣総理大臣田中義一が紫宸殿西階を下り、南階の下に北面

幸し、祐子内親王の墓に拝礼する（行幸の帰途、直訴事件発生）。
6・29 緊急勅令として**治安維持法改正**公布・施行。
7・1 御料車が赤坂離宮の門を出る際、直訴事件あり（経済不況・治安維持法改正に不満）。
7・3 全府県の警察部に特別高等課を設置。
7・4 憲兵隊に思想班を設置。
7・14 天皇、成子内親王と葉山御用邸に行幸する（十七日、陸軍士官学校卒業式のため帰京も即日葉山へ。二十六日帰京）。
7・20 山階宮菊麿王三男藤麿王、臣籍降下して筑波藤麿を称して侯爵を受爵、同四男萩麿も臣籍降下して鹿島萩麿を称し伯爵を受爵する。
7・27 天皇、皇后・成子内親王と那須御用邸に行幸する（九月十四日帰京）。
8・27 パリで「戦争放棄に関する条約（不戦条約）」に調印する（英・米・仏・独・日など15ヵ国）。
9・15 天皇、赤坂離宮から宮城に移る（生物学御研究所〈新築〉・水田も移転）。
9・16 天皇、新設の吹上御苑内ゴルフ場にてゴルフをする。
9・19 天皇、皇后とともに大正天皇陵に参拝する。
9・28 秩父宮雍仁《やすひと》親王、松平恒雄（松平容保六男）第一女子勢津子《せつこ》と結婚する。
10・4 天皇、岩手県下の陸軍特別大演習を統監のため原宿より仙台へ向かう（五日、盛岡へ。統監後、仙台を経て十一日帰京）。
11・1 大礼記念としてラジオ体操放送開始。
11・6 天皇、即位礼のため、皇后とともに東京を出発する（この日、名古屋離宮泊。七日京都着）。
11・10 天皇、京都御所で即位礼を挙げる（紫宸殿の高御座で**即位の勅語**。田中義一首相が寿詞奏上。このとき特赦の詔書を出す）。
11・14 天皇、大嘗祭を行なう（十九日、宇治山田へ）。
11・20 天皇、皇后とともに伊勢外宮に親謁する（翌日内宮に親謁。二十二日京都へ）。
11・23 天皇、皇后とともに神武天皇陵に親謁する（二十四日仁孝・孝明両天皇陵、二十五日明治天皇陵に各親謁。二十六日名古屋を経て、二十七日帰京）。
11・29 天皇、皇后とともに大正天皇陵に親謁する。
11・30 天皇、皇霊殿・神殿に親謁する（大礼最後の儀式を終える）。
12・2 天皇、代々木練兵場で大礼観兵式をして立つ。天皇は内大臣より勅語書を受け、勅語を宣した。このあと、総理大臣は南庭より南栄の下に直立し再拝して寿詞を奏する。ついで万歳旛の全面中央に立ち北面し、午後三時を期し「天皇陛下万歳」を三唱（参列者唱和）。その後、天皇は高御座を北階より下御し、北廂より入御し、御学問所に帰還する。勅語は次の通り。

朕惟フニ我カ皇祖皇宗惟神ノ大道ニ遵ヒ天業ヲ経綸シ万世不易ノ丕基ヲ肇メ一系無窮ノ永祚ヲ伝ヘ以テ朕カ躬ニ逮ヘリ朕祖宗ノ威霊ニ頼リ敬ミテ大統ヲ承ケ恭シク神器ヲ奉シ茲ニ即位ノ礼ヲ行ヒ昭ニ爾有衆ニ誥ク

皇祖皇宗国ヲ建テ民ニ臨ムヤ国ヲ以テ家ト為シ民ヲ視ルコト子ノ如シ列聖相承ケテ仁恕ノ化下ニ洽ク兆民相率ヰテ敬忠ノ俗上ニ奉シ上下感孚シ君民体ヲ一ニス是レ我カ国体ノ精華ニシテ当ニ天地ト並ヒ存スヘキ所ナリ

皇祖考古今ニ鑒ミテ維新ノ鴻図ヲ闢キ中外ニ徴シテ立憲ノ遠猷ヲ敷キ文ヲ経トシ武ヲ緯トシ以テ曠世ノ大業ヲ建ツ皇考先朝ノ宏謨ヲ紹

行なう（ラジオで全国中継され、このときはからずも天皇の肉声が初めて電波にのって問題化。宮内省、以後玉音の放送を終戦まで禁止）。

12・4　天皇、巡洋艦榛名に搭乗し、横浜港沖の大礼特別観艦式に臨席する。

12・15　天皇、大雨のなか宮城前に集まった青年男女等八万人に親謁する。

12・24　田中義一首相、参内して「満州某重大事件」を報告。天皇、「軍紀は厳重に維持するよう」と強く述べたといわれる。

この年　折口信夫、「大嘗祭の本義」の講演を行なう（昭和五年活字化。大嘗祭は天皇が天子霊を身に付けて神格を完成させる儀礼とする）。▼津田左右吉、「天皇考」を発表する（これにより天皇号に関する研究が始まるといわれる）。▼関根正直「御即位大嘗祭大礼要話」、国史講習会編「御即位礼と大嘗祭講話」刊。

□2・7九条武子《くじょうたけこ》（歌人・教育者。42）、6・23物集高見《もずめたかみ》（国学者。82）

■昭和四年（一九二九）己巳

昭和天皇　29歳

1・1　天皇、初めて宮城で新年を迎え、神嘉殿南庭にて四方拝を行なう。歳旦祭では宮中三殿に拝礼する（三日元始祭でも）。

1・9　天皇、皇后・成子内親王と葉山御用邸に向かう（二十一日帰京）。

1・14　大礼使官制廃止。

1・22　海軍大将鈴木貫太郎を侍従長とする。

1・27　**久邇宮邦彦王**没（生前の功績により元帥府に列せられる。第一王子朝融《あさあきら》王が久邇宮を継承）。

1・31　天皇、皇后とともに故邦彦王弔問のため、久邇宮邸に行幸する。

2・6　天皇、東一ノ間における軍事参議会に臨御する（議題は「戦闘綱要の制定」「砲兵操典の改定」。議長は載仁親王）。

2・23　天皇、葉山御用邸に行幸する（二十五日帰京）。

2・28　天皇、済南事件解決交渉等につき、総理大臣田中義一の言上が度々変わることへの不審・懸念あり。内大臣牧野伸顕に意見聴取を求める（三月二日奉答）。

3・10　天皇、靖国神社での偕行社主催第二十四回陸軍記念日記念会に臨席する（このとき、余興相撲あり）。

3・27　天皇、陸軍大臣白川義則より、張作霖爆殺事件は関東軍参謀河本大作の単独発意によるもの等の報告を聞く。

3・28　天皇、逗子で採取の変形菌二種を東大植物学雑誌に発表（筆名として「徳川義

継シ中興ノ丕績ヲ恢弘シ以テ皇風ヲ宇内ニ宣フ朕寡薄ヲ以テ忝ク遺緒ヲ嗣キ祖宗ノ擁護ト億兆ノ翼戴トニ頼リ以テ天職ヲ治メ墜スコト無ク愆ツコト無カラムコトヲ庶幾フ

朕内ハ則チ教化ヲ醇厚ニシ愈民心ノ和会ヲ致シ益国運ノ隆昌ヲ進メムコトヲ念ヒ外ハ則チ国交ヲ親善ニシ永ク世界ノ平和ヲ保チ普ク人類ノ福祉ヲ益サム事ヲ冀フ爾有衆其レ心ヲ協ヘ力ヲ戮セ私ヲ忘レ公ニ奉シ以テ朕カ志ヲ弼成シ朕ヲシテ祖宗作述ノ遺烈ヲ揚ケ以テ祖宗神霊ノ降鑒ニ対フルコトヲ得シメヨ

＊**久邇宮邦彦王**《くにのみやくによしおう》（一八七三～一九二九）父は久邇宮朝彦親王。母は泉萬喜子。明治二十四年、久邇宮を継承。陸軍に進み、累進して陸軍大将。死去に際して元帥府に列せられる。豊島岡墓地に葬られる。第一王女良子女王は昭和天皇皇后。

＊**上奏**　この夏、田中首相は事件についてたびたび上奏。田中は出先機関の仕業とし軍法会議にかけると奏上したものの陸軍の反対にあい軍法会議は中止。これを奏上し

敏」を使用。以後しばしば生物学的研究論文を発表）。▼国宝保存法公布。

3・30 天皇、学習院卒業式に行幸する（以後恒例）。

4・16 共産党関係者が大量検挙（四・一六事件）。

4・18 天皇、新宿御苑で観桜会を催す。

4・23 天皇、震災復興状況視察のため横浜市へ行幸する。

4・26 天皇、山東出兵の戦没者合祀の靖国神社臨時大祭につき、本殿に拝礼する。

5・3 天皇、イギリス国王名代グロスター公よりガーター勲章を贈られる（夜、歓迎晩餐会）。

5・26 天皇、吹上ゴルフ場第一回競技会を催す（二十七日まで）。

5・28 天皇、横須賀より軍艦那智に乗り、八丈島・大島・関西巡幸に出発する（二十九日「長門」に移乗。六月一日、和歌山で南方熊楠と変形菌を採集。四日大阪上陸、七日神戸を経て、九日横須賀に帰港）。

6・10 拓殖局を廃止、拓殖省を設置（朝鮮総督府・台湾総督府・樺太庁・東洋拓殖株式会社に関する事項を管轄）。

6・22 天皇、葉山御用邸に行幸する（二十四日還幸）。

6・27 天皇、「戦争抛棄ニ関スル条約」批准書に署名する。▼この日、総理大臣田中義一、張作霖爆殺事件（満州某重大事件）の処理に関し上奏する。

7・1 政府、張作霖爆殺事件の責任者処分を発表（陸軍の圧力で真相を隠し河本大佐を停職にとどめる。翌日、田中内閣総辞職）。

7・2 浜口雄《お》幸《さち》内閣成立。

7・9 東京帝国大学史料編纂掛を史料編纂所と改称する（所長に辻善之助）。

7・12 天皇、葉山御用邸に行幸する（二十九日還御。三十一日再び葉山へ）。

8・20 天皇、葉山御用邸を出発し、那須御用邸に移る（九月十日帰京）。

8月 宮内省諸陵寮考証課和田軍一、「三島藍野陵［継体陵］真偽弁」で「今城塚を以て継体天皇陵」とすると結論づける。

9・28 天皇、神宮式年遷宮勅使発遣の儀を行なう。

9・30 第三皇女（孝宮和子内親王）、誕生する。

10・2 伊勢内宮の式年遷宮が行なわれる（天皇遙拝）。

10・5 伊勢外宮の式年遷宮が行なわれる（天皇遙拝）。

10・24 ニューヨーク株式市場が大暴落（世

たところ、天皇の耳には河本大作大佐の謀略説がすでに耳にはいっていたため立腹。このあと「田中総理の言うことはちっとも判らぬ。再びきくことは自分は厭だ」と鈴木貫太郎侍従長に言ったという。このことにより、田中義一は総辞職の意を決する。

界恐慌)。
10・29 天皇、数日来風邪気味、前夜より発熱、この日朝より御仮床(三十一日床払い)。
10月 内務省、「菊花紋章類似図形取締内規」を定める(使用禁止の類似図形を詳細に規定)。
11・1 天皇、明治神宮参拝ならびに第五回明治神宮体育大会に行幸する。
11・6 天皇、司法大臣渡辺千冬より、日本共産党員千六百余名検挙につき奏上を受ける(前日、起訴・裁判情況など一切の報道が解禁)。
11・7 天皇、陸軍軍医学校に行幸する。
11・12 天皇、新宿御苑の観菊会に行幸する。
11・14 天皇、陸軍特別大演習統裁のため茨城県に行幸する(二十一日帰京)。
11・17 天皇、旧水戸彰考館職員清水正健より講話「大日本史の編修に就て」を聴く。
11・21 「金解禁」が発表される。
12・3 天皇、宮内省より上奏の皇室予算案について裁可せず留めおかれる(種々下問し、のち裁可。この頃天皇、幾度も緊縮節約の意向を述べる)。
12・10 青山御所御料地内に大宮御所が竣工する(翌年、貞明皇太后がここに移り、以後「大宮様」と呼ばれる)。
12・24 山階宮菊麿王五男、臣籍降下し、葛城茂麿を称し、伯爵を受爵する。
12・25 天皇、大正天皇三年式年祭につき多摩陵に参拝する。
この年 宮地直一・坂本廣太郎「神宮と式年遷宮」刊。
□1・16**珍田捨巳**(外交官。74)、4・13後《ご》藤新平《とうしんぺい》(満鉄初代総裁。各大臣・東京市長等歴任。伯爵。73)、9・29田中《たなか》義一《ぎいち》(陸軍大将。首相。男爵。66)

■昭和五年(一九三〇) 庚午

昭和天皇 30歳
1・1 新年恒例の御贈答、本年より皇太后への御増進、および柳原愛子への下賜を除き、すべて廃止とする。
1・9 天皇、皇后・成子内親王・和子内親王とともに葉山御用邸に行幸する(二十日帰京)。
1・21 この日より、朔日以外の旬祭も正式に御拝または代拝となる。
1・31 講書始。天皇、三浦周行「日本書紀孝徳天皇紀」などを聴く。
2・4 高松宮宣仁《のぶひと》親王、徳川慶久《よしひさ》(慶喜七男)第二女子喜久子と結婚する。
2・5 天皇、皇后・和子内親王とともに葉山御用邸に行幸する(十日、紀元節祭のた

＊**珍田捨巳**《ちんだすてみ》(一八五六〜一九二九) 津軽藩士の子として生まれる。東奥義塾等で英学を修め、明治九年の明治天皇東北巡幸の折、青森小学校で英語で御前講演を行なう。十年にアメリカ留学、帰国後は外務省に入り頭角を現し、ドイツ・アメリカ・イギリスの大使等を歴任。大正九年枢密顧問官。十年には宮内省御用掛となり、皇太子(昭和天皇)の渡欧に供奉長として随行。同年に東宮大夫、昭和元年侍従長となり、昭和天皇即位大礼に近侍する。伯爵。

＊**統帥権干犯**《とうすいけんかんぱん》 統帥権は、大日本帝国憲法第十一条(天皇ハ陸海軍ヲ統帥ス)に定められたものなので、軍隊を指揮監督する最高指揮権を指し、天皇大権の一つ。陸軍は陸軍大臣と参謀総長、海軍は海軍大臣と軍令部長が天皇から委託されたものとした。浜口雄幸首相がロンドン海軍軍縮条約に軍令部の同意なしに調印したため、「統帥権」が持ち出され、政争の具となり、以後、軍部の独走に歯止めがかからなくなった一因とされる。

＊**帷幄上奏**《いあくじょうそう》 一般国務外の軍の指

め帰京。十二日葉山へ。二十八日帰京）。

2・13　陸軍大臣宇垣一成、参謀総長後任に陸軍大将金谷範三を推薦（但し、元帥上原勇作は陸軍大将武藤信義を強硬に主張という）。

2・14　天皇、上原勇作を召す。上原は金谷に断然反対とはいわず、武藤を可とする旨を奉答。天皇、侍従武官長奈良武次を召し、陸軍大臣の責任を重んじて先日の陸軍大臣の内奏に同意と伝える。

3・5　大膳職が廃止される。

3・24　復興帝都巡幸のため、天皇、自動車にて日比谷公園から下町までを視察する。

3・26　天皇、二重橋前広場での帝都復興完成式典に行幸する。

4・4　天皇、皇后・成子内親王と紅葉山より道潅濠沿いの満開の桜を覧る。

4・21　高松宮宣仁親王、天皇名代として欧米訪問のため横浜港を出発する（喜久子妃同伴。英国、スペイン、ポルトガル、米国等。翌年六月十一日帰国）。

4・22　日英米三国、ロンドン海軍軍縮条約に調印。

4・25　犬養毅政友会総裁、浜口首相が軍令部の同意なしに条約に調印したのは**統帥権干犯**として政府を攻撃する。

4・29　天皇、雨のため天長節観兵式行幸を中止する。天長節余興の大相撲は覧る。

5・1　赤坂離宮青山御所内新宮の御殿を大宮御所と称したため、京都御所東南の大宮御所を京都大宮御所と改称する。

5・6　皇太后、青山御所より大宮御所に移る。

5・17　天皇、皇后・成子内親王と葉山御用邸に行幸する（十九日還幸し、初めて大宮御所に行幸）。

5・28　天皇、静岡県下に行幸する（静岡各地を巡覧）。

6・1　天皇、浜松より沼津御用邸西附属邸に入る（二日天城山登山、三日官幣大社三島神社拝礼後、帰京）。

6・10　加藤寛治軍令部長、天皇に拝謁してロンドン海軍軍縮条約につき政府弾劾を**帷幄上奏**し、直接辞表を提出する。

7・11　天皇、皇后・成子内親王と葉山御用邸に行幸する（十九日、陸軍士官学校卒業式行幸のためいったん帰京も即日葉山に戻る。二十九日帰京し、三十日明治天皇例祭ののちまた葉山へ。八月四日帰京）。

8・5　天皇、皇后・成子内親王と那須御用邸に行幸する（那須では、政務のほか生物学研究・乗馬・ゴルフなどで過ごす。九月

揮・統帥について、統帥機関たる参謀総長・軍令部長が閣議を経ずに直接天皇に上奏すること。このときは、天皇、「筋が違うから」として加藤軍令部長の上奏書を下げわたし、その処置を財部彪《たからべたかし》海相に一任した。海相は加藤を更迭。後任に海軍大将谷口尚真を内奏。天皇、侍従武官奈良武次を召し、東郷平八郎に谷口の適否を諮り、不同意の場合には極力説得し、同意せしめるよう命じる。元帥は、加藤の更迭と後任の谷口には異見なしとするも、海軍軍縮条約の内容は不可とし、財部全権の行動には不満と述べる。天皇は奈良の復命を受け、海軍大臣の内奏を嘉納になり、奈良を通じ海軍大臣に伝える。この日の侍従日誌は「本日は殊に御心労在らせられたる御模様」と記す。なお、「帷」は垂れ幕、「幄」は引き幕で、総じて作戦計画を立てる本陣・本営の意。

十日還幸）。
10・2 天皇、ロンドン海軍軍縮条約批准を裁可・署名する。
10・9 多摩聖蹟記念館（東京都多摩市連光寺）開館。
10・13 天皇、臨時帝室編修官長三上参次より講話「明治天皇ト大津事件」を聴く。
10・18 天皇、神戸沖での海軍特別大演習統裁ならびに観艦式御親閲および海軍兵学校行幸のため、御召艦霧島に乗艦し横須賀を出港（二十二日、御召艦羽黒に移乗。二十七日横須賀に帰港）。
10・29 政府、中国の正式呼称を支那から「中華民国」に変更する。
11・1 天皇、官幣大社明治神宮鎮座十年祭に行幸する。
11・12 天皇、岡山・広島両県下での陸軍特別大演習統裁のため東京駅を出発する（この日名古屋泊。十三日岡山、十四日広島県福山へ行き岡山に戻る。十九日、宇野より御召艦霧島に乗り、二十一日横須賀帰港）。
11・14 浜口雄幸首相、東京駅ホームで愛国社社員佐郷屋《さごうや》留雄《とめお》にピストルで撃たれ重傷を負う（このときの傷が元で翌年死去）。
11・23 天皇自ら刈り取った新米を初めて新嘗祭において供える（以後恒例）。
11・26 伊豆大地震により箱根離宮が倒壊する。
12・11 名古屋離宮を名古屋市に下賜する。
12・24 天皇、大正天皇多摩陵に参拝する（二十五日大正天皇祭）。
12月 警視庁、竹内巨麿《きよまろ》らを詐欺罪で取り調べる（不起訴。天津教弾圧事件）。
この年 折口信夫「古代研究 民俗学篇二」刊。▼神宮司庁編「神宮遷宮記」刊（全四巻。～昭和七年）。▼津田左右吉「日本上代史研究」（「天皇考」を収録）刊。

■昭和六年（一九三一）辛未

昭和天皇 31歳
1・9 天皇、皇后・成子内親王とともに葉山御用邸に行幸する（二十一日帰京）。
1・23 天皇、歌会始に臨席する（御題は「社頭雪」）。
1・26 講書始。天皇、東京帝国大学教授黒板勝美「日本書紀巻第五 崇神天皇紀四道将軍御発遣ノ条」等を聴く。このとき、初めて自然科学分野も進講される。
2・3 幣原喜重郎首相臨時代理、ロンドン海軍軍縮条約はすでに御批准になっているから、本条約が国防を危うくするものではないと答弁する（野党、天皇に政治責任を帰するものだと反発。のち幣原が失言を取

＊**社頭雪** このときの御製。「ふる雪にこゝろきよめて安らけき世をこそいのれ神のひろまへ」

り消す）。

3・7　第四皇女（順宮厚子《よりのみやあつこ》内親王）、誕生する。▼靖国神社、天皇下賜の釣灯籠一対を拝殿内に奉懸する。

3・25　「大日本帝国国旗法案」可決（規格と「日の丸」を紅色と決めるも貴族院で審議未了により廃案）。

3月　橋本欣五郎中佐らによるクーデタ計画、未遂（三月事件）。

4・4　久邇宮邦彦王三男邦英王《くにひでおう》、臣籍降下し、東伏見邦英を称し伯爵を授かる（東伏見宮家の祭祀を継承）。

4・7　シャム国皇帝プラチャーティポック（ラーマ七世）、来日（八日参内）。

4・14　十三日、浜口雄幸首相の病状悪化により、この日、第二次若槻礼次郎内閣成立。

5・7　天皇、佐佐木信綱より講話「万葉集ニ就テ」を聴く。

5・15　天皇、皇后・厚子内親王とともに葉山御用邸に行幸する。

5・23　天皇、葉山御用邸から初めて初声《はっせ》御料地（現三浦市）に行幸し、検分する（天皇、即日葉山に還幸。のち初声御用邸建設は中止となる）。

6・23　沖ノ島の東京府編入を閣議決定する（国有地。昭和五十六年、大蔵省を所有権者として登記。平成十一年、国直轄の保全区域に指定し、所有権者を国土交通省に移す）。

6・28　黒龍会を中心に大日本生産党結成（総裁内田良平）。

7・1　大礼記録編纂委員会編「昭和大礼記録」完成（天皇、七月三日、これを覧る。一般向けには「昭和大礼要録」が頒布）。

7・11　天皇、皇后・成子内親王・厚子内親王とともに葉山御用邸に行幸する（二十九日帰京。三十日明治天皇例祭を終えて再び葉山へ戻る）。

7・24　天皇、維新史料編纂会総裁金子堅太郎より基礎稿本（「大日本維新史料稿本」四千百八十冊）の編纂経過につき奏上を受ける。

8・5　天皇、皇后・成子内親王・厚子内親王とともに葉山から那須御用邸に移る（二十五日帰京。二十六日枢密院会議出席後、二十七日那須に戻る。九月七日帰京）。

8・10　鎌倉御用邸が廃止となる（払い下げられ、現在は鎌倉市役所・御成小学校等になっている）。

9・12　吹上御苑のゴルフ場を九ホールに拡張。この日と翌日、トーナメントを催す。天皇、十三日の午前と午後、一回ずつコー

◉昭和天皇御製①（「昭和天皇実録」より）

「あらたまの年を迎へていやますは民をあわれむ心なりけり」（大正十三年）

「広き野をなかれゆけとも最上川うみに入るまでにこらさりけり」（大正十五年。昭和五十七年「山形県民の歌」に制定）

「天地の神にそいのる朝なきの海のことくに波たたぬ世を」（昭和八年）

スを廻る（A組二等となるも賞を辞退）。
9・18 「柳条溝事件」により「満州事変」が勃発する。
9・19 天皇、侍従武官奈良武次より、満州奉天付近で発生の日支両軍衝突事件につき奏上を受ける。このあと陸軍大臣南次郎、ついで若槻礼次郎首相、また参謀総長金谷範三より奏上を受ける。
9・20 天皇、参謀総長金谷範三より、関東軍の行動状況および満州方面に向けて出発した朝鮮軍司令部発遣の朝鮮軍に対し越境を止め新義州以南に待機を命じた旨の奏上を受ける。
9・21 朝鮮軍司令長官林銑十郎、独断で朝鮮軍の中国側への越境が開始される。
9・22 閣議、今回の事件を「事変」と見なすことに決定する。▼天皇、若槻首相に対し、「満州事変」に対し「不拡大」貫徹に努力するよう懇諭する（二十四日、政府も「不拡大」を表明。しかし現地軍はこれを無視。これよりのち、天皇は、侍従武官長奈良武次を召し、しばしば下問）。
10・6 天皇、若槻首相より、関東軍司令官本庄繁が、軍は満蒙民衆のため共存共栄の楽土を実現することを熱望するなどを声明し、張学良の満州における諸悪を指摘するなどの布告を公表したことに対し、これを憂慮する旨の言上を受ける。
10・15 天皇、皇后と帝国美術院第十二回展覧会に行幸予定も、内大臣牧野伸顕より侍従長を通じ、時局重大につき取りやめの言上により中止する。
10・16 橋本欣五郎中佐らによる軍部内閣樹立クーデタ計画発覚、憲兵隊により検束される（十月事件）。
10・24 国際連盟、対日満州撤兵勧告案を可決する（二十七日、天皇、列国を相手に開戦したときの覚悟とその準備について侍従武官長を通じて陸海軍大臣に質したいと、牧野内大臣に述べる）。
11・5 天皇、参謀総長金谷範三の「関東軍及び隷下部隊への命令に関し、重要なる命令等を除く細小事項については参謀総長に御委任願いたき」旨の奏請を容れ、裁下する。
11・8 天皇、熊本県下での陸軍特別大演習を統裁のため東京を出発する（横須賀より御召艦榛名に乗艦。十一日佐世保より上陸、熊本へ。統裁後、十五日より熊本各地を巡幸。十九日鹿児島を経て、二十一日横須賀帰港）。
11・21 天皇還幸。夕刻、参謀総長金谷範三

より、満州の状況につき奏上を聞く。引き続き、外務大臣幣原喜重郎より国際連盟をめぐる外交の近状を聞く（この日より連日、首相・主要大臣・参謀総長・侍従武官長等により、上奏を受ける）。

11・30 天皇、三上参次より講話「明治天皇ト明治廿七八年戦役」を聴く。

12・10 熱海御用邸が廃止される（現在、市役所等となっている）。

12・13 犬養毅（立憲政友会総裁）内閣成立（陸軍大臣荒木貞夫、海軍大臣大角岑生）。

12・23 閑院宮載仁親王を参謀総長とする（昭和十五年十月辞任。陸軍大将金谷範三は軍事参議官に）。

12・25 天皇、大正天皇五年式年祭につき多摩陵に参拝する。

この年 明治天皇聖蹟保存会編「明治天皇聖蹟」刊。

●この頃、秩父宮雍仁親王が天皇に「憲法停止・御親政」を建言する（天皇、憲法を楯に拒否）。

□2・24久米《くめ》邦武《くにたけ》（歴史学者。93）、8・26浜口《はまぐち》雄《お》幸《さち》（首相。62）、9・6三浦《みうら》周行《ひろゆき》（歴史学者。61）

■昭和七年（一九三二）壬申

昭和天皇 32歳

1・2 天皇、皇后と吹上御苑で側近を相手にゴルフをする（この年も日曜日あるいは平日の余暇を利用し、しばしばゴルフをする）。

1・8 天皇、陸軍始観兵式の帰途、桜田門外で朝鮮人李《イ》奉昌《ポンチャン》より手榴弾を投げられる（桜田門事件。天皇は無事。李は逮捕され、「大逆罪」により死刑）。

1・15 講書始。天皇、美濃部達吉「第二十世紀ニ於ケル欧米諸国ノ立憲制度ノ大勢」ほかを聴く。

1・29 本日未明に「上海事変」起こる。天皇、海軍大臣大角岑生《おおすみみねお》より、日支両軍衝突の状況、今後の事態不拡大方針の奏上を受ける（天皇、これ以降、軍事・外交等につき種々、首相以下の奏上を受け、御下問）。

2・2 博恭王を軍令部長とする。

2・8 天皇、元南満洲鉄道株式会社副総裁松岡洋右より講話「日満関係ト満蒙外交史ノ一斑」を聴く。御下問に対し、松岡より張学良との提携は不可能、満州新政権との親善についても困難、また、日支親善の見通しについても困難との奉答を受ける（翌日も、陸軍中将坂西利八郎の講話「支那政局ノ変遷」を聞き、日支親善はすこぶる困難との奉答を受ける）。

2・9　元蔵相井上準之助、血盟団員小沼《おぬま》正《しょう》に暗殺される（血盟団事件）。

2・17　天皇、参謀総長真崎甚三郎より、満蒙新国家樹立運動が具体化しつつあること等につき奏上を受ける（天皇、日支開戦を懸念）。

2・20　新任米国フィリピン総督テオドール・ルーズベルト、赴任の途次来日し、この日、参内する。

3・1　満州国建国宣言（九日、清朝最後の皇帝溥儀《ふぎ》を執政とする）。

3・5　三井合名理事長団琢磨、血盟団員菱沼五郎に暗殺される（十一日、血盟団盟主井上日召自首。血盟団事件）。

3・8　仏国元内閣総理大臣アリスティード・ブリアンの葬儀に対し御使を遣わす（外国元国務大臣の葬儀への勅使差遣の初め）。

3・12　天皇、犬養首相より、満州国に対する承認は容易に行なわない旨の奏上を受ける。

3・16　天皇、侍従長鈴木貫太郎より犬養提出の**閣議決定書類**を覧る。

3・18　成子内親王のための御修学所が竣工する（三十一日、呉竹寮と命名。四月六日、内親王たちがここに移る）。

4・9　成子内親王、女子学習院に入学する。

4・19　天皇、皇后と新宿御苑の観桜会を催す（参苑者約七千七百人）。

4・27　天皇、満州事変・上海事変の戦没者合祀の靖国神社臨時大祭に行幸、親拝する。

4・29　上海での天長節祝賀会場で、朝鮮人尹奉吉《いんほうきち》（ユン・ボンギル）、爆弾投擲（白川義則上海派遣軍司令官ら重傷。五月二十六日白川死去。上海天長節爆破事件）。

5・5　上海停戦協定調印。▼上智大学予科に配属されていた陸軍将校、学生六十人を引率し、靖国神社に参拝する（このときカトリック信者の学生二名が参拝を見送る。**上智大生靖国神社参拝拒否事件**）。

5・15　海軍青年士官ら、総理大臣犬養毅を射殺（この日、総理大臣官邸・内大臣官邸・警視庁・立憲政友会本部・日本銀行等を襲撃。五・一五事件）。

5・16　高橋是清大蔵大臣を臨時内閣総理大臣とする（天皇、元老西園寺公望の推薦により、斎藤実に組閣を命じる）。

5・26　斎藤実内閣成立。

5・27　伏見宮博恭王、元帥府に列せられる。

8・1　天皇、皇后と原宿より乗車、黒磯駅下車で那須御用邸に行幸する（十五日還幸）。

8・2　天皇、午前中、生物学研究室にてすごす（以後、那須滞在中はほぼ毎日、生物

＊**閣議決定書類**　内容は、満蒙地方に日本存立上の重要な性能を持たせること、満蒙地方を国家として実質を具有するよう逐次誘導すること、現下の満蒙地方の治安維持は主として日本が担うこと、満蒙地方を日本の対ソ・対支国防の第一線とすること、満蒙政権問題に関する施策は九国条約等の関係上、できる限り新国家側の自主的発意に基づく如き形式とすること等を列挙する。

＊**上智大生靖国神社参拝拒否事件**　陸軍は、配属将校引き揚げの意向を示す。報知新聞がこの事件を報じ、カトリック教会への非難が高まり、結局、教会側は忠君・愛国のため神社参拝を許容し、この危機を逃れることにした。

＊**勅語**　全文は次の通り。

「卿関東軍司令官トシテ異域ニ在リ神速変ニ応シ果断急ニ趨キ寡克ク衆ヲ制シ以テ皇軍ノ威信ヲ中外ニ宣揚セリ

朕今親シク復命ヲ聴キ更ニ卿ノ勲績ト将兵ノ忠烈トヲ思ヒ深ク之ヲ嘉ス」

この日、午餐のあと、天皇は本庄

学研究を行なう)。
8・8　陸軍大将梨本宮守正王、元帥府に列せられる(このとき天皇、事変の拡大を防止し、張学良時代よりは一層の善政を布くよう努めよと述べる)。
8・23　文部省に国民精神文化研究所設置。
8・26　山階宮菊麿王四男鹿島萩麿(伯爵)没(年25)。
9・8　天皇、満州より凱旋の前関東軍司令官本庄繁より、満州事変勃発以来の関東軍の作戦行動ならびに満州国の建国過程とその現状につき奏上を受け、**勅語**を賜う。
9・15　特命全権大使武藤信義と満州国国務総理鄭孝胥《ていこうしょう》との間で、「日本国満州国間議定書(日満議定書)」が調印される(満州国承認)。
10・2　天皇、国際連盟支那調査委員会作成の**報告書**ならびに同報告書要綱を覧る。
10・6　天皇、米国駐箚特命全権大使出淵勝次の奏上を受ける(近年、日米関係がよくなってきた矢先に満州事変により悪くなり、錦州爆撃や上海事変により悪感情をさらに増したなど詳細に言上)。
11・3　明治節。明治天皇崩後二十年に合わせ「聖徳記念絵画館壁画集」刊。
11・10　天皇、陸軍特別大演習統裁のため、大阪府下等に行幸する(この日大阪駅を経て大本営へ。十二・十三日、風邪気味のため大本営にて統裁。十四日より地方行幸となり、大阪府下を巡幸。十七日帰京)。
12・5　天皇、東京帝大助教授平泉澄より講話「楠木正成ノ功績」を聴く。
この年　文部省により、「国体の本義」が編纂される(天皇は、神勅によりこの国に降臨した万世一系の皇孫とする)。▼皇室の貯木場の一部が猿江恩賜公園として一般公開される。▼日本共産党、「三二年テーゼ」で、「天皇制の転覆」を打ち出す(「天皇制」という用語の初め。Monarchieというドイツ語の河上肇による訳語。これまでは「君主制」と訳されていた)。▼神宮司庁編「大神宮叢書」刊行開始(〜昭和三十二年)。▼「(正続)国史神祇集」(宮地直一・曾根研三校訂)刊。▼侯爵山階芳麿、自邸に山階家鳥類標本館を設ける(昭和十七年、山階鳥類研究所となる)。
□5・15犬養毅《いぬかいつよし》(首相。78)、5・26白川義《しらかわよし》則《のり》(陸軍大将・陸軍大臣。男爵。65)

■昭和八年(一九三三)癸酉

昭和天皇　33歳
明仁親王　1歳
1・1　山海関で日支両軍衝突事件(三日、

に、満州人に独立の意志なし、あるいは関東軍が計画的に建国したとの風聞につき、その真偽を質す。
＊**報告書**　リットン調査団の報告を基礎として作成されたもの。日本軍の行動を自衛権の発動と認めず、また満州国を日本の傀儡国家とするも、満州の特殊性も考慮して日華それぞれの権利・利益および責任に関する条約を締結することや中華民国の主権下での自治政府を満州に設置する等の解決案を提出した。

日本軍、山海関を占領。侍従武官出光万兵衛、四日にこのことを天皇に言上）。

1・16　天皇、外務大臣内田康哉より「日支紛争解決に関する報告書案」のうち、満州国否認事項の修正を要求すること等の内奏を受ける。

1・18　八条隆孟《たかなか》が検挙される（「赤化華族事件」の初め。三月には森俊守・岩倉靖子も検挙）。

1・19　講書始。天皇、東京帝大教授辻善之助「花園天皇宸記（元応元年十月二十六日条・元亨二年九月六日条）」などを聴く。

1・23　天皇、外務大臣内田康哉より「日支紛争解決に関する勧告」について、また、場合によっては国際連盟脱退もありうるとの奏上を受ける。

1・30　天皇、外務大臣より、英国政府提議の対連盟妥協案の拒否内定奏上を受ける。天皇、内大臣牧野伸顕を召し、英国提案受諾が日本にとって有利との意見を示す。

2・8　天皇、侍従武官長奈良武次を召し、去る四日参謀総長載仁親王に対し、熱河攻略はやむをえないとして諒解を与えたことを取り消したい旨を述べる。

2・11　天皇、奈良武次を召し、統帥最高命令により熱河作戦発動中止が可能か否かを御下問。夜、天皇の命令により作戦中止となれば、大なる紛擾を起こし、政変の原因になるかもしれず、国策の決定は内閣の仕事なので、内閣以外で中止させるのは不適当との奉答を受ける（この頃すでに、軍は天皇の意思を忖度していないことが分かる。天皇はこれらにより七キロもやせたという）。

2・12　天皇、奈良武次に、熱河作戦に伴う万里の長城越えは絶対に慎しむことを参謀本部に注意し、これを聞かなければ作戦の発動中止を命じる旨を伝達せよと命じる（奈良、参謀次長真崎甚三郎に伝達。十七日、山海関からの即時撤兵は不可能、張学良打倒は陸海外三省会議の決定事項と奉答）。

2・15　湯浅倉平を宮内大臣とする。

2・17　閣議、国際連盟臨時総会が報告書案を採択の場合、在ジュネーブ日本代表部を引き揚げること、ならびに熱河作戦の実施等を承認する。

2・24　国際連盟の対日勧告採択に抗議し、全権松岡洋右、退場する（三月二十七日、国際連盟脱退）。

2・27　天皇、ドイツより帰朝の特命全権大使小幡酉吉より、アドルフ・ヒトラー内閣成立（一月三十日成立）の経過につき奏上を受ける。

＊**御製**　天皇は、故白川義則大将の功績を思い出し、

「をとめらのひなまつる日にいくさをばとゞめしいさをおもひでにけり」

と詠み、白川の遺族に伝えた。

3・3　宮城県金華山沖震源の大地震（大津波あり。三陸沿岸等大被害）。
3・27　天皇、枢密院会議に臨御、「国際連盟脱退ニ関スル措置案」の全会一致を受け、連盟脱退に関する詔書を発する。
4・1　「重要美術品等の保存に関する法律」公布。
4・6　陸軍中将本庄繁を侍従武官長とする。
4・11　滝川幸辰《ゆきとし》京都帝大教授の「刑法講義」「刑法読本」、共産主義的であるとして発禁（五月二十六日休職決定）。
4・27　天皇、満州事変・上海事変の戦没者合祀の靖国神社臨時大祭に行幸し親拝する。
4・30　天皇、前年五月二十六日に亡くなった陸軍大将白川義則をしのんだ**御製**を白川の遺族に伝達する。
5・3　関東軍司令官武藤信義、関内作戦発動の軍指令を発する（十日、天皇、参謀総長が関内に進出または爆撃しないと明言したため熱河作戦に同意したのに、それに反する行動は綱紀上・統帥上より遺憾とする）。
5・4　天皇、多摩陵に参拝し、ついで陸軍航空本部技術部に行幸する。
6・1　邦芳王（伏見宮貞愛親王第二王子）没（年54）。
7・30　天皇、葉山御用邸に行幸する。
8・15　箱根宮ノ下御用邸を廃止する。
8・16　天皇、本邦南方における海軍特別大演習統裁のため葉山より横須賀に行き、御召艦比叡に乗艦する（二十一日横須賀入港、葉山へ。九月二十二日帰京。二十三日葉山へ。三十日帰京）。
8・25　天皇、横浜港沖の海軍特別大演習観艦式に、葉山より出発する（横浜より御召艦比叡に乗艦。この日、葉山還幸）。
9・27　軍令部令公示（軍令部長を軍令部総長と改称）。
9・30　「明治天皇御紀」本紀二百五十巻、「絵図一帙」（二世五姓田芳柳画「明治天皇紀附図」八十一枚）が天皇に奉呈される（臨時帝室編修局廃止。公刊は全十二巻で、昭和四十三年から）。
10・22　天皇、陸軍特別大演習統裁のため、福井県に行幸する（東京駅より出発し京都御所に宿泊）。
10・28　天皇、別格官幣社藤島神社に参拝する（二十九日、官幣大社気比神宮、ついで官幣中社金崎宮に参拝する）。
10・30　天皇、福井行幸を終え京都御所に入る（三十一日還幸）。
11・3　鳩彦王妃允子《のぶこ》内親王（明治天皇第八女）没（年43）。

12・23　第一皇子（継宮明仁親王《つぐのみやあきひと》）、誕生する（この日、皇太子となる）。

12・29　皇太子命名の儀（名前の典拠は、明治三年一月三日渙発の大教宣布の詔の「継」と「明」より）。

この年　文部省、明治天皇が行幸の途中で訪れた所を「聖蹟」として顕彰するようになる。▼和田英松「皇室御撰之研究」、東京帝国大学史料編纂所編「読史備要」、津田左右吉「上代日本の社会及び思想」刊。

□1・19九条道実《くじょうみちざね》（掌典長。父は九条道孝。公爵。65）、12・8山本権兵衛《やまもとごんのひょうえ》（海軍大将。首相。伯爵。82）

■昭和九年（一九三四）甲戌

昭和天皇　34歳

明仁親王　2歳

1・1　天皇、喪につき四方拝を行なわず。

1・2　天皇、吹上御苑でゴルフをする（この年、那須御用邸滞在中も含め、ゴルフは四十七回を数える）。

1・4　天皇、生物学御研究所にて研究する（定例の土曜を中心にしばしば研究）。▼金子堅太郎、「明治天皇御紀」編修完了の功により、子爵より伯爵となる。

2・1　天皇、陸軍の対ソ方針が強硬であるのではないかと懸念する。

2・7　商工大臣中島久万吉、足利尊氏賞讃の論文を発表したとして、貴族院で追及される（九日辞職）。

2・23　皇太子誕生記念として七十五万円が下賜される（これをもとに三月十三日、「恩賜財団愛育会」〈戦後「恩賜財団母子愛育会」〉が設立〈初代総裁は久邇宮俔子妃《ちかこ》〉）。

3・1　満州国、帝政に移行。執政溥儀が皇帝となる。

3・22　文部省国語調査会、国号の読みを「ニッポン」に、外国への書類にはＪＡＰＡＮではなくＮＩＰＰＯＮを用いる案を出す（正式決定はせず）。

4・3　全国小学校教員精神作興大会、宮城前で開催。天皇、臨幸して勅語を下賜する。

4・20　天皇、新宿御苑で観桜会を催す。▼靖国神社国防館の竣工奉告祭が行なわれる（雍仁親王ほか皇族が臨席）。

4・27　天皇、靖国神社臨時大祭に行幸し、拝礼する。

4月　阿武山《あぶやま》古墳から人骨が発見される（内務省・宮内省、古墳が天皇陵だとしたら不敬罪だからと発掘中止命令を出し、埋め戻される。昭和五十七年、この人骨のＸ線写真を修復したところ藤原鎌足であろうとされる）。

5・2　出版法改正公布（皇室の尊厳冒瀆などの取締り強化、不敬罪を規定。八月一日施行）。
5・30　東郷平八郎没（六月五日国葬）。
6・2　雍仁親王、満州国康徳帝（愛親覚羅《あいしんかくら》溥儀《ふぎ》）即位について特使として差遣されるため、参内する（夜、東京駅を出発。門司港より大連港に入り、六日新京着。七日、皇帝とその皇后に会見。十八日帰京）。
6・6　天皇、皇后・皇太子とともに葉山御用邸に行幸する（東京駅より和子・厚子両内親王同伴。十四日帰京）。▼蓑田胸喜《みのだむねき》、東京帝国大学法学部教授末弘厳太郎を不敬罪などで告発する。
7・8　岡田啓介（海軍大将）内閣成立。
7・14　天皇、葉山御用邸に行幸する（皇后・皇太子は十五日那須行啓。天皇、二十九日帰京。三十日明治天皇例祭後葉山へ。八月六日那須へ。九月六日帰京）。
8・19　ヒトラー、ドイツ総統兼首相となる。
10・2　天皇、台風により関西地方中心に風水害甚大の奏上を受ける。
11・10　天皇、群馬・栃木・埼玉県下での陸軍特別大演習統裁のため、上野駅より前橋駅に向かう（十八日氷川神社拝礼後、帰京）。
11・16　天皇、前橋行幸の折、警察の先導車が道をまちがえる「天皇誘導事件」起こる（警部本多重平、十八日、自決を企て重態。関係者が処分される）。
11・20　天皇、軍艦鈴谷《すずや》命名式に横須賀に行幸する。
12・19　枢密院会議でワシントン海軍軍縮条約廃棄通告に関する件を全会一致で可決する（天皇臨御し、これを裁下）。
12月　日本古文化研究所、藤原宮跡発掘調査を始める（昭和十八年まで。大極殿・朝堂院の位置と規模が明らかとなる）。
□2・19伊東巳代治《いとうみよじ》（政治家。明治憲法起草参画者。帝室制度調査局副総裁。伯爵。78）、5・30東郷平八郎《とうごうへいはちろう》（元帥。海軍大将。侯爵。87）

■昭和十年（一九三五）乙亥

昭和天皇　35歳
明仁親王　3歳

1・1　天皇、昨十二月二十八日来仮床中により、四方拝を中止する。歳旦祭は侍従代拝（三日の元始祭も代拝。六日全快）。
1・7　天皇、生物学御研究所で研究（以後、おおむね月・土曜日に御研究所に赴く）。
1・8　天皇、静養のため陸軍始観兵式への行幸を中止する。
1・9　天皇、皇后・皇太子・両内親王とともに葉山御用邸に行幸する（二十一日帰京）。
1・10 国際連盟、脱退した日本の南洋群島委任統治継続を承認。
1月 国体擁護連合会、美濃部達吉・末弘厳太郎の学説を排撃する運動を始める。
2・7 衆議院において、江藤源九郎議員、美濃部達吉の著書の処分を政府に迫る。
2・18 貴族院において、菊池武夫、美濃部達吉らの天皇機関説は「国体に対する緩慢なる謀叛」であるとして政府を追及する。
2・25 美濃部達吉、貴族院本会議で「一身上の弁明」を行なう。
2・28 天皇、侍従大金益次郎を召し、美濃部達吉への告訴につき御下問（三月九日には侍従武官長本庄繁にも御下問）。
3・4 久邇宮邦彦王二男邦久（侯爵。年34）没。
3・11 天皇、「機関説を排撃せんが為め自分をして動きを取れないものにする事は、精神的にも身体的にも迷惑」と、天皇機関説排撃に不快感を表す（「本庄日記」）。
3・20 貴族院、「政教刷新建議」を決議し、政府に「国体ノ本義ヲ明徴」にすることを迫る。
3・23 衆議院、国体明徴決議案を満場一致で可決する。
3・28 侍従武官長本庄繁、前日の軍事参事会における天皇機関説および南北朝正閏論決定当時の話につき言上。天皇、南北朝正閏論につき感想を述べ、二十九日には、憲法第一章第四条「天皇ハ国ノ元首ニシテ統治権ヲ総攬シ此ノ憲法ノ条規ニ依リ之ヲ行フ」につき、すなわち機関説であると認める（「本庄日記」）。
4・6 天皇、来日した満州国皇帝溥儀を東京駅頭まで出迎える（十五日退京）。▼真《ま》崎甚三郎《さきじんざぶろう》教育総監、部内に天皇機関説が国体に反する旨の訓示を通達する。
4・9 天皇、満州国皇帝溥儀のため陸軍観兵式挙行のため、代々木練兵場に行幸する。▼美濃部達吉、不敬罪で起訴される。▼内務省、美濃部達吉著書「憲法撮要」「(逐条)憲法精義」「日本憲法の基本主義」を販売禁止にする。▼この日天皇、条約など国際関係の事柄に関しては機関説を可とし、天皇（君主）主権説では、専制政治のそしりを招くと述べる（「本庄日記」）。
4・10 文部省、国体明徴を訓令する。
4・11 満州国皇帝、多摩陵に参拝。
4・25 天皇、陸軍の動きについて「軍部にては機関説を排撃しつつ、而《しか》も此の如き自分の意思に悖《もと》る事を勝手に為すは、即ち朕

＊**一身上の弁明** 美濃部達吉が、自分の学説を解説したもの。第一に国家統治の大権は、天皇一身に属する私的な権利ではなく、天皇が国家の元首、すなわち国家の最高機関として行使する権能であること、第二にその大権は、絶対無制限な万能の権力ではなく、あくまで憲法の条規に基づいて行使されるべき制限ある機能である点を強調し、憲法の趣旨を諄々と語ったもの。しかし、逆に反対派の激しい反発を買い、その鉾先は岡田内閣に向けられた。

＊**本庄日記** 陸軍大将・侍従武官長本庄繁（一八七六～一九四五）の日記。「満州事変日記」「奉仕日記」等を含む。とくに侍従武官長として天皇に近侍した「奉仕日記」には、二・二六事件をはじめ当時の天皇の肉声が書き留められ、昭和史の貴重な史料となっている。

＊**西園寺公と政局** 最後の元老西園寺公望（一八四九～一九四〇）の秘書原田熊雄（一八八八～一九四六）が口述したもの。一九三〇年から四〇年の死に至る政局裏面について述べたもの。昭和二十五年、

を機関説扱と為すものにあらざるなき乎」と述べる（「本庄日記」）。

5・3　天皇、鈴木貫太郎侍従長に「美濃部のことをかれこれ言ふけれども、美濃部は決して不忠な者ではないと自分は思ふ。今日、美濃部ほどの人が一体何人日本にをるか」と語る（「西園寺公と政局」）。

5・4　中国の週刊紙「新生」に、日本の真の統治者は軍部・資産階級で、天皇はその傀儡にすぎないという一文が掲載される（「新生不敬事件」として政治問題化）。

5・17　天皇、葉山御用邸に行幸する（二十一日帰京）。

6・27　長慶天皇陵を決定するため、臨時陵墓調査委員会設立、この日、初めて総会を開く（委員に黒板勝美・辻善之助など）。

7・6　正午より翌日午前にかけ、東京・横浜・川崎三市防空演習が挙行され、宮城においても灯火管制が実施される。

7・11　天皇、内大臣牧野伸顕より、江藤源九郎から内大臣府に提出された国体明徴および皇威の振興に関する請願書につき奏上を受ける。

7・15　天皇、皇后・両内親王とともに葉山御用邸に行幸する（二十九日帰京、三十日明治天皇例祭のあと葉山へ。九月十三日帰京）。

7月　外交文書の日本文について、これまで「日本国」「日本帝国」「大日本国」などと記されたものを「大日本帝国」と決定する（英語表記については統一見解は示されず）。

8・3　岡田内閣、「（前略）統治権が天皇に存せずして天皇は之を行使する為の機関なりと為すが如きは、是れ全く万邦無比なる我が国体の本義を愆《あやま》るもの（後略）」であるとする「国体明徴声明」を発表する（十月十五日にも重ねて同様の声明）。

8・12　陸軍歩兵中佐相沢三郎、執務中の軍務局長永田鉄山を刺殺する。

9・4　陸軍大臣林銑十郎、永田鉄山遭難事件のため辞表を提出（天皇、ただちに裁可）。

9・18　天皇、貴族院議員美濃部達吉の議員辞職に関する上奏書類を裁可する（この日、検察当局、起訴猶予と決定）。

10・10　宮内省庁舎（現存）落成式挙行。

11・6　天皇、陸軍特別大演習ならびに海軍特別演習統裁のため、鹿児島・宮崎両県下に行幸する（横須賀より御召艦比叡に乗艦。八日鹿児島入港。十四日、官幣大社霧島神宮、十六日官幣大社宮崎神宮、十八日吾平山陵にそれぞれ拝礼。二十一日横須賀帰港）。

11・28　第二皇子（義宮正仁《まさひと》親王）、誕生する。

全八巻・別巻一として刊行。

12・2　大正天皇第四皇子崇仁《たかひと》親王、成年に達し、三笠宮の称号を賜わり、三笠宮家を創立する。

12・8　大本教出口王仁三郎らを不敬罪・治安維持法違反で逮捕する（大本教第二次不敬事件。京都府綾部の建物六十余棟すべてを破壊、亀岡の月宮殿はダイナマイトで爆破、教祖出口なおの墓まであばかれる）。

12・26　海軍大将斎藤実を内大臣とする。

この年　日本史籍協会「熾仁親王日記」刊行開始（全六巻。昭和四十一年復刻）。

■昭和十一年（一九三六）丙子

昭和天皇　36歳

明仁親王　4歳

1・15　ロンドン海軍軍縮会議を脱退。

1・17　天皇、宮内省御用掛杉山元（参謀次長）より、「中国共産軍ニ就テ」を聴く（この年最初の軍事学進講。金曜日定例）。

2・11　天皇、侍従武官長本庄繁を召し、満蒙国境で関東軍が出動した新聞記事につき下問する。

2・13　天津教教祖竹内巨麿《きよまろ》、菊花紋を使ったなどとして「不敬罪」ほかで逮捕される（天津教不敬罪事件。のち無罪）。

2・26　陸軍皇道派青年将校ら、「**二・二六事件**」を起こす。早朝、侍従甘露寺受長《おさなが》より重臣たちが襲われたことを聞き、天皇、「とうとうやったか！　まったくわたしの不徳のいたすところだ！」と洩らし（甘露寺受長「天皇さま」）、「速かに暴徒を鎮圧せよ」と厳命する（「**木戸幸一日記**」）。この夜、閣僚全員が辞表提出、その際、天皇、最も重い責任者である陸軍大臣の辞表内容が他の閣僚と同一文面であることに不審の念を漏らす。

2・27　青年将校ら、内山下町（霞ヶ関）の華族会館を占拠する（この日より数日間）。▼緊急勅令戒厳令を施行（三月十七日解除）。▼天皇、侍従武官長本庄繁を召し、「自らが最も信頼する老臣を殺傷することは真綿にて我が首を絞めるに等しい行為である」旨を述べる（「本庄日記」）。

2・28　「叛乱軍は原隊に帰れ」との奉勅命令が下される。▼岡田首相、閣僚の辞表を提出する（後藤首相代理が二十七日に提出ずみ）。▼この日、叛乱軍に対し、ビラで帰順をすすめたり、ラジオで「兵につぐ」を放送し「今からでも遅くない」と繰り返し呼びかけられる（翌日午後帰順）。

3・1　天皇、当直侍従武官より反乱将校は一千数百名と言上を受け、それほどの多数が参加する事件がなぜあらかじめ判明しな

＊**二・二六事件**　第一師団・近衛師団管下の一部部隊が、侍従長官邸・総理大臣官邸・内大臣私邸・大蔵大臣私邸・教育総監私邸・前内大臣私邸（湯河原伊藤屋旅館）を襲い、警視庁・陸軍大臣官邸を占拠した事件。「君側の奸」を倒し、天皇親政を実現せんと内大臣斎藤実・大蔵大臣高橋是清・教育総監渡辺錠太郎を殺害、侍従長鈴木貫太郎は重傷、首相岡田啓介・前内大臣牧野伸顕は無事であった。

＊**木戸幸一日記**　内務大臣・内大臣木戸幸一（一八八九〜一九七七）の日記。木戸は、最後の内大臣であり、天皇の側近として長く仕えたことから、昭和史の基本史料となっている。

かったかを下問する。
3・6　松平恒雄を宮内大臣、湯浅倉平を内大臣とする。
3・9　広田弘毅内閣成立。
3・12　外務省、国際条約等に記載の元首の呼称を「皇帝」より「天皇」に改める通牒を受け、天皇、これを治定する（欧文による呼称は従来通り）。
3・13　出口王仁三郎を起訴。内務省、大本教に解散命令を出す。
4・1　朝香宮鳩彦王二男、臣籍降下し、音羽正彦を称し侯爵を受爵する。同じく伏見宮博恭王四男、臣籍降下し、伏見博英を称し伯爵を受爵する。
4・8　和子内親王、女子学習院に入学する。
4・9　東宮傅育職員官制制定。
4・18　政府、外交文書の国号を大日本帝国、君主の名を天皇に統一と、一般に公表する。
4・21　崇仁親王、陸軍士官学校生徒として満鮮旅行演習に出発する（溥儀に歓待される。五月十二日帰国）。▼明治神宮外苑の聖徳記念絵画館壁画完成式が行なわれる。
4・24　天皇、吹上御苑でこの年初めてゴルフをする（以後しばしば）。
5・18　陸・海軍省官制改正により、大臣・次官を現役武官制とする（軍部独裁への道を開くといわれる）。
6・29　崇仁親王、陸軍士官学校を卒業する。
7・5　東京陸軍軍法会議で、二・二六事件被告十七人に死刑宣告（十二日、十五人に死刑執行）。
7・25　天皇、皇后とともに葉山御用邸に行幸する（二十九日帰京、三十日明治天皇例祭のあと再び葉山へ。九月十四日帰京）。
8・26　元女官島津ハル（治子《はるこ》。男爵島津長丸夫人）ら、不敬罪に問われ検挙される（国体明徴惟神の道を立てるには高松宮を擁立すべし、などと話したため。精神疾患として不起訴）。
9・24　天皇、陸軍特別大演習ならびに地方巡幸のため北海道へ出発する（横須賀より御召艦比叡に乗艦、二十六日室蘭港より上陸。十月七日、官幣大社札幌神社に拝礼。十日函館港を出て、十二日横須賀入港）。
9・28　大阪特高警察、ひとのみち教団御木《みき》徳一《とくはる》を検挙（翌年四月、不敬罪容疑で追起訴）。
10・13　国幣小社竜頭山神社列格奉告（十五日、国幣小社京城神社列格奉告）。
10・21　天皇、南方海面での海軍特別大演習統裁および観艦式親閲ならびに海軍兵学校行幸のため東京駅を出発する（横須賀港より軍艦比叡に乗艦。二十六日、神戸で軍艦愛宕に移乗し江田島に向かう。二十八日、神戸で御召艦比叡に乗り、三十日横須賀入港）。
11・7　帝国議会議事堂落成（現国会議事堂）。
11・20　海軍大将百武三郎を侍従長とする。
▼大膳課が廃され、大膳寮を再置。宮内省京都地方出張所設置。
11・25　日独防共協定調印。
11・26　宣仁親王、海軍大学校を卒業（天皇、卒業式に臨御）。
12・2　日伊協定締結。
12・16　満州事変・上海事変戦利品の御府顕忠府が完成（十二月十八日、天皇御覧）。
12・23　宮内省図書頭渡部信より、「大正天皇実録」八十五冊、および「天皇皇族実録」五十二冊（全千二百九十三冊のうち印刷済みのもの。印刷完了は昭和十九年）。
12・25　天皇、大正天皇十年式年祭につき多摩陵に参拝する。
この年　太田亮「姓氏家系大辞典」、大倉精神文化研究所編「神典」、「秘書類纂　帝室制度資料」刊。
□2・26**斎藤実**（海軍大将。首相。79）、高橋是清《たかはしこれきよ》（財政家。首相。子爵。83）

■昭和十二年（一九三七）丁丑

昭和天皇　37歳
明仁親王　5歳
1・11　天皇、皇后とともに葉山御用邸に行幸する（二十日還幸）。
1・22　講書始。天皇、和田英松「日本書紀持統天皇の条其他の忠君愛国に関する史実」などを聴く。
2・1　天皇、渡米の途次に来日のフィリピン大統領マヌエル・L・ケソン、本邦駐剳米国特命全権大使ジョセフ・クラーク・グルー同伴で参内につき、謁見する。
2・2　林銑十郎内閣成立。
2・11　文化勲章令公布・施行。
3・10　赤坂離宮青山御所内に新営の御殿を皇太子御在所とし、東宮仮御所と称する。
3・18　秩父宮雍仁親王、天皇名代としてイギリス皇帝戴冠式参列のため日本を出発する（勢津子妃同伴。五月十二日戴冠式。十月十五日帰朝）。
3・29　皇太子明仁親王、青山御所内の東宮仮御所に移る（厚子内親王は呉竹寮へ移る）。
4・3　溥儀の弟溥傑《ふけつ》と嵯峨実藤《さねとう》侯爵女浩《ひろ》が結婚する。
4・8　厚子内親王、本日より女子学習院に通学する。
4・16　天皇、皇后とともに新宿御苑に行幸

＊**斎藤実**《さいとうまこと》（一八五八～一九三六）陸奥水沢生まれ。海軍兵学校を卒業し、一貫して海軍畑を進み、日清戦争中は侍従武官、日露戦争中は海軍次官をつとめる。明治三十九年第一次西園寺内閣以降、五代にわたって海軍大臣。大正元年には海軍大将となる。朝鮮総督・枢密顧問官を歴任後、昭和七年には首相となり、同十年内大臣となるも、「現状維持派」の総本山と見なされ、二・二六事件により自邸で殺害された。子爵。

＊**国体**《こくたい》**の本義**《ほんぎ》　「国体を明徴にし、国民精神を涵養振作」するために作られたもの。「わが国は現御神《あきつかみ》にまします天皇の統治し給ふ神国である」とし、神国は「天照大神のご子孫であり、皇祖皇宗の神裔である「万世一系」の天皇が君臨・統治する国であり、「万邦無比」の神聖国家であり、日清日露の両戦争・韓国併合・満州国建国は、世界に「御稜威《みいつ》」を発揚する「大御心」の現われと説く。

＊**第三艦隊司令長官ニ命令**　軍令部総長より第三艦隊司令長官に対し、次の指示が発電される。

し、観桜会を催す。

4・20　天皇、皇后とともに明治神宮に拝礼し、のち聖徳記念絵画館に立ち寄る。

4・21　大阪府、ひとのみち教団本部の設立許可取消を告示する。

4・27　天皇、靖国神社臨時大祭に行幸し、拝礼する。

4・28　第一回文化勲章授与式が行なわれる。（長岡半太郎ら九名）。▼内務省、その教義が天皇と国家に対して重罪であるとして、ひとのみち教団結社を禁止する。

5・10　中御門天皇二百年式年祭。天皇、学習院教授板沢武雄の講話「中御門天皇ノ御事績ト御時代」を聴く。

5・14　企画庁発足。

5・15　大邱神社・平壌神社を国幣小社に列する。

5・18　守正王、満州国皇帝溥儀に謁見し、天皇よりの伝言を伝える。

5・27　天皇、明治三十七八年戦役第三十二回海軍記念日祝賀会のため、水交社に行幸する。このあと横綱双葉山の土俵入りを覧る。

5・31　文部省編纂「**国体の本義**」刊（全国の学校・官庁・社会教化団体などに配付）。

6・4　第一次近衛文麿内閣成立。

6・17　天皇、関東軍参謀総長東条英機「関東軍ト満洲国ノ実情ニ就テ」の進講を受ける。

7・5　天皇、皇后とともに葉山御用邸に行幸する（十二日帰京）。

7・7　「盧溝橋事件」起こる（日中戦争開始）。▼この日天皇、「もうゴルフはやめる」と宣言する（入江相政「城の中」）。

7・11　政府、このたび発生の事件を「北支事変」と称する旨を発表。

7・21　文部省、思想局を外局の教学局に改組する。

8・12　天皇、海軍上奏書類「**第三艦隊司令長官ニ命令ノ件**」を裁可する。このとき、天皇、当直侍従武官に対し、状況的にすでにやむをえないと思われる、また、このようになっては外交による収拾は難しいと述べる。

8・13　天皇、海軍大臣米内光政より、上海方面への陸軍の派兵の必要とその経過につき奏上を受ける（十四日には総理大臣近衛文麿ついで参謀総長閑院宮載仁親王より動員・派遣等の上奏を受ける）。

8・14　二・二六事件民間人被告に判決（北一輝・西田税《みつぎ》が死刑。十九日死刑執行）。

8・20　競馬法改正。社団法人競馬倶楽部消

一、第三艦隊司令長官ハ敵来襲シ来ラハ上海居留民保護ニ必要ナル地域ヲ確保スルト共ニ機ヲ失セス航空兵力ヲ撃スヘシ

二、兵力ノ進出ニ関スル制限ヲ解除ス

滅、秋季より、新設の日本競馬会が施行（秋季の帝室御賞典を東京競馬場、春季の帝室御賞典を阪神競馬場に限定、御紋附銀製洋盃を下賜）。

9・6　軍令部総長伏見宮博恭《ひろやす》王、「上海の陸上戦闘は遅遅として進まず、陸軍兵力の増強が必要」と上奏。また、閑院宮載仁親王参謀総長は、「上海に第九、第十三、第百一師団及び台湾守備隊を増派することに内定」と上奏する。

10・1　久邇宮朝彦親王五男多嘉《たか》王（久邇宮京都分家）没（年63）。▼朝鮮総督府、「皇国臣民ノ誓詞」を制定・配付し、「私共ハ心ヲ合セテ天皇陛下ニ忠義ヲ尽シマス」など、学校で児童生徒に毎朝斉唱させる。

10・25　企画庁、内閣資源局と統合し、企画院が発足（国家総動員計画の設定および遂行に関する各庁事務の調整統一を図るとし、戦時下の統制経済政策を一本化）。

11・5　「満洲国ニ於ケル治外法権ノ撤廃及南満洲鉄道附属地行政権ノ委譲ニ関スル日本国満洲国間条約」調印（満鉄附属地を満州国政府に委譲〈十二月一日実施〉）。

11・6　日独伊防共協定調印。

11・14　石坂洋次郎「若い人」の一部が不敬にあたるとして右翼団体が告発、この日、石坂が出頭して取調べを受ける（問題箇所訂正を申し出て起訴を免れる）。

11・17　天皇、陸軍大臣・海軍大臣より奏請の大本営令制定・施行の件を裁可する（十八日制定・施行。これにより、政府が大本営の構成から排除される）。

11・19　天皇、総理大臣近衛文麿より政務奏上を受ける。この日、閣議は、大本営と政府との連絡については政府と大本営のメンバーとの間に「随時会談」の協議体を作り随時これを開くこととする等と発表する。

11・20　宮中に大本営設置。

11・24　天皇、第一回大本営会議に臨御する。

12・11　「天津教弾圧事件」で竹内巨麿のみ不敬罪で起訴される（一審有罪も、昭和十九年、大審院で無罪判決）。

12・13　日本軍、南京占領。

12・14　東京で南京陥落祝賀の四十万人市民大提灯行列が行なわれる。

12・22　天皇、参謀総長載仁親王より、南京攻略により英米両国の反日感情の激化に鑑み、第五軍を台湾に待機させる旨の上奏を受ける。

この年　帝国学士院編「帝室制度史」編纂開始（皇室典範を歴史的に裏付けることを目的とする。昭和二十年まで行なわれるも、

＊**御前会議**　このときの出席者は、大本営側より、参謀総長載仁親王・軍令部総長博恭王・参謀次長多田駿・軍令部次長古賀峯一、政府側より、内閣総理大臣近衛文麿・外務大臣広田弘毅・海軍大臣米内光政・陸軍大臣杉山元・大蔵大臣賀屋興宣・内務大臣末次信正および枢密院議長平沼騏一郎。この会議により、国民政府の対応いかんによっては事変解決を国民政府に期待せず、新興支那政権の成立を助長するとした。

＊**御製**　昭和十三年一月二十四日歌会始の御題は「神苑朝」。

「静かなる神のみそのゝ朝ほらけ
世のありさまもかゝれとそおもふ」

＊**国家総動員法《こっかそうどういんほう》**　戦時に国の総力を発揮させるため、政府に臨機の措置をとることを認めた委任立法で、緊急勅令の形をとる。国民のほぼすべての権利について制限を加えることができるとされ、罰則規定も設けられた。同法に基づき、国民徴用令・賃金統制令・価格等統制令・地代家賃統制令・生活必需物資統制令などが出される。憲法でも緊急時に国民の権利を制限す

天皇篇六巻までで中絶。戦後、新たな構成により宮内庁書陵部編「皇室制度史料」として刊行)。▼津田左右吉「日本上代史研究」刊。▼国定教科書「小学修身」の「君が代」に国歌の文字が冠せられる。▼北一輝「日本改造法案大綱」刊(天皇を「号令者」とするクーデタ論など)。

□8・19北一輝《きたいっき》(国家主義者。55)、8・20和田英松《わだひでまつ》(歴史学者。73)

■昭和十三年(一九三八)戊寅

昭和天皇 38歳

明仁親王 6歳

1・5 支那事変下により新年宴会を中止する。

1・11 **御前会議**が行なわれ、「支那事変処理根本方針」が決定される。

1・15 大本営政府連絡会議ならびに閣議、中国国民政府との和平打ち切りを決定する(十六日、政府、「帝国政府ハ爾後国民政府ヲ対手トセス」等の声明を発表する)。

1・18 講書始。天皇、佐佐木信綱「御歴代の御製に拝せらるる御聖徳」等を聴く。

1・24 歌会始、**御製**あり。

2・2 天皇、前日より風邪をひき、枢密院会議臨御をとりやめる(十三日まで御仮床)。

2・11 天皇、静養中につき、憲法発布五十年式典への行幸をとりやめる(名代は雍仁親王)。

2・18 天皇、閣議決定の国家総動員法案につき内奏を受ける。

2・19 天皇、静養のため皇后と葉山御用邸に行幸する(三月五日帰京)。

3・28 学習院初等科の外国語教育全廃を公布する。

4・1 **国家総動員法**公布(五月五日施行)。

4・26 天皇、日中戦争戦没者合祀の靖国神社臨時大祭に行幸、親拝する(以後終戦まで、毎年の春秋大祭に親拝)。

5・1 天智天皇を祭神とする近江神宮が創立され、官幣大社に列せられる。▼官幣大社平安神宮に孝明天皇を合祀する。

5・2 雍仁親王、支那・満州視察に出発する(二十一日、満州国皇帝溥儀を訪問。六月四日帰国)。

5・5 皇太子、着袴の儀を行なう。

5・20 大本営陸軍部、徐州攻略を発表。

6・1 旅順に関東神宮が創立され(祭神は天照大神・明治天皇)、官幣大社に列せられる。

6・15 天皇、大本営会議に臨御する。この日、武漢および広東攻略を決定する。

7・20 天皇、参謀総長載仁親王より、張鼓

る勅令を発することができるとされているが、この緊急勅令は、施行後、最初の議会で必ず審議されることになっており、否決されれば無効になった。

峰問題につき朝鮮軍の兵力使用に関する奏請を受ける。天皇、政府の諒解の有無、ソ連との全面戦争の可能性等につき下問（親王、全面戦争の可能性が皆無とはいえないと奉答。天皇、裁可せず）。このあと陸軍大臣板垣征四郎、天皇に速やかなる実力行使の必要性を奏上。天皇、これに対し、語気を強め、満州事変・支那事変勃発時の陸軍の態度につき言及、命令によらずして一兵も動かさないよう訓諭する（板垣征四郎、辞意を表明）。

7・22 天皇、侍従長百武三郎に板垣への訓諭は、陸軍あるいは陸軍大臣への不信任ではなく、信任すればこその訓諭であると述べ、侍従武官長を通じて陸軍大臣に伝達するよう命じる。

7・29 ソ連兵越境により、日ソ両軍が張鼓峰北方で衝突する（八月十一日、日ソ両軍の戦闘を停止する協定成る）。

9・13 末永雅雄ら、橿原神宮外苑設備工事にともない、当該地域の遺跡調査に着手する（この日を橿原考古学研究所創立記念日とする）。

10・10 天皇、飛行演習および兵器御覧のため、熊谷陸軍飛行学校に行幸する。

10・19 天皇、靖国神社臨時大祭に行幸し、本殿で拝礼する。▼伏見宮博恭王第一王子博義《ひろよし》王没（年42）。

10・21 広東市を完全攻略。

10・27 武漢三鎮を完全攻略。

10・28 天皇、二重橋前における広東・武漢攻略奉祝の市民による旗行列を覧る。

11・2 近衛首相、「東亜新秩序建設声明」を発表。

11・21 「ほんみち」、治安維持法・不敬罪違反により一斉検挙される（一審・二審有罪も、大西愛治郎の上告中に終戦、釈放）。

12・23 新南群島の台湾編入を閣議決定。

12・30 汪兆銘、近衛三原則に呼応し、中国国民党総裁蔣介石と同党に対し、日本との和平を提議する（この夜、声明を公表）。

この年 文部省教学局、「我が国体と神道」を編纂、配付する。▼帝国学士院編纂「帝室制度史」刊行開始（〜昭和二十年）。▼文部省維新史料編纂会「大日本維新史料」刊行開始（昭和十八年発刊停止）。▼森本角蔵「日本年号大観」刊。

■昭和十四年（一九三九）己卯

昭和天皇 39歳

明仁親王 7歳

1・5 平沼騏一郎内閣成立（近衛文麿は枢密院議長に）。

＊青少年学徒に賜はりたる勅語 全文は左の通り。

「国本ニ培ヒ国力ヲ養ヒ以テ国家隆昌ノ気運ヲ永世ニ維持セムトスル任タル極メテ重ク道タル甚ダ遠シ而シテ其任実ニ繋リテ汝等青少年学徒ノ双肩ニ在リ汝等其レ気節ヲ尚ビ廉恥ヲ重ンジ古今ノ史実ニ稽ヘ中外ノ事勢ニ鑒ミ其ノ思索ヲ精ニシ其ノ識見ヲ長ジ執ル所中ヲ失ハズ嚮フ所正ヲ謬ラズ各其ノ本分ヲ恪守シ文ヲ修メ武ヲ練リ質実剛健ノ気風ヲ振励シ以テ負荷ノ大任ヲ全クセムコトヲ期セヨ」

1・14　天皇、葉山御用邸に行幸する。

3・1　後鳥羽天皇七百年遠忌を迎え、水無瀬宮を官幣大社に列格し、水無瀬神宮と改称する。

3・2　第五皇女（清宮貴子《すがのみやたかこ》）、誕生する。

3・14　天皇、多摩陵に参拝する。

3・15　各地の招魂社を護国神社と改称する（四月一日施行）。

3・16　天皇、十七日の宣化天皇千四百年式年祭に先立ち、東京帝国大学助教授板沢武雄の講話「宣化天皇の御事蹟について」を聴く。

3・30　台湾総督府令により、新南群島を高雄市に編入。

3月　文部省編「歴代天皇聖蹟」刊。

4・5　四月四日、後鳥羽天皇七百年式年祭。この日天皇、東京帝国大学助教授板沢武雄の講話「後鳥羽天皇の御事蹟について」を聴く。

4・10　天皇、陸軍大臣板垣征四郎に、駐独大使大島浩・駐伊大使白鳥敏夫が外務大臣訓令に反し、独伊がソ連以外の第三国から攻撃を受けた場合も日本が参戦義務を有することを明言したことにつき、これは大権を犯すものとの考えを示し、陸軍大臣が五相会議においてこれを擁護したこと等に注意を与える。

4・11　天皇、葉山御用邸に行幸する（二十二日帰京）。

4・25　天皇、靖国神社臨時大祭に行幸し、本殿にて拝礼する（満州事変・支那事変に死没の軍人・軍属等一万三百八十九名を合祀）。

5・9　天皇、参謀総長載仁親王より日独伊防共協定強化等につき奏上を受ける。天皇、ソ連以外との独伊の交戦に際し、日本が参戦することに明確に反対の意思を示す。

5・11　満蒙国境ノモンハンで、満・外蒙両国軍隊が衝突する（ノモンハン事件の発端）。

5・22　全国の学生生徒代表、二重橋前に参集し、東京市内を行進する（天皇親閲し、「**青少年学徒に賜はりたる勅語**」を発する）。

5・30　天皇、侍従武官長畑俊六を召し、近衛声明「蔣介石ヲ対手トセス」につき、汪兆銘・呉《ご》佩孚《はいふ》合作が頓座した場合、蔣介石を認めてもよいのでは、との考えを示す。

6・15　朝鮮に扶余《ふよ》神宮が創立され、官幣大社に列せられる（祭神は応神天皇・斉明天皇・天智天皇・神功皇后）。

6・21　明石順三の息子等が徴兵を拒否したことにより、燈台社関係者が一斉検挙される。

7・5 天皇、陸軍大臣板垣征四郎より八月実施の人事異動について内奏を受ける。天皇、防共協定強化につき、陸軍の策動を批判、ひいては陸軍の体質に対する批判・不満を述べる。
7・8 **国民徴用令**公布（七月十五日施行）。
7・12 天皇、皇后・貴子内親王とともに葉山御用邸に行幸する。
7・21 天皇、太平洋上での連合艦隊訓練に行幸する（葉山を出発、横須賀より御召艦長門に乗艦。この日のうちに葉山に還幸。二十九日帰京、三十日明治天皇例祭ののち葉山へ。八月二十六日帰京）。
7・26 米国、日米通商航海条約を廃案通告。
8・1 天皇、侍従武官長畑俊六に、米国より経済断交を受けたとき、屑鉄・石油等の資源はたちゆかないとの企画院あたりの情報を懸念し、支那事変の前途を憂慮、陸軍の真意および対策について尋ねる。
8・18 博恭王妃経子（徳川慶喜第九女）没（年58）。
8・23 独ソ不可侵条約調印。▼天理本道に解散命令。
8・28 平沼騏一郎首相、「独蘇不可侵条約ハ防共協定ノ精神ニ背馳シ複雑怪奇ナル情勢ヲ顕現セリ」として総辞職。
8・30 天皇、参謀総長載仁親王より、ノモンハン事件の作戦につき関東軍司令官への任務付与の件につき上奏を受ける。これにより、ノモンハンの作戦は拡大することなく速やかに終結を策すため、勉めて小なる兵力を以て持久を策すべき旨の奉勅命令が発せられる。▼阿部信行《のぶゆき》内閣成立。
9・1 ドイツ、ポーランドに侵攻する（第二次世界大戦開始）。▼初の**興亜奉公日**（毎月一日実施。宮城遥拝等。昭和十七年一月まで）。これを受け、天皇、毎月一日、朝・昼・夕を通じて一菜程度の簡素な食事とする。
9・3 天皇、参謀総長載仁親王より、ノモンハン方面攻勢作戦中止に関する件についての上奏を受ける。▼英国、対独宣戦布告。
9・26 天皇、二十七日の後醍醐天皇六百年式年祭に先立ち、東京帝国大学助教授板沢武雄の講話「後醍醐天皇の御事蹟について」を聴く。
10・20 天皇、靖国神社臨時大祭に行幸し、本殿において拝礼する（このとき満州事変・支那事変で死没の軍人・軍属等一万三百七十九名合祀）。
10・22 このほど宇多天皇皇孫雅慶王・後伏見天皇十八世皇孫女日尊女王（伏見宮）・

＊**国民徴用令**《こくみんちょうようれい》 国家総動員法に基づく勅令。厚生大臣の徴用命令により労働力を強制的に確保できることになり、約百六十万人が徴用される。昭和二十年の国民勤労動員令に吸収され、敗戦により廃止。
＊**興亜奉公日** 国民精神総動員委員会決定の「国民生活日」の趣旨を採択し、閣議により毎月一日を興亜奉公日とし、「全国民ガ特ニ戦場ノ労苦ヲ想ヒ、自粛自省、的確ニ之ヲ実際生活ノ上ニ具現シ、一億一心、興亜ノ大業ヲ翼賛シ、以テ国力ノ増強ヲ図リ、強力日本ノ建設ニ邁進スルノ日」とされる。
＊**津田左右吉事件**《つだそうきちじけん》 「神代史は其の国家組織が整頓してから後、思想の上で企てられた国家成立の由来に関する一つの主張であって、それによって現実の国家を正当視しようとしたもの」であり、「朝廷において述作せられたこと」で、神武天皇から仲哀天皇までの物語を「真実の記録であるよりは、思想上の構成として見るにふさわしい」として、記紀の神代・人皇記事を記録ではなく思想の表現として見るべきことを論述、特に「紀」

霊元天皇皇曾孫女日照女王（有栖川宮）・東山天皇皇孫女尊信女王（閑院宮）の墓を京都市内に治定、この日、各墓所にて祭典が行なわれる。

10・25　二条離宮が廃止され、京都市に下賜される（「元離宮二条城」と改称）。

10・27　天皇、侍従長百武三郎を召し、進講内容・進講者につき意見を述べる（国史研究者に対し、皇室に関することは何も批評論議せず、万事を可とするが如き進講は何の役にも立たずと述べる）。

11・2　天皇、明治神宮に行幸し拝礼する（このあと第十回明治神宮国民体育大会に臨御）。

11・7　天皇、富士裾野における近衛師団演習を覧るため、静岡県に行幸する（この日、沼津御用邸西附属邸に到着。十日帰京）。

12・26　掌典職官制公布（翌年一月一日施行。宮内省式部職掌典局が掌典職となる。現在は宮内庁から離れ、内廷の一組織）。▼朝鮮総督府、朝鮮民事令・朝鮮戸籍法など改正により氏名を日本式に改めさせる（創氏改名）。

□3・28田《た》中《なか》光顕《みつあき》（陸軍少将。宮内大臣。伯爵。97）、6・7三《み》上《かみ》参次《さんじ》（歴史学者。75）、7・3喜《き》田《だ》貞吉《さだきち》（歴史学者。69）、11・26出雲《いずも》路《じ》通次《みちじ》郎《ろう》（下御霊神社宮司。有識故実家。62）

■昭和十五年（一九四〇）庚辰

昭和天皇　40歳

明仁親王　8歳

1・9　天皇、阿部信行首相より、前日閣議決定の支那新中央政府樹立に関する処理方針等の内奏を受ける。

1・16　米内光政内閣成立。

1・23　講書始。天皇、京都帝国大学教授西田直二郎「日本書紀神武天皇の御紀　橿原開都の御条・御即位の御条の一節並に御鴻業の御事蹟」等を聴く。

2・10　内務省、津田左右吉著「古事記及日本書紀の研究」（十二日には「神代史の研究」「上代日本の社会及び思想」「日本上代史研究」も）を発禁処分とする（**津田左右吉事件**）。

2・11　紀元節祭。この年は神武天皇御即位紀元二千六百年に当たり詔書を発する。▼パラオ諸島コロール島に南洋神社を創立し、官幣大社に列する（祭神は天照大神）。

3・1　このほど完成の「大正天皇御集」和歌五冊・漢詩四冊が天皇・皇后に献上される（皇太后には二月二十七日嘉納）。

3・8　明治天皇六女常宮《つねのみや》昌子《まさこ》内親王（竹田宮恒久王妃）没（年53）。▼五つの出版

は、漢籍・仏典からの引用が多いことなどを立証した。発表当初は特に問題とされなかったが、蓑田胸喜らから「大逆思想」として非難され、不敬罪として告発された事件。

法違反により、津田左右吉・岩波茂雄が起訴される（「皇室の尊厳を冒瀆するもの」として有罪も、他の四罪については無罪。昭和十九年十一月公判で時効により免訴）。

3・30 中国南京で汪兆銘政権樹立。

4・1 宗教団体法施行（宗教団体の整理統合をすすめ、事実上、警察の監督下に置く）。

4・8 皇太子明仁親王、学習院初等科に入学する。

4・24 **神宮皇學館大学官制**公布。

4・25 天皇、靖国神社臨時大祭に行幸し、本殿にて拝礼する（二十三日、軍人・軍属等一万二千七百九十九名を合祀）。

4月 「小学国史」尋常科用上巻巻頭に「神勅」を掲載。

5・23 中国汪兆銘政権の名を「中華民国国民政府」と決定。

6・1 宣仁親王、満州国視察へ出発する（二十四日まで）。▼木戸幸一、内大臣に就任（最後の内大臣。内大臣は昭和二十年十一月二十四日廃止）。

6・9 天皇、紀元二千六百年で、伊勢・橿原両神宮などに参拝する（十日神宮参拝。伊勢参拝は昭和三年の大礼時以来。外宮・内宮参拝時は「全国民黙禱時間」となる。十一日、神武天皇陵・橿原神宮に参拝。十二日、明治天皇陵・昭憲皇太后陵に参拝。十三日還幸）。

6・14 天皇、大正天皇陵に参拝する。この日天皇、十五日の淳和天皇千百年式年祭に先立ち、図書寮編修課長芝葛盛《かずもり》の講話「淳和天皇の御事蹟について」を聴く。▼この日早暁、ドイツ軍、パリ入城。

6・24 近衛文麿、枢密院議長を辞任、新体制運動推進を表明。

6・26 天皇、満州国皇帝溥儀を東京駅に出迎える（紀元二千六百年慶祝と新京〈長春〉に創建する建国神廟の御神体〈天照大神〉を受けるために来日。溥儀は伊勢神宮・橿原神宮に参拝。七月十日、新京帰着）。

7・5 内閣総理大臣米内光政以下の要人を標的とする神兵隊事件関係者が検挙される。▼反正《はんぜい》・顕宗《けんぞう》・元明《げんめい》・平城《へいぜい》・明正《めいしょう》 各天皇の読み方が確定する。

7・8 天皇、皇后とともに葉山御用邸に行幸する（十七日還幸）。

7・11 天皇、内大臣木戸幸一に、近衛文麿の新体制運動について下問、ついで、英国がわが国の援蔣ルート封鎖の申し入れを拒否した場合、わが軍が香港を占領することとなり、宣戦となる恐れがあり、その場合、米国がエンバーゴの手段に出るであろうこ

***神宮皇學館大学官制**　これにより、皇學館大学が文部省所管官立単科大学となる。初代学長は山田孝雄《よしお》。昭和二十一年三月、神道指令に基づき廃校。同三十七年、私立の神宮皇學館大学として再興される（総長・吉田茂）。

***基本国策要綱**　その根本方針は「皇国ノ国是ハ八紘ヲ一宇トスル肇国《ちょうこく》ノ大精神ニ基キ世界平和ノ確立ヲ招来スルコトヲ以テ根本トシ先ツ皇国ヲ核心トシ日満支ノ強固ナル結合ヲ根幹トスル大東亜ノ新秩序ヲ建設スルニ在リ」とする。

***北白川《きたしらかわの》宮《みや》永久王《ながひさおう》**（一九一〇〜四〇）北白川宮成久王王子。母は明治天皇第七皇女房子内親王。妃は男爵徳川義恕次女祥子（昭和四十四年女官長就任）。大正十二年、父の死をうけ北白川宮家を継承。陸軍に進み、駐蒙軍で参謀として任務にあたるも不時着の飛行機にまきこまれて事故死（「名誉の戦死」と発表される）。蒙彊《もうきょう》神社に祀れる予定だったが実現しないうちに敗戦。戦後の昭和三十四年、一般の祭神とは別に靖国神社に祀られる。

とを述べる。

7・17　外相と在京英国大使との間に援蔣ルート封鎖に関する協定が調印される。

7・22　第二次近衛文麿内閣成立。

7・25　アメリカ、在米日本資産を凍結（二十六日イギリス、二十七日蘭印も）。

7・26　第二次近衛内閣、「**基本国策要綱**」を閣議決定する。

7・29　天皇、近衛文麿より「世界情勢ノ推移ニ伴フ時局処理要綱」に関する説明を聴く（速やかな支那事変の解決促進と世界情勢の好機捕捉による武力行使を視野に入れた対南方問題の解決を図るため、独伊両国との政治的結束の強化、対ソ国交の飛躍的調整、対米英開戦の覚悟を規定）。

7・31　天皇、皇后とともに葉山御用邸に行幸する（九月三日まで滞在）。

8・1　赤間宮・白峯宮が官幣大社に昇格し、それぞれ赤間神宮・白峯神宮と改称する。

9・4　**北白川宮永久王**、蒙古で没（三歳の道久王《みちひさ》が継承）。

9・16　天皇、近衛首相より、閣議で日独伊三国同盟締結を決定との内奏を受ける。天皇、対米開戦の場合における海軍の態度、敗戦に至る場合の総理の決意等につき下問する。

9・19　御前会議で日独伊三国同盟締結を決定する。

9・26　陸軍部隊、北部仏印に上陸、かつハイフォンを空爆。天皇、これを聞き、上陸および空爆を不可とする。

9・27　ベルリンで日独伊三国同盟調印。この日、天皇、詔書（「大義ヲ八紘ニ宣揚シ」に始まり、「天壌無窮ノ皇運ヲ扶翼セヨ」で結ぶ）を発する。

10・3　閑院宮載仁親王、参謀総長を辞任（後任に杉山元陸軍大将）。

10・11　天皇、紀元二千六百年特別観艦式のため横浜沖に行幸する。

10・12　大政翼賛会発会式が首相官邸で行なわれる（このとき全員が起立し、皇居に向かって一礼し「君が代」を斉唱。このあと近衛文麿大政翼賛会総裁が紀元二千六百年紀元節の詔書を朗読）。

10・19　平安神宮西本殿（祭神・孝明天皇）の鎮座祭が行なわれる。

10・25　十日成年式を終えた東久邇宮稔彦王三男、臣籍降下し粟田彰常《あきつね》を称し、侯爵を受爵する。

10・30　天皇、病む（十一月八日床払い）。

11・5　紀元二千六百年を記念して「正倉院御物特別展観」が東京帝室博物館で開かれ

る（東京では初の一般公開。二十四日まで。特別展観終了後の二十七日、皇后・皇太后が行啓）。
11・7 天智天皇を祭神とする近江神宮の鎮座祭が行なわれる。
11・9 内務省内局の神社局、外局の神祇院に拡充改組される（昭和二十一年廃止）。
11・10 政府主催**紀元二千六百年**記念式典。天皇・皇后臨席のもと宮城外苑で行なわれる（天皇、「我カ惟神ノ大道ヲ中外ニ顕揚シ」人類の福祉と平和に貢献せよとの勅語を読み上げる。このときラジオ放送は無音となる〈ラジオは誰がどのような態度できいているか分からないので、天皇の肉声を放送するのは畏れ多いという理由〉）。
11・11 天皇・皇后臨席のもと紀元二千六百年奉祝会が開かれる（天皇、国民各層・各国代表と喜びを分かちあえてうれしいと読み上げる。このときも前日同様、ラジオ放送、無音となる）。
11・15 天皇、明治神宮に行幸し、拝礼する。
11・16 天皇、皇后・正仁親王・貴子内親王と葉山御用邸に行幸する（二十一日帰京）。
11・24 最後の元老西園寺公望没（十二月五日国葬）。
11・29 天皇、内大臣木戸幸一に、汪兆銘政権と条約を締結すれば、支那事変に対し長期態勢をとるほかないとし、そのときのわが国の方策を下問する。
11・30 日華基本条約調印。天皇、日満華三国共同宣言の公布に関する内閣上奏書類に署名する（十二月三日、日華基本条約・日満華共同宣言公布）。
12・2 光格天皇百年式年祭。天皇、維新史料編纂官藤井甚太郎の講話「光格天皇の御事蹟について」を聴く。
この年 小川清彦「日本書紀の暦日に就て」の内容成る（当時は公表されず、昭和二十一年八月、ガリ版刷私家版で発表。これによると、神武即位前紀甲寅年十一月丙戌朔から仁徳紀八十九年十月癸未朔までが儀鳳暦、安康紀三年八月甲申朔から天智紀六年閏十一月丁亥朔までは元嘉暦と一致する）。
▼和田英松「国書逸文」刊。▼紀元二千六百年を記念し、橿原神宮社殿が改築、神苑が整備拡張され、現在の橿原森林公苑ができる。
□11・24**西園寺公望**（首相。92）、12・24**湯浅倉平**（内大臣。67）

■昭和十六年（一九四一）辛巳

昭和天皇 41歳
明仁親王 9歳

＊**紀《き》元《げん》二千六百年** 「日本書紀」編纂者が神武天皇即位を推古天皇九年辛酉年（西暦六〇一）から千二百六十年前（前六六〇）に機械的に設定したと考えられ、この神武天皇即位年からちょうど「二千六百年」に当たることから、「神武創業」とその精神を祝ったもの。中国の讖緯《しんい》説では、辛酉の年（六十年に一度）は変革があるとされ、六十年を一元とし、二十一元（一二六〇年）に一度「大変革命」が起こるといわれる。

＊**西園寺《さいおんじ》公望《きんもち》**（一八四九～一九四〇） 徳大寺家出身も幼時に西園寺家を継承。ソルボンヌ大学に学び、第二・第三次伊藤内閣の文相。明治三十九年・四十四年、総理大臣として組閣。以来、「最後の元老」として、後継首相を天皇に推薦。軍部の急進派を抑えるためよく働くも昭和十五年死去。天皇とのやりとりなど昭和前期の重要な政治諸相は「西園寺公と政局」にまとめられている。公爵。

＊**湯《ゆ》浅《あさ》倉平《くらへい》**（一八七四～一九四〇） 山口県の医師の子として生まれる。東京帝国大学卒業後内務省に入り、

1・4　天皇、生物学御研究所に入り、研究を行なう（本年も定例の土曜日を中心に同所で生物学研究を行なう）。
1・8　天皇、積雪泥濘のため、陸軍始観兵式行幸を中止する。
1・9　天皇、皇后とともに葉山御用邸に行幸する（二十日還幸）。
1・15　天皇、クラゲの新種を発見する。
1・23　講書始。天皇、東北帝国大学教授村岡典嗣「神皇正統記の三徳説について」等を聴く。
1・25　天皇、参謀総長杉山元に、問題となっている対仏印作戦につきいろいろ下問する。
2・1　伏見宮博恭王軍令部総長・近衛文麿首相・杉山元参謀総長が拝謁し、「対仏印泰《タイ》施策要綱」を奏上。ついで裁下。しかし後日、天皇、木戸幸一内大臣に「所謂火事場泥棒式のことは好まない」（「木戸幸一日記」）と語り、仏印・タイへの進出には慎重に考える必要がある旨の感想を述べる。
3・10　治安維持法改正公布（「国体の否定」「神宮もしくは皇室の尊厳を冒瀆」した罪・予防拘禁制などを追加）。
3・11　タイ・仏・日本の三国代表により、調停条項の仮調印がなされる。
3・15　大審院、神兵隊事件につき刑免除の判決を下す。
3・31　文部省教学局、「**臣民の道**」を編集・刊行。
4・9　伏見宮博恭王、軍令部総長を辞任（後任に永野修身《おさみ》大将）。
4・12　天皇、皇后とともに葉山御用邸に行幸する（二十一日還幸）。
4・13　**日ソ中立条約**調印。
4・24　五十狭城《いさき》入彦皇子・任助親王・尊観親王・志玄王・日承王の墓所を決定する。
4・25　天皇、靖国神社臨時大祭に行幸し、本殿にて拝礼する。
5・6　成子内親王と東久邇宮盛厚王の婚約が発表される。
5・7　東久邇宮稔彦王参内。天皇、日ソ中立条約・仏印に関する日仏条約の成立、仏印・タイ国境紛争に関する細目協定も近く成立することに触れ、日本の前途は日米交渉如何などと懇談する。
5・9　仏・タイ両国間の平和条約が、東京で調印される。
5月　吹上御苑内に御文庫建設開始（六月十九日地鎮祭）。
6・10　天皇、大正天皇陵に参拝する。
6・18　中華民国国民政府主席汪兆銘、参内

県知事・警保局長などを経て、大正十二年警視総監になるも十二月の虎ノ門事件により責任をとり免官。その後、内務次官・朝鮮総督府政務総監・会計検査院長を歴任し、昭和八年、宮内大臣となり天皇を補佐、十一年の二・二六事件で殺害された斎藤実のあとを受けて内大臣就任。十五年病気のため辞任。男爵。

＊臣民の道　「万民愛撫の皇化の下に億兆心を一にして天皇にまつろひ奉る、これ皇国臣民の本質である」とし、天皇への忠誠心こそ「臣民の道」であるとする。昭和十六年七月二十一日、各学校に配付する。

＊日ソ中立条約　ソ連は、ドイツの侵攻を予期し、極東の軍を西部へ持っていけるとし、日本は南方進出および対米戦をにらみ、ソ満国境の軍を他に配置できる等、お互いの当面の利益に合致したことにより締結したもの。有効期間は五年、満了一年前までにいずれかが廃棄しない場合は、さらに五年間の自動延長とした。昭和二十年四月五日、ソ連は延長しないことを

する。
6・22　独ソ開戦。外務大臣松岡洋右、わが国もソ連に即時開戦と主張する。またソ英米三国とは戦わねばならない旨を奏上する。
6・29　天皇、豊明殿・千種ノ間に陳列の陸軍所蔵の深沢省三・藤田嗣治・宮本三郎などの戦争画を覧る。
7・2　天皇、東一ノ間に出御。御前会議で「情勢ノ推移ニ伴フ帝国国策要綱」が決定され、大本営陸海軍部の南方進出態勢強化、対英米戦を辞せず、独ソ戦には介入せず対ソ武力準備はする、という基本方針を多少の修正を加えて採択される（これが九月六日の「帝国国策遂行要領」として発展）。午後、天皇、これを裁可する。
7・8　天皇、皇后とともに葉山御用邸に行幸する（十七日還幸）。
7・18　第三次近衛文麿内閣成立。
7・21　仏国政府、わが陸海軍の南部仏印進駐につき、領土主権の尊重、内政不干渉を条件として受諾（このことを二十四日に独伊、二十五日に中華民国・満州国・英国・米国へ通告）。
7・26　「日仏共同防衛ニ関スル帝国政府声明」が公表される。
7・28　日本軍、南部仏印に進駐する。
7・29　非常時における皇太后の避難場所を第一に沼津とする（のち、第二に日光、第三に箱根とする）。
7・30　天皇、軍令部総長永野修身より、三国同盟がある以上日米国交調整は不可能であり、結果として石油の供給源を失えばジリ貧になるため、むしろ打って出るよりほかない旨の奉答を受ける。このあと天皇、侍従武官長蓮沼蕃に、博恭王にくらべ永野は好戦的で困る旨を漏らす。
8・5　天皇、東久邇宮稔彦《なるひこ》王と種々談話。稔彦王、**天皇の言葉**に対し進言する。
9・3　大本営政府連絡会議、「**帝国国策遂行要領**」を決定（五日閣議決定、六日御前会議で最終決定）。
9・5　天皇、近衛首相より閣議決定の「帝国国策遂行要領」につき、奏上を受ける。
9・27　長慶天皇陵の陵墓参考地として慶寿院址が定められる（昭和十九年二月、長慶天皇陵〈京都市右京区天龍寺角倉町所在〉と治定）。
10・3　三笠宮崇仁親王と子爵高木正得二女百合子との納采の儀が行なわれる。
10・7　天皇、侍医寮庁舎屋上にて侍従らとデッキゴルフをする（天皇最後のゴルフ）。
10・9　天皇、博恭王と対面。博恭王は人民

通告、八月九日、連合軍の参戦要請を受けたとして、条約を破棄し日本への宣戦に至った。

＊天皇の言葉　軍部について、「軍部は統帥権の独立ということをいって、勝手なことをいって困る」、南部仏印進駐については「杉山参謀総長は、作戦上必要だから進駐するという。仕方なく許可したが、進駐後、英米は資産凍結を下した。陸軍は作戦、作戦とばかりいって、どうもほんとうのことを自分にいわないで困る」旨を述べた。稔彦王は、「今後ほんとうのことを申し上げるよう、よく注意します」「陛下は大元帥で陸海軍を統率しているのだから、陛下がいけないとお考えなら、お許しにならなければいいのです」といった主旨を進言したものの、事態は改善されず、対米英戦争に突入した（「東久邇日記」）。

＊帝国国策遂行要領　九月五日、天皇、「之を見ると、一に戦争準備を記し、二に外交交渉を掲げてゐる。何だか戦争が主で外交が従であるかの如き感じを受ける」とし、杉山元参謀総長には、支那事変の

米英両国に対する宣戦の詔書

天佑ヲ保有シ万世一系ノ皇祚ヲ践メル大日本帝国天皇ハ昭ニ忠誠勇武ナル汝有衆ニ示ス

朕茲ニ米国及英国ニ対シテ戦ヲ宣ス朕カ陸海将兵ハ全力ヲ奮テ交戦ニ従事シ朕カ百僚有司ハ励精職務ヲ奉行シ朕カ衆庶ハ各々其ノ本分ヲ尽シ億兆一心国家ノ総力ヲ挙ケテ征戦ノ目的ヲ達成スルニ遺算ナカラムコトヲ期セヨ

抑々東亜ノ安定ヲ確保シ以テ世界ノ平和ニ寄与スルハ丕顕ナル皇祖考丕承ナル皇考ノ作述セル遠猷ニシテ朕カ拳々措カサル所而シテ列国トノ交誼ヲ篤クシ万邦共栄ノ楽ヲ偕ニスルハ之亦帝国カ常ニ国交ノ要義ト為ス所ナリ今ヤ不幸ニシテ米英両国ト釁端ヲ開クニ至ル洵ニ已ムヲ得サルモノアリ豈朕カ志ナラムヤ中華民国政府曩ニ帝国ノ真意ヲ解セス濫ニ事ヲ構ヘテ東亜ノ平和ヲ攪乱シ遂ニ帝国ヲシテ干戈ヲ執ルニ至ラシメ茲ニ四年有余ヲ経タリ幸ニ国民政府更新スルアリ帝国ハ之ト善隣ノ誼ヲ結ヒ相提携スルニ至レルモ重慶ニ残存スル政権ハ米英ノ庇蔭ヲ恃ミテ兄弟尚未タ牆ニ相鬩クヲ悛メス米英両国ハ残存政権ヲ支援シテ東亜ノ禍乱ヲ助長シ平和ノ美名ニ匿レテ東洋制覇ノ非望ヲ逞ウセムトス剰ヘ与国ヲ誘ヒ帝国ノ周辺ニ於テ武備ヲ増強シテ我ニ挑戦シ更ニ帝国ノ平和的通商ニ有ラユル妨害ヲ与ヘ遂ニ経済断交ヲ敢テシ帝国ノ生存ニ重大ナル脅威ヲ加フ朕ハ政府ヲシテ事態ヲ平和ノ裡ニ回復セシメムトシ隠忍久シキニ弥リタルモ彼ハ毫モ交譲ノ精神ナク徒ニ時局ノ解決ヲ遷延セシメテ此ノ間却ツテ益々経済上軍事上ノ脅威ヲ増大シ以テ我ヲ屈従セシメムトス斯ノ如クニシテ推移セムカ東亜安定ニ関スル帝国積年ノ努力ハ悉ク水泡ニ帰シ帝国ノ存立亦正ニ危殆ニ瀕セリ事既ニ此ニ至ル帝国ハ今ヤ自存自衛ノ為蹶然起ツテ一切ノ障礙ヲ破砕スルノ外ナキナリ

皇祖皇宗ノ神霊上ニ在リ朕ハ汝有衆ノ忠誠勇武ニ信倚シ祖宗ノ遺業ヲ恢弘シ速ニ禍根ヲ芟除シテ東亜永遠ノ平和ヲ確立シ以テ帝国ノ光栄ヲ保全セムコトヲ期ス

はみな対米開戦を希望していること、開戦しなければ陸軍に反乱が起こる等、強硬に主戦論を唱える。天皇、今はその時機ではなく、外交交渉に手段がある旨を述べる。博恭王、自分の主張を取り消す旨、言上する。

10・13　天皇、内大臣木戸幸一に、対英米戦実行のさいには、戦争終結の手段を最初から十分に考究しておくこと、そのため、ローマ法王庁との使臣の交換など、親善関係を樹立しておくことなどを述べる。

10・15　陸軍大臣東条英機より、稔彦王を後継首班にとの提唱あり。天皇、英米戦となれば皇室のためにならないが、陸海軍一致で平和の方針ならば止むをえない旨を述べる（翌十六日、内大臣木戸幸一、企画院総裁に対し、皇族内閣で日米戦争に突入した場合、万一予期の結果を得ざるとき、皇室が国民の怨府になりかねないと、皇族内閣反対を表明）。

10・18　天皇、靖国神社臨時大祭に行幸し、本殿にて拝礼する。▼**重臣会議**により、東条英機を首相・陸相兼任とする内閣が成立。

10・20　天皇、内大臣より東条を奏請した理由（不用意な戦争突入を回避する唯一の打開策）を聞き、「虎穴に入らずんば虎子を得ず」旨の感想を述べる。

10・22　三笠宮崇仁親王・高木百合子の結婚の儀が行なわれる。

10・24　臣下であっても元帥府に列せられるようになる。

11・2　天皇、首相より、大本営政府連絡会議において「帝国国策遂行要領」再決定等に衆議一致した旨の奏上を受ける。天皇、日米交渉により局面を打開できなければ、やむを得ず対米英開戦を決意しなければならずやと漏らす。

11・3　天皇、軍令部総長永野修身に海軍の作戦開始日を下問、十二月八日月曜日との奉答を受ける。

11・5　御前会議で、再び「帝国国策遂行要領」が採択され、対米交渉不成立の場合、対米英蘭開戦の時機を十二月初頭と定める。

11・7　天皇、皇后・貴子内親王とともに葉山御用邸に行幸する（十五日還幸）。

11・20　天皇、東京帝国大学助教授坂本太郎「舒明天皇ノ御事蹟」を聴く（この日、舒明天皇千三百年式年祭）。

11・27　米国ハル国務長官、日本側提案の甲・乙ともに拒否し、米側主張の四原則等を主張する（ハル・ノート）。

11・29　重臣会議開催。重臣のうち対米開戦

見通しの甘さを指摘し、支那事変は一ヵ月で片付くといったのに四年たってもまだ片付かない、「支那の奥地が広いと言ふなら、太平洋はなほ広いではないか。如何なる確信があって三ヵ月と申すか」といい、「外交を先行せしめよ」と命じた。杉山参謀総長はただ頭を垂れるのみであったが、軍部は米国との戦争に肚を決めており、天皇の意向は無視されていたに等しかった（「失われし政治　近衛文麿公の手記」「杉山メモ」）。

＊**重臣会議**　このときの重臣のメンバーは次の通り。伯爵清浦奎吾・男爵若槻礼次郎・海軍大将岡田啓介・従二位広田弘毅・陸軍大将林銑十郎・陸軍大将阿部信行・海軍大将米内光政ならびに枢密院議長原嘉道・内大臣木戸幸一。

＊**連峯雲**　このときの御製。
「峯つゝきおほふむら雲ふく風のはやくはらへとたゝいのるなり」

やむなしとする者三分の一、残りの三分の二は、積極開戦はドカ貧に陥るものとし、現状維持のジリ貧の中で策を廻らし、対米忍苦・現状維持を主張する。このあと天皇、各重臣より意見を聞く。

12・1　御前会議開催。米国が日本軍の支那よりの無条件全面撤兵、南京政府の否認、日独伊三国条約の死文化等を要求したため、対米英蘭開戦を決定する。

12・2　参謀総長杉山元・軍令部総長永野修身、天皇に武力発動時機（十二月八日午前零時）を上奏、裁下を受ける。

12・8　日本軍、マレー半島に上陸、またハワイ真珠湾を攻撃（太平洋戦争開始）。▼天皇、**「米英両国に対する宣戦の詔書」**（一四三七ページ参照）を発する。

12・9　天皇、宮中三殿で「宣戦布告の儀」を行なう。

12・11　天皇、伊勢神宮・諸山陵に宣戦を奉告する。

12・12　政府、戦争の名称を支那事変を含めて「大東亜戦争」とする。

12・28　香港軍政庁開設。

12・29　英国皇帝ジョージ六世の勅令により、ガーター勲章者名簿より天皇の名が削除される。

この年　三上参次「尊王論発達史」、辻善之助監修「歴代詔勅集」、神祇院「官国幣社特殊神事調」、筧克彦「神ながらの道」（貞明皇后への進講録）刊。

□12・29南方熊楠《みなかたくまぐす》（民俗学者。75）

■昭和十七年（一九四二）壬午

昭和天皇　42歳
明仁親王　10歳

1・2　大本営陸軍部、日本軍のマニラ占領を発表。

1・4　香取神宮・鹿島神宮を勅祭社とする。

1・8　去る十二月八日に宣戦の詔書が発せられたことにより、毎月一日の興亜奉公日を廃止し、毎月八日を「大詔奉戴日」とする。

1・10　天皇、生物学御研究所に入る（この年も従来のように土曜日を恒例の研究日とする）。

1・15　元寇の役の佳例に従い、一宮七社で敵国降伏祈願祭を行なう。

1・26　歌会始。御題は**「連峯雲」**。

1・28　天皇、臨時陵墓調査委員会委員辻善之助より「長慶天皇ノ御陵ノ調査ニ付テ」を聴く。

2・15　大本営、日本軍のシンガポール島占領を発表。

2・17 泉涌寺にて四条天皇七百年御忌法要を執行。この日天皇、東京帝国大学文学部史料編纂所長龍　粛《りゅうすすむ》より「四條天皇ノ御事蹟」を聴く。
2・18 天皇、騎馬で二重橋まで出て、シンガポール陥落の市民の祝賀の旗行列を覧る。
3・4 剣璽等を宮内省第二期庁舎金庫室に移す。
3・8 日本軍、ビルマのラングーンを陥落。
3・9 大本営、ジャバ島無条件降伏を発表。
4・3 天皇、皇后・貴子内親王とともに、紅葉山に満開の桜花を覧る。
4・12 天皇、皇后・貴子内親王とともに、内苑に満開の八重桜を覧る。
4・18 米軍機による来襲により、空襲警報発令。剣璽を宮内省第二期庁舎御金庫室へ移御。天皇、皇后・貴子内親王と御常御殿より同金庫室に移る（成子・和子・厚子各内親王は呉竹寮より、正仁親王は青山御殿より同金庫室へ。皇太子は病気のため赤坂離宮御文庫に移る。沼津御用邸に滞在の皇太后は防空壕へ）。この日、京浜・名古屋・神戸などにも空襲（初の本土空襲）。
4・23 尾崎行雄、翼賛選挙立候補者田川大吉の応援演説中の「売家と唐様で書く三代目」が天皇に対する不敬とされ、この日召喚される（翌日起訴。昭和十九年無罪判決）。
4・25 天皇、靖国神社臨時大祭に行幸し、本殿にて拝礼する。
4・29 天皇、雨により天長節観兵式への行幸を中止する。
5・2 伊勢内宮の仮殿遷御の儀が行なわれる（天皇、遙拝）。
5・6 空襲警報発令（天皇、十日朝まで第二期庁舎で就寝）。
5・21 東京地方裁判所、津田左右吉の著作の記述を無罪とするも「畏クモ神武天皇ヨリ仲哀天皇ニ至ル御歴代天皇ノ御存在ニ付疑惑ヲ抱カシムル虞《おそれ》アル講説ヲ敢テシ」たことについてのみ有罪として執行猶予付禁錮三月の刑を宣告する。
5・26 満州国建国十周年の祝意表彰のため、宣仁親王を差遣する（二十八日新京到着。六月三日帰国）。
6・2 大東亜戦争中、空襲により死傷の防空従事者に天皇・皇后より祭粢料・菓子料を、死亡の一般人に対しては御救恤金を下賜することにする。
6・5 七日にかけてミッドウェー海戦（日本軍敗北、空母四隻喪失、制空権を失う）。
6・22 日蓮主義仏立講五名、神宮大麻の受容を拒否し、治安維持法違反・不敬罪容疑

＊ガダルカナル島上陸《とうじょうりく》　このとき、天皇は日光田母沢御用邸にて休養していたが、到着後まもなくガ島上陸の報を聞き、「いま、日光なぞで避暑の日を送っているときではない」と、即時帰京を希望したという（土門周平「戦う天皇」）。

で逮捕される。

7・13 天皇、第十一連合航空隊に行幸のため、東京駅より土浦駅に出発する。

7・16 天皇、皇后・貴子内親王と日光田母沢御用邸に行幸する（二十九日帰京、三十日明治天皇三十年式年祭。八月一日再び日光へ。十二日帰京）。

7・21 天皇、陸軍特別空地協同演習を覧るため、宇都宮飛行場に行幸する（即日、日光に還御）。

8・7 米軍、**ガダルカナル島上陸**（激戦開始。日本軍、六ヵ月後撤退）。

8・12 天皇、防空用施設として竣工した御文庫を覧る（この年、皇后とともにここで頻繁に夕食をとる）。

8・28 嵯峨天皇千百年式年祭。天皇、京都帝国大学文学部講師高橋俊乗より「嵯峨天皇ノ御事蹟」を聴く。

9・1 総理大臣東条英機と外務大臣東郷茂徳の対立が深刻により、東条英機を兼外務大臣とする（十七日、谷正之を外相とする）。

10・2 伊勢内宮本殿遷御の儀が行なわれる（天皇、神嘉殿南庭にて遙拝）。

10・5 久邇宮多嘉王二男、臣籍降下し、宇治家彦を称し、伯爵を授けられる。

10・14 順徳天皇七百年式年祭。天皇、京都帝国大学助教授中村直勝より「順徳天皇ノ御事蹟ニ就テ」を聴く。

10・16 天皇、靖国神社臨時大祭に行幸し、本殿にて拝礼する（このとき一万五千二十一名を合祀）。

11・1 拓務省を廃止し、朝鮮・台湾・樺太に関する業務を内務省に、関東州・南洋群島に関する業務を新設大東亜省に引き継ぐ。

11・2 天皇、皇后とともに明治神宮に行幸し、本殿にて拝礼する。

11・29 天皇、千種ノ間・豊明殿にて大東亜戦争記録絵画を覧る（川端龍子・小磯良平等の作品）。

12・11 天皇、伊勢神宮参拝に出発する（十二日、外宮、内宮の順に戦勝祈願親拝。神武天皇陵・大正天皇陵には勅使を派遣。十三日帰京）。

12・19 天皇、風邪気味により、二十三日枢密院会議、二十四日大正天皇陵参拝を中止する（大正天皇陵へは皇后のみにて参拝。二十八日回復）。

12・31 御前会議でガダルカナル島撤退を決定。

この年 出雲路通次郎「大礼と朝儀」、国民精神文化研究所「後奈良天皇宸記」（複製本）刊。

□5・16金子堅太郎《かねこけんたろう》（官僚・政治家。大日本帝国憲法・皇室典範制定に参画。伯爵。90）、11・5清浦奎吾《きようらけいご》（首相。伯爵。93）

■昭和十八年（一九四三）癸未

昭和天皇 43歳
明仁親王 11歳

1・8 天皇・皇后、吹上御文庫に移る（以後、御文庫に起居）。夕方、御文庫に剣璽渡御。

1・9 天皇、生物学御研究所に入る（本年も土曜日を定例研究日とする）。

1・13 崇仁親王、支那派遣軍参謀として出征する（南京に向かう）。

2・28 御文庫工事により、剣璽、ついで天皇、常御殿に移る。

3・10 大本営政府連絡会議、ビルマ国独立指導要綱を決定（十一日、天皇に上奏）。

3・27 樺太庁官制改正（四月一日より樺太を内地扱いとする）。

3・29 成子内親王、女子学習院を卒業する。

3・30 日本政府、杭州・蘇州・漢口・沙市・天津・福州・厦門《あもい》および重慶における専管租界の行政権を中華民国国民政府に還付する。

4・1 御文庫工事完了により、天皇・皇后、ついで剣璽、御文庫に移る。

4・18 連合艦隊司令長官山本五十六、ソロモン群島上空で戦死（六月五日国葬）。

4・24 天皇、靖国神社臨時大祭に行幸し、本殿にて拝礼する（このとき一万九千九百八十六名を合祀）。

4・27 新築の賢所防空用の建物を「斎庫」と呼ぶことにし、空襲警報発令の際は、宮中三殿を斎庫に奉遷することに決める。

5・12 天皇、米軍のアッツ島上陸の奏上を受ける（この月、日本軍玉砕）。

5・31 御前会議で**大東亜政略指導大綱**が決定され、天皇、これを裁可する。

6・7 久邇宮多嘉王三男、臣籍降下し龍田徳彦を称し、伯爵を受爵する（戦後は梨本姓を名のる）。

6・20 創価教育学会、「天皇の神格」否定と「神宮冒瀆」を理由に会長牧口常三郎ら検挙される。

6・21 海軍大将永野修身・陸軍大将杉山元を元帥府に列する。

6・24 天皇、横須賀軍港入港の戦艦武蔵に行幸する。

6・26 大本営政府連絡会議、「比島独立指導要領」等を決定する（この日奏上）。

7・16 崇仁親王、一時帰国も、この日、南京に向かう。

＊**大東亜政略指導大綱** 大東亜戦争遂行のため、日本を中心とする大東亜の諸国家・諸民族結集の態勢を十一月初めまでに整備・強化すること、また政略体制整備のため諸国家・諸民族の戦争協力強化を主眼とし、支那問題を解決することを方針とする。その要領としては、中華民国国民政府に対重慶政治工作を実施させるよう指導すること、ビルマ、フィリピンの速やかな独立等を掲げる。

＊**柳原愛子**《やなぎわらなるこ》（一八五九〜一九四三） 柳原光愛次女。明治三年宮中に出仕。同五年から明治天皇に仕え、薫子内親王・敬仁親王・嘉仁親王（大正天皇）をもうける。大正二年、皇太后典侍となり、翌年免官。祐天寺に葬られる。

7・25 伊首相ムッソリーニ、クーデタにより辞職。
8・1 ビルマ独立宣言。日本ビルマ同盟条約調印。ビルマ、英米両国に宣戦布告。
8・5 都紀女《つきめ》加王《かのみこ》（応神天皇皇曾孫）墓が治定される（佐賀県三養基郡上峰村）。
8・21 伏見宮博恭王四男博英王（海軍大尉。伏見伯爵）、セレベス島南にて戦死（年32。伏見伯爵家は養子博孝〈父は華頂博信〉が継承）。
9・8 伊国、米英両国に無条件降伏。
9・15 日独共同声明を発表。
9・22 天皇、中華民国国民政府主席汪兆銘と会見する。
9・25 大本営政府連絡会議、「今後採ルヘキ戦争指導ノ大綱」を決定（天皇、三十日の御前会議でこれを裁可）。
10・2 国史編修準備委員会官制公布。
10・8 正倉院宝庫が開封され、曝涼・点検が行なわれる（このとき、時局にかんがみ宝物を分散することにし、奈良帝室博物館収蔵庫に計二百六十七件が移される）。
10・13 照宮成子《しげこ》内親王、東久邇宮稔彦王第一男子盛厚《もりひろ》王と結婚する。
10・14 フィリピン独立宣言。日本フィリピン同盟条約調印。
10・16 大正天皇生母柳原愛子没。▼天皇、靖国神社臨時大祭に行幸し、本殿において拝礼する（このとき一万九千九百九十二名合祀）。
10・21 文部省主催学徒壮行大会が神宮外苑競技場で挙行。
10・30 日華同盟条約、南京にて調印（これにより「日華基本関係条約」失効）。
11・1 国民精神文化研究所と国民錬成所が統合、教学錬成所となる。
11・4 天皇、大東亜会議に参列の中華民国、タイ、満州国、フィリピン、ビルマ各代表等に謁見を許す（五日、大東亜共同宣言を採択。六日発表。天皇、六日夜に「大東亜会議最終議事録」を覧る）。
12・1 ルーズベルト、チャーチル、蔣介石によるカイロ宣言発表（日本に対し無条件降伏を要求）。
12・7 天皇、皇后と大正天皇陵に参拝する。
12・9 天皇、埼玉県北足立郡朝霞町の陸軍予科士官学校に行幸する。
この年 谷崎潤一郎、「細雪」を「中央公論」一月・三月号に連載も、「時局にそぐわない内容」として掲載禁止。
□2・4 林銑十郎《はやしせんじゅうろう》（陸軍大将。首相。68）、
4・18 山本五十六《やまもといそろく》（元帥。海軍大将。60）

■昭和十九年（一九四四）甲申

昭和天皇　44歳
明仁親王　12歳

1・8　天皇、生物学御研究所に入る（以後十一月四日までほぼ土曜日は研究日）。
2・6　朝香宮鳩彦王二男音羽正彦（海軍大尉）、マーシャル諸島クェゼリン島にて戦死（二十六日、戦死と海軍少佐に進級を公表。年31。子なく音羽侯爵家は廃絶）。
2・11　長慶天皇五百五十年遠忌であり紀元節の日に、第九十八代長慶天皇の嵯峨東陵（旧慶寿院跡）が治定される（ここに歴代天皇陵すべて確定。これにより臨時陵墓調査委員会廃止）。
2・21　東条英機陸相が参謀総長を、嶋田繁太郎海相が軍令部総長をそれぞれ兼任することにする。
2・23　長慶天皇陵修理起工奉告祭を行なう（九月四日竣工奉告祭）。
3・3　汪兆銘、病により南京より来日（四日手術）。
3・5　天皇、豊明殿・千種ノ間で、藤田嗣治「血戦ガダルカナル」など戦争画を覧る。
4・1　朝鮮の全州《ぜんしゅう》神社・咸興《かんこう》神社を国幣小社に列格する。
4・10　天皇、多摩陸軍飛行場（立川）に行幸し、陸海軍航空兵器を覧る。
4・12　食糧増産のため、御料地を貸し出すことにする。
4・25　天皇、靖国神社臨時大祭に行幸し、本殿において参拝する（高松宮・三笠宮はじめ各皇族も参拝）。
4・26　崇仁親王女子（甯子《やすこ》内親王）、沼津御用邸東附属邸にて、誕生する。
6・17　官幣大社台湾神社、祭神に天照大神を加え、台湾神宮と改称する。
6・19　マリアナ沖海戦で、日本海軍、空母・航空機の大半を失う。
7・7　サイパン島の日本守備隊全滅（大本営は十八日、十六日までに全滅と発表）。
7・10　皇太子、疎開のため日光田母沢御用邸に行啓する。
7・12　正仁親王、青山御殿より塩原御用邸に疎開（八月二十六日、日光田母沢御用邸附属邸、十一月一日、日光御用邸に移る）。
7・17　重臣会合し、現難局を乗り切るには人新一心、挙国一致内閣を作る必要があること等を決定する（内大臣木戸幸一、翌日これを天皇に伝える）。
7・22　小磯国昭内閣成立。
7・24　和子・厚子・貴子各内親王、日光田母沢御用邸附属邸に疎開する（八月二十六

＊**御言葉**　最高戦争指導会議は、戦争指導の根本方針の策定、および政戦両略の吻合調整に当たる官制外の機関とし、宮中にて開催、重要案件の審議には親臨を奉請するものとする。これに対し、天皇は「卿等最高戦争指導会議ヲ構成スル者克ク渾然一体トナリ戦争指導ニ関スル最高方針ノ策定及政戦両略ノ調整ニ万遺憾ナキヲ期シ以テ大東亜戦争ノ完遂ニ邁進スヘシ」の御言葉を賜う。

＊**「大日本帝国」の研究**　天皇について、「日本人の活力、忠誠心、ひいては道徳心がここに帰一する、いわば心の拠りどころであり、世俗の政権が神聖な権威を授かり、すべての栄誉がここにその源を発するところなどである。日本人にとって、天皇、すなわち日本である」と分析される。なお、戦時中の調査研究により、文化人類学者ルース・ベネディクトは、日本文化について「菊と刀」を刊行している。

＊**宸翰英華**《しんかんえいが》　聖武天皇から大正天皇に至る歴代天皇の宸翰千三百六十二点を収録したもの。本編図版二

日、三内親王、塩原御用邸に移る）。
8・5　大本営政府連絡会議を解消、この日、最高戦争指導会議を設置する（天皇、これに対し御言葉を賜う）。
8・19　天皇、最高戦争指導会議に臨御。「今後採ルヘキ戦争指導ノ大綱」を裁可する。
8・22　沖縄からの疎開船対馬丸、米潜水艦により沈没（学童等一五〇四人没）。
8・28　大達《おおだち》茂雄内相、全国神職に寇敵撃滅祈願を訓令。
8・29　海軍大将藤田尚徳《ひさのり》を侍従長とする。
9・16　ソ連、日本政府の特使派遣申し入れを拒否する。
9・23　フィリピン、対米英宣戦布告。
9・30　大本営、グアム島・テニアン島の部隊が九月二十七日までに全滅と発表。
10・10　米軍機、沖縄を初空襲。
10・23　靖国神社臨時大祭・例大祭（掌典を差遣。二十二日、二万百九十七名を合祀）。
10・24　レイテ沖海戦で連合艦隊の主力を喪失する（二十五日、海軍「神風特別攻撃隊」初出動）。
10・25　戦艦武蔵、レイテ沖海戦で撃沈。
10・26　天皇、皇后とともに靖国神社に行幸し、本殿にて拝礼する（各皇族も参拝）。
11・1　マリアナ諸島基地より米軍機が東京等に出撃。空襲警報発令により、天皇・皇后、御文庫地下室に避難する（このあとも終戦まで、しばしば御文庫地下室へ）。宮中三殿も賢所仮殿地下の斎庫《さいこ》に移す（昭和二十年八月三十日まで）。
11・10　国民政府主席汪兆銘、闘病生活の末、名古屋で客死。
11・16　天皇、ビルマ国国家代表バー・モウと会見する。
11・23　天皇、御文庫附属室に出御し、新嘗祭を行なう。
11・24　米軍爆撃機約七十機、帝都および周辺地区に侵入し、爆弾・焼夷弾を投下する（中島飛行機武蔵野製作所など大被害。このあと終戦まで定期的に日本各地を爆撃）。
11月　アメリカで『「大日本帝国」の研究』刊。
12・7　昭和東南海地震（死者千二百人以上といわれる）。
12・18　米軍機B29、名古屋・大阪を空襲。
12・22　皇后、二宮治重文相を通し、集団疎開児童に菓子および短歌を下賜する（その御歌は「つぎの世をせおふべき身ぞたくましくただしくのびよさとにうつりて」）。
12月　紀元二千六百年記念事業の一つとして『宸翰英華』が刊行される。

■昭和二十年（一九四五）乙酉

帙、解説二冊。全国社寺旧家などに伝存するほとんどを収めるも、北朝天皇は除外される。帝国学士院編纂、紀元二千六百年奉祝会刊行。

昭和天皇 45歳
明仁親王 13歳

1・13 三河地震（約二千三百人死亡といわれる）。
1・14 伊勢外宮、空爆により斎館・神楽殿等被害（十五日、神宮祭主梨本宮守正王、参内して天皇に被害を報告）。
2・7 時局重大の折柄、天皇、首相経験者等の意見を聴取することにする。
2・11 ヤルタ会談の結果、ヤルタ協定調印（米国はソ連参戦の代償として、樺太南部の返還、千島列島の引き渡し等を承認。「極東密約」といわれる）。
2・14 天皇、近衛文麿より、敗戦の必至、共産革命の脅威、早期終戦などの時局についての上奏を受ける。天皇、国体護持をめぐる軍部の観測に対する近衛の意見、粛軍のための陸軍軍事等につき下問する（このあとも、十九日若槻礼次郎、二十三日岡田啓介、二十六日東条英機より奏上を聴取）。
2・19 米軍、硫黄島に上陸（三月二十六日、同島における組織的戦闘終了）。
2・25 米軍機、東京を空爆。このとき、宮城内にも初めて焼夷弾が落ちる。
3・3 正倉院管理署官制制定（五日公布。正倉院宝庫ならびに御物の安全を期するため、帝室博物館に新たに正倉院管理署を附置するなど）。
3・6 国民勤労動員令公布。
3・9 天皇、内大臣木戸幸一より、事態の重大さ、万一の場合の御覚悟等の奏上を受ける。
3・10 九日夜から十日未明にかけ、米軍機、東京江東区方面を空爆、甚大な被害（東京下町大空襲。宮城も主馬寮事務所が全焼するなど被害。また山階宮邸・東久邇宮邸も被害）。▼東京帝室博物館閉館（七月十日奈良帝室博物館も）。
3・18 天皇、自動車にて東京下町大空襲の**被災地巡察**を行なう。
3・25 宮中三殿の耐火補強工事終了。
4・1 米軍、沖縄本島に上陸。
4・5 ソ連、日ソ中立条約不延長を通告（有効期限は昭和二十一年四月二十五日）。
4・7 鈴木貫太郎内閣成立。▼戦艦大和、坊ノ岬沖海戦で撃沈。
4・8 天皇、陸軍省献納の川端龍子・宮本三郎・藤田嗣治等の大東亜戦争記録絵画を覧る。
4・9 天皇名代として宣仁親王、伊勢両宮に参拝する。
4・28 天皇、靖国神社に行幸し、本殿にお

***被災地《ひさいち》巡察《じゅんさつ》** 天皇自らの希望によって視察が実現。一巡ののち帰りの車中で藤田尚徳侍従長に「大正十二年の関東大震災の後にも、馬で市内を巡ったが、今回の方が遙かに無惨だ。……今度はビルの焼け跡などが多くて一段と胸が痛む。侍従長、これで東京も焦土となったね」と慨嘆したという（藤田尚徳「侍従長の回想」）。このときの御製は「戦のわざはひうけし国民をおもふこころにいでたちてきぬ」。

***閑院宮《かんいんのみや》載仁親王《ことひとしんのう》**（一八六五～一九四五） 伏見宮邦家親王第十六王子。易宮。孝明天皇養子。実母は伊丹吉子、養母は鷹司景子。妻は三条智恵子。王子二人、王女五人。三歳で出家も、明治四年伏見宮復籍、同五年閑院宮を継承。陸軍に進み、大正元年大将、同八年、元帥府に列せられる。大正天皇御大喪総裁、昭和天皇即位大礼総裁もつとめ、昭和六年、参謀総長となる。小田原の閑院宮別邸で亡くなり、国葬。

***懇談** メンバーは鈴木貫太郎首相・東郷茂徳外相・米内光政海

いて拝礼する（二十四・二十五日の臨時大祭では四万一千三百十八名を合祀）。

4・30 ヒトラー、ベルリンで自殺（五月八日、ドイツは無条件降伏）。

5・8 米国大統領トルーマン、日本に無条件降伏を勧告。

5・12 全国官国幣社以下、七日間にわたり寇敵撃攘の祈願を執行する。

5月中旬 軍部、長野県松代に大本営と御座所を移そうとする。

5・20 **閑院宮載仁親王**没（六月十日国葬）。

5・24 米軍機、東京を空爆（都内各区被害。伏見宮・東久邇宮・北白川宮各邸等も被害）。

5・25 深夜から二十六日未明にかけて、米軍機、東京を空襲、明治宮殿が全焼する（このとき吹上御苑・大宮御所・東宮仮御所のほか秩父・三笠・山階・閑院・梨本の各宮家なども全焼。宮中三殿は被害を免れる。天皇は御文庫にて無事）。

5・27 天皇、表宮殿・御常御殿・宮殿等の焼跡を覧る。

6・4 石渡荘太郎《いしわたそうたろう》を宮内大臣とする。

6・7 沖縄方面根拠地隊司令官太田実より海軍次官宛最後の電報が到達。これには、県民の状況が記され、「沖縄県民斯ク戦ヘリ、県民ニ対シ後世特別ノ御高配ヲ賜ランコトヲ」と結ばれる。

6・8 御前会議で「今後採ルベキ戦争指導ノ基本大綱」が採択される（あくまで戦争を完遂し本土決戦を決定）。

6・9 内大臣木戸幸一、天皇に、時局収拾の対策試案につき詳細に言上する。

6・13 大政翼賛会解散。

6・14 天皇・皇后、ひそかに赤坂離宮を訪問する（貞明皇太后に軽井沢への疎開を勧めるも断わられる）。

6・22 天皇自ら最高戦争指導会議のメンバーを召集し「**懇談**」する。

6・23 沖縄守備軍が全滅。

7・12 天皇、近衛文麿に時局終結に関する意見を下問し、対ソ特使を委任するかもしれないと述べる（近衛は、速やかな戦争終結を奉答）。

7・14 皇太子、日光田母沢御用邸より日光湯元南間ホテルに移る（十一月七日帰京）。

7・16 沼津御用邸、空襲で焼失する。

7・17 米・英・ソによるポツダム会談始まる（八月二日まで）。

7・25 天皇、木戸幸一より、陸軍の本土決戦論は信用できず、万一失敗すれば皇室も国体も護持しえないため、和を講じることが急務との言上を受ける。

相・阿南惟幾《あなみこれちか》陸相・梅津美治郎参謀総長・豊田副武《そえむ》軍令部総長。このとき天皇は和平への意見を率直に「戦争の終結につきても、この際従来の観念にとらわるゝことなく、速に具体的研究を遂げ、これが実現に努力せんことを望む」（下村海南「終戦秘史」）と述べたという。「懇談」とはいうものの、終戦に向けての御前会議、戦争指導者に対する天皇の要望であった。

7・26　米・英・中国、ポツダム宣言を発表（日本の主権は、本州・北海道・九州・四国といくつかの小さな島に限られるとする）。
7・31　天皇、参内の木戸幸一に「**三種の神器**」について語る。
8・2　米軍機、八王子・浅川方面を爆撃、このとき大正天皇陵域内に約一千発の焼夷弾が落下したという（陵地隣接の帝室林野局東京林業試験場庁舎〈図書寮分室〉も焼失したため、図書寮の図書千六百余冊等が灰となる）。
8・6　米軍機、広島に原子爆弾を投下（このとき朝鮮公族で陸軍軍人の李鍝《イウ》、被爆死。九日には長崎にも原爆投下。天皇は戦後、お慎みといって八月六日は行幸・散歩等も控える日とする。八月九日も同様）。
8・8　ソ連、中立条約を放棄し、ポツダム宣言に加入し、日本に宣戦布告。
8・9　午後十一時五十分、御前会議召集（十日午前二時半、「**聖慮**」により国体護持を条件にポツダム宣言受諾を決定、午前三時、閣議も決定）。▼東宮職官制制定、東宮傅育職員官制廃止。
8・10　天皇、御文庫附属室で開催の最高戦争指導会議に臨御。東郷茂徳外務大臣案と阿南惟幾《あなみこれちか》陸軍大臣案が対立、天皇、大局上三国干渉時の明治天皇の御決断の例にならい、人民を破局より救い、世界人類の幸福のために外務大臣案にて**ポツダム宣言を受諾**することを決心した旨を述べる（ポツダム宣言受諾をスイスとスウェーデン国政府を通じて米・英・中・ソ各国に伝達する）。
8・11　ソ連軍、樺太を攻撃（二十五日占領）。
8・12　陸軍省軍部局、連合国回答文は天皇神聖と国体を破壊するとして戦争完遂を確認する（一部将校は首脳説得を試み、十四日は玉音盤を奪取しようとするが失敗に終わる〈玉音盤事件などとも〉）。
8・14　御前会議で戦争終結の意思が最終的に確定、「**戦争終結の詔書**」（一四四九ページ参照）を発布する。
8・15　正午、「戦争終結の詔書」の放送がなされる（玉音放送）。▼阿南惟幾、自殺。▼鈴木内閣総辞職。
8・16　天皇、外地の日本軍にポツダム宣言受諾伝達のため、朝香宮鳩彦王を支那派遣軍へ、竹田宮恒徳王を関東軍へ、閑院宮春仁王を南方軍へ派遣する（十七日出発）。
8・17　東久邇宮稔彦《なるひこ》王内閣成立（初の皇族内閣）。▼満州皇帝溥儀退位、満州国解体。▼ソ連軍、根室支庁占守《しゅむしゅ》島上陸占領。
8・26　大東亜省・軍需省廃止。▼終戦連絡

＊**「三種《さんしゅ》の神器《じんぎ》」について**　木戸幸一内大臣が、三種の神器は、「皇統二千六百有余年の象徴」であり、これを失えば、国体の護持もできないと申し上げると、天皇は、伊勢神宮の神鏡と熱田神宮の宝剣は「万一の場合には自分が御守りして運命を共にする外ないと思ふ」と述べたという（「木戸幸一日記」）。なお当時、宝剣は、神宮側が飛騨の水無《みなし》神社に疎開させていた。

＊**聖慮《せいりょ》**　御前会議には最高戦争指導会議メンバー六名のほか迫水久常書記官長・平沼騏一郎枢密院議長など五名も出席。席上、国体護持を条件に受諾賛成をとなえる東郷外相と、国体護持など四条件を付け、もし条件が認められない場合は徹底抗戦との阿南陸相ら軍部が対立。鈴木首相の「かくなる上は聖慮によりて会議の決定をいたしたいと存じます」と深々と頭を下げたことにより、天皇の判断が下され、ポツダム宣言受諾が決定した。

＊**ポツダム宣言を受諾**　電文は次の通り。
「帝国政府ハ昭和二十年七月二十

戦争終結の詔書

朕深ク世界ノ大勢ト帝国ノ現状トニ鑑ミ非常ノ措置ヲ以テ時局ヲ収拾セムト欲シ茲ニ忠良ナル爾臣民ニ告ク

朕ハ帝国政府ヲシテ米英支蘇四国ニ対シ其ノ共同宣言ヲ受諾スル旨通告セシメタリ

抑々帝国臣民ノ康寧ヲ図リ万邦共栄ノ楽ヲ偕ニスルハ皇祖皇宗ノ遺範ニシテ朕ノ拳々措カサル所曩ニ米英二国ニ宣戦セル所以モ亦実ニ帝国ノ自存ト東亜ノ安定トヲ庶幾スルニ出テ他国ノ主権ヲ排シ領土ヲ侵スカ如キハ固ヨリ朕カ志ニアラス然ルニ交戦已ニ四歳ヲ閲シ朕カ陸海将兵ノ勇戦朕カ百僚有司ノ励精朕カ一億衆庶ノ奉公各々最善ヲ尽セルニ拘ラス戦局必スシモ好転セス世界ノ大勢亦我ニ利アラス加之敵ハ新ニ残虐ナル爆弾ヲ使用シテ頻ニ無辜ヲ殺傷シ惨害ノ及フ所真ニ測ルヘカラサルニ至ル而モ尚交戦ヲ継続セムカ終ニ我カ民族ノ滅亡ヲ招来スルノミナラス延テ人類ノ文明ヲモ破却スヘシ斯ノ如クムハ朕何ヲ以テカ億兆ノ赤子ヲ保シ皇祖皇宗ノ神霊ニ謝セムヤ是レ朕カ帝国政府ヲシテ共同宣言ニ応セシムルニ至レル所以ナリ

朕ハ帝国ト共ニ終始東亜ノ解放ニ協力セル諸盟邦ニ対シ遺憾ノ意ヲ表セサルヲ得ス帝国臣民ニシテ戦陣ニ死シ職域ニ殉シ非命ニ斃レタル者及其ノ遺族ニ想ヲ致セハ五内為ニ裂ク且戦傷ヲ負ヒ災禍ヲ蒙リ家業ヲ失ヒタル者ノ厚生ニ至リテハ朕ノ深ク軫念スル所ナリ惟フニ今後帝国ノ受クヘキ苦難ハ固ヨリ尋常ニアラス爾臣民ノ衷情モ朕善ク之ヲ知ル然レトモ朕ハ時運ノ趨ク所堪ヘ難キヲ堪ヘ忍ヒ難キヲ忍ヒ以テ万世ノ為ニ太平ヲ開カムト欲ス

朕ハ茲ニ国体ヲ護持シ得テ忠良ナル爾臣民ノ赤誠ニ信倚シ常ニ爾臣民ト共ニ在リ若シ夫レ情ノ激スル所濫ニ事端ヲ滋クシ或ハ同胞排擠互ニ時局ヲ乱リ為ニ大道ヲ誤リ信義ヲ世界ニ失フカ如キハ朕最モ之ヲ戒ム宜シク挙国一家子孫相伝ヘ確ク神州ノ不滅ヲ信シ任重クシテ道遠キヲ念ヒ総力ヲ将来ノ建設ニ傾ケ道義ヲ篤クシ志操ヲ鞏クシ誓テ国体ノ精華ヲ発揚シ世界ノ進運ニ後レサラムコトヲ期スヘシ爾臣民其レ克ク朕カ意ヲ体セヨ

中央事務局設置。

8・28　東久邇宮首相、国体護持・全国民総懺悔を呼びかける。▼ソ連軍、択捉島上陸占領。

8・29　天皇、内大臣木戸幸一に、自らの退位につき下問する。内大臣は慎重にと奉答する。

8・30　賢所仮殿の地下斎庫に避難していた賢所・皇霊殿・神殿が宮中三殿に戻る（九月一日、天皇、旬祭に出席し、宮中祭祀を再開）。

9・1　ソ連軍、色丹島上陸占領。

9・2　戦艦ミズーリ号上で無条件降伏文書に調印。▼ソ連軍、国後島上陸占領。

9・3　天皇、戦争終熄につき宮中三殿に親告の儀を行なう。また、神武・仁孝・孝明・明治・大正各天皇陵に勅使を派遣し、終戦を奉告する（八日には靖国神社へ）。▼ソ連軍、歯舞諸島を占拠。

9・4　天皇、第八十八回帝国議会開院式に臨御のため貴族院に行幸する。

9・10　皇室令をもって禁衛府官制が公布・施行（警衛局は廃止。禁衛府は翌年三月三十一日廃止）。

9・11　連合国最高司令部、東条英機ら三十九人に戦争犯罪人として逮捕指令を出す（この日、東条はピストル自殺未遂）。

9・12　元陸軍参謀総長杉山元《はじめ》、ピストル自殺。

9・13　宮中の大本営を廃止する。

9・14　マッカーサーライン制定（竹島を除外。ただしラインは領土領海とは関係ないと説明）。▼連合軍兵士が宮城御門を警備する。

9・18　米上院本会議、「日本天皇ヒロヒトを戦犯として裁判にかけることは、合衆国の政策である」とする宣言を満場一致で採択。

9・19　連合国最高司令部、宮内省総務局長加藤進を呼び出し、九月一日現在の皇室財産報告などを求める。

9・20　文部省、中等学校以下の教科書から戦時用教材の省略・削除を通牒（墨ぬり教科書）。▼ソ連、千島列島・色丹島・歯舞諸島を自国領と宣言。

9・22　米政府、「天皇制を支持しないが、利用する」との占領方針を決定。

9・25　天皇、「ニューヨーク・タイムズ」記者、UP通信ベイリー社長に、それぞれインタビューを受ける。

9・27　天皇、アメリカ大使館に連合国総司令官マッカーサーを**訪問**する。

六日米・英・支三国首脳ニ依リ共同ニ決定発表セラレ爾後蘇聯邦政府ノ参加ヲ見タル対本邦共同宣言ニ挙ケラレタル条件中ニハ天皇ノ国家統治ノ大権ヲ変更スルノ要求ヲ包含シ居ラサルコトノ了解ノ下ニ帝国政府ハ右宣言ヲ受諾ス」

＊**訪問**　このときの会見では、臨時式部職御用掛奥村勝蔵（通訳）のみ従う。奥村の記録によれば、天皇は、このたびの戦争は極力避けたかったと述べ、占領政策には積極的協力を自ら申し出たという。また、マッカーサーの回想記によれば、「国民が戦争遂行にあたって政治、軍事両面で行なったすべての決定と行動に対する全責任を負う者として、私自身をあなたの代表する諸国の裁決にゆだねるためおたずねした」と語ったという。

＊**GHQ**　連合国最高司令官総司令部。General Headquarters の略。進駐軍とも。最高司令官はダグラス・マッカーサー元帥。その役割は「ポツダム宣言の執行」で、占領下の日本（occupied Japan）の最高機関として英・米・中華民国・ソ連など十一ヵ国で構成された極

9・29 政府、天皇とマッカーサーの写真を掲載した各紙を不敬として販売禁止にする。

10・2 連合国最高司令官総司令部（ＧＨＱ）設置。

10・4 ＧＨＱ、政治・民事・宗教の自由に関する制限除去の覚書を通達（天皇制問題の討議、政治犯釈放など）。

10・5 東久邇宮内閣、四日の覚書は実行不能として総辞職。▼宮内省に主殿《とのも》寮を置き、内匠《たくみ》寮・主馬《しゅめ》寮廃止。

10・9 幣原喜重郎内閣成立。▼不敬罪・治安維持法違反で罪に問われていた思想犯・宗教犯が釈放されることになる。

10・10 政治犯約五百人が解放される（日本共産党徳田球一ら、出獄声明書「人民に訴う」で「天皇制を打倒」と書く）。

10・11 マッカーサー、幣原首相に日本民主化に関する五大改革を口頭で指令。▼近衛文麿を内大臣府御用掛に任じる（十三日、佐々木惣一にも。憲法改正に着手）。

10・15 文部省教学局を廃止、社会教育局を設置し、その下に宗教課を置く。▼治安維持法廃止。

10・20 天皇、終戦後初めて生物学御研究所に入る（昨年十一月四日以来）。

10・22 ＧＨＱ、「日本教育制度に対する管理政策」を指令（軍国主義的・超国家主義的教育を禁止）。

10・24 国際連合成立。

10・25 政府、憲法問題調査委員会設置。

10・30 ＧＨＱ、皇室財産を発表。

11・3 箱根離宮・浜離宮・武庫離宮を各地方団体に下賜する（翌年一月、ＧＨＱこれを許可。武庫離宮は戦災で焼失、その地は神戸市に下賜されるも、ＧＨＱの射撃場として接収、神戸市に返還されたのは昭和三十一年）。

11・5 閣議、「戦争責任等に関する件」を決定、天皇に戦争責任がないことを政府の公式見解とする。

11・7 日光に疎開の皇太子明仁親王・正仁親王が帰京する（当分の間、赤坂離宮を東宮御在所とする）。

11・12 天皇、伊勢神宮・各山陵へ戦争終結奉告のため東京を出発する（十五日還幸）。

11・13 天皇、伊勢神宮に参拝（告文に「神の御力によりて国家の再建と世界平和確立に尽くさんとす」と記す。この後、神武・明治各天皇陵に参拝し、終戦奉告）。

11・17 天皇、大正天皇陵に行幸し、戦争終熄を奉告する。▼海外の関東神宮・南洋神社以下計十八社が廃止される。

東委員会が設けられた。昭和二十六年にマッカーサーが解任され、後任は、マシュー・リッジウェイ中将。同二十七年の平和条約発効により活動停止。

11・18　GHQ経済科学局長フレーマー、皇室財産凍結令を発する（皇室財産の移転の禁止、御内帑《ないど》金下賜の禁止など。昭和二十二年の憲法施行により、皇室財産は財産税納税後の動産のみで、土地・建物はすべて国有財産となり、国は皇室に無償提供の形をとる）。

11・20　天皇、靖国神社臨時大招魂祭に行幸し、新造招魂殿に参拝する（高松宮・三笠宮はじめ各皇族等も参拝。戦没者を一括合祀。このとき合祀者名簿の奉呈なく、将来の例大祭に際し、その都度判明の祭神を合祀していくことにする。なお、これが国家による臨時大祭の最後となる）。

11・22　近衛文麿、天皇に帝国憲法改正要綱を提出する。

11・23　天皇、神嘉殿にて戦後初の新嘗祭を行なう。

11・24　内大臣府が廃止される（内大臣木戸幸一退任。以後、御璽・国璽は侍従職内記係が保管）。▼皇后宮職官制廃止。侍医寮・大膳寮廃止（侍従職が継承）。▼宮中顧問官廃止。

11・26　米海軍軍政府、「南西諸島及び其の近海居住民に告ぐ」布告（北緯三〇度以南地域のすべての管轄権および最高行政責任は米海軍軍政府にあるとし、日本帝国のすべての行政権を停止）。

11・29　天皇、先日参拝の山陵を除く初代三陵および歴代山陵百十八陵に代拝のための差遣を命じる。

11・30　陸軍省・海軍省廃止。天皇、陸軍大臣下村定《さだむ》より陸軍解散等の上奏を受け落涙する。▼参謀本部・軍令部、元帥府・軍事参議院・侍従武官等が廃止される。▼前田多門《たもん》文相、衆議院において「臣民の道」廃棄を言明（在庫分も処分）。

12・1　全日本教員組合結成。

12・3　GHQ、梨本宮守正王・平沼騏一郎・広田弘毅ら五十九名を戦争犯罪容疑者として逮捕命令を出すと発表する。

12・4　GHQ、皇室財産の再調査を命じる。

12・6　東久邇宮稔彦王は桓武天皇はじめ奈良県下の十四陵に、閑院宮春仁王は開化天皇陵はじめ奈良県下の十四陵に、賀陽宮邦《くに》寿《なが》王は綏靖天皇陵はじめ奈良県下の十六陵に、朝香宮鳩彦《やすひこ》王は仲哀天皇陵はじめ大阪府下の十六陵に、それぞれ終戦奉告代拝に出発する（12月初旬、高松宮宣仁親王は仲恭天皇陵はじめ京都府下の四十六陵に、三笠宮崇仁親王は神代三陵はじめ鹿児島・山口県下の四陵に、竹田宮恒徳《つねよし》王は崇神天皇

新日本建設に関する詔書

茲ニ新年ヲ迎フ。顧ミレバ明治天皇明治ノ初国是トシテ五箇条ノ御誓文ヲ下シ給ヘリ。曰ク、

（五箇条の御誓文入る〈ここでは割愛。一二五七ページ注参照〉）

叡旨公明正大、又何ヲカ加ヘン。朕ハ茲ニ誓ヲ新ニシテ国運ヲ開カント欲ス。須ラク此ノ御趣旨ニ則リ、旧来ノ陋習ヲ去リ、民意ヲ暢達シ、官民挙ゲテ平和主義ニ徹シ、教養豊カニ文化ヲ築キ、以テ民生ノ向上ヲ図リ、新日本ヲ建設スベシ。

大小都市ノ蒙リタル戦禍、罹災者ノ艱苦、産業ノ停頓、食糧ノ不足、失業者増加ノ趨勢等ハ真ニ心ヲ痛マシムルモノアリ。然リト雖モ、我国民ガ現在ノ試煉ニ直面シ、且徹頭徹尾文明ヲ平和ニ求ムルノ決意固ク、克ク其ノ結束ヲ全ウセバ、独リ我国ノミナラズ全人類ノ為ニ、輝ガシキ前途ノ展開セラルルコトヲ疑ハズ。

夫レ家ヲ愛スル心ト国ヲ愛スル心トハ我国ニ於テ特ニ熱烈ナルヲ見ル。今ヤ実ニ此ノ心ヲ拡充シ、人類愛ノ完成ニ向ヒ、献身的努力ヲ效スベキノ秋ナリ。

惟フニ長キニ亘レル戦争ノ敗北ニ終リタル結果、我国民ハ動モスレバ焦躁ニ流レ、失意ノ淵ニ沈淪セントスルノ傾キアリ。詭激ノ風漸ク長ジテ道義ノ念頗ル衰ヘ、為ニ思想混乱ノ兆アルハ洵ニ深憂ニ堪ヘズ。

然レドモ朕ハ爾等国民ト共ニ在リ、常ニ利害ヲ同ジウシ休戚ヲ分タント欲ス。朕ト爾等国民トノ間ノ紐帯ハ、終始相互ノ信頼ト敬愛トニ依リテ結バレ、単ナル神話ト伝説トニ依リテ生ゼルモノニ非ズ。天皇ヲ以テ現御神（アキツミカミ）トシ、且日本国民ヲ以テ他ノ民族ニ優越セル民族ニシテ、延テ世界ヲ支配スベキ運命ヲ有ストノ架空ナル観念ニ基クモノニモ非ズ。

朕ノ政府ハ国民ノ試煉ト苦難トヲ緩和センガ為、アラユル施策ト経営トニ万全ノ方途ヲ講ズベシ。同時ニ朕ハ我国民ガ時艱ニ蹶起シ、当面ノ困苦克服ノ為ニ、又産業及文運振興ノ為ニ勇往センコトヲ希念ス。我国民ガ其ノ公民生活ニ於テ団結シ、相倚リ相扶ケ、寛容相許スノ気風ヲ作興スルニ於テハ、能ク我至高ノ伝統ニ恥ヂザル真価ヲ発揮スルニ至ラン。斯ノ如キハ実ニ我国民ガ人類ノ福祉ト向上トノ為、絶大ナル貢献ヲ為ス所以ナルヲ疑ハザルナリ。

一年ノ計ハ年頭ニ在リ、朕ハ朕ノ信頼スル国民ガ朕ト其ノ心ヲ一ニシテ、自ラ奮ヒ自ラ励マシ、以テ此ノ大業ヲ成就センコトヲ庶幾フ。

陵はじめ香川・兵庫両県下の二陵に、それぞれ終戦奉告の代拝に出発する）。▼GHQ、戦争容疑者として近衛文麿・木戸幸一ほか七名を十六日まで逮捕してGHQに引き渡すべしと日本政府に指令したと発表。

12・8　共産党など主催の戦争犯罪人追及人民大会開催（天皇を含む千六百人以上の戦犯名簿を発表）。▼初の皇居勤労奉仕団（宮城県栗原郡の青年団。このときの**御製**あり）。

12・9　GHQ、農地改革に関する覚書を通達する。

12・10　天皇、巣鴨に収監の決まった木戸幸一前内相を晩餐に招く。

12・12　梨本宮守正王、戦犯として逮捕される（翌年四月十三日釈放）。

12・13　近江神宮例祭・平安神宮例祭を勅祭と定める。

12・15　GHQ、「国家神道、神社神道に対する政府の保証、支援、保全、監督並に弘布の廃止に関する覚書」（政教分離）を交付する。

12・16　A級戦犯に指名された元内大臣木戸幸一、巣鴨に収監される。▼**近衛文麿**、巣鴨出頭のこの日、服毒自殺する。

12・18　内閣、昭和二十四年の神宮式年遷宮を中止する。

12・22　天皇、宮内記者十七名と初の記者会見を行なう。

12・27　「毎日新聞」、戦時中の皇室経済を振りかえり、毎年の予算は二千万～二千五百万円、歳入は国庫から四百五十万円、株式配当約五百万円、御料林収入約一千万円と推定（御料林収入、実際には二千万円以上あったといわれている）。

12・28　宗教法人令公布。

12・31　GHQ、修身・日本歴史・地理の授業停止と教科書回収の覚書を交付。

この年末　熊沢寛道の「我こそは正統南朝の後胤」との投書がGHQに届けられる（政府、熊沢を不敬罪適用を調査するも起訴できず）。

この年　暦類の出版が自由になる。

□8・15阿南惟幾《あなみこれちか》（陸軍大将。陸軍大臣。59）、9・12杉山元《すぎやまはじめ》（「げん」とも。元帥。陸軍大将。陸軍大臣、参謀総長。「杉山メモ」を遺す。66）、11・20本庄繁《ほんじょうしげる》（陸軍大将。侍従武官長。男爵。70）、12・16近衛文麿《このえふみまろ》（首相。55）

■昭和二十一年（一九四六）丙戌

昭和天皇　46歳
明仁親王　14歳

1・1　天皇、神嘉殿南庭において四方拝を

＊**御製**　天皇は勤労奉仕団について次の二首を詠じる。「戦にやぶれしあとのいまもなほ民のよりきてここに草とる」「をちこちの民のまゐきてうれしくぞ宮居のうちにけふもまたあふ」

＊**近衛文麿**《このえふみまろ》（一八九一～一九四五）父は公爵近衛篤麿、母は侯爵前田慶寧女衍子《さわこ》。京大卒。貴族院議員・貴族院議長・外務大臣・拓務大臣・農林大臣・司法大臣・枢密院議長等を歴任。昭和十二年、同十五年、同十六年と三次にわたり組閣。戦後は東久邇内閣の国務相として入閣、憲法改正案起草にあたるも、同二十年十二月、戦犯に指名され、出頭期限の十六日に服毒自殺した。公爵。子の文隆は陸軍中尉として満州で終戦、昭和三十一年、シベリア収容所で死去。

＊**新日本建設に関する詔書**　「天皇人間宣言」として知られる。GHQ民間情報教育局長K・ダイク准将の発案により、天皇神格信仰を天皇自身の言葉によって否定することで日本の民主化政策を円滑に進めることが狙いであったとされる。なお詔書冒頭の「五箇条の御

行ない、歳旦祭につき宮中三殿にて拝礼する。▼「**新日本建設に関する詔書**」（一四五三ページ参照）を発する。

1・4　GHQ、軍国主義者の公職追放、超国家主義団体二十七の解散を指令（陸海軍正規将校すべてが公職追放の対象となる〈翌年、十一宮家の皇籍離脱に伴い、元皇族十一名が追放指定を受ける〉）。

1・5　三笠宮崇仁親王王子寛仁《ともひと》親王、誕生する。

1・7　天皇、国務大臣松本烝治より「憲法改正私案」奏上を受ける。

1・16　神宮祭祀令など神社関係の法令が廃止される。▼松平慶民《よしたみ》を宮内大臣とする（最後の宮内大臣。宮内大臣は昭和二十二年五月三日廃止）。

1・17　公職追放の該当者に雍仁・宣仁・崇仁各親王、博恭・武彦・恒憲・邦寿《くになが》・朝《あさ》融《あきら》・守正・鳩彦《やすひこ》・孚彦《たかひこ》・稔彦《なるひこ》・盛厚・恒徳・春仁各王が含まれることが新聞に掲載。

1・22　歌会始、御題は「松上雪」。御製は「ふりつもるみ雪にたへていろかへぬ松そをゝしき人もかくあれ」。

1・25　山階宮菊麿王三男筑波藤麿侯爵、靖国神社宮司となる。

1・26　天皇、伊勢神宮の大宮司選任のみを勅裁とする件を裁可する。

1・29　天皇、東山御文庫所蔵宸翰類調査を許可する（東山御文庫御物は、昭和十八年に修学院離宮に格納されることになり、同二十年九月に還納）。▼GHQ、日本の行政権施行範囲を制限する覚書を交付（日本の行政範囲を本州・北海道・九州・四国と対馬、北緯三十度以北の約一千の島嶼とする。千島列島・歯舞・色丹および北緯三十度以南の琉球列島・伊豆諸島・小笠原群島等を行政範囲外に指定）。

1・30　李王職官制廃止。

1・31　GHQ、神祇院官制廃止を指令。

1月　皇典講究所解体（事業と資産は國學院大學と神社本庁が継承）。

2・2　神祇院官制廃止（社格制度が廃止され、神社の国家管理が終わる）。▼宗教法人令改正（神社を加える）。▼ソ連、昭和二十年九月二十日に遡及して南樺太・千島列島・歯舞・色丹を南サハリン州としてソ連領土に編入。

2・3　伊勢神宮を本宗とする宗教法人神社本庁が設立される（初代**統理**は鷹司信輔）。

2・6　オーストラリアのアラン・ジェームス・マンスフィールド主席検事、極東国際軍事裁判所キーナン首席検事に百二十四名

誓文」を置くようにしたのは天皇自身の希望であった。

＊**統理**　神社本庁の実質的な代表。鷹司信輔以下、佐佐木行忠、徳川宗敬、細川護貞、東園基文、久邇邦昭、北白川道久、鷹司尚武と続いて就任している。

の戦犯リストを提出（天皇・伏見宮博恭王・東久邇宮稔彦王・梨本宮守正王など）。

2・7　天皇、「憲法改正要綱」（甲案）と「改正案」（乙案）の奏上を受ける（翌日、「要綱」をGHQに提出）。

2・13　GHQ、日本政府八日提出の「憲法改正要綱」を拒否、この日、GHQ案を政府に渡す。

2・18　天皇、米国通信社の取材を受ける。

2・19　天皇、神奈川県を巡幸する（地方巡幸の初め。川崎・横浜。二十日は久里浜・浦賀等）。

2・20　寺崎英成、宮内省御用掛となる。

2・22　天皇、幣原首相より新憲法のGHQ案を見て内諾を与える。

2・28　天皇、東京都内を巡幸する（京橋・日本橋・神田・早稲田・新宿。このとき伊勢丹を見学）。

3・1　天皇、東京都下を巡幸する（府中・日野・八王子。即日還御）。

3・3　皇族も、この日現在の財産に対し、昭和二十二年二月十五日までに申告し、三月十五日までに納税することになる（皇族に対する財産税は平均七五パーセントといわれ、多くは物納となり、広大な邸地を失う）。

3・5　天皇、幣原喜重郎首相・松本烝治国務相より憲法改正草案要綱につき奏上を受ける。この日、閣議により、改正憲法は、大日本帝国憲法第七十三条に添い、首相より内奏の上、聴許を乞い、勅語を仰いで、同案を天皇の意思による改正等とすることを決定する（六日、政府は憲法改正草案要綱を発表）。

3・6　天皇、侍従次長木下道雄に、自らは退位の意思はない旨を伝える。

3・18　天皇、宮内大臣松平慶民・侍従次長木下道雄・宗秩寮総裁松平康昌（元内大臣秘書官長）・内記部長稲田周一・宮内省御用掛寺崎英成に昭和の局面につき**談話**する。

3・20　皇太子、学習院初等科を卒業する。

▼侍従次長木下道雄の命により、御用掛寺崎英成、マッカーサーの天皇退位についての真意を探る。この日、寺崎は、軍事秘書ボナー・フランク・フェラーズと面会し、マッカーサーは、天皇を戦犯とした場合は日本は混乱に陥るとし、退位を希望していないだろうとし、戦争責任に関しては、形式上はあるものの道義的責任はないとの回答を得る。

3・22　和子内親王、学習院中等科を卒業する。▼GHQ、伊豆諸島を日本の定義から

＊**談話**　この日より四月八日まで五回にわたる。「この頃、戦犯裁判に関連して陛下の責任を取り上げる者もあるので、陛下の御気持のありのままを成るべく早く書き記す必要」（「稲田周一備忘録」）があったためといわれる。これをもとに「昭和天皇独白録—寺崎英成・御用掛日記」（平成三年刊）が著されたといわれる。

＊**学習院中等科**　昭和二十年四月の空襲により、学習院目白キャンパスの大半が全焼。そのため翌年五月、学習院中等科は小金井に移転、十二月に皇太子学問所が設けられ、皇太子は一時、ここで生活した。中等科は昭和二十四年四月、戸山に移転、同年十二月、御仮寓所は焼失した。のち同二十七年、小金井キャンパスの地は小金井公園として開園。

＊**A級戦犯**　極東国際軍事裁判（東京裁判）によりA項「平和に対する罪」で訴追された者。因みにBは「通例の戦争犯罪」、Cは「人道に対する罪」で併せてBC級戦犯と呼ぶが、ほとんどがB級戦犯であった。A級戦犯として起訴さ

除外することを取り消す。
3・25　天皇、群馬県を巡幸する（高崎・富岡・前橋。このとき富岡製糸場等を見学。即日還御）。
3・27　天皇、来日の米国教育使節団団長ジョージ・D・スタッダード等に謁見（このとき、皇太子のための米国人家庭教師推薦を依頼）。
3・28　天皇、埼玉県を巡幸する（熊谷・行田・埼玉村・屈巣《くす》村・川口。即日還御）。▼神社本庁統理に鷹司信輔就任。
3・31　禁衛府官制廃止。
4・1　天皇、皇后と葉山御用邸に行幸する（十二日帰京）。▼官吏任用叙級令制定により、勅任・奏任・判任の別が一級・二級・三級となる。▼皇宮警察署官制制定、掌典職・御歌所廃止（以後、民間歌人による選歌となる）。式部職を式部寮と改称し、諸陵寮廃止。▼皇太子、学習院中等科に進学する。▼浜離宮恩賜庭園開園。
4・3　神武天皇祭。天皇が葉山御用邸滞在につき、高松宮宣仁親王が代拝する。▼極東委員会、天皇を戦犯から除外する方針を決定（二十三日伝達）。
4・5　天皇の写真の奉掲・頒布などについての「御写真取扱要綱」が通達される。
4・8　国際検察局内設置の参与検察官会議で戦犯二十八人の被告が決定（このときマンスフィールド検事から正式に天皇訴追の提議あるもキーナン検事、これを却下）。
4・10　新選挙法による戦後初の総選挙実施（初の婦人議員三十九人が誕生）。
4・13　梨本宮守正王、巣鴨拘置所から容疑不十分で釈放される。
4・17　政府、憲法改正草案全文を発表する。
4・22　琉球米軍政府下に民政府設置。
4・29　国際検察局、極東国際軍事裁判（東京裁判）の木戸幸一ら二十八名の起訴状を発表。
5・1　戦後初のメーデー、皇居前広場に五十万人（昭和十年以来のメーデー）。
5・3　極東国際軍事裁判開廷（A級戦犯二十八人を起訴。以後二年半にわたり審理）。▼大金益次郎が侍従長に就任。
5・12　世田谷区「米ヨコセ」区民大会が開かれ宮城へデモ、坂下門から宮城に入る（初めて赤旗が門内に）。
5・19　共産党組織の「飯米獲得人民大会」（食糧メーデー）が開かれ、「国体はゴジされたぞ　朕はタラフク食ってるぞ　ナンジ人民飢えて死ね　ギョメイギョジ」のプラカードが掲げられる（六月二十二日、プラ

れた二十八名は次の通り。軍関係―板垣征四郎*・南次郎・梅津美治郎・土肥原賢二*・荒木貞夫・松井石根*・畑俊六・木村兵太郎*・武藤章*・佐藤賢了・橋本欣五郎・永野修身・嶋田繁太郎・岡敬純。内閣・外交官等―広田弘毅*・平沼騏一郎・東条英機*・小磯国昭・賀屋興宣・木戸幸一・松岡洋右・重光葵・東郷茂徳・大島浩・白鳥敏夫・鈴木貞一・星野直樹。民間人―大川周明。なお、永野修身と松岡洋右は判決前に病死、大川周明は精神障害とされ訴追免除となる。以上のうち*印の七名が死刑、重光葵・東郷茂徳が有期禁錮、他は終身刑とされた。

カードを作った松島松太郎、不敬罪で起訴。昭和二十二年、東京高裁、「不敬の行為」にあたると認定するも、日本国憲法公布のときの大赦令により免訴）。

5・21 GHQ、「皇族の財産上の特権等廃止に関する覚書」を公布する（二十三日発表）。

5・22 第一次吉田茂内閣成立。

5・24 天皇、ラジオ放送で食糧難克服について呼びかける（昼夜三回放送）。▼靖国神社、宮内省の許可を得て、十六弁菊花中央に桜花を配した紋章を社紋として拝用する。

5・31 天皇、マッカーサーと会見のため米国大使館に行幸する（御用掛寺崎英成が通訳）。

6・1 寺崎英成、「昭和天皇独白録」日本語版を書き上げる。

6・3 文部省、学校での宮城遙拝・「天皇陛下万歳」唱和などの停止を通達する。

6・4 天皇、内廷庁舎参殿者休所での皇族親睦会に皇后とともに出席する。▼極東委員会、天皇制廃止の問題を討議すると発表する。

6・6 天皇、千葉県に行幸する（成田・佐原・銚子。夜、銚子の新生《あらおい》貨物駅で御料車に宿泊。七日、犬吠埼・千葉・幕張・習志野。七日帰京。このとき以降、剣璽動座を中止）。

6・8 天皇臨席のもと、枢密院本会議。憲法改正草案を起立多数により可決する。

6・17 天皇、静岡県に行幸する（沼津・清水・静岡。沼津では御用邸の貞明皇太后を訪問。十八日、浜松・島田・焼津・沼津。十八日帰京）。

6・18 極東国際軍事裁判所キーナン首席検事、ワシントンにおいて戦争犯罪人として天皇不訴追の方針を正式に言明する。

6・20 天皇、第九十回帝国議会開院式に臨席する（このとき開院式勅語が口語体に。「朕」も用いず）。▼天皇、宮内大臣松平慶民以下より皇室典範改正につき奏上を受ける。

7・1 金森徳次郎国務大臣、衆議院帝国憲法改正案委員会で、天皇は「憧れの中心」と発言する。

7・2 天皇、皇后と内廷庁舎参殿者休所での皇族親睦会に出席する。▼極東委員会、国民主権の徹底、天皇の機能排除、枢密院および貴族院の廃止等「日本の新憲法についての基本原則」を採択。

7・9 天皇、宮内大臣松平慶民より、皇太

＊伏見宮博恭王《ふしみのみやひろやすおう》（一八七五〜一九四六） 幼名は愛賢《なるかた》。伏見宮貞愛《さだなる》親王第一王子。母は河野氏。明治十六年、華頂宮を継承して博恭と改名するが、同三十七年、伏見宮に復帰。海軍大将・元帥となり、昭和十六年四月まで軍令部総長。東郷平八郎と並ぶ日本海軍の長老的存在であった。妃は徳川慶喜第九女経子。墓は豊島岡墓地。

＊詔書 このとき、「臣」を「国民」に、「明治憲法」を「帝国憲法」に、「主権在民」を「国民主権」に変えた。全文は左の通り。

「本日、帝国憲法を全面的に改定し、人類普遍の原理に基く日本国憲法を公布せしめた。朕は、この憲法によって、民主主義に徹した平和国家を建設する基礎が定まるに至つたことを深くよろこぶ。

ここに、朕は、政府に命じて、恩赦を行はしめることとした。全国民は、みな、その趣意を理解して、事に当ることを望む。」

子家庭教師としてエリザベス・グレイ・ヴァイニングを推薦と奏上を受ける。
7・13　戦災に遭った仁徳・安徳両天皇陵に慰霊のため使を派遣する。
7・17　天皇、侍従次長稲田周一より、大東亜戦争に関する「天皇回顧録」を受ける（三月から四月までの談話をまとめたもので、天皇は自らこれに添削したり、追加したり、修正を求めたりした）。
8・16　**伏見宮博恭王**没（第一王子博義王が早世のため、その子博明王が伏見宮家を継承）。
9・20　天皇、皇后と枢密院会議室での皇族親睦会に出席する。
9・23　「降伏後における米国初期の対日方針」が公表される（皇室財産も占領の諸目的達成のため免除されないとする。日本では二十四日公表）。
9・26　この日より翌日にかけ、疎開のため正倉院構内改装事務所に移されていた御物が宝庫へ還納される。
10・6　貴族院本会議、「帝国憲法改正案」を修正可決し、衆議院に回付（七日、衆議院、これを可決）。
10・8　天皇、皇后と内廷庁舎での皇族親睦会に出席する。▼文部省、教育勅語奉読・天皇の神格化廃止を通達する。
10・16　天皇、マッカーサーと会見のため、米国大使館に行幸する（天皇は、マッカーサーに対し、新憲法成立は喜びにたえないと感謝の意を表わす）。
10・19　奈良帝室博物館で、正倉院御物が公開される（第一回正倉院展。十一月九日まで）。
10・21　天皇、愛知・岐阜県に行幸する（豊橋・岡崎・安城。二十二日、名古屋・瀬戸。二十三日、稲沢・一宮。二十四日、熱田神宮。二十五日、多治見・関・岐阜。二十六日、垂井・不破・梅津・安八・大垣。二十六日帰京）。
10・26　皇室典範要綱案・皇室経済法案要綱が内閣総理大臣に答申される。
10・29　天皇臨席のもと、枢密院本会議、「修正帝国憲法改正案」を全会一致で可決（二名欠席。三十日、帝国議会の議決を経て、天皇、憲法改正を裁可）。▼GHQ、宮内省からの報告に基づき、皇室財産の概況について発表。
11・3　日本国憲法公布。天皇、**詔書**を発する（天皇が「日本国の象徴」「日本国民統合の象徴」となり、天皇・皇室が法の下に規定されることになる）。この日、天皇は宮中三殿で「日本国憲法公布親告の儀」を行ない、皇祖皇宗に奉告する。午後は宮城前広場での「日本国憲法公布記念祝賀都民大会」に臨席する（十万人の人々が「君が代」を歌い「万歳」を叫ぶ。五日以降、伊勢神宮・各山陵に勅使を派遣して日本国憲法公布を奉告する）。

11・8　閣議、元号法案を決定（しかし、GHQの反対により十一月十九日撤回）。

11・12　財産税法公布（二十日施行。皇室財産にも課税）。

11・16　政府、当用漢字表・現代かなづかいを告示（これに伴い、宮内省においても翌年一月一日から上奏文ほかなるべく口語文を用い、仮名は平仮名を用いること等を定める）。

11・18　天皇、茨城県に行幸する（日立・水戸。十九日、石岡・土浦。十九日帰京）。▼GHQ、政府に対し「皇室財産に関する覚書」を通達（事前の承認がない限り皇室財産を凍結）。

11・29　天皇、皇族を集め、三宮家を除き十一宮家の臣籍降下（皇籍離脱）を述べる（東伏見・山階・伏見・賀陽・久邇・朝香・梨本・東久邇・北白川・竹田・閑院の各宮家）。

12・13　焼失の大宮御所の地に新御殿完成（十九日、沼津御用邸より貞明皇太后が移る）。

12・14「皇室典範増補」改正（内親王・女王の臣籍降下を定める）。

12・20　天皇、皇后と枢密院会議室での皇族親睦会に出席する。

12・21　南海地震（和歌山・兵庫・香川・徳島・高知各県等被害多し。死者行方不明千四百人以上）。

12・25　大正天皇二十年式年祭山陵の儀につき、天皇、大正天皇陵に行幸し、拝礼する。この日、山陵に「大正天皇御製詩集」「大正天皇御製歌集」を献じる。

12・27　皇室令をもって「皇室典範増補中改正ノ件」等が公布・施行（内親王・女王、婚姻以外でも臣籍降下が可能となる）。

12・28　東久邇宮盛厚王妃成子内親王、第一女子を出産する（文子《ふみこ》と命名）。

12・30　警視庁皇宮警察部設置制が公布（翌年一月一日施行。皇宮警察署が宮内省から警視庁へ移管）。

この年　春日神社、春日大社と改称。▼璽光《じこう》尊《そん》、「天皇が神様の地位を放棄したのなら、今度は私が神聖天皇である」と宣言し、自分の住居を「璽宇《じう》皇居」と称する。

□2・26原田《はらだ》熊雄《くまお》（政治家。西園寺公望秘書。

＊世伝御料ノ解除　日本国憲法第八十八条で皇室財産はすべて国に属することになったことにより、宮城・赤坂離宮・青山御所・京都皇宮・桂離宮・修学院離宮・正倉院宝庫・高輪御料地・上野御料地・南豊島御料地・畝傍山御料地・千頭御料地（静岡県）・丹沢御料地・瀬尻御用地（静岡県）・木曽御料地（長野・岐阜県）・七宗御料地（岐阜県）・段戸御料地（愛知県）の世伝御料が解除される。

男爵。59）、6・27松岡洋右《まつおかようすけ》（外交官。政治家。66）、12・21黒板勝美《くろいたかつみ》（歴史学者。73）

■昭和二十二年（一九四七）丁亥

昭和天皇　47歳
明仁親王　15歳

1・1　皇宮警察署が廃止され、警視庁皇宮警察部となる。▼公文用語は、文語体は口語体に、片仮名は平仮名にし、漢字は「当用漢字」を、仮名遣いは「現代かなづかい」を用いることにする（慣例上やむをえない場合はこの限りにあらずとする）。

1・10　山階宮菊麿王五男葛城茂麿（伯爵、陸軍中佐）没（年38）。

1・11　天皇、生物学御研究所に赴く（この年も、土曜日を中心に研究）。

1・16　皇室典範・皇室経済法公布（五月三日施行）。

1・29　天皇、皇后・皇太后と枢密院会議での皇族親睦会に出席する。

1・31　マッカーサー、「二・一ゼネスト」に中止命令を出す。

2・7　天皇、皇后と宮殿跡に新造の正仁親王御殿（義宮御殿）を覧る（親王は、翌日に移居）。

2・20　宮内省、現在の皇室財産額は約三十七億千五百六十二万円。税額は約九割の約三十三億四千二百六十八万円となり、ほとんどすべてが物納と発表（旧帝室博物館蔵の美術品等は物納により文部省に移管。正倉院御物は、物納されることはなかったものの新憲法実施により国に帰属することになる）。

3・11　天皇・皇后、第一休所での皇族親睦会に出席する。

3・12　天皇、枢密院会議に臨御する（「宮城其ノ他ノ世伝御料ノ解除ノ件」等を可決）。

3・13　華族世襲財産法を廃止する法律公布。

3・28　恩赦法公布（五月三日施行）。

3・31　学習院官制・女子学習院官制廃止。学習院と女子学習院が合併し私立学校となり、財団法人学習院が発足する（のち学校法人）。▼帝室林野局官制廃止（御料林は、四月一日、農林省林野局管轄の国有林となる）。▼教育基本法・学校教育法公布（四月一日施行）。

4・4　森林愛護連盟、多摩の林業試験場に皇太子を迎えて植樹を行なう（全国植林祭の初め）。

4・8　天皇、皇后と内廷庁舎での皇族親睦会に出席する。

4・18　宮内府法公布（五月三日施行）。皇室経済法施行法公布。

4・19 天皇、皇后と大正天皇陵に行幸する。

4・21 華族会館、華族制度廃止をふまえて今後の活動について会議を開く（華族会館は、のち霞会館と改称）。

4・27 正倉院宝物が疎開先から還納され、この日勅封となる。

4・29 成久王妃房子内親王を神宮祭主とする（女性初の神宮祭主。以後、旧皇族の女性が祭主に就任。房子内親王は、十月皇籍離脱により北白川房子となる）。

5・1 十一宮家、臣籍降下の請願を宮内省に提出する。

5・2 「皇室令及付属法廃止の件」により、皇室典範・皇室祭祀令・皇室儀制令などが廃止となる（宮中祭祀などは法的根拠を失うが、皇室の私事として以後も踏襲される。菊の紋章なども同様だが、民間での使用禁止事項などはなくなる）。また宮内省官制・皇太后宮職官制・東宮職官制・帝室会計審査局官制・帝室博物館官制・正倉院管理署官制・侍従職女官官制・皇太后宮職女官官制が廃止。▼内閣官制・各省官制通則・公式令も廃止。

第六部　第百二十四代昭和天皇（後期）〜第百二十五代天皇（明仁上皇）

（西暦1947〜2019）

5・3　**日本国憲法**（一四六五ページ参照）が施行される。また、**皇室典範・皇室経済法**も施行（なお、皇室祭祀など、「新しい規定ができていないものは、従来の例に準じて事務を処理する」〈宮内府通牒〉とされた）。天皇、王公族に関する皇室令廃止により、李王垠・同妃方子《まさこ》等に対面し、お言葉を賜う。この日、天皇、宮城前広場の「日本国憲法施行記念式典」（政府主催）に臨席する（広場の一万人が「天皇陛下万歳」を叫ぶ）。▼帝室博物館が廃止され、文部省管轄の国立博物館となる。▼宮内省廃止され、長官官房・侍従職・皇太后職・東宮職・式部寮・図書寮・内蔵《くら》寮・主殿寮・京都地方事務所が置かれる（正倉院は図書寮の所管となり、宝物は国有財産となる）。松平慶民、宮内府長官に就任し、内閣総理大臣の所轄に（宮内省の職員数は終戦時六千二百人余、この時点の宮内府では千五百人余、現在の宮内庁は一千人余）。また内廷に掌典職が置かれ、関係神宮・神社への奉幣は掌典職が取り扱うことになる。▼新たに政令として皇統譜令が公布・施行（皇統譜への登録・錯誤の訂正等に際しては宮内府長官が司法大臣と協議のうえ行なうことにする）。▼華族制度廃止。

5・6　天皇、マッカーサーとの会見のため、米国大使館を訪問する。

5・24　天皇、宮中で内閣総理大臣片山哲の親任式を行なう（衆参両院議長侍立）。

6・1　片山哲内閣成立。

6・3　天皇・皇后、御養蚕所前庭にて宮内記者会会員十名より日常生活についての質問を受け、それに答える。▼文部省、学校での宮城遙拝・天皇陛下万歳・天皇の神格化表現の停止等を通達する。

6・4　天皇、京都・兵庫・大阪・和歌山各府県に巡幸する（五日、京都市内・大阪。六日、吹田・大阪・大阪港。七日、大阪・今宮・堺・忠岡・東岸和田・和歌山。八日、海南・田辺・新庄村。九日、和歌山・王寺・奈良。十日、京都大宮御所にて休息。十一日、神戸。十二日、灘・武庫川・尼崎。十三日、舞子の浜・明石・姫路。十四日、伏見桃山御陵・大阪。十五日帰京）。

6・8　日本教職員組合結成。

6・9　天皇、京都大宮御所に谷崎潤一郎・新村出・吉井勇・川田順を招待して懇談する。

6・23　天皇、第一回国会開会式に臨席する（「おことば」で、「国権の最高機関」は「国会」であると公式に表明、また「朕」が「わたくし」に変わる）。

＊**皇室典範**　旧皇室典範が全六十二条であったものが全五章三十七条および附則となり簡略化され、国会の議決により改廃できる通常の法律となる。第一条で皇位は皇統に属する男系の男子がこれを継承するとし、退位規定は盛られなかった。また、践祚のさいに承け継ぐ「祖宗の神器」、即位の礼・大嘗祭を京都で行なうこと、一世一元の制も規定されなかった。なお、年齢十五歳以上の内親王、王およひ女王は、やむをえない事由により皇室会議の議により皇族の身分を離れることが認められた。

＊**皇室経済法**　皇室の財政・財務について定めたもの。皇室費は内廷費・宮廷費・皇族費に分けられる。内廷費は、天皇と内廷皇族の日常費用。御手元金となるもので、宮内庁経理による公金とはしない。宮廷費は、内廷費以外の宮廷諸費で、宮内庁で経理する。皇族費は、皇族の生計費として支給されるもの。また、初めて独立の生計を営むときや皇族の身分を離れるときの一時金も含まれる。これらの費用の額は、皇室経済法施行法によ

日本国憲法（天皇および皇室に関する条項）

第一条　天皇は、日本国の象徴であり日本国民統合の象徴であつて、この地位は、主権の存する日本国民の総意に基く。
第二条　皇位は、世襲のものであつて、国会の議決した皇室典範の定めるところにより、これを継承する。
第三条　天皇の国事に関するすべての行為には、内閣の助言と承認を必要とし、内閣が、その責任を負ふ。
第四条　天皇は、この憲法の定める国事に関する行為のみを行ひ、国政に関する権能を有しない。
天皇は、法律の定めるところにより、その国事に関する行為を委任することができる。
第五条　皇室典範の定めるところにより摂政を置くときは、摂政は、天皇の名でその国事に関する行為を行ふ。この場合には、前条第一項の規定を準用する。
第六条　天皇は、国会の指名に基いて、内閣総理大臣を任命する。
天皇は、内閣の指名に基いて、最高裁判所の長たる裁判官を任命する。
第七条　天皇は、内閣の助言と承認により、国民のために、左の国事に関する行為を行ふ。
一　憲法改正、法律、政令及び条約を公布すること。二　国会を召集すること。三　衆議院を解散すること。四　国会議員の総選挙の施行を公示すること。五　国務大臣及び法律の定めるその他の官吏の任免並びに全権委任状及び大使及び公使の信任状を認証すること。六　大赦、特赦、減刑、刑の執行の免除及び復権を認証すること。七　栄典を授与すること。八　批准書及び法律の定めるその他の外交文書を認証すること。九　外国の大使及び公使を接受すること。十　儀式を行ふこと。
第八条　皇室に財産を譲り渡し、又は皇室が、財産を譲り受け、若しくは賜与することは、国会の議決に基かなければならない。
第八十八条　すべて皇室財産は、国に属する。すべて皇室の費用は、予算に計上して国会の議決を経なければならない。

7・17　天皇、皇后と相模ダムを視察する。
▼祇園祭山鉾巡行が行なわれる（五年ぶり）。

8・3　天皇、後楽園球場で都市対抗野球大会を観戦する。

8・5　天皇、宮城・岩手・青森・秋田・山形・福島各県に巡幸する（五日、湯本・常磐炭鉱・平・仙台。六日、仙台・石巻・塩竈・松島・女川・小牛田・古川。七日、古川・築館・若柳・石越・一関・藤根・古川・花巻・盛岡。八日、盛岡・陸中山田・釜石・宮古・平津戸・浅岸・大志田。九日、小岩井別邸にて休息。十日、盛岡・奥中山・一戸・尻内・館村・八戸。十一日、八戸・尻内・野辺地・青森・浪岡・弘前。この日、ねぶた祭見物。十二日、弘前・大館・沢口村・鷹巣・東能代・羽後飯塚・秋田。十三日、秋田。十四日、秋田・秋田港・横手・湯沢・山田村。十五日、秋田・羽後本庄・本楯・上田村・酒田・大泉村・鶴岡。十六日、鶴岡・狩川・新庄・萩野村・山形・上ノ山。この日、斎藤茂吉と歓談。十七日、米沢・福島・伏黒村・桑折・飯坂温泉。十八日、福島・喜多方・会津若松・猪苗代湖・翁島村。この日、高松宮翁島別邸に宿泊。十九日、安積疎水・郡山・矢吹・白河。この日、那須御用邸に到着）。

9・4　天皇、栃木県に巡幸する（四日、黒磯・宇都宮・城山村・鹿沼。那須御用邸に宿泊。五日、黒磯・国府村・葛生・佐野・足利・小山。那須御用邸に宿泊。六日、黒磯・宇都宮・真岡・益子・清原村・日光。那須御用邸に宿泊し、七日は御用邸で休息。八日、西那須野・塩原・狩野村・那須村。那須御用邸に宿泊。十日帰京）。

9・12　フェラーズの「降伏のために闘った天皇裕仁」が日本語版「リーダーズダイジェスト」に掲載される。この日、天皇、宮内府御用掛寺崎英成とフェラーズのことなどを話題とする。

9・16　天皇、皇后と内廷庁舎での皇族親睦会に出席する。

9・21　天皇、台風九号による埼玉県北埼玉郡下の水害地を視察する（二十五日には東京都下にも）。

9・26　「皇族の身分を離れた者及び皇族となつた者の戸籍に関する法律」公布施行。

10・2　皇室経済法施行法公布（八月一日より適用）。

10・3　「（新）皇室典範」による初めての皇室会議が開かれ、**十一宮家**の皇籍離脱を決定。このあと皇室経済会議が開かれ、離脱皇族に対する一時金支給を決定する（十一

り定められている。内廷費には人件費と物件費がある。人件費は内廷職員である掌典・内掌典・仕女ほかの職員の給与。掌典（神官）・内掌典（巫女）は宗教色があるため、政教分離により、侍従・女官と異なり国家公務員として雇うことはできないという。物件費には、恩賜金・祭祀費等が含まれる。祭祀費には全国の神事に関する経費もあり、神事に国費が使えないとの考えから内廷費から支出される。宮廷費は皇室の公的な活動費。外国旅費・庁費・招宴費などが含まれる。庁費には、儀典関係費・宮殿等管理費・皇室用財産修繕費・皇居等施設整備費・文化財管理費・車馬管理費などが含まれる。皇族費は宮家皇族の私的費用。家族の人数と構成に応じて額が決められている。

***十一宮家**　伏見宮・閑院宮・久邇宮・山階宮・北白川宮・梨本宮・賀陽宮・朝香宮・竹田宮・東久邇宮・東伏見宮の十一宮家。博明王・光子女王・章子女王・武彦王・恒憲王・朝融王・守正王・鳩彦王・稔彦王・故成久王妃房子内

宮家五十一名に合計約四千七百四十七万円を交付。ただし旧軍籍にあった皇族は支給されず）。▼天皇、日本民芸館を参観する。

10・7　天皇、新潟・長野・山梨三県に巡幸する（七日、軽井沢・大日向村。八日、軽井沢・長野・直江津・長岡・新津・新潟。九日、新潟・新津・村上・神納村・加治村・新発田。十日、坂井輪村・巻・燕・三条・長岡・柏崎・高田村。十一日休息。十二日、直江津・高田・上田・屋代・篠ノ井・長野。この日、善光寺大勧進に宿泊。十三日、長野・松川・豊科・松本・入山辺温泉。十四日、岡谷・塩尻・諏訪・上諏訪・韮崎・巨摩・玉播村・甲府・湯村温泉。十五日、甲府・酒折・山梨・日川村・祝村・御坂峠・下吉田・大月。十五日帰京）。

10・10　キーナン主席検事、「天皇と財界に戦争責任なし」と言明。

10・14　十一宮家五十一名が皇籍を離脱する（各々その宮号を姓とする。一時金には財産税が課せられ、経済基盤を失い、**邸地**を**売却**するケースもあった）。この日、皇族親睦会解散、天皇により新たに**菊栄親睦会**と命名される。

10・16　日本競馬会での競走名平和賞が天皇賞に改められる。

10・18　天皇、皇籍離脱の宮家とお別れ晩餐会を開く。

10・21　国家公務員法公布（国家公務員が天皇の官吏から国民全体の奉仕者へ）。

10・23　天皇、福井・石川・富山・岐阜各県巡幸に出発する（二十三日、敦賀。二十四日、敦賀・小浜・小浜漁港・今庄・武生。二十五日、武生・鯖江・朝日・福井・大野・塚原・東藤島村・芦原温泉。二十六日、大聖寺・橋立漁港・山中温泉。二十七日休息。二十八日、小松・寺井野・金沢・津幡・和倉。二十九日、七尾港・羽咋・高松・津幡・金沢。三十日、金沢・津幡・高岡・富山。この日、石川国体〈初めて国民体育大会に臨場〉に出席。三十一日、石動・津沢・吉江・城端・氷見漁港・伏木港。十一月一日、富山・細入村・笹津・上市・入善・魚津。二日、富山・八尾・猪谷・高山・飛騨金山。この日帰京）。

11・14　天皇、マッカーサーとの会見のため、米国大使館を訪問する。

11・15　天皇、内廷庁舎での第一回菊栄親睦会大会に皇后と出席する。▼「刑法の一部を改正する法律」施行（不敬罪を含む「皇室に対する罪」廃止。天皇・皇嗣に対する名誉毀損の告訴は内閣総理大臣が代わって

親王・道久王・肇子女王・恒徳王・春仁王、恒憲王妃敏子・邦寿王・治憲王・章憲王・文憲王・宗憲王・健憲王・邦昭王・朝建王・朝宏王・朝子女王・通子女王・英子女王・典子女王・守正王妃伊都子・孚彦王・孚彦王妃千賀子・誠彦王・冨久子女王・美乃子女王・稔彦王妃聰子内親王・盛厚王・盛厚王妃成子内親王・信彦王・文子女王・俊彦王・恒徳王妃光子・恒正王・恒治王・素子女王・紀子女王・春仁王妃直子、故依仁親王妃周子・故博義王妃朝子・故邦彦王妃俔子・故多嘉王妃静子・故永久王妃祥子の五十一方。

＊**邸地《ていち》売却《ばいきゃく》**　皇族方は皇籍を離脱し、また財産税が課せられたことなどにより、伏見宮邸はホテル・ニューオータニ、閑院宮邸は衆・参議院議長公邸、山階宮邸は衆議院議員九段宿舎、北白川宮邸はグランドプリンスホテル新高輪、梨本宮邸は東京都児童会館（二〇一二年閉館）、賀陽宮邸は千鳥ヶ淵戦没者墓苑、東伏見宮邸は常陸宮邸（旧東宮仮御所）、竹田宮邸は高輪プリンスホテル、朝香宮邸は東京都

行なうことにする）。

11・16　旧主馬寮馬場にパレステニスコート新設。天皇、皇后・皇太子等と天覧第一回全国朝日招待大会を覧る（テニスコートは昭和三十七年使用停止）。

11・26　天皇、鳥取・島根・山口・広島・岡山各県巡幸に出発する（二十六日京都御所宿泊。二十七日、鳥取・上井・三朝温泉。二十八日、三朝温泉・旭村・倉吉・米子。二十九日、境港・米子・安来・揖屋《いや》・松江・玉造温泉。三十日、松江・新川・伊波野村・出雲大社・石見大田・江津・浜田。十二月一日、浜田・益田・東萩・萩。二日、長門・小串・下関。この日、下関で興安丸に宿泊。三日、下関漁港・長府・小野田・宇部・小郡・防府。四日、仁保村・山口・防府。五日、三田尻・徳山・柳井・岩国・大竹・宮島口・厳島。六日休息。七日、広島・呉・三原。八日、三原・尾道・福山・倉敷。九日、倉敷・連島《つらじま》・玉野・興除村・岡山。十日、岡山・和気・倉敷。十一日、倉敷・津山・棚原鉱山・林野。十二日還幸）。

12・27　宮城外苑・新宿御苑・京都御苑・白金御料地（現・自然教育園等）を国民に開放すると閣議決定される。

12・31　内務省が廃止される。

この年　多くの寺社・宗教団体が宗教法人令による宗教法人となる。▼この年の調査によると、皇室財産は御料地百三十七万余町歩、絵画・書蹟・彫刻・金工・陶瓷・漆工・染織・考古の列品関係、正倉院御物を含め八万点余、絵画など未整理品一万点余、法隆寺献納宝物三百件余。

■昭和二十三年（一九四八）戊子

昭和天皇　47歳
明仁親王　15歳

1・1　二重橋が開放され、皇居一般参賀が再開される（二日は記帳のみ）。

1・10　天皇、生物学御研究所に赴く（この年も原則土曜日は生物学研究）。

1・13　天皇、皇后と自動車にて葉山御用邸に向かう（二十日還幸）。

1・20　臨済宗妙心寺派管長からの願出により、特旨をもって日峰に国師号を賜う（従来、文部省からの副申の上、上奏をもって禅師号・国師号宣下が行なわれていたが、以後、「伺モノ」として取扱うものとする）。

1・21　社会党松本治一郎参議院議員、国会開会式で、天皇に横顔を見せないために正面を向いたまま横に歩く「カニの横ばい」を拒否（参議院で問題になるもGHQが「こんなつまらぬ小事件を問題にするのは新憲

庭園美術館、久邇宮邸は聖心女子大学キャンパスとなっている。なお麻布の東久邇宮邸は民間所有となり、李王邸はグランドプリンスホテル赤坂旧館となる。当時の本邸がそのまま現存しているのは東伏見宮邸と朝香宮邸の二館のみ。

＊菊栄親睦会　天皇・皇后・皇太后を名誉会員とし、成年以上の皇族、および昭和二十二年一月一日以後、皇族・王族・公族を離れた成年者を会員とする。会員相互の親睦・扶助等を目的とし、毎月一回の例会、ならびに年に春秋二回の大会を開くことにする。

法の精神に合わない」として収拾）。

1月　この月発行の二円切手から「菊花紋」がなくなる。

2・11　紀元節祭。これまで行なわれていた一定の有資格者のみの参賀の儀が廃止される。▼三笠宮崇仁親王王子（宜仁《よしひと》親王）、誕生する（母は妃百合子）。

3・4　GHQ、祝祭日の国旗掲揚を許可。

3・7　皇宮警察局が設置される。

3・9　天皇発熱、終日御仮床。

3・10　芦田均《ひとし》内閣成立。

3・15　天皇、葉山御用邸に向かう（二十八日帰京）。

3・29　天皇、皇后と学習院卒業式に臨席する。正仁親王は初等科卒業、和子内親王は女子部高等科選修修了。

4・4　天皇、東京都青梅町の記念植樹式に出席する。

4・7　天皇発熱（十八日離床）。

4・29　天皇誕生日に初めて国民一般参賀が行なわれる（三十万人以上参賀）。

4・30　内蔵《くら》寮が廃止される。

5・6　天皇、マッカーサーとの会見のため、米国大使館を訪問する。

5・11　天皇、文化委員の安倍能成・和辻哲郎・志賀直哉・谷川徹三・田中耕太郎より、「今後の皇室のあり方」について話を聞く。

5・17　天皇、皇后と葉山御用邸に向かう（二十四日帰京）。

5・21　和子内親王、結婚準備の家事修養のため元侍従長百武三郎家に預けられる。

5月　この月発行の五銭札から菊花紋がなくなる。

6・5　松平慶民宮内府長官・大金益次郎侍従長を更迭、田島道治《みちじ》を宮内府長官、三谷隆信を侍従長とする。▼国立国会図書館、旧赤坂離宮を仮庁舎として開館する（昭和三十六年まで）。

6・12　天皇、皇后と自動車で那須御用邸に向かう（二十一日帰京）。

6・19　衆参両院、教育勅語・軍人勅諭・戊申詔書失効を決議する。

6・25　文部省、各学校の教育勅語謄本などの回収を命じる。

6・28　福井地震（死者三千七百人以上）。

6・30　改正国有財産法により、皇居・離宮・京都皇宮・陵墓・正倉院などが「皇室財産」と規定され、宮内府所管となる。

7・1　宮内府、皇居を宮城と称する告示を廃止。

7・4　天皇、皇后・貴子内親王と小金井の東宮御仮寓所に向かう。

◉日本国憲法施行時の御製

「うれしくも国の掟のさだまりて
あけゆく空のごともあるかな」

7・10「内廷庁舎御政務室」を「表御座所」に、「御文庫御政務室」を「御書斎」に、「三階の御書斎」を「庁舎御書斎」に改称する。

7・20「国民の祝日に関する法律」公布・施行（戦前の祝日廃止）。元日・成人の日・春分の日・天皇誕生日・憲法記念日・こどもの日・秋分の日・文化の日・勤労感謝の日。

7・21 天皇、皇后と葉山御用邸に向かう（一時帰京をはさみ八月二十三日まで滞在）。

8・6 天皇、ヘレン・ケラーを引見する。

8・13 大韓民国樹立の宣布式挙行（九月九日、朝鮮民主主義人民共和国樹立）。

9・16 福岡で第三回国民体育大会夏期大会開催（九月十九日まで。このときから下賜された天皇杯・皇后杯が優勝の都道府県に授与）。

10・2 天皇、宮中ならびに山陵の恒例諸祭および伊勢神宮・各神社等への幣帛料・神饌料等の変更につき聴許する（勅祭社の宇佐・香椎・香取・鹿島各神社への勅使参向を当分の間停止）。

10・11 国民の祝日に関する法律が皇室祭祀と切り離されたため、**皇室祭祀等**を新たに改訂実施することを決める（天長節祭を天長祭と改称）。

10・19 第二次吉田茂内閣成立。

10・24 天皇、皇后と小金井の東宮御仮寓所に向かう。

11・3 この日、従来の「明治節」が「文化の日」になるが、宮中では以前のまま「明治節」として御拝が行なわれる。

11・12 東京裁判で被告二十五名全員に有罪判決（東条英機ら七人は死刑）。▼天皇、マッカーサーにメッセージを提出し退位を否定する。

11・24 天皇、キーナン主席検事を引見し、**トルーマン大統領への伝言**を仰せになる。

12・4 皇太子、盲腸炎の手術（この日、天皇・皇后お見舞いになる。十二日床払い）。

12・9 天皇、十日の花園天皇六百年式年祭に先立ち、東京大学史料編纂所長辻善之助より「花園天皇の御事蹟について」の進講を聴く。

12・11 伊勢神宮、国民の祝日の制定に伴い**祭祀**の改正を行なう（元始祭・紀元節祭・天長節祭・明治節祭を廃止し、大祭・中祭・小祭の別を撤廃）。

12・23 東条英機ら七人に死刑執行。

12・24 岸信介らA級戦犯容疑者十九名釈放と発表する。▼赤坂離宮、宮内府から国会への引き渡しが完了する（国会図書館、裁

＊**皇室祭祀等**　一月一日歳旦祭（元旦）、一月三日元始祭※、一月三十日孝明天皇例祭、春分の日春季皇霊祭※・同神殿祭※、四月三日神武天皇祭※、四月二十九日天長祭（天皇誕生日）、七月三十日明治天皇例祭※、秋分の日秋季皇霊祭※・同神殿祭※、十月十七日神嘗祭※、十一月二十三日新嘗祭※（勤労感謝の日）、十二月中旬賢所御神楽、十二月二十五日大正天皇祭※（※印は大祭、他は小祭）。なお二月十一日紀元節祭※、十一月三日明治節祭（文化の日）は祭祀は行なわないが、御拝を行なう。また一月十五日成人の日、五月三日憲法記念日、五月五日こどもの日、以上は、祭祀・御拝を行なわず祝意を表することとする。

＊**トルーマン大統領への伝言**　天皇は、米国と親密な関係を固めるため努力したいこと、また、占領軍の寛大な態度と日本人民に対する寛大な待遇を感謝し、日本においても民主主義が育成されることを希望する旨を伝える。十二月二日、キーナンは大統領に、天皇のお言葉を伝える。

＊**祭祀**　伊勢神宮の祭祀としては、

判官弾劾裁判所、東京オリンピック事務所等のあと迎賓館として使用される）。

この年　津田左右吉「日本古典の研究」刊（〜昭和二十五年）。

□4・17鈴木貫太郎（海軍大将。侍従長。首相。82）、4・20米内光政《よないみつまさ》（海軍大将。首相。69）、5・23美濃部達吉《みのべたつきち》（憲法学者。76）、12・23東条英機《とうじょうひでき》（陸軍大将。首相。65）、12・23広田弘毅《ひろたこうき》（首相。71）

■昭和二十四年（一九四九）己丑

昭和天皇　48歳

明仁親王　16歳

1・1　GHQ、「日の丸」の自由掲揚を許可。

▼皇宮警察局を廃止、皇宮警察本部を設置。

1・8　天皇、生物学御研究所に赴く（この年は木曜日午後と土曜日は原則御研究）。

1・10　天皇、マッカーサーと会見のため、米国大使館を訪問する。

1・12　天皇、皇后と葉山御用邸に向かう（二十二日帰京）。

1・26　天皇・皇后、結婚満二十五年。

2・8　天皇、和辻哲郎より、「倫理学の一環としての世界史」（第一回目）の進講を受ける（四月二十六日まで計十回）。

2・16　第三次吉田内閣成立。

2・18　天皇、皇后と葉山御用邸に向かう（二十日帰京）。

2・25　天皇、辰野隆・徳川夢声・サトウハチローの座談を聞く（「文藝春秋」六月号に「天皇陛下大いに笑ふ」として掲載）。

2・26　小泉信三を東宮教育常時参与とする。

3・11　天皇、皇后と葉山御用邸に向かう（十九日国会開会式に一旦帰京も、二十三日まで滞在）。

3・24　天皇、皇后と日本放送協会に向かう。

3・26　天皇、学習院卒業式に臨席する（皇太子は中等科を、厚子内親王は高等科を卒業）。

4・1　学習院大学開設（昭和二十五年、短期大学部設置）。

4・4　天皇、皇后と箱根仙石原の愛林日記念植樹式に臨場する。このあと、沼津御用邸に赴く（五日帰京）。

4・16　天皇、皇后・正仁親王と葉山御用邸に向かう（十八日帰京）。

4・18　皇太子、学習院高等科に進学する。

4・24　天皇・皇后、菊栄親睦会主催の銀婚式奉祝春季大会に臨席する。

4・29　初めての天皇誕生日（天長節を改称）。天皇、旧侍医寮屋上に出て参賀を受ける。

5・9　天皇、皇后と大正天皇陵に参拝する。

5・13　皇居諸門の警備が、連合国軍から日

歳旦祭・成人祭・祈年祭・神楽祭・天長祭・憲法記念祭・児童福祉祭・神御衣祭・風日祈祭・月次祭・大麻頒布始祭・神嘗祭・文化祭・新嘗祭・勤労感謝祭・遷宮祭・日別朝夕大御饌祭ならびに大宮司が特に定める祭をいう。

＊鈴木《すずき》貫太《かんた》郎《ろう》（一八六七〜一九四八）　和泉国生まれも、父の郷里千葉県関宿で育つ。海軍兵学校を卒業し、大正十二年海軍大将、十四年海軍軍令部長にまで昇る。昭和四年、侍従長兼枢密顧問官となり、八年ほど天皇側近として仕える。昭和十一年の二・二六事件ではピストルで撃たれ重傷を負い、侍従長を辞職する。十一年男爵。十九年枢密院議長。二十年には総理大臣となり終戦に当たり、八月十五日玉音放送のあと総辞職。晩年は故郷の関宿（現野田市）ですごす。男爵。

本側に戻る。

5・17　天皇、福岡・佐賀・長崎・熊本・鹿児島・宮崎・大分各県巡幸に出発する（今回は簡素化のため、大膳使同行せず、随員も縮小。十七日、京都御所宿泊。十八日、門司・小倉・八幡。十九日、門司・小倉・戸畑・若松・八幡。二十日、黒崎・直方・田川・庄内村・二瀬・飯塚・二日市。二十一日、水城村・和白村・博多港・福岡・二日市。二十二日、基山・神埼・小城・佐賀。二十三日、牛津・大町・白石・嬉野・有田・武雄。二十四日、厳木・唐津・東唐津・伊万里・平戸・潜竜ヶ滝・佐世保・佐世保港。二十五日、川棚・千綿・大村・諫早・深江・島原・**雲仙**。二十六日、仁田峠。二十七日、小浜・諫早・長崎。二十八日、長崎・久留米・八女・木佐木村・柳川。二十九日、大牟田・熊本。三十日、熊本・合志村・**隈庄**・宇土・三角港・本渡・下田温泉。三十一日、富岡・本渡・八代。六月一日、八代・水俣・出水・川内・伊集院・鹿児島。二日、加治木・帖佐・山田・蒲生。三日、鹿児島・鹿児島港・垂水港・鹿屋。四日、鹿屋・志布志・岩川・末吉・都城・宮崎。五日休息〈青島に行く〉。六日、宮崎・住吉・高鍋・川南・唐瀬原《からせばる》・都農・延岡。七日、延岡・門川港・細島港・南延岡・佐伯・津久見・臼杵・幸崎・佐賀関・別府。八日、大分・別府・亀川。九日、杵築・宇佐・柳ヶ浦・中津・日田。十日、北山田村・耶馬渓村・築城《ついき》・行橋・小倉・八幡。十一日、小倉・広島・岡山・大阪を経由して京都御所宿泊。十二日還幸）。

5・20　田中徳「天皇と生物学研究」刊。

5・21　新宿御苑が厚生省の管理下に入り、公園として一般公開（現在は環境省管理）。

5・24　満年齢で数える法律を公布（昭和二十五年一月一日施行）。

5・27　天皇、長崎医科大学を訪問し、原爆被災でベッドに横臥の永井隆博士（昭和二十六年五月一日没）等を慰問する。

6・1　総理府設置法により、宮内府が総理府の外局として宮内庁となる（このとき宮内庁書陵部が発足）。

6・15　天皇、第三十九回日本学士院賞授与式に臨席する（以後恒例）。

7・8　天皇、マッカーサーとの会見のため、米国大使館を訪問する。

7・12　天皇、皇后と葉山御用邸に向かう（二回〈日本選手権水上競技大会・明治天皇例祭〉の帰京をはさみ八月二十八日まで滞在）。

7・18　和子内親王、百武三郎邸より呉竹寮

＊雲仙　五月二十五日夕食後、天皇は雲仙地獄等を散策し、植物を観察する。このときの御製は
「高原にみやまきりしまうつくしくむらがり咲きて小鳥とぶなり」

＊隈庄《くまのしょう》　天皇は五月三十日、元軍用飛行場に入植した六十戸の引揚者による隈庄開拓地を訪問する。このときの御製三首。
「かくのごと荒野が原に鋤《すき》をとる引揚びとをわれはわすれじ」
「外国《とつくに》につらさしのびて帰りこし人をむかへむまごころをもて」
「国民《くにたみ》とともにこころをいためつつ帰りこぬ人をただ待ちに待つ」

＊牧野《まきの》伸顕《のぶあき》（一八六一～一九四九）薩摩藩士大久保利通の二男として生まれ、牧野家を継ぐ。岩倉使節団に同行してアメリカに留学。のち外務省に入りイタリア公使・オーストリア公使などをつとめ、明治三十九年、第一次西園寺内閣の文相となり、以後、農商務大臣・外務大臣・パリ講和条約全権を歴任。大正十年宮内大臣、十四年内大臣となり、摂政宮（昭和天皇）を輔弼、ために「君側の奸」として五・一五、二・二六事件で襲わ

に移る。
8・7　皇太子、沼津御用邸より葉山御用邸に参邸（天皇、皇太子が十一日の軽井沢のヴァイニング邸訪問まで、採集に皇太子を伴う。皇太子、十四日にも参邸し、十六日、沼津御用邸に戻る）。
9・25　天皇の「相模湾産後鰓《こうさい》類図譜」が刊行される（昭和三十年四月二十九日には「相模湾産後鰓類図譜・補遺」刊）。
10・1　宮内庁職員職制改正（東宮侍従長は東宮傅育官長に、東宮侍従は東宮傅育官に改称）。▼中華人民共和国成立。
10・13　天皇・皇后、表一の間での菊栄親睦会に臨席する。
10・26　天皇、二十八日の陽成天皇千年式年祭に先立ち、東京大学史料編纂所長辻善之助より「陽成天皇の御事蹟について」の進講を受ける。
10・30　天皇、皇后と東京での第四回国民体育大会に臨席する（以後恒例）。
10月　宮内庁書陵部「陵墓参考地一覧」成る。
11・14　天皇、皇后と東京国立博物館の「正倉院特別展」を覧る。
11・15　天皇、皇后と大正天皇陵に参拝する。
11・19　天皇、皇后・正仁親王と葉山御用邸に向かう（二十一日帰京）。
12・28　小金井の東宮仮寓所火災（皇太子は葉山御用邸に滞在中。このあと、皇居内義宮御殿を居所とする）。
12・29　アメリカ作成の対日講和条約第六次草案で、竹島を日本領とする。
この年　江上波夫、「騎馬民族征服王朝説」を発表。
□1・25**牧野伸顕**（外交官。内大臣。89）、11・20若槻礼次郎《わかつきれいじろう》（首相。男爵。84）

■昭和二十五年（一九五〇）庚寅

昭和天皇　49歳
明仁親王　17歳

1・1　この日より年齢の数え方を満年齢とする。
1・7　天皇、生物学御研究所に赴く（この年も原則木・土曜に御研究）。
1・10　天皇、皇后と葉山御用邸に向かう（二度〈歌会始・祈年祭〉の一時帰京を除き、二月二十日まで滞在）。
2・1　ソ連、天皇の戦争裁判を米国に要求（米国拒否）。
2・11　皇太子、皇居内義宮御殿より常盤松御用邸内に移る。
3・1　自由党発足（総裁に吉田茂）。
3・12　天皇、香川・愛媛・高知・徳島・兵庫各県巡幸に出発する（十二日、京都御所

れるも難を逃れる。伯爵。吉田茂は女婿、麻生太郎と寛仁親王妃信子は曾孫。

宿泊。十三日、岡山県宇野港より海路高松港を経て高松へ。十四日、一宮村・平井・長尾・津田。十五日、高松港より土庄港へ。双子浦・内海を経て高松港へ。端岡村・満濃池・琴平。十六日、宇多津・坂出・丸亀・多度津・善通寺・詫間・観音寺。十七日、川之江・三島・土居・新居浜・西条。十八日、西条・小松・壬生川・桜井・今治・今治港・北条・松山・道後温泉。十九日、三津浜港・興居島《ごごしま》・高松港。二十日、南郡中・長浜・大洲・八幡浜・八幡浜漁港・宇和・吉田・宇和島。二十一日、岩松・御荘《みしょう》・城辺・宿毛・片島港・中村。二十二日、中村・大方・窪川・影野・久礼・須崎・西佐川・伊野・高知。二十三日、高知・高知港・浦の内湾。二十四日、長岡村・日章村・夜須・安芸・奈半利・室津港・室戸岬。二十五日、室戸岬・佐喜浜・野根・甲浦・宍喰・浅川・牟岐・日和佐。二十六日、日和佐・桑野・富岡・小松島・勝浦・徳島。二十七日、徳島・板野・鳴門・鳴門港。二十八日、天皇、具合が悪く休養。二十九日、国府・山瀬・穴吹・林・脇・半田・池田。三十日、池田・小松島を経て淡路島〈洲本・津名〉。三十一日、三原・福良・洲本港を経て海路神戸港。京都御所宿泊。四月一日還幸)。

4・4　天皇・皇后、甲府市山宮町恩賜林の記念**植樹祭**に臨席する（以後、毎年臨場）。

4・7　天皇、皇后と葉山御用邸に向かう（十四日帰京）。

4・15　東久邇稔彦、曹洞宗系の「ひがしくに教」開祖となる。

4月　史料編纂所、東大文学部を離れ、東京大学附属研究所となる。

5・8　十日の仁明天皇千百年式年祭に先立ち、天皇、東京教育大学助教授家永三郎より「仁明天皇の御事蹟について」の進講を受ける。

5・9　天皇、皇后と日本赤十字社などを視察する（この日が「赤十字デー」となる）。

5・11　天皇、皇后・皇太子・和子内親王と菊栄親睦会主催の表休所での午餐に臨席。

5・20　第二皇女孝宮和子内親王、鷹司平通《としみち》と結婚式を挙げる（和子内親王、皇族の身分を離れる）。

5・24　天皇、皇后と大正天皇陵に参拝する。ついで農林省林業試験場浅川分室を訪ねる。

5・26　二十八日の桜町天皇二百年式年祭に先立ち、天皇、学習院大学教授児玉幸多より「桜町天皇の御事蹟について」の進講を受ける。

5・29　天皇、恩賜賞ならびに日本芸術院授

***植樹祭**　この年一月三十日、国土緑化運動を国民運動として盛り上げ、推進するための組織として国土緑化運動推進委員会（昭和六十三年、国土緑化推進機構と改称）が設立され、四月、「植樹行事並びに国土緑化大会」の名で始められ、昭和四十五年からは「全国植樹祭」と改称する。以降毎年、都道府県の持ち回りで開催されている。

***梨本《なしもとの》宮《みや》守正《もりまさ》王《おう》**（一八七四～一九五一）　久邇宮朝彦親王第四王子。母は原田光枝子。明治十八年、初代梨本宮守脩親王の跡を継ぐ。陸軍幼年学校に入り、累進して大将、のち元帥。昭和十八年には神宮祭主に就任。A級戦犯に指定されるが容疑不十分で釈放される。昭和二十二年皇籍離脱。妻伊都子《いつこ》との間に方子《まさこ》女王・規子女王がいる。

賞式に臨席する（以後恒例）。
6・5 天皇、皇后と葉山御用邸に向かう（十三日まで滞在）。
6・6 マッカーサー、共産党中央委員二十四人の公職追放を指令。
6・25 南北朝鮮軍、全面的戦争状態に。
7・8 マッカーサー、吉田首相に国家警察予備隊創設、海上保安庁拡充を指令。
7・17 天皇、皇后・正仁親王と葉山御用邸に向かう（一時、明治天皇例祭のため帰京も、八月二十九日まで滞在）。
8・10 警察予備隊令公布・施行（昭和二十七年平和条約発効に伴い、同年七月三十一日失効も、八月一日保安庁法成立による保安隊発足）。
8・11 天皇、昨年十二月ノーベル物理学賞受賞の湯川秀樹の拝謁を受ける。
8・29 文化財保護法施行（文部省外局として文化財保護委員会設置）。
10・13 政府、GHQ承認のもと、一万九十人の追放解除を発表（戦犯・覚書該当者は除く）。
10・17 文部省、学校行事に国旗掲揚・君が代斉唱をすすめる天野貞祐文相談話を通達。
10・18 天皇、皇后と多摩陵に参拝する。このあと農林省林業試験場浅川分室に移る。
10・20 天皇・皇后、菊栄親睦会の表三の間での茶会に臨席する。
10・22 平安神宮時代祭復活（七年ぶり）。
10・27 天皇・皇后、愛知県秋季国体開会式に臨席する（二十九日帰京）。
11・2 皇太子元家庭教師ヴァイニング女史（十月に契約満了）に勲三等宝冠章を伝達。天皇、十二月四日の帰国に先立ち、同人を召す（後任はローズ女史）。
12・1 天皇、GHQ経済顧問ジョセフ・モレル・ドッジを引見する。
12・8 四条天皇陵の敷地の一部を中学校・高校用地とする案件が参議院を通過。
この年 西園寺公望口述、秘書原田熊雄記録「西園寺公と政局」刊（全九巻。～昭和三十一年）。▼石井良助「天皇――天皇統治の史的解明」刊。▼「原敬日記」刊（～昭和二十六年）。
□11・3小磯国昭《こいそくにあき》（陸軍大将。首相。70）

■昭和二十六年（一九五一）辛卯

昭和天皇 50歳
明仁親王 18歳
1・1 **梨本宮守正王**没。
1・4 天皇、生物学御研究所に赴く（この年も木・土曜日は御研究）。
1・12 天皇、皇后と葉山御用邸に向かう（二十三日帰京）。

2・10 天皇、来日中の米国大統領特使ジョン・フォスター・ダレスを引見する。

3・14 学習院、学校法人となる。

3・16 天皇、皇后と葉山御用邸に向かう（一時帰京〈春季皇霊祭・神殿祭〉も、二十五日まで滞在）。

3・29 メーデーでの皇居前広場の使用禁止を決定する。

4・1 琉球アメリカ民政府、琉球臨時中央政府（琉球側政府）を設立。

4・3 宗教法人法公布・施行（伊勢神宮以下、国家管理を離れ、一宗教法人となる）。

4・4 天皇、皇后と群馬県赤城山麓の植樹行事に臨場する（即日帰京）。

4・11 トルーマン米大統領、マッカーサーを解任。

4・15 天皇、十六日に帰国するマッカーサーを米国大使館に訪問する（天皇のマッカーサー訪問は計十一回。マッカーサーの天皇訪問は一度もなかった）。

4・17 天皇、皇后と皇太子家庭教師エスター・ビドル・ローズ女史を引見する。

4・24 天皇、皇后とともに葉山御用邸に向かう（二十七日帰京）。

5・1 マッカーサー後任マシュー・バンカー・リッジウェイ、占領下の諸法規再検討の権限を日本政府に移譲と声明。

5・2 天皇、リッジウェイを米国大使館に訪問する。

5・17 **貞明皇后**、狭心症により大宮御所にて没（皇太后宮職廃止。皇居と大宮御所の女官が一本化される。宮内庁、「新しい定めのないものは、旧規定に従う」と方針を決め、ほぼ「皇室喪儀令」に従って葬儀が行なわれる）。

6・8 故皇太后に「貞明皇后」を追号する。

6・22 貞明皇后葬儀が、豊島岡墓地内葬場殿で行なわれ、大正天皇多摩陵傍らに葬られる（陵名は多摩東陵）。

7・1 江戸川筋御猟場の廃止に伴い、埼玉鴨場を埼玉猟場に、新浜鴨場を新浜猟場に改称する。

7・20 天皇、皇后と那須御用邸に向かう（一時帰京〈国会開会式〉をはさみ、八月二十三日まで滞在）。

8・10 米ラスク極東担当国務次官補、駐米韓国公使に、竹島は韓国の一部として扱われたことがないとして、竹島を日本放棄対象とすることについての韓国要望を全面拒否（韓国側反論せず）。

8・24 天皇、皇后と山陵百日祭の儀につき

＊**貞明皇后**《ていめいこうごう》（一八八四～一九五一） 大正天皇皇后。公爵九条道孝四女。名は節子《さだこ》。明治三十三年、皇太子嘉仁親王（大正天皇）と結婚し、裕仁親王（昭和天皇）、雍仁親王（秩父宮）、宣仁親王（高松宮）をもうける。明治天皇嫡母英照皇太后（九条夙子）は、父道孝の姉。陵は多摩東陵《たまのひがしのみささぎ》。

＊**対日平和条約** 日本と連合国との戦争状態の終了、連合国による日本の領土・領水の承認などを規定したもの。英米ほか四十八ヵ国と調印、昭和二十七年四月二十八日発効。しかし、ソ連・ポーランド・チェコスロバキアは調印を拒否、インド・ビルマ・ユーゴスラビアは会議に未出席、中華民国・中華人民共和国は会議に招聘されなかった。なお、日本は朝鮮・台湾および澎湖諸島・千島列島（歯舞色丹島を含まず）・南樺太・南洋群島・南極地域・新南群島・西沙群島のすべての権利の放棄、北緯二十九度以南の琉球諸島・大島諸島・小笠原諸島・西之島・硫黄島・沖ノ鳥島・南鳥島についてはアメリカが統治とされた（放棄対

多摩東陵に参拝する。

8・27　天皇、リッジウェイとの会見のため米国大使館を訪問する。

9・8　**対日平和条約**・日米安全保障条約調印（この前後、米軍、沖縄に軍事基地を建設）。

9・18　天皇、リッジウェイを初めて皇居に招く。

9月　この頃、天皇退位問題が、最終的に「退位せず」に決着といわれる。

10・1　天皇、書陵部所蔵資料展示会「東山御文庫本を中心とする特別展覧会」を覧る（「東山御文庫本源氏物語」「光明天皇宸記」など）。

10・15　天野貞祐文部大臣、参議院本会議で、天皇は「国家の道徳的中心」と発言。

10・17　貞明皇后御命日。天皇、皇后と多摩東陵に参拝する（ついで多摩陵に）。

10・23　三笠宮容子《まさこ》内親王、誕生する（のち千宗室夫人）。

10・25　天皇、広島秋季国体に出席する（二十九日帰京）。

11・3　「天皇歌集　みやまきりしま」刊。

11・7　天皇、国立国会図書館（旧赤坂離宮）での「憲法資料展示会」を覧る。

11・11　天皇、京都・滋賀・奈良・三重各県巡幸に出発する（十一日、京都御所宿泊。十二日、京都・宇治・山科。十三日、舞鶴・西舞鶴・峰山・天橋立。十四日、宮津・綾部・園部・亀岡。十五日、大津・信楽・水口・北五箇荘・彦根。十六日、彦根・米原・醒ヶ井・長浜・木之本・永原・今津・近江舞子。十七日、京都御所で休息。十八日、奈良・天理・畝傍・桜井・宇陀・吉野。十九日、五条・御所《ごせ》・大和高田・王寺・大和郡山。二十日、伊賀上野・拓殖・亀山・桑名・四日市。二十一日、楠・鈴鹿・河芸《かわげ》・津・嬉野。二十二日、津・松阪・尾鷲・長島・三瀬谷・相可口・鳥羽。二十三日、志摩観光ホテルで新嘗祭。二十四日、賢島・多徳島・磯部・小俣・宇治山田・二見。二十五日、名古屋経由で還幸）。

11・12　天皇の来学に、京大同学会学生、再軍備問題で天皇あて公開質問状を提出（学長は受理を拒否。同学会に解散命令。京大行幸事件）。

11・19　天皇、対日講和・安保両条約を巡幸先の奈良で認証する。

11月　パスポートの表紙に「菊花紋」が復活。

12・4　天皇、皇后と葉山御用邸に向かう（十二日まで滞在）。

12・17　貞明皇后御命日。天皇、御不例気味

象から竹島が除外されたことにより同島は日本帰属が明確化とされる）。

により、皇后一人で多摩東陵に参拝する。

この年　宮内庁、「御用達」の許可を出さないことにする。

□3・10幣原《しではら》喜《き》重郎《じゅうろう》（首相。男爵。78）

■昭和二十七年（一九五二）壬辰

昭和天皇　51歳

明仁親王　19歳

1・1　天皇・皇后、葉山御用邸にて新年を迎える。▼皇太后宮職廃止。

1・18　韓国、李承晩ラインを引き、竹島を主権範囲とする（二十八日、日本、これに抗議）。

2・17　貞明皇后御命日。天皇、皇后と多摩東陵、ついで多摩陵に参拝する。

2月　皇太子、学習院の学友と無断で外出し、山手線に乗って新橋で下車、銀座を二時間ほど散歩する（皇太子「銀ブラ」事件）。

3・19　天皇、皇后とともに葉山御用邸に向かう（二十五日まで滞在）。

3・27　天皇、リッジウェイを皇居に招く。

4・1　琉球政府発足。

4・4　天皇、皇后と静岡県田方郡函南村の植樹祭に出席する（即日帰京）。

4・13　「信任状捧呈の儀次第」が定められる。

4・17　貞明皇后御命日。天皇、皇后と多摩東陵、ついで多摩陵に拝礼する。

4・21　皇太子、学習院大学政治経済学部に入学する。▼公職追放令が廃止となる（二十八日施行）。

4・26　天皇、リッジウェイと会見するため、米国大使館を訪問する。

4・28　対日講和条約・日米安全保障条約発効（**御製**あり。日本が独立。GHQ・極東委員会・対日理事会廃止）。▼日華平和条約調印。

4月　平城宮跡が特別史跡に指定されるにともない、奈良文化財研究所発足（昭和二十九年、奈良国立文化財研究所に改称）。

5・1　神宮外苑のメーデーデモ隊、阻止を突破して皇居前広場に突入し、警官隊と衝突する（血のメーデー事件）。

5・2　天皇、新宿御苑で行なわれた初の全国**戦没者追悼式**（政府主催）に出席する。

5・3　天皇、皇后、皇居前広場の「平和条約発効ならびに憲法施行五周年**式典**」に出席する。

5・22　北白川房子、初代神社本庁総裁に就任する（以降、鷹司和子、池田厚子が総裁をつとめる）。

6・2　天皇、伊勢神宮・神武天皇陵・明治天皇陵・大正天皇陵に講和発効を奉告・参拝に出発する（五日帰京。六日多摩陵参拝）。

6・9　天皇、各国大使と戦後初の会食をす

＊御製
「風さゆるみ冬は過ぎてまちにまちし八重桜咲く春となりけり」
「冬すぎて菊桜さく春になれど母のすがたをえ見ぬかなしさ」
など五首。

＊戦没者追悼式　このときの「お言葉」は次の通り。
「今次の相つぐ戦乱のため、戦陣に死し、職域に殉じ、また非命にたおれたものは、挙げて数うべくもない。衷心その人々を悼み、その遺族を想うて、常に憂心やくが如きものがある。本日この式に臨み、これを思い彼を想うて、哀傷の念新たなるを覚え、ここに厚く追悼の意を表する」

＊式典　このとき、「敗戦の責任を深く国民に詫びる」「朕の不徳なる、深く天下に愧《は》ず」「祖宗及万姓に謝せんとす」等を「お言葉」に入れる意見もあったが、終始前向きなメッセージとなり、これが事実上の在位表明・退位否定となり（加藤恭子「昭和天皇「謝罪詔勅草稿」発見」）、次の言葉で締めくくった。「この時に当り、身寡薄なれども、過去を顧み、世論に察

る。
6・12 天皇、皇后と那須御用邸に向かう（二十一日まで滞在）。
7・21 破壊活動防止法・公安調査庁設置法・公安審査委員会設置法、公布・施行。
7・31 天皇、皇后と戦後初めて明治神宮に参拝する。▼保安庁法公布（八月一日保安庁設置。十月十五日、警察予備隊を保安隊と改称）。
7月 華族会館（霞会館）が接収解除される。
8・1 天皇、皇后と那須御用邸に向かう（九月九日まで滞在）。
9・9 閣議、皇太子の成年式・立太子礼を国の儀式とすることに決定。
9・10 天皇、十一日の朱雀天皇千年式年祭に先立ち、東大史料編纂所教授吉村茂樹より「朱雀天皇の御事蹟について」の進講を聴く。
10・1 天皇、風邪をひく（十四日まで御仮床あるいは静養）。
10・7 宮内庁庁舎三階を改装し仮宮殿に。
10・10 第三皇女順宮《よりのみや》厚子内親王、池田隆政と結婚する（この日は貞明皇太后の喪があけた日。厚子内親王が皇族の身分を離れるに際し、皇族費として一時金七百万円を国庫から支出）。
10・16 天皇、皇后と靖国神社に参拝する（宗教法人になって初めて）。
10・18 天皇、皇后と福島・山形・宮城三県共催の秋季国体に出席する（二十二日帰京）。
10・30 第四次吉田茂内閣成立。
11・8 天皇、第十五回国会開会式に臨席する（官報では国会開会式でのお言葉を勅語と表記していたが、この時より「お言葉」とする）。
11・10 皇太子明仁親王、成年式・立太子礼を行なう（皇太子は昭和二十六年に成人を迎えていたが、貞明皇太后の服喪により一年延期してこの日挙行。「立儲令」と「皇室成年式令」を参考に国事として行なわれる。このとき吉田茂首相、「臣茂」という表現を使う）。
11・15 「宮内庁庁報」が初めて発行される。
11・23 皇太子、初めて新嘗祭に出席する。
12・22 天皇・皇后、多摩陵・多摩東陵に参拝する（二十五日、大正天皇祭）。
この年 水野祐、「三王朝交替説」を唱える。▼東京大学史料編纂所編「大日本古記録」刊行開始。
□8・22平《ひら》沼《ぬま》騏《き》一《いち》郎《ろう》（首相。男爵。84）、10・17岡田《おかだ》啓介《けいすけ》（海軍大将。首相。84）

■昭和二十八年（一九五三）癸巳

し、沈思熟慮、あえて自らを励まして、負荷の重きにたえんことを期し、日夜ただおよばざることを、恐れるのみであります。こいねがわくば、共に分を尽し、事に勉め、相たずさえて国家再建の志業を大成し、もって永くその慶福を共にせんことを切望して、やみません」。

＊三王朝交替説 「日本書紀」を分析し、九代目の開化天皇までを非実在とし、崇神・成務・仲哀各天皇の三輪王朝、応神・仁徳・履中・反正・允恭・安康・雄略各天皇の河内王朝、継体天皇以降（宣化天皇を除く）の近江王朝が政権を交替したと解く。

昭和天皇　52歳
明仁親王　20歳

1・1　天皇、国事行為として初の「新年祝賀の儀」を行なう。
1・2　この年から、二日が「一般参賀」の日となる（「国民参賀」「正月参賀」を「一般参賀」と改称）。
1・4　大正天皇皇子**秩父宮雍仁親王**没（十二日葬儀）。
1・6　天皇、皇后と藤沢市鵠沼の秩父宮邸を訪問する（十三日、豊島岡墓地に赴き、雍仁親王墓に拝礼する）。
1・17　天皇、生物学御研究所に赴く（この年、月・木・土曜日を中心に生物学研究。以後、病床につくまで、月・木・土を原則的に研究日とする）。
2・1　東久邇成子、宮内庁病院にて第三男子（真彦《なおひこ》）を出産する。▼NHK、東京地区でテレビ放送開始（皇室にもテレビ受像機が入る）。
2・17　天皇、皇后と葉山御用邸に向かう（二十日まで滞在）。
3・14　天皇、衆議院解散詔書に署名（二月二十八日吉田首相の暴言により「バカヤロー解散」といわれる）。
3・30　皇太子、天皇名代として英国女王戴冠式参列のため横浜港を出発する（このとき、米国、カナダ、フランス、スペイン、モナコ、スイス等十四ヵ国を訪問。十月十二日帰国）。
3月　正倉院に鉄筋コンクリート造東宝庫が建てられる（当分の間、温湿度の変化を調査。ついで宝物を新宝庫に移す）。
4・1　保安大学校開校（翌年、防衛大学校と改称）。
4・4　天皇、千葉県君津郡富津町での植樹祭に臨席する（即日還幸）。
4・14　天皇、皇后と豊島岡墓地に赴き、祐子内親王墓・雍仁親王墓に拝礼する。
4・20　韓国独島義勇守備隊（民間団体）、竹島に駐在開始。
4月　東京大学名誉教授朝比奈泰彦、昭和二十三年来の正倉院御物中の薬物調査を終える（十月六日、天皇に正倉院の薬物について進講。昭和三十年、「正倉院薬物」刊）。
5・6　天皇、地方状況視察のため、千葉県を巡幸する（八日帰京）。
5・15　天皇、貞明皇后崩御二周年（十七日）を前に、多摩陵・多摩東陵に参拝する。
5・21　天皇、宮内庁長官田島道治・侍従次長稲田周一・侍従永積寅彦に、昭和三年六月の張作霖爆破事件以来の回想を語る（六

＊**秩父宮雍仁親王《ちちぶのみややすひとしんのう》**（一九〇二〜五三）
大正天皇第二皇子。母は貞明皇后。幼称淳宮《あつのみや》。大正十一年、秩父宮号を賜わる。昭和三年、松平恆雄（容保四男）女勢津子と結婚。陸軍に進み少将に昇るも、同十五年以降、胸部疾患により御殿場で療養生活に入る。昭和二十七年、藤沢市鵠沼に移る。墓は豊島岡墓地。なお親王の火葬は、近代以降の皇族では初。

月二十二・二十三日にも。永積が筆記）。
▼第五次吉田内閣成立。
6・2 皇太子、英国女王エリザベス二世戴冠式に参列する。
6・3 天皇、皇后と那須御用邸に向かう（十五日まで滞在）。
6・4 皇室経済会議で、正倉院新宝庫を皇室用財産とする。
6・13 伊勢神宮奉賛会（財団法人）結成（現在は一般財団法人伊勢神宮崇敬会）。
6・30 生物学御研究所編「相模湾産海鞘類図譜」刊。
7・14 天皇、皇后と葉山御用邸に向かう（八月八日まで滞在）。
7・27 朝鮮休戦協定調印。
8・13 天皇、皇后・正仁親王と那須御用邸に向かう（九月十二日まで滞在）。
8・20 天皇、御用邸で宮内記者会員十一名と談話する。
9・23 天皇、皇后と葉山御用邸に向かう（二十九日まで滞在）。
10・2 伊勢内宮の遷宮が行なわれる（天皇、遙拝。外宮とともに四年延引）。
10・5 伊勢外宮の遷宮が行なわれる。
10・12 皇太子、飛行機にて帰国する（ついで参内）。
10・19 天皇、四国国体に出席。四国四県・岡山県を巡幸する（二十八日帰京）。
11・5 天皇臨御のもと、大宮御所（赤坂御苑）で戦後初の「園遊会」が開かれる。
11・29 天皇、皇太子帰国を祝う菊栄親睦会（綱町三井倶楽部）に臨席する。
12・7 天皇、皇后と葉山御用邸に向かう（十四日まで滞在）。
12・16 宇佐見毅、宮内庁長官に就任（以後二十八年間務める）。
12・21 天皇、二十五日の大正天皇祭に先立ち、皇后と多摩陵・多摩東陵に参拝する。
12・24 奄美群島返還協定調印（二十五日、本土復帰）。
12月 文化財保護委員会・奈良県教育委員会、この月より翌年一月にかけて平城京を発掘調査（以後も継続）。
この年 にひなめ研究会（柳田國男・三笠宮崇仁親王ら）編「新嘗の研究」第一輯刊。
□9・3折口信夫《おりくちしのぶ》（民俗学者。歌会始選者。66）、9・7阿部《あべ》信行《のぶゆき》（陸軍大将。首相。77）

■昭和二十九年（一九五四）甲午

昭和天皇 53歳
明仁親王 21歳
1・2 一般参賀者三十八万人。この日、二重橋での将棋倒しにより死者十六人（二重橋事件)。

1・7 天皇、皇后と豊島岡墓地の雍仁親王墓に拝礼する。

1・12 天皇、歌会始のあと、皇后とともに葉山御用邸に向かう(二十四日まで滞在)。

2・11 神社庁の通達により、この日、紀元節祭を行なう神社が増加する。

3・1 第五福龍丸、ビキニ環礁で米水爆実験により被曝する。

3・12 天皇、皇后・正仁親王と葉山御用邸に向かう(二十日まで滞在)。

3・24 天皇、正仁親王の学習院高等科卒業式に出席する(貴子内親王は中等科卒業)。

4・1 陵墓の監区が、従来の多摩・桃山・畝傍に加え、月輪・古市が復置されて五監区となる。

4・5 天皇、皇后と兵庫県神戸市垂水区の植樹祭および県下の視察等のため、東京駅を出発する(十日帰京)。

4・8 天皇、皇后と伊勢外宮、ついで内宮に拝礼する。

4・21 天皇、侍従長三谷隆信・侍従次長稲田周一・侍従職御用掛小泉信三・侍従永積寅彦に満州事変勃発当時のことを中心に回想する(御談話拝聴は、数度行なわれる。永積筆記)。

5・14 天皇、皇后と多摩陵・多摩東陵に参拝する。

6・8 改正警察法公布(皇宮警察が警察庁所属となり、皇宮警察本部と称す)。

6・9 防衛庁設置法・自衛隊法公布(保安隊・警備隊を改組。七月一日施行)。

6・15 皇居の一般参観者の範囲が改められ、この日実施される(成年以上の者の団体および学校からの願い出の場合は高等学校在学者以上)。

6・16 天皇、皇后と葉山御用邸に向かう(二十四日まで滞在)。

7・14 天皇、皇后と那須御用邸に向かう(一時帰京〈明治天皇例祭〉も八月六日まで滞在)。

8・6 天皇、北海道巡幸に出発する(六日、那須御用邸を出発し盛岡宿泊。七日、青森港より海路函館港へ。湯の川温泉宿泊。八日、函館・大沼・七飯村。九日、函館・長万部・虻田・洞爺湖・昭和新山・伊達・室蘭。十日、登別・白老・苫小牧・夕張。十一日、栗山・岩見沢・砂川・滝川・旭川。十二日、永山・東旭川・上川・遠軽・北見。十三日、北見・美幌・網走。十四日、網走・弟子屈・阿寒湖。十五日、阿寒湖で休息。十六日、弟子屈・標茶・釧路・大楽毛《おたのしけ》。十

七日、釧路・池田・帯広。十八日、帯広・芽室・新得・富良野・芦別・江別・小樽。十九日、小樽・倶知安・ニセコ。二十日、ニセコで休息。二十一日、余市・小樽・札幌〈北海道国体開会式出席〉。二十二日、琴似・札幌。二十三日、豊平・月寒、ついで千歳空港より空路羽田空港を経て皇居へ〈はじめて飛行機に搭乗〉。これにより、沖縄を残し、戦後地方巡幸が終わる)。
8・16 京都小御所が焼失する(昭和三十三年再興)。
8・20 天皇、ニセコ温泉のホテルで日本人記者団と一問一答の記者会見(以後、記者会見は毎年の恒例となる)。
8・30 東久邇成子、第二女子(優子)を出産する。
9・2 天皇、皇后と那須御用邸に向かう(八日まで滞在)。
9・25 日本、韓国に竹島領有権問題の国際司法裁判所への提訴を提案する(十月二十八日韓国拒絶)。
9・29 天皇、日本橋三越デパートで初めて買物をする。
10・19 天皇、皇后と靖国神社に参拝する。
11・4 天皇、静岡県視察に向かう(七日、沼津御用邸に。十日還幸)。
11・24 日本民主党結成(総裁に鳩山一郎)。
11・26 二十七日の孝徳天皇千三百年式年祭に先立ち、東大教授坂本太郎より「孝徳天皇の御事蹟について」の進講を聴く。
12・10 第一次鳩山一郎内閣成立。
12・17 天皇、皇后と多摩陵・多摩東陵に参拝する。
12・29 三笠宮憲仁《のりひと》親王が誕生する。
この年 山根徳太郎、難波宮の発掘調査を始める(難波宮は上町台地に営まれたことが判明)。▼水野祐「増訂日本古代王朝史論序説」刊。
□10・6尾崎行雄《おざきゆきお》(文部大臣・司法大臣等。「憲政の神様」と呼ばれる。95)

■**昭和三十年(一九五五)乙未**

昭和天皇 54歳
明仁親王 22歳

1・13 天皇、皇后と葉山御用邸に向かう(二十日まで滞在)。
1・27 文化財保護委員会、重要無形文化財第一次指定を内定(宮内庁の雅楽など)。
2・1 天皇、皇后と葉山御用邸に向かう(十日まで滞在)。
3・4 東伏見宮依仁親王妃周子《かねこ》没(年78。これにより東伏見宮家断絶)。
3・19 第二次鳩山一郎内閣成立。

◉**昭和天皇御製②**(「昭和天皇実録」より)
「ああ広島平和の鐘もなりはじめたちなほる見えてうれしかりけり」(昭和二十二年)
「伊勢の宮に詣づる人の日にましてあとをたたぬがうれしかりけり」(昭和二十九年)
「国のため命ささげし人々のことを思へば胸せまりくる」(昭和三十四年三月二十八日、千鳥ヶ淵戦没者墓苑追悼式臨席)

4・5　天皇、皇后と宮城県黒川郡大衡《おおひら》村での植樹祭に出発する（八日帰京）。
4・9　神宮皇学館が復活する（昭和三十七年、皇学館大学に）。
4・29　生物学御研究所編『相模湾産後鰓類図譜　補遺』刊。
5・1　東大寺で聖武天皇千二百年祭法要が始まり、万燈会が二百年ぶりに復活。
5・18　天皇、皇后と多摩陵・多摩東陵に参拝する（皇太子も拝礼）。
5・22　天皇・皇后、菊栄親睦会春季大会（綱町三井倶楽部）に臨席する。
5・24　天皇、新築の蔵前国技館に赴き、戦後初めて**大相撲を観戦**する。
6・2　天皇、皇后と正倉院宝物のカラースライドを覧る。
6・3　天皇、皇后と那須御用邸に向かう（十三日まで滞在）。
6・20　天皇、皇后と明治神宮に参拝する。
6・29　天皇、来る八月二十九日の近衛天皇八百年式年祭に先立ち、書陵部編修課長土井弘より「近衛天皇の御事蹟について」の進講を聴く。
6月　末永雅雄ら、宮内庁の委嘱により陵墓参考地鵺《ぬえ》塚・秘《ひめ》塚（京都市左京区）を発掘。
7・6　天皇、皇后と葉山御用邸に向かう（十九日まで滞在）。
7・25　天皇、皇后と軽井沢で静養のため、東京を出発する（二十八日まで軽井沢プリンスホテルに滞在。皇太子は二十三日より滞在）。
8・1　天皇、皇后と那須御用邸に向かう（二十七日まで滞在）。
8・6　第一回原水爆禁止世界大会広島大会開催（十日には長崎でも）。
9・19　天皇、皇后と葉山御用邸に向かう（二十三日まで滞在）。
9・22　天皇、葉山より皇后と神奈川夏季国体に臨席し、水泳競技を覧る（二十三日はヨット競技を覧る）。
10・6　宇佐神宮臨時奉幣に勅使を発遣する（九日は香椎宮にも。以後、両社に十年ごとに勅使参向）。
10・13　社会党左右両派統一大会開催。
10・30　天皇、皇后と神奈川県秋季国体開会式に臨席する。
10・31　天皇、皇后と葉山御用邸を出て、エリザベス・サンダース・ホーム等を訪問する（十一月二日帰京）。
11・5　自由党憲法調査会、天皇を「元首」とする憲法改正試案を発表。
11・10　天皇、埼玉県下を視察する（十一日

＊**大相撲観戦**　このとき、幕内力士の土俵入り、十日目の取組を覧、自ら勝敗・決まり手などを星取表に記入する。以後、毎年夏場所観戦が原則となる。この日詠んだ御製は、
「久しくも見ざりし相撲《すまひ》ひとびとと手をたたきつつ見るがたのしさ」

帰京）。
11・11　天皇、熱田神宮本殿遷座祭につき、御文庫前広庭にて遙拝する。
11・15　天皇、普通選挙三十年および婦人参政十周年記念式典（日比谷公会堂）に臨席する。▼自由党・民主党が合同、自由民主党を結成（五十五年体制成立）。
11・22　第三次鳩山一郎内閣成立。
11・28　正仁親王、成年式を挙げる。
11・30　正仁親王、成年奉告のため東京を出発する（伊勢両宮・神武天皇陵、ついで大正天皇陵・貞明皇后陵に参拝）。
12・6　国賓カンボジア国前国王ノロドム・シハヌーク首相、戦後初の外国皇族の公式参内。
12・20　天皇、帝国劇場で初めてロードショーを観る（日本赤十字社のチャリティー・ショーで、題名は「シネラマ・ホリデイ」。以後「サウンド・オブ・ミュージック」「ベン・ハー」など街の映画館で観るも、昭和四十二年以降は吹上御所の試写室で観る）。
12・21　天皇、多摩陵・多摩東陵に参拝する（皇后は風邪のため中止）。
12・28　天皇、皇后・正仁親王・貴子内親王と葉山御用邸に向かう（三十日まで滞在）。
12月　詫間町教育委員会により、小林行雄・佐原真等、紫雲出山《しうでやま》遺跡を発掘する（以後も継続）。
この年　京都府教育委員会、長岡京跡の発掘調査に着手（その後も継続）。

■昭和三十一年（一九五六）丙申

昭和天皇　55歳
明仁親王　23歳

1・8　天皇、御文庫において、皇后・皇太子・正仁親王・貴子内親王・東久邇盛厚・同夫人成子・同子女等と昼食をとる（この年も特に行事がないときは、おおむね日曜日には皇太子はじめ皇族方と会食する）。
1・13　天皇、皇后と葉山御用邸に向かう（二十四日まで滞在。二月一日より十六日にも滞在）。
2・11　高知県繁藤《しげとう》小学校、授業を止め紀元節式典を強行（二十四日、清瀬一郎文相、教育委員会の許可を得たので問題ないが、授業中止は行き過ぎと言明）。
3・12　天皇、皇后と葉山御用邸に向かう（二十日まで滞在。皇后は二十六日まで）。
3・26　皇太子、学習院大学聴講課程を修了。
4・5　天皇、山口県矢筈ヶ岳麓の植樹祭のため東京を出発する（このとき山口・岡山両県を視察。十二日帰京）。
4・20　天皇、皇后と上野動物園を見学する。

4月　韓国鬱陵島警察署警察官、竹島に常駐開始。

5・18　天皇、皇后と多摩陵・多摩東陵に参拝する。

5・22　天皇、菊栄親睦会発足十年により、皇太子はじめ皇族・元皇族等二十八名を招待し、昼食を共にする。

5・29　天皇、六月七日の聖武天皇千二百年式年祭に先立ち、正倉院事務所長和田軍一より「聖武天皇の御事蹟について」の進講を聴く（スライドで正倉院宝物を覧る）。

6・8　天皇、皇后と葉山御用邸に向かう（十八日まで滞在）。

6・11　内閣に憲法調査会を設置（昭和四十年六月三日廃止）。

6・26　正倉院事務所・京都事務所・下総御料牧場が宮内庁附属機関に、京都事務所は地方支分局になる（これまで正倉院事務所は図書寮監理課の下に置かれていた）。

6・27　天皇、七月二十七日の鳥羽天皇八百年式年祭に先立ち、東大教授宝月圭吾より「鳥羽天皇の御事蹟について」の進講を聴く。

7・9　天皇、皇后と葉山御用邸に向かう（二十六日まで滞在）。

7・17　「経済白書」が「もはや戦後ではない」と言明。

7・31　天皇、皇后・皇太子と那須御用邸に向かう（皇太子は九月四日、皇后は九月九日、天皇は九月十日まで滞在）。

8・16　崇仁親王・同妃、セイロン国建国千五百年記念祭典参列のため東京を出発する（妃は三十一日帰国。親王は非公式にイラン・イラクを経て十月十一日帰国）。

9・9　皇后の母久邇俔子《ちかこ》没（年76）。

9・15　天皇、皇后と豊島岡墓地に向かい、久邇家墓に拝礼する。

9・24　天皇、二十五日の安康天皇千五百年式年祭に先立ち、書陵部編修課長補佐後藤四郎より「安康天皇の御事蹟について」の進講を聴く。

10・19　「日ソ国交回復に関する共同宣言」調印（締結後、歯舞群島・色丹島を引き渡すことを定める）。

10・27　天皇、兵庫県秋季国体に出発する（このとき兵庫県・大阪府を視察。十一月二日帰京）。

11・19　天皇、戦後初の外国元首公式来日のエチオピアのハイレ・セラシエ皇帝を東京国際空港に出迎える。

11・30　天皇、皇后と葉山御用邸に向かう（十二月七日まで滞在）。

12・18　国連総会、日本の国連加盟を全会一致で可決。
12・23　石橋湛山内閣成立。
12・25　天皇、大正天皇三十年式年祭山陵の儀につき、皇后と多摩陵に参拝する。
この年　藤島泰輔「孤独の人」刊（皇太子の同級生藤島が学習院での皇太子の生活を題材とした小説）。▼西田長男「神道史の研究二」刊（天仁元年〈一一〇八〉大嘗祭での中臣寿詞の写本を紹介）。▼GHQ射撃練習場として接収の武庫離宮が神戸市に返還される（のち須磨離宮公園）。

■**昭和三十二年（一九五七）丁酉**

昭和天皇　56歳
明仁親王　24歳

1・14　天皇、皇后と葉山御用邸に向かう（二十二日まで滞在）。
1・25　天皇、栃木県での冬季国体臨場のため、原宿駅より出発する（二十六日帰京）。
2・4　天皇、皇后と葉山御用邸に向かう（十五日まで滞在）。
2・13　衆議院に国民の祝日に関する法律の一部改正の法律案が提出される（二月十一日を建国記念の日として加える。五月十五日衆議院可決も参議院で審議未了）。
2・24　崇仁親王・同妃、デンマーク、スウェーデン、ノルウェー訪問に出発する（翌年四月二十六日帰国）。
2・25　第一次岸内閣成立。
2・27　天皇・皇后、光輪閣での菊栄親睦会に臨席する。
3・10　天皇、皇后と埼玉鴨場（越谷市）での菊栄親睦会に臨席する。
3・12　天皇、皇后と葉山御用邸に向かう（二十日まで滞在）。
4・6　天皇、皇后と岐阜県揖斐郡谷汲村での植樹祭のため東京駅を出発する（岐阜・愛知両県を視察して十二日帰京）。
4・17　天皇、徳川夢声・サトウハチロー・吉川英治・獅子文六・火野葦平による座談会を聞く（このあと「文藝春秋」に「天皇陛下大いに笑う」として掲載）。
4・23　天皇、皇后と靖国神社に拝礼する。
4月　映画「明治天皇と日露大戦争」封切（大ヒット）。
5・10　天皇、皇后と晴海の日本国際見本市を視察する。
6・3　天皇、皇后と葉山御用邸に向かう（十三日まで滞在）。
7・8　天皇、皇后と山梨県視察のため原宿駅を出発する。
7・10　天皇、登山バスに乗り富士山五合目まで登る（このあと帰京）。

◉**昭和天皇御製③**（「昭和天皇実録」より）
「皇太子の契り祝ひて人びとのよろこぶさまをテレビにて見る」（昭和三十四年四月十日）
「さしのぼる朝日の光へだてなく世を照らさむぞわがねがひなる」（昭和三十五年歌会始。御題は「光」）
「国のためいのちをさゝげし人々をまつれる宮はもゝとせへたり」（昭和四十四年十月、靖国神社創立百年記念大祭に臨御）

7・13 天皇、皇后・貴子内親王と葉山御用邸に向かう（二十九日まで滞在）。
7・31 天皇、皇后と那須御用邸に向かう（九月六日まで滞在）。
8・20 天皇、宮内記者会会員十三名の拝謁を受ける（記者の質問に答える）。
8・27 茨城県東海村原子力研究所で日本初の「原子の火」がともる。
10・1 日本、国連安全保障理事会非常任理事国に当選。
10・4 天皇、七日の後奈良天皇四百年式年祭に先立ち、國學院大学教授岩橋小弥太より「後奈良天皇の御事蹟について」の進講を聴く。
10・7 天皇、国賓として来日のインド首相ネールを引見する。
10・13 皇太子、元家庭教師ヴァイニング夫人を葉山御用邸に招く。
10・25 天皇、皇后と静岡県秋季国体臨場のため東京駅を出発する（県下視察ののち三十日帰京）。
12・2 天皇、皇后と葉山御用邸に向かう（十日まで滞在）。

■昭和三十三年（一九五八）戊戌

昭和天皇 57歳
明仁親王 25歳

1・13 天皇、皇后と葉山御用邸に向かう（二十四日まで滞在）。▼神社本庁、紀元祭（仮称）を中祭式にて行なうよう各神社庁に通知する。
2・1 歴史教育者協議会、紀元節問題懇談会を開催し、紀元節復活反対声明を発表。
2・11 紀元節奉祝国民大会運営委員会を紀元節奉祝会と改称し、奉祝の集いを「建国まつり」とする。
3・8 天皇、祐子内親王三十年式年祭に当たり、皇后と豊島岡墓地を訪れ、祐子内親王墓所に拝礼する。
3・12 天皇、皇后と葉山御用邸に向かう（二十日まで滞在）。
3・26 天皇、学習院大学卒業式に臨席する（正仁親王、同大理学部を卒業）。
3・30 明治神宮外苑に国立競技場が完成。
4・5 天皇、大分県別府市志高湖《しだかこ》での植樹祭のため原宿駅を出発する（山口・大分・宮崎・鹿児島・熊本・福岡各県を視察し、十八日、飛行機で帰京）。
4・13 宣仁親王・同妃、フランス、ベルギー訪問に出発する（二十六日帰国）。
4・15 天皇、阿蘇山火口壁上まで登り、噴火口を覧る。
4・18 衆議院、原水爆禁止決議案可決（二

＊**婚約記者会見** このときの正田美智子による皇太子（明仁上皇）評「ご誠実で、ご立派で、心からご信頼申し上げ、ご尊敬申し上げられるお方」は流行語にもなり、全国的に「ミッチーブーム」が起こる。

十一日参議院も）。
4・24 建国記念の日法制化、衆議院で可決（翌日、国会解散により参議院で審議未了）。
5・14 天皇、NHKホールでの第五十四回国際オリンピック委員会総会開会式に臨席する。
5・19 天皇、国賓として来日のイラン国皇帝モハンマド・レザー・パハラヴィーを東京国際空港に出迎える。
5・24 天皇、皇后と国立競技場での第三回アジア大会開会式で、開会を宣言する。
6・7 崇仁親王・同妃、ブラジル、ペルー訪問のため出発する（十月八日帰国）。
6・12 第二次岸信介内閣成立。
6・18 天皇、皇后と那須御用邸に向かう（二十七日まで滞在）。
7・11 天皇、皇后と放送事業視察のため、NHKスタジオを見学する。
7・15 天皇、皇后と葉山御用邸に向かう（二十九日まで滞在）。
8・1 天皇、皇后と那須御用邸に向かう（九月十二日まで滞在）。
9・27 台風二十二号（狩野川台風）、神奈川に上陸（死者行方不明者千二百六十九名）。
10・7 天皇、皇后と多摩陵・多摩東陵に参拝する。
10・15 天皇、皇后と東京国立博物館での「ファン・ゴッホ展」を覧る。
10・18 天皇、富山県秋季国体へ出発する（富山・石川・岐阜各県を視察し、十月二十七日帰京）。
10・31 戦災をうけた明治神宮社殿が再建され、この日、本殿遷座祭遷御の儀を行なう。
11・11 三笠宮崇仁親王、歴史学会で「紀元節」反対の発言をする。
11・16 天皇、皇后と綱町三井倶楽部での菊栄親睦会に臨席する。
11・27 皇室会議で、皇太子と正田美智子との婚約を決定、宮内庁、即日発表（正田美智子の**婚約記者会見**あり）。
12・1 天皇、国賓として来日のフィリピン大統領カルロス・P・ガルシアを東京国際空港に出迎える。
12・10 天皇、フランス国務大臣アンドレ・マルローを引見する。
12・17 天皇、皇后と葉山御用邸に向かう（二十二日まで滞在。皇后は病気静養のため二十七日まで滞在）。
12・23 東京タワー完成。
□11・20山田《やまだ》孝雄《よしお》（国語学者。神宮皇学館大学学長。85）

■昭和三十四年（一九五九）己亥

●昭和天皇御製④（『昭和天皇実録』より）

「ななそぢを迎へたりけるこの朝も祈るはただに国のたひらぎ」（昭和四十五年満六十九歳の誕生日に）

「エスカルゴをこのひるさがり味はひてとものものらとたのしくかたる」（昭和四十六年十月フランスにて）

「みどりこき杉並木みちすすみきて外宮ををろがむ雨はれし夕」（昭和四十九年十一月神宮参拝）

昭和天皇　58歳
明仁親王　26歳

1・14　皇太子、納采の儀を行なう。

1・16　天皇、皇后と葉山御用邸に向かう（二十三日まで滞在）。▼賢所大前の儀を含む結婚の儀を、国の儀式、天皇の国事行為として行なうことを閣議決定する。

2・9　天皇、皇后と葉山御用邸に向かう（十六日まで滞在）。

2・18　今城塚古墳が国史蹟に指定される（陵墓参考地にもなっていないが、学会では継体天皇陵との説が有力）。

3・27　天皇、学習院初等科卒業時の同級生を招き茶会を催す（この会を「竹友会」とし、昭和六十三年までほぼ毎年開催）。

3・29　東京千鳥ヶ淵戦没者墓苑開園（この日、天皇、参拝）。

4・5　天皇、埼玉県大里郡寄居町の植樹祭に出席する（即日還幸）。

4・8　天皇、靖国神社臨時大祭につき、皇后と靖国神社に参拝する。

4・10　皇太子明仁親王、正田美智子と結婚式を挙げる（成婚パレードで夫妻の馬車に少年が投石、逮捕）。

4・23　御文庫にカラー受像器が入る（翌日、日本テレビのカラー実験放送を覧る）。

4・25　「貞明皇后実録」完成。この日、天皇・皇后に抄本が奉呈される。

5・29　天皇、皇后と葉山御用邸に向かう（六月三日まで滞在）。

6・6　天皇、国賓として来日のインドネシア大統領スカルノを東京国際空港に出迎える。

6・10　国立西洋美術館開館（ル・コルビュジエ設計。二十九日、天皇、皇后と同館を訪れ、松方コレクションを覧る）。

6・19　天皇、皇后と多摩陵・多摩東陵に参拝する。

6・24　皇太子・同妃、靖国神社に参拝する。

6・25　天皇、後楽園球場で巨人・阪神戦を観戦する（長嶋茂雄の「さよなら本塁打」で、伝説的「天覧試合」となる）。

7・10　天皇、皇后と葉山御用邸に向かう（二十九日まで滞在）。

8・1　天皇、皇后・貴子内親王と原宿駅より那須御用邸に向かう（九月八日まで滞在）。

9・22　天皇、皇后と東京での国体夏季大会水泳競技（明治神宮外苑水泳場）を覧る。

9・26　伊勢湾台風。愛知・岐阜・三重各県を中心に被害甚大（死者・行方不明者五千人超。伊勢神宮・熱田神宮ほか大被害。皇太子を被災地に差遣。天皇の岐阜・愛知両

＊**久邇《くに》朝融《あさあきら》**（一九〇一～五九）父は久邇宮邦彦王、母は島津忠義女俔子《ちかこ》。大正十四年伏見宮博恭王王女知子と結婚。海軍に進み海軍中将。昭和二十二年皇籍離脱。昭和天皇皇后良子の兄。

＊**調印**　このとき、日米地位協定（日本国とアメリカ合衆国との間の相互協力及び安全保障条約第六条に基づく施設及び区域並びに日本国における合衆国軍隊の地位に関する協定）が結ばれる（同年六月二十三日発効）。

県視察は延期)。
10・4 北白川宮能久《よしひさ》親王(台湾で戦病死)、およびその孫の北白川宮永久《ながひさ》王(中国で飛行機事故死)が、勅許を得て、靖国神社に合祀される(皇族の合祀は初めて)。
10・25 天皇、皇后と国立競技場での秋季国体開会式に臨席する(二十六・二十七日、競技を覧る)。
12・4 天皇、皇后と葉山御用邸に向かう(七日まで滞在)。
12・7 久邇《くに》宮邦彦王王子**久邇朝融**没(年58)。
この年 古代学協会、平安京関係の採掘に着手。▼靖国神社、BC級戦犯を合祀し始める。
□3・7 鳩山一郎《はとやまいちろう》(首相。自由民主党初代総裁。76)、6・20 芦田均《あしだひとし》(外交官。首相。71)

■昭和三十五年(一九六〇) 庚子

昭和天皇 59歳
明仁親王 27歳
徳仁親王 0歳

1・14 天皇、皇后と葉山御用邸に向かう(二十六日まで滞在)。
1・19 日米相互協力および安全保障条約(新安保条約)ほか**調印**。
1・27 ソ連、対日覚書を交付(外国軍隊が撤退しなければ歯舞色丹を引き渡さない等)。
2・14 天皇、皇后と葉山御用邸に向かう(十六日まで滞在)。
2・23 皇太子明仁親王第一男子(浩宮徳仁《ひろのみやなるひと》親王)、誕生する(二十五日、天皇・皇后、宮内庁病院にて皇孫と対面)。
3・10 第四皇女清宮貴子《すがのみやたかこ》内親王、島津久永と光輪閣で結婚式を挙げる(内親王、皇族の身分を離れ島津貴子となる)。
3・26 天皇、国賓として来日の西ドイツのアデナウアー首相を引見する。
4・4 天皇、皇后と葉山御用邸に向かう(五・六日、伊豆大島を視察。以後十日まで滞在)。
4・12 徳仁親王、初参内。
4・18 天皇、皇后と国賓として来日のネパール国王マヘンドラ・ビル・ビクラム・シャー・デーブを東京国際空港に出迎える。
5・9 天皇、皇后と山形県蔵王山麓の植樹祭に出発する(このとき山形・福島両県を視察。十二日より十六日まで那須御用邸滞在)。
5・20 天皇、初めて皇后を伴い大相撲を観戦する。
5・24 チリ地震による津波が三陸海岸などに襲来する。

5・30　天皇、皇后と多摩陵・多摩東陵に参拝する（このあと浅川実験林を覧る）。
5・31　天皇、皇后と葉山御用邸に向かう（六月九日まで滞在）。
6・14　東宮御所を設置する。大宮御所を赤坂御用地と改称する。
6・15　岸内閣総辞職。
6・18　皇太子一家、赤坂の新設東宮御所に移る。▼「安保条約」反対のデモ隊、国会議事堂周辺で機動隊等と衝突（十九日、「日米新安保条約」自然承認。二十一日、天皇、批准書に署名）。
7・19　第一次池田勇人内閣成立。
7・21　天皇、皇后と原宿駅より葉山御用邸に向かう（この月製造の貴賓車に初めて乗車。二十九日まで滞在）。
8・1　天皇、皇后と那須御用邸に向かう（九月十九日まで滞在）。
8・19　天皇、病む（九月六日まで御仮床）。
9・8　天皇、各道府県護国神社五十一社に幣帛料を送る。
9・22　皇太子夫妻、日米修好百年につき米国に出発する（出発前、皇太子妃、徳仁親王の世話係に「ナルちゃん憲法」を書き置く。十月七日帰国）。
9・29　天皇・皇后、第四十九回列国議会同盟会議開会式（国会議事堂）に臨席する。
10・16　天皇・皇后、白金迎賓館の菊栄親睦会に出席する。
10・21　天皇、皇后と熊本県での秋季国体臨場のため、東京国際空港を出発する（熊本県を視察し、二十五日、板付空港より帰京）。
10・22　池田首相、伊勢神宮御神体ヤタノカガミは皇室の所有と表明。
11・4　天皇、明治神宮鎮座四十年祭につき、皇后と明治神宮に参拝する。
11・12　皇太子・同妃、国際親善のためイラン、エチオピア、インド、ネパールに出発する（このときタイに立ち寄る。十二月九日帰国）。
11・29　宮内庁、深沢七郎「風流夢譚」（「中央公論」十二月号掲載）に皇室への名誉毀損の検討を法務省に依頼し、中央公論社に抗議する（十二月一日、中央公論社、宮内庁に陳謝）。
11月　橿原考古学研究所、飛鳥板蓋宮伝承地の調査に着手する。
12・8　第二次池田勇人内閣成立。
12・12　天皇、国賓として来日のパキスタン大統領モハマッド・アユブ・カーンを東京国際空港に出迎える。
12・27　政府、所得倍増計画を決定。

＊**質問**　佐賀・長崎訪問の感想は、「長崎の復興が大変早いのに驚いた」「原爆患者が非常に気の毒で快復を祈る」旨を、この六十年間で感銘の深かったことは、「大正十年の訪欧であり、とりわけ英国バッキンガム宮殿でジョージ五世と親しくお会いできたことである」旨などを答える。なお、このときの御製は、
「あれはてし長崎も今はたちなほり市の人びとによろこびの見ゆ」

＊**還暦**　このときの御製三首。
「ゆかりよりむそぢの祝ひうけたれどわれかへりみて恥多きかな」
「還暦の祝ひのをりも病あつく成《しげ》子のすがた見えずかなしも」
「むそとせをふりかへりみて思ひでのひとしほ深きヨーロッパの旅」

この年　井上光貞「日本国家の起源」、林屋辰三郎「中世芸能史の研究」（大嘗祭の諸芸能等を論究）刊。

■昭和三十六年（一九六一）辛丑

昭和天皇　60歳
明仁親王　28歳
徳仁親王　1歳

1・17　天皇、皇后と葉山御用邸に向かう（二十五日まで滞在）。

1・29　奈良国立文化財研究所、平城京官衙跡から天平宝字六年（七六二）紀年銘のある木簡を発見する。

2・1　深沢七郎の「風流夢譚」に憤激の右翼少年、中央公論社嶋中鵬二社長宅を襲い、家人二人を殺傷する（犯人は懲役十五年）。

2・7　天皇、皇后と葉山御用邸に向かう（十五日まで滞在。三月十三日より二十日にも滞在）。

4・19　天皇、皇后と佐賀・長崎両県巡幸に東京国際空港より出発する（二十六日帰京）。

4・24　天皇、日赤長崎原爆病院で初めて原爆病患者を見舞う。このあと宿の雲仙観光ホテル一階食堂にて、宮内記者会会員の**質問**を受ける。

4・29　天皇誕生日（満60歳。**還暦**を迎える）。

5・1　天皇、木戸家文書（三百九十八巻）献上により、元内大臣木戸幸一に黒漆沈金鶉秋草文手箱を賜う（なお、これとは別に木戸家文書類二十三点、また木戸孝允手記を含む家庭文書類七十四点を書陵部に寄贈）。

5・10　天皇、皇后と国賓として来日のペルー大統領マヌエル・プラードを東京国際空港に出迎える。

5・19　天皇、皇后と原宿駅より出発し、多摩陵・多摩東陵に参拝する。

5・23　天皇、皇后と北海道支笏湖畔の植樹祭のため、東京国際空港を出発する（北海道を視察して二十七日帰京）。

5・30　天皇、社会福祉法人恩賜財団済生会創立五十周年記念式典（千代田区社会事業会館）に臨席する。

6・15　天皇、戦後初めて十二の県知事を招き、地方事情を聞く（以後恒例）。

6・27　天皇、八月二十七日の斉明天皇千三百年式年祭に先立ち、東大助教授井上光貞より、「斉明天皇の御事蹟について」の進講を聴く。

7・23　第一皇女東久邇《ひがしくに》成子《しげこ》（照宮成子内親王。東久邇盛厚妃）没（年37。天皇、四月七日よりこの日まで、宮内庁病院へのお見舞い二十七回に及ぶ）。

7・25　東久邇成子の葬儀が青山葬場で行な

われる（天皇は、皇族・親族の葬儀には参列しないのが慣例も、このときは先例にとらわれず参列。八月四日、豊島岡墓地に遺骨が納められる）。
8・7 天皇、皇后・皇太子・同妃・徳仁親王と同車にて原宿駅より那須御用邸に向かう（二十六日まで滞在）。
8・13 ベルリンの壁、構築される。
9・6 天皇、皇后と磐梯吾妻道路視察に出発する（猪苗代湖を覧る。七日、那須御用邸へ。八日帰京）。
9・10 天皇、皇后と東久邇成子墓所五十日祭に参列する。
10・6 天皇、皇后と秋田県での秋季国体臨場のため、原宿駅より出発する（このとき県内を視察。十四日帰京）。
10・25 天皇、皇后と奥多摩の玉堂美術館を訪問する（川合玉堂は皇后の絵の師。このとき小河内貯水池を覧る）。
10・30 天皇、皇后と豊島岡墓地での東久邇成子墓所百日祭に参列する。
11・6 天皇、皇后と新造国立国会図書館を視察する。
11・12 天皇、皇后と綱町三井倶楽部での御還暦奉祝菊栄親睦会大会に臨席する。
11・20 御文庫の地に新たな**吹上御所**工事完了（二十七日落成式。十二月八日、天皇・皇后、ここに移る）。
11・29 天皇、皇后と葉山御用邸に向かう（十二月八日帰京）。
12・13 天皇、皇后と国賓として来日のアルゼンチン大統領アルツーロ・フロンディシを東京国際空港に出迎える。
12・21 中央公論社、「思想の科学」天皇制特集号、「業務上の都合」で発売中止を決定、思想の科学研究会にその旨申し入れる（同会、思想の科学社を設立し、翌年四月に天皇制特集号をそのままの形で自主刊行）。
□12・4 津田左右吉《つだそうきち》（歴史学者。「古事記」「日本書紀」の史料批判を行なう。88）

■昭和三十七年（一九六二）壬寅

昭和天皇 61歳
明仁親王 29歳
徳仁親王 2歳

1・12 歌会始が初めてテレビ中継される。
1・22 皇太子・同妃、国際親善のため、パキスタン、インドネシアへ出発する（皇太子発熱により二月十日帰国）。
1・23 天皇、皇后と葉山御用邸に向かう（二十九日まで滞在。ついで一月三十日より二月十日まで滞在）。
2・7 皇学館大学が私立大学として設立・

＊吹上御所《ふきあげごしょ》 天皇は戦後もずっと御文庫に住んでいたが、新たに鉄筋コンクリート二階建、延べ一五〇四平方メートルの新吹上御所が建てられた（総工費一億七千万円）。

＊明治天皇陵参拝 このときの御製三首。
「陵《みささぎ》も五十の年をへたるなり祖父《おほぢ》のみこころの忘れかねつも」
「五十をばへにける年にまのあたり国のさま見ていにしへおもふ」
「桃山に参りしあさけつくづくとその御代を思ひむねせまりくる」

許可される。
3・29　天皇、皇后と東京タワーに昇る。
4・1　宮内庁書陵部に多摩陵墓・桃山陵墓・月輪墓・畝傍陵墓・古市陵墓各監区事務所が設置される。
4・10　正倉院仮庫の跡地に空調設備をもつ耐震・耐火コンクリート造の西宝庫が完成し、この日落成式（毎年十～十一月に西宝庫が開封され、宝物の点検が行なわれる。この機会を利用して正倉院展が開かれる）。
4・20　天皇、皇后と福井県坂井郡丸岡町での植樹祭に出発する（福井県・京都府下を視察して二十五日帰京）。
4・29　生物学御研究所編「那須の植物」刊。
4月　寛仁親王は学習院高等科に進学、憲仁親王は同初等科に入学する。
5・19　天皇、皇后と伊勢神宮参拝（二十日）に出発する（このとき三重・和歌山・岐阜各県を視察し、二十六日帰京）。
6・8　天皇、皇后と那須御用邸に向かう（十五日まで）。
6・22　天皇、八月三十一日の桃園天皇二百年式年祭に先立ち、東大教授中村孝也より「桃園天皇の御事蹟について」の進講を聴く。
7・9　天皇、皇后と葉山御用邸に向かう（一時帰京をはさみ二十八日まで滞在）。
7・23　天皇、豊島岡墓地の東久邇成子一周年祭に臨席する。
8・1　天皇、皇后と那須御用邸に向かう（一時帰京を除き二十八日まで滞在）。
8・28　天皇、皇后と那須御用邸より日光へ旅行する（三十日帰京）。
10・9　天皇、皇后と多摩陵・多摩東陵に参拝する。
10・11　天皇、皇后と国賓として来日のメキシコ大統領アドルフォ・ロペス・マテオスを東京国際空港に出迎える。
10・16　天皇、日本傷痍軍人会創立十周年記念全国大会（東京体育館）に臨席する。
10・19　天皇、皇后と岡山県秋季国体に出発する（このとき京都・岡山・愛知各府県を視察し、二十六日帰京）。
10・20　天皇、皇后と明治天皇陵・昭憲皇太后陵に参拝する（この年七月三十日に明治天皇五十年祭を執行）。
10・26　天皇、皇后と熱田神宮に参拝する。
11・5　皇太子・同妃、国際親善のためフィリピンへ出発する（十日帰国）。
12・16　天皇、皇后と葉山御用邸に向かう（二十一日まで滞在）。
この年　小島憲之「上代日本文学と中国文学」刊（「書紀」の漢語の出典を指摘）。

□8・8　柳田國男《やなぎたくにお》（民俗学者。87）

■昭和三十八年（一九六三）癸卯

昭和天皇　62歳
明仁親王　30歳
徳仁親王　3歳

1・14　天皇、皇后と豊島岡墓地での雍仁親王十年式年祭に臨幸する。

1・16　天皇、皇后と葉山御用邸に向かう（二十二日まで滞在）。

3・6　皇后誕生日（還暦を迎える）。

3・11　宮内庁、「平凡」連載の小山いと子「美智子さま」について、「興味本位で、世間に誤った印象を与え、好ましくない」として掲載中止を申し入れる（三月十一日、発行元平凡出版は連載中止と回答）。

4月より5月　正倉院宝物を西宝庫に移す。

5・8　天皇、皇后と赤十字百周年記念大会（新宿厚生年金会館）に臨席する。

5・18　天皇、皇后と青森県東津軽郡平内町の植樹祭に出発する（このとき青森・宮城両県下を視察し、二十二日帰京）。

5・27　天皇、皇后と国賓として来日のタイ国王ラーマ九世を東京国際空港に出迎える（六月五日の帰国の際も同空港に見送る）。

6・6　天皇、札幌神社に明治天皇増祀、また北海道神宮への改称を了承する。

6・7　天皇、皇后と多摩陵・多摩東陵を参拝する。

6・12　天皇、皇后と那須御用邸に向かう（二十一日まで滞在）。

7・10　天皇、皇后と葉山御用邸に向かう（一時帰京をはさみ二十九日まで滞在）。

8・1　天皇、皇后と那須御用邸に向かう（一時帰京をはさみ九月十三日まで滞在）。

8・15　天皇、政府主催第一回**全国戦没者追悼式**（日比谷公会堂）に臨席する。

8・29　天皇、那須御用邸で宮内記者会会員（十四名）と**会見**する。

9・16　天皇、岡山大学医学部附属病院に入院中の池田厚子を見舞う（十七日帰京）。

9月から10月　京都府教育委員会、平安京跡を調査する。

10・13　天皇・皇后、菊栄親睦会の皇后還暦祝賀会（綱町三井倶楽部）に臨席する。

10・24　天皇、皇后と山口県秋季国体に出発する（山口・岡山・兵庫各県を視察し、三十一日帰京）。

10・26　天皇、岡山大学医学部附属病院に入院中の池田厚子を見舞う。

11・6　天皇、皇后と国賓として来日のドイツ連邦共和国大統領ハインリッヒ・リュブケを東京国際空港に出迎える。

＊**全国戦没者追悼式**《ぜんこくせんぼつしゃついとうしき》　このときの天皇のお言葉。
「さきの大戦において、戦陣に散り、戦禍にたおれた数多くの人々をいたみ、またその遺族を思い、常に胸の痛むのを覚える。
　終戦以来、全国民とともに、わが国の復興発展と世界の平和を祈念してここに十有八年、本日、親しくこの式典に臨み、万感胸に迫り、ここに深く追悼の意を表する」
なお、第二回は靖国神社、三回目以降は日本武道館で行なわれている。

＊**会見**《かいけん》　毎年夏、那須での静養中、宮内庁記者は三十分ほど「会見」することになった。しかし宮内庁は「庭を散歩中の天皇が、たまたま記者団と出会ってお話を交わした」という建前をとった。だが実際には会見日の指定があり、質問事項も事前に提出することになっていた。なお、このとき、還暦を迎えての感想として「六十年生きてきて何ひとつ立派なことができなかったことを悔いており、国民のためにできる限りのことをやっていきたい」旨を述べる。

11・15　このほど生物学御研究所編「那須の植物　追補」刊。この日、同書を皇太子等に贈進する。

11・26　皇太子・同妃、天皇の名代として、紀尾井町の聖イグナチオ教会でのケネディ前米国大統領忌祭式に参列する。

12・9　第三次池田勇人内閣成立。

□10・30**百武三郎**（海軍大将。侍従長。91）

■昭和三十九年（一九六四）甲辰

昭和天皇　63歳

明仁親王　31歳

徳仁親王　4歳

1・2　新宮殿造営工事等で一般参賀者への会釈は行なわず。

1・20　天皇、皇后と国賓として来日のベルギー国王ボードワン一世を東京国際空港に出迎える。

2・3　天皇、皇后と葉山御用邸に向かう（十三日まで滞在。三月十日から十九日までも滞在）。

4・9　「昭憲皇太后実録」完成。この日天皇、これを覧る。

4・13　天皇、皇后と明治神宮での昭憲皇太后五十年祭に臨御する。

4・25　戦没者叙勲制度発令（まず戦没者叙勲、ついで生存者叙勲が行なわれる。五月六日勲章親授式。叙勲制度が復活）。

5・10　皇太子・同妃、国際親善のためメキシコに出発する（このとき米国に立ち寄る。十七日帰国）。

5・12　天皇、皇后と長野県白樺湖畔の植樹祭に出発する（十六日帰京）。

5・20　「国事行為の臨時代行に関する法律」公布・施行（これにより、天皇は、国事行為を皇太子等に委任し、海外へ出かけることができるようになる）。

5・28　皇居の新二重橋完成。

6・5　天皇、皇后と新潟県秋季国体に出発する（同県下を視察して十二日帰京。この年はオリンピック開催のため、秋季大会を六月に繰り上げる）。

6・7　天皇、皇后と佐渡島に渡る（大正五年以来四十八年ぶり）。

6・16　天皇、皇后と国賓として来日のマレーシア国王サイド・プートラを東京国際空港に出迎える（二十五日にはお見送り）。

6・24　天皇、八月十三日の光厳天皇六百年式年祭に先立ち、東大史料編纂所教授奥野高廣より「光厳天皇の御事蹟について」の進講を聴く。

7・8　天皇、皇后と葉山御用邸に向かう（一時帰京をはさみ、二十九日まで滞在）。

＊**百《ひゃく》武《たけ》三郎《さぶろう》**（一八七二～一九六三）旧佐賀藩士の子として生まれる。海軍大学校卒業後、明治三十八年からドイツ・オーストリアに駐在。帰国後は佐世保鎮守府司令官等を歴任し、昭和三年には海軍大将となり、この年、予備役に編入。昭和十一年に侍従長に就任し、天皇の信任を得て十九年までつとめる。戦後は公職追放となるも、天皇から三女孝宮和子の嫁入り前の教育をたのまれ、一時、宮内庁官舎で孝宮と一緒に暮らした。

7・23　天皇、皇后と豊島岡墓地での東久邇成子三年式年祭に臨席する。
8・15　天皇、皇后と靖国神社での第二回全国戦没者追悼式に臨席する（神殿の手前に幕を張り、非宗教行事として行なう）。
8・17　天皇、皇后と那須御用邸に向かう（九月七日帰京）。
9・15　皇太子、国際身体障害者スポーツ大会の名誉総裁に就任する。
9・16　天皇、二十一日の崇徳天皇八百年式年祭に先立ち、書陵部編修課課長後藤四郎より「崇徳天皇の御事蹟について」の進講を聴く。
9・30　義宮正仁親王、津軽義孝女華子と結婚式を挙げ、常陸宮《ひたちのみや》を創立する。
10・1　天皇、皇后と東海道新幹線開業式（国鉄本社）に臨席する。
10・3　天皇、皇后と日本武道館開館の演武始に臨席する。
10・6　天皇、IOC総会開会式（日生劇場）に臨席する。
10・10　天皇、第十八回オリンピック東京大会名誉総裁として開幕式に皇后と出席し、開会を宣言する（毎日のように競技を覧る。二十四日閉会式に臨席）。
10・30　生物学御研究所編「増訂那須産変形菌類図説」刊。
11・1　徳仁親王、着袴の儀を挙げる。
11・8　パラリンピック東京大会開会（名誉総裁に皇太子）。
11・9　第一次佐藤栄作内閣成立。
12・2　天皇、皇后と多摩陵・多摩東陵に参拝する。
12・14　皇太子・同妃、国際親善のためタイへ出発する（二十一日帰国）。

■昭和四十年（一九六五）乙巳

昭和天皇　64歳
明仁親王　32歳
徳仁親王　5歳

1・2　新宮殿造営工事のため、一般参賀者は記帳等のみとなる。
1・22　天皇、皇后と葉山御用邸に向かう（二十九日まで滞在。二月八日から十六日までも滞在）。
2・16　北白川宮能久親王六男**上野正雄**没。
2・20　天皇、皇后と空路岡山へ行き、池田厚子を見舞う（二十二日帰京）。
3・28　天皇、皇后と千鳥ヶ淵戦没者墓苑納骨および拝礼式に臨席する。
3・30　侍従次長稲田周一を侍従長とする。
4・20　天皇、皇后と神奈川・静岡両県を視察する（二十一日帰京）。

＊**上野《うえの》正雄《まさお》**（一八九〇〜一九六五）　父は北白川宮能久親王、母は前波栄。妻は伯爵伊達宗基女恵以子《えいこ》、のち慶光院利敬女敏子。海軍に進み海軍少将。明治三十年伯爵。

＊**日韓《にっかん》基本《きほん》条約《じょうやく》**　正式には「日本国と大韓民国との間の基本関係に関する条約」。一九一〇年八月二十二日以前に両国で行なわれた条約・協約は無効とする。なお締結に際し紛争解決に関する公文を交換するも、これに竹島問題が含まれているか、両国間で解釈が異なる。

4・23　赤坂御苑で春の園遊会が再開される（以後、春・秋の園遊会が恒例）。
4・29　生物学御研究所編「相模湾産蟹類」刊。
5・5　皇太子明仁親王の結婚記念寄付金をもとに建設された「こどもの国」（横浜市・町田市）が開園する。
5・7　天皇、皇后と鳥取県西伯郡大山町の植樹祭に出発する（天皇、東京駅より新大阪駅まで初めて新幹線に乗る。このとき岡山・鳥取・島根・京都各府県を視察し、十五日帰京）。
5・8　天皇、皇后と岡山大学医学部附属病院に池田厚子を見舞う。
5・29　天皇、皇后と菊栄親睦会（ホテルオークラ）に臨席する。
5月　正倉院の聖語蔵経巻等を東宝庫に移す。
6・14　天皇、皇后と葉山御用邸に向かう（二十三日まで滞在）。
6・22　**日韓基本条約**調印。
7・15　天皇、皇后と那須御用邸に向かう（一時帰京を除き九月三日まで滞在）。
8・3　天皇、去る五月二十八日に退院の池田厚子とその夫池田隆政に対面する。
8・9　伊勢神宮奉賛会を伊勢神宮崇敬会に改称する。
8・15　天皇、皇后と第三回全国戦没者追悼式（日本武道館）に臨席する（以後、日本武道館にて恒例）。
8・16　天皇、皇后と那須御用邸に向かう（九月三日帰京）。
9・10　天皇、十二日の二条天皇八百年式年祭に先立ち、上智大学教授吉村茂樹より「二条天皇の御事蹟について」の進講を聴く。
10・12　天皇、皇后と多摩陵・多摩東陵に参拝する。▼正仁親王・同妃、国際親善のためヨーロッパ諸国訪問に出発する（十二月三日帰国）。
10・19　戦後二十周年につき、天皇、皇后と靖国神社に参拝する。
10・23　天皇、皇后と岐阜県秋季国体に出発する（二十八日帰京）。
11・6　皇太子、第一回全国身体障害者スポーツ大会（岐阜県）に臨席する。
11・9　天皇、十四日の淳仁天皇千二百年式年祭に先立ち、元正倉院事務所長和田軍一より「淳仁天皇の御事蹟について」の進講を聴く。
11・16　天皇、皇后と国賓として来日のマダガスカル大統領フィリベール・チラナナを東京国際空港に出迎える。
11・30　皇太子第二男子（礼宮《あやのみや》文仁《ふみひと》親王）、誕生する。

この年 井上光貞「日本古代国家の研究」刊。

□5・8加藤玄智《かとうげんち》（神道学者。91）、8・13池田《いけだ》勇人《はやと》（首相。65）

■昭和四十一年（一九六六）丙午

昭和天皇 65歳
明仁親王 33歳
徳仁親王 6歳

1・2 新宮殿造営工事中により、一般参賀者は記帳等のみとなる。

1・17 天皇、皇后と葉山御用邸に向かう（二十五日まで滞在。二月七日から十六日までも滞在）。

2・23 皇后還暦記念の宮内庁楽部の音楽堂が完成する（三月五日、「**桃華楽堂**」と命名）。

3・12 天皇、徳仁親王の学習院幼稚園卒園につき、この日、万那料および玩具を賜う。

3・31 日本の総人口が一億人を突破。

4・8 徳仁親王、学習院初等科に入学する。

4・15 天皇、皇后と愛媛県温泉郡久谷村の植樹祭に出発する（このとき愛媛・香川・岡山・大阪各府県を視察して二十三日帰京）。

4・23 皇太子・同妃、靖国神社例大祭二日祭に参拝する。

5月 「御寺泉涌寺を護る会」設立。

6・6 天皇、平安神宮より願い出のあった「孝明天皇紀」出版を許可する。

6・17 天皇、皇后と葉山御用邸に向かう（二十七日まで滞在）。

6・25 国民の祝日法改正公布（新たに九月十五日敬老の日、十月十日体育の日が定められ、建国記念の日は六ヵ月以内に政令で定めることになる）。

7・6 天皇、皇后と日光に出発する（奥日光の植物調査のため、八日帰京）。

7・23 天皇、皇后と豊島岡墓地での東久邇成子五年式年祭に臨席する。

7・25 天皇、皇后と那須御用邸に出発する（池田厚子同道。一時帰京をはさみ、九月八日まで滞在）。

8・25 皇太子、ユニバーシアード東京大会の名誉総裁に就任する。

9・28 天皇、皇后と国賓として来日のフィリピン大統領フェルディナンド・エドラリン・マルコスを東京国際空港に出迎える。

10・19 日本学術会議、「建国記念の日」を二月十一日とするのは不適当と結論。

10・21 天皇、皇后と大分県秋季国体に出発する（二十九日帰京）。

12・6 天皇、第六十回式年遷宮に対し、神宮司庁に金一封を賜う。

12・9 政令で、「建国記念の日」が二月十一日と決定・公布。

＊**桃華《とうか》楽堂《がくどう》** 皇后の還暦を記念して作られた小ホール。三百席をもつ八角形の洋風音楽堂で、東御苑内に完成。

12・18　三笠宮崇仁親王第一王女甯子《やすこ》内親王、近衛衛煇《もりてる》（のち忠煇《ただてる》。父は細川護貞、兄は護熙）と結婚する。

12・25　天皇、皇后と大正天皇四十年式年祭山陵の儀に出発する（多摩陵・多摩東陵に拝礼）。

12月　国道一六五号バイパス工事にともない、橿原市藤原宮跡の調査が奈良県教育委員会により行なわれる（宮域がほぼ一キロ四方と判明し、多数の木簡が出土。この事業は、昭和四十四年から奈良国立文化財研究所に引き継がれる）。

この年　木戸幸一日記研究会編「木戸幸一日記」刊。▼神道文化会編「明治維新　神道百年史」刊行開始（全五巻）。

□1・27　鷹司平通《たかつかさとしみち》（孝宮和子内親王夫。42）

■昭和四十二年（一九六七）丁未

昭和天皇　66歳
明仁親王　34歳
徳仁親王　7歳

1・2　新宮殿造営工事中により、一般参賀者は記帳等のみとなる。

1・9　講書始。天皇、東大名誉教授・國學院大学教授坂本太郎「日本書紀の歴史的意義」等を聴く。

1・18　天皇、皇后と葉山御用邸に向かう（二十三日まで滞在）。

1・26　天皇、三十日の孝明天皇百年式年祭に先立ち、國學院大学教授藤井貞文より「孝明天皇の御事蹟について」の進講を聴く。

1月　平安神宮、孝明天皇百年祭を記念して「孝明天皇紀」を復刊（～昭和四十四年）。

2・6　天皇、皇后と葉山御用邸に向かう（十四日まで滞在）。

2・11　初の「建国記念の日」。

2・15　天皇、「日本産1新属1新種の記載をともなうカゴメウミヒドラ科Clathrozonidaeのヒドロ虫類の検討」を刊行する（裕仁著としては、初の出版物）。

2・17　第二次佐藤栄作内閣成立。

3・6　皇后、「桃苑画集」を刊行する（皇后は前田青邨に師事）。

3・24　天皇、皇后と葉山御用邸に向かう（三十一日まで滞在）。

4・7　天皇、皇后と岡山市金山山頂の植樹祭に出発する（このとき岡山・兵庫・京都各府県を視察し、十三日帰京）。

4・13　天皇、泉涌寺の孝明天皇・英照皇太后各陵に拝礼する（ついで平安神宮に拝礼）。

4・16　天皇、皇后と菊栄親睦会（綱町三井倶楽部）に臨席する。

5・8　天皇、皇后と日本赤十字社創立九十

◉陵墓　「皇室典範」によると「天皇、皇后、太皇太后及び皇太后を葬る所を陵、その他の皇族を葬る所を墓」とする。皇室用財産に指定され、宮内庁が管理する。現在の陵は歴代天皇百二十二方、神代三代、北朝天皇五方、追尊天皇三方、太上天皇一方、追尊太上天皇二方、皇后・皇太后・太皇太后・中宮・贈皇后・贈皇太后・贈太皇太后の計百八十八陵がある。なお、墓は現在、五百五十四墓あり、陵墓参考地は四十六を数える。

周年記念大会に臨席する。
5・9 皇太子・同妃、天皇の名代として、国際親善のため、ペルー、アルゼンチン、ブラジルに出発する（このとき米国に立ち寄る。三十一日帰国）。
7・4 天皇、十日の村上天皇一千年式年祭に先立ち、東大教授藤木邦彦より「村上天皇の御事蹟について」の進講を聴く。
7・11 天皇、皇后と那須御用邸に向かう（一時帰京を除き、九月十四日まで滞在）。
7・28 赤坂離宮を迎賓館とする。
8・14 埼玉県教育委員会、行田市の稲荷山古墳を調査し、この日、鉄剣を発見（昭和五十三年、その銘文が解かれる）。
9月 華族会館の地に霞ヶ関ビルが完成（三十六階建。華族会館は社団法人霞会館と改め、三十四階を占用）。
10・17 元満州国皇帝溥儀没。
10・20 吉田茂没（三十一日、戦後初の国葬）。
10・22 天皇、皇后と埼玉県秋季国体に出発する（二十六日帰京）。
10・23 天皇、「明治天皇御親祭百年記念祭」の氷川神社に拝礼する。
12・8 天皇、皇后と葉山御用邸に向かう（十四日まで滞在）。
12・29 天皇、吹上御所にて、映画「日本のいちばん長い日」を覧る。
この年 宮内庁版「孝明天皇紀」刊（～昭和四十四年）。▼続群書類従完成会「史料纂集」刊行開始。▼武庫離宮、皇太子明仁親王の結婚を記念し、欧風庭園「須磨離宮公園」として開園する。
□4・21二荒《ふたら》芳徳《よしのり》（宮内省御用掛兼東宮職御用掛。父は宇和島藩主伊達宗徳。二荒芳之養子。妻は北白川宮能久親王女拡子。歴史学者井上光貞は娘婿。伯爵。81）、10・20吉田《よしだ》茂《しげる》（首相。89）、12・17山梨《やまなし》勝之進《かつのしん》（学習院長。海軍大将。90）

■昭和四十三年（一九六八）戊申

昭和天皇 67歳
明仁親王 35歳
徳仁親王 8歳

1・2 新宮殿建設中により、一般参賀者は記帳等のみとなる。
1・17 天皇、皇后と葉山御用邸に向かう（二十五日まで滞在）。
1・31 侍従長稲田周一、拝謁。占領期の退位問題について、天皇の話を拝聴・筆記することになる。
2・7 天皇、皇后と葉山御用邸に向かう（十七日まで滞在）。
3・8 天皇、皇后と豊島岡墓地での祐子内

＊回顧 天皇は、退位の意思がなかった理由として、明治天皇が天皇は退位できないと考えていたことに鑑み、祖先から受け継いだこの国を子孫に伝えることが自分の任務であり、苦難に堪えて日本再建に尽くすほうが国家に忠を尽くすことになると考えたこと、もし退位すれば混乱が予想されたこと、戦時中の役目から公職追放になる身にもかかわらず摂政就任を予期して動きをみせた皇族がいたこと、また東京裁判の頃にマッカーサー元帥に退位しない旨を伝えた経緯から、その後退位すると言っては信義にもとると考えたことなどを挙げた（以上、「昭和天皇実録」による）。天皇は、「退位の意思がなかった」と言っているが、いくつかの資料によれば、当時は退位も多少考えていたといわれる。

親王四十年式年祭に臨席する。
3・13　天皇、皇后と葉山御用邸に向かう（十九日まで滞在）。
3・15　皇太子、日本万国博覧会名誉総裁に就任する。
3・28　天皇、国賓として来日のインドネシア大統領スハルトを東京国際空港に出迎える（皇后が風邪のため、代役に故雍仁親王妃勢津子。四月一日、同空港に見送る）。
4・1　天皇・皇后・皇太子・同妃による伊勢神宮および別宮、熱田神宮・明治神宮・靖国神社および旧官国幣社御参拝時の幣帛料・神饌料が増額改定される（参拝を伴わないときの幣帛料・神饌料も増額）。
4・2　天皇、六日の後村上天皇六百年式年祭に先立ち、国士舘大学教授村田正志より「後村上天皇の御事蹟について」の進講を聴く。
4・8　天皇、国賓として来日のユーゴスラビア大統領ヨシプ・ブロズ・チトーを東京国際空港に出迎える（皇后が風邪のため、代役に故雍仁親王妃勢津子。十五日、同空港に見送る）。
4・24　天皇、侍従長稲田周一に、占領期の退位問題について回顧する（五月二日、稲田の筆記を覧て修正を加え、十日には修正したものを覧る）。
4・29　生物学御研究所編「相模湾産ヒドロ珊瑚類および石珊瑚類」刊。
5・13　天皇、二十八日の後冷泉天皇九百年式年祭に先立ち、早稲田大学教授竹内理三より「後冷泉天皇の御事蹟について」の進講を聴く。
5・16　十勝沖地震（天皇、秋田県での植樹祭・那須御用邸行きを中止する）。
5・31　文部省、小学校学習指導要領改定案発表（社会科教科書に建国神話導入）。
6・8　天皇、皇后と葉山御用邸に向かう（十八日まで滞在）。
6・15　文化庁発足。
6・17　天皇、皇后と横須賀港の記念艦「三笠」に乗艦する。
6・26　小笠原諸島が返還される。
7・8　天皇、皇后と那須御用邸に向かう（一時帰京を除き八月二十八日まで滞在）。
8・31　天皇、北海道百年記念祝典に出発する（九月七日帰京）。
9・30　天皇、福井県秋季国体に出発する（このとき福井・兵庫・京都各府県を視察し、十月七日帰京）。
10・1　皇居本丸および二ノ丸地区を庭園化し、皇居東御苑として一般公開する。

10・7 天皇、皇后と明治天皇陵および昭憲皇太后陵に参拝する。
10・11 天皇、皇后と日本武道館での戦傷病者特別援護法制定記念式典に臨席する。
10・23 天皇、皇后と武道館での明治百年記念式典に臨席する。
10・29 天皇、皇后と多摩陵・多摩東陵を参拝する。
11・5 天皇、皇后と明治維新百年を記念し大祭が行なわれている明治神宮に参拝する。
11・14 明治宮殿の跡地に**昭和新宮殿**が完成し、この日、落成式を行なう。
11・24 新宮殿の一般公開が行なわれる。
この年 宮内省臨時編修局編「明治天皇紀」公刊される（昭和五十二年まで。全十三巻）。
▼星野輝興「日本の祭祀」刊（「大礼本義」等を収録）。▼日本の国民総生産（GNP）が自由主義諸国の中で世界第二位となる。
□12・2 田島道治《たじまみちじ》（初代宮内庁長官。83）

■昭和四十四年（一九六九）己酉

昭和天皇 68歳
明仁親王 36歳
徳仁親王 9歳

1・2 新宮殿完成により、天皇、午前三回午後七回、長和殿ベランダに出て一般参賀者に会釈を賜う（昭和三十八年以来。この年の参賀者総数は十九万七千八百七十名）。この日、奥崎謙三、天皇に向かってパチンコ玉を撃つ（ベランダ縁に達する。懲役一年六ヵ月。この事件により、ベランダお立ち台前に硬化ガラスを設置）。
1・17 天皇、皇后と葉山御用邸に向かう（二十五日まで滞在）。
2・1 東久邇宮稔彦王第一王子**東久邇盛厚**没。
2・22 天皇病む（三月三日まで御仮床）。
4・1 新宮殿の正式**使用**開始。
4・2 天皇、竹友会（学習院初等科の同窓会）に出席する。
4・5 天皇、皇后と新宮殿での菊栄親睦会に出席する。
4・9 天皇、皇后と国賓として来日のアフガニスタン国王モハメッド・ザヒール・シャーを東京国際空港に出迎える（十五日、同空港にお見送り）。
4・18 皇太子明仁親王第一女子（紀宮《のりのみや》清子《さやこ》内親王）、誕生する。
5・20 北白川祥子（故永久王妃）を女官長とする。
5・21 天皇、皇后と多摩陵・多摩東陵に参拝する。
5・24 天皇、皇后と富山県砺波市の植樹祭

＊**昭和新宮殿** 地下一部二階・地上二階建。延べ床面積約二万三〇〇〇平方メートル。地下には大型車百二十台収容の駐車場。総工費約百三十億円。各棟の名称は表御座所（桐の間など十四室）、正殿（松の間、竹の間、梅の間。正殿の南・北・北西にも各室あり）、豊明殿（一室のみ）、長和殿（春秋の間など六室）と名付けられ、このほか各廊下・各車寄・各庭・門がある。
＊**東久邇《ひがしくに》盛厚《もりひろ》**（一九一七〜六九） 東久邇宮稔彦王第一王子。母は明治天皇第九皇女聡子内親王。昭和二十二年、皇籍離脱し、東久邇盛厚と称する。昭和十八年、昭和天皇第一皇女成子内親王と結婚。昭和二十二年皇籍離脱。成子夫人は昭和三十六年死去、その後、寺尾佳子と結婚。
＊**使用** 新宮殿は明治宮殿と異なり、天皇の国事行為ならびに国民統合の象徴としての公的な行為が行なわれることになる。主な部屋の主な行事は次の通り。
正殿松の間 新年祝賀の儀・講書始の儀・歌会始の儀・親任式・認証官任命式・外国大使公使の信任

に出発する（このとき富山・愛知両県を視察し、三十日帰京）。
6・13　天皇、皇后と那須御用邸に向かう（十九日まで滞在）。
7・7　天皇、皇后と那須御用邸に向かう（一時帰京および秋田県行幸をはさみ、九月十二日まで滞在）。
7・20　米宇宙船アポロ11号、月面着陸。
8・25　天皇、皇后と秋田県視察に那須御用邸を出発する（二十九日、御用邸に帰還）。
9・10　下総御料牧場、新東京国際空港建設のため栃木県に移転し、「御料牧場」と改称する。
9・16　入江相政を侍従長とする。
9・30　天皇、「天草諸島のヒドロ虫類」を生物学御研究所より刊行。
10・20　天皇、皇后と靖国神社創立百年記念大祭第二日の儀に出席する。
10・24　天皇、長崎県秋季国体に出発する（二十七日に五島列島に渡るなど県下を視察し、三十一日帰京）。
11・3　皇后、画集「錦芳集」を刊行する。
11・20　海水の汚染等環境の悪化により沼津御用邸が廃止。この日、大蔵省へ引き渡される（十二月、沼津市に無償貸与され、「御用邸記念公園」となる）。

12・9　皇太子・同妃、靖国神社に参拝する。
12・11　徳仁親王、靖国神社に参拝する。

■昭和四十五年（一九七〇）庚戌

昭和天皇　69歳
明仁親王　37歳
徳仁親王　10歳

1・1　天皇、昨年来の風邪後の用心のため、早暁、四方拝を吹上御所居間前のバルコニーで行なう（歳旦祭は侍従代拝）。
1・14　第三次佐藤栄作内閣成立。
1・21　天皇、皇后と葉山御用邸に向かう（二十九日まで滞在。二月四日から十三日まで も滞在）。
2・19　皇太子・同妃、国際親善のため、マレーシア、シンガポールに出発する（二月二十八日帰国）。
2・24　常陸宮正仁親王・同妃、天皇の名代としてネパール皇太子結婚式参列のため出発する（このときタイに立ち寄る。三月五日帰国）。
3・13　天皇、皇后と大阪での日本万国博覧会（総裁は皇太子）に出発する（十四日開会式。このあと京都・大阪・静岡各府県を視察し、十七日帰京）。
3・15　天皇、仙洞御所を散策する。
3・31　日本航空よど号ハイジャック事件。

状捧呈式・勲章親授式・文化勲章親授式等。
正殿竹の間　衆議院議長・参議院議長等の拝謁、地方裁判所長および家庭裁判所長・最高検察庁検事および地方検察庁検事正等の拝謁、陸上・海上・航空各自衛隊の主要幹部の拝謁、文化功労者の奏上、勲二等受賞者への賜謁、外国賓客との御会見・御引見等。
正殿梅の間　都道府県知事の奏上や皇后の御引見等。
長和殿春秋の間　勲三等以下受賞者や褒章受賞者への賜謁等。
連翠　内閣総理大臣以下との御陪食、外国大使公使との午餐等。
豊明殿　天皇誕生日宴会や宮中晩餐会等。

4・14 天皇、万博に来日のウ・タント国連事務総長を引見する（このあとも、万博に来日の各国要人と会見）。
5・1 沖縄・北方対策庁を設置。▼元王族李垠没。
5・8 秩父宮勢津子妃および高松宮宣仁親王・同喜久子妃、李垠の葬儀参列に韓国へ出発する（九日帰国）。
5・18 天皇、皇后と福島県猪苗代町の植樹祭に出発する（この年、「植樹行事ならびに国土緑化大会」を「全国植樹祭」に改称。二十一日帰京）。
7・2 天皇、皇后と葉山御用邸に向かう（六日まで滞在）。
7・8 天皇、八月六日の垂仁天皇千九百年式年祭に先立ち、元東大教授斎藤忠より「垂仁天皇の御事蹟について」の進講を聴く。
7・13 天皇、大阪万博視察等のため大阪へ出発する（七月十七日帰京。また、八月十六日から十九日にも大阪に滞在）。
7・14 閣議で日本の呼称を「ニッポン」で統一することを了承する。
7・15 天皇、住吉大社に拝礼する。午後、仁徳天皇陵に拝礼する。
7・20 天皇、皇后と那須御用邸に向かう（二十九日まで滞在）。

8・21 天皇、皇后と那須御用邸に向かう（九月二日から十八日までも滞在）。
10・1 元号「昭和」が「明治」を超え、史上最長となる。
10・2 天皇、皇后と多摩陵・多摩東陵に拝礼する。
10・9 天皇、皇后と岩手県秋季国体に出発する（十五日帰京）。
10・14 天皇、中尊寺金色堂を覧る。
10・18 文仁親王、着袴の儀を行なう。
10・23 伏見宮博恭王三男華頂博信、ロサンゼルスで没。
11・5 天皇、皇后と明治神宮鎮座五十年につき、明治神宮に拝礼する。▼北白川宮能久親王四男小松輝久没。
11・25 作家三島由紀夫、市ヶ谷の自衛隊総監部でクーデタを呼びかけ割腹自殺。
この年 明治天皇側近の一人佐佐木高行の日記資料が東大史料編纂所編「保古飛呂比《ほごひろい》」として公刊される（昭和五十四年まで全十二巻刊。原本百二十冊は宮内庁書陵部蔵と伝えられ、非公開。刊行は天保元年〈一八三〇〉から明治十六年までの六十三冊分）。▼岡田精司「古代王権の祭祀と神話」刊（八十嶋祭・即位式・新嘗祭・大嘗祭等を取りあげ、王権祭祀と神話について論究、大嘗

＊要人 天皇が皇居で引見した要人は次の通り。イラン国皇姉シャムス・パハラヴィー、オランダ国女王の夫ベルンハルト、ネパール国王マヘンドラ・ビル・ビクラム・シャー・デーブ、チェコスロバキア大統領ルドヴィーク・スヴォボダ、フィンランド国家最高顧問カール・オーガスト・ファーゲルフォーム、ソ連副首相ウラジミル・ニコラエヴィッチ・ノヴィコフ、モーリシャス首相シーウーサグル・ラングーラム、英国皇太子チャールズ、ビルマ革命委員会ネ・ウィン、オランダ国王女ベアトリックス、ベルギー王弟アルベール、スイス副大統領ルドルフ・グネーギ、デンマーク国王女マルグレーテ、オーストリア首相ジョン・グレイ・ゴートン、アフガニスタン皇太子アーマッド・シャー、スウェーデン皇太子カール・グスタフ、ドイツ大統領グスタフ・ヴァルター・ハイネマン、ブルガリア首相トードル・ジフコフ、コートジボワール国会議長フィリップ・ヤセ、エチオピア皇帝ハイレ・セラシエ一世、カナダ首相ピエール・エリ

祭の本質を「収穫祭」であるよりは「服属儀礼」とする)。▼平城京資料館開館。▼秩父宮家編「雍仁親王実紀」刊。

□7・23**藤田尚徳**(海軍大将。侍従長。89)

■昭和四十六年(一九七一)辛亥

昭和天皇　70歳

明仁親王　38歳

徳仁親王　11歳

1・14　天皇、二十七日の後花園天皇五百年式年祭に先立ち、前東大史料編纂所教授玉山竹二より「後花園天皇御事蹟について」の進講を聴く。

1・27　葉山御用邸、放火により焼失(「犯行時心神喪失」として犯人不起訴。皇太子一家使用の附属邸は類焼せず)。

3・10　天皇、皇后と葉山御用邸附属邸に出発する(十八日まで滞在)。

4・6　天皇、国賓として来日のコンゴ民主共和国大統領ジョゼフ・デジレ・モブツを東京国際空港に出迎える。▼天皇に贈られた英国ガーター勲章が正式に復権される。

4・15　天皇、皇后と島根県十日市町での植樹祭に出発する(このとき広島・島根・岡山各県下を視察し、二十二日帰京)。

4・16　天皇、皇后と初めて広島平和記念公園内の広島平和都市記念碑(原爆慰霊碑)に立ち寄り、黙禱する。

4・29　天皇、満七十歳誕生日につき、正殿松の間にて祝賀の儀が行なわれる。

4月　橿原考古学研究所、奈良県桜井市纒向《まきむく》遺跡を調査(翌年二月まで)。

5・13　天皇、ロンドン王立協会名誉会員に選出される。

5・18　天皇、二十六日の欽明天皇千四百年式年祭に先立ち、東大教授井上光貞より「欽明天皇の御事蹟について」の進講を聴く。

5・19　天皇、皇后と多摩陵・多摩東陵に参拝する。

5・20　天皇、国賓として来日のサウジアラビア国王ファイサル・イブン・アブドゥル・アジーズ・アール・サウードを東京国際空港に出迎える(二十五日、同空港にお見送り)。

6・3　皇太子・同妃、国際親善のため、アフガニスタンに出発する(このとき、イラン、タイに立ち寄る。十二日帰国)。

6・17　沖縄返還協定調印。

7・1　環境庁・国立公文書館発足。

7・15　天皇、皇后と東久邇成子十年祭に先立ち、豊島岡墓地東久邇家墓所に参拝する。

7・19　天皇、皇后と那須御用邸に向かう(一時帰京をはさみ、九月一日まで滞在)。

オット・トルドー、マルタ総督モーリス・ドーマン、ニカラグア大統領アナスタシオ・ソモサ・デバイレ、タンザニア第二副大統領ラシド・ムファウメ・カワワ、タイ皇太后ラムバイ・バルニ、ヨルダン国王妃モウナ・アル・フセイン、フィリピン大統領夫人イメルダ・ロムアルデス・マルコス、中華民国副総統厳家淦、ニュージーランド首相ケース・ジャック・ホリオーク、マレーシア首相トゥンク・アブドゥル・ラーマン、中央アフリカ大統領ジャン・ベデル・ボカサ、エチオピア皇太子アスファ・ウォセン、ベトナム共和国首相チャン・ティエン・キィエム、ラオス国王スリ・サヴァン・ワッタナ。

＊**李《り》垠《ぎん》**(一八九七〜一九七〇)　大韓帝国皇帝高宗の第七男子。一九〇七年に皇太子となるも、一九一〇年日本に併合されたことにより王世子となる。一九二〇年、梨本宮方子《まさこ》と結婚。戦後、王族の身分を失い、一九六〇年、韓国に帰国していた。

＊**華頂博信《かちょうひろのぶ》**(一九〇五〜七〇)　父は伏見宮博恭王、母は徳川慶喜九

7月 大阪府教育委員会、羽曳野市誉田《こんだ》白《はく》鳥《ちょう》遺跡を調査（翌年も）。

8・12 天皇、正殿竹の間において、この秋訪問のヨーロッパ各国記者九名を引見する。

9・6 天皇、欧州諸国訪問奉告のため皇后と伊勢神宮へ出発する（七日参拝。八日帰京）。

9・14 天皇、欧州訪問奉告のため、皇后と多摩陵・多摩東陵に参拝する。

9・25 天皇の論文「カゴメウミヒドラClathrozoon wilsoni Spencerに関する追補」（生物学御研究所）刊。▼沖縄青年委員会の四人、「天皇訪欧反対」を叫び、発煙筒を投げつけて皇居に乱入する。

9・27 天皇・皇后、**欧州親善旅行**に出発する（公式訪問国はベルギー、英国、西ドイツ。非公式訪問国はデンマーク、オランダ、フランス、スイス。天皇としては初の海外旅行。十月十四日帰国）。この間、皇太子、国事行為を臨時代行する。

10・23 天皇、皇后と和歌山県秋季国体へ出発する（県下視察ののち二十六日帰京）。▼静岡県下田市に新造の御用邸を「**須崎御用邸**」と称することにする。

11・16 天皇、皇后と石橋の間で八ヵ国二十四人の記者を引見する（欧州訪問についての感想等）。

12・13 天皇、翌年一月七日の崇神天皇二千年式年祭に先立ち、前正倉院事務所長和田軍一より「崇神天皇の御事蹟について」の進講を聴く。

●この頃、「拝聴録計九冊と結語」がまとまる（「入江相政日記五」。資料は未公開）。

12・20 天皇、翌年一月十日の天智天皇千三百年式年祭に先立ち、学習院大学教授黛弘道より「天智天皇の御事蹟について」の進講を聴く。

12・30 中国、釣魚（魚釣）島などの主権に関する声明（沖縄返還協定で昔から中国領土である釣魚島を返還区域に入れることは容認できないとする）を発表。

■昭和四十七年（一九七二）壬子

昭和天皇 71歳
明仁親王 39歳
徳仁親王 12歳

1・14 歌会始。御題は「山」。陪聴者の選考等の事務の担当が、総務課から式部職となる。

2・1 天皇、皇后と札幌での冬季オリンピックに出発する（三日、名誉総裁として開会を宣言。道内を視察し、七日帰京）。

2・22 天皇、皇后と初めて須崎御用邸に出

女経子《つねこ》。海軍に進み海軍大佐。大正十五年、臣籍降下し華頂の家号を賜わり、実兄華頂宮博忠王の死により断絶の華頂宮家の祭祀を継承。侯爵。昭和二十六年、妻華子（閑院宮載仁親王女）と離婚。その後再婚し、渡米して米国で亡くなる。

＊**小松輝久**《こまつてるひさ》（一八八八〜一九七〇） 父は北白川宮能久親王、母は申橋祥子。妻は公爵島津忠済女子薫子。海軍に進み海軍中将。明治四十三年、臣籍降下して侯爵を賜わる。戦後、戦犯として実刑判決を受ける。昭和三十年出所後は平安神宮宮司などを務める。

＊**藤田**《ふじた》**尚徳**《ひさのり》（一八八〇〜一九七〇） 東京生まれ。海軍兵学校、海軍大学校を卒業し、昭和七年海軍次官、十一年海軍大将にまで昇りつめ、予備役に編入される。十八年明治神宮宮司となるも、百武三郎のあとを受けて十九年に侍従長となり終戦を迎える。戦後も天皇側近として尽力するが公職追放となり辞職。天皇はその労をねぎらい、御所で別れの宴を開いたほどであった。

発する（二十九日まで滞在）。
2月　**鳥羽離宮跡**発掘調査団、京都市伏見区の鳥羽離宮跡を調査する。
3・1　生物学御研究所編「那須の植物誌」刊。
3・4　福田赳夫外相、国会で、日本の尖閣列島領有の正当性と、中国が沖縄のアメリカ施政下で同島が含まれていたことに何ら異議を挟んでいない事実を指摘する。
3・9　天皇、皇后と国賓メキシコ大統領ルイス・エチェベリーア・アルバレスを東京国際空港に出迎える（十四日、同空港にお見送り）。
3・21　天皇、二十五日の後嵯峨天皇七百年式年祭に先立ち、青山学院大学教授貫達人《ぬきたつと》より「後嵯峨天皇の御事蹟について」の進講を聴く。▼橿原考古学研究所、明日香村高松塚古墳で極彩色の壁画を発見する。
3・25　徳仁親王、学習院初等科を卒業する（翌日、天皇、親王に深田久弥著「日本百名山」等を賜う）。
4・5　天皇、皇后と須崎御用邸に向かう（十日まで滞在）。
4・8　徳仁親王、学習院中等科に進学する。
4・14　天皇、国賓として来日のパラグアイ大統領アルフレド・ストロエスネルを東京国際空港に出迎える（二十日、同空港にお見送り）。
5・15　沖縄施政権返還（沖縄県復活）。天皇、沖縄復帰記念式典（日本武道館）に臨席する。▼天皇、那覇市の波上宮および沖縄県護国神社における沖縄祖国復帰奉告祭に、それぞれ幣帛料を奉納する。
5・20　天皇、皇后と新潟県北蒲原郡黒川村での全国植樹祭に出発する（二十五日帰京）。
5・28　天皇、皇后と菊栄親睦会（宮内庁庁舎）に臨席する。
6・13　天皇、皇后と須崎御用邸に向かう（十九日まで滞在）。
6・23　天皇、在位期間が歴代最長となる（一万六千百十八日、六十二年余）。
7・7　天皇、皇后と明治天皇六十年祭につき、明治神宮に参拝する。▼第一次田中角栄内閣成立。
7・10　天皇、八月二十四日の弘文天皇千三百年式年祭に先立ち、東大教授土田直鎮《なおしげ》より「弘文天皇の御事蹟について」の進講を聴く。
7・17　天皇、皇后と那須御用邸に向かう（一時帰京をはさみ九月十三日まで滞在）。
9・29　田中首相、二十五日より訪中。この日、日中共同声明に調印（日中国交正常化）。
10・1　高松塚古墳の学術調査開始（十日ま

＊**欧州親善旅行**　十月五日、ロンドンに到着。歓迎の晩餐会でエリザベス女王は「過去の両国関係が常に平和であり、友好であったとは申せません」と述べたが、天皇の答辞に戦争を遺憾とする発言はなかった。また九日のオランダのアムステルダムでは、抗議のプラカードを持った群衆もいたが、天皇はこのような動きをあらかじめ承知していたのか、悠然としていたという。

＊**須崎《すざき》御用邸《ようてい》**　伊豆下田市の元三井家別荘の跡地に建てられた鉄筋平屋建。土地面積は三八万四四一三平方メートル。附属邸は三井家別荘を増改築したもので、主に皇太子一家が使用。昭和天皇は昭和四十七年に初めて訪れ、毎年のように利用した。

＊**鳥羽離宮跡**　鳥羽離宮（鳥羽殿）は、白河・鳥羽両上皇が建てた大規模なもので、白河・鳥羽・後白河各上皇が院政をとった舞台。東西一・五キロ、南北一キロ。所在地は京都市伏見区中島御所ノ内町で、現在は「鳥羽離宮跡公園」として整備されている。史跡として白

で、その後もたびたび）。
10・3 天皇、皇后と多摩陵・多摩東陵に参拝する。
10・5 天皇、皇后と学制百年記念式典（国立劇場）に臨席する。
10・14 天皇、鉄道百年記念式典（国鉄本社）に臨席する。
10・20 天皇、皇后と鹿児島県秋季国体に出発する（奄美大島等県下を視察し、二十七日帰京）。天皇、この日、高屋山上陵（霧島市）に拝礼する。
10・24 天皇、可愛山陵（薩摩川内市）に拝礼する。
11・1 埼玉猟場が埼玉鴨場（越谷市）に、新浜猟場が新浜鴨場（市川市）に改称する。
11・19 皇太子、第一回全国身体障害者技能大会（千葉県）に臨席する。
11・29 応神天皇皇后仲姫命陵（中津山陵）で火災が発生する（放火か）。
12・6 天皇、皇后と須崎御用邸に向かう（十二日まで滞在）。
12・22 第二次田中角栄内閣成立。

■昭和四十八年（一九七三）癸丑

昭和天皇 72歳
明仁親王 40歳
徳仁親王 13歳

1・1 年末から風邪のため、天皇、四方拝を二時間ほど繰り下げ、七時半より吹上御所書斎にて行なう（歳旦祭は侍従代拝）。
1・16 天皇、去る四日の雍仁親王二十年式年祭にちなみ、豊島岡墓地に拝礼する。
1・17 天皇、皇后と須崎御用邸に向かう（二十五日まで滞在。二月二日から八日までも滞在）。
3・1 神宮規則第三十条**改正**の申し出があり、天皇、この日、これを諒承する。
3・6 皇后誕生日（古稀を迎える）。
3・9 天皇、皇后古稀祝賀会で、初めて落語（三遊亭円生）を聴く。
3・23 天皇、皇后と須崎御用邸に向かう（二十八日まで滞在）。
3・28 第三皇女鷹司和子を伊勢神宮祭主とする。
4・3 東久邇信彦に男子（征彦《まさひこ》。成子内親王の孫、昭和天皇の初曾孫）が誕生する。
4・5 憲仁親王が学習院大学に進学。天皇・皇后より御品料・万那料が進ぜられる。
4・6 天皇、宮崎県霧島山麓での全国植樹祭へ出発する（七日宮崎神宮・宮崎県護国神社に参拝。十二日初めてカーフェリーに乗り、十三日川崎港に帰港）。
4・12 国民の祝日法改正（祝日が日曜日の

河・鳥羽・近衛各天皇陵、安楽寿院・城南宮等がある。昭和三十四年の田中殿跡調査に始まり、杉山信三を中心に、以後百次を越える調査がなされた。

＊改正 改正前は「神宮に祭主を奉戴する。祭主は、皇族又は皇族であった者とし、勅旨を奉じて定める」とあったものを、「奉戴する」の後に「祭主は大御心を体していつき奉る」を入れ、さらに「勅旨を奉じて定める」の後に第二項として「祭主に故障があるときは、勅旨を奉じて臨時に祭主を定めることができる」の一文を新たに加える。

＊天皇の発言 増原恵吉防衛庁長官が、五月二十六日に進講した際の天皇の発言を記者会見で発表した。天皇は、「近隣諸国に比べ、自衛力がそんなに大きいとは思えない。国会でなぜ問題になっているのか。防衛問題はむずかしいだろうが、国の守りは大事なので、旧軍の悪いことは真似せず、いいところを取入れて、しっかりやってほしい」と述べたという。

ときは月曜日を振替休日とする)。
4・15 天皇、菊栄親睦会主催の探鳥会に臨席のため、皇后と千葉県市川市の新浜鴨場に行幸する(皇太子以下も)。
5・6 皇太子・同妃、国際親善のため、オーストラリア、ニュージーランドに出発する(二十三日帰国)。
5・29 増原恵吉防衛庁長官、進講(二十六日)の際の**天皇の発言**を洩らして政治問題化し、この日辞任。
6・4 天皇、二十一日の後三条天皇九百年式年祭に先立ち、学習院大学教授安田元久より「後三条天皇の御事蹟について」の進講を聴く。
6・5 天皇、皇后と須崎御用邸に向かう(八日まで滞在)。
6・13 天皇、皇后と多摩陵・多摩東陵に参拝する。
6・26 NHK放送センターの施設が完成のため、天皇、皇后と同所を視察する(NHKホールでリハーサル中の小柳ルミ子の歌二曲「わたしの城下町」「瀬戸の花嫁」を聴く)。
7・17 天皇、この度日本に寄贈された「月の石」を皇后と覧る。このあと、皇后と須崎御用邸に向かう(二十七日まで滞在)。
7・31 天皇、皇后と那須御用邸に向かう(一時帰京をはさみ九月十一日まで滞在)。
9・12 天皇、伊勢神宮遷宮により、神宮の御装束・神宝を覧る(皇后・皇太子以下皇族も。このことにつき**御製**あり)。
10・2 伊勢内宮の式年遷宮が行なわれる(天皇、神嘉殿南庭にて遙拝。五日には外宮遷宮)。
10・11 皇太子・同妃、国際親善のためスペインに出発する(このとき米国、ベルギーにも立ち寄る。二十二日帰国)。
10・12 天皇、皇后と千葉県秋季国体に出発する(十六日帰京)。
11・26 天皇、皇后と上野動物園でパンダ等を覧る。
12・1 生物学御研究所編「相模湾産海星類」が刊行される。
12・7 天皇、皇后と須崎御用邸に向かう(十四日まで滞在)。
12・17 清子内親王、着袴の儀を行なう。
12月 福岡県教育委員会、朝倉橘広庭宮伝承地を調査(昭和五十年まで)。
この年 京都府教育委員会により、恭仁京の発掘調査始まる。
□2・5**稲田《いなだ》周一《しゅういち》**(侍従長。70)、4・25石《いし》橋湛山《ばしたんざん》(首相。88)

***御製** この日、神宮大宮司徳川宗敬、ついで神宮司庁祭儀部長等に賜謁。また神宮臨時祭主鷹司和子と対面する。このときの御製は、「宮移りの神にささぐる御宝のわざのたくみさみておどろけり」

***稲田《いなだ》周一《しゅういち》**(一九〇二~七三) 中央大学教授稲田周之助の長男として東京に生まれる。東京帝大卒業後内務省に入り、昭和六年内閣書記官となり、開戦詔書をまとめる。戦後、滋賀県知事・侍従次長などをつとめるも公職追放。二十五年解除となり侍従次長に返り咲き、四十年に侍従長となる。四十四年、心筋梗塞で倒れて辞任。

■昭和四十九年（一九七四）甲寅

昭和天皇　73歳
明仁親王　41歳
徳仁親王　14歳

1・26　天皇・皇后、結婚満五十年（金婚式）を迎える。

1月　三重県教育委員会、斎王宮跡の調査に着手。

2・7　天皇、皇后と須崎御用邸に向かう（十五日まで滞在）。

2・19　天皇、皇后と静岡県行幸に出発する（二十日帰京）。

3・12　元陸軍少尉小野田寛郎、フィリピン・ルバング島より帰国する。

3・18　天皇、二十日の後光厳天皇六百年式年祭に先立ち、東大教授今枝愛真より「後光厳天皇の御事蹟について」の進講を聴く。

4・10　天皇、翌日の昭憲皇太后六十年祭に先立ち、皇后と明治神宮に参拝する。

4・23　**迎賓館赤坂離宮**落成式が行なわれる。

4・30　天皇・皇后の歌集「あけぼの集」刊。

5・18　天皇、皇后と岩手県県民の森での全国植樹祭に出発する。

5・23　天皇、皇后と盛岡より那須御用邸に到着する（二十八日まで滞在。六月十三日より二十一日までも滞在）。

6・26　天皇、皇后と多摩陵・多摩東陵に参拝する。

8・2　天皇、皇后と那須御用邸に向かう（一時帰京を除き九月十三日まで滞在）。

8・11　明治天皇皇女**北白川房子**（周宮《かねのみや》房子内親王）没。

8・16　徳仁親王、オーストラリアへ出発する（初の海外旅行。三十日帰国）。

10・2　天皇・皇后、第六十一回列国議会同盟会議開会式に出席する。

10・11　鷹司和子（天皇皇女）、神宮祭主に就任する（昭和六十三年まで）。

10・19　天皇、皇后と茨城国体秋季大会に出発する（二十三日帰京）。

10・21　天皇、東海村原子力研究所を視察する（二十二日には鹿島神宮に拝礼）。

10・28　天皇、皇后と川崎市の老人ホームと読売ランドを視察する。

10月　三笠宮崇仁親王二男桂宮宜仁《よしひと》親王、皇族男子として初めてサラリーマンとなる（日本放送協会嘱託。昭和六十年退職）。

11・7　天皇、皇后と伊勢神宮参拝のため三重県に出発する（七日外宮に、八日内宮に拝礼。このとき昭和二十一年以来の剣璽動座の儀が復活。剣璽は侍従が捧持し、御泊所の神宮斎館に奉安。政教分離のこともあ

＊迎賓館赤坂離宮　赤坂御用地西南隅に位置。旧赤坂離宮を改修して迎賓館とし、昭和四十三年着工、四十九年三月に竣工した。国賓およびこれに準ずる賓客の宿泊等に関する接遇を行なう総理府本府の附属機関と規定される。

＊北白川房子《きたしらかわふさこ》（一八九〇～一九七四）　明治天皇第七皇女。周宮《かねのみや》房子内親王。母は権典侍園祥子。明治四十二年、北白川宮成久王と結婚。大正十二年、成久王がフランス遊学中に事故死。同乗の房子内親王も重傷を負う。昭和二十二年、皇籍離脱し、北白川房子となる。同年、女性初の神宮祭主となり、二十七年より神社本庁総裁もつとめる。子女に永久王ほか三女王がいる。なお永久王の妻北白川祥子は香淳皇后の女官長をつとめ、また永久王の子道久王は、伊勢神宮大宮司・神社本庁統理をつとめる。

＊歌会始　御製は、
「わが庭の宮居に祭る神々に世の平らぎをいのる朝々」
皇后の御歌は、
「星かげのかがやく空の朝まだき君はいでます祭旦祭に」

り、以後も神宮参拝のときのみ剣璽動座が行なわれる）。

11・10 生物学御研究所編「小笠原群島のヒドロゾア類」刊。

11・19 天皇、国賓として来日のフォード米国大統領の歓迎行事のため迎賓館に向かう。

12・9 三木武夫内閣成立。

■昭和五十年（一九七五）乙卯

昭和天皇 74歳
明仁親王 42歳
徳仁親王 15歳

1・10 **歌会始**（御題は「祭り」。詠進歌総数は二万五千三百四十五首）。

1・11 旬祭。宮中三殿を侍従卜部亮吾に代拝させる（この年、五月一日の旬祭を除き、すべて侍従による代拝）。

1・18 崇仁親王・同妃、早稲田大学古代エジプト調査隊中心の遺跡発掘視察のためエジプトへ出発する（二月九日帰国）。

1・31 天皇、皇后と須崎御用邸に向かう（二月十四日まで滞在）。

2・20 皇太子・同妃、天皇の名代としてネパール国王戴冠式参列のため出発する（このとき、バングラデシュ、インドに立ち寄る。二十八日帰国）。

2・26 「文藝春秋」二月特別号に評論家加瀬英明「高松宮かく語りき」掲載。この日および翌日、天皇、侍従長入江相政を召し、これを話題にする（これを契機に、昭和五十一年二月二十日から六十年にかけ、天皇から戦前・戦中等の回想を拝聴した「拝聴録」が作成される）。

3・7 天皇、皇后と須崎御用邸に向かう（十八日まで滞在）。

4・4 天皇、国賓として来日のルーマニア大統領チャウシェスクを迎賓館に出迎える。

4・7 徳仁親王、学習院高等科に進学する。

4・11 皇太子、沖縄国際海洋博覧会名誉総裁に就任する。

4・16 崇仁親王、ロンドン大学東洋アフリカ学部客員教授として英国を訪問する（八月二十九日帰国）。

4・30 ベトナム戦争終結。

5・7 天皇、国賓として来日のエリザベス女王夫妻の歓迎行事のため迎賓館に向かう。

5・24 天皇、皇后と滋賀県森林センターの全国植樹祭に出発する（二十六日近江神宮・延暦寺等を訪問。二十八日帰京）。

5月 奈良国立文化財研究所、平城京左京園池遺跡を調査（七月まで）。▼大阪府教育委員会、堺市百舌鳥古墳群南部地域の遺跡を調査（翌年一月まで）。

6・13　天皇、皇后と須崎御用邸に向かう（二十日まで滞在）。
7・10　天皇、皇后と那須御用邸に向かう（二十五日まで滞在）。
7・12　過激派四名、皇太子沖縄訪問阻止等を目的として坂下門に侵入しようとする。
7・17　沖縄海洋博名誉総裁の皇太子、同妃と沖縄を訪問。この日、「ひめゆりの塔」に献花しようとするとき、過激派に火炎瓶を投げられる（皇太子夫妻は無事。犯人は「礼拝所不敬、説教等妨害」の罪名で起訴、有罪）。
7・19　皇太子・同妃、沖縄海洋博覧会開会式に出席する。
8・1　天皇、皇后と那須御用邸に向かう（一時帰京をはさみ、十三日まで滞在）。
8・15　三木首相、私人として靖国神社に参拝する。
8・25　京都御所北側築地塀に「天皇訪米阻止」と落書きした者が皇宮護衛官に逮捕される（九月四日新浜鴨場の爆破計画容疑による逮捕事件、また、東宮御所前で火炎瓶投擲《とうてき》、同十五日原宿駅皇室用ホーム・葉山御用邸付近・伊勢神宮別宮風日祈宮に火炎瓶投擲、同二十七日高松宮邸へ火炎瓶投擲等の事件が頻発）。

9・3　天皇、訪米を前に宮内記者会会員十四名と会見する（八日米NBC放送、二十日「ニューズ・ウィーク誌」、二十五日CBSニュース、二十六日ABCニュースおよびタイム・ライフ社よりインタビューを受ける）。
9・17　天皇、米国訪問につき、皇后と多摩陵・多摩東陵に拝礼する。
9・22　天皇、在京外国人記者三十名を**引見**する。
9・29　天皇、三十日から十月十四日まで、皇太子に「国事に関する行為」を委任し、臨時に代行する旨の勅書を渡す。
9・30　天皇・皇后、初の訪米に出発する（十月十四日帰国）。
10・2　天皇、ホワイトハウスでフォード米国大統領と会見する（三日、ポトマック公園を訪ね、サクラ並木を覧る。四日以降、ニューヨーク、シカゴ、ロスアンジェルス、サンフランシスコ、アナハイムのディズニーランドを訪問する。
10・8　天皇、アナハイムのディズニーランドを訪問する。
10・24　天皇、皇后と三重県秋季国体に出発する（十月二十八日帰京）。
10・25　天皇、皇后と伊勢神宮に拝礼する（米国より帰国の奉告）。

＊引見　このとき、真珠湾攻撃計画をいつ知ったのかという質問に、「軍事的作戦については事前に情報を受けていたが、軍の最高司令部で細かな部分まで決定された後であったこと、また政治的性質を持つ事柄や軍の最高司令部に関連した行動については、憲法の定めに従って行動した」旨答える。また退位については「憲法や他の法律が認めていないので考えたことがない」旨を答える。ほかにも日本の民主主義についてや象徴という役割などについて答える。

＊初《はつ》の公式《こうしき》記者会見《きしゃかいけん》　米国訪問で、ホワイトハウスでの「私が深く悲しみとするあの不幸な戦争」という発言にからみ、戦争責任について聞かれるも、天皇は答えを遠慮した。これまでの記者会見は、那須での散歩中にちょっと「立ち話」という形だったが、この日は日本記者クラブの代表たち五十人との一問一答、双方着席での会見であり、初の「公式記者会見」となった。

10・31 天皇・皇后、石橋の間にて**初の公式記者会見**を行なう。
10月 平安博物館、平安宮大極殿跡の発掘調査に着手。
11・21 天皇、靖国神社の終戦三十年記念大祭に臨席、参拝する（戦後八回目。以降参拝せず。因みに昭仁上皇もまた、即位以来、一度も靖国神社に参拝していない）。ついで千鳥ヶ淵戦没者墓苑に拝礼する。
□6・3佐《さ》藤栄作《とうえいさく》（首相。74）

■昭和五十一年（一九七六）丙辰

昭和天皇 75歳
明仁親王 43歳
徳仁親王 16歳

1・6 平安神宮の本殿等、放火により焼失。
1・10 「文藝春秋」二月号に、宣仁親王・故雍仁親王妃・宣仁親王妃・寬仁親王による座談会「皇族団欒」が掲載される（司会加瀬英明）。
1・13 天皇、皇后と須崎御用邸に向かう（二十一日まで滞在。二月三日から十三日までも）。
2・10 天皇、国賓として来日のフセイン一世ヨルダン国王を迎賓館に出迎える。
2・12 清子内親王、学習院幼稚園を卒業する（四月九日、学習院初等科入学）。
3・23 天皇、皇后と須崎御用邸に向かう（二十六日まで滞在）。
4・5 中国で「天安門事件」。
4・13 容子内親王、学習院大学を卒業。この日、天皇・皇后より御品料・万那料を賜わる。
5・22 天皇、皇后と茨城県久慈郡大子町での全国植樹祭に出発する（五月二十五日帰京）。
5月 天皇陵の学術公開を求めて、学会連合が初めて宮内庁と交渉する。
6・8 皇太子・同妃、国際親善のため、ヨルダン、ユーゴスラビア、英国に出発する（このときタイに立ち寄る。六月二十五日帰国）。
6・18 天皇、皇后と多摩陵・多摩東陵に参拝する。ついで多摩動物公園を訪問する。
6・22 天皇、皇后と那須御用邸に向かう（二十九日まで滞在）。
7・2 桂離宮、五ヵ年計画で解体修理工事を開始（「昭和の大修理」。昭和五十七年完成）。
7・5 天皇、八月三十日の六条天皇八百年式年祭に先立ち、書陵部編修調査官橋本義彦より「六条天皇の御事蹟について」の進講を聴く。

◉昭和天皇御製⑤（「昭和天皇実録」より」）

「この国の戦士将兵をかなしみて花環ささげて篤くいのりぬ」（昭和五十年十月三日米国バージニア州アーリントン国立墓地の無名戦士の墓に赴いて）

「史《ふみ》に見るおくつきどころを拝みつつ杉大樹並む山登りゆく」（昭和五十二年四月十八日高野山にて）

「みそとせをへにける今日ものこされしうからの幸をただいのるなり」（昭和五十二年十一月十七日日本遺族会創立三十周年記念式典にて）

7・13 天皇、皇后と那須御用邸に向かう（一時帰京を除き八月二十六日まで滞在）。
7・27 ロッキード事件で田中角栄前首相逮捕。
8・19 **梨本宮守正王妃伊都子**没。
9・16 天皇、国賓として来日のブラジル大統領エルネスト・ガイゼルを迎賓館に出迎える。
10・22 天皇、皇后と佐賀県秋季国体に出発する（十月二十五日帰京）。
11・10 天皇、皇后と日本武道館での**在位五十年記念式典**に臨席する。
12・24 福田赳夫内閣成立。
この年 入江相政侍従長、「拝聴録」九冊および結語を完成（翌年以降も拝聴は続けられ、昭和六十年六月頃まで追加・整理が行なわれる）。

■昭和五十二年（一九七七）丁巳

昭和天皇 76歳
明仁親王 44歳
徳仁親王 17歳

1・1 天皇、四方拝を吹上御所南廊下で行なう（昭和四十五年より居間前バルコニーであったが、この年より室内で行なわれる。また、開始時刻も午前五時半より六時四十分に繰り下げ、四方拝より先に歳旦祭が行なわれる）。▼新年祝賀の儀が、皇族等の祝賀を除き、初めて報道陣に公開される。
1・21 天皇、皇后と須崎御用邸に向かう（二十八日まで滞在）。
2・10 天皇、皇后と須崎御用邸に向かう（十五日、伊豆半島沖地震被害からの復興状況視察のため南伊豆に行幸。十八日まで滞在）。
4・16 天皇、皇后と和歌山県那智高原での全国植樹祭に向かう（十九日帰京）。
4・18 天皇、皇后と高野山に向かう（天皇の高野山行幸は六百年ぶり。このとき、鳥羽天皇皇后美福門院〈藤原得子〉の高野山陵に参拝）。
4・25 天皇、国賓として来日のフィリピン大統領フェルディナンド・エドラリン・マルコスを宮殿南車寄に出迎える。
4・28 宮内庁長官宇佐美毅、参議院内閣委員会で陵墓について「歴代天皇陵一一一、皇后陵および歴代外天皇陵七五、皇族墓五五〇、分骨所・火葬塚・灰塚等四二、歯髪爪塔その他六八、陵墓参考地四六、以上八九二ヵ所」と答弁する。
5・2 領海法公布（領海は基線の外側一二カイリとするが、当分の間、宗谷・津軽・対馬東西・大隅海峡のみ三カイリとする）。
5・22 天皇、皇后と御在位五十年奉祝の菊

＊**梨本《なしもと》伊都子《いつこ》**（一八八二～一九七六） 父は鍋島直大。ローマで生まれたことにより「イタリアの都の子」として命名される。明治三十三年、梨本宮守正王と結婚し、方子《まさこ》・規子両女王をもうける。昭和二十二年に皇籍離脱して梨本伊都子となり、その矜持の高さから「最後の貴婦人」と称された。明治三十二年から昭和五十一年までの日記があり、「三代の天皇と私」等を著す。なお、子の方子は裕仁親王の妃として名が挙がったが、李垠に嫁いだ。

＊**在位五十年記念式典** このときの御製。「喜びも悲しみも皆国民とともに過《すぐ》しきぬこの五十年を」 在位五十年を祝して、記念貨幣・記念郵便切手・記念乗車券・記念タバコ等が発行・販売される。

＊**記者会見** 昭和二十一年一月一日の詔書（「人間宣言」）の目的は、冒頭の「五箇条の御誓文」であり、神格とかそういうことは二の問題であり、民主主義が輸入のものではなく、明治天皇が採用していることを示す必要があったこと、憲

栄親睦会大会（吹上御苑内林鳥亭）に出席する。

5・26　天皇、皇后と日本赤十字社創立百周年記念全国大会（ＮＨＫホール）に臨席する。

6・8　天皇、皇后と多摩陵・多摩東陵に参拝する。ついで農林省林業試験場浅川実験林を訪れ、桜展示林等を視察する。

6・14　天皇、皇后と須崎御用邸に向かう（二十四日まで滞在）。

7・13　津地鎮祭訴訟で、最高裁、神式地鎮祭は宗教活動には当たらずとして合憲の判断を下す（ここで「目的効果基準」の法理を確立。皇位継承儀礼と政教分離原則を両立させる）。

7・14　天皇、皇后と那須御用邸に向かう（二十六日まで滞在。十七日、皇后、腰を痛めたため、引き続き那須で静養。九月九日侍医長、第一腰椎がつぶれていると発表。天皇は八月二日から一時帰京をはさみ二十五日までも滞在）。

7・23　この日告示の「学習指導要領」で、「君が代」は「国歌」と明記する。

8・15　天皇、全国戦没者追悼式（日本武道館）に臨席する（皇后欠席は初めて）。

8・23　天皇、那須御用邸で**記者会見**。

9・5　王貞治、国民栄誉賞第一号を受賞。

9・16　皇太子・同妃、大分県別府市の第一回**全国育樹祭**に出席する。

9・30　天皇、青森県秋季国体に出発する（十月三日帰京。皇后は体調面で行啓せず）。

10・18　天皇、皇后と那須御用邸に向かう（二十五日まで滞在）。

10・28　天皇、例年通り秋の園遊会に臨む（皇后は体調面で欠席）。

10・31　「明治天皇紀」公刊事業終了につき、関係者に天皇より賜物あり。

11・2　天皇、国立科学博物館開館百年記念式典に臨席する。

11・17　天皇、日本遺族会創立三十周年記念式典に臨場する。

11・30　天皇著書「紅海アカバ湾産ヒドロ虫類５種」が刊行される。

12・9　天皇、皇后と須崎御用邸に向かう（十四日まで滞在）。

この年　神道大系編纂会編「神道大系」刊行開始（全百二十巻）。▼西郷信綱「神話と国家　古代論集」刊（「スメラミコト考」で、「スメラ」は「統《す》ぶ」ではなく「澄《す》む」からきたもので、「濁りなき高貴さの属性」を意味する言葉であり、「宮廷の神的超越性をいいあらわす特殊な尊称」という）。

法第一条は、国体の精神に合っていたので象徴でよいと思ったこと等を述べる。

＊**全国育樹祭**　国土緑化運動の一環として、全国植樹祭を開いた都道府県で毎年行なわれているもの。国土緑化推進機構と各都道府県が主催。天皇・皇后が植えた樹木を皇族（皇太子・同妃）が手入れする行事。

□4・6 木戸幸一（内大臣。87）、6・20 甘露寺受長《かんろじおさなが》（侍従次長。掌典長。明治神宮宮司。伯爵。96）

■昭和五十三年（一九七八）戊午

昭和天皇 77歳
明仁親王 45歳
徳仁親王 18歳

1・3 **賀陽恒憲**没。

1・14 伊豆大島近海を震源とするマグニチュード七・〇の地震あり（須崎御用邸の一部が損壊のため、二月の行幸を中止する）。

2・11 建国記念の日奉祝国民大会が、初めて総理府後援として開催。

2・13 天皇、宮殿薔薇の間にて沖ノ島出土品を覧る（沖ノ島は昭和二十九年以降三次にわたり学術調査。第三次調査には崇仁親王も参加）。

3・5 明治天皇第九皇女東久邇聡子《としこ》（泰宮聡子内親王）没（年81）。

3・13 天皇、国賓として来日のブルガリア国家評議会議長トードル・ジフコフの歓迎行事のため迎賓館に向かう。

3・20 山階宮菊麿王三男**筑波藤麿**没。

3・22 天皇、皇后と豊島岡墓地の祐子内親王墓・雍仁親王墓等に拝礼する。

4・6 天皇、国賓として来日のバングラデシュ大統領ゼアウル・ラーマンの歓迎行事のため迎賓館に向かう。

4・8 天皇、徳仁親王が学習院大学史学科に入学につき、万那料・お品料を賜う。

4・10 京都御所内の東山御文庫の西に新御文庫が落成（「東山御文庫　西」と呼称）。

4・17 天皇、国賓として来日の西独大統領ヴァルヌー・シェールの歓迎行事のため迎賓館に向かう。

4・29 天皇、この日、喜寿を迎える。

5・15 皇太子、国賓として来日のネパール国王ビレンドラ・ビル・ビクラム・シャー・デーブの歓迎行事に、風邪の天皇に代わって臨む（宮中晩餐会も皇太子主催となり、席上、皇太子により天皇のお言葉が代読される）。

5・19 天皇、公務に復帰する。

5・20 天皇、高知県香美郡土佐山田町での全国植樹祭に出発する（二十四日帰京）。

▼新東京国際空港開港。

5・26 富田朝彦、宮内庁長官に就任。

5・30 天皇、春の園遊会に臨む（これまでの園遊会は天皇・皇后主催であったが、この年より天皇お一方の主催となる）。

6・12 皇太子・同妃、ブラジル移住七十周年記念式典参列とパラグアイ訪問のため出

＊**木戸幸一**《きどこういち》（一八八九～一九七七）侯爵木戸孝正の長男として生まれる。大正六年、父の死去により襲爵し貴族院議員となる。内大臣秘書官長・宮内省宗秩寮総裁等を歴任。西園寺公望の信を得て文相・厚相として入閣、昭和十四年平沼内閣では内相、十五年には湯浅倉平辞任のあとをうけて内大臣となる。太平洋戦争開戦から終戦まで、天皇に最も近い側近として補佐する。戦後はA級戦犯として終身禁錮となるも、昭和三十年に仮釈放。「木戸幸一日記」がある。侯爵。

＊**賀陽恒憲**《かやつねのり》（一九〇〇～七八）賀陽宮恒憲王。父は賀陽宮邦憲王、母は醍醐好子。妃は公爵九条道実女敏子。陸軍に進み陸軍中将、陸軍大学校校長等をつとめる。昭和二十二年臣籍降下して賀陽恒憲となる。「平民的な宮様」また「野球の宮様」ともいわれた。墓は豊島岡墓地。王の邸宅がのち千鳥ヶ淵戦没者墓苑となる。

＊**筑波藤麿**《つくばふじまろ》（一九〇五～七八）父は山階宮菊麿王、母は公爵島津忠義女常子《ひさこ》。身体虚弱のため、皇族として初めて陸海軍に進まず、東

発する（このとき米国に立ち寄る。六月二十七日帰国）。▼宮城県沖でマグニチュード七・五の地震あり。
6・20 天皇、皇后と那須御用邸に向かう（二十九日まで滞在。七月十七日からも一時帰京をはさみ九月八日まで滞在）。
8・12 日中平和友好条約調印。
8・14 皇太子、天皇の名代として、ローマ法王パウルス六世追悼式の行なわれる東京カテドラル聖マリア大聖堂に向かう。
8・15 福田赳夫首相、靖国神社に参拝する（「内閣総理大臣」の肩書で記帳）。
9・19 埼玉県教育委員会、稲荷山古墳出土鉄剣の金象嵌文字百十字解読と発表（五世紀末、関東武蔵地方に大和政権の支配が及んでいたことを示すといわれる）。
10・6 天皇、皇后と多摩陵・多摩東陵に参拝する。
10・9 皇太子、天皇名代として、東京カテドラル聖マリア大聖堂でのローマ法王ヨアンネス・パウルス六世追悼式に参列する。
10・13 天皇、長野県秋季国体に出発する（十六日帰京）。
10・17 靖国神社、A級戦犯十四人を合祀する（翌年四月に公になる）。
10・18 天皇、学習院創立百周年記念式典に出席する。
10・23 天皇、公賓の中国鄧小平副首相と会見する。
10・25 生物学御研究所編「相模湾産甲殻異尾類」刊。▼鄧小平中国副首相、記者会見で、尖閣列島問題の一時棚上げを述べる（政府、同島は固有の領土につき棚上げはありえないとする）。
10・30 天皇、国賓として来日のメキシコ大統領ホセ・ロペス・ポルティーリョの歓迎行事のため迎賓館に向かう。
11・29 天皇、皇后と須崎御用邸に向かう（十二月五日まで滞在）。
12・7 第一次大平正芳内閣成立。
この年 宮内庁書陵部編「皇室制度史料」刊行開始。▼皇學館大学神道研究所編「大嘗祭の研究」刊。▼内田正男「日本書紀暦日原典」刊（西暦四五〇年以前の暦日は、「日本書紀」編纂時に儀鳳暦にもとづいて逆算されたとする）。
□5・30片山哲《かたやまてつ》（首相。90）

■昭和五十四年（一九七九）己未

昭和天皇 78歳
明仁親王 46歳
徳仁親王 19歳

1・18 天皇、日本学士院創立百年記念式典

京帝国大学で黒板勝美に師事し、研究者の道に進む。昭和三年、臣籍降下が認められ、筑波の名を賜わり侯爵となる。昭和二十一年以降、靖国神社宮司。

に臨席のため、日本学士院会館に向かう。
1・20 橿原考古学研究所、太安万侶の墓と銅板製墓誌が発見されると報告する。
2・6 天皇、皇后と須崎御用邸に向かう（十五日まで滞在）。
2・17 祈年祭。このときより、拝礼の所作（起拝二度、平伏、起拝二度）を簡略化し、お座りのまま二度拝礼する居拝に変更する。
3・9 天皇、皇后と須崎御用邸に向かう（十五日まで滞在）。
4・16 天皇、国賓として来日のセネガル大統領レオポール・セダル・サンゴールの歓迎行事のため迎賓館に向かう。
4・19 靖国神社が前年にA級戦犯十四人を合祀したことが公になる。
4・21 大平首相、靖国神社春の例大祭に参拝する。
5・26 天皇、皇后と愛知県西加茂郡藤岡町での全国植樹祭に向かう（二十九日帰京）。
6・12 **元号法**公布・施行。
6・25 天皇、国賓として来日の米国大統領ジミー・カーターの歓迎行事のため迎賓館に向かう。
6・28 東京サミット開幕。天皇、七ヵ国首脳歓迎宮中晩餐会を開く。
7・3 天皇、箱根および須崎御用邸に出発する（皇后は遅れて出発。十三日まで滞在）。
7・17 九月九日の雄略天皇千五百年式年祭に先立ち、京大教授岸俊男より「雄略天皇の御事蹟について」の進講を聴く。
7・31 天皇、皇后と那須御用邸に向かう（一時帰京をはさみ八月三十日まで滞在）。
9・11 天皇、国賓として来日のスリランカ大統領ジューニアス・リチャード・ジャヤワルダナの歓迎行事のため迎賓館に向かう。
10・5 皇太子、天皇名代として、国際親善のため同妃とルーマニア、ブルガリアに出発する（このときオランダ、ベルギーに立ち寄る。十四日帰国）。
10・8 天皇、国賓として来日のアルゼンチン大統領ホルヘ・ラファエル・ヴィデラの歓迎行事のため迎賓館に向かう。
10・13 天皇、宮崎県秋季国体に出発する（十六日帰京）。
11・9 第二次大平正芳内閣成立。
11・16 天皇、皇后と多摩陵・多摩東陵に参拝する。
11・19 天皇、上野動物園を視察する。
11・26 十二月六日の後桃園天皇二百年式年祭に先立ち、正倉院事務所長武部敏夫より「後桃園天皇の御事蹟について」の進講を聴く。

＊元号法《げんごうほう》 「皇室典範」に年号に関する規定がなかったために制定されたもので、内容は「一、元号は政令で定める。二、元号は皇位の継承があった場合に限り改める」。なお、「元号選定手続き」には、「国民の理想」「漢字二字」「書きやすい」「読みやすい」「過去に使用されていない」などと規定されている。

＊正倉院 天皇、武部敏夫正倉院事務所長より、その概要を聞き、西宝庫二階で北倉・中倉・南倉から選ばれた二十点の宝物を覧る。このときの御製。
「遠つおやのいつき給へるかずかずの正倉院のたからを見たり」
「冷々としたるゆふべに校倉のはなしをききつつ古《いにしへ》を思ふ」

＊大金益次郎《おおがねますじろう》（一八九四〜一九七九） 栃木県出身。東京帝国大学卒業後内務省に入り、昭和二年、宮内省に移る。宮内大臣秘書官、侍従等を経て二十年に宮内次官、二十一年、戦後初の侍従長に就任（平民出身では初）。天皇の戦後巡幸では、宮内大臣松平慶民らとともに企画・立案・実施に中心的役割を果

12・3　天皇、奈良県を視察する。この日、聖武天皇陵・同皇后陵に参拝、ついで**正倉院**を訪問する（四日、高松塚古墳を見学、五日、法隆寺・中宮寺等を巡る）。
この年　岡田精司編「大嘗祭と新嘗」刊。
□3・11**大金益次郎**（侍従長。84）

■**昭和五十五年（一九八〇）庚申**

昭和天皇　79歳
明仁親王　47歳
徳仁親王　20歳

1・10　歌会始。御題は「**桜**」。
2・8　天皇、皇后と須崎御用邸に向かう（十五日まで滞在）。
2・23　徳仁親王、満二十歳に達し、成年式を行なう。天皇、春秋の間での、加冠の儀に臨席する（加冠役は侍従次長徳川義寛）。
3・1　徳仁親王、この日より、伊勢両宮・泉涌寺および神武天皇・明治天皇・昭憲皇太后・孝明天皇・英照皇太后・仁孝天皇・大正天皇・貞明皇后各陵を順次参拝する。
3・6　皇后誕生日（喜寿を迎える）。
3・12　天皇、皇后と須崎御用邸に向かう（十九日まで滞在）。
3・24　天皇、国賓として来日のパナマ大統領アリスティデス・ロヨ・サンチェスの歓迎行事のため迎賓館に向かう。▼崇仁親王、英国オックスフォードで開催の「第一回ヨルダンの歴史と考古学会議」出席のため英国へ出発する（四月一日から十一日は、妃百合子とヨルダン、シリアの招待により公式訪問する。十三日帰国）。
4・3　京都冷泉家、藤原定家の「明月記」など古文書数千点を初めて公開する。
4・14　天皇、国賓として来日のスウェーデン国王カール十六世グスタフの歓迎行事のため迎賓館に向かう。
4・27　崇仁親王・同妃、オランダ女王ベアトリックスの即位式参列のため出発する（五月四日帰国）。
5・22　天皇、三重県県民の森での全国植樹祭に出発する（二十五日帰京）。▼皇太子、ハゼの分類の研究により、英国ロンドン・リンネ協会の外国会員に選出される。
5・23　天皇・皇后、伊勢外宮、ついで内宮に拝礼する（このときの**御製**あり）。
5・27　天皇、国賓として来日の中国華国鋒首相を引見する。
6・12　大平正芳首相、心筋梗塞で急死する。
7・2　天皇、皇后と箱根に向かう（箱根プリンスホテル宿泊。三日帰京。これは今後の私的なお出ましの試みとして行なう）。
7・9　天皇、八月三日の光明天皇六百年式

たし、二十二年辞任。その後は日本銀行監事、済生会理事長などをつとめる。

＊**桜**　歌会始の儀は正殿松の間で行なわれる。召人は慶応義塾大学名誉教授佐藤朔、選者は木俣修・山本友一・香川進・上田三四二・岡野弘彦。皇太子・同妃・正仁親王・同妃が陪席。この年の詠進歌総数は三万七百七十七首。御製は、
「紅のしだれざくらの大池にかげをうつして春ゆたかなり」
皇后の御歌は、
「ふだんざくらおほしまざくらも咲きそめて光あまねきけふのみそのふ」

＊**御製**　天皇、御泊所の志摩観光ホテルを出て、外宮に到着、潔斎のあとモーニングコートに着替え、正殿階下の御拝座に進み、拝礼する（続いて皇后も）。ついで内宮に到着し、潔斎後、モーニングコートに着替えて正殿階下の御拝座に進み拝礼する。参拝についての御製は、
「五月晴内外の宮にいのりけり人びとのさちと世のたひらぎを」

年祭に先立ち、青山学院大学教授貫達人より「光明天皇の御事蹟について」の進講を聴く。
7・17　鈴木善幸内閣成立。
8・5　天皇、皇后と那須御用邸に向かう（一時帰京を除き九月五日まで滞在）。
8・15　天皇の全国戦没者追悼式での「お言葉」を、「である調」から「ですます調」に変える。▼鈴木首相ら十八閣僚、私人として靖国神社に参拝する。
9・17　天皇、国賓として来日のザンビア国大統領ケネス・デイヴィッド・カウンダの歓迎行事のため迎賓館に向かう。
10・11　天皇、皇后と栃木県秋季国体に出発する（十六日帰京）。
10・12　皇后、朝のうち宇都宮より那須御用邸に向かう（天皇は国体開会式後那須御用邸に。十三・十四日は、天皇お一人にて出門し、御用邸に戻る）。
10・15　天皇採集資料をもとにした「伊豆半島沿岸および新島の吸管虫エフェロタ属」刊行される。
10・28　天皇、国賓として来日のスペイン国王ファン・カルロス一世の歓迎行事のため迎賓館に向かう。
11・3　生物学御研究所編「伊豆須崎の植物」刊。
11・5　奥野誠亮法相、衆議院法務委員会で閣僚の靖国神社公式参拝は合憲と答弁する。
11・7　三笠宮寛仁親王、麻生信子《のぶこ》（のちの首相麻生太郎妹）と結婚する（独立の生計を立てるも、新宮号は賜わっていない）。
11・8　天皇、寛仁親王の結婚祝宴に臨席のため、高輪の関東閣に向かう。
11・14　天皇、皇后と多摩陵・多摩東陵に参拝する（ついで青梅市を訪問）。
12・2　天皇、皇后と須崎御用邸に向かう（十一日まで滞在）。
12・20　徳仁親王、タイ国訪問に出発する。
□6・12大平正芳《おおひらまさよし》（首相。70）

■昭和五十六年（一九八一）辛酉

昭和天皇　80歳
明仁親王　48歳
徳仁親王　21歳

2・10　天皇、皇后と須崎御用邸に向かう（二十日まで滞在）。
2・24　天皇、日本カトリック司教協議会の招請により来日のローマ法王ヨハネ・パウロ二世と会見する。
2・27　皇太子・同妃、国際親善のためサウジアラビア、スリランカに出発する（このときタイ、シンガポールに立ち寄る。三月

＊朝香《あさか》鳩彦《やすひこ》（一八八七～一九八一）　父は久邇宮朝彦親王、母は角田須賀子。明治三十九年朝香宮家創立。同四十三年明治天皇第八皇女允子《のぶこ》内親王と結婚。陸軍に進み、昭和十四年陸軍大将。同二十二年皇籍離脱し朝香を称する。「ゴルフの宮様」として知られ、名誉会長をつとめる「東京ゴルフ倶楽部」が埼玉県に引っ越したことに因み、昭和七年、所在地が朝霞町（現朝霞市）と命名される。なお日本の代表的アール・デコ建築とされる朝香宮邸は、戦後、迎賓館などに使用されたのち、東京都が買い取り、同五十八年、東京都庭園美術館として開館。

＊記者会見　このとき、「日本では、どうしても記憶しなければならないことが四つはあると思います。終戦記念日、広島の原爆の日、長崎の原爆の日、そして六月二十三日の沖縄の戦いの終結の日です」と述べる。

＊全国豊かな海づくり大会　水産資源の維持培養と海の環境保全を図るため、毎年、都道府県の持ち回りで行なわれる行事。「豊かな海

七日帰国）。
3・18　天皇、国賓として来日のタンザニア大統領ジュリアス・カンバラゲ・ニエレレの歓迎行事のため迎賓館に向かう。
3・24　天皇、皇后と須崎御用邸に向かう（三十一日まで滞在）。
4・3　天皇、風邪をひく（十三日公務復帰）。
4・7　天皇、文仁親王が学習院中等科を卒業し、高等科に進学するにつき、万那料・お品料を賜う。
4・12　久邇宮朝彦親王王子**朝香鳩彦**没。
4・21　天皇、国賓として来日のデンマーク女王マルグレーテ二世の歓迎行事のため迎賓館に向かう。
4・29　天皇誕生日。八十歳を迎え、一般参賀で、初めて「お言葉」を述べる（在位中八十歳を迎えた天皇は初めて）。
5・7　天皇、皇后と多摩陵・多摩東陵に参拝する。
5・22　天皇、皇后と奈良県平城宮跡での全国植樹祭に出発する。この日、神武天皇陵に拝礼する（二十三日東大寺を視察、二十四日神戸ポートアイランド博覧会を視察。二十五日帰京）。
5・27　天皇、国賓として来日の東ドイツ国家評議会議長エーリッヒ・ホネカーの歓迎行事のため迎賓館に向かう。
6・3　天皇、皇后と群馬県に向かう（五日帰京）。
6・17　天皇、皇后と須崎御用邸に向かう（二十五日まで滞在）。
7・15　天皇、皇后と那須御用邸に向かう（一時帰京をはさみ、九月十日まで滞在）。
7・23　天皇、東久邇成子没後二十年の祥月命日につき、皇后と豊島岡墓地の東久邇家墓所に拝礼する。
7・26　皇太子・同妃、英国皇太子チャールズとダイアナの結婚式参列のため日本を出発する（このときベルギーに立ち寄る。八月二日帰国）。
8・7　皇太子、八月十五日を前に**記者会見**を行なう。
8・15　鈴木首相ら十九閣僚、靖国神社に参拝する。
8・18　皇太子明仁親王、国際身体障害者技能競技大会の名誉総裁に就任する。
9・29　皇太子・同妃、第一回**全国豊かな海づくり大会**（大分県）に臨席する（以後恒例）。
10・12　天皇、滋賀県秋季国体に出発する（このとき京都へも。十六日帰京）。
10・15　天皇、京都御所でお茶会を開く。

づくり」推進委員会と開催の都道府県が主催（農水省後援）。開催当初は明仁親王、即位後は天皇（明仁上皇）・同妃が原則出席している。

10・30 天皇、東京国立博物館の特別展「正倉院宝物」を覧る。
11・6 葉山御用邸本邸新築工事の落成式が行なわれる（昭和五十三年起工）。
11・28 天皇、皇后と葉山御用邸に向かう（昭和四十五年以来。三十日まで滞在）。
12・2 天皇、翌年一月十五日の光仁天皇千二百年式年祭に先立ち、東大教授土田直鎮より「光仁天皇の御事蹟について」の進講を受ける。
12・10 天皇、皇后と須崎御用邸に向かう（十七日まで滞在）。
12・20 三笠宮寛仁親王第一女子（彬子《あきこ》女王）、誕生する。
12月 奈良国立文化財研究所、平城宮跡の発掘調査を改めて開始する。

■昭和五十七年（一九八二）壬戌

昭和天皇 81歳
明仁親王 49歳
徳仁親王 22歳

1・28 天皇、皇后と須崎御用邸に向かう（二月十日まで滞在）。
3・10 天皇、国賓として来日のイタリア大統領アレッサンドロ・ペルティーニの歓迎行事のため迎賓館に向かう。
3・18 天皇、清子内親王が学習院初等科を卒業につき、万那料・お品料を贈る（四月より中等科に進学）。
3・20 天皇、東京都恩賜上野動物園開園百周年記念式典に臨席する。▼徳仁親王、学習院大学を卒業する（四月より皇族としては初の大学院へ進学）。
3・25 天皇、皇后と須崎御用邸に向かう（三十一日まで滞在）。
3・27 京都市の桂離宮、初の全面解体修理落成式が行なわれる（六年近くを経て「**昭和の大修理**」完成）。
3・31 天皇採集の資料をもとに、生物学御研究所編「相模湾産蛇尾類」が刊行される。
4・6 天皇、国賓として来日のケニア大統領ダニエル・トロイティッチ・アラップ・モイの歓迎行事のため、迎賓館に向かう。
4・13 政府、八月十五日を「戦没者を追悼し平和を祈年する日」と閣議決定。
4・15 天皇、国賓として来日のフランス大統領フランソワ・ミッテランの歓迎行事のため迎賓館に向かう。
4・19 三笠宮寛仁親王、宮内庁に皇籍離脱を申し出る。
5・6 天皇、皇后と葉山御用邸に向かう（八日まで滞在）。
5・21 天皇、栃木県矢板市県民の森での全

＊**昭和の大修理** 昭和五十一年七月着工、五十七年三月落成。桂離宮の創建以来初の全面解体による修理。茶室の松琴亭・笑意軒など八棟が解体され、総工費八億円をかけて行なわれた。

国植樹祭に向かう（この日、輪王寺・東照宮を巡覧。二十三日、那須御用邸へ。二十七日帰京）。
6・16　天皇、皇后と多摩陵・多摩東陵に参拝する。
6・23　天皇ほか皇族が三笠宮邸に集まり、寛仁親王皇籍離脱について話し合う（「皇族一同の合意」とし、宮内庁見解通り「親王は皇室典範上、離脱は難しい」となる）。
7・5　天皇、明治天皇七十年祭に先立ち、明治神宮に参拝する。
7・14　天皇、皇后と那須御用邸に向かう（初めて東北新幹線を利用。一時帰京をはさみ九月十日まで滞在）。
8・11　自民党憲法調査会、天皇を元首とする改憲草案中間報告を発表する。
8・15　天皇、風邪のため初めて「全国戦没者追悼式」を欠席する（皇太子が名代として出席し、「お言葉」を代読。皇太子、十六日の認証官任命式にも初めて臨む）。
8・25　天皇、デクエヤル国連事務総長と那須御用邸で会見する（那須御用邸で外国人賓客と会うのは初めて）。
9・20　天皇、公賓として来日の英国首相マーガレット・サッチャーを引見する。
10・2　天皇、島根県秋季国体臨場のため島根県・京都府に出発する（皇后は体調により同行せず。五日帰京）。
10・3　徳仁親王、国際親善のためブラジルに出発する（このときメキシコに立ち寄る。十八日帰国）。
10・5　天皇、出雲空港より大阪国際空港に到着して京都に向かい、修理を終えた桂離宮を訪問する（大正四年以来）。このとき、冷泉家古文書類のうち「明月記」「古今和歌集」等九点を覧る。
10・29　天皇、行徳野鳥観察舎・宮内庁新浜鴨場を視察する。
11・15　天皇、皇后と八丈島・三宅島を視察する（十七日帰京）。
11・27　第一次中曾根康弘内閣成立。
12・16　天皇、皇后と須崎御用邸に向かう（二十二日まで滞在）。
この年　石井良助「天皇——天皇の生成および不親政の伝統」、所功「三代御記逸文集成」（宇多・醍醐・村上各天皇の日記の逸文を集めたもの）刊。

■昭和五十八年（一九八三）癸亥

昭和天皇　82歳
明仁親王　50歳
徳仁親王　23歳

2・2　天皇、皇后と豊島岡墓地の雍仁親王

◉**在位期間**（第三十代敏達天皇以降）即位年から退位年までの足かけで、長い天皇は、①昭和天皇（64年）、②明治天皇（45年）、③推古天皇（37年）、④後土御門天皇（36年）、⑤後花園天皇（36年）。反対に短い天皇は（実質年月数で）、①仲恭天皇（三ヵ月）、③光厳天皇（一年七ヵ月）、②弘文天皇（七ヵ月）、④用明天皇（一年二ヵ月）、⑤花山天皇（一年八ヵ月）。

墓に拝礼する（去る一月四日、雍仁親王三十年式年祭）。
2・3　天皇、皇后と須崎御用邸に向かう（十五日まで滞在）。
2・7　海洋法に関する国際連合条約に日本が調印。
3・5　奈良国立文化財研究所・奈良県橿原考古学研究所、法隆寺再建説を裏付ける土木工事跡を発見と発表する。
3・10　皇太子・同妃、国際親善のため、ザンビア、タンザニア、ケニアに出発する（このときルクセンブルク、ベルギー、タイに立ち寄る。二十五日帰国）。
3・16　天皇、皇后八十賀奉祝洋楽演奏会に皇后と桃華楽堂に臨席する。
3・24　天皇、皇后と須崎御用邸に向かう（三十日まで滞在）。
4・1　皇太子、国際科学技術博覧会の名誉総裁に就任する。
4・6　天皇、国賓として来日のエジプト大統領モハメッド・ホスニィ・ムバラクの歓迎行事のため迎賓館に向かう。
4・21　中曾根首相、「内閣総理大臣」として靖国神社春の例大祭に参拝する。
4・29　天皇誕生日。第一回目のお出ましの際、十四歳の少年が天皇めがけて金槌を投げる事件あり（ベランダ下部の鋼板に当たるも、天皇はじめ皇族は無事）。
5・7　天皇、皇后と葉山御用邸に向かう（九日まで滞在）。
5・20　天皇、石川県河北郡津幡町森林公園での全国植樹祭に出発する（皇后、体調により同行せず。二十三日帰京）。
5・26　日本海中部地震起こる（津波あり）。
5・31　天皇、埼玉県水産試験場・埼玉県立さきたま資料館・国営武蔵丘陵森林公園を視察する。
6・20　徳仁親王、英国オックスフォード大学マートン・コレッジ校留学のため英国に出発する（昭和六十年十月三十一日帰国。この間、リヒテンシュタイン、スイス、サンマリノ、バチカン、チェコスロバキアなど訪問）。▼天皇著書「伊豆大島および新島のヒドロ虫類」が刊行される。
7・8　中曾根首相、「靖国神社公式参拝合憲指示」発言をする。
7・18　天皇、国賓として来日のパキスタン大統領モハマッド・ジアウル・ハックの歓迎行事のため迎賓館に向かう（宮内庁、天皇の高齢を考慮して、今回より、国賓の返礼晩餐会には出席しないことにする）。
8・15　中曾根首相、靖国神社に参拝する。

＊皇室経済会議　議長は中曾根康弘首相。議員として、衆参両院議長、副議長、大蔵大臣、会計検査院長および宮内庁長官富田朝彦が出席。このときは、昭和四十三年に定めた改定基準に基づき、内廷費の定額二億二千万円を二億五千七百万円に、皇族費の定額二千四十万円を二千三百六十万円に変更すること、また昭和五十九年度については、国の財政事情等を考慮して定額変更による増加額の二分の一に相当する額を節減して内廷費の定額を二億三千九百万円、皇族費の定額を二千二百万円とすることが可決される。この変更は、国会の議決を経て、皇室経済施行法の一部を改正する法律として、四月二十七日に公布・施行、四月一日から適用された。

8・30　天皇、那須で宮内記者会会員と会い、沖縄訪問の意志に変更はなく、沖縄での戦没者ならびに県民の苦労に対し同情し、激励したい旨を述べる。
9・12　天皇、国賓として来日のアイルランド大統領パトリック・ジョン・ヒラリーの歓迎行事のため迎賓館に向かう。
10・5　天皇、皇后と多摩陵・多摩東陵に参拝する。
10・12　ロッキード事件で、田中元首相に懲役四年の実刑判決。
10・14　天皇、群馬県秋季国体に出発する（皇后、体調により同行せず。十六日帰京）。
▼三笠宮崇仁親王第二王女容子《まさこ》内親王、千政之（のち宗室）と結婚する。
10・19　天皇、国賓として来日のノルウェー国王オラフ五世の歓迎行事のため、迎賓館に向かう。
10・25　三笠宮寛仁親王第二女子（瑶子《ようこ》女王）が誕生する。
10・26　天皇、国営昭和記念公園開園式典に臨席する。
11・7　奈良県明日香村亀虎《キトラ》古墳で、ファイバースコープにより彩色壁画が発見される。
11・9　天皇、国賓として来日の米国大統領ロナルド・ウイルソン・レーガンの歓迎行事のため迎賓館に向かう。
12・27　第二次中曾根康弘内閣成立。
この年　末永雅雄編著「皇陵古図集成」刊。
□2・27井上光貞《いのうえみつさだ》（歴史学者。65）

■昭和五十九年（一九八四）甲子

昭和天皇　83歳
明仁親王　51歳
徳仁親王　24歳

1・5　中曾根首相、現職首相として戦後初の靖国神社新春参拝する。
1・17　**皇室経済会議**が宮内庁特別会議室で開かれる。
1・26　天皇・皇后、結婚六十年を迎える。
1・27　宮内庁、「三笠宮崇仁親王は双子」とした河原敏明と「現代」等に善処を要望する。
2・8　天皇、皇后と須崎御用邸に向かう（十六日まで滞在）。
2・20　天皇、二十八日の清寧天皇千五百年式年祭に先立ち、東大助教授笹山晴生より「清寧天皇の御事蹟について」の進講を聴く。
2・22　天皇、皇后と千葉県房総方面を視察する（二十四日帰京）。
2・25　皇太子・同妃、国際親善のため、ザイール、セネガルに出発する（このときベルギー、英国に立ち寄る。三月八日帰国）。

◉**歴代長寿**（数え年。敏達天皇以降昭和天皇まで）
①昭和天皇（89歳）、②後水尾天皇（85歳）、③陽成天皇（82歳）、④霊元天皇（79歳）、⑤後亀山天皇（推定78歳）。なお、若くして亡くなった天皇は、①安徳天皇（8歳）、②四条天皇（12歳）、③六条天皇（13歳）、④近衛天皇（17歳）、⑤後桃園天皇（22歳）。

3・9 天皇、皇后と須崎御用邸に向かう（十六日まで滞在）。

3・22 天皇、明治神宮会館での恩賜財団母子愛育会創立五十周年記念式典に臨席する。

3・23 文仁親王、学習院高等科を卒業する（四月、学習院大学法学部政治学科に進学）。

4・6 天皇、国賓として来日のブルネイ・ダルサラーム国王ハサナル・ボルキアの歓迎行事のため迎賓館に向かう。

4・10 皇太子・同妃、結婚二十五年（銀婚式）を迎える。

4・21 中曾根首相、靖国神社春の例大祭に公式参拝する。

4・22 天皇、銀婚式を迎えた皇太子・同妃の招待により、皇后と東宮御所に向かう。

4・23 天皇、国賓として来日のカタール首長ハリーファ・ビン・ハマド・アル・サーニの歓迎行事のため迎賓館に向かう。

5・18 天皇、鹿児島県自然教育の森での全国植樹祭に出発する（この日、高屋山上陵に拝礼。皇后は体調により同行せず。二十一日帰京）。

5・24 天皇、国賓として来日のブラジル大統領ジョアン・バチスタ・デ・オリヴェイラ・フィゲイレードの歓迎行事のため迎賓館に向かう。

6・20 天皇、皇后と須崎御用邸に向かう（二十八日まで滞在）。▼天皇の著書「パナマ湾産の新ヒドロ虫 Hydractinia bayeri N.SP. ベイヤーウミヒドラ（ウミヒドラ科）」が刊行される。

7・1 総務庁設置法施行。

7・2 天皇、国賓として来日のビルマ大統領サン・ユ歓迎行事のため迎賓館に向かう。

7・11 天皇、皇后と那須御用邸に向かう（一時帰京をはさみ九月四日まで滞在）。

8・15 中曾根首相、靖国神社に公式参拝。

9・6 天皇、国賓として来日の韓国大統領全斗煥の歓迎行事のため迎賓館に向かう（晩餐会の席上、「両国の間に不幸な過去が存したことは誠に遺憾」と述べる）。

9・18 天皇、国賓として来日のガボン大統領エル・アジ・オマール・ボンゴの歓迎行事のため迎賓館に向かう。

9・25 天皇、皇后と福島県視察に出発する（新婚旅行の地の猪苗代湖等を訪問。二十七日帰京）。

10・11 天皇、奈良県秋季国体に出発する（この日薬師寺・唐招提寺等を訪問。十三日大《おお》神《みわ》神社に参拝。十四日帰京）。

10・18 中曾根首相、靖国神社秋の例大祭に公式参拝する。

＊東宮御所 この日、天皇・皇后は東宮御所に到着後、庭にて記念撮影。ついで、皇太子・同妃、文仁親王、清子内親王と昼食をとり、食事後、皇太子・同妃の案内により、満開の桜の下を散策する。このときの御製は、

「桜の花さきさかる庭に東宮らとそぞろにゆけばたのしかりけり」

＊高円宮《たかまどのみや》 三笠宮憲仁親王が結婚し、独立するさい、昭和天皇から賜わった宮号。父宮の宮号となった奈良の三笠山近くにある高円山から採られたもの。当主憲仁親王が平成十四年に死去のため現当主は久子妃。女王が三人いるが男子なきため、久子妃・三女王の死去、あるいは婚姻による皇籍離脱により宮家は断絶することになる。

＊旅 この年の召人は劇作家宇野信男、選者は窪田章一郎・山本友一・香川進・渡辺弘一郎・岡野弘彦。御製は、

「遠つおやのしろしめしたる大和路の歴史をしのびけふも旅ゆく」

10・19　天皇、風邪気味により、二十六日まで静養する。
10・26　昭和天皇御在位五十年事業の一環として整備された国営昭和記念公園開園。
11・4　天皇、赤坂東邸での菊栄親睦会に臨席する。
11・30　皇太子明仁親王分担執筆の「日本産魚類大図鑑」刊（ハゼ類について執筆）。
12・6　三笠宮憲仁《のりひと》親王、鳥取久子《ひさこ》と結婚する（この日、**高円宮**の宮号を賜わる）。
12・11　天皇、皇后と須崎御用邸に向かう（十九日まで滞在）。
この年　井上光貞「日本古代の王権と祭祀」刊。

■昭和六十年（一九八五）乙丑

昭和天皇　84歳
明仁親王　52歳
徳仁親王　25歳

1・10　歌会始の儀。天皇、正殿松の間に出御する。御題は「**旅**」。
1・31　天皇、侍従長入江相政より「拝聴録」の一部を受け取る。
2・6　天皇、皇后と須崎御用邸に向かう（十四日まで滞在）。
3・11　天皇、二十六日の後西天皇三百年式年祭に先立ち、横浜市立大学教授辻達也より「後西天皇の御事蹟について」の進講を聴く。
3・12　天皇、皇后と須崎御用邸に向かう（二十日まで滞在）。
3・16　皇太子、国際科学技術博覧会（科学万博・つくば博）開会式に臨席する。
3・31　皇太子、日本魚類学会で、ハゼについて初の研究発表を行なう。
4・15　天皇、宮内記者会会員二十四名と会見する（例年は夏の那須御用邸での会見であったものが、記者会の要望で、四月二十九日の天皇誕生日当日の記事にするため、この日に行なわれる）。
4・16　天皇、多摩陵・多摩東陵に参拝する。ついで農林水産省林業試験場浅川実験林を訪問、種々のサクラを覧る。
4・19　皇太子、第一回日本国際賞受賞式に臨席する。
4・23　天皇、五月二日の安徳天皇八百年式年祭に先立ち、京大教授上横手雅敬より「安徳天皇の御事蹟について」の進講を聴く。
4・24　天皇、つくば博視察に出発する（四月二十六日帰京。六月二十五日にも〈二十七日帰京〉）。
5・10　天皇、熊本県阿蘇町での全国植樹祭に出発する（皇后、体調により同行せず。十三日帰京）。

6・1　皇太子・同妃、国際親善のため、スウェーデン、デンマーク、ノルウェー、フインランドに出発する（十五日帰国）。
6・5　天皇、東京湾の港湾施設を視察のため「新東京丸」に乗船する。
6・15　正仁親王・同妃、官約移民百年式典に出席するため、ハワイへ出発する（二十六日帰国）。
6・19　天皇、国賓として来日のバングラデシュ大統領フセイン・モハマッド・エルシャドの歓迎行事のため迎賓館に向かう。
7・13　天皇、後水尾天皇を越え、歴代最長寿となる。
7・18　天皇、皇后と那須御用邸に向かう（一時帰京を除き九月十一日まで滞在）。
8・15　中曾根首相、戦後の首相で初めて靖国神社に公式参拝する（閣僚も）。
9・5　文部省、学校行事での日の丸掲揚・君が代斉唱の徹底を各教育委員会に通達。
9・12　天皇、十六日の敏達天皇千四百年式年祭に先立ち、書陵部編修課長米田雄介より「敏達天皇の御事蹟について」の進講を聴く。
10・1　徳川義寛《よしひろ》、侍従長に就任する。
10・8　天皇、「明治天皇をお偲びする展示会」御覧のため霞ヶ関ビルの霞会館に向かう（この年は、明治天皇が初めて華族会館に行幸して百十年目）。
10・18　中曾根首相、中国等の批判により靖国神社秋の例大祭参拝の見送りを表明する。
10・19　天皇、鳥取県秋季国体開会式へ出発する（皇后、体調により同行せず。二十二日帰京）。
10・29　明日香村の伝飛鳥板蓋宮跡付近から、「大津皇子」など壬申の乱関係の人名・地名の入った木簡が多数発見（同遺跡を飛鳥浄御原と確定）。
10・31　徳仁親王、英国留学から帰国する（帰国の途次、米国を訪問）。
11・3　生物学御研究所編「那須の植物誌続編」刊。
11・13　「天皇陛下御在位六十年奉祝国民の集い」が日本武道館で開かれる。
11・30　この日満二十歳に達した文仁親王の成年式が行なわれる（文仁親王、十二月一日に伊勢両宮・神武天皇陵、同九日に大正天皇陵・貞明皇后陵に参拝）。
12・10　天皇、皇后と須崎御用邸に向かう（十八日まで滞在）。
12・22　天皇、初めて首相官邸を訪問し、内閣制度創始百周年記念式典に臨席する。
12・29　天皇、在位期間六十年を迎える。「御

＊**三谷隆信**《みたにたかのぶ》（一八九二～一九八五）　神奈川県生まれ。東京帝国大学卒業後内務省に入るも外務省に転じる。第二次大戦中はフランス大使をつとめ、ドイツ敗戦のため昭和二十年四月、スイスへ逃れる。二十二年学習院女子部長を経て、二十三年侍従長となる。二十六年、マッカーサーが羽田から帰国の際は、天皇の名代として見送った。二十八年の皇太子欧米歴訪に随行。四十年辞任。「回顧録　侍従長の昭和史」がある。

＊**入江相政**《いりえすけまさ》（一九〇五～八五）　入江為守子爵の三男として東京に生まれる。父は東宮侍従長・皇太后宮大夫等をつとめる。母信子は柳原前光長女で、大正天皇生母柳原愛子の姪。東京帝国大学を卒業し学習院大学教授となるも、昭和九年、宮内省侍従となる。四十年侍従長となり、天皇の渡欧・渡米に随行。六十年、退職直前に虚血性心不全で死去。「侍従とパイプ」「天皇さまの還暦」などの著書があり「皇室の語り部」といわれる。「入江相政日記」は貴重。

＊**賀陽邦寿**《かやくになが》（一九二二～八六）　父

在位六十年」を記念し、「日本国際賞」（国際科学技術財団所管）と「国際生物学賞」（日本学術会議所管）が創設される。
この年 「神道大系」（神道大系編纂会）の一冊として「朝儀祭祀篇五 践祚大嘗祭」刊（天仁元年〈一一〇八〉の鳥羽天皇から明和元年〈一七六四〉の後桜町天皇までの大嘗祭関連資料を収める）。
□1・13**三谷隆信**（官僚。侍従長。92）、9・29**入江相政**（侍従長。80）

■昭和六十一年（一九八六）丙寅
昭和天皇 85歳
明仁親王 53歳
徳仁親王 26歳
2・5 天皇、皇后と須崎御用邸に向かう（十四日まで滞在）。
2・28 天皇、三月二十三日の孝霊天皇二千二百年式年祭に先立ち、成城大学教授佐伯有清より「孝霊天皇の御事蹟について」の進講を聴く。
3・8 憲仁親王王女（承子《つぐこ》女王）、誕生する。
3・11 天皇、皇后と須崎御用邸に向かう（二十日まで滞在）。
3・24 皇太子妃、宮内庁病院にて手術を受ける（四月八日退院）。
3・25 過激派、皇居に向けて火炎弾を発射する（半蔵門内に落下。米国大使館にも。三十一日には金属弾が赤坂御用地に着弾）。
4・16 天皇、多摩陵・多摩東陵に参拝し、ついで東京都井の頭文化園・同分園を視察する。▼**賀陽邦寿**（恒憲王第一男子）、台北で没（後継男子なく賀陽家廃絶）。
4・26 ソ連ウクライナでチェルノブイリ原子力発電所事故起こる。
4・29 天皇、政府主催の「天皇陛下御在位六十年記念式典」に臨席のため、国技館に向かう。▼生物学御研究所編「相模湾産海胆類」刊。
5・4 第十二回主要先進国首脳会議（東京サミット）開催（天皇、六日、各国首脳・閣僚等を招き、宮中晩餐会を開く）。
5・10 天皇、大阪府堺市大仙公園での全国植樹祭に出発する（十一日、仁徳天皇陵に参拝。十二日帰京）。
5・13 天皇、公賓として来日中の英国皇太子チャールズおよび同妃ダイアナと会見、宮中晩餐会を開く。
5・22 皇太子、ロンドン・リンネ協会の名誉会員に選出される。
5・26 天皇、皇居内済寧館での皇宮警察創立百周年記念式典に臨席する。
この春 富山県立美術館での天皇をコラージ

は賀陽宮恒憲王、母は公爵九条道実女敏子。陸軍に進み陸軍大尉。復員後、京大経済学部在学中の昭和二十二年に皇籍離脱。卒業後、民間に勤めたあと賀陽政治経済研究所を設立し所長となる。

ュした作品が天皇不敬として撤回される。
6・18　天皇、皇后と須崎御用邸に向かう（二十七日まで滞在）。
7・14　天皇、国賓として来日のアルゼンチン大統領ラウル・リカルド・アルフォンシンの歓迎行事のため迎賓館に向かう。
7・20　皇太子、英国アンドリュー王子結婚式参列のため東京を出発（二十七日帰国）。
7・22　第三次中曾根康弘内閣成立。
7・25　天皇、皇后と那須御用邸に向かう（一時帰京をはさみ九月十日まで滞在）。
8・15　天皇、武道館での**全国戦没者追悼式**に臨席する。▼十六閣僚が靖国神社に参拝する（中曾根首相は参拝せず）。
9・4　泉涌寺月輪陵にて陽光太上天皇（誠仁親王）山陵四百年式年祭が行なわれる（旧皇室祭祀令に規定はないが、特に思召しにより執行）。
9・16　天皇、国賓として来日のニジェール最高軍事評議会議長セイニ・クンチェの歓迎行事のため迎賓館に向かう。
10・1　天皇、国賓として来日のフィンランド大統領マウノ・ヘンリック・コイヴィストの歓迎行事のため迎賓館に向かう。
10・11　天皇、山梨県秋季国体開会式に出発する（皇后、体調により同行せず。十四日帰京）。
11・10　天皇、国賓として来日のフィリピン大統領コラソン・コファンコ・アキノの歓迎行事のため、迎賓館に向かう。▼この日、天皇陛下御在位六十年奉祝中央パレードが行なわれ、これらの参加者が皇居前広場に参集のため、天皇、二重橋に一〇分間お出ましになり橋上より手を振って応える。
11・21　伊豆大島三原山大噴火。
11・22　ＮＨＫホールで第一回国民文化祭が開かれる（皇太子臨席。十二月一日まで。以後恒例）。
12・1　天皇、国賓として来日のメキシコ大統領ミゲル・デラマドリ・ウルタードの歓迎行事のため迎賓館に向かう。
12・23　皇太子・同妃の初の歌集「ともしび」が出版される。
この年以降、文仁親王、山階鳥類研究所総裁をつとめる。

■昭和六十二年（一九八七）丁卯

昭和天皇　86歳
明仁親王　54歳
徳仁親王　27歳

1・2　新年一般参賀（天皇の負担軽減のため、お出ましの回数を昨年までの七回から五回に減じる）。

＊全国戦没者追悼式　このときの御製は、「この年のこの日にもまた靖国のみやしろのことにうれひはふかし」。

＊高松宮宣仁親王《たかまつのみやのぶひとしんのう》（一九〇五〜八七）大正天皇第三皇子。母は貞明皇后。幼称光宮《てるのみや》。大正二年、高松宮家を創立、勅旨により有栖川宮家の祭祀を継承。昭和五年、徳川慶久女子喜久子と結婚。海軍大佐。美術工芸に通じ、多くの団体の総裁に推戴される。墓は豊島岡墓地。

＊会見　このとき、「木戸幸一日記」の記述より、昭和二十六年に対日平和条約調印時に、戦争責任をとって退位する意向であったこと、当時の吉田茂首相がこれに消極的であったなどの報道に関連して、天皇は、木戸から退位についての考え方を聞いたことがないこと、吉田首相や田島道治宮内庁長官に正式に退位について話したことはなく、退位に対する考えを変えたことはない旨を答える。

1・23　天皇、高松宮邸に行幸し、病気療養中の宣仁親王を見舞う（親王、二十七日、広尾の日本赤十字医療センターに入院）。

2・3　天皇、日本赤十字医療センターに宣仁親王を見舞う。▼大正天皇第三皇子**高松宮宣仁親王**没（右肺上葉肺癌による）。

2・9　天皇、高松宮邸に行幸し、柩前にて最後のお別れをする（十日火葬され、豊島岡墓地に葬られる）。

3・10　徳仁親王、ネパール、ブータン、インド訪問に出発する（このときタイに立ち寄る。二十五日帰国）。

3・11　天皇、皇后と須崎御用邸に向かう（二十五日まで滞在）。

3・28　天皇、出版予定の「皇居の植物」の口絵用に、観瀑亭脇のシダレザクラを背景に写真撮影を受ける（五月十六日には広芝で、サンショウバラを前に撮影）。

3・31　生物学御研究所編「相模湾産海蜘蛛類」刊。

4・1　この月より、天皇の負担軽減のため、引見の外国要人を、原則、国賓・公賓・外国王族のほかは元元首またはこれに準ずる者とする（このあとも種々軽減案がとられる）。

4・21　天皇、宮内記者会会員と**会見**。今秋の沖縄訪問につき、戦没者の霊を慰め、永年県民が味わってきた苦労をねぎらいたい旨を述べる。

4・29　天皇、誕生日を祝う宴席で嘔吐する（一般参賀には午前中三回、長和殿ベランダにお出まし。このあと七月三十一日、八月二十三日などにも嘔吐）。

5・14　衆議院、高松宮から寄付された土地を皇室用財産と議決する（二十二日、参議院でも）。

5・15　天皇、宣仁親王墓拝礼のため、豊島岡墓地に向かう。▼天皇、二十三日の用明天皇千四百年式年祭に先立ち、東京女子大学教授平野邦雄より「用明天皇の御事蹟について」の進講を聴く。

5・22　天皇、佐賀県嬉野総合運動公園での全国植樹祭に出発する（皇后、体調により同行せず。二十五日帰京）。

5・27　天皇、六月三日の顕宗天皇千五百年式年祭に先立ち、筑波大学教授井上辰雄より「顕宗天皇の御事蹟について」の進講を聴く。

5・29　徳仁親王、伊勢神宮参拝と式年遷宮関連行事視察に出発する（三十一日帰京）。

6・17　天皇、皇后と須崎御用邸に向かう（二十五日まで滞在）。

6・22 天皇、三原山噴火につき、初めてヘリコプターに乗り伊豆大島に向かい、島民を激励する（即日還御）。
6・29 天皇、国賓として来日のポーランド国家評議会議長ヴォイチェフ・ヤルゼルスキの歓迎行事のため迎賓館に向かう。
7・15 天皇、皇后と那須御用邸に向かう（十九日、脳貧血症状により倒れかける。三十一日・八月一日にも胸の不快あり。一時帰京を除き九月十一日まで滞在）。
8・10 **山階武彦**（山階宮菊麿王第一男子）没。
8・27 夜、迫撃弾五発が皇居に向けて発射され、北の丸公園等に着弾する。
9・3 天皇、この日以降、連日のように上腹部膨満感等腹部の不快を訴える。
9・11 天皇、皇后と那須御用邸より帰京する（十三日、宮内庁病院にて胃部の検査）。
9・18 天皇、二十一日の光孝天皇千百年式年祭に先立ち、聖心女子大学教授目崎徳衛より「光孝天皇の御事蹟について」の進講を聴く。
9・19 宮内庁、この日から当分の間、朝夕二度、天皇の御様子を発表する。
9・22 天皇、宮内庁病院に入院、腸のバイパス手術を行なう（初めて「玉体」にメスが入る）。▼皇太子明仁親王、国事行為を代行する。
9・28 宮内庁、来る十月の国体開会式への沖縄行幸を中止し、皇太子が同妃同伴にて沖縄へ行くことを**発表**する。
10・3 皇太子・同妃、国際親善のため、アメリカに出発する（十月十日帰国）。この間、徳仁親王、国事行為を初めて代行する。
10・7 天皇、宮内庁病院を退院する。
10・24 皇太子、天皇の名代で沖縄秋季国体に出席する（同妃同伴）。
11・6 徳仁親王、ベルリン日独センター開所式参列のため東京を出発する（十三日帰国）。▼竹下登内閣成立。
この秋 天皇の病気のため、園遊会中止。
12・15 天皇、一部公務に復帰する（八十四日ぶり）。
この年 神社新報社「現行皇室法の批判的研究」刊。
□8・7岸信介《きしのぶすけ》（首相。90）

■昭和六十三年（一九八八）戊辰

昭和天皇 87歳
明仁親王 55歳
徳仁親王 28歳

1・1 三笠宮宜仁《よしひと》親王、三笠宮から独立し、桂宮を賜わる（親王、二日、宮中三殿に拝礼。二月八日伊勢両宮、九日神武天皇陵、

*__山階武彦__《やましなたけひこ》（一八九八〜一九八七） 父は山階宮菊麿王、母は九条道孝二女範子《のりこ》。明治四十一年、父の死去を受け山階宮を継承。海軍少佐・貴族院議員。大正十一年、賀陽宮邦憲王王女佐紀子と結婚も、関東大震災で山階宮家鎌倉別邸は倒壊し、初子懐妊中の佐紀子が亡くなる。これにより精神を病み、昭和二十二年の皇籍離脱後も入退院を繰り返す。昭和五十八年、財団法人山階野生鳥獣保護研究振興財団を設立。後継男子なく、山階家は廃絶。

***発表** 天皇は沖縄訪問を心待ちにしていたが、病のため止むなく中止となる。このときの心情を、次のように詠む。
「思はざる病となりぬ沖縄をたづねて果さむつとめありしを」

*__閑院春仁__《かんいんはるひと》（一九〇二〜八八） 父は閑院宮載仁《ことひと》親王、母は三条実美次女智恵子。陸軍士官学校卒業。陸軍少将。昭和二十年、父載仁親王の死により閑院宮家を継承するも、二十二年に皇籍離脱して閑院春仁となる。三十三年、閑院純仁《すみひと》と改名。妻は一条実輝四女直子《なおこ》で

十日明治天皇陵・昭憲皇太后陵・仁孝天皇陵・孝明天皇陵・英照皇太后陵・泉涌寺に参拝。十二日には大正天皇陵・貞明皇后陵に参拝予定も発熱のため中止する）。
1・2　新年一般参賀。天皇、体調に考慮し、午前のみ三回のお出ましとする。
1・7　正仁親王・同妃、日タイ修好百周年記念勲章伝達式等に出席のため、東京を出発する（十四日帰国）。
1・12　天皇、「歌会始」を欠席する。▼奈良国立文化財研究所、平城宮跡近くで長屋王邸宅跡を発掘と発表。
3・10　天皇、皇后と須崎御用邸に向かう（退院後初めて。十八日まで滞在）。
3・20　徳仁親王、学習院大学大学院人文科学研究科史学専攻博士前期課程を修了する。▼文仁親王、学習院大学を卒業する。
3・22　清子内親王、学習院女子高等科を卒業する。
4・6　天皇名代皇太子、国賓として来日のベネズエラ大統領ハイメ・ルシンチの歓迎行事のため迎賓館に向かう。
4・10　天皇、皇居内乾通りのサクラを覧る。
4・13　山本悟、侍従長に就任する。
4・28　天皇、宮内庁長官富田朝彦の拝謁を受け、靖国神社のA級戦犯合祀以後、参拝していない旨を述べる（平成十八年七月二十日、「日本経済新聞」朝刊が、「富田メモ」とされる資料について報道）。
5・18　天皇、拝謁の侍従長山本悟と、入江相政のまとめた「拝聴録」の行方が話題となる（二十三日、宮殿地階倉庫で発見）。
5・19　天皇、赤坂御苑での春の園遊会に臨場する。
5・21　天皇名代皇太子、同妃同伴にて、香川県での全国植樹祭に向かう（二十三日還啓）。
5・30　天皇、激しく咳込む（以後もしばしば）。
6・8　天皇、宣仁親王墓拝礼のため、豊島岡墓地に向かう。
6・14　藤森昭一、宮内庁長官に就任。
6・16　天皇、皇后と須崎御用邸に向かう（二十三日まで滞在）。
6・18　閑院宮載仁親王第二王子閑院春仁没（後継男子なく閑院家廃絶）。
6・29　天皇名代皇太子、同妃同伴にて、国賓として来日のセネガル大統領の歓迎行事のため迎賓館に向かう。
7・20　天皇、皇后と那須御用邸に向かう（一時帰京をはさみ九月八日まで滞在）。
7・22　憲仁親王第二女子（典子《のりこ》女王）、誕

あったが、四十一年に離婚した。後継者なく閑院宮家は絶家となる。

生する。
8・13 天皇、全国戦没者追悼式臨席のため、ヘリコプターに乗って迎賓館前庭に到着する（十八日、ヘリコプターで那須へ戻る）。
8・31 天皇の著書「相模湾産ヒドロ虫類」が生物学御研究所より発行される。
9・12 奈良国立文化財研究所、長屋王邸宅跡から木簡三万点発掘と発表。
9・19 天皇、夜、大量に吐血する（輸血・点滴。この日以降、各地のイベントが中止になるなど自粛ムードが広がる。宮内庁、二十一日より十月二十五日まで一日三回を原則として症状を発表）。
9・22 天皇の病状悪化により、皇太子が全面的に国事行為を代行することになる。
9・28 天皇、少量の下血が認められる（以後もしばしば）。
10・12 憲法理論研究会の学者七十五人、天皇の元首扱いは違憲と声明する。
10・15 徳仁親王、皇太子の代わりに京都府秋季国体開会式に臨席する。
11・7 英国留学中の文仁親王、天皇へのお見舞のため一時帰国する（十一月二十三日、英国に向かう）。
12・7 本島等長崎市長、市議会で天皇に戦争責任はあると答弁する（撤回を求める圧力が続く）。
12・18 武蔵陵墓地内の山林にて、過激派による時限式発火装置を使用した放火とみられる火災が発生する。
12・28 池田厚子、伊勢神宮祭主に就任する。
□11・14 三木《みき》武夫《たけお》（首相。81）

■平成元年（一九八九）己巳

昭和天皇 88歳になる前に崩御
天皇 56歳
徳仁親王 29歳

1・2 新年一般参賀。この年は宮殿東庭に設けられた記帳所にて記帳のみとする。

第百二十五代 天皇（明仁《あきひと》上皇）

1・7 昭和天皇、敗血症による多臓器不全により崩御。皇太子明仁親王承継（第百二十五代天皇。このとき、従来の践祚式にあたる「剣璽等承継の儀」を国事行為とする）。▼閣議により「改元政令」を交付し**平成**と改元する。▼皇后良子を皇太后に、皇太子妃美智子を皇后とする。徳仁親王、皇太子となり、別居・独立する。▼赤坂御所設置、東宮御所廃止。
1・9 天皇、朝見の儀で、皆さんとともに日本国憲法を守り責務を果たすと述べる。
1・11 皇太后宮職設置。

＊**第百二十五代天皇《てんのう》**（一九三三〜 ） 継宮《つぐのみや》。昭和天皇第一皇子。母は久邇宮邦彦王王女良子《ながこ》女王。昭和二十七年立太子と同時に成年式、同六十四年承継。平成二年即位の礼。皇后は正田英三郎女子美智子（子に徳仁《なるひと》親王・文仁《ふみひと》親王・清子《さやこ》内親王）。平成三十一年四月三十日退位。

＊**平成《へいせい》** 「史記」の「内平外成」、「書経」の「地平天成」を典拠とする。ともに中国の伝説的聖天子舜帝の治績を記したもの。「平和が達成される」意もこめられているという。

＊**山階芳麿《やましなよしまろ》**（一九〇〇〜八九） 父は山階宮菊麿王、母は公爵九条道孝二女範子（貞明皇后は実妹）。昭和天皇は従兄。陸軍に進み陸軍中尉で退役。大正九年臣籍降下し、山階の家名と侯爵が与えられる。妻は伯爵酒井（小浜）忠道次女寿賀子。東大に入り、動物学を専攻し、昭和七年、山階家鳥類標本館（のち山階鳥類研究所）を設立。鳥類の研究に打ち込み、日本遺伝学賞、ジャン・デラクール賞、第一級ゴールデンアーク賞等を受賞。

1・28　山階宮菊麿王四男**山階芳麿**没。
1・31　先帝に「昭和天皇」と追号する。
2・17　昭和天皇の大喪の礼の行なわれる日を休日とする。
2・19　天皇誕生日（十二月二十三日）、みどりの日（四月二十九日。平成十九年、「みどりの日」を「昭和の日」と改称）を祝日とする法律を公布。
2・24　昭和天皇大喪の礼が新宿御苑にて行なわれる（陵は**武蔵野陵**。葬儀は国事行為として行なわれる。新天皇による**御誄**は文語から口語に改められる）。
2・27　この日より三月二十八日まで山陵一般参拝が行なわれる。
3・15　天皇・皇后、済生会中央病院に鷹司和子を見舞う。
3・30　天皇・皇后、武蔵野陵を参拝する。
4・1　消費税施行（三パーセント）。
4・12　天皇、中国の李鵬首相と会見する（このとき天皇、「不幸な歴史があったことは遺憾」と述べる）。
4・29　天皇・皇后、国営昭和記念公園（立川市）での「みどりの日」制定記念式典に出席する。
4・30　梨本宮守正王一女**李方子**（朝鮮王族李垠妃）没。
5・7　崇仁親王・同妃、李方子葬儀参列のため、韓国へ出発する（五月八日帰国）。
5・11　天皇、「岡宮天皇のご事蹟について」の進講を受ける。
5・20　天皇・皇后、徳島県での全国植樹祭へ出発する（二十一日帰京）。
5・26　昭和天皇第三皇女鷹司《たかつかさ》和子《かずこ》（孝宮《たかのみや》）没（年60。三十一日、護国寺で葬儀〈天皇・皇后臨席〉。墓は鷹司家菩提寺の京都・二尊院）。
6・3　宇野宗佑内閣成立。
6・8　桜井市教育委員会・橿原考古学研究所、纏向《まきむく》石塚古墳が三世紀後半のわが国最古の前方後円墳と発表。
7・16　文仁親王、魚類の調査研究のため、タイに出発する（八月十八日帰国。翌年以降もしばしばタイその他の国で調査研究）。
8・10　第一次海部俊樹内閣成立。
8・26　天皇・皇后、那須御用邸附属邸に向かう（九月三日帰京）。▼文仁親王・川嶋紀子の婚約が発表される。
9・9　天皇・皇后、「全国豊かな海づくり大会」臨席のため広島に出発する。この日、原爆慰霊碑に供花する（十一日帰京）。
9・15　天皇・皇后、北海道秋季国体臨場のため北海道へ出発する（十八日帰京）。

平成四年以降、山階鳥類研究所に山階芳麿賞が設置される。

＊**武蔵野《むさしの》陵《みささぎ》**　昭和天皇陵。東京都八王子市長房町に所在。大正天皇多摩陵の東。上円下方墳で、高さ八・六メートル、上円直径一六・五メートル、下方基部の一辺二七メートル。上円部はさざれ石でおおわれている。

＊**御誄《おんるい》**　新天皇は「……皇位に在られること六十有余年、ひたすら国民の幸福と世界の平和を祈念され、未曾有の昭和激動の時代を、国民と苦楽を共にしつつ歩まれた御姿は、永く人々の胸に生き続けることと存じます。こよなく慈しまれた山川に、春の色はようやくかえろうとするこのとき、空しく幽明を隔てて、今を思い、昔をしのび、追慕の情はいよいよ切なるものがあります。誠にかなしみの極みであります」と述べた。

＊**李《り》方子《まさこ》**（一九〇一～八九）　父は梨本宮守正王、母は鍋島直大次女伊都子。大正九年、大韓帝国皇太子李垠と結婚。戦後、王公族の身分と日本国籍を喪失。昭和三十八年韓国に渡り、昌徳宮内に住み、

9・23 皇太子、ユーロパリア日本祭開会式出席のためベルギーに出発する（このときフランスに立ち寄る。十月一日帰国）。
9・29 天皇・皇后、「全国身体障害者スポーツ大会」臨席のため、北海道に出発する（十月二日帰京）。
11・10 ベルリンの壁崩壊。
11・22 オックスフォード大学留学中の文仁親王、リヒテンシュタイン大公フランツ・ヨーゼフ二世葬儀参列のためリヒテンシュタインを訪問する（二十四日英国に戻る）。
11・30 生物学御研究所編「皇居の植物」刊（昭和天皇は病床につかれてからも内容の確認や調査などを侍従に仰せつける）。また生物学御研究所編「相模湾産ヒドロ虫類Ⅱ」刊（昭和天皇収集の海洋生物・植物の標本は、平成五年から六年にかけて、国立科学博物館筑波研究資料センター内の昭和記念筑波研究資料館に移管）。
12・18 天皇・皇后、国賓として来日のタンザニア大統領歓迎行事のため迎賓館に向かう。
この年 岡田精司ほか「天皇代替り儀式の歴史的展開」刊。
□5・1 徳川宗敬《とくがわむねよし》（神社本庁総理。伊勢神宮大宮司。91）

■平成二年（一九九〇）庚午

第百二十五代天皇 57歳
徳仁親王 30歳

1・6 武蔵野陵竣工。
1・18 天皇・皇后、多摩陵・多摩東陵・武蔵野陵に参拝する。▼本島等長崎市長、銃撃される（重傷）。
1・20 **東久邇稔彦**没。
2・6 天皇・皇后の臨席のもと、昭和天皇を偲ぶ**歌会**が行なわれる。
2・28 第二次海部俊樹内閣成立。
4・1 学習指導要領改訂により、小中学校での国旗掲揚・君が代斉唱を義務化。
4・23 第一回全国「みどりの愛護」のつどいが大阪で開かれる（天皇・皇后臨席。第二回以降は皇太子が臨席）。
5・18 天皇・皇后、長崎県での全国植樹祭臨席のため、長崎に出発する。この日、平和公園に供花する（二十一日帰京）。
5・24 天皇・皇后、国賓として来日の韓国大統領の歓迎行事のため迎賓館に向かう。
6・29 礼宮文仁親王、川嶋紀子《きこ》と結婚し、秋篠宮家を創立する。
7・21 天皇・皇后、「全国豊かな海づくり大会」臨席のため、青森県に出発する（二十三日帰京）。

韓国に帰化する。障害児教育に尽力、昭和五十六年、韓国政府より牡丹勲章を与えられる。その死は、韓国皇太子妃として準国葬となる。

＊**東久邇《ひがしくに》稔彦《なるひこ》**（一八八七～一九九〇）父は久邇宮朝彦親王。明治三十九年、東久邇宮家を創立し、大正四年、明治天皇第九皇女聰子《としこ》内親王と結婚する。陸軍に進み陸軍大将まで昇る。大正九年にフランスに留学し自由主義的思想を身に付ける。戦後、皇族初の首相となり、「一億総懺悔論」を展開するもGHQに抵抗して総辞職。昭和二十一年公職追放、翌年臣籍降下。のち「ひがしくに教」を開くも、法務省から教名を禁じられ、東京都からも宗教法人として認可されなかった。「一皇族の戦争日記」「東久邇日記」がある。豊島岡墓地に葬られる。

＊**歌会** このとき、昭和六十四年の歌会始の御題「晴」による次の御製が披講される。
「空晴れてふりさけみれば那須岳はさやけくそびゆ高原のうへ」

7・26　天皇、式年祭に先立ち「成務天皇のご事蹟について」の進講を受ける。
8・7　天皇・皇后、長野県に出発する（十二日帰京）。
8・19　天皇・皇后、那須御用邸附属邸に向かう（二十六日帰京）。
9・15　高円宮憲仁親王三女（絢子《あやこ》女王）、誕生する。
10・20　天皇・皇后、福岡県秋季国体臨場のため福岡県に出発する（二十三日帰京）。
▼昭和天皇の大正十年から昭和六十三年までの御製集「おほうなばら」（八百六十五首収録）刊。
11・12　天皇、皇居宮殿にて即位の礼を挙げる（十二日夜から十五日までの「饗宴の儀」が「国の儀式」として行なわれる）。
11・16　伊勢神宮に即位奉告の勅使を発遣する。
11・22　天皇、皇居東御苑にて大嘗会を行なう（二十三日まで。二十四日から二十五日は大饗の儀。このとき政府見解として「大嘗祭は、稲作農業を中心として我が国の社会に古くから伝承されてきた収穫儀礼に根ざしたもの」とする。十二月、閣議により、大嘗祭は「内廷費」ではなく「宮廷費」による経費支出とする）。
11・26　天皇・皇后、即位礼および大嘗祭後の神宮親謁の儀のため、三重県に向かう（二十七日外宮、二十八日内宮に）。
11・29　天皇・皇后、「議会開設百年記念式典」（国会議事堂）に臨席する。
12・1　天皇・皇后、奈良県・京都府へ出発する（二日、神武天皇陵・孝明天皇陵、三日、明治天皇陵に親謁。四日帰京）。
12・5　天皇・皇后、昭和天皇陵・大正天皇陵に親謁する。
12・17　天皇・皇后、鎮座七十年祭につき、明治神宮に参拝する。
この年　久邇宮朝融王王子久邇邦昭、伊勢神宮大宮司に就任。

■平成三年（一九九一）辛未

第百二十五代天皇　58歳
徳仁親王　31歳

1・5　天皇、式年祭に先立ち「安寧天皇のご事蹟について」の進講を受ける。
1・12　天皇・皇后、葉山御用邸に向かう（十七日帰京）。
2・23　徳仁親王、立太子礼を行なう（天皇、「壺切御剣」を授ける）。
2・26　皇太子、この日から二十八日までに伊勢神宮・神武天皇陵・昭和天皇陵に立太子を奉告する（二十八日帰京）。

3・5 天皇、式年祭に先立ち「円融天皇のご事蹟について」の進講を受ける。
3・6 「皇太后八十八賀」が行なわれる。
4・16 天皇・皇后、国賓として来日のソ連大統領の歓迎行事のため、迎賓館に向かう。
4・26 天皇・皇后、須崎御用邸に向かう（三十日帰京）。
5・20 天皇・皇后、多摩陵・多摩東陵・武蔵野陵に参拝する。
5・25 天皇・皇后、京都府での全国植樹祭臨席のため赤坂御所を出発する（二十八日、平安神宮・東寺を視察。二十九日帰京）。
6・3 雲仙普賢岳火砕流発生。
7・10 天皇・皇后、雲仙普賢岳噴火被災地に向かう（このとき、天皇・皇后、膝を床につけ、一人一人に同じ目線でお見舞の言葉をかける。即日帰京）。
8・6 天皇・皇后、那須御用邸附属邸に向かう（二十一日帰京）。
8・23 天皇・皇后、第三回世界陸上開会式（国立競技場）に臨席する。
9・17 天皇・皇后、外国訪問につき、武蔵野陵に参拝する。
9・26 天皇・皇后、国際親善のため、タイ、マレーシア、インドネシア訪問に出発する（十月六日帰国。この間、皇太子が国事行為を代行。以後、天皇の外国訪問時は、国事行為を代行）。
9月 皇太子、ケンブリッジ大学より名誉法学博士号を授与される。
10・11 天皇・皇后、石川県秋季国体のため、石川・福井両県に向かう（十五日帰京）。
10・22 天皇・皇后、国賓として来日のオランダ女王歓迎行事のため、迎賓館に向かう。
10・23 秋篠宮文仁親王第一女子（眞子《まこ》内親王）、誕生する。
10・26 天皇・皇后、愛知県での「全国豊かな海づくり大会」臨席のため、愛知・岐阜両県に向かう（二十八日熱田神宮参拝。三十日帰京）。
11・5 宮澤喜一内閣成立。
12・25 ソ連邦崩壊。

■平成四年（一九九二）壬申

第百二十五代天皇　59歳
徳仁親王　32歳

1・8 天皇・皇后、国賓として来日の米国大統領の歓迎行事のため、迎賓館に向かう。
1・14 天皇・皇后、葉山御用邸に向かう（二十一日帰京）。
2・10 天皇・皇后、東京国立博物館での沖縄復帰二十周年記念特別展「海上の道―沖縄の歴史と文化」を覧る。

＊**竹田《たけだ》恒徳《つねよし》**（一九〇九〜九二）　父は竹田宮恒久王、母は明治天皇第六皇女昌子内親王。明治天皇初の外孫。陸軍に進み、終戦時陸軍中佐。昭和二十二年皇籍離脱。日本スケート連盟会長に就くなど、スポーツ振興に尽力、東京・札幌両オリンピック実現に功あり。戦前までの竹田宮邸跡はグランドプリンスホテル高輪となっている。

＊**お言葉**　天皇は「両国の関係の永きにわたる歴史において、我が国が中国国民に対し多大の苦難を与えた不幸な一時期がありました。これは私の深く悲しみとするところであります。戦争が終わった時、我が国民は、このような戦争を再び繰り返してはならないとの深い反省にたち、平和国家としての道を歩むことを決意して、国の再建に取り組みました」等と述べる。

2・25　中国、「中華人民共和国領海及び隣接区域の法律」公布（台湾・釣魚島・澎湖列島・東沙群島・西沙群島・南沙群島は同国に属するものとする）。
3・16　天皇・皇后、国賓として来日のペルー大統領歓迎行事のため、迎賓館に向かう。
4・23　天皇・皇后、国賓として来日のチェコスロバキア大統領の歓迎行事のため、迎賓館に向かう。
4・28　天皇、式年祭に先立ち「後白河天皇のご事蹟について」の進講を受ける。
4月　皇太子、学習院大学史料館客員研究員委嘱を受ける。
5・9　天皇・皇后、福岡県での全国植樹祭臨席のため福岡・佐賀両県に向かう（十三日、吉野ヶ里遺跡を視察して帰京）。
5・11　竹田宮恒久王第一王子**竹田恒徳**没。
5・15　天皇・皇后、「沖縄復帰二十周年記念式典」（憲政記念館）に臨席する。
6・12　天皇・皇后、葉山御用邸に向かう（十六日帰京）。
7・2　天皇・皇后、神奈川県視察に向かう（三日帰京）。
7・14　天皇・皇后、明治天皇八十年祭につき、明治神宮に参拝する。
7・17　天皇・皇后、須崎御用邸に向かう（二十一日帰京）。
9・5　天皇・皇后、長野県視察に向かう（七日帰国）。
9・14　関係学会により見瀬丸山古墳（奈良県橿原市畝傍陵墓参考地）見学会が行なわれる（宮内庁管理古墳の石室内部が公開）。
10・3　天皇・皇后、山形県秋季国体臨場のため、山形・宮城両県に向かう（七日帰京）。
10・9　天皇・皇后、外国訪問につき、武蔵野陵に参拝する。
10・23　天皇・皇后、国際親善のため、中国に出発する。この日、天皇、国家主席主催晩餐会で、**お言葉**を述べる（天皇初の中国訪問。二十八日帰国）。
10・26　神道専門の「皇學館大学神道博物館」開館。
11・7　天皇・皇后、千葉県での「全国豊かな海づくり大会」臨席のため千葉・茨城両県に向かう（九日香取神宮、十日鹿島神宮に参拝。十日帰京）。
12・7　天皇、式年祭に先立ち「崇峻天皇のご事蹟について」の進講を受ける。

■平成五年（一九九三）癸酉
第百二十五代天皇　60歳
徳仁親王　33歳
1・16　天皇・皇后、葉山御用邸に向かう（十八日帰京）。

1・19 皇太子と小和田雅子の婚約内定が発表される。

2・2 天皇、式年祭に先立ち「正親町天皇のご事蹟について」の進講を受ける。

3・4 天皇・皇后、多摩陵・多摩東陵・武蔵野陵に参拝する。

3・10 天皇・皇后、国賓として来日のフィリピン大統領の歓迎行事のため、迎賓館に向かう。

4・5 天皇・皇后、国賓として来日のマレーシア国王の歓迎行事のため、迎賓館に向かう。

4・12 皇太子結婚につき、小和田邸にて納采の儀が行なわれる。

4・23 天皇・皇后、全国植樹祭臨席のため沖縄県に向かう（天皇として初の沖縄公式訪問。二十三日、国立沖縄戦没者墓苑・ひめゆりの塔拝礼。二十五日帰京）。

5・12 天皇・皇后、埼玉県視察に向かう（十四日氷川神社・埼玉県護国神社参拝。十四日帰京）。

6・7 天皇、式年祭に先立ち「後円融天皇のご事蹟について」の進講を受ける。

6・9 皇太子徳仁親王と小和田雅子が結婚の儀を挙げる。

6・25 皇太子・同妃、伊勢神宮・神武天皇陵への結婚奉告に出発する（二十七日帰京。二十九日には武蔵野陵へ）。

7・27 天皇・皇后、北海道南西沖地震被災地を見舞う（即日帰京）。

8・6 天皇・皇后、ベルギー国王ボードワン一世葬儀参列のため、ベルギーへ出発する（九日帰国）。

8・9 細川護熙内閣成立。

8・26 天皇・皇后、外国訪問につき、武蔵野陵に参拝する。

9・3 天皇・皇后、国際親善のためイタリア、ベルギー、ドイツに出発する（バチカンに立ち寄る。十九日帰国）。

10・2 伊勢内宮の式年遷宮が行なわれる。

10・5 伊勢外宮の式年遷宮が行なわれる。

10・12 天皇・皇后、国賓として来日のロシア大統領歓迎行事のため、迎賓館に向かう。

10・19 天皇・皇后、国賓として来日のポルトガル大統領の歓迎行事のため、迎賓館に向かう。

10・20 美智子皇后、赤坂御所にて倒れる（この頃、週刊誌等での中傷により精神的苦痛などから失声症におちいる。翌年回復）。

10・23 天皇、徳島県秋季国体臨場のため、徳島・香川両県に向かう（二十七日帰京）。

＊**三《さん》の丸《まる》尚蔵館《しょうぞうかん》** 昭和天皇の崩御により相続税問題が起こり、皇室に受け継がれてきた絵画・書・工芸品など約四千六百件のうち約三千件が国に寄贈された。これら美術品を保存・管理、また調査・研究のため、併せて一般公開することを目的に、平成四年、皇居東御苑内に設立された。なお、平成十三年に香淳皇后の遺品、平成二十六年の三笠宮の寄贈品も加わり、現在一万点近くを収蔵している。

＊**朝香《あさか》孚彦《たかひこ》**（一九一二〜九四） 父は朝香宮鳩彦王、母は明治天皇第八皇女允子《のぶこ》内親王。陸軍士官学校・陸軍大学校を卒業し、終戦時陸軍中佐。昭和二十二年皇籍離脱。妻は藤堂高紹五女千賀子。昭和二十五年受洗。

11・1　天皇・皇后、三の丸尚蔵館を視察する（三日開館）。
11・6　天皇・皇后、愛媛県での「全国豊かな海づくり大会」臨席のため愛媛・高知両県に向かう（十日帰京）。
11・26　天皇・皇后、「戦傷病者特別援護法制定並びに日本傷痍軍人会創立四十周年記念式典」（日本武道館）に臨席する。
12・8　天皇・皇后、葉山御用邸に向かう（十二日帰京）。
12・9　法隆寺、姫路城、屋久島、白神山地が日本初の世界遺産に登録。
12・23　天皇誕生日（還暦を迎える）。
□12・16田中角栄（首相。75）

■平成六年（一九九四）甲戌

第百二十五代天皇　61歳
徳仁親王　34歳
2・4　天皇・皇后、葉山御用邸に向かう（七日帰京）。
2・12　天皇・皇后、小笠原諸島を訪問し、戦没者を慰霊する（十四日帰京）。
3・6　皇太后誕生日（後冷泉天皇皇后藤原寛子の数え年を抜き歴代最長寿の皇后に）。
3・9　天皇・皇后、多摩陵・多摩東陵・武蔵野陵に参拝する。
3・24　天皇・皇后、国賓として来日の韓国大統領歓迎行事のため、迎賓館に向かう。
3・28　天皇・皇后、三重県視察に向かう（二十九日、外宮ついで内宮に参拝し帰京）。
4・6　天皇・皇后、昭憲皇太后八十年祭につき明治神宮に参拝する。
4・12　天皇・皇后、静岡県視察に向かう（十五日、沼津御用邸記念公園を見て帰京）。
4・28　羽田孜《つとむ》内閣成立。
5・5　朝香宮鳩彦王第一王子朝香孚彦没。
5・13　天皇・皇后、葉山御用邸に向かう（十五日帰京）。
5・20　天皇・皇后、兵庫県での全国植樹祭臨席のため鳥取・兵庫両県に向かう（二十三日帰京）。
5・26　天皇・皇后、外国訪問につき武蔵野陵に参拝する。
6・1　天皇・皇后、霞会館創立百二十周年記念行事のため霞会館に向かう。
6・10　天皇・皇后、米国訪問に出発する（二十六日帰京）。
6・30　村山富市内閣成立。
7・6　皇太子・同妃、東宮仮御所より東宮御所（旧赤坂御所）に移る。
7・18　天皇・皇后、須崎御用邸に向かう（二十二日帰京）。
8・17　天皇、式年祭に先立ち「長慶天皇のご事蹟について」の進講を受ける。
8・25　天皇・皇后、那須御用邸に向かう（三十日帰京）。
9・19　天皇・皇后、外国訪問につき武蔵野陵に参拝する。
10・2　天皇・皇后、広島でのアジア大会開会式臨席ののち、関西国際空港よりドイツに出発する。このあと国際親善のためフランス、スペインを訪問する（十四日帰国）。
10・21　天皇・皇后、葉山御用邸に向かう（二十三日帰京）。
10・26　天皇・皇后、愛知県秋季国体臨場のため、滋賀・愛知両県に向かう（二十八日、近江神宮参拝。三十日帰京）。
11・4　賀陽宮恒憲王第三王子**賀陽章憲**没。
11・7　天皇・皇后、八日の平安建都千二百年記念式典（国立京都国際会館）臨席のため京都に向かう（八日平安神宮・賀茂両社、九日孝明天皇陵・英照皇太后陵、明治天皇陵・昭憲皇太后陵、桓武天皇陵を各参拝。九日帰京）。
11・17　天皇・皇后、山口県長門市での「全国豊かな海づくり大会」臨席のため、島根・山口両県に向かう（二十一日帰京）。
12・7　天皇・皇后、国賓として来日のポーランド大統領の歓迎行事のため、迎賓館に向かう。
12・29　秋篠宮文仁親王第二女子（佳子《かこ》内親王）、誕生する。

■平成七年（一九九五）乙亥

第百二十五代天皇　62歳
徳仁親王　35歳

1・17　阪神・淡路大震災。
1・31　天皇・皇后、大震災被災地お見舞いのため、兵庫県に向かう（即日帰京）。
2・22　天皇・皇后、国賓として来日のアイルランド大統領の歓迎行事のため、迎賓館に向かう。
3・9　天皇・皇后、多摩陵・多摩東陵・武蔵野陵に参拝する。
3・14　天皇・皇后、国賓として来日のエジプト大統領の歓迎行事のため、迎賓館に向かう。
3・20　地下鉄サリン事件起こる。
5・2　天皇・皇后、葉山御用邸に向かう（六日帰京）。
5・20　天皇・皇后、全国植樹祭臨席のため広島県に向かう。この日、原爆死没者慰霊碑に供花し、広島平和記念資料館を視察する（二十二日帰京）。
7・4　天皇・皇后、国賓として来日の南アフリカ共和国大統領の歓迎行事のため、迎

＊賀陽《かや》章憲《あきのり》（一九二九～九四）父は賀陽宮恒憲王、母は公爵九条道実五女敏子。昭和二十二年皇籍離脱。第一勧業銀行勤務。長男正憲は徳仁親王御学友。

＊徳川《とくがわ》義寛《よしひろ》（一九〇六～九六）昭和天皇側近。徳川義恕《よしくみ》の長男として東京に生まれる。母は徳川寛子。祖父は尾張藩主徳川慶勝。実弟津軽義隆は、常陸宮正仁親王妃華子の父。東京帝大卒業後ドイツに留学。帰国後帝室博物館研究員となるも、昭和十一年、侍従となり、六十年、入江相政のあとを受けて侍従長。戦中・戦後を通じて五十二年間常に近侍し、終戦のときには玉音放送の録音盤を隠し、陸軍将校たちの脅しにもめげず守り抜いたという。戦後、清宮と島津久永、常陸宮と津軽華子のお見合いは徳川義寛の自宅で行なわれたという。「徳川義寛終戦日記」がある。

賓館に向かう。
7・7　天皇・皇后、須崎御用邸に向かう（十四日帰京）。
7・26　天皇・皇后、戦後五十年に当たり、長崎・広島両県に向かう（二十七日帰京）。
8・2　天皇・皇后、戦後五十年に当たり、沖縄県に向かう（即日帰京）。
8・15　戦後五十年。村山首相、アジア諸国に植民地支配と侵略を謝罪。
8・25　秩父宮勢津子妃没。天皇・皇后、秩父宮邸に弔問する（年85。後嗣なきため秩父宮家絶家。墓所は豊島岡墓地）。
9・14　天皇・皇后、神奈川県立観音崎公園の戦没船員の碑に供花などのあと葉山御用邸に向かう（十九日帰京）。
10・6　天皇・皇后、国民参政百五周年・普選七十周年・婦人参政五十周年記念式典（日比谷公会堂）に臨席する。
10・11　天皇・皇后、福島県秋季国体のため、栃木・福島両県に向かう（十五日帰京）。
11・10　天皇・皇后、宮崎県での「全国豊かな海づくり大会」臨席のため、長崎・宮崎両県に向かう（十日、雲仙普賢岳被災者をお見舞。十三日帰京）。
12・18　天皇・皇后、「戦後五十年を記念する集い」（国立劇場）に臨席する。

□7・5福田赳夫《ふくだたけお》（首相。90）

■平成八年（一九九六）丙子
第百二十五代天皇　63歳
徳仁親王　36歳
1・11　橋本龍太郎内閣成立。
1・19　鎌倉節、宮内庁長官に就任する。
1・23　天皇・皇后、葉山御用邸に向かう（二十九日帰京）。
2・2　元侍従長**徳川義寛**没。
3・13　天皇・皇后、国賓として来日のブラジル大統領歓迎行事のため、迎賓館に向かう。
3・22　天皇・皇后、多摩陵・多摩東陵・武蔵野陵に参拝する。
3・25　「高松宮日記」第一巻刊（全八巻）。
4・5　天皇・皇后、葉山御用邸に向かう（八日帰京）。
4・17　天皇・皇后、国賓として来日のアメリカ大統領クリントン歓迎行事のため、迎賓館に向かう。
4・23　天皇・皇后、視察のため山梨県に向かう（二十五日帰京）。
4月　眞子内親王、学習院幼稚園に入園する。
5・19　天皇・皇后、東京の辰巳の森海浜公園での全国植樹祭に臨場する。
7・10　天皇・皇后、国賓として来日のチュニジア大統領歓迎行事のため、迎賓館に向かう。
7・20　初の海の日。
7・23　天皇・皇后、那須御用邸に到着し、宇都宮市・御料牧場・日光市を視察する（二十六日、二荒山神社・東照宮・輪王寺へ。二十九日、那須御用邸より帰京）。
8・16　天皇・皇后、須崎御用邸に向かう（二十三日帰京）。
9・15　天皇・皇后、「全国豊かな海づくり大会」臨席のため石川県に向かう（十八日帰京）。
10・11　天皇・皇后、広島県秋季国体に臨場のため広島県に向かう。この日、原爆死没者慰霊碑に供花する（十三日帰京）。
10・22　天皇・皇后、国賓として来日のベルギー国王歓迎行事のため、迎賓館に向かう。
10・23　天皇・皇后、栃木県に向かう（二十四日帰京）。
10・25　天皇・皇后、葉山御用邸に向かう（二十八日帰京）。
11・7　第二次橋本龍太郎内閣成立。
11・18　天皇・皇后、国賓として来日のフランス大統領ジャック・シラクの歓迎行事のため、迎賓館に向かう。
11・29　天皇、式年祭に先立ち「明正天皇のご事蹟について」の進講を受ける。
12・12　渡邉允、侍従長に就任する。

■**平成九年（一九九七）丁丑**

第百二十五代天皇　64歳
徳仁親王　37歳

3・11　天皇・皇后、国賓として来日のメキシコ大統領の歓迎行事のため、迎賓館に向かう。
3・18　天皇・皇后、多摩陵・多摩東陵・武蔵野陵に参拝する。
4・2　最高裁判所大法廷、「愛媛県靖国神社玉串訴訟」で違憲の判決。
4・7　天皇・皇后、国賓として来日のドイツ大統領歓迎行事のため、迎賓館に向かう。
5・1　天皇・皇后、国立公文書館での「日本国憲法施行五十周年記念展示会」を覧る。
5・17　天皇・皇后、全国植樹祭臨席のため宮城県に向かう（十九日帰京）。
5・30　天皇・皇后、国際親善のためブラジル、アルゼンチンに出発する（ルクセンブルク、米国に立ち寄る。六月十三日帰国）。
6・18　天皇・皇后、葉山御用邸に向かう（二十二日帰京）。
8・18　天皇・皇后、京都府・岐阜県視察に向かう。この日、孝明天皇陵・英照皇太后陵に参拝する（十九日、石清水八幡宮等参

拝。二十日「国際天文学連合総会」開会式臨席。二十一日、明治天皇陵・昭憲皇太后陵に参拝。岐阜に移り鵜飼を見学。二十二日須崎御用邸に移り、二十九日帰京）。
9・25　天皇・皇后、「日本遺族会創立五十周年記念式典」（九段会館）に臨席する。
10・1　天皇・皇后、岩手県での「全国豊かな海づくり大会」臨席のため、秋田・岩手両県に向かう（六日帰京）。
10・11　天皇・皇后、葉山御用邸に向かう（十三日帰京）。
10・24　天皇・皇后、大阪秋季国体臨場のため、大阪府・和歌山県に向かう（二十八日帰京）。
11・17　天皇・皇后、国賓として来日のブルガリア大統領歓迎行事のため、迎賓館に向かう。
11・22　山一證券破綻。
12・5　天皇・皇后、葉山御用邸に向かう（八日帰京）。
12・11　京都議定書採択。

■平成十年（一九九八）戊寅

第百二十五代天皇　65歳
徳仁親王　38歳

1・23　天皇・皇后、葉山御用邸に向かう（二十七日帰京）。
2・4　天皇、式年祭に先立ち「崇光天皇のご事蹟について」の進講を受ける。
2・6　天皇・皇后、長野冬季オリンピック大会臨場のため、長野県に向かう（七日開会式に臨場して帰京。十九～二十三日にも競技を覧る。また三月十一～十二日にはパラリンピック競技を覧る）。
3・5　天皇・皇后、多摩陵・多摩東陵・武蔵野陵に参拝する。
3・28　天皇・皇后、葉山御用邸に向かう（三十一日帰京）。
3月　眞子内親王、学習院幼稚園を卒園する（四月、学習院初等科入学）。
4・13　天皇・皇后、国賓として来日のイタリア大統領の歓迎行事のため、迎賓館に向かう。
5・8　天皇・皇后、全国植樹祭臨席のため群馬県に向かう（十日帰京）。
5・15　天皇・皇后、外国訪問につき武蔵野陵に参拝する。
5・23　天皇・皇后、国際親善のため、英国、デンマークに出発する（このときポルトガルに立ち寄る。二十八日、長年にわたるハゼ科魚類の研究により、英国王立協会より「チャールズ二世メダル」を授与される。五月二十六日、英国女王夫妻主催晩餐会で

◉日本の国土　北海道・本州・四国・九州の主要四島および周辺の島からなる。面積は約三八万平方キロメートル。これは世界で六十二番目の面積。周辺の島にはロシアが占拠する北方四島（歯舞群島・色丹島・国後島・択捉島）と韓国が実効支配する竹島がある。また尖閣諸島（石垣市）は明治二十八年に日本に編入され、平成二十四年に国有化されたが、中国は自国の領土と主張している。なお、日本の人口は約一億二千六百万人、これは世界で十番目とされる。なお、本州は、世界で七番目の大きな島である。

お言葉。六月五日帰国）。

6・12　天皇・皇后、葉山御用邸に向かう（十七日帰京）。

7・21　天皇・皇后、那須御用邸に向かう（二十四日帰京）。

7・30　小渕恵三内閣成立。

8・26　天皇・皇后、須崎御用邸に向かう（三十一日帰京）。

9・1　天皇、式年祭に先立ち「仁賢天皇のご事蹟について」の進講を受ける。

9・21　美智子皇后、インド・ニューデリーで開催の国際児童図書評議会世界大会で、「子供時代の読書の思い出」のタイトルで講演する（のち「橋をかける」として単行本出版）。

10・7　天皇・皇后、国賓として来日の韓国大統領金大中の歓迎行事のため、迎賓館に向かう。

10・9　天皇・皇后、葉山御用邸に向かう（十三日帰京）。

10・24　天皇・皇后、神奈川県秋季国体臨場のため皇居を出発する（二十五日帰京）。

11・14　天皇・皇后、「全国豊かな海づくり大会」臨席のため徳島県に向かう（十六日帰京）。

11・26　天皇・皇后、国賓として来日の中国主席江沢民の歓迎行事のため、迎賓館に向かう。

12・2　天皇・皇后、国賓として来日のアルゼンチン大統領の歓迎行事のため、迎賓館に向かう。▼正倉院正倉が「古都奈良の文化財」として世界文化遺産に登録される（これに先立ち、平成八年五月国宝指定）。

12・18　天皇、誕生日を前に**記者会見**を行なう。

□5・19宇野《うの》宗佑《そうすけ》（首相。75）

■平成十一年（一九九九）己卯

第百二十五代天皇　66歳

徳仁親王　39歳

1・7　天皇・皇后、昭和天皇十年式年祭の山陵の儀に臨席する。

1・19　富本銭が発掘される。

1・21　天皇・皇后、葉山御用邸に向かう（二十六日帰京）。

2・3　天皇、式年祭に先立ち「仁徳天皇のご事蹟について」の進講を受ける。

3・4　天皇・皇后、世界室内陸上競技選手権前橋大会臨席のため群馬県に向かう（五日帰京）。

3・18　天皇・皇后、多摩陵・多摩東陵・武蔵野陵に参拝する。

3・24　天皇・皇后、葉山御用邸に向かう（二

＊**お言葉**　このとき「両国の関係が、第二次世界大戦によって損なわれたことは誠に悲しむべきことであります。戦争により人々の受けた傷を思う時、深い心の痛みを覚えます」等と述べる。

＊**記者会見**　天皇、このとき、「日本国憲法で、天皇は日本国の象徴であり日本国民統合の象徴であると規定されています。この規定と、国民の幸せを常に願っていた天皇の歴史に思いを致し、国と国民のために尽くすことが天皇の務めであると思っています。天皇の活動の在り方は、時代とともに急激に変わるものではありませんが、時代とともに変わっていく部分もあることは事実です」等と述べる。

十九日帰京）。
4・5 天皇・皇后、国賓として来日のルクセンブルク大公の歓迎行事のため、迎賓館に向かう。
4・8 天皇・皇后、山梨県視察に向かう（即日帰京）。
5・29 天皇・皇后、全国植樹祭臨席のため、静岡県に向かう（三十一日帰京）。
6・2 天皇・皇后、国賓として来日のオーストリア大統領の歓迎行事のため、迎賓館に向かう。
8・13 「国旗・国歌法」公布・施行。
8・17 天皇・皇后、北海道南西沖地震災害復興状況視察・慰問のため、北海道に向かう（二十日帰京）。
8・24 天皇・皇后、須崎御用邸に向かう（三十一日帰京）。
9・13 天皇・皇后、那須御用邸に向かう（十三・十四日、前年の福島・栃木両県集中豪雨災害地を視察。十七日帰京）。
10・2 天皇・皇后、「全国豊かな海づくり大会」臨席のため、福島県に向かう（四日帰京）。
10・8 天皇・皇后、葉山御用邸に向かう（十二日帰京）。
10・22 天皇・皇后、熊本県秋季国体のため皇居を出発する（二十四日帰京）。
10月 天皇御即位記念記録集「道（平成元年～平成十年）」刊。
11・12 天皇・皇后、政府主催「天皇陛下御在位十年記念式典」（国立劇場）に臨席する。
11・16 天皇・皇后、大阪・京都に向かう（十六日仁徳天皇陵、十八日孝明天皇陵・英照皇太后陵、泉涌寺・仁和寺、十九日明治天皇陵・昭憲皇太后陵に参拝。十九日帰京）。
11・20 天皇、「御即位十年をお祝いする国民祭典」の祝賀の声に、二重橋までお出ましになって応える。
12・1 天皇・皇后、国賓として来日のヨルダン国王歓迎行事のため、迎賓館に向かう。
この年 宮内庁書陵部陵墓課編「宮内庁書陵部陵墓地形図集成」刊。

■平成十二年（二〇〇〇） 庚辰

第百二十五代天皇 67歳
徳仁親王 40歳
1・24 天皇・皇后、葉山御用邸に向かう（二十八日帰京）。
1・31 天皇・皇后、御即位十年記念特別展「皇室の名宝―美と伝統の精華」（東京国立博物館）を覧る。
3・17 天皇・皇后、多摩陵・多摩東陵・武蔵野陵に参拝する。

3・23　天皇・皇后、葉山御用邸に向かう（二十八日帰京）。
4・5　第一次森喜朗内閣成立。
4・10　天皇・皇后、国賓として来日のハンガリー大統領の歓迎行事のため、迎賓館に向かう。
4・22　天皇・皇后、全国植樹祭臨席のため大分県に向かう（二十四日帰京）。
5・12　天皇・皇后、外国訪問のため、武蔵野陵に参拝する。
5・15　森喜朗首相、「日本は天皇を中心とする神の国」と発言する。
5・20　天皇・皇后、国際親善のため、オランダ、スウェーデンに出発する（スイス、フィンランドに立ち寄る。五月二十三日、オランダ女王夫妻主催晩餐会で**お言葉**。六月一日帰国）。
6・8　天皇・皇后、葉山御用邸に向かう（十一日帰京）。
6・16　良子皇太后没（追号は**香淳皇后**。七月二十五日、武蔵野東陵に埋葬）。
7・4　第二次森喜朗内閣成立。
7・8　三宅島雄山噴火（九月二日、全島民避難）。
8・22　天皇・皇后、那須御用邸に向かう（二十六日帰京。九月十七日から二十一日にも滞在）。
8月　橿原市教育委員会により、植山古墳発見（竹田皇子・推古天皇合葬墓といわれる）。
9・29　天皇・皇后、「全国豊かな海づくり大会」臨場のため京都府に向かう（十月二日帰京）。
10・13　天皇・皇后、富山県秋季国体臨場のため皇居を出発する（十五日帰京）。
10・30　天皇、式年祭に先立ち「後土御門天皇のご事蹟について」の進講を受ける。
11・15　天皇・皇后、岡山県視察に向かう（十八日帰京）。
12・10　天皇・皇后、茨城県視察に向かう（十一日、西暦二〇〇〇年酸性雨国際学会開会式に臨席。十二日帰京）。
□5・14小渕《おぶち》恵三《けいぞう》（首相。62）、6・19竹下《たけした》登《のぼる》（首相。76）

■平成十三年（二〇〇一）辛巳

第百二十五代天皇　68歳
徳仁親王　41歳
1・6　中央省庁改革として内閣府設置法施行（宮内庁が内閣府に置かれる）。
1・23　天皇・皇后、葉山御用邸に向かう（二十九日帰京）。
3・26　天皇・皇后、国賓として来日のノルウェー国王の歓迎行事のため、迎賓館に向

***お言葉**　このとき「両国が、先の大戦において戦火を交えることとなったことは、誠に悲しむべきことでありました。この戦争によって、さまざまな形で多くの犠牲者が生じ、今なお戦争の傷を負い続けている人々のあることに、深い心の痛みを覚えます」と述べる。

***香淳《こうじゅん》皇后《こうごう》**（一九〇三〜二〇〇〇）久邇宮良子《ながこ》。父は久邇宮邦彦王、母は公爵島津忠義七女俔子《ちかこ》。学習院女学部中学科在学中の大正七年に裕仁親王妃に内定（正式な婚約内定は大正九年六月十日）し、同十三年に結婚。裕仁親王の践祚により立后。皇子女に明仁・正仁各親王、成子・祐子・和子・厚子・貴子各内親王がいる。昭和五十二年、那須御用邸で転倒し腰を骨折、やがて車椅子の生活となる。日本画をよくし、号を「桃苑」といい、画集に「桃苑画集」「錦芳集」がある。

かう。
3・28　天皇・皇后、神奈川県視察に向かう（即日帰京）。
4・2　湯浅利夫、宮内庁長官に就任する。
4・12　天皇・皇后、葉山御用邸に向かう（十六日帰京）。
4・23　天皇・皇后、阪神・淡路大震災復興状況視察のため、兵庫県に向かう（二十六日帰京）。
4・26　第一次小泉純一郎内閣成立。
4月　佳子内親王、学習院初等科に入学する。
5・19　天皇・皇后、全国植樹祭臨席のため山梨県に向かう（二十一日帰京）。
6・20　天皇・皇后、明治神宮鎮座八十年祭につき、明治神宮に参拝する。
6・25　天皇・皇后、多摩陵・多摩東陵・武蔵野陵・武蔵野東陵に参拝する。
7・16　天皇・皇后、日光田母沢御用邸記念公園視察のため栃木県に向かう（十九日帰京）。
7・26　天皇・皇后、新島・神津島・三宅島の災害状況視察へ向かう（即日帰京）。
8・13　小泉首相、靖国神社に参拝する。
8・27　天皇・皇后、須崎御用邸に向かう（三十一日帰京）。
9・11　アメリカ同時多発テロ事件。
9・13　天皇・皇后、那須御用邸に向かう（十八日帰京）。
10・1　天皇・皇后、国賓として来日の南アフリカ共和国大統領の歓迎行事のため、迎賓館に向かう。
10・12　天皇・皇后、宮城県秋季国体臨場のため皇居を出発する（十四日帰京）。
10・27　天皇・皇后、「全国豊かな海づくり大会」臨席のため静岡県に向かう（二十九日帰京）。
11・27　天皇・皇后、三重県に向かう（二十八日、伊勢両宮に参拝。三十日帰京）。
12・1　皇太子徳仁親王第一女子（敬宮《としのみや》愛《あい》子《こ》内親王）、誕生する（以後、女帝を認めるための皇室典範改正に関する議論が活発化）。
12・18　天皇、満六十歳の誕生日の記者会見で、日韓共催のサッカー・ワールドカップに触れ、「桓武天皇の生母が百済の武寧王の子孫であると、続日本紀に記されていることに、韓国とのゆかりを感じています」と述べる。

■平成十四年（二〇〇二）壬午

第百二十五代天皇　69歳
徳仁親王　42歳
1・7　高松宮喜久子妃、「婦人公論」に女

◉第二十五代天皇御製

「語らひを重ねゆきつつ気がつきぬわれのこころに開きたる窓」（昭和三十三年、皇太子時代の婚約内定後の御歌）
「契りしは二十五年の昔なり瞼《まぶた》に浮かぶ花に満ちし日」（皇太子時代の昭和五十九年の「銀婚式」を迎えて）
「うち続く田は豊かなる緑にて実る稲穂の姿うれしき」（平成九年歌会始。御題「姿」）
「人々の幸願ひつつ国の内めぐりきたりて十五年経つ」（平成十五年）

性天皇の即位について「不自然ではない」と寄稿する。
1・24　天皇・皇后、葉山御用邸に向かう（二十八日帰京）。
3・13　愛子内親王、初めて参内する。
3・18　天皇・皇后、多摩陵・多摩東陵・武蔵野陵・武蔵野東陵に参拝する。
4・4　天皇・皇后、葉山御用邸に向かう（十日帰京）。
4・21　小泉首相、靖国神社に参拝する。
5・16　天皇・皇后、「日本赤十字社法制定五十周年記念・日本赤十字社創立百二十五周年記念全国赤十字大会」（明治神宮会館）に臨席する。
5・26　天皇・皇后、京都府・奈良県に向かう。この日、「国際内科学会議開会式」に臨席する（二十七日青蓮院・正倉院視察。二十九日神武天皇陵・橿原神宮参拝ののち帰京）。
6・1　天皇・皇后、山形県での全国植樹祭に出発する（四日帰京）。
6・27　天皇・皇后、外国訪問につき、武蔵野陵・武蔵野東陵に参拝する。
7・6　天皇・皇后、国際親善のため、ポーランド、ハンガリーに出発する（チェコ、オーストリアに立ち寄る。二十日帰国）。
7・26　天皇・皇后、明治天皇九十年祭につき、明治神宮に参拝する。
8・1　天皇・皇后、那須御用邸に向かう（五日帰京。二十一〜二十八日にも）。
9・13　天皇・皇后、栃木県に向かう（十五日帰京）。
9・17　小泉首相、日本の首相として初の北朝鮮訪問。
9・18　美智子皇后、外国旅行につき、武蔵野陵・武蔵野東陵に参拝する。
9・28　美智子皇后、国際児童図書評議会創立五十周年記念大会出席のためスイスに出発する（十月三日帰国。初の皇后単独海外訪問。二十九日には祝辞を述べ、のち「バーゼルより」のタイトルで出版）。
10・12　天皇・皇后、葉山御用邸に向かう（十四日帰京）。
10・25　天皇・皇后、高知県秋季国体臨場のため皇居を出発する（二十七日帰京）。
11・16　天皇・皇后、「全国豊かな海づくり大会」臨場のため長崎県に向かう（十九日帰京）。
11・21　三笠宮崇仁親王第三男子**高円宮憲仁親王**没（二十二日、天皇・皇后、弔問）。
12・3　天皇・皇后、国賓として来日のフィリピン大統領の歓迎行事のため、迎賓館に

＊**高円《たかまどの》宮《みやの》憲仁《のりひと》親王《しんのう》**（一九五四〜二〇〇二）　三笠宮崇仁親王第三王子。母は高木百合子。学習院大学法学部卒業後、カナダのクイーンズ大学に留学。帰国後、国際交流基金嘱託。昭和五十九年、鳥取久子と結婚、高円宮を創立。子に承子《つぐこ》・典子《のりこ》・絢子《あやこ》各女王がいる。没後、豊島岡墓地に埋葬され、男子なきため久子妃が宮家を継承。

向かう。

■**平成十五年（二〇〇三）癸未**

第百二十五代天皇　70歳

徳仁親王　43歳

1・14　天皇、式年祭に先立ち「持統天皇のご事蹟について」の進講を受ける。▼小泉首相、靖国神社に参拝する。

1・16　天皇、東大医学部附属病院に入院する（十八日、前立腺の全摘手術。二月八日退院）。

2・24　天皇・皇后、葉山御用邸に向かう（三月四日帰京）。

4月　秩父宮勢津子妃遺贈の御殿場別邸が秩父宮記念公園として開園。

5・6　天皇・皇后、多摩陵・多摩東陵・武蔵野陵・武蔵野東陵に参拝する。

5・16　天皇、式年祭に先立ち「開化天皇のご事蹟について」の進講を受ける。

5・17　天皇・皇后、全国植樹祭臨場のため千葉県に向かう（十九日帰京）。

5・23　天皇・皇后、葉山御用邸に向かう（二十七日帰京）。

6・6　天皇・皇后、国賓として来日の韓国大統領盧武鉉《ノムヒョン》の歓迎行事のため、迎賓館に向かう。▼有事関連三法成立。

6・11　天皇・皇后、新潟県視察に向かう（十三日帰京）。

6・23　天皇・皇后、国賓として来日のインドネシア大統領の歓迎行事のため、迎賓館に向かう。

7・1　天皇・皇后、有珠山災害復興状況等視察のため、北海道に向かう（二日、国際測地学・地理物理学連合二〇〇三年総会歓迎式典に臨席。五日帰京）。

8・26　天皇・皇后、長野・群馬両県視察に出発する（三十一日帰京）。

9・12　天皇・皇后、那須御用邸に向かう（十六日帰京）。

10・3　天皇・皇后、「全国豊かな海づくり大会」臨席のため、島根県に向かう。この日、出雲大社参拝（六日帰京）。

10・15　天皇・皇后、国賓として来日のメキシコ大統領の歓迎行事のため、迎賓館に向かう。

10・24　天皇・皇后、静岡県秋季国体臨場のため皇居を出発する（二十六日帰京）。

11・7　天皇・皇后、「戦傷病者特別援護法制定四十周年並びに財団法人日本傷痍軍人会創立五十周年記念式典」（日本武道館）に臨席する。

11・14　天皇・皇后、奄美群島日本復帰五十周年記念式典臨席のため、鹿児島県を訪問する（十七日帰京。これにより天皇、四十七都道府県すべてを訪問）。

11・19 第二次小泉純一郎内閣成立。

12・18 天皇、誕生日を前に**記者会見**を行なう。

この年 堀口修監修「『明治天皇紀』談話速記録集成」（全九巻）刊。

■平成十六年（二〇〇四）甲申

第百二十五代天皇 71歳

徳仁親王 44歳

1・1 小泉首相、靖国神社に参拝する。

1・23 天皇・皇后、国立劇場おきなわ開場記念公演臨席等のため、沖縄県に向かう。この日、国立沖縄戦没者墓苑に供花（二十六日帰京）。

2・5 天皇・皇后、葉山御用邸に向かう（八日帰京）。

2・23 天皇・皇后、亀山法皇七百年御忌記念特別展「南禅寺」（東京国立博物館）を覧る。

3・17 天皇・皇后、武蔵野陵・武蔵野東陵に参拝する。

3・18 天皇・皇后、「恩賜財団母子愛育会創立十周年記念式典」（明治神宮会館）に臨席する。

3・25 天皇・皇后、葉山御用邸に向かう（三十日帰京）。

3月 眞子内親王、学習院初等科を卒業する（四月、学習院中等科に入学）。

4・9 天皇・皇后、昭憲皇太后九十年祭につき、明治神宮に参拝する。

4・24 天皇・皇后、全国植樹祭のため、宮崎県に出発する（二十七日帰京）。

5・9 天皇・皇后、「天皇陛下古希奉祝菊栄親睦会大会」（赤坂東邸）に臨席する。

5・10 皇太子、ヨーロッパ訪問に先立つ記者会見で「雅子の人格を否定するような動きがあった」旨を述べる。

5・22 小泉首相、北朝鮮を再訪問。

6・5 天皇・皇后、霞会館創立百三十周年祝賀午餐（霞ヶ関ビル内霞会館）に臨席する。

6・18 天皇・皇后、葉山御用邸に向かう（二十二日帰京）。

7・1 天皇、前立腺がんに対するホルモン療法を始める。

7・13 天皇・皇后、東京大学宇宙線研究所神岡宇宙素粒子研究施設視察のため、岐阜県に向かう（即日帰京）。

7・30 徳仁親王妃雅子、適応障害により療養していることが公表される。

8・1 天皇・皇后、須崎御用邸に向かう（五

＊記者会見 天皇、このとき「私にとっては沖縄の歴史を紐解くということは島津氏の血を受けている者（注・母方の祖母俔子《ちかこ》は島津家の出身）として心の痛むことでした。しかし、それであればこそ沖縄への理解を深め、沖縄の人々の気持ちが理解できるようにならなければならないと努めてきたつもりです。沖縄県の人々にそのような気持ちから少しでも力になればという思いを抱いてきました」等と述べる。

＊皇室典範に関する有識者会議 皇室に文仁親王以来四十年ほど男子がなく、皇位継承に支障をきたすおそれが予想されることから、総理大臣小泉純一郎の私的諮問機関として設置されたもの。この年、十七回の会合を開き、その内容は、男子皇族なき場合を想定し、女性天皇および女系天皇、ならびに女性宮家の設立を認める等の報告書を提出した。しかし、悠仁親王の誕生により、皇室典範改正論議は急速にしぼんだ。

日帰京）。
8・19 天皇、式年祭に先立ち「後深草天皇のご事蹟について」の進講を受ける。
8・21 天皇・皇后、国際解剖学会議開会式臨席のため、京都府に出発する。この日、後深草天皇七百年式年にあたり、山陵に参拝する（二十三日帰京）。
9・17 天皇・皇后、那須御用邸に向かう（二十一日帰京）。
9・27 第二次小泉純一郎内閣成立。
10・2 天皇・皇后、「全国豊かな海づくり大会」臨席のため、香川県に出発する（五日帰京）。
10・22 天皇・皇后、埼玉県秋季国体臨場のため、皇居を出発する（二十四日帰京）。
10・23 中越地震。
11・6 天皇・皇后、中越地震の被災地を見舞う（即日帰京）。
11・16 天皇・皇后、国賓として来日のデンマーク女王の歓迎式典のため、迎賓館に向かう。
11・18 天皇・皇后、群馬県視察に向かう（即日帰京）。
11・24 天皇・皇后、特別展「孝明天皇―光芒残照明治の御代―」展（明治神宮文化館）を覧る。
11・30 文仁親王、皇太子の「人格否定発言」に対し、「せめて陛下と話をして、そのうえでの話とあるべき」旨を述べる。
12・18 高松宮喜久子《きくこ》妃没（年92。天皇・皇后、弔問）。
□7・19鈴木《すずき》善幸《ぜんこう》（首相。92）

■平成十七年（二〇〇五）乙酉

第百二十五代天皇　72歳
徳仁親王　45歳
1・16 天皇・皇后、兵庫県に出発する（十七日阪神・淡路大震災十周年追悼式典、十八日国連防災世界会議開会式に臨席。十八日帰京）。
1・25 **「皇室典範に関する有識者会議」**初会合（女系天皇を可能にする方向での法改正を検討）。
2・2 天皇・皇后、葉山御用邸に向かう（七日帰京）。
3・7 天皇・皇后、国賓として来日のマレーシア国王の歓迎行事のため、迎賓館に向かう。
3・16 天皇・皇后、武蔵野陵・武蔵野東陵に参拝する。▼島根県で「竹島の日（二月二十二日）」条例が成立。
3・18 天皇、皇后陛下古希記念特別展「皇后陛下のご養蚕と正倉院裂《ぎれ》の復元」（三の丸尚蔵館）を覧る（皇后は二十五日に覧る）。
3・20 福岡県西方沖地震。
3・23 天皇・皇后、日本国際博覧会開会式のため愛知県に出発する（二十四日帰京。皇太子も）。
3・29 天皇・皇后、御料牧場に向かう（三十一日帰京）。
4・1 羽毛田信吾、宮内庁長官に就任する。
4・26 天皇・皇后、外国訪問のため武蔵野陵・武蔵野東陵に参拝する。
4・27 天皇、式年祭に先立ち「履中天皇のご事蹟について」の進講を受ける。
5・7 天皇・皇后、国際親善のためノルウェーに出発する（このときアイルランドに立ち寄る。十四日帰国）。
5・15 改正祝日法成立（「みどりの日」を「昭和の日」と改める）。
5・28 天皇・皇后、葉山御用邸に向かう（三十一日帰京）。
6・4 天皇・皇后、全国植樹祭のため、茨城県に出発する（六日帰京）。
6・27 天皇・皇后、戦後六十年平和祈念、慰霊巡拝のため、サイパン島に**出発**する（二十八日、朝鮮人慰霊碑〈追悼平和塔〉に立ち寄り帰国）。
7・11 天皇・皇后、日本国際博覧会視察のため、愛知県に出発する（十三日帰京）。
7・25 天皇・皇后、須崎御用邸に向かう（二十九日帰京）。
8・20 天皇・皇后、京都府・兵庫県・大阪府視察に出発する（二十一日、世界心身医学会議開会式に臨席。二十三日、履中天皇千六百年式年につき同天皇陵に参拝。二十三日帰京）。
8・29 天皇・皇后、長野・山梨両県視察に出発する（三十一日帰京）。
9・1 天皇・皇后、那須御用邸に向かう（五日帰京）。
9・21 第三次小泉純一郎内閣成立。
9・26 天皇、式年祭に先立ち「亀山天皇のご事蹟について」の進講を受ける。
10・8 天皇・皇后、葉山御用邸に向かう（十一日帰京）。
10・14 郵政民営化関連法案成立。
10・17 小泉首相、靖国神社に参拝。
10・21 天皇・皇后、岡山県秋季国体のため、皇居を出発する（二十四日帰京）。
10・30 天皇・皇后、東京競馬場での天皇賞競走を覧る。
11・15 第一皇女清子《さやこ》内親王、黒田慶樹と結婚式を挙げる（帝国ホテル）。
11・19 天皇・皇后、「全国豊かな海づくり

＊出発 このとき「先の大戦によりこの平和な島の姿は大きく変わりました。食料や水もなく、負傷に対する手当てもない所で戦った人々のことを思うとき、心が痛みます。亡くなった日本人は五万五千人に及び、その中には子供を含む一万二千人の一般の人々がありました。同時に、この戦いにおいて、米軍も三千五百人近くの戦死者を出したこと、また、いたいけな幼児を含む九百人を超える島民が戦闘の犠牲となったことも決して忘れてはならないと思います」等と述べる。

◉皇太子徳仁親王の外国訪問 平成元年ベルギー（フランス）、二年ベルギー（ルクセンブルク、米国）。三年ノルウェー（フランス）。モロッコ、英国（フランス）。四年

大会」臨席のため、神奈川県に向かう（二十日帰京）。

11・22 天皇、来日のロシア大統領ウラジーミル・プーチンと会見する。

11・24 「皇室典範に関する有識者会議」、男系男子主義は皇位継承に行き詰まりを生じるおそれを内在しているとし、これを補正するため、女性天皇・女系天皇を容認する等の法改正がなさるべきとする報告書を提出する。

11・28 天皇・皇后、国賓として来日のモロッコ国王歓迎行事のため、迎賓館に向かう。

■平成十八年（二〇〇六）丙戌

第百二十五代天皇　73歳
徳仁親王　46歳

3・7 天皇・皇后、三宅島噴火の島内状況を視察する（即日帰京）。

3・23 天皇・皇后、大正天皇崩御八十年につき多摩陵・多摩東陵に参拝する。

3・26 天皇・皇后、葉山御用邸に向かう（二十九日帰京）。

4・5 天皇、式年祭を前に「桓武天皇のご事蹟について」の進講を受ける。

4・11 愛子内親王、学習院幼稚園に入園。

5・20 天皇・皇后、全国植樹祭臨場のため岐阜県に出発する（二十二日帰京）。

5・29 宮中三殿を仮殿に奉遷する。

5・31 天皇・皇后、外国訪問につき武蔵野陵・武蔵野東陵に参拝する。

6・8 天皇・皇后、シンガポールとの外交樹立四十周年とタイ国王即位六十年記念式典参列のため出発する（このときマレーシアに立ち寄る。十五日帰国）。

7・20 昭和天皇が、A級戦犯靖国神社合祀に不快の念を示したことを記す「富田メモ」があることが発覚。

8・15 小泉首相、靖国神社に参拝。

8・28 美智子皇后、草津夏期国際音楽アカデミーに出席する（三十日帰京）。

9・5 天皇・皇后、国際顕微鏡学会記念式典臨席（六日）のため、北海道に出発する（九日帰京）。

9・6 秋篠宮文仁親王第一男子（悠仁《ひさひと》親王）、誕生する（皇族としては初めて帝王切開による出産。男子誕生により、女性天皇論議が急速にしぼむ）。

9・13 天皇・皇后、那須御用邸に向かう（十六日帰京）。

9・26 第一次安倍晋三内閣成立。

9・29 天皇・皇后、秋季国体のため、兵庫県に出発する（十月一日帰京）。

10・6 天皇・皇后、立川市の昭和天皇記念

スペイン、ベネズエラ、メキシコ（米国）。六年サウジアラビア、オマーン、カタール、バーレーン（タイ）。七年クウェート、アラブ首長国連邦、ヨルダン（シンガポール）。十一年ヨルダン。ベルギー。十三年英国。十四年オランダ。ニュージーランド、オーストラリア。十六年デンマーク、スペイン、ポルトガル。ブルネイ。十七年サウジアラビア。十八年メキシコ（カナダ）。オランダ。トンガ（ニュージーランド）。十九年モンゴル。二十年ブラジル（米国）。スペイン。トンガ（オーストラリア）。二十一年ベトナム。トルコ（ドイツ）。トルコ。二十二年ガーナ、ケニア（英国、イタリア）。スウェーデン。二十三年ドイツ。サウジアラビア。二十四年サウジアラビア。タイ、カンボジア、ラオス。ルクセンブルク。二十五年アメリカ。オランダ。スペイン。南アフリカ。二十六年スイス。二十七年サウジアラビア。トンガ。アメリカ。二十九年マレーシア。デンマーク。三十年ブラジル。フランス。

注＝（　）内は立ち寄り地。

館・国営昭和記念公園を視察する。
10・8　天皇、静岡県での日本魚類学会年会に出席する（即日帰京）。
10・28　天皇・皇后、「全国豊かな海づくり大会」臨席のため佐賀県に出発する（三十一日帰京）。
11・2　天皇・皇后、葉山御用邸に向かう（五日帰京）。
11・14　悠仁親王、初めて参内する。
11・27　天皇・皇后、国賓として来日のインドネシア大統領の歓迎行事のため、宮殿に向かう。
12・6　文仁親王、「御寺泉涌寺を護る会創立四十周年記念総会」に臨席する。
12・11　天皇、来年一月の式年祭を前に「武烈天皇のご事蹟について」の進講を受ける。
年末　晩餐会などの接客用を除き、「恩賜の煙草」が廃止される。
□7・1橋本龍太郎《はしもとりゅうたろう》（首相。68）

■平成十九年（二〇〇七）丁亥

第百二十五代天皇　74歳
徳仁親王　47歳
2・2　天皇・皇后、葉山御用邸に向かう（七日帰京）。
2月　講談社、オーストラリア人ジャーナリストの書いた「プリンセス・マサコ——菊の玉座の囚人」の日本語版の発売中止を発表する。
3・26　天皇・皇后、国賓として来日のスウェーデン国王の歓迎行事のため、宮殿に向かう。
3・28　天皇・皇后、埼玉県視察に向かう（即日帰京）。
3・29　天皇・皇后、御料牧場に向かう（四月二日帰京）。
3月　佳子内親王、学習院初等科を卒業する（四月、学習院女子中等科入学）。眞子内親王、学習院女子中等科を卒業する（四月、学習院女子高等科入学）。
4・27　天皇・皇后、「第一回みどりの式典」（憲政記念館）に臨席する。
4・29　「みどりの日」が、この年から「昭和の日」となり、五月四日を「みどりの日」とする。
5・4　皇居吹上御苑、初の一般公開。
5・7　天皇・皇后、外国訪問につき武蔵野陵・武蔵野東陵に参拝する。
5・21　天皇・皇后、国際親善のため、スウェーデン、エストニア、ラトビア、リトアニア、英国に出発する（三十日帰国）。
5・29　天皇、ロンドンでのリンネ生誕三百年記念行事において、「リンネと日本分類学」

●秋篠宮文仁親王の外国訪問　平成元年リヒテンシュタイン。四年スリランカ、パキスタン、インド。五年スペイン。七年タイ。オーストラリア。八年タイ。九年ネパール、ブータン（シンガポール、タ

のタイトルで基調講演をする。
6・6 天皇・皇后、葉山御用邸に向かう（十日帰京）。▼皇太子、東京大学医学部附属病院で十二指腸ポリープの内視鏡手術を受ける（十二日退院）。
6・15 川島裕、侍従長に就任する。
6・23 天皇・皇后、全国植樹祭のため北海道に出発する（二十六日帰京）。
7・2 天皇、式年祭に先立ち「文武天皇のご事績について」の進講を受ける。
7・16 新潟県中越沖地震。
7・20 皇太子、伊勢神宮参拝等のため三重県に向かう（二十一日帰京）。
8・8 天皇・皇后、新潟県中越沖地震災害被災地を見舞う（即日帰京）。
8・13 天皇、式年祭に先立ち「堀河天皇のご事績について」の進講を受ける。
8・25 天皇・皇后、IAAF世界陸上選手権大阪大会臨席のため、大阪に出発する（二十七日帰京）。
8・28 美智子皇后、草津夏季国際音楽アカデミーに出席する（三十日帰京）。
9・12 天皇・皇后、那須御用邸に向かう（十五日帰京）。
9・26 福田康夫内閣成立。
9・28 天皇・皇后、秋田県秋季国体臨場のため皇居を出発する（三十日帰京）。
10・6 天皇・皇后、葉山御用邸に向かう（十日帰京）。
10・29 天皇・皇后、福岡県西方沖地震被災地お見舞い・復興状況視察のため福岡県に出発する（三十一日帰京）。
11・1 徳仁親王、国連「水と衛生に関する諮問委員会」名誉総裁となる（平成二十七年十二月まで）。
11・10 天皇・皇后、「全国豊かな海づくり大会」臨場のため滋賀県に出発する（十三日、延暦寺を訪問し、帰京）。
11・26 天皇・皇后、国賓として来日のベトナム主席歓迎行事のため、宮殿に向かう。
11・27 天皇・皇后、日本遺族会創立六十周年記念式典に臨席する。
12・4 天皇・皇后、栃木県視察に出発する（即日帰京）。
□6・28 宮澤《みやざわ》喜《き》一《いち》（首相。87）

■平成二十年（二〇〇八）戊子

第百二十五代天皇 75歳
徳仁親王 48歳
2・1 天皇・皇后、葉山御用邸に向かう（六日帰京）。
3・13 天皇、式年祭に先立ち「花山天皇のご事績について」の進講を受ける。

イ）。メキシコ、ジャマイカ（米国）。十年フィリピン。アルゼンチン（米国、ドイツ）。十一年ベトナム、ラオス、タイ。ドイツ。十三年オランダ。カンボジア。タイ。十四年モンゴル。オランダ。十五年タイ。トンガ、サモア、フィジー（ニュージーランド）。十六年オランダ。十七年ルクセンブルク。十八年パラグアイ（フランス、チリ、ニュージーランド）。二十年インドネシア。二十一年オーストリア、ブルガリア、ハンガリー、ルーマニア。オランダ。二十三年コスタリカ。二十四年ウガンダ。二十五年カンボジア。クロアチア、スロバキア、スロベニア。二十六年ペルー、アルゼンチン（フランス、オーストリア）。ザンビア、タンザニア。グアテマラ、メキシコ。二十七年ブラジル。二十八年イタリア。パラグアイ（ドイツ）。二十九年ブータン（シンガポール）。ハンガリー。チリ（ドイツ）。三十年ハワイ。ブラジル（ドイツ、米国）。オランダ。タイ。
注＝（ ）内は立ち寄り地。調査・研究等のための外国訪問は割愛。

3・25 宮中三殿を本殿に奉遷する。
3・27 天皇・皇后、御料牧場に滞在する（三十日帰京）。
3月 愛子内親王、学習院幼稚園を卒業する（四月、学習院初等科に入学）。
4・7 天皇・皇后、日本ブラジル交流年・日本人ブラジル移住百周年にちなみ、日系ブラジル人の多い群馬県を訪問する（即日帰京）。
4・25 天皇・皇后、葉山御用邸に向かう（二十九日帰京）。
5・7 天皇・皇后、国賓として来日の中国主席胡錦濤歓迎行事のため、宮殿に向かう。
6・14 天皇・皇后、全国植樹祭臨場のため、秋田県に出発する（帰途、長岡市の旧山古志村の復旧を視察。十六日帰京）。
6・18 天皇・皇后、武蔵野陵・武蔵野東陵に参拝する。
6・23 天皇が分担執筆の「皇居におけるタヌキの食性とその季節変動」を収めた「国立科学博物館研究報告A類」34巻2号が発行される。
8・18 天皇、式年祭に先立ち「孝昭天皇のご事蹟について」の進講を受ける。
8・24 天皇・皇后、長野・群馬両県視察に出発する（草津夏期国際音楽アカデミーに臨席。三十日帰京）。
9・6 天皇・皇后、「全国豊かな海づくり大会」臨席のため新潟県に出発する（八日、山古志村等復興状況視察。九日帰京）。
9・11 天皇、式年祭に先立ち「後二条天皇のご事蹟について」の進講を受ける。
9・12 天皇・皇后、葉山御用邸に向かう（十六日帰京）。
9・24 麻生太郎内閣成立。
9・26 天皇・皇后、大分県秋季国体臨場のため、大分県に出発する（二十八日帰京）。
10・24 天皇・皇后、那須御用邸に向かう（二十七日帰京）。
10・30 天皇・皇后、源氏物語千年紀記念式典臨席のため、奈良県・京都府に出発する。この日、正倉院および正倉院展（奈良国立博物館）を覧る（十一月一日「源氏物語千年紀記念式典〈国立京都国際会館〉臨席。二日、後二条天皇陵に参拝し、帰京）。
11・10 天皇・皇后、国賓として来日のスペイン国王歓迎行事のため、宮殿に向かう。
11・12 天皇・皇后、スペイン国王・王妃と茨城県視察に向かう（即日帰京）。▼皇太子、「全国農業担い手サミットinみえ」臨席に出発する（十三日両宮参拝。十四日帰京）
12・9 宮内庁記者会見で、天皇が十二月上

＊記者会見 天皇は、このとき「二人のそれぞれの在り方についての話合いも含め、何でも二人で話し合えたことは幸せなことだったと思います。（略）結婚によって開かれた窓から私は多くのものを吸収し、今日の自分を作っていったことを感じます。結婚五十年を本当に感謝の気持ちで迎えます」、また、大日本帝国憲法下と日本国憲法下の天皇のあり方をくらべ、天皇の長い歴史をみると、現行憲法のほうが、伝統的な天皇のあり方に沿う等と述べる。

旬に上室性不整脈に罹患、また胃と十二指腸に炎症を発見と発表（平成二十一年より公務をやや軽減する）。

12・31　天皇による、日本周辺に生息する二種類のハゼ、キヌバリとチャガラの系統および比較形態に関する論文が共同研究者により国際遺伝学雑誌「GENE」に発表。

■**平成二十一年（二〇〇九）己丑**

第百二十五代天皇　76歳

徳仁親王　49歳

1・7　昭和天皇二十年式年祭。天皇・皇后、山陵の儀に臨席する。

1・29　宮内庁、天皇の公務やお言葉の軽減を発表する。

2・5　天皇・皇后、葉山御用邸に向かう（八日帰京）。

2・24　日本考古学協会など十六学会、応神天皇陵（誉田御廟山古墳《こんだごびょうやま》）に立ち入り調査（発掘・採集はできず、内堤を歩いて一周し、形状などを観察）。

3・26　天皇・皇后、御料牧場に滞在する（二十九日帰京）。

4・8　天皇、結婚満五十年を前に**記者会見**を行なう。

4・10　天皇・皇后、結婚五十周年。

5・1　天皇・皇后、葉山御用邸に向かう（五日帰京）。

5・11　天皇・皇后、国賓として来日のシンガポール大統領歓迎行事のため、宮殿に向かう。

6・6　天皇・皇后、全国植樹祭のため、福井県に出発する（今回より公務負担軽減のため「お言葉」を取りやめる。八日帰京）。

6・22　天皇・皇后、外国訪問につき武蔵野陵・武蔵野東陵に参拝する。

7・3　天皇・皇后、国際親善のためカナダへ、またハワイでの皇太子明仁親王奨学金財団五十周年記念行事参列のため日本を出発する（十七日帰国）。

7・24　天皇・皇后、「特別展示　天皇陛下の魚類学ご研究」（東京海洋大学水産資料館）を覧る。

7・26　天皇・皇后、那須御用邸に向かう（二十九日帰京）。

8・7　天皇・皇后、つくば市を訪問する。

8・18　天皇・皇后、第六十二回式年遷宮記念特別展「伊勢神宮と神々の美術」（東京国立博物館）を覧る。

8・24　天皇・皇后、長野県軽井沢に滞在する（二十七日帰京）。

9・12　天皇・皇后、葉山御用邸に向かう（十六日帰京）。

◉**朕**《ちん》　天皇の自称。中国から来たもので、秦の始皇帝のとき、皇帝の自称と定められる。わが国では「古事記」「日本書紀」以来見られる。

9・16　鳩山由紀夫内閣成立。

9・25　天皇・皇后、新潟県秋季国体臨場のため、新潟県に出発する（二十七日帰京）。

9月　天皇陛下御即位二十年記念記録集「道（平成十一年～平成二十年）」刊。

10・31　天皇・皇后、東京での「全国豊かな海づくり大会」中央大会式典行事に臨席する。

11・10　桜井市教育委員会、纒向《まきむく》遺跡において卑弥呼と同時代と思われる大型建物跡発見と発表。

11・12　天皇・皇后、政府主催の「天皇陛下御在位二十年記念式典」（国立劇場）に臨席する（ついで民間主催の「御即位二十年をお祝いする国民祝典」に参加の人々の祝賀に応えるため二重橋にお出ましになる。即位二十年に際し、皇后、**記者会見**）。

11・16　天皇・皇后、大阪府・京都府視察に出発する（十八日、天皇陛下ご即位二十年につき「京都御所茶会」に臨席。二十日帰京）。

11・27　天皇・皇后、御即位二十年記念特別展「皇室の名宝―日本美の華」（東京国立博物館）を覧る。

12・15　天皇、特例で、習近平中国副主席と会見する。

12・24　天皇、翌年の式年祭に先立ち「東山天皇のご事蹟について」の進講を受ける。

■平成二十二年（二〇一〇）庚寅

第百二十五代天皇　77歳

徳仁親王　50歳

2・3　天皇、病気により、葉山御用邸行きを中止する。

2・8　天皇、式年祭に先立ち「反正天皇のご事蹟について」の進講を受ける。

2・16　天皇、式年祭に先立ち「孝安天皇のご事蹟について」の進講を受ける。

3・18　天皇、式年祭に先立ち「応神天皇のご事蹟について」の進講を受ける。

3・25　天皇・皇后、京都府に出発する。この日、東山天皇三百年式年につき山陵を参拝（二十六日、京都御所近衛邸跡の桜を覧る。ついで国際内分泌学会議開会式に臨席。二十七日、長岡京跡を視察。二十八日帰京）。

3月　眞子内親王、学習院女子高等科を卒業する（四月、国際基督教大学教養学部に入学）。佳子内親王、学習院女子中等科を卒業する（四月、学習院女子高等科入学）。

4・5　天皇・皇后、神奈川・静岡両県視察に出発する（九日帰京）。

4・20　天皇・皇后、武蔵野陵・武蔵野東陵に参拝する。

＊**記者会見**　皇后は、象徴について「陛下が「国の象徴」また「国民統合の象徴」としての在り方を絶えず模索され、そのことをお考えになりつつ、それにふさわしくあろうと努めておられたお姿の中に、常にそれを感じてきたとのみ、答えさせていただきます」と述べる。

4月　悠仁親王、お茶の水女子大学附属幼稚園に入園する。
5・17　天皇・皇后、国賓として来日のカンボジア国王歓迎行事のため、宮殿に向かう。
5・22　天皇・皇后、神奈川県での全国植樹祭のため、神奈川・静岡両県に出発する（二十四日帰京）。
6・4　天皇・皇后、葉山御用邸に向かう（八日帰京）。
6・8　菅直人内閣成立。
6・12　天皇・皇后、岐阜県での「全国豊かな海づくり大会」臨席のため、岐阜・愛知両県に出発する（十五日帰京）。
6・21　天皇・皇后、日本学士院第百回授賞式（日本学士院会館）に臨席する。
7・26　天皇・皇后、那須御用邸に向かう（二十九日帰京）。
8・1　天皇・皇后、茨城県に向かう（IUPAC化学熱力学国際会議開会式に臨席。二日帰京）。
8・24　天皇・皇后、長野・群馬両県に向かう（草津夏期国際音楽アカデミーに臨席。二十九日帰京）。
9・15　天皇・皇后、葉山御用邸に向かう（十九日帰京）。
9・24　天皇・皇后、秋季国体のため、千葉県に出発する（二十七日帰京）。
10・7　天皇・皇后、平城遷都千三百年記念式典臨席のため、奈良県に出発する。この日、東大寺大仏殿等を訪ねる（九日、元明・光仁各天皇陵・唐招提寺・薬師寺に、十日、室生寺・長谷寺に立ち寄り帰京）。
10・15　天皇、「皇室の文庫　書陵部の名品」展（三の丸尚蔵館）を覧る（皇后は結膜下出血により取りやめ）。
11・8　天皇・皇后、明治神宮鎮座九十年祭につき、明治神宮に参拝する。

■**平成二十三年（二〇一一）辛卯**

第百二十五代天皇　78歳
徳仁親王　51歳

2・2　天皇・皇后、葉山御用邸に向かう（七日帰京）。
2・24　日本考古学協会など十六学会、応神天皇陵に立入り調査（古代天皇陵への初の学術調査）。
3・11　東日本大震災（大津波発生。死者一万五千八百九十四人、行方不明二千五百六十二人。福島第一原子力発電所事故）。
3・12　長野県北部地震。
3・16　この日、大震災について天皇のビデオメッセージを放送（このあと天皇・皇后はじめ皇族方、何回となく東北被災民を慰問)。
3・30 天皇・皇后、東日本大震災被災者が避難している東京武道館を訪問し、膝をついて一人一人に接し、お言葉をかける。
4・14 天皇・皇后、千葉県旭市の被災地を見舞う(即日帰京)。
4・22 天皇・皇后、茨城県被災地を見舞う(即日帰京)。
4・27 天皇・皇后、宮城県被災地を見舞う(即日帰京)。
5・6 天皇・皇后、岩手県被災地を見舞う(即日帰京)。
5・11 天皇・皇后、福島県被災地を見舞う(即日帰京)。
5・21 天皇・皇后、全国植樹祭臨場のため、和歌山県に出発する(二十二日帰京)。
6・4 天皇・皇后、葉山御用邸に向かう(七日帰京)。
6・5 賀陽宮恒憲王第二王子**賀陽治憲**没。
7・6 この頃、美智子皇后、頸椎症性神経根症の症状あり。
7・25 天皇、式年祭に先立ち「一条天皇のご事蹟について」の進講を受ける。
7・26 天皇・皇后、那須御用邸に向かう(二十九日帰京)。
8・23 天皇・皇后、長野・群馬両県に出発する(草津夏期国際音楽アカデミーに臨席。二十九日帰京)。
9・2 野田佳彦内閣成立。
9・9 天皇・皇后、北海道に出発する(十日、国際微生物学連合二〇一一会議記念式典に臨席。十二日帰京)。
9・30 天皇・皇后、山口県秋季国体臨場のため皇居を出発する。
10・8 天皇・皇后、葉山御用邸に向かう。
10・29 天皇・皇后、「全国豊かな海づくり大会」臨席のため、鳥取県に出発する(三十一日帰京)。
11・3 悠仁親王、着袴の儀ならびに深曾木の儀を行なう。
11・6 天皇、東京大学医学部附属病院に入院する(国事行為を皇太子に委任。二十四日退院。十二月六日委任解除)。
11・16 美智子皇后、国賓として来日のブータン国王へご挨拶にあがる(迎賓館)。
12・3 皇居乾通りの秋の一般公開始まる(七日まで)。

■平成二十四年(二〇一二)壬辰

第百二十五代天皇 79歳
徳仁親王 52歳
1・11 天皇、式年祭に先立ち「冷泉天皇のご事蹟について」の進講を受ける。

＊**賀陽《かや》治憲《はるのり》**(一九二六〜二〇一一) 父は賀陽宮恒憲王、母は公爵九条道実五女敏子。昭和二十二年皇籍離脱。同二十五年東大法学部卒業後、外務省に入省し、国連局長等要職を歴任。妻は男爵有馬頼萬三男松田正之一女朝子。

＊**三笠宮《みかさのみや》寛仁《ともひと》親王《しんのう》**(一九四六〜二〇一二) 父は三笠宮崇仁親王、母は高木百合子。学習院大学法学部政治学科卒業、英国オックスフォード大学モードリン・コレッジに留学。障害者福祉・スポーツ振興に尽力、「ヒゲの殿下」として親しまれる。妻は麻生太賀吉女子信子。

2・2　天皇・皇后、葉山御用邸に向かう（七日帰京）。
2・17　天皇、東大医学部附属病院に入院する（十八日、冠動脈のバイパス手術。三月四日退院）。
2・29　東京スカイツリー竣工。
3・2　政府、尖閣諸島近海の名前不明の島に命名する。
3・21　天皇・皇后、国賓として来日のクエート首長と会見する。
4・5　天皇・皇后、葉山御用邸に向かう（九日帰京）。
4・26　天皇長女黒田清子、臨時神宮祭主に就任する（祭主池田厚子〈昭和天皇四女〉の補佐のため）。羽毛田信吾宮内庁長官、天皇・皇后陵と葬儀のあり方の見直し検討を「再開」と発表（両陛下に火葬の要望が強いと述べる）。
5・12　天皇・皇后、宮城県に出発する（IACIS国際会議開会式臨席と被災者お見舞いのため。十三日帰京）。
5・16　天皇・皇后、英国に公式訪問する（二十日帰国）。
5・26　天皇・皇后、全国植樹祭のため山口県に出発する（二十八日帰京）。
6・1　風間典之、宮内庁長官に就任する。
6・6　**三笠宮寛仁親王没**（天皇・皇后、寛仁親王邸を弔問）。
7・3　天皇、三十日の式年祭に先立ち「明治天皇のご事蹟について」の進講を受ける。
7・18　天皇・皇后、明治天皇百年祭につき明治神宮に参拝する。
7・19　天皇・皇后、長野県北部地震被災者を見舞う（即日帰京）。
7・23　天皇・皇后、那須御用邸に向かう（二十七日帰京）。
7・30　明治神宮で「明治天皇百年祭」開催。
8・23　天皇・皇后、長野・群馬両県に出発する（草津夏期国際アカデミーに臨席。二十九日帰京）。
8・24　眞子内親王、エディンバラ大学に短期留学のため英国に出発（翌年五月まで）。
9・11　政府、尖閣諸島を国有化。
9・14　天皇・皇后、葉山御用邸に向かう（十七日帰京）。
9・28　天皇・皇后、岐阜県秋季国体臨場のため皇居を出発する（三十日帰京）。
10・3　天皇・皇后、国賓として来日のマレーシア国王歓迎行事のため、宮殿に向かう。
10・6　天皇・皇后、山梨県視察に向かう（即日帰京）。
10・13　天皇・皇后、被災地お見舞いのため

◉平成二十八年度皇室費　内廷費が三億二千四百万円、皇族費が二億二千九百九十七万円、宮廷費が五十五億四千五百五十八万円。皇族費の内訳は、秋篠宮家が六千七百十万円、常陸宮家が四千五百七十五万円、三笠宮家は七千三百八十一万円、高円宮家が四千三百三十一万円（内訳は、独立して生計を営む親王は三千五十万円、その妃は千五百二十五万円。独立して生計を営まない親王・内親王（成年）は九百十五万円、未成年は三百五万円。王・女王（成年）は六百四十万五千円、未成年は二百十三万五千円）。宮廷費の内訳は儀典関係費七億四千九百万円、宮殿等管理費八億八千五百万円、皇室用財産修繕費十三億五千六百万円、皇居等施設整備費二十二億百万円、文化財管理費二億千万円、車馬管理費一億四千五百万円。宮内庁費は約百九億円。なお平成三十一年度予算は、内廷費三億二千四百万円、皇族費二億六千四百二十三万円、宮廷費百十一億四千九百三万円、宮内庁費は百二十三億二千六百五十二万円。

福島県に向かう（即日帰京）。
10・20 美智子皇后誕生日（喜寿を迎える）。
10・28 天皇・皇后、「近代競馬百五十周年記念事業 東日本伝統馬事芸能」および天皇賞を覧る。
11・7 文仁親王・同妃、悠仁親王とともに神武天皇陵に参拝する（悠仁親王、初の山陵参拝）。
11・17 天皇・皇后、「全国豊かな海づくり大会」臨席のため沖縄県に出発する。この日、沖縄平和祈念堂拝礼、国立沖縄戦没者墓苑供花（二十日帰京）。
12・3 天皇・皇后、京都府・岐阜県に出発する（四日、百年式年により明治天皇陵・昭憲皇太后陵参拝。五日帰京）。
12・26 第二次安倍晋三内閣成立。

■平成二十五年（二〇一三） 癸巳

第百二十五代天皇 80歳
徳仁親王 53歳

2・7 天皇・皇后、葉山御用邸に向かう（十日帰京）。
3・6 皇太子、国連「水と災害に関する特別会合」にて、英語で基調講演を行なう。
3・25 天皇・皇后、須崎御用邸に向かう（二十八日帰京）。
3月 悠仁親王、お茶の水女子大学附属幼稚園を卒業する（四月七日、お茶の水女子大学附属小学校入学。皇族が学習院初等科以外に入学するのは戦後初めて）。佳子内親王、学習院女子高等科を卒業する（四月八日、学習院大学文学部教育学科入学）。
4・15 天皇・皇后、即位後初の私的旅行に出発する（長野県千曲市へ。十六日帰京）。
5・25 天皇・皇后、全国植樹祭臨場のため鳥取県に出発する（二十七日帰京）。
5・31 天皇・皇后、武蔵野陵・武蔵野東陵に参拝する。
6・7 天皇・皇后、国賓として来日のフランス大統領フランソワ・オランド歓迎行事のため、宮殿に向かう。
6・13 天皇、葉山御用邸に向かう（皇后は体力低下により取りやめ。十五日帰京）。
6・22 天皇・皇后、京都府・大阪府に出発する（世界生物学的精神医学会国際会議開会式に臨席。二十五日帰京）。
7・4 天皇・皇后、岩手県の震災被災地を見舞う（五日帰京）。
7・22 天皇・皇后、福島県飯舘村を訪問したのち那須御用邸に滞在する（二十六日帰京）。
8・1 竹島問題研究会、一七六〇年代作成の地図に竹島が「松島」として記載されて

＊**東伏見《ひがしふしみ》慈洽《じごう》**（一九一〇～二〇一四） 邦英王。父は久邇宮邦彦王、母は妃俔子《ちかこ》。第百二十五代天皇の叔父。東伏見宮依仁親王・同妃周子によりかわいがられ、東伏見宮に預けられ、事実上の養子となる。昭和六年臣籍降下して東伏見邦英を称し、伯爵を賜わる。昭和二十年得度し、同二十八年青蓮院門主（法名を慈洽とする）。

いることを確認と発表。
8・23　天皇・皇后、長野県に出発。軽井沢に滞在（二十九日まで）し、二十九日、草津夏期国際音楽アカデミーに臨席して群馬県に滞在する（三十一日帰京）。
9・13　天皇・皇后、葉山御用邸に向かう（十七日帰京）。
9・30　天皇、式年遷宮により、伊勢神宮に勅使を発遣する（これ以前二十七日、神宝使発遣）。
10・2　伊勢内宮の式年遷宮が行なわれる。
10・5　伊勢外宮の式年遷宮が行なわれる。
10・26　天皇・皇后、「全国豊かな海づくり大会」臨席のため熊本県に出発する（二十七日、水俣病患者と懇談。二十八日帰京）。
10・31　秋の園遊会。山本太郎参議院議員、原発解決を訴えた手紙を天皇に渡す。
11・14　宮内庁、両陛下の葬送の方針を発表（土葬を火葬とし、陵は昭和天皇より二割ほど小さくして天皇陵と少し小さめの皇后陵を寄り添うようにする等）。
11・20　天皇・皇后、武蔵野陵・武蔵野東陵に参拝する。
11・23　中国、尖閣諸島を含む上空を防空識別圏に設定。
11・30　天皇・皇后、インドに公式訪問する（十二月六日帰国）。
12・13　天皇、式年祭に先立ち「後桜町天皇のご事蹟について」の進講を受ける。
12・26　安倍首相、靖国神社に参拝する（現役首相としては小泉首相以来）。

■平成二十六年（二〇一四）甲午

第百二十五代天皇　81歳
徳仁親王　54歳

1・1　久邇宮邦彦王王子**東伏見慈洽**没。
2・5　天皇・皇后、葉山御用邸に向かう（九日帰京）。
2・28　天皇・皇后、台風26号被災地（伊豆大島）を訪問する（即日帰京）。
3・17　天皇・皇后、国賓として来日のベトナム主席歓迎行事のため宮殿に向かう。
3・25　天皇・皇后、三重県に出発する（二十六日、伊勢外宮、ついで内宮に参拝。二十八日帰京）。
3月　愛子内親王、学習院初等科を卒業する（四月六日、学習院女子中等科に入学）。眞子内親王、基督教大学を卒業する。
4・2　天皇・皇后、昭憲皇太后百年祭につき、明治神宮に参拝する。
4・4　天皇の傘寿を記念して、皇居乾通りが一般に開放される（八日まで）。
4・24　天皇・皇后、国賓として来日の米国大統領バラク・オバマ歓迎行事のため宮殿に向かう。
5・21　天皇・皇后、栃木・群馬両県視察に出発する（二十二日帰京）。
5・24　宮内庁、正殿松の間・豊明殿・長和殿などを一般公開。
5・31　天皇・皇后、全国植樹祭のため新潟県に出発する（六月二日帰京）。
6・3　天皇・皇后、霞会館創立百四十周年式典祝賀会（霞会館）に臨席する。
6・8　**桂宮宜仁親王没**（天皇・皇后、桂宮邸に弔問）。
6・11　天皇・皇后、葉山御用邸に向かう（十三日帰京）。
6・26　天皇・皇后、対馬丸犠牲者慰霊のため、沖縄県に出発する（二十七日帰京）。
7・22　天皇・皇后、宮城県の震災被災地を視察（この日、国立ハンセン病療養所も訪問）し、二十四日より那須御用邸に滞在する（二十八日帰京）。
7・29　皇太子、同妃・愛子内親王と伊勢神宮に参拝する（内親王、神宮に初参拝）。
8・21「昭和天皇実録」が奉呈される（九月九日一般公開）。
8月　佳子内親王、学習院大学を中途退学。
9・16　天皇・皇后、葉山御用邸に向かう（十九日帰京）。
9・24　天皇・皇后、青森県を訪問する（二十五日帰京）。
9・17　眞子内親王、英国レスター大学大学院博物館学研究科入学のため出発する（翌年九月二十九日修了して帰国）。
9・27　御嶽山噴火（死者五十八名）。
10・5　高円宮憲仁親王第二王女典子女王、千家国麿と結婚する。
10・11　天皇・皇后、秋季国体のため長崎県に出発する。この日、平和公園に供花（十二日帰京）。
10・29　天皇・皇后、国賓として来日のオランダ国王歓迎のため宮殿に向かう。
11・15　天皇・皇后、「全国豊かな海づくり大会」臨席のため奈良県に出発する（十七日帰京）。
11・20　天皇・皇后、埼玉県視察に出発する（即日帰京）。
12・3　天皇・皇后、広島県集中豪雨被災地を見舞う（四日帰京）。
12・11　美智子皇后、ベルギー国王王妃ファビオラの葬儀に参列のため、単独でベルギーを訪問する（十三日帰国）。
12・23　天皇誕生日（傘寿を迎える）。
12・24　第三次安倍晋三内閣成立。

＊**桂宮《かつらのみや》宜仁親王《よしひとしんのう》**（一九四八～二〇一四）　父は三笠宮崇仁親王、母は高木百合子。学習院大学卒業。NHK勤務ののち日豪協会・大日本農会の総裁等を務める。昭和六十三年、桂宮の称号を受け独立の生計を営む。豊島岡墓地に葬られる。妻子なく桂宮家断絶。

＊**所感**　天皇、戦後七十年の節目を迎え、「この機会に、満州事変に始まるこの戦争の歴史を十分に学び、今後の日本のあり方を考えていくことが、今、極めて大切なことだと思っています」と述べる。

＊**北白川祥子《きたしらかわさちこ》**（一九一六～二〇一五）　北白川永久王妃。男爵徳川義恕次女。長兄徳川義寛は侍従長。母は津軽寛子で次兄の津軽義孝は常陸宮妃華子の父。昭和四十四年女官長、平成改元ののち皇太后宮女官長。子の道久王は伊勢神宮大宮司をつとめ、平成二十三年、神社本庁統理に就任。なお夫永久王の母は明治天皇第七皇女房子内親王で、戦後神宮祭主をつとめた。

＊**ペリリュー島を訪問**　太平洋戦争激戦地ペリリュー島を訪れた天皇は、八日のパラオ主催晩餐会で「先

■平成二十七年（二〇一五）乙未

第百二十五代天皇　82歳
徳仁親王　55歳

1・1　天皇の新年に当たっての所感が発表される。
1・16　天皇・皇后、「阪神・淡路大震災二十年追悼式典」臨席のため兵庫県に出発する（十七日帰京）。
1・21　北白川永久王妃**北白川祥子**没。
2・4　天皇・皇后、葉山御用邸に向かう（九日帰京）。
3・13　天皇・皇后、宮城県に出発する（国連防災世界会議開会式臨席、大震災復興状況視察のため。十五日帰京）。
4・2　佳子内親王、国際基督教大学教養学部に入学。
4・8　天皇・皇后、戦没者慰霊のため、パラオに出発する（九日、**ペリリュー島を訪問し帰国**）。
4・15　東久邇宮稔彦王第四王子多羅間俊彦没（年86）。▼文仁親王・同妃、日本さくらの会設立五十周年記念式典（憲政記念館）に臨席する。
4・16　天皇・皇后、パラオから帰国したため、武蔵野陵・武蔵野東陵に参拝する。
5・1　河相周夫、侍従長に就任する。
5・16　天皇・皇后、全国植樹祭のため、石川県に出発する（十八日帰京）。
6・3　天皇・皇后、国賓として来日のフィリピン大統領歓迎のため宮殿に向かう。
6・10　天皇・皇后、葉山御用邸に向かう（十四日帰京）。
6・17　天皇・皇后、宮城・山形両県を訪問する（十八日帰京）。
7・16　天皇・皇后、福島県を訪問したあと那須御用邸に滞在する（二十一日帰京）。
7・26　天皇・皇后、愛知県に出発する（「国際第四紀学連合第十九回大会開会式」に臨席。二十八日帰京）。
8・22　天皇・皇后、長野・群馬両県に出発する（二十七日、草津夏期国際音楽アカデミーに臨席。二十九日帰京）。
9・19　安全保障関連法案成立。
9・25　天皇・皇后、和歌山県秋季国体臨場のため皇居を出発する（二十七日帰京）。
10・1　天皇・皇后、関東・東北豪雨被災地お見舞いのため茨城県を訪問する（即日帰京）。
10・3　天皇・皇后、大分県に出発する（四日、太陽の家創立五十周年記念式典に臨席し帰京）。
10・20　美智子皇后誕生日（傘寿を迎える）。

の戦争において貴国を含むこの地域において日米の熾烈な戦闘が行われ、多くの人命が失われました。日本軍は貴国民に、安全な場所への疎開を勧める等、貴国民の安全に配慮したと言われておりますが、空襲や食糧難、疫病による犠牲者が生じたのは痛ましいことでした。ここパラオの地において、私どもは先の戦争で亡くなったすべての人々を追悼し、その遺族の歩んできた苦難の道をしのびたいと思います」と述べる。ついで、二〇一六年一月十四日の歌会始では次のように詠んだ。
天皇「戦ひにあまたの人の失せしとふ島緑にて海に横たふ」
皇后「夕茜《ゆふあかね》に入りゆく一機若き日の吾《あ》がごとく行く旅人やある」
なお、天皇は、パラオ訪問を終えて、これを一区切りとして「生前退位」の意向を固めたといわれる。

10・24 天皇・皇后、「全国豊かな海づくり大会」臨席のため富山県に出発する（二十六日帰京）。
11・18 皇太子、国連本部で開かれた「水と災害に関する特別会合」の開会式に出席し、「人と水とのより良い関わりを求めて」と題して英語で基調講演を行なう。
12・2 三笠宮崇仁親王、百歳を迎える（皇族で百歳は初めて）。
12・23 **天皇誕生日**。

■平成二十八年（二〇一六）丙申

第百二十五代天皇 83歳
徳仁親王 56歳

1・19 真子内親王、レスター大学大学院修了式のため英国に出発（二十五日帰京）。
1・26 天皇・皇后、国交正常化六十周年に際し、国際親善のため、フィリピン訪問に出発する（三十日帰京）。
3・11 天皇・皇后、国立劇場での「東日本大震災五周年追悼式」に臨席する。
3・16 天皇・皇后、東日本大震災復興状況視察のため福島・宮城両県に向かう（十八日帰京）。
3・29 天皇・皇后、二千六百年式年により「神武天皇ご事蹟」の進講を受ける。
4・2 天皇・皇后、神武天皇二千六百年式年に当たり神武天皇陵参拝および地方事情視察のため奈良県に出発する（三日神武天皇陵参拝、四日高松塚古墳視察後京都を経て帰京）。
4・12 天皇・皇后、武蔵野陵・武蔵野東陵に参拝する。
4月 眞子内親王、東京大学総合研究博物館特任研究員に就任する。
4・14 熊本地震発生。
5・19 天皇・皇后、熊本地震被災地お見舞に出発する（この日帰京）。
5・27 オバマ米国大統領、広島を訪問。
5・31 天皇・皇后、小金井市を訪問し、小金井公園を散策する（「皇太子殿下御仮寓所跡碑」を覧る）。
6・4 天皇・皇后、全国植樹祭臨席のため長野県に出発する（五日帰京）。
6・20 天皇・皇后、御料牧場滞在のため栃木県に出発する（二十二日帰京）。
6・30 天皇・皇后、入院中の三笠宮崇仁親王を聖路加国際病院に見舞う。
7・11 天皇・皇后、葉山御用邸に出発する（十四日帰京）。
7・21 皇太子・同妃、神武天皇陵に参拝する。
7・25 天皇・皇后、那須御用邸に出発する

＊**天皇誕生日** 天皇は「様々な面で先の戦争のことを考えて過ごした一年」とし、「先の戦争のことを十分に知り、考えを深めていくことが日本の将来にとって極めて大切なことと思えます」と述べた。この年は、戦後七十年の区切りの年であった。

＊**お言葉** 平成二十八年八月八日、天皇は、天皇としての自らの歩みを振り返り、天皇の象徴としての役割の続行と現行制度への違和を述べ、生前退位の気持ちをにじませた「お言葉」を発表する。中で、「日本国憲法下で象徴と位置づけられた天皇の望ましい在り方を、日々模索しつつ過ごして来ました」と話す。

なお、美智子皇后は、翌年十月、「長い年月、ひたすら象徴のあるべき姿を求めてここまで歩まれた陛下が、ご高齢となられた今、しばらくの安息の日々をお持ちになれるということに計りしれぬ大きな安らぎを覚えます」と述べた。

＊**三笠宮崇仁親王**《みかさのみやたかひとしんのう》（一九一五〜二〇一六） 大正天皇第四皇子。母は貞明皇后。第百二十五代天皇叔父。

（二十八日帰京）。
8・8　天皇、生前退位の意向を強くにじませた「**お言葉**」をビデオメッセージで発表。
8・11　国民の祝日に関する法律により、この年からこの日を祝日「山の日」とする。
8・15　天皇・皇后、全国戦没者追悼式に臨席する。
8・20　天皇・皇后、長野県・群馬県視察等に出発する（二十九日帰京）。
9・10　天皇・皇后、「全国豊かな海づくり大会」および地方事情視察のため山形県に出発する（十二日帰京）。
9・26　山本信一郎を宮内庁長官とする。
9・28　天皇・皇后、「国民体育大会」および東日本大震災復興状況視察のため岩手県に出発する（十月二日帰京）。
9月　眞子内親王、国際基督教大学大学院アーツ・サイエンス研究科博士後期課程に進学する。
10・11　天皇・皇后、国賓ベルギー国王夫妻歓迎の宮中晩餐会を開く（十二日、茨城県結城市に国王夫妻を案内）。
10・17　「天皇の公務の負担軽減等に関する有識者会議」（座長今井敬経団連名誉会長）の初会合が開かれる（以降、専門家十六人にヒアリングを行なう。天皇の退位に八人が賛成、七人が反対、一人は慎重な姿勢。このうち退位に賛成八人のうち六人が特例法を容認）。
10・23　天皇・皇后、「国際外科学会世界総会」開会式および地方事情視察のため京都へ出発する（二十五日賀茂上下社参拝。二十六日帰京）。
10・27　**三笠宮崇仁親王**没。
10・28　天皇・皇后、故三笠宮崇仁親王お舟入に先立ち三笠宮邸を訪問し拝礼する（十一月三日には「霊代安置の儀」に先立ち拝礼）。
11・16　天皇・皇后、愛知県・長野県視察等に出発する（十八日帰京）。
11・30　天皇・皇后、国賓シンガポール大統領歓迎のため宮殿に向かう。
12・26　安倍首相、ハワイ真珠湾を訪問する（犠牲者を慰霊）。

■平成二十九年（二〇一七）丁酉

第百二十五代天皇　84歳
徳仁親王　57歳

1・23　「天皇の公務の負担軽減等に関する有識者会議」、論点を整理し、恒久制度化の難しさを強調し、一代限りの特例法を推奨する。
1・30　天皇・皇后、葉山御用邸に出発する

昭和十年、成年式にともない三笠宮号を賜わる。妃高木百合子との間に三男二女をもうける。戦後、東京大学文学部研究生となりオリエント史を専攻。日本オリエント学会会長等を歴任。心不全で亡くなり、豊島岡墓地に葬られる。

（二月三日帰京）。
2・9　天皇・皇后、故三笠宮崇仁親王百日祭の儀後に豊島岡墓地に拝礼する。
2・15　天皇・皇后、高松宮宣仁親王三十年式年に当たり豊島岡墓地に参拝する。
2・28　天皇・皇后、ベトナム訪問に出発する（五日、タイに立ち寄り、六日帰京）。
3・22　愛子内親王、学習院女子中等科を卒業する（四月八日、学習院女子高等科に入学）。
3・24　天皇・皇后、須崎御用邸に出発する（二十七日帰京）。
3・29　天皇・皇后、武蔵野陵・武蔵野東陵に参拝する。
4・5　天皇・皇后、国賓スペイン国王歓迎のため宮殿に向かう（七日、国王夫妻を静岡県に案内する）。
5・19　政府、「**天皇の退位等に関する皇室典範特例法案**」を閣議決定する（六月二日衆議院、六月九日参議院で可決・成立）。
5・27　天皇・皇后、全国植樹祭および地方事情視察のため富山県に出発する（二十九日帰京）。
6・7　天皇・皇后、十一日の三条天皇千年式年を前に「三条天皇ご事蹟」の進講を受ける。
6・13　皇太子徳仁親王、デンマーク公式訪問（十五〜二十一日）を前に記者会見をする（「全身全霊」で象徴天皇の務めに取り組みたい旨を語る）。
6・14　天皇・皇后、寛仁親王五年式年に当たり、豊島岡墓地に参拝する。
6・15　改正組織的犯罪処罰法（「共謀罪」法）が参議院で可決・成立（七月十一日、「国際的な組織犯罪の防止に関する国際連合条約」受諾を閣議決定）。
6・19　天皇長女黒田清子、池田厚子退任に伴い、神宮祭主に就任する。
6・26　天皇・皇后、葉山御用邸に出発する（二十九日帰京）。
7・3　小松揮世久、**伊勢神宮大宮司**に就任。
7・9　「『神宿る島』宗像・沖ノ島と関連遺産群」が世界文化遺産に登録される。
7・17　天皇・皇后、「海の日」にちなみ、神奈川県に向かう。
7・24　天皇・皇后、那須御用邸に向かう（二十八日帰京）。
8・22　天皇・皇后、長野県に向かう（群馬県滞在ののち二十九日帰京）。
9・3　秋篠宮眞子内親王と小室圭が婚約記者会見（納采の儀が行なわれていないため、宮内庁は婚約ではないとする）。
9・11　天皇、式年祭に先立ち、「後陽成天

＊**天皇の即位等に関する皇室典範特例法**　第一条には「天皇陛下が、昭和64年1月7日のご即位以来28年を超える長期にわたり、国事行為のほか、全国各地への御訪問、被災地のお見舞いをはじめとする象徴としての公的な御活動に精励してこられた中、83歳と御高齢になられ、今後これらの御活動を天皇として自ら続けられることが困難となることを深く案じておられること、これに対し、国民は、御高齢に至るまでこれらの御活動に精励されている天皇陛下を深く敬愛し、この天皇陛下のお気持ちを理解し、これに共感していること、さらに、皇嗣《こうし》である皇太子殿下は、57歳となられ、これまで国事行為の臨時代行等の御公務に長期にわたり精勤されておられることという現下の状況に鑑み、皇室典範（昭和22年法律第三号）第四条の規定の特例として、天皇陛下の退位及び皇嗣の即位を実現するとともに、天皇陛下の退位後の地位その他の退位に伴い必要となる事項を定めるものとする」とその趣旨が記されている。なお、退位した天皇は

皇のご事蹟について」の進講を受ける。
9・12　佳子内親王、リーズ大学留学のため英国に出発する（翌年六月十五日帰国）。
9・20　天皇・皇后、埼玉県に向かう（二十一日帰京）。
9・29　天皇・皇后、愛媛県国体のため、皇居を出発する（十月一日帰京）。
10・10　天皇、式年祭に先立ち、「伏見天皇のご事蹟について」の進講を受ける。
10・27　天皇・皇后、九州北部豪雨被災地お見舞いのため、また「全国豊かな海づくり大会」のため福岡県・大分県に向かう（十月三十日帰京）。
11・1　第四次安倍内閣成立。
11・16　天皇・皇后、鹿児島県に向かう（十一月十八日帰京）。
11・27　天皇・皇后、国賓として来日のルクセンブルク大公歓迎のため宮殿に向かう（二十八日、茨城県にご案内）。
12・1　皇室会議により「明仁」天皇の退位が平成三十一年四月三十日、改元は同五月一日と決定する（新天皇の「即位の礼」は同年秋の予定）。
12・5　天皇・皇后、崇仁親王一周年祭につき豊島園墓地に参拝する。

■平成三十年（二〇一八）戊戌

第百二十五代天皇　85歳
徳仁親王　58歳
1・12　山本信一郎、宮内庁長官に就任する。
1・29　天皇・皇后、「明治百五十年」に当たり、進講を受ける（三月十六日にも）。
2・19　天皇・皇后、葉山御用邸に向かう（二十二日帰京）。
2・24　政府主催「天皇陛下御在位三十年記念式典」が開かれる。
3・27　天皇・皇后、沖縄県に向かう（国立沖縄戦没者墓苑参拝等。二十九日帰京）。
5・30　天皇・皇后、国賓として来日のベトナム主席歓迎のため宮殿に向かう。
6・9　天皇・皇后、全国植樹祭臨場のため福島県に向かう（六月十一日帰京）。
6・26　天皇・皇后、葉山御用邸に向かう（二十八日帰京）。
8・3　天皇・皇后、「北海道百五十年記念式典」臨席のため、皇居を出発する（八月五日帰京）。
8・22　天皇・皇后、長野県に出発する（群馬県滞在を経て二十九日帰京）。
9・14　天皇・皇后、七月豪雨被災地お見舞いのため岡山県に出発する（即日帰京）。
9・21　天皇・皇后、七月豪雨被災地お見舞いのため愛媛県・広島県に出発する（即日

上皇とし、上皇の后は上皇后とし、施行日は、公布から三年を超えない範囲とし、首相が皇室会議の意見を聴いた上で政令で定めるとした。

＊**伊勢神宮大宮司**　伊勢神宮の神職の長。昭和二十六年以降の歴代大宮司は、佐佐木行忠、坊城俊良、徳川宗敬《むねよし》、二條弼基、慶光院俊、久邇邦昭、北白川道久、鷹司尚武、小松揮世久と続いている。

帰京）。

9・28　天皇・皇后、福井県国体のため皇居を出発する（二十九日帰京）。

10・12　「天皇陛下の退位及び皇太子殿下の即位に伴う式典委員会」を設置、この日初会合。新天皇即位日の二〇一九年五月一日をこの年にかぎり祝日に（十連休となる）、また「即位礼正殿の儀」の同年十月二十二日も祝日とする方針を決める、なお、この日、宮内庁内に「大礼委員会」を設置。

10・15　宮内庁と堺市、仁徳天皇陵（大山古墳）を十月下旬より共同で発掘調査すると発表。

10・27　天皇・皇后、「全国豊かな海づくり大会」のため、高知県に出発する（二十九日帰京）。

10・29　高円宮絢子《あやこ》女王、守谷《もりや》慧《けい》と結婚。

11・15　天皇・皇后、北海道胆振東部地震（九月六日発生）被災地お見舞に出発する（この日のうちに帰京）。

11・22　文仁親王、大嘗祭について、「宗教色が強いものを国費で賄うことが適当か」と述べ、天皇家の内廷費で賄うべきと指摘（皇室典範には「退位の礼」はあるが、「大嘗祭」についての規定はない。ただし、旧皇室典範には「大嘗祭」があり、「登極令」付式には儀式の骨格が明記され、「大嘗祭」はそれに準じて行ない、政府は「公的性格を持つ皇室行事」とする）。

11・27　天皇・皇后、「ねむの木学園」「浅羽佐喜太郎公記念碑」など訪問のため静岡県に出発する（翌日帰京）。

12・23　天皇誕生日（八十五歳。誕生日を前に二十日記者会見）。

■平成三十一年（二〇一九）己亥

第百二十五代天皇　86歳

徳仁親王　59歳

1・7　昭和天皇三十年式年祭が行なわれる（天皇・皇后、武蔵野陵参拝）。

1・16　「歌会始の儀」（御題は「光」）。

1・20　天皇・皇后、国技館での大相撲初場所を観戦する（天皇は、皇太子時代に十七回、即位後は二十三回観戦となる）。

1・21　天皇・皇后、葉山御用邸に出発する（二十五日帰京）。

2・21　皇太子、誕生日（二十三日）を前に**記者会見**。

2・24　天皇陛下在位三十年記念式典が行なわれる（このとき天皇作詞、皇后作曲の「歌声の響」を沖縄出身の歌手三浦大知が歌う）。

2・25　宮内庁、天皇退位後の上皇の英語表記をHis Majesty the Emperor Emeritus、上

＊記者会見　天皇は、「即位以来、日本国憲法の下で象徴と位置付けられた天皇の望ましい在り方を求めながらその務めを行い、今日までを過ごしてきました」「平成が戦争のない時代として終わろうとしていることに、心から安堵しています」「天皇としての旅を終えようとしている今、私はこれまで、象徴としての私の立場を受け入れ、私を支え続けてくれた多くの国民に衷心より感謝するとともに、自らも国民の一人であった皇后が、私の人生の旅に加わり、六十年という長い年月、皇室と国民の双方への献身を、真心を持って果たしてきたことを、心から労いたく思います」「新しい時代において、天皇となる皇太子とそれを支える秋篠宮は共に多くの経験を積み重ねてきており、皇室の伝統を引き継ぎながら、日々変わりゆく社会に応じつつ道を歩んでいくことと思います」等と述べる。

＊光　平成最後の歌会始で、天皇は、「贈られしひまはりの種は生え揃ひ葉を広げゆく初夏の光に」皇后は、

皇后をHer Majesty the Empress Emeritaとすることを発表する。

3・12　天皇、四月三十日に退位することを皇居・宮中三殿に報告する「奉告の儀」を行なう。

3・15　悠仁親王、お茶の水女子大学附属小学校を卒業（四月、同大付属中学校に入学）。

3・22　佳子内親王、国際基督教大学を卒業。

3・25　天皇・皇后、神武天皇陵親謁（二十六日）のため皇居を出発する（二十七日、京都御苑旧近衛邸跡の枝垂桜を観賞。二十八日帰京）。

4・1　五月一日からの新元号が「令和」と発表される（出典は『万葉集』の「初春令月、気淑風和」）。

4・10　天皇・皇后、結婚六十年を迎える。

4・12　天皇・皇后、「こどもの国」（横浜市）を訪問する。

4・18　天皇・皇后、伊勢神宮に親謁する（外宮、ついで内宮に親謁し、退位を奉告。天皇自ら退位を奉告するのは史上初。十九日帰京）。

4・19　秋篠宮文仁親王を皇太子待遇とする（「立皇嗣の礼」が行なわれる）。

4・23　天皇・皇后、昭和天皇陵に親謁する。

▼秋篠宮紀子妃、オランダ訪問のため日本を出発する（「第49回肺の健康世界会議」等に出席。妃が皇族として単独で外国訪問するのは初。二十八日帰京）。

4・30　天皇、「退位礼正殿の儀」を行なう（天皇として最後の儀式で国事行為）。

＊令和元年五月一日、皇太子徳仁親王、皇位を継承する（第百二十六代天皇。小田野展《のぶ》丈《たけ》、侍従長に就任。この年十月二十二日に即位礼、十一月十四～十五日に大嘗祭を予定。先帝は上皇、皇后は上皇后と称される）。

退位礼正殿の儀　天皇陛下　おことば（全文）

今日《こんにち》をもち、天皇としての務めを終えることになりました。

ただ今、国民を代表して、安倍内閣総理大臣の述べられた言葉に、深く謝意を表します。

即位から三十年、これまでの天皇としての務めを、国民への深い信頼と敬愛をもって行い得たことは、幸せなことでした。象徴としての私を受け入れ、支えてくれた国民に、心から感謝します。

明日《あす》から始まる新しい令和の時代が、平和で実り多くあることを、皇后と共に心から願い、ここに我が国と世界の人々の安寧と幸せを祈ります。

「今しばし生きなむと思ふ寂光に園の薔薇《そうび》のみな美しく」と詠む。

＊**記者会見**　皇太子徳仁親王は、即位を控えた現在の心境を「過去の天皇が歩んでこられた道と、日本国憲法の規定に思いを致し、国民と苦楽を共にしながら、国民の幸せを願い、象徴とはどうあるべきか、その望ましい在り方を求め続け」「過去から様々なことを学び、伝統を引き継ぐとともに、時代に応じた皇室の在り方を追い求めていきたい」等と述べる。

＊**第百二十六代天皇**　昭和三十五年二月二十三日誕生。父は明仁上皇、母は美智子上皇后。学習院大学史学科を卒業し、英国オックスフォード大学マートン・カレッジ入学、ついで学習院大学大学院人文科学研究科博士前期課程修了。昭和六十四年、明仁親王践祚により皇太子となり、平成三年、立太子の礼。平成五年、小和田雅子を妃とする。女子に愛子内親王。国連「水と衛生に関する諮問委員会」名誉総裁。令和元年五月一日、皇位を継承する。

■基本文献

『国史大辞典』（全十五巻）国史大辞典編集委員会（代表・坂本太郎）編　一九七七〜九七
『日本史辞典』（第二版）高柳光寿・竹内理三編　角川書店　一九七四
『日本史総合年表』加藤友康・瀬野精一郎・鳥海靖・丸山雍成編　吉川弘文館　二〇〇一
『日本文化総合年表』市古貞次ほか編　岩波書店　一九九〇
『近代日本総合年表』岩波書店編集部編　岩波書店　一九六八
『年表日本歴史』（全六巻）井上光貞・児玉幸多・林屋辰三郎編　筑摩書房　一九八〇〜九三
『日本宗教史年表』山折哲雄監修・日本宗教史年表編纂委員会（代表・井筒清次）編　河出書房新社　二〇〇四
『歴代天皇・年号事典』米田雄介編　吉川弘文館　二〇〇三
『皇室事典』皇室事典編纂委員会（米田雄介・所功ほか）編著　角川学芸出版　二〇〇九
『日本古代史年表』（上・下）笹山晴生編　東京堂出版　一九九三・二〇〇八
『日本古典文学大系　日本書紀』（全二冊）岩波書店　一九六五・一九六七
『新編日本古典文学全集　日本書紀』小学館　一九九八
『新日本古典文学大系　続日本紀』（全五冊）岩波書店　一九八九〜二〇〇〇
『新訂増補国史大系　日本後紀・続日本後紀・日本文徳天皇実録』吉川弘文館　二〇〇〇
『新訂増補国史大系　日本三代實録』（全四冊）吉川弘文館　二〇〇〇
『新訂増補国史大系　公卿補任』（全六冊）吉川弘文館　一九七四
『新訂増補国史大系　百錬抄』（全二冊）吉川弘文館　二〇〇〇
『新訂増補国史大系　日本紀略』（全二冊）吉川弘文館　二〇〇〇
『新訂増補国史大系　類聚国史後篇』吉川弘文館　二〇〇〇
『新訂増補国史大系　類聚国史前篇』吉川弘文館　二〇〇三
『新訂増補国史大系　徳川實紀』（新装版全十冊）吉川弘文館　一九九九
『新訂増補国史大系　続徳川實紀』（新装版全五冊）吉川弘文館　一九九九
霞会館『平成新修　旧華族家系大成』（全二巻）吉川弘文館　一九九六
■一般参考文献（刊行年順。論文等は割愛）
原田熊雄述『西園寺公と政局』（全八巻）岩波書店　一九五〇〜五二
川崎庸之『天武天皇』岩波書店（岩波新書）一九五二
水野祐『増訂日本古代王朝史論序説』小宮山書店　一九五四
山田孝雄『君が代の歴史』宝文館出版　一九五六（新版一九八三）
龍粛『鎌倉時代』（上・下）春秋社　一九五七
北山茂夫『日本古代政治史の研究』岩波書店　一九五九
直木孝次郎『持統天皇』吉川弘文館　一九六〇
井上光貞『日本国家の起源』岩波書店（岩波新書）一九六〇（二〇〇八年復刊）
末永雅雄『日本の古墳』朝日新聞社　一九六一
林陸朗『光明皇后』吉川弘文館　一九六一（新装版一九八六）
中村直勝『光厳天皇』淡交新社　一九六一
岩橋小弥太『花園天皇』吉川弘文館　一九六二
村尾次郎『桓武天皇』吉川弘文館　一九六三
井上光貞『日本古代国家の研究』岩波書店　一九六五
佐藤進一『日本の歴史9　南北朝の動乱』中央公論社　一九六五（中公文庫新版二〇〇五）
黒田久太『天皇家の財産』三一書房（三一新書）一九六六
木戸日記研究会編『木戸幸一日記』（上・下）東京大学出版会　一九六六
木戸日記研究会編『木戸幸一関係文書』東京大学出版会　一九六六

上田正昭『大和朝廷』角川書店（角川新書）　一九六七

本庄繁『本庄日記』原書房　一九六七

参謀本部編『杉山メモ』（上・下）原書房　一九六七

北山茂夫『女帝と道鏡――天平末葉の政治と文化』中央公論（中公新書）　一九六九（二〇〇八年講談社学術文庫）

石母田正『日本の古代国家』岩波書店　一九七一

所功『伊勢の神宮』新人物往来社　一九七三（『伊勢神宮』として講談社学術文庫一九九三年再版）

橋本義彦『平安貴族社会の研究』吉川弘文館　一九七六

村上重良『天皇の祭祀』岩波書店（岩波新書）　一九七七

村井康彦『日本の宮都』角川書店　一九七八

児玉幸多編『日本史小百科　天皇』近藤書店　一九七八（新装版は東京堂出版一九九三）

内田正男『日本暦日原典』雄山閣出版　一九七八

所功『日本の年号――揺れ動く「元号」問題の原点』雄山閣出版　一九七八

斎藤忠『年表でみる　日本の発掘・発見史』（全二冊）日本放送出版協会　一九八〇・八二

石井良助『天皇――天皇の生成および不親政の伝統』山川出版社　一九八二

奥野高廣『皇室御経済史の研究』（全二冊）国書刊行会　一九八二（元版一九四二・四三年刊）

熊倉功夫『後水尾院』朝日新聞社　一九八二

井上光貞『日本古代の王権と祭祀』東京大学出版会　一九八四（新装版二〇〇九）

河内祥輔『古代政治史における天皇制の論理』吉川弘文館　一九八六

安田元久『後白河上皇』（新装版）吉川弘文館　一九八六

多木浩二『天皇の肖像』岩波書店（岩波新書）　一九八八

所功『年号の歴史（増補版）』雄山閣出版　一九八九

伊藤之雄『昭和天皇と立憲君主制の崩壊』吉川弘文館　一九八九

『別冊歴史読本事典シリーズ　日本歴史「古記録」総覧（古代・中世篇）』（編集担当井筒清次）新人物往来社　一九八九

今谷明『室町の王権――足利義満の王権簒奪計画』中央公論社（中公新書）　一九九〇

岡田荘司『大嘗の祭り』学生社　一九九〇

『別冊文藝　天皇制――歴史・王権・大嘗祭』河出書房新社　一九九〇

『別冊歴史読本事典シリーズ　日本歴史「古典籍」総覧』新人物往来社　一九九〇

『別冊歴史読本事典シリーズ　日本歴史「古記録」総覧（近世篇）』（編集担当井筒清次）新人物往来社　一九九〇

辻達也編『日本の近世2　天皇と将軍』中央公論社　一九九一

寺崎英成、マリコ・テラサキ・ミラー編『昭和天皇独白録――寺崎英成御用掛日記』文藝春秋　一九九一（文春文庫、一九九五）

米田雄介『歴代天皇の記録』続群書類従完成会　一九九二

今谷明『信長と天皇』講談社（講談社現代新書）　一九九二（二〇〇二年講談社学術文庫）

岡田精司『古代祭祀の史的研究』塙書房　一九九二

今谷明『武家と天皇――王権をめぐる相剋』岩波書店（岩波新書　一九九三

村井康彦編『京都事典』東京堂出版　一九九三

『歴史読本事典シリーズ　「天皇陵」総覧』（編集担当井筒清次　新人物往来社　一九九三

藤田覚『幕末の天皇』講談社　一九九四（講談社学術文庫二〇一三）

岡田荘司『平安時代の国家と祭祀』続群書類従完成会　一九九四

棚橋光男『後白河法皇』講談社　一九九五

岸俊男編『日本の古代6　王権をめぐる戦い』中央公論新社（中公文庫）　一九九六（元版は一九八六）

岸俊男編『日本の古代7　まつりごとの展開』中央公論新社（中公文庫）　一九九六（元版は一九八六）

岸俊男編『日本の古代15 古代国家と日本』中央公論新社（中公文庫）一九九六（元版は一九八八）
上田正昭『古代日本の女帝』講談社（講談社学術文庫）一九九六（元版は一九七一）
詫間直樹『皇居行幸年表』続群書類従完成会 一九九七
高木博志『近代天皇制の文化史的研究――天皇就任儀礼・年中行事・文化財』校倉書房 一九九七
外池昇『幕末・明治期の陵墓』吉川弘文館 一九九七
伊本俊二『国旗 日の丸』中央公論新社 一九九九
藤田覚『近世政治史と天皇』吉川弘文館 一九九九
大津透『古代の天皇制』岩波書店 一九九九
倉本一宏『摂関政治と王朝貴族』吉川弘文館 二〇〇〇
外池昇『天皇陵の近代史』吉川弘文館 二〇〇〇
原武史『大正天皇』朝日新聞社（朝日選書）二〇〇〇
森茂暁『後醍醐天皇――南北朝動乱を彩った覇王』中央公論新社（中公新書）二〇〇〇
井上光貞『天皇と古代王権』岩波書店（岩波現代文庫）二〇〇〇
大津透『日本の歴史06 道長と宮廷社会』講談社 二〇〇一（二〇〇九年講談社学術文庫）
大津透ほか『日本の歴史08 古代天皇制を考える』講談社 二〇〇一（二〇〇九年講談社学術文庫）
川田敬一『近代日本の国家形成と皇室財産』原書房 二〇〇一
服部早苗『歴史の中の皇女たち』小学館 二〇〇二
飯倉晴武『地獄を二度も見た天皇 光厳院』吉川弘文館 二〇〇二
村井章介『日本の中世10 分裂する王権と社会』中央公論新社 二〇〇三
河内祥輔『中世の天皇観』山川出版社 二〇〇三
倉本一宏『一条天皇』吉川弘文館 二〇〇三
美川圭『白河法皇――中世をひらいた帝王』日本放送出版協会 二〇〇三
脇田晴子『天皇と中世文化』吉川弘文館 二〇〇三
防衛庁防衛研究所戦史部監修、中尾裕次編『昭和天皇発言記録集成』（上・下）芙蓉書房出版 二〇〇三
井上光貞監訳、佐伯有清・川副武胤・笹山晴生訳『日本書紀』（全三冊）中央公論新社 二〇〇三
黒田勝弘・畑好秀編『昭和天皇語録』講談社（講談社学術文庫）二〇〇四
外池昇『事典 陵墓参考地』吉川弘文館 二〇〇五
森茂暁『南朝全史――大覚寺統から後南朝へ』講談社 二〇〇五
伊藤之雄『明治天皇』ミネルヴァ書房 二〇〇六
大津透編『王権を考える――前近代日本の天皇と権力』山川出版社 二〇〇六
篠田達朗『歴代天皇のカルテ』新潮社 二〇〇六
美川圭『院政』中央公論新社 二〇〇六
鍛代敏雄『神国論の系譜』法蔵館 二〇〇六
佐藤弘夫『神国日本』筑摩書房 二〇〇六
高木博志『近代天皇制と古都』岩波書店 二〇〇六
仁藤敦史『女帝の世紀――皇位継承と政争』角川学芸出版 二〇〇六
井上満郎『桓武天皇』ミネルヴァ書房 二〇〇六
古川隆久『大正天皇』吉川弘文館 二〇〇七
家近良樹『幕末の朝廷――若き孝明帝と鷹司関白』中央公論新社 二〇〇七
外池昇『天皇陵論――聖域か文化財か』新人物往来社 二〇〇七
歴史科学協議会編、木村茂光・山田朗監修『天皇・天皇制をよむ』東京大学出版会 二〇〇八
原武史『昭和天皇』岩波書店（岩波新書）二〇〇八
佐藤全敏『平安時代の天皇と官僚制』東京大学出版会 二〇〇八
久保貴子『徳川和子』吉川弘文館 二〇〇八
久保貴子『後水尾天皇』ミネルヴァ書房 二〇〇八

高槻市教育委員会『継体天皇の時代　徹底討論　今城塚古墳』吉川弘文館　二〇〇八
谷知子『天皇たちの和歌』角川学芸出版　二〇〇八
小田部雄次『皇族――天皇家の近現代史』中央公論新社　二〇〇九
春名宏昭『平城天皇』吉川弘文館　二〇〇九
久能靖監修・井筒清次編『昭和天皇かく語りき』河出書房新社（河出文庫）二〇〇九
渡部育子『元明天皇・元正天皇』ミネルヴァ書房　二〇一〇
倉本一宏『三条天皇』ミネルヴァ書房　二〇一〇
大津透『天皇の歴史01　神話から歴史へ』講談社　二〇一〇
所功『天皇の「まつりごと」――象徴としての祭祀と公務』日本放送出版協会　二〇〇九
武田祐吉・佐藤謙三訳『読み下し日本三代実録』戎光祥出版　二〇〇九
伊藤隆監修・百瀬孝著『史料検証　日本の領土』（編集担当井筒清次）河出書房新社　二〇一〇
吉川真司『天皇の歴史02　聖武天皇と仏都平城京』講談社　二〇一一
佐々木恵介『天皇の歴史03　天皇と摂政・関白』講談社　二〇一一
河内祥輔・新田一郎『天皇の歴史04　天皇と中世の武家』講談社　二〇一一
藤井讓治『天皇の歴史05　天皇と天下人』講談社　二〇一一
藤田覚『天皇の歴史06　江戸時代の天皇』講談社　二〇一一
西川誠『天皇の歴史07　明治天皇の大日本帝国』講談社　二〇一一
加藤陽子『天皇の歴史08　昭和天皇と戦争の世紀』講談社　二〇一一
小倉慈司・山口輝臣『天皇の歴史09　天皇と宗教』講談社　二〇一一
渡部泰明・阿部泰郎・鈴木健一・松澤克行『天皇の歴史10　天皇と芸能』講談社　二〇一一
今谷明『象徴天皇の源流――権威と権力を分離した日本的王制』新人物往来社　二〇一一
浅見雅男『伏見宮――もうひとつの天皇家』講談社　二〇一二
井上亮『天皇と葬儀――日本人の死生観』新潮社（新潮選書）二〇一三
外池昇『天皇陵の誕生』祥伝社（祥伝社新書）二〇一二
宇佐美龍夫『大地震――古記録に学ぶ』吉川弘文館　二〇一四
『日本年号史大事典』所功編著　雄山閣　二〇一四
深津睦夫『光厳天皇』ミネルヴァ書房　二〇一四
勝浦令子『孝謙・称徳天皇』ミネルヴァ書房　二〇一四
遠山美都男『名前でよむ天皇の歴史』朝日新聞出版（朝日新書）二〇一五
半藤一利・保阪正康・御厨貴・磯田道史『「昭和天皇実録」の謎を解く』文藝春秋（文春新書）二〇一五
斉藤利彦『明仁天皇と平和主義』朝日新聞出版（朝日新書）二〇一五
原武史『「昭和天皇実録」を読む』岩波書店（岩波新書）二〇一五
美川圭『後白河天皇』ミネルヴァ書房　二〇一五
小林丈広・高木博志・三枝暁子『京都の歴史を歩く』岩波書店（岩波新書）二〇一六
呉座勇一『応仁の乱』中央公論新社（中公新書）二〇一六
豊永聡美『天皇の音楽史――古代・中世の帝王学』吉川弘文館　二〇一七
宮内庁ホームページ
東京大学史料編纂所「大日本史料」データベース
＊ほかにも数多くの雑誌・単行本・論文等を参照しましたが、割愛させていただきました。謝してお詫び申し上げます。

思えば、私と「歴史学」との出合いは、小学校六年のときに購入した読売新聞社刊『日本の歴史』（全一二巻）であった。歴史が好きだったとはいえ、とうてい読みこなすこともできず、全巻に目を通すことさえ嫌気がさすほど難解に感じたものだ。

歴史そのものについて未熟であり、歴史観など持ち合わせていなかったのだから、無理からぬことでもあった。

中学校の日本史の教師は、学習参考書のレジュメを板書するだけだったので、同じ学参を見つけて購入してからは、授業に身が入らず、歴史のおもしろ味を忘れるほどであった。

ところが、高校の日本史の教師は、教科書の行間の読み方まで教えてもらい、史料の読解も丁寧で、改めて「歴史」はおもしろいと感じたものだった。

大学に入ってからは、授業にはほとんど出席せず（休講が多かったせいもあるが）、近代史・現代史に関する本等を読みあさり、政治史・政治思想史についても関心を寄せたが、研究したといえるほどではなく、「乱読」の時代であった。

出版関係の仕事につき、どんな事や物にも歴史があり、故事来歴や沿革を知ることに興味が注がれた。

縁あって歴史雑誌の編集に携わることになり、歴史のさまざまなジャンルに手を染めたが、ある日、「古記録」の特集を組むことになった。「古記録」とは、簡略していえば、明治以前の公家ほかの日記である。その編集過程において、歴史の奥深さを知り、「歴史学」の真髄と出合ったのである。歴史の教科書の一語一行の多くは、「古記録」により成り立っているのだと思うと、目から鱗が落ちたような気がした。初めから「歴史学」を学んでいれば、このようなこともなかったのだろうが、遅ればせながら「歴史」に開眼したのである。

この頃から、企画においても「類書がないもの」を心がけるようになった。そこで『日本宗教史年表』や『桜の雑学事典』などを自ら執筆したのだが、あるとき、高校時代の現代国語の恩師大平浩哉先生から「君は日本人の心を追究しているんだね」とのご指摘をいただいた。

自分では意識して「日本」「日本人」「日本人の心」を追究している自覚はなかったのだが、先生から言われると、思い当たらないこともなかった。

そこで、編集者人生もそう長くはないし、類書もないことから「天皇史年表」に挑んだのである。平成十六年に『日本宗教史年表』を上梓し、すぐにとりかかった。まず『国史大辞典』すべてに目を通し、天皇に関する事項をカード化し、これと併行して天皇に関する叢書・全集・単行本から事項をひろい集めた。ひと段落したところで、これらを年月日順にならべかえ、「日本史年表」数種と照合して書き並べ、最後に「六国史」「天皇実録」「大日本史料」等で増補・確認していった。

気がつけば、ページ数は予定の二倍となり、五、六年で終わるつもりが、天皇退位もあり二十年近くもかかってしまった。

『史料検証　日本の領土』の編集以外、さしたる仕事もしなかったが、要領が悪く、また実力不足もあって、思いのほか時間を要してしまった。長く時間をかければ良いものを作れるわけでもなく、徹底的に原史料に当たるを旨とすれば、死ぬまで形となるとは思えず、一応の成果をここに発表したいと思う。

内容、事項の選択に誤りがあるとすれば、すべて編者の責任である。研究者の方々がこれに訂正を加え、より正確な「天皇史」が実現することを願ってやまない。

最後になりますが、監修を引き受け、懇切丁寧に見てくださった米田雄介先生、惜しみなくサジェスチョンをいただいた所功・嵐義人両先生に厚く御礼を述べたい。また、河出書房新社編集部の山本濱賜氏、その退職後に後を引き受けてくれた西口徹氏、また製作過程でお世話になったアーツアンドクラフツの小島雄氏等々に感謝申し上げたい。

令和元年五月一日

井筒　清次

〔監修〕
米田雄介（よねだ・ゆうすけ）
1936年神戸市生まれ。大阪大学大学院文学研究科博士課程単位取得退学。大阪大学文学部助手を経て、宮内庁書陵部編修課に勤務。編修調査官、編修課長、正倉院事務所長、県立広島女子大学教授、神戸女子大学教授を歴任。専門は日本古代史。文学博士。著書に『郡司の研究』『古代国家と地方豪族』『正倉院と日本文化』『奇蹟の正倉院宝物』『摂関制の成立と展開』『歴代天皇の記録』などのほか編著に『歴代天皇・年号事典』など。

〔編著〕
井筒清次（いづつ・せいじ）
1947年東京都武蔵野市生まれ。早稲田大学政治経済学部卒。百科事典・歴史雑誌等の編集を経て、現在、歴史・宗教などをテーマにした執筆を中心に、出版プロデューサーとしても活動。編著に『天皇家全系図』『日本宗教史年表』、著書に『桜の雑学事典』『図説　童謡　唱歌の故郷を歩く』、共著に『江戸・東京　事件を歩く』などがある。日本さくらの会会員。

天皇史年表

2019年6月20日　初版印刷
2019年6月30日　初版発行

監　修　米田雄介
編　著　井筒清次
装　幀　保田 薫
発行者　小野寺優
発行所　株式会社河出書房新社
〒151-0051　東京都渋谷区千駄ヶ谷2-32-2
電話　03-3404-1201（営業）03-3404-8611（編集）
http://www.kawade.co.jp/

組版　アーツアンドクラフツ
印刷　株式会社亨有堂印刷所
製本　大口製本印刷株式会社

Printed in Japan
ISBN978-4-309-22765-8
定価は函・帯に表示してあります。
落丁本・乱丁本はお取り替えいたします。